SISTEMA DE BANCO DE DADOS

7ª EDIÇÃO

Grupo Editorial Nacional

O GEN | Grupo Editorial Nacional – maior plataforma editorial brasileira no segmento científico, técnico e profissional – publica conteúdos nas áreas de ciências exatas, humanas, jurídicas, da saúde e sociais aplicadas, além de prover serviços direcionados à educação continuada e à preparação para concursos.

As editoras que integram o GEN, das mais respeitadas no mercado editorial, construíram catálogos inigualáveis, com obras decisivas para a formação acadêmica e o aperfeiçoamento de várias gerações de profissionais e estudantes, tendo se tornado sinônimo de qualidade e seriedade.

A missão do GEN e dos núcleos de conteúdo que o compõem é prover a melhor informação científica e distribuí-la de maneira flexível e conveniente, a preços justos, gerando benefícios e servindo a autores, docentes, livreiros, funcionários, colaboradores e acionistas.

Nosso comportamento ético incondicional e nossa responsabilidade social e ambiental são reforçados pela natureza educacional de nossa atividade e dão sustentabilidade ao crescimento contínuo e à rentabilidade do grupo.

SISTEMA DE BANCO DE DADOS

7ª EDIÇÃO

Abraham Silberschatz

Yale University

Henry F. Korth

Lehigh University

S. Sudarshan

Indian Institute of Technology, Bombay

Tradução

Daniel Vieira

Revisão Técnica

Daniel Sadoc Menasché

Ph.D., University of Massachusetts Amherst
Professor Associado no Departamento de Ciência da Computação
da Universidade Federal do Rio de Janeiro (UFRJ)

gen | LTC

- Os autores deste livro e a editora empenharam seus melhores esforços para assegurar que as informações e os procedimentos apresentados no texto estejam em acordo com os padrões aceitos à época da publicação, *e todos os dados foram atualizados pelos autores até a data de fechamento do livro*. Entretanto, tendo em conta a evolução das ciências, as atualizações legislativas, as mudanças regulamentares governamentais e o constante fluxo de novas informações sobre os temas que constam do livro, recomendamos enfaticamente que os leitores consultem sempre outras fontes fidedignas, de modo a se certificarem de que as informações contidas no texto estão corretas e de que não houve alterações nas recomendações ou na legislação regulamentadora.

- Data do fechamento do livro: 21/08/2020

- Os autores e a editora se empenharam para citar adequadamente e dar o devido crédito a todos os detentores de direitos autorais de qualquer material utilizado neste livro, dispondo-se a possíveis acertos posteriores caso, inadvertida e involuntariamente, a identificação de algum deles tenha sido omitida.

- **Atendimento ao cliente: (11) 5080-0751 | faleconosco@grupogen.com.br**

ISBN: 978-0-07-8022150

GEN | Grupo Editorial Nacional S.A.
Publicado pelo selo LTC | Livros Técnicos e Científicos Ltda.
Travessa do Ouvidor, 11
Rio de Janeiro – RJ – 20040-040
www.grupogen.com.br

- Capa: Rejane Megale Figueiredo
Imagem da capa: © dimaberkut | 123rf.com
Editoração eletrônica: IODesign

- Ficha catalográfica

CIP-BRASIL. CATALOGAÇÃO NA PUBLICAÇÃO
SINDICATO NACIONAL DOS EDITORES DE LIVROS, RJ

S576s
7. ed.
Silberschatz, Abraham
Sistema de banco de dados / Abraham Silberschatz, Henry F. Korth, S. Sudarshan ; tradução Daniel Vieira ; revisão técnica Daniel Sadoc Menasché - 7. ed. [3ª Reimp.] - Rio de Janeiro : LTC, 2025.
p. : il. ; 28 cm.
Tradução de: Database system concepts
Apêndice
Inclui bibliografia e índice
ISBN 9788595157330
1. Banco de dados - Desenvolvimento. 2. Projeto de banco de dados. 3. Banco de dados relacionais. 4. SQL (Linguagem de programação de computador). I. Korth, Henry F. II. Sudarshan, S. III. Vieira, Daniel. IV. Sadoc, Daniel. V. Título.

20-64259 CDD: 005.7
CDU: 004.65

Meri Gleice Rodrigues de Souza - Bibliotecária CRB-7/6439

Para minha querida Valerie,
seus pais e meus queridos amigos, Steve e Mary Anne,
e em memória de meus pais, Joseph Silberschatz e Vera Silberschatz.

Avi Silberschatz

Para minha esposa, Joan,
meus filhos, Abigail e Joseph,
minha mãe, Frances
e em memória de meu pai, Henry.

Hank Korth

Para minha esposa, Sita,
meus filhos, Madhur e Advaith,
e minha mãe, Indira.

S. Sudarshan

Sobre os Autores

Abraham (Avi) Silberschatz é o professor de Ciência da Computação Sidney J. Weinberg, na Yale University. Antes de chegar a Yale em 2003, ele foi vice-presidente do Centro de Pesquisas em Ciências da Informação da Bell Labs. Anteriormente, ocupou o cargo de professor na University of Texas em Austin, onde lecionou até 1993. Silberschatz é membro da ACM, membro do IEEE e membro da Connecticut Academy of Science and Engineering. Recebeu o prêmio Taylor L. Booth Education Award da IEE em 2002, o prêmio Karl V. Karlstrom Outstanding Educator da ACM em 1998 e o prêmio SIGMOD Contribution da ACM em 1997. Silberschatz recebeu o Prêmio de Presidente dos Laboratórios Bell três vezes, em 1998, 1999 e 2004. Seus escritos foram publicados em diversos periódicos, conferências, *workshops* e capítulos de livros. Ele obteve mais de 48 patentes e mais de 24 concessões. Ele é um dos autores do livro *Conceitos de Sistema Operacional*.

Henry F. (Hank) Korth é professor de Ciência da Computação e Engenharia e codiretor do programa de Ciência da Computação e Negócios da Lehigh University. Antes de ingressar na Lehigh, foi diretor de Pesquisa de Princípios de Banco de Dados na Bell Labs, vice-presidente da Panasonic Technologies, professor associado da University of Texas em Austin e membro do grupo de pesquisa da IBM Research. Korth é membro da ACM e do IEEE e ganhador do Prêmio de 10 Anos na VLDB Conference. Suas inúmeras publicações de pesquisa abrangem uma ampla gama de aspectos dos sistemas de bancos de dados, incluindo o gerenciamento de transações em sistemas paralelos e distribuídos, sistemas em tempo real, processamento de consultas e a influência nessas áreas das arquiteturas de computação modernas. Mais recentemente, sua pesquisa abordou problemas na aplicação de *blockchains* em bancos de dados corporativos.

S. Sudarshan é, atualmente, o professor presidente Subrao M. Nilekani no Instituto Indiano de Tecnologia em Bombaim. Ele recebeu seu Ph.D. na University of Wisconsin, em 1992, e foi membro da equipe técnica da Bell Labs antes de ingressar no Instituto Indiano em Bombaim. Sudarshan é membro da ACM. Sua pesquisa abrange diversas áreas de sistemas de banco de dados, com foco no processamento de consultas e otimização de consultas. Seu artigo sobre pesquisa por palavras-chave em bancos de dados, publicado em 2002, venceu o Prêmio IEEE ICDE Most Influential Paper em 2012, e seu trabalho sobre bancos de dados na memória principal recebeu o Prêmio do Presidente da Bell Laboratories em 1999. Suas áreas de pesquisa atuais incluem teste e classificação de consultas SQL, otimização de aplicações de banco de dados pela reescrita de código imperativo e otimização de consulta para bancos de dados paralelos. Ele publicou mais de 100 artigos e obteve 15 patentes.

Prefácio

O gerenciamento de banco de dados evoluiu de uma aplicação de computador especializada para um componente central de praticamente todas as empresas e, como resultado, o conhecimento a respeito dos sistemas de banco de dados se tornou parte essencial de um curso de ciência da computação. Neste texto, apresentamos os conceitos fundamentais do gerenciamento de banco de dados. Esses conceitos incluem aspectos de projeto de banco de dados, linguagens de banco de dados e implementação de sistemas de banco de dados.

Este texto é voltado para a disciplina de banco de dados em cursos de graduação e pós-graduação. Além do material básico para um curso inicial, o texto contém material avançado que pode ser usado para suplementos de curso ou como material introdutório para um curso avançado.

Consideramos apenas uma familiaridade dos leitores com as estruturas de dados básicas, organização de computador e linguagem de programação de alto nível, como Java, C, C++ ou Python. Apresentamos os conceitos como descrições intuitivas, muitas delas baseadas em nosso exemplo comum de uma universidade. Abordamos resultados teóricos importantes, mas as provas formais são omitidas. No lugar das provas, figuras e exemplos são usados para sugerir por que um resultado é verdadeiro. Descrições formais e provas dos resultados teóricos poderão ser encontradas nos trabalhos de pesquisa e textos avançados referenciados nas notas bibliográficas.

Os conceitos e algoritmos fundamentais abordados no livro frequentemente são baseados naqueles utilizados nos sistemas de banco de dados existentes, tanto comerciais quanto experimentais. Nosso objetivo é apresentar esses conceitos e algoritmos em um ambiente geral, que não esteja ligado a um sistema de banco de dados em particular, embora, onde seja apropriado, ofereçamos referências a sistemas específicos.

Nesta sétima edição de *Sistema de Banco de Dados*, mantivemos o estilo geral das edições anteriores, enquanto evoluímos o conteúdo e a organização, a fim de refletir as mudanças que estão ocorrendo na forma como os bancos de dados são projetados, gerenciados e utilizados. Uma mudança importante é a grande utilização de sistemas "Big Data". Também levamos em consideração as tendências no ensino dos conceitos de banco de dados e fizemos adaptações para facilitar a adoção destas tendências, quando apropriado.

Entre as principais mudanças nesta edição, destacamos:

- Extensa cobertura dos sistemas Big Data, do ponto de vista do usuário (Capítulo 10), além de uma perspectiva interna (Capítulos 20-23), com diversos acréscimos e modificações, em comparação com a sexta edição.
- Novo capítulo intitulado "Bancos de dados de *blockchain*" (Capítulo 26), que introduz a tecnologia de *blockchain* e sua função cada vez mais importante nas aplicações corporativas. Um foco importante nesse capítulo é a interação entre os sistemas de *blockchain* e os sistemas de banco de dados.
- Atualizações de todos os capítulos que abordam aspectos internos do banco de dados (Capítulos 12-19) para refletir a tecnologia de última geração, como discos em estado sólido (SSDs), bancos de dados na memória principal, sistemas de múltiplos núcleos armazenamento de registros orientado a colunas (*column-stores*).
- Cobertura avançada do gerenciamento de dados semiestruturados usando JSON, RDF e SPARQL (Seção 8.1).
- Cobertura atualizada de dados temporais (na Seção 7.10), análise de dados (Capítulo 11) e técnicas de indexação avançadas, como índices otimizados para escrita (Seção 14.8 e Seção 24.2).
- Reorganização e atualização dos capítulos para dar melhor suporte aos cursos, com um componente prático significativo (que recomendamos firmemente para qualquer curso de banco de dados), incluindo o uso de ferramentas de última geração para desenvolvimento de aplicações e sistemas Big Data, como Apache Hadoop e Spark.

Estas e outras atualizações surgiram a partir de muitos comentários e sugestões que recebemos dos leitores da sexta edição, de nossos alunos na Yale University, na Lehigh University e no IIT de Bombaim, além de nossas próprias observações e análises dos desenvolvimentos na tecnologia de banco de dados.

Organização do livro

O texto está organizado em 11 partes principais.

- **Visão geral** (Capítulo 1). O Capítulo 1 oferece uma visão geral da natureza e do propósito dos sistemas de banco de dados. Explicamos como o conceito de um sistema de banco de dados se desenvolveu, quais são os recursos comuns dos sistemas de banco de dados, o que um sistema de banco de dados faz para o usuário e como um sistema de banco de dados realiza sua interface com os sistemas operacionais. Também introduzimos uma aplicação de banco de dados de exemplo: uma instituição universitária consistindo em vários departamentos, instrutores, alunos e cursos. Esse exemplo é utilizado por todo o livro. O capítulo é motivador, histórico e explicativo por natureza.

- **Parte 1: Linguagens relacionais** (Capítulos 2 a 5). O Capítulo 2 introduz o modelo relacional de dados, incluindo conceitos básicos como a estrutura dos bancos de dados relacionais, esquemas de banco de dados, chaves, diagramas de esquema, linguagens de consulta relacionais, operações relacionais e a álgebra relacional. Os Capítulos 3, 4 e 5 focalizam a mais influente das linguagens relacionais orientadas ao usuário: SQL. Os capítulos dessa parte descrevem a manipulação de dados: consultas, atualizações, inserções e exclusões, assumindo que um projeto de esquema tenha sido oferecido. Embora seja detalhada aqui a sintaxe para definição de dados, as questões de projeto de esquema são deixadas para a Parte 2.
- **Parte 2: Projeto de banco de dados** (Capítulos 6 e 7). O Capítulo 6 oferece uma visão geral do processo de projeto de banco de dados e uma descrição detalhada do modelo de dados entidade-relacionamento. O modelo de dados entidade-relacionamento oferece uma visão de alto nível das questões de projeto de banco de dados e dos problemas que encontramos na captura da semântica de aplicações realistas dentro das restrições de um modelo de dados. A notação de diagrama de classes da UML também é abordada nesse capítulo. O Capítulo 7 apresenta o projeto de banco de dados relacional. A teoria das dependências funcionais e da normalização é abordada, enfatizando a motivação e o conhecimento intuitivo de cada forma normal. Esse capítulo começa com uma visão geral do projeto relacional e conta com um conhecimento intuitivo da implicação lógica das dependências funcionais. Isso permite que o conceito de normalização seja introduzido antes da cobertura completa da teoria da dependência funcional, que é apresentada mais adiante no capítulo. Os professores podem decidir usar apenas essa cobertura inicial, sem perda da continuidade. Os professores que utilizam todo o capítulo se beneficiarão com os alunos tendo um bom conhecimento dos conceitos de normalização, a fim de motivar alguns dos conceitos desafiadores da teoria da dependência funcional. O capítulo termina com uma seção sobre modelagem de dados temporais.
- **Parte 3: Projeto e desenvolvimento de aplicação** (Capítulos 8 e 9). O Capítulo 8 discute diversos tipos de dados complexos, particularmente importantes para o projeto e o desenvolvimento de aplicações, incluindo dados semiestruturados, dados orientados a objeto, dados textuais e dados espaciais. Embora a popularidade da XML em um contexto de banco de dados tenha diminuído, mantivemos uma introdução à XML, enquanto acrescentamos uma cobertura sobre JSON, RDF e SPARQL. O Capítulo 9 discute as ferramentas e as tecnologias utilizadas para a construção de aplicações de banco de dados interativas, baseadas na Web e móveis. O capítulo inclui uma cobertura detalhada do lado do servidor e do cliente. Entre os tópicos abordados, estão *servlets*, JSP, Django, JavaScript e Web services. Também discutimos sobre arquitetura da aplicação, sistemas de mapeamento objeto-relacional, compreendendo Hibernate e Django, desempenho (incluindo *caching* usando memcached e Redis) e os desafios exclusivos para garantir a segurança da aplicação Web.
- **Parte 4: Análise de Big Data** (Capítulos 10 e 11). O Capítulo 10 fornece uma visão geral de aplicativos de análise de dados em grande escala, com foco em como essas aplicações colocam demandas distintas no gerenciamento de dados em comparação com as demandas de aplicações tradicionais de banco de dados. O capítulo discute, então, como essas demandas são abordadas. Entre os tópicos abordados, estão os sistemas de armazenamento de Big Data, incluindo sistemas de arquivos distribuídos, armazenamentos de chave-valor e sistemas NoSQL, MapReduce, Apache Spark, dados de *streaming* e bancos de dados de gráficos. Enfatizamos a conexão desses sistemas e conceitos com os conceitos de banco de dados introduzidos anteriormente. O Capítulo 11 discute a estrutura e o uso de sistemas projetados para análise de dados de grande escala. Depois de explicar os conceitos de análise de dados, inteligência de negócios e suporte à decisão, o capítulo aborda a estrutura de um armazém de dados (*data warehouse*) e o processo de coleta de dados em um armazém. Em seguida, o capítulo aborda o uso de dados do armazém em aplicações OLAP, seguido de um levantamento de algoritmos e técnicas de mineração de dados.
- **Parte 5: Gerenciamento de armazenamento e indexação** (Capítulos 12 a 14). O Capítulo 12 trata de dispositivos de armazenamento e como as propriedades desses dispositivos influenciam a organização física e o desempenho do banco de dados. O Capítulo 13 explica as estruturas de armazenamento de dados, incluindo organização de arquivos e gerenciamento de *buffer*. Diversas técnicas de acesso a dados são apresentadas no Capítulo 14. O acesso multinível baseado em índice é descrito, terminando com uma cobertura detalhada das árvores B^+. O capítulo aborda, então, as estruturas de índice para aplicações onde a estrutura de árvore B^+ é menos apropriada, incluindo índices otimizados para escrita, como árvores LSM e árvores em *buffer*, índices de mapa de bits e a indexação de dados espaciais usando árvores k-d, árvores quadráticas (*quadtrees*) e árvores R.
- **Parte 6: Processamento e otimização de consulta** (Capítulos 15 e 16). Os Capítulos 15 e 16 enfatizam algoritmos de avaliação de consulta e otimização de consulta. O Capítulo 15 focaliza os algoritmos para a implementação de operações de banco de dados, particularmente a grande gama de algoritmos de junção, que são projetados para atuar sobre dados muito grandes, que não poderiam caber na memória principal. No capítulo, também são abordadas técnicas de processamento de consulta para bancos de dados na memória principal. O Capítulo 16 aborda a otimização de consulta, mostrando, inicialmente, como os planos de consulta podem ser transformados em outros planos equivalentes, com o uso de regras de transformação. O capítulo descreve, então, como gerar estimativas de

custos de execução de consulta e como encontrar, com eficiência e menor custo, os planos de execução de consulta.

- **Parte 7: Gerenciamento de transação** (Capítulos 17 a 19). O Capítulo 17 focaliza os fundamentos do sistema de processamento de transações, incluindo atomicidade, consistência, isolamento e durabilidade. Ele oferece uma visão geral dos métodos usados para garantir essas propriedades, compreendendo recuperação baseada em *log* e controle de concorrência usando bloqueio, técnicas baseadas em *timestamp* e isolamento de instantâneo (*snapshot*). Os cursos que exigem somente uma pesquisa sobre o conceito de transação podem usar apenas o Capítulo 17, sem os outros capítulos desta parte; esses outros capítulos oferecem um tratamento bem mais profundo. O Capítulo 18 tem enfoque no controle de concorrência e apresenta diversas técnicas para garantir a serializabilidade, incluindo bloqueio, *timestamping* e técnicas otimistas (validação). O capítulo também aborda técnicas de controle de concorrência multiversão, compreendendo a técnica de isolamento de instantâneo (*snapshot*) bastante utilizada, e uma extensão da técnica que garante a serializabilidade. Esse capítulo também inclui a discussão dos níveis fracos de consistência, concorrência nas estruturas de índice, concorrência em sistemas de banco de dados na memória principal, transações de longa duração, concorrência de nível de operação e processamento de transação em tempo real. O Capítulo 19 aborda as principais técnicas para garantir a execução correta da transação, apesar de panes do sistema e falhas de armazenamento. Essas técnicas incluem *logs*, pontos de verificação (*checkpoints*) e *dumps* de banco de dados, além da alta disponibilidade usando sistemas de *backup* remoto. O algoritmo ARIES, bastante utilizado, e a recuperação com liberação antecipada de bloqueio também são apresentados. O capítulo introduz uma discussão sobre a recuperação em sistemas de banco de dados na memória principal e o uso da NVRAM.

- **Parte 8: Bancos de dados paralelos e distribuídos** (Capítulos de 20 a 23). O Capítulo 20 aborda a arquitetura de sistemas de computador e descreve a influência do sistema de computador básico sobre o sistema de banco de dados. Discutimos sistemas centralizados, sistemas cliente-servidor, arquiteturas paralela e distribuída, e sistemas baseados em nuvem nesse capítulo. Os três capítulos restantes nessa parte tratam de aspectos distintos dos bancos de dados paralelos e distribuídos, com o Capítulo 21 tratando de armazenamento e indexação, o Capítulo 22 abordando o processamento de consulta e o Capítulo 23 dedicando-se ao gerenciamento de transação. O Capítulo 21 apresenta a discussão do particionamento e distorção (*skew*) de dados, replicação, indexação paralela, sistemas de arquivo distribuídos (incluindo o sistema de arquivos Hadoop) e armazenamentos paralelos de chave-valor. O Capítulo 22 compreende uma discussão do paralelismo, tanto interconsulta quanto intraconsulta. Ele aborda a classificação e a junção paralela e distribuída, MapReduce, *pipelining*, o modelo operador de troca Volcano, paralelismo em nível de *thread*, dados *streaming* e a otimização de consultas geograficamente distribuídas. O Capítulo 23 contém a discussão do consenso distribuído tradicional, como o *commit* em duas fases e soluções mais sofisticadas, incluindo Paxos e Raft. Ele aborda diversos algoritmos para controle de concorrência distribuído, incluindo gerenciamento de réplica e graus de consistência mais fracos. Os dilemas implicados pelo teorema CAP são discutidos juntamente com o significado da detecção de inconsistência usando vetores de versão e árvores Merkle.

- **Parte 9: Tópicos avançados** (Capítulos 24 a 26). O Capítulo 24 expande a cobertura da indexação do Capítulo 14, com uma cobertura detalhada da árvore LSM e suas variantes, índices de mapa de bits, indexação espacial e técnicas de *hashing* dinâmico. O Capítulo 25 expande a cobertura do Capítulo 9 com uma discussão do ajuste de desempenho, *benchmarking*, teste e migração dos sistemas legados, padronização e sistemas de diretório distribuídos. O Capítulo 26 examina a tecnologia blockchain do ponto de vista de um banco de dados. Ele descreve as estruturas de dados da blockchain e o uso de funções de *hash* criptográfico e criptografia por chave pública para garantir as propriedades da blockchain de anonimato, irrefutabilidade e resistência a falsificação. Em seguida, descreve e compara os algoritmos de consenso distribuídos, usados para garantir a descentralização, incluindo prova de trabalho, prova de participação e consenso bizantino. Boa parte do capítulo é voltada para os recursos que tornam a blockchain um conceito de banco de dados importante, incluindo o papel da blockchain de permissão, a codificação da lógica de negócios e acordos em pequenos contratos, e a interoperabilidade entre blockchains. São discutidas também as técnicas para se alcançar o desempenho de processamento de transação em escala de banco de dados. Uma última seção analisa as aplicações de blockchain corporativas atuais e contempladas.

- **Parte 10: Apêndice**. O Apêndice A apresenta detalhes do nosso esquema de universidade, incluindo o esquema completo, a DDL e todas as tabelas.

- **Parte 11: Capítulos on-line** (Capítulos de 27 a 32), disponíveis no GEN-IO. Oferecemos seis capítulos abordando o material de natureza histórica ou avançada; esses capítulos estão disponíveis apenas *on-line*. O Capítulo 27 aborda as linguagens de consulta "puras": o cálculo relacional de tupla e domínio, e o Datalog, que possui uma sintaxe modelada segundo a linguagem Prolog. O Capítulo 28 aborda tópicos avançados no projeto de banco de dados relacional, incluindo a teoria de dependências multivaloradas e a quarta forma normal, além de formas normais mais altas. O Capítulo 29 inclui bancos de dados orientados a objeto e tipos de dados mais complexos, como *arrays*, e tipos multiconjunto, além de tabelas que não estão na 1FN. O Capítulo 30 expande a cobertura do Capítulo 8 sobre XML. O Capítulo 31 aborda a recuperação de informações, que lida com a consulta de dados textuais não estruturados. O Capítulo 32 oferece uma visão geral do sistema de banco de dados PostgreSQL, voltado para cursos que focam nos detalhes internos do banco de dados. O capítulo será particularmente útil para dar suporte a projetos de alunos que trabalham com a base do código-fonte aberto do banco de dados PostgreSQL.

Ao final de cada capítulo, apresentamos referências em uma seção intitulada *Leitura adicional*. Esta seção é abreviada intencionalmente e oferece referências que permitem que os alunos continuem seu estudo sobre o conteúdo do capítulo ou aprendam sobre novos desenvolvimentos na área abordada pelo capítulo. Ocasionalmente, a seção de leituras adicionais inclui artigos originais que se tornaram clássicos, os quais todos deveriam conhecer. As notas bibliográficas detalhadas para cada capítulo estão disponíveis *on-line*, oferecendo referências para leitores que desejam obter mais detalhes sobre qualquer um dos tópicos abordados no capítulo.

A sétima edição

A produção desta sétima edição levou em consideração os muitos comentários e sugestões recebidos com relação às edições anteriores, nossas próprias observações enquanto lecionávamos na Yale University, Lehigh University e IIT de Bombaim, e nossa análise das direções para onde a tecnologia de banco de dados está evoluindo.

Anteriormente neste prefácio, fornecemos uma lista dos principais recursos novos desta edição; entre eles, estão uma cobertura extensa sobre Big Data, atualizações em todos os capítulos, para refletir a tecnologia de *hardware* de última geração, gerenciamento de dados semiestruturados, técnicas de indexação avançadas e um capítulo novo sobre bancos de dados de *blockchain*. Além dessas mudanças mais significativas, revisamos o material em cada capítulo, atualizando o material mais antigo, acrescentando discussões sobre desenvolvimentos recentes na tecnologia de banco de dados e melhorando as descrições de tópicos que os alunos consideraram difíceis de compreender. Também incluímos novos exercícios e referências atualizadas.

Para os professores que usaram anteriormente a sexta edição, listamos as mudanças mais significativas a seguir:

- A álgebra relacional passou para o Capítulo 2, para ajudar os alunos a compreender melhor as operações relacionais que formam a base das linguagens de consulta, como SQL. Uma cobertura mais profunda da álgebra relacional também auxilia na compreensão dos operadores algébricos necessários para a discussão posterior sobre processamento e otimização de consultas. As duas variantes do cálculo relacional agora estão em um capítulo *on-line*, pois acreditamos que elas agora só têm valor para os cursos com orientação mais teórica, e podem ser omitidas pela maioria dos cursos de banco de dados.
- Os capítulos sobre SQL agora incluem mais detalhes das variações da SQL específicas do sistema de banco de dados, para auxiliar os alunos a executar deveres práticos. As conexões entre a SQL e a álgebra relacional multiconjunto também são abordadas com mais detalhes. O Capítulo 4 agora aborda todo o material referente a junções, enquanto a junção natural anteriormente se encontrava no capítulo anterior. Nesse capítulo, também foram acrescentadas a cobertura das sequências usadas para gerar valores de chave única e a cobertura da segurança em nível de linha. As extensões recentes da API JDBC, que são particularmente úteis, agora são abordadas no Capítulo 5; a cobertura de OLAP passou desse capítulo para o Capítulo 11.
- O Capítulo 6 foi modificado para abordar diagramas E-R juntamente com os conceitos de E-R, em vez de primeiro apresentar os conceitos e depois introduzir os diagramas E-R, como nas edições anteriores. Acreditamos que isso ajudará os alunos a compreenderem melhor o modelo E-R.
- O Capítulo 7 agora possui uma cobertura avançada da modelagem de dados temporais, incluindo os recursos para bancos de dados temporais da SQL:2011.
- O Capítulo 8 é novo, abordando tipos de dados complexos, incluindo dados estruturados, como XML, JSON, RDF e SPARQL, dados orientados a objeto, dados textuais e dados espaciais. Os bancos de dados orientados a objeto, XML e recuperação de informações em dados textuais foram abordados com detalhes na sexta edição; esses tópicos foram abreviados e abordados no Capítulo 8, enquanto os capítulos originais da sexta edição agora estão disponíveis apenas *on-line*.
- O Capítulo 9 foi significativamente atualizado, para refletir ferramentas e técnicas modernas de desenvolvimento de aplicação, incluindo a cobertura estendida de Java-Script e bibliotecas de JavaScript para a montagem de interfaces Web dinâmicas, desenvolvimento de aplicações em Python usando o *framework* Django, cobertura de Web services e operações de desconexão usando HTML5. Acrescentamos o mapeamento objeto-relacional usando Django, assim como a discussão das técnicas para o desenvolvimento de aplicações de alto desempenho que podem lidar com grandes cargas de transação.
- O Capítulo 10 é um capítulo novo sobre Big Data, compreendendo conceitos e ferramentas de Big Data do ponto de vista do usuário. Os sistemas de armazenamento Big Data, o paradigma MapReduce, Apache Hadoop e Apache Spark, e bancos de dados de *streaming* e gráfico são abordados nesse capítulo. O objetivo é permitir que os leitores usem sistemas Big Data, apenas com um resumo do que acontece por debaixo dos panos. Os detalhes internos do Big Data são abordados com detalhes em outros capítulos.
- O capítulo sobre armazenamento e estrutura de arquivos foi dividido em dois capítulos. O Capítulo 12, que aborda o armazenamento, foi atualizado com a nova tecnologia, incluindo uma cobertura expandida sobre a memória flash, armazenamento orientado à coluna e organização de armazenamento em bancos de dados na memória principal. O Capítulo 13, que aborda estruturas de armazenamento de dados, foi expandido, e agora inclui detalhes

como mapas de espaço livre, particionamento e, mais importante, o armazenamento orientado a colunas.

- O Capítulo 14, sobre indexação, agora aborda estruturas de índice otimizadas para escrita, incluindo a árvore LSM e suas variantes, e a árvore em *buffer*, que estão tendo um uso cada vez maior. Os índices espaciais agora são abordados resumidamente nesse capítulo. Uma cobertura mais detalhada das árvores LSM e dos índices espaciais pode ser vista no Capítulo 24, que aborda técnicas avançadas de indexação. Os índices de mapa de bits, nesta sétima versão, são abordados resumidamente no Capítulo 14, enquanto a cobertura mais detalhada passou para o Capítulo 24. As técnicas de *hashing* dinâmico foram passadas para o Capítulo 24, pois possuem uma importância prática limitada nos dias atuais.
- O Capítulo 15, sobre processamento de consulta, expandiu significativamente a cobertura sobre *pipelining* no processamento de consulta e possui um material novo sobre processamento de consulta na memória principal, incluindo compilação de consulta, além de um rápido estudo sobre junções espaciais. O Capítulo 16, sobre otimização de consulta, contém mais exemplos de regras de equivalência para operadores, como junções externas e agregações, possui material atualizado sobre estatísticas para estimativa de custo e uma apresentação melhorada do algoritmo de otimização de ordem de junção. Também foram acrescentadas técnicas para descorrelacionar subconsultas aninhadas usando operações de semijunção e antijunção.
- O Capítulo 18, sobre controle de concorrência, possui material novo sobre controle de concorrência na memória principal. O Capítulo 19, sobre recuperação, agora concede mais importância à alta disponibilidade usando sistemas de *backup* remoto.
- Nossa cobertura sobre bancos de dados paralelos e distribuídos foi completamente remodelada. Em virtude da evolução dessas duas áreas em um espectro desde o paralelismo em nível de linha até os sistemas geograficamente distribuídos, agora apresentamos esses tópicos juntos.
    - O Capítulo 20, sobre arquiteturas de banco de dados, foi atualizado significativamente a partir da edição anterior, incluindo um material novo sobre redes de interconexão práticas, como a arquitetura tipo árvore (ou árvore gorda), e contém material consideravelmente expandido e atualizado sobre arquiteturas de memória compartilhada e coerência de cache. Há uma seção totalmente nova sobre serviços baseados em nuvem, abordando máquinas virtuais e contêineres, plataforma-como-um-serviço, *software*-como-um-serviço e elasticidade.
    - O Capítulo 21 aborda o armazenamento paralelo e distribuído; embora algumas partes desse capítulo estivessem incluídas na sexta edição, como as técnicas de particionamento, tudo o mais no capítulo é novo.
    - O Capítulo 22 aborda o processamento de consulta paralelo e distribuído. Novamente, apenas algumas seções desse capítulo – como algoritmos paralelos para classificação, junção e algumas outras operações relacionais – estavam presentes na sexta edição; quase tudo o mais no capítulo é novo.
    - O Capítulo 23 aborda o processamento de transação paralelo e distribuído. Algumas poucas partes desse capítulo são novas, como as seções sobre 2PC, mensagens persistentes e controle de concorrência em bancos de dados distribuídos, mas quase tudo o mais no capítulo é novo.

Assim como na sexta edição, facilitamos o acompanhamento do nosso banco de dados de exemplo listando o esquema de banco de dados e as instâncias de relação de amostra para nosso banco de dados universitário juntos no Apêndice A, bem como nos locais onde são usados nos diversos capítulos do livro. Além disso, oferecemos comandos de definição de dados das SQL no GEN-IO (os materiais são de direitos exclusivos dos autores do livro). Isso encoraja os alunos a executarem as consultas de exemplo diretamente em um sistema de banco de dados e a experimentarem modificações nessas consultas. Todos os tópicos não listados foram atualizados a partir da sexta edição, embora sua organização geral esteja relativamente inalterada.

Material de revisão e exercícios

Cada capítulo tem uma lista de termos de revisão, além de um resumo, que pode ajudar os leitores a revisarem os principais tópicos abordados no capítulo.

Assim como na sexta edição, os exercícios são divididos em dois conjuntos: **exercícios práticos** e **exercícios**. As soluções para os exercícios práticos estão disponíveis *on-line*. Os alunos são encorajados a resolver os exercícios práticos por conta própria e, mais tarde, conferir as respostas no *site*. As soluções para os outros exercícios estão disponíveis apenas aos professores (ver "Nota ao professor", mais adiante, para obter informações sobre como obter as soluções).

Muitos capítulos possuem uma seção de ferramentas ao final, que oferece informações sobre ferramentas de *software* relacionadas com o tópico do capítulo; algumas dessas ferramentas podem ser usadas para exercícios de laboratório. DDL SQL e dados de amostra para o banco de dados de universidade e outras relações usadas nos exercícios estão disponíveis *on-line* e podem ser usados para exercícios de laboratório.

Nota ao professor

É possível elaborar cursos usando vários subconjuntos dos capítulos. Alguns capítulos também podem ser abordados em uma ordem diferente da indicada no livro. Esboçamos aqui algumas possibilidades:

- O Capítulo 5 (SQL avançada) pode ser pulado ou deixado para depois sem perda da continuidade. Esperamos que a maioria dos cursos cubra pelo menos a Seção 5.1.1 primeiramente, pois JDBC provavelmente será uma ferramenta útil nos projetos do aluno.
- O Capítulo 6 (Modelo E-R) pode ser incluído antes dos Capítulos 3, 4 e 5, se for desejado, pois o Capítulo 6 não tem nenhuma dependência da SQL. No entanto, para os cursos com ênfase em programação, uma variedade mais rica de exercícios de laboratório é possível após o estudo da SQL, e recomendamos que a SQL seja abordada antes do projeto de banco de dados para tais cursos.
- O Capítulo 15 (Processamento da consulta) e o Capítulo 16 (Otimização da consulta) podem ser omitidos de um curso introdutório sem afetar a cobertura de qualquer outro capítulo.
- A Parte 7 (Gerenciamento de transação) consiste em uma visão geral (Capítulo 17) seguida por capítulos com detalhes. Você pode usar o Capítulo 17 enquanto omite os Capítulos 18 e 19, se quiser adiar esses capítulos para um curso avançado.
- A Parte 8 (Bancos de dados paralelos e distribuídos) consiste em uma visão geral (Capítulo 20) seguida por capítulos sobre os tópicos de armazenamento, processamento de consulta e transações. Você pode utilizar o Capítulo 20 enquanto omite os Capítulos 21 a 23, se deixar esses outros capítulos para um curso avançado.
- Na Parte 11 (capítulos *on-line*), o Capítulo 27 (Linguagens formais de consulta relacional) pode ser abordado imediatamente após o Capítulo 2, antes da SQL. Como alternativa, o capítulo pode ser omitido de um curso introdutório. Os cinco outros capítulos *on-line* (Projeto avançado de banco de dados relacional, Bancos de dados orientados a objeto, XML, Recuperação de informações e PostgreSQL) podem ser usados como material de estudo ou omitidos de um curso introdutório.

Exemplos de plano de estudos do curso, com base no livro, podem ser encontrados *on-line* (em inglês), no link que consta no GEN-IO. Os materiais são de direitos exclusivos dos autores do livro (© Copyright by Silberschatz, Korth and Sudarshan, 2019).

Agradecimentos

Muitas pessoas nos ajudaram nesta sétima edição, bem como nas seis edições anteriores, das quais ela é derivada; somos gratos a todas elas.

Sétima edição

- Ioannis Alagiannis e Renata Borovica-Gajic, por escreverem o Capítulo 32, sobre o banco de dados PostgreSQL, o qual está disponível *on-line*. O capítulo é uma reescrita completa do capítulo sobre PostgreSQL da sexta edição, que teve como autores Anastasia Ailamaki, Sailesh Krishnamurthy, Spiros Papadimitriou, Bianca Schroeder, Karl Schnaitter e Gavin Sherry.
- Judi Paige, por sua ajuda na geração de figuras, *slides* de apresentação e pelo tratamento do material revisado.
- Mark Wogahn, por garantir que o *software* usado para a produção do livro, incluindo macros e fontes do LaTeX, funcionasse corretamente.
- Sriram Srinivasan, pelas discussões e *feedback* que muito beneficiaram os capítulos sobre bancos de dados paralelos e distribuídos.
- N. L. Sarda, por seu *feedback* perspicaz sobre a sexta edição e algumas seções da sétima edição.
- Bikash Chandra e Venkatesh Emani, por sua ajuda com as atualizações no capítulo de desenvolvimento de aplicações, incluindo a criação do código de exemplo.
- Alunos do IIT em Bombaim, particularmente Ashish Mithole, por seu *feedback* das versões de rascunho dos capítulos sobre bancos de dados paralelos e distribuídos.
- Alunos de Yale, Lehigh e IIT em Bombaim, por seus comentários sobre a sexta edição.
- Jeffrey Anthony, parceiro e CTO, Synaptic; e os alunos da Lehigh Corey Caplan (agora cofundador da Leavitt Innovations); Gregory Cheng; Timothy LaRowe; e Aaron Rotem, pelos comentários e sugestões que beneficiaram o novo capítulo sobre *blockchain*.

Edições anteriores

- Hakan Jakobsson (Oracle), por escrever o capítulo sobre o sistema de banco de dados Oracle na sexta edição; Sriram Padmanabhan (IBM), por escrever o capítulo que descreve o sistema de banco de dados DB2 da IBM na sexta edição; e Sameet Agarwal, José A. Blakeley, Thierry D'Hers, Gerald Hinson, Dirk Myers, Vaqar Pirzada, Bill Ramos, Balaji Rathakrishnan, Michael Rys, Florian Waas e Michael Zwilling, por escreverem o capítulo que descreve o sistema de banco de dados Microsoft SQL Server na sexta edição; e, em particular, a José Blakeley, que infelizmente não está mais entre nós, por coordenar e editar o capítulo; César Galindo-Legaria, Goetz Graefe, Kalen Delaney e Thomas Casey por suas contribuições à edição anterior do capítulo sobre o Microsoft SQL Server. Esses capítulos, porém, não fazem parte da sétima edição.
- Anastasia Ailamaki, Sailesh Krishnamurthy, Spiros Papadimitriou, Bianca Schroeder, Karl Schnaitter e Gavin Sherry, por escreverem o capítulo sobre PostgreSQL na sexta edição.
- Daniel Abadi, por revisar o sumário da quinta edição e ajudar com a nova organização.
- Steve Dolins, University of Florida; Rolando Fernandez, George Washington University; Frantisek Franek, McMaster University; Latifur Khan, University of Texas – Dallas; Sanjay Madria, Missouri University of Science and Technology; Aris Ouksel, University of Illinois; e Richard Snodgrass, University of Waterloo; todos atuaram

como revisores do livro e cujos comentários nos ajudaram bastante na formulação da sexta edição.

- Judi Paige, por sua ajuda na elaboração de figuras e *slides* de apresentação.
- Mark Wogahn, por garantir que o *software* usado para produzir o livro, incluindo macros e fontes do LaTeX, funcionasse corretamente.
- N. L. Sarda, pelo *feedback* que nos ajudou a melhorar vários capítulos. Vikram Pudi, por nos motivar a substituir o esquema de banco anterior; e Shetal Shah, pelo *feedback* sobre vários capítulos.
- Os alunos em Yale, Lehigh e IIT em Bombaim, por seus comentários sobre a quinta edição, bem como sobre as cópias iniciais da sexta edição.
- Chen Li e Sharad Mehrotra, por fornecerem material sobre JDBC e segurança para a quinta edição.
- Marilyn Turnamian e Nandprasad Joshi, cujo excelente auxílio como secretárias foi essencial para o término da quinta edição; Marilyn também preparou um esboço inicial do projeto da capa para a quinta edição.
- Lyn Dupré revisou a terceira edição e Sara Strandtman editou o texto da terceira edição.
- Nilesh Dalvi, Sumit Sanghai, Gaurav Bhalotia, Arvind Hulgeri K. V. Raghavan, Prateek Kapadia, Sara Strandtman, Greg Speegle e Dawn Bezviner ajudaram a preparar o conteúdo complementar para as edições anteriores.
- A ideia de usar barcos como parte do conceito da capa nos foi sugerida inicialmente por Bruce Stephan.
- As seguintes pessoas ofereceram sugestões e comentários para a quinta edição e as edições anteriores do livro. R. B. Abhyankar, Hani Abu-Salem, Jamel R. Alsabbagh, Raj Ashar, Don Batory, Phil Bernhard, Christian Breimann, Gavin M. Bierman, Janek Bogucki, Haran Boral, Paul Bourgeois, Phil Bohannon, Robert Brazile, Yuri Breitbart, Ramzi Bualuan, Michael Carey, Soumen Chakrabarti, Tom Chappell, Zhengxin Chen, Y. C. Chin, Jan Chomicki, Laurens Damen, Prasanna Dhandapani, Qin Ding, Valentin Dinu, J. Edwards, Christos Faloutsos, Homma Farian, Alan Fekete, Frantisek Franek, Shashi Gadia, Hector Garcia-Molina, Goetz Graefe, Jim Gray, Le Gruenwald, Eitan M. Gurari, William Hankley, Bruce Hillyer, Ron Hitchens, Chad Hogg, Arvind Hulgeri, Yannis Ioannidis, Zheng Jiaping, Randy M. Kaplan, Graham J. L. Kemp, Rami Khouri, Hyoung-Joo Kim, Won Kim, Henry Korth (pai de Henry F.), Carol Kroll, Hae Choon Lee, Sang Won Lee, Irwin Levinstein, Mark Llewellyn, Gary Lindstrom, Ling Liu, Dave Maier, Keith Marzullo, Marty Maskarinec, Fletcher Mattox, Sharad Mehrotra, Jim Melton, Alberto Mendelzon, Ami Motro, Bhagirath Narahari, Yiu-Kai Dennis Ng, Thanh-Duy Nguyen, Anil Nigam, Cyril Orji, Meral Ozsoyoglu, D. B. Phatak, Juan Altmayer Pizzorno, Bruce Porter, Sunil Prabhakar, Jim Peterson, K. V. Raghavan, Nahid Rahman, Rajarshi Rakshit, Krithi Ramamritham, Mike Reiter, Greg Riccardi, Odinaldo Rodriguez, Mark Roth, Marek Rusinkiewicz, Michael Rys, Sunita Sarawagi, N. L. Sarda, Patrick Schmid, Nikhil Sethi, S. Seshadri, Stewart Shen, Shashi Shekhar, Amit Sheth, Max Smolens, Nandit Soparkar, Greg Speegle, Jeff Storey, Dilys Thomas, Prem Thomas, Tim Wahls, Anita Whitehall, Christopher Wilson, Marianne Winslett, Weining Zhang e Liu Zhenming.

Notas pessoais

Sudarshan gostaria de agradecer à sua esposa, Sita, por seu amor e apoio, e a seus filhos, Madhur e Advaith, por seu amor e alegria de viver. Hank gostaria de agradecer à sua esposa, Joan, e a seus filhos, Abby e Joe, por seu amor e compreensão. Avi gostaria de agradecer a Valerie por seu amor, paciência e apoio durante a revisão deste livro.

A. S.
H. F. K.
S. S.

Material Suplementar

Este livro conta com os seguintes materiais suplementares:

Para leitores e docentes:

- Seis capítulos *on-line*
- Bibliografia
- Material de laboratório, incluindo DDL SQL e dados de exemplo para o esquema de universidade e outras relações usadas nos exercícios, além de instruções para a montagem e uso de diversos sistemas e ferramentas de banco de dados
- Respostas para os exercícios práticos.

Para docentes:

- *Slides* em PowerPoint: parte do material da obra em formato de apresentação, acompanhando todos os capítulos
- Manual do Professor contendo soluções para todos os exercícios do livro
- Informações exclusivas para professores
- Banco de perguntas, contendo exercícios adicionais.

Todos os materiais relacionados acima estão em inglês.

Os professores terão acesso a todos os materiais relacionados acima (para leitores e restritos a docentes). Basta estarem cadastrados no GEN.

O acesso ao material suplementar é gratuito. Basta que o leitor se cadastre, faça seu *login* em nosso *site* (www.grupogen.com.br) e, após, clique em Ambiente de aprendizagem. Em seguida, insira no canto superior esquerdo o código PIN de acesso localizado na primeira orelha deste livro.

O acesso ao material suplementar online fica disponível até seis meses após a edição do livro ser retirada do mercado.

Caso haja alguma mudança no sistema ou dificuldade de acesso, entre em contato conosco (gendigital@grupogen.com.br).

Sumário

Capítulo 1 Introdução

PARTE 1 ▪ LINGUAGENS RELACIONAIS

Capítulo 2 Introdução ao modelo relacional

Capítulo 3 Introdução à SQL

Capítulo 4 SQL intermediária

Capítulo 5 SQL avançada

PARTE 2 ▪ PROJETO DE BANCO DE DADOS

Capítulo 6 Projeto de banco de dados e o modelo E-R

Capítulo 7 Projeto de banco de dados relacional

PARTE 3 ▪ PROJETO E DESENVOLVIMENTO DE APLICAÇÃO

Capítulo 8 Tipos de dados complexos

Capítulo 9 Desenvolvimento de aplicação

PARTE 4 ▪ ANÁLISE DE BIG DATA

Capítulo 10 Big Data

Capítulo 11 Análise de dados

PARTE 5 ▪ GERENCIAMENTO DE ARMAZENAMENTO E INDEXAÇÃO

Capítulo 12 Sistemas de armazenamento físicos

Capítulo 13 Estruturas de armazenamento de dados

Capítulo 14 Indexação

PARTE 6 ▪ PROCESSAMENTO E OTIMIZAÇÃO DE CONSULTA

Capítulo 15 Processamento da consulta

Capítulo 16 Otimização da consulta

PARTE 7 ▪ GERENCIAMENTO DE TRANSAÇÃO

Capítulo 17 Transações

Capítulo 18 Controle de concorrência

Capítulo 19 Sistema de recuperação

PARTE 8 ▪ BANCOS DE DADOS PARALELOS E DISTRIBUÍDOS

Capítulo 20 Arquiteturas de sistema de banco de dados

Capítulo 21 Armazenamento paralelo e distribuído

Capítulo 22 Processamento de consulta paralelo e distribuído

Capítulo 23 Processamento de transações paralelo e distribuído

PARTE 9 ▪ TÓPICOS AVANÇADOS

Capítulo 24 Técnicas avançadas de indexação

Capítulo 25 Desenvolvimento avançado de aplicações

Capítulo 26 Bancos de dados de blockchain

PARTE 10 ▪ APÊNDICE A

PARTE 11 ▪ CAPÍTULOS *ON-LINE* (EM INGLÊS)

CAPÍTULO 1

Introdução

Um **sistema de gerenciamento de banco de dados** (**SGBD**) é uma coleção de dados inter-relacionados e um conjunto de programas para acessar esses dados. A coleção de dados, normalmente conhecida como **banco de dados**, contém informações relevantes para uma empresa. O principal objetivo de um SGBD é proporcionar uma forma de armazenar e recuperar informações de um banco de dados de maneira *conveniente* e *eficiente*.

Sistemas de banco de dados são projetados para gerir grandes massas de informação. A gestão dos dados envolve tanto a definição de estruturas para o armazenamento de informações quanto os mecanismos que preveem a manipulação da informação. Além disso, o sistema de banco de dados deve garantir a segurança das informações armazenadas, apesar de falhas no sistema ou de tentativas de acesso não autorizado. Se os dados são compartilhados entre vários usuários, o sistema deve evitar possíveis resultados anômalos.

Visto que a informação é tão importante na maioria das organizações, cientistas da computação têm desenvolvido um vasto conjunto de conceitos e técnicas de gerenciamento de dados. Esses conceitos e técnicas formam a essência deste livro. Este capítulo apresenta um resumo dos princípios dos sistemas de banco de dados.

1.1 Aplicações do sistema de banco de dados

Os sistemas de banco de dados mais antigos surgiram na década de 1960, em resposta ao gerenciamento computadorizado de dados comerciais. Essas aplicações mais antigas eram relativamente simples em comparação com as aplicações modernas de banco de dados, usadas, hoje, por empresas altamente sofisticadas, no mundo inteiro.

Todas as aplicações de banco de dados, sejam elas antigas ou novas, compartilham importantes elementos comuns. O aspecto central da aplicação não é um programa para realizar algum cálculo, mas sim os próprios dados. Hoje, algumas das corporações mais valiosas o são não por causa de seus ativos físicos, mas pela informação que possuem. Imagine um banco sem seus dados sobre contas e clientes ou um *site* de rede social que perde as conexões entre seus usuários. O valor dessas empresas seria quase totalmente perdido sob tais circunstâncias.

Os sistemas de banco de dados são usados para gerenciar coleções de dados:

- Altamente valiosas.
- Relativamente grandes.
- Acessadas por vários usuários e aplicações, normalmente ao mesmo tempo.

As primeiras aplicações de banco de dados tinham apenas uma estrutura simples de dados, formatados com precisão. Hoje, as aplicações de banco de dados podem incluir dados com relacionamentos complexos e uma estrutura mais variável. Como exemplo de uma aplicação com dados estruturados, considere os registros de uma universidade em relação a cursos, alunos e inscrição no curso. A universidade mantém o mesmo tipo de informação sobre cada curso: identificador do curso, título, departamento, número do curso etc. e, da mesma forma, para os alunos: identificador do aluno, nome, endereço, telefone etc. O registro do curso é uma coleção de pares: um identificador de curso e um identificador de aluno. Informações desse tipo possuem uma estrutura padrão de repetição e são representativas do tipo de aplicativos de banco de dados que remontam à década de 1960. Compare essa aplicação simples de banco de dados universitário com um *site* de rede social. Os usuários do *site* publicam tipos variados de informações sobre si mesmos, desde itens simples, como nome ou data de nascimento, até postagens complexas contendo texto, imagens, vídeos e *links* para outros usuários. Existe apenas uma quantidade limitada de estrutura comum entre esses dados. Essas duas aplicações, no entanto, compartilham os recursos básicos de um banco de dados.

Os sistemas modernos de banco de dados exploram aspectos comuns na estrutura de dados para obter eficiência, mas também permitem dados fracamente estruturados e dados cujos formatos são altamente variáveis. Como resultado, um sistema de banco de dados constitui um sistema de *software* grande e complexo, cuja tarefa é gerenciar uma coleção grande e complexa de dados.

Gerenciar a complexidade é um desafio, não apenas no gerenciamento de dados, mas em qualquer domínio. Fundamental para a gestão da complexidade é o conceito de *abstração*. A abstração permite que uma pessoa use um dispositivo ou sistema complexo sem precisar conhecer os detalhes de como esse dispositivo ou sistema é construído. Por exemplo, uma pessoa é capaz de dirigir um carro sabendo como operar seus controles. No entanto, o motorista não precisa compreender como o motor foi construído nem como ele opera. Tudo o que ele precisa saber é uma abstração do que o motor faz. Da mesma forma, para uma coleção de dados grande e complexa, um sistema de banco de dados oferece uma visão mais simples e abstrata das informações para que os usuários e programadores de aplicações não precisem estar cientes dos detalhes subjacentes de como os dados são armazenados e organizados. Ao fornecer um alto nível de abstração, um sistema de banco de dados possibilita que uma empresa combine dados de vários tipos em um repositório unificado das informações necessárias para dirigir a empresa.

Aqui temos alguns tipos de aplicações:

- **Informação empresarial**
  - *Vendas*: Para informações sobre clientes, produtos e compras.
  - *Contabilidade*: Para pagamentos, recebimentos, saldos de contas, bens e outras informações contábeis.
  - *Recursos humanos*: Para informações sobre funcionários, salários, encargos sociais e benefícios, e para a geração de contracheques.
- **Manufatura**: Para o gerenciamento da cadeia de suprimentos e rastreamento de itens de produção nas fábricas, estoques de itens em armazéns e lojas, além de pedidos de compra.
- **Bancos e finanças**
  - *Bancos*: Para informações sobre clientes, contas, empréstimos, operações e serviços bancários.
  - *Operações com cartão de crédito*: Para compras realizadas com cartões de crédito e geração de extratos mensais.
  - *Finanças*: Para armazenar informações sobre acervos, vendas e compras de ativos financeiros, como ações e títulos, também para armazenar dados de mercado em tempo real, para permitir a negociação *on-line* pelos clientes e negociação automatizada pela empresa.
- **Universidades**: Para informações dos alunos, matrículas em cursos e notas (além das informações-padrão da empresa, como recursos humanos e contabilidade).
- **Companhias aéreas**: Para reservas e informações de agendamento. As companhias aéreas foram umas das primeiras a usar bancos de dados de uma forma geograficamente distribuída.
- **Telecomunicações**: Informações para a manutenção de registros de chamadas realizadas, textos e uso de dados, para geração de faturas mensais, gerenciamento dos saldos de cartões pré-pagos e para guardar informações sobre as redes de comunicação.
- **Serviços baseados na Web**
  - *Mídia social*: Para manter registros de usuários, conexão entre os usuários (como informações de amigos/seguidores), postagens dos usuários, informações de classificação/*likes* sobre postagens etc.
  - *Varejistas on-line*: Para manter registros de dados e pedidos de vendas para qualquer varejista, mas também para rastrear a visão dos produtos de um usuário, termos de busca etc., para fins de identificação dos melhores itens a serem recomendados ao usuário.
  - *Anúncios on-line*: Para manter registros de histórico de cliques, a fim de permitir anúncios direcionados, sugestões de produtos, novos artigos etc. As pessoas acessam esses bancos de dados toda vez que realizam uma busca na Web, fazem uma compra *on-line* ou acessam um *site* de rede social.
- **Bancos de dados de documentos**: Para manter coleções de novos artigos, patentes, artigos de pesquisa publicados etc.
- **Sistemas de navegação**: Para manter a localização de diversas áreas de interesse, juntamente com as rotas exatas de estradas, sistemas de trem, ônibus etc.

Conforme ilustrado na lista, os bancos de dados constituem uma parte essencial não só de cada empresa, mas também de uma grande parte das atividades diárias de uma pessoa.

As formas com as quais as pessoas interagem com bancos de dados mudaram ao longo do tempo. Os primeiros bancos de dados eram mantidos como sistemas de *back-office*, com os quais os usuários interagiam por meio de relatórios impressos e formulários de papel como entrada. À medida que os sistemas de banco de dados se tornavam mais sofisticados, linguagens melhores eram desenvolvidas para os programadores usarem na interação com os dados, juntamente com interfaces de usuário, para permitir que os usuários finais dentro da empresa consultem e atualizem dados.

À medida que o suporte à interação do programador com bancos de dados melhorou e o desempenho do *hardware* aumentou, mesmo com os custos de *hardware* diminuindo, surgiram aplicações mais sofisticadas, que levavam os dados do banco de dados a um contato mais direto não apenas com usuários finais de uma empresa, mas também com o público em geral. Enquanto os clientes dos bancos precisavam interagir com um caixa em todas as transações, os caixas automáticos permitiam a interação direta com o cliente. Hoje, praticamente toda empresa emprega aplicações Web ou aplicativos móveis (*mobile*) para permitir que seus clientes interajam diretamente com seu banco de dados e, portanto, com a própria empresa.

O usuário, ou cliente, pode se concentrar no produto ou serviço sem estar ciente dos detalhes do grande banco de dados, que possibilita a interação. Por exemplo, quando você lê uma postagem em uma rede social ou acessa uma livraria *on-line* e navega em um livro ou coleção de músicas, está acessando dados armazenados em um banco de dados. Quando você insere um pedido *on-line*, seu pedido é armazenado em um banco de dados. Quando você acessa um *site* do banco e consulta seu saldo bancário e informações de transação, essas informações são recuperadas do sistema de banco de dados do banco. Quando você acessa um *website*, informações sobre você podem ser recuperadas de um banco de dados para selecionar quais anúncios podem ser de seu interesse. Quase toda interação com um *smartphone* resulta em algum tipo de acesso ao banco de dados. Além disso, os dados sobre seus acessos à Web podem ser armazenados em um banco de dados.

Assim, apesar de as interfaces de usuário ocultarem detalhes de acesso a um banco de dados e a maioria das pessoas não se darem conta de que estão lidando com um banco de dados, acessar bancos de dados constitui uma parte essencial na vida de quase todos nós.

Em termos gerais, existem dois modos de utilização dos bancos de dados.

- O primeiro modo é para dar suporte ao **processamento de transação *on-line***, onde grande número de usuários utiliza o banco de dados, com cada usuário recuperando quantidades de dados relativamente reduzidas e realizando pequenas atualizações. Esse é o modo de uso principal para a grande maioria dos usuários de aplicações de banco de dados, como aquelas que apresentamos anteriormente.
- O segundo modo é para dar suporte à **análise de dados**, ou seja, o processamento dos dados para obter conclusões e deduzir regras ou procedimentos de decisão, que são, então, usados para controlar as decisões de negócios.

  Por exemplo, bancos precisam decidir se concederão um empréstimo a um cliente solicitante, anunciantes *on-line* precisam decidir quais anúncios mostrarão a um usuário em particular. Essas tarefas são tratadas em duas etapas. Primeiro, as técnicas de análise de dados tentam descobrir, automaticamente, regras e padrões a partir dos dados e criar *modelos preditivos*. Esses modelos recebem, como entrada, atributos ("características") de indivíduos, e geram previsões como a probabilidade de pagar as prestações de um empréstimo ou clicar em um anúncio, que são, então, usados para tomar a decisão de negócios.

  Tomando outro exemplo, os fabricantes e revendedores precisam tomar decisões sobre quais itens devem fabricar ou adquirir em quais quantidades; essas decisões são controladas, de modo significativo, por técnicas voltadas para análise de dados do passado e previsão de tendências. O custo por tomar decisões erradas pode ser muito alto e, portanto, as organizações estão dispostas a investir muito dinheiro para reunir ou comprar os dados necessários e, assim, montar sistemas que possam usar os dados para realizar previsões mais exatas.

  O campo de *mineração de dados* (ou *data mining*) combina técnicas de descoberta de conhecimento inventadas por pesquisadores de inteligência artificial e analistas estatísticos com técnicas de implementação eficientes, permitindo seu uso em bancos de dados extremamente grandes.

1.2 Finalidade dos sistemas de banco de dados

Para entender a finalidade dos sistemas de banco de dados, considere parte de uma organização universitária que, entre outros dados, mantém informações sobre todos os instrutores, alunos, departamentos e ofertas de cursos. Uma forma de manter as informações em um computador é armazená-las nos arquivos do sistema operacional. Para permitir aos usuários manipular a informação, o sistema tem uma série de programas aplicativos que manipulam os arquivos, inclusive programas para:

- Adicionar novos alunos, instrutores e cursos.
- Registrar alunos em cursos e gerar listas de classe.
- Atribuir notas aos alunos, calcular coeficientes de rendimento (CR) e gerar históricos.

Os programadores do sistema escreveram esses aplicativos para atender às necessidades da universidade.

Novos aplicativos são adicionados ao sistema em caso de necessidade. Por exemplo, suponha que uma universidade decida oferecer um novo curso de graduação. Como resultado, a universidade cria um departamento e novos arquivos permanentes (ou adiciona informações aos arquivos existentes) para registrar informações sobre todos os professores do departamento, graduandos, oferta de disciplinas, requisitos da graduação etc. A universidade pode ter de escrever novos aplicativos para lidar com as regras específicas para o novo curso de graduação. Novos programas aplicativos também podem ter de ser escritos para que considerem as novas regras na universidade. Assim, com o tempo, o sistema adquire mais arquivos e mais programas aplicativos.

Esse **sistema de processamento de arquivos** típico tem o suporte de um sistema operacional convencional. O sistema armazena os registros permanentes em diversos arquivos e precisa de programas aplicativos diferentes para extrair e adicionar registros aos arquivos adequados.

Manter as informações organizacionais em um sistema de processamento de arquivos tem uma série de inconvenientes:

- **Redundância e inconsistência nos dados.** Visto que diferentes programadores criam partes de programas e aplicações durante um longo período, os diversos arquivos podem ter diferentes estruturas, e os programas podem ser escritos em várias linguagens de programação. Além disso, as mesmas informações podem estar duplicadas em diversos lugares (arquivos). Por exemplo, se um aluno está matriculado em um curso, digamos, em música e matemática, o endereço e o número do telefone do aluno podem aparecer em um arquivo composto do registro dos alunos do departamento de música e em outro arquivo que inclui os registros dos alunos do departamento de matemática. Essa redundância ocasiona maiores custos de armazenamento e acesso. Além disso, ela pode ocasionar **inconsistência de dados**, ou seja, as cópias dos mesmos dados podem não coincidir. Por exemplo, a mudança de endereço do aluno pode ser refletida nos registros do departamento de música, mas não em outras partes do sistema.
- **Dificuldade no acesso aos dados.** Suponha que um dos funcionários da universidade precise descobrir os nomes de todos os alunos que moram dentro da área de determinado código postal. O funcionário solicita ao departamento de

processamento de dados para gerar uma lista desse tipo. Como quem escreveu o sistema original não antecipou essa solicitação, não há aplicação para atendê-la naquele momento. Há, no entanto, um programa aplicativo para gerar a lista de *todos* os alunos. O funcionário da universidade tem agora duas escolhas: obter a lista de todos os alunos e extrair as informações necessárias manualmente ou pedir a um programador para escrever o programa aplicativo necessário. Obviamente, ambas as alternativas são insatisfatórias. Suponha que tal programa seja desenvolvido e que, alguns dias depois, o funcionário precise reduzir a lista para incluir apenas os alunos que cursaram pelo menos 60 horas de crédito. Muito possivelmente, um programa para gerar tal lista não existe. O funcionário, mais uma vez, tem as duas opções anteriores e nenhuma delas é satisfatória.

A questão aqui é que os ambientes convencionais de processamento de arquivos não permitem que os dados necessários possam ser recuperados de forma conveniente e eficiente. São necessários sistemas de recuperação de dados mais responsivos, para uso geral.

- **Isolamento dos dados**. Como os dados estão dispersos em vários arquivos, e os arquivos podem estar em diferentes formatos, é difícil escrever novos programas aplicativos para recuperar os dados adequados.

- **Problemas de integridade**. Os valores de dados armazenados no banco de dados precisam satisfazer certos tipos de **restrições de consistência**. Suponha que a universidade mantenha uma conta para cada departamento e registre o saldo de cada conta. Admita, também, que a universidade exija que o saldo da conta de um departamento nunca possa estar abaixo de zero. Desenvolvedores impõem essas restrições no sistema, adicionando o código apropriado nos programas das diversas aplicações. No entanto, quando novas restrições forem adicionadas, é difícil alterar os programas para aplicá-las. O problema se agrava quando as restrições envolvem vários itens de dados de arquivos diferentes.

- **Problemas de atomicidade**. Um sistema de computador, como qualquer outro dispositivo, está sujeito a falhas. Em muitos aplicativos, é crucial que, se ocorrer uma falha, os dados sejam restaurados para o estado consistente que existia antes da falha. Considere um programa para transferir $ 500 do saldo da conta do departamento *A* para o saldo da conta do departamento *B*. Se houver uma falha do sistema durante a execução do programa, é possível que os $ 500 sejam removidos do departamento *A*, mas não creditados no departamento *B*, resultando em um estado de banco de dados inconsistente. Obviamente, é essencial para a consistência do banco de dados que nem o débito nem o crédito ocorram. Ou seja, a transferência de fundos deve ser *atômica* – deve acontecer na sua totalidade ou não deve ocorrer absolutamente. É difícil garantir atomicidade em um sistema de processamento de arquivos convencional.

- **Anomalias de acesso concorrente**. Para favorecer o desempenho global do sistema e uma resposta mais rápida, muitos sistemas permitem que múltiplos usuários atualizem os dados simultaneamente. De fato, hoje, os maiores varejistas da internet podem ter milhões de acessos por dia aos seus dados pelos compradores. Nesse ambiente, a interação das atualizações simultâneas é possível e pode resultar em dados inconsistentes. Considere uma conta *A* com saldo de $ 10.000. Se dois funcionários do banco debitarem (digamos, $ 500 e $ 100, respectivamente) da conta *A* quase exatamente ao mesmo tempo, o resultado das execuções concorrentes pode deixar o saldo da conta em um estado incorreto (ou inconsistente). Suponha que os programas que estão sendo executados em cada caixa eletrônico leiam o valor antigo, diminuam desse valor o montante a ser retirado e gravem o resultado. Se os dois programas são executados simultaneamente, ambos podem ler o valor de $ 10.000 e escrever $ 9500 e $ 9900, respectivamente. Dependendo de quem grava o último valor, o saldo da conta *A* pode ser $ 9500 ou $ 9900, em vez do valor correto de $ 9400. Para se precaver contra essa possibilidade, o sistema precisa manter algum tipo de supervisão. Porém, a supervisão é difícil de ser provida porque os dados podem ser acessados por diferentes programas aplicativos que não tenham sido previamente coordenados.

  Como outro exemplo, suponha que um programa de registro mantenha uma contagem de alunos matriculados em uma disciplina, a fim de impor limites ao número de alunos matriculados. Quando o aluno se matricula, o programa lê o número atual de inscritos, verifica se o limite ainda não foi atingido, adiciona 1 à contagem e armazena essa contagem no banco de dados. Suponha que dois alunos se matriculem simultaneamente, com a contagem, digamos, em 39. As duas execuções do programa podem ler o valor 39 e ambos, então, gravar o valor 40, levando a um aumento incorreto de apenas 1, apesar de dois alunos se matricularem com sucesso no curso; a contagem deveria ser 41. Além disso, suponha que o limite de inscritos do curso seja 40; no caso acima, os alunos seriam capazes de se matricular, levando a uma violação do limite de 40 alunos.

- **Problemas de segurança**. Nem todos os usuários do sistema de banco de dados devem ser capazes de acessar todos os dados. Por exemplo, em uma universidade, o pessoal da folha de pagamento precisa ver apenas a parte do banco de dados que contém informações financeiras. Eles não precisam acessar informações sobre os registros acadêmicos. Porém, uma vez que programas aplicativos são adicionados ao sistema de processamento de arquivos de forma local, a imposição de restrições de segurança é difícil.

Essas dificuldades, entre outras, levaram ao desenvolvimento de sistemas de banco de dados e à transição de aplicações baseadas em arquivos para sistemas de banco de dados, entre as décadas de 1960 e 1970.

Nas seções que se seguem, veremos os conceitos e algoritmos que permitem que os sistemas de banco de dados resolvam os problemas existentes nos sistemas de processamento de arquivos. Na maior parte deste livro, usamos uma organização universitária como exemplo de uma aplicação típica de processamento de dados.

1.3 Visão dos dados

Um sistema de banco de dados é uma coleção de dados inter-relacionados e um conjunto de programas que permitem aos usuários acessar e modificar esses dados. Uma finalidade importante de um sistema de banco de dados é fornecer aos usuários uma visão *abstrata* dos dados, ou seja, o sistema oculta certos detalhes de como os dados são armazenados e mantidos.

1.3.1 Modelos de dados

Apoiando a estrutura de um banco de dados está o **modelo de dados**: uma coleção de ferramentas conceituais para descrever dados, relações de dados, semântica de dados e restrições de consistência.

Existem diferentes modelos de dados, que abordaremos neste livro. Eles podem ser classificados em quatro categorias diferentes:

- **Modelo relacional**. Este modelo usa uma coleção de tabelas para representar os dados e as relações entre eles. Cada tabela possui diversas colunas, cada qual com um único nome. Tabelas também são chamadas de **relações**. O modelo relacional é um exemplo de modelo baseado em registros. Os modelos baseados em registros recebem esse nome porque o banco de dados é estruturado em registros de formato fixo de vários tipos. Cada tabela contém registros de um tipo específico. Cada tipo de registro define um número fixo de campos, ou atributos. As colunas da tabela correspondem aos atributos do tipo de registro. O modelo de dados relacional é o modelo de dados mais utilizado, e a grande maioria dos sistemas de banco de dados atuais é baseada no modelo relacional. Os Capítulos 2 a 7 abordam detalhadamente o modelo relacional.
- **Modelo de entidade/relacionamento (E-R)**. O modelo E-R utiliza uma coleção de objetos básicos, chamados *entidades*, e os *relacionamentos* entre esses objetos. Uma entidade é uma "coisa" ou "objeto" no mundo real que é distinguível dos outros objetos. O modelo de entidade/relacionamento é muito usado no projeto de banco de dados, e o Capítulo 6 o explora em profundidade.
- **Modelo de dados semiestruturado**. Este modelo semiestruturado permite a especificação dos dados em que itens de dados individuais do mesmo tipo possam ter diferentes conjuntos de atributos. Isso é o oposto dos modelos de dados mencionados anteriormente, em que todos os itens de dados de determinado tipo precisam ter o mesmo conjunto de atributos. JSON e a *Extensible Markup Language* (XML) são amplamente usados para representar dados semiestruturados. Os modelos de dados semiestruturados são explicados detalhadamente no Capítulo 8.
- **Modelo de dados baseado em objeto**. Programação orientada a objetos (especialmente em Java, C++ ou C#) tornou-se a metodologia de desenvolvimento de *software* dominante. Isso levou, inicialmente, ao desenvolvimento de um modelo de dados orientado a objetos, mas, atualmente, o conceito de objetos está bastante integrado aos bancos de dados relacionais. Sistemas de bancos de dados permitem que os procedimentos sejam armazenados no sistema de banco de dados e executados por esse sistema. Isso pode ser visto como uma extensão do modelo ER com noções de encapsulamento, métodos e identidade do objeto. O Capítulo 8 resume o modelo de dados baseado em objeto.

Grande parte deste livro é voltada para o modelo relacional, pois ele representa o alicerce para a maioria das aplicações de banco de dados.

1.3.2 Modelo de dados relacional

No modelo relacional, os dados são representados em forma de tabelas. Cada tabela possui várias colunas, e cada qual com um único nome. Cada linha da tabela representa um pedaço de informação. A Figura 1.1 apresenta um exemplo de banco de dados relacional contendo duas tabelas: uma mostra os detalhes dos instrutores da universidade e a outra, os detalhes dos diversos departamentos da universidade.

ID	*nome*	*nome_dept*	*salário*
22222	Einstein	Physics	95000
12121	Wu	Finance	90000
32343	El Said	History	60000
45565	Katz	Comp. Sci.	75000
98345	Kim	Elec. Eng.	80000
76766	Crick	Biology	72000
10101	Srinivasan	Comp. Sci.	65000
58583	Califieri	History	62000
83821	Brandt	Comp. Sci.	92000
15151	Mozart	Music	40000
33456	Gold	Physics	87000
76543	Singh	Finance	80000

(a) Tabela *instrutor*

nome_dept	*edifício*	*orçamento*
Comp. Sci.	Taylor	100000
Biology	Watson	90000
Elec. Eng.	Taylor	85000
Music	Packard	80000
Finance	Painter	120000
History	Painter	50000
Physics	Watson	70000

(b) Tabela *departamento*

Figura 1.1 Um exemplo de banco de dados relacional.

A primeira tabela, *instrutor*, nos mostra, por exemplo, que um instrutor chamado Einstein com o *ID* 22222 pertence ao departamento Physics e tem um salário anual de $ 95.000. A segunda tabela, *departamento*, nos mostra, por exemplo, que o departamento Biology está localizado no edifício Watson e tem orçamento de $ 90.000. Obviamente, uma universidade do mundo real terá muitos outros departamentos e instrutores. Usamos pequenas tabelas no texto para ilustrar os conceitos. Um exemplo maior para o mesmo esquema está disponível *on-line*.

1.3.3 Abstração de dados

Para que o sistema seja funcional, ele precisa recuperar dados de maneira eficiente. A necessidade de eficiência tem levado os projetistas a usar estruturas de dados complexas para representar dados no banco de dados. Como muitos usuários de sistema de banco de dados não são treinados em computação, os desenvolvedores ocultam a complexidade dos usuários sob vários níveis de **abstração de dados**, para simplificar as interações do usuário com o sistema:

- **Nível físico**. O nível de abstração mais baixo descreve *como* os dados são realmente armazenados. O nível físico descreve em detalhes estruturas de dados complexas de baixo nível.
- **Nível lógico**. O próximo nível mais alto de abstração descreve *quais* dados estão armazenados no banco de dados e que relações existem entre eles. O nível lógico, portanto, descreve o banco de dados inteiro em termos de um pequeno número de estruturas relativamente simples. Embora a implementação de estruturas simples, no nível lógico, possa envolver estruturas em nível físico complexas, o usuário do nível lógico não precisa estar ciente dessa complexidade. A isso chamamos **independência de dados física**. Os administradores de banco de dados, que precisam decidir que informações armazenar no banco de dados, usam o nível lógico de abstração.
- **Nível de visão** (*view*). O nível de abstração mais alto descreve apenas parte do banco de dados. Mesmo que o nível lógico use estruturas mais simples, a complexidade permanece em razão da variedade de informações armazenadas em um grande banco de dados. Muitos usuários do sistema de banco de dados não precisam de toda essa informação; em vez disso, eles precisam acessar apenas uma parte do banco de dados. O nível de visão existe para simplificar sua interação com o sistema. O sistema pode fornecer muitas visões para o mesmo banco de dados.

A Figura 1.2 mostra a relação entre os três níveis de abstração.

Uma característica importante dos modelos de dados, como o modelo relacional, é que eles ocultam detalhes de implementação de baixo nível não apenas dos usuários de banco de dados, mas ainda dos desenvolvedores de aplicação de banco de dados. O sistema de banco de dados permite que os desenvolvedores de aplicação armazenem e recuperem dados usando as abstrações do modelo de dados, e converte operações abstratas em operações na implementação de baixo nível.

Uma analogia com o conceito dos tipos de dados nas linguagens de programação pode esclarecer a diferença entre os níveis de abstração. Muitas linguagens de programação aceitam a noção de tipo estruturado. Por exemplo, podemos declarar um registro da seguinte maneira:[1]

```
type instrutor = record
        ID: char (5);
        nome: char (20);
        nome_dept: char (20);
        salário: numeric (8,2);
    end;
```

Esse código define um novo tipo de registro, chamado *instrutor*, com quatro campos. Cada campo tem um nome e um tipo associados. Por exemplo, **char**(20) especifica uma string com 20 caracteres, enquanto **numeric**(8,2) especifica um número com oito dígitos, dois dos quais estão à direita do ponto decimal. Uma universidade, por exemplo, pode ter vários desses tipos de registro, incluindo:

[1]O tipo real de declaração depende da linguagem a ser utilizada. C e C++ usam declarações **struct**. Java não possui tal declaração; entretanto, uma classe simples pode ser definida para o mesmo efeito.

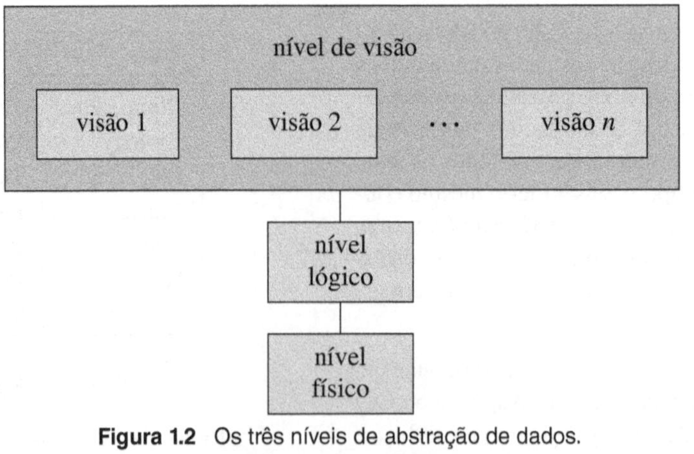

Figura 1.2 Os três níveis de abstração de dados.

- *departamento*, com campos *nome_dept*, *edifício* e *orçamento*.
- *curso*, com campos *id_curso*, *título*, *nome_dept* e *créditos*.
- *aluno*, com campos *ID*, *nome*, *nome_dept* e *tot_cred*.

No nível físico, um registro de *instrutor*, *departamento* ou *aluno* pode ser descrito como um bloco de *bytes* consecutivos. O compilador oculta esse nível de detalhe dos programadores. Da mesma forma, o sistema de banco de dados oculta muitos detalhes de armazenamento de nível mais baixo dos programadores de banco de dados. Os administradores de banco de dados, por outro lado, podem estar cientes de certos detalhes da organização física dos dados. Por exemplo, existem muitas maneiras de armazenar tabelas em arquivos. Uma delas consiste em armazenar uma tabela como uma sequência de registros em um arquivo, com um caractere especial (como uma vírgula) usado para delimitar os diferentes atributos de um registro, e outro caractere especial (como um caractere de nova linha) usado para delimitar registros. Se todos os atributos tiverem comprimento fixo, os comprimentos dos atributos poderão ser armazenados separadamente, e os delimitadores poderão ser omitidos do arquivo. Atributos de comprimento variável podem ser manipulados armazenando-se o comprimento seguido pelos dados. Bancos de dados usam um tipo de estrutura de dados chamado de índice para dar suporte à recuperação eficiente de registros; estes também fazem parte do nível físico.

No nível lógico, cada registro é descrito por uma definição de tipo, como no segmento de código anterior, e a relação entre tipos de registro também é definida no nível físico; um requisito de que o valor de *nome_dept* de um registro de *instrutor* deve aparecer na tabela *departamento* é um exemplo desse tipo de relação. Os programadores que utilizam uma linguagem de programação trabalham nesse nível de abstração. De modo semelhante, os administradores de banco de dados normalmente trabalham nesse nível de abstração.

Finalmente, no nível de visão, os usuários de computador veem um conjunto de programas aplicativos que ocultam detalhes dos tipos de dados. De igual modo, no nível de visão, várias visões do banco de dados são definidas, e os usuários de banco de dados enxergam algumas ou todas elas. Além disso, para ocultar detalhes do nível lógico do banco de dados, as visões também fornecem um mecanismo de segurança de modo a evitar que os usuários acessem certas partes do banco de dados. Por exemplo, as secretárias de um departamento de registro de alunos de uma universidade visualizam apenas informações sobre alunos; elas não podem acessar informações sobre salários de professores.

1.3.4 Instâncias e esquemas

Os bancos de dados mudam com o tempo, à medida que as informações são inseridas e excluídas. A coleção das informações armazenadas no banco de dados em determinado momento é uma **instância** do banco de dados. O projeto geral do banco de dados é o **esquema** do banco de dados. O conceito de esquemas e instâncias de banco de dados pode ser entendido por analogia com um programa escrito em uma linguagem de programação. Um esquema de banco de dados corresponde às declarações de variável (juntamente com as definições de tipo associadas) em um programa. Cada variável possui um valor específico em um dado instante. Os valores das variáveis em um programa em um ponto no tempo correspondem a uma *instância* de um esquema de banco de dados.

Os sistemas de banco de dados possuem vários esquemas, particionados de acordo com os níveis de abstração. O **esquema físico** descreve o projeto de banco de dados no nível físico, enquanto o **esquema lógico** descreve o projeto de banco de dados no nível lógico. Um banco de dados também pode ter vários esquemas no nível de visão, algumas vezes chamado de **subesquemas**, que descrevem diferentes visões do banco de dados.

Destes, o esquema lógico é seguramente o mais importante, em termos de seu efeito sobre os programas aplicativos, já que os programadores constroem aplicações usando o esquema lógico. O esquema físico é oculto por trás do esquema lógico e, em geral, pode ser facilmente modificado sem afetar os programas aplicativos. Dizemos que os programas aplicativos apresentam independência de dados física, se eles não dependerem do esquema físico e, portanto, não precisarem ser reescritos, se o esquema físico mudar.

Também observamos que é possível criar esquemas que apresentam problemas, como informações desnecessariamente duplicadas. Por exemplo, suponha que armazenemos o departamento *orçamento* como um atributo do registro de *instrutor*. Então, sempre que o valor do orçamento de um departamento (digamos, o departamento de Física) mudar, essa alteração deve ser refletida nos registros de todos os instrutores associados ao departamento. No Capítulo 7, estudaremos como distinguir os bons dos maus projetos de esquemas.

Tradicionalmente, os esquemas lógicos eram alterados com pouca frequência, se é que eram. Muitos aplicativos de banco de dados mais novos, no entanto, exigem esquemas lógicos mais flexíveis nos quais, por exemplo, registros diferentes em uma única relação podem ter atributos diferentes.

1.4 Linguagens de banco de dados

Um sistema de banco de dados fornece uma **linguagem de definição de dados (DDL)** para especificar o esquema de banco de dados e uma **linguagem de manipulação de dados (DML)** para expressar as consultas e atualizações de banco de dados. Na prática, as linguagens de definição de dados e de manipulação de dados não são duas linguagens separadas, mas simplesmente formam partes de uma única linguagem de banco de dados, como a linguagem SQL. Quase todos os sistemas de banco de dados relacional empregam a linguagem SQL, que explicamos com detalhes nos Capítulos 3, 4 e 5.

1.4.1 Linguagem de definição de dados

Especificamos um esquema de banco de dados por um conjunto de definições expresso por uma linguagem especial chamada de linguagem de definição de dados (DDL). A DDL também é usada para especificar propriedades adicionais dos dados.

Especificamos a estrutura de armazenamento e métodos de acesso usados pelo sistema de banco de dados por um conjunto de instruções em um tipo especial de DDL chamado de linguagem de **armazenamento e definição de dados**. Essas instruções definem os detalhes de implementação dos esquemas de banco de dados, que, normalmente, estão ocultos dos usuários.

Os valores de dados armazenados no banco de dados precisam satisfazer certas restrições de consistência. Por exemplo, suponha que a universidade exija que o saldo da conta de um departamento não seja negativo. A DDL oferece facilidades para especificar essas restrições. O sistema de banco de dados verifica essas restrições a cada atualização do banco de dados. Em geral, uma restrição pode ser um predicado qualquer pertencente ao banco de dados. No entanto, predicados arbitrários podem ser custosos para testar. Assim, os sistemas de banco de dados implementam apenas as restrições de integridade que podem ser testadas com o mínimo de sobrecarga:

- **Restrições de domínio**. Um domínio de possíveis valores precisa ser associado a cada atributo (por exemplo, tipos de inteiro, tipos de caractere, tipos de data/hora). Declarar um atributo para ser de um domínio específico age como uma restrição sobre os valores que ele pode assumir. As restrições de domínio são a forma mais elementar de restrição de integridade. Elas são testadas facilmente pelo sistema sempre que um novo item de dados é inserido no banco de dados.
- **Integridade referencial**. Há casos em que queremos garantir que o valor que aparece em uma relação para dado conjunto de atributos também apareça em determinado conjunto de atributos em outra relação (integridade referencial). Por exemplo, o departamento listado para cada curso deve ser um que realmente exista na universidade. Mais precisamente, o valor *nome_dept* em um registro *curso* deve aparecer no atributo *nome_dept* de algum registro da relação *departamento*. Modificações no banco de dados podem causar violações de integridade referencial. Quando uma restrição de integridade referencial é violada, o procedimento normal é rejeitar a ação que causou a violação.
- **Autorização**. Podemos querer diferenciar entre usuários quanto ao tipo de acesso que eles podem realizar nos vários valores de dados no banco de dados. Essas diferenciações são expressas em termos de **autorização**, e as mais comuns são: **autorização de leitura**, que permite a leitura, mas não a alteração dos dados; **autorização de inserção**, que permite a inserção de novos dados, mas não a modificação de dados existentes; **autorização de atualização**, que permite a alteração, mas não a exclusão dos dados; e **autorização de exclusão**, que permite a exclusão dos dados. Podemos atribuir ao usuário todas, nenhuma ou uma combinação desses tipos de autorização.

O processamento de instruções da DDL, exatamente como qualquer outra linguagem de programação, tem como entrada algumas instruções e gera alguma saída. A saída da DDL é inserida no **dicionário de dados**, que contém **metadados**, ou seja, dados sobre os dados. O dicionário de dados é considerado um tipo especial de tabela que só pode ser acessado e atualizado pelo próprio sistema de banco de dados (não por um usuário comum). Um sistema de banco de dados consulta o dicionário de dados antes de ler ou modificar dados reais.

1.4.2 Linguagem de definição de dados SQL

A SQL fornece uma DDL rica que permite definir tabelas com tipos de dados e restrições de integridade.

Por exemplo, a instrução DDL a seguir na linguagem SQL define a tabela *departamento*:

```
create table departamento
    (nome_dept    char (20),
     edifício     char (15),
     orçamento    numeric (12,2));
```

A execução dessa cláusula DDL cria a tabela *departamento* com três colunas: *nome_dept*, *edifício* e *orçamento*, cada uma delas com um tipo específico de dados associado. Discutiremos os tipos de dados com mais detalhes no Capítulo 3.

A DDL SQL também tem suporte para diversos tipos de restrições de integridade. Por exemplo, pode-se especificar que o valor do atributo *nome_dept* seja uma *chave primária*, garantindo que dois departamentos nunca possam ter o mesmo nome de departamento. Como outro exemplo, pode-se especificar que o valor do atributo *nome_dept* que aparece em qualquer registro de *instrutor* também deve aparecer no atributo *nome_dept* de algum registro da tabela *departamento*. Discutimos o suporte da SQL para restrições de integridade e autorizações nos Capítulos 3 e 4.

1.4.3 Linguagem de manipulação de dados

Uma **linguagem de manipulação de dados** (**DML**) permite aos usuários acessar ou manipular dados conforme organizados pelo modelo de dados apropriado. Os tipos de acesso são:

- Recuperação de informações armazenadas no banco de dados.
- Inserção de novas informações no banco de dados.
- Exclusão de informações do banco de dados.
- Modificação de informações armazenadas no banco de dados.

Basicamente, existem dois tipos de linguagem de manipulação de dados:

- **DMLs procedurais** requerem que o usuário especifique *quais* dados são necessários e *como* obtê-los.
- **DMLs declarativas** (também chamadas de **DMLs não procedurais**) requerem que o usuário especifique *quais* dados são necessários *sem* especificar *como* obtê-los.

As DMLs declarativas normalmente são mais fáceis de aprender e de usar do que as DMLs procedurais. Entretanto, como um usuário não precisa especificar como obter os dados, o sistema de banco de dados tem de descobrir uma maneira eficiente de acessar os dados.

Uma **consulta** é uma instrução requisitando a recuperação de informações. A parte de uma DML que envolve recuperação de informações é chamada de **linguagem de consulta**. Embora tecnicamente incorreto, é prática comum usar os termos *linguagem de consulta* e *linguagem de manipulação de dados* sem distinção.

Existem várias linguagens de consulta de banco de dados em uso, quer comercial ou experimentalmente. Estudaremos a linguagem de consulta mais amplamente utilizada, SQL, nos Capítulos 3, 4 e 5.

Os níveis de abstração que discutimos na Seção 1.3 se aplicam não só para definir ou estruturar dados, mas também para manipular dados. No nível físico, precisamos definir algoritmos que permitam acesso eficiente aos dados. Nos níveis de abstração mais altos, enfatizamos a facilidade de uso. O objetivo é permitir que os humanos interajam eficientemente com o sistema. O componente processador de consulta do sistema de banco de dados (que estudaremos nos Capítulos 15 e 16) traduz consultas de DML em sequências de ações no nível físico do sistema de banco de dados. No Capítulo 22, estudamos o processamento de consultas nos ambientes paralelo e distribuído cada vez mais comuns.

1.4.4 Linguagem de manipulação de dados SQL

A linguagem de consulta SQL é não procedural. A consulta recebe várias tabelas como entrada (possivelmente apenas uma) e sempre retorna uma única tabela. Aqui está um exemplo de consulta SQL que encontra os nomes de todos os instrutores do departamento History:

select *instrutor.nome*
from *instrutor*
where *instrutor.nome_dept* = 'History';

A consulta especifica que as linhas da tabela *instrutor* onde o *nome_dept* é History devem ser recuperadas e o atributo *nome* dessas linhas deve ser apresentado. O resultado da execução dessa consulta é uma tabela com uma única coluna intitulada *nome* e um conjunto de linhas, cada uma contendo o nome de um instrutor cujo *nome_dept* é History. Se a consulta for executada na tabela da Figura 1.1, o resultado será composto de duas linhas, uma com o nome de El Said e outro com o nome Califieri.

As consultas podem envolver informações de mais de uma tabela. Por exemplo, a consulta a seguir encontra a identificação do instrutor e o nome do departamento de todos os instrutores associados a um departamento com orçamento superior a $ 95.000.

select *instrutor.ID, departamento.nome_dept*
from *instrutor, departamento*
where *instrutor.nome_dept= departamento.nome_dept*
and *departamento.orcamento* > 95000;

Se essa consulta for executada nas tabelas da Figura 1.1, o sistema encontrará dois departamentos com orçamento maior que $ 95.000 – Computer Science e Finance; existem cinco instrutores nesses departamentos. Dessa forma, o resultado será uma tabela com duas colunas (*ID*, *nome_dept*) e cinco linhas: (12121, *Finance*), (45565, *Computer Science*), (10101, *Computer Science*), (83821, *Computer Science*) e (76543, *Finance*).

1.4.5 Acesso ao banco de dados pelos programas de aplicação

As linguagens de consulta não procedurais, como SQL, não são tão poderosas quanto uma máquina universal de Turing, isto é, há alguns cálculos que são possíveis usando uma linguagem de programação de propósito geral, mas que não o são usando SQL. A SQL também não suporta ações como entrada de usuários, exibição na tela ou comunicação pela rede. Tais cálculos e ações devem ser escritos em uma linguagem *host*, como C/C++, Java ou Python, com consultas SQL embutidas que acessam dados no banco de dados. Os **programas aplicativos** são usados para interagir com o banco de dados dessa forma. Por exemplo, em um sistema universitário temos programas que permitem que os alunos se matriculem nos cursos, permitem gerar listas de turmas, calcular o CR (coeficiente de rendimento), gerar contracheques etc.

Para acessar o banco de dados, as instruções DML precisam ser executadas a partir da linguagem hospedeira (*host*) para o banco de dados, onde serão executadas. Isso normalmente é feito com o uso de uma interface de programa aplicativo (conjunto de procedimentos) que pode ser usada para enviar instruções DML e DDL ao banco de dados e recuperar os resultados. O padrão Open Database Connectivity (ODBC) define interfaces de programa de aplicação para uso com C e diversas outras linguagens. O padrão Java Database Connectivity (JDBC) fornece recursos correspondentes para a linguagem Java.

1.5 Projeto de banco de dados

Os sistemas de banco de dados são projetados para gerenciar grandes blocos de informações. Esses grandes blocos de informações não existem isolados. Eles são parte da operação de alguma empresa cujo produto pode ser informações do banco de dados ou algum dispositivo ou serviço para o qual o banco de dados desempenha apenas um papel de apoio.

O projeto de banco de dados envolve, principalmente, o projeto do esquema de banco de dados. O projeto de um ambiente de aplicação de banco de dados completo que atenda às necessidades da empresa sendo modelada requer atenção para um conjunto de problemas mais amplo. Neste texto, focalizamos, inicialmente, a escrita de consultas de banco de dados e o projeto de esquemas de banco de dados. O Capítulo 9 discute o processo geral do projeto de aplicação.

Um modelo de dados de alto nível fornece ao projetista de banco de dados uma estrutura conceitual para especificar, de maneira sistemática, quais são as necessidades de dados dos usuários do banco de dados e como o banco de dados será estruturado para satisfazer essas necessidades. Portanto, a fase inicial do projeto de banco de dados consiste em caracterizar completamente as necessidades de dados dos potenciais usuários do banco de dados. O projetista de banco de dados precisa interagir bastante com especialistas e usuários do domínio para realizar essa tarefa. O resultado dessa fase é uma especificação dos requisitos do usuário.

A seguir, o projetista escolhe um modelo de dados e, aplicando os conceitos do modelo de dados escolhido, traduz essas necessidades em um esquema conceitual do banco de dados. O esquema desenvolvido nessa fase de **projeto conceitual** fornece uma visão geral detalhada da empresa. O projetista revisa o esquema para confirmar se todas as necessidades de dados estão realmente satisfeitas e se não estão em conflito entre si. O projetista também pode examinar o projeto para remover características redundantes. O foco, nesse momento, é descrever os dados e suas relações, e não especificar detalhes do armazenamento físico.

Em termos do modelo relacional, o processo do projeto conceitual envolve decisões sobre *quais* atributos queremos capturar no banco de dados e *como agrupar* esses atributos para formar as várias tabelas. A parte "quais" é uma decisão empresarial e não a discutiremos mais neste texto. A parte "como" trata-se, principalmente, de um problema de ciência da computação. Existem, basicamente, duas maneiras de tratar o problema. A primeira é usar o modelo de entidade/relacionamento (Capítulo 6); a outra é empregar um conjunto de algoritmos (coletivamente chamados de **normalização**) que tem como entrada o conjunto de todos os atributos e gera um conjunto de tabelas (Capítulo 7).

Um esquema conceitual totalmente desenvolvido também indicará os requisitos funcionais da empresa. Em uma **especificação das necessidades funcionais**, os usuários descrevem os tipos de operações (ou transações) que serão realizadas nos dados. Exemplos de operações incluem modificar ou atualizar dados, pesquisar e recuperar dados específicos e excluir dados. Nessa fase do projeto conceitual, o projetista pode revisar o esquema para se certificar de que ele atende aos requisitos funcionais.

O processo de mudar de um modelo de dados abstrato para a implementação do banco de dados é realizado em duas fases de projeto finais. Na **fase de projeto lógico**, o projetista mapeia o esquema conceitual de alto nível para o modelo de dados de implementação do sistema de banco de dados que será usado. O projetista usa o esquema de banco de dados específico do sistema resultante na **fase de projeto físico** subsequente, em que os recursos físicos do banco de dados são especificados. Esses recursos, que incluem a forma de organização de arquivos e as estruturas de armazenamento internas, são discutidos no Capítulo 13.

1.6 Mecanismo de banco de dados

Um sistema de banco de dados é particionado em módulos que lidam com cada uma das responsabilidades do sistema geral. Os componentes funcionais de um sistema de banco de dados podem ser divididos, de modo amplo, no gerenciador de armazenamento, componentes do **processador de consulta** e o componente de gerenciamento de transação.

O gerenciador de armazenamento é importante porque os bancos de dados normalmente exigem grande quantidade de espaço de armazenamento. Os bancos de dados corporativos variam de centenas de gigabytes a terabytes de dados. Um gigabyte tem aproximadamente um bilhão de bytes, ou 1000 megabytes (mais precisamente, 1024 megabytes), enquanto um terabyte tem aproximadamente um trilhão de bytes, ou um milhão de megabytes (mais precisamente, 1024 gigabytes). As maiores empresas possuem bancos de dados que atingem vários petabytes (um petabyte corresponde a 1024 terabytes). Como a memória principal dos computadores não pode armazenar tanta quantidade de dados, e visto que o conteúdo da memória principal se perde em uma falha ou desligamento do sistema, as informações são armazenadas em discos. Os dados são movidos entre o armazenamento em disco e a memória principal, conforme necessário. Uma vez que o movimento de dados de e para o disco é lento, em comparação à velocidade da CPU, é fundamental que o sistema de banco de dados estruture os dados de modo a minimizar a necessidade de mover dados entre disco e memória principal. Cada vez mais, discos em estado sólido (*solid-state disks* – SSDs) estão sendo usados para o armazenamento de banco de dados. SSDs são mais velozes que os discos magnéticos tradicionais, porém mais caros.

O processador de consulta é importante porque ajuda o sistema de banco de dados a simplificar o acesso aos dados. O processador de consulta permite que os usuários do banco de dados obtenham um bom desempenho, enquanto são capazes de trabalhar no nível de visão e não são desnecessariamente sobrecarregados com os detalhes físicos da implementação do sistema. É função do sistema de banco de dados traduzir atualizações e consultas escritas em uma linguagem não procedural, no nível lógico, em uma sequência eficiente de operações no nível físico.

O gerenciador de transação é importante porque permite que os desenvolvedores de aplicações tratem uma sequência de acessos ao banco de dados como uma única unidade que é executada totalmente ou não é executada. Isso permite que os desenvolvedores pensem na aplicação em um nível de abstração mais alto, sem se preocuparem com os detalhes de nível mais baixo de gerenciamento dos efeitos do acesso concorrente aos dados e de falhas do sistema.

Embora os mecanismos de banco de dados fossem, tradicionalmente, sistemas de computador centralizados, o processamento paralelo de hoje é fundamental para o tratamento eficaz de grandes volumes de dados. Os mecanismos modernos de banco de dados prestam muita atenção ao armazenamento paralelo de dados e ao processamento paralelo de consultas.

1.6.1 Gerenciador de armazenamento

Um **gerenciador de armazenamento** é um componente de um sistema de banco de dados que fornece a interface entre os dados de baixo nível armazenados no banco de dados e os programas aplicativos e consultas submetidos ao sistema. O gerenciador de armazenamento é responsável pela interação com o gerenciador de arquivos. Os dados brutos são armazenados no disco usando o sistema de arquivos, fornecido pelo sistema operacional. O gerenciador de armazenamento traduz as várias instruções DML em comandos de sistema de arquivos de baixo nível. Portanto, o gerenciador de armazenamento é responsável por armazenar, recuperar e atualizar dados no banco de dados. Os componentes do gerenciador de armazenamento incluem:

- **Gerenciador de autorização e integridade**, que testa a satisfação das restrições de integridade e verifica a autoridade dos usuários para acessar dados.
- **Gerenciador de transação**, que garante que o banco de dados permaneça em estado consistente (correto), apesar de falhas do sistema, e que as execuções de transação concorrentes sejam efetuadas sem conflitos.
- **Gerenciador de arquivos**, que controla a alocação de espaço no armazenamento de disco e as estruturas de dados usadas para representar informações armazenadas no disco.
- **Gerenciador de *buffer***, que é responsável por buscar dados do armazenamento de disco para a memória principal e decidir que dados conservar em cache na memória principal. O gerenciador de *buffer* é uma parte crítica do sistema de banco de dados, já que permite que o banco de dados manipule tamanhos de dados que sejam muito maiores do que o tamanho da memória principal.

O gerenciador de armazenamento implementa várias estruturas de dados como parte da implementação do sistema físico:

- **Arquivos de dados**, que armazenam o banco de dados propriamente dito.
- **Dicionário de dados**, que armazena metadados sobre a estrutura do banco de dados, em especial o esquema do banco de dados.
- **Índices**, que podem fornecer acesso rápido aos itens de dados. Como o índice deste livro, um índice de banco de dados fornece ponteiros para os itens de dados que contêm um valor específico. Por exemplo, poderíamos usar um índice para encontrar determinado *instrutor* com o seu *ID* exclusivo ou todos os registros de *instrutor* com um *nome* em particular.

Discutiremos o meio de armazenamento, as estruturas de arquivo e o gerenciamento de *buffer* nos Capítulos 12 e 13. Os métodos para acessar dados eficientemente são discutidos no Capítulo 14.

1.6.2 Processador de consulta

Os componentes do processador de consulta incluem:

- **Interpretador de DDL**, que interpreta instruções DDL e registra as definições no dicionário de dados.
- **Compilador de DML**, que traduz instruções DML em uma linguagem de consulta para um plano de avaliação consistindo em instruções de baixo nível que o mecanismo de avaliação de consulta entende.

  Uma consulta normalmente pode ser traduzida em qualquer um de vários planos de avaliação que produzem o mesmo resultado. O compilador de DML também realiza **otimização de consulta**, ou seja, ele seleciona o plano de avaliação de menor custo dentre as alternativas.
- **Mecanismo de avaliação de consulta**, que executa instruções de baixo nível geradas pelo compilador de DML.

A avaliação de consulta é abordada no Capítulo 15, enquanto os métodos pelos quais o otimizador de consulta escolhe dentre as possíveis estratégias de avaliação são discutidos no Capítulo 16.

1.6.3 Gerenciamento de transação

Muitas vezes, várias operações no banco de dados formam uma única unidade lógica de trabalho. Um exemplo é uma transferência de fundos, como visto na Seção 1.2, em que uma conta (digamos, A) é debitada e outra conta (digamos, B) é creditada. Obviamente, é fundamental que tanto o débito quanto o crédito ocorram ou, então, que nenhum ocorra. Ou seja, a transferência de fundos precisa acontecer em sua totalidade ou não acontecer. Essa propriedade "tudo ou nada" é chamada **atomicidade**. Além disso, é essencial que a execução da transferência de fundos preserve a consistência do banco de dados. Isto é, o valor da soma $A + B$ precisa ser preservado. Essa propriedade de exatidão é chamada **consistência**. Finalmente, após a execução bem-sucedida de uma transferência de fundos, os novos valores das contas A e B precisam persistir, apesar da possibilidade de falha do sistema. Essa propriedade de persistência é chamada **durabilidade**.

Uma **transação** é um conjunto de operações que realiza uma única função lógica em uma aplicação de banco de dados. Cada transação é uma unidade de atomicidade e de consistência. Assim, exigimos que as transações não violem quaisquer restrições de consistência no banco de dados. Ou seja, se o banco de dados tiver sido consistente quando uma transação tiver iniciado, o banco de dados precisa ser consistente quando a transação terminar com sucesso. Todavia, durante a execução de uma transação, pode ser necessário permitir, temporariamente, a inconsistência, já que o débito de A ou o crédito de B precisam ser feitos um antes do outro. Essa inconsistência temporária, embora necessária, pode causar dificuldade se uma falha ocorrer.

É responsabilidade do programador definir corretamente as várias transações, de modo que cada uma preserve a consistência do banco de dados. Por exemplo, a transação para transferir fundos da conta *A* para a conta *B* poderia ser definida para ser composta de dois programas separados: um que debita a conta *A* e outro que credita a conta *B*. A execução desses dois programas em sequência, sem dúvida, preservará a consistência. Entretanto, cada programa, sozinho, não transforma o banco de dados de um estado consistente em um novo estado consistente. Portanto, esses programas não são transações.

Garantir as propriedades da atomicidade e da durabilidade é função do próprio sistema de banco de dados – especificamente, do **gerente de recuperação**. Na ausência de falhas, todas as transações completam com sucesso, e a atomicidade é obtida facilmente. Contudo, em função dos vários tipos de falha, uma transação nem sempre pode completar sua execução corretamente. Se precisarmos garantir a propriedade da atomicidade, uma transação com falha não pode ter nenhum efeito sobre o estado do banco de dados. Portanto, o banco de dados precisa ser restaurado ao estado em que estava antes de a transação em questão ser iniciada. O sistema de banco de dados precisa realizar **recuperação de falha**, ou seja, detectar falhas de sistema e restaurar o banco de dados ao estado anterior ao surgimento da falha.

Finalmente, quando várias transações atualizam o banco de dados ao mesmo tempo, a consistência dos dados pode não mais ser preservada, mesmo que cada transação individual esteja correta. É responsabilidade do **gerenciador de controle de concorrência** controlar a interação entre as transações concorrentes, para assegurar a consistência do banco de dados. O **gerenciador de transação** consiste no gerenciador de controle de concorrência e no gerenciador de recuperação.

Os conceitos básicos do processamento de transação são discutidos no Capítulo 17. O gerenciamento das transações concorrentes é abordado no Capítulo 18. O Capítulo 19 analisa, detalhadamente, a recuperação de falhas.

O conceito de transação foi aplicado amplamente nos sistemas e aplicações de banco de dados. Embora o uso inicial das transações tenha sido em aplicações financeiras, o conceito agora é usado em aplicações em tempo real na telecomunicação, bem como no gerenciamento de atividades de longa duração, como projeto de produto ou *workflows* administrativos.

1.7 Arquitetura do banco de dados e da aplicação

Estamos em posição de fornecer um único quadro dos vários componentes de um sistema de banco de dados e as conexões entre eles. A Figura 1.3 mostra a arquitetura de um sistema de banco de dados que funciona em uma máquina servidora centralizada. A figura resume como os diferentes tipos de usuários interagem com um banco de dados e como os diferentes componentes de um mecanismo de banco de dados estão conectados entre si.

A arquitetura centralizada mostrada na Figura 1.3 aplica-se a arquiteturas de servidor de *memória compartilhada*, que possuem várias CPUs e exploram o processamento paralelo, mas todas as CPUs acessam uma memória compartilhada comum. Para escalar volumes de dados ainda maiores e velocidades de processamento ainda mais altas, os *bancos de dados paralelos* são projetados para execução em um *cluster* contendo várias máquinas. Além disso, *bancos de dados distribuídos* permitem o armazenamento de dados e o processamento de consulta entre diversas máquinas geograficamente separadas.

No Capítulo 20, abordamos a estrutura geral dos modernos sistemas de computador, com um foco nas arquiteturas de sistemas paralelas. Os Capítulos 21 e 22 descrevem como o processamento de consulta pode ser implementado para explorar o processamento paralelo e distribuído. O Capítulo 23 apresenta diversos problemas que surgem no processamento de transações em um banco de dados paralelo ou distribuído e descreve como lidar com cada problema. Os problemas incluem como armazenar dados, como garantir a atomicidade das transações que são executadas em vários locais, como realizar controle de concorrência e como fornecer alta disponibilidade na presença de falhas.

Agora, vamos considerar a arquitetura das aplicações que usam bancos de dados como seu *back-end*. As aplicações de banco de dados normalmente são particionadas em duas ou três partes, como na Figura 1.4. As aplicações de banco de dados mais antigas usavam uma **arquitetura de duas camadas**, em que a aplicação reside na máquina cliente, que chama a funcionalidade do sistema de banco de dados na máquina servidora por meio de instruções da linguagem de consulta.

Ao contrário, as aplicações de banco de dados modernas utilizam uma **arquitetura de três camadas**, em que a máquina cliente age meramente como um *front-end* e não contém quaisquer chamadas de banco de dados diretas; navegadores Web e aplicativos móveis são, atualmente, os clientes de aplicação mais utilizados. O *front-end* realiza a comunicação com um **servidor de aplicação**. O servidor de aplicação, por sua vez, se comunica com um sistema de banco de dados para acessar os dados. A **lógica de negócios** da aplicação, que diz quais ações executar sob quais condições, é incorporada ao servidor de aplicação, em vez de ser distribuída por múltiplos clientes. As aplicações de três camadas oferecem mais segurança, além de melhor desempenho, que as aplicações de duas camadas.

1.8 Usuários e administradores de banco de dados

O objetivo fundamental de um sistema de banco de dados é recuperar informações do banco de dados e armazenar novas informações nele. As pessoas que trabalham com um banco de dados podem ser categorizadas como usuários de banco de dados ou administradores de banco de dados.

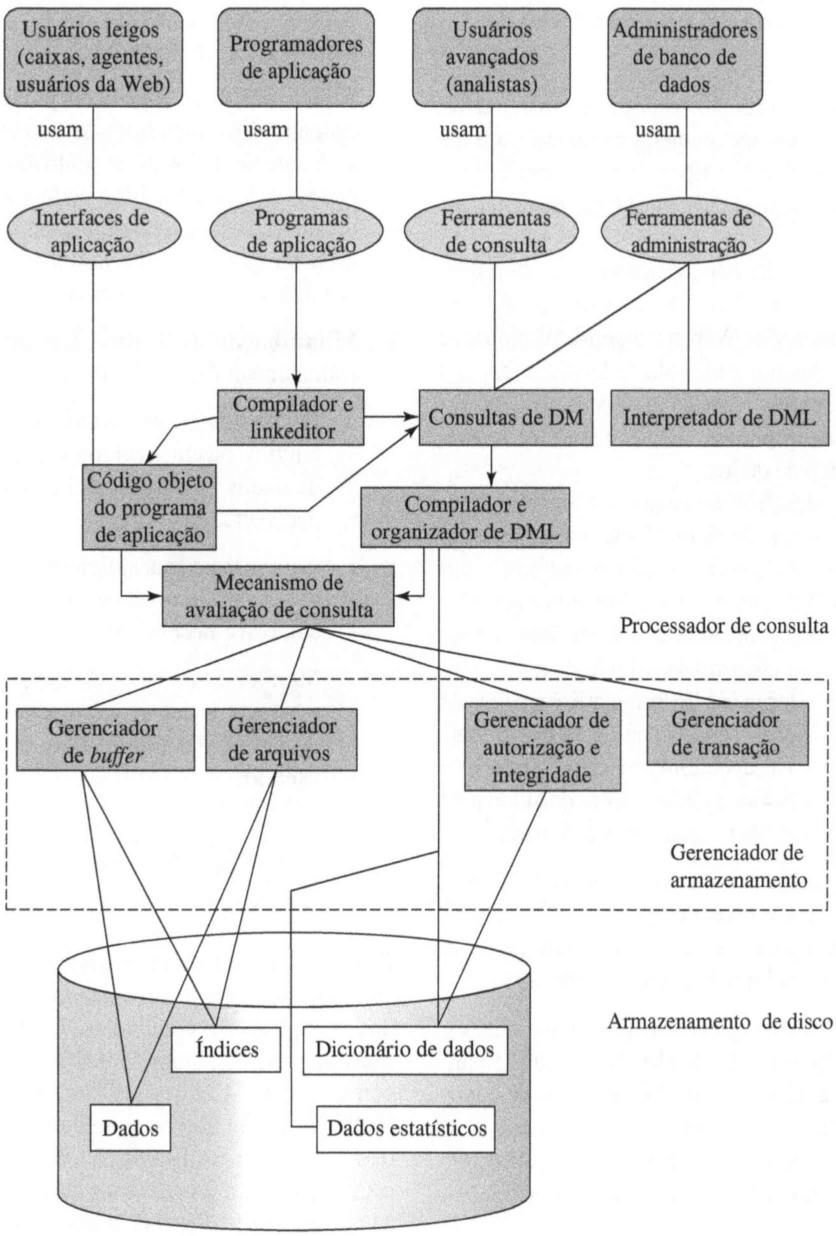

Figura 1.3 Estrutura do sistema.

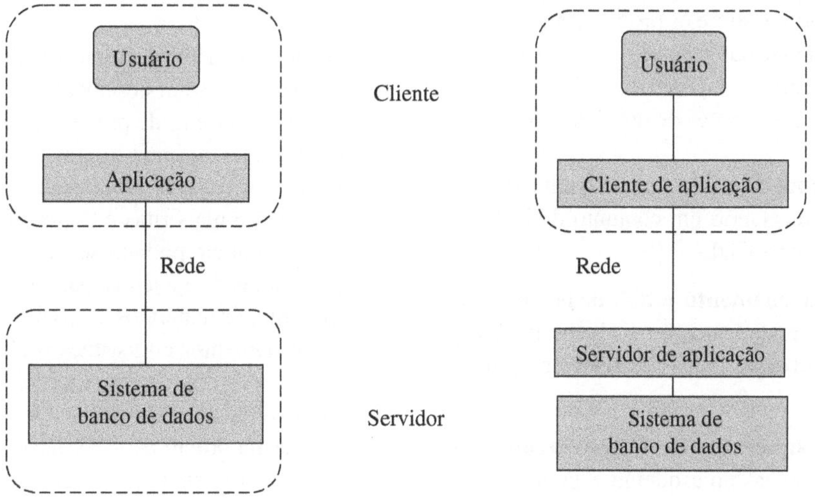

(a) arquitetura de duas camadas

(b) arquitetura de três camadas

Figura 1.4 Arquiteturas de duas camadas e três camadas.

1.8.1 Usuários de banco de dados e interfaces do usuário

Existem quatro tipos diferentes de usuários de sistema de banco de dados, distinguidos pela maneira como esperam interagir com o sistema. Diferentes tipos de interfaces com o usuário foram projetados para os diferentes tipos de usuários.

- **Usuários leigos** são aqueles não avançados que interagem com o sistema usando interfaces de usuário previamente definidas, como aplicações Web ou *mobile*. A interface típica para usuários leigos é composta de formulários, nos quais o usuário pode preencher campos apropriados. Os usuários leigos também podem simplesmente ler *relatórios* gerados do banco de dados.

  Como exemplo, considere um aluno, que, durante o período de inscrição, gostaria de se matricular em uma turma usando uma interface Web. Esse usuário se conecta a um programa aplicativo Web que é executado em um servidor Web. A aplicação verifica, inicialmente, a identidade do usuário e lhe permite acessar um formulário onde ele insere a informação desejada. A informação do formulário é enviada de volta para a aplicação Web no servidor, que, então, determina se há vagas na turma (ao recuperar informações do banco de dados) e, se assim for, adiciona as informações do aluno para compor a lista de chamada da turma no banco de dados.
- **Programadores de aplicação** são profissionais de computação que escrevem programas de aplicação. Os programadores de aplicação podem escolher entre muitas ferramentas para desenvolver interfaces com o usuário.
- **Usuários avançados** interagem com o sistema sem escrever programas. Em vez disso, eles fazem suas requisições em uma linguagem de consulta de banco de dados ou usando ferramentas, como um *software* de análise de dados. Estão nessa categoria os analistas que submetem consultas para explorar dados no banco de dados.

1.8.2 Administrador de banco de dados

Uma das principais razões para usar os SGBD é ter um controle central sobre os dados e sobre os programas que os acessam. Alguém que tenha esse controle central sobre o sistema é chamado de **administrador de banco de dados** (*Data Base Administrator* – **DBA**). As funções de um DBA incluem:

- **Definição de esquema.** O DBA cria o esquema de banco de dados original executando um conjunto de instruções de definição de dados na DDL.
- **Estrutura de armazenamento e definição de método de acesso.** O DBA pode especificar alguns parâmetros pertencentes à organização física dos dados e os índices a serem criados.
- **Modificação de esquema e de organização física.** O DBA realiza mudanças no esquema e na organização física para refletir as alterações das necessidades da empresa ou para modificar a organização física de modo a melhorar o desempenho.
- **Concessão de autorização para acesso a dados.** Concedendo diferentes tipos de autorização, o administrador de banco de dados pode controlar que partes do banco de dados os vários usuários podem acessar. As informações de autorização são mantidas em uma estrutura de sistema especial que o sistema de banco de dados consulta toda vez que alguém tenta acessar os dados no sistema.
- **Manutenção de rotina.** Exemplos da manutenção de rotina do administrador de banco de dados são:
  - Realizar *backups* periódicos do banco de dados, seja em fitas ou em servidores remotos, para prevenir perda de dados no caso de acidentes, como incêndio, inundação etc.
  - Garantir que haja suficiente espaço livre em disco para operações normais e aumentar o espaço em disco, conforme necessário.
  - Monitorar tarefas sendo executadas no banco de dados e assegurar que o desempenho não seja comprometido por tarefas muito onerosas submetidas por alguns usuários.

1.9 História dos sistemas de banco de dados

O processamento de informações tem impulsionado o crescimento dos computadores como ocorre desde os primórdios dos computadores comerciais. De fato, a automação das tarefas de processamento de dados já existia antes mesmo dos computadores. Cartões perfurados, inventados por Herman Hollerith, foram usados no início do século XX para registrar dados de censo nos Estados Unidos, e sistemas mecânicos foram usados para processar os cartões e tabular os resultados. Mais tarde, os cartões perfurados passaram a ser amplamente usados como um meio de inserir dados em computadores.

As técnicas para armazenamento e processamento de dados evoluíram ao longo dos anos:

- **Década de 1950 e início da década de 1960**: As fitas magnéticas foram desenvolvidas para armazenamento de dados. As tarefas de processamento de dados, como folha de pagamento, eram automatizadas, com dados armazenados em fitas. O processamento consistia em ler dados de uma ou mais fitas e escrevê-los em uma nova fita. Os dados também podiam ser inseridos por *decks* de cartões perfurados e enviados para saída em impressoras. Por exemplo, os aumentos salariais eram processados inserindo os aumentos em cartões perfurados e lendo o *deck* de cartões perfurados em sincronia com uma fita contendo os detalhes do salário-base. Os registros precisavam estar na mesma ordem de classificação. Os aumentos salariais seriam acrescentados ao salário lido da fita mestre e escritos em uma nova fita, que se tornaria a nova fita mestre.

As fitas (e os *decks* de cartões) podiam ser lidas apenas sequencialmente, e os tamanhos de dados eram muito maiores do que a memória principal; portanto, os programas de processamento de dados eram obrigados a processar dados em uma ordem específica, lendo e mesclando dados de fitas e *decks* de cartões.

- **Final da década de 1960 e década de 1970**: O uso difundido dos discos rígidos no final da década de 1960 mudou drasticamente o cenário do processamento de dados, já que os discos rígidos permitiam acesso direto aos dados. A posição dos dados no disco era indiferente, uma vez que qualquer local no disco podia ser acessado em apenas dezenas de milissegundos. Os dados, portanto, estavam livres da obrigação de sequencialidade. Com os discos, foram desenvolvidos os modelos de dados de rede e hierárquicos, que permitiram que estruturas de dados, como listas e árvores, fossem armazenadas no disco. Os programadores podiam construir e manipular essas estruturas de dados.

  Um documento revolucionário de Edward Codd (1970) definiu o modelo relacional e os métodos não procedurais de consultar dados no modelo relacional, dando origem aos bancos de dados relacionais. A simplicidade do modelo relacional e a possibilidade de ocultar completamente os detalhes de implementação do programador eram propostas realmente tentadoras. Mais tarde, Codd ganhou o prestigiado prêmio Turing da Association of Computing Machinery pelo seu trabalho.

- **Final da década de 1970 e década de 1980**: Embora academicamente interessante, no início o modelo relacional não era usado na prática, em razão de suas desvantagens de desempenho; os bancos de dados relacionais não podiam se igualar aos bancos de dados de rede e hierárquicos existentes. Isso mudou com o System R, um projeto inovador da IBM Research que desenvolvia técnicas para a construção de um sistema de banco de dados relacional eficiente. O protótipo totalmente funcional do System R levou ao primeiro produto de banco de dados relacional da IBM, o SQL/DS. Concomitantemente, o sistema Ingres estava sendo desenvolvido na University of California, em Berkeley. Isso levou a um produto comercial com o mesmo nome. Praticamente na mesma época, foi lançada a primeira versão do Oracle. Os primeiros sistemas de banco de dados relacionais comerciais, como IBM DB2, Oracle, Ingres e DEC Rdb, desempenharam papel fundamental no desenvolvimento de técnicas para processamento eficiente de consultas declarativas.

  No início da década de 1980, os bancos de dados relacionais haviam se tornado competitivos com os sistemas de banco de dados hierárquicos e de rede, mesmo em termos de desempenho. Os bancos de dados relacionais eram tão fáceis de usar que, posteriormente, substituíram os bancos de dados hierárquicos e de rede. Os programadores usando esses modelos mais antigos eram obrigados a lidar com muitos detalhes de implementação de baixo nível e precisavam codificar suas consultas de maneira procedural. O mais importante é que eles precisavam ter a eficiência em mente quando projetavam seus programas, o que envolvia muito trabalho. Em um banco de dados relacional, por outro lado, quase todas essas tarefas de baixo nível são realizadas, automaticamente, pelo sistema de banco de dados, deixando o programador livre para trabalhar em um nível lógico. Desde que alcançou domínio na década de 1980, o modelo relacional tem reinado supremo entre os modelos de dados.

  A década de 1980 também presenciou muita pesquisa sobre bancos de dados paralelos e distribuídos, bem como trabalho inicial sobre bancos de dados orientados a objeto.

- **Década de 1990**: A linguagem SQL foi desenvolvida, principalmente, para aplicações de apoio à decisão, que efetuam consultas com grande intensidade, mas o suporte principal oferecido pelos bancos de dados na década de 1980 foi permitir o desenvolvimento de aplicativos de processamento de transações, que são intensamente atualizados.

  No início da década de 1990, o suporte à decisão e as consultas reemergiram como área de grande aplicação para bancos de dados, ocasião em que ocorreu um grande aumento do uso de ferramentas para análise de grande quantidade de dados. Muitos fornecedores de banco de dados apresentaram produtos de banco de dados paralelo nesse período. Os fornecedores de banco de dados também começaram a adicionar suporte objeto-relacional em seus bancos de dados.

  O grande evento de 1990 foi o crescimento explosivo da World Wide Web. Os bancos de dados foram implantados mais amplamente do que nunca. Agora, os sistemas de banco de dados precisavam suportar altas taxas de processamento de transações, bem como alta confiabilidade e disponibilidade 24 × 7 (disponibilidade 24 horas por dia, sete dias por semana, ou seja, sem paradas para atividades de manutenção programada). Sistemas de banco de dados também tiveram de suportar interfaces Web para dados.

- **Década de 2000**: Os tipos de dados armazenados nos sistemas de banco de dados evoluíram rapidamente durante esse período. Dados semiestruturados tornaram-se cada vez mais importantes. A XML surgiu como um padrão para o intercâmbio de dados. JSON, um formato de banco de dados mais compacto, apropriado para armazenar objetos da JavaScript ou de outras linguagens de programação, mais tarde se tornou muito importante. Cada vez mais, esses dados eram armazenados em sistemas de bancos de dados relacionais, à medida que o suporte para os formatos XML e JSON era acrescentado aos principais sistemas comerciais. Os dados espaciais (ou seja, dados que incluem informações geográficas) foram usados de forma generalizada nos sistemas de navegação e em aplicações avançadas. Os sistemas de banco de dados acrescentaram suporte para tais dados.

  Esse período também viu um crescimento significativo na utilização de sistemas *open-source* (código fonte aberto) de banco de dados PostgreSQL e MySQL, em particular. Recursos de "autoadministração" foram acrescentados aos sistemas de banco de dados a fim de permitir que a reconfiguração automática se adaptasse a cargas de trabalho variáveis. Isso ajudou a reduzir a carga de trabalho humana na administração de um banco de dados.

As plataformas de rede social cresceram rapidamente, despertando a necessidade de gerenciar dados sobre conexões entre pessoas e seus dados postados, que não se encaixavam em um formato tabular de linhas e colunas. Isso levou ao desenvolvimento de bancos de dados gráficos.

A última parte da década viu um crescimento no uso de bancos de dados especializados para análise de dados e **mineração de dados** nas empresas. Sistemas de banco de dados foram desenvolvidos, especificamente, para atender a esse mercado. Esses sistemas possuíam organizações físicas de dados adequadas para o processamento analítico, como "armazenamentos em colunas", nas quais as tabelas são armazenadas por colunas, em vez do armazenamento tradicional orientado por linhas dos principais sistemas comerciais de banco de dados.

O imenso volume de dados, bem como o fato de que grande parte dos dados usados para análise era textual ou semiestruturada, levou ao desenvolvimento de *frameworks* de programação, como *map-reduce*, para facilitar o uso de paralelismo dos programadores de aplicação na análise de dados. Na época, o suporte para esses recursos migrou para os sistemas de bancos de dados tradicionais. Até mesmo no final da década de 2010, ainda havia um debate contínuo na comunidade de pesquisa em banco de dados com relação aos méritos relativos de um único sistema de banco de dados atendendo a aplicações tradicionais de processamento de transação e às mais novas aplicações de análise de dados contra a manutenção de sistemas separados para essas funções.

A variedade de novas aplicações com uso intenso de dados e a necessidade de desenvolvimento rápido, principalmente para *startups*, levou a sistemas "NoSQL", que oferecem uma forma leve de gerenciamento de dados. O nome surgiu em face da falta de suporte para a linguagem de consulta de banco de dados SQL, muito utilizada, embora o nome seja frequentemente visto como "não apenas SQL". A falta de uma linguagem de consulta de alto nível, baseada no modelo relacional, deu aos programadores maior flexibilidade para trabalhar com novos tipos de dados. A falta do suporte dos sistemas tradicionais de bancos de dados para a consistência estrita dos dados ofereceu mais flexibilidade no uso de uma aplicação para os armazenamentos de dados distribuídos. O modelo NoSQL de "consistência eventual" permitiu que cópias distribuídas dos dados fossem inconsistentes, desde que, por fim, convergissem na ausência de outras atualizações.

- **Década de 2010**: As limitações dos sistemas NoSQL, como a falta de suporte para consistência e a falta de suporte para consultas declarativas, se tornaram aceitáveis para muitas aplicações (por exemplo, redes sociais), em troca dos benefícios que eles ofereciam, como a escalabilidade e a disponibilidade. Porém, no início da década de 2010, ficou claro que as limitações tornaram a vida muito mais complicada para programadores e administradores de banco de dados. Como resultado, esses sistemas evoluíram para fornecer recursos que deram suporte às noções mais estritas de consistência, enquanto continuavam a dar suporte à alta escalabilidade e disponibilidade. Ademais, esses sistemas oferecem cada vez mais suporte para níveis de abstração mais altos, evitando a necessidade de que os programadores tenham de reimplementar recursos que são padrão em um sistema tradicional de banco de dados.

  Cada vez mais, as empresas estão terceirizando o armazenamento e o gerenciamento de seus dados. Em vez de manter sistemas e *expertise* domésticos, as empresas podem armazenar seus dados em serviços de "nuvem", que hospedam dados para diversos clientes e vários *farms* de servidores, totalmente distribuídos. Os dados são entregues aos usuários por meio de serviços baseados na Web. Outras empresas estão terceirizando não apenas o armazenamento de seus dados, mas também aplicações inteiras. Nesses casos, chamados de "*software* como um serviço", o fornecedor não apenas armazena os dados para uma empresa, mas também executa (e mantém) o *software* aplicativo. Essas tendências resultam em economias de custo significativas, mas acarretam novos problemas, não apenas na responsabilidade por falhas de segurança, mas também na propriedade dos dados, particularmente quando um governo solicita acesso aos dados.

  A imensa influência dos dados e da análise de dados na vida cotidiana tornou o gerenciamento de dados um aspecto frequente dos noticiários. Existe um dilema não resolvido entre o direito de privacidade de um indivíduo e a necessidade de saber da sociedade. Diversos governos nacionais estabeleceram regulamentações sobre a privacidade. Falhas de segurança de grande importância despertaram uma conscientização pública dos desafios na segurança cibernética dos riscos do armazenamento de dados.

1.10 Resumo

- Um sistema de gerenciamento de banco de dados (SGBD) consiste em uma coleção de dados inter-relacionados e em uma coleção de programas para acessar esses dados. Os dados descrevem determinada empresa.
- O principal objetivo de um SGBD é proporcionar um ambiente que seja conveniente e eficiente para as pessoas recuperarem e armazenarem informações.
- Os sistemas de banco de dados são, atualmente, onipresentes. A maioria das pessoas interage, direta ou indiretamente, com bancos de dados muitas vezes todos os dias.
- Os sistemas de banco de dados são projetados para armazenar grandes massas de informação. O gerenciamento dos dados envolve tanto a definição de estruturas para o armazenamento de informações quanto o fornecimento de mecanismos para a manipulação da informação. Além disso, o sistema de banco de dados deve fornecer segurança das informações armazenadas, em face de falhas no sistema ou de tentativas de acesso indevido. Se os dados são compartilhados entre vários usuários, o sistema precisa evitar possíveis resultados anômalos.

- Um dos objetivos principais de um sistema de banco de dados é fornecer aos usuários uma visão abstrata dos dados, isto é, o sistema esconde certos detalhes de como os dados são armazenados e mantidos.
- Por trás da estrutura de um banco de dados está o modelo de dados: uma coleção de ferramentas conceituais para descrever dados, relacionamentos de dados, semântica de dados e restrições de dados.
- O modelo de dados relacional é o modelo amplamente mais utilizado para armazenar dados em bancos de dados. Outros modelos são o modelo de dados orientado a objetos, o modelo objeto-relacional e modelos de dados semiestruturados.
- Uma linguagem de manipulação de dados (DML) é uma linguagem que permite aos usuários acessar ou manipular dados. As DML não procedurais que exigem que o usuário especifique somente os dados que forem necessários, sem especificar exatamente como conseguir esses dados, são amplamente usadas hoje em dia.
- Uma linguagem de definição de dados (DDL) é uma linguagem para especificar o esquema do banco de dados, bem como outras propriedades dos dados.
- Um projeto de banco de dados envolve, principalmente, o desenho do esquema do banco. O modelo de entidade-relacionamento (E-R) é amplamente utilizado como modelo de dados para o projeto de banco de dados. Ele fornece de maneira conveniente uma representação gráfica para visualizar os dados, relacionamentos e restrições.
- Um sistema de banco de dados possui vários subsistemas:
    - O subsistema de gerenciador de armazenamento fornece a interface entre os dados de baixo nível armazenados no banco de dados e os programas de aplicação e as consultas submetidas ao sistema.
    - O subsistema processador de consulta compila e executa as instruções DDL e DML.
- O gerenciamento de transações garante que o banco de dados permaneça em um estado consistente (exato) apesar de falhas no sistema. O gerenciador de transações assegura que as execuções de transações simultâneas prossigam sem conflito.
- A arquitetura de um sistema de banco de dados é fortemente influenciada pelo sistema operacional sobre o qual o sistema de banco de dados é executado. Os sistemas de banco de dados podem ser centralizados ou paralelos, envolvendo várias máquinas. Os bancos de dados distribuídos podem estar dimensionados em várias máquinas separadas geograficamente.
- As aplicações de banco de dados, normalmente, são divididas em duas partes, sendo um *front-end,* isto é, que roda nas máquinas clientes, e uma outra parte, executada no *back-end,* isto é, do lado do servidor. Em arquiteturas de duas camadas, o *front-end* se comunica diretamente com um banco de dados rodando em *back-end.* Em arquiteturas de três camadas, o *back-end* é dividido em um servidor de aplicações e um servidor de banco de dados.
- Existem quatro tipos diferentes de usuários do sistema de banco de dados, diferenciados pela forma como eles esperam interagir com o sistema. Diferentes tipos de interfaces de usuário foram desenvolvidos para os diferentes tipos de usuários.
- As técnicas de análise de dados tentam descobrir, automaticamente, regras e padrões de dados. O campo de mineração de dados combina técnicas de descoberta de conhecimento, inventadas por pesquisadores de inteligência artificial e analistas de estatística, com aplicação das técnicas eficientes que lhes permitam ser utilizados em bancos de dados extremamente grandes.

Termos de revisão

- Sistema de gerenciamento de banco de dados (SGBD)
- Aplicações do sistema de banco de dados
- Processamento de transação *on-line*
- Análise de dados
- Sistemas de processamento de arquivos
- Inconsistência de dados
- Restrições de consistência
- Abstração de dados
    - Nível físico
    - Nível lógico
    - Nível de visão
- Instância
- Esquema
    - Esquema físico
    - Esquema lógico
    - Subesquema
- Independência de dados física
- Modelo de dados
    - Modelo de entidade-relacionamento
    - Modelo de dados relacional
    - Modelo de dados semiestruturado
    - Modelo de dados baseado em objeto

- Linguagens de banco de dados
  - Linguagem de definição de dados (do inglês, DDL)
  - Linguagem de manipulação de dados (do inglês, DML)
    - DML procedural
    - DML declarativa
    - DML não procedural
  - Linguagem de consultas
- Linguagem de definição de dados
  - Restrições de domínio
  - Integridade referencial
  - Autorização
    - Autorização de leitura
    - Autorização de inserção
    - Autorização de atualização
    - Autorização de exclusão
- Metadados
- Programa de aplicação
- Projeto de banco de dados
  - Projeto conceitual
  - Normalização
  - Especificação de requisitos funcionais
  - Fase de projeto físico
- Mecanismo de banco de dados
  - Gerenciador de armazenamento
    - Gerenciador de autorização e integridade
    - Gerenciador de transação
    - Gerenciador de arquivos
    - Gerenciador de *buffer*
    - Arquivos de dados
    - Dicionário de dados
    - Índices
  - Processador de consultas
    - Interpretador de DDL
    - Interpretador de DML
    - Otimização de consulta
    - Mecanismo de avaliação de consulta
- Transações
  - Atomicidade
  - Consistência
  - Durabilidade
  - Gerenciador de recuperação
  - Recuperação de falhas
  - Gerenciador de controle de concorrência
- Arquitetura de banco de dados
  - Centralizada
  - Paralela
  - Distribuída
- Arquitetura de aplicação de banco de dados
  - Duas camadas
  - Três camadas
  - Servidor de aplicação
- Administrador de banco de dados (do inglês, DBA)

Exercícios práticos

1.1 Este capítulo descreveu várias das principais vantagens de um sistema de banco de dados. Quais são as duas desvantagens?

1.2 Liste cinco maneiras pelas quais o sistema de declaração de tipo de uma linguagem como Java ou C++ são diferentes da linguagem de definição de dados usada em um banco de dados.

1.3 Liste os seis principais passos que você seguiria para a criação de um banco de dados para determinada empresa.

1.4 Suponha que você queira criar um *site* de vídeos semelhante ao YouTube. Considere cada um dos pontos enumerados na Seção 1.2 como desvantagens de manter os dados em um sistema de processamento de arquivos. Em seguida, discuta a relevância de cada um desses pontos para o tipo de armazenamento de dados de vídeo atualmente em uso e dos metadados sobre o vídeo, como título, usuário que enviou (*upload*) o arquivo, *tags* e de quem visualizou o vídeo.

1.5 Palavras-chave utilizadas em buscas na rede são bastante diferentes das consultas de banco de dados. Liste as diferenças principais entre as duas, em termos da forma como as consultas são especificadas e em termos daquilo que é o resultado de uma consulta.

Exercícios

1.6 Liste quatro aplicações que você usou que, provavelmente, tenham empregado um sistema de banco de dados para gravar dados persistentes.

1.7 Liste quatro diferenças significativas entre um sistema de processamento de arquivos e um SGBD.

1.8 Explique o conceito de independência de dados física e sua importância em sistemas de banco de dados.

1.9 Liste cinco responsabilidades de um sistema de gerenciamento de banco de dados. Explique, para cada responsabilidade, os problemas que aconteceriam se elas não fossem levadas em consideração.

1.10 Liste pelo menos duas razões pelas quais os sistemas de banco de dados suportam a manipulação de dados utilizando uma linguagem de consulta declarativa, como SQL, em vez de apenas fornecerem uma biblioteca de funções em C ou C++ para realizar a manipulação de dados.

1.11 Suponha que dois alunos estejam tentando se matricular em uma disciplina em que haja apenas uma vaga. Que componente de um banco de dados impede que ambos os alunos recebam essa última vaga?

1.12 Explique a diferença entre as arquiteturas de duas camadas e três camadas. Qual é a mais indicada para aplicações Web? Por quê?

1.13 Liste dois recursos desenvolvidos na década de 2000 e que ajudam os sistemas de banco de dados a tratarem de cargas de trabalho de análise de dados.

1.14 Explique por que os sistemas NoSQL surgiram na década de 2000 e compare, brevemente, seus recursos com os sistemas tradicionais de banco de dados.

1.15 Descreva pelo menos três tabelas que podem ser usadas para armazenar informações em um sistema de redes sociais como o Facebook.

Ferramentas

Existe um número grande de sistemas de banco de dados comerciais atualmente em uso. Os principais são: IBM DB2, Oracle, Microsoft SQL Server, IBM Informix, SAP Adaptive Server Enterprise (anteriormente Sybase) e SAP HANA. Alguns desses sistemas estão disponíveis gratuitamente para uso pessoal e não comercial ou para o desenvolvimento, mas não são gratuitos para uso em ambiente empresarial.

Há, também, uma série de sistemas de banco de dados de domínio público/gratuitos, e a lista dos mais utilizados inclui o MySQL, PostgreSQL e o banco de dados embutido SQLite.

Leitura adicional

Codd (1970) apresentou um documento que revolucionou o modelo relacional. Os livros abrangendo os sistemas de banco de dados incluem O'Neil e O'Neil (2000), Ramakrishnan e Gehrke (2002), Date (2003), Kifer *et al.* (2005), Garcia-Molina *et al.* (2008) e Elmasri e Navathe (2016), além deste livro.

Uma revisão das realizações em gerenciamento de banco de dados e uma avaliação dos futuros desafios aparecem em Abadi *et al.* (2016). A página do Grupo de Interesse Especial da CM sobre Gerenciamento de Banco de Dados oferece, com riqueza de informações, pesquisa sobre banco de dados. Os *sites* dos fornecedores de banco de dados (seção de Ferramentas anterior) disponibilizam detalhes sobre os seus respectivos produtos.

Bibliografia

ABADI, D. *et al.* "The Beckman report on database research". *Communications of the ACM*, 59(2), p. 92-99, 2016.

CODD, E. F. "A relational model for large shared data banks". *Communications of the ACM*, 13(6), p. 377-387, 1970.

DATE, C. J. *An introduction to database systems*. 8. ed. Massachusetts: Addison-Wesley, 2003.

ELMASRI, R.; NAVATHE, S. B. *Fundamentals of database systems*. 7. ed. Massachusetts: Addison-Wesley, 2016.

GARCIA-MOLINA, H.; ULLMAN, J. D.; WIDOM, J. *Database systems*: the complete book. 2. ed. New Jersey: Prentice Hall, 2008.

KIFER, M.; BERNSTEIN, A.; LEWIS, P. *Database systems*: an application oriented approach, complete version. 2. ed. Massachusetts: Addison-Wesley, 2005.

O'NEIL, P.; O'NEIL, E. *Database*: principles, programming, performance. 2. ed. Massachusetts: Morgan Kaufmann, 2000.

RAMAKRISHNAN, R.; GEHRKE, J. *Database management systems*. 3. ed. New York: McGraw-Hill, 2002.

Créditos

A foto dos barcos no início do capítulo pertence a

PARTE 1

LINGUAGENS RELACIONAIS

Um modelo de dados é uma coleção de ferramentas conceituais para descrever dados, relações de dados, semântica de dados e restrições de consistência. O modelo relacional usa um conjunto de tabelas para representar tanto os dados quanto as relações entre eles. Sua simplicidade conceitual levou ao seu amplo uso; hoje, a grande maioria dos produtos de banco de dados é baseada no modelo relacional. O modelo relacional descreve dados nos níveis lógico e de visão, abstraindo os detalhes de baixo nível do armazenamento de dados. O modelo entidade-relacionamento, discutido mais adiante no Capítulo 7 (na Parte 2), é um modelo de dados de mais alto nível, muito usado para projeto de banco de dados.

Para tornarmos os dados de um banco de dados relacional disponíveis aos usuários, precisamos considerar como os usuários especificam requisições para recuperar e atualizar os dados. Várias linguagens de consulta foram desenvolvidas para essa tarefa, e isso será mostrado nesta parte.

O Capítulo 2 introduz os conceitos básicos por trás dos bancos de dados relacionais, incluindo uma abordagem da álgebra relacional – uma linguagem de consulta formal, que constitui a base para a SQL. SQL é a linguagem de consulta relacional mais utilizada atualmente, sendo abordada com mais detalhes nesta parte.

O Capítulo 3 apresenta uma visão geral da linguagem de consulta SQL, incluindo a definição de dados SQL, a estrutura básica das consultas SQL, operações de conjunto, funções de agregação, subconsultas aninhadas e modificação do banco de dados.

O Capítulo 4 oferece mais detalhes da SQL, incluindo expressões de junção (*join*), visões, transações, restrições de integridade que são impostas pelo banco de dados, e dos mecanismos de autorização que controlam quais ações de acesso e atualização podem ser executadas por um usuário.

O Capítulo 5 cobre assuntos mais avançados, incluindo o acesso à SQL pelas linguagens de programação, funções, procedimentos, *triggers*, consultas recursivas e recursos avançados de agregação.

CAPÍTULO 2

Introdução ao modelo relacional

O modelo relacional continua sendo o principal modelo de dados para aplicações comerciais de processamento de dados. Ele conquistou sua posição de destaque em razão de sua simplicidade, que facilita o trabalho do programador, comparado com os modelos de dados anteriores, como o modelo de rede ou o modelo hierárquico. Ele manteve essa posição incorporando diversos recursos e capacidades novas durante seu meio século de existência. Entre esses acréscimos, estão os recursos objeto-relacional, como tipos de dados complexos e procedimentos armazenados, suporte para dados XML e diversas ferramentas para dar suporte aos dados semiestruturados. A independência do modelo relacional em relação a quaisquer estruturas de dados de baixo nível subjacentes permitiu que ele persistisse apesar do surgimento de novas técnicas para armazenamento de dados, incluindo modernos armazenamentos por colunas, que são projetados para a mineração de dados em grande escala.

Neste capítulo, primeiramente, estudamos os fundamentos do modelo relacional. Existe uma importante teoria para os bancos de dados relacionais. Nos Capítulos 6 e 7, examinamos aspectos da teoria de banco de dados que ajudam no projeto dos esquemas de banco de dados relacionais, enquanto nos Capítulos 15 e 16, discutimos aspectos da teoria que lidam com o processamento eficiente de consultas. No Capítulo 27, estudamos os aspectos das linguagens relacionais formais além da nossa cobertura básica neste capítulo.

2.1 Estrutura dos bancos de dados relacionais

Um banco de dados relacional consiste em uma coleção de **tabelas**, cada qual recebendo um nome exclusivo. Por exemplo, considere a tabela *instrutor* da Figura 2.1, que armazena informações sobre instrutores. A tabela tem quatro cabeçalhos de coluna: *ID*, *nome*, *nome_dept* e *salário* (anual). Cada linha dessa tabela registra informações sobre um instrutor, consistindo na *ID* (identificação) do instrutor, *nome*, *nome_dept* e *salário*. De modo semelhante, a tabela *curso* da Figura 2.2 armazena informações sobre cursos, consistindo em *id_curso*, *título*, *nome_dept* e *créditos*, para cada curso. Observe que cada instrutor é identificado pelo valor da coluna *ID*, enquanto cada curso é identificado pelo valor da coluna *id_curso*.

ID	*nome*	*nome_dept*	*salário*
10101	Srinivasan	Comp. Sci.	65000
12121	Wu	Finance	90000
15151	Mozart	Music	40000
22222	Einstein	Physics	95000
32343	El Said	History	60000
33456	Gold	Physics	87000
45565	Katz	Comp. Sci.	75000
58583	Califieri	History	62000
76543	Singh	Finance	80000
76766	Crick	Biology	72000
83821	Brandt	Comp. Sci.	92000
98345	Kim	Elec. Eng.	80000

Figura 2.1 A relação *instrutor*.

A Figura 2.3 mostra uma terceira tabela, *prereq*, que armazena os cursos de pré-requisito para cada curso. A tabela tem duas colunas, *id_curso* e *id_prereq*. Cada linha consiste em um par de identificadores de curso, de modo que o segundo curso é um pré-requisito para o primeiro curso.

Assim, uma linha na tabela *prereq* indica que dois cursos estão *relacionados* no sentido de que um curso é um pré-requisito para o outro. Como outro exemplo, considerando a tabela *instrutor*; uma linha na tabela pode ser considerada como representando o relacionamento entre uma *ID* especificada e os valores correspondentes para *nome*, *nome_dept* e *salário*.

Em geral, uma linha em uma tabela representa um *relacionamento* entre um conjunto de valores. Como uma tabela é uma coleção desses relacionamentos, existe íntima correspondência entre o conceito de *tabela* e o conceito matemático de *relação*, do qual o modelo de dados relacional recebe seu nome. Em terminologia matemática, uma *tupla* é simplesmente uma sequência (ou lista) de valores. Um relacionamento entre *n* valores é representado matematicamente por uma *tupla de n* valores, ou seja, uma tupla com *n* valores que corresponde a uma linha em uma tabela.

Assim, no modelo relacional, o termo **relação** é usado para se referir a uma tabela, enquanto o termo **tupla** é usado para se referir a uma linha. De modo semelhante, o termo **atributo** refere-se a uma coluna de uma tabela.

id_curso	*título*	*nome_dept*	*créditos*
BIO-101	Intro. to Biology	Biology	4
BIO-301	Genetics	Biology	4
BIO-399	Computational Biology	Biology	3
CS-101	Intro. to Computer Science	Comp. Sci.	4
CS-190	Game Design	Comp. Sci.	4
CS-315	Robotics	Comp. Sci.	3
CS-319	Image Processing	Comp. Sci.	3
CS-347	Database System Concepts	Comp. Sci.	3
EE-181	Intro. to Digital Systems	Elec. Eng.	3
FIN-201	Investment Banking	Finance	3
HIS-351	World History	History	3
MU-199	Music Video Production	Music	3
PHY-101	Physical Principles	Physics	4

Figura 2.2 A relação *curso*.

id_curso	*id_prereq*
BIO-301	BIO-101
BIO-399	BIO-101
CS-190	CS-101
CS-315	CS-101
CS-319	CS-101
CS-347	CS-101
EE-181	PHY-101

Figura 2.3 A relação *prereq*.

ID	*nome*	*nome_dept*	*salário*
22222	Einstein	Physics	95000
12121	Wu	Finance	90000
32343	El Said	History	60000
45565	Katz	Comp. Sci.	75000
98345	Kim	Elec. Eng.	80000
76766	Crick	Biology	72000
10101	Srinivasan	Comp. Sci.	65000
58583	Califieri	History	62000
83821	Brandt	Comp. Sci.	92000
15151	Mozart	Music	40000
33456	Gold	Physics	87000
76543	Singh	Finance	80000

Figura 2.4 Apresentação não ordenada da relação *instrutor*.

Examinando a Figura 2.1, podemos ver que a relação *instrutor* tem quatro atributos: *ID*, *nome*, *nome_dept* e *salário*.

Usamos o termo **instância de relação** para nos referirmos a uma instância específica de uma relação, ou seja, contendo um conjunto específico de linhas. A instância de *instrutor*, mostrada na Figura 2.1, contém 12 tuplas, correspondendo a 12 instrutores.

Neste capítulo, usaremos uma série de relações diferentes para ilustrar os diversos conceitos por trás do modelo de dados relacional. Essas relações representam parte de uma universidade. Para simplificar nossa apresentação, elas não incluem todos os dados que um banco de dados de uma universidade real teria. Vamos discutir, em detalhes, os critérios para identificar a adequação de estruturas relacionais nos Capítulos 6 e 7.

A ordem em que as tuplas aparecem em uma relação é irrelevante, pois uma relação é um *conjunto* de tuplas. Assim, estejam as tuplas de uma relação listadas em ordem, como na Figura 2.1, ou fora de ordem, como na Figura 2.4, isso não importa; as relações nas duas figuras são as mesmas, pois ambas contêm o mesmo conjunto de tuplas. Para facilitar a exposição, mostraremos quase todas as relações classificadas por seu primeiro atributo.

Para cada atributo de uma relação, existe um conjunto de valores permitidos, chamados **domínio** desse atributo. Assim, o domínio do atributo *salário* da relação *instrutor* é o conjunto de todos os valores de salário possíveis, enquanto o domínio do atributo *nome* é o conjunto de todos os nomes de instrutor possíveis.

Exigimos que, para todas as relações *r*, os domínios de todos os atributos de *r* sejam atômicos. Um domínio é **atômico** se os elementos do domínio são considerados unidades indivisíveis. Por exemplo, suponha que a tabela *instrutor* tivesse um atributo *número_telefone*, que pode armazenar um conjunto de números de telefone correspondentes ao instrutor. Então, o domínio de *número_telefone* não seria atômico, pois um elemento do domínio é um conjunto de números de telefone e possui subpartes, isto é, os números de telefone individuais no conjunto.

A questão importante não é o que é o domínio em si, mas como usamos elementos de domínio em nosso banco de dados. Suponha agora que o atributo *número_telefone* armazene um único número de telefone. Mesmo assim, se dividirmos o valor do atributo de número de telefone em um código de país, um código de área e um número local, estamos tratando-o como um valor não atômico. Se tratarmos cada número de telefone como uma única unidade indivisível, o atributo *número_telefone* terá um domínio atômico.

O **valor nulo** é um valor especial que significa que o valor é desconhecido ou não existe. Por exemplo, suponha que incluamos o atributo *número_telefone* na relação *instrutor*. Pode ser que um instrutor não tenha um número de telefone ou que o número de telefone não esteja disponível. Então, precisaremos recorrer aos valores nulos para indicar que o valor é desconhecido ou não existe. Mais adiante, veremos que os valores nulos causam diversas dificuldades quando acessamos ou atualizamos o banco de dados e, portanto, devem ser evitados, se possível. Inicialmente, consideraremos que os valores nulos estão ausentes e, na Seção 3.6, descreveremos o efeito de nulos em diferentes operações.

A natureza relativamente estrita das relações resulta em diversas vantagens práticas importantes no armazenamento e processamento de dados, conforme veremos. A estrutura estrita é adequada para aplicações bem definidas e relativamente estáticas, porém é menos adequada para aplicações onde não apenas dados, mas também os tipos e a estrutura desses dados mudam com o tempo. Uma empresa moderna precisa achar um bom equilíbrio entre as eficiências dos dados estruturados e aquelas situações onde uma estrutura predeterminada é limitadora.

2.2 Esquema de banco de dados

Quando falamos de bancos de dados, precisamos diferenciar entre o **esquema de banco de dados**, que é o projeto lógico do banco de dados, e a **instância de banco de dados**, que é o instantâneo dos dados no banco de dados em determinado instante no tempo.

O conceito de uma relação corresponde à noção de linguagem de programação de uma variável, enquanto o conceito de um **esquema de relação** equivale à noção de linguagem de programação da definição de tipo.

Em geral, um esquema de relação consiste em uma lista dos atributos e seus domínios correspondentes. Não nos preocuparemos com a definição exata do domínio de cada atributo até discutirmos a linguagem SQL no Capítulo 3.

O conceito de uma instância de relação corresponde à noção da linguagem de programação de um valor de uma variável. O valor de determinada variável pode mudar com o tempo; da mesma forma, o conteúdo de uma instância de relação pode mudar com o tempo, conforme a relação é atualizada. Ao contrário, o esquema de uma relação geralmente não muda.

Embora seja importante saber a diferença entre um esquema de relação e uma instância de relação, normalmente usamos o mesmo nome, como *instrutor*, para nos referirmos ao esquema e à instância. Onde é necessário, referimo-nos explicitamente ao esquema ou à instância, por exemplo, "o esquema *instrutor*" ou "uma instância da relação *instrutor*". Porém, onde fica claro que queremos indicar o esquema ou a instância, simplesmente usamos o nome da relação.

Considere a relação *departamento* da Figura 2.5. O esquema para essa relação é:

departamento (nome_dept, prédio, orçamento)

nome_dept	*prédio*	*orçamento*
Biology	Watson	90000
Comp. Sci.	Taylor	100000
Elec. Eng.	Taylor	85000
Finance	Painter	120000
History	Painter	50000
Music	Packard	80000
Physics	Watson	70000

Figura 2.5 A relação *departamento*.

Observe que o atributo *nome_dept* aparece no esquema *instrutor* e no esquema *departamento*. Essa duplicação não é uma coincidência. Usar atributos comuns em esquemas de relação é uma maneira de relacionar tuplas de relações diferentes. Por exemplo, suponha que desejamos encontrar as informações sobre todos os instrutores que trabalham no prédio Watson. Procuramos, primeiro, a relação *departamento* para encontrar *nome_dept* de todos os departamentos no prédio Watson. Então, para cada departamento desse tipo, examinamos a relação *instrutor*, a fim de encontrar as informações sobre o instrutor associado ao *nome_dept* correspondente.

Cada curso em uma universidade pode ser oferecido várias vezes, por diferentes semestres ou mesmo dentro de um semestre. Precisamos de uma relação para descrever cada oferta individual, ou seção, da turma. O esquema é:

seção (id_curso, id_sec, semestre, ano, prédio, número_sala, id_período)

A Figura 2.6 mostra um exemplo de instância da relação *seção*.

Precisamos de uma relação para descrever a associação entre os instrutores e as seções de aula que eles ministram. O esquema de relação para descrever essa associação é:

ministra (ID, id_curso, id_sec, semestre, ano)

A Figura 2.7 mostra um exemplo de instância da relação *ministra*.

Como você pode imaginar, existem muito mais relações mantidas no banco de dados de uma universidade real. Além dessas relações já listadas – *instrutor*, *departamento*, *curso*, *seção*, *prereq* e *ministra* – usamos as seguintes relações neste texto:

- *aluno (ID, nome, nome_dept, tot_cred)*
- *mentor (id_est, id_inst)*
- *realiza (ID, id_curso, id_sec, semestre, ano, nota)*
- *sala (prédio, número_sala, capacidade)*
- *período (id_período, dia, hora_inicial, hora_final)*

id_curso	*id_sec*	*semestre*	*ano*	*prédio*	*número_sala*	*id_período*
BIO-101	1	Summer	2017	Painter	514	B
BIO-301	1	Summer	2018	Painter	514	A
CS-101	1	Fall	2017	Packard	101	H
CS-101	1	Spring	2018	Packard	101	F
CS-190	1	Spring	2017	Taylor	3128	E
CS-190	2	Spring	2017	Taylor	3128	A
CS-315	1	Spring	2018	Watson	120	D
CS-319	1	Spring	2018	Watson	100	B
CS-319	2	Spring	2018	Taylor	3128	C
CS-347	1	Fall	2017	Taylor	3128	A
EE-181	1	Spring	2017	Taylor	3128	C
FIN-201	1	Spring	2018	Packard	101	B
HIS-351	1	Spring	2018	Painter	514	C
MU-199	1	Spring	2018	Packard	101	D
PHY-101	1	Fall	2017	Watson	100	A

Figura 2.6 A relação *seção*.

ID	*id_curso*	*id_sec*	*semestre*	*ano*
10101	CS-101	1	Fall	2017
10101	CS-315	1	Spring	2018
10101	CS-347	1	Fall	2017
12121	FIN-201	1	Spring	2018
15151	MU-199	1	Spring	2018
22222	PHY-101	1	Fall	2017
32343	HIS-351	1	Spring	2018
45565	CS-101	1	Spring	2018
45565	CS-319	1	Spring	2018
76766	BIO-101	1	Summer	2017
76766	BIO-301	1	Summer	2018
83821	CS-190	1	Spring	2017
83821	CS-190	2	Spring	2017
83821	CS-319	2	Spring	2018
98345	EE-181	1	Spring	2017

Figura 2.7 A relação *ministra*.

2.3 Chaves

É preciso ter uma maneira de especificar como as tuplas dentro de determinada relação são diferenciadas. Isso é expresso em termos de seus atributos. Ou seja, os valores de atributo de uma tupla precisam ser tais que possam *identificar unicamente* a tupla. Em outras palavras, nenhum par de tuplas em uma relação pode ter exatamente o mesmo valor para todos os atributos.[1]

Uma **superchave** é um conjunto de um ou mais atributos que, tomados coletivamente, nos permite identificar unicamente uma tupla na relação. Por exemplo, o atributo *ID* da relação *instrutor* é suficiente para distinguir uma tupla de instrutor de outra. Portanto, *ID* é uma superchave. Por outro lado, o atributo *nome* de *instrutor* não é uma superchave, pois vários instrutores poderiam ter o mesmo nome.

Formalmente, considere que *R* indique o conjunto de atributos no esquema da relação *r*. Se dissermos que um subconjunto *K* de *R* é uma *superchave* para *r*, estamos restringindo a consideração às instâncias das relações *r* em que duas tuplas distintas não têm os mesmos valores em todos os atributos em *K*. Ou seja, se t_1 e t_2 estão em *r* e $t_1 \neq t_2$, então $t_1 \cdot K \neq t_2 \cdot K$.

Uma superchave pode conter atributos supérfluos. Por exemplo, a combinação de *ID* e *nome* é uma superchave para a relação *instrutor*. Se *K* é uma superchave, então o mesmo ocorre com qualquer superconjunto de *K*. Normalmente, estamos interessados em superchaves para as quais nenhum subconjunto próprio é uma superchave. Essas superchaves mínimas são chamadas **chaves candidatas**.

É possível que diferentes conjuntos de atributos sirvam como uma chave candidata. Suponha que uma combinação de *nome* e *nome_dept* seja suficiente para distinguir entre membros da relação *instrutor*. Então, {*ID*} e {*nome*, *nome_dept*} são chaves candidatas. Embora os atributos *ID* e *nome* juntos possam distinguir tuplas *instrutor*, sua combinação {*ID*, *nome*} não forma uma chave candidata, já que o atributo *ID* sozinho é uma chave candidata.

Usaremos o termo **chave primária** (*primary key*) para denotar uma chave candidata que é escolhida pelo projetista de banco de dados como o principal meio de identificar tuplas dentro de uma relação. Uma chave (seja primária, candidata ou superchave) é uma propriedade da relação inteira, e não das tuplas individuais. Nenhum par de tuplas na relação pode ter o mesmo valor nos atributos de chave ao mesmo tempo. A designação de uma chave representa uma restrição constante na empresa real sendo modelada. Desse modo, as chaves primárias também são chamadas de **restrições de chave primária**.

[1]Sistemas comerciais de banco de dados desconsideram o requisito de que uma relação é um conjunto e, em vez disso, permitem que haja tuplas duplicadas. Isso será discutido com mais detalhes no Capítulo 3.

É comum listar os atributos de chave primária de um esquema de relação antes dos outros atributos; por exemplo, o atributo *nome_dept* de *departamento* é listado primeiro, pois é a chave primária. Os atributos da chave primária também são sublinhados.

Considere a relação *sala*:

sala (prédio, número_sala, capacidade)

Aqui, a chave primária consiste em dois atributos, *prédio* e *número_sala*, que estão sublinhados para indicar que fazem parte da chave primária. Nenhum atributo isolado pode identificar de forma única uma sala de aula, embora, juntos, eles identifiquem uma única sala de aula. Considere também a relação *período*:

período (id_período, dia, hora_inicial, hora_final)

Cada seção possui um *id_período* associado. A relação *período* oferece informações sobre quais dias da semana e em quais horários determinado *id_período* se reúne. Por exemplo, o *id_período* 'A' pode ser reunir das 8h às 8h50 nas segundas, quartas e sextas. É possível que um período tenha várias seções em um mesmo dia, em horários diferentes, portanto, *id_período* e *dia* juntos não identificam a tupla de forma única. A chave primária da relação *período*, portanto, consiste nos atributos *id_período, dia* e *hora_inicial*, pois esses três atributos juntos identificam, de forma única, um período para um curso.

As chaves primárias precisam ser escolhidas com cuidado. Como salientamos, o nome de uma pessoa obviamente não é suficiente, pois pode haver muitas pessoas com o mesmo nome. Nos Estados Unidos, o atributo número de seguro social de uma pessoa seria uma chave candidata. Uma vez que os não residentes nos Estados Unidos normalmente não possuem números de seguro social, as empresas internacionais precisam gerar seus próprios identificadores. Uma alternativa é usar alguma combinação única de outros atributos como uma chave.

A chave primária deve ser escolhida de forma que seus valores de atributo nunca ou raramente sejam alterados. Por exemplo, o campo de endereço de uma pessoa não deveria fazer parte da chave primária, pois, provavelmente, mudará. Os números de identificação pessoal, por outro lado, nunca mudarão. As matrículas exclusivas geradas pelas empresas geralmente não mudam, exceto quando duas empresas se fundem; nesse caso, o mesmo identificador pode ter sido emitido pelas duas empresas, e uma realocação de identificadores pode ser necessária para garantir que eles sejam únicos.

A Figura 2.8 contém o conjunto de relações completo que usamos em nosso exemplo de esquema de universidade, com os atributos de chave primária sublinhados.

Agora, vamos considerar outro tipo de restrição sobre o conteúdo das relações, que denominamos restrições de chave estrangeira. Considere o atributo *nome_dept* da relação *instrutor*. Não faz sentido que uma tupla em *instrutor* tenha um valor para *nome_dept* que não corresponda a um departamento na relação *departamento*. Logo, em qualquer instância do banco de dados, dada uma tupla qualquer, digamos t_a da relação *instrutor*, deverá haver alguma tupla, digamos t_b, na relação *departamento* de modo que o valor do atributo *nome_dept* de t_a seja o mesmo valor da chave primária, *nome_dept* de t_b.

Uma **restrição de chave estrangeira** do(s) atributo(s) A da relação r_1 com a chave primária B da relação r_2 indica que, em qualquer instância do banco de dados, o valor de A para cada tupla em r_1 também deverá ser o valor de B para alguma tupla em r_2. O conjunto de atributos A é chamado de **chave estrangeira** (ou *foreign key*) de r_1, referenciando r_2. A relação r_1 também é chamada de **relação referenciadora** da dependência de chave estrangeira e r_2 de **relação referenciada**.

Por exemplo, o atributo *nome_dept* em *instrutor* é uma chave estrangeira de *instrutor*, referenciando *departamento*, pois *nome_dept* é a chave primária de *departamento*. Da mesma forma, os atributos *prédio* e *número_sala* da relação *seção* formam juntos uma chave estrangeira referenciando a relação *sala*.

sala de aula (prédio, número_sala, capacidade)
departamento(nome_dept, prédio, orçamento)
curso(id_curso, título, nome_dept, créditos)
instrutor(ID, nome, nome_dept, salário)
seção(id_curso, id_sec, semestre, ano, prédio, número_sala, id_período)
ministra(ID, id_curso, id_sec, semestre, ano)
aluno(ID, nome, nome_dept, tot_cred)
realiza(ID, id_curso, id_sec, semestre, ano, nota)
mentor(id_est, id_inst)
período(id_período, dia, hora_inicial, hora_final)
prereq(id_curso, id_prereq)

Figura 2.8 Esquema do banco de dados de universidade.

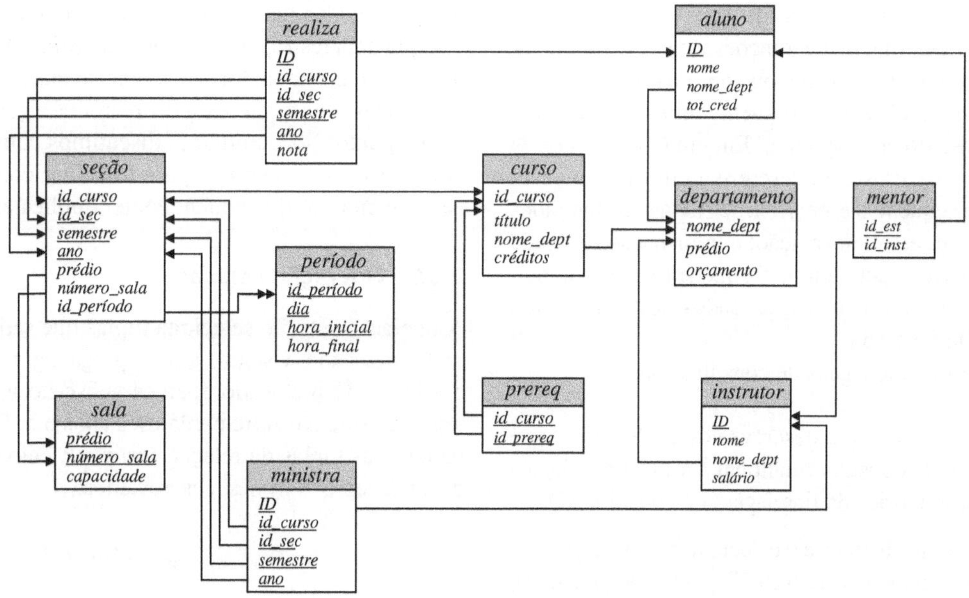

Figura 2.9 Diagrama de esquema do banco de dados de universidade.

Observe que, em uma restrição de chave estrangeira, os atributos referenciados precisam ser a chave primária da relação referenciada. O caso mais comum, uma restrição de integridade referencial, desconsidera os requisitos de que os atributos referenciados formam a chave primária da relação referenciada.

Como um exemplo, considere os valores no atributo *id_período* da relação *seção*. É preciso que esses valores existam no atributo *id_período* da relação *período*. Esse requisito é um exemplo de uma restrição de integridade referencial. Em geral, uma **restrição de integridade referencial** exige que os valores que aparecem nos atributos especificados de qualquer tupla na relação referenciadora também apareçam nos atributos especificados de, pelo menos, uma tupla na relação referenciada.

Observe que *id_período* não forma uma chave primária da relação *período*, embora faça parte da chave primária; logo, não podemos usar uma restrição de chave estrangeira para impor a restrição anterior. Na verdade, as restrições de chave estrangeira são um *caso especial* das restrições de integridade referencial, onde os atributos referenciados formam a chave primária da relação referenciada. Os sistemas atuais de banco de dados normalmente aceitam restrições de chave estrangeira, mas não têm suporte para as restrições de integridade referencial onde o atributo referenciado não é uma chave primária.

2.4 Diagramas de esquema

Um esquema de banco de dados, juntamente com as dependências de chave primária e estrangeira, pode ser representado por **diagramas de esquema**. A Figura 2.9 mostra o diagrama de esquema para a organização da nossa universidade. Cada relação aparece como uma caixa, com o nome da relação destacado no alto e os atributos listados dentro da caixa.

Os atributos de chave primária aparecem sublinhados. As dependências de chave estrangeira aparecem como setas dos atributos de chave estrangeira da relação referenciadora para a chave primária da relação referenciada. Usamos uma seta de duas pontas, em vez de uma única ponta, para indicar uma restrição de integridade referencial que não é uma dependência de chave estrangeira. Na Figura 2.9, a linha com uma seta de duas pontas ligando *id_período* na relação *seção* a *id_período* na relação *período* representa a restrição de integridade referencial de *seção.id_período* para *período.id_período*.

Muitos sistemas de banco de dados oferecem ferramentas de projeto com uma interface gráfica com o usuário para a criação de diagramas de esquema.[2] Discutiremos outra representação diagramática dos esquemas, chamada diagrama de entidade-relacionamento, em detalhes no Capítulo 6; embora haja algumas semelhanças na aparência, essas duas notações são bem diferentes, e não devem ser confundidas.

2.5 Linguagens de consulta relacional

Uma **linguagem de consulta** é uma linguagem em que um usuário solicita informações do banco de dados. Essas linguagens normalmente estão em um nível mais alto do que o de uma linguagem de programação padrão. As linguagens de consulta podem ser categorizadas como imperativas, funcionais ou declarativas. Em uma **linguagem de consulta imperativa**, o usuário instrui o sistema a realizar uma sequência específica de operações sobre o banco de dados para calcular o resultado desejado; essas linguagens normalmente possuem uma noção de variáveis de estado, que são atualizadas no decorrer do cálculo.

[2] A notação de seta de duas pontas para representar restrições de integridade referencial foi introduzida por nós, e não tem suporte de nenhuma ferramenta, pelo que sabemos; porém, as notações para chaves primária e estrangeira são muito utilizadas.

Em uma **linguagem de consulta funcional**, o cálculo é expresso como a avaliação de funções que podem operar sobre os dados no banco de dados ou sobre os resultados de outras funções; as funções não possuem efeitos colaterais, e não atualizam o estado do programa.[3] Em uma **linguagem de consulta declarativa**, o usuário descreve a informação desejada sem dar uma sequência específica de etapas ou chamadas de função para obter essa informação; a informação desejada normalmente é descrita por alguma forma de lógica matemática. É tarefa do sistema de banco de dados descobrir como obter a informação desejada.

Existem diversas linguagens de consulta "puras".

- A *álgebra relacional*, que descrevemos na Seção 2.6, é uma linguagem de consulta funcional.[4] A álgebra relacional forma a base teórica da linguagem de consulta SQL.
- O cálculo relacional de tupla e o cálculo relacional de domínio, que descrevemos no Capítulo 27 (disponível *on-line*), são declarativos.

Essas linguagens de consulta são concisas e formais, não possuindo o "açúcar sintático" das linguagens comerciais, mas ilustram as técnicas fundamentais para extrair dados do banco de dados.

As linguagens de consulta usadas na prática, como a SQL, incluem elementos das abordagens imperativa, funcional e declarativa. Estudamos a linguagem de consulta SQL, muito utilizada, nos Capítulos de 3 a 5.

2.6 Álgebra relacional

A álgebra relacional consiste em um conjunto de operações que aceitam uma ou duas relações como entrada e produzem uma nova relação como seu resultado.

Algumas dessas operações, como as de seleção, projeção e renomeação, são chamadas de operações *unárias*, pois operam sobre uma relação. As outras operações, como união, produto cartesiano e diferença de conjunto, operam sobre pares de relações e, portanto, são chamadas de operações *binárias*.

Embora as operações da álgebra relacional formem a base para a conhecida linguagem de consulta SQL, os sistemas de banco de dados não permitem que os usuários escrevam consultas em álgebra relacional. No entanto, existem implementações da álgebra relacional que foram montadas para que os alunos pratiquem consultas em álgebra relacional.

Neste ponto, vale a pena relembrar que, como uma relação é um conjunto de tuplas, as relações não podem conter tuplas duplicadas. Porém, na prática, as tabelas nos sistemas de banco de dados têm permissão para conter duplicatas, a menos que uma restrição específica as proíba. Mas, na discussão da álgebra relacional formal, é preciso que as duplicatas sejam eliminadas, conforme exigido pela definição matemática de um conjunto. No Capítulo 3, discutimos como a álgebra relacional pode ser estendida para trabalhar com multiconjunto, isto é, conjuntos que podem conter duplicatas.

2.6.1 Operação seleção

A operação **seleção** seleciona tuplas que satisfazem determinado predicado. Usamos a letra grega sigma (σ) para indicar a seleção. O predicado aparece subscrito a σ. A relação de argumento segue entre parênteses após o σ. Portanto, para selecionar as tuplas da relação *instrutor*, cujo instrutor está no departamento "Physics", escrevemos:

$$\sigma_{nome\_dept = \text{"Physics"}} (instrutor)$$

Se a relação *instrutor* é a mostrada na Figura 2.1, então a relação resultante dessa consulta é mostrada na Figura 2.10.

Podemos encontrar todos os instrutores com salário maior que \$ 90.000 escrevendo:

$$\sigma_{salário>90000} (instrutor)$$

Em geral, permitimos comparações usando =, ≠, <, ≤, > e ≥ no predicado da seleção. Além disso, podemos combinar vários predicados em um predicado maior usando os conectivos *e* (∧), *ou* (∨) e *não* (¬). Portanto, para encontrar instrutores no departamento "Physics" com salário maior que \$ 90.000, escrevemos:

$$\sigma_{nome\_dept = \text{"Physics"} \wedge salário>90000} (instrutor)$$

O predicado da seleção pode incluir comparações entre dois atributos. Como ilustração, considere a relação *departamento*. Para encontrar todos os departamentos cujo nome seja o mesmo que o nome de seu prédio, escrevemos:

$$\sigma_{nome\_dept = prédio} (departamento)$$

2.6.2 Operação projeção

Suponha que se deseje listar os campos *ID*, *nome* e *salário* de todos os instrutores, mas o campo *nome_dept* não interessa. A operação **projeção** é uma operação unária que retorna sua relação de argumento, com certos atributos omitidos. Como a relação é um conjunto, linhas duplicadas são eliminadas. A projeção é indicada pela letra grega pi (Π). Listamos os atributos que queremos que apareçam, no

ID	*nome*	*nome_dept*	*salário*
22222	Einstein	Physics	95000
33456	Gold	Physics	87000

Figura 2.10 Resultado de $\sigma_{nome\_dept = \text{"Physics"}} (instrutor)$.

[3] O termo *linguagem procedural* foi usado nas edições anteriores do livro para se referir a linguagens baseadas em chamadas de procedimento, o que inclui as linguagens funcionais; no entanto, o termo também é muito usado para se referir a linguagens imperativas. Para evitar confusão, não usaremos mais o termo.

[4] Diferentemente das linguagens funcionais modernas, a álgebra relacional tem suporte para apenas um pequeno número de funções predefinidas, que definem uma álgebra sobre relações.

ID	*nome*	*salário*
10101	Srinivasan	65000
12121	Wu	90000
15151	Mozart	40000
22222	Einstein	95000
32343	El Said	60000
33456	Gold	87000
45565	Katz	75000
58583	Califieri	62000
76543	Singh	80000
76766	Crick	72000
83821	Brandt	92000
98345	Kim	80000

Figura 2.11 Resultado de $\Pi_{ID,\, nome,\, salário}$ (*instrutor*).

resultado, subscritos a Π. A relação de argumento segue entre parênteses. Escrevemos a consulta que produz a lista mencionada aqui da seguinte forma:

$$\Pi_{ID,\ nome,\ salário}(instrutor)$$

A Figura 2.11 mostra a relação que resulta dessa consulta.

A versão básica do operador de projeção $\Pi_L(E)$ só permite que nomes de atributo estejam presentes na lista *L*. Uma versão generalizada do operador permite o uso de expressões envolvendo atributos na lista *L*. Por exemplo, poderíamos usar:

$$\Pi_{ID, nome, salário/12}(instrutor)$$

para obter o salário mensal de cada instrutor.

2.6.3 Composição das operações relacionais

É importante atentar para o fato de o resultado de uma operação relacional ser, em si, uma relação. Considere a consulta mais complexa "Encontre o nome de todos os instrutores no departamento Physics". Escrevemos:

$$\Pi_{nome}\ (\sigma_{nome\_dept\ =\ \text{“Physics”}}\ (instrutor))$$

Observe que, em vez de fornecer o nome de uma relação como argumento da operação de projeção, fornecemos uma expressão que resulta em uma relação.

Em geral, como o resultado de uma operação da álgebra relacional é do mesmo tipo (relação) de suas entradas, as operações da álgebra relacional podem ser compostas juntas em uma **expressão da álgebra relacional**. Compor operações da álgebra relacional em expressões da álgebra relacional é o mesmo que compor operações aritméticas (como +, –, × e ÷) em expressões aritméticas.

2.6.4 Operação produto cartesiano

A operação **produto cartesiano**, indicada por um sinal de vezes (×), permite combinar informações de duas relações quaisquer. Escrevemos o produto cartesiano das relações r_1 e r_2 como $r_1 \times r_2$.

Um produto cartesiano de relações de banco de dados, por definição, difere ligeiramente da definição matemática de um produto cartesiano de conjuntos. No lugar de $r_1 \times r_2$ produzir pares (t_1, t_2) de tuplas de r_1 e r_2, a álgebra relacional concatena t_1 e t_2 em uma única tupla, como mostra a Figura 2.12.

Como o mesmo nome de atributo pode aparecer tanto em r_1 quanto em r_2, deve-se criar um esquema de nomeação para distinguir entre esses atributos. Aqui, fazemos isso anexando a um atributo o nome da relação da qual o atributo originalmente veio. Por exemplo, o esquema de relação para *r* = *instrutor* × *ministra* é:

(*instrutor.ID, instrutor.nome, instrutor.nome_dept, instrutor.salário, ministra.ID, ministra.id_curso, ministra.id_sec, ministra.semestre, ministra.ano*)

Com esse esquema, é possível distinguir *instrutor.ID* de *ministra.ID*. Para os atributos que aparecem apenas em um dos dois esquemas, normalmente omite-se o prefixo de nome da relação. Essa simplificação não gera nenhuma ambiguidade. Podemos, então, escrever o esquema de relação para *r* como:

(*instrutor.ID, nome, nome_dept, salário ministra.ID, id_curso, id_sec, semestre, ano*)

Essa convenção de nomeação *exige* que as relações que sejam argumentos da operação produto cartesiano tenham nomes distintos. Essa exigência causa problemas em alguns casos, como quando deseja-se o produto cartesiano de uma relação com ela mesma. Surge um problema semelhante se o resultado de uma expressão da álgebra relacional for utilizado em um produto cartesiano, já que precisaremos de um nome para a relação de modo que seja possível nos referir aos atributos da relação. Na Seção 2.6.8, veremos como evitar esses problemas usando a operação renomeação.

Agora que sabemos o esquema de relação para *r* = *instrutor* × *ministra*, quais tuplas aparecem em *r*? Como você pode suspeitar, construímos uma tupla de *r* a partir de cada par de tuplas possíveis: uma a partir da relação *instrutor* (Figura 2.1) e uma a partir da relação *ministra* (Figura 2.7). Assim, *r* é uma relação grande, como você pode ver na Figura 2.12, que inclui apenas uma parcela das tuplas que compõem *r*.[5]

Considere que tenhamos n_1 tuplas em *instrutor* e n_2 tuplas em *ministra*. Então, existem $n_1 \times n_2$ maneiras de escolher um par de tuplas – uma tupla de cada relação; portanto, existem $n_1 \times n_2$ tuplas em *r*. No nosso exemplo em especial, observe que, para algumas tuplas *t* em *r*, pode ser que os dois valores de ID, *instrutor.ID* e *ministra.ID*, sejam diferentes.

Em geral, se tivermos relações $r_1(R_1)$ e $r_2(R_2)$, então $r_1 \times r_2$ é uma relação cujo esquema é a concatenação de R_1 e R_2. A relação *R* contém todas as tuplas *t* para as quais existe uma tupla t_1 em

[5]Note que renomeamos *instrutor.ID* como *inst.ID* para reduzir a largura das tabelas nas Figuras 2.12 e 2.13. (N.T.)

inst.ID	*nome*	*nome_dept*	*salário*	*ministra.ID*	*id_curso*	*id_sec*	*semestre*	*ano*
10101	Srinivasan	Comp. Sci.	65000	10101	CS-101	1	Fall	2017
10101	Srinivasan	Comp. Sci.	65000	10101	CS-315	1	Spring	2018
10101	Srinivasan	Comp. Sci.	65000	10101	CS-347	1	Fall	2017
10101	Srinivasan	Comp. Sci.	65000	12121	FIN-201	1	Spring	2018
10101	Srinivasan	Comp. Sci.	65000	15151	MU-199	1	Spring	2018
10101	Srinivasan	Comp. Sci.	65000	22222	PHY-101	1	Fall	2017
...	...	...	...	...	...	...	...	...
...	...	...	...	...	...	...	...	...
12121	Wu	Finance	90000	10101	CS-101	1	Fall	2017
12121	Wu	Finance	90000	10101	CS-315	1	Spring	2018
12121	Wu	Finance	90000	10101	CS-347	1	Fall	2017
12121	Wu	Finance	90000	12121	FIN-201	1	Spring	2018
12121	Wu	Finance	90000	15151	MU-199	1	Spring	2018
12121	Wu	Finance	90000	22222	PHY-101	1	Fall	2017
...	...	...	...	...	...	...	...	...
...	...	...	...	...	...	...	...	...
15151	Mozart	Music	40000	10101	CS-101	1	Fall	2017
15151	Mozart	Music	40000	10101	CS-315	1	Spring	2018
15151	Mozart	Music	40000	10101	CS-347	1	Fall	2017
15151	Mozart	Music	40000	12121	FIN-201	1	Spring	2018
15151	Mozart	Music	40000	15151	MU-199	1	Spring	2018
15151	Mozart	Music	40000	22222	PHY-101	1	Fall	2017
...	...	...	...	...	...	...	...	...
...	...	...	...	...	...	...	...	...
22222	Einstein	Physics	95000	10101	CS-101	1	Fall	2017
22222	Einstein	Physics	95000	10101	CS-315	1	Spring	2018
22222	Einstein	Physics	95000	10101	CS-347	1	Fall	2017
22222	Einstein	Physics	95000	12121	FIN-201	1	Spring	2018
22222	Einstein	Physics	95000	15151	MU-199	1	Spring	2018
22222	Einstein	Physics	95000	22222	PHY-101	1	Fall	2017
...	...	...	...	...	...	...	...	...
...	...	...	...	...	...	...	...	...

Figura 2.12 Resultado do produto cartesiano *instrutor* × *ministra*.

r_1 e uma tupla t_2 em r_2 para a qual t e $t_1$têm o mesmo valor nos atributos em R_1 e t e t_2 têm o mesmo valor nos atributos em R_2.

2.6.5 Operação junção

Suponha que desejamos encontrar as informações sobre todos os instrutores e a *id_curso* para todos os cursos que eles ministraram. Para calcular o resultado exigido, são necessárias as informações tanto na relação *instrutor* como na relação *ministra*. O produto cartesiano de *instrutor* e *ministra* reúne informações sobre essas duas relações, mas, infelizmente, o produto cartesiano associa cada instrutor a cada curso que foi ministrado, até mesmo os cursos que não foram ministrados pelo instrutor correspondente.

Como a operação produto cartesiano associa cada tupla de *instrutor* com cada tupla de *ministra*, sabemos que, se um instrutor ministrou um curso (como registrado na relação *ministra*), então existe alguma tupla em *instrutor* × *ministra* que contém seu nome e que satisfaz *instrutor.ID* = *ministra.ID*. Assim, se escrevermos:

$$\sigma_{instrutor.ID\ =\ ministra.ID}(instrutor \times ministra)$$

obteremos apenas as tuplas de *instrutor* × *ministra* que pertencem aos instrutores e os cursos que tenham ministrado.

O resultado dessa expressão é mostrado na Figura 2.13. Observe que os instrutores Gold, Califieri e Singh não ministraram nenhum curso (como registrado na relação *ministra*) e, portanto, não aparecem no resultado.

Observe que essa expressão resulta na duplicação da ID do instrutor. Isso pode ser facilmente tratado pela inclusão de uma projeção para eliminar a coluna *ministra.ID*.

A operação *junção* nos permite combinar uma seleção e um produto cartesiano em uma única operação.

Considere as relações $r(R)$ e $s(S)$, e imagine que θ seja um predicado nos atributos do esquema $R \cup S$. A operação de junção $r \bowtie_\theta s$ é definida da seguinte forma:

$$r \bowtie_\theta s = \sigma_\theta(r \times s)$$

Assim, $\sigma_{instrutor.ID\ =\ ministra.ID}(instrutor \times ministra)$ pode ser escrita, de modo equivalente, como $instrutor \bowtie_{instrutor.ID\ =\ ministra.ID} ministra$.

2.6.6 Operações de conjunto

Considere uma consulta para encontrar o conjunto de todos os cursos ministrados no semestre Fall de 2017, no semestre Spring de 2018 ou ambos. As informações estão contidas na

ins.ID	*nome*	*nome_dept*	*salário*	*ministra.ID*	*id_curso*	*id_sec*	*semestre*	*ano*
10101	Srinivasan	Comp. Sci.	65000	10101	CS-101	1	Fall	2017
10101	Srinivasan	Comp. Sci.	65000	10101	CS-315	1	Spring	2018
10101	Srinivasan	Comp. Sci.	65000	10101	CS-347	1	Fall	2017
12121	Wu	Finance	90000	12121	FIN-201	1	Spring	2018
15151	Mozart	Music	40000	15151	MU-199	1	Spring	2018
22222	Einstein	Physics	95000	22222	PHY-101	1	Fall	2017
32343	El Said	History	60000	32343	HIS-351	1	Spring	2018
45565	Katz	Comp. Sci.	75000	45565	CS-101	1	Spring	2018
45565	Katz	Comp. Sci.	75000	45565	CS-319	1	Spring	2018
76766	Crick	Biology	72000	76766	BIO-101	1	Summer	2017
76766	Crick	Biology	72000	76766	BIO-301	1	Summer	2018
83821	Brandt	Comp. Sci.	92000	83821	CS-190	1	Spring	2017
83821	Brandt	Comp. Sci.	92000	83821	CS-190	2	Spring	2017
83821	Brandt	Comp. Sci.	92000	83821	CS-319	2	Spring	2018
98345	Kim	Elec. Eng.	80000	98345	EE-181	1	Spring	2017

Figura 2.13 Resultado de $\sigma_{instrutor.ID\ =\ ministra.ID}$ (*instrutor* × *ministra*).

relação *seção* (Figura 2.6). Para encontrar o conjunto de todos os cursos ministrados no semestre Fall de 2017, escrevemos:

$$\Pi_{id\_curso}(\sigma_{semestre\ =\ \text{"Fall"}\ \wedge\ ano=2017}\ (seção))$$

Para encontrar o conjunto de todos os cursos ministrados no semestre Spring de 2018, escrevemos:

$$\Pi_{id\_curso}(\sigma_{semestre\ =\ \text{"Spring"}\ \wedge\ ano=2018}\ (seção))$$

Para responder à consulta, precisamos da **união** desses dois conjuntos, ou seja, precisamos de todas as *id_curso* que apareçam em alguma ou em ambas as relações. Encontramos essas informações pela operação binária união, indicada, na teoria dos conjuntos, por ∪. Assim, a expressão desejada é:

$$\Pi_{d\_curso}(\sigma_{semestre\ =\ \text{"Fall"}\ \wedge\ ano=2017}(seção))\ \cup$$
$$\Pi_{id\_curso}(\sigma_{semestre\ =\ \text{"Spring"}\ \wedge\ ano=2018}(seção))$$

A relação resultante dessa consulta aparece na Figura 2.14. Repare que existem oito tuplas no resultado, ainda que haja três cursos distintos oferecidos no semestre que compreende o outono de 2017 e seis cursos distintos oferecidos no semestre que compreende a primavera de 2018. Como as relações são conjuntos, os valores duplicados, como CS-101, oferecido nos dois semestres, são substituídos por uma única ocorrência.

id_curso
CS-101
CS-315
CS-319
CS-347
FIN-201
HIS-351
MU-199
PHY-101

Figura 2.14 Cursos oferecidos no outono de 2017, na primavera de 2018 ou em ambos os semestres.

Observe que, no nosso exemplo, tomamos a união de dois conjuntos, os quais consistiram em valores de *id_curso*. Em geral, para que uma união faça sentido:

1. Temos que assegurar que as relações de entrada da operação de união tenham o mesmo número de atributos; o número de atributos de uma relação é denominado sua **aridade**.
2. Quando os atributos possuem tipos associados, os tipos do *i*-ésimo atributo de ambas as relações de entrada devem ser os mesmos, para todo *i*.

Essas relações são consideradas relações **compatíveis**.

Por exemplo, não faria sentido ter a união da relação *instrutor* e a relação *seção*, pois possuem diferentes números de atributos. E, embora as relações *instrutor* e *aluno* tenham ambas aridade 4, seu quarto atributo, ou seja, *salário* e *tot_cred*, abrange dois tipos diferentes. A união desses dois atributos não faria sentido, na maioria das situações.

A operação de **interseção**, indicada por ∩, nos permite encontrar tuplas que estejam nas duas relações de entrada. A expressão $r \cap s$ produz uma relação contendo as tuplas em r e, também, em s. Assim como a operação de união, temos que garantir que a interseção seja feita entre relação compatíveis.

Suponha que queiramos encontrar o conjunto de todos os cursos ministrados nos semestres Fall de 2017 e Spring de 2018. Usando a interseção de conjuntos, podemos escrever

$$\Pi_{id\_curso}(\sigma_{semestre\ =\ \text{"Fall"}\ \wedge\ ano=2017}(seção))\ \cap$$
$$\Pi_{id\_curso}(\sigma_{semestre\ =\ \text{"Spring"}\ \wedge\ ano\ =\ 2018}\ (seção))$$

A relação resultante para esta consulta aparece na Figura 2.15.

id_curso
CS-101

Figura 2.15 Cursos oferecidos no outono de 2017 e na primavera de 2018.

id_curso
CS-347
PHY-101

Figura 2.16 Cursos oferecidos no outono de 2017, excetuando-se os oferecidos na primavera de 2018.

A operação **diferença de conjuntos**, indicada por –, permite encontrar tuplas que estejam em uma relação, mas não em outra. A expressão $r - s$ produz uma relação contendo as tuplas que estão em r, mas não em s.

Podemos encontrar todos os cursos ministrados no semestre que compreende o outono de 2017, mas não no semestre que compreende a primavera de 2018, escrevendo:

$$\Pi_{id\_curso}(\sigma_{semestre = \text{"Fall"} \wedge ano=2017}(seção)) -$$
$$\Pi_{id\_curso}(\sigma_{semestre = \text{"Spring"} \wedge ano=2018}(seção))$$

A relação resultante dessa consulta aparece na Figura 2.16.

Assim como a operação união, é preciso garantir que as diferenças de conjunto sejam tomadas entre relações compatíveis.

2.6.7 Operação atribuição

Às vezes, é conveniente escrever uma expressão de álgebra relacional atribuindo partes dela a variáveis de relação temporárias. A operação **atribuição**, indicada por ←, age como a atribuição em uma linguagem de programação. Para ilustrar essa operação, considere a consulta para encontrar os cursos que são oferecidos no outono de 2017 e, também, na primavera de 2018, que vimos anteriormente. Poderíamos escrevê-la como:

$$cursos\_outono\_2017 \leftarrow \Pi_{id\_curso}(\sigma_{semestre = \text{"Fall"} \wedge ano=2017}(seção))$$
$$cursos\_primavera\_2018 \leftarrow \Pi_{id\_curso}(\sigma_{semestre = \text{"Spring"} \wedge ano=2018}(seção))$$
$$cursos\_outono\_2017 \cap cursos\_primavera\_2018$$

A última linha apresenta o resultado da consulta. As duas linhas anteriores atribuem o resultado da consulta a uma relação temporária. A avaliação de uma atribuição não resulta em qualquer relação sendo exibida para o usuário. Em vez disso, o resultado da expressão no lado direito do ← é atribuído à variável de relação no lado esquerdo do ←. Essa variável de relação pode ser usada nas expressões subsequentes.

Com a operação atribuição, uma consulta pode ser escrita como um programa sequencial consistindo em uma série de atribuições seguida de uma expressão cujo valor é exibido como o resultado da consulta. Para consultas da álgebra relacional, a atribuição sempre precisa ser feita a uma variável de relação temporária. As atribuições a relações permanentes constituem uma modificação no banco de dados. Note que a operação atribuição não fornece nenhuma capacidade adicional para a álgebra. Entretanto, é uma maneira conveniente de expressar consultas complexas.

2.6.8 Operação renomeação

De modo diferente das relações no banco de dados, os resultados das expressões da álgebra relacional não possuem um nome para referenciá-los. Em alguns casos, é útil poder atribuir-lhes nomes; o operador de **renomeação**, indicado pela letra grega minúscula ro (ρ), nos permite fazer isso. Considerando uma expressão da álgebra relacional E, a expressão

$$\rho_x(E)$$

retorna o resultado da expressão E sob o nome x.

Uma relação r por ela mesma é considerada uma expressão trivial da álgebra relacional. Portanto, também é possível aplicar a operação renomeação a uma relação r para obter a mesma relação com um novo nome. Algumas consultas exigem que a mesma relação seja usada mais de uma vez na consulta; nesses casos, a operação renomeação pode oferecer nomes exclusivos às diferentes ocorrências da mesma relação.

Uma segunda forma da operação renomeação é a seguinte. Considere que uma expressão da álgebra relacional E tenha aridade n. Então, a expressão

$$\rho_{x(A_1, A_2, ..., A_n)}(E)$$

retorna o resultado da expressão E com o nome x e com os atributos renomeados para A_1, A_2, ..., A_n. Essa forma de operação renomeação pode ser usada para dar nomes a atributos nos resultados das operações da álgebra relacional que envolvem expressões sobre atributos.

Para ilustrar a renomeação de uma relação, consideramos a consulta "Encontre a ID e o nome dos instrutores que recebem mais do que o instrutor cuja ID é 12121". (Esse é o instrutor Wu na tabela de exemplo da Figura 2.1.)

Existem várias estratégias para escrever essa consulta, mas, para ilustrar a operação renomeação, nossa estratégia é comparar o salário de cada instrutor com o salário do instrutor com ID 12121. A dificuldade aqui é que precisamos referenciar a relação *instrutor* uma vez para obter o salário de cada instrutor e outra vez para obter o salário do instrutor 12121; e queremos fazer tudo isso em uma expressão. O operador renomeação nos permite fazer isso usando diferentes nomes para cada referência da relação *instrutor*. Neste exemplo, usaremos o nome i para nos referir à nossa varredura da relação *instrutor* em que estamos buscando aqueles que farão parte da resposta, e w para nos referir à varredura da relação *instrutor* para obter o salário do instrutor 12121:

$$\Pi_{i.ID, i.nome}((\sigma_{i.salário > w.salário}(\rho_i(instrutor) \times$$
$$\sigma_{w.id=12121}(\rho_w(instrutor)))))$$

A operação de renomeação não é estritamente necessária, pois é possível utilizar uma notação posicional para atributos. Podemos citar os atributos de uma relação implícita

Nota 2.1 OUTRAS OPERAÇÕES RELACIONAIS

Além das operações da álgebra relacional que vimos até aqui, existem várias outras operações comumente utilizadas. Vamos resumi-las a seguir, descrevendo-as com detalhes mais adiante, juntamente com as construções SQL equivalentes.

A operação de agregação permite que uma função seja calculada sobre o conjunto de valores retornados por uma consulta. Essas funções incluem average, sum, min e max, dentre outras. A operação permite, também, que essas agregações sejam realizadas após dividir o conjunto de valores em grupos, por exemplo, calculando o salário médio em cada departamento. Estudamos a operação agregação com mais detalhes na Seção 3.7 (Nota 3.2).

A operação *junção natural* substitui o predicado θ em $\bowtie_\theta$ por um predicado implícito, que requer igualdade sobre os atributos que aparecem nos esquemas das relações da esquerda e da direita. Essa notação é conveniente, mas oferece riscos para consultas que são reutilizadas e, portanto, poderiam ser usadas após a alteração do esquema de uma relação. Isso é explicado na Seção 4.1.1.

Lembre-se de que, quando calculamos a junção de *instrutor* e *ministra*, os instrutores que não ministraram nenhum curso não aparecem no resultado da junção. A operação de *junção externa* (*outer join*) permite a retenção dessas tuplas no resultado, inserindo nulos para os valores que faltam. Isso é explicado na Seção 4.1.3 (Nota 4.1).

usando uma notação posicional, onde \$ 1, \$ 2, ... referem-se ao primeiro atributo, ao segundo atributo e assim por diante. A notação posicional também se aplica aos resultados das operações da álgebra relacional. No entanto, a notação posicional não é conveniente para os humanos, pois a posição do atributo é um número, no lugar de um nome de atributo fácil de memorizar. Logo, não usamos a notação posicional neste livro.

2.6.9 Consultas equivalentes

Observe que, muitas vezes, há mais de uma maneira de escrever uma consulta na álgebra relacional. Considere a seguinte consulta, que encontra informações sobre os cursos ministrados por instrutores no departamento Physics:

$$\sigma_{nome\_dept = \text{“Physics”}}(instrutor \bowtie_{instrutor.ID=ministra.ID} ministra)$$

Agora, considere uma consulta alternativa:

$$(\sigma_{nome\_dept = \text{“Physics”}}(instrutor)) \bowtie_{instrutor.ID=ministra.ID} ministra$$

Observe a diferença sutil entre as duas consultas: na primeira consulta, a seleção que restringe *nome_dept* para Physics é aplicada depois que a junção de *instrutor* e *ministra* tiver sido calculada, enquanto na segunda consulta, a seleção que restringe *nome_dept* a Physics é aplicada a *instrutor*, e a operação de junção é aplicada posteriormente.

Embora as duas consultas não sejam idênticas, elas são **equivalentes**, isto é, trazem o mesmo resultado em qualquer banco de dados.

Os otimizadores de consulta nos sistemas de banco de dados geralmente examinam qual resultado uma expressão calcula e descobrem um meio eficiente de calcular esse resultado, em vez de seguir a sequência exata de etapas especificadas na consulta. A estrutura algébrica da álgebra relacional facilita a descoberta de expressões alternativas eficientes, porém equivalentes, como veremos no Capítulo 16.

2.7 Resumo

- O modelo de dados relacional é baseado em uma coleção de tabelas. O usuário do sistema de banco de dados pode consultar essas tabelas, inserir novas tuplas, excluir tuplas e atualizar (modificar) tuplas. Existem várias linguagens para expressar essas operações.
- O esquema de uma relação refere-se ao seu projeto lógico, enquanto uma instância da relação refere-se ao seu conteúdo em um ponto no tempo. O esquema de um banco de dados e uma instância de um banco de dados são definidos de modo semelhante. O esquema de uma relação inclui seus atributos e, opcionalmente, os tipos dos atributos e restrições na relação, como as restrições de chave primária e estrangeira.
- Uma superchave de uma relação é um conjunto de um ou mais atributos cujos valores garantidamente identificam as tuplas na relação de forma exclusiva. Uma chave candidata é uma superchave minimal, ou seja, um conjunto de atributos que forma uma superchave, mas nenhum desses subconjuntos é uma superchave. Uma das chaves candidatas de uma relação é escolhida como sua chave primária.
- Uma chave estrangeira dos atributos A da relação r_1 com a chave primária B da relação r_2 declara que o valor de A para cada tupla em r_1 também deve ser o valor de B para alguma tupla em r_2. A relação r_1 é chamada de relação referenciadora, e r_2 de relação referenciada.
- Um diagrama de esquema é uma representação gráfica do esquema de um banco de dados, que mostra as relações no banco de dados, seus atributos e suas chaves primária e estrangeira.
- As linguagens de consulta relacionais definem um conjunto de operações que operam sobre as tabelas e geram tabelas como seus resultados. Essas operações podem ser combinadas para criar expressões que reflitam as consultas desejadas.

- A álgebra relacional oferece um conjunto de operações que tomam uma ou mais relações como entrada e retornam uma relação como saída. Linguagens de consulta práticas, como SQL, são baseadas na álgebra relacional, mas acrescentam uma série de recursos sintáticos úteis.
- A álgebra relacional define um conjunto de operações algébricas que operam sobre tabelas e geram tabelas como seus resultados. Essas operações podem ser combinadas para obter expressões que reflitam consultas desejadas. A álgebra define as operações básicas usadas dentro das linguagens de consulta relacionais, como SQL.

Termos de revisão

- Tabela
- Relação
- Tupla
- Atributo
- Instância de relação
- Domínio
- Domínio atômico
- Valor nulo
- Esquema de banco de dados
- Instância de banco de dados
- Esquema de relação
- Instância de relação
- Chaves
  - Superchave
  - Chave candidata
  - Chave primária
  - Restrições de chave primária
- Restrição de chave estrangeira
  - Relação referenciadora
  - Relação referenciada
- Restrição de integridade referencial
- Diagrama de esquema
- Tipos de linguagem de consulta
  - Imperativa
  - Funcional
  - Declarativa
- Álgebra relacional
- Expressão da álgebra relacional
- Operações da álgebra relacional
  - Seleção σ
  - Projeção Π
  - Produto cartesiano $\times$
  - Junção $\bowtie$
  - União $\cup$
  - Diferença de conjuntos $-$
  - Interseção de conjuntos $\cap$
  - Atribuição $\leftarrow$
  - Renomeação ρ

Exercícios práticos

2.1 Considere o banco de dados de funcionários da Figura 2.17. Quais são as chaves primárias apropriadas?

2.2 Considere a restrição de chave estrangeira do atributo *nome_dept* de *instrutor* para a relação *departamento*. Dê exemplos de inserções e exclusões nessas relações, que possam violar a restrição de chave estrangeira.

2.3 Considere a relação *período*. Sabendo que determinado período pode ocorrer mais de uma vez em uma semana, explique por que *dia* e *hora_inicial* fazem parte da chave primária dessa relação, enquanto *hora_final*, não.

2.4 Na instância de *instrutor* mostrada na Figura 2.1, dois instrutores não têm o mesmo nome. A partir disso,

funcionário (nome_pessoa, endereço, cidade)
trabalha (nome_pessoa, nome_empresa, salário)
empresa (nome_empresa, cidade)

Figura 2.17 Banco de dados de funcionários.

agência (nome_agência, cidade_agência, ativos)
cliente (ID, nome_cliente, endereço_cliente, cidade_cliente)
empréstimo (número_empréstimo, nome_agência, valor)
tomador (ID, número_empréstimo)
conta (número_conta, nome_agência, saldo)
depositante (ID, número_conta)

Figura 2.18 Banco de dados de agência bancária.

podemos concluir que *nome* pode ser usado como uma superchave (ou chave primária) de *instrutor*?

2.5 Qual é o resultado de, primeiro, realizar o produto cartesiano de *aluno* e *mentor* e, depois, realizar uma operação de seleção sobre o resultado com o predicado *id_est* = *ID*? (Usando a notação simbólica da álgebra relacional, essa consulta pode ser escrita como $\sigma_{id\_est = ID}(aluno \times mentor)$.)

2.6 Considere o banco de dados de funcionários da Figura 2.17. Dê uma expressão na álgebra relacional para expressar cada uma das seguintes consultas:

a. Ache os nomes de todos os funcionários que moram na cidade de "Miami".

b. Ache os nomes de todos os funcionários cujo salário anual é maior que $ 100.000.

c. Ache os nomes de todos os funcionários que moram em "Miami" e cujo salário anual é maior que $ 100.000.

2.7 Considere o exemplo de agência bancária da Figura 2.18. Dê uma expressão na álgebra relacional para cada uma das consultas a seguir.

a. Ache os nomes de todas as agências localizadas em "Chicago".

b. Ache a ID de todos os tomadores de empréstimo que possuem um empréstimo na agência "Downtown".

2.8 Considere o banco de dados de funcionários da Figura 2.17. Crie uma expressão na álgebra relacional para expressar cada uma das seguintes consultas:

a. Ache a ID e o nome de cada funcionário que não trabalha para "BigBank".

b. Ache a ID e o nome de cada funcionário que recebe pelo menos tanto quanto cada funcionário no banco de dados.

2.9 O **operador de divisão** da álgebra relacional, "÷", é definido da seguinte forma: considere que $r(R)$ e $s(S)$ sejam relações e que $S \subseteq R$; ou seja, cada atributo do esquema S também deve estar no esquema R. Dada a tupla t, considere que $t[S]$ indique a projeção da tupla t sobre os atributos em S. Logo, $r \div s$ é uma relação no esquema $R - S$ (ou seja, no esquema contendo todos os atributos do esquema R que não estão no esquema S). Uma tupla t está em $r \div s$ se, e somente se, estas duas condições forem verdadeiras:

- t está em $\Pi_{R-S}(r)$.
- Para cada tupla t_s em s, existe uma tupla t_r em r que satisfaz os seguintes:

  a. $t_r[S] = t_s[S]$

  b. $t_r[R - S] = t$

Dada essa definição:

a. Escreva uma expressão da álgebra relacional usando o operador de divisão para achar as IDs de todos os alunos que realizaram todos os cursos de Comp. Sci. (*Dica*: projete *realiza* apenas para ID e *id_curso* e gere o conjunto de todos os *id_curso* Comp. Sci. usando uma expressão de seleção, antes de realizar a divisão.)

b. Mostre como escrever a consulta anterior na álgebra relacional, sem usar a divisão. (Ao fazer isso, você terá mostrado como definir a operação de divisão usando outras operações da álgebra relacional.)

Exercícios

2.10 Descreva as diferenças no significado entre os termos *relação* e *esquema de relação*.

2.11 Considere a relação *mentor* mostrada no diagrama de esquema da Figura 2.9, com *id_est* como chave primária de *mentor*. Suponha que um aluno possa ter mais de um mentor. Nesse caso, *id_est* seria uma chave primária da relação *mentor*? Se não, qual deveria ser a chave primária de *mentor*?

2.12 Considere o exemplo bancário da Figura 2.18. Suponha que os nomes de agências e nomes de clientes identifiquem, exclusivamente, as agências e os clientes, mas os empréstimos e contas possam ser associados a mais de um cliente.

a. Quais são as chaves primárias mais apropriadas?

b. Com a sua escolha de chaves primárias, identifique as chaves estrangeiras apropriadas.

2.13 Construa um diagrama de esquema para o banco de dados do exemplo bancário da Figura 2.18.

2.14 Considere o banco de dados de funcionários da Figura 2.17. Dê uma expressão na álgebra relacional para expressar cada uma das seguintes consultas:

a. Ache a ID e o nome de todos os funcionários que trabalham para o "BigBank".

b. Ache a ID, o nome e a cidade de residência de todos os funcionários que trabalham para o "BigBank".

c. Ache a ID, o nome, o endereço e a cidade de residência de todos os funcionários que trabalham para o "BigBank" e recebem mais de $ 10.000.

d. Ache a ID e o nome de todos os funcionários neste banco de dados que moram na mesma cidade da empresa para a qual trabalham.

2.15 Considere o banco de dados de agência bancária da Figura 2.18. Dê uma expressão na álgebra relacional para cada uma das seguintes consultas:

a. Ache todos os números de empréstimo com valor superior a $ 10.000.

b. Ache a ID de todos os depositantes que têm conta com saldo maior que $ 6.000.

c. Ache a ID de todos os depositantes que têm conta com saldo maior que $ 6.000 na agência "Uptown".

2.16 Liste dois motivos pelos quais os valores nulos poderiam ser introduzidos no banco de dados.

2.17 Discuta os méritos relativos das linguagens imperativa, funcional e declarativa.

2.18 Escreva as seguintes consultas na álgebra relacional, usando o esquema da universidade.

a. Ache a ID e o nome de cada instrutor no departamento "Physics".

b. Ache a ID e o nome de cada instrutor em um departamento localizado no prédio "Watson".

c. Ache o ID e o nome de cada aluno que tenha realizado pelo menos um curso no departamento "Comp. Sci.".

d. Ache a ID e o nome de cada aluno que tenha realizado pelo menos uma seção de curso no ano de 2018.

e. Ache a ID e o nome de cada aluno que não tenha realizado nenhuma seção de curso no ano de 2018.

Leitura adicional

E. F. Codd, do IBM San Jose Research Laboratory, propôs o modelo relacional no final da década de 1960 (Codd, 1970). Nesse artigo, Codd também introduziu a definição original da álgebra relacional. Esse trabalho conferiu o prestigiado prêmio ACM Turing Award a Codd em 1981 (Codd, 1982).

Depois que E. F. Codd apresentou o modelo relacional, uma teoria expansiva foi desenvolvida em torno do modelo relacional, referente ao projeto do esquema e ao poder expressivo das diversas linguagens relacionais. Diversos textos clássicos abordam a teoria de banco de dados relacional, incluindo Maier (1983) – que está disponível gratuitamente, *on-line* – e Abiteboul *et al.* (1995).

O trabalho original de Codd inspirou o desenvolvimento de vários projetos de pesquisa, a partir de meados da década de 1970 até o final, com o objetivo de construir sistemas práticos de banco de dados relacional, incluindo System R no IBM San Jose Research Laboratory, Ingres na University of California, em Berkeley, e Query-by-Example no IBM T. J. Watson Research Center. O banco de dados Oracle foi desenvolvido comercialmente nessa mesma época.

Muitos produtos de banco de dados relacional agora estão disponíveis comercialmente. Entre eles, estão DB2 e Informix da IBM, Oracle, Microsoft SQL Server e Sybase da Microsoft, e HANA da SAP. Alguns sistemas populares de banco de dados relacional de código aberto são MySQL e PostgreSQL. Hive e Spark são sistemas bastante utilizados para dar suporte à execução paralela de consultas por grande número de computadores.

Bibliografia

ABITEBOUL, S.; HULL, R.; VIANU, V. *Foundations of databases*. Massachusetts: Addison Wesley, 1995.

CODD, E. F. "A relational model for large shared data banks". *Communications of the ACM*, 13(6), p. 377-387, 1970.

CODD, E. F. "The 1981 ACM turing award lecture: relational database: a practical foundation for productivity". *Communications of the ACM*, 25(2), p. 109-117, 1982.

MAIER, D. *The theory of relational databases*. North Holland, Amsterdam: Computer Science Press, 1983.

Créditos

A foto dos barcos no início do capítulo pertence a
© dimaberkut | 123rf.com

CAPÍTULO 3

Introdução à SQL

Neste capítulo, bem como nos Capítulos 4 e 5, estudaremos a linguagem de consulta de banco de dados mais utilizada, SQL.

Embora nos referimos à SQL como uma "linguagem de consulta", ela pode fazer muito mais do que simplesmente consultar um banco de dados. Ela pode definir a estrutura dos dados, modificar dados no banco de dados e especificar restrições de segurança.

Não é nossa intenção fornecer um guia do usuário completo para a SQL. Em vez disso, apresentamos as construções e conceitos fundamentais da SQL. Implementações individuais da SQL podem diferir nos detalhes ou aceitar apenas um subconjunto da linguagem completa.

Recomendamos firmemente que você teste as consultas SQL que descrevemos aqui em um banco de dados real. Veja na seção Ferramentas, ao final do capítulo, dicas sobre quais sistemas de banco de dados você poderá usar e como criar o esquema, preencher dados de exemplo e executar suas consultas.

3.1 Visão geral da linguagem de consulta SQL

A IBM desenvolveu a versão original da SQL, originalmente chamada Sequel, como parte do projeto System R, no início da década de 1970. A linguagem Sequel evoluiu desde então, e seu nome mudou para SQL (*Structured Query Language*). Muitos produtos agora aceitam a linguagem SQL. A SQL se estabeleceu claramente como *a* linguagem padrão de banco de dados relacional.

Em 1986, o American National Standards Institute (ANSI) e a International Organization for Standardization (ISO) publicaram um padrão SQL, chamado SQL-86. Em 1989, o ANSI publicou um padrão estendido para a linguagem: a SQL-89. A próxima versão do padrão foi a SQL-92, seguida por SQL:1999, SQL:2003, SQL:2006, SQL:2008, SQL:2011 e, mais recentemente, SQL:2016.

A linguagem SQL possui várias partes:

- **Linguagem de definição de dados**, do inglês *Data definition language* (**DDL**). A DDL da SQL fornece comandos para definir esquemas de relação, excluir relações e modificar esquemas.
- **Linguagem de manipulação de dados**, do inglês *Data manipulation language* (**DML**). A DML da SQL oferece a capacidade de consultar informações do banco de dados e inserir, excluir e modificar tuplas no banco de dados.
- **Integridade**. A DDL da SQL inclui comandos para especificar restrições de integridade às quais os dados armazenados no banco de dados precisam satisfazer. As atualizações que violam as restrições de integridade são proibidas.
- **Definição de visão** (***view***). A DDL da SQL inclui comandos para definir visões (*views*).
- **Controle de transação**. A SQL inclui comandos para especificar o início e o fim das transações.
- **SQL embutida** e **SQL dinâmica**. A SQL embutida e a dinâmica definem como as instruções SQL podem ser incorporadas dentro das linguagens de programação de finalidade geral, como C, C++ e Java.
- **Autorização**. A DDL da SQL inclui comandos para especificar direitos de acesso para relações e *views*.

Neste capítulo, apresentamos uma análise dos recursos básicos de DML e DDL da SQL. Os recursos descritos aqui têm sido parte do padrão SQL desde a SQL-92.

No Capítulo 4, fornecemos um estudo mais detalhado da linguagem de consulta SQL, incluindo (a) diversas expressões de junção; (b) *views*; (c) transações; (d) restrições de integridade; (e) sistema de tipo; e (f) autorização.

No Capítulo 5, incluímos recursos mais avançados da linguagem SQL, tais como (a) mecanismos para permitir o acesso por SQL a partir de uma linguagem de programação; (b) funções e procedimentos em SQL; (c) *triggers*; (d) consultas recursivas; (e) recursos avançados de agregação; e (f) vários recursos projetados para análise de dados.

Embora a maioria das implementações da SQL aceite os recursos padrões que descrevemos aqui, existem diferenças entre essas implementações. A maioria delas admite alguns recursos fora do padrão, enquanto omite o suporte para alguns dos recursos mais avançados e mais recentes. Caso descubra que alguns recursos da linguagem descritos aqui não funcionam no sistema de banco de dados que você utiliza, consulte os manuais do usuário para o seu sistema de banco de dados com vistas a descobrir exatamente quais recursos ele aceita.

3.2 Definição de dados da SQL

O conjunto de relações em um banco de dados precisa ser especificado para o sistema por meio de uma linguagem de definição de dados (DDL). A DDL SQL permite a especificação não só de um conjunto de relações, mas também de informações sobre cada relação, incluindo:

- O esquema para cada relação.
- Os tipos de valores associados a cada atributo.
- As restrições de integridade.
- O conjunto dos índices a serem mantidos para cada relação.
- As informações de segurança e autorização para cada relação.
- A estrutura de armazenamento físico de cada relação no disco.

Discutimos aqui a definição básica de esquema e os tipos básicos, deixando para os Capítulos 4 e 5 a análise dos outros recursos de DDL da SQL.

3.2.1 Tipos básicos

O padrão SQL aceita diversos tipos internos, incluindo:

- **char**(*n*): uma string de caracteres de tamanho fixo com tamanho *n* especificado pelo usuário. A forma completa, **character**, pode ser usada no lugar de **char**.
- **varchar**(*n*): uma string de caracteres de tamanho variável com tamanho *n* máximo especificado pelo usuário. A forma completa, **character varying**, é equivalente.
- **int**: um inteiro (um subconjunto finito de inteiros que é dependente da máquina). A forma completa, **integer**, é equivalente.
- **smallint**: um inteiro pequeno (um subconjunto que é dependente da máquina do tipo inteiro).
- **numeric**(*p*, *d*): um número de ponto fixo com precisão especificada pelo usuário. O número consiste em *p* dígitos (mais um sinal), e *d* dos *p* dígitos estão à direita da vírgula decimal. Assim, **numeric**(3,1) permite que o valor 44,5 seja armazenado exatamente, mas nem 444,5 nem 0,32 podem ser armazenados exatamente em um campo desse tipo.
- **real, double precision**: números de ponto flutuante e ponto flutuante de precisão dupla com precisão que é dependente da máquina.
- **float**(*n*): um número de ponto flutuante, com precisão de pelo menos *n* dígitos.

Tipos adicionais são discutidos na Seção 4.5.

Cada tipo pode incluir um valor especial, chamado valor **nulo**. Um valor nulo indica um valor ausente que pode existir, mas pode ser desconhecido ou nem sequer existir. Em certos casos, podemos querer proibir a entrada de valores nulos, como veremos em breve.

O tipo de dado **char** armazena strings de tamanho fixo. Considere, por exemplo, um atributo *A* do tipo **char**(10). Se armazenarmos a string "Avi" nesse atributo, sete espaços serão acrescentados à string para que ele fique com dez caracteres. Ao contrário, se o atributo *B* fosse do tipo **varchar**(10) e armazenássemos "Avi" no atributo *B*, nenhum espaço seria acrescentado. Ao comparar dois valores do tipo **char**, se eles tiverem diferentes tamanhos, espaços extras serão automaticamente acrescentados ao mais curto para que eles tenham o mesmo tamanho antes da comparação.

Ao comparar um tipo **char** com um tipo **varchar**, pode-se esperar que espaços extras sejam acrescentados ao tipo **varchar** para que os tamanhos fiquem iguais antes da comparação; porém, isso pode ou não ser feito, dependendo do sistema de banco de dados. Como resultado, ainda que o mesmo valor "Avi" seja armazenado nos atributos *A* e *B* antes citados, uma comparação $A = B$ pode retornar falsa. Recomendamos que você sempre use o tipo **varchar** em vez do tipo **char** para evitar esses problemas.

A SQL também oferece o tipo **nvarchar** para armazenar dados multilinguais usando a representação Unicode. Porém, muitos bancos de dados permitem que o Unicode (na representação UTF-8) seja armazenado até mesmo em tipos **varchar**.

3.2.2 Definição básica de esquema

Definimos uma relação SQL usando o comando **create table**. O comando a seguir cria uma relação *departamento* no banco de dados.

```
create table departamento
    (nome_dept     varchar (20),
     prédio        varchar (15),
     orçamento     numeric (12,2),
     primary key   (nome_dept));
```

A relação criada tem três atributos, *nome_dept*, que é uma string de caracteres de tamanho máximo 20, *prédio*, que é uma string de caracteres de tamanho máximo 15, e *orçamento*, que é um número com 12 dígitos no total, dois dos quais são após o ponto decimal. O comando **create table** também especifica que o atributo *nome_dept* é a chave primária da relação *departamento*.

A forma geral do comando **create table** é:

create table *r*
  (A_1 D_1,
  A_2 D_2,
  ...,
  A_n D_n,
  ⟨*restrição-integridade*$_1$⟩,
  ...,
  ⟨*restrição-integridade*$_k$⟩);

em que *r* é o nome da relação, cada A_i é o nome de um atributo no esquema da relação *r* e D_i é o domínio do atributo A_i; ou seja, D_i especifica o tipo de atributo A_i e as restrições opcionais que restringem o conjunto de valores permitidos de A_i.

O ponto e vírgula mostrado no final das instruções **create table** e, também, no final de outras instruções SQL mais adiante neste capítulo é opcional em muitas implementações da SQL.

A SQL admite uma série de restrições de integridade diferentes. Nesta seção, discutiremos apenas algumas delas:

- **primary key** ($A_{j_1}, A_{j_2}, ..., A_{j_m}$): a especificação de **chave primária** diz que os atributos $A_{j_1}, A_{j_2}, ..., A_{j_m}$ formam a chave primária para a relação. É necessário que os atributos de chave primária sejam *não nulos* e *únicos*; isto é, nenhuma tupla pode ter um valor nulo para um atributo de chave primária, e nenhum par de tuplas na relação pode ser igual em todos os atributos de chave primária. Embora a especificação de chave primária seja opcional, geralmente é uma boa ideia especificar uma chave primária para cada relação.
- **foreign key** ($A_{k_1}, A_{k_2}, ..., A_{k_n}$) **references** *s*: a especificação de **foreign key** (chave estrangeira) diz que os valores dos atributos ($A_{k_1}, A_{k_2}, ..., A_{k_n}$) para qualquer tupla na relação devem corresponder aos valores dos atributos de chave primária de alguma tupla na relação *s*.

  A Figura 3.1 apresenta uma definição DDL parcial da SQL para o banco de dados de universidade que usamos no texto. A definição da tabela *curso* tem uma declaração "**foreign key** (*nome_dept*) **references** *departamento*". Essa declaração de chave estrangeira especifica que, para cada tupla de curso, o nome do departamento especificado na tupla precisa existir no atributo de chave primária (*nome_dept*) da relação *departamento*. Sem essa restrição, é possível que um curso especifique um nome de departamento inexistente. A Figura 3.1 também mostra restrições de chave estrangeira sobre as tabelas *seção*, *instrutor* e *ministra*. Alguns sistemas de banco de dados, incluindo MySQL, exigem uma sintaxe alternativa, "**foreign key** (*nome_dept*) **references** *departamento*(*nome_dept*)", onde os atributos referenciados na tabela referenciada são listados explicitamente.
- **not null**: a restrição **not null** sobre um atributo especifica que o valor nulo não é permitido para esse atributo; em outras palavras, a restrição exclui o valor nulo do domínio desse atributo. Por exemplo, na Figura 3.1, a restrição **not null** sobre o atributo *nome* da relação *instrutor* garante que o nome de um instrutor não pode ser nulo.

Mais detalhes sobre a restrição de chave estrangeira, bem como sobre as restrições de integridade que o comando **create table** pode incluir, são fornecidas mais adiante, na Seção 4.4.

A SQL impede qualquer atualização no banco de dados que viole uma restrição de integridade. Por exemplo, se uma tupla recém-inserida ou modificada em uma relação tem valores nulos para qualquer atributo de chave primária ou se a tupla tem o mesmo valor nos atributos de chave primária de outra tupla na relação, a SQL acusa um erro e impede a atualização. De modo semelhante, uma inserção de uma tupla de *curso* com valor de *nome_dept* que não aparece na relação *departamento* violaria a restrição de chave estrangeira sobre *curso*, e a SQL também impede que essa inserção aconteça.

Uma relação recém-criada está, inicialmente, vazia. Em uma relação, a inserção, atualização e exclusão de tuplas são feitas por instruções de manipulação de dados **insert**, **update** e **delete**, explicadas na Seção 3.9.

Para remover uma relação de um banco de dados SQL, usamos o comando **drop table**. O comando **drop table** exclui do banco de dados todas as informações sobre a relação removida. O comando

drop table *r*;

é uma ação mais drástica que

delete from *r*;

O último conserva a relação *r*, mas exclui todas as tuplas em *r*. O primeiro exclui não apenas todas as tuplas de *r*, mas também o esquema para *r*. Depois que *r* é excluído, nenhuma tupla pode ser inserida em *r*, a menos que ela seja recriada com o comando **create table**.

O comando **alter table** é usado para acrescentar atributos a uma relação existente. Todas as tuplas na relação recebem *nulo* como valor para o novo atributo. A forma do comando **alter table** é

alter table *r* **add** *A D*;

em que *r* é o nome de uma relação existente, *A* é o nome do atributo a ser acrescentado e *D* é o tipo do atributo acrescentado. Podemos excluir atributos de uma relação pelo comando

alter table *r* **drop** *A*;

no qual *r* é o nome de uma relação existente e *A* é o nome de um atributo da relação. Muitos sistemas de banco de dados atuais não aceitam a remoção de atributos, embora permitam que uma tabela inteira seja excluída.

3.3 Estrutura básica das consultas SQL

A estrutura básica de uma expressão SQL consiste em três cláusulas: **select**, **from** e **where**. A consulta toma como sua entrada as relações listadas na cláusula **from**, opera sobre elas conforme especificado nas cláusulas **where** e **select**, e depois produz uma relação como resultado. Apresentamos a sintaxe SQL com exemplos e descrevemos a estrutura geral das consultas SQL mais adiante.

3.3.1 Consultas sobre uma única relação

Vamos considerar uma consulta simples usando nosso exemplo de universidade: "encontre os nomes de todos os instrutores". Os nomes de instrutor são encontrados na relação *instrutor*, de modo que colocamos essa relação na cláusula **from**. O nome do instrutor aparece no atributo *nome* e, portanto, colocamos isso na cláusula **select**.

select *nome*
from *instrutor*;

```
create table departamento
   (nome_dept      varchar (20),
    prédio         varchar (15),
    orçamento      numeric (12,2),
    primary key (nome_dept));

create table curso
   (id_curso       varchar (7),
    título         varchar (50),
    nome_dept      varchar (20),
    créditos       numeric (2,0),
    primary key (id_curso),
    foreign key (nome_dept) references departamento);

create table instrutor
   (ID             varchar (5),
    nome           varchar (20) not null,
    nome_dept      varchar (20),
    salário        numeric (8,2),
    primary key (ID),
    foreign key (nome_dept) references departamento);

create table seção
   (id_curso       varchar (8),
    id_sec         varchar (8),
    semestre       varchar (6),
    ano            numeric (4,0),
    prédio         varchar (15),
    número_sala    varchar (7),
    id_período     varchar (4),
    primary key (id_curso, id_sec, semestre, ano),
    foreign key (id_curso) references curso);

create table ministra
   (ID             varchar (5),
    id_curso       varchar (8),
    id_sec         varchar (8),
    semestre       varchar (6),
    ano            numeric (4,0),
    primary key (ID, id_curso, id_sec, semestre, ano),
    foreign key (id_curso, id_sec, semestre, ano) references seção,
    foreign key (ID) references instrutor);
```

Figura 3.1 Definição de dados SQL para parte do banco de dados da universidade.

O resultado é uma relação consistindo em um único atributo com o cabeçalho *nome*. Se a relação *instrutor* for conforme a Figura 2.1, a relação que resulta dessa consulta aparece na Figura 3.2.

Agora, considere outra consulta: "Encontre os nomes de departamento de todos os instrutores", que pode ser escrita como:

```
select nome_dept
from instrutor;
```

Como mais de um instrutor pode pertencer a um departamento, um nome de departamento poderia aparecer mais de uma vez na relação *instrutor*. O resultado dessa consulta é uma relação contendo os nomes de departamento conforme mostra a Figura 3.3.

Na definição formal, matemática, do modelo relacional, uma relação é um conjunto. Assim, tuplas duplicadas nunca apareceriam nas relações. Na prática, a eliminação de duplicatas é demorada. Portanto, a SQL permite duplicatas nas

nome
Srinivasan
Wu
Mozart
Einstein
El Said
Gold
Katz
Califieri
Singh
Crick
Brandt
Kim

Figura 3.2 Resultado de "*select nome from instrutor*".

nome_dept
Comp. Sci.
Finance
Music
Physics
History
Physics
Comp. Sci.
History
Finance
Biology
Comp. Sci.
Elec. Eng.

Figura 3.3 Resultado de "**select** *nome_dept* **from** *instrutor*".

relações, bem como nos resultados das expressões SQL.[1] Assim, a consulta SQL anterior lista cada nome de departamento uma vez para cada tupla em que aparece na relação *instrutor*.

Nos casos em que queremos forçar a eliminação das duplicatas, inserimos a palavra-chave **distinct** após **select**. Podemos reescrever a consulta anterior como:

> **select distinct** *nome_dept*
> **from** *instrutor*;

se quisermos remover as duplicatas. O resultado dessa consulta teria cada nome de departamento, no máximo, uma vez.

A SQL nos permite usar a palavra-chave **all** para especificar, explicitamente, que as duplicatas não serão removidas:

> **select all** *nome_dept*
> **from** *instrutor*;

Como a retenção de duplicatas é o *default*, não usaremos **all** em nossos exemplos. Para garantir a eliminação de duplicatas nos resultados de nossas consultas de exemplo, usaremos **distinct** sempre que for necessário.

A cláusula **select** também pode conter expressões aritméticas envolvendo os operadores +, −, * e / operando sobre constantes ou atributos de tuplas. Por exemplo, a consulta:

> **select** *ID, nome, nome_dept, salário* * 1.1
> **from** *instrutor*;

retorna uma relação que é semelhante à relação *instrutor*, exceto que o atributo *salário* é multiplicado por 1.1. Isso mostra o que aconteceria se déssemos um aumento de 10% a cada instrutor; observe, porém, que isso não resulta em nenhuma mudança na relação *instrutor*.

A SQL, também, oferece tipos de dados especiais, como as diversas formas do tipo *date*, e permite que várias funções aritméticas operem sobre esses tipos. Discutimos isso em mais detalhes na Seção 4.5.1.

A cláusula **where** nos permite selecionar apenas as linhas na relação resultante da cláusula **from** que satisfazem um predicado específico. Considere a consulta "Encontrar os nomes de todos os instrutores no departamento de Ciência da Computação que possuem salário maior que $ 70.000". Essa consulta pode ser escrita em SQL como:

> **select** *nome*
> **from** *instrutor*
> **where** *nome_dept* = 'Comp. Sci.' **and** *salário* > 70000;

Se a relação *instrutor* tiver o conteúdo mostrado na Figura 2.1, então a relação resultante dessa consulta aparece na Figura 3.4.

A SQL permite o uso dos conectivos lógicos **and**, **or** e **not** na cláusula **where**. Os operandos dos conectivos lógicos podem ser expressões envolvendo os operadores de comparação <, <=, >, >=, = e < >. A SQL nos permite usar os operadores de comparação para comparar strings e expressões aritméticas, bem como tipos especiais, como os tipos de data.

Vamos explorar outros recursos dos predicados da cláusula **where** mais adiante neste capítulo.

3.3.2 Consultas sobre múltiplas relações

Até aqui, nossos exemplos de consulta foram sobre uma única relação. As consultas normalmente precisam acessar informações de várias relações. Agora, vamos estudar como escrever essas consultas.

nome
Katz
Brandt

Figura 3.4 Resultado de "Encontrar os nomes de todos os instrutores no departamento de Ciência da Computação que possuem salário maior que $ 70.000".

[1]Qualquer relação do banco de dados cujo esquema inclua uma declaração de chave primária não pode conter tuplas duplicadas, pois elas violariam a restrição de chave primária.

Como exemplo, suponha que queiramos responder à consulta "Obter os nomes de todos os instrutores, juntamente com seus nomes de departamento e nome de prédio do departamento".

Examinando o esquema da relação *instrutor*, observamos que podemos obter o nome do departamento a partir do atributo *nome_dept*, mas o nome do prédio do departamento está presente no atributo *prédio* da relação *departamento*. Para responder à consulta, cada tupla na relação *instrutor* precisa combinar com a tupla na relação *departamento* cujo valor de *nome_dept* combina com o valor de *nome_dept* da tupla *instrutor*.

Em SQL, para responder a essa consulta, listamos as relações que precisam ser acessadas na cláusula **from** e, então, especificamos a condição de correspondência na cláusula **where**. A consulta anterior pode ser escrita em SQL como:

select *nome, instrutor.nome_dept, prédio*
from *instrutor, departamento*
where *instrutor.nome_dept = departamento.nome_dept;*

Se as relações *instrutor* e *departamento* são as que aparecem nas Figuras 2.1 e 2.5, respectivamente, então o resultado dessa consulta é o que consta na Figura 3.5.

Observe que o atributo *nome_dept* ocorre nas relações *instrutor* e *departamento*, e o nome da relação é usado como um prefixo (em *instrutor.nome_dept* e *departamento.nome_dept*) para deixar claro a que atributo estamos nos referindo. Ao contrário, os atributos *nome* e *prédio* aparecem em apenas uma das relações e, por isso, não precisam ter o nome da relação como prefixo.

Essa convenção de nome *requer* que as relações que estão presentes na cláusula **from** tenham nomes distintos. Essa exigência causa problemas em alguns casos, como quando a informação de duas tuplas diferentes na mesma relação precisa ser combinada. Na Seção 3.4.1, vemos como evitar esses problemas usando a operação de renomeação.

nome	*nome_dept*	*prédio*
Srinivasan	Comp. Sci.	Taylor
Wu	Finance	Painter
Mozart	Music	Packard
Einstein	Physics	Watson
El Said	History	Painter
Gold	Physics	Watson
Katz	Comp. Sci.	Taylor
Califieri	History	Painter
Singh	Finance	Painter
Crick	Biology	Watson
Brandt	Comp. Sci.	Taylor
Kim	Elec. Eng.	Taylor

Figura 3.5 O resultado de "Obter os nomes de todos os instrutores, juntamente com seus nomes de departamento e nome de prédio do departamento".

Agora, vamos considerar o caso geral das consultas SQL envolvendo várias relações. Conforme já vimos, uma consulta SQL pode conter três tipos de cláusulas, a cláusula **select**, a cláusula **from** e a cláusula **where**. O papel de cada cláusula é o seguinte:

- A cláusula **select** é usada para listar os atributos desejados no resultado de uma consulta.
- A cláusula **from** é uma lista das relações a serem acessadas na avaliação da consulta.
- A cláusula **where** é um predicado envolvendo atributos da relação na cláusula **from**.

Uma consulta SQL típica tem a forma:

select $A_1, A_2, ..., A_n$
from $r_1, r_2, ..., r_m$
where P;

Cada A_i representa um atributo, e cada r_i uma relação. P é um predicado. Se a cláusula **where** for omitida, o predicado P é **true** (verdadeiro).

Embora as cláusulas devam ser escritas na ordem **select**, **from**, **where**, o modo mais fácil de entender as operações especificadas pela consulta é considerar as cláusulas na ordem operacional: primeiro **from**, depois **where** e depois **select**.[2]

A cláusula **from**, isoladamente, define um produto cartesiano das relações listadas na cláusula. Ela é definida formalmente em termos da álgebra relacional, mas talvez seja mais bem entendida como um processo repetitivo que gera tuplas para a relação resultante da cláusula **from**.

for each *tupla* t_1 **in** *relação* r_1
  for each *tupla* t_2 **in** *relação* r_2
    ...
    for each *tupla* t_m **in** *relação* r_m
      Concatene $t_1, t_2, ..., t_m$ *em uma única tupla t*
      Acrescente t à relação resultante

A relação resultante tem todos os atributos de todas as relações na cláusula **from**. Uma vez que o mesmo nome de atributo pode aparecer em r_i e r_j, como vimos anteriormente, usamos como prefixo o nome da relação da qual o atributo veio, antes do nome do atributo.

Por exemplo, o esquema de relação para o produto cartesiano das relações *instrutor* e *ministra* é:

(*instrutor.ID, instrutor.nome, instrutor.nome_dept, instrutor.salário, ministra.ID, ministra.id_curso, ministra.id_sec, ministra.semestre, ministra.ano*)

[2] Na prática, a SQL pode converter a expressão em uma forma equivalente, que pode ser processada de forma mais eficiente. Porém, vamos deixar essas questões sobre eficiência para os Capítulos 15 e 16.

inst.ID	*nome*	*nome_dept*	*salário*	*ministra.ID*	*id_curso*	*id_sec*	*semestre*	*ano*
10101	Srinivasan	Comp. Sci.	65000	10101	CS-101	1	Fall	2017
10101	Srinivasan	Comp. Sci.	65000	10101	CS-315	1	Spring	2018
10101	Srinivasan	Comp. Sci.	65000	10101	CS-347	1	Fall	2017
10101	Srinivasan	Comp. Sci.	65000	12121	FIN-201	1	Spring	2018
10101	Srinivasan	Comp. Sci.	65000	15151	MU-199	1	Spring	2018
10101	Srinivasan	Comp. Sci.	65000	22222	PHY-101	1	Fall	2017
...	...	...	...	...	...	...	...	...
...	...	...	...	...	...	...	...	...
12121	Wu	Finance	90000	10101	CS-101	1	Fall	2017
12121	Wu	Finance	90000	10101	CS-315	1	Spring	2018
12121	Wu	Finance	90000	10101	CS-347	1	Fall	2017
12121	Wu	Finance	90000	12121	FIN-201	1	Spring	2018
12121	Wu	Finance	90000	15151	MU-199	1	Spring	2018
12121	Wu	Finance	90000	22222	PHY-101	1	Fall	2017
...	...	...	...	...	...	...	...	...
...	...	...	...	...	...	...	...	...
15151	Mozart	Music	40000	10101	CS-101	1	Fall	2017
15151	Mozart	Music	40000	10101	CS-315	1	Spring	2018
15151	Mozart	Music	40000	10101	CS-347	1	Fall	2017
15151	Mozart	Music	40000	12121	FIN-201	1	Spring	2018
15151	Mozart	Music	40000	15151	MU-199	1	Spring	2018
15151	Mozart	Music	40000	22222	PHY-101	1	Fall	2017
...	...	...	...	...	...	...	...	...
...	...	...	...	...	...	...	...	...
22222	Einstein	Physics	95000	10101	CS-101	1	Fall	2017
22222	Einstein	Physics	95000	10101	CS-315	1	Spring	2018
22222	Einstein	Physics	95000	10101	CS-347	1	Fall	2017
22222	Einstein	Physics	95000	12121	FIN-201	1	Spring	2018
22222	Einstein	Physics	95000	15151	MU-199	1	Spring	2018
22222	Einstein	Physics	95000	22222	PHY-101	1	Fall	2017
...	...	...	...	...	...	...	...	...
...	...	...	...	...	...	...	...	...

Figura 3.6 O produto cartesiano da relação *instrutor* com a relação *ministra*.

Com esse esquema, podemos distinguir *instrutor.ID* de *ministra.ID*. Para os atributos que aparecem em apenas um dos dois esquemas, normalmente descartamos o prefixo do nome da relação. Essa simplificação não gera nenhuma ambiguidade. Podemos, então, escrever o esquema da relação como:

(*instrutor.ID, nome, nome_dept, salário, ministra.ID, id_curso, id_sec, semestre, ano*)

Para ilustrar, considere a relação *instrutor* na Figura 2.1 e a relação *ministra* na Figura 2.7. Seu produto cartesiano aparece na Figura 3.6, que inclui apenas uma parte das tuplas que compõem o resultado do produto cartesiano.

O produto cartesiano, por si só, combina tuplas de *instrutor* e *ministra* que não estão relacionados um com o outro. Cada tupla em *instrutor* é combinada com *cada* tupla em ministra, até mesmo aquelas que se referem a um instrutor diferente. O resultado pode ser uma relação muito grande, e raramente faz sentido criar tal produto cartesiano.

Em vez disso, o predicado na cláusula **where** é usado para restringir as combinações criadas pelo produto cartesiano àquelas que são significativas para a resposta desejada. Provavelmente, esperaríamos que uma consulta envolvendo *instrutor* e *ministra* combine uma tupla em particular *t* em *instrutor* apenas com as tuplas em *ministra* que se referem ao mesmo instrutor ao qual *t* se refere. Ou seja, queremos apenas combinar tuplas de *ministra* com tuplas de *instrutor* que possuem o mesmo valor de *ID*. A consulta SQL a seguir garante essa condição e gera o nome do instrutor e identificadores de curso de tais tuplas correspondentes.

```
select nome, id_curso
from instrutor, ministra
where instrutor.ID = ministra.ID;
```

Observe que essa consulta informa apenas instrutores que ministraram algum curso. Os instrutores que não ministraram curso algum não são informados; se quisermos conhecer essas tuplas, poderemos usar uma operação chamada *junção externa*, descrita na Seção 4.1.3.

Se a relação *instrutor* estiver conforme mostra a Figura 2.1 e a relação *ministra* estiver como na Figura 2.7, a relação resultante dessa consulta aparece na Figura 3.7. Observe que os instrutores Gold, Califieri e Singh, que não ministraram curso algum, não aparecem no resultado.

Se quiséssemos apenas encontrar os nomes de instrutor e identificadores de curso para os instrutores no departamento

nome	*id_curso*
Srinivasan	CS-101
Srinivasan	CS-315
Srinivasan	CS-347
Wu	FIN-201
Mozart	MU-199
Einstein	PHY-101
El Said	HIS-351
Katz	CS-101
Katz	CS-319
Crick	BIO-101
Crick	BIO-301
Brandt	CS-190
Brandt	CS-190
Brandt	CS-319
Kim	EE-181

Figura 3.7 Resultado de "Para todos os instrutores na universidade que ministraram algum curso, ache seus nomes e a ID do curso para todos os cursos que eles ministraram".

de Ciência da Computação, poderíamos acrescentar um predicado extra na cláusula **where**, como a seguir:

select *nome, id_curso*
from *instrutor, ministra*
where *instrutor.ID* = *ministra.ID* **and** *instrutor.nome_dept* = 'Comp. Sci.';

Observe que, como o atributo *nome_dept* só ocorre na relação *instrutor*, poderíamos ter usado apenas *nome_dept*, em vez de *instrutor.nome_dept* neste último exemplo.

Em geral, o significado de uma consulta SQL pode ser entendido da seguinte forma:

1. Gere um produto cartesiano das relações listadas na cláusula **from**.
2. Aplique os predicados especificados na cláusula **where** sobre o resultado da Etapa 1.
3. Para cada tupla no resultado da Etapa 2, gere os atributos (ou resultados de expressões) especificados na cláusula **select**.

Essa sequência de etapas ajuda a esclarecer qual deverá ser o resultado de uma consulta SQL, e *não* como ela deve ser executada. Uma implementação real da SQL não executaria a consulta dessa maneira; ela otimizaria a avaliação gerando (da melhor forma possível) apenas elementos do produto cartesiano que satisfazem os predicados da cláusula **where**. Estudamos essas técnicas de implementação mais adiante, nos Capítulos 15 e 16.

Ao escrever consultas, você deverá ter cuidado para incluir condições apropriadas na cláusula **where**. Se omitir a condição da cláusula **where** na consulta SQL anterior, ela enviará o produto cartesiano, que poderá ser uma relação imensa. Para a relação do exemplo *instrutor* na Figura 2.1 e a relação do exemplo *ministra* na Figura 2.7, seu produto cartesiano tem 12 * 13 = 156 tuplas – mais do que poderíamos mostrar neste texto! Para piorar ainda mais, suponha que tenhamos um número mais realista de instrutores do que mostramos em nossos exemplos de relação nas figuras, digamos, 200 instrutores. Vamos supor que cada instrutor ministre três cursos, de modo que temos 600 tuplas na relação *ministra*. Então, o processo iterativo anterior gera 200 * 600 = 120.000 tuplas no resultado.

3.4 Operações básicas adicionais

Existem diversas operações básicas adicionais que são admitidas na SQL.

3.4.1 Operação renomeação

Considere, novamente, a consulta que usamos antes:

select *nome, id_curso*
from *instrutor, ministra*
where *instrutor.ID= ministra.ID*;

O resultado dessa consulta é uma relação com os seguintes atributos:

nome, id_curso

Os nomes dos atributos no resultado são derivados dos nomes dos atributos contidos nas relações da cláusula **from**.

Porém, não podemos sempre derivar nomes dessa maneira, por vários motivos. Primeiro, duas relações na cláusula **from** podem ter atributos com o mesmo nome, quando um nome de atributo é duplicado no resultado. Segundo, se usássemos uma expressão aritmética na cláusula **select**, o atributo resultante não teria um nome. Terceiro, mesmo que um nome de atributo possa ser derivado das relações básicas, como no exemplo anterior, podemos querer mudar o nome do atributo no resultado. Logo, a SQL oferece um modo de renomear os atributos de uma relação resultante. Ele usa a **cláusula as**, tomando a forma:

nome-antigo **as** *nome-novo*

A cláusula **as** pode aparecer nas cláusulas **select** e **from**.[3]

Por exemplo, se quisermos que o nome de atributo *nome* seja substituído pelo nome *nome_instrutor*, poderemos reescrever a consulta anterior como:

select *nome* **as** *nome_instrutor, id_curso*
from *instrutor, ministra*
where *instrutor.ID= ministra.ID*;

[3]As primeiras versões da SQL não incluíam a palavra-chave **as**. Como resultado, algumas implementações da SQL, como no Oracle, não permitem a palavra-chave **as** na cláusula **from**. No Oracle, "*nome-antigo* **as** *nome-novo*" é escrito como "*nome-antigo nome-novo*" na cláusula **from**. A palavra-chave **as** é permitida para renomear atributos na cláusula **select**, mas é opcional e pode ser omitida no Oracle.

Nota 3.1 SQL E A ÁLGEBRA RELACIONAL DE MULTICONJUNTOS - PARTE 1

Há uma conexão próxima entre as operações da álgebra relacional e as operações SQL. Uma diferença importante é que, diferentemente da álgebra relacional, a SQL permite duplicatas. O padrão SQL define quantas cópias de cada tupla existem no resultado de uma consulta, o que depende, por sua vez, de quantas cópias de tuplas estão presentes nas relações de entrada.

Para modelar esse comportamento da SQL, uma versão da álgebra relacional, chamada **álgebra relacional de multiconjuntos**, é definida para atuar sobre multiconjuntos: conjuntos que podem conter duplicatas. As operações básicas na álgebra relacional de multiconjuntos são definidas da seguinte forma:

1. Se houver c_1 cópias da tupla t_1 em r_1, e t_1 satisfizer a seleção σ_θ, então existem c_1 cópias de t_1 em $\sigma_\theta(r_1)$.
2. Para cada cópia da tupla t_1 em r_1, existe uma cópia da tupla $\Pi_A(t_1)$ em $\Pi_A(r_1)$, com $\Pi_A(r_1)$ indicando a projeção da única tupla t_1.
3. Se houver c_1 cópias da tupla t_1 em r_1 e c_2 cópias da tupla t_2 em r_2, haverá $c_1 * c_2$ cópias da tupla $t_1.t_2$ em $r_1 \times r_2$.

Por exemplo, suponha que as relações r_1 com esquema (A, B) e r_2 com esquema (C) sejam os seguintes multiconjuntos: $r_1 = \{(1, a), (2, a)\}$ e $r_2 = \{(2), (3), (3)\}$. Então, $\Pi_B(r_1)$ seria $\{(a), (a)\}$, enquanto $\Pi_B(r_1) \times r_2$ seria:

$$\{(a, 2), (a, 2), (a, 3), (a, 3), (a, 3), (a, 3)\}$$

Agora, considere uma consulta SQL básica na forma:

select $A_1, A_2, \ldots, A_n$
from $r_1, r_2, \ldots, r_m$
where P

Cada A_i representa um atributo, e cada r_i uma relação. P é um predicado. Se a cláusula **where** for omitida, o predicado é **true**. A consulta é equivalente a expressões na álgebra relacional de multiconjuntos:

$$\Pi A_1, A_2, \ldots, A_n(\sigma P\,(r_1 \times r_2 \times \cdots \times r_m))$$

A operação *select* da álgebra relacional corresponde à cláusula SQL **where**, e não à cláusula SQL **select**; a diferença no significado é um fato histórico infeliz. Discutimos a representação de consultas SQL mais complexas na Nota 3.2.

A representação da álgebra relacional das consultas SQL ajuda a definir, formalmente, os significado do programa SQL. Além disso, os sistemas de banco de dados normalmente traduzem consultas SQL em uma representação de nível mais baixo com base na álgebra relacional, e elas realizam a otimização da consulta e a avaliação da consulta usando essa representação.

A cláusula **as** é particularmente útil na renomeação de relações. Um motivo para renomear uma relação é substituir um nome de relação longo por uma versão abreviada, mais conveniente para usar em outro ponto da consulta. Para ilustrar, reescrevemos a consulta "Para todos os instrutores na universidade que ministraram algum curso, ache seus nomes e a ID do curso para todos os cursos que eles ministraram".

```
select T.nome, S.id_curso
from instrutor as T, ministra as S
where T.ID = S.ID;
```

Outro motivo para renomear uma relação é um caso em que queremos comparar tuplas na mesma relação. Precisamos, então, tomar o produto cartesiano de uma relação consigo mesma, e sem renomear fica impossível distinguir uma tupla da outra. Suponha que queiramos escrever a consulta "Encontre os nomes de todos os instrutores cujos salários são maiores do que pelo menos um instrutor no departamento Biology". Podemos escrever a expressão SQL:

```
select distinct T.nome
from instrutor as T, instrutor as S
where T.salário > S.salário and S.nome_dept = 'Biology';
```

Observe que não poderíamos usar a notação *instrutor.salário*, pois não ficaria claro a qual referência *instrutor* estamos nos referindo.

Na consulta anterior, *T* e *S* poderiam ser considerados cópias da relação *instrutor*, porém, mais precisamente, elas são declaradas como *aliases*, ou seja, como nomes alternativos para a relação *instrutor*. Um identificador, como *T* e *S*, usado para renomear uma relação é chamado de **nome de correlação** no padrão SQL, mas também denominado **alias de tabela** ou **variável de correlação** ou, ainda, **variável de tupla**.

Observe que um modo melhor de enunciar a consulta anterior em português seria "Encontre os nomes de todos os instrutores que ganham mais do que o instrutor com menor salário no departamento Biology". Nosso enunciado original se ajusta melhor com a SQL que escrevemos, mas o segundo é mais intuitivo, e de fato pode ser expresso diretamente em SQL, como veremos na Seção 3.8.2.

3.4.2 Operações de string

A SQL especifica strings delimitando-as entre apóstrofos, por exemplo, 'Computer'. Um caractere de apóstrofo que faz parte de uma string pode ser especificado com o uso de dois caracteres de apóstrofo; por exemplo, a string "marca d'água" pode ser especificada com "marca d''água".

O padrão SQL especifica que a operação de igualdade sobre strings diferencia maiúsculas de minúsculas; como resultado, a expressão 'comp. sci.' = 'Comp. Sci.' é avaliada como falsa. Contudo, alguns sistemas de banco de dados, como MySQL e SQL Server, não distinguem maiúsculas de minúsculas quando combinam strings; como resultado, 'comp. sci.' = 'Comp. Sci.' seria avaliado como verdadeiro nesses bancos de dados. Esse comportamento padrão, porém, pode ser alterado, seja no nível do banco de dados, seja no nível dos atributos específicos.

A SQL também permite uma série de funções sobre strings de caracteres, como a concatenação (usando "||"), extração de substrings, descoberta do comprimento das strings, conversão de strings para maiúsculas (usando a função **upper**(*s*), em que *s* é uma string) e minúsculas (usando a função **lower**(*s*)), remoção de espaços no final da string (usando **trim**(*s*)) e assim por diante. Existem variações no conjunto exato de funções de string aceitas por diferentes sistemas de banco de dados. Para obter mais detalhes sobre as funções de string admitidas, consulte o manual do seu sistema de banco de dados.

A combinação de padrões pode ser realizada sobre strings usando o operador **like**. Descrevemos padrões usando dois caracteres especiais:

- Porcentagem (%): o caractere % combina com qualquer substring.
- Sublinhado (_): o caractere _ combina com qualquer caractere.

Os padrões diferenciam maiúsculas de minúsculas,[4] ou seja, caracteres maiúsculos não combinam com caracteres minúsculos ou vice-versa. Para ilustrar a combinação de padrões, consideramos os seguintes exemplos:

- 'Intro%' combina com qualquer string começando com "Intro".
- '%Comp%' combina com qualquer string contendo "Comp" como substring, por exemplo, 'Intro. to Computer Science' e 'Computational Biology'.
- '_ _ _' combina com qualquer string de exatamente três caracteres.
- '_ _ _%' combina com qualquer string de pelo menos três caracteres.

A SQL expressa padrões usando o operador de comparação **like**. Considere a consulta "Encontrar os nomes de todos os departamentos cujo nome do prédio inclua a substring 'Watson'". Essa consulta pode ser escrita como:

> **select** *nome_dept*
> **from** *departamento*
> **where** *prédio* **like** *'%Watson%'*;

Para os padrões incluírem os caracteres especiais do padrão (ou seja, % e _), a SQL permite a especificação de um caractere de escape. O caractere de escape é usado imediatamente antes de um caractere de padrão especial para indicar que o caractere de padrão especial deve ser tratado como um caractere normal. Definimos o caractere de escape para uma comparação **like** usando a palavra-chave **escape**. Para ilustrar, considere os padrões a seguir, que usam uma barra invertida (\) como caractere de escape:

- **like** 'ab\%cd%' **escape** '\' combina com todas as strings começando com "ab%cd".
- **like** 'ab\\cd%' **escape** '\' combina com todas as strings começando com "ab\cd".

A SQL nos permite procurar divergências em vez de combinações usando o operador de comparação **not like**. Alguns bancos de dados oferecem variantes da operação **like** que não distinguem maiúsculas de minúsculas.

Algumas implementações da SQL, por exemplo, PostgreSQL, contam com uma operação **similar to**, que oferece combinação de padrão mais poderosa do que a operação **like**; a sintaxe para especificar padrões é semelhante à usada nas expressões regulares do Unix.

3.4.3 Especificação de atributo na cláusula select

O símbolo de asterisco "*" pode ser usado na cláusula **select** para indicar "todos os atributos". Assim, o uso de *instrutor.** na cláusula **select** da consulta

> **select** *instrutor.**
> **from** *instrutor, ministra*
> **where** *instrutor.ID* = *ministra.ID*;

indica que todos os atributos de *instrutor* devem ser selecionados. Uma cláusula **select** que usa a forma **select** * indica que todos os atributos da relação resultantes da cláusula **from** são selecionados.

---
[4] Exceto pelo MySQL, ou com o operador **ilike** no PostgreSQL, onde os padrões não diferenciam maiúsculas de minúsculas.

3.4.4 Ordem de classificação na exibição de tuplas

A SQL oferece ao usuário algum controle sobre a ordem em que as tuplas em uma relação são exibidas. A cláusula **order by** faz com que as tuplas no resultado de uma consulta apareçam em ordem. Para listar, em ordem alfabética, todos os instrutores no departamento Physics, escrevemos:

```
select nome
from instrutor
where nome_dept = 'Physics'
order by nome;
```

Como padrão, a cláusula **order by** lista os itens em ordem crescente. Para especificar a ordem de classificação, podemos especificar **desc** (*descending*) para a ordem decrescente ou **asc** (*ascending*) para a ordem crescente. Além do mais, a classificação pode ser realizada sobre vários atributos. Suponha que queiramos listar a relação *instrutor* inteira em ordem decrescente de *salário*. Se vários instrutores tiverem o mesmo salário, nós os ordenaremos em ordem crescente por nome. Expressamos essa consulta em SQL da seguinte forma:

```
select *
from instrutor
order by salário desc, nome asc;
```

3.4.5 Predicados da cláusula where

A SQL inclui um operador de comparação **between** para simplificar cláusulas **where** que especificam que um valor será menor ou igual a algum valor e maior ou igual a algum outro valor. Se quisermos encontrar os nomes dos instrutores com valores de salário entre $ 90.000 e $ 100.000, poderemos usar a comparação **between** para escrever:

```
select nome
from instrutor
where salário between 90000 and 100000;
```

no lugar de:

```
select nome
from instrutor
where salário <= 100000 and salário > = 90000;
```

De modo semelhante, podemos usar o operador de comparação **not between**.

A SQL nos permite usar a notação $(v_1, v_2, \ldots, v_n)$ para indicar uma tupla de aridade *n* contendo valores $v_1, v_2, \ldots, v_n$; a notação é denominada *construtor de linha*. Os operadores de comparação podem ser usados sobre tuplas, e a ordenação é definida lexicograficamente. Por exemplo, $(a_1, a_2) <= (b_1, b_2)$ é verdadeiro, se $a_1 <= b_1$ **e** $a_2 <= b_2$; da mesma maneira, as duas tuplas são iguais, se todos os seus atributos são iguais. Assim, a consulta SQL

```
select nome, id_curso
from instrutor, ministra
where instrutor.ID = ministra.ID and nome_dept =, 'Biology';
```

pode ser reescrita da seguinte forma:[5]

```
select nome, id_curso
from instrutor, ministra
where (instrutor.ID, nome_dept) = (ministra.ID, 'Biology');
```

3.5 Operações de conjunto

As operações SQL **union, intersect** e **except** operam sobre relações e correspondem às operações matemáticas da teoria de conjuntos ∪, ∩ e −. Agora, vamos construir consultas envolvendo as operações de **union, intersect** e **except** sobre dois conjuntos.

- O conjunto de todos os cursos ministrados no semestre Fall (outono) de 2017:

```
select id_curso
from seção
where semestre = 'Fall' and ano = 2017;
```

- O conjunto de todos os cursos ministrados no semestre Spring (primavera) de 2018:

```
select id_curso
from seção
where semestre = 'Spring' and ano = 2018;
```

Em nossa discussão a seguir, vamos nos referir às relações obtidas como resultado dessas duas consultas como *c1* e *c2*, respectivamente, e mostramos os resultados quando essas consultas são executadas sobre a relação *seção* da Figura 2.6 nas Figuras 3.8 e 3.9. Observe que *c2* contém duas tuplas correspondentes ao *id_curso* CS-319, pois duas seções do curso foram oferecidas na primavera de 2018.

3.5.1 Operação união

Para encontrar o conjunto de todos os cursos ministrados no outono de 2017 ou na primavera de 2018, ou ambos, escrevemos

id_curso
CS-101
CS-347
PHY-101

Figura 3.8 A relação *c1*, listando cursos ministrados no outono de 2017.

[5] Embora fazendo parte do padrão SQL-92, algumas implementações SQL, por exemplo, Oracle, não aceitam essa sintaxe.

id_curso
CS-101
CS-315
CS-319
CS-319
FIN-201
HIS-351
MU-199

Figura 3.9 A relação *c2*, listando cursos ministrados na primavera de 2018.

a consulta como a seguir. Observe que os parênteses que incluímos em torno de cada comando **select-from-where** são opcionais, mas úteis para facilitar a leitura; alguns bancos de dados não permitem o uso dos parênteses e, neste caso, deverão ser removidos.

```
(select id_curso
from seção
where semestre = 'Fall' and ano = 2017)
union
(select id_curso
from seção
where semestre = 'Spring' and ano = 2018);
```

A operação **union** elimina duplicatas automaticamente, o que não acontece com a cláusula **select**. Assim, usando a relação *seção* da Figura 2.6, onde duas seções de CS-319 são oferecidas na primavera de 2018, e uma seção de CS-101 é oferecida no outono de 2017, bem como no semestre de primavera de 2018, CS-101 e CS-319 aparecem apenas uma vez no resultado, mostrado na Figura 3.10.

Se quisermos reter todas as duplicatas, temos de escrever **union all** no lugar de **union**:

```
(select id_curso
from seção
where semestre = 'Fall' and ano = 2017)
union all
(select id_curso
from seção
where semestre = 'Spring' and ano = 2018);
```

id_curso
CS-101
CS-315
CS-319
CS-347
FIN-201
HIS-351
MU-199
PHY-101

Figura 3.10 A relação resultante de *c1* union *c2*.

O número de tuplas duplicadas no resultado é igual ao número total de duplicatas que aparecem tanto em *c1* quanto em *c2*. Assim, nessa consulta, cada CS-319 e CS-101 seria listado duas vezes. Como outro exemplo, se acontecesse de quatro seções de ECE-101 serem ministradas no semestre de outono de 2017 e duas seções de ECE-101 serem ministradas no outono de 2018, haveria seis tuplas com ECE-101 no resultado.

3.5.2 Operação interseção

Para achar o conjunto de todos os cursos ministrados no outono de 2017, bem como na primavera de 2018, escrevemos:

```
(select id_curso
from seção
where semestre = 'Fall' and ano = 2017)
intersect
(select id_curso
from seção
where semestre = 'Spring' and ano = 2018);
```

A relação resultante, mostrada na Figura 3.11, contém apenas uma tupla com CS-101. A operação **intersect** elimina as duplicatas automaticamente.[6] Por exemplo, se acontecesse de quatro seções de ECE-101 terem sido ministradas no semestre de outono de 2017 e duas seções de ECE-101 terem sido ministradas no semestre da primavera de 2018, então haveria apenas uma tupla com ECE-101 no resultado.

Se quisermos reter todas as duplicatas, deveremos escrever **intersect all** no lugar de **intersect:**

```
(select id_curso
from seção
where semestre = 'Fall' and ano = 2017)
intersect all
(select id_curso
from seção
where semestre = 'Spring' and ano = 2018);
```

O número de tuplas duplicadas que aparecem no resultado é igual ao número mínimo de duplicatas em *c1* e *c2*. Por exemplo, se quatro seções de ECE-101 fossem ministradas no semestre de outono de 2017 e duas seções de ECE-101 fossem ministradas no semestre da primavera de 2018, haveria duas tuplas com ECE-101 no resultado.

3.5.3 Operação exclusão

Para encontrar todos os cursos ministrados no semestre do outono de 2017, mas não na primavera de 2018, escrevemos:

id_curso
CS-101

Figura 3.11 A relação resultante para *c1* intersect *c2*.

[6] MySQL não implementa a operação **intersect**; uma alternativa é usar subconsultas, conforme discutimos na Seção 3.8.1.

curso-id
CS-347
PHY-101

Figura 3.12 A relação resultante de *c1* except *c2*.

(**select** *id_curso*
from *seção*
where *semestre* = 'Fall' **and** *ano* = 2017)
except
(**select** *id_curso*
from *seção*
where *semestre* = 'Spring' **and** *ano* = 2018);

O resultado dessa consulta aparece na Figura 3.12. Observe que essa é exatamente a relação *c1* da Figura 3.8, exceto que a tupla para CS-101 não aparece. A operação **except**[7] gera todas as tuplas de sua primeira entrada que não ocorrem na segunda entrada; ou seja, ela realiza a diferença de conjunto. A operação elimina, automaticamente, as duplicatas nas entradas antes de realizar a diferença de conjunto. Por exemplo, se quatro seções de ECE-101 fossem ministradas no semestre do outono de 2017 e duas seções de ECE-101 fossem ministradas no semestre da primavera de 2018, o resultado da operação de **except** não teria nenhuma cópia de ECE-101.

Se quisermos reter as duplicatas, teremos de escrever **except all** no lugar de **except**:

(**select** *id_curso*
from *seção*
where *semestre* = 'Fall' **and** *ano* = 2017)
except all
(**select** *id_curso*
from *seção*
where *semestre* = 'Spring' **and** *ano* = 2018);

O número de cópias duplicadas de uma tupla no resultado é igual ao número de cópias duplicadas em *c1* menos o número de cópias duplicadas em *c2*, desde que a diferença seja positiva. Assim, se quatro seções de ECE-101 fossem ministradas no semestre de outono de 2017 e duas seções de ECE-101 fossem ministradas na primavera de 2018, existiriam duas tuplas com ECE-101 no resultado. Porém, se houvesse duas ou menos seções de ECE-101 no semestre do outono de 2017 e duas seções de ECE-101 no semestre da primavera de 2018, não haveria tupla com ECE-101 no resultado.

3.6 Valores nulos

Os **valores nulos** apresentam problemas especiais nas operações relacionais, incluindo operações aritméticas, operações de comparação e operações de conjunto.

O resultado de uma expressão aritmética (envolvendo, por exemplo +, −, * ou /) é nulo se qualquer um dos valores de entrada for nulo. Por exemplo, se uma consulta tem uma expressão *r.A* + 5 e *r.A* é nulo para uma tupla em particular, o resultado da expressão também deve ser nulo para essa tupla.

As comparações envolvendo nulos representam mais um problema. Por exemplo, considere a comparação "1 < **null**". Seria errado dizer que isso é verdadeiro, pois não sabemos o que o valor nulo representa. Mas, também, seria errado afirmar que essa expressão é falsa; se assim o fizéssemos, "**not** (1 < **null**)" seria avaliado como verdadeiro, o que não faz sentido. Portanto, a SQL trata como **unknown** (desconhecido) o resultado de qualquer comparação envolvendo um valor null (fora os predicados **is null** e **is not null**, que são descritos mais adiante nesta seção). Isso cria um terceiro valor lógico além de *true* e *false*.

Como o predicado em uma cláusula **where** pode envolver operações booleanas, como **and**, **or** e **not** nos resultados das comparações, as definições das operações booleanas são estendidas para lidar com o valor **unknown**.

- **and**: o resultado de *true* **and** *unknown* é *unknown*, *false* **and** *unknown* é *false*, enquanto *unknown* **and** *unknown* é *unknown*.
- **or**: o resultado de *true* **or** *unknown* é *true*, *false* **or** *unknown* é *unknown*, enquanto *unknown* **or** *unknown* é *unknown*.
- **not**: o resultado de **not** *unknown* é *unknown*.

Você pode verificar que, se *r.A* é **null**, então "1 < *r.A*", bem como "**not** (1 < *r.A*)" são avaliados como **unknown**.

Se o predicado da cláusula **where** for avaliado como **false** ou **unknown** para uma tupla, essa tupla não é acrescentada ao resultado.

A SQL usa a palavra-chave especial **null** em um predicado para testar um valor nulo. Assim, para encontrar todos os instrutores que aparecem na relação *instrutor* com valores nulos para *salário*, escrevemos:

select *nome*
from *instrutor*
where *salário* **is null**;

O predicado **is not null** tem sucesso, se o valor sobre o qual ele é aplicado não for nulo.

A SQL nos permite testar se o resultado de uma comparação é desconhecido, em vez de verdadeiro ou falso, usando as cláusulas **is unknown** e **is not unknown**.[8] Por exemplo,

select *nome*
from *instrutor*
where *salário* > 10000 **is unknown**;

Quando uma consulta usa a cláusula **select distinct**, as tuplas duplicadas precisam ser eliminadas. Para essa finalidade, ao comparar valores de atributos correspondentes de duas tuplas,

[7] Algumas implementações da SQL, por exemplo, Oracle, utilizam a palavra-chave **minus** no lugar de **except**, enquanto Oracle 12c usa as palavras-chave **ultiset except** no lugar de **except all**. MySQL não implementa essa operação; uma alternativa é usar subconsultas, conforme discutimos na Seção 3.8.1.

[8] As construções **is unknown** e **is not unknown** não são aceitas por diversos bancos de dados.

os valores são tratados como idênticos, se ambos forem não nulos e iguais em valor, ou se ambos forem nulos. Assim, duas cópias de uma tupla, como {('A',null), ('A',null)}, são tratadas como idênticas, mesmo que alguns dos atributos tenham valor nulo. Então, o uso da cláusula **distinct** retém apenas uma cópia dessas tuplas idênticas. Observe que o tratamento de nulo anterior é diferente do modo como os nulos são tratados nos predicados, em que uma comparação "null=null" retornaria um resultado desconhecido, em vez de verdadeiro.

Essa técnica de tratar tuplas como idênticas se tiverem os mesmos valores para todos os atributos, mesmo que alguns dos valores sejam nulos, também é usada para as operações de conjunto union, intersection e except.

3.7 Funções agregadas

Funções agregadas são aquelas que usam uma coleção (um conjunto ou multiconjunto) de valores como entrada e retornam um único valor. A SQL oferece cinco funções agregadas embutidas:[9]

- Média: **avg**
- Mínimo: **min**
- Máximo: **max**
- Total: **sum**
- Contagem: **count**

A entrada das funções **sum** e **avg** precisa ser uma coleção de números, mas os outros operadores podem operar também sobre coleções de tipos de dados não numéricos, como strings.

3.7.1 Agregação básica

Considere a consulta "Achar o salário médio dos instrutores no departamento de Ciência da Computação (Comp.Sci.)". Escrevemos essa consulta da seguinte forma:

```
select avg (salário)
from instrutor
where nome_dept = 'Comp. Sci.';
```

O resultado dessa consulta é uma relação com um único atributo, contendo uma única tupla com valor numérico correspondente ao salário médio dos instrutores no departamento de Ciência da Computação. O sistema de banco de dados pode atribuir um nome qualquer para o atributo da relação resultante gerada por agregação; contudo, podemos dar um nome significativo ao atributo usando a cláusula **as** da seguinte forma:

```
select avg (salário) as sal_médio
from instrutor
where nome_dept = 'Comp. Sci.';
```

[9] A maioria das implementações da SQL oferece diversas outras funções agregadas.

Na relação *instrutor* da Figura 2.1, os salários no departamento de Ciência da Computação são $ 75.000, $ 65.000 e $ 92.000. O salário médio é $ 232.000/3 = $ 77.333,33.

Reter duplicatas é importante no cálculo de uma média. Suponha que o departamento de Ciência da Computação acrescente um quarto instrutor cujo salário seja $ 75.000 por ano. Se as duplicatas fossem eliminadas, obteríamos a resposta errada ($ 232.000/4 = $ 58.000), em vez da resposta correta $ 76.750.

Existem casos nos quais temos de eliminar as duplicatas antes de calcular uma função agregada. Se quisermos eliminar duplicatas, usamos a palavra-chave **distinct** na expressão de agregação. Um exemplo aparece na consulta "Achar o número total de instrutores que ministram um curso no semestre da primavera de 2018". Nesse caso, um instrutor conta apenas uma vez, independentemente do número de seções do curso que ele ministra. A informação exibida está contida na relação *ministra*, e escrevemos essa consulta da seguinte forma:

```
select count (distinct ID)
from ministra
where semestre = 'Spring' and ano = 2018;
```

Por causa da palavra-chave **distinct** antes de *ID*, mesmo que um instrutor ministre mais de um curso, ele é contabilizado apenas uma vez no resultado.

Usamos a função agregada **count**, com frequência, para contar o número de tuplas em uma relação. A notação para essa função em SQL é **count** (*). Assim, para encontrar o número de tuplas na relação *curso*, escrevemos

```
select count (*)
from curso;
```

A SQL não permite o uso de **distinct** com **count** (*). É válido usar **distinct** com **max** e **min**, embora o resultado não mude. Podemos usar a palavra-chave **all** no lugar de **distinct** para especificar a retenção de duplicatas, mas, como **all** é o padrão, não é preciso fazer isso.

3.7.2 Agregação com agrupamento

Existem circunstâncias em que gostaríamos de aplicar a função agregada não apenas a um único conjunto de tuplas, mas também a um grupo de conjuntos de tuplas; especificamos esse desejo em SQL usando a cláusula **group by**. O atributo, ou conjunto de atributos, indicado na cláusula **group by** é usado para formar grupos. As tuplas com o mesmo valor em todos os atributos na cláusula **group by** são colocadas em um grupo.

Como ilustração, considere a consulta "Achar o salário médio em cada departamento". Escrevemos essa consulta da seguinte forma:

```
select nome_dept, avg (salário) as sal_médio
from instrutor
group by nome_dept;
```

ID	*nome*	*nome_dept*	*salário*
76766	Crick	Biology	72000
45565	Katz	Comp. Sci.	75000
10101	Srinivasan	Comp. Sci.	65000
83821	Brandt	Comp. Sci.	92000
98345	Kim	Elec. Eng.	80000
12121	Wu	Finance	90000
76543	Singh	Finance	80000
32343	El Said	History	60000
58583	Califieri	History	62000
15151	Mozart	Music	40000
33456	Gold	Physics	87000
22222	Einstein	Physics	95000

Figura 3.13 Tuplas da relação *instrutor*, agrupadas pelo atributo *nome_dept*.

nome_dept	*sal_médio*
Biology	72000
Comp. Sci.	77333
Elec. Eng.	80000
Finance	85000
History	61000
Music	40000
Physics	91000

Figura 3.14 A relação resultante para a consulta "Achar o salário médio em cada departamento".

A Figura 3.13 mostra as tuplas na relação *instrutor* agrupadas pelo atributo *nome_dept*, que é a primeira etapa no cálculo do resultado da consulta. A agregação especificada é calculada para cada grupo, e o resultado da consulta aparece na Figura 3.14.

Ao contrário, considere a consulta "Achar o salário médio de todos os instrutores". Escrevemos essa consulta da seguinte forma:

```
select avg (salário)
from instrutor;
```

Nesse caso, a cláusula **group by** foi omitida, de modo que a relação inteira é tratada como um único grupo.

Como outro exemplo de agregação sobre grupos de tuplas, considere a consulta "Achar o número de instrutores em cada departamento que ministram um curso no semestre da primavera de 2018". As informações sobre quais instrutores ministram quais seções do curso em qual semestre estão disponíveis na relação *ministra*. Porém, essa informação precisa ser juntada com a informação da relação *instrutor* para obter o nome do departamento de cada instrutor. Assim, escrevemos essa consulta da seguinte forma:

nome_dept	*conta_instr*
Comp. Sci.	3
Finance	1
History	1
Music	1

Figura 3.15 A relação resultante para a consulta "Achar o número de instrutores em cada departamento que ministram um curso no semestre da primavera de 2018".

```
select nome_dept, count (distinct ID) as conta_instr
from instrutor, ministra
where instrutor.ID = ministra.ID and
        semestre = 'Spring' and ano = 2018
group by nome_dept;
```

O resultado aparece na Figura 3.15.

Quando uma consulta SQL usa o agrupamento, é importante garantir que os únicos atributos que aparecem na instrução **select** sem serem agregados sejam aqueles que estão presentes na cláusula **group by**. Em outras palavras, qualquer atributo que não está presente na cláusula **group by** deve aparecer apenas dentro de uma função agregada se aparecer na cláusula **select**; caso contrário, a consulta é tratada como errônea. Por exemplo, a consulta a seguir é errônea porque *ID* não aparece na cláusula **group by** e, ainda assim, aparece na cláusula **select** sem ser agregada:

```
/* consulta com erro */
select nome_dept, ID, avg (salário)
from instrutor
group by nome_dept;
```

Na consulta anterior, cada instrutor em um grupo em particular (definido por *nome_dept*) pode ter uma *ID* diferente e, como apenas uma tupla é gerada para cada grupo, não existe um modo único de escolher qual valor de *ID* gerar. Como resultado, esses casos não são permitidos pela SQL.

A consulta anterior também ilustra um comentário escrito em SQL, delimitando o texto com "/*" e "*/"; o mesmo comentário também poderia ter sido escrito como "— consulta com erro".

3.7.3 Cláusula having

Às vezes, é útil indicar uma condição que se aplica a grupos em vez de tuplas. Por exemplo, poderíamos estar interessados apenas nos departamentos onde o salário médio dos instrutores é maior que $ 42.000. Essa condição não se aplica a uma única tupla; em vez disso, ela se aplica a cada grupo construído pela cláusula **group by**. Para expressar tal consulta, usamos a cláusula **having** da SQL. A SQL aplica predicados na cláusula **having** depois que os grupos tiverem sido formados, de modo que funções agregadas podem ser utilizadas na cláusula **having**. Expressamos essa consulta em SQL da seguinte forma:

select *nome_dept*, **avg** (*salário*) **as** *sal_médio*
from *instrutor*
group by *nome_dept*
having avg (*salário*) > 42000;

O resultado aparece na Figura 3.16.

nome_dept	*sal_médio*
Physics	91000
Elec. Eng.	80000
Finance	85000
Comp. Sci.	77333
Biology	72000
History	61000

Figura 3.16 A relação resultante da consulta "Achar o salário médio dos instrutores nos departamentos onde o salário médio é maior que $ 42.000".

Como acontecia para a cláusula **select**, qualquer atributo que está presente na cláusula **having** sem ser agregado precisa aparecer na cláusula **group by** ou, então, a consulta é tratada como errônea.

O significado de uma consulta contendo agregação, cláusulas **group by** ou **having** é definido pela seguinte sequência de operações:

1. Como acontecia para consultas sem agregação, a cláusula **from** primeiro é avaliada para se chegar a uma relação.
2. Se uma cláusula **where** estiver presente, o predicado na cláusula **where** é aplicado à relação resultante da cláusula **from**.
3. As tuplas satisfazendo o predicado **where** são, então, colocadas em grupos pela cláusula **group by**, se estiver presente. Se a cláusula **group by** estiver ausente, o conjunto inteiro de tuplas satisfazendo o predicado **where** é tratado como estando em um grupo.
4. A cláusula **having**, se estiver presente, é aplicada a cada grupo; os grupos que não satisfazem ao predicado da cláusula **having** são removidos.
5. A cláusula **select** usa os grupos restantes para gerar tuplas do resultado da consulta, aplicando as funções agregadas para obter uma única tupla resultante para cada grupo.

Para ilustrar o uso de uma cláusula **having** e uma cláusula **where** na mesma consulta, consideramos a consulta "Para cada seção de curso oferecida em 2017, ache a média do total de créditos (*tot_cred*) de todos os alunos matriculados na seção, se a seção tiver pelo menos dois alunos".

select *id_curso, semestre, ano, id_sec,* **avg** (*tot_cred*)
from *aluno, realiza*
where *aluno.ID* = *realiza.ID* **and** *ano* = 2017
group by *id_curso, semestre, ano, id_sec*
having count (*ID*) >= 2;

Observe que toda a informação exigida para a consulta anterior está disponível a partir das relações *realiza* e *aluno*, e que, embora a consulta pertença às seções, uma junção com *seção* não é necessária.

3.7.4 Agregação com valores nulos e booleanos

Valores nulos, quando existem, complicam o processamento de operadores agregados. Por exemplo, suponha que algumas tuplas na relação *instrutor* tenham valor nulo para *salário*. Considere que a seguinte consulta totalize todos os valores de salário:

select sum (*salário*)
from *instrutor*;

Os valores a serem somados na consulta anterior incluem valores nulos, pois algumas tuplas têm valor nulo para *salário*. Em vez de dizer que a soma geral é ela mesma *nula*, o padrão SQL diz que o operador **sum** deve ignorar valores *nulos* em sua entrada.

Em geral, funções agregadas tratam nulos de acordo com a seguinte regra: todas as funções agregadas, exceto **count** (*), ignoram valores nulos em sua coleção de entrada. Ignorando os valores nulos, a coleção de valores pode ser vazia. O **count** de uma coleção vazia é definido como zero, e todas as outras operações agregadas retornam um valor nulo quando aplicadas sobre uma coleção vazia. O efeito de valores nulos sobre algumas das construções SQL mais complicadas pode ser sutil.

Um tipo de dado **boolean**, que pode assumir valores **true**, **false** e **unknown**, foi introduzido na SQL:1999. As funções agregadas **some** e **every**, que significam exatamente o que você esperaria intuitivamente (*alguns* e *todos*), podem ser aplicadas sobre uma coleção de valores booleanos, e calculam a disjunção (**or**) e conjunção (**and**) dos valores, respectivamente.

3.8 Subconsultas aninhadas

A SQL oferece um mecanismo para aninhamento de subconsultas. Uma subconsulta é uma expressão **select-from-where** que é aninhada dentro de outra consulta. Um uso comum das subconsultas é realizar testes de membro de conjunto, criar comparações de conjuntos e determinar a cardinalidade de conjunto, pelo aninhamento de subconsultas na cláusula **where**. Estudamos esses usos das subconsultas aninhadas na cláusula **where** nas Seções 3.8.1 a 3.8.4. Na Seção 3.8.5, estudamos o aninhamento das subconsultas na cláusula **from**. Na Seção 3.8.7, vemos como uma classe de subconsultas, chamadas de subconsultas escalares, pode aparecer sempre que puder ocorrer uma expressão retornando um valor.

3.8.1 Membros de conjunto

A SQL permite testar a condição das tuplas como membro em uma relação. O conectivo **in** testa a condição de

Nota 3.2 SQL E A ÁLGEBRA RELACIONAL DE MULTICONJUNTOS – PARTE 2

Como vimos anteriormente na Nota 3.1, as cláusulas **select**, **from** e **where** da SQL podem ser representadas na álgebra relacional de multiconjuntos, usando as versões multiconjuntos das operações de seleção, projeção e produto cartesiano.

As organizações de união, interseção e diferença de conjuntos ($\cup$, $\cap$ e $-$) da álgebra relacional também podem ser estendidas para a álgebra relacional multiconjuntos de modo semelhante, seguindo as definições correspondentes de **union all**, **intersect all** e **except all** na SQL, que vimos na Seção 3.5; em SQL, **union, intersect** e **except** correspondem à versão de conjuntos de $\cup$, $\cap$ e $-$.

A operação agregada γ da álgebra relacional estendida permite o uso de funções agregadas sobre atributos da relação. (O símbolo $\mathcal{G}$ também é usado para representar a operação agregada e foi usado nas edições anteriores do livro.) A operação ${}_{nome\_dept}\gamma_{\textbf{average}(salário)}(instrutor)$ agrupa a relação *instrutor* sobre o atributo *nome_dept* e calcula o salário médio para cada grupo, como vimos anteriormente na Seção 3.7.2. O subscrito no lado esquerdo poderá ser omitido, resultando na relação de entrada inteira estando em um único grupo. Assim, $\gamma_{\textbf{average}(salário)}$ calcula o salário médio de todos os instrutores. Os valores agregados não possuem um nome de atributo; eles podem receber um nome com o uso do operador de renomeação ρ ou, por conveniência, usando a seguinte sintaxe:

$${}_{nome\_dept}\gamma_{\textbf{average}(salário)\ \textbf{as}\ sal\_médio}(instrutor)$$

Consultas SQL mais complexas também podem ser reescritas na álgebra relacional. Por exemplo, a consulta:

select A_1, A_2, **sum**(A_3)
from $r_1, r_2, \ldots, r_m$
where P
group by A_1, A_2 **having count**(A_4) > 2

é equivalente a:

$$t1 \leftarrow \sigma_P(r_1 \times r_2 \times \cdots \times r_m)$$
$$\Pi_{A_1, A_2, SumA3}(\sigma_{countA4 > 2}({}_{A_1, A_2}\gamma_{\text{sum}(A_3)\ \textbf{as}\ SumA3,\ \textbf{count}(A_4)\ \textbf{as}\ countA4}(t1)))$$

Expressões de junção na cláusula **from** podem ser escritas por meio de expressões de junção equivalentes na álgebra relacional; deixamos os detalhes como um exercício para o leitor. Porém, as subconsultas na cláusula **where** ou **select** não podem ser reescritas na álgebra relacional de uma maneira tão direta, visto que não existe uma operação da álgebra relacional equivalente à construção de subconsulta. Foram propostas extensões da álgebra relacional para essa tarefa, mas isso está fora do escopo deste livro.

membro do conjunto, onde o conjunto é uma coleção de valores produzidos por uma cláusula **select**. O conectivo **not in** testa a ausência dessa condição de membro do conjunto.

Como ilustração, reconsidere a consulta "Ache todos os cursos ministrados nos semestres de outono de 2017 e primavera de 2018". Anteriormente, escrevemos tal consulta pela interseção de dois conjuntos: o conjunto de cursos ministrados no outono de 2017 e o conjunto de cursos ministrados na primavera de 2018. Podemos usar a técnica alternativa de encontrar todos os cursos que foram ministrados no outono de 2017 e que são membros do conjunto de cursos ministrados na primavera de 2018. Essa formulação gera os mesmos resultados da anterior, mas nos leva a escrever nossa consulta usando o conectivo **in** da SQL. Começamos encontrando todos os cursos ministrados na primavera de 2018, escrevendo a subconsulta

```
(select id_curso
from seção
where semestre = 'Spring' and ano = 2018)
```

Depois, precisamos encontrar os cursos que foram ministrados no outono de 2017 e que aparecem no conjunto de cursos obtidos na subconsulta. Fazemos isso aninhando a subconsulta na cláusula **where** de uma consulta mais externa. A consulta resultante é:

```
select distinct id_curso
from seção
where semestre = 'Fall' and ano = 2017 and
      id_curso in (select id_curso
                   from seção
                   where semestre = 'Spring' and
                         ano = 2018);
```

Observe que precisamos usar **distinct** aqui porque a operação **intersect** remove as duplicatas por padrão.

Esse exemplo mostra que é possível escrever a mesma consulta de várias maneiras em SQL. Essa flexibilidade é benéfica, pois permite que o usuário pense na consulta da forma como lhe parece mais natural. Veremos que existe uma quantidade substancial de redundância na SQL.

Usamos a construção **not in** de maneira semelhante à construção **in**. Por exemplo, para encontrar todos os cursos ministrados no semestre do outono de 2017, mas não no semestre da primavera de 2018, que expressamos anteriormente usando a operação **except**, podemos escrever:

```
select distinct id_curso
from seção
where semestre = 'Fall' and ano = 2017 and
id_curso not in (select id_curso
                 from seção
                 where semestre = 'Spring' and
                       ano = 2018);
```

Os operadores **in** e **not in** também podem ser usados sobre conjuntos enumerados. A consulta a seguir seleciona instrutores cujos nomes não são "Mozart" nem "Einstein".

```
select distinct nome
from instrutor
where nome not in ('Mozart', 'Einstein');
```

Nos exemplos anteriores, testamos a condição de membro em uma relação de um atributo. Também é possível testar a condição de membro em uma relação qualquer em SQL. Por exemplo, podemos escrever a consulta "achar o número total de alunos (distintos) que realizaram seções de curso ministradas pelo instrutor com *ID* 110011", da seguinte forma:

```
select count (distinct ID)
from realiza
where (id_curso, id_sec, semestre, ano) in (select id_curso,
      id_sec, semestre, ano
              from ministra
              where ministra.ID = '10101');
```

Porém, observe que algumas implementações SQL não aceitam a sintaxe de construção de linha "(*id_curso*, *id_sec*, *semestre*, *ano*)" usada neste exemplo. Na Seção 3.8.3, veremos formas alternativas de escrever essa mesma consulta.

3.8.2 Comparação de conjunto

Como exemplo da capacidade de uma subconsulta aninhada comparar conjuntos, considere a consulta "Achar os nomes de todos os instrutores cujos salários são maiores que pelo menos um instrutor no departamento Biology". Na Seção 3.4.1, escrevemos essa consulta da seguinte forma:

```
select distinct T.nome
from instrutor as T, instrutor as S
where T.salário > S.salário and S.nome_dept = 'Biology';
```

A SQL, porém, oferece um estilo alternativo para escrever a consulta anterior. A frase "maior que pelo menos um" é representada em SQL por > **some**. Essa construção nos permite reescrever a consulta para um formato mais semelhante à nossa formulação da consulta em português.

```
select nome
from instrutor
where salário > some (select salário
                      from instrutor
                      where nome_dept = 'Biology');
```

A subconsulta

```
(select salário
 from instrutor
 where nome_dept = 'Biology')
```

gera o conjunto de todos os valores de salário de todos os instrutores no departamento Biology. A comparação > **some** na cláusula **where** do **select** mais externo é verdadeira se o valor de *salário* da tupla é maior que pelo menos um membro do conjunto de todos os valores de salário para os instrutores de Biology.

A SQL também permite comparações < **some**, <= **some**, >= **some**, = **some** e < > **some**. Como exercício, verifique se **= some** é idêntico a **in**, enquanto < > **some** *não* é o mesmo que **not in**.[10]

Agora, modificamos nossa consulta ligeiramente. Vamos achar os nomes de todos os instrutores que têm um valor de salário maior que o de cada instrutor no departamento Biology. A construção > **all** corresponde à frase "maior que todos". Usando essa construção, escrevemos a consulta da seguinte forma:

```
select nome
from instrutor
where salário > all(select salário
                    from instrutor
                    where nome_dept = 'Biology');
```

Assim como para **some**, a SQL também permite comparações < **all**, <= **all**, >= **all**, = **all** e < > **all**. Como exercício, verifique se < > **all** é idêntico a **not in**, enquanto **= all** *não é* o mesmo que **in**.

Como outro exemplo de comparações de conjunto, considere a consulta "Achar os departamentos que têm o salário médio mais alto". Começamos escrevendo uma consulta para achar as médias de todos os salários e, depois, a aninhamos

[10] A palavra-chave **any** é sinônima de **some** em SQL. As primeiras versões de SQL permitiam apenas **any**. Versões mais recentes acrescentaram a alternativa **some** para evitar a ambiguidade linguística da palavra *any* em inglês (*algum* ou *qualquer*).

como uma subconsulta de uma consulta maior, que encontra os departamentos para os quais o salário médio é maior ou igual a todos os salários médios:

```
select nome_dept
from instrutor
group by nome_dept
having avg (salário) >= all (select avg (salário)
                             from instrutor
                             group by nome_dept);
```

3.8.3 Teste de relações vazias

A SQL inclui um recurso para testar se uma subconsulta tem alguma tupla em seu resultado. A construção **exists** retorna o valor **true** (verdadeiro), se a subconsulta no argumento não for vazia. Usando a construção **exists**, podemos escrever a consulta "Achar todos os cursos ministrados no semestre do outono de 2017 e no semestre da primavera de 2018" de mais uma maneira:

```
select id_curso
from seção as S
where semestre = 'Fall' and ano = 2017 and
      exists (select *
              from seção as T
              where semestre ='Spring' and ano = 2018
                    and
                    S.id_curso= T.id_curso);
```

Essa consulta também ilustra um recurso da SQL em que um **nome de correlação** de uma consulta externa (*S* no exemplo) pode ser usado na cláusula **where** de uma subconsulta. Uma subconsulta que usa um nome de correlação de uma consulta mais externa é chamada de **consulta correlacionada**.

Nas consultas que contêm subconsultas, uma regra de escopo se aplica a nomes de correlação. Em uma subconsulta, de acordo com a regra, é válido usar apenas nomes de correlação definidos na própria subconsulta ou em qualquer consulta que contém a subconsulta. Se um nome de correlação é definido localmente em uma subconsulta e globalmente em uma consulta que a contém, a definição local se aplica. Essa regra é semelhante às regras de escopo normais usadas para variáveis nas linguagens de programação.

É possível testar a inexistência de tuplas em uma subconsulta usando a construção **not exists**. Podemos usar a construção **not exists** para simular a operação de contenção em conjunto (ou seja, superconjunto): podemos escrever "a relação *A* contém a relação *B*" como "**not exists** (*B* **except** *A*)". (Embora não fazendo parte dos padrões SQL atuais, o operador **contains** esteve presente em alguns dos primeiros sistemas relacionais.) Para ilustrar o operador **not exists**, considere a consulta "Ache todos os alunos que realizaram todos os cursos oferecidos no departamento Biology". Usando a construção **except**, podemos escrever a consulta da seguinte forma:

```
select S.ID, S.nome
from aluno as S
where not exists ((select id_curso
                   from curso
                   where nome_dept = 'Biology')
                  except
                  (select T.id_curso
                   from realiza as T
                   where S.ID = T.ID));
```

Aqui, a subconsulta

```
(select id_curso
 from curso
 where nome_dept = 'Biology')
```

acha o conjunto de todos os cursos oferecidos no departamento Biology. A subconsulta

```
(select T.id_curso
 from realiza as T
 where S.ID = T.ID)
```

acha todos os cursos que o aluno *S.ID* realizou. Assim, o **select** mais externo toma cada aluno e testa se o conjunto de todos os cursos que o aluno realizou contém o conjunto de todos os cursos oferecidos no departamento Biology.

Na Seção 3.8.1, vimos uma consulta SQL para "achar o número total de alunos (distintos) que realizaram seções de curso ministradas pelo instrutor com *ID* 110011". Essa consulta usou uma sintaxe de construtor de tuplas que não é aceita por alguns bancos de dados. Uma forma alternativa para a escrita da consulta, usando a construção **exists**, é a seguinte:

```
select count (distinct ID)
from realiza
where exists (select id_curso, id_sec, semestre, ano
              from ministra
              where ministra.ID = '10101'
                    and realiza.id_curso = ministra.id_curso
                    and realiza.id_sec = ministra.id_sec
                    and realiza.semestre = ministra.semestre
                    and realiza.ano = ministra.ano
              );
```

3.8.4 Teste da ausência de tuplas duplicadas

A SQL inclui uma função booleana para testar se uma subconsulta tem tuplas duplicadas em seu resultado. A construção **unique**[11] retorna o valor **true** se a subconsulta do argumento não contém tuplas duplicadas. Usando a construção **unique**, podemos escrever a consulta "Achar todos os cursos que foram oferecidos, no máximo, uma vez em 2017" da seguinte forma:

[11] Essa construção ainda não foi implementada de forma generalizada.

```
select T.id_curso
from curso as T
where unique (select R.id_curso
              from seção as R
              where T.id_curso= R.id_curso and
                    R.ano = 2017);
```

Observe que, se um curso não fosse oferecido em 2017, a subconsulta retornaria um resultado vazio, e o predicado **unique** seria avaliado como verdadeiro no conjunto vazio.

Uma versão equivalente da consulta anterior, que não usa a construção **unique**, é:

```
select T.id_curso
from curso as T
where 1 >= (select count(R.id_curso)
            from seção as R
            where T.id_curso = R.id_curso and
                  R.ano = 2017);
```

Podemos testar a existência de tuplas duplicadas em uma subconsulta usando a construção **not unique**. Para ilustrar essa construção, considere a consulta "Achar todos os cursos que foram oferecidos pelo menos duas vezes em 2017", da seguinte forma:

```
select T.id_curso
from curso as T
where not unique (select R.id_curso
                  from seção as R
                  where T.id_curso = R.id_curso and
                        R.ano = 2017);
```

Formalmente, o teste **unique** sobre uma relação é definido para falhar se, e somente se, a relação contiver duas tuplas t_1 e t_2 tais que $t_1 = t_2$. Como o teste $t_1 = t_2$ falha se qualquer um dos campos de t_1 ou t_2 for nulo, é possível que **unique** seja verdadeiro se houver várias cópias de uma tupla, desde que pelo menos um dos atributos da tupla seja nulo.

3.8.5 Subconsultas na cláusula from

A SQL permite que uma expressão de subconsulta seja usada na cláusula **from**. O principal conceito aplicado aqui é que qualquer expressão **select-from-where** retorna uma relação como resultado e, portanto, pode ser inserida em outro **select-from-where** em qualquer lugar em que uma relação pode aparecer.

Considere a consulta "Achar os salários médios dos instrutores dos departamentos onde o salário médio é maior que $ 42.000". Escrevemos essa consulta na Seção 3.7 usando a cláusula **having**. Agora, podemos reescrever essa consulta sem usar a cláusula **having**, usando uma subconsulta na cláusula **from**, da seguinte forma:

```
select nome_dept, sal_médio
from (select nome_dept, avg (salário) as sal_médio
      from instrutor
      group by nome_dept)
where sal_médio > 42000;
```

A subconsulta gera uma relação consistindo nos nomes de todos os departamentos e os salários médios correspondentes dos instrutores. Os atributos do resultado da subconsulta podem ser usados na consulta externa, como vimos no exemplo anterior.

Observe que não precisamos usar a cláusula **having**, pois a subconsulta na cláusula **from** calcula o salário médio, e o predicado que, anteriormente, estava na cláusula **having** agora está na cláusula **where** da consulta externa.

Podemos dar um nome à relação resultante da subconsulta e renomear os atributos usando a cláusula **as**, como a seguir.

```
select nome_dept, sal_médio
from (select nome_dept, avg (salário)
      from instrutor
      group by nome_dept)
      as média_dep (nome_dept, sal_médio)
where sal_médio > 42000;
```

A relação resultante da subconsulta é chamada *média_dep*, com os atributos *nome_dept* e *sal_médio*.

As subconsultas aninhadas na cláusula **from** são aceitas pela maioria, mas não por todas as implementações SQL. Observe que algumas implementações SQL, em especial MySQL e PostgreSQL, exigem que cada relação resultante da subconsulta receba um nome na cláusula **from**, mesmo que o nome nunca seja referenciado; o Oracle permite que uma relação resultante da subconsulta receba um nome (sem a palavra-chave **as**), mas não permite a renomeação dos atributos da relação. Uma alternativa fácil para isso é realizar a renomeação de atributos na cláusula **select** da subconsulta; na consulta anterior, a cláusula **select** da subconsulta seria substituída por

```
select nome_dept, avg(salário) as sal_médio
```

e

"**as** *média_dep* (*nome_dept, sal_médio*)"

seria substituído por

"**as** *média_dep*"

Como outro exemplo, suponha que queiramos achar, dentre todos os departamentos, o máximo do salário total em cada departamento. A cláusula **having** não nos ajuda nessa tarefa, mas podemos escrever essa consulta facilmente usando uma subconsulta na cláusula **from**, da seguinte forma:

```
select max (tot_salários)
from (select nome_dept, sum(salário)
      from instrutor
      group by nome_dept) as total_dept
            (nome_dept, tot_salários);
```

Notamos que as subconsultas aninhadas na cláusula **from** não podem usar variáveis de correlação de outras relações na cláusula **from**. No entanto, o padrão SQL, a partir da SQL:2003, permite que uma subconsulta na cláusula **from** prefixada pela palavra-chave **lateral** acesse atributos de tabelas ou subconsultas precedentes na mesma cláusula **from**. Por exemplo, se quiséssemos imprimir os nomes de cada instrutor, juntamente com seu salário e o salário médio em seu departamento, poderíamos escrever a consulta da seguinte forma:

```
select nome, salário, sal_médio
from instrutor I1, lateral (select avg(salário) as sal_médio
                            from instrutor I2
                            where I2.nome_dept =
                                  I1.nome_dept);
```

Sem a cláusula **lateral**, a subconsulta não pode acessar a variável de correlação *I1* a partir da consulta mais externa. Apenas as implementações SQL mais recentes admitem a cláusula **lateral**.

3.8.6 Cláusula with

A cláusula **with** oferece um modo de definir uma relação temporária cuja definição está disponível apenas à consulta em que a cláusula **with** ocorre. Considere a consulta a seguir, que encontra os departamentos com o orçamento máximo.

```
with orçamento_max(valor) as
        (select max(orçamento)
         from departamento)
select orçamento
from departamento, orçamento_max
where departamento.orçamento = orçamento_max.valor;
```

A cláusula **with** na consulta define a relação temporária *orçamento_max* contendo os resultados da subconsulta que define a relação. A relação está disponível para uso apenas dentro das próximas partes da mesma consulta.[12] A cláusula **with**, introduzida na SQL:1999, é admitida por muitos, mas não por todos os sistemas de banco de dados.

Poderíamos ter escrito a consulta anterior usando uma subconsulta aninhada ou na cláusula **from** ou na cláusula **where**. Porém, usando subconsultas aninhadas, teríamos tornado a consulta mais difícil de ler e entender. A cláusula **with** torna a lógica da consulta mais clara; ela também permite que essa relação temporária seja usada em vários lugares dentro de uma consulta.

Por exemplo, suponha que queiramos encontrar todos os departamentos onde o total de salários é maior que a média dos salários totais em todos os departamentos. Podemos escrever a consulta usando a cláusula **with** da seguinte forma:

```
with total_dept(nome_dept, valor) as
     (select nome_dept, sum(salário)
      from instrutor
      group by nome_dept),
total_dept_médio(valor) as
     (select avg(valor)
      from total_dept)
select nome_dept
from total_dept, total_dept_médio
where total_dept.valor > total_dept_médio.value;
```

[12] O mecanismo de avaliação da SQL pode não criar fisicamente a relação, e está livre para calcular o resultado geral da consulta de formas alternativas, desde que o resultado da consulta seja o mesmo daquele gerado se a relação tivesse sido criada.

Podemos, é claro, criar uma consulta equivalente sem a cláusula **with**, mas ela seria mais complicada e mais difícil de entender. Você pode escrever a consulta equivalente como exercício.

3.8.7 Subconsultas escalares

A SQL permite que as subconsultas ocorram sempre que uma expressão retornando um valor seja autorizada, desde que a subconsulta retorne apenas uma tupla contendo um único atributo; essas subconsultas são chamadas de **subconsultas escalares**. Por exemplo, uma subconsulta pode ser usada na cláusula **select**, conforme ilustramos no exemplo a seguir, que lista todos os departamentos juntamente com o número de instrutores em cada departamento:

```
select nome_dept,
       (select count(*)
        from instrutor
        where departamento.nome_dept = instrutor.nome_dept)
       as num_instrutores
from departamento;
```

A subconsulta no exemplo anterior tem garantias de retornar apenas um único valor, pois tem uma função agregada **count**(*) sem um **group by**. O exemplo também ilustra o uso de variáveis de correlação, ou seja, atributos de relações na cláusula **from** da consulta mais externa, como *departamento.nome_dept* no exemplo anterior.

Subconsultas escalares podem ocorrer nas cláusulas **select**, **where** e **having**. Subconsultas escalares também podem ser definidas sem agregações. Nem sempre é possível descobrir em tempo de compilação se uma subconsulta pode retornar mais de uma tupla em seu resultado; se o resultado tiver mais de uma tupla quando a subconsulta for executada, haverá um erro em tempo de execução.

Observe que, tecnicamente, o tipo do resultado de uma subconsulta escalar ainda é uma relação, mesmo que contenha uma única tupla. Porém, quando uma subconsulta escalar é usada em uma expressão onde um valor é esperado, a SQL, implicitamente, extrai o valor do único atributo da única tupla na relação e retorna esse valor.

3.8.8 Escalares sem uma cláusula from

Certas consultas exigem um cálculo, mas nenhuma referência a qualquer relação. De modo semelhante, certas consultas podem ter subconsultas que contêm uma cláusula **from** sem que a consulta de nível superior precise de uma cláusula **from**.

Como exemplo, suponha que queiramos achar o número médio de seções ministradas (independentemente do ano ou do semestre) por instrutor, com as seções ministradas por vários instrutores contadas uma vez por instrutor. Temos de contar o número de tuplas em *ministra* para achar o número total de seções ministradas e contar o número de tuplas em *instrutor* para achar o número de instrutores. Depois, uma simples divisão nos dá o resultado desejado. Pode-se escrever isso como:

> (**select count** (*) **from** *ministra*) /
> (**select count** (*) **from** *instrutor*);

Embora isso seja válido em alguns sistemas, outros resultarão em um erro, em função da falta de uma cláusula **from**.[13] Nesse último caso, uma relação fictícia especial chamada, por exemplo, *dual*, pode ser criada, contendo uma única tupla. Isso permitiria que a consulta anterior fosse escrita como:

> **select** (**select count** (*) **from** *ministra*) /
> (**select count** (*) **from** *instrutor*)
> **from** *dual*;

O Oracle contém uma relação predefinida, chamada *dual*, contendo uma única tupla, para usos como este (a relação tem um único atributo, que não é relevante para os nossos propósitos); você pode criar uma relação equivalente, se usar qualquer outro banco de dados.

Como essas duas consultas dividem um inteiro por outro, o resultado seria, na maioria dos bancos de dados, um inteiro, o que resultaria em perda de precisão. Se você quiser obter o resultado como um número de ponto flutuante, pode multiplicar um dos dois resultados da subconsulta por 1.0, a fim de convertê-lo em um número de ponto flutuante, antes que a operação de divisão seja realizada.

[13] Esta construção é válida, por exemplo, no SQL Server, mas não no Oracle, por exemplo.

3.9 Modificação do banco de dados

Restringimos nossa atenção até o momento para a extração de informações do banco de dados. Agora, mostramos como acrescentar, remover ou alterar informações com SQL.

3.9.1 Exclusão

Uma solicitação de **exclusão** é expressa da mesma maneira que uma consulta. Podemos excluir apenas tuplas inteiras; não podemos excluir valores apenas em atributos particulares. Em SQL, a exclusão é expressa por

> **delete from** *r*
> **where** *P*;

com *P* representando um predicado e *r*, uma relação. O comando **delete** primeiro encontra todas as tuplas *t* em *r* para as quais *P*(*t*) é verdadeiro e, depois, as exclui de *r*. A cláusula **where** pode ser omitida quando todas as tuplas em *r* são excluídas.

Observe que um comando **delete** opera apenas sobre uma relação. Se quisermos excluir tuplas de várias relações, teremos de usar um comando **delete** para cada relação. O predicado na cláusula **where** pode ser tão complexo quanto a cláusula **where** de um comando **select**. No outro extremo, a cláusula **where** pode ser vazia. A solicitação

> **delete from** *instrutor;*

exclui todas as tuplas da relação *instrutor*. A relação *instrutor* em si ainda existe, mas está vazia.

Aqui estão exemplos de solicitações de exclusão em SQL:

- Excluir todas as tuplas na relação *instrutor* pertencentes a instrutores no departamento Finance.

Nota 3.3 SQL E A ÁLGEBRA RELACIONAL DE MULTICONJUNTOS – PARTE 3

Ao contrário das operações de conjunto e agregação da SQL, que estudamos anteriormente neste capítulo, as subconsultas SQL não possuem operações diretamente equivalentes na álgebra relacional. A maioria das consultas SQL envolvendo subconsultas pode ser reescrita de modo que não exija o uso de subconsultas, e, portanto, elas possuem expressões equivalentes na álgebra relacional.

A reescrita para a álgebra relacional pode se beneficiar de duas operações estendidas, chamadas de *semijunção*, indicada por $\ltimes$, e *antijunção*, indicada por $\overline{\ltimes}$, que são aceitas internamente por muitas implementações de banco de dados (o símbolo $\triangleright$ às vezes é usado no lugar de $\overline{\ltimes}$ para indicar a antijunção). Por exemplo, dadas as relações *r* e *s*, $r \ltimes_{r \cdot A = s \cdot B} s$ gera todas as tuplas em *r* que possuem pelo menos uma tupla em *s* cujo valor do atributo $s \cdot B$ corresponde ao valor do atributo $r \cdot A$ dessas tuplas. Ao contrário, $r \overline{\ltimes}_{r \cdot A = s \cdot B} s$ gera todas as tuplas em *r* que não possuem nenhuma tupla correspondente em *s*. Esses operadores podem ser usados para reescrever muitas subconsultas que utilizam os conectivos **exists** e **not exists**.

Semijunção e antijunção podem ser expressas usando outras operações da álgebra relacional, de modo que não acrescentam nenhum poder expressivo, mas são muito úteis na prática, pois podem ser implementadas de modo bastante eficaz.

Porém, o processo de reescrita de consultas SQL que contêm subconsultas, em geral, não é simples. As implementações de sistema de banco de dados, portanto, estendem a álgebra relacional, permitindo o uso de operadores σ e Π para a chamada de subconsultas em seus predicados e listas de projeção.

```
delete from instrutor
where nome_dept = 'Finance';
```

- Excluir todos os instrutores com salário entre $ 13.000 e $ 15.000.

```
delete from instrutor
where salário between 13000 and 15000;
```

- Excluir todas as tuplas na relação *instrutor* para aqueles instrutores associados a um departamento localizado no prédio Watson.

```
delete from instrutor
where nome_dept in (select nome_dept
                    from departamento
                    where prédio = 'Watson');
```

Essa solicitação **delete** primeiro encontra todos os departamentos localizados em Watson e, depois, exclui todas as tuplas de *instrutor* pertencentes a esses departamentos.

Observe que, embora possamos excluir tuplas apenas de uma relação de cada vez, podemos referenciar qualquer quantidade de relações em um **select-from-where** aninhado na cláusula **where** de um **delete**. A solicitação **delete** pode conter um **select** aninhado que referencia a relação da qual as tuplas devem ser excluídas. Por exemplo, suponha que queiramos excluir os registros de todos os instrutores com salário abaixo da média na universidade. Poderíamos escrever:

```
delete from instrutor
where salário < (select avg (salário)
                 from instrutor);
```

O comando **delete** primeiro testa cada tupla na relação *instrutor* para verificar se o salário é menor que o salário médio dos instrutores na universidade. Depois, todas as tuplas que passam no teste – ou seja, representam um instrutor com salário menor que a média – são excluídas. A realização de todos os testes antes da execução de qualquer exclusão é importante – se algumas tuplas forem excluídas antes que outras tuplas sejam testadas, o salário médio pode mudar, e o resultado do **delete** dependerá da ordem em que as tuplas foram processadas!

3.9.2 Inserção

Para inserir dados em uma relação, especificamos uma tupla a ser inserida ou escrevemos uma consulta cujo resultado é um conjunto de tuplas a serem inseridas. Obviamente, os valores de atributo para as tuplas inseridas precisam ser membros do domínio do atributo correspondente. De modo semelhante, as tuplas inseridas precisam ter o número correto de atributos.

O comando **insert** mais simples é uma solicitação para inserir uma tupla. Suponha que queiramos inserir o fato de que existe um curso CS-437 no departamento de Ciência da Computação (Comp. Sci.) com o título "Database Systems" e quatro horas de crédito. Escrevemos:

```
insert into curso
    values ('CS-437', 'Database Systems', 'Comp. Sci.', 4);
```

Nesse exemplo, os valores são especificados na ordem em que os atributos correspondentes são listados no esquema da relação. Para o benefício dos usuários que podem não se lembrar da ordem dos atributos, a SQL permite que os atributos sejam especificados como parte do comando **insert**. Por exemplo, os comandos SQL **insert** a seguir são idênticos em função ao anterior:

```
insert into curso (id_curso, título, nome_dept, créditos)
    values ('CS-437', 'Database Systems', 'Comp. Sci.', 4);
insert into curso (título, id_curso, créditos, nome_dept)
    values ('Database Systems', 'CS-437', 4, 'Comp. Sci.');
```

Em geral, podemos querer inserir tuplas com base no resultado de uma consulta. Suponha que queiramos tornar cada aluno no departamento *Music*, que tenha feito mais de 144 horas de crédito, um instrutor no departamento *Music*, com salário de $ 18.000. Escrevemos o seguinte:

```
insert into instrutor
    select ID, nome, nome_dept, 18000
    from aluno
    where nome_dept = 'Music' and tot_cred > 144;
```

Em vez de especificar uma tupla, como fizemos anteriormente nesta seção, usamos um **select** para especificar um conjunto de tuplas. A SQL avalia primeiro a instrução **select**, gerando um conjunto de tuplas, que é, então, inserido na relação *instrutor*. Cada tupla tem uma *ID*, um *nome*, um *nome_dept* (Music) e um salário anual de $ 18.000.

É importante que avaliemos o comando **select** totalmente antes de executarmos quaisquer inserções. Se executarmos algumas inserções, mesmo quando o comando **select** está sendo avaliado, uma solicitação como

```
insert into aluno
    select *
    from aluno;
```

poderá inserir um número infinito de tuplas, se a restrição de chave primária sobre *aluno* estiver ausente. Sem a restrição de chave primária, a solicitação vai inserir a primeira tupla em *aluno* novamente, criando uma segunda cópia da tupla. Como essa segunda cópia faz parte de *aluno* agora, o comando **select** poderá encontrá-la, e uma terceira cópia será inserida em *aluno*. O comando **select** pode, então, encontrar essa cópia e inserir uma quarta cópia, indefinidamente. A avaliação completa do comando **select** antes de realizar as inserções evita esses problemas. Assim, a instrução **insert** anteriormente apresentada simplesmente duplicaria cada tupla na relação *aluno*, se a relação não tiver uma restrição de chave primária.

Nossa discussão do comando **insert** considerou apenas exemplos em que um valor é dado para cada atributo nas tuplas inseridas. É possível que as tuplas inseridas recebam valores sobre apenas alguns atributos do esquema. Os atributos restantes recebem um valor nulo, indicado por *null*. Considere a solicitação:

```
insert into aluno
    values ('3003', 'Green', 'Finance', null);
```

A tupla inserida por essa solicitação especificou que um aluno com *ID* "3003" está no departamento Finance, mas o valor de *tot_cred* para esse aluno não é conhecido.

A maioria dos produtos comerciais de banco de dados possui utilitários "carregadores em massa" (do inglês, "*bulk loader*") especiais para inserir um grande conjunto de tuplas em uma relação. Esses utilitários permitem que os dados sejam lidos de arquivos de texto formatados, e possam ser executados muito mais rapidamente do que uma sequência equivalente de comandos de inserção.

3.9.3 Atualizações

Em certas situações, podemos querer mudar um valor em uma tupla sem mudar *todos* os valores na tupla. Para isso, o comando **update** pode ser utilizado. Assim como fizemos para **insert** e **delete**, podemos escolher as tuplas a serem atualizadas usando uma consulta.

Suponha que os aumentos de salário anuais estejam sendo providenciados, e os salários de todos os instrutores devam ser aumentados em 5%. Escrevemos:

```
update instrutor
set salário = salário * 1.05;
```

Essa atualização é aplicada uma vez a cada uma das tuplas na relação *instrutor*.

Se um aumento de salário tiver de ser pago apenas aos instrutores com salário inferior a $ 70.000 por ano, podemos escrever:

```
update instrutor
set salário = salário * 1.05
where salário < 70000;
```

Em geral, a cláusula **where** do comando **update** pode conter qualquer construção válida na cláusula **where** do comando **select** (incluindo **selects** aninhados). Assim como em **insert** e **delete**, um **select** aninhado dentro de um comando **update** pode referenciar a relação que deve ser atualizada. Como antes, a SQL primeiro testa todas as tuplas na relação para ver se elas devem ser atualizadas e, depois, executa as atualizações. Por exemplo, podemos escrever a solicitação "Dê um aumento de salário de 5% aos instrutores cujo salário é menor que a média" da seguinte forma:

```
update instrutor
set salário = salário * 1.05
where salário < (select avg (salário)
                 from instrutor);
```

Vamos agora supor que todos os instrutores com salário superior a $ 100.000 recebam um aumento de 3%, enquanto todos os outros recebam um aumento de 5%. Podemos escrever dois comandos **update**:

```
update instrutor
set salário = salário * 1.03
where salário > 100000;

update instrutor
set salário = salário * 1.05
where salário < = 100000;
```

Observe que a ordem dos dois comandos **update** é importante. Se alterássemos a ordem dos dois comandos, um instrutor com salário um pouco menor que $ 100.000 receberia um aumento de mais de 8%.

A SQL oferece uma construção **case** que podemos usar para realizar as duas atualizações com um único comando **update**, evitando o problema com a ordem das atualizações.

```
update instrutor
set salário = case
        when salário <= 100000 then salário * 1.05
        else salário * 1.03
    end
```

A forma geral do construção **case** é a seguinte:

```
case
    when pred1 then result1
    when pred2 then result2
    ...
    when predn then resultn
    else result0
end
```

A operação retorna $result_i$ em que *i* é o primeiro $pred_1$, $pred_2$, ..., $pred_n$ que é satisfeito; se nenhum dos predicados for satisfeito, a operação retorna $result_0$. Construções *case* podem ser usadas em qualquer lugar onde um valor é esperado.

Subconsultas escalares também são úteis em comandos de atualização SQL, onde elas podem ser usadas na cláusula **set**. Ilustramos isso usando as relações *aluno* e *realiza*, que apresentamos no Capítulo 2. Considere uma atualização na qual definimos o atributo *tot_cred* de cada tupla *aluno* como a soma dos créditos dos cursos concluídos com sucesso pelo aluno. Consideramos que um curso é concluído com sucesso se o aluno tiver uma nota que não seja 'F' ou nula. Para especificar essa atualização, precisamos usar uma subconsulta na cláusula **set**, como a seguir:

```
update aluno S
set tot_cred = (
    select sum(créditos)
    from realiza, curso
```

where *aluno.ID* = *realiza.ID* **and**
realiza.id_curso = *curso.id_curso* **and**
realiza.nota <> 'F' **and**
realiza.nota **is not null**);

Caso um aluno não tenha concluído nenhum curso com sucesso, o comando de atualização anterior definirá o valor do atributo *tot_cred* como nulo. Para definir o valor em seu lugar, poderemos usar outro comando **update** para substituir valores nulos por zero; uma alternativa melhor é substituir a cláusula "**select sum**(*créditos*)" na subconsulta anterior pela seguinte cláusula **select** usando uma expressão **case**:

select case
when sum(*créditos*) **is not null then sum**(*créditos*)
else 0
end

Muitos sistemas admitem uma função **coalesce**, que descrevemos com mais detalhes na Seção 4.5.2; ela oferece um modo conciso de substituir nulos por outros valores. No exemplo anterior, poderíamos ter usado **coalesce**(**sum**(*créditos*), 0) no lugar da expressão **case**; essa expressão retornaria o resultado agregado **sum**(*créditos*) se ele não fosse nulo, caso contrário, retornaria zero.

3.10 Resumo

- A SQL é a mais influente linguagem de consulta relacional comercializada. A linguagem SQL tem várias partes:
  - **Linguagem de definição de dados** (DDL), que oferece comandos para definir esquemas de relação, excluir relações e modificar esquemas de relação.
  - **Linguagem de manipulação de dados** (DML), que inclui uma linguagem de consulta e comandos para inserir tuplas, excluir tuplas e modificar tuplas no banco de dados.
- A linguagem de definição de dados SQL é usada para criar relações com esquemas especificados. Além de especificar os nomes e tipos de atributos de relação, a SQL também permite a especificação de restrições de integridade, como restrições de chave primária e restrições de chave estrangeira.
- A SQL inclui uma série de construções de linguagem para consultas no banco de dados. Elas incluem as cláusulas **select**, **from** e **where**.
- A SQL também oferece mecanismos para renomear atributos e relações, além de ordenar resultados de consulta classificando pelos atributos especificados.
- A SQL tem suporte para operações básicas de conjunto sobre relações, incluindo **union**, **intersect** e **except**, que correspondem às operações matemáticas de teoria de conjunto $\cup$, $\cap$ e $-$.
- A SQL trata das consultas sobre relações contendo valores nulos acrescentando o valor verdade "desconhecido" (*unknown*) aos valores verdade usuais de verdadeiro e falso.
- A SQL admite agregação, incluindo a capacidade de dividir uma relação em grupos, aplicando a agregação separadamente em cada grupo. SQL também admite operações de conjunto sobre grupos.
- A SQL admite subconsultas aninhadas nas cláusulas **where** e **from** de uma consulta externa. Ela também admite subconsultas escalares sempre que uma expressão retornando um valor for permitida.
- A SQL oferece construções para atualizar, inserir e excluir informações.

Termos de revisão

- Linguagem de definição de dados
- Linguagem de manipulação de dados
- Esquema de banco de dados
- Instância de banco de dados
- Esquema de relação
- Instância de relação
- Chave primária
- Chave estrangeira
  - Relação referenciando
  - Relação referenciada
- Valor nulo
- Linguagem de consulta
- Estrutura da consulta SQL
  - Cláusula **select**
  - Cláusula **from**
  - Cláusula **where**
- Álgebra relacional multiconjuntos
- Cláusula **as**
- Cláusula **order by**
- Alias de tabela
- Nome da correlação (variável de correlação, variável de tupla)
- Operações de conjunto
  - **union**
  - **intersect**
  - **except**

- Funções agregadas
  - **avg, min, max, sum, count**
  - **group by**
  - **having**
- Subconsultas aninhadas
- Comparações de conjunto
  - {<, <=, >, >= } { **some, all** }
  - **exists**
  - **unique**
- Cláusula **lateral**
- Cláusula **with**
- Subconsulta escalar
- Modificação de banco de dados
  - Exclusão
  - Inserção
  - Atualização

Exercícios práticos

3.1 Escreva as seguintes consultas em SQL usando o esquema da universidade. (Sugerimos que você realmente execute essas consultas em um banco de dados usando os dados de amostra que oferecemos no *site* do livro, db-book.com. Esse *site* contém instruções para montar um banco de dados e carregar os dados de exemplo.)

a. Achar os títulos dos cursos no departamento Comp. Sci. que possuem três créditos.

b. Achar as IDs de todos os alunos que foram lecionados por um instrutor chamado Einstein; cuide para que não haja duplicatas no resultado.

c. Achar o salário mais alto de qualquer instrutor.

d. Achar todos os instrutores que ganham o salário mais alto (pode haver mais de um com o mesmo salário).

e. Achar a matrícula de cada seção que foi oferecida no outono de 2017.

f. Achar o número máximo de matriculados, por todas as seções, no outono de 2017.

g. Achar as seções que tiveram o número máximo de matriculados no outono de 2017.

3.2 Suponha que você tenha recebido uma relação *nota_pontos*(<u>*nota*</u>, *pontos*), que oferece uma conversão de notas com letras na relação *realiza* para notas numéricas; por exemplo, uma nota "A" poderia ser especificada para corresponder a 4 pontos, um "A–" para 3,7 pontos, "B+" para 3,3 pontos, "B" para 3 pontos e assim por diante. Os pontos da nota obtidos por um aluno para uma oferta de curso (seção) são definidos como o número de créditos para o curso multiplicado pelos pontos numéricos para a nota que o aluno recebeu.

Dada essa relação e o nosso esquema de universidade, escreva cada uma das seguintes consultas em SQL. Você pode considerar, para simplificar, que nenhuma tupla *realiza* tem o valor *null* para *nota*.

a. Ache os pontos totais recebidos pelo aluno com ID '12345', por todos os cursos realizados por ele.

b. Ache a média de pontos (*coeficiente de rendimento*, ou *CR*) para esse mesmo aluno, ou seja, o total de pontos dividido pelo total de créditos para os cursos associados.

c. Ache a ID e a média de pontos de cada aluno.

d. Agora reconsidere suas respostas dos itens anteriores deste exercício supondo que algumas notas possam ser nulas. Explique se as suas soluções ainda funcionam e, se não, ofereça versões que tratem corretamente dos nulos.

3.3 Escreva as seguintes inserções, exclusões e atualizações em SQL usando o esquema da universidade.

a. Aumente o salário de cada instrutor no departamento Comp. Sci. em 10%.

b. Exclua todos os cursos que nunca foram oferecidos (ou seja, não ocorrem na relação *seção*).

c. Insira cada aluno cujo atributo *tot_cred* é maior que 100 como um instrutor no mesmo departamento, com um salário de $ 10.000.

3.4 Considere o banco de dados de seguro da Figura 3.17, onde as chaves primárias estão sublinhadas. Construa as seguintes consultas SQL para esse banco de dados relacional.

a. Ache o número total de pessoas que possuíram carros e estiveram envolvidas em acidentes em 2017.

b. Exclua todos os carros do ano de 2010 pertencentes à pessoa cuja ID é '12345'.

3.5 Suponha que tenhamos uma relação *lançamentos* (*ID*, *pontuação*) e queiramos atribuir notas aos alunos com base na pontuação da seguinte forma: nota *F* se *pontuação* < 40, nota *C* se 40 ≤ *pontuação* < 60, nota *B* se 60 ≤ *pontuação* < 80 e nota *A* se 80 ≤ *pontuação*. Escreva consultas SQL que fazem o seguinte:

a. Exiba a nota para cada aluno, com base na relação *lançamentos*.

b. Ache o número de alunos com cada nota.

pessoa (*id_motorista*, *nome*, *endereço*)
carro (*renavam*, *modelo*, *ano*)
acidente (*num_sinistro*, *ano*, *local*)
possui (*id_motorista*, *renavam*)
participou (*num_sinistro*, *renavam*, *id_motorista*, *valor_dano*)

Figura 3.17 Banco de dados de seguro.

3.6 O operador SQL **like** diferencia maiúsculas de minúsculas (na maioria dos sistemas), mas a função lower( ) sobre strings pode ser usada para realizar uma combinação que não diferencia maiúsculas de minúsculas. Para mostrar como, escreva uma consulta que ache os departamentos cujos nomes contêm a string "sci" como uma substring, independentemente de o tipo de letra ser maiúscula ou minúscula.

3.7 Considere a consulta SQL

select *p.a*1
from *p*, *r*1, *r*2
where *p.a*1 = *r*1.*a*1 **or** *p.a*1 = *r*2.*a*1

Sob quais condições essa consulta seleciona valores de *p.a*1 que estão em *r*1 ou em *r*2? Examine, cuidadosamente, os casos em que ou *r*1 ou *r*2 pode ser vazio.

3.8 Considere o banco de dados de agência bancária da Figura 3.18, em que as chaves primárias estão sublinhadas. Construa as seguintes consultas SQL para esse banco de dados relacional.

a. Ache todos os clientes do banco que possuem uma conta, mas não um empréstimo.

b. Ache os nomes de todos os clientes que moram na mesma rua e na mesma cidade do cliente '12345'.

c. Ache os nomes de todas as agências com clientes que têm uma conta no banco e que moram em "Harrison".

3.9 Considere o banco de dados relacional da Figura 3.19, onde as chaves primárias estão sublinhadas. Dê uma expressão na SQL para cada uma das seguintes consultas.

a. Ache os nomes e cidades de residência de todos os empregados que trabalham para a "First Bank Corporation".

b. Ache as IDs, os nomes, ruas e cidades de residência de todos os funcionários que trabalham para a "First Bank Corporation" e ganham mais de $ 10.000.

c. Ache as IDs de todos os empregados no banco de dados que não trabalham para a "First Bank Corporation".

d. Ache as IDs de todos os empregados no banco de dados que ganham mais do que cada empregado da "Small Bank Corporation".

e. Suponha que as empresas possam estar localizadas em várias cidades. Ache todas as empresas localizadas em cada cidade em que a "Small Bank Corporation" está localizada.

f. Ache o nome da empresa que tem mais empregados (ou empresas, caso haja um empate na quantidade de empregados).

g. Ache o nome de cada empresa cujos empregados ganham um salário mais alto, na média, do que o salário médio na "First Bank Corporation".

3.10 Considere o banco de dados relacional da Figura 3.19. Dê uma expressão em SQL para cada uma das seguintes tarefas.

a. Modifique o banco de dados para o fato de que o empregado cuja ID é '12345' agora mora em "Newtown".

b. Dê a todos os gerentes da "First Bank Corporation" um aumento de 10%, a menos que o salário se torne maior que $ 100.000; nesses casos, considere apenas um aumento de 3%.

agência (*nome_agência*, *cidade_agência*, *ativos*)
cliente (*ID*, *nome_cliente*, *endereço_cliente*, *cidade_cliente*)
empréstimo (*num_empr*, *nome_agência*, *valor*)
tomador (*ID*, *num_empr*)
conta (*num_conta*, *nome_agência*, *saldo*)
depositante (*ID*, *num_conta*)

Figura 3.18 Banco de dados de agência bancária.

empregado (*ID*, *nome_empregado, rua, cidade*)
trabalha (*ID*, *nome_empresa, salário*)
empresa (*nome_empresa*, *cidade*)
gerencia (*ID*, *id_gerente*)

Figura 3.19 Banco de dados de empregados.

Exercícios

3.11 Escreva as seguintes consultas em SQL, usando o esquema da universidade.

a. Ache as IDs e os nomes de todos os alunos que realizaram pelo menos um curso de Comp. Sci.; cuide para que não haja nomes duplicados no resultado.

b. Ache as IDs e os nomes de todos os alunos que não realizaram nenhum curso antes de 2017.

c. Para cada departamento, ache o maior salário dos instrutores nesse departamento. Você pode considerar que cada departamento tem pelo menos um instrutor.

d. Ache o menor, dentre todos os departamentos, dos maiores salários por departamento, calculados na consulta anterior.

3.12 Escreva as instruções SQL para realizar as operações a seguir, usando o esquema da universidade:

a. Crie um curso "CS-001" intitulado "Weekly Seminar", com zero créditos.

b. Crie uma seção desse curso no outono de 2017, com *id_sec* de 1 e com o local desta seção ainda não especificado.

c. Matricule cada aluno do departamento *Comp. Sci.* na seção do item (b).

d. Exclua as matrículas na seção do item (c) onde a ID do aluno é 12345.

e. Exclua o curso CS-001. O que acontecerá se você executar esse comando de exclusão sem antes excluir as ofertas (seções) desse curso?

f. Exclua todas as tuplas de *realiza* correspondentes a qualquer seção de qualquer curso com a palavra "database" como parte do título; ignore maiúsculas e minúsculas ao combinar a palavra com o título.

3.13 Escreva a DDL em SQL correspondente ao esquema na Figura 3.17. Faça suposições razoáveis sobre os tipos de dados e não se esqueça de declarar as chaves primária e estrangeira.

3.14 Considere o banco de dados de seguro da Figura 3.17, onde as chaves primárias estão sublinhadas. Construa as seguintes consultas SQL para esse banco de dados relacional.

a. Ache o número de acidentes em que os carros pertencentes a "John Smith" estiveram envolvidos.

b. Atualize o valor do dano para o carro com o Renavam "123456789" no acidente com o número de sinistro "AR2197" para $ 3.000.

3.15 Considere o banco de dados de agência bancária da Figura 3.18, onde as chaves primárias estão sublinhadas. Construa as seguintes consultas SQL para esse banco de dados relacional.

a. Ache todos os clientes que possuem uma conta em *todas* as agências localizadas em "Brooklyn".

b. Descubra a soma total de todos os valores de empréstimo no banco.

c. Ache os nomes de todas as agências que possuem ativos maiores do que aqueles de pelo menos uma agência localizada no "Brooklyn".

3.16 Considere o banco de dados de empregados da Figura 3.19, onde as chaves primárias estão sublinhadas. Dê uma expressão em SQL para cada uma das seguintes consultas.

a. Ache as IDs e os nomes de todos os empregados que moram nas mesmas cidades das empresas para as quais trabalham.

b. Ache as IDs e os nomes de todos os empregados que moram nas mesmas cidades e nas mesmas ruas de seus gerentes.

c. Ache as IDs e os nomes de todos os empregados que ganham mais do que o salário médio de todos os empregados de sua empresa.

d. Ache a empresa que tem a menor folha de pagamentos.

3.17 Considere o banco de dados de empregados da Figura 3.19. Dê uma expressão na SQL para cada uma das seguintes tarefas.

a. Dê a todos os empregados da "First Bank Corporation" um aumento de 10%.

b. Dê a todos os gerentes da "First Bank Corporation" um aumento de 10%.

c. Exclua todas as tuplas na relação *trabalha* para os empregados da "Small Bank Corporation".

3.18 Dê uma definição de esquema SQL para o banco de dados de empregados da Figura 3.19. Escolha um domínio apropriado para cada atributo e uma chave primária apropriada para cada esquema de relação. Inclua quaisquer restrições de chave estrangeira que possam ser apropriadas.

3.19 Liste dois motivos pelos quais os valores nulos poderiam ser introduzidos no banco de dados.

3.20 Mostre que, em SQL, < > **all** é idêntico a **not in**.

3.21 Considere o banco de dados de biblioteca da Figura 3.20. Escreva as seguintes consultas em SQL.

a. Encontre os números e nomes dos membros que pediram emprestado qualquer livro publicado pela **LTC Editora**.

b. Encontre os números e nomes dos membros que pediram emprestado todos os livros publicados pela **LTC Editora**.

c. Para cada caso, encontre os números e nomes dos membros que pediram emprestado mais de cinco livros dessa editora.

d. Ache o número médio de livros emprestados por membro. Leve em consideração que, se um membro não pede livros emprestados, então esse membro nem sequer aparece na relação *emprestado*, mas ele ainda conta na média.

3.22 Reescreva a cláusula **where**

where unique (**select** *título* **from** *curso*)

sem usar a construção **unique**.

3.23 Considere a consulta:

with *total_dept* (*nome_dept, valor*) **as**
(**select** *nome_dept*, **sum**(*salário*)
from *instrutor*
group by *nome_dept*),
total_dept_médio(*valor*) **as**
(**select avg**(*valor*)
from *total_dept*)
select *nome_dept*
from *total_dept, total_dept_médio*
where *total_dept.valor* >= *total_dept_médio.valor*;

Reescreva essa consulta sem usar a construção **with**.

3.24 Usando o esquema de universidade, escreva uma consulta SQL para achar o nome e a ID dos alunos de Accounting que tiveram mentoria de um instrutor no departamento Physics.

3.25 Usando o esquema de universidade, escreva uma consulta SQL para achar os nomes de departamento cujo orçamento seja maior do que o de Philosophy. Classifique-os em ordem alfabética.

3.26 Usando o esquema de universidade, escreva uma consulta SQL para fazer o seguinte. Para cada aluno que refez um curso pelo menos duas vezes (ou seja, o aluno realizou o curso pelo menos três vezes), mostre a ID do curso e a ID do aluno. Mostre seus resultados em ordem de ID de curso e não apresente linhas duplicadas.

3.27 Usando o esquema de universidade, escreva uma consulta SQL para achar as IDs dos alunos que refizeram pelo menos três cursos distintos pelo menos uma vez (ou seja, o aluno realizou o curso pelo menos duas vezes).

3.28 Usando o esquema de universidade, escreva uma consulta SQL para achar os nomes e as IDs dos instrutores que ministraram cada curso em seu departamento (ou seja, cada curso que aparece na relação *curso* com o nome do departamento do instrutor.) Ordene o resultado por nome.

3.29 Usando o esquema de universidade, escreva uma consulta SQL para achar o nome e a ID de cada alunos de History cujo nome começa com a letra 'D' e que *não* tenha realizado pelo menos cinco cursos de Music.

3.30 Considere a seguinte consulta SQL sobre o esquema de universidade:

select avg (*salário*) - (**sum**(*salário*) / **count**(*))
from *instrutor*

Poderíamos esperar que o resultado dessa consulta fosse zero, pois a média de um conjunto de números é definida como a soma dos números dividida pela quantidade de números. Na realidade, isso não acontece para a relação do exemplo *instrutor* da Figura 2.1. Porém,

membro (*num_membro, nome*)
livro (*isbn, título, autores, editora*)
emprestado (*num_membro, isbn, data*)

Figura 3.20 Banco de dados de biblioteca.

existem outras instâncias possíveis dessa relação para as quais o resultado *não* seria zero. Indique uma instância desse tipo e explique por que o resultado não seria zero.

3.31 Usando o esquema de universidade, escreva uma consulta SQL para achar a ID e o nome de cada instrutor que nunca deu uma nota A em qualquer curso que tenha ministrado. (Os instrutores que nunca ministraram um curso normalmente satisfazem essa condição.)

3.32 Reescreva a consulta anterior, mas garanta também que irá incluir apenas os instrutores que deram pelo menos outra nota diferente de *null* em algum curso.

3.33 Usando o esquema de universidade, escreva uma consulta SQL para achar a ID e o título de cada curso em Comp. Sci. que tenha tido pelo menos uma seção com horário na parte da tarde (ou seja, que termine ao meio-dia ou depois). (Você deverá eliminar as duplicatas, se houver.)

3.34 Usando o esquema de universidade, escreva uma consulta SQL para achar o número de alunos em cada seção. As colunas resultantes deverão aparecer na ordem "id_curso, id_sec, ano, semestre, número_sala". Não é preciso informar as seções com zero alunos.

3.35 Usando o esquema de universidade, escreva uma consulta SQL para achar a(s) seção(ões) com o maior número de matrículas. As colunas resultantes deverão aparecer na ordem "id_curso, id_sec, ano, semestre, número_sala". (Pode ser conveniente usar a construção *with*.)

Ferramentas

Diversos sistemas de banco de dados relacionais estão disponíveis comercialmente, incluindo IBM DB2, IBM Informix, Oracle, SAP Adaptive Server Enterprise (anteriormente Sybase) e Microsoft SQL Server. Além disso, vários sistemas de banco de dados *open-source* podem ser baixados e usados gratuitamente, incluindo PostgreSQL e MySQL (gratuito, exceto para certos tipos de uso comercial). Alguns fornecedores de *software* comercial oferecem versões gratuitas de seus sistemas, com certas limitações de uso, entre eles, Oracle Express edition, Microsoft SQL Server Express e IBM DB2 Express-C.

O banco de dados sql.js é uma versão do banco de dados SQL embutido SQLite, permitindo que os comandos SQL sejam executados diretamente no navegador Web. Todos os dados são temporários e desaparecem quando você fecha o navegador, o que pode ser útil para o aprendizado da SQL; advertimos que o subconjunto da SQL aceito pelo sql.js e SQLite é consideravelmente menor que aquele aceito por outros bancos de dados. Um tutorial de SQL usando sql.js como mecanismo de execução pode ser encontrado em www.w3schools.com/sql.

O *site* do nosso livro, db-book.com, oferece uma quantidade significativa de material de suporte para o livro. Seguindo o *link* Laboratory Material no *site*, você poderá ter acesso ao seguinte:

- Instruções sobre como configurar e acessar alguns sistemas populares de banco de dados, incluindo sql.js (que pode ser executado no seu navegador), MySQL e PostgreSQL.
- Definições de esquema SQL para o esquema de universidade.
- Scripts SQL para carregar conjuntos de dados de exemplo.
- Dicas sobre como usar o sistema XData, desenvolvido no IIT em Bombaim, para testar a exatidão das consultas, executando-as sobre diversos conjuntos de dados gerados pelo sistema; e, para os instrutores, dicas sobre como usar o XData para automatizar a pontuação da consulta SQL.
- Dicas sobre variações da SQL entre os diferentes sistemas de banco de dados.

O suporte para diferentes recursos da SQL depende do banco de dados, e a maioria deles também tem suporte para algumas extensões da SQL fora do padrão. Leia os manuais do sistema para descobrir quais são os recursos exatos da SQL admitidos por um banco de dados.

Grande parte dos sistemas de banco de dados oferece uma interface da linha de comandos para submeter comandos SQL. Além disso, a maioria dos bancos de dados também oferece interfaces gráficas com o usuário (GUIs), que simplificam a tarefa de navegar pelo banco de dados, criar e submeter consultas e administrar o banco de dados. Para PostgreSQL, a ferramenta pgAdmin oferece funcionalidade de GUI, enquanto para MySQL, phpMyAdmin oferece funcionalidade de GUI. Oracle oferece o Oracle SQL Developer, enquanto o Microsoft SQL Server vem com o SQL Server Management Studio.

O IDE SQLEditor da NetBeans oferece uma *front-end* de GUI que funciona com diversos sistemas de bancos de dados diferentes, mas com funcionalidade limitada, enquanto Eclipse IDE tem suporte para funcionalidade semelhante, por meio da Data Tools Platform (DTP). IDEs comerciais para SQL que funcionam por diversas plataformas de banco de dados incluem RAD Studio, da Embarcadero, e Aqua Data Studio.

Leitura adicional

A versão original da SQL, chamada Sequel, é descrita por Chamberlin *et al.* (1976).

A referência mais importante sobre SQL provavelmente é a documentação *on-line* fornecida pelo vendedor do sistema de banco de dados que você está usando. Essa documentação identificará quaisquer recursos que se desviam do padrão SQL apresentado neste capítulo. Veja a seguir os *links* para os manuais de referência SQL das versões atuais (em 2018) de alguns dos bancos de dados mais populares.

- MySQL 8.0: dev.mysql.com/doc/refman/8.0/en/.
- Oracle 12c: docs.oracle.com/database/121/SQLRF/.
- PostgreSQL: www.postgresql.org/docs/current/static/sql.html.
- SQLite: www.sqlite.org/lang.html.
- SQL Server: docs.microsoft.com/en-us/sql/t-sql.

Bibliografia

CHAMBERLIN, D. D. *et al.* "SEQUEL 2: a unified approach to data definition, manipulation, and control". *IBM Journal of Research and Development*, 20(6), p. 560-575, 1976.

Créditos

CAPÍTULO 4

SQL intermediária

Neste capítulo, continuamos nosso estudo da SQL. Consideramos formas mais complexas de consultas SQL, definições de *view*, transações, restrições de integridade, mais detalhes referentes à definição de dados SQL e autorização.

4.1 Expressões *join*

Em todas as consultas de exemplo que usamos no Capítulo 3 (exceto em operações de conjunto), combinamos informações de várias relações usando o operador de produto cartesiano. Nesta seção, apresentamos uma série de operações de "junção" (*join*) que permite que o programador escreva algumas consultas de uma forma mais natural e expresse algumas consultas que são difíceis de fazer apenas com o produto cartesiano.

Todos os exemplos nesta seção envolvem as duas relações *aluno* e *realiza*, mostradas nas Figuras 4.1 e 4.2, respectivamente.

ID	*nome*	*nome_dept*	*tot_cred*
00128	Zhang	Comp. Sci.	102
12345	Shankar	Comp. Sci.	32
19991	Brandt	History	80
23121	Chavez	Finance	110
44553	Peltier	Physics	56
45678	Levy	Physics	46
54321	Williams	Comp. Sci.	54
55739	Sanchez	Music	38
70557	Snow	Physics	0
76543	Brown	Comp. Sci.	58
76653	Aoi	Elec. Eng.	60
98765	Bourikas	Elec. Eng.	98
98988	Tanaka	Biology	120

Figura 4.1 A relação *aluno*.

ID	*id_curso*	*id_sec*	*semestre*	*ano*	*nota*
00128	CS-101	1	Fall	2017	A
00128	CS-347	1	Fall	2017	A-
12345	CS-101	1	Fall	2017	C
12345	CS-190	2	Spring	2017	A
12345	CS-315	1	Spring	2018	A
12345	CS-347	1	Fall	2017	A
19991	HIS-351	1	Spring	2018	B
23121	FIN-201	1	Spring	2018	C+
44553	PHY-101	1	Fall	2017	B-
45678	CS-101	1	Fall	2017	F
45678	CS-101	1	Spring	2018	B+
45678	CS-319	1	Spring	2018	B
54321	CS-101	1	Fall	2017	A-
54321	CS-190	2	Spring	2017	B+
55739	MU-199	1	Spring	2018	A-
76543	CS-101	1	Fall	2017	A
76543	CS-319	2	Spring	2018	A
76653	EE-181	1	Spring	2017	C
98765	CS-101	1	Fall	2017	C-
98765	CS-315	1	Spring	2018	B
98988	BIO-101	1	Summer	2017	A
98988	BIO-301	1	Summer	2018	*null*

Figura 4.2 A relação *realiza*.

Observe que o atributo *nota* tem valor nulo (*null*) para o aluno com *ID* 98988, para o curso BIO-301, seção 1, realizado no verão de 2018. O valor nulo indica que a nota ainda não foi concedida.

4.1.1 Join natural

Considere a seguinte consulta SQL, que calcula, para cada aluno, o conjunto dos cursos que um aluno realizou:

> **select** *nome, id_curso*
> **from** *aluno, realiza*
> **where** *aluno.ID = realiza.ID*;

Observe que essa consulta gera apenas os alunos que realizaram algum curso. Os alunos que não realizaram curso algum não aparecem na saída.

Nas tabelas *aluno* e *realiza*, a condição de correspondência exigiu que *aluno.ID* fosse igual a *realiza.ID*. Esses são os únicos atributos nas duas relações que têm o mesmo nome. De fato, esse é um caso comum; ou seja, a condição de combinação na cláusula **from** normalmente requer que todos os atributos com nomes combinando sejam igualados.

Para facilitar a vida de um programador SQL para esse caso comum, a SQL admite uma operação chamada *junção natural*, que descrevemos a seguir. Na verdade, a SQL admite várias outras formas pelas quais as informações de duas ou mais relações podem ser **juntadas**. Já vimos como um produto cartesiano, juntamente com um predicado da cláusula **where**, pode ser usado para juntar informações de várias relações. Outras maneiras de juntar informações de várias relações são discutidas nas Seções de 4.1.2 a 4.1.4.

A operação de **junção natural** (*natural join*) opera sobre duas relações e produz uma relação como resultado. Diferentemente do produto cartesiano de duas relações, que concatena cada tupla da primeira relação com cada tupla da segunda, a junção natural considera apenas os pares de tuplas com o mesmo valor nos atributos que aparecem nos esquemas de ambas as relações. Assim, voltando ao exemplo das relações *aluno* e *realiza*, calcular

> *aluno* **natural join** *realiza*

considera apenas os pares das tuplas em que a tupla de *aluno* e a tupla de *realiza* têm o mesmo valor no atributo comum, *ID*.

A relação resultante, mostrada na Figura 4.3, tem apenas 22 tuplas, aquelas que dão informações sobre um aluno e um curso que esse aluno realmente realizou. Observe que não repetimos os atributos que aparecem nos esquemas das duas relações; em vez disso, eles só aparecem uma vez. Note, também, a ordem em que os atributos são listados: primeiro, os atributos comuns aos esquemas das duas relações, depois os atributos exclusivos do esquema da primeira relação, e, finalmente, os atributos exclusivos ao esquema da segunda relação.

Anteriormente, escrevemos a consulta "Para todos os alunos na universidade que realizaram algum curso, encontre seus nomes e ID de todos os cursos que eles realizaram" como:

ID	*nome*	*nome_dept*	*tot_cred*	*id_curso*	*id_sec*	*semestre*	*ano*	*nota*
00128	Zhang	Comp. Sci.	102	CS-101	1	Fall	2017	A
00128	Zhang	Comp. Sci.	102	CS-347	1	Fall	2017	A-
12345	Shankar	Comp. Sci.	32	CS-101	1	Fall	2017	C
12345	Shankar	Comp. Sci.	32	CS-190	2	Spring	2017	A
12345	Shankar	Comp. Sci.	32	CS-315	1	Spring	2018	A
12345	Shankar	Comp. Sci.	32	CS-347	1	Fall	2017	A
19991	Brandt	History	80	HIS-351	1	Spring	2018	B
23121	Chavez	Finance	110	FIN-201	1	Spring	2018	C+
44553	Peltier	Physics	56	PHY-101	1	Fall	2017	B-
45678	Levy	Physics	46	CS-101	1	Fall	2017	F
45678	Levy	Physics	46	CS-101	1	Spring	2018	B+
45678	Levy	Physics	46	CS-319	1	Spring	2018	B
54321	Williams	Comp. Sci.	54	CS-101	1	Fall	2017	A-
54321	Williams	Comp. Sci.	54	CS-190	2	Spring	2017	B+
55739	Sanchez	Music	38	MU-199	1	Spring	2018	A-
76543	Brown	Comp. Sci.	58	CS-101	1	Fall	2017	A
76543	Brown	Comp. Sci.	58	CS-319	2	Spring	2018	A
76653	Aoi	Elec. Eng.	60	EE-181	1	Spring	2017	C
98765	Bourikas	Elec. Eng.	98	CS-101	1	Fall	2017	C-
98765	Bourikas	Elec. Eng.	98	CS-315	1	Spring	2018	B
98988	Tanaka	Biology	120	BIO-101	1	Summer	2017	A
98988	Tanaka	Biology	120	BIO-301	1	Summer	2018	*null*

Figura 4.3 A junção natural da relação *aluno* com a relação *realiza*.

```
select nome, id_curso
from aluno, realiza
where aluno.ID= realiza.ID;
```

Essa consulta pode ser escrita de modo mais conciso usando a operação de junção natural na SQL como:

```
select nome, id_curso
from aluno natural join realiza;
```

As duas consultas geram exatamente o mesmo resultado.[1]

O resultado da operação de junção natural é uma relação. Conceitualmente, a expressão "*aluno* **natural join** *realiza*" na cláusula **from** é substituída pela relação obtida pela avaliação da junção natural.[2] Depois, as cláusulas **where** e **select** são avaliadas sobre essa relação, como vimos anteriormente na Seção 3.3.2.

Uma cláusula **from** em uma consulta SQL pode ter várias relações combinadas usando a junção natural, como vemos aqui:

select $A_1, A_2, ..., A_n$
from r_1 **natural join** r_2 **natural join** ... **natural join** r_m
where P;

Em geral, uma cláusula **from** pode ter a forma

from $E_1, E_2, ..., E_n$

em que cada E_i pode ser uma única relação ou uma expressão envolvendo junções naturais. Por exemplo, suponha que queiramos responder à consulta "Listar os nomes dos alunos juntamente com os títulos dos cursos que eles realizaram". A consulta pode ser escrita em SQL da seguinte forma:

```
select nome, título
from aluno natural join realiza, curso
where realiza.id_curso = curso.id_curso;
```

A junção natural de *aluno* e *realiza* é calculada inicialmente, como vimos antes, e um produto cartesiano desse resultado com *curso* é calculado, do qual a cláusula **where** extrai apenas as tuplas onde o identificador do curso do resultado da junção combina com o identificador do curso da relação *curso*. Observe que *realiza.id_curso* na cláusula **where** refere-se ao campo *id_curso* do resultado da junção natural, pois esse campo, por sua vez, veio da relação *realiza*.

Ao contrário, a consulta SQL a seguir *não* calcula o mesmo resultado:

```
select nome, título
from aluno natural join realiza natural join curso;
```

Para entender por que, observe que a junção natural de *aluno* e *realiza* contém os atributos (*ID, nome, nome_dept, tot_cred, id_curso, id_sec*), enquanto a relação *curso* contém os atributos (*id_curso, título, nome_dept, créditos*). Como resultado, a junção natural desses dois exigiria que os valores do atributo *nome_dept* das duas relações fossem os mesmos, além de exigir que os valores de *id_curso* fossem os mesmos. Essa consulta, então, omitiria todos os pares (nome de aluno, título de curso) onde o aluno realiza um curso em um departamento diferente do próprio departamento do aluno. A consulta anterior, por outro lado, resulta nos pares corretos.

Para fornecer o benefício da junção natural evitando o perigo de igualar atributos erroneamente, a SQL oferece uma forma de construção de junção natural que lhe permite especificar, exatamente, quais colunas devem ser igualadas. Esse recurso é ilustrado pela seguinte consulta:

```
select nome, título
from (instrutor natural join ministra) join curso
using (id_curso);
```

A operação **join** ... **using** exige a especificação de uma lista de nomes de atributo. As duas entradas precisam ter os atributos com os nomes especificados. Considere a operação r_1 **join** r_2 **using**(A_1, A_2). A operação é semelhante a r_1 **natural join** r_2, exceto que um par de tuplas t_1 de r_1 e t_2 de r_2 combina se $t_1.A_1 = t_2.A_2$ e $t_1.A_2 = t_2.A_2$; mesmo que r_1 e r_2 tenham um atributo chamado A_3, *não* é necessário que $t_1.A_3 = t_2.A_3$.

Assim, na consulta SQL anterior, a construção **join** permite que *aluno.nome_dept* e *curso.nome_dept* sejam diferentes, e a consulta SQL gera a resposta correta.

4.1.2 Condições de *join*

Na Seção 4.1.1, vimos como expressar junções naturais, e vimos a cláusula **join** ... **using** – uma forma de junção natural que apenas requer que os valores se combinem sobre atributos especificados. A SQL admite outra forma de junção, em que uma condição de junção qualquer pode ser especificada.

A condição **on** permite um predicado geral sobre as relações sendo juntadas. Esse predicado é escrito como um predicado da cláusula **where**, exceto pelo uso da palavra-chave **on** em vez de **where**. Assim como a condição **using**, a condição **on** aparece no final da expressão de junção.

Considere a consulta a seguir, que tem uma expressão de junção contendo a condição **on**.

```
select *
from aluno join realiza on aluno.ID = realiza.ID;
```

[1] Por simetria de notação, a SQL permite que o produto cartesiano, que indicamos com uma vírgula, seja indicado com as palavras-chave **cross join**. Assim, "**from** *aluno, realiza*" poderia ser expresso, de modo equivalente, como "**from** *aluno* **cross** *realiza*".

[2] Como consequência, pode não ser possível usar nomes de atributo contendo os nomes de relação originais, por exemplo, *aluno.ID* ou *realiza.ID*, para nos referirmos aos atributos no resultado da junção natural. Embora alguns sistemas permitam isso, outros não, e alguns o permitem para todos os atributos, exceto os atributos de junção (ou seja, aqueles que aparecem nos dois esquemas da relação). Porém, podemos usar nomes de atributo como *nome* e *id_curso*, sem os nomes de relação.

A condição **on**, nesse caso, especifica que uma tupla de *aluno* combina com uma tupla de *realiza* se seus valores de *ID* forem iguais. A expressão de junção é quase a mesma que a expressão de junção *aluno* **natural join** *realiza*, pois a operação de junção natural também requer que uma tupla de *aluno* e uma tupla de *realiza* combinem. A única diferença é que o resultado tem o atributo *ID* listado duas vezes, no resultado da junção, uma para *aluno* e uma para *realiza*, embora seus valores de *ID* sejam os mesmos.

De fato, a consulta anterior é equivalente à consulta a seguir:

```
select *
from aluno, realiza
where aluno.ID = realiza.ID;
```

Como já vimos, o nome da relação é usado para remover a ambiguidade do nome de atributo *ID* e, assim, as duas ocorrências podem ser referenciadas como *aluno.ID* e *realiza.ID*, respectivamente. Outra versão dessa consulta, que exibe o valor de *ID* apenas uma vez, é a seguinte:

```
select aluno.ID as ID, nome, nome_dept, tot_cred,
    id_curso, id_sec, semestre, ano, nota
from aluno join realiza on aluno.ID = realiza.ID;
```

O resultado dessa consulta é exatamente o mesmo que o resultado da junção natural de *aluno* e *realiza*, que aparece na Figura 4.3.

A condição **on** pode expressar qualquer predicado SQL e, portanto, uma expressão de junção usando a condição **on** pode expressar uma classe mais rica de condições de junção do que o **natural join**. Porém, como ilustramos em nosso exemplo anterior, uma consulta usando uma expressão de junção com uma condição **on** pode ser substituída por uma expressão equivalente sem a condição **on**, com o predicado na cláusula **on** movido para a cláusula **where**. Assim, pode parecer que a condição **on** é um recurso redundante da SQL.

Contudo, existem dois bons motivos para a introdução da condição **on**. Primeiro, veremos em breve que, para um tipo de junção chamado junção externa, condições **on** se comportam de maneira diferente das condições **where**. Segundo, uma consulta SQL normalmente é mais legível pelos humanos se a condição de junção for especificada na cláusula **on** e o restante das condições aparecer na cláusula **where**.

4.1.3 Outer joins

Suponha que queiramos exibir uma lista de todos os alunos, exibindo seu *ID*, *nome*, *dept.nome* e *tot_cred*, juntamente com os cursos que eles realizaram. A seguinte consulta SQL pode parecer que recuperará a informação solicitada:

```
select *
from aluno natural join realiza;
```

Infelizmente, essa consulta não funciona conforme desejamos. Suponha que haja algum aluno que não tenha realizado cursos. Então, a tupla na relação *aluno* para esse aluno em particular não satisfaria a condição de uma junção natural com qualquer tupla na relação *realiza*, e os dados desse aluno não apareceriam no resultado. Assim, não veríamos informação alguma sobre os alunos que não realizaram algum curso. Por exemplo, nas relações *aluno* e *realiza* das Figura 4.1 e 4.2, observe que o aluno Snow, com ID 70557, não realizou curso algum. Snow aparece em *aluno*, mas o número de ID de Snow não aparece na coluna *ID* de *realiza*. Assim, Snow não aparece no resultado da junção natural.

De modo geral, algumas tuplas em uma ou ambas as relações sendo juntadas podem ser "perdidas" dessa forma. A operação **outer join** (junção externa) funciona de maneira semelhante às operações de junção que já estudamos, mas preserva as tuplas que seriam perdidas em uma junção, criando no resultado tuplas que contêm valores nulos.

Por exemplo, para garantir que o aluno chamado Snow do nosso exemplo anterior apareça no resultado, uma tupla poderia ser acrescentada ao resultado da junção com todos os atributos da relação *aluno* definidos como os valores correspondentes para o aluno Snow e todos os atributos restantes que vêm da relação *realiza*, a saber, *id_curso*, *id_sec*, *semestre* e *ano*, definidos como *null*. Assim, a tupla para o aluno Snow é preservada no resultado da junção externa.

De fato, existem três formas de *outer join*:

- **Left outer join** preserva as tuplas somente na relação nomeada antes (à esquerda) da operação **left outer join**.
- **Right outer join** preserva as tuplas somente na relação nomeada depois (à direita) da operação **right outer join**.
- **Full outer join** preserva tuplas nas duas relações.

Em contraste, as operações de junção que estudamos anteriormente, que não preservam tuplas que não combinam, são chamadas operações **inner join** (junção interna), para distingui-las das operações **outer join**.

Agora, explicamos exatamente como cada forma de *outer join* opera. Podemos calcular a operação *left outer join* da seguinte forma. Primeiro, calcule o resultado do *inner join* como antes. Depois, para cada tupla *t* na relação do lado esquerdo que não combina com nenhuma tupla na relação do lado direito no *inner join*, acrescente uma tupla *r* ao resultado da junção construída da seguinte forma:

- Os atributos da tupla *r* derivados da relação do lado esquerdo são preenchidos com os valores da tupla *t*.
- Os atributos restantes de *r* são preenchidos com valores nulos.

A Figura 4.4 mostra o resultado de:

```
select *
from aluno natural left outer join realiza;
```

Esse resultado inclui o aluno Snow (*ID* 70557), diferentemente do resultado de um *inner join*, mas a tupla para Snow inclui

ID	*nome*	*nome_dept*	*tot_cred*	*id_curso*	*id_sec*	*semestre*	*ano*	*nota*
00128	Zhang	Comp. Sci.	102	CS-101	1	Fall	2017	A
00128	Zhang	Comp. Sci.	102	CS-347	1	Fall	2017	A-
12345	Shankar	Comp. Sci.	32	CS-101	1	Fall	2017	C
12345	Shankar	Comp. Sci.	32	CS-190	2	Spring	2017	A
12345	Shankar	Comp. Sci.	32	CS-315	1	Spring	2018	A
12345	Shankar	Comp. Sci.	32	CS-347	1	Fall	2017	A
19991	Brandt	History	80	HIS-351	1	Spring	2018	B
23121	Chavez	Finance	110	FIN-201	1	Spring	2018	C+
44553	Peltier	Physics	56	PHY-101	1	Fall	2017	B-
45678	Levy	Physics	46	CS-101	1	Fall	2017	F
45678	Levy	Physics	46	CS-101	1	Spring	2018	B+
45678	Levy	Physics	46	CS-319	1	Spring	2018	B
54321	Williams	Comp. Sci.	54	CS-101	1	Fall	2017	A-
54321	Williams	Comp. Sci.	54	CS-190	2	Spring	2017	B+
55739	Sanchez	Music	38	MU-199	1	Spring	2018	A-
70557	Snow	Physics	0	*null*	*null*	*null*	*null*	*null*
76543	Brown	Comp. Sci.	58	CS-101	1	Fall	2017	A
76543	Brown	Comp. Sci.	58	CS-319	2	Spring	2018	A
76653	Aoi	Elec. Eng.	60	EE-181	1	Spring	2017	C
98765	Bourikas	Elec. Eng.	98	CS-101	1	Fall	2017	C-
98765	Bourikas	Elec. Eng.	98	CS-315	1	Spring	2018	B
98988	Tanaka	Biology	120	BIO-101	1	Summer	2017	A
98988	Tanaka	Biology	120	BIO-301	1	Summer	2018	*null*

Figura 4.4 Resultado de *aluno* **natural left outer join** *realiza.*

nulos para os atributos que operam apenas no esquema da relação *realiza.*[3]

Como outro exemplo do uso da operação *outer join*, podemos escrever a consulta "Achar todos os alunos que não realizaram um curso" como

> **select** *ID*
> **from** *aluno* **natural left outer join** *realiza*
> **where** *id_curso* **is** *null*;

O **right outer join** é simétrico ao **left outer join**. As tuplas da relação do lado direito que não combinam com nenhuma tupla na relação do lado esquerdo são preenchidas com nulos e acrescentadas ao resultado do *right outer join*. Assim, se reescrevermos nossa consulta anterior usando um *right outer join* e trocando a ordem em que listamos as relações da seguinte forma

> **select** *
> **from** *realiza* **natural right outer join** *aluno*;

obtemos o mesmo resultado, exceto para a ordem em que os atributos aparecem no resultado (veja a Figura 4.5).

O **full outer join** é uma combinação dos tipos de *outer join* esquerdo e direito. Após a operação calcular o resultado do *inner join*, ela estende com nulos aquelas tuplas da relação do lado esquerdo que não combinam com nenhuma tupla da relação no lado direito e as acrescenta ao resultado. De modo semelhante, ela estende com nulos aquelas tuplas da relação do lado direito que não combinam com nenhumas tuplas da relação do lado esquerdo e as acrescenta ao resultado. Em outras palavras, o *full outer join* é a união de um *left outer join* e o *right outer join* correspondente.[4]

Como exemplo do uso de *full outer join*, considere a consulta a seguir: "Exibir uma lista de todos os alunos no departamento Comp. Sci., juntamente com as seções do curso, se houver, que eles realizaram na primavera de 2017; todas as seções do curso da primavera de 2017 devem ser exibidas, mesmo que nenhum aluno do departamento Comp. Sci. tenha realizado a seção do curso". Essa consulta pode ser escrita como:

> **select** *
> **from** (**select** *
>   **from** *aluno*
>   **where** *nome_dept* = 'Comp. Sci')
>   **natural full outer join**
>   (**select** *
>   **from** *realiza*
>   **where** *semestre* = 'Spring' **and** *ano* = 2017);

[3] Mostramos valores nulos nas tabelas usando *null*, mas a maioria dos sistemas apresenta valores nulos como um campo vazio.

[4] Naqueles sistemas, em especial MySQL, que implementam apenas o *left* e *right outer join*, é exatamente assim que se deve escrever um *full outer join*.

ID	*id_curso*	*id_sec*	*semestre*	*ano*	*nota*	*nome*	*nome_dept*	*tot_cred*
00128	CS-101	1	Fall	2017	A	Zhang	Comp. Sci.	102
00128	CS-347	1	Fall	2017	A-	Zhang	Comp. Sci.	102
12345	CS-101	1	Fall	2017	C	Shankar	Comp. Sci.	32
12345	CS-190	2	Spring	2017	A	Shankar	Comp. Sci.	32
12345	CS-315	1	Spring	2018	A	Shankar	Comp. Sci.	32
12345	CS-347	1	Fall	2017	A	Shankar	Comp. Sci.	32
19991	HIS-351	1	Spring	2018	B	Brandt	History	80
23121	FIN-201	1	Spring	2018	C+	Chavez	Finance	110
44553	PHY-101	1	Fall	2017	B-	Peltier	Physics	56
45678	CS-101	1	Fall	2017	F	Levy	Physics	46
45678	CS-101	1	Spring	2018	B+	Levy	Physics	46
45678	CS-319	1	Spring	2018	B	Levy	Physics	46
54321	CS-101	1	Fall	2017	A-	Williams	Comp. Sci.	54
54321	CS-190	2	Spring	2017	B+	Williams	Comp. Sci.	54
55739	MU-199	1	Spring	2018	A-	Sanchez	Music	38
70557	*null*	*null*	*null*	*null*	*null*	Snow	Physics	0
76543	CS-101	1	Fall	2017	A	Brown	Comp. Sci.	58
76543	CS-319	2	Spring	2018	A	Brown	Comp. Sci.	58
76653	EE-181	1	Spring	2017	C	Aoi	Elec. Eng.	60
98765	CS-101	1	Fall	2017	C-	Bourikas	Elec. Eng.	98
98765	CS-315	1	Spring	2018	B	Bourikas	Elec. Eng.	98
98988	BIO-101	1	Summer	2017	A	Tanaka	Biology	120
98988	BIO-301	1	Summer	2018	*null*	Tanaka	Biology	120

Figura 4.5 O resultado de *realiza* **natural right outer join** *aluno*.

ID	*nome*	*nome_dept*	*tot_cred*	*id_curso*	*id_sec*	*semestre*	*ano*	*nota*
00128	Zhang	Comp. Sci.	102	*null*	*null*	*null*	*null*	*null*
12345	Shankar	Comp. Sci.	32	CS-190	2	Spring	2017	A
54321	Williams	Comp. Sci.	54	CS-190	2	Spring	2017	B+
76543	Brown	Comp. Sci.	58	*null*	*null*	*null*	*null*	*null*
76653	*null*	*null*	*null*	ECE-181	1	Spring	2017	C

Figura 4.6 Resultado do exemplo de *full outer join* (veja o texto).

O resultado aparece na Figura 4.6.

A cláusula **on** pode ser usada com *outer joins*. A consulta a seguir é idêntica à primeira consulta que vimos usando "*aluno* **natural left outer join** *realiza*", exceto que o atributo *ID* aparece duas vezes no resultado.

select *
from *aluno* **left outer join** *realiza* **on** *aluno.ID* = *realiza.ID*;

Como já observamos, **on** e **where** se comportam de modos diferentes para *outer join*. O motivo para isso é que *outer join* acrescenta tuplas preenchidas com nulos somente para as tuplas que não contribuem para o resultado do *inner join* correspondente. A condição **on** faz parte da especificação *outer join*, mas uma cláusula **where**, não. Em nosso exemplo, o caso da tupla de *aluno* para o aluno "Snow" com ID 70557 ilustra essa distinção. Suponha que modifiquemos a consulta anterior movendo o predicado da cláusula **on** para a cláusula **where**, e, em vez disso, usemos uma condição **on** *true*:[5]

select *
from *aluno* **left outer join** *realiza* **on** *true*
where *aluno.ID* = *realiza.ID*;

A consulta anterior, usando o *left outer join* com a condição **on**, inclui uma tupla (70557, Snow, Physics, 0, *null*, *null*, *null*, *null*, *null*, *null*), pois não existe tupla em *realiza* com *ID* = 70557. Na segunda consulta, porém, cada tupla satisfaz a condição de junção *true*, de modo que as tuplas preenchidas com nulo são geradas pelo *outer join*. O *outer join*,

[5]Alguns sistemas não permitem o uso da constante booleana *true*. Para testar isso nesses sistemas, usamos uma tautologia (ou seja, um predicado que sempre é avaliado como *true*), como "1=1".

Nota 4.1 SQL E A ÁLGEBRA RELACIONAL DE MULTICONJUNTOS – PARTE 4

A álgebra relacional admite a operação *left outer join*, indicada por $⟕_\theta$, a operação *right outer join*, indicada por $⟖_\theta$, e a operação *full outer join*, indicada por $⟗_\theta$. Ela também admite a operação *natural join*, indicada por ⋈, além das versões de junção natural das operações de *left*, *right* e *full outer join*, indicadas por ⟕, ⟖ e ⟗. As definições de todas essas operações são idênticas às definições das operações correspondentes em SQL, que aparecem na Seção 4.1.

na realidade, gera o produto cartesiano das duas relações. Como não existe uma tupla em *realiza* com *ID* = 70557, toda vez que uma tupla aparece na junção externa com *nome* = "Snow", os valores para *aluno.ID* e *realiza.ID* devem ser diferentes, e essas tuplas são eliminadas pelo predicado da cláusula **where**. Assim, o aluno Snow nunca aparece no resultado da última consulta.

4.1.4 Tipos e condições de *join*

Para distinguir os *joins* normais dos *outer joins*, os normais são chamados **inner joins** em SQL. Uma cláusula *join* pode, portanto, especificar **inner join** em vez de **outer join** para especificar que uma junção normal deve ser usada. A palavra-chave **inner**, porém, é opcional. O tipo de junção padrão, quando a cláusula **join** é usada sem o prefixo **outer**, é **inner join**. Assim,

```
select *
from aluno join realiza using (ID);
```

é equivalente a:

```
select *
from aluno inner join realiza using (ID);
```

De modo semelhante, **natural join** é equivalente a **natural inner join**.

A Figura 4.7 mostra uma lista completa dos diversos tipos de junção que discutimos. Como podemos ver pela figura, qualquer forma de *join* (*inner*, *left outer*, *right outer* ou *full outer*) pode ser combinada com qualquer condição de *join* (*natural*, *using* ou *on*).

4.2 *Views*

Nem sempre é desejável que todos os usuários visualizem o conjunto inteiro de relações no banco de dados. Na Seção 4.7, veremos como usar o mecanismo de autorização da SQL para restringir o acesso às relações, mas considerações de segurança podem exigir que apenas certos dados em uma relação sejam ocultados dos usuários. Considere um funcionário administrativo que precisa saber a ID de um instrutor, seu nome e seu departamento, mas não tem autorização para ver o valor do salário desse instrutor. Essa pessoa deveria ver uma relação descrita na SQL por:

```
select ID, nome, nome_dept
from instrutor;
```

À parte as questões de segurança, podemos querer criar uma coleção personalizada de relações "virtuais" que combine melhor com a intuição de certo usuário sobre a estrutura da empresa. Em nosso exemplo de universidade, podemos querer ter uma lista de todas as seções de curso oferecidas pelo departamento Physics no outono de 2017, com o prédio e o número de sala de cada seção. A relação que criaríamos para obter tal lista é:

```
select curso.id_curso, id_sec, prédio, número_sala
from curso, seção
where curso.id_curso = seção.id_curso
        and curso.nome_dept = 'Physics'
        and seção.semestre = 'Fall'
        and seção.ano = '2017';
```

É possível computar e armazenar os resultados dessas consultas e, depois, tornar as relações armazenadas disponíveis para os usuários. Porém, se fizéssemos isso e os dados básicos nas relações *instrutor*, *curso* e *seção* mudassem, os resultados da consulta armazenada não combinariam mais com o resultado da nova execução da consulta sobre as relações. Em geral, não é uma boa ideia computar e armazenar resultados de consultas como as dos exemplos anteriores (embora existam algumas exceções, que estudaremos mais adiante).

Em vez disso, a SQL permite que uma "relação virtual" seja definida por uma consulta, e a relação conceitualmente contenha o resultado da consulta. A relação virtual não é previamente calculada e armazenada, mas sim computada pela execução da consulta sempre que a relação virtual é usada. Vimos um recurso para isso na Seção 3.8.6, onde descrevemos a cláusula **with**. A cláusula **with** nos permite atribuir um nome a uma subconsulta, para que seja usado quando for preciso, mas apenas em uma consulta em particular. Aqui, apresentamos um modo de estender esse conceito além de

Tipos de join
inner join
left outer join
right outer join
full outer join

Condições de join
natural
on <predicado>
using $(A_1, A_2, \ldots, A_n)$

Figura 4.7 Tipos de *join* e condições de *join*.

uma única consulta, definindo uma **view** (ou *visão*). É possível admitir grande número de *views* em cima de qualquer conjunto de relações reais.

4.2.1 Definição da *view*

Definimos uma *view* em SQL usando o comando **create view**. Para defini-la, temos de dar um nome à *view* e indicar a consulta que gera essa *view*. A forma do comando **create view** é:

create view *v* **as** <*expressão de consulta*>;

sendo <expressão de consulta> qualquer expressão de consulta válida. O nome da *view* é representado por *v*.

Considere, novamente, o funcionário que precisa acessar todos os dados na relação *instrutor*, exceto *salário*. O funcionário não deve ter autorização para acessar a relação *instrutor* (veremos mais adiante, na Seção 4.7, como as autorizações podem ser especificadas). Em vez disso, uma relação de *view* chamada *docente* pode se tornar disponível ao funcionário, com a *view* definida da seguinte forma:

```
create view docente as
    select ID, nome, nome_dept
    from instrutor;
```

Como já explicamos, a relação da *view*, conceitualmente, contém as tuplas do resultado da consulta, mas não é previamente computada e armazenada. Em vez disso, o sistema de banco de dados armazena a expressão da consulta associada à relação da *view*. Sempre que a relação da *view* é acessada, suas tuplas são criadas computando o resultado da consulta. Assim, a relação da *view* é criada sempre que for necessário, sob demanda.

Para criar uma *view* que lista todas as seções de curso oferecidas pelo departamento Physics no semestre de outono de 2017 com o prédio e o número de sala de cada seção, escrevemos:

```
create view física_outono_2017 as
    select curso.id_curso, id_sec, prédio, número_sala
    from curso, seção
    where curso.id_curso = seção.id_curso
        and curso.nome_dept = 'Physics'
        and seção.semestre = 'Fall'
        and seção.ano = '2017';
```

Mais adiante, quando estudarmos o mecanismo de autorização da SQL na Seção 4.7, veremos que os usuários podem obter acesso a *views* no lugar ou além do acesso a relações.

As *views* diferem da instrução **with** porque, uma vez criadas, permanecem disponíveis até que sejam explicitamente removidas. A subconsulta nomeada, definida por **with**, é local à consulta em que foi definida.

4.2.2 Usando *views* em consultas SQL

Quando tivermos definido uma *view*, podemos usar o nome da *view* para nos referirmos à relação virtual que a *view* gera. Usando a *view física_outono_2017*, podemos achar todos os cursos de física oferecidos no outono de 2017 no prédio Watson escrevendo:

```
select id_curso
from física_outono_2017
where prédio = 'Watson';
```

Os nomes de *view* podem aparecer em uma consulta em qualquer lugar onde um nome de relação pode aparecer.

Os nomes de atributo de uma *view* podem ser especificados, explicitamente, da seguinte forma:

```
create view sal_total_depts(nome_dept, salário_total) as
    select nome_dept, sum (salário)
    from instrutor
    group by nome_dept;
```

Essa *view* indica, para cada departamento, a soma dos salários de todos os instrutores nesse departamento. Como a expressão **sum**(*salário*) não tem um nome, o nome do atributo é especificado explicitamente na definição da *view*.

Intuitivamente, a qualquer momento, o conjunto de tuplas na relação da *view* é o resultado da avaliação da expressão de consulta que define a *view*. Assim, se uma relação da *view* for calculada e armazenada, ela pode se tornar desatualizada se as relações usadas para defini-la forem modificadas. Para evitar isso, as *views* normalmente são implementadas da seguinte forma. Quando definimos uma *view*, o sistema de banco de dados armazena a definição da própria *view*, em vez do resultado da avaliação da expressão de consulta que define a *view*. Sempre que uma relação da *view* aparecer em uma consulta, ela é substituída pela expressão de consulta armazenada. Assim, toda vez que avaliamos a consulta, a relação da *view* é gerada novamente.

Uma *view* pode ser usada na expressão que define outra *view*. Por exemplo, podemos definir uma *view física_outono_2017_watson* que lista a ID do curso e o número da sala de todos os cursos de física oferecidos no outono de 2017 no prédio Watson da seguinte forma:

```
create view física_outono_2017_watson as
    select id_curso, número_sala
    from física_outono_2017
    where prédio = 'Watson';
```

em que *física_outono_2017_watson*, em si, é uma relação de uma *view*. Isso é equivalente a:

```
create view física_outono_2017_watson as
    select id_curso, número_sala
    from (select curso.id_curso, prédio, número_sala
        from curso, seção
        where curso.id_curso = seção.id_curso
            and curso.nome_dept = 'Physics'
            and seção.semestre = 'Fall'
            and seção.ano = '2017')
    where prédio = 'Watson';
```

4.2.3 *Views* materializadas

Certos sistemas de banco de dados permitem que relações de *view* sejam armazenadas, mas eles garantem que, se as relações reais usadas na definição da *view* mudarem, a *view* será mantida atualizada. Essas *views* são chamadas **views materializadas**.

Por exemplo, considere a *view sal_total_depts*. Se essa *view* fosse materializada, seus resultados seriam armazenados no banco de dados, permitindo que as consultas que usam a *view* fossem potencialmente executadas muito mais rapidamente, usando o resultado previamente computado, em vez de refazê-lo.

Porém, se uma tupla de *instrutor* for acrescentada ou excluída da relação *instrutor*, o resultado da consulta definindo a *view* mudará e, portanto, o conteúdo da *view* materializada precisará ser atualizado. De modo semelhante, se o salário de um instrutor for atualizado, a tupla em *sal_total_depts* correspondente ao departamento desse instrutor precisará ser atualizada.

O processo de manter a *view* materializada atualizada é chamado de **manutenção de *view* materializada** (ou, simplesmente, **manutenção de *view***) e explicado na Seção 16.5. A manutenção de *view* pode ser feita imediatamente quando qualquer uma das relações em que a *view* é definida for atualizada. Alguns sistemas de banco de dados, porém, realizam manutenção de *view* de forma relaxada, quando a *view* é acessada. Outros sistemas atualizam as *views* materializadas apenas periodicamente; nesse caso, o conteúdo da *view* materializada pode estar desatualizado quando for usado, e não deve ser usado se a aplicação precisa de dados atualizados. Alguns sistemas de banco de dados permitem que o administrador do banco de dados controle qual dos métodos anteriores é usado para cada *view* materializada.

As aplicações que usam uma *view* constantemente podem se beneficiar se a *view* for materializada. As aplicações que exigem resposta rápida a certas consultas que calculam agregações sobre grandes relações também podem se beneficiar criando *views* materializadas correspondentes às consultas. Nesse caso, o resultado agregado provavelmente será muito menor do que as grandes relações sobre as quais a *view* é definida; como resultado, a *view* materializada pode ser usada para responder à consulta muito rapidamente, evitando a leitura das grandes relações básicas. Naturalmente, os benefícios para as consultas advindos da materialização de uma *view* devem ser pesados contra os custos de armazenamento e o *overhead* adicional para as atualizações.

A SQL não define um modo padrão de especificar que uma *view* é materializada, mas muitos sistemas de banco de dados oferecem suas próprias extensões à SQL para essa tarefa. Alguns sistemas de banco de dados sempre mantêm *views* materializadas atualizadas quando as relações básicas mudam, enquanto outros permitem que elas fiquem desatualizadas, refazendo-as periodicamente.

4.2.4 Atualização de uma *view*

Embora as *views* sejam uma ferramenta útil para consultas, elas apresentam sérios problemas se expressarmos atualizações, inserções ou exclusões com elas. A dificuldade é que uma modificação no banco de dados expressa em termos de uma *view* deve ser traduzida para uma modificação nas relações reais no modelo lógico do banco de dados.

Suponha que a *view docente*, que vimos anteriormente, esteja disponível para um funcionário administrativo. Como permitimos que o nome de uma *view* apareça sempre que um nome de relação é permitido, o funcionário poderia escrever:

```
insert into docente
    values ('30765', 'Green', 'Music');
```

Essa inserção precisa ser representada por uma inserção na relação *instrutor*, pois *instrutor* é a relação real da qual o sistema de banco de dados constrói a *view docente*. Porém, para inserir uma tupla em *instrutor*, devemos ter algum valor para *salário*. Existem duas técnicas razoáveis para lidar com essa inserção:

- Rejeitar a inserção e retornar uma mensagem de erro ao usuário.
- Inserir uma tupla ('30765', 'Green', 'Music', *null*) na relação *instrutor*.

Outro problema com a modificação do banco de dados por meio de *views* ocorre com uma *view* do tipo:

```
create view info_instrutor as
select ID, nome, prédio
from instrutor, departamento
where instrutor.nome_dept = departamento.nome_dept;
```

Essa *view* lista *ID*, *nome* e *prédio* de cada instrutor na universidade. Considere a seguinte inserção com essa *view*:

```
insert into info_instrutor
    values ('69987', 'White', 'Taylor');
```

Suponha que não haja um instrutor com *ID* 69987 e nenhum departamento no prédio Taylor. Então, o único método possível de inserir tuplas nas relações *instrutor* e *departamento* é inserir ('69987', 'White', *null*, *null*) em *instrutor* e (*null*, 'Taylor', *null*) em *departamento*. Então, obtemos as relações mostradas na Figura 4.8. Porém, essa atualização não tem o efeito desejado, pois a relação da *view info_instrutor* ainda *não* inclui a tupla ('69987', 'White', 'Taylor'). Assim, não existe um modo de atualizar as relações *instrutor* e *departamento* usando nulos para obter a atualização desejada em *info_instrutor*.

Em razão de problemas como esses, as modificações geralmente não são permitidas sobre relações de *view*, exceto em casos limitados. Diferentes sistemas de banco de dados especificam diferentes condições sob as quais eles permitem atualizações sobre relações de *view*; consulte os manuais do sistema de banco de dados para obter os detalhes.

Em geral, uma *view* SQL é considerada **atualizável** (ou seja, inserções, atualizações ou exclusões podem ser aplicadas sobre a *view*) se todas as seguintes condições forem satisfeitas pela consulta que define a *view*:

ID	*nome*	*nome_dept*	*salário*
10101	Srinivasan	Comp. Sci.	65000
12121	Wu	Finance	90000
15151	Mozart	Music	40000
22222	Einstein	Physics	95000
32343	El Said	History	60000
33456	Gold	Physics	87000
45565	Katz	Comp. Sci.	75000
58583	Califieri	History	62000
76543	Singh	Finance	80000
76766	Crick	Biology	72000
83821	Brandt	Comp. Sci.	92000
98345	Kim	Elec. Eng.	80000
69987	White	*null*	*null*

instrutor

nome_dept	*prédio*	*orçamento*
Biology	Watson	90000
Comp. Sci.	Taylor	100000
Electrical Eng.	Taylor	85000
Finance	Painter	120000
History	Painter	50000
Music	Packard	80000
Physics	Watson	70000
null	Taylor	*null*

departamento

Figura 4.8 Relações *instrutor* e *departamento* após a inserção de tuplas.

- A cláusula **from** tem apenas uma relação do banco de dados.
- A cláusula **select** contém apenas nomes de atributo da relação e não possui quaisquer expressões, agregações ou especificação **distinct**.
- Qualquer atributo não listado na cláusula **select** pode ser definido como *null*; ou seja, ele não tem uma restrição **not null** e não faz parte de uma chave primária.
- A consulta não tem uma cláusula **group by** ou **having**.

Sob essas restrições, as operações **update**, **insert** e **delete** seriam permitidas sobre a seguinte *view*:

> **create view** *instrutores_história* **as**
> **select** *
> **from** *instrutor*
> **where** *nome_dept* = 'History';

Até mesmo se todas as condições anteriores forem satisfeitas, o problema a seguir ainda permanece. Suponha que um usuário tente inserir a tupla ('25566', 'Brown', 'Biology', 100000) na *view instrutores_história*. Essa tupla pode ser inserida na relação *instrutor*, mas não apareceria na *view instrutores_história*, pois não satisfaz a seleção imposta pela *view*.

Como padrão, a SQL permitiria que essa atualização prosseguisse. Porém, as *views* podem ser definidas com uma cláusula **with check option** no final da definição da *view*; então, se uma tupla inserida na *view* não satisfizer a condição da cláusula **where** da *view*, a inserção é rejeitada pelo sistema de banco de dados. As atualizações também são rejeitadas se o novo valor não satisfizer as condições da cláusula **where**.

A SQL:1999 tem um conjunto de regras mais complexo a respeito de quando essas inserções, atualizações e exclusões podem ser executadas sobre uma *view*, que permite atualizações a partir de uma classe maior de *views*; porém, as regras são muito complexas para discutirmos aqui.

Uma abordagem alternativa, e normalmente preferível, para modificar o banco de dados por meio de uma *view* é usar o mecanismo de *trigger*, discutido na Seção 5.3. O recurso **instead of** na declaração de *triggers* permite que se substituam as operações de inserção, atualização e exclusão padrões por ações planejadas especialmente para cada caso em particular.

4.3 Transações

Uma **transação** consiste em uma sequência de instruções de consulta e/ou atualização. O padrão SQL especifica que uma transação começa implicitamente quando um comando SQL é executado. Um dos seguintes comandos SQL deverá terminar a transação:

- **Commit work** confirma a transação atual, ou seja, torna as atualizações realizadas pela transação permanentes no banco de dados. Após a transação ser confirmada, uma nova transação é automaticamente iniciada.
- **Rollback work** faz com que a transação atual seja revertida, ou seja, desfaz todas as atualizações realizadas pelos comandos SQL na transação. Assim, o estado do banco de dados é restaurado ao que era antes que o primeiro comando da transação fosse executado.

A palavra-chave **work** é opcional nos dois comandos.

O *rollback* da transação é útil se alguma condição de erro for detectada durante a execução de uma transação. *Commit* é semelhante, de certa forma, a salvar mudanças em um documento que está sendo editado, enquanto *rollback* é semelhante a encerrar a sessão de edição sem salvar as mudanças. Quando uma transação tiver executado **commit work**, seus efeitos não podem mais ser desfeitos por **rollback work**. O sistema de banco de dados garante que, se houver alguma falha, como um erro em um dos comandos SQL, uma falta de energia ou uma falha do sistema, os efeitos de uma transação serão revertidos se ele ainda não tiver executado **commit work**. No caso de falta de energia ou outra falha no sistema, o *rollback* ocorre quando o sistema for reiniciado.

Por exemplo, considere uma aplicação bancária, na qual precisamos transferir dinheiro de uma conta bancária para outra no mesmo banco. Para fazer isso, precisamos atualizar dois saldos de conta, subtraindo o valor transferido de uma e somando-o à outra. Se o sistema falhar após subtrair o valor da primeira conta, mas antes de somá-lo à segunda, o saldo do banco ficará inconsistente. Um problema semelhante ocorreria se a segunda conta fosse creditada antes que o valor fosse debitado da primeira conta, e o sistema falhasse imediatamente após o crédito do valor.

Como outro exemplo, considere nosso exemplo atual de uma aplicação universitária. Suponha que o atributo *tot_cred* de cada tupla na relação *aluno* seja mantido atualizado modificando-o sempre que o aluno completar um curso com sucesso. Para fazer isso, sempre que a relação *realiza* é atualizada para registrar a conclusão bem-sucedida de um curso por um aluno (atribuindo uma nota apropriada), a tupla *aluno* correspondente também precisa ser atualizada. Se a aplicação realizando essas duas atualizações falhar após uma atualização ser realizada, mas antes que a segunda seja realizada, os dados no banco de dados serão inconsistentes.

Seja confirmando as ações de uma transação depois que todas as suas etapas forem completadas ou revertendo todas as suas ações caso a transação não possa completar todas as suas ações com sucesso, o banco de dados oferece a abstração de uma transação como sendo **atômica**, ou seja, indivisível. Ou todos os efeitos da transação são refletidos no banco de dados ou nada é mudado (após um *rollback*).

Empregando a noção de transações às aplicações anteriores, os comandos de atualização devem ser executados como uma única transação. Um erro enquanto uma transação executa um de seus comandos resultará em desfazer os efeitos dos comandos anteriores da transação, de modo que o banco de dados não fica em um estado parcialmente atualizado.

Se um programa termina sem executar um desses comandos, as atualizações são confirmadas ou revertidas. O padrão não especifica qual dos dois acontece, e a escolha depende da implementação.

Em muitas implementações da SQL, incluindo MySQL e PostgreSQL, por padrão, cada comando SQL é considerado uma transação individual e confirmado assim que executado. O *commit automático* dos comandos SQL individuais precisa ser desativado se uma transação consistindo em vários comandos SQL precisar ser executada. O modo como o *commit* automático é desativado depende da implementação específica da SQL, embora muitos bancos de dados admitam o comando **set autocommit off**.[6]

Uma alternativa melhor, que faz parte do padrão SQL:1999, consiste em permitir que vários comandos SQL sejam delimitados por palavras-chave **begin atomic** ... **end**. Todos os comandos entre as palavras-chave formam, então, uma única transação, que é confirmada por padrão se a execução atingir o comando **end**. Apenas alguns bancos de dados, como SQL Server, oferecem suporte para essa sintaxe. Porém, diversos outros, como MySQL e PostgreSQL, admitem um comando **begin**, que inicia uma transação contendo todas as instruções SQL seguintes, mas não admitem o comando **end**; em vez disso, a transação precisa ser encerrada por um comando **commit work** ou **rollback work**.

Se você usa um banco de dados como o Oracle, onde a confirmação automática não é o padrão para comandos DML, não se esqueça de emitir um comando **commit** depois de acrescentar ou modificar dados, ou então, quando for desconectado, todas as suas modificações no banco de dados serão canceladas![7] É preciso saber que, embora o Oracle tenha a confirmação automática desativada por padrão, esse padrão pode ser modificado por opções de configuração locais.

No Capítulo 17, examinamos outras propriedades das transações; as questões de implementação das transações são discutidas nos Capítulos 18 e 19.

4.4 Restrições de integridade

As **restrições de integridade** garantem que as mudanças feitas no banco de dados por usuários autorizados não

[6] Há um modo padrão de ativar ou desativar o *autocommit* usando interfaces de programa de aplicação como JDBC ou ODBC, que examinamos mais adiante, nas Seções 5.1.1 e 5.1.2, respectivamente.

[7] O Oracle realiza um **commit** automático dos comandos da DDL.

resultam em uma perda de consistência de dados. Assim, as restrições de integridade protegem contra danos acidentais no banco de dados. Isso é diferente das *restrições de segurança*, que protegem contra o acesso ao banco de dados por usuários não autorizados.

Alguns exemplos de restrições de integridade são:

- O nome de um instrutor não pode ser *nulo*.
- Duas instruções não podem ter a mesma ID de instrutor.
- Cada nome de departamento na relação *curso* precisa ter um nome de departamento correspondente na relação *departamento*.
- O orçamento de um departamento deve ser maior que $ 0,00.

Em geral, uma restrição de integridade pode ser um predicado qualquer pertencente ao banco de dados. Contudo, predicados arbitrários podem ser dispendiosos para testar. Assim, a maioria dos sistemas de banco de dados permite que se especifiquem restrições de integridade que podem ser testadas com o mínimo de *overhead*.

Já vimos algumas formas de restrições de integridade na Seção 3.2.2. Estudamos mais algumas formas de restrições de integridade nesta seção. No Capítulo 7, vemos outra forma de restrição de integridade, chamada de **dependências funcionais**, as quais são usadas, principalmente, no processo de projeto do esquema.

As restrições de integridade normalmente são identificadas como parte do processo de projeto do esquema de banco de dados e declaradas como parte do comando **create table** usado na criação das relações. Porém, as restrições de integridade, também, podem ser acrescentadas a uma relação existente usando o comando **alter table** *nome-tabela* **add** *restrição*, em que *restrição* pode ser qualquer restrição sobre a relação. Quando um comando desse tipo é executado, o sistema primeiro garante que a relação satisfaça a restrição especificada. Nesse caso, a restrição é acrescentada à relação; se não, o comando é rejeitado.

4.4.1 Restrições sobre uma única relação

Descrevemos, na Seção 3.2, como definir tabelas usando o comando **create table**. O comando **create table** também pode incluir comandos de restrição de integridade. Além da restrição de chave primária, existe uma série de outras que podem ser incluídas no comando **create table**. As restrições de integridade permitidas incluem:

- **not null**.
- **unique**.
- **check**(<predicado>).

Abordamos cada um desses tipos de restrições nas próximas seções.

4.4.2 Restrição *not null*

Conforme discutimos no Capítulo 3, o valor nulo é um membro de todos os domínios e, como resultado, é um valor válido para cada atributo na SQL, por padrão. Porém, para certos atributos, valores nulos podem ser impróprios. Considere uma tupla na relação *aluno* onde *nome* é *null*. Essa tupla oferece informações do aluno para um aluno desconhecido; assim, ela não contém informações úteis. De modo semelhante, não gostaríamos que o orçamento do departamento fosse *null*. Em casos como esses, queremos proibir valores nulos, e podemos fazer isso restringindo o domínio dos atributos *nome* e *orçamento* para excluir valores nulos, declarando-o da seguinte forma:

nome **varchar**(20) **not null**
orçamento **numeric**(12,2) **not null**

A especificação **not null** proíbe a inserção de um valor nulo para o atributo, sendo um exemplo de **restrição de domínio**. Qualquer modificação de banco de dados que faça um nulo ser inserido em um atributo declarado como **not null** gera um diagnóstico de erro.

Existem muitas situações em que queremos evitar valores nulos. Em particular, a SQL proíbe valores nulos na chave primária de um esquema de relação. Assim, em nosso exemplo de universidade, na relação *departamento*, se o atributo *nome_dept* for declarado como chave primária para *departamento*, ele não pode receber um valor nulo. Como resultado, ele não precisará ser declarado explicitamente como **not null**.

4.4.3 Restrição unique

A SQL também aceita uma restrição de integridade:

$$\textbf{unique}\ (A_{j_1}, A_{j_2}, ..., A_{j_m})$$

A especificação **unique** diz que os atributos $A_{j_1}, A_{j_2}, ..., A_{j_m}$ formam uma superchave, ou seja, duas tuplas na relação não podem ser iguais em todos os atributos listados. Porém, os atributos declarados como **unique** podem receber valores *null*, a menos que tenham sido declarados, explicitamente, como **not null**. Lembre-se de que um valor nulo não é igual a nenhum outro valor. (O tratamento dos nulos aqui é o mesmo que o da construção **unique** definida na Seção 3.8.4.)

4.4.4 Cláusula check

Quando aplicada a uma declaração de relação, a cláusula **check**(*P*) especifica um predicado *P* que precisa ser satisfeito por cada tupla em uma relação.

Um uso comum da cláusula **check** é para garantir que os valores de atributo satisfazem as condições especificadas, com efeito, criando um poderoso sistema de tipos. Por exemplo, uma cláusula **check** (*orçamento* > 0) no comando **create table** para a relação *departamento* garantirá que o valor de *orçamento* não seja negativo.

Como outro exemplo, considere o seguinte:

create table *seção*
 (*id_curso* **varchar** (8),
 id_sec **varchar** (8),
 semestre **varchar** (6),
 ano **numeric** (4,0),
 prédio **varchar** (15),
 número_sala **varchar** (7),
 id_período **varchar** (4),
 primary key (*id_curso, id_sec, semestre, ano*),
 check (*semestre* **in** ('Fall', 'Winter', 'Spring', 'Summer')));

Aqui, usamos a cláusula **check** para simular um tipo enumerado, especificando que *semestre* deverá ser 'Fall', 'Winter', 'Spring' ou 'Summer'. Assim, a cláusula **check** permite que domínios de atributo sejam restringidos de maneira muito eficaz, o que a maioria dos sistemas de tipos das linguagens de programação não permite.

Valores nulos apresentam um caso especial interessante na avaliação de uma cláusula **check**. Uma cláusula **check** é satisfeita se ela não for falsa, de modo que as cláusulas avaliadas como **unknown** não são violações. Se valores nulos não forem desejados, uma restrição **not null** separada (veja a Seção 4.4.2) deverá ser especificada.

Uma cláusula **check** pode aparecer isoladamente, como vimos anteriormente, ou como parte da declaração de um atributo. Na Figura 4.9, mostramos a restrição **check** para o atributo *semestre* como parte da declaração de *semestre*. O posicionamento de uma cláusula **check** é uma questão de estilo de codificação. Normalmente, as restrições sobre o valor de um único atributo são listadas com esse atributo, enquanto cláusulas **check** mais complexas são listadas separadamente, no final de um comando **create table**.

O predicado na cláusula **check**, de acordo com o padrão SQL, pode ser um predicado qualquer que pode incluir uma subconsulta. Contudo, atualmente, nenhum dos produtos de banco de dados mais utilizados permite que o predicado contenha uma subconsulta.

4.4.5 Integridade referencial

Com frequência, queremos garantir que um valor que aparece em uma relação (a relação *referenciadora*) para determinado conjunto de atributos também apareça para certo conjunto de atributos em outra relação (a relação *referenciada*). Como já vimos, na Seção 2.3, essas condições são chamadas de *restrições de integridade referencial*, e *chaves estrangeiras* são uma forma de restrição de integridade referencial em que os atributos referenciados formam uma chave primária da relação referenciada.

Chaves estrangeiras podem ser especificadas como parte do comando SQL **create table** usando a cláusula **foreign key**, como vimos anteriormente na Seção 3.2.2. Ilustramos as declarações de chave estrangeira usando a definição DDL SQL de parte do nosso banco de dados de universidade, mostrado na Figura 4.9. A definição da tabela *curso* possui uma declaração:

"**foreign key** (*nome_dept*) **references** *departamento*".

Essa declaração de chave estrangeira especifica que, para cada tupla de curso, o nome de departamento especificado na tupla precisa existir na relação *departamento*. Sem essa restrição, é possível que um curso especifique um nome de departamento inexistente.

Como padrão, na SQL, uma chave estrangeira referencia os atributos de chave primária da tabela referenciada. A SQL também aceita uma versão da cláusula **references** em que uma lista de atributos da relação referenciada pode ser especificada explicitamente.[8] Por exemplo, a declaração de chave estrangeira para a relação *curso* pode ser especificada como:

foreign key (*nome_dept*) **references**
departamento(*nome_dept*)

A lista de atributos especificada, no entanto, precisa ser declarada como uma superchave da relação referenciada, usando ou a restrição **primary key** ou uma restrição **unique**. Uma forma mais genérica de uma restrição de integridade referencial, em que as colunas referenciadas não precisam ser uma chave candidata, não pode ser especificada diretamente em SQL. O padrão SQL especifica outras construções que podem ser usadas para implementar tais restrições, e elas são descritas na Seção 4.4.8; no entanto, essas construções alternativas não são aceitas por diversos sistemas de banco de dados comuns.

Observe que a chave estrangeira precisa referenciar um conjunto de atributos compatível, ou seja, o número de atributos deve ser o mesmo e os tipos de dados dos atributos correspondentes devem ser compatíveis.

É possível usar o seguinte como parte de uma definição de tabela para declarar que o atributo forma uma chave estrangeira:

nome_dept **varchar**(20) **references** *departamento*

Quando uma restrição de integridade referencial é violada, o procedimento normal é rejeitar a ação que causou a violação (ou seja, a transação realizando a ação de atualização é revertida). Entretanto, uma cláusula **foreign key** pode especificar que, se uma ação *delete* ou *update* na relação referenciada violar a restrição, então, em vez de rejeitar a ação, o sistema precisa tomar providências para mudar a tupla na relação referenciadora a fim de restaurar a restrição. Considere essa definição de uma restrição de integridade na relação *curso*:

create table *curso*
 (...
 foreign key (*nome_dept*) **references** *departamento*
 on delete cascade
 on update cascade,
 ...);

[8] Alguns sistemas, em especial MySQL, não aceitam o padrão e exigem que os atributos das relações referenciadas sejam especificados.

```
create table sala
   (prédio          varchar (15),
   número_sala      varchar (7),
   capacidade       numeric (4,0),
   primary key (prédio, número_sala));

create table departamento
   (nome_dept       varchar (20),
   prédio           varchar (15),
   orçamento        numeric (12,2) check (orçamento > 0),
   primary key (nome_dept));

create table curso
   (id_curso        varchar (8),
   título           varchar (50),
   nome_dept        varchar (20),
   créditos         numeric (2,0) check (créditos > 0),
   primary key (id_curso),
   foreign key (nome_dept) references departamento);

create table instrutor
   (ID              varchar (5),
   nome             varchar (20) not null,
   nome_dept        varchar (20),
   salário          numeric (8,2) check (salário > 29000),
   primary key (ID),
   foreign key (nome_dept) references departamento);

create table seção
   (id_curso        varchar (8),
   id_sec           varchar (8),
   semestre         varchar (6) check (semestre in
                          ('Fall', 'Winter', 'Spring', 'Summer')),
   ano              numeric (4,0) check (ano > 1759 and ano < 2100),
   prédio           varchar (15),
   número_sala      varchar (7),
   id_período       varchar (4),
   primary key (id_curso, id_sec, semestre, ano),
   foreign key (id_curso) references curso,
   foreign key (prédio, número_sala) references sala);
```

Figura 4.9 Definição de dados SQL para parte do banco de dados da universidade.

Visto que a cláusula **on delete cascade** está associada à declaração de chave estrangeira, se a exclusão de uma tupla em *departamento* fizer com que essa restrição de integridade referencial seja violada, o sistema não rejeitará a exclusão. Em vez disso, a exclusão "**transborda em cascata**" para a relação *curso*, excluindo a tupla que faz referência ao departamento que foi excluído. Da mesma maneira, o sistema não rejeita uma atualização em um campo referenciado pela restrição se ela violar a restrição; em vez disso, o sistema também atualiza o campo *nome_dept* nas tuplas referenciadoras em *curso* para o novo valor. A SQL também permite que a cláusula **foreign key** especifique ações diferentes de **cascade** se a restrição for violada: o campo referenciador (aqui, *nome_dept*) pode ser definido como nulo (usando **set null** em vez de **cascade**) ou no valor padrão para o domínio (usando **set default**).

Se houver uma cadeia de dependências de chave estrangeira por meio de várias relações, uma exclusão ou atualização em uma ponta da cadeia pode se propagar por toda a cadeia. Um caso interessante, em que a restrição **foreign key** na relação referencia a mesma relação, aparece no Exercício 4.9. Se uma atualização ou exclusão em cascata causar uma violação de restrição que não pode ser tratada por uma operação em cascata subsequente, o sistema aborta a transação. Como resultado, todas as mudanças causadas pela transação e suas ações em cascata são desfeitas.

Valores nulos complicam a semântica das restrições de integridade referencial na SQL. Os atributos de chaves estrangeiras podem ser *nulos*, desde que não tenham sido declarados como **não nulos** (*not null*). Se todas as colunas de uma chave estrangeira forem não nulas em determinada tupla, a definição comum das restrições de chave estrangeira é usada para essa tupla. Se qualquer uma das colunas de chave estrangeira for *nula*, a tupla é definida automaticamente para satisfazer a restrição. Como essa definição nem sempre será a escolha certa, a SQL também fornece construções que permitem mudar o comportamento com valores nulos; não discutimos as construções aqui.

4.4.6 Atribuindo nomes a restrições

É possível atribuir um nome às restrições de integridade. Esses nomes são úteis se quisermos remover uma restrição que foi definida anteriormente.

Para nomear uma restrição, esta deve ser precedida pela palavra-chave **constraint** e o nome que queremos lhe atribuir. Assim, por exemplo, se quisermos atribuir o nome *sal_mínimo* à restrição **check** sobre o atributo *salário* de *instrutor* (veja a Figura 4.9), modificaremos a declaração de *salário* para:

salário **numeric** (8,2), **constraint** *sal_mínimo*
check (*salário* > 29000),

Mais adiante, se decidirmos que não queremos mais essa restrição, podemos escrever:

alter table *instrutor* **drop constraint** *sal_mínimo*;

Não havendo um nome, primeiro teríamos que usar recursos específicos do sistema para identificar o nome atribuído pelo sistema para a restrição. Nem todos os sistemas admitem isso, mas no Oracle, por exemplo, a tabela do sistema *user_constraints* contém essa informação.

4.4.7 Violação de restrição de integridade durante uma transação

As transações podem consistir em várias etapas, e as restrições de integridade podem ser violadas temporariamente após uma etapa, mas uma etapa seguinte pode remover a violação. Por exemplo, suponha que tenhamos uma relação *pessoa*, com chave primária *nome* e um atributo *cônjuge*, e suponha que *cônjuge* seja uma chave estrangeira em *pessoa*. Ou seja, a restrição diz que o atributo *cônjuge* precisa conter um nome que esteja presente na tabela *pessoa*. Suponha que desejamos notar o fato de que John e Mary sejam casados um com o outro inserindo duas tuplas, uma para John e uma para Mary, nessa relação, com os atributos de cônjuge definidos como Mary e John, respectivamente. A inserção da primeira tupla violaria a restrição de chave estrangeira, independentemente de qual das duas tuplas fosse inserida primeiro. Após a segunda tupla ser inserida, a restrição de chave estrangeira se aplicaria novamente.

Para tratar dessas situações, o padrão SQL permite que uma cláusula **initially deferred** seja incluída em uma especificação de restrição; a restrição, então, seria verificada no final da transação e não nas etapas intermediárias. Alternativamente, uma restrição pode ser especificada como **deferrable**, o que significa que, por padrão, ela é verificada imediatamente, mas pode ser adiada quando desejado. Para restrições declaradas como *deferrable* (adiáveis), executar um comando **set constraints** *lista-restrições* **deferred** como parte de uma transação faz com que a verificação das restrições especificadas seja adiada para o final da transação. As restrições que deverão aparecer em uma lista de restrições devem ter nomes atribuídos a elas. O comportamento padrão é verificar restrições imediatamente, e muitas implementações de banco de dados não aceitam verificação de restrição adiada.

Podemos contornar o problema do exemplo anterior de outra forma, se o atributo *cônjuge* puder ser definido como nulo (*null*): definimos os atributos do cônjuge como nulos ao inserir as tuplas para John e Mary, atualizando-os mais tarde. Porém, essa técnica exige mais esforço de programação, e não funciona se os atributos não puderem ser definidos como nulos.

4.4.8 Condições check complexas e assertivas (*assertions*)

Existem construções adicionais no padrão SQL para especificar restrições de integridade, as quais, atualmente, não são aceitas pela maioria dos sistemas de banco de dados. Esta seção discute algumas delas.

Conforme definido pelo padrão SQL, o predicado na cláusula **check** pode ser um predicado qualquer, que pode incluir uma subconsulta. Se uma implementação de banco de dados admitir subconsultas na cláusula **check**, poderemos especificar a seguinte restrição de integridade referencial sobre a relação *seção*:

check (*id_período* **in** (**select** *id_período* **from** *período*))

A condição **check** verifica se o *id_período* em cada tupla na relação *seção* é realmente o identificador de um período de tempo na relação *período*. Assim, a condição precisa ser verificada não apenas quando uma tupla é inserida ou modificada em *seção*, mas também quando a relação *período* muda (nesse caso, quando uma tupla é excluída ou modificada na relação *período*).

Outra restrição natural sobre nosso esquema de universidade seria exigir que cada seção tenha pelo menos um instrutor ministrando a seção. Em uma tentativa de impor isso, podemos tentar declarar que os atributos (*id_curso*, *id_sec*, *semestre*, *ano*) da relação *seção* formem uma chave estrangeira referenciando os atributos correspondentes da relação *ministra*. Infelizmente, esses atributos não formam uma chave candidata da relação *ministra*. Uma restrição *check* semelhante a essa, para o atributo *período*, pode ser usada para impor essa restrição, se as restrições *check* com subconsultas forem aceitas pelo sistema de banco de dados.

```
create assertion restrição_créditos_ganhos check
(not exists (select ID
             from aluno
             where tot_cred < > (select coalesce(sum(créditos), 0)
                                 from realiza natural join curso
                                 where aluno.ID = realiza.ID
                                    and nota is not null and nota < > 'F')))
```

Figura 4.10 Um exemplo de assertiva.

Condições **check** complexas podem ser úteis quando queremos garantir a integridade dos dados, mas seu teste pode ser demorado. Em nosso exemplo, o predicado na cláusula **check** não apenas tem de ser avaliado quando uma modificação é feita na relação *seção*, mas pode ter de ser verificado se for feita uma modificação na relação *período*, pois essa relação é referenciada na subconsulta.

Uma **assertiva** (*assertion*) é um predicado expressando uma condição que desejamos que o banco de dados sempre satisfaça. Considere as seguintes restrições, que podem ser expressas usando assertivas:

- Para cada tupla na relação *aluno*, o valor do atributo *tot_cred* precisa ser igual à soma dos créditos dos cursos que o aluno concluiu com sucesso.
- Um instrutor não pode ministrar seções em duas salas de aula diferentes em um semestre no mesmo período de tempo.[9]

Uma assertiva na SQL tem a forma:

create assertion <*nome-assertiva*> **check** <*predicado*>;

Na Figura 4.10, mostramos como o primeiro exemplo de restrições pode ser escrito na SQL. Como a SQL não fornece uma construção "para todo *X*, *P*(*X*)" (com *P* sendo um predicado), somos obrigados a implementar a restrição por uma construção equivalente, "não existe *X* tal que não *P*(*X*)", que pode ser expressa na SQL.

Deixamos a especificação da segunda restrição como exercício. Embora essas duas restrições possam ser expressas usando predicados **check**, o uso de uma asserção pode ser mais natural, especialmente para a segunda restrição.

Quando uma assertiva é criada, o sistema testa sua validade. Se a assertiva for válida, qualquer modificação futura no banco de dados só será permitida se ela não fizer com que a assertiva seja violada. Esse teste pode introduzir uma quantidade significativa de *overhead* se assertivas complexas tiverem sido feitas. Logo, as assertivas devem ser usadas com muito cuidado. O alto *overhead* de testar e manter assertivas levou alguns desenvolvedores de sistemas a omitir o suporte para assertivas gerais ou a fornecer formas especializadas de assertiva que sejam mais fáceis de testar.

Atualmente, nenhum dos sistemas de banco de dados mais utilizados admite subconsultas no predicado da cláusula **check** nem a construção **create assertion**. Porém, uma funcionalidade equivalente pode ser implementada usando *triggers*, que são descritas na Seção 5.3, se elas forem aceitas pelo sistema de banco de dados. A Seção 5.3 também descreve como a restrição de integridade referencial sobre *id_período* pode ser implementada usando *triggers*.

4.5 Tipos de dados e esquemas da SQL

No Capítulo 3, examinamos vários tipos de dados internos aceitos na SQL, como os tipos *integer*, *real* e *character*. Existem outros tipos de dados internos aceitos pela SQL, que descreveremos a seguir. Também veremos como criar tipos básicos definidos pelo usuário na SQL.

4.5.1 Tipos de data e hora na SQL

Além dos tipos de dados básicos que apresentamos na Seção 3.2, o padrão SQL aceita vários tipos de dados relacionados com datas e horas:

- **date**: uma data de calendário contendo ano (de quatro dígitos), mês e dia do mês.
- **time**: a hora do dia, em horas, minutos e segundos. Uma variante, **time**(*p*), pode ser usada para especificar o número de dígitos fracionários para os segundos (o padrão é zero). Também é possível armazenar informações de fuso horário juntamente com a hora especificando **time with timezone**.
- **timestamp**: uma combinação de **date** e **time**. Uma variante, **timestamp**(*p*), pode ser usada para especificar o número de dígitos fracionários para os segundos (aqui, o padrão é seis). As informações de fuso horário também são armazenadas se **with timezone** for especificado.

[9] Consideramos que as aulas não são apresentadas remotamente em uma segunda sala de aula! Uma restrição alternativa que especifica que "um instrutor não pode ministrar dois cursos em determinado semestre no mesmo período de tempo" pode não funcionar porque os cursos, às vezes, são cruzados; ou seja, o mesmo curso recebe dois identificadores e dois títulos.

Os valores de data e hora podem ser especificados como:

> **date** '2018-04-25'
> **time** '09:30:00'
> **timestamp** '2018-04-25 10:29:01.45'

As datas precisam ser especificadas no formato de ano, seguido do mês, seguido do dia, conforme mostramos.[10] O campo dos segundos de **time** ou **timestamp** pode ter uma parte fracionária, como no exemplo de estampa de tempo (*timestamp*) anterior.

Para extrair campos individuais de um valor *d* do tipo **date** ou **time**, podemos usar **extract** (*campo* **from** *d*), em que *campo* pode ser **year**, **month**, **day**, **hour**, **minute** ou **second**. As informações de fuso horário podem ser extraídas usando **timezone_hour** e **timezone_minute**.

A SQL também define várias funções úteis para obter a data e a hora atual. Por exemplo, **current_date** retorna a data atual, **current_time** retorna a hora atual (com fuso horário) e **localtime** retorna a hora local atual (sem fuso horário). As *timestamps* (data mais hora) são retornadas por **current_timestamp** (com fuso horário) e **localtimestamp** (data e hora locais sem fuso horário).

Alguns sistemas, incluindo MySQL, oferecem o tipo de dados **datetime**, que representa um horário que não é ajustável por fuso horário. Na prática, a especificação da hora tem diversos casos especiais, incluindo o uso da hora padrão *versus* o horário de verão. Os sistemas variam no intervalo de horários que podem ser representados.

A SQL permite operações de comparação em todos os tipos relacionados aqui, e operações aritméticas e de comparação nos vários tipos numéricos. A SQL também fornece um tipo de dados chamado **interval**, e permite cálculos baseados em datas e horas e em intervalos. Por exemplo, se x e y são do tipo **date**, então, $x - y$ é um intervalo cujo valor é o número de dias da data x até a data y. Da mesma forma, somar ou subtrair um intervalo de uma data ou hora resulta em uma data ou hora, respectivamente.

4.5.2 Conversão de tipo e funções de formatação

Embora os sistemas realizem algumas conversões de tipo de dados automaticamente, outros precisam ser solicitados explicitamente. Podemos usar uma expressão na forma **cast**(*e* **as** *t*) para converter uma expressão *e* para o tipo *t*. As conversões de tipo de dados podem ser necessárias para se realizar certas operações ou impor determinadas ordens de classificação. Por exemplo, considere o atributo *ID* de *instrutor*, que especificamos como uma string (**varchar**(5)). Se tivéssemos de ordenar o resultado por esse atributo, a ID 11111 viria antes da ID 9, pois o primeiro caractere '1' vem antes do caractere '9'. Porém, se escrevêssemos

> **select cast**(*ID* **as numeric**(5)) **as** *id_inst*
> **from** *instrutor*
> **order by** *id_inst*

o resultado seria a ordem de classificação que queremos.

[10] Muitos sistemas de banco de dados oferecem maior flexibilidade nas conversões padrão de strings para datas e estampas de tempo.

Um tipo de conversão diferente pode ser necessário quando os dados tiverem que ser exibidos como o resultado de uma consulta. Por exemplo, podemos querer que os números apareçam com um número específico de dígitos ou que os dados sejam exibidos em um formato específico (como mês-dia-ano ou dia-mês-ano). Essas mudanças no formato de exibição não são conversão de tipo de dados, mas conversão de formato. Os sistemas de banco de dados oferecem diversas funções de formatação, e os detalhes variam entre os principais sistemas. MySQL oferece uma função **format**. Oracle e PostgreSQL disponibilizam um conjunto de funções, **to_char**, **to_number** e **to_date**. SQL Server oferece uma função **convert**.

Outro aspecto da exibição de resultados tem a ver com o manuseio de valores nulos. Neste texto, usamos *null* para facilitar a leitura, mas o padrão, na maioria dos sistemas, é apenas deixar um espaço em branco. Podemos escolher o modo como os valores nulos são representados no resultado de uma consulta usando a função **coalesce**. Ela apanha um número qualquer de argumentos, todos com o mesmo tipo, e retorna o primeiro argumento que não seja nulo. Por exemplo, se quisermos exibir as IDs e os salários de instrutores, mas mostrar os salários nulos como zero, podemos escrever:

> **select** *ID*, **coalesce**(*salário*, 0) **as** *salário*
> **from** *instrutor*

Uma limitação de **coalesce** é o requisito de que todos os argumentos devem ser do mesmo tipo. Se quiséssemos que todos os salários nulos aparecessem como 'N/D' para indicar "não disponível", não poderíamos usar **coalesce**. As funções específicas do sistema, como **decode** no Oracle, permitem essas conversões. O formato geral de **decode** é:

> **decode** (*valor*, *combinação-1*, *substituição-1*,
> *combinação-2*, *substituição-2*, ...,
> *combinação-N*, *substituição-N*, *substituição-padrão*);

Ele compara o *valor* com os valores de *combinação* e, se houver concordância, substitui o valor do atributo pelo valor de substituição correspondente. Se não houver concordância, então o valor do atributo é substituído pelo valor de substituição padrão. Não existem requisitos de que os tipos de dados precisam combinar. De modo conveniente, o valor *null* pode aparecer como um valor de *combinação* e, diferentemente do caso comum, *null* é tratado como igual a *null*. Assim, poderíamos substituir salários nulos por 'N/D' da seguinte forma:

> **select** *ID*, **decode**(*salário*, *null*, *'N/D'*, *salário*) **as** *salário*
> **from** *instrutor*

4.5.3 Valores padrão

A SQL permite que um valor padrão seja especificado para um atributo, conforme ilustrado pelo seguinte comando **create table**:

Nota 4.2 VALIDADE TEMPORAL

Em algumas situações, é preciso incluir dados históricos; por exemplo, quando queremos armazenar não apenas o salário atual de cada instrutor, mas também os históricos de salário inteiros. É muito fácil fazer isso incluindo dois atributos no esquema da relação *instrutor*, um indicando a data inicial para determinado valor de salário e outro indicando a data final. Então, um instrutor pode ter vários valores de salário, cada um correspondente a um par específico de datas de início e fim. Essas datas de início e fim são chamadas de valores de *tempo válido* para o valor de salário correspondente.

Observe que agora pode haver mais de uma tupla na relação *instrutor* com o mesmo valor de ID. As questões envolvendo a especificação de restrições de chave primária e chave estrangeira no contexto de tais dados temporais são discutidas na Seção 7.10.

Para que um sistema de banco de dados aceite essas construções temporais, um primeiro passo é oferecer sintaxe para especificar que certos atributos definem um intervalo de tempo válido. Como exemplo, vamos usar a sintaxe do Oracle 12. A DDL SQL para *instrutor* é aumentada por meio de uma declaração **period** da seguinte forma, para indicar que os atributos *data_início* e *data_fim* especificam um intervalo de tempo válido.

```
create table instrutor
    (...
    data_início   date,
    data_fim      date,
    period for tempo_válido (data_início, data_fim),
    ... );
```

O Oracle 12c também oferece diversas extensões da DML para facilitar a consulta com dados temporais. A construção **as of period for** pode, então, ser usada na consulta para buscar apenas as tuplas cujo período de tempo válido inclua um momento específico. Para achar os instrutores e seus salários em algum período de tempo no passado, digamos, 20 de janeiro de 2014, escrevemos:

```
select nome, salário, data_início, data_fim
from instrutor as of period for tempo_válido '20-JAN-2014';
```

Se quisermos achar as tuplas cujo período de validade inclua todo ou parte de um período de tempo, digamos, de 20 de janeiro de 2014 a 30 de janeiro de 2014, escrevemos:

```
select nome, salário, data_início, data_fim
from instrutor versions period for tempo_válido between '20-JAN-2014' and '30-JAN-2014';
```

O Oracle 12c também implementa um recurso que permite que os procedimentos armazenados do banco de dados (explicados no Capítulo 5) sejam executados para um período de tempo especificado.

As construções mostradas facilitam a especificação das consultas, embora as consultas possam ser escritas sem o uso dessas construções.

```
create table aluno
    (ID           varchar (5),
    nome          varchar (20) not null,
    nome_dept     varchar (20),
    tot_cred      numeric (3,0) default 0,
    primary key (ID));
```

O valor padrão do atributo *tot_cred* é declarado como zero. Desse modo, quando uma tupla for inserida na relação *aluno*, se nenhum valor for fornecido para o atributo *tot_cred*, seu valor será definido como zero. O comando **insert** a seguir ilustra como uma inserção pode omitir o valor para o atributo *tot_cred*.

```
insert into aluno(ID, nome, nome_dept)
    values ('12789', 'Newman', 'Comp. Sci.');
```

4.5.4 Tipos de objeto grande

Muitas aplicações de banco de dados precisam armazenar atributos cujo domínio consiste em grandes itens de dados, como fotos, imagens médicas de alta resolução ou vídeos. Portanto, a SQL fornece **tipos de dados de objeto grande** para dados de caractere (**clob**) e dados binários (**blob**). As letras "lob" nesses tipos de dados significam "Large OBject" (objeto grande). Por exemplo, podemos declarar os atributos

crítica_livro **clob**(10KB)
imagem **blob**(10MB)
filme **blob**(2GB)

Para tuplas de resultado contendo objetos muito grandes (vários megabytes ou gigabytes), é ineficiente ou impraticável recuperar um objeto grande inteiro para a memória. Em vez disso, uma aplicação normalmente usaria uma consulta SQL a fim de recuperar um "localizador" para um objeto grande e, depois, usaria o localizador para manipular o objeto por meio da linguagem hospedeira (*host*) em que a aplicação em si foi escrita. Por exemplo, a interface de programa de aplicação JDBC (descrita na Seção 5.1.1) permite que um localizador seja buscado em vez de um objeto grande inteiro; o localizador, então, pode ser usado para buscar o objeto grande em pequenas partes, em vez de todo de uma vez, muito semelhante a ler dados de um arquivo do sistema operacional usando uma chamada de função **read**.

4.5.5 Tipos definidos pelo usuário

A SQL aceita duas formas de tipos de dados definidos pelo usuário. A primeira forma, que abordaremos aqui, é chamada de tipos distintos. A outra forma, chamada de tipos de dados estruturados, permite a criação de tipos de dados complexos com estruturas de registro, *arrays* e multiconjuntos. Não estudaremos os tipos de dados estruturados neste capítulo, mas os descreveremos, posteriormente, na Seção 8.2.

É possível que vários atributos tenham o mesmo tipo de dados. Por exemplo, os atributos *nome* para o nome do aluno e do instrutor podem ter o mesmo domínio: o conjunto de todos os nomes de pessoa. Entretanto, os domínios de *orçamento* e *nome_dept* certamente devem ser diferentes. Talvez seja menos claro se *nome* e *nome_dept* devem ter o mesmo domínio. No nível de implementação, tanto os nomes de cliente quanto os nomes de departamento são strings de caracteres. Contudo, normalmente não consideraríamos a consulta "Encontre todos os instrutores que têm o mesmo nome de um departamento" como uma consulta significativa. Portanto, se visualizarmos o banco de dados no nível conceitual em vez de no nível físico, *nome* e *nome_dept* devem ter domínios distintos.

Mais importante, em nível prático, atribuir o nome de um cliente a um nome de departamento provavelmente é um erro de programação; da mesma forma, comparar um valor monetário expresso em dólares diretamente com um valor monetário expresso em reais também é certamente um erro de programação. Um bom sistema de tipo deve ser capaz de detectar essas atribuições ou comparações. Para aceitar essas verificações, a SQL fornece a noção de **tipos distintos**.

A cláusula **create type** pode ser usada para definir novos tipos. Por exemplo, os comandos

create type *Dólares* **as numeric**(12,2) **final**;
create type *Reais* **as numeric**(12,2) **final**;

definem os tipos definidos pelo usuário *Dólares* e *Reais* para serem números decimais com um total de 12 dígitos, dois dos quais são colocados após a vírgula decimal.[11] Os tipos recém-criados podem, então, ser usados como tipos de atributos de relações. Por exemplo, poderíamos declarar a tabela *departamento* como:

create table *departamento*
(*nome_dept* **varchar** (20),
prédio **varchar** (15),
orçamento *Dólares*);

Uma tentativa de atribuir um valor do tipo *Dólares* a uma variável do tipo *Reais* resultaria em um erro de tempo de compilação, embora ambos sejam do mesmo tipo numérico. Essa atribuição provavelmente se deve a um erro de programação em que o programador se esqueceu das diferenças de moeda. Declarar tipos diferentes para moedas diferentes ajuda a detectar esses tipos de erro.

Como resultado da verificação de tipo forte, a expressão (*departamento.orçamento*+20) não seria aceita, já que o atributo e a constante de inteiro 20 possuem tipos diferentes. Os valores de um tipo podem ser convertidos em outro domínio, como ilustrado a seguir.

cast (*departamento.orçamento* **to** *numeric*(12,2))

Poderíamos fazer a adição no tipo *numeric*, mas, para salvar o resultado em um atributo do tipo *Dólares*, precisaríamos usar outra expressão *cast* de modo a converter o tipo novamente em *Dólares*.

A SQL também fornece cláusulas **drop type** e **alter type** para descartar ou modificar, respectivamente, tipos que tenham sido criados anteriormente.

Mesmo antes de os tipos definidos pelo usuário serem acrescentados à linguagem (na SQL:1999), a SQL tinha uma noção semelhante, mas ligeiramente distinta de domínio (introduzida na SQL-92), que pode adicionar restrições de integridade a um tipo básico. Por exemplo, poderíamos definir um tipo de domínio *DDólares* desta forma:

create domain *DDólares* **as numeric**(12,2) **not null;**

O domínio *DDólares* pode ser usado como tipo de atributo, exatamente como usamos o tipo *Dólares*. Entretanto, existem duas diferenças significativas entre tipos e domínios:

1. Os domínios podem ter restrições, como **not null**, especificadas neles, e podem ter valores padrões definidos para variáveis do tipo domínio, enquanto os tipos definidos pelo usuário não podem ter restrições ou valores padrões especificados neles. Os tipos definidos pelo usuário são projetados para ser usados não apenas para especificar tipos de atributo, mas também nas extensões procedurais da SQL, em que talvez ocorra não ser possível impor restrições.

[11] A palavra-chave **final** não é realmente significativa nesse contexto, mas é necessária pelo padrão SQL:1999 por questões que não explicaremos aqui; algumas implementações permitem que a palavra-chave **final** seja omitida.

Nota 4.3 SUPORTE PARA TIPOS E DOMÍNIOS

Embora as construções **create type** e **create domain** descritas nesta seção façam parte do padrão SQL, as formas dessas construções não são totalmente aceitas pela maioria das implementações de banco de dados. PostgreSQL aceita a construção **create domain**, mas sua construção **create type** tem sintaxe e interpretação diferentes.

IBM DB2 aceita uma versão do **create type** que usa a sintaxe **create distinct type**, mas não aceita **create domain**. O Microsoft SQL Server implementa uma versão da construção **create type** que aceita restrições de domínio, semelhante à construção SQL **create domain**.

O Oracle não aceita essas duas construções da forma como foram descritas aqui. Oracle, IBM DB2, PostgreSQL e SQL Server aceitam sistemas de tipo orientado a objeto usando diferentes formas da construção **create type**.

No entanto, a SQL também define um sistema de tipos mais complexo, orientado a objeto, que estudamos na Seção 8.2. Os tipos podem ter estrutura dentro deles; por exemplo, pode haver um tipo *Nome* consistindo em *primeiro_nome* e *sobrenome*. Os subtipos também são permitidos; por exemplo, tipo *Pessoa* pode ter os subtipos *Aluno*, *Instrutor* etc. As regras de herança são semelhantes às que são usadas nas linguagens de programação orientadas a objeto. É possível usar referências a tuplas que se comportam de modo semelhante a referências a objetos nas linguagens de programação orientadas a objeto. A SQL admite tipos de dados de *array* e multiconjunto, com formas de manipular esses tipos.

Não iremos explicar aqui os detalhes desses recursos. Os sistemas de banco de dados diferem no modo como os implementam, isso se forem implementados.

2. Os domínios não são fortemente tipificados. Como resultado, os valores de um tipo de domínio podem ser atribuídos aos valores de outro tipo de domínio, desde que os tipos básicos sejam compatíveis.

Quando aplicada a um domínio, a cláusula **check** permite que o projetista do esquema especifique um predicado que deve ser satisfeito por qualquer atributo declarado para ser desse domínio. Por exemplo, uma cláusula **check** pode garantir que o domínio do salário de um instrutor admita apenas valores maiores que um valor especificado:

create domain *SalárioAnual* **numeric**(8,2)
  constraint *teste_valor_salário* **check** (**value** >=29000.00);

O domínio *SalárioAnual* tem uma restrição que garante que o salário anual é maior ou igual a $ 29.000,00. A cláusula **constraint** *teste_valor_salário* é opcional e usada para dar o nome *teste_valor_salário* à restrição. O nome é usado pelo sistema para indicar qual restrição foi violada por uma atualização.

Como outro exemplo, um domínio pode ser restrito para conter apenas um conjunto especificado de valores usando a cláusula **in**:

create domain *nível_formação* **varchar**(10)
  constraint *teste_nível_formação*
    check (**value in** ('Bachelors', 'Masters',
      'Doctorate'));

4.5.6 Gerando valores exclusivos de chave

Em nosso exemplo de universidade, vimos atributos de chave primária com diferentes tipos de dados. Alguns, como *nome_dept*, mantêm informações do mundo real. Outros, como *ID*, mantêm valores criados pela empresa unicamente para fins de identificação. Esses últimos tipos de domínios de chave primária geram o problema prático da criação de novo valor. Suponha que a universidade contrate um novo instrutor. Qual deve ser sua ID? Embora seja possível escrever um comando SQL para fazer isso, esse comando precisaria verificar todas as IDs já existentes, o que prejudicaria o desempenho do sistema. Como alternativa, pode-se montar uma tabela especial para guardar o maior valor de ID usado até o momento. Depois, quando necessária uma nova ID, esse valor pode ser incrementado para o valor seguinte na sequência e armazenado como o novo maior valor.

Os sistemas de banco de dados oferecem o gerenciamento automático da geração de valor exclusivo de chave. A sintaxe é diferente entre os sistemas mais populares e, às vezes, entre versões do mesmo sistema. A sintaxe que mostramos aqui é próxima daquela usada pelo Oracle e DB2. Suponha que, em vez de declarar IDs de instrutor na relação *instrutor* como "*ID* **varchar**(5)", deixemos que o sistema selecione um valor exclusivo de ID de instrutor. Como esse recurso só funciona para tipos de dados com valor numérico de chave, mudamos o tipo de *ID* para **number** e escrevemos:

ID **number**(5) **generated always as identity**

Quando a opção **always** é usada, qualquer comando **insert** deverá evitar especificar um valor para a chave gerada automaticamente. Para fazer isso, use a sintaxe para **insert** em que a ordem do atributo é especificada (veja a Seção 3.9.2). Para o nosso exemplo de *instrutor*, precisamos especificar apenas os valores para *nome*, *nome_dept* e *salário*, como mostra o exemplo a seguir:

insert into *instrutor*(*nome, nome_dept, salário*)
  values ('Newprof', "Comp. Sci.', 100000);

O valor de ID gerado pode ser encontrado por meio de uma consulta **select** normal. Se substituirmos **always** por **by default**, teremos a opção de especificar nossa própria escolha de *ID* ou contar com o sistema para gerar uma.

Em PostgreSQL, podemos definir o tipo de *ID* como **serial**, o que diz ao PostgreSQL para gerar identificadores automaticamente; no MySQL, usamos **auto_increment** no lugar de **generated always as identity**, enquanto no SQL Server podemos usar apenas **identity**.

Outras opções podem ser especificadas, com a especificação **identity**, dependendo do banco de dados, incluindo a definição de valores mínimo e máximo, a escolha do valor inicial, a escolha do incremento de um valor para o próximo e assim por diante.

Além disso, muitos bancos de dados admitem uma construção **create sequence**, que cria um objeto contador de sequência separado de qualquer relação, e permite que as consultas SQL obtenham o próximo valor na sequência. Cada chamada para obter o próximo valor incrementa o contador da sequência. Nos manuais do sistema de banco de dados, procure a sintaxe exata para criar sequências e recuperar o próximo valor. Usando sequências, podemos gerar identificadores que não se repetem por várias relações, por exemplo, entre *aluno.ID* e *instrutor.ID*.

4.5.7 Extensões de *create table*

As aplicações frequentemente exigem a criação de tabelas que possuem o mesmo esquema de uma tabela existente. A SQL fornece uma extensão de **create table like** para dar suporte a essa tarefa:[12]

create table *instrutor_temp* **like** *instrutor*;

Esse comando nos dá uma nova tabela *instrutor_temp* que tem o mesmo esquema de *instrutor*.

Ao escrever uma consulta complexa, normalmente é útil armazenar o resultado de uma consulta como uma nova tabela; a tabela geralmente é temporária. Duas instruções são necessárias: uma para criar a tabela (com colunas apropriadas) e a outra para inserir o resultado da consulta na tabela. A SQL:2003 fornece uma técnica mais simples para criar uma tabela contendo os resultados de uma consulta. Por exemplo, o comando a seguir cria uma tabela *t1* contendo os resultados de uma consulta:

```
create table t1 as
    (select *
     from instrutor
     where nome_dept = 'Music')
with data;
```

Como padrão, os nomes e os tipos de dados das colunas são deduzidos do resultado da consulta. Nomes podem ser explicitamente atribuídos às colunas listando-se os nomes de coluna após o nome da relação.

Conforme definido pelo padrão SQL:2003, se a cláusula **with data** for omitida, a tabela é criada, mas não preenchida com dados. Porém, muitas implementações preenchem a tabela com dados como padrão, mesmo que a cláusula **with data** seja omitida. Note que várias implementações aceitam a funcionalidade de **create table** ... **like** e **create table** ... **as** usando sintaxe diferente; veja os manuais do respectivo sistema para obter mais detalhes.

O comando **create table** ... **as** anterior é muito semelhante ao comando **create view**, e ambos são definidos usando consultas. A principal diferença é que o conteúdo da tabela é definido quando se cria a tabela, enquanto o conteúdo de uma *view* sempre reflete o resultado atual da consulta.

4.5.8 Esquemas, catálogos e ambientes

Para entender a motivação para esquemas e catálogos, considere como os arquivos são nomeados em um sistema de arquivos. Os primeiros sistemas de arquivos eram planos, ou seja, todos os arquivos eram armazenados em um único diretório. Os sistemas de arquivos atuais, é claro, possuem uma estrutura de diretórios (ou pastas) com arquivos armazenados dentro de subdiretórios. Para nomear um arquivo unicamente, precisamos especificar o nome de caminho completo do arquivo, por exemplo, /users/avi/db-book/chapter3.tex.

Como os antigos sistemas de arquivos, os primeiros sistemas de banco de dados também tinham um único espaço de nomes para todas as relações. Os usuários precisavam se coordenar para assegurar que não tentariam usar o mesmo nome para diferentes relações. Os sistemas de banco de dados modernos fornecem uma hierarquia de três níveis para nomear relações. O nível superior da hierarquia consiste nos **catálogos**, cada um podendo conter **esquemas**. Os objetos SQL, como relações e *views*, estão contidos em um **esquema**. (Algumas implementações de banco de dados usam o termo "banco de dados" no lugar do termo "catálogo".)

Para realizar quaisquer ações em um banco de dados, um usuário (ou um programa) deve primeiro se *conectar* ao banco de dados. O usuário precisa fornecer o nome de usuário e, normalmente, uma senha para confirmar sua identidade. Cada usuário tem um catálogo e um esquema padrão, e a combinação é única para o usuário. Quando um usuário se conecta a um sistema de banco de dados, o catálogo e o esquema padrão são configurados para a conexão; isso corresponde ao diretório atual ser definido como o diretório *home* do usuário quando este se registra em um sistema operacional.

Para identificar uma relação unicamente, um nome de três partes precisa ser usado, por exemplo,

catálogo5.esquema_univ.curso

Podemos omitir o componente catálogo, caso em que a parte do catálogo do nome é considerada como o catálogo padrão para a conexão. Assim, se *catálogo5* é o catálogo padrão, podemos usar apenas *esquema_univ.curso* para identificar a mesma relação unicamente.

Se um usuário quiser acessar uma relação que existe em um esquema diferente do esquema padrão para esse usuário, o

[12] Esta sintaxe não é aceita por todos os sistemas.

nome do esquema precisa ser especificado. Contudo, se uma relação estiver no esquema padrão para determinado usuário, então até mesmo o nome do esquema pode ser omitido. Assim, podemos usar apenas *curso* se o catálogo padrão for *catálogo5* e o esquema padrão for *esquema_univ*.

Com diversos catálogos e esquemas disponíveis, diferentes aplicações e diferentes usuários podem trabalhar independentemente, sem se preocupar com conflitos de nome. Além disso, várias versões de uma aplicação – uma versão de produção, outras versões de teste – podem ser executadas no mesmo sistema de banco de dados.

O catálogo e o esquema padrão são parte de um **ambiente SQL** que é configurado para cada conexão. Além disso, o ambiente contém o identificador de usuário (também chamado de *identificador de autorização*). Todas as instruções SQL comuns, incluindo as instruções DDL e DML, operam no contexto de um esquema.

Podemos criar e descartar esquemas com as instruções **create schema** e **drop schema**, respectivamente. Na maioria dos sistemas de banco de dados, os esquemas também são criados automaticamente quando as contas do usuário são criadas, com o nome do esquema definido como o nome da conta do usuário. O esquema é criado em um catálogo padrão ou em um catálogo especificado na criação da conta do usuário. O esquema recém-criado torna-se o esquema padrão para a conta do usuário.

A criação e o descarte de catálogos dependem da implementação e não são parte do padrão SQL.

4.6 Definição de índice em SQL

Muitas consultas fazem referência a apenas uma pequena proporção dos registros em um arquivo. Por exemplo, consultas como "Ache todos os instrutores no departamento Physics" ou "Ache o valor de *salário* do instrutor com *ID* 22201" referenciam apenas uma fração dos registros de instrutores. Não é eficiente que um sistema leia cada registro e verifique o campo *ID* em busca de "32556" ou o campo *nome_dept* em busca do valor "Physics".

Um **índice** sobre um atributo de uma relação é uma estrutura de dados que permite ao sistema de banco de dados achar as tuplas na relação que possuem um valor especificado para esse atributo, com eficiência, sem ter de varrer todas as tuplas da relação. Por exemplo, se criarmos um índice sobre o atributo *nome_dept* da relação *instrutor*, o sistema de banco de dados pode achar o registro com qualquer valor de *nome_dept* especificado, como "Physics" ou "Music", diretamente, sem ler todas as tuplas da relação *instrutor*. Um índice também pode ser criado sobre uma lista de atributos, por exemplo, sobre os atributos *nome* e *nome_dept* da relação *instrutor*.

Os índices não são necessários para corretude, pois são estruturas de dados redundantes. Os índices formam parte do esquema físico do banco de dados, ao contrário de seu esquema lógico.

Porém, os índices são importantes para o processamento eficiente de transações, incluindo transações de atualização e consultas, bem como para a imposição eficiente das restrições de integridade, como restrições de chave primária e de chave estrangeira. Em geral, um sistema de banco de dados pode decidir, automaticamente, quais índices devem ser criados. Porém, em função do custo de espaço dos índices, bem como do efeito dos índices sobre o processamento de atualização, não é fácil fazer automaticamente as escolhas certas sobre quais índices manter.

Portanto, a maioria das implementações da SQL oferece ao programador o controle sobre a criação e a remoção de índices via comandos da linguagem de definição de dados. Ilustramos a sintaxe desses comandos em seguida. Embora a sintaxe apresentada seja muito usada e aceita por muitos sistemas de banco de dados, ela não faz parte do padrão SQL. O padrão SQL não tem suporte para o controle do esquema físico do banco de dados; ele se restringe ao esquema lógico.

Criamos um índice com o comando **create index**, que tem o seguinte formato:

create index <*nome-índice*> **on** <*nome-relação*>
(<*lista-atributos*>);

A *lista-atributos* é uma lista dos atributos das relações que formam a chave de busca para o índice.

Para definir um índice chamado *índice_dept* na relação *instrutor* com *nome_dept* como chave de busca, escrevemos:

create index *índice_dept* **on** *instrutor* (*nome_dept*);

Quando um usuário submete uma consulta SQL que pode se beneficiar com o uso de um índice, o processador de consultas SQL usa o índice automaticamente. Por exemplo, dada a consulta SQL que seleciona a tupla de *instrutor* com *nome_dept* "Music", o processador de consulta SQL usaria o *índice_dept* definido anteriormente para achar a tupla exigida sem precisar ler a relação inteira.

Se quisermos declarar que a chave de busca é uma chave candidata, acrescentamos o atributo **unique** à definição do índice. Assim, o comando

create unique index *índice_dept* **on** *instrutor* (*nome_dept*);

declara *nome_dept* como uma chave candidata para *instrutor* (que, provavelmente, não é o que realmente queríamos para nosso banco de dados da universidade). Se, no momento que entrarmos com o comando **create unique index**, *nome_dept* não for uma chave candidata, o sistema mostrará uma mensagem de erro e a tentativa de criar o índice falhará. Se a tentativa de criação de índice tiver sucesso, qualquer tentativa subsequente para inserir uma tupla que infrinja a declaração de chave falhará. Observe que o recurso **unique** é redundante se o sistema de banco de dados admitir a declaração **unique** do padrão SQL.

O nome do índice que especificamos para um índice é necessário para a remoção de um índice. O comando **drop index** tem este formato:

drop index <*nome-índice*>;

Muitos sistemas de banco de dados também oferecem um meio de especificar o tipo de índice a ser usado, como árvore B$^+$ ou índices de hash, que estudamos no Capítulo 14. Alguns sistemas de banco de dados também permitem que um dos índices em uma relação seja declarado como agrupado; o sistema, então, armazena a relação classificada pela chave de busca do índice agrupado. No Capítulo 14, estudamos como os índices são realmente implementados, além de quais índices são criados automaticamente pelos bancos de dados e como decidir quais índices adicionais devemos criar.

4.7 Autorização

Podemos atribuir a um usuário várias formas de autorizações sobre partes do banco de dados. As autorizações sobre os dados incluem:

- Autorização para ler dados.
- Autorização para inserir novos dados.
- Autorização para atualizar dados.
- Autorização para excluir dados.

Cada um desses tipos de autorização é chamado de **privilégio**. Podemos autorizar um usuário a todos, a nenhum ou a uma combinação desses privilégios sobre partes específicas de um banco de dados, como uma relação ou uma *view*.

Quando um usuário submete uma consulta ou uma atualização, a implementação SQL primeiro verifica se a consulta ou atualização está autorizada, com base nas autorizações que o usuário recebeu. Se a consulta ou atualização não está autorizada, ela é rejeitada.

Além das autorizações sobre os dados, os usuários também podem receber autorizações sobre o esquema do banco de dados, permitindo-lhes, por exemplo, criar, modificar ou descartar relações. Um usuário que tem alguma forma de autorização pode ter permissão para passar adiante (conceder) essa autorização a outros usuários ou retirar (revogar) uma autorização que foi concedida anteriormente. Nesta seção, vemos como cada uma dessas autorizações pode ser especificada em SQL.

A forma máxima de autoridade é aquela dada ao administrador do banco de dados. O administrador do banco de dados pode autorizar novos usuários, reestruturar o banco de dados e assim por diante. Essa forma de autorização é semelhante à de um **superuser**, administrador ou operador para um sistema operacional.

4.7.1 Concedendo e revogando privilégios

O padrão SQL inclui os **privilégios** **select**, **insert**, **update** e **delete**. O privilégio **all privileges** pode ser usado como uma forma abreviada para todos aqueles que são permitidos. Um usuário que cria uma relação recebe automaticamente todos os privilégios sobre essa relação.

A linguagem de definição de dados da SQL inclui comandos para conceder e revogar privilégios. O comando **grant** é usado para conferir autorização. A forma básica desse comando é:

grant *<lista privilégios>*
on *<nome-relação ou nome-view>*
to *<lista-usuários/lista-papéis>*;

A *lista de privilégios* permite a concessão de vários privilégios em um comando único. O conceito de *roles* (papéis) é discutido mais adiante, na Seção 4.7.2.

A autorização **select** sobre uma relação é exigida para ler tuplas na relação. O comando **grant** a seguir concede aos usuários de banco de dados Amit e Satoshi o privilégio **select** sobre a relação *departamento*:

grant select on *departamento* **to** *Amit, Satoshi*;

Isso permite que esses usuários executem consultas sobre a relação *departamento*.

A autorização **update** sobre uma relação permite que um usuário atualize qualquer tupla na relação, podendo ser concedida sobre todos os atributos da relação ou apenas a alguns. Se a autorização **update** estiver incluída em um comando **grant**, a lista dos atributos sobre os quais o privilégio deve ser concedido aparece opcionalmente entre parênteses, imediatamente após a palavra-chave **update**. Se a lista de atributos for omitida, o privilégio **update** será concedido sobre todos os atributos da relação.

O seguinte comando **grant** confere aos usuários Amit e Satoshi autorização de atualização sobre o atributo *orçamento* da relação *departamento*:

grant update *(orçamento)* **on** *departamento* **to** *Amit, Satoshi;*

A autorização **insert** sobre uma relação permite que um usuário insira tuplas na relação. O privilégio **insert** também pode especificar uma lista de atributos; quaisquer inserções na relação só deverão especificar esses atributos, e o sistema fornece valores padrões a cada um dos atributos restantes (se um padrão estiver definido para o atributo) ou os define como nulos.

A autorização **delete** sobre uma relação permite que um usuário exclua tuplas de uma relação.

O nome de usuário **public** se refere a todos os usuários atuais e futuros do sistema. Assim, privilégios concedidos a **public** são implicitamente concedidos a todos os usuários atuais e futuros.

Como padrão, um usuário/*role* que recebe um privilégio não está autorizado a conceder esse privilégio a outro usuário/*role*. A SQL permite que uma concessão de privilégio especifique que o receptor pode conceder o privilégio a outro usuário. Descreveremos esse recurso em mais detalhes na Seção 4.7.5.

Vale a pena observar que o mecanismo de autorização da SQL concede privilégios sobre uma relação inteira ou sobre atributos especificados de uma relação. Porém, ele não permite autorizações sobre tuplas específicas de uma relação.

Para revogar uma autorização, usamos o comando **revoke**. Ela tem uma forma quase idêntica à do comando **grant**:

revoke <*lista privilégios*>
on <*nome-relação ou nome-view*>
from <*lista-usuários/lista-papéis*>;

Portanto, para revogar os privilégios que foram concedidos anteriormente, escrevemos

revoke select on *departamento* **from** *Amit, Satoshi*;
revoke update (*orçamento*) **on** *departamento* **from** *Amit, Satoshi*;

A revogação de privilégios será mais complexa se o usuário do qual o privilégio está sendo revogado tiver concedido o privilégio para outro usuário. Retornaremos a essa questão na Seção 4.7.5.

4.7.2 *Roles*

Considere os papéis do mundo real de diversas pessoas em uma universidade. Cada instrutor precisa ter os mesmos tipos de autorizações para o mesmo conjunto de relações. Sempre que um novo instrutor é designado, ele terá de receber todas essas autorizações individualmente.

Um esquema melhor seria especificar as autorizações que cada instrutor precisa receber e, então, identificar separadamente quais usuários do banco de dados são instrutores. O sistema pode usar essas duas informações para determinar as autorizações de cada instrutor. Quando um novo instrutor for contratado, um identificador de usuário terá de ser alocado a ele, e ele terá de ser identificado como instrutor. Permissões individuais dadas aos instrutores não precisam ser especificadas novamente.

A noção de **roles** (papéis) captura esse conceito. Um conjunto de *roles* é criado no banco de dados. As autorizações podem ser concedidas a *roles*, exatamente da mesma forma como são concedidas a usuários individuais. Cada usuário do banco de dados recebe um conjunto de *roles* (que pode ser vazio), que ele tem autorização para realizar.

Em nosso banco de dados de universidade, alguns exemplos de *roles* poderiam ser *instrutor*, *auxiliar*, *aluno*, *reitor* e *diretor_departamento*.

Uma alternativa menos preferível seria criar uma *userid instrutor* e permitir que cada instrutor se conecte ao banco de dados usando a *userid instrutor*. O problema com esse esquema é que não seria possível identificar exatamente qual instrutor executou uma atualização no banco de dados, ocasionando riscos à segurança. Além do mais, se um instrutor sair da universidade ou passar para um cargo não instrucional, então uma nova senha de *instrutor* deverá ser criada e distribuída de modo seguro a todos os instrutores. O uso de *roles* possui o benefício de exigir que os usuários se conectem ao banco de dados com sua própria *userid*.

Qualquer autorização que seja concedida a um usuário pode ser concedida a uma *role*. As *roles* são concedidas aos usuários exatamente como as autorizações.

As *roles* podem ser criadas na SQL da seguinte maneira:

create role *instrutor;*

As *roles* podem, então, receber privilégios assim como os usuários, conforme ilustramos neste comando:

grant select on *realiza*
to *instrutor*;

As *roles* podem ser concedidas a usuários, bem como a outras *roles*, como mostram os comandos a seguir.

create role *reitor*;
grant *instrutor* **to** *reitor*;
grant *reitor* **to** *Satoshi*;

Assim, os privilégios de um usuário ou de uma *role* consistem em:

- Todos os privilégios concedidos diretamente ao usuário/*role*.
- Todos os privilégios concedidos a *roles* que foram concedidas ao usuário/*role*.

Observe que pode haver uma cadeia de *roles*; por exemplo, a *role auxiliar* pode ser concedida a todos os instrutores. Por sua vez, a *role instrutor* é concedida a todos os reitores. Assim, a *role reitor* herda todos os privilégios concedidos às *roles instrutor* e *auxiliar*, além dos privilégios concedidos diretamente a reitor.

Quando um usuário se registra no sistema de banco de dados, as ações executadas por ele durante essa sessão possuem todos os privilégios concedidos diretamente ao usuário, além de todos os privilégios permitidos às *roles* que são concedidas (direta ou indiretamente por outras *roles*) a esse usuário. Assim, se um usuário Amit tiver recebido a *role reitor*, o usuário Amit mantém todos os privilégios concedidos diretamente a Amit, além dos privilégios concedidos a *reitor*, mais os privilégios concedidos a *instrutor* e *auxiliar* se, como antes, essas *roles* forem concedidas (direta ou indiretamente) à *role reitor*.

É importante observar que o conceito de autorização baseada em *role* não é específico da SQL, e a autorização baseada em *role* é usada para controle de acesso em grande variedade de aplicações compartilhadas.

4.7.3 Autorização sobre *views*

Em nosso exemplo de universidade, considere um funcionário que precisa saber os nomes de todos os instrutores em determinado departamento, digamos, o departamento Geology. Esse funcionário não está autorizado a ver informações com relação a instrutores de outros departamentos. Assim, o funcionário precisa ter acesso negado à relação *instrutor*. Contudo, se precisar ter acesso às informações para o departamento Geology, ele poderá receber acesso à *view* que chamaremos *geo_instrutor*, que consiste apenas nas tuplas de *instrutor* pertencentes ao departamento Geology. Essa *view* pode ser definida em SQL da seguinte forma:

create view *geo_instrutor* **as**
(**select** *
from *instrutor*
where *nome_dept* = 'Geology');

Suponha que o funcionário emita a seguinte consulta SQL:

```
select *
from geo_instrutor;
```

Claramente, o funcionário está autorizado a ver o resultado dessa consulta. Porém, quando o processador de consulta a traduzir para uma consulta sobre as relações reais no banco de dados, produzirá uma consulta sobre *instrutor*. Assim, o sistema precisa verificar a autorização sobre a consulta do funcionário antes de substituir as *views* por suas definições.

Um usuário que cria uma *view* não recebe necessariamente todos os privilégios sobre essa *view*. Ele recebe apenas os privilégios que não oferecem autorização adicional além daquelas que ele já tinha. Por exemplo, um usuário que cria uma *view* não pode receber autorização de **update** sobre uma *view* sem ter autorização de **update** sobre as relações usadas para definir a *view*. Se um usuário criar uma *view* em que nenhuma autorização possa ser concedida, o sistema negará a solicitação de criação da *view*. Em nosso exemplo de *view geo_instrutor*, o criador da *view* precisará ter autorização de **select** sobre a relação *instrutor*.

Como veremos mais adiante, na Seção 5.2, a SQL aceita a criação de funções (*functions*) e procedimentos (*procedures*), que, por sua vez, podem conter consultas e atualizações. O privilégio de **execute** pode ser concedido a uma função ou procedimento, permitindo que um usuário execute a função/procedimento. Como padrão, assim como as *views*, as funções e os procedimentos têm todos os privilégios que o criador da função ou procedimento tinham. Com efeito, a função ou procedimento é executado como se fosse invocado pelo usuário que criou a função.

Embora esse comportamento seja apropriado em muitas situações, nem sempre é adequado. A partir da SQL:2003, se a definição de função tiver uma cláusula extra **sql security invoker**, ela será executada sob os privilégios do usuário que invoca a função, no lugar dos privilégios do **definidor** da função. Isso permite a criação de bibliotecas de funções que podem ser executadas sob a mesma autorização de quem as chamou.

4.7.4 Autorizações sobre esquemas

O padrão SQL especifica um mecanismo de autorização primitivo para o esquema de banco de dados: somente o *owner* (proprietário) do esquema pode executar qualquer modificação no esquema, como criar ou excluir relações, acrescentar ou remover atributos das relações e acrescentar ou remover índices.

Contudo, a SQL inclui um privilégio **references** que permite que o usuário declare chaves estrangeiras ao criar relações. O privilégio **references** da SQL é concedido sobre atributos específicos de uma maneira similar à do privilégio **update**. O comando **grant** a seguir permite que o usuário Mariano crie relações que referenciam a chave *nome_dept* da relação *departamento* como uma chave estrangeira:

```
grant references (nome_dept) on departamento to Mariano;
```

Inicialmente, pode parecer que não existe motivo algum para impedir que os usuários criem chaves estrangeiras referenciando outra relação. Contudo, lembre-se de que as restrições de chave estrangeira restringem as operações de exclusão e atualização na relação referenciada. Suponha que Mariano crie uma chave estrangeira em uma relação *r* referenciando o atributo *nome_dept* da relação *departamento* e, depois, insira uma tupla em *r* pertencente ao departamento Geology. Não é mais possível excluir o departamento Geology da relação *departamento* sem também modificar a relação *r*. Assim, a definição de uma chave estrangeira por Mariano restringe a atividade futura por outros usuários; portanto, é necessário o privilégio **references**.

Continuando no exemplo da relação *departamento*, o privilégio **references** sobre *departamento* também é exigido para criar uma restrição **check** sobre uma relação *r* se a restrição tiver uma subconsulta referenciando *departamento*. Isso é razoável pelo mesmo motivo que explicamos para as restrições de chave estrangeira; uma restrição **check** que referencia uma relação limita as atualizações em potencial a essa relação.

4.7.5 Transferência de privilégios

Um usuário que recebeu alguma forma de autorização pode ter permissão para passar essa autorização adiante, para outros usuários. Como padrão, um usuário/*role* que recebe um privilégio não está autorizado a conceder esse privilégio a outro usuário/*role*. Se quisermos conceder um privilégio e permitir que o recebedor passe o privilégio adiante para outros usuários, anexamos a cláusula **with grant option** para o comando **grant** apropriado. Por exemplo, se quisermos permitir que Amit tenha o privilégio **select** sobre *departamento* e que ele conceda esse privilégio a outros, escrevemos:

```
grant select on departamento to Amit with grant option;
```

O criador de um objeto (relação/*view*/*role*) mantém todos os privilégios sobre o objeto, incluindo o privilégio de conceder privilégio a outros.

Considere, como exemplo, a concessão da autorização de atualização sobre a relação *ministra* do banco de dados da universidade. Suponha que, inicialmente, o administrador do banco de dados conceda autorização de atualização sobre *ministra* aos usuários U_1, U_2 e U_3, que, por sua vez, podem passar essa autorização para outros usuários. A passagem de uma autorização específica de um usuário para outro pode ser representada por um **grafo de autorização**. Os nós desse grafo são os usuários.

Considere o grafo para autorização de atualização sobre *ministra*. O grafo inclui uma aresta $U_i \rightarrow U_j$ se o usuário U_i conceder autorização de atualização sobre *ministra* a U_j. A raiz do grafo é o administrador do banco de dados. No grafo de exemplo na Figura 4.11, observe que o usuário U_5 recebe autorização tanto por U_1 quanto por U_2; U_4 recebe autorização apenas por U_1.

Um usuário tem uma autorização *se, e somente se*, houver um caminho a partir da raiz do grafo de autorização (o nó representando o administrador de banco de dados) até o nó que representa o usuário.

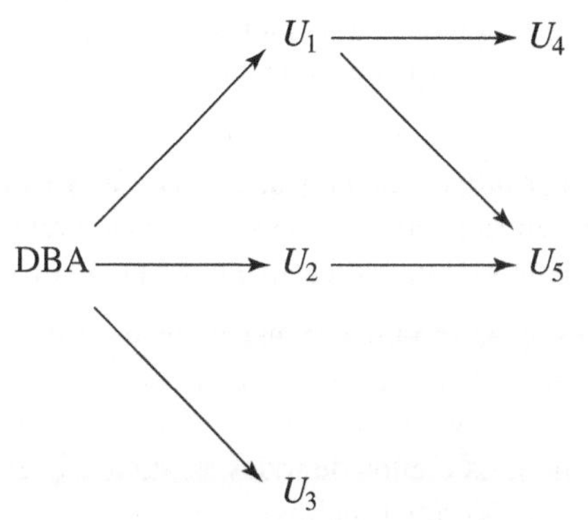

Figura 4.11 Grafo de concessão de autorização (U_1, U_2, ..., U_5 são usuários e DBA refere-se ao administrador do banco de dados).

4.7.6 Revogação de privilégios

Suponha que o administrador do banco de dados decida revogar a autorização do usuário U_1. Como U_4 tem autorização de U_1, essa autorização também deve ser revogada. Porém, U_5 recebeu autorização por U_1 e U_2. Como o administrador do banco de dados não revogou a autorização de atualização sobre *ministra* de U_2, U_5 retém a autorização de atualização sobre *ministra*. Se, por fim, U_2 revogar a autorização de U_5, então U_5 perde a autorização.

Um par de usuários mal intencionados poderia tentar quebrar as regras para revogação de autorização concedendo autorização um ao outro. Por exemplo, se U_2 receber, inicialmente, uma autorização pelo administrador do banco de dados e, em seguida, concedê-la a U_3. Suponha que U_3 agora conceda o privilégio de volta para U_2. Se o administrador do banco de dados revogar a autorização de U_2, pode parecer que U_2 retém a autorização dada por U_3. Porém, observe que, quando o administrador revoga a autorização de U_2, não existe um caminho no grafo de autorização da raiz para U_2 ou para U_3. Assim, a SQL garante que a autorização é revogada dos dois usuários.

Como vimos, a revogação de um privilégio de um usuário/*role* pode fazer com que outros usuários/*roles* também percam esse privilégio. Esse comportamento é chamado de *revogação em cascata* (ou *propagação de revogação*). Na maioria dos sistemas de banco de dados, essa propagação é o comportamento padrão. Contudo, o comando **revoke** pode especificar **restrict** para impedir a revogação em cascata:

revoke select on *departamento* **from** *Amit, Satoshi* **restrict**;

Nesse caso, o sistema retorna um erro se houver quaisquer revogações em cascata e não executa a ação de revogação.

A palavra-chave **cascade** pode ser usada no lugar de **restrict** para indicar que a revogação deverá ser propagada; porém, ela pode ser omitida, como fizemos nos exemplos anteriores, pois esse é o comportamento padrão.

O comando **revoke** a seguir revoga apenas a opção de concessão, em vez do privilégio **select** real:

revoke grant option for select on *departamento* **from** *Amit*;

Observe que algumas implementações de banco de dados não aceitam essa sintaxe; em vez disso, o próprio privilégio pode ser revogado e, depois, concedido novamente sem a opção **grant**.

A revogação em cascata é inapropriada em muitas situações. Suponha que Satoshi tenha o papel de *reitor*, concede *instrutor* a Amit e, mais tarde, a *role reitor* é revogada de Satoshi (talvez porque Satoshi saiu da universidade); Amit continua no corpo docente e deverá reter a *role instrutor*.

Para tratar dessa situação, a SQL permite que um privilégio seja concedido por uma *role*, em vez de um usuário. A SQL tem uma noção da *role* atual associada a uma sessão. Como padrão, a *role* atual associada a uma sessão é nula (exceto em alguns casos especiais). A *role* atual associada a uma sessão pode ser definida executando **set role** *nome_role*. A *role* especificada precisa ter sido concedida ao usuário ou o comando **set role** falha.

Para conceder um privilégio com o outorgante definido como a *role* atual associada a uma sessão, podemos acrescentar a cláusula

granted by current_role

ao comando **grant**, desde que a *role* atual não seja nula.

Suponha que a concessão da *role instrutor* (ou outros privilégios) a Amit seja feita usando a cláusula **granted by current_role**, com a *role* atual definida como *reitor*, em vez de o outorgante ser o usuário Satoshi. Então, a revogação das *roles*/privilégios (incluindo a *role reitor*) de Satoshi não resultará na revogação dos privilégios que o outorgante tinha definido para a *role reitor*, ainda que Satoshi fosse o usuário que executou a concessão; assim, Amit manteria a *role instrutor*, mesmo depois que os privilégios de Satoshi fossem revogados.

4.7.7 Autorização em nível de linha

Os tipos de privilégios de autorização que estudamos se aplicam ao nível de relações ou *views*. Alguns sistemas de banco de dados oferecem mecanismos para uma autorização mais minuciosa, no nível das tuplas específicas dentro de uma relação.

Suponha, por exemplo, que queiramos permitir que um aluno veja seus próprios dados na relação *realiza*, mas não os de outros usuários. Essa restrição pode ser imposta por meio da autorização em nível de linha, caso o banco de dados a admita. A seguir, descrevemos a autorização em nível de linha no Oracle; PostgreSQL e SQL Server também aceitam a autorização em nível de linha usando um mecanismo conceitualmente semelhante, mas com uma sintaxe diferente.

O recurso Virtual Private Database (VPD) do Oracle admite a autorização em nível de linha da seguinte forma. Ele permite que um administrador do sistema associe uma função a uma relação; a função retorna um predicado que é acrescentado automaticamente a qualquer consulta que usa a relação. O predicado pode usar a função **sys_context**, que retorna o identificador do usuário em favor do qual uma consulta está sendo executada. Para o nosso exemplo de alunos acessando seus dados na relação *realiza*, especificaríamos o seguinte predicado para ser associado à relação *realiza*:

ID = **sys_context** ('USERENV', 'SESSION USER')

Esse predicado é acrescentado pelo sistema à cláusula **where** de cada consulta que utiliza a relação *realiza*. Como resultado, cada aluno só pode ver as tuplas de *realiza* cujo valor de ID corresponda à sua ID.

O VPD oferece autorização no nível de tuplas ou linhas específicas de uma relação e, portanto, é considerado um mecanismo de **autorização em nível de linha**. Uma armadilha em potencial com a inclusão de um predicado conforme descrito aqui é que ele pode mudar o significado de uma consulta significativamente. Por exemplo, se um usuário escrevesse uma consulta para achar a nota média dentre todos os cursos, ele acabaria obtendo a média de *suas* notas, e não de todas as notas. Embora o sistema dê a resposta "certa" para a consulta reescrita, essa resposta não corresponderia à consulta que o usuário achou que estava submetendo.

4.8 Resumo

- A SQL aceita vários tipos de *joins*, incluindo *natural*, *inner* e *outer joins*, e vários tipos de condições de *join*.
  - O *natural join* oferece um modo simples de escrever consultas juntando várias relações, na qual um predicado **where** de outra forma igualaria os atributos com os nomes correspondentes de cada relação. Essa conveniência ocasiona o risco de mudança da semântica da consulta se um novo atributo for acrescentado ao esquema.
  - A construção **join-using** oferece um modo simples de escrever consultas juntando várias relações onde se deseja a igualdade para alguns, mas não necessariamente para todos os atributos com os mesmos nomes.
  - A construção **join-on** oferece um modo de incluir um predicado de *join* na cláusula **from**.
  - O *outer join* oferece um meio de reter tuplas que, em razão de um predicado de *join* (seja ele um *join* natural, *join-using* ou *join-on*), de outra forma não apareceriam em lugar algum na relação resultante. As tuplas retidas são preenchidas com valores nulos de modo a se adequarem ao esquema do resultado.
- *Views* de relações podem ser definidas como relações contendo o resultado de consultas. As *views* são úteis para ocultar informações desnecessárias e para reunir informações de mais de uma relação em uma única *view*.
- As transações são uma sequência de consultas e atualizações que, juntas, executam uma tarefa. As transações podem ser confirmadas ou revertidas; quando uma transação é revertida, os efeitos de todas as atualizações realizadas pela transação são desfeitos.
- As restrições de integridade garantem que as mudanças feitas no banco de dados por usuários autorizados não resultem em uma perda de consistência de dados.
- As restrições de integridade referencial garantem que um valor que aparece em uma relação para determinado conjunto de atributos também apareça para certo conjunto de atributos em outra relação.
- As restrições de domínio especificam o conjunto de valores possíveis que podem estar associados a um atributo. Essas restrições também podem proibir o uso de valores nulos para determinados atributos.
- Assertivas (*assertions*) são expressões declarativas que indicam predicados que sempre deverão ser verdadeiros.
- A linguagem de definição de dados SQL oferece suporte para a definição de tipos de domínio internos, como **date** e **time**, bem como tipos de domínio definidos pelo usuário.
- Os índices são importantes para o processamento eficiente das consultas, bem como para a imposição eficiente das restrições de integridade. Embora não fazendo parte do padrão SQL, os comandos SQL para a criação de índices são aceitos pela maioria dos sistemas de banco de dados.
- Os mecanismos de autorização da SQL permitem que alguém diferencie entre os usuários do banco de dados com relação ao tipo de acesso a que eles têm nos diversos valores de dados no banco de dados.
- As *roles* (papéis) permitem a atribuição de um conjunto de privilégios a um usuário de acordo com o papel que o usuário desempenha na organização.

Termos de revisão

- Tipos de *join*
  - Natural join
  - Inner join com **using** e **on**
  - Left, right e full outer join
  - Outer join com **using** e **on**
- Definição de *view*
  - *Views* materializadas
  - Manutenção de *view*
  - Atualização de *view*
- Transações
  - Commit work
  - Rollback work
  - Transação atômica

- Restrições
  - Restrições de integridade
  - Restrições de domínio
  - Restrição unique
  - Cláusula check
  - Integridade referencial
    - Exclusões em cascata
    - Atualizações em cascata
  - Assertivas (*assertions*)
- Tipos de dados
  - Tipos *date* e *time*
  - Valores padrão
  - Objetos grandes
    - clob
    - blob
  - Tipos definidos pelo usuário
  - Tipos distintos
  - Domínios
  - Conversões de tipo
- Catálogos
- Esquemas
- Índices
- Privilégios
  - Tipos de privilégios
    - **select**
    - **insert**
    - **update**
  - Concessão de privilégios
  - Revogação de privilégios
  - Privilégio para conceder privilégios
  - Opção **grant**
- *Roles*
- Autorização sobre *views*
- Autorização de execução
- Privilégios *invoker*
- Autorização em nível de linha
- Virtual Private Database (VPD)

Exercícios práticos

4.1 Considere a seguinte consulta SQL, que visa a achar uma lista de títulos de todos os cursos ministrados na primavera de 2017 juntamente com o nome do instrutor.

select *nome, título*
from *instrutor* **natural join** *ministra* **natural join**
    seção **natural join** *curso*
where *semestre* = 'Spring' **and** *ano* = 2017

O que há de errado com essa consulta?

4.2 Escreva as seguintes consultas em SQL:

a. Gere uma lista de todos os instrutores, mostrando suas IDs, nomes e número de seções que eles ministraram. Não se esqueça de mostrar o número de seções como zero para os instrutores que não ministraram nenhuma seção. Sua consulta deverá usar **outer join** e não empregar subconsultas.

b. Escreva a mesma consulta do item (b), mas usando uma subconsulta escalar, sem *outer join*.

c. Gere a lista de todas as seções de curso oferecidas na primavera de 2018, juntamente com IDs e nomes dos instrutores ministrando as seções. Se uma seção tiver mais de um instrutor, ela deverá aparecer uma vez no resultado para cada instrutor. Se não tiver instrutor algum, ela ainda deverá aparecer no resultado, com o nome do instrutor definido como "–".

d. Gere a lista de todos os departamentos, com o número total de instrutores em cada departamento, sem usar subconsultas. Mostre os departamentos que não possuem instrutores, informando que a quantidade de instrutores é zero.

4.3 Expressões *outer join* podem ser criadas em SQL sem usar a operação **outer join** da SQL. Para ilustrar esse fato, mostre como reescrever cada uma das seguintes consultas SQL sem usar a expressão **outer join**.

a. **select** * **from** *aluno* **natural left outer join** *realiza.*

b. **select** * **from** *aluno* **natural full outer join** *realiza.*

4.4 Suponha que tenhamos três relações *r*(*A*, *B*), *s*(*B*, *C*) e *t*(*B*, *D*), com todos os atributos declarados como **not null**. Considere as expressões

a. Mostre casos de relações *r*, *s* e *t* tais que, no resultado de (*r* **natural left outer join** *s*) **natural left outer join** *t*, o atributo *C* tenha valor nulo, mas o atributo *D* tenha valor não nulo.

b. Existem instâncias de *r*, *s* e *t* tais que o resultado de *r* **natural left outer join** (*s* **natural left outer join** *t*) tenha um valor nulo para *C*, mas um valor não nulo para *D*? Explique sua resposta.

4.5 Testando consultas SQL: Para testar se uma consulta especificada em português foi escrita corretamente em SQL, a consulta SQL normalmente é executada em vários bancos de dados de teste e alguém verifica se o resultado da consulta em cada banco de dados de teste corresponde à intenção da especificação em português.

a. Na Seção 4.1.1, vimos um exemplo de consulta SQL errônea que tinha por finalidade descobrir quais cursos foram ministrados por cada instrutor; a consulta calculava a junção natural de *instrutor*, *ministra* e *curso*, e, como resultado, igualava não intencionalmente o atributo *nome_dept* de *instrutor* e *curso*. Dê um exemplo de um conjunto de dados que ajudaria a detectar esse erro em particular.

b. Ao criar bancos de dados de teste, é importante criar tuplas em relações referenciadas que não possuem nenhuma tupla correspondente na relação referenciadora para cada chave estrangeira. Explique o motivo, usando uma consulta de exemplo sobre o banco de dados de universidade.

c. Ao criar bancos de dados de teste, é importante criar tuplas com valores nulos para atributos de chave estrangeira, desde que os atributos possam receber valores nulos (a SQL permite que atributos de chave estrangeira assumam valores nulos, desde que não façam parte da chave primária e não tenham sido declarados como **not null**). Explique o motivo, usando uma consulta de exemplo sobre o banco de dados de universidade.

Dica: use as consultas do Exercício Prático 4.2.

4.6 Mostre como definir a *view notas_aluno* (*ID*, *CR*) dando o coeficiente de rendimentos (CR) de cada aluno, com base na consulta do Exercício Prático 3.2; lembre-se de que usamos uma relação *nota_pontos*(<u>*nota*</u>, *pontos*) para chegar aos pontos numéricos associados a uma nota por letra. Cuide para que sua definição de *view* trate corretamente do caso de valores *null* para o atributo *nota* da relação *realiza*.

4.7 Considere o banco de dados relacional da Figura 4.12. Dê uma definição DDL SQL desse banco de dados. Identifique as restrições de integridade referencial que devem ser mantidas e inclua-as na definição DDL.

4.8 Como foi discutido na Seção 4.4.8, esperamos que a restrição "um instrutor não pode ministrar seções em duas salas de aula diferentes em um semestre no mesmo período de tempo" seja mantida.

a. Escreva uma consulta SQL que retorne todas as combinações (*instrutor*, *seção*) que violam essa restrição.

b. Escreva uma assertiva SQL para impor essa restrição (como foi discutido na Seção 4.4.8, os sistemas de banco de dados da geração atual não aceitam tais assertivas, embora elas façam parte do padrão SQL).

4.9 A SQL permite que uma dependência de chave estrangeira se refira à mesma relação, como no exemplo a seguir:

```
create table gerente
    (ID_empregado   char(20),
     ID_gerente     char(20),
     primary key ID_empregado,
     foreign key (ID_gerente) references
              gerente(ID_empregado)
              on delete cascade)
```

Aqui, *ID_empregado* é uma chave para a tabela *gerente*, significando que cada empregado tem, no máximo, um gerente. A cláusula **foreign key** exige que cada gerente também seja um empregado. Explique exatamente o que acontece quando uma tupla na relação *gerente* é excluída.

4.10 Dadas as relações *a*(*nome*, *endereço*, *título*) e *b*(*nome*, *endereço*, *salário*), mostre como expressar *a* **natural full outer join** *b* usando a operação **full outer-join** com uma condição **on** em vez de usar a sintaxe de **natural join**. Isso pode ser feito usando a operação **coalesce**. Cuide para que a relação resultante não contenha duas cópias dos atributos *nome* e *endereço*, e que a solução esteja correta mesmo que algumas tuplas em *a* e *b* tenham valores nulos para os atributos *nome* ou *endereço*.

4.11 Os sistemas operacionais normalmente oferecem apenas dois tipos de controle de autorização para arquivos de dados: acesso de leitura e acesso de escrita. Por que os sistemas de banco de dados oferecem tantos tipos de autorização?

4.12 Suponha que um usuário queira conceder acesso **select** sobre uma relação para outro usuário. Por que o usuário deve incluir (ou não incluir) a cláusula **grant by current role** na instrução **grant**?

empregado (<u>*ID*</u>, *nome_empregado, rua, cidade*)
trabalha (<u>*ID*</u>, *nome_empresa, salário*)
empresa (<u>*nome_empresa*</u>, *cidade*)
gerencia (<u>*ID*</u>, *id_gerente*)

Figura 4.12 Banco de dados de empregados.

4.13 Considere uma *view* *v* cuja definição faz referência apenas à relação *r*.

- Se um usuário recebe autorização de **select** sobre *v*, esse usuário precisa ter autorização de **select** sobre *r* também? Por quê?
- Se um usuário recebe autorização de **update** sobre *v*, esse usuário precisa ter autorização de **update** sobre *r* também? Por quê?
- Dê um exemplo de uma operação **insert** sobre uma *view* *v* para acrescentar uma tupla *t* que não é visível no resultado de **select** * **from** *v*. Explique sua resposta.

Exercícios

4.14 Considere a consulta

select *id_curso, semestre, ano, id_sec,* **avg** (*tot_cred*)
from *realiza* **natural join** *aluno*
where *ano* = 2017
group by *id_curso, semestre, ano, id_sec*
having count (*ID*) >= 2;

Explique por que a inclusão de **natural join** *seção* na cláusula **from** não mudaria o resultado.

4.15 Reescreva a consulta

select *
from *seção* **natural join** *sala*

sem usar um **natural join**, mas usando em vez disso um **inner join** com uma condição **using**.

4.16 Escreva uma consulta SQL usando o esquema de universidade para achar a ID de cada aluno que nunca realizou um curso na universidade. Faça isso sem usar subconsultas nem operações de conjunto (use um *outer join*).

4.17 Expresse a seguinte consulta em SQL sem usar subconsultas nem operações de conjunto.

select *ID*
from *aluno*
except
select *id_aluno*
from *mentor*
where *ID_inst* **is not null**

4.18 Para o banco de dados da Figura 4.12, escreva uma consulta para achar a ID de cada empregado sem gerente. Observe que um empregado pode simplesmente não ter um gerente listado ou pode ter um gerente *null*. Escreva sua consulta usando uma *outer join* e, depois, escreva-a novamente sem usar nenhuma *outer join*.

4.19 Sob quais circunstâncias a consulta

select *
from *aluno* **natural full outer join** *realiza*
natural full outer join *curso*

inclui tuplas com valores nulos para o atributo *título*?

4.20 Mostre como definir uma *view* *tot_créditos* (*ano, num_créditos*), dando o número total de créditos obtidos por alunos em cada ano.

4.21 Para a *view* do Exercício 4.18, explique por que o sistema de banco de dados não permitiria que uma tupla fosse inserida no banco de dados por meio dessa *view*.

4.22 Mostre como expressar a operação **coalesce** usando a construção **case**.

4.23 Explique por que, quando um gerente, digamos Satoshi, concede uma autorização, o **grant** deve ser emitido pela *role* do gerente, e não pelo usuário Satoshi.

4.24 Suponha que o usuário *A*, que tem todos os privilégios de autorização sobre uma relação *r*, conceda **select** sobre a relação *r* para **public** *with grant option*. Suponha que o usuário *B*, depois, conceda **select** sobre *r* para *A*. Isso causaria um ciclo no grafo de autorização? Explique o motivo.

4.25 Suponha que um usuário crie uma relação *r*1, com uma chave estrangeira referenciando outra relação *r*2. Que privilégio de autorização o usuário precisa ter sobre *r*2? Por que isso não seria simplesmente permitido sem nenhuma autorização desse tipo?

4.26 Explique a diferença entre restrições de integridade e restrições de autorização.

Leitura adicional

As referências gerais sobre SQL foram dadas no Capítulo 3. Como já vimos, muitos sistemas implementam recursos de uma forma fora do padrão e, por esse motivo, um guia essencial é uma referência específica para o sistema de banco de dados que você está usando. A maioria dos fornecedores também oferece bastante suporte na Web.

As regras usadas pela SQL para determinar a possibilidade de atualização de uma *view* e o modo como as atualizações são refletidas nas relações básicas do banco de dados estão definidos pelo padrão SQL:1999 e resumidos em Melton e Simon (2001).

As propostas originais da SQL para assertivas vêm de Astrahan *et al.* (1976), Chamberlin *et al.* (1976) e Chamberlin *et al.* (1981).

Bibliografia

ASTRAHAN, M. M. *et al.* "System R: relational approach to data base management". *ACM Transactions on Database Systems*, 1(2), p. 97-137, 1976.

CHAMBERLIN, D. D. *et al.* "SEQUEL 2: a unified approach to data definition, manipulation, and control". *IBM Journal of Research and Development*, 20(6), p. 560-575, 1976.

CHAMBERLIN, D. D. *et al.* "A history and evaluation of system R". *Communications of the ACM*, 24(10), p. 632-646, 1981.

MELTON, J.; SIMON, A. R. *SQL:1999* – understanding relational language components. Massachusetts: Morgan Kaufmann, 2001.

Créditos

A foto dos barcos no início do capítulo pertence a
© dimaberkut | 123rf.com

CAPÍTULO 5

SQL avançada

Nos Capítulos 3 e 4, oferecemos uma cobertura detalhada da estrutura básica da SQL. Neste capítulo, primeiro focalizamos a questão de como acessar a SQL a partir de uma linguagem de programação de uso geral, o que é muito importante para a criação de aplicações que usam um banco de dados para gerenciar dados. Em seguida, descrevemos alguns dos recursos mais avançados da SQL, começando com o modo como o código procedural pode ser executado dentro do banco de dados, seja estendendo a linguagem SQL para aceitar ações procedurais ou permitindo que funções definidas nas linguagens procedurais sejam executadas dentro do banco de dados. Descrevemos as *triggers*, que podem ser usadas para especificar ações a serem executadas automaticamente em certos eventos, como inserção, exclusão ou atualização de tuplas em uma relação especificada. Por fim, discutimos as consultas recursivas e recursos de agregação avançados, aceitos pela SQL.

5.1 Acessando a SQL por uma linguagem de programação

A SQL oferece uma poderosa linguagem de consulta declarativa. Escrever consultas em SQL normalmente é muito mais fácil do que codificar as mesmas consultas em uma linguagem de programação de uso geral. Porém, um programador de banco de dados precisa ter acesso a uma linguagem de programação de uso geral pelo menos por dois motivos:

1. Nem todas as consultas podem ser expressas em SQL, pois a SQL não oferece o completo poder expressivo de uma linguagem de uso geral. Ou seja, existem consultas que podem ser expressas em uma linguagem como C, Java ou Python, que não podem ser expressas em SQL. Para escrever tais consultas, podemos embutir a SQL dentro de uma linguagem mais poderosa.
2. Ações não declarativas – como imprimir um relatório, interagir com um usuário ou enviar os resultados de uma consulta a uma interface gráfica com o usuário – não podem ser realizadas dentro da SQL. As aplicações normalmente possuem vários componentes, e a consulta ou atualização de dados representa apenas um componente; outros componentes são escritos nas linguagens de programação de uso geral. Para uma aplicação integrada, é preciso haver um meio de combinar a SQL com uma linguagem de programação de uso geral.

Existem duas técnicas para acessar a SQL por uma linguagem de programação de uso geral:

1. **SQL dinâmica**: Um programa de uso geral pode se conectar a um servidor de banco de dados e se comunicar com ele usando uma coleção de funções (para linguagens procedurais) ou métodos (para linguagens orientadas a objeto). A SQL dinâmica permite que o programa construa uma consulta SQL como uma string de caracteres em tempo de execução, submeta a consulta e, depois, tome o resultado em variáveis do programa, uma tupla de cada vez. O componente de *SQL dinâmica* da SQL permite que os programas construam e submetam consultas SQL em tempo de execução.

   Neste capítulo, examinamos dois padrões para a conexão com um banco de dados SQL e a execução de consultas e atualizações. Um, o JDBC (Seção 5.1.1), é uma interface de programa aplicativo (*application program interface*) para a linguagem Java. O outro, o ODBC (Seção 5.1.3), é uma interface de programa aplicativo desenvolvida originalmente para a linguagem C e, mais tarde, estendida para outras linguagens, como C++, C#, Ruby, Go, PHP e Visual Basic. Também ilustramos como os programas escritos em Python podem se conectar a um banco de dados usando a API Python Database (Seção 5.1.2).

   A API ADO.NET, projetada para as linguagens Visual Basic .NET e C#, oferece funções para acessar dados, que, em um alto nível, são semelhantes às funções do JDBC, embora os detalhes sejam diferentes. A API ADO.NET também pode ser usada com alguns tipos de fontes de dados não relacionais. Os detalhes da ADO.NET poderão ser encontrados nos manuais disponíveis *on-line*, e não serão mais explicados neste capítulo.
2. **SQL embutida**: Assim como a SQL dinâmica, a SQL embutida oferece um meio pelo qual um programa pode interagir com um servidor de banco de dados. Porém, sob a SQL embutida, os comandos SQL são identificados durante a compilação usando um pré-processador, que traduz as solicitações expressas na SQL embutida

para chamadas de função. Em tempo de execução, essas chamadas de função se conectam ao banco de dados usando uma API que oferece facilidades de SQL dinâmica, mas que pode ser específica ao banco de dados sendo utilizado. A Seção 5.1.4 explica a SQL embutida de forma resumida.

Um desafio importante na mistura de SQL com uma linguagem de uso geral é a divergência das formas como essas linguagens manipulam os dados. Em SQL, o tipo de dado principal é uma relação. Os comandos SQL operam sobre relações e retornam relações como resultado. As linguagens de programação normalmente operam sobre uma variável de cada vez, e essas variáveis correspondem, aproximadamente, ao valor de um atributo em uma tupla de uma relação. Assim, a integração desses dois tipos de linguagens em uma única aplicação exige que se forneça um mecanismo para retornar o resultado de uma consulta de maneira tal que o programa possa tratá-lo.

Outros exemplos nesta seção assumem que estamos acessando um banco de dados em um servidor que executa um sistema de banco de dados. Uma abordagem alternativa, usando um **banco de dados embutido**, é discutida na Nota 5.1.

5.1.1 JDBC

O padrão **JDBC** define uma **interface de programa aplicativo (Application Program Interface – API)** que os programas em Java podem utilizar para se conectar a servidores de banco de dados. (JDBC, originalmente, foi uma abreviação para **Java Database Connectivity**, mas a forma por extenso não é mais utilizada.)

A Figura 5.1 mostra, em Java, um código de exemplo que usa a interface JDBC. O programa em Java precisa importar java.sql.*, que contém as definições de interface para a funcionalidade oferecida pela JDBC.

5.1.1.1 Conectando ao banco de dados

O primeiro passo ao acessar um banco de dados a partir de um programa em Java é abrir uma conexão com o banco de dados. Essa etapa é necessária para selecionar qual banco de dados usar, por exemplo, uma instância do Oracle rodando na sua máquina ou um banco de dados PostgreSQL rodando em outra máquina. Somente depois de abrir uma conexão é que um programa em Java pode executar comandos SQL.

```
public static void JDBCexample(String userid, String passwd)
{
    try (
        Connection conn = DriverManager.getConnection(
                "jdbc:oracle:thin:@db.yale.edu:1521:univdb",
                userid, passwd);
        Statement stmt = conn.createStatement();
    ) {
        try {
            stmt.executeUpdate(
                "insert into instrutor values('77987', 'Kim','Physics',98000)");
        }
        catch ( SQLException sqle) {
            System.out.println("Erro ao inserir a tupla."+sqle);
        }
        ResultSet rset = stmt.executeQuery(
                "select nome_dept, avg (salário) "+
                " from instrutor "+
                " group by nome_dept");
        while (rset.next()) {
            System.out.println(rset.getString("nome_dept") + " " +
                    rset.getFloat(2));
        }
    }
    catch (Exception sqle)
    {
        System.out.println("Exceção: " + sqle);
    }
}
```

Figura 5.1 Exemplo de código JDBC.

Uma conexão é aberta usando o método getConnection() da classe DriverManager (dentro de java.sql). Esse método usa três parâmetros.[1]

1. O primeiro parâmetro para a chamada getConnection() é uma string que especifica o URL ou nome da máquina, onde o servidor é executado (em nosso exemplo, db.yale.edu), possivelmente com alguma outra informação, como o protocolo a ser usado para a comunicação com o banco de dados (em nosso exemplo, jdbc:oracle:thin:; logo veremos por que isso é necessário), o número de porta que o sistema de banco de dados usa para a comunicação (em nosso exemplo, 2000) e o banco de dados específico no servidor a ser utilizado (em nosso exemplo, univdb). Observe que a JDBC especifica apenas a API, e não o protocolo de comunicação. Um *driver* JDBC pode admitir vários protocolos, e precisamos especificar um que seja aceito pelo banco de dados e pelo *driver*. Os detalhes do protocolo são específicos do fornecedor.
2. O segundo parâmetro de getConnection() é um identificador de usuário do banco de dados, que é uma string.
3. O terceiro parâmetro é uma senha, que também é uma string. (Observe que a necessidade de especificar uma senha dentro do código JDBC apresenta um risco à segurança, se uma pessoa não autorizada acessar seu código Java.)

Em nosso exemplo na figura, criamos um objeto Connection cujo *handle* é conn.

Cada produto de banco de dados que aceita JDBC (todos os principais fornecedores de banco de dados aceitam) oferece um *driver* JDBC que deve ser carregado dinamicamente para poder acessar o banco de dados a partir da linguagem Java. De fato, carregar o *driver* é algo que precisa ser feito em primeiro lugar, antes da conexão com o banco de dados. Se o *driver* apropriado tiver sido baixado do *site* do fornecedor e estiver na *classpath*, o método getConnection() localizará o *driver* necessário.[2] O *driver* providencia a tradução das chamadas JDBC independentes do produto para as chamadas específicas necessárias pelo sistema de gerenciamento de banco de dados sendo usado. O protocolo real usado para trocar informações com o banco de dados depende do *driver* usado, e não é definido pelo padrão JDBC. Alguns *drivers* têm suporte para mais de um protocolo, e um protocolo adequado deverá ser escolhido dependendo do protocolo aceito pelo banco de dados ao qual você está se conectando. Em nosso exemplo, ao abrir uma conexão com o banco de dados, a string jdbc:oracle:thin: especifica um protocolo em particular aceito pelo Oracle. O equivalente para MySQL é jdbc:mysql:.

[1]Existem diversas versões do método getConnection(), que diferem nos parâmetros que aceitam. Apresentamos a versão mais comum.

[2]Antes da versão 4, a localização do *driver* era feita manualmente, chamando Class.forName com um argumento especificando uma classe concreta implementando a interface java.sql.Driver, em uma linha de código antes da chamada getConnection.

5.1.1.2 Enviando comandos SQL ao sistema de banco de dados

Uma vez que uma conexão com o banco de dados é aberta, o programa pode utilizá-la para enviar comandos SQL para serem executados pelo sistema de banco de dados. Isso é feito por meio de uma instância da classe Statement. Um objeto Statement não é o comando SQL em si, mas um objeto que permite ao programa Java chamar métodos que enviam um comando SQL como um argumento para execução pelo sistema de banco de dados. Nosso exemplo cria um *handle* de Statement (stmt) na conexão conn.

Para executar um comando, chamamos ou o método executeQuery() ou o método executeUpdate(), dependendo de o comando SQL ser uma consulta (e, portanto, retornar um conjunto de resultados) ou um comando não consulta, como **update**, **insert**, **delete**, **create table** etc. Em nosso exemplo, stmt.executeUpdate() executa um comando de atualização que insere valores na relação *instrutor*. Ele retorna um inteiro contendo o número de tuplas inseridas, atualizadas ou excluídas. Para comandos DDL, o valor de retorno é zero.

5.1.1.3 Exceções e gerenciamento de recursos

A execução de qualquer método SQL poderia resultar no levantamento de uma exceção. A construção try {...} catch {...} nos permite capturar quaisquer exceções (condições de erro) que surjam quando são feitas chamadas JDBC e tomar a ação adequada. Na programação JDBC, pode ser útil diferenciar entre uma SQLexception, que é uma exceção específica da SQL, e o caso geral de uma Exception, que poderia ser qualquer exceção Java, como uma exceção de ponteiro nulo ou uma exceção de índice de *array* fora dos limites. Ambos são ilustrados na Figura 5.1. Na prática, seriam escritos manipuladores de exceção mais completos do que os que escrevemos (para economizar espaço) em nosso exemplo de código.

Abrir uma conexão, um comando e outros objetos JDBC são ações que consomem recursos do sistema. Os programadores precisam tomar cuidado de garantir que os programas fechem todos esses recursos. Se isso não for feito, os *pools* de recursos do sistema de banco de dados podem se esgotar, tornando o sistema inacessível ou inoperante até que se passe um período de tempo definido. Um modo de fazer isso é codificar chamadas explícitas para fechar conexões e comandos. Essa técnica é causa de problemas se o código sair em face de uma exceção e, ao fazer isso, evitar a instrução Java que realiza o fechamento. Por esse motivo, o método preferido é usar a construção *try-with-resources* em Java. No exemplo da Figura 5.1, a abertura dos objetos de conexão e comando é feita dentro de parênteses, em vez de no corpo principal do try entre chaves. Os recursos abertos no código dentro dos parênteses são fechados automaticamente no final do bloco try. Isso nos protege de deixar conexões ou comandos abertos. Como o fechamento de um comando fecha implicitamente os objetos abertos para esse comando (por exemplo, os objetos ResultSet que discutiremos na próxima seção), essa prática

```
PreparedStatement pStmt = conn.prepareStatement(
        "insert into instrutor values(?,?,?,?)");
pStmt.setString(1, "88877");
pStmt.setString(2, "Perry");
pStmt.setString(3, "Finance");
pStmt.setInt(4, 125000);
pStmt.executeUpdate();
pStmt.setString(1, "88878");
pStmt.executeUpdate();
```

Figura 5.2 Comandos preparados no código JDBC.

de codificação nos protege de deixar os recursos abertos.[3] No exemplo da Figura 5.1, poderíamos ter fechado a conexão explicitamente com o comando conn.close() e fechado o comando explicitamente com stmt.close(), embora isso não fosse necessário nesse exemplo.

5.1.1.4 Recuperando o resultado de uma consulta

O código de exemplo da Figura 5.1 executa uma consulta usando stmt.executeQuery(). Ele recupera o conjunto de tuplas do resultado em um objeto ResultSet, que chamamos de rset, e busca uma tupla de cada vez. O método next() aplicado ao conjunto de resultados testa se ainda existe pelo menos uma tupla não buscada no conjunto de resultados e, se houver, busca-a. O valor de retorno do método next() é um valor booleano indicando se ele buscou uma tupla. Os atributos da tupla buscada são recuperados com vários métodos cujos nomes começam com get. O método getString() pode recuperar qualquer um dos tipos básicos da SQL (convertendo o valor para um objeto String da Java), porém, métodos mais restritivos, como getFloat, também podem ser usados. O argumento dos diversos métodos get pode ser um nome de atributo especificado como uma string ou um inteiro indicando a posição do atributo desejado dentro da tupla. A Figura 5.1 mostra duas maneiras de recuperar os valores dos atributos em uma tupla: usando o nome do atributo (*nome_dept*) e usando a posição do atributo (2, para indicar o segundo atributo).

5.1.1.5 Comandos preparados

Podemos criar um comando preparado, em que alguns valores são substituídos por "?", especificando, assim, que os valores reais serão fornecidos depois. O sistema de banco de dados compila a consulta quando ela estiver preparada. Toda vez que uma consulta é executada (com novos valores para substituir os "?"), o sistema de banco de dados pode reutilizar a forma previamente compilada da consulta e aplicar os novos valores como parâmetros. O fragmento de código na Figura 5.2 mostra como os comandos preparados podem ser usados.

O método prepareStatement() da classe Connection define uma consulta que pode conter valores de parâmetro; alguns *drivers* JDBC podem submeter a consulta ao banco de dados para compilação como parte do método, mas outros *drivers* não fazem contato com o banco de dados nesse ponto. O método retorna um objeto da classe PreparedStatement. Nesse ponto, nenhum comando SQL foi executado. Os métodos executeQuery() e executeUpdate() da classe PreparedStatement fazem isso. Porém, antes que possam ser chamados, temos que usar métodos da classe PreparedStatement que atribuem valores para os parâmetros "?". O método setString() e outros métodos semelhantes para outros tipos SQL básicos, como setInt(), nos permitem especificar os valores para os parâmetros. O primeiro argumento especifica o número de sequência do parâmetro "?" para o qual estamos atribuindo o valor (o primeiro parâmetro é um, diferentemente da maioria das outras construções em Java, que começam com zero). O segundo argumento especifica o valor a ser atribuído.

No exemplo da Figura 5.2, preparamos um comando **insert**, definimos os parâmetros "?" e depois chamamos executeUpdate(). As duas últimas linhas do nosso exemplo mostram que as atribuições de parâmetro permanecem inalteradas até que sejam especificamente reatribuídas. Assim, o último comando, que chama executeUpdate(), insere a tupla ("88878", "Perry", "Finance", 125000).

Os comandos preparados permitem a execução mais eficiente em casos em que uma mesma consulta pode ser compilada uma vez e depois executada várias vezes com diferentes valores de parâmetro. Porém, existe uma vantagem ainda mais significativa dos comandos preparados, que os torna o método preferido para executar consultas SQL sempre que um valor inserido pelo usuário é utilizado, mesmo que a consulta deva ser executada apenas uma vez. Suponha que leiamos um valor digitado pelo usuário e depois usemos a manipulação de strings Java para construir o comando SQL. Se o usuário digitar certos caracteres especiais, como um apóstrofo, o comando SQL resultante poderá estar sintaticamente incorreto, a menos que tomemos o cuidado extra de verificar a entrada. O método setString() faz isso para nós automaticamente e insere os caracteres de escape necessários para garantir a exatidão sintática.

[3] Esse recurso da Java, chamado *try-with-resources*, foi introduzido em Java 7.

Em nosso exemplo, suponha que os valores para as variáveis *ID*, *nome*, *nome_dept* e *salário* tenham sido digitados pelo usuário, e uma linha correspondente seja inserida na relação *instrutor*. Suponha que, em vez de usar um comando preparado, uma consulta seja construída concatenando as strings usando a seguinte expressão Java:

```
"insert into instructor values(' " + ID + " ' , ' " + nome + " ' , " +
" ' " nome_dept + " ' , " + salário + ")"
```

e a consulta seja executada diretamente usando o método executeQuery() de um objeto Statement. Observe o uso de apóstrofos na string, que cercariam os valores de *ID*, *nome* e *nome_dept* na consulta SQL gerada.

Agora, se o usuário digitasse um apóstrofo nos campos ID ou nome, a string de consulta teria um erro de sintaxe. É bem possível que um nome de instrutor tenha um apóstrofo em seu nome (por exemplo, "O'Henry").

Embora o exemplo anterior possa ser considerado um incômodo, a situação pode ser muito pior. Uma técnica, chamada **SQL injection** (ou injeção de SQL) pode ser usada por *hackers* maliciosos para roubar dados ou danificar o banco de dados.

Suponha que um programa Java receba como entrada uma string *nome* e construa a consulta:

```
"select * from instrutor where nome = ' "+ nome + " ' "
```

Se o usuário, em vez de digitar um nome, digitar

```
X' or 'Y' = 'Y
```

o comando resultante se torna

```
"select * from instrutor where nome = ' " +
"X' or 'Y' = 'Y" + " ' "
```

que é:

```
select * from instrutor where nome = 'X' or 'Y' = 'Y'
```

Na consulta resultante, a cláusula **where** é sempre verdadeira, e a relação inteira de instrutores é retornada.

Usuários maliciosos mais inteligentes conseguiriam extrair ainda mais dados, inclusive credenciais como senhas, que lhe permitiriam conectar com o banco de dados e realizar quaisquer ações que desejassem. Os ataques de SQL *injection* em comandos **update** podem ser usados para alterar os valores que estão sendo armazenados nas colunas atualizadas. De fato, tem havido muitos ataques no mundo real usando essa técnica; ataques em diversos *sites* financeiros resultaram no roubo de grandes somas de dinheiro com o uso de SQL *injection*.

O uso de um comando preparado impediria esse problema, pois a string de entrada teria caracteres de escape inseridos, de modo que a consulta resultante se tornaria:

```
"select * from instrutor where nome = 'X\' or \'Y\' = \'Y'
```

que é inofensiva e retorna um conjunto vazio.

Os programadores deverão passar strings de entradas pelo usuário ao banco de dados somente por meio dos parâmetros de comandos preparados; a criação de consultas SQL pela concatenação de strings com valores de entrada pelo usuário é um risco extremamente sério à segurança e nunca deve ser feito em programa algum.

Alguns sistemas de banco de dados permitem que vários comandos SQL sejam executados em um único método execute da JDBC, com os comandos separados por um sinal de ponto e vírgula. Esse recurso foi desativado como padrão em alguns *drivers* JDBC, pois permite que *hackers* maliciosos insiram comandos SQL inteiros usando SQL *injection*. Por exemplo, em nosso exemplo anterior de SQL *injection*, um usuário malicioso poderia digitar

```
X'; drop table instrutor; --
```

que resultaria em uma string de consulta com dois comandos separados por um sinal de ponto e vírgula sendo submetidos ao banco de dados. Como esses comandos são executados com os privilégios do *userid* do banco de dados usado pela conexão JDBC, comandos SQL devastadores, como **drop table**, poderiam ser executados. Entretanto, alguns bancos de dados ainda permitem a execução de vários comandos preparados, como vimos aqui; logo, é muito importante usar corretamente os comandos preparados para evitar o risco de SQL *injection*.

5.1.1.6 Comandos chamáveis (callable statements)

A JDBC também oferece uma interface CallableStatement, que permite a chamada de procedimentos armazenados (*stored procedures*) e funções da SQL (descritas mais adiante, na Seção 5.2). Ela desempenha o mesmo papel para funções e procedimentos que prepareStatement para consultas.

```
CallableStatement cStmt1 = conn.prepareCall
    ("{? = call uma_função(?)}");
CallableStatement cStmt2 = conn.prepareCall
    ("{call um_procedimento (?,?)}");
```

Os tipos de dados dos valores de retorno da função e dos parâmetros de saída dos procedimentos precisam ser registrados usando o método registerOutParameter() e podem ser recuperados usando métodos get semelhantes aos dos conjuntos de resultados. Veja mais detalhes em um manual de JDBC.

5.1.1.7 Recursos de metadados

Como já observamos, um programa aplicativo Java não inclui declarações para dados armazenados no banco de dados. Essas declarações fazem parte dos comandos DDL SQL. Portanto, um programa Java que usa JDBC precisa ter suposições a respeito do esquema de banco de dados codificadas no programa ou determinar essa informação diretamente do sistema de banco de dados durante a execução. Esta última técnica normalmente é preferível, pois torna o programa aplicativo mais resistente a mudanças no esquema do banco de dados.

Lembre-se de que, quando submetemos uma consulta usando o método executeQuery(), o resultado da consulta está contido em um objeto ResultSet. A interface ResultSet possui um método, getMetaData(), que retorna um objeto ResultSetMetaData contendo metadados sobre o conjunto de resultados. ResultSetMetaData, por sua vez, possui métodos para encontrar informações de metadados, como o número de colunas no resultado, o nome de uma coluna especificada ou o tipo de uma coluna especificada. Desse modo, podemos executar uma consulta mesmo que não tenhamos ideia do esquema do resultado.

O segmento de código Java a seguir usa JDBC para imprimir os nomes e tipos de todas as colunas de um conjunto de resultados. A variável rs no código a seguir refere-se a uma instância de ResultSet obtida executando uma consulta.

```
ResultSetMetaData rsmd = rs.getMetaData();
for(int i = 1; i <= rsmd.getColumnCount(); i++) {
    System.out.println(rsmd.getColumnName(i));
    System.out.println(rsmd.getColumnTypeName(i));
}
```

O método getColumnCount() retorna a aridade (número de atributos) da relação resultante. Isso nos permite percorrer cada atributo (observe que começamos com 1, como é a convenção na JDBC). Para cada atributo, recuperamos seu nome e tipo de dados usando os métodos getColumnName() e getColumnTypeName(), respectivamente.

A interface DatabaseMetaData oferece um modo de encontrar metadados sobre o banco de dados. A interface Connection tem um método getMetaData() que retorna um objeto DatabaseMetaData. A interface DatabaseMetaData, por sua vez, tem um número muito grande de métodos para obter metadados sobre o banco de dados e o sistema de banco de dados ao qual a aplicação está conectada.

Por exemplo, existem métodos que retornam o nome de produto e o número de versão do sistema de banco de dados. Outros métodos permitem que a aplicação consulte o sistema de banco de dados com relação aos seus recursos disponíveis.

Ainda outros métodos retornam informações sobre o próprio banco de dados. O código na Figura 5.3 ilustra como encontrar informações sobre colunas (atributos) das relações em um banco de dados. A variável conn se refere a um *handle* para uma conexão de banco de dados já aberta. O método getColumns() recebe quatro argumentos: um nome de catálogo (nulo significa que o nome do catálogo deve ser ignorado), um padrão de nome de esquema, um padrão de nome de tabela e um padrão de nome de coluna. Os padrões para nome do esquema, nome de tabela e nome de coluna podem ser usados para especificar um nome ou um padrão. Os padrões podem usar os caracteres especiais de combinação (*matching*) de strings da SQL ("%" e "_"); por exemplo, o padrão "%" combina com todos os nomes. Somente colunas de tabelas dos esquemas que satisfaçam o nome ou padrão especificado são recuperadas. Cada linha no conjunto de resultados contém informações sobre uma coluna. As linhas têm uma série de colunas, como o nome do catálogo, esquema, tabela e coluna, o tipo da coluna e assim por diante.

O método getTables() permite que se obtenha uma lista de todas as tabelas no banco de dados. Os três primeiros parâmetros de getTables() são os mesmos de getColumns(). O quarto parâmetro pode ser usado para restringir os tipos das tabelas retornadas; se for definido como nulo, são retornadas todas as tabelas, incluindo as tabelas internas do sistema, mas o parâmetro pode ser definido para restringir somente as tabelas retornadas que foram criadas pelo usuário.

Alguns exemplos de outros métodos fornecidos por DatabaseMetaData que oferecem informações sobre o banco de dados incluem aqueles para chaves primárias (getPrimaryKeys()), referências de chave estrangeira (getCrossReference()), autorizações, limites do banco de dados, como número máximo de conexões, e assim por diante.

As interfaces de metadados podem ser usadas para diversas tarefas. Por exemplo, elas podem ser usadas para escrever um navegador de banco de dados que permite que um usuário encontre as tabelas em um banco de dados, examine seu esquema, examine as linhas em uma tabela, aplique seleções para ver as linhas desejadas e assim por diante. A informação de metadados pode ser usada para tornar genérico o código usado para essas tarefas; por exemplo, o código para exibir as linhas em uma relação pode ser escrito de modo que funcione em todas as relações possíveis, independentemente de seu esquema. De modo semelhante, é possível escrever um código que apanhe uma string de consulta, execute a consulta e imprima o resultado como uma tabela formatada; o código pode funcionar independentemente da consulta real submetida.

```
DatabaseMetaData dbmd = conn.getMetaData();
ResultSet rs = dbmd.getColumns(null, "univdb", "departamento", "%");
    // Argumentos de getColumns:Catálogo,Padrão-de-esquema, Padrão-de-tabela,
    //        e Padrão-de-coluna
    // Retorna: Uma linha para cada coluna; a linha tem vários atributos,
    //        como COLUMN_NAME, TYPE_NAME
while( rs.next()) {
    System.out.println(rs.getString("COLUMN_NAME"),
            rs.getString("TYPE_NAME");
}
```

Figura 5.3 Procurando informações de coluna em JDBC usando DatabaseMetaData.

5.1.1.8 Outros recursos

A JDBC oferece uma série de outros recursos, como **conjuntos de resultados atualizáveis**. Ela pode criar um conjunto de resultados atualizável a partir de uma consulta que realiza uma seleção e/ou uma projeção sobre uma relação do banco de dados. Uma atualização de uma tupla no conjunto de resultados resulta em uma atualização na tupla correspondente da relação do banco de dados.

Lembre-se, da Seção 4.3, de que uma transação permite que várias ações sejam tratadas como uma única unidade indivisível, que pode ser confirmada ou revertida. Como padrão, cada comando SQL é tratado como uma transação separada, que é confirmada automaticamente. O método setAutoCommit() na interface JDBC Connection permite que esse comportamento seja ativado ou desativado. Assim, se conn é uma conexão aberta, conn.setAutoCommit(false) desativa a confirmação automática. As transações precisam então ser confirmadas ou revertidas explicitamente, usando conn.commit() ou conn.rollback(). conn.setAutoCommit (true) ativa a confirmação automática.

A JDBC oferece interfaces para lidar com objetos grandes sem exigir que um objeto grande inteiro seja criado na memória. Para buscar objetos grandes, a interface ResultSet oferece métodos getBlob() e getClob() que são semelhantes ao método getString(), mas retornam objetos do tipo Blob e Clob, respectivamente. Esses objetos não armazenam o objeto grande inteiro, mas sim "localizadores" para os objetos grandes, ou seja, ponteiros lógicos para o objeto grande real no banco de dados. A busca de dados desses objetos é muito semelhante à busca de dados de um arquivo ou um fluxo de entrada, e pode ser realizada usando métodos como getBytes() e getSubString().

Por outro lado, para armazenar objetos grandes no banco de dados, a classe PreparedStatement permite que uma coluna do banco de dados cujo tipo é **blob** seja ligada a um fluxo de entrada (como um arquivo que foi aberto) usando o método setBlob(int parameterIndex, InputStream inputStream). Quando o comando preparado é executado, os dados são lidos do fluxo de entrada e gravados no **blob** do banco de dados. De modo semelhante, uma coluna **clob** pode ser definida usando o método setClob(), cujos argumentos são um índice de parâmetro e um fluxo de caracteres.

A JDBC inclui um recurso de *conjunto de linhas* (*row set*), que permite que os conjuntos de resultados sejam coletados e enviados para outras aplicações. Os conjuntos de linhas podem ser varridos para a frente e para trás, e podem ser modificados.

5.1.2 Acesso ao banco de dados com Python

O acesso ao banco de dados pode ser feito com Python, conforme ilustrado pelo método mostrado na Figura 5.4. O comando contendo o **insert** mostra como usar o equivalente Python dos comandos preparados da JDBC, com parâmetros identificados na consulta SQL por "%s", e valores de parâmetro fornecidos como uma lista. As atualizações não são confirmadas no banco de dados automaticamente; o método commit() precisa ser chamado para confirmar uma atualização.

O bloco **try**:, **except** ...: mostra como apanhar exceção e imprimir informações sobre a exceção. O loop **for** ilustra como percorrer o resultado da execução de uma consulta e acessar atributos individuais de uma linha em particular.

O programa anterior usa o *driver* psycopg2, que permite a conexão com bancos de dados PostgreSQL e é importado na primeira linha do programa. Os *drivers* normalmente são

```
import psycopg2

def PythonDatabaseExample(userid, passwd)
    try:
        conn = psycopg2.connect( host="db.yale.edu", port=5432,
                    dbname="univdb", user=userid, password=passwd)
        cur = conn.cursor()
        try:
            cur.execute("insert into instrutor values(%s, %s, %s, %s)",
                        ("77987","Kim","Physics",98000))
            conn.commit();
        except Exception as sqle:
            print("Impossível inserir tupla.",sqle)
            conn.rollback()
        cur.execute( ("select nome_dept, avg (salário) "
                    " from instrutor group by dept nome"))
        for dept in cur:
            print dept[0], dept[1]
    except Exception as sqle:
        print("Exception : ", sqle)
```

Figura 5.4 Acesso ao banco de dados com Python.

específicos do banco de dados, com o *driver* MySQLdb para a conexão com o MySQL e cx_Oracle para a conexão com o Oracle; mas o *driver* pyodbc pode se conectar à maioria dos bancos de dados que oferecem suporte para ODBC. A API Python Database, usada no programa, é implementada por *drivers* para muitos bancos de dados, porém, de modo distinto da JDBC, existem pequenas diferenças na API por diferentes *drivers*, em particular nos parâmetros da função connect().

5.1.3 ODBC

O padrão Open Database Connectivity (ODBC) define uma API que as aplicações podem usar para abrir uma conexão com um banco de dados, enviar consultas e atualizações e obter resultados de volta. Aplicações como interfaces gráficas com o usuário, pacotes estatísticos e planilhas podem utilizar a mesma API ODBC para se conectarem a qualquer servidor de banco de dados que aceite ODBC.

A Figura 5.5 mostra um exemplo de código C usando a API ODBC. O primeiro passo no uso de ODBC para se comunicar com um servidor é estabelecer uma conexão com o servidor. Para fazer isso, o programa primeiro aloca um ambiente SQL, depois um *handle* de conexão com o banco de dados. O ODBC define os tipos HENV, HDBC e RETCODE. O programa, então, abre a conexão com o banco de dados usando SQLConnect. Essa chamada recebe vários parâmetros, incluindo o *handle* da conexão, o servidor ao qual será feita a conexão, o identificador do usuário e a senha para o banco de dados. A constante SQL_NTS indica que o argumento anterior é uma string terminada em nulo.

Quando a conexão é estabelecida, o programa pode enviar comandos SQL ao banco de dados usando SQLExecDirect. As variáveis da linguagem C podem ser vinculadas a atributos do resultado da consulta, de modo que, quando a tupla de resultados for buscada usando SQLFetch, os valores de

```
void ODBCexample()
{
    RETCODE error;
    HENV env; /* ambiente*/
    HDBC conn; /* conexão com o banco */

    SQLAllocEnv(&env);
    SQLAllocConnect(env, &conn);
    SQLConnect(conn, "db.yale.edu", SQL_NTS, "avi", SQL_NTS,
                "avipasswd", SQL_NTS);
    {
        char nome_dept[80];
        float salário;
        int lenOut1, lenOut2;
        HSTMT stmt;

        char * sqlquery = "select nome_dept, sum (salário)
                            from instrutor
                            group by nome_dept";
        SQLAllocStmt(conn, &stmt);
        error = SQLExecDirect(stmt, sqlquery, SQL NTS);
        if (error == SQL_SUCCESS) {
            SQLBindCol(stmt, 1, SQL_C_CHAR, nomedept, 80, &lenOut1);
            SQLBindCol(stmt, 2, SQL_C_FLOAT, &salary, 0 , &lenOut2);
            while (SQLFetch(stmt) == SQL_SUCCESS) {
                printf (" %s %g\n", nomedept, salário);
            }
        }
        SQLFreeStmt(stmt, SQL_DROP);
    }
    SQLDisconnec(conn);t
    SQLFreeConnect(conn);
    SQLFreeEnv(env);
}
```

Figura 5.5 Exemplo de código ODBC.

seus atributos serão armazenados nas variáveis C correspondentes. A função SQLBindCol realiza essa tarefa; o segundo argumento identifica a posição do atributo no resultado da consulta, e o terceiro argumento indica a conversão de tipo exigida da SQL para C. O próximo argumento indica o endereço da variável. Para tipos de comprimento variável, como *arrays* de caracteres, os dois últimos argumentos indicam o comprimento máximo da variável e um local onde o comprimento real deve ser armazenado quando uma tupla for apanhada. Um valor negativo retornado no campo de comprimento indica que o valor é **null**. Para tipos de comprimento fixo, como *integer* ou *float*, o campo de comprimento máximo é ignorado, enquanto um valor negativo retornado nesse campo indica um valor nulo.

O comando SQLFetch está em um loop **while** que é executado até que SQLFetch retorne um valor diferente de SQL_SUCCESS. A cada busca, o programa armazena os valores nas variáveis C especificadas pelas chamadas a SQLBindCol e exibe esses valores.

Ao final da sessão, o programa libera o *handle* do comando, desconecta-se do banco de dados e libera os *handles* da conexão e do ambiente SQL. Um bom estilo de programação exige que o resultado de cada chamada de função deva ser verificado para garantir que não haja erros; omitimos a maior parte dessas verificações por questão de espaço.

É possível criar um comando SQL com parâmetros; por exemplo, considere o comando insert into departamento values (?,?,?). Os pontos de interrogação são marcadores de lugar para os valores que serão fornecidos mais adiante. Esse comando pode ser "preparado", ou seja, compilado no banco de dados, e executado repetidamente, ao serem fornecidos os valores reais para os marcadores – nesse caso, ao serem fornecidos um nome de departamento, prédio e orçamento para a relação *departamento*.

O ODBC define funções para diversas tarefas, como localizar todas as relações no banco de dados e localizar os nomes e tipos das colunas de um resultado de consulta ou de uma relação no banco de dados.

Como padrão, cada comando SQL é tratado como uma transação separada, que é confirmada automaticamente. O SQLSetConnectOption(conn, SQL_AUTOCOMMIT, 0) desativa a confirmação automática na conexão conn, e as transações precisam então ser confirmadas explicitamente por SQLTransact(conn, SQL_COMMIT) ou revertidas por SQLTransact(conn, SQL_ROLLBACK).

O padrão ODBC define *níveis de conformidade*, que especificam subconjuntos da funcionalidade definidos pelo padrão. Uma implementação ODBC pode oferecer apenas recursos em nível de núcleo ou, então, recursos mais avançados (nível 1 ou nível 2). O nível 1 exige suporte para buscar informações sobre o catálogo, como informações sobre quais relações estão presentes e os tipos de seus atributos. O nível 2 demanda mais recursos, como a capacidade de enviar e recuperar *arrays* de valores de parâmetro e recuperar informações mais detalhadas do catálogo.

O padrão SQL define uma **interface em nível de chamada** (**Call Level Interface – CLI**) que é semelhante à interface ODBC.

5.1.4 SQL embutida

O padrão SQL define formas de embutir SQL (SQL *embedding*), em diversas linguagens de programação, como C, C++, Cobol, Pascal, Java, PL/I e Fortran. Uma linguagem em que as consultas SQL são embutidas é chamada de linguagem hospedeira (*host*), e as estruturas SQL permitidas na linguagem hospedeira constituem a SQL *embutida*.

Os programas escritos na linguagem hospedeira podem usar a sintaxe SQL embutida para acessar e atualizar dados armazenados em um banco de dados. Um programa com SQL embutida precisa ser processado por um pré-processador especial antes da compilação. O pré-processador substitui solicitações SQL embutidas por declarações da linguagem hospedeira e por chamadas de procedimento que permitem realizar em tempo de execução acessos ao banco de dados. Depois, o programa resultante é compilado pelo próprio compilador da linguagem hospedeira. Essa é a principal distinção entre a SQL embutida e JDBC ou ODBC.

Para identificar as solicitações SQL embutidas para o pré-processador, usamos o comando EXEC SQL; ele tem a forma:

EXEC SQL <comando SQL embutido>;

Antes de executar quaisquer comandos SQL, o programa primeiro deve se conectar ao banco de dados. As variáveis da linguagem hospedeira podem ser usadas dentro de comandos SQL embutidos, mas devem ser precedidas por um sinal de dois pontos (:) para distingui-las das variáveis SQL.

Para percorrer os resultados de uma consulta SQL embutida, temos que declarar uma variável de *cursor*, que pode então ser aberta, e comandos de *busca* emitidos em um *loop* da linguagem hospedeira para buscar linhas consecutivas do resultado da consulta. Os atributos de uma linha podem ser apanhados em variáveis da linguagem hospedeira. As atualizações do banco de dados também podem ser realizadas usando um cursor sobre uma relação para percorrer as linhas da relação, opcionalmente usando uma cláusula **where** para percorrer apenas linhas selecionadas. Os comandos SQL embutidos podem ser usados para atualizar a linha atual onde o cursor está apontando.

A sintaxe exata para as solicitações SQL embutidas depende da linguagem em que a SQL está embutida. Você pode consultar os manuais da linguagem específica que utiliza para obter mais detalhes.

Em JDBC, comandos SQL são interpretados durante a execução (mesmo que sejam criados usando o recurso de comando preparado). Quando a SQL embutida é utilizada, existe um potencial para detectar alguns erros relacionados com SQL (incluindo erros de tipo de dados) no momento do pré-processamento. As consultas SQL nos programas SQL embutidos também são mais fáceis de compreender do que em programas usando a SQL dinâmica. Porém, também há algumas desvantagens com a SQL embutida. O pré-processador cria novo código da linguagem hospedeira, o que pode complicar a depuração do programa. As construções usadas pelo pré-processador para identificar comandos SQL podem se chocar sintaticamente com a sintaxe da linguagem hospedeira introduzida em versões subsequentes dessa linguagem.

Nota 5.1 BANCOS DE DADOS EMBUTIDOS

Tanto JDBC quanto ODBC consideram que um servidor está rodando no sistema de banco de dados que hospeda o banco de dados. Algumas aplicações utilizam um banco de dados que existe totalmente dentro da aplicação. Essas aplicações mantêm o banco de dados somente para uso interno e não oferecem acesso ao banco de dados, exceto por meio da própria aplicação. Nesses casos, só é possível usar um **banco de dados embutido** e um dos diversos pacotes que implementam um banco de dados SQL acessível de dentro de uma linguagem de programação. Algumas escolhas populares são Java DB, SQLite, HSQLBD e 2̈. Há, também, uma versão embutida do MySQL.

Os sistemas de banco de dados embutidos não possuem muitos dos recursos dos sistemas de banco de dados totalmente baseados em servidor, mas oferecem vantagens para aplicações que podem se beneficiar das abstrações do banco de dados, mas não precisam dar suporte a bancos de dados muito grandes ou processamento de transação em grande escala.

Não confunda os bancos de dados embutidos com SQL embutida; esta é um meio de se conectar com um banco de dados que está rodando em um servidor.

Como resultado, a maioria dos sistemas atuais utiliza a SQL dinâmica, em lugar da SQL embutida. Uma exceção é a facilidade Microsoft Language Integrated Query (LINQ), que estende a linguagem hospedeira para incluir suporte para consultas, em vez de usar um pré-processador para traduzir consultas da SQL embutida para a linguagem hospedeira.

5.2 Funções e procedimentos

Já vimos diversas funções que são embutidas na linguagem SQL. Nesta seção, mostramos como os desenvolvedores podem escrever suas próprias funções e procedimentos, armazená-los no banco de dados e, depois, chamá-los a partir de comandos SQL. Funções são, particularmente, úteis com tipos de dados especializados, como imagens e objetos geométricos. Por exemplo, um tipo de dado de segmento de linha usado em um banco de dados de mapa pode ter uma função associada que verifica se dois segmentos de linha se sobrepõem, e um tipo de dado de imagem pode ter funções associadas para verificar a semelhança de duas imagens.

Procedimentos e funções permitem que a "lógica do negócio" fique armazenada no banco de dados e seja executada a partir de comandos SQL. Por exemplo, as universidades normalmente têm muitas regras sobre quantos cursos um aluno pode realizar em determinado semestre, o número mínimo de cursos que um instrutor de tempo integral deve ministrar por ano, o número máximo de disciplinas em que um aluno pode estar matriculado e assim por diante. Embora essa lógica do negócio possa ser codificada como procedimentos da linguagem de programação, armazenados totalmente fora do banco de dados, sua definição como procedimentos armazenados (*stored procedures*) no banco de dados tem diversas vantagens. Por exemplo, isso permite que várias aplicações acessem os procedimentos e que haja um único ponto de mudança, para o caso de alteração nas regras do negócio, sem ter de modificar outras partes da aplicação. O código da aplicação pode, então, chamar os procedimentos armazenados, em vez de atualizar diretamente as relações do banco de dados.

A SQL permite a definição de funções, procedimentos e métodos. Estes podem ser definidos pelo componente procedural da SQL ou por uma linguagem de programação externa, como Java, C ou C++. Veremos, primeiro, as definições na SQL e, então, mostraremos como usar as definições em linguagens externas, na Seção 5.2.3.

Embora a sintaxe que apresentamos aqui seja definida pelo padrão SQL, a maioria dos bancos de dados implementa versões dessa sintaxe fora do padrão. Por exemplo, todas

```
create function cont_dept(nome_dept varchar(20))
    returns integer
    begin
    declare cont_d integer;
        select count(*) into cont_d
        from instrutor
        where instrutor.nome_dept = nome_dept
    return cont_d;
    end
```

Figura 5.6 Função definida em SQL.

```
create function instrutor_de (nome_dept varchar(20))
    returns table (
        ID varchar (5),
        nome varchar (20),
        nome_dept varchar (20),
        salário numeric (8,2))
return table
    (select ID, nome, nome_dept, salário
    from instrutor
    where instrutor.nome_dept = instrutor_de.nome_dept);
```

Figura 5.7 Função de tabela SQL.

as linguagens procedurais aceitas pelo Oracle (PL/SQL), Microsoft SQL Server (TransactSQL) e PostgreSQL (PL/pgSQL) diferem da sintaxe padrão que apresentamos aqui. Ilustramos algumas das diferenças, para o caso do Oracle, mais adiante, na Nota 5.2. Veja mais detalhes nos respectivos manuais do sistema. Embora partes da sintaxe que apresentamos aqui possam não ser aceitas nesses sistemas, os conceitos descritos se aplicam em todas as implementações, porém com uma sintaxe diferente.

5.2.1 Declarando e chamando funções e procedimentos SQL

Suponha que precisemos de uma função que, dado o nome de um departamento, retorne a contagem do número de instrutores nesse departamento. Podemos definir a função conforme mostrado na Figura 5.6.[4] Essa função pode ser usada em uma consulta que retorna nomes e orçamentos de todos os departamentos com mais de 12 instrutores:

```
select nome_dept, orçamento
from departamento
where cont_dept(nome_dept) > 12;
```

Problemas de desempenho são observados em muitos sistemas de banco de dados, envolvendo funções complexas definidas pelo usuário dentro de uma consulta, se as funções forem chamadas sobre um grande número de tuplas. Os programadores devem, portanto, levar o desempenho em consideração quando decidem se usarão funções definidas pelo usuário em uma consulta.

O padrão SQL admite funções que podem retornar tabelas como resultados; essas funções são chamadas **funções de tabela**. Considere a função definida na Figura 5.7. A função retorna uma tabela contendo todos os instrutores de determinado departamento. Observe que o parâmetro da função é referenciado prefixando-o com o nome da função (*instrutor_de.nome_dept*).

[4]Se você estiver entrando com suas próprias funções ou procedimentos, deverá escrever "**create or replace**" no lugar de **create**, para que fique fácil modificar seu código (substituindo a função) durante a depuração.

A função pode ser usada em uma consulta da seguinte forma:

```
select *
from table(instrutor_de('Finance'));
```

Essa consulta retorna todos os instrutores do departamento 'Finance'. Nesse caso simples, é fácil escrever essa consulta sem usar funções de tabela. Em geral, porém, as funções com valor de tabela podem ser imaginadas como **views parametrizadas** que generalizam a noção normal de *views*, permitindo o uso de parâmetros.

A SQL também suporta procedimentos. A função *cont_dept* poderia ser escrita como um procedimento:

```
create procedure proc_cont_dept(in nome_dept varchar(20),
                                out cont_d integer)
    begin
        select count(*) into cont_d
        from instrutor
        where instrutor.nome_dept = proc_cont_dept.
            nome_dept
    end
```

As palavras-chave **in** e **out** indicam, respectivamente, parâmetros que deverão ter valores atribuídos e parâmetros cujos valores são definidos no procedimento, a fim de retornar resultados.

Procedimentos podem ser chamados por um procedimento SQL ou por SQL embutida, pelo comando **call**:

```
declare cont_d integer;
call proc_cont_dept('Physics', cont_d);
```

Procedimentos e funções podem ser chamados pela SQL dinâmica, conforme ilustra a sintaxe JDBC da Seção 5.1.1.5.

A SQL permite que mais de um procedimento tenha o mesmo nome, desde que o número de argumentos dos procedimentos com o mesmo nome seja diferente. O nome, juntamente com o número de argumentos, é usado para identificar um procedimento. A SQL também permite que mais de uma função tenha o mesmo nome, desde que as diferentes funções com o mesmo nome tenham diferentes números de argumentos ou que as funções com o mesmo número de argumentos tenham pelo menos um argumento com tipo diferente.

5.2.2 Construções da linguagem para procedimentos e funções

A SQL aceita construções que lhe dão quase todo o poder de uma linguagem de programação de uso geral. A parte do padrão SQL que trata dessas construções é chamada módulo de armazenamento persistente ou Persistent Storage Module (PSM).

As variáveis são declaradas usando um comando **declare** e podem ter qualquer tipo de dado SQL válido. As atribuições são realizadas por meio de um comando **set**.

Um comando composto tem a forma **begin** ... **end**, e pode conter vários comandos SQL entre o **begin** e o **end**. Variáveis locais podem ser declaradas dentro de um comando composto, como vimos na Seção 5.2.1. Um comando composto com a forma **begin atomic** ... **end** garante que todos os comandos contidos dentro dele sejam executados como uma única transação.

A sintaxe dos comandos **while** e **repeat** é a seguinte:

```
while expressão booleana do
        sequência de comandos;
end while

repeat
        sequência de comandos;
until expressão booleana
end repeat
```

Há, também, um *loop* **for** que permite a iteração por todos os resultados de uma consulta:

```
declare n integer default 0;
for r as
        select orçamento from departamento
        where nome_dept = 'Music'
do
        set n = n – r.orçamento
end for
```

O programa busca os resultados da consulta uma linha por vez na variável do *loop* **for** (*r*, no exemplo anterior). O comando **leave** pode ser usado para sair do *loop*, enquanto **iterate** passa para a próxima tupla, a partir do início do *loop*, saltando os comandos restantes.

Os comandos condicionais aceitos pela SQL incluem comandos **if-then-else**, usando esta sintaxe:

```
if expressão booleana
        then comando ou comando composto
elseif expressão booleana
        then comando ou comando composto
else comando ou comando composto
end if
```

A SQL também aceita um comando **case** semelhante ao comando **case** da linguagem C/C++ (além das expressões de *case*, que vimos no Capítulo 3).

A Figura 5.8 oferece um exemplo maior do uso de construções procedurais em SQL. A função *registraAluno*, definida na figura, registra um aluno em uma seção de curso, depois de verificar se o número de alunos na seção não é superior à capacidade da sala alocada à seção. A função retorna um código de erro, com valor maior ou igual a zero significando sucesso, um valor negativo significando uma condição de erro; uma mensagem indicando o motivo para a falha é retornada como um parâmetro **out**.

A linguagem procedural da SQL também aceita a sinalização de condições de exceção e a declaração de tratadores (*handlers*) que podem cuidar da exceção, como neste código:

```
declare sem_vagas_na_sala condition
declare exit handler for sem_vagas_na_sala
begin
sequência de comandos
end
```

Os comandos entre o **begin** e o **end** podem levantar uma exceção executando **signal** *sem_vagas_na_sala*. O *handler* diz que, se surgir essa condição, é preciso sair do comando **begin end** delimitadora. Uma ação alternativa seria **continue**, que continua com a execução a partir do próximo comando após aquele que levantou a exceção. Além das condições definidas explicitamente, existem condições predefinidas, como **sqlexception**, **sqlwarning** e **not found**.

5.2.3 Rotinas na linguagem externa

Embora as extensões procedurais à SQL possam ser muito úteis, elas infelizmente não são aceitas de um modo padrão entre os bancos de dados. Até mesmo os recursos mais básicos possuem diferente sintaxe e semântica em diferentes produtos de banco de dados. Como resultado, os programadores precisam, basicamente, aprender uma nova linguagem para cada produto de banco de dados. Uma alternativa que está ganhando apoio é definir procedimentos em uma linguagem de programação imperativa, mas permitir que elas sejam chamadas a partir de consultas SQL e definições de *trigger*.

A SQL nos permite definir funções em uma linguagem de programação como Java, C#, C ou C++. Funções definidas dessa forma podem ser mais eficientes do que funções definidas em SQL, e os cálculos que não podem ser executados em SQL podem ser executados por essas funções.

Procedimentos e funções externas podem ser especificados dessa forma (observe que a sintaxe exata depende do sistema de banco de dados específico que você utiliza):

```
create procedure proc_cont_dept(in nome_dept varchar(20),
                                        out cont integer)
language C
external name '/usr/avi/bin/proc_cont_dept'

create function cont_dept (nome_dept varchar(20))
returns integer
language C
external name '/usr/avi/bin/cont_dept'
```

```
-- Registra um aluno depois de garantir que a capacidade da sala não foi excedida
-- Retorna 0 para sucesso e -1 se a capacidade foi excedida
create function registraAluno(
          in est_id varchar(5),
          in est_id_curso varchar (8),
          in est_id_sec varchar (8),
          in est_semestre varchar (6),
          in est_ano numeric (4,0),
          out msgErro varchar (100)
returns integer
begin
     declare matrAtual int;
     select count (*) into matrAtual
          from realiza
          where id_curso = est_id_curso and id_sec = est_id_sec
               and semestre = est_semestre and ano = est_ano;
     declare limite int;
     select capacidade into limite
          from sala natural join seção
          where id_curso = est_id_curso and id_sec = est_id_sec
               and semestre = est_semestre and ano = est_ano;
     if (matrAtual < limite)
          begin
               insert into realiza values
                    (est_id, est_id_curso, est_id_sec, est_semestre, est_ano, null);
               return(0);
          end
     -- Caso contrário, o limite de capacidade da seção já foi atingido
     set msgErro = 'Limite de matrícula já alcançado para a seção' || est_id_sec
          || 'do curso' || est_id_curso;
     return (-1);
end;
```

Figura 5.8 Procedimento para registrar um aluno em uma seção de um curso.

Em geral, os procedimentos da linguagem externa precisam lidar com valores nulos nos parâmetros (tanto **in** quanto **out**) e valores de retorno. Eles também precisam comunicar o *status* de falha/sucesso, para lidar com exceções. Essa informação pode ser comunicada por parâmetros extras: um valor de **sqlstate** para indicar o *status* de falha/sucesso, um parâmetro para armazenar o valor de retorno da função e variáveis indicadoras para cada parâmetro/resultado de função, para indicar se o valor é nulo. Para lidar com valores nulos, também é possível usar outros mecanismos, por exemplo, passar ponteiros no lugar de valores. Os mecanismos exatos dependem do banco de dados. Contudo, se uma função não tratar dessas situações, uma linha extra **parameter style general** pode ser acrescentada à declaração para indicar que os procedimentos/funções externos usam apenas os argumentos mostrados, e não tratam de valores nulos ou exceções.

As funções definidas em uma linguagem de programação e compiladas fora do sistema de banco de dados podem ser carregadas e executadas com o código do sistema de banco de dados. Porém, corre-se o risco de que uma falha no programa possa corromper as estruturas internas do banco de dados, assim como contornar a funcionalidade de controle de acesso do sistema de banco de dados. Os sistemas de banco de dados que se preocupam mais com o desempenho eficiente do que com a segurança podem executar procedimentos dessa maneira. Os sistemas de banco de dados que se preocupam mais com a segurança podem executar esse código como parte de um processo separado, comunicar os valores de parâmetro a ele e buscar resultados de volta, por meio da comunicação entre processos. Contudo, o *overhead* de tempo da comunicação entre processos é muito alto; em arquiteturas de CPU típicas, dezenas a centenas de milhares de instruções podem ser executadas durante o tempo gasto para uma comunicação entre processos.

Nota 5.2 SINTAXE FORA DO PADRÃO PARA PROCEDIMENTOS E FUNÇÕES

Embora o padrão SQL defina a sintaxe para procedimentos e funções, a maioria dos bancos de dados não segue o padrão diretamente, e existe uma variação considerável na sintaxe admitida. Um dos motivos para essa situação é que esses bancos de dados normalmente introduziram suporte para procedimentos e funções antes que a sintaxe fosse padronizada, e continuam a aceitar sua sintaxe original. Não é possível listar a sintaxe aceita por cada banco de dados aqui, mas ilustramos algumas das diferenças no caso da PS/SQL do Oracle, mostrando a seguir uma versão da função da Figura 5.6, conforme seria definida em PL/SQL.

```
create function cont_dept(nome_dept in instrutor.nome_dept%type) return integer
as
cont_d integer;
begin
        select count(*) into cont_d
        from instrutor
        where instrutor.nome_dept = nome_dept;
return cont_d;
end;
```

Embora as duas versões sejam semelhantes em conceito, existem diversas pequenas diferenças sintáticas, algumas evidentes quando se comparam as duas versões da função. Embora não mostrado, a sintaxe para fluxo de controle em PL/SQL também tem diversas diferenças da sintaxe apresentada aqui.

Observe que a PL/SQL permite que um tipo seja especificado como o tipo de atributo de uma relação, acrescentando o sufixo *%type*. Por outro lado, a PL/SQL não aceita diretamente a capacidade de retornar uma tabela, embora haja uma forma indireta de implementar essa funcionalidade criando um tipo de tabela. As linguagens procedurais aceitas por outros bancos de dados também possuem diversas diferenças sintáticas e semânticas. Veja as referências da linguagem específica para obter mais informações. O uso da sintaxe fora do padrão para procedimentos armazenados e funções constitui um impedimento para que uma aplicação seja utilizada em um banco de dados diferente.

Se o código for escrito em uma linguagem "segura", como Java ou C#, existe outra possibilidade: executar o código em uma **sandbox** dentro do próprio processo de execução da consulta ao banco de dados. A *sandbox* (ou caixa de brita) permite que o código Java ou C# acesse sua própria área da memória, mas impede que o código leia ou atualize a memória do processo de execução da consulta ou acesse arquivos no sistema de arquivos. (A criação de uma *sandbox* não é possível para uma linguagem como C, que permite o acesso irrestrito à memória por meio de ponteiros.) Evitar a comunicação entre processos reduz bastante o *overhead* da chamada de função.

Diversos sistemas de banco de dados, hoje, oferecem suporte a rotinas externas da linguagem que rodam em uma *sandbox* dentro do processo de execução da consulta. Por exemplo, Oracle e IBM DB2 permitem que funções Java sejam executadas como parte do processo do banco de dados. O Microsoft SQL Server permite que procedimentos compilados no Common Language Runtime (CLR) sejam executados dentro do processo do banco de dados; esses procedimentos poderiam ter sido escritos, por exemplo, em C# ou Visual Basic. O PostgreSQL admite funções definidas em várias linguagens, como Perl, Python e Tcl.

5.3 *Triggers*

Uma **trigger** (gatilho) é um comando que o sistema executa automaticamente como um efeito colateral de uma modificação no banco de dados. Para criar um mecanismo de *trigger*, primeiro precisamos atender a dois requisitos:

- Especificar quando uma *trigger* deve ser executada. Isso é dividido em um *evento* que faz com que a *trigger* seja verificada e uma *condição* que deve ser satisfeita para que a execução da *trigger* prossiga.
- Especificar as *ações* a serem tomadas quando a *trigger* for executada.

Quando entramos com uma *trigger* no banco de dados, o sistema de banco de dados assume a responsabilidade de executá-la sempre que o evento especificado ocorre e a condição correspondente é satisfeita.

5.3.1 Necessidade de *triggers*

As *triggers* podem ser usadas para implementar certas restrições de integridade que não podem ser especificadas usando o mecanismo de restrição da SQL. As *triggers*, também, são mecanismos úteis para alertar as pessoas ou iniciar certas tarefas automaticamente quando certas condições são atendidas. Como ilustração, poderíamos criar uma *trigger* que, sempre que uma tupla for inserida na relação *realiza*, atualiza a tupla na relação *aluno* para o aluno que está realizando o curso, somando o número de créditos do curso ao total de créditos desse aluno. Como outro exemplo, suponha que um depósito queira manter um estoque mínimo de cada item; quando o nível de estoque de um item ficar abaixo do nível mínimo, um pedido pode ser feito automaticamente. Na atualização do nível de estoque de um item, a *trigger* compara o nível de estoque atual com o nível de estoque mínimo para o item e, se o nível estiver no mínimo ou abaixo dele, um novo pedido é criado.

Observe que os sistemas de *trigger* normalmente não podem realizar atualizações fora do banco de dados e, portanto, no exemplo de reposição de estoque, não podemos usar uma *trigger* para fazer um pedido no mundo exterior. Em vez disso, acrescentamos um pedido a uma relação que mantém novos pedidos. Temos de criar um processo de sistema em execução permanente, que varre periodicamente essa relação e realiza os pedidos. Alguns sistemas de banco de dados oferecem suporte interno para enviar *e-mail* a partir de consultas SQL e *triggers*, usando essa técnica.

5.3.2 *Triggers* em SQL

Agora, vamos examinar como as *triggers* são implementadas em SQL. A sintaxe que apresentamos aqui é definida pelo padrão SQL, mas a maioria dos bancos de dados implementa versões dessa sintaxe fora do padrão. Embora a sintaxe que apresentamos aqui possa não ser aceita em tais sistemas, os conceitos descritos se aplicam entre as implementações. Discutimos as implementações de *trigger* fora do padrão na Nota 5.3. Em cada sistema, a sintaxe da *trigger* é baseada na sintaxe desse sistema para a codificação de funções e procedimentos.

A Figura 5.9 mostra como as *triggers* podem ser usadas para garantir a integridade referencial sobre o atributo *id_período* da relação *seção*. A primeira definição de *trigger* na figura especifica que a *trigger* é iniciada *após* qualquer inserção na relação *seção* e garante que o valor de *id_período* sendo inserido seja válido. Um comando *insert* da SQL poderia inserir várias tuplas na relação, e a cláusula **for each row** no código da *trigger* percorreria explicitamente cada linha inserida. A cláusula **referencing new row as** cria uma variável *linhaNova* (chamada **variável de transição**) que armazena o valor de uma linha inserida após a inserção.

O comando **when** especifica uma condição. O sistema executa o restante do corpo da *trigger* somente para tuplas que satisfazem a condição. A cláusula **begin atomic** ... **end** pode servir para coletar vários comandos SQL em um comando composto único. Em nosso exemplo, porém, existe apenas um comando, que reverte a transação que causou a execução da *trigger*. Assim, qualquer transação que viole a restrição de integridade referencial é revertida, garantindo que os dados no banco de dados satisfaçam a restrição.

```
create trigger verif_período1 after insert on seção
referencing new row as linhaNova
for each row
when (linhaNova.id_período not in (
          select id_período
          from período)) /* id_período não presente em período*/
begin
  rollback
end;

create trigger verif_período2 after delete on período
referencing old row as linhaAnt
for each row
when (linhaAnt.id_período not in (
          select id_período
          from período) /* última tupla para id_período excluída de período*/
  and linhaAnt.id_período in (
          select id_período
          from seção)) /* e id_período ainda referenciada por seção*/
begin
  rollback
end;
```

Figura 5.9 Usando *triggers* para manter a integridade referencial.

Não é suficiente apenas verificar a integridade referencial sobre inserções, mas também precisamos considerar atualizações de *seção*, além de exclusões e atualizações na tabela referenciada *período*. A segunda definição de *trigger* na Figura 5.9 considera o caso de exclusões em *período*. Essa *trigger* verifica se a *id_período* da tupla sendo excluída ainda está presente em *período* ou se nenhuma tupla em *seção* contém esse valor em particular de *id_período*; caso contrário, a integridade referencial seria violada.

Para garantir a integridade referencial, também teríamos de criar *triggers* para lidar com atualizações em *seção* e *período*; descrevemos na sequência como as *triggers* podem ser executadas sobre atualizações, mas deixamos a definição dessas *triggers* como exercício para o leitor.

Para atualizações, a *trigger* pode especificar atributos cuja atualização faz com que a *trigger* seja executada; as atualizações em outros atributos não causariam sua execução. Por exemplo, para especificar que uma *trigger* seja executada após uma atualização no atributo *nota* da relação *realiza*, escrevemos:

after update of *realiza* **on** *nota*

A cláusula **referencing old row as** pode ser usada para criar uma variável armazenando o valor antigo de uma linha atualizada ou excluída. A cláusula **referencing new row as** pode ser usada com atualizações além de inserções.

A Figura 5.10 mostra como uma *trigger* pode ser usada para manter o valor do atributo *tot_cred* de tuplas *aluno* atualizado quando o atributo *nota* é atualizado para uma tupla na relação *realiza*. A *trigger* é executada apenas quando o atributo *nota* é atualizado de um valor nulo ou 'F' para um valor que indica que o curso foi concluído com sucesso. O comando **update** adota a sintaxe SQL normal, exceto no uso da variável *linhaNova*.

Uma implementação mais realística dessa *trigger* de exemplo também trataria de correções de nota que mudam de uma nota de conclusão com sucesso para uma nota de fracasso e tratam de inserções na relação *realiza* onde a *nota* indica o término bem-sucedido. Deixamos isso como exercício para o leitor.

Como outro exemplo do uso de uma *trigger*, a ação sobre **delete** de uma tupla *aluno* poderia ser verificada se o aluno tem entradas na relação *realiza* e, nesse caso, excluí-las.

Muitos sistemas de banco de dados aceitam diversos outros eventos de *trigger*, como quando um usuário (aplicação) efetua o *logon* no banco de dados (ou seja, abre uma conexão), quando o sistema é encerrado ou quando são feitas mudanças nas configurações do sistema.

As *triggers* podem ser ativadas antes (**before**) do evento (*insert*, *delete* ou *update*), em vez de depois (**after**) do evento. As *triggers* executadas antes de um evento podem servir como restrições extras que podem impedir atualizações, inserções ou exclusões inválidas. Em vez de permitir que a ação inválida prossiga e cause um erro, a *trigger* pode tomar uma ação para corrigir o problema de modo que a atualização, inserção ou exclusão se torne válida. Por exemplo, se tentarmos inserir um instrutor em um departamento cujo nome não aparece na relação *departamento*, a *trigger* poderá inserir uma tupla na relação *departamento* para esse nome de departamento antes que a inserção gere uma violação de chave estrangeira. Como outro exemplo, suponha que o valor de uma nota inserida esteja em branco, possivelmente para indicar a ausência de nota. Podemos definir uma *trigger* que substitua o valor pelo valor **null**. O comando **set** pode ser usado para executar tais modificações. Um exemplo dessa *trigger* aparece na Figura 5.11.

Em vez de executar uma ação para cada linha afetada, podemos executar uma única ação para o comando SQL inteiro que causou a inserção, exclusão ou atualização. Para fazer isso, usamos a cláusula **for each statement** em vez da cláusula **for each row**. As cláusulas **referencing old table as** ou **referencing new table as** podem, então, ser usadas para se referirem a tabelas temporárias (chamadas *tabelas de transação*) contendo

```
create trigger créditos_ganhos after update of realiza on nota
referencing new row as linhaNova
referencing old row as linhaAnt
for each row
when linhaNova.nota < > 'F' and linhaNova.nota is not null
   and (linhaAnt.nota = 'F' or linhaAnt.nota is null)
begin atomic
   update aluno
   set tot_cred= tot_cred+
          (select créditos
           from curso
           where curso.id_curso = linhaNova.id_curso)
   where aluno.id = linhaNova.id;
end;
```

Figura 5.10 Usando uma *trigger* para manter valores de *créditos_ganhos*.

```
create trigger defNulo before update of realiza
referencing new row as linhaNova
for each row
when (linhaNova.nota = ' ')
begin atomic
   set linhaNova.nota = null;
end;
```

Figura 5.11 Exemplo de uso de **set** para alterar um valor inserido.

todas as linhas afetadas. As tabelas de transição não podem ser usadas com *triggers* **before**, mas podem ser usadas com *triggers* **after**, independentemente de serem *triggers* de comando ou *triggers* de linha. Um comando único SQL pode ser usado para executar várias ações na base das tabelas de transição.

Triggers podem ser desabilitadas ou habilitadas; como padrão, elas são habilitadas quando são criadas, mas podem ser desabilitadas com **alter trigger** *nome_trigger* **disable** (alguns bancos de dados usam alguma sintaxe alternativa, como **disable trigger** *nome _trigger*). Uma *trigger* que foi desabilitada pode ser habilitada novamente. Uma *trigger* também pode ser descartada, o que a remove permanentemente, por meio do comando **drop trigger** *nome_trigger.*

Retornando ao nosso exemplo de reposição de estoque em depósito da Seção 5.3.1, suponha que tenhamos as seguintes relações:

- *estoque* (*item, nível*), que indica a quantidade atual do item no depósito.
- *nívelMin* (*item, nível*), que indica a quantidade mínima que deve ser mantida para esse item.
- *novoPedido* (*item, quantidade*), que indica a quantidade do item a ser pedida quando seu nível cai para menos do que o mínimo.
- *pedidos* (*item, quantidade*), que indica a quantidade a ser pedida para o item.

Para repor o item quando o estoque cai abaixo de um mínimo especificado, podemos usar a *trigger* mostrada na Figura 5.12. Observe que tivemos o cuidado de fazer um pedido somente quando a quantidade caiu de acima do nível mínimo para abaixo do nível mínimo. Se verificarmos apenas se o novo valor, após uma atualização, está abaixo do nível mínimo, podemos fazer um pedido erroneamente quando o item já tiver sido pedido.

Os Sistemas de banco de dados baseados em SQL utilizam bastante as *triggers*, embora antes da SQL:1999 elas não tenham feito parte do padrão SQL. Infelizmente, cada sistema de banco de dados implementou sua própria sintaxe para as *triggers*, ocasionando incompatibilidades. A sintaxe SQL:1999 para as *triggers* que usamos aqui é semelhante, mas não idêntica, à sintaxe dos sistemas de banco de dados IBM DB2 e Oracle. Veja a Nota 5.3.

```
create trigger novoPedido after update of nível on estoque
referencing old row as linhaAnt, new row as linhaNova
for each row
when linhaNova.nível <= (select nível
                         from nívelMin
                         where nívelMin.item = linhaAnt.item)
and linhaAnt.nível > (select nível
                         from nívelMin
                         where nívelMin.item = linhaAnt.item)
begin atomic
     insert into orders
          (select item, valor
           from novoPedido
           where novoPedido.item = linhaAnt.item);
end;
```

Figura 5.12 Exemplo de *trigger* para fazer o novo pedido de um item.

Nota 5.3 SINTAXE FORA DO PADRÃO PARA *TRIGGER*

Embora a sintaxe para *trigger* que descrevemos aqui faça parte do padrão SQL e seja aceita pelo IBM DB2, a maioria dos outros sistemas de banco de dados possui sintaxe fora do padrão para especificar *triggers* e pode não implementar todos os recursos no padrão SQL. Esboçamos algumas das diferenças a seguir; veja os respectivos manuais do sistema para obter mais detalhes.

Por exemplo, na sintaxe do Oracle, ao contrário da sintaxe do padrão SQL, a palavra-chave **row** não aparece no comando **referencing**. A palavra-chave **atomic** não aparece após **begin**. A referência para *linhaNova* no comando *select* aninhado no comando **update** precisa começar com um sinal de dois pontos (:) para informar ao sistema que a variável *linhaNova* é definida externamente ao comando SQL. Além disso, subconsultas não são permitidas nas cláusulas **when** e **if**. É possível contornar esse problema movendo predicados complexos da cláusula **when** para uma consulta separada, que salva o resultado para uma variável local, e depois referenciar essa variável em uma cláusula **if**; então, o corpo da *trigger* passa para a cláusula **then** correspondente. Além do mais, no Oracle, as *triggers* não têm permissão para executar um *roll back* de transação diretamente; contudo, elas podem usar uma chamada de função raise_application_error não apenas para reverter (*roll back*) a transação, mas também retornar uma mensagem de erro para o usuário/aplicação que realizou a atualização.

Como outro exemplo, no Microsoft SQL Server, a palavra-chave **on** é usada no lugar de **after**. A cláusula **referencing** é omitida, e linhas antigas e novas são referenciadas pelas variáveis de tupla **deleted** e **inserted**. Além disso, a cláusula **for each row** é omitida, e **when** é substituído por **if**. A especificação **before** não é aceita, mas uma especificação **instead of** é aceita.

Em PostgreSQL, *triggers* não possuem corpo, mas invocam um procedimento para cada linha, que pode acessar variáveis **new** e **old** contendo os valores antigo e novo da linha. Em vez de realizar um *roll back*, a *trigger* pode levantar uma exceção, com uma mensagem de erro associada.

5.3.3 Quando não usar *triggers*

Existem usos muito bons para *triggers*, como aqueles que acabamos de ver na Seção 5.3.2, mas alguns deles são mais bem tratados por técnicas alternativas. Por exemplo, poderíamos implementar o recurso **on delete cascade** de uma restrição de chave estrangeira usando uma *trigger*, em vez de usar o recurso de propagação em cascata. Isso não apenas seria mais trabalhoso para implementar, mas também tornaria mais difícil para o usuário do banco de dados entender o conjunto de restrições implementadas no banco de dados.

Como outro exemplo, as *triggers* podem ser usadas para manter *views* materializadas. Por exemplo, se quiséssemos dar suporte ao acesso muito rápido ao número total de alunos registrados para cada seção do curso, poderíamos fazer isso criando uma relação

registro_seção(*id_curso, id_sec, semestre, ano, total_alunos*)

definida pela consulta

select *id_curso, id_sec, semestre, ano,* **count**(*ID*) **as** *total_alunos*
from *realiza*
group by *id_curso, id_sec, semestre, ano*;

O valor de *total_alunos* para cada curso deve ser mantido atualizado por *triggers* sobre *insert*, *delete* ou *update* da relação *realiza*. Essa manutenção pode exigir a inserção, atualização ou exclusão de tuplas de *registro_seção*, e as *triggers* correspondentes devem ser escritas.

Porém, muitos sistemas de banco de dados atualmente aceitam *views* materializadas, que são mantidas automaticamente pelo sistema de banco de dados (veja a Seção 4.2.3). Como resultado, não é necessário escrever código de *trigger* para manter essas *views* materializadas.

As *triggers* têm sido usadas para manter cópias (ou réplicas) dos bancos de dados. Uma coleção de *triggers* sobre *insert*, *delete* ou *update* pode ser criada sobre cada relação para registrar as mudanças nas chamadas relações **change** ou **delta**. Um processo separado copia as mudanças para a réplica do banco de dados. Os sistemas de banco de dados modernos, porém, fornecem recursos internos para replicação do banco de dados, tornando as *triggers* desnecessárias para replicação na maior parte dos casos. Os bancos de dados replicados são discutidos com detalhes no Capítulo 23.

Outro problema com as *triggers* está na execução não intencional da ação disparada quando dados são carregados de uma cópia de *backup*[5] ou quando as atualizações do banco de dados em um local são replicadas em um local de *backup*. Nesses casos, a ação disparada já foi executada e, normalmente, não deve ser executada novamente. Ao carregar dados, as *triggers* podem ser desativadas explicitamente. Para os sistemas de réplica de *backup* que podem ter de entrar em ação a partir do sistema principal, as *triggers* teriam de ser desativadas inicialmente e habilitadas quando o local de *backup* assumisse o processamento a partir do sistema principal. Como alternativa, alguns sistemas de banco de dados permitem que as *triggers* sejam especificadas como **not for replication**, o que garante que elas não serão executadas no local de *backup* durante a replicação do banco de dados. Outros sistemas de banco de dados oferecem uma variável do sistema que indica

[5]Discutimos sobre o *backup* e a recuperação do banco de dados por motivos de falhas com detalhes no Capítulo 19.

id_curso	*id_prereq*
BIO-301	BIO-101
BIO-399	BIO-101
CS-190	CS-101
CS-315	CS-190
CS-319	CS-101
CS-319	CS-315
CS-347	CS-319

Figura 5.13 A relação *prereq*.

se o banco de dados é uma réplica na qual as ações do banco de dados estão sendo reproduzidas; o corpo da *trigger* deverá verificar essa variável e sair se ela for verdadeira. As duas soluções evitam a necessidade de desativar e ativar as *triggers* explicitamente.

Triggers devem ser escritas com muito cuidado, pois um erro de *trigger* detectado em tempo de execução causa a falha do comando de ação que disparou a *trigger*. Além do mais, a ação de uma *trigger* pode disparar outra *trigger*. Na pior das hipóteses, isso poderia ainda levar a uma cadeia infinita de disparo. Por exemplo, suponha que uma *trigger* de inserção em uma relação tenha uma ação que causa outra (nova) inserção na mesma relação. A ação de inserção, então, dispara outra ação de inserção, e assim por diante, *ad infinitum*. Alguns sistemas de banco de dados limitam o comprimento dessas cadeias de *triggers* (por exemplo, a 16 ou 32) e consideram cadeias de disparo maiores como erro. Outros sistemas acusam como erro qualquer *trigger* que tenta referenciar a relação cuja modificação causou a execução da *trigger*.

As *triggers* podem servir a uma finalidade muito útil, mas elas devem ser evitadas quando existem alternativas. Muitas aplicações da *trigger* podem ser substituídas pelo uso apropriado de procedimentos armazenados, que discutimos na Seção 5.2.

5.4 Consultas recursivas

Considere uma instância da relação *prereq* mostrada na Figura 5.13, contendo informações sobre os diversos cursos oferecidos na universidade e o pré-requisito para cada curso.[6]

Suponha agora que queiramos descobrir quais cursos são pré-requisito, direta ou indiretamente, para um curso específico – digamos, CS-347. Ou seja, queremos descobrir um curso que seja pré-requisito direto para CS-347 ou pré-requisito para um curso que é um pré-requisito para CS-347, e assim por diante.

Assim, se CS-319 é pré-requisito para CS-347, e se CS-315 e CS-101 são pré-requisitos para CS-319, CS-315 e CS-101 também são pré-requisitos (indiretamente) para CS-347. Então, como CS-190 é um pré-requisito para CS-315, CS-190 é outro pré-requisito indireto para CS-347. Continuando, vemos que CS-101 é um pré-requisito para CS-190, mas observe que CS-101 já foi adicionado à lista de pré-requisitos para CS-347. Em uma universidade real, em vez de nosso exemplo, poderíamos esperar essa estrutura complexa de pré-requisitos, mas este exemplo serve para mostrar algumas das situações que, possivelmente, poderiam surgir.

[6]Essa instância de *prereq* difere daquela usada anteriormente, por motivos que se tornarão aparentes quando a usarmos para explicar as consultas recursivas.

O **fecho transitivo** da relação *prereq* é uma relação que contém todos os pares (*idc*, *pre*), tais que *pre* seja um pré-requisito direto ou indireto de *idc*. Existem várias aplicações que exigem o cálculo de fechos transitivos semelhantes sobre **hierarquias**. Por exemplo, as organizações normalmente consistem em vários níveis de unidades organizacionais. As máquinas consistem em peças que, por sua vez, possuem subpeças e assim por diante; por exemplo, uma bicicleta pode ter subpeças, como rodas e pedais, que, por sua vez, possuem subpeças como pneus, aros e raios. O fecho transitivo pode ser usado em tais hierarquias para encontrar, por exemplo, todas as peças de uma bicicleta.

5.4.1 Fecho transitivo usando iteração

Uma forma de escrever a consulta anterior é usar a iteração: primeiro, encontre os cursos que são pré-requisito direto de CS-347, depois os cursos que são pré-requisito de todos os cursos sob o primeiro conjunto e assim por diante. Esse processo iterativo continua até que alcancemos uma iteração onde nenhum curso é acrescentado. A Figura 5.14 mostra uma função *acharTodosPrereq*(*idc*) para executar essa tarefa; a função assume a *id_curso* do curso como um parâmetro (*idc*), calcula o conjunto de todos os pré-requisitos diretos e indiretos desse curso e retorna o conjunto.

O procedimento usa três tabelas temporárias:

- *c_prereq*: armazena o conjunto de tuplas a ser retornado.
- *novo_c_prereq*: armazena os cursos encontrados na iteração anterior.
- *temp*: usada como armazenamento temporário enquanto os conjuntos de cursos são manipulados.

Observe que a SQL permite a criação de tabelas temporárias usando o comando **create temporary table**; essas tabelas estão disponíveis apenas dentro da transação que executa a consulta e são descartadas quando a transação termina. Além do mais, se duas instâncias de *acharTodosPrereqs* forem executadas simultaneamente, cada uma receberá sua própria cópia das tabelas temporárias (se elas compartilhassem uma cópia única, seu resultado poderia ser incorreto).

O procedimento insere todos os pré-requisitos diretos do curso *idc* em *novo_c_prereq* antes do *loop* **repeat**. O *loop* **repeat** primeiro acrescenta todos os cursos de *novo_c_prereq* em *c_prereq*. Em seguida, ele calcula os pré-requisitos de todos os cursos em *novo_c_prereq*, exceto aqueles que já foram encontrados como pré-requisitos de *idc*, e os armazena na tabela temporária *temp*. Finalmente, ele substitui o conteúdo de *novo_c_prereq* pelo conteúdo de *temp*. O *loop* **repeat** termina quando não encontra novos pré-requisitos (indiretos).

```
create function acharTodosPrereqs(idc varchar(8))
    -- Acha todos os cursos que são pré-requisito (direta ou indiretamenet) de idc
returns table (id_curso varchar(8))
    -- A relação prereq (id_curso, id_prereq) especifica qual curso é
    -- diretamente um pré-requisito para outro curso.
begin
    create temporary table c_prereq (id_curso varchar(8));
        -- tabela c_prereq armazena o conjunto de cursos para retornar
    create temporary table novo_c_prereq (id_curso varchar(8));
        -- tabela novo_c_prereq contém cursos encontrados na iteração anterior
    create temporary table temp (id_curso varchar(8));
        -- tabela temp é usada para armazenar resultados intermediários
    insert into novo_c_prereq
        select id_prereq
        from prereq
        where id_curso = idc;
    repeat
        insert into c_prereq
            select id_curso
            from novo_c_prereq;

        insert into temp
            (select prereq.id_curso
                from novo_c_prereq
                where novo_c_prereq.id_curso = prereq.id_prereq)
            )
            except(
                select id_curso
                from c_prereq);
            );
        delete from novo_c_prereq;
        insert into novo_c_prereq
            select *
            from temp;
        delete from temp;

    until not exists (select * from novo_c_prereq)
    end repeat;
    return table c_prereq;
end
```

Figura 5.14 Localizando todos os pré-requisitos de um curso.

A Figura 5.15 mostra os pré-requisitos que seriam localizados em cada iteração se o procedimento fosse chamado para o curso CS-347. Enquanto *c_prereq* poderia ter sido atualizado em um comando único SQL, primeiro precisamos construir *novo_c_prereq* para saber quando nada está sendo acrescentado na iteração (final).

Observamos que o uso da cláusula **except** na função garante que a função funcione mesmo no caso (anormal) em que existe um ciclo de pré-requisitos. Por exemplo, se *a* é pré-requisito para *b*, *b* é pré-requisito para *c* e *c* é pré-requisito para *a*, existe um ciclo.

Embora os ciclos possam ser irreais em pré-requisitos para curso, eles são possíveis em outras aplicações. Por exemplo, suponha que tenhamos uma relação *voos* (*para*, *de*) que diga quais cidades podem ser alcançadas a partir de quais outras cidades por um voo direto. Podemos escrever um código semelhante ao da função *acharTodosPrereqs*, para achar todas as cidades que podem ser alcançadas por uma sequência

Número da iteração	*Tuplas em c1*
0	
1	(CS-319)
2	(CS-319), (CS-315), (CS-101)
3	(CS-319), (CS-315), (CS-101), (CS-190)
4	(CS-319), (CS-315), (CS-101), (CS-190)
5	fim

Figura 5.15 Pré-requisitos de CS-347 nas iterações da função *acharTodosPrereqs*.

```
with recursive rec_prereq (id_curso, id_prereq) as (
        select id_curso, id_prereq
        from prereq
    union
        select rec_prereq.id_curso, prereq.id_prereq
        from rec_prereq, prereq
        where rec_prereq.id_prereq = prereq.id_curso
    )
select*
from rec_prereq;
```

Figura 5.16 Consulta recursiva em SQL.

de um ou mais voos a partir de determinada cidade. Tudo o que temos de fazer é substituir *prereq* por *voo* e substituir os nomes de atributo de modo correspondente. Nessa situação, pode haver ciclos retornando às mesmas cidades, mas a função funcionará corretamente, pois elimina cidades que já foram vistas.

5.4.2 Recursão em SQL

É um tanto inconveniente especificar o fecho transitivo usando iteração. Existe uma técnica alternativa mais fácil, usando definições de *view* recursivas.

Podemos usar a recursão para definir o conjunto de cursos que são pré-requisitos de determinado curso, digamos, CS-347, da seguinte forma. Os cursos que são pré-requisitos (direta o indiretamente) de CS-347 são:

1. Cursos que são pré-requisitos de CS-347.
2. Cursos que são pré-requisitos para os cursos que são pré-requisitos (direta ou indiretamente) de CS-347.

Observe que o caso 2 é recursivo, pois define o conjunto de cursos que são pré-requisitos de CS-347 em termos do conjunto de cursos que são pré-requisitos de CS-347. Outros exemplos de fecho transitivo, como achar todas as subpeças (diretas ou indiretas) de determinada peça, também podem ser definidos de maneira semelhante, recursivamente.

O padrão SQL admite uma forma limitada de recursão, usando a cláusula **with recursive**, na qual uma *view* (ou *view* temporária) é expressa em termos de si mesma. As consultas recursivas podem ser usadas, por exemplo, para expressar o fecho transitivo de modo conciso. Lembre-se de que a cláusula **with** é usada para definir uma *view* temporária cuja definição está disponível apenas para a consulta na qual é definida. A palavra-chave adicional **recursive** especifica que a *view* é recursiva.[7]

Por exemplo, podemos achar cada par (*idc,pre*) tal que *pre* seja direta ou indiretamente um pré-requisito para a *idc* do curso, usando a *view* SQL recursiva mostrada na Figura 5.16.

Qualquer *view* recursiva deve ser definida como a união[8] de duas subconsultas: uma **consulta básica**, que é não recursiva, e uma **consulta recursiva**, que usa a *view* recursiva. No exemplo da Figura 5.16, a consulta básica é a seleção sobre *prereq*, enquanto a consulta recursiva calcula a junção de *prereq* e *rec_prereq*.

O significado de uma *view* recursiva pode ser mais bem entendido da seguinte maneira. Primeiro, calcule a consulta básica e acrescente todas as tuplas resultantes na relação de *view*, definida recursivamente, *rec_prereq* (que está inicialmente vazia). Em seguida, calcule a consulta recursiva usando o conteúdo atual da relação de *view* e acrescente todas as tuplas resultantes de volta à relação de *view*. Continue repetindo essa etapa até que nenhuma tupla nova seja acrescentada à relação de *view*. A instância da relação de *view* resultante é chamada de **ponto fixo** da definição de *view* recursiva. (O termo "fixo" refere-se ao fato de que não há mais mudança.) A relação de

[7]Alguns sistemas tratam a palavra-chave **recursive** como opcional; outros não a permitem.

[8]Alguns sistemas, em especial Oracle, exigem o uso de **union all**.

view, portanto, está definida para conter exatamente as tuplas na instância do ponto fixo.

Aplicando essa lógica ao nosso exemplo, primeiro achamos todos os pré-requisitos diretos de cada curso executando a consulta básica. A consulta recursiva acrescenta mais um nível de cursos em cada iteração até que a profundidade máxima do relacionamento *curso-prereq* seja alcançada. Nesse ponto, nenhuma tupla nova é acrescentada à *view*, e um ponto fixo foi alcançado.

Para achar os pré-requisitos de um curso específico, como CS-347, podemos modificar a consulta no nível mais externo acrescentando uma cláusula "**where** *rec_prereq.id_curso* = 'CS-347'". Um modo de avaliar a consulta com a seleção é calcular todo o conteúdo completo de *rec_prereq* usando a técnica iterativa e depois selecionar, a partir desse resultado, apenas as tuplas cuja *id_curso* é CS-347. Porém, isso resultaria no cálculo de pares (de curso, pré-requisito) para todos os cursos, todos eles irrelevantes, exceto aqueles para o curso CS-347. De fato, o sistema de banco de dados não precisa usar a técnica iterativa apresentada para calcular o resultado completo da consulta recursiva e, então, realizar a seleção. Ele pode obter o mesmo resultado usando outras técnicas que podem ser mais eficientes, como aquela usada na função *acharTodosPrereqs*, que vimos anteriormente. Veja em Bibliografia, ao final do capítulo, referências para mais informações sobre o assunto.

Existem algumas restrições sobre a consulta recursiva em uma *view* recursiva; especificamente, a consulta deverá ser **monotônica**, ou seja, seu resultado em uma instância da relação de *view* V_1 deverá ser um superconjunto do seu resultado sobre uma instância da relação de *view* V_2 se V_1 for um subconjunto de V_2. Intuitivamente, se mais tuplas são acrescentadas à relação de *view*, a consulta recursiva deverá retornar pelo menos o mesmo conjunto de tuplas de antes e, possivelmente, retornar tuplas adicionais.

Em particular, as consultas recursivas não devem usar nenhuma das seguintes construções, pois elas tornariam a consulta não monotônica:

- Agregação sobre a *view* recursiva.
- **not exists** sobre uma subconsulta que usa a *view* recursiva.
- Diferença de conjuntos (**except**) cujo lado direito usa a *view* recursiva.

Por exemplo, se a consulta recursiva teve a forma $r - v$, sendo v a *view* recursiva, se acrescentarmos uma tupla a v o resultado da consulta poderá se tornar menor; a consulta, portanto, não é monotônica.

O significado das *views* recursivas pode ser definido pelo procedimento iterativo desde que a consulta recursiva seja monotônica; se a consulta recursiva não for monotônica, o significado da *view* é difícil de ser definido. Portanto, a SQL requer que as consultas sejam monotônicas. As consultas recursivas são discutidas com mais detalhes no contexto da linguagem de consulta Datalog, na Seção 27.4.6.

A SQL também permite a criação de *views* permanentes definidas recursivamente, usando **create recursive view** no lugar de **with recursive**. Algumas implementações aceitam consultas recursivas usando uma sintaxe diferente. Isso inclui a sintaxe **start with / connect by prior** do Oracle, pelo que ele chama de consultas hierárquicas.[9] Consulte os manuais do sistema para obter mais detalhes.

5.5 Recursos de agregação avançados

O suporte para agregação em SQL é bastante poderoso e trata das tarefas mais comuns com facilidade. Porém, existem algumas tarefas que são difíceis de implementar de modo eficiente com os recursos de agregação básicos. Nesta seção, estudamos recursos que foram acrescentados à SQL para lidar com algumas dessas tarefas.

5.5.1 Posicionamento (*Ranking*)

Achar a posição (ou *ranking*) de um valor em um conjunto é uma operação comum. Por exemplo, podemos querer atribuir aos alunos uma posição na turma com base em sua média de pontos (ou seu coeficiente de rendimento, CR), com a posição 1 indo para o aluno com a média mais alta, a posição 2 para o aluno com a próxima média mais alta e assim por diante. Um tipo de consulta relacionado é encontrar o percentil no qual um valor em um (multi)conjunto pertence; por exemplo, um valor pode pertencer à terça parte inferior, à terça parte do meio ou à terça parte superior do conjunto. Embora essas consultas possam ser expressas usando as construções SQL que já vimos até aqui, elas são difíceis de expressar e ineficientes de avaliar. Os programadores podem lançar mão da escrita da consulta, parcialmente, em SQL e, parcialmente, em uma linguagem de programação. Aqui, estudamos o suporte da SQL para a expressão direta desses tipos de consultas.

Em nosso exemplo de universidade, a relação *realiza* mostra a nota que cada aluno recebeu em cada curso realizado. Para ilustrar a definição da posição, vamos considerar que temos uma *view notas_aluno* (*ID*, *CR*), indicando a média de pontos de cada aluno.[10]

A definição do posicionamento (*ranking*) é feita com uma especificação **order by**. A consulta a seguir gera a posição de cada aluno:

```
select ID, rank ( ) over (order by (CR) desc) as s_pos
from notas_aluno;
```

Observe que a ordem das tuplas na saída não é definida, de modo que elas podem não estar classificadas por posição. Uma cláusula **order by** extra é necessária para que elas fiquem em ordem, como vemos a seguir.

[9] A partir do Oracle 12.c, a sintaxe padrão é aceita além da sintaxe hierárquica legada, com a palavra-chave **recursive** omitida e com o requisito, em nosso exemplo, de que **union all** seja usado no lugar de **union**.

[10] O comando SQL para criar a *view notas_aluno* é algo complexo, pois temos de converter as letras na relação *realiza* para números e ponderar as letras para cada curso pelo número de créditos para esse curso. A definição dessa *view* é o objetivo do Exercício 4.6.

```
select ID, rank ( ) over (order by (CR) desc) as s_pos
from notas_aluno
order by s_pos;
```

Uma questão básica em relação ao posicionamento (*ranking*) é como lidar com o caso de várias tuplas que são iguais no(s) atributo(s) de ordenação. Em nosso exemplo, isso significa decidir o que fazer se houver dois alunos com o mesmo CR. A função **rank** dá a mesma posição a todas as tuplas que são iguais nos atributos de **order by**. Por exemplo, se o CR mais alto for compartilhado por dois alunos, ambos receberão a posição 1. A próxima posição ainda seria 3, e não 2, de modo que, se três alunos receberem o próximo CR mais alto, todos eles receberão a posição 3, e os próximos alunos receberão a posição 6 e assim por diante. Existe também uma função **dense_rank**, que não cria lacunas na ordenação. No exemplo anterior, todas as tuplas com o segundo valor mais alto recebem a posição 2, e as tuplas com o terceiro valor mais alto recebem a posição 3 e assim por diante.

Se houver valores nulos entre os valores sendo posicionados, eles são tratados como os valores mais altos. Isso faz sentido em algumas situações, embora, para o nosso exemplo, resulte em alunos sem cursos sendo mostrados com CRs mais altos. Assim, vemos que é preciso ter cuidado na escrita de consultas de posicionamento em casos onde podem aparecer valores nulos. A SQL permite que o usuário especifique onde eles deverão ocorrer usando **nulls first** ou **nulls last**, por exemplo:

```
select ID, rank ( ) over (order by CR desc nulls last) as s_pos
from notas_alunos;
```

É possível expressar a consulta anterior com as funções de agregação básicas da SQL usando a seguinte consulta:

```
select ID, (1 + (select count(*)
                 from notas_aluno B
                 where B.CR > A.CR)) as s_pos
from notas_aluno A
order by s_pos;
```

Deve ficar claro que a posição de um aluno é simplesmente 1 mais o número de alunos com um CR mais alto, que é exatamente o que a consulta anterior especifica.[11] Porém, esse cálculo da posição de cada aluno leva um tempo linear ao tamanho da relação, correspondendo a um tempo geral quadrático no tamanho da relação. Em relações grandes, a consulta anterior poderia levar muito tempo para ser executada. Ao contrário, a implementação da cláusula **rank** do sistema pode classificar a relação e calcular a posição em muito menos tempo.

A definição da posição pode ser feita dentro de partições dos dados. Por exemplo, suponha que queiramos posicionar os alunos por departamento, e não pela universidade inteira. Suponha que uma *view* seja definida como *notas_aluno*, mas incluindo o nome do departamento: *dep_notas*(*ID*, *nome_dept*, *CR*). A consulta a seguir, então, gera a posição dos alunos dentro de cada seção:

```
select ID, nome_dept,
    rank ( ) over (partition by nome_dept order by CR desc)
        as pos_dept
from notas_dept
order by nome_dept, pos_dept;
```

A cláusula **order by** mais externa ordena as tuplas do resultado por nome de departamento e, dentro de cada departamento, por posição.

Múltiplas expressões de **rank** podem ser usadas dentro de um comando único **select**; assim, podemos obter a posição geral e a posição dentro do departamento usando duas expressões **rank** na mesma cláusula **select**. Quando o posicionamento (possivelmente com particionamento) ocorre junto com uma cláusula **group by**, a cláusula **group by** é aplicada primeiro, e o particionamento e o posicionamento são feitos sobre os resultados do **group by**. Assim, valores agregados podem ser usados para o posicionamento.

Constantemente, sobretudo para resultados grandes, podemos estar interessados apenas nas tuplas de posicionamento mais alto do resultado, e não na lista inteira. Para consultas de posicionamento, isso pode ser feito aninhando a consulta de posicionamento dentro de uma consultar delimitadora, cuja cláusula **shere** escolhe apenas as tuplas cuja posição seja inferior a algum valor especificado. Por exemplo, para achar os cinco alunos mais bem posicionados com base no CR, poderíamos estender nosso exemplo anterior escrevendo:

```
select *
from (select ID, rank ( ) over (order by (CR) desc) as s_pos
from notas_aluno)
where s_pos <= 5;
```

Esta consulta não necessariamente resulta em cinco alunos, pois pode haver empates. Por exemplo, se dois alunos empatassem em quinto lugar, o resultado teria um total de seis tuplas. Observe que os *n* inferiores são simplesmente os mesmos que os *n* superiores com uma ordem de classificação invertida.

Diversos sistemas de banco de dados oferecem sintaxe fora do padrão SQL para especificar diretamente que apenas os *n* resultados superiores são exigidos. Em nosso exemplo, isso nos permitiria achar os cinco melhores alunos sem a necessidade de usar a função **rank**. Contudo, essas construções resultam exatamente no número de tuplas especificado (5, em nosso exemplo) e, portanto, os empates para a posição final são separados de forma arbitrária. A sintaxe exata para essas consultas "top *n*" varia muito entre os sistemas; consulte a Nota 5.4. Observe que as construções "top *n*" não aceitam o particionamento; assim, não podemos obter os "top *n*" dentro de cada partição sem realizar o posicionamento.

[11]Há uma ligeira diferença técnica se um aluno não tiver realizado curso algum e, portanto, possui um CR *nulo*. Em face do modo como as comparações de valores nulos funcionam em SQL, um aluno com um CR nulo não contribui para os valores de **count** de outros alunos.

Nota 5.4 CONSULTAS "TOP-N"

Geralmente, são necessárias apenas as primeiras poucas tuplas de um resultado de consulta. Isso pode ocorrer em uma consulta de posicionamento onde apenas os melhores resultados são de nosso interesse. Outro caso em que isso pode ocorrer é em uma consulta com um **order by** do qual apenas os primeiros valores são necessários. A restrição dos resultados aos primeiros posicionados pode ser feita por meio da função **rank**, como já vimos, mas essa sintaxe é um tanto complicada. Muitos bancos de dados admitem uma sintaxe mais simples para tal restrição, mas ela varia muito entre os principais sistemas de banco de dados. Aqui, vamos examinar alguns exemplos.

Alguns sistemas (entre eles MySQL e PostgreSQL) permitem que uma cláusula **limit** *n* seja acrescentada ao final de uma consulta SQL para especificar que apenas as primeiras *n* tuplas devem ser geradas. Essa cláusula pode ser usada em conjunto com uma cláusula **order by** para buscar as "top *n*" tuplas, conforme ilustrado pela seguinte consulta, que recupera a ID e o CR dos dez primeiros alunos em ordem de CR:

```
select ID, CR
from notas_aluno
order by CR desc
limit 10;
```

No IBM DB2 e nas versões mais recentes do Oracle, o equivalente da cláusula **limit** é **fetch first** 10 **rows only**. O Microsoft SQL Server coloca sua versão deste recurso na cláusula **select**, no lugar de acrescentar uma cláusula **limit** separada. A cláusula **select** é escrita como: **select top** 10 *ID*, *CR*.

Oracle (versões atuais e mais antigas) oferece o conceito de um *número de linha* para esse recurso. Um atributo *rownum* especial, oculto, numera as tuplas de uma relação resultante em ordem de recuperação. Esse atributo pode, então, ser usado em uma cláusula **where** dentro de uma consulta externa. Porém, o uso desse recurso pode não ser muito claro, pois o *rownum* é decidido antes que as linhas sejam classificadas por uma cláusula **order by**. Para usá-lo corretamente, uma consulta aninhada deve ser da seguinte forma:

```
select *
from (select ID, CR
      from notas_aluno
      order by CR desc)
where rownum <= 10;
```

A consulta interna garante que o predicado em *rownum* seja aplicado apenas após a aplicação de **order by**.

Alguns sistemas de banco de dados possuem recursos que permitem que os limites de tupla sejam excedidos em caso de empates. Veja mais detalhes na documentação do seu sistema.

Várias outras funções podem ser usadas no lugar de **rank**. Por exemplo, **percent_rank** de uma tupla gera a posição da tupla como uma fração. Se houver *n* tuplas na partição[12] e a posição da tupla for *r*, sua posição percentual será definida como $(r - 1)/(n - 1)$ (e como *null*, se houver apenas uma tupla na partição). A função **cume_dist** (abreviação de distribuição cumulativa, em inglês) para uma tupla é definida como p/n, em que p é o número de tuplas na partição com valores de ordenação menores ou iguais ao valor de ordenação da tupla e n é o número total de tuplas na partição. A função **row_number** classifica as linhas e dá a cada linha um número exclusivo correspondente à sua posição na ordem de classificação; diferentes linhas com o mesmo valor de ordenação recebem diferentes números de linha, de forma não determinista.

[12] O conjunto inteiro é tratado como uma única partição se nenhuma partição explícita for usada.

Finalmente, para determinada constante *n*, a função de posicionamento **ntile**(*n*) apanha as tuplas em cada partição na ordem especificada e as divide em *n* grupos (*buckets*) com o mesmo número de tuplas.[13] Para cada tupla, **ntile**(*n*) indica, então, o número do *bucket* em que ela está colocada, com números de *bucket* começando com um. Essa função é particularmente útil para construir histogramas baseados em percentis. Podemos mostrar o quartil no qual cada aluno se encontra com base no CR por meio da seguinte consulta:

```
select ID, ntile(4) over (order by (CR desc)) as quartil
from notas_aluno;
```

[13] Se o número total de tuplas em uma partição não for divisível por *n*, então o número de tuplas em cada *bucket* pode diferir, no máximo, por um. As tuplas com o mesmo valor para o atributo de ordenação podem ser atribuídas a diferentes *buckets*, de uma forma não determinista, a fim de igualar o número de tuplas em cada *bucket*.

5.5.2 Janelas (*windowing*)

Consultas de janelas (*windows*) calculam uma função agregada por intervalos de tuplas. Isso é útil, por exemplo, para calcular uma agregação de um intervalo de tempo fixo; o intervalo de tempo é chamado de *janela*. As janelas podem se sobrepor quando uma tupla pode contribuir para mais de uma janela. Isso é diferente das partições que vimos anteriormente, onde uma tupla pode contribuir com apenas uma partição.

Um exemplo do uso de janelas é a análise de tendência. Considere nosso exemplo anterior de vendas. As vendas podem flutuar bastante de um dia para outro, por fatores como clima (por exemplo, uma tempestade de neve, enchente, furacão ou terremoto poderiam reduzir as vendas por um tempo). Porém, por um período suficientemente longo, as flutuações podem ser menores (continuando com o exemplo, as vendas podem "compensar" períodos de baixa relacionados com o clima). A análise de tendência do mercado de ações é outro exemplo do uso do conceito de janelas. Diversas "médias móveis" são encontradas nos *sites* de negócios e investimentos.

É relativamente fácil escrever uma consulta SQL usando os recursos que já estudamos para calcular uma agregação sobre uma janela; por exemplo, calcular vendas por um período fixo de três dias. Porém, se quisermos fazer isso para *cada* período de três dias, a consulta se tornará complicada.

A SQL oferece um recurso de janelas para dar suporte a tais consultas. Suponha que tenhamos uma *view tot_créditos* (*ano, num_créditos*) contendo o número total de créditos obtidos por alunos em cada ano.[14] Observe que essa relação pode conter, no máximo, uma tupla para cada ano. Considere a seguinte consulta:

```
select ano, avg(num_créditos)
            over (order by ano rows 3 preceding)
            as med_tot_créditos
from tot_créditos;
```

Essa consulta calcula médias pelas três tuplas *precedentes* na ordem de classificação especificada. Assim, para 2019, se as tuplas para os anos 2018 e 2017 estiverem presentes na relação *tot_créditos*, com cada ano representado por apenas uma tupla, o resultado da definição da janela será a média dos valores para os anos 2017, 2018 e 2019. As médias de cada ano seriam calculadas de modo semelhante. Para o ano mais antigo na relação *tot_créditos*, a média seria apenas sobre esse próprio ano, enquanto, para o ano seguinte, a média seria sobre dois anos. Observe que este exemplo só faz sentido porque cada ano aparece apenas uma vez em *tot_créditos*. Se não fosse assim, então haveria diversas ordenações de tuplas possíveis, pois as tuplas para o mesmo ano poderiam estar em qualquer ordem. Em breve, veremos uma consulta de janelas que usa um intervalo de valores no lugar de um número específico de tuplas.

Suponha que, em vez de recuar por um número fixo de tuplas, queiramos que a janela consista em todos os anos anteriores. Isso significa que o número de anos anteriores considerados não é fixo. Para obter a média do total de créditos por todos os anos anteriores, escrevemos:

```
select ano, avg(num_créditos)
            over (order by ano rows unbounded preceding)
            as med_tot_créditos
from tot_créditos;
```

É possível usar a palavra-chave **following** no lugar de **preceding**. Se fizéssemos isso em nosso exemplo, o valor de *ano* especificaria o início da janela, em vez do final. De modo semelhante, podemos especificar uma janela começando antes da tupla atual e terminando depois dela:

```
select ano, avg(num_créditos)
            over (order by ano rows between 3 preceding
              and 2 following)
            as med_tot_créditos
from tot_créditos;
```

Em nosso exemplo, todas as tuplas pertencem à universidade inteira. Suponha que, em vez disso, tenhamos dados de crédito para cada departamento em uma *view tot_créditos_dept* (*nome_dept, ano, num_créditos*) dando o número total de créditos que os alunos fizeram com o departamento em particular no ano especificado. (Novamente, deixamos a escrita dessa definição de *view* como exercício.) Podemos escrever consultas de janelas que tratam de cada departamento separadamente, particionando por *nome_dept*:

```
select nome_dept, ano, avg(num_créditos)
            over (partition by nome_dept
            order by ano rows between 3 preceding
              and current row)
            as med_total_créditos
from tot_créditos_dept;
```

O uso da palavra-chave **range** no lugar de **row** permite que a consulta de janelas cubra todas as tuplas com determinado valor, no lugar de cobrir um número específico de tuplas. Assim, por exemplo, **rows current row** refere-se a exatamente uma tupla, enquanto **range current row** refere-se a todas as tuplas cujo valor para o atributo *sort* é o mesmo daquele da tupla corrente. A palavra-chave **range** não é implementada por completo em todos os sistemas.[15]

5.5.3 Pivoteamento (*pivoting*)

Considere uma aplicação pela qual uma loja deseja descobrir que tipos de roupas são mais populares. Vamos supor que as roupas são caracterizadas por seu nome, cor e tamanho, e que temos uma relação *vendas* com o esquema

vendas (*nome_item, cor, tamanho, quantidade*)

[14]Deixamos a definição dessa *view* em termos do nosso exemplo de universidade como exercício para o leitor.

[15]Alguns sistemas, como PostgreSQL, permitem o uso de **range** apenas com **unbounded**.

nome_item	*cor*	*tamanho*	*quantidade*
dress	dark	small	2
dress	dark	medium	6
dress	dark	large	12
dress	pastel	small	4
dress	pastel	medium	3
dress	pastel	large	3
dress	white	small	2
dress	white	medium	3
dress	white	large	0
pants	dark	small	14
pants	dark	medium	6
pants	dark	large	0
pants	pastel	small	1
pants	pastel	medium	0
pants	pastel	large	1
pants	white	small	3
pants	white	medium	0
pants	white	large	2
shirt	dark	small	2
shirt	dark	medium	6
shirt	dark	large	6
shirt	pastel	small	4
shirt	pastel	medium	1
shirt	pastel	large	2
shirt	white	small	17
shirt	white	medium	1
shirt	white	large	10
skirt	dark	small	2
skirt	dark	medium	5
skirt	dark	large	1
skirt	pastel	small	11
skirt	pastel	medium	9
skirt	pastel	large	15
skirt	white	small	2
skirt	white	medium	5
skirt	white	large	3

Figura 5.17 Um exemplo da relação *vendas*.

Suponha que *nome_item* possa assumir os valores (*skirt, dress, shirt, pants*), *cor* possa assumir os valores (*dark, pastel, white*), *tamanho* possa assumir os valores (*small, medium, large*) e *quantidade* seja um valor inteiro representando o número total de itens vendidos de determinada combinação (*nome_item, cor, tamanho*). Uma instância da relação *vendas* aparece na Figura 5.17.

A Figura 5.18 mostra um modo alternativo de visualizar os dados presentes na Figura 5.17; os valores "dark", "pastel" e "white" do atributo *color* tornaram-se nomes de atributo na Figura 5.18. A tabela nessa figura é um exemplo de uma **tabulação cruzada** (ou **cross-tab**, para abreviar), também chamada de **tabela pivô**.

nome_item	*tamanho*	*dark*	*pastel*	*white*
dress	small	2	4	2
dress	medium	6	3	3
dress	large	12	3	0
pants	small	14	1	3
pants	medium	6	0	0
pants	large	0	1	2
shirt	small	2	4	17
shirt	medium	6	1	1
shirt	large	6	2	10
skirt	small	2	11	2
skirt	medium	5	9	5
skirt	large	1	15	3

Figura 5.18 Resultado da operação pivô da SQL sobre a relação *vendas* da Figura 5.17.

Os valores dos novos atributos *dark, pastel* e *white* em nosso exemplo são definidos da seguinte forma. Para determinada combinação de *nome_item, tamanho* (por exemplo, ("dress", "dark")), se houver uma única tupla com o valor de *cor* "dark", o valor de *quantidade* desse atributo aparece como o valor do atributo *dark*. Se houver várias dessas tuplas, os valores são agregados por meio da função **sum** em nosso exemplo; em geral, outras funções agregadas poderiam ser usadas em seu lugar. Os valores dos outros dois atributos, *pastel* e *white*, são definidos da mesma forma.

Em geral, uma *cross-tab* é uma tabela derivada de uma relação (digamos, *R*), onde os valores para um atributo da relação *R* (digamos, *A*) formam os nomes de atributo no resultado; o atributo *A* é o atributo **pivô**. *Cross-tabs* são muito utilizadas para análise de dados, sendo discutidas com mais detalhes na Seção 11.3.

Várias implementações da SQL, como Microsoft SQL Server e Oracle, aceitam uma cláusula **pivot** em SQL, que permite a criação de tabulações cruzadas. Dada a relação *vendas* da Figura 5.17, a consulta:

```
select *
from vendas
pivot (
        sum(quantidade)
        for cor in ('dark','pastel','white')
)
```

retorna o resultado mostrado na Figura 5.18.

Observe que a cláusula **for** dentro da cláusula **pivot** especifica (i) um atributo pivô (*cor*, na consulta anterior), (ii) quais valores desse atributo devem aparecer como nomes de atributo no resultado pivô (dark, pastel e white, na consulta anterior) e (iii) a função de agregação que deve ser usada para calcular o valor dos novos atributos (função agregada **sum**, sobre o atributo *quantidade*, na consulta anterior).

Os atributos *cor* e *quantidade* não aparecem no resultado, embora todos os outros atributos sejam retidos. Caso mais de uma tupla contribua com valores para determinada célula, a operação de agregação dentro da cláusula **pivot** especifica como os valores devem ser combinados. No exemplo anterior, os valores de *quantidade* são agregados usando a função **sum**.

Uma consulta usando **pivot** pode ser escrita usando construções SQL básicas, sem usar a construção de pivô, mas a construção simplifica a tarefa de escrita dessas consultas.

5.5.4 Rollup e cube

A SQL aceita generalizações da construção **group by** usando as operações **rollup** e **cube**, que permitem que várias consultas **group by** sejam executadas em uma consulta única, com o resultado retornado como uma única relação.

Considere novamente nosso exemplo de loja de revenda e a relação:

vendas (*nome_item, cor, tamanho, quantidade*)

Podemos encontrar o número de itens vendidos em cada nome de item escrevendo uma consulta **group by** simples:

select *nome_item,* **sum**(*quantidade*) **as** *quantidade*
from *vendas*
group by *nome_item;*

De modo semelhante, podemos encontrar o número de itens vendidos em cada cor e em cada tamanho. Podemos, ainda, encontrar um desmembramento de vendas por nome de item e cor escrevendo:

select *nome_item, cor,* **sum**(*quantidade*) **as** *quantidade*
from *vendas*
group by *nome_item, cor;*

De maneira similar, uma consulta com **group by** *nome_item, cor, tamanho* nos permitiria ver as vendas desmembradas por combinações (*nome_item, cor, tamanho*).

Os analistas de dados geralmente precisam ver esses dados agregados de várias maneiras, conforme ilustramos. As construções SQL **rollup** e **cube** oferecem um modo conciso de obter várias dessas agregações usando uma consulta única, em vez de escrever várias consultas.

A construção **rollup** é ilustrada por meio da seguinte consulta:

select *nome_item, cor,* **sum**(*quantidade*)
from *vendas*
group by rollup(*nome_item, cor*);

O resultado dessa consulta aparece na Figura 5.19. A consulta anterior é equivalente à seguinte consulta usando a operação **union**:

(**select** *nome_item, cor, sum*(*quantidade*) **as** *quantidade*
from *vendas*
group by *nome_item, cor*)
union
(**select** *nome_item, null* **as** *cor,* **sum**(*quantidade*) **as** *quantidade*
from *vendas*
group by *nome_item*)
union
(**select** *null* **as** *nome_item, null* **as** *cor,* **sum**(*quantidade*)
as *quantidade*
from *vendas*)

nome_item	*cor*	*quantidade*
skirt	dark	8
skirt	pastel	35
skirt	white	10
dress	dark	20
dress	pastel	10
dress	white	5
shirt	dark	14
shirt	pastel	7
shirt	white	28
pants	dark	20
pants	pastel	2
pants	white	5
skirt	*null*	53
dress	*null*	35
shirt	*null*	49
pants	*null*	27
null	*null*	164

Figura 5.19 Resultado da consulta: **group by rollup** (*nome_item, cor*).

A construção **group by rollup**(*nome_item, cor*) gera três agrupamentos:

{ (*nome_item, cor*), (*nome_item*), ( ) }

com ( ) indicando uma lista **group by** vazia. Observe que existe um agrupamento para cada prefixo dos atributos listados na cláusula **rollup**, incluindo o prefixo vazio. O resultado da consulta contém a união dos resultados desses agrupamentos. Os diferentes agrupamentos geram diferentes esquemas; para levar os resultados dos diferentes agrupamentos a um esquema comum, as tuplas no resultado contêm *null* como o valor dos atributos ausentes em determinado agrupamento.[16]

A construção **cube** gera um número ainda maior de agrupamentos, consistindo em *todos os subconjuntos* dos atributos listados na construção **cube**. Por exemplo, a consulta:

select *nome_item, cor, tamanho,* **sum**(*quantidade*)
from *vendas*
group by cube(*nome_item, cor, tamanho*);

[16]A operação SQL **outer union** pode ser usada para realizar uma união de relações que podem não ter um esquema comum. O esquema resultante contém a união de todos os atributos de suas entradas; cada tupla de entrada é mapeada a uma tupla de saída acrescentando todos os atributos que faltam nessa tupla, com o valor definido como nulo. Nossa consulta **union** pode ser escrita usando **outer union** e, com isso, não precisamos gerar explicitamente os atributos de valor nulo usando construções "*null* **as** <nome-atributo>", como fizemos na consulta de exemplo.

gera os seguintes agrupamentos:

{ (*nome_item, cor, tamanho*), (*nome_item, cor*),
(*nome_item, tamanho*),
(*cor, tamanho*), (*nome_item*), (*cor*), (*tamanho*), ( ) }

Para levar os resultados dos diferentes agrupamentos a um esquema comum, assim como **rollup**, as tuplas no resultado contêm *null* como o valor dos atributos ausentes em determinado agrupamento.

Vários **rollups** e **cubes** podem ser usados em uma única cláusula **group by**. Por exemplo, a consulta a seguir:

select *nome_item, cor, tamanho,* **sum**(*quantidade*)
from *vendas*
group by rollup(*nome_item*), **rollup**(*cor, tamanho*);

gera os agrupamentos:

{ (*nome_item, cor, tamanho*), (*nome_item, cor*), (*nome_item*),
(*cor, tamanho*), (*cor*), ( ) }

Para entender por que, observe que **rollup**(*nome_item*) gera um conjunto de dois agrupamentos, {(*nome_item*), ( )} enquanto **rollup**(*cor, tamanho*) gera um conjunto de três agrupamentos, {(*cor, tamanho*), (*cor*), ( )}. O produto cartesiano dos dois conjuntos nos oferece os seis agrupamentos mostrados.

Nem a cláusula **rollup** nem **cube** oferecem controle completo sobre os agrupamentos gerados. Por exemplo, não podemos usá-las para especificar que queremos apenas agrupamentos {(*cor, tamanho*), (*tamanho, nome_item*)}. Esses agrupamentos restritos podem ser gerados usando a construção **grouping sets**, em que podemos especificar a lista específica de agrupamentos a serem usados. Para obter apenas agrupamentos {(*cor, tamanho*), (*tamanho, nome_item*)}, escreveríamos:

select *nome_item, cor, tamanho,* **sum**(*quantidade*)
from *vendas*
group by grouping sets((*cor, tamanho*) (*tamanho, nome_item*));

Os analistas podem querer distinguir os nulos gerados pelas operações **rollup** e **cube** dos nulos "normais", realmente armazenados no banco de dados ou vindos de um *outer join*. A função **grouping**( ) retorna um se seu argumento for um valor nulo gerado por um **rollup** ou **cube**, e zero caso contrário (observe que a função **grouping** é diferente da construção **grouping sets**). Se quisermos exibir o resultado da consulta **rollup** mostrado na Figura 5.19, mas usando o valor "tudo" no lugar dos nulos gerados por **rollup**, podemos usar a seguinte consulta:

select (**case when grouping**(*nome_item*) = 1 **then** 'tudo'
else *nome_item* **end**) **as** *nome_item,*
(**case when grouping**(*cor*) = 1 **then** 'tudo'
else *cor* **end**) **as** *cor,*
sum(*quantidade*) **as** *quantidade*
from *vendas*
group by rollup(*nome_item, cor*);

Pode-se considerar o uso da seguinte consulta, usando **coalesce**, mas ela converteria incorretamente os nomes de item e cores nulas em "tudo":

select coalesce (*nome_item,* 'tudo') **as** *nome_item,*
coalesce (*cor,* 'tudo') **as** *cor,*
sum(*quantidade*) **as** *quantidade*
from *vendas*
group by rollup(*nome_item, cor*);

5.6 Resumo

- Consultas SQL podem ser chamadas a partir das linguagens hospedeiras (*host*), via SQL embutida e dinâmica. Os padrões ODBC e JDBC definem interfaces de programa de aplicativo para acessar bancos de dados SQL a partir de programas em linguagem C e Java.
- Funções e procedimentos podem ser definidos usando extensões procedurais da SQL, que permitem comandos de interação e condicionais (*if-then-else*).
- *Triggers* definem ações a serem executadas automaticamente quando certos eventos ocorrem e condições correspondentes são satisfeitas. *Triggers* podem ter muitos usos, como a implementação de regras de negócios e registro para auditoria. Elas podem executar ações fora do sistema de banco de dados, por meio de rotinas de linguagem externa.
- Algumas consultas, como o fecho transitivo, podem ser expressas usando iteração ou usando consultas SQL recursivas. A recursão pode ser expressa usando *views* recursivas ou definições de cláusula **with** recursivas.
- A SQL admite vários recursos de agregação avançados, incluindo consultas de posição (*ranking*) e de janelas, além de operações de pivô e *rollup/cube*. Estas simplificam a expressão de algumas agregações e permitem uma avaliação mais eficaz.

Termos de revisão

- JDBC
- Comandos preparados
- SQL *injection*
- Metadados
- Conjuntos de resultados atualizáveis
- Open Database Connectivity (ODBC)

- SQL embutida
- Banco de dados embutido
- Procedimentos armazenados e funções
- Funções de tabela
- *Views* parametrizadas
- Persistent Storage Module (PSM)
- Condições de exceção
- Handlers
- Rotinas em linguagem externa
- Sandbox
- Trigger
- Fecho transitivo
- Hierarquias
- Create temporary table
- Consultas básicas
- Consultas recursivas
- Ponto fixo
- Consultas monotônicas
- Janelas
- Funções de posição (*ranking*)
- Tabulação cruzada
- *Cross-tab*
- Tabela pivô
- Pivoteamento
- SQL **group by cube**, **group by rollup**

Exercícios práticos

5.1 Considere as seguintes relações para um banco de dados de empresa:

- *emp* (*nome_e*, *nome_d*, *salário*)
- *gerente* (*nome_e*, *nome_g*)

e o código Java na Figura 5.20, que usa a API JDBC. Considere que userid, senha, nome de máquina etc. estejam todos corretos. Descreva, em português abreviado, o que o programa Java faz (ou seja, produza uma sentença em português como "Ele encontra o gerente do departamento de brinquedos", e não uma descrição linha por linha do que cada comando Java pode fazer).

5.2 Escreva um método Java usando recursos de metadados JDBC que utilizem um ResultSet como parâmetro de entrada e imprimam o resultado em formato tabular, com nomes apropriados como cabeçalhos de coluna.

5.3 Suponha que queiramos achar todos os cursos que devem ser realizados antes de determinado curso. Isso significa achar não apenas os pré-requisitos desse curso, mas os pré-requisitos dos pré-requisitos e assim por diante. Usando JDBC, escreva um programa Java completo que:

- Apanhe um valor de *id_curso* do teclado.
- Ache os pré-requisitos desse curso usando uma consulta SQL submetida via JDBC.
- Para cada curso retornado, ache seus pré-requisitos e continue esse processo iterativamente, até que nenhum curso de pré-requisito seja achado.
- Informe o resultado.

Neste exercício, não use uma consulta SQL recursiva, mas sim a abordagem iterativa descrita anteriormente. Uma solução bem desenvolvida será resistente ao caso de erro em que uma universidade cria, acidentalmente, um ciclo de pré-requisitos (por exemplo, o curso *A* é um pré-requisito para o curso *B*, o curso *B* é um pré-requisito para o curso *C* e o curso C é um pré-requisito para o curso *A*).

5.4 Descreva as circunstâncias em que você escolheria usar a SQL embutida em vez de apenas SQL ou apenas uma linguagem de programação de uso geral.

5.5 Mostre como impor a restrição "um instrutor não pode ministrar em duas salas diferentes em um semestre no mesmo período de tempo" usando uma *trigger* (lembre-se de que a restrição pode ser violada por mudanças na relação *ministra*, bem como na relação *seção*).

5.6 Considere o banco de dados de agência bancária da Figura 5.21. Vamos definir uma *view agência_cliente* da seguinte forma:

create view *agência_cliente* **as**
  select *nome_agência, nome_cliente*
  from *depositante, conta*
  where *depositante.num_conta* = *conta.num_conta*

Suponha que a *view* seja *materializada*, ou seja, a *view* é calculada e armazenada. Escreva *triggers* para *manter* a *view*, isto é, mantê-la atualizada nas inserções e exclusões de *depositante* ou *conta*. Não se preocupe com as exclusões ou atualizações. Observe que, para simplificar, não exigimos a eliminação de duplicatas.

```
import java.sql.*;
public class Mystery {
  public static void main(String[ ] args) {
     try (
        Connection con=DriverManager.getConnection(
           "jdbc:oracle:thin:star/X@//edgar.cse.lehigh.edu:1521/XE");
        q = "select nome_g from gerente where nome_e = ?";
        PreparedStatement stmt=con.prepareStatement();
     )
     {
        String q;
        String nome_e = "dog";
        boolean more;
        ResultSet result;
        do {
           stmt.setString(1, nome_e);
           result = stmt.executeQuery(q);
           more = result.next();
           if (more) {
              empName = result.getString("nome_g");
              System.out.println (nome_e);
           }
        } while (more);
        s.close();
        con.close();
     }
     catch(Exception e){
        e.printStackTrace();
     }
  }
}
```

Figura 5.20 Código Java para o Exercício Prático 5.1 (usando Oracle JDBC).

5.7 Considere o banco de dados bancário da Figura 5.21. Escreva uma *trigger* SQL para executar a ação a seguir: no **delete** de uma conta, para cada cliente de conta, verifique se o cliente possui contas restantes e, se não tiver, exclua-o da relação *depositante*.

5.8 Dada uma relação *S(aluno, matéria, pontos)*, escreva uma consulta para encontrar os dez melhores alunos por pontos totais, usando a pontuação em SQL. Inclua todos os alunos empatados na pontuação final, mesmo que isso resulte em mais de dez alunos no total.

5.9 Dê uma relação *bvny(ano, mês, dia, volume_ações, volume_dólares)* com os dados das negociações da Bolsa de Valores de Nova York, liste cada dia de negociação em ordem do volume de ações negociadas e mostre a posição em que cada dia se encontra.

agência (<u>*nome_agência*</u>, *cidade_agência, ativos*)
cliente (<u>*nome_cliente*</u>, *rua_cliente, cidade_cliente*)
empréstimo (<u>*num_empréstimo*</u>, *nome_agência, valor*)
tomador (<u>*nome_cliente, num_empréstimo*</u>)
conta (<u>*num_conta*</u>, *nome_agência, saldo*)
depositante (<u>*nome_cliente, num_conta*</u>)

Figura 5.21 Banco de dados de agência bancária para o Exercício Prático 5.6.

5.10 Usando a relação do Exercício Prático 5.9, escreva uma consulta SQL para gerar um relatório mostrando o número de ações negociadas, o número de negociações e o volume total em dólares, desmembrados por ano, cada mês do ano e cada dia de negociação.

5.11 Mostre como expressar **group by cube**(*a*, *b*, *c*, *d*) usando **rollup**; sua resposta deverá ter apenas uma cláusula **group by**.

Exercícios

5.12 Escreva um programa em Java para permitir que os administradores da universidade imprimam o registro de ensino de um instrutor.

a. Comece pedindo que o usuário informe a *ID* de login e senha; depois, abra a conexão apropriada.

b. Em seguida, o usuário deverá informar uma substring de pesquisa e o sistema retornará pares (*ID*, *nome*) de instrutores cujos nomes combinam com a substring. Use a construção **like** ('%substring%') em SQL para fazer isso. Se a pesquisa retornar vazia, permita a continuação da pesquisa até que haja um resultado com conteúdo.

c. Depois, o usuário deverá informar um número de ID, que é um número entre 0 e 99999. Quando um número válido for informado, verifique se existe um instrutor com essa ID. Se não houver instrutor com a ID indicada, imprima uma mensagem apropriada e termine.

d. Se o instrutor não tiver ministrado curso algum, imprima uma mensagem informando isso. Caso contrário, imprima o registro de ensino para o instrutor, mostrando o nome do departamento, identificador de curso, título de curso, número de seção, semestre, ano e total de matriculados (e classifique-os por *nome_dept*, *id_curso*, *ano*, *semestre*).

Teste cuidadosamente uma entrada incorreta. Cuide para que suas consultas SQL não gerem uma exceção. No login, as exceções podem ocorrem porque o usuário poderia digitar uma senha incorreta, mas capture essas exceções e permita que o usuário tente novamente.

5.13 Suponha que você tivesse que definir uma classe `MetaDisplay` em Java, contendo um método `static void printTable(String r)`; o método usa um nome de relação *r* como entrada, executa a consulta "**select** * **from** *r*" e imprime o resultado em formato tabular alinhado, com os nomes de atributo exibidos no cabeçalho da tabela.

a. O que você precisa saber sobre a relação *r* para poder imprimir o resultado no formato tabular especificado?

b. Que método(s) JDBC pode(m) lhe oferecer a informação exigida?

c. Escreva o método `printTable(String r)` usando a API JDBC.

5.14 Repita o Exercício 5.13 usando ODBC, definindo `void printTable(char *r)` como uma função em vez de um método.

5.15 Considere um banco de dados de empregado com duas relações

empregado (<u>*nome_empregado*</u>, *rua*, *cidade*)
trabalha (<u>*nome_empregado*</u>, *nome_empresa*, *salário*)

nas quais as chaves primárias estão sublinhadas. Escreva uma função *salário_médio* que use um nome de empresa como argumento e ache o salário médio dos empregados dessa empresa. Depois, escreva um comando SQL, usando essa função, para encontrar as empresas cujos empregados ganham um salário mais alto, na média, do que o salário médio no "First Bank".

5.16 Considere o esquema relacional

peça(<u>*id_peça*</u>, *nome*, *custo*)
subpeça(<u>*id_peça*</u>, <u>*id_subpeça*</u>, *cont*)

em que os atributos de chave primária estão sublinhados. Uma tupla (p_1, p_2, 3) na relação *subpeça* indica que a peça com *id_peça* p_2 é uma subpeça direta da peça com *id_peça* p_1, e p_1 tem três cópias de p_2. Observe que a própria p_2 pode ter outras subpeças. Escreva uma consulta SQL recursiva que gere os nomes de todas as subpeças da peça com *id_peça* "P-100".

5.17 Considere novamente o esquema relacional do Exercício 5.16. Escreva uma função JDBC usando SQL não recursiva para achar o custo total da peça "P-100", incluindo os custos de todas as suas subpeças. Não se esqueça de levar em conta o fato de que uma peça pode ter várias ocorrências (réplicas) de uma subpeça. Você pode usar a recursão em Java, se desejar.

5.18 Refaça o Exercício 5.12 usando a linguagem do sistema de banco de dados para a código de procedimentos armazenados e funções. Observe que, como referência, você, provavelmente, terá de consultar a documentação *on-line* para o seu sistema, pois a maioria dos sistemas utiliza uma sintaxe diferente daquela da versão SQL seguida no texto. Especificamente, escreva um procedimento que tome uma *ID* de instrutor como argumento e produza uma saída impressa no formato especificado no Exercício 5.12, ou uma mensagem apropriada, se o instrutor não existir ou não tiver ministrado curso algum. (Para criar uma versão mais simples deste exercício, em vez de fornecer uma saída impressa, considere uma relação com o esquema apropriado e insira sua resposta lá, sem se preocupar com o teste por valores de argumento com erro.)

5.19 Suponha que existam duas relações *r* e *s*, tais que a chave estrangeira *B* de *r* referencie a chave primária *A*

prédio	*sala*	*id_período*	*id_curso*	*id_sec*
Garfield	359	A	BIO-101	1
Garfield	359	B	BIO-101	2
Saucon	651	A	CS-101	2
Saucon	550	C	CS-319	1
Painter	705	D	MU-199	1
Painter	403	D	FIN-201	1

Figura 5.22 A relação *r* para o Exercício 5.24.

de *s*. Descreva como o mecanismo de *trigger* pode ser usado para implementar a opção **on delete cascade**, quando uma tupla é excluída de *s*.

5.20 A execução de uma *trigger* pode fazer com que outra ação seja disparada. A maioria dos sistemas de banco de dados coloca um limite sobre a profundidade que esse tipo de aninhamento pode ter. Explique por que eles poderiam impor tal limite.

5.21 Modifique a consulta recursiva na Figura 5.16 para definir uma relação

prof_prereq(*id_curso, id_prereq, prof*)

sendo que o atributo *prof* indica quantos níveis de pré-requisitos intermediários existem entre o curso e o pré-requisito. Pré-requisitos diretos têm uma profundidade zero. Observe que um curso de pré-requisito pode ter várias profundidades e, portanto, pode aparecer mais de uma vez.

5.22 Dada a relação *s*(*a*, *b*, *c*), escreva um comando SQL para gerar um histograma de valores de *c versus a*, dividindo *a* em 20 partições de mesmo tamanho (ou seja, onde cada partição contém 5% das tuplas em *s*, classificadas por *a*).

5.23 Considere a relação *bvny* do Exercício 5.9. Para cada mês de cada ano, mostre o volume total mensal em dólares e o volume médio mensal em dólares para esse mês e os dois meses anteriores. (*Dica:* primeiro, escreva uma consulta para achar o volume total em dólares para cada mês de cada ano. Depois, coloque isso na cláusula **from** da consulta externa, que resolve a questão. Essa consulta externa terá que usar janelas. A subconsulta, não.)

5.24 Considere a relação *r*, mostrada na Figura 5.22. Dê o resultado da seguinte consulta:

select *prédio, sala, id_período,* **count**(*)
from *r*
group by rollup (*prédio, sala, id_período*)

Ferramentas

A maioria dos fornecedores de banco de dados, incluindo IBM, Microsoft e Oracle, oferece ferramentas OLAP como parte de seus sistemas de banco de dados ou como aplicações adicionais. As ferramentas podem ser integradas a um produto maior de "inteligência de negócios", como IBM Cognos. Muitas empresas também oferecem ferramentas de análise para aplicações específicas, como gerenciamento de relacionamento com o cliente (por exemplo, Oracle Siebel CRM).

Leitura adicional

Outros detalhes sobre JDBC poderão ser encontrados em docs.oracle.com/javase/tutorial/jdbc.

Para escrever procedimentos armazenados, funções armazenadas e *triggers* que possam ser executadas em determinado sistema, é preciso consultar a documentação específica do sistema.

Embora nossa discussão sobre consultas recursivas tenha focalizado a sintaxe SQL, há outras abordagens para o uso da recursão nos bancos de dados relacionais. Datalog é uma linguagem de banco de dados baseada na linguagem de programação Prolog, sendo descrita com mais detalhes na Seção 27.4 (disponível *on-line*).

Os recursos OLAP na SQL, incluindo *rollup* e cubos, foram introduzidos na SQL:1999, e as funções de janela com posicionamento e particionamento foram acrescentadas na SQL:2003. Recursos OLAP, incluindo funções de janela, são admitidos pela maioria das implementações de banco de dados atuais. Embora grande parte delas siga a sintaxe do padrão SQL que apresentamos, existem algumas diferenças; para obter mais detalhes, consulte os manuais do sistema específico que você está usando. Multidimensional Expressions (MDX) da Microsoft é uma linguagem de consulta tipo SQL projetada para a consulta de cubos OLAP.

Créditos

A foto dos barcos no início do capítulo pertence a
© dimaberkut | 123rf.com

PARTE 2

PROJETO DE BANCO DE DADOS

A criação de uma aplicação de banco de dados é uma tarefa complexa, envolvendo o projeto do esquema de banco de dados, o projeto dos programas que acessam e atualizam os dados e o projeto de um esquema de segurança para controlar o acesso a esses dados. As necessidades dos usuários desempenham um papel fundamental no processo de projeto. Nesta parte, focalizamos, principalmente, o projeto do esquema de banco de dados e, também, esboçamos algumas outras tarefas de projeto.

O modelo entidade-relacionamento (E-R), descrito no Capítulo 6, é um modelo de dados de alto nível. Em vez de representar todos os dados em tabelas, esse modelo distingue entre objetos básicos, chamados *entidades*, e os *relacionamentos* entre esses objetos. Normalmente, é usado como uma primeira etapa no projeto do esquema de banco de dados.

O projeto de banco de dados relacional – o projeto do esquema relacional – foi discutido informalmente em capítulos anteriores. Existem, no entanto, princípios que podem ser usados para distinguir entre bons e maus projetos de banco de dados. Eles são formalizados por meio de várias "formas normais" que oferecem diferentes compensações (*trade-offs*) entre a possibilidade de inconsistências e a eficiência de certas consultas. O Capítulo 7 escreve o projeto formal dos esquemas relacionais.

CAPÍTULO 6

Projeto de banco de dados e o modelo E-R

Até este ponto no livro, consideramos determinado esquema de banco de dados e estudamos como as consultas e atualizações são expressas. Agora, iremos considerar como projetar um esquema de banco de dados, em primeiro lugar. Neste capítulo, focalizaremos o modelo de dados entidade-relacionamento (E-R), que fornece um meio de identificar entidades a serem representadas no banco de dados e como essas entidades são relacionadas. O projeto de banco de dados será expresso em termos de um projeto de banco de dados relacional e um conjunto associado de restrições. Mostraremos, neste capítulo, como um projeto E-R pode ser transformado em um conjunto de esquemas de relação e como algumas das restrições podem ser capturadas nesse projeto. No Capítulo 7, vamos considerar, em detalhes, se um conjunto de esquemas de relação representa um bom ou mau projeto de banco de dados e, ainda, estudar o processo de criação de bons projetos usando um conjunto mais amplo de restrições. Esses dois capítulos abordam os conceitos fundamentais do projeto de banco de dados.

6.1 Visão geral do processo de projeto

A criação de uma aplicação de banco de dados é uma tarefa complexa, que envolve várias atividades, como o projeto do esquema de banco de dados, o projeto dos programas que acessam e atualizam os dados e o projeto de um esquema de segurança para controlar o acesso aos dados. As necessidades dos usuários desempenham um papel central no processo de projeto. Neste capítulo, focalizamos o projeto do esquema de banco de dados, embora estejam resumidas, mais adiante, algumas outras tarefas de projeto.

6.1.1 Fases do projeto

Para pequenas aplicações, pode ser viável para um projetista de banco de dados, que conheça as necessidades da aplicação, decidir diretamente sobre as relações a serem criadas, seus atributos e as restrições nas relações. Entretanto, esse processo de projeto direto é difícil para aplicações do mundo real, já que, em geral, elas são altamente complexas. Normalmente, nenhuma pessoa entende todas as necessidades de dados de uma aplicação. O projetista de banco de dados precisa interagir com os usuários da aplicação para entender as necessidades da aplicação, representá-las de uma maneira de alto nível que possa ser entendida pelos usuários e, depois, traduzi-las para os níveis mais baixos do projeto. O modelo de dados de alto nível fornece ao projetista de banco de dados uma estrutura conceitual na qual ele pode especificar, de modo sistemático, as necessidades de dados dos usuários do banco de dados e uma estrutura de banco de dados que satisfaça essas necessidades.

- A fase inicial do projeto de banco de dados consiste em caracterizar completamente as necessidades de dados dos prováveis usuários do banco de dados. O projetista de banco de dados precisa interagir extensivamente com especialistas e usuários do domínio para realizar essa tarefa. O resultado dessa fase é uma especificação das necessidades do usuário. Embora existam técnicas para representar graficamente tais necessidades, neste capítulo iremos nos preocupar com as descrições textuais das necessidades do usuário.
- Em seguida, o projetista escolhe um modelo de dados e, aplicando os conceitos do modelo de dados selecionado, traduz essas necessidades para um esquema conceitual do banco de dados. O esquema desenvolvido nessa fase de **projeto conceitual** fornece uma descrição detalhada da empresa. O modelo entidade-relacionamento (E-R), que estudaremos neste capítulo, normalmente é usado para representar o projeto conceitual. Em termos de modelo E-R, o esquema conceitual especifica as entidades que são representadas no banco de dados, os atributos das entidades, os relacionamentos entre as entidades, e as restrições sobre as entidades e relacionamentos. Em geral, a fase do projeto conceitual resulta na criação de um diagrama de entidade-relacionamento que fornece uma representação gráfica do esquema.

  O projetista verifica o esquema para confirmar se todas as necessidades de dados são realmente satisfeitas e não estão em conflito umas com as outras. Ele também pode examinar o projeto para remover recursos redundantes. Sua preocupação, nesse momento, é descrever os dados e seus relacionamentos, em vez de especificar detalhes de armazenamento físico.

- Um esquema conceitual completamente desenvolvido também indica as necessidades funcionais da empresa. Em uma **especificação das necessidades funcionais**, os usuários descrevem os tipos de operações (ou transações) que serão realizadas nos dados. Operações de exemplo incluem modificar ou atualizar dados, pesquisar e recuperar dados específicos e excluir dados. Nessa fase do projeto conceitual, o projetista pode revisar o esquema para garantir que ele atende às necessidades funcionais.
- O processo de transição de um modelo de dados abstrato para a implementação do banco de dados ocorre nas duas fases finais do projeto.
  - Na **fase de projeto lógico**, o projetista mapeia o esquema conceitual de alto nível para o modelo de dados de implementação do sistema de banco de dados que será usado. O modelo de dados de implementação normalmente é o modelo de dados relacional, e essa etapa geralmente consiste em mapear o esquema conceitual definido usando o modelo entidade-relacionamento em um esquema de relação.
  - Finalmente, o projetista usa o esquema de banco de dados específico do sistema resultante na **fase de projeto físico**, em que os recursos físicos do banco de dados são especificados. Esses recursos incluem a forma de organização de arquivo e as estruturas de armazenamento internas discutidas nos Capítulos 13 e 14.

O esquema físico de um banco de dados pode ser facilmente modificado após uma aplicação ter sido construída. Entretanto, as mudanças no esquema lógico normalmente são mais difíceis de realizar, já que podem afetar diversas consultas e atualizações disseminadas pelo código da aplicação. Portanto, é importante realizar a fase de projeto de banco de dados com cuidado, antes de construir o restante da aplicação de banco de dados.

6.1.2 Alternativas de projeto

Uma parte importante do processo de projeto de banco de dados é decidir como representar no projeto várias "coisas", como pessoas, lugares, produtos, e assim por diante. Usamos o termo *entidade* para representar qualquer item distintamente identificável. Em um banco de dados de uma universidade, exemplos de entidades podem incluir instrutores, alunos, departamentos, cursos e ofertas de cursos. Consideramos que um curso pode ter sido ministrado em vários semestres, bem como várias vezes em um semestre; nós nos referimos a cada oferta do curso como uma seção. As várias entidades estão inter-relacionadas de diversas maneiras, todas precisando ser capturadas no projeto de banco de dados. Por exemplo, um aluno cursa uma disciplina ofertada, enquanto um instrutor ministra uma disciplina ofertada; ministra e cursa são exemplos de relacionamentos entre entidades.

Na concepção de um esquema de banco de dados, precisamos evitar dois perigos principais:

1. **Redundância:** um projeto ruim pode resultar em informações repetidas. Por exemplo, se armazenarmos o identificador do curso e o título de um curso em cada oferta do curso, o título será armazenado de forma redundante (isto é, desnecessariamente por diversas vezes) em cada oferta do curso. Bastaria armazenar apenas o identificador do curso em cada oferta do curso e associar o título do curso com o identificador do curso uma única vez, na entidade curso.

   A redundância também pode ocorrer em um esquema relacional. No exemplo da universidade utilizado até agora, temos uma relação com a informação de seção e uma relação separada com informações do curso. Suponha que temos uma relação única em que repetimos todas as informações sobre o curso (id_curso, título, nome_dept, créditos) uma vez para cada seção (oferta) do curso. Obviamente, as informações sobre os cursos serão armazenadas de forma redundante.

   O grande problema com tal representação redundante de informações é que as cópias de partes da informação poderão tornar-se inconsistentes se a informação for atualizada sem que sejam tomadas as devidas precauções ao atualizar todas as cópias da informação. Por exemplo, diferentes ofertas para um curso podem ter o mesmo identificador, podendo ter títulos diferentes. Assim, não ficaria claro qual é o título correto do curso. O ideal é que a informação apareça apenas em um lugar.
2. **Incompletude:** um projeto ruim pode tornar certos aspectos da empresa difíceis ou impossíveis de serem modelados. Por exemplo, suponha que, como no caso (1) anterior, só tivéssemos entidades correspondentes às ofertas de cursos, sem ter uma entidade correspondente aos cursos. De modo equivalente, em termos de relações, suponha que temos uma relação única onde repetimos todas as informações do curso uma vez para cada seção em que o curso seja oferecido. Dessa forma, seria impossível representar as informações sobre um novo curso, a menos que o curso seja oferecido. Podemos tentar fazer o projeto problemático armazenar valores nulos nas informações de seção. O contorno do problema dessa forma, no entanto, além de ser pouco atraente, pode ser impedido por restrições de chave primária.

Evitar projetos ruins não é suficiente. Pode haver grande número de bons projetos a partir dos quais devemos escolher. Como um exemplo simples, considere um cliente que compra um produto. A venda do produto é uma relação entre o cliente e o produto? Como alternativa, a venda propriamente dita seria uma entidade que estaria relacionada tanto com o cliente quanto com o produto? Essa escolha, embora simples, pode fazer uma diferença importante em que aspectos da empresa podem ser bem modelados. Considerando a necessidade de fazer escolhas como essa para o grande número de entidades e relacionamentos em uma empresa do mundo real, não é difícil perceber que o projeto de banco de dados pode ser um problema desafiador. De fato, veremos que ele requer uma combinação de ciência e de "bom gosto".

6.2 Modelo entidade-relacionamento

O modelo de dados **entidade-relacionamento** (**E-R**) foi desenvolvido para facilitar o projeto de banco de dados, permitindo especificação de um *esquema de empresa* que representa a estrutura lógica geral de um banco de dados.

O modelo E-R é muito útil no mapeamento dos significados e interações de empresas reais para um esquema conceitual. Em face dessa utilidade, muitas ferramentas de projeto de banco de dados utilizam conceitos do modelo E-R. O modelo de dados E-R emprega três noções básicas: conjuntos de entidades, conjuntos de relacionamentos e atributos. O modelo E-R também tem associado a ele uma representação esquemática, o diagrama de E-R. Como vimos rapidamente na Seção 1.3.1, um **diagrama E-R** pode expressar, de forma gráfica, a estrutura lógica geral de um banco de dados. Os diagramas E-R são simples e claros – qualidades que podem ser responsáveis, em grande parte, pelo uso generalizado do modelo E-R.

A seção Ferramentas, ao final deste capítulo, contém informações sobre diversos editores de diagramas que você pode usar para criar diagramas E-R.

6.2.1 Conjuntos de entidades

Uma **entidade** é uma "coisa" ou "objeto" no mundo real, que é distinguível de todos os outros objetos. Por exemplo, cada pessoa em uma universidade é uma entidade. Uma entidade possui um conjunto de propriedades, e os valores para algum conjunto de propriedades podem identificar de maneira única uma entidade. Assim, uma pessoa pode ter uma propriedade *id_pessoa* cujo valor identifica unicamente essa pessoa. Portanto, o valor 677-89-9011 para o *id_pessoa* identifica unicamente determinada pessoa na universidade. Da mesma forma, os cursos podem ser considerados entidades, e o *id_curso* identifica unicamente um curso na universidade. Uma entidade pode ser concreta, como uma pessoa ou um livro, ou pode ser abstrata, como um curso, uma oferta de curso ou uma reserva de voo.

Um **conjunto de entidades** é um conjunto de entidades do mesmo tipo que compartilham as mesmas propriedades ou atributos. O conjunto de todas as pessoas que são instrutores em uma dada universidade, por exemplo, pode ser definido como a entidade *instrutor*. Da mesma forma, a entidade definida como *aluno* pode representar o conjunto de todos os alunos na universidade.

No processo de modelagem, muitas vezes usamos o termo *conjunto de entidade* em abstrato, sem nos referir a determinado conjunto de entidades, em particular. Usamos o termo **extensão** de um conjunto de entidade para nos referir a uma coleção particular de entidades pertencentes a um conjunto de entidades. Assim, o conjunto dos atuais instrutores na universidade constituem a extensão do conjunto de entidade *instrutor*. A distinção anterior é semelhante à diferença entre uma relação e uma instância de relação, que vimos no Capítulo 2.

Conjuntos de entidades não precisam ser desconexos. Por exemplo, é possível definir o conjunto de entidades de todas as pessoas em uma universidade (*pessoa*). Uma entidade *pessoa* pode ser uma entidade *instrutor*, uma entidade *aluno*, ambos ou nenhum deles.

Uma entidade é representada por um conjunto de **atributos**. Os atributos são propriedades descritivas de cada membro de um conjunto de entidades. A designação de um atributo para um conjunto de entidades expressa que o banco de dados armazena informações semelhantes de cada entidade no conjunto de entidades; entretanto, cada entidade pode ter seu próprio valor para cada atributo. Os possíveis atributos do conjunto de entidades *instrutor* são *ID*, *nome*, *nome_dept e salário*. Na vida real, haveria outros atributos, como número de rua, número de apartamento, estado, código postal e país, mas foram omitidos para simplificar nossos exemplos. Os possíveis atributos do conjunto de entidades *curso* são *id_curso*, *título*, *nome_dept* e *créditos*.

Nesta seção, consideramos apenas os atributos **simples** – aqueles não divididos em subpartes. Na Seção 6.3, discutimos situações mais complexas, onde os atributos podem ser compostos e multivalorados.

Cada entidade possui um **valor** para cada um de seus atributos. Por exemplo, determinada entidade *instrutor* pode ter o valor 12121 para *ID*, o valor Wu para *nome*, o valor Finance para *nome_dept* e o valor 90000 para *salário*.

O atributo *ID* é usado para identificar instrutores de maneira única, já que pode haver mais de um instrutor com o mesmo nome. Nos Estados Unidos, muitas empresas acham conveniente usar o número de seguro social de uma pessoa como um atributo cujo valor identifica unicamente a pessoa. No entanto, esta é considerada uma prática ruim por questões de segurança e privacidade. Em geral, a empresa precisa criar e atribuir um identificador único para cada instrutor.

Portanto, um banco de dados inclui uma coleção de conjuntos de entidades, cada qual contendo qualquer número de entidades do mesmo tipo. Um banco de dados para uma universidade pode incluir inúmeros outros conjuntos de entidades. Por exemplo, além de acompanhar instrutores e alunos, a universidade também mantém informações sobre cursos, que são representadas pelo conjunto de entidades *curso* cujos atributos são *id_curso*, *título*, *nome_dept* e *créditos*. Em um cenário real, um banco de dados de universidade pode manter dezenas de conjuntos de entidades.

Um conjunto de entidades é representado em um diagrama E-R por um **retângulo**, que é dividido em duas partes. A primeira parte, que neste livro aparece sombreada, contém o nome do conjunto de entidades. A segunda parte contém os nomes de todos os atributos do conjunto de entidades. O diagrama E-R da Figura 6.1 mostra dois conjuntos de entidades, *instrutor* e *aluno*. Os atributos associados a *instrutor* são *ID*, *nome* e *salário*. Os atributos associados a

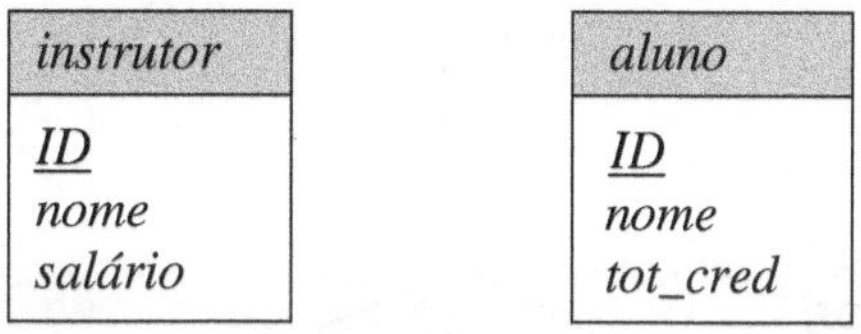

Figura 6.1 Diagrama E-R mostrando os conjuntos de entidades *instrutor* e *aluno*.

aluno são *ID*, *nome* e *tot_cred*. Os atributos que fazem parte da chave primária são sublinhados (ver Seção 6.5).

6.2.2 Conjuntos de relacionamentos

Um **relacionamento** é uma associação entre várias entidades. Por exemplo, podemos definir um relacionamento *mentor* que associa o instrutor Katz com o aluno Shankar. Esse relacionamento especifica que Katz é o mentor do aluno Shankar. Um **conjunto de relacionamento** é um conjunto de relacionamentos do mesmo tipo.

Considere os dois conjuntos de entidades *instrutor* e *aluno*. Definimos o conjunto de relacionamentos *mentor* para indicar a associação entre os instrutores e os alunos que atuam como seus mentores. A Figura 6.2 ilustra essa associação. Para simplificar, somente alguns atributos dos dois conjuntos de entidades foram mostrados.

Uma **instância de relacionamento** em um esquema E-R representa uma associação entre as entidades nomeadas nas empresas reais que estão sendo modeladas. Como ilustração, a entidade individual *instrutor* Katz, que possui o *ID* de instrutor 45565, e a entidade *aluno* Shankar, que possui o *ID* de aluno 12345, participam de uma instância de relacionamento de *mentor*. Essa instância de relacionamento representa que, na universidade, o instrutor Katz está aconselhando o aluno Shankar.

Um conjunto de relacionamento é representado em um diagrama E-R por um **losango**, que é ligado por meio de **linhas** a uma série de conjuntos de entidades (retângulos) diferentes. O diagrama E-R da Figura 6.3 mostra os dois conjuntos de entidades *instrutor* e *aluno*, relacionados por meio de um conjunto de relacionamento binário *mentor*.

Como outro exemplo, considere os dois conjuntos de entidades *aluno* e *seção*, em que *seção* indica uma oferta de um curso. Podemos definir o conjunto de relacionamento *realiza* para indicar a associação entre o aluno e o curso no qual o aluno está matriculado.

Embora, nos exemplos anteriores, cada conjunto de relacionamento fosse uma associação entre dois conjuntos de entidades, em geral um conjunto de relacionamento pode indicar a associação de mais de dois conjuntos de entidades.

Formalmente, um **conjunto de relacionamento** é uma relação matemática em $n \geq 2$ conjuntos de entidades (possivelmente não distintos). Se $E_1, E_2, ..., E_n$ são conjuntos de entidades, então um conjunto de relacionamento *R* é um subconjunto de

$$\{(e_1, e_2, ..., e_n) \mid e_1 \in E_1, e_2 \in E_2, ..., e_n \in E_n\}$$

em que $(e_1, e_2, ..., e_n)$ é uma instância de relacionamento.

A associação entre conjuntos de entidades é chamada de participação, ou seja, os conjuntos de entidades $E_1, E_2, ..., E_n$ **participam** no conjunto de relacionamento *R*.

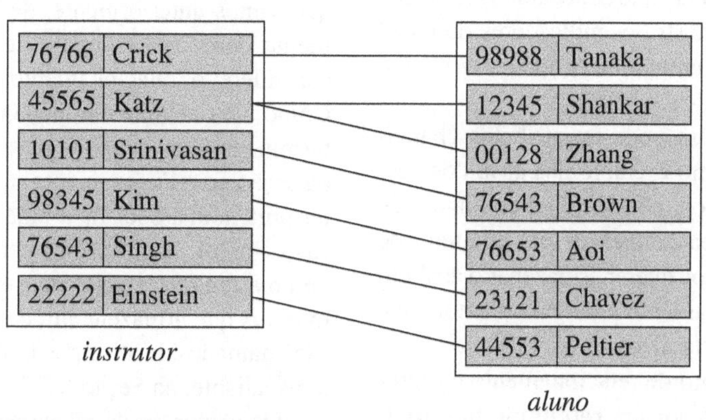

Figura 6.2 Conjunto de relacionamento *mentor* (aparecem somente alguns atributos de *instrutor* e *aluno*).

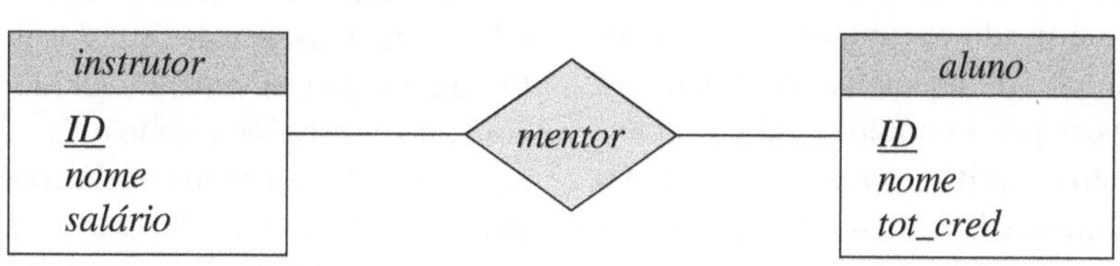

Figura 6.3 Diagrama E-R mostrando o conjunto de relacionamento *mentor*.

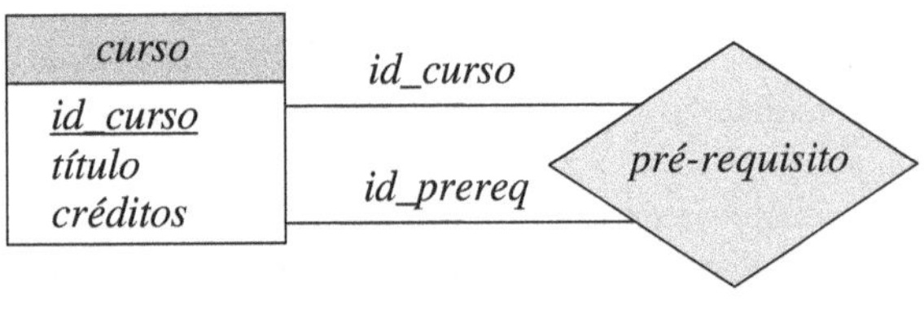

Figura 6.4 Diagrama E-R com indicadores de papéis.

A função que uma entidade desempenha em um relacionamento é chamada de **papel** da entidade. Uma vez que conjuntos de entidades que participam de um conjunto de relacionamento são geralmente distintos, os papéis estão implícitos e normalmente não são especificados. No entanto, eles são úteis quando o significado de uma relação precisa de esclarecimento. Esse é o caso quando os conjuntos de entidades de um conjunto de relacionamentos não são distintos, isto é, o mesmo conjunto de entidades participa de um relacionamento mais de uma vez, em papéis diferentes. Nesse tipo de conjunto de relacionamento, às vezes chamado conjunto de relacionamento **recursivo**, nomes de papéis explícitos são necessários para especificar como uma entidade participa de uma instância de relacionamento. Por exemplo, considere o conjunto de entidades *curso*, que registra informações sobre todos os cursos oferecidos na universidade. Para descrever a situação em que um curso (C2) é um pré-requisito para outro curso (Cl), temos o conjunto de relacionamento *pré-requisito,* que é modelado por pares ordenados de entidades *curso*. O primeiro curso de um par faz o papel do curso Cl, enquanto o segundo assume o papel de pré-requisito do curso C2. Dessa forma, todas as relações de *pré-requisito* são caracterizadas pelos pares (Cl, C2); os pares (C2, Cl) são excluídos. Indicamos os papéis nos diagramas E-R rotulando as linhas que conectam os losangos aos retângulos. A Figura 6.4 mostra os indicadores de papel *id_curso* e *id_prereq* entre o conjunto de entidades *curso* e o conjunto de relacionamento *pré-requisito*.

Um relacionamento também pode ter atributos chamados **atributos descritivos**. Como exemplo dos atributos descritivos para os relacionamentos, considere os conjuntos de entidade *aluno* e *seção*, que participam de um conjunto de relacionamento *realiza*. Podemos querer armazenar o atributo descritivo *nota* com o relacionamento para gravar a nota que um aluno recebeu em uma oferta de curso.

Um atributo de um conjunto de relacionamento é representado em um diagrama E-R por um **retângulo não dividido**. Ligamos o retângulo com uma linha tracejada até o losango que representa esse conjunto de relacionamento. Por exemplo, a Figura 6.5 mostra o conjunto de relacionamento *realiza* entre os conjuntos de entidades *seção* e *aluno*. O atributo descritivo *nota* é ligado ao conjunto de relacionamento *realiza*. Um conjunto de relacionamento pode ter vários atributos descritivos; por exemplo, também podemos armazenar um atributo descritivo *para_crédito* com o conjunto de relacionamento *realiza*, a fim de registrar se um aluno realizou a seção para crédito ou se está auditando (ou apenas assistindo) o curso.

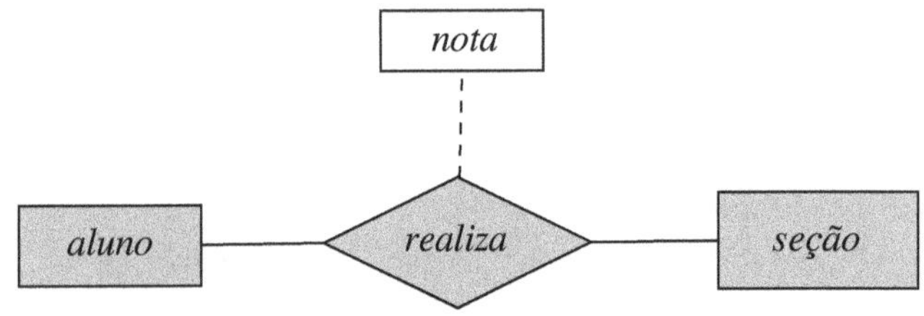

Figura 6.5 Diagrama E-R com um atributo ligado a um conjunto de relacionamento.

Observe que os atributos dos dois conjuntos de entidades foram omitidos do diagrama E-R na Figura 6.5, com o conhecimento de que são especificados em outro lugar no diagrama E-R completo para a universidade; já vimos os atributos para *aluno*, e veremos os atributos de *seção* mais adiante neste capítulo. Projetos E-R complexos podem precisar ser divididos em vários diagramas, que podem estar localizados em diferentes páginas. Os conjuntos de relacionamento deverão ser mostrados em apenas um local, mas os conjuntos de entidades podem ser repetidos em mais de um local. Os atributos de um conjunto de entidades devem ser mostrados na primeira ocorrência. As próximas ocorrências do conjunto de entidades deverão ser mostradas sem atributos, para evitar repetição de informações e a possibilidade resultante de inconsistência nos atributos mostrados em diferentes ocorrências.

É possível ter mais de um conjunto de relacionamentos envolvendo o mesmo conjunto de entidades. Por exemplo, suponha que os alunos possam estar ensinando assistentes para um curso. Então, os conjuntos de entidades *seção* e *aluno* podem participar de um conjunto de relacionamento *assistente_ensino*, além de participar do conjunto de relacionamento *realiza.*

A definição formal de um conjunto de relacionamento, que vimos anteriormente, define um conjunto de relacionamento como um conjunto de instâncias de relacionamento. Considere o relacionamento *realiza* entre *aluno* e *seção.* Como um conjunto não pode ter duplicatas, segue-se que determinado aluno só pode ter uma associação com determinada seção no relacionamento *realiza.* Assim, um aluno só pode ter uma nota associada a uma seção, o que faz sentido, neste caso. Porém, se quisermos permitir que um aluno tenha mais de uma nota para a mesma seção, precisamos ter um atributo *notas* que armazene um conjunto de notas; esses atributos são chamados de atributos multivalorados, e serão explicados mais adiante, na Seção 6.3.

Os conjuntos de relacionamento *mentor* e *realiza* fornecem exemplos de **conjunto de relacionamento binário**, isto é, um que envolve dois conjuntos de entidades. Muitos dos conjuntos de relacionamentos em um sistema de banco de dados são binários. Entretanto, ocasionalmente, um conjunto de relacionamentos envolve mais de dois conjuntos de entidades. O número de conjuntos de entidades que participam de um conjunto de relacionamento é o **grau do conjunto de relacionamento**. Um conjunto de relacionamento binário tem grau 2; um **conjunto de relacionamento ternário** tem grau 3.

Como exemplo, suponha que temos um conjunto de entidades *projeto*, que representa todos os projetos de pesquisa desenvolvidos na universidade. Considere os conjuntos de entidades *instrutor*, *aluno* e *projeto*. Cada projeto pode ter vários alunos associados e vários instrutores associados. Além disso, cada aluno trabalha em um projeto que precisa ter um professor associado que orienta o aluno no projeto. Por enquanto, ignoramos as duas primeiras relações, entre o projeto e o instrutor e entre o projeto e o aluno. Em vez disso, vamos nos concentrar nas informações sobre qual instrutor está orientando qual aluno em determinado projeto.

Para representar essa informação, podemos relacionar os três conjuntos de entidades por meio do conjunto de relacionamentos *proj_guia*, que relaciona os conjuntos de entidades *instrutor*, *aluno* e *projeto*. Uma instância de *proj_guia* indica que um aluno em particular é orientado por determinado instrutor em certo projeto. Note que um aluno poderia ter diferentes instrutores como guias para diferentes projetos, informação esta que não pode ser capturada a partir de um relacionamento binário entre alunos e instrutores.

Conjuntos de relacionamentos não binários podem ser especificados com facilidade em um diagrama E-R. A Figura 6.6 mostra a representação do diagrama E-R do conjunto de relacionamento ternário *proj_guia*.

6.3 Atributos complexos

Para cada atributo, há um conjunto de valores permitidos, chamado de **domínio** ou **conjunto de valores** de tal atributo. O domínio do atributo *id_curso* pode ser o conjunto de todas as *strings* de certo comprimento. Da mesma forma, o domínio do atributo *semestre* pode ser as *strings* do conjunto {Outono, Inverno, Primavera, Verão}

Um atributo, como o usado no modelo E-R, pode ser caracterizado por atributos dos tipos a seguir.

- Atributos **simples** e **compostos**. Em nossos exemplos até agora, os atributos foram **simples**, ou seja, eles não têm sido divididos em subpartes. Atributos **compostos**, por outro lado, podem ser divididos em pedaços (ou seja, outros atributos). Por exemplo, um atributo *nome* poderia ser estruturado como um atributo composto constituído de *primeiro_nome*, *inicial_meio* e *sobrenome*. Usar atributos compostos em um projeto de esquemas é uma boa escolha se o usuário quiser se referir a um atributo inteiro em algumas ocasiões e apenas a um componente do atributo, em outras ocasiões. Suponha que tivéssemos de adicionar um endereço ao conjunto de entidades *aluno*. O endereço pode ser definido como o atributo composto *endereço* com os atributos *rua*, *cidade*, *estado* e *cep*.[1] Os atributos compostos nos ajudam a agrupar atributos relacionados tornando a modelagem mais limpa.

  Note, também, que um atributo composto pode aparecer como uma hierarquia. No atributo composto *endereço*, seu atributo componente *rua* pode ainda ser dividido em *nome_rua*, *número_rua* e *complemento*. A Figura 6.7 mostra exemplos de atributos compostos para o conjunto de entidades *instrutor*.

- Atributos de **valor único** e **multivalorado**. Os atributos em nossos exemplos têm um único valor para uma entidade específica. Por exemplo, o atributo *ID_aluno* para uma entidade específica de aluno refere-se a apenas uma identificação do aluno. Tais atributos são considerados de **valor único**. Pode haver casos em que um atributo tem um conjunto de valores para uma entidade específica.

[1] Assumimos o formato de endereço usado no Brasil e nos Estados Unidos, que inclui um código numérico chamado de código de endereço postal, ou cep.

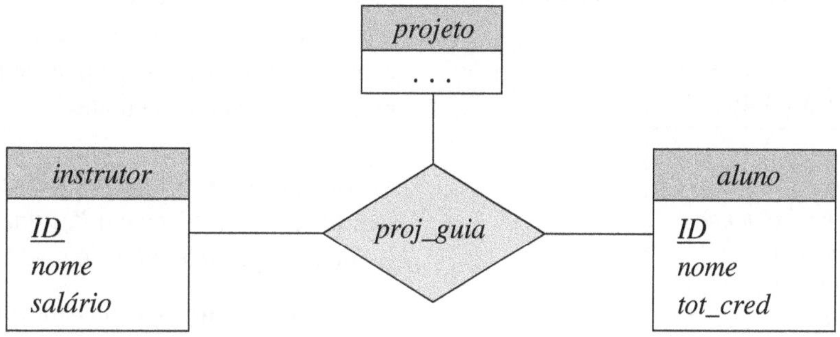

Figura 6.6 Diagrama E-R com um relacionamento ternário *proj_guia*.

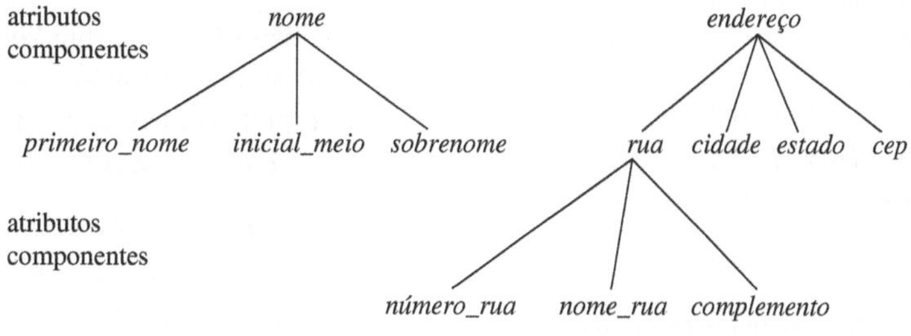

Figura 6.7 Atributos compostos de instrutor: *nome* e *endereço*.

Suponha que adicionamos ao conjunto de entidades *instrutor* um atributo *número_telefone*. Um *instrutor* pode ter zero, um ou vários números de telefone, e instrutores diferentes podem ter diferentes números de telefone. Esse tipo de atributo é dito **multivalorado**. Como outro exemplo, poderíamos acrescentar ao conjunto de entidades *instrutor* um atributo *nome_dependente* listando todos os dependentes. Esse atributo seria multivalorado, já que um professor em particular pode ter zero, um ou mais dependentes.

- Atributos **derivados**. O valor para esse tipo de atributo pode ser derivado dos valores de outros atributos ou entidades relacionados. Por exemplo, digamos que o conjunto de entidades *instrutor* possua um atributo *alunos_assistidos*, que representa a quantidade de alunos que um instrutor aconselha. Podemos derivar o valor para esse atributo contando o número de entidades *aluno* associadas a esse instrutor.

  Como outro exemplo, suponha que o conjunto de entidades *instrutor* tenha um atributo *idade* que indica a idade do *instrutor*. Se o conjunto de entidades *instrutor* também tiver um atributo *data_nascimento*, podemos calcular *idade* por meio de *data_nascimento* e da data atual. Portanto, *idade* é um atributo derivado. Nesse caso, *data_nascimento* pode ser referenciado como um atributo *base* ou um atributo *armazenado*. O valor de um atributo derivado não é armazenado, mas sim calculado quando necessário.

A Figura 6.8 mostra como os atributos compostos podem ser representados na notação E-R. Aqui, um atributo composto *nome* com atributos componentes *primeiro_nome*, *inicial_meio* e *sobrenome* substitui o atributo simples *nome* de *instrutor*. Como outro exemplo, suponha que tivéssemos de acrescentar um endereço ao conjunto de entidades *instrutor*.

instrutor

ID
nome
    primeiro_nome
    inicial_meio
    sobrenome
endereço
    rua
        número_rua
        nome_rua
        complemento
    cidade
    estado
    cep
{número_telefone}
data_nasc
idade ( )

Figura 6.8 Diagrama E-R com atributos compostos, multivalorados e derivados.

O endereço pode ser definido como o atributo composto *endereço*, com os atributos *rua*, *cidade*, *estado* e *cep*. O atributo *rua*, por si só, é um atributo composto cujos atributos componentes são *número_rua*, *nome_rua* e *complemento*. A figura também ilustra um atributo multivalorado *número_telefone*, indicado por "{*número_telefone*}", e um atributo derivado *idade*, representado por "*idade* ( )".

Um atributo toma um valor **nulo** quando uma entidade não possui um valor para ele. O valor nulo (*null*) pode indicar "não aplicável", ou seja, o valor não existe para a entidade. Por exemplo, alguém que não tem um nome do meio pode ter o atributo *inicial_meio* definido como *null*. *Nulo* pode designar que um valor de atributo é desconhecido. Um valor desconhecido pode estar *omisso* (o valor existe, mas não temos essa informação) ou *desconhecido* (não sabemos se o valor realmente existe ou não).

Por exemplo, se o valor *nome* para um *instrutor* específico for *nulo*, consideramos que o valor está omisso, já que todo *instrutor* precisa ter um nome. Um valor nulo para o atributo *complemento* pode significar que o endereço não inclui um complemento (não aplicável), que um complemento existe, mas não sabemos qual ele é (omisso) ou que não sabemos se um complemento faz parte do endereço do instrutor (desconhecido).

6.4 Cardinalidades de mapeamento

As **cardinalidades de mapeamento**, ou fatores de cardinalidade, expressam o número de entidades ao qual outra entidade pode ser associada por um conjunto de relacionamentos. As cardinalidades de mapeamento são úteis, principalmente, para descrever conjuntos de relacionamento que envolvem mais de dois conjuntos de entidades.

Para um conjunto de relacionamentos binários R entre conjuntos de entidades A e B, a cardinalidade de mapeamento precisa ser uma das seguintes:

- **Um-para-um**. Uma entidade em A é associada a, *no máximo*, uma entidade em B, e uma entidade em B é associada a, *no máximo*, uma entidade em A (veja a Figura 6.9a).
- **Um-para-muitos**. Uma entidade em A é associada a qualquer número de entidades (zero ou mais) em B. Entretanto, uma entidade em B pode ser associada a, *no máximo*, uma entidade em A (veja a Figura 6.9b).
- **Muitos-para-um**. Uma entidade em A é associada a, *no máximo*, uma entidade em B. Entretanto, uma entidade em B pode ser associada a qualquer número de entidades (zero ou mais) em A (veja a Figura 6.10a).
- **Muitos-para-muitos**. Uma entidade em A é associada a qualquer número de entidades (zero ou mais) em B, e uma entidade em B pode ser associada a qualquer número de entidades (zero ou mais) em A (veja a Figura 6.10b).

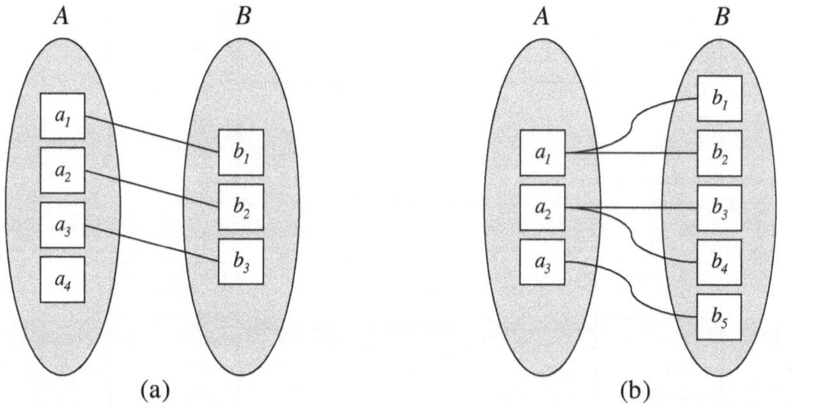

Figura 6.9 Cardinalidades de mapeamento: (a) um-para-um; (b) um-para-muitos.

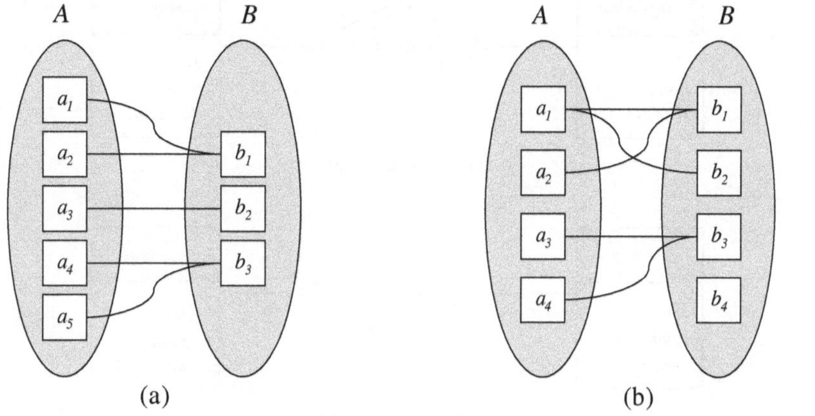

Figura 6.10 Cardinalidades de mapeamento: (a) muitos-para-um; (b) muitos-para-muitos.

A cardinalidade de mapeamento apropriada para determinado conjunto de relacionamentos depende, obviamente, da situação real que o conjunto de relacionamentos está modelando.

Como ilustração, considere o conjunto de relacionamentos *mentor*. Se um *aluno* pode ser aconselhado por vários instrutores (como no caso dos alunos aconselhados conjuntamente), o conjunto de relacionamentos é muitos-para-muitos. Ao contrário, se, em determinada universidade, um aluno pode ser aconselhado por apenas um instrutor, e um instrutor pode aconselhar vários alunos, então o conjunto de relacionamentos de *instrutor* para *aluno* é de um-para-muitos. Assim, no mundo real, as cardinalidades de mapeamento podem ser usadas para especificar restrições sobre quais relacionamentos são permitidos.

Na notação do diagrama E-R, indicamos as restrições de cardinalidade em um relacionamento desenhando uma linha direcionada (→) ou uma linha não direcionada (–) entre o conjunto de relacionamentos e o conjunto de entidades em questão. Especificamente, para o exemplo de universidade:

- **Um-para-um**. Desenhamos uma linha direcionada a partir do conjunto de relacionamentos para ambos os conjuntos de entidades. Por exemplo, na Figura 6.11a, as linhas direcionadas a *instrutor* e *aluno* indicam que um instrutor pode orientar, no máximo, um aluno, e um aluno pode ter, no máximo, um orientador.
- **Um-para-muitos**. Desenhamos uma linha direcionada do conjunto de relacionamentos para o lado “um” do relacionamento. Assim, na Figura 6.11b, existe uma linha direcionada do conjunto de relacionamentos *mentor* para o conjunto de entidades *instrutor*, e uma linha não direcionada para o conjunto de entidades *aluno*. Isso indica que um instrutor pode orientar muitos alunos, mas um aluno pode ter, no máximo, um mentor.
- **Muitos-para-um**. Desenhamos uma linha direcionada do conjunto de relacionamentos para o lado “um” do relacionamento. Assim, na Figura 6.11c, há uma linha direcionada do conjunto de relacionamentos *mentor* para o conjunto de entidades *instrutor* e uma linha direcionada até o conjunto de entidades *aluno*. Isso indica que um instrutor pode orientar, no máximo, um aluno, mas um aluno pode ter muitos mentores.
- **Muitos-para-muitos**. Desenhamos uma linha não direcionada do conjunto de relacionamentos para os dois conjuntos de entidades. Assim, na Figura 6.11d, há linhas não direcionadas do conjunto de relacionamentos *mentor* para os conjuntos de entidades *instrutor* e *aluno*. Isso indica

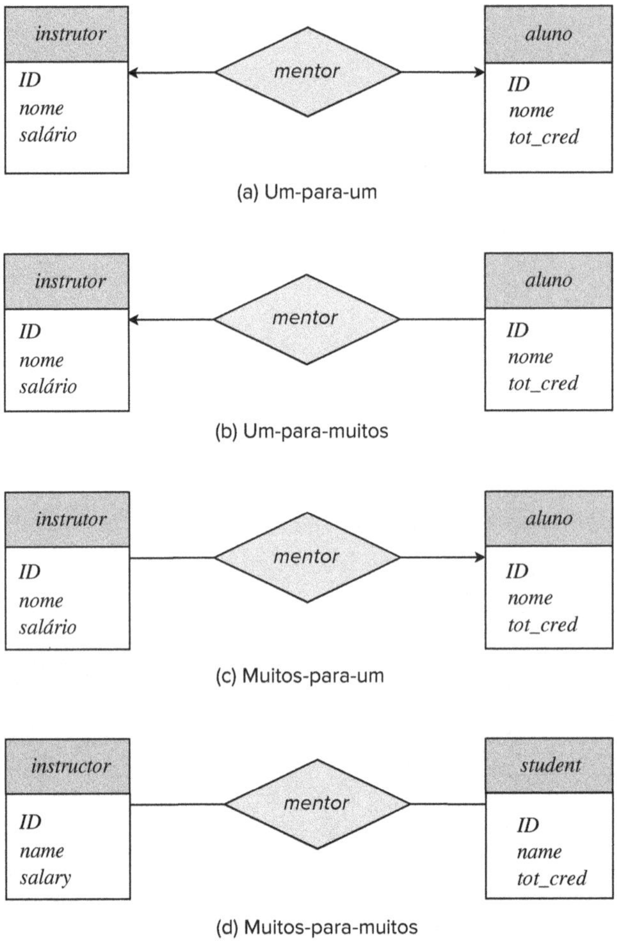

Figura 6.11 Cardinalidades de relacionamento.

que um instrutor pode orientar muitos alunos e um aluno pode ter muitos mentores.

A participação de um conjunto de entidades E em um conjunto de relacionamento R é chamada de **total**, se todas as entidades em E participam de pelo menos um relacionamento em R. Se apenas algumas entidades em E participam de relacionamentos em R, a participação do conjunto de entidades E no relacionamento R é chamada de **parcial**.

Por exemplo, uma universidade pode exigir que toda entidade *aluno* tenha pelo menos um mentor; no modelo E-R, isso corresponde a exigir que toda entidade esteja relacionada com, pelo menos, um instrutor por meio do relacionamento *mentor*. Portanto, a participação de *aluno* no conjunto de relacionamentos *mentor* é total. Por outro lado, um *instrutor* não precisa aconselhar algum aluno. Consequentemente, é possível que apenas algumas das entidades *instrutor* estejam relacionadas com o conjunto de entidades *aluno* por meio do relacionamento *mentor*, e a participação de *instrutor* no conjunto de relacionamentos *mentor*, portanto, é parcial.

Indicamos a participação total de uma entidade em um relacionamento usando linhas duplas. A Figura 6.12 mostra um exemplo do relacionamento *mentor* onde a linha dupla indica que um aluno precisa ter um mentor.

Os diagramas E-R também fornecem uma maneira para indicar restrições mais complexas considerando o número de vezes que cada entidade participa das relações em um conjunto de relacionamentos. Uma linha pode ter uma cardinalidade mínima e máxima associada, indicada pela forma $l..h$, em que l é o mínimo e h a cardinalidade máxima. Valor mínimo de 1 indica a participação total do conjunto de entidades no conjunto de relacionamentos, ou seja, cada entidade no conjunto de entidades ocorre em pelo menos um relacionamento em um conjunto de relacionamentos. Valor máximo de 1 indica que a entidade participa, no máximo, de uma relação, enquanto um valor máximo * indica que não há limites.

Por exemplo, considere a Figura 6.13. A linha entre *mentor* e *aluno* tem uma restrição de cardinalidade 1..1, o que significa que a cardinalidade mínima e máxima é 1, ou seja, cada aluno deve ter exatamente um orientador. O limite de 0..* na linha entre *mentor* e *instrutor* indica que um instrutor pode ter zero ou mais alunos. Assim, o relacionamento *mentor* é um-para-muitos partindo de *instrutor* para *aluno*; além disso, a participação de *aluno* em *mentor* é total, o que implica que um aluno deve ter um instrutor.

É fácil interpretar errado o 0..* na aresta esquerda e pensar que o relacionamento *mentor* é muitos-para-um de *instrutor* para *aluno* – exatamente o contrário da interpretação correta.

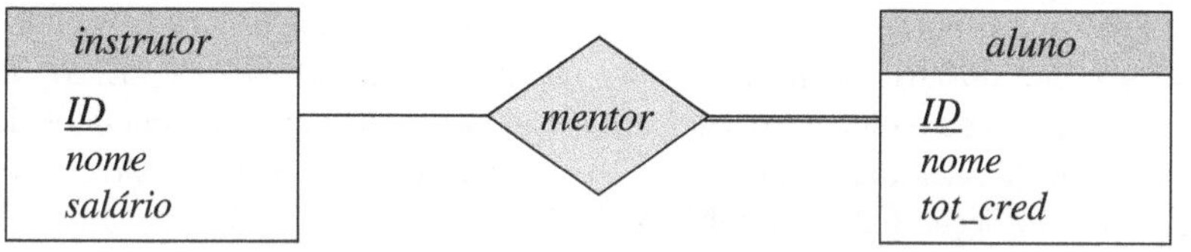

Figura 6.12 Diagrama E-R mostrando participação total.

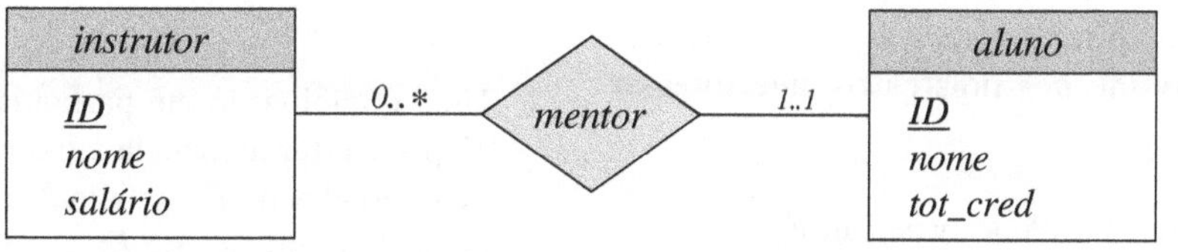

Figura 6.13 Limites de cardinalidade em conjuntos de relacionamento.

Se ambas as arestas têm valor máximo de 1, o relacionamento é um-para-um. Se tivéssemos especificado um limite de cardinalidade de 1..* na aresta esquerda, estaríamos dizendo que cada instrutor precisa orientar pelo menos um aluno.

Como alternativa, o diagrama E-R na Figura 6.13 poderia ter sido desenhado com uma linha dupla de *aluno* para *mentor* e uma seta na linha de *mentor* para *instrutor*, no lugar das restrições de cardinalidade mostradas. Esse diagrama alternativo aplicaria exatamente as mesmas restrições que aquelas mostradas na figura.

No caso de conjuntos de relacionamentos não binários, podemos especificar alguns tipos de relacionamentos muitos-para-um. Suponha que um *aluno* possa ter, no máximo, um instrutor como orientador em um projeto. Essa restrição pode ser especificada por uma seta apontando para *instrutor* na aresta a partir de *proj_guia*.

Permitimos, no máximo, uma seta saindo de um conjunto de relacionamentos não binário, pois um diagrama E-R com duas ou mais setas saindo de um conjunto de relacionamentos não binário pode ser interpretado de duas maneiras. Elaboramos essa questão na Seção 6.5.2.

6.5 Chave primária

Precisamos ter uma maneira de especificar como as entidades dentro de determinado conjunto de entidades e relacionamentos dentro de determinado conjunto de relacionamentos são distinguidos.

6.5.1 Conjuntos de entidades

Conceitualmente, as entidades individuais são distintas; de uma perspectiva de banco de dados, no entanto, a diferença entre elas precisa ser expressa em termos de seus atributos.

Portanto, os valores dos atributos de uma entidade precisam ser tais que possam *identificar unicamente* a entidade. Em outras palavras, duas entidades em um conjunto de entidades não podem ter exatamente o mesmo valor para todos os atributos.

A noção de *chave* para um esquema de relação, tal como definido na Seção 2.3, aplica-se diretamente aos conjuntos de entidades. Ou seja, uma chave para uma entidade é um conjunto de atributos suficientes para distinguir as entidades umas das outras. Os conceitos de superchave, chave candidata e chave primária são aplicáveis aos conjuntos de entidades da mesma forma que aos esquemas de relação.

As chaves também ajudam a identificar relacionamentos de forma exclusiva e, portanto, a distinguir relacionamentos entre si. A seguir, definiremos as noções correspondentes de chaves para conjuntos de relacionamentos.

6.5.2 Conjuntos de relacionamentos

Precisamos de um mecanismo semelhante para distinguir entre os diversos relacionamentos de um conjunto de relacionamento.

Considere R um conjunto de relacionamentos envolvendo os conjuntos de entidades $E_1, E_2, \ldots, E_n$. Seja *chave primária* (E_i) o conjunto de atributos que forma a chave primária para o conjunto de entidades E_i. Considere, por enquanto, que os nomes de atributo de todas as chaves primárias são únicos. A composição da chave primária para um conjunto de relacionamentos depende do conjunto de atributos associados ao conjunto de relacionamentos R.

Se o conjunto de relacionamentos R não tiver atributos associados a ele, então o conjunto de atributos:

$$\mathit{chave\ primária}(E_1) \cup \mathit{chave\ primária}(E_2) \cup \ldots \cup \mathit{chave\ primária}(E_n)$$

descreve um relacionamento individual no conjunto R.

Se o conjunto de relacionamento R possui atributos $a_1, a_2, \ldots, a_m$ associados a ele, então o conjunto de atributos

$$\mathit{chave\ primária}(E_1) \cup \mathit{chave\ primária}(E_2) \cup \ldots \cup \mathit{chave\ primária}(E_n) \cup \{a_1, a_2, \ldots, a_m\}$$

descreve um relacionamento individual no conjunto R.

No caso de os nomes de atributo das chaves primárias não serem únicos entre os conjuntos de entidades, os atributos são renomeados para distingui-los; o nome do conjunto de entidades combinado com o nome do atributo formará um único nome. No caso de um conjunto de entidades participar mais de uma vez de um conjunto de relacionamentos (como no relacionamento *pré-requisito* da Seção 6.2.2), o nome do papel é usado no lugar do nome do conjunto de entidades, para formar um nome de atributo único.

Lembre-se de que um conjunto de relacionamentos é um conjunto de instâncias de relacionamento, e cada instância é identificada de forma exclusiva pelas entidades que dela participam. Assim, nos dois casos anteriores, o conjunto de atributos

$$\text{chave primária}(E_1) \cup \text{chave primária}(E_2) \cup \ldots \cup \text{chave primária}(E_n)$$

forma uma superchave para o conjunto de relacionamentos.

A escolha da chave primária para o conjunto de relacionamentos depende da cardinalidade de mapeamento do conjunto de relacionamentos. Para relacionamentos muitos-para-muitos, a união anterior das chaves primárias é uma superchave minimal, sendo escolhida como chave primária. Como ilustração, considere o conjunto de entidades *instrutor* e *aluno* e o conjunto de relacionamentos *mentor*, na Seção 6.2.2. Suponha que o conjunto de relacionamentos é muitos-para-muitos. Então, a chave primária de *mentor* consiste na união das chaves primárias de *instrutor* e *aluno*.

Para relacionamentos um-para-muitos e muitos-para-um, a chave primária do lado "muitos" é uma superchave minimal, sendo usada como chave primária. Por exemplo, se o relacionamento for muitos-para-um de *aluno* para *instrutor* – ou seja, cada aluno pode ter no máximo um mentor – então, a chave primária de *mentor* é simplesmente a chave primária de *aluno*. No entanto, se um instrutor pode aconselhar apenas um aluno – ou seja, se o relacionamento *mentor* for muitos-para-um de *instrutor* para *aluno* – então, a chave primária de *mentor* é simplesmente a chave primária de *instrutor*.

Para relacionamentos um-para-um, a chave primária de qualquer um dos conjuntos de entidades participantes forma uma superchave minimal, e qualquer um pode ser escolhido como chave primária do conjunto de relacionamentos. Contudo, se um instrutor pode aconselhar apenas um aluno, e cada aluno só pode ser aconselhado por um instrutor – ou seja, se o relacionamento *mentor* for um-para-um – então, a chave primária de *aluno* ou de *instrutor* pode ser escolhida como a chave primária de *mentor*.

Para relacionamentos não binários, se nenhuma restrição de cardinalidade estiver presente, a superchave formada como descrito anteriormente nesta seção será a única chave candidata e, portanto, será escolhida como a chave primária. A escolha da chave primária é mais complicada se houver restrições de cardinalidade. Conforme observamos na Seção 6.4, permitimos no máximo uma seta saindo de um conjunto de relacionamento. Fazemos isso porque um diagrama E-R com duas ou mais setas saindo de um conjunto de relacionamentos não binário pode ser interpretado de duas maneiras, conforme descrevemos a seguir.

Suponha que haja um conjunto de relacionamento *R* entre conjuntos de entidades E_1, E_2, E_3, E_4, e que as únicas setas estão nas arestas para os conjuntos de entidades E_3 e E_4. Então, as duas interpretações possíveis são:

1. Uma combinação em particular de entidades de E_1, E_2 pode estar associada a, no máximo, uma combinação de entidades de E_3, E_4. Portanto, a chave primária para o relacionamento *R* pode ser construída pela união das chaves primárias de E_1 e E_2.
2. Uma combinação em particular de entidades de E_1, E_2, E_3 pode estar associada a, no máximo, uma combinação de entidades de E_4, e além disso uma combinação particular de entidades de E_1, E_2, E_4 pode estar associada a, no máximo, uma combinação de entidades de E_3. Então, a união das chaves primárias de E_1, E_2 e E_3 forma uma chave candidata, assim como a união das chaves primárias de E_1, E_2 e E_4.

Cada uma dessas interpretações tem sido usada na prática, e ambas estão corretas para empresas sendo modeladas. Logo, para evitar confusão, permitimos que apenas uma seta saia de um conjunto de relacionamentos não binário, caso em que as duas interpretações são equivalentes.

Para representar uma situação em que uma das situações de setas múltiplas se mantém, o diagrama E-R pode ser modificado substituindo o conjunto de relacionamentos não binário por um conjunto de entidades. Ou seja, tratamos cada instância do conjunto de relacionamentos não binário como uma entidade. Então, podemos relacionar cada uma dessas entidades com instâncias correspondentes de E_1, E_2, E_4 por meio de conjuntos de relacionamento separados. Um método mais simples consiste em usar *dependências funcionais*, que vamos estudar no Capítulo 7 (Seção 7.4). Dependências funcionais que permitem qualquer uma dessas interpretações devem ser especificadas de forma simples, de modo a evitar ambiguidade.

A chave primária para o conjunto de relacionamento *R* é, então, a união das chaves primárias dos conjuntos de entidades participantes E_i que não possuem uma seta de entrada vinda do conjunto de relacionamento *R*.

6.5.3 Conjunto de entidades fraco

Considere uma entidade *seção*, que é unicamente identificada por um identificador de curso, semestre, ano e identificador de seção. As entidades de seção estão relacionadas com as entidades de curso. Suponha que tenhamos criado um conjunto de relacionamentos *sec_curso* entre os conjuntos de entidades *seção* e *curso*.

Agora, observe que as informações contidas em *sec_curso* são redundantes, uma vez que *seção* já tem um atributo *id_curso*, que identifica o curso com o qual a seção está relacionada. Uma opção para lidar com essa redundância é livrar-se do relacionamento *sec_curso*; no entanto, ao fazer isso, o relacionamento entre *seção* e *curso* torna-se implícito em um atributo, o que não é desejável.

Figura 6.14 Diagrama E-R com um conjunto de entidades fraco.

Uma forma alternativa de lidar com essa redundância é não guardar o atributo *id_curso* na entidade *seção* e armazenar apenas os atributos restantes *id_sec, ano* e *semestre.*[2] No entanto, o conjunto de entidades *seção* não terá atributos suficientes para identificar determinada entidade *seção* de modo exclusivo; embora cada entidade *seção* seja diferente, as seções de cursos diferentes podem compartilhar o mesmo *id_sec, ano* e *semestre*. Para lidar com esse problema, tratamos o relacionamento *sec_curso* como um relacionamento especial que fornece informação extra, nesse caso, o *id_curso*, necessário para identificar as entidades *seção* exclusivamente.

O conceito de *conjunto de entidades fraco* formaliza essa visão. Um **conjunto de entidades fraco** é aquele cuja existência depende de outro conjunto de entidades, chamado **conjunto de entidade identificador**; em vez de associar uma chave primária a uma entidade fraca, usamos a chave primária da entidade identificadora, juntamente com atributos extras, chamados **atributos discriminadores**, para identificar uma entidade fraca de modo exclusivo. Um conjunto de entidades que não é um conjunto de entidades fraco é considerado um **conjunto de entidades forte**.

Toda entidade fraca precisa estar associada a uma entidade identificadora, ou seja, dizemos que o conjunto de entidades fraco é **dependente da existência** do conjunto de entidades identificador. Dizemos que o conjunto de entidades identificador **possui** o conjunto de entidades fraco que ele identifica. O relacionamento associando o conjunto de entidades fraco com o conjunto de entidades identificador é chamado **relacionamento identificador**.

O relacionamento identificador é muitos-para-um do conjunto de entidades fraco para o conjunto de entidades identificador, e a participação do conjunto de entidades fraco no relacionamento é total. O conjunto de relacionamento identificador não deverá ter atributos descritivos, pois qualquer um desses atributos, em vez disso, pode estar associado ao conjunto de entidades fraco.

Em nosso exemplo, o conjunto de entidades identificador para *seção* é *curso*, e um relacionamento *sec_curso* que associa entidades *seção* às suas entidades *curso* correspondentes é o relacionamento identificador. A chave primária de *seção* é formada pela chave primária do conjunto de entidades identificador (ou seja, *curso*) mais o discriminador do conjunto de entidades fraco (ou seja, *seção*). Assim, a chave primária é {*id_curso, id_sec, ano, semestre*}.

[2]Note que o esquema relacional que criaremos, eventualmente, a partir do conjunto de entidades *seção* tem o atributo *id_curso*, por questões que ficarão claras mais adiante, apesar de termos excluído o atributo *id_curso* do conjunto de entidades *seção*.

Note que poderíamos ter optado por fazer *id_sec* globalmente único em todos os cursos oferecidos na universidade, caso em que o conjunto de entidades *seção* teria uma chave primária. No entanto, conceitualmente, uma *seção* ainda é dependente de um *curso* para a sua existência, fato este explicitado, tornando *seção* uma entidade fraca.

Em diagramas E-R, um conjunto de entidades fraco é representado por um duplo retângulo, com o discriminador sendo sublinhado com uma linha tracejada. O conjunto de relacionamentos ligando o conjunto de entidades fraco a um conjunto de entidades forte identificador é representado por um losango duplo. Na Figura 6.14, o conjunto de entidades fraco *seção* depende do conjunto de entidades forte *curso* por meio do conjunto de relacionamentos *sec_curso.*

A figura também ilustra o uso de linhas duplas para indicar que a participação do conjunto de entidades (fraco) *seção* no relacionamento *sec_curso* é *total*, significando que cada seção precisa estar relacionada via *sec_curso* por algum curso. Finalmente, a seta apontando de *sec_curso* para *curso* indica que cada seção está relacionada com um único curso.

Em geral, um conjunto de entidades fraco precisa ter uma participação total em seu conjunto de relacionamento identificador, e o relacionamento é muitos-para-um em direção ao conjunto de entidades identificador.

Um conjunto de entidades fraco pode participar de relacionamentos que não o relacionamento identificador. Por exemplo, a entidade *seção* poderia participar do relacionamento com o conjunto de entidades *período*, identificando a hora em que acontece determinada seção. Um conjunto de entidades fraco pode participar como proprietário de um relacionamento identificador com outro conjunto de entidades fraco. Também é possível ter um conjunto de entidades fraco com mais de um conjunto de entidades identificador. Determinada entidade fraca, então, seria identificada por uma combinação de entidades, uma de cada conjunto de entidades identificador. A chave primária do conjunto de entidades fraco consistiria na união das chaves primárias dos conjuntos de entidades identificadores com o discriminador do conjunto de entidades fraco.

6.6 Removendo atributos redundantes nos conjuntos de entidades

Quando projetamos um banco de dados usando o modelo E-R, geralmente começamos pela identificação dos conjuntos de entidades que devem ser incluídos. Por exemplo, na organização da universidade que temos discutido até agora, decidimos incluir conjuntos de entidades como *aluno* e *instrutor*. Uma vez que os conjuntos de entidades são decididos, devemos escolher os atributos adequados. Esses atributos devem, supostamente, representar os vários valores que queremos capturar no banco de dados. Na organização da universidade, decidimos que, para o conjunto de entidades *instrutor*, vamos incluir os atributos *ID*, *nome*, *nome_dept* e *salário*. Poderíamos ter adicionado os atributos *número_telefone*, *número_comercial*, *home_page* etc. A escolha de quais atributos incluir fica por conta do projetista, que possui uma boa compreensão da estrutura da empresa.

Uma vez que as entidades e seus atributos correspondentes são escolhidos, o conjunto de relacionamentos entre as várias entidades é formado. Esses conjuntos de relacionamentos podem resultar em uma situação em que atributos de conjuntos de entidades diferentes são redundantes e devem ser removidos do conjunto de entidades original. Para ilustrar, considere os conjuntos de entidades *instrutor* e *departamento*:

- O conjunto de entidade *instrutor* inclui os atributos *ID*, *nome*, *nome_dept* e *salário*, com *ID* formando a chave primária.
- O conjunto de entidades *departamento* inclui os atributos *nome_dept*, *prédio* e *orçamento*, com o *nome_dept* formando a chave primária.

Modelamos o fato de que cada instrutor está associado a um departamento utilizando um conjunto de relacionamentos *inst_dept* relacionando *instrutor* e *departamento*.

O atributo *nome_dept* aparece em ambos os conjuntos de entidades. Uma vez que a chave primária para o conjunto de entidades *departamento* é redundante no conjunto de entidades *instrutor*, ela precisa ser removida.

Remover o atributo *nome_dept* do conjunto de entidades *instrutor* pode parecer pouco intuitivo, pois a relação *instrutor* que usamos nos capítulos anteriores tinha um atributo *nome_dept*. Como veremos mais tarde, quando criamos um esquema relacional a partir do diagrama E-R, o atributo *nome_dept*, na verdade, é adicionado à relação *instrutor*, mas apenas se cada instrutor está associado a, no máximo, um departamento. Se um instrutor estiver associado a mais de um departamento, o relacionamento entre instrutores e departamentos será gravado em uma relação separada *inst_dept*.

Tratar a ligação entre instrutores e departamentos de maneira uniforme, como um relacionamento, em vez de um atributo de *instrutor*, torna explícito o relacionamento lógico e ajuda a evitar uma suposição prematura de que cada professor está associado a um único departamento.

Da mesma forma, o conjunto de entidades *aluno* está relacionado com o conjunto de entidades *departamento* por meio do conjunto de relacionamentos *aluno_dept* e, portanto, não há necessidade de um atributo *nome_dept* em *aluno*.

Como outro exemplo, considere as ofertas de cursos (seções), juntamente com os intervalos de tempo (horários) das ofertas. Cada intervalo de tempo é identificado por um *id_período* e tem associado a ele uma série de encontros semanais, cada um identificado por um dia da semana, hora de início e fim. Decidimos modelar o conjunto de horários de encontros semanais como um atributo multivalorado composto. Suponha que modelemos um conjunto de entidades *seção* e *período* da seguinte forma:

- O conjunto de entidades *seção* inclui os atributos *id_curso*, *id_sec*, *semestre*, *ano*, *prédio*, *número_sala* e *id_período*, com (*id_curso*, *id_sec*, *ano*, *semestre*) formando a chave primária.
- O conjunto de entidades *período* inclui os atributos *id_período*, que é a chave primária,[3] e um atributo multivalorado composto {(*dia*, *hora_inicial*, *hora_final*)}.[4]

Essas entidades estão relacionadas por meio do conjunto de relacionamento *sec_período*.

O atributo *id_período* aparece em ambos os conjuntos de entidades. Uma vez que ele é a chave primária do conjunto de entidades *período*, é redundante no conjunto de entidades *seção* e precisa ser removido.

Como último exemplo, suponha que temos um conjunto de entidades *sala*, com atributos *prédio*, *número_sala* e *capacidade*, com *prédio* e *número_sala* formando a chave primária. Suponha, também, que temos um conjunto de relacionamentos *sec_sala* que relaciona *seção* e *sala*. Então, os atributos {*prédio*, *número_sala*} são redundantes no conjunto de entidades *seção*.

Um bom projeto de entidade-relacionamento não contém atributos redundantes. Para o nosso exemplo da universidade, listamos os conjuntos de entidades e seus atributos a seguir, com as chaves primárias sublinhadas:

- *sala*: com atributos (<u>*prédio*</u>, <u>*número_sala*</u>, *capacidade*).
- *departamento*: com atributos (<u>*nome_dept*</u>, *prédio*, *orçamento*).
- *curso*: com atributos (<u>*id_curso*</u>, *título*, *créditos*).
- *instrutor*: com atributos (<u>*ID*</u>, *nome*, *salário*).
- *seção*: com atributos(<u>*id_curso*</u>, <u>*id_sec*</u>, <u>*semestre*</u>, <u>*ano*</u>).
- *aluno*: com atributos (<u>*ID*</u>, *nome*, *tot_cred*).
- *período*: com atributos (<u>*id_período*</u>, {(*dia*, *hora_inicial*, *hora_final*)}).

Os conjuntos de relacionamentos em nosso projeto são listados a seguir:

- *inst_dept*: relacionando instrutores com departamentos.
- *aluno_dept*: relacionando alunos com departamentos.
- *ministra*: relacionando instrutores com seções.

---

[3] Veremos mais adiante que a chave primária para a relação criada a partir do conjunto de entidades *período* inclui *dia* e *hora_inicial*; entretanto, *dia* e *hora_inicial* não fazem parte da chave primária do conjunto de entidades *período*.

[4] Poderíamos, opcionalmente, dar um nome, como *agenda*, para o atributo composto contendo *dia*, *hora_inicial* e *hora_final*.

- *realiza*: relacionando alunos com seções, com o atributo descritivo *nota*.
- *curso_dept*: relacionando cursos com departamentos.
- *sec_curso*: relacionando seções com cursos.
- *sec_sala*: relacionando seções com salas de aula.
- *sec_período*: relacionando seções com períodos.
- *mentor*: relacionando alunos com instrutores.
- *prereq*: relacionando cursos com pré-requisitos de cursos.

Você pode verificar que nenhum dos conjuntos de entidades tem atributos redundantes com um dos conjuntos de relacionamentos. Além disso, todas as informações (exceto restrições) no esquema relacional para o nosso banco de dados da universidade, que vimos anteriormente na Figura 2.9, foram capturadas pelo projeto anterior, mas com vários atributos no projeto relacional substituídos por relacionamentos no projeto E-R.

Finalmente, estamos em posição de mostrar (Figura 6.15) o diagrama E-R que corresponde ao modelo da universidade que utilizamos até agora neste livro. Esse diagrama E-R equivale à descrição textual do modelo E-R da universidade, mas com várias restrições adicionais.

No nosso banco de dados da universidade, temos uma restrição em que cada instrutor precisa estar associado a exatamente um departamento. Como resultado, existe uma linha dupla na Figura 6.15 entre *instrutor* e *inst_dept*, indicando participação total de *instrutor* no *inst_dept*, ou seja, cada instrutor precisa estar associado a um departamento. Além disso, temos uma seta de *inst_dept* para *departamento*, indicando que cada instrutor pode ter, no máximo, um departamento associado a ele.

Da mesma forma, o conjunto de entidades *curso* tem uma linha dupla para o conjunto de relacionamentos *curso_dept*, indicando que todo curso precisa estar em algum departamento, e o conjunto de entidades *aluno* tem uma linha dupla para o conjunto de relacionamentos *aluno_dept*, indicando que cada aluno precisa estar se formando em algum departamento. Nos dois casos, uma seta aponta para o conjunto de entidades *departamento* para mostrar que um curso (e, respectivamente, um aluno) pode estar relacionado com apenas um departamento, e não vários.

De modo semelhante, o conjunto de entidades *curso* tem uma linha dupla com o conjunto de relacionamento *curso_dept*, indicando que cada curso precisa estar em algum departamento, e o conjunto de entidades *aluno* tem uma linha dupla com o conjunto de relacionamento *aluno_dept*, indicando que cada aluno precisa estar se formando em algum departamento.

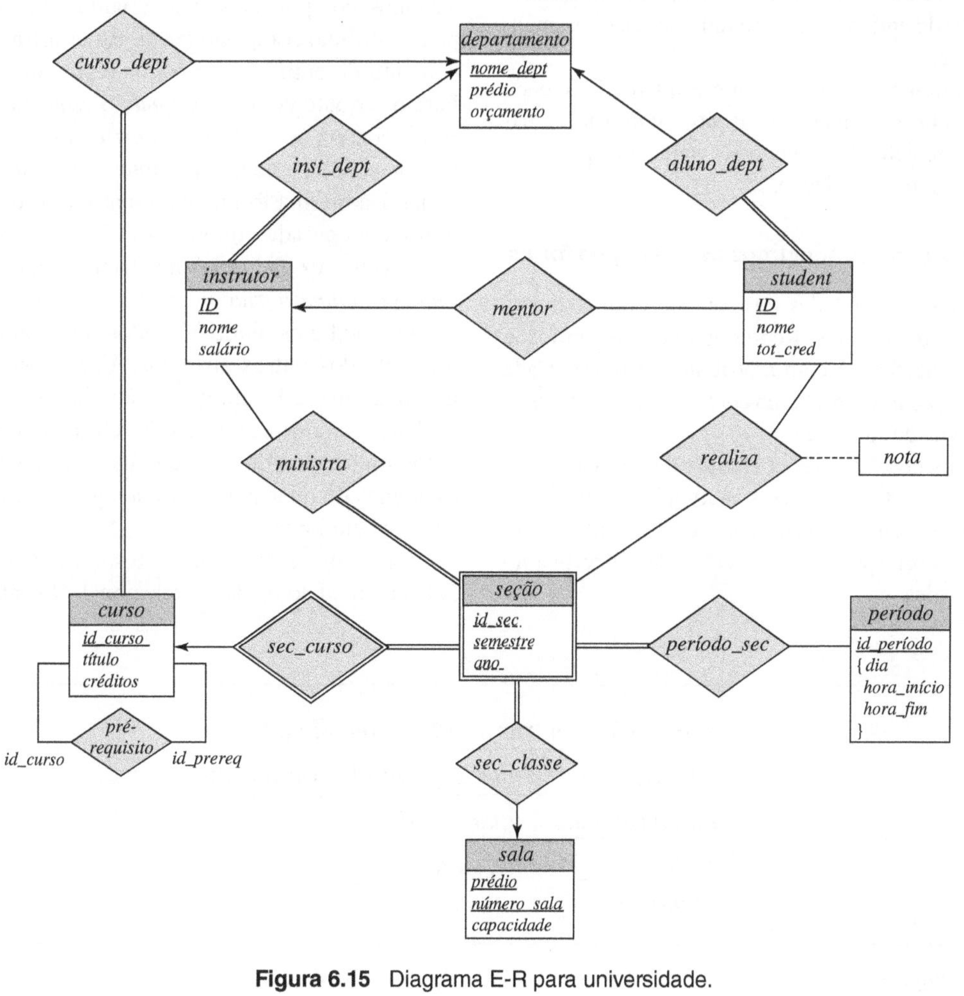

Figura 6.15 Diagrama E-R para universidade.

Nos dois casos, uma seta aponta para o conjunto de entidades *departamento* para mostrar que um curso (e, respectivamente, um aluno) pode estar relacionado com apenas um departamento, e não vários.

Além disso, a Figura 6.15 mostra que o conjunto de relacionamentos *realiza* tem o atributo descritivo *nota* e, que cada aluno tem, no máximo, um mentor. A figura também mostra que *seção* agora é um conjunto de entidades fraco, com os atributos *id_sec*, *semestre* e *ano* formando o discriminador; *sec_curso* é o conjunto de entidades identificador que relaciona o conjunto de entidades fraco *seção* com o conjunto de entidades forte *curso*.

Na Seção 6.7, vamos mostrar como esse diagrama E-R pode ser usado para derivar os diferentes esquemas de relação que usamos.

6.7 Redução de diagramas E-R aos esquemas relacionais

Tanto o modelo E-R quanto o modelo de banco de dados relacional são representações lógicas e abstratas de empresas do mundo real. Como os dois modelos empregam princípios de projeto semelhantes, podemos converter um projeto E-R em um projeto relacional. Para cada conjunto de entidades e para cada conjunto de relacionamentos no projeto de banco de dados, existe um esquema de relação único ao qual atribuímos o nome do conjunto de entidades ou conjunto de relacionamentos correspondente.

Nesta seção, descrevemos como um esquema E-R pode ser representado por esquemas de relação e como as restrições surgindo do projeto E-R podem ser mapeadas para restrições em um esquema de relação.

6.7.1 Representação dos conjuntos de entidades fortes

Seja *E* um conjunto de entidades forte apenas com atributos descritivos simples $a_1, a_2, ..., a_n$. Representamos essa entidade por um esquema chamado *E* com *n* atributos distintos. Cada tupla em uma relação nesse esquema corresponde a uma entidade do conjunto de entidades *E*.

Para esquemas derivados de conjuntos de entidades fortes, a chave primária do conjunto de entidades serve como a chave primária do esquema resultante. Isto advém do fato de que cada tupla corresponde a uma entidade específica no conjunto de entidades.

Como ilustração, considere o conjunto de entidades *aluno* do diagrama E-R na Figura 6.15. Esse conjunto de entidades possui três atributos: *ID*, *nome*, *tot_cred*. Representamos esse conjunto de entidades por um esquema chamado *aluno*, com três atributos:

aluno (<u>ID</u>, nome, tot_cred)

Note que, como a *ID* do aluno é a chave primária do conjunto de entidades, ela também é a chave primária do esquema de relação.

Continuando com nosso exemplo, para o diagrama E-R na Figura 6.15, todos os conjuntos de entidades fortes, exceto *período*, têm apenas atributos simples. Os esquemas derivados desses conjuntos de entidades fortes são representados na Figura 6.16. Observe que os esquemas *instrutor*, *aluno* e *curso* são diferentes dos esquemas que utilizamos nos capítulos anteriores (já que não contêm o atributo *nome_dept*). Vamos voltar a esse assunto em breve.

6.7.2 Representação de conjuntos de entidades fortes com atributos complexos

Quando uma entidade forte tem atributos não simples, as coisas são um pouco mais complexas. Lidamos com atributos compostos criando um atributo separado para cada um dos atributos componentes; não criamos um atributo separado para o atributo composto em si. Para ilustrar, veja a versão do conjunto de entidades *instrutor* representado na Figura 6.8. Para o atributo composto *nome*, o esquema gerado para *instrutor* contém os atributos *primeiro_nome*, *inicial_meio* e *sobrenome*; não há nenhum atributo separado ou esquema para *nome*. Da mesma forma, para o atributo composto *endereço*, o esquema gerado contém os atributos *rua*, *cidade*, *estado* e *cep*. Uma vez que *rua* é um atributo composto, ele é substituído por *número_rua*, *nome_rua* e *complemento*.

Os atributos multivalorados são tratados de maneira diferente dos outros atributos. Vimos que os atributos em um diagrama E-R, em geral, são mapeados diretamente em atributos para os esquemas de relação apropriados. Os atributos multivalorados, no entanto, são uma exceção; novos esquemas de relação são criados para esses atributos, como veremos em breve.

Os atributos derivados não são explicitamente representados no modelo de dados relacional. No entanto, eles podem

sala (<u>prédio</u>, <u>número_sala</u>, capacidade)
departamento (<u>nome_dept</u>, prédio, orçamento)
curso (<u>id_curso</u>, título, créditos)
instrutor (<u>ID</u>, nome, salário)
aluno (<u>ID</u>, nome, tot_cred)

Figura 6.16 Esquemas derivados dos conjuntos de entidades no diagrama E-R da Figura 6.15.

ser representados como procedimentos armazenados, funções ou métodos em outros modelos de dados.

O esquema relacional derivado da versão do conjunto de entidades *instrutor* com atributos complexos, sem incluir o atributo multivalorado, é expresso assim:

instrutor (ID, primeiro_nome, inicial_meio, sobrenome, número_rua, nome_rua, complemento, cidade, estado, cep, data_nasc)

Para um atributo multivalorado *M*, criamos um esquema de relação *R* com um atributo *A*, que corresponde a *M*, e com atributos correspondentes à chave primária do conjunto de entidades ou do conjunto de relacionamentos do qual *M* é um atributo.

Como ilustração, considere o diagrama E-R da Figura 6.8, que representa o conjunto de entidades *instrutor*, que inclui o atributo multivalorado *num_telefone*. A chave primária de *instrutor* é *ID*. Para esse atributo multivalorado, criamos um esquema de relação

instrutor_fone (<u>*ID*</u>, <u>*num_telefone*</u>)

Cada número de telefone de um instrutor é representado como uma tupla única na relação com esse esquema. Assim, se tivéssemos um instrutor com *ID* 22222 e números de telefone 555-1234 e 555-4321, a relação *instrutor_fone* teria duas tuplas (22222, 555-1234) e (22222, 555-4321).

Criamos uma chave primária do esquema de relação que consiste em todos os atributos do esquema. No exemplo anterior, a chave primária compreende dois atributos da relação *instrutor_fone*.

Além disso, criamos uma restrição de chave estrangeira no esquema de relação gerado a partir do atributo multivalorado. Nesse esquema recém-criado, o atributo gerado a partir da chave primária do conjunto de entidades deve referenciar a relação gerada a partir do conjunto de entidades. No exemplo anterior, a restrição de chave estrangeira na relação *instrutor_fone* seria que o atributo *ID* referencia a relação *instrutor*.

No caso em que um conjunto de entidades é composto por apenas dois atributos – um único atributo de chave primária *B* e um único atributo multivalorado *M* – o esquema de relação para o conjunto de entidades deve conter apenas um atributo, ou seja, o atributo da chave primária *B*. Podemos excluir essa relação, mantendo o esquema de relação com o atributo *B* e o atributo *A* que corresponde a *M*.

Para ilustrar, considere o conjunto de entidades *período* representado na Figura 6.15. Aqui, *id_período* é a chave primária do conjunto de entidades *período*, e existe um único atributo multivalorado que também é composto. O conjunto de entidades pode ser representado pelo esquema a seguir, criado a partir do atributo de valor múltiplo composto:

período (<u>*id_período*</u>, <u>*dia*</u>, <u>*hora_inicial*</u>, *hora_final*)

Apesar de não ser representado como uma restrição no diagrama E-R, sabemos que não pode haver duas turmas que comecem ao mesmo tempo, no mesmo dia da semana, terminando em momentos diferentes; com base nessa restrição, a *hora_final* foi omitida da chave primária do esquema *período*.

A relação criada a partir do conjunto de entidades teria apenas um único atributo *id_período*; a otimização de excluir essa relação tem a vantagem de simplificar o esquema de banco de dados resultante, embora exista um inconveniente relacionado com chaves estrangeiras, que discutimos brevemente na Seção 6.7.4 .

6.7.3 Representação do conjunto de entidades fraco

Seja *A* um conjunto de entidades fraco com atributos a_1, a_2, ..., a_m. Seja *B* o conjunto de entidades forte do qual *A* depende. Seja a chave primária de *B* constituída dos atributos b_1, b_2, ..., b_n. Representamos o conjunto de entidades *A* por um esquema de relação chamado *A* com um atributo para cada membro do conjunto:

$$\{a_1, a_2, \ldots, a_m\} \cup \{b_1, b_2, \ldots, b_n\}$$

Para esquemas derivados de um conjunto de entidades fraco, a combinação da chave primária do conjunto de entidades forte com o discriminador do conjunto de entidades fraco serve como a chave primária do esquema. Além de criar uma chave primária, também criamos uma restrição de chave estrangeira na relação *A*, especificando que os atributos b_1, b_2, ..., b_n referenciam a chave primária da relação *B*. A restrição de chave estrangeira garante que, para cada tupla representando uma entidade fraca, existe uma tupla equivalente representando a entidade forte correspondente.

Como ilustração, considere o conjunto de entidades *seção* no diagrama E-R da Figura 6.15. Esse conjunto de entidades possui três atributos: *id_sec*, *semestre* e *ano*. A chave primária do conjunto de entidades *curso*, da qual *seção* depende, é *id_curso*. Portanto, representamos *seção* por um esquema com os seguintes atributos:

seção (<u>*id_curso*</u>, <u>*id_sec*</u>, <u>*semestre*</u>, <u>*ano*</u>)

A chave primária consiste na chave primária do conjunto de entidades *curso*, juntamente com o discriminador de *seção*, que é *id_sec*, *semestre* e *ano*. Também criamos uma restrição de chave estrangeira no esquema *seção*, com o atributo *id_curso* referenciando a chave primária do esquema *curso*.[5]

6.7.4 Representação de conjuntos de relacionamento

Seja *R* um conjunto de relacionamento; seja a_1, a_2, ..., a_m o conjunto dos atributos formados pela união das chaves primárias

[5]Opcionalmente, a restrição de chave estrangeira poderia ter uma especificação "*on delete cascade*", de modo que a exclusão de uma entidade *curso* exclui automaticamente quaisquer entidades *seção* que referenciam a entidade *curso*. Sem essa especificação, cada seção de um curso teria de ser excluída antes que o curso correspondente fosse excluído.

de cada um dos conjuntos de entidades participando de *R*, e sejam $b_1, b_2, ..., b_n$ os atributos descritivos de *R* (se houver). Representamos esse conjunto de relacionamento por um esquema de relação chamado *R* com um atributo para cada membro do conjunto:

$$\{a_1, a_2, ..., a_m\} \cup \{b_1, b_2, ..., b_n\}$$

Anteriormente, na Seção 6.5, descrevemos como escolher uma chave primária para um conjunto de relacionamentos binário. Os atributos da chave primária do conjunto de relacionamento também são usados como atributos de chave primária do esquema relacional *R*.

Como ilustração, considere o conjunto de relacionamentos *mentor* no diagrama E-R da Figura 6.15. Esse conjunto de relacionamentos envolve os dois conjuntos de entidades a seguir:

- *instrutor* com a chave primária *ID*.
- *aluno* com a chave primária *ID*.

Como o conjunto de relacionamento não possui atributos, o esquema *mentor* possui dois atributos que são as chaves primárias de *instrutor* e *aluno*. Como ambos os atributos têm o mesmo nome, renomeamos os atributos para *i_ID* e *a_ID*. Como o conjunto de relacionamentos *mentor* é muitos-para-um de *aluno* para *instrutor*, a chave primária para o esquema da relação *mentor* é *a_ID*.

Também criamos restrições de chave estrangeira na relação *R* da maneira a seguir. Para cada conjunto de entidades E_i relacionado com o conjunto de relacionamentos *R*, criamos uma restrição de chave estrangeira do esquema de relação *R*, com os atributos de *R* que sejam derivados de atributos de chave primária de E_i referenciando a chave primária do esquema de relação representando E_i.

Retornando ao nosso exemplo anterior, criamos, assim, duas restrições de chave estrangeira sobre a relação *mentor*, com o atributo *i_ID* referenciando a chave primária de *instrutor* e o atributo *a_ID* referenciando a chave primária de *aluno*.

Aplicando as técnicas apresentadas aos outros conjuntos de relacionamento no diagrama E-R da Figura 6.15, obtemos os esquemas relacionais mostrados na Figura 6.17.

Observe que, para o caso do conjunto de relacionamentos *prereq*, os indicadores de papéis associados ao relacionamento são usados como nomes de atributos, uma vez que ambos os papéis se referem à mesma relação *curso*.

Assim como no caso de *mentor*, a chave primária para cada uma da relações *sec_curso*, *sec_período*, *sec_classe*, *inst_dept*, *aluno_dept* e *curso_dept* consiste na chave primária de apenas um dos dois conjuntos de entidades relacionados, uma vez que os relacionamentos correspondentes são de muitos-para-um.

As chaves estrangeiras não são mostradas na Figura 6.17, mas para cada uma das relações na figura existem duas restrições de chave estrangeira, referenciando as duas relações criadas a partir dos dois conjuntos de entidades relacionados. Assim, por exemplo, *sec_curso* tem chaves estrangeiras referenciando *seção* e *sala*, *ministra* tem chaves estrangeiras referenciando *instrutor* e *seção*, e *realiza* possui chaves estrangeiras referenciando *aluno* e *seção*.

A otimização que nos permitiu criar apenas um único esquema de relação a partir do conjunto de entidades *período*, que tinha um atributo multivalorado, impede a criação de uma chave estrangeira do esquema de relação *sec_período* para a relação criada a partir do conjunto de entidades *período*, uma vez que excluímos a relação criada a partir do conjunto de entidades *período*. Mantivemos a relação criada a partir do atributo multivalorado nomeando-a como *período*, mas essa relação pode, potencialmente, não conter tuplas correspondentes a um *id_período*, ou pode conter várias tuplas correspondentes a um *id_período*; assim, *id_período* na relação *sec_período* não pode fazer referência a essa relação.

Um leitor astuto pode perguntar por que não vimos os esquemas *sec_curso*, *sec_período*, *sec_classe*, *inst_dept*, *aluno_dept* e *curso_dept* nos capítulos anteriores. A razão é que o algoritmo que apresentamos até agora resulta em alguns esquemas que podem ser eliminados ou combinados com outros esquemas. Exploraremos isso a seguir.

ministra (ID, id_curso, id_sec, semestre, ano)
realiza (ID, id_curso, id_sec, semestre, ano, nota)
prereq (id_curso, id_prereq)
mentor (a_ID, i_ID)
sec_curso (id_curso, id_sec, semestre, ano)
sec_período (id_curso, id_sec, semestre, ano, id_período)
sec_classe (id_curso, id_sec, semestre, ano, prédio, número_sala)
inst_dept (ID, nome_dept)
aluno_dept (ID, nome_dept)
curso_dept (id_curso, nome_dept)

Figura 6.17 Esquemas derivados dos conjuntos de relacionamentos do diagrama E-R na Figura 6.15.

6.7.5 Redundância de esquemas

Um conjunto de relacionamentos vinculando um conjunto de entidades fraco ao conjunto de entidades forte correspondente é tratado de forma especial. Como observamos na Seção 6.5.3, esses relacionamentos são muitos-para-um e não possuem atributos descritivos. Além disso, a chave primária de um conjunto de entidades fraco inclui a chave primária do conjunto de entidades forte. No diagrama E-R da Figura 6.14, o conjunto de entidades fraco *seção* é dependente do conjunto de entidades forte *curso* por meio do conjunto de relacionamentos *sec_curso*. A chave primária de *seção* é {*id_curso, id_sec, semestre, ano*} e a chave primária de *curso* é *id_curso*. Como *sec_curso* não tem atributos descritivos, o esquema *sec_curso* possui os atributos *id_curso, id_sec, semestre* e *ano*. O esquema para o conjunto de entidades *seção* inclui os atributos *id_curso, id_sec, semestre* e *ano* (dentre outros). Cada combinação (*id_curso, id_sec, semestre, ano*) em uma relação *sec_curso* também estaria presente na relação no esquema *seção* e vice-versa. Portanto, o esquema *sec_curso* é redundante.

Em geral, o esquema para o conjunto de relacionamentos vinculando um conjunto de entidades fraco ao seu conjunto de entidades forte correspondente é redundante e não precisa estar presente em um projeto de banco de dados relacional baseado em um diagrama E-R.

6.7.6 Combinação de esquemas

Considere um conjunto de relacionamentos muitos-para-um *AB* do conjunto de entidades *A* para o conjunto de entidades *B*. Usando nosso algoritmo de construção de esquema relacional descrito anteriormente, obtemos três esquemas: *A*, *B* e *AB*. Suponha, ainda, que a participação de *A* no relacionamento seja total, isto é, toda entidade *a* no conjunto de entidades *A* precisa participar do relacionamento *AB*. Então, podemos combinar os esquemas *A* e *AB* para formar um único esquema consistindo na união das colunas de ambos os esquemas. A chave primária do esquema combinado é a chave primária do conjunto de entidades em cujo esquema o esquema do conjunto de relacionamentos foi mesclado.

Como ilustração, vamos examinar as diversas relações no diagrama E-R da Figura 6.15 que satisfazem esse critério:

- *inst_dept*. Os esquemas *instrutor* e *departamento* correspondem aos conjuntos de entidades *A* e *B*, respectivamente. Assim, o esquema *inst_dept* pode ser combinado com o esquema *instrutor*. O esquema resultante *instrutor* consiste nos atributos {*ID, nome, nome_dept, salário*}.
- *aluno_dept*. Os esquemas *aluno* e *departamento* correspondem aos conjuntos de entidades *A* e *B*, respectivamente. Assim, o esquema *aluno_dept* pode ser combinado com o esquema *aluno*. O esquema resultante *aluno* consiste nos atributos {*ID, nome, nome_dept, tot_cred*}.
- *curso_dept*. Os esquemas *curso* e *departamento* correspondem aos conjuntos de entidades *A* e *B*, respectivamente. Assim, o esquema *curso_dept* pode ser combinado com o esquema *curso*. O esquema resultante *curso* consiste nos atributos {*id_curso, título, nome_dept, créditos*}.
- *sec_classe*. Os esquemas *seção* e *sala* correspondem aos conjuntos de entidades *A* e *B*, respectivamente. Assim, o esquema *sec_classe* pode ser combinado com o esquema *seção*. O esquema resultante *seção* consiste nos atributos {*id_curso, id_sec, semestre, ano, prédio, número_sala*}.
- *sec_período*. Os esquemas *seção* e *período* correspondem aos conjuntos de entidades *A* e *B*, respectivamente. Assim, o esquema *sec_período* pode ser combinado com o esquema *seção* obtido no passo anterior. O esquema resultante *seção* consiste nos atributos {*id_curso, id_sec, semestre, ano, prédio, número_sala, id_período*}.

No caso de relacionamentos um-para-um, o esquema de relação para o conjunto de relacionamentos pode ser combinado com os esquemas de qualquer um dos conjuntos de entidades.

Podemos combinar esquemas, mesmo que a participação seja parcial, usando valores nulos. No exemplo anterior, se *inst_dept* fosse parcial, poderíamos armazenar valores nulos para o atributo *nome_dept* para os instrutores que não possuem departamento associado.

Finalmente, consideramos as restrições de chave estrangeira que teriam aparecido no esquema representando o conjunto de relacionamentos. Haveria restrições de chaves estrangeiras referenciando cada um dos conjuntos de entidades participantes do conjunto de relacionamentos. Excluímos a restrição referenciando o conjunto de entidades criado, em cujo esquema o esquema do conjunto de relacionamentos é incorporado. A seguir, adicionamos as outras restrições de chave estrangeira ao esquema combinado. Por exemplo, *inst_dept* tem uma restrição de chave estrangeira para o atributo *nome_dept* referenciando a relação *departamento*. Essa restrição externa é adicionada na relação *instrutor*, quando o esquema de *inst_dept* é incorporado a *instrutor*.

6.8 Recursos de E-R estendidos

Embora os conceitos básicos de E-R possam modelar a maioria dos recursos de banco de dados, alguns aspectos de um banco de dados podem ser expressos mais apropriadamente por certas extensões ao modelo E-R básico. Nesta seção, examinaremos os recursos de E-R estendidos de especialização, generalização, conjuntos de entidades de nível superior e inferior, herança de atributo e agregação.

Para facilitar as discussões, vamos usar um esquema de banco de dados um pouco mais elaborado para a universidade. Em particular, deveremos modelar as várias pessoas dentro de uma universidade, definindo um conjunto de entidades *pessoa*, com os atributos *ID*, *nome*, *rua* e *cidade*.

6.8.1 Especialização

Um conjunto de entidades pode incluir subagrupamentos de entidades que sejam, de algum modo, distintas de outras entidades no conjunto. Por exemplo, um subconjunto de entidades dentro de um conjunto de entidades pode ter atributos que não são compartilhados por todas as entidades do conjunto de entidades. O modelo E-R fornece um meio de representar esses agrupamentos de entidades distintas.

Como exemplo, um conjunto de entidades *pessoa* pode ser classificado como um dos seguintes:

- *empregado.*
- *aluno.*

Cada um desses tipos de pessoa é descrito por um conjunto de atributos que inclui todos os atributos do conjunto de entidades *pessoa*, além de, possivelmente, atributos adicionais. Por exemplo, as entidades *empregado* podem ser descritas adicionalmente por um atributo *salário*, enquanto as entidades *aluno* podem ser descritas adicionalmente pelo atributo *tot_cred*. O processo de designar subagrupamentos dentro de um conjunto de entidades é chamado de **especialização**. A especialização de *pessoa* permite distinguir entre pessoas conforme elas forem empregados ou clientes: em geral, uma pessoa pode ser um empregado, um cliente, ambos ou nenhum.

Como outro exemplo, suponha que a universidade separe seus alunos em duas categorias – pós-graduação e graduação. Os alunos do tipo pós-graduação possuem uma secretaria associada a eles. Os alunos de graduação são associados aos alojamentos. Cada um desses tipos de alunos é descrito por um conjunto de atributos que incluem todo os atributos do conjunto de entidades *aluno* mais atributos adicionais.

Podemos aplicar a especialização repetidamente, para refinar um projeto. A universidade poderia criar duas especializações de *aluno*, ou seja, *pós-graduação* e *graduação*. Como vimos anteriormente, as entidades alunos são descritas pelos atributos *ID*, *nome*, *rua*, *cidade* e *tot_cred*. O conjunto de entidades *pós-graduação* teria todos os atributos de *aluno* e um atributo adicional *número_secretaria*. O conjunto de entidades *graduação* teria todos os atributos de *aluno*, além do atributo adicional *alojamento*. Como outro exemplo, empregados de uma universidade podem ser classificados como *instrutor* ou *secretária*.

Cada um desses tipos de empregado é descrito por um conjunto de atributos que incluem todos os atributos do conjunto de entidades *empregado*, além de atributos adicionais. Por exemplo, as entidades *instrutor* podem ser descritas adicionalmente pelo atributo *posição*, enquanto as entidades *secretária* podem ser descritas pelos atributos *horas_por_semana*. Além disso, as entidades *secretária* podem participar de um relacionamento *secretária_para* entre o conjunto de entidades *secretária* e *empregado*, que identifica os empregados que são auxiliados por uma secretária.

Um conjunto de entidades pode ser especializado por mais de um recurso distintivo (*distinguishing feature*). Em nosso exemplo, o recurso distintivo entre as entidades empregado é o cargo que o empregado ocupa. Outra especialização coexistente poderia ser baseada em ser a pessoa um empregado temporário (contrato temporário) ou um empregado permanente, resultando nos conjuntos de entidades

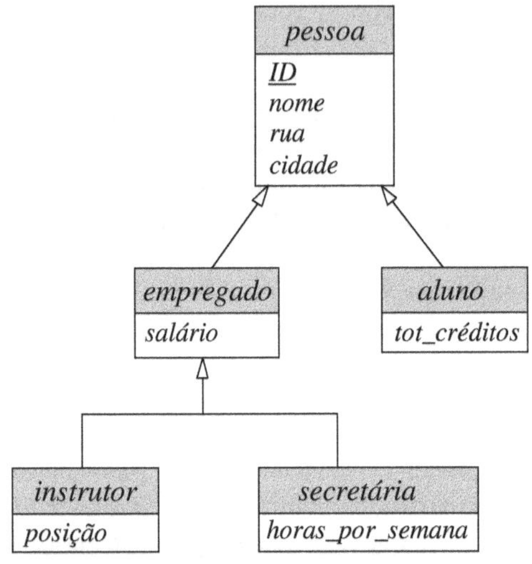

Figura 6.18 Especialização e generalização.

empregado_temporário e *empregado_permanente*. Quando mais de uma especialização é formada em um conjunto de entidades, uma entidade específica pode pertencer a várias especializações. Por exemplo, determinado empregado pode ser um empregado temporário que é uma secretária.

Em termos de um diagrama E-R, a especialização é representada por um componente *triângulo* apontando de uma entidade especializada para outra entidade (Figura 6.18). Chamamos esse relacionamento de relacionamento É-UM (ISA), que significa "is a" – é um(a) – e indica, por exemplo, que um instrutor "é um" empregado.

A forma como retratamos a especialização em um diagrama E-R depende de a entidade poder pertencer a vários conjuntos de entidades especializados ou, no máximo, a um conjunto de entidades especializadas. O primeiro caso (vários conjuntos permitidos) é chamado de **especialização com superposição**, enquanto o último caso (no máximo, uma é permitida) é chamado de **especialização disjunta**. Para uma especialização com superposição (como no caso de *aluno* e *empregado* como especializações de *pessoa*), duas setas separadas são usadas. Para obter uma especialização disjunta (como no caso de *instrutor* e *secretária* como especializações de *empregado*), uma seta simples é usada. A relação de especialização também pode ser referida como um relacionamento **superclasse-subclasse**. Conjuntos de entidades de alto nível e de baixo nível são descritos como conjuntos de entidades regulares, isto é, como retângulos contendo o nome do conjunto de entidades.

6.8.2 Generalização

O refinamento de um conjunto de entidades inicial em sucessivos níveis de subagrupamentos de entidade representa um processo de projeto **de cima para baixo** (*top down*), no qual as distinções são explicitadas. O processo de projeto também pode proceder da forma **de baixo para cima** (*bottom-up*), no qual vários conjuntos de entidades são sintetizados em uma entidade de nível superior definida com base em características comuns. O projetista do banco de dados pode ter identificado em primeiro lugar:

- o conjunto de entidades *instrutor* com atributos *id_instrutor, nome_instrutor, salário_instrutor* e *posição*.
- o conjunto de entidades *secretária* com atributos *id_secretária, nome_secretária, salário_secretária* e *horas_por_semana*.

Existem semelhanças entre o conjunto de entidades *instrutor* e o conjunto de entidades *secretária* no sentido de que eles possuem vários atributos que são conceitualmente os mesmos nos dois conjuntos de entidades: os atributos *identificador, nome* e *salário*. Essa semelhança pode ser expressa por **generalização**, que é um relacionamento de contenção que existe entre um conjunto de entidades de *nível superior* e um ou mais conjuntos de entidades de *nível inferior*. Em nosso exemplo, *empregado* é o conjunto de entidades de nível superior, e *instrutor* e *secretária* são conjuntos de entidades de nível inferior. Nesse caso, atributos que são conceitualmente os mesmos tiveram nomes diferentes nos dois conjuntos de entidades de nível inferior. Para criar uma generalização, os atributos precisam receber um nome comum e ser representados na entidade de nível superior *pessoa*. Podemos usar os nomes de atributo *ID, nome, rua* e *cidade*, como vimos no exemplo da Seção 6.8.1.

Conjuntos de entidades de nível superior e inferior também podem ser designados pelos termos **superclasse** e **subclasse**, respectivamente. O conjunto de entidades *pessoa* é a superclasse das subclasses *empregado* e *aluno*.

Para todos os fins práticos, a generalização é uma simples inversão da especialização. Aplicaremos os dois processos, em conjunto, durante o projeto do esquema E-R para uma empresa. Em termos do diagrama E-R propriamente dito, não distinguimos entre especialização e generalização. Novos níveis da representação de entidade serão distinguidos (especialização) ou sintetizados (generalização) até que o esquema de projeto chegue a expressar totalmente a aplicação de banco de dados e as necessidades dos usuários do banco de dados. As diferenças nos dois métodos podem ser caracterizadas pelo seu ponto de partida e pelo objetivo geral.

A especialização deriva de um único conjunto de entidades; ela enfatiza diferenças entre entidades dentro do conjunto, criando conjuntos de entidades de nível inferior distintos. Esses conjuntos de entidades de nível inferior podem ter atributos ou participar de relacionamentos que não se aplicam a todas as entidades no conjunto de entidades de nível superior. De fato, a razão por que um projetista aplica especialização é para representar esses recursos distintos. Se *aluno* e *empregado* tiverem os mesmos atributos que as entidades *pessoa*, e participarem dos mesmos relacionamentos em que as entidades *pessoa* participam, não haverá necessidade de especializar o conjunto de entidades *pessoa*.

A generalização ocorre a partir do reconhecimento de que diversos conjuntos de entidades compartilham os mesmos recursos (ou seja, eles são descritos pelos mesmos atributos e participam dos mesmos conjuntos de relacionamentos). Com base em suas semelhanças, a generalização sintetiza esses conjuntos de entidades em um único conjunto de entidades de nível superior. A generalização é usada para enfatizar as semelhanças entre conjuntos de entidades de nível inferior e para ocultar as diferenças; ela também permite uma economia de representação em que atributos compartilhados não são repetidos.

6.8.3 Herança de atributo

Uma propriedade fundamental das entidades de nível superior e inferior criadas pela especialização e generalização é a **herança de atributo**. Dizemos que os atributos dos conjuntos de entidades de nível superior são **herdados** pelos conjuntos de entidades de nível inferior. Por exemplo, *aluno* e *empregado* herdam os atributos de *pessoa*. Portanto, *aluno* é descrito pelos seus atributos *ID, nome, rua, cidade* e, adicionalmente, um atributo *tot_cred*; *empregado* é descrito pelos seus atributos *ID, nome, rua, cidade* e, adicionalmente, pelo atributo *salário*. A herança de atributo aplica-se em todos os níveis de conjuntos de entidades de nível inferior; assim, *instrutor* e *secretária*, que são subclasses de *empregado*, herdam os atributos *ID, nome, rua* e *cidade* de *pessoa*, além de herdar *salário* de *empregado*.

Um conjunto de entidades de nível inferior (ou subclasse) também herda participação nos conjuntos de relacionamentos de que sua entidade de nível superior (ou superclasse) participa. Assim como na herança de atributos, a participação na herança de atributos se aplica a todas as camadas dos conjuntos de entidades de nível inferior. Por exemplo, suponha que o conjunto de entidades *pessoa* participe do conjunto de relacionamentos *dept_pessoa* com *departamento*. Então, os conjuntos de entidades *aluno, empregado, instrutor* e *secretária*, que são subclasses do conjunto de entidades *pessoa*, também participam, implicitamente, do relacionamento *dept_pessoa* com *departamento*. Esses conjuntos de entidades podem participar de quaisquer relacionamentos em que o conjunto de entidades *pessoa* participa.

Quer determinada parte de um modelo E-R tenha sido alcançada por especialização ou por generalização, o resultado é, basicamente, o mesmo:

- Um conjunto de entidades de nível superior com atributos e relacionamentos que se aplicam a todos os seus conjuntos de entidades de nível inferior.
- Conjuntos de entidades de nível inferior com recursos distintivos que se aplicam apenas dentro de determinado conjunto de entidades de nível inferior.

No que se segue, embora normalmente nos refiramos apenas à generalização, as propriedades que discutimos pertencem a ambos os processos.

A Figura 6.18 ilustra uma **hierarquia** de conjuntos de entidades. Na figura, *empregado* é um conjunto de entidades de nível inferior de *pessoa* e um conjunto de entidades de nível superior dos conjuntos de entidades *instrutor* e *secretária*. Em uma hierarquia, determinado conjunto de entidades pode estar envolvido com um conjunto de entidades de nível inferior apenas em um relacionamento É-UM (ISA), ou seja, os conjuntos de entidades nesse diagrama possuem apenas **herança única**. Se um conjunto de entidades for um conjunto de entidades de nível inferior em mais de um relacionamento É-UM (ISA), então o conjunto de entidades possui **herança múltipla** e a estrutura resultante é chamada de treliça (*lattice*).

6.8.4 Restrições sobre generalizações

Para modelar uma empresa mais fielmente, o projetista de banco de dados pode escolher impor certas restrições sobre determinada generalização/especialização.

Um tipo de restrição sobre especialização que vimos anteriormente especifica se uma especialização é disjunta ou superposta. Outro tipo de restrição sobre uma especialização/generalização é uma **restrição de completude**, que especifica se uma entidade no conjunto de entidades de nível superior precisa ou não pertencer a pelo menos um dos conjuntos de entidades de nível inferior da generalização/especialização. Essa restrição pode ser uma das seguintes:

- **Especialização** ou **generalização total**. Cada entidade de nível superior precisa pertencer a um conjunto de entidades de nível inferior.
- **Especialização** ou **generalização parcial**. Algumas entidades de nível superior podem não pertencer a um conjunto de entidades de nível inferior.

Por padrão, assume-se que as especializações são parciais. Podemos especificar especialização total em um diagrama E-R adicionando a palavra-chave "total" no diagrama e desenhando uma linha tracejada a partir dessa palavra-chave até a seta vazada à qual se aplica (para uma especialização total) ou para o conjunto de setas vazadas para o qual se aplica (para uma especialização superposta).

A especialização de *pessoa* a *aluno* ou *empregado* é total, se a universidade não precisar representar alguma pessoa que não seja um *aluno* nem um *empregado*. Porém, se a universidade precisar representar tais pessoas, então a especialização será parcial.

As restrições de completude e disjunção não dependem uma da outra. Assim, as especializações podem ser superpostas parciais, disjuntas parciais, superpostas totais e disjuntas totais.

Podemos ver que certas necessidades relacionadas com inserção e exclusão seguem como fruto das restrições que se aplicam a determinada generalização ou especialização. Por exemplo, quando uma restrição de completude total está em vigor, uma entidade inserida em um conjunto de entidades de nível superior também precisa estar inserida em pelo menos um dos conjuntos de entidades de nível inferior. Com uma restrição definida por condição, todas as entidades de nível superior que satisfazem a condição precisam estar inseridas em certo conjunto de entidades de nível inferior. Uma entidade que é excluída de um conjunto de entidades de nível superior também deve ser excluída de todos os conjuntos de entidades de nível inferior aos quais ela pertence.

6.8.5 Agregação

Uma limitação do modelo E-R é que ele não pode expressar relacionamentos entre relacionamentos. Para ilustrar a necessidade dessa construção, considere o relacionamento ternário *proj_guia*, que vimos anteriormente entre *instrutor*, *aluno* e *projeto* (veja a Figura 6.6).

Agora, suponha que cada instrutor orientando um aluno em um projeto seja obrigado a apresentar um relatório de avaliação mensal. Temos o modelo de relatório de avaliação como uma entidade *avaliação*, com uma chave primária *id_avaliação*. Uma alternativa para a gravação da combinação (*aluno*, *projeto*, *instrutor*) à qual corresponde uma *avaliação* é criarmos um relacionamento quaternário (quatro vias) *aval_para* entre *instrutor*, *aluno*, *projeto* e *avaliação*. (Uma relação quaternária é necessária – uma relação binária entre *aluno* e *avaliação*, por exemplo, não nos permite representar a combinação (*projeto*, *instrutor*) à qual uma *avaliação* corresponde.) Usando construções básicas de modelagem E-R, obtemos o diagrama E-R da Figura 6.19. (Omitimos os atributos dos conjuntos de entidades para simplificar.)

Pode parecer que os conjuntos de relacionamentos *proj_guia* e *aval_para* poderiam ser combinados em um

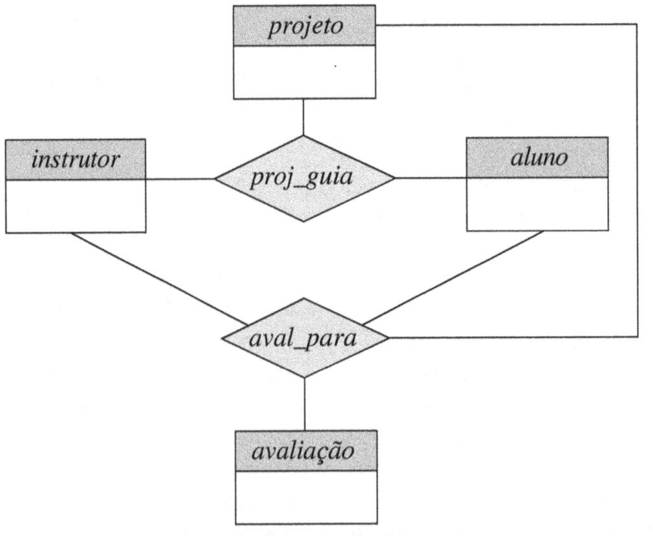

Figura 6.19 Diagrama E-R com relacionamentos redundantes.

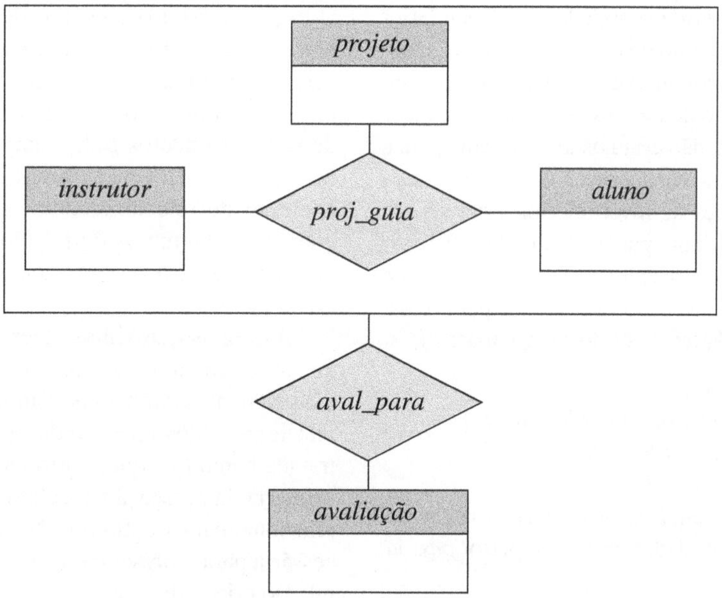

Figura 6.20 Diagrama E-R com agregação.

único conjunto de relacionamentos. Entretanto, não devemos combiná-los em um único relacionamento, já que algumas combinações *instrutor*, *aluno*, *projeto* podem não ter uma *avaliação* associada.

Contudo, existem informações redundantes na figura resultante, uma vez que toda combinação *instrutor*, *aluno*, *projeto* em *aval_para* também está em *proj_guia*. Se a *avaliação* fosse um valor em vez de uma entidade, poderíamos tornar *avaliação* um atributo multivalorado do conjunto de relacionamento *proj_guia*. No entanto, essa alternativa pode não ser uma opção se uma *avaliação* também puder estar relacionada com outras entidades; por exemplo, cada relatório de avaliação pode ser associado a uma *secretária* que é responsável pelo tratamento dos relatórios de avaliação e, em seguida, por efetuar o pagamento das bolsas de estudo.

A melhor maneira de modelar uma situação como a que acabamos de descrever é usando agregação. A **agregação** é uma abstração pela qual os relacionamentos são tratados como entidades de nível superior. Portanto, para nosso exemplo, consideramos o conjunto de relacionamentos *proj_guia* (relacionando os conjuntos de entidades *instrutor*, *aluno* e *projeto*) como um conjunto de entidades de nível superior chamado *proj_guia*. Esse conjunto de entidades é tratado da mesma maneira que qualquer outro conjunto de entidades. Podemos, então, criar um relacionamento binário *aval_para* entre *proj_guia* e *avaliação* a fim de representar para qual combinação (*aluno*, *projeto*, *instrutor*) a *avaliação* serve. A Figura 6.20 mostra uma notação para agregação comumente usada para representar essa situação.

6.8.6 Redução aos esquemas relacionais

Agora, chegou o momento de descrever como as características estendidas do modelo E-R podem ser traduzidas em esquemas de relação.

6.8.6.1 Representação da generalização

Existem dois métodos diferentes de projetar esquemas de relação em um diagrama E-R que incluem generalização. Apesar de nos referirmos à generalização na Figura 6.18 nesta discussão, nós a simplificamos incluindo apenas a primeira camada de nível inferior dos conjuntos de entidades, ou seja, *empregado* e *aluno*. Assumimos que *ID* é a chave primária de *pessoa*.

1. Criar um esquema para o conjunto de entidade de nível superior. Para cada conjunto de entidades de nível inferior, crie um esquema que inclua um atributo para cada um dos atributos do conjunto de entidades, mais um para cada atributo da chave primária do conjunto de entidades de nível superior. Assim, para o diagrama E-R da Figura 6.18 (ignorando conjuntos de entidades *instrutor* e *secretária*), temos três esquemas:

   pessoa (*ID*, *nome*, *rua*, *cidade*)
   empregado (*ID*, *salário*)
   aluno (*ID*, *tot_cred*)

   Os atributos de chave primária do conjunto de entidade de nível superior se tornam atributos de chave primária do conjunto de entidades de nível superior, bem como de todos os conjuntos de entidades de nível inferior. Eles aparecem sublinhados no exemplo anterior.

   Além disso, criamos restrições de chave estrangeira nos conjuntos de entidades de nível inferior, com seus atributos de chave primária referenciando a chave primária da relação criada a partir do conjunto de entidades de nível superior. No exemplo anterior, o atributo *ID* de *empregado* referenciaria a chave primária de *pessoa*, e da mesma forma para *aluno*.

2. Uma representação alternativa é possível, se a generalização for disjunta e completa, ou seja, se nenhuma entidade

for membro de dois conjuntos de entidades de nível inferior diretamente abaixo do conjunto de entidades de nível superior, e se toda entidade no conjunto de entidades de nível superior também for membro de um dos conjuntos de entidades de nível inferior. Aqui, não criamos um esquema para o conjunto de entidades de nível superior. Em vez disso, para cada conjunto de entidades de nível inferior, criamos um esquema que inclui um atributo para cada um dos atributos desse conjunto de entidades mais um para *cada* atributo do conjunto de entidades de nível superior. Então, para o diagrama E-R da Figura 6.18, temos os dois esquemas:

empregado (<u>ID</u>, nome, rua, cidade, salário)
aluno (<u>ID</u>, nome, rua, cidade, tot_cred)

Esses dois esquemas possuem *ID*, que é o atributo de chave primária do conjunto de entidades de nível superior *pessoa*, como sua chave primária.

Uma desvantagem do segundo método está em definir restrições de chave estrangeira. Para ilustrar o problema, suponha que temos um conjunto de relacionamentos *R* envolvendo o conjunto de entidades *pessoa*. Com o primeiro método, quando criamos um esquema de relação *R* do conjunto de relacionamentos, também definimos uma restrição de chave estrangeira em *R*, referenciando o esquema *pessoa*. Infelizmente, com o segundo método não temos uma única relação à qual uma restrição de chave estrangeira em *R* possa se referir. Para evitar esse problema, precisamos criar um esquema de relação *pessoa* contendo pelo menos os atributos de chave primária da entidade *pessoa*.

Se o segundo método fosse usado para uma generalização superposta, alguns valores seriam armazenados, desnecessariamente, várias vezes. Por exemplo, se uma pessoa é, ao mesmo tempo, empregado e cliente, os valores para *rua* e *cidade* seriam armazenados duas vezes.

Se a generalização fosse disjunta, mas não completa – isto é, se uma pessoa não é empregado nem aluno –, uma tabela extra seria necessária para representar essas pessoas:

pessoa (<u>ID</u>, nome, rua, cidade)

No entanto, o problema com restrições de chave estrangeira permaneceria. Na tentativa de contornar o problema, suponha que empregados e alunos estejam igualmente representados na relação *pessoa*. Infelizmente, as informações de nome, rua e cidade passariam a ser armazenados de forma redundante na relação *pessoa* e na relação *aluno* para os alunos e, da mesma forma, na relação *pessoa* e na relação *empregado* para os empregados. Isso sugere guardar as informações de nome, rua e cidade apenas na relação *pessoa* e remover essa informação de *aluno* e *empregado*. Se fizermos isso, o resultado será exatamente o do primeiro método que apresentamos.

6.8.6.2 Representação da agregação

Projetar esquemas para um diagrama E-R contendo agregação é uma tarefa simples. Considere o diagrama da Figura 6.20. O esquema para o conjunto de relacionamentos *aval_para* entre a agregação *proj_guia* e o conjunto de entidades *avaliação* inclui um atributo para cada atributo nas chaves primárias do conjunto de entidades *avaliação* e do conjunto de relacionamentos *proj_guia*. Ele também inclui um atributo para quaisquer atributos descritivos, se existirem, do conjunto de relacionamentos *aval_para*. Depois, transformamos os conjuntos de relacionamentos e os conjuntos de entidades dentro da entidade agregada seguindo as regras que já definimos.

As regras que vimos anteriormente para criar restrições de chave primária e de chave estrangeira nos conjuntos de relacionamentos também podem ser aplicadas aos conjuntos de relacionamentos envolvendo agregações, sendo a agregação tratada como qualquer outro conjunto de entidades. A chave primária da agregação é a chave primária do seu conjunto de relacionamentos definidor. Nenhuma relação separada é necessária para representar a agregação; em seu lugar, é usada a relação criada do relacionamento definidor.

6.9 Problemas do projeto entidade-relacionamento

As noções de um conjunto de entidades e um conjunto de relacionamentos não são exatas, e é possível definir um conjunto de entidades e os relacionamentos entre eles de diversas maneiras. Nesta seção, vamos examinar os problemas básicos no projeto de um esquema de banco de dados E-R. A Seção 6.11 aborda o processo de projeto com mais detalhes.

6.9.1 Erros comuns nos diagramas E-R

Um erro comum na criação de modelos E-R é o uso da chave primária de um conjunto de entidades como atributo de outro conjunto de entidades, em vez de usar um relacionamento. Por exemplo, em nosso modelo E-R de universidade, não é correto ter *nome_dept* como um atributo de *aluno*, conforme representado na Figura 6.21a, embora ele esteja presente como um atributo no esquema de relação para *aluno*. O relacionamento *aluno_dept* é a forma correta de representar essa informação no modelo E-R, pois torna explícito o relacionamento entre *aluno* e *departamento*, e não implícito por meio de um atributo. Ter um atributo *nome_dept* e, também, um relacionamento *aluno_dept* resultaria em duplicação de informações.

Outro erro relacionado que as pessoas, às vezes, cometem é projetar os atributos de chave primária dos conjuntos de entidades relacionados como atributos do conjunto de relacionamentos. Por exemplo, *ID* (os atributos de chave primária de *aluno*) e *ID* (a chave primária de *instrutor*) não deverão aparecer como atributos do relacionamento *mentor*. Isso não deve ser feito porque os atributos de chave primária já estão implícitos no conjunto de relacionamentos.[6]

[6] Quando criamos um esquema de relação a partir do esquema E-R, os atributos podem aparecer em um esquema criado a partir do conjunto de relacionamentos *mentor*, como veremos mais adiante; porém, eles não deverão aparecer no conjunto de relacionamentos *mentor*.

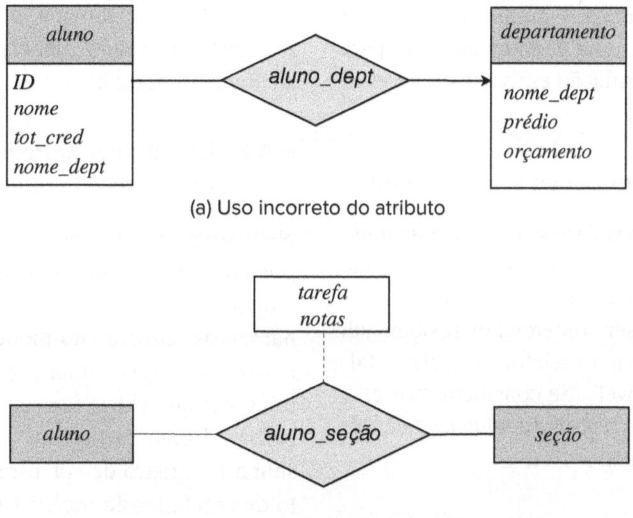

(a) Uso incorreto do atributo

(b) Uso errado dos atributos de relacionamento

Figura 6.21 Exemplo de diagramas E-R com erro.

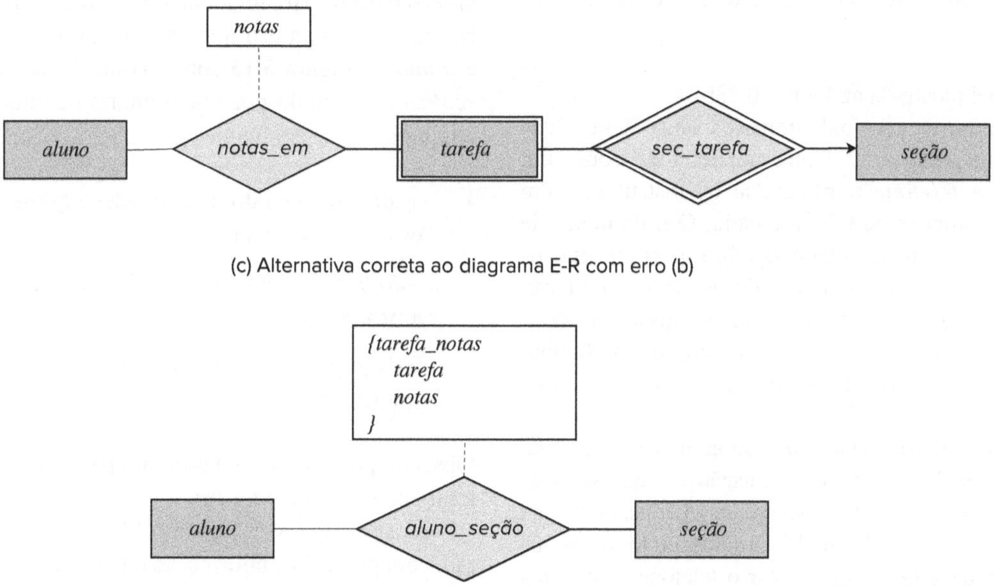

(c) Alternativa correta ao diagrama E-R com erro (b)

(d) Alternativa correta ao diagrama E-R com erro (b)

Figura 6.22 Versões corretas do diagrama E-R da Figura 6.21.

Um terceiro erro comum é usar um relacionamento com um atributo de único valor em uma situação que exige um atributo multivalorado. Por exemplo, suponha que queiramos representar as notas que um aluno recebe em diferentes tarefas de uma oferta de curso (*seção*). Um modo errado de fazer isso seria acrescentar dois atributos, *tarefa* e *notas*, ao relacionamento *realiza*, conforme representado na Figura 6.21b. O problema com esse projeto é que só podemos representar uma única tarefa para determinado par de aluno e seção, pois as instâncias do relacionamento precisam ser identificadas exclusivamente pelas entidades participantes, *aluno* e *seção*.

Uma solução para o problema representado na Figura 6.21b, mostrada na Figura 6.22c, é modelar *tarefa* como uma entidade fraca identificada por *seção* e, então, acrescentar um relacionamento *notas_em* entre *tarefa* e *aluno*; o relacionamento teria um atributo *notas*. Uma solução alternativa, mostrada na Figura 6.22d, é usar um atributo composto multivalorado {*tarefa_notas*} em *realiza*, onde *tarefa_notas* possui os atributos compostos *tarefa* e *notas*. A modelagem de uma tarefa como uma entidade fraca é preferível nesse caso, pois permite o registro de outras informações sobre a tarefa, como maiores notas ou prazos.

Quando um diagrama E-R torna-se muito grande para ser desenhado de uma só vez, faz sentido dividi-lo em partes, cada uma mostrando parte do modelo E-R. Ao fazer isso, é preciso representar um conjunto de entidades em mais de uma página. Conforme vimos na Seção 6.2.2, os atributos do conjunto de entidades devem ser mostrados apenas uma vez, em sua primeira ocorrência. Ocorrências seguintes do conjunto de entidades devem ser mostradas sem nenhum atributo, para evitar a repetição da mesma informação em vários lugares, o que pode ocasionar inconsistência.

6.9.2 Uso de conjuntos de entidades *versus* atributos

Considere o conjunto de entidades *instrutor* com o atributo adicional *número_telefone* (Figura 6.23a). Pode-se dizer que um telefone é uma entidade isolada, com os atributos *número_telefone* e *local*; o local pode ser comercial ou residencial, onde o telefone está localizado, com os telefones celulares talvez representados pelo valor "móvel". Se considerarmos esse ponto de vista, não acrescentamos o atributo *número_telefone* ao *instrutor*. Em vez disso, criamos:

- Um conjunto de entidades *telefone* com os atributos *número_telefone* e *local*.
- Um conjunto de relacionamento *inst_telefone*, indicando a associação entre os instrutores e os telefones que eles possuem.

Essa alternativa é mostrada na Figura 6.23b.

Qual é, então, a principal diferença entre essas duas definições de um instrutor? Tratar um telefone como um atributo *número_telefone* implica que os instrutores têm exatamente um número de telefone cada. O tratamento de um telefone como uma entidade *telefone* permite que os instrutores tenham vários números de telefone (inclusive, nenhum) associados a eles. Porém, em vez disso, poderíamos facilmente definir *número_telefone* como um atributo multivalorado, para permitir vários números de telefone por instrutor.

A diferença principal, então, é que tratar um telefone como uma entidade modela melhor uma situação em que se pode querer manter informações extras sobre um telefone, como seu local ou seu tipo (móvel, telefone IP ou fixo), ou todos os que compartilham o telefone. Assim, tratar o telefone como uma entidade é mais genérico do que tratá-lo como um atributo, sendo apropriado quando a generalização puder ser útil.

Ao contrário disso, não seria adequado tratar o atributo *nome* (de um instrutor) como uma entidade; é difícil argumentar que *nome* é uma entidade por si só (ao contrário do telefone). Assim, é apropriado ter *nome* como um atributo do conjunto de entidades *instrutor*.

Assim, é natural que surjam duas perguntas: o que constitui um atributo e o que constitui um conjunto de entidades? Infelizmente, não existem respostas simples. A distinção depende, principalmente, da estrutura da empresa do mundo real que está sendo modelada e da semântica associada ao atributo em questão.

6.9.3 Uso de conjuntos de entidades *versus* conjuntos de relacionamentos

Nem sempre fica claro se um objeto é mais bem expresso por um conjunto de entidades ou por um conjunto de relacionamentos. Na Figura 6.15, usamos o conjunto de relacionamentos *realiza* para modelar a situação em que um aluno realiza um curso (uma seção do curso). Uma alternativa é imaginar que existe um registro para cada curso que o aluno realiza. Então, temos um conjunto de entidades para representar o registro de curso-registro. Vamos chamar o conjunto de entidades de *registro*. Cada entidade *registro* está relacionada exatamente com um aluno e a exatamente com uma seção, de modo que temos dois conjuntos de relacionamentos, um para relacionar registros de curso-registro com os alunos e outro para relacionar esses registros com as seções. Na Figura 6.24, mostramos os conjuntos de entidades *seção* e *aluno* da Figura 6.15 com o conjunto de relacionamentos *realiza* substituído por um conjunto de entidades e os dois conjuntos de relacionamentos:

- *registro*, o conjunto de entidades representando os registros de curso-registro.
- *seção_reg*, o conjunto de relacionamentos relacionando *registro* e *curso*.
- *aluno_reg*, o conjunto de relacionamentos relacionando *registro* e *aluno*.

Observe que usamos linhas duplas para indicar a participação total por entidades *registro*.

As abordagens da Figura 6.15 e da Figura 6.24 representam com precisão a informação da universidade, mas o uso de *realiza* é mais compacto e, provavelmente, preferível. Porém, se o funcionário de matrícula associa outras informações com um registro de curso, pode ser melhor torná-lo uma entidade por si só.

Uma orientação possível para determinar se deve ser usado um conjunto de entidades ou de relacionamentos é designar um conjunto de relacionamentos para descrever uma ação que ocorre entre entidades. Esse método também pode ser útil para decidir se certos atributos podem ser expressos de forma mais apropriada como relacionamentos.

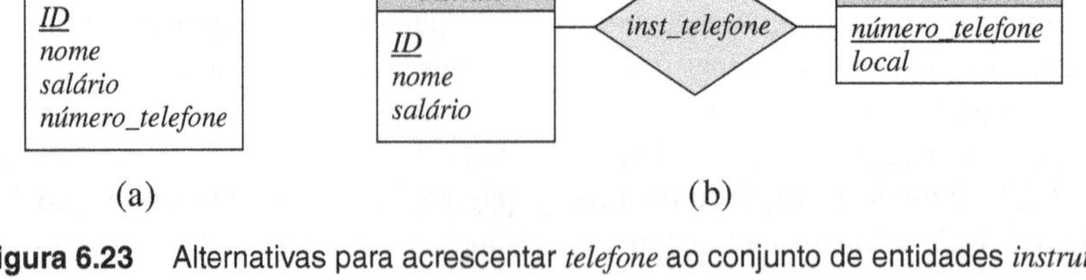

Figura 6.23 Alternativas para acrescentar *telefone* ao conjunto de entidades *instrutor*.

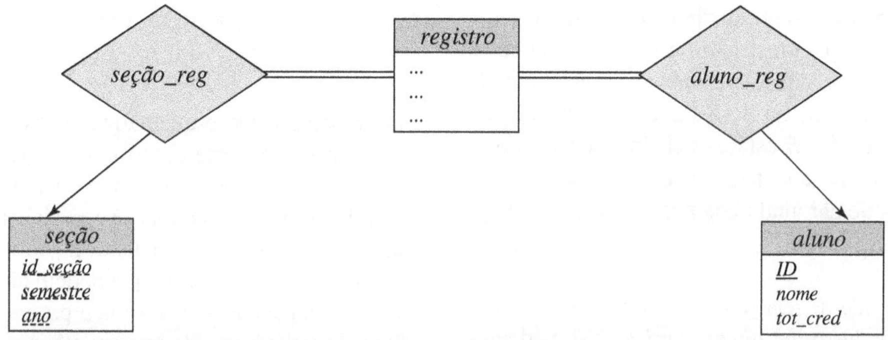

Figura 6.24 Substituição de *realiza* por registro e dois conjuntos de relacionamentos.

6.9.4 Conjuntos de relacionamentos binários *versus* *n*-ários

Os relacionamentos nos bancos de dados normalmente são binários. Alguns relacionamentos que parecem não binários, na realidade, poderiam ser mais bem representados por vários relacionamentos binários. Por exemplo, pode-se criar um relacionamento ternário *pais*, relacionando um filho com sua mãe e pai. Porém, esse relacionamento também poderia ser representado por dois relacionamentos binários, *mãe* e *pai*, relacionando um filho com sua mãe e com seu pai, separadamente. O uso dos dois relacionamentos *mãe* e *pai* nos oferece um registro da mãe de um aluno, mesmo que não saibamos a identidade do pai; um valor nulo teria de ser empregado, se o relacionamento ternário *pais* fosse usado. Neste caso, é preferível o uso dos conjuntos de relacionamentos binários.

Na realidade, sempre é possível substituir um conjunto de relacionamentos não binário (*n*-ário, para $n > 2$) por uma série de conjuntos de relacionamentos binários distintos. Para simplificar, considere o conjunto de relacionamentos ternário ($n = 3$) abstrato R, relacionando os conjuntos de entidades A, B e C. Substituímos o conjunto de relacionamentos R por um conjunto de entidades E e, então, criamos três conjuntos de relacionamentos, como mostra a Figura 6.25:

- R_A, um conjunto de relacionamentos muitos-para-um de E para A.
- R_B, um conjunto de relacionamentos muitos-para-um de E para B.
- R_C, um conjunto de relacionamentos muitos-para-um de E para C.

E precisa ter participação total em cada um de R_A, R_B e R_C. Se o conjunto de relacionamentos R tivesse atributos, estes seriam atribuídos ao conjunto de entidades E; além disso, um atributo identificador especial é criado para E (pois deverá ser possível distinguir diferentes entidades em um conjunto de entidades com base em seus valores de atributo). Para cada relacionamento (a_i, b_i, c_i) no conjunto de relacionamentos R, criamos uma nova entidade e_i no conjunto de entidades E. Então, em cada um dos três novos conjuntos de relacionamentos, inserimos um relacionamento da seguinte forma:

- (e_i, a_i) em R_A.
- (e_i, b_i) em R_B.
- (e_i, c_i) em R_C.

Podemos generalizar esse processo de uma forma direta com conjuntos de relacionamentos *n*-ários. Logo, conceitualmente, podemos restringir o modelo E-R para incluir apenas conjuntos de relacionamentos binários. Porém, essa restrição nem sempre é desejável.

- Pode ser preciso criar um atributo identificador para o conjunto de entidades criado para representar o conjunto de relacionamentos. Esse atributo, juntamente com os conjuntos de relacionamentos extras exigidos, aumenta a complexidade do projeto e, como veremos na Seção 6.7, os requisitos gerais de armazenamento.
- Um conjunto de relacionamentos *n*-ário mostra mais claramente que diversas entidades participam de um único relacionamento.

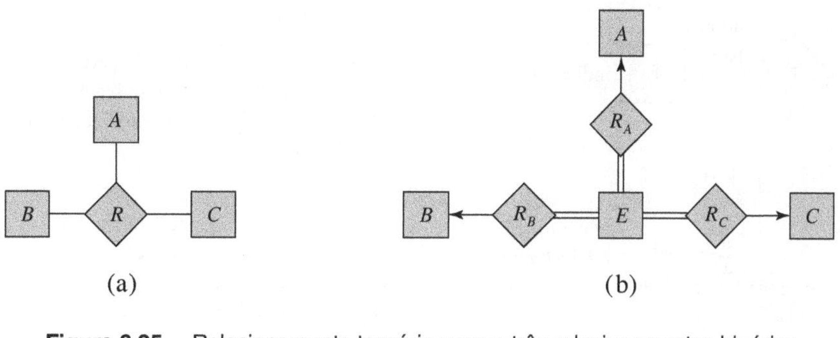

Figura 6.25 Relacionamento ternário versus três relacionamentos binários.

- Pode não haver um meio de traduzir as restrições no relacionamento terciário para restrições nos relacionamentos binários. Por exemplo, considere uma restrição dizendo que *R* é muitos-para-um de *A*, *B* para *C*; ou seja, cada par de entidades de *A* e *B* está associado a, no máximo, uma entidade de *C*. Essa restrição não pode ser expressa usando restrições de cardinalidade nos conjuntos de relacionamentos R_A, R_B e R_C.

Considere o conjunto de relacionamentos *proj_guia* da Seção 6.2.2, relacionando *instrutor*, *aluno* e *projeto*. Não podemos dividir *proj_guia* diretamente em relacionamentos binários entre *instrutor* e *projeto* e entre *instrutor* e *aluno*. Se fizéssemos isso, poderíamos registrar que o instrutor Katz trabalha nos projetos *A* e *B* com os alunos Shankar e Zhang; porém, não poderíamos registrar que Katz trabalha no projeto *A* com o aluno Shankar e trabalha no projeto *B* com o aluno Zhang, mas não trabalha no projeto *A* com Zhang ou no projeto *B* com Shankar.

O conjunto de relacionamentos *proj_guia* pode ser dividido em relacionamentos binários pela criação de um novo conjunto de entidades, conforme descrito anteriormente. Porém, isso não seria muito natural.

6.10 Notações alternativas para modelagem de dados

Uma representação esquemática do modelo de dados de uma aplicação é uma parte muito importante da concepção de um esquema de banco de dados. A criação de um esquema de banco de dados não requer apenas especialistas em modelagem de dados, mas também especialistas no domínio que conhecem as necessidades da aplicação, que podem não estar familiarizados com modelagem de dados. Uma representação esquemática intuitiva é particularmente importante, pois facilita a comunicação de informações entre esses grupos de especialistas.

Uma série de notações alternativas para modelagem de dados foi proposta, dentre as quais, a notação de diagramas E-R e a notação de diagramas de classe UML são as mais utilizadas. Não existe um padrão universal para a notação de diagramas E-R, e vários livros e *softwares* de diagramas E-R usam notações diferentes.

No restante desta seção, estudamos algumas das notações alternativas de diagramas E-R, bem como a notação de diagrama de classes UML. Para ajudar na comparação de nossa notação com essas alternativas, a Figura 6.26 resume o conjunto de símbolos que usamos em nossa notação de diagrama E-R.

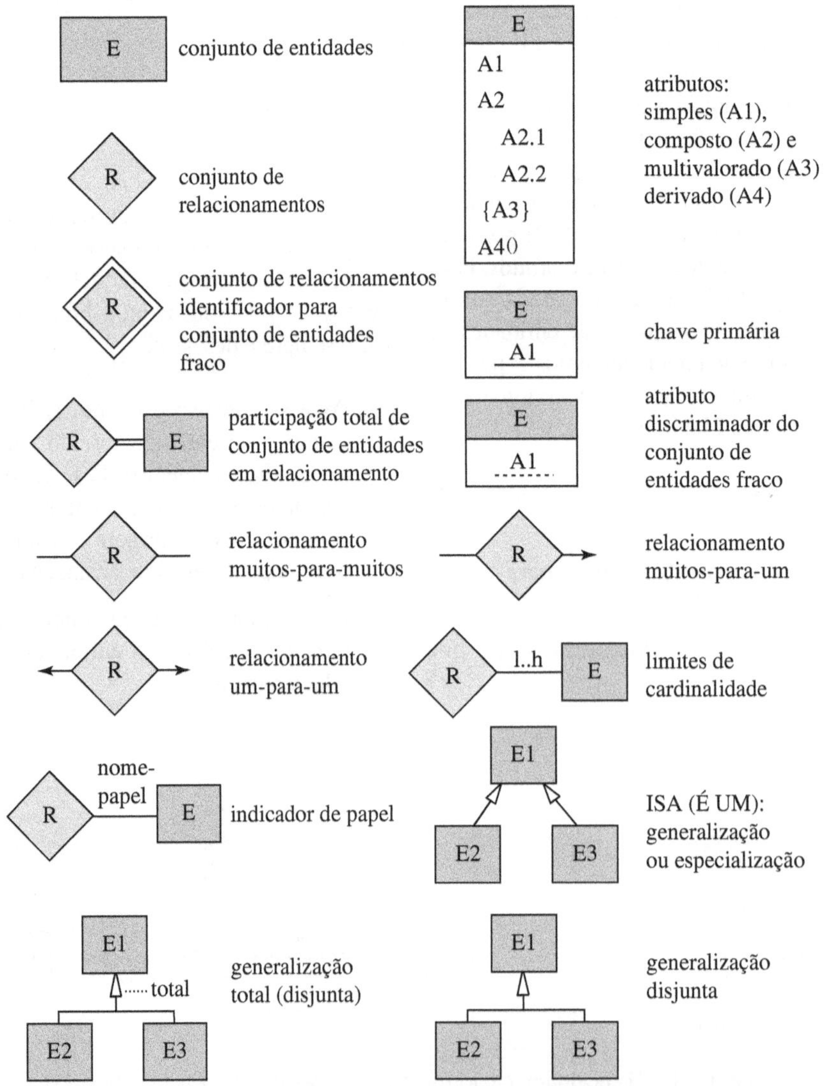

Figura 6.26 Símbolos usados na notação E-R.

6.10.1 Notações E-R alternativas

A Figura 6.27 indica algumas das notações E-R alternativas amplamente utilizadas. Uma representação alternativa para os atributos das entidades consiste em mostrá-los na forma elíptica ligados à caixa representando a entidade, sublinhando os atributos de chave primária. A notação é mostrada no topo da figura. Os atributos de relacionamento podem ser representados de forma semelhante, ligando a elipse ao losango que representa o relacionamento.

As restrições de cardinalidade nos relacionamentos podem ser indicadas de várias maneiras diferentes, como na Figura 6.27. Em uma alternativa, mostrada no lado esquerdo da figura, os rótulos * e 1 que aparecem nas arestas saindo do relacionamento são usados para descrever relacionamentos muitos-para-muitos, um-para-um e muitos-para-um. O caso de um-para-muitos é simétrico ao de muitos-para-um e não é mostrado.

Em outra notação alternativa, indicada no lado direito da figura, conjuntos de relacionamentos são representados por linhas entre conjuntos de entidades, sem losangos; apenas relacionamentos binários podem ser modelados dessa forma. As restrições de cardinalidade, nesta notação, são indicadas pela notação "pé de galinha", como na figura. Em um relacionamento *R* entre *E*1 e *E*2, pés de galinha em ambos os lados indicam um relacionamento muitos-para-muitos, enquanto os pés de galinha com apenas o lado *E*l indicam um relacionamento muitos-para-um de *E*l para *E*2. A participação total é especificada nessa notação por uma barra vertical. Note, no entanto, que em um relacionamento *R* entre entidades *E*1 e *E*2, se a participação de *E*1 em *R* é total, a barra vertical é colocada no lado oposto, junto à entidade *E*2. Da mesma forma, a participação parcial é indicada por um círculo, novamente no lado oposto.

A parte inferior da Figura 6.27 mostra uma representação alternativa de generalização, com triângulos em vez de setas vazadas.

Em edições anteriores deste texto até a quinta edição, foram utilizadas elipses para representar atributos, com triângulos representando a generalização, como mostrado na Figura 6.27. A notação usando elipses e losangos para os atributos de relacionamentos está próxima da forma original de diagramas E-R utilizada por Chen em seu artigo que introduziu a noção de modelagem E-R. Essa notação é agora conhecida como notação de Chen.

O U.S. National Institute for Standards and Technology definiu, em 1993, um padrão chamado IDEF1X. O IDEF1X usa a notação "pé de galinha", com barras verticais na aresta do relacionamento para indicar participação total, e círculos vazados para indicar participação parcial, além de outras notações que não mostramos aqui.

Com o crescimento do uso da *Unified Markup Language* (UML), descrita mais adiante na Seção 6.10.2, decidimos atualizar nossa notação E-R para torná-la mais próxima da forma de diagramas de classe UML; as conexões ficarão claras na próxima seção. Em comparação com a notação anterior, a nossa nova notação fornece uma representação mais compacta dos atributos e está bem mais próxima da notação suportada por muitas ferramentas de modelagem E-R, além de mais próxima da notação de diagrama de classes UML.

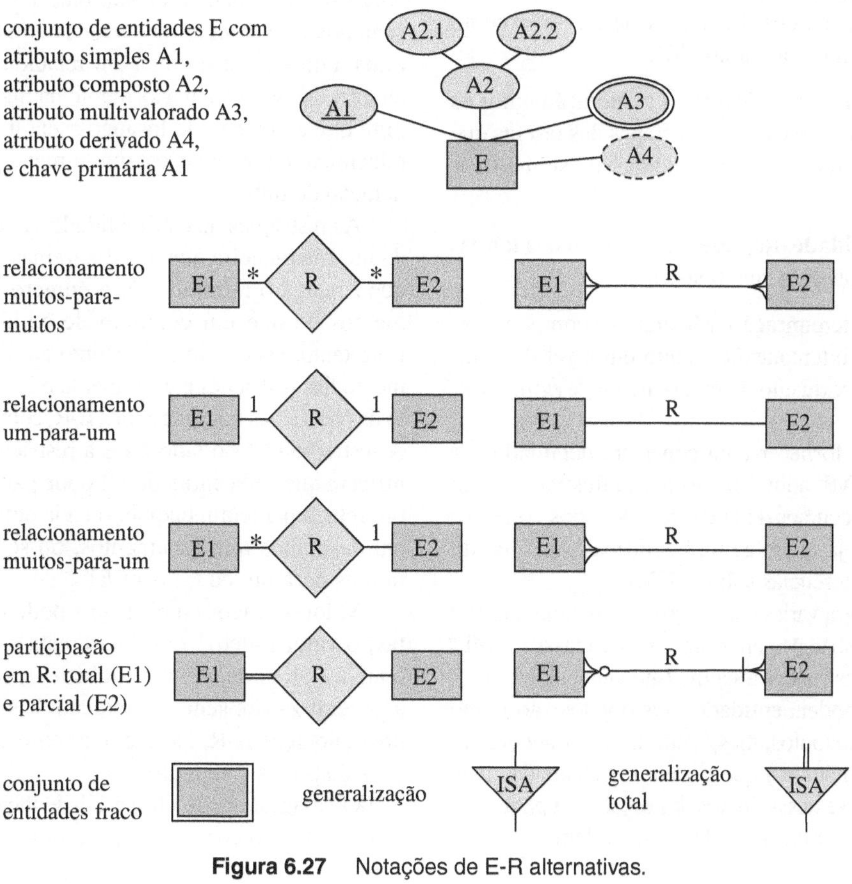

Figura 6.27 Notações de E-R alternativas.

Existem diversas ferramentas para construção de diagramas E-R, cada qual com suas próprias variantes de notação. Algumas das ferramentas até mesmo fornecem diversas variantes da notação E-R. Veja as referências na seção Ferramentas, ao final deste capítulo.

Uma diferença-chave entre conjuntos de entidades em um diagrama de E-R e os esquemas de relação criados a partir dessas entidades é que os atributos do esquema relacional correspondentes aos relacionamentos E-R, como o atributo *nome_dept* de *instrutor*, não são mostrados no conjunto de entidades do diagrama E-R. Algumas ferramentas de modelagem de dados permitem aos projetistas escolher entre duas visões da mesma entidade, uma delas sendo uma visão de entidades sem tais atributos e a outra sendo uma visão relacional com tais atributos.

6.10.2 *Unified Modeling Language* (UML)

Os diagramas de entidade e relacionamento ajudam a modelar o componente de representação de dados de um sistema de *software*. A representação dos dados, no entanto, constitui apenas uma parte de um projeto global do sistema. Outros componentes incluem modelos de interações do usuário com o sistema, a especificação dos módulos funcionais do sistema, sua interação etc. A *Unified Modeling Language* (UML) é um padrão desenvolvido com o patrocínio do *Object Management Group* (OMG) para criar especificações de vários componentes de um sistema de *software*. Algumas partes da UML são:

- **Diagrama de classe**. Um diagrama de classe é semelhante a um diagrama E-R. Mais adiante, nesta seção, ilustraremos alguns recursos dos diagramas de classe e como eles se relacionam aos diagramas E-R.
- **Diagrama de caso de uso**. Mostram a interação entre os usuários e o sistema, em especial as etapas das tarefas que os usuários realizam (como sacar dinheiro ou se matricular em um curso).
- **Diagrama de atividade**. Representam o fluxo das tarefas entre vários componentes de um sistema.
- **Diagrama de implementação**. Mostram os componentes do sistema e suas interconexões, tanto em nível de componente de *software* quanto de componente de *hardware*.

Não pretendemos fornecer uma cobertura detalhada das diferentes partes da UML aqui. Em vez disso, ilustramos com exemplos alguns dos recursos da UML relacionados com modelagem de dados. Veja as notas bibliográficas, ao final do capítulo, para obter referências sobre a UML.

A Figura 6.28 mostra várias construções de diagrama E-R e suas equivalentes construções em diagrama de classes UML. Descrevemos essas construções a seguir. Enquanto a UML modela objetos, o E-R modela entidades. Os objetos são como entidades e possuem atributos, mas, além disso, fornecem um conjunto de funções (métodos) que podem ser chamadas para calcular valores com base nos atributos dos objetos ou para atualizar o próprio objeto. Os diagramas de classe podem descrever métodos e atributos. Abordaremos os objetos na Seção 8.2. A UML não suporta atributos compostos ou atributos multivalorados, e atributos derivados são equivalentes a métodos sem parâmetros. Uma vez que as classes suportam encapsulamento, a UML permite que atributos e métodos sejam prefixados com "+", "–" ou "#", que denotam, respectivamente, acessos públicos, privados e protegidos. Os atributos privados só podem ser utilizados nos métodos da classe, enquanto atributos protegidos só podem ser utilizados nos métodos da classe e em suas subclasses; isso deve ser familiar para quem conhece Java, C++ ou C#.

Na terminologia da UML, os conjuntos de relacionamento são tratados como associações; nos referiremos a eles como um conjunto de relacionamentos para fins de coerência com a terminologia E-R. Representamos os conjuntos de relacionamentos binários em UML desenhando uma linha unindo os conjuntos de entidades. Escrevemos o nome do conjunto de relacionamentos ao lado da linha. Podemos, também, especificar o papel desempenhado por um conjunto de entidades em um conjunto de relacionamentos, escrevendo o nome do papel na linha ao lado do conjunto de entidades. Como alternativa, podemos escrever o nome do conjunto de relacionamentos em uma caixa, juntamente com os atributos do conjunto de relacionamentos, e ligar a caixa por uma linha pontilhada até a linha que descreve o conjunto de relacionamentos. Essa caixa pode ser tratada como um conjunto de entidades, da mesma forma como uma agregação em diagramas de E-R, e pode participar de relacionamentos com outros conjuntos de entidades.

Desde a versão 1.3, a UML aceita relacionamentos não binários, usando a mesma notação de losango dos diagramas E-R. Os relacionamentos não binários não podiam ser representados diretamente nas versões anteriores da UML – eles tinham de ser convertidos em relacionamentos binários pela técnica que vimos anteriormente na Seção 6.9.4. A UML permite que a notação de losangos seja utilizada até mesmo em relacionamentos binários, mas a maioria dos projetistas usa a notação de linha.

As restrições de cardinalidade são especificadas na UML da mesma maneira que nos diagramas E-R, na forma $l..h$, em que l indica o mínimo e h, o número máximo de relacionamentos de que um conjunto de entidades pode participar. Entretanto, você deve estar atento ao fato de que o posicionamento das restrições é exatamente o inverso do posicionamento das restrições nos diagramas E-R, como mostra a Figura 6.28. A restrição 0..* no lado $E2$ e a restrição 0..1 no lado $E1$ significam que cada entidade $E2$ pode participar, no máximo, de um relacionamento, enquanto cada entidade $E1$ pode participar de muitos relacionamentos, ou seja, o relacionamento é muitos-para-um de $E2$ para $E1$.

Valores únicos como 1 ou * podem ser escritos nas arestas; o valor único 1 em uma aresta é tratado como equivalente a 1..1, enquanto * é equivalente a 0..*. A UML suporta a generalização, sendo a notação, basicamente, a mesma da nossa notação E-R, incluindo a representação de generalizações disjuntas e superpostas.

Os diagramas de classe UML incluem várias outras notações que não correspondem aproximadamente às notações

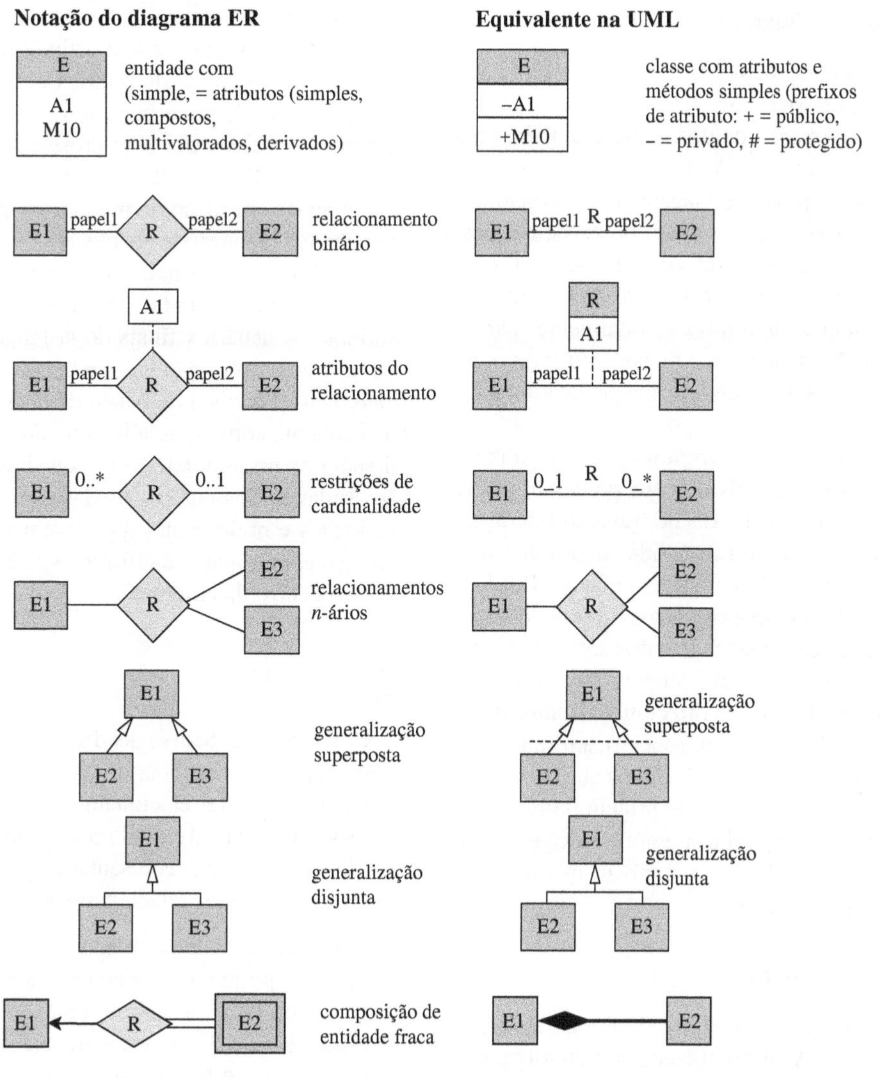

Figura 6.28 Símbolos usados na notação de diagrama de classe da UML.

E-R que vimos. Uma linha entre dois conjuntos de entidades com um pequeno losango sombreado em uma ponta denota, em UML, "composição". O relacionamento de composição entre *E2* e *E1* na Figura 6.28 indica que *E2* tem dependência existencial sobre *E1*; isso é aproximadamente equivalente a indicar *E2* como um conjunto de entidade fraco, com dependência existencial do conjunto de entidades identificador *E1*. (O termo *agregação* em UML denota uma variante da composição, em que *E2* está contido em *E1*, mas pode existir de forma independente, sendo indicado usando um pequeno losango vazado.)

Os diagramas de classe UML também fornecem notações para representar recursos de linguagem orientada a objeto, como interfaces. Veja as referências nas notas bibliográficas para obter mais informações sobre diagramas de classe UML.

6.11 Outros aspectos do projeto de banco de dados

Nossa longa discussão do projeto de esquema neste capítulo pode criar a falsa impressão de que o projeto de esquema é o único componente de um projeto de banco de dados. Na realidade, existem várias outras considerações que trataremos mais profundamente em capítulos posteriores e descreveremos brevemente aqui.

6.11.1 Requisitos funcionais

Todas as empresas possuem regras sobre quais tipos de funcionalidade devem ser admitidos por uma aplicação corporativa. Estas poderiam incluir transações que atualizam os dados, além de consultas para visualizar dados em um formato desejado. Os projetistas precisam planejar não só a funcionalidade, mas também as interfaces a serem criadas para dar suporte à funcionalidade.

Nem todos os usuários estão autorizados a acessar todos os dados, ou a realizar todas as transações. Um mecanismo de autorização é muito importante para qualquer aplicação corporativa. Essa autorização poderia ser no nível do banco de dados, usando recursos de autorização de banco de dados. Mas, também, poderia ser no nível de funcionalidade ou interfaces de nível superior, especificando quem pode usar quais funções/interfaces.

6.11.2 Fluxo de dados, fluxo de trabalho

As aplicações de banco de dados normalmente são parte de uma aplicação empresarial mais ampla que interage não apenas com o sistema de banco de dados, mas também com várias aplicações especializadas. Como outro exemplo, considere um relatório de despesas de viagem. Ele é criado por um empregado retornando de uma viagem de negócios (possivelmente, por meio de um pacote de *software* especial) e direcionado, subsequentemente, para o gerente do empregado, talvez para outros gerentes superiores e, finalmente, para o departamento de contabilidade para o pagamento (ponto em que ele interage com os sistemas de informação de contabilidade da empresa).

O termo *fluxo de trabalho (workflow)* se refere à combinação de dados e tarefas envolvidas em processos como os dos exemplos anteriores. Os fluxos de trabalho interagem com o sistema de banco de dados na medida em que eles movem entre usuários, e estes realizam suas tarefas no fluxo de trabalho. Além dos dados em que os fluxos de trabalho operam, o banco de dados pode armazenar dados sobre o próprio fluxo de trabalho, incluindo as tarefas compondo um fluxo de trabalho e como elas devem ser direcionadas entre usuários. Os fluxos de trabalho, portanto, especificam uma série de consultas e atualizações no banco de dados que podem ser levadas em conta durante o processo de projeto de banco de dados. Em outras palavras, modelar a empresa exige não só entender a semântica dos dados, mas também os processos empresariais que usam esses dados.

6.11.3 Evolução do esquema

Projetar banco de dados, normalmente, não é uma atividade realizada uma única vez. As necessidades de uma organização estão continuamente evoluindo, e os dados que ela precisa armazenar também crescem proporcionalmente. Durante as fases iniciais do projeto de banco de dados ou durante o desenvolvimento de uma aplicação, o projetista de banco de dados pode perceber que é necessário efetuar mudanças nos níveis de esquema conceitual, lógico ou físico. As mudanças no esquema podem afetar todos os aspectos da aplicação de banco de dados. Um bom projeto de banco de dados prevê as futuras necessidades de uma organização e garante que o esquema exija o mínimo de mudanças à medida que aumentam as necessidades.

É importante distinguir entre restrições fundamentais que se espera serem permanentes e restrições para as quais tem-se de antemão previsão de mudança. Por exemplo, a restrição de que um *id_instrutor* identifica um *instrutor* é fundamental. Por outro lado, uma universidade pode ter uma política de que um instrutor só pode atuar em um departamento, o que pode mudar futuramente, caso permita-se que instrutores atuem em múltiplos departamentos. Um projeto de banco de dados que apenas permite um departamento por instrutor necessitaria de grandes mudanças caso instrutores passassem a poder atuar em múltiplos departamentos, tendo compromissos com os múltiplos departamentos. Esses compromissos em comum podem ser representados pela adição de um relacionamento extra, sem modificar a relação *instrutor*, desde que cada instrutor, primariamente, esteja afiliado a apenas um departamento; uma mudança de política que permita mais de uma afiliação primária pode exigir uma mudança maior no projeto de banco de dados. Um bom projeto deve levar em conta não somente as políticas atuais, mas também evitar ou minimizar as alterações em razão de mudanças antecipadas ou que têm uma chance razoável de acontecer.

Finalmente, vale notar que o projeto de banco de dados é uma atividade orientada para os seres humanos em dois sentidos: os usuários finais do sistema são pessoas (mesmo que haja uma aplicação entre o banco de dados e os usuários finais); e o projetista de banco de dados precisa interagir extensivamente com especialistas no domínio da aplicação para entender as necessidades (ou requisitos) de dados da aplicação. Todas as pessoas envolvidas com os dados possuem necessidades e preferências que devem ser levadas em conta a fim de que o projeto e a utilização do banco de dados tenham sucesso dentro da empresa.

6.12 Resumo

- O projeto de banco de dados envolve, principalmente, o projeto do esquema de banco de dados. O modelo de dados entidade-relacionamento (E-R) é um modelo de dados amplamente usado para projeto de banco de dados. Ele fornece uma representação gráfica conveniente para visualizar dados, relacionamentos e restrições.
- O modelo E-R é destinado, principalmente, para o processo de projeto de banco de dados. Ele foi desenvolvido para facilitar o projeto de banco de dados, permitindo a especificação de um esquema empresarial. Esse esquema representa a estrutura lógica geral do banco de dados. A estrutura geral pode ser expressa graficamente por um diagrama E-R.
- Uma entidade é um objeto que existe no mundo real e que é distinguível dos outros objetos. Expressamos a distinção associando a cada entidade um conjunto de atributos que descreva o objeto.
- Um relacionamento é uma associação entre várias entidades. Um conjunto de relacionamentos é uma coleção de relacionamentos do mesmo tipo, e um conjunto de entidades é uma coleção de entidades do mesmo tipo.
- Os termos superchave, chave candidata e chave primária aplicam-se a conjuntos de entidades e relacionamentos, bem como a esquemas de relação. Identificar a chave primária de um conjunto de relacionamentos requer alguns cuidados, pois ela é composta de atributos de um ou mais conjuntos de entidades relacionados.
- As cardinalidades de mapeamento expressam o número de entidades às quais outra entidade pode estar associada por meio de um conjunto de relacionamentos.
- Um conjunto de entidades que não possui atributos suficientes para formar uma chave primária é considerado um

conjunto de entidades fraco. Um conjunto de entidades que possui uma chave primária é considerado um conjunto de entidades forte.

- Os vários recursos do modelo E-R oferecem ao projetista de banco de dados inúmeras escolhas de como representar melhor a empresa sendo modelada. Conceitos e objetos podem, em certos casos, ser representados por entidades, relacionamentos ou atributos. Alguns aspectos da estrutura geral da empresa podem ser mais bem descritos usando conjuntos de entidades fracos, generalização, especialização ou agregação. Muitas vezes, o projetista precisa pesar as vantagens de um modelo simples e compacto com as de um modelo mais preciso, porém mais complexo.
- Um projeto de banco de dados especificado por um diagrama E-R pode ser representado por uma coleção de esquemas de relação. Para cada conjunto de entidades e para cada conjunto de relacionamentos no banco de dados, existe um esquema de relação único que recebe o nome do conjunto de entidades ou do conjunto de relacionamentos correspondente. Isso forma a base para derivar um projeto de banco de dados relacional a partir de um diagrama E-R.
- Especialização e generalização definem um relacionamento segundo o qual uma entidade contém outra, ou seja, um conjunto de entidades de nível superior contém um ou mais conjuntos de entidades de nível inferior. Especialização é o resultado de tomar um subconjunto de um conjunto de entidades de nível superior para formar um conjunto de entidades de nível inferior. Generalização é o resultado de tomar a união de dois ou mais conjuntos de entidades disjuntos (de nível inferior) para produzir um conjunto de entidades de nível superior. Os atributos dos conjuntos de entidades de nível superior são herdados pelos conjuntos de entidades de nível inferior.
- Agregação é uma abstração em que os conjuntos de relacionamentos (juntamente com seus conjuntos de entidades associados) são tratados como conjuntos de entidades de nível superior e podem participar de relacionamentos.
- O projeto E-R deve ser realizado com cuidado. Existem diversos erros comuns a serem evitados. Além disso, há escolhas entre o uso de conjuntos de entidades, conjuntos de relacionamentos e atributos na representação dos aspectos da empresa cuja exatidão pode depender de detalhes sutis, específicos da empresa.
- A UML é uma linguagem de modelagem popular. Os diagramas de classe UML são muito utilizados para a modelagem de classes, bem como para a modelagem de dados em geral.

Termos de revisão

- Processo de projeto
  - Projeto conceitual
  - Projeto lógico
  - Projeto físico
- Modelo de dados entidade-relacionamento (E-R)
- Entidade e conjunto de entidades
  - Atributos simples e compostos
  - Atributos de valor único e multivalorados
  - Atributo derivado
- Chave
  - Superchave
  - Chave candidata
  - Chave primária
- Relacionamento e conjunto de relacionamentos
  - Conjunto de relacionamentos binário
  - Grau do conjunto de relacionamentos
  - Atributos descritivos
  - Superchave, chave candidata e chave primária
  - Papel
  - Conjunto de relacionamentos recursivo
- Diagrama E-R
- Cardinalidade de mapeamento
  - Relacionamento um-para-um
  - Relacionamento um-para-muitos
  - Relacionamento muitos-para-um
  - Relacionamento muitos-para-muitos
- Participação total e parcial
- Conjuntos de entidades fracos e conjuntos de entidades fortes
  - Atributos discriminadores
  - Relacionamento de identificação
- Especialização e generalização.
- Agregação
- Escolhas de projeto
- *Unified Modeling Language* (UML)

Exercícios práticos

6.1 Construa um diagrama E-R para uma seguradora de automóveis em que cada cliente possua um ou mais carros. Cada carro tem associado a ele zero ou mais acidentes registrados. Cada apólice de seguros cobre um ou mais carros e tem um ou mais pagamentos de prêmios associados a ela. Cada pagamento corresponde a determinado período de tempo e tem uma data de vencimento associada, além da data em que o pagamento foi recebido.

6.2 Considere um banco de dados que inclua os conjuntos de entidades *aluno*, *curso* e *seção* de um esquema de universidade e que registre as notas dos alunos em diferentes exames dos diferentes cursos oferecidos (seções).

a. Construa um diagrama E-R que modele os exames como entidades e use um relacionamento ternário como parte do projeto.

b. Construa um diagrama E-R alternativo que utilize apenas um relacionamento binário entre *aluno* e *seção*. Certifique-se de que exista apenas uma relação entre determinado par *aluno* e *seção*, embora você possa representar as notas do aluno em diferentes exames.

6.3 Projete um diagrama E-R para controlar as campanhas do seu time favorito. Você deve armazenar os jogos realizados, os pontos obtidos em cada jogo, os jogadores em cada partida e as estatísticas individuais dos jogadores em cada partida. As estatísticas gerais devem ser modeladas como atributos derivados, com uma explicação de como elas são calculadas.

6.4 Considere um diagrama E-R em que o mesmo conjunto de entidades apareça várias vezes, com seus atributos repetidos em mais de uma ocorrência. Por que permitir essa redundância é uma prática ruim, que deve ser evitada?

6.5 Um diagrama E-R pode ser visto como um grafo. O que os seguintes itens significam em termos da estrutura de um esquema empresarial?

a. O grafo é desconectado.

b. O grafo tem um ciclo.

6.6 Considere a representação do relacionamento ternário da Figura 6.29a usando relacionamentos binários como ilustrado na Figura 6.29b (atributos não mostrados).

a. Mostre uma instância simples de E, A, B, C, R_A, R_B e R_C que não pode corresponder a nenhuma instância de A, B, C e R.

b. Modifique o diagrama E-R da Figura 6.29b para introduzir restrições que garantirão que qualquer instância de E, A, B, C, R_A, R_B e R_C que satisfaça as restrições corresponderá a uma instância de A, B, C e R.

c. Modifique essa tradução para tratar das restrições de participação total no relacionamento ternário.

6.7 Um conjunto de entidades fraco sempre pode ser transformado em um conjunto de entidades forte acrescentando aos seus atributos os atributos de chave primária do seu conjunto de entidades identificador. Descreva que tipo de redundância resultará se fizermos isso.

6.8 Considere uma relação tal qual *sec_curso*, gerada a partir de um relacionamento muitos-para-um de *sec_curso*. As restrições de chave primária e de chave estrangeira criadas na relação impõem a restrição de cardinalidade muitos-para-um? Explique por quê.

6.9 Suponha que o relacionamento *mentor* fosse de um-para-um. Quais restrições extras são necessárias na relação *mentor* para garantir que a restrição de cardinalidade um-para-um seja imposta?

6.10 Considere um relacionamento muitos-para-um R entre os conjuntos de entidades A e B. Suponha que a relação criada a partir de R seja combinada com a relação criada a partir de R. Na SQL, os atributos que participam de uma restrição de chave estrangeira podem ser nulos. Explique como uma restrição na participação total de A em R pode ser imposta utilizando restrições **not null** (não nulo) em SQL.

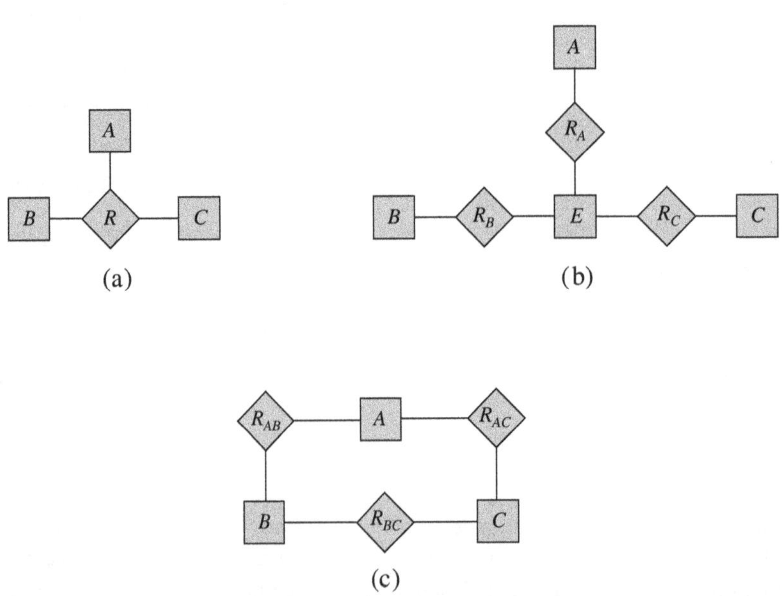

Figura 6.29 Representação de um relacionamento ternário usando relacionamentos binários.

6.11 Na SQL, as restrições de chaves estrangeiras só podem fazer referência a atributos de chave primária da relação referenciada, ou outros atributos declarados para ser uma superchave usando a restrição **unique**. Como resultado, as restrições de participação total em um relacionamento de muitos-para-muitos (ou no lado "um" de um relacionamento um-para-muitos) não podem ser impostas sobre as relações criadas a partir do conjunto de relacionamentos, usando chave primária, chave estrangeira e restrições *not null* sobre as relações.

a. Explique por quê.

b. Explique como impor restrições de participação total usando as restrições de verificação complexas ou assertivas (veja a Seção 4.4.8). (Infelizmente, esses recursos não são suportados nos bancos de dados comerciais mais utilizados atualmente.)

6.12 Considere a seguinte estrutura de treliça (*lattice*) de generalização e especialização (atributos não mostrados).

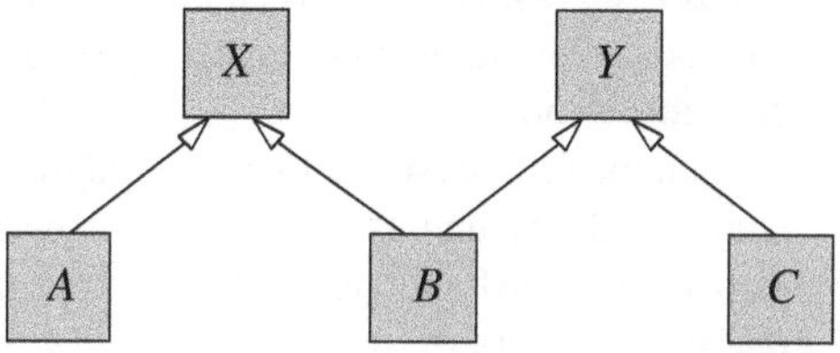

Para os conjuntos de entidades *A*, *B* e *C*, explique como os atributos são herdados dos conjuntos de entidades de nível superior *X* e *Y*. Discuta como lidar com um caso em que um atributo de *X* tem o mesmo nome de um atributo de *Y*.

6.13 Um diagrama E-R geralmente modela o estado de uma empresa em um ponto no tempo. Suponha que desejemos acompanhar as *mudanças temporais*, ou seja, as alterações de dados ao longo do tempo. Por exemplo, Zhang pode ter sido um aluno entre setembro de 2015 e maio de 2019, enquanto Shankar pode ter tido o instrutor Einstein como mentor de maio de 2018 a dezembro de 2018 e, novamente, a partir de junho de 2019 a janeiro de 2020. Da mesma forma, os valores de atributo de uma entidade ou relacionamento, tais como *título* e *créditos* de *curso*, *salário* ou mesmo *nome* de *instrutor* e *tot_cred* de *aluno*, podem mudar ao longo do tempo.

Uma forma de modelar mudanças temporais é a seguinte. Definimos um novo tipo de dados chamado **tempo_válido (valid-time)**, que é um intervalo de tempo ou um conjunto de intervalos de tempo. Então, associamos um atributo *tempo_válido* a cada entidade e relacionamento, registrando os períodos de tempo durante o qual a entidade ou relacionamento são válidos. O tempo do fim de um intervalo pode ser infinito; por exemplo, se Shankar se tornou aluno em setembro de 2018 e ainda é aluno, podemos representar o tempo do fim do intervalo *tempo_válido* como infinito para a entidade Shankar. Da mesma forma, modelamos os atributos que podem mudar ao longo do tempo como um conjunto de valores, cada um com seu próprio *tempo_válido*.

a. Desenhe um diagrama E-R com as entidades *aluno* e *instrutor* e a relação *mentor*, com as extensões anteriores, para acompanhar as mudanças temporais.

b. Converta o diagrama E-R anterior em um conjunto de relações.

Deve ficar claro que o conjunto de relações gerado anteriormente é bastante complexo, trazendo dificuldades em tarefas como escrever consultas SQL. Uma abordagem alternativa, mais utilizada, é a de ignorar a mudança temporal na concepção do modelo E-R (em particular, mudanças temporais de valores de atributo) e modificar as relações geradas a partir do modelo E-R para acompanhar as mudanças temporais.

Exercícios

6.14 Explique a diferença entre os termos *chave primária*, *chave candidata* e *superchave*.

6.15 Construa um diagrama E-R para um hospital com um conjunto de pacientes e um conjunto de médicos. Associe a cada paciente um prontuário com os diversos testes e exames realizados.

6.16 Estenda o diagrama E-R do Exercício 6.3 para rastrear as mesmas informações para todos os times de um campeonato.

6.17 Explique a diferença entre um conjunto de entidades fraco e um conjunto de entidades forte.

6.18 Considere dois conjuntos de entidades *A* e *B* que tenham ambos o atributo *X* (entre outros, cujos nomes não são relevantes a esta questão).

a. Se os dois *X* são completamente distintos e não relacionados, como o projeto deveria ser melhorado?

b. Se os dois *X* representam a mesma propriedade e ela é tal que se aplique a *A* e a *B*, como o projeto deveria ser melhorado? Considere três subcasos:

- *X* é a chave primária de *A*, mas não de *B*.
- *X* é a chave primária de *A* e de *B*.
- *X* não é a chave primária nem de *A* nem de *B*.

6.19 Podemos converter qualquer conjunto de entidades fraco em um conjunto de entidades forte simplesmente acrescentando atributos apropriados. Por que, então, temos conjuntos de entidades fracos?

6.20 Construa esquemas de relação apropriados para cada um dos diagramas E-R no:

a. Exercício 6.1.

b. Exercício 6.2.

c. Exercício 6.3.

d. Exercício 6.15.

6.21 Considere o diagrama E-R da Figura 6.30, que modela uma livraria *on-line*.

a. Suponha que a livraria adicione discos de Blu-ray e vídeo para *download* em sua coleção. O mesmo item pode estar presente em um ou mais formatos, com preços diferentes. Desenhe a parte do diagrama E-R que modela esse acréscimo, mostrando apenas as partes relacionadas com vídeo.

b. Agora, estenda o diagrama E-R para modelar o caso em que um carrinho de compras possa conter qualquer combinação de livros, discos Blu-ray ou vídeos para *download*.

6.22 Projete um banco de dados para uma empresa automotiva que quer oferecer às suas concessionárias uma forma de manter os registros de clientes e do estoque, ajudando, assim, a equipe de vendas no trato dos pedidos de veículos.

Cada veículo é identificado por um número de identificação do veículo (Renavan). Cada veículo é de um modelo específico de determinada marca oferecida pela empresa (por exemplo, o XF é um modelo da marca Jaguar da Tata Motors). Cada modelo pode ser oferecido com uma variedade de opções, mas um carro, individualmente, pode ou não ter algumas das opções disponíveis. O banco de dados precisa armazenar informações sobre os modelos, marcas e opções, bem como sobre concessionárias individuais, clientes e veículos.

Seu projeto deve incluir um diagrama E-R, um conjunto de esquemas relacionais e uma lista de restrições, incluindo restrições de chave primária e de chave estrangeira.

6.23 Projete um banco de dados para uma empresa mundial de entrega de encomendas (por exemplo, DHL ou FedEx). O banco de dados deve ser capaz de manter o controle dos clientes remetentes (que enviam os itens) e destinatários (que recebem os itens). Alguns clientes podem fazer as duas coisas. Cada embalagem deve ser identificável e controlável; portanto, o banco de dados deve ser capaz de armazenar o local onde está o pacote e seu histórico de locais. Esses locais incluem caminhões, aviões, aeroportos e armazéns.

Seu projeto deve incluir um diagrama E-R, um conjunto de esquemas relacionais, além de uma lista de restrições, incluindo restrições de chave primária e de chave estrangeira.

6.24 Projete um banco de dados para uma companhia aérea. O banco de dados deve manter um registro dos clientes e suas reservas, voos e seus *status*, reserva de assentos em voos individuais, bem como a programação e rota de futuros voos.

Seu projeto deve incluir um diagrama E-R, um conjunto de esquemas relacionais, além de uma lista de restrições, incluindo restrições de chave primária e de chave estrangeira.

6.25 Na Seção 6.9.4, representamos um relacionamento ternário (repetido na Figura 6.29a) por meio de relações binárias, como mostrado na Figura 6.29b. Considere as alternativas da Figura 6.29c. Discuta os méritos relativos dessas duas representações alternativas de uma relação ternária por relações binárias.

6.26 Projete uma hierarquia de generalização-especialização para uma empresa de vendas de veículos automotivos. A empresa vende motocicletas, automóveis de

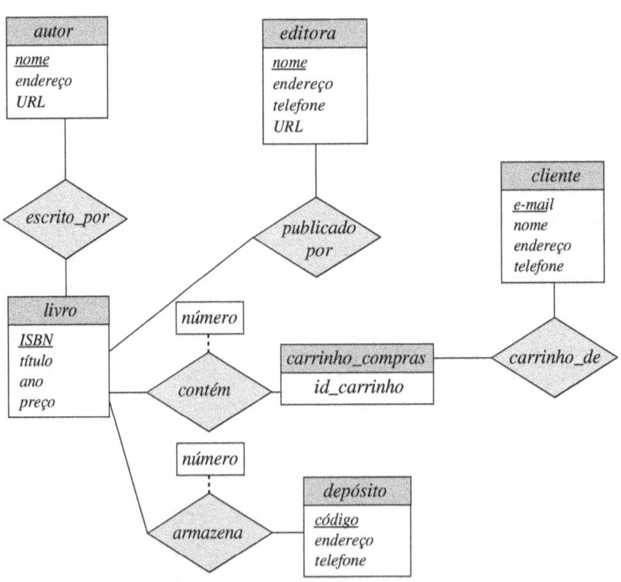

Figura 6.30 Diagrama E-R para a modelagem de uma livraria *on-line*.

passageiros, vans e ônibus. Justifique a sua colocação de atributos em cada nível da hierarquia. Explique por que os atributos não devem ser posicionados em um nível superior ou inferior.

6.27 Explique a distinção entre restrições disjuntas e superpostas.

6.28 Explique a distinção entre restrições totais e parciais.

Ferramentas

Muitos sistemas de banco de dados fornecem ferramentas para projetos de banco de dados que suportam diagramas E-R. Essas ferramentas ajudam o projetista a criar diagramas E-R, e podem criar automaticamente tabelas correspondentes em um banco de dados. Veja as notas bibliográficas do Capítulo 1 para ter referências dos *site*s dos fornecedores de sistemas de banco de dados.

Existem, também, algumas ferramentas de modelagem de dados independentes de banco de dados que suportam diagramas E-R e diagramas de classe UML.

A ferramenta de desenho de diagramas *Dia*, que está disponível gratuitamente e roda em diversas plataformas, como Linux e Windows, suporta diagramas E-R e diagramas de classe UML. Para representar entidades com atributos, você pode usar classes da biblioteca UML ou tabelas da biblioteca Database, fornecida pelo Dia, pois a notação E-R padrão nessa ferramenta representa atributos como elipses. O editor de diagramas *on-line* e gratuito *LucidChart* permite a criação de diagramas E-R com entidades representadas das mesmas formas como fizemos. Para criar relacionamentos, sugerimos que você use losangos com a coleção de formas Flowchart. *Draw.io* é outro editor de diagramas *on-line* que trabalha com diagramas E-R.

Dentre as ferramentas comerciais, temos IBM Rational Rose Modeler, Microsoft Visio, ERwin Data Modeler, Poseidon for UML e SmartDraw.

Leitura adicional

O modelo de dados E-R foi introduzido por Chen (1976). O padrão Integration Definition for Information Modeling (IDEF1X) (NIST, 1993), lançado pelo United States National Institute of Standards and Technology (NIST), definiu padrões para diagramas E-R. Entretanto, diversas notações E-R estão em uso atualmente.

Thalheim (2000) fornece um livro-texto detalhado que abrange a pesquisa na modelagem E-R.

Em 2018, a versão atual da UML era a 2.5, lançada em junho de 2015. Visite www.uml.org para obter mais informações sobre padrões e ferramentas UML.

Bibliografia

CHEN, P. P. "The entity-relationship model: toward a unified view of data". *ACM Transactions on Database Systems*, 1(1), p. 9-36, 1976.

NATIONAL INSTITUTE OF STANDARDS AND TECHNOLOGY. "Integration Definition for Information Modeling (IDEF1X)". *Technical Report Federal Information Processing Standards Publication* 184, 21 dec. 1993.

THALHEIM, B. *Entity-relationship modeling*: foundations of database technology. Berlin: Springer-Verlag, 2000.

Créditos

A foto dos barcos no início do capítulo pertence a
© dimaberkut | 123rf.com

CAPÍTULO 7

Projeto de banco de dados relacional

Neste capítulo, consideramos o problema de projetar um esquema para um banco de dados relacional. Muitos dos problemas ao fazer isso são semelhantes a questões de projeto que consideramos no Capítulo 6 usando o modelo E-R.

Em geral, o objetivo do projeto de banco de dados relacional é gerar um conjunto de esquemas de relação que nos permita armazenar informações sem redundância desnecessária, ainda nos possibilitando recuperar informações com facilidade. Isso é realizado projetando esquemas que estejam em uma *forma normal* apropriada. Para determinar se um esquema de relação está em uma das formas normais desejáveis, precisamos de informações sobre a empresa real que estamos modelando com o banco de dados. Parte dessa informação existe em um diagrama E-R bem projetado, mas também podem ser necessárias informações adicionais sobre a empresa.

Neste capítulo, apresentamos uma técnica formal para o projeto de banco de dados relacional com base na noção de dependências funcionais. Depois, definimos as formas normais em termos de dependências funcionais e outros tipos de dependências de dados. Primeiro, porém, vejamos o problema do projeto relacional do ponto de vista dos esquemas derivados de determinado projeto de entidade-relacionamento.

7.1 Características de um bom projeto relacional

Nosso estudo do projeto de entidade-relacionamento no Capítulo 6 oferece um ponto de partida excelente para a criação de um projeto de banco de dados relacional. Na Seção 6.7, vimos que é possível gerar um conjunto de esquemas de relação a partir do projeto E-R. Obviamente, a qualidade (seja boa ou má) do conjunto de esquemas resultante depende, em primeiro lugar, da qualidade do projeto E-R. Mais adiante neste capítulo, estudaremos maneiras precisas de avaliar a conveniência de uma coleção de esquemas de relação. Contudo, podemos caminhar em direção a um bom projeto usando conceitos já estudados. Para facilitar a referência, repetimos nossos exemplos de esquemas para o banco de dados de universidade na Figura 7.1.

Suponha que tivéssemos começado quando projetamos o exemplo da universidade com o esquema *inst_dep*:

inst_dept (ID, nome, salário, nome_dept, prédio, orçamento)

Isso representa o resultado de uma junção natural nas relações correspondentes a *instrutor* e *departamento*. Pode parecer uma boa ideia, pois algumas consultas podem ser expressas

sala(prédio, número_sala, capacidade)
departamento(nome_dept, prédio, orçamento)
curso(id_curso, título, nome_dept, créditos)
instrutor(ID, nome, nome_dept, salário)
seção(id_curso, id_sec, semestre, ano, prédio, número_sala, id_período)
ministra(ID, id_curso, id_sec, semestre, ano)
aluno(ID, nome, nome_dept, tot_cred)
realiza(ID, id_curso, id_sec, semestre, ano, nota)
mentor(id_est, id_inst)
período(id_período, dia, hora_inicial, hora_final)
prereq(id_curso, id_prereq)

Figura 7.1 Esquema para o banco de dados de universidade.

ID	*nome*	*salário*	*nome_dept*	*prédio*	*orçamento*
22222	Einstein	95000	Physics	Watson	70000
12121	Wu	90000	Finance	Painter	120000
32343	El Said	60000	History	Painter	50000
45565	Katz	75000	Comp. Sci.	Taylor	100000
98345	Kim	80000	Elec. Eng.	Taylor	85000
76766	Crick	72000	Biology	Watson	90000
10101	Srinivasan	65000	Comp. Sci.	Taylor	100000
58583	Califieri	62000	History	Painter	50000
83821	Brandt	92000	Comp. Sci.	Taylor	100000
15151	Mozart	40000	Music	Packard	80000
33456	Gold	87000	Physics	Watson	70000
76543	Singh	80000	Finance	Painter	120000

Figura 7.2 A tabela *inst_dept.*

usando menos junções, até que pensemos cuidadosamente sobre os fatos a respeito da universidade que levaram ao nosso projeto E-R.

Vamos considerar o caso da relação *inst_dept* mostrada na Figura 7.2. Observe que repetimos a informação do departamento ("prédio" e "orçamento") uma vez para cada instrutor no departamento. Por exemplo, a informação sobre o departamento *Comp. Sci.* (Taylor, 100000) está incluída nas tuplas dos instrutores Katz, Srinivasan e Brandt.

É importante que todas essas tuplas combinem quanto ao valor do orçamento, senão nosso banco de dados ficaria inconsistente. Em nosso projeto original, usando *instrutor* e *departamento*, armazenamos o valor de cada orçamento exatamente uma vez. Isso sugere que o uso de *inst_dept* é uma má ideia, pois armazena os valores de orçamento redundantemente e corre o risco de que algum usuário possa atualizar o valor do orçamento em uma tupla, mas não em todas, produzindo, assim, uma inconsistência.

Mesmo que decidíssemos conviver com o problema de redundância, ainda existe outro problema com o esquema *inst_dept*. Suponha que criemos um departamento na universidade. No projeto alternativo anterior, não podemos representar diretamente a informação relativa a um departamento (*nome_dept, prédio, orçamento*), a menos que esse departamento tenha pelo menos um instrutor na universidade porque as tuplas na tabela *inst_dept* exigem valores para *ID*, *nome* e *salário*. Isso significa que não podemos registrar informações sobre o departamento recém-criado até que o primeiro instrutor seja contratado para o novo departamento. No projeto antigo, o esquema *departamento* pode tratar disso, mas, sob o projeto revisado, teríamos que criar uma tupla com um valor nulo para *prédio* e *orçamento*. Em alguns casos, valores nulos são problemáticos, como vimos em nosso estudo da SQL. Porém, se decidirmos que isso não é um problema para nós nesse caso, podemos prosseguir e usar o projeto revisado.

7.1.1 Decomposição

A única maneira de evitar o problema de repetição de informações no esquema *inst_dept* é dividi-lo em dois (neste caso, os esquemas *instrutor* e *departamento*). Mais adiante neste capítulo, apresentaremos algoritmos para decidir quais esquemas são apropriados e quais não são. Em geral, um esquema que apresenta repetição de informações pode ter de ser decomposto em vários esquemas menores.

Nem todas as decomposições de esquemas são úteis. Considere um caso extremo em que todos os esquemas consistem em um atributo. Não há como expressar nenhum relacionamento interessante de qualquer tipo. Agora, considere um caso menos extremo, no qual escolhemos decompor o esquema *empregado* (Seção 6.8):

empregado (*ID, nome, rua, cidade, salário*)

nos dois esquemas a seguir:

empregado1 (*ID, nome*)
empregado2 (*nome, rua, cidade, salário*)

A falha nessa decomposição surge da possibilidade de que a empresa tenha dois empregados com o mesmo nome. Isso não é improvável na prática, pois muitas culturas possuem certos nomes altamente populares. Naturalmente, cada pessoa teria uma identificação funcional exclusiva, motivo pelo qual a *ID* pode servir como chave primária. Como exemplo, vamos supor que dois empregados, ambos chamados Kim, trabalhem na universidade e tenham as seguintes tuplas na relação sobre o esquema *empregado* no projeto original:

(57766, Kim, Main, Perryridge, 75000)
(98776, Kim, North, Hampton, 67000)

A Figura 7.3 mostra essas tuplas, as tuplas resultantes usando os esquemas decompostos e o resultado se tentássemos gerar novamente as tuplas originais usando uma junção natural. Como vemos na figura, as duas tuplas originais aparecem no resultado juntamente com duas novas tuplas, que, incorretamente, misturam valores de dados pertencentes aos dois empregados chamados Kim. Embora tenhamos mais

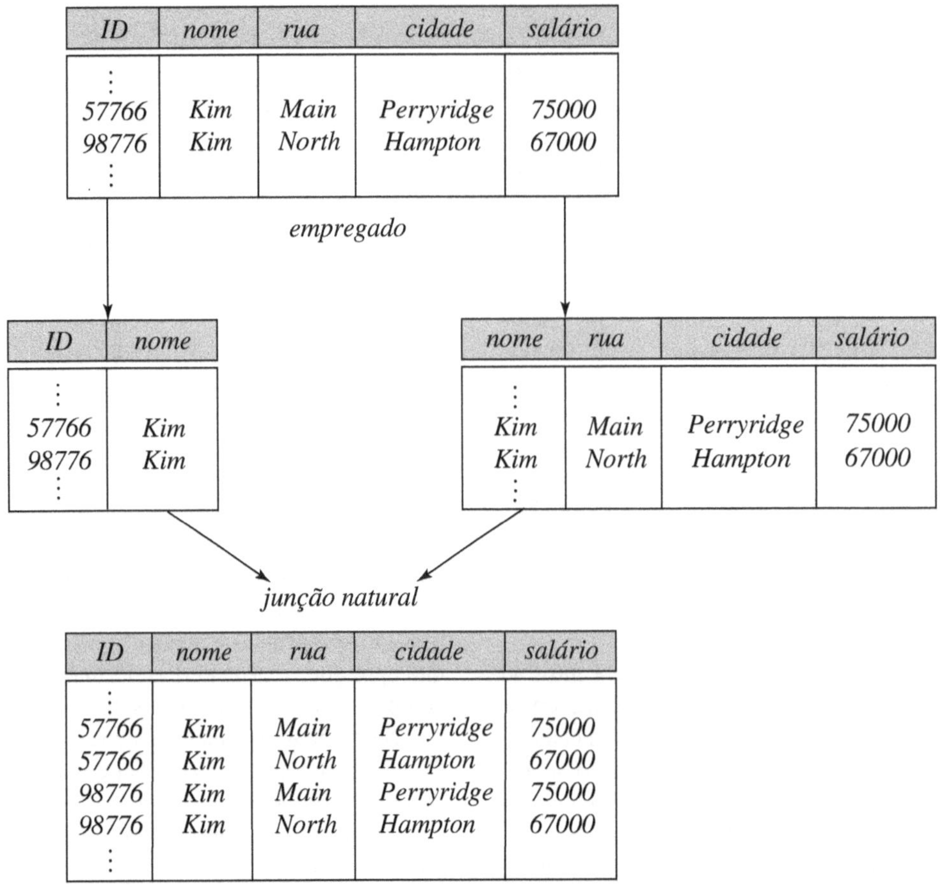

Figura 7.3 Perda de informações a partir de uma decomposição indevida.

tuplas, na realidade, temos menos informações no seguinte sentido. Podemos indicar que certa rua, cidade e salário pertencem a alguém chamado Kim, mas não podemos distinguir qual dos dois Kim. Assim, nossa decomposição é incapaz de representar certos fatos importantes sobre os empregados da universidade. Logicamente, gostaríamos de evitar essas decomposições. Vamos nos referir a tais decomposições como **decomposições com perdas** e, para o outro caso, **decomposições sem perdas**.

Para o restante do texto, insistiremos que todas as decomposições devem ser decomposições sem perdas.

7.1.2 Decomposição sem perdas

Considere que R seja um esquema de relação e que R_1 e R_2 formem uma decomposição de R – ou seja, vendo R, R_1 e R_2 como conjuntos de atributos, $R = R_1 \cup R_2$. Dizemos que a decomposição é uma **decomposição sem perdas** se não houver perda de informação substituindo R pelos dois esquemas de relação R_1 e R_2. A perda de informação ocorre se for possível ter uma instância de uma relação $r(R)$ que inclua informações que não podem ser representadas se, em vez da instância de $r(R)$, tivermos que usar instâncias de $r_1(R_1)$ e $r_2(R_2)$. Mais precisamente, dizemos que a decomposição é sem perdas se, para todas as instâncias de banco de dados legais (definiremos "legal" formalmente na Seção 7.2.2), a relação r contém o mesmo conjunto de tuplas que o resultado da consulta SQL a seguir:[1]

select *
from (**select** R_1 **from** r)
  natural join
 (**select** R_2 **from** r)

Isso é indicado de modo mais resumido na álgebra relacional como:

$$\Pi_{R_1}(r) \bowtie \Pi_{R_2}(r) = r$$

Em outras palavras, se projetarmos r sobre R_1 e R_2, e calcularmos a junção natural dos resultados da projeção, obtemos de volta exatamente r.

Por outro lado, uma decomposição é com perdas se, quando calculamos a junção natural dos resultados da projeção, obtivermos um superconjunto próprio da relação original. Isso é indicado de forma mais resumida na álgebra relacional como:

$$r \subset \Pi_{R_1}(r) \bowtie \Pi_{R_2}(r) = r$$

[1]A definição de "sem perdas" é declarada assumindo-se que nenhum atributo que aparece no lado esquerdo de uma dependência funcional pode ter um valor nulo. Isso é explorado com mais detalhes no Exercício 7.10.

Vamos retornar à nossa decomposição do esquema *empregado* em *empregado1* e *empregado2* (Figura 7.3) e um caso onde dois ou mais empregados possuem o mesmo nome. O resultado de *empregado1* **natural join** *empregado2* é o superconjunto da relação original *empregado*, mas a decomposição é com perdas porque o resultado da junção perdeu informações sobre quais identificadores de empregado correspondem a quais endereços e salários.

Pode parecer pouco intuitivo que tenhamos *mais* tuplas, porém *menos* informação, mas isso realmente acontece. A versão decomposta não consegue representar a *ausência* de uma conexão entre um nome e um endereço ou salário, e a ausência de uma conexão é, de fato, informação.

7.1.3 Teoria da normalização

Agora, estamos em posição de definir uma metodologia geral para derivar um conjunto de esquemas, cada um estando em "boa forma"; ou seja, não sofre do problema da repetição de informações.

O método para projetar um banco de dados relacional é usar um processo normalmente conhecido como **normalização**. O objetivo é gerar um conjunto de esquemas de relação que permita armazenar informações sem redundância desnecessária, ao mesmo tempo permitindo recuperar informações facilmente. A técnica é:

- Decidir se determinada relação está em "boa forma". Existem diversas formas (chamadas *formas normais*), que veremos na Seção 7.3.
- Se determinado esquema de relação não estiver em "boa forma", então ele é decomposto em uma série de esquemas de relação menores, cada um estando em uma forma normal adequada. A decomposição precisa ser uma decomposição sem perdas.

Para determinar se um esquema de relação está em uma das formas normais desejáveis, precisamos de informações adicionais sobre a empresa real que estamos modelando com o banco de dados. O método mais comum é usar **dependências funcionais**, que cobrimos na sequência.

7.2 Decomposição usando dependências funcionais

Um banco de dados modela um conjunto de entidades e relacionamentos do mundo real. Normalmente, existe uma grande variedade de restrições (regras) sobre os dados do mundo real. Por exemplo, algumas das restrições que deverão ser mantidas em um banco de dados de universidade são:

1. Alunos e instrutores são identificados de forma exclusiva por sua ID.
2. Cada aluno e instrutor tem apenas um nome.
3. Cada instrutor e aluno está (em princípio) associado a um único departamento.[2]
4. Cada departamento tem apenas um valor para seu orçamento, e apenas um prédio associado a ele.

Uma instância de uma relação que satisfaça a todas as restrições do mundo real é considerada uma **instância legal** da relação; uma instância legal de um banco de dados é aquela em que todas as instâncias de relação são instâncias legais.

7.2.1 Convenções de notação

Na discussão sobre algoritmos para o projeto de banco de dados relacional, precisaremos falar sobre relações arbitrárias e seu esquema, em vez de falar apenas sobre exemplos. Relembrando nossa introdução ao modelo relacional no Capítulo 2, resumimos nossa notação aqui.

- Em geral, usamos letras gregas para conjuntos de atributos (por exemplo, α). Usamos uma letra romana maiúscula para indicar um esquema de relação. Usamos a notação $r(R)$ para mostrar que o esquema é para a relação r.

  Um esquema de relação é um conjunto de atributos, mas nem todos os conjuntos de atributos são esquemas. Quando usamos uma letra grega minúscula, estamos nos referindo a um conjunto de atributos que pode ou não ser um esquema. Uma letra romana é usada quando queremos indicar que o conjunto de atributos é, certamente, um esquema.
- Quando um conjunto de atributos é uma superchave, indicamos isso com K. Uma superchave pertence a um esquema de relação específico, de modo que usamos a terminologia "K é uma superchave de R".
- Usamos um nome em minúsculas para as relações. Em nossos exemplos, esses nomes são bastante intuitivos (por exemplo, *instrutor*), embora em nossas definições e algoritmos usemos letras isoladas, como r.
- A notação $r(R)$ refere-se à relação r com o esquema R. Quando escrevemos $r(R)$, referimo-nos à relação e seu esquema.
- Uma relação, é claro, possui um valor em particular em um momento qualquer; referimo-nos a isso como uma instância e usamos o termo "instância de r". Quando fica claro que estamos falando sobre uma instância, podemos usar simplesmente o nome da relação (por exemplo, r).

Para simplificar, consideramos que os nomes de atributo têm apenas um significado dentro do esquema de banco de dados.

[2]Um instrutor, na maioria das universidades, pode estar associado a mais de um departamento, por exemplo, por meio de uma equipe conjunta, ou no caso de uma docência auxiliar. De modo semelhante, um aluno pode ter duas (ou mais) especializações. Nosso esquema de universidade simplificado modela apenas o departamento principal associado a cada instrutor ou aluno.

7.2.2 Chaves e dependências funcionais

Alguns dos tipos mais usados de restrições do mundo real podem ser representados formalmente como chaves (superchaves, chaves candidatas e chaves primárias) ou como dependências funcionais, que definimos a seguir.

Na Seção 2.3, definimos a noção de *superchave* como um conjunto de um ou mais atributos que, coletivamente, nos permite identificar uma tupla exclusivamente na relação. Repetimos essa definição aqui da seguinte forma: dado $r(R)$, um subconjunto K de R é uma **superchave** de $r(R)$ se, em qualquer instância legal de $r(R)$, para todos os pares t_1 e t_2 de tuplas na instância de r, se $t_1 \neq t_2$, então $t_1[K] \neq t_2[K]$. Ou seja, duas tuplas em qualquer instância legal da relação $r(R)$ não podem ter o mesmo valor no conjunto de atributos K.[3] Se não houver duas duplas em r contendo o mesmo valor em K, então um valor de K identifica exclusivamente uma tupla em r.

Enquanto uma superchave é um conjunto de atributos que identifica exclusivamente uma tupla inteira, uma dependência funcional nos permite expressar restrições que identificam exclusivamente os valores de certos atributos. Considere o esquema de relação $r(R)$ e seja $\alpha \subseteq R$ e $\beta \subseteq R$.

- Dada uma instância de $r(R)$, dizemos que a instância **satisfaz a dependência funcional** $\alpha \rightarrow \beta$ se, para todos os pares de tuplas t_1 e t_2 na instância, tal que $t_1[\alpha] = t_2[\alpha]$, também é o caso que $t_1[\beta] = t_2[\beta]$.
- Dizemos que a dependência funcional $\alpha \rightarrow \beta$ se **aplica** ao esquema $r(R)$ se, em cada instância legal de $r(R)$, a dependência funcional for satisfeita.

Usando a notação de dependência funcional, dizemos que *K é uma superchave de r(R)* se a dependência funcional $K \rightarrow R$ se aplicar sobre $r(R)$. Em outras palavras, K é uma superchave se, para cada instância legal de $r(R)$, para cada par de tuplas t_1 e t_2 da instância, sempre que $t_1[K] = t_2[K]$, também acontece que $t_1[R] = t_2[R]$ (ou seja, $t_1 = t_2$).[4]

Dependências funcionais nos permitem expressar restrições que não podem ser expressas com superchaves. Na Seção 7.1, consideramos o esquema:

inst_dept (ID, nome, salário, nome_dept, prédio, orçamento)

em que a dependência funcional *nome_dept* → *orçamento* se aplica porque, para cada departamento (identificado por *nome_dept*), existe um valor de orçamento exclusivo.

Indicamos o fato de que o par de atributos (*ID, nome_dept*) forma uma superchave para *int_dept* escrevendo:

ID, nome_dept → *nome, salário, prédio, orçamento*

Usaremos dependências funcionais de duas maneiras:

1. Para testar instâncias de relações para ver se elas *satisfazem* determinado conjunto F de dependências funcionais.
2. Para especificar restrições sobre o conjunto de relações legais. Assim, vamos nos preocupar *apenas* com as instâncias de relação que satisfazem determinado conjunto de dependências funcionais. Se quisermos nos restringir a relações sobre o esquema $r(R)$ que satisfazem um conjunto F de dependências funcionais, dizemos que F se **aplica** sobre $r(R)$.

Vamos considerar a instância da relação r da Figura 7.4, para ver quais dependências funcionais são satisfeitas. Observe que $A \rightarrow C$ é satisfeito. Existem duas tuplas que possuem valor A igual a a_1. Essas tuplas têm o mesmo valor C, isto é, c_1. De modo semelhante, as duas tuplas com valor A igual a a_2 têm o mesmo valor C, c_2. Não existem outros pares de tuplas distintas que possuem o mesmo valor A. Contudo, a dependência funcional $C \rightarrow A$ não é satisfeita. Para ver isso, considere as tuplas $t_1 = (a_2, b_3, c_2, d_3)$ e $t_2 = (a_3, b_3, c_2, d_4)$. Essas duas tuplas têm os mesmos valores C, c_2, mas diferentes valores A, a_2 e a_3, respectivamente. Assim, encontramos um par de tuplas t_1 e t_2 tal que $t_1[C] = t_2[C]$, mas $t_1[A] \neq t_2[A]$.

Algumas dependências funcionais são consideradas **triviais**, pois são satisfeitas por todas as relações. Por exemplo, $A \rightarrow A$ é satisfeita por todas as relações envolvendo o atributo A. Lendo a definição de dependência funcional literalmente, vemos que, para todas as tuplas t_1 e t_2 tais que $t_1[A] = t_2[A]$, acontece que $t_1[A] = t_2[A]$. De modo semelhante, $AB \rightarrow A$ é satisfeita por todas as relações envolvendo o atributo A. Em geral, uma dependência funcional da forma $\alpha \rightarrow \beta$ é trivial se $\beta \subseteq \alpha$.

É importante observar que uma instância de uma relação pode satisfazer algumas dependências funcionais que não precisam, necessariamente, aplicar-se ao esquema da relação. Na instância da relação *sala* da Figura 7.5, vemos que *número_sala* → *capacidade* é satisfeita. Porém, acreditamos que, no mundo real, duas salas de aula em diferentes prédios podem ter o mesmo número de sala, mas diferentes capacidades. Assim, é possível, em algum momento, ter uma instância da relação *sala* em que *número_sala* → *capacidade* não é satisfeita. Portanto, não incluiríamos *número_sala* → *capacidade* no conjunto de dependências funcionais que se aplica sobre o esquema para a relação *sala*. Porém, poderíamos esperar que

A	B	C	D
a_1	b_1	c_1	d_1
a_1	b_2	c_1	d_2
a_2	b_2	c_2	d_2
a_2	b_3	c_2	d_3
a_3	b_3	c_2	d_4

Figura 7.4 Exemplo de instância da relação *r*.

[3] Em nossa discussão de dependências funcionais, usamos o símbolo de igualdade (=) no sentido matemático normal, e não no sentido da lógica de três valores da SQL. Em outras palavras, ao discutirmos sobre dependências funcionais, não consideramos valores nulos.

[4] Consideramos aqui que as relações são conjuntos. A SQL lida com multiconjuntos, e uma declaração de **chave primária** em SQL para um conjunto de atributos K exige não apenas que $t_1 = t_2$ se $t_1[K] = t_2[K]$, mas também que não haja tuplas duplicadas. A SQL também requer que os atributos no conjunto K não possam receber um valor *nulo*.

prédio	*número_sala*	*capacidade*
Packard	101	500
Painter	514	10
Taylor	3128	70
Watson	100	30
Watson	120	50

Figura 7.5 Uma instância da relação *sala*.

a dependência funcional *prédio, número_sala* → *capacidade* se aplique sobre o esquema *sala*.

Como consideramos que os nomes de atributo têm apenas um significado no esquema do banco de dados, se dissermos que uma dependência funcional $\alpha \rightarrow \beta$ deve ser satisfeita como uma restrição sobre o banco de dados, então, para qualquer esquema R tal que $\alpha \subseteq R$ e $\beta \subseteq R$, $\alpha \rightarrow \beta$ deverá ser satisfeita.

Dado que um conjunto de dependências funcionais F se aplica sobre uma relação $r(R)$, pode ser possível deduzir que certas outras dependências funcionais também devam se aplicar à relação. Por exemplo, dado um esquema $r(A, B, C)$, se as dependências funcionais $A \rightarrow B$ e $B \rightarrow C$ se aplicam a r, podemos deduzir que a dependência funcional $A \rightarrow C$ também deve se aplicar a r. Isso porque, dado qualquer valor de A, só pode haver um valor correspondente para B, e para esse valor de B só pode haver um valor correspondente para C. Veremos mais adiante, na Seção 7.4.1, como fazer tais deduções.

Usaremos a notação F^+ para indicar o **fecho** do conjunto F, ou seja, o conjunto de todas as dependências funcionais que podem ser deduzidas dado o conjunto F. Logicamente, F^+ contém todas as dependências funcionais em F.

7.2.3 Decomposição sem perdas e dependências funcionais

Podemos usar dependências funcionais para mostrar quando certas decomposições são sem perdas. Considere que R, R_1, R_2 e F sejam os mesmos de antes. R_1 e R_2 formam uma decomposição sem perdas de R se pelo menos uma das seguintes dependências funcionais estiver em F^+:

- $R_1 \cap R_2 \rightarrow R_1$.
- $R_1 \cap R_2 \rightarrow R_2$.

Em outras palavras, se $R_1 \cap R_2$ forma uma superchave de R_1 ou R_2, a decomposição de R é uma decomposição sem perdas. Podemos usar o fecho de atributo para testar de modo eficiente as superchaves, como vimos anteriormente.

Para ilustrar isso, considere o esquema

inst_dept (ID, nome, salário, nome_dept, prédio, orçamento)

que decompusemos na Seção 7.1 em esquemas *instrutor* e *departamento*:

instrutor (ID, nome, nome_dept, salário)
departamento (nome_dept, prédio, orçamento)

Considere a interseção desses dois esquemas, que é *nome_dept*. Vemos que, como *nome_dept* → *nome_dept, prédio, orçamento*, a regra da decomposição sem perdas é satisfeita.

Para o caso geral da decomposição de um esquema em vários esquemas ao mesmo tempo, o teste da decomposição sem perdas é mais complicado. Veja referências sobre esse assunto na seção Leitura Adicional, ao final deste capítulo.

Embora o teste de decomposição binária seja claramente uma condição suficiente para a decomposição sem perdas, esta só é uma condição necessária se todas as restrições forem dependências funcionais. Veremos outros tipos de restrições mais adiante (em particular, um tipo de restrições chamadas de dependências de valores múltiplos, do inglês "multivalued dependencies",[5] discutido na Seção 7.6.1), que podem garantir que uma decomposição é sem perdas mesmo que nenhuma dependência funcional esteja presente.

Considere a decomposição de um esquema de relação $r(R)$ em $r_1(R_1)$ e $r_2(R_2)$, em que $R_1 \cap R_2 \rightarrow R_1$.[6] Desse modo, as seguintes restrições SQL precisam ser impostas sobre o esquema decomposto para garantir que seu conteúdo seja consistente com o esquema original:

- $R_1 \cap R_2$ é a chave primária de r_1. Essa restrição garante a dependência funcional.
- $R_1 \cap R_2$ é uma chave estrangeira de r_2 referenciando r_1. Essa restrição garante que cada tupla em r_2 possui uma tupla correspondente em r_1, sem a qual ela não apareceria na junção natural de r_1 e r_2.

Se r_1 ou r_2 for decomposto ainda mais, desde que a decomposição garanta que todos os atributos em $R_1 \cap R_2$ estejam em uma relação, a restrição de chave primária ou estrangeira sobre r_1 ou r_2 seria herdada por essa relação.

7.3 Formas normais

Conforme indicado na Seção 7.1.3, existem diversas formas normais usadas no projeto de bancos de dados relacionais. Nesta seção, veremos duas das mais comuns.

7.3.1 Forma normal de Boyce-Codd

Uma das formas normais mais desejáveis que podemos obter é a **forma normal de Boyce-Codd (FNBC)**. Ela elimina toda redundância que pode ser descoberta com base nas dependências funcionais, porém, como veremos na Seção 7.6, podendo restar outros tipos de redundância.

7.3.1.1 Definição

Um esquema de relação R está na FNBC com relação a um conjunto F de dependências funcionais se, para todas as

[5]Traduzimos "multivalued dependencies" e "multivalued data types" como dependências de múltiplos valores e tipos de dados de múltiplos valores e "multivalued attributes" como atributos mutivalorados. (N.T.)

[6]O caso de $R_1 \cap R_1 \rightarrow R_2$ é simétrico, sendo ignorado.

dependências funcionais em $F+$ na forma $\alpha \rightarrow \beta$, com $\alpha \subseteq R$ e $\beta \subseteq R$, pelo menos um dos seguintes se aplica:

- $\alpha \rightarrow \beta$ é uma dependência funcional trivial (ou seja, $\beta \subseteq \alpha$).
- α é uma superchave para o esquema R.

Um projeto de banco de dados está na FNBC se cada membro do conjunto de esquemas de relação que constitui o projeto estiver na FNBC.

Já vimos na Seção 7.1 um exemplo de esquema relacional que não está na FNBC:

inst_dept (ID, nome, salário, nome_dept, prédio, orçamento)

A dependência funcional *nome_dept* → *orçamento* se aplica sobre *inst_dept*, mas *nome_dept* não é uma superchave (pois um departamento pode ter diversos instrutores diferentes). Na Seção 7.1, vimos que a decomposição de *inst_dept* em *instrutor* e *departamento* é um projeto melhor. O esquema *instrutor* está na FNBC. Todas as dependências funcionais não triviais que se aplicam, como

ID → *nome, nome_dept, salário*

incluem *ID* no lado esquerdo da seta, e *ID* é uma superchave (na realidade, nesse caso, a chave primária) para *instrutor*. (Em outras palavras, não existe dependência funcional não trivial com nenhuma combinação de *nome*, *nome_dept* e *salário*, sem *ID*, no lado esquerdo.) Assim, *instrutor* está na FNBC.

De modo semelhante, o esquema *departamento* está na FNBC porque todas as dependências funcionais não triviais que se aplicam, como

nome_dept → *prédio, orçamento*

incluem *nome_dept* no lado esquerdo da seta, e *nome_dept* é uma superchave (e a chave primária) para *departamento*. Assim, *departamento* está na FNBC.

Agora, indicamos uma regra geral para decomposição de esquemas que não estejam na FNBC. Considere que R seja um esquema que não esteja na FNBC. Então, existe pelo menos uma dependência funcional não trivial $\alpha \rightarrow \beta$ tal que α não é uma superchave de R. Substituímos R em nosso projeto por estes dois esquemas:

- $(\alpha \cup \beta)$
- $(R - (\beta - \alpha))$

No caso de *inst_dept*, α = *nome_dept*, β = {*prédio, orçamento*} e *inst_dept* é substituído por

- $(\alpha \cup \beta)$ = (*nome_dept, prédio, orçamento*)
- $(R - (\beta - \alpha))$ = (*ID, nome, nome_dept, salário*)

Nesse exemplo, acontece que $\beta - \alpha = \beta$. Precisamos indicar a regra como fizemos para lidar corretamente com as dependências funcionais que possuem atributos que aparecem nos dois lados da seta. Os motivos técnicos para isso são explicados mais adiante, na Seção 7.5.1.

Quando decompomos um esquema que não está na FNBC, pode ser que um ou mais dos esquemas resultantes não estejam na FNBC. Nesses casos, é preciso decompor mais e, no final, o resultado será um conjunto de esquemas FNBC.

7.3.1.2 FNBC e preservação de dependência

Já vimos várias maneiras de expressar restrições de consistência de banco de dados: restrições de chave primária, dependências funcionais, restrições de **check**, assertivas e *triggers*. Testar essas restrições toda vez que o banco de dados é atualizado pode ser dispendioso e, portanto, é útil projetar o banco de dados de modo que as restrições possam ser testadas eficientemente. Em particular, se o teste de uma dependência funcional puder ser feito considerando apenas uma relação, então o custo de testar essa restrição é baixo. Veremos que, em alguns casos, a decomposição para a FNBC pode impedir o teste eficiente de certas dependências funcionais.

Para ilustrar isso, suponha que façamos uma pequena mudança em nossa organização de universidade. No projeto da Figura 6.15, um aluno só pode ter um mentor. Isso ocorre porque o conjunto de relacionamentos *mentor* é muitos-para-um de *aluno* para *mentor*. A "pequena" mudança que faremos é que um instrutor pode estar associado a apenas um único departamento, e um aluno pode ter mais de um mentor, mas, no máximo, um de determinado departamento.[7]

Um modo de implementar essa mudança usando o projeto E-R é substituindo o conjunto de relacionamentos *mentor* por um conjunto de relacionamentos ternário, *dept_mentor*, envolvendo os conjuntos de entidades *instrutor*, *aluno* e *departamento*, que é muitos-para-um do par {*aluno, instrutor*} para *departamento*, como mostra a Figura 7.6. O diagrama E-R especifica a restrição de que "um aluno pode ter mais de um mentor, mas, no máximo, um correspondendo a determinado departamento".

Com esse novo diagrama E-R, os esquemas para *instrutor*, *departamento* e *aluno* são inalterados. Porém, o esquema derivado de *dept_mentor* agora é:

dept_mentor (a_ID, i_ID, nome_dept)

Embora não especificado no diagrama E-R, suponha que tenhamos uma restrição adicional de que "um instrutor pode atuar como mentor para apenas um departamento".

Então, as seguintes dependências funcionais se aplicam a *dept_mentor*.

i_ID → *nome_dept*
a_ID, nome_dept → *i_ID*

A primeira dependência funcional vem do nosso requisito de que "um instrutor pode atuar como mentor somente para um departamento". A segunda dependência funcional vem do nosso requisito de que "um aluno pode ter, no máximo, um mentor de determinado departamento".

[7]Esse arranjo faz sentido para alunos com dupla especialização.

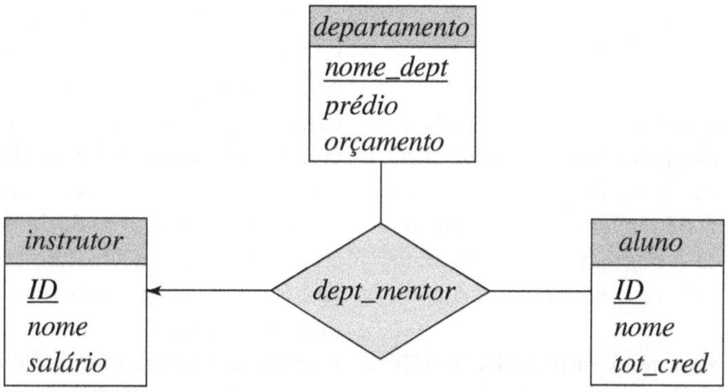

Figura 7.6 O conjunto de relacionamentos *dept_mentor*.

Observe que, com esse projeto, somos forçados a repetir o nome do departamento uma vez para cada vez que um instrutor participa de um relacionamento *dept_mentor*. Vemos que *dept_mentor* não está na FNBC porque *i_ID* não é uma superchave. Seguindo nossa regra para decomposição da FNBC, obtemos:

(*a_ID*, *i_ID*)
(*i_ID*, *nome_dept*)

Os dois esquemas são FNBC. (Na verdade, você pode verificar que qualquer esquema com apenas dois atributos está na FNBC por definição.)

Porém, observe que, em nosso projeto FNBC, não existe esquema que inclua todos os atributos que aparecem na dependência funcional *a_ID*, *nome_dept* → *i_ID*. A única dependência que pode ser imposta sobre as relações decompostas individuais é *i_ID* → *nome_dept*. A dependência funcional *a_ID*, *nome_dept* → *i_ID* só pode ser verificada calculando a junção das relações decompostas.[8]

Como nosso projeto não permite impor essa dependência funcional sem uma junção, dizemos que ele *não* é **preservador de dependência** (uma formal definição de preservação de dependência pode ser vista na Seção 7.4.4). Como a preservação da dependência normalmente é considerada desejável, consideramos outra forma normal, mais fraca que a FNBC, que nos permitirá preservar dependências. Essa forma normal é chamada terceira forma normal.[9]

7.3.2 Terceira forma normal

A FNBC requer que todas as dependências não triviais tenham a forma $\alpha \rightarrow \beta$, em que α é uma superchave. A terceira forma normal (3FN) relaxa essa restrição ligeiramente, permitindo certas dependências funcionais não triviais, cujo lado esquerdo não é uma superchave. Antes de definirmos a 3FN, lembramos que uma chave candidata é uma superchave minimal, ou seja, uma superchave da qual nenhum subconjunto próprio também é uma superchave.

Um esquema de relação R está na **terceira forma normal** com relação a um conjunto F de dependências funcionais se, para todas as dependências funcionais em F^+ da forma $\alpha \rightarrow \beta$, com $\alpha \subseteq R$ e $\beta \subseteq R$, pelo menos um dos seguintes se aplica:

- $\alpha \rightarrow \beta$ é uma dependência funcional trivial.
- α é uma superchave para R.
- Cada atributo A em $\beta - \alpha$ está contido em uma chave candidata para R.

Observe que a terceira condição não diz que uma única chave candidata deve conter todos os atributos em $\beta - \alpha$; cada atributo A em $\beta - \alpha$ pode estar contido em uma chave candidata *diferente*.

As duas primeiras alternativas são as mesmas que as duas alternativas na definição da FNBC. A terceira alternativa da definição da 3FN parece pouco intuitiva, e não é óbvio por que ela seria útil. Ela representa, de certa forma, um relaxamento mínimo das condições da FNBC, que ajuda a garantir que cada esquema tenha uma decomposição preservadora de dependência para a 3FN. Sua finalidade se tornará mais clara um pouco adiante, quando estudarmos a decomposição para a 3FN.

Observe que qualquer esquema que satisfaça a FNBC também satisfaz a 3FN, pois cada uma de suas dependências funcionais satisfaria uma das duas primeiras alternativas. A FNBC, portanto, é uma forma normal mais restritiva do que a 3FN.

A definição da 3FN permite certas dependências funcionais que não são permitidas na FNBC. Uma dependência $\alpha \rightarrow \beta$ que satisfaz apenas a terceira alternativa da definição da 3FN não é permitida na FNBC, mas é permitida na 3FN.[10]

Agora, vamos novamente considerar o conjunto de relacionamentos *dept_mentor*, que tem as seguintes dependências funcionais:

---

[8]Tecnicamente, é possível que uma dependência em que nem todos os atributos apareçam em qualquer esquema ainda seja forçada implicitamente, em razão da presença de outras dependências que a impliquem logicamente. Abordamos esse caso mais adiante, na Seção 7.4.4.

[9]Você pode ter notado que saltamos a segunda forma normal. Ela tem apenas significado histórico e, na prática, é usada a terceira forma normal ou FNBC. Exploramos a segunda forma normal no Exercício 7.19. A primeira forma normal pertence a domínios de atributo, e não à decomposição. Ela será discutida na Seção 7.8.

[10]Essas dependências são exemplos de **dependências transitivas** (veja o Exercício Prático 7.18). A definição original da 3FN foi em termos de dependências transitivas. A definição que usamos é equivalente, porém mais fácil de entender.

i_ID → *nome_dept*
a_ID, *nome_dept* → *i_ID*

Na Seção 7.3.1.2, argumentamos que a dependência funcional "*i_ID* → *nome_dept*" fez o esquema *dept_mentor* ficar fora da FNBC. Observe que, aqui, α = *i_ID*, β = *nome_dept* e $\beta - \alpha$ = *nome_dept*. Como a dependência funcional *a_ID*, *nome_dept* → *i_ID* se aplica a *dept_mentor*, o atributo *nome_dept* está contido em uma chave candidata e, portanto, *dept_mentor* está na 3FN.

Vimos a escolha que precisa ser feita entre FNBC e 3FN quando não existe projeto FNBC preservador de dependência. Essas escolhas são descritas com mais detalhes a seguir.

7.3.3 Comparação entre FNBC e 3FN

Das duas formas normais para esquemas de banco de dados relacional, 3FN e FNBC, existem vantagens na 3FN já que sabemos que é sempre possível obter um projeto 3FN sem sacrificar a ausência de perdas ou a preservação de dependências. Apesar disso, também existem desvantagens na 3FN: podemos ter de usar valores nulos para representar alguns dos significativos relacionamentos possíveis entre itens de dados, e existe o problema da repetição de informação.

Nossos objetivos do projeto de banco de dados com dependências funcionais são:

1. FNBC.
2. Ausência de perdas.
3. Preservação de dependências.

Como nem sempre é possível satisfazer todos três, podemos ser forçados a escolher entre FNBC e preservação de dependências com a 3FN.

Vale a pena observar que a SQL não oferece um modo de especificar dependências funcionais, exceto para o caso especial de declarar superchaves usando as restrições **primary key** ou **unique**. É possível, embora um pouco complicado, escrever assertivas que impõem uma dependência funcional (veja o Exercício Prático 7.9); infelizmente, hoje, nenhum sistema de banco de dados admite as assertivas complexas que são exigidas para impor uma dependência funcional qualquer, e as assertivas seriam muito difíceis de testar. Assim, mesmo que tivéssemos uma decomposição preservadora de dependências, se usarmos a SQL padrão podemos testar eficientemente apenas as dependências funcionais cujo lado esquerdo é uma chave.

Embora o teste de dependências funcionais possa envolver uma junção se a decomposição não for preservadora de dependência, se o sistema de banco de dados admite *views* materializadas, em princípio, poderíamos reduzir o custo armazenando o resultado da junção como *view* materializada; porém, essa técnica só é viável se o sistema de banco de dados admitir restrições **primary key** ou **unique** sobre *views* materializadas. No lado negativo, existe um *overhead* de espaço e tempo em razão da *view* materializada, mas, no lado positivo, o programador de aplicação não precisa se preocupar em escrever código para manter dados redundantes consistentes nas atualizações; é tarefa do sistema de banco de dados manter a *view* materializada, ou seja, mantê-la atualizada quando o banco de dados for atualizado. (Mais adiante neste livro, na Seção 16.5, esboçamos como um sistema de banco de dados pode executar manutenção da *view* materializada de modo eficiente.)

Infelizmente, a maioria dos sistemas de banco de dados atuais restringe ou não admite restrições sobre *views* materializadas. Mesmo que tais restrições sejam permitidas, há uma exigência adicional: o banco de dados precisa atualizar a *view* e verificar a restrição imediatamente (como parte da mesma transação) quando uma relação subjacente for atualizada. Caso contrário, uma violação de restrição pode ser detectada bem depois que a atualização foi realizada, quando a transação que causou a violação tiver sido confirmada.

Resumindo, mesmo se não conseguirmos obter uma decomposição na FNBC preservadora de dependência, ainda é preferível optar pela FNBC, pois verificar dependências funcionais que não sejam restrições de chave primária é difícil em SQL.

7.3.4 Formas normais mais altas

O uso de dependências funcionais para decompor esquemas pode não ser suficiente para evitar, em certos casos, repetição desnecessária de informações. Considere uma pequena variação na definição do conjunto de entidades *instrutor*, em que registramos com cada instrutor um conjunto de nomes de filhos e um conjunto de números de telefone. Os números de telefone podem ser compartilhados por várias pessoas. Assim, *num_telefone* e *nome_filho* seriam atributos multivalorados e, seguindo nossas regras para gerar esquemas a partir de um projeto E-R, teríamos dois esquemas, um para cada um dos atributos multivalorados, *num_telefone* e *nome_filho*:

(*ID*, *nome_filho*)
(*ID*, *num_telefone*)

Se combinássemos esses esquemas para obter

(*ID*, *nome_filho*, *num_telefone*)

veríamos que o resultado está na FNBC, pois apenas dependências funcionais não triviais se aplicam. Como resultado, podemos pensar que tal combinação seja uma boa opção. Porém, essa combinação é uma má ideia, como podemos ver considerando o exemplo de um instrutor com dois filhos e dois números de telefone. Por exemplo, imagine que o instrutor com o *ID* 99999 tenha dois filhos, chamados "David" e "William", e dois números de telefone, 512-555-1234 e 512-555-4321. No esquema combinado, temos de repetir os números de telefone uma vez para cada dependente:

(99999, David, 512-555-1234)
(99999, David, 512-555-4321)
(99999, William, 512-555-1234)
(99999, William, 512-555-4321)

Se não repetíssemos os números de telefone e armazenássemos apenas a primeira e a última tupla, teríamos registrado os nomes de dependente e os números de telefone, mas as tuplas resultantes implicariam que David corresponde a 512-555-1234, enquanto William corresponde a 512-555-4321. Como sabemos, isso estaria incorreto.

Como as formas normais baseadas em dependências funcionais não são suficientes para lidar com situações como essa, outras dependências e formas normais foram definidas. Vamos explicá-las nas Seções 7.6 e 7.7.

7.4 Teoria da dependência funcional

Vimos, em nossos exemplos, que é útil poder raciocinar sistematicamente sobre as dependências funcionais como parte de um processo de teste de esquemas para FNBC ou 3FN.

7.4.1 Fecho de um conjunto de dependências funcionais

Veremos que, dado um conjunto F de dependências funcionais sobre um esquema, podemos provar que certas outras dependências funcionais também se aplicam no esquema. Dizemos que essas dependências funcionais são "logicamente implicadas" por F. Ao testar as formas normais, não é suficiente considerar o conjunto dado de dependências funcionais; em vez disso, precisamos considerar *todas* as dependências funcionais que se aplicam ao esquema.

Mais formalmente, dado um esquema relacional $r(R)$, uma dependência funcional f em R é **logicamente implicada** por um conjunto de dependências funcionais F sobre r se cada instância de $r(R)$ que satisfaz F também satisfizer f.

Suponha que recebamos um esquema de relação $r(A, B, C, G, H, I)$ e o conjunto de dependências funcionais:

$$A \rightarrow B$$
$$A \rightarrow C$$
$$CG \rightarrow H$$
$$CG \rightarrow I$$
$$B \rightarrow H$$

A dependência funcional

$$A \rightarrow H$$

é logicamente implicada. Ou seja, podemos mostrar que, sempre que uma relação satisfizer nosso conjunto dado de dependências funcionais, $A \rightarrow H$ também deverá ser satisfeita por essa instância de relação. Suponha que t_1 e t_2 sejam tuplas tais que:

$$t_1[A] = t_2[A]$$

Como sabemos que $A \rightarrow B$, segue-se, pela definição da dependência funcional, que:

$$t_1[B] = t_2[B]$$

Então, como sabemos que $B \rightarrow H$, segue-se, pela definição da dependência funcional, que:

$$t_1[H] = t_2[H]$$

Portanto, mostramos que, sempre que t_1 e t_2 são tuplas tais que $t_1[A] = t_2[A]$, deve acontecer que $t_1[H] = t_2[H]$. Mas essa é exatamente a definição de $A \rightarrow H$.

Suponha que F seja um conjunto de dependências funcionais. O **fecho** de F, indicado por F^+, é o conjunto de todas as dependências funcionais logicamente implicadas por F. Dado F, podemos calcular F^+ diretamente pela definição formal da dependência funcional. Se F fosse grande, esse processo seria extenso e difícil. Esse cálculo de F^+ exige argumentos do tipo que usamos para mostrar que $A \rightarrow H$ está no fecho do nosso exemplo do conjunto de dependências.

Axiomas, ou regras de inferência, oferecem uma técnica mais simples para raciocinar sobre dependências funcionais. Nas regras a seguir, usamos as letras gregas (α, β, γ, ...) para conjuntos de atributos, e letras romanas maiúsculas do início do alfabeto para atributos individuais. Usamos $\alpha\beta$ para indicar $\alpha \cup \beta$.

Podemos usar as três regras a seguir para encontrar dependências funcionais logicamente implicadas. Aplicando essas regras *repetidamente*, podemos encontrar F^+ a partir de F. Essa coleção de regras é chamada de **axiomas de Armstrong**, em homenagem à pessoa que a propôs inicialmente.

- **Regra da refletividade**. Se α é um conjunto de atributos e $\beta \subseteq \alpha$, então $\alpha \rightarrow \beta$ se aplica.
- **Regra da expansão**. Se $\alpha \rightarrow \beta$ se aplica e γ é um conjunto de atributos, então $\gamma\alpha \rightarrow \gamma\beta$ se aplica.
- **Regra da transitividade**. Se $\alpha \rightarrow \beta$ se aplica e $\beta \rightarrow \gamma$ se aplica, então $\alpha \rightarrow \gamma$ se aplica.

Os axiomas de Armstrong são **válidos**, pois não geram nenhumas dependências funcionais incorretas. Eles são **completos** porque, para determinado conjunto F de dependências funcionais, eles nos permitem gerar todo F^+. A seção de Leitura Adicional oferece referências para provas de validade e completude.

Embora os axiomas de Armstrong sejam completos, é entediante usá-los diretamente para o cálculo de F^+. Para simplificar ainda mais, listamos regras adicionais. É possível usar os axiomas de Armstrong para provar que essas regras são válidas (veja os Exercícios Práticos 7.4 e 7.5 e o Exercício 7.27).

- **Regra da união**. Se $\alpha \rightarrow \beta$ se aplica e $\alpha \rightarrow \gamma$ se aplica, então $\alpha \rightarrow \beta\gamma$ se aplica.
- **Regra da decomposição**. Se $\alpha \rightarrow \beta\gamma$ se aplica, então $\alpha \rightarrow \beta$ se aplica e $\alpha \rightarrow \gamma$ se aplica.
- **Regra da pseudotransitividade**. Se $\alpha \rightarrow \beta$ se aplica e $\gamma\beta \rightarrow \delta$ se aplica, então $\alpha\gamma \rightarrow \delta$ se aplica.

Vamos aplicar nossas regras ao exemplo do esquema $R = (A, B, C, G, H, I)$ com conjunto F de dependências funcionais $\{A \rightarrow B, A \rightarrow C, CG \rightarrow H, CG \rightarrow I, B \rightarrow H\}$. Listamos vários membros de F^+ aqui:

```
F⁺ = F
aplicar a regra da refletividade /* Gera todas as dependências triviais */
repeat
    for each dependência funcional f em F⁺
        aplicar a regra de expansão sobre f
        incluir as dependências funcionais resultantes em F⁺
    for each par de dependências funcionais f₁ e f₂ em F⁺
        if f₁ e f₂ puderem ser combinados usando transitividade
            incluir a dependência funcional resultante em F⁺
until F⁺ não mudar mais
```

Figura 7.7 Um procedimento para calcular F^+.

- $A \rightarrow H$. Como $A \rightarrow B$ e $B \rightarrow H$ se aplicam, aplicamos a regra de transitividade. Observe que foi muito mais fácil usar os axiomas de Armstrong para mostrar que $A \rightarrow H$ se aplica do que argumentar diretamente pelas definições, como fizemos anteriormente nesta seção.
- $CG \rightarrow HI$. Visto que $CG \rightarrow H$ e $CG \rightarrow I$, a regra de união implica que $CG \rightarrow HI$.
- $AG \rightarrow I$. Visto que $A \rightarrow C$ e $CG \rightarrow I$, a regra de pseudotransitividade implica que $AG \rightarrow I$ se aplica.

  Outra forma de descobrir que $AG \rightarrow I$ se aplica é a seguinte: usamos a regra da expansão sobre $A \rightarrow C$ para deduzir $AG \rightarrow CG$. Aplicando a regra da transitividade a essa dependência e $CG \rightarrow I$, deduzimos $AG \rightarrow I$.

A Figura 7.7 mostra um procedimento que demonstra formalmente como usar os axiomas de Armstrong para calcular F^+. Nesse procedimento, quando uma dependência funcional é acrescentada a F^+, ela pode já estar presente, e nesse caso, não há mudança em F^+. Veremos um modo alternativo de calcular F^+ na Seção 7.4.2.

Os lados esquerdo e direito de uma dependência funcional são subconjuntos de R. Como um conjunto de tamanho n tem 2^n subconjuntos, existe um total de $2^n \times 2^n = 2^{2n}$ dependências funcionais possíveis, em que n é o número de atributos em R. Cada iteração do *loop* **repeat** do procedimento, exceto a última iteração, acrescenta pelo menos uma dependência funcional a F^+. Logo, o procedimento certamente terminará, embora possa ser muito extenso.

7.4.2 Fecho de conjuntos de atributos

Dizemos que um atributo B é **determinado funcionalmente** por α se $\alpha \rightarrow B$. Para testar se um conjunto α é uma superchave, temos que criar um algoritmo para calcular o conjunto de atributos determinado funcionalmente por α. Um modo de fazer isso é calcular F^+, tomar todas as dependências funcionais com α como lado esquerdo e tomar a união dos lados direitos de todas essas dependências. Porém, isso pode ser demorado, pois F^+ pode ser grande.

Um algoritmo eficiente para calcular o conjunto de atributos determinados funcionalmente por α é útil não apenas para testar se α é uma superchave, mas também para várias outras tarefas, conforme veremos mais adiante nesta seção.

Seja α um conjunto de atributos. Chamamos o conjunto de todos os atributos funcionalmente determinados por α sob um conjunto F de dependências funcionais de fecho de α sob F; indicamos isso com α^+. A Figura 7.8 mostra um algoritmo, escrito em pseudocódigo, para calcular α^+. A entrada é um conjunto F de dependências funcionais e o conjunto α de atributos. A saída é armazenada na variável *result*.

Para ilustrar como o algoritmo funciona, vamos usá-lo para calcular $(AG)^+$ com as dependências funcionais definidas na Seção 7.4.1. Começamos com *result* = AG. Na primeira vez que executamos o *loop* **repeat** para testar cada dependência funcional, descobrimos que:

```
result: = α;
repeat
    for each dependência funcional β → γ in F do
        begin
            if β ⊆ result then result := result ∪ γ;
        end
until (result não mudar)
```

Figura 7.8 Um algoritmo para calcular α^+, o fecho de α sob F.

- $A \rightarrow B$ nos faz incluir B em *result*. Para ver este fato, observamos que $A \rightarrow B$ está em F, $A \subseteq$ *result* (que é AG), de modo que *result* := *result* $\cup B$.
- $A \rightarrow C$ faz com que *result* se torne $ABCG$.
- $CG \rightarrow H$ faz com que *result* se torne $ABCGH$.
- $CG \rightarrow I$ faz com que *result* se torne $ABCGHI$.

Na segunda vez que executamos o *loop* **repeat**, nenhum atributo novo é acrescentado a *result*, e o algoritmo termina.

Vejamos por que o algoritmo da Figura 7.8 está correto. A primeira etapa está correta, pois $\alpha \rightarrow \alpha$ sempre se aplica (pela regra da refletividade). Afirmamos que, para qualquer subconjunto β de *result*, $\alpha \rightarrow \beta$. Como começamos o *loop* **repeat** com $\alpha \rightarrow$ *result* sendo verdadeiro, podemos incluir γ a *result* somente se $\beta \subseteq$ *result* e $\beta \rightarrow \gamma$. Mas então, pela regra da refletividade, *result* $\rightarrow \beta$, de modo que $\alpha \rightarrow \beta$ por transitividade. Outra aplicação da transitividade mostra que $\alpha \rightarrow \gamma$ (usando $\alpha \rightarrow \beta$ e $\beta \rightarrow \gamma$). A regra da união implica que $\alpha \rightarrow$ *result* $\cup \gamma$, de modo que α funcionalmente determina qualquer novo resultado gerado no *loop* **repeat**. Assim, qualquer atributo retornado pelo algoritmo está em α^+.

É fácil ver que o algoritmo encontra todos os atributos de α^+. Considere um atributo A em α^+ que ainda não está em *result* em qualquer ponto durante a execução. Deve haver um modo de provar que *result* $\rightarrow A$ usando os axiomas. Ou *result* $\rightarrow A$ está no próprio F (tornando a prova trivial e garantindo que A está incluído em *result*) ou deve haver uma etapa de prova usando transitividade para mostrar, para algum atributo B, que *result* $\rightarrow B$. Se $A = B$, então mostramos que A está incluído em *result*. Se não, $B \neq A$ é incluído. Assim, repetindo esse argumento, vemos que A eventualmente precisa ser acrescentado a *result*.

Acontece que, no pior caso, esse algoritmo pode levar uma quantidade de tempo quadrática no tamanho de F. Existe um algoritmo mais rápido (embora ligeiramente mais complexo) cujo tempo de execução é linear ao tamanho de F; esse algoritmo é apresentado como parte do Exercício Prático 7.8.

Existem vários usos do algoritmo de fecho de atributo:

- Para testar se α é uma superchave, calculamos α^+ e verificamos se α^+ contém todos os atributos em R.
- Podemos verificar se uma dependência funcional $\alpha \rightarrow \beta$ se aplica (ou, em outras palavras, se está em F^+), verificando se $\beta \subseteq \alpha^+$. Ou seja, calculamos α^+ usando o fecho de atributo e, depois, verificamos se ele contém β. Esse teste é particularmente útil, como veremos mais adiante neste capítulo.
- Ele nos dá um modo alternativo de calcular F^+: para cada $\gamma \subseteq R$, encontramos o fecho γ^+, e para cada $S \subseteq \gamma^+$, geramos uma dependência funcional $\gamma \rightarrow S$.

7.4.3 Cobertura canônica

Suponha que tenhamos um conjunto de dependências funcionais F sobre um esquema de relação. Sempre que um usuário realiza uma atualização na relação, o sistema de banco de dados precisa garantir que a atualização não viole quaisquer dependências funcionais, ou seja, todas as dependências funcionais em F são satisfeitas no novo estado do banco de dados.

O sistema precisa reverter (*roll back*) a atualização se ela violar quaisquer dependências funcionais no conjunto F.

Podemos reduzir o esforço gasto na verificação de violações testando um conjunto simplificado de dependências funcionais que tenha o mesmo fecho que o conjunto dado. Qualquer banco de dados que satisfaça o conjunto simplificado de dependências funcionais também satisfaz o conjunto original, e vice-versa, pois os dois conjuntos têm o mesmo fecho. Porém, o conjunto simplificado é mais fácil de testar. Veremos como o conjunto simplificado pode ser construído em breve. Primeiro, precisamos de algumas definições.

Um atributo de uma dependência funcional é considerado **estranho** (**extraneous**) se pudermos removê-lo sem alterar o fecho do conjunto de dependências funcionais.

- A remoção de um atributo do lado esquerdo de uma dependência funcional poderia torná-la uma restrição mais forte. Por exemplo, se tivermos $AB \rightarrow C$ e removermos B, obteremos o resultado possivelmente mais forte $A \rightarrow C$. Ele pode ser mais forte porque $A \rightarrow C$ implica logicamente $AB \rightarrow C$, mas $AB \rightarrow C$, por si só, não implica logicamente $A \rightarrow C$. Porém, dependendo do que seja o nosso conjunto F de dependências funcionais, podemos remover B de $AB \rightarrow C$ com segurança. Por exemplo, suponha que o conjunto $F = \{AB \rightarrow C, A \rightarrow D, D \rightarrow C\}$. Então, podemos mostrar que F implica logicamente $A \rightarrow C$, tornando B estranho em $AB \rightarrow C$.
- A remoção de um atributo do lado direito de uma dependência funcional poderia torná-la uma restrição mais fraca. Por exemplo, se tivermos $AB \rightarrow CD$ e removermos C, obteremos o resultado possivelmente mais fraco $AB \rightarrow D$. Ele pode ser mais fraco porque, usando apenas $AB \rightarrow D$, não podemos mais deduzir $AB \rightarrow C$. Porém, dependendo do que seja o nosso conjunto F de dependências funcionais, podemos remover C de $AB \rightarrow CD$ com segurança. Por exemplo, suponha que $F = \{AB \rightarrow CD, A \rightarrow C\}$. Então, podemos mostrar que, mesmo depois de substituir $AB \rightarrow CD$ por $AB \rightarrow D$, ainda podemos deduzir $AB \rightarrow C$ e, portanto, $AB \rightarrow CD$.

A definição formal de **atributos estranhos** é a seguinte: considere um conjunto F de dependências funcionais e a dependência funcional $\alpha \rightarrow \beta$ em F.

- **Remoção do lado esquerdo**: O atributo A é estranho em α se $A \in \alpha$, e F implica logicamente $(F - \{\alpha \rightarrow \beta\}) \cup \{(\alpha - A) \rightarrow \beta\}$.
- **Remoção do lado direito**: O atributo A é estranho em β se $A \in \beta$, e o conjunto de dependências funcionais $(F - \{\alpha \rightarrow \beta\}) \cup \{\alpha \rightarrow (\beta - A)\}$ implica logicamente F.

Cuidado com a direção das implicações ao usar a definição de atributos estranhos: se você trocar o lado esquerdo pelo lado direito, a implicação *sempre* se aplicará. Ou seja, $(F - \{\alpha \rightarrow \beta\}) \cup \{(\alpha - A) \rightarrow \beta\}$ sempre implica logicamente F e, também, F sempre implica logicamente $(F - \{\alpha \rightarrow \beta\}) \cup \{\alpha \rightarrow (\beta - A)\}$.

Veja agora como podemos testar eficientemente se um atributo é estranho. Seja R um esquema de relação e F o conjunto dado de dependências funcionais que se aplicam sobre R. Considere um atributo A em uma dependência $\alpha \rightarrow \beta$.

- Se $A \in \beta$, para verificar se A é estranho, considere o conjunto

$$F' = (F - \{\alpha \rightarrow \beta\}) \cup \{\alpha \rightarrow (\beta - A)\}$$

  e verifique se $\alpha \rightarrow A$ pode ser deduzido a partir de F'. Para fazer isso, calcule α^+ (o fecho de α) sob F'; se α^+ inclui A, então A é estranho em β.
- Se $A \in \alpha$, para verificar se A é estranho, considere $\gamma = \alpha - \{A\}$ e verifique se $\gamma \rightarrow \beta$ pode ser deduzido a partir de F. Para fazer isso, calcule γ^+ (o fecho de γ) sob F; se γ^+ incluir todos os atributos em β, então A é estranho em α.

Por exemplo, suponha que F contenha $AB \rightarrow CD$, $A \rightarrow E$ e $E \rightarrow C$. Para verificar se C é estranho em $AB \rightarrow CD$, calculamos o fecho de atributo de AB sob $F' = \{AB \rightarrow D, A \rightarrow E$ e $E \rightarrow C\}$. O fecho é $ABCDE$, que inclui CD, de modo que deduzimos que C é estranho.

Tendo definido o conceito de atributos estranhos, podemos explicar como é possível construir um conjunto simplificado de dependências funcionais equivalentes a determinado conjunto de dependências funcionais.

Uma **cobertura canônica** F_c para F é um conjunto de dependências tal que F implica logicamente todas as dependências de F_c, e F_c implica logicamente todas as dependências de F. Além do mais, F_c precisa ter as seguintes propriedades:

- Nenhuma dependência funcional em F_c contém um atributo estranho.
- Cada lado esquerdo de uma dependência funcional em F_c é único. Ou seja, não existem duas dependências $\alpha_1 \rightarrow \beta_1$ e $\alpha_2 \rightarrow \beta_2$ em F_c tais que $\alpha_1 = \alpha_2$.

Uma cobertura canônica para um conjunto de dependências funcionais F pode ser calculada conforme representado na Figura 7.9. É importante observar que, ao verificar se um atributo é estranho, a verificação usa as dependências no valor atual de F_c, e **não** as dependências em F. Se uma dependência funcional tiver apenas um atributo em seu lado direito, por exemplo, $A \rightarrow C$, e for descoberto que esse atributo é estranho, obteremos uma dependência funcional com um lado direito vazio. Essas dependências funcionais devem ser excluídas.

Como o algoritmo permite uma escolha de qualquer atributo estranho, é possível que haja várias coberturas canônicas possíveis para determinado F. Qualquer F_c é igualmente aceitável. Pode-se mostrar que qualquer cobertura canônica de F, F_c, tem o mesmo fecho de F; logo, testar se F_c é satisfeito equivale a testar se F é satisfeito. Contudo, F_c é minimal em certo sentido – ele não contém atributos estranhos e combina dependências funcionais com o mesmo lado esquerdo. É mais econômico testar F_c do que testar o próprio F.

Considere agora o seguinte conjunto F de dependências funcionais sobre o esquema (A, B, C):

$$A \rightarrow BC$$
$$B \rightarrow C$$
$$A \rightarrow B$$
$$AB \rightarrow C$$

Vamos calcular a cobertura canônica para F.

- Existem duas dependências funcionais com o mesmo conjunto de atributos no lado esquerdo da seta:

$$A \rightarrow BC$$
$$A \rightarrow B$$

  Combinamos essas dependências funcionais em $A \rightarrow BC$.
- A é estranho em $AB \rightarrow C$ porque F implica logicamente $(F - \{AB \rightarrow C\}) \cup \{B \rightarrow C\}$. Essa afirmação é verdadeira

```
Fc = F
repeat
    Use a regra da união para substituir quaisquer dependências em Fc na forma
        α1 → β1 e α1 → β2 por α1 → β1 β2.
    Ache uma dependência funcional α → β em Fc com um atributo
        estranho em α ou em β.
        /* Nota: o teste para atributos estranhos é feito usando Fc, não F*/
    Se um atributo estranho for achado, apague-o de α → β em Fc.
until (Fc não mudar)
```

Figura 7.9 Calculando a cobertura canônica.

porque $B \rightarrow C$ já está em nosso conjunto de dependências funcionais.

- C é estranho em $A \rightarrow BC$, pois $A \rightarrow BC$ é implicado logicamente por $A \rightarrow B$ e $B \rightarrow C$.

Assim, nossa cobertura canônica é:

$$A \rightarrow B$$
$$B \rightarrow C$$

Dado um conjunto F de dependências funcionais, pode ser que uma dependência funcional inteira no conjunto seja estranha, no sentido de que removê-la não muda o fecho de F. Podemos mostrar que uma cobertura canônica F_c de F não contém tal dependência funcional estranha. Suponha que, ao contrário, houvesse tal dependência funcional estranha em F_c. Os atributos do lado direito da dependência, então, seriam estranhos, o que não é possível pela definição das coberturas canônicas.

Conforme já indicamos, uma cobertura canônica pode não ser única. Por exemplo, considere o conjunto de dependências funcionais $F = \{A \rightarrow BC, B \rightarrow AC$ e $C \rightarrow AB\}$. Se aplicarmos o teste de busca por atributos estranhos a $A \rightarrow BC$, veremos que tanto B quanto C são estranhos sob F. Porém, é incorreto excluir ambos! O algoritmo para encontrar a cobertura canônica escolhe um dos dois e o exclui. Então,

1. Se C for excluído, obtemos o conjunto $F' = \{A \rightarrow B, B \rightarrow AC$ e $C \rightarrow AB\}$. Agora, B não é estranho no lado de $A \rightarrow B$ sob F'. Continuando com o algoritmo, vemos que A e B são estranhos no lado direito de $C \rightarrow AB$, levando a duas escolhas de cobertura canônica:

$$F_c = \{A \rightarrow B, B \rightarrow C, C \rightarrow A\}$$
$$F_c = \{A \rightarrow B, B \rightarrow AC, C \rightarrow B\}$$

2. Se B for excluído, obteremos o conjunto $\{A \rightarrow C, B \rightarrow AC$ e $C \rightarrow AB\}$. Esse caso é simétrico ao caso anterior, levando a mais duas escolhas de cobertura canônica:

$$F_c = \{A \rightarrow C, C \rightarrow B \text{ e } B \rightarrow A\}$$
$$F_c = \{A \rightarrow C, B \rightarrow C \text{ e } C \rightarrow AB\}$$

Como exercício, você consegue encontrar mais uma cobertura canônica para F?

7.4.4 Preservação de dependência

Usando a teoria das dependências funcionais, existe um modo mais simples de descrever a preservação de dependência do que a abordagem que usamos na Seção 7.3.1.2.

Considere F um conjunto de dependências funcionais sobre um esquema R, e considere $R_1, R_2, \ldots, R_n$ uma decomposição de R. A **restrição de F para R_i** é o conjunto F_i de todas as dependências funcionais em F^+ que incluem *apenas* atributos de R_i. Como todas as dependências funcionais em uma restrição envolvem atributos de apenas um esquema de relação, é possível testar se essa dependência é satisfeita verificando apenas uma relação.

Observe que a definição de restrição usa todas as dependências em F^+, não apenas aquelas em F. Por exemplo, suponha que $F = \{A \rightarrow B, B \rightarrow C\}$, e que temos uma decomposição em AC e AB. A restrição de F para AC inclui $A \rightarrow C$, pois $A \rightarrow C$ está em F^+, embora não esteja em F.

O conjunto de restrições $F_1, F_2, \ldots, F_n$ é o conjunto de dependências que podem ser verificadas de modo eficiente. Agora, temos de perguntar se testar apenas as restrições é suficiente. Considere $F' = F_1 \cup F_2 \cup \ldots \cup F_n$. F' é um conjunto de dependências funcionais no esquema R, mas, em geral, $F' \neq F$. Contudo, mesmo se $F' \neq F$, pode ser que $F'^+ = F^+$. Se este último for verdadeiro, então cada dependência em F é implicada logicamente por F' e, se verificamos que F' é satisfeito, verificamos que F é satisfeito. Dizemos que uma decomposição tendo a propriedade $F'^+ = F^+$ é uma **decomposição preservadora de dependência**.

A Figura 7.10 mostra um algoritmo para testar a preservação de dependência. A entrada é um conjunto $D = \{R_1, R_2, \ldots, R_n\}$ de esquemas de relação decompostos e um conjunto F de dependências funcionais. Esse algoritmo é dispendioso, pois exige o cálculo de F^+. Em vez de aplicar o algoritmo da Figura 7.10, consideramos duas alternativas.

Primeiro, observe que, se cada membro de F pode ser testado sobre uma das relações da decomposição, então a decomposição é preservadora de dependência. Esse é um modo fácil de mostrar a preservação de dependência; porém, ele nem sempre funciona. Existem casos em que, embora a decomposição seja preservadora de dependência, há uma dependência em F que não pode ser testada em nenhuma relação na decomposição. Assim, esse teste alternativo só pode ser usado como uma condição suficiente que é fácil de verificar; se ele falhar, não podemos concluir que a decomposição não é preservadora de dependência; em vez disso, teremos de aplicar o teste geral.

Agora, damos um segundo teste alternativo para verificar preservação de dependência, que evita calcular F^+. Explicamos a intuição por trás do teste após apresentá-lo. O teste aplica o seguinte procedimento a cada $\alpha \rightarrow \beta$ em F.

```
result = α
repeat
    for each Ri na decomposição
        t = (result ∩ Ri)+ ∩ Ri
        result = result ∪ t
until (result não mudar)
```

O fecho de atributo aqui está sob o conjunto de dependências funcionais F. Se *result* contém todos os atributos em β, então a dependência funcional $\alpha \rightarrow \beta$ é preservada. A decomposição é preservadora de dependência se, e somente se, o procedimento mostrar que todas as dependências em F são preservadas.

```
calcular F⁺;
for each esquema Rᵢ em D do
   begin
      Fᵢ : = a restrição de F⁺ para Rᵢ;
   end
F′: = ∅
for each restrição Fᵢ do
   begin
      F′ = F′ ∪ Fᵢ
   end
calcular F′⁺;
if (F′⁺ = F⁺) then retornar (verdadeiro)
              else retornar (falso);
```

Figura 7.10 Testando a preservação da dependência.

As duas ideias principais por trás desse teste são as seguintes:

- A primeira ideia é testar cada dependência funcional $\alpha \rightarrow \beta$ em F para ver se ela é preservada em F' (em que F' é definida na Figura 7.10). Para fazer isso, calculamos o fecho de α sob F'; a dependência é preservada exatamente quando o fecho incluir β. A decomposição é preservadora de dependência se, e somente se, todas as dependências em F forem preservadas.
- A segunda ideia é usar uma forma modificada do algoritmo de fecho de atributo para calcular o fecho sob F', sem realmente calcular F' primeiro. Queremos evitar calcular F', pois isso é bastante dispendioso. Observe que F' é a união de todo Fi, em que F_i é a restrição de F sobre R_i. O algoritmo calcula o fecho de atributo de (*result* $\cap R_i$) em relação a F, efetua a interseção do fecho com R_i e acrescenta o conjunto de atributos resultante a *result*; essa sequência de etapas é equivalente a calcular o fecho de *result* sob F_i. Repetir essa etapa para cada i dentro do *loop while* gera o fecho de *result* sob F'.

  Para entender por que essa técnica de fecho de atributo modificada funciona corretamente, observamos que, para qualquer $\gamma \subseteq R_i$, $\gamma \rightarrow \gamma^+$ é uma dependência funcional em F^+, e $\gamma \rightarrow \gamma^+ \cap R_i$ é uma dependência funcional que está em F_i, a restrição de F^+ para R_i. Por outro lado, se $\gamma \rightarrow \delta$ estivesse em F_i, então δ seria um subconjunto de $y^+ \cap R_i$.

Esse teste exige um tempo polinomial, em vez do tempo exponencial exigido para calcular F^+.

7.5 Algoritmos para decomposição usando dependências funcionais

Os esquemas de banco de dados reais são muito maiores do que os exemplos que cabem nas páginas de um livro. Por esse motivo, precisamos de algoritmos para a geração de projetos que estejam em uma forma normal apropriada. Nesta seção, apresentamos algoritmos para FNBC e 3FN.

7.5.1 Decomposição FNBC

A definição da FNBC pode ser usada diretamente para testar se uma relação está na FNBC. Porém, o cálculo de F^+ pode ser uma tarefa entediante. Primeiro, descrevemos a seguir testes simplificados para verificar se uma relação está na FNBC. Se uma relação não estiver na FNBC, ela pode ser decomposta para criar relações que estejam na FNBC. Mais adiante nesta seção, descrevemos um algoritmo para criar uma decomposição sem perdas de uma relação, de modo que a decomposição esteja na FNBC.

7.5.1.1 Teste para FNBC

O teste de um esquema de relação R para ver se ele satisfaz a FNBC pode ser simplificado em alguns casos:

- Para verificar se uma dependência não trivial $\alpha \rightarrow \beta$ causa uma violação da FNBC, calcule α^+ (o fecho de atributo de α) e verifique se ele inclui todos os atributos de R, ou seja, se ele é uma superchave de R.
- Para verificar se um esquema de relação R está na FNBC, basta verificar apenas as dependências no conjunto dado F em busca de violação da FNBC, em vez de verificar todas as dependências em F^+.

  Podemos mostrar que, se nenhuma das dependências em F causar uma violação da FNBC, nenhuma das dependências em F^+ causará uma violação da FNBC.

Infelizmente, este último procedimento não funciona quando uma relação é decomposta. Ou seja, *não é* suficiente usar F quando testamos uma relação R_i, em uma decomposição de R, em busca da violação da FNBC. Por exemplo, considere o esquema de relação $R(A, B, C, D, E)$, com dependências funcionais F contendo $A \rightarrow B$ e $BC \rightarrow D$. Suponha que isso fosse decomposto para $R_1(A, B)$ e $R_2(A, C, D, E)$. Agora, nenhuma das dependências em F contém atributos de (A, C, D, E), de modo que poderíamos ser levados a pensar que R_2 satisfaz a FNBC. De fato, existe uma dependência $AC \rightarrow D$ em F^+ (que pode ser deduzida usando a regra da pseudotransitividade a partir das duas dependências em F) que mostra que (A, C, D, E) não está na FNBC. Assim, podemos precisar de uma dependência que esteja em F^+, mas não em F, para mostrar que uma relação decomposta não está na FNBC.

Um teste de FNBC alternativo, às vezes, é mais fácil do que calcular cada dependência em F^+. Para verificar se uma relação R_i em uma decomposição de R está na FNBC, aplicamos este teste:

- Para cada subconjunto α de atributos em R_i, verifique se α^+ (o fecho de atributo de α sob F) não inclui atributo de $R_i - \alpha$ ou inclui todos os atributos de R_i.

Se a condição for violada por algum conjunto de atributos α em R_i, considere a seguinte dependência funcional, que pode ser mostrada como estando presente em F^+:

$$\alpha \rightarrow (\alpha^+ - \alpha) \cap R_i.$$

Essa dependência mostra que R_i viola a FNBC.

7.5.1.2 Algoritmo de decomposição da FNBC

Agora, podemos indicar um método geral para decompor um esquema de relação de modo que satisfaça a FNBC. A Figura 7.11 mostra um algoritmo para essa tarefa. Se R não está na FNBC, podemos decompor R em uma coleção de esquema FNBC $R_1, R_2, ..., R_n$ pelo algoritmo. O algoritmo usa dependências que demonstram a violação da FNBC para realizar a decomposição.

A decomposição que o algoritmo gera não está apenas na FNBC, mas também é uma decomposição sem perdas. Para ver por que nosso algoritmo gera apenas decomposições sem perdas, observamos que, quando substituímos um esquema R_i por $(R_i - \beta)$ e (α, β), a dependência $\alpha \rightarrow \beta$ se aplica, e $(R_i - \beta) \cap (\alpha, \beta) = \alpha$.

Se não exigíssemos $\alpha \cap \beta = \emptyset$, então aqueles atributos em $\alpha \cap \beta$ não apareceriam no esquema $(R_i - \beta)$, e a dependência $\alpha \rightarrow \beta$ não mais se aplicaria.

É fácil ver que nossa decomposição de *inst_dept* na Seção 7.3.1 resultaria da aplicação do algoritmo. A dependência funcional *nome_dept* → *prédio, orçamento* satisfaz a condição $\alpha \cap \beta = \emptyset$ e, portanto, seria escolhida para decompor o esquema.

O **algoritmo de decomposição FNBC** leva um tempo exponencial no tamanho do esquema inicial, pois o algoritmo para verificar se uma relação na decomposição satisfaz a FNBC pode levar um tempo exponencial. Existe um algoritmo que calcula uma decomposição na FNBC em tempo polinomial. Porém, o algoritmo pode "supernormalizar", ou seja, decompor uma relação desnecessariamente.

Como exemplo mais longo do uso do algoritmo de decomposição da FNBC, suponha que tenhamos um projeto de banco de dados usando a relação *classe*, cujo esquema aparece a seguir:

classe (*id_curso, título, nome_dept, créditos, id_sec, semestre, ano, prédio, número_sala, capacidade, id_período*)

O conjunto de dependências funcionais que deve ser mantido sobre este esquema é:

id_curso → *título, nome_dept, créditos*
prédio, número_sala → *capacidade*
id_curso, id_sec, semestre, ano → *prédio, número_sala, id_período*

Uma chave candidata para esse esquema é {*id_curso, id_sec, semestre, ano*}.

Podemos aplicar o algoritmo da Figura 7.11 ao exemplo de *classe* da seguinte forma:

- A dependência funcional:

  id_curso → *título, nome_dept, créditos*

  se aplica, mas *id_curso* não é uma superchave. Assim, *classe* não está na FNBC. Substituímos *classe* por duas relações com os seguintes esquemas:

```
result := {R};
done := falso;
while (not done) do
    if (existe um esquema Ri em result que não está na FNBC)
        then begin
                seja α → β uma dependência funcional não trivial que se aplica
                sobre Ri tal que α+ não contém Ri, e α ∩ β = ∅;
                result := (result − Ri) ∪ (Ri − β) ∪ (α, β);
            end
        else done := verdadeiro;
```

Figura 7.11 Algoritmo de decomposição da FNBC.

curso(*id_curso, título, nome_dept, créditos*)
classe-1 (*id_curso, id_sec, semestre, ano, prédio, número_sala, capacidade, id_período*)

As únicas dependências funcionais não triviais que se aplicam sobre *curso* incluem *id_curso* no lado esquerdo da seta. Como *id_curso* é uma superchave para *curso*, a relação *curso* está na FNBC.

- Uma chave candidata para *classe-1* é {*id_curso, id_sec, semestre, ano*}. A dependência funcional

  prédio, número_sala → *capacidade*

  se aplica em *classe-1*, mas {*prédio, número_sala*} não é uma superchave para *classe-1*. Substituímos *classe-1* por:

  sala (*prédio, número_sala, capacidade*)
  seção (*id_curso, id_sec, semestre, ano, prédio, número_sala, id_período*)

  Estes dois esquemas estão na FNBC.

Assim, a decomposição de *classe* resulta nos três esquemas de relação *curso*, *sala* e *seção*, e cada qual está na FNBC. Eles correspondem aos esquemas que usamos neste e nos capítulos anteriores. Você pode verificar se a decomposição é sem perdas e preservadora de dependência.

7.5.2 Decomposição 3FN

A Figura 7.12 mostra um algoritmo para encontrar uma decomposição preservadora de dependência, sem perdas, para a 3FN. O conjunto de dependências F_c usado no algoritmo é uma cobertura canônica para F. Observe que o algoritmo considera o conjunto dos esquemas R_j, $j = 1, 2, ..., i$; inicialmente, $i = 0$, e, nesse caso, o conjunto está vazio.

Vamos aplicar esse algoritmo ao nosso exemplo de *dept_mentor* da Seção 7.3.2, no qual mostramos que

dept_mentor (*a_ID, i_ID, nome_dept*)

está na 3FN, embora não esteja na FNBC. O algoritmo usa as seguintes dependências funcionais em F:

f_1: *i_ID* → *nome_dept*
f_2: *a_ID, nome_dept* → *i_ID*

Não existem atributos estranhos em qualquer uma das dependências funcionais em F, de modo que F_c contém f_1 e f_2. O algoritmo, então, gera como R_1 o esquema (*i_ID, nome_dept*), e como R_2 o esquema (*a_ID, nome_dept, i_ID*). Assim, o algoritmo descobre que R_2 contém uma chave candidata, de modo que nenhum outro esquema de relação é criado.

O conjunto resultante de esquemas pode conter esquemas redundantes, com um esquema R_k contendo todos os atributos de outro esquema R_j. Por exemplo, R_2 contém todos os atributos de R_1. O algoritmo exclui todos esses esquemas que estão contidos em outro esquema. Quaisquer dependências que poderiam ser testadas sobre uma R_j que é excluída também podem ser testadas sobre a relação R_k correspondente, e a decomposição é sem perdas, mesmo que R_j seja excluída.

Agora, vamos considerar novamente o esquema da relação *classe* da Seção 7.5.1.2 e aplicar o **algoritmo de decomposição 3FN**. O conjunto de dependências funcionais que listamos lá é uma cobertura canônica. Como resultado, o algoritmo nos oferece os mesmos três esquemas *curso*, *sala* e *seção*.

```
seja F_c uma cobertura canônica para F;
i := 0;
for each dependência funcional α → β em F_c
    i := i + 1;
    R_i := αβ;
if nenhum dos esquemas R_j, j = 1, 2, ... , i contém uma chave candidata para R
  then
    i := i + 1;
    R_i := qualquer chave candidata para R;
/* Opcionalmente, remover relações redundantes */
repeat
    if algum esquema R_j estiver contido em outro esquema R_k
      then
        /* Excluir R_j */
        R_j := R_i;
        i := i – 1;
until nenhuma outra R_j possa ser excluída
return (R_1, R_2, ..., R_i)
```

Figura 7.12 Decomposição preservadora de dependência, sem perdas, para a 3FN.

O exemplo anterior ilustra uma propriedade interessante do algoritmo 3FN. Às vezes, o resultado não está apenas na 3FN, mas também na FNBC. Isso sugere um método alternativo de gerar um projeto FNBC. Primeiro, use o algoritmo 3FN. Depois, para qualquer esquema no projeto 3FN que não está na FNBC, decomponha usando o algoritmo FNBC. Se o resultado não for preservador da dependência, reverta para o projeto 3FN.

7.5.3 Corretude do algoritmo da 3FN

O algoritmo 3FN garante a preservação das dependências criando, explicitamente, um esquema para cada dependência em uma cobertura canônica. Ele garante que a decomposição seja uma decomposição sem perdas, assegurando que pelo menos um esquema contenha uma chave candidata para o esquema sendo decomposto. O Exercício Prático 7.16 oferece uma ideia para a prova de que isso basta para garantir uma decomposição sem perdas.

Esse algoritmo também é chamado **algoritmo de síntese da 3FN**, pois toma um conjunto de dependências e acrescenta um esquema de cada vez, em vez de decompor o esquema inicial repetidamente. O resultado não é definido unicamente, pois um conjunto de dependências funcionais pode ter mais de uma cobertura canônica. O algoritmo pode decompor uma relação mesmo que ela já esteja na 3FN; porém, o resultado da decomposição ainda estará na 3FN.

Para ver se um algoritmo produz um projeto 3FN, considere um esquema R_i na decomposição. Lembre-se de que, quando testamos a 3FN, basta considerar dependências funcionais cujo lado direito consiste em um único atributo. Portanto, para ver se R_i está na 3FN, você deverá convencer-se de que qualquer dependência funcional $\gamma \rightarrow B$ que se aplique sobre R_i satisfaz a definição da 3FN. Suponha que a dependência que gerou R_i no algoritmo de síntese seja $\alpha \rightarrow \beta$. Agora, B deve estar em α ou β, pois B está em R_i e $\alpha \rightarrow \beta$ gerou R_i. Vamos considerar os três casos possíveis:

- B está em α e β. Nesse caso, a dependência $\alpha \rightarrow \beta$ não teria estado em F_c, pois B seria estranho em β. Assim, esse caso não se aplica.
- B está em β, mas não em α. Considere dois casos:
  - γ é uma superchave. A segunda condição da 3FN é satisfeita.
  - γ não é uma superchave. Então, α deve conter algum atributo não em γ. Agora, como $\gamma \rightarrow B$ está em F^+, ele deve ser derivável de F_c usando o algoritmo de fecho de atributo sobre γ. A derivação não poderia ter usado $\alpha \rightarrow \beta$ — se tivesse sido usado, α deveria estar contido no fecho de atributo de γ, o que não é possível, pois consideramos que γ não é uma superchave. Agora, usando $\alpha \rightarrow (\beta - \{B\})$ e $\gamma \rightarrow B$, podemos derivar $\alpha \rightarrow B$ (pois $\gamma \subseteq \alpha\beta$, e γ não pode conter B, pois $\gamma \rightarrow B$ é não trivial). Isso implicaria que B é estranho no lado direito de $\alpha \rightarrow \beta$, que não é possível, pois $\alpha \rightarrow \beta$ está na cobertura canônica F_c. Assim, se B está em β, então γ deve ser uma superchave, e a segunda condição da 3FN precisa ser satisfeita.
- B está em α, mas não em β.
  Como α é uma chave candidata, a terceira alternativa na definição da 3FN é satisfeita.

É interessante que o algoritmo que descrevemos para a decomposição para a 3FN pode ser implementado em tempo polinomial, embora testar se determinada relação satisfaz a 3FN é "NP-*hard*" (o que significa que é muito improvável que um algoritmo em tempo polinomial sequer será inventado para essa tarefa).

7.6 Decomposição usando dependências de valores múltiplos

Alguns esquemas de relação, embora estando na FNBC, não parecem estar suficientemente normalizados, no sentido de que ainda sofrem do problema de repetição de informações. Considere uma variação da organização universitária em que um instrutor pode estar associado a vários departamentos, e temos uma relação:

inst (ID, nome_dept, nome, rua, cidade)

O leitor atento reconhecerá esse esquema como um esquema não FNBC, em razão da dependência funcional

$$ID \rightarrow nome, rua, cidade$$

e porque *ID* não é uma chave para *inst*.

Além disso, suponha que um instrutor possa ter vários endereços (digamos, uma residência de inverno e uma residência de verão). Então, não desejamos mais impor a dependência funcional "$ID \rightarrow rua, cidade$", embora, naturalmente, ainda queiramos impor "$ID \rightarrow nome$" (ou seja, a universidade não está lidando com instrutores que operam sob vários pseudônimos!) Após o algoritmo de decomposição da FNBC, obtemos dois esquemas:

r_1 *(ID, nome)*
r_2 *(ID, nome_dept, rua, cidade)*

Ambos estão na FNBC (lembre-se de que um instrutor pode estar associado a vários departamentos e um departamento pode ter vários instrutores e, portanto, nem "$ID \rightarrow nome\_dept$" nem "$nome\_dept \rightarrow ID$" se aplicam).

Apesar de r_2 estar na FNBC, existe redundância. Repetimos a informação de endereço de cada residência de um instrutor uma vez para cada departamento com o qual o instrutor está associado. Poderíamos resolver esse problema decompondo r_2 ainda mais em:

r_{21}*(nome_dept, ID)*
r_{22}*(ID, rua, cidade)*

mas não existe restrição que nos leve a fazer isso.

Para lidar com esse problema, temos que definir uma nova forma de restrição, chamada *dependência de valores*

	α	β	$R - \alpha - \beta$
t_1	$a_1 \ldots a_i$	$a_{i+1} \ldots a_j$	$a_{j+1} \ldots a_n$
t_2	$a_1 \ldots a_i$	$b_{i+1} \ldots b_j$	$b_{j+1} \ldots b_n$
t_3	$a_1 \ldots a_i$	$a_{i+1} \ldots a_j$	$b_{j+1} \ldots b_n$
t_4	$a_1 \ldots a_i$	$b_{i+1} \ldots b_j$	$a_{j+1} \ldots a_n$

Figura 7.13 Representação tabular de $\alpha \to\to \beta$.

múltiplos. Como fizemos para as dependências funcionais, usaremos dependências de valores múltiplos para definir uma forma normal para esquemas de relação. Essa forma normal, chamada **quarta forma normal** (4FN), é mais restritiva do que a FNBC. Veremos que cada esquema 4FN também está na FNBC, mas existem esquemas FNBC que não estão na 4FN.

7.6.1 Dependências de valores múltiplos

Dependências funcionais impedem que certas tuplas estejam em uma relação. Se $A \to B$, não podemos ter duas tuplas com o mesmo valor de A mas diferentes valores de B. Dependências de valores múltiplos, por outro lado, não impedem a existência de certas tuplas. Em vez disso, elas *exigem* que outras tuplas de certa forma estejam presentes na relação. Por esse motivo, dependências funcionais, às vezes, são chamadas de **dependências geradoras de igualdade**, e as dependências de valores múltiplos são conhecidas como **dependências geradoras de tuplas**.

Seja $r(R)$ um esquema de relação e $\alpha \subseteq R$ e $\beta \subseteq R$. A **dependência de valores múltiplos**

$$\alpha \to\to \beta$$

se aplica sobre R se, em qualquer instância válida da relação $r(R)$, para todos os pares de tuplas t_1 e t_2 em r tais que $t_1[\alpha] = t_2[\alpha]$, existam tuplas t_3 e t_4 em r tais que

$$\begin{aligned} t_1[\alpha] &= t_2[\alpha] = t_3[\alpha] = t_4[\alpha] \\ t_3[\beta] &= t_1[\beta] \\ t_3[R - \beta] &= t_2[R - \beta] \\ t_4[\beta] &= t_2[\beta] \\ t_4[R - \beta] &= t_1[R - \beta] \end{aligned}$$

Essa definição é menos complicada do que parece. A Figura 7.13 contém uma imagem tabular de t_1, t_2, t_3 e t_4. Intuitivamente, a dependência de valores múltiplos $\alpha \to\to \beta$ diz que o relacionamento entre α e β é independente do relacionamento entre α e $R - \beta$. Se a dependência de valores múltiplos $\alpha \to\to \beta$ for satisfeita por todas as relações no esquema R, então $\alpha \to\to \beta$ é uma dependência de valores múltiplos *trivial* sobre o esquema R. Assim, $\alpha \to\to \beta$ é trivial se $\beta \subseteq \alpha$ ou $\beta \cup \alpha = R$. Isso pode ser visto por um exame da Figura 7.13 e considerando os dois casos especiais $\beta \subseteq \alpha$ e $\beta \cup \alpha = R$. Em cada um desses casos, a tabela também se reduz a apenas duas colunas e vemos que t_1 e t_2 são capazes de servir nos papéis de t_3 e t_4.

Para ilustrar a diferença entre dependências funcionais e de valores múltiplos, consideramos o esquema r_2 novamente, e uma relação de exemplo sobre esse esquema mostrada na Figura 7.14. Temos que repetir o nome do departamento uma

ID	*nome_dept*	*rua*	*cidade*
22222	Physics	North	Rye
22222	Physics	Main	Manchester
12121	Finance	Lake	Horseneck

Figura 7.14 Exemplo de redundância em uma relação sobre um esquema FNBC.

ID	*nome_dept*	*rua*	*cidade*
22222	Physics	North	Rye
22222	Math	Main	Manchester

Figura 7.15 Uma relação r_2 ilegal.

vez para cada endereço que um instrutor tem, e devemos repetir o endereço para cada departamento com o qual um instrutor está associado. Essa repetição é desnecessária, pois o relacionamento entre um instrutor e seu endereço é independente do relacionamento entre esse instrutor e um departamento. Se um instrutor com *ID* 22222 estiver associado ao departamento Physics, queremos que o departamento esteja associado a todos os endereços desse instrutor. Assim, a relação na Figura 7.15 é ilegal. Para tornar essa relação legal, precisamos acrescentar as tuplas (Physics, 22222, Main, Manchester) e (Math, 22222, North, Rye) à relação da Figura 7.15.

Comparando o exemplo anterior com nossa definição de dependência de valores múltiplos, queremos que a dependência de valores múltiplos

$$ID \to\to rua, cidade$$

se aplique. (A dependência de valores múltiplos $ID \to\to$ *nome_dept* também servirá. Logo veremos que elas são equivalentes.)

Assim como as dependências funcionais, usaremos dependências de valores múltiplos de duas maneiras:

1. Para testar relações e determinar se elas são legais sob determinado conjunto de dependências funcionais e de valores múltiplos.
2. Para especificar restrições sobre o conjunto de relações legais; assim, vamos nos preocupar *apenas* com as relações que satisfazem determinado conjunto de dependências funcionais e de valores múltiplos.

Observe que, se uma relação r deixar de satisfazer determinada dependência de valores múltiplos, podemos construir uma relação r' que *satisfaça* a dependência de valores múltiplos acrescentando tuplas a r.

Digamos que D indique um conjunto de dependências funcionais e de valores múltiplos. O fecho D^+ de D é o conjunto de todas as dependências funcionais e de valores múltiplos logicamente implicadas por D. Como fizemos para as dependências funcionais, podemos calcular D^+ a partir de D, usando as definições formais de dependências funcionais e dependências de valores múltiplos. Podemos trabalhar com esse raciocínio para dependências de valores múltiplos muito simples. Felizmente, as dependências de valores múltiplos que ocorrem na prática parecem ser muito simples. Para dependências complexas, é melhor raciocinar sobre conjuntos de dependências usando um sistema de regras de inferência.

A partir da definição de dependência de valores múltiplos, podemos derivar as seguintes regras para $\alpha, \beta \subseteq R$:

- Se $\alpha \rightarrow \beta$, então $\alpha \rightarrow\rightarrow \beta$. Em outras palavras, cada dependência funcional também é uma dependência de valores múltiplos.
- Se $\alpha \rightarrow\rightarrow \beta$, então $\alpha \rightarrow\rightarrow R - \alpha - \beta$.

A Seção 28.1.1 esboça um sistema de regras de inferência para dependências de valores múltiplos.

7.6.2 Quarta forma normal

Considere novamente nosso exemplo do esquema FNBC:

$$r_2\,(ID,\ nome\_dept,\ rua,\ cidade)$$

em que a dependência de valores múltiplos "*ID* →→ *rua, cidade*" se aplica. Nos parágrafos iniciais da Seção 7.6, vimos que, embora esse esquema esteja na FNBC, o projeto não é ideal, pois temos que repetir a informação de endereço de um instrutor para cada departamento. Veremos que podemos usar a dependência de valores múltiplos indicada para melhorar o projeto do banco de dados, decompondo esse esquema em uma decomposição na **quarta forma normal**.

Um esquema de relação R está na **quarta forma normal** (**4FN**) em relação a um conjunto D de dependências funcionais e de valores múltiplos se, para todas as dependências de valores múltiplos em D^+ na forma $\alpha \rightarrow\rightarrow \beta$, em que $\alpha \subseteq R$ e $\beta \subseteq R$, pelo menos um dos seguintes se aplica:

- $\alpha \rightarrow\rightarrow \beta$ é uma dependência de valores múltiplos trivial.
- α é uma superchave para R.

Um projeto de banco de dados está na 4FN se cada membro do conjunto de esquemas de relação que constitui o projeto estiver na 4FN.

Observe que a definição da 4FN difere da definição da FNBC apenas no uso das dependências de valores múltiplos. Um esquema na 4FN está na FNBC. Para ver esse fato, notamos que, se um esquema R não estiver na FNBC, então existe uma dependência funcional não trivial $\alpha \rightarrow \beta$ se aplicando sobre R, em que α não é uma superchave. Como $\alpha \rightarrow \beta$ implica $\alpha \rightarrow\rightarrow \beta$, R não pode estar na 4FN.

Seja R um esquema de relação e seja $R_1, R_2, \ldots, R_n$ uma decomposição de R. Para verificar se cada esquema de relação R_i na decomposição está na 4FN, precisamos descobrir quais dependências de valores múltiplos se aplicam sobre cada R_i. Lembre-se de que, para um conjunto F de dependências funcionais, a restrição F_i de F para R_i são todas as dependências funcionais em F^+ que incluem *apenas* atributos de R_i. Agora considere um conjunto D de dependências funcionais e de valores múltiplos. A **restrição** de D para R_i é o conjunto D_i consistindo em:

1. Todas as dependências funcionais em D^+ que incluem apenas atributos de R_i.
2. Todas as dependências de valores múltiplos na forma

$$\alpha \rightarrow\rightarrow \beta \cap R_i$$

em que $\alpha \subseteq R_i$ e $\alpha \rightarrow\rightarrow \beta$ está em D^+.

7.6.3 Decomposição 4FN

A analogia entre 4FN e FNBC se aplica ao algoritmo para decompor um esquema na 4FN. A Figura 7.16 mostra o algoritmo de decomposição 4FN. Ele é idêntico ao algoritmo de decomposição FNBC da Figura 7.11, exceto que usa não só as dependências de valores múltiplos como a restrição de D^+ para R_i.

Se aplicarmos o algoritmo da Figura 7.16 a (*ID, nome_dept, rua, cidade*), descobrimos que *ID* →→ *nome_dept* é uma dependência de valores múltiplos não trivial e *ID* não é uma superchave para o esquema. Seguindo o algoritmo, vamos substituí-lo por dois esquemas:

```
result := {R};
done := falso;
calcular D+; Dado o esquema Ri, seja Di a restrição de D+ para Ri
while (not done) do
    if (existe um esquema Ri em result que não esteja na 4FN com respeito a Di)
      then begin
              seja α →→ β uma dependência de valores múltiplos
              não trivial que se aplica a Ri tal que α → Ri não está em Di, e α ∩ β = ∅;
              result := (result − Ri) ∪ (Ri − β) ∪ (α, β);
           end
      else done := verdadeiro;
```

Figura 7.16 Algoritmo de decomposição da 4FN.

$(ID, nome\_dept)$
$(ID, rua, cidade)$

Esse par de esquemas, que está na 4FN, elimina a redundância que encontramos anteriormente.

Como aconteceu quando estávamos lidando unicamente com dependências funcionais, estamos interessados em decomposições sem perdas e que preservam dependências. O fato a seguir sobre dependências de valores múltiplos e ausência de perdas mostra que o algoritmo da Figura 7.16 gera apenas decomposições sem perdas:

- Sejam $r(R)$ um esquema de relação e D um conjunto de dependências funcionais e de valores múltiplos sobre R. Seja $r_1(R_1)$ e $r_2(R_2)$ uma decomposição de R. Essa decomposição de R é sem perdas se, e somente se, pelo menos uma das seguintes dependências de valores múltiplos estiver em D^+:

$$R_1 \cap R_2 \rightarrow\rightarrow R1$$
$$R_1 \cap R_2 \rightarrow\rightarrow R_2$$

Lembre-se de que dissemos, na Seção 7.2.3, que se $R_1 \cap R_2 \rightarrow R_1$ ou $R_1 \cap R_2 \rightarrow R_2$, então $r_1(R1)$ e $r_2(R_2)$ constituem uma decomposição sem perdas de $r(R)$. O fato anterior sobre dependências de valores múltiplos é uma afirmação mais genérica sobre a ausência de perdas. Ele diz que, para *cada* decomposição sem perdas de $r(R)$ em dois esquemas $r_1(R_1)$ e $r_2(R_2)$, uma das duas dependências $R_1 \cap R_2 \rightarrow\rightarrow R_1$ ou $R_1 \cap R_2 \rightarrow\rightarrow R_2$ deve se aplicar. Para ver que isso é verdadeiro, precisamos mostrar primeiro que, se pelo menos uma dessas dependências se mantiver, então $\Pi_{R_1}(r) \bowtie \Pi_{R_2}(r) = r$ e, em seguida, precisamos mostrar que, se $\Pi_{R_1}(r) \bowtie \Pi_{R_2}(r) = r$, então $r(R)$ deverá satisfazer pelo menos uma dessas dependências. Vejas as referências para uma prova completa na seção de Leitura Adicional.

A questão de preservação de dependências quando decompomos um esquema de relação torna-se mais complicado na presença de dependências de valores múltiplos. A Seção 28.1.2 explica esse tópico.

Outra complicação vem do fato de que é possível que uma dependência de valores múltiplos seja mantida somente sobre um subconjunto próprio do esquema dado, sem uma forma de expressar essa dependência de valores múltiplos sobre esse esquema. Essa dependência pode aparecer como o resultado de uma decomposição. Além do mais, tais casos, chamados **dependências de valores múltiplos embutidos**, são raros. Veja mais detalhes na seção de Leitura Adicional.

7.7 Mais formas normais

A quarta forma normal, de modo algum, é a forma normal "definitiva". Como vimos anteriormente, as dependências de valores múltiplos nos ajudam a entender e eliminar algumas formas de repetição de informação, que não podem ser entendidas em termos de dependências funcionais. Existem tipos de restrições, chamados **dependências de junção**, que generalizam dependências de valores múltiplos e levam a outra forma normal chamada **forma normal de junção de projeção (FNJP)**, também denominada **quinta forma normal** em alguns livros. Existe uma classe de restrições ainda mais gerais que leva a uma forma normal chamada **forma normal de chave de domínio (FNCD)**.

Um problema prático com o uso dessas restrições generalizadas é que elas não são apenas difíceis de se raciocinar, mas também não existe um conjunto de regras de inferência válidas e completas para raciocinar sobre as restrições. Logo, FNJP e FNCD são usadas muito raramente. O Capítulo 28 oferece mais detalhes sobre essas formas normais.

Visível por sua ausência de nossa discussão das formas normais é a **segunda forma normal** (2FN). Não a discutimos aqui porque ela tem apenas interesse histórico. Simplesmente a definimos e deixamos que você a experimente no Exercício Prático 7.19. A primeira forma normal trata de um aspecto diferente das formas normais que vimos até aqui. Ela é explicada na próxima seção.

7.8 Domínios atômicos e primeira forma normal

O modelo E-R permite que conjuntos de entidades e conjuntos de relacionamentos tenham atributos com algum grau de subestrutura. Especificamente, ele permite atributos multivalorados, como *num_telefone* na Figura 6.8, e atributos compostos, como o atributo *endereço* com atributos componentes *rua*, *cidade* e *estado*. Quando criamos tabelas a partir de projetos E-R que contêm esses tipos de atributos, eliminamos essa subestrutura. Para atributos compostos, permitimos que cada componente seja um atributo por si só. Para atributos multivalorados, criamos uma tupla para cada item em um conjunto multivalorado.

No modelo relacional, formalizamos essa ideia de que os atributos não possuem nenhuma subestrutura. Um domínio é **atômico** se os seus elementos forem considerados unidades indivisíveis. Dizemos que um esquema de relação R está na **primeira forma normal (1FN)** se os domínios de todos os atributos de R forem atômicos.

Um conjunto de nomes é um exemplo de valor não atômico. Por exemplo, se o esquema de uma relação *empregado* incluísse um atributo *filhos*, cujos elementos de domínio são conjuntos de nomes, o esquema não estaria na primeira forma normal.

Atributos compostos, como um atributo *endereço* com atributos componentes *rua* e *cidade*, também possuem domínios não atômicos.

Os inteiros são considerados atômicos, de modo que o conjunto de inteiros é um domínio atômico; porém, o conjunto de todos os conjuntos de inteiros é um domínio não atômico. A distinção é que, normalmente, não consideramos inteiros como tendo subpartes, mas consideramos conjuntos de inteiros como tendo subpartes – a saber, os inteiros que compõem o conjunto. Porém, a questão importante não é o conteúdo do domínio em si, mas como usar os elementos do domínio em nosso banco de dados. O domínio de todos os inteiros seria não atômico se considerássemos cada inteiro como uma lista ordenada de dígitos.

Como ilustração prática desse ponto, considere uma organização que atribui números de identificação dos empregados da seguinte forma: as duas primeiras letras especificam o departamento, e os quatro dígitos restantes são um número exclusivo dentro do departamento para o empregado. Alguns exemplos desses "números" seriam "CS001" e "EE1127". Esses números de identificação podem ser divididos em unidades menores e, portanto, são não atômicos. Se um esquema de relação tivesse um atributo cujo domínio consistisse em números de identificação codificados dessa forma, o esquema não estaria na primeira forma normal.

Quando esses tipos de identificadores são usados, o departamento de um empregado pode ser encontrado escrevendo-se um código que desmembre a estrutura de um identificador. Isso exige programação extra, e a informação é codificada no programa aplicativo, em vez de no banco de dados. Outros problemas surgem se esses identificadores forem usados como chaves primárias: quando um empregado muda de departamento, o identificador do empregado deve ser alterado onde quer que ele ocorra, o que pode ser uma tarefa difícil ou, então, o código que interpreta o identificador fornecerá um resultado incorreto.

A partir dessa discussão, pode parecer que nosso uso dos identificadores de curso, como "CS-101", com "CS" indicando o departamento de Ciência da Computação (*Computer Science*), significa que o domínio dos identificadores de curso não é atômico. Esse domínio não é atômico para os humanos usando o sistema. Porém, a aplicação de banco de dados ainda trata o domínio como atômico, desde que ela não tente dividir o identificador e interpretar partes dele como uma abreviação do departamento. O esquema *curso* armazena o nome do departamento como um atributo separado, e a aplicação de banco de dados pode usar o valor desse atributo para encontrar o departamento de um curso, em vez de interpretar caracteres em particular do identificador do curso. Assim, nosso esquema de universidade pode ser considerado como estando na primeira forma normal.

O uso de atributos com valor de conjunto (*set-valued attributes*) pode levar a projetos com armazenamento de dados redundante, o que, por sua vez, pode resultar em inconsistências. Por exemplo, em vez de ter o relacionamento entre instrutores e seções sendo representado como uma relação separada *ministra*, um projetista de banco de dados pode ser tentado a armazenar um conjunto de identificadores de seção de curso com cada instrutor e um conjunto de identificadores de instrutor com cada seção (as chaves primárias de *seção* e *instrutor* são usadas como identificadores). Sempre que são alterados os dados referentes a qual instrutor ministra tal seção, a atualização precisa ser realizada em dois lugares: no conjunto de instrutores para a seção e no conjunto de seções para o instrutor. Não realizar as duas atualizações pode deixar o banco de dados em um estado inconsistente. Manter apenas um desses conjuntos evita informação repetida; porém, manter apenas um deles complicaria algumas consultas, e não fica claro qual dos dois deve ser mantido.

Alguns tipos de valores não atômicos podem ser úteis, embora devam ser usados com cuidado. Por exemplo, os atributos com valor composto normalmente são úteis, e os atributos com valor de conjunto também são úteis em muitos casos, motivo pelo qual ambos são aceitos no modelo E-R. Em muitos domínios nos quais as entidades têm estrutura complexa, forçar uma representação na primeira forma normal representa um peso desnecessário sobre o programador de aplicação, que precisa escrever código para converter dados para o formato atômico. Há também o *overhead* em tempo de execução da conversão entre os dados nesses dois formatos. O suporte para valores não atômicos pode, portanto, ser muito útil nesses domínios. De fato, os sistemas de banco de dados modernos aceitam muitos tipos de valores não atômicos, conforme veremos no Capítulo 29. Porém, neste capítulo, restringimo-nos a relações na primeira forma normal e, portanto, todos os domínios são atômicos.

7.9 Processo de projeto de banco de dados

Até aqui, vimos as questões detalhadas sobre formas normais e normalização. Nesta seção, estudamos como a normalização se encaixa no processo geral de projeto de banco de dados.

Anteriormente neste capítulo, a partir da Seção 7.1.1, consideramos que um esquema de relação $r(R)$ é dado, e prosseguimos para normalizá-lo. Existem várias maneiras pelas quais poderíamos ter chegado ao esquema $r(R)$:

1. $r(R)$ poderia ter sido gerado na conversão de um diagrama E-R para um conjunto de esquemas de relação.
2. $r(R)$ poderia ter sido um único esquema de relação contendo *todos* os atributos de interesse. O processo de normalização, então, desmembra $r(R)$ em esquemas menores.
3. $r(R)$ poderia ter sido o resultado de um projeto *ad hoc* de relações, que depois testamos para verificar se satisfaz a forma normal desejada.

No restante desta seção, examinamos as implicações dessas técnicas. Também examinamos algumas questões práticas no projeto de banco de dados, incluindo a desnormalização para fins de desempenho e exemplos de um mau projeto, que não são detectados pela normalização.

7.9.1 Modelo E-R e normalização

Quando definimos cuidadosamente um diagrama E-R, identificando todas as entidades corretamente, os esquemas de relação gerados do diagrama E-R não precisam de muito mais normalização. Entretanto, pode haver dependências funcionais entre os atributos de um conjunto de entidades. Por exemplo, suponha que uma entidade *instrutor* tenha atributos *nome_dept* e *endereço_dept*, e que exista uma dependência funcional *nome_dept* → *endereço_dept*. Poderíamos, então, normalizar a relação gerada a partir de *instrutor*.

A maioria dos exemplos dessas dependências surge de um projeto ruim de diagrama E-R. No exemplo citado, se tivéssemos projetado o diagrama E-R corretamente, teríamos criado uma entidade *departamento* com o atributo *endereço_dept* e um conjunto de relacionamentos entre *instrutor* e *departamento*. Da mesma forma, um conjunto de relacionamentos envolvendo mais de dois conjuntos de entidades pode não estar em uma forma normal desejável. Como a maioria dos relacionamentos é binária, esses casos são relativamente raros. (Na verdade, algumas variantes do diagrama E-R realmente dificultam ou impossibilitam especificar conjuntos de relacionamento não binários.)

As dependências funcionais podem ajudar a detectar um mau projeto E-R. Se os esquemas de relação gerados não estiverem na forma normal desejada, o problema pode ser corrigido no diagrama E-R. Ou seja, a normalização pode ser feita formalmente durante a modelagem de dados. Alternativamente, a normalização pode ser deixada por conta da intuição do projetista durante a modelagem E-R e ser feita formalmente nas relações geradas do modelo E-R.

O leitor atento terá observado que, para ilustrarmos a necessidade de dependências de valores múltiplos e a quarta forma normal, começamos com esquemas que não foram derivados de nosso projeto E-R. De fato, o processo de criar um diagrama E-R costuma gerar projetos 4FN. Se uma dependência de valores múltiplos se aplica e não é implicada pela dependência funcional correspondente, ela geralmente surge das seguintes origens:

- Um conjunto de relacionamentos muitos-para-muitos.
- Um atributo multivalorado de um conjunto de entidades.

Para um relacionamento muitos-para-muitos, cada conjunto de entidades relacionado possui seu próprio esquema, e existe um esquema adicional consistindo no atributo e na chave primária do conjunto de entidades (como no caso do atributo *número_telefone* do conjunto de entidades *instrutor*).

O método de relação universal para projetos de banco de dados relacional começa com a suposição de que existe um único esquema de relação contendo todos os atributos de interesse. Esse único esquema define como os usuários e as aplicações interagem com o banco de dados.

7.9.2 Nomeação dos atributos e relacionamentos

Uma propriedade desejável de um projeto de banco de dados é a **suposição de papel único**, que significa que cada nome de atributo possui um significado único no banco de dados. Isso evita que usemos o mesmo atributo para significar coisas diferentes em esquemas distintos. Por exemplo, poderíamos considerar usar o atributo *número* para o número de telefone no esquema *instrutor* e para o número de sala no esquema *sala*. A junção de uma relação no esquema *instrutor* com uma em sala não faz sentido. Embora os usuários e os desenvolvedores de aplicação possam trabalhar com cuidado para garantir o uso do número correto em cada circunstância, ter um nome de atributo diferente para o número de telefone e o número de sala serve para reduzir os erros do usuário.

Embora seja uma boa opção manter nomes distintos para atributos incompatíveis, se os atributos de diferentes relações tiverem o mesmo significado, uma boa ideia é usar o mesmo nome de atributo. Por esse motivo, usamos o mesmo nome de atributo "*nome*" nos conjuntos de entidades *instrutor* e *aluno*. Se não fosse assim (ou seja, se usássemos diferentes convenções de nomeação para os nomes de instrutor e aluno), e quiséssemos generalizar esses conjuntos de entidades criando um conjunto de entidades *pessoa*, precisaríamos renomear o atributo. Portanto, mesmo que não tenhamos no momento uma generalização de *aluno* e *instrutor*, se previmos essa possibilidade é melhor usar o mesmo nome nos dois conjuntos de entidades (e relações).

Apesar de, tecnicamente, a ordem dos nomes de atributo em um esquema não importar, é uma convenção listar primeiro os atributos de chave primária. Isso torna a leitura da saída padrão (como de **select** *) mais fácil.

Em grandes esquemas de banco de dados, os conjuntos de relacionamentos (e os esquemas produzidos daí) normalmente são nomeados por uma concatenação dos nomes dos conjuntos de entidades relacionados, talvez com um hífen ou sublinhado. Usamos alguns desses nomes, por exemplo, *inst_sec* e *aluno_sec*. Usamos os nomes *ministra* e *realiza* em vez de nomes concatenados mais longos. Isso foi aceitável porque não é difícil para você lembrar as entidades associadas a algumas poucas relações. Nem sempre podemos criar nomes de relacionamento por uma simples concatenação; por exemplo, um relacionamento gerente ou trabalha-para entre empregados não faria muito sentido se ele fosse denominado *empregado_empregado*! Da mesma forma, se houver vários conjuntos de relacionamento possíveis entre um par de conjuntos de entidades, os nomes de conjunto de relacionamentos precisam incluir pares extras para identificar o conjunto.

Diferentes organizações possuem diferentes convenções para nomear conjuntos de entidades. Por exemplo, podemos chamar um conjunto de entidades de alunos de *aluno* ou *alunos*. Escolhemos a forma singular em nossos projetos de banco de dados. É aceitável usar o singular ou o plural, desde que isso seja feito em todos os conjuntos de entidades de forma consistente.

À medida que os esquemas se tornarem maiores, com números de relacionamentos cada vez maiores, o uso de uma nomeação consistente de atributos, relacionamentos e entidades facilitará muito a vida para o projetista de banco de dados e os programadores de aplicação.

7.9.3 Desnormalização para desempenho

Ocasionalmente, os projetistas de banco de dados escolhem um esquema que possui informações redundantes; ou seja, que não é normalizado. Eles usam a redundância para melhorar o desempenho de aplicações específicas. O ônus de não usar um esquema normalizado é o trabalho extra (em termos de tempo de codificação e execução) para manter os dados redundantes consistentes.

Por exemplo, suponha que todos os pré-requisitos de curso precisem ser exibidos sempre com a informação do curso, toda vez que o curso é acessado. Em nosso esquema normalizado, isso exige uma junção de *curso* com *prereq*.

Uma alternativa para calcular a junção instantaneamente consiste em armazenar uma relação contendo todos os atributos de *curso* e *prereq*. Isso torna a exibição de "todas" as informações do curso mais rápida. Entretanto, as informações para um curso são repetidas para cada pré-requisito de *curso*, e todas as cópias precisam ser atualizadas pela aplicação, sempre que um pré-requisito de curso é incluído ou removido. O processo de tomar um esquema normalizado e torná-lo não normalizado é chamado de **desnormalização**, e os projetistas o empregam a fim de ajustar o desempenho dos sistemas para dar suporte a operações em que o tempo é um fator crítico.

Uma alternativa melhor, aceita por muitos sistemas de banco de dados atuais, é usar o esquema normalizado e, adicionalmente, armazenar a junção de *curso* e *prereq* como uma *view* materializada. (Lembre-se de que uma *view* materializada é uma *view* cujo resultado é armazenado no banco de dados e atualizada quando as relações usadas na *view* são atualizadas.) Como a desnormalização, usar *views* materializadas envolve sobrecargas (*overheads*) de tempo e espaço; entretanto, esse método tem a vantagem de que manter a *view* atualizada é trabalho do sistema de banco de dados, não do programador da aplicação.

7.9.4 Outros aspectos de projeto

Existem algumas questões do projeto de banco de dados que não são resolvidas pela normalização e, portanto, podem levar a um mau projeto de banco de dados. Os dados relacionados com tempo ou com intervalos de tempo possuem vários desses aspectos. Fornecemos alguns exemplos que, obviamente, devem ser evitados.

Considere um banco de dados de universidade, em que queremos armazenar o número total de instrutores de cada departamento em diferentes anos. Uma relação *total_inst* (*nome_dept*, *ano*, *valor*) poderia ser usada para armazenar as informações desejadas. A única dependência funcional nessa relação é *nome_dept*, *ano* → *valor*, e a relação está na FNBC.

Um projeto alternativo é usar várias relações, cada uma armazenando o valor de um ano diferente. Digamos que os anos de interesse sejam 2017, 2018 e 2019; teríamos, então, relações da forma *total_inst_2017*, *total_inst_2018*, *total_inst_2019*, todos estando no esquema (*nome_dept*, *valor*). A única dependência funcional aqui em cada relação seria *nome_dept* → *valor*; portanto, essas relações também estão na FNBC.

Todavia, esse projeto alternativo é claramente uma má ideia – precisaríamos criar uma relação todo ano e, também, teríamos de escrever novas consultas a cada ano para levar em consideração cada nova relação. As consultas também seriam mais complicadas, já que podem precisar se referir a muitas relações.

Ainda outra maneira de representar os mesmos dados é ter uma única relação *ano_dept*(*nome_dept*, *total_inst_2017*, *total_inst_2018*, *total_inst_2019*). Aqui, as únicas dependências funcionais são de *nome_dept* para os outros atributos, e novamente a relação está na FNBC. Esse projeto também é uma má ideia, uma vez que possui problemas semelhantes ao projeto anterior – ou seja, precisaríamos modificar o esquema de relação e escrever novas consultas todo ano. As consultas também seriam mais complicadas, já que podem precisar se referir a muitos atributos.

As representações como as da relação *ano_dept*, com uma coluna para cada valor de um atributo, são chamadas **crosstabs**; elas são amplamente usadas em planilhas e relatórios e em ferramentas de análise de dados. Embora essas representações sejam úteis para exibir dados aos usuários, pelas razões já mencionadas, elas não são desejáveis em um projeto de banco de dados. Foram propostas extensões SQL de modo a converter dados de uma representação relacional normal para uma *crosstab*, para exibição, conforme discutimos na Seção 11.3.1.

7.10 Modelando dados temporais

Suponha que mantemos dados em nosso banco mostrando não só o endereço de cada instrutor, mas também todos os antigos endereços de que a universidade tem conhecimento. Podemos, então, fazer consultas como "Encontre todos os clientes que moravam em Princeton em 1981". Nesse caso, podemos ter vários endereços para instrutores. Cada endereço possui uma data inicial e uma data final associadas, indicando o período em que o instrutor estava morando nesse endereço. Um valor especial para a data final, por exemplo, nulo, ou um valor em futuro distante, como 31-12-9999, podem ser usados para indicar que o instrutor ainda está residindo no endereço.

Em geral, **dados temporais** são aqueles que possuem um intervalo de tempo associado, durante o qual eles são **válidos**.[11]

Modelar dados temporais é uma tarefa complicada por várias razões. Por exemplo, suponha que tenhamos uma entidade *instrutor* à qual desejamos associar um endereço variável no tempo. Para acrescentar informações temporais a um endereço, precisaríamos criar um atributo de multivalorado, cada um dos valores sendo composto e contendo um endereço e um intervalo de tempo. Além dos valores de atributos variáveis no tempo, as entidades podem, elas mesmas, ter um tempo de validade associado. Por exemplo, uma entidade *aluno* pode ter um tempo de validade da data em que o aluno entrou na universidade até a data em que o aluno se formou (ou saiu da universidade). Os relacionamentos também podem ter tempos de validades associados. Por exemplo, o relacionamento *prereq* pode registrar quando um curso se tornou um pré-requisito para outro curso. Então, poderíamos acrescentar intervalos de tempo de validade aos valores de atributo, conjuntos de entidades e conjuntos de relacionamentos. Incluir esse detalhe em um diagrama E-R o torna muito mais difícil de criar e de compreender. Houve várias propostas de estender a notação E-R para especificar, de maneira simples, que um atributo ou relacionamento é variável no tempo, mas não existem nenhuns padrões aceitos.

---

[11] Existem outros modelos de dados temporais que distinguem entre **tempo válido** e **tempo de transação**, este último assinalando quando um fato foi registrado no banco de dados. Ignoramos esses detalhes para simplificar.

Na prática, os projetistas de banco de dados se limitam aos métodos mais simples para projetar bancos de dados temporais. Uma técnica comumente usada é projetar o banco de dados inteiro (inclusive, o projeto E-R e o projeto relacional) ignorando mudanças temporais. Após isso, o projetista estuda as várias relações e decide quais exigem o acompanhamento da variação temporal.

A próxima etapa é incluir informações de tempo de validade em cada uma dessas relações acrescentando tempo inicial e final como atributos. Por exemplo, considere a relação *curso*. O título do curso pode mudar com o tempo, o que pode ser tratado acrescentando uma faixa de tempo de validade; o esquema resultante seria

curso (*id_curso, curso, nome_dept, inicial, final*)

Uma instância dessa relação pode ser vista na Figura 7.17. Cada tupla possui um intervalo válido associado. Observe que, segundo o padrão SQL:2011, o intervalo é **fechado** no lado esquerdo, ou seja, a tupla é válida no tempo *inicial*, mas é **aberto** no lado direito, ou seja, a tupla é válida até imediatamente antes do tempo *final*, mas é inválida exatamente nesse tempo *final*. Isso permite que uma tupla tenha o mesmo tempo inicial que o tempo final de outra tupla, sem sobreposição. Em geral, as extremidades esquerda e direita fechadas são indicadas por "[" e "]", enquanto as extremidades esquerda e direita abertas são indicadas por "(" e ")". Os intervalos na SQL:2011 têm o formato [*início*, *fim*), ou seja, eles são fechados no lado esquerdo e abertos no lado direito. Observe que 31-12-9999 é a maior data possível segundo o padrão SQL.

Podemos ver, na Figura 7.17, que o título do curso CS-201 mudou várias vezes. Suponha que, em 01-01-2020, o título do curso seja atualizado novamente para, digamos, "Intro. to Scala". Então, o valor do atributo *fim* da tupla com o título "Intro. to Python" seria atualizado para 01-01-2020, e uma nova tupla (CS-201, Intro. to Scala, Comp. Sci., 4, 01-01-2020, 31-12-9999) seria acrescentada à relação.

Quando acompanhamos os valores de dados com o passar do tempo, as dependências funcionais que consideramos verdadeiras como

$$id\_curso \rightarrow título, nome\_dept, créditos$$

podem não ser mantidas. A restrição a seguir (expressa em português), em vez disso, seria mantida: "Um curso *id_curso* tem apenas um *título* e valor de *nome_dept* em determinado momento *t*".

Dependências funcionais que se mantêm em determinado ponto no tempo são consideradas dependências funcionais temporais. Usamos o termo **instantâneo (snapshot)** dos dados para indicar o valor dos dados em determinado ponto no tempo. Assim, um instantâneo dos dados de *curso* fornece os valores de todos os atributos, como título e departamento, de todos os cursos em dado ponto no tempo. Formalmente, uma **dependência funcional temporal** $\alpha \xrightarrow{\tau} \beta$ se aplica em um esquema de relação $r(R)$ se, para todas as instâncias legais de $r(R)$, todos os instantâneos de r satisfazem a dependência funcional $\alpha \rightarrow \beta$.

A chave primária original para uma relação temporal não mais identificaria unicamente uma tupla. Para resolver esse problema, poderíamos acrescentar os atributos de tempo inicial e final à chave primária, garantindo que duas tuplas não terão o mesmo valor de chave primária. Entretanto, esta solução não está correta, pois é possível armazenar dados com intervalos de tempo sobrepostos, o que a restrição de chave primária não detectaria simplesmente incluindo os atributos de tempo inicial e final à restrição de chave primária. Em vez disso, a versão temporal da restrição de chave primária deverá garantir que, se duas tuplas quaisquer tiverem os mesmos valores de chave primária, seus intervalos de tempo válidos não se sobreponham. Formalmente, se $r \cdot A$ é uma **chave primária temporal** da relação r, então, sempre que duas tuplas t_1 e t_2 em r forem tais que $t_1 \cdot A = t_2 \cdot A$, seus intervalos de tempo válidos de t_1 e t_2 não deverão se sobrepor.

As restrições de chave estrangeira também são mais complicadas quando a relação referenciada é uma relação temporal. Uma chave estrangeira temporal deverá garantir que não apenas cada tupla na relação referenciadora, digamos, r, tenha uma tupla correspondente na relação referenciada – digamos, s – mas também que seus intervalos de tempo sejam levados em conta. Não é obrigatório haver uma tupla correspondente em s exatamente com o mesmo intervalo de tempo, nem sequer que uma única tupla em s tenha um intervalo de tempo contendo o intervalo da tupla de r. Em vez disso, o intervalo de tempo da tupla de r pode ser coberto por uma ou mais tuplas de s. Formalmente, uma restrição de **chave estrangeira temporal** de $r \cdot A$ para $s \cdot B$ garante o seguinte: para cada tupla t em r, com intervalo de tempo válido (l, u), existe um subconjunto s_t de uma ou mais tuplas em s tal que cada tupla $s_i \in s_t$ tenha $s_i \cdot B = t \cdot A$ e, além disso, a união dos intervalos temporais de todo s_i contenha (l, u).

Um registro no histórico de um aluno deverá se referir ao título do curso no momento que o aluno realizou o curso. Assim, a relação referenciadora também deverá registrar informações de tempo, para identificar um registro em particular da relação *curso*. Em nosso esquema de universidade, *realiza.id_curso* é uma chave estrangeira referenciando *curso*. Os valores de *ano* e *semestre* de uma tupla de *realiza*

id_curso	*título*	*nome_dept*	*créditos*	*início*	*fim*
BIO-101	Intro. to Biology	Biology	4	1985-01-01	9999-12-31
CS-201	Intro. to C	Comp. Sci.	4	1985-01-01	1999-01-01
CS-201	Intro. to Java	Comp. Sci.	4	1999-01-01	2010-01-01
CS-201	Intro. to Python	Comp. Sci.	4	2010-01-01	9999-12-31

Figura 7.17 Uma versão temporal da relação *curso*.

poderiam ser mapeados para uma data representativa, como a data de início do semestre; o valor de data resultante poderia ser usado para identificar uma tupla na versão temporal da relação *curso* cujo intervalo de tempo válido contém a data especificada. Como alternativa, uma tupla *realiza* pode estar associada a um intervalo de tempo válido desde a data inicial do semestre até a data final desse semestre, e as tuplas de *curso* com um *id_curso* correspondente e um tempo válido sobreposto podem ser recuperadas; contanto que as tuplas de *curso* não sejam atualizadas durante um semestre, só haverá um registro assim.

Em vez de acrescentar informações temporais a cada relação, alguns projetistas de banco de dados criam, para cada relação, uma relação *histórico* correspondente, que armazena o histórico das atualizações feitas nas tuplas. Por exemplo, um projetista pode deixar uma relação *curso* inalterada, mas criar uma relação *histórico_curso* correspondente que tenha todos os atributos de *curso*, com um atributo *estampa_tempo* adicional indicando quando um registro foi acrescentado à tabela *histórico_curso*. Porém, esse esquema possui limitações, como uma incapacidade de associar um registro de *realiza* ao título correto do curso.

O padrão SQL:2011 adicionou suporte para dados temporais. Em particular, ele permite que os atributos existentes sejam declarados para especificar um intervalo de tempo válido para uma tupla. Por exemplo, para a relação estendida *curso* que vimos anteriormente, poderíamos declarar

period for *tempoválido* (*início, fim*)

para especificar que a tupla é válida no intervalo especificado pelo *início* e *fim* (que, de outra forma, são atributos comuns).

As chaves primárias temporais podem ser declaradas na SQL:2011, conforme ilustrado a seguir, usando o esquema de *curso* estendido:

primary key (*id_curso, tempoválido* **without overlaps**)

A SQL:2011 também admite restrições de chave estrangeira temporal permitindo que um **período** seja especificado juntamente com os atributos da relação referenciadora, bem como com os atributos da relação referenciada. A maioria dos bancos de dados, com exceção do IBM DB2, Teradata e, possivelmente, alguns outros poucos, não admite restrições de chave primária temporal. Pelo que sabemos, nenhum sistema de banco de dados, atualmente, admite restrições de chave estrangeira temporal (Teradata permite que elas sejam especificadas, mas, pelo menos em 2018, não as impõe).

Alguns bancos de dados que não admitem diretamente as restrições de chave primária temporal permitem alternativas para impor tais restrições. Por exemplo, embora PostgreSQL não admita restrições de chave primária temporal de forma nativa, essas restrições podem ser impostas por meio do recurso de restrição exclude, admitido pelo PostgreSQL. Por exemplo, considere a relação *curso*, cuja chave primária é *id_curso*. No PostgreSQL, podemos acrescentar um atributo *tempoválido*, do tipo tsrange; o tipo de dados tsrange do PostgreSQL armazena um intervalo de tempo com uma estampa de tempo inicial e final. O PostgreSQL permite o uso de um operador && sobre um par de intervalos, que retorna verdadeiro se dois intervalos se sobrepõem e falso, em caso contrário. A chave primária temporal pode ser imposta acrescentando a seguinte restrição exclude (um tipo de restrição aceito pelo PostgreSQL) à relação *curso*, da seguinte forma:

exclude (*id_curso* **with** =, *tempoválido* **with** &&)

Essa restrição garante que, se duas tuplas de *curso* tiverem o mesmo valor de *id_curso*, então seus intervalos de *tempoválido* não se sobrepõem.

Operações da álgebra relacional, como seleção, projeção ou junção, podem ser estendidas para tomar relações temporais como entradas e gerar relações temporais como saídas. Operações de seleção e projeção sobre relações temporais geram tuplas cujos intervalos de tempo válidos são iguais aos de suas tuplas de entrada correspondentes. Uma **junção temporal** é ligeiramente diferente: o tempo válido de uma tupla no resultado da junção é definido como a interseção dos tempos válidos das tuplas das quais é derivado. Se não houve interseção dos tempos válidos, a tupla é descartada do resultado. Pelo que sabemos, nenhum banco de dados admite junções temporais de forma nativa, embora elas possam ser expressas por consultas SQL que tratam, explicitamente, de condições temporais. Predicados, como **overlaps**, **contains**, **before** e **after**, e operações como *interseção* e *diferença* sobre pares de intervalos, são aceitos por diversos sistemas de banco de dados.

7.11 Resumo

- Mostramos os riscos no projeto de banco de dados e como projetar sistematicamente um esquema de banco de dados que evite esses riscos. Os riscos incluem informações repetidas e a incapacidade de representar algumas informações.
- O Capítulo 6 mostrou o desenvolvimento de um projeto de banco de dados relacional a partir de um projeto E-R e quando esquemas podem ser combinados com segurança.
- Dependências funcionais são restrições de consistência usadas para definir duas formas normais bastante utilizadas, a forma normal de Boyce-Codd (FNBC) e a terceira forma normal (3FN).
- Se a decomposição for preservadora de dependência, todas as dependências funcionais podem ser deduzidas logicamente considerando apenas as dependências que se aplicam a uma relação. Isso permite o teste da validade de uma atualização sem a necessidade de computar uma junção de relações da decomposição.
- Uma cobertura canônica é um conjunto de dependências funcionais equivalente a um dado conjunto de dependências funcionais, que é minimizado de uma forma específica para eliminar atributos estranhos.

- O algoritmo para decomposição de relações na FNBC garante uma decomposição sem perdas. Existem esquemas de relação com determinado conjunto de dependências funcionais para as quais não há decomposição da FNBC preservadora de dependência.
- Usamos as coberturas canônicas para decompor uma relação para a 3FN, que é uma condição FNBC mais relaxada. As relações na 3FN podem ter alguma redundância, mas esta é considerada uma troca aceitável em casos onde não há decomposição preservadora da dependência na FNBC.
- Apresentamos a noção de dependências de valores múltiplos, que especificam restrições que não podem ser especificadas apenas com dependências funcionais. Definimos a quarta forma normal (4FN) com dependências de valores múltiplos. A Seção 28.1.1 fornece detalhes do raciocínio sobre dependências de valores múltiplos.
- Outras formas normais, como FNJP e FNCD, eliminam formas de redundância mais sutis. Entretanto, elas são difíceis de lidar e raramente são usadas. O Capítulo 28 oferece detalhes sobre essas formas normais. A segunda forma normal serve apenas de interesse histórico, pois não oferece benefício em relação à 3FN.
- Os projetos relacionais normalmente são baseados em domínios atômicos simples para cada atributo. Isso é chamado de primeira forma normal.
- O tempo desempenha um papel importante nos sistemas de banco de dados. Os bancos de dados são modelos do mundo real. Enquanto a maioria dos bancos de dados modela o estado do mundo real em determinado ponto no tempo (no momento atual), os bancos de dados temporais modelam os estados do mundo real no decorrer do tempo.
- Existem possíveis projetos de banco de dados que são ruins apesar de serem sem perdas, preservadores de dependência e estarem em uma forma normal apropriada. Mostramos exemplos de alguns desses projetos para ilustrar que a normalização baseada na dependência funcional, embora muito importante, não é o único aspecto de um bom projeto relacional.
- Para que um banco de dados armazene não apenas dados atuais, mas também dados históricos, ele também precisa armazenar, para cada tupla, o período de tempo para o qual a tupla é ou foi válida. Então, torna-se necessário definir dependências funcionais temporais para representar a ideia de que a dependência funcional se mantém em qualquer ponto no tempo, mas não sobre a relação inteira. De modo semelhante, a operação de junção precisa ser modificada de modo a juntar de forma apropriada apenas as tuplas com intervalos de tempo sobrepostos.
- Revisando as questões neste capítulo, note que a razão pela qual poderemos definir métodos rigorosos para o projeto de banco de dados é que o modelo de dados relacional tem sólida base matemática. Essa é uma das principais vantagens do modelo relacional em comparação com outros modelos de dados que estudamos.

Termos de revisão

- Decomposição
  - Decomposição com perdas
  - Decomposição sem perdas
- Normalização
- Dependências funcionais
- Instância legal
- Superchave
- *R* satisfaz *F*
- Dependência funcional
  - Trivial
  - Não trivial
- Fecho de um conjunto de dependências funcionais
- Preservação de dependência
- Terceira forma normal (3FN)
- Dependências transitivas
- Implicação lógica
- Axiomas
- Axiomas de Armstrong
- Áudio
- Completos
- Determinados funcionalmente
- Atributos estranhos
- Cobertura canônica
- Restrição de F para R_i
- Decomposição por preservação de dependência
- Forma normal de Boyce-Codd (FNBC)
- Algoritmo de decomposição FNBC
- Terceira forma normal (3NF)
- Algoritmo de decomposição 3FN
- Algoritmo de síntese 3FN
- Dependências de valores múltiplos
  - Dependências geradoras de igualdade
  - Dependências geradoras de tuplas
  - Dependências de valores múltiplos embutidos

- Fecho
- Quarta forma normal (4FN)
- Restrição de D para R_i
- Quinta forma normal
- Forma normal de chave de domínio (FNCD)
- Domínios atômicos
- Primeira forma normal (1FN)
- Suposição de papel único
- Desnormalização
- *Crosstabs*
- Dados temporais
- Instantâneo (*snapshot*)
- Dependências funcionais triviais
- Chave primária temporal
- Chave estrangeira temporal
- Junção temporal

Exercícios práticos

7.1 Suponha que decompomos o esquema $r(A, B, C, D, E)$ em

$$(A, B, C)$$
$$(A, D, E)$$

Mostre que essa decomposição é uma decomposição sem perdas se o seguinte conjunto F de dependências funcionais se aplicar:

$$A \rightarrow BC$$
$$CD \rightarrow E$$
$$B \rightarrow D$$
$$E \rightarrow A$$

7.2 Liste todas as dependências funcionais satisfeitas pela relação da Figura 7.18.

7.3 Explique como as dependências funcionais podem ser usadas para indicar o seguinte:

- Um conjunto de relacionamentos um-para-um existe entre os conjuntos de entidades *aluno* e *instrutor*.
- Um conjunto de relacionamentos muitos-para-um existe entre os conjuntos de entidades *aluno* e *instrutor*.

7.4 Use os axiomas de Armstrong para provar a validade da regra da união. (*Dica*: use a regra da expansão para mostrar que, se $\alpha \rightarrow \beta$, então $\alpha \rightarrow \alpha\beta$. Aplique a regra da expansão novamente, usando $\alpha \rightarrow \gamma$, e depois aplique a regra da transitividade.)

7.5 Use os axiomas de Armstrong para provar a validade da regra da pseudotransitividade.

7.6 Calcule o fecho do seguinte conjunto F de dependências funcionais para o esquema de relação $R = (A, B, C, D, E)$.

A	B	C
a_1	b_1	c_1
a_1	b_1	c_2
a_2	b_1	c_1
a_2	b_1	c_3

Figura 7.18 Relação do Exercício Prático 7.2.

$$A \rightarrow BC$$
$$CD \rightarrow E$$
$$B \rightarrow D$$
$$E \rightarrow A$$

Liste as chaves candidatas para R.

7.7 Usando as dependências funcionais do Exercício Prático 7.6, calcule a cobertura canônica F_c.

7.8 Considere o algoritmo da Figura 7.19 para calcular α^+. Mostre que esse algoritmo é mais eficiente do que o apresentado na Figura 7.8 (Seção 7.4.2) e que ele calcula α^+ corretamente.

7.9 Dado o esquema de banco de dados $R(A, B, C)$ e a relação r no esquema R, escreva uma consulta SQL para testar se a dependência funcional $B \rightarrow C$ se aplica na relação r. Escreva também uma assertiva SQL que imponha a dependência funcional. Considere que nenhum valor nulo está presente. (Embora sendo parte do padrão SQL, essas assertivas não são aceitas por todas as implementações de banco de dados atualmente.)

7.10 Nossa discussão sobre decomposição de junção sem perdas considerou, implicitamente, que os atributos no lado esquerdo de uma dependência funcional não podem assumir valores nulos. O que poderá sair errado na decomposição, se essa propriedade for violada?

7.11 No algoritmo de decomposição FNBC, suponha que você use uma dependência funcional $\alpha \rightarrow \beta$ para decompor um esquema de relação $r(\alpha, \beta, \gamma)$ em $r_1(\alpha, \beta)$ e $r_2(\alpha, \gamma)$.

a. Que restrição de chave primária e estrangeira você espera que se aplique nas relações decompostas?

b. Dê um exemplo de inconsistência que pode surgir em face de uma atualização errônea, se a restrição de chave estrangeira não for imposta sobre essas relações decompostas.

c. Quando uma relação é decomposta na 3FN usando o algoritmo na Seção 7.5.2, que dependências de chave primária e estrangeira você espera que se apliquem no esquema decomposto?

7.12 Seja $R_1, R_2, ..., R_n$ uma decomposição do esquema *U*. Seja *u*(*U*) uma relação, e seja $r_i = \Pi_{R_i}(u)$. Mostre que

$$u \subseteq r_1 \bowtie r_2 \bowtie ... \bowtie r_n$$

7.13 Mostre que a decomposição no Exercício Prático 7.1 não é uma decomposição preservadora de dependência.

7.14 Mostre que pode haver mais de uma cobertura canônica para determinado conjunto de dependências funcionais, usando o seguinte conjunto de dependências:

$$X \rightarrow YZ,\ Y \rightarrow XZ \text{ e } Z \rightarrow XY.$$

7.15 O algoritmo para gerar uma cobertura canônica só remove um atributo estranho de cada vez. Use as dependências funcionais do Exercício Prático 7.14 para mostrar o que pode sair errado se dois atributos deduzidos como estranhos forem excluídos ao mesmo tempo.

7.16 Mostre que é possível garantir que uma decomposição preservadora de dependência para 3FN é uma decomposição sem perdas garantindo que pelo menos um esquema contém uma chave candidata para o esquema sendo decomposto. (*Dica*: mostre que a junção de todas as projeções para os esquemas da decomposição não pode ter mais tuplas que a relação original.)

7.17 Dê um exemplo de esquema de relação *R′* e um conjunto *F′* de dependências funcionais tais que existam pelo menos três decomposições sem perdas distintas de *R′* para FNBC.

7.18 Seja um atributo **primo** que apareça em pelo menos uma chave candidata. Sejam α e β conjuntos de atributos tais que α → β se aplique, mas β → α não se aplique. Seja *A* um atributo que não esteja em α, não esteja em β e para o qual β → *A* se aplique. Dizemos que *A* é **transitivamente dependente** de α. Podemos reformular nossa definição de 3FN desta maneira: *um esquema de relação R está na 3FN com respeito a um conjunto F de dependências funcionais se não houver nenhum atributo não primo A em R para o qual A seja transitivamente dependente de uma chave para R.* Mostre que essa nova definição é equivalente à definição original.

7.19 Uma dependência funcional α → β é chamada de **dependência parcial** se houver um subconjunto próprio γ de α tal que γ → β. Dizemos que β é *parcialmente dependente* de α. Um esquema de relação *R* está na **segunda forma normal (2FN)** se cada atributo *A* em *R* atender a um dos seguintes critérios:

- Aparece em uma chave candidata.
- Não é parcialmente dependente de uma chave candidata.

Mostre que todo esquema 3FN está na 2FN. (*Dica*: mostre que toda dependência parcial é uma dependência transitiva.)

7.20 Dê um exemplo de esquema de relação *R* e um conjunto de dependências tal que *R* esteja na FNBC, mas não na 4FN.

Exercícios

7.21 Mostre uma decomposição de junção sem perdas para a FNBC do esquema *R* do Exercício Prático 7.1.

7.22 Mostre uma decomposição de junção sem perdas, preservadora de dependência, para a 3FN do esquema *R* do Exercício Prático 7.1.

7.23 Explique o que significa *repetição de informações* e *incapacidade de representar informações*. Explique por que cada uma dessas propriedades pode indicar um mau projeto de banco de dados relacional.

7.24 Por que certas dependências funcionais são chamadas de dependências funcionais *triviais*?

7.25 Use a definição de dependência funcional para argumentar que cada um dos axiomas de Armstrong (reflexividade, expansão e transitividade) é válido (*sound*).

7.26 Considere a seguinte regra proposta para dependências funcionais: se α → β e γ → β, então α → γ. Prove que essa regra *não* é válida mostrando uma relação *r* que satisfaz α → β e γ → β, mas não α → γ.

7.27 Use os axiomas de Armstrong para provar a validade da regra da decomposição.

7.28 Usando as dependências funcionais do Exercício Prático 7.6, calcule B^+.

7.29 Mostre que a seguinte decomposição do esquema *R* do Exercício Prático 7.1 não é uma decomposição sem perdas:

$$(A, B, C)$$
$$(C, D, E)$$

Dica: dê um exemplo de relação *r*(*R*) tal que $\Pi_{A,B,C}(r) \bowtie \Pi_{C,D,E}(r) \neq r$.

7.30 Considere o seguinte conjunto *F* de dependências funcionais sobre o esquema de relação (*A*, *B*, *C*, *D*, *E*, *G*):

$$A \rightarrow BCD$$
$$BC \rightarrow DE$$
$$B \rightarrow D$$
$$D \rightarrow A$$

a. Calcule B^+.

b. Prove (usando os axiomas de Armstrong) que *AF* é uma superchave.

c. Calcule uma cobertura canônica para o conjunto de dependências funcionais F; mostre cada etapa da sua derivação com uma explicação.

d. Mostre uma decomposição 3FN de r com base na cobertura canônica.

e. Mostre uma decomposição FNBC do esquema dado usando o conjunto original de dependências funcionais.

7.31 Considere o esquema $R = (A, B, C, D, E, G)$ e o conjunto F de dependências funcionais:

$$AB \rightarrow CD$$
$$B \rightarrow D$$
$$DE \rightarrow B$$
$$DEG \rightarrow AB$$
$$AC \rightarrow DE$$

R não está na FNBC por muitos motivos, um deles surgindo da dependência funcional $AB \rightarrow CD$. Explique por que $AB \rightarrow CD$ mostra que R não está na FNBC e, depois, use o algoritmo de decomposição FNBC começando com $AB \rightarrow CD$ para gerar uma decomposição FNBC de R. Quando isso for feito, determine se o seu resultado é ou não preservador de dependência; explique o seu raciocínio.

7.32 Considere o esquema $R = (A, B, C, D, E, G)$ e o conjunto F de dependências funcionais:

$$A \rightarrow BC$$
$$BD \rightarrow E$$
$$CD \rightarrow AB$$

a. Ache uma dependência funcional não trivial que não contenha atributos estranhos e que seja logicamente implicada pelas três dependências apresentadas, explicando como você a achou.

b. Use o algoritmo de decomposição FNBC para achar uma decomposição FNBC de R. Comece com $A \rightarrow BC$. Explique os passos tomados.

c. Para a sua decomposição, indique se ela é sem perdas e explique o motivo.

d. Para a sua decomposição, indique se ela é preservadora de dependência e explique o motivo.

7.33 Considere o esquema $R = (A, B, C, D, E, G)$ e o conjunto F de dependências funcionais:

$$AB \rightarrow CD$$
$$ADE \rightarrow GDE$$
$$B \rightarrow CG$$
$$G \rightarrow DE$$

Use o algoritmo de decomposição 3FN para gerar uma decomposição 3FN de R e mostre o seu trabalho. Isso significa:

a. Uma lista de todas as chaves candidatas.

b. Uma cobertura canônica para F, com uma explicação dos passos que você usou para gerá-la.

c. Os passos restantes do algoritmo, com uma explicação.

d. A decomposição final.

7.34 Considere o esquema $R = (A, B, C, D, E, G, H)$ e o conjunto F de dependências funcionais:

$$AB \rightarrow CD$$
$$D \rightarrow C$$
$$DE \rightarrow B$$
$$DEH \rightarrow AB$$
$$AC \rightarrow DC$$

Use o algoritmo de decomposição 3FN para gerar uma decomposição 3FN de R e mostre o seu trabalho. Isso significa:

a. Uma lista de todas as chaves candidatas.

b. Uma cobertura canônica para F.

c. Os passos restantes do algoritmo, com uma explicação.

d. A decomposição final.

7.35 Embora o algoritmo BCNF garanta que a decomposição resultante seja sem perdas, é possível ter um esquema e uma decomposição que não foram gerados pelo algoritmo, isto é, esteja na FNBC e não seja sem perdas. Dê um exemplo de um esquema assim, com sua decomposição.

7.36 Mostre que cada esquema consistindo em exatamente dois atributos deve estar na FNBC, independentemente do conjunto F dado de dependências funcionais.

7.37 Cite os três objetivos de projeto para bancos de dados relacionais e explique por que cada um é desejável.

7.38 Ao projetar um banco de dados relacional, por que podemos escolher um projeto não FNBC?

7.39 À luz dos três objetivos do projeto de banco de dados relacional, existe alguma razão para projetar um esquema de banco de dados que esteja na 2FN, mas não esteja em nenhuma forma normal de ordem mais alta? (Veja no Exercício Prático 7.19 a definição de 2FN.)

7.40 Dado um esquema de relação $r(A, B, C, D)$, $A \rightarrow\rightarrow BC$ implica logicamente $A \rightarrow\rightarrow B$ e $A \rightarrow\rightarrow C$? Se afirmativo, prove; caso contrário, forneça um contraexemplo.

7.41 Explique por que a 4FN é uma forma normal mais desejável do que a FNBC.

7.42 Normalize o esquema a seguir, com as restrições dadas, para a 4FN.

```
result := ∅;
/* fdcount é um array cujo elemento contém o número
   de atributos no lado esquerdo da i DF que ainda não se
   sabe estarem em α+ */
for i := 1 to |F| do
   begin
      seja β → γ a i DF;
      fdcount [i] := |β|;
   end
/* appears é um array com uma entrada para cada atributo.
   A entrada para o atributo A é uma lista de inteiros. Cada inteiro i
   na lista indica que A aparece no lado esquerdo da i DF */
for each atributo A do
   begin
      appears [A] := NIL;
      for i := 1 até |F| do
         begin
            seja β → γ a i DF;
            if A ∈ β then acrescente i a appears [A];
         end
   end
addin (α);
return (resultado);

procedure addin (α);
for each atributo A em α do
   begin
      if A ∉ result then
         begin
            result := result ∪ {A};
            for each elemento i de appears[A] do
               begin
                  fdcount [i] := fdcount [i] – 1;
                  if fdcount [i] := 0 then
                     begin
                        seja β → γ a i DF;
                        addin (γ);
                     end
               end
         end
   end
```

Figura 7.19 Um algoritmo para calcular α^+.

livro(número_registro, isbn, título, autor, editora)
usuários(id_usuário, nome, id_dept, nome_dept)
número_registro → *isbn*
isbn → *título*
isbn → *editora*
isbn →→ *autor*
id_usuário → *nome*
id_usuário → *id_dept*
id_dept → *nome_dept*

7.43 Embora a SQL não aceite restrições de dependência funcional, se o sistema de banco de dados aceitar restrições sobre *views* materializadas, e as *views* materializadas forem mantidas imediatamente, é possível impor restrições de dependência funcional na SQL. Dada uma relação $r(A, B, C)$, explique como as restrições sobre *views* materializadas podem ser usadas para impor a dependência funcional $B \rightarrow C$.

7.44 Dadas duas relações *r*(*A*, *B*, *tempo_válido*) e *s*(*B*, *C*, *tempo_válido*), em que *tempo_válido* indica o intervalo de tempo válido, escreva uma consulta SQL para calcular a junção natural temporal das duas relações. Você pode usar o operador && para verificar se dois intervalos se sobrepõem e o operador * para calcular a interseção de dois intervalos.

Leitura adicional

A primeira discussão da teoria do projeto de banco de dados relacional apareceu em um artigo de Codd (1970). Nesse artigo, Codd também apresentou as dependências funcionais e a primeira, a segunda e a terceira formas normais.

Os axiomas de Armstrong foram apresentados em Armstrong (1974). A FNBC foi introduzida em Codd (1972). Maier (1983) é um livro-texto clássico que oferece cobertura detalhada sobre normalização e a teoria das dependências funcional e de valores múltiplos.

Bibliografia

ARMSTRONG, W. W. "Dependency structures of data base relationships". In: *Proc. of the 1974 IFIP Congress*, North Holland, Amsterdam, p. 580-583, 1974.

CODD, E. F. "A relational model for large shared data banks". *Communications of the ACM*, 13(6), p. 377-387, 1970.

CODD, E. F. "Further normalization of the data base relational model". In: RUSTIN, R. *Data base systems*. New Jersey: Prentice-Hall, p. 33-64, 1972.

MAIER, D. *The theory of relational databases*. North Holland, Amsterdam: Computer Science Press, 1983.

RUSTIN, R. *Data base systems*, Prentice-Hall, 1972.

Créditos

A foto dos barcos no início do capítulo pertence a

PARTE 3

PROJETO E DESENVOLVIMENTO DE APLICAÇÃO

Um dos principais requisitos do modelo relacional é que os valores de dados sejam atômicos: tipos de dados de valores múltiplos, compostos e outros tipos complexos não são permitidos pelo modelo relacional básico. No entanto, existem muitas aplicações em que as restrições sobre os tipos de dados impostas pelo modelo relacional causam mais problemas do que resolvem. No Capítulo 8, discutimos vários *tipos de dados complexos*, incluindo os tipos de dados semiestruturados, que são bastante usados na montagem de aplicações, dados baseados em objetos, dados textuais e dados espaciais.

Praticamente todo o uso dos bancos de dados ocorre de dentro dos programas de aplicação. Por conseguinte, toda a interação do usuário com os bancos de dados é indireta, por meio dos programas de aplicação. As aplicações com o suporte do banco de dados estão em toda a parte na Web, bem como em plataformas móveis. No Capítulo 9, estudamos as ferramentas e tecnologias usadas para o desenvolvimento de aplicações, focando nas aplicações interativas que usam bancos de dados para armazenar e recuperar dados.

CAPÍTULO **8**

Tipos de dados complexos

O modelo relacional é muito utilizado para a representação de dados em um grande número de domínios de aplicação. Um dos principais requisitos do modelo relacional é que os valores de dados sejam atômicos: tipos de dados de valores múltiplos, compostos e outros tipos de dados complexos não são permitidos pelo modelo relacional básico. No entanto, existem muitas aplicações em que as restrições sobre os tipos de dados impostas pelo modelo relacional causam mais problemas do que resolvem. Neste capítulo, discutimos vários *tipos de dados não atômicos* bastante utilizados, incluindo dados semiestruturados, dados baseados em objetos, dados textuais e dados espaciais.

8.1 Dados semiestruturados

Projetos de bancos de dados relacionais possuem tabelas com um número fixo de atributos, cada um deles contendo um valor atômico. Mudanças no esquema, como a inclusão de um atributo extra, são eventos raros e podem exigir a mudança do código de aplicação. Esse projeto é bastante adequado a muitas aplicações corporativas.

No entanto, existem muitos domínios de aplicação que precisam armazenar dados mais complexos, cujo esquema muda com frequência. Aplicações Web em rápida evolução são um exemplo de tal domínio. Como um exemplo das necessidades de gerenciamento de dados de tais aplicações, considere o perfil de um usuário que precisa estar acessível a diversas aplicações diferentes. O perfil contém diversos atributos, e há acréscimos frequentes aos atributos armazenados no perfil. Alguns atributos podem conter dados complexos; por exemplo, um atributo pode armazenar um conjunto de interesses que podem ser usados para mostrar os artigos do usuário relacionados com o conjunto de interesses. Embora esse conjunto possa ser armazenado de maneira normalizada em uma relação separada, um tipo de dados de conjunto permite um acesso significativamente mais eficiente do que uma representação normalizada. Nesta seção, estudamos vários modelos de dados que suportam a representação de dados semiestruturados.

O intercâmbio de dados é outra motivação muito importante para representações de dados semiestruturados; para muitas aplicações, talvez isso seja ainda mais importante que o armazenamento. Uma arquitetura popular para a construção de sistemas de informação, hoje, é criar não só um serviço Web (*web service*) que possibilite a recuperação de dados, bem como um código de aplicação que exiba os dados e permita a interação do usuário. Esse código de aplicação pode ser desenvolvido como aplicativos móveis ou ser escrito em JavaScript e executado no navegador. Em ambos os casos, a capacidade de executar na máquina do cliente permite aos desenvolvedores criar interfaces de usuário muito responsivas, ao contrário da antiga geração de interfaces Web, na qual os servidores de *back-end* enviam texto de marcação HTML para os navegadores, que exibem a representação do código HTML. Uma chave para a construção dessas aplicações é a capacidade de trocar e processar com eficiência dados complexos entre servidores de *back-end* e clientes. Estudamos os modelos de dados JSON e XML que foram bastante adotados para essa tarefa.

8.1.1 Visão geral dos modelos de dados semiestruturados

O modelo de dados relacional foi estendido de várias maneiras, para dar suporte às necessidades de armazenamento e troca de dados das aplicações modernas.

8.1.1.1 Esquema flexível

Alguns sistemas de banco de dados permitem que cada tupla tenha potencialmente um conjunto diferente de atributos; tal representação é conhecida como uma representação de dados de **coluna larga** (do inglês, "wide column"). O conjunto de atributos não é fixo em tal representação; cada tupla pode ter um conjunto de atributos diferente, e novos atributos podem ser acrescentados conforme a necessidade.

Uma forma mais restrita dessa representação é ter um número de atributos fixo, mas muito grande, com cada tupla usando apenas os atributos de que precisa, deixando o resto com valores nulos; essa representação é chamada de representação de **coluna esparsa** (do inglês, "sparse column").

8.1.1.2 Tipos de dados de valores múltiplos

Muitas representações de dados permitem que os atributos contenham valores não atômicos. Muitos bancos de dados permitem o armazenamento de **conjuntos**, **multiconjuntos** ou ***arrays*** como valores de atributos. Por exemplo, uma aplicação que armazena tópicos de interesse para um usuário, a fim de usá-los para direcionar artigos ou anúncios para o usuário, pode armazenar os tópicos como um conjunto. Um exemplo de tal conjunto pode ser:

{ basquete, La Liga, culinária, anime, Jazz }

Embora um atributo de valor definido possa ser armazenado em uma forma normalizada, como vimos anteriormente na Seção 6.7.2, fazer isso não oferece benefícios neste caso, já que as pesquisas são sempre baseadas no usuário, e a normalização aumentaria, significativamente, a sobrecarga (*overhead*) de armazenamento e consulta.

Algumas representações permitem que os atributos armazenem *mapas de chave-valores*, que armazenam pares de chave-valor. Um **mapa de chave-valor**, geralmente chamado de **mapa**, é um conjunto de pares (*chave*, *valor*), de modo que cada chave ocorre em, no máximo, um elemento. Por exemplo, os *sites* de comércio eletrônico geralmente listam especificações ou detalhes de cada produto que eles vendem, como marca, modelo, tamanho, cor e vários outros detalhes específicos do produto. O conjunto de especificações pode ser diferente para cada produto. Tais especificações podem ser representadas como um mapa, onde as especificações formam a chave, e o valor associado é armazenado com a chave. O exemplo a seguir ilustra esse mapa:

{ (marca, Apple), (ID, MacBook Air),
(tamanho, 13), (cor, prata) }

O método put(chave, valor) pode ser usado para acrescentar um par chave-valor, enquanto o método get(chave) pode ser usado para recuperar o valor associado à chave informada. O método delete(chave) exclui do mapa um par chave-valor.

Os *arrays* são muito importantes para aplicações científicas e de monitoramento. Por exemplo, aplicações científicas podem precisar armazenar imagens, que são, basicamente, matrizes bidimensionais de valores de pixel. Experimentos científicos, bem como aplicações de monitoramento industrial, com frequência, utilizam múltiplos sensores que fornecem leituras em intervalos regulares. Essas leituras podem ser vistas como um *array*. De fato, tratar um fluxo de leituras como um *array* requer muito menos espaço do que armazenar cada leitura como uma tupla separada, com atributos como (*horário*, *leitura*). Não apenas evitamos armazenar o atributo *horário* explicitamente (ele pode ser deduzido a partir do deslocamento (*offset*)), mas também podemos reduzir a sobrecarga por tupla no banco de dados e, mais importante, podemos usar técnicas de compressão para reduzir o espaço necessário para armazenar um *array* de leituras.

O suporte para tipos de atributo de valor múltiplo foi proposto no início da história dos bancos de dados, e o modelo de dados associado era chamado de modelo de dados *não-primeira-forma-normal*, ou *NPFN*. Vários bancos de dados relacionais, como Oracle e PostgreSQL, oferecem suporte aos tipos de conjunto (*set*) e *array*.

Um **banco de dados de *array*** é um banco de dados que fornece suporte especializado para *arrays*, incluindo armazenamento compactado eficiente e extensões de linguagem de consulta para oferecer suporte a operações sobre *arrays*. Alguns exemplos são Oracle GeoRaster, a extensão PostGIS para o PostgreSQL, a extensão SciQL do MonetDB e o SciDB, um banco de dados sob medida para aplicações científicas, com vários recursos adaptados para tipos de dados de *array*.

8.1.1.3 Tipos de dados aninhados

Muitas representações de dados permitem que os atributos sejam estruturados, modelando diretamente os atributos compostos no modelo E-R. Por exemplo, um atributo *nome* pode ter atributos componentes *primeiro_nome* e *sobrenome*. Essas representações também suportam tipos de dados de valores múltiplos, como conjuntos, *arrays* e mapas. Todos esses tipos de dados representam uma hierarquia de tipos de dados, e essa estrutura leva ao uso do termo **tipos de dados aninhados**. Muitos bancos de dados suportam esses tipos como parte de seu suporte para dados orientados a objeto, que descrevemos na Seção 8.2.

Nesta seção, descrevemos duas representações de dados muito utilizadas, que permitem que os valores tenham estruturas internas complexas e que sejam flexíveis, pois os valores não são obrigados a aderir a um esquema fixo. Estas são a **JavaScript Object Notation (JSON)**, que descrevemos na Seção 8.1.2, e a **Extensible Markup Language (XML)**, na Seção 8.1.3.

Como a abordagem de tabela larga, as representações JSON e XML fornecem flexibilidade no conjunto de atributos que um registro contém, bem como nos tipos desses atributos. No entanto, as representações JSON e XML permitem uma estruturação de dados mais flexível, em que os objetos podem ter subobjetos; cada objeto, portanto, corresponde a uma estrutura de árvore.

Como eles permitem que várias partes da informação sobre um objeto de negócio sejam empacotadas em uma única estrutura, as representações JSON e XML encontraram aceitação significativa no contexto da troca de dados entre aplicações.

Atualmente, JSON é bastante usado para a troca de dados entre os *back-ends* e os lados das aplicações voltados para o usuário (*front-ends*), como aplicativos móveis e aplicações Web. JSON também é considerado favorável ao armazenamento de objetos complexos em sistemas de armazenamento que coletam diferentes dados relacionados com um usuário específico em um objeto grande (às vezes, chamado de documento), permitindo que os dados sejam recuperados sem a necessidade de junções. XML é uma representação mais antiga e usada por muitos sistemas para armazenar configurações e outras informações, além da troca de dados.

8.1.1.4 Representação do conhecimento

A representação do conhecimento humano há muito tem sido um objetivo da comunidade de inteligência artificial. Diversos modelos foram propostos para essa tarefa, com diferentes graus de complexidade; estes podem representar fatos e regras sobre fatos. O crescimento da Web levou à necessidade de representar bases de conhecimento extremamente grandes, com potencialmente bilhões de fatos. A representação de dados *Resource Description Format* (RDF) é uma dessas representações que encontrou muito boa aceitação. Na verdade, a representação tem muito menos recursos do que as anteriores, mas era mais adequada para lidar com volumes de dados muito grandes se comparada às representações do conhecimento anteriores.

Como o modelo E-R que estudamos anteriormente, o RDF modela os dados como objetos que possuem atributos e relacionamentos com outros objetos. Os dados RDF podem ser visualizados como um conjunto de triplas (tuplas de 3) ou como um grafo, com objetos e valores de atributos modelados como nós e relacionamentos, e os nomes de atributos como arestas. Estudamos RDF mais detalhadamente na Seção 8.1.4.

8.1.2 JSON

JavaScript Object Notation (JSON) é uma representação textual de tipos de dados complexos bastante utilizada para transmitir dados entre aplicações e para armazenar dados complexos. JSON suporta os tipos de dados primitivos integer, real e string, bem como *arrays* e "objetos", que são uma coleção de pares do tipo (nome do atributo, valor).

A Figura 8.1 mostra um exemplo de dados representados usando JSON. Como os objetos não precisam aderir a nenhum esquema fixo, eles são, basicamente, os mesmos que os mapas de chave-valor, com os nomes dos atributos como chaves e os valores dos atributos como os valores associados.

O exemplo também ilustra *arrays*, mostrados em colchetes. Em JSON, um *array* pode ser considerado um mapa de deslocamentos inteiros (*integer offsets*) para valores, com a sintaxe de colchetes vista como uma maneira conveniente de criar tais mapas.

JSON é, hoje, *a* principal representação de dados usada para comunicação entre aplicações e serviços Web. Muitas aplicações modernas usam serviços Web para armazenar e recuperar dados e para realizar cálculos em um servidor de *back-end*; os serviços Web são descritos em mais detalhes na Seção 9.5.2. As aplicações chamam esses serviços enviando parâmetros como valores simples, como cadeias de caracteres (*strings*) ou números, ou usando JSON para parâmetros mais complexos. O serviço Web retorna resultados usando JSON. Por exemplo, uma interface de usuário de *e-mail* pode chamar serviços Web para cada uma dessas tarefas: autenticar o usuário, buscar informações do cabeçalho de *e-mail* para mostrar uma lista de endereços eletrônicos, buscar um corpo de *e-mail*, enviar *e-mail* etc.

Os dados trocados em cada uma dessas etapas são complexos e possuem uma estrutura interna. A capacidade de representar estruturas complexas em JSON e de permitir a estruturação flexível o tornam uma boa opção para tais aplicações.

Há várias bibliotecas disponíveis que facilitam a transformação de dados entre a representação JSON e a representação de objeto usada em linguagens como JavaScript, Java, Python, PHP, dentre outras. A facilidade de interface entre o JSON e as estruturas de dados da linguagem de programação desempenhou um papel significativo no uso disseminado do JSON.

Ao contrário de uma representação relacional, JSON é detalhado e ocupa mais espaço de armazenamento para os mesmos dados. Além disso, a análise do texto para recuperar os campos requeridos pode exigir muito da CPU. Representações compactadas que também facilitam a recuperação de valores sem análise são, portanto, populares para armazenamento de dados. Por exemplo, um formato binário compactado chamado BSON (abreviação de Binary JSON) é usado em muitos sistemas para armazenar dados JSON.

A própria linguagem SQL foi estendida para dar suporte à representação JSON de várias maneiras:

- Dados JSON podem ser armazenados como um tipo de dados JSON.
- Consultas SQL podem gerar dados JSON a partir de dados relacionais:

```
{
    "ID": "22222",
    "nome": {
        "primeiro_nome: "Albert",
        "sobrenome: "Einstein"
    },
    "nome_dept": "Physics",
    "filhos": [
        {"primeiro_nome": "Hans", "sobrenome": "Einstein" },
        {"primeiro_nome": "Eduard", "sobrenome": "Einstein" }
    ]
}
```

Figura 8.1 Exemplo de dados em JSON.

  - Existem extensões da SQL que permitem a construção de objetos JSON em cada linha de um resultado de consulta. Por exemplo, PostgreSQL aceita uma função json_build_object(). Como um exemplo de seu uso, json_build_object('ID': 12345, 'nome', 'Einstein') retorna um objeto JSON {"ID": 12345, "nome", "Einstein"}.
  - Há também extensões SQL que permitem a criação de um objeto JSON a partir de uma coleção de linhas usando uma função agregada. Por exemplo, a função agregada json_agg no PostgreSQL permite a criação de um único objeto JSON a partir de uma coleção de objetos JSON. O Oracle suporta uma função agregada semelhante, json_objectagg, bem como um agregado json_arraytagg, que cria um *array* JSON com objetos em uma ordem especificada. O SQL Server suporta uma cláusula **FOR JSON AUTO**, que formata o resultado de uma consulta SQL como um *array* JSON, com um elemento por linha na consulta SQL.
- Consultas SQL podem extrair dados de um objeto JSON usando alguma forma de construções de caminho. Por exemplo, em PostgreSQL, se um valor *v* tem o tipo JSON e um atributo "ID", *v*->'ID' retornaria o valor do atributo "ID" de *v*. Oracle aceita um recurso semelhante, usando um "." no lugar de "->", enquanto SQL Server usa uma função JSON_VALUE(valor, caminho) para extrair valores de objetos JSON usando um caminho especificado.

Infelizmente, a sintaxe e a semântica exatas dessas extensões dependem totalmente do sistema de banco de dados específico. Você poderá achar referências para mais detalhes sobre essas extensões na Bibliografia deste capítulo, disponíveis *on-line*.

8.1.3 XML

A representação de dados XML acrescenta **tags** delimitadas em sinais de < e >, para marcar informações em uma representação textual. As *tags* são usadas em pares, com <tag> e </tag> delimitando o início e o final da parte do texto à qual a *tag* se refere. Por exemplo, o título de um documento poderia ser marcado da seguinte forma:

```
<título>Conceitos de Sistema de Banco de Dados</título>
```

Essas *tags* podem ser usadas para representar dados relacionais, especificando nomes de relações e nomes de atributos como *tags*, como vemos a seguir:

```
<curso>
    <id_curso> CS-101 </id_curso>
    <título> Intro. to Computer Science </título>
    <nome_dept> Comp. Sci. </nome_dept>
    <créditos> 4 </créditos>
</curso>
```

Ao contrário de um esquema relacional, novas *tags* podem ser introduzidas facilmente e, com nomes adequados, os dados são "autodocumentados", na medida em que um humano pode entender ou deduzir o que determinada parte dos dados significa com base no nome.

Além disso, as *tags* podem ser usadas para criar estruturas hierárquicas, o que não é possível com o modelo relacional. Estruturas hierárquicas são particularmente importantes para representar objetos de negócios que devem ser trocados entre organizações; alguns exemplos são faturas, ordens de compra e assim por diante.

A Figura 8.2, que mostra como as informações sobre uma ordem de compra podem ser representadas em XML, ilustra um uso mais realista da XML. Ordens de compra normalmente são geradas por uma organização e enviadas para outra. Uma ordem de compra contém diversas informações; a representação aninhada permite que todas as informações em uma ordem de compra sejam representadas naturalmente em um único documento. (As ordens de compra reais têm muito mais informações do que as descritas neste exemplo simplificado.) A XML fornece uma maneira padrão de marcar os dados; as duas organizações devem, é claro, concordar sobre quais *tags* aparecem na ordem de compra e o que elas significam.

A linguagem XQuery foi desenvolvida para dar suporte a consultas de dados XML. Outros detalhes da XML e da XQuery poderão ser encontrados no Capítulo 30. Embora as implementações XQuery estejam disponíveis em diversos fornecedores, ao contrário da SQL, a adoção da XQuery tem sido relativamente limitada.

Porém, a própria linguagem SQL foi estendida para dar suporte à XML de várias maneiras:

- Dados XML podem ser armazenados como um tipo de dados XML.
- Consultas SQL podem gerar dados XML a partir de dados relacionais. Essas extensões são muito úteis para empacotar partes relacionadas dos dados em um documento XML, que pode, então, ser enviado para outra aplicação.

  As extensões permitem a construção de representações XML a partir de linhas individuais, bem como a criação de um documento XML a partir de uma coleção de linhas usando uma função agregada XMLAGG.
- Consultas SQL podem extrair dados de valor de um tipo de dado XML. Por exemplo, a linguagem XPath aceita "expressões de caminho", que permitem a extração das partes desejadas dos dados a partir de um documento XML.

O Capítulo 30 contém mais detalhes sobre essas extensões.

8.1.4 RDF e grafos do conhecimento

O **Resource Description Framework** (**RDF**) é um padrão de representação de dados baseado no modelo entidade-relacionamento. Nesta seção, faremos um apanhado geral sobre o modelo RDF.

```
<ordem_compra>
    <identificador> P-101 </identificador>
    <comprador>
        <nome> Cray Z. Coyote </nome>
        <endereço> Route 66, Mesa Flats, Arizona 86047, USA </endereço>
    </comprador>
    <fornecedor>
        <nome> Acme Supplies </nome>
        <endereço> 1 Broadway, New York, NY, USA </endereço>
    </fornecedor>
    <listaitens>
        <item>
            <identificador> RS1 </identificador>
            <descrição> Atom powered rocket sled </descrição>
            <quantidade> 2 </quantidade>
            <preço> 199.95 </preço>
        </item>
        <item>
            <identificador> SG2 </identificador>
            <descrição> Superb glue </descrição>
            <quantidade> 1 </quantidade>
            <unidade-medida> liter </unidade-medida>
            <preço> 29.95 </preço>
        </item>
    </listaitens>
    <custo_total> 429.85 </custo_total>
    <termos_pagamento> Dinheiro na entrega </termos_pagamento>
    <modo_remessa> Entrega imediata </modo_remessa>
</ordem_compra>
```

Figura 8.2 Representação XML de uma ordem de compra.

8.1.4.1 Representação de tripla

O modelo RDF representa dados por um conjunto de triplas que estão em um destes dois formatos:

1. (*ID*, *nome-atributo*, *valor*)
2. (*ID1*, *nome-relacionamento*, *ID2*)

em que *ID*, *ID1* e *ID2* são identificadores de entidades; as entidades também são chamadas de **recursos** em RDF. Observe que, ao contrário do modelo E-R, o modelo RDF só admite relacionamentos binários, e não admite relacionamentos *n*-ários mais genéricos; retornamos a essa questão mais adiante.

O primeiro atributo de uma tripla é chamado de **sujeito**, o segundo atributo é o seu **predicado** e o último atributo é chamado de **objeto**. Assim, uma tripla tem a estrutura (sujeito, predicado, objeto).

A Figura 8.3 mostra uma representação de tripla de uma pequena parte do banco de dados de universidade. Todos os valores de atributo aparecem entre aspas, enquanto os identificadores aparecem sem as aspas. Nomes de atributo e relacionamento (que formam a parte de predicado de cada tripla) também estão sem aspas.

Em nosso exemplo, usamos os valores de ID para identificar instrutores e alunos e *id_curso* para identificar os cursos. Cada um dos seus atributos é representado como uma tripla separado. As informações de tipo de objetos são fornecidas pelo relacionamento *instância-de*; por exemplo, 10101 é identificado como uma instância de instrutor, enquanto 00128 é uma instância de aluno. Para acompanhar a sintaxe RDF, o identificador do departamento Comp. Sci. é indicado como comp_sci. Mostramos apenas um atributo do departamento, *nome_dept*. Como a chave primária da *seção* é composta, criamos outros identificadores para identificar seções; "sec1" identifica uma dessas seções, mostrada com seus atributos *semestre*, *ano* e *id_sec*, e com um relacionamento *curso* com CS-101.

Os relacionamentos mostrados na figura incluem os relacionamentos *realiza* e *ministra*, que aparecem no esquema da universidade. Os departamentos de instrutores, alunos e cursos são mostrados como relacionamentos *inst_dept*, *aluno_dept* e *curso_dept*, respectivamente, seguindo o modelo E-R; da mesma forma, a sala de aula associada a uma seção também é mostrada como um relacionamento *sala* com um objeto da sala (packard-101, em nosso exemplo), e o curso associado a uma seção é mostrado como um relacionamento *sec_curso* entre a seção e o curso.

10101	instância-de	instructor.
10101	nome	"Srinivasan" .
10101	salário	"6500" .
00128	instância-de	aluno .
00128	nome	"Zhang" .
00128	tot cred	"102" .
comp sci	instância-de	departamento .
comp sci	nome_dept	"Comp. Sci." .
biology	instância-de	departamento .
CS-101	instância-de	curso .
CS-101	título	"Intro. to Computer Science" .
CS-101	curso_dept	comp_sci .
sec1	instância-de	seção .
sec1	sec_curso	CS-101 .
sec1	id_sec	"1" .
sec1	semestre	"Fall" .
sec1	ano	"2017" .
sec1	sala	packard-101 .
sec1	id_período	"H" .
10101	inst_dept	comp sci .
00128	aluno_dept	comp sci .
00128	realiza	sec1 .
10101	ministra	sec1 .

Figura 8.3 Representação RDF de parte do banco de dados de universidade.

Como vimos, as informações do tipo de entidade são representadas usando relacionamentos *instância-de* entre entidades e objetos representando tipos; relacionamentos tipo-subtipo também podem ser representadas como arestas *subtipo* entre objetos de tipo.

Ao contrário do modelo E-R e dos esquemas relacionais, RDF permite que novos atributos sejam facilmente acrescentados a um objeto e, também, a criação de outros tipos de relacionamentos.

8.1.4.2 Representação gráfica do modelo RDF

A representação RDF possui uma interpretação gráfica muito natural. Entidades e valores de atributos podem ser considerados como nós, e os nomes e relacionamentos de atributos como arestas entre os nós. O nome do atributo/relacionamento pode ser visto como o rótulo da aresta correspondente. A Figura 8.4 mostra uma representação gráfica dos dados da Figura 8.3. Os objetos são mostrados como elipses, valores

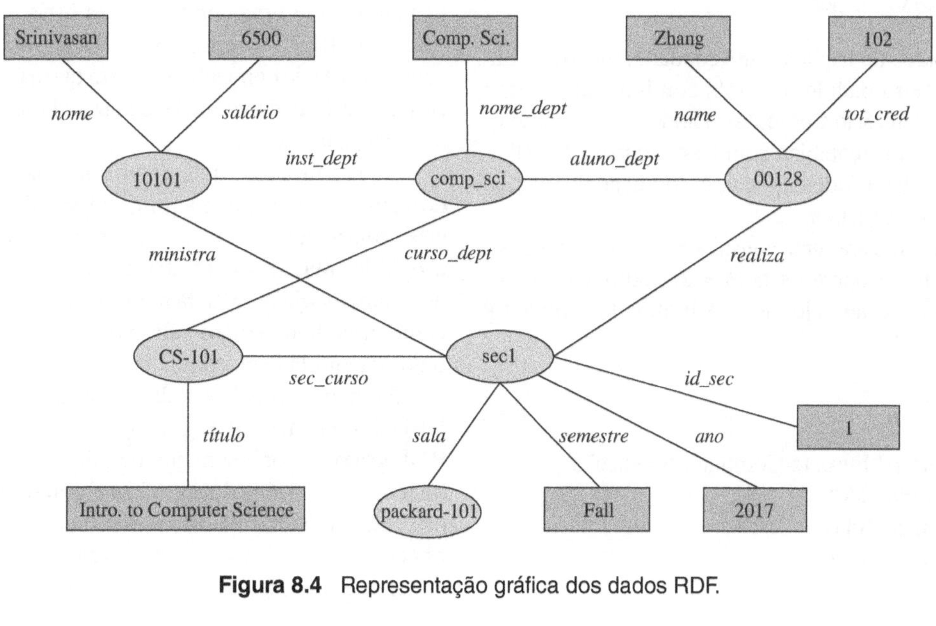

Figura 8.4 Representação gráfica dos dados RDF.

de atributos em retângulos e relacionamentos como arestas com rótulos associados, que identificam o relacionamento. Omitimos as relações *instância-de* para abreviar.

Uma representação de informações usando o modelo de grafo RDF (ou suas variantes e extensões) é referida como um **grafo de conhecimento**. Os grafos de conhecimento são usados para diversas finalidades. Uma delas é armazenar fatos que são coletados de diversas fontes de dados, como Wikipedia, Wikidata e outras fontes na Web. Um exemplo de um fato é "Washington, D.C. é a capital dos EUA". Tal fato pode ser representado como uma aresta rotulada como *capital-de* conectando dois nós, um representando a entidade Washington, D.C., e o outro representando a entidade EUA.

As perguntas sobre entidades podem ser respondidas usando um grafo de conhecimento que contém informações relevantes. Por exemplo, a pergunta "Qual cidade é a capital dos EUA?" Pode ser respondida procurando uma aresta rotulada *capital-de*, ligando uma entidade ao país EUA. (Se a informação de tipo estiver disponível, a consulta também pode verificar se há uma aresta *instância-de* conectando Washington, DC, a um nó que representa o tipo de entidade *Cidade*.)

8.1.4.3 SPARQL

SPARQL é uma linguagem de consulta projetada para consultar dados RDF. Ela é baseada em padrões de tripla, que se parecem com triplas RDF, mas podem conter variáveis. Por exemplo, o padrão de tripla

?idc *título* "Intro. to Computer Science"

combinaria todas as triplas cujo predicado é "título" e o objeto é "Intro. to Computer Science". Aqui, ?idc é uma variável que denota o identificador do curso e que pode combinar com qualquer valor.

As consultas podem ter diversos padrões de tripla, com variáveis compartilhadas entre as triplas. Considere o seguinte par de triplas:

?idc *título* "Intro. to Computer Science"
?ida *curso* ?idc

No conjunto de dados de tripla de universidade, mostrado na Figura 8.3, o primeiro padrão de tripla combina com a tripla (CS-101, título, "Intro. to Computer Science"), enquanto o segundo padrão de tripla combina com (sec1, curso, CS-101). A variável compartilhada ?idc impõe uma condição de junção entre os dois padrões de tripla.

Agora, podemos mostrar uma consulta SPARQL completa. A consulta a seguir recupera os nomes de todos os alunos que realizaram uma seção cujo curso é intitulado "Intro. to Computer Science".

```
select ?nome
where {
    ?idc título "Intro. to Computer Science" .
    ?ida curso ?idc .
    ?id realiza ?ida .
    ?id nome ?nome .
}
```

As variáveis compartilhadas entre essas triplas impõem uma condição de junção entre as tuplas que correspondem a cada uma dessas triplas.

Observe que, diferentemente da SQL, o predicado em um padrão de tripla pode ser uma variável, que pode corresponder a qualquer nome de relacionamento ou de atributo. O SPARQL possui muitos outros recursos, como agregação, junções opcionais (semelhantes a *outer joins*) e subconsultas. Para obter mais informações sobre SPARQL, veja as referências em Leitura adicional neste capítulo.

8.1.4.4 Representando relacionamentos *n*-ários

Relacionamentos representados como arestas podem modelar apenas relacionamentos binários. Os grafos de conhecimento foram estendidos para armazenar relacionamentos mais complexos. Por exemplo, os grafos de conhecimento foram estendidos com informações temporais para registrar o período de tempo durante o qual um fato é verdadeiro; se a capital dos EUA mudasse de Washington, DC para, digamos, Nova York, em 2050, isso seria representado por dois fatos, um para o período que termina em 2050, quando Washington era a capital, e um para o período posterior a 2050.

Como vimos na Seção 6.9.4, um relacionamento *n*-ário pode ser representado usando relacionamentos binários criando uma entidade artificial correspondente a uma tupla em um relacionamento *n*-ário e vinculando essa entidade artificial a cada uma das entidades participantes do relacionamento. No exemplo anterior, podemos criar uma entidade artificial e_1 para representar o fato de que Barack Obama foi presidente dos EUA de 2008 a 2016. Vinculamos e_1 às entidades que representam Obama e EUA por arestas de relacionamento *pessoa* e *país*, respectivamente, e os valores de 2008 e 2016 pelas arestas de atributo *presidente-de* e *presidente-até*, respectivamente. Se escolhermos representar anos como entidades, as arestas criadas para os dois anos representariam relacionamentos em vez de atributos.

Essa ideia é semelhante à noção de agregação do modelo E-R que, como vimos na Seção 6.8.5, pode tratar um relacionamento como uma entidade; essa ideia é chamada de **reificação** em RDF. A reificação é usada em muitas representações gráficas de conhecimento, em que as informações extras, como o período de validade, são tratadas como *qualificadores* da aresta subjacente.

Outros modelos adicionam um quarto atributo, chamado contexto, às triplas; assim, em vez de armazenar triplas, eles armazenam **quádruplas**. O relacionamento básico ainda é binário, mas o quarto atributo permite que uma entidade de contexto seja associada a um relacionamento. Informações como período de tempo válido podem ser tratadas como atributos da entidade de contexto.

Existem várias bases de conhecimento, como Wikidata, DBPedia, Freebase e Yago, que fornecem uma representação RDF/grafo de conhecimento de uma grande variedade de conhecimento. Além disso, há um grande número de grafos de conhecimento específicos do domínio. O projeto de **dados abertos vinculados** visa tornar vários desses grafos de conhecimento em código aberto e gerar ainda mais ligações entre esses grafos de conhecimento criados independentemente. Essas ligações permitem que as consultas façam inferências usando informações de vários grafos de conhecimento, juntamente com ligações para os grafos de conhecimento. Você poderá encontrar referências para mais informações sobre este tópico na Bibliografia deste capítulo, disponíveis *on-line*.

8.2 Orientação a objeto

O **modelo de dados objeto-relacional** estende o modelo de dados relacional, fornecendo um sistema de tipos mais rico, incluindo tipos de dados complexos e orientação a objeto. Linguagens de consulta relacionais, em particular SQL, foram estendidas correspondentemente para lidar com o sistema de tipos mais rico. Essas extensões tentam preservar os fundamentos relacionais – em particular, o acesso declarativo aos dados – enquanto estendem o poder de modelagem.

Muitas aplicações de banco de dados são escritas usando uma linguagem de programação orientada a objeto, como Java, Python ou C++, mas elas precisam armazenar e buscar dados dos bancos de dados. Em virtude da diferença de tipo entre o sistema de tipos nativo da linguagem de programação orientada a objeto e o modelo relacional suportado pelos bancos de dados, os dados precisam ser traduzidos entre os dois modelos sempre que forem buscados ou armazenados. A simples extensão do sistema de tipos suportado pelo banco de dados não foi suficiente para resolver completamente esse problema. Ter que expressar o acesso ao banco de dados usando uma linguagem (SQL) diferente da linguagem de programação torna o trabalho do programador mais difícil. É desejável, para muitas aplicações, ter construções ou extensões da linguagem de programação que permitam acesso direto aos dados no banco de dados, sem ter que passar por uma linguagem intermediária, como SQL.

Três abordagens são usadas, na prática, para integrar a orientação a objeto aos sistemas de banco de dados:

1. Montar um **sistema de banco de dados objeto-relacional**, que adiciona recursos orientados a objeto a um sistema de banco de dados relacional.
2. Converter, automaticamente, dados do sistema nativo orientado a objeto da linguagem de programação para uma representação relacional para armazenamento, e vice-versa para recuperação. A conversão de dados é especificada usando um **mapeamento objeto-relacional**.
3. Montar um **sistema de banco de dados orientado a objeto**, ou seja, um sistema de banco de dados que tenha suporte nativo para o sistema de tipos orientado a objeto e permita acesso direto aos dados a partir de uma linguagem de programação orientada a objeto usando o sistema de tipos nativo da linguagem.

Nesta seção, fornecemos uma breve introdução às duas primeiras abordagens. Embora a terceira abordagem, a do banco de dados orientado a objeto, tenha alguns benefícios sobre as duas primeiras abordagens em termos de integração de linguagem, ela não obteve muito sucesso por dois motivos. Primeiro, a consulta declarativa é muito importante para o acesso eficiente aos dados, e essa consulta não é suportada por linguagens de programação imperativas. Segundo, descobriu-se que o acesso direto a objeto por meio de ponteiros resultava em maior risco de modificação do banco de dados em função de erros de ponteiro. Não descreveremos mais a abordagem orientada a objeto.

8.2.1 Sistemas de banco de dados orientados a objeto

Nesta seção, vamos explicar como os recursos orientados a objetos podem ser acrescentados aos sistemas de banco de dados relacionais.

8.2.1.1 Tipos definidos pelo usuário

As extensões da SQL para objeto permitem a criação de tipos estruturados definidos pelo usuário, referências a esses tipos e tabelas contendo tuplas desses tipos.[1]

```
create type Pessoa
    (ID varchar(20) primary key,
    nome varchar(20),
    endereço varchar(20))
    ref from(ID);
create table pessoas of Pessoa;
```

Agora, podemos criar uma nova pessoa da seguinte forma:

```
insert into pessoas (ID, nome, endereço) values
    ('12345', 'Srinivasan', '23 Coyote Run');
```

Muitos sistemas de banco de dados suportam tipos de *array* e tabela; atributos de relações e de tipos definidos pelo usuário podem ser declarados como esses tipos de *array* ou tabela. O suporte para esses recursos, bem como a sintaxe, varia muito conforme o sistema de banco de dados. No PostgreSQL, por exemplo, *integer*[ ] denota um *array* de inteiros cujo tamanho não é pré-especificado, enquanto o Oracle suporta a sintaxe **varray**(10) **of integer** para especificar um *array* de dez inteiros. O SQL Server permite que tipos com valor de tabela sejam declarados conforme mostrado no exemplo a seguir:

```
create type interesse as table (
    topic varchar(20),
    grau_de_interesse int
);
create table usuários (
    ID varchar(20),
    nome varchar(20),
    interesses interesse
);
```

[1]Tipos de dados estruturados são diferentes dos tipos de dados "distintos", mais simples, que explicamos na Seção 4.5.5.

Tipos definidos pelo usuário também podem ter métodos associados a eles. Apenas alguns sistemas de banco de dados, como Oracle, admitem esse recurso; aqui, omitimos os detalhes.

8.2.1.2 Herança de tipo

Considere a definição anterior do tipo *Pessoa* e da tabela *pessoas*. Podemos querer armazenar informações extras no banco de dados sobre as pessoas que são alunos e sobre as pessoas que são professores. Como alunos e professores também são pessoas, podemos usar a herança para definir os tipos de aluno e professor em SQL:

```
create type Aluno under Pessoa
    (formação varchar(20)) ;
create type Professor under Pessoa
    (salário integer);
```

Tanto *Aluno* quanto *Professor* herdam os atributos de *Pessoa* – ou seja, *ID*, *nome* e *endereço*. *Aluno* e *Professor* são considerados subtipos de *Pessoa*, e *Pessoa* é um supertipo de *Aluno*, assim como de *Professor*.

Os métodos de um tipo estruturado são herdados por seus subtipos, assim como os atributos. Porém, um subtipo pode redefinir o efeito de um método. Aqui, omitidos os detalhes.

8.2.1.3 Herança de tabela

A herança de tabela permite que uma tabela seja declarada como uma subtabela de outra tabela, e corresponde à noção em E-R de especialização/generalização. Diversos sistemas de banco de dados têm suporte para herança de tabela, mas de diferentes maneiras.

No PostgreSQL, poderíamos criar uma tabela *pessoas* e, depois, criar as tabelas *alunos* e *professores* como subtabelas de *pessoas*, da seguinte forma:

```
create table alunos
    (formação varchar(20))
    inherits pessoas;
create table professores
    (salário integer)
    inherits pessoas;
```

Como resultado, todo atributo presente na tabela *pessoas* também está presente nas subtabelas *alunos* e *professores*.

A SQL:1999 tem suporte para herança de tabela, mas requer que os tipos de tabela sejam especificados primeiro. Assim, no Oracle, que tem suporte para a SQL:1999, poderíamos usar:

```
create table pessoas of Pessoa;
create table alunos of Aluno
    under pessoas;
create table professores of Professor
    under pessoas;
```

em que os tipos *Aluno* e *Professor* foram declarados como subtipos de *Pessoa*, conforme explicamos anteriormente.

De qualquer forma, podemos inserir uma tupla na tabela *alunos* da seguinte forma:

```
insert into alunos
    values ('00128', 'Zhang', '235 Coyote Run', 'Ph.D.');
```

na qual fornecemos valores para os atributos herdados de *pessoas*, bem como os atributos locais de *alunos*.

Quando declaramos *alunos* e *professores* como subtabelas de *pessoas*, cada tupla presente em *alunos* ou *professores* torna-se, implicitamente, presente em *pessoas*. Assim, se uma consulta usar a tabela *pessoas*, ela encontrará não apenas tuplas inseridas diretamente nessa tabela, mas também tuplas inseridas em suas subtabelas, a saber, *alunos* e *professores*. No entanto, apenas os atributos que estão presentes em *pessoas* podem ser acessados por essa consulta. A SQL nos permite encontrar tuplas que estão em *pessoas*, mas não em suas subtabelas, usando "apenas *pessoas*" no lugar de *pessoas* em uma consulta.

8.2.1.4 Tipos de referência em SQL

Algumas implementações SQL, como Oracle, têm suporte para tipos de referência. Por exemplo, poderíamos definir o tipo *Pessoa* da seguinte forma, com uma declaração de tipo de referência:

```
create type Pessoa
    (ID varchar(20) primary key,
    nome varchar(20),
    endereço varchar(20))
    ref from(ID);
create table pessoas of Pessoa;
```

Como padrão, o SQL atribui identificadores definidos pelo sistema para tuplas, mas um valor de chave primária existente pode ser usado para referenciar uma tupla incluindo a cláusula **ref from** na definição de tipo, como mostramos no exemplo.

Podemos definir um tipo *Departamento* com um campo *nome* e um campo *diretor* que é uma referência ao tipo *Pessoa*. Então, podemos criar uma tabela *departamentos* do tipo *Departamento*, da seguinte forma:

```
create type Departamento (
    nome_dept varchar(20),
    diretor ref(Pessoa) scope pessoas);
create table departamentos of Departamento;
```

Observe que a cláusula **scope** mostrada no exemplo completa a definição da chave estrangeira de *departamentos.diretor* para a relação *pessoas*.

Ao inserir uma tupla para *departamentos*, podemos usar, então:

```
insert into departamentos
    values ('CS', '12345');
```

já que o atributo ID é usado como uma referência à *Pessoa*. Como alternativa, a definição de *Pessoa* pode especificar que a referência deve ser gerada automaticamente pelo sistema quando um objeto *Pessoa* é criado. Os identificadores gerados pelo sistema podem ser recuperados usando **ref**(*r*), em que *r* é um *alias* de nome de tabela usado em uma consulta. Assim, poderíamos criar uma tupla *Pessoa* e, usando a ID ou o nome da pessoa, poderíamos recuperar a referência para a tupla em uma subconsulta, que é usada para criar o valor para o atributo *head/diretor* ao inserir uma tupla na tabela *departamentos*. Como a maioria dos sistemas de banco de dados não permite subconsultas em um comando **insert into** *departamentos* **values**, as duas consultas a seguir podem ser usadas para executar a tarefa:

```
insert into departamentos
    values ('CS', null);
update departamentos
    set diretor = (select ref(p)
        from pessoas as p
        where ID = '12345')
    where nome_dept = 'CS';
```

As referências são desreferenciadas na SQL: 1999 pelo símbolo −>. Considere a tabela *departamentos* definida anteriormente. Podemos usar essa consulta para encontrar os nomes e endereços dos diretores de todos os departamentos:

```
select diretor−>nome, diretor−>endereço
from departamentos;
```

Uma expressão como "*diretor−>nome*" é chamada de **expressão de caminho**.

Como *diretor* é uma referência a uma tupla na tabela *pessoas*, o atributo *nome* na consulta anterior é o atributo *nome* da tupla da tabela *pessoas*. As referências podem ser usadas para ocultar operações de junção; no exemplo anterior, sem as referências, o campo *diretor* de *departamento* seria declarado uma chave estrangeira da tabela *pessoas*. Para encontrar o nome e o endereço do diretor de um departamento, exigiríamos uma *junção* explícita das relações *departamentos* e *pessoas*. O uso de referências simplifica bastante a consulta.

Podemos usar a operação **deref** para retornar a tupla apontada por uma referência e depois acessar seus atributos, conforme mostrado a seguir:

```
select deref(diretor).nome
from departamentos;
```

8.2.2 Mapeamento objeto-relacional

Sistemas de **mapeamento objeto-relacional** (**MOR**) permitem que um programador defina um mapeamento entre tuplas em relações de banco de dados e objetos na linguagem de programação.

Um objeto, ou um conjunto de objetos, pode ser recuperado com base em uma condição de seleção em seus atributos; os dados relevantes são recuperados do banco de dados subjacente com base nas condições de seleção, e um ou mais objetos são criados a partir dos dados recuperados, com base no mapeamento pré-especificado entre objetos e relações.

O programa pode atualizar objetos recuperados, criar outros objetos ou especificar que um objeto deve ser excluído e, em seguida, emitir um comando para salvar esses objetos; o mapeamento de objetos para relações é, então, usado para atualizar, inserir ou excluir tuplas no banco de dados.

O principal objetivo dos sistemas de mapeamento objeto-relacional é facilitar o trabalho dos programadores que criam aplicações, dando-lhes um modelo de objeto, mantendo os benefícios de usar, por baixo, um banco de dados relacional robusto. Como benefício adicional, ao operar em objetos armazenados em cache na memória, os sistemas objeto-relacionais podem fornecer ganhos significativos de desempenho em relação ao acesso direto ao banco de dados subjacente.

Os sistemas de mapeamento objeto-relacional também fornecem linguagens de consulta que permitem aos programadores escrever consultas diretamente no modelo de objeto; essas consultas são traduzidas em consultas SQL no banco de dados relacional subjacente, e os objetos de resultado são criados a partir dos resultados da consulta SQL.

Um benefício adicional do uso de um MOR é que qualquer número de bancos de dados pode ser usado para armazenar dados, exatamente com o mesmo código de alto nível. Os MORs ocultam pequenas diferenças na SQL entre os bancos de dados dos níveis mais altos. A migração de um banco de dados para outro é, portanto, relativamente direta ao usar um MOR, enquanto as diferenças na SQL podem dificultar significativamente essa migração se uma aplicação usar SQL para se comunicar com o banco de dados.

Do lado negativo, os sistemas de mapeamento objeto-relacional podem sofrer significativas ineficiências de desempenho para atualizações de banco de dados em massa, bem como para consultas complexas que são escritas diretamente na linguagem imperativa. É possível atualizar o banco de dados diretamente, contornando o sistema de mapeamento objeto-relacional, e escrever consultas complexas diretamente em SQL em casos onde essas ineficiências são descobertas.

Os benefícios dos modelos objeto-relacionais excedem as desvantagens de muitas aplicações, e os sistemas de mapeamento objeto-relacional foram bastante adotados nos últimos anos. Em particular, o Hibernate tem sido muito usado em Java, enquanto vários MORs, incluindo Django e SQLAlchemy, são bastante utilizados em Python. Mais informações sobre o sistema de MOR do Hibernate, que fornece um mapeamento objeto-relacional para Java, e o sistema MOR do Django, que fornece um mapeamento objeto-relacional para Python, podem ser encontradas na Seção 9.6.2.

8.3 Dados textuais

Dados textuais consistem em texto não estruturado. O termo **recuperação de informação** geralmente se refere à consulta de dados textuais não estruturados. No modelo tradicional usado no campo de recuperação de informação, a informação textual é organizada em *documentos*. Em um banco de dados, um atributo com valor de texto pode ser considerado um documento. No contexto da Web, cada página pode ser considerada um documento.

8.3.1 Consultas por palavra-chave

Os sistemas de recuperação de informação têm a capacidade de recuperar documentos com algumas informações desejadas. Os documentos desejados são normalmente descritos por um conjunto de **palavras-chave** – por exemplo, as palavras-chave "sistema de banco de dados" podem ser usadas para localizar documentos relativos a sistemas de banco de dados, e as palavras-chave "ações" e "escândalo" podem ser usadas para localizar artigos sobre escândalos no mercado de ações. Os documentos possuem um conjunto de palavras-chave associadas a eles; normalmente, todas as palavras nos documentos são consideradas palavras-chave. Uma **consulta por palavra-chave** recupera documentos cujo conjunto de palavras-chave contém todas as palavras-chave indicadas na consulta.

Em sua forma mais simples, um sistema de recuperação de informação localiza e retorna todos os documentos que contêm todas as palavras-chave na consulta. Sistemas mais sofisticados estimam a relevância dos documentos a uma consulta, de modo que os documentos possam ser apresentados na ordem de relevância estimada. Eles usam informações sobre ocorrências de palavras-chave, bem como informações de *hiperlinks*, para estimar a relevância.

A pesquisa por palavra-chave foi originalmente direcionada a repositórios de documentos dentro de organizações ou repositórios de documentos específicos do domínio, como publicações de pesquisa. Mas a recuperação de informação também é importante para documentos armazenados em um banco de dados.

A recuperação de informação com base em palavras-chave pode ser usada não apenas para recuperar dados textuais, mas também para recuperar outros tipos de dados, como dados de vídeo e áudio, que possuem palavras-chave descritivas associadas a eles. Por exemplo, um filme em vídeo pode ter associado palavras-chave como título, diretor, atores e gênero, enquanto uma imagem ou videoclipe pode ter *tags*, que são palavras-chave que descrevem a imagem ou o vídeo associado a ela.

Os mecanismos de busca da Web são, basicamente, sistemas de recuperação de informação. Eles recuperam e armazenam páginas da web *rastreando* a Web. Os usuários enviam consultas por palavras-chave, e a parte de recuperação de informações do mecanismo de pesquisa da Web localiza páginas Web armazenadas que contêm a palavra-chave exigida. Os mecanismos de busca da Web, hoje, evoluíram além de apenas recuperar páginas Web. Atualmente, os mecanismos de pesquisa buscam satisfazer as necessidades de informação de um usuário avaliando o tópico sobre o qual uma consulta é feita e exibindo não apenas páginas Web consideradas relevantes, mas também outros tipos de informações sobre o tópico. Por exemplo, dado um termo de consulta "futebol", um mecanismo de pesquisa pode exibir placares de partidas de futebol em andamento ou recentes, em vez de apenas os documentos mais bem posicionados relativos a futebol. Como outro exemplo, em resposta a uma consulta "Nova York", um mecanismo de pesquisa pode mostrar um mapa de Nova York e imagens de Nova York, além de páginas Web associadas a Nova York.

8.3.2 Classificação por relevância

O conjunto de todos os documentos que contêm as palavras-chave em uma consulta pode ser muito grande; em particular, há bilhões de documentos na Web, e a maioria das consultas por palavras-chave em um mecanismo de pesquisa da Web encontra centenas de milhares de documentos que contêm algumas ou todas as palavras-chave. Nem todos os documentos são igualmente relevantes para uma consulta por palavras-chave. Portanto, os sistemas de recuperação de informação estimam a relevância dos documentos para uma consulta e retornam apenas os documentos altamente classificados como respostas. A classificação da relevância não é uma ciência exata, mas existem algumas abordagens bem aceitas.

8.3.2.1 Classificação usando TF-IDF

A palavra **termo** refere-se a uma palavra-chave que ocorre em um documento ou é fornecida como parte de uma consulta. A primeira questão a ser abordada é, dado um termo t em particular, quão relevante é um documento específico d para o termo. Uma técnica é usar o número de ocorrências do termo no documento como uma medida de sua relevância, na suposição de que termos mais relevantes provavelmente serão mencionados muitas vezes em um documento. Contar apenas o número de ocorrências de um termo geralmente não é um bom indicador: primeiro, o número de ocorrências depende do tamanho do documento e, segundo, um documento contendo dez ocorrências de um termo pode não ser dez vezes mais relevante que um documento contendo uma ocorrência.

Uma forma de medir $TF(d, t)$, a relevância de um termo t para um documento d, é:

$$TF(d,t) = \log\left(1 + \frac{n(d,t)}{n(d)}\right)$$

em que $n(d)$ indica o número de termos no documento e $n(d, t)$ denota o número de ocorrências do termo t no documento d. Observe que essa métrica considera o tamanho do documento. A relevância cresce com mais ocorrências de um termo no documento, embora não seja diretamente proporcional ao número de ocorrências.

Muitos sistemas refinam essa métrica usando outras informações. Por exemplo, se o termo ocorrer no título, na lista de autores ou no resumo, o documento será considerado mais relevante para o termo. Da mesma forma, se a primeira ocorrência de um termo estiver mais para o final do documento, o documento poderá ser considerado menos relevante do que se a primeira ocorrência ocorrer no início do documento. Essas noções podem ser formalizadas por extensões da fórmula que mostramos para *TF*(d, t). Na comunidade de recuperação de informações, a relevância de um documento para um termo é chamada de **frequência de termo** (**TF**), independentemente da fórmula exata sendo utilizada.

Uma consulta Q pode conter várias palavras-chave. A relevância de um documento para uma consulta com duas ou mais palavras-chave é estimada combinando as medidas de relevância do documento para cada palavra-chave. Uma maneira simples de combinar as medidas é somá-las. No entanto, nem todos os termos usados como palavras-chave são iguais. Suponha que uma consulta use dois termos, um dos quais ocorre com frequência, como "banco de dados", e outro menos frequente, como "Silberschatz". Um documento contendo "Silberschatz", mas não "banco de dados", deve ter uma classificação maior que um documento contendo o termo "banco de dados", mas não "Silberschatz".

Para corrigir esse problema, são atribuídos pesos aos termos, usando a **frequência inversa no documento** (**IDF**), definida como:

$$IDF(t) = \frac{1}{n(t)}$$

com $n(t)$ indicando o número de documentos (entre aqueles indexados pelo sistema) que contêm o termo t. A **relevância** de um documento d para um conjunto de termos Q é definida, então, como:

$$r(d, Q) = \sum_{t \in Q} TF(d, t) * IDF(t)$$

Essa medida pode ser refinada ainda mais se o usuário tiver permissão para especificar pesos $w(t)$ para os termos na consulta, quando os pesos indicados também são levados em conta pela multiplicação de $TF(d,t)$ por $w(t)$ na fórmula anterior.

A técnica usando a frequência do termo e a frequência inversa no documento como uma medida da relevância de um documento é chamada de abordagem **TF-IDF**.

Quase todos os documentos de texto (em português) contêm palavras como "e", "ou", "um" e assim por diante; portanto, essas palavras são inúteis para fins de consulta, pois sua frequência inversa no documento é extremamente baixa. Os sistemas de recuperação de informações definem um conjunto de palavras, chamadas de **palavras de parada**, contendo 100 ou mais das palavras mais comuns e ignoram essas palavras ao indexar um documento. Essas palavras não são usadas como palavras-chave e são descartadas se estiverem presentes nas palavras-chave fornecidas pelo usuário.

Outro fator levado em conta quando uma consulta contém vários termos é a **proximidade** dos termos no documento. Se os termos ocorrerem próximos uns dos outros no documento, o documento será classificado mais alto do que se ocorrerem separados. A fórmula para $r(d, Q)$ pode ser modificada para levar em conta a proximidade dos termos.

Dada uma consulta Q, o trabalho de um sistema de recuperação de informações é retornar documentos em ordem decrescente de relevância para Q. Como pode haver um grande número de documentos relevantes, os sistemas de recuperação de informações geralmente retornam apenas os primeiros documentos com o mais alto grau de relevância estimada e permitem que os usuários solicitem documentos adicionais de forma interativa.

8.3.2.2 Classificação usando *hyperlinks*

Hiperlinks entre documentos podem ser usados para decidir sobre a importância geral de um documento, independentemente da consulta por palavra-chave; por exemplo, documentos vinculados a muitos outros documentos são considerados mais importantes.

O mecanismo Google de busca na Web introduziu o **PageRank**, que é uma medida de popularidade de uma página baseada na popularidade de páginas que apontam para a página. O uso da medida de popularidade do PageRank para classificar as respostas a uma consulta gerou resultados tão melhores que as técnicas de classificação usadas anteriormente, que o Google se tornou o mecanismo de pesquisa mais usado em um período bastante curto.

Observe que as páginas que são apontadas por muitas páginas Web têm maior probabilidade de serem visitadas e, portanto, devem ter um PageRank mais alto. Da mesma forma, páginas apontadas por páginas Web com um PageRank alto também terão uma maior probabilidade de serem visitadas e, portanto, devem ter um PageRank maior.

Assim, o PageRank de um documento d é definido (de forma circular) com base no PageRank de outros documentos vinculados ao documento d. O PageRank pode ser definido por um conjunto de equações lineares, da seguinte forma: primeiro, as páginas Web recebem identificadores inteiros. A matriz de probabilidade de salto T é definida com $T[i, j]$ configurada para a probabilidade de que um usuário aleatório que esteja seguindo um *link* da página i siga o *link* para a página j. Supondo que cada *link* a partir de i tenha uma probabilidade igual de ser seguido, $T[i, j] = 1/N_i$, com N_i sendo o número de *links* saindo da página i. Então, o PageRank $P[j]$ para cada página j pode ser definido como:

$$P[j] = \delta/N + (1 - \delta) * \sum_{i=1}^{N}(T[i,j] * P[i])$$

em que δ é uma constante entre zero e um, normalmente definida como 0,15, e N é o número de páginas.

O conjunto de equações geradas como anteriormente é, em geral, resolvido por uma técnica iterativa, começando com cada $P[i]$ definido para $1/N$. Cada etapa da iteração calcula novos valores para cada $P[i]$ usando os valores P da iteração anterior. A iteração termina quando a alteração máxima em qualquer valor $P[i]$ em uma iteração fica abaixo de algum valor de corte.

Observe que o PageRank é uma medida estática, independentemente da consulta da palavra-chave; dada uma consulta de palavra-chave, ela é usada em combinação com as pontuações TF-IDF de um documento para julgar a relevância do documento para a consulta de palavra-chave.

PageRank não é a única medida da popularidade de um *site*. Informações sobre a frequência com que ele é visitado constituem outra medida de popularidade muito útil. Além disso, os mecanismos de busca rastreiam a fração de vezes que os usuários clicam em uma página quando ela é retornada como uma resposta. Palavras-chave que ocorrem no texto âncora associado ao *hiperlink* para uma página são vistas como muito importantes e recebem uma frequência de termo mais alta. Estes e vários outros fatores são usados para classificar respostas a uma consulta por palavras-chave.

8.3.3 Medindo a eficácia da recuperação

A classificação de resultados de uma consulta por palavra-chave não é uma ciência exata. Duas métricas podem medir quão bem um sistema de recuperação de informações é capaz de responder a consultas. A primeira, a **precisão**, mede qual porcentagem dos documentos recuperados é realmente relevante para a consulta. A segunda, a **recall**, mede a porcentagem dos documentos relevantes à consulta que foram recuperados. Como os mecanismos de pesquisa encontram um número muito grande de respostas, e os usuários geralmente param após percorrer certo número de respostas (digamos, 10 ou 20), os números de precisão e *recall* normalmente são medidos como "@K", em que *K* é o número de respostas vistas. Assim, pode-se falar em precisão@10 ou recall@20.

8.3.4 Consulta por palavra-chave sobre dados estruturados e grafos de conhecimento

Embora a consulta sobre dados estruturados seja normalmente feita usando linguagens de consulta, como SQL, os usuários que não estão familiarizados com o esquema ou a linguagem de consulta têm dificuldade em obter informações de tais dados. Com base no sucesso da consulta por palavras-chave no contexto da recuperação de informações a partir da Web, foram desenvolvidas técnicas para dar suporte a consultas por palavras-chave em dados estruturados e semiestruturados.

Uma das técnicas consiste em representar os dados usando grafos e, em seguida, executar consultas por palavras-chave sobre os grafos. Por exemplo, as tuplas podem ser tratadas como nós no grafo, e a chave estrangeira e outras conexões entre tuplas podem ser tratadas como arestas no grafo. A pesquisa por palavra-chave é, então, modelada como encontrar tuplas contendo as palavras-chave fornecidas e encontrar caminhos de conexão entre elas no grafo correspondente.

Por exemplo, uma consulta "Zhang Katz" em um banco de dados universitário pode encontrar o *nome* "Zhang" ocorrendo em uma tupla de *estudante* e o *nome* "Katz" em uma tupla de *instrutor*, com um caminho por meio da relação *mentor* conectando as duas tuplas. Outros caminhos, como o aluno "Zhang" realizando um curso ministrado por "Katz", também podem ser encontrados em resposta a essa consulta. Tais consultas podem ser usadas para navegação *ad hoc* e consulta de dados quando o usuário não conhece o esquema exato e não deseja ter o trabalho de escrever uma consulta SQL definindo o que ela está procurando. Na verdade, não é razoável esperar que usuários leigos escrevam consultas em uma linguagem de consulta estruturada, enquanto a consulta por palavras-chave é bastante natural.

Como as consultas não são totalmente definidas, elas podem ter muitos tipos diferentes de respostas, que devem ser classificadas. Diversas técnicas foram propostas para classificar as respostas em tal cenário, com base nos comprimentos dos caminhos de conexão e nas técnicas para atribuir direções e pesos às arestas. Também foram propostas técnicas para atribuir classificações de popularidade às tuplas com base em *links* de chave estrangeira. Outras informações sobre pesquisa por palavras-chave de dados estruturados podem ser encontradas na Bibliografia deste capítulo, disponíveis *on-line*.

Além disso, os grafos de conhecimento podem ser usados juntamente com informações textuais para responder a consultas. Por exemplo, os grafos de conhecimento podem ser usados para fornecer identificadores exclusivos a entidades, que são usados para anotar menções das entidades em documentos textuais. Agora, uma menção específica de uma pessoa em um documento pode ter a frase "Stonebraker desenvolveu o PostgreSQL"; a partir do contexto, a palavra Stonebraker pode ser deduzida como o pesquisador de banco de dados "Michael Stonebraker" e anotada ligando a palavra Stonebraker à entidade "Michael Stonebraker". O grafo de conhecimento também pode registrar o fato de que Stonebraker ganhou o prêmio Turing. Uma consulta pedindo "prêmio turing postgresql" agora pode ser respondida usando informações do documento e do grafo de conhecimento.[2]

Atualmente, os mecanismos de pesquisa da Web usam grandes grafos de conhecimento, além de documentos rastreados, para responder às consultas do usuário.

8.4 Dados espaciais

O suporte a dados espaciais nos sistemas de banco de dados é importante para o armazenamento, a indexação e a consulta eficientes dos dados com base em locais espaciais.

Dois tipos de dados espaciais são particularmente importantes:

- **Dados geográficos**, como mapas rodoviários, mapas de uso de terra, mapas de levantamento topográfico, mapas políticos mostrando fronteiras, mapas de propriedade de terra e assim por diante. **Sistemas de informações geográficas** são bancos de dados de uso especial moldados para armazenar dados geográficos. Os dados geográficos são baseados em um sistema de coordenadas circulares, com latitude, longitude e altitude.
- **Dados geométricos**, que incluem informações espaciais sobre como os objetos – como prédios, carros ou aeronaves – são construídos. Dados geométricos são baseados em um espaço euclideano bidimensional ou tridimensional, com coordenadas *X*, *Y* e *Z*.

[2] Neste caso, o grafo de conhecimento já pode ter registrado que Stonebraker desenvolveu o PostgreSQL, mas existem muitas outras informações que poderão existir apenas nos documentos, e não nos grafos de conhecimento.

Os tipos de dados geográficos e geométricos são aceitos por muitos sistemas de banco de dados, como o Oracle Spatial and Graph, a extensão PostGIS do PostgreSQL, SQL Server e o IBM DB2 Spatial Extender.

Nesta seção, descrevemos a modelagem e a consulta de dados espaciais; técnicas de implementação, como técnicas de indexação e processamento de consultas, são explicadas nos Capítulos 14 e 15.

A sintaxe para representar dados geográficos e geométricos varia de acordo com o banco de dados, embora as representações baseadas no padrão **Open Geospatial Consortium** (**OGC**) sejam agora cada vez mais aceitas. Para descobrir mais sobre a sintaxe específica aceita pelo banco de dados que você usa, consulte os manuais do banco de dados específico.

8.4.1 Representação de informações geométricas

A Figura 8.5 ilustra como as diversas construções geométricas podem ser representadas em um banco de dados, em padrão normalizado. Enfatizamos aqui que as informações geométricas podem ser representadas de diversas maneiras, todavia descrevemos apenas algumas delas.

Um *segmento de linha* pode ser representado pelas coordenadas de suas extremidades. Por exemplo, em um banco de dados de mapa, as duas coordenadas de um ponto seriam sua latitude e longitude. Uma **polilinha** (também chamada de **linestring**) consiste em uma sequência conectada de segmentos de linha e pode ser representada por uma lista contendo as coordenadas das extremidades dos segmentos, em sequência. Podemos representar, aproximadamente, uma curva arbitrária por polilinhas, particionando a curva em uma sequência de segmentos. Essa representação é útil para recursos bidimensionais como estradas; aqui, a largura da estrada é tão pequena em relação ao tamanho do mapa inteiro que pode ser considerada bidimensional. Alguns sistemas também admitem *arcos circulares* como primitivas, permitindo que as curvas sejam representadas como sequências de arcos.

Podemos representar um *polígono* listando seus vértices em ordem, como na Figura 8.5.[3] A lista de vértices especifica o limite de uma região poligonal. Em uma representação alternativa, um polígono pode ser dividido em um conjunto de triângulos, como mostra a Figura 8.5. Esse processo é chamado **triangulação**, e qualquer polígono pode ser triangulado. O polígono complexo pode receber um identificador, e cada um dos triângulos em que ele é dividido carrega o identificador do polígono. Círculos e elipses podem ser representados pelos tipos correspondentes ou ser aproximados por polígonos.

[3] Algumas referências usam o termo *polígono fechado* para se referir ao que chamamos de polígonos, e se referem a polilinhas como *polígonos abertos*.

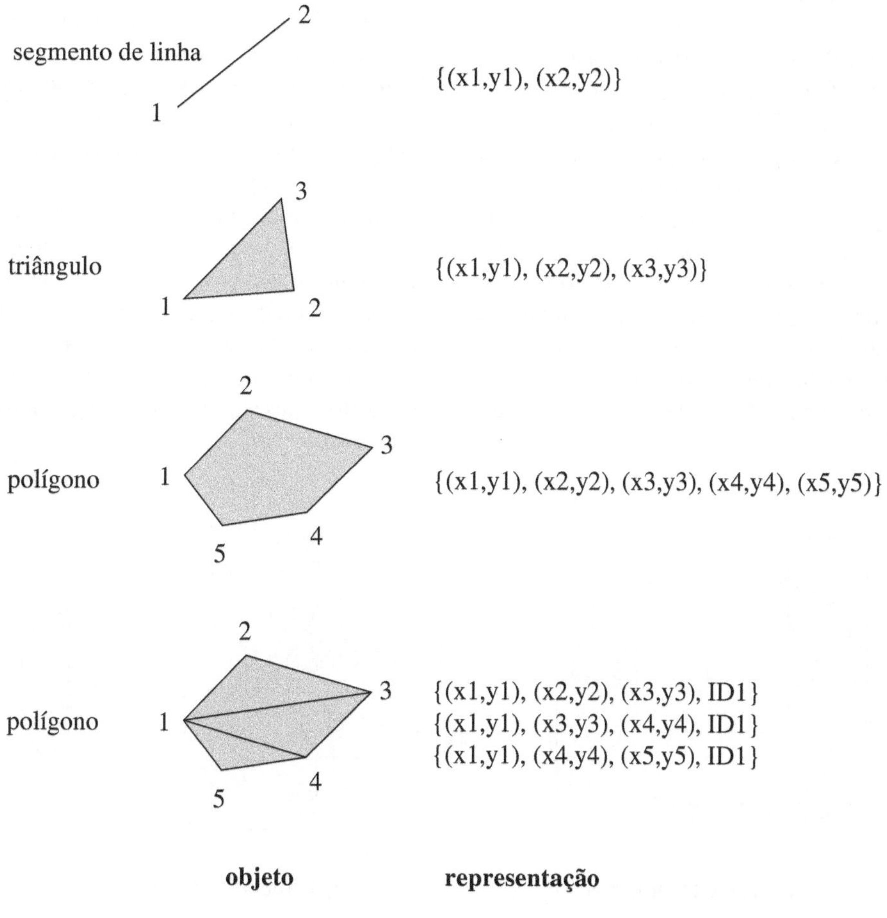

Figura 8.5 Representação de construções geométricas.

Representações de polilinhas ou polígonos baseados em lista normalmente são convenientes para processamento de consulta. Essas representações, não na primeira forma normal, são usadas quando têm suporte do banco de dados subjacente. Para usar tuplas de tamanho fixo (na primeira forma normal) para representar polilinhas, podemos dar à polilinha ou curva um identificador e representar cada segmento como uma tupla separada, que também carrega consigo o identificador da polilinha ou curva. De modo semelhante, a representação triangulada de polígonos permite uma representação relacional da primeira forma normal dos polígonos.

A representação de pontos e segmentos de linha no espaço tridimensional é semelhante à sua representação no espaço bidimensional, todavia a única diferença é que os pontos possuem um componente z extra. De maneira análoga, a representação de figuras planares – como triângulos, retângulos e outros polígonos – não muda muito quando passamos para três dimensões. Tetraedros e cubos podem ser representados da mesma maneira que triângulos e retângulos. Podemos representar poliedros quaisquer dividindo-os em tetraedros, assim como triangulamos os polígonos. Também podemos representá-los listando suas faces, cada qual sendo um polígono, juntamente com uma indicação de qual lado da face está dentro do poliedro.

Por exemplo, o SQL Server e o PostGIS aceitam os tipos **geometry** e **geography**, cada um com subtipos, como point, linestring, curve, polygon, além de coleções desses tipos chamadas multipoint, multilinestring, multicurve and multipolygon. As representações textuais desses tipos são definidas pelos padrões OGC e podem ser convertidas em representações internas usando funções de conversão. Por exemplo, LINESTRING(1 1, 2 3, 4 4) define uma linha que conecta pontos (1, 1), (2, 3) e (4, 4), enquanto POLYGON((1 1, 2 3, 4 4, 1 1)) define um triângulo formado por esses pontos. As funções *ST_GeometryFromText*() e *ST_GeographyFromText*() convertem as representações textuais em objetos de geometria e geografia, respectivamente. As operações sobre os tipos geometry e geography que retornam objetos do mesmo tipo incluem as funções *ST_Union*() e *ST_Intersection*(), que calculam a união e a interseção de objetos geométricos, como linestrings e polygons. Os nomes das funções, bem como a sintaxe, diferem conforme o sistema; consulte os detalhes nos manuais do sistema.

No contexto dos dados de mapa, os diversos segmentos de linhas que representam as estradas são de fato interconectados para formar um grafo. Tal **rede espacial** ou **grafo espacial** tem localizações espaciais para vértices do grafo, além de informações de interconexão entre os vértices, que formam as arestas do grafo. As arestas têm uma série de informações associadas, como distância, número de pistas, velocidade média em diferentes momentos do dia e assim por diante.

8.4.2 Bancos de dados de projeto

Sistemas de projeto auxiliado por computador (CAD) tradicionalmente armazenavam dados na memória durante a edição ou outro processamento e escreviam os dados de volta em um arquivo ao final de uma sessão de edição. As desvantagens desse esquema incluem o custo (complexidade de programação, bem como o custo do tempo) da transformação de dados de uma forma para outra, e a necessidade de ler um arquivo inteiro mesmo que somente algumas partes dele sejam necessárias. Para grandes projetos, como o projeto de um circuito integrado de grande escala de integração ou o projeto de uma aeronave inteira, pode ser impossível manter o projeto completo na memória. Os projetistas dos bancos de dados orientados a objeto foram motivados em grande parte pelos requisitos de banco de dados dos sistemas CAD. Os bancos de dados orientados a objeto representam componentes do projeto como objetos, e as conexões entre os objetos indicam como o projeto é estruturado.

Os objetos armazenados em um banco de dados de projeto geralmente são objetos geométricos. Objetos geométricos bidimensionais simples incluem pontos, linhas, triângulos, retângulos e, em geral, polígonos. Objetos bidimensionais complexos podem ser formados a partir de objetos simples por meio das operações de união, interseção e diferença. De modo semelhante, objetos tridimensionais complexos podem ser formados a partir de objetos mais simples, como esferas, cilindros e cubos, pelas operações de união, interseção e diferença, como na Figura 8.6. As superfícies tridimensionais também podem ser representadas por **modelos *wireframe***, que, basicamente, modelam a superfície como um conjunto de objetos mais simples, como segmentos de linha, triângulos e retângulos.

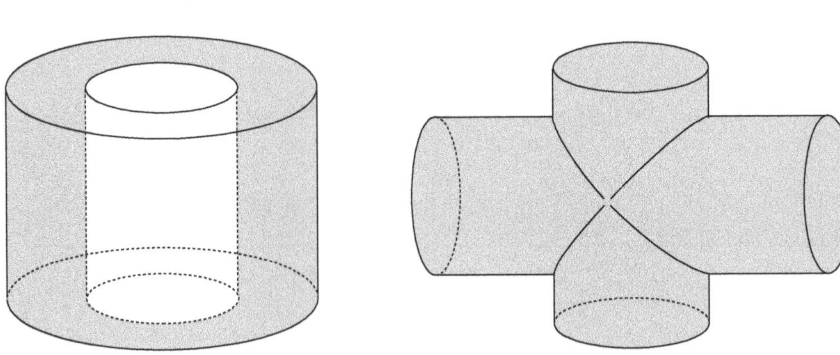

(a) Diferença de cilindros (b) União de cilindros

Figura 8.6 Objetos tridimensionais complexos.

Os bancos de dados de projeto também armazenam informações não espaciais sobre objetos, como o material a partir do qual os objetos são construídos. Normalmente, podemos modelar essas informações por técnicas padronizadas de modelagem de dados. Nós nos preocupamos aqui apenas com os aspectos espaciais.

Diversas operações espaciais precisam ser realizadas em um projeto. Por exemplo, o projetista pode querer obter a parte do projeto que corresponde a uma região de interesse específica. As estruturas de índice espacial, discutidas na Seção 14.10.1, são úteis para essas tarefas. As estruturas de índice espacial são multidimensionais, lidando com dados bi e tridimensionais, em vez de lidar apenas com a ordenação unidimensional simples, fornecida pelas árvores B^+.

As restrições de integridade espacial, como "dois tubos não podem estar no mesmo local", são importantes nos bancos de dados de projeto para impedir erros de interferência. Esses erros normalmente ocorrem se o projeto for realizado manualmente, e só são detectados quando um protótipo está sendo construído. Como resultado, esses erros podem ser dispendiosos de se consertar. O suporte do banco de dados para as restrições de integridade espacial ajuda as pessoas a evitarem erros de projeto, mantendo o projeto coerente. A implementação dessas verificações de integridade novamente depende da disponibilidade de estruturas de índice multidimensional eficientes.

8.4.3 Dados geográficos

Os dados geográficos são espaciais por natureza, mas diferem dos dados de projeto de certas maneiras. Mapas e imagens de satélite são exemplos típicos de dados geográficos. Os mapas podem oferecer não apenas informações de local – sobre fronteiras, rios e estradas, por exemplo – mas também informações muito mais detalhadas associadas a locais, como elevação, tipo de solo, uso de terra e índices pluviométricos anuais.

8.4.3.1 Aplicações de dados geográficos

Bancos de dados geográficos têm diversos usos, incluindo mapas *on-line* e serviços de navegação, que, atualmente, estão em toda a parte. Outras aplicações incluem informações de rede de distribuição para serviços públicos, como sistemas de telefone, eletricidade e água, além de informações de uso de terra para ecologistas e planejadores, registros de terras para rastrear sua propriedade e muito mais.

Os bancos de dados geográficos para informações de companhias de serviço público estão se tornando cada vez mais importantes à medida que a rede de cabos e tubos enterrados cresce. Sem mapas detalhados, o trabalho executado por uma empresa pode danificar os cabos de outra, resultando em interrupção de serviço em grande escala. Os bancos de dados geográficos, juntamente com sistemas precisos de descoberta de localização usando GPS, podem ajudar a evitar tais problemas.

8.4.3.2 Representação de dados geográficos

Os dados geográficos podem ser categorizados em dois tipos:

- **Dados de rastreio**. Esses dados consistem em mapas de bits ou mapas de pixels, em duas ou mais dimensões. Um exemplo típico de imagem de rastreio bidimensional é uma imagem de satélite de uma área. Além da imagem real, os dados abrangem a localização da imagem, especificada, por exemplo, pela latitude e longitude de seus cantos, e a resolução, especificada pelo número total de pixels ou, mais comumente, no contexto de dados geográficos, pela área coberta por cada pixel.

  Os dados de rastreio são, frequentemente, representados como **ladrilhos**, e cada ladrilho cobre uma área de tamanho fixo. É possível exibir uma área maior, mostrando todos os ladrilhos sobrepostos à área. Para a exibição dos dados em diversos níveis de *zoom*, é criado um conjunto de ladrilhos separado para cada nível de *zoom*. Assim que o nível de *zoom* for definido pela interface do usuário (por exemplo, um navegador da Web), os ladrilhos posicionados nesse nível de *zoom*, que se sobrepõem à área sendo exibida, são recuperados e exibidos.

  Os dados de rastreio podem ser tridimensionais – por exemplo, a temperatura em diferentes altitudes, em regiões distintas, mais uma vez medida com o auxílio de satélite. O tempo pode delinear outra dimensão – por exemplo, as medições da temperatura da superfície em diferentes momentos.

- **Dados de vetor**. Dados de vetor são construídos a partir de objetos geométricos básicos, como pontos, segmentos de linha, triângulos e outros polígonos em duas dimensões, e cilindros, esferas, cubos e outros poliedros em três dimensões. No contexto dos dados geográficos, geralmente os pontos são representados pela latitude e longitude, e, onde a altitude for relevante, adicionalmente pela elevação.

  Os dados do mapa costumam ser representados no formato vetorial. As estradas são frequentemente representadas por polilinhas. Recursos geográficos, como os grandes lagos, ou até mesmo recursos políticos, como os estados e os países, são representados como polígonos complexos. Alguns recursos, como os rios, podem ser representados como curvas complexas ou como polígonos complexos, dependendo de sua largura ser relevante.

As informações geográficas relacionadas com regiões, como o índice pluviométrico anual, podem ser representadas como um *array*, ou seja, na forma de rastreio. Para economizar espaço, o *array* pode ser armazenado em forma compactada. Na Seção 24.4.1, estudamos uma representação alternativa de tais *arrays* por uma estrutura de dados chamada *árvore quadrática* (ou *quadtree*).

Como outra alternativa, podemos representar a informação de região em formato vetorial usando polígonos, em que cada polígono é uma região dentro da qual o valor do *array* é o mesmo. A representação vetorial é mais compacta do que a representação de rastreio em algumas aplicações. Ela também é mais precisa para algumas tarefas, como a representação de estradas, em que a divisão da região (que pode ser muito grande) em pixels leva a uma perda de precisão na informação de localização. Porém, a representação vetorial é inadequada para aplicações em que os dados são intrinsecamente baseados em rastreio, como imagens de satélite.

As **informações topográficas**, que são dados sobre a elevação (altura) de cada ponto em uma superfície, podem ser representadas em formato rasteiro. Como alternativa, elas podem ser representadas em forma vetorial, dividindo-se a superfície em polígonos que cobrem regiões de elevações (aproximadamente) iguais, com um único valor de elevação associado a cada polígono. Como outra alternativa, a superfície pode ser **triangulada** (isto é, dividida em triângulos), com cada triângulo representado pela latitude, longitude e elevação de cada um de seus cantos. Esta última representação, chamada de representação em **rede irregular triangulada (TIN)**, é uma representação complexa, útil, principalmente para gerar visões tridimensionais de uma área.

Os sistemas de informações geográficas costumam conter dados de rastreio e vetoriais, e podem mesclar os dois tipos de dados ao exibir os resultados para os usuários. Por exemplo, as aplicações de mapas geralmente contêm imagens de satélite e dados vetoriais sobre estradas, prédios e outros pontos de referência. Uma exibição de mapa geralmente **sobrepõe** diferentes tipos de informações; por exemplo, as informações rodoviárias podem ser sobrepostas sobre uma imagem de satélite de plano de fundo para gerar uma exibição híbrida. Na realidade, um mapa normalmente consiste em várias camadas, exibidas de baixo para cima; os dados das camadas superiores aparecem acima dos dados das camadas inferiores.

Também é interessante observar que até mesmo as informações armazenadas na forma vetorial podem ser convertidas no formato de rastreio, antes de serem enviadas para uma interface do usuário, como um navegador da Web. Isso ocorre, primeiramente, porque usando o formato de rastreio até os navegadores da Web em que a JavaScript foi desativada podem exibir dados de mapas; um segundo motivo pode ser para impedir que os usuários finais extraiam e utilizem os dados vetoriais.

Serviços de mapas, como o Google Maps e o Bing Maps, fornecem APIs que permitem que os usuários criem exibições de mapas especializadas, contendo dados específicos de aplicativos, sobrepostos a dados de mapas padrão. Por exemplo, um *site* da Web pode mostrar um mapa de uma área, com informações sobre restaurantes, sobrepostas no mapa. É possível construir as sobreposições dinamicamente, ao exibir apenas restaurantes gastronômicos específicos, por exemplo, ou ao permitir que os usuários alterem o nível de *zoom* ou apliquem uma panorâmica na exibição.

8.4.4 Consultas espaciais

Existem diversos tipos de consultas que envolvem localizações espaciais.

- **Consultas por região** tratam de regiões espaciais. Estas consultas podem pedir objetos que se encontram parcial ou totalmente dentro de uma região especificada. Um exemplo é a consulta para encontrar todas as revendas dentro dos limites geográficos de determinada cidade. O PostGIS suporta predicados entre dois objetos de geometria ou geografia, como *ST_Contains*(), *ST_Overlaps*(), *ST_Disjoint*() e *ST_Touches*(). Estes podem ser usados para encontrar objetos que estão contidos, ou se cruzam, ou são separados de uma região. O SQL Server oferece suporte a funções equivalentes, com nomes ligeiramente diferentes.

  Suponha que tenhamos uma relação *loja*, com um atributo *local* do tipo *ponto* e um objeto de geografia do tipo *polígono*. Logo, a função *ST_Contains*() pode ser usada para recuperar todas as lojas cujo local esteja contido em determinado polígono.

- **Consultas de proximidade** solicitam objetos que se encontram próximos de um local especificado. Uma consulta para encontrar todos os restaurantes que estão dentro de certa distância de determinado ponto é um exemplo de consulta de proximidade. A **consulta do vizinho mais próximo** solicita o objeto que está mais próximo de um ponto especificado. Por exemplo, podemos querer encontrar o posto de combustível mais próximo. Observe que essa consulta não precisa especificar um limite na distância e, por isso, podemos pedi-la até mesmo se não tivermos ideia da distância a que se encontra o posto de combustíveis. A função *ST_Distance*() do PostGIS fornece a distância mínima entre dois desses objetos e pode ser usada para localizar objetos que estejam dentro de uma distância especificada de um ponto ou região. Os vizinhos mais próximos podem ser encontrados localizando objetos com a menor distância.

- As **consultas de grafo espacial** solicitam informações com base em grafos espaciais, como mapas de estradas. Por exemplo, uma consulta pode solicitar o caminho mais curto entre dois locais por meio da rede rodoviária ou por meio de uma rede ferroviária, cada um dos quais representado como um grafo espacial. Essas consultas são muito utilizadas em sistemas de navegação (GPS).

As consultas que calculam interseções de regiões podem ser imaginadas como calculando a **junção espacial** de duas relações espaciais – por exemplo, uma representando o índice pluviométrico e a outra representando a densidade populacional – com a localização desempenhando o papel de atributo de junção. Em geral, dadas duas relações, cada uma contendo objetos espaciais, a junção espacial das duas relações gera pares de objetos com interseção ou as regiões de interseção de tais pares. Predicados espaciais, como *ST_Contains*() ou *ST_Overlaps*(), podem ser usados como predicados de junção ao executar junções espaciais.

Em geral, as consultas sobre dados espaciais podem ter uma combinação de requisitos espaciais e não espaciais. Por exemplo, podemos querer encontrar o restaurante mais próximo que tenha cardápios vegetarianos e que cobre menos de $ 10 por uma refeição.

8.5 Resumo

- Existem muitos domínios de aplicação que precisam armazenar dados mais complexos do que tabelas simples, com um número fixo de atributos.
- O padrão SQL inclui extensões da definição de dados SQL e linguagem de consulta para lidar com novos tipos de dados e com orientação a objetos. Isso compreende suporte para atributos de valores em coleção, herança e referências de tupla. Essas extensões tentam preservar os fundamentos relacionais – em particular, o acesso declarativo aos dados – enquanto amplia o poder de modelagem.
- Dados semiestruturados são caracterizados por dados complexos, cujo esquema muda frequentemente.
- Uma arquitetura popular para a construção de sistemas de informação, hoje, é criar não só um serviço Web que possibilite a recuperação de dados, mas também um código de aplicação que exiba os dados e permita a interação do usuário.
- O modelo de dados relacional foi estendido de várias maneiras para dar suporte às necessidades de armazenamento e à troca de dados de aplicativos modernos.
    - Alguns sistemas de banco de dados permitem que cada tupla tenha potencialmente um conjunto diferente de atributos.
    - Muitas representações de dados aceitam o uso de atributos para valores não atômicos.
    - Muitas representações de dados admitem que os atributos sejam estruturados, modelando diretamente os atributos compostos no modelo E-R.
- **JavaScript Object Notation** (JSON) é uma representação textual de tipos de dados complexos amplamente usada para transmitir dados entre aplicativos e para armazenar dados complexos.
- As representações XML fornecem flexibilidade no conjunto de atributos que um registro contém, bem como nos tipos desses atributos.
- **Resource Description Framework** (RDF) é um padrão de representação de dados baseado no modelo entidade-relacionamento. A representação RDF possui uma interpretação gráfica muito natural. Entidades e valores de atributos podem ser considerados nós, e os nomes e relacionamentos de atributos podem ser considerados arestas entre os nós.
- SPARQL é uma linguagem de consulta projetada para consultar dados RDF baseada em padrões de triplas.
- A orientação a objetos fornece herança com subtipos e subtabelas, bem como referências a objetos (tuplas).
- O modelo de dados objeto-relacional estende o modelo de dados relacional, fornecendo um sistema de tipos mais rico, incluindo tipos de coleção e orientação a objetos.
- Sistemas de banco de dados objeto-relacional (ou seja, sistemas de banco de dados baseados no modelo objeto-relacional) fornecem um caminho de migração conveniente para usuários de bancos de dados relacionais que desejam usar recursos orientados a objeto.
- Os sistemas de mapeamento objeto-relacional fornecem uma visão de objeto dos dados que são armazenados em um banco de dados relacional. Objetos são transitórios e não há noção de identidade de objeto persistente. Objetos são criados sob demanda a partir de dados relacionais, e atualizações nos objetos são implementadas atualizando os dados relacionais. Sistemas de mapeamento objeto-relacional têm sido bastante adotados, diferentemente da adoção mais limitada de linguagens de programação persistentes.
- Sistemas de recuperação de informações são usados para armazenar e consultar dados textuais, como documentos. Eles usam um modelo de dados mais simples do que os sistemas de banco de dados, mas fornecem recursos de consulta mais poderosos dentro do modelo restrito.
- As consultas tentam localizar documentos que sejam de interesse, especificando, por exemplo, conjuntos de palavras-chave. A consulta que um usuário tem em mente geralmente não pode ser definida com precisão; portanto, os sistemas de recuperação de informações ordenam respostas com base na relevância em potencial.
- A classificação por relevância utiliza vários tipos de informação, como:
    - Frequência do termo: a importância de cada termo para cada documento.
    - Frequência inversa de documento.
    - Classificação por popularidade.
- O gerenciamento de dados espaciais é importante para muitas aplicações. Tipos de dados geométricos e geográficos são suportados por muitos sistemas de banco de dados, com subtipos incluindo pontos, polilinhas e polígonos. Consultas por região, consultas de vizinho mais próximo e consultas de grafo espacial estão entre os tipos de consultas espaciais mais utilizados.

Termos de revisão

- Coluna larga
- Coluna esparsa
- Mapa chave-valor
- Mapa
- Banco de dados de *array*
- Tags

- Triplas
- Recursos
- Sujeito
- Predicado
- Objeto
- Grafo de conhecimento
- Reificação
- *Quadtree*
- Dados abertos vinculados
- Modelo de dados objeto-relacional
- Sistema de banco de dados objeto-relacional
- Mapeamento objeto-relacional
- Sistema de banco de dados orientado a objeto
- Expressão de caminho
- Palavras-chave
- Consulta por palavra-chave
- Termo
- Relevância
- TF-IDF
- Palavras de parada
- Proximidade
- PageRank
- Precisão
- Recall
- Dados geográficos
- Dados geométricos
- Sistema de informações geográficas
- Projeto auxiliado por computador (CAD)
- Polilinha
- *Linestring*
- Triangulação
- Rede espacial
- Grafo espacial
- Dados de rastreio
- Ladrilhos
- Dados de vetor
- Informação topográfica
- Rede irregular triangulada (TIN)
- Sobreposições
- Consultas de proximidade
- Consulta do vizinho mais próximo
- Consultas por região
- Consultas de grafo espacial
- Junção espacial

Exercícios práticos

8.1 Preste informações sobre o aluno chamado Shankar em nosso banco de dados de universidade, incluindo informações da tupla de *aluno* correspondente a Shankar, das tuplas de *realiza* correspondentes a Shankar e das tuplas de *curso* correspondentes a essas tuplas de *realiza*, em cada uma das seguintes representações:

a. Usando JSON, com a representação aninhada apropriada.

b. Usando XML, com a representação aninhada apropriada.

c. Usando triplas RDF.

d. Como um grafo RDF.

8.2 Considere a representação RDF das informações do esquema de universidade, conforme mostrada na Figura 8.3. Escreva as seguintes consultas em SPARQL.

a. Ache os títulos de todos os cursos realizados por qualquer aluno chamado Zhang.

b. Ache os títulos de todos os cursos em que um aluno chamado Zhang realiza uma seção do curso que é ministrada por um instrutor chamado Srinivasan.

c. Ache os nomes e os valores de todos os atributos do instrutor chamado Srinivasan, sem enumerar os nomes de atributo em sua consulta.

8.3 Uma companhia de aluguel de carros mantém em um banco de dados todos os veículos em sua frota atual. Para todos eles, ela inclui Renavam do veículo, placa, fabricante, modelo, data de compra e cor. Dados especiais são incluídos para certos tipos de veículos:

- Caminhões: capacidade de carga.
- Carros esportivos: HP, requisito de idade do cliente.
- Vans: número de passageiros.
- Veículos *off-road*: distância do solo, transmissão (tração nas quatro ou duas rodas).

Construa uma definição de esquema SQL para esse banco de dados. Use a herança onde for apropriado.

8.4 Considere um esquema de banco de dados com uma relação *Emp* cujos atributos sejam os seguintes, com os tipos especificados para os atributos de valores múltiplos:

Emp = (*nome_emp*, *CjFilhos* **multiset**(*Filhos*), *CjHabilidades* **multiset**(*Habilidades*))

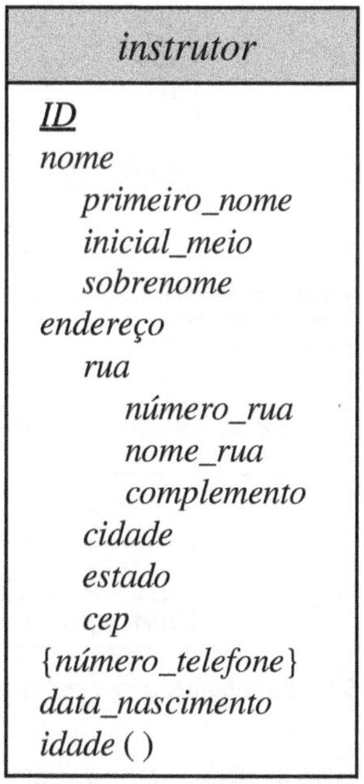

Figura 8.7 Diagrama E-R com atributos compostos, de valores múltiplos e derivados.

Filhos = (*nome*, *nascimento*)
Habilidades = (*tipo*, *CjExames* **setof**(*Exames*))
Exames = (*ano*, *cidade*)

Defina esse esquema em SQL, usando a sintaxe do tipo **table** do SQL Server, da Seção 8.2.1.1, para declarar atributos de valores múltiplos.

8.5 Considere o diagrama E-R da Figura 8.7, mostrando o conjunto de entidades *instrutor*. Dê uma definição de esquema SQL correspondente ao diagrama E-R, tratando *número_telefone* como um *array* de dez elementos, usando a sintaxe do Oracle ou do PostgreSQL.

8.6 Considere o esquema relacional mostrado na Figura 8.8.

a. Dê uma definição de esquema em SQL correspondente ao esquema relacional, mas usando referências para expressar relacionamentos de chave estrangeira.

b. Escreva cada uma das seguintes consultas no esquema, usando SQL:

i. Encontre a empresa com mais empregados.

ii. Encontre a empresa com a menor folha de pagamento.

iii. Encontre as empresas cujos empregados ganham um salário maior, na média, do que o salário médio na First Bank Corporation.

8.7 Calcule a relevância (usando definições apropriadas do termo frequência e frequência inversa no documento) de cada um dos Exercícios Práticos neste capítulo para a consulta "relação SQL".

8.8 Mostre como representar as matrizes usadas para o cálculo de PageRank como relações. Depois, escreva uma consulta SQL que implemente uma etapa iterativa da técnica iterativa para achar o PageRank; o algoritmo inteiro pode, então, ser implementado como um *loop* contendo a consulta.

8.9 Suponha que a relação *aluno* tenha um atributo chamado *local*, do tipo ponto, e a relação *sala* tenha um atributo *local* do tipo polígono. Escreva as seguintes consultas em SQL usando as funções espaciais do PostGIS e os predicados que vimos anteriormente:

a. Ache os nomes de todos os alunos cujo local está dentro da sala Packard 101.

b. Ache todas as salas que estão até 100 metros de distância de Packard 101; considere que todas as distâncias estejam representadas em metros.

c. Ache a ID e o nome do aluno que está geograficamente mais perto do aluno com ID 12345.

d. Ache a ID e os nomes de todos os pares de alunos cujos locais estão separados por menos de 200 metros.

Exercícios

8.10 Projete novamente o banco de dados do Exercício Prático 8.4 na primeira forma normal e na quarta forma normal. Liste quaisquer dependências funcionais e de valores múltiplos que você esteja assumindo. Relacione, também, todas as restrições de integridade referencial que deverão estar presentes nos esquemas da primeira e quarta formas normais.

8.11 Considere os esquemas para a tabela *pessoas*, e as tabelas *alunos* e *professores*, que foram criadas sob *pessoas*, na Seção 8.2.1.3. Dê um esquema relacional

empregado (*nome_pessoa*, *rua*, *cidade*)
works/trabalha (*nome_pessoa*, *nome_empresa*, *salário*)
empresa (*nome_empresa*, *cidade*)
gerencia (*nome_pessoa*, *nome_gerente*)

Figura 8.8 Banco de dados relacional para o Exercício Prático 8.6.

na terceira forma normal que representa a mesma informação. Lembre-se das restrições sobre subtabelas e dê todas as restrições que devem ser impostas sobre o esquema relacional de modo que cada instância de banco de dados do esquema relacional também possa ser representada por uma instância do esquema com herança.

8.12 Considere o diagrama E-R na Figura 8.9, que contém especializações, usando subtipos e subtabelas.

a. Dê uma definição de esquema SQL do diagrama E-R.

b. Escreva uma consulta SQL para achar os nomes de todas as pessoas que não sejam secretárias.

c. Escreva uma consulta SQL para imprimir os nomes de pessoas que não sejam empregados nem alunos.

d. É possível criar uma pessoa que seja um empregado e um aluno com o esquema que você gerou? Explique como, ou explique por que não é possível.

8.13 Suponha que você deseje executar uma consulta de palavra-chave sobre um conjunto de tuplas em um banco de dados, onde cada tupla tem apenas alguns atributos, cada um contendo apenas algumas palavras. O conceito de frequência de termo faz sentido neste contexto? E o da frequência inversa de documentos? Explique sua resposta. Sugira, também, como é possível definir a similaridade de duas tuplas usando os conceitos de TF-IDF.

8.14 Os *sites* que desejam obter alguma publicidade podem participar de um *web ring* (anel da Web), onde eles criam *links* para outros *sites* no anel em troca de outros *sites* no anel que criam *links* para o seu *site*. Qual é o efeito de tais anéis sobre as técnicas de classificação de popularidade, como PageRank?

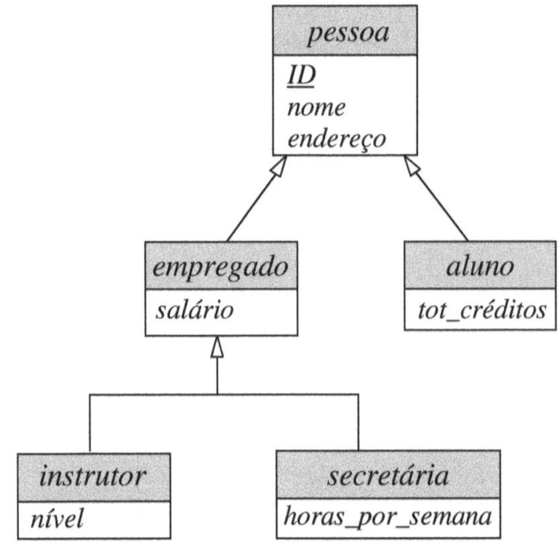

Figura 8.9 Especialização e generalização.

8.15 O mecanismo de busca do Google contém um recurso pelo qual os *sites* da Web podem exibir anúncios fornecidos pelo Google. Os anúncios fornecidos são baseados no conteúdo da página. Sugira como o Google pode escolher quais anúncios fornecer para uma página, considerando seu conteúdo.

Leitura adicional

Um tutorial sobre JSON poderá ser achado em www.w3schools.com/js/js_json_intro.asp. Outras informações sobre XML poderão ser encontradas no Capítulo 30, disponível *on-line* (em inglês). Mais informações sobre RDF poderão ser vistas em www.w3.org/RDF/. Apache Jena oferece uma implementação RDF, com suporte para SPARQL; um tutorial sobre SPARQL poderá ser encontrado em jena.apache.org/tutorials/sparql.html.

POSTGRES (Stonebraker; Rowe, 1986; Stonebraker, 1986) foi uma implementação antiga de um sistema objeto-relacional. Oracle oferece uma implementação bastante completa dos recursos objeto-relacionais da SQL, enquanto PostgreSQL disponibiliza um subconjunto menor desses recursos. Outras informações sobre o suporte para esses recursos poderão ser encontradas em seus respectivos manuais.

Salton (1989) é um livro antigo sobre sistemas de recuperação de informações, enquanto Manning *et al.* (2008) é um livro moderno sobre o assunto. Informações sobre o suporte a banco de dados espacial no Oracle, PostgreSQL e SQL Server poderão ser encontradas em seus respectivos manuais *on-line*.

Bibliografia

MANNING, C. D.; RAGHAVAN, P.; SCHÜTZE, H. *Introduction to information retrieval*. Cambridge, UK: Cambridge University, 2008.

SALTON, G. *Automatic text processing*. Massachusetts: Addison-Wesley, 1989.

STONEBRAKER, M. “Inclusion of new types in relational database systems”. In: *Proc. Second International Conf. on Data Engineering*, Los Angeles, p. 262-269, 1986.

STONEBRAKER, M.; ROWE, L. “The design of POSTGRES”. In: *Proc. of the ACM SIGMOD*, Washington, p. 340-355, 1986.

Créditos

CAPÍTULO 9

Desenvolvimento de aplicação

Praticamente todo o uso dos bancos de dados ocorre a partir de programas aplicativos. De modo correspondente, quase toda a interação do usuário com bancos de dados é indireta, por meio de programas aplicativos. Neste capítulo, estudamos ferramentas e tecnologias usadas para criar aplicações, focalizando aplicações interativas que usam bancos de dados para armazenar e recuperar dados.

Um requisito imprescindível para qualquer aplicação voltada para o usuário é uma boa interface de usuário. Atualmente, os dois tipos mais comuns de interfaces de usuário para aplicações com suporte do banco de dados são as interfaces Web e de aplicativo móvel.

Na parte inicial deste capítulo, oferecemos uma introdução aos programas aplicativos e interfaces de usuário (Seção 9.1) e às tecnologias Web (Seção 9.2). Depois, discutimos o desenvolvimento de aplicações Web usando a conhecida tecnologia *Java Servlets* no *back-end* (Seção 9.3) e o uso de outros frameworks (Seção 9.4). O código do lado do cliente implementado usando JavaScript ou tecnologias de aplicativo móvel é fundamental para a criação de interfaces de usuário responsivas e, portanto, discutimos algumas dessas tecnologias (Seção 9.5). Na sequência, apresentamos uma rápida visão geral das arquiteturas de aplicação Web (Seção 9.6) e abordamos as questões de desempenho na criação de grandes aplicações Web (Seção 9.7). Finalmente, discutimos os aspectos de segurança da aplicação, que são fundamentais para tornar as aplicações resilientes a ataques (Seção 9.8), e a criptografia e seu uso nas aplicações (Seção 9.9).

9.1 Programas aplicativos e interfaces de usuário

Embora muitas pessoas interajam com bancos de dados, poucas utilizam uma linguagem de consulta para interagir com um sistema de banco de dados diretamente. O modo mais comum de os usuários interagirem com os bancos de dados é a partir de um **programa aplicativo** que oferece uma interface com o usuário no *front-end* e interfaces com um banco de dados no *back-end*. Essas aplicações tomam a entrada dos usuários, normalmente por meio de uma interface baseada em formulários, e inserem dados em um banco de dados ou extraem informações de um banco de dados com base na entrada do usuário e depois geram saída, que é exibida para o usuário.

Como exemplo de uma aplicação, considere um sistema de matrícula em universidade. Assim como em outras aplicações, o sistema de registro primeiro solicita que você se identifique e autentique, normalmente por um nome de usuário e senha. A aplicação, então, usa sua identidade para extrair informações, como seu nome e os cursos para os quais você se matriculou, a partir do banco de dados, exibindo a informação. A aplicação oferece uma série de interfaces que lhe permitem matricular-se em cursos e consultar uma série de outras informações, como informações de curso e instrutor. As organizações usam essas aplicações para automatizar uma série de tarefas, como vendas, compras, contabilidade e folha de pagamento, gestão de recursos humanos e controle de estoque, entre muitas outras.

Os programas aplicativos podem ser usados até mesmo quando não é aparente que eles estão sendo usados. Por exemplo, um *site* de notícias pode oferecer uma página personalizada de forma transparente aos usuários individuais, mesmo que o usuário não preencha explicitamente quaisquer formulários quando interagir com o *site*. Para fazer isso, ele, na realidade, executa um programa aplicativo que gera uma página personalizada para cada usuário; a personalização pode, por exemplo, ser baseada no histórico de artigos navegados pelo usuário.

Um programa aplicativo típico inclui um componente de *front-end*, que lida com a interface com o usuário, um componente de *back-end*, que se comunica com um banco de dados, e uma camada intermediária, que contém a "lógica de negócios", ou seja, o código que executa solicitações específicas de informações ou atualizações, impondo regras de negócios, como quais ações devem ser tomadas para executar determinada tarefa ou quem pode executar qual tarefa.

Aplicações como reservas aéreas já existem desde a década de 1960. Nos primórdios das aplicações de computador, as aplicações rodavam em um grande computador "*mainframe*", e os usuários interagiam com a aplicação por meio de terminais, alguns deles aceitando até mesmo formulários. O crescimento dos computadores pessoais resultou no desenvolvimento de aplicações de banco de dados com interfaces gráficas de usuário, ou GUIs. Essas interfaces dependiam do código em execução em um computador pessoal que se comunicava diretamente com um banco de dados compartilhado.

Essa arquitetura era chamada de *arquitetura cliente-servidor*. Havia duas desvantagens no uso de tais aplicações: primeira, as máquinas do usuário tinham acesso direto aos bancos de dados, ocasionando riscos à segurança. Segunda desvantagem, qualquer mudança na aplicação ou no banco de dados exigia que todas as cópias da aplicação, localizadas em computadores individuais, fossem atualizadas em conjunto.

Surgiram duas técnicas para evitar esses tipos de problemas:

- Os navegadores oferecem um *front-end universal*, usado por todo o tipo de serviços de informação. Os navegadores usam uma sintaxe padronizada, o padrão **HyperText Markup Language (HTML)**, que aceita exibição formatada de informações e criação de interfaces baseadas em formulário. O padrão HTML é independente do sistema operacional ou do navegador, e, hoje, praticamente todo computador tem um navegador Web instalado. Assim, uma aplicação baseada na Web pode ser acessada a partir de qualquer computador conectado à internet.

  Diferentemente das arquiteturas cliente-servidor, não há necessidade de instalar nenhum *software* específico da aplicação nas máquinas clientes para poder usar as aplicações baseadas na Web.

  Porém, interfaces de usuário sofisticadas, aceitando recursos muito além do que é possível usando apenas HTML pura, agora são muito utilizadas, e são criadas com a linguagem de *scripting* JavaScript, aceita pela maioria dos navegadores Web. Programas em JavaScript, diferentemente dos programas escritos em C, podem ser executados em modo seguro, garantindo que não causem problemas de segurança. Programas em JavaScript são baixados de modo transparente pelo navegador e não precisam de nenhuma instalação de *software* explícita no computador do usuário.

  Enquanto o navegador Web oferece o *front-end* para a interface com o usuário, os programas aplicativos constituem o *back-end*. Normalmente, as solicitações de um navegador são enviadas para um servidor Web, que, por sua vez, executa um programa aplicativo para processar a solicitação. Existem várias tecnologias disponíveis para a criação de programas aplicativos que são executados no *back-end*, incluindo *servlets* Java, Java Server Pages (JSP), Active Server Page (ASP) ou linguagens de *scripting*, como PHP e Python.

- Programas aplicativos são instalados em dispositivos individuais, principalmente dispositivos móveis. Eles se comunicam com as aplicações em *back-end* por meio de uma API e não têm acesso direto ao banco de dados. A aplicação de *back-end* oferece serviços, incluindo autenticação de usuário, e garante que os usuários só podem acessar os serviços que eles estão autorizados a acessar.

Essa técnica é muito usada em aplicativos móveis. Uma das motivações para o desenvolvimento desses aplicativos foi personalizar a exibição para a pequena tela dos dispositivos móveis. A segunda foi permitir que o código do aplicativo, que pode ser relativamente grande, fosse baixado ou atualizado quando o dispositivo fosse conectado a uma rede de alta velocidade, em vez de baixar o código quando a página Web fosse acessada, talvez por uma largura de banda inferior ou uma rede móvel mais cara.

Com o uso cada vez maior de código JavaScript como parte dos *front-ends* da Web, a diferença entre as duas técnicas anteriores atualmente foi bastante reduzida. O *back-end* normalmente oferece uma API que pode ser chamada do aplicativo móvel ou do código JavaScript para executar qualquer tarefa necessária no *back-end*. Na verdade, o mesmo *back-end*, em geral, é usado para a criação de vários *front-ends*, o que incluiria *front-ends* da Web com JavaScript, e diversas plataformas móveis (hoje, principalmente Android e iOS).

9.2 Fundamentos da Web

Nesta seção, revisamos parte da tecnologia fundamental por trás da World Wide Web, para leitores que não estão familiarizados com a tecnologia por trás da Web.

9.2.1 Uniform Resource Locator

Um **localizador de recurso uniforme (URL)** é um nome globalmente exclusivo para cada documento que pode ser acessado na Web. Um exemplo de um URL é

http://www.acm.org/sigmod

A primeira parte do URL indica de que maneira o documento deve ser acessado: "http" significa que o documento deve ser acessado pelo **HyperText Transfer Protocol** (protocolo de transferência de hipertexto – **HTTP**), um protocolo para a transferência de documentos HTML; "https" indicaria que a versão segura do protocolo HTTP está sendo usada, e atualmente é o modo preferido. A segunda parte mostra o nome de uma máquina que possui um servidor Web. O restante do URL é o nome de caminho do arquivo na máquina ou outro identificador exclusivo de um documento dentro da máquina.

Um URL pode conter o identificador de um programa localizado na máquina servidora da Web, além de argumentos a serem dados ao programa. Um exemplo de tal URL é

http://www.google.com/search?q=silberschatz

que diz que o programa search no servidor www.google.com deve ser executado com o argumento q=silberschatz. Ao receber uma solicitação para esse URL, o servidor Web executa o programa, usando os argumentos dados, e retorna um documento HTML ao servidor Web, que o envia de volta para o *front-end*.

9.2.2 HyperText Markup Language

A Figura 9.1 é um exemplo de tabela representada no formato HTML, enquanto a Figura 9.2 mostra a imagem exibida gerada por um navegador a partir da representação HTML da tabela. O código-fonte HTML mostra algumas das *tags* HTML. Cada página HTML deve ser delimitada em uma *tag* html,

```
<html>
<body>
<table border>
<tr> <th>ID</th>        <th>Nome</th>       <th>Departmento</th> </tr>
<tr> <td>00128</td> <td>Zhang</td>     <td>Comp. Sci.</td> </tr>
<tr> <td>12345</td> <td>Shankar</td> <td>Comp. Sci.</td> </tr>
<tr> <td>19991</td> <td>Brandt</td>    <td>History</td> </tr>
</table>
</body>
</html>
```

Figura 9.1 Dados tabulares em formato HTML.

ID	Nome	Departamento
00128	Zhang	Comp. Sci.
12345	Shankar	Comp. Sci.
19991	Brandt	History

Figura 9.2 Resultado da exibição do código-fonte HTML da Figura 9.1.

enquanto o corpo da página é delimitado por uma *tag* body. Uma tabela é delimitada por uma *tag* table que contém linhas especificadas por uma *tag* tr. A linha de cabeçalho da tabela tem células especificadas por uma *tag* th, enquanto as linhas normais possuem células especificadas por uma *tag* td. Não entraremos em mais detalhes sobre as *tags* aqui; consulte, na Bibliografia, referências contendo descrições mais detalhadas da HTML.

A Figura 9.3 mostra como especificar um formulário HTML que permite que os usuários selecionem o tipo de pessoa (aluno ou instrutor), a partir de um menu, e informem um nome em uma caixa de texto. A Figura 9.4 mostra como o formulário anterior é exibido em um navegador Web. Dois métodos para aceitar entrada são ilustrados no formulário, mas a HTML também aceita vários outros métodos de entrada. O atributo action da *tag* form especifica que, quando o formulário for submetido (com um clique no botão de envio), os dados do formulário devem ser enviados ao URL PersonQuery (o URL é relativo ao da página). O servidor Web está configurado de modo que, quando esse URL é acessado, um programa aplicativo correspondente é chamado, com os valores fornecidos pelo usuário para os argumentos persontype e name (especificado nos campos select e input). O programa aplicativo gera um documento HTML, que é então enviado de volta e exibido ao usuário; veremos como construir esses programas mais adiante neste capítulo.

O HTTP define duas maneiras pelas quais os valores informados por um usuário no navegador podem ser enviados ao servidor Web. O método get codifica os valores como parte do URL. Por exemplo, se a página de busca do Google usasse um formulário com um parâmetro de entrada chamado q com o método get, e o usuário digitasse a string "silberschatz" e submetesse o formulário, o navegador solicitaria o seguinte URL do servidor Web:

http://www.google.com/search?q=silberschatz

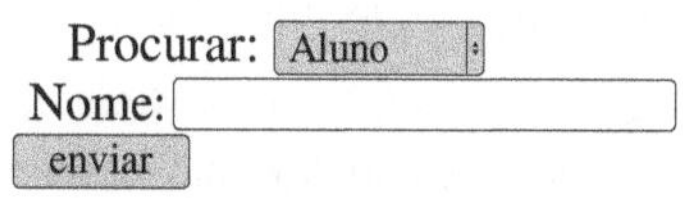

Figura 9.4 Resultado da exibição do código-fonte HTML da Figura 9.3.

```
<html>
<body>
<form action="PersonQuery" method=get>
Procurar:
<select name="persontype">
    <option value="aluno" selected>Aluno </option>
    <option value="instrutor" > Instrutor </option>
</select> <br>
Nome: <input type=text size=20 name="name">
<input type=submit value="enviar">
</form>
</body>
</html>
```

Figura 9.3 Código-fonte de um formulário HTML.

O método post, em vez disso, enviaria uma solicitação para a página www.google.com e os valores de parâmetro como parte da troca do protocolo HTTP entre o servidor Web e o navegador. O código do formulário, na Figura 9.3, especifica que o formulário usa o método get.

Embora o código HTML possa ser criado usando um editor de textos simples, existem diversos editores que permitem a criação de texto HTML por meio de uma interface gráfica. Esses editores admitem que construções como formulários, menus e tabelas sejam inseridas no documento HTML a partir de um menu de opções, em vez de ter de digitar o código para gerar as construções.

A HTML aceita folhas de estilo (*stylesheets*), que podem alterar as definições padrão de como uma construção de formatação HTML é exibida, além de outros atributos de exibição, como cor de plano de fundo da página. O padrão de *folha de estilo em cascata* (CSS) permite que a mesma folha de estilo seja usada para vários documentos HTML, dando uma aparência distinta, porém uniforme, a todas as páginas em um *site*. Você poderá obter mais informações sobre folhas de estilo *on-line*, por exemplo, em www.w3schools.com/css/.

O padrão HTML5, que foi lançado em 2014, oferece uma grande variedade de tipos de entrada de formulário, incluindo os seguintes:

- Seleção de data e hora, usando <input type="date" name= "abc"> e <input type="time" name="xyz">. Os navegadores normalmente mostrariam um selecionador gráfico de data ou hora, para esse tipo de campo de entrada; o valor de entrada é salvo nos atributos de formulário abc e xyz. Os atributos opcionais min e max podem ser usados para especificar valores mínimo e máximo que podem ser escolhidos.
- Seleção de arquivo, usando <input type="file", name= "xyz">, que permite que um arquivo seja escolhido e seu nome salvo no atributo xyz do formulário.
- Restrições de entrada sobre uma série de tipos de entrada, incluindo mínimo, máximo, formato combinando com uma expressão regular e assim por diante. Por exemplo, <input type="number" name="start" min="0" max="55" step="5" value="0"> permite que o usuário escolha um dentre 0, 5, 10, 15 e assim por diante, até 55, com um valor padrão de zero.

9.2.3 Servidores Web e sessões

Um **servidor Web** é um programa executado em uma máquina servidora que aceita solicitações de um navegador Web e envia de volta os resultados na forma de documentos HTML. O navegador e o servidor Web se comunicam por meio de HTTP. Os servidores Web oferecem recursos poderosos, além da simples transferência de documentos. O recurso mais importante é a capacidade de executar programas, com argumentos fornecidos pelo usuário, e entregar os resultados como um documento HTML.

Como resultado, um servidor Web pode facilmente atuar como um intermediário para oferecer acesso a uma série de serviços de informação. Um serviço pode ser criado com a construção e instalação de um programa aplicativo que oferece o serviço. O padrão **common gateway interface** (**CGI**) define como o servidor Web se comunica com os programas aplicativos. O programa aplicativo normalmente se comunica com um servidor de banco de dados por meio de ODBC, JDBC ou outros protocolos, a fim de obter ou armazenar dados.

A Figura 9.5 mostra uma aplicação Web usando uma arquitetura de três camadas, com um servidor Web, um servidor de aplicação e um servidor de banco de dados. O uso de vários níveis de servidores aumenta o *overhead* do sistema; a interface CGI inicia um novo processo para atender cada solicitação, o que resulta em um *overhead* ainda maior.

A maioria dos serviços Web de hoje, portanto, utiliza uma arquitetura Web de duas camadas, em que os servidores Web e de aplicações são combinados em um único servidor, como na Figura 9.6. Estudamos sistemas com base na arquitetura de duas camadas com mais detalhes nas próximas seções.

Não existe uma conexão contínua entre o cliente e o servidor Web; quando um servidor Web recebe uma solicitação, uma conexão é temporariamente criada para enviar a solicitação e receber sua resposta do servidor Web. No entanto, a conexão pode ser fechada, e a próxima solicitação vem por uma nova conexão. Ao contrário, quando um usuário efetua o *logon* em um computador ou se conecta a um banco de dados usando ODBC ou JDBC, uma sessão é criada, e as informações da sessão são retidas no servidor e no cliente até que a sessão termine – informações como o identificador

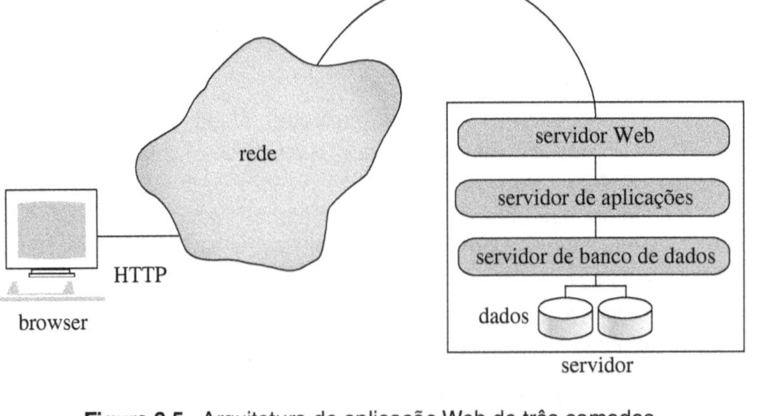

Figura 9.5 Arquitetura de aplicação Web de três camadas.

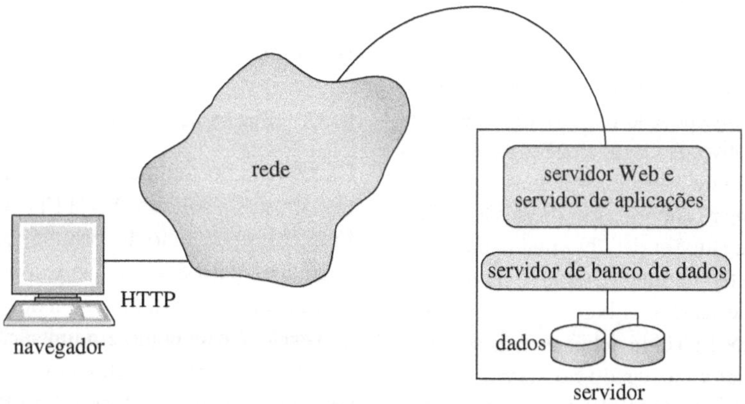

Figura 9.6 Arquitetura de aplicação Web de duas camadas.

do usuário e as opções de sessão que o usuário definiu. Um motivo importante para o HTTP ser **sem conexão** é que a maioria dos computadores possui limites sobre o número de conexões simultâneas que eles podem acomodar e, se grande quantidade de *sites* abrisse conexões para um único servidor, esse limite seria excedido, negando o serviço para outros usuários. Com um serviço sem conexão, a conexão pode ser fechada assim que uma solicitação é satisfeita, deixando conexões disponíveis para outras solicitações.[1]

No entanto, a maioria dos serviços de informação baseados na Web precisa da informação da sessão para permitir a interação significativa com o usuário. Por exemplo, as aplicações normalmente restringem o acesso às informações e, por isso, precisam autenticar usuários. A autenticação deve ser feita uma vez por sessão, e outras interações na sessão não devem exigir outra autenticação.

Para implementar sessões mesmo com as conexões sendo fechadas, informações extras precisam ser armazenadas no cliente e retornadas a cada solicitação em uma sessão. O servidor usa essa informação para identificar que uma solicitação faz parte de uma sessão do usuário. Informações extras sobre a sessão também precisam ser mantidas no servidor.

Essa informação extra normalmente é mantida na forma de um **cookie** no cliente; um *cookie* é simplesmente um pequeno texto contendo informações de identificação e com um nome associado. Por exemplo, google.com pode definir um *cookie* com o nome prefs, que codifica as preferências definidas pelo usuário como a linguagem preferida e o número de respostas exibidas por página. A cada solicitação de busca, o google.com pode apanhar o *cookie* chamado prefs a partir do navegador do usuário e exibir os resultados de acordo com as preferências especificadas. Um domínio (*site* Web) tem permissão para apanhar apenas os *cookies* que ele definiu, e não os *cookies* definidos por outros domínios, e por isso nomes de *cookie* iguais podem ser utilizados por mais de um domínio.

[1]Por motivos de desempenho, as conexões podem ser mantidas abertas por pouco tempo, para permitir que solicitações subsequentes reutilizem a conexão. Porém, não existem garantias de que a conexão será mantida aberta, e as aplicações precisam ser projetadas considerando que a conexão pode ser fechada assim que uma solicitação é atendida.

Para fins de acompanhamento da sessão de um usuário, uma aplicação pode gerar um identificador de sessão (normalmente, um número aleatório não atualmente em uso como um identificador de sessão) e enviar um *cookie* chamado (por exemplo) sessionid, contendo o identificador de sessão. O identificador de sessão também é armazenado localmente no servidor. Quando uma solicitação chegar, o servidor de aplicação solicitará o *cookie* chamado sessionid do cliente. Se o cliente não tiver o *cookie* armazenado ou se retornar um valor que não esteja atualmente registrado como um identificador de sessão válido no servidor, a aplicação concluirá que a solicitação não faz parte de uma sessão atual. Se o valor do *cookie* combinar com um identificador de sessão armazenado, a solicitação será identificada como parte de uma sessão em andamento.

Se uma aplicação precisar identificar usuários com segurança, ela só poderá definir o *cookie* depois de autenticar o usuário; por exemplo, um usuário só pode ser autenticado quando um nome de usuário e senha válidos forem enviados.[2]

Para aplicações que não exigem alta segurança, como *sites* de notícias disponíveis publicamente, os *cookies* podem ser armazenados permanentemente no navegador e no servidor; eles identificam o usuário em visitas subsequentes ao mesmo *site*, sem que nenhuma informação de identificação seja digitada. Para aplicações que exigem maior segurança, o servidor pode invalidar (descartar) a sessão após um período limite ou quando o usuário sair. (Normalmente, o usuário encerra as atividades pressionando um botão de sair, que envia um formulário de *logout*, cuja ação é invalidar a sessão atual.) A invalidação de uma sessão consiste simplesmente em descartar o identificador de sessão da lista de sessões ativas no servidor de aplicações.

[2]O identificador de usuário pode ser armazenado no cliente, em um *cookie* chamado, por exemplo, userid. Esses *cookies* podem ser usados para aplicações de baixa segurança, como *sites* gratuitos, na identificação de seus usuários. Porém, para aplicações que exigem um nível de segurança mais alto, esse mecanismo acarreta um risco à segurança: o valor de um *cookie* pode ser mudado no navegador por um usuário malicioso, que pode então se disfarçar como um usuário diferente. A definição de um *cookie* (chamado sessionid, por exemplo) como um identificador de sessão gerado aleatoriamente (a partir de um espaço de números grande) torna altamente improvável que um usuário possa fingir ser outro usuário. Por outro lado, um identificador de sessão gerado sequencialmente seria suscetível ao disfarce.

9.3 *Servlets*

A especificação de **servlet** Java define uma interface de programação de aplicação para a comunicação entre o servidor Web/aplicação e o programa aplicativo. A classe HttpServlet em Java implementa uma especificação de API de *servlet*; as classes de *servlet* usadas para implementar funções específicas são definidas como subclasses da classe HttpServlet.[3] Normalmente, a palavra *servlet* é usada para se referir a um programa (e classe) Java que implementa a interface de *servlet*. A Figura 9.7 mostra um exemplo de *servlet*; explicamos isso com detalhes mais adiante.

O código para um *servlet* é carregado no servidor Web/aplicação quando o servidor é iniciado ou quando ele recebe uma solicitação HTTP remota para executar um *servlet* em particular. A tarefa de um *servlet* é processar tal solicitação, o que pode envolver o acesso a um banco de dados para obter informações necessárias e gerar dinamicamente uma página HTML a ser retornada ao navegador cliente.

[3]A interface de *servlet* também pode admitir solicitações não HTTP, embora nosso exemplo use apenas HTTP.

9.3.1 Exemplo de *servlet*

Os *servlets* normalmente são usados para gerar dinamicamente respostas a solicitações HTTP. Eles podem acessar entradas fornecidas por meio de formulários HTML, aplicar "lógica de negócios" para decidir que resposta oferecer e, depois, gerar saída HTML para ser enviada de volta ao navegador. O código de *servlet* é executado em um servidor Web ou de aplicações.

A Figura 9.7 mostra um exemplo de código de *servlet* para implementar o formulário da Figura 9.3. O *servlet* se chama PersonQueryServlet, enquanto o formulário especifica que action="PersonQuery". O servidor Web/aplicação precisa ser informado de que esse *servlet* deve ser usado para tratar de solicitações para PersonQuery, o que é feito usando a anotação @WebServlet("PersonQuery") mostrada no código. O formulário especifica que o mecanismo HTTP get é usado

```
import java.io.*;
import javax.servlet.*;
import javax.servlet.http.*;

@WebServlet("PersonQuery")
public class PersonQueryServlet extends HttpServlet {
    public void doGet(HttpServletRequest request,
                HttpServletResponse response)
        throws ServletException, IOException
{
        response.setContentType("text/html");
        PrintWriter out = response. getWriter();
        ... verifica se o usuário está logado ...
        out.println("<HEAD><TITLE>Resultado da Pesquisa</TITLE></HEAD>");
        out.println("<BODY>");

        String persontype = request.getParameter("persontype");
        String name = request.getParameter("name");
        if(persontype.equals("aluno")) {
            ... código para achar alunos com nome especificado ...
            ... usando JDBC para se comunicar com o banco de dados ...
            ... Suponha que o ResultSet rs tenha sido recuperado, e que
            ... contém os atributos de ID, nome e nome do departamento
            String headers = new String[]{"ID", "Nome", "Nome do Departamento"};
            Util::resultSetToHTML(rs, headers, out);
        {
        else {
            ... como antes, mas para instrutores ...
        }
        out.println("</BODY>");
        out.close();
    }
}
```

Figura 9.7 Exemplo de código de *servlet*.

para a transmissão de parâmetros. Assim, o método doGet( ) do *servlet*, conforme definido no código, é invocado.

Cada solicitação de *servlet* resulta em um novo *thread* dentro do qual a chamada é executada, de modo que várias solicitações possam ser tratadas em paralelo. Quaisquer valores dos menus e campos de entrada do formulário na página Web, além de *cookies*, passam por um objeto da classe HttpServletRequest criado para a solicitação, e a resposta à solicitação passa por um objeto da classe HttpServletResponse.

O método doGet( ) no exemplo extrai valores dos parâmetros *persontype* e *name* usando request.getParameter( ), e utiliza esses valores para executar uma consulta em um banco de dados. O código usado para acessar o banco de dados e obter valores de atributo a partir do resultado da consulta não aparece; consulte a Seção 5.1.1.5 para obter detalhes de como usar o JDBC para acessar um banco de dados. Consideramos que o resultado da consulta na forma de um ResultSet JDBC está disponível na variável resultset.

O código do *servlet* retorna os resultados da consulta ao solicitante, enviando-os para o objeto response da classe HttpServletResponse. A saída dos resultados para response é implementada primeiro apanhando-se um objeto out do tipo PrintWriter de response e depois imprimindo o resultado no formato HTML para out. Em nosso exemplo, o resultado da consulta é impresso chamando a função Util::resultSetToHTML (resultset, headers, out), que aparece na Figura 9.8. A função usa a função de metadados JDBC no ReulstSet rs para descobrir quantas colunas precisam ser impressas. Um *array* de cabeçalhos de coluna é passado para essa função para ser impresso; os nomes de coluna poderiam ter sido obtidos por meio de metadados JDBC, mas os nomes de coluna do banco de dados podem não ser apropriados para exibição ao usuário, e por isso, passamos nomes de coluna significativos à função.

9.3.2 Sessões de *servlet*

Lembre-se de que a interação entre um navegador e um servidor Web/aplicação não tem estado (*stateless*). Ou seja, toda vez que o navegador faz uma solicitação ao servidor, o navegador precisa se conectar com o servidor, solicitar alguma informação, depois desconectar-se do servidor. Os *cookies* podem ser usados para reconhecer que uma solicitação é da mesma sessão que uma solicitação anterior. Porém, os *cookies* formam um mecanismo de baixo nível, e os programadores requerem uma abstração melhor para lidar com sessões.

A API do *servlet* oferece um método para rastrear uma sessão e armazenar informações relacionadas com a sessão. Invocar o método getSession(false) da classe HttpServlet Request obtém o objeto HttpSession correspondente ao navegador que enviou a solicitação. Um valor de argumento true teria especificado que um novo objeto de sessão precisa ser criado se a solicitação for nova.

Quando o método getSession( ) é invocado, o servidor primeiro pede ao cliente para retornar um *cookie* com um nome especificado. Se o cliente não tiver um *cookie* com esse nome ou retornar um valor que não combina com nenhuma sessão em andamento, a solicitação não faz parte de uma sessão em andamento. Nesse caso, getSession( ) retornará um valor nulo, e o *servlet* pode direcionar o usuário a uma página de login.

```
import java.io.*;
import javax.servlet.*;
import javax.servlet.http.*;
public class Util {
    public static void resultSetToHTML(ResultSet rs,
                                String headers[], PrintWriter out) {
        ResultSetMetaData rsmd = rs.getMetaData();
        int numCols = rsmd.getColumnCount();
        out.println("<table border=1>");
        out.println("<tr>");
        for ( int i=0 ; i < numCols; i++)
            out.println("<th>"+ headers[i] + </th>
        out.println("</tr>");
        while (rs.next()) {
            out.println("<tr>");
            for ( int i=0 ; i < numCols; i++)
                out.println("<td>"+ rs.getString(i) + </td>
            out.println("</tr>");
        }
    }
}
```

Figura 9.8 Função utilitária para enviar o ResultSet como uma tabela.

A página de login pode permitir ao usuário fornecer um nome de usuário e senha. O *servlet* correspondente à página de login pode verificar se a senha corresponde ao usuário (por exemplo, usando o nome do usuário para recuperar a senha do banco de dados e verificando se a senha informada combina com a senha armazenada).[4]

Se o usuário for corretamente autenticado, o *servlet* de login executará um getSession(true), o qual retornará um novo objeto de sessão. Para criar uma sessão, o servidor internamente executa as seguintes tarefas: define um *cookie* (chamado, por exemplo, sessionID), com um identificador de sessão como seu valor associado no navegador do cliente, cria um objeto de sessão e associa o valor do identificador de sessão ao objeto de sessão.

O código do *servlet* também pode armazenar e consultar pares (nome de atributo, valor) no objeto HttpSession para manter o estado por várias solicitações dentro de uma sessão. Por exemplo, o *servlet* de login poderia armazenar a identificação do usuário como um parâmetro de sessão executando o método

```
session.setAttribute("userid", userid)
```

no objeto de sessão retornado por getSession( ); a variável Java userid contém o identificador do usuário.

Se a solicitação foi parte de uma sessão em andamento, o navegador retorna o valor do *cookie*, e o objeto de sessão correspondente é retornado por getSession( ). O *servlet* pode, então, recuperar parâmetros de sessão, como *user-id*, do objeto de sessão executando o método

```
session.getAttribute("userid")
```

sobre o objeto de sessão retornado anteriormente. Se o atributo userid não estivesse definido, a função retornaria um valor nulo, que indicaria que o usuário cliente não foi autenticado.

Considere a linha no código de *servlet* da Figura 9.7, que diz "... verifica se o usuário está logado...". O código a seguir implementa essa verificação; se o usuário não estiver logado, ele envia uma mensagem de erro e, depois de um intervalo de cinco segundos, redireciona o usuário para a página de login.

```
Session session = request.getSession(false);
if (session == null || session.getAttribute(userid) == null) {
        out.println("Você não está logado.");
        response.setHeader("Refresh", "5;url=login.html");
        return();
}
```

9.3.3 Ciclo de vida do *servlet*

O ciclo de vida de um *servlet* é controlado pelo servidor Web/aplicação em que ele foi implantado. Quando existe uma solicitação do cliente para um *servlet* específico, o servidor primeiro verifica se existe ou não uma instância do *servlet*. Se não, o servidor carrega o *servlet* na máquina virtual Java (JVM) e cria uma instância da classe *servlet*. Além disso, o servidor chama o método init( ) para inicializar a instância do *servlet*. Observe que cada instância do *servlet* só é inicializada quando carregada.

Depois de certificar-se de que a instância do *servlet* existe, o servidor invoca o método service do *servlet*, com um objeto request e um objeto response como parâmetros. Como padrão, o servidor cria um *thread* para executar o método service. Assim, várias solicitações em um *servlet* podem ser executadas em paralelo, sem ter de esperar solicitações anteriores para completar a execução. O método service chama doGet ou doPost conforme a necessidade.

Quando não for mais necessário, um *servlet* pode ser encerrado chamando o método destroy( ). O servidor pode ser configurado para encerrar automaticamente um *servlet* se nenhuma solicitação tiver sido feita em um *servlet* dentro de um período limite; o período limite é um parâmetro do servidor que pode ser definido conforme a necessidade da aplicação.

9.3.4 Servidores de aplicação

Muitos servidores de aplicação oferecem suporte embutido para *servlets*. Um dos mais populares é o Tomcat Server do Apache Jakarta Project. Outros servidores de aplicação que possuem suporte para *servlets* incluem Glassfish, JBoss, BEA Weblogic Application Server, Oracle Application Server e IBM's WebSphere Application Server.

A melhor maneira de desenvolver aplicações de *servlet* é usando uma IDE como Eclipse ou NetBeans, que vêm embutidas nos servidores Tomcat ou Glassfish.

Os servidores de aplicação normalmente oferecem uma série de serviços úteis, além do suporte básico para *servlet*. Eles permitem que as aplicações sejam implantadas ou terminadas, e, também, oferecem funcionalidade para monitorar o *status* do servidor de aplicação, incluindo estatísticas de desempenho. Muitos servidores de aplicação também têm suporte para a plataforma Java 2 Enterprise Edition (J2EE), que oferece suporte e APIs para uma série de tarefas, como para tratamento de objetos e processamento paralelo por vários servidores de aplicação.

9.4 *Frameworks* alternativos no lado servidor

Existem várias alternativas aos *Java Servlets* para o processamento de solicitações no servidor de aplicação, incluindo linguagens de scripting e *frameworks* de aplicação Web desenvolvidos para linguagens como Python.

[4]Não é uma boa ideia armazenar senhas não criptografadas no banco de dados, pois qualquer pessoa com acesso ao conteúdo do banco de dados, como um administrador do sistema ou um *hacker*, poderia roubar a senha. Em vez disso, uma função de *hashing* é aplicada à senha e o resultado é armazenado no banco de dados; mesmo que alguém veja o resultado do *hash* armazenado no banco de dados, é muito difícil deduzir qual era a senha original. A mesma função de *hashing* é aplicada à senha fornecida pelo usuário e o resultado é comparado com o resultado do *hash* armazenado. Além disso, para garantir que, mesmo que dois usuários usem a mesma senha, os valores de *hash* sejam diferentes, o sistema de senha normalmente armazena uma cadeia de caracteres aleatória diferente (denominada *sal*) para cada usuário e anexa essa cadeia aleatória à senha antes de calcular o valor do *hash*. Assim, a relação de senha teria o esquema *senha_usuário(usuário, sal, hash_senha)*, em que *hash_senha* é gerada por *hash(append(senha,sal))*. A criptografia é descrita com mais detalhes na Seção 9.9.1.

9.4.1 *Scripting* no lado servidor

A escrita até mesmo de uma aplicação Web simples em uma linguagem de programação como Java ou C é uma tarefa demorada, que exige muitas linhas de código e programadores acostumados com os detalhes da linguagem. Uma técnica alternativa, a de **scripting no lado servidor**, oferece um método muito mais fácil para criar muitas aplicações. As linguagens de *scripting* oferecem construções que podem ser embutidas dentro de documentos HTML.

No *scripting* no lado servidor, antes do envio de uma página Web, o servidor executa os *scripts* embutidos dentro do conteúdo HTML da página. Cada parte do *script*, quando executada, pode gerar texto acrescentado à página (ou pode até mesmo excluir o conteúdo da página). O código-fonte dos *scripts* é removido da página, para que o cliente nem saiba que a página originalmente continha algum código. O *script* executado pode conter código SQL, que é executado contra um banco de dados. Muitas dessas linguagens vêm com bibliotecas e ferramentas, que, juntas, constituem um *framework* para o desenvolvimento de aplicações Web.

Alguns dos *frameworks* de *scripting* mais usados são Java Server Pages (JSP), Active ASP.NET da Microsoft, PHP e Ruby on Rails. Esses *frameworks* permitem que o código escrito em linguagens como Java, C#, VBScript e Ruby seja embutido ou chamado a partir de páginas HTML. Por exemplo, JSP permite que o código Java seja embutido nas páginas HTML, enquanto ASP.NET e ASP da Microsoft aceitam C# e VBScript embutido.

9.4.1.1 Java Server Pages

A seguir, descrevemos rapidamente a **Java Server Pages (JSP)**, uma linguagem de *scripting* que permite que os programadores HTML misturem HTML estática com HTML gerada dinamicamente. A motivação é que, para muitas páginas Web dinâmicas, a maior parte do conteúdo ainda é estático (ou seja, o mesmo conteúdo está presente sempre que a página for gerada). O conteúdo dinâmico das páginas Web (geradas, por exemplo, com base em parâmetros do formulário) normalmente é uma pequena parte da página. A criação de tais páginas com a escrita de código de *servlet* resulta em grande quantidade de HTML sendo codificada como strings Java. A JSP, em vez disso, permite que o código Java seja embutido na HTML estática; o código Java embutido gera a parte dinâmica da página. Os scripts JSP são traduzidos para o código de *servlet*, que é então compilado, mas o programador de aplicação não tem o trabalho de escrever grande parte do código Java para criar o *servlet*.

A Figura 9.9 mostra o texto-fonte de uma página JSP que inclui código Java embutido. O código Java é destacado do código HTML ao seu redor porque é delimitado com <% ... %>. O código usa request.getParameter() para obter o valor do atributo name.

Quando uma página JSP é solicitada por um navegador, o servidor de aplicação gera saída HTML da página, que é enviada de volta ao navegador. A parte HTML da página JSP é enviada sem modificações.[5] Sempre que o código Java é embutido dentro de <% ...%>, o código é substituído na saída HTML pelo texto que ele imprime para o objeto out. No código JSP na figura anterior, se nenhum valor fosse inserido para o parâmetro name do formulário, o script imprimiria "Hello World"; se um valor fosse inserido, o script imprimiria "Hello" seguido pelo nome.

Um exemplo mais real poderia realizar ações mais complexas, como pesquisar valores de um banco de dados usando JDBC.

A JSP também admite o conceito de biblioteca de *tags*, que permite o uso de *tags* que são muito semelhantes às *tags* HTML, mas são interpretadas no servidor e replicadas pelo código HTML apropriadamente gerado. A JSP oferece um conjunto padrão de *tags* que definem variáveis e fluxo de controle (iteradores, if-then-else), juntamente com uma linguagem de expressão baseada em JavaScript (mas interpretada no servidor). O conjunto de *tags* é extensível, e diversas bibliotecas de *tags* foram implementadas. Por exemplo, existe uma biblioteca de *tags* que admite a exibição paginada de grandes conjuntos de dados, além de uma biblioteca que simplifica a exibição e a análise de datas e horas.

9.4.1.2 PHP

PHP é uma linguagem de *scripting* muito usada para o *scripting* no lado servidor. O código PHP pode ser interligado à

[5] A JSP permite uma incorporação mais complexa, onde o código HTML fica dentro de uma instrução *if-else* da Java e é enviado condicionalmente, dependendo de a condição do *if* ser avaliada como verdadeira ou não. Omitimos os detalhes aqui.

```
<html>
<head> <title> Hello </title> </head>
<body>
  < % if (request.getParameter("name") == null)
   { out.println("Hello World"); }
   else { out.println("Hello, " + request.getParameter("name")); }
  %>
</body>
</html>
```

Figura 9.9 Página JSP com código Java embutido.

HTML de maneira semelhante à JSP. Os caracteres "<?php" indicam o início do código PHP, enquanto os caracteres "?>" denotam o final desse código. O código a seguir realiza as mesmas ações do código JSP da Figura 9.9.

```
<html>
<head> <title> Hello </title> </head>
<body>
  <?php if (!isset($_REQUEST['name']))
    { echo 'Hello World'; }
    else { echo 'Hello, ' . $_REQUEST['name']; }
  ?>
</body>
</html>
```

O *array* $_REQUEST contém os parâmetros de solicitação. Observe que o *array* é indexado pelo nome do parâmetro; em PHP, os *arrays* podem ser indexados por qualquer string, não apenas números. A função isset verifica se o elemento do *array* foi inicializado. A função echo imprime seu argumento na HTML da saída. O operador "." entre duas strings concatena as strings.

Um servidor Web corretamente configurado interpretaria qualquer arquivo cujo nome termina com ".php" como um arquivo PHP. Se o arquivo for solicitado, o servidor Web o processa de maneira semelhante ao modo como os arquivos JSP são processados e retorna a HTML gerada para o navegador.

Diversas bibliotecas estão disponíveis para a linguagem PHP, incluindo bibliotecas para o acesso a banco de dados usando ODBC (semelhante ao JDBC em Java).

9.4.2 *Frameworks* de aplicação Web

Frameworks de desenvolvimento de aplicação Web facilitam a tarefa de construção de aplicações Web oferecendo recursos como estes:

- Uma biblioteca de funções para dar suporte a recursos de HTML e HTTP, incluindo as sessões.
- Um sistema de *scripting* de *template.*
- Um controlador, que mapeia os eventos de interação do usuário, como envios de formulário, para que funções apropriadas tratem do evento. O controlador também gerencia a autenticação e as sessões. Alguns *frameworks,* além disso, oferecem ferramentas para gerenciamento de autorizações.
- Um modo (relativamente) declarativo de especificar um formulário com restrições de validação sobre as entradas do usuário, do qual o sistema gera a HTML e o código Javascript/Ajax para implementar o formulário.
- Um modelo orientado a objeto com mapeamento objeto-relacional para armazenar dados em um banco de dados relacional (como vimos na Seção 9.6.2).

Assim, esses *frameworks* oferecem uma série de recursos que são exigidos para a criação de aplicações Web, de maneira integrada. Gerenciando formulários a partir de especificações declarativas e gerenciando o acesso aos dados de modo transparente, os *frameworks* minimizam a quantidade de codificação que um programador de aplicação Web precisa executar.

Existem muitos desses *frameworks,* com base em diferentes linguagens. Alguns dos mais usados incluem Django para a linguagem Python, Ruby on Rails, que oferece suporte ao *framework* Rails na linguagem de programação Ruby, Apache Struts, Swing, Tapestry e WebObjects, todos baseados em Java/JSP. Muitos desses *frameworks* também facilitam a criação de interfaces Web CRUD simples, ou seja, interfaces que dão suporte à criação, leitura, atualização e exclusão de objetos/tuplas, gerando código a partir de um modelo de objeto ou de um banco de dados. Essas ferramentas são particularmente úteis para fazer com que aplicações simples sejam executadas rapidamente, e o código gerado pode ser editado para a criação de interfaces Web mais sofisticadas.

9.4.3 *Framework* Django

O *framework* Django para Python é um *framework* de aplicações Web bastante utilizado. Ilustramos algumas características do *framework* com exemplos.

Visualizações no Django são funções equivalentes a *servlets* em Java. O Django requer um mapeamento, normalmente especificado em um arquivo urls.py, que mapeia os URLs para as visualizações do Django. Quando o servidor de aplicações Django recebe uma solicitação HTTP, ele usa o mapeamento de URL para decidir qual função de visualização chamar.

A Figura 9.10 mostra um exemplo de código que implementa a tarefa de consulta de pessoa, que implementamos anteriormente usando *servlets* Java. O código mostra uma visualização chamada person_query_view. Assumimos que a URL da PersonQuery é mapeada para a visualização person_query_view e invocada a partir do formulário HTML mostrado anteriormente na Figura 9.3.

Também assumimos que a raiz do aplicativo é mapeada para uma login_view. Não mostramos o código para login_view, mas supomos que ele exibe um formulário de login e, ao enviá-lo, chama a visualização authenticate. Também não mostramos a visualização authenticate, mas assumimos que ela verifica o nome de login e a senha. Se a senha for validada, a visualização autenticada redireciona para um formulário person_query_form, que exibe o código HTML que vimos anteriormente na Figura 9.3; se a validação da senha falhar, ela será redirecionada para a login_view.

Retornando à Figura 9.10, a visualização person_query_view() confere primeiro se o usuário está logado, verificando a variável de sessão username. Se a variável de sessão não estiver definida, o navegador será redirecionado para a tela de login. Caso contrário, as informações do usuário solicitadas serão buscadas conectando-se ao banco de dados; detalhes de conexão para o banco de dados são especificados em um arquivo de configuração do Django settings.py e são omitidos em nossa descrição. Um cursor (semelhante a uma instrução JDBC) é aberto na conexão, e a consulta é executada usando o cursor. Observe que o primeiro argumento de cursor.execute é a consulta, com parâmetros marcados por "%s", e

```
from django.http import HttpResponse
from django.db import connection

def result set to html(headers, cursor):
    html = "<table border=1>"
    html += "<tr>"
    for header in headers:
        html += "<th>" + header + "</th>"
    html += "</tr>"
    for row in cursor.fetchall():
        html += "<tr>"
        for col in row:
            html += "<td>" + col + "</td>"
        html += "</tr>"
    html += "</table>"
    return html

def pessoa query view(request):
    if "username" not in request.session:
        return login251658240 view(request)
    persontype = request.GET.get("persontype")
    personname = request.GET.get("personname")
    if persontype == "student":
        query tmpl = "select id, nome, nome_dept from aluno where nome=%s"
    else:
        query tmpl = "select id, nome, nome_dept from instrutor where nome=%s"
    with connection.cursor() as cursor:
        cursor.execute(query tmpl, [personname])
        headers = ["ID", "Nome", "Nome do Departamento"]
        return HttpResponse(result_set_to_html(headers, cursor))
```

Figura 9.10 Aplicação de consulta de pessoas em Django.

o segundo argumento é uma lista de valores para os parâmetros. O resultado da consulta do banco de dados é exibido chamando uma função result_set_to_html(), que faz a iteração sobre o conjunto de resultados obtido do banco de dados e envia os resultados em formato HTML para uma string de caracteres; a string é, então, retornada como um HttpResponse.

Django fornece suporte para vários outros recursos, como criação de formulários HTML e validação de dados inseridos nos formulários, anotações para simplificar a verificação de autenticação e modelos para criação de páginas HTML, que são parecidas com as páginas JSP. Django também suporta um sistema de mapeamento objeto-relação, que descrevemos na Seção 9.6.2.2.

9.5 Código no lado cliente e *Web services*

As duas classes mais usadas de interfaces de usuário, atualmente, são as interfaces Web e as interfaces de aplicativos móveis.

Enquanto a primeira geração de navegadores Web só exibia código HTML, logo foi necessário permitir que o código fosse executado nos navegadores. As **linguagens de scripting no lado cliente** são criadas para serem executadas no navegador Web do cliente. A principal motivação para essas linguagens de *scripting* é a interação flexível com o usuário, fornecendo recursos além do poder de interação limitado fornecido por HTML e formulários HTML. Além do mais, a execução de programas no lado cliente agiliza muito a interação em comparação com o envio de cada interação para ser processada no local do servidor.

A linguagem **JavaScript** é de longe a linguagem de *scripting* no lado cliente mais utilizada. A geração atual de interfaces Web utiliza muito extensivamente a linguagem de *scripting* JavaScript para construir interfaces sofisticadas com o usuário.

Qualquer interface no lado cliente precisa armazenar e recuperar dados do *back-end*. O acesso direto ao banco de dados não é uma boa ideia, pois não apenas evidencia detalhes de baixo nível, mas também expõe o banco de dados a ataques. Em vez disso, os *back-ends* oferecem acesso para armazenar e recuperar dados a partir de *Web services*. Isso será explicado na Seção 9.5.2.

Os aplicativos móveis são muito utilizados, e as interfaces de usuário para dispositivos móveis são muito importantes atualmente. Embora não entremos nos detalhes do desenvolvimento de aplicativos móveis neste livro, oferecemos algumas indicações de alguns *frameworks* de desenvolvimento de aplicativos móveis na Seção 9.5.4.

9.5.1 JavaScript

A JavaScript normalmente é utilizada para diversas tarefas, incluindo validação, interfaces de usuário flexíveis e interação com *Web services*, que descrevemos mais adiante.

9.5.1.1 Validação da entrada

Funções escritas em JavaScript podem ser usadas para realizar verificações de erro (validação) na entrada do usuário, como uma string de data sendo formatada corretamente ou um valor inserido (como uma idade) dentro de um intervalo apropriado. Essas verificações são executadas no navegador à medida que os dados são inseridos, antes mesmo que sejam enviados ao servidor Web.

Com a HTML5, muitas restrições de validação podem ser especificadas como parte da *tag* de entrada. Por exemplo, o código HTML a seguir

```
<input type="number" name="créditos"
    size="2" min="1" max="15">
```

garante que a entrada para o parâmetro "créditos" seja um número entre 1 e 15. Validações mais complexas, que não podem ser realizadas por meio de recursos da HTML5, normalmente são feitas usando JavaScript.

A Figura 9.11 mostra um exemplo de função em JavaScript usada para validar uma entrada de formulário. A função é declarada na seção head do documento HTML. O formulário aceita uma data inicial e uma data final. A função de validação garante que a data inicial não é maior que a data final. A *tag* form especifica que a função de validação deve ser chamada quando o formulário é submetido. Se a validação falhar, uma caixa de alerta aparecerá para o usuário e, se tiver sucesso, os dados do formulário serão enviados ao servidor.

9.5.1.2 Interfaces de usuário responsivas

O benefício mais importante da JavaScript é a capacidade de criar interfaces de usuário altamente responsivas dentro de um navegador, que use JavaScript. A chave para a criação dessa interface de usuário é a capacidade de modificar dinamicamente o código HTML sendo exibido por meio da JavaScript. O navegador analisa (*parses*) o código HTML em uma estrutura de árvore na memória definida por um padrão chamado **Document Object Model** (**DOM**). O código JavaScript pode modificar a estrutura de árvore para executar certas operações. Por exemplo, suponha que um usuário precise inserir uma série de linhas de dados, como itens em uma conta sendo criada. Uma tabela contendo caixas de texto e outros métodos de entrada de formulário pode ser usada para reunir a entrada do usuário. A tabela pode ter tamanho padrão, mas, se mais linhas forem necessárias, o usuário pode clicar em um botão rotulado (por exemplo) "Adicionar item". Esse botão pode ser configurado para chamar uma função JavaScript que modifica a árvore DOM acrescentando uma linha extra na tabela.

```
<html>
<head>
<script type="text/javascript">
        function validate() {
                var startdate = new Date (document.getElementById("start").value);
                var enddate = new Date (document.getElementById("end").value);
                if(startdate > enddate) {
                        alert("Data inicial maior que a final");
                        return false;
                }
  }
</script>
</head>

<body>
<form action="submitDates" onsubmit="return validate()">
        Data inicial: <input type="date" id="start"><br />
        Data final : <input type="date" id="end"><br />
        <input type="submit" value="Submit">
</form>
</body>
</html>
```

Figura 9.11 Exemplo de JavaScript usada para validar a entrada do formulário.

Embora a linguagem JavaScript tenha sido padronizada, existem diferenças entre os navegadores, particularmente nos detalhes do modelo DOM. Como resultado, o código JavaScript que funciona em um navegador pode não funcionar em outro. Para evitar esses problemas, é melhor usar uma biblioteca JavaScript, como a biblioteca JQuery, que permite que o código seja escrito de maneira independente do navegador. Internamente, as funções na biblioteca podem descobrir qual navegador está sendo usado e enviar o código JavaScript gerado de modo apropriado para o navegador.

Bibliotecas JavaScript como JQuery oferecem uma série de elementos da interface de usuário, como menus, tabelas, controles deslizantes e recursos como autopreenchimento, que podem ser criados e executados usando funções da biblioteca.

O padrão HTML5 admite vários recursos para uma interação mais rica com o usuário, incluindo arrastar-e-soltar, geolocalização (que permite que o local do usuário seja fornecido à aplicação com sua permissão), possibilitando a customização dos dados/interface com base no local. HTML5 também admite *eventos no lado servidor* (SSE), permitindo que um *back-end* notifique o *front-end* quando ocorrer algum evento.

9.5.1.3 Interface com *Web services*

Hoje, a JavaScript é muito usada para criar páginas Web dinâmicas, utilizando várias tecnologias que, juntas, são chamadas de **Ajax**. Os programas escritos em JavaScript se comunicam com o servidor Web de modo assíncrono (ou seja, em segundo plano, sem impedir a interação do usuário com o navegador Web) e podem buscar dados e exibi-los. A representação *JavaScript Object Notation*, ou JSON, descrita na Seção 8.1.2, é o formato de dados mais utilizado para transferir dados, embora outros formatos, como XML, também sejam usados.

O papel do código para as tarefas citadas, código este executado no servidor de aplicação, é enviar dados ao código JavaScript, que, então, os apresenta no navegador. Esses serviços de *back-end*, que têm o papel de funções que podem ser chamadas para buscar os dados necessários, são conhecidos como *Web services*. Esses serviços podem ser implementados usando *Java Servlets*, Python ou com diversos outros *frameworks* de linguagem.

Como exemplo do uso de Ajax, considere um *site* Web com um recurso de autopreenchimento implementado por muitas aplicações Web. Conforme o usuário digita um valor em uma caixa de texto, o sistema sugere conclusões para o valor que está sendo digitado. Esse preenchimento automático é muito útil para ajudar um usuário a escolher um valor a partir de um grande número de valores, quando uma lista *drop-down* não seria viável. Bibliotecas como jQuery fornecem suporte para autopreenchimento associando uma função a uma caixa de texto; a função recebe uma entrada parcial na caixa, conectada a um *back-end* da Web para obter possíveis términos do texto, e os exibe como sugestões para o preenchimento automático.

O código JavaScript mostrado na Figura 9.12 usa a biblioteca jQuery para implementar o autopreenchimento e o *plug-in* DataTables para a biblioteca jQuery para fornecer uma exibição tabular dos dados. O código HTML possui uma caixa de entrada de texto para o nome, que tem um atributo id definido como name. O script associa uma função de autopreenchimento da biblioteca jQuery à caixa de texto usando a sintaxe $("#name") do jQuery para localizar o nó DOM da caixa de texto com a ID "name" e depois associando a função de autopreenchimento ao nó. O atributo source passado para a função identifica o *Web service* que deve ser chamado para obter valores para a funcionalidade de preenchimento automático. Assumimos que um *servlet* /autocomplete_name foi definido, o qual aceita um parâmetro term contendo as letras digitadas até o momento pelo usuário, mesmo enquanto elas estão sendo digitadas. O *servlet* deve retornar um *array* JSON de nomes de alunos/instrutores que correspondam às letras no parâmetro term.

O código JavaScript também ilustra como os dados podem ser recuperados de um *Web Service* e exibidos. Nosso código de exemplo usa o *plug-in* DataTables do jQuery; há várias bibliotecas alternativas para exibir dados tabulares. Assumimos que o *servlet* person_query_ajax Servlet, que não é mostrado, retorna a ID, nome e nome do departamento de alunos ou instrutores com determinado nome, como vimos anteriormente na Figura 9.7, mas codificados em JSON como um objeto com o atributo data contendo um *array* de linhas; cada linha é um objeto JSON com atributos id, nome e nome_dept.

A linha que começa com myTable mostra como o *plug-in* DataTable do jQuery está associado à tabela HTML mostrada posteriormente na figura, cujo identificador é personTable. Quando o botão "Mostrar detalhes" é acionado, a função loadTableAsync() é chamada. Essa função primeiro cria uma *string* de URL, chamada url, usada para chamar person_query_ajax com valores para o tipo e nome da pessoa. A função ajax.url(url).load() invocada em myTable preenche as linhas da tabela usando os dados JSON obtidos do serviço da Web cujo URL criamos anteriormente. Isso acontece de forma assíncrona; isto é, a função retorna imediatamente, mas quando os dados são buscados, as linhas da tabela são preenchidas com os dados retornados.

A Figura 9.13 mostra uma captura de tela de um navegador exibindo o resultado do código na Figura 9.12.

Como outro exemplo do uso de Ajax, considere um *site* Web com um formulário que permita selecionar um país e, quando o país tiver sido selecionado, pode-se selecionar um estado a partir de uma lista de estados nesse país. Até que o país seja selecionado, a lista *drop-down* de estados está vazia. O *framework* Ajax permite que a lista de estados seja baixada do *site* Web em segundo plano quando o país for selecionado e, assim que a lista tiver sido buscada, ela é acrescentada à lista *drop-down*, permitindo que se selecione o estado.

```
<html> <head>
<script src="https://code.jquery.com/jquery-3.3.1.js"></script>
<script src="https://cdn.datatables.net/1.10.19/js/jquery.dataTables.min.js"></script>
<script src="https://code.jquery.com/ui/1.12.1/jquery-ui.min.js"></script>
<script src="https://cdn.datatables.net/1.10.19/js/jquery.dataTables.min.js"></script>
<link rel="stylesheet"
    href="https://code.jquery.com/ui/1.12.1/themes/base/jquery-ui.css" />
<link rel="stylesheet"
    href="https://cdn.datatables.net/1.10.19/css/jquery.dataTables.min.css"/>
<script>
    var myTable;
    $(document).ready(function() {
        $("#name").autocomplete({ source: "/autocomplete_name" });
        myTable = $("#personTable").DataTable({
        columns: [{data:"id"}, {data:"nome"}, {data:"nome_dept"}]
        });
    });
    function loadTableAsync() {
        var params = {persontype:$("#persontype").val(), name:$("#name").val()};
        var url = "/person_query_ajax?" + jQuery.param(params);
        myTable.ajax.url(url).load();
    }
</script>
</head><body>
Procurar por:
<select id="persontype">
    <option value="aluno" selected>Aluno </option>
    <option value="instrutor"> Instrutor </option>
</select><br>
Nome: <input type=text size=20 id="name">
<button onclick="loadTableAsync()"> Mostrar detalhes </button>
<table id="personTable" border="1">
    <thead>
        <tr><th>ID</th><th>Nome</th><th>Nome Dept.</th></tr>
    </thead>
</table>
</body> </html>
```

Figura 9.12 Página HTML usando JavaScript e Ajax.

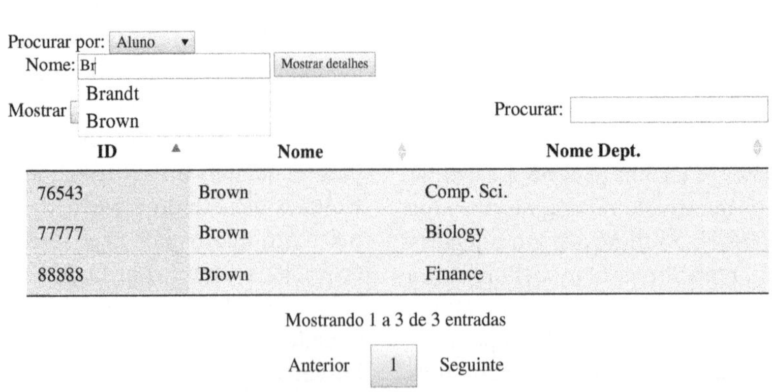

Figura 9.13 Captura de tela com o conteúdo gerado pela Figura 9.12.

9.5.2 *Web services*

Um *Web service* é um componente da aplicação que pode ser chamado pela Web e, com efeito, funciona como uma interface de programa aplicativo. Uma solicitação de *Web service* é enviada usando o protocolo HTTP, executada em um servidor de aplicação, e os resultados enviados de volta ao programa que chama.

Duas técnicas são muito usadas para implementar *Web services*. Na técnica mais simples, chamada **Representation State Transfer (REST)**, as chamadas de função do *Web service* são executadas por uma solicitação HTTP padrão para um URL em um servidor de aplicação, com parâmetros enviados como parâmetros de solicitação HTTP padrão. O servidor de aplicação executa a solicitação (que pode envolver a atualização do banco de dados no servidor), gera e codifica o resultado e o retorna como o resultado da solicitação HTTP. Atualmente, a codificação mais utilizada para os resultados é a representação JSON, embora XML, que vimos anteriormente na Seção 8.1.3, também seja usada. O solicitante analisa a página retornada para acessar os dados recebidos.

Em muitas aplicações desses *Web services* usando REST, o solicitante é um código JavaScript rodando em um navegador Web; o código atualiza a tela do navegador usando o resultado da chamada de função. Por exemplo, quando você rola a tela em uma interface de mapa na Web, a parte do mapa que precisa ser exibida de novo pode ser buscada pelo código JavaScript usando uma interface com suporte a REST e depois ser exibida na tela.

Enquanto alguns *Web services* não são documentados publicamente e são usados apenas internamente por aplicações específicas, outros têm suas interfaces documentadas e podem ser usados por qualquer aplicação. Esses serviços podem permitir o uso sem nenhuma restrição, podem exigir que os usuários façam logon antes de acessar o serviço ou podem exigir que os usuários ou desenvolvedores de aplicações paguem ao provedor do *Web service* pelo privilégio de usar o serviço.

Atualmente, uma grande variedade de *Web service* com REST está disponível, e a maioria dos aplicativos de *front-end* usa um ou mais desses serviços para executar atividades de *back-end*. Por exemplo, seu sistema de *e-mail* baseado na Web, sua página Web de mídia social ou seu serviço de mapa baseado na Web quase certamente seriam criados com código JavaScript para apresentação e usariam *Web services* no *back-end* para buscar dados e realizar atualizações. Da mesma forma, qualquer aplicativo para dispositivos móveis que armazene dados no *back-end* quase certamente usa *Web services* para buscar dados e realizar atualizações.

Web services também são cada vez mais usados no *back-end*, para fazer uso das funcionalidades fornecidas por outros sistemas de *back-end*. Por exemplo, os sistemas de armazenamento baseados na Web fornecem uma API de *Web service* para armazenar e recuperar dados; esses serviços são fornecidos por vários provedores, como o Amazon S3, o Google Cloud Storage e o Microsoft Azure. Eles são muito populares entre os desenvolvedores de aplicação, pois permitem o armazenamento de grandes volumes de dados e suportam um número muito grande de operações por segundo, permitindo uma escalabilidade muito maior do que um banco de dados centralizado pode suportar.

Existem muitas outras dessas APIs de *Web service*. Por exemplo, as APIs de *Web services* para *text-to-speech*, reconhecimento de fala e de imagem permitem que os desenvolvedores construam aplicações que incorporam reconhecimento de fala e imagem com muito pouco esforço de desenvolvimento.

Uma técnica mais complexa, às vezes chamada de "*Big Web Services*", usa a codificação XML dos parâmetros e dos resultados, tem uma definição formal da API Web usando uma linguagem especial e emprega uma camada de protocolo construída sobre o protocolo HTTP.

9.5.3 Operação desconectada

Muitas aplicações desejam dar suporte a algumas operações mesmo quando um cliente está desconectado do servidor de aplicações. Por exemplo, um aluno pode querer preencher um formulário de inscrição embora seu *notebook* esteja desconectado da rede, mas salvá-lo quando o *notebook* estiver reconectado. Como outro exemplo, se um cliente de *e-mail* for criado como uma aplicação Web, um usuário pode querer redigir um *e-mail* mesmo que seu *notebook* esteja desconectado da rede, enviando-o quando estiver reconectado. A criação desse tipo de aplicação exige armazenamento local na máquina cliente.

O padrão HTML5 admite armazenamento local, que pode ser acessado usando JavaScript. O código:

```
if (typeof(Storage) !== "undefined") { // navegador aceita
   armazenamento local
   ...
}
```

verifica se o navegador aceita armazenamento local. Caso aceite, as funções a seguir podem ser usadas para armazenar, carregar e excluir valores para determinada chave.

```
localStorage.setItem(chave, valor)
localStorage.getItem(chave)
localStorage.deleteItem(chave)
```

Para evitar armazenamento excessivo de dados, o navegador pode limitar um *site* Web a armazenar, no máximo, alguma quantidade de dados; o máximo padrão geralmente é de cinco megabytes.

A interface aqui mostrada apenas permite armazenamento/recuperação de pares de chave/valor. A recuperação requer que uma chave seja fornecida; caso contrário, o conjunto inteiro de pares de chave/valor precisará ser verificado para encontrar um valor necessário. As aplicações podem precisar armazenar tuplas indexadas sobre vários atributos, permitindo acesso eficiente com base nos valores de qualquer um dos atributos. A HTML5 aceita o IndexedDB, que permite o armazenamento de objetos JSON com índices sobre vários atributos. O IndexedDB também suporta versões de esquema e permite que o desenvolvedor forneça código para migrar dados de uma versão do esquema para a versão seguinte.

9.5.4 Plataformas de aplicativo móvel

Aplicativos móveis (ou *apps mobile*, como também são chamados)[a] são bastante usados atualmente e formam a interface de usuário principal para uma grande classe de usuários. As duas plataformas móveis mais usadas, hoje, são Android e iOS. Cada uma delas oferece uma maneira de criar aplicativos com uma interface gráfica com o usuário, adaptada para pequenos dispositivos *touch-screen*. A interface gráfica do usuário fornece uma série de recursos GUI padrão, como menus, listas, botões, caixas de seleção, barras de progresso e assim por diante, e a capacidade de exibir texto, imagens e vídeo.

Aplicativos móveis podem ser baixados, armazenados e usados posteriormente. Assim, o usuário pode baixar aplicativos quando estiver conectado a uma rede de alta velocidade e, em seguida, usar o aplicativo com uma rede de baixa velocidade. Por outro lado, as aplicações Web podem ser baixadas quando forem usadas, resultando em muita transferência de dados quando um usuário pode estar conectado a uma rede de baixa velocidade ou a uma rede em que a transferência de dados é cara. Além disso, os aplicativos móveis podem ser mais bem ajustados para dispositivos de pequeno porte do que para aplicações Web, com interfaces de usuário que funcionam bem em dispositivos pequenos. Os aplicativos móveis também podem ser compilados para código de máquina, resultando em menores demandas de energia do que em aplicações Web. Mais importante ainda, ao contrário das aplicações Web (geração anterior), os aplicativos móveis podem armazenar dados localmente, permitindo seu uso *off-line*. Além disso, os aplicativos móveis têm um modelo de autorização bem desenvolvido, permitindo que eles usem informações e recursos do dispositivo, como localização, câmeras, contatos e assim por diante, com autorização do usuário.

No entanto, uma das desvantagens do uso de interfaces de aplicativos móveis é que o código escrito para a plataforma Android só pode ser executado nessa plataforma e não no iOS, e vice-versa. Como resultado, os desenvolvedores são forçados a codificar cada aplicativo duas vezes, uma para o Android e outra para o iOS, a menos que decidam ignorar completamente uma das plataformas, o que não é muito desejável.

A capacidade de criar aplicativos em que o mesmo código de alto nível pode ser executado no Android ou no iOS é claramente muito importante. O *framework React Native*, baseado em JavaScript, desenvolvido pelo Facebook, e o *framework Flutter*, baseado na linguagem *Dart*, desenvolvido pelo Google, foram projetados para permitir o desenvolvimento interplataformas. (Dart é uma linguagem otimizada para desenvolver interfaces de usuário, fornecendo recursos como chamada assíncrona de funções e funções em *streams*.) Ambos os *frameworks* permitem que grande parte do código do aplicativo seja comum para Android e iOS. Contudo, pode-se implementar uma determinada funcionalidade de forma específica para cada plataforma subjacente, caso a funcionalidade não seja suportada pela parte independente de plataforma (*platform-independent*) do *framework*.

Com a ampla disponibilidade de redes móveis de alta velocidade, algumas das motivações para usar aplicativos móveis em vez de aplicações Web, como a capacidade de fazer *downloads* com antecedência, não são mais tão importantes. Uma nova geração de aplicações Web, chamada **Progressive Web Apps (PWA)**, que combina os benefícios de aplicativos móveis com aplicações Web, vem sendo mais utilizada. Esses aplicativos são criados usando JavaScript e HTML5 e personalizados para dispositivos móveis.

Um recurso habilitador importante para PWAs é o suporte a HTML5 para armazenamento de dados no local, que permite que os aplicativos sejam usados mesmo quando o dispositivo está *off-line*. Outro recurso habilitador é o suporte para compilação de código JavaScript; a compilação restringe-se ao código que segue uma sintaxe restrita, já que a compilação de um código JavaScript qualquer não é prática. Tal compilação normalmente é feita *just-in-time*, isto é, é feita quando o código precisa ser executado, ou se já foi executado várias vezes. Assim, escrevendo partes de uma aplicação Web com uso intenso de CPU usando apenas recursos da JavaScript que permitem a compilação, é possível garantir a execução do código em um dispositivo móvel usando CPU e energia com eficiência.

PWAs também fazem uso de *service workers* da HTML5, que permitem que um *script* seja executado em segundo plano no navegador, separado de uma página Web. Esses *workers* podem ser usados para executar operações de sincronização em segundo plano entre o armazenamento local e um *Web service*, ou para receber ou enviar notificações a partir de um serviço de *back-end*. A HTML5 também permite que os aplicativos obtenham a localização do dispositivo (após a autorização do usuário), permitindo que os PWAs usem informações de localização.

Assim, os PWAs provavelmente terão um uso cada vez maior, substituindo muitos (mas, certamente, nem todos) dos casos de uso para aplicativos móveis.

9.6 Arquiteturas de aplicação

Para lidar com sua complexidade, grandes aplicações normalmente são divididas em várias camadas:

- A camada de *apresentação* ou *interface com o usuário*, que trata da interação com o usuário. Uma única aplicação pode ter diferentes versões dessa camada, correspondendo a tipos distintos de interfaces, como navegadores Web, e interfaces com usuários de telefones móveis, que possuem telas muito menores.

  Em muitas implementações, a camada de apresentação/interface com o usuário é por si só dividida conceitualmente em camadas, com base na arquitetura **modelo-visão-controlador** (MVC). O **modelo** corresponde à camada de lógica do negócio, descrita a seguir. A **visão** define a apresentação dos dados; um único modelo básico pode ter diferentes visões, dependendo

[a]Aqui, convém explicar que fizemos a diferenciação entre *aplicativos* (que são baixados, instalados e utilizados em dispositivos móveis) e *aplicações* (que são desenvolvidas para uso na Web e estão localizadas em servidores de aplicações). Em contextos menos específicos, os dois termos (aplicativo e aplicação) são utilizados para se referir à mesma coisa, ou seja, programas de computador. (N.T.)

do *software*/dispositivo específico usado para acessar a aplicação. O **controlador** recebe eventos (ações do usuário), executa ações sobre o modelo e retorna uma visão ao usuário. A arquitetura MVC é usada em diversos *frameworks* de aplicação Web.

- A camada de **lógica do negócio**, que oferece uma visão de alto nível dos dados e ações sobre os dados. Discutimos a camada de lógica do negócio com mais detalhes na Seção 9.6.1.
- A camada de **acesso a dados**, que oferece a interface entre a camada de lógica do negócio e o banco de dados básico. Muitas aplicações utilizam uma linguagem orientada a objeto para codificar a camada de lógica do negócio e usam um modelo de dados orientado a objeto, enquanto o banco de dados subjacente é um banco de dados relacional. Nesses casos, a camada de acesso aos dados também oferece o mapeamento entre o modelo de dados orientado a objeto, usado pela lógica do negócio, e o modelo relacional aceito pelo banco de dados. Discutimos esses mapeamentos com mais detalhes na Seção 9.6.2.

A Figura 9.14 mostra essas camadas e uma sequência de etapas tomadas para processar uma solicitação do navegador Web. Os números nas setas da figura indicam a ordem das etapas. Quando a solicitação é recebida pelo servidor de aplicação, o controlador envia uma solicitação ao modelo. O modelo processa a solicitação, usando a lógica do negócio, que pode envolver a atualização de objetos que fazem parte do modelo, seguido pela criação de um objeto de resultado. O modelo, por sua vez, usa a camada de acesso a dados para atualizar ou recuperar informações de um banco de dados. O objeto resultante, criado pelo modelo, é enviado ao módulo de visão, que cria uma visão HTML do resultado a ser exibido no navegador Web. A visão pode ser ajustada com base nas características do dispositivo usado para ver o resultado, por exemplo, se for um monitor de computador com tela grande ou uma pequena tela de *smartphone*. Cada vez mais, a camada de visão está sendo implementada por código rodando no cliente, em vez de no servidor.

9.6.1 Camada de lógica do negócio

A camada de lógica do negócio de uma aplicação para administrar uma universidade pode oferecer abstrações de entidades como alunos, instrutores, cursos, seções etc. e ações como admitir um aluno na universidade, matricular um aluno em um curso e assim por diante. O código que implementa essas ações garante que as **regras de negócio** sejam satisfeitas; por exemplo, o código garantiria que um aluno possa se matricular em um curso somente se já tiver concluído os pré- requisitos do curso e se tiver pago suas mensalidades.

Além disso, a lógica de negócio inclui **fluxos de trabalho** (*workflows*), que descrevem como é tratada determinada tarefa que envolve vários participantes. Por exemplo, se um candidato fizer inscrição para a universidade, existe um fluxo de trabalho que define quem deverá ver e aprovar sua inscrição primeiro e, se aprovado na primeira etapa, quem deverá ver a inscrição em seguida, e assim por diante, até que seja feita uma oferta ao aluno ou uma nota de rejeição seja enviada. O gerenciamento do fluxo de trabalho também precisa lidar com situações de erro; por exemplo, se um prazo para aprovação/rejeição não for atendido, um supervisor pode precisar ser informado, de modo que possa intervir e garantir que a inscrição seja processada.

9.6.2 Camada de acesso aos dados e mapeamento objeto-relacional

No cenário mais simples, onde a camada de lógica do negócio usa o mesmo modelo de dados do banco de dados, a camada de acesso aos dados simplesmente esconde os detalhes da interface com o banco de dados. Porém, quando a camada de lógica do negócio é escrita usando uma linguagem de programação orientada a objeto, é natural modelar os dados como objetos, com métodos chamados sobre os objetos.

Nas implementações mais antigas, os programadores tinham de escrever código para criar objetos buscando dados do banco de dados e para armazenar objetos atualizados de volta no banco de dados. Porém, essas conversões manuais entre os modelos de dados são trabalhosas e passíveis de erros.

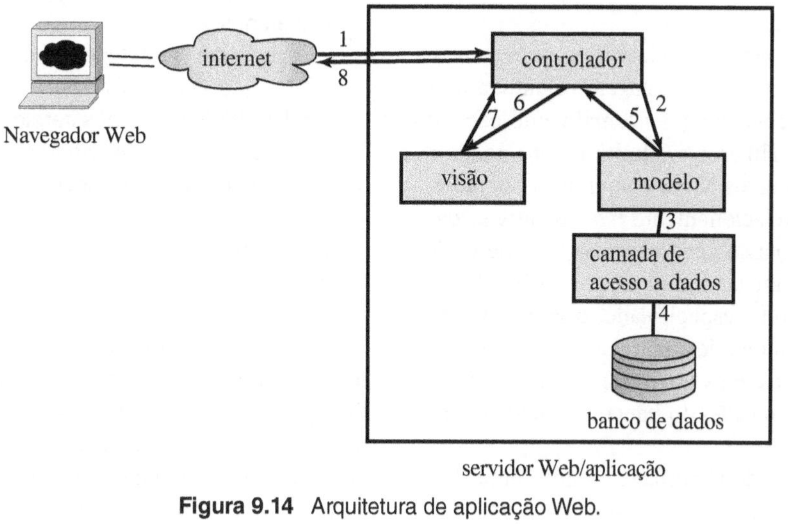

Figura 9.14 Arquitetura de aplicação Web.

Uma técnica para lidar com esse problema foi desenvolver um sistema de banco de dados que armazena objetos de forma nativa, fazendo relacionamentos entre objetos, permitindo que os objetos no banco de dados sejam acessados exatamente da mesma maneira como os objetos na memória. Esses bancos de dados, chamados **bancos de dados orientados a objeto**, foram discutidos na Seção 8.2. Contudo, os bancos de dados orientados a objeto não conseguiram obter sucesso comercial por diversos motivos técnicos e comerciais.

Uma abordagem alternativa é usar os bancos de dados relacionais tradicionais para armazenar dados, mas automatizar o mapeamento dos dados em relação aos objetos na memória, que são criados sob demanda (pois a memória normalmente não é suficiente para armazenar todos os dados do banco de dados), bem como o mapeamento reverso para armazenar objetos atualizados de volta como relações no banco de dados.

Vários sistemas têm sido desenvolvidos para implementar esse **mapeamento objeto-relacional** (ORM). A seguir, descrevemos os ORMs Hibernate e Django.

9.6.2.1 ORM Hibernate

O sistema **Hibernate** é muito usado para o mapeamento de objetos Java para relações. O Hibernate oferece uma implementação da Java Persistence API (JPA). No Hibernate, o mapeamento de cada classe Java para uma ou mais relações é especificado em um arquivo de mapeamento. O arquivo de mapeamento pode especificar, por exemplo, que uma classe Java chamada Aluno é mapeada para a relação *aluno*, com o atributo Java ID mapeado para o atributo *aluno*.ID e assim por diante. As informações sobre o banco de dados, como o *host* em que está rodando, e o nome de usuário e senha para a conexão com o banco de dados, são especificados em um arquivo de *propriedades*. O programa precisa abrir uma *sessão*, que configura a conexão com o banco de dados. Quando a sessão é estabelecida, um objeto aluno do tipo aluno, criado em Java, pode ser armazenado no banco de dados pela chamada session.save(aluno). O código do Hibernate gera os comandos SQL exigidos para armazenar dados correspondentes na relação *aluno*.

Embora as entidades em um modelo E-R correspondam naturalmente a objetos em uma linguagem orientada a objeto, como Java, os relacionamentos normalmente não funcionam dessa forma. O Hibernate admite a capacidade de mapear esses relacionamentos como conjuntos associados a objetos. Por exemplo, o relacionamento *realiza* entre *aluno* e *seção* pode ser modelado associando um conjunto de *seções* a cada *aluno*, e um conjunto de *alunos* a cada *seção*. Quando o mapeamento apropriado é especificado, o Hibernate preenche esses conjuntos automaticamente, a partir da relação *realiza* do banco de dados, e as atualizações nos conjuntos são refletidas de volta à relação do banco de dados quando confirmadas (*commit*).

Como exemplo do uso do Hibernate, criamos uma classe Java correspondente à relação *aluno*, da seguinte maneira.

```
@Entity public class Aluno {
        @Id String ID;
        String nome;
        String departamento;
        int tot_cred;
}
```

Para ser mais preciso, os atributos da classe devem ser declarados como *private*, e métodos *getter/setter* devem ser fornecidos para acessar os atributos, mas omitimos esses detalhes.

O mapeamento entre os atributos da classe de Aluno e os atributos da relação *aluno* pode ser especificado em um arquivo de mapeamento, em formato XML ou, mais convenientemente, por meio de anotações do código Java. No exemplo anterior, a anotação @Entity indica que a classe é mapeada para uma relação do banco de dados, cujo nome, por padrão, é o nome da classe, e cujos atributos são, por padrão, iguais aos atributos da classe. Os nomes de relação e nomes de atributo padrão podem ser substituídos com as anotações @Table e @Column. A anotação @Id no exemplo especifica que ID é o atributo de chave primária.

O trecho de código a seguir, então, cria um objeto Aluno e o salva no banco de dados.

```
Session session = getSessionFactory().OpenSession();
Transaction txn = session.beginTransaction();
Aluno alun = new Aluno("12328", "John Smith", "Comp. Sci.", 0);
session.save(alun);
txn.commit();
session.close();
```

O Hibernate automaticamente gera o comando **insert** da SQL exigido para criar uma tupla de *aluno* no banco de dados.

Os objetos podem ser recuperados ou pela chave primária ou por uma consulta, conforme ilustrado no seguinte trecho de código:

```
Session session = getSessionFactory().openSession();
Transaction txn = session.beginTransaction();
// Recupera objeto aluno por identificador
Aluno alun1 = session.get(Aluno.class, "12328");
        .. imprime a informação do Aluno ..
List alunos =
        session.createQuery("from Aluno as s order by
            s.ID asc").list();
for (Iterator iter = alunos.iterator(); iter.hasNext();) {
        Aluno alun = (Aluno)iter.next();
        .. imprime informações de Aluno ..
}
txn.commit();
session.close();
```

Um único objeto pode ser recuperado usando o método session.get() fornecendo sua classe e sua chave primária. O objeto recuperado pode ser atualizado na memória; quando a transação na sessão Hibernate em andamento for confirmada, o Hibernate salva automaticamente os objetos atualizados, fazendo as atualizações correspondentes nas relações do banco de dados.

Esse trecho de código usa uma consulta na linguagem de consulta HQL do Hibernate, que é baseada na SQL, mas projetada para permitir que os objetos sejam usados diretamente na consulta. A consulta HQL é automaticamente traduzida para SQL pelo Hibernate e executada, e os resultados são convertidos para uma lista de objetos Aluno. O *loop* for percorre os objetos nessa lista.

Tais recursos ajudam a fornecer ao programador um modelo de alto nível dos dados sem se preocupar com os detalhes do armazenamento relacional. Contudo, o Hibernate, como outros sistemas de mapeamento objeto-relacional, também permite a escrita de consultas usando SQL sobre as relações armazenadas no banco de dados; esse acesso direto ao banco, evitando o modelo de objeto, pode ser muito útil para a escrita de consultas complexas.

9.6.2.2 ORM Django

Vários ORMs foram desenvolvidos para a linguagem Python. O componente ORM do *framework* Django é um dos mais populares desses ORMs, enquanto o SQLAlchemy é outro ORM popular do Python.

A Figura 9.15 mostra uma definição de modelo para Aluno e Instrutor no Django. Observe que todos os campos de *aluno* e *instrutor* foram definidos como campos na classe Aluno e Instrutor, com definições de tipo apropriadas.

Além disso, a relação *mentor* foi modelada aqui como um relacionamento muitos-para-muitos entre Aluno e Instrutor. O relacionamento é acessado por um atributo chamado orientandos (advisees) em Instrutor, que armazena um conjunto de referências a objetos Aluno. O relacionamento inverso de Aluno para Instrutor é criado automaticamente, e o modelo especifica que o atributo de relacionamento inverso na classe Aluno é chamado de mentores; este atributo armazena um conjunto de referências aos objetos de Instrutor.

A visão person_query_model do Django, mostrada na Figura 9.16, ilustra como acessar objetos de banco de dados diretamente da linguagem Python, sem usar SQL. A expressão Aluno.objects.filter() retorna todos os objetos de alunos que satisfazem a condição de filtro especificada; neste caso, os alunos com o nome dado. Os nomes dos alunos são impressos juntamente com os nomes de seus mentores. A expressão Aluno.mentores.all() retorna uma lista de mentores (objetos de *mentor*) de determinado aluno, cujos nomes são, então, recuperados e retornados pela função get_names(). O caso dos instrutores é semelhante, com nomes de instrutores sendo impressos junto com os nomes de seus orientandos.

O Django fornece uma ferramenta chamada *migrate*, que cria relações de banco de dados a partir de determinado modelo. Modelos podem receber números de versão. Quando *migrate* é chamada em um modelo com um novo número de versão, enquanto um número de versão anterior já está no banco de dados, a ferramenta de migração também gera código SQL para migrar os dados existentes do esquema do banco de dados antigo para o novo esquema do banco de dados. Também é possível criar modelos do Django a partir de esquemas de bancos de dados existentes.

9.7 Desempenho da aplicação

Os *sites* Web podem ser acessados por milhões de pessoas em qualquer lugar, em taxas de milhares de solicitações por segundo, ou ainda mais, para os *sites* mais populares. Garantir que as solicitações sejam atendidas com os menores tempos de resposta é um desafio importante para os desenvolvedores de Web *sites*. Para fazer isso, os desenvolvedores de aplicação tentam agilizar o processamento das solicitações individuais, usando técnicas como *caching*, e explorar o processamento paralelo, usando vários servidores de aplicação. Descrevemos essas técnicas rapidamente a seguir. O ajuste das aplicações de banco de dados constitui outra forma de melhorar o desempenho, e é descrito na Seção 25.1.

```
from django.db import models

class aluno(models.Model):
    id = models.CharField(primary_key=True, max_length=5)
    nome = models.CharField(max length=20)
    nome_dept = models.CharField(max length=20)
    tot_cred = models.DecimalField(max digits=3, decimal places=0)

class instructor(models.Model):
    id = models.CharField(primary key=True, max length=5)
    nome = models.CharField(max length=20)
    nome_dept = models.CharField(max length=20)
    salário = models.DecimalField(max digits=8, decimal places=2)
    assistidos = models.ManyToManyField(aluno, related_name="mentores")
```

Figura 9.15 Definição de modelo em Django.

```
from models import Aluno, Instrutor
def get_names(pessoas):
    res = ""
    for p in pessoas:
        res += p.name + ", "
    return res.rstrip(", ")

def person_query_model(request):
    persontype = request.GET.get("persontype")
    personname = request.GET.get("personname")
    html = ""

    if persontype == "aluno":
        alunos = Aluno.objects.filter(name=personname)
        for aluno in alunos:
            mentores = alunos.mentores.all()
            html = html + "Assistido: " + aluno.name + "<br>Mentores: "
                + get_names(mentores) + "<br> \n"
    else:
        instrutores = Instrutor.objects.filter(name=personname)
        for instrutor in instrutores:
            assistidos = instrutor.assistidos.all()
            html = html+"Mentor: " + instrutor.name + "<br>Assistidos: "
                + get_names(assistidos) + "<br> \n"
    return HttpResponse(html)
```

Figura 9.16 Definição de visão em Django usando modelos.

9.7.1 Reduzindo o *overhead* com *caching*

Técnicas de *caching* de vários tipos são usadas para explorar as semelhanças entre as transações. Por exemplo, suponha que o código de aplicação para atender a cada solicitação do usuário se conecte com um banco de dados por meio de JDBC. A criação de uma conexão JDBC pode levar muitos milissegundos, de modo que a abertura de uma nova conexão para cada solicitação do usuário não é uma boa ideia se for preciso aceitar taxas de transação muito altas.

O método de pooling de conexão é usado para reduzir esse *overhead*; ele funciona da seguinte forma. O gerenciador do *pool* de conexões (geralmente, uma parte do servidor de aplicações) cria um *pool* (ou seja, um conjunto) de conexões ODBC/JDBC abertas. Em vez de abrir outra conexão com o banco de dados, o código que atende a uma solicitação do usuário (normalmente, um *servlet*) pede (solicita) uma conexão a partir desse *pool* e retorna a conexão ao *pool* quando o código (*servlet*) completa seu processamento. Se o *pool* não tiver conexões não usadas quando uma conexão for solicitada, uma nova conexão é aberta para o banco de dados (cuidando de não exceder o número máximo de conexões que o sistema de banco de dados pode admitir simultaneamente). Se houver muitas conexões abertas que não foram usadas por algum tempo, o gerenciador do *pool* de conexões pode fechar algumas das conexões de banco de dados abertas. Muitos servidores de aplicação, e os *drivers* de ODBC/JDBC mais recentes, oferecem um gerenciador de *pool* de conexões embutido.

Os detalhes de como criar um *pool* de conexões variam conforme o servidor de aplicação ou driver JDBC, mas a maioria das implementações exige a criação de um objeto DataSource usando detalhes da conexão JDBC, como máquina, porta, banco de dados, identificação de usuário e senha, além de outros parâmetros relacionados com o *pooling* de conexão. O método getConnection() chamado sobre o objeto DataSource recebe uma conexão do *pool* de conexões. O fechamento da conexão retorna essa conexão ao *pool*.

Certas solicitações podem resultar exatamente na mesma consulta sendo submetida novamente ao banco de dados. O custo da comunicação com o banco de dados pode ser bastante reduzido mantendo em *cache* os resultados de consultas anteriores e reutilizando-os, desde que o resultado da consulta não tenha sido alterado no banco de dados. Alguns servidores Web admitem esse *caching* de resultado de consulta ou, então, o *caching* pode ser feito explicitamente no código da aplicação.

Os custos podem ser ainda mais reduzidos fazendo-se *caching* da página Web final que é enviada em resposta a uma solicitação. Se uma nova solicitação chegar exatamente com os mesmos parâmetros de uma solicitação anterior, a solicitação não realizará nenhuma atualização, e se a página Web resultante estiver no *cache*, ela pode então ser reutilizada para evitar o custo de recriar a página. O *caching* pode ser feito no nível de fragmentos de páginas Web, que são, então montados, para criar páginas Web completas.

Resultados de consulta em *cache* e páginas Web em *cache* são formas de *views* materializadas. Se os dados básicos do banco de dados mudarem, os resultados em *cache* deverão ser descartados ou recriados ou, ainda, atualizados de forma incremental, como na manutenção de *view* materializada (descrita mais adiante, na Seção 16.5). Alguns sistemas de banco de dados (como Microsoft SQL Server) oferecem um modo para o servidor de aplicação registrar uma consulta com o banco de dados e receber uma **notificação** do banco de dados quando o resultado da consulta mudar. Esse mecanismo de notificação pode ser usado para garantir que os resultados da consulta em *cache* no servidor de aplicações estejam atualizados.

Existem vários sistemas de *caching* da memória principal muito utilizados; entre os mais populares, estão o **memcached** e o **Redis**. Ambos os sistemas permitem que as aplicações armazenem dados com uma chave associada e recuperem dados para uma chave especificada. Assim, eles agem como estruturas de dados do mapa de *hash*, que permitem que os dados sejam armazenados na memória principal, mas também fornecem remoção do *cache* para os dados usados com pouca frequência.

Por exemplo, com o memcached, os dados podem ser armazenados usando memcached.add(chave, dados) e buscados usando memcached.fetch(chave). Em vez de emitir uma consulta de banco de dados para buscar dados do usuário com uma chave especificada – digamos, chave1 de uma relação r – uma aplicação primeiro verificaria se os dados necessários já estavam em *cache* emitindo um fetch("r:"+chave1) (aqui, a chave é anexada ao nome da relação, para distinguir dados de diferentes relações que podem ser armazenadas na mesma instância do memcached). Se a busca retornar nulo, a consulta do banco de dados será emitida, uma cópia dos dados buscados no banco de dados será armazenada no memcached e os dados serão retornados ao usuário. Se a busca encontrar os dados solicitados, eles poderão ser usados sem acessar o banco de dados, levando a um acesso muito mais rápido.

Um cliente pode se conectar a várias instâncias do memcached, que podem ser executadas em máquinas diferentes e armazenar/recuperar dados de qualquer uma delas. Como decidir quais dados são armazenados em qual instância é algo que fica para o código do cliente. Ao particionar o armazenamento de dados em várias máquinas, um aplicativo pode se beneficiar da memória principal agregada disponível em todas as máquinas.

O memcached não oferece suporte à invalidação automática de dados em *cache*, mas a aplicação pode rastrear alterações no banco de dados e emitir atualizações (usando memcached_set(chave, novo valor)) ou exclusões (usando memcached_delete(chave)) para os valores de chave afetados pela atualização ou exclusão no banco de dados. O Redis oferece uma funcionalidade muito semelhante. Tanto o memcached quanto o Redis fornecem APIs em vários idiomas.

9.7.2 Processamento paralelo

Uma técnica muito utilizada para tratar de cargas muito pesadas é usar grande número de servidores de aplicações atuando em paralelo, cada um tratando de uma fração das solicitações. Um servidor Web ou um roteador de rede pode ser usado para direcionar cada solicitação do cliente para um dos servidores de aplicações. Todas as solicitações de uma sessão específica do cliente precisam ir para o mesmo servidor de aplicações, pois o servidor mantém o estado para uma sessão do cliente. Essa propriedade pode ser garantida, por exemplo, direcionando todas as solicitações de determinado endereço IP para o mesmo servidor de aplicações. O banco de dados básico, porém, é compartilhado por todos os servidores de aplicações, de modo que os usuários sempre veem um cenário consistente do banco de dados.

Embora essa arquitetura garanta que os servidores de aplicação não terão gargalos, ela não pode evitar que o banco de dados se torne um gargalo, pois há somente um servidor de banco de dados. Para evitar a sobrecarga do banco de dados, os projetistas de aplicações geralmente usam técnicas de *caching* para reduzir o número de solicitações ao banco de dados. Além disso, os sistemas de banco de dados paralelos, descritos nos Capítulos de 21 a 23, são usados quando o banco de dados precisa tratar de volumes de dados muito grandes, ou uma carga de consulta muito grande. Os sistemas com armazenamento de dados paralelos, que são acessíveis por meio de APIs de *Web service*, também são populares em aplicações que precisam aceitar um número muito grande de usuários.

9.8 Segurança da aplicação

A segurança da aplicação precisa lidar com várias ameaças à segurança e questões além daquelas tratadas pela autorização da SQL.

O primeiro ponto onde a segurança precisa ser forçada é na aplicação. Para fazer isso, as aplicações precisam autenticar os usuários e garantir que eles tenham permissão apenas para executar as tarefas autorizadas.

Existem muitas maneiras de comprometer a segurança de uma aplicação, mesmo que o próprio sistema de banco de dados seja seguro, em razão de um código de aplicação mal preparado. Nesta seção, primeiro vamos abordar diversas brechas na segurança que podem permitir que os *hackers* executem ações que passam por fora das verificações de autenticação e autorização executadas pela aplicação, explicando como impedir esses furos. Mais adiante na seção, descrevemos técnicas para proteger a autenticação e realizar uma autorização mais detalhada (*fine grained*). Depois, caracterizamos as trilhas de auditoria que podem ajudar na recuperação do acesso não autorizado e atualizações indevidas. Concluímos a seção relacionando questões de privacidade dos dados.

9.8.1 SQL *Injection*

Em ataques de **SQL injection**, o invasor consegue fazer com que uma aplicação execute um comando SQL criado por ele.

Na Seção 5.1.1.5, vimos o exemplo de uma vulnerabilidade de *SQL injection* se as entradas do usuário forem concatenadas diretamente com uma consulta SQL e submetidas ao banco de dados. Como outro exemplo de vulnerabilidade de *SQL injection*, considere o texto-fonte de formulário mostrado na Figura 9.3. Suponha que o *servlet* correspondente, mostrado na Figura 9.7, crie uma string de consulta SQL usando a seguinte expressão Java:

```
String query = "select * from aluno where nome like '%"
        + nome + "%' "
```

em que nome é uma variável contendo a string informada pelo usuário, e depois execute a consulta no banco de dados. Um invasor malicioso, usando o formulário Web, pode então digitar uma string como " '; <algum comando SQL>; --" em que <algum comando SQL> indica qualquer comando SQL que o atacante deseje, no lugar de um nome de aluno válido. O *servlet*, então, executaria a seguinte string:

```
select * from aluno where nome like '%';
    <alguma instrução SQL>;--%'
```

O apóstrofo inserido pelo invasor fecha a string, o ponto e vírgula seguinte termina a consulta, e o texto seguinte inserido por ele é interpretado como um segundo comando SQL, enquanto o apóstrofo final passou a ser um comentário. Assim, o usuário malicioso conseguiu inserir um comando SQL qualquer que é, então, executado pela aplicação. O comando pode causar danos significativos, pois pode realizar qualquer ação no banco de dados, passando por fora de todas as medidas de segurança implementadas no código da aplicação.

Conforme discutimos na Seção 5.1.1.5, para evitar tais ataques é melhor usar comandos preparados para executar consultas SQL. Ao definir um parâmetro de uma consulta preparada, o JDBC automaticamente acrescenta caracteres de escape, de modo que o apóstrofo fornecido pelo usuário não mais terminaria a string. De modo equivalente, uma função que acrescenta esses caracteres de escape poderia ser aplicada nas strings de entrada antes que elas sejam concatenadas à consulta SQL, em vez de usar comandos preparados.

Outra fonte de risco de *SQL injection* vem de aplicações que criam consultas dinamicamente, com base em condições de seleção e atributos de ordenação especificados em um formulário. Por exemplo, uma aplicação pode permitir que um usuário especifique qual atributo deve ser usado para ordenar os resultados de uma consulta. Uma consulta SQL apropriada é construída com base no atributo especificado. Suponha que a aplicação apanhe o nome do atributo de um formulário, na variável atributoOrdem, e crie uma string de consulta como a seguinte:

```
String query = "select * from realiza order by"
        + atributoOrdem;
```

Um usuário malicioso pode enviar uma string qualquer no lugar de um valor significativo de atributoOrdem, mesmo que o formulário HTML usado para receber a entrada tentasse restringir os valores permitidos oferecendo um menu. Para evitar esse tipo de *SQL injection*, a aplicação deverá garantir que o valor da variável atributoOrdem seja um dos valores permitidos (em nosso exemplo, nomes de atributo) antes de acrescentá-lo à string.

9.8.2 *Scripting* entre *sites* e falsa solicitação

Um *site* que permite que os usuários digitem texto, como um comentário ou um nome, e depois o apresenta para outros usuários é potencialmente vulnerável a um tipo de ataque chamado ataque de **scripting entre sites (XSS)**. Nesse ataque, um usuário malicioso digita um código escrito em uma linguagem de *scripting* no cliente, como JavaScript ou Flash, em vez de inserir um nome ou um comentário válido. Quando um usuário diferente vê o texto inserido, o navegador executa o *script*, que pode executar ações, como enviar informações particulares de *cookie* de volta ao usuário malicioso ou até mesmo executar uma ação sobre um servidor Web diferente, ao qual o usuário pode estar conectado.

Por exemplo, suponha que o usuário esteja conectado à sua conta bancária no momento que o *script* é executado. O *script* poderia enviar informações de *cookie* relacionadas com o login da conta bancária ao usuário malicioso, que poderia usar as informações para se conectar ao servidor Web do banco, fazendo-o crer que a conexão é do usuário original. Ou, então, o *script* poderia acessar páginas apropriadas no *site* do banco, com parâmetros definidos corretamente, para executar uma transferência de fundos. Na verdade, esse problema em particular pode ocorrer mesmo sem *scripting*, simplesmente usando uma linha de código como

```
<img src=
    "https://meubanco.com/transferirfundos?valor=
    1000&paraconta=14523">
```

considerando que o URL meubanco.com/transferirfundos aceite os parâmetros especificados e execute uma transferência de fundos. Este último tipo de vulnerabilidade também é conhecido como **falsa solicitação entre *sites*** ou **XSRF** (também chamado de **CSRF**).

O XSS também pode ser feito de outras maneiras, como seduzir um usuário a visitar um *site* que contenha *scripts* maliciosos em suas páginas. Existem outros tipos mais complexos de ataques de XSS e XSRF, mas não entraremos em todos os detalhes aqui. Para se proteger contra esses ataques, duas coisas precisam ser feitas:

- **Impeça que seu *site* seja usado para disparar ataques de XSS ou XSRF.**
  A técnica mais simples é não permitir quaisquer *tags* HTML na entrada de texto por parte dos usuários. Existem funções que detectam ou removem essas *tags*. Essas funções podem ser usadas para impedir que *tags* HTML e, como resultado, quaisquer *scripts*, sejam exibidos para outros usuários. Em alguns casos, a formatação HTML é útil, e, nesse caso, podem ser usadas funções que analisam

o texto e permitem construções HTML limitadas, mas removem outras construções perigosas; essas funções devem ser elaboradas com cuidado, pois algo tão inofensivo, como uma imagem, poderia potencialmente ser perigoso caso haja um *bug* que possa ser explorado no *software* de exibição de imagem.

- **Proteja seu *site* contra ataques de XSS ou XSRF disparados de outros *sites*.**
Se o usuário tiver se conectado ao seu *site* e visitar um *site* diferente, vulnerável a XSS, o código malicioso executado no navegador do usuário poderia executar ações no seu *site* ou passar informações de sessão associadas ao seu *site* de volta ao usuário malicioso, que poderia tentar explorar isso. Isso não pode ser totalmente impedido, mas você pode tomar algumas medidas para reduzir o risco:
    - O protocolo HTTP permite que um servidor verifique o **referenciador** de um acesso à página, ou seja, o URL da página que tinha o *link* que o usuário clicou para iniciar o acesso à página. Verificando se o referenciador é válido, por exemplo, que esse URL é uma página no mesmo *site*, os ataques de XSS originados em uma página Web diferente acessada pelo usuário podem ser impedidos.
    - Em vez de usar apenas o *cookie* para identificar uma sessão, uma sessão também pode ser restringida ao endereço IP do qual ela foi autenticada originalmente. Como resultado, mesmo que um usuário malicioso consiga obter um *cookie*, ele pode não conseguir se conectar a partir de um computador diferente.
    - Nunca use um método GET para realizar qualquer atualização. Isso impede ataques usando <img src ..> como aquele que vimos anteriormente. De fato, o padrão HTTP recomenda que os métodos GET nunca devam realizar quaisquer atualizações.
    - Se usar um *framework* de aplicação web, como Django, adote os mecanismos providos pelo *framework* para proteção contra ataques XSRF/CSRF.

9.8.3 Vazamento de senha

Outro problema que os desenvolvedores de aplicação devem enfrentar refere-se ao armazenamento de senhas em formato texto claro no código da aplicação. Por exemplo, programas como scripts JSP normalmente contêm senhas em texto claro. Se esses scripts estão armazenados em um diretório acessível por um servidor Web, um usuário externo pode conseguir acessar o código-fonte do script e obter acesso à senha para a conta do banco de dados usada pela aplicação. Para evitar esses problemas, muitos servidores de aplicação oferecem mecanismos para armazenar senhas em forma criptografada, que o servidor descriptografa antes de passá-las para o banco de dados. Esse recurso evita a necessidade de armazenar senhas como texto claro nos programas de aplicação. Porém, se a chave de descriptografia também estiver vulnerável a exposição, essa técnica não será totalmente eficaz.

Como outra medida contra senhas de banco de dados comprometidas, muitos sistemas de banco de dados permitem que o acesso ao banco de dados seja restrito a determinado conjunto de endereços da internet, normalmente as máquinas rodando os servidores de aplicações. As tentativas de conexão ao banco de dados a partir de outros endereços na rede são rejeitadas. Assim, a menos que o usuário malicioso seja capaz de se conectar ao servidor de aplicações, ele não poderá causar dano algum, mesmo que consiga descobrir a senha do banco de dados.

9.8.4 Autenticação em nível de aplicação

Autenticação refere-se à tarefa de verificar a identidade de uma pessoa/*software* que se conecta a uma aplicação. A forma mais simples de autenticação consiste em uma senha secreta que deve ser apresentada quando um usuário se conecta à aplicação. Infelizmente, as senhas são facilmente comprometidas, por exemplo, pelo método de tentativa e erro ou analisando os pacotes da rede, se as senhas não forem enviadas de forma criptografada. Esquemas mais poderosos são necessários para aplicações críticas, como contas bancárias *on-line*. A criptografia é a base para esquemas de autenticação mais poderosos. A autenticação por meio da criptografia é explicada na Seção 9.9.3.

Muitas aplicações usam a **autenticação com dois fatores**, onde dois *fatores* (ou seja, partes de informação ou processos) independentes são usados para identificar um usuário. Os dois fatores não deverão compartilhar uma vulnerabilidade comum; por exemplo, se um sistema simplesmente exigisse duas senhas, ambas poderiam ser vulneráveis a vazamento da mesma maneira (analisando a rede ou por um vírus no computador usado pelo usuário, por exemplo). Embora medições biométricas, como impressão digital ou varreduras da íris do olho, possam ser usadas em situações em que um usuário está fisicamente presente no ponto de autenticação, elas não são muito significativas se estiverem espalhadas por uma rede.

As senhas são usadas como primeiro fator na maioria desses esquemas de autenticação com dois fatores. *Smart cards* ou outros dispositivos de criptografia, conectados por meio da interface USB, que podem ser usados para autenticação com base em técnicas de criptografia (veja a Seção 9.9.3), são muito usados como segundo fator.

Os dispositivos de senha de única vez que geram um novo número pseudoaleatório a cada (digamos) minuto também são muito usados como um segundo fator. Cada usuário recebe um desses dispositivos e precisa informar o número exibido pelo dispositivo no momento da autenticação, junto com a senha, para se autenticar. Cada dispositivo gera uma sequência diferente de números pseudoaleatórios. O servidor de aplicações pode gerar a mesma sequência de números pseudoaleatórios do dispositivo dado ao usuário, parando no número que seria exibido no momento da autenticação, e verificar se os números combinam. Esse esquema exige que o relógio no dispositivo e no servidor estejam razoavelmente sincronizados.

Outra técnica de segundo fator é enviar um SMS com uma senha de única vez (gerada aleatoriamente) para o telefone do usuário (cujo número foi registrado anteriormente) sempre que o usuário quiser efetuar o login na aplicação. O usuário precisa possuir um telefone com esse número para receber o SMS e depois informar a senha de única vez, junto com sua senha normal, para ser autenticado.

É preciso que se observe que, mesmo com a autenticação com dois fatores, os usuários ainda podem estar vulneráveis a ataques do **homem no meio** (**man-in-the-middle**). Nesses ataques, um usuário tentando se conectar com a aplicação é desviado para um *site* falso, que aceita a senha (incluindo as senhas do segundo fator) do usuário e a utiliza imediatamente para se autenticar com a aplicação original. O protocolo HTTPS, descrito mais adiante na Seção 9.9.3.2, é usado para autenticar o *site* ao usuário (de modo que o usuário não se conecte com um *site* falso acreditando que se trata do *site* desejado). O protocolo HTTPS também criptografa dados, impedindo ataques do homem no meio.

Quando o usuário acessa vários *sites* Web, normalmente é incômodo para ele ter de se autenticar em cada *site* separadamente, em geral, com diferentes senhas em cada *site*. Existem sistemas que permitem que o usuário se autentique em um serviço de autenticação central, e outros *sites* e aplicações podem autenticar o usuário por meio do serviço de autenticação central; a mesma senha pode então ser usada para acessar vários *sites*. O protocolo LDAP é muito usado para implementar esse ponto de autenticação central; as organizações implementam um servidor LDAP contendo informações de nome de usuário e senha, e as aplicações usam o servidor LDAP para autenticar os usuários.

Além de autenticar os usuários, um serviço de autenticação central pode oferecer outros serviços, por exemplo, oferecer informações sobre o usuário, como nome, *e-mail* e endereço, para a aplicação. Isso evita a necessidade de incluir essa informação separadamente em cada aplicação. O LDAP pode ser usado para essa tarefa, conforme descrevemos na Seção 25.5.2. Outros sistemas de diretório, como Active Directories da Microsoft, também oferecem mecanismos para autenticar usuários e para prestar informações sobre o usuário.

Um sistema de **autenticação única** permite, ainda, que o usuário seja autenticado apenas uma vez, e várias aplicações possam verificar a identidade do usuário por meio de um serviço de autenticação sem exigir uma nova autenticação. Em outras palavras, quando um usuário estiver conectado em um *site*, ele não terá de informar seu nome de usuário e senha em outros *sites* que usem o mesmo serviço de autenticação única. Esses mecanismos de autenticação única há muito tempo têm sido usados em protocolos de autenticação de rede, como Kerberos, e agora existem implementações para aplicações Web.

A **Security Assertion Markup Language** (**SAML**) é um padrão para trocar informações de autenticação e autorização entre diferentes domínios de segurança, de modo a oferecer login único entre organizações. Por exemplo, suponha que uma aplicação precise fornecer acesso a todos os alunos de determinada universidade, digamos, Yale. A universidade pode preparar um serviço baseado na Web que execute autenticação. Suponha que um usuário se conecte à aplicação com um nome de usuário como "joe@yale.edu". A aplicação, em vez de autenticar um usuário diretamente, leva o usuário para o serviço de autenticação da Yale University, que autentica o usuário e depois informa à aplicação quem é o usuário, e pode fornecer informações adicionais, como a categoria do usuário (aluno ou instrutor) ou outras informações relevantes. A senha do usuário e outros fatores de autenticação nunca são revelados à aplicação, e o usuário não precisa se registrar explicitamente com a aplicação. Porém, a aplicação precisa confiar no serviço de autenticação da universidade ao autenticar um usuário.

O padrão **OpenID** é uma alternativa para a autenticação única entre organizações, e funciona de maneira semelhante ao SAML. O protocolo **OAuth** é outro protocolo que permite que os usuários autorizem o acesso a certos recursos, a partir do compartilhamento de um *token* de autorização.

9.8.5 Autorização em nível de aplicação

Embora o padrão SQL admita um sistema bastante flexível de autorização baseada em papéis (*roles*, descritos na Seção 4.7), o modelo de autorização SQL desempenha um papel muito limitado na gestão das autorizações do usuário em uma aplicação típica. Por exemplo, suponha que você queira que todos os alunos possam ver suas próprias notas, mas não as notas de qualquer outro. Essa autorização não pode ser especificada em SQL por pelo menos dois motivos:

1. **Falta de informação do usuário final**. Com o crescimento da Web, os acessos ao banco de dados vêm, principalmente, de servidores de aplicações Web. Os usuários finais normalmente não têm identificadores de usuário individuais no próprio banco de dados e, de fato, só pode haver um único identificador de usuário no banco de dados correspondente a todos os usuários de um servidor de aplicações. Assim, a especificação de autorização em SQL não pode ser usada no cenário apresentado.

   É possível que um servidor de aplicações autentique os usuários finais e, depois, passe a informação de autenticação para o banco de dados. Nesta seção, vamos supor que a função *syscontext.user_id*() retorne o identificador do usuário da aplicação em favor do qual uma consulta está sendo executada.[6]

2. **Falta de autorização minuciosa**. A autorização precisa estar no nível das tuplas individuais, se queremos autorizar alunos a ver apenas suas próprias notas. Essa autorização não é possível no padrão SQL atual, que permite a autorização apenas em nível de relação ou *view* inteira, ou sobre atributos especificados de relações ou *views*.

   Poderíamos tentar contornar essa limitação criando, para cada aluno, uma *view* na relação *realiza* que mostra apenas as notas desse aluno. Embora isso funcione a princípio, seria extremamente desajeitado, pois teríamos de criar uma *view* desse tipo para cada aluno matriculado na universidade, o que é totalmente impraticável.[7]

[6]No Oracle, uma conexão JDBC usando os drivers JDBC do Oracle pode definir o identificador do usuário final usando o método OracleConnection.setClientIdentifier(userId), e uma consulta SQL pode usar a função sys_context('USERENV', 'CLIENT_IDENTIFIER') para recuperar o identificador do usuário.

[7]Os sistemas de banco de dados são projetados para gerenciar relações grandes, mas gerenciar informações de esquema, como as *views*, de certa maneira assumindo volumes de dados menores, para melhorar o desempenho geral.

Uma alternativa é criar uma *view* no formato

> **create view** *alunoRealiza* **as**
> **select** *
> **from** *realiza*
> **where** *realiza.ID = syscontext.user_id( )*

Os usuários, então, recebem autorização para essa *view*, em vez da relação básica *realiza*. Porém, as consultas executadas em favor dos alunos agora precisam ser escritas na *view alunoRealiza*, em vez da relação *realiza* original, enquanto as consultas executadas em favor dos instrutores podem precisar usar uma *view* diferente. Por conseguinte, a tarefa de desenvolver aplicações torna-se mais complexa.

A tarefa de autorização normalmente é executada totalmente na aplicação, passando por fora das funcionalidades de autorização da SQL. No nível da aplicação, os usuários recebem acesso a interfaces específicas e podem ser restringidos a exibir ou atualizar apenas certos itens de dados.

Embora a execução da autorização na aplicação ofereça muita flexibilidade aos desenvolvedores de aplicações, também existem problemas.

- O código para verificar a autorização fica misturado com o restante do código da aplicação.
- Implementar a autorização por meio do código da aplicação, em vez de especificá-lo de forma declarativa na SQL, torna mais difícil garantir a ausência de brechas. Por um esquecimento, um dos programas de aplicação pode não verificar a autorização, permitindo que usuários não autorizados acessem dados confidenciais.

Confirmar se todos os programas de aplicação fazem todas as verificações de autorização exigidas envolve a leitura de todo o código do servidor de aplicações, uma tarefa muito complicada em um sistema grande. Em outras palavras, as aplicações possuem uma "área de superfície" muito grande, tornando a tarefa de proteger a aplicação significativamente mais difícil. De fato, furos na segurança têm sido encontrados em diversas aplicações reais.

Em contraste, se um banco de dados oferecer suporte direto à autorização minuciosa, as políticas de autorização podem ser especificadas e impostas no nível da SQL, que possui uma área de superfície muito menor. Mesmo que algumas das interfaces de aplicação, inadvertidamente, omitam as verificações de autorização exigidas, a autorização em nível de SQL poderia impedir que ações não autorizadas fossem executadas.

Alguns sistemas de banco de dados oferecem mecanismos para autorização em nível de linha, como vimos na Seção 4.7.7. Por exemplo, o **Virtual Private Database (VPD)** do Oracle permite que um administrador do sistema associe uma função a uma relação; a função retorna um predicado que precisa ser acrescentado a qualquer consulta que use a relação (funções diferentes podem ser definidas para relações que estão sendo atualizadas). Por exemplo, usando nossa sintaxe para a recuperação de identificadores do usuário da aplicação, a função para a relação *realiza* pode retornar um predicado como:

ID = sys_context.user_id( )

Esse predicado é acrescentado à cláusula **where** de cada consulta que usa a relação *realiza*. Como resultado (supondo que o programa de aplicação defina o valor de *user_id* como a *ID* do aluno), cada aluno só poderá ver as tuplas correspondentes aos cursos que realizou.

Conforme discutimos na Seção 4.7.7, uma armadilha em potencial com a inclusão de um predicado, conforme descrevemos, é que isso pode mudar o significado de uma consulta. Por exemplo, se um usuário escrevesse uma consulta para encontrar a nota média por todos os cursos, ele acabaria recebendo a média de *suas* notas, e não de todas. Embora o sistema forneça a resposta "certa" para a consulta reescrita, essa resposta não corresponderia à consulta que o usuário acreditou estar sendo submetida.

PostgreSQL e Microsoft SQL Server oferecem suporte para autorização em nível de linha com funcionalidade semelhante à do Oracle VPD. Outras informações sobre o Oracle VPD e a autorização em nível de linha do PostgreSQL e do SQL Server podem ser encontradas em seus respectivos manuais do sistema, disponíveis *on-line*.

9.8.6 Trilhas de auditoria

Uma **trilha de auditoria** é um registro (ou log) de todas as mudanças (inserções, exclusões e atualizações) nos dados da aplicação, juntamente com informações como qual usuário realizou a mudança e quando a mudança foi realizada. Se a segurança da aplicação for comprometida, ou mesmo que a segurança não seja comprometida, mas alguma atualização tenha sido executada erroneamente, uma trilha de auditoria pode (a) ajudar a descobrir o que aconteceu e quem pode ter executado as ações e (b) ajudar a reparar o dano causado pelo furo de segurança ou atualização indevida.

Por exemplo, se descobrimos que a nota de um aluno está incorreta, o registro de auditoria pode ser examinado para localizar quando e como a nota foi atualizada, além de identificar qual usuário executou as atualizações. A universidade pode, então, usar também a trilha de auditoria para rastrear todas as atualizações realizadas por esse usuário, a fim de descobrir outras atualizações incorretas ou fraudulentas e depois corrigi-las.

As trilhas de auditoria também podem ser usadas para detectar furos de segurança onde a conta de um usuário é comprometida e acessada por um intruso. Por exemplo, toda vez que um usuário efetua o login, ele pode ser informado sobre todas as atualizações na trilha de auditoria que foram feitas a partir desse login no passado recente; se o usuário encontrar uma atualização que não executou, provavelmente a conta foi comprometida.

É possível criar uma trilha de auditoria em nível de banco de dados definindo *triggers* apropriadas nas atualizações da relação (usando variáveis definidas pelo sistema que identifiquem o nome do usuário e a hora). Porém, muitos sistemas de banco de dados oferecem mecanismos internos para criar trilhas de auditoria que são muito mais convenientes de se usar. Os detalhes de como criar trilhas de auditoria variam entre os sistemas de banco de dados, e você deverá consultar os manuais do sistema de banco de dados para obter os detalhes.

Em geral, as trilhas de auditoria em nível de banco de dados são insuficientes para aplicações, pois normalmente não conseguem rastrear quem foi o usuário final da aplicação. Além disso, as atualizações são registradas em nível de linha, em termos de atualizações a tuplas de uma relação, em vez de em um nível mais alto, em termos da lógica do negócio. As aplicações, portanto, comumente criam uma trilha de auditoria de nível mais alto, registrando, por exemplo, que ação foi executada, por quem, quando e de qual endereço IP a solicitação foi originada.

Uma questão relacionada é a da proteção da própria trilha de auditoria contra modificação ou exclusão por usuários que quebram a segurança da aplicação. Uma solução possível consiste em copiar a trilha de auditoria para uma máquina diferente, à qual o intruso não teria acesso, com cada registro na trilha sendo copiado assim que for gerado. Uma solução mais forte é usar técnicas de *blockchain*, que são descritas no Capítulo 26; técnicas de *blockchain* armazenam *logs* em diversas máquinas e usam um mecanismo de *hashing* que torna muito difícil para um intruso modificar ou excluir dados sem que seja detectado.

9.8.7 Privacidade

Em um mundo onde uma quantidade cada vez maior de dados pessoais está disponível *on-line*, as pessoas estão cada vez mais preocupadas com a privacidade de seus dados. Por exemplo, a maioria das pessoas desejaria que seus dados médicos pessoais fossem mantidos em segredo, e não revelados publicamente. Porém, os dados médicos precisam estar disponíveis para médicos e técnicos de emergência que tratam do paciente. Muitos países possuem leis sobre a privacidade desses dados, que definem quando e para quem os dados podem ser revelados. A violação da lei de privacidade pode resultar em penalidades criminais em alguns países. As aplicações que acessam esses dados privados precisam ser criadas com cuidado, considerando as leis de privacidade.

Por outro lado, os dados privados agregados podem desempenhar um papel importante em muitas tarefas, como a detecção de efeitos colaterais de drogas ou na detecção de epidemias. Como tornar esses dados disponíveis aos pesquisadores que executam tais tarefas, sem comprometer a privacidade dos indivíduos, é um problema importante no mundo real. Como exemplo, suponha que um hospital oculte o nome do paciente, mas ofereça a um pesquisador a data de nascimento e o CEP (código postal) do paciente (ambos podendo ser úteis para o pesquisador). Apenas essas duas informações podem ser usadas para identificar com exclusividade o paciente em muitos casos (usando informações de um banco de dados externo), comprometendo sua privacidade. Nessa situação em particular, uma solução seria dar o ano do nascimento, mas não a data exata, junto com o código postal, o que pode ser suficiente para o pesquisador. Isso não daria informações suficientes para identificar a maioria dos indivíduos de forma exclusiva.[8]

[8]Para pessoas extremamente idosas, que são relativamente raras, até mesmo o ano de nascimento mais o código postal podem ser suficientes para identificar o indivíduo de forma exclusiva, de modo que um intervalo de valores, como 90 anos ou mais, pode ser fornecido no lugar da idade real para pessoas maiores de 90 anos.

Como outro exemplo, os *sites* normalmente coletam dados pessoais como endereço, telefone, *e-mail* e informações de cartão de crédito. Essas informações podem ser necessárias para realizar uma transação, como a compra de um item de uma loja. Porém, o cliente pode não querer que as informações se tornem disponíveis para outras organizações ou pode querer que parte da informação (como os números de cartão de crédito) seja apagada após algum período de tempo, como meio de impedir que caia em mãos não autorizadas, no caso de uma falha na segurança. Muitos *sites* permitem que os clientes especifiquem suas preferências de privacidade e, portanto, precisam garantir que essas preferências sejam respeitadas.

9.9 Criptografia e suas aplicações

A criptografia refere-se ao processo de transformar dados para uma forma que seja ilegível, a menos que o processo inverso de descriptografia seja aplicado. Os algoritmos de criptografia utilizam uma chave criptográfica para realizar a criptografia e exigem uma chave descriptográfica (que poderia ser a mesma chave criptográfica, dependendo do algoritmo utilizado) para realizar a descriptografia.

Os usos mais antigos da criptografia foram para transmitir mensagens codificadas usando uma chave secreta conhecida apenas pelo remetente e pelo destinatário intencionado. Mesmo que a mensagem fosse interceptada por um inimigo, este, sem conhecer a chave, não poderia decodificar e entender a mensagem. A criptografia é muito usada, hoje, para proteger dados em trânsito em diversas aplicações, como transferência de dados pela internet, e em redes de telefonia celular. Com a criptografia também é possível executar outras tarefas, como autenticação, conforme veremos na Seção 9.9.3.

No contexto dos bancos de dados, a criptografia é empregada para armazenar dados de um modo seguro, de forma que até mesmo se os dados forem adquiridos por um usuário não autorizado (por exemplo, se um *notebook* contendo os dados for roubado), os dados não serão acessíveis sem uma chave de descriptografia.

Muitos bancos de dados, hoje, armazenam informações confidenciais do cliente, como números de cartão de crédito, nomes, impressões digitais, assinaturas e números de identificação, como o CPF. Um criminoso que tenha acesso a esses dados pode usá-los para diversas atividades ilegais, como comprar mercadorias usando um número de cartão de crédito ou até mesmo adquirindo um cartão de crédito no nome de outra pessoa. Organizações como empresas de cartão de crédito utilizam o conhecimento das informações pessoais como um modo de identificar quem está solicitando produtos ou serviços. O vazamento dessas informações pessoais permite que um criminoso finja ser outra pessoa e tenha acesso aos bens ou serviços; essa personificação é conhecida como **roubo de identidade**. Assim, as aplicações que armazenam esses dados confidenciais precisam tomar um cuidado extra para protegê-los contra roubo.

Para reduzir as chances de informações confidenciais serem adquiridas por criminosos, muitos países e estados, atualmente, exigem por lei que qualquer banco de dados armazenando essas informações confidenciais deva armazená-las em formato criptografado. Uma empresa que não proteja seus dados pode ser responsabilizada criminalmente no caso de roubo de dados. Assim, a criptografia representa um componente crítico de qualquer aplicação que armazene essas informações confidenciais.

9.9.1 Técnicas de criptografia

Existe uma grande variedade de técnicas para criptografia de dados. As técnicas de criptografia simples podem não oferecer segurança adequada, pois pode ser fácil para um usuário não autorizado quebrar o código. Como exemplo de uma técnica de criptografia fraca, considere a substituição de cada caractere pelo próximo caractere no alfabeto. Assim,

Perryridge

torna-se

Qfsszsjehf

Se um usuário não autorizado vir apenas "Qfsszsjehf", provavelmente terá informações insuficientes para quebrar o código. Porém, se o intruso encontrar uma série de nomes de agência criptografados, poderá usar dados estatísticos com relação à frequência relativa dos caracteres para descobrir qual substituição está sendo feita (por exemplo, *E* é a letra mais comum no texto em inglês, seguida por *T*, *A*, *O*, *N*, *I* e assim por diante).

Uma boa técnica de criptografia tem as seguintes propriedades:

- Ela é relativamente simples para usuários autorizados codificarem e decodificarem dados.
- Ela não depende do segredo do algoritmo, mas de um parâmetro do algoritmo, chamado *chave de criptografia*, usado para criptografar os dados. Em uma técnica de criptografia por **chave simétrica**, a chave de criptografia também é usada para descriptografar dados. Por outro lado, nas técnicas de criptografia de **chave pública** (também conhecida como **chave assimétrica**), existem duas chaves diferentes, a chave pública e a chave privada, usadas para criptografar e descriptografar os dados.
- Sua chave de criptografia é extremamente difícil para um intruso determinar, mesmo que ele tenha acesso aos dados criptografados. No caso da criptografia por chave assimétrica, é extremamente difícil deduzir a chave privada, mesmo que a chave pública esteja disponível.

O **Advanced Encryption Standard** (**AES**) é um algoritmo de criptografia por chave simétrica que foi adotado como padrão de criptografia pelo governo dos Estados Unidos em 2000 e agora é muito utilizado. O padrão é baseado no **algoritmo Rijndael** (uma junção dos nomes de seus inventores, V. Rijmen e J. Daemen). O algoritmo opera sobre um bloco de 128 bits de dados por vez, enquanto a chave pode ter 128, 192 ou 256 bits de extensão. O algoritmo executa uma série de etapas para misturar os bits em um bloco de dados de maneira que possa ser revertida durante a descriptografia, e realiza uma operação XOR com uma "chave de arredondamento" (*round key*) de 128 bits, derivada da chave de criptografia. Uma nova chave de arredondamento é gerada a partir da chave de criptografia para cada bloco de dados criptografado. Durante a descriptografia, as chaves de arredondamento são geradas novamente a partir da chave de criptografia, e o processo de criptografia é revertido para recuperar os dados originais. Um padrão mais antigo, chamado *Data Encryption Standard* (DES), adotado em 1977, foi muito utilizado anteriormente.

Para que qualquer esquema de criptografia por chave simétrica funcione, os usuários autorizados precisam receber a chave de criptografia por meio de um mecanismo seguro. Esse requisito é uma importante fragilidade, pois o esquema não é mais seguro que o mecanismo pelo qual a chave de criptografia é transmitida.

A **criptografia de chave pública** é um esquema alternativo que evita alguns dos problemas enfrentados pelas técnicas de criptografia de chave simétrica. Ele é baseado em duas chaves: uma *chave pública* e uma *chave privada*. Cada usuário U_i possui uma chave pública E_i e uma chave privada D_i. Todas as chaves públicas são publicadas: elas podem ser vistas por qualquer um. Cada chave privada é conhecida apenas pelo único usuário a quem a chave pertence. Se o usuário U_1 quiser armazenar dados criptografados, U_1 os criptografa usando a chave pública E_1. A descriptografia requer a chave privada D_1.

Como a chave de criptografia para cada usuário é pública, é possível trocar informações com segurança por meio desse esquema. Se o usuário U_1 quiser compartilhar dados com U_2, U_1 os criptografa usando E_2, a chave pública de U_2. Como somente o usuário U_2 sabe como decodificar os dados, as informações são transferidas com segurança.

Para a criptografia de chave pública funcionar, é preciso haver um esquema de criptografia tal que seja inviável (ou seja, extremamente difícil) deduzir a chave privada, dada a chave pública. Tal esquema existe e é baseado nestas condições:

- Existe um algoritmo eficiente para testar se um número é primo ou não.
- Não existe um algoritmo eficiente conhecido para encontrar os fatores primos de um número.

Para os propósitos desse esquema, os dados são tratados como uma coleção de inteiros. Criamos uma chave pública calculando o produto de dois números primos grandes: P_1 e P_2. A chave privada consiste no par (P_1, P_2). O algoritmo de descriptografia não pode ser usado com sucesso se apenas o produto P_1P_2 for conhecido; ele precisa dos valores individuais P_1 e P_2. Como tudo o que é publicado é o produto P_1P_2, um usuário não autorizado precisaria ser capaz de fatorar P_1P_2 para roubar dados. Escolhendo P_1 e P_2 suficientemente grandes (mais de 100 dígitos), podemos tornar o custo da fatoração de P_1P_2 proibitivamente alto (na ordem de anos de tempo de cálculo, até mesmo nos computadores mais velozes).

Os detalhes da criptografia de chave pública e a justificativa matemática das propriedades dessa técnica podem ser encontrados na Bibliografia deste capítulo.

Embora a criptografia de chave pública por esse esquema seja segura, ela também é computacionalmente dispendiosa. Um esquema híbrido usado para a comunicação segura é o seguinte: uma chave de criptografia simétrica (baseada, por exemplo, no AES) é gerada aleatoriamente e trocada de maneira segura usando um esquema de criptografia de chave pública, e a criptografia de chave simétrica, usando essa chave, é usada sobre os dados transmitidos mais tarde.

A criptografia de valores pequenos, como identificadores ou nomes, é complicada pela possibilidade de **ataques de dicionário**, particularmente se a chave de criptografia estiver publicamente disponível. Por exemplo, se os campos de data de nascimento forem criptografados, um invasor tentando descriptografar um valor criptografado *e*, em particular, poderia tentar criptografar cada data de nascimento possível até encontrar aquela cujo valor criptografado combinasse com *e*. Mesmo que a chave de criptografia não esteja disponível publicamente, a informação estatística sobre as distribuições de dados pode ser usada para descobrir o que um valor criptografado representa em alguns casos, como uma idade ou um código de CEP. Por exemplo, se a idade 18 é a idade mais comum em um banco de dados, pode-se deduzir que o valor da idade criptografado que ocorre com mais frequência representa 18.

Os ataques de dicionário podem ser frustrados pelo acréscimo de bits aleatórios extras ao final do valor antes da criptografia (e removendo-os após a descriptografia). Esses bits extras, chamados de bits do **vetor de inicialização** no AES, ou de *bits de sal* (*salt bits*) em outros contextos, oferecem uma boa proteção contra ataques de dicionário.

9.9.2 Suporte para criptografia nos bancos de dados

Atualmente, muitos sistemas de arquivo e sistemas de banco de dados admitem criptografia de dados. Essa criptografia protege os dados de alguém que é capaz de acessá-los, mas não é capaz de acessar a chave de descriptografia. No caso da criptografia do sistema de arquivos, os dados a serem codificados normalmente são grandes arquivos e diretórios contendo informações sobre arquivos.

No contexto dos bancos de dados, a criptografia pode ser feita em vários níveis diferentes. No nível mais baixo, os blocos de disco contendo dados de banco de dados podem ser criptografados usando uma chave disponível ao *software* do sistema de banco de dados. Quando um bloco é recuperado do disco, ele primeiro é decodificado e, depois, usado pelo modo normal. Essa criptografia em nível de bloco de disco protege contra invasores que podem acessar o conteúdo do disco, mas não têm acesso à chave de criptografia.

No próximo nível mais alto, atributos especificados (ou todos) de uma relação podem ser armazenados de forma criptografada. Nesse caso, cada atributo de uma relação pode ter uma chave de criptografia diferente. Hoje, muitos bancos de dados admitem criptografia no nível dos atributos especificados, bem como no nível de uma relação inteira ou todas as relações em um banco de dados. A criptografia de atributos especificados minimiza o *overhead* da descriptografia, permitindo que as aplicações criptografem apenas os atributos que contêm dados confidenciais, como números de cartão de crédito. A criptografia também precisa usar bits aleatórios extras para impedir ataques de dicionário, conforme explicamos anteriormente. Porém, os bancos de dados normalmente não permitem que os atributos de chave primária ou estrangeira sejam criptografados nem admitem indexação sobre atributos criptografados.

Uma chave de descriptografia, obviamente, é necessária para se ter acesso aos dados criptografados. Uma única chave de criptografia mestra pode ser usada para todos os dados criptografados; com a criptografia em nível de atributo, diferentes chaves de criptografia podem ser usadas para diferentes atributos. Nesse caso, as chaves de descriptografia para diferentes atributos podem ser armazenadas em um arquivo ou relação (normalmente, chamado de "*wallet*"), que é criptografado usando uma chave mestra.

Uma conexão com o banco de dados que precise acessar atributos criptografados deverá, então, fornecer a chave mestra; a menos que ela seja fornecida, a conexão não poderá acessar os dados criptografados. A chave mestra seria armazenada no programa aplicativo (normalmente, em um computador diferente) ou memorizada pelo usuário do banco de dados e, então, fornecida quando o usuário se conectasse ao banco de dados.

A criptografia no nível de banco de dados tem a vantagem de exigir relativamente pouco *overhead* de tempo e espaço, e não requerer modificação das aplicações. Por exemplo, se os dados em um banco de dados do *notebook* precisarem ser protegidos contra roubo do próprio computador, essa criptografia pode ser usada. De modo semelhante, alguém que tivesse acesso a fitas de *backup* de um banco de dados não poderia acessar os dados contidos nos *backups* sem conhecer a chave de descriptografia.

Uma alternativa para realizar a criptografia no banco de dados é realizá-la *antes* que os dados sejam enviados ao banco de dados. A aplicação deverá, então, criptografar os dados antes de enviá-los ao banco de dados, descriptografando-os quando eles forem recuperados. Essa técnica de criptografia de dados exige modificações significativas na aplicação, diferentemente da criptografia realizada em um sistema de banco de dados.

9.9.3 Criptografia e autenticação

A autenticação baseada em senha é bastante usada pelos sistemas operacionais e, também, pelos bancos de dados. Porém, o uso de senhas possui algumas desvantagens, especialmente por uma rede. Se um intruso for capaz de "farejar" os dados sendo enviados pela rede, ele pode ser capaz de encontrar a senha enquanto ela estiver sendo enviada pela rede. Quando o intruso tiver um nome de usuário e senha, ele poderá se conectar ao banco de dados, fingindo ser o usuário legítimo.

Um esquema mais seguro envolve um sistema de **desafio-resposta**. O sistema de banco de dados envia uma string de desafio para o usuário. O usuário codifica a string de desafio usando uma senha secreta como chave de criptografia e, depois, retorna o resultado. O sistema de banco de dados pode verificar a autenticidade do usuário decodificando a string com a mesma senha secreta e verificando o resultado com a string de desafio original. Esse esquema garante que nenhuma senha atravessará a rede.

Os sistemas de chave pública podem ser usados para criptografia nos sistemas de desafio-resposta. O sistema de banco de dados criptografa uma string de desafio usando a chave pública do usuário e a envia para ele. O usuário descriptografa a string usando sua chave privada e retorna o resultado ao sistema de banco de dados. O sistema de banco de dados, então, verifica a resposta. Esse esquema possui o benefício adicional de não armazenar a senha secreta no banco de dados, onde potencialmente poderia ser visualizada pelos administradores do sistema.

O armazenamento da chave privada de um usuário em um computador (até mesmo um computador pessoal) tem o risco de que, se o computador for comprometido, a chave possa ser revelada a um atacante que poderá então fingir ser um usuário. Os **smart cards** oferecem uma solução para esse problema. Em um *smart card*, a chave pode ser armazenada em um chip embutido; o sistema operacional do *smart card* garante que a chave nunca poderá ser lida, mas permite que os dados sejam enviados ao cartão para criptografia ou descriptografia, usando a chave privada.[9]

9.9.3.1 Assinaturas digitais

Outra aplicação interessante da criptografia de chave pública está nas **assinaturas digitais**, para verificar a autenticidade dos dados; as assinaturas digitais desempenham o papel eletrônico das assinaturas físicas nos documentos. A chave privada é usada para "assinar" dados, ou seja, criptografá-los, e os dados assinados podem se tornar públicos. Qualquer um pode verificar a assinatura descriptografando os dados por meio da chave pública, mas ninguém poderia ter gerado os dados assinados sem ter a chave privada. (Observe a inversão dos papéis das chaves pública e privada neste esquema.) Assim, podemos **autenticar** os dados, ou seja, podemos verificar se eles foram realmente criados pela pessoa que afirma tê-los criado.

Além do mais, as assinaturas digitais também servem para garantir o **não repúdio**. Ou seja, caso a pessoa que criou os dados mais tarde reclame que não os criou (o equivalente eletrônico de declarar não ter assinado o cheque, por exemplo), podemos provar que essa pessoa criou os dados (a menos que sua chave privada fosse passada para outros).

9.9.3.2 Certificados digitais

A autenticação, em geral, é um processo em via dupla, em que cada um de um par de entidades interagindo se autentica com o outro. Essa autenticação em nível de par é necessária mesmo quando um cliente entra em contato com um *site* para impedir que um *site* malicioso finja ser um *site* válido. Esse disfarce poderia ser feito, por exemplo, se os roteadores da rede fossem comprometidos e os dados redirecionados para o *site* malicioso.

Para um usuário garantir que está interagindo com um *site* autêntico, ele precisa ter a chave pública do *site*. Isso nos remete ao problema de como o usuário pode obter a chave pública – se ela for armazenada no *site*, o *site* malicioso poderá fornecer uma chave diferente, e o usuário não terá como verificar se a chave pública fornecida é autêntica. A autenticação pode ser tratada por um sistema de **certificados digitais**, pelos quais as chaves públicas são assinadas por uma agência de certificação, cuja chave pública é bem conhecida. Por exemplo, as chaves públicas das autoridades de certificação raiz são armazenadas em navegadores Web padrão. Um certificado emitido por elas pode ser verificado pelo uso das chaves públicas armazenadas.

Um sistema de dois níveis colocaria um peso excessivo de criação de certificados sobre as autoridades de certificação raiz. Em vez disso, utiliza-se um sistema multinível, com uma ou mais autoridades de certificação raiz e uma árvore de autoridades de certificação abaixo de cada raiz. Cada autoridade (diferente das autoridades raiz) possui um certificado digital emitido por seu pai.

Um certificado digital emitido por uma autoridade de certificação A consiste em uma chave pública K_A e um texto criptografado E, que pode ser decodificado por meio da chave pública K_A. O texto criptografado contém o nome da parte a quem o certificado foi emitido e sua chave pública K_c. Caso a autoridade de certificação A não seja uma autoridade de certificação raiz, o texto criptografado também possui o certificado digital emitido para A por sua autoridade de certificação pai; esse certificado autentica a própria chave K_A. (Esse certificado, por sua vez, pode conter um certificado de outra autoridade pai e assim por diante.)

Para verificar um certificado, o texto criptografado E é decodificado com o uso da chave pública K_A para recuperar o nome da parte (ou seja, o nome da organização que possui o *site*); além disso, se A não for uma autoridade raiz cuja chave pública é conhecida do verificador, a chave pública K_A é verificada recursivamente pelo uso do certificado digital contido dentro de E; a recursão termina quando um certificado emitido pela autoridade raiz é alcançado. A verificação do certificado estabelece a cadeia pela qual determinado *site* foi autenticado e oferece o nome e a chave pública autenticada para o *site*.

Os certificados digitais são muito utilizados para autenticar *sites* aos usuários, de modo a impedir que *sites* maliciosos sejam mascarados como outros *sites*. No protocolo HTTPS (a versão segura do protocolo http), o *site* oferece seu certificado digital ao navegador, que, então, o exibe ao usuário. Se o usuário aceitar o certificado, o navegador usa a chave pública para criptografar dados. Um *site* malicioso terá acesso ao certificado, mas não à chave privada, e por isso não poderá decodificar os dados enviados pelo navegador. Somente o *site*

[9]Os *smart cards* também oferecem outra funcionalidade, como a capacidade de armazenar dinheiro digitalmente e fazer pagamentos, o que não é relevante em nosso contexto.

autêntico, que possui a chave privada correspondente, pode decodificar os dados enviados pelo navegador. Observamos que os custos de criptografia e descriptografia de chave pública/privada são muito maiores do que os custos de criptografia/descriptografia usando chaves privadas simétricas. Para reduzir os custos de criptografia, o HTTPS de fato cria uma chave simétrica de único uso após a autenticação e a utiliza para codificar dados pelo restante da sessão.

Os certificados digitais também podem ser usados para autenticar usuários. O usuário precisa submeter um certificado digital contendo sua chave pública a um *site*, que verifica se o certificado foi assinado por uma autoridade de confiança. A chave pública do usuário pode, então, ser usada em um sistema de desafio-resposta para garantir que o usuário possui a chave privada correspondente, autenticando, assim, o usuário.

9.10 Resumo

- Os programas de aplicação que usam bancos de dados como *back-ends* e interagem com os usuários já existem desde a década de 1960. As arquiteturas de aplicação evoluíram durante esse período. Hoje, a maioria das aplicações utiliza navegadores Web como seu *front-end*, e um banco de dados como seu *back-end*, com um servidor de aplicações entre eles.
- A HTML oferece a capacidade de definir interfaces que combinam hyperlinks com facilidades de formulário. Os navegadores Web se comunicam com servidores Web pelo protocolo HTTP. Os servidores Web podem passar adiante solicitações para os programas de aplicação e retornam os resultados ao navegador.
- Os servidores Web executam programas de aplicação para implementar a funcionalidade desejada. Os *servlets* constituem um mecanismo muito usado para escrever programas de aplicação que são executados como parte do processo do servidor Web, a fim de reduzir o *overhead*. Também existem muitas linguagens de *scripting* no servidor que são interpretadas pelo servidor Web e oferecem funcionalidade de programa de aplicação como parte do servidor Web.
- Existem várias linguagens de *scripting* no lado do cliente – JavaScript é a mais usada – que oferecem uma interação mais rica com o usuário no lado do navegador.
- As aplicações complexas normalmente têm arquitetura em multicamadas, incluindo um modelo implementando lógica de negócio, um controlador e um mecanismo de visão para exibir os resultados. Elas também podem incluir uma camada de acesso aos dados, que implementa um mapeamento objeto-relacional. Muitas aplicações implementam e usam serviços Web, permitindo que as funções sejam chamadas por HTTP.
- Técnicas como *caching* de várias formas – incluindo o *caching* do resultado da consulta, o *pooling* de conexões e o processamento paralelo – são usadas para melhorar o desempenho da aplicação.
- Os desenvolvedores de aplicação precisam ter muito cuidado com a segurança, para impedir ataques como *SQL injection* e ataques de *scripting* entre *sites*.
- Os mecanismos de autorização da SQL são menos minuciosos e possuem valor limitado para aplicações que tratam de grande quantidade de usuários. Hoje, os programas de aplicação implementam a autorização minuciosa, em nível de tupla, lidando com grande número de usuários da aplicação, completamente fora do sistema de banco de dados. Estão sendo desenvolvidas extensões de banco de dados para fornecer controle de acesso em nível de tupla e para lidar com grande quantidade de usuários da aplicação, mas elas ainda não estão padronizadas.
- A proteção da privacidade dos dados é uma tarefa importante para as aplicações de banco de dados. Muitos países possuem requisitos legais sobre a proteção de certos tipos de dados, como informações de cartão de crédito ou registros médicos.
- A criptografia desempenha um papel-chave na proteção de informações e na autenticação de usuários e *sites* Web. A criptografia de chave simétrica e a criptografia de chave pública são duas técnicas contrastantes, porém, muito usadas para criptografia. A criptografia de certos dados confidenciais armazenados nos bancos de dados é uma exigência legal em muitos países e estados.
- A criptografia também desempenha um papel fundamental na autenticação de usuários nas aplicações, e de *sites* Web para usuários e para assinaturas digitais.

Termos de revisão

- Programas de aplicação
- Interfaces Web com bancos de dados
- HyperText Markup Language (HTML)
- Hyperlinks
- Uniform Resource Locator (URL)
- Formulários
- HyperText Transfer Protocol (HTTP)
- Protocolos sem conexão
- *Cookie*
- Sessão
- *Servlets* e sessões de *servlet*
- *Scripting* no lado servidor
- Java Server Pages (JSP)
- PHP

- *Scripting* no lado cliente
- JavaScript
- Document Object Model (DOM)
- Ajax
- Progressive Web Apps
- Arquitetura da aplicação
- Camada de apresentação
- Arquitetura Model-View-Controller (MVC)
- Camada de lógica do negócio
- Camada de acesso aos dados
- Mapeamento objeto-relacional
- Hibernate
- Django
- *Web services*
- Serviços Web com REST
- *Frameworks* de aplicação Web
- *Pooling* de conexões
- *Caching* de resultados de consulta
- Segurança da aplicação
- *SQL injection*
- Cross-site Scripting (XSS)
- Cross-site Request Forgery (XSRF)
- Autenticação
- Autenticação com dois fatores
- Ataque do homem no meio
- Autenticação central
- Autenticação única
- OpenID
- Autorização
- Virtual Private Database (VPD)
- Trilha de auditoria
- Criptografia
- Criptografia de chave simétrica
- Criptografia de chave pública
- Ataque de dicionário
- Desafio-resposta
- Assinaturas digitais
- Certificados digitais

Exercícios práticos

9.1 Qual é o principal motivo para os *servlets* terem melhor desempenho do que os programas que usam a Common Gateway Interface (CGI), mesmo os programas Java geralmente sendo mais lentos que programas em C ou C++?

9.2 Liste algumas vantagens e desvantagens dos protocolos sem conexão em relação aos protocolos que mantêm conexões.

9.3 Considere uma aplicação Web escrita descuidadamente para um *site* de compras *on-line*, que armazena o preço de cada item como uma variável oculta no formulário, na página Web enviada ao cliente; quando o cliente submete o formulário, a informação da variável oculta no formulário é usada para calcular a conta para o cliente. Qual é a brecha nesse esquema? (Houve um caso real em que o furo foi explorado por alguns clientes de um *site* de compras *on-line*, antes que o problema fosse detectado e corrigido.)

9.4 Considere outra aplicação Web escrita sem cuidado, que usa um *servlet* que verifica se houve uma sessão ativa, mas não verifica se o usuário está autorizado a acessar essa página. Em vez disso, a aplicação assume que um *link* para a página seja mostrado apenas para usuários autorizados. Qual é o risco neste esquema? (Houve um caso real em que os candidatos a admissões no *site* de uma escola puderam, depois de se conectar ao *site*, explorar essa brecha e exibir informações que não estavam autorizados a ver; o acesso não autorizado foi detectado, e aqueles que acessaram as informações foram punidos com a matrícula negada.)

9.5 Por que é importante abrir conexões JDBC usando a sintaxe de try-com-recursos (try (...) { ... })?

9.6 Liste três maneiras pelas quais o *caching* pode ser usado para agilizar o desempenho do servidor Web.

9.7 O comando netstat (disponível no Linux e no Windows) mostra as conexões de rede ativas em um computador. Explique como esse comando pode ser usado para descobrir se uma página Web em particular não está fechando conexões que ela abriu ou se o *pooling* de conexões está sendo usado, não retornando conexões ao *pool* de conexões. Você deverá considerar o fato de que, com o *pooling* de conexões, a conexão pode não ser fechada imediatamente.

9.8 Testando a vulnerabilidade de *SQL injection*:

a. Sugira uma técnica para testar uma aplicação e descobrir se ela é vulnerável a ataques de *SQL injection* na entrada de texto.

b. A *SQL injection* pode ocorrer com outras formas de entradas, além de caixas de texto? Se puder, como você testaria a vulnerabilidade?

9.9 Uma relação do banco de dados pode ter os valores de certos atributos criptografados por segurança. Por que os sistemas de banco de dados não aceitam a indexação sobre atributos criptografados? Usando sua resposta para essa pergunta, explique por que os sistemas de banco de dados não permitem a criptografia de atributos de chave primária.

9.10 O Exercício Prático 9.9 considera o problema de criptografia de certos atributos. Porém, alguns sistemas de banco de dados admitem a criptografia de bancos de dados inteiros. Explique como os problemas levantados no Exercício Prático 9.9 são evitados quando o banco de dados inteiro é criptografado.

9.11 Suponha que alguém represente uma empresa e receba um certificado de uma autoridade de emissão de certificado. Qual é o efeito sobre coisas (como ordens de compra ou programas) certificadas pela empresa representada e sobre coisas certificadas por outras empresas?

9.12 Talvez os itens de dados mais importantes em qualquer sistema de banco de dados sejam as senhas que controlam o acesso ao banco de dados. Sugira um esquema para o armazenamento seguro de senhas. Cuide para que seu esquema permita que o sistema teste as senhas fornecidas pelos usuários que estão tentando efetuar login no sistema.

Exercícios

9.13 Escreva um *servlet* e o código HTML associado para a seguinte aplicação muito simples: um usuário pode submeter um formulário contendo um valor, digamos *n*, e deve receber uma resposta contendo *n* símbolos "*".

9.14 Escreva um *servlet* e o código HTML associado para a seguinte aplicação simples: um usuário pode submeter um formulário contendo um número, digamos *n*, e deve receber uma resposta dizendo quantas vezes o valor *n* foi submetido anteriormente. O número de vezes que cada valor foi submetido anteriormente deve ser armazenado em um banco de dados.

9.15 Escreva um *servlet* que autentica um usuário (com base nos nomes de usuário e senhas armazenadas em uma relação de banco de dados) e define uma variável de sessão chamada *userid* após a autenticação.

9.16 O que é um ataque de *SQL injection*? Explique como ele funciona e que precauções precisam ser tomadas para impedir esse tipo de ataque.

9.17 Escreva o pseudocódigo para gerenciar um *pool* de conexões. Seu pseudocódigo precisa incluir uma função para criar um *pool* (oferecendo uma string de conexão de banco de dados, nome de usuário de banco de dados e senha como parâmetros), uma função para solicitar uma conexão do *pool*, uma conexão para liberar uma conexão com o *pool* e uma função para fechar o *pool* de conexão.

9.18 Explique os termos CRUD e REST.

9.19 Muitos *sites*, hoje, oferecem ricas interfaces com o usuário usando Ajax. Liste dois recursos por meio dos quais possa-se revelar se um *site* usa Ajax, sem ter de examinar o código-fonte. Usando esses recursos, encontre três *sites* que utilizam Ajax; você poderá examinar o código-fonte HTML da página para verificar se o *site* está realmente usando Ajax.

9.20 Ataques de XSS:

a. O que é um ataque de XSS?

b. Como o campo referenciador pode ser usado para detectar alguns ataques de XSS?

9.21 O que é a autenticação com dois fatores? Como isso ajuda a proteger contra senhas roubadas?

9.22 Considere o recurso Virtual Private Database (VPD) do Oracle, descrito na Seção 9.8.5, e uma aplicação baseada em nosso esquema de universidade.

a. Que predicado (usando uma subconsulta) deve ser gerado para permitir que cada instrutor veja apenas as tuplas de *realiza* correspondentes a seções de curso que eles tenham ministrado?

b. Crie uma consulta SQL tal que a consulta com o predicado acrescentado gere um resultado que é um subconjunto do resultado da consulta original sem o acréscimo do predicado.

c. Crie uma consulta SQL tal que a consulta com o predicado acrescentado gere um resultado contendo uma tupla que não está no resultado da consulta original sem o acréscimo do predicado.

9.23 Quais são as duas vantagens de criptografar dados armazenados no banco de dados?

9.24 Suponha que você queira criar uma trilha de auditoria das mudanças feitas à relação *realiza*.

a. Defina *triggers* para criar uma trilha de auditoria, registrando a informação em uma relação chamada, por exemplo, *trilha_realiza*. A informação registrada deverá incluir a *user-id* (considere que uma função *user_id*( ) fornece essa informação) e um *time-stamp*, além dos valores antigo e novo. Você também precisa oferecer o esquema da relação *trilha_realiza*.

b. Essa implementação pode garantir que as atualizações feitas por um administrador de banco de dados malicioso (ou alguém que consiga obter a senha do administrador) estarão na trilha de auditoria? Explique sua resposta.

9.25 Os *hackers* podem ser capazes de fazê-lo acreditar que o *site* Web deles é realmente um *site* (como de banco ou cartão de crédito) em que você confia. Isso pode ser feito extraviando *e-mail* ou, ainda, entrando na infraestrutura da rede e redirecionando o tráfego destinado, digamos, a meubanco.com, para o *site* dos hackers. Se você informar seu nome de usuário e senha no *site* dos *hackers*, o *site* poderá registrar isso e usá-lo mais tarde para entrar na sua conta no *site* real. Quando você usa um URL como https://meubanco.com, o protocolo HTTPS é usado para impedir tais ataques. Explique como o protocolo poderia utilizar certificados digitais para verificar a autenticidade do *site*.

9.26 Explique o que é um sistema de desafio-resposta para autenticação. Por que ele é mais seguro do que um sistema tradicional baseado em senha?

Sugestões de projeto

Cada um dos seguintes itens é uma sugestão de projeto grande, que pode ser um projeto de um semestre feito por um grupo de alunos. A dificuldade do projeto pode ser facilmente ajustada pela inclusão ou remoção de recursos.

No seu projeto, você poderá usar um *front-end* da Web, usando HTML5, ou um *front-end* de dispositivo móvel no Android ou iOS.

Projeto 9.1 Escolha seu *site* interativo favorito, como Bebo, Blogger, Facebook, Flickr, Last.FM, Twitter, Wikipedia; estes são apenas alguns exemplos, existem muitos outros. A maioria desses *sites* gerencia grande quantidade de dados e utiliza bancos de dados para armazenar e processar os dados. Implemente um subconjunto da funcionalidade do *site* que você escolheu. A implementação até mesmo de um subconjunto significativo dos recursos de tal *site* está bem além de um projeto de curso, mas é possível encontrar um conjunto de recursos que seja interessante para implementar, ainda que pequeno o suficiente para um projeto de curso.

A maioria dos *sites* Web populares de hoje utiliza muita JavaScript para criar interfaces ricas. Você pode querer facilitar isso no seu projeto, pelo menos inicialmente, pois leva tempo para criar tais interfaces, e depois incluir mais recursos às suas interfaces, quando o tempo permitir. Utilize *frameworks* de desenvolvimento de aplicação Web ou bibliotecas JavaScript disponíveis na Web, como a biblioteca JQuery, para agilizar o desenvolvimento do seu *front-end*. Como alternativa, implemente a aplicação como um *app* de dispositivo móvel, em Android ou iOS.

Projeto 9.2 Crie um "*mashup*" que usa *Web services* como APIs de mapas do Google ou Yahoo para criar um *site* interativo. Por exemplo, as APIs de mapa oferecem um modo de exibir um mapa na página Web, com outras informações sobrepostas nos mapas. Você poderia implementar um sistema de recomendação de restaurante, com usuários contribuindo com informações sobre os restaurantes, como local, culinária, faixa de preços e avaliações. Os resultados das pesquisas do usuário poderiam ser exibidos no mapa. Você poderia liberar recursos do tipo Wikipedia, como permitir que os usuários incluam informações e editem informações incluídas por outros usuários, além de moderadores que possam filtrar atualizações maliciosas. Você também poderia implementar recursos sociais, como dar mais importância a avaliações fornecidas por seus amigos.

Projeto 9.3 Sua universidade, provavelmente, usa um sistema de gerenciamento de cursos como Moodle, Blackboard ou WebCT. Implemente um subconjunto da funcionalidade de tal sistema de gerenciamento de cursos. Por exemplo, você poderia fornecer funcionalidade de entrega e classificação de trabalhos, incluindo mecanismos para alunos e professores/assistentes discutirem a avaliação de determinado trabalho. Você também poderia fornecer votações e outros mecanismos para receber *feedback*.

Projeto 9.4 Considere o esquema E-R do Exercício Prático 6.3 (Capítulo 6), que representa informações sobre os times em uma liga. Projete e implemente um sistema baseado na Web para inserir, atualizar e exibir os dados.

Projeto 9.5 Projete e implemente um sistema de carrinho de compras que permita que os compradores juntem itens em um carrinho (você pode decidir que informações devem ser fornecidas para cada item) e façam a compra conjunta. Você pode estender e usar o esquema E-R do Exercício 6.21 do Capítulo 6. É preciso verificar a disponibilidade do item e lidar com itens não disponíveis como você achar mais apropriado.

Projeto 9.6 Projete e implemente um sistema baseado na Web para manter as informações de registro e nota do aluno para os cursos em uma universidade.

Projeto 9.7 Projete e implemente um sistema que permita o registro de informações de desempenho do curso – especificamente, as notas dadas a cada aluno em cada trabalho ou exame de um curso, e o cálculo de uma soma (ponderada) das notas para chegar às notas finais do curso. O número de trabalhos/exames não deverá ser predefinido, ou seja, mais trabalhos/exames poderão ser acrescentados a qualquer momento. O sistema também deverá admitir a conceituação, permitindo que limites sejam especificados para diversos conceitos.

Você também pode querer integrá-lo ao sistema de registro de alunos do Projeto 9.6 (talvez sendo implementado por outra equipe de projeto).

Projeto 9.8 Projete e implemente um sistema baseado na Web para reservar salas de aula na sua universidade. A reserva periódica (dias/horários fixos a cada semana para um semestre inteiro) deverá ser aceita. O cancelamento de aulas específicas em uma reserva periódica também deverá ser aceito.

Você também pode querer integrá-lo ao sistema de registro de alunos do Projeto 9.6 (talvez sendo implementado por outra equipe de projeto), para que as salas de aula possam ser reservadas para cursos, e cancelamentos de uma aula ou aulas extras possam ser anotados em uma única interface, sendo refletidos na reserva da sala de aula e comunicados aos alunos por *e-mail*.

Projeto 9.9 Projete e implemente um sistema para gerenciar testes de múltipla escolha *on-line*. Você deverá admitir a contribuição distribuída de perguntas (por assistentes de ensino, por exemplo), a edição de perguntas por quem estiver encarregado do curso e a criação de testes a partir do conjunto de perguntas disponível. Você também deverá ser capaz de administrar testes *on-line*, seja em um horário fixo para todos os alunos, ou a qualquer momento, mas com um limite de tempo do começo ao fim (aceite um ou ambos). O sistema deverá dar retorno aos alunos sobre suas notas ao final do tempo determinado.

Projeto 9.10 Projete e implemente um sistema para gerenciar o serviço de cliente de *e-mail*. A correspondência que chega vai para um *pool* comum. Há um conjunto de agentes de atendimento aos clientes que respondem *e-mails*. Se o *e-mail* fizer parte de uma série contínua de respostas (rastreadas por meio do campo *in-reply-to*), ele deverá ser respondido, de preferência, pelo mesmo agente que respondeu anteriormente. O sistema deverá rastrear todo *e-mail* que chega e as respostas, para que um agente possa ver o histórico das perguntas de um cliente antes de responder a uma mensagem.

Projeto 9.11 Projete e implemente um mercado eletrônico simples, em que os itens podem ser listados para venda ou para compra sob várias categorias (que deverão formar uma hierarquia). Você também pode querer dar suporte a serviços de alerta, em que um usuário pode registrar o interesse em um item de uma categoria em particular, talvez também com outras restrições, sem anunciar publicamente seu interesse, e é notificado quando esse item for listado para venda.

Projeto 9.12 Projete e implemente um sistema baseado na Web para gerenciar uma "escada" de esportes. Muitas pessoas se registram e podem receber alguma avaliação inicial (talvez com base no desempenho passado). Qualquer um pode desafiar outro para uma disputa, e as avaliações são ajustadas de acordo com o resultado. Um sistema simples para ajustar as avaliações move o vencedor para a frente do perdedor na ordem da avaliação, caso o vencedor esteja atrás. Você pode tentar inventar sistemas de ajuste de avaliação mais complicados.

Projeto 9.13 Projete e implemente um serviço de listagem de publicações. O serviço deverá permitir a entrada de informações sobre publicações, como título, autores, ano, onde a publicação apareceu e páginas. Os autores deverão ser uma entidade separada com atributos como nome, instituição, departamento, *e-mail*, endereço e *home page*.

Sua aplicação deverá admitir várias visões (*views*) sobre os mesmos dados. Por exemplo, você deverá oferecer todas as publicações por determinado autor (classificadas por ano, por exemplo) ou todas as publicações por autores de determinada instituição ou departamento. Você, também, deverá admitir a busca por palavras-chave, no banco de dados geral e dentro de cada uma das visões.

Projeto 9.14 Uma tarefa comum em qualquer organização é coletar informações estruturadas de um grupo de pessoas. Por exemplo, um gerente pode ter de pedir aos funcionários para entrar com seus planos de férias, um professor pode querer reunir *feedback* sobre um assunto em particular de alunos, ou um aluno organizando um evento pode querer permitir que outros alunos se registrem para o evento, ou alguém pode querer realizar uma votação *on-line* sobre algum assunto. O Google Forms pode ser usado para tais atividades; sua tarefa é criar algo como o Google Forms, mas com autorização sobre quem pode preencher um formulário.

Especificamente, crie um sistema que permitirá que os usuários criem facilmente eventos de coleta de informações. Ao criar um evento, seu criador precisa definir quem é elegível para participar; para isso, seu sistema precisa manter informações do usuário e permitir predicados definindo um subconjunto dos usuários. O criador do evento deverá ser capaz de especificar um conjunto de entradas (com tipos, valores padrão e verificações de validação) que os usuários terão de fornecer. O evento deverá ter um prazo associado e a capacidade de enviar lembretes aos usuários que não submeteram suas informações. O criador do evento pode receber a opção de imposição automática do prazo com base em uma data/hora especificada ou pode decidir fazer o login e declarar que o prazo acabou. Estatísticas sobre as submissões devem ser geradas – para isso, o criador do evento pode ter permissão de criar resumos simples sobre a informação inserida. O criador do evento pode decidir tornar alguns dos resumos públicos, visualizáveis por todos os usuários, seja continuamente (por exemplo, quantas pessoas responderam) ou depois do prazo (por exemplo, qual foi a avaliação média de *feedback*).

Projeto 9.15 Usando jQuery, crie uma biblioteca de funções para simplificar a criação de interfaces Web. Você precisa implementar, pelo menos, as seguintes funções: uma função para exibir um conjunto de resultados JDBC (com formatação tabular), funções para criar diferentes tipos de entradas de texto e numérica (com critérios de validação como tipo de entrada e intervalo opcional, impostos no cliente pelo código JavaScript apropriado) e funções para criar itens de menu baseados em um conjunto de resultados. Implemente, também, funções para obter entrada para campos especificados das relações especificadas, garantindo que restrições do banco de dados, como restrições de tipo e chave estrangeira, sejam impostas no lado cliente. Restrições de chave estrangeira também podem ser usadas para fornecer menus de autopreenchimento ou *drop-down*, para facilitar a tarefa de entrada de dados nos campos.

Para um crédito extra, use o suporte para estilos CSS, que permite que o usuário mude os parâmetros de estilo, como cores e fontes. Monte uma aplicação de banco de dados de exemplo para ilustrar o uso dessas funções.

Projeto 9.16 Projete e implemente um sistema de calendário multiusuário baseado na Web. O sistema precisa acompanhar compromissos para cada pessoa, incluindo eventos de ocorrência múltipla, como reuniões semanais, e eventos compartilhados (onde uma atualização feita pelo criador do evento seja refletida em todos aqueles que compartilham o evento). Ofereça interfaces para agendar eventos multiusuários, em que um criador de evento pode acrescentar uma série de usuários que são convidados para o evento. Ofereça notificação de eventos por e-mail. Para obter créditos extras, implemente um *Web service* que possa ser usado por um programa de lembrete rodando na máquina cliente.

Ferramentas

Existem muitos ambientes de desenvolvimento integrados que oferecem suporte para o desenvolvimento de aplicações Web. Eclipse (www.eclipse.org) e Netbeans (netbeans.org) são IDEs de fonte aberto populares. IntelliJ IDEA (www.jetbrains.com/idea/) é um IDE comercial popular, que oferece licenças gratuitas para alunos, professores e projetos de fonte aberto não comerciais. O Visual Studio da Microsoft (visualstudio.microsoft.com) também tem suporte para o desenvolvimento de aplicação Web. Todos esses IDEs oferecem suporte à integração com servidores de aplicação, para permitir que as aplicações Web sejam executadas diretamente pelo IDE.

Apache Tomcat (jakarta.apache.org), Glassfish (javaee.github.io/glassfish/), JBoss Enterprise Application Platform (developers.redhat.com/products/eap/overview/), WildFly (wildfly.org) (a edição comunitária do JBoss) e Caucho's Resin (www.caucho.com) são servidores de aplicações que suportam *servlets* e JSP. O servidor Web Apache (apache.org) é o servidor Web mais usado atualmente. O IIS (Internet Information Services) da Microsoft é um servidor Web e de aplicações muito usado em plataformas Microsoft Windows, com suporte para ASP.NET da Microsoft (msdn.microsoft.com/asp.net/).

A biblioteca JavaScript jquery.com do jQuery está entre as bibliotecas JavaScript mais utilizadas para a criação de interfaces Web interativas.

Android Studio (developer.android.com/studio/) é um IDE muito utilizado para o desenvolvimento de aplicativos Android. XCode (developer.apple.com/xcode/) da Apple e AppCode (www.jetbrains.com/objc/) são IDs populares para desenvolvimento de aplicações em iOS. O *framework* Flutter do Google (flutter.io), baseado na linguagem Dart, e o React Native do Facebook (facebook.github.io/react-native/), baseado em JavaScript, são *frameworks* que têm suporte para o desenvolvimento de aplicação entre plataformas, em Android e iOS.

O Open Web Application Security Project (OWASP) (www.owasp.org) oferece diversos recursos relacionados com segurança da aplicação, incluindo artigos técnicos, guias e ferramentas.

Leitura adicional

Os tutoriais de HTML em www.w3schools.com/html, os tutoriais de CSS em www.w3schools.com/css são bons recursos para aprender HTML e CSS. Um tutorial sobre *Java Servlets* pode ser encontrado em docs.oracle.com/javaee/7/tutorial/servlets.htm. Os tutoriais sobre JavaScript em www.w3schools.com/js são uma excelente fonte de material didático sobre JavaScript. Você também pode aprender mais sobre JSON e Ajax como parte do tutorial de JavaScript. O tutorial do jQuery em www.w3schools.com/Jquery é um recurso muito bom para aprender a usar o jQuery. Esses tutoriais permitem a modificação do código de exemplo para testá-lo no navegador, sem necessidade de *download* do *software*. Informações sobre o *framework* .NET e sobre o desenvolvimento de aplicações Web usando ASP.NET podem ser encontradas em msdn.microsoft.com.

Você pode aprender mais sobre o ORM do Hibernate e o Django (incluindo o ORM do Django) nos tutoriais e documentação em hibernate.org/orm e docs.djangoproject.com, respectivamente.

O Open Web Application Security Project (OWASP) (www.owasp.org) fornece uma variedade de materiais técnicos, como o Guia de Testes do OWASP, o documento OWASP Top Ten, que descreve riscos críticos de segurança e padrões para verificação de segurança de aplicativos.

Os conceitos por trás de funções *hash* criptográficas e criptografia de chave pública foram introduzidos em Diffie e Hellman (1976) e Rivest *et al.* (1978). Uma boa referência sobre criptografia é Katz e Lindell (2014), enquanto Stallings (2017) contém material sobre criptografia e segurança de redes.

Bibliografia

DIFFIE, W.; HELLMAN, M. E. "New directions in cryptography". *IEEE Transactions on Information Theory*, 22(6), p. 644- 654, 1976.

KATZ, J.; LINDELL, Y. *Introduction to modern cryptography*. 3. ed. Boca Raton, Florida: Chapman and Hall/CRC, 2014.

RIVEST, R. L.; SHAMIR, A; ADLEMAN, L. "A method for obtaining digital signatures and public-key cryptosystems". *Communications of the ACM*, 21(2), p. 120-126, 1978.

STALLINGS, W. *Cryptography and network security*: principles and practice. 7. ed. New Jersey: Pearson, 2017.

Créditos

PARTE 4

ANÁLISE DE BIG DATA

As aplicações tradicionais de bancos de dados relacionais são baseadas em dados estruturados e lidam com dados de uma única empresa. Aplicações modernas de gerenciamento de dados normalmente precisam lidar com dados que não estão necessariamente em formato relacional; além disso, essas aplicações também se deparam com volumes de dados muito maiores do que o que uma única organização tradicional teria gerado. No Capítulo 10, estudamos técnicas para gerenciar esses dados, muitas vezes chamados de Big Data. Nossa cobertura de Big Data neste capítulo é do ponto de vista de um programador que usa sistemas Big Data. Começamos com sistemas de armazenamento para Big Data e, em seguida, cobrimos as técnicas de consulta, incluindo o *framework* MapReduce, operações algébricas, dados de *streaming* e bancos de dados de grafos.

Uma aplicação importante do Big Data é a análise de dados, que se refere em grande parte ao processamento de dados de padrões de dados, correlações ou modelos para previsão. Os benefícios financeiros de tomar decisões corretas podem ser substanciais, assim como os custos de tomar decisões erradas. Logo, as organizações fazem investimentos substanciais para coletar ou comprar dados necessários e para construir sistemas para análise de dados. No Capítulo 11, abordamos a análise de dados em geral e, em particular, as tarefas de tomada de decisão que se beneficiam enormemente do uso de dados do passado para prever o futuro e usar as previsões para a tomada de decisões. Os tópicos cobertos incluem *data warehousing*, processamento analítico *on-line* (OLAP) e *data mining*.

CAPÍTULO 10

Big Data

As aplicações tradicionais de bancos de dados relacionais são baseadas em dados estruturados e lidam com dados de uma única empresa. Aplicações modernas de gerenciamento de dados geralmente precisam lidar com dados que não estão necessariamente em formato relacional; além disso, essas aplicações também se deparam com volumes de dados que são muito maiores do que o que uma única empresa geraria. Neste capítulo, estudamos técnicas para gerenciar esses dados, muitas vezes chamados de Big Data.

10.1 Motivação

O crescimento da World Wide Web nos anos 1990 e 2000 resultou na necessidade de armazenar e consultar dados com volumes que excederam em muito os dados corporativos que os bancos de dados relacionais foram projetados para controlar. Embora muitos dos dados visíveis ao usuário na Web nos primeiros dias fossem estáticos, os *sites* geraram uma grande quantidade de dados sobre os usuários que visitaram seus *sites*, quais páginas da Web acessaram e quando. Esses dados eram normalmente armazenados em arquivos de *log* no servidor Web, em formato de texto. As pessoas que gerenciavam *sites* Web logo perceberam que havia uma grande quantidade de informações nos *logs* da Web que podiam ser usadas pelas empresas não só para entender mais sobre seus usuários, mas também para segmentar anúncios e campanhas de marketing para os usuários. Essas informações incluíam detalhes de quais páginas haviam sido acessadas pelos usuários, que também poderiam estar vinculadas a dados de perfil do usuário, como idade, sexo, nível de renda etc., coletados por muitos *sites*. *Sites* Web transacionais, como *sites* de compras, também tinham outros tipos de dados, como os produtos que um usuário havia procurado ou comprado. Os anos 2000 viram um crescimento excepcionalmente grande no volume de dados gerados por usuários, em particular dados de mídia social.

O volume de tais dados logo cresceu bem além da escala que poderia ser tratada por sistemas de banco de dados tradicionais, e tanto o armazenamento quanto o processamento exigem um grau de paralelismo muito alto. Além disso, grande parte dos dados estava em forma de texto, como registros de *log*, ou em outras formas semiestruturadas que vimos no Capítulo 8. Esses dados – caracterizados por seu tamanho, velocidade em que são gerados e variedade de formatos – são chamados genericamente de Big Data.

O Big Data foi comparado com os bancos de dados relacionais tradicionais nas seguintes métricas:

- **Volume**: a quantidade de dados a serem armazenados e processados é muito maior do que os bancos de dados tradicionais foram projetados para tratar, incluindo os bancos de dados relacionais paralelos. Embora exista uma longa história dos sistemas de bancos de dados paralelos, os bancos de dados paralelos da primeira geração foram projetados para atuar sobre dezenas a algumas centenas de máquinas. Por outro lado, algumas das novas aplicações exigem o uso de milhares de máquinas em paralelo para armazenar e processar dados.
- **Velocidade**: a taxa de chegada de dados é muito mais alta no mundo em rede de hoje do que nos primeiros dias da computação. Os sistemas de gerenciamento de dados devem ser capazes de receber e armazenar dados a taxas muito altas. Além disso, muitas aplicações precisam que os itens de dados sejam processados à medida que chegam, a fim de detectar e responder rapidamente a certos eventos (esses sistemas são chamados de *sistemas de dados de streaming*). Assim, a velocidade de processamento é muito importante para muitas aplicações atuais.
- **Variedade**: A representação relacional de dados, linguagens de consulta relacionais e sistemas de bancos de dados relacionais foram muito bem-sucedidos nas últimas décadas e formam o núcleo da representação dos dados da maior parte das empresas. No entanto, claramente, nem todos os dados são relacionais.

Como vimos no Capítulo 8, várias representações de dados são, hoje, usadas para diferentes finalidades. Embora muitos dos dados, atualmente, possam ser representados de forma eficiente em formato relacional, há muitas fontes de dados que possuem outros formatos de dados, como dados semiestruturados, dados textuais e dados em grafos. A linguagem de consulta SQL é bem adequada para especificar uma série de consultas sobre dados relacionais e foi estendida para manipular dados semiestruturados. No entanto, muitos tipos de computação e de cálculos podem não ser facilmente expressos em SQL ou avaliados de forma eficiente se representados por meio dessa linguagem.

Uma nova geração de linguagens e *frameworks* foi desenvolvida para especificar e executar com eficiência consultas complexas em novos formatos de dados.

Usaremos o termo Big Data em um sentido genérico para nos referirmos a qualquer necessidade de processamento de dados que exija muito paralelismo, independentemente de os dados serem relacionais ou não.

Durante a última década, vários sistemas foram desenvolvidos para armazenar e processar Big Data, usando grandes conjuntos de máquinas, com milhares ou, em alguns casos, dezenas de milhares de máquinas. O termo **nó** geralmente se refere a uma máquina em um *cluster*.

10.1.1 Fontes e usos de Big Data

O rápido crescimento da Web foi o principal impulsionador do enorme crescimento nos volumes de dados no final da década de 1990 e início dos anos 2000. Inicialmente, as fontes de dados eram os *logs* do *software* de servidor Web, que registravam as interações do usuário com os servidores Web. Com cada usuário clicando em vários *links* todos os dias e centenas de milhões de usuários, que depois cresceram para bilhões de usuários, as grandes empresas da Web descobriram que estavam gerando vários terabytes de dados a cada dia. Essas empresas logo perceberam que havia muitas informações importantes nos *logs* da Web, que poderiam ser usadas para várias finalidades, como estas:

- Decidir quais posts, notícias e outras informações apresentar a qual usuário, para mantê-los mais envolvidos com o *site*. Informações sobre o que o usuário visualizou anteriormente, bem como informações sobre o que outros usuários com preferências semelhantes visualizaram, são fundamentais para essas tomadas de decisão.
- Decidir quais anúncios mostrar para quais usuários, para maximizar o benefício para o anunciante, garantindo também que os anúncios visualizados pelo usuário terão maior probabilidade de serem relevantes para ele ou ela. Mais uma vez, informações sobre quais páginas um usuário visitou ou sobre quais anúncios ele clicou anteriormente são imprescindíveis para tomar essas decisões.
- Decidir como um *site* deve ser estruturado para facilitar a maioria dos usuários a encontrar as informações que procuram. Saber para quais páginas os usuários normalmente navegam e qual página eles normalmente visualizam depois de visitar determinada página é vital para tomar essas decisões.
- Determinar as preferências e tendências do usuário com base nas exibições de página, o que pode ajudar um fabricante ou vendedor a decidir quais itens produzir ou estocar mais, e o que produzir ou estocar menos. Isso faz parte de um tópico mais geral de *business intelligence* (inteligência do negócio).
- Exibição de anúncios e informações de cliques. Um **clique** refere-se a um usuário clicar em um anúncio para obter mais informações, e é uma medida do sucesso do anúncio em obter a atenção do usuário. Uma **conversão** ocorre quando o usuário realmente compra o produto ou serviço anunciado. Os *sites* Web geralmente são pagos quando ocorre um clique ou uma conversão. Isso faz com que as taxas de cliques e conversão de diferentes anúncios se tornem uma métrica importante para um *site* decidir quais anúncios deverá exibir.

Hoje, existem muitas outras fontes de dados de altíssimo volume. Estes são alguns dos exemplos:

- Dados de aplicativos para celular que facilitam a interação do usuário com o aplicativo, da mesma forma que os cliques em um *site* ajudam a compreender a interação do usuário com o *site* Web.
- Dados de transação de empresas do varejo (*on-line* e *off-line*). Os primeiros usuários de grandes volumes de dados incluíam grandes cadeias de varejo, como Walmart, que usavam sistemas de bancos de dados paralelos, mesmo nos anos anteriores à Web, para gerenciar e analisar seus dados.
- Dados de sensores. Hoje, os equipamentos de ponta têm um grande número de sensores para monitorar suas condições. Coletar tais dados de forma centralizada ajuda a não só rastrear o estado e prever a possibilidade de problemas com o equipamento, bem como resolver problemas antes que eles resultem em falhas. O uso crescente desses sensores para a sua conexão, bem como a de outros dispositivos de computação a outros objetos, tais como veículos, prédios, máquinas e assim por diante, com a internet, muitas vezes é chamado de **internet das coisas**. A quantidade desses dispositivos agora é maior que o número de seres humanos usando a internet.
- Metadados de redes de comunicação, incluindo tráfego e outras informações de monitoramento para redes de dados, e informações de chamadas para redes de voz. Esses dados são importantes para o processo de sondagem anterior, para detectar os problemas que ocorrem e para o planejamento de capacidade e outras decisões relacionadas.

A quantidade de dados armazenados em bancos de dados vem crescendo há várias décadas, muito antes do termo Big Data entrar em uso. Mas o crescimento extremamente rápido da Web criou um ponto de inflexão, com os principais *sites* Web tendo que lidar com dados gerados por centenas de milhões a bilhões de usuários; essa foi uma escala significativamente maior do que a maioria das aplicações anteriores.

Até mesmo empresas que não estão relacionadas com a Web descobriram que é necessário lidar com grandes volumes de dados. Muitas empresas adquirem e analisam grandes volumes de dados gerados por outras empresas. Por exemplo, históricos de pesquisa da Web, anotados com informações de perfil do usuário, foram disponibilizados para muitas empresas, que podem usar tais informações para tomar diversas decisões de negócios, como planejar campanhas publicitárias, quais os produtos que irão fabricar e quando e assim por diante.

As empresas, hoje, acham essencial usar dados de mídia social para tomar decisões de negócios. Reações ao lançamento de novos produtos por uma empresa ou uma mudança nas ofertas existentes podem ser encontradas no Twitter e em outros *sites* de mídia social. Não apenas o volume de dados em *sites* de mídia social é muito alto, como no Twitter, mas os dados chegam a uma velocidade muito alta e precisam ser analisados e respondidos rapidamente. Por exemplo, se uma empresa lança um anúncio e há uma forte reação negativa no Twitter, essa empresa desejaria detectar o problema rapidamente, e talvez retirar o anúncio antes que haja muitos danos. Assim, o Big Data tornou-se, hoje, um facilitador-chave para diversas atividades de muitas organizações.

10.1.2 Consultando Big Data

SQL é de longe a linguagem mais utilizada para a consulta de bancos de dados relacionais. No entanto, há uma variedade maior de opções de linguagem de consulta para aplicações Big Data, impulsionada pela necessidade de lidar com mais tipos de dados e pela necessidade de escalar para volumes/velocidade de dados muito grandes.

A criação de sistemas de gerenciamento de dados que podem ser escalados para um grande volume/velocidade de dados requer armazenamento e processamento paralelo de dados. Construir um banco de dados relacional que suporte SQL juntamente com outros recursos do banco de dados, como transações (que estudamos mais adiante no Capítulo 17) e, *ao mesmo tempo*, admitir um desempenho muito alto, executando em um grande número de máquinas, não é uma tarefa fácil. Existem duas categorias de tais aplicações:

1. *Sistemas de processamento de transações que precisam de escalabilidade muito alta.* Os sistemas de processamento de transações suportam um grande número de consultas e atualizações de curta duração.

   É muito mais fácil para um banco de dados projetado para suportar o processamento de transações escalar para um grande número de máquinas, se os requisitos para dar suporte a todos os recursos de um banco de dados relacional forem relaxados. Por outro lado, muitas aplicações de processamento de transações que precisam escalar para volumes/velocidade muito altos podem ficar sem o suporte completo do banco de dados.

   O principal modo de acesso a dados para tais aplicações é armazenar dados com uma chave associada e recuperar dados com essa chave; esse sistema de armazenamento é chamado de armazenamento de chave-valor. No exemplo anterior de perfil do usuário, a chave para os dados de perfil do usuário seria o identificador do usuário. Existem aplicações que, conceitualmente, exigem junções, mas implementam as junções no código da aplicação ou em uma forma de materialização da *view*.

   Por exemplo, em um aplicativo de rede social, quando um usuário se conecta ao sistema, ele deve poder ver as novas postagens de todos os seus amigos. Se os dados sobre postagens e amigos fossem mantidos em formato relacional, isso exigiria uma junção. Suponha que, em vez disso, o sistema mantenha um objeto para cada usuário em um armazenamento de chave-valor, contendo suas informações de amigos e, também, suas postagens. Em vez de uma junção feita no banco de dados, o código da aplicação poderia implementar a junção encontrando primeiro o conjunto de amigos do usuário e, em seguida, consultando o objeto de dados de cada amigo para encontrar suas postagens. Outra alternativa é a seguinte: sempre que um usuário u_0 emite uma postagem, para cada amigo u_i do usuário, uma mensagem é enviada ao objeto de dados que representa u_i, e os dados associados ao amigo são atualizados com um resumo da nova postagem. Quando esse usuário u_i verifica as atualizações, todos os dados necessários para oferecer uma visão resumida das postagens feitas pelos amigos estão disponíveis em um único local e, rapidamente, podem ser recuperados.

   Há vantagens e desvantagens nas duas alternativas, como custo mais alto no tempo de consulta para a primeira alternativa, contra um custo de armazenamento mais alto e custo mais alto no momento das gravações para a segunda alternativa.[1] Mas ambas as abordagens permitem que a aplicação execute suas tarefas sem suporte para junções no sistema de armazenamento de chave-valor.

2. *Sistemas de processamento de consulta que precisam de escalabilidade muito alta e de ter suporte para dados não relacionais.* Exemplos típicos desses tipos de sistemas são aqueles projetados para executar análises em *logs* gerados por servidores Web e outras aplicações. Outros exemplos incluem sistemas de armazenamento e indexação de documentos e conhecimento, como aqueles que dão suporte à pesquisa por palavras-chave na Web.

   Os dados consumidos por muitas dessas aplicações são armazenados em vários arquivos. Um sistema projetado para dar suporte a essas aplicações primeiro precisa ser capaz de armazenar um grande número de arquivos grandes. Segundo, ele deve ser capaz de suportar consultas paralelas de dados armazenados nesses arquivos. Como os dados não são necessariamente relacionais, um sistema projetado para consultar tais dados deve suportar código de programa arbitrário, não apenas álgebra relacional ou consultas SQL.

Aplicações Big Data geralmente exigem o processamento de volumes muito grandes de dados de texto, imagem e vídeo. Tradicionalmente, esses dados eram armazenados em sistemas de arquivos e processados usando aplicações independentes. Por exemplo, a pesquisa por palavras-chave em dados textuais e sua sucessora, a busca por palavra-chave na Web, dependem do pré-processamento de dados textuais, seguido pelo processamento de consultas usando estruturas de dados como índices criados durante a etapa de pré-processamento. Deve ficar claro que as construções SQL que vimos anteriormente não são adequadas para executar tais tarefas, uma vez que os dados de entrada não estão em formato relacional, e a saída também pode não estar em formato relacional.

[1]Vale a pena mencionar que parece (com base em informações limitadas, disponíveis publicamente em 2018) que o Facebook usa a primeira alternativa para o seu *feed* de notícias para evitar o alto custo de armazenamento da segunda alternativa.

Primordialmente, o processamento de tais dados era feito usando programas autônomos; isso é muito semelhante ao modo como os dados organizacionais foram processados antes do advento dos sistemas de gerenciamento de banco de dados. No entanto, com o crescimento muito rápido no tamanho dos dados, as limitações dos programas independentes ficaram claras. O processamento paralelo é crítico, dada a grande escala do Big Data. Não é fácil escrever programas que possam processar dados em paralelo enquanto lidam com falhas (que são comuns com o paralelismo em grande escala).

Neste capítulo, estudamos técnicas de consulta de Big Data muito utilizadas atualmente. Uma chave para o sucesso dessas técnicas é o fato de que elas permitem a especificação de tarefas complexas de processamento de dados, ao mesmo tempo em que permitem a fácil paralelização das tarefas. Essas técnicas liberam o programador de ter que lidar com questões como executar a paralelização, como lidar com as falhas, como lidar com desequilíbrios de carga entre as máquinas e muitos outros problemas de baixo nível semelhantes a estes.

10.2 Sistemas de armazenamento de Big Data

Aplicações em Big Data possuem requisitos extremamente altos de escalabilidade. Aplicações populares têm centenas de milhões de usuários, e muitas aplicações viram sua carga aumentar muitas vezes em um único ano, ou mesmo em poucos meses. Para lidar com as necessidades de gerenciamento de dados de tais aplicações, os dados devem ser armazenados particionados em milhares de nós de computação e armazenamento.

Vários sistemas para armazenamento de Big Data foram desenvolvidos e implantados nas últimas duas décadas para atender aos requisitos de gerenciamento de dados de tais aplicações. Entre eles, estão os seguintes:

- **Sistemas de arquivos distribuídos**. Permitem que os arquivos sejam armazenados em várias máquinas, concedendo acesso aos arquivos por meio de uma interface tradicional do sistema de arquivos. Sistemas de arquivos distribuídos são usados para armazenar arquivos grandes, como arquivos de *log*. Eles também são usados como uma camada de armazenamento para sistemas que admitem o armazenamento de registros.
- **Fragmentação por vários bancos de dados**. A fragmentação (ou *sharding*) refere-se ao processo de particionamento de registros em vários sistemas; em outras palavras, os registros são divididos entre os sistemas. Um caso de uso típico para a fragmentação é particionar registros de diferentes usuários em uma coleção de bancos de dados. Cada banco de dados é um banco de dados centralizado tradicional, que pode não ter nenhuma informação sobre os outros bancos de dados. É tarefa do *software* cliente acompanhar como os registros são particionados e enviar cada consulta ao banco de dados apropriado.
- **Sistemas de armazenamento de chave-valor**. Estes permitem que os registros sejam armazenados e recuperados com base em uma chave e, além disso, podem fornecer recursos de consulta limitados. No entanto, eles não são sistemas de banco de dados completos; às vezes, são chamados de sistemas NoSQL, pois esses sistemas de armazenamento normalmente não aceitam o uso da linguagem SQL.
- **Bancos de dados paralelos e distribuídos**. Fornecem uma interface de banco de dados tradicional, mas armazenam dados em várias máquinas e executam o processamento de consultas em paralelo nas diversas máquinas.

Sistemas de armazenamento de banco de dados paralelos e distribuídos, incluindo sistemas de arquivos distribuídos e armazenamentos de chave-valor, são descritos em detalhes no Capítulo 21. Nesta seção, fornecemos apenas uma visão geral, em nível de usuário, desses sistemas de armazenamento de Big Data.

10.2.1 Sistemas de arquivos distribuídos

Um **sistema de arquivos distribuído** armazena arquivos em uma grande coleção de máquinas, ao mesmo tempo que fornece uma visão de único sistema de arquivos aos clientes. Como acontece com qualquer sistema de arquivos, existe um sistema de nomes de arquivos e diretórios, que os clientes podem usar para identificar e acessar arquivos. Os clientes não precisam se preocupar sobre o local onde os arquivos estão armazenados. Esses sistemas de arquivos distribuídos podem armazenar grandes quantidades de dados e aceitam grandes quantidades de clientes simultâneos. Eles são ideais para armazenar dados não estruturados, como páginas Web, *logs* do servidor Web, imagens e assim por diante, que são armazenados como grandes arquivos.

Um sistema de referência nesse contexto foi o Google File System (GFS), desenvolvido no início dos anos 2000, que foi muito utilizado no Google. O Hadoop File System (HDFS) de código-fonte aberto é baseado na arquitetura GFS e, hoje, amplamente utilizado.

Os sistemas de arquivos distribuídos são projetados para armazenamento eficiente de arquivos grandes, cujos tamanhos variam de dezenas de megabytes a centenas de gigabytes, ou ainda mais.

Os dados em um sistema de arquivos distribuído são armazenados em várias máquinas. Os arquivos são divididos em múltiplos blocos. Os blocos de um único arquivo podem ser particionados por várias máquinas. Além disso, cada bloco do arquivo é replicado em várias (geralmente três) máquinas, de modo que a falha em uma máquina não resulta na possibilidade de o arquivo ficar inacessível. Os sistemas de arquivos, sejam centralizados ou distribuídos, normalmente suportam o seguinte:

- Um sistema de diretórios, que permite uma organização hierárquica de arquivos em diretórios e subdiretórios.
- Um mapeamento entre um nome de arquivo e a sequência de identificadores de blocos que armazenam os dados reais em cada arquivo.

- A capacidade de armazenar e recuperar dados de/para um bloco com um identificador especificado.

No caso de um sistema de arquivos centralizado, os identificadores de bloco ajudam a localizar blocos em um dispositivo de armazenamento, como um disco. No caso de um sistema de arquivos distribuído, além de fornecer um identificador de bloco, o sistema de arquivos deve fornecer o local (identificador de máquina) onde o bloco é armazenado; na verdade, em razão da replicação, o sistema de arquivos fornece um conjunto de identificadores de máquina juntamente com cada identificador de bloco.

A Figura 10.1 mostra a arquitetura do Hadoop File System (HDFS), que é derivada da arquitetura do Google File System (GFS). O núcleo do HDFS é um servidor sendo executado em uma máquina chamada de **NameNode**. Todas as solicitações do sistema de arquivos são enviadas para o NameNode. Um programa cliente do sistema de arquivos que deseja ler um arquivo existente envia o nome do arquivo (que pode ser um caminho, como /home/avi/book/ch10) para o NameNode. O NameNode armazena uma lista de identificadores dos blocos em cada arquivo; para cada identificador de bloco, o NameNode também armazena os identificadores das máquinas que armazenam cópias desse bloco. As máquinas que armazenam blocos de dados no HDFS são chamadas de **DataNodes**.

Para uma solicitação de leitura de arquivo, o servidor HDFS envia de volta uma lista de identificadores dos blocos no arquivo e os identificadores das máquinas que contêm cada bloco. Depois, cada bloco é buscado em uma das máquinas que armazenam uma cópia do bloco.

Para uma gravação de arquivo, o servidor HDFS cria identificadores de bloco e atribui cada identificador de bloco a várias (geralmente três) máquinas e retorna os identificadores de bloco e a atribuição de máquina ao cliente. Depois, o cliente envia os identificadores de bloco e os dados do bloco para as máquinas atribuídas, que armazenam os dados.

Os arquivos podem ser acessados pelos programas usando as APIs do sistema de arquivos HDFS, disponíveis em várias linguagens, como Java e Python; as APIs permitem que um programa se conecte ao servidor HDFS e acesse dados.

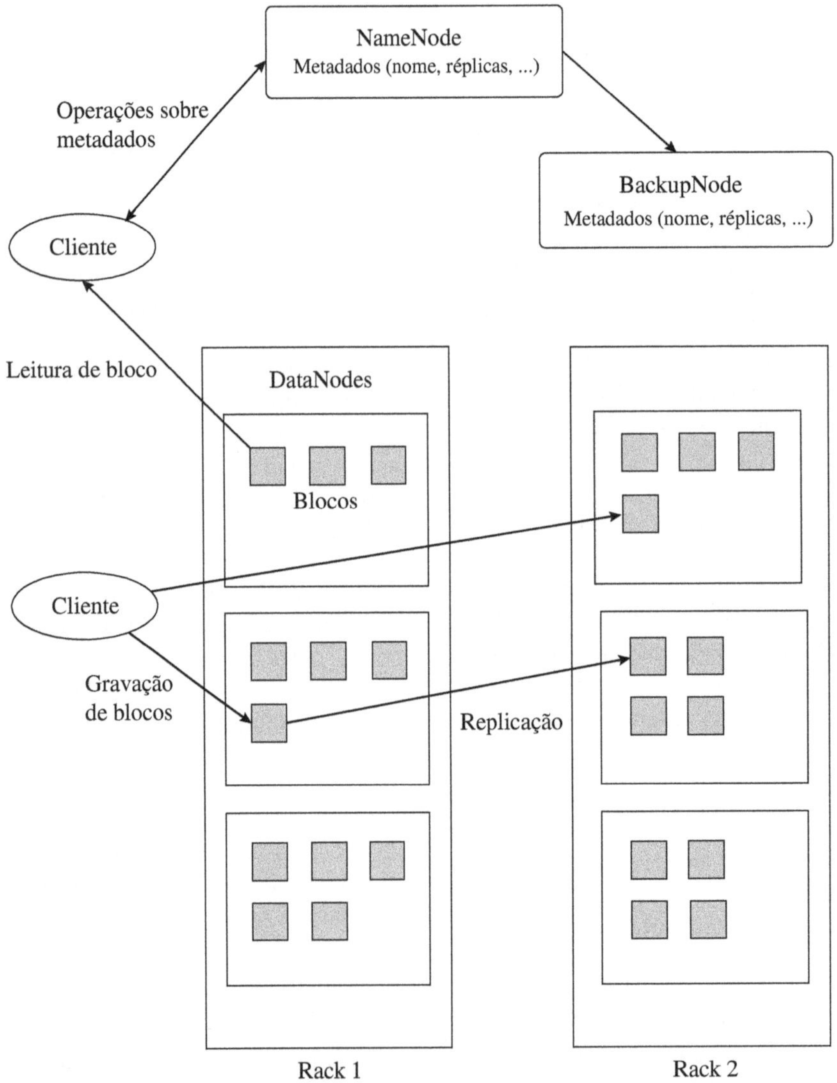

Figura 10.1 Arquitetura do Hadoop Distributed File System (HDFS).

Um sistema de arquivos distribuído HDFS também pode ser conectado ao sistema de arquivos local de uma máquina, de forma que os arquivos no HDFS possam ser acessados como se estivessem armazenados localmente. Para isso, é preciso fornecer ao sistema de arquivos local o endereço da máquina NameNode e da porta na qual o servidor HDFS atende a solicitações. O sistema de arquivos local reconhece quais acessos de arquivos são para arquivos no HDFS com base no caminho do arquivo e envia solicitações apropriadas para o servidor HDFS.

Outros detalhes sobre a implementação do sistema de arquivos distribuído podem ser encontrados na Seção 21.6.

10.2.2 Fragmentação (*sharding*)

Um único sistema de banco de dados geralmente possui armazenamento e desempenho suficientes para lidar com todas as necessidades de processamento de transações de uma empresa. No entanto, o uso de um único banco de dados não é suficiente para aplicações com milhões ou até bilhões de usuários, incluindo aplicativos de mídia social ou aplicações semelhantes em escala de Web, mas também aplicações voltadas ao usuário de organizações muito grandes, como grandes bancos.

Suponha que uma organização tenha montado uma aplicação com um banco de dados centralizado, mas que precisa ser escalada para lidar com mais usuários, e o banco de dados centralizado não é capaz de lidar com os requisitos de armazenamento ou velocidade de processamento. Uma maneira comumente usada para lidar com essa situação é dividir os dados em vários bancos de dados, com um subconjunto de usuários atribuído a cada um dos bancos de dados. O termo **fragmentação** refere-se ao particionamento de dados em vários bancos de dados ou máquinas.

O particionamento, em geral, é feito sobre um ou mais atributos, chamados de *atributos de particionamento*, *chaves de particionamento* ou *chaves de fragmento*. Identificadores de usuário ou conta geralmente são usados como chaves de particionamento. O particionamento pode ser feito definindo um intervalo de chaves que cada um dos bancos de dados manipula; por exemplo, chaves de 1 a 100.000 podem ser atribuídas ao primeiro banco de dados, chaves de 100.001 a 200.000 ao segundo banco de dados e assim por diante. Esse particionamento é chamado de *particionamento por intervalo*. O particionamento também pode ser feito calculando-se uma função *hash* que faz o mapeamento entre um valor de chave e um número de partição; esse particionamento é chamado de *particionamento por hash*. Estudamos em detalhes o particionamento de dados no Capítulo 21.

Quando a fragmentação é feita no código da aplicação, esta deve controlar quais chaves estão armazenadas em qual banco de dados e precisa direcionar as consultas para o banco de dados apropriado. As consultas que leem ou atualizam dados de vários bancos de dados não podem ser processadas de maneira simples, pois não é possível enviar uma única consulta para ser executada em todos os bancos de dados. Em vez disso, a aplicação precisaria ler dados de vários bancos de dados e calcular o resultado final da consulta. Atualizações em bancos de dados causam outros problemas, os quais discutimos na Seção 10.2.5.

Embora o *sharding* realizado modificando o código da aplicação fornecesse uma maneira simples de escalar as aplicações, as limitações da abordagem logo se tornaram aparentes. Primeiro, o código da aplicação precisa controlar como os dados foram particionados e direcionar as consultas adequadamente. Se um banco de dados ficar sobrecarregado, partes dos dados nesse banco de dados terão que ser transferidas para um novo banco de dados ou para um dos outros bancos de dados existentes; o gerenciamento desse processo não é uma tarefa trivial. À medida que mais bancos de dados são adicionados, há uma chance maior de falha, levando à perda de acesso aos dados. A replicação é necessária para garantir que os dados estejam acessíveis, apesar das falhas, mas o gerenciamento das réplicas e a garantia de que elas são consistentes representam novos desafios. Armazenamentos de chave-valor, que estudamos a seguir, abordam alguns desses problemas. Desafios relacionados com consistência e disponibilidade são discutidos mais adiante, na Seção 10.2.5.

10.2.3 Sistemas de armazenamento de chave-valor

Muitas aplicações Web precisam armazenar quantidades muito grandes (muitos bilhões ou, em casos extremos, trilhões) de registros relativamente pequenos (de tamanho que varia de alguns kilobytes a alguns megabytes). Armazenar cada registro como um arquivo separado é inviável, já que os sistemas de arquivos, incluindo sistemas de arquivos distribuídos, não foram projetados para armazenar uma quantidade tão grande de arquivos.

O ideal é que, para armazenar esses dados, seja usado um banco de dados relacional massivamente paralelo. No entanto, não é fácil criar sistemas de bancos de dados relacionais que possam ser executados em paralelo em um grande número de máquinas, oferecendo ainda suporte a recursos de banco de dados padrão, como restrições de chave estrangeira e transações.

Diversos sistemas de armazenamento foram desenvolvidos para atender às necessidades das aplicações Web e armazenar grandes quantidades de dados, escalando para milhares a dezenas de milhares de máquinas, mas geralmente oferecendo apenas uma interface de armazenamento simples de chave-valor. Um **sistema de armazenamento de chave-valor** (ou **key-value store**) é um sistema que fornece uma maneira de armazenar ou atualizar um registro (valor) com uma chave associada e recuperar o registro com determinada chave.

Os armazenamentos paralelos de chave-valor particionam as chaves em várias máquinas e direcionam as atualizações e as pesquisas para a máquina correta. Eles também suportam replicação e garantem que as réplicas sejam mantidas consistentes. Além disso, eles fornecem a capacidade de adicionar mais máquinas a um sistema, quando necessário, e garantir que a carga seja balanceada automaticamente nas máquinas de um sistema. Ao contrário dos sistemas que implementam fragmentação no código da aplicação, sistemas que usam um armazenamento de chave-valor paralelo não precisam se preocupar com nenhuma dessas questões. Por isso, atualmente, os armazenamentos paralelos de chave-valor são mais utilizados do que a fragmentação (*sharding*).

Alguns dos armazenamentos paralelos de chave-valor muito utilizados são Bigtable do Google, Apache HBase, Dynamo da Amazon, Cassandra do Facebook, MongoDB, armazenamento de nuvem do Azure, da Microsoft, e Sherpa/PNUTS do Yahoo!, entre muitos outros.

Enquanto vários *data stores* (armazenamentos de dados) de chave-valor exibem seus valores armazenados como uma sequência não interpretada de bytes e não analisam seu conteúdo, outros *data stores* permitem que alguma forma de estrutura ou esquema seja associada a cada registro. Vários desses sistemas de armazenamento de chave-valor exigem que os dados armazenados sigam uma representação de dados especificada, permitindo que o *data store* interprete os valores armazenados e execute consultas simples com base nos valores armazenados. Esses *data stores* são chamados de **document stores** (armazenamentos de documentos). O MongoDB é um *data store* muito utilizado, que aceita valores no formato JSON.

Os sistemas de armazenamento de chave-valor são, em sua essência, baseados em duas funções primitivas, put(chave, valor), usadas para armazenar valores com uma chave associada, e get(chave), usada para recuperar o valor armazenado associado à chave especificada. Alguns sistemas, como o Bigtable, também fornecem consultas de intervalo em valores de chave. Os *document stores* admitem, além disso, formas limitadas de consulta sobre os valores dos dados.

Uma motivação importante para o uso de armazenamentos de chave-valor é sua capacidade de lidar com grandes quantidades de dados e consultas, distribuindo o trabalho em um *cluster* que consiste em um grande número de máquinas. Os registros são particionados (divididos) entre as máquinas no *cluster*, com cada máquina armazenando um subconjunto dos registros e processando pesquisas e atualizações nesses registros.

Observe que os armazenamentos de chave-valor não são bancos de dados completos, pois não fornecem muitos dos recursos vistos, hoje, como padrão nos sistemas de banco de dados. Normalmente, os armazenamentos de chave-valor não oferecem suporte a consultas declarativas (usando SQL ou qualquer outra linguagem de consulta declarativa) nem suporte para transações (que, como veremos no Capítulo 17, permitem que várias atualizações sejam confirmadas ao mesmo tempo, para garantir que o estado do banco de dados permaneça consistente, apesar das falhas, e controlam o acesso simultâneo aos dados para garantir que não surjam problemas decorrentes do acesso simultâneo por várias transações). Em geral, os armazenamentos de chave-valor não suportam a recuperação de registros com base em seleções sobre atributos não chave, embora alguns *document stores* tenham suporte para tal recuperação.

Uma razão importante para não oferecer suporte a tais recursos é que alguns deles não são fáceis de suportar em *clusters* muito grandes; assim, a maioria dos sistemas sacrifica esses recursos a fim de obter escalabilidade. Aplicações que precisam de escalabilidade podem estar dispostas a sacrificar esses recursos em troca de escalabilidade.

Os armazenamentos de chave-valor também são chamados de sistemas **NoSQL**, reforçando que eles não oferecem suporte a SQL, e a falta de suporte a SQL foi inicialmente vista como algo positivo, em vez de uma limitação. No entanto, logo ficou claro que a falta de recursos de banco de dados, como suporte a transações e suporte à SQL, torna o desenvolvimento de aplicações mais complicado. Assim, muitos armazenamentos de chave-valor evoluíram para dar suporte a recursos como a linguagem SQL e transações.

As APIs fornecidas por esses sistemas para armazenar e acessar dados são muito utilizadas. Embora as funções básicas get() e put() mencionadas anteriormente sejam simples, a maioria dos sistemas suporta recursos adicionais. Como um exemplo dessas APIs, fornecemos uma breve visão geral da API do MongoDB.

A Figura 10.2 ilustra o acesso ao *document store* do MongoDB por meio de uma interface de *shell* JavaScript. Esse *shell* pode ser aberto executando o comando mongo em um sistema que tenha o MongoDB instalado e configurado. O MongoDB também fornece funções de API equivalentes em várias linguagens, incluindo Java e Python. O comando use mostrado na figura abre o banco de dados especificado, criando-o se ele ainda não existir. O comando db.createCollection() é usado para criar coleções, que armazenam *documentos*; um documento no MongoDB é, basicamente, um objeto JSON. O código na figura cria duas coleções, aluno e instrutor, e insere objetos JSON representando alunos e instrutores nas duas coleções.

O MongoDB cria automaticamente identificadores para os objetos inseridos, que podem ser usados como chaves para recuperar os objetos. A chave associada a um objeto pode ser buscada usando o atributo _id e um índice sobre esse atributo é criado por padrão.

O MongoDB também oferece suporte a consultas baseadas nos valores armazenados. A função db.aluno.find() retorna uma coleção de todos os objetos na coleção aluno, enquanto a função findOne() retorna um objeto da coleção. As duas funções podem ter como argumento um objeto JSON que especifica uma seleção sobre os atributos desejados. Em nosso exemplo, o aluno com ID 00128 é recuperado. Da mesma forma, todos os objetos correspondentes a essa seleção podem ser excluídos pela função remove() mostrada na figura. A função drop() mostrada na figura descarta uma coleção inteira.

O MongoDB tem suporte para uma série de outros recursos, como a criação de índices sobre atributos especificados dos objetos JSON armazenados, como os atributos ID e nome.

Como um dos principais objetivos do MongoDB é permitir o dimensionamento para tamanhos de dados muito grandes e cargas de consulta/atualização, o MongoDB permite que várias máquinas façam parte de um único *cluster* do MongoDB. Os dados são, então, fragmentados (particionados) nessas máquinas. Estudamos detalhadamente o particionamento de dados em máquinas no Capítulo 21 e o processamento paralelo de consultas no Capítulo 22. No entanto, nesta seção, descrevemos as principais ideias.

```
show dbs // Mostra bancos de dados disponíveis
use sampledb // Usa banco de dados sampledb, criando-o, se não existir
db.createCollection("aluno") // Cria uma coleção
db.createCollection("instrutor")
show collections // Mostra todas as coleções no banco de dados

db.aluno.insert({ "id" : "00128", "nome" : "Zhang",
    "nome_dept" : "Comp. Sci.", "tot251658240 cred" : 102, "mentores" : ["45565"] })
db.aluno.insert({ "id" : "12345", "nome" : "Shankar",
    "nome_dept" : "Comp. Sci.", "tot251658240 cred" : 32, "mentores" : ["45565"] })
db.aluno.insert({ "id" : "19991", "nome" : "Brandt",
    "nome_dept" : "History", "tot251658240 cred" : 80, "mentores" : [] })
db.instrutor.insert({ "id" : "45565", "nome" : "Katz",
    "nome_dept" : "Comp. Sci.", "salário" : 75000,
    "assessora" : ["00128","12345"] })

db.aluno.find() // Busca todos os alunos no formato JSON
db.aluno.findOne({"ID": "00128"}) // Procura um aluno que corresponda

db.aluno.remove({"nome_dept": "Comp. Sci."}) // Exclui alunos que correspondem
db.aluno.drop() // Remove a coleção inteira
```

Figura 10.2 Comandos do *shell* do MongoDB.

No MongoDB (como em muitos outros bancos de dados), o particionamento é feito com base no valor de um atributo especificado, chamado de **atributo de particionamento** ou **chave de fragmento**. Por exemplo, se especificarmos que a coleção aluno deve ser particionada sobre o atributo nome_dept, todos os objetos de determinado departamento são armazenados em uma máquina, mas objetos de diferentes departamentos podem ser armazenados em máquinas diferentes. Para garantir que os dados possam ser acessados mesmo se uma máquina falhar, cada partição será replicada em várias máquinas. Desta forma, mesmo que uma máquina falhe, os dados nessa partição podem ser obtidos a partir de outra máquina.

Solicitações de um cliente MongoDB são enviadas para um roteador, que, então, as encaminha para as partições apropriadas em um *cluster*.

Bigtable é outro armazenamento de chave-valor que requer que os valores de dados sigam um formato que permita ao sistema de armazenamento acessar partes individuais de um valor armazenado. No Bigtable, os valores de dados (registros) podem ter vários atributos; o conjunto de nomes de atributos não é predeterminado e pode variar entre diferentes registros. Assim, a chave para um valor de atributo consiste conceitualmente em (identificador-registro, nome-atributo). O valor de cada atributo é simplesmente uma *string* no que diz respeito ao Bigtable. Para buscar todos os atributos de um registro, é usada uma consulta por intervalo ou, mais precisamente, uma consulta de correspondência de prefixo que consiste apenas no identificador de registro. A função get() retorna os nomes dos atributos junto com os valores. Para obter uma recuperação eficiente de todos os atributos de um registro, o sistema de armazenamento armazena as entradas ordenadas pela chave, de modo que todos os valores de atributos de um registro específico são agrupados em conjunto.

De fato, o próprio identificador de registro pode ser estruturado hierarquicamente, embora para o próprio Bigtable o identificador de registro seja apenas uma cadeia de caracteres. Por exemplo, uma aplicação que armazena páginas recuperadas de um rastreamento da Web pode mapear um URL com a forma

www.cs.yale.edu/people/silberschatz.html

ao identificador de registro

edu.yale.cs.www/people/silberschatz.html

Com essa representação, todos os URLs de cs.yale.edu podem ser recuperados por uma consulta que busca todas as chaves com o prefixo edu.yale.cs, que seria armazenado em um intervalo consecutivo de valores de chave na ordem classificada por chave. Da mesma forma, todos os URLs de yale.edu teriam um prefixo edu.yale e seriam armazenados em um intervalo consecutivo de valores de chave.

Embora o Bigtable não suporte JSON de forma nativa, os dados JSON podem ser mapeados para o modelo de dados do Bigtable. Por exemplo, considere os seguintes dados JSON:

```
{   "ID": "22222",
    "nome": { "primeironome: "Albert", "sobrenome: "Einstein" },
    "noemdept": "Physics",
    "filhos": [
        {"primeironome": "Hans", "sobrenome": "Einstein" },
        {"primeironome": "Eduard", "sobrenome": "Einstein" } ]
}
```

Esses dados podem ser representados por um registro Bigtable com o identificador "22222", com vários nomes de atributos, como “nome.primeironome”, “nomedept”, “filhos[1].primeironome” ou “filhos[2].sobrenome”.

Além disso, uma única instância do Bigtable pode armazenar dados para várias aplicações, com várias tabelas por aplicação, simplesmente prefixando o nome da aplicação e o nome da tabela no identificador do registro.

Muitos sistemas de armazenamento de dados permitem que várias versões de itens de dados sejam armazenadas. As versões geralmente são identificadas por estampa de tempo, mas, como alternativa, podem ser identificadas por um valor inteiro que é incrementado sempre que uma nova versão de um item de dados é criada. As pesquisas podem especificar a versão requerida de um item de dados ou escolher a versão com o maior número de versão. No Bigtable, por exemplo, uma chave consiste em três partes: (identificador-registro, nome-atributo, estampa-tempo). O Bigtable pode ser acessado como um serviço do Google. A versão de código aberto do Bigtable, HBase, é bastante utilizada.

10.2.4 Bancos de dados paralelos e distribuídos

Bancos de dados paralelos são bancos de dados executados em várias máquinas (juntas, chamadas de *cluster*) e projetados para armazenar dados em várias máquinas e para processar grandes consultas usando várias máquinas. Bancos de dados paralelos foram desenvolvidos na década de 1980 e, portanto, são anteriores à geração moderna de sistemas Big Data. Do ponto de vista do programador, bancos de dados paralelos podem ser usados como bancos de dados executados em uma única máquina.

Os bancos de dados paralelos de gerações anteriores, projetados para processamento de transações, suportavam apenas algumas máquinas em um *cluster*, enquanto aqueles projetados para processar grandes consultas analíticas suportam dezenas a centenas de máquinas. Os dados são replicados por várias máquinas em um *cluster*, para garantir que os dados não sejam perdidos e continuem acessíveis, mesmo se uma máquina em um *cluster* falhar. Embora ocorram falhas e precisem ser resolvidas, as falhas durante o processamento de uma consulta não são comuns em sistemas com dezenas a centenas de máquinas. Se uma consulta estava sendo processada em um nó que falhou, a consulta é simplesmente reiniciada, usando réplicas de dados que estão em outros nós.

Se esses sistemas de banco de dados forem executados em *clusters* com milhares de máquinas, a probabilidade de falha durante a execução de uma consulta aumenta significativamente para consultas que processam uma grande quantidade de dados e, consequentemente, são executadas por um longo período. Reiniciar uma consulta no caso de uma falha não é mais uma opção, pois há uma probabilidade bastante alta de que haja uma falha novamente enquanto a consulta estiver sendo executada. Técnicas para evitar a reinicialização completa, permitindo que seja refeita apenas a computação nas máquinas que falharam, foram desenvolvidas no contexto de sistemas *map-reduce*, que estudamos na Seção 10.3. No entanto, essas técnicas introduzem uma sobrecarga significativa; dado o fato de que a computação abrangendo milhares a dezenas de milhares de nós é necessária apenas por algumas aplicações excepcionalmente grandes, até hoje a maioria dos sistemas de bancos de dados relacionais paralelos visa aplicações que são executadas sobre dezenas a centenas de máquinas e apenas reiniciam consultas em caso de falha.

O processamento de consultas nesses bancos de dados paralelos e distribuídos é abordado em detalhes no Capítulo 22, enquanto o processamento de transações nesses bancos de dados é retratado no Capítulo 23.

10.2.5 Replicação e consistência

A replicação é a chave para garantir a disponibilidade de dados, assegurando que um item de dados possa ser acessado apesar da falha em algumas das máquinas que armazenam esse item. Qualquer atualização em um item de dados deve ser aplicada a todas as réplicas desse item. Desde que todas as máquinas que contêm as réplicas estejam ativas e conectadas umas às outras, aplicar a atualização a todas as réplicas é simples.

No entanto, como as máquinas falham, existem dois problemas principais. O primeiro é como garantir a execução atômica de uma transação que atualiza dados em mais de uma máquina: a execução da transação é considerada atômica se, apesar das falhas, todos os itens de dados atualizados pela transação forem atualizados com êxito ou todos os itens de dados forem retornados aos seus valores originais. O segundo problema é como executar atualizações em um item de dados que foi replicado quando parte das réplicas do item de dados está em uma máquina que falhou. Um requisito importante aqui é a *consistência*, ou seja, todas as réplicas ativas de um item de dados têm o mesmo valor e cada leitura obtém a versão mais recente do item de dados. Existem várias soluções possíveis, oferecendo diferentes graus de resiliência a falhas. Estudamos soluções para esses dois problemas no Capítulo 23.

Observamos que as soluções para o segundo problema normalmente exigem que a maioria das réplicas esteja disponível para leitura e atualização. Se tivéssemos três réplicas, tal exigência corresponderia à não ocorrência de mais que uma falha. Se tivéssemos cinco réplicas, mesmo que duas máquinas falhem, ainda teríamos a maioria das réplicas disponíveis. Sob a suposição de que as exigências sejam satisfeitas, as gravações não serão bloqueadas e as leituras verão o valor mais recente para qualquer item de dados.

Embora a probabilidade de várias máquinas falharem seja relativamente baixa, falhas no *link* da rede podem causar mais problemas. Particularmente, diz-se que ocorre uma *partição de rede* se duas máquinas ativas em uma rede não puderem se comunicar uma com a outra.

Foi demonstrado que nenhum protocolo pode garantir a *disponibilidade*, isto é, a capacidade de ler e gravar dados, e ao mesmo tempo garantir a consistência na presença de partições de rede. Assim, os sistemas distribuídos precisam fazer concessões: se eles querem alta disponibilidade, precisam sacrificar a consistência, por exemplo, permitindo que as leituras vejam valores antigos de itens de dados ou que diferentes réplicas tenham valores diferentes. Neste último caso, a aplicação precisa lidar com a tarefa de como trazer as réplicas para um valor comum, mesclando as atualizações. Algumas

Nota 10.1 CRIANDO APLICAÇÕES ESCALÁVEIS DE BANCO DE DADOS

Quando se deparam com a tarefa de criar uma aplicação de banco de dados que pode ser escalada para um número muito grande de usuários, os desenvolvedores de aplicações normalmente precisam escolher entre um sistema de banco de dados executado em um único servidor e um armazenamento de chave-valor, que pode ser escalado para um grande número de servidores. O ideal seria um banco de dados que suporte SQL e transações atômicas e, ao mesmo tempo, seja altamente escalável; a partir de 2018, o Google Cloud Spanner, disponível apenas na nuvem, e o recém-desenvolvido banco de dados de código aberto CockroachDB, são os únicos bancos de dados desse tipo.

Aplicações simples podem ser escritas usando apenas armazenamentos de chave-valor, mas aplicações mais complexas se beneficiam bastante por ter suporte a SQL. Portanto, os desenvolvedores de aplicações geralmente usam uma combinação de armazenamentos e bancos de dados paralelos de chave-valor.

Algumas relações, como aquelas que armazenam dados de conta e perfil do usuário, são consultadas com frequência, mas com consultas simples de seleção sobre uma chave, geralmente o identificador do usuário. Essas relações são armazenadas em um armazenamento paralelo de chave-valor. Caso sejam necessárias consultas de seleção sobre outros atributos, ainda poderiam ser usados armazenamentos de chave-valor que suportam a indexação sobre atributos que não sejam a chave primária, como no MongoDB.

Outras relações usadas em consultas mais complexas são armazenadas em um banco de dados relacional executado em um único servidor. Os bancos de dados executados em um único servidor exploram a disponibilidade de vários núcleos para executar transações em paralelo, mas são limitados pelo número de núcleos que podem ser utilizados em uma única máquina.

A maioria dos bancos de dados relacionais admite uma forma de replicação em que as transações de atualização são executadas em apenas um banco de dados (o principal), mas as atualizações são propagadas para réplicas do banco de dados executadas em outros servidores. As aplicações podem executar consultas somente leitura nessas réplicas, mas sabendo que podem estar recebendo dados que estão alguns segundos atrasados, em comparação com o banco de dados principal. Ao desafogar as consultas somente leitura do banco de dados principal, o sistema pode manipular uma carga maior do que um único servidor de banco de dados poderia tratar.

Sistemas de *caching* na memória, como memcached ou Redis, também são usados para obter acesso somente leitura escalável às relações armazenadas em um banco de dados. As aplicações podem armazenar algumas relações, ou algumas partes de algumas relações, em um *cache* na memória, que pode ser replicado ou particionado em várias máquinas. Assim, as aplicações podem obter acesso somente leitura rápido e escalável aos dados em *cache*. No entanto, as atualizações devem ser executadas no banco de dados, e a aplicação é responsável por atualizar o *cache* sempre que os dados forem atualizados no banco de dados.

aplicações, ou algumas partes de uma aplicação, podem optar por priorizar a disponibilidade em vez da consistência. Mas outras aplicações, ou algumas partes de uma aplicação, podem optar por priorizar a consistência, mesmo ao custo da potencial indisponibilidade do sistema no caso de falhas. Essas questões são discutidas com mais detalhes no Capítulo 23.

10.3 Paradigma MapReduce

O paradigma MapReduce modela uma situação comum no processamento paralelo, em que algum processamento, identificado pela função map(), é aplicado a cada um de um grande número de registros de entrada e, em seguida, alguma forma de agregação, identificada pela função reduce(), é aplicada ao resultado da função map(). A função map() também tem permissão para especificar chaves de agrupamento, de forma que a agregação especificada na função reduce() seja aplicada dentro de cada grupo, identificado pela chave de agrupamento, da saída de map(). No restante desta seção, examinamos os detalhes do paradigma MapReduce e das funções map()e reduce().

O paradigma MapReduce para processamento paralelo tem uma longa história, que dura décadas, na comunidade de programação funcional e de processamento paralelo (por exemplo, as funções map e reduce são suportadas na linguagem Lisp).

10.3.1 Por que MapReduce?

Como um exemplo motivador para o uso do paradigma MapReduce, consideramos a seguinte aplicação de *contagem de palavras*, que recebe um grande número de arquivos como entrada e gera uma contagem do número de vezes que cada palavra aparece no conjunto de todos os arquivos. Aqui, a entrada estaria na forma de um número potencialmente grande de arquivos armazenados em um diretório.

Vamos começar considerando o caso de um único arquivo. Nesse caso, é simples escrever um programa que leia as palavras no arquivo e mantenha uma estrutura de dados na memória que rastreie todas as palavras encontradas até o momento, juntamente com suas contagens. A questão é como estender esse algoritmo, que é de natureza sequencial, para um ambiente onde exista dezenas de milhares de arquivos, cada um contendo dezenas a centenas de megabytes de dados. É inviável processar um volume tão grande de dados sequencialmente.

Uma solução é estender esse esquema descrito, codificando-o como um programa paralelo que seria executado em muitas máquinas, com cada uma processando uma parte dos arquivos. As contagens calculadas localmente em cada máquina devem, então, ser combinadas para obter as contagens finais. Nesse caso, o programador seria responsável por todo o "encanamento" necessário para iniciar as tarefas em diferentes máquinas, coordená-las e calcular a resposta final. Além disso, esse código de "encanamento" também deve lidar com o término do programa, mesmo que haja falhas de máquina; as falhas são muito frequentes quando a quantidade de máquinas participantes é grande, como na casa dos milhares, e o programa é executado por um longo período.

O código de "encanamento" para implementar esses requisitos é bastante complexo; faz sentido escrevê-lo apenas uma vez e reutilizá-lo para todas as aplicações desejadas.

Os sistemas MapReduce fornecem ao programador uma maneira de especificar a lógica principal necessária para uma aplicação, com os detalhes do encanamento mencionado anteriormente tratados pelo sistema MapReduce. O programador precisa fornecer apenas as funções map() e reduce(), além de, opcionalmente, funções para leitura e gravação de dados. As funções map() e reduce() fornecidas pelo programador são chamadas sobre os dados pelo sistema MapReduce para processar dados em paralelo. O programador não precisa estar ciente do encanamento ou de sua complexidade; na verdade, ele pode ignorar, em grande parte, o fato de que o programa deve ser executado em paralelo em várias máquinas.

A abordagem MapReduce pode ser usada para processar grandes quantidades de dados para uma série de aplicações. O programa de contagem de palavras, que mencionamos anteriormente, é um exemplo simples de uma classe de aplicações de processamento de textos e documentos. Considere, por exemplo, mecanismos de busca que usam palavras-chave e retornam documentos contendo essas palavras-chave. O MapReduce pode, por exemplo, ser usado para processar documentos e criar índices de texto, que, então, são usados para localizar, de modo eficiente, documentos que contenham as palavras-chave especificadas.

10.3.2 Exemplo 1 de MapReduce: Contador de palavras

Nossa aplicação de contagem de palavras pode ser implementada na estrutura do MapReduce usando as seguintes funções, que definimos em pseudocódigo. Observe que nosso pseudocódigo não está em nenhuma linguagem de programação específica; destina-se a introduzir conceitos. Em outras seções, explicaremos como escrever o código MapReduce em linguagens específicas.

1. No paradigma MapReduce, a função map() fornecida pelo programador é chamada sobre cada registro de entrada e emite zero ou mais itens de dados de saída, que são então passados para a função reduce(). A primeira pergunta é: o que é um registro? Os sistemas MapReduce fornecem padrões, tratando cada linha de cada arquivo de entrada como um registro; esse padrão funciona bem para a nossa aplicação de contagem de palavras, mas os programadores podem especificar suas próprias funções para dividir os arquivos de entrada em registros.

   Para a aplicação de contagem de palavras, a função map() poderia dividir cada registro (linha) em palavras individuais e produzir uma série de registros, cada um deles sendo um par (*palavra, contador*), em que *contador* é o número de ocorrências da palavra no registro. Na verdade, em nossa implementação simplificada, a função map() realiza ainda menos trabalho e produz para cada ocorrência de cada palavra encontrada, um par com contador igual a 1 (um). Esses contadores são adicionados posteriormente por reduce(). O pseudocódigo da função map() para o programa de contagem de palavras é mostrado na Figura 10.3.

   A função divide o registro (linha) em palavras individuais.[2] Conforme cada palavra é encontrada, a função map() emite (produz) um registro (*palavra*, 1). Assim, se o arquivo continha apenas a frase:

   "One a penny, two a penny, hot cross buns."

   a função map() produziria a seguinte saída de registros:

   ("one", 1), ("a", 1), ("penny", 1),("two", 1), ("a", 1), ("penny", 1), ("hot", 1), ("cross", 1), ("buns", 1).

   Em geral, a função map() gera um conjunto de pares (*chave, valor*) para cada registro de entrada. O primeiro atributo (chave) do registro de saída de map() é chamado de **chave de redução**, uma vez que é usado pela etapa reduce, que estudamos a seguir.

2. O sistema MapReduce recebe todos os pares (*chave, valor*) emitidos pelas funções map() e os ordena (ou, pelo menos, os agrupa) de forma que todos os registros com uma chave em particular sejam reunidos. Todos os registros cujas chaves correspondem são agrupados, sendo criada uma lista de todos os valores associados. Os pares (*chave, lista*) são, então, passados para a função reduce().

   Em nosso exemplo de contagem de palavras, cada chave é uma palavra, e a lista associada é uma lista de contadores gerados para diferentes linhas de diferentes arquivos. Com nossos dados de exemplo, o resultado desta etapa é o seguinte:

   "a", [1,1]), ("buns", [1]) ("cross", [1]), ("hot", [1]), ("one", [1]), ("penny", [1,1]), ("two", [1])

[2]Omitimos os detalhes de como uma linha é desmembrada em palavras. Em uma implementação real, caracteres não alfabéticos seriam removidos e os caracteres em maiúsculas seriam mapeados para minúsculas, antes de desmembrar a linha com base nos espaços, para gerar uma lista de palavras.

```
map(String registro) {
      Para cada palavra no registro
            emite(palavra, 1).
}
reduce(String chave, List lista_valores) {
      String palavra = chave;
      int contador = 0;
      Para cada valor em lista_valores
            contador = contador + valor
      mostra(palavra, contador)
}
```

Figura 10.3 Pseudocódigo da tarefa de *map-reduce* para contagem de palavras em um conjunto de arquivos.

A função reduce() do nosso exemplo combina a lista de contadores de palavras, somando os contadores e produzindo pares (*palavra, contagem_total*). Para a entrada de exemplo, os registros gerados pela função reduce() seriam os seguintes:

"one", 1), ("a", 2), ("penny", 2), ("two", 1), ("hot", 1), ("cross", 1), ("buns", 1).

O pseudocódigo da função reduce() para o programa de contagem de palavras também aparece na Figura 10.3. Os contadores gerados pela função map() são todos iguais a um, de modo que a função reduce() poderia ter contado apenas a quantidade de valores na lista, mas a soma dos valores permite algumas otimizações, que veremos mais adiante.

Uma questão importante aqui é que, com muitos arquivos, pode haver muitas ocorrências da mesma palavra em arquivos diferentes. É preciso reorganizar as saídas das funções map() para reunir todos os valores de uma chave específica. Em um sistema paralelo com muitas máquinas, isso exige que dados para diferentes chaves de redução sejam trocados entre as máquinas, de modo que todos os valores para qualquer chave de redução específica estejam disponíveis em uma única máquina. Esse trabalho é feito pela **etapa de mistura** (*suffle step*), que realiza a troca de dados entre as máquinas e ordena os pares (*chave, valor*) para reunir todos os valores de uma chave. Observe, em nosso exemplo, que as palavras foram ordenadas alfabeticamente. A ordenação dos registros de saída do map() é uma maneira de o sistema reunir todas as ocorrências de uma palavra; as listas para cada palavra são criadas a partir dos registros ordenados.

Por padrão, a saída da função reduce() é enviada para um ou mais arquivos, mas os sistemas MapReduce permitem que os programadores controlem o que acontece com a saída.

10.3.3 Exemplo 2 de MapReduce: Processamento de *log*

Como outro exemplo do uso do paradigma MapReduce, que é mais próximo do processamento tradicional de consulta de banco de dados, suponha que tenhamos um arquivo de *log* registrando os acessos a um *site* Web, estruturado conforme mostra a Figura 10.4. O objetivo da nossa aplicação de contagem de acesso a arquivos é descobrir quantas vezes cada um dos arquivos no diretório do slide-dir foi acessado entre 01/01/2020 e 31/01/2020. Esta aplicação ilustra um dos vários tipos de perguntas que um analista pode fazer usando dados dos arquivos de *log* da Web.

Para nossa aplicação de processamento de arquivos de *log*, cada linha do arquivo de entrada pode ser tratada como um registro. A função map() faria o seguinte: primeiro, desmembraria o registro de entrada em campos individuais, a saber, data, hora e nome do arquivo. Se a data estiver no intervalo de datas desejado, a função map() emite um registro (*nome do arquivo*, 1), que indica que o nome do arquivo apareceu uma vez nesse registro. O pseudocódigo da função map() para este exemplo é mostrado na Figura 10.5.

```
...
2020/01/21 10:31:22.00EST /slide-dir/11.ppt
2020/01/21 10:43:12.00EST /slide-dir/12.ppt
2020/01/22 18:26:45.00EST /slide-dir/13.ppt
2020/01/22 18:26:48.00EST /exer-dir/2.pdf
2020/01/22 18:26:54.00EST /exer-dir/3.pdf
2020/01/22 20:53:29.00EST /slide-dir/12.ppt
...
```

Figura 10.4 Arquivos de *log*.

```
map(String registro) {
    String atributo[3];
    desmembra o registro em partes (com base no caractere de espaço), e
        armazena as partes no array atributo
    String data = atributo[0];
    String hora = atributo[1];
    String nomearq = atributo[2];
    se(data entre 2020/01/01 e 2020/01/31
            e nome do arquivo começa com "http://db-book.com/slide-dir")
        emite(nomearq, 1).
}
```

Figura 10.5 Pseudocódigo de funções *map* para contagem de acessos ao arquivo.

O passo de mistura reúne todos os valores para uma chave de *reduce* específica (no nosso caso, um nome de arquivo) como uma lista. A função reduce() fornecida pelo programador, mostrada na Figura 10.6, é chamada, então, para cada valor de chave de *reduce*. O primeiro argumento de reduce() é a própria chave de *reduce*, enquanto o segundo argumento é uma lista contendo os valores nos registros emitidos pela função map() para essa chave de *reduce*. Em nosso exemplo, os valores para uma chave em particular são somados para obter o número total de acessos a um arquivo. Esse número é, então, emitido pela função reduce().

Se usássemos os valores gerados pela função map(), os valores seriam "1" para todos os registros emitidos, e poderíamos ter apenas contado o número de elementos na lista. No entanto, os sistemas MapReduce suportam otimizações, como a realização de uma soma parcial de valores de cada arquivo de entrada, antes de serem redistribuídos. Nesse caso, os valores recebidos pela função reduce() podem não ser necessariamente uns e, portanto, somamos os valores.

A Figura 10.7 mostra uma visão esquemática do fluxo de chaves e valores por meio das funções map() e reduce(). Na figura, mk_i indica as chaves de *map*, o mv_i denota os valores de entrada de *map*, rk_i indica chaves de *reduce* e o rv_i, os valores de entrada de *reduce*. As saídas de *reduce* não aparecem na figura.

10.3.4 Processamento paralelo de tarefas MapReduce

Nossa descrição das funções map() e reduce() até agora ignorou a questão do processamento paralelo. Podemos entender o significado do código MapReduce sem considerar o processamento paralelo. No entanto, nosso objetivo ao usar o paradigma MapReduce é ativar o processamento paralelo. Assim, os sistemas MapReduce executam a função map() em paralelo em várias máquinas, com cada tarefa de *map* processando alguma parte dos dados, por exemplo, alguns dos arquivos, ou até partes de um arquivo, caso os arquivos de entrada sejam muito grandes. Da mesma forma, as funções reduce() também são executadas em paralelo em várias máquinas, com cada tarefa *reduce* processando um subconjunto das chaves *reduce* (observe que uma chamada específica para a função reduce() ainda é para uma única chave *reduce*).

A execução paralela de tarefas map e reduce é ilustrada na Figura 10.8. Na figura, as partições do arquivo de entrada, indicadas como Parte *i*, podem ser arquivos ou partes de arquivos. Os nós indicados como Map *i* são as tarefas de *map*, e os nós indicados como Reduce *i* são as tarefas *reduce*. O nó mestre envia cópias do código de map() e reduce() para as tarefas de *map* e *reduce*. As tarefas de *map* executam o código e gravam dados de saída em arquivos locais nas máquinas onde as tarefas são executadas, depois de serem ordenadas e particionadas com base nos valores de chave de *reduce*; arquivos separados são criados para cada tarefa de *reduce* em cada nó Map. Esses arquivos são buscados na rede pelas tarefas de *reduce*; os arquivos buscados por uma tarefa de *reduce* (vindos de diferentes tarefas *map*) são mesclados e ordenados para garantir que todas as ocorrências de determinada chave de *reduce* estejam juntas no arquivo ordenado. As chaves e valores de *reduce* são, então, alimentados para as funções reduce().

```
reduce(String chave, List lista_valores) {
    String nomearq = chave;
    int contador = 0;
    Para cada valor em lista_valores
        contador = contador + valor
    emite(nomearq, contador)
}
```

Figura 10.6 Pseudocódigo de funções *reduce* para a contagem de acessos a arquivo.

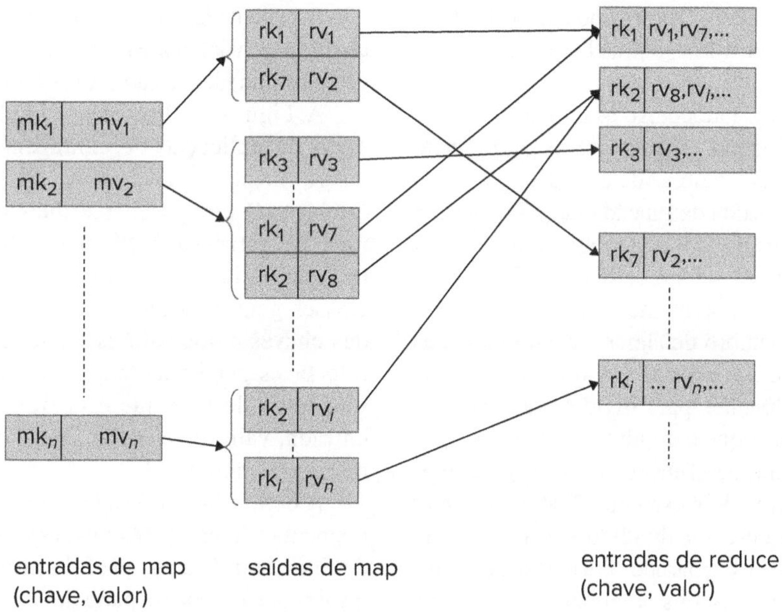

Figura 10.7 Fluxo de chaves e valores em uma tarefa MapReduce.

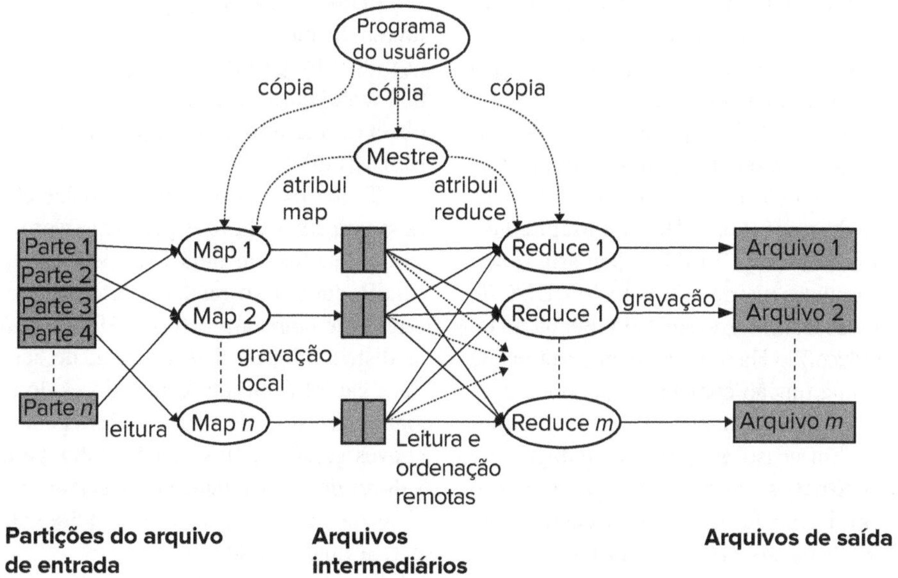

Figura 10.8 Processamento paralelo de tarefa MapReduce.

Os sistemas MapReduce também precisam paralelizar a entrada e saída de arquivos em várias máquinas; caso contrário, a única máquina que armazena os dados se tornará um gargalo. A paralelização de entrada e saída de arquivos pode ser feita usando um sistema de arquivos distribuído, como o *Hadoop File System* (HDFS). Como vimos na Seção 10.2, os sistemas de arquivos distribuídos permitem que uma série de máquinas coopere no armazenamento de arquivos, particionando os arquivos nas máquinas. Além disso, os dados do sistema de arquivos são replicados (copiados) em várias (normalmente três) máquinas, de modo que, mesmo se algumas delas falharem, os dados estarão disponíveis em outras máquinas que tenham cópias dos dados da máquina que falhou.

Hoje, além dos sistemas de arquivos distribuídos, como o HDFS, os sistemas MapReduce oferecem suporte à entrada de diversos sistemas de armazenamento de Big Data, como HBase, MongoDB, Cassandra e Amazon Dynamo, usando adaptadores de armazenamento. De modo semelhante, a saída também pode ser enviada para qualquer um desses sistemas de armazenamento.

10.3.5 MapReduce no Hadoop

O projeto Hadoop fornece uma implementação de código-fonte aberto muito utilizada do MapReduce na linguagem Java. Resumimos seus principais recursos aqui usando a

API Java fornecida pelo Hadoop. Observamos que o Hadoop fornece APIs MapReduce em várias outras linguagens, como Python e C++.

Ao contrário do nosso pseudocódigo MapReduce, implementações reais, como Hadoop, exigem que os tipos sejam especificados para as chaves e valores de entrada, bem como para as chaves e valores de saída da função map(). Da mesma forma, os tipos das chaves e valores de entrada e de saída da função reduce() precisam ser especificados. O Hadoop requer que o programador implemente as funções map() e reduce() como funções-membro de classes que estendem as classes Hadoop Mapper e Reducer. O Hadoop permite que o programador forneça funções para dividir o arquivo em registros ou para especificar que o arquivo é de um dos tipos para os quais o Hadoop fornece funções internas para dividir os arquivos em registros. Por exemplo, TextInputFormat especifica que o arquivo deve ser dividido em linhas, com cada linha sendo um registro separado. Formatos de arquivos compactados são muito usados atualmente, com *Avro*, *ORC* e *Parquet* sendo os formatos de arquivos compactados mais utilizados no mundo do Hadoop (os formatos de arquivos compactados são discutidos na Seção 13.6). A descompactação é feita pelo sistema, e um programador que escreve uma consulta só precisa especificar um dos tipos aceitos, e a representação descompactada é disponibilizada para o código que está implementando a consulta.

Os arquivos de entrada no Hadoop podem vir de um sistema de arquivos de uma única máquina, mas, para grandes *datasets*, um sistema de arquivos em uma única máquina se tornaria um gargalo de desempenho. O Hadoop MapReduce permite que os arquivos de entrada e saída sejam armazenados em um sistema de arquivos distribuído, como o HDFS, de modo que várias máquinas leiam e gravem dados em paralelo.

Além da função reduce(), o Hadoop também permite que o programador defina uma função combine(), que pode executar uma parte da operação reduce() no nó onde a função map() é executada. Em nosso exemplo de contagem de palavras, a função combine() seria a mesma que a função reduce() que vimos anteriormente. A função reduce(), então, receberia uma lista de contagens parciais para uma palavra específica; visto que a função reduce() para contagem de palavras soma os valores, ela funcionaria corretamente mesmo com a função combine(). Um benefício de usar a função combine() é que ela reduz a quantidade de dados que precisam ser enviados pela rede: cada nó que executa tarefas de map enviaria pela rede apenas uma entrada para cada palavra, em vez de várias entradas.

Uma única etapa do MapReduce no Hadoop executa uma função map e uma função reduce. Um programa pode ter várias etapas MapReduce, com cada etapa tendo suas próprias funções map e reduce. A API do Hadoop permite que um programa execute várias dessas etapas de MapReduce. A saída de reduce() em cada etapa é gravada no sistema de arquivos (distribuído) e lida de volta na etapa seguinte. O Hadoop também permite que o programador controle o número de tarefas de map e reduce a serem executadas em paralelo para o trabalho.

O restante desta seção pressupõe um conhecimento básico de Java (você pode pular o restante desta seção sem perda de continuidade, se não estiver familiarizado com Java).

A Figura 10.9 mostra a implementação Java no Hadoop da aplicação de contagem de palavras que vimos anteriormente. Para abreviar, omitimos os comandos *import* do Java. O código define duas classes, uma que implementa a interface Mapper e outra que implementa a interface Reducer. As classes de Mapper e Reducer são classes genéricas que aceitam como argumentos os tipos das chaves e dos valores. Especificamente, cada uma das interfaces genéricas Mapper e Reducer recebe quatro argumentos de tipo que especificam os tipos da chave de entrada, valor de entrada, chave de saída e valor de saída, respectivamente.

A definição de tipo da classe Map na Figura 10.9, que implementa a interface Mapper, especifica que a chave de map é do tipo LongWritable, que é, basicamente, um inteiro longo, e o valor que é (todo ou parte de) um documento é do tipo Text. A saída de map tem uma chave do tipo Text, já que a chave é uma palavra, enquanto o valor é do tipo IntWritable, que é um valor inteiro.

O código de map() para o exemplo de contagem de palavras desmembra o valor do texto de entrada em palavras usando StringTokenizer e, para cada palavra, chama context.write(word, one) para gerar um par de chave e valor; observe que one é um objeto IntWritable com valor numérico 1 (um).

Todos os valores gerados pelas chamadas a map() que possuem uma chave específica (word, em nosso exemplo) são coletados em uma lista pela infraestrutura do sistema MapReduce. Isso requer o intercâmbio de dados de várias tarefas de *map* para várias tarefas de *reduce*; em um ambiente distribuído, os dados teriam de ser enviados pela rede. Para garantir que todos os valores de uma chave específica sigam juntos, o sistema MapReduce normalmente ordena as chaves geradas pelas funções map, garantindo que todos os valores de determinada chave sejam reunidos na ordem classificada. Esta lista de valores para cada chave é fornecida para a função reduce().

O tipo da chave de entrada de reduce() é igual ao tipo da chave de saída de map. O valor da entrada de reduce() em nosso exemplo é um objeto Java Iterable<IntWritable>, que contém uma lista de valores de saída de map (IntWritable é o tipo do valor de saída de map). A chave de saída para reduce() é uma palavra, do tipo Text, enquanto o valor de saída é uma contagem de palavras, do tipo IntWritable.

Em nosso exemplo, o método reduce() simplesmente adiciona os valores que recebe em sua entrada para obter a contagem total; reduce() grava a palavra e a contagem total usando a função context.write().

Observe que, no nosso exemplo simples, os valores são todos iguais a um, portanto, reduce() só precisa contar o número de valores que recebe. No entanto, geralmente o Hadoop permite ao programador declarar uma classe Combiner, cuja função combine() é executada na saída de uma única tarefa de map; a saída dessa função substitui vários valores de

```
public class WordCount {
    public static class Map extends Mapper<LongWritable, Text, Text, IntWritable> {
        private final static IntWritable one = new IntWritable(1);
        private Text word = new Text();

        public void map(LongWritable key, Text value, Context context)
                                throws IOException, InterruptedException {
            String line = value.toString();
            StringTokenizer tokenizer = new StringTokenizer(line);
            while (tokenizer.hasMoreTokens()) {
                word.set(tokenizer.nextToken());
                context.write(word, one);
            }
        }
    }
    public static class Reduce extends Reducer<Text, IntWritable, Text, IntWritable> {
        public void reduce(Text key, Iterable<IntWritable> values, Context context)
                                throws IOException, InterruptedException {
            int sum = 0;
            for (IntWritable val : values) {
                sum += val.get();
            }
            context.write(key, new IntWritable(sum));
        }
    }
    public static void main(String[] args) throws Exception {
        Configuration conf = new Configuration();
        Job job = new Job(conf, "wordcount");

        job.setOutputKeyClass(Text.class);
        job.setOutputValueClass(IntWritable.class);
        job.setMapperClass(Map.class);
        job.setReducerClass(Reduce.class);
        job.setInputFormatClass(TextInputFormat.class);
        job.setOutputFormatClass(TextOutputFormat.class);
        FileInputFormat.addInputPath(job, new Path(args[0]));
        FileOutputFormat.setOutputPath(job, new Path(args[1]));

        job.waitForCompletion(true);
    }
}
```

Figura 10.9 Programa de contagem de palavras escrito em Hadoop.

saída de map() por uma única chave com um único valor. Em nosso exemplo, uma função combine() poderia simplesmente contar o número de ocorrências de cada palavra e gerar um único valor, que é a contagem local de palavras na tarefa *map*. Essas saídas são, então, passadas para a função reduce(), que somaria as contagens locais para obter a contagem geral. O trabalho de Combiner é reduzir o tráfego pela rede.

Uma tarefa do MapReduce executa uma etapa map e uma reduce. Um programa pode ter várias etapas MapReduce, e cada etapa teria suas próprias configurações para as funções map e reduce. A função main() configura os parâmetros para cada tarefa de MapReduce e, em seguida, a executa.

O código de exemplo na Figura 10.9 executa uma única tarefa de MapReduce; os parâmetros para a tarefa são os seguintes:

- As classes que contêm as funções map e reduce para a tarefa, definidas pelos métodos setMapperClass e setReducerClass.
- Os tipos da chave e valores de saída da tarefa, definidos como Text (para as palavras) e IntWritable (para a contagem), respectivamente, pelos métodos setOutputKeyClass e setOutputValueClass, respectivamente.
- O formato de entrada da tarefa, definido como TextInputFormat pelo método job.setInputFormatClass. O formato de entrada padrão no Hadoop é o TextInputFormat, que cria uma chave de map cujo valor é um deslocamento (*offset*) de byte no arquivo, e o valor de map é o conteúdo de uma linha do arquivo. Como os arquivos podem ter mais de quatro gigabytes, o deslocamento é do tipo LongWritable.

Os programadores podem desenvolver suas próprias implementações para a classe do formato de entrada, que processariam arquivos de entrada e desmembrariam os arquivos em registros.

- O formato de saída da tarefa, definido como TextOutput Format pelo método job.setOutputFormatClass.
- Os diretórios nos quais os arquivos de entrada estão armazenados e onde os arquivos de saída devem ser criados, definidos pelos métodos addInputPath e addOutputPath.

O Hadoop aceita muitos outros parâmetros para as tarefas de MapReduce, como o número de tarefas map e reduce a serem executadas em paralelo para o trabalho e a quantidade de memória a ser alocada para cada tarefa *map* e *reduce*, entre muitos outros.

10.3.6 SQL no MapReduce

Muitas das aplicações de MapReduce são para processamento paralelo de grandes quantidades de dados não relacionais, usando operações que não podem ser expressas facilmente em SQL. Por exemplo, nosso programa de contagem de palavras não pode ser expresso facilmente em SQL. Há muitos usos para MapReduce no mundo real que não podem ser expressos em SQL. Alguns exemplos incluem o cálculo de "índices invertidos", que são essenciais para os mecanismos de pesquisa na Web responderem eficientemente às consultas por palavras-chave, e o cálculo do PageRank do Google, que é uma medida importante de relevância dos *sites* e serve para classificar respostas a consultas de pesquisa na Web.

No entanto, há um grande número de aplicações que usaram o paradigma MapReduce para processamento de dados de vários tipos, cuja lógica pode ser facilmente expressa usando SQL. Se os dados estivessem em um banco de dados, faria sentido escrever tais consultas usando SQL e executá-las em um sistema de banco de dados paralelo (sistemas de banco de dados paralelos são discutidos em detalhes no Capítulo 22). Usar SQL é muito mais fácil para os usuários do que codificar no paradigma MapReduce. No entanto, os dados de muitas dessas aplicações residem em um sistema de arquivos, e há uma sobrecarga significativa em tempo e espaço para carregá-los em um banco de dados.

Operações relacionais podem ser implementadas usando etapas *map* e *reduce*, conforme ilustrado pelos exemplos a seguir:

- A operação relacional de seleção pode ser implementada por uma única função map(), sem uma função reduce() (ou com uma função reduce() que simplesmente produz suas entradas, sem nenhuma alteração).
- O *group by* relacional e a função agregada γ podem ser implementados usando uma única etapa de MapReduce: o map() gera registros com os valores de atributos de *group by* como a chave de reduce; a função reduce() recebe uma lista de todos os valores de atributo para uma chave específica de *group by* e calcula a agregação necessária sobre os valores em sua lista de entrada.
- Uma operação de junção pode ser implementada usando uma única etapa de MapReduce. Considere a operação de *equijoin* $r \bowtie_{r \cdot A = s \cdot A} s$. Definimos uma função map() que, para cada registro de entrada r_i, produz um par $(r_i \cdot A, r_i)$ e, da mesma forma, para cada registro de entrada s_i, produz um par $(s_i \cdot A, s_i)$; a saída de *map* também inclui uma *tag* para indicar de qual relação (r ou s) a saída veio. A função reduce() é chamada para cada valor de atributo de junção, com uma lista de todos os registros r_i e s_i com esse valor de atributo de junção. A função separa as tuplas r e s e, então, produz um produto cruzado das tuplas r e das tuplas s, já que todas elas têm o mesmo valor para o atributo de junção.

Deixamos os detalhes como um exercício para o leitor (Exercício Prático 10.4). Tarefas mais complexas, por exemplo, uma consulta com várias operações, podem ser expressas usando vários estágios de tarefas *map* e *reduce*.

Embora seja realmente possível que as consultas relacionais sejam expressas usando o paradigma MapReduce, isso pode ser muito complicado para um humano. Escrever consultas em SQL é muito mais conciso e fácil de entender, mas os bancos de dados tradicionais não permitiam o acesso a dados dos arquivos, nem suportavam o processamento paralelo de tais consultas.

Para permitir que consultas escritas na (variantes da) linguagem SQL sejam executadas em paralelo sobre dados armazenados em sistemas de arquivos, foi desenvolvida uma nova geração de sistemas. Esses sistemas incluem o *Apache Hive* (inicialmente desenvolvido no Facebook), o *SCOPE*, desenvolvido pela Microsoft, ambos usando variantes da SQL, e o *Apache Pig* (desenvolvido inicialmente no Yahoo!), que usa uma linguagem declarativa chamada *Pig Latin*, baseada na álgebra relacional. Todos esses sistemas permitem que os dados sejam lidos diretamente do sistema de arquivos, mas também que o programador defina funções que convertem os dados de entrada para um formato de registro.

Todos esses sistemas geram um programa contendo uma sequência de tarefas map e reduce para executar determinada consulta. Os programas são compilados e executados em um *framework* MapReduce, como o Hadoop. Esses sistemas se tornaram muito populares e, atualmente, muito mais consultas são escritas usando esses sistemas do que diretamente usando o paradigma MapReduce.

Hoje, as implementações do Hive fornecem uma opção de compilar o código SQL para uma árvore de operações algébricas que são executadas em um ambiente paralelo. Apache Tez e Spark são duas plataformas muito utilizadas e que suportam a execução de uma árvore (ou DAG) de operações algébricas em um ambiente paralelo, que estudamos a seguir na Seção 10.4.

10.4 Além do MapReduce: operações algébricas

A álgebra relacional forma o alicerce do processamento de consulta relacional, permitindo que as consultas sejam modeladas como árvores de operações. Essa ideia é estendida a ambientes com tipos de dados mais complexos, por meio do suporte a operadores algébricos que podem atuar sobre *datasets* (conjuntos de dados) contendo registros com tipos de dados complexos, e retornando *datasets* com registros contendo tipos de dados complexos semelhantes.

10.4.1 Motivação para operações algébricas

Como vimos na Seção 10.3.6, as operações relacionais podem ser expressas por uma sequência de etapas map e reduce. Expressar tarefas desse modo pode ser bastante complicado.

Por exemplo, se os programadores precisam calcular a junção de duas entradas, eles devem ser capazes de expressá-la como uma única operação algébrica, em vez de ter que expressá-la indiretamente, por meio de funções map e reduce. Ter acesso a funções como junções pode simplificar bastante o trabalho de um programador.

A operação de junção pode ser executada em paralelo, utilizando diversas técnicas que veremos mais adiante, na Seção 22.3. Na verdade, isso pode ser muito mais eficiente do que implementar a junção usando funções map e reduce. Assim, até mesmo sistemas como o Hive, onde os programadores não escrevem diretamente o código MapReduce, podem se beneficiar do suporte direto a operações como junção.

Os sistemas paralelos de processamento de dados de última geração, portanto, adicionaram suporte a outras operações relacionais, como junções (incluindo variantes como *outerjoins* e *semijoins*), bem como uma série de outras operações para dar suporte à análise de dados. Por exemplo, muitos modelos de aprendizado de máquina podem ser modelados como operadores que recebem um conjunto de registros como entrada e, em seguida, produzem um conjunto de registros com um atributo extra contendo o valor previsto pelo modelo, com base nos outros atributos do registro. Algoritmos de aprendizado de máquina podem ser modelados como operadores que usam um conjunto de registros de treinamento como entrada e produzem um modelo aprendido. O processamento dos dados geralmente envolve várias etapas, que podem ser modeladas como uma sequência (*pipeline*) ou uma árvore de operadores.

Uma estrutura unificadora para essas operações é tratá-las como *operações algébricas* que tomam um ou mais conjuntos de dados como entradas e geram um ou mais *datasets*.

Lembre-se de que, na álgebra relacional (Seção 2.6), cada operação usa uma ou mais relações como entrada e gera uma relação. Esses sistemas paralelos de processamento de consultas de última geração são baseados na mesma ideia, mas existem várias diferenças. Uma diferença importante é que os dados de entrada podem ser de quaisquer tipos, em vez de consistir apenas em colunas com tipos de dados atômicos, como no modelo relacional. Lembre-se de que a álgebra relacional estendida necessária para dar suporte à SQL pode restringir-se a simples expressões aritméticas, de *string* e booleanas. Por outro lado, os operadores algébricos da nova geração precisam dar suporte a expressões mais complexas, exigindo o poder completo de uma linguagem de programação.

Existem vários *frameworks* que suportam operações algébricas sobre dados complexos; os mais utilizados, atualmente, são o Apache Tez e o Apache Spark.

O Apache Tez fornece uma API de baixo nível que é adequada para implementadores de sistemas. Por exemplo, o Hive on Tez transforma consultas SQL em operações algébricas que são executadas no Tez. Os programadores Tez podem criar árvores (ou, em geral, *Directed Acyclic Graphs* – DAGs) de nós, e eles fornecem código que deve ser executado em cada um dos nós. Nós de entrada leriam dados de fontes de dados e os passariam para outros nós, que operam sobre os dados. Os dados podem ser distribuídos em várias máquinas, e o código para cada nó pode ser executado em cada uma das máquinas. Como o Tez não foi realmente projetado para os programadores de aplicações utilizarem diretamente, não o descrevemos com mais detalhes.

No entanto, o Apache Spark fornece APIs de nível mais alto, que são adequadas para programadores de aplicações. Descrevemos o Spark com mais detalhes a seguir.

10.4.2 Operações algébricas no Spark

Apache Spark é um sistema de processamento de dados paralelos muito utilizado, com suporte a uma variedade de operações algébricas. Os dados podem ser inseridos ou enviados para diversos tipos de sistemas de armazenamento.

Assim como os bancos de dados relacionais usam uma relação como a abstração principal para representação de dados, o Spark usa uma representação chamada **Resilient Distributed Dataset (RDD)**, uma coleção de registros que pode ser armazenada em várias máquinas. O termo *distribuído* refere-se aos registros sendo armazenados em máquinas diferentes, e *resiliente* diz respeito à resiliência à falha, pois, mesmo que uma das máquinas falhe, os registros podem ser recuperados de outras máquinas onde eles são armazenados.

Os operadores do Spark usam um ou mais RDDs como entrada, e sua saída é um RDD. Os tipos de registros armazenados em RDDs não são predefinidos e podem ser qualquer coisa que a aplicação desejar. O Spark também suporta uma representação de dados relacionais chamada DataSet, que descrevemos mais adiante.

O Spark fornece APIs para Java, Scala e Python. Nossa cobertura do Spark é baseada na API Java.

A Figura 10.10 mostra nossa aplicação de contagem de palavras, escrita em Java usando o Apache Spark; esse programa usa a representação de dados RDD, cujo tipo Java é chamado JavaRDD. Observe que os JavaRDDs exigem um tipo para o registro, especificado entre sinais ("< >"). No programa, temos RDDs de Java Strings. O programa também possui tipos JavaPairRDD, que armazenam registros com dois atributos de tipos especificados. Registros com vários atributos podem ser representados usando tipos de dados estruturados em vez de tipos de dados primitivos. Embora qualquer tipo de dado definido pelo usuário possa ser usado, os tipos de dados predefinidos Tuple2, que armazena dois atributos, Tuple3, que armazena três atributos, e Tuple4, que armazena quatro atributos, são bastante utilizados.

```
import java.util.Arrays;
import java.util.List;
import scala.Tuple2;
import org.apache.spark.api.java.JavaPairRDD;
import org.apache.spark.api.java.JavaRDD;
import org.apache.spark.sql.SparkSession;
public class WordCount {

    public static void main(String[] args) throws Exception {

        if (args.length < 1) {
            System.err.println("Uso: WordCount <nome-de-arquivo-ou-diretório>");
            System.exit(1);
        }
        SparkSession spark =
            SparkSession.builder().appName("WordCount").getOrCreate();

        JavaRDD<String> lines = spark.read().textFile(args[0]).javaRDD();
        JavaRDD<String> words = lines.flatMap(s -> Arrays.asList(s.split(" ")).iterator());
        JavaPairRDD<String, Integer> ones = words.mapToPair(s -> new Tuple2<>(s, 1));
        JavaPairRDD<String, Integer> counts = ones.reduceByKey((i1, i2) -> i1 + i2);

        counts.saveAsTextFile("outputDir"); // Salva arquivos de saída neste diretório

        List<Tuple2<String, Integer>> output = counts.collect();
        for (Tuple2<String,Integer> tuple : output) {
            System.out.println(tuple);
        }
        spark.stop();
    }
}
```

Figura 10.10 Programa de contagem de palavras no Spark

A primeira etapa no processamento de dados usando o Spark é converter dados da representação de entrada para a representação RDD, o que é feito pela função spark.read().textfile(), que cria um registro para cada linha na entrada. Observe que a entrada pode ser um arquivo ou um diretório com vários arquivos; um sistema Spark em execução em vários nós particionará o RDD em várias máquinas, embora o programa possa tratá-lo (para a maioria dos propósitos) como se fosse uma estrutura de dados em uma única máquina. Em nosso código de exemplo na Figura 10.10, o resultado é o RDD chamado lines.

A próxima etapa do nosso programa Spark é dividir cada linha em um *array* de palavras, chamando s.split (" ") sobre a linha; essa função divide a linha com base nos espaços e retorna um *array* de palavras; uma função mais completa dividiria a entrada em outros caracteres de pontuação, como o ponto e a vírgula, entre outros. A função split pode ser chamada sobre cada linha no RDD de entrada por meio de uma chamada à função map(), que, no Spark, retorna um único registro para cada registro da entrada. Em nosso exemplo, usamos uma variante chamada flatMap(), que funciona da seguinte maneira: assim como map(), flatMap() chama uma função definida pelo usuário sobre cada registro da entrada; espera-se que a função retorne um iterador. Um iterador Java suporta uma função next() que pode ser usada para buscar inúmeros resultados chamando a função várias vezes. A função flatMap() invoca a função definida pelo usuário para obter um iterador, invoca a função next() repetidamente no iterador para obter diversos valores e, em seguida, retorna um RDD contendo a união de todos os valores em todos os registros de entrada.

O código mostrado na Figura 10.10 utiliza a sintaxe de "expressão lambda" introduzida no Java 8, permitindo que as funções sejam definidas de modo compacto, sem sequer precisar de um nome; no código Java, a sintaxe

```
s -> Arrays.asList(s.split(" ")).iterator()
```

define uma função que toma um parâmetro s e retorna uma expressão que realiza o seguinte: ela aplica a função split descrita anteriormente para criar um *array* de palavras, depois usa Arrays.asList para converter esse *array* em uma lista e, por fim, aplica o método iterator() sobre a lista para criar um iterador. A função flatMap() atua sobre esse iterador, conforme descrito anteriormente.

O resultado dos passos aqui descritos é um RDD chamado words, em que cada registro contém uma única palavra.

O próximo passo é criar um JavaPairRDD chamado ones, que contém pares no formato "(word, 1)" para cada palavra em words; se uma palavra aparecer várias vezes no arquivo de entrada, de modo correspondente, haverá tantos registros em words quanto em ones.

Finalmente, a operação algébrica reduceByKey() implementa um *group by* e a etapa de agregação. No código de exemplo, especificamos que a soma deve ser usada para agregação, passando a função lambda (i1, i2) -> i1 + i2 para a função reduceByKey(). A função reduceByKey() funciona em um JavaPairRDD, agrupando pelo primeiro atributo e agregando os valores do segundo atributo usando a função lambda fornecida. Quando aplicado ao RDD ones, o agrupamento seria sobre a palavra, que é o primeiro atributo, e os valores do segundo atributo (todos iguais a um, no RDD ones) seriam somados. O resultado é armazenado no JavaPairRDD counts.

Em geral, qualquer função binária pode ser usada para realizar a agregação, desde que ela gere o mesmo resultado, independentemente da ordem em que é aplicada em uma coleção de valores.

Por fim, o RDD counts é armazenado no sistema de arquivos por saveAsTextFile(). Em vez de criar apenas um arquivo, a função cria vários arquivos se o próprio RDD for particionado entre máquinas.

A chave para entender como o processamento paralelo é alcançado envolve o seguinte:

- os RDDs podem ser particionados e armazenados em várias máquinas;
- cada operação pode ser executada em paralelo em várias máquinas, na partição RDD disponível na máquina. As operações podem primeiro reparticionar sua entrada, para trazer registros relacionados para a mesma máquina antes de executar operações em paralelo. Por exemplo, reduceByKey() reparticionaria o RDD de entrada para reunir todos os registros pertencentes a um grupo em uma única máquina; registros de grupos diferentes podem estar em máquinas diferentes.

Outro aspecto importante do Spark é que as operações algébricas não são necessariamente avaliadas imediatamente na chamada da função, embora o código pareça implicar que isso é o que acontece. Em vez disso, na realidade, o código mostrado na figura cria uma árvore de operações; em nosso código, a operação de folha textFile() lê dados de um arquivo; a próxima operação flatMap() tem a operação textFile() como seu filho; o mapToPairs(), por sua vez, tem flatMap() como filho e assim por diante. Os operadores podem ser considerados em termos relacionais como definindo *views*, que não são executados assim que são definidas, mas posteriormente.

Toda a árvore de operações é avaliada apenas quando certas operações exigem que a árvore seja avaliada. Por exemplo, saveAsTextFile() força a árvore a ser avaliada; outras dessas funções incluem collect(), que avalia a árvore e traz todos os registros para uma única máquina, onde eles podem ser processados subsequentemente, por exemplo, com a impressão.

Um benefício importante dessa *avaliação adiada* (*lazy evaluation*) da árvore (isto é, a árvore é avaliada quando necessário, em vez de quando ela é definida) é que, antes da avaliação real, é possível que um otimizador de consulta reescreva a árvore para outra árvore que calcule o mesmo resultado, porém, mais rapidamente. As técnicas de otimização de consulta, que estudamos no Capítulo 16, podem ser aplicadas para otimizar essas árvores.

Embora o exemplo anterior tenha criado uma árvore de operações, em geral, as operações podem formar uma estrutura *Directed Acyclic Graph* (DAG), se o resultado de uma operação for consumido por mais de uma outra operação. Isso resultaria em operações com mais de um pai, levando a uma estrutura DAG, enquanto as operações em uma árvore podem ter, no máximo, um pai.

Embora os RDDs sejam adequados para representar certos tipos de dados, como dados de texto, uma fração muito grande de aplicações Big Data precisa lidar com dados estruturados, em que cada registro pode ter vários atributos. O Spark, portanto, introduziu o tipo DataSet, que suporta registros com atributos. O tipo DataSet funciona bem com os formatos de arquivo Parquet, ORC e Avro amplamente utilizados (discutidos com mais detalhes na Seção 13.6), os quais são projetados para armazenar registros com múltiplos atributos de forma compactada. O Spark também admite conectores JDBC que podem ler relações de um banco de dados.

O código a seguir ilustra como os dados no formato Parquet podem ser lidos e processados no Spark, em que spark é uma sessão Spark que foi aberta anteriormente.

```
Dataset<Row> instrutor = spark.read().parquet("...");
Dataset<Row> departamento = spark.read().parquet("...");
instrutor.filter(instrutor.col("salário").gt(100000))
        .join(departamento, instrutor.col("nome_dept")
        .equalTo(departamento.col("nome_dept")))
        .groupBy(departamento.col("prédio"))
        .agg(count(instrutor.col("ID")));
```

O tipo DataSet<Row> usa o tipo Row, que permite o acesso aos valores da coluna por nome. O código lê as relações *instrutor* e *departamento* dos arquivos do Parquet (cujos nomes são omitidos no código anterior); os arquivos do Parquet armazenam metadados, como nomes de coluna, além dos valores, o que permite ao Spark criar um esquema para as relações. O código do Spark, em seguida, aplica uma operação de filtro (seleção) sobre a relação *instrutor*, que retém apenas instrutores com salário maior que \$ 100.000, depois junta o resultado com a relação *departamento* sobre o atributo *nome_dept*, realiza um *group by* sobre o atributo *prédio* (um atributo da relação *departamento*), e, para cada grupo (aqui, cada prédio), é calculada uma contagem do número de valores de *ID*.

A capacidade de definir novas operações algébricas e de usá-las em consultas foi considerada muito útil para muitas aplicações e tem levado à ampla adoção do Spark. O sistema Spark também suporta a compilação de consultas Hive SQL em árvores de operação do Spark, que são, então, executadas.

O Spark também permite que classes diferentes de Row sejam usadas com DataSets. O Spark exige que, para cada atributo *Attrk* da classe, os métodos *getAttrk*() e *setAttrk*() sejam definidos, para permitir a recuperação e o armazenamento de valores de atributos. Suponha que tenhamos criado uma classe *Instrutor* e temos um arquivo Parquet cujos atributos correspondam aos da classe. Então, podemos ler os dados dos arquivos Parquet da seguinte maneira:

```
Dataset<Instrutor> instrutor = spark.read().parquet("...").
        as(Encoders.bean(Instrutor.class));
```

Nesse caso, o Parquet fornece os nomes dos atributos no arquivo de entrada, que são usados para mapear seus valores para atributos da classe Instrutor. Ao contrário de Row, onde os tipos não são conhecidos em tempo de compilação, os tipos de atributos de Instrutor são conhecidos em tempo de compilação e podem ser representados de forma mais compacta do que se usássemos o tipo Row. Além disso, os métodos da classe Instrutor podem ser usados para acessar atributos; por exemplo, poderíamos usar getSalary() em vez de usar col("salário"), o que evita o custo em tempo de execução de mapear nomes de atributos para locais nos registros subjacentes. Você poderá encontrar mais informações sobre como usar essas construções na documentação do Spark, disponível *on-line* em spark.apache.org.

Este material sobre o Spark se concentrou nas operações de banco de dados, mas, como já dissemos, o Spark oferece suporte a várias outras operações algébricas, como aquelas relacionadas com o aprendizado de máquina, que podem ser chamadas sobre tipos DataSet.

10.5 Dados *streaming*

A consulta de dados pode ser feita de maneira ocasional – por exemplo, sempre que um analista quiser extrair algumas informações de um banco de dados. Ela também pode ser feita de maneira periódica – por exemplo, as consultas podem ser executadas no início de cada dia para obter um resumo das transações que aconteceram no dia anterior.

No entanto, existem muitas aplicações nas quais as consultas precisam ser executadas continuamente, em dados que chegam de forma contínua. O termo **dados streaming** refere-se a dados que chegam de forma contínua. Muitos domínios de aplicação precisam processar os dados recebidos em tempo real (ou seja, à medida que chegam; caso haja atrasos, eles deverão ser inferiores a algum limite estabelecido).

10.5.1 Aplicações de dados *streaming*

Aqui estão alguns exemplos de dados *streaming* e as necessidades em tempo real das aplicações que utilizam esses dados.

- **Mercado de ações**: Em um mercado de ações, cada operação feita (ou seja, uma ação é vendida por alguém e comprada por outra pessoa) é representada por uma tupla. As operações são enviadas como um *stream* para os sistemas de processamento.

  Os operadores do mercado de ações analisam o fluxo *stream* de negociações em busca de padrões e tomam decisões de compra ou venda com base nos padrões que observam. Os requisitos em tempo real de tais sistemas costumavam ser da ordem de segundos em outros tempos, mas muitos dos sistemas atuais exigem atrasos na ordem de dezenas de microssegundos (geralmente para poder reagir, antes que os outros façam, aos mesmos padrões).

  Reguladores do mercado de ações podem usar o mesmo *stream*, mas para um propósito diferente: para ver se há padrões de negócios que são indicativos de atividades ilegais. Em ambos os casos, há necessidade de consultas contínuas que procurem padrões; os resultados das consultas são usados para executar outras ações.

- **E-commerce**: Em um *site* de *e-commerce* (comércio eletrônico), cada compra feita é representada como uma tupla e a sequência de todas as compras forma um *stream*. Além disso, até mesmo as buscas executadas por um cliente são valiosas para o *site* de comércio eletrônico, mesmo que nenhuma compra real seja feita; assim, as pesquisas executadas pelos usuários formam um *stream*.

  Esses *streams* podem ser usados para vários fins. Por exemplo, se uma campanha publicitária for lançada, o *site* de comércio eletrônico poderá monitorar em tempo real como a campanha está afetando as pesquisas e as compras. O *site* de comércio eletrônico também pode querer detectar picos nas vendas de produtos específicos para os quais pode precisar responder solicitando mais desses produtos. Da mesma forma, o *site* pode desejar monitorar os usuários em busca de padrões de atividades, como itens que retornam com frequência, e bloquear mais retornos ou compras do usuário.

- **Sensores**: Os sensores são muito utilizados em sistemas como veículos, prédios e fábricas. Esses sensores enviam leituras periodicamente e, assim, as leituras formam um *stream*. As leituras no *stream* são usadas para monitorar a situação do sistema. Se algumas leituras forem anormais, pode ser preciso realizar ações para gerar alarmes, detectar e corrigir quaisquer falhas subjacentes, com o mínimo de atraso.

  Dependendo da complexidade do sistema e da frequência necessária de leituras, o *stream* pode ter um volume de dados muito alto. Em muitos casos, o monitoramento é feito em uma instalação central na nuvem, que monitora um grande número de sistemas. O processamento paralelo é essencial em tal sistema para lidar com volumes muito grandes de dados nos *streams* de entrada.

- **Dados de rede**: Qualquer organização que gerencia uma grande rede de computadores precisa monitorar a atividade na rede para detectar problemas de rede, bem como ataques à rede por *software* mal-intencionado (*malware*). Os dados subjacentes que estão sendo monitorados podem ser representados como um *stream* de tuplas contendo dados observados por cada ponto de monitoramento (como o *switch* de rede). As tuplas podem conter informações sobre pacotes de rede individuais, como endereços de origem e destino, tamanho do pacote e registro de data e hora da geração dos pacotes. No entanto, a taxa de criação de tuplas nesse *stream* é extremamente alta, e elas não podem ser manipuladas, exceto com o uso de um *hardware* com finalidade especial. Em vez disso, os dados podem ser agregados para reduzir a taxa na qual as tuplas são geradas: por exemplo, tuplas individuais podem registrar dados como endereços de origem e destino, intervalo de tempo e total de bytes transmitidos no intervalo de tempo.

Esse *stream* agregado deve, então, ser processado para detectar problemas. Por exemplo, as falhas de *link* (ou enlace) podem ser detectadas observando-se uma queda repentina nas tuplas que atravessam determinado *link*. O tráfego excessivo de vários *hosts* para um único ou alguns poucos destinos pode indicar um ataque de negação de serviço. Os pacotes enviados de um *host* para muitos outros *hosts* na rede podem sinalizar que o *malware* está tentando se propagar para outros *hosts* na rede. A detecção desses padrões deve ser feita em tempo real, para que os *links* possam ser corrigidos ou que sejam tomadas ações para interromper o ataque de *malware*.

- **Mídias sociais**: As mídias sociais, como o Facebook e o Twitter, recebem um *stream* contínuo de mensagens (como postagens ou *tweets*) dos usuários. Cada mensagem no *stream* de mensagens deve ser direcionada de forma adequada, por exemplo, enviando-a para amigos ou seguidores. As mensagens que, potencialmente, podem ser entregues a um assinante são classificadas e entregues em ordem de classificação, com base nas preferências do usuário, nas interações anteriores ou nas cobranças de publicidade.

  Streams de mídia social podem ser consumidos não apenas por humanos, mas também pelo *software*. Por exemplo, as organizações podem ficar de olho nos *tweets* sobre a empresa e emitir um alerta se houver muitos *tweets* que reflitam um sentimento negativo sobre ela ou seus produtos. Se uma empresa lança uma campanha publicitária, ela pode analisar os *tweets* para ver se a campanha causou impacto nos usuários.

Existem muito mais exemplos da necessidade de processar e consultar dados *streaming* por diversos domínios.

10.5.2 Consultando dados *streaming*

Os dados armazenados em um banco de dados, às vezes, são chamados de **dados em repouso** (*data-at-rest*), em oposição aos dados de *stream*. Ao contrário dos dados armazenados, os *streams* são ilimitados, ou seja, conceitualmente, eles podem nunca terminar. Consultas que podem produzir resultados somente depois de ver todas as tuplas em um *stream* nunca poderiam produzir qualquer resultado. Por exemplo, uma consulta que solicita o número de tuplas em um *stream* nunca poderia fornecer um resultado final.

Uma maneira de lidar com a natureza ilimitada dos *streams* é definir **janelas** nos *streams*, em que cada janela contém tuplas em determinado intervalo de tempo ou um certo número de tuplas. A partir de informações sobre registros de data e hora nas tuplas que chegam (por exemplo, elas estão aumentando), podemos deduzir quando todas as tuplas de determinada janela foram vistas. Com base nisso, algumas linguagens de consulta para dados de *stream* exigem que as janelas sejam definidas em *streams*, e as consultas podem se referir a uma ou a algumas janelas de tuplas, em vez de a um *stream*.

Outra opção é a geração de resultados que estão corretos em determinado ponto no *stream*, mas gerar atualizações à medida que mais tuplas chegam. Por exemplo, uma consulta de contagem pode gerar o número de tuplas vistas em determinado ponto no tempo e, à medida que mais tuplas chegam, a consulta atualiza seu resultado com base na nova contagem.

Várias técnicas foram desenvolvidas para consultar dados de *streaming*, com base nas duas opções descritas anteriormente.

1. **Consultas contínuas**. Nessa abordagem, o *stream* de dados de entrada é tratado como inserções em uma relação, e as consultas sobre as relações podem ser escritas em SQL ou usando operações de álgebra relacional. Essas consultas podem ser registradas como **consultas contínuas**, isto é, consultas que estão sendo executadas continuamente. O resultado da consulta sobre os dados iniciais é gerado quando o sistema é inicializado. Cada tupla recebida pode resultar na inserção, atualização ou exclusão de tuplas no resultado da consulta contínua. A saída de uma consulta contínua é, então, um *stream* de atualizações para o resultado da consulta, pois o banco de dados subjacente é atualizado pelos *streams* de entrada.

   Essa abordagem tem alguns benefícios em aplicações em que os usuários desejam visualizar todas as inserções do banco de dados que satisfazem algumas condições. No entanto, uma grande desvantagem da abordagem é que os consumidores de um resultado de consulta seriam inundados com um grande número de atualizações para consultas contínuas, se a taxa de entrada fosse alta. Em particular, essa abordagem não é desejável para aplicações que geram valores agregados, em que os usuários podem desejar ver agregações finais por algum período de tempo, em vez de cada resultado intermediário à medida que cada tupla de entrada é inserida.

2. **Linguagens de consulta de *stream***. Uma segunda abordagem é definir uma linguagem de consulta estendendo a SQL ou a álgebra relacional, onde os *streams* são tratados de maneira diferente das relações armazenadas.

   A maioria das linguagens de consulta de *stream* usa operações de janela, que são aplicadas a *streams*, e cria relações correspondentes ao conteúdo de uma janela. Por exemplo, uma operação de janela em um *stream* pode criar conjuntos de tuplas para cada hora do dia; cada um desses conjuntos é, portanto, uma relação. Pode-se executar operações relacionais sobre cada conjunto de tuplas, incluindo agregação, seleção e junções com dados relacionais armazenados ou com janelas de outros *streams*, para gerar resultados.

Fornecemos um resumo das linguagens de consulta de *stream* na Seção 10.5.2.1. Essas linguagens separam os dados de *streaming* das relações armazenadas no nível da linguagem e exigem que as operações de janela sejam aplicadas antes de executar operações relacionais. Isso garante que os resultados possam ser exibidos depois de ver apenas parte de um *stream*. Por exemplo, se um *stream* garante que as tuplas tenham registros de data e hora crescentes, pode-se deduzir que uma janela baseada no tempo não terá mais tuplas quando for vista uma tupla com um registro de data e hora maior do que o final da janela. O resultado da agregação para a janela pode ser produzido nesse momento.

Alguns *streams* não garantem que as tuplas tenham registros de data e hora crescentes. No entanto, esses *streams* teriam **pontuações**, isto é, tuplas de metadados que afirmam que todas as tuplas futuras terão um registro de data e hora maior que algum valor. Tais pontuações são emitidas periodicamente e podem ser usadas pelos operadores da janela para decidir quando um resultado agregado, como agregações para uma janela por hora, está concluído e pode ser gerado.

3. **Operadores algébricos sobre *streams*.** Uma terceira técnica consiste em permitir que os usuários escrevam operadores (funções definidas pelo usuário) que são executados sobre cada tupla de entrada. Tuplas são direcionadas das entradas para os operadores; as saídas de um operador podem ser encaminhadas para outro operador, para uma saída do sistema ou podem ser armazenadas em um banco de dados. Os operadores podem manter o estado interno entre as tuplas processadas, permitindo agregar dados de entrada. Eles também podem ter permissão para armazenar dados persistentemente em um banco de dados, para uso no longo prazo.

   Essa técnica foi bastante adotada nos últimos anos, e a descrevemos com mais detalhes posteriormente.

4. **Correspondência de padrões.** Uma quarta opção é definir uma linguagem de correspondência de padrões e permitir que os usuários escrevam múltiplas regras, cada uma com um padrão e uma ação. Quando o sistema encontra uma subsequência de tuplas que correspondem a um padrão específico, a ação correspondente ao padrão é executada. Tais sistemas são chamados de sistemas de **processamento de eventos complexos (CEP)**. Os sistemas populares de processamento de eventos complexos incluem o Oracle Event Processing, o Microsoft StreamInsight e o FlinkCEP, que faz parte do projeto Apache Flink.

Discutimos as linguagens de consulta de *stream* e as operações algébricas com mais detalhes mais adiante nesta seção.

Muitos sistemas de processamento de *stream* mantêm os dados na memória e não fornecem garantias de persistência; seu objetivo é gerar resultados com o mínimo de atraso, permitindo uma resposta rápida com base na análise dos dados de *streaming*. Por outro lado, os dados recebidos também podem precisar ser armazenados em um banco de dados, para processamento posterior. Para suportar ambos os padrões de consulta, muitas aplicações usam a chamada **arquitetura lambda**, em que uma cópia dos dados de entrada é fornecida ao sistema de processamento de *stream* e outra cópia segue para um banco de dados para armazenamento e processamento posterior. Essa arquitetura permite que os sistemas de processamento de *stream* sejam desenvolvidos rapidamente, sem se preocupar com problemas relacionados com a persistência. No entanto, o sistema de *streaming* e o sistema de banco de dados são separados, resultando nos seguintes problemas:

- As consultas podem precisar ser escritas duas vezes, uma para o sistema de *streaming* e outra para o sistema de banco de dados, em diferentes linguagens.
- As consultas de *streaming* podem não conseguir acessar os dados armazenados com eficiência.

Para evitar esses contratempos, existem sistemas que suportam consultas de *streaming* juntamente com armazenamento persistente e consultas que abrangem *streams* e dados armazenados.

10.5.2.1 Extensões de *stream* à SQL

As operações de janelas da SQL foram descritas na Seção 5.5.2, mas as linguagens de consulta de *stream* suportam outros tipos de janelas que não são suportadas com as funções de janela da SQL. Por exemplo, uma janela que contém tuplas para cada hora não pode ser especificada usando as funções de janela da SQL; observe, no entanto, que as agregações sobre tais janelas podem ser especificadas em SQL de uma forma mais indireta, primeiro calculando um atributo extra que contém apenas o componente de hora de um registro de data e hora e, em seguida, agrupando pelo atributo de hora. Funções de janela em linguagens de consulta de *streaming* simplificam a especificação de tal agregação. Funções de janela comumente aceitas incluem:

- **Janela corrida**: Janelas de hora em hora são um exemplo de janelas corridas. As janelas não se sobrepõem, mas são adjacentes umas às outras. As janelas são especificadas pelo tamanho da janela (por exemplo, número de horas, minutos ou segundos).
- **Janela pulada**: Uma janela de hora em hora calculada a cada 20 minutos seria um exemplo de uma janela pulada; a largura da janela é fixa, semelhante às janelas corridas, mas as janelas adjacentes podem se sobrepor.
- **Janela deslizante**: Janelas deslizantes são janelas de um tamanho especificado (com base na hora ou número de tuplas) em torno de cada tupla recebida. Estas têm suporte no padrão SQL.
- **Janela de sessão**: Janelas de sessão modelam usuários que executam várias operações como parte de uma sessão. Uma janela é identificada por um usuário e um intervalo de tempo limite, e contém uma sequência de operações, de modo que cada operação ocorra dentro

do intervalo de tempo limite a partir da operação anterior. Por exemplo, se o tempo limite for cinco minutos e um usuário executar uma operação às 10h, uma segunda operação às 10h04min e uma terceira operação às 11h, as duas primeiras operações farão parte de uma sessão, enquanto a terceira faz parte de uma sessão diferente. Uma duração máxima também pode ser especificada, e quando essa duração expira, a janela de sessão é fechada, mesmo que algumas operações tenham sido executadas dentro do intervalo de tempo limite.

A sintaxe exata para especificar janelas varia com a implementação. Suponha que tenhamos uma relação *pedido(num_pedido, datahora, num_item, valor)*. No Azure Stream Analytics, o valor total do pedido para cada item para cada hora pode ser especificado pela seguinte janela corrida:

> **select** *item, System.Timestamp* **as** *window_end,*
> **sum**(*valor*)
> **from** *pedido* **timestamp by** *datahora*
> **group by** *num_item,* **tumblingwindow**(*hora,* 1)

Cada tupla de saída tem um registro de data e hora cujo valor é igual ao registro de data e hora do final da janela; o registro de data e hora pode ser acessado usando a palavra-chave *System.Timestamp*, conforme mostrado na consulta de exemplo.

Extensões SQL para dar suporte a *streams* diferenciam entre os *streams*, em que as tuplas têm registros de data e hora implícitos e espera-se que recebam um número potencialmente ilimitado de tuplas e relações cujo conteúdo é fixado em algum ponto. Por exemplo, clientes, fornecedores e itens associados a pedidos seriam tratados como relações, e não como *streams*. Os resultados de consultas com janelas são tratados como relações, e não como *streams*.

Junções são permitidas entre um *stream* e uma relação, e o resultado é um *stream*; o registro de data e hora de uma tupla de resultados de junção é o mesmo que o registro de data e hora da tupla do *stream* de entrada. As junções entre dois *streams* têm o problema de que uma tupla no início de um *stream* pode corresponder a uma tupla que ocorre muito mais tarde no outro *stream*; essa condição de junção exigiria o armazenamento de todo o *stream* por um período de tempo potencialmente ilimitado. Para evitar esse problema, os sistemas SQL de *streaming* permitem a junção *stream-a-stream* somente se houver uma condição de junção que limite a diferença de tempo entre as tuplas correspondentes. Um exemplo é uma condição de que os registros de data e hora das duas tuplas difiram em, no máximo, uma hora.

10.5.3 Operações algébricas sobre *streams*

Embora as consultas SQL sobre dados *streaming* sejam muito úteis, há muitas aplicações nas quais as consultas SQL não são adequadas. Com a técnica de operações algébricas para o processamento de *stream*, pode-se fornecer um código definido pelo usuário para implementar uma operação algébrica; várias operações algébricas predefinidas, como seleção e agregação em janelas, também são fornecidas.

Para realizar o cálculo, as tuplas de entrada devem ser direcionadas para os operadores que consomem as tuplas, e as saídas dos operadores devem ser direcionadas para seus consumidores. Uma tarefa importante da implementação é fornecer direcionamento de tuplas tolerante a falhas entre entrada, operadores e saídas do sistema. *Apache Storm* e *Kafka* são implementações muito utilizadas que oferecem suporte a esse direcionamento de dados.

O *direcionamento lógico* das tuplas é feito criando um grafo acíclico direcionado (DAG) com os operadores servindo como nós. As arestas entre os nós definem o fluxo das tuplas. Cada tupla gerada por um operador é enviada ao longo de todas as arestas de saída do operador, para os operadores consumidores. Cada operador recebe tuplas de todas as suas arestas de entrada. A Figura 10.11a mostra o direcionamento lógico das tuplas de *stream* a partir de uma estrutura DAG. Os nós de operação são indicados como nós "Op" na figura. Os pontos de entrada para o sistema de processamento de *stream* são os nós da fonte de dados do DAG; esses nós consomem as tuplas das fontes de *stream* e as injetam no sistema de processamento de *stream*. Os pontos de saída do sistema de processamento de *stream* são nós de coletor de dados (*data-sink*); as tuplas que saem do sistema por meio de um coletor de dados podem ser mantidas em um armazenamento de dados ou em um sistema de arquivos, ou podem ser enviadas de alguma outra maneira.

Uma forma de implementar um sistema de processamento de *stream* é especificar o grafo como parte da configuração do sistema. O grafo é lido quando o sistema inicia o processamento de tuplas e, em seguida, usado para direcionar as tuplas. O sistema de processamento de *stream* Apache Storm é um exemplo de um sistema que usa um arquivo de configuração para definir o grafo, que é chamado de *topologia* no sistema Storm. Os nós de fonte de dados são chamados de *spouts* no sistema Storm, enquanto os nós operadores são chamados de *bolts*, e as arestas conectam esses nós.

Uma forma alternativa de criar esse grafo de roteamento é usando sistemas de **publicação-assinatura**. Um sistema de publicação-assinatura permite a publicação de documentos ou outras formas de dados, com um tópico associado. De modo correspondente, os assinantes se inscrevem de acordo com os tópicos especificados. Sempre que um documento é publicado para um tópico específico, uma cópia do documento é enviada para todos os assinantes que se inscreveram nesse tópico. Os sistemas de publicação-assinatura também são chamados de sistemas **pub-sub** (*publish-subscribe*) para abreviar.

Quando um sistema de publicação-assinatura é usado para direcionar tuplas em um sistema de processamento de *stream*, as tuplas são consideradas documentos, e cada tupla é marcada com um tópico. Os pontos de entrada para o sistema, conceitualmente, "publicam" as tuplas, cada uma com um tópico associado. Operadores assinam um ou mais tópicos; o sistema roteia todas as tuplas com um tópico específico para todos os assinantes desse tópico. Os operadores também podem publicar suas saídas de volta ao sistema de publicação-assinatura, com um tópico associado.

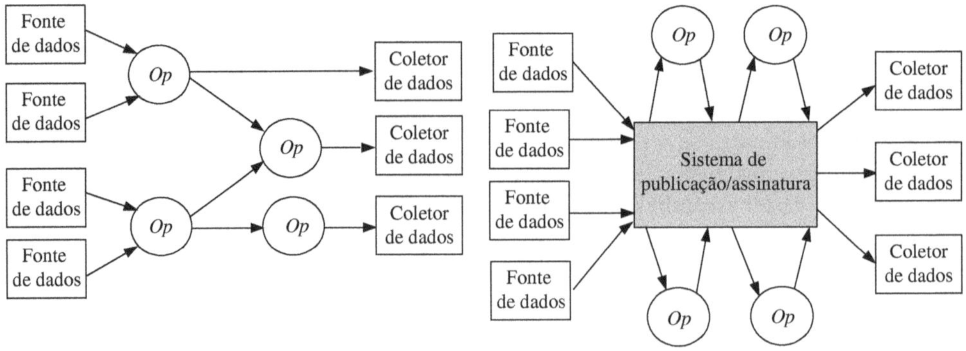

(a) Representação DAG do fluxo de dados *streaming*

(b) Representação por publicação/assinatura do fluxo de dados *streaming*

Figura 10.11 Direcionamento de *streams* usando as representações DAG e por publicação-assinatura.

Um dos principais benefícios da técnica de publicação-assinatura é que os operadores podem ser adicionados ou removidos do sistema com relativa facilidade. A Figura 10.11b mostra o direcionamento de tuplas usando uma representação de publicação-assinatura. Cada fonte de dados recebe um nome de tópico exclusivo; a saída de cada operador também recebe um nome de tópico exclusivo. Cada operador assina os tópicos de suas entradas e publica para os tópicos correspondentes à sua saída. As fontes de dados publicam para seu tópico associado, enquanto os coletores de dados assinam os tópicos dos operadores cuja saída vai para o coletor.

O sistema Apache Kafka usa o modelo de publicação-assinatura para gerenciar o direcionamento de tuplas nos *streams*. No sistema Kafka, as tuplas publicadas para um tópico são retidas por um período de tempo especificado (chamado período de retenção), mesmo que não haja nenhum assinante para o tópico no momento. Os assinantes geralmente processam as tuplas o mais cedo possível, mas caso o processamento seja atrasado ou temporariamente interrompido em função de falhas, as tuplas ainda estarão disponíveis para processamento até que o tempo de retenção expire.

A Seção 22.8 contém mais detalhes sobre o roteamento e, em particular, como a publicação-assinatura é implementada em um sistema paralelo.

O próximo detalhe a ser abordado é como implementar as operações algébricas. Vimos, anteriormente, como as operações algébricas podem ser calculadas usando dados de arquivos e outras fontes de dados como entradas.

O Apache Spark permite que as fontes de dados *streaming* sejam usadas como entradas para tais operações. A questão principal é que algumas das operações podem não produzir resultado algum até que todo o *stream* seja consumido, o que pode levar um tempo potencialmente ilimitado. Para evitar esse problema, o Spark divide os *streams* em ***streams* discretos**, em que os dados do *stream* para uma janela de tempo específica são tratados como uma entrada de dados para os operadores algébricos. Quando os dados nessa janela tiverem sido consumidos, o operador gera sua saída, assim como teria se a fonte de dados fosse um arquivo ou uma relação.

No entanto, essa abordagem tem o problema de que a discretização de *streams* tem de ser feita antes que qualquer operação algébrica seja executada. Outros sistemas, como o Apache Storm e o Apache Flink, admitem operações de *stream*, que recebem um *stream* como entrada e emitem outro *stream*. Isso é simples para operações como *map* e seleção relacional; cada tupla de saída herda um registro de data e hora da tupla de entrada. Por outro lado, operações relacionais de agregação e operações *reduce* podem não conseguir gerar nenhuma saída até que todo o *stream* seja consumido. Para dar suporte a tais operações, o Flink aceita uma operação de janela que divide o *stream* em janelas; agregações são calculadas dentro de cada janela e enviadas quando a janela é concluída. Observe que a saída é tratada como um *stream*, em que as tuplas têm um registro de data e hora com base no final da janela.[3]

10.6 Bancos de dados de grafos

Os grafos são um tipo importante de dados com os quais os bancos de dados precisam lidar. Por exemplo, uma rede de computadores com vários roteadores e *links* entre eles pode ser modelada como um grafo, com roteadores como nós e *links* de rede como arestas. As redes rodoviárias são outro tipo comum de grafo, com as interseções rodoviárias modeladas como nós e as ligações rodoviárias entre as interseções como arestas. Páginas Web com *hiperlinks* entre elas são outro exemplo de grafos, onde páginas Web podem ser modeladas como nós e os *hiperlinks* entre elas como arestas.

De fato, se considerarmos um modelo E-R de uma empresa, toda entidade pode ser modelada como um nó de um grafo, e todo relacionamento binário pode ser modelado como uma aresta do grafo. Os relacionamentos ternários e de grau superior são mais difíceis de modelar, mas, como vimos na Seção 6.9.4, tais relacionamentos podem ser modelados como um conjunto de relacionamentos binários, se desejado.

Os grafos podem ser representados por meio do modelo relacional usando as duas relações a seguir:

1. nó(ID, rótulo, dados_nó)
2. aresta(IDorigem, IDdestino, rótulo, dados_aresta)

[3]Alguns sistemas geram *timestamps* (registros de data e hora) com base em quando a janela é processada, mas isso resulta em *timestamps* não determinísticos na saída.

em que dados_nó e dados_aresta contêm todos os dados relacionados com os nós e com as arestas, respectivamente.

Modelar um grafo usando apenas duas relações é muito simplista para esquemas complexos de banco de dados. Por exemplo, as aplicações exigem a modelagem de muitos tipos de nós, cada um com seu próprio conjunto de atributos, e muitos tipos de arestas, cada um com seu próprio conjunto de atributos. Da mesma forma, podemos ter várias relações que armazenam nós de diferentes tipos e várias relações que armazenam arestas de diferentes tipos.

Embora os dados do grafo possam ser facilmente armazenados em bancos de dados relacionais, os bancos de dados de grafos (como o Neo4j, bastante utilizado) fornecem vários recursos extras:

- Eles permitem que as relações sejam identificadas como representando nós ou arestas e oferecem uma sintaxe especial para definir tais relações.
- Eles suportam linguagens de consulta projetadas para expressar facilmente consultas de caminho (*path*), que podem ser mais difíceis de expressar em SQL.
- Eles fornecem implementações eficientes para tais consultas, que podem executar consultas muito mais rapidamente do que se fossem expressas em SQL e executadas em um banco de dados normal.
- Eles fornecem suporte para outros recursos, como visualização de grafos.

Como um exemplo de uma consulta de grafo, vejamos uma consulta na linguagem de consulta Cypher, aceita pelo Neo4j. Suponha que o grafo de entrada tenha nós correspondentes a alunos (armazenados em uma relação *aluno*) e instrutores (armazenados em uma relação *instrutor*, e um *mentor* do tipo de aresta entre *aluno* e *instrutor*). Omitimos os detalhes de como criar esses tipos de nós e arestas no Neo4j, e assumimos que haja esquemas apropriados para esses tipos. Podemos, então, escrever a seguinte consulta:

> **match** (*i:instrutor*)<−[*:mentor*]−(*a:aluno*)
> **where** *i.nome_dept*= 'Comp. Sci.'
> **return** *i.ID* **as** *ID, i.nome* **as** *nome*, **collect**(*a.nome*)
>   **as** *orientados*

Observe que a cláusula de correspondência na consulta conecta os instrutores aos alunos por meio da relação *mentor*, que é modelada como um caminho de grafo que percorre a aresta de mentor na direção contrária (a aresta aponta de aluno para instrutor), usando a sintaxe (*i: instrutor*) <− [*:mentor*] − (*a:aluno*). Este passo, basicamente, realiza uma junção das relações *instrutor*, *mentor* e *aluno*. Em seguida, a consulta executa um **group by** sobre ID e nome do instrutor e coleta todos os alunos orientados pelo instrutor em um conjunto denominado *orientados*. Omitimos os detalhes neste texto e encaminhamos o leitor interessado aos tutoriais *on-line* disponíveis em neo4j.com/developer.

O Neo4J também suporta o percurso recursivo das arestas. Por exemplo, suponha que desejamos encontrar pré-requisitos diretos e indiretos de cursos, com a relação *curso* modelada com o tipo nó e a relação *prereq*(*id_curso, id_prereq*) modelada com o tipo aresta. Assim, podemos escrever a seguinte consulta:

> **match** (*c1:curso*)−[*:prereq* *1..]−>(*c2:curso*)
> **return** *c1.id_curso, c2.id_curso*

Aqui, a anotação "*1.." indica que queremos considerar caminhos com várias arestas *prereq*, com um mínimo de 1 aresta (com um mínimo de zero, um curso apareceria como seu próprio pré-requisito).

Observamos que o Neo4j é um sistema centralizado e não suporta (até 2018) o processamento paralelo. No entanto, existem muitas aplicações que precisam processar grafos muito grandes, e o processamento paralelo é essencial para essas aplicações.

O cálculo do PageRank (que vimos, anteriormente, na Seção 8.3.2.2) em grafos muito grandes, contendo um nó para cada página Web e uma aresta para cada *hiperlink* de uma página a outra, representa um bom exemplo de um cálculo complexo sobre grafos muito grandes. O grafo da Web, hoje, tem centenas de bilhões de nós e trilhões de arestas. As redes sociais são outro exemplo de grafos muito grandes, contendo bilhões de nós e arestas; os cálculos em tais grafos incluem os caminhos mais curtos (para encontrar conectividade entre pessoas) ou o cálculo da influência das pessoas com base nas arestas na rede social.

Existem duas técnicas populares para o processamento paralelo de grafos:

1. ***Map-reduce* e *frameworks* algébricos**: Os grafos podem ser representados como relações, e as etapas individuais de muitos algoritmos paralelos de grafos podem ser representadas como junções. Assim, os grafos podem ser armazenados em um sistema de armazenamento paralelo, particionado em várias máquinas. Em seguida, podemos usar programas *map-reduce*, *frameworks* algébricos, como Spark, ou implementações paralelas de bancos de dados relacionais para processar cada etapa de um algoritmo de grafo em paralelo por vários nós.

   Tais abordagens funcionam bem para muitas aplicações. No entanto, ao executar cálculos iterativos que percorrem caminhos longos em grafos, essas abordagens são bastante ineficientes, uma vez que geralmente leem o grafo inteiro em cada iteração.

2. **Estruturas de processamento síncrono em massa**: O *framework* de processamento síncrono em massa (BSP) para algoritmos de grafos molda os algoritmos de grafos como cálculos associados a vértices que operam de maneira iterativa. Ao contrário da abordagem anterior, aqui o grafo normalmente é armazenado na memória, com os vértices particionados em várias máquinas; mais importante, o grafo não precisa ser lido em cada iteração.

Cada vértice (nó) do grafo possui dados (estado) associados a ele. Semelhante ao modo como os programadores fornecem as funções map() e reduce() no *framework* MapReduce, os programadores do *framework* BSP fornecem métodos que são executados para cada nó do grafo. Os métodos podem enviar mensagens para nós vizinhos e receber mensagens de nós vizinhos do grafo. Em cada iteração, chamada de **superpasso**, o método associado a cada nó é executado; o método consome quaisquer mensagens recebidas, atualiza os dados associados ao nó e pode, opcionalmente, enviar mensagens aos nós vizinhos. As mensagens enviadas em uma iteração são recebidas pelos destinatários na próxima iteração. O método em execução em cada vértice pode decidir parar se descobrir que não possui mais cálculos para realizar. Se, em alguma iteração, todos os vértices decidirem parar e nenhuma mensagem for enviada, o cálculo poderá ser encerrado.

O resultado do cálculo está contido no estado de cada nó. O estado pode ser coletado e enviado como resultado do cálculo.

A ideia do processamento síncrono em massa é bastante antiga, mas foi popularizada pelo sistema *Pregel*, desenvolvido pela Google, que fornecia uma implementação do *framework* tolerante a falhas. O sistema *Apache Giraph* é uma versão de código-fonte aberto do sistema Pregel.

O componente GraphX do Apache Spark admite cálculos sobre grafos para grafos grandes. Ele fornece uma API baseada no Pregel, bem como várias outras operações que recebem um grafo como entrada e geram um grafo na saída. As operações que têm suporte do GraphX incluem funções *map* aplicadas sobre vértices e arestas de grafos, junção de um grafo com um RDD e uma operação de agregação que funciona da seguinte maneira: uma função definida pelo usuário é usada para criar mensagens enviadas a todos os vizinhos de cada nó, e outra função definida pelo usuário é usada para agregar as mensagens. Todas essas operações podem ser executadas em paralelo para manipular grafos grandes.

Para obter mais informações sobre como escrever algoritmos de grafos nesses ambientes, consulte as referências na seção Leitura adicional, ao final do capítulo.

10.7 Resumo

- Aplicações modernas de gerenciamento de dados geralmente precisam lidar com dados que não estão necessariamente em formato relacional, e essas aplicações também precisam lidar com volumes de dados que são muito maiores do que o que uma única organização tradicional teria gerado.
- O uso cada vez maior de sensores de dados leva à conexão de sensores e outros dispositivos de computação embutidos em outros objetos à internet, algo geralmente chamado de "internet das coisas".
- Agora há uma maior variedade de opções de linguagem de consulta para aplicações Big Data, impulsionada pela necessidade não só de lidar com tipos de dados mais variados, mas também de escalar para volumes/velocidade de dados muito grandes.
- A criação de sistemas de gerenciamento de dados que podem ser dimensionados para grande volume/velocidade de dados requer armazenamento e processamento paralelo dos dados.
- Os sistemas de arquivos distribuídos permitem que os arquivos sejam armazenados em várias máquinas, liberando o acesso a arquivos usando uma interface tradicional de sistema de arquivos.
- Os sistemas de armazenamento de chave-valor permitem que os registros sejam armazenados e recuperados com base em uma chave e podem, adicionalmente, fornecer recursos de consulta limitados. Esses sistemas não são sistemas de banco de dados completos, e, às vezes, são chamados de sistemas NoSQL.
- Bancos de dados paralelos e distribuídos fornecem uma interface de banco de dados tradicional, mas armazenam dados em várias máquinas e executam o processamento de consultas em paralelo em várias máquinas.
- O paradigma MapReduce modela uma situação comum no processamento paralelo, em que algum processamento, identificado pela função map(), é aplicado a cada um de um grande número de registros de entrada e, em seguida, alguma forma de agregação, identificada pela função reduce(), é aplicada ao resultado da função map().
- O sistema Hadoop fornece uma implementação de código aberto muito utilizada do MapReduce, na linguagem Java.
- Há grande número de aplicações que usam o paradigma MapReduce para processamento de dados de vários tipos, cuja lógica pode ser facilmente expressa usando SQL.
- A álgebra relacional forma a base do processamento de consultas relacionais, permitindo que as consultas sejam modeladas como árvores de operações. Essa ideia é estendida a configurações com tipos de dados mais complexos, com suporte a operadores algébricos que podem trabalhar em *datasets* contendo registros com tipos de dados complexos, retornando *datasets* com registros contendo tipos de dados complexos semelhantes.
- Existem muitas aplicações nas quais as consultas precisam ser executadas continuamente, sobre dados que chegam de maneira contínua. O termo **dados em streaming** refere-se a dados que chegam de maneira contínua. Muitos domínios de aplicação precisam processar os dados recebidos em tempo real.
- Os grafos são um tipo importante de dados com os quais os bancos de dados precisam lidar.

Termos de revisão

- Volume
- Velocidade
- Conversão
- Internet das coisas
- Sistema de arquivos distribuído
- Servidor NameNode
- Máquinas DataNodes
- Fragmentação (*sharding*)
- Atributo de particionamento
- Sistema de armazenamento de chave-valor
- Armazenamento de chave-valor
- *Document stores*
- Sistemas NoSQL
- Chave de fragmento
- Bancos de dados paralelos
- Chave de redução
- Etapa de mistura
- Dados *streaming*
- Dados em repouso
- Janelas nos *streams*
- Consultas contínuas
- Pontuações
- Arquitetura lambda
- Janela corrida
- Janela pulada
- Janela deslizante
- Janela de sessão
- Sistema de publicação/assinatura
- Sistemas *pub-sub*
- *Streams* discretos
- Superpasso

Exercícios práticos

10.1 Suponha que você precise armazenar uma grande quantidade de arquivos pequenos, cada um com tamanho igual a 2 KB. Se a sua escolha for entre um sistema de arquivos distribuído e um armazenamento de chave-valor distribuído, qual você prefere e por qual motivo?

10.2 Suponha que você precise armazenar dados para uma grande quantidade de alunos em um armazenamento de documentos distribuído, como o MongoDB. Suponha, também, que os dados de cada aluno correspondam aos dados nas relações *aluno* e *realiza*. Como você representaria tais dados sobre os alunos, garantindo que todos os dados de determinado aluno possam ser acessados com eficiência? Dê um exemplo da representação de dados para um aluno.

10.3 Suponha que você queira armazenar contas de serviços públicos para uma grande quantidade de usuários, onde cada conta é identificada por uma matrícula de cliente e uma data. Como você armazenaria essas contas em um armazenamento de chave-valor que oferece suporte a consultas por intervalo, se as consultas solicitarem as contas de um cliente especificado para um período especificado?

10.4 Mostre o pseudocódigo para calcular uma junção $r \bowtie_{r.A=s.A} s$ usando uma única etapa MapReduce, supondo que a função map() seja chamada em cada tupla de r e s. Suponha que a função map() possa encontrar o nome da relação usando context.relname().

10.5 Qual é o problema conceitual com o trecho a seguir do código do Apache Spark, destinado a atuar sobre dados muito grandes? Observe que a função collect() retorna uma coleção Java, e as coleções Java (do Java 8 em diante) suportam as funções de *map* e *reduce*.

```
JavaRDD<String< lines = sc.textFile("logDirectory");
int tamanhoTotal = lines.collect().map(s -> s.length())
                  .reduce(0,(a,b) -> a+b);
```

10.6 Apache Spark:

a. Como o Apache Spartk realiza cálculos em paralelo?

b. Explique a declaração: "O Apache Spark realiza transformações sobre RDDs de forma adiada (*lazy*)".

c. Quais são alguns dos benefícios da avaliação adiada das operações no Apache Spark?

10.7 Dada uma coleção de documentos, para cada palavra w_i, seja n_i o número de vezes que a palavra ocorre na coleção. Seja N o número total de ocorrências de palavras em todos os documentos. Em seguida, considere todos os pares de palavras consecutivas (w_i, w_j) no documento; seja $n_{i,j}$ o número de ocorrências do par de palavras (w_i, w_j) em todos os documentos.

Escreva um programa do Apache Spark que, dada uma coleção de documentos em um diretório, calcule N, todos os pares (w_i, n_j) e todos os pares $((w_i, w_j), n_{i,j})$.

Em seguida, imprima todos os pares de palavras de tal forma que $n_{i,j}/N \geq 10 * (n_i/N) * (n_j/N)$. Esses são pares de palavras que ocorrem dez vezes ou mais com a frequência que seria esperada se as duas palavras ocorressem independentemente uma da outra.

Você verá que a operação de junção sobre RDDs é útil para a última etapa, para reunir as contagens relacionadas. Para simplificar, não se preocupe com pares cruzados de palavras. Também para simplificar, suponha que as palavras só ocorram em letras minúsculas e que não existam sinais de pontuação.

10.8 Considere a seguinte consulta usando o operador de janela corrida:

select *item, System.Timestamp* **as** *fim_janela,* **sum**(*valor*)
from *pedido* **timestamp by** *datahora*
group by *num_item,* **tumblingwindow**(*hora,* 1)

Dê uma consulta equivalente usando construções SQL normais, sem usar o operador de janela corrida. Você pode assumir que o *timestamp* pode ser convertido em um valor inteiro que representa o número de segundos decorridos desde, digamos, à meia-noite, de 1º de janeiro de 1970, usando a função *to_seconds* (*timestamp*). Você também pode considerar que as funções aritméticas comuns estão disponíveis, além da função *floor*(*a*), que retorna o maior inteiro ≤ *a*.

10.9 Suponha que você deseje modelar o esquema da universidade como um grafo. Para cada uma das seguintes relações, explique se a relação seria modelada como um nó ou uma aresta:

(i) *aluno*, (ii) *instrutor*, (iii) *curso*, (iv) *seção*, (v) *realiza*, (vi) *ministra*.

O modelo captura as conexões entre seções e cursos?

Exercícios

10.10 Indique quatro maneiras pelas quais as informações nos *logs* da Web pertencentes às páginas Web visitadas por um usuário podem ser usadas pelo *site*.

10.11 Uma das características do Big Data é a variedade de dados. Explique por que essa característica resultou na necessidade de outras linguagens além da SQL para processar Big Data.

10.12 Suponha que sua empresa tenha construído uma aplicação de banco de dados executada sobre um banco de dados centralizado, mas mesmo com um computador de ponta e índices apropriados criados sobre os dados, o sistema não é capaz de lidar com a carga de transações, levando ao processamento lento das consultas. Quais seriam algumas de suas opções para permitir que a aplicação manipule a carga de transações?

10.13 O *framework map-reduce* é bastante útil para criar índices invertidos sobre um conjunto de documentos. Um índice invertido armazena, para cada palavra, uma lista de todas as IDs de documento em que aparece (os deslocamentos nos documentos normalmente também são armazenados, mas vamos ignorá-los nesta questão).

Por exemplo, se as IDs e conteúdos do documento de entrada forem os seguintes:

1: data clean
2: data base
3: clean base

então, as listas invertidas seriam

data: 1, 2
clean: 1, 3
base: 2, 3

Mostre o pseudocódigo das funções *map* e *reduce* para criar índices invertidos sobre determinado conjunto de arquivos (cada arquivo é um documento). Suponha que a ID do documento esteja disponível usando uma função context.getDocumentID(), e a função *map* seja chamada uma vez por linha do documento. A lista invertida gerada para cada palavra deve ser uma lista de IDs de documentos, separadas por vírgulas. As IDs de documento normalmente são ordenadas, mas, para o propósito desta questão, você não precisa se preocupar com a ordenação.

10.14 Preencha os espaços em branco a seguir para completar o seguinte programa Apache Spark, que calcula o número de ocorrências de cada palavra em um arquivo. Para simplificar, consideramos que as palavras só ocorrem em letras minúsculas e não há sinais de pontuação.

```
JavaRDD<String> textFile = sc.textFile("hdfs://...");
JavaPairRDD<String, Integer> counts =
    textFile.__________(s -> Arrays.asList(s.split(" ")).
    __________())
    .mapToPair(word -> new __________).reduceByKey
    ((a, b) -> a + b);
```

10.15 Suponha que um *stream* possa entregar tuplas fora de ordem em relação aos *timestamps* das tuplas. Quais informações extras o *stream* deve fornecer, de modo que um sistema de processamento de consultas de *stream* possa decidir quando todas as tuplas de uma janela foram vistas?

10.16 Explique como várias operações podem ser executadas sobre um *stream* usando um sistema de publicação de assinatura, como o Apache Kafka.

Ferramentas

Existe uma grande variedade de ferramentas Big Data de código aberto, além de algumas ferramentas comerciais. Além disso, várias delas estão disponíveis em plataformas na nuvem. Listamos a seguir algumas ferramentas populares, juntamente com os URLs onde elas podem ser encontradas. O Apache HDFS (hadoop.apache.org) é uma implementação muito utilizada de sistema de arquivos distribuído. Alguns dos armazenamentos de chave-valor distribuídos/paralelos de código aberto incluem o Apache HBase (hbase.apache.org), o Apache Cassandra (cassandra.apache.org), o MongoDB (www.mongodb.com) e o Riak (basho.com).

Os sistemas de armazenamento hospedados em nuvem incluem o sistema de armazenamento S3 da Amazon (aws.amazon.com/s3) e o Google Cloud Storage (cloud.google.com/storage). Os armazenamentos de chave-valor hospedados compreendem o Google BigTable (cloud.google.com/bigtable) e o Amazon DynamoDB (aws.amazon.com/dynamodb).

O Google Spanner (cloud.google.com/spanner) e o CockroachDB (www.cockroachlabs.com) de código aberto são bancos de dados paralelos escaláveis, que oferecem suporte à SQL, transações e armazenamento altamente consistente.

Os sistemas MapReduce de código aberto incluem o Apache Hadoop (hadoop.apache.org) e o Apache Spark (spark.apache.org), enquanto o Apache Tez (tez.apache.org) admite processamento de dados usando um DAG de operadores algébricos. Eles também estão disponíveis como ofertas baseadas em nuvem no Amazon Elastic MapReduce (aws.amazon.com/emr), que também tem suporte para Apache HDFS e Apache HBase, e no Microsoft Azure (azure.microsoft.com).

O Apache Hive (hive.apache.org) é uma implementação SQL popular de código aberto executada no Apache MapReduce, Apache Tez e no Apache Spark; esses sistemas são projetados para suportar grandes consultas em execução paralela por várias máquinas. O Apache Impala (impala.apache.org) é uma implementação SQL que roda no Hadoop e foi projetada para lidar com grande número de consultas e retornar resultados de consulta com o mínimo de atraso (latência). As ofertas de SQL hospedada na nuvem que admitem o processamento paralelo incluem o Amazon EMR (aws.amazon.com/emr), o Google Cloud SQL (cloud.google.com/sql) e o Microsoft Azure SQL (azure.microsoft.com).

O Apache Kafka (kafka.apache.org) e o Apache Flink (flink.apache.org) são sistemas de processamento de *stream* de código aberto; o Apache Spark também fornece suporte para processamento de *stream*. Plataformas hospedadas de processamento de *stream* abrangem o Amazon Kinesis (aws.amazon.com/kinesis), o Google Cloud Dataflow (cloud.google.com/dataflow) e o Microsoft Stream Analytics (azure.microsoft.com). As plataformas de processamento de grafos de código aberto incluem Neo4J (neo4j.com) e Apache Giraph (giraph.apache.org).

Leitura adicional

Davoudian *et al.* (2018) fornece uma boa pesquisa de armazenamentos de dados NoSQL, com consulta de modelos de dados e detalhes internos. Mais informações sobre o Apache Hadoop, incluindo a documentação sobre o HDFS e o Hadoop MapReduce, podem ser encontradas na página inicial do Apache Hadoop, em hadoop.apache.org. Informações sobre o Apache Spark estão contidas na página inicial do Spark, em spark.apache.org. Informações sobre a plataforma de dados *streaming* do Apache Kafka podem ser encontradas em kafka.apache.org, e os detalhes do processamento de *stream* no Apache Flink em flink.apache.org. O processamento síncrono em massa (*Bulk Synchronous Processing*) foi introduzido em Valiant (1990). Uma descrição do sistema Pregel e seu suporte para processamento síncrono em massa pode ser encontrados em Malewicz *et al.* (2010), enquanto as informações sobre o equivalente em código aberto, Apache Giraph, constam em giraph.apache.org.

Bibliografia

DAVOUDIAN, A.; CHEN, L.; LIU, M. "A survey of NoSQL stores". *ACM Computing Surveys*, 51(2), p. 2-42, 2018.

MALEWICZ, G. *et al.* "Pregel: a system for large-scale graph processing". In: *Proc. of the ACM SIGMOD*, Indianapolis, Indiana, p. 135-146, 2010.

VALIANT, L. G. "A bridging model for parallel computation". *Communications of the ACM*, 33(8), p. 103-111, 1990.

Créditos

CAPÍTULO 11

Análise de dados

As tarefas de tomada de decisão têm grandes benefícios com o uso de dados sobre o passado para prever o futuro e com o uso dessas previsões para tomar decisões. Por exemplo, sistemas de publicidade *on-line* precisam decidir qual propaganda exibir para cada usuário. A análise de ações passadas e perfis de outros usuários, bem como das ações passadas e perfil do usuário atual, são fundamentais para decidir a qual anúncio o usuário provavelmente responderá. Aqui, cada decisão tem pouco valor, mas, com grandes volumes, o valor geral da tomada de decisões corretas se torna muito alto. No outro extremo do espectro de valor, fabricantes e varejistas precisam decidir, muitos meses antes da venda real, quais itens fabricar ou estocar. Prever a demanda futura de diferentes tipos de itens com base em vendas passadas e outros indicadores é fundamental para evitar superprodução ou excesso de estoque de alguns itens e baixa produção ou estoque insuficiente de outros itens. Os erros podem ocasionar perdas financeiras resultantes de estoque não vendido de alguns itens ou perda de receita potencial em razão da indisponibilidade de alguns itens.

O termo **análise de dados** refere-se, em grande parte, ao processamento de dados para deduzir padrões, correlações ou modelos para previsão. Os resultados da análise são usados para impulsionar as decisões de negócios.

Os benefícios financeiros de tomar decisões corretas podem ser substanciais, assim como os custos de tomar decisões erradas. As organizações, portanto, investem muito dinheiro para coletar ou comprar dados necessários e construir sistemas para análise de dados.

11.1 Visão geral da análise de dados

Grandes empresas possuem diversas fontes de dados para embasar suas decisões de negócios. As fontes podem armazenar os dados sob diferentes esquemas. Por motivos de desempenho (bem como por motivos de controle da organização), as fontes de dados normalmente não permitirão que outras partes da empresa apanhem dados por demanda.

Portanto, as organizações geralmente reúnem dados de várias fontes em um único local, conhecido como depósito de dados (ou *data warehouse*). Os depósitos de dados reúnem dados de várias origens sob um esquema unificado, em um único local (normalmente projetado para dar suporte à análise eficiente, mesmo ao custo de um armazenamento redundante). Assim, eles oferecem ao usuário uma única interface uniforme para os dados. No entanto, atualmente, os depósitos de dados também coletam e armazenam dados de fontes não relacionais, em que a unificação de esquemas não é possível. Algumas fontes de dados possuem erros que podem ser detectados e corrigidos usando restrições de negócios; além disso, as organizações podem coletar dados de várias fontes e, nesse processo, pode haver duplicatas nos dados coletados de diferentes fontes. Essas etapas de coleta de dados, limpeza/remoção de duplicatas de dados e carregamento de dados em um depósito são chamadas de tarefas de *extração, transformação* e *carga* (*extract, transform, load* – ETL). Estudamos as questões de montagem e manutenção de depósitos de dados na Seção 11.2.

A forma mais básica de análise é a geração de agregações e relatórios que resumem os dados de maneira significativa para a organização. Os analistas precisam obter diversas agregações diferentes e compará-las para entender os padrões nos dados. As agregações e, em alguns casos, os dados subjacentes são normalmente apresentados em forma de gráficos, para facilitar a visualização dos dados por humanos. Painéis que exibem gráficos que resumem os principais parâmetros corporativos, como vendas, despesas, devoluções de produtos e assim por diante, são meios populares de monitorar a integridade de uma organização. Os analistas também precisam visualizar dados de maneira a destacar anomalias ou fornecer indicações sobre as causas das mudanças nos negócios.

Sistemas que suportam uma análise muito eficiente, em que as consultas agregadas em dados grandes são respondidas quase em tempo real (em vez de serem respondidas após dezenas de minutos ou várias horas) são populares entre os analistas. Tais sistemas são conhecidos como *sistemas de processamento analítico on-line* (On-Line Analytical Processing – OLAP). Discutimos o processamento analítico *on-line* na Seção 11.3, onde abordamos o conceito de dados multidimensionais, as operações OLAP e a representação relacional de resumos multidimensionais. Também discutimos a representação gráfica e a visualização de dados na Seção 11.3.

A análise estatística constitui uma parte importante da análise de dados. Existem várias ferramentas projetadas para análise estatística, incluindo a linguagem/ambiente R, que tem código aberto, e sistemas comerciais como SAS e SPSS. A linguagem R é muito utilizada atualmente e, além de recursos para análise estatística, suporta recursos para exibição gráfica de dados. Existe um grande número de pacotes R (bibliotecas) que implementam uma grande variedade de tarefas de análise de dados, incluindo muitos algoritmos de aprendizado de máquina. R foi integrado a bancos de dados, bem como a sistemas Big Data, como o Apache Spark, que permite que programas R sejam executados em paralelo sobre grandes *datasets* (conjuntos de dados). A análise estatística é uma área grande por si só, e não a abordaremos mais neste livro. As referências que fornecem mais informações podem ser encontradas na seção Leitura adicional, ao final deste capítulo.

A previsão, em suas diferentes formas, é outro aspecto importante da análise. Por exemplo, os bancos precisam decidir se devem conceder um empréstimo a um solicitante de empréstimo e os anunciantes *on-line* precisam decidir qual anúncio exibir para um usuário em particular. Como outro exemplo, fabricantes e varejistas precisam tomar decisões sobre quais itens fabricar ou encomendar em quais quantidades.

Essas decisões são direcionadas de maneira significativa pelas técnicas de análise de dados do passado e pelo uso do passado para prever o futuro. Por exemplo, o risco de inadimplência pode ser previsto da seguinte forma. Primeiro, o banco examinaria o histórico de inadimplência de clientes no passado, encontraria as principais informações dos clientes, como salário, nível de escolaridade, histórico de trabalho e assim por diante, que ajudam na previsão da inadimplência. O banco então construiria um modelo de previsão (como uma árvore de decisão, que estudaremos mais adiante neste capítulo) usando as informações escolhidas. Quando um cliente solicita um empréstimo, as informações desse cliente em particular são inseridas no modelo, que faz uma previsão, como uma probabilidade estimada de inadimplência. A previsão é usada para tomar decisões de negócios, como, por exemplo, conceder ou não um empréstimo ao cliente.

Da mesma forma, os analistas podem analisar o histórico de vendas passado e usá-lo para prever vendas futuras, tomar decisões sobre o que e quanto fabricar ou encomendar, ou como segmentar sua publicidade. Por exemplo, um fabricante de automóveis pode pesquisar atributos de clientes que ajudam a prever quem compra diferentes tipos de carros. Pode ser que a maioria de seus carros esportivos pequenos seja comprada por mulheres jovens, cuja renda anual é superior a $ 50.000. A empresa pode, então, direcionar seu marketing para atrair mais mulheres para comprar seus carros esportivos pequenos e evitar o desperdício de dinheiro tentando atrair outras categorias de pessoas para comprar tais carros.

Técnicas de aprendizado de máquina são fundamentais para encontrar padrões em dados e fazer previsões a partir desses padrões. O campo da *mineração de dados* (*data mining*) combina técnicas de descoberta de conhecimento inventadas por pesquisadores de aprendizado de máquina com técnicas de implementação eficientes, que permitem que elas sejam usadas em bancos de dados extremamente grandes. A Seção 11.4 discute a mineração de dados.

O termo **business intelligence (BI)** é usado em um sentido muito semelhante à análise de dados. O termo **apoio à decisão** também é empregado em um sentido relacionado, porém mais restrito, com foco em relatórios e agregação, mas não incluindo aprendizado de máquina/mineração de dados. Normalmente, as tarefas de apoio à decisão usam consultas SQL para processar grandes quantidades de dados. As consultas de apoio à decisão podem ser comparadas com consultas para *processamento de transações on-line*, em que cada consulta geralmente lê apenas uma pequena quantidade de dados e pode executar algumas pequenas atualizações.

11.2 Depósito de dados (*data warehousing*)

Grandes organizações têm uma estrutura organizacional interna bastante complexa e, por isso, diferentes dados podem estar presentes em diferentes locais ou em diferentes sistemas operacionais, ou sob diferentes esquemas. Por exemplo, os dados de problema de manufatura e os dados de reclamação do cliente podem ser armazenados em diferentes sistemas de banco de dados. As organizações, com frequência, compram dados de fontes externas, como listas de discussão, usadas para promover produtos ou pontuação de crédito fornecidos por escritórios de crédito, para decidir a capacidade de endividamento dos clientes.[1]

Os que tomam decisões corporativas exigem o acesso a informações de todas essas fontes. A preparação de consultas sobre fontes individuais é desajeitada e ineficaz.

Além do mais, as fontes de dados só podem armazenar dados atuais, enquanto os que tomam decisões podem precisar de acesso também a dados do passado; por exemplo, informações sobre como os padrões de compra mudaram nos últimos anos poderiam ser de grande importância. Depósitos de dados oferecem uma solução para esses problemas.

Um **depósito de dados** (*data warehouse*) é um repositório (ou arquivamento) de informações colhidas de várias origens, armazenadas sob um esquema unificado, em um único local. Uma vez reunidos, os dados são armazenados por muito tempo, permitindo o acesso a dados históricos. Assim, os depósitos de dados oferecem ao usuário uma única interface consolidada para os dados, facilitando a escrita de consultas de apoio à decisão. Além disso, acessando informações para apoio à decisão a partir de um depósito de dados, quem toma decisões pode garantir que os sistemas de processamento de transação *on-line* não serão afetados pela carga de trabalho de apoio à decisão.

11.2.1 Componentes de um depósito de dados

A Figura 11.1 mostra a arquitetura de um depósito de dados típico e ilustra a coleta de dados, o armazenamento de dados e o suporte da consulta e análise de dados. Entre as questões a serem enfrentadas na montagem de um depósito de dados, estão as seguintes:

- **Quando e como coletar dados.** Em uma **arquitetura controlada pela fonte** para a coleta de dados, as fontes de dados transmitem novas informações, seja continuamente (quando ocorre o processamento da transação) ou

[1] Escritórios de crédito são empresas que reúnem informações sobre os clientes de múltiplas fontes e calculam a capacidade de endividamento de cada cliente.

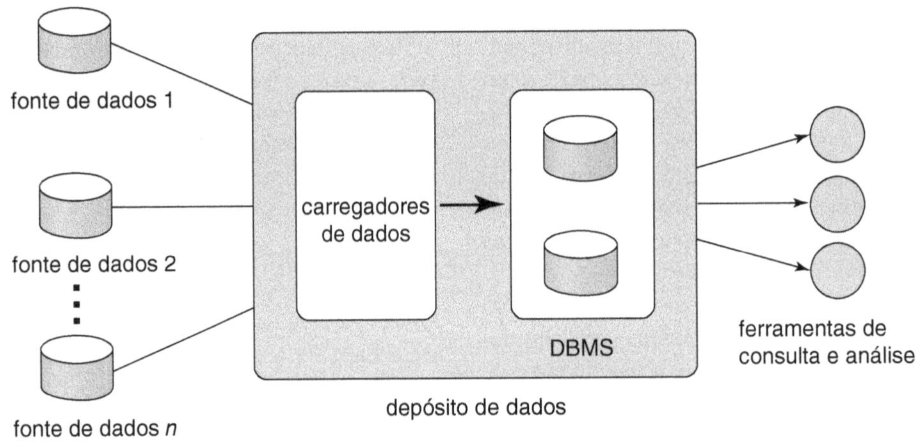

Figura 11.1 Arquitetura de um depósito de dados.

periodicamente (à noite, por exemplo). Em uma **arquitetura controlada por destino**, o depósito de dados envia, periodicamente, solicitações para novos dados às fontes.

A menos que as atualizações nas fontes sejam replicadas no depósito de forma síncrona, o depósito nunca estará muito atualizado com as fontes. A replicação síncrona pode ser dispendiosa, de modo que os depósitos de dados normalmente não a utilizam, e realizam consultas somente sobre dados que são antigos o bastante para terem sido completamente replicados. Tradicionalmente, os analistas se satisfaziam com os dados do dia anterior, de modo que os depósitos de dados poderiam ser carregados com dados até o final do dia anterior. Porém, cada vez mais organizações desejam dados mais atualizados. Os requisitos de atualidade dos dados variam conforme a aplicação. Dados de até algumas horas atrás podem ser suficientes para algumas aplicações; outras, que exigem respostas em tempo real a determinados eventos, podem usar a infraestrutura de processamento *streaming* (descrito na Seção 10.5), no lugar de depender de uma infraestrutura de depósito de dados.

- **Que esquema utilizar**. As fontes de dados que foram construídas de forma independente provavelmente terão diferentes esquemas. Na verdade, elas podem até mesmo usar diferentes modelos de dados. Parte da tarefa de um depósito é realizar a integração de esquema e converter dados para o esquema integrado antes que eles sejam armazenados. Como resultado disso, os dados armazenados no depósito não são apenas uma cópia dos dados das fontes. Em vez disso, eles podem ser imaginados como uma visão materializada dos dados nas fontes.

- **Transformação e limpeza de dados**. A tarefa de corrigir e pré-processar dados é chamada de **limpeza de dados**. As fontes de dados normalmente entregam dados com diversas inconsistências menores, que podem ser corrigidas. Por exemplo, os nomes normalmente possuem erros de digitação, e os endereços podem ter erros em campos de rua/bairro/cidade ou códigos postais informados incorretamente. Eles podem ser corrigidos até certo ponto consultando-se um banco de dados de nomes de rua e códigos postais em cada cidade. A combinação aproximada de dados exigidos para essa tarefa é considerada como **pesquisa difusa** (*fuzzy lookup*).

  As listas de endereços coletadas de várias fontes podem ter duplicatas que precisam ser eliminadas em uma **operação merge-purge** (operação também conhecida como **eliminação de duplicidade**). Os registros para os vários indivíduos em uma casa podem ser agrupados de modo que apenas uma correspondência seja enviada para cada casa; essa operação é chamada de **householding**.

  Os dados podem ser **transformados** de outras maneiras além da limpeza, como a mudança de unidades de medida ou a conversão dos dados para um esquema diferente, pela junção de dados de várias relações de origem. Os depósitos de dados normalmente possuem ferramentas gráficas para dar suporte à transformação de dados. Essas ferramentas permitem que a transformação seja especificada como caixas, e linhas podem ser criadas entre as caixas para indicar o fluxo dos dados. As caixas condicionais podem direcionar os dados para um próximo passo apropriado na transformação.

- **Como propagar atualizações.** As atualizações sobre as relações nas fontes de dados precisam ser propagadas para o depósito de dados. Se as relações no depósito de dados forem exatamente as mesmas daquelas na fonte de dados, a propagação será direta. Se não forem, o problema de propagação de atualizações é, basicamente, o problema de *manutenção de visão* (*view-maintenance*), que foi discutido na Seção 4.2.3 e abordado com mais detalhes na Seção 16.5.

- **Quais dados resumir.** Os dados brutos gerados por um sistema de processamento de transação podem ser muito grandes para serem armazenados *on-line*. Porém, podemos responder a muitas consultas mantendo apenas dados de resumo obtidos pela agregação sobre uma relação, em vez de manter a relação inteira. Por exemplo, em vez de armazenar dados sobre cada venda de roupas possível, podemos armazenar o total de vendas de roupas por nome e categoria do item.

As diferentes etapas envolvidas na obtenção de dados para um depósito de dados são chamadas de tarefas de **extração, transformação e carga** (ETL); a extração refere-se à obtenção de dados das fontes, enquanto a carga diz respeito à carga dos dados no depósito de dados. Nos depósitos de dados de última geração, que possuem suporte para funções definidas pelo usuário ou *frameworks* MapReduce, os dados podem ser extraídos, carregados para o depósito e, depois, transformados. Os passos são, então, denominados tarefas de **extração, carga e transformação** (ELT). A abordagem ELT permite o uso de *frameworks* de processamento paralelo para a transformação de dados.

11.2.2 Dados multidimensionais e esquemas de depósito

Os depósitos de dados normalmente possuem esquemas que são projetados para análise de dados, usando ferramentas do tipo OLAP. As relações em um **esquema de depósito de dados** normalmente podem ser classificadas como *tabelas de fatos* e *tabelas de dimensão*. **Tabelas de fatos** registram informações sobre eventos individuais, como vendas e, em geral, são muito grandes. Uma tabela registrando informações de vendas para um comércio varejista, com uma tupla para cada item vendido, é um exemplo típico de tabela de fatos. Os atributos na tabela de fatos podem ser classificados como *atributos de dimensão* ou *atributos de medição*. Os **atributos de medição** armazenam informação quantitativa, que pode ser agregada; os atributos de medição de uma tabela *vendas* incluiriam o número de itens vendidos e o preço dos itens. Por outro lado, os **atributos de dimensão** são dimensões sobre as quais os atributos de medição, e os resumos dos atributos de medição, são agrupados e visualizados. Os atributos de dimensão de uma tabela *vendas* incluiriam um identificador de item, a data em que o item foi vendido, de qual local (loja) o item foi vendido, qual cliente comprou o item, e assim por diante.

Os dados que podem ser modelados usando atributos de dimensão e atributos de medida são chamados de **dados multidimensionais**.

Para reduzir os requisitos de armazenamento, os atributos de dimensão normalmente são identificadores curtos, que são chaves estrangeiras para outras tabelas, chamadas **tabelas de dimensão**. Por exemplo, uma tabela de fatos *vendas* teria atributos de dimensão *id_item, id_loja, id_cliente* e *data*, e atributos de medição *número* e *preço*. O atributo *id_loja* é uma chave estrangeira para uma tabela de dimensão *loja*, que possui outros atributos, como local da loja (cidade, estado, país). O atributo *id_item* da tabela *vendas* seria uma chave estrangeira para uma tabela de dimensão *info_item*, que teria informações como o nome do item, a categoria à qual o item pertence e outros detalhes do item, como cor e tamanho. O atributo *id_cliente* seria uma chave estrangeira para uma tabela *cliente*, contendo atributos como nome e endereço do cliente. Também podemos ver o atributo *data* como uma chave estrangeira para uma tabela *info_data*, fornecendo o mês, o trimestre e o ano de cada data.

O esquema resultante aparece na Figura 11.2. Tal esquema, com uma tabela de fatos, várias tabelas de dimensão e chaves estrangeiras da tabela de fatos para as tabelas de dimensão, é chamado **esquema de estrela**. Projetos de depósito de dados mais complexos podem ter vários níveis de tabelas de dimensão; por exemplo, a tabela *info_item* pode ter um atributo *id_fabricante*, que é uma chave estrangeira para outra tabela, dando detalhes do fabricante. Esses esquemas são chamados **esquemas floco de neve**. Projetos complexos de depósito de dados também podem ter mais de uma tabela de fatos.

11.2.3 Suporte do banco de dados para depósitos de dados

Os requisitos de um sistema de banco de dados projetado para processamento de transação são diferentes dos requisitos de um sistema projetado para dar suporte a um sistema de depósito de dados. Uma diferença importante é que um banco de dados de processamento de transação precisa ter suporte para muitas consultas pequenas, que podem envolver atualizações, além das leituras. Por outro lado, os depósitos de dados

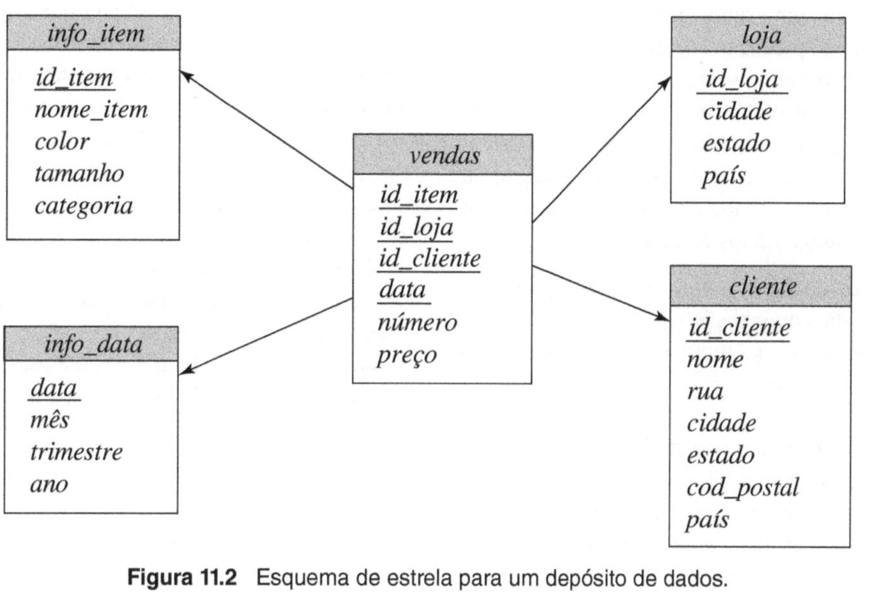

Figura 11.2 Esquema de estrela para um depósito de dados.

normalmente precisam processar muito menos consultas, mas cada consulta acessa uma quantidade de dados muito maior.

Mais importante ainda, enquanto novos registros são inseridos nas relações em um depósito de dados, e registros antigos podem ser excluídos depois que não são mais necessários, para criar espaço para novos dados, os registros normalmente nunca são atualizados depois de serem acrescentados a uma relação. Assim, os depósitos de dados não precisam gerar nenhuma sobrecarga para o controle de concorrência. (Conforme descrito no Capítulo 17 e no Capítulo 18, se transações simultâneas lerem e gravarem os mesmos dados, os dados resultantes poderão se tornar inconsistentes. O controle de concorrência restringe os acessos simultâneos de modo a garantir que não haja atualização incorreta no banco de dados). A sobrecarga do controle de simultaneidade pode ser significativa em termos não apenas do tempo gasto no processamento de consultas, mas também em termos de armazenamento, pois os bancos de dados geralmente armazenam várias versões dos dados para evitar conflitos entre pequenas transações de atualização e longas transações somente de leitura. Nenhuma dessas sobrecargas gerais é necessária em um depósito de dados.

Os bancos de dados, tradicionalmente, armazenam todos os atributos de uma tupla juntos, sendo essas tuplas armazenadas sequencialmente em um arquivo. Tal formato de armazenamento é chamado de *armazenamento orientado à linha* (*row-oriented storage*). Em contrapartida, no **armazenamento orientado à coluna**, cada atributo da relação é armazenado em um arquivo separado, com valores de sucessivas tuplas armazenados em posições sucessivas no arquivo. Considerando tipos de dados de tamanho fixo, o valor do atributo A da i-ésima tupla de uma relação pode ser encontrado acessando o arquivo correspondente ao atributo A e lendo o valor no deslocamento $(i - 1)$ vezes o tamanho (em bytes) dos valores no atributo A.

O armazenamento orientado à coluna tem, ao menos, dois principais benefícios em relação ao armazenamento orientado à linha:

1. Quando uma consulta precisa acessar somente alguns atributos de uma relação com grande número de atributos, os atributos restantes não precisam ser trazidos do disco para a memória. Por outro lado, no armazenamento orientado à linha, não somente atributos irrelevantes são buscados para a memória, mas eles também são carregados previamente no processador de cache, desperdiçando espaço de cache e largura de banda de memória, se foram armazenados ao lado de atributos usados na consulta.

2. Armazenar valores do mesmo tipo de dados juntos aumenta a eficácia da compressão, que pode reduzir em muito os custos de armazenamento em disco e o tempo de leitura dos dados do disco.

Por outro lado, o armazenamento orientado à coluna apresenta o inconveniente de necessitar de múltiplas operações de E/S para armazenar ou carregar uma única tupla.

Como resultado desse dilema, o armazenamento orientado à coluna não é muito utilizado pelas aplicações de processamento de transações. Entretanto, ele está ganhando aceitação crescente em aplicações de depósito de dados, nas quais o acesso raramente é feito a tuplas individuais, mas exige varredura e agregação de múltiplas tuplas. O armazenamento orientado à coluna é descrito com mais detalhes na Seção 13.6.

Implementações de banco de dados projetadas, exclusivamente, para aplicações de depósito de dados incluem Teradata, Sybase IQ e Amazon Redshift. Muitos bancos de dados tradicionais admitem a execução eficiente de aplicações de depósito de dados, adicionando recursos como armazenamento colunar; estes incluem Oracle, SAP HANA, Microsoft SQL Server e IBM DB2.

Na década de 2010, houve um crescimento explosivo de sistemas Big Data projetados para processar consultas sobre dados armazenados em arquivos. Tais sistemas são, hoje, uma parte fundamental da infraestrutura do depósito de dados. Como vimos na Seção 10.3, a motivação para tais sistemas foi o crescimento de dados gerados por sistemas *on-line* na forma de arquivos de *log*, que possuem muitas informações valiosas as quais podem ser exploradas para o apoio a tomadas de decisão. No entanto, esses sistemas podem lidar com qualquer tipo de dados, incluindo dados relacionais. O Apache Hadoop é um desses sistemas, e o sistema Hive permite que consultas SQL sejam executadas em cima do sistema Hadoop.

Várias empresas fornecem *software* para otimizar o processamento de consultas do Hive, incluindo Cloudera e Hortonworks. Apache Spark é outro sistema popular de Big Data que tem suporte a consultas SQL sobre dados armazenados em arquivos. Estruturas de arquivos compactados contendo registros com colunas, como Orc e Parquet, são cada vez mais usados para armazenar esses registros de *log*, simplificando a integração com SQL. Esses formatos de arquivo são discutidos com mais detalhes na Seção 13.6.

11.2.4 *Data lakes*

Embora os depósitos de dados prestem muita atenção à garantia de um esquema de dados comum para facilitar a tarefa de consultar os dados, há situações em que as organizações desejam armazenar dados sem ter que pagar o custo de criar um esquema comum e transformar os dados para o esquema comum. O termo ***data lake*** é usado para se referir a um repositório onde os dados podem ser armazenados em vários formatos, incluindo registros estruturados e formatos de arquivo não estruturados. Ao contrário dos depósitos de dados, os *data lakes* não exigem esforço inicial para pré-processar dados, mas exigem mais esforço ao criar consultas. Como os dados podem estar armazenados em vários formatos diferentes, as ferramentas de consulta também precisam ser bastante flexíveis. Apache Hadoop e Apache Spark são ferramentas populares para consultar esses dados, pois oferecem suporte à consulta de dados não estruturados e estruturados.

11.3 Processamento analítico *on-line*

A análise de dados, em geral, envolve a procura por padrões que aparecem quando os valores de dados são agrupados de maneiras "interessantes". Como um exemplo simples, a soma de horas de crédito para cada departamento é um modo de descobrir quais departamentos possuem altas responsabilidades de ensino. Em um comércio varejista, poderíamos agrupar vendas por produto, a data ou o mês da venda, a cor ou o tamanho do produto, ou pelo perfil (como faixa etária e gênero) do cliente que comprou o produto.

11.3.1 Agregação sobre dados multidimensionais

Considere uma aplicação na qual uma loja deseja descobrir que tipos de roupas são mais populares. Vamos supor que as roupas sejam caracterizadas por seu nome, cor e tamanho, e que tenhamos uma relação *vendas* com o esquema

vendas (*nome_item, cor, tamanho, quantidade*)

Suponha que *nome_item* possa assumir os valores (*skirt, dress, shirt, pants*), *cor* possa assumir os valores (*dark, pastel, white*), *tamanho* possa assumir os valores (*small, medium, large*) e *quantidade* seja um valor inteiro representando o número total de itens de determinado {*nome_item, cor, tamanho*}. Uma instância da relação *vendas* aparece na Figura 11.3.

A análise estatística normalmente requer agrupamento sobre vários atributos. O atributo *quantidade* da relação *vendas* é um atributo de medição, pois mede o número de unidades vendidas, enquanto *nome_item, cor* e *tamanho* são atributos de dimensão. (Uma versão mais realista da relação *vendas* teria outras dimensões, como hora e local das vendas, além de medições adicionais, como valor monetário da venda.)

Para analisar os dados multidimensionais, um gerente pode querer ver dados dispostos como mostra a tabela da Figura 11.4. A tabela mostra as quantidades totais para diferentes combinações de *nome_item* e *cor*. O valor de *tamanho* é especificado como **all**, indicando que os valores exibidos são um resumo para todos os valores de *tamanho* (ou seja, queremos agrupar os itens "*small*", "*medium*" e "*large*" em um único grupo).

A tabela na Figura 11.4 é um exemplo de **tabulação cruzada** (ou **cross-tab**, para abreviar), também conhecida como **tabela pivô**. Em geral, uma tabela cruzada é uma tabela derivada de uma relação (digamos, R), na qual os valores para um

nome_item	*cor*	*tamanho*	*quantidade*
dress	dark	small	2
dress	dark	medium	6
dress	dark	large	12
dress	pastel	small	4
dress	pastel	medium	3
dress	pastel	large	3
dress	white	small	2
dress	white	medium	3
dress	white	large	0
pants	dark	small	14
pants	dark	medium	6
pants	dark	large	0
pants	pastel	small	1
pants	pastel	medium	0
pants	pastel	large	1
pants	white	small	3
pants	white	medium	0
pants	white	large	2
shirt	dark	small	2
shirt	dark	medium	6
shirt	dark	large	6
shirt	pastel	small	4
shirt	pastel	medium	1
shirt	pastel	large	2
shirt	white	small	17
shirt	white	medium	1
shirt	white	large	10
skirt	dark	small	2
skirt	dark	medium	5
skirt	dark	large	1
skirt	pastel	small	11
skirt	pastel	medium	9
skirt	pastel	large	15
skirt	white	small	2
skirt	white	medium	5
skirt	white	large	3

Figura 11.3 Um exemplo da relação *vendas*.

tamanho **all**

nome_item \ *cor*	dark	pastel	white	total
skirt	8	35	10	53
dress	20	10	5	35
shirt	14	7	28	49
pants	20	2	5	27
total	62	54	48	164

Figura 11.4 Tabulação cruzada de *vendas* por *nome_item* e *cor*.

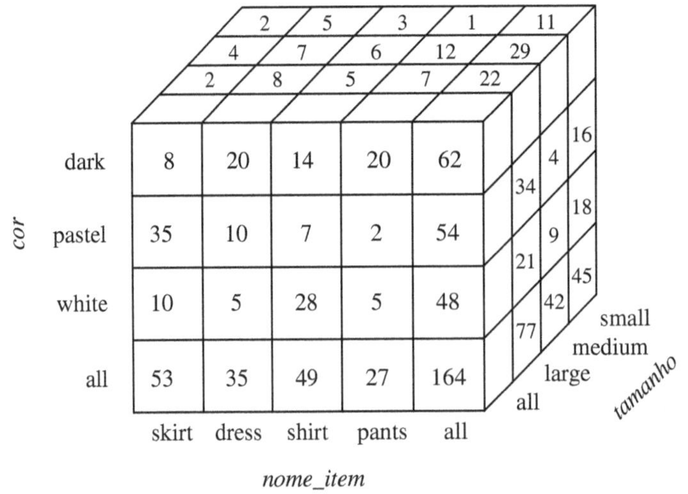

Figura 11.5 Cubo de dados tridimensional.

atributo da relação R (digamos, A) formam os cabeçalhos de coluna e os valores para outro atributo da relação R (digamos, B) formam o cabeçalho de linha. Por exemplo, na Figura 11.4, o atributo *cor* corresponde a A (com valores "*dark*", "*pastel*" e "*white*"), e o atributo *nome_item* corresponde a B (com valores "*skirt*", "*dress*", "*shirt*" e "*pants*").

Cada célula na tabela pivô pode ser identificada por (a_i, b_j), em que a_i é um valor para A e b_j é um valor para B. Os valores das diversas células na tabela pivô são derivados a partir da relação R da seguintes forma: se houver, no máximo, uma tupla em R com qualquer valor (a_i, b_j), o valor na célula é derivado dessa única tupla (se essa tupla existir); por exemplo, ele poderia ser o valor de um ou mais atributos da tupla. Se houver várias tuplas com um valor (a_i,b_j), o valor na célula deverá ser derivado pela agregação sobre as tuplas com esse valor. Em nosso exemplo, a agregação usada é a soma dos valores para o atributo *quantidade*, sobre todos os valores possíveis de *tamanho*, conforme indicado por "*tamanho*: **all**" acima da tabulação cruzada na Figura 11.4. Assim, o valor para a célula (*skirt, pastel*) é 35, pois existem três tuplas na tabela *vendas* que atendem a esse critério, com valores 11, 9 e 15.

Em nosso exemplo, a tabulação cruzada também tem uma coluna extra e uma linha extra armazenando os totais das células na linha/coluna. A maioria das tabulações cruzadas possui essas linhas e colunas de resumo.

A generalização de uma tabulação cruzada (que é bidimensional) para n dimensões pode ser visualizada como um cubo n-dimensional, chamado **cubo de dados**. A Figura 11.5 mostra um cubo de dados sobre a relação *vendas*. O cubo de dados tem três dimensões, *nome_item*, *cor* e *tamanho*, e o atributo de medida é *quantidade*. Cada célula é identificada por valores para essas três dimensões. Cada célula no cubo de dados contém um valor, como em uma tabulação cruzada. Na Figura 11.5, o valor contido em uma célula aparece em uma das faces da célula; outras faces da célula aparecem vazias, se estiverem visíveis. Todas as células contêm valores, mesmo que eles não sejam visíveis. O valor para uma dimensão pode ser **all**, e, nesse caso, a célula contém um resumo de todos os valores dessa dimensão, como no caso de tabulações cruzadas.

A quantidade de maneiras diferentes como as tuplas podem ser agrupadas para agregação pode ser grande. No exemplo da Figura 11.5, existem três cores, quatro itens e três tamanhos, resultando em um cubo de tamanho $3 \times 4 \times 3 = 36$. Incluindo os valores de resumo, obtemos um cubo de $4 \times 5 \times 4$, cujo tamanho é 80. De fato, para uma tabela com n dimensões, a agregação pode ser realizada com o agrupamento em cada um dos 2^n subconjuntos das n dimensões.[2]

Com um sistema de **processamento analítico *on-line*** (OLAP), um analista de dados pode examinar diferentes tabulações cruzadas sobre os mesmos dados selecionando os atributos *interativamente* na tabulação cruzada. Cada tabulação cruzada é uma visão bidimensional dentro de um cubo de dados multidimensional. Por exemplo, o analista pode selecionar uma tabulação cruzada sobre *nome_item* e *tamanho* ou sobre *cor* e *tamanho*. A operação de mudar as dimensões usadas em uma tabulação cruzada é chamada de **pivoting** (pivoteamento).

Sistemas OLAP permitem que um analista veja uma tabulação cruzada sobre *nome_item* e *cor* para um valor fixo de *tamanho*, por exemplo, "large", em vez de somar todos os tamanhos. Essa operação é chamada de **slicing** (corte em fatias), pois pode ser interpretada como uma visão de como uma fatia do cubo de dados. A operação, às vezes, é chamada de **dicing** (corte em pequenos cubos), particularmente quando os valores para várias dimensões são fixos.

Quando uma tabulação cruzada é usada para ver um cubo multidimensional, os valores dos atributos de dimensão que não fazem parte da tabulação cruzada aparecem acima da tabulação cruzada. O valor de um atributo deste tipo pode ser **all**, como mostra a Figura 11.4, indicando que os dados na tabulação cruzada são um resumo sobre todos os valores para o atributo. O *slicing/dicing* simplesmente consiste em selecionar valores específicos para esses atributos, que são então exibidos em cima da tabulação cruzada.

[2] O agrupamento sobre o conjunto de todas as n dimensões é útil somente se a tabela puder ter duplicatas.

Sistemas OLAP permitem que os usuários vejam dados em qualquer nível de detalhamento desejado. A operação de passar de dados com detalhamento maior (mais fino) para um detalhamento menor (por meio da agregação) é chamada de **rollup**. Em nosso exemplo, começando do cubo de dados na tabela *vendas*, obtivemos nossa tabulação cruzada de exemplo acumulando sobre o atributo *tamanho*. A operação oposta – mover de dados com menos detalhamento para dados com mais detalhamento – é chamada de **drill down**. Logicamente, dados com mais detalhamento não podem ser gerados a partir de dados com menos detalhamento; eles precisam ser gerados a partir dos dados originais ou de dados de resumo ainda mais detalhados.

Os analistas podem querer ver uma dimensão em diferentes níveis de detalhe. Por exemplo, um atributo do tipo **datetime** contém uma data e um tempo do dia (*time of day*). O uso de um tempo com precisão de segundo (ou menos) pode não ser significativo: um analista que está interessado no tempo do dia (*time of day*) aproximado pode examinar apenas o valor da hora. Um analista interessado em vendas por dia da semana pode mapear a data para o dia da semana e examinar apenas isso. Outro analista pode estar interessado em agregações por um mês, um trimestre ou um ano inteiro.

Os diferentes níveis de detalhe para um atributo podem ser organizados em uma **hierarquia**. A Figura 11.6a mostra uma hierarquia sobre o atributo **datetime**. Como outro exemplo, a Figura 11.6b exibe uma hierarquia sobre local, com a cidade no fundo da hierarquia, estado acima dela, país no próximo nível e continente no nível mais alto. Em nosso exemplo anterior, as roupas podem ser agrupadas por categoria (por exemplo, roupas masculinas ou roupas femininas); *categoria* estaria, então, acima de *nome_item* em nossa hierarquia de roupas. No nível dos reais valores, saias e vestidos estariam sob a categoria de roupa feminina, e calças e camisas sob a categoria de roupa masculina.

Um analista pode estar interessado em ver as vendas de roupas divididas como roupa masculina e feminina, e não interessado nos valores individuais. Depois de ver as agregações no nível de roupa masculina e feminina, um analista pode *descer na hierarquia* para examinar os valores individuais. Um analista examinando o nível detalhado pode *subir na hierarquia* e examinar em agregações em nível mais alto. Os dois níveis podem ser exibidos na mesma tabulação cruzada, como na Figura 11.7.

11.3.2 Representação relacional de tabulações cruzadas

Uma tabulação cruzada é diferente das tabelas relacionais normalmente armazenadas nos bancos de dados, pois o número de

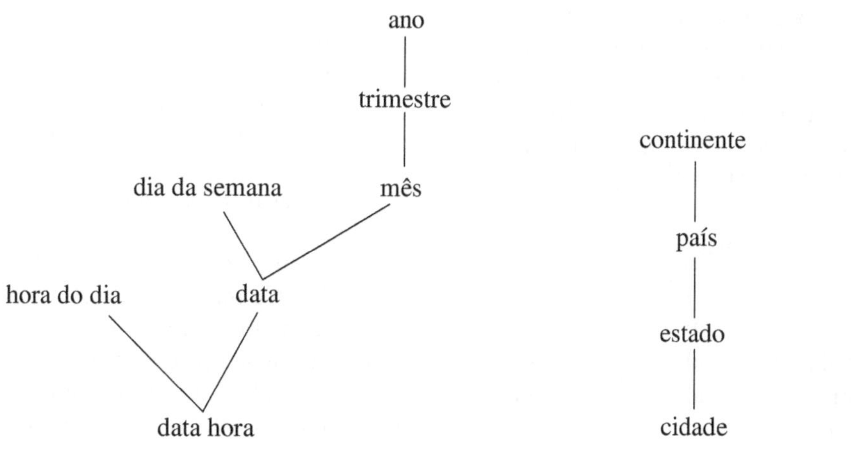

(a) hierarquia de tempo (b) hierarquia de localização

Figura 11.6 Hierarquias sobre dimensões.

tamanho **all**

categoria	*nome_item*	*cor* dark	pastel	white	total	
feminina	skirt	8	8	10	53	
	dress	20	20	5	35	
	subtotal	28	28	15		88
masculina	pants	14	14	28	49	
	shirt	20	20	5	27	
	subtotal	34	34	33		76
total		62	62	48		164

Figura 11.7 Tabulação cruzada de *vendas* com hierarquia sobre *nome_item*.

colunas na tabulação cruzada depende dos dados reais. Uma mudança nos valores de dados pode resultar na inclusão de mais colunas, o que não é desejável para o armazenamento de dados. Porém, uma visão de tabulação cruzada é desejável para exibição aos usuários. É simples representar uma tabulação cruzada sem valores de resumo em formato relacional com um número fixo de colunas. Uma tabulação cruzada com linhas/colunas de resumo pode ser representada introduzindo um valor especial **all** para representar subtotais, como na Figura 11.8. O padrão SQL, na realidade, usa o valor *null* no lugar de **all**, mas, para evitar confusão com os valores nulos reais, continuaremos usando **all**.

Considere as tuplas (skirt, **all**, **all**, 53) e (dress, **all**, **all**, 35). Obtivemos essas tuplas eliminando tuplas individuais com diferentes valores para *cor* e *tamanho*, e substituindo o valor de *quantidade* por uma agregação – a saber, a soma das quantidades. O valor **all** pode ser imaginado como representando o conjunto de todos os valores para um atributo. As tuplas com o valor **all** para as dimensões *cor* e *tamanho* podem ser obtidas por uma agregação sobre a relação *vendas* com um **group by** sobre a coluna *nome_item*. De modo semelhante, um **group by** sobre *cor*, *tamanho* pode ser usado para obter as tuplas com o valor **all** para *nome_item* e um **group by** sem atributos (que pode simplesmente ser omitido na SQL) pode ser usado para obter a tupla com valor **all** para *nome_item*, *cor* e *tamanho*.

Hierarquias também podem ser representadas por relações. Por exemplo, o fato de que saias (*skirt*) e vestidos (*dress*) estão sob a categoria de roupa feminina, e calças (*pants*) e camisas (*shirt*) sob a categoria de roupas masculinas, pode ser representado por uma relação *categoria_item*(*nome_item*, *categoria*). Essa relação pode ser juntada (por **join**) com a relação *vendas*, para obter uma relação que inclui a categoria para cada item. A agregação sobre essa relação juntada nos permite chegar a uma tabulação cruzada com hierarquia. Como outro exemplo, uma hierarquia sobre cidade pode ser representada por uma única relação *hierarquia_cidade*(*ID*, *cidade*, *estado*, *país*, *continente*) ou por várias relações, cada qual mapeando valores em um nível da hierarquia a valores no nível seguinte. Consideramos aqui que as cidades possuem identificadores exclusivos, armazenados no atributo *ID*, para evitar confusão entre duas cidades com o mesmo nome, por exemplo, Springfield em Missouri e Springfield em Illinois.

nome_item	*cor*	*tamanho*	*quantidade*
skirt	dark	**all**	8
skirt	pastel	**all**	35
skirt	white	**all**	10
skirt	**all**	**all**	53
dress	dark	**all**	20
dress	pastel	**all**	10
dress	white	**all**	5
dress	**all**	**all**	35
shirt	dark	**all**	14
shirt	pastel	**all**	7
shirt	white	**all**	28
shirt	**all**	**all**	49
pants	dark	**all**	20
pants	pastel	**all**	2
pants	white	**all**	5
pants	**all**	**all**	27
all	dark	**all**	62
all	pastel	**all**	54
all	white	**all**	48
all	**all**	**all**	164

Figura 11.8 Representação relacional dos dados da Figura 11.4.

11.3.3 OLAP na SQL

Os analistas que usam sistemas OLAP precisam que sejam geradas respostas para várias agregações de forma interativa, sem ter que esperar por vários minutos ou horas. Isso levou, inicialmente, ao desenvolvimento de sistemas especializados em OLAP (veja a Nota 11.1). Muitos sistemas de banco de dados agora implementam OLAP juntamente com construções SQL para expressar consultas OLAP. Como vimos na Seção 5.5.3, várias implementações da SQL, como Microsoft SQL Server e Oracle, aceitam uma cláusula **pivot** em SQL, o que permite a criação de tabulações cruzadas. Dada a relação *vendas* da Figura 11.3, a consulta

```
select *
from vendas
pivot (
        sum(quantidade)
        for cor in ('dark','pastel','white')
)
order by nome_item;
```

retorna a tabulação cruzada mostrada na Figura 11.9. Observe que a cláusula **for** dentro da cláusula **pivot** especifica quais valores do atributo *cor* devem aparecer como nomes de atributo no resultado pivô. O atributo *cor* em si é eliminado do resultado, embora todos os outros atributos sejam retidos, exceto que os valores para os atributos recém-criados são

nome_item	*tamanho*	*dark*	*pastel*	*white*
dress	small	2	4	2
dress	medium	6	3	3
dress	large	12	3	0
pants	small	14	1	3
pants	medium	6	0	0
pants	large	0	1	2
shirt	small	2	4	17
shirt	medium	6	1	1
shirt	large	6	2	10
skirt	small	2	11	2
skirt	medium	5	9	5
skirt	large	1	15	3

Figura 11.9 Resultado da operação pivô da SQL sobre a relação *vendas* da Figura 11.3.

Nota 11.1 IMPLEMENTAÇÃO DE OLAP

Os sistemas OLAP mais antigos usavam *arrays* multidimensionais na memória para armazenar cubos de dados e são conhecidos como sistemas multidimensional OLAP (MOLAP). Mais tarde, facilidades de OLAP foram integradas aos sistemas relacionais, com os dados armazenados em um banco de dados relacional. Esses sistemas são conhecidos como sistemas relational OLAP (ROLAP). Sistemas híbridos, que armazenam alguns resumos na memória e os dados básicos e outros resumos em um banco de dados relacional, são chamados sistemas hybrid OLAP (HOLAP).

Muitos sistemas OLAP são implementados como sistemas cliente-servidor. O servidor contém o banco de dados relacional, bem como quaisquer cubos de dados MOLAP. Os sistemas cliente obtêm *views* dos dados comunicando-se com o servidor.

Um modo simples de calcular o cubo de dados inteiro (todos os agrupamentos) sobre uma relação é usar qualquer algoritmo padrão para calcular operações agregadas, um agrupamento de cada vez. O algoritmo simples exigiria grande número de varreduras da relação. Uma otimização simples é calcular uma agregação sobre, digamos (*nome_item*, *cor*), a partir de uma agregação (*nome_item*, *cor*, *tamanho*), em vez de a partir da relação original. A quantidade de dados lidos cai significativamente calculando uma agregação a partir de outra agregação, em vez da relação original. Outras melhorias também são possíveis; por exemplo, vários agrupamentos podem ser calculados em uma única leitura dos dados.

As primeiras implementações OLAP pré-calculavam e armazenavam cubos de dados inteiros, ou seja, agrupamentos sobre todos os subconjuntos dos atributos da dimensão. O pré-cálculo permite que consultas OLAP sejam respondidas dentro de alguns segundos, até mesmo sobre *datasets* que podem conter milhões de tuplas, chegando a gigabytes de dados. Porém, existem 2^n agrupamentos com n atributos de dimensão; as hierarquias sobre atributos aumentam ainda mais esse número. Como resultado, o cubo de dados inteiro normalmente é maior do que a relação original que formou o cubo de dados e, em muitos casos, não é viável armazenar o cubo de dados inteiro.

Em vez de pré-calcular e armazenar todos os agrupamentos possíveis, faz sentido pré-calcular e armazenar alguns dos agrupamentos e calcular outros por demanda. Em vez de calcular consultas a partir da relação original, que pode levar muito tempo, podemos calculá-las a partir de outras consultas pré-calculadas. Por exemplo, suponha que uma consulta requeira o agrupamento por (*nome_item*, *cor*), e isso não tenha sido previamente calculado. O resultado da consulta pode ser calculado a partir de resumos por (*nome_item*, *cor*, *tamanho*), se isso tiver sido pré-calculado. Veja, na Bibliografia, referências sobre como selecionar um bom conjunto de agrupamentos para pré-cálculo, dados os limites sobre o armazenamento disponíveis para resultados pré-calculados.

especificados para virem do atributo *quantidade*. Caso mais de uma tupla contribua com valores para determinada célula, a operação de agregação dentro da cláusula **pivot** especificará como os valores devem ser combinados. No exemplo anterior, os valores de *quantidade* são somados.

Observe que a cláusula pivô, por si só, não calcula os subtotais que vimos na tabela pivô da Figura 11.4. Porém, podemos primeiro gerar a representação relacional mostrada na Figura 11.8, usando uma operação de cubo, conforme indicaremos em breve, e depois aplicar a cláusula pivô sobre essa representação para obter um resultado equivalente. Nesse caso, o valor **all** também precisa ser listado na cláusula **for**, e a cláusula **order by** precisa ser modificada para ordenar **all** no final.

Os dados em um cubo de dados não podem ser gerados por uma única consulta SQL, usando as construções **group by** básicas, pois as agregações são calculadas para vários agrupamentos diferentes dos atributos de dimensão. Usando apenas a construção **group by** básica, teríamos que escrever muitas consultas SQL separadas e combiná-las usando uma operação de união. A SQL tem suporte a uma sintaxe especial para permitir que múltiplas operações **group by** sejam especificadas de forma concisa.

Como vimos na Seção 5.5.4, a SQL aceita generalizações da construção **group by** para realizar as operações **cube** e **rollup**. As construções **cube** e **rollup** na cláusula **group by** permitem que várias consultas **group by** sejam executadas em uma única consulta, com o resultado retornado como uma única relação em um estilo semelhante ao da relação da Figura 11.8.

Considere, novamente, nosso exemplo de loja de revenda e a relação:

vendas (*nome_item*, *cor*, *tamanho*, *quantidade*)

Se quisermos gerar um cubo de dados inteiro usando consultas **group by** individuais, teremos de escrever uma consulta separada para cada um dos seguintes conjuntos de atributos:

{ (*nome_item*, *cor*, *tamanho*), (*nome_item*, *cor*),
(*nome_item*, *tamanho*),
(*cor*, *tamanho*), (*nome_item*), (*cor*), (*tamanho*), () }

com ( ) indicando uma lista vazia de **group by**.

Como vimos na Seção 5.5.4, a construção **cube** nos permite realizar isso em uma consulta:

```
select nome_item, cor, tamanho sum(quantidade)
from vendas
group by cube(nome_item, cor, tamanho);
```

Essa consulta produz uma relação cujo esquema é o seguinte:

(*nome_item, cor, tamanho,* **sum**(*quantidade*))

Para que o resultado dessa consulta seja de fato uma relação, as tuplas no resultado contêm *nulo* como o valor daqueles atributos ausentes em determinado agrupamento. Por exemplo, as tuplas produzidas pelo agrupamento sobre *tamanho* têm um esquema (*tamanho,* **sum**(*quantidade*)). Elas são convertidas em tuplas sobre (*nome_item, cor, tamanho,* **sum**(*quantidade*)) inserindo-se *nulo* para *nome_item* e *cor*.

As relações de cubo de dados geralmente são muito grandes. A consulta de cubo anterior, com três cores possíveis, quatro nomes de itens possíveis e três tamanhos, gera 80 tuplas. A relação da Figura 11.8 é gerada por meio de uma operação **group by cube** sobre *nome_item* e *cor*, com uma coluna extra especificada na cláusula **select** mostrando **all** para *tamanho*.

Para gerar essa relação em SQL, substituímos *null* por **all** usando a função **grouping**, como vimos anteriormente na Seção 5.5.4. A função **grouping** distingue os nulos gerados pelas operações OLAP dos nulos "normais" realmente armazenados no banco de dados ou decorrentes de uma junção externa (*outer join*). Lembre-se de que a função **grouping** retorna um se seu argumento for um valor nulo gerado por **cube** ou **rollup**, e zero, caso contrário. Podemos, então, operar sobre o resultado de uma chamada à função **grouping** usando expressões de **case** para substituir os nulos gerados pelo OLAP por **all**. Assim, a relação na Figura 11.8, com ocorrências de *nulo* substituídas por **all**, pode ser obtida por meio da consulta:

```
select case when grouping(nome_item) = 1 then 'all'
            else nome_item end as nome_item,
       case when grouping(cor) = 1 then 'all'
            else cor end as cor,
       'all' as tamanho, sum(quantidade) as quantidade
from vendas
group by cube(nome_item, cor);
```

A construção **rollup** é a mesma da construção **cube**, exceto que **rollup** gera menos consultas **group by**. Vimos que **group by cube** (*nome_item, cor, tamanho*) gerou todas as oito maneiras de formar uma consulta **group by** usando alguns (ou todos ou nenhum) dos atributos. Em

```
select nome_item, cor, tamanho, sum(quantidade)
from vendas
group by rollup(nome_item, cor, tamanho);
```

a cláusula **group by rollup**(*nome_item, cor, tamanho*) gera apenas quatro agrupamentos:

{ (*nome_item, cor, tamanho*), (*nome_item, cor*),
(*nome_item*), () }

Observe que a ordem dos atributos no **rollup** faz diferença; o atributo final (*tamanho*, em nosso exemplo) aparece em apenas um agrupamento, o penúltimo atributo em dois agrupamentos, e assim por diante, com o primeiro atributo aparecendo em todos os grupos menos um (o agrupamento vazio).

Por que desejaríamos os agrupamentos específicos que são usados em **rollup**? Esses grupos frequentemente são de interesse prático para hierarquias (como na Figura 11.6, por exemplo). Para a hierarquia de local (*Continente, País, Estado, Cidade*), podemos querer agrupar por *Continente* para obter as vendas por continente. Depois, podemos querer "detalhar" para o nível de países dentro de cada continente, o que significa que agruparíamos por *Continente, País*. Detalhando ainda mais, podemos querer agrupar por *Continente, País, Estado* e, depois, por *Continente, País, Estado, Cidade*. A construção **rollup** nos permite especificar essa sequência de detalhamento para aumentar o nível de detalhe.

Como vimos anteriormente na Seção 5.5.4, vários **rollups** e **cubes** podem ser usados em uma única cláusula **group by**. Por exemplo, a seguinte consulta

```
select nome_item, cor, tamanho, sum(quantidade)
from vendas
group by rollup(nome_item), rollup(cor, tamanho);
```

gera os agrupamentos:

{ (*nome_item, cor, tamanho*),
(*nome_item, cor*), (*nome_item*),
(*cor, tamanho*), (*cor*), ( ) }

Para entender por que, observe que **rollup**(*nome_item*) gera dois agrupamentos, {(*nome_item*), ( )} e **rollup**(*cor, tamanho*) gera três agrupamentos, {(*cor, tamanho*), (*cor*), ( ) }. O produto cartesiano dos dois nos oferece os seis agrupamentos mostrados.

Nem a cláusula **rollup** nem a cláusula **cube** disponibilizam controle completo sobre os agrupamentos gerados. Por exemplo, não podemos usá-las para especificar que queremos apenas agrupamentos {(*cor, tamanho*), (*tamanho, nome_item*)}. Esses agrupamentos restritos podem ser gerados usando a construção **grouping sets**, em que podemos especificar a lista específica de agrupamentos a serem usados. Para obter apenas agrupamentos {(*cor, tamanho*), (*tamanho, nome_item*)}, escreveríamos:

```
select nome_item, cor, tamanho, sum(quantidade)
from vendas
group by grouping sets ((cor, tamanho), (tamanho, nome_item));
```

Foram desenvolvidas linguagens especializadas para a consulta de esquemas OLAP multidimensionais, as quais permitem que algumas tarefas comuns sejam expressas com mais facilidade do que com a SQL. Entre elas, estão as linguagens de consulta MDX e DAX, desenvolvidas pela Microsoft.

11.3.4 Ferramentas de relatório e visualização

Geradores de relatórios são ferramentas para gerar relatórios de resumo legíveis aos humanos a partir de um banco de dados. Eles integram a consulta do banco de dados com a criação de texto formatado e gráficos de resumo (como gráficos de barras ou de pizza). Por exemplo, um relatório pode mostrar o total de vendas em cada um dos últimos dois meses para cada região de vendas.

O desenvolvedor de aplicação pode especificar formatos de relatório usando as facilidades de formatação do gerador de relatórios. Variáveis podem ser usadas para armazenar parâmetros, como o mês e o ano, e para definir campos no relatório. Tabelas, diagramas, gráficos de barras ou outros gráficos podem ser definidos por meio de consultas no banco de dados. As definições de consulta podem utilizar valores de parâmetro armazenados nas variáveis.

Quando tivermos definido uma estrutura de relatório em uma ferramenta de geração de relatórios, poderemos armazená-la e executá-la a qualquer momento para gerar um relatório. Os sistemas geradores de relatórios oferecem uma série de facilidades para estruturar a saída tabular, como a definição de cabeçalhos de tabela e coluna, a exibição de subtotais para cada grupo em uma tabela, divisão automática de tabelas longas em várias páginas e exibição de subtotais ao final de cada página.

A Figura 11.10 é um exemplo de relatório formatado. Os dados no relatório são gerados pela agregação das informações sobre pedidos.

Existem ferramentas de geração de relatórios de diversos fornecedores, como SAP (Crystal Reports) e Microsoft (SQL Server Reporting Services). Vários pacotes de aplicações, como o Microsoft Office, fornecem uma maneira de incorporar resultados de consulta formatados de um banco de dados diretamente em um documento. Os recursos de geração de gráficos fornecidos pelo Crystal Reports ou por planilhas como Excel podem ser usados para acessar dados de bancos de dados e gerar representações tabulares de dados ou representações gráficas usando gráficos ou tabelas. Esses gráficos podem ser incorporados em documentos de texto. Os gráficos são criados, inicialmente, a partir de dados gerados pela execução de consultas no banco de dados; as consultas podem ser reexecutadas e os gráficos gerados novamente quando necessário, para produzir uma versão atual do relatório geral.

Técnicas de **visualização de dados**, isto é, representação gráfica de dados, que vão além dos tipos básicos de gráficos, são muito importantes para a análise de dados. Os sistemas de visualização de dados ajudam os usuários a examinar grandes volumes de dados e a detectar padrões visualmente. Representações visuais de dados – como mapas, diagramas e outras representações gráficas – permitem que os dados sejam apresentados de maneira compacta aos usuários. Uma única tela gráfica pode codificar tanta informação quanto um número muito maior de telas de texto.

Por exemplo, se o usuário quiser descobrir se a ocorrência de uma doença está correlacionada aos locais onde os pacientes residem, esses locais podem ser codificados em uma cor especial – digamos, vermelha – em um mapa. O usuário pode descobrir rapidamente locais onde estão ocorrendo problemas. O usuário pode, então, formular hipóteses sobre a razão para os problemas estarem ocorrendo nesses locais, podendo verificar as hipóteses quantitativamente contra o banco de dados.

Como outro exemplo, as informações sobre os valores podem ser codificadas como uma cor e podem ser exibidas com apenas um pixel da área da tela. Para detectar associações entre pares de itens, podemos usar uma matriz de pixels bidimensional, com cada linha e cada coluna representando um item. A porcentagem de transações que compram ambos os itens pode ser codificada pela intensidade da cor do pixel. Itens com alta associação aparecerão como pixels brilhantes na tela – fáceis de detectar contra o fundo mais escuro.

Nos últimos anos, várias ferramentas foram desenvolvidas para visualização de dados baseada na Web e para a criação de painéis de controle que exibem vários gráficos mostrando informações corporativas importantes. Entre elas, estão o Tableau (www.tableau.com), o FusionCharts (www.fusioncharts.com), o plotly (plot.ly), o Datawrapper

Empresa de Suprimentos Acme Ltda.
Relatório Trimestral de Vendas

Período: 1º de janeiro a 1º de março de 2019

Região	Categoria	Vendas	Subtotal
Norte	*Hardware* de computador	1.000.000	
	Software de computador	500.000	
	Todas as categorias		1.500.000
Sul	*Hardware* de computador	200.000	
	Software de computador	400.000	
	Todas as categorias		600.000
		Total de vendas	**2.100.000**

Figura 11.10 Um relatório formatado.

(www.datawrapper.de) e o Google Charts (developers.google.com/chart), apenas para citar algumas. Como sua exibição é baseada em HTML e JavaScript, elas podem ser usadas em uma grande variedade de navegadores e dispositivos móveis.

A interação é um elemento fundamental da visualização. Por exemplo, um usuário pode detalhar (*drill down*) áreas de interesse, como ao passar de uma visualização agregada mostrando o total de vendas em um ano inteiro para os valores de vendas mensais de determinado ano. Os analistas podem adicionar interativamente condições de seleção para visualizar subconjuntos de dados. Ferramentas de visualização de dados, como o Tableau, oferecem um conjunto rico de recursos para visualização interativa.

11.4 Mineração de dados (*data mining*)

O termo **mineração de dados** (ou *data mining*) refere-se, em geral, ao processo de analisar grandes bancos de dados para encontrar padrões úteis. Assim como a descoberta de conhecimento na inteligência artificial (também chamada aprendizado de máquina) ou na análise estatística, a mineração de dados tenta descobrir regras e padrões a partir dos dados. Porém, a mineração de dados difere do aprendizado de máquina e da análise estatística porque lida com grande volume de dados, armazenados principalmente em disco. Ou seja, a mineração de dados lida com **descoberta de conhecimento nos bancos de dados** (**KDD**).

Alguns tipos de conhecimento descoberto em um banco de dados podem ser representados por um conjunto de **regras**. A seguir, está um exemplo de uma regra citada informalmente: "Mulheres jovens com renda anual maior que $ 50.000 são as pessoas mais prováveis de comprar carros esportivos". É claro que essas regras não são universalmente verdadeiras e possuem graus de "suporte" e "confiança", conforme veremos. Outros tipos de conhecimento são representados por equações relacionando diferentes variáveis entre si. De um modo geral, o conhecimento descoberto pela aplicação de técnicas de aprendizado de máquina em instâncias do passado em um banco de dados é representado por um **modelo**, que é, então, usado para prever resultados para novas instâncias. Características ou atributos das instâncias são entradas para o modelo, e a saída de um modelo é uma previsão.

Existem diversos tipos possíveis de padrões que podem ser úteis, e diferentes técnicas são utilizadas para encontrar diferentes tipos de padrões. Estudaremos alguns exemplos de padrões e veremos como eles podem ser derivados automaticamente de um banco de dados.

Normalmente, existe um componente manual para a mineração de dados, consistindo no pré-processamento dos dados para um formato aceitável para os algoritmos e no pós-processamento de padrões descobertos para encontrar outros que poderiam ser úteis. Também pode haver mais de um tipo de padrão que pode ser descoberto a partir de determinado banco de dados, e a interação manual pode ser necessária para selecionar tipos úteis de padrões. Por esse motivo, a mineração de dados é, na realidade, um processo semiautomático na vida real. Porém, em nossa descrição, nos concentramos no aspecto automático da mineração.

11.4.1 Tipos de tarefas de mineração de dados

As aplicações mais utilizadas da mineração de dados são aquelas que exigem algum tipo de **previsão**. Por exemplo, quando uma pessoa se candidata a um cartão de crédito, a companhia deseja prever se a pessoa tem baixo risco. A previsão deve ser baseada em atributos conhecidos da pessoa, como idade, renda, débitos e histórico de negociação de débito. As regras para fazer a previsão são derivadas dos mesmos atributos dos proprietários de cartão passados e atuais, juntamente com seu comportamento observado e se eles foram inadimplentes com cartão de crédito. Outros tipos de previsão incluem a previsão de quais clientes podem passar para um concorrente (esses clientes podem receber descontos especiais para incentivá-los a não trocar), a previsão de quais pessoas provavelmente responderão ao correio promocional (mala direta) ou a previsão de quais tipos de uso de cartão de ligação telefônica provavelmente serão fraudulentos.

Outra classe de aplicações procura **associações**, por exemplo, livros que costumam ser comprados juntos. Se um cliente comprar um livro, uma livraria *on-line* poderá sugerir outros livros associados. Se uma pessoa compra um telefone celular, o sistema pode sugerir acessórios que costumam ser comprados junto com o aparelho. Um bom vendedor conhece bem esses padrões e os explora para fazer vendas adicionais. O desafio aqui é automatizar esse processo. Outros tipos de associações podem levar à descoberta de causas. Por exemplo, a descoberta de associações não esperadas entre um remédio recém-introduzido e problemas cardíacos pode levar à conclusão de que o medicamento pode causar problemas cardíacos em algumas pessoas. O remédio, então, pode ser retirado do mercado.

Associações são exemplos de **padrões descritivos**. **Agrupamentos** (*clusters*) são outro exemplo desses padrões. Por exemplo, há cerca de um século, um agrupamento de casos de tifo foi encontrado em torno de um poço, o que levou à descoberta de que a água no poço estava contaminada e espalhando o tifo. A detecção de agrupamentos de doença continua sendo importante ainda hoje.

11.4.2 Classificação

Abstratamente, o problema de **classificação** é este: dado que os itens pertencem a uma dentre várias classes e dadas instâncias passadas (chamadas **instâncias de treinamento**) dos itens junto com as classes a que pertencem, o problema é prever a classe à qual um novo item pertence. A classe da nova instância não é conhecida, de modo que outros atributos da instância precisam ser usados para prever a classe.

Por exemplo, suponha que uma empresa de cartão de crédito queira decidir se concederá ou não um cartão de crédito a um solicitante. A empresa tem diversas informações sobre a pessoa, como sua idade, grau de instrução, renda mensal e débitos atuais, que poderá usar para tomar uma decisão.

Para tomar a decisão, a empresa atribui um nível de merecimento de crédito que pode ser excelente, bom, médio ou ruim a cada um de um conjunto de clientes atuais, de acordo com o histórico de pagamento do cliente. Essas instâncias formam o conjunto de instâncias de treinamento.

Depois, a empresa tenta encontrar regras que classificam seus clientes atuais em excelente, bom, médio ou ruim, com base na informação sobre a pessoa, que não seja o histórico real de pagamentos (que não está disponível para clientes novos). Existem diversas técnicas para classificação, e vamos esboçar algumas delas nesta seção.

11.4.2.1 Classificadores de árvore de decisão

O classificador de árvore de decisão é uma técnica bastante utilizada para a classificação. Como o nome indica, **classificadores de árvore de decisão** utilizam uma árvore; cada nó de folha possui uma classe associada, e cada nó interno possui um predicado (ou, geralmente, uma função) associado a ele. A Figura 11.11 mostra um exemplo de árvore de decisão. Para simplificar o exemplo, usamos apenas dois atributos: grau de instrução (maior diploma obtido) e renda.

Para classificar uma nova instância, começamos na raiz e atravessamos a árvore até alcançar uma folha; em um nó interno, avaliamos o predicado (ou função) na instância de dados, a fim de descobrir para qual filho prosseguir. O processo continua até que alcancemos um nó de folha. Por exemplo, se o nível de diploma de uma pessoa for mestre, e a receita da pessoa for 40K, começando da raiz, seguimos a linha rotulada com "mestre" e, a partir de lá, a linha rotulada com "25K a 75K", até alcançar uma folha. A classe na folha é "bom", de modo que prevemos que a avaliação de risco de crédito dessa pessoa é boa.

Existem diversas técnicas para a criação de classificadores de árvore de decisão a partir de determinado conjunto de treinamento. Omitimos os detalhes, mas você pode descobrir mais detalhes nas referências fornecidas na seção Leitura Adicional.

11.4.2.2 Classificadores bayesianos

Os **classificadores bayesianos** encontram a distribuição de valores de atributo para cada classe nos dados de treinamento; quando recebem uma nova instância d, eles usam a informação de distribuição para estimar, para cada classe c_j, a probabilidade de que a instância d pertença à classe c_j, indicada por $p(c_j|d)$, da maneira esboçada aqui. A classe com o máximo de probabilidade se torna a classe prevista para a instância d.

Para descobrir a probabilidade $p(c_j|d)$ de a instância d estar na classe c_j, os classificadores bayesianos utilizam o **teorema de Bayes**, que diz:

$$p(c_j|d) = \frac{p(d|c_j)p(c_j)}{p(d)}$$

Na expressão acima, $p(d|c_j)$ é a probabilidade de gerar a instância d dada a classe c_j, $p(c_j)$ é a probabilidade de ocorrência da classe c_j e $p(d)$ é a probabilidade de a instância d ocorrer. Destas, $p(d)$ pode ser ignorada, pois é a mesma para todas as classes. $p(c_j)$ é simplesmente a fração de instâncias de treinamento que pertencem à classe c_j.

Por exemplo, vamos considerar um caso especial em que apenas um atributo, *renda*, é usado na classificação, e suponha que precisemos classificar uma pessoa cuja renda seja de 76.000. Assumimos que os valores de renda foram divididos em baldes (*buckets*). Assuma ainda que o *buckets/bucket* que contém o valor 76.000 contém também valores no intervalo (75.000, 80.000). Suponha que, entre instâncias da classe *excelente*, a probabilidade de a renda estar em (75.000, 80.000) é de 0,1, enquanto entre instâncias da classe *bom* a probabilidade de a renda estar em (75.000, 80.000) é de 0,05. Suponha também que, em geral, uma fração de 0,1 pessoas seja classificada como *excelente*, e 0,3 seja classificada como *bom*. Então, $p(d|c_j)\ p(c_j)$ para a classe *excelente* é 0,01, enquanto para a classe *bom*, ele é 0,015. A pessoa seria, então, classificada na classe *bom*.

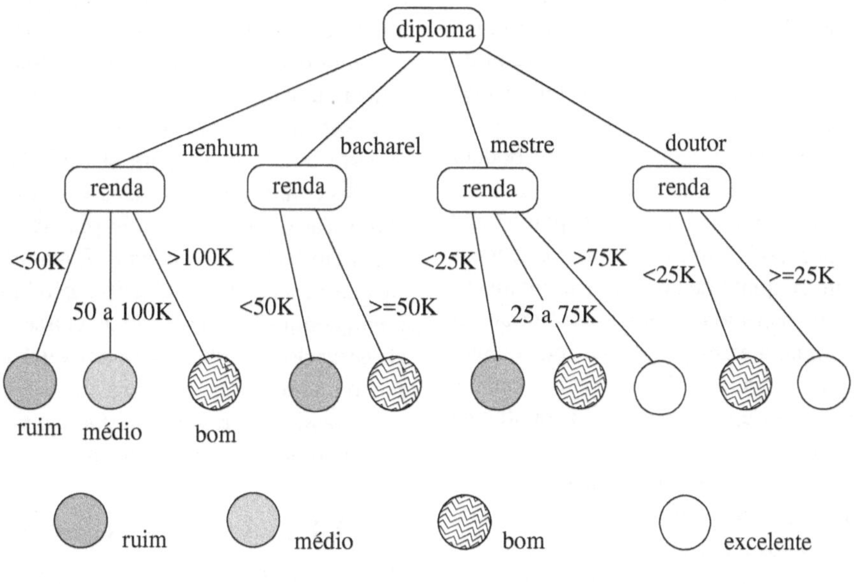

Figura 11.11 Árvore de classificação.

Em geral, atributos múltiplos precisam ser considerados na classificação. Com isso, é difícil encontrar $p(d|c_j)$ com exatidão, pois exige a distribuição completa das instâncias de c_j, sobre todas as combinações de valores para os atributos utilizados na classificação. O número de tais combinações (no exemplo dos *buckets* de renda, com valores de diploma e outros atributos) pode ser muito grande. Com um conjunto de treinamento limitado usado para encontrar a distribuição, a maioria das combinações não teria sequer um único elemento "casando" (*matching*) com a combinação no conjunto de treinamento, levando a decisões de classificação incorretas. Para evitar esse problema, e a fim de simplificar essa tarefa, **classificadores bayesianos simples** consideram que os atributos possuem distribuições independentes e, portanto, estimam:

$$p(d|c_j) = p(d_1|c_j) * p(d_2|c_j) * ... * p(d_n|c_j)$$

Ou seja, a probabilidade de a instância d ocorrer é o produto da probabilidade de ocorrência de cada um dos valores de atributo d_i de d, dado que a classe é c_j.

As probabilidades $p(d_i|c_j)$ derivam da distribuição de valores para cada atributo i, para cada classe c_j. Essa distribuição é calculada a partir das instâncias de treinamento que pertencem a cada classe c_j; a distribuição normalmente é aproximada por um histograma. Por exemplo, podemos dividir o intervalo de valores do atributo i em intervalos iguais e armazenar a fração de instâncias da classe c_j que cairá em cada intervalo. Dado um valor d_i para o atributo i, o valor de $p(d_i|c_j)$ é simplesmente a fração de instâncias pertencentes à classe c_j que caem no intervalo ao qual d_i pertence.

11.4.2.3 Classificadores de máquina de vetor de suporte

A **máquina de vetor de suporte** (*Support Vector Machine* – **SVM**) é um tipo de classificador que dá classificação muito precisa por uma série de aplicações. Fornecemos aqui informações básicas sobre classificadores de máquina de vetor de suporte; para obter mais informações, consulte as referências na Bibliografia deste capítulo.

Classificadores de máquina de vetor de suporte podem ser mais bem entendidos geometricamente. No caso mais simples, considere um conjunto de pontos em um plano bidimensional, alguns pertencendo à classe *A* e outros pertencendo à classe *B*. É dado um conjunto de pontos de treinamento cujas classes (*A* ou *B*) são conhecidas, e precisamos criar um classificador de pontos usando esses pontos de treinamento. Essa situação é ilustrada na Figura 11.12, em que os pontos na classe *A* são marcados com um X, enquanto os pontos na classe *B* são marcados com um O.

Suponha que possamos desenhar uma linha em um plano, de modo que todos os pontos na classe *A* se encontrem em um lado e todos os pontos da classe *B* se encontrem no outro. Então, a linha pode ser usada para classificar novos pontos, cuja classe ainda não conhecemos. Todavia, podem

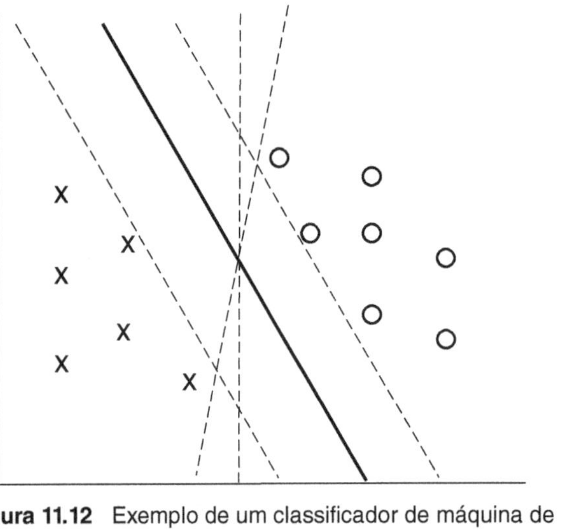

Figura 11.12 Exemplo de um classificador de máquina de vetor de suporte.

existir muitas possibilidades de linhas que podem separar pontos da classe *A* dos pontos da classe *B*. A Figura 11.12 mostra algumas dessas linhas. O classificador de máquina de vetor escolhe a linha cuja distância do ponto mais próximo em ambas as classes (usando os pontos do conjunto de treinamento) é máxima. Essa linha (chamada de *linha de segurança máxima*) é, então, usada para classificar outros pontos na classe *A* ou na classe *B*, dependendo de em qual lado da linha eles se encontrem. Na Figura 11.12, a linha de segurança máxima é mostrada em negrito, enquanto as outras linhas são tracejadas.

Essa intuição pode ser generalizada para mais de duas dimensões, permitindo que múltiplos atributos possam ser usados para a classificação; nesse caso, o classificador procura por um plano de divisão, e não por uma linha. Além disso, ao transformar, primeiramente, os pontos de entrada usando certas funções chamadas de *funções centrais* (*kernel functions*), os classificadores de máquina de vetor podem encontrar curvas não lineares separando os conjuntos de pontos. Isso é importante para os casos em que os pontos não estão separados por uma linha ou um plano. Na presença de ruídos, alguns pontos de uma classe podem estar no meio dos pontos de outra classe. Em tais casos, é escolhida a linha ou curva que divide mais precisamente os pontos em duas classes.

Apesar de a formulação básica da máquina de vetor de suporte estar voltada para classificadores binários, ou seja, aqueles com apenas duas classes, eles podem ser usados para classificação dentro de múltiplas classes, como a seguir: se existirem *N* classes, criaremos *N* classificadores, com o classificador *i* executando a classificação binária, classificando um ponto como situado ou não na classe *i*. Dado um ponto, cada classificador *i* também gera um valor indicando o quanto um ponto está relacionado com a classe *i*. Então, aplicamos todos os *N* classificadores em um ponto e escolhemos a classe para qual a afinidade do ponto for maior.

11.4.2.4 Classificadores de redes neurais

Os classificadores de rede neural utilizam os dados de treinamento para treinar redes neurais artificiais. Existe grande quantidade de literatura sobre redes neurais; não daremos os detalhes aqui, mas vamos esboçar algumas das principais propriedades dos classificadores de redes neurais.

Redes neurais consistem em várias camadas de "neurônios", cada um dos quais está conectado a neurônios na camada anterior. Uma instância de entrada do problema é alimentada na primeira camada; os neurônios em cada camada são "ativados" com base em alguma função aplicada às entradas na camada anterior. A função aplicada em cada neurônio calcula uma combinação ponderada das ativações dos neurônios de entrada e gera uma saída com base na combinação ponderada. A ativação de um neurônio em uma camada afeta a ativação de neurônios na próxima camada. A camada de saída final normalmente tem um neurônio correspondente a cada classe do problema de classificação que está sendo tratado. O neurônio com ativação máxima para determinada entrada decide a classe prevista para essa entrada.

A chave para o sucesso de uma rede neural são os pesos usados no cálculo aqui descrito. Esses pesos são aprendidos com base nos dados de treinamento. Eles são, inicialmente, definidos para algum valor padrão e, em seguida, os dados de treinamento são usados para aprender os pesos. O treinamento geralmente é feito aplicando cada entrada ao estado atual da rede neural e verificando se a previsão está correta. Caso contrário, um *algoritmo de retropropagação* é usado para ajustar os pesos dos neurônios na rede, de modo a aproximar a previsão da entrada atual da previsão correta. Repetir esse processo resulta em uma rede neural treinada, que pode ser usada para a classificação sobre novas entradas.

Nos últimos anos, as redes neurais alcançaram alto grau de sucesso para tarefas que antes eram consideradas muito difíceis, por exemplo, reconhecimento de objetos em imagens, reconhecimento de fala e tradução em linguagem natural. Um exemplo simples do primeiro tipo de tarefa é identificar a espécie, como gato ou cachorro, dada a imagem de um animal; tais problemas são, basicamente, problemas de classificação. Outros exemplos incluem a identificação de ocorrências de objetos em uma imagem e a atribuição de um rótulo de classe a cada objeto identificado.

Redes neurais profundas, que são redes neurais com um grande número de camadas, provaram ser muito bem-sucedidas em tais tarefas, se receberem um número muito grande de instâncias de treinamento. O termo **aprendizado profundo** refere-se às técnicas de aprendizado de máquina que criam essas redes neurais profundas e as treinam sobre um grande número de instâncias de treinamento.

11.4.3 Regressão

A **regressão** lida com a previsão de um valor, em vez de uma classe. Dados valores para um conjunto de variáveis, $X_1, X_2, \ldots, X_n$, queremos prever o valor de uma variável Y. Por exemplo, poderíamos tratar o grau de instrução como um número e a renda como outro número e, com base nessas duas variáveis, queremos prever a probabilidade de inadimplência, que poderia ser uma chance percentual de inadimplência ou a quantidade envolvida na inadimplência.

Uma maneira é inferir coeficientes $a_0, a_1, a_2, \ldots, a_n$, de modo que:

$$Y = a_0 + a_1 \times X_1 + a_2 \times X_2 + \ldots + a_n \times X_n$$

Achar um polinômio linear é chamado de **regressão linear**. Em geral, queremos encontrar uma curva (definida por um polinômio ou outra fórmula) em que os dados se encaixem; o processo também é chamado **ajuste de curva**.

O ajuste pode ser apenas aproximado, em virtude do ruído nos dados ou porque o relacionamento não é exatamente um polinômio, de modo que a regressão visa encontrar coeficientes que dão o melhor ajuste possível. Existem técnicas padronizadas na estatística para encontrar os coeficientes de regressão. Não discutimos essas técnicas aqui, mas a Bibliografia contêm referências.

11.4.4 Regras de associação

Os varejistas normalmente estão interessados em associações entre diferentes itens que as pessoas compram. Alguns exemplos dessas associações são:

- Alguém que compra pão provavelmente também comprará leite.
- Uma pessoa que comprou o livro *Conceitos de sistema de banco de dados* provavelmente também comprará o livro *Conceitos de sistema operacional.*

A informação de associação pode ser usada de várias maneiras. Quando um cliente compra determinado livro, uma loja *on-line* pode sugerir livros associados. Um mercado pode decidir posicionar o pão perto do leite, pois eles normalmente são comprados juntos, para que os compradores terminem sua tarefa mais rapidamente. Ou, então, a loja pode colocá-los em cantos opostos de uma prateleira, inserindo outros itens associados no intervalo, para que as pessoas também comprem esses itens, enquanto vão de um canto da prateleira ao outro. Uma loja que oferece descontos sobre um item associado pode não oferecer desconto sobre o outro, pois o cliente provavelmente comprará o outro, de qualquer forma.

Um exemplo de regra de associação é:

$$\textit{pão} \Rightarrow \textit{leite}$$

No contexto de compras do supermercado, a regra diz que os clientes que compram pão também costumam comprar leite com alta probabilidade. Uma regra de associação precisa ter uma **população** associada. A população consiste em um conjunto de **instâncias**. No exemplo de supermercado, a população pode consistir em todas as compras do mercado; cada compra é uma instância. No caso de uma livraria, a população pode consistir em todas as pessoas que fizeram compras, independentemente de quando elas compraram. Cada cliente é uma instância. Aqui, o analista decidiu que quando uma compra é feita não é algo significativo, enquanto para o exemplo de mercado o analista pode ter decidido se concentrar em compras isoladas, ignorando as múltiplas visitas do mesmo cliente.

As regras possuem um *suporte* associado, bem como uma *confiança* associada. Estes conceitos são definidos no contexto da população:

- **Suporte** é uma medida de qual fração da população satisfaz o antecedente e o consequente da regra.

  Por exemplo, suponha que apenas 0,001% de todas as compras incluam leite e parafusos. O suporte para a regra

  pão ⇒ parafusos

  é baixo. A regra pode nem sequer ser estatisticamente significativa – talvez houvesse apenas uma única compra que incluísse tanto leite quanto parafusos. As empresas normalmente não estão interessadas em regras que possuem baixo suporte, pois envolvem poucos clientes e não merecem atenção.

  Por outro lado, se 50% de todas as compras envolverem leite e pão, então o suporte para as regras envolvendo pão e leite (e nenhum outro item) é relativamente alto, e essas regras podem merecer atenção. A aplicação definirá exatamente que grau mínimo de suporte é considerado desejável.

- **Confiança** é uma medida da frequência com que o consequente é verdadeiro quando o antecedente é verdadeiro. Por exemplo, a regra:

  pão ⇒ leite

  tem uma confiança de 80% se 80% das compras que incluem pão também incluírem leite. Uma regra com baixa confiança não é significativa. Em aplicações de negócios, as regras normalmente possuem confianças significativamente menores que 100%, enquanto em outros domínios, como na física, as regras podem ter confianças altas.

  Observe que a confiança de *pão ⇒ leite* pode ser muito diferente da confiança de *leite ⇒ pão*, embora ambas tenham o mesmo suporte.

11.4.5 Agrupamento (*clustering*)

Intuitivamente, o agrupamento refere-se ao problema de localizar *clusters* de pontos nos dados indicados. O problema de **agrupamento** pode ser formalizado a partir de medidas de distância de várias maneiras. Uma delas é indicá-lo como o problema de agrupar pontos em *k* conjuntos (para um *k* qualquer indicado) de modo que a distância média dos pontos a partir do *centroide* do seu *cluster* atribuído seja reduzida.[3] Outra maneira é agrupar pontos de modo que a distância média entre cada par de pontos em cada *cluster* seja reduzida. Também existem outras definições; veja os detalhes na Bibliografia. No entanto, a intuição por trás de todas essas definições é agrupar pontos semelhantes em um conjunto único.

Outro tipo de agrupamento aparece nos sistemas de classificação na biologia. (Esses sistemas de classificação não tentam *prever* classes; em vez disso, eles tentam manter itens relacionados em *clusters*.) Por exemplo, leopardos e humanos são agrupados sob a classe mamíferos, enquanto crocodilos e serpentes são agrupados sob répteis. Tanto mamíferos quanto répteis vêm abaixo da classe comum cordato. O agrupamento de mamíferos possui ainda outros subclusters, como carnívoros e primatas. Assim, temos o **agrupamento hierárquico**. Dadas as características de diferentes espécies, os biólogos criaram um esquema de agrupamento hierárquico complexo, agrupando espécies relacionadas em diferentes níveis de hierarquia.

A comunidade de estatística tem estudado muito os agrupamentos. A pesquisa em banco de dados tem oferecido algoritmos de agrupamento escaláveis, que podem agrupar *datasets* (conjuntos de dados) muito grandes, que podem não caber na memória.

Uma aplicação interessante do agrupamento é prever em quais novos filmes (ou livros, ou músicas) uma pessoa provavelmente estará interessada, com base:

1. Na preferência passada dessa pessoa pelos filmes.
2. Em outras pessoas com preferências passadas semelhantes.
3. Nas preferências de tais pessoas por novos filmes.

Uma solução para esse problema é a seguinte. Para encontrar pessoas com preferências passadas semelhantes, criamos *clusters* de pessoas com base em suas preferências por filmes. A precisão do agrupamento pode ser melhorada se os filmes forem agrupados previamente por sua semelhança, de modo que, se as pessoas não tiverem visto os mesmos filmes, mas se tiverem visto filmes semelhantes, elas serão agrupadas juntas. Podemos repetir o agrupamento, alternadamente agrupando pessoas, depois filmes, depois pessoas e assim por diante, até alcançarmos um equilíbrio. Dado um novo usuário, encontramos um *cluster* de usuários mais semelhantes a esse usuário, com base em suas preferências por filmes já vistos. Então, prevemos filmes nos *clusters* de filmes que são populares no *cluster* desse usuário como, provavelmente, sendo interessantes para o novo usuário. De fato, esse problema é um exemplo de filtragem colaborativa, em que os usuários colaboram na tarefa de filtrar informações a fim de encontrar informações de interesse.

11.4.6 Mineração de texto

A **mineração de texto** se aplica a técnicas de mineração de dados aos documentos textuais. Uma dessas tarefas é a **análise de sentimento**. Por exemplo, suponha que uma empresa deseje descobrir como os usuários reagiram a um novo produto. Geralmente, há um grande número de avaliações de produtos na Web, por exemplo, avaliações de diferentes

---

[3]O centroide de um conjunto de pontos é definido como um ponto cuja coordenada em cada dimensão é a média das coordenadas de todos os pontos desse conjunto nessa dimensão. Por exemplo, em duas dimensões, o centroide de um conjunto de pontos $\{ (x_1, y_1), (x_2, y_2), \ldots, (x_n, y_n) \}$ é dado por $\left(\frac{\sum_{i=1}^{n} x_i}{n}, \frac{\sum_{i=1}^{n} y_i}{n} \right)$.

usuários em plataformas de comércio eletrônico. Para um ser humano, não é prático ler cada avaliação para descobrir suas reações. Em vez disso, a empresa pode analisar essas reações para encontrar o *sentimento* das avaliações do produto; o sentimento pode ser positivo, negativo ou neutro. A ocorrência de palavras específicas, como excelente, bom, impressionante, lindo e assim por diante, está correlacionada com um sentimento positivo, enquanto palavras como terrível, mediano, inútil, má qualidade etc. estão correlacionadas com um sentimento negativo. As técnicas de análise de sentimentos podem ser usadas para analisar as avaliações e chegar a uma pontuação final que reflita o senso geral nas avaliações.

Outra tarefa é a **extração de informações**, que cria informações estruturadas a partir de descrições textuais não estruturadas ou dados semiestruturados, como em tabelas de dados nos documentos. Uma das principais subtarefas desse processo é o **reconhecimento de entidades**, ou seja, a tarefa de identificar menções de entidades no texto e remover sua ambiguidade. Por exemplo, um artigo pode mencionar o nome Michael Jordan. Há, pelo menos, duas pessoas famosas chamadas Michael Jordan: uma era um jogador de basquete, enquanto a outra é um professor especialista em aprendizado de máquina, bem conhecido. **Desambiguação** é o processo de descobrir qual desses dois está sendo referido em um artigo em particular, e isso pode ser feito com base no contexto do artigo; neste caso, uma ocorrência do nome Michael Jordan em um artigo de esportes provavelmente se refere ao jogador de basquete, enquanto uma ocorrência em um artigo de aprendizado de máquina provavelmente se refere ao professor. Após o reconhecimento da entidade, outras técnicas podem ser usadas para descobrir atributos de entidades e relacionamentos entre entidades.

A extração de informações pode ser utilizada de várias maneiras. Por exemplo, pode ser usada para analisar conversas de suporte ao cliente ou comentários postados nas mídias sociais, avaliar a satisfação do cliente e decidir quando é necessária intervenção para reter os clientes. Os prestadores de serviços podem querer saber a qual aspecto do serviço prestado – como preço, qualidade, limpeza ou comportamento do profissional – uma análise foi positiva ou negativa; técnicas de extração de informações podem ser usadas para deduzir sobre qual aspecto um artigo ou parte de um artigo trata, inferindo o sentimento associado. Atributos como a localização do serviço também podem ser extraídos e são importantes para a tomada de ações corretivas.

As informações extraídas da enorme coleção de documentos e outros recursos na Web podem ser valiosas para muitas tarefas. Essas informações extraídas podem ser representadas em um grafo, chamado de **grafo de conhecimento**, que descrevemos na Seção 8.1.4. Esses grafos de conhecimento são usados pelos mecanismos de pesquisa da Web para gerar respostas mais significativas às consultas dos usuários.

11.5 Resumo

- Sistemas de análise de dados analisam dados *on-line* coletados por sistemas de processamento de transação, juntamente com os dados coletados de outras fontes, para ajudar as pessoas a tomar decisões de negócios.
- Depósitos de dados ajudam a reunir e arquivar dados operacionais importantes. Depósitos são usados para apoio à decisão e análise sobre dados históricos, por exemplo, para prever tendências. A limpeza de dados das fontes de dados de entrada normalmente é uma tarefa importante no depósito de dados. Os esquemas de depósito costumam ser multidimensionais, envolvendo uma ou algumas tabelas de fatos muito grandes e várias tabelas de dimensões muito menores.
- Ferramentas de processamento analítico *on-line* (OLAP) ajudam os analistas a verem dados resumidos de diferentes maneiras, de modo que possam ter ideia do funcionamento de uma organização.
  - Ferramentas OLAP funcionam sobre dados multidimensionais, caracterizados por atributos de dimensão e atributos de medição.
  - O cubo de dados consiste em dados multidimensionais resumidos de diferentes maneiras. O pré-cálculo do cubo de dados ajuda a agilizar consultas sobre resumos de dados.
  - Exibições de tabulação cruzada permitem que os usuários vejam duas dimensões dos dados multidimensionais de cada vez, juntamente com os resumos dos dados.
  - *Drill down*, *rollup*, *slicing* e *dicing* estão entre as operações que os usuários realizam com ferramentas OLAP.
- O padrão SQL oferece uma série de operadores para análise de dados, incluindo operações **cube**, **rollup** e **pivot**.
- Mineração de dados é o processo de analisar, de maneira semiautomática, grandes bancos de dados para encontrar padrões úteis. Existem diversas aplicações da mineração de dados, como a previsão de valores com base em exemplos passados, a descoberta de associações entre compras e agrupamento automático de pessoas e filmes.
- A classificação trata da previsão da classe de instâncias de teste. Para tal, usam-se atributos das instâncias de teste. O treinamento é baseado nos atributos das instâncias de treinamento, e na classe real de instâncias de treinamento. Existem vários tipos de classificadores, como:
  - Os classificadores de árvore de decisão, que realizam a classificação construindo uma árvore baseada nas instâncias de treinamento com folhas tendo rótulos de classe.
  - Os classificadores bayesianos, que são baseados na teoria da probabilidade.
  - A máquina de suporte de vetor (SVM) que é outra técnica de classificação bastante utilizada.
  - As redes neurais, particularmente as usadas no aprendizado profundo, que têm sido muito úteis na classificação e em tarefas relacionadas no contexto de

reconhecimento de imagens, voz e compreensão/tradução de linguagem natural.

- As regras de associação identificam itens que, frequentemente, ocorrem em conjunto, por exemplo, itens que costumam ser comprados pelo mesmo cliente. As correlações procuram desvios dos níveis de associação esperados.
- Outros tipos de mineração de dados incluem agrupamento (*clustering*) e mineração de texto.

Termos de revisão

- Sistemas de apoio à decisão
- Business intelligence (BI)
- Depósito de dados (*data warehousing*)
  - Coleta de dados
  - Arquitetura controlada pela fonte
  - Arquitetura controlada por destino
  - Limpeza de dados
  - *Extract, Transform, Load* (ETL)
  - *Extract, Load, Transform* (ELT)
- Esquemas de depósito
  - Tabela de fatos
  - Tabelas de dimensão
  - Esquema de estrela
  - Esquema floco de neve
- Armazenamento orientado à coluna
- *On-line* Analytical Processing (OLAP)
- Dados multidimensionais
  - Atributos de medição
  - Atributos de dimensão
  - Hierarquia
  - Tabulação cruzada / Pivoteamento
  - Cubo de dados
  - *Rollup* e *drill down*
  - SQL **group by cube**, **group by rollup**
- Visualização de dados
- Mineração de dados
- Previsão
- Classificação
  - Dados de treinamento
  - Dados de teste
- Classificadores de árvore de decisão
- Classificadores bayesianos
  - Teorema de Bayes
  - Classificadores bayesianos simples
- Máquina de vetor de suporte (SVM)
- Regressão
- Redes neurais
- Aprendizado profundo
- Regras de associação
- Agrupamento (*clustering*)
- Mineração de texto
  - Análise de sentimento
  - Extração de informações
  - Reconhecimento de entidades
  - Grafo de conhecimento

Exercícios práticos

11.1 Descreva vantagens e desvantagens de uma arquitetura orientada à fonte para colher dados em um depósito de dados, em comparação com uma arquitetura orientada a destino.

11.2 Desenhe um diagrama que mostre como a relação *turma* de nosso exemplo da universidade, segundo mostrado no Apêndice A, será guardada em uma estrutura de armazenamento orientada à coluna.

11.3 Considere a relação *realiza*. Escreva uma consulta SQL que calcule uma tabela cruzada que tenha uma coluna para cada um dos anos de 2018 e 2019, e uma coluna para **all**; uma linha para cada curso, além de uma linha para **all**. Cada célula na tabela deverá conter o número de alunos que realizaram o curso correspondente no ano correspondente, com a coluna **all** contendo a agregação por todos os anos, e uma linha **all** contendo a agregação por todos os cursos.

11.4 Considere o esquema representado na Figura 11.2. Faça uma consulta SQL para resumir os números de vendas e o preço por loja e data, juntamente com as hierarquias sobre loja e data.

11.5 A classificação pode ser feita usando *regras de classificação*, que possuem uma *condição*, uma *classe* e uma *confiança*; a confiança é a porcentagem das entradas que satisfaz a condição que se encaixa na classe especificada.

Por exemplo, uma regra de classificação para avaliações de crédito pode ter uma condição de que o salário esteja entre $ 30.000 e $ 50.000, e o grau de instrução seja ensino superior, com a avaliação de crédito *boa* e uma confiança de 80%. Uma segunda regra pode ter uma condição de que o salário esteja entre $ 30.000 e $ 50.000, e o grau de instrução seja o ensino médio, com a classe de avaliação de crédito *satisfatória* e uma confiança de 80%. Uma terceira regra pode ter uma condição de que o salário seja superior a $ 50.000, com a classe de avaliação de crédito *excelente* e confiança de 90%. Mostre um classificador de árvore de decisão correspondente a essas regras.

Mostre como o classificador de árvore de decisão pode ser estendido para registrar os valores de confiança.

11.6 Considere um problema de classificação em que o classificador prevê se uma pessoa tem uma doença específica. Suponha que 95% das pessoas testadas não sofram da doença. Seja *pos* a fração de *positivos verdadeiros*, que corresponde a 5% dos casos de teste, e *neg* a fração de *negativos verdadeiros*, que corresponde a 95% dos casos de teste. Considere os classificadores a seguir:

- O classificador C_1 sempre prevê negativo (um classificador bastante inútil, é claro).
- O classificador C_2 prevê positivo em 80% dos casos em que a pessoa realmente tem a doença, mas também prevê positivo em 5% dos casos em que a pessoa não tem a doença.
- O classificador C_3 prevê positivo em 95% dos casos em que a pessoa realmente tem a doença, mas também prevê positivo em 20% dos casos em que a pessoa não tem a doença.

Para cada classificador, considere que *t_pos* indique a fração de *positivo verdadeiro*, que é a fração de casos em que a previsão do classificador foi positiva e a pessoa realmente tinha a doença. Considere que *f_pos* indique a fração de *positivo falso*, que é a fração de casos em que a previsão foi positiva, mas a pessoa não tinha a doença. Considere que *t_neg* indique *negativo verdadeiro* e *f_neg* indique frações de *negativo falso*, que são definidos de modo semelhante, mas para os casos onde a previsão do classificador foi negativa.

a. Calcule as seguintes métricas para cada classificador:
   i. *Acurácia*, definida como (*t_pos*+*t_neg*)/(*pos*+*neg*), ou seja, a fração de tempo em que o classificador gera a classificação correta.
   ii. *Recall* (também conhecido como *sensitividade*), definido como *t_pos/pos*, ou seja, quantos dos casos positivos reais são classificados como positivos.
   iii. *Precisão*, definida como *t_pos*/(*t_pos*+*f_pos*), ou seja, com que frequência a previsão positiva está correta.
   iv. *Especificidade*, definida como *t_neg*/*neg*.
b. Se você pretendesse usar os resultados de classificação para rastrear a doença, como faria sua escolha entre os classificadores?
c. Por outro lado, se pretendesse usar o resultado da classificação para iniciar a medicação, onde o medicamento pode trazer efeitos prejudiciais se for dado a alguém que não tem a doença, como você faria sua escolha entre os classificadores?

Exercícios

11.7 Por que o armazenamento orientado à coluna é potencialmente vantajoso em um sistema de banco de dados que possui suporte para um depósito de dados?

11.8 Considere cada uma das relações *realiza* e *ministra* como uma tabela de fatos; elas não possuem um atributo de medição explícito, mas suponha que cada tabela tenha um atributo de medição *cont_reg*, cujo valor é sempre um. Quais seriam os atributos de dimensão e as tabelas de dimensão em cada caso? Os esquemas resultantes seriam do tipo estrela ou floco de neve?

11.9 Considere o esquema de estrela da Figura 11.2. Suponha que um analista descubra que o total de vendas mensal (soma dos valores de *preço* de todas as tuplas de *vendas*) diminuiu, em vez de ter aumentado, de abril de 2019 a maio de 2019. O analista deseja verificar se existem categorias de itens, lojas ou países clientes específicos que são responsáveis pela diminuição nas vendas.

a. Com quais agregações o analista começaria e quais são as operações *drill down* relevantes que o analista precisaria executar?
b. Escreva uma consulta SQL que mostre as categorias de itens que foram responsáveis pela queda nas vendas, ordenadas pelo impacto da categoria sobre a queda nas vendas, listando primeiro as categorias com o maior impacto.

11.10 Suponha que metade de todas as transações em uma loja de roupas seja de compra de jeans e um terço de todas as transações na loja seja de compra de camisas de malha. Suponha ainda que, em metade das transações de quem compra jeans, também se comprem camisas de malha. Escreva todas as regras de associação (não triviais) que você possa deduzir a partir dessa informação, dando o suporte e a confiança de cada regra.

11.11 A organização de partes, capítulos, seções e subseções em um livro está relacionada com o agrupamento (*clustering*). Explique porque esta organização está relacionada com *clustering* e a qual forma de *clustering* ela está relacionada.

11.12 Sugira como as técnicas de mineração de predição podem ser usadas por um time esportivo, usando seu esporte favorito como exemplo.

Ferramentas

Sistemas de depósito de dados estão disponíveis no Teradata, Teradata Aster, SAP IQ (anteriormente conhecido como Sybase IQ) e Amazon Redshift, que suportam o processamento paralelo por um grande número de máquinas. Diversos bancos de dados, incluindo Oracle, SAP HANA, Microsoft SQL Server e IBM DB2, oferecem suporte a aplicações de depósito de dados, adicionando recursos como armazenamento colunar. Há diversas ferramentas de ETL comerciais, incluindo ferramentas da Informatica, Business Objects, IBM InfoSphere, Microsoft Azure Data Factory, Microsoft SQL Server Integration Services, Oracle Warehouse Builder e Pentaho Data Integration. As ferramentas de ETL de código aberto incluem o Apache NiFi (nifi.apache.org), o Jasper ETL (www.jaspersoft.com/data-integration) e o Talend (sourceforge.net/projects/talend-studio). O Apache Kafka (kafka.apache.org) também pode ser usado para a criação de sistemas ETL.

A maioria dos fornecedores de banco de dados oferece ferramentas OLAP como parte de seus sistemas de banco de dados ou como aplicações complementares. Entre elas, estão as ferramentas OLAP da Microsoft Corp., Oracle, IBM e SAP. O servidor OLAP Mondrian (github.com/pentaho/mondrian) é um servidor OLAP de código aberto. O Apache Kylin (kylin.apache.org) é um mecanismo de análise distribuída de código aberto que pode processar dados armazenados no Hadoop, construir cubos OLAP e salvá-los no armazenamento de chave-valor HBase, para depois consultar os cubos armazenados usando SQL. Muitas empresas também fornecem ferramentas de análise para aplicações específicas, como o gerenciamento de relacionamento com o cliente (CRM).

As ferramentas para visualização incluem o Tableau (www.tableau.com), o FusionCharts (www.fusioncharts.com), o plotly (plot.ly), o Datawrapper (www.datawrapper.de) e o Google Charts (developers.google.com/chart).

A linguagem Python é muito popular para tarefas de aprendizado de máquina, em face da disponibilidade de diversas bibliotecas de código aberto para tarefas de aprendizado de máquina. A linguagem R também é muito utilizada para análise estatística e aprendizado de máquina, pelas mesmas razões. As bibliotecas de utilitários populares em Python incluem NumPy (www.numpy.org), que fornece operações sobre *arrays* e matrizes, SciPy (www.scipy.org), que disponibiliza funções da álgebra linear, otimização e estatística, e Pandas (pandas.pydata.org), que fornece uma abstração relacional dos dados. Bibliotecas populares de aprendizado de máquina em Python incluem SciKit-Learn (scikit-learn.org), que adiciona funcionalidade de processamento de imagens e aprendizado de máquina ao SciPy. Bibliotecas de aprendizado profundo em Python incluem Keras (keras.io) e TensorFlow (www.tensorflow.org), que foi desenvolvido pelo Google; o TensorFlow fornece APIs em várias linguagens, com suporte particularmente bom para Python. A mineração de texto é suportada por bibliotecas de processamento de linguagem natural, como NLTK (www.nltk.org) e bibliotecas de rastreamento da Web, como Scrapy (scrapy.org). A visualização tem o suporte de bibliotecas como Matplotlib (matplotlib.org), plotly (plot.ly) e Bokeh (bokeh.pydata.org).

Ferramentas de código aberto para mineração de dados incluem RapidMiner (rapidminer.com), Weka (www.cs.waikato.ac.nz/ml/weka) e Orange (orange.biolab.si). As ferramentas comerciais incluem o SAS Enterprise Miner, o IBM Intelligent Miner e o Oracle Data Mining.

Leitura adicional

Kimball *et al.* (2008) e Kimball e Ross (2013) oferecem uma abordagem de livro-texto sobre depósitos de dados e modelagem multidimensional.

Mitchell (1997) é um livro clássico sobre aprendizado de máquina, que aborda técnicas de classificação com detalhes. Goodfellow *et al.* (2016) é um texto definitivo sobre aprendizado profundo. Witten *et al.* (2011) e Han *et al.* (2011) oferecem explicações de livro-texto sobre mineração de dados. Agrawal *et al.* (1993) introduziu a noção de regras de associação.

Informações sobre a linguagem R e seu ambiente podem ser encontradas em www.r-project.org; informações sobre o pacote SparkR, que oferece um *front-end* R para o Apache Spark, podem ser encontradas em spark.apache.org/docs/latest/sparkr.html.

Chakrabarti (2002), Manning *et al.* (2008) e Baeza-Yates e Ribeiro-Neto (2011) oferecem livros-texto sobre recuperação de informações, incluindo uma explicação extensa sobre tarefas de mineração de dados relacionadas com dados textuais e de hipertexto, como classificação e agrupamento (*clustering*).

Bibliografia

AGRAWAL, R.; IMIELINSKI, T.; SWAMI, A. "Mining association rules between sets of items in large databases". In: *Proc. of the ACM SIGMOD*, Washington, D.C., p. 207-216, 1993.

BAEZA-YATES, R.; RIBEIRO-NETO, B. *Modern information retrieval*. 2. ed. Massachusetts: Addison-Wesley, 2011.

CHAKRABARTI, S. *Mining the Web*: discovering knowledge from hypertext data. Massachusetts: Morgan Kaufmann, 2002.

GOODFELLOW, I.; BENGIO, Y.; COURVILLE, A. *Deep learning*. Massachusetts: MIT Press, 2016.

HAN, J.; KAMBER, M.; PEI, J. *Data mining*: concepts and techniques. 3. ed. Massachusetts: Morgan Kaufmann, 2011.

KIMBALL, R.; ROSS, M. *The data warehouse Toolkit*: the definitive guide to dimensional modeling. New Jersey: Wiley, 2013.

KIMBALL, R. *et al. The data warehouse lifecycle Toolkit*. New Jersey: Wiley, 2008.

MANNING, C. D. *et al. Introduction to information retrieval*. Cambridge, UK: Cambridge University, 2008.

MITCHELL, T. M. *Machine learning*. New York: McGraw-Hill, 1997.

WITTEN, I. H.; FRANK, E.; HALL, M. *Data mining*: practical machine learning tools and techniques with Java implementations. 3. ed. Massachusetts: Morgan Kaufmann, 2011.

Créditos

A foto dos barcos no início do capítulo pertence a © dimaberkut | 123rf.com

PARTE 5

GERENCIAMENTO DE ARMAZENAMENTO E INDEXAÇÃO

Embora um sistema de banco de dados ofereça uma visão de alto nível dos dados, em última análise os dados precisam ser armazenados como bits em um ou mais dispositivos de armazenamento. A grande maioria dos bancos de dados, hoje, armazena dados em disco magnético, com os dados que possuem maiores requisitos de desempenho sendo armazenados em unidades em estado sólido, baseadas em memória flash. Os sistemas de banco de dados trazem dados para a memória principal para processamento e gravam dados no meio de armazenamento persistente. Os dados também são copiados para fitas e outros dispositivos de *backup*, para fins de arquivamento. As características físicas dos dispositivos de armazenamento desempenham um papel importante no modo como os dados são armazenados, principalmente porque o acesso a um dado aleatório no disco magnético é muito mais lento do que o acesso à memória. O acesso ao disco magnético leva dezenas de milissegundos, o acesso ao armazenamento em memória flash leva de 20 a 100 microssegundos, enquanto o acesso à memória principal leva um décimo de microssegundo.

O Capítulo 12 começa com uma visão geral dos meios de armazenamento físicos, incluindo discos magnéticos e unidades em estado sólido (SSD) baseadas em memória flash. Em seguida, o capítulo explica sobre os mecanismos para reduzir as chances de perda de dados em razão de falhas de dispositivo, incluindo RAID. O capítulo termina com uma discussão das técnicas para um acesso eficiente aos blocos de disco.

O Capítulo 13 descreve como os registros são mapeados em arquivos, que, por sua vez, são mapeados em bits no disco. Em seguida, são abordadas as técnicas para o gerenciamento eficaz do *buffer* na memória principal para dados baseados em disco. O armazenamento orientado à coluna, usado nos sistemas de análise de dados, também é visto nesse capítulo.

Muitas consultas referenciam apenas uma pequena proporção dos registros em um arquivo. Um índice é uma estrutura que ajuda a localizar rapidamente registros desejados de uma relação, sem examinar todos os registros. O Capítulo 14 descreve vários tipos de índices utilizados nos sistemas de banco de dados.

CAPÍTULO 12

Sistemas de armazenamento físicos

Nos capítulos anteriores, enfatizamos os modelos de nível mais alto de um banco de dados. Por exemplo, no nível *conceitual* ou *lógico*, visualizamos o banco de dados que, no modelo relacional, se apresenta como uma coleção de tabelas. Na verdade, o modelo lógico do banco de dados é o nível correto para *usuários* de banco de dados focalizarem. Isso porque o objetivo de um sistema de banco de dados é simplificar e facilitar o acesso aos dados; os usuários do sistema não devem ser sobrecarregados desnecessariamente com os detalhes físicos da implementação do sistema.

Neste capítulo e, também, nos Capítulos 13, 14, 15 e 16, analisamos níveis mais baixos, descrevendo diversos métodos para implementar os modelos de dados e linguagens apresentados nos capítulos anteriores. Começamos com as características dos meios de armazenamento básicos, como unidades de disco magnético e estado sólido baseado em memória flash. Depois, discutimos como criar estruturas de armazenamento altamente confiáveis, usando múltiplos dispositivos de armazenamento.

12.1 Visão geral do meio de armazenamento físico

Existem vários tipos de armazenamento de dados na maioria dos sistemas de computador. Esses meios de armazenamento são classificados pela velocidade com que os dados podem ser acessados, pelo custo por unidade de dados para comprar o meio e pela confiabilidade do meio. Entre os meios normalmente disponíveis, destacamos:

- **Cache**. O cache é a forma de armazenamento mais rápida e mais dispendiosa. A memória em cache é relativamente pequena; seu uso é gerenciado pelo *hardware* do sistema de computador. Não nos preocuparemos com o gerenciamento do armazenamento em cache no sistema de banco de dados. Entretanto, convém observar que os profissionais de implementação de banco de dados ficam atentos aos efeitos do cache ao projetarem estruturas de dados e algoritmos de processamento de consultas. Voltaremos a esta questão em capítulos posteriores.
- **Memória principal**. O meio de armazenamento utilizado para os dados disponíveis para serem operados é a memória principal. As instruções de máquina de uso geral operam sobre a memória principal. A memória principal pode conter muitas dezenas de gigabytes de dados em um computador pessoal ou centenas a milhares de gigabytes de dados em grandes sistemas de servidor. Ela geralmente é muito pequena (ou muito cara) para armazenar o banco de dados inteiro para bancos de dados muito grandes, mas muitos bancos de dados corporativos podem caber na memória principal. Entretanto, o conteúdo da memória principal normalmente se perde se houver falta de energia ou uma falha no sistema; logo, dizemos que a memória principal é **volátil**.
- **Memória flash**. A memória flash difere da memória principal porque os dados armazenados são retidos mesmo na falta de energia (ou a falhas) – ou seja, ela é **não volátil**. A memória flash custa menos por byte do que a memória principal, porém custa mais por byte do que os discos magnéticos.

  A memória flash também é muito utilizada no armazenamento de dados em dispositivos como câmeras e telefones celulares. Ela também é usada para armazenar dados em "unidades flash USB", também conhecidas como "pen drives", que podem ser acopladas aos *slots* USB (*Universal Serial Bus*) dos dispositivos de computação.

  A memória flash também está sendo cada vez mais utilizada como substituição dos discos magnéticos tanto nos computadores pessoais quanto nos servidores. Uma **unidade em estado sólido (SSD)** utiliza internamente a memória flash para armazenar dados, com uma interface semelhante a um disco magnético, permitindo que os dados sejam armazenados ou recuperados em unidades de um bloco; essa interface é chamada de *interface orientada a bloco*. Os tamanhos de bloco normalmente variam de 512 bytes a oito kilobytes. Em 2019, uma unidade SSD de um terabyte custava cerca de US$ 150. Outros detalhes sobre a memória flash podem ser encontrados na Seção 12.4.
- **Armazenamento de disco magnético**. O principal meio para armazenamento de dados *on-line* no longo prazo é a unidade de disco magnético, também chamada de **unidade de disco rígido (HDD)**. O disco magnético, assim como a memória flash, é não volátil, ou seja, o armazenamento em disco magnético retém dados em caso de faltas de energia ou falhas do sistema. Os discos, às vezes, podem falhar e, portanto, destruir dados, mas essas falhas

normalmente ocorrem com muito menos frequência do que as falhas do sistema ou as faltas de energia.

Para acessar os dados armazenados em disco magnético, primeiramente o sistema precisa mover os dados do disco para a memória principal, de modo que possam ser acessados. Depois que o sistema tiver realizado as operações designadas, os dados que foram modificados precisam ser gravados em disco.

As capacidades do disco aumentaram uniformemente com o passar dos anos. Em 2018, o tamanho dos discos magnéticos variava de 500 gigabytes a 14 terabytes, e um disco de um terabyte custava em torno de US$ 50, enquanto um disco de oito terabytes cerca de US$ 150. Embora muito mais baratos que as SSDs, os discos magnéticos oferecem um desempenho inferior em termos do número de operações de acesso aos dados que eles realizam por segundo. Outros detalhes sobre discos magnéticos podem ser vistos na Seção 12.3.

- **Armazenamento óptico.** O *digital video disk* (DVD) é um meio de armazenamento óptico, com os dados armazenados e lidos de volta por meio de uma fonte de luz a *laser*. O formato *DVD Blu-ray* tem uma capacidade de 27 gigabytes a 128 gigabytes, dependendo do número de camadas aceitas. Embora o uso original (e ainda o principal) dos DVDs fosse armazenar dados de vídeo, eles são capazes de armazenar qualquer tipo de dado digital, incluindo *backups* do conteúdo do banco de dados. Os DVDs não são adequados para armazenar dados ativos do banco de dados, pois o tempo exigido para acessar determinados dados pode ser muito grande em comparação com o tempo gasto por um disco magnético.

  Algumas versões de DVD são apenas para leitura, pois foram gravados na fábrica onde são produzidos; outras versões admitem *escrita única*, podendo ser gravados uma vez, mas não regravados, e algumas versões podem ser regravadas diversas vezes. Os discos que podem ser gravados apenas uma vez são chamados de discos **write-once, read-many** (escrita única, leitura múltipla, ou WORM)

  Sistemas de **jukebox** de disco óptico contêm algumas unidades (*drives*) e vários discos que podem ser carregados em uma das unidades automaticamente (por um braço robô) sob demanda.

- **Armazenamento em fita.** O armazenamento em fita é usado, principalmente, para *backup* e arquivamento de dados. *Arquivamento* de dados refere-se a dados que precisam ser armazenados com segurança por um longo período, geralmente por motivos legais. Embora a fita magnética seja mais barata do que os discos e possa armazenar dados com segurança por muitos anos, o acesso aos dados é muito mais lento, já que a fita precisa ser acessada sequencialmente desde o início; as fitas podem ser muito longas, exigindo dezenas a centenas de segundos para acessar os dados. Por esse motivo, o armazenamento em fita é chamado de armazenamento por **acesso sequencial**. Ao contrário, o armazenamento em disco é chamado de armazenamento por **acesso direto**, pois é possível ler dados diretamente em qualquer local no disco.

  As fitas possuem alta capacidade (atualmente, existem fitas de um a 12 terabytes), e podem ser removidas da unidade de fita. As unidades de fita costumam ser caras, mas as fitas individuais comumente são bem mais baratas que os discos magnéticos da mesma capacidade. Como resultado, as fitas são muito adequadas para o armazenamento com arquivamento barato e para transferir grandes volumes de dados entre diferentes locais. O arquivamento de grandes arquivos de vídeo, bem como o armazenamento de grandes volumes de dados científicos, que podem chegar a muitos petabytes (um petabyte = 10^{15} bytes) de dados, são dois casos típicos de uso para as fitas.

  Bibliotecas de fita (*jukeboxes*) são usadas para manter grandes coleções de fitas, permitindo armazenamento e recuperação automatizados de fitas, sem intervenção humana.

Os diversos meios de armazenamento podem ser organizados em uma hierarquia (Figura 12.1), de acordo com sua

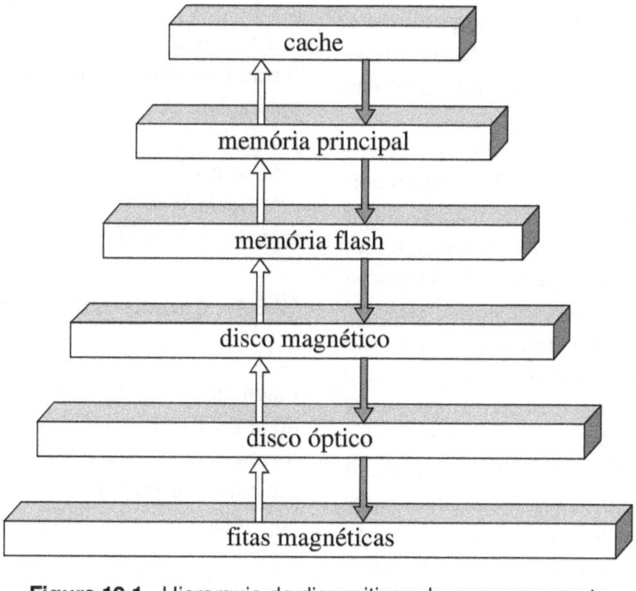

Figura 12.1 Hierarquia de dispositivos de armazenamento.

velocidade e seu custo. Os níveis mais altos são caros, porém rápidos. Ao descermos na hierarquia, o custo por bit diminui, enquanto o tempo de acesso aumenta. Essa compensação é razoável; se determinado sistema de armazenamento fosse mais rápido e mais barato do que outro – outras propriedades sendo iguais – não haveria motivo para usar a memória mais lenta, mais dispendiosa.

Os meios de armazenamento mais rápidos – por exemplo, cache e memória principal – são considerados **armazenamento primário**. Os meios no próximo nível da hierarquia – por exemplo, discos magnéticos – são considerados **armazenamento secundário** ou **armazenamento on-line**. Os meios no nível mais baixo da hierarquia – como fita magnética e jukeboxes de discos ópticos – são considerados **armazenamento terciário** ou **armazenamento off-line**.

Além da velocidade e do custo dos diversos sistemas de armazenamento, há também a questão do armazenamento volátil. Na hierarquia mostrada na Figura 12.1, os sistemas de armazenamento da memória principal para cima são voláteis, enquanto os sistemas de armazenamento da memória flash para baixo são não voláteis. Por segurança, os dados precisam ser gravados no armazenamento não volátil. Mais adiante, no Capítulo 19, retornaremos a esse assunto de armazenamento seguro de dados para o caso de falhas no sistema.

12.2 Interfaces de armazenamento

Os discos magnéticos, bem como os discos SSD, estão conectados a um sistema de computador por meio de uma interconexão de alta velocidade. Os discos, em geral, admitem a interface **SATA** (que significa **serial ATA**) ou a interface **SAS** (**serial attached SCSI**); a interface SAS normalmente é usada apenas em servidores. A versão SATA-3 da SATA tem uma velocidade nominal de seis gigabytes por segundo, permitindo velocidades de até 600 megabytes por segundo, enquanto SAS versão 3 admite taxas de transferência de dados de 12 gigabits por segundo. A interface **non-volatile memory express** (**NVMe**) é um padrão de interface lógica desenvolvido para dar melhor suporte às SSDs, geralmente usada com a interface PCIe (a interface PCIe oferece transferência de dados interna de alta velocidade nos sistemas de computador).

Embora os discos, em geral, sejam conectados diretamente por cabos à interface de disco do sistema de computador, eles podem estar situados remotamente e ser conectados por uma rede de alta velocidade ao computador. Na arquitetura **storage area network** (**SAN**), grande quantidade de discos é conectada por uma rede de alta velocidade a uma série de computadores servidores. Os discos, com frequência, são organizados localmente usando uma técnica de organização de armazenamento chamada *redundant arrays of independent disks* (descrita mais adiante, na Seção 12.5), para dar aos servidores uma visão lógica de um disco muito grande e muito confiável. As tecnologias de interconexão usadas nas redes SAN incluem iSCSI, que permite que comandos SCSI sejam enviados por uma rede IP, Fiber Channel (FC), que propicia uma taxa de transferência de 1,6 a 12 gigabits por segundo, dependendo da versão, e InfiniBand, que oferece comunicação em rede com alta largura de banda e baixa latência.

Network attached storage (**NAS**) é uma alternativa à SAN. O NAS é muito semelhante à SAN, exceto que, em vez de o armazenamento em rede aparecer como um grande disco, ele oferece uma interface de sistema de arquivo usando protocolos de sistema de arquivo em rede, como NFS ou CIFS. Nos últimos anos, também vimos o crescimento do **armazenamento em nuvem**, onde os dados são armazenados na nuvem e acessados por meio de uma API. O armazenamento em nuvem possui uma latência muito alta, de dezenas a centenas de milissegundos, se os dados não estiverem localizados junto com o banco de dados e, portanto, não é ideal como armazenamento básico para os bancos de dados. Porém, as aplicações normalmente utilizam o armazenamento em nuvem para armazenar objetos. Os sistemas de armazenamento baseado em nuvem são discutidos com mais detalhes na Seção 21.7.

12.3 Discos magnéticos

Discos magnéticos oferecem a maior parte do armazenamento secundário para os sistemas de computador modernos. Embora as capacidades de disco tenham crescido constantemente ano após ano, os requisitos de armazenamento das grandes aplicações também estão crescendo muito rapidamente, em alguns casos ainda mais rápido do que a taxa de crescimento das capacidades de disco. Bancos de dados muito grandes, em "escala Web", podem exigir centenas a milhares de discos para armazenar seus dados.[1]

Nos últimos anos, a capacidade de armazenamento de unidades SSD tem aumentado rapidamente, e o custo dessas unidades tem caído significativamente; a acessibilidade cada vez maior de SSDs, juntamente com seu desempenho muito melhor, fez com que as SSDs se tornassem cada vez mais competitivas no que se refere a armazenamento em disco magnético para várias aplicações. No entanto, como o custo de armazenamento por byte nas SSDs está em torno de seis a oito vezes o custo por byte do armazenamento magnético, o armazenamento magnético continua sendo a escolha preferida para armazenar grandes volumes de dados em muitas aplicações. Alguns exemplos desses dados são vídeo e imagem, além de dados que são acessados com menos frequência, como dados gerados pelo usuário em muitas aplicações em escala Web. Entretanto, as SSDs têm se tornado cada vez mais a opção preferida para dados corporativos.

12.3.1 Características físicas dos discos

A Figura 12.2 mostra um diagrama esquemático de um disco magnético, enquanto a Figura 12.3 revela os detalhes internos de um disco magnético real. Cada **placa** de disco possui uma forma circular plana. Suas duas superfícies são cobertas com um material magnético, e as informações são gravadas nas superfícies. As placas são feitas de metal rígido ou vidro.

[1]Mais adiante, no Capítulo 21, estudamos como particionar esses grandes volumes de dados em múltiplos nós em um sistema de computação paralelo.

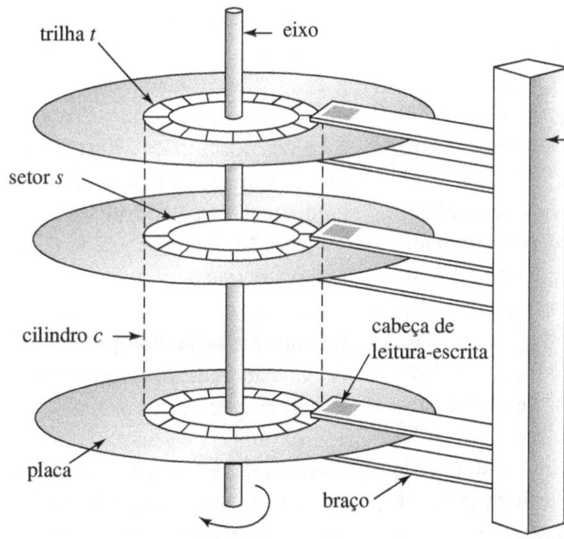

Figura 12.2 Diagrama esquemático de um disco magnético.

Figura 12.3 Imagem do interior de um disco magnético real.

Quando o disco está em uso, o motor da unidade gira em uma velocidade alta constante, normalmente, 5400 a 10.000 rotações por segundo, dependendo do modelo. Existe uma cabeça de leitura-escrita posicionada logo acima da superfície da placa. A superfície do disco é dividida logicamente em **trilhas**, que são subdivididas em **setores**. Um **setor** é a menor unidade de informação que pode ser lida ou escrita no disco. Os tamanhos de setor normalmente são de 512 bytes, e os discos da geração atual possuem entre dois bilhões e 24 bilhões de setores. As trilhas mais internas (próximas do eixo) são de menor tamanho que as externas, e as trilhas externas contêm mais setores que as trilhas internas.

A **cabeça de leitura-escrita** armazena informações magneticamente em um setor, como inversos da direção da magnetização do material magnético.

Cada lado de uma placa de disco possui uma cabeça de leitura-escrita que se move pela placa para acessar diferentes trilhas. Um disco normalmente contém muitas placas, e as cabeças de leitura-escrita de todas as trilhas são montadas em um único conjunto, chamado **braço de disco**, e se movimentam juntas. As placas de disco montadas em um eixo e as cabeças montadas em um braço do disco são conhecidas juntamente como **conjunto de montagem cabeça-disco**. Como as cabeças em todas as placas se movem juntas, quando a cabeça em uma placa está na *i*-ésima trilha, as cabeças em todas as outras placas também estão na *i*-ésima trilha de suas respectivas placas. Logo, as *i*-ésimas trilhas de todas as placas juntas são chamadas de *i*-ésimo **cilindro**.

As cabeças de leitura-escrita são mantidas o mais próximo possível da superfície do disco, para aumentar a densidade de gravação. A cabeça normalmente flutua ou voa apenas a alguns micra da superfície do disco; o giro do disco cria uma pequena brisa, e o conjunto de montagem da cabeça é modelada de modo que a brisa mantenha a cabeça flutuando logo acima da superfície do disco. Como a cabeça flutua tão próxima da superfície, as placas precisam ser fabricadas cuidadosamente para que sejam totalmente planas.

Quedas de cabeça podem ser um problema. Se entrar em contato com a superfície do disco, a cabeça pode arranhar o meio de gravação no disco, destruindo os dados que estavam lá. Em discos de geração antiga, a cabeça tocando a superfície fazia com que o meio removido voasse e parasse entre as outras cabeças e suas placas, causando mais quedas; assim, uma queda de cabeça poderia resultar em uma falha do disco inteiro. As unidades de disco da geração atual utilizam um fino filme de metal magnético como meio de gravação. Elas são muito menos suscetíveis a falhas por quedas de cabeça do que os discos mais antigos, mas continuam suscetíveis a falhas de setores individuais.

Uma **controladora de disco** realiza a interface entre o sistema de computador e o *hardware* real da unidade de disco; em sistemas de disco modernos, a controladora de disco é implementada dentro da unidade de disco. Uma controladora de disco aceita comandos de alto nível para ler ou escrever um setor, e inicia ações, como mover o braço do disco para a trilha correta para efetivamente ler ou escrever os dados. As controladoras de disco também inserem somas de verificação (checksums) em cada setor gravado; a soma de verificação (*checksum*) é calculada a partir dos dados gravados no setor. Quando o setor é lido de volta, a controladora calcula a soma de verificação novamente a partir dos dados recuperados e a compara com a soma de verificação armazenada; se os dados forem adulterados, muito provavelmente a soma de verificação calculada não combinará com a soma de verificação armazenada. Se houver tal erro, a controladora tentará novamente a leitura várias vezes; se o erro persistir, a controladora sinalizará uma falha de leitura.

Outra tarefa interessante que as controladoras de disco realizam é remapear os setores defeituosos. Se a controladora detectar que um setor está danificado quando o disco for formatado inicialmente ou quando for feita uma tentativa de escrever o setor, ela pode mapear logicamente o setor para um local físico diferente (alocado a partir de um *pool* de setores extras, reservados para essa finalidade). O remapeamento é anotado no disco ou na memória não volátil, e a escrita executada no novo local.

12.3.2 Medidas de desempenho dos discos

As principais medidas das qualidades de um disco são capacidade, tempo de acesso, taxa de transferência de dados e confiabilidade.

Tempo de acesso é o tempo desde que uma solicitação de leitura ou escrita é emitida até quando inicia a transferência de dados. Para acessar (ou seja, ler ou escrever) dados em determinado setor de um disco, primeiro o braço precisa se mover de modo que fique posicionado sobre a trilha correta e, então, esperar até que o setor apareça sob ele enquanto o disco gira. O tempo para reposicionar o braço é chamado de tempo de busca, e aumenta com a distância que o braço precisa se mover. Os tempos de busca típicos variam de dois a 20 milissegundos, dependendo da distância que a trilha se encontra da posição inicial do braço. Discos menores costumam ter menores tempos de busca, pois a cabeça precisa percorrer uma distância menor.

O tempo de busca médio é a média dos tempos de busca, medido por uma sequência de solicitações aleatórias (uniformemente distribuídas). Se todas as trilhas tiverem o mesmo número de setores e desconsiderarmos o tempo exigido para a cabeça começar a mover e parar de mover, podemos mostrar que o tempo de busca médio é um terço do tempo de busca do pior caso. Levando esses fatores em consideração, o tempo de busca médio fica em torno de metade do maior tempo de busca. Os tempos de busca médios, atualmente, variam entre quatro e dez milissegundos, dependendo do modelo do disco.[2]

[2]Discos menores, de 2,5 polegadas de diâmetro, têm uma menor distância de movimento do braço do que discos maiores, de 3,5 polegadas; portanto, eles têm tempos de busca menores. Como resultado, os discos de 2,5 polegadas têm sido a opção preferida para aplicações em que a latência precisa ser minimizada, embora as SSDs sejam cada vez mais preferidas para essas aplicações. Discos maiores, com diâmetro de 3,5 polegadas, têm menor custo por byte e são usados em aplicações de armazenamento de dados onde o custo é um fator importante.

Quando a cabeça tiver atingido a trilha desejada, o tempo gasto esperando até que o setor a ser acessado apareça sob a cabeça é chamado de tempo de latência rotacional. As velocidades rotacionais dos discos de hoje variam de 5400 rotações por minuto (90 rotações por segundo) até 15.000 rotações por minuto (250 rotações por segundo) ou, de modo equivalente, quatro milissegundos a 11,1 milissegundos por rotação. Na média, metade de uma rotação do disco é necessária para que o início do setor desejado apareça sob a cabeça. Assim, o tempo de latência médio do disco é metade do tempo para a rotação completa do disco. Discos com velocidades de rotação mais altas são usados para aplicações onde a latência precisa ser minimizada.

O tempo de acesso é, então, a soma do tempo de busca e da latência, e varia de 5 a 20 milissegundos, dependendo do modelo de disco. Quando o primeiro setor dos dados a serem acessados tiver vindo sob a cabeça, a transferência de dados é iniciada. A taxa de transferência de dados é a velocidade com que os dados podem ser apanhados ou armazenados no disco. Os sistemas de disco atuais admitem taxas de transferência máximas de 50 a 200 megabytes por segundo; para as trilhas mais internas do disco, as taxas de transferência são muito mais baixas que as taxas de transferência máximas, pois elas possuem menos setores. Por exemplo, um disco com taxa de transferência máxima de 100 megabytes por segundo pode ter uma taxa de transferência sustentada de algo em torno de 30 megabytes por segundo em suas trilhas mais internas.

As solicitações de E/S de disco são geradas pelo sistema de arquivos, mas podem ser geradas diretamente pelo sistema de banco de dados. Cada solicitação especifica o endereço no disco a ser referenciado; esse endereço está na forma de um *número de bloco*. Um bloco de disco é uma unidade lógica de alocação e recuperação de armazenamento, e os tamanhos de bloco atualmente variam de quatro a 16 kilobytes. Os dados são transferidos entre disco e memória principal em unidades de blocos, embora em alguns contextos (como o da memória flash), esse termo tenha outros significados.

Uma sequência de solicitações de blocos do disco pode ser classificada como um padrão de acesso sequencial ou como um padrão de acesso aleatório. Em um padrão de acesso sequencial, ocorrem solicitações sucessivas dos números de blocos sucessivos, que se encontram na mesma trilha ou em trilhas adjacentes. Para ler blocos no acesso sequencial, é necessário buscar o primeiro bloco do disco, mas as solicitações sucessivas não exigiriam uma busca, ou exigiriam uma busca em uma trilha adjacente, o que é mais rápido do que uma busca a uma trilha muito mais afastada. As taxas de transferência de dados são mais altas com um padrão de acesso sequencial, pois o tempo de busca é mínimo.

Ao contrário, em um padrão de acesso aleatório, ocorrem buscas sucessivas dos blocos localizados aleatoriamente no disco. Toda solicitação desse tipo exigiria uma busca. O número de operações de E/S por segundo (IOPS), ou seja, o número de acessos a blocos aleatórios que pode ser atendido por um único disco em um segundo, depende do tempo de acesso, do tamanho do bloco e da taxa de transferência de dados do disco. Com um tamanho de bloco de quatro kilobytes, os discos da geração atual aceitam entre 50 e 200 IOPS, dependendo do modelo. Considerando que apenas uma pequena quantidade (um bloco) de dados é lida por busca, a taxa de transferência é muito mais lenta com um padrão de acesso aleatório do que com um padrão de acesso sequencial.

A última medida comumente utilizada de um disco é o **tempo médio para a falha (MTTF)**,[3] uma medida da confiabilidade do disco. O tempo médio para a falha de um disco (ou de qualquer outro sistema) é a quantidade de tempo que, na média, podemos esperar que o sistema funcione continuamente, sem nenhuma falha. De acordo com as afirmações dos fabricantes, o tempo médio para a falha dos discos atualmente varia de 500.000 a 1.200.000 horas – cerca de 57 a 136 anos. Na prática, o tempo médio para a falha é calculado sobre a probabilidade de falha quando o disco é novo – o valor significa que, dados 1000 discos relativamente novos, se o MTTF é de 1.200.000 horas, na média um deles falhará em 1200 horas. Um tempo médio para falha de 1.200.000 horas não significa que se pode esperar que o disco funcione por 136 anos! A maioria dos discos tem uma expectativa de vida útil de cerca de cinco anos, e taxas de falha significativamente mais altas depois que tiverem mais do que alguns poucos anos.

12.4 Memória flash

Existem dois tipos de memória flash, flash NOR e flash NAND. A flash NAND é a variante usada predominantemente para armazenamento de dados. A leitura da flash NAND exige uma *página* inteira de dados, que geralmente consiste em 4096 bytes, a serem extraídos da flash NAND para a memória principal. Portanto, as páginas em uma flash NAND são parecidas com os setores existentes em um disco magnético.

As unidades em estado sólido (SSDs) são criadas com a flash NAND e fornecem a mesma interface orientada por blocos como armazenamento de discos. Comparada aos discos magnéticos, a memória flash pode propiciar acesso aleatório muito mais veloz: é possível recuperar uma página de dados em aproximadamente 20 a 100 microssegundos na SSDs, enquanto um acesso aleatório em disco exigiria cinco a dez milissegundos. A taxa de transferência de dados das SSDs é mais alta que a dos discos magnéticos e, normalmente, é limitada pela tecnologia de interconexão; as taxas de transferência variam de cerca de 500 megabytes por segundo com interfaces SATA até três gigabytes por segundo usando interfaces NVMe PCIe, dependendo do modelo específico de SSD, ao contrário de um máximo de aproximadamente 200 megabytes por segundo com o disco magnético. O consumo de energia das SSDs também é muito menor que o dos discos magnéticos.

[3] O termo **tempo médio entre falhas (MTBF)** geralmente é usado para se referir ao MTTF no contexto de unidades de disco, embora, tecnicamente, MTBF só deva ser usado no contexto de sistemas que podem ser reparados após a falha, e podem falhar novamente; MTBF, então, seria a soma do MTTF com o tempo médio para reparo. Os discos magnéticos quase nunca podem ser reparados após uma falha.

As escritas na memória flash são um pouco mais complicadas. Uma escrita em uma página de memória flash costuma demorar cerca de 100 microssegundos. Porém, uma vez escrita, não é possível substituir uma página de memória flash diretamente. Em vez disso, é necessário apagá-la e, em seguida, reescrever. A operação de apagar pode ser executada em várias páginas de uma só vez – denominadas, em conjunto, **bloco de eliminação** – e demora cerca de dois a cinco milissegundos. O tamanho de um bloco de eliminação (geralmente citado apenas como um "bloco" no jargão sobre flash) costuma ser de 256 kilobytes a um megabyte, e contém cerca de 128 a 256 páginas. Além disso, existe um limite imposto ao número de vezes que uma página flash pode ser apagada, normalmente em torno de 100.000 a 1.000.000 vezes. Assim que esse limite for alcançado, provavelmente ocorrerão erros ao armazenar bits.

Os sistemas de memória flash limitam o impacto da lentidão da eliminação e dos limites de atualização mapeando números de páginas lógicas em números de páginas físicas. Quando atualizada, uma página lógica pode ser remapeada para qualquer página física já apagada, e a localização original pode ser apagada posteriormente. Cada página física possui uma pequena área da memória, onde seu endereço lógico é armazenado; se o endereço lógico for remapeado para uma página física diferente, a página física original será marcada como excluída. Por conseguinte, ao verificar as páginas físicas, é possível localizar onde reside cada página lógica. O mapeamento entre página lógica e física é replicado em uma **tabela de conversão** em memória, para que o acesso seja rápido.

Os blocos que contêm várias páginas excluídas são apagados periodicamente, tomando o cuidado de copiar, primeiramente, as páginas não excluídas contidas nesses blocos para outro bloco (a tabela de conversão é atualizada para refletir essas páginas não excluídas). Como cada página física só pode ser atualizada um número fixo de vezes, as páginas físicas apagadas várias vezes são usadas para armazenar "dados frios", isto é, dados raramente atualizados, enquanto as páginas não apagadas muitas vezes são utilizadas para armazenar "dados quentes", ou seja, dados atualizados frequentemente. Esse princípio de distribuição uniforme de operações de eliminação pelos blocos físicos é denominado **wear leveling** (distribuição de uso), e geralmente é executado de modo transparente pelos controladores de memória flash. Se uma página física for danificada em razão de um número excessivo de atualizações, ela poderá sair de circulação, sem afetar a memória flash como um todo.

Todas as ações citadas anteriormente são executadas por uma camada de *software* denominada **camada de conversão da flash**; acima dessa camada, o armazenamento flash parece idêntico ao armazenamento em disco magnético, fornecendo a mesma interface orientada por página/setor, exceto pelo fato de que o armazenamento flash é muito mais veloz. Os sistemas de arquivos e as estruturas de armazenamento de banco de dados podem ter uma visão lógica idêntica da estrutura de armazenamento básica, seja ela armazenamento flash ou magnético.

Nota 12.1 MEMÓRIA DE CLASSE DE ARMAZENAMENTO

Embora flash seja o tipo de memória não volátil mais utilizado, houve uma série de tecnologias alternativas de memória não volátil desenvolvidas ao longo dos anos. Várias dessas tecnologias permitem o acesso direto de leitura e gravação a bytes ou palavras individuais, evitando a necessidade de ler ou escrever em unidades de páginas (evitando, também, a sobrecarga para apagar a flash NAND). Esses tipos de memória não volátil são chamados de **memória de classe de armazenamento** (*storage class memory*), pois podem ser tratados como um grande bloco de memória não volátil. A tecnologia de memória 3D-XPoint, desenvolvida pela Intel e Micron, é uma tecnologia de memória de classe de armazenamento recentemente desenvolvida. Em termos de custo por byte, latência de acesso e capacidade, a memória 3D-XPoint fica entre a memória principal e a memória flash. As SSDs Intel Optane baseadas no 3D-XPoint começaram a ser vendidas em 2017, e os módulos de memória persistentes Optane foram anunciados em 2018.

O desempenho da SSD normalmente é expresso em termos de:

1. O *número de leituras de bloco aleatórias por segundo*, com blocos de quatro kilobytes sendo o padrão. Os valores típicos, em 2018, eram cerca de 10.000 leituras aleatórias por segundo (também chamado de 10.000 IOPS) com blocos de quatro kilobytes, embora alguns modelos admitam taxas mais altas.

   Diferentemente dos discos magnéticos, SSDs podem admitir múltiplas solicitações aleatórias em paralelo, e o suporte mais comum é para 32 solicitações paralelas; um disco flash com interface SATA admite quase 100.000 leituras de bloco de quatro kilobytes aleatórias em um segundo, com 32 solicitações em paralelo, enquanto SSDs conectadas usando NVMe PCIe podem admitir mais de 350.000 leituras de bloco de quatro kilobytes aleatórias por segundo. Esses números são especificados como QD-1 para taxas sem paralelismo e QD-n para paralelismo de n vias, com QD-32 sendo o número mais utilizado.

2. A *taxa de transferência de dados* para leituras sequenciais e escritas sequenciais. As taxas típicas para leituras e escritas sequenciais são 400 a 500 megabytes por segundo para SSDs com uma interface SATA 3, e dois a três gigabytes por segundo para SSDs usando NVMe sobre a interface PCIe 3.0x4.

3. O *número de escritas de bloco aleatórias por segundo*, com blocos de quatro kilobytes sendo o padrão. Os valores típicos, em 2018, eram cerca de 40.000 escritas aleatórias de quatro kilobytes por segundo para QD-1 (sem paralelismo), e cerca de 100.000 IOPS para QD-32, embora alguns modelos aceitem taxas mais altas para QD-1 e QD-32.

Unidades de disco híbridas são sistemas de discos rígidos que combinam armazenamento magnético com uma quantidade menor de memória flash, usada como um cache dos dados mais acessados. Dados acessados com frequência e raramente atualizados são ideais para o armazenamento em cache na memória flash. Sistemas SAN e NAS modernos admitem o uso de uma combinação de discos magnéticos e SSDs, e podem ser configurados para usar as SSDs como um cache para os dados que residem em discos magnéticos.

12.5 RAID

Os requisitos de armazenamento de dados de algumas aplicações (em particular, aplicações Web, banco de dados e multimídia) têm crescido tão rapidamente que um número maior de discos é necessário para armazenar seus dados, mesmo com as capacidades da unidade de disco crescendo muito rapidamente.

Ter grande quantidade de discos em um sistema apresenta oportunidades para melhorar a velocidade em que os dados podem ser lidos ou escritos, se os discos forem operados em paralelo. Várias leituras ou escritas independentes também podem ser realizadas em paralelo. Além do mais, essa configuração oferece o potencial para melhorar a confiabilidade do armazenamento de dados, pois as informações redundantes podem ser armazenadas em vários discos. Assim, a falha de um disco não leva à perda de dados.

Diversas técnicas de organização de disco, coletivamente chamadas de ***arrays* redundantes de discos independentes** (**redundant arrays of independent disks – RAID**), têm sido propostas para alcançar melhor desempenho e confiabilidade.

No passado, os projetistas de sistemas viam os sistemas de armazenamento compostos de vários discos pequenos e baratos como uma alternativa econômica ao uso de discos grandes e caros; o custo por megabyte dos discos menores era menor que o dos discos maiores. De fato, o I na palavra RAID, que agora significa *independent*, originalmente significava *inexpensive*. Hoje, porém, todos os discos são fisicamente pequenos, e os discos de maior capacidade de fato possuem um custo mais baixo por megabyte. Os sistemas RAID são usados por sua maior confiabilidade e maior taxa de desempenho, e não por motivos econômicos. Outra justificativa importante para uso do RAID é a maior facilidade de gerenciamento de operações.

12.5.1 Melhoria da confiabilidade por meio da redundância

Vamos considerar primeiro a confiabilidade. A chance de que pelo menos um disco dentre um conjunto de N discos falhe é muito maior do que a chance de que um único disco específico falhe. Suponha que o tempo médio para a falha de um disco seja de 100.000 horas, ou pouco mais de 11 anos. Então, o tempo médio para a falha de algum disco em um *array* de 100 discos será 100.000/100 = 1.000 horas, ou cerca de 42 dias, o que não é muito! Se armazenarmos apenas uma cópia dos dados, cada falha de disco resultará na perda de uma quantidade significativa de dados (conforme discutimos na Seção 12.3.1). Essa alta frequência de perda de dados é inaceitável.

A solução para o problema de confiabilidade é introduzir a **redundância**, ou seja, armazenamos informações extras que normalmente não são necessárias, mas que podem ser usadas no caso de falha de um disco para recriar a informação perdida. Assim, mesmo que um disco falhe, os dados não são pedidos, de modo que o tempo médio efetivo para a falha aumenta, desde que contemos apenas as falhas que levam a perdas de dados ou à não disponibilidade de dados.

A técnica mais simples (porém, mais dispendiosa) de introduzir a redundância é duplicar cada disco. Essa técnica é chamada de **espelhamento** (*mirroring* ou, às vezes, *shadowing*). Um disco lógico, então, consiste em dois discos físicos, e cada escrita é executada nos dois discos. Se um dos discos falhar, os dados podem ser lidos a partir do outro. Os dados serão perdidos somente se o segundo disco falhar antes que o primeiro disco que falhou seja consertado.

O tempo médio para a falha (ou seja, a perda de dados) de um disco espelhado depende do tempo médio para a falha dos discos individuais, além do **tempo médio para o reparo**, que é o tempo necessário (na média) para substituir um disco que falhou e restaurar seus dados. Suponha que as falhas dos dois discos sejam *independentes*, ou seja, não existe conexão entre a falha de um disco e a falha do outro. Então, se o tempo médio para a falha de um único disco for 100.000 horas, e o tempo médio para o reparo for de dez horas, então o **tempo médio para a perda de dados** de um sistema de disco espelhado é de $100.000^2/(2 \times 10) = 500 \times 10^6$ horas ou 57.000 anos! (Não vamos entrar em mais detalhes aqui; as referências na Bibliografia contêm os detalhes.)

Você precisa estar ciente de que a suposição de independência de falhas de disco não é válida. As faltas de energia e os desastres naturais, como terremotos, incêndios e inundações, podem resultar em danos aos dois discos ao mesmo tempo. Com o envelhecimento dos discos, a probabilidade de falha também aumenta, ampliando a chance de que um segundo disco falhe enquanto o primeiro está sendo reparado. Porém, apesar de todas essas considerações, os sistemas de disco espelhados oferecem muito mais confiabilidade do que os sistemas de único disco. Sistemas de disco espelhados com tempo médio para perda de dados de cerca de 500.000 a 1.000.000 horas, ou 55 a 110 anos, estão disponíveis atualmente.

Faltas de energia são uma fonte de preocupação em particular, pois ocorrem com muito mais frequência do que os desastres naturais. As faltas de energia não constituem um problema se não houver transferência de dados para o disco em andamento quando elas ocorrerem. Porém, mesmo com o espelhamento de discos, se as escritas estiverem ocorrendo no mesmo bloco em ambos os discos, e faltar energia antes que os dois blocos sejam totalmente escritos, os dois podem estar em um estado inconsistente. A solução para esse problema é escrever uma cópia primeiro, depois a outra, de modo que uma das duas cópias sempre esteja consistente. Algumas ações extras são necessárias quando reinicializamos após uma falta de energia, para recuperar as escritas incompletas. Essa questão é examinada no Exercício Prático 12.6.

12.5.2 Melhoria do desempenho por meio do paralelismo

Agora, vamos considerar o benefício do acesso paralelo a vários discos. Com o espelhamento de disco, a velocidade com que as solicitações de leitura podem ser tratadas é dobrada, de modo que as solicitações de leitura podem ser enviadas a qualquer disco (desde que ambos os discos em um par estejam funcionando, como quase sempre acontece). A taxa de transferência de cada leitura é igual à de um sistema de único disco, mas o número de leituras por unidade de tempo dobrou.

Com vários discos, podemos melhorar a taxa de transferência também (ou em vez disso) **espalhando dados** por vários discos. Em sua forma mais simples, o espalhamento de dados consiste em espalhar os bits de cada byte por vários discos; esse espalhamento é chamado de **espalhamento no nível de bit**. Por exemplo, se tivermos um *array* de oito discos, escrevemos o bit i de cada byte no disco i. Nesse tipo de organização, cada disco participa de cada acesso (leitura ou escrita), de modo que o número de acessos que podem ser processados por segundo é, aproximadamente, o mesmo que em um único disco, mas cada acesso pode ler oito vezes a quantidade de dados no mesmo tempo que em um único disco.

O **espalhamento no nível de bloco** espalha blocos por vários discos. Ele trata o *array* de discos como um único disco grande, e identifica os blocos com números lógicos; consideramos que os números de bloco começam com zero. Com um *array* de n discos, o espalhamento no nível de bloco atribui o bloco lógico i do *array* de discos ao disco $(i \bmod n) + 1$; ele usa o $\lfloor i/n \rfloor$-ésimo bloco físico do disco para armazenar o bloco lógico i. Por exemplo, com oito discos, o bloco lógico zero é armazenado no bloco físico zero do disco 1, enquanto o bloco lógico 11 é armazenado no bloco físico 1 do disco 4. Ao ler um arquivo grande, o espalhamento no nível de bloco apanha n blocos de cada vez em paralelo, a partir dos n discos, proporcionando uma alta taxa de transferência de dados para leituras grandes. Quando um único bloco é lido, a taxa de transferência de dados é a mesma que em um disco, mas os $n - 1$ discos restantes são livres para realizar outras ações.

O espalhamento no nível de bloco oferece diversas vantagens em relação ao espalhamento no nível de bit, incluindo a capacidade de suportar uma quantidade maior de leituras de bloco por segundo e uma latência menor para leituras de único bloco. Como resultado, o espalhamento no nível de bit não é utilizado em nenhum sistema prático.

Em suma, existem dois objetivos principais para o paralelismo em um sistema de disco:

1. Balancear a carga de vários acessos pequenos (acessos de bloco), de modo que a vazão desses acessos aumente.
2. Realizar grandes acessos em paralelo, de modo que o tempo de resposta dos grandes acessos seja reduzido.

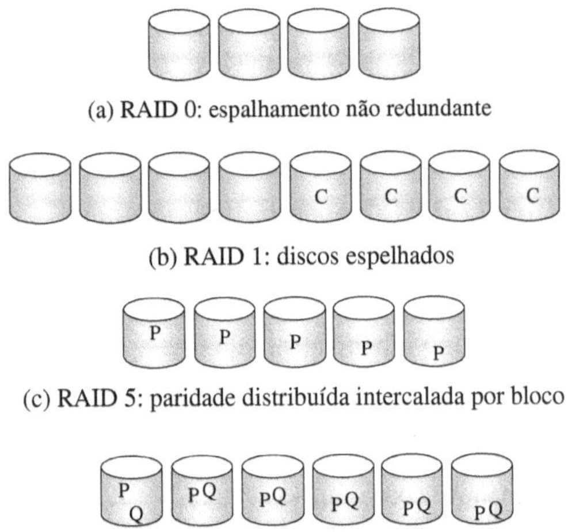

(a) RAID 0: espalhamento não redundante

(b) RAID 1: discos espelhados

(c) RAID 5: paridade distribuída intercalada por bloco

(d) RAID 6: redundância P + Q

Figura 12.4 Níveis de RAID.

12.5.3 Níveis de RAID

O espelhamento (*mirroring*) oferece alta confiabilidade, mas é caro. O espalhamento (*striping*) oferece altas taxas de transferência de dados, mas não melhora a confiabilidade. Diversos esquemas alternativos buscam melhorar a redundância com menor custo, combinando o espalhamento de disco com os "blocos de paridade".

Os blocos em um sistema RAID são particionados em conjuntos, como veremos. Para determinado conjunto de blocos, um **bloco de paridade** pode ser calculado e armazenado em disco; o *i*-ésimo bit do bloco de paridade é calculado como o "OR exclusivo" (XOR) dos *i*-ésimos bits de todos os blocos no conjunto. Se o conteúdo de qualquer um dos blocos em um conjunto for perdido em função de uma falha, o conteúdo do bloco pode ser recuperado calculando-se o XOR bit a bit dos blocos restantes no conjunto, juntamente com o bloco de paridade.

Sempre que um bloco é escrito, o bloco de paridade para seu conjunto deve ser recalculado e escrito no disco. O novo valor do bloco de paridade pode ser calculado (i) lendo todos os outros blocos no conjunto do disco e calculando o novo bloco de paridade, ou (ii) calculando o XOR do valor antigo do bloco de paridade com o valor antigo e novo do bloco atualizado.

Esses esquemas possuem diferentes opções de custo-desempenho. Os esquemas são classificados em **níveis de RAID**.[4] A Figura 12.4 ilustra os quatro níveis usados na prática. Na figura, *P* indica bits de correção de erro e *C* denota uma segunda cópia dos dados. Para todos os níveis, a figura representa quatro discos de dados, e os discos extras representados são usados para armazenar informações redundantes para recuperação de falhas.

- **RAID nível 0** refere-se aos *arrays* de disco com espalhamento no nível de blocos, mas sem nenhuma redundância (como espelhamento ou bits de paridade). A Figura 12.4a mostra um *array* de tamanho 4.

[4] Existem sete níveis de RAID diferentes, numerados de 0 a 6; os níveis 2, 3 e 4 não são mais usados na prática e, por isso, não os incluímos no texto.

- **RAID nível 1** diz respeito ao espelhamento de disco com espalhamento de bloco. A Figura 12.4b mostra uma organização espelhada que mantém quatro discos de dados.

  Observe que alguns fornecedores usam o termo **RAID nível 1+0** ou **RAID nível 10** para se referir ao espelhamento com espalhamento, e utilizam o termo RAID nível 1 para se referir ao espelhamento sem espalhamento. O espelhamento sem espalhamento também pode ser usado com *arrays* de disco, para dar a aparência de um único disco grande e confiável: se cada disco tiver *M* blocos, os blocos lógicos de 0 a $M - 1$ são armazenados no disco 0, *M* até $2M - 1$ no disco 1 (o segundo disco) e assim por diante, e cada disco é espelhado.[5]

- **RAID nível 5** refere-se à paridade distribuída intercalada por bloco. Os dados e a paridade são particionados entre todos os $N + 1$ discos. Para cada conjunto de *N* blocos lógicos, um dos discos armazena a paridade, e os outros *N* discos armazenam os blocos. Os blocos de paridade são armazenados em diferentes discos para diferentes conjuntos de *N* blocos. Assim, todos os discos podem participar satisfazendo as solicitações de leitura.[6]

  A Figura 12.4c mostra a configuração. Os blocos de paridade (*P's*) são distribuídos por todos os discos. Por exemplo, com um *array* de cinco discos, o bloco de paridade, rotulado como *Pk* para os blocos lógicos $4k$, $4k + 1$, $4k + 2$, $4k + 3$, é armazenado no disco *k* mod 5; os blocos correspondentes dos outros quatro discos armazenam os quatro blocos de dados de $4k$ a $4k + 3$. A tabela a seguir indica como os 20 primeiros blocos, numerados de 0 a 19, e seus blocos de paridade, são distribuídos. O padrão mostrado é repetido em outros blocos.

P0	0	1	2	3
4	P1	5	6	7
8	9	P2	10	11
12	13	14	P3	15
16	17	18	19	P4

  Observe que um bloco de paridade não pode armazenar a paridade para blocos no mesmo disco, pois, assim, uma falha no disco resultaria em perda de dados e, também, de paridade; portanto, não seria recuperável.

- **RAID nível 6**, o esquema de redundância $P + Q$, é muito semelhante ao RAID nível 5, mas armazena informações redundantes extras para proteger contra múltiplas falhas

[5] Observe que alguns fabricantes usam o termo RAID 0+1 para se referir a uma versão de RAID que usa o espalhamento para criar um *array* RAID 0 e espelha o *array* em outro *array*, diferentemente do RAID 1, no sentido de que, se um disco falhar, o *array* RAID 0 contendo o disco torna-se inutilizável. O *array* espelhado ainda pode ser usado, de modo que não existe perda de dados. Esse arranjo é inferior ao RAID 1 quando um disco tiver falhado, pois os outros discos no *array* RAID 0 podem continuar sendo usados no RAID 1, mas permanecem ociosos no RAID 0+1.

[6] No RAID nível 4 (que, na prática, não é mais usado), todos os blocos de paridade são armazenados em um disco. O disco não seria útil para leituras e, também, teria uma carga mais alta que os outros discos se houvesse muitas escritas aleatórias.

de disco. Em vez de usar paridade, o nível 6 utiliza códigos de correção de erro, como os códigos Reed-Solomon (veja na seção de Leitura adicional). No esquema da Figura 12.4d, dois bits de dados redundantes são armazenados para cada quatro bits de dados – em vez de um bit de paridade no nível 5 – e o sistema pode tolerar falhas em dois discos.

As letras *P* e *Q* na figura indicam blocos contendo os dois blocos de correção de erro correspondentes para determinado conjunto de blocos de dados. A disposição dos blocos é uma extensão daquela para o RAID 5. Por exemplo, com seis discos, os dois blocos de paridade, rotulados como *Pk* e *Qk*, para os blocos lógicos $4k$, $4k + 1$, $4k + 2$ e $4k + 3$, são armazenados no disco k mod 6 e $(k + 1)$ mod 6, e os blocos correspondentes dos outros quatro discos armazenam os quatro blocos de dados $4k$ a $4k + 3$.

Finalmente, observamos que diversas variações foram propostas para os esquemas RAID básicos descritos aqui, e diferentes fornecedores utilizam diferentes terminologias para as variantes. Alguns deles admitem esquemas aninhados, que criam diversos *arrays* RAID separados e espalham dados pelos *arrays* RAID; um dos níveis de RAID 1, 5 ou 6 é escolhido para os *arrays* individuais. Referências para outras informações sobre esse tipo de organização aparecem na seção de Leitura adicional, ao final deste capítulo.

12.5.4 Questões de hardware

O RAID pode ser implementado sem mudanças no nível do *hardware*, usando apenas modificação no *software*. Essas implementações RAID são denominadas **RAID de software**. Porém, existem benefícios significativos com a construção de um *hardware* de uso especial para dar suporte ao RAID, conforme esboçamos a seguir; sistemas com suporte especial do *hardware* são denominados sistemas de **RAID de hardware**.

As implementações RAID de *hardware* podem utilizar a RAM não volátil para registrar as escritas antes que elas sejam realizadas. No caso de falta de energia, quando o sistema retornar, ele recuperará informações sobre quaisquer escritas incompletas a partir da RAM não volátil e, então, completará as escritas. Depois, a operações normais podem ser reiniciadas.

Ao contrário disso, com o RAID de software, um trabalho extra precisa ser feito para detectar os blocos que podem ter sido escritos parcialmente antes da falta de energia. Para o RAID 1, todos os blocos dos discos são lidos para ver se algum par de blocos nos dois discos possui conteúdo diferente. Para o RAID 5, os discos precisam ser lidos e a paridade recalculada para cada conjunto de blocos, comparando com a paridade armazenada. Essas leituras completas levam muito tempo, e são feitas em segundo plano, usando uma pequena fração da largura de banda disponível dos discos. Veja, no Exercício Prático 12.6, os detalhes de como recuperar dados para o valor mais recente, quando uma inconsistência é detectada; retornamos a esse assunto no contexto da recuperação do sistema de banco de dados na Seção 19.2.1. Diz-se que o sistema RAID está *ressincronizando* (ou *resynching*) durante essa fase; as leituras e escritas normais são permitidas durante essa fase de ressincronização, mas uma falha de um disco nesse período poderia resultar em perda de dados para os blocos com escritas incompletas. O RAID de *hardware* não possui essa limitação.

Mesmo que todas as gravações (escritas) sejam concluídas corretamente, há uma pequena probabilidade de que um setor em um disco se torne ilegível, em algum momento, a despeito de ter sido gravado com êxito anteriormente. Os motivos para a perda de dados em setores individuais variam desde defeitos de fabricação a dados danificados em uma trilha quando outra adjacente é gravada várias vezes. Essa perda de dados já gravados com êxito é citada como *falha latente* ou como *desgaste de bits*. Quando esse tipo de falha acontece, se for detectada em tempo hábil, os dados poderão ser recuperados nos discos restantes na organização RAID. Entretanto, se essa falha não for detectada, uma falha em um único disco poderá resultar em perda de dados se um setor em um dos outros discos apresentar uma falha latente.

Para reduzir a probabilidade de perda de dados, as controladoras de RAID eficientes fazem uma **limpeza** (*scrubbing*), ou seja, nos intervalos de tempo em que os discos estão ociosos, cada setor de todo disco é lido e, se for detectado algum setor ilegível, os dados são recuperados dos discos restantes na organização RAID, e o setor é regravado. (Se o setor físico estiver danificado, a controladora de disco remapeará o endereço do setor lógico para outro setor físico no disco.)

O *hardware* de servidor normalmente é projetado para permitir a **troca a quente** (ou *hot swapping*), ou seja, os discos com defeito podem ser removidos e substituídos por discos novos sem o desligamento do sistema. A controladora RAID pode detectar que um disco foi substituído por um novo e, então, prosseguir imediatamente para reconstruir os dados que estavam no disco antigo, gravando-os no disco novo. A troca a quente reduz o tempo médio para o reparo, pois a substituição de um disco não precisa esperar até um momento em que o sistema possa ser desligado. De fato, muitos sistemas críticos hoje executam em uma agenda 24 × 7, ou seja, 24 horas por dia, sete dias por semana, não oferecendo tempo para desligar e substituir um disco que falhou. Além do mais, muitas implementações RAID atribuem um disco de reserva para cada *array* (ou para um conjunto de *arrays* de disco). Se um disco falhar, o disco de reserva é usado imediatamente como substituto. Como resultado, o tempo médio para o reparo é bastante reduzido, diminuindo as chances de qualquer perda de dados. O disco que falhou pode ser substituído sem pressa.

A fonte de alimentação, ou a controladora de disco ou, ainda, a interconexão do sistema em um sistema RAID, podem se tornar um único ponto de falha capaz de interromper o funcionamento do sistema RAID. Para evitar essa possibilidade, boas implementações RAID possuem várias fontes de alimentação redundantes (com bateria de reserva, para que continuem a funcionar mesmo que falte energia). Esses sistemas RAID possuem diversas interfaces de disco e diversas interconexões para conectar o sistema RAID ao sistema de computador (ou a uma rede de sistemas de computador). Assim, a falha de qualquer componente isolado não interromperá o funcionamento do sistema RAID.

12.5.5 Escolha do nível de RAID

Os fatores a serem levados em consideração na escolha de um nível de RAID são:

- Custo monetário dos requisitos extras de armazenamento em disco.
- Requisitos de desempenho em termos do número de operações de E/S por segundo.
- Desempenho quando um disco tiver falhado.
- Desempenho durante a reconstrução (ou seja, enquanto os dados em um disco que falhou estão sendo reconstruídos em um novo disco).

O tempo para reconstruir os dados de um disco que falhou pode ser significativo, e varia com o nível RAID utilizado. A reconstrução é mais fácil para o RAID nível 1, pois os dados podem ser copiados de outro disco; para os outros níveis, precisamos acessar todos os outros discos no *array* para reconstruir os dados de um disco que falhou. O **desempenho de reconstrução** de um sistema RAID pode ser um fator importante se houver exigência de disponibilidade contínua dos dados, como em sistemas de banco de dados de alto desempenho. Além disso, como o tempo de reconstrução pode formar parte significativa do tempo de reparo, o desempenho da reconstrução também influencia o tempo médio para a perda de dados.

O RAID nível 0 é usado nas aplicações de alto desempenho em que a segurança dos dados não é crítica, mas não em outras situações.

O RAID nível 1 é popular para aplicações como armazenamento de arquivos de *log* em um sistema de banco de dados, pois oferece o melhor desempenho de escrita. O RAID nível 5 tem sobrecarga (*overhead*) de armazenamento menor que o nível 1, mas possui sobrecarga de tempo maior para as escritas. Para aplicações em que os dados são lidos com frequência e raramente são escritos, o nível 5 é a opção preferida.

As capacidades de armazenamento de disco têm crescido rapidamente por muitos anos. Em determinado momento, as capacidades estavam efetivamente dobrando a cada 13 meses; embora a taxa de crescimento seja muito menor agora, as capacidades continuaram a aumentar rapidamente. O custo por byte do armazenamento de disco esteve caindo aproximadamente na mesma taxa do aumento de capacidade. Como resultado, para muitas aplicações de banco de dados existentes, com requisitos de armazenamento moderados, o custo monetário do armazenamento de disco extra necessário ao espelhamento tem se tornado relativamente pequeno (porém, o custo monetário extra continua sendo um problema significativo para aplicações com uso intenso de armazenamento, como o armazenamento de dados de vídeo). As velocidades de acesso ao disco não melhoraram significativamente nos últimos anos, enquanto o número de operações de E/S exigidas por segundo tem aumentado tremendamente, em particular para servidores de aplicações Web.

O RAID nível 5 tem uma sobrecarga significativa para escritas aleatórias, pois um único bloco aleatório exige duas leituras de bloco (para obter os valores antigos do bloco e o bloco de paridade) e duas escritas de bloco, para escrever esses blocos de volta. Ao contrário, a sobrecarga é baixa para grandes escritas sequenciais, pois o bloco de paridade pode ser calculado a partir dos novos blocos na maior parte dos casos, sem quaisquer leituras. O RAID nível 1, portanto, é o preferido para muitas aplicações com requisitos de armazenamento moderados e altos requisitos de E/S aleatória.

O RAID nível 6 oferece uma confiabilidade melhor que o nível 1 ou 5, pois pode tolerar duas falhas de disco sem perda de dados. Em termos de desempenho durante a operação normal, ele é semelhante ao RAID nível 5, mas tem um custo de armazenamento mais alto do que o RAID nível 5. O RAID nível 6 é usado para aplicações em que a segurança dos dados é muito importante. Ele está sendo visto como cada vez mais importante, uma vez que falhas latentes no setor não são incomuns, e podem levar muito tempo para ser detectadas e reparadas. Uma falha de um disco diferente antes que uma falha latente seja detectada e reparada seria semelhante a uma falha de dois discos para esse setor e resultaria na perda de dados desse setor. RAID níveis 1 e 5 sofreriam de perda de dados em tal cenário, ao contrário do nível 6.

O espelhamento também pode ser estendido para armazenar cópias em três discos em vez de dois, de modo a tolerar falhas de dois discos. Esses esquemas de redundância tripla não são comumente usados em sistemas RAID, embora sejam usados em sistemas de arquivos distribuídos, onde os dados são armazenados em várias máquinas, uma vez que a probabilidade de falha da máquina é significativamente maior que a da falha do disco.

Os projetistas de sistemas RAID também precisam tomar muitas outras decisões. Por exemplo, quantos discos devem existir em um *array*? Quantos bits devem ser protegidos por cada bit de paridade? Se houver mais discos em um *array*, as taxas de transferência de dados são mais altas, mas o sistema será mais caro. Se houver mais bits protegidos por um bit de paridade, o espaço adicional em razão dos bits de paridade será menor, mas haverá uma chance maior de que um segundo disco falhe antes que o primeiro disco que falhou seja substituído, e isso resultará em perda de dados.

12.5.6 Outras aplicações de RAID

Os conceitos de RAID têm sido generalizados para outros dispositivos de armazenamento, como dispositivos de memória flash dentro de SSDs, *arrays* de fitas, e até mesmo para o *broadcast* de dados em sistemas sem fio. As páginas flash individuais possuem uma taxa de perda de dados mais alta do que os setores dos discos magnéticos. Os dispositivos flash, como as SSDs, implementam RAID internamente, para garantir que o dispositivo não perca dados por causa de perda de uma página flash. Quando são aplicadas a *arrays* de fitas, as estruturas RAID são capazes de recuperar dados mesmo que uma das fitas em um *array* de fitas seja danificada. Quando aplicadas ao *broadcast* de dados, um bloco de dados é dividido em unidades pequenas e enviado junto com uma unidade de paridade; se uma das unidades não for recebida por nenhum motivo, ela pode ser reconstruída a partir das outras unidades.

12.6 Acesso ao bloco de disco

As solicitações de E/S de disco são geradas pelo sistema de banco de dados, mas o subsistema de processamento de consultas é responsável pela maior parte da E/S de disco. Cada solicitação especifica um identificador de disco e um número de bloco lógico no disco; caso os dados do banco de dados estejam armazenados em arquivos do sistema operacional, a solicitação especifica o identificador de arquivo e um número de bloco dentro do arquivo. Os dados são transferidos entre o disco e a memória principal em unidades de blocos.

Como vimos anteriormente, uma sequência de solicitações de blocos do disco pode ser classificada como um padrão de acesso sequencial ou um padrão de acesso aleatório. Em um padrão de *acesso sequencial*, as solicitações sucessivas são para números de bloco sucessivos, que estão na mesma trilha ou em trilhas adjacentes. Por outro lado, em um padrão de *acesso aleatório*, as solicitações sucessivas são para blocos localizados aleatoriamente no disco. Cada solicitação desse tipo exigiria uma busca, resultando em um tempo de acesso mais longo e menos operações de E/S aleatórias por segundo.

Foram desenvolvidas diversas técnicas para melhorar a velocidade de acesso aos blocos, reduzindo o número de acessos e, em particular, reduzindo o número de acessos aleatórios. Descrevemos estas técnicas em seguida. É muito importante reduzir o número de acessos aleatórios aos dados armazenados em discos magnéticos; as SSDs suportam acesso aleatório muito mais rápido que os discos magnéticos, de modo que o impacto do acesso aleatório é menor com as SSDs, mas o acesso a dados das SSDs ainda pode se beneficiar de algumas das técnicas descritas a seguir.

- **Armazenamento em *buffer*.** Os blocos lidos do disco são armazenados temporariamente em um *buffer* na memória, para atender às futuras solicitações. O armazenamento em *buffer* é realizado tanto pelo sistema operacional quanto pelo sistema de banco de dados. O armazenamento em *buffer* do banco de dados será discutido com mais detalhes na Seção 13.5.

- **Leitura antecipada.** Quando um bloco de disco é acessado, os blocos consecutivos da mesma trilha são lidos em um *buffer* na memória, mesmo que não haja nenhuma solicitação pendente dos blocos. No que diz respeito ao acesso sequencial, essa **leitura antecipada** assegura que vários blocos já estejam na memória quando solicitados, e minimiza o tempo desperdiçado em buscas no disco e a latência de rotação por bloco lido. Os sistemas operacionais também costumam executar uma leitura antecipada de blocos consecutivos de um arquivo do sistema operacional. Entretanto, a leitura antecipada não é muito útil para os acessos de blocos aleatórios.

- **Escalonamento.** Se vários blocos de um cilindro precisam ser transferidos do disco para a memória principal, podemos economizar tempo de acesso solicitando os blocos na ordem em que passarão sob as cabeças. Se os blocos desejados estiverem em cilindros diferentes, é vantajoso solicitar os blocos em uma ordem que reduza o movimento do braço do disco. Os algoritmos de **escalonamento do braço do disco** tentam ordenar os acessos às trilhas em um padrão que aumenta o número de acessos que podem ser processados. Um algoritmo normalmente utilizado é o **algoritmo de elevador**, que funciona da mesma maneira que muitos elevadores. Suponha que, inicialmente, o braço esteja se movendo da trilha mais interna para o exterior do disco. Sob o controle dos algoritmos de elevador, para cada trilha para a qual existe uma solicitação de acesso, o braço para nessa trilha, atende as solicitações para a trilha e, depois, continua se movendo para fora, até que não haja mais solicitações aguardando nas trilhas mais externas. Nesse ponto, o braço muda de direção e se move para o interior, novamente parando em cada trilha para a qual existe uma solicitação, até que alcance uma trilha tal que não existam mais solicitações em trilhas em direção ao centro. Então, ele reverte a direção e inicia um novo ciclo.

  As controladoras de disco normalmente realizam a tarefa de reordenar as solicitações de leitura para melhorar o desempenho, pois conhecem profundamente a organização dos blocos no disco, a posição rotacional das placas de disco e a posição do braço do disco. Para permitir tal reordenação, a interface controladora do disco precisa permitir que várias solicitações sejam acrescentadas a uma fila; os resultados podem ser retornados em uma ordem diferente da ordem de solicitação.

- **Organização de blocos no disco.** Para reduzir o tempo de acesso ao bloco, podemos organizar os blocos no disco de uma maneira que corresponda de perto ao modo como esperamos que os dados sejam acessados. Por exemplo, se esperarmos que um arquivo seja acessado sequencialmente, o ideal será manter todos os blocos do arquivo sequencialmente em cilindros adjacentes. Os discos modernos ocultam o local exato do bloco do sistema operacional, mas usam uma numeração lógica de blocos que gera números consecutivos aos blocos que estão adjacentes. Ao alocar blocos consecutivos de um arquivo a blocos de disco que estão numerados consecutivamente, os sistemas operacionais garantem que os arquivos serão armazenados sequencialmente.

  O armazenamento de um arquivo grande em uma única sequência longa de blocos consecutivos impõe desafios à alocação de bloco de disco; em vez disso, os sistemas operacionais alocam vários blocos consecutivos (uma **extensão**) de cada vez a um arquivo. Diferentes extensões alocadas a um arquivo podem não estar adjacentes no disco. O acesso sequencial a um arquivo só necessita de uma única busca por extensão, em vez de uma busca por bloco, caso os blocos estejam alocados aleatoriamente; com extensões grandes o bastante, pode-se reduzir o custo das buscas em relação aos custos de transferência de dados.

Com o tempo, um arquivo sequencial que possui várias extensões pequenas pode se tornar **fragmentado**; ou seja, seus blocos se tornam espalhados por todo o disco. Para reduzir a fragmentação, o sistema pode fazer uma cópia de *backup* dos dados no disco e restaurar o disco inteiro. A operação de restauração escreve de volta os blocos de cada arquivo consecutivamente (ou quase isso). Alguns sistemas (como diferentes versões do sistema operacional Windows) possuem utilitários que varrem o disco e depois movem blocos para diminuir a fragmentação. O aumento de desempenho observado a partir dessas técnicas pode ser significativo.

- ***Buffers* de escrita não voláteis**. Como o conteúdo da memória principal se perde em casos de falta de energia, as informações sobre atualizações do banco de dados precisam ser registradas no disco para que sobrevivam a possíveis falhas do sistema. Por esse motivo, o desempenho de aplicações com uso intensivo de atualização de banco de dados, como sistemas de processamento de transação, depende bastante da latência das escritas no disco.

  Podemos usar a *memória de acesso aleatório não volátil* (NVRAM) para agilizar bastante as escritas no disco. O conteúdo da NVRAM não se perde em caso de falta de energia. Inicialmente, a NVRAM era implementada usando uma memória RAM com bateria, mas a memória flash, atualmente, é o meio mais usado para os *buffers* de escrita não voláteis. A ideia é que, quando o sistema de banco de dados (ou o sistema operacional) solicitar que um bloco seja gravado no disco, a controladora de disco escreva o bloco no ***buffer* de escrita não volátil** e imediatamente notifique o sistema operacional que a escrita foi completada com sucesso. A controladora, mais tarde, poderá gravar os dados no seu destino no disco de uma forma que minimize o movimento do braço do disco, usando o algoritmo de elevador, por exemplo. Se essa reordenação de escrita for feita sem o uso de *buffers* de escrita não voláteis, o estado do banco de dados pode se tornar inconsistente no caso de uma falha do sistema; os algoritmos de recuperação que estudaremos mais adiante, no Capítulo 19, dependem de escritas sendo feitas na ordem especificada. Quando o sistema de banco de dados solicita uma escrita de bloco, ele observa um atraso somente se o *buffer* da NVRAM estiver cheio. Na recuperação de uma falha do sistema, quaisquer escritas pendentes no *buffer* da NVRAM são gravadas no disco. *Buffers* de NVRAM são encontrados em certos discos mais sofisticados, mas com mais frequência em "controladoras RAID".

Além destas otimizações de baixo nível, as otimizações para reduzir os acessos aleatórios podem ser feitas em um nível mais alto, pelo projeto inteligente dos algoritmos de processamento de consulta. Estudamos técnicas eficientes de processamento de consulta no Capítulo 15.

12.7 Resumo

- Existem vários tipos de armazenamento de dados na maioria dos sistemas de computador. Eles são classificados pela velocidade com que podem acessar dados, por seu custo por unidade de dados para comprar a memória e por sua confiabilidade. Entre os meios disponíveis, estão cache, memória principal, memória flash, discos magnéticos, discos ópticos e fitas magnéticas.
- Os discos magnéticos são dispositivos mecânicos, e o acesso aos dados exige que uma cabeça de leitura-escrita se mova até o cilindro correto; a rotação das placas deverá trazer o setor correto sob a cabeça de leitura-escrita. Assim, os discos magnéticos possuem uma alta latência para acesso aos dados.
- As SSDs possuem uma latência muito mais baixa para acesso aos dados, e uma largura de banda de transferência de dados mais alta que os discos magnéticos. Porém, elas também possuem um custo por byte maior do que os discos magnéticos.
- Os discos são vulneráveis a falhas, o que pode resultar na perda dos dados armazenados. Podemos reduzir a probabilidade de perda irrecuperável de dados retendo várias cópias dos dados.
- O espelhamento reduz bastante a probabilidade de perda de dados. Métodos mais sofisticados, baseados em *arrays* redundantes de discos independentes (*redundant arrays of independent disks* – RAID), oferecem mais benefícios. Espalhando dados pelos discos, esses métodos oferecem altas taxas de vazão em grandes acessos; introduzindo a redundância nos discos, eles melhoram muito a confiabilidade.
- Diferentes organizações RAID são possíveis, cada uma com diferentes características de custo, desempenho e confiabilidade. RAID nível 1 (espelhamento) e RAID nível 5 são os mais utilizados.
- Várias técnicas foram desenvolvidas para otimizar o acesso aos blocos do disco, como leitura antecipada, armazenamento em *buffer*, escalonamento do braço do disco, organização de blocos no disco e *buffers* de escrita não voláteis.

Termos de revisão

- Meio de armazenamento físico
  - Cache
  - Memória principal
  - Memória flash
  - Disco magnético
  - Disco óptico
  - Fita magnética
- Armazenamento volátil
- Armazenamento não volátil
- Acesso sequencial
- Acesso direto
- Interfaces de armazenamento
  - Serial ATA (SATA)
  - Serial Attached SCSI (SAS)
  - Non-volatile Memory Express (NVMe)
  - Storage Area Network (SAN)
  - Network Attached Storage (NAS)
- Disco magnético
  - Placa
  - Discos rígidos
  - Trilhas
  - Setores
  - Cabeça de leitura-escrita
  - Braço de disco
  - Cilindro
  - Controladora de disco
  - Somas de verificação (*checksums*)
  - Remapeamento de setores defeituosos
- Bloco de disco
- Medidas de desempenho dos discos
  - Tempo de acesso
  - Tempo de busca
  - Tempo de latência
  - Operações de E/S por segundo (IOPS)
  - Latência rotacional
  - Taxa de transferência de dados
  - Tempo médio para falha (MTTF)
- Armazenamento flash
  - Bloco de eliminação
  - Distribuição de uso
  - Tabela de conversão da flash
  - Camada de conversão da flash
- Memória de classe de armazenamento
  - 3D-XPoint
- *Array* redundante de discos independentes (RAID)
  - Espelhamento
  - Espalhamento de dados
  - Espalhamento no nível de bit
  - Espalhamento no nível de bloco
- Níveis de RAID
  - Nível 0 (espalhamento de blocos, sem redundância)
  - Nível 1 (espalhamento de blocos, espelhamento)
  - Nível 5 (espalhamento de blocos, paridade distribuída)
  - Nível 6 (espalhamento de blocos, redundância $P + Q$)
- Desempenho de reconstrução
- RAID de *software*
- RAID de *hardware*
- Troca a quente
- Otimização de acesso ao bloco de disco
  - Escalonamento de braço do disco
  - Algoritmo de elevador
  - Organização de blocos no disco
  - Desfragmentação
  - *Buffers* de escrita não voláteis
  - Disco de *log*

Exercícios práticos

12.1 SSDs podem ser usadas como uma camada de armazenamento entre a memória e os discos magnéticos, com algumas partes do banco de dados (por exemplo, algumas relações) armazenadas em SSDs e o restante em discos magnéticos. Como alternativa, as SSDs podem ser usadas como um *buffer* ou cache para discos magnéticos; os blocos usados com frequência residiriam na camada SSD, enquanto os blocos usados com menos frequência residiriam em disco magnético.

a. Qual das duas alternativas você escolheria se precisasse dar suporte a consultas em tempo real, que devem ser respondidas dentro de um curto período garantido de tempo? Explique o motivo.

b. Qual das duas alternativas você escolheria se tivesse uma relação *cliente* muito grande, onde apenas alguns blocos de disco da relação são acessados com frequência, com os outros blocos raramente acessados?

12.2 Alguns bancos de dados utilizam discos magnéticos de um modo que somente os setores nas trilhas mais externas são usados, enquanto os setores nas trilhas mais internas permanecem sem uso. Quais seriam os benefícios dessa técnica?

12.3 Armazenamento flash:

a. Como a tabela de conversão de flash, utilizada para mapear números de páginas lógicas para números de páginas físicas, é criada na memória?

b. Suponha que você tem um sistema de armazenamento flash de 64 gigabytes, com tamanho de página de 4096 bytes. Qual seria o tamanho da tabela de conversão de flash, presumindo-se que cada página tenha um endereço de 32 bits e que a tabela seja armazenada como um *array*?

c. Sugira como reduzir o tamanho da tabela de conversão se, frequentemente, extensos intervalos de páginas lógicas com números consecutivos são mapeados para páginas físicas com números consecutivos.

12.4 Considere os dados e a arrumação de bloco de paridade em quatro discos:

Disco 1	Disco 2	Disco 3	Disco 4
B_1	B_2	B_3	B_4
P_1	B_5	B_6	B_7
B_8	P_2	B_9	B_{10}
⋮	⋮	⋮	⋮

Os B_i representam blocos de dados; os P_i representam os blocos de paridade. O bloco de paridade P_i é o bloco de paridade dos blocos B_{4i-3} até B_{4i}. Que problema (se houver algum) esse arranjo poderia apresentar?

12.5 Um administrador de banco de dados pode escolher quantos discos são organizados em um único *array* RAID 5. Quais são as vantagens e desvantagens de ter menos discos e mais discos, em termos de custo, confiabilidade, desempenho durante a falha e desempenho durante a reconstrução?

12.6 Uma falta de energia que ocorre enquanto um bloco de disco está sendo gravado poderia resultar no bloco sendo escrito apenas parcialmente. Considere que os blocos parcialmente escritos podem ser detectados. Uma escrita de bloco indivisível é aquela em que ou o bloco de disco é totalmente escrito ou nada é escrito (ou seja, não existem escritas parciais). Sugira esquemas para conseguir o efeito de escritas de bloco indivisíveis com os seguintes esquemas RAID. Seus esquemas deverão envolver o trabalho durante a recuperação de falhas.

a. RAID nível 1 (espelhamento).

b. RAID nível 5 (bloco intercalado, paridade distribuída).

12.7 Armazenar todos os blocos de um arquivo grande em blocos de disco consecutivos reduziriam as buscas durante as leituras sequenciais do arquivo. Por que não é prático fazer isso? O que os sistemas operacionais fazem em vez disso para reduzir o número de buscas durante as leituras sequenciais?

Exercícios

12.8 Liste os meios de armazenamento físico disponíveis nos computadores que você normalmente utiliza. Informe a velocidade com que os dados podem ser acessados em cada meio.

12.9 Como o remapeamento de setores defeituosos por controladoras de disco afeta as taxas de recuperação de dados?

12.10 Os sistemas operacionais tentam garantir que os blocos consecutivos de um arquivo sejam armazenados em blocos consecutivos no disco. Por que isso é tão importante com os discos magnéticos? Se as SSDs fossem usadas em seu lugar, isso ainda seria importante, ou seria irrelevante? Explique o motivo.

12.11 Os sistemas RAID normalmente permitem que você substitua discos defeituosos sem interromper o acesso ao sistema. Assim, os dados no disco defeituoso precisam ser reconstruídos e escritos no disco substituto enquanto o sistema está em operação. Qual dos níveis de RAID gera a menor quantidade de interferência entre a reconstrução e o acesso contínuo ao disco? Explique sua resposta.

12.12 O que significa *scrubbing* (limpeza), no contexto dos sistemas RAID, e por que esse recurso é tão importante?

12.13 Suponha que você tenha dados que não devam ser perdidos em caso de falha do disco e a aplicação usa intensamente a escrita de dados. Como você armazenaria os dados?

Leitura adicional

Hennessy *et al.* (2002) é um livro-texto popular sobre arquitetura de computador, que inclui a explicação da organização do cache e da memória.

As especificações das unidades de disco da geração atual podem ser encontradas nos *sites* de seus fabricantes, como Hitachi, Seagate, Maxtor e Western Digital. As especificações das SSDs da geração atual podem ser obtidas a partir de *sites* de seus fabricantes, como Crucial, Intel, Micron, Samsung, SanDisk, Toshiba e Western Digital.

Patterson *et al.* (1988) forneceram uma discussão inicial sobre níveis de RAID e ajudaram a padronizar a terminologia. Chen *et al.* (1994) apresentam um excelente levantamento dos princípios e da implementação do RAID.

Uma explicação abrangente dos níveis de RAID suportados pela maioria dos sistemas RAID modernos, incluindo os níveis RAID aninhados, 10, 50 e 60, que combinam os níveis RAID 1, 5 e 6 com espalhamento, como no RAID nível 0, pode ser encontrada no capítulo "Introduction to RAID" da Cisco Systems (2018). Códigos Reed-Solomon são abordados em Pless (1998).

Bibliografia

CHEN, P. M. *et al.* "RAID: high-performance, reliable secondary storage". *ACM Computing Surveys*, 26(2), p. 145-185, 1994.

CISCO SYSTEMS. *Cisco UCS servers RAID guide*. San Jose, CA: Cisco, 2018.

HENNESSY, J. L.; PATTERSON, D. A.; GOLDBERG, D. *Computer architecture*: a quantitative approach. 6. ed. Massachusetts: Morgan Kaufmann, 2017.

PATTERSON, D. A.; GIBSON, G.; KATZ, R. H. "A case for Redundant Arrays of Inexpensive Disks (RAID)". In: *Proc. of the ACM SIGMOD*, New York, p. 109-116, 1988.

PLESS, V. *Introduction to the theory of error-correcting codes*. 3. ed. New Jersey: Wiley, 1998.

Créditos

CAPÍTULO 13

Estruturas de armazenamento de dados

No Capítulo 12, estudamos as características dos meios de armazenamento físico, com foco nos discos magnéticos e SSDs, e vimos como construir sistemas de armazenamento rápidos e confiáveis usando vários discos em uma estrutura RAID. Neste capítulo, nos concentramos na organização dos dados armazenados no meio de armazenamento subjacente, e em como esses dados são acessados.

13.1 Arquitetura de armazenamento de banco de dados

Dados persistentes são mantidos em armazenamento não volátil, o qual, como vimos no Capítulo 12, normalmente é uma unidade de disco magnético ou SSD. Os discos magnéticos, bem como as SSDs, são dispositivos estruturados por bloco, ou seja, os dados são lidos ou escritos em unidades de um bloco. Por outro lado, os bancos de dados lidam com registros, que geralmente são muito menores que um bloco (embora, em alguns casos, os registros possam ter atributos muito grandes).

A maioria dos bancos de dados utiliza arquivos do sistema operacional como uma camada intermediária para armazenar registros, que ocultam alguns detalhes dos blocos subjacentes. No entanto, para garantir acesso eficiente, bem como para dar suporte à recuperação de falhas (como veremos mais adiante, no Capítulo 19), os bancos de dados devem continuar atentos aos blocos. Assim, na Seção 13.2, estudamos como os registros individuais são armazenados em arquivos, levando em consideração a estrutura de blocos.

Dado um conjunto de registros, a próxima decisão está em como organizá-los na estrutura de arquivos; por exemplo, eles podem ser armazenados em ordem de classificação, na ordem em que são criados ou em uma ordem qualquer. A Seção 13.3 estuda várias organizações de arquivo alternativas.

A Seção 13.4 descreve como os bancos de dados organizam dados sobre os esquemas relacionais, bem como sobre a organização do armazenamento, no dicionário de dados. As informações no dicionário de dados são fundamentais para muitas tarefas, por exemplo, para localizar e recuperar registros de uma relação quando recebem o nome da relação.

Para que uma CPU acesse os dados, eles devem estar na memória principal, enquanto os dados persistentes devem residir em armazenamento não volátil, como discos magnéticos ou SSDs. Para bancos de dados maiores que a capacidade da memória principal, que é o caso mais comum, os dados devem ser buscados a partir do armazenamento não volátil e gravados de volta, caso sejam atualizados. A Seção 13.5 descreve como os bancos de dados usam uma região de memória, chamada *buffer* de banco de dados, para armazenar blocos trazidos do armazenamento não volátil.

Uma técnica para armazenar dados com base no armazenamento de todos os valores de determinada coluna juntos, em vez de armazenar todos os atributos de uma determinada linha juntos, tem funcionado muito bem para o processamento analítico de consultas. Essa ideia, chamada de *armazenamento orientado por colunas*, é discutida na Seção 13.6.

Algumas aplicações precisam de acesso muito rápido aos dados e têm tamanhos de dados pequenos o suficiente para que o banco de dados inteiro possa caber na memória principal de uma máquina servidora de banco de dados. Nesses casos, podemos manter uma cópia de todo o banco de dados na memória.[1] Bancos de dados que armazenam todo o banco de dados na memória e otimizam as estruturas de dados na memória, bem como o processamento de consultas e outros algoritmos usados pelo banco de dados para explorar a residência de dados na memória, são chamados de **bancos de dados em memória principal**. A organização de armazenamento em bancos de dados em memória principal é discutida na Seção 13.7. Observamos que a memória não volátil, que permite acesso direto a bytes individuais ou linhas de cache, chamada de *memória de classe de armazenamento*, ainda está em desenvolvimento. As arquiteturas de banco de dados da memória principal podem ser otimizadas ainda mais para esse tipo de armazenamento.

13.2 Organização de arquivo

Um banco de dados é mapeado em diversos arquivos diferentes, mantidos pelo sistema operacional subjacente. Esses

[1] Por segurança, não apenas o banco de dados atual deverá caber na memória, mas deve haver uma certeza razoável de que o banco de dados continuará a caber na memória futuramente no médio prazo, apesar do crescimento em potencial da organização.

arquivos residem permanentemente nos discos. Um **arquivo** é organizado logicamente como uma sequência de registros, mapeados para blocos de disco. Os arquivos representam uma construção básica nos sistemas operacionais, de modo que devemos pressupor a existência de um *sistema de arquivos* básico. Precisamos considerar as maneiras de representar os modelos de dados lógicos em termos de arquivos.

Cada arquivo também é particionado logicamente em unidades de armazenamento de tamanho fixo, chamados de **blocos**, que são as unidades de alocação de armazenamento e transferência de dados. Por padrão, a maioria dos bancos de dados utiliza tamanhos de blocos de quatro a oito kilobytes, mas vários bancos de dados permitem que o tamanho do bloco seja especificado durante o processo de criação da instância de um banco de dados. Tamanhos de dados maiores podem ser úteis em algumas aplicações de banco de dados.

Um bloco pode conter vários registros; o conjunto exato de registros contidos em um bloco é determinado pela forma de organização dos dados físicos em uso. Devemos presumir que *nenhum registro é maior do que um bloco*. Essa pressuposição é verídica para a maioria das aplicações de processamento de dados, como nosso exemplo da universidade. Certamente, há vários tipos de itens de dados muito grandes, como imagens, que podem ser muito maiores do que um bloco. Discutiremos resumidamente como lidar com esses itens de dados grandes mais adiante, na Seção 13.2.2, armazenando os grandes itens de dados separadamente e armazenando um ponteiro para o item de dados no registro.

Além disso, devemos exigir que *cada registro esteja totalmente contido em um único bloco*, ou seja, nenhum registro está parcialmente contido em um bloco e parcialmente em outro. Essa restrição simplifica e agiliza o acesso aos itens de dados.

Em um banco de dados relacional, as tuplas de relações distintas têm geralmente tamanhos diferentes. Uma técnica para o mapeamento entre o banco de dados e os arquivos é utilizar vários arquivos e armazenar registros de apenas um tamanho fixo em um arquivo específico. Uma alternativa consiste em estruturar nossos arquivos de modo que possamos acomodar vários tamanhos de registros; contudo, é mais fácil implementar arquivos com registros de tamanho fixo do que arquivos com registros de tamanhos variáveis. Várias técnicas utilizadas na primeira situação podem ser aplicadas ao caso do tamanho variável. Sendo assim, começaremos por considerar um arquivo de registros de tamanho fixo e, mais adiante, discorreremos sobre o armazenamento de registros de tamanhos variáveis.

13.2.1 Registros de tamanho fixo

Como exemplo, consideremos um arquivo de registros de *instrutor* em nosso banco de dados de universidade. Cada registro desse arquivo está definido (em pseudocódigo) como:

```
type instrutor = record
            ID varchar (5);
            nome varchar (20);
            nome_dept varchar (20);
            nome numeric (8,2);
end
```

Suponha que cada caractere ocupe um byte e que o numeric (8,2) ocupe oito bytes. Imagine que, em vez de atribuirmos uma quantidade variável de bytes aos atributos *ID*, *nome* e *nome_dept*, atribuamos o número máximo de bytes que cada atributo pode conter. Assim, o registro *instrutor* tem 53 bytes. Uma técnica simples é usar os primeiros 53 bytes para o primeiro registro, os 53 bytes seguintes para o segundo registro e assim sucessivamente (Figura 13.1).

Entretanto, há dois problemas nessa abordagem simples:

1. A menos que o tamanho do bloco seja um múltiplo de 53 (o que é improvável), alguns registros ultrapassarão os limites dos blocos. Ou seja, parte do registro será armazenada em um bloco e parte em outro. Por conseguinte, isso exigirá dois acessos de bloco para ler ou gravar nesse registro.
2. É difícil excluir um registro dessa estrutura. O espaço ocupado pelo registro a ser excluído deve ser preenchido por algum outro registro do arquivo, ou precisaremos descobrir uma maneira de marcar os registros excluídos para que sejam ignorados.

registro 0	10101	Srinivasan	Comp. Sci.	65000
registro 1	12121	Wu	Finance	90000
registro 2	15151	Mozart	Music	40000
registro 3	22222	Einstein	Physics	95000
registro 4	32343	El Said	History	60000
registro 5	33456	Gold	Physics	87000
registro 6	45565	Katz	Comp. Sci.	75000
registro 7	58583	Califieri	History	62000
registro 8	76543	Singh	Finance	80000
registro 9	76766	Crick	Biology	72000
registro 10	83821	Brandt	Comp. Sci.	92000
registro 11	98345	Kim	Elec. Eng.	80000

Figura 13.1 Arquivo que contém registros de *instrutor*.

registro 0	10101	Srinivasan	Comp. Sci.	65000
registro 1	12121	Wu	Finance	90000
registro 2	15151	Mozart	Music	40000
registro 4	32343	El Said	History	60000
registro 5	33456	Gold	Physics	87000
registro 6	45565	Katz	Comp. Sci.	75000
registro 7	58583	Califieri	History	62000
registro 8	76543	Singh	Finance	80000
registro 9	76766	Crick	Biology	72000
registro 10	83821	Brandt	Comp. Sci.	92000
registro 11	98345	Kim	Elec. Eng.	80000

Figura 13.2 Arquivo da Figura 13.1, com o registro 3 excluído e todos os registros deslocados.

registro 0	10101	Srinivasan	Comp. Sci.	65000
registro 1	12121	Wu	Finance	90000
registro 2	15151	Mozart	Music	40000
registro 11	98345	Kim	Elec. Eng.	80000
registro 4	32343	El Said	History	60000
registro 5	33456	Gold	Physics	87000
registro 6	45565	Katz	Comp. Sci.	75000
registro 7	58583	Califieri	History	62000
registro 8	76543	Singh	Finance	80000
registro 9	76766	Crick	Biology	72000
registro 10	83821	Brandt	Comp. Sci.	92000

Figura 13.3 Arquivo da Figura 13.1, com o registro 3 excluído e o registro final movido.

Para evitar o primeiro problema, atribuímos a um bloco uma quantidade de registros que se acomodaria totalmente nesse bloco (é possível calcular esse número com facilidade, dividindo o tamanho do bloco pelo tamanho do registro e descartando a parte fracionária). Os bytes restantes de cada bloco ficarão sem uso.

Quando um registro é excluído, podemos deslocar o registro imediatamente anterior para o espaço ocupado anteriormente pelo registro excluído, e assim por diante, até que todos os registros posteriores ao excluído sejam movidos para a frente (Figura 13.2). Essa técnica exige a movimentação de grande número de registros. Seria mais fácil simplesmente mover o registro final do arquivo para o espaço ocupado pelo registro excluído (Figura 13.3).

Não é desejável mover registros para ocupar o espaço liberado por um registro excluído, pois isso exige acessos adicionais ao bloco. Como as inserções costumam ser mais frequentes do que as exclusões, é aceitável deixar aberto o espaço ocupado pelo registro excluído e esperar por uma inserção subsequente antes de reutilizar o espaço. Um marcador simples em um registro excluído não é suficiente, pois é difícil encontrar esse espaço disponível quando uma inserção está sendo feita. Assim, precisamos introduzir uma estrutura adicional.

No início do arquivo, alocamos certo número de bytes como um **cabeçalho de arquivo**. O cabeçalho terá uma série de informações sobre o arquivo. Por enquanto, tudo o que precisamos armazenar lá é o endereço do segundo registro disponível e assim por diante. Intuitivamente, podemos pensar nesses endereços armazenados como *ponteiros*, pois eles apontam para o local de um registro. Os registros excluídos, assim, formam uma lista encadeada, normalmente conhecida como **lista livre**. A Figura 13.4 mostra o arquivo da Figura 13.1, com a lista livre, após os registros 1, 4 e 6 terem sido excluídos.

Na inserção de um novo registro, usamos o registro apontado pelo cabeçalho. Mudamos o ponteiro do cabeçalho para que aponte para o próximo registro disponível. Se não houver espaço disponível, acrescentamos o novo registro ao final do arquivo.

A inserção e a exclusão em arquivos de registros com tamanho fixo são simples de implementar, pois o espaço disponível por um registro excluído é exatamente o espaço necessário para inserir um registro. Se permitirmos registros com tamanho variável em um arquivo, esse encaixe exato não é mais possível. Um registro inserido pode não caber no espaço que ficou livre por um registro excluído ou, então, pode caber apenas parcialmente nesse espaço.

13.2.2 Registros de tamanho variável

Registros de tamanho variável surgem nos sistemas de banco de dados por vários motivos. O motivo mais comum é a presença de campos de tamanho variável, como strings.

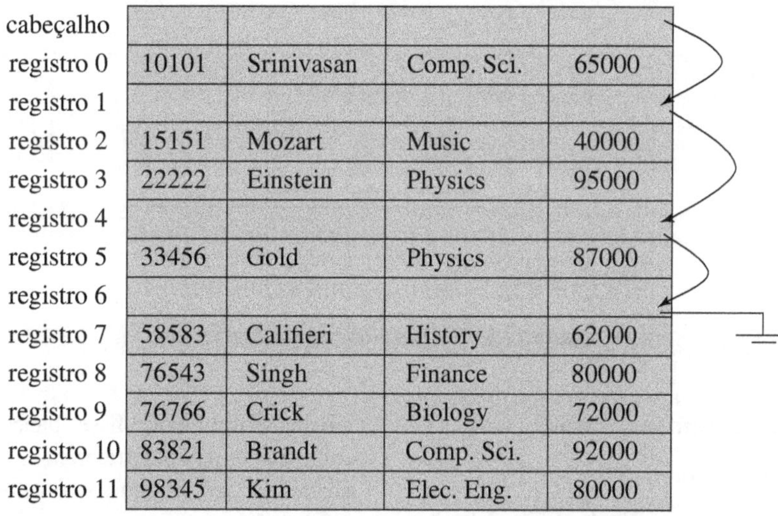

Figura 13.4 Arquivo da Figura 13.1, com uma lista livre após a exclusão dos registros 1, 4 e 6.

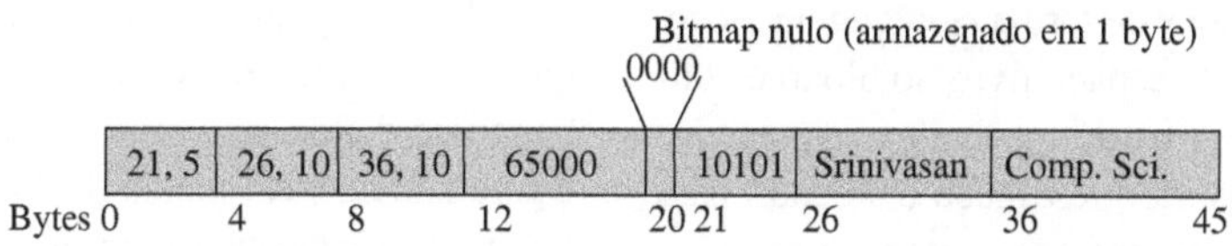

Figura 13.5 Representação de um registro de tamanho variável da relação *instrutor*.

Outros motivos incluem tipos de registro que contêm campos repetitivos, como *arrays* ou multiconjuntos, e a presença de vários tipos de registro em um arquivo.

Existem várias técnicas para implementar registros de tamanho variável. É possível solucionar dois problemas diferentes por qualquer uma dessas técnicas:

1. Como representar um único registro, de modo a permitir a extração fácil dos atributos individuais, mesmo que sejam de tamanho variável.
2. Como armazenar registros de tamanho variável dentro de um bloco, de modo que os registros em um bloco possam ser facilmente extraídos.

A representação de um registro com atributos de tamanho variável geralmente tem duas partes: uma parte inicial com informações de tamanho fixo, cuja estrutura é a mesma para todos os registros da mesma relação, seguida pelo conteúdo dos atributos de tamanho variável. Os atributos de tamanho fixo – como valores numéricos, datas ou strings de caracteres de tamanho fixo – recebem a quantidade de bytes necessária para armazenar o respectivo valor. Os atributos de tamanho variável, como os tipos varchar, são representados na parte inicial do registro por um par (*deslocamento*, *comprimento*), em que *deslocamento* indica onde os dados desse atributo começam dentro do registro e *comprimento* é o tamanho expresso em bytes do atributo de tamanho variável. Os valores para os atributos de tamanho variável são armazenados de forma contígua, após a parte de tamanho fixo inicial do registro. Sendo assim, essa parte inicial do registro armazena um tamanho fixo de informação sobre cada atributo, seja ele de tamanho fixo ou variável.

Um exemplo dessa representação de registro consta na Figura 13.5, que mostra um registro *instrutor*, cujos três primeiros atributos *ID*, *nome* e *nome_dept* são strings de tamanho variável, e o quarto atributo *salário* é um número de tamanho fixo. Presumimos que os valores de deslocamento e comprimento estejam armazenados em dois bytes cada, formando um total de quatro bytes por atributo. Pressupomos que o atributo *salário* seja armazenado em oito bytes, e que cada string use uma quantidade de bytes igual a de seu número de caracteres.

A figura também ilustra o uso de um **bitmap nulo**, que indica quais atributos do registro têm valor nulo. Nesse registro específico, se o salário fosse nulo, o quarto bit do bitmap seria definido como 1 (um), e o valor do *salário* armazenado nos bytes 12 a 19 seria ignorado. Como o registro tem quatro atributos, o bitmap nulo desse registro cabe em um byte, embora em outros cenários possam ser necessários mais bytes caso existam mais atributos. Em algumas representações, o bitmap nulo é armazenado no início do registro e, para os atributos nulos, nenhum dado (valor ou deslocamento/comprimento) é sequer armazenado. Essa representação economizaria espaço de armazenamento, mas exigiria o trabalho extra de extrair atributos do registro. Essa representação é útil, principalmente, para determinadas aplicações nas quais os registros têm grande número de campos, a maioria dos quais nulos.

Examinaremos a seguir o problema do armazenamento de registros de tamanho variável em um bloco. A **estrutura de página em slots** (**slotted page structure**) é muito usada para organizar registros dentro de um bloco, e aparece na Figura 13.6.[2] Existe um cabeçalho no início de cada bloco, que contém as seguintes informações:

[2]Nesse caso, o termo "página" é sinônimo de "bloco".

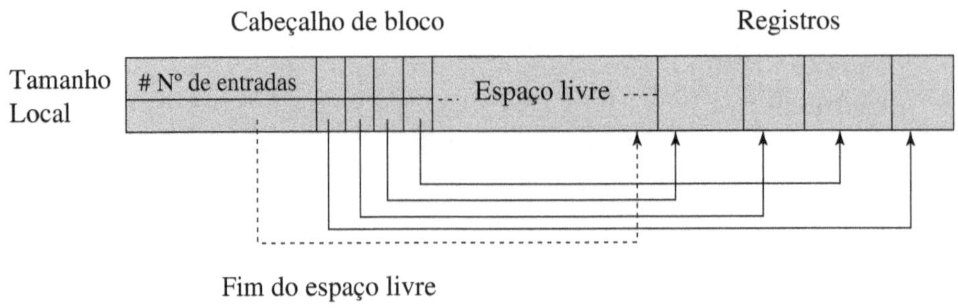

Figura 13.6 Estrutura de página em slot.

- O número de entradas de registro no cabeçalho.
- O final do espaço livre no bloco.
- Um *array* cujas entradas contêm o local e o tamanho de cada registro.

Os registros reais são alocados de forma *contígua* no bloco, começando do final do bloco. O espaço livre no bloco é contíguo, entre a entrada final no *array* do cabeçalho e o primeiro registro. Se um registro for inserido, o espaço é alocado para ele no final do espaço livre, e uma entrada contendo seu tamanho e local é acrescentada ao cabeçalho.

Se um registro for excluído, o espaço que ele ocupa é liberado, e sua entrada é marcada como *excluída* (seu tamanho é marcado como –1, por exemplo). Além disso, os registros no bloco antes do registro excluído são movidos, de modo que o espaço livre criado pela exclusão é ocupado, e todo o espaço livre novamente fica entre a entrada final no *array* do cabeçalho e o primeiro registro. O ponteiro de fim do espaço livre no cabeçalho também é atualizado corretamente. Os registros podem aumentar ou diminuir por meio de técnicas semelhantes, desde que haja espaço no bloco. O custo para mover os registros não é muito alto, pois o tamanho de um bloco é limitado: um valor típico é de quatro a oito kilobytes.

A estrutura de página em slots requer que não haja ponteiros que apontem diretamente para os registros. Em vez disso, os ponteiros precisam apontar para a entrada no cabeçalho que contém o local real do registro. Esse nível de indireção permite que os registros sejam movidos para evitar fragmentação de espaço dentro de um bloco, enquanto admite ponteiros indiretos para o registro.

13.2.3 Armazenando objetos grandes

Os bancos de dados normalmente armazenam dados que podem ser muito maiores do que um bloco de disco. Por exemplo, uma imagem ou uma gravação de áudio podem ter vários megabytes, enquanto um objeto de vídeo pode ocupar vários gigabytes. Lembre-se de que a SQL admite os tipos **blob** e **clob**, que armazenam objetos muito grandes, binários e de caracteres.

Muitos bancos de dados relacionais restringem internamente o tamanho de um registro para não ser maior que o tamanho de um bloco.[3] Esses bancos de dados permitem que os registros contenham referências aos objetos grandes, mas, fisicamente, armazenam os objetos grandes separados dos outros atributos (curtos) de registros em que ocorrem. Um ponteiro (lógico) para o objeto é armazenado no registro contendo o objeto grande.

Objetos grandes podem ser armazenados ou como arquivos em uma área do sistema de arquivos gerenciada pelo banco de dados, ou como estruturas de arquivo armazenadas e gerenciadas pelo banco de dados. Nesse último caso, opcionalmente, esses objetos grandes no banco de dados podem ser representados por meio de organizações de arquivo por árvore B$^+$, que estudaremos na Seção 14.4.1, para permitir o acesso eficiente a qualquer local dentro do objeto. Organizações de arquivo por árvore B$^+$ permitem ler um objeto inteiro ou intervalos de bytes especificados no objeto, além de inserir e excluir partes do objeto.

No entanto, existem alguns problemas de desempenho com o armazenamento de objetos muito grandes em bancos de dados. A eficiência do acesso a objetos grandes por meio de interfaces de banco de dados é uma preocupação. Uma segunda preocupação é com o tamanho dos *backups* do banco de dados. Muitas empresas periodicamente criam "*dumps* de banco de dados", isto é, cópias de *backup* de seus bancos de dados; armazenar objetos grandes no banco de dados pode resultar em um grande aumento no tamanho desses *dumps* do banco de dados.

Portanto, muitas aplicações optam por armazenar objetos muito grandes, como dados de vídeo, fora do banco de dados, em um sistema de arquivos. Nesses casos, a aplicação pode armazenar o nome do arquivo (normalmente, um caminho completo no sistema de arquivos) como um atributo de um registro no banco de dados. Armazenar dados em arquivos fora do banco de dados pode resultar em nomes de arquivos no banco de dados apontando para arquivos que não existem, talvez porque foram excluídos ou renomeados, o que resulta em uma forma de violação de restrição de chave estrangeira. Além disso, os controles de autorização do banco de dados não se aplicam aos dados armazenados no sistema de arquivos.

[3]Essa restrição ajuda a simplificar o gerenciamento de *buffer*; como vimos na Seção 13.5, os blocos de disco são trazidos para uma área da memória chamada de *buffer* antes de serem acessados. Registros maiores que um bloco seriam divididos entre os blocos, que podem estar em diferentes áreas do *buffer*, e, portanto, podem não estar em uma área contígua da memória.

Alguns bancos de dados suportam a integração do sistema de arquivos com o banco de dados não só para garantir que as restrições sejam atendidas (por exemplo, a exclusão de arquivos será bloqueada se o banco de dados tiver um ponteiro para o arquivo), bem como para assegurar que as autorizações de acesso sejam aplicadas. Os arquivos podem ser acessados a partir de uma interface do sistema de arquivos e da interface SQL do banco de dados. Por exemplo, o Oracle suporta essa integração por meio de seus recursos SecureFiles e do Database File System.

13.3 Organização de registros em arquivos

Até aqui, estudamos como os registros são representados em uma estrutura de arquivos. Uma relação é um conjunto de registros. Dado um conjunto de registros, a próxima pergunta é como organizá-los em um arquivo. Várias das possíveis maneiras de organizar registros em arquivos são:

- **Organização de arquivos em *heap*.** Um registro pode ser colocado em qualquer lugar no arquivo onde exista espaço para acomodá-lo. Não existe ordenação de registros. Normalmente, existe um único arquivo ou um conjunto de arquivos para cada relação. A organização de arquivos em *heap* é discutida na Seção 13.3.1.
- **Organização sequencial de arquivos.** Os registros são armazenados em ordem sequencial, de acordo com o valor de uma "chave de busca" de cada registro. A Seção 13.3.2 descreve essa organização.
- **Organização de arquivos com agrupamento de múltiplas tabelas.** Geralmente, um arquivo separado ou um conjunto de arquivos é usado para armazenar os registros de cada relação. No entanto, em uma *organização de arquivos com agrupamento de múltiplas tabelas*, os registros de várias relações diferentes são armazenados no mesmo arquivo e, na verdade, no mesmo bloco dentro de um arquivo, para reduzir o custo de determinadas operações de junção. A Seção 13.3.3 descreve a organização de arquivos com agrupamento de múltiplas tabelas.
- **Organização de arquivos por árvore B^+.** A organização de arquivo sequencial tradicional, descrita na Seção 13.3.2, tem suporte para o acesso ordenado, mesmo se houver operações de inserção, exclusão e atualização, que podem alterar a ordenação dos registros. No entanto, em face de um grande número dessas operações, a eficiência do acesso ordenado é afetada. Estudamos outra maneira de organizar registros, chamada de *organização de arquivos por árvore B^+*, na Seção 14.4.1. A organização de arquivos por árvore B^+ está relacionada com a estrutura de índice da árvore B^+, descrita nesse capítulo, e pode fornecer acesso ordenado eficiente aos registros, mesmo se houver um grande número de operações de inserção, exclusão ou atualização. Além disso, ela suporta acesso muito eficiente a registros específicos, com base na chave de busca.
- **Organização de arquivos com *hashing*.** Uma função de *hash* é calculada sobre algum atributo de cada registro. O resultado da função de *hash* especifica em que bloco do arquivo o registro deve ser colocado. A Seção 14.5 descreve essa organização; ela está bastante relacionada com as estruturas de indexação descritas naquele capítulo.

13.3.1 Organização de arquivos em *heap*

Em uma organização de arquivos em *heap*, um registro pode ser armazenado em qualquer lugar no arquivo correspondente a uma relação. Uma vez colocado em um local específico, o registro geralmente não é movido.[4]

Quando um registro é inserido em um arquivo, uma opção para escolher o local é sempre acrescentá-lo ao final do arquivo. No entanto, se forem excluídos registros, faz sentido usar o espaço liberado dessa forma para armazenar novos registros. É importante que um sistema de banco de dados consiga localizar com eficiência os blocos que possuem espaço livre, sem precisar pesquisar sequencialmente todos os blocos do arquivo.

A maioria dos bancos de dados usa uma estrutura de dados com uso eficiente do espaço, chamada de **mapa de espaço livre**, para rastrear quais blocos têm espaço livre para armazenar registros. O mapa de espaço livre normalmente é representado por um *array* contendo uma entrada para cada bloco na relação. Cada entrada representa uma fração f tal que pelo menos uma fração f do espaço no bloco esteja livre. No PostgreSQL, por exemplo, uma entrada ocupa um byte e o valor armazenado na entrada deve ser dividido por 256 para obter a fração de espaço livre. O *array* é armazenado em um arquivo cujos blocos são trazidos para a memória,[5] conforme necessário. Sempre que um registro é inserido, excluído ou alterado em tamanho, se a fração de ocupação mudar o suficiente para afetar o valor da entrada, a entrada será atualizada no mapa de espaço livre. A seguir, mostramos um exemplo de um mapa de espaço livre para um arquivo com 16 blocos. Estamos supondo que três bits são usados para armazenar a fração de ocupação; o valor na posição i deve ser dividido por oito para obter a fração de espaço livre para o bloco i.

4	2	1	4	7	3	6	5	1	2	0	1	1	0	5	6

Por exemplo, um valor de 7 indica que pelo menos 7⁄8 do espaço no bloco está livre.

A fim de encontrar um bloco para armazenar um novo registro de determinado tamanho, o banco de dados pode varrer o mapa de espaço livre para encontrar um bloco que tenha espaço livre suficiente para armazenar esse registro. Se não houver tal bloco, um novo bloco é alocado para a relação.

Embora essa varredura seja muito mais rápida do que buscar blocos para encontrar espaço livre, ela ainda pode ser

[4]Os registros podem ser ocasionalmente movidos, por exemplo, se o banco de dados classificar os registros da relação; mas observe que, mesmo sendo a relação reordenada por classificação, inserções e atualizações subsequentes podem resultar em registros não mais ordenados.

[5]Por meio do *buffer* de banco de dados, discutido na Seção 13.5.

muito lenta para arquivos grandes. Para acelerar ainda mais a tarefa de localizar um bloco com espaço livre suficiente, podemos criar um mapa de espaço livre de segundo nível, que tenha, digamos, uma entrada para cada 100 entradas do mapa de espaço livre principal. Essa única entrada armazena o maior valor entre todas as 100 entradas correspondentes no mapa de espaço livre principal. A seguir, ilustramos um mapa de espaço livre de segundo nível para o nosso exemplo anterior, com uma entrada para cada quatro entradas no mapa principal.

4	7	2	6

Com uma entrada para cada 100 entradas no mapa de espaço livre principal, uma varredura do mapa de segundo nível levaria apenas 1/100 do tempo para varrer o mapa principal; uma vez encontrada uma entrada adequada indicando espaço livre suficiente, suas 100 entradas correspondentes no mapa de espaço livre principal podem ser examinadas para encontrar um bloco com espaço livre suficiente. Esse bloco deve existir, pois a entrada do mapa de espaço livre de segundo nível armazena a maior das entradas no mapa de espaço livre principal. Para lidar com relações muito grandes, podemos criar ainda mais níveis além do segundo, usando a mesma ideia.

Escrever o mapa de espaço livre em disco toda vez que uma entrada no mapa é atualizada seria muito dispendioso. Em vez disso, o mapa de espaço livre é escrito periodicamente; como resultado, o mapa de espaço livre no disco pode estar desatualizado e, quando um banco de dados é iniciado, ele pode obter dados desatualizados sobre o espaço livre disponível. Como resultado, o mapa de espaço livre pode afirmar que um bloco tem espaço livre quando isso não acontece; tal erro será detectado quando o bloco for buscado, e poderá ser tratado por uma pesquisa adicional no mapa de espaço livre para encontrar outro bloco. Por outro lado, o mapa de espaço livre pode afirmar que um bloco não tem espaço livre quando, na realidade, ele tem; geralmente isso não resultará em problema algum, a não ser um espaço livre não utilizado. Para corrigir esses erros, a relação é examinada periodicamente, e o mapa de espaço livre recalculado e gravado no disco.

13.3.2 Organização sequencial de arquivos

Um **arquivo sequencial** é projetado visando o processamento eficiente de registros em ordem, com base em alguma chave de busca. Uma **chave de busca** é qualquer atributo ou conjunto de atributos; ela não precisa ser a chave primária nem mesmo uma superchave. Para permitir a rápida recuperação de registros na ordem da chave de busca, encadeamos os registros pelos ponteiros. O ponteiro em cada registro aponta para o próximo registro na ordem da chave de busca. Além do mais, para reduzir o número de acessos de bloco no processamento sequencial de arquivos, armazenamos registros fisicamente na ordem da chave de busca ou o mais próximo possível dessa ordem.

A Figura 13.7 mostra um arquivo sequencial de registros *instrutor* extraído de nosso exemplo da universidade. Nesse exemplo, os registros são armazenados na ordem da chave de busca usando *ID* como chave de busca.

A organização sequencial de arquivos permite que os registros sejam lidos na ordem classificada; isso pode ser útil para fins de exibição e para certos algoritmos de processamento de consulta, que estudaremos no Capítulo 15.

Porém, é difícil manter a ordem sequencial física à medida que os registros são inseridos e excluídos, pois é dispendioso mover muitos registros como resultado de uma única inserção ou exclusão. Podemos gerenciar a exclusão usando cadeias de ponteiros, como vimos anteriormente. Para a inserção, aplicamos as duas regras a seguir:

1. Localize o registro no arquivo que vem antes do registro a ser inserido na ordem da chave de busca.
2. Se houver um registro livre (ou seja, espaço criado após uma exclusão) dentro do mesmo bloco desse registro, insira o novo registro lá. Caso contrário, insira o novo registro em um *bloco de estouro* (*overflow block*). Nos dois casos, ajuste os ponteiros de modo a encadear os registros na ordem da chave de busca.

A Figura 13.8 apresenta o arquivo da Figura 13.7 após a inserção do registro (32222, Verdi, Music, 48000). A estrutura na Figura 13.8 permite a inserção rápida dos novos

10101	Srinivasan	Comp. Sci.	65000	
12121	Wu	Finance	90000	
15151	Mozart	Music	40000	
22222	Einstein	Physics	95000	
32343	El Said	History	60000	
33456	Gold	Physics	87000	
45565	Katz	Comp. Sci.	75000	
58583	Califieri	History	62000	
76543	Singh	Finance	80000	
76766	Crick	Biology	72000	
83821	Brandt	Comp. Sci.	92000	
98345	Kim	Elec. Eng.	80000	

Figura 13.7 Arquivo sequencial para os registros de *instrutor*.

10101	Srinivasan	Comp. Sci.	65000
12121	Wu	Finance	90000
15151	Mozart	Music	40000
22222	Einstein	Physics	95000
32343	El Said	History	60000
33456	Gold	Physics	87000
45565	Katz	Comp. Sci.	75000
58583	Califieri	History	62000
76543	Singh	Finance	80000
76766	Crick	Biology	72000
83821	Brandt	Comp. Sci.	92000
98345	Kim	Elec. Eng.	80000

32222	Verdi	Music	48000

Figura 13.8 Arquivo sequencial após uma inserção.

registros, mas força as aplicações de processamento sequencial de arquivos a processarem registros em uma ordem que não combina com a ordem física dos registros.

Se relativamente poucos registros tiverem de ser armazenados em blocos de estouro, essa técnica funcionará bem. Porém, em alguns casos, a correspondência entre a ordem da chave de busca e a ordem física pode ser totalmente perdida após um período, e o processamento sequencial se tornará muito menos eficiente. Nesse ponto, o arquivo deverá ser **reorganizado** de modo que mais uma vez esteja fisicamente na ordem sequencial. Essas reorganizações são dispendiosas e precisam ser feitas durante momentos em que a carga do sistema é baixa. A frequência com que as reorganizações são necessárias depende da frequência de inserção de novos registros. Em um caso extremo em que as inserções raramente ocorrem, sempre é possível manter o arquivo na ordem fisicamente classificada. Nesse caso, o campo de ponteiro da Figura 13.7 não é necessário.

A organização de arquivos em árvore B+, descrita na Seção 14.4.1, oferece um acesso ordenado eficiente, sem exigir reorganizações dispendiosas, mesmo havendo muitas inserções, exclusões e atualizações.

13.3.3 Organização de arquivos com agrupamento de múltiplas tabelas

A maioria dos sistemas de banco de dados relacionais armazena cada relação em um arquivo separado, ou em um conjunto de arquivos separado. Assim, nesse tipo de projeto, cada arquivo – e, como resultado, cada bloco –, armazena registros de apenas uma relação.

Entretanto, em alguns casos, pode ser útil armazenar registros de mais de uma relação em um único bloco. Para constatar a vantagem de armazenar registros de várias relações em um único bloco, examine a seguinte consulta SQL para o banco de dados da universidade:

select *nome_dept, prédio, orçamento, ID, nome, salário*
from *departamento* **natural join** *instrutor*;

Essa consulta calcula a junção das relações *departamento* e *instrutor*. Assim, para cada tupla de *departamento*, o sistema precisa localizar as tuplas de *instrutor* com o mesmo valor de *nome_dept*. O ideal é que esses registros sejam localizados com a ajuda de *índices*, sobre os quais discutiremos no Capítulo 14. Contudo, independentemente de como esses registros são localizados, eles precisam ser transferidos do disco para a memória principal. No pior dos casos, cada registro residirá em um bloco diferente, forçando o sistema a realizar uma leitura de bloco para cada registro solicitado pela consulta.

Como exemplo concreto, considere as relações *departamento* e *instrutor* nas Figuras 13.9 e 13.10, respectivamente (para abreviar, incluímos apenas um subconjunto das tuplas das relações utilizadas até agora). Na Figura 13.11, mostramos uma estrutura de arquivos projetada para a execução eficiente de consultas envolvendo a junção natural de *departamento* e *instrutor*. Todas as tuplas de *instrutor* para cada *ID* são armazenadas próximas à tupla de *departamento* para o *nome_dept* correspondente. Dizemos que as duas relações estão agrupadas pela chave *nome_dept*. Consideramos que cada registro contém o identificador da relação à qual pertence, embora isso não seja mostrado na Figura 13.11.

nome_dept	*prédio*	*orçamento*
Comp. Sci.	Taylor	100000
Physics	Watson	70000

Figura 13.9 A relação *departamento*.

ID	*nome*	*nome_dept*	*salário*
10101	Srinivasan	Comp. Sci.	65000
33456	Gold	Physics	87000
45565	Katz	Comp. Sci.	75000
83821	Brandt	Comp. Sci.	92000

Figura 13.10 A relação *instrutor*.

Comp. Sci.	Taylor	100000	
10101	Srinivasan	Comp. Sci.	65000
45565	Katz	Comp. Sci.	75000
83821	Brandt	Comp. Sci.	92000
Physics	Watson	70000	
33456	Gold	Physics	87000

Figura 13.11 Estrutura de arquivos com agrupamento de múltiplas tabelas.

Embora não representado na figura, é possível armazenar o valor do atributo *nome_dept*, que define o agrupamento, apenas uma vez para um grupo de tuplas (de ambas as relações), reduzindo a sobrecarga de armazenamento.

Essa estrutura permite o processamento eficiente da junção. Quando uma tupla da relação *departamento* é lida, o bloco inteiro contendo essa tupla é copiado do disco para a memória principal. Como as tuplas de *instrutor* correspondentes estão armazenadas no disco perto da tupla de *departamento*, o bloco contendo a tupla de *departamento* contém as tuplas da relação *instrutor* necessárias para processar a consulta. Se um departamento tiver tantos instrutores que os registros de *instrutor* não caibam em um único bloco, os registros restantes aparecerão em blocos próximos.

Uma **organização de arquivos com agrupamento de múltiplas tabelas** é uma organização de arquivos como aquela ilustrada na Figura 13.11, que armazena registros relacionados de duas ou mais relações em cada bloco.[6] A **chave de cluster** é o atributo que define quais registros são armazenados juntos; em nosso exemplo anterior, a chave de *cluster* é *nome_dept*.

Embora uma organização de arquivos com agrupamento de múltiplas tabelas possa agilizar certas consultas de junção, ela pode resultar em um processamento mais lento dos outros tipos de consulta. Seguindo nosso exemplo anterior,

> **select** *
> **from** *departamento*;

exige mais acessos de bloco do que acontecia no esquema sob o qual armazenamos cada relação em um arquivo separado, porque agora cada bloco contém uma quantidade muito menor de registros de *departamento*. Para localizar de modo eficiente todas as tuplas da relação *departamento* dentro de um bloco em particular, podemos encadear todos os registros dessa relação usando ponteiros; porém, o número de blocos lidos não é afetado pelo uso dessas cadeias.

A ocasião em que o agrupamento de múltiplas tabelas deve ser usado depende dos tipos de consulta que o projetista do banco de dados acredita que sejam mais frequentes. O uso cuidadoso do agrupamento de múltiplas tabelas pode produzir ganhos de desempenho significativos no processamento da consulta.

[6]Observe que a palavra *cluster* é frequentemente usada para se referir a um grupo de máquinas que, juntas, constituem um banco de dados paralelo; esse uso da palavra *cluster* não está relacionado com o conceito de um agrupamento (*clustering*) de múltiplas tabelas.

O agrupamento de múltiplas tabelas tem suporte do sistema de banco de dados Oracle. Os *clusters* podem ser criados usando o comando **create cluster**, com uma chave de *cluster* especificada. Uma extensão do comando **create table** pode ser usada para especificar que uma relação deve ser armazenada em um *cluster* específico, com determinado atributo usado como chave de *cluster*. Assim, múltiplas relações podem ser alocadas a um *cluster*.

13.3.4 Particionamento

Muitos bancos de dados permitem que os registros em uma relação sejam particionados em relações menores, que são armazenadas separadamente. Tal **particionamento de tabela** geralmente é feito com base no valor de um atributo; por exemplo, os registros em uma relação *transação* em um banco de dados contábil podem ser particionados por ano em relações menores, correspondentes a cada ano, como *transação_2019*, *transação_2020* e assim por diante. As consultas podem ser escritas com base na relação *transação*, mas são traduzidas em consultas sobre as relações de cada ano. A maioria dos acessos são para registros do ano atual e incluem uma seleção baseada no ano. Os otimizadores de consulta podem reescrever essa consulta para acessar apenas a relação menor, correspondente ao ano solicitado, e evitar a leitura de registros correspondentes a outros anos. Por exemplo, uma consulta

> **select** *
> **from** *transação*
> **where** *ano*=2020

só acessaria a relação *transação_2020*, ignorando as outras relações, enquanto uma consulta sem a condição de seleção leria todas as relações.

O custo de algumas operações, como encontrar espaço livre para um registro, aumenta com o tamanho da relação; ao reduzir o tamanho de cada relação, o particionamento ajuda a reduzir essa sobrecarga. O particionamento também pode ser usado para armazenar diferentes partes de uma relação em diferentes dispositivos de armazenamento; por exemplo, no ano de 2020, *transação_2019* e transações de anos anteriores, que são acessadas com pouca frequência, podem ser armazenadas em disco magnético, enquanto *transação_2020* pode ser armazenada em SSD, para agilizar o acesso.

13.4 Armazenamento em dicionário de dados

Até aqui, consideramos apenas a representação das próprias relações. Um sistema de banco de dados relacional precisa manter dados *sobre* as relações, como o esquema das relações. Em geral, essas "informações sobre dados" são conhecidas como **metadados**.

Os esquemas relacionais e outros metadados sobre relações são armazenados em uma estrutura denominada **dicionário de dados** ou **catálogo do sistema**. Entre os tipos de informações que o sistema precisa armazenar, encontram-se as seguintes:

- Nomes das relações.
- Nomes dos atributos de cada relação.
- Domínios e tamanhos dos atributos.
- Nomes de visões (*views*) definidas no banco de dados e as definições dessas *views*.
- As restrições de integridade (por exemplo, as restrições de chave).

Além disso, muitos sistemas mantêm os seguintes dados sobre os usuários do sistema:

- Nomes de usuários, os esquemas padrão dos usuários e senhas ou outras informações para autenticar os usuários.
- Informações de autorização para cada usuário.

Ademais, o banco de dados pode armazenar dados estatísticos e descritivos sobre as relações e seus atributos, como o número de tuplas em cada relação ou o número de valores distintos para cada atributo.

O dicionário de dados também pode anotar a organização do armazenamento (*heap*, sequencial, *hash* etc.) das relações e o local onde cada relação está armazenada:

- Se as relações estiverem armazenadas em arquivos do sistema operacional, o dicionário anotará os nomes do arquivo (ou arquivos) contendo cada relação.
- Se o banco de dados armazenar todas as relações em um único arquivo, o dicionário poderá anotar os blocos contendo registros de cada relação em uma estrutura de dados, como uma lista encadeada.

No Capítulo 14, em que estudaremos os índices, veremos a necessidade de armazenar informações sobre cada índice em cada uma das relações:

- Nome do índice.
- Nome da relação sendo indexada.
- Atributos sobre os quais o índice é definido.
- Tipo de índice formado.

Toda essa informação de metadados constitui, com efeito, um banco de dados em miniatura. Alguns sistemas de banco de dados armazenam esses metadados usando estruturas de dados e código de uso especial. Em geral, é preferível armazenar os dados sobre o banco de dados no próprio banco de dados. Ao usarmos relações do banco de dados para armazenar metadados do sistema, simplificamos a estrutura geral do sistema e aproveitamos o poder do banco de dados para obter acesso rápido aos dados do sistema.

A escolha exata de como representar os metadados do sistema por relações precisa ser feita pelos projetistas do sistema. Na Figura 13.12, mostramos o diagrama de esquema de um dicionário de dados possível, armazenando parte da informação mencionada anteriormente. O esquema é apenas ilustrativo; implementações reais armazenam muito mais informações do que aparece na figura. Leia os manuais para o banco de dados que você utiliza para descobrir quais metadados do sistema ele mantém.

Na representação de metadados ilustrada, o atributo *atribs_índice* da relação *Metadados_índice* contém uma lista de um ou mais atributos, que podem ser representados por uma cadeia de caracteres como "*nome_dept, prédio*". Portanto, a relação *Metadados_índice* não está na primeira forma normal; ela pode ser normalizada, mas essa representação, provavelmente, será mais eficiente para acessar. O dicionário de dados, em geral, é armazenado em uma forma não normalizada para que o acesso seja mais rápido.

Sempre que o sistema de banco de dados precisar recuperar registros de uma relação, ele deverá primeiro consultar

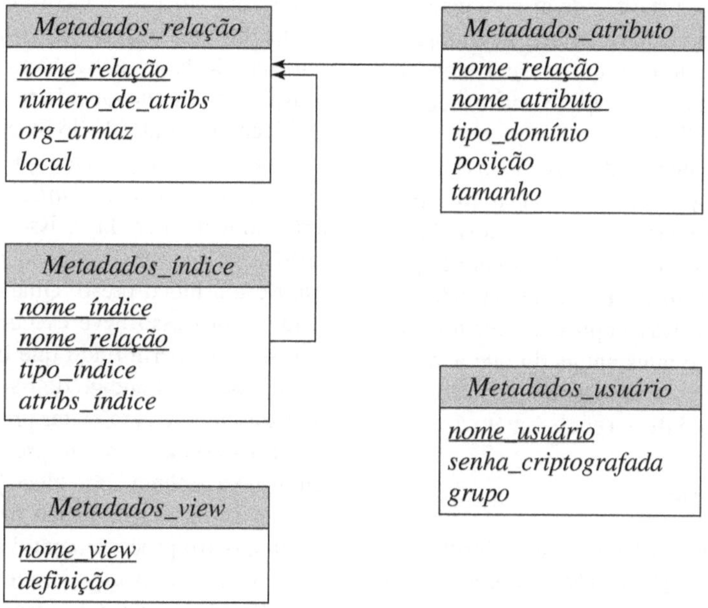

Figura 13.12 Esquema relacional representando parte dos metadados do sistema.

a relação *Metadados_relação* para encontrar o local e a organização de armazenamento da relação, e depois buscar os registros utilizando essas informações.

Entretanto, a organização e o local do armazenamento da própria relação *Metadados_relação* precisam ser registrados em outro lugar (por exemplo, no próprio código do banco de dados ou em um local fixo no banco de dados), pois precisamos dessa informação para encontrar o conteúdo de *Metadados_relação*.

Visto que os metadados do sistema são acessados com frequência, a maioria dos bancos de dados os traz para estruturas de dados na memória, que podem ser acessadas muito rapidamente. Isso é feito como parte da partida (*startup*) do banco de dados, antes que ele comece a processar quaisquer consultas.

13.5 *Buffer* de banco de dados

O tamanho da memória principal nos servidores aumentou bastante ao longo dos anos, e muitos bancos de dados de médio porte podem caber na memória. No entanto, um servidor tem muitas demandas em sua memória, e a quantidade de memória que pode reservar para um banco de dados pode ser muito menor que o tamanho do banco de dados, mesmo para bancos de dados de médio porte. E muitos bancos de dados grandes são muito maiores que toda a memória disponível nos servidores.

Assim, ainda hoje, os dados do banco de dados residem, principalmente, no disco na maioria dos bancos de dados, e devem ser trazidos para a memória para serem lidos ou atualizados; os blocos de dados atualizados devem ser, posteriormente, gravados de volta no disco.

Como o acesso aos dados no disco é muito mais lento que o acesso aos dados na memória, um dos principais objetivos dos sistemas de banco de dados é minimizar o número de transferências de blocos entre o disco e a memória. Uma maneira de reduzir o número de acessos de disco é manter o máximo de blocos possível na memória principal. O objetivo é maximizar a probabilidade de que, quando um bloco for acessado, ele já esteja na memória principal e, assim, não seja necessário nenhum acesso de disco.

Como não é possível manter todos os blocos na memória principal, precisamos gerenciar a alocação do espaço disponível nessa memória para o armazenamento dos blocos. O ***buffer*** é a parte da memória principal disponível para armazenar cópias de blocos de disco. É sempre mantida uma cópia de cada bloco no disco, mas a cópia existente no disco pode ser uma versão do bloco mais antiga do que a versão contida no *buffer*. O subsistema responsável pela alocação do espaço do *buffer* é chamado de **gerenciador de *buffer***.

13.5.1 Gerenciador de *buffer*

Os programas em um sistema de banco de dados fazem solicitações (ou seja, chamadas) ao gerenciador de *buffer* quando precisam de um bloco do disco. Se o bloco já estiver no *buffer*, o gerenciador de *buffer* passa o endereço do bloco na memória principal para o solicitante. Se o bloco não estiver no *buffer*, o gerenciador de *buffer* primeiro aloca espaço no *buffer* para o bloco, descartando algum outro bloco, se for necessário, para criar espaço para o novo bloco. O bloco descartado é gravado de volta no disco somente se tiver sido modificado desde a última vez que foi gravado no disco. Depois, o gerenciador de *buffer* lê o bloco solicitado do disco para o *buffer* e passa o endereço do bloco na memória principal ao solicitante. As ações internas do gerenciador de *buffer* são transparentes aos programas que emitem solicitações de bloco de disco.

Se você estiver acostumado com conceitos de sistema operacional, notará que o gerenciador de *buffer* nada mais é do que um gerenciador de memória virtual, como aqueles encontrados na maioria dos sistemas operacionais. Uma diferença é que o tamanho do banco de dados pode ser muito maior do que o espaço de endereços de *hardware* de uma máquina, de modo que os endereços de memória não são suficientes para endereçar todos os blocos de disco. Além disso, para atender bem ao sistema de banco de dados, o gerenciador de *buffer* precisa usar técnicas mais sofisticadas do que os esquemas típicos de gerenciamento de memória virtual.

13.5.1.1 Estratégia de substituição de *buffer*

Quando não há espaço no *buffer*, um bloco precisa ser **removido** do *buffer* antes que um novo possa ser lido. A maioria dos sistemas operacionais utiliza um esquema de **uso menos recente** (**LRU**), em que o bloco que foi referenciado menos recentemente é gravado no disco e removido do *buffer*. Essa técnica simples pode ser melhorada para aplicações de banco de dados (veja a Seção 13.5.2).

13.5.1.2 Blocos presos (*pinned blocks*)

Depois que um bloco é trazido para o *buffer*, um processo no banco de dados pode ler o conteúdo do bloco a partir da memória do *buffer*. No entanto, enquanto o bloco está sendo lido, se um processo concorrente remove o bloco e o substitui por um bloco diferente, o processo que estava lendo o conteúdo do bloco antigo verá dados incorretos; se o bloco estava sendo escrito quando foi removido, o escritor acabaria danificando o conteúdo do bloco de substituição.

Portanto, é importante que, antes que um processo leia dados de um bloco do *buffer*, ele garanta que o bloco não será removido. Para fazer isso, o processo executa uma operação de **prisão** (**pin**) no bloco; o gerenciador de *buffer* nunca remove um bloco preso. Quando tiver terminado de ler os dados, o processo deve executar uma operação de **liberação** (**unpin**), permitindo que o bloco seja removido quando necessário. O código do banco de dados deve ser escrito cuidadosamente para evitar prender muitos blocos: se todos os blocos no *buffer* forem presos, nenhum bloco poderá ser removido e nenhum outro bloco poderá ser colocado no *buffer*. Se isso acontecer, o banco de dados não poderá realizar nenhum outro processamento!

Vários processos podem ler dados de um bloco que está no *buffer*. Cada um deles precisará executar uma operação de prisão antes de acessar os dados e uma liberação após concluir o acesso. O bloco não pode ser removido até que todos os processos que executaram uma prisão tenham executado uma operação de liberação. Uma maneira simples de garantir essa propriedade é manter um **contador de prisão** para cada bloco no *buffer*. Cada operação de prisão incrementa o contador, e uma operação de liberação decrementa o contador. Uma página só pode ser removida se o contador de prisão for igual a zero.

13.5.1.3 Bloqueios compartilhados e exclusivos sobre o *buffer*

Um processo que adiciona ou exclui uma tupla de uma página pode precisar movimentar o conteúdo da página; durante esse período, nenhum outro processo deve ler o conteúdo da página, pois ele pode ser inconsistente. Os gerenciadores de *buffer* do banco de dados permitem que os processos obtenham bloqueios compartilhados e exclusivos sobre o *buffer*.

Estudaremos o bloqueio com mais detalhes no Capítulo 18, mas aqui discutimos uma forma limitada de bloqueio no contexto do gerenciador de *buffer*. O sistema de bloqueio fornecido pelo gerenciador de *buffer* permite que um processo do banco de dados bloqueie um bloco do *buffer* no modo compartilhado ou no modo exclusivo antes de acessar o bloco e, posteriormente, libere esse bloqueio, após a conclusão do acesso. Aqui estão as regras para o bloqueio:

- Qualquer número de processos pode ter, ao mesmo tempo, bloqueios compartilhados sobre um bloco.
- Somente um processo pode receber um bloqueio exclusivo por vez e, quando um processo possui um bloqueio exclusivo, nenhum outro processo pode ter um bloqueio compartilhado sobre o bloco. Assim, um bloqueio exclusivo só pode ser concedido quando nenhum outro processo tiver um bloqueio sobre o bloco do *buffer*.
- Se um processo solicitar um bloqueio exclusivo quando um bloco já estiver bloqueado no modo compartilhado ou exclusivo, a solicitação permanecerá pendente até que todos os bloqueios anteriores sejam liberados.
- Se um processo solicitar um bloqueio compartilhado quando um bloco não estiver bloqueado ou já estiver bloqueado no modo compartilhado, o bloqueio poderá ser concedido; no entanto, se outro processo tiver um bloqueio exclusivo, o bloqueio compartilhado será concedido somente depois que o bloqueio exclusivo for liberado.

Os bloqueios são adquiridos e liberados da seguinte forma:

- Antes de realizar qualquer operação sobre um bloco, um processo deve prender o bloco, como vimos anteriormente. Os bloqueios são obtidos subsequentemente e devem ser liberados antes da liberação do bloco.
- Antes de ler os dados de um bloco do *buffer*, um processo deve obter um bloqueio compartilhado sobre o bloco. Quando terminar de ler os dados, o processo deve liberar o bloqueio.
- Antes de atualizar o conteúdo de um bloco do *buffer*, um processo deve obter um bloqueio exclusivo sobre o bloco; o bloqueio deve ser liberado após a conclusão da atualização.

Essas regras garantem que um bloco não possa ser atualizado enquanto outro processo o estiver lendo e, inversamente, um bloco não possa ser lido enquanto outro processo o estiver atualizando. Essas regras são necessárias para a segurança do acesso ao *buffer*; no entanto, para proteger um sistema de banco de dados contra problemas resultantes do acesso simultâneo, apenas estas etapas não são suficientes: outras etapas deverão ser seguidas. Estas são discutidas mais adiante, nos Capítulos 17 e 18.

13.5.1.4 Saída e gravação de blocos

É possível remover e gravar um bloco em disco apenas quando o espaço no *buffer* é necessário para outro bloco. No entanto, faz sentido não esperar até que o espaço no *buffer* seja necessário, mas sim gravar em disco os blocos atualizados antes de tal necessidade. Então, quando for necessário espaço no *buffer*, um bloco que já foi gravado pode ser removido, desde que não esteja preso atualmente.

No entanto, para que o sistema de banco de dados possa se recuperar de falhas (Capítulo 19), é necessário restringir os momentos em que um bloco pode ser gravado no disco. Por exemplo, a maioria dos sistemas de recuperação exige que um bloco não seja gravado no disco enquanto uma atualização no bloco estiver em andamento. Para impor esse requisito, um processo que deseja gravar o bloco no disco deverá obter um bloqueio compartilhado sobre o bloco.

A maioria dos bancos de dados possui um processo que detecta continuamente os blocos atualizados e os grava de volta no disco.

13.5.1.5 Saída forçada (*forced output*) de blocos

Existem situações em que é necessário gravar o bloco de volta no disco, para garantir que certos dados no disco estejam em um estado consistente. Essa escrita é chamada de **saída forçada (*forced output*)** de um bloco. Veremos o motivo para a saída forçada no Capítulo 19.

O conteúdo da memória principal e, portanto, o conteúdo do *buffer*, se perde em uma falha, enquanto os dados no disco (normalmente) sobrevivem a uma falha. A saída forçada é usada em conjunto com um mecanismo de *logging* para garantir que, quando uma transação que realizou atualizações for confirmada (*commit*), dados suficientes sejam gravados em disco para garantir que as atualizações da transação não se percam. O modo exato como isso é feito será visto com detalhes no Capítulo 19.

13.5.2 Estratégias de substituição de *buffer*

O objetivo de uma estratégia de substituição para blocos no *buffer* é minimizar os acessos ao disco. Para programas de uso geral, não é possível prever com precisão quais blocos serão referenciados. Portanto, os sistemas operacionais usam o padrão passado (histórico) de referências ao bloco para prever referências futuras. Em geral, se supõe que os blocos referenciados recentemente provavelmente serão referenciados de novo. Portanto, se um bloco tiver de ser substituído, o bloco referenciado menos recentemente será substituído. Essa técnica é chamada de esquema de substituição do bloco **usado menos recentemente** (**LRU**).

O LRU é um esquema de substituição aceitável nos sistemas operacionais. Porém, um sistema de banco de dados é capaz de prever o padrão de referências futuras com mais precisão do que um sistema operacional. Uma solicitação do usuário ao sistema de banco de dados envolve várias etapas. O sistema de banco de dados normalmente é capaz de determinar, com antecedência, quais blocos serão necessários examinando cada uma das etapas exigidas para realizar a operação solicitada pelo usuário. Assim, diferentemente dos sistemas operacionais, que precisam contar com o passado para prever o futuro, os sistemas de banco de dados podem ter informações considerando pelo menos o futuro de curto prazo.

Para ilustrar como as informações sobre o acesso futuro ao bloco nos permitem melhorar a estratégia LRU, considere o processamento da consulta SQL:

```
select *
from instrutor natural join departamento;
```

Considere que a estratégia escolhida para processar essa solicitação seja dada pelo programa em pseudocódigo mostrado na Figura 13.13. (Estudaremos outras estratégias mais eficientes no Capítulo 15.)

Considere que as duas relações desse exemplo estejam armazenadas em arquivos separados. Podemos ver que, quando uma tupla de *instrutor* tiver sido processada, essa tupla não será necessária novamente. Portanto, quando o processamento de um bloco inteiro de tuplas *instrutor* estiver concluído, esse bloco não será mais necessário na memória, embora possa ter sido usado recentemente. O gerenciador de *buffer* deve ser instruído a liberar o espaço ocupado por um bloco *instrutor* assim que a tupla final tiver sido processada. Essa estratégia de gerenciamento de *buffer* é denominada estratégia de **lançar imediatamente** (**toss-immediate**).

Agora, considere os blocos contendo tuplas de *departamento*. Precisamos examinar cada bloco de tuplas de *departamento* uma vez para cada tupla da relação *instrutor*. Quando o processamento do bloco de um *departamento* estiver concluído, saberemos que esse bloco não será acessado novamente até que todos os outros blocos de *departamento* tenham sido processados. Assim, o bloco de *departamento* usado mais recentemente será o último bloco a ser referenciado de novo, e o bloco de *departamento* usado menos recentemente é o bloco que será referenciado logo em seguida. Essa suposição é exatamente o oposto daquela que forma a base para a estratégia LRU. Na realidade, a estratégia ideal para a substituição de bloco para o procedimento anterior é a estratégia **usado mais recentemente** (**MRU**). Se o bloco de *departamento* tiver de ser removido do *buffer*, a estratégia MRU escolhe o bloco usado mais recentemente (os blocos não são elegíveis para substituição enquanto estão sendo usados).

Para que a estratégia MRU funcione de forma correta para o nosso exemplo, o sistema precisa prender o bloco de *departamento* sendo atualmente processado. Depois que a última tupla de *departamento* tiver sido processada, o bloco será liberado e se tornará o bloco usado mais recentemente.

Além de aproveitar o conhecimento que o sistema pode ter a respeito da solicitação sendo processada, o gerenciador de *buffer* pode usar informações estatísticas sobre a probabilidade de que uma solicitação referencie uma relação em particular. Por exemplo, o dicionário de dados (que vimos na Seção 13.4) constitui uma das partes do banco de dados acessadas com mais frequência, pois o processamento de cada consulta precisa acessar esse dicionário. Assim, o gerenciador de *buffer*

```
for each tupla i de instrutor do
    for each tupla d de departamento do
        if i[nome_dept] = d[nome_dept]
        then begin
                seja x uma tupla definida da seguinte forma:
                x[ID] := i[ID]
                x[nome_dept] := i[nome_dept]
                x[nome] := i[nome]
                x[salário] := i[salário]
                x[prédio] := d[prédio]
                x[orçamento] := d[orçamento]
                inclua tupla x como parte do resultado de instrutor ⋈ departamento
            end
        end
end
```

Figura 13.13 Procedimento para calcular a junção.

deverá tentar não remover os blocos do dicionário de dados da memória principal, a menos que outros fatores exijam que ele faça isso. No Capítulo 14, discutiremos sobre índices de arquivos. Como um índice para um arquivo pode ser acessado com mais frequência do que o próprio arquivo, geralmente o gerenciador de *buffer* não deverá remover os blocos de índice da memória principal se houver alternativas.

A estratégia ideal para substituição de blocos do banco de dados precisa de conhecimento das operações do banco de dados, tanto aquelas sendo realizadas quanto aquelas que serão realizadas no futuro. Não se conhece uma estratégia única para lidar bem com todos os cenários possíveis. De fato, um número surpreendentemente grande de sistemas de banco de dados utiliza LRU, apesar das falhas dessa estratégia. As perguntas e os exercícios práticos exploram estratégias alternativas.

A estratégia que o gerenciador de *buffer* utiliza para substituição de bloco é influenciada por outros fatores além do momento em que o bloco será referenciado novamente. Se o sistema estiver processando solicitações de vários usuários ao mesmo tempo, o subsistema de controle de concorrência (Capítulo 18) pode ter de adiar certas solicitações, para garantir a preservação da consistência do banco de dados. Se o gerenciador de *buffer* receber informações do subsistema de controle de concorrência indicando quais solicitações estão sendo adiadas, ele pode usar essa informação para alterar sua estratégia de substituição de bloco. Especificamente, os blocos necessários para as solicitações ativas (não adiadas) podem ser retidos no *buffer* à custa dos blocos necessários pelas solicitações adiadas.

O subsistema de recuperação de falhas (Capítulo 19) impõe fortes restrições sobre a substituição de blocos. Se um bloco tiver sido modificado, o gerenciador de *buffer* não tem permissão para gravar a nova versão do bloco do *buffer* para o disco, pois isso destruiria a versão antiga. Em vez disso, o gerenciador de bloco precisa buscar permissão do subsistema de recuperação de falhas antes de gravar um bloco. O subsistema de recuperação de falhas pode exigir que certos blocos tenham saída forçada antes de conceder permissão para o gerenciador de *buffer* enviar o bloco solicitado. No Capítulo 19, definimos exatamente a interação entre o gerenciador de *buffer* e o subsistema de recuperação de falhas.

13.5.3 Reordenação de escritas e recuperação

Os *buffers* de banco de dados permitem que as escritas sejam executadas na memória e, posteriormente, sejam enviadas ao disco, possivelmente em uma ordem diferente da ordem em que as escritas foram executadas. Os sistemas de arquivos também costumam reordenar as operações de escrita. No entanto, essa reordenação pode levar a dados inconsistentes no disco, caso o sistema falhe.

Para entender o problema no contexto de um sistema de arquivos, suponha que um sistema de arquivos use uma lista encadeada para identificar quais blocos fazem parte de um arquivo. Suponha, também, que ele insira um novo nó no final da lista, primeiro escrevendo os dados no novo nó e, depois, atualizando o ponteiro do nó anterior. Suponha, ainda, que as escritas tenham sido reordenadas, de modo que o ponteiro foi atualizado primeiro e o sistema trava antes que o novo nó seja escrito. O conteúdo do nó seria, então, o que aconteceu no disco anteriormente, resultando em uma estrutura de dados corrompida.

Para lidar com a possibilidade de tal corrupção na estrutura dos dados, os sistemas de arquivos da geração anterior tinham que executar uma *verificação de consistência do sistema de arquivos* na reinicialização do sistema, para garantir que as estruturas de dados estivessem consistentes. E, se não estivessem, medidas extras teriam que ser tomadas para restaurar sua consistência. Essas verificações resultavam em longos atrasos na reinicialização do sistema após uma falha, e os atrasos pioravam à medida que os sistemas de disco aumentavam sua capacidade de armazenamento.

O sistema de arquivos pode evitar inconsistências, em muitos casos, se escrever as atualizações nos metadados em uma ordem cuidadosamente escolhida. Mas isso significaria que as otimizações, como o escalonamento do braço do disco, não poderiam ser feitas, afetando a eficiência da atualização. Se a unidade de disco tivesse *buffer* de escrita não volátil, este poderia ser usado para executar as escritas na RAM não volátil e, mais tarde, reordenar as gravações ao gravá-las em disco.

Entretanto, a maioria dos discos não vem com um *buffer* de escrita não volátil; em vez disso, os sistemas de arquivos modernos designam um disco para armazenar um *log* das escritas na ordem em que são executadas. Esse disco é chamado de **disco de log**. Para cada escrita, o *log* contém o número do bloco a ser escrito e seus dados, na ordem em que as escritas foram executadas. Todo o acesso ao disco de *log* é sequencial, basicamente eliminando o tempo de busca, e vários blocos consecutivos podem ser escritos de uma só vez, tornando as escritas no disco de *log* muito mais rápidas que as escritas aleatórias. Como antes, os dados também precisam ser gravados em seu local real no disco, mas isso pode ser feito posteriormente; as escritas podem ser reordenadas para otimizar o movimento do braço do disco.

Se o sistema falhar antes que algumas escritas no local real do disco sejam concluídas, quando o sistema voltar, ele lerá o disco de *log* para encontrar as escritas que não foram concluídas e as executará. Depois que as escritas forem executadas, os registros serão excluídos do disco de *log*.

Os sistemas de arquivos que utilizam discos de *log*, conforme explicado, são chamados de **sistemas de arquivos com registro no diário** (ou *journaling*). Os sistemas de arquivos com registro no diário podem ser implementados mesmo sem um disco de *log* separado, mantendo os dados e o *log* no mesmo disco. Isso reduz o custo monetário, à custa de um desempenho inferior.

A maioria dos sistemas de arquivos modernos implementa o registro no diário e usa o disco de *log* ao escrever metadados do sistema de arquivos, como as informações de alocação dos arquivos. Os sistemas de arquivos com registro no diário permitem a reinicialização rápida sem a necessidade de tais verificações de consistência do sistema de arquivos.

No entanto, as escritas executadas pelas aplicações geralmente não são gravadas no disco de *log*. Em vez disso, os sistemas de banco de dados implementam suas próprias formas de *logging*, que estudamos no Capítulo 19, para garantir que o conteúdo de um banco de dados possa ser recuperado com segurança em caso de falha, mesmo se as escritas forem reordenadas.

13.6 Armazenamento orientado à coluna

Os bancos de dados, tradicionalmente, armazenam todos os atributos de uma tupla juntos em um registro, sendo essas tuplas armazenadas em um arquivo, como já vimos. Tal formato de armazenamento é chamado de *armazenamento orientado à linha* (*row-oriented storage*).

Em contrapartida, no **armazenamento orientado à coluna**, também chamado de **armazenamento colunar**, cada atributo de uma relação é armazenado separadamente, com os valores do atributo de sucessivas tuplas armazenados em posições sucessivas no arquivo. A Figura 13.14 mostra como a relação *instrutor* seria armazenada no armazenamento orientado à coluna, com cada atributo armazenado separadamente.

Na forma mais simples do armazenamento orientado à coluna, cada atributo é armazenado em um arquivo separado. Além disso, cada arquivo é *compactado* para reduzir seu tamanho. (Discutimos esquemas mais complexos, que armazenam colunas consecutivamente em um único arquivo, mais adiante, nesta seção.)

Se uma consulta precisar acessar todo o conteúdo da *i*-ésima linha de uma tabela, os valores na posição *i* em cada uma das colunas serão tomados e usados para reconstruir a linha. O armazenamento orientado à coluna tem, portanto, a desvantagem de que a obtenção de vários atributos de uma única tupla exige várias operações de E/S. Assim, não é adequado para consultas que buscam vários atributos de algumas linhas de uma relação.

Entretanto, o armazenamento orientado à coluna é adequado para consultas de análise de dados, que processam muitas linhas de uma relação, mas geralmente acessam apenas alguns dos atributos. As razões são as seguintes:

- **E/S reduzida**. Quando uma consulta precisa acessar apenas alguns atributos de uma relação com grande número de atributos, os atributos restantes não precisam ser trazidos do disco para a memória. Por outro lado, no armazenamento orientado à linha, atributos irrelevantes são trazidos do disco para a memória. A redução na E/S pode levar a uma redução significativa no custo de execução da consulta.
- **Melhor desempenho do cache da CPU**. Quando o processador de consultas busca o conteúdo de determinado atributo, com as arquiteturas de CPU modernas, vários bytes consecutivos, chamados de linha de cache, são buscados da memória para o cache da CPU. Se esses bytes forem acessados posteriormente, o acesso será muito mais rápido se eles estiverem no cache do que se tiverem de ser buscados na memória principal. No entanto, se esses bytes adjacentes contiverem valores para atributos que não são necessários à consulta, trazê-los para o cache desperdiça a largura de banda da memória e utiliza o espaço em cache que poderia ter sido usado para outros dados. O armazenamento orientado à coluna não sofre esse problema, pois os bytes adjacentes são da mesma coluna, e as consultas de análise de dados geralmente acessam todos esses valores consecutivamente.
- **Melhor compactação**. Armazenar juntos valores do mesmo tipo aumenta em muito a eficácia da compactação, quando comparada à compactação de dados armazenados no formato de linha; nesse último caso, os atributos adjacentes são de tipos diferentes, reduzindo a eficácia da compactação. A compactação reduz, significativamente, o tempo gasto para recuperar dados do disco, que, em geral, é o componente de custo mais alto para muitas consultas. Se os arquivos compactados forem armazenados na memória, o espaço de armazenamento na memória também será reduzido de modo correspondente, o que é particularmente importante, já que a memória principal é significativamente mais cara por byte armazenado que o disco.
- **Processamento vetorial**. Muitas arquiteturas de CPU modernas suportam o **processamento vetorial**, que permite que uma operação da CPU seja aplicada em paralelo em vários elementos de um *array*. O armazenamento de dados por colunas viabiliza o processamento vetorial de operações,

10101	Srinivasan	Comp. Sci.	65000
12121	Wu	Finance	90000
15151	Mozart	Music	40000
22222	Einstein	Physics	95000
32343	El Said	History	60000
33456	Gold	Physics	87000
45565	Katz	Comp. Sci.	75000
58583	Califieri	History	62000
76543	Singh	Finance	80000
76766	Crick	Biology	72000
83821	Brandt	Comp. Sci.	92000
98345	Kim	Elec. Eng.	80000

Figura 13.14 Representação colunar da relação *instrutor*.

como a comparação de um atributo com uma constante, o que é importante para aplicar condições de seleção em uma relação. O processamento vetorial também pode ser usado para calcular uma agregação de diversos valores em paralelo, em vez de agregar os valores um de cada vez.

Como resultado desses benefícios, o armazenamento orientado à coluna é cada vez mais usado em aplicações de depósito de dados (*data warehousing*), em que as consultas são, principalmente, consultas de análise de dados. Observe que as técnicas de indexação e processamento de consultas precisam ser cuidadosamente projetadas para obter os benefícios de desempenho do armazenamento orientado à coluna. Na Seção 14.9, descrevemos as técnicas de indexação e processamento de consultas com base nas representações de bitmaps, que são bastante adequadas para o armazenamento orientado à coluna; mais detalhes são fornecidos na Seção 24.3.

Bancos de dados que usam armazenamento orientado à coluna são chamados de **armazenamentos por coluna** (*column stores*), enquanto os bancos de dados que usam armazenamento orientado à linha são chamados de **armazenamentos por linha** (*column stores*).

Observe que o armazenamento orientado à coluna possui várias vantagens para aplicações de depósito de dados, mas várias desvantagens para aplicações de processamento de transações. Estas desvantagens fazem com que o armazenamento orientado à coluna seja inadequado para aplicações de processamento de transações.

- **Custo de reconstrução de tupla.** Como vimos anteriormente, a reconstrução de uma tupla a partir de colunas individuais pode ser dispendiosa, contrariando os benefícios da representação colunar, se muitas colunas precisarem ser reconstruídas. Embora a reconstrução de tuplas seja comum em aplicações de processamento de transações, as aplicações de análise de dados geralmente produzem apenas algumas colunas dentre muitas armazenadas em "tabelas de fatos" nos depósitos de dados.
- **Custo de exclusão e atualização de tupla.** A exclusão ou atualização de uma única tupla em uma representação compactada exigiria a regravação de toda a sequência de tuplas compactadas como uma unidade. Como as atualizações e exclusões são comuns em aplicações de processamento de transações, o armazenamento orientado à coluna resultaria em um alto custo para essas operações, se um grande número de tuplas fosse compactado como uma unidade.

  Ao contrário, os sistemas de depósito de dados (*data wareshousing*) normalmente não têm suporte para atualizações de tuplas e, em vez disso, suportam apenas a inserção de novas tuplas e exclusões em massa de um grande número de tuplas antigas de cada vez. Inserções são feitas no final da representação da relação, ou seja, novas tuplas são anexadas à relação. Como pequenas exclusões e atualizações não ocorrem em um depósito de dados, grandes sequências de valores de atributos podem ser armazenadas e compactadas juntas como uma unidade, permitindo uma melhor compactação do que com pequenas sequências.
- **Custo de descompactação.** Buscar dados de uma representação compactada requer *descompactação*, que, nas representações compactadas mais simples, exige a leitura de todos os dados desde o início de um arquivo. As consultas de processamento de transações normalmente precisam apenas buscar alguns poucos registros; o acesso sequencial é dispendioso nesse cenário, já que muitos registros irrelevantes podem ter que ser descompactados para acessar alguns registros relevantes.

Como as consultas de análise de dados costumam acessar muitos registros consecutivos, o tempo gasto na descompactação normalmente não é desperdiçado. No entanto, nem as consultas de análise de dados precisam acessar registros que não satisfaçam às condições de seleção, e os atributos de tais registros devem ser ignorados para reduzir a E/S de disco.

Para permitir a omissão de valores de atributos de tais registros, as representações compactadas para armazenamentos de colunas permitem que a descompactação inicie em qualquer um dos vários pontos do arquivo, ignorando partes anteriores do arquivo. Isso pode ser feito iniciando a compactação novamente a cada 10.000 valores (por exemplo). Mantendo o controle de onde no arquivo os dados começam para cada grupo de 10.000 valores, é possível acessar o i-ésimo valor indo para o início do grupo $\lfloor i/10000 \rfloor$ e começando a descompactação a partir daí.

ORC e Parquet são representações colunares de arquivos, usadas em muitas aplicações de processamento de big data. Em ORC, uma representação orientada à linha é convertida em representação orientada à coluna da seguinte maneira. Uma sequência de tuplas ocupando várias centenas de megabytes é dividida em uma representação colunar chamada **faixa** (*stripe*). Um arquivo ORC contém várias dessas faixas, com cada uma delas ocupando cerca de 250 megabytes.

A Figura 13.15 ilustra alguns detalhes do formato de arquivo ORC. Cada faixa possui dados de índice seguidos por dados de linha. A área dos dados de linha armazena uma representação compactada da sequência de valores para a primeira coluna, seguida pela representação compactada da segunda coluna e assim por diante. A região de dados de índice de uma faixa armazena, para cada atributo, o ponto inicial dentro da faixa para cada grupo de (digamos) 10.000 valores desse atributo.[7] O índice é útil para acessar rapidamente uma tupla ou uma sequência de tuplas desejada; o índice também permite que consultas contendo seleções pulem grupos de tuplas se a consulta determinar que nenhuma tupla nesses grupos satisfaz os critérios de seleção. Os arquivos ORC armazenam várias outras informações no rodapé da faixa e no rodapé do arquivo, que não mostraremos aqui.

Alguns sistemas de armazenamento de colunas permitem que grupos de colunas que geralmente são acessados juntos sejam armazenados juntos, em vez de dividir cada coluna em um arquivo diferente. Tais sistemas permitem, assim, uma gama de escolhas que vão do armazenamento puro orientado à coluna, onde cada coluna é armazenada separadamente, até

[7]Arquivos ORC possuem algumas outras informações, mas vamos ignorá-las neste texto.

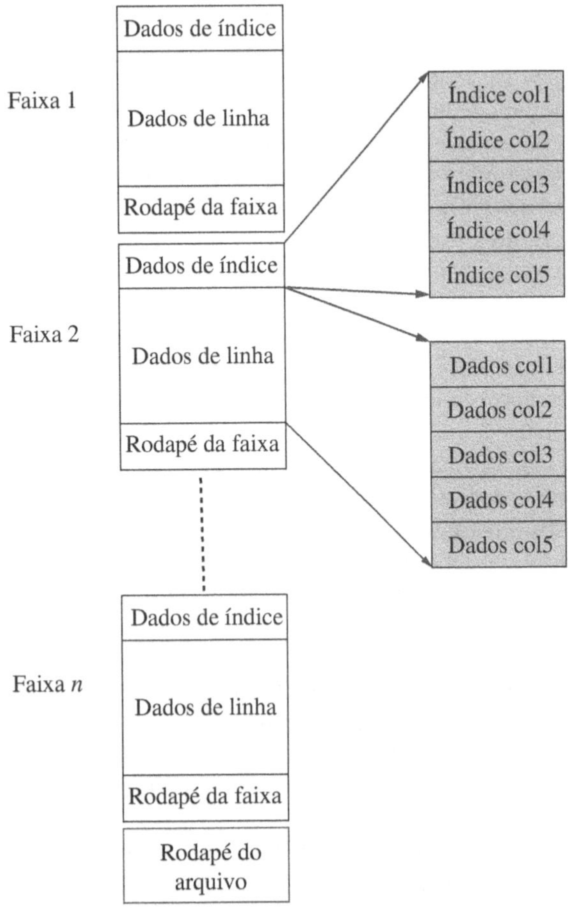

Figura 13.15 Representação colunar de dados no formato de arquivo ORC.

o armazenamento puro orientado à linha, onde todas as colunas são armazenadas juntas. A escolha de quais atributos armazenar juntos depende da carga de trabalho da consulta.

Alguns dos benefícios do armazenamento orientado à coluna podem ser obtidos até mesmo em um sistema de armazenamento orientado à linha, decompondo uma relação logicamente em várias relações. Por exemplo, a relação *instrutor* pode ser decomposta em três relações, contendo (*ID*, *nome*), (*ID*, *nome_dept*) e (*ID*, *salário*), respectivamente. Então, as consultas que acessam apenas o nome não precisam buscar os atributos *nome_dept* e *salário*. No entanto, nesse caso, o mesmo atributo *ID* ocorre em três tuplas, resultando em desperdício de espaço.

Alguns sistemas de banco de dados usam uma representação orientada à coluna para dados dentro de um bloco de disco, sem usar compactação.[8] Assim, um bloco contém dados para um conjunto de tuplas, e todos os atributos para esse conjunto de tuplas são armazenados no mesmo bloco. Tal esquema é útil em sistemas de processamento de transações, uma vez que a recuperação de todos os valores de atributos não requer múltiplos acessos ao disco. Ao mesmo tempo, o uso de armazenamento orientado à coluna dentro do bloco fornece os benefícios de uma maior eficiência no acesso à memória e no uso do cache, bem como o potencial de usar o processamento vetorial nos dados. No entanto, esse esquema não permite que blocos de disco irrelevantes sejam ignorados quando apenas alguns atributos são recuperados, nem fornece os benefícios da compactação. Assim, ele representa um ponto no espaço entre o armazenamento puro orientado à linha e o armazenamento puro orientado à coluna.

Alguns bancos de dados, como o SAP HANA, suportam dois sistemas de armazenamento subjacentes, um orientado à linha, projetado para processamento de transações, e o segundo, orientado à coluna, projetado para análise de dados. Normalmente, as tuplas são criadas no repositório com orientação à linha, mas depois são migradas para o repositório orientado à coluna quando não têm mais probabilidade de serem acessadas de forma orientada à linha. Tais sistemas são chamados de **armazenamentos híbridos por linha/coluna**.

Em outros casos, as aplicações armazenam dados transacionais em um armazenamento orientado à linha, mas copiam dados periodicamente (por exemplo, uma vez por dia ou algumas vezes por dia) para um depósito de dados, que pode usar um sistema de armazenamento orientado à coluna.

O Sybase IQ foi um dos primeiros produtos a usar o armazenamento orientado à coluna, mas agora existem vários projetos de pesquisa e empresas que desenvolveram sistemas de banco de dados baseados no armazenamento orientado à coluna, incluindo C-Store, Vertica, MonetDB, Vectorwise, entre outros. Veja mais detalhes na seção Leitura adicional, ao final deste capítulo.

13.7 Organização do armazenamento em bancos de dados na memória principal

Hoje, os tamanhos da memória principal são tão grandes, e a memória principal é tão barata, que muitos bancos de dados corporativos podem caber inteiramente na memória. Essas grandes memórias principais podem ser usadas alocando uma grande quantidade de memória ao *buffer* do banco de dados, o que permitirá que o banco de dados inteiro seja carregado no *buffer*, evitando operações de E/S de disco para leitura de dados; naturalmente, os blocos atualizados ainda precisam ser gravados em disco, para haver persistência. Assim, tal configuração forneceria um desempenho muito melhor do que aquele em que apenas parte do banco de dados pode caber no *buffer*.

Entretanto, se todo o banco de dados couber na memória, o desempenho poderá ser melhorado significativamente com o ajuste da organização do armazenamento e das estruturas de dados do banco de dados, a fim de explorar o fato de que os dados estão totalmente na memória. Um **banco de dados em memória principal** é um banco de dados em que todos os dados residem na memória; os sistemas de banco de dados em memória principal normalmente são projetados para otimizar o desempenho, fazendo uso desse fato. Em particular, eles eliminam completamente o uso de um gerenciador de *buffer*.

[8] A compactação pode ser aplicada aos dados em um bloco de disco, mas acessá-los requer descompactação, e os dados descompactados podem não caber mais em um bloco. Para lidar com esses problemas, o código do banco de dados precisa passar por modificações significativas, inclusive no gerenciamento de *buffer*.

Como um exemplo de otimizações que podem ser feitas com dados residentes na memória, considere o custo de acessar um registro, dado um ponteiro de registro. Com bancos de dados baseados em disco, os registros são armazenados em blocos, e os ponteiros para registros consistem em um identificador de bloco e um número de deslocamento ou *slot* dentro do bloco. Para seguir esse ponteiro de registro, é necessário verificar se o bloco está no *buffer* (isso geralmente é feito usando um índice de *hash* na memória) e, se estiver, localizar onde o *buffer* está localizado. Se não estiver no *buffer*, ele deve ser levado para lá. Todas essas ações levam um número significativo de ciclos de CPU.

Por outro lado, em um banco de dados em memória principal, é possível manter ponteiros diretos para os registros na memória, e o acesso a um registro representa apenas uma passagem de ponteiro na memória, que é uma operação muito eficiente. Isso é possível desde que os registros não sejam movimentados. De fato, uma razão para tal movimento, ou seja, carga no *buffer* e remoção do *buffer*, não constitui mais um problema.

Se os registros forem armazenados em uma estrutura de página em *slots* dentro de um bloco, eles poderão ser movidos dentro de um bloco enquanto outros registros são excluídos ou redimensionados. Nesse caso, não é possível usar ponteiros diretos para os registros, embora os registros possam ser acessados com um certo nível de indireção por meio das entradas no cabeçalho da página em *slots*. Pode ser preciso realizar um bloqueio sobre o bloco, para garantir que um registro não seja movido enquanto outro processo estiver lendo seus dados. Para evitar essas sobrecargas, muitos bancos de dados em memória principal não usam uma estrutura de página em *slots* para alocar registros. Em vez disso, eles alocam diretamente registros na memória principal e garantem que os registros nunca sejam movidos em função de atualizações em outros registros. No entanto, um problema com a alocação direta de registros é que a memória pode ficar fragmentada, caso registros de tamanho variável sejam repetidamente inseridos e excluídos. O banco de dados deve garantir que a memória principal não fique fragmentada ao longo do tempo, seja usando esquemas de gerenciamento de memória adequadamente projetados ou executando compactação de memória periodicamente; essa última técnica resultará em movimentação de registro, mas isso pode ser feito sem a aquisição de bloqueios sobre os blocos.

Se um esquema de armazenamento orientado à coluna for usado na memória principal, todos os valores de uma coluna poderão ser armazenados em locais consecutivos na memória. No entanto, se houver inserções na relação, para garantir a alocação contígua, os dados existentes teriam que ser realocados. Para evitar essa sobrecarga, o *array* lógico de uma coluna pode ser dividido em vários *arrays* físicos. Uma tabela indireta armazena ponteiros para todos os *arrays* físicos. Esse esquema é mostrado na Figura 13.16. Para encontrar o *i*-ésimo elemento de um *array* lógico, a tabela de indireção é usada para localizar o *array* físico contendo o elemento na posição *i* e, então, um deslocamento apropriado é calculado e examinado dentro desse *array* físico.

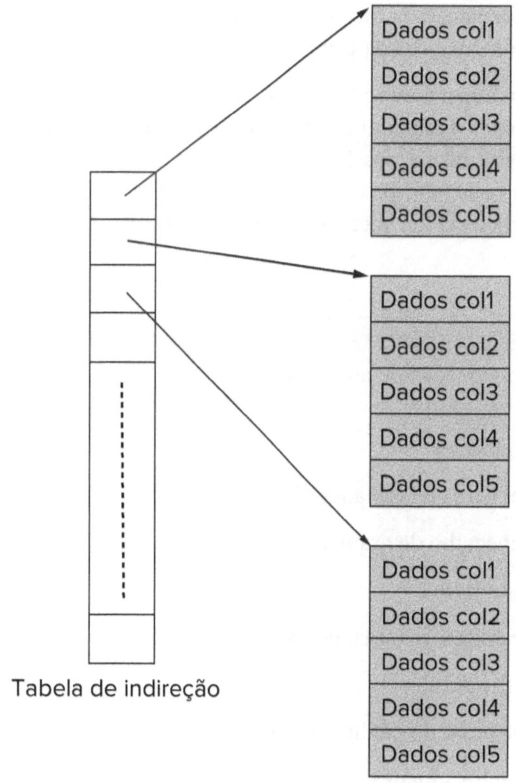

Figura 13.16 Representação de dados colunares na memória.

Existem outras maneiras pelas quais o processamento pode ser otimizado com bancos de dados em memória principal, como veremos em capítulos posteriores.

13.8 Resumo

- Podemos organizar um arquivo logicamente como uma sequência de registros mapeados nos blocos de disco. Uma técnica para mapear o banco de dados em arquivos é usar vários arquivos e armazenar registros de apenas um tamanho fixo em qualquer arquivo. Uma alternativa consiste em estruturar os arquivos de modo que eles possam acomodar vários tamanhos para os registros. O método de páginas em *slots* é muito usado para lidar com registros de tamanho variável dentro de um bloco de disco.
- Como os dados são transferidos entre o armazenamento de disco e a memória principal em unidades de bloco, vale a pena atribuir registros de arquivo aos blocos de tal forma que um único bloco contenha registros relacionados. Se pudermos acessar vários dos registros que queremos com apenas um acesso de bloco, economizamos acessos ao disco. Como os acessos ao disco normalmente constituem o gargalo no desempenho de um sistema de banco de dados, a atribuição cuidadosa de registros aos blocos pode render importantes dividendos de desempenho.
- O dicionário de dados, também conhecido como catálogo do sistema, registra metadados, que são dados sobre dados, como nomes de relação, nomes e tipos de atributo,

informação de armazenamento, restrições de integridade e informações de usuário.

- Uma forma de reduzir a quantidade de acessos ao disco é manter o máximo de blocos possível na memória principal. Como não é possível manter todos os blocos na memória principal, precisamos gerenciar a alocação do espaço disponível na memória principal para o armazenamento de blocos. O *buffer* é aquela parte da memória principal disponível para o armazenamento de cópias de blocos de disco. O subsistema responsável pela alocação de espaço em *buffer* é chamado de *gerenciador de buffer*.
- Os sistemas de armazenamento orientados à coluna oferecem um bom desempenho para muitas aplicações de depósito de dados (*data warehousing*).

Termos de revisão

- Organização de arquivos
  - Arquivo
  - Blocos
- Registros de tamanho fixo
- Cabeçalho de arquivo
- Lista livre
- Registros de tamanho variável
- Bitmap nulo
- Estrutura de página em *slots*
- Objetos grandes
- Organização de registros
  - Organização de arquivos em *heap*
  - Organização sequencial de arquivos
  - Organização por agrupamento de arquivos de múltiplas tabelas
  - Organização de arquivo por árvore B^+
  - Organização de arquivos com *hashing*
- Mapa de espaço livre
- Arquivo sequencial
- Chave de busca
- Chave de *cluster*
- Particionamento de tabela
- Armazenamento de dicionário de dados
  - Metadados
  - Dicionário de dados
  - Catálogo do sistema
- *Buffer* do banco de dados
  - Gerenciador de *buffer*
  - Blocos presos
  - Blocos liberados
  - Saída forçada de blocos
  - Blocos compartilhados e exclusivos
- Estratégias de substituição de *buffer*
  - Usado menos recentemente (LRU)
  - Lançar imediatamente
  - Usado mais recentemente (MRU)
- Saída de blocos
- Saída forçada de blocos
- Disco de *log*
- Sistemas de arquivos de registro no diário
- Armazenamento orientado à coluna
  - Armazenamento colunar
  - Processamento vetorial
  - Armazenamentos por coluna
  - Armazenamentos por linha
  - Faixa (*stripe*)
  - Armazenamento híbrido por linha/coluna
- Banco de dados em memória principal

Exercícios práticos

13.1 Considere a exclusão do registro 5 do arquivo da Figura 13.3. Compare os méritos relativos das seguintes técnicas para implementar a exclusão:

a. Mova o registro 6 para o espaço ocupado pelo registro 5 e mova o registro 7 para o espaço ocupado pelo registro 6.

b. Mova o registro 7 para o espaço ocupado pelo registro 5.

c. Marque o registro 5 como excluído e não mova quaisquer registros.

13.2 Mostre a estrutura do arquivo da Figura 13.4 após cada uma das seguintes etapas:

a. Inserir (24556, Turnamian, Finance, 98000).

b. Excluir registro 2.

c. Inserir (34556, Thompson, Music, 67000).

13.3 Considere as relações *seção* e *realiza*. Dê um exemplo de instância dessas duas relações, com três seções, cada qual com cinco alunos. Defina uma estrutura de arquivos dessas relações que use o agrupamento de múltiplas tabelas.

13.4 Considere a seguinte técnica de bitmap para acompanhar o espaço livre em um arquivo. Para cada bloco no arquivo, dois bits são mantidos no bitmap. Se o bloco estiver entre 0 e 30% cheio, os bits são 00; entre 30 e 60%, os bits são 01; entre 60 e 90%, os bits são 10; e acima de 90%, os bits são 11. Esses bitmaps podem ser mantidos na memória até mesmo para arquivos muito grandes.

a. Indique dois benefícios e uma desvantagem do uso de dois bits para um bloco, em vez de um byte, conforme descrito anteriormente neste capítulo.

b. Descreva como manter o bitmap atualizado nas inserções e exclusões de registros.

c. Indique o benefício da técnica de bitmap em relação às listas livres na procura de espaço livre e à atualização das informações de espaço livre.

13.5 É importante detectar rapidamente se um bloco está presente no *buffer* e, se estiver, onde ele reside no *buffer*. Considerando que os tamanhos de *buffer* de banco de dados são muito grandes, qual estrutura de dados (na memória) você usaria para esta tarefa?

13.6 Suponha que sua universidade tenha um número muito grande de registros *realiza*, acumulados por muitos anos. Explique como o particionamento de tabela pode ser feito sobre a relação *realiza* e quais benefícios ele poderia oferecer. Explique, também, uma desvantagem em potencial dessa técnica.

13.7 Dê um exemplo de expressão de álgebra relacional e uma estratégia de processamento de consulta em cada uma das seguintes situações:

a. MRU é preferível a LRU.

b. LRU é preferível a MRU.

13.8 PostgreSQL normalmente utiliza um *buffer* pequeno, deixando que o gerenciador de *buffer* do sistema operacional gerencie o restante da memória disponível para o *buffering* do sistema de arquivos. Explique (a) qual é o benefício dessa técnica e (b) uma limitação importante dessa abordagem.

Exercícios

13.9 Na representação do registro de tamanho variável, é utilizado um *bitmap nulo* para indicar se um atributo possui o valor nulo.

a. Para os campos de tamanho variável, se o valor for nulo, o que será armazenado nos campos deslocamento e tamanho?

b. Em algumas aplicações, as tuplas têm um número de atributos muito grande, a maioria dos quais é nulo. Como modificar a representação do registro, de modo que a única sobrecarga (*overhead*) de um atributo nulo seja o único bit no *bitmap nulo*?

13.10 Explique por que a alocação de registros aos blocos afeta tanto o desempenho do sistema de banco de dados.

13.11 Liste duas vantagens e duas desvantagens de cada uma das seguintes estratégias para armazenar um banco de dados relacional:

a. Armazenar cada relação em um arquivo.

b. Armazenar várias relações (talvez até mesmo o banco de dados inteiro) em um arquivo.

13.12 Na organização de arquivo sequencial, por que é usado um *bloco* de estouro mesmo se existir, no momento, apenas um registro de estouro?

13.13 Dê uma versão normalizada da relação *Metadados_índice*, e explique por que o uso da versão normalizada resultaria em desempenho pior.

13.14 Os gerenciadores de *buffer* padrão consideram que cada bloco tem o mesmo tamanho e custa o mesmo para ser lido. Considere um gerenciador de *buffer* que, em vez de LRU, utiliza a taxa de referência aos objetos, ou seja, com que frequência um objeto foi acessado nos últimos *n* segundos. Suponha que queremos armazenar no *buffer* objetos de tamanhos variáveis e custos de leitura variáveis (como páginas Web, cujo custo de leitura depende do *site* do qual elas são apanhadas). Sugira como um gerenciador de *buffer* pode escolher qual página deve ser removida do *buffer*.

Leitura adicional

Hennessy *et al.* (2017) é um livro-texto popular sobre arquitetura de computador, que inclui a explicação dos aspectos de *hardware* dos *buffers* de tradução *look-aside*, caches e unidades de gerenciamento de memória.

A estrutura de armazenamento de sistemas de banco de dados específicos, como IBM DB2, Oracle, Microsoft SQL Server e PostgreSQL, é documentada em seus respectivos manuais do sistema, que estão disponíveis *on-line*.

Chou e Dewitt (1985) apresentam algoritmos para gerenciamento de *buffer* em sistemas de banco de dados e descrevem uma avaliação de desempenho. O gerenciamento de *buffer* nos sistemas operacionais é discutido na maioria dos textos sobre sistema operacional, incluindo Silberschatz *et al.* (2018).

Abadi *et al.* (2008) apresenta uma comparação entre o armazenamento orientado à coluna e orientado à linha, incluindo aspectos relacionados com o processamento e com a otimização de consulta.

Sybase IQ, desenvolvido em meados da década de 1990, foi o primeiro banco de dados orientado à coluna comercialmente bem-sucedido, projetado para análise de dados. MonetDB e C-Store eram bancos de dados orientados à coluna desenvolvidos como projetos de pesquisa acadêmica. O banco de dados orientado à coluna Vertica é um banco de dados comercial que surgiu do C-Store, enquanto VectorWise é um banco de dados comercial que surgiu do MonetDB. Como seu nome sugere, VectorWise tem suporte para processamento vetorial de dados e, como resultado, suporta taxas de processamento muito altas para muitas consultas analíticas. Stonebraker *et al.* (2005) descrevem o C-Store, enquanto Idreos *et al.* (2012) oferecem uma visão geral do projeto MonetDB e Zukowski *et al.* (2012) descrevem o VectorWise.

Os formatos de arquivo colunar ORC e Parquet foram desenvolvidos para dar suporte ao armazenamento compactado de dados para aplicações de big data executadas na plataforma Apache Hadoop.

Bibliografia

ABADI, D. J.; MADDEN S.; HACHEM, N. "Column-stores vs. row-stores: how different are they really?" In: *Proc. of the ACM SIGMOD*, Vancouver, p. 967-980, 2008.

CHOU, H. T.; DEWITT, D. J. "An evaluation of buffer management strategies for relational database systems". In: *Proc. of the VLDB*, Stockholm, p. 127-141, 1985.

HENNESSY, J. L.; PATTERSON, D. A.; GOLDBERG, D. *Computer architecture*: a quantitative approach. 6. ed. Massachusetts: Morgan Kaufmann, 2017.

IDREOS, S. *et al.* "MonetDB: two decades of research in column-oriented database architectures". *IEEE Data Engineering Bulletin*, 35(1), p. 40-45, 2012.

SILBERSCHATZ, A.; GALVIN, P. B.; GAGNE, G. *Operating system concepts*. 10. ed. New Jersey: Wiley, 2018.

STONEBRAKER, M. *et al.* "C-Store: a column-oriented DBMS". In: *Proc. of the VLDB*, Trondheim, Norway, p. 553-564, 2005.

ZUKOWSKI, M.; VAN DE WIEL, M.; BONCZ, P. A. "Vectorwise: a vectorized analytical DBMS". In: *Proc. of the ICDE*, Washington, D.C., p. 1349-1350, 2012.

Créditos

A foto dos barcos no início do capítulo pertence a
© dimaberkut | 123rf.com

CAPÍTULO 14

Indexação

Muitas consultas referenciam apenas uma pequena proporção dos registros em um arquivo. Por exemplo, uma consulta como "Encontrar todos os instrutores existentes no departamento Physics" ou "Encontrar o número total de créditos recebidos pelo aluno com a *ID* 22201" referencia apenas uma fração dos registros de *instrutor* ou *aluno*. Não é eficiente para o sistema ler cada tupla na relação *instrutor* para verificar se o valor *nome_dept* é "Physics". Da mesma forma, não compensa ler a relação *aluno* inteira apenas para encontrar uma única tupla para a *ID* "22201". O ideal é que o sistema seja capaz de localizar esses registros diretamente. Para permitir essas formas de acesso, projetamos estruturas especiais que associamos aos arquivos.

14.1 Conceitos básicos

Um índice para um arquivo em um sistema de banco de dados funciona quase da mesma forma que o índice deste livro. Se quisermos descobrir algo sobre um assunto em particular (especificado por uma palavra ou uma frase) nesta obra, podemos procurar o assunto no índice ao final do livro, encontrar as páginas em que ele ocorre e, depois, ler as páginas para encontrar as informações que estamos procurando. As palavras no índice estão em ordem, facilitando a localização daquela que estamos procurando. Além do mais, o índice é muito menor do que o livro, reduzindo ainda mais o esforço necessário.

Os índices no sistema de banco de dados desempenham o mesmo papel dos índices de livros nas bibliotecas. Por exemplo, para recuperar um registro de *aluno* associado a uma *ID*, o sistema de banco de dados pesquisaria um índice para descobrir em que bloco do disco[1] o registro correspondente reside e, então, apanharia o bloco do disco, para obter o registro de *aluno*.

Os índices são críticos para o processamento eficiente de consultas nos bancos de dados. Sem eles, toda consulta acabaria lendo o conteúdo inteiro de cada relação que ele utiliza; isso seria extremamente dispendioso para consultas que só buscam alguns registros, por exemplo, um único registro de *aluno*, ou os registros na relação *realiza* correspondentes a um único aluno.

[1]Como nos capítulos anteriores, usamos o termo *disco* para nos referirmos aos dispositivos de armazenamento persistente, como discos magnéticos e unidades de estado sólido (SSDs).

A implementação de um índice sobre a relação *aluno* mantendo uma lista classificada de *ID* de alunos não funcionaria bem nos bancos de dados muito grandes, pois (i) o próprio índice seria muito grande, (ii) embora manter um índice classificado reduza o tempo de busca, encontrar um aluno pode ser muito demorado e (iii) a atualização de uma lista classificada à medida que os alunos são acrescentados ou removidos do banco de dados pode ser muito dispendiosa. Em vez disso, os sistemas de banco de dados utilizam técnicas de indexação mais sofisticadas. Discutiremos várias delas neste capítulo.

Existem dois tipos básicos de índices:

- **Índices ordenados**. Baseados em uma ordem classificada dos valores.
- **Índices de *hash***. Baseados em uma distribuição uniforme dos valores por um intervalo de *buckets* (baldes). O *bucket* ao qual um valor é atribuído é determinado por uma função, chamada *função de hash*.

Vamos considerar várias técnicas para indexação ordenada. Nenhuma técnica é a melhor de forma absoluta. Em vez disso, cada técnica é mais adequada a determinadas aplicações de banco de dados. Cada técnica precisa ser avaliada com base nestes fatores:

- Tipos de acesso: os tipos de acesso que são aceitos com eficiência. Os tipos de acesso podem incluir a localização de registros com um valor de atributo especificado e a localização de registros cujos valores de atributos se encontrem em um intervalo especificado.
- Tempo de acesso: o tempo gasto para localizar determinado item de dados, ou conjunto de itens, usando a técnica em questão.
- Tempo de inserção: o tempo gasto para inserir um novo item de dados. Esse valor inclui o tempo gasto para encontrar o local atual para inserir o novo item de dados, além do tempo gasto para atualizar a estrutura de índice.
- Tempo de exclusão: o tempo gasto para excluir um item de dados. Esse valor inclui o tempo gasto para localizar o item a ser excluído, além do tempo gasto para atualizar a estrutura de índice.

- **Espaço adicional**: o espaço adicional ocupado por uma estrutura de índice. Desde que a quantidade de espaço adicional seja moderada, normalmente vale a pena sacrificar o espaço para obter um desempenho melhor.

Em geral, queremos ter mais de um índice para um arquivo. Por exemplo, podemos querer pesquisar um livro por autor, por assunto ou por título.

Um atributo ou conjunto de atributos utilizados para pesquisar registros em um arquivo é denominado **chave de busca**. Observe que essa definição de *chave* difere daquela usada na *chave primária, chave candidata* e *superchave*. Esse duplo significado para *chave* (infelizmente) está bem estabelecido na prática. Usando nossa noção de chave de busca, vemos que, se existirem vários índices em um arquivo, várias chaves de busca serão usadas.

14.2 Índices ordenados

Para obter acesso aleatório rápido aos registros em um arquivo, podemos usar uma estrutura de índice. Cada estrutura de índice está associada a determinada chave de busca. Assim como o índice de um livro ou um catálogo da biblioteca, um **índice ordenado** armazena os valores das chaves de busca em ordem classificada e associa a cada chave de busca os registros que a contêm.

Os próprios registros no arquivo indexado podem ser armazenados em alguma ordem classificada, assim como os livros em uma biblioteca são armazenados de acordo com algum atributo, como o número decimal de Dewey. Um arquivo pode ter vários índices, sobre diferentes chaves de busca. Se o arquivo contendo os registros for ordenado sequencialmente, um **índice agrupado** (***clustering index***) é um índice cuja chave de busca também define a ordem sequencial do arquivo. Os índices de agrupamento também são chamados **índices primários**; o termo *índice primário* parece indicar um índice sobre uma chave primária, mas esses índices, na verdade, podem ser montados com base em qualquer chave de busca. A chave de busca de um índice de agrupamento normalmente é a chave primária, embora isso não seja necessariamente dessa forma. Os índices cuja chave de busca especifica uma ordem diferente da ordem sequencial do arquivo são chamados **índices não agrupados** ou **índices secundários**. Os termos "agrupado" ("*clustered*") e "não agrupado" normalmente são usados no lugar de "agrupamento" ("*clustering*") e "não de agrupamento".

Nas Seções 14.2.1 até 14.2.3, consideramos que todos os arquivos são ordenados sequencialmente por alguma chave de busca. Tais arquivos, com um índice agrupado sobre a chave de busca, são chamados **arquivos sequenciais indexados**. Eles representam um dos esquemas de índice mais antigos utilizados nos sistemas de banco de dados. Eles são projetados para aplicações que exigem tanto o processamento sequencial do arquivo inteiro quanto o acesso aleatório a registros individuais. Na Seção 14.2.4, explicamos os índices secundários.

A Figura 14.1 mostra um arquivo sequencial de registros de *instrutor* extraídos do exemplo da universidade. No exemplo da Figura 14.1, os registros estão classificados pela ordem de *ID* de instrutor, usada como chave de busca.

14.2.1 Índices densos e esparsos

Um **registro de índice**, ou **entrada de índice**, consiste em um valor da chave de busca e ponteiros para um ou mais registros que têm esse valor como seu valor de chave de busca. O ponteiro para um registro consiste no identificador de um bloco do disco e um deslocamento (*offset*) dentro do bloco de disco, para identificar o registro dentro do bloco.

Podemos utilizar dois tipos de índices ordenados:

- **Índice denso**: no índice denso, um registro de índice aparece para cada valor de chave de busca no arquivo. Em um índice agrupado denso, o registro de índice contém o valor da chave de busca e um ponteiro para o primeiro registro de dados com esse valor da chave de busca. O restante dos registros com o mesmo valor da chave de busca seria armazenado sequencialmente após o primeiro registro, pois, como o índice é agrupado, os registros são classificados sobre a mesma chave de busca.

10101	Srinivasan	Comp. Sci.	65000
12121	Wu	Finance	90000
15151	Mozart	Music	40000
22222	Einstein	Physics	95000
32343	El Said	History	60000
33456	Gold	Physics	87000
45565	Katz	Comp. Sci.	75000
58583	Califieri	History	62000
76543	Singh	Finance	80000
76766	Crick	Biology	72000
83821	Brandt	Comp. Sci.	92000
98345	Kim	Elec. Eng.	80000

Figura 14.1 Arquivo sequencial para os registros de *instrutor*.

Em um índice denso não agrupado, o índice deve armazenar uma lista de ponteiros para todos os registros com o mesmo valor de chave de busca.

- **Índice esparso**: em um índice esparso, aparece uma entrada de índice apenas para alguns valores de chave de busca. Esse tipo de índice só pode ser usado se a relação estiver armazenada em ordem classificada da chave de busca, isto é, se ele for um índice agrupado. Como acontece nos índices densos, cada entrada de índice contém um valor de chave de busca e um ponteiro para o primeiro registro de dados com esse valor de chave de busca. Para localizar um registro, encontramos uma entrada de índice com o maior valor de chave de busca que seja inferior ou igual ao valor da chave de busca que estamos procurando. Começamos pelo registro apontado pela entrada de índice e seguimos os ponteiros no arquivo até encontrarmos o registro desejado.

As Figuras 14.2 e 14.3 mostram os índices densos e esparsos, respectivamente, para o arquivo de *instrutor*. Suponha que estejamos procurando o registro do instrutor com a *ID* "22222". Usando o índice denso da Figura 14.2, seguimos o ponteiro diretamente para o registro desejado. Como a *ID* é uma chave primária, ali existe apenas um registro desse tipo e a pesquisa é finalizada. Ao utilizarmos o índice esparso (Figura 14.3), não encontramos uma entrada de índice para "22222". Como a última entrada (em ordem numérica) antes de "22222" é "10101", seguimos esse ponteiro. Em seguida, lemos o arquivo de *instrutor* em ordem sequencial, até encontrarmos o registro desejado.

Considere um dicionário (impresso). O cabeçalho de cada página lista a primeira palavra em ordem alfabética nessa página. Juntas, as palavras posicionadas no início de cada página do índice do livro formam um índice esparso para o conteúdo das páginas do dicionário.

Como outro exemplo, suponha que o valor da chave de busca não seja uma chave primária. A Figura 14.4 mostra um índice agrupado denso para o arquivo de *instrutor*, com a chave de busca *nome_dept*. Nesse caso, observe que o arquivo de *instrutor* está classificado pela chave de busca *nome_dept*, e não pela *ID*; caso contrário, o índice por *nome_dept* seria um índice não agrupado. Vamos supor que estamos procurando registros para o departamento History. Ao utilizar o índice denso da Figura 14.4, seguimos o ponteiro diretamente para o primeiro registro de History. Processamos esse registro e seguimos o ponteiro nesse registro para localizar o próximo

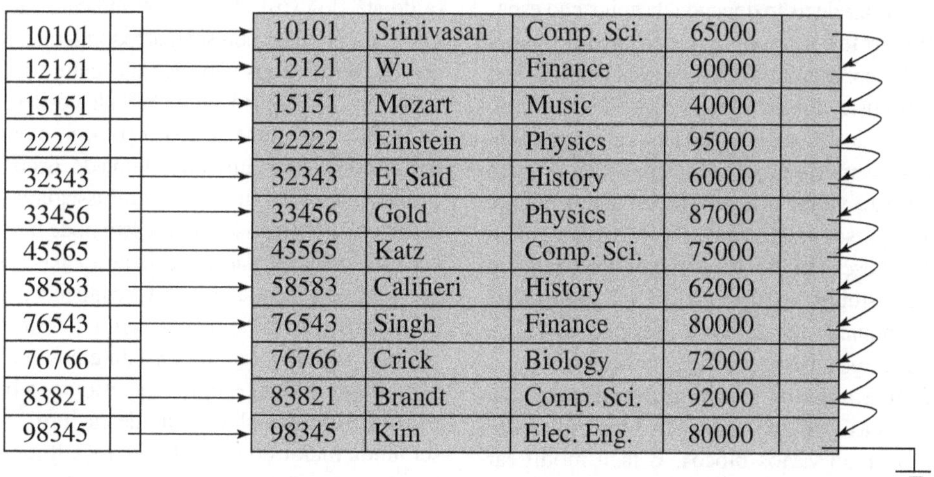

Figura 14.2 Índice denso.

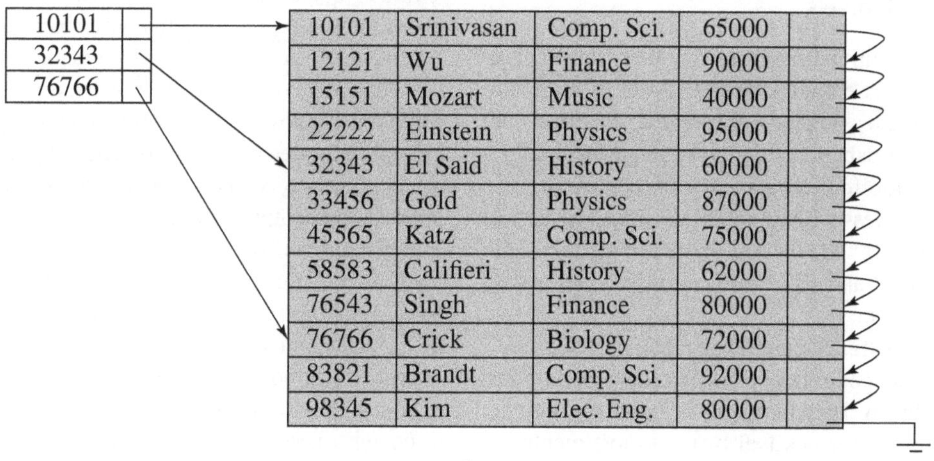

Figura 14.3 Índice esparso.

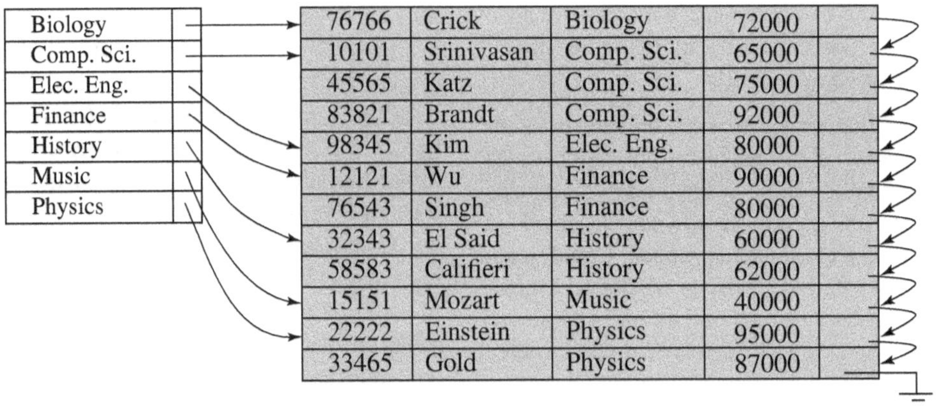

Figura 14.4 Índice denso com a chave de busca *nome_dept*.

registro na ordem da chave de busca (*nome_dept*). Continuamos o processamento de registros até encontrarmos um registro para um departamento diferente de History.

Como vimos, geralmente é mais rápido localizar um registro se tivermos um índice denso em vez de um índice esparso. Porém, os índices esparsos possuem vantagens em relação aos índices densos, pois exigem menos espaço e impõem menos sobrecarga de manutenção para inserções e exclusões.

O projetista precisa fazer a escolha entre tempo de acesso e espaço adicional. Embora a decisão dependa da aplicação específica, um bom meio-termo é usar um índice esparso com uma entrada de índice por bloco. O motivo para esse esquema ser uma boa escolha é que o custo dominante no processamento de uma solicitação de banco de dados é o tempo gasto para trazer um bloco do disco para a memória principal. Depois que o bloco for trazido, o tempo para varrer o bloco inteiro será mínimo. Usando esse índice esparso, localizamos o bloco que contém o registro que estamos buscando. Assim, a menos que o registro esteja em um bloco de estouro (veja a Seção 13.3.2), reduzimos os acessos ao bloco enquanto mantemos o tamanho do índice (portanto, nossa sobrecarga de espaço) o menor possível.

Para que a técnica anterior seja totalmente genérica, temos de considerar o caso em que os registros para um valor de chave de busca ocupam vários blocos. É fácil modificar nosso esquema para lidar com essa situação.

14.2.2 Índices multiníveis

Suponha que criamos um índice denso em uma relação com 1.000.000 de tuplas. As entradas de índice são menores do que os registros de dados, de modo que vamos pressupor que 100 entradas de índice cabem em um bloco de quatro kilobytes. Sendo assim, nosso índice ocupa 10.000 blocos. Se, em vez disso, a relação tivesse 100.000.000 de tuplas, o índice ocuparia, então, 1.000.000 de blocos, ou quatro gigabytes de espaço. Esses índices grandes são armazenados como arquivos sequenciais no disco.

Se um índice for suficientemente pequeno para ser mantido na memória principal, o tempo de busca para encontrar uma entrada será baixo. Entretanto, se o índice for grande demais, a ponto de não ser possível mantê-lo totalmente na memória, os blocos do índice deverão ser apanhados no disco quando forem necessários. (Mesmo que um índice seja menor do que a memória principal de um computador, a memória principal também é necessária para muitas outras tarefas, de modo que talvez não seja possível manter o índice inteiro nessa memória.) Assim, a busca por uma entrada no índice exige várias leituras de blocos de disco.

A busca binária pode ser usada sobre o arquivo de índice para localizar uma entrada, mas a busca ainda tem um grande custo. Se o índice ocupa b blocos, a busca binária exige a leitura de até $\lceil \log_2(b) \rceil$ blocos. ($\lceil x \rceil$ indica o menor inteiro que seja maior ou igual a x; ou seja, arredondamos para cima.) Observe que os blocos lidos não são adjacentes, de modo que cada leitura exige uma operação de E/S aleatória (ou seja, não sequencial). Para um índice de 10.000 blocos, a busca binária exige 14 leituras de blocos. Em um sistema de disco, no qual uma leitura de blocos leva, em média, dez milissegundos, a busca do índice demorará 140 milissegundos. Isto pode não parecer muito tempo, mas conseguiríamos realizar apenas sete buscas de índice por segundo, enquanto um mecanismo de pesquisa mais eficiente nos permitiria realizar um número muito maior de buscas por segundo, como constataremos mais adiante. Observe que, se forem usados blocos de estouro, a busca binária só será possível sobre os blocos não de estouro, e o custo real poderá ser ainda maior do que o limite logarítmico apresentado. Uma busca sequencial exige b leituras de blocos, o que vai demorar ainda mais (embora, em alguns casos, o custo mais baixo das leituras sequenciais dos blocos possa resultar em uma busca sequencial mais rápida que uma busca binária). Por conseguinte, o processo de busca de um índice grande pode ser dispendioso.

Para lidar com esse problema, tratamos o índice exatamente como trataríamos qualquer outro arquivo sequencial, e construímos um índice esparso sobre o índice original, que chamaremos de índice interno, como na Figura 14.5. Observe que as entradas de índice estão sempre na ordem classificada, o que permite que o índice externo seja esparso. Para localizar um registro, primeiro use a busca binária sobre o índice externo, para encontrar o registro para o maior valor de chave de busca menor ou igual ao que desejamos. O ponteiro aponta para um bloco do índice interno. Varremos esse bloco até encontrar o registro que tem o maior valor de chave de busca menor ou igual ao que desejamos. O ponteiro nesse registro aponta para o bloco do arquivo que contém o registro pelo qual estamos procurando.

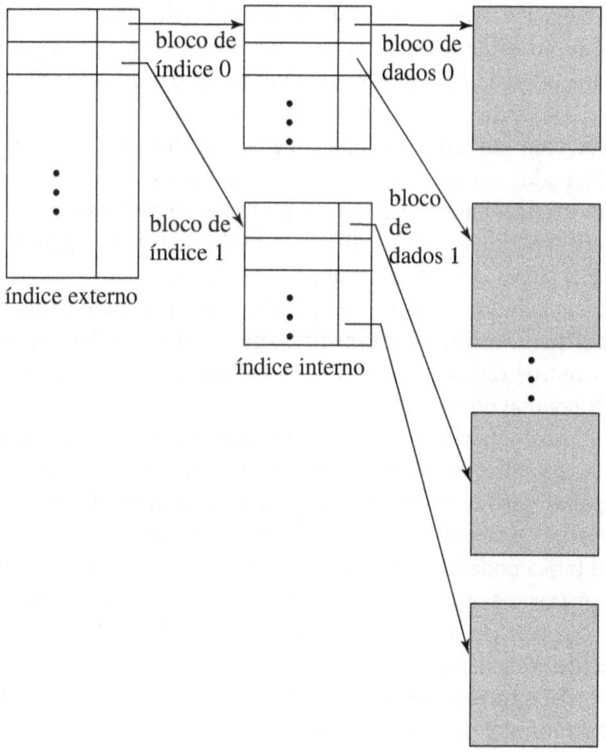

Figura 14.5 Índice esparso de dois níveis.

Em nosso exemplo, um índice interno com 10.000 blocos exigiria 10.000 entradas no índice externo, que ocupariam apenas 100 blocos. Se presumirmos que o índice externo já esteja na memória principal, leremos apenas um bloco de índice para uma busca usando um índice multinível, em vez dos 14 blocos lidos com a busca binária. Consequentemente, é possível realizar 14 vezes mais buscas de índice por segundo.

Se nosso arquivo for extremamente grande, até mesmo o índice externo pode crescer muito para caber na memória principal. Com uma relação de 100.000.000 de tuplas, o índice interno ocuparia 1.000.000 de blocos, e o índice externo, 10.000 blocos ou 40 megabytes. Como existem muitas demandas sobre a memória principal, talvez não seja possível reservar tanto assim na memória principal para esse índice externo específico. Nesse caso, ainda podemos criar outro nível de índice. Na realidade, podemos repetir esse processo quantas vezes forem necessárias. Os índices com dois ou mais níveis são chamados **índices multiníveis**. A busca de registros com um índice multinível requer bem menos operações de E/S do que procurar registros a partir de uma busca binária.[2]

Os índices multiníveis estão intimamente relacionados com as estruturas em árvore, como as árvores binárias utilizadas para indexação em memória. Examinaremos o relacionamento mais adiante, na Seção 14.3.

[2]Nos primórdios dos índices baseados em disco, cada nível do índice correspondia a uma unidade de armazenamento físico. Assim, podem existir índices nos níveis de trilha, cilindro e disco. Hoje, essa hierarquia não faz sentido porque os subsistemas de disco ocultam os detalhes físicos do armazenamento de disco, e o número de discos e superfícies por disco é muito pequeno em relação ao número de cilindros ou bytes por trilha.

14.2.3 Atualização do índice

Independentemente da modalidade de índice utilizada, todo índice deve ser atualizado sempre que um registro for inserido ou excluído do arquivo. Além disso, se um registro no arquivo for atualizado, todo índice cujo atributo de chave de busca for afetado pela atualização também deverá ser atualizado; por exemplo, se o departamento de um instrutor for alterado, um índice sobre o atributo *nome_dept* de *instrutor* deverá ser adequadamente atualizado. Essa atualização de registro pode ser modelada como uma exclusão do registro antigo, seguida por uma inserção do novo valor do registro, o que resulta na exclusão de um índice seguida pela inserção de um índice. Consequentemente, basta considerarmos a inserção e a exclusão em um índice, e não as atualizações explicitamente.

Descreveremos, primeiramente, os algoritmos para atualizar índices de único nível.

14.2.3.1 Inserção

Primeiro, o sistema realiza uma pesquisa usando o valor de chave de busca que aparece no registro a ser inserido. As ações que o sistema realiza em seguida dependem de o índice ser denso ou esparso:

- Índices densos:

1. Se o valor da chave de busca não aparecer no índice, o sistema inserirá uma entrada de índice com o valor da chave de busca no índice, na posição adequada.
2. Caso contrário, as seguintes ações são tomadas:
   a. Se uma entrada de índice armazena ponteiros para todos os registros com o mesmo valor de chave de busca, o sistema acrescenta um ponteiro para o novo registro na entrada de índice.
   b. Caso contrário, a entrada de índice armazena um ponteiro somente para o primeiro registro com o valor da chave de busca. O sistema, então, coloca o registro sendo inserido após os outros registros com os mesmos valores de chave de busca.

- Índices esparsos: consideramos que o índice armazena uma entrada para cada bloco. Se o sistema cria um bloco, ele insere no índice o primeiro valor de chave de busca (na ordem de chave de busca) que aparece no novo bloco. Por outro lado, se o novo registro tiver o menor valor de chave de busca em seu bloco, o sistema atualiza a entrada de índice apontando para o bloco; se não, o sistema não faz nenhuma mudança no índice.

14.2.3.2 Exclusão

Para excluir um registro, o sistema primeiro pesquisa o registro a ser excluído. As ações que o sistema toma em seguida dependem de o índice ser denso ou esparso:

- Índices densos:

1. Se o registro excluído foi o único registro com seu valor específico de chave de busca, então o sistema retira do índice o registro de índice correspondente.
2. Caso contrário, as seguintes ações são tomadas:
   a. Se a entrada de índice armazena ponteiros para todos os registros com o mesmo valor de chave de índice, o sistema exclui da entrada de índice o ponteiro para o registro excluído.
   b. Caso contrário, a entrada de índice armazena um ponteiro somente para o primeiro registro com o valor da chave de busca. Nesse caso, se o registro excluído foi o primeiro registro com o valor da chave de busca, o sistema atualiza o registro de índice para que aponte para o próximo registro.

- Índices esparsos:

1. Se o índice não tiver uma entrada de índice com o valor de chave de busca do registro excluído, nada precisa ser feito com o índice.
2. Caso contrário, o sistema toma as seguintes ações:
   a. Se o registro excluído foi o único registro com sua chave de busca, o sistema substitui a entrada de índice correspondente por uma entrada de índice para o próximo valor da chave de busca (na ordem de chave de busca). Se o próximo valor de chave de busca já tiver uma entrada de índice, a entrada é excluída, em vez de ser substituída.
   b. Caso contrário, se a entrada de índice para o valor da chave de busca apontar para o registro sendo excluído, o sistema atualizará a entrada de índice para que aponte para o próximo registro com o mesmo valor da chave de busca.

Os algoritmos de inserção e exclusão para índices multiníveis são uma extensão simples do esquema que acabamos de descrever. Na exclusão ou inserção, o sistema atualiza o índice de nível mais baixo conforme descrevemos. Com relação ao segundo nível, o índice de nível mais baixo é simplesmente um arquivo contendo registros – assim, se houver qualquer mudança no índice de nível mais baixo, o sistema atualizará o índice de segundo nível conforme descrevemos. A mesma técnica se aplica a outros níveis do índice, se houver algum.

14.2.4 Índices secundários

Os índices secundários precisam ser densos, com uma entrada de índice para cada valor de chave de busca e um ponteiro para cada registro no arquivo. Um índice agrupado pode ser esparso, armazenando apenas alguns dos valores da chave de busca, pois sempre é possível encontrar registros com valores intermediários da chave de busca por um acesso sequencial a uma parte do arquivo, como já descrevemos. Se um índice secundário armazenar apenas algumas das chaves de busca, os registros com valores intermediários de chave de busca poderão estar em qualquer lugar no arquivo e, em geral, não podemos encontrá-los sem pesquisar o arquivo inteiro.

Um índice secundário sobre uma chave candidata se parece com um índice agrupado denso, exceto que os registros apontados por valores sucessivos no índice não são armazenados sequencialmente. Porém, em geral, os índices secundários podem ter uma estrutura diferente dos índices de agrupamento. Se a chave de busca de um índice agrupado não for uma chave candidata, basta que o índice aponte para o primeiro registro com um valor específico para a chave de busca, pois os outros registros podem ser buscados por uma varredura sequencial do arquivo.

Ao contrário, se a chave de busca de um índice secundário não for uma chave candidata, não será suficiente apontar apenas para o primeiro registro com cada valor de chave de busca. Os registros restantes com o mesmo valor de chave de busca poderiam estar em qualquer lugar no arquivo, pois os registros são ordenados pela chave de busca do índice agrupado, e não pela chave de busca do índice secundário. Portanto, um índice secundário precisa ter ponteiros para todos os registros.

Se uma relação puder ter mais de um registro contendo o mesmo valor de chave de busca (ou seja, dois ou mais registros podem ter os mesmos valores para os atributos indexados), essa chave será considerada uma **chave de busca não única**.

Um modo de implementar índices secundários sobre chaves de busca não únicas é o seguinte. Diferentemente do caso dos índices primários, os ponteiros nesse índice secundário não apontam diretamente para os registros. Em vez disso, cada ponteiro aponta para um *bucket* que, por sua vez, contém ponteiros para o arquivo. A Figura 14.6 mostra a estrutura de um índice secundário que usa um nível extra de indireção para o arquivo de *instrutor*, sobre a chave de busca *nome_dept*.

No entanto, essa técnica possui algumas desvantagens. Primeiro, o acesso ao índice demora mais, em razão de um nível extra de indireção, que pode exigir uma operação de E/S aleatória. Em segundo lugar, se uma chave tiver poucas ou nenhuma duplicação, e se um bloco inteiro for alocado para seu *bucket* associado, muito espaço será desperdiçado. Mais adiante, neste capítulo, estudamos alternativas mais eficientes para implementar índices secundários, que evitam essas desvantagens.

Uma varredura sequencial na ordem do índice agrupado é eficiente porque os registros no arquivo são armazenados fisicamente na mesma ordem do índice. Porém, não podemos (exceto em raros casos especiais) armazenar um arquivo fisicamente ordenado pela chave de busca do índice agrupado e pela chave de busca de um índice secundário. Como a ordem da chave secundária e a ordem da chave física são diferentes, se tentarmos varrer o arquivo sequencialmente na ordem da chave secundária, a leitura de cada registro, provavelmente, exigirá a leitura de um novo bloco do disco, o que é muito lento.

O procedimento descrito anteriormente para exclusão e inserção também pode ser aplicado a índices secundários; as ações tomadas são aquelas descritas para índices densos armazenando um ponteiro para cada registro no arquivo. Se um arquivo tiver vários índices, sempre que o arquivo for modificado, *cada* índice terá de ser atualizado.

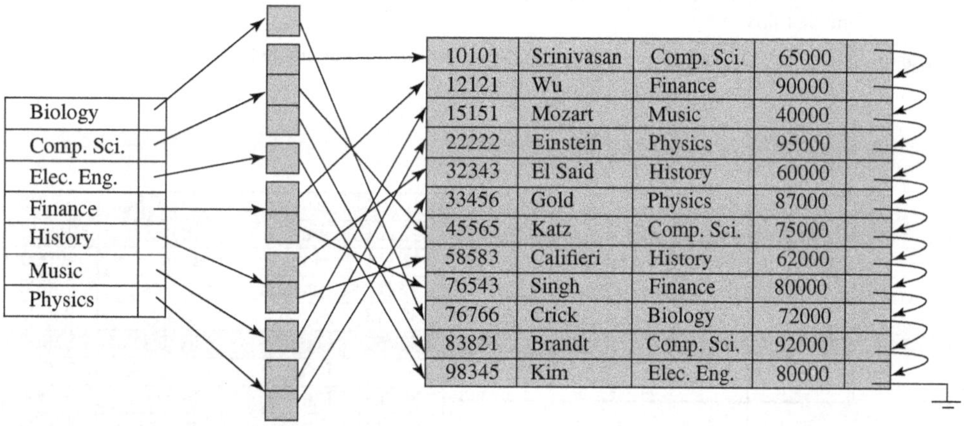

Figura 14.6 Índice secundário pelo arquivo de *instrutor*, sobre a chave não candidata *nome_dept*.

Os índices secundários melhoram o desempenho das consultas que usam chaves diferentes da chave de busca do índice agrupado. Porém, eles impõem uma sobrecarga significativa na modificação do banco de dados. O projetista de um banco de dados decide quais índices secundários são desejados com base em uma estimativa da frequência relativa das consultas e modificações.

14.2.5 Índices por múltiplas chaves

Embora os exemplos apresentados até agora tivessem um único atributo em uma chave de busca, geralmente uma chave de busca pode ter mais de um atributo. Uma chave de busca que contém mais de um atributo é conhecida como **chave de busca composta**. A estrutura do índice é idêntica à de qualquer outro índice; a única diferença é que a chave de busca não é um atributo isolado, mas uma lista de atributos. É possível representar uma chave de busca como uma tupla de valores, na forma $(a_1, ..., a_n)$, em que os atributos indexados são $A_1, ..., A_n$. A ordenação dos valores da chave de busca é a *ordem lexicográfica*. Por exemplo, para o caso de chaves de busca de dois atributos, $(a_1, a_2) < (b_1, b_2)$ se $a_1 < b_1$ ou $a_1 = b_1$ e $a_2 < b_2$. A ordem lexicográfica é praticamente idêntica à ordem alfabética das palavras.

Como exemplo, consideramos um índice sobre a relação *realiza*, na chave de busca composta (*id_curso, semestre, ano*). Esse índice seria útil para encontrar todos os alunos inscritos em determinado curso, em um semestre/ano específico. Um índice ordenado por uma chave composta também pode ser utilizado para responder, de modo eficiente, a vários outros tipos de consultas, como veremos mais adiante, na Seção 14.6.2.

14.3 Arquivos de índice de árvore B⁺

A principal desvantagem da organização de arquivo sequencial indexada é que o desempenho diminui à medida que o arquivo cresce, tanto para pesquisas de índice quanto para varreduras sequenciais dos dados. Embora essa degradação possa ser remediada pela reorganização do arquivo, as reorganizações frequentes não são desejáveis.

A estrutura de **índice de árvore B⁺** é a mais utilizada das várias estruturas de índice que mantêm sua eficiência apesar da inserção e exclusão de dados. Um índice de árvore B⁺ tem a forma de **árvore balanceada**, em que cada caminho da raiz da árvore até uma folha da árvore é do mesmo tamanho. Cada nó não folha na árvore tem entre $\lceil n/2 \rceil$ e n filhos, em que n é fixo para uma árvore em particular; a raiz tem entre dois e n filhos.

Veremos que a estrutura de árvore B⁺ impõe sobrecarga (*overhead*) de desempenho na inserção e na exclusão, além de adicionar sobrecarga de espaço. A sobrecarga é aceitável até mesmo para arquivos modificados com frequência, pois o custo da reorganização do arquivo é evitado. Além do mais, como os nós podem estar vazios até a metade (se tiverem o número mínimo de filhos), existe algum espaço desperdiçado. Esse espaço adicional também é aceitável, dados os benefícios no desempenho da estrutura de árvore B⁺.

14.3.1 Estrutura de uma árvore B⁺

Um índice de árvore B⁺ é um índice multinível, mas tem uma estrutura que difere daquela do arquivo sequencial indexado multinível. Assumimos, por enquanto, que não há valores de chave de busca duplicados, ou seja, cada chave de busca é exclusiva (ou única) e ocorre, no máximo, em um registro; mais adiante, consideramos a questão das chaves de busca não exclusivas.

A Figura 14.7 mostra um nó típico de uma árvore B⁺. Ele contém até $n - 1$ valores de chave de busca $K_1, K_2, ..., K_{n-1}$ e n ponteiros $P_1, P_2, ..., P_n$. Os valores de chave de busca dentro de um nó são mantidos em ordem classificada; assim, se $i < j$, então $K_i < K_j$.

P_1	K_1	P_2	...	P_{n-1}	K_{n-1}	P_n

Figura 14.7 Nó típico de uma árvore B⁺.

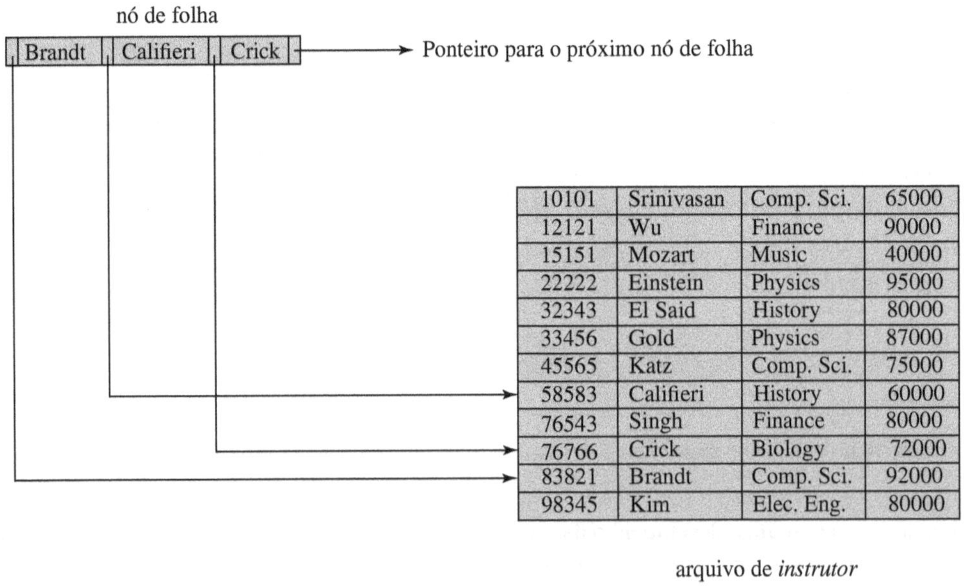

Figura 14.8 Um nó de folha para o índice de árvore B^+ de *instrutor* ($n = 4$).

Consideramos, primeiro, a estrutura dos **nós de folha**. Para $i = 1, 2, ..., n - 1$, o ponteiro P_i aponta para um registro de arquivo com valor de chave de busca K_i. O ponteiro P_n tem uma finalidade especial que discutiremos em breve.

A Figura 14.8 mostra um nó de folha de uma árvore B^+ para o arquivo de *instrutor*, em que escolhemos n como 4, e a chave de busca é *nome*.

Agora que vimos a estrutura de um nó de folha, vamos considerar como os valores da chave de busca são atribuídos aos nós em particular. Cada folha pode manter até $n - 1$ valores. Permitimos que os nós de folha contenham pelo menos $\lceil (n - 1)/2 \rceil$ valores. Com $n = 4$ em nosso exemplo de árvore B^+, cada folha deve conter pelo menos dois valores e, no máximo, três valores.

Se L_i e L_j são nós de folha e $i < j$ (ou seja, L_i está à esquerda de L_j na árvore), então cada valor de chave de busca v_i em L_i é menor que cada valor de chave de busca v_j em L_j.

Se o índice de árvore B^+ for usado como um índice denso (como costuma acontecer), cada valor de chave de busca precisará aparecer em algum nó de folha.

Agora, podemos explicar o uso do ponteiro P_n. Como existe uma ordem linear nas folhas, com base nos valores de chave de busca que elas contêm, usamos P_n para encadear os nós de folha na ordem da chave de busca. Essa ordenação permite o processamento sequencial eficiente do arquivo.

Os **nós não folha** da árvore B^+ formam um índice multinível (esparso) sobre os nós de folha. A estrutura dos nós não folha é igual à dos nós de folha, exceto que todos os ponteiros são ponteiros para nós da árvore. Um nó não folha pode manter até n ponteiros e *precisa* manter pelo menos $\lceil n/2 \rceil$ ponteiros. O número de ponteiros em um nó é chamado de *fanout* do nó. Os nós não folha também são chamados de **nós internos**.

Vamos considerar um nó contendo m ponteiros ($m \leq n$). Para $i = 2, 3, ..., m - 1$, o ponteiro P_i aponta para a subárvore que contém valores de chave de busca menores que K_i e maiores ou iguais a K_{i-1}. O ponteiro P_m aponta para a parte da subárvore que contém os valores de chave maiores ou iguais a K_{m-1}, e o ponteiro P_1 aponta para a parte da subárvore que contém os valores de chave de busca menores que K_1.

Ao contrário dos outros nós não folha, o nó raiz pode manter menos de $\lceil n/2 \rceil$ ponteiros; porém, ele precisa manter pelo menos dois ponteiros, a menos que a árvore consista em apenas um nó. Sempre é possível construir uma árvore B^+, para qualquer n, que satisfaça os requisitos anteriores.

A Figura 14.9 mostra uma árvore B^+ completa para o arquivo de *instrutor* (com $n = 4$). Para simplificar, omitimos os ponteiros nulos; todo campo de ponteiro na figura que não possui uma seta é interpretado como se tivesse um valor nulo.

A Figura 14.10 mostra outra árvore B^+ para o arquivo de *instrutor*, dessa vez com $n = 6$. Observe que a altura dessa árvore é menor que a da anterior, que tinha $n = 4$.

Esses exemplos de árvores B^+ estão todos balanceados. Ou seja, o tamanho de cada caminho da raiz para o nó de folha é igual. Essa propriedade é um requisito para uma árvore B^+. De fato, o "B" de árvore B^+ significa "balanceada". É a propriedade de balanceamento das árvores B^+ que garante o bom desempenho para pesquisa, inserção e exclusão.

Em geral, as chaves de busca podem ter duplicatas. Uma maneira de lidar com o caso de chaves de busca não exclusivas é modificar a estrutura da árvore para armazenar cada chave de busca em um nó de folha quantas vezes ela aparecer nos registros, com cada cópia apontando para um registro. A condição que $K_i < K_j$ se $i < j$ precisará ser modificada para $K_i \leq K_j$. No entanto, essa técnica pode resultar em valores de chave de busca duplicados nos nós internos, tornando os procedimentos de inserção e exclusão mais complicados e dispendiosos. Outra possibilidade é armazenar um conjunto (ou *bucket*) de ponteiros de registro com cada valor de chave de busca, como vimos anteriormente. Essa técnica é mais complicada e pode

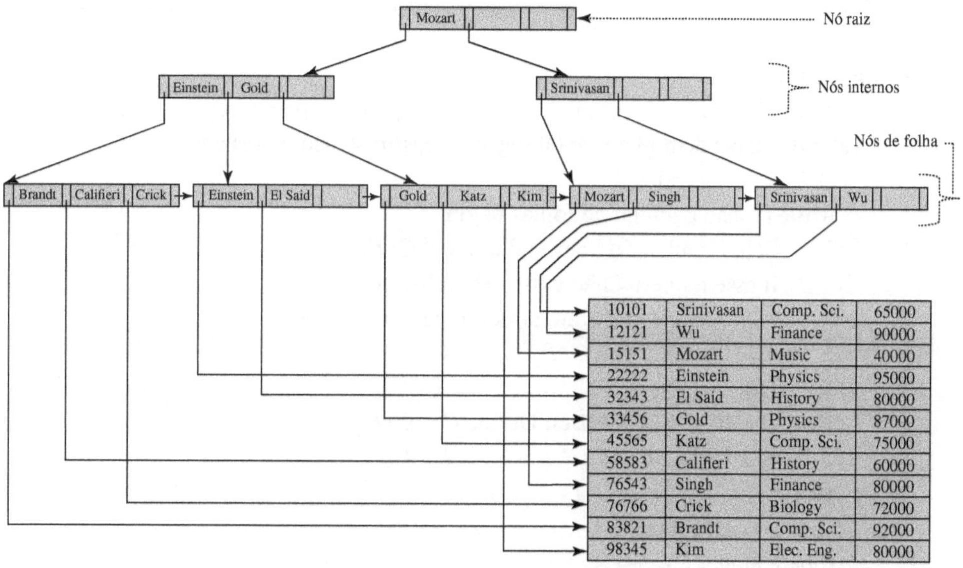

Figura 14.9 Árvore B⁺ para o arquivo de *instrutor* ($n = 4$).

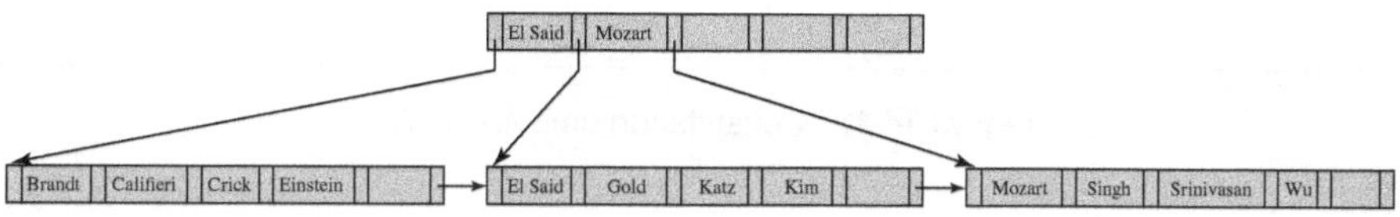

Figura 14.10 Árvore B⁺ para o arquivo de *instrutor* com $n = 6$.

resultar em acesso ineficiente, especialmente se o número de ponteiros de registro para uma chave específica for muito grande.

A maioria das implementações de banco de dados, em vez disso, torna as chaves de busca exclusivas da seguinte forma. Suponha que o atributo de chave de busca desejado a_i da relação r seja não exclusivo. Seja A_p a chave primária de r. Nesse caso, a chave de busca composta exclusiva (a_i, A_p) é usada em vez de a_i ao construir o índice. (Qualquer conjunto de atributos que, juntamente com a_i, garanta a unicidade, também pode ser usado em vez de A_p.) Por exemplo, se quisermos criar um índice para a relação *instrutor* sobre o atributo *nome*, criamos um índice sobre a chave de busca composta (*nome*, *ID*), já que *ID* é a chave primária de *instrutor*. Pesquisas de índice apenas sobre *nome* podem ser tratadas de modo eficiente usando este índice, como veremos em breve. A Seção 14.3.5 explica os problemas no tratamento de chaves de busca não exclusivas com mais detalhes.

Em nossos exemplos, mostramos índices sobre algumas chaves de busca não exclusivas, como *instrutor.nome*, considerando, para simplificar, que não há duplicatas; na realidade, a maioria dos bancos de dados adicionaria atributos extras internamente de forma automática, para garantir a ausência de duplicatas.

14.3.2 Consultas em árvores B⁺

Vamos considerar como processar consultas sobre uma árvore B⁺. Suponha que queiramos encontrar um registro com valor de chave de busca v. A Figura 14.11 apresenta o pseudocódigo para uma função *find*(v) executar essa tarefa, assumindo que não há duplicatas, ou seja, há, no máximo, um registro com uma chave de busca específica. Tratamos da questão das chaves de busca não exclusivas mais adiante nesta seção.

Intuitivamente, a função inicia na raiz da árvore e atravessa árvore abaixo até alcançar um nó de folha que contém o valor especificado, se esse valor existir na árvore. Mais especificamente, começando com a raiz como o nó atual, a função repete as seguintes etapas até que o nó de folha seja alcançado. Primeiro, o nó atual é examinado, procurando o menor i de modo que o valor da chave de busca K_i seja maior ou igual a v. Vamos supor que um valor seja encontrado; então, se K_i for igual a v, o nó atual passará a ser o nó apontado por P_{i+1}, caso contrário $K_i > v$, e o nó atual passará a ser o nó apontado por P_i. Se não for encontrado o valor K_i, evidentemente $v > K_{m-1}$, sendo P_m o último ponteiro não nulo no nó. Nesse caso, o nó atual passará a ser aquele apontado por P_m. O procedimento apresentado anteriormente é repetido árvore abaixo, até que um nó de folha seja alcançado.

Se existir no nó de folha um valor de chave de busca $K_i = v$, o ponteiro P_i nos direciona para um registro com o valor de chave de busca K_i. Em seguida, a função retorna o ponteiro para o registro, P_i. Se nenhuma chave de busca com o valor v for encontrada no nó de folha, não existe um registro com o valor de chave v na relação, e a função *find* retorna um nulo, para indicar falha.

As árvores B⁺ também podem ser utilizadas para encontrar todos os registros com valores de chave de busca em um intervalo especificado (*início*, *fim*). Por exemplo, com uma árvore B⁺ sobre o atributo *salário* de *instrutor*, podemos encontrar todos os registros de *instrutor* com salário em um

```
function find(v)
/* Assumindo que não há duplicatas, retorna o ponteiro para o registro com o
 * valor de chave de busca v se tal registro existir; se não, retorna nulo */
    Defina C = nó raiz
    while (C não é um nó de folha) begin
        Seja i = menor número tal que v ≤ C·K_i
        if esse número i não existir then begin
            Seja P_m = último ponteiro não nulo no nó
            Atribua C = C·P_m
        end
        else if (v = C·K_i) then Defina C = C·P_{i+1}
        else Defina C = C·P_i /* v < C·K_i */
    end
    /* C é o nó de folha */
    if para algum i, K_i = v
        then return P_i
        else return null; /* Não existe um registro com valor de chave v*/
```

Figura 14.11 Consultando uma árvore B⁺.

intervalo especificado, como [50000, 100000] (em outras palavras, todos os salários entre 50.000 e 100.000). Essas consultas são chamadas **consultas de intervalo**.

Para executá-las, podemos criar um procedimento *findRange(início, fim)*, mostrado na Figura 14.12. O procedimento faz o seguinte. Primeiro, ele atravessa até uma folha de modo semelhante ao de *find(v)*; a folha pode ou não conter realmente o valor *início*. Depois, ele percorre os registros e nós de folha subsequentes, coletando em um conjunto *resultSet* os ponteiros para todos os registros com valores de chave $início \leq C \cdot K_i \leq fim$. A função termina quando $C \cdot K_i > fim$, ou até que não haja mais chaves na árvore.

Uma implementação real apresentaria uma versão de *findRange* suportando uma interface de iteração semelhante à fornecida pelo ResultSet do JDBC, que examinamos na Seção 5.1.1. Essa interface de iteração forneceria um método *next*(), que pode ser chamado várias vezes para apanhar registros sucessivos. O método *next*() percorreria as entradas no nível de folha, de modo semelhante a *findRange*, mas cada chamada daria apenas um passo e registraria de onde ela saiu, para que as chamadas sucessivas a *next*() percorresem entradas sucessivas. Para simplificar, omitimos os detalhes e deixamos o pseudocódigo da interface de iteração como exercício para o leitor interessado.

Agora, vamos considerar o custo da consulta sobre um índice de árvore B$^+$. Ao processar uma consulta, atravessamos um caminho desde a raiz até algum nó de folha. Se existirem N registros no arquivo, o caminho não será maior do que $\lceil \log_{\lceil n/2 \rceil}(N) \rceil$.

Em geral, um nó tem o mesmo tamanho de um bloco de disco, que normalmente é de quatro kilobytes. Com uma chave de busca com 12 bytes e um ponteiro de disco com oito bytes, n fica em torno de 200. Mesmo com uma estimativa mais conservadora de 32 bytes para o tamanho da chave de busca, n fica em torno de 100. Com $n = 100$, se tivermos um milhão de valores de chave de busca no arquivo, uma pesquisa exigirá apenas $\lceil \log_{50}(1.000.000) \rceil$ = quatro nós a serem acessados. Assim, no máximo, quatro blocos precisam ser lidos do disco para atravessar o caminho da raiz até uma folha. Em geral, o nó raiz da árvore é muito acessado e, provavelmente, estará no *buffer*, de modo que normalmente apenas três ou menos blocos precisam ser lidos do disco.

Uma diferença importante entre estruturas de árvore B$^+$ e estruturas de árvore na memória, como nas árvores binárias, é o tamanho de um nó e, como resultado, a altura da árvore. Em uma árvore binária, cada nó é pequeno e tem, no máximo, dois ponteiros. Em uma árvore B$^+$, cada nó é grande – normalmente, um bloco de disco – e pode ter grande quantidade de ponteiros. Assim, as árvores B$^+$ costumam ser largas e baixas, ao contrário das árvores binárias, estreitas e altas. Em uma árvore binária balanceada, o caminho para uma pesquisa pode ter o tamanho $\lceil \log_2(N) \rceil$, em que N é o número de registros no arquivo sendo indexado. Com N = 1.000.000, como no exemplo anterior, uma árvore binária balanceada exige em torno de 20 acessos de nó. Se cada nó estivesse em um bloco de disco diferente, 20 leituras de bloco seriam necessárias para processar uma pesquisa, ao contrário das quatro leituras de bloco para a árvore B$^+$. A diferença é relevante com um disco magnético, pois cada leitura de bloco pode exigir uma busca de braço de disco que, juntamente com uma leitura de bloco, demora dez milissegundos em um disco magnético. A diferença não é muito grande com o armazenamento flash, onde uma leitura de uma página de quatro kilobytes leva em torno de dez a 100 microssegundos, ainda significativa.

```
function findRange(início, fim)
/* Retorna todo registro com valor de chave de busca V tal que de ≤ V ≤ até. */
    Defina resultSet = { };
    Defina C = nó raiz
    while (C não é um nó de folha) begin
        Seja i = menor número tal que início ≤ C·K_i
        if esse número i não existir then begin
            Seja P_m = último ponteiro não nulo no nó
            Atribua C = C·P_m
        end
        else if (início = C·K_i) then Defina C = C·P_{i+1}
        else Defina C = C·P_i /* início < C·K_i */
    end
    /* C é o nó de folha */
    Seja i o menor valor tal que K_i ≥ início
    if esse i não existir
        then Defina i = 1 + número de chaves em C; /* Passar para próxima folha */
    Defina acabou = false;
    while (not acabou) begin
        Seja n = número de chaves em C.
        if (i ≤ n and C·K_i ≤ fim) then begin
            Acrescente C·P_i em resultSet
            Defina i = i + 1
        end
        else if (i ≤ n and C·K_i > fim)
            then Defina acabou = true;
        else if (i > n and C·P_{n+1} não é nulo)
            then Defina C = C·P_{n+1}, e i = 1; /* Move para próxima folha */
        else Defina acabou = true; /* Não há mais folhas à direita */
    end
    return resultSet;
```

Figura 14.12 Consulta de intervalo sobre uma árvore B+.

Depois de atravessar a árvore até o nível de folha, as consultas sobre um único valor de uma chave de busca exclusiva exigem mais uma operação de E/S aleatória para buscar qualquer registro correspondente.

As consultas de intervalo têm um custo adicional, depois de percorrer até o nível de folha: todos os ponteiros no intervalo determinado devem ser recuperados. Esses ponteiros estão em nós de folha consecutivos; assim, se M desses ponteiros forem recuperados, no máximo $\lceil M/(n/2) \rceil + 1$ nós de folha precisam ser acessados para recuperar os ponteiros (pois cada nó de folha tem pelo menos $n/2$ ponteiros, mas até mesmo dois ponteiros podem estar divididos em duas páginas). A esse custo, devemos acrescentar o custo de acessar os registros reais. Para índices secundários, cada um desses registros pode estar em um bloco diferente, o que poderia resultar, no pior dos casos, em M operações de E/S aleatórias. Para índices agrupados, esses registros estariam em blocos consecutivos, com cada bloco contendo vários registros, resultando em um custo significativamente menor.

Agora, considere o caso das chaves não exclusivas. Conforme explicado anteriormente, se quisermos criar um índice sobre um atributo a_i que não seja uma chave candidata e, portanto, pode ter duplicatas, criamos um índice sobre uma chave composta, que não possui duplicatas. A chave composta é criada adicionando atributos extras em a_i, como a chave primária, para garantir a exclusividade. Suponha que tenhamos criado um índice sobre a chave composta (a_i, A_p) em vez de criar um índice sobre a_i.

Uma pergunta importante, então, é: como recuperar todas as tuplas com determinado valor v para a_i usando esse tipo de índice? Essa pergunta é facilmente respondida usando a função *findRange*(*início*, *fim*), com *início* = $(v, -\infty)$ e *fim* = (v, ∞), em que $-\infty$ e ∞ representam os menores e maiores valores possíveis de A_p. Todos os registros com $a_i = v$ seriam retornados por essa chamada de função. Consultas de intervalo sobre a_i podem ser tratadas de modo semelhante. Essas consultas de intervalo recuperam ponteiros para os registros com bastante eficiência, embora a recuperação dos registros possa ser dispendiosa, conforme discutido anteriormente.

14.3.3 Atualizações em árvores B⁺

Quando um registro é inserido ou excluído de uma relação, os índices na relação devem ser atualizados adequadamente. Lembre-se de que as atualizações efetuadas em um registro podem ser modeladas como uma exclusão do antigo registro, seguida pela inserção do registro atualizado. Assim, consideramos apenas a questão da inserção e exclusão.

A inserção e a exclusão são mais complicadas do que a pesquisa, pois pode ser necessário **dividir** um nó que se torna muito grande como resultado de uma inserção ou **unir** nós (ou seja, combinar nós) se um nó se tornar muito pequeno (menos de $\lceil n/2 \rceil$ ponteiros). Além disso, quando um nó é dividido ou um par de nós é combinado, temos de garantir que o equilíbrio seja preservado. Para introduzir a ideia por trás da inserção e exclusão em uma árvore B^+, vamos considerar, temporariamente, que os nós nunca se tornam muito grandes ou muito pequenos. Sob essa suposição, a inserção e a exclusão são realizadas conforme definido a seguir.

- **Inserção.** Usando a mesma técnica de pesquisa da função *find*() (Figura 14.11), encontramos primeiro o nó de folha no qual o valor de chave de busca apareceria. Em seguida, inserimos uma entrada (isto é, um par formado de valor de chave de busca e ponteiro de registro) no nó de folha, posicionando-o de modo que as chaves de busca mantenham a ordem.
- **Exclusão.** Usando a mesma técnica da pesquisa, encontramos o nó de folha que contém a entrada a ser excluída, realizando uma pesquisa pelo valor de chave de busca do registro a ser excluído; se existirem várias entradas com o mesmo valor de chave de busca, pesquisaremos todas as entradas com o mesmo valor de chave de busca até encontrarmos aquela que aponta para o registro sendo excluído. Em seguida, removemos a entrada do nó de folha. Todas as entradas existentes no nó de folha, posicionadas à direita da entrada excluída, são deslocadas uma posição para a esquerda, de modo que não haja espaços vazios nas entradas após a exclusão da entrada em questão.

Examinaremos agora a questão geral da inserção e exclusão, tratando da divisão e união dos nós.

14.3.3.1 Inserção

Examinemos um exemplo de inserção no qual um nó precisa ser dividido. Vamos supor que um registro seja inserido na relação *instrutor*, com o valor *nome* sendo Adams. Em seguida, precisamos inserir uma entrada para "Adams" na árvore B^+ da Figura 14.9. Usando o algoritmo de pesquisa, descobrimos que "Adams" deve aparecer no nó de folha que contém "Brandt", "Califieri" e "Crick". Não há espaço nessa folha para inserir o valor de chave de busca "Adams". Portanto, o nó é *dividido* em dois nós. A Figura 14.13 mostra os dois nós de folha resultantes da divisão do nó de folha ao inserir "Adams". Os valores de chave de busca, "Adams" e "Brandt", estão em uma folha, e "Califieri" e "Crick" estão na outra. Em geral, usamos os n valores de chave de busca (os $n - 1$ valores existentes no nó de folha mais o valor sendo inserido), e colocamos os primeiros $\lceil n/2 \rceil$ no nó existente e os demais valores em um nó recém-criado.

Tendo dividido um nó de folha, temos de inserir o novo nó de folha na estrutura de árvore B^+. Em nosso exemplo, o novo nó tem "Califieri" como seu menor valor de chave de busca. Precisamos inserir, no pai do nó de folha que foi dividido, uma entrada com esse valor de chave de busca e um ponteiro para o novo nó. A árvore B^+ da Figura 14.14 mostra o resultado da inserção. Foi possível realizar essa inserção sem precisar dividir outro nó, pois havia espaço no nó pai para a nova entrada. Se não houvesse espaço, seria necessário dividir o pai, o que exigiria a inclusão de uma entrada no respectivo pai. No pior caso, todos os nós ao longo do caminho até a raiz precisariam ser divididos. Se a própria raiz fosse dividida, a árvore inteira se tornaria mais profunda.

A divisão de um nó não folha é um pouco diferente da divisão de um nó de folha. A Figura 14.15 mostra o resultado da inserção de um registro com a chave de busca "Lamport" na árvore mostrada na Figura 14.14. O nó de folha no qual "Lamport" deve ser inserido já possui as entradas "Gold", "Katz" e "Kim", e, consequentemente, o nó de folha precisa ser dividido. O novo nó do lado direito, resultante da divisão, contém os valores de chave de busca, "Kim" e "Lamport". Deve ser adicionada uma entrada (Kim, $n1$) ao nó pai, em que $n1$ é um ponteiro para o novo nó. Entretanto, não há espaço no nó pai para adicionar a nova entrada, e o nó pai precisa ser

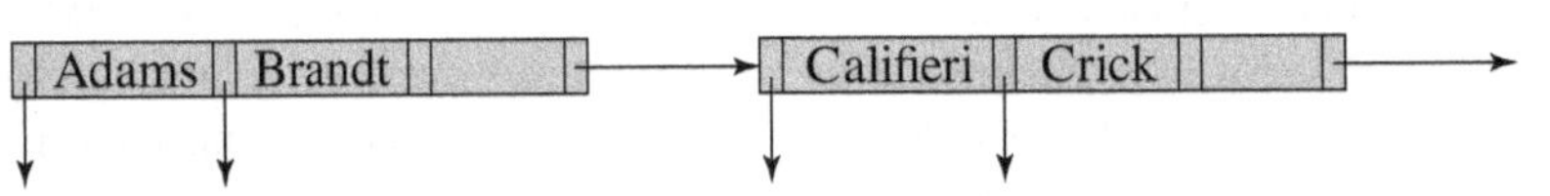

Figura 14.13 Divisão do nó de folha por ocasião da inserção de "Adams".

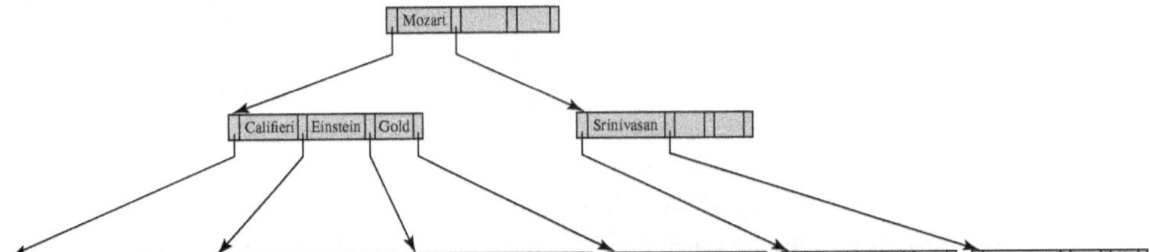

Figura 14.14 Inserção de "Adams" na árvore B⁺ da Figura 14.9.

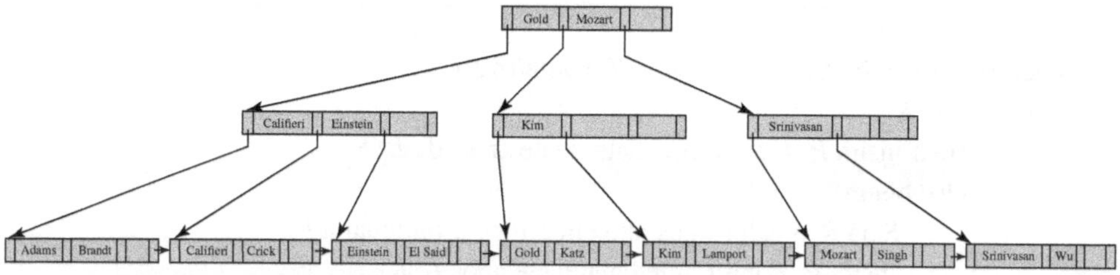

Figura 14.15 Inserção de "Lamport" na árvore B$^+$ da Figura 14.14.

dividido. Para isso, o nó pai é submetido a uma expansão temporária, a entrada é adicionada, e o nó transbordado (*overfull*) é imediatamente dividido.

Quando um nó não folha transbordado é dividido, os ponteiros filhos são divididos entre os nós original e recém-criado; em nosso exemplo, o nó original fica com os três primeiros ponteiros, e o nó recém-criado, posicionado à direita, recebe os dois ponteiros restantes. Entretanto, os valores de chave de busca são tratados de modo um pouco diferente. Os valores de chave de busca situados entre os ponteiros movidos para o nó da direita (em nosso exemplo, o valor "Kim") são movidos juntamente com os ponteiros, enquanto os situados entre os ponteiros que permanecem à esquerda (em nosso exemplo, "Califieri" e "Einstein") continuam intactos.

Contudo, o valor de chave de busca situado entre os ponteiros que permanecem à esquerda e os ponteiros movidos para o nó à direita é tratado de outra forma. Em nosso exemplo, o valor de chave de busca "Gold" encontra-se entre os três ponteiros direcionados para o nó à esquerda e os dois ponteiros movidos para o nó à direita. O valor "Gold" não é adicionado a nenhum dos nós divididos. Em vez disso, uma entrada (Gold, $n2$) é adicionada ao nó pai, em que $n2$ é um ponteiro para o nó recém-criado, resultante da divisão. Nesse caso, o nó pai é a raiz, e ele tem espaço suficiente para a nova entrada.

A técnica geral para inserção em uma árvore B$^+$ consiste em determinar o nó de folha l em que a inserção precisa ocorrer. Se houver uma divisão, insira o novo nó no pai do nó l. Se essa inserção causar uma divisão, suba recursivamente pela árvore até que uma inserção não cause uma divisão ou uma nova raiz seja criada.

A Figura 14.16 esboça o algoritmo de inserção em pseudocódigo. O procedimento *insert* insere um par (valor-chave, ponteiro) no índice, usando dois procedimentos subsidiários, *insert_in_leaf* e *insert_in_parent*, mostrados na Figura 14.17. No pseudocódigo, L, N, P e T indicam ponteiros para nós, sendo L utilizado para indicar um nó de folha. $L \cdot K_i$ e $L \cdot P_i$ indicam o i-ésimo valor e o i-ésimo ponteiro no nó L, respectivamente; $T \cdot K_i$ e $T \cdot P_i$ são usados de modo semelhante. O pseudocódigo também utiliza a função *parent*(N) para encontrar o pai de um nó N. Podemos calcular uma lista de nós no caminho da raiz até a folha ao localizar inicialmente o nó de folha e usá-la, posteriormente, para encontrar o pai de qualquer nó no caminho, de maneira eficiente.

O procedimento *insert_in_parent* recebe os parâmetros N, K', N', em que o nó N foi dividido em N e N', sendo K' o valor mínimo em N'. O procedimento modifica o pai de N para registrar a divisão. Os procedimentos *insert_in_leaf* e *insert_in_parent* usam uma área temporária T da memória

---

procedure *insert* (*valor K*, *ponteiro P*)
    if (árvore está vazia) crie um nó de folha L vazio, que também é a raiz
    else Encontre o nó de folha L que deve conter o valor de chave K
    if (L tem menos que $n - 1$ valores de chave)
        then insert_in_leaf (L, K, P)
        else begin /* L já tem $n - 1$ valores de chave, divida-o */
            Crie o nó L'
            Copie $L \cdot P_1$ ... $L.K_{n-1}$ para um bloco de memória T que possa
                armazenar n pares (ponteiro, valor-chave)
            insert_in_leaf (T, K, P)
            Atribua $L' \cdot P_n = L \cdot P_n$; Atribua $L \cdot P_n = L'$
            Apague $L \cdot P_1$ até $L.K_{n-1}$ de L
            Copie $T \cdot P_1$ até $T \cdot K_{\lceil n/2 \rceil}$ de T em L começando em $L \cdot P_1$
            Copie $T \cdot K_{\lceil n/2 \rceil + 1}$ até $T \cdot K_n$ de T em L' começando em $L' \cdot P_1$
            Seja K' o menor valor de chave em L'
            insert_in_parent(L, K', L')
    end

Figura 14.16 Inserção da entrada em uma árvore B$^+$.

```
procedure insert_in_leaf(nó L, valor K, ponteiro P)
    if (K < L·K_1)
        then insira P, K em L imediatamente antes de L·P_1
        else begin
            Seja K_i o valor mais alto em L menor ou igual a K
            Insira P, K em L imediatamente após L·K_i
        end
procedure insert_in_parent(nó N, valor K', nó K')
    if (N é a raiz da árvore)
        then begin
            Crie um novo nó R contendo N, K', N'    /* N e N' são ponteiros*/
            Torne R a raiz da árvore
            return
        end
    Seja P = parent (N)
    if (P tem menos de n ponteiros)
        then insira (K', N') em P imediatamente após N
        else begin /* Divida P */
            Copie P para um bloco de memória T que possa armazenar P e (K', N')
            Insira (K', N') em T imediatamente após N
            Apague todas as entradas de P; Crie o nó P'
            Copie T·P_1 ... T·P_⌈(n+1)/2⌉ para P
            Defina K'' = T·K_⌈(n+1)/2⌉
            Copie T·P_⌈(n+1)/2⌉+1 ... T·P_n+1 para P'
            insert_in_parent(P, X'', P')
    end
```

Figura 14.17 Procedimentos subsidiários para a inserção da entrada em uma árvore B+.

para armazenar o conteúdo de um nó sendo dividido. Os procedimentos podem ser modificados para copiar os dados do nó sendo dividido diretamente para o nó recém-criado, reduzindo o tempo necessário para copiar dados. Entretanto, o uso do espaço temporário *T* simplifica os procedimentos.

14.3.3.2 Exclusão

Examinaremos as exclusões que fazem com que os nós da árvore contenham muito poucos ponteiros. Primeiro, vamos excluir "Srinivasan" da árvore B^+ da Figura 14.14. A árvore B^+ resultante consta na Figura 14.18. Agora, examinaremos como a exclusão é realizada. Primeiro, situaremos a entrada de "Srinivasan", com nosso algoritmo de busca. Quando excluirmos a entrada de "Srinivasan" do respectivo nó de folha, restará apenas uma entrada nesse nó, "Wu". Como, em nosso exemplo, $n = 4$ e $1 < \lceil (n-1)/2 \rceil$, precisamos ou agregar o nó com seu nó irmão ou, então, redistribuir as entradas entre os nós, para garantir que cada nó tenha pelo menos a sua metade preenchida. Em nosso exemplo, o nó com preenchimento insuficiente, com a entrada de "Wu", pode ser agregado com seu nó irmão à esquerda. Para agregar os nós, movemos as entradas de ambos os nós para o irmão da esquerda e excluímos o irmão da direita que ficou vazio. Assim que o nó for excluído, precisaremos excluir também a entrada no nó pai, que apontava para o nó recém-excluído.

Em nosso exemplo, a entrada a ser excluída é (Srinivasan, *n*3), com *n*3 sendo um ponteiro para a folha que contém "Srinivasan". (Nesse caso, acontece que a entrada a ser excluída no nó não folha tem o mesmo valor que a excluída da folha, o que não costuma ocorrer na maioria das exclusões.) Após excluir essa entrada, o nó pai, que tinha um valor de chave de busca "Srinivasan" e dois ponteiros, agora tem um ponteiro (o ponteiro da extremidade esquerda do nó) e nenhum valor de chave de busca. Como $1 < \lceil n/2 \rceil$ para $n = 4$, o nó pai não está parcialmente preenchido. (Para *n* maior, o nó parcialmente preenchido ainda teria alguns valores, assim como ponteiros.)

Nesse caso, examinaremos um nó irmão; em nosso exemplo, o único irmão é o nó não folha que contém as chaves de busca "Califieri", "Einstein" e "Gold". Se possível, tentaremos unir o nó com seu irmão. Nessa situação, a união não é possível, pois o nó e seu irmão têm, juntos, cinco ponteiros, e o limite máximo é quatro. A solução, aqui, é **redistribuir** os ponteiros entre o nó e seu irmão, de modo que cada um tenha pelo menos $\lceil n/2 \rceil = 2$ ponteiros filhos. Para isso, movemos o ponteiro da extremidade direita do irmão da esquerda (aquele que aponta para o nó de folha contendo "Gold") para o irmão da direita parcialmente preenchido. Entretanto, esse irmão da

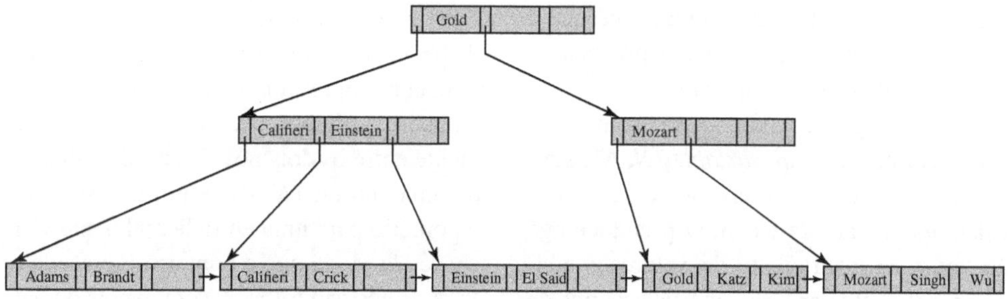

Figura 14.18 Exclusão de "Srinivasan" da árvore B+ da Figura 14.14.

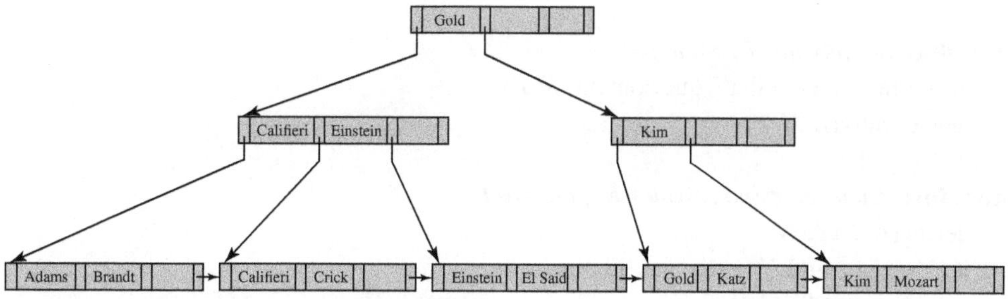

Figura 14.19 Exclusão de "Singh" e "Wu" da árvore B+ da Figura 14.18.

direita parcialmente preenchido teria agora dois ponteiros, a saber, o ponteiro da extremidade esquerda e o ponteiro recém-movido, sem nenhum valor separando-os. De fato, o valor que os separa não está presente em nenhum dos nós mas, sim, no nó pai, entre os ponteiros do pai para o nó e para seu irmão. Em nosso exemplo, o valor "Mozart" separa os dois ponteiros e consta no irmão da direita depois da redistribuição. A redistribuição dos ponteiros também significa que o valor "Mozart" no pai não mais separa corretamente os valores de chave de busca nos dois irmãos. Na verdade, o valor que separa corretamente os valores de chave de busca nos dois nós irmãos é o valor "Gold", que estava no irmão da esquerda, antes da redistribuição.

Consequentemente, como é possível constatar na árvore B+ da Figura 14.18, após a redistribuição de ponteiros entre os irmãos, o valor "Gold" subiu para o pai, enquanto o valor que ali se encontrava anteriormente, "Mozart", desceu para o irmão da direita.

Em seguida, excluímos os valores de chave de busca "Singh" e "Wu" da árvore B+ da Figura 14.18. O resultado consta na Figura 14.19. A exclusão do primeiro desses valores não faz com que o nó de folha fique parcialmente preenchido, mas a exclusão do segundo valor, sim. Não é possível mesclar o nó parcialmente preenchido com o respectivo irmão, de modo que é executada uma redistribuição de valores, movendo o valor de chave de busca "Kim" para o nó que contém "Mozart", resultando na árvore da Figura 14.19. O valor que separa os dois irmãos foi atualizado no pai, de "Mozart" para "Kim".

Agora, excluímos "Gold" da árvore anterior; o resultado está na Figura 14.20. Isto resulta em uma folha parcialmente preenchida, que agora pode ser mesclada com o respectivo irmão. A exclusão resultante de uma entrada do nó pai (o nó não folha que contém "Kim") deixa o pai parcialmente preenchido (resta-lhe apenas um ponteiro). Dessa vez, o nó pai pode ser agregado com o respectivo irmão. Com essa agregação, o valor de chave de busca "Gold" desce do pai para o nó agregado. Como resultado dessa agregação, uma entrada é excluída de seu pai, que termina sendo a raiz da árvore. E, como resultado dessa exclusão, a raiz fica com apenas um ponteiro filho e nenhum valor de chave de busca, o que viola a condição que determina que a raiz deve ter pelo menos dois filhos. Consequentemente, o nó raiz é excluído e seu único filho se torna a raiz, e a profundidade da árvore B+ foi reduzida em uma unidade.

Convém observar que, como resultado da exclusão, um valor de chave que está presente em um nó não folha da árvore B+ pode não estar presente em nenhuma folha da árvore. Por exemplo, na Figura 14.20, o valor "Gold" foi excluído do nível folha, mas ainda está presente em um nó não folha.

Em geral, para excluir um valor em uma árvore B+, procuramos o valor e o excluímos. Se o nó ficar muito pequeno, nós o excluiremos de seu pai. Essa exclusão resulta em

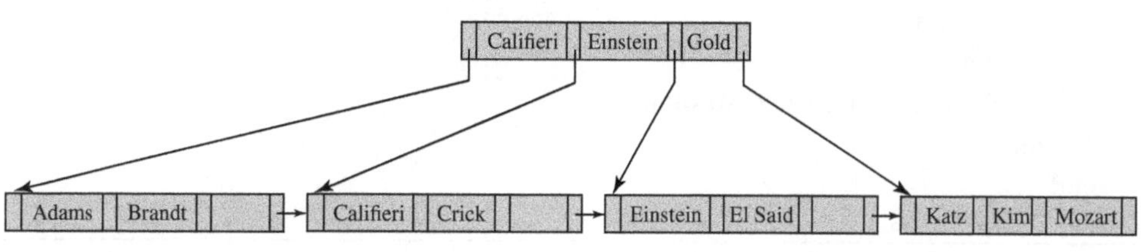

Figura 14.20 Exclusão de "Gold" da árvore B+ da Figura 14.19.

uma aplicação recursiva do algoritmo de exclusão até que a raiz seja alcançada, um pai permaneça totalmente preenchido após a exclusão ou a redistribuição seja aplicada.

A Figura 14.21 esboça o pseudocódigo para exclusão de uma árvore B⁺. O procedimento *swap_variables(N, N′)* simplesmente permuta os valores das variáveis (de ponteiro) *N* e *N′*; essa permuta não altera a árvore em si. O pseudocódigo utiliza a condição "número insuficiente de valores/ponteiros". Para os nós não folha, esse critério significa menos de $\lceil n/2 \rceil$ ponteiros; para os nós de folha, isto quer dizer menos de $\lceil (n-1)/2 \rceil$ valores. O pseudocódigo redistribui as entradas tomando emprestada uma única entrada de um nó adjacente. Também podemos redistribuir entradas repartindo-as igualmente entre os dois nós. O pseudocódigo refere-se à exclusão de uma entrada (*K*, *P*) de um nó. No caso dos nós de folha, o ponteiro para uma entrada realmente vem antes do valor de chave, de modo que o ponteiro *P* precede o valor de chave *K*. Para os nós não folha, *P* vem depois do valor de chave *K*.

```
procedure delete(valor K, ponteiro P)
    encontre o nó de folha L que contém (K, P)
    delete_entry(L, K, P)

procedure delete_entry(nó N, valor K, ponteiro P)
    delete (K, P) de N
    if (N é a raiz and N só tem um filho restante)
    then torne o filho de N a nova raiz da árvore e exclua N
    else if (N tem número insuficiente de valores/ponteiros) then begin
        Seja N′ o filho anterior ou seguinte de parent(N)
        Seja K′ o valor entre os ponteiros N e N′ em parent(N)
        if (as entradas em N e N′ couberem em um único nó)
            then begin /* Una os nós */
                if (N é antecessor de N′) then swap_variables(N, N′)
                if (N não é uma folha)
                    then anexe K′ e todos os ponteiros e valores existentes em N a N′
                    else anexe todos os pares (K_i, P_i) existentes em N a N′; atribua N′·P_n = N·P_n
                delete_entry(parent(N), K′, N); exclua o nó N
            end
        else begin /* A redistribuição toma emprestada uma entrada de N′ */
            if (N′ é antecessor de N) then begin
                if (N é um nó não folha) then begin
                    seja m tal que N′.P_m seja o último ponteiro em N′
                    remova (N′·K_{m−1}, N′·P_m) de N′
                    insira (N′·P_m, K′) como o primeiro ponteiro e valor em N,
                        deslocando outros ponteiros e valores para a direita
                    substitua K′ em parent(N) por N′·K_{m−1}
                end
                else begin
                    seja m tal que (N′·P_m, N′·K_m) seja o último par de ponteiro/valor em N′
                    remova (N′·P_m, N′·K_m) de N′
                    insira (N′·P_m, N′·K_m) como o primeiro ponteiro e valor em N,
                    deslocando outros ponteiros e valores para a direita
                    substitua K′ em parent(N) por N′·K_m
                end
            end
            else ... simétrico ao caso then ...
        end
    end
```

Figura 14.21 Exclusão de uma entrada de uma árvore B⁺.

14.3.4 Complexidade das atualizações da árvore B⁺

Ainda que as operações de inserção e exclusão em árvores B^+ sejam complicadas, elas exigem relativamente poucas operações de E/S, o que é uma vantagem importante porque essas operações são dispendiosas. É possível demonstrar que o número de operações de E/S necessárias no pior caso para uma inserção é proporcional a $\log_{\lceil n/2 \rceil}(N)$, em que n é o número máximo de ponteiros em um nó, e N é o número de registros no arquivo sendo indexado.

A complexidade do procedimento de exclusão no pior caso também é proporcional a $\log_{\lceil n/2 \rceil}(N)$, desde que não existam valores duplicados da chave de busca; discutimos o caso das chaves de busca não exclusivas mais adiante, neste capítulo.

Em outras palavras, o custo das atividades de inserção e exclusão em termos de operações de E/S é proporcional à altura da árvore B^+ e, portanto, é baixo. A velocidade da operação nas árvores B^+ as torna uma estrutura de indexação muito utilizada nas implementações de bancos de dados.

Na prática, as operações sobre árvores B^+ resultam em menos operações de E/S do que os limites para os piores casos. Com o *fanout* de 100, e presumindo-se que os acessos aos nós de folha sejam distribuídos uniformemente, há 100 vezes mais probabilidade de que o pai de um nó de folha seja acessado do que o próprio nó de folha. Por outro lado, com o mesmo *fanout*, o número total de nós não folha em uma árvore B^+ seria apenas um pouco mais de um centésimo do número de nós de folha. Como resultado, com os tamanhos de memória de vários gigabytes tão comuns nos dias de hoje, para as árvores B^+ usadas frequentemente, mesmo que a relação seja muito grande, é muito provável que a maioria dos nós não folha já esteja no *buffer* do banco de dados quando eles forem acessados. Desse modo, geralmente apenas uma ou duas operações de E/S são necessárias para fazer uma busca. Para as atualizações, a probabilidade de ocorrer uma divisão de nó é, também, muito baixa. Dependendo da ordem de inserções, com um *fanout* de 100, apenas entre uma em 100 a uma em 50 inserções resultará numa divisão de nó, exigindo que mais de um bloco seja gravado. Consequentemente, em média, uma inserção exigirá apenas um pouco mais de uma operação de E/S para gravar os blocos atualizados.

Embora as árvores B^+ garantam apenas que os nós estejam preenchidos pelo menos até a metade, se as entradas forem inseridas em ordem aleatória, é possível que os nós tenham mais de dois terços de preenchimento, em média. Por outro lado, se as entradas forem inseridas em sequência ordenada, os nós só ficarão preenchidos até a metade. (Deixaremos esse tópico como exercício para o leitor descobrir porque os nós teriam somente sua metade preenchida, neste último caso.)

14.3.5 Chaves de busca não exclusivas

Até este momento, consideramos que as chaves de busca são exclusivas. Lembre-se também de que descrevemos anteriormente, na Seção 14.3.1, como tornar as chaves de busca exclusivas criando uma chave de busca composta, contendo a chave de busca original e atributos extras, que, juntos, são únicos por todos os registros.

O atributo extra pode ser uma *id* de registro, que é um ponteiro para o registro, ou uma chave primária, ou qualquer outro atributo cujo valor seja exclusivo entre todos os registros com o mesmo valor de chave de busca. O atributo extra é denominado atributo **unificador** (*uniquifier*).

Uma busca com o atributo de chave de busca original pode ser executada usando uma busca por intervalo, como vimos na Seção 14.3.2; como alternativa, podemos criar uma variante da função *findRange* que tome apenas o valor da chave de busca original como parâmetro e ignore o valor do atributo *unificador* ao comparar os valores de chave de busca.

Também é possível modificar a estrutura em árvore B^+ para dar suporte a chaves de busca duplicadas. Todos os métodos de inserção, exclusão e pesquisa precisam ser modificados adequadamente.

- Uma alternativa é armazenar cada valor de chave apenas uma vez na árvore e manter um *bucket* (ou uma lista) de ponteiros de registro com um valor de chave de busca, para manipular as chaves de busca não exclusivas. Essa abordagem é mais eficiente no tocante ao espaço, porque armazena o valor de chave apenas uma vez; contudo, várias complicações são geradas por ocasião da implementação das árvores B^+. Se os *buckets* forem mantidos no nó de folha, será necessário um código extra para lidar com os *buckets* de tamanho variável e com os *buckets* que crescem mais do que o tamanho do nó de folha. Se os *buckets* forem armazenados em blocos separados, talvez seja necessária uma operação de E/S adicional para buscar os registros.
- Outra opção é armazenar o valor da chave de busca uma vez por registro; essa abordagem permite que um nó de folha seja dividido da maneira normal se ele estiver cheio durante uma inserção. No entanto, essa abordagem torna o tratamento da divisão e busca em nós internos significativamente mais complicado, uma vez que duas folhas podem conter o mesmo valor de chave de busca. Ela também tem uma sobrecarga de espaço maior, já que os valores de chave são armazenados quantas vezes houver registros contendo esse valor.

Um grande problema com essas duas abordagens, em comparação com a abordagem de chave de busca exclusiva, está na eficiência da exclusão de registros. (A complexidade da pesquisa e da inserção é a mesma com essas duas abordagens, bem como com a abordagem de chave de busca exclusiva.) Suponha que determinado valor da chave de busca ocorra grande número de vezes, e um dos registros com essa chave de busca deva ser excluído. A exclusão pode ter que pesquisar por várias entradas com o mesmo valor de chave de busca, potencialmente em vários nós de folha, para localizar a entrada correspondente ao registro específico que está sendo excluído. Assim, a complexidade da exclusão, no pior caso, pode ser linear no número de registros.

Por outro lado, a exclusão de registros pode ser feita de forma eficiente usando a abordagem de chave de busca exclusiva. Quando um registro deve ser excluído, o valor da chave de busca composta é calculado a partir do registro e, depois, usado para pesquisar o índice. Como o valor é único, a entrada no nível de folha correspondente pode ser encontrada com uma única travessia da raiz à folha, sem mais acessos no nível de folha. O custo de exclusão, no pior caso, é logarítmico no número de registros, como vimos anteriormente.

Em razão da ineficiência da exclusão, bem como de outras complicações decorrentes de chaves de pesquisa duplicadas, as implementações de árvore B$^+$ na maioria dos sistemas de banco de dados tratam apenas de chaves de busca exclusivas e adicionam automaticamente identificadores de registro ou outros atributos, para que as chaves de busca não exclusivas se tornem exclusivas.

14.4 Extensões de árvore B$^+$

Nesta seção, discutiremos várias extensões e variações da estrutura de índice da árvore B$^+$.

14.4.1 Organização de arquivos por árvore B$^+$

Como mencionamos na Seção 14.3, a principal desvantagem da organização de arquivo sequencial indexada é a degradação do desempenho quando o arquivo cresce: com o crescimento, uma porcentagem maior de registros de índice e registros reais se torna fora de ordem e é armazenada em blocos de estouro. Solucionamos a degradação das pesquisas de índice usando índices de árvore B$^+$ sobre o arquivo. Solucionamos o problema da degradação por armazenar os registros em si usando o nível de folha da árvore B$^+$ a fim de organizar os blocos que contêm os registros reais. Usamos a estrutura de árvore B$^+$ não apenas como índice, mas também como organizador para registros em um arquivo. Em uma **organização de arquivos por árvore B$^+$**, os nós de folha da árvore armazenam registros, em vez de armazenar ponteiros para registros. A Figura 14.22 mostra um exemplo de uma organização de arquivos por árvore B$^+$. Como os registros normalmente são maiores que os ponteiros, o número máximo de registros que podem ser armazenados em um nó de folha é menor que o número de ponteiros em um nó não folha. Porém, os nós de folha ainda precisam estar cheios pelo menos até a metade.

A inserção e a exclusão de registros de uma organização de arquivos por árvore B$^+$ são tratadas da mesma maneira que a inserção e a exclusão de entradas em um índice por árvore B$^+$. Quando um registro com determinado valor v de chave é inserido, o sistema localiza o bloco que deverá conter o registro procurando na árvore B$^+$ a maior chave que seja $\leq v$. Se o bloco localizado tiver espaço livre suficiente para o registro, o sistema armazena esse registro no bloco. Caso contrário, como na inserção da árvore B$^+$, o sistema divide o bloco em dois e redistribui os registros nele (na ordem de chave da árvore B$^+$) para criar espaço para o novo registro. A divisão se propaga para cima na árvore B$^+$, pelo modo normal. Quando excluímos um registro, o sistema primeiro o remove do bloco que o contém. Se um bloco B ficar com menos de metade da ocupação como resultado, os registros em B serão redistribuídos com os registros em um bloco B' adjacente. Considerando registros de tamanho fixo, cada bloco terá pelo menos metade da quantidade máxima de registros que pode admitir. O sistema atualiza os nós não folha da árvore B$^+$, como normalmente o faz.

Quando usamos uma árvore B$^+$ para a organização de arquivo, a utilização do espaço é particularmente importante, pois o espaço ocupado pelos registros provavelmente é muito maior do que o espaço ocupado pelas chaves e ponteiros. Podemos melhorar a utilização do espaço em uma árvore B$^+$ envolvendo mais nós irmãos na redistribuição durante as divisões e agrupamentos. A técnica se aplica aos nós de folha e aos nós não folha, e funciona da seguinte maneira.

Durante a inserção, se um nó estiver cheio, o sistema tenta redistribuir algumas de suas entradas para um dos nós adjacentes, a fim de criar espaço para uma nova entrada. Se essa tentativa falhar porque os próprios nós adjacentes estão cheios, o sistema divide o nó e divide as entradas por igual entre um dos nós adjacentes e os dois nós obtidos pela divisão do nó original. Como os três nós juntos contêm um registro a mais do que pode caber em dois nós, cada nó estará cerca de dois terços cheio. Mais precisamente, cada nó terá pelo menos $\lfloor 2n/3 \rfloor$ entradas, em que n é o número máximo de entradas que o nó pode manter. ($\lfloor x \rfloor$ indica o maior inteiro que é menor ou igual a x; ou seja, removemos a parte fracionária, se houver.)

Durante a exclusão de um registro, se a ocupação de um nó ficar abaixo de $\lfloor 2n/3 \rfloor$, o sistema tenta pegar emprestada uma entrada de um dos nós irmãos. Se os dois nós irmãos tiverem $\lfloor 2n/3 \rfloor$ registros, em vez de pegar emprestada uma entrada, o sistema redistribui as entradas no nó e nos dois irmãos por igual, entre dois dos nós, e exclui o terceiro nó. Podemos usar essa técnica porque o número total de entradas

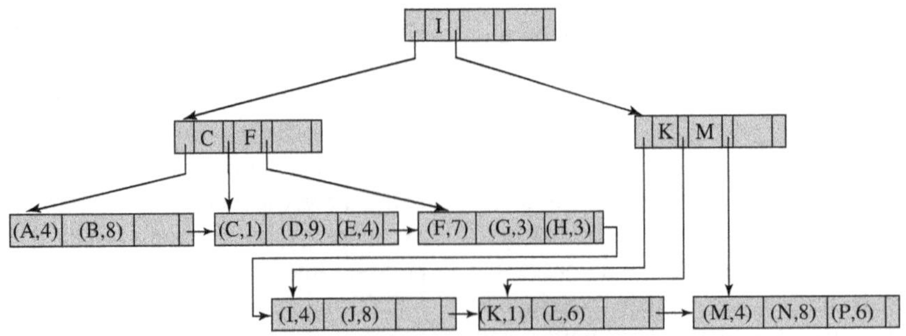

Figura 14.22 Organização de arquivos de árvore B$^+$.

é $3\lfloor 2n/3 \rfloor - 1$, que é menor que $2n$. Com três nós adjacentes sendo usados para a redistribuição, podemos garantir que cada nó terá $\lfloor 3n/4 \rfloor$ entradas. Em geral, se m nós ($m - 1$ irmãos) estiverem envolvidos na redistribuição, pode-se garantir que cada nó terá pelo menos $\lfloor (m - 1)n/m \rfloor$ entradas. Entretanto, o custo da atualização se torna maior à medida que mais nós irmãos são envolvidos na redistribuição.

Observe que, em uma organização de índice ou arquivo por árvore B$^+$, os nós de folha que são adjacentes entre si na árvore podem estar localizados em diferentes locais do disco. Quando uma organização de arquivos é recém-criada sobre um conjunto de registros, é possível alocar blocos que são em sua maioria contíguos no disco aos nós de folha que são contíguos na árvore. Assim, uma varredura sequencial dos nós de folha corresponderia a uma varredura geralmente sequencial no disco. À medida que ocorrem inserções e exclusões na árvore, a continuidade é perdida, e o acesso sequencial precisa esperar pelas buscas de disco cada vez mais frequentemente. Para restaurar a continuidade, pode ser necessária uma reconstrução de índice.

Organizações de arquivos por árvore B$^+$ podem ser usadas para armazenar grandes objetos, como clobs e blobs SQL, que podem ser maiores do que um bloco de disco, contendo até vários gigabytes. Esses objetos grandes podem ser armazenados dividindo-os em sequências de registros menores que são colocados em uma organização de arquivos por árvore B$^+$. Os registros podem ser numerados sequencialmente ou pelo deslocamento de bytes do registro dentro do objeto grande, e o número do registro pode ser usado como a chave de busca.

14.4.2 Índices secundários e relocação de registros

Algumas organizações de arquivo, como a organização de arquivo por árvore B$^+$, podem mudar o local dos registros mesmo quando os registros não foram atualizados. Como exemplo, quando uma página de folha é dividida em uma organização de arquivo por árvore B$^+$, uma série de registros é movida para uma nova página. Nesses casos, todos os índices secundários que armazenam ponteiros para os registros relocados teriam de ser atualizados, embora os valores nos registros possam não ter sido alterados. Cada nó de folha pode conter uma quantidade muito grande de registros, e cada um deles pode estar em locais diferentes em cada índice secundário. Assim, a divisão de página de folha pode exigir dezenas ou mesmo centenas de operações de E/S para atualizar todos os índices secundários afetados, tornando-a uma operação muito dispendiosa.

Uma solução muito utilizada para esse problema é a seguinte. Nos índices secundários, no lugar de ponteiros para os registros indexados, armazenamos os valores dos atributos de chave de busca do índice primário. Por exemplo, suponha que tenhamos um índice primário sobre o atributo *ID* da relação *instrutor*; então, um índice secundário sobre *nome_dept* armazenaria, com cada nome de departamento, uma lista de valores de *ID* de instrutor dos registros correspondentes, em vez de armazenar ponteiros para os registros.

A relocação de registros em razão das divisões de página de folha não exige nenhuma atualização sobre tal índice secundário. Porém, localizar um registro usando o índice secundário agora exige duas etapas: primeiro, usamos o índice secundário para encontrar os valores de chave de busca do índice primário e, depois, usamos o índice primário para encontrar os registros correspondentes.

Essa técnica, portanto, reduz bastante o custo da atualização de índice, em face da reorganização do arquivo, embora aumente o custo do acesso aos dados, usando um índice secundário.

14.4.3 Indexando strings

A criação de índices de árvore B$^+$ sobre atributos com valor de string ocasiona dois problemas. O primeiro problema é que as strings podem ter tamanho variável. O segundo problema é que as strings podem ser longas, levando a um baixo *fanout* e, consequentemente, uma altura de árvore maior.

Com as chaves de busca de tamanho variável, diferentes nós podem ter diferentes *fanouts*, mesmo que estejam cheios. Um nó precisa, então, ser dividido se estiver cheio, ou seja, não existe espaço para acrescentar uma nova entrada, independentemente de quantas entradas de busca ele tenha. De modo semelhante, os nós podem ser agregados ou as entradas redistribuídas dependendo da fração de espaço utilizada nos nós, em vez de nos basearmos no número máximo de entradas que o nó pode aceitar.

O *fanout* dos nós pode ser aumentado usando uma técnica chamada **compactação de prefixo**. Com a compactação de prefixo, não armazenamos o valor inteiro da chave de busca nos nós internos. Só armazenamos um prefixo de cada valor de chave de busca que seja suficiente para distinguir entre os valores de chave nas subárvores que ela separa. Por exemplo, se tivéssemos um índice sobre nomes, o valor de chave em um nó não folha poderia ser um prefixo de um nome; pode ser suficiente armazenar "Silb" em um nó não folha, em vez do nome "Silberschatz" completo se os valores mais próximos nas duas subárvores que ela separa forem, digamos, "Silas" e "Silver", respectivamente.

14.4.4 Carregamento em massa de índices de árvore B$^+$

Como vimos anteriormente, a inserção de um registro em uma árvore B$^+$ exige diversas operações de E/S que, no pior dos casos, são de número proporcional à altura da árvore, que costuma ser muito pequena (geralmente cinco ou menos, até mesmo nas grandes relações).

Consideremos agora a formação de uma árvore B$^+$ em uma grande relação. Suponha que a relação seja muito maior do que a memória principal, e que estejamos formando um índice não agrupado sobre a relação, de modo que esse índice também seja maior que a memória principal. Nesse caso, à medida que percorremos a relação e adicionamos entradas na árvore B$^+$, é muito provável que cada nó de folha, ao ser acessado, não esteja no *buffer* do banco de dados, pois não existe uma ordem específica das entradas. Com os acessos a blocos ordenados aleatoriamente, sempre que uma entrada for adicionada à folha, será necessária uma busca de disco para apanhar o bloco que contém o nó de folha. Provavelmente, o bloco será eliminado do *buffer* do disco antes da inclusão de outra entrada no bloco, exigindo outra busca de disco para gravar o bloco novamente no disco. Portanto, talvez sejam necessárias operações de leitura e gravação aleatórias para cada entrada inserida.

Por exemplo, se a relação tiver 100 milhões de registros, e cada operação de E/S demorar dez milissegundos em um disco magnético, serão necessários pelo menos um milhão de segundos para formar o índice, considerando apenas o custo da leitura dos nós de folha, sem contar o custo da regravação dos nós atualizados no disco. Evidentemente, isso é muito tempo; por outro lado, se cada registro ocupar 100 bytes, e o subsistema de disco puder transferir dados a 50 megabytes por segundo, serão necessários somente 200 segundos para ler a relação completa.

A inserção, em um índice, de grande número de entradas em determinado momento é conhecida como **carregamento em massa** (*bulk loading*) do índice. Um método eficiente de fazer um carregamento em massa de um índice é o seguinte. Primeiro, crie um arquivo temporário contendo as entradas de índice da relação, depois ordene esse arquivo pela chave de busca do índice sendo formado e, por último, percorra o arquivo ordenado e insira as entradas no índice. Existem algoritmos eficientes para ordenar as grandes relações, que serão descritos mais adiante, na Seção 15.4, que conseguem ordenar, inclusive, um arquivo grande com um custo de E/S comparável ao de algumas leituras do arquivo, presumindo-se uma quantidade razoável de memória principal disponível.

Existe uma grande vantagem em ordenar as entradas antes de inseri-las na árvore B$^+$. Quando as entradas são inseridas em ordem classificada, todas aquelas direcionadas para um nó de folha específico aparecerão consecutivamente, e a folha precisará ser gravada apenas uma vez; nunca será necessário ler os nós no disco durante um carregamento em massa, se, inicialmente, a árvore B$^+$ estiver vazia. Assim, para cada nó de folha ocorrerá apenas uma operação de E/S, mesmo que muitas entradas tenham sido inseridas nesse nó. Se cada folha contiver 100 entradas, o nível de folha conterá um milhão de nós, resultando em tão somente um milhão de operações de E/S para criar o nível de folha. Ainda pode-se presumir que essas operações de E/S sejam sequenciais, se os nós de folha sucessivos forem alocados em blocos de disco sucessivos, acarretando poucas buscas de disco. Com os discos atuais, um milissegundo por bloco é uma estimativa razoável para a maioria das operações de E/S sequenciais, quando se compara com os dez milissegundos por bloco para as operações de E/S aleatórias.

Avaliaremos o custo de ordenar uma grande relação, mais adiante, na Seção 15.4, mas como estimativa preliminar, o índice que, de outra forma, teria demorado um milhão de segundos para ser construído, pode ser construído em bem menos de 1000 segundos se ordenarmos as entradas antes de inseri-las na árvore B$^+$.

Se a árvore B$^+$ estiver inicialmente vazia, ela poderá ser construída mais rapidamente, formando-se de modo ascendente (*bottom-up*), a partir do nível de folha, em vez de usar o procedimento de inserção habitual. Na **construção ascendente da árvore B$^+$**, após a ordenação das entradas recém-descritas, as entradas ordenadas são decompostas em blocos, mantendo no bloco a quantidade de entradas cabível; os blocos resultantes formam o nível de folha da árvore B$^+$. O valor mínimo em cada bloco, juntamente com o ponteiro para o bloco, é utilizado para criar entradas no nível seguinte da árvore B$^+$, apontando para os blocos de folhas. Cada nível adicional da árvore é construído de forma semelhante, usando-se os valores mínimos associados a cada nó um nível abaixo, até que a raiz seja criada. Deixaremos os detalhes como exercício para o leitor.

A maioria dos sistemas de banco de dados implementa técnicas eficientes, baseadas na ordenação das entradas e na construção ascendente, ao criar um índice sobre uma relação, embora utilize o procedimento normal de inserção quando cada tupla é adicionada a uma relação, com um índice existente. Alguns sistemas de banco de dados recomendam que, se grande quantidade de tuplas for adicionada de uma só vez a uma relação já existente, os índices sobre a relação (a não ser os índices sobre a chave primária) sejam eliminados e recriados depois da inserção das tuplas, para que se tire proveito das técnicas eficientes do carregamento em massa.

14.4.5 Arquivos de índice de árvore B

Índices de árvore B são semelhantes aos índices de árvore B$^+$. A principal distinção entre as duas técnicas é que uma árvore B elimina o armazenamento redundante de valores de chave de busca. Na árvore B$^+$ da Figura 14.9, as chaves de busca "Einstein", "Gold", "Mozart" e "Srinivasan" aparecem em nós não folha e, também, em nós de folha. Cada valor de chave de busca aparece em algum nó de folha; várias são repetidas nos nós não folha.

Uma árvore B permite que os valores de chave de busca apareçam apenas uma vez (se forem exclusivos), diferentemente de uma árvore B$^+$, na qual um valor pode aparecer em um nó não folha e em um nó de folha. A Figura 14.23 mostra uma árvore B que representa as mesmas chaves de busca da árvore B$^+$ da Figura 14.9. Como as chaves de busca não são repetidas na árvore B, podemos armazenar o índice em menos nós de árvore do que no índice de árvore B$^+$ correspondente. Porém, como as chaves de busca que aparecem em nós não folha não aparecem em outro lugar na árvore B, somos forçados a incluir um campo ponteiro adicional para cada chave de busca em um nó não folha. Esses ponteiros adicionais apontam para os registros de arquivo ou *buckets* para a chave de busca associada.

Convém observar que muitos manuais de sistemas de banco de dados, artigos publicados na literatura do setor e profissionais do setor usam o termo árvore B para se referirem à estrutura de dados que chamamos de árvore B$^+$. Na realidade, seria justo afirmar que, atualmente, o termo árvore B é considerado um sinônimo de árvore B$^+$. Entretanto, empregamos neste livro os termos árvore B e árvore B$^+$ conforme definidos originalmente, para evitar confusão entre as duas estruturas de dados.

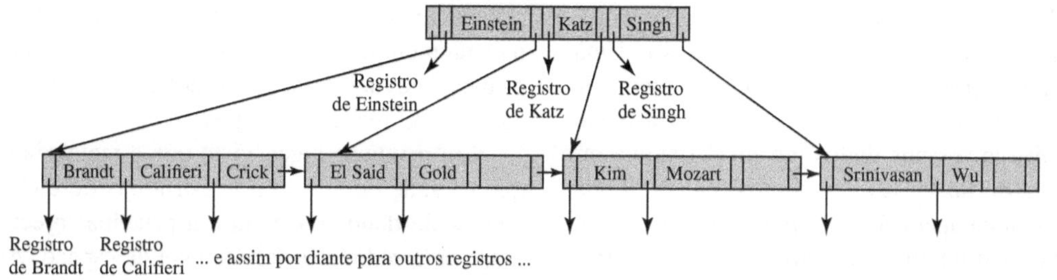

Figura 14.23 Árvore B equivalente à árvore B⁺ na Figura 14.9.

Um nó de folha generalizado da árvore B aparece na Figura 14.24a; um nó não folha aparece na Figura 14.24b. Os nós de folha são iguais aos das árvores B⁺. Nos nós não folha, os ponteiros P_i são os ponteiros de árvore que usamos também para árvores B⁺, enquanto os ponteiros B_i são ponteiros de *bucket* ou de registro do arquivo. Na árvore B generalizada da figura, existem $n - 1$ chaves no nó de folha, mas existem $m - 1$ chaves no nó não folha. Essa discrepância ocorre porque os nós não folha precisam incluir ponteiros B_i, reduzindo, assim, o número de chaves de busca que podem ser mantidas nesses nós. Claramente, $m < n$, mas o relacionamento exato entre m e n depende do tamanho relativo das chaves de busca e ponteiros.

O número de nós acessados em uma pesquisa em uma árvore B depende de onde a chave de busca está localizada. Uma pesquisa sobre uma árvore B⁺ exige a travessia de um caminho da raiz da árvore até algum nó de folha. Ao contrário, às vezes é possível encontrar o valor desejado em uma árvore B antes de alcançar um nó de folha. Porém, aproximadamente n vezes mais chaves são armazenadas no nível de folha de uma árvore B do que nos níveis não folha e, como n normalmente é grande, o benefício de localizar certos valores mais cedo é relativamente pequeno. Além do mais, o fato de que menos chaves de busca aparecem em um nó de árvore B não folha, em comparação com as árvores B⁺, significa que uma árvore B tem um *fanout* menor e, portanto, pode ter profundidade maior do que a da árvore B⁺ correspondente. Assim, a pesquisa em uma árvore B é mais rápida para algumas chaves de busca, porém mais lenta para outras, embora, em geral, o tempo de pesquisa ainda seja proporcional ao logaritmo do número de chaves de busca.

A exclusão em uma árvore B é mais complicada. Em uma árvore B⁺, a entrada excluída sempre aparece em uma folha. Em uma árvore B, a entrada excluída pode aparecer em um nó não folha. O valor correto precisa ser selecionado como um substituto a partir da subárvore do nó contendo a entrada excluída. Especificamente, se a chave de busca K_i for excluída, a menor chave de busca que aparece na subárvore do ponteiro P_{i+1} precisa ser movida para o campo anteriormente ocupado por K_i. Outras ações precisam ser tomadas se o nó de folha agora tiver muito poucas entradas. Por outro lado, a inserção em uma árvore B é só ligeiramente mais complicada do que a inserção em uma árvore B⁺.

As vantagens de espaço das árvores B são poucas para índices grandes e, normalmente, não superam as desvantagens que observamos. Assim, praticamente todas as implementações de sistema de banco de dados utilizam a estrutura de dados de uma árvore B⁺, mesmo que (como discutimos anteriormente) elas se refiram à estrutura de dados como uma árvore B.

14.4.6 Indexação em memória flash

Até o momento, em nossa descrição de indexação, presumimos que os dados são residentes em discos magnéticos. Embora essa premissa continue válida em grande parte, as capacidades da memória flash aumentaram consideravelmente, e o custo da memória flash por gigabyte foi igualmente reduzido, e o armazenamento em SSD baseada em flash tem substituído o armazenamento em disco magnético para muitas aplicações.

Os índices de árvore B⁺ padrão podem continuar a ser usados mesmo com as SSDs, com um desempenho de atualização aceitável e um desempenho de pesquisa muito melhor em comparação com o armazenamento em disco.

O armazenamento em memória flash é estruturado em páginas, e a estrutura de índice com árvore B⁺ pode ser usada com SSDs baseadas em memória flash. SSDs oferecem operações de E/S aleatórias muito mais rápidas do que os discos magnéticos, exigindo apenas cerca de 20 a 100 microssegundos para uma leitura de uma página aleatória, no lugar de cinco a dez milissegundos com os discos magnéticos. Assim, as buscas ocorrem muito mais rapidamente com dados em SSDs, em comparação com os dados armazenados em disco magnético.

P_1	K_1	P_2	…	P_{n-1}	K_{n-1}	P_n

(a)

P_1	B_1	K_1	P_2	B_2	K_2	…	P_{m-1}	B_{m-1}	K_{m-1}	P_m

(b)

Figura 14.24 Nós típicos de uma árvore B. (a) Nó de folha. (b) Nó não folha.

O desempenho das operações de escrita é mais complicado com o armazenamento em memória flash. Uma diferença importante entre o armazenamento em memória flash e discos magnéticos é que o armazenamento flash não permite atualizações locais nos dados, no nível físico, embora dê a aparência de fazer isso em termos lógicos. Cada atualização se torna uma operação de cópia+gravação de um bloco de memória flash inteiro, exigindo que a cópia antiga da página seja apagada em seguida. Uma nova página pode ser escrita em 20 a 100 microssegundos, mas, eventualmente, as páginas antigas precisam ser apagadas para liberar espaço para outras escritas. As remoções são feitas no nível de blocos contendo várias páginas, e apagar um bloco demora de dois a cinco milissegundos.

O tamanho ideal do nó da árvore B^+ para o armazenamento flash é menor do que o do disco magnético, uma vez que as páginas flash são menores que os blocos de disco; faz sentido que os tamanhos dos nós da árvore correspondam às páginas flash, uma vez que nós maiores levariam a gravações de várias páginas quando um nó fosse atualizado. Embora páginas menores levem a árvores mais altas e mais operações de E/S para acessar dados, as leituras aleatórias de páginas são tão mais rápidas com o armazenamento em flash que o impacto geral sobre o desempenho de leitura é muito pequeno.

Embora a E/S aleatória seja muito mais barata com SSDs do que com discos magnéticos, o carregamento em massa ainda oferece benefícios de desempenho significativos, em comparação com a inserção de uma tupla por vez, com SSDs. Em particular, a construção ascendente (*bottom-up*) reduz o número de gravações de página em comparação com a inserção de uma tupla por vez, mesmo que as entradas estejam classificadas pela chave de busca. Como as escritas de páginas em flash não podem ser feitas no local e exigem que os blocos sejam eliminados em um momento posterior, uma operação relativamente dispendiosa, a redução do número de escritas de páginas com a construção de árvore B^+ ascendente oferece benefícios de desempenho significativos.

Diversas extensões e alternativas para as árvores B^+ foram propostas para o armazenamento flash, com foco na redução do número de operações de apagamento resultantes de reescritas de página. Uma técnica é adicionar *buffers* aos nós internos das árvores B^+ e registrar as atualizações temporariamente em *buffers* em níveis mais altos, adiando as atualizações para níveis mais baixos. A ideia principal é que, quando uma página é atualizada, várias atualizações são aplicadas juntas, reduzindo o número de gravações de páginas por atualização. Outra técnica cria várias árvores e as mescla; a árvore de mesclagem estruturada em *log* (*log-structured merge tree*) e suas variantes são baseadas nessa ideia. De fato, essas duas abordagens também são úteis para reduzir o custo de gravações em discos magnéticos; descrevemos estas duas abordagens na Seção 14.8.

14.4.7 Indexação na memória principal

Atualmente, a memória principal é grande e barata o suficiente para que muitas organizações possam comprar memória principal suficiente para conter todos os seus dados operacionais na memória. Árvores B^+ podem ser usadas para indexar os dados na memória, sem mudança na estrutura. No entanto, algumas otimizações são possíveis.

Em primeiro lugar, visto que a memória é mais cara do que o espaço em disco, as estruturas de dados internas nos bancos de dados da memória principal precisam ser projetadas para reduzir a necessidade de espaço. As técnicas que vimos na Seção 14.4.1 para melhorar a utilização do armazenamento da árvore B^+ podem ser usadas para reduzir o uso de memória para as árvores B^+ na memória.

Estruturas de dados que exigem percorrer vários ponteiros são aceitáveis para dados na memória, diferentemente dos dados baseados em disco, em que o custo da E/S para atravessar várias páginas seria excessivamente alto. Assim, as estruturas de árvore nos bancos de dados da memória principal podem ser relativamente profundas, ao contrário das árvores B^+.

A diferença de velocidade entre a memória cache e a memória principal, e o fato de que os dados são transferidos entre a memória principal e o cache em unidades de uma *linha de cache* (normalmente, cerca de 64 bytes), resulta em uma situação em que a relação entre cache e memória principal não é diferente da relação entre a memória principal e o disco (embora com diferenças de velocidade menores). Ao ler de um local da memória, se ele estiver presente no cache, a CPU pode completar a leitura em um ou dois nanossegundos, enquanto uma ausência no cache resulta em cerca de 50 a 100 nanossegundos de atraso para ler os dados da memória principal.

Observou-se que as árvores B^+ com nós pequenos, que se encaixam em uma linha de cache, oferecem desempenho muito bom com dados na memória. Essas árvores B^+ permitem que as operações de índice sejam concluídas com muito menos ausências no cache do que estruturas de árvores altas e estreitas, como as árvores binárias, uma vez que a travessia de cada nó provavelmente resultará em uma ausência no cache. Em comparação com as árvores B^+ com nós que correspondem às linhas de cache, as árvores com nós grandes também costumam ter mais ausências no cache, pois a localização de dados em um nó requer uma varredura completa do conteúdo do nó, que se espalha por várias linhas de cache, ou uma busca binária, que também resulta em várias ausências no cache.

Para bancos de dados em que os dados não cabem totalmente na memória, mas os dados usados com frequência geralmente residem na memória, a ideia a seguir é usada para criar estruturas de árvore B^+ que oferecem bom desempenho em disco e na memória. Nós grandes são usados para otimizar o acesso baseado em disco, porém, em vez de tratar dados em um nó como um grande *array* único de chaves e ponteiros, os dados dentro de um nó são estruturados como uma árvore, com nós menores, que correspondem ao tamanho de uma linha de cache. Em vez de varrer os dados linearmente ou usar a pesquisa binária dentro de um nó, a estrutura de árvore dentro do grande nó da árvore B^+ é usada para acessar os dados com um número mínimo de ausências no cache.

14.5 Índices de *hash*

O *hashing* é uma técnica muito utilizada para a criação de índices na memória principal; esses índices podem ser criados de forma transiente para processar uma operação de junção (conforme vemos na Seção 15.5.5) ou podem ser uma estrutura permanente em um banco de dados da memória principal. O *hashing* também tem sido usado como um modo de armazenar registros em um arquivo, embora as organizações de arquivo com *hash* não sejam muito utilizadas na prática. Inicialmente, vamos considerar apenas os índices de *hash* na memória, passando para o *hashing* baseado em disco mais adiante, ainda nesta seção.

Em nossa descrição do *hashing*, usaremos o termo **bucket** para indicar uma unidade de armazenamento que pode armazenar um ou mais registros. Para os índices de *hash* na memória, um *bucket* poderia ser uma lista interligada de entradas de índice ou registros. Para índices baseados em disco, um *bucket* seria uma lista interligada de blocos de disco. Em uma **organização de arquivo em *hash***, em vez de ponteiros de registro, os *buckets* armazenam os registros reais; essas estruturas só fazem sentido com os dados residentes em disco. O restante da nossa descrição independe se os *buckets* armazenam ponteiros de registro ou registros reais.

Formalmente, seja K o conjunto de todos os valores de chave de busca e B o conjunto de todos os endereços de *bucket*. Uma **função de *hash*** h é uma função de K para B. Considere que h indica uma função de *hash*. Com os índices de *hash* na memória, o conjunto de *buckets* é simplesmente um *array* de ponteiros, com o i-ésimo *bucket* no deslocamento i. Cada ponteiro armazena o início de uma lista interligada contendo as entradas nesse *bucket*.

Para inserir um registro com chave de busca K_i, calculamos $h(K_i)$, que oferece o endereço do *bucket* para esse registro. Acrescentamos a entrada de índice para o registro no deslocamento i da lista. Observe que há outras variantes dos índices de *hash* que lidam com o caso de múltiplos registros em um *bucket* de diferentes maneiras; a maneira descrita aqui é a variante mais utilizada, chamada **encadeamento por estouro** (*overflow chaining*).

A indexação com *hash* usando o encadeamento por estouro também é chamada de **endereçamento fechado** (ou, mais raramente, **hashing fechado**). Um esquema de *hashing* alternativo, chamado endereçamento aberto, é usado em algumas aplicações, mas não é adequado para a maioria das aplicações de indexação de banco de dados, pois o endereçamento aberto não trabalha com exclusões de forma eficiente. Não iremos abordá-lo com mais detalhes aqui.

Os índices de *hash* admitem, de modo eficiente, consultas por igualdade sobre chaves de busca. Para realizar uma pesquisa sobre o valor de chave de busca K_i, simplesmente calculamos $h(K_i)$, depois pesquisamos o *bucket* com esse endereço. Suponha que duas chaves de busca, K_5 e K_7, tenham o mesmo valor de *hash*; ou seja, $h(K_5) = h(K_7)$. Se realizamos uma pesquisa sobre K_5, o *bucket* $h(K_5)$ contém registros com valores de chave de busca K_5 e registros com valores de chave de busca K_7. Assim, temos de verificar o valor de chave de busca de cada registro no *bucket* para saber se o registro é aquele que desejamos.

Ao contrário dos índices de árvore B^+, os índices de *hash* não admitem consultas por intervalo; por exemplo, uma consulta para recuperar todos os valores v de chave de busca tais que $l \leq v \leq u$ não pode ser respondida de modo eficiente usando um índice de *hash*.

A exclusão é igualmente simples. Se o valor de chave de busca do registro a ser excluído for K_i, calculamos $h(K_i)$, depois consultamos o *bucket* correspondente para esse registro e excluímos o registro do *bucket*. Com uma representação em lista interligada, a exclusão a partir dessa lista é simples.

Em um índice de *hash* baseado em disco, quando inserimos um registro, localizamos o *bucket* usando o *hashing* sobre a chave de busca, conforme descrito anteriormente. Suponha, por enquanto, que haja espaço no *bucket* para armazenar o registro. Então, o registro é armazenado nesse *bucket*. Se o

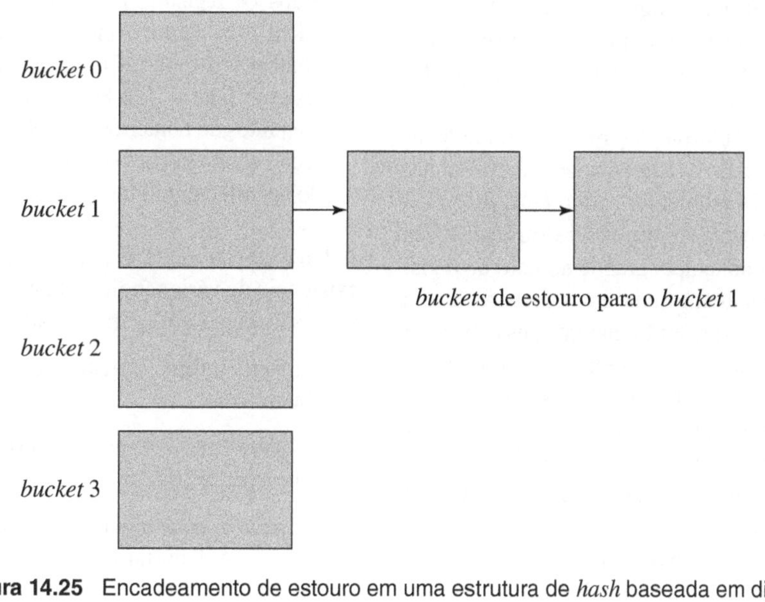

Figura 14.25 Encadeamento de estouro em uma estrutura de *hash* baseada em disco.

bucket não tiver espaço suficiente, acontece um **estouro de *bucket***. Tratamos o estouro de *bucket* usando ***buckets* de estouro**. Se um registro tiver de ser inserido no *bucket b*, e *b* já estiver cheio, o sistema oferece um *bucket* de estouro para *b* e insere o registro no *bucket* de estouro. Se o *bucket* de estouro também estiver cheio, o sistema oferece outro *bucket* de estouro e assim por diante. Todos os *buckets* de estouro de determinado *bucket* são ligados por uma lista encadeada, como na Figura 14.25. Com o encadeamento de estouro, dada a chave de busca *k*, o algoritmo de pesquisa precisa, então, pesquisar não apenas o *bucket h*(*k*), mas também os *buckets* de estouro interligados a partir do *bucket h*(*k*).

O estouro de *bucket* pode ocorrer se houver *buckets* insuficientes para determinado número de registros. Se o número de registros que são indexados for conhecido com antecedência, o número necessário de *buckets* pode ser alocado; em breve, veremos como lidar com situações em que o número de registros se torna significativamente maior do que foi previsto inicialmente. O estouro de *bucket* também pode ocorrer se alguns *buckets* receberem mais registros do que outros, resultando em um estouro de *bucket* mesmo quando outros *buckets* ainda possuem muito espaço livre.

Essa **distorção** (*skew*) na distribuição de registros pode ocorrer se vários registros puderem ter a mesma chave de busca. Porém, mesmo que haja um registro por chave de busca, pode haver distorção se a função de *hash* escolhida resultar na distribuição não uniforme das chaves de busca. A chance de haver esse problema pode ser reduzida com a escolha cuidadosa das funções de *hash*, garantindo que a distribuição de chaves pelos *buckets* seja uniforme e aleatória. Apesar disso, pode ocorrer alguma distorção.

Para que a probabilidade de estouro de *bucket* seja reduzida, o número de *buckets* é escolhido como $(n_r/f_r) \times (1 + d)$, em que n_r indica o número total de registros, f_r denota o número de registros que caberão em um *bucket* e *d* é um fator de *fudge*, normalmente em torno de 0,2. Com um fator de *fudge* de 0,2, cerca de 20% do espaço nos *buckets* estará vazio. No entanto, o benefício é que a probabilidade de estouro é reduzida.

Apesar da alocação de mais alguns *buckets* do que o necessário, o estouro de *bucket* ainda poderá ocorrer, especialmente se o número de registros aumentar além do que foi previsto inicialmente.

A indexação por *hash*, conforme descrevemos, onde o número de *buckets* é fixado quando o índice é criado, é denominada ***hashing* estático**. Um dos problemas com o *hashing* estático é que precisamos saber quantos registros serão armazenados no índice. Se, com o passar do tempo, grande número de registros for adicionado, resultando em muito mais registros que a quantidade de *buckets*, as buscas terão que pesquisar por um grande número de registros armazenados em um único *bucket*, ou em um ou mais *buckets* de estouro, tornando-se ineficientes.

Para lidar com esse problema, o índice de *hash* pode ser reconstruído com um número maior de *buckets*. Por exemplo, se o número de registros se tornar o dobro do número de *buckets*, o índice poderá ser reconstruído com o dobro do número de *buckets* que existiam. No entanto, a reconstrução do índice tem a desvantagem de que pode levar muito tempo se as relações forem grandes, causando interrupção do processamento normal. Vários esquemas foram propostos, que permitem que o número de *buckets* aumente de maneira mais incremental. Tais esquemas são chamados de técnicas de ***hashing* dinâmico**; a técnica de *hashing linear* e a técnica de *hashing extensível* são dois desses esquemas; a Seção 24.5 contém mais detalhes sobre essas abordagens.

14.6 Acesso por chave múltipla

Até agora, consideramos, implicitamente, que apenas um índice sobre um atributo é usado para processar uma consulta em uma relação. Porém, para certos tipos de consultas, é vantajoso usar vários índices, se eles existirem, ou usar um índice baseado em uma chave de busca de múltiplos atributos.

14.6.1 Usando múltiplos índices de chave única

Suponha que o arquivo de *instrutor* tenha dois índices: um para *nome_dept* e outro para *salário*. Considere a seguinte consulta: "Encontre todos os instrutores no departamento de Finance que recebem um salário de $ 80.000". Escrevemos

```
select ID
from instrutor
where nome_dept = 'Finance' and salário = 80000;
```

Existem três estratégias possíveis para processar essa consulta:

1. Usar o índice sobre *nome_dept* e encontrar todos os registros pertencentes ao departamento *Finance*. Examinar cada um desses registros para ver se *salário* = 80000.
2. Usar o índice sobre *salário* para encontrar todos os registros pertencentes aos instrutores com salário de $ 80.000. Verificar se em cada um desses registros o nome do departamento é "Finance".
3. Usar o índice sobre *nome_dept* para encontrar *ponteiros* para todos os registros pertencentes ao departamento Finance. Além disso, usar o índice sobre *salário* para encontrar os ponteiros para todos os registros pertencentes aos instrutores com salário de $ 80.000. Achar a interseção desses dois conjuntos de ponteiros. Aqueles ponteiros que estão na interseção apontam para os registros pertencentes aos instrutores do departamento Finance e com salário de $ 80.000.

A terceira estratégia é a única das três que tira proveito da existência de vários índices. Porém, até mesmo essa estratégia pode ser uma escolha fraca se acontece o seguinte:

- Existem muitos registros pertencentes ao departamento financeiro.
- Existem muitos registros pertencentes a instrutores com salário de $ 80.000.
- Existem apenas alguns registros pertencentes, simultaneamente, ao departamento financeiro e aos instrutores com salário de $ 80.000.

Se essas condições forem mantidas, temos de varrer uma grande quantidade de ponteiros para produzir um resultado pequeno. Uma estrutura de índice chamada "índice de mapa de bits" pode, em alguns casos, agilizar bastante a operação de interseção usada na terceira estratégia. Os índices de mapa de bits (ou *bitmap*) são descritos na Seção 14.9.

14.6.2 Índices sobre chaves múltiplas

Uma estratégia alternativa para esse caso é criar e usar um índice sobre uma chave de busca composta (*nome_dept, salário*), ou seja, a chave de busca consistindo no nome do departamento concatenado com o salário do instrutor.

Podemos usar um índice ordenado (árvore B$^+$) para responder de modo eficiente a consultas da forma

select *ID*
from *instrutor*
where *nome_dept* = 'Finance' **and** *salário* = 80000;

Consultas como a seguinte, que especifica uma condição de igualdade sobre o primeiro atributo da chave de busca (*nome_dept*) e um intervalo sobre o segundo atributo da chave de busca (*salário*), também podem ser tratadas de forma eficiente, pois correspondem a uma consulta de intervalo sobre o atributo de busca.

select *ID*
from *instrutor*
where *nome_dept* = 'Finance' **and** *salário* < 80000;

Podemos até mesmo usar um índice ordenado sobre a chave de busca (*nome_dept, salário*) para responder à seguinte consulta sobre apenas um atributo de modo eficiente:

select *ID*
from *instrutor*
where *nome_dept* = 'Finance';

Uma condição de igualdade, *nome_dept* = "Finance", é equivalente a uma consulta de intervalo sobre o intervalo com a extremidade inferior (*Finance*, $-\infty$) e a extremidade superior (*Finance*, $+\infty$). As consultas com intervalo sobre apenas o atributo *nome_dept* podem ser tratadas de maneira semelhante.

Contudo, o uso de uma estrutura de índice ordenado sobre uma chave de busca composta tem algumas limitações. Como ilustração, considere a consulta

select *ID*
from *instrutor*
where *nome_dept* < 'Finance' **and** *salário* < 80000;

Podemos responder a essa pergunta usando um índice ordenado sobre a chave de busca (*nome_dept, salário*): para cada valor de *nome_dept* que seja menor que "Finance" em ordem alfabética, o sistema localiza registros com valor de *salário* de 80000. Entretanto, cada registro provavelmente estará em um bloco de disco diferente, em face da ordenação dos registros no arquivo, levando a muitas operações de E/S.

A diferença entre essa consulta e as duas anteriores é que a condição no primeiro atributo (*nome_dept*) é uma condição de comparação, em vez de uma condição de igualdade. A condição não corresponde a uma consulta de intervalo sobre a chave de busca.

Para agilizar o processamento de consultas gerais de chave de busca composta (que podem envolver uma ou mais operações de comparação), podemos usar várias estruturas especiais. Vamos considerar os *índices de mapa de bits* na Seção 14.9. Existe outra estrutura, chamada *árvore R*, que pode ser usada para essa finalidade. A árvore R é uma extensão da árvore B$^+$ para lidar com a indexação sobre várias dimensões, e será discutida na Seção 14.10.1.

14.6.3 Índices de cobertura

Índices de cobertura (covering indices) são índices que armazenam os valores de alguns atributos (fora os atributos da chave de busca) junto com os ponteiros do registro. Armazenar valores de atributo extras é útil com os índices secundários, pois nos permitem responder a algumas perguntas usando apenas o índice, sem sequer pesquisar os registros em si.

Por exemplo, suponha que tenhamos um índice não agrupado sobre o atributo *ID* da relação *instrutor*. Se armazenarmos o valor do atributo *salário* junto com o ponteiro do registro, podemos responder a consultas que exijam o salário (mas não o outro atributo, *nome_dept*) sem acessar o registro de *instrutor*.

Seria possível obter o mesmo efeito ao criar um índice sobre a chave de busca (*ID, salário*), mas um índice de cobertura reduz o tamanho da chave de busca, permitindo um *fanout* maior nos nós não folha e, possivelmente, reduzindo a altura do índice.

14.7 Criação de índices

Embora o padrão SQL não indique nenhuma sintaxe específica para a criação de índices, a maioria dos bancos de dados aceita comandos SQL para criar e remover índices. Como vimos na Seção 4.6, os índices podem ser criados por meio da seguinte sintaxe, que é aceita pela maioria dos bancos de dados:

create index <*nome-índice*> **on** <*nome-relação*>
(<*lista-atributos*>);

A *lista-atributos* é uma lista dos atributos das relações que formam a chave de busca para o índice. Os índices podem ser removidos usando um comando na forma:

drop index <*nome-índice*>;

Por exemplo, para definir um índice chamado *índice_dept* na relação *instrutor* com *nome_dept* como chave de busca, escrevemos:

create index *índice_dept* **on** *instrutor* (*nome_dept*);

Para declarar que um atributo ou uma lista de atributos é uma chave candidata, podemos usar a sintaxe **create unique index** no lugar de **create index**. Os bancos de dados que admitem vários tipos de índices também permitem que o tipo do índice seja especificado como parte do comando de criação de índice. Consulte o manual do seu sistema de banco de dados para descobrir quais tipos de índice estão disponíveis e a sintaxe para especificar o tipo de índice.

Quando um usuário submete uma consulta SQL que pode se beneficiar do uso de um índice, o processador de consulta SQL usa o índice automaticamente.

Os índices podem ser muito úteis sobre atributos que participam de condições de seleção ou condições de junção (*join*) de consultas, pois podem reduzir significativamente o custo das consultas. Considere uma consulta que recupera registros de *realiza* para uma ID de aluno específico 12345 (expresso em álgebra relacional como $\sigma_{ID=12345}$ (*realiza*)). Se houvesse um índice sobre o atributo ID de *realiza*, os ponteiros para os registros necessários poderiam ser obtidos com apenas algumas operações de E/S. Como os alunos normalmente realizam apenas algumas dezenas de cursos, até mesmo buscar os registros reais exigiria apenas algumas dezenas de operações de E/S posteriormente. Por outro lado, na ausência desse índice, o sistema de banco de dados seria forçado a ler todos os registros de *realiza* e selecionar aqueles com valores de ID correspondentes. Ler uma relação inteira pode ser muito dispendioso se houver grande número de alunos.

No entanto, os índices têm um custo, pois precisam ser atualizados sempre que houver uma atualização na relação subjacente. A criação de muitos índices desaceleraria o processamento de atualizações, pois cada atualização teria que atualizar também todos os índices afetados.

Às vezes, problemas de desempenho são aparentes durante o teste, por exemplo, se uma consulta leva dezenas de segundos, é claro que ela é bastante lenta. No entanto, suponha que cada consulta leve um segundo para varrer uma grande relação sem um índice, contra dez milissegundos para recuperar os mesmos registros usando um índice. Se os testadores executarem uma consulta por vez, as consultas responderão rapidamente, mesmo sem um índice. No entanto, suponha que as consultas sejam parte de um sistema de matrículas que é usado por mil alunos em uma hora, e as ações de cada aluno exigem que dez dessas consultas sejam executadas. O tempo total de execução seria, então, de 10.000 segundos para consultas enviadas em uma hora, ou seja, 3600 segundos. Os alunos provavelmente descobrirão que o sistema de matrícula é extremamente lento, ou até mesmo totalmente não responsivo. Por outro lado, se os índices necessários estivessem presentes, o tempo de execução necessário seria de 100 segundos para as consultas enviadas em uma hora, e o desempenho do sistema de matrícula seria muito bom.

Portanto, é importante, ao criar uma aplicação, descobrir quais índices são relevantes para o desempenho e criá-los antes que aplicação seja ativada.

Se uma relação for declarada como tendo uma chave primária, a maioria dos sistemas de banco de dados criará automaticamente um índice sobre a chave primária. Sempre que uma tupla é inserida na relação, o índice pode ser usado para verificar se a restrição da chave primária não foi violada (ou seja, não há duplicatas no valor da chave primária). Sem o índice sobre a chave primária, sempre que uma tupla é inserida, toda a relação deve ser verificada para garantir que a restrição da chave primária seja satisfeita.

Embora a maioria dos sistemas de banco de dados não os crie automaticamente, em geral, é uma boa ideia criar índices sobre atributos de chave estrangeira. A maioria das junções (*joins*) é feita entre os atributos de chave estrangeira e de chave primária, e é comum haver consultas que contêm essas junções, onde também há uma condição de seleção na tabela referenciada. Considere uma consulta *realiza* $\bowtie$ $\sigma_{nome=\text{Shankar}}$ (*aluno*), em que a ID do atributo de chave estrangeira de *realiza* faz referência ao atributo de chave primária ID de *aluno*. Como muito poucos alunos provavelmente terão Shankar como nome, o índice sobre o atributo de chave estrangeira *realiza*. ID pode ser usado para recuperar com eficiência as tuplas de *realiza* correspondentes a esses alunos.

Muitos sistemas de banco de dados fornecem ferramentas que ajudam os administradores de banco de dados a rastrear quais consultas e atualizações estão sendo executadas no sistema e recomendam a criação de índices dependendo das frequências das consultas e atualizações. Essas ferramentas são chamadas de assistentes ou consultores de ajuste de índice.

Alguns sistemas recentes de banco de dados baseados em nuvem também suportam a criação completamente automatizada de índices sempre que o sistema descobre que isso evitaria varreduras repetidas das relações, sem a intervenção de um administrador de banco de dados.

14.8 Estruturas de índice otimizadas para escrita

Uma das desvantagens da estrutura do índice da árvore B^+ é que o desempenho pode ser muito ruim com escritas aleatórias. Considere um índice que é muito grande para caber na memória; como a maior parte do espaço está no nível de folha e os tamanhos de memória são bem grandes nos dias de hoje, para simplificar, consideramos que os níveis mais altos do índice cabem na memória.

Agora, suponha que as escritas ou inserções sejam feitas em uma ordem que não corresponda à ordem de classificação do índice. Em seguida, cada escrita/inserção provavelmente tocará em um nó de folha diferente; se o número de nós de folha for significativamente maior que o tamanho do *buffer*, a maioria desses acessos à folha exigirá uma operação de leitura aleatória, bem como uma operação de escrita subsequente para gravar a página de folha atualizada de volta ao disco. Em um sistema com disco magnético, com um tempo de acesso de dez milissegundos, o índice não suportaria mais de 100 escritas/inserções por segundo por disco; e essa é uma estimativa otimista, supondo que a busca ocupe a maior parte do tempo, e a cabeça não tenha se movido entre a leitura e a gravação de uma página de folha. Em um sistema com SSDs baseadas em memória flash, a E/S aleatória é muito mais rápida, mas uma escrita de página ainda tem um custo significativo, pois, afinal, requer uma exclusão de página, que é uma operação dispendiosa. Assim, a estrutura básica da árvore B$^+$ não é ideal para aplicações que precisam suportar grande número de gravações/inserções aleatórias por segundo.

Várias estruturas de índice alternativas foram propostas para lidar com cargas de trabalho com uma alta taxa de escrita/inserção. A **árvore de mesclagem estruturada em log** (ou árvore LSM, do inglês *log-structured merge tree*) e suas variantes são estruturas de índice otimizadas para escrita, que foram adotadas de forma significativa. A árvore em *buffer* é uma abordagem alternativa, que pode ser usada com uma variedade de estruturas de árvore de busca. O restante desta seção descreve essas duas estruturas.

14.8.1 Árvores LSM

Uma árvore LSM (Log-structured Merge) consiste em diversas árvores B$^+$, partindo de uma árvore na memória, denominada L_0, e árvores em disco L_1, L_2, ..., L_k para algum k, que é chamado de nível. A Figura 14.26 representa a estrutura de uma árvore LSM para $k = 3$.

Uma pesquisa de índice é realizada por meio de operações de pesquisa separadas sobre cada uma das árvores L_0, ... , L_k e mesclando os resultados das pesquisas. (Por enquanto, consideramos que só existem inserções, sem atualizações ou exclusões; quando há atualizações ou exclusões, as pesquisas de índice são mais complicadas; isso será discutido mais adiante.)

Quando um registro é inserido inicialmente em uma árvore LSM, ele é inserido na estrutura L_0 de árvore B$^+$ na memória. Uma grande quantidade de espaço em memória é alocada para essa árvore. A árvore cresce à medida que são processadas mais inserções, até que preencha toda a memória alocada a ela. Nesse ponto, precisamos mover dados da estrutura na memória para uma árvore B$^+$ em disco.

Se a árvore L_1 estiver vazia, a árvore L_0 inteira na memória é gravada em disco, para criar a árvore inicial L_1. Porém, se L_1 não estiver vazia, o nível de folha de L_0 é percorrido em ordem crescente de chave, e as entradas são mescladas com as entradas em nível de folha de L_1 (também percorrida em ordem crescente de chave). As entradas mescladas são usadas para criar uma árvore B$^+$, usando o processo de construção ascendente (*bottom-up*). A nova árvore com as entradas mescladas, então, substitui a antiga L_1. De qualquer forma, depois que as entradas de L_0 tiverem sido movidas para L_1, todas as entradas em L_0, bem como a L_1 antiga, se existia, são excluídas. As inserções podem, então, ser feitas para a nova L_0 vazia, na memória.

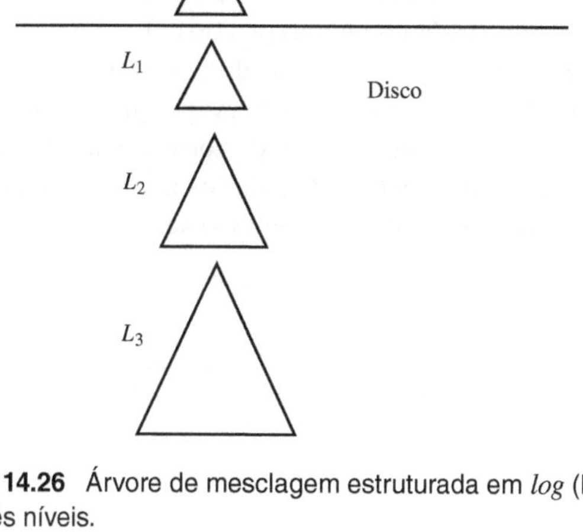

Figura 14.26 Árvore de mesclagem estruturada em *log* (LSM) com três níveis.

Observe que todas as entradas no nível de folha da árvore L_1 antiga, incluindo aquelas nos nós de folha que não possuem atualizações, são copiadas para a nova árvore em vez de realizar atualizações no nó da árvore L_1 existente. Isso ocasiona os seguintes benefícios:

1. As folhas da nova árvore são localizadas sequencialmente, evitando E/S aleatória durante as mesclagens subsequentes.
2. As folhas estão cheias, evitando a sobrecarga das folhas parcialmente ocupadas que podem ocorrer com divisões de página.

Há, no entanto, um custo para usar a estrutura LSM conforme descrito aqui: todo o conteúdo da árvore é copiado toda vez que um conjunto de entradas de L_0 é copiado para L_1. Uma das duas técnicas a seguir é usada para reduzir esse custo:

1. São usados múltiplos níveis, com árvores de nível L_{i+1} com um tamanho máximo que é k vezes o tamanho máximo das árvores de nível L_i. Assim, cada registro é escrito no máximo k vezes em determinado nível. O número de níveis é proporcional a $\log_k(I/M)$, em que I é o número de entradas e M é o número de entradas que cabem na árvore L_0 na memória.
2. Cada nível (diferente de L_0) pode ter até certo número b de árvores, em vez de apenas uma árvore. Quando uma árvore L_0 é gravada em disco, uma árvore L_1 é criada em vez de mesclá-la com uma árvore L_1 existente. Quando há uma quantidade b dessas árvores L_1, elas são mescladas em uma única árvore L_2 nova. Da mesma forma, quando há b árvores no nível L_i, elas são mescladas em uma nova árvore L_{i+1}.

   Essa variante da árvore LSM é chamada de **índice de mesclagem escalonada** (*stepped-merge index*). O índice de mesclagem escalonada diminui significativamente o custo de inserção comparado a ter apenas uma árvore por nível, mas isso pode resultar em um aumento no custo da consulta, visto que várias árvores podem precisar ser pesquisadas. Estruturas baseadas em mapas de bits, chamadas *filtros de Bloom*, descritos na Seção 24.1, são usadas para reduzir o número de pesquisas ao detectar, de modo eficiente, que uma chave de busca não está presente em uma árvore específica. Os filtros de Bloom ocupam muito pouco espaço, mas são bastante eficazes na redução do custo da consulta.

Os detalhes de todas essas variantes das árvores LSM podem ser vistos na Seção 24.2.

Até agora, descrevemos apenas inserções e pesquisas. As exclusões são tratadas de uma forma interessante. Em vez de encontrar diretamente uma entrada de índice e excluí-la, a exclusão resulta na inserção de uma nova **entrada de exclusão** que indica qual entrada de índice deve ser excluída. O processo de inserir uma entrada de exclusão é idêntico ao processo de inserção de uma entrada de índice normal.

No entanto, as pesquisas precisam realizar uma etapa extra. Como já dissemos, as pesquisas recuperam entradas de todas as árvores e as mesclam na ordem classificada por valor de chave. Se houver uma entrada de exclusão para alguma entrada, ambas terão o mesmo valor de chave. Assim, uma pesquisa localizaria a entrada de exclusão e a entrada original dessa chave, que deve ser excluída. Se for encontrada uma entrada de exclusão, a entrada a ser excluída será desconsiderada e não retornada como parte do resultado da pesquisa.

Quando as árvores são mescladas, se uma das árvores contiver uma entrada e a outra tiver uma entrada de exclusão correspondente, as entradas serão combinadas durante a mesclagem (ambas teriam a mesma chave), e ambas serão descartadas.

As atualizações são tratadas de modo semelhante às exclusões, mas desta vez inserindo uma entrada de atualização. As pesquisas precisam combinar as entradas de atualização com as entradas originais e retornar o valor mais recente. A atualização de fato é aplicada durante uma mesclagem, quando uma árvore tem uma entrada e outra tem sua entrada atualizada correspondente; o processo de mesclagem encontraria um registro e um registro de atualização com a mesma chave, aplicaria a atualização e descartaria a entrada de atualização.

As árvores LSM foram projetadas inicialmente para reduzir as sobrecargas de escrita e busca dos discos magnéticos. As SSDs baseadas em memória flash têm uma sobrecarga relativamente baixa para operações de E/S aleatórias, já que não exigem busca e, sendo assim, o benefício de evitar E/S aleatória que as variantes da árvore LSM oferecem não é particularmente importante com as SSDs.

No entanto, lembre-se de que a memória flash não permite a atualização no local, e a escrita, até mesmo de um único byte em uma página, exige que toda a página seja reescrita em um novo local físico; o local original da página, por fim, precisará ser apagado, que é uma operação relativamente dispendiosa. A redução no número de escritas usando as variantes da árvore LSM, em comparação com as árvores B^+ tradicionais, pode oferecer benefícios substanciais no desempenho quando as árvores LSM são usadas com SSDs.

Uma variante da árvore LSM, semelhante ao índice de mesclagem escalonada, com múltiplas árvores em cada camada, foi usada no sistema BigTable da Google, bem como no Apache HBase, o clone de código aberto do BigTable. Esses sistemas são construídos em cima dos sistemas de arquivos distribuídos, que permitem anexação a arquivos, mas não têm suporte para atualizações de dados existentes. O fato de as árvores LSM não executarem a atualização no local as tornou uma boa opção para esses sistemas.

Posteriormente, grande número de sistemas de armazenamento BigData, como Apache Cassandra, Apache AsterixDB e MongoDB, acrescentou suporte para árvores LSM, com a maioria deles implementando versões com múltiplas árvores em cada camada. As árvores LSM também têm suporte no MySQL (usando o mecanismo de armazenamento MyRocks) e nos sistemas de banco de dados incorporados SQLite4 e LevelDB.

14.8.2 Árvore em *buffer*

A árvore em *buffer* é uma alternativa à abordagem da árvore de mesclagem estruturada em *log*. A ideia principal por trás da **árvore em *buffer*** é associar um *buffer* a cada nó interno de uma árvore B^+, incluindo o nó raiz; isso é representado graficamente na Figura 14.27. Primeiro, descrevemos como as inserções e as pesquisas são tratadas e, em seguida, como são tratadas as exclusões e as atualizações.

Quando um registro de índice é inserido na árvore em *buffer*, em vez de percorrer a árvore até a folha, o registro de índice é inserido no *buffer* da raiz. Se o *buffer* ficar cheio, cada registro de índice no *buffer* é empurrado um nível abaixo na árvore, para o nó filho apropriado. Se o nó filho for um nó interno, o registro do índice será adicionado ao *buffer* do nó filho; se esse *buffer* estiver cheio, todos os registros nesse *buffer* serão empurrados para baixo. Todos os registros em um *buffer* são classificados pela chave de busca antes de serem enviados para baixo. Se o nó filho for um nó de folha, os registros de índice serão inseridos na folha da forma normal. Se a inserção resultar em um nó de folha muito cheio, o nó será dividido como normalmente é feito com uma árvore B^+, com a divisão possivelmente se propagando para os nós pais. A divisão de um nó interno muito cheio é feita pelo modo normal, com a etapa adicional de também dividir o *buffer*; as entradas do *buffer* são particionadas entre os dois nós divididos com base em seus valores de chave.

As pesquisas são feitas percorrendo a estrutura da árvore B^+ da maneira usual, para encontrar folhas que contenham registros correspondentes à chave de busca. Mas há uma etapa adicional: a cada nó interno percorrido por uma pesquisa, o *buffer* do nó deve ser examinado para ver se há registros correspondentes à chave de busca. As pesquisas por intervalo são feitas como em uma árvore B^+ normal, mas elas também devem examinar os *buffers* de todos os nós internos acima de qualquer um dos nós de folha que são acessados.

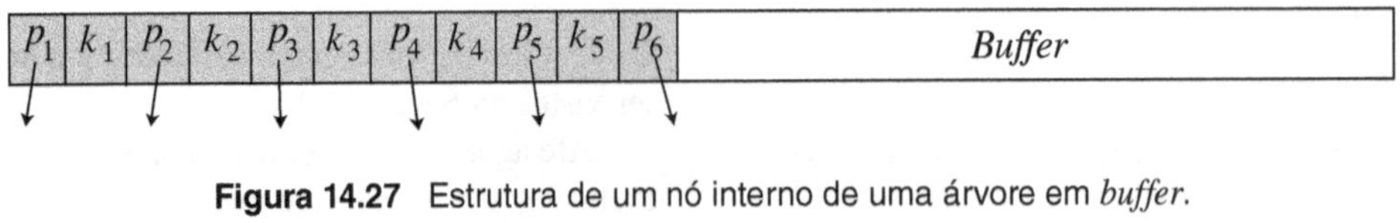

Figura 14.27 Estrutura de um nó interno de uma árvore em *buffer*.

Suponha que o *buffer* em um nó interno contenha k vezes mais registros do que os nós filhos. Sendo assim, em média, k registros seriam empurrados para baixo de uma só vez para cada filho (não importando se o filho é um nó interno ou um nó de folha). A classificação de registros antes que eles sejam empurrados garante que todos esses registros sejam empurrados para baixo consecutivamente. O benefício da técnica de árvore em *buffer* para inserções é que o custo de acessar o nó filho no armazenamento e de gravar o nó atualizado de volta é amortizado (dividido), em média, entre k registros. Com um k suficientemente grande, a economia pode ser bastante significativa em comparação com as inserções em uma árvore B^+ normal.

As exclusões e atualizações podem ser processadas de maneira semelhante às árvores LSM, usando entradas de exclusão ou de atualização. Como alternativa, as exclusões e atualizações podem ser processadas usando os algoritmos normais da árvore B^+, com o risco de um custo de E/S mais alto por exclusão/atualização em comparação com o custo de usar as entradas de exclusão/atualização.

As árvores em *buffer* fornecem melhores limites de complexidade do pior caso no número de operações de E/S do que as variantes das árvores LSM. Em termos de custo de leitura, as árvores em *buffer* são significativamente mais rápidas que as árvores LSM. No entanto, as operações de escrita nas árvores em *buffer* envolvem E/S aleatória, exigindo mais pesquisas, em comparação com as operações de E/S sequenciais com as variantes da árvore LSM. Para o armazenamento em disco magnético, o alto custo das buscas resulta em árvores de *buffer* com desempenho pior do que as árvores LSM com cargas de trabalho usando intensamente as operações de escrita. Assim, as árvores LSM encontraram maior aceitação para cargas de trabalho que usam intensamente as escritas para dados armazenados em disco magnético. No entanto, como as operações de E/S aleatória são muito eficientes em SSDs, e as árvores em *buffer* costumam executar menos operações de gravação em comparação com as árvores LSM, as árvores em *buffer* podem fornecer melhor desempenho de gravação em SSDs. Várias estruturas de índice projetadas para armazenamento em memória flash utilizam o conceito de *buffer* introduzido pelas árvores em *buffer*.

Outro benefício das árvores em *buffer* é que a ideia principal de associar *buffers* a nós internos, para reduzir o número de escritas, pode ser usada com qualquer tipo de índice estruturado em árvore. Por exemplo, *buffers* têm sido usados como uma forma de suportar o carregamento em massa de índices espaciais, como as árvores R (que estudamos na Seção 14.10.1), bem como outros tipos de índices, para os quais a classificação e a construção ascendente (*bottom-up*) não se aplicam.

As árvores em *buffer* foram implementadas como parte da estrutura de índice da **Árvore de Busca Generalizada (GiST)** no PostgreSQL. O índice GiST permite que o código definido pelo usuário seja executado para implementar operações de pesquisa, atualização e divisão em nós, e foi usado para implementar as árvores R e outras estruturas de índices espaciais.

14.9 Índices de mapa de bits

Os índices de mapa de bits (*bitmap*) são um tipo especializado de índice projetado para facilitar a consulta sobre chaves múltiplas, embora cada índice de mapa de bits seja baseado em uma única chave. Aqui, descrevemos as principais características dos índices de mapa de bits, mas a Seção 24.3 contém mais detalhes.

Para que os índices de mapa de bits sejam utilizados, os registros em uma relação precisam ser numerados sequencialmente, começando, digamos, com zero. Dado um número n, deverá ser fácil recuperar o registro de número n. Isso é particularmente fácil de se conseguir se os registros tiverem tamanho fixo e forem alocados em blocos consecutivos de um arquivo. O número do registro pode, então, ser facilmente traduzido para um número de bloco e um número que identifica o registro dentro do bloco.

Considere uma relação r, com um atributo A que pode assumir apenas um dentre um pequeno número de valores (por exemplo, de 2 a 20). Por exemplo, uma relação *info_instrutor* pode ter (além de um atributo ID) um atributo *sexo*, que pode assumir apenas os valores m (masculino) ou f (feminino). Suponha que a relação também tenha um atributo *nível_renda*, em que a renda foi dividida em cinco níveis: $L1$: \$0-.9999, $L2$: \$10.000-19.999, $L3$: \$20.000-39.999, $L4$: \$40.000-74.999 e $L5$: \$75.000-∞. Aqui, os dados brutos podem assumir muitos valores, mas um analista de dados dividiu os valores em um pequeno número de intervalos para simplificar a análise desses dados. Uma instância dessa relação aparece no lado esquerdo da Figura 14.28.

Um **mapa de bits** é simplesmente um *array* de bits. Em sua forma mais simples, um **índice de mapa de bits** sobre o atributo A da relação r consiste em um mapa de bits para cada valor que A pode assumir. Cada mapa de bits possui tantos bits quanto o número de registros na relação. O i-ésimo bit do mapa de bits para o valor v_j é definido como um se o registro numerado com i tiver o valor v_j para o atributo A. Todos os outros bits do mapa de bits são definidos como zero.

Em nosso exemplo, existe um mapa de bits para o valor m e um para f. O i-ésimo bit do mapa de bits para m é definido como um se o valor de *sexo* do registro numerado com i for m. Todos os outros bits do mapa de bits para m são definidos como zero. De modo semelhante, o mapa de bits para f tem o valor um para os bits correspondentes aos registros com o valor f para o atributo *sexo*; todos os outros bits têm o valor zero. O lado direito da Figura 14.28 mostra um exemplo dos índices de mapa de bits em uma relação *info_instrutor*, para a instância da relação mostrada no lado esquerdo da mesma figura.

Agora, vejamos quando os mapas de bit são úteis. A forma mais simples de obter todos os registros com valor m (ou valor f) seria simplesmente ler todos os registros da relação e selecionar aqueles registros com valor m (ou f, respectivamente). O índice do mapa de bits não ajuda realmente a agilizar essa seleção. Embora nos permitisse ler apenas os registros de um sexo específico, é provável que, de qualquer forma, cada bloco de disco do arquivo precisasse ser lido.

número do registro	*ID*	*sexo*	*nível_renda*
0	76766	m	L1
1	22222	f	L2
2	12121	f	L1
3	15151	m	L4
4	58583	f	L3

Mapas de bits para *sexo*

m	10010
f	01101

Mapas de bits para *nível_renda*

L1	10100
L2	01000
L3	00001
L4	00010
L5	00000

Figura 14.28 Índices de mapa de bits sobre a relação *info_instrutor*.

De fato, os índices de mapa de bits são úteis para seleções, principalmente quando existem seleções sobre chaves múltiplas. Suponha que criemos um índice de mapa de bits sobre o atributo *nível_renda*, que descrevemos anteriormente, além do índice de mapa de bits sobre *sexo*.

Considere agora uma consulta que seleciona mulheres com renda no intervalo de $10.000-19.999. Essa consulta pode ser expressa como

> **select** *
> **from** *info_instrutor*
> **where** *sexo* = 'f' **and** *nível_renda* = 'L2';

Para avaliar essa seleção, apanhamos os mapas de bits para o valor f de sexo e o mapa de bits para o valor *L*2 de *nível_renda* e realizamos uma **interseção** (AND lógico) dos dois mapas de bits. Em outras palavras, calculamos um novo mapa de bits em que o bit *i* tem valor um se o *i*-ésimo bit dos dois mapas de bit for um; caso contrário, ele tem valor zero. No exemplo da Figura 14.28, a interseção do mapa de bits para *sexo* = f (01101) e o mapa de bits para *nível_renda* = *L*2 (01000) gera o mapa de bits 01000.

Como o primeiro atributo pode assumir dois valores e o segundo pode assumir cinco valores, esperaríamos que apenas cerca de um em dez registros, na média, satisfizesse uma condição combinada sobre os dois atributos. Se houver outras condições, a fração dos registros que satisfazem todas as condições provavelmente será muito pequena. O sistema pode, então, calcular o resultado da consulta localizando todos os bits com valor um no mapa de bits da interseção e apanhando os registros correspondentes. Se a fração for grande, a varredura da relação inteira continuará sendo a alternativa mais barata.

Outros detalhes sobre os índices de mapa de bits, incluindo como implementar operações de agregação de modo eficiente, como agilizar as operações de mapa de bits, e índices híbridos, que combinam árvores B$^+$ com mapas de bits, podem ser encontrados na Seção 24.3.

14.10 Indexação de dados espaciais e temporais

As estruturas de índice tradicionais, como índices de *hash* e árvores B$^+$, não são adequadas para a indexação de dados espaciais, que normalmente possuem duas ou mais dimensões. De modo semelhante, quando as tuplas possuem intervalos temporais associados a elas, e as consultas podem especificar pontos no tempo ou intervalos de tempo, as estruturas de índice tradicionais podem resultar em um desempenho inadequado.

14.10.1 Indexação de dados espaciais

Nesta seção, daremos uma visão geral das técnicas para indexação de dados espaciais. Outros detalhes podem ser encontrados na Seção 24.4. Dados espaciais são dados referentes a um ponto ou região no espaço em duas ou mais dimensões. Por exemplo, a localização de restaurantes, identificados por um par (latitude e longitude), é uma forma de dados espaciais. Da mesma forma, a extensão espacial de uma fazenda ou lago pode ser identificada por um polígono, com cada canto identificado por um par (latitude, longitude).

Existem muitas formas de consultas sobre dados espaciais, que precisam ser eficientemente suportados usando índices. Uma consulta que solicita restaurantes em um par precisamente especificado (latitude e longitude) pode ser respondida criando-se uma árvore B$^+$ no atributo composto (latitude, longitude). No entanto, esse índice de árvore B$^+$ não pode responder com eficiência a uma consulta que solicita todos os restaurantes que estão dentro de um raio de 500 metros da localização de um usuário, que é identificada por um par (latitude e longitude). Um índice como esse também não pode responder de maneira eficiente a uma consulta que solicita todos os restaurantes que estão dentro de uma região retangular de interesse. Ambas são formas de **consultas por intervalo**, que recuperam objetos dentro de uma área especificada. Tampouco um índice como esse pode responder de maneira eficiente a uma consulta que solicita o restaurante mais próximo a um local especificado; essa consulta constitui um exemplo de uma consulta de **vizinho mais próximo**.

O objetivo da indexação espacial é suportar diferentes formas de consultas espaciais, sendo de interesse particular as consultas por intervalo e vizinho mais próximo, uma vez que elas são amplamente utilizadas.

Para entender como indexar dados espaciais consistindo em duas ou mais dimensões, consideramos, primeiro, a indexação de pontos em dados unidimensionais. Três estruturas, como árvores binárias e árvores B^+, operam dividindo o espaço sucessivamente em partes menores. Por exemplo, cada nó interno de uma árvore binária divide um intervalo unidimensional em dois. Os pontos que se encontram na partição esquerda vão para a subárvore esquerda; os pontos que se encontram na partição direita vão para a subárvore direita. Em uma árvore binária balanceada, a partição é escolhida de modo que aproximadamente metade dos pontos armazenados na subárvore caia em cada partição. De modo semelhante, cada nível de uma árvore B^+ divide um intervalo unidimensional em várias partes.

Podemos usar essa intuição para criar estruturas de árvore para o espaço bidimensional, além de espaços de maiores dimensões. Uma estrutura de árvore chamada **árvore k-d** foi uma das primeiras estruturas usadas para a indexação em várias dimensões. Cada nível de uma árvore k-d divide o espaço em dois. O particionamento é feito ao longo de uma dimensão no nó no nível superior da árvore, juntamente com outra dimensão nos nós no próximo nível, e assim por diante, percorrendo as dimensões. O particionamento prossegue de modo que, em cada nó, aproximadamente metade dos pontos armazenados na subárvore caia em um lado e metade caia no outro. O particionamento é interrompido quando um nó tem menos do que determinado número máximo de pontos.

A Figura 14.29 mostra um conjunto de pontos no espaço bidimensional e uma representação de árvore k-d do conjunto de pontos, onde o número máximo de pontos em um nó de folha foi definido como um. Cada linha da figura (fora a caixa externa) corresponde a um nó na árvore k-d. A numeração das linhas na figura indica o nível da árvore em que o nó correspondente aparece.

Consultas de intervalo retangular, que solicitam pontos dentro de uma região retangular especificada, podem ser respondidas de modo eficiente usando uma árvore k-d da seguinte forma. Essa consulta, basicamente, especifica um intervalo sobre cada dimensão. Por exemplo, uma consulta de intervalo pode pedir todos os pontos cuja dimensão x se encontre entre

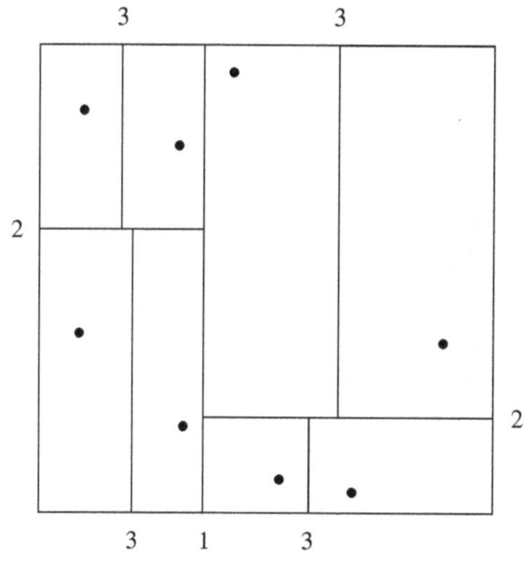

Figura 14.29 Divisão do espaço por uma árvore k-d.

50 e 80, e a dimensão y se encontre entre 40 e 70. Lembre-se de que cada nó interno divide o espaço em uma dimensão, como em uma árvore B^+. A busca por intervalo pode ser realizada seguindo um procedimento recursivo, começando na raiz:

1. Suponha que o nó seja um nó interno e que seja dividido em determinada dimensão, digamos x, em um ponto x_i. As entradas na subárvore esquerda têm valores $x < x_i$, e aquelas na subárvore direita têm valores $x \geq x_i$. Se o intervalo de consulta contiver x_i, a pesquisa será executada recursivamente nos dois filhos. Se o intervalo de consulta estiver à esquerda de x_i, a pesquisa será executada recursivamente apenas no filho da esquerda e, caso contrário, será executada apenas na subárvore direita.
2. Se o nó for uma folha, todas as entradas contidas no intervalo de consulta serão recuperadas.

A consulta de vizinho mais próximo é mais complicada, e não a descreveremos aqui, mas esse tipo de consulta também pode ser respondida com bastante eficiência usando árvores k-d.

A **árvore k-d-B** estende a árvore k-d para permitir vários nós filhos para cada nó interno, assim como uma árvore B estende uma árvore binária para reduzir a respectiva altura. As árvores k-d-B são mais apropriadas para o armazenamento secundário do que as árvores k-d. A consulta por intervalo, conforme explicada anteriormente, pode ser facilmente estendida para árvores k-d-B, e as consultas de vizinho mais próximo também podem ser respondidas de modo eficiente com árvores k-d-B.

Existem diversas estruturas de índice alternativas para os dados espaciais. Em vez de dividir os dados uma dimensão por vez, as **árvores quadráticas** (*quadtrees*) dividem um espaço bidimensional em quatro quadrantes em cada nó da árvore. Os detalhes poderão ser encontrados na Seção 24.4.1.

A indexação de regiões do espaço, como segmentos de linha, retângulos e outros polígonos, apresenta novos problemas. Existem extensões das árvores k-d e das árvores quadráticas para essa tarefa. Uma ideia fundamental é que, se um segmento de linha ou polígono cruzar uma linha de particionamento, ele será dividido ao longo da linha de particionamento e representado em cada uma das subárvores em que suas partes ocorrem. Múltiplas ocorrências de um segmento de linha ou polígono podem resultar em ineficiências no armazenamento, bem como ineficiências na consulta.

Uma estrutura de armazenamento chamada **árvore R** é útil para a indexação de objetos que se espalham por regiões do espaço, como segmentos de linha, retângulos e outros polígonos, além dos pontos. Uma árvore R é uma estrutura de árvore balanceada com os objetos indexados armazenados nos nós de folha, semelhante à árvore B^+. Porém, em vez de um intervalo de valores, uma **caixa de contorno** (*bounding box*) retangular é associada a cada nó da árvore. A caixa de contorno de um nó de folha é o menor retângulo paralelo aos eixos que contém todos os objetos armazenados no nó de folha. A caixa de contorno dos nós internos, de modo semelhante, é o menor retângulo paralelo aos eixos que contém as caixas de contorno dos seus nós filhos. A caixa de contorno de um objeto (como um polígono) é definida, de modo semelhante, como o menor retângulo, paralelo aos eixos, que contém o objeto.

Cada nó interno armazena as caixas de contorno dos nós filhos junto com os ponteiros para os nós filhos. Cada nó de folha armazena os objetos indexados.

A Figura 14.30 mostra um exemplo de conjunto de retângulos (desenhados com uma linha sólida) e as caixas de contorno (desenhadas com uma linha tracejada) dos nós da árvore R para o conjunto de retângulos. Observe que as caixas de contorno aparecem com espaço extra dentro delas, para que se destaquem no desenho. Na realidade, as caixas seriam menores e ficariam coladas aos objetos que elas contêm; ou seja, cada lado de uma caixa de contorno *B* tocaria pelo menos em um dos objetos ou caixas de contorno que estão contidos em *B*.

A árvore R em si está no lado direito da Figura 14.30. A figura refere-se às coordenadas da caixa de contorno *i* como BB_i. Outros detalhes sobre árvores R, incluindo os detalhes de como responder a consultas de intervalo usando árvores R, podem ser encontrados na Seção 24.4.2.

Ao contrário de algumas estruturas alternativas para armazenar polígonos e segmentos de linha, como árvores R* e árvores de intervalo, as árvores R armazenam apenas uma cópia de cada objeto, e podemos garantir facilmente que cada nó seja ocupado pelo menos pela metade. No entanto, a consulta pode ser mais lenta do que com algumas das alternativas, pois vários caminhos precisam ser pesquisados. No entanto, em virtude de sua melhor eficiência de armazenamento e sua semelhança com as árvores B, as árvores R e suas variantes se mostraram populares em sistemas de banco de dados que suportam dados espaciais.

14.10.2 Indexação de dados temporais

Dados temporais referem-se a dados que possuem um período de tempo associado, conforme discutido na Seção 7.10. O período associado a uma tupla indica o período de tempo durante o qual a tupla é válida. Por exemplo, um identificador de curso em particular pode ter seu título alterado em algum momento. Assim, um identificador de curso é associado a um título por determinado intervalo de tempo, após o qual o mesmo identificador de curso é associado a um título diferente. Isso pode ser modelado com duas ou mais tuplas na relação *curso* com o mesmo *id_curso*, mas diferentes valores de *título*, cada um com seu próprio intervalo de tempo válido.

Um **intervalo de tempo** tem uma hora inicial e uma hora final. Além disso, um intervalo de tempo indica se o intervalo começa na hora inicial ou logo após a hora inicial, ou seja, se o intervalo é **fechado** ou **aberto** na hora inicial. Da mesma forma, o intervalo de tempo indica se ele é fechado ou aberto na hora final. Para representar o fato de que uma tupla é válida atualmente, até que seja novamente atualizada, a hora final é conceitualmente definida como infinito (que pode ser representado por uma hora adequadamente grande, como a meia-noite de 31/12/9999).

Em geral, o período válido para um fato específico pode não consistir em apenas um intervalo de tempo; por exemplo, um aluno pode estar matriculado em uma universidade em um ano acadêmico, trancar sua matrícula para o próximo ano e matricular-se novamente no ano seguinte. O período válido para a matrícula do aluno na universidade claramente não é um intervalo de tempo único. No entanto, qualquer período válido pode ser representado por vários intervalos; assim, uma tupla com qualquer período válido pode ser representada por múltiplas tuplas, cada uma delas com um período válido que é um intervalo de tempo único. Portanto, devemos considerar apenas intervalos de tempo ao modelar dados temporais.

Suponha que desejemos recuperar o valor de uma tupla, dado um valor *v* para um atributo *a* e um ponto t_1 no tempo. Podemos criar um índice sobre *a* e usá-lo para recuperar todas as tuplas com valor *v* para o atributo *a*. Embora esse índice possa ser adequado se o número de intervalos de tempo para esse valor de chave de busca for pequeno, geralmente o índice pode recuperar um número de tuplas cujos intervalos de tempo não incluem o ponto t_1 no tempo.

Uma solução melhor é usar um índice espacial, como uma árvore R, com a tupla indexada tratada como tendo duas dimensões, sendo uma delas o atributo indexado *a* e a

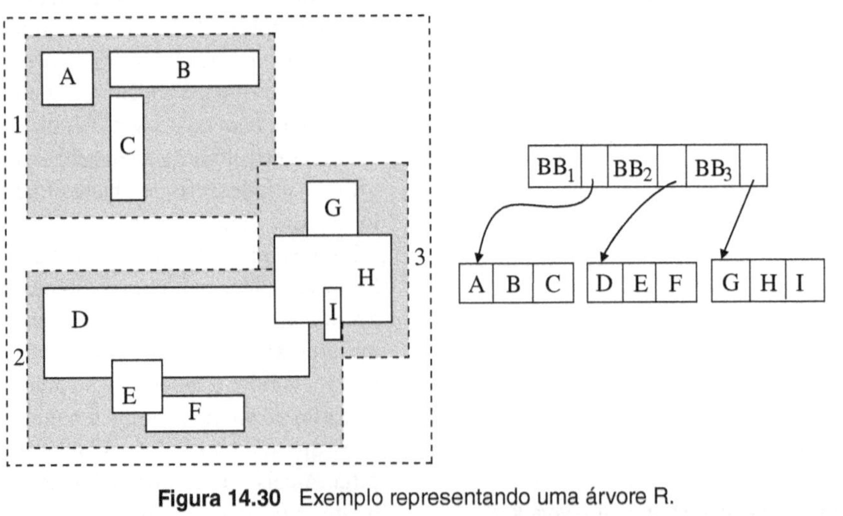

Figura 14.30 Exemplo representando uma árvore R.

outra sendo a dimensão do tempo. Nesse caso, a tupla forma um segmento de linha, com o valor *v* para a dimensão *a* e o intervalo de tempo válido da tupla como intervalo na dimensão do tempo.

Um problema que complica o uso de um índice espacial como uma árvore R é que o intervalo de tempo final pode ser infinito (talvez representado por um valor muito grande), enquanto os índices espaciais normalmente assumem que as caixas delimitadoras são finitas, podendo ter um desempenho fraco se os intervalos forem muito grandes. Esse problema pode ser tratado da seguinte maneira:

- Todas as tuplas correntes (ou seja, aquelas com tempo final como infinito, que talvez seja representado por um valor de tempo muito grande) são armazenadas em um índice separado das tuplas que possuem um tempo final não infinito. O índice nas tuplas correntes pode ser um índice de árvore B^+ sobre (*a*, *tempo_início*), em que *a* é o atributo indexado e o *tempo_início* é o limite de tempo inicial, enquanto o índice para tuplas não correntes seria um índice espacial, como uma árvore R.
- As pesquisas por um valor de chave *v* em um ponto t_i no tempo precisariam pesquisar em ambos os índices; a pesquisa no índice da tupla corrente seria para tuplas com $a = v$ e *tempo_início* $\leq t_i$, o que poderia ser feito por uma simples consulta de intervalo. Consultas com um intervalo de tempo podem ser tratadas de forma semelhante.

Em vez de usar índices espaciais projetados para dados multidimensionais, é possível usar índices especializados (como a árvore B^+ de intervalo) projetados para indexar intervalos em uma única dimensão e oferecer garantias de complexidade melhores que os índices de árvore R. No entanto, a maioria das implementações de banco de dados acha mais simples usar índices de árvore R em vez de implementar outro tipo de índice para os intervalos de tempo.

Lembre-se de que, com dados temporais, mais de uma tupla pode ter o mesmo valor para uma chave primária, desde que as tuplas com o mesmo valor de chave primária tenham intervalos de tempo não sobrepostos. Índices temporais sobre o atributo de chave primária podem ser usados para determinar com eficiência se a restrição de chave primária temporal é violada quando uma nova tupla é inserida ou se o intervalo de tempo válido de uma tupla existente é atualizado.

14.11 Resumo

- Muitas consultas referenciam apenas uma pequena proporção dos registros em um arquivo. Para reduzir a sobrecarga na pesquisa por esses registros, podemos construir *índices* para os arquivos que armazenam o banco de dados.
- Existem dois tipos de índices que podemos usar: índices densos e índices esparsos. Os índices densos contêm entradas para cada valor de chave de busca, enquanto os índices esparsos contêm entradas somente para alguns dos valores da chave de busca.
- Se a ordem de classificação de uma chave de busca combinar com a ordem de classificação de uma relação, um índice na chave de busca será chamado de *índice agrupado*. Os outros índices serão denominados *índices não agrupados* ou *secundários*. Os índices secundários melhoram o desempenho das consultas que usam chaves de busca diferentes da chave de busca para o índice agrupado. Porém, eles impõem uma sobrecarga na modificação do banco de dados.
- Os arquivos sequenciais indexados constituem um dos esquemas de índice mais antigos usados nos sistemas de banco de dados. Para permitir a rápida recuperação de registros na ordem da chave de busca, os registros são armazenados sequencialmente, e aqueles fora de ordem são encadeados. Para permitir o acesso aleatório rápido, usamos uma estrutura de índice.
- A principal desvantagem da organização de arquivo sequencial indexada é que o desempenho diminui à medida que o arquivo cresce. Para contornar essa deficiência, podemos usar um *índice de árvore B^+*.
- Um índice de árvore B^+ tem a forma de uma árvore *balanceada*, em que cada caminho da raiz da árvore até uma folha da árvore possui o mesmo tamanho. A altura de uma árvore B^+ é proporcional ao logaritmo na base *N* do número de registros na relação, em que cada nó não folha armazena *N* ponteiros; o valor de *N* normalmente fica em torno de 50 ou 100. As árvores B^+ são muito mais baixas do que outras estruturas de árvores binárias balanceadas, como as árvores AVL, e por isso exigem menos acesso ao disco para localizar registros.
- A pesquisa nas árvores B^+ são diretas e eficientes. Porém, inserção e exclusão são um pouco mais complicadas, mas ainda eficientes. O número de operações exigidas para pesquisa, inserção e exclusão nas árvores B^+ é proporcional ao logaritmo na base *N* do número de registros na relação, em que cada nó não folha armazena *N* ponteiros.
- Podemos usar árvores B^+ para indexar um arquivo contendo registros, além de organizar registros em um arquivo.
- Índices de árvore B são semelhantes aos índices de árvore B^+. A principal vantagem de uma árvore B é que ela elimina o armazenamento redundante dos valores de chave de busca. As principais desvantagens são a complexidade geral e o *fanout* reduzido para determinado tamanho de nó. Na prática, os projetistas de sistemas, quase unanimemente, preferem os índices de árvore B^+ aos índices de árvore B.
- O *hashing* é uma técnica muito utilizada para a criação de índices na memória principal, bem como em sistemas baseados em disco.
- Índices ordenados, como as árvores B^+, podem ser usados para seleções com base em condições de igualdade envolvendo atributos isolados. Quando vários atributos estão envolvidos em uma condição de seleção, podemos realizar a interseção de identificadores de registro apanhados de vários índices.

- A estrutura básica da árvore B^+ não é ideal para aplicações que precisam dar suporte a um grande número de escritas/inserções por segundo. Diversas estruturas de índice alternativas foram propostas para tratar das cargas de trabalho com uma taxa alta de escrita/inserção, incluindo a árvore de mesclagem estruturada em *log* (LSM) e a árvore em *buffer*.
- Os índices de mapa de bits oferecem uma representação bastante compacta para atributos de indexação podendo ter muito poucos valores distintos (por exemplo, valores de *sexo*, M ou F). As operações de interseção são extremamente rápidas nos mapas de bits, tornando-as ideais para o suporte a consultas sobre múltiplos atributos.
- As árvores R são uma extensão multidimensional das árvores B. Com variantes como árvores R^+ e árvores R^*, elas se tornaram populares em bancos de dados espaciais. As estruturas de índice que dividem o espaço em um padrão regular, como as árvores quadráticas (*quadtrees*), ajudam no processamento de consultas com junção espacial.
- Existem diversas técnicas para a indexação de dados temporais, incluindo o uso de índice espacial e o índice especializado da árvore B^+ de intervalo.

Termos de revisão

- Tipo de índice
  - Índices ordenados
  - Índices de *hash*
- Fatores de avaliação
  - Tipos de acesso
  - Tempo de acesso
  - Tempo de inserção
  - Tempo de exclusão
  - Sobrecarga de espaço
- Chave de busca
- Índices ordenados
  - Índice ordenado
  - Índice agrupado
  - Índice primário
  - Índice não agrupado
  - Índice secundário
  - Arquivo sequencial indexado
- Entrada de índice
- Registro de índice
- Índice denso
- Índice esparso
- Índice multinível
- Chave de busca não exclusiva
- Chave de busca composta
- Arquivos de índice de árvore B^+
  - Árvore balanceada
  - Nós de folha
  - Nós não folha
  - Nós internos
  - Consultas de intervalo
  - Divisão de nó
  - União de nós
  - Redistribuição de ponteiros
  - Unificador
- Extensões da árvore B^+
  - Compactação de prefixo
  - Carregamento em massa
  - Construção de árvore B^+ ascendente (*bottom-up*)
- Índice de árvore B
- Organização de arquivo por *hash*
  - Função de *hash*
  - *Bucket*
  - Encadeamento por estouro
  - Endereçamento fechado
  - *Hashing* fechado
  - Estouro de *bucket*
  - Distorção
  - *Hashing* estático
  - *Hashing* dinâmico
- Acesso por chave múltipla
- Índices de cobertura
- Estrutura de índice otimizada para escrita
  - Árvore de mesclagem estruturada em *log* (LSM)
  - Índice de mesclagem escalonada (*stepped-merge index*)
  - Árvore em *buffer*
- Índice de mapa de bits
- Interseção de mapa de bits
- Indexação de dados espaciais
  - Consultas por intervalo
  - Consultas do vizinho mais próximo
  - Árvore k-d
  - Árvore k-d-B
  - Árvores quadráticas (*quadtrees*)
  - Árvore R
  - Caixa delimitadora
- Índices temporais
- Intervalo de tempo
- Intervalo fechado
- Intervalo aberto

Exercícios práticos

14.1 Os índices agilizam o processamento de consultas, mas não convém criar índices sobre cada atributo e todas as combinações de atributos que são possíveis chaves de busca. Explique o motivo.

14.2 É possível, em geral, ter dois índices agrupados na mesma relação para diferentes chaves de busca? Explique sua resposta.

14.3 Construa uma árvore B^+ para o seguinte conjunto de valores de chave:

(2, 3, 5, 7, 11, 17, 19, 23, 29, 31)

Suponha que a árvore esteja inicialmente vazia e os valores sejam acrescentados em ordem crescente. Construa árvores B^+ para os casos em que o número de ponteiros que caberão em um nó sejam os seguintes:

a. Quatro.

b. Seis.

c. Oito.

14.4 Para cada árvore B^+ do Exercício Prático 14.3, mostre a forma da árvore após cada uma das seguintes séries de operações:

a. Inserir 9.

b. Inserir 10.

c. Inserir 8.

d. Excluir 23.

e. Excluir 19.

14.5 Considere o esquema de redistribuição modificado para as árvores B^+ descritas na Seção 14.4.1. Qual é a altura esperada da árvore como uma função de *n*?

14.6 Dê o pseudocódigo de uma função findRangeIterator() da árvore B^+, semelhante à função findRange(), exceto pelo fato de que ela retorna um objeto de iteração, como descrito na Seção 14.3.2. Dê também um pseudocódigo para a classe de iteração, incluindo as variáveis no objeto de iteração e o método next().

14.7 Qual seria a ocupação de cada nó de folha de uma árvore B^+, se as entradas de índice fossem inseridas em ordem classificada? Explique.

14.8 Suponha que você tenha uma relação *r* com n_r tuplas em que uma árvore B^+ secundária deva ser construída.

a. Dê uma fórmula para o custo de construção do índice de árvore B^+ inserindo um registro de cada vez. Suponha que cada página mantenha uma média de *f* entradas e que todos os níveis da árvore acima da folha estejam na memória.

b. Considerando um tempo de acesso aleatório ao disco de dez milissegundos, qual é o custo da construção de índice em uma relação com dez milhões de registros?

c. Escreva um pseudocódigo para a construção ascendente (*bottom-up*) de uma árvore B^+, que foi descrita na Seção 14.4.4. Você pode presumir que haja uma função que classifica um arquivo grande de modo eficiente.

14.9 Os nós de folha de uma organização de arquivos em árvore B^+ podem perder a continuidade após uma sequência de inserções.

a. Explique por que a continuidade pode ser perdida.

b. Para reduzir o número de buscas em uma varredura sequencial, muitos bancos de dados alocam páginas de folha em extensões de *n* blocos, para algum *n* razoavelmente grande. Quando a primeira folha de uma árvore B^+ for alocada, somente um bloco de uma unidade de *n* blocos será utilizada, e as páginas restantes ficarão livres. Se uma página for dividida, e sua unidade de *n* blocos tiver uma página livre, esse espaço será utilizado para a nova página. Se a unidade de *n* blocos estiver cheia, outra unidade de *n* blocos será alocada, as primeiras *n*/2 páginas de folha serão colocadas em uma única unidade de *n* blocos, e as restantes na segunda unidade de *n* blocos. Para simplificar, suponha que não existam operações de exclusão.

i. Qual é o pior caso de ocupação de espaço alocado, pressupondo nenhuma operação de exclusão, depois que a primeira unidade de *n* blocos estiver cheia?

ii. É possível que os nós de folha alocados para uma unidade de bloco de *n* nós não sejam consecutivos, isto é, que dois nós de folha sejam alocados em um bloco de *n* nós, mas outro nó de folha entre os dois seja alocado para um bloco de *n* nós diferente?

iii. Sob a hipótese aceitável de que o espaço do *buffer* é suficiente para armazenar um bloco de *n* páginas, quantas buscas seriam necessárias para uma varredura da árvore B^+ no nível de folha, no pior caso? Compare esse número com o pior caso, se as páginas de folha receberem a alocação de um bloco de cada vez.

iv. É provável que a técnica de redistribuir valores para irmãos, para melhorar a utilização do espaço, seja mais eficiente quando utilizada em conjunto com o esquema de alocação do item (iii) para blocos de folha. Explique o motivo.

14.10 Suponha que você receba um esquema de banco de dados e algumas consultas que são executadas com frequência. Como você usaria essa informação para decidir quais índices criar?

14.11 Nas árvores otimizadas para escrita, como a árvore LSM ou o índice de mesclagem escalonada (*stepped-merge index*), as entradas em um nível são mescladas no próximo nível somente quando o nível está cheio. Sugira como essa política pode ser alterada para melhorar o desempenho da leitura durante os períodos em que existem muitas leituras, mas nenhuma atualização.

14.12 Quais as vantagens e desvantagens das árvores em *buffer* em comparação com as árvores LSM?

14.13 Considere a relação de *instrutor* mostrada na Figura 14.1.

a. Construa um índice de mapa de bits sobre o atributo *salário*, dividindo os valores de *salário* em quatro faixas: abaixo de 50.000, de 50.000 até abaixo de 60.000, de 60.000 até abaixo de 70.000 e a partir de 70.000.

b. Considere uma consulta que solicita todos os instrutores no departamento "Finance" com o salário de 80.000 ou acima. Descreva as etapas ao responder à consulta e mostre os mapas de bits intermediário e final construídos para responder à consulta.

14.14 Suponha que você tenha uma relação contendo as coordenadas *x*,*y* e nomes de restaurantes. Suponha, também, que as únicas consultas que serão feitas têm o seguinte formato: a consulta especifica um ponto e pergunta se existe um restaurante exatamente nesse ponto. Que tipo de índice seria preferível, árvore R ou árvore B? Por quê?

14.15 Suponha que você tenha um banco de dados espacial com suporte para consultas por região, com regiões circulares, mas não para consultas do vizinho mais próximo. Descreva um algoritmo para descobrir o vizinho mais próximo utilizando múltiplas consultas por região.

Exercícios

14.16 Quando é preferível utilizar um índice denso a utilizar um índice esparso? Explique sua resposta.

14.17 Qual é a diferença entre um índice agrupado e um índice secundário?

14.18 Para cada árvore B^+ do Exercício Prático 14.3, mostre as etapas envolvidas nas seguintes consultas:

a. Encontrar registros com um valor de chave de busca 11.

b. Encontrar registros com um valor de chave de busca entre 7 e 17, inclusive.

14.19 A solução apresentada na Seção 14.3.5 para tratar das chaves de busca não exclusivas adicionou um atributo extra à chave de busca. Que efeito essa mudança teria sobre a altura da árvore B^+?

14.20 Suponha que haja uma relação $r(A, B, C)$, com um índice de árvore B^+ com chave de busca (A, B).

a. Qual é o custo no pior caso para encontrar os registros que satisfazem $10 < A < 50$, usando esse índice, em termos do número de registros apanhados n_1 e a altura h da árvore?

b. Qual é o custo no pior caso para encontrar os registros que satisfazem $10 < A < 50 \wedge 5 < B < 10$ usando esse índice, em termos do número de registros n_2 que satisfazem essa seleção, bem como n_1 e h, definidos no item anterior?

c. Sob que condições sobre n_1 e n_2 o índice seria um modo eficiente de encontrar registros que satisfaçam $10 < A < 50 \wedge 5 < B < 10$?

14.21 Suponha que você tenha de criar um índice de árvore B^+ sobre uma grande quantidade de nomes, em que o tamanho máximo de um nome pode ser muito grande (digamos, 40 caracteres) e o nome médio, em si, seja grande (digamos, dez caracteres). Explique como a compactação do prefixo pode ser usada para melhorar o *fanout* médio dos nós não folha.

14.22 Suponha que uma relação seja armazenada em uma organização de arquivo por árvore B^+. Suponha que os índices secundários armazenassem identificadores de registro que são ponteiros para os registros no disco.

a. Qual seria o efeito sobre os índices secundários se uma divisão de nó ocorresse na organização do arquivo?

b. Qual seria o custo de atualizar todos os registros afetados em um índice secundário?

c. Como o uso da chave de busca da organização de arquivo como identificador de registro lógico soluciona esse problema?

d. Qual é o custo extra em função do uso de tais identificadores de registro lógico?

14.23 Quais as vantagens e desvantagens dos índices otimizados para escrita em comparação com os índices de árvore B^+?

14.24 Um *mapa de bits de existência* possui um bit para cada posição de registro, com o bit definido como um se o registro existir e zero se não houver um registro nessa posição (por exemplo, se o registro foi excluído). Mostre como calcular o mapa de bits de existência a partir de outros mapas de bits. Cuide para que sua técnica funcione mesmo na presença de valores nulos, usando um mapa de bits para o valor *null*.

14.25 Por conceito, os índices espaciais, que podem indexar intervalos no espaço, podem ser usados para indexar dados temporais tratando o tempo válido como um intervalo de tempo. Qual é o problema quando se faz isso e como o problema é resolvido?

14.26 Alguns atributos de relações podem conter dados confidenciais, precisando que sejam armazenados em um padrão criptografado. Como a criptografia de dados afeta os esquemas de índice? Em particular, como ela afeta esquemas que tentam armazenar dados na ordem classificada?

Leitura adicional

Os índices de árvore B foram introduzidos inicialmente em Bayer (1972) e em Bayer e McCreight (1972). As árvores B^+ são discutidas em Comer (1979), Bayer e Unterauer (1977), e Knuth (1973). Gray e Reuter (1993) oferecem uma boa descrição das questões na implementação de árvores B^+.

A árvore de mesclagem estruturada em *log* (LSM) é apresentada em O'Neil *et al.* (1996), enquanto a árvore de mesclagem escalonada é demonstrada em Jagadish *et al.* (1997). A árvore em *buffer* é abordada em Arge (2003). Vitter (2001) oferece um estudo abrangente sobre as estruturas e os algoritmos de dados na memória externa.

Os índices de mapa de bits são descritos em O'Neil e Quass (1997). Eles foram introduzidos inicialmente no gerenciador de arquivos IBM Model 204, na plataforma AS 400. Eles oferecem aumentos de velocidade muito grandes em certos tipos de consultas e, hoje, são implementados na maioria dos sistemas de banco de dados.

Samet (2006) e Shekhar e Chawla (2003) oferecem uma explicação em livro-texto sobre estruturas de dados espaciais e bancos de dados espaciais. Bentley (1975) descreve a árvore k-d, e Robinson (1981) descreve a árvore k-d-B. A árvore R foi apresentada originalmente em Guttman (1984).

Bibliografia

ARGE, L. "The buffer tree: a technique for designing batched external data structures". *Algorithmica*, 37(1), p. 1-24, 2003.

BAYER, R. "Symmetric binary B-trees: data structure and maintenance algorithms". *Acta Informatica*, 1(4), p. 290-306, 1972.

BAYER, R.; McCREIGHT, E. M. "Organization and maintenance of large ordered indices". *Acta Informatica*, 1(3), p. 173-189, 1972.

BAYER, R.; UNTERAUER, K. "Prefix B-trees". *ACM Transactions on Database Systems*, 2(1), p. 11-26, 1977.

BENTLEY, J. L. "Multidimensional binary search trees used for associative searching". *Communications of the ACM*, 18(9), p. 509-517, 1975.

COMER, D. "The Ubiquitous B-tree". *ACM Computing Surveys*, 11(2), p. 121-137, 1979.

GRAY, J.; REUTER, A. *Transaction processing*: concepts and techniques. Massachusetts: Morgan Kaufmann, 1993.

GUTTMAN, A. "R-trees: a dynamic index structure for spatial searching". In: *Proc. of the ACM SIGMOD*, Massachusetts, p. 47-57, 1984.

JAGADISH, H. V. *et al.* "Incremental organization for data recording and warehousing". In: *Proc. of the VLDB*, Athens, Greece, p. 16-25, 1997.

KNUTH, D. E. *The art of computer programming*. Massachusetts: Addison-Wesley, v. 3, 1973.

O'NEIL, P.; QUASS, D. "Improved query performance with variant indexes". In: *Proc. of the ACM SIGMOD*, Tucson, Arizona, p. 38-49, 1997.

O'NEIL, E. *et al.* "The log-structured merge-tree (LSM-tree)". *Acta Informatica*, 33(4), p. 351-385, 1996.

ROBINSON, J. "The k-d-B tree: a search structure for large multidimensional indexes". In: *Proc. of the ACM SIGMOD*, Portland, Oregon, p. 10-18, 1981.

SAMET, H. *Foundations of multidimensional and metric data structures*. Massachusetts: Morgan Kaufmann, 2006.

SHEKHAR, S.; CHAWLA, S. *Spatial databases*: a TOUR. New Jersey: Pearson, 2003.

VITTER, J. S. "External memory algorithms and data structures: dealing with massive data". *ACM Computing Surveys*, 33(2), p. 209-271, 2001.

Créditos

PARTE 6

PROCESSAMENTO E OTIMIZAÇÃO DE CONSULTA

As consultas do usuário devem ser executadas sobre o conteúdo do banco de dados, que reside em dispositivos de armazenamento. Geralmente, é conveniente dividir as consultas em operações menores, correspondendo aproximadamente às operações da álgebra relacional. O Capítulo 15 descreve como as consultas são processadas, apresentando algoritmos para implementar operações individuais, e depois esboçando como as operações são executadas em sincronia para processar uma consulta. Os algoritmos abordados incluem aqueles que podem trabalhar com dados muito maiores que a memória principal, bem como aqueles que são otimizados para dados na memória.

Existem muitas maneiras alternativas de processar uma consulta, que podem ter custos bastante variados. A otimização da consulta refere-se ao processo de encontrar o método de menor custo para avaliar determinada consulta. O Capítulo 16 descreve o processo de otimização da consulta, abrangendo técnicas para estimar o custo do plano de consulta, bem como técnicas para gerar planos de consulta alternativos e escolher os planos de menor custo. O capítulo também aborda outras técnicas de otimização, como visões materializadas, para acelerar o processamento de consultas.

CAPÍTULO 15

Processamento da consulta

O **processamento da consulta** refere-se ao conjunto de atividades envolvidas na extração de dados de um banco de dados. As atividades incluem tradução de consultas em linguagens de banco de dados de alto nível para expressões que podem ser usadas no nível físico do sistema de arquivos, uma série de transformações de otimização da consulta e a avaliação real das consultas.

15.1 Visão geral

As etapas envolvidas no processamento de uma consulta aparecem na Figura 15.1. São elas:

1. Análise e tradução.
2. Otimização.
3. Avaliação.

Antes que qualquer processamento de consulta possa começar, o sistema precisa traduzir a consulta para uma forma utilizável. Uma linguagem como SQL é adequada para o uso humano, mas não para a representação interna do sistema de uma consulta. Uma representação interna mais útil é aquela baseada na álgebra relacional estendida.

Assim, a primeira ação que o sistema precisa tomar no processamento da consulta é traduzir determinada consulta para a sua forma interna. Esse processo de tradução é semelhante ao trabalho realizado pelo analisador sintático (*parser*) de um compilador. Ao gerar a forma interna da consulta, o analisador verifica a sintaxe da consulta do usuário, confere se os nomes de relação que aparecem na consulta são nomes de relações no banco de dados e assim por diante. O sistema constrói uma representação de árvore de análise sintática da consulta, que, por sua vez, é traduzida para uma expressão da álgebra relacional. Se a consulta foi expressa em termos de uma *view* (visão), a fase de tradução também substitui todos os usos da *view* pela expressão da álgebra relacional que define a *view*.[1] A maioria dos livros-texto sobre compiladores explica a análise sintática com detalhes.

Dada uma consulta, geralmente existem vários métodos para calcular a resposta. Por exemplo, vimos que, em SQL, uma consulta poderia ser expressa de diferentes maneiras. Cada consulta SQL pode ser traduzida para uma expressão da álgebra relacional em uma dentre várias maneiras. Além do mais, a representação da álgebra relacional de uma consulta

[1]Para *views* materializadas, a expressão que define a *view* já foi avaliada e armazenada. Portanto, a relação armazenada pode ser utilizada no lugar da *view*, sendo substituída pela expressão que a define. As *views* recursivas são tratadas de forma diferente, por meio de um procedimento de ponto fixo, conforme discutimos na Seção 5.4 e na Seção 27.4.7.

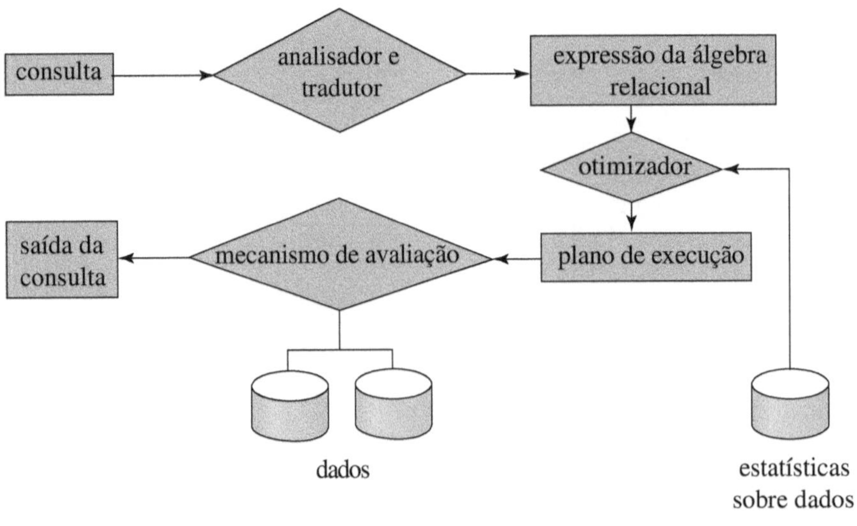

Figura 15.1 Etapas no processamento da consulta.

especifica apenas parcialmente como avaliar uma consulta; normalmente, existem várias maneiras de avaliar as expressões da álgebra relacional. Como ilustração, considere a consulta

select *salário*
from *instrutor*
where *salário* < 75000;

Essa consulta pode ser traduzida para uma das seguintes expressões da álgebra relacional:

- $\sigma_{salário<75000}(\Pi_{salário}\ (instrutor))$
- $\Pi_{salário}(\sigma_{salário<75000}\ (instrutor))$

Além disso, podemos executar cada operação da álgebra relacional por um de vários algoritmos diferentes. Por exemplo, para implementar a seleção anterior, podemos pesquisar cada tupla em *instrutor* para encontrar tuplas com salário menor que 75.000. Se um índice de árvore B^+ estiver disponível sobre o atributo *salário*, podemos usar o índice em vez de localizar as tuplas.

Para especificar totalmente como avaliar uma consulta, precisamos não apenas oferecer a expressão da álgebra relacional, mas também anotá-la com instruções especificando como avaliar cada operação. As anotações podem indicar o algoritmo a ser usado para uma operação específica ou o índice específico ou índices a serem utilizados. Uma operação da álgebra relacional anotada com instruções sobre como avaliá-la é chamada de **primitiva de avaliação**. Uma sequência de operações primitivas que pode ser usada para avaliar uma consulta é um **plano de execução de consulta**, ou **plano de avaliação de consulta**. A Figura 15.2 ilustra um plano de avaliação para nossa consulta de exemplo, em que um índice em particular (denotado na figura como "índice 1") é especificado para a operação de seleção. O **mecanismo de execução de consulta** apanha um plano de avaliação de consulta, executa esse plano e retorna as respostas à consulta.

Os diferentes planos de avaliação para determinada consulta podem ter diferentes custos. Não esperamos que os usuários escrevam suas consultas de modo a sugerir o plano de avaliação mais eficiente. Em vez disso, é responsabilidade do sistema construir um plano de avaliação de consulta que minimize o custo da avaliação da consulta; essa tarefa é chamada de *otimização da consulta*. O Capítulo 16 descreve a otimização da consulta com detalhes.

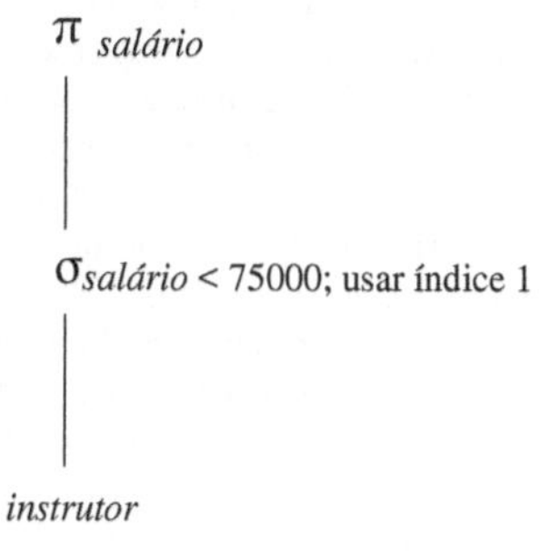

Figura 15.2 Um plano de avaliação de consulta.

Quando o plano de consulta for escolhido, a consulta será avaliada com esse plano, e o resultado da consulta será gerado.

A sequência de etapas já descrita para o processamento de uma consulta é apenas representativa; nem todos os bancos de dados seguem exatamente essas etapas. Por exemplo, em vez de usar a representação da álgebra relacional, vários bancos de dados utilizam uma representação de árvore de análise sintática anotada com base na estrutura da consulta SQL indicada. Porém, os conceitos que descrevemos aqui formam a base do processamento da consulta nos bancos de dados.

Para otimizar uma consulta, um otimizador de consulta precisa saber o custo de cada operação. Embora o custo exato seja difícil de calcular, pois depende de muitos parâmetros, como a memória real disponível para a operação, é possível chegar a uma estimativa aproximada do custo de execução para cada operação.

Neste capítulo, estudamos como avaliar as operações individuais em um plano de consulta e como estimar seu custo; retornaremos à otimização da consulta no Capítulo 16. A Seção 15.2 esboça como medir o custo de uma consulta. As Seções 15.3 a 15.6 abordam a avaliação das operações da álgebra relacional. Várias operações podem ser agrupadas em uma **canalização** (ou **pipeline**), em que cada uma das operações começa atuando sobre suas tuplas de entrada, mesmo que estas tuplas ainda estejam sendo geradas por outra operação. Na Seção 15.7, examinamos como coordenar a execução de múltiplas operações em um plano de avaliação de consulta, em particular como usar operações canalizadas para evitar a gravação de resultados intermediários em disco.

15.2 Medidas de custo da consulta

Existem vários planos de avaliação possíveis para uma consulta, e é importante poder comparar as alternativas em termos de seu custo (estimado) e escolher o melhor plano. Para fazer isso, temos de estimar os custos das operações individuais e combiná-los para chegar ao custo de um plano de avaliação de consulta. Assim, à medida que estudamos os algoritmos de avaliação para cada operação mais adiante neste capítulo, também esboçamos como estimar o custo da operação.

O custo de avaliação da consulta pode ser medido em termos de vários recursos diferentes, incluindo acessos ao disco, tempo de CPU para executar uma consulta e, em um sistema de banco de dados paralelo e distribuído, o custo da comunicação. (Discutiremos os sistemas de banco de dados paralelo e distribuído nos Capítulos de 21 a 23).

Em grandes sistemas de banco de dados residentes em disco magnético, o custo de E/S para acessar dados a partir do disco normalmente é o que domina os outros custos; assim, os primeiros modelos de custo focalizavam o custo de E/S quando estimavam o custo das operações de consulta. No entanto, com o armazenamento em memória flash tornando-se maior e menos dispendioso, a maioria dos dados da organização atualmente pode ser armazenada nessas unidades de estado sólido (SSDs) de um modo econômico. Além do mais, os tamanhos da memória principal aumentaram bastante, com seu custo caindo o suficiente nos últimos anos para que, em muitas organizações, os dados corporativos possam ser armazenados de forma econômica na memória principal para consulta, embora devam ser mantidos em armazenamento magnético ou de memória flash para garantir a persistência.

Com dados residentes na memória ou em SSDs, o custo de E/S não domina o custo total, e, portanto, devemos incluir os custos de CPU ao calcular o custo da avaliação da consulta. Não incluímos os custos de CPU em nosso modelo para simplificar nossa apresentação, mas observe que eles podem ser aproximados por estimadores simples. Por exemplo, o modelo de custo usado pelo PostgreSQL (em 2018) incluía (i) um custo de CPU por tupla, (ii) um custo de CPU para processar cada entrada de índice (além do custo de E/S) e (iii) um custo de CPU por operador ou função (como operadores aritméticos, operadores de comparação e funções relacionadas). O banco de dados possui valores padrão para cada um desses custos, que são multiplicados pelo número de tuplas processadas, o número de entradas de índice processadas e o número de operadores e funções executadas, respectivamente. Os padrões podem ser alterados como um parâmetro de configuração.

Usamos o *número de transferências de bloco* do local de armazenamento e o *número de acessos de E/S aleatória*, cada um deles exigindo uma busca de disco em meio de armazenamento magnético, como dois fatores importantes na estimativa do custo de um plano de execução de consulta. Se o subsistema de disco levar, em média, t_T segundos para transferir um bloco de dados e tiver um tempo médio de acesso ao bloco (tempo de busca do disco mais latência rotacional) de t_S segundos, então uma operação que transfere b blocos e realiza S acessos de E/S aleatória levará $b \times t_T + S \times t_S$ segundos.

Os valores de t_T e t_S precisam ser calibrados para o sistema de disco utilizado. Resumimos os dados de desempenho aqui; o Capítulo 12 contém todos os detalhes sobre os sistemas de armazenamento. Os valores típicos para os discos magnéticos de alto nível, em 2018, seriam t_S = 4 milissegundos e t_T = 0,1 milissegundo, considerando um tamanho de bloco de 4 kilobytes e uma taxa de transferência de 40 megabytes por segundo.[2]

Embora as SSDs não executem uma operação de busca física, elas têm um trabalho extra para iniciar uma operação de E/S; t_S representa a latência a partir do momento em que é feita uma solicitação de E/S até o momento em que o primeiro byte de dados é retornado. Para SSDs de faixa intermediária, em 2018, usando a interface SATA, t_S fica em torno de 90 microssegundos, enquanto o tempo de transferência t_T é de cerca de dez microssegundos para um bloco de quatro kilobytes. Assim, as SSDs podem suportar cerca de 10.000 leituras aleatórias de blocos de quatro kilobytes por segundo, e suportar 400 megabytes/segundo de *throughput* em leituras sequenciais usando a interface SATA padrão. SSDs usando a interface PCIe 3.0x4 têm um t_S menor, de 20 a 60 microssegundos, e taxas de transferência muito maiores, de aproximadamente 2 gigabytes/segundo, correspondendo a t_T de dois microssegundos, permitindo cerca de 50.000 a 150.000 leituras aleatórias de blocos de quatro kilobytes por segundo, dependendo do modelo.[3]

Para dados que já estão presentes na memória principal, as leituras acontecem na unidade de linhas de cache, em vez de blocos de disco. Porém, assumindo que são lidos blocos inteiros de dados, o tempo para transferir t_T para um bloco de quatro kilobytes é menor que um microssegundo para dados na memória. A latência para buscar dados da memória, t_S, é menor que 100 nanossegundos.

Dada a grande diversidade de velocidades de diferentes dispositivos de armazenamento, o ideal é que os sistemas de banco de dados realizem buscas e transferências de blocos experimentais para estimar t_S e t_T para sistemas/dispositivos de armazenamento específicos, como parte do processo de instalação do *software*. Em geral, bancos de dados que não deduzem automaticamente esses números permitem que os usuários especifiquem os números como parte dos arquivos de configuração.

Podemos refinar nossas estimativas ainda mais distinguindo as leituras de bloco das escritas de bloco, pois estas normalmente custam o dobro das leituras em discos magnéticos, pois os sistemas de disco leem setores de volta depois que eles são escritos, a fim de verificar se a escrita teve sucesso. Em uma memória flash PCIe, o *throughput* de escrita pode ser em torno de 50% menor que o *throughput* de leitura, mas a diferença é quase totalmente mascarada pela velocidade limitada das interfaces SATA, levando a um *throughput* de escrita semelhante ao *throughput* de leitura. Entretanto, os números de *throughput* não refletem os custos das exclusões que são necessárias se os blocos forem sobrescritos. Para simplificar, vamos ignorar esses detalhes.

As estimativas de custo que oferecemos não incluem o custo da escrita do resultado final de uma operação de volta ao disco. Estas são levadas em consideração separadamente onde for exigido. Os custos de todos os algoritmos que consideramos dependem do tamanho do *buffer* na memória principal. No melhor dos casos, se os dados couberem no *buffer*, eles poderão ser lidos para os *buffers*, e o disco não precisa ser acessado novamente. No pior dos casos, consideramos que o *buffer* pode manter apenas alguns blocos de dados – aproximadamente um

---

[2]As especificações do dispositivo de armazenamento geralmente mencionam a taxa de transferência e o número de operações de E/S aleatórias que podem ser realizadas em um segundo. Os valores t_T podem ser calculados como o tamanho do bloco dividido pela taxa de transferência, enquanto t_S pode ser calculado como $(1/N) - t_T$, em que N é o número de operações de E/S aleatórias por segundo que o dispositivo suporta, pois uma operação de E/S aleatória executa um acesso de E/S aleatório, seguido pela transferência de dados de um bloco.

[3]O número de operações de E/S por segundo utilizado aqui é para o caso de solicitações de E/S sequenciais, geralmente indicadas como QD-1 nas especificações de SSD. As SSDs podem suportar várias solicitações aleatórias em paralelo, com 32 a 64 solicitações paralelas sendo normalmente suportadas; uma SSD com interface SATA suporta quase 100.000 leituras aleatórias de blocos de quatro kilobytes em um segundo, se várias solicitações forem enviadas em paralelo, enquanto os discos PCIe podem suportar mais de 350.000 leituras aleatórias de blocos de quatro kilobytes por segundo; esses números são indicados como números QD-32 ou QD-64, dependendo de quantas solicitações são enviadas em paralelo. Não iremos explorar as solicitações paralelas em nosso modelo de custo, pois consideramos apenas algoritmos de processamento de consultas sequenciais neste capítulo. As técnicas de processamento de consultas paralelas em memória compartilhada, discutidas na Seção 22.6, podem ser usadas para explorar os recursos de solicitação paralela das SSDs.

bloco por relação. No entanto, com as grandes capacidades de memória principal disponíveis hoje, essas suposições do pior dos casos são excessivamente pessimistas. Na verdade, uma boa parte da memória principal normalmente está disponível para o processamento de uma consulta, e nossas estimativas de custo usam a quantidade de memória disponível a um operador, *M*, como um parâmetro. No PostgreSQL, a memória total disponível para uma consulta, chamada de tamanho de cache efetivo, é considerada, por padrão, como 4 gigabytes, para fins de estimativa de custo; se uma consulta tiver vários operadores que são executados simultaneamente, a memória disponível deve ser dividida entre os operadores.

Além disso, embora consideremos que os dados precisam ser lidos do disco inicialmente, é possível que um bloco acessado já esteja presente no *buffer* da memória. Novamente, por simplicidade, ignoramos esse efeito; como resultado, o custo real de acesso ao disco durante a execução de um plano pode ser menor que o custo estimado. Para levar em conta (pelo menos parcialmente) a residência no *buffer*, o PostgreSQL usa o seguinte "macete": presume-se que o custo de uma leitura de página aleatória seja 1/10 do custo de leitura real da página aleatória, para modelar a situação em que 90% das leituras encontram os dados residentes no cache. Além disso, para modelar a situação em que os nós internos dos índices B^+ são percorridos com frequência, a maioria dos sistemas de banco de dados assume que todos os nós internos estão presentes no *buffer* da memória e, também, que uma travessia de um índice incorre apenas em um único custo de E/S aleatória para o nó de folha.

O **tempo de resposta** para um plano de avaliação de consulta (ou seja, o tempo corrido exigido para executar o plano), supondo que nenhuma outra atividade esteja ocorrendo no computador, seria responsável por todos esses custos e poderia ser usado como uma medida do custo do plano. Infelizmente, o tempo de resposta de um plano é muito difícil de estimar sem realmente executar o plano, por dois motivos:

1. O tempo de resposta depende do conteúdo do *buffer* quando a consulta iniciar a execução; essa informação não está disponível quando a consulta é otimizada, e é difícil de ser considerada mesmo que ela esteja disponível.
2. Em um sistema com vários discos, o tempo de resposta depende de como os acessos são distribuídos entre os discos, o que é difícil de estimar sem o conhecimento detalhado do *layout* dos dados no disco.

É interessante que um plano pode ter um tempo de resposta melhor ao custo de um consumo extra de recursos. Por exemplo, se um sistema tem vários discos, um plano *A* que exige leituras de disco extra, mas realiza as leituras em paralelo entre vários discos, pode terminar mais rápido do que outro plano *B* que tem menos leituras de disco, mas de apenas um disco por vez. Porém, se muitas instâncias de uma consulta usando o plano *A* forem executadas simultaneamente, o tempo de resposta geral pode realmente ser maior do que se as mesmas instâncias fossem executadas usando o plano *B*, pois o plano *A* gera mais carga sobre os discos.

Como resultado, em vez de tentar minimizar o tempo de resposta, os otimizadores geralmente tentam minimizar o **consumo de recursos** total de um plano de consulta. Nosso modelo de estimativa do tempo de acesso total ao disco (incluindo busca e transferência de dados) é um exemplo desse modelo do custo da consulta baseado em consumo de recursos.

15.3 Operação de seleção

No processamento da consulta, a **varredura de arquivo** (*file scan*) é o operador de mais baixo nível para acessar dados. As varreduras de arquivo são algoritmos de busca que localizam e recuperam os registros que atendem a uma condição de seleção. Em sistemas relacionais, uma varredura de arquivo permite que uma relação inteira seja lida nos casos em que a relação está armazenada em um único arquivo dedicado.

15.3.1 Seleções usando varreduras de arquivo e índices

Considere uma operação de seleção sobre uma relação cujas tuplas são armazenadas juntas em um arquivo. O algoritmo de varredura mais direto para implementar a operação de seleção é:

- **A1** (**busca linear**). Em uma busca linear, o sistema varre cada bloco do arquivo e testa todos os registros para ver se satisfazem a condição de seleção. Uma busca inicial é necessária para acessar o primeiro bloco do arquivo. Caso os blocos do arquivo não estejam armazenados de forma adjacente, podem ser necessárias buscas extras, mas vamos ignorar esse efeito para simplificar.

  Embora possa ser mais lento do que outros algoritmos para implementar a seleção, o algoritmo de busca linear pode ser aplicado a qualquer arquivo, independentemente da classificação do arquivo ou da disponibilidade de índices, ou da natureza da operação de seleção. Os outros algoritmos que estudaremos não se aplicam a todos os casos, mas, quando se aplicam, eles geralmente são mais rápidos do que a busca linear.

Estimativas de custo para a varredura linear, bem como para outros algoritmos de seleção, aparecem na Figura 15.3. Na figura, usamos h_i para representar a altura da árvore B^+, e consideramos que uma operação de E/S aleatória é necessária para cada nó no caminho da raiz até uma folha. A maioria dos otimizadores da vida real assume que os nós internos da árvore estão presentes no *buffer* na memória, pois eles são acessados de forma relativamente frequente, e, em geral, menos de 1% dos nós de uma árvore B^+ corresponde a nós não folha. A fórmula de custo pode ser modificada de modo apropriado, cobrando apenas o custo de uma E/S aleatória para uma travessia da raiz até uma folha, definindo $h_i = 1$.

Estruturas de índice são chamadas de **caminhos de acesso**, pois oferecem um caminho pelo qual os dados podem ser localizados e acessados. No Capítulo 14, indicamos que é eficiente ler os registros de um arquivo em uma ordem que corresponde de perto à ordem física. Lembre-se de que um

	Algoritmo	Custo	Motivo
A1	Busca linear	$t_S + b_r \times t_T$	Uma busca inicial mais b_r transferências de bloco, com b_r indicando o número de blocos no arquivo.
A1	Busca linear, igualdade sobre chave	Caso médio $t_S + (b_r / 2) \times t_T$	Como, no máximo, um registro satisfaz a condição, a varredura pode ser terminada assim que o registro requisitado for encontrado. No pior caso, b_r transferências de bloco ainda são necessárias.
A2	Índice agrupado de árvore B⁺, i gualdade sobre chave	$(h_i + 1) \times (t_T + t_S)$	(Em que h_i indica a altura do índice.) Pesquisa do índice atravessa a altura da árvore mais uma E/S para buscar o registro; cada uma dessas operações de E/S exige uma busca e uma transferência de bloco.
A3	Índice agrupado de árvore B⁺, igualdade sobre não chave	$h_i \times (t_T + t_S) + t_S + b \times t_T$	Uma busca para cada nível da árvore, uma busca para o primeiro bloco. Aqui, b é o número de blocos contendo registros com a chave de busca especificada, todos sendo lidos. Esses blocos são blocos de folha considerados como sendo armazenados sequencialmente (pois é um índice agrupado) e não exigem buscas adicionais.
A4	Índice secundário de árvore B⁺, igualdade sobre chave	$(h_i + 1) \times (t_T + t_S)$	Esse caso é semelhante ao índice agrupado.
A4	Índice secundário de árvore B⁺, igualdade sobre não chave	$(h_i + n) \times (t_T + t_S)$	(Em que n é o número de registros buscados.) Aqui, o custo da travessia do índice é o mesmo que o custo de A3, mas cada registro pode estar em um bloco diferente, exigindo uma busca por registro. O custo é potencialmente muito alto se n for grande.
A5	Índice agrupado de árvore B⁺, comparação	$h_i \times (t_T + t_S) + t_S + b \times t_T$	Idêntico ao caso de A3, igualdade sobre não chave.
A6	Índice secundário de árvore B⁺, comparação	$(h_i + n) \times (t_T + t_S)$	Idêntico ao caso de A4, igualdade sobre não chave.

Figura 15.3 Estimativas de custo para algoritmos de seleção.

índice agrupado (*clustering index* também chamado de *índice primário*) é um índice que permite que os registros de um arquivo sejam lidos em uma ordem que corresponde à ordem física no arquivo. Um índice que não é um índice de agrupamento é chamado de *índice secundário* ou *índice não agrupado*.

Os algoritmos de busca que usam um índice são chamados de **varreduras de índice**. Usamos o predicado de seleção para nos guiar na escolha do índice a usar no processamento da consulta. Os algoritmos de busca que usam um índice são:

- **A2 (índice agrupado, igualdade sobre chave)**. Para uma comparação de igualdade sobre um atributo de chave com um índice primário, podemos usar o índice para apanhar um único registro que satisfaz a correspondente condição de igualdade. As estimativas de custo aparecem na Figura 15.3. Para modelar a situação comum em que os nós internos do índice estão no *buffer* na memória, h_i pode ser definido como um.
- **A3 (índice agrupado, igualdade sobre não chave)**. Podemos apanhar vários registros usando um índice primário quando a condição de seleção especifica uma comparação de igualdade sobre um atributo não chave, *A*. A única diferença do caso anterior é que vários registros podem ter de ser apanhados. Porém, os registros seriam armazenados consecutivamente no arquivo, pois o arquivo é classificado por chave de busca. As estimativas de custo aparecem na Figura 15.3.

- **A4 (índice secundário, igualdade).** As seleções especificando uma condição de igualdade podem usar um índice secundário. Essa estratégia pode apanhar um único registro se a condição de igualdade for sobre uma chave; vários registros podem ser apanhados se o campo de indexação não for uma chave.

  No primeiro caso, somente um registro é apanhado. O custo de tempo, nesse caso, é o mesmo daquele para um índice agrupado (caso A2).

  No segundo caso, cada registro pode ser residente em um bloco diferente, o que pode resultar em uma operação de E/S por registro apanhado, com cada operação de E/S exigindo uma busca e uma transferência de bloco. O custo no pior dos casos, nesse caso, é de $(h_i + n) \times (t_S + t_T)$, em que n é o número de registros apanhados, se cada registro estiver em um bloco de disco diferente, e as buscas de bloco forem ordenadas aleatoriamente. O custo, no pior caso, poderá se tornar ainda pior que o da busca linear se grande número de registros for apanhado.

  Se o *buffer* na memória for grande, o bloco contendo o registro já pode estar no *buffer*. É possível construir uma estimativa do custo *médio* ou *esperado* da seleção levando em conta a probabilidade de o bloco contendo o registro já estar no *buffer*. Para *buffers* grandes, essa estimativa será muito menor que a estimativa no pior caso.

Em certos algoritmos, incluindo A2, o uso de uma organização de arquivo via árvore B$^+$ pode economizar um acesso, pois os registros são armazenados no nível de folha da árvore.

Conforme descrito na Seção 14.4.2, quando os registros são armazenados em uma organização de arquivo via árvore B$^+$ ou outras organizações de arquivo que possam exigir relocação de registros, os índices secundários normalmente não armazenam ponteiros para os registros.[4] Em vez disso, índices secundários armazenam os valores dos atributos usados como chave de busca em uma organização de arquivo por árvore B$^+$. O acesso a um registro por meio de um índice secundário como estes, portanto, é mais dispendioso: primeiro, o índice secundário é pesquisado para encontrar os valores de chave de busca em uma organização de arquivo por árvore B$^+$, e depois a organização de arquivo de árvore B$^+$ é pesquisada para encontrar os registros. A fórmula de custo descrita para os índices secundários precisa ser modificada apropriadamente se índices secundários como estes forem usados.

15.3.2 Seleções envolvendo comparações

Considere uma seleção da forma $\sigma_{A \leq v}(r)$. Podemos implementá-la usando uma busca linear ou binária, ou usando índices em uma das seguintes maneiras:

- **A5 (índice agrupado, comparação).** Um índice agrupado ordenado (por exemplo, um índice agrupado de árvore B$^+$) pode ser usado quando a condição de seleção é uma comparação. Para condições de comparação na forma $A > v$ ou $A \geq v$, um índice agrupado sobre A pode ser usado para direcionar a recuperação de tuplas, da seguinte forma. Para $A \geq v$, pesquisamos o valor v no índice para encontrar a primeira tupla no arquivo que tenha um valor $A \geq v$. Uma varredura de arquivo começando por essa tupla até o final do arquivo retorna todas as tuplas que satisfazem a condição. Para $A > v$, a varredura de arquivo começa com a primeira tupla tal que $A > v$. A estimativa de custo para esse caso é idêntica à usada para o caso A3.

  Para as comparações na forma $A < v$ ou $A \leq v$, uma pesquisa de índice não é necessária. Para $A < v$, usamos uma varredura de arquivo simples, começando com o início do arquivo e continuando até a primeira tupla (mas sem incluí-la) com atributo $A = v$. O caso de $A \leq v$ é semelhante, exceto que a varredura continua até a primeira tupla (mas sem incluí-la) com atributo $A > v$. Em qualquer um dos casos, o índice não é útil.

- **A6 (índice secundário, comparação).** Podemos usar um índice secundário ordenado para guiar a recuperação para as condições de comparação envolvendo $<$, $\leq$, $\geq$ ou $>$. Os blocos de índice de menor nível são varridos, seja do menor valor até v (para $<$ e $\leq$), seja de v até o valor máximo (para $>$ e $\geq$).

  O índice secundário oferece ponteiros aos registros, mas, para chegar aos registros reais, temos de apanhar os registros usando os ponteiros. Essa etapa pode exigir uma operação de E/S para cada registro apanhado, pois os registros consecutivos podem estar em diferentes blocos de disco; como antes, cada operação de E/S exige uma busca de disco e uma transferência de bloco. Se o número de registros apanhados for grande, o uso do índice secundário pode ser ainda mais dispendioso do que o uso da busca linear. Portanto, o índice secundário só deve ser usado se muito poucos registros forem selecionados.

Contanto que o número de tuplas correspondentes seja conhecido antecipadamente, um otimizador de consulta pode escolher entre usar um índice secundário ou usar uma varredura linear com base nas estimativas de custo. Contudo, se o número de tuplas correspondentes não for conhecido com precisão durante a compilação, qualquer uma das opções poderá levar a um desempenho fraco, dependendo do número real de tuplas correspondentes.

Para lidar com essa situação, o PostgreSQL usa um algoritmo híbrido que chama uma *varredura de índice de mapa de bits*,[5] quando um índice secundário está disponível, mas o número de registros correspondentes não é conhecido com precisão. O algoritmo de varredura de índice de mapa de bits cria primeiro um mapa de bits com tantos bits quanto o número de blocos na relação, com todos os bits inicialmente zerados. O algoritmo usa, então, o índice secundário para achar entradas de índice para tuplas correspondentes, mas, em vez de buscar as tuplas imediatamente, faz o seguinte.

[4] Lembre-se de que, se as organizações de arquivo de árvore B$^+$ forem usadas para armazenar relações, os registros podem ser movidos entre os blocos quando os nós de folha forem divididos ou mesclados e quando os registros forem distribuídos.

[5] Este algoritmo não deve ser confundido com uma varredura *usando* um índice de mapa de bits.

À medida que cada entrada de índice é encontrada, o algoritmo obtém o número de bloco da entrada de índice e muda o bit correspondente no mapa de bits para um.

Quando todas as entradas de índice tiverem sido processadas, o mapa de bits é varrido para localizar todos os blocos cujo bit esteja definido como um. Esses são exatamente os blocos que contêm registros correspondentes. Assim, a relação é varrida linearmente, mas os blocos cujo bit não está definido como um são ignorados; apenas blocos cujo bit correspondente contém um são buscados e, em seguida, uma varredura dentro de cada bloco é usada para recuperar todos os registros correspondentes no bloco.

Na pior das hipóteses, esse algoritmo é apenas um pouco mais dispendioso do que a varredura linear, mas, no melhor caso, ele é muito mais econômico que a varredura linear. Da mesma forma, na pior das hipóteses, ele é apenas um pouco mais dispendioso do que usar uma varredura de índice secundário para buscar diretamente as tuplas, mas, no melhor caso, ele é muito mais econômico do que uma varredura de índice secundário. Assim, esse algoritmo híbrido garante que o desempenho nunca seja muito pior do que o melhor plano para essa instância de banco de dados.

Uma variante desse algoritmo reúne todas as entradas de índice e as classifica (usando algoritmos de classificação que estudamos mais adiante, neste capítulo) e, em seguida, executa uma varredura da relação que ignora blocos que não possuem entradas correspondentes. O uso de um mapa de bits, como explicado anteriormente, pode ser mais eficiente do que classificar as entradas do índice.

15.3.3 Implementação de seleções complexas

Até aqui, consideramos apenas condições de seleção simples, na forma *A op B*, em que *op* é uma operação de igualdade ou comparação. Agora, vamos considerar predicados de seleção mais complexos.

- **Conjunção**: Uma seleção conjuntiva é uma seleção na forma:

$$\sigma_{\theta_1 \wedge \theta_2 \wedge \ldots \wedge \theta_n}(r)$$

- **Disjunção**: Uma seleção disjuntiva é uma seleção na forma:

$$\sigma_{\theta_1 \vee \theta_2 \vee \ldots \vee \theta_n}(r)$$

Uma condição disjuntiva é satisfeita pela união de todos os registros que satisfazem as condições individuais simples θ_i.

- **Negação**: O resultado de uma seleção $\sigma_{\neg\theta}(r)$ é um conjunto de tuplas de *r* para as quais a condição θ é avaliada como falsa. Na ausência de nulos, esse conjunto é simplesmente o conjunto de tuplas em *r* que não estão em $\sigma_\theta(r)$.

Podemos implementar uma operação de seleção envolvendo uma conjunção ou uma disjunção de condições simples usando um dos algoritmos a seguir:

- **A7** (**seleção conjuntiva usando um índice**). Primeiro, determinamos se existe um caminho de acesso para um atributo em uma das condições simples. Se houver algum, um dos algoritmos de seleção de A2 a A6 poderá apanhar os registros que satisfazem essa condição. Completamos a operação testando, no *buffer* da memória, se cada registro recuperado satisfaz ou não as condições simples restantes.

  Para reduzir o custo, escolhemos um θ_i e um dos algoritmos de A1 a A6 para o qual a combinação resulta no menor custo para $\sigma_{\theta_i}(r)$. O custo do algoritmo A7 é dado pelo custo do algoritmo escolhido.

- **A8** (**seleção conjuntiva usando índice composto**). Pode haver um índice composto (ou seja, um índice sobre vários atributos) apropriado para algumas seleções conjuntivas. Se a seleção especificar uma condição de igualdade sobre dois ou mais atributos, e houver um índice composto sobre esses campos de atributo combinados, então o índice pode ser pesquisado diretamente. O tipo de índice determina qual dos algoritmos A2, A3 ou A4 será utilizado.

- **A9** (**seleção conjuntiva pela interseção de identificadores**). Uma alternativa para implementar operações de seleção conjuntiva envolve o uso de ponteiros de registro ou identificadores de registro. Esse algoritmo exige índices com ponteiros de registro sobre os campos envolvidos nas condições individuais. O algoritmo varre cada índice na busca por ponteiros para tuplas que satisfazem uma condição individual. A interseção de todos os ponteiros apanhados é o conjunto de ponteiros para tuplas que satisfazem a condição conjuntiva. O algoritmo, então, usa os ponteiros para apanhar os registros reais. Se não houver índices sobre todas as condições individuais, então o algoritmo testa as condições restantes sobre os registros apanhados.

  O custo do algoritmo A9 é a soma dos custos das varreduras de índice individuais, mais o custo da leitura dos registros na interseção das listas de ponteiros recuperadas. Esse custo pode ser reduzido pela classificação da lista de ponteiros e leitura dos registros na ordem classificada. Com isso, (i) todos os ponteiros para registros em um bloco vêm juntos e, portanto, todos os registros selecionados no bloco podem ser apanhados por meio de uma única operação de E/S e (ii) os blocos são lidos em ordem classificada, reduzindo o movimento do braço do disco. A Seção 15.4 descreve os algoritmos de classificação.

- **A10** (**seleção disjuntiva pela união de identificadores**). Se houver caminhos de acesso em todas as condições de uma seleção disjuntiva, cada índice será varrido na busca por ponteiros para tuplas que satisfazem a condição individual. A união de todos os ponteiros apanhados gera o conjunto de ponteiros para todas as tuplas que satisfazem a condição disjuntiva. Depois, usamos os ponteiros para de fato apanhar os registros reais.

  Entretanto, se uma das condições não tiver um caminho de acesso, temos de realizar uma varredura linear da relação para encontrar tuplas que satisfazem a condição. Portanto, se houver uma condição desse tipo na disjunção, o método de acesso mais eficiente será uma varredura linear, com a condição disjuntiva testada sobre cada tupla durante a varredura.

A implementação de seleções com condições de negação fica como exercício para o leitor (Exercício Prático 15.6).

15.4 Classificação (*sorting*)[i]

A classificação de dados desempenha um papel importante nos sistemas de banco de dados por dois motivos. Primeiro, as consultas SQL podem especificar que a saída seja classificada. Segundo (e igualmente importante para o processamento da consulta), várias das operações relacionais, como as junções (*joins*), podem ser implementadas de forma eficiente se as relações de entrada forem classificadas primeiro. Assim, discutimos a classificação aqui, antes de abordarmos a operação de junção na Seção 15.5.

Podemos classificar (ou ordenar) uma relação criando um índice sobre a chave de classificação e, depois, usando esse índice para ler a relação em ordem classificada. Porém, esse processo ordena a relação apenas *logicamente*, por intermédio de um índice, e não *fisicamente*. Logo, a leitura de tuplas na ordem classificada pode levar a um acesso de disco (busca de disco mais transferência de bloco) para cada registro, o que pode ser muito dispendioso, pois a quantidade de registros pode ser muito maior do que o número de blocos. Por esse motivo, pode ser preferível ordenar os registros fisicamente.

O problema de classificação foi bastante estudado, tanto por relações que se encaixam totalmente na memória principal quanto por relações que são maiores do que a memória. No primeiro caso, técnicas de classificação padrão, como *quick-sort*, podem ser utilizadas. Aqui, discutimos como lidar com o segundo caso.

15.4.1 Algoritmo *sort-merge* externo

A classificação de relações que não cabem na memória é chamada de **classificação externa**. A técnica mais utilizada para a classificação externa é o **algoritmo sort-merge externo**, que passamos a descrever em seguida. Seja M o número de blocos no *buffer* da memória principal disponíveis para classificação, ou seja, o número de blocos de disco cujo conteúdo pode ser mantido em *buffer* na memória principal.

1. No primeiro estágio, diversas **rodadas** (**runs**) classificadas são criadas; cada rodada é classificada, mas contém apenas alguns dos registros da relação.

```
i = 0;
repeat
    lê M blocos da relação ou o restante da relação,
            o que for menor;
    classifica a parte da relação na memória;
    grava dados classificados no arquivo da rodada Ri;
    i = i + 1;
until o final da relação
```

2. No segundo estágio, as rodadas são *mescladas* (*merged*). Suponha, por enquanto, que o número total de rodadas, N, seja menor que M, de modo que podemos alocar um bloco para cada rodada e ficar com espaço para manter um bloco de saída. O estágio *merge* opera da seguinte forma:

```
lê um bloco de cada um dos N arquivos Ri para um bloco no
    buffer da memória;
repeat
    escolhe a primeira tupla (na ordem de classificação)
      entre todos os blocos de buffer;
    escreve a tupla na saída e a exclui do bloco no buffer;
    if o bloco no buffer de qualquer rodada Ri for vazio
      and not fim-arquivo(Ri)
            then lê o próximo bloco de Ri para o bloco no buffer;
until todos os blocos no buffer de entrada estarem vazios
```

A saída do estágio de *merge* é a relação classificada. O arquivo de saída é mantido em *buffer* para reduzir o número de operações de gravação em disco. A operação *merge* anterior é uma generalização do *merge* bidirecional (*two-way merge*, ou *merge* em duas vias) utilizado pelo algoritmo de *sort-merge* padrão na memória; ele mescla N rodadas, de modo que é chamado **merge de N vias** (**N-way merge**).

Em geral, se a relação for muito maior do que a memória, pode haver M ou mais rodadas geradas no primeiro estágio, e não ser possível alocar um bloco para cada rodada durante o estágio de *merge*. Nesse caso, a operação *merge* prossegue em vários passos. Como existe memória suficiente para $M - 1$ blocos no *buffer* de entrada, cada *merge* pode usar $M - 1$ rodadas como entrada.

A *passada* (*pass*) inicial funciona desta maneira: ela mescla as primeiras $M - 1$ rodadas (conforme descrito no item 2, anteriormente) para chegar a uma única rodada para a próxima passada. Depois, ela mescla as próximas $M - 1$ rodadas de modo semelhante, e assim por diante, até que tenha processado todas as rodadas iniciais. Nesse ponto, o número de rodadas já foi reduzido por um fator de $M - 1$. Se esse número reduzido de rodadas ainda for maior ou igual a M, haverá outra passada, com as rodadas criadas pela primeira passada servindo de entrada. Cada passada reduz o número de rodadas por um fator de $M - 1$. As passadas são repetidas tantas vezes quantas forem necessárias, até que o número de rodadas seja menor que M; uma passada final, então, gera a saída classificada.

A Figura 15.4 ilustra as etapas do *sort-merge* externo para uma relação de exemplo. Para fins de ilustração, consideramos que somente uma tupla cabe em um bloco ($f_r = 1$), e consideramos que a memória mantém, no máximo, três blocos. Durante o estágio de *merge*, dois blocos são usados para entrada e um para saída.

15.4.2 Análise de custo do *sort-merge* externo

Calculamos o custo do acesso ao disco para o *sort-merge* externo desta maneira: considere que b_r indique o número de blocos contendo registros da relação r. O primeiro estágio lê cada bloco da relação e os grava novamente,

[i] *Classificação* e *ordenação* nesta seção são sinônimos. (N.T.)

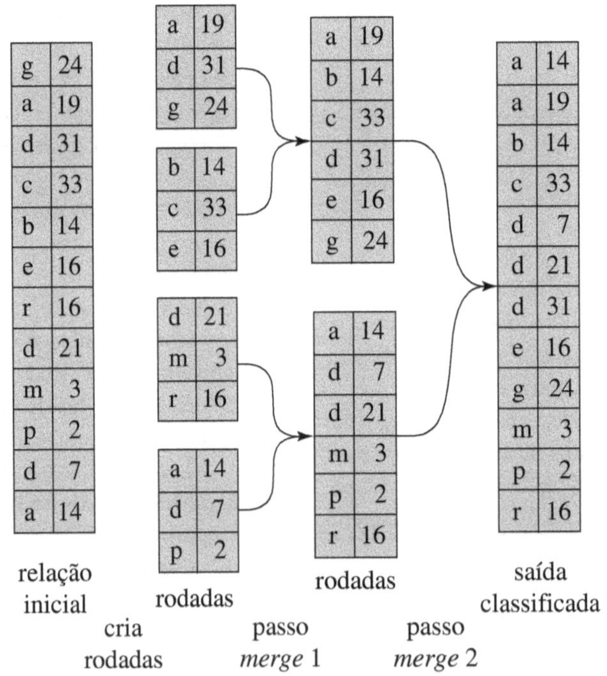

Figura 15.4 Classificação externa usando *sort-merge*.

dando um total de $2b_r$ transferências de bloco. O número inicial de rodadas é $\lceil b_r/M \rceil$. Durante a passada de *merge*, a leitura de cada rodada um bloco por vez leva a um grande número de buscas; para reduzir o número de buscas, um número maior de blocos, indicado por b_b, é lido ou escrito de cada vez, exigindo que b_b blocos de *buffer* sejam alocados a cada rodada de entrada e para a rodada de saída. Então, $\lfloor M/b_b \rfloor - 1$ rodadas podem ser mescladas em cada passada de *merge*, diminuindo o número de rodadas por um fator de $\lfloor M/b_b \rfloor - 1$. O número total de passadas de *merge* exigido é $\lceil \log_{\lfloor M/b_b \rfloor - 1}(b_r/M) \rceil$. Cada uma dessas passadas lê cada bloco da relação uma vez e a grava uma vez, com duas exceções. Primeiro, a passada final pode produzir a saída classificada sem gravar seu resultado em disco. Em segundo lugar, pode haver rodadas que não são lidas ou gravadas durante uma passada – por exemplo, se houver $\lfloor M/b_b \rfloor$ rodadas a serem mescladas em uma passada, $\lfloor M/b_b \rfloor - 1$ são lidas e mescladas, e uma rodada não é acessada durante a passada. Ignorando as economias (relativamente pequenas) pertinentes a este último efeito, o número total de transferências de bloco para a classificação externa da relação é:

$$b_r(2\lceil log_{\lfloor M/b_b \rfloor - 1}(b_r/M) \rceil + 1)$$

Aplicando essa equação ao exemplo da Figura 15.4, com b_b definido como um, obtemos um total de $12 \times (4 + 1) = 60$ transferências de bloco, como você pode verificar pela figura. Observe que esses números não incluem o custo da gravação do resultado final.

Também precisamos somar os custos de busca de disco. A geração da rodada exige buscas para a leitura de dados em cada uma das rodadas, além da gravação das rodadas. Cada passada de *merge* exigirá em torno de $\lceil b_r/b_b \rceil$ buscas para leitura de dados.[6] Embora a saída seja gravada sequencialmente, se ela estiver no mesmo disco das rodadas de entrada, a cabeça de leitura pode ter se movido entre as gravações de blocos consecutivos. Assim, teremos de incluir um total de $2\lceil b_r/b_b \rceil$ buscas para cada passada de *merge*, exceto pela passada final (pois assumimos que o resultado final não é gravado de volta ao disco).

$$2\lceil b_r/M \rceil + \lceil b_r/b_b \rceil(2\lceil log_{\lfloor M/b_b \rfloor - 1}(b_r/M) \rceil - 1)$$

Aplicando essa equação ao exemplo da Figura 15.4, obtemos um total de $8 + 12 \times (2 \times 2 - 1) = 44$ buscas de disco se definirmos o número de blocos de *buffer* por rodada, b_b, como um.

15.5 Operação de junção (*join*)

Nesta seção, estudamos vários algoritmos para calcular a junção de relações e analisamos seus respectivos custos.

Usamos o termo **equijunção** para nos referir a uma junção da forma $r \bowtie_{r.A=s.B} s$, em que A e B são atributos ou conjuntos de atributos das relações r e s, respectivamente.

Usamos como exemplo a expressão

$$aluno \bowtie realiza$$

com os mesmos esquemas de relação que usamos no Capítulo 2. Consideramos as seguintes informações sobre as duas relações:

[6] Para ser mais exato, como lemos cada rodada separadamente e podemos obter menos do que b_b blocos ao ler o final de uma rodada, podemos exigir uma busca extra para cada rodada. Ignoramos esse detalhe para simplificar.

- Número de registros de *aluno*: n_{aluno} = 5000.
- Número de blocos de *aluno*: b_{aluno} = 100.
- Número de registros de *realiza*: $n_{realiza}$ = 10.000.
- Número de blocos de *realiza*: $b_{realiza}$ = 400.

15.5.1 Junção por *loop* aninhado

A Figura 15.5 mostra um algoritmo simples para calcular a junção, $r \bowtie_\theta s$, de duas relações *r* e *s*. Esse algoritmo é denominado algoritmo de **junção por loop aninhado**, pois, basicamente, consiste em um par de *loops* **for** aninhados. A relação *r* é denominada **relação externa** e a relação *s* é a **relação interna** da junção, pois o *loop* para *r* encobre o *loop* para *s*. O algoritmo usa a notação $t_r \cdot t_s$, em que t_r e t_s são tuplas; $t_r \cdot t_s$ indica a tupla construída pela concatenação dos valores de atributo das tuplas t_r e t_s.

Assim como o algoritmo de varredura de arquivo linear para seleção, o algoritmo de junção por *loop* aninhado não exige índices e pode ser usado independentemente da condição de junção. A extensão do algoritmo para calcular a junção natural é direta, pois a junção natural pode ser expressa como uma junção teta (*theta join*) seguida pela eliminação dos atributos repetidos por uma projeção. A única mudança exigida é uma etapa extra de exclusão de atributos repetidos da tupla $t_r \cdot t_s$, antes de adicioná-la ao resultado.

O algoritmo de junção por *loop* aninhado é dispendioso, pois examina cada par de tuplas nas duas relações. Considere o custo do algoritmo de junção por *loop* aninhado. O número de pares de tuplas a serem consideradas é $n_r \times n_s$, em que n_r indica o número de tuplas em *r* e n_s denota o número de tuplas em *s*. Para cada registro em *r*, temos de realizar uma varredura completa sobre *s*. Na pior das hipóteses, o *buffer* pode manter apenas um bloco de cada relação, e será necessário um total de $n_r \times b_s + b_r$ transferências de bloco (*block transfers*), com b_r e b_s indicando o número de blocos contendo tuplas de *r* e *s*, respectivamente. Só precisamos de uma busca (*seek*) para cada varredura na relação interna *s*, pois ela é lida sequencialmente, e de b_r buscas para ler *r*, levando a um total de $n_r + b_r$ buscas. Na melhor das hipóteses, existe espaço suficiente para as duas relações caberem simultaneamente na memória, de modo que cada bloco terá de ser lido apenas uma vez; logo, somente $b_r + b_s$ transferências de bloco (*block transfers*) serão necessárias, juntamente com duas buscas (*seeks*).

Se uma das relações couber inteiramente na memória principal, será benéfico usar essa relação como a relação interna, pois a relação interna será lida apenas uma vez. Portanto, se *s* for pequeno o suficiente para caber na memória principal, nossa estratégia exige apenas um total de $b_r + b_s$ transferências de bloco e duas buscas – o mesmo custo do caso em que as duas relações cabem na memória.

Agora considere a junção natural de *aluno* e *realiza*. Suponha, por enquanto, que não temos índices em nenhuma relação e que não queremos criar nenhum índice. Podemos usar *loops* aninhados para calcular a junção; suponha que *aluno* seja a relação externa e *realiza* seja a relação interna na junção. Teremos de examinar 5000 × 10.000 = 50 × 10^6 pares de tuplas. Na pior das hipóteses, o número de transferências de bloco é 5000 × 400 + 100 = 2.000.100, mais 5000 + 100 = 5100. Porém, no melhor cenário, podemos ler ambas as relações apenas uma vez e realizar a computação. Essa computação requer, no máximo, 100 + 400 = 500 transferências de bloco, mais duas buscas – uma melhoria significativa em relação ao pior cenário. Se tivéssemos usado *realiza* como relação para o *loop* externo e *aluno* para o *loop* interno, o custo do pior cenário da nossa estratégia final teria sido 10.000 × 100 + 400 = 1.000.400 transferências de bloco, mais 10.400 buscas de disco. O número de transferências de disco é muito menor e, embora o número de buscas seja maior, o custo geral é reduzido, considerando t_S = 4 milissegundos e t_T = 0,1 milissegundo.

15.5.2 Junção por *loop* aninhado em bloco

Se o *buffer* for muito pequeno para manter qualquer relação inteiramente na memória, ainda podemos obter uma economia importante nos acessos de bloco se processarmos as relações com base em cada bloco, em vez de tupla. A Figura 15.6 mostra a **junção por loop aninhado em bloco**, que é uma variante da junção por *loop* aninhado, em que cada bloco da relação interna é emparelhado com cada bloco na relação externa. Dentro de cada par de blocos, cada tupla em um bloco é emparelhada com cada tupla no outro bloco, para gerar todos os pares de tuplas. Como antes, todos os pares de tuplas que satisfazem a condição da junção são acrescentados ao resultado.

A principal diferença no custo entre a junção por *loop* aninhado em bloco e a junção por *loop* aninhado básico é que, no pior cenário, cada bloco na relação interna *s* é lido apenas uma vez para cada *bloco* na relação externa, em vez de uma vez para cada *tupla* na relação externa. Assim, no pior cenário, haverá um total de $b_r \times b_s + b_r$ transferências de bloco, em que b_r e b_s indicam o número de blocos contendo registros de *r* e *s*, respectivamente. Cada varredura da relação interna exige uma busca, e a varredura da relação externa exige uma

```
for each tupla t_r in r do begin
    for each tupla t_s in s do begin
        testar par (t_r, t_s) para ver se satisfaz a condição da junção θ
        se satisfizer, acrescentar t_r · t_s ao resultado;
    end
end
```

Figura 15.5 Junção por *loop* aninhado.

```
for each bloco B_r of r do begin
    for each bloco B_s of s do begin
        for each tupla t_r in B_r do begin
            for each tupla t_s in B_s do begin
                testar par (t_r, t_s) para ver se satisfaz a condição de junção
                se satisfizer, acrescente t_r · t_s ao resultado;
            end
        end
    end
end
```

Figura 15.6 Junção por *loop* aninhado em bloco.

busca por bloco, levando a um total de $2 \times b_r$ buscas. Por certo, é mais eficiente usar a relação menor como relação externa, caso nenhuma das relações caiba na memória. No melhor cenário, em que a relação interna cabe na memória, haverá $b_r + b_s$ transferências de bloco e apenas duas buscas (escolheríamos a menor relação como a relação interna nesse caso).

Agora, retorne ao nosso exemplo de computação de *aluno* ⋈ *realiza*, usando o algoritmo de junção por *loop* aninhado em bloco. No pior cenário, temos de ler cada bloco de *realiza* uma vez para cada bloco de *aluno*. Assim, no pior cenário, um total de $100 \times 400 + 100 = 40.100$ transferências de bloco mais $2 \times 100 = 200$ buscas são necessárias. O custo é uma melhoria significativa em relação às $5000 \times 400 + 100 = 2.000.100$ transferências de bloco, mais 5100 buscas necessárias no pior cenário para a junção por *loop* aninhado básico. O custo no melhor cenário continua sendo o mesmo: $100 + 400 = 500$ transferências de bloco e duas buscas.

O desempenho dos procedimentos por *loop* aninhado e *loop* aninhado em bloco pode ser melhorado ainda mais:

- Se os atributos de junção em uma junção natural ou em uma equijunção formarem uma chave sobre a relação interna, então, para cada tupla da relação externa, o *loop* interno pode terminar assim que a primeira correspondência for encontrada.
- No algoritmo por *loop* aninhado em bloco, em vez de usar blocos de disco como unidade de bloco para a relação externa, podemos usar o maior tamanho que pode caber na memória, enquanto deixamos espaço suficiente para os *buffers* para a relação interna e a saída. Em outras palavras, se a memória tiver M blocos, lemos $M - 2$ blocos da relação externa de cada vez e, quando lemos cada bloco da relação interna, nós o unimos a todos os $M - 2$ blocos da relação externa. Essa mudança reduz o número de varreduras da relação interna de b_r para $\lceil b_r/(M - 2) \rceil$, com b_r sendo o número de blocos da relação externa. O custo total é, então, $\lceil b_r/(M-2) \rceil \times b_s + b_r$ transferências de bloco e $2 \lceil b_r/(M-2) \rceil$ buscas.
- Podemos varrer o *loop* interno alternadamente, para a frente e para trás. Esse método de varredura ordena as solicitações para blocos de disco, de modo que os dados permanecendo no *buffer* a partir da varredura anterior podem ser reutilizados, reduzindo, assim, a quantidade necessária de acessos ao disco.
- Se houver um índice sobre o atributo de junção do *loop* interno, podemos substituir as varreduras de arquivo por pesquisas de índice mais eficientes. A Seção 15.5.3 descreve essa otimização.

15.5.3 Junção por *loop* aninhado indexado

Em uma junção por *loop* aninhado (Figura 15.5), se houver um índice sobre o atributo de junção do *loop* interno, as pesquisas de índice podem substituir varreduras de arquivo. Para cada tupla t_r na relação externa r, o índice é usado para pesquisar tuplas em s que satisfarão a condição de junção com a tupla t_r.

Esse método de junção é denominado **junção por loop aninhado indexado** (***indexed nested-loop join***); ele pode ser usado com os índices existentes e, também, com índices temporários criados com a única finalidade de avaliar a junção.

Examinar as tuplas em s que satisfarão as condições de junção com determinada tupla t_r é basicamente uma seleção sobre s. Por exemplo, considere *aluno* ⋈ *realiza*. Suponha que tenhamos uma tupla de *aluno* com *ID* "00128". Então, as tuplas relevantes em *realiza* são aquelas que satisfazem a seleção "*ID* = 00128".

O custo de uma junção por *loop* aninhado indexado pode ser calculado da seguinte maneira. Para cada tupla na relação externa r, uma pesquisa é realizada sobre o índice para s, e as tuplas relevantes são apanhadas. No pior cenário, existe espaço no *buffer* para apenas um bloco de r e um bloco do índice. Então, as operações de E/S em b_r são necessárias para ler a relação r, em que b_r indica o número de blocos contendo registros de r; cada E/S exige uma busca e uma transferência de bloco, pois a cabeça de disco pode ter sido movida entre cada E/S. Para cada tupla em r, realizamos uma pesquisa de índice sobre s. Então, o custo da junção pode ser calculado como $b_r(t_T + t_S) + n_r \times c$, em que n_r é o número de registros

```
pr := endereço da primeira tupla de r;
ps := endereço da primeira tupla de s;
while (ps ≠ null and pr ≠ null) do
  begin
    t_s := tupla para a qual ps aponta;
    S_s := {t_s};
    defina ps para apontar para próxima tupla de s;
    done := false;
    while (not done and ps ≠ null) do
      begin
        t_s' := tupla para a qual ps aponta;
        if (t_s'[AtribsJunção] = t_s[AtribsJunção])
          then begin
                 S_s := S_s ∪ {t_s'};
                 defina ps para apontar para a próxima tupla de s;
               end
          else done := true;
      end
    t_r := tupla para a qual pr aponta;
    while (pr ≠ null and t_r[AtribsJunção] < t_s[AtribsJunção]) do
      begin
        defina pr para apontar para a próxima tupla de r;
        t_r := tupla para a qual pr aponta;
      end
    while (pr ≠ null and t_r[AtribsJunção] = t_s[AtribsJunção]) do
      begin
        for each t_s in S_s do
          begin
            acrescente t_s ⋈ t_r ao resultado;
          end
        defina pr para apontar para a próxima tupla de r;
        tr := tupla para a qual pr aponta;
      end
  end.
```

Figura 15.7 Junção *merge*.

na relação *r* e *c* é o custo de uma única seleção sobre *s* usando a condição de junção. Vimos, na Seção 15.3, como estimar o custo de um único algoritmo de seleção (possivelmente, usando índices); essa estimativa nos dá o valor de *c*.

A fórmula de custo indica que, se houver índices sobre as relações *r* e *s*, geralmente é mais eficiente usar aquela com menos tuplas como a relação externa.

Por exemplo, considere uma junção por *loop* aninhado indexado de *aluno* ⋈ *realiza*, com *aluno* como relação externa. Suponha, também, que *realiza* tenha um índice grupado de árvore B+ sobre o atributo de junção *ID*, que contém 20 entradas na média em cada nó de índice. Como *realiza* tem 10.000 tuplas, a altura da árvore é 4, e mais um acesso é necessário para localizar os dados em si. Como n_{aluno} é 5000, o custo total é 100 + 5000 × 5 = 25.100 acessos ao disco, cada um exigindo uma busca e uma transferência de arquivo. Ao contrário, como vimos antes, 40.100 transferências de bloco mais 200 buscas eram necessárias para uma junção por *loop* aninhado em bloco. Embora o número de transferências de bloco tenha diminuído, o custo da busca de fato aumentou, assim como o custo total, pois uma busca é consideravelmente mais dispendiosa do que uma transferência de bloco. Porém, se tivéssemos uma seleção sobre a relação *aluno* que reduzisse o número de linhas significativamente, a junção por *loop* aninhado indexado poderia ser muito mais rápida do que a junção por *loop* aninhado em bloco.

15.5.4 Junção *merge*

O algoritmo de **junção merge**, ou **merge-join** (também chamado algoritmo **junção sort-merge**, ou **sort-merge-join**) pode ser usado para calcular as junções naturais e equijunções.

Sejam $r(R)$ e $s(S)$ relações cuja junção natural deve ser calculada, e sejam $R \cap S$ seus atributos comuns. Suponha que as duas relações sejam classificadas sobre os atributos $R \cap S$. Então, sua junção pode ser calculada por um processo muito semelhante ao estágio de *merge* no algoritmo *merge-sort*.

15.5.4.1 Algoritmo de junção *merge*

A Figura 15.7 mostra o algoritmo de junção *merge*. No algoritmo, *AtribsJunção* refere-se aos atributos em $R \cap S$, e $t_r \bowtie t_s$, em que t_r e t_s são tuplas que têm os mesmos valores para *AtribsJunção*, indica a concatenação dos atributos das tuplas, seguida pela remoção de atributos repetidos. O algoritmo de junção *merge* associa um ponteiro a cada relação. Esses ponteiros apontam inicialmente para a primeira tupla das respectivas relações. Com o prosseguimento do algoritmo, os ponteiros se movem pela relação. Um grupo de tuplas de uma relação com o mesmo valor nos atributos de junção é lido para S_s. O algoritmo na Figura 15.7 *requer* que cada conjunto de tuplas S_s caiba na memória principal; mais adiante, nesta seção, veremos as extensões do algoritmo para evitar esse requisito. Depois, as tuplas correspondentes (se houver) da outra relação são lidas e processadas à medida que são lidas.

A Figura 15.8 mostra duas relações que são classificadas sobre seu atributo de junção *a*1. É instrutivo passar pelas etapas do algoritmo de junção *merge* sobre as relações mostradas na figura.

O algoritmo de junção *merge* da Figura 15.7 exige que cada conjunto S_s de todas as tuplas com o mesmo valor para os atributos de junção caiba na memória principal. Esse requisito normalmente pode ser atendido, mesmo que a relação *s* seja grande. Se houver alguns valores de atributo de junção para os quais S_s é maior que a memória disponível, uma junção por *loop* aninhado em bloco pode ser realizada para tais conjuntos S_s, combinando-os com os blocos correspondentes de tuplas em *r* com os mesmos valores para os atributos de junção.

Se as relações de entrada *r* e *s* não estiverem classificada sobre os atributos de junção, elas podem ser classificadas primeiro, e depois o algoritmo de junção *merge* pode ser usado. O algoritmo de junção *merge* também pode ser facilmente estendido de junções naturais para o caso mais geral das equijunções.

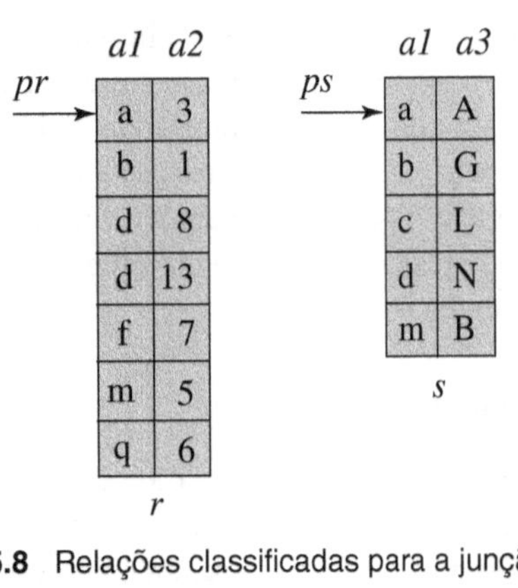

Figura 15.8 Relações classificadas para a junção *merge*.

15.5.4.2 Análise de custo

Como as relações estão em ordem classificada, as tuplas com o mesmo valor nos atributos de junção estão em ordem consecutiva. Por isso, cada tupla na ordem classificada precisa ser lida apenas uma vez e, como resultado, cada bloco também é lido apenas uma vez. Como é preciso apenas uma única passada por ambos os arquivos (supondo que todos os conjuntos S_s caibam na memória), o método de junção *merge* é eficiente; o número de transferências de bloco é igual à soma do número de blocos nos dois arquivos, $b_r + b_s$.

Supondo que b_b blocos de *buffer* sejam alocados a cada relação, o número de buscas de disco exigidas seria $\lceil b_r/b_b \rceil + \lceil b_s/b_b \rceil$ buscas de disco. Como as buscas são muito mais dispendiosas do que a transferência de dados, faz sentido alocar vários blocos de *buffer* a cada relação, desde que haja memória extra. Por exemplo, com $t_T = 0{,}1$ milissegundo por bloco de quatro kilobytes e $t_S = 4$ milissegundos, o tamanho do *buffer* é de 400 blocos (ou 1,6 megabyte), e o tempo de busca seria quatro milissegundos para cada 40 milissegundos de tempo de transferência; em outras palavras, o tempo de busca seria apenas 10% do tempo de transferência.

Se uma ou ambas as relações de entrada *r* e *s* não forem classificadas sobre os atributos de junção, elas deverão ser classificadas primeiro; o custo de classificação deverá, então ser, somado aos outros custos. Se alguns conjuntos S_s não couberem na memória, o custo aumentará ligeiramente.

Suponha que o esquema de junção *merge* seja aplicado ao nosso exemplo de *aluno* ⋈ *realiza*. O atributo de junção aqui é *ID*. Suponha que as relações já estejam classificadas sobre o atributo de junção *ID*. Nesse caso, a junção *merge* usa um total de 400 + 100 = 500 transferências de bloco. Se considerarmos que, no pior cenário, somente um bloco de *buffer* é alocado para cada relação de entrada (ou seja, $b_b = 1$), um total de 400 + 100 = 500 buscas também será necessário; na realidade, b_b pode ser definido como muito mais alto, ou seja, pode-se assumir que b_b é muito maior que 1, pois só precisamos colocar em *buffer* blocos de duas relações, e o custo da busca será muito menor.

Suponha que as relações não estejam classificadas e o tamanho da memória seja conforme o pior cenário, somente igual a três blocos. O custo é o seguinte:

1. Usando a fórmula que desenvolvemos na Seção 15.4, podemos ver que a classificação da relação *realiza* exige $\lceil \log_{3-1}(400/3) \rceil = 8$ passadas de *merge*. A classificação da relação *realiza*, então, exige $400 \times (2\lceil \log_{3-1}(400/3) \rceil + 1)$, ou 6800 transferências de bloco, com mais 400 transferências para escrever o resultado. O número de buscas exigidas é $2 \times \lceil 400/3 \rceil + 400 \times (2 \times 8 - 1)$ ou 6268 buscas para classificação e 400 buscas para escrever a saída, totalizando 6668 buscas, pois somente um bloco de *buffer* está disponível para cada rodada.
2. De modo semelhante, a classificação de *aluno* exige $\lceil \log_{3-1}(100/3) \rceil = 6$ passadas de *merge* e $100 \times (2\lceil \log_{3-1}(100/3) \rceil + 1)$, ou 1300 transferências de bloco, com mais 100

transferências para escrever o resultado. O número de buscas exigidas para a classificação de *aluno* é $2 \times \lceil 100/3 \rceil + 100 \times (2 \times 6 - 1) = 1168$, e 100 buscas são exigidas para escrever a saída, totalizando 1268 buscas.

3. Finalmente, a mesclagem das duas relações exige $400 + 100 = 500$ transferências de bloco e 500 buscas.

Assim, o custo total é 9100 transferências de bloco mais 8932 buscas se as relações não forem classificadas, e o tamanho da memória for de apenas três blocos.

Com tamanho de memória de 25 blocos, e as relações não classificadas, o custo da classificação seguida por junção *merge* seria o seguinte:

1. A classificação da relação *realiza* pode ser feita com apenas uma etapa de mesclagem e exige um total de $400 \times (2 \lceil \log_{24}(400/25) \rceil + 1) = 1200$ transferências de bloco. De modo semelhante, a classificação de *aluno* exige 300 transferências de bloco. A escrita da saída classificada em disco exige $400 + 100 = 500$ transferências de bloco, e a etapa de mesclagem exige 500 transferências de bloco para ler os dados de volta. Somando esses custos, temos um custo total de 2500 transferências de bloco.

2. Se considerarmos que somente um bloco de *buffer* é alocado para cada rodada, o número de buscas exigidas nesse caso é $2 \times \lceil 400/25 \rceil + 400 + 400 = 832$ buscas para classificar *realiza* e gravar a saída classificada em disco, e, da mesma maneira, $2 \times \lceil 100/25 \rceil + 100 + 100 = 208$ para *aluno*, mais $400 + 100$ buscas para a leitura dos dados classificados na etapa de junção *merge*. Somando esses custos, temos um custo total de 1640 buscas.

   O número de buscas pode ser reduzido bastante reservando-se mais blocos de *buffer* para cada rodada. Por exemplo, se cinco blocos de *buffer* forem alocados para cada rodada e para a saída a partir da mesclagem das quatro rodadas de *aluno*, o custo será reduzido para $2 \times \lceil 100/25 \rceil + \lceil 100/5 \rceil + \lceil 100/5 \rceil = 48$ buscas, em vez de 208 buscas. Se a etapa de junção *merge* reservar 12 blocos cada para a colocação de *realiza* e *aluno* em *buffer*, o número de buscas para a etapa de junção *merge* cairá para $\lceil 400/12 \rceil + \lceil 100/12 \rceil = 43$, em vez de 500. O número total de buscas é, portanto, 251.

Assim, o custo total é de 2500 transferências de bloco mais 251 buscas se as relações não estiverem classificadas, e o tamanho da memória consumida é igual a 25 blocos.

15.5.4.3 Algoritmo de junção *merge* híbrido

É possível realizar uma variação da operação de junção *merge* sobre tuplas não classificadas se houver índices secundários sobre os dois atributos da junção. O algoritmo varre os registros pelos índices, resultando em sua recuperação na ordem classificada. Porém, essa variação apresenta uma desvantagem significativa, pois os registros podem estar espalhados pelos blocos do arquivo. Logo, o acesso a cada tupla poderia envolver o acesso a um bloco de disco, e isso é muito dispendioso.

Para evitar esse custo, podemos usar uma técnica de junção *merge híbrida*, que combina índices com a junção *merge*. Suponha que uma das relações esteja classificada; a outra não está classificada, mas tem índice de árvore B^+ secundário sobre os atributos de junção. O **algoritmo de junção merge híbrido** mescla a relação classificada com as entradas de folha do índice de árvore B^+ secundário. O arquivo resultante contém tuplas da relação classificada e endereços para tuplas da relação não classificada. O arquivo resultante é, então, classificado sobre os endereços das tuplas da relação não classificada, permitindo a recuperação eficiente das tuplas correspondentes, na ordem de armazenamento física, para completar a junção. As extensões da técnica para lidar com duas relações não classificadas ficam como exercício para o leitor.

15.5.5 Junção *hash*

Assim como o algoritmo de junção *merge*, o algoritmo de junção *hash* pode ser usado para implementar junções naturais e equijunções. No algoritmo de junção *hash*, uma função de *hash* h é usada para particionar tuplas de duas relações. A ideia básica é particionar as tuplas de cada uma das relações em conjuntos que têm o mesmo valor de *hash* nos atributos de junção. Consideramos que:

- h é uma função de *hash* mapeando valores de *AtribsJunção* para $\{0, 1, ..., n_h\}$, em que *AtribsJunção* indica os atributos comuns de r e s usados na junção natural.
- $r_0, r_1, ..., r_{n_h}$ indicam partições de tuplas r, cada partição inicialmente vazia. Cada tupla $t_r \in r$ é colocada na partição r_i, com $i = h(t_r[AtribsJunção])$.
- $s_0, s_1, ..., s_{n_h}$ indicam partições de tuplas s, cada partição inicialmente vazia. Cada tupla $t_s \in s$ é colocada na partição s_i, com $i = h(t_s[AtribsJunção])$.

A função de *hash* h deverá ter as propriedades "virtuosas" de aleatoriedade e uniformidade, que discutimos no Capítulo 14. A Figura 15.9 representa o particionamento das relações.

15.5.5.1 Fundamentos

A ideia por trás do algoritmo de junção *hash* é esta: suponha que uma tupla r e uma tupla s satisfaçam a condição de junção; então, elas terão o mesmo valor para os atributos de junção. Se esse valor receber algum valor de *hash* i, a tupla r precisará estar em r_i e a tupla s em s_i. Portanto, tuplas r em r_i só precisam ser comparadas com tuplas s em s_i; elas não precisam ser comparadas com tuplas s em qualquer outra partição.

Por exemplo, se d for uma tupla em *aluno*, c uma tupla em *realiza* e h uma função de *hash* sobre os atributos *ID* das tuplas, então d e c só precisam ser testados se $h(c) = h(d)$. Se $h(c) \neq h(d)$, então c e d têm diferentes valores para *ID*. Porém, se $h(c) = h(d)$, temos de testar c e d para ver se os valores em seus atributos de junção são iguais, pois é possível que c

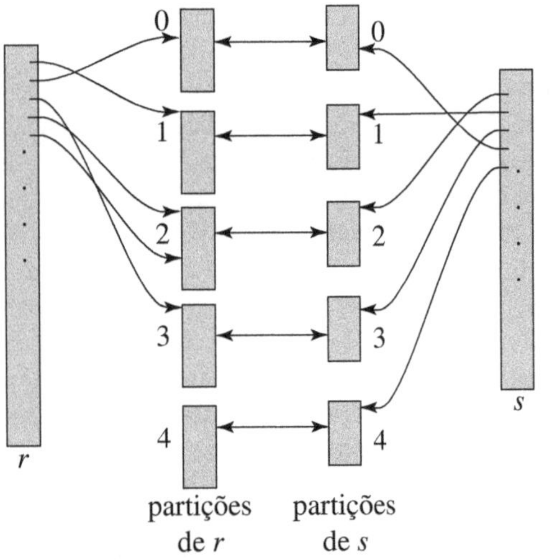

Figura 15.9 Particionamento das relações por *hash*.

e *d* tenham diferentes valores de *ID*, porém com os mesmos valores de *hash*.

A Figura 15.10 mostra os detalhes do algoritmo de **junção hash** para calcular a junção natural das relações *r* e *s*. Assim como no algoritmo de junção *merge*, $t_r \bowtie t_s$ indica a concatenação dos atributos das tuplas t_r e t_s, seguida pela remoção de atributos repetidos. Após o particionamento das relações, o restante do código de junção *hash* realiza separadamente, uma junção por *loop* aninhado indexado sobre cada um dos pares de partição *i*, para $i = 0, ..., n_h$. Para fazer isso, ele primeiro **monta** um índice de *hash* sobre cada s_i e, então, o **sonda** (ou seja, procura s_i) nas tuplas de r_i. A relação *s* é a **entrada de montagem (build input)** e *r* é a **entrada de sonda (probe input)**.

O índice de *hash* sobre s_i é montado na memória, de modo que não é preciso acessar o disco para apanhar as tuplas. A função de *hash* usada para montar esse índice de *hash* precisa ser diferente da função de *hash h* usada anteriormente, mas ainda é aplicada apenas aos atributos de junção. No curso da junção por *loop* aninhado indexado, o sistema usa esse índice de *hash* para apanhar registros que combinam com registros na entrada de sonda.

As fases de montagem e de sonda exigem apenas uma única passada pelas entradas de montagem e sonda. É simples estender o algoritmo de junção *hash* para calcular equijunções gerais.

O valor n_h precisa ser escolhido para ser grande o suficiente, de modo que, para cada *i*, as tuplas na partição s_i da relação de montagem, bem como o índice de *hash* sobre a partição caibam na memória. Não é preciso que as partições da relação de sonda caibam na memória. Claramente, é melhor usar a menor relação de entrada como relação de montagem. Se o tamanho da relação de montagem for de b_s blocos, então, para cada uma das n_h partições ter tamanho menor ou igual a *M*, n_h precisa ser pelo menos $\lceil b_s/M \rceil$. Mais precisamente, temos de levar em conta o espaço extra ocupado pelo índice de *hash* sobre a partição, de modo que n_h seja correspondentemente maior. Para simplificar, às vezes ignoramos o requisito de espaço do índice de *hash* em nossa análise.

```
* Partição s */
for each tupla t_s in s do begin
   i := h(t_s[AtribsJunção]);
   H_si := H_si ∪ {t_s};
end
/* Partição r */
for each tupla t_r in r do begin
   i := h(t_s[AtribsJunção]);
   H_ri := H_ri ∪ {t_r};
end
/* Realiza junção sobre cada partição */
for i := 0 to n_h do begin
   lê H_si e monta um índice de hash na memória sobre ele;
   for each tupla t_r in H_ri do begin
      sonda índice de hash em H_si para achar todas as tuplas t_s
         tais que t_s[AtribsJunção] = t_r[AtribsJunção];
      for each tupla t_s que combina in H_si do begin
         acrescenta t_r ⋈ t_s ao resultado;
      end
   end
end
```

Figura 15.10 Junção *hash*.

15.5.5.2 Particionamento recursivo

Se o valor de n_h for maior ou igual ao número de blocos da memória, as relações não podem ser particionadas em uma passada, pois não haverá blocos de *buffer* suficientes. Em vez disso, o particionamento precisa ser feito em passadas repetidas. Em uma passada, a entrada pode ser dividida, no máximo, em tantas partições quantos forem os blocos que estiverem disponíveis para uso como *buffers* de saída. Cada balde *(bucket)* gerado por uma passada é lido separadamente e particionado novamente na próxima passada, para criar partições menores. A função de *hash* usada em uma passada, naturalmente, é diferente daquela usada na passada anterior. O sistema repete essa divisão da entrada até que cada partição da entrada de montagem caiba na memória. Esse particionamento é denominado **particionamento recursivo**.

Uma relação não precisa de particionamento recursivo se $M > n_h + 1$ ou, de forma equivalente, $M > (b_s / M) + 1$, o que pode ser simplificado (aproximadamente) para $M > \sqrt{b_s}$. Por exemplo, considere um tamanho de memória de 12 megabytes, divididos em blocos de quatro kilobytes; a memória teria um total de 3K (3072) blocos. Podemos usar uma memória desse tamanho para particionar as relações de tamanho até 3K × 3K blocos, ou seja, 36 gigabytes. De modo semelhante, uma relação com tamanho de um gigabyte exige apenas um pouco mais de $\sqrt{256\text{ K}}$ blocos, ou dois megabytes, para evitar o particionamento recursivo.

15.5.5.3 Tratamento de estouros

O **estouro da tabela de hash** ocorre na partição i da relação de montagem s se o índice de *hash* sobre s_i for maior do que a memória principal. O estouro da tabela de *hash* pode ocorrer se houver muitas tuplas na relação de montagem com os mesmos valores para os atributos de junção ou se a função de *hash* não tiver as propriedades de aleatoriedade e uniformidade. Em qualquer um dos casos, algumas das partições terão mais tuplas do que a média, enquanto outras terão menos; o particionamento, então, é considerado **distorcido (skewed)**.

Podemos lidar com uma pequena quantidade de distorção aumentando o número de partições, de modo que o tamanho esperado de cada partição (incluindo o índice de *hash* sobre a partição) seja um pouco menor que o tamanho da memória. O número de partições, portanto, aumenta em um valor pequeno, chamado **fator de fudge**, que normalmente é cerca de 20% do número de partições de *hash* calculadas conforme descrevemos na Seção 15.5.5.

Mesmo que, usando um fator de *fudge*, formos conservadores sobre os tamanhos das partições, os estouros ainda podem ocorrer. Os estouros da tabela de *hash* podem ser tratados por *solução de estouro* (*overflow resolution*) ou *impedimento de estouro* (*overflow avoidance*). A **solução de estouro** é realizada durante a fase de montagem, se um estouro de índice de *hash* for detectado. A solução de estouro prossegue desta maneira: se s_i, para qualquer i, for muito grande, ele é particionado em partições menores, usando uma função de *hash* diferente. De modo semelhante, r_i também é particionado usando a nova função de *hash*, e somente as tuplas nas partições que casam (*matching partitions*) precisam ser juntadas (*joined*).

Em contraste, o **impedimento de estouro** realiza o particionamento cuidadosamente, de modo que os estouros nunca ocorram durante a fase de montagem. No impedimento de estouro, a relação de montagem s é inicialmente particionada em muitas partições pequenas e, então, algumas partições são combinadas de modo que cada partição combinada (*combined partition*) caiba na memória. A relação de sonda r é particionada da mesma maneira que as partições combinadas sobre s, mas os tamanhos de r_i não importam.

Se grande quantidade de tuplas em s tiver o mesmo valor para os atributos de junção, as técnicas de solução e impedimento podem falhar em algumas partições. Nesse caso, em vez de criar um índice de *hash* na memória e usar uma junção por *loop* aninhado para juntar (*join*) as partições, podemos usar outras técnicas de junção, como a junção por *loop* aninhado em bloco, sobre essas partições.

15.5.5.4 Custo da junção *hash*

Agora, considere o custo de uma junção *hash*. Nossa análise admite que não existe estouro da tabela de *hash*. Primeiro, examinamos o caso em que o particionamento recursivo não é exigido.

- O particionamento das duas relações r e s exige leitura completa das duas relações, com escrita subsequente. Essa operação exige $2(b_r + b_s)$ transferências de bloco, em que b_r e b_s indicam o número de blocos contendo registros das relações r e s, respectivamente. As fases de montagem e sonda leem cada uma das partições uma vez, exigindo outras $b_r + b_s$ transferências de bloco. O número de blocos ocupados pelas partições poderia ser ligeiramente maior que $b_r + b_s$, como resultado de blocos parcialmente preenchidos. O acesso aos blocos parcialmente preenchidos pode gerar uma sobrecarga de, no máximo, 2_{n_h} para cada uma das relações, pois cada uma das n_h partições poderia ter um bloco parcialmente preenchido que precisa ser escrito e lido de volta. Assim, estima-se que uma junção *hash* requeira

$$3(b_r + b_s) + 4n_h$$

  transferências de bloco. A sobrecarga $4n_h$ normalmente é muito pequena em comparação com $b_r + b_s$ e pode ser ignorada.

- Supondo que b_b blocos sejam alocados para o *buffer* de entrada e cada *buffer* de saída, o particionamento exige um total de $2(\lceil b_r / b_b \rceil + \lceil b_s / b_b \rceil)$ buscas. As fases de montagem e sonda exigem apenas uma busca para cada uma das n_h partições de cada relação, pois cada partição pode ser lida sequencialmente. A junção *hash*, portanto, requer $2(\lceil b_r / b_b \rceil + \lceil b_s / b_b \rceil) + 2n_h$ buscas.

  Agora, considere o caso em que o particionamento recursivo é requerido. Novamente, consideramos que b_b blocos são alocados para manter cada partição em *buffer*. Cada passada, então, reduz o tamanho de cada uma das partições por um fator esperado de $\lfloor M/b_b \rfloor - 1$; e as passadas são repetidas até que cada partição tenha o tamanho máximo de M blocos. O número esperado de passadas exigidas para particionar s é, portanto, $\lceil \log_{\lfloor M/b_b \rfloor - 1}(b_s/M) \rceil$.

- Como, em cada passada, cada bloco de s é lido e escrito, o total de transferências de bloco para particionamento de s é $2b_s \lceil \log_{\lfloor M/b_b \rfloor - 1}(b_s/M) \rceil$. O número de passadas para particionar r é o mesmo número de passadas para particionar s e, por isso, estima-se que a junção deverá requerer

$$2(b_r + b_s) \lceil log_{\lfloor M/b_b \rfloor - 1}(b_s/M) \rceil + b_r + b_s$$

transferências de bloco.

- Ignorando o número relativamente pequeno de buscas durante a fase de montagem e sonda, a junção *hash* com particionamento recursivo exige

$$2(\lceil b_r/b_b \rceil + \lceil b_s/b_b \rceil) \lceil log_{\lfloor M/b_b \rfloor - 1}(b_s/M) \rceil$$

buscas de disco.

Considere, por exemplo, a junção *realiza* ⋈ *aluno*. Com tamanho de memória de 20 blocos, a relação *aluno* pode ser particionada em cinco partições, cada uma com tamanho de 20 blocos, cujo tamanho caberá na memória. Somente uma passada é necessária para o particionamento. A relação *realiza* é semelhantemente particionada em cinco partições, cada uma com tamanho 80. Ignorando o custo de escrever blocos parcialmente preenchidos, o custo é de 3(100 + 400) = 1500 transferências de bloco. Existe memória suficiente para alocar três *buffers* para a entrada e cada uma das cinco saídas durante o particionamento (ou seja, $b_b = 3$), levando a $2(\lceil 100/3 \rceil + \lceil 400/3 \rceil) = 336$ buscas.

A junção *hash* pode ser melhorada se o tamanho da memória principal for grande. Quando a entrada de montagem inteira pode ser mantida na memória principal, n_h pode ser definido como zero; então, o algoritmo de junção *hash* executa rapidamente, sem particionar as relações em arquivos temporários, independentemente do tamanho da entrada de sonda. A estimativa de custo diminui para $b_r + b_s$ transferências de bloco e duas buscas.

A junção por *loop* aninhado indexado pode ter um custo muito menor do que a junção *hash* caso a relação externa seja pequena, e as pesquisas de índice buscarem apenas algumas poucas tuplas da relação interna (indexada). No entanto, caso seja usado um índice secundário e o número de tuplas na relação externa for grande, a junção por *loop* aninhado indexado pode ter um custo muito alto, em comparação com a junção *hash*. Se o número de tuplas na relação externa for conhecido no momento da otimização da consulta, o melhor algoritmo de junção pode ser escolhido nesse momento. No entanto, em alguns casos, por exemplo, quando há uma condição de seleção sobre a entrada externa, o otimizador toma uma decisão com base em uma estimativa potencialmente imprecisa. O número de tuplas na relação externa pode ser encontrado apenas em tempo de execução, por exemplo, após a execução da seleção. Alguns sistemas permitem uma escolha dinâmica entre os dois algoritmos em tempo de execução, depois de encontrar o número de tuplas na entrada externa.

15.5.5.5 Junção *hash* híbrida

O algoritmo de **junção *hash* híbrida** realiza outra otimização; ele é útil quando os tamanhos de memória são relativamente grandes, mas nem toda a relação de montagem cabe na memória. A fase de particionamento do algoritmo de junção *hash* precisa, no mínimo, de um bloco de memória como *buffer* para cada partição criada e um bloco de memória como *buffer* de entrada. Para reduzir o impacto das buscas, um número maior de blocos é usado como *buffer*; seja b_b o número de blocos usados como *buffer* para a entrada e para cada participação. Então, um total de $(n_h + 1) \times b_b$ blocos de memória são necessários para particionar as duas relações. Se a memória for maior que $(n_h + 1) \times b_b$, podemos usar o restante da memória ($M - (n_h + 1) \times b_b$ blocos) para colocar em *buffer* a primeira partição da entrada de montagem (ou seja, s_0), de modo que não precisará ser escrita e lida novamente. Além do mais, a função de *hash* é projetada de modo que o índice de *hash* sobre s_0 caiba em $M - (n_h + 1) \times b_b$ blocos, a fim de que, ao final do particionamento de s, s_0 esteja completamente na memória e um índice de *hash* possa ser montado sobre s_0.

Quando o sistema particiona r, ele novamente não grava as tuplas de r_0 em disco; em vez disso, enquanto as gera, o sistema as utiliza para sondar o índice de *hash* sobre s_0 residente na memória e gerar tuplas de saída da junção. Depois de serem usadas para a sonda, as tuplas podem ser descartadas e, assim, a partição r_0 não ocupa nenhum espaço na memória. Então, um acesso de escrita e um acesso de leitura foram economizados para cada bloco de r_0 e s_0. O sistema escreve tuplas nas outras partições normalmente e as junta depois. As economias da junção *hash* híbrida podem ser significativas se a entrada de montagem (*build input*) for apenas ligeiramente maior do que a memória.

Se o tamanho da relação de montagem for b_s, n_h será aproximadamente igual a b_s/M. Assim, a junção *hash* híbrida é mais útil se $M >> (b_s/M) \times b_b$, ou $M >> \sqrt{b_s \times b_b}$, em que a notação >> indica *muito maior que*. Por exemplo, suponha que o tamanho de bloco seja 4 kilobytes, o tamanho da relação de montagem seja 5 gigabytes e b_b seja 20. Então, o algoritmo de junção *hash* híbrida é útil se o tamanho da memória for significativamente maior que 20 megabytes; tamanhos de memória na ordem de gigabytes ou mais são comuns nos computadores de hoje. Se dedicarmos um gigabyte para o algoritmo de junção, s_0 será quase um gigabyte, e a junção de *hash* híbrida será quase 20% menos dispendiosa que a junção *hash*.

15.5.6 Junções complexas

Junção por *loop* aninhado e junção por *loop* aninhado em blocos podem ser usadas independentemente das condições de junção. As outras técnicas de junção são mais eficientes do que a junção por *loop* aninhado e suas variantes, mas só podem tratar de condições de junção simples, como junções naturais e equijunções. Podemos implementar junções com condições de junção complexas, como conjunções e disjunções, usando as técnicas de junção eficientes, se aplicarmos as técnicas desenvolvidas na Seção 15.3.3 para o tratamento de seleções complexas.

Considere a seguinte junção com uma condição conjuntiva:

$$r \bowtie_{\theta_1 \wedge \theta_2 \wedge \ldots \wedge \theta_n} s$$

Uma ou mais das técnicas de junção descritas anteriormente podem ser aplicáveis para junções sobre as condições individuais $r \bowtie_{\theta_1} s$, $r \bowtie_{\theta_2} s$, $r \bowtie_{\theta_3} s$ e assim por diante. Podemos calcular a junção geral primeiro calculando o resultado de uma dessas junções mais simples $r \bowtie_{\theta_i} s$; cada par de tuplas no resultado intermediário consiste em uma tupla de r e uma de s. O resultado da junção completa consiste nas tuplas do resultado intermediário que satisfazem as condições restantes:

$$\theta_1 \wedge \ldots \wedge \theta_{i-1} \wedge \theta_{i+1} \wedge \ldots \wedge \theta_n$$

Essas condições podem ser testadas enquanto as tuplas em $r \bowtie_{\theta_i} s$ estão sendo geradas.

Uma junção cuja condição é disjuntiva pode ser calculada dessa maneira. Considere:

$$r \bowtie_{\theta_1 \vee \theta_2 \vee \ldots \vee \theta_n} s$$

A junção pode ser calculada como a junção dos registros em junções individuais $r \bowtie_{\theta_i} s$:

$$(r \bowtie_{\theta_1} s) \cup (r \bowtie_{\theta_2} s) \cup \ldots \cup (r \bowtie_{\theta_n} s)$$

A Seção 15.6 descreve algoritmos para calcular a união de relações.

15.5.7 Junções sobre dados espaciais

Os algoritmos de junção que apresentamos até aqui não fazem suposições específicas sobre os tipos de dados que estão sendo juntados, mas assumem o uso de operações de comparação padrão, como igualdade, menor que ou maior que, onde os valores são ordenados linearmente.

As condições de seleção e junção sobre dados espaciais envolvem operadores de comparação que verificam se uma região contém ou sobrepõe outra, ou se uma região contém um ponto específico; e as regiões podem ser multidimensionais. As comparações também podem levar em conta a distância entre os pontos, por exemplo, ao encontrar um conjunto de pontos mais próximos de determinado ponto em um espaço bidimensional.

A junção *merge* não pode ser usada com essas operações de comparação, pois não há ordem de classificação simples sobre dados espaciais em duas ou mais dimensões. O particionamento de dados com base no *hashing* também não é aplicável, pois não há como garantir que as tuplas que satisfazem um predicado de sobreposição ou de contenção resultem no mesmo valor de *hash*. A junção por *loops* aninhados sempre pode ser usada independentemente da complexidade das condições, mas pode ser muito ineficiente com grandes conjuntos de dados.

No entanto, a junção por *loops* aninhados indexados pode ser usada, se houver índices espaciais apropriados. Na Seção 14.10, vimos diversos tipos de índices para dados espaciais, incluindo árvores R, árvores k-d, árvores k-d-B e árvores quadráticas (*quadtrees*). A Seção 24.4 contém outros detalhes sobre esses índices. Essas estruturas de índice permitem a recuperação eficiente de dados espaciais com base em predicados, como contém, contido ou sobreposto, e, também, podem ser efetivamente usadas para localizar vizinhos mais próximos.

Atualmente, a maioria dos principais sistemas de bancos de dados incorpora o suporte à indexação de dados espaciais e utiliza-os ao processar consultas usando condições de comparação espacial.

15.6 Outras operações

Outras operações relacionais e operações relacionais estendidas – como eliminação de duplicatas, projeção, operações de conjunto, junção externa e agregação – podem ser implementadas conforme esboçado nas Seções 15.6.1 a 15.6.5.

15.6.1 Eliminação de duplicatas

Podemos implementar a eliminação de duplicatas facilmente pela classificação (do inglês, *sorting*). Tuplas idênticas aparecerão adjacentes umas às outras durante a classificação, e todas, exceto uma cópia, poderão ser removidas. Com o *sort-merge* externo, as duplicatas encontradas enquanto uma rodada está sendo criada podem ser removidas antes que a rodada seja gravada em disco, reduzindo, assim, o número de transferências de blocos. As duplicatas restantes podem ser eliminadas durante a mesclagem, e a rodada classificada final não possui duplicatas. A estimativa de custo de pior caso para a eliminação de duplicatas é igual à estimativa de custo de pior caso para a classificação da relação.

Também podemos implementar a eliminação de duplicatas pelo *hashing*, como no algoritmo de junção *hash*. Primeiro, a relação é particionada com base em uma função de *hash* sobre a tupla inteira. Então, cada partição é lida, e um índice de *hash* na memória é construído. Ao construir o índice de *hash*, uma tupla só é inserida se ainda não estiver presente. Caso contrário, a tupla é descartada. Depois que todas as tuplas na partição tiverem sido processadas, as tuplas no índice de *hash* são escritas no resultado. A estimativa de custo é igual àquela para o custo de processamento (particionamento e leitura de cada partição) da relação de montagem em uma junção *hash*.

Em razão do custo relativamente alto da eliminação de duplicatas, a SQL exige uma solicitação explícita pelo usuário para remover duplicatas; caso contrário, as duplicatas são retidas.

15.6.2 Projeção

Podemos implementar a projeção facilmente realizando a projeção sobre cada tupla (o que gera uma relação que poderia ter registros duplicados) e, então, removendo os registros

Nota 15.1 RESPONDENDO A CONSULTAS POR PALAVRA-CHAVE

A pesquisa por palavras-chave em documentos é muito utilizada no contexto das buscas na Web. Em sua forma mais simples, uma consulta por palavra-chave fornece um conjunto de palavras K_1, K_2,..., K_n, e o objetivo é encontrar documentos d_i a partir de uma coleção de documentos D tais que d_i contenha todas as palavras-chave na consulta. A pesquisa por palavras-chave, na vida real, é mais complicada, pois exige a pontuação de documentos com base em várias métricas, como TF-IDF e PageRank, que vimos anteriormente na Seção 8.3.

Os documentos que contêm uma palavra-chave especificada podem ser localizados de maneira eficiente usando um índice (comumente chamado de **índice invertido**) que mapeia cada palavra-chave K_i para uma lista S_i de identificadores dos documentos que contêm K_i. A lista é mantida classificada. Por exemplo, se os documentos d_1, d_9 e d_{21} contiverem o termo "Silberschatz", a lista invertida para a palavra-chave Silberschatz seria "d_1; d_9; d_{21}". Técnicas de compactação são usadas para reduzir o tamanho das listas invertidas. Um índice de árvore B^+ pode ser usado para mapear cada palavra-chave K_i para sua lista invertida associada S_i.

Para responder a uma consulta com a palavra-chave K_1, K_2,..., K_n, recuperamos a lista invertida S_i para cada palavra-chave S_i e, em seguida, calculamos a interseção $S_1 \cap S_2 \cap \cdots \cap S_n$ para localizar documentos que aparecem em todas as listas. Como as listas estão classificadas, a interseção pode ser implementada com eficiência mesclando as listas a partir de varreduras simultâneas de todas as listas. Muitos sistemas de recuperação de informações retornam documentos que contêm várias, mesmo que não todas, as palavras-chave; a etapa de mesclagem pode ser facilmente modificada para gerar documentos que contenham pelo menos k das n palavras-chave.

Para oferecer suporte à pontuação dos resultados da consulta por palavras-chave, informações extras podem ser armazenadas em cada lista invertida, incluindo a frequência inversa do documento para o termo e, para cada documento, o PageRank, a frequência do termo, bem como as posições dentro do documento onde o termo ocorre. Essas informações são úteis para calcular valores que são usados para pontuar os documentos. Por exemplo, documentos em que as palavras-chave ocorrem próximas umas das outras podem receber uma pontuação mais alta para a proximidade de palavras-chave do que aqueles em que elas ocorrem mais afastadas umas das outras. A pontuação de proximidade da palavra-chave pode ser combinada com a pontuação TF-IDF e o PageRank para calcular uma pontuação final. Os documentos são, então, classificados conforme essa pontuação. Como a maioria das buscas na Web recupera apenas as primeiras poucas respostas, os mecanismos de pesquisa incorporam várias otimizações que ajudam a encontrar as melhores respostas de modo eficiente, sem computar a lista completa e depois encontrar a pontuação. As referências que contêm outros detalhes podem ser encontradas na seção de Leitura adicional, ao final deste capítulo.

duplicados. As duplicatas podem ser eliminadas pelos métodos descritos na Seção 15.6.1. Se os atributos na lista de projeção incluírem a chave da relação, não haverá duplicatas; logo, a eliminação de duplicatas não é exigida. A projeção generalizada pode ser implementada da mesma maneira que a projeção.

15.6.3 Operações de conjunto

Podemos implementar as operações de *união*, *interseção* e *diferença de conjunto* primeiro classificando as duas relações e, depois, varrendo uma vez cada uma das relações classificadas (do inglês, *sorted relations*) para produzir o resultado. Em $r \cup s$, quando uma varredura simultânea das duas relações revelar a mesma tupla nos dois arquivos, somente uma das tuplas será retida. O resultado de $r \cap s$ terá apenas as tuplas que aparecem nas duas relações. Implementamos a *diferença de conjuntos*, $r - s$, de modo semelhante, retendo as tuplas em r apenas se estiverem ausentes em s.

Para todas essas operações, somente uma varredura das duas relações de entrada será necessária, de modo que o custo é $b_r + b_s$ transferências de bloco se as relações forem classificadas na mesma ordem. Assumindo o pior cenário, ou seja, um bloco de *buffer* para cada relação, um total de $b_r + b_s$ buscas de disco será necessário além de $b_r + b_s$ transferências de bloco. O número de buscas pode ser reduzido pela alocação de blocos de *buffer* extras.

Se as relações não estiverem classificadas inicialmente, o custo da classificação terá de ser incluído. Qualquer ordem de classificação poderá ser usada na avaliação das operações de conjunto, desde que as duas entradas tenham a mesma ordem de classificação.

O *hashing* oferece outra maneira de implementar essas operações de conjunto. A primeira etapa em cada caso é particionar as duas relações pela mesma função de *hash* e, com isso, criar as partições $r_0, r_1, ..., r_{n_h}$ e $s_0, s_1, ..., s_{n_h}$. Dependendo da operação, o sistema, em seguida, realiza essas etapas sobre cada partição $i = 0, 1, ..., n_h$:

- $r \cup s$

1. Monte um índice de *hash* na memória sobre r_i.
2. Acrescente as tuplas em s_i ao índice de *hash*, mas somente se ainda não estiverem presentes.
3. Acrescente as tuplas no índice de *hash* ao resultado.

- $r \cap s$

1. Monte um índice de *hash* na memória sobre r_i.
2. Para cada tupla em s_i, sonde o índice de *hash* e envie a tupla ao resultado somente se ela já estiver presente no índice de *hash*.

- $r - s$

1. Monte um índice de *hash* na memória sobre r_i.
2. Para cada tupla em s_i, sonde o índice de *hash* e, se a tupla estiver presente no índice de *hash*, exclua-a do índice de *hash*.
3. Acrescente as tuplas restantes no índice de *hash* ao resultado.

15.6.4 Junção externa

Recordemos as *operações de junção externa* descritas na Seção 4.1.3. Por exemplo, a junção natural externa à esquerda *realiza* ⟕ *aluno* contém a junção de *realiza* e *aluno* e, além disso, para cada tupla *t* de *realiza* que não possua uma tupla correspondente em *aluno* (ou seja, onde *ID* não está em *aluno*), a tupla t_1 descrita a seguir é acrescentada ao resultado. Para todos os atributos no esquema de *realiza*, a tupla t_1 tem os mesmos valores da tupla *t*. Os atributos restantes (do esquema de *aluno*) da tupla t_1 contêm o valor nulo.

Podemos implementar as operações de junção externa usando uma dentre duas estratégias:

1. Calcular a junção correspondente e depois acrescentar outras tuplas ao resultado da junção para chegar ao resultado da junção externa. Considere a operação de junção externa à esquerda (*left outer-join*) e duas relações: $r(R)$ e $s(S)$. Para avaliar $r ⟕_\theta s$, primeiro calculamos $r \bowtie_\theta s$ e salvamos o resultado como a relação temporária q_1. Em seguida, calculamos $r - \Pi_R(q_1)$ para obter as tuplas em *r* que não participam da junção teta (*theta join*). Podemos usar qualquer um dos algoritmos a fim de calcular as junções, a projeção e a diferença de conjunto, descritas anteriormente para calcular as junções externas. Preenchemos cada uma dessas tuplas com valores nulos para os atributos de *s*, e as acrescentamos a q_1 para obter o resultado da junção externa.

   A operação de junção externa à direita (*right outer-join*) $r ⟖_\theta s$ é equivalente a $s ⟕_\theta r$ e, portanto, pode ser implementada de modo simétrico à junção externa à esquerda. Podemos implementar a operação junção externa completa (*full outer-join*) $r ⟗_\theta s$ calculando a junção $r \bowtie s$ e, depois, acrescentando as tuplas extras das operações de junção externa à esquerda e à direita (*left* e *right outer-join*, respectivamente), como antes.

2. Modificar os algoritmos de junção. É fácil estender os algoritmos de junção por *loop* aninhado para calcular a junção externa à esquerda: as tuplas na relação externa que não correspondem a nenhuma tupla na relação interna são escritas na saída depois de serem preenchidas com valores nulos. Porém, é difícil estender a junção por *loop* aninhado para calcular a junção externa completa.

As junções externas naturais (*natural outer-joins*) e as junções externas com uma condição de equijunção podem ser calculadas por extensões dos algoritmos de junção *merge* e junção *hash*. A junção *merge* pode ser estendida para calcular a junção externa completa da seguinte maneira: quando o *merge* de duas relações está sendo feito, as tuplas em qualquer relação que não combinam com nenhuma tupla na outra relação podem ser preenchidas com nulos e escritas na saída. De modo semelhante, podemos estender a junção *merge* para calcular as junções externas à esquerda e à direita escrevendo tuplas que não combinam com nenhuma outra (preenchidas com nulos) a partir de apenas uma das relações. Como as relações são classificadas, é fácil detectar se uma tupla combina ou não com quaisquer tuplas da outra relação. Por exemplo, quando é feita uma junção *merge* de *realiza* e *aluno*, as tuplas são lidas em ordem classificada de *ID*, e é fácil verificar, para cada tupla, se existe uma tupla correspondente na outra.

As estimativas de custo para implementar junções externas usando o algoritmo de junção *merge* são as mesmas utilizadas para a junção correspondente. A única diferença está no tamanho do resultado e, portanto, nas transferências de bloco para escrita, que não consideramos em nossas estimativas de custo anteriores.

A extensão do algoritmo de junção *hash* para calcular junções externas é deixada como exercício (Exercício 15.21).

15.6.5 Agregação

Pense na função (operador) de agregação, discutido na Seção 3.7. Por exemplo, a função

> **select** *nome_dept*, **avg** (*salário*)
> **from** *instrutor*
> **group by** *nome_dept*;

calcula o salário médio em cada departamento da universidade.

A operação de agregação pode ser implementada da mesma maneira que a eliminação de duplicatas. Usamos a classificação ou o *hashing*, assim como fizemos para a eliminação de duplicatas, mas com base nos atributos de agrupamento (*nome_dept* no exemplo anterior). Porém, em vez de eliminar tuplas com o mesmo valor para o atributo de agrupamento, nós as reunimos em grupos e aplicamos as operações de agregação sobre cada grupo para chegar ao resultado.

A estimativa de custo para implementar a operação de agregação é igual ao custo da eliminação de duplicatas, para funções agregadas como **min**, **max**, **sum**, **count** e **avg**.

Em vez de reunir todas as tuplas em um grupo e depois aplicar as operações de agregação, podemos implementar as operações de agregação **sum**, **min**, **max**, **count** e **avg** diretamente, enquanto os grupos estão sendo construídos. Para o caso de **sum**, **min** e **max**, quando são encontradas duas tuplas no mesmo grupo, o sistema as substitui por uma única tupla contendo **sum**, **min** ou **max**, respectivamente, das colunas sendo agregadas. Para a operação **count**, mantém-se um contador acumulado para cada grupo para o qual uma tupla foi encontrada. Finalmente, implementamos a operação **avg** calculando os valores da soma e do contador diretamente e, por fim, dividindo a soma pelo contador para chegar à média.

Se todas as tuplas do resultado couberem na memória, as implementações baseadas em classificação e em *hash* não precisarão gravar quaisquer tuplas em disco. À medida que as tuplas são lidas, elas podem ser inseridas em uma estrutura de árvore classificada ou em um índice de *hash*. Quando usamos as técnicas de agregação diretamente, somente uma tupla precisa ser armazenada para cada um dos grupos. Logo, a estrutura de árvore classificada ou o índice de *hash* cabem na memória, e a agregação pode ser processada com apenas b_r transferências de bloco (e uma busca), no lugar das $3b_r$ transferências (e, no pior cenário, até $2b_r$ buscas) que seriam requeridas em caso contrário.

15.7 Avaliação de expressões

Até aqui, estudamos como são executadas as operações relacionais individuais. Agora, consideramos como avaliar uma expressão contendo várias operações. O modo óbvio de avaliar uma expressão é simplesmente avaliar uma operação de cada vez, em uma ordem apropriada. O resultado de cada avaliação é **materializado** em uma relação temporária para uso subsequente. Uma desvantagem dessa técnica é a necessidade de construir as relações temporárias, que (a menos que sejam pequenas) precisam ser gravadas em disco. Uma técnica alternativa consiste em avaliar várias operações simultaneamente em uma **canalização** (*pipeline*), com os resultados de uma operação passados para a seguinte, sem a necessidade de armazenar uma relação temporária.

Nas Seções 15.7.1 e 15.7.2, logo a seguir, consideramos as técnicas de *materialização* e de *canalização*. Veremos que os custos dessas técnicas podem diferir substancialmente, mas também que existem casos em que apenas a técnica de materialização é viável.

15.7.1 Materialização

É mais fácil entender intuitivamente como avaliar uma expressão examinando a representação gráfica da expressão em uma **árvore de operadores**. Considere a expressão

$$\Pi_{nome}(\sigma_{prédio\ =\ \text{“Watson”}}\ (departamento) \bowtie instrutor)$$

na Figura 15.11.

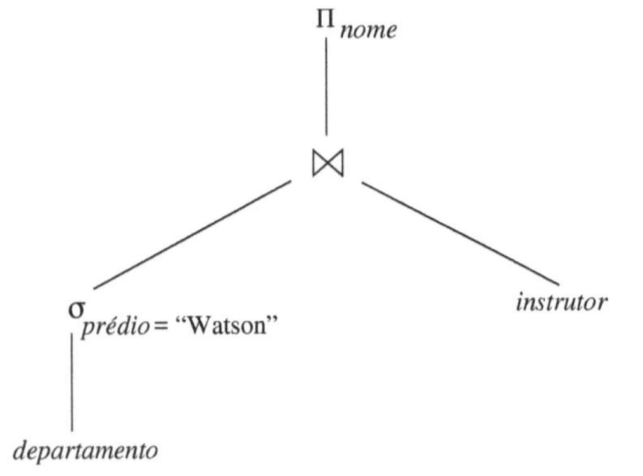

Figura 15.11 Representação gráfica de uma expressão.

Se aplicarmos a técnica de materialização, começamos pelas operações de nível mais baixo na expressão (na parte de baixo da árvore). Em nosso exemplo, existe apenas uma operação desse tipo: o operador de seleção sobre *departamento*. As entradas das operações de nível mais baixo são relações no banco de dados. Executamos essas operações usando os algoritmos que estudamos anteriormente e armazenamos os resultados em relações temporárias. Podemos usar essas relações temporárias para executar as operações no próximo nível superior na árvore, em que as entradas agora são relações temporárias ou relações armazenadas no banco de dados. No nosso exemplo, as entradas da junção são a relação *instrutor* e a relação temporária criada pela seleção sobre *departamento*. A junção, então, pode ser avaliada, criando outra relação temporária.

Repetindo o processo, por fim, avaliaremos a operação na raiz da árvore, obtendo o resultado final da expressão. Em nosso exemplo, chegamos ao resultado final executando a operação de projeção na raiz da árvore, usando como entrada a relação temporária criada pela junção.

A avaliação conforme descrito é chamada de **avaliação materializada**, pois os resultados de cada operação intermediária são criados (materializados) e depois usados para avaliação das operações de nível seguinte.

O custo de uma avaliação materializada não é simplesmente a soma dos custos das operações envolvidas. Quando calculamos as estimativas de custo dos algoritmos, ignoramos o custo da gravação do resultado da operação em disco. Para calcular o custo da avaliação de uma expressão conforme fizemos aqui, temos de somar os custos de todas as operações, além do custo de gravar os resultados intermediários em disco. Consideramos que os registros do resultado se acumulam em um *buffer* e, quando o *buffer* está cheio, eles são gravados em disco. O número de blocos gravados, b_r, pode ser estimado como n_r/f_r, em que n_r é o número estimado de tuplas na relação de resultados r, e f_r é o *fator de blocagem* da relação de resultado, ou seja, o número de registros de r que caberão em um bloco. Além do tempo de transferência, podem ser necessárias algumas buscas de disco, pois a cabeça de acesso do disco pode ter se movido entre gravações sucessivas. O número de buscas pode ser estimado como $\lceil b_r/b_b \rceil$, sendo b_b o tamanho do *buffer* de saída (medido em blocos).

O **buffer duplo** (uso de dois *buffers*, com um continuando a execução do algoritmo enquanto o outro está sendo gravado) permite que o algoritmo seja executado mais rapidamente, realizando a atividade da CPU em paralelo com a atividade de E/S. O número de buscas pode ser reduzido com a alocação de blocos extras ao *buffer* de saída, escrevendo-se vários blocos ao mesmo tempo.

15.7.2 Canalização (*pipelining*)

Podemos melhorar a eficiência da avaliação da consulta reduzindo o número de arquivos temporários produzidos. Alcançamos essa redução combinando várias operações relacionais em uma *canalização* (*pipeline*) de operações, em que os resultados de uma operação são passados adiante para a operação seguinte na canalização. A avaliação conforme descrita é chamada de **avaliação canalizada** (*pipelined evaluation*).

Por exemplo, considere a expressão ($\Pi_{a1,a2}(r \bowtie s)$). Se a materialização fosse aplicada, a avaliação envolveria a criação de uma relação temporária para manter o resultado da junção, e depois a leitura do resultado para realizar a projeção. Essas operações podem ser combinadas: quando a operação de junção gera uma tupla de seu resultado, ela passa essa tupla imediatamente à operação de projeção, para processamento. Combinando a junção e a projeção, evitamos a criação do resultado intermediário e, em vez disso, criamos o resultado final diretamente.

A criação de uma *pipeline* de operações pode oferecer dois benefícios:

1. Eliminar o custo de leitura e escrita de relações temporárias, reduzindo o custo da avaliação da consulta. Observe que a fórmula do custo que vimos anteriormente para cada operação incluía o custo da leitura do resultado em disco. Se a entrada de um operador o_i estiver canalizada a partir de um operador anterior o_j, o custo de o_i não deverá incluir o custo da leitura da entrada em disco; a fórmula do custo que vimos antes pode ser modificada levando isso em consideração.
2. Poder iniciar a geração dos resultados da consulta rapidamente, se o operador raiz de um plano de avaliação de consulta for combinado em uma canalização com suas entradas. Isso pode ser muito útil se os resultados forem exibidos a um usuário enquanto são gerados, pois, de outra forma, poderia levar muito tempo até que o usuário veja quaisquer resultados da consulta.

15.7.2.1 Implementação da canalização (*pipelining*)

Podemos implementar uma canalização (*pipeline*) construindo uma única operação complexa que combina as operações que constituem a canalização. Embora essa técnica possa ser viável para várias situações frequentes, em geral é desejável reutilizar o código para operações individuais na construção de uma canalização.

No exemplo da Figura 15.11, todas as três operações podem ser colocadas em uma canalização, que passa os resultados da seleção para a junção à medida que são gerados. Por sua vez, ela passa os resultados da junção para a projeção à medida que são gerados. Os requisitos de memória são baixos, pois os resultados de uma operação não são armazenados por muito tempo. Porém, como resultado da canalização, as entradas das operações não estão todas disponíveis ao mesmo tempo para processamento.

As canalizações podem ser executadas de duas maneiras:

1. Em uma **canalização controlada por demanda** (*demand-driven*), o sistema faz repetidas solicitações por tuplas a partir da operação no topo da canalização. Toda vez que uma operação recebe uma solicitação por tuplas, ela calcula a próxima tupla (ou tuplas) a ser retornada e, depois, retorna essa tupla. Se as entradas da operação não forem canalizadas, as próximas tuplas a serem retornadas podem ser calculadas a partir das relações de entrada, enquanto o sistema registra o que foi retornado até então. Se ela tiver algumas entradas canalizadas, a operação também faz solicitações por tuplas de suas entradas canalizadas. Usando as tuplas recebidas de suas entradas canalizadas, a operação calcula tuplas para sua saída e as passa para o seu pai.
2. Em uma **canalização controlada por produtor** (*producer-driven*), as operações não esperam que as solicitações produzam tuplas, mas, em vez disso, geram as tuplas **avidamente** (*eagerly*). Cada operação em uma canalização controlada por produtor é modelada como um processo ou *thread* separado dentro do sistema, que apanha um fluxo de tuplas de suas entradas canalizadas e gera um fluxo de tuplas para sua saída.

Descrevemos, a seguir, como as canalizações controlada por demanda e controlada por produtor podem ser implementadas.

Cada operação em uma canalização controlada por demanda pode ser implementada como um **iterador** que oferece as seguintes funções: *open*(), *next*() e *close*(). Após uma chamada a *open*(), cada chamada a *next*() retorna a próxima tupla de saída da operação. A implementação da operação, por sua vez, chama *open*() e *next*() em suas entradas, para apanhar suas tuplas de entrada quando for necessário. A função *close*() diz ao iterador que não são necessárias mais tuplas. O iterador mantém o **estado** de sua execução entre as chamadas, de modo que as solicitações *next*() sucessivas recebem tuplas de resultado sucessivas.

Por exemplo, para um iterador implementando a operação *select* por meio de uma busca linear, a operação *open*() inicia uma varredura de arquivo, e o estado do iterador registra o ponto em que o arquivo foi varrido. Quando a função *next*() é chamada, a varredura de arquivo continua desde o ponto anterior; quando a próxima tupla satisfazendo a seleção é encontrada pela varredura do arquivo, a tupla é retornada após armazenar, no estado do iterador, o ponto em que foi encontrada. A operação *open*() do iterador da junção *merge* abrirá suas entradas e, se ainda não estiverem classificadas, ele também as classificará. Nas chamadas a *next*(), ele retornará o próximo par de tuplas correspondentes. A informação de estado conterá o ponto em que cada entrada foi varrida. Os detalhes da implementação de iteradores ficam para o leitor completar, no Exercício Prático 15.7.

As canalizações controladas por produtor, por outro lado, são implementadas de maneira diferente. Para cada par de operações adjacentes, o sistema cria um *buffer* para manter as tuplas sendo passadas de uma operação para a seguinte. Os processos ou *threads* correspondentes a diferentes operações são executados simultaneamente. Cada operação no final de uma canalização gera tuplas de saída continuamente e as coloca em seu *buffer* de saída, até que o *buffer* esteja cheio. Uma operação em qualquer outro nível de uma canalização gera tuplas de saída quando recebe tuplas de entrada de nível mais abaixo na canalização, até que o *buffer* de saída esteja cheio. Quando a operação usa uma tupla de uma entrada canalizada, ela remove a tupla do seu *buffer* de entrada. De qualquer forma, quando o *buffer* de saída está cheio, a operação espera até que sua operação pai remova tuplas do *buffer*, de modo que o *buffer* tenha espaço para mais tuplas. Nesse ponto, a operação gera mais tuplas, até que o *buffer* esteja cheio novamente. A operação repete esse processo até que todas as tuplas de saída tenham sido geradas.

É necessário que o sistema chaveie entre operações somente quando um *buffer* de saída estiver cheio ou um *buffer* de entrada estiver vazio, e mais tuplas de entrada forem necessárias para gerar mais tuplas de saída. Em um sistema de processamento paralelo, as operações em uma canalização podem ser executadas simultaneamente em processadores distintos (veja a Seção 22.5.1).

O uso da canalização controlada por produtor pode ser considerado como **empurrando** (*pushing*) dados de uma árvore de operações de baixo para cima, enquanto o uso da canalização controlada por demanda pode ser considerado como **puxando** (*pulling*) os dados de cima de uma árvore de operações. Enquanto as tuplas são geradas *avidamente* (*eagerly*) na canalização controlada por produtor, elas são geradas **vagarosamente** (*lazily*), por demanda, na canalização controlada por demanda. A canalização controlada por demanda é mais utilizada do que aquela controlada por produtor, por ser mais fácil de implementar. Porém, a canalização controlada por produtor é muito útil nos sistemas de processamento paralelo. A canalização controlada por produtor também é mais eficiente do que a canalização controlada por demanda nas CPUs modernas, pois ela reduz o número de chamadas de função em comparação com a canalização controlada por demanda. A canalização controlada por produtor é cada vez mais usada em sistemas que geram código de máquina para avaliação de consulta com alto desempenho.

15.7.2.2 Algoritmos de avaliação para a canalização

Os planos de consulta podem ser anotados para marcar arestas que estão canalizadas; essas arestas são chamadas de **arestas canalizadas**. Em contrapartida, as arestas não canalizadas são referidas como **arestas de bloqueio** ou **arestas materializadas**. Os dois operadores conectados por uma aresta canalizada devem ser executados simultaneamente, já que um deles consome tuplas, enquanto o outro as gera. Como um plano pode ter várias arestas canalizadas, o conjunto de todos os operadores conectados por arestas canalizadas deve ser executado simultaneamente. Um plano de consulta pode ser dividido em subárvores, de modo que cada subárvore tenha apenas arestas canalizadas e as arestas entre as subárvores não sejam canalizadas. Cada subárvore é chamada de **estágio de canalização**. O processador de consultas executa o plano um estágio de pipeline por vez, e executa simultaneamente todos os operadores em um único estágio de *pipeline*.

Algumas operações, como a classificação, são inerentemente **operações bloqueantes**, ou seja, elas podem não ser capazes de enviar quaisquer resultados até que todas as tuplas de suas entradas tenham sido examinadas.[7] Porém, curiosamente, os operadores bloqueantes podem consumir tuplas à medida que são geradas e podem gerar tuplas para seus consumidores à medida que são geradas; na verdade, tais operações são executadas em dois ou mais estágios, e o bloqueio realmente acontece entre dois estágios da operação.

Por exemplo, a operação *sort-merge* externa tem, na verdade, duas etapas: (i) geração de rodada (*run-generation*), seguida de (ii) mesclagem. A etapa de geração de rodada pode aceitar tuplas à medida que são geradas pela entrada para a classificação e, assim, pode ser canalizada com a entrada do *sort*. A etapa de *merge*, por outro lado, pode enviar tuplas para seu consumidor à medida que elas são geradas e, assim, pode ser canalizada com o consumidor da operação de classificação. Mas a etapa *merge* só poderá começar após a conclusão da etapa de geração de rodada. Portanto, podemos modelar o operador *sort-merge* como dois suboperadores conectados entre si por uma aresta não canalizada, mas cada um dos suboperadores pode ser conectado às suas entradas e saídas, respectivamente, por meio de arestas canalizadas.

Outras operações, como a junção, não são inerentemente bloqueantes, mas algoritmos de avaliação específicos podem ser bloqueantes. Por exemplo, o algoritmo de junção por *loops* aninhados indexados pode gerar tuplas de resultado à medida que recebe tuplas da relação externa. Portanto, ele é considerado canalizado em sua relação externa (lado esquerdo), embora seja bloqueante em sua entrada indexada (lado direito), pois o índice precisa ser totalmente construído antes que o algoritmo de junção por *loop* aninhado possa ser executado.

O algoritmo de junção *hash* é uma operação bloqueante nas duas entradas, pois requer que ambas as entradas sejam totalmente recuperadas e particionadas, antes de gerar quaisquer tuplas. No entanto, a junção *hash* particiona cada uma de suas entradas e, em seguida, executa várias etapas de montagem-sonda (*build-probe steps*), uma por partição. Assim, o algoritmo de junção *hash* possui três etapas: (i) particionamento da primeira entrada, (ii) particionamento da segunda entrada e (iii) a etapa de montagem-sonda. A etapa de particionamento para cada entrada pode aceitar tuplas à medida que são geradas pela entrada e, assim, pode ser canalizada com sua entrada. A etapa de montagem-sonda pode gerar tuplas para seu consumidor à medida que as tuplas são geradas e, assim, pode ser canalizada com seu consumidor. Mas as duas etapas de particionamento são conectadas à etapa de montagem-sonda por arestas não canalizadas, já que a montagem-sonda só pode começar após o particionamento ter sido concluído em ambas as entradas.

A junção *hash* híbrida pode ser vista como parcialmente canalizada sobre a relação de sonda, pois ela pode gerar tuplas a partir da primeira partição enquanto as tuplas são recebidas da relação de sonda. Porém, as tuplas que não estão

[7]Operações bloqueantes, como a classificação, podem gerar tuplas mais cedo se a entrada satisfizer algumas propriedades especiais, como já estar classificada ou parcialmente classificada. Porém, na ausência dessa informação, as operações bloqueantes não podem gerar tuplas mais cedo.

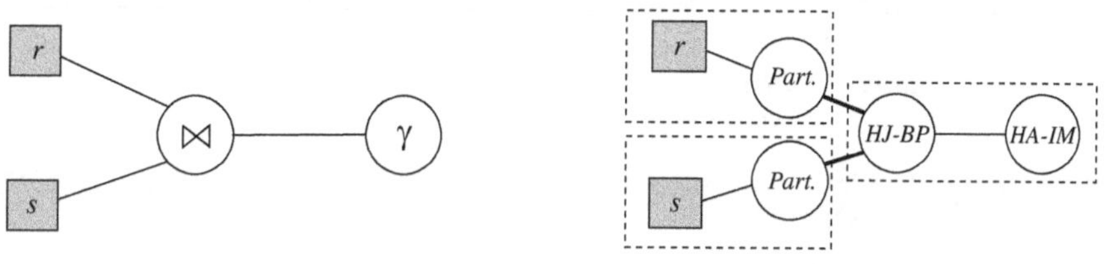

(a) Consulta lógica (b) Plano canalizado

Figura 15.12 Plano de consulta com canalização.

na primeira partição serão geradas somente depois que toda a relação de entrada canalizada for recebida. A junção *hash* híbrida, assim, oferece avaliação canalizada sobre sua entrada de sonda se a entrada couber inteiramente na memória, ou avaliação quase canalizada se a maior parte da entrada couber na memória.

A Figura 15.12a mostra uma consulta que une duas relações *r* e *s* e, em seguida, realiza uma agregação no resultado; para simplificar, omitimos detalhes do predicado de junção, atributos de **group by** e funções de agregação. A Figura 15.12b mostra um plano canalizado para a consulta usando junção *hash* e agregação de *hash* na memória. As arestas canalizadas são mostradas usando uma linha normal, enquanto as arestas bloqueantes são mostradas usando uma linha mais espessa. Os estágios de canalização são colocados em caixas tracejadas. Observe que a junção *hash* foi dividida em três suboperadores. Dois dos suboperadores aparecem abreviados como *Part.*, partições *r* e *s*, respectivamente. O terceiro, abreviado como *HJ-BP* (*hash join, build and probe*), realiza a fase de montagem e sonda da junção *hash*. O operador *HA-IM* (*hash aggregation, in-memory*) é o operador de agregação de *hash* na memória. As arestas dos operadores da partição até o operador *HJ-BP* são arestas bloqueantes, já que o operador *HJ-BP* pode iniciar a execução somente após os operadores de partição terem concluído a execução. As arestas das relações (consideradas varridas usando um operador de varredura de relação) para os operadores de partição são canalizadas, assim como a aresta do operador *HJ-BP* para o operador *HA-IM*. Os estágios de *pipeline* resultantes estão envolvidos por caixas tracejadas.

Em geral, para cada aresta materializada, precisamos adicionar o custo de gravar os dados em disco, e o custo do operador consumidor deve incluir o custo de ler os dados do disco. No entanto, quando uma borda materializada está entre suboperadores de um único operador, por exemplo, entre geração de rodada e mesclagem, o custo de materialização já foi levado em consideração no custo do operador, e não deve ser somado novamente.

Em algumas aplicações, é desejável um algoritmo de junção que seja canalizado em suas duas entradas e em sua saída. Se as duas entradas estiverem classificadas pelo atributo de junção e a condição de junção for uma equijunção, a junção *merge* poderá ser usada, com as duas entradas e sua saída canalizadas.

Porém, no caso mais comum em que duas entradas que desejamos canalizar na junção ainda não estão classificadas, uma alternativa é a técnica de **junção duplamente canalizada**, mostrada na Figura 15.13. O algoritmo considera que as tuplas de entrada para as duas relações de entrada, *r* e *s*, estão canalizadas. As tuplas disponíveis para as duas relações são enfileiradas para processamento em uma única fila. Entradas de fila especiais, chamadas End_r e End_s, que servem como marcadores de fim de arquivo, são inseridas na fila após todas as tuplas de *r* e *s* (respectivamente) terem sido geradas. Para realizar uma avaliação eficiente, índices apropriados devem ser montados sobre as relações *r* e *s*. À medida que as tuplas são acrescentadas a *r* e *s*, os índices precisam ser mantidos atualizados. Quando índices de hash são usados sobre *r* e *s*, o algoritmo resultante é chamado técnica de **junção hash duplamente canalizada**.

O algoritmo de junção duplamente canalizada da Figura 15.13 considera que as duas entradas cabem na memória. Caso as duas entradas sejam maiores que a memória, é possível usar a técnica de junção duplamente canalizada normalmente até que a memória disponível esteja cheia. Quando a memória disponível estiver cheia, as tuplas de *r* e *s* que chegaram até esse ponto podem ser tratadas como estando na partição r_0 e s_0, respectivamente. As tuplas de *r* e *s* que chegarem depois disso são atribuídas às partições r_1 e s_1, respectivamente, que são gravadas em disco e não são acrescentadas ao índice na memória. Porém, as tuplas atribuídas a r_1 e s_1 são usadas para sondar s_0 e r_0, respectivamente, antes que sejam gravadas em disco. Assim, a junção de r_1 com s_0, bem como de s_1 com r_0, também é executada de forma canalizada. Depois que *r* e *s* tiverem sido totalmente processadas, a junção de tuplas r_1 com tuplas s_1 deve ser executada, para completar a junção; qualquer uma das técnicas de junção que vimos anteriormente pode ser usada para juntar r_1 com s_1.

15.7.3 Canalizações para dados de *stream* contínuo

A canalização também se aplica a situações em que os dados são inseridos no banco de dados de uma forma contínua, como acontece, por exemplo, para as entradas de sensores que estão continuamente monitorando dados ambientais. Esses dados são denominados *streams de dados*, como vimos anteriormente na Seção 10.5. As consultas podem ser escritas sobre dados de *stream* a fim de responder aos dados à medida que eles chegam. Essas consultas são denominadas *consultas contínuas*.

As operações em uma consulta contínua deverão ser implementadas por meio de algoritmos canalizados, para que os resultados da canalização possam ser emitidos sem bloqueio. As canalizações controladas por produtor (que discutimos anteriormente, na Seção 15.7.2.1) são as mais adequadas para avaliação da consulta contínua.

```
done_r := false;
done_s := false;
r := Ø;
s := Ø;
result := Ø;
while not done_r or not done_s do
   begin
      if fila vazia, then espera até fila não estar vazia;
      t := entrada no topo da fila;
      if t = End_r then done_r := true
         else if t = End_s then done_s := true
            else if t é da entrada r
               then
                  begin
                     r := r ∪ {t};
                     result := result ∪ ({t} ⋈ s);
                  end
               else /* t é da entrada s */
                  begin
                     s := s ∪ {t};
                     result := result ∪ (r ⋈ {t});
                  end
   end
```

Figura 15.13 Algoritmo de junção duplamente canalizada.

Muitas dessas consultas executam agregação com janelas; normalmente, são utilizadas janelas corridas, que dividem o tempo em intervalos de tamanho fixo, como um minuto ou uma hora. O agrupamento e a agregação são executados separadamente em cada janela, conforme as tuplas são recebidas; supondo que o tamanho da memória seja grande o suficiente, um índice *hash* na memória é usado para realizar a agregação.

O resultado da agregação em uma janela pode ser gerado uma vez que o sistema saiba que nenhuma nova tupla nessa janela será recebida no futuro. Se as tuplas tiverem a garantia de chegarem classificadas por *timestamp* (registro de data e hora), a chegada de uma tupla de uma janela a seguir indica que nenhuma outra tupla será recebida para uma janela anterior. Se as tuplas puderem chegar fora de ordem, os *streams* deverão conter pontuações que indicam que todas as tuplas futuras terão um *timestamp* maior que algum valor especificado. A chegada de uma pontuação permite a saída de agregações de janelas cujo *timestamp* final é menor ou igual ao *timestamp* especificado pela pontuação.

15.8 Processamento de consulta na memória

Os algoritmos de processamento de consulta que descrevemos até aqui se concentram em reduzir o custo de E/S. Nesta seção, discutimos extensões para as técnicas de processamento de consulta que ajudam a reduzir os custos de acesso à memória usando algoritmos de processamento de consulta cientes do cache e compilação da consulta. Em seguida, discutimos o processamento de consulta com armazenamento orientado a colunas. Os algoritmos que descrevemos nesta seção fornecem benefícios significativos para os dados residentes na memória; eles também são muito úteis com dados residentes em disco, uma vez que eles podem agilizar o processamento quando os dados forem trazidos para o *buffer* na memória.

15.8.1 Algoritmos cientes do cache

Quando os dados residem na memória, o acesso é muito mais rápido do que se os dados residissem em discos magnéticos ou até mesmo em SSDs. No entanto, deve-se ter em mente que os dados que já estão no cache da CPU podem ser acessados até 100 vezes mais rápido do que os dados na memória principal. As CPUs modernas possuem vários níveis de cache. As CPUs comumente usadas, hoje, têm um cache L1 com tamanho em torno de 64 kilobytes e com latência de cerca de um nanossegundo, cache L2 com tamanho em torno de 256 kilobytes e latência de cerca de cinco nanossegundos e cache L3 com tamanho em torno de dez megabytes e com latência de dez a 15 nanossegundos. Em contrapartida, a leitura de dados na memória principal resulta em uma latência de cerca de 50 a 100 nanossegundos. Para simplificar o restante desta seção, ignoramos a diferença entre os níveis de cache L1, L2 e L3 e consideramos que exista apenas um único nível de cache.

Como vimos na Seção 14.4.7, a diferença de velocidade entre a memória cache e a memória principal e o fato de os dados serem transferidos entre a memória principal e o cache em unidades de uma *linha de cache* (normalmente, cerca de 64 bytes) resultam em uma situação em que a relação entre o cache e a memória principal não é diferente da relação entre a memória principal e o disco (embora com diferenças de velocidade menores). Mas há uma diferença: enquanto o conteúdo dos dados dos *buffers* da memória principal, provenientes do disco (*disk-based data*), é controlado pelo sistema de banco de dados, o cache da CPU é controlado pelos algoritmos embutidos no *hardware* do computador. Assim, o sistema de banco de dados não pode controlar diretamente o que é mantido no cache da CPU.

No entanto, os algoritmos de processamento de consultas podem ser projetados de forma a otimizar o uso do cache, a fim de otimizar o desempenho. Aqui estão algumas maneiras como isso pode ser feito:

- Para classificar uma relação que esteja na memória, usamos o algoritmo *merge-sort* externo, com o tamanho da rodada escolhido de forma que a rodada se encaixe no cache; concentrando-nos apenas no cache L3, cada rodada deverá ter o tamanho de alguns megabytes. Em seguida, usamos um algoritmo de classificação na memória sobre cada rodada; como a rodada cabe inteiramente no cache, as ausências de conteúdo em cache (ou faltas de cache, do inglês *cache misses*) provavelmente são mínimas quando a rodada é classificada. As rodadas classificadas (todas elas estando na memória) são, então, mescladas. A mesclagem (*merging*) faz uso eficiente do cache, já que o acesso às rodadas é sequencial: quando determinada palavra[ii] é acessada da memória, a linha de cache que é buscada conterá as palavras que seriam acessadas em seguida a partir dessa rodada.

  Para classificar uma relação maior que a memória, podemos usar um *sort-merge* externo com tamanhos de rodada muito maiores, mas optamos pela técnica de *merge-sort* na memória que acabamos de descrever para realizar a classificação de grandes rodadas na memória.

- A junção *hash* requer a sonda de um índice sobre a relação de montagem. Se a relação de montagem couber na memória, um índice poderá ser construído sobre toda a relação; no entanto, as presenças de conteúdo no cache (ou acertos de cache, do inglês *cache hits*) durante a sonda podem ser melhoradas particionando as relações em partes menores, de modo que cada partição da relação de montagem, juntamente com o índice, caibam no cache. Cada partição é processada separadamente, com uma fase de construção e uma fase de sonda; como a partição de montagem e seu índice cabem no cache, as ausências de cache (*cache misses*) são reduzidas durante a montagem, bem como na fase de sonda.

  Para relações maiores que a memória, o primeiro estágio da junção *hash* deve particionar as duas relações de modo que, para cada partição, as partições das duas relações caibam na memória. A técnica descrita anteriormente pode, então, ser usada para realizar a junção *hash* em cada uma dessas partições, depois de buscar o conteúdo na memória.

- Os atributos em uma tupla podem ser organizados de tal forma que os atributos que tendem a ser acessados juntos sejam dispostos consecutivamente. Por exemplo, se uma relação é frequentemente usada para agregação, os atributos usados por **group by**, e aqueles sobre os quais há agregação, podem ser armazenados consecutivamente. Como resultado, se houver uma ausência no cache (*cache miss*) para um atributo, a linha de cache que é buscada conterá atributos que provavelmente serão usados imediatamente.

Algoritmos cientes do cache são cada vez mais importantes nos sistemas de banco de dados modernos, já que os tamanhos de memória geralmente são grandes o suficiente para que a maioria dos dados esteja residente na memória.

Nos casos em que o item de dados necessário não está no cache, há um **stall** (interrupção) de processamento enquanto o item de dados é recuperado da memória principal e carregado no cache. Para continuar a usar o núcleo de processamento da CPU que fez a solicitação resultar na parada, o sistema operacional mantém várias *threads* de execução (pequenos processos) nas quais um núcleo pode atuar. Algoritmos para o processamento paralelo de consultas, que estudamos no Capítulo 22, podem usar múltiplas *threads* em execução em um único núcleo da CPU; se uma *thread* for interrompida, outra poderá iniciar sua execução, de modo que o núcleo da CPU seja mais bem utilizado.

15.8.2 Compilação da consulta

Com os dados residentes na memória, o custo da CPU se torna o gargalo, e a redução do custo da CPU pode trazer benefícios significativos. Processadores de consulta de bancos de dados tradicionais atuam como intérpretes para a execução de um plano de consulta. No entanto, há uma sobrecarga significativa em face da interpretação: por exemplo, para acessar um atributo de um registro, o mecanismo de execução de consulta pode ter que pesquisar repetidamente os metadados da relação para localizar o local exato (ou deslocamento) do atributo dentro do registro, pois o mesmo código deve funcionar para todas as relações. Há, também, uma sobrecarga significativa em razão das chamadas de função que são executadas para cada registro processado por uma operação.

Para evitar a sobrecarga decorrente da interpretação, os bancos de dados em memória principal mais modernos compilam planos de consulta em código de máquina ou em um código de bytes de nível intermediário. Por exemplo, o compilador pode calcular o local exato de um atributo em tempo de compilação e gerar código onde esse local é uma constante. O compilador também pode combinar o código para diversas funções de uma maneira que reduza o número de chamadas de função. Com essas e outras otimizações relacionadas, descobriu-se que o código compilado pode ser executado até dez vezes mais rapidamente do que o código interpretado.

[ii] "Palavra" neste sentido refere-se a uma unidade de leitura da memória, composta de um certo número de bytes, e não a uma palavra de texto. (N.T.)

15.8.3 Armazenamento orientado à coluna

Na Seção 13.6, vimos que, em aplicações de análise de dados, apenas alguns atributos de um esquema grande podem ser necessários, e que, nesses casos, o armazenamento de uma relação por colunas em vez de por linhas pode ser vantajoso. As operações de seleção sobre um único atributo (ou um pequeno número de atributos) têm um custo significativamente menor em um armazenamento por colunas, pois somente os atributos relevantes precisam ser acessados. No entanto, como o acesso a cada atributo requer seu próprio acesso a dados, o custo de recuperar muitos atributos é maior e pode ocasionar buscas adicionais se os dados estiverem armazenados em disco.

Como os armazenamentos por colunas permitem o acesso eficiente a muitos valores para determinado atributo de uma vez, eles são adequados para explorar o recurso de processamento vetorial dos processadores modernos. Esse recurso permite que certas operações (como comparações e agregações) sejam executadas em paralelo sobre múltiplos valores de atributo. Ao compilar planos de consulta para código de máquina, o compilador pode gerar instruções de processamento vetorial admitidas pelo processador.

15.9 Resumo

- A primeira ação que o sistema precisa realizar sobre uma consulta é traduzir a consulta para a sua forma interna, que (para sistemas de banco de dados relacionais) normalmente é baseada na álgebra relacional. No processo de geração da forma interna da consulta, o analisador sintático analisa a sintaxe da consulta do usuário, verifica se os nomes de relação que aparecem na consulta são nomes de relações no banco de dados e assim por diante. Se a consulta foi expressa em termos de uma *view*, o analisador substitui todas as referências ao nome da *view* pela expressão da álgebra relacional para calcular essa *view*.
- Dada uma consulta, geralmente existem diversos métodos para calcular a resposta. É responsabilidade do otimizador da consulta transformar a consulta conforme entrada pelo usuário em uma consulta equivalente, que pode ser calculada de forma mais eficiente. O Capítulo 16 aborda a otimização da consulta.
- Podemos processar operações de seleção simples realizando uma varredura linear ou utilizando índices. Podemos tratar de seleções complexas calculando uniões e interseções dos resultados de seleções simples.
- Podemos classificar relações maiores do que a memória pelo algoritmo de *sort-merge* externo.
- As consultas envolvendo uma junção natural podem ser processadas de várias maneiras, dependendo da disponibilidade de índices e da forma de armazenamento físico para as relações.
    - Se o resultado da junção for quase tão grande quanto o produto cartesiano das duas relações, uma estratégia de *junção por loop aninhado em bloco* pode ser vantajosa.
    - Se houver índices, a *junção por loop aninhado indexado* pode ser utilizada.
    - Se as relações estiverem classificadas, uma junção *merge* pode ser desejável. Pode ser vantajoso classificar uma relação antes do cálculo da junção (de modo a permitir o uso da estratégia de junção *merge*).
    - O algoritmo de junção *hash* divide as relações em várias partes, de modo que cada parte de uma das relações caiba na memória. O particionamento é executado com uma função de *hash* sobre os atributos da junção, de modo que os pares correspondentes de partições podem ser juntados independentemente.
- Eliminação de duplicatas, projeção, operações sobre conjuntos (união, interseção e diferença) e agregação podem ser feitas por classificação ou por *hashing*.
- As operações de junção externa podem ser implementadas pelas simples extensões dos algoritmos de junção.
- O *hashing* e a classificação são duais, no sentido de que qualquer operação – como eliminação de duplicatas, projeção, agregação, junção e junção externa – que possa ser implementada pelo *hashing* também pode ser implementada pela classificação e vice-versa; ou seja, qualquer operação que pode ser implementada pela classificação também pode ser implementada pelo *hashing*.
- Uma expressão pode ser avaliada por meio de materialização, em que o sistema calcula o resultado de cada subexpressão e o armazena no disco, e depois o utiliza para calcular o resultado da expressão pai.
- A canalização ajuda a evitar a escrita dos resultados de muitas subexpressões em disco, usando os resultados na expressão pai mesmo enquanto estão sendo gerados.

Termos de revisão

- Processamento da consulta
- Primitiva de avaliação
- Plano de execução de consulta
- Plano de avaliação de consulta
- Mecanismo de execução de consulta
- Medidas de custo da consulta
- E/S sequencial
- E/S aleatória
- Varredura de arquivo
- Busca linear

- Seleções usando índices
- Caminhos de acesso
- Varreduras de índice
- Seleção conjuntiva
- Seleção disjuntiva
- Índice composto
- Interseção de identificadores
- Classificação externa
- *Sort-merge* externo
- Rodadas
- *Merge* de *n* vias
- Equijunção
- Junção de *loop* aninhado
- Junção de *loop* aninhado em bloco
- Junção de *loop* aninhado indexado
- Junção *merge*
- Junção *sort-merge*
- Junção *merge* híbrida
- Junção *hash*
    - Montagem (*build*)
    - Sonda (*probe*)
    - Entrada de montagem (*build input*)
    - Entrada de sonda (*probe input*)
    - Particionamento recursivo
    - Estouro da tabela de *hash*
    - Distorção (*skew*)
    - Fator de *fudge*
    - Solução de estouro
    - Impedimento de estouro
- Junção *hash* híbrida
- Junção espacial
- Árvore de operadores
- Avaliação materializada
- *Buffer* duplo
- Avaliação canalizada
    - Canalização controlada por demanda (vagarosamente, puxando)
    - Canalização controlada por produtor (avidamente, empurrando)
    - Iterador
    - Estágios de canalização
- Junção duplamente canalizada
- Avaliação de consulta contínua

Exercícios práticos

15.1 Suponha (por simplicidade neste exercício) que somente uma tupla se encaixe em um bloco e a memória mantenha, no máximo, três blocos. Mostre as rodadas criadas em cada passada do algoritmo de *sort-merge*, quando aplicadas para classificar as seguintes tuplas sobre o primeiro atributo: (kangaroo, 17), (wallaby, 21), (emu, 1), (wombat, 13), (platypus, 3), (lion, 8), (warthog, 4), (zebra, 11), (meerkat, 6), (hyena, 9), (hornbill, 2), (baboon, 12).

15.2 Considere o banco de dados de agência bancária da Figura 15.14, onde as chaves primárias estão sublinhadas, e a seguinte consulta SQL:

select *T.nome_agência*
from *agência T, agência S*
where *T.ativos* > *S.ativos* **and** *S.cidade_agência* = "Brooklyn"

Escreva uma expressão da álgebra relacional que seja equivalente a essa consulta. Justifique sua escolha.

15.3 Considere que as relações r_1 (*A, B, C*) e r_2 (*C, D, E*) tenham as seguintes propriedades: r_1 tem 20.000 tuplas, r_2 tem 45.000 tuplas, um bloco pode conter 25 tuplas de r_1 ou 30 tuplas de r_2. Estime o número de transferências de bloco e buscas necessárias usando cada uma das seguintes estratégias de junção para $r_1 \bowtie r_2$:

---

agência (*nome_agência, cidade_agência, ativos*)
cliente (*nome_cliente, rua_cliente, cidade_cliente*)
empréstimo (*número_empréstimo, nome_agência, quantia*)
tomador (*nome_cliente, número_empréstimo*)
conta (*número_conta, nome_agência, saldo*)
depositante (*nome_cliente, número_conta*)

Figura 15.14 Banco de dados de agência bancária.

a. Junção por *loop* aninhado.

b. Junção por *loop* aninhado em bloco.

c. Junção *merge*.

d. Junção *hash*

15.4 O algoritmo de junção por *loop* aninhado indexado descrito na Seção 15.5.3 pode ser ineficaz se o índice for secundário e se houver várias tuplas com o mesmo valor para os atributos da junção. Por que ele é ineficaz? Descreva uma maneira, usando a classificação, de reduzir o custo da leitura de tuplas da relação interna. Sob que condições esse algoritmo seria mais eficaz do que a junção *merge* híbrida?

15.5 Considere que r e s sejam relações sem índices e suponha que as relações não estão classificadas. Considerando memória infinita, qual é a maneira com menor custo (em termos de operações de E/S) para calcular $r \bowtie s$? Qual é a quantidade de memória exigida por esse algoritmo?

15.6 Considere o banco de dados de agência bancária da Figura 15.14, onde as chaves primárias estão sublinhadas. Suponha que haja um índice de árvore B$^+$ sobre *cidade_agência* na relação *agência* e que nenhum outro índice esteja disponível. Liste as diferentes maneiras de lidar com as seguintes seleções que envolvem negação:

a. $\sigma_{\neg(cidade\_agência < \text{"Brooklyn"})}(agência)$

b. $\sigma_{\neg(cidade\_agência = \text{"Brooklyn"})}(agência)$

c. $\sigma_{\neg(cidade\_agência < \text{"Brooklyn"} \vee ativos < 5000)}(agência)$

15.7 Escreva o pseudocódigo para um iterador que implementa junção por *loop* aninhado indexado, em que a relação externa é canalizada. Seu pseudocódigo precisa definir as funções padrão do iterador *open*(), *next*() e *close*(). Mostre que informação de estado o iterador precisa manter entre as chamadas.

15.8 Crie algoritmos baseados em classificação e baseados em *hash* para calcular a operação de divisão. (Veja uma definição da operação de divisão no Exercício Prático 2.9.)

15.9 Qual é o efeito sobre o custo da mesclagem de rodadas se o número de blocos de *buffer* por rodada for aumentado, mantendo-se fixa a memória geral disponível para o *buffer* das rodadas?

15.10 Considere os seguintes operadores da álgebra relacional estendida. Descreva como implementar cada operação usando a classificação e usando o *hashing*.

a. **Semijunção** ($\ltimes_\theta$): o operador de semijunção multiconjunto $r \ltimes_\theta s$ é definido da seguinte forma: se uma tupla r_i aparece n vezes em r, ela aparece n vezes no resultado de $r \ltimes_\theta$ se houver pelo menos uma tupla s_j tal que r_i e s_j satisfaçam o predicado θ; caso contrário, r_i não aparece no resultado.

b. **Antissemijunção** ($\overline{\ltimes}_\theta$): o operador de antissemijunção multiconjunto $r \,\overline{\ltimes}_\theta\, s$ é definido da seguinte forma: se uma tupla r_i aparece n vezes em r, ela aparece n vezes no resultado de $r \,\overline{\ltimes}_\theta$ se não houver nenhuma tupla s_j em s tal que r_i e s_j satisfaçam o predicado θ; caso contrário, r_i não aparece no resultado.

15.11 Suponha que uma consulta recupere apenas os primeiros K resultados de uma operação e termine depois disso. Qual escolha dentre a canalização controlada por demanda ou por produtor (com o uso de *buffer*) seria melhor para essa consulta? Explique sua resposta.

15.12 A atual geração de CPUs inclui um *cache de instruções*, que mantém em cache as instruções usadas recentemente. Então, uma chamada de função gera uma sobrecarga significativa, pois o conjunto de instruções sendo executadas muda, resultando em ausências no cache de instruções.

a. Explique por que a canalização controlada por produtor com o uso de *buffer* provavelmente resultará em uma melhor taxa de presença (*hit rate*) no cache de instruções, em comparação com a canalização controlada por demanda.

b. Explique por que a modificação da canalização controlada por demanda, gerando múltiplos resultados em uma chamada a *next*() e retornando-os juntos, pode melhorar a taxa de presença no cache de instruções.

15.13 Suponha que você queira encontrar documentos que contenham pelo menos k de determinado conjunto de n palavras-chave. Suponha, também, que você tenha um índice por palavra-chave que forneça uma lista (classificada) de identificadores de documentos que contenham uma palavra-chave especificada. Mostre um algoritmo eficiente para encontrar o conjunto de documentos desejados.

15.14 Sugira como um documento contendo uma palavra (como "leopardo") pode ser indexado de modo que seja eficientemente recuperado por consultas usando um conceito mais geral (como "carnívoro" ou "mamífero"). Você pode assumir que a hierarquia de conceitos não é muito profunda, portanto, cada conceito tem apenas algumas generalizações (no entanto, um conceito pode ter grande número de especializações). Você também pode assumir que exista uma função que retorna o conceito para cada palavra em um documento. Sugira, também, como uma consulta usando um conceito especializado pode recuperar documentos usando um conceito mais geral.

15.15 Explique por que o algoritmo de junção por *loop* aninhado (veja a Seção 15.5.1) funcionaria mal em um banco de dados armazenado de maneira orientada à coluna. Descreva um algoritmo alternativo que funcione melhor e explique por que sua solução é melhor.

15.16 Considere as consultas a seguir. Para cada uma, indique se o armazenamento orientado à coluna provavelmente seria benéfico ou não, explicando o motivo.

a. Buscar *ID*, *nome* e *nome_dept* do aluno com ID 12345.

b. Agrupar a relação *realiza* por *ano* e *id_curso*, encontrando o número total de alunos para cada combinação (*ano*, *id_curso*).

Exercícios

15.17 Suponha que você precise classificar uma relação de 40 gigabytes, com blocos de quatro kilobytes, usando um tamanho de memória 40 megabytes. Suponha que o custo de uma busca seja de 5 milissegundos, enquanto a taxa de transferência de disco é de 40 megabytes por segundo.

a. Ache o custo para classificar a relação, em segundos, com $b_b = 1$ e com $b_b = 100$.

b. Em cada caso, quantas rodadas de *merge* são necessárias?

c. Suponha que um dispositivo de armazenamento *flash* seja usado no lugar de um disco, e que tenha uma latência de 20 microssegundos e taxa de transferência de 400 megabytes por segundo. Recalcule o custo para classificar a relação, em segundos, com $b_b = 1$ e com $b_b = 100$, nessa situação.

15.18 Por que não é desejável forçar os usuários a fazer uma escolha explícita de uma estratégia de processamento de consulta? Existem casos em que seja preferível para os usuários estarem cientes dos custos das estratégias de processamento de consulta concorrentes? Explique sua resposta.

15.19 Crie uma variante do algoritmo de junção *merge* híbrida para o caso em que as duas relações não estão fisicamente classificadas, mas ambas têm um índice secundário classificado sobre os atributos da junção.

15.20 Estime o número de transferências de bloco e buscas exigidas pela sua solução do Exercício 15.19 para $r_1 \bowtie r_2$, em que r_1 e r_2 são definidos no Exercício Prático 15.3.

15.21 O algoritmo de junção *hash*, conforme descrito na Seção 15.5.5, calcula a junção natural de duas relações. Descreva como estender o algoritmo de junção *hash* para calcular a junção natural externa à esquerda, a junção natural externa à direita e a junção natural externa completa. (*Dica*: mantenha informações extras com cada tupla no índice de *hash*, para detectar se qualquer tupla na relação de sonda combina com a tupla no índice de *hash*.) Experimente seu algoritmo nas relações *realiza* e *aluno*.

15.22 Suponha que você precise calcular ${}_A\gamma_{sum(C)}(r)$, além de ${}_{A,B}\gamma_{sum(C)}(r)$. Descreva como calculá-los juntos usando uma única classificação de *r*.

15.23 Escreva o pseudocódigo para um iterador que implementa uma versão do algoritmo *sort-merge* em que o resultado do *merge* final é canalizado para seus consumidores. Seu pseudocódigo deverá definir as funções padrão do iterador *open*(), *next*() e *close*(). Mostre qual informação de estado o iterador precisa manter entre as chamadas.

15.24 Explique como dividir o operador de junção *hash* híbrida em dois suboperadores para modelar a canalização. Explique, também, como essa divisão é diferente da divisão para um operador de junção *hash*.

15.25 Suponha que você precise classificar a relação *r* usando *sort-merge* e realizar a *junção merge* do resultado com uma relação *s* já classificada.

a. Descreva como o operador de classificação é dividido em suboperadores para modelar a canalização neste caso.

b. A mesma ideia se aplica ainda que as duas entradas da junção *merge* sejam as saídas de operações *sort-merge*. Porém, a memória disponível precisa ser compartilhada entre as duas operações *merge* (o algoritmo de junção *merge*, em si, precisa de muito pouca memória). Qual é o efeito de ter de compartilhar a memória sobre o custo de cada operação *sort-merge*?

Leitura adicional

Graefe (1993) apresenta um excelente levantamento das técnicas de avaliação de consulta. Faerber *et al.* (2017) descrevem as técnicas de implementação de banco de dados na memória, incluindo as técnicas de processamento de consulta para os bancos de dados na memória principal, enquanto Kemper *et al.* (2012) detalham as técnicas para o processamento de consulta com dados colunares na memória. Samet (2006) contém uma descrição didática sobre estruturas de dados espaciais, enquanto Shekhar e Chawla (2003), além de uma descrição dos bancos de dados espaciais, incluem as técnicas de indexação e processamento de consulta. Descrições de técnicas para indexação de documentos e cálculo eficiente de respostas pontuadas a consultas por palavra-chave podem ser encontrados em Manning *et al.* (2008).

Bibliografia

FAERBER, F. *et al.* "Main memory database systems". *Foundations and Trends in Databases*, 8(1-2), p. 1-130, 2017.

GRAEFE, G. "Query evaluation techniques for large databases". *ACM Computing Surveys*, 25(2), 1993.

KEMPER, A. *et al.* "HyPer: adapting columnar main-memory data management for transaction and query processing". *IEEE Data Engineering Bulletin*, 35(1), p. 46-51, 2012.

MANNING, C. D.; RAGHAVAN, P.; SCHÜTZE, H. *Introduction to information retrieval*. Cambridge, UK: Cambridge University, 2008.

SAMET, H. *Foundations of multidimensional and metric data structures*. Massachusetts: Morgan Kaufmann, 2006.

SHEKHAR, S.; CHAWLA, S. *Spatial databases*: a TOUR. New Jersey: Pearson, 2003.

Créditos

A foto dos barcos no início do capítulo pertence a

CAPÍTULO 16

Otimização da consulta

Otimização da consulta é o processo de selecionar o plano de avaliação de consulta mais eficiente dentre as muitas estratégias normalmente possíveis para o processamento de determinada consulta, especialmente se ela for complexa. Não esperamos que os usuários escrevam suas consultas de modo que possam ser processadas de forma eficiente. Em vez disso, esperamos que o sistema construa um plano de avaliação de consulta que reduza o custo de avaliação da consulta. É aí que a otimização da consulta entra em ação.

Um aspecto da otimização ocorre no nível da álgebra relacional, em que o sistema tenta encontrar uma expressão que seja equivalente à expressão dada, porém cuja execução seja mais eficiente. Outro aspecto é a seleção de uma estratégia detalhada para processamento da consulta, como a escolha do algoritmo a ser usado para a execução de uma operação, a escolha dos índices específicos a utilizar e assim por diante.

A diferença no custo (em termos do tempo de avaliação) entre uma boa estratégia e uma estratégia ruim normalmente é substancial e pode chegar a várias ordens de grandeza. Logo, vale a pena para o sistema gastar uma quantidade de tempo substancial na seleção de uma boa estratégia para processar uma consulta, mesmo que ela seja executada apenas uma vez.

16.1 Visão geral

Considere a expressão da álgebra relacional para a consulta "Encontrar os nomes de todos os instrutores no departamento "Music" juntamente com o título do curso de todos os cursos que os instrutores ministram".[1]

$$\Pi_{nome,título}\ (\sigma_{nome\_dept=\text{"Music"}}\ (instrutor \bowtie (ministra \bowtie \Pi_{id\_curso,título}\ (curso))))$$

A subexpressão $instrutor \bowtie (ministra \bowtie \Pi_{id\_curso,título}\ (curso))$ pode criar um resultado intermediário muito grande. Porém, estamos interessados em apenas algumas poucas tuplas desse resultado intermediário (aquelas pertencendo a instrutores no departamento "Music"), e em apenas dois dos nove atributos dessa relação. Como estamos interessados apenas nas tuplas da relação *instrutor* que pertencem ao departamento "Music", não precisamos considerar as tuplas que não têm *nome_dept* = "Music". Reduzindo o número de tuplas da relação *instrutor* que precisamos acessar, reduzimos o tamanho do resultado intermediário. Nossa consulta agora é representada pela expressão da álgebra relacional

$$\Pi_{nome,título}\ ((\sigma_{nome\_dept=\text{"Music"}}\ (instrutor)) \bowtie (ministra \bowtie \Pi_{id\_curso,\ título}(curso)))$$

que é equivalente à nossa expressão algébrica original, mas que gera relações intermediárias menores. A Figura 16.1 representa as expressões inicial e transformada.

Um plano de avaliação define exatamente qual algoritmo deve ser usado para cada operação e como a execução das operações deve ser coordenada. A Figura 16.2 ilustra um plano de avaliação possível para a expressão da Figura 16.1b. Como vimos, vários algoritmos diferentes podem ser usados para cada operação relacional, dando origem a planos de avaliação alternativos. Na figura, a junção *hash* foi escolhida para uma das operações de junção, enquanto a outra usa a junção *merge*, após classificar as relações sobre o atributo de junção, que é *ID*. Todas as arestas são consideradas canalizadas (*pipelined*), a menos que sejam marcadas como materializadas. Com arestas canalizadas, a saída do produtor é enviada diretamente para o consumidor, sem ser gravada em disco; com arestas materializadas, por outro lado, a saída é gravada em disco, e depois lida do disco pelo consumidor. Não há arestas materializadas no plano de avaliação da Figura 16.2, embora alguns dos operadores, como os de classificação e de junção *hash*, possam ser representados por meio de suboperadores com arestas materializadas entre os suboperadores, conforme vimos na Seção 15.7.2.2.

Dada uma expressão da álgebra relacional, é tarefa do otimizador da consulta gerar um plano de avaliação de consulta que calcule o mesmo resultado que a expressão indicada, com uma maneira menos dispendiosa de gerar o resultado (ou, pelo menos, não muito mais dispendiosa do que a maneira com menor custo).

A expressão que vimos na Figura 16.1 não necessariamente poderá levar ao plano de avaliação de menor custo para o cálculo do resultado, pois ela ainda calcula a junção da relação *ministra* inteira com a relação *curso*. A expressão a

[1]Observe que a projeção de *curso* sobre (*id_curso*, *título*) é exigida, pois *curso* compartilha um atributo *nome_dept* com *instrutor*; se não removêssemos esse atributo usando a projeção, essa expressão usando junções naturais retornaria apenas cursos do departamento de música, mesmo que alguns instrutores do departamento de música ministrassem cursos em outros departamentos.

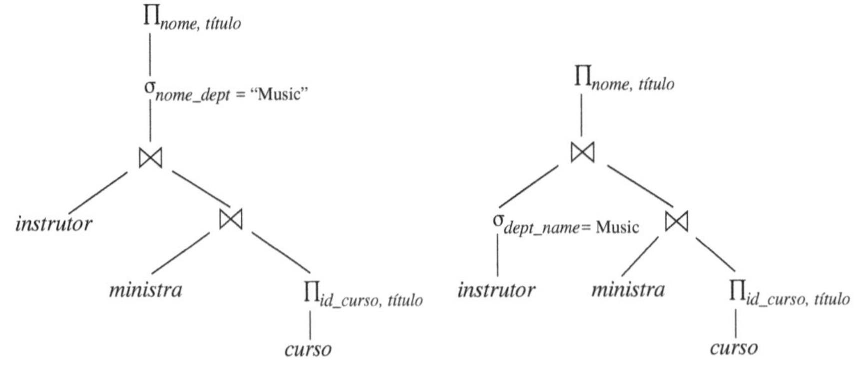

(a) Árvore de expressão original (b) Árvore de expressão transformada

Figura 16.1 Expressões equivalentes.

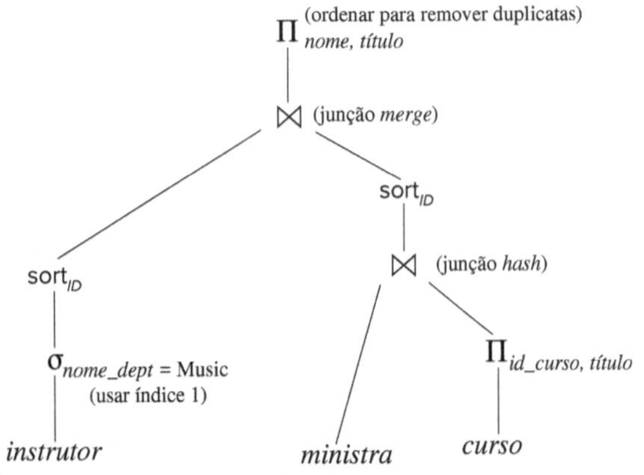

Figura 16.2 Um plano de avaliação.

seguir oferece o mesmo resultado, mas gera resultados intermediários menores, pois junta *ministra* apenas com tuplas de *instrutor* correspondentes ao departamento "Music", e depois junta o resultado com *curso*.

$$\Pi_{nome,título}((\sigma_{nome\_dept=\text{"Music"}}(instrutor) \bowtie ministra) \bowtie \Pi_{id\_curso,\ título}(curso))$$

Independentemente da forma como a consulta é escrita, cabe ao otimizador achar o plano de menor custo para a consulta.

Para encontrar o plano de avaliação de consulta com menor custo, o otimizador precisa gerar planos alternativos que produzam o mesmo resultado que a expressão dada e escolher o que tiver menor custo. A geração de planos de avaliação de consulta envolve três etapas: (1) gerar expressões que sejam logicamente equivalentes à expressão dada, (2) anotar as expressões resultantes de formas alternativas para gerar planos de avaliação de consulta alternativos e (3) estimar o custo de cada plano de avaliação, escolhendo aquele que tenha o menor custo estimado.

As etapas 1, 2 e 3 são intercaladas no otimizador de consulta – algumas expressões são geradas e anotadas para gerar planos de avaliação, depois outras expressões são geradas e anotadas e assim por diante. À medida que os planos de avaliação são gerados, seus custos são estimados coletando informações estatísticas sobre as relações, como tamanhos de relação e profundidades de índice.

Para implementar a primeira etapa, o otimizador de consulta precisa gerar expressões equivalentes a determinada expressão. Ele faz isso por meio de *regras de equivalência* que especificam como transformar uma expressão em outra logicamente equivalente. Descrevemos essas regras na Seção 16.2.

Na Seção 16.3, explicamos como estimar as estatísticas dos resultados de cada operação em um plano de consulta. Usando essas estatísticas com as fórmulas de custo do Capítulo 15, podemos estimar os custos das operações individuais. Os custos individuais são combinados para determinar o custo estimado da avaliação de determinada expressão da álgebra relacional, conforme esboçado anteriormente na Seção 15.7.

Na Seção 16.4, descrevemos como escolher um plano de avaliação de consulta. Podemos escolher um com base no custo estimado dos planos. Como o custo é uma estimativa, o plano selecionado não é necessariamente o plano menos dispendioso; porém, desde que as estimativas sejam boas, o plano provavelmente será o menos dispendioso ou não muito mais dispendioso que ele.

Finalmente, as *views* materializadas ajudam a agilizar o processamento de certas consultas. Na Seção 16.5, estudamos como "manter" *views* materializadas – ou seja, mantê-las atualizadas – e como realizar a otimização da consulta com *views* materializadas.

16.2 Transformação de expressões relacionais

Uma consulta pode ser expressa de várias maneiras, com diferentes custos de avaliação. Nesta seção, em vez de tomar a expressão relacional conforme dada, consideramos expressões alternativas, equivalentes.

Duas expressões da álgebra relacional são consideradas **equivalentes** se, em cada instância de banco de dados válida, as duas expressões gerarem o mesmo conjunto de tuplas. (Lembre-se de que uma instância de banco de dados válida é aquela que satisfaz todas as restrições de integridade especificadas no esquema de banco de dados.) Observe que a ordem

Nota 16.1 EXIBINDO PLANOS DE AVALIAÇÃO DA CONSULTA

A maioria dos sistemas de banco de dados oferece um modo de ver o plano de avaliação escolhido para executar determinada consulta. Normalmente, é melhor usar a interface gráfica de usuário (GUI) fornecida com o sistema de banco de dados para visualizar os planos de avaliação. Porém, se você usar uma interface de linha de comando, muitos bancos de dados aceitam variações de um comando "**explain** <consulta>", que mostra o plano de execução escolhido para a <consulta> especificada. A sintaxe exata varia conforme os diferentes bancos de dados:

- O PostgreSQL usa a sintaxe que apresentamos.
- O Oracle usa a sintaxe **explain plan for.** Porém, o comando armazena o plano resultante em uma tabela chamada *plan_table*, em vez de exibi-lo. A consulta "**select * from table**(*dbms_xplan.display*);" exibe o plano armazenado.
- O DB2 segue uma abordagem semelhante à do Oracle, mas exige que o programa db2exfmt seja executado para exibir o plano armazenado.
- O SQL Server exige que o comando **set showplan text on** seja executado antes de submeter a consulta; depois, quando a consulta é submetida, em vez de executá-la, o plano de avaliação é apresentado.
- O MySQL usa a mesma sintaxe "**explain** <consulta>" do PostgreSQL, mas o resultado é uma tabela cujo conteúdo não é fácil de entender. Porém, a execução de **show warnings** após o comando **explain** apresenta o plano de avaliação em um formato mais legível ao humano.

Os custos estimados para o plano também são exibidos com o plano. Vale a pena observar que os custos normalmente não estão em nenhuma unidade externamente significativa, como segundos ou operações de E/S, mas em unidades do modelo de custo que o otimizador utiliza. Alguns otimizadores, como o PostgreSQL, apresentam dois números de estimativa de custo: o primeiro indica o custo estimado para gerar o primeiro resultado, e o segundo denota o custo estimado para gerar todos os resultados.

das tuplas é irrelevante; as duas expressões podem gerar as tuplas em diferentes ordens, mas seriam consideradas equivalentes desde que o conjunto de tuplas fosse o mesmo.

Em SQL, as entradas e saídas são multiconjuntos de tuplas, e uma versão de multiconjunto da álgebra relacional (descrita nas Notas 3.1, 3.2 e 3.3) é usada para avaliar consultas SQL. Duas expressões na versão de multiconjunto da álgebra relacional são consideradas equivalentes se, em cada banco de dados válido, as duas expressões gerarem o mesmo multiconjunto de tuplas. A discussão neste capítulo é baseada na álgebra relacional. Deixamos as extensões da versão multiconjunto da álgebra relacional para você, como exercícios.

16.2.1 Regras de equivalência

Uma **regra de equivalência** diz que as expressões de duas formas são equivalentes. Podemos substituir uma expressão da primeira forma por uma expressão da segunda forma ou vice-versa – ou seja, podemos substituir uma expressão da segunda forma por uma expressão da primeira forma – pois as duas expressões gerariam o mesmo resultado em qualquer banco de dados válido. O otimizador usa as regras de equivalência para transformar expressões em outras expressões logicamente equivalentes.

Agora, listamos diversas regras de equivalência gerais nas expressões da álgebra relacional. Algumas das equivalências listadas aparecem na Figura 16.3. Usamos θ, θ_1, θ_2, e assim por diante, para indicar predicados; L_1, L_2, L_3, e assim por diante, para indicar listas de atributos e E, E_1, E_2, e assim por diante, para indicar expressões da álgebra relacional. Um nome de relação r é simplesmente um caso especial de uma expressão da álgebra relacional e pode ser usado onde quer que E apareça.

1. Operações de seleção conjuntiva podem ser decompostas em uma sequência de seleções individuais. Essa transformação é referida como uma cascata de σ.

$$\sigma_{\theta_1 \wedge \theta_2}(E) \equiv \sigma_{\theta_1}(\sigma_{\theta_2}(E))$$

2. Operações de seleção são **comutativas**.

$$\sigma_{\theta_1}(\sigma_{\theta_2}(E)) \equiv \sigma_{\theta_2}(\sigma_{\theta_1}(E))$$

3. Somente as operações finais em uma sequência de operações de projeção são necessárias; as outras podem ser omitidas. Essa transformação também pode ser referida como uma cascata de Π.

$$\Pi_{L_1}(\Pi_{L_2}(\ldots(\Pi_{L_n}(E))\ldots)) \equiv \Pi_{L_1}(E)$$

em que $L_1 \subseteq L_2 \subseteq \ldots \subseteq L_n$.

4. Seleções podem ser combinadas com produtos cartesianos e junções teta.

    a. $\sigma_\theta(E_1 \times E_2) \equiv E_1 \bowtie_\theta E_2$

    Essa expressão é apenas a definição da junção teta.

    b. $\sigma_{\theta_1}(E_1 \bowtie_{\theta_2} E_2) \equiv E_1 \bowtie_{\theta_1 \wedge \theta_2} E_2$

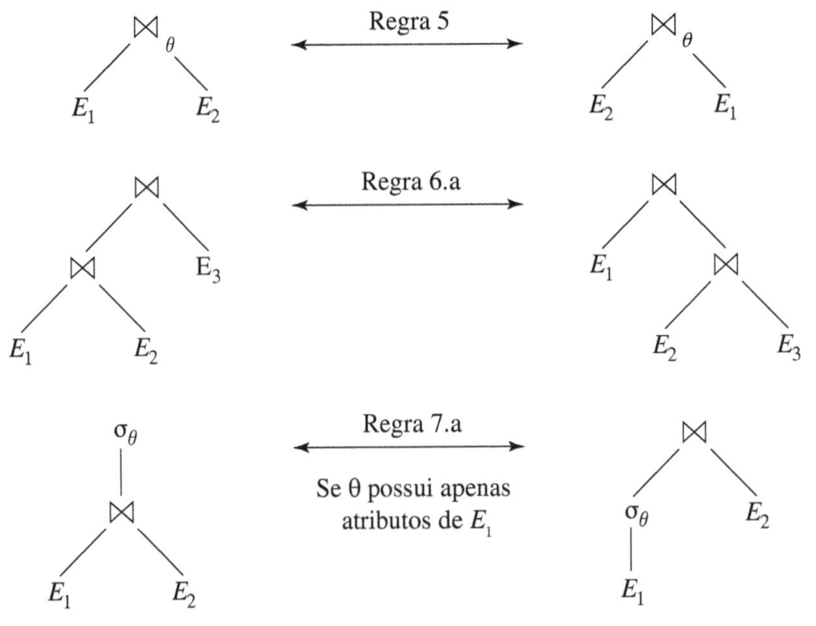

Figura 16.3 Representação gráfica das equivalências.

5. Operações de junção teta são comutativas.

$$E_1 \bowtie_\theta E_2 \equiv E_2 \bowtie_\theta E_1$$

Lembre-se de que o operador de junção natural é simplesmente um caso especial do operador de junção teta; logo, as junções naturais também são comutativas.

A ordem dos atributos difere entre o lado da esquerda e o lado da direita da regra de comutatividade, de modo que a equivalência não se mantém se a ordem dos atributos for levada em conta. Como usamos uma versão da álgebra relacional onde cada atributo precisa ter um nome para que seja referenciado, a ordem dos atributos não importa de fato, exceto quando o resultado for finalmente apresentado. Quando a ordem importa, uma operação de projeção pode ser acrescentada a um dos lados da equivalência, para reordenar os atributos de forma adequada. Contudo, para simplificar, omitimos a projeção e ignoramos a ordem dos atributos em todas as nossas regras de equivalência.

6. a. As operações de junção natural são **associativas**.

$$(E_1 \bowtie E_2) \bowtie E_3 \equiv E_1 \bowtie (E_2 \bowtie E_3)$$

b. As junções teta são associativas da seguinte maneira:

$$(E_1 \bowtie_{\theta_1} E_2) \bowtie_{\theta_2 \wedge \theta_3} E_3 \equiv E_1 \bowtie_{\theta_1 \wedge \theta_3} (E_2 \bowtie_{\theta_2} E_3)$$

em que θ_2 envolve atributos de apenas E_2 e E_3. Qualquer uma dessas condições pode ser vazia; logo, a operação de produto cartesiano (×) também é associativa. A comutatividade e a associatividade das operações de junções são importantes para a reordenação de junções na otimização da consulta.

7. A operação de seleção se distribui pela operação de junção teta sob as duas condições a seguir:

a. A seleção se distribui quando todos os atributos na condição de seleção θ_1 envolvem apenas os atributos de uma das expressões (digamos, E_1) sendo juntadas.

$$\sigma_{\theta_1}(E_1 \bowtie_\theta E_2) \equiv (\sigma_{\theta_1}(E_1)) \bowtie_\theta E_2$$

b. A seleção se distribui quando a condição de seleção θ_1 envolve apenas os atributos de E_1 e θ_2 envolve apenas os atributos de E_2.

$$\sigma_{\theta_1 \wedge \theta_2}(E_1 \bowtie_\theta E_2) \equiv (\sigma_{\theta_1}(E_1)) \bowtie_\theta (\sigma_{\theta_2}(E_2))$$

8. A operação de projeção se distribui pela operação de junção teta sob as seguintes condições:

a. Sejam L_1 e L_2 atributos de E_1 e E_2, respectivamente. Suponha que a condição de junção θ envolva apenas atributos em $L_1 \cup L_2$. Então,

$$\Pi_{L_1 \cup L_2}(E_1 \bowtie_\theta E_2) \equiv (\Pi_{L_1}(E_1)) \bowtie_\theta (\Pi_{L_2}(E_2))$$

b. Considere uma junção $E_1 \bowtie_\theta E_2$. Sejam L_1 e L_2 conjuntos de atributos de E_1 e E_2, respectivamente. Seja L_3 atributos de E_1 que estão envolvidos na condição de junção θ, mas não estão em L_1, e seja L_4 atributos de E_2 que estão envolvidos na condição de junção θ, mas não estão em L_2. Então,

$$\Pi_{L_1 \cup L_2}(E_1 \bowtie_\theta E_2) \equiv \Pi_{L_1 \cup L_2}((\Pi_{L_1 \cup L_3}(E_1)) \bowtie_\theta (\Pi_{L_2 \cup L_4}(E_2)))$$

Equivalências semelhantes são mantidas para as operações de junção externa (*outer join*) ⟗, ⟕ e ⟖.

9. As operações de união e interseção de conjuntos são comutativas.

a. $E_1 \cup E_2 \equiv E_2 \cup E_1$

b. $E_1 \cap E_2 \equiv E_2 \cap E_1$

A diferença de conjuntos não é comutativa.

10. União e interseção de conjuntos são associativas.

a. $(E_1 \cup E_2) \cup E_3 \equiv E_1 \cup (E_2 \cup E_3)$

b. $(E_1 \cap E_2) \cap E_3 \equiv E_1 \cap (E_2 \cap E_3)$

11. A operação de seleção se distribui pelas operações de união, interseção e diferença de conjunto.

a. $\sigma_\theta(E_1 \cup E_2) \equiv \sigma_\theta(E_1) \cup \sigma_\theta(E_2)$

b. $\sigma_\theta(E_1 \cap E_2) \equiv \sigma_\theta(E_1) \cap \sigma_\theta(E_2)$

c. $\sigma_\theta(E_1 - E_2) \equiv \sigma_\theta(E_1) - \sigma_\theta(E_2)$

d. $\sigma_\theta(E_1 \cap E_2) \equiv \sigma_\theta(E_1) \cap E_2$

e. $\sigma_\theta(E_1 - E_2) \equiv \sigma_\theta(E_1) - E_2$

A equivalência anterior não se aplica se – for substituído por $\cup$.

12. A operação de projeção se distribui pela operação de união.

$$\Pi_L(E_1 \cup E_2) \equiv (\Pi_L(E_1)) \cup (\Pi_L(E_2))$$

desde que E_1 e E_2 tenham o mesmo esquema.

13. A seleção se distribui pela agregação sob as condições a seguir. Seja G um conjunto de atributos de **group by** e A um conjunto de expressões de agregação. Quando θ só envolve atributos em G, a seguinte equivalência é mantida.

$$\sigma_\theta({}_G\gamma_A(E)) \equiv {}_G\gamma_A(\sigma_\theta(E))$$

14. a. A junção externa completa é comutativa.

$$E_1 ⟗ E_2 \equiv E_2 ⟗ E_2$$

b. A junção externa à esquerda e à direita não são comutativas. Porém, a junção externa à esquerda e a junção externa à direita podem ser comutadas da seguinte forma:

$$E_1 ⟕ E_2 \equiv E_2 ⟖ E_1$$

15. A seleção se distribui pela junção externa à esquerda e direita sob algumas condições. Especificamente, quando a condição de seleção θ_1 envolve apenas os atributos de uma das expressões sendo juntadas, digamos E_1, as seguintes equivalências são mantidas:

a. $\sigma_{\theta_1}(E_1 ⟕_\theta E_2) \equiv (\sigma_{\theta_1}(E_1)) ⟕_\theta E_2$

b. $\sigma_{\theta_1}(E_2 ⟖_\theta E_1) \equiv (E_2 ⟖_\theta (\sigma_{\theta_1}(E_1)))$

16. As junções externas podem ser substituídas por junções internas sob algumas condições. Especificamente, se θ_1 tem a propriedade de ser avaliado como falso ou desconhecido sempre que os atributos de E_2 são nulos, então as seguintes equivalências se mantêm:

a. $\sigma_{\theta_1}(E_1 ⟕_\theta E_2) \equiv \sigma_{\theta_1}(E_1 \bowtie_\theta E_2)$

b. $\sigma_{\theta_1}(E_2 ⟖_\theta E_1) \equiv \sigma_{\theta_1}(E_2 \bowtie_\theta E_2)$

Um predicado θ_1 satisfazendo a propriedade anterior é considerado como **rejeitando nulo** (*null rejecting*) sobre E_2. Por exemplo, se θ_1 tiver a forma $A < 4$, em que A é um atributo de E_2, então θ_1 será avaliado como desconhecido (*unknown*) sempre que A for nulo e, como resultado, quaisquer tuplas em $E_1 ⟕_\theta E_2$ que não estejam em $E_1 \bowtie_\theta E_2$ serão rejeitadas por σ_{θ_1}. Portanto, podemos substituir a junção externa por uma junção interna (e vice-versa).

De um modo geral, a condição se manteria se θ_1 tivesse a forma $\theta_1^1 \wedge \theta_1^2 \wedge \ldots \wedge \theta_1^k$, e pelo menos um dos termos θ_1^i tivesse a forma e_1 *op-rel* e_2, sendo e_1 e e_2 expressões aritméticas ou de string envolvendo pelo menos um dos atributos de E_2, e *op-rel* é uma das operações relacionais $<, \leq, =, \geq, >$.

Essa é apenas uma lista parcial das equivalências. Outras equivalências são discutidas nos exercícios.

Algumas equivalências que se mantêm para junções não se mantêm para junções externas. Por exemplo, a operação de seleção não se distribui pela junção externa quando as condições especificadas na regra 15.a ou na regra 15.b são mantidas. Para entender isso, examine a expressão

$$\sigma_{ano=2019}(instrutor ⟕ ministra)$$

e considere o caso de um instrutor que não ministra curso algum, independentemente do ano. No exemplo anterior, a junção externa à esquerda retém uma tupla para cada instrutor com um valor nulo para *ano*. Em seguida, a operação de seleção remove essas tuplas, pois o predicado *null*=2019 é avaliado como *unknown*, e esses instrutores não aparecem no resultado. Porém, se empurrarmos a operação de seleção para *ministra*, a expressão resultante

$$instrutor ⟕ \sigma_{ano=2019}(ministra)$$

está sintaticamente correta, pois o predicado de seleção inclui apenas atributos de *ministra*, mas o resultado é diferente. Para um instrutor que não ministra curso algum, a tupla de *instrutor* aparece no resultado de $instrutor ⟕ \sigma_{ano=2019}(ministra)$, mas não no resultado de $\sigma_{ano=2019}(instrutor ⟕ ministra)$. A equivalência a seguir, portanto, é mantida:

$$\sigma_{ano=2019}(instrutor ⟕ ministra) \equiv \sigma_{ano=2019}(instrutor \bowtie ministra)$$

Como outro exemplo, diferentemente das junções internas, as junções externas não são associativas. Mostramos isso usando um exemplo para a junção externa natural à esquerda. Exemplos semelhantes podem ser construídos para a junção externa natural à direita e natural completa, bem como para as versões de junção teta correspondentes das operações de junção externa.

Considere que a relação $r(A,B)$ seja uma relação consistindo na única tupla (1, 1), $s(B, C)$ seja uma relação consistindo na única tupla (1, 1) e $t(A, C)$ seja uma relação vazia, sem tuplas. Mostraremos que, para este exemplo,

$$(r ⟕ s) ⟕ t \not\equiv r ⟕ (s ⟕ t)$$

Para ver isso, observe primeiro que (r ⟖ s) produz um resultado com o esquema (A, B, C) tendo uma tupla (1, 1, 1). O cálculo da junção externa esquerda desse resultado com a relação t produz um resultado com o esquema (A, B, C) tendo uma tupla (1, 1, 1). Em seguida, examinamos a expressão r ⟖ (s ⟖ t) e observamos que s ⟖ t produz um resultado com o esquema (A, B, C) tendo uma tupla (*null*, 1,1). O cálculo da junção externa à esquerda de r com esse resultado produz um resultado com esquema (A, B, C) tendo uma tupla (1, 1, *null*).

16.2.2 Exemplos de transformações

Agora, ilustramos o uso das regras de equivalência. Usamos nosso exemplo de universidade com os esquemas de relação:

instrutor(ID, nome, nome_dept, salário)
ministra(ID, id_curso, id_sec, semestre, ano)
curso(id_curso, título, nome_dept, créditos)

Em nosso exemplo, na Seção 16.1, a expressão

$$\Pi_{nome,título}\ (\sigma_{nome\_dept=\text{“Music”}}(instrutor \bowtie (ministra \bowtie \Pi_{id\_curso,título}(curso))))$$

foi transformada na seguinte expressão:

$$\Pi_{nome,título}\ ((\sigma_{nome\_dept=\text{“Music”}}(instrutor)) \bowtie (ministra \bowtie \Pi_{id\_curso,título}(curso)))$$

que é equivalente à nossa expressão da álgebra original, mas gera relações intermediárias menores. Podemos executar essa transformação usando a regra 7.a. Lembre-se de que a regra simplesmente diz que as duas expressões são equivalentes; ela não diz que uma é melhor que a outra.

Várias regras de equivalência podem ser usadas, uma após a outra, sobre uma consulta ou sobre partes da consulta. Como ilustração, suponha que modifiquemos nossa consulta original para restringir a atenção a instrutores que tenham ministrado um curso em 2019. A nova consulta da álgebra relacional é

$$\Pi_{nome,título}\ (\sigma_{nome\_dept=\text{“Music”} \wedge ano=2019}(instrutor \bowtie (ministra \bowtie \Pi_{id\_curso,título}(curso))))$$

Não podemos aplicar o predicado de seleção diretamente à relação *instrutor*, pois o predicado envolve atributos das relações *instrutor* e *ministra*. Porém, podemos primeiro aplicar a regra 6.a (associatividade de junção natural) para transformar a junção $instrutor \bowtie (ministra \bowtie \Pi_{id\_curso,título}(curso))$ em $(instrutor \bowtie ministra) \bowtie \Pi_{id\_curso,título}(curso)$:

$$\Pi_{nome,título}\ (\sigma_{nome\_dept=\text{“Music”} \wedge ano=2019}((instrutor \bowtie ministra) \bowtie \Pi_{id\_curso,título}(curso)))$$

Então, usando a regra 7.a, podemos reescrever nossa consulta como

$$\Pi_{nome,título}\ ((\sigma_{nome\_dept=\text{“Music”} \wedge ano=2019}(instrutor \bowtie ministra)) \bowtie \Pi_{id\_curso,título}(curso))$$

Vamos examinar a subexpressão de seleção dentro dessa expressão. Usando a regra 1, podemos dividir a seleção em duas seleções, para chegar à seguinte subexpressão:

$$\sigma_{nome\_dept=\text{“Music”}}(\sigma_{ano=2019}(instrutor \bowtie ministra))$$

As duas expressões anteriores selecionam tuplas com *nome_dept* = “Music” e *ano* = 2019. Porém, a última forma da expressão oferece uma nova oportunidade para aplicar a regra 7.a. (“realizar seleções mais cedo”), resultando na subexpressão

$$\sigma_{nome\_dept=\text{“Music”}}(instrutor) \bowtie \sigma_{ano=2019}(ministra)$$

A Figura 16.4 representa a expressão inicial e a expressão final depois de todas essas transformações. Da mesma forma, também poderíamos ter usado a regra 7.b para chegar diretamente à expressão final, sem usar a regra 1 para dividir a seleção em duas. De fato, a própria regra 7.b pode ser derivada a partir das regras 1 e 7.a.

Um conjunto de regras de equivalência é considerado **mínimo** se nenhuma regra puder ser derivada de qualquer combinação das outras. O exemplo anterior ilustra que o conjunto de regras de equivalência na Seção 16.2.1 não é mínimo. Uma expressão equivalente à expressão original pode ser gerada de diferentes maneiras; o número de maneiras diferentes de gerar uma expressão aumenta quando usamos um conjunto não mínimo de regras de equivalência. Portanto, os otimizadores de consulta usam conjuntos mínimos de regras de equivalência.

Agora, considere a seguinte forma da nossa consulta de exemplo:

$$\Pi_{nome,título}\ ((\sigma_{nome\_dept=\text{“Music”}}(instrutor) \bowtie ministra) \bowtie \Pi_{id\_curso,título}(curso))$$

Quando calculamos a subexpressão

$$(\sigma_{nome\_dept=\text{“Music”}}(instrutor) \bowtie ministra)$$

obtemos uma relação cujo esquema é

(ID, nome, nome_dept, salário, id_curso, id_sec, semestre, ano)

Podemos eliminar vários atributos do esquema, aplicando projeções com base nas regras de equivalência 8.a e 8.b. Os únicos atributos que precisamos reter são aqueles que aparecem no resultado da consulta ou são necessários para processar operações subsequentes. Eliminando atributos desnecessários, reduzimos a quantidade de colunas do resultado intermediário. Assim, reduzimos o tamanho do resultado intermediário. Em nosso exemplo, os únicos atributos que precisamos da junção de *instrutor* e *ministra* são *nome* e *id_curso*. Portanto, podemos modificar a expressão para:

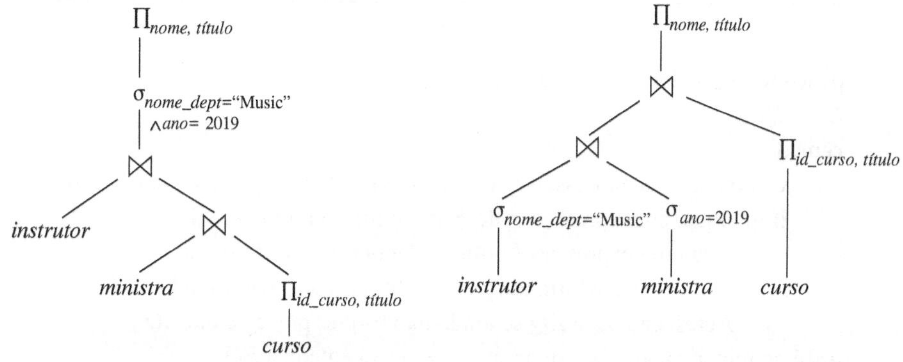

(a) Árvore de expressão original (b) Árvore após múltiplas transformações

Figura 16.4 Múltiplas transformações.

$$\Pi_{nome,título}((\Pi_{nome,id\_curso}((\sigma_{nome\_dept=\text{“Music”}}(instrutor)) \bowtie ministra)) \bowtie \Pi_{id\_curso,título}(curso))$$

A projeção Π_{nome,id_curso} reduz o tamanho dos resultados intermediários da junção.

16.2.3 Ordenação das operações de junção

É importante que haja uma boa ordenação das operações, para reduzir o tamanho dos resultados temporários; daí a maioria dos otimizadores de consulta prestar muita atenção à ordem das junções. Como mencionamos na regra de equivalência 6.a, a operação de junção natural é associativa. Assim, para todas as relações r_1, r_2 e r_3:

$$(r_1 \bowtie r_2) \bowtie r_3 \equiv r_1 \bowtie (r_2 \bowtie r_3)$$

Embora essas expressões sejam equivalentes, os custos do seu cálculo podem diferir. Considere novamente a expressão:

$$\Pi_{nome,título}((\sigma_{nome\_dept=\text{“Music”}}(instrutor)) \bowtie ministra \bowtie \Pi_{id\_curso,título}(curso))$$

Poderíamos decidir calcular $ministra \bowtie \Pi_{id\_curso,título}(curso)$ primeiro e, então, juntar o resultado com:

$$\sigma_{nome\_dept=\text{“Music”}}(instrutor)$$

Porém, $ministra \bowtie \Pi_{id\_curso,título}(curso)$ provavelmente será uma relação grande, pois contém uma tupla para cada curso ministrado. Ao contrário:

$$\sigma_{nome\_dept=\text{“Music”}}(instrutor) \bowtie ministra$$

é provavelmente uma relação pequena. Para verificar isso, observamos que uma universidade tem menos instrutores que cursos e, como a universidade possui grande quantidade de departamentos, é provável que somente uma pequena fração dos instrutores da universidade esteja associada ao departamento de Música. Assim, a expressão anterior resulta em uma tupla para cada curso ministrado por um instrutor no departamento “Music”. Portanto, a relação temporária que precisamos armazenar é menor do que teria sido se calculássemos $ministra \bowtie \Pi_{id\_curso,título}(curso)$ primeiro.

Existem outras opções a considerar para avaliar nossa consulta. Não nos importamos com a ordem em que os atributos aparecem em uma junção, pois é fácil mudar a ordem antes de exibir o resultado. Assim, para todas as relações r_1 e r_2:

$$r_1 \bowtie r_2 \equiv r_2 \bowtie r_1$$

Ou seja, a junção natural é comutativa (regra de equivalência 5).

Usando a associatividade e a comutatividade da junção natural (regras 5 e 6), considere a seguinte expressão da álgebra relacional:

$$(instrutor \bowtie \Pi_{id\_curso,título}(curso)) \bowtie ministra$$

Observe que não existem atributos em comum entre $\Pi_{id\_curso,\ título}(curso)$ e *instrutor*, de modo que a junção é apenas um produto cartesiano. Se houver a tuplas em *instrutor* e b tuplas em $\Pi_{id\_curso,\ título}(curso)$, esse produto cartesiano gera $a \times b$ tuplas, uma para cada par possível de tuplas de *instrutor* e *curso* (sem considerar se o instrutor ministrou o curso). Esse produto cartesiano produziria uma grande relação temporária. Porém, se o usuário tivesse entrado com a expressão anterior, poderíamos usar a associatividade e a comutatividade da junção natural para transformar essa expressão na expressão mais eficiente:

$$(instrutor \bowtie ministra) \bowtie \Pi_{id\_curso,título}(curso)$$

16.2.4 Enumeração de expressões equivalentes

Otimizadores de consulta podem utilizar regras de equivalência para gerar, sistematicamente, expressões equivalentes para a expressão de consulta dada. O custo de uma expressão é calculado com base nas estatísticas que discutimos na Seção 16.3. Os otimizadores de consulta baseados em custo, descritos na Seção 16.4, calculam o custo de cada alternativa e selecionam a alternativa com menor custo.

```
procedure geraTodasEquivalentes(E)
EQ={E}
repeat
    Combina cada expressão E_i em EQ com cada regra de equivalência R_j
    if qualquer subexpressão e_i de E_i combina com um lado de R_j
        Cria uma expressão E' que é idêntica a E_i, exceto que
            e_i é transformada para combinar com o outro lado de R_j
        Acrescenta E' a EQ se ainda não estiver presente em EQ
until nenhuma expressão nova possa ser acrescentada a EQ
```

Figura 16.5 Procedimento para gerar todas as expressões equivalentes.

Conceitualmente, a enumeração de expressões equivalentes pode ser feita conforme esboçado na Figura 16.5. O processo é o seguinte. Dada uma expressão de consulta E, o conjunto de expressões equivalentes EQ contém inicialmente apenas E. Agora, cada expressão em EQ é combinada com cada regra de equivalência. Se uma subexpressão e_j de qualquer expressão $E_i \in EQ$ (como um caso especial, e_j poderia ser a próprio E_i) combinar com um lado da regra de equivalência, o otimizador gera uma cópia E_k e E_i, em que e_j é transformada para combinar com o outro lado da regra e acrescenta E_k a EQ. Esse processo continua até que nenhuma expressão nova possa ser gerada. Com um conjunto de regras de equivalência adequadamente escolhido, o conjunto de expressões equivalentes é finito, e o processo certamente terminará.

Por exemplo, dada uma expressão $r \bowtie (s \bowtie t)$, a regra de comutatividade pode corresponder à subexpressão $(s \bowtie t)$ e criaria uma outra expressão $r \bowtie (t \bowtie s)$. A regra de comutatividade também corresponde à junção na raiz de $r \bowtie (s \bowtie t)$ e cria uma expressão $(s \bowtie t) \bowtie r$. As regras de associatividade e comutatividade podem continuar sendo aplicadas para gerar novas expressões. Porém, eventualmente, a aplicação de qualquer regra de equivalência gerará apenas expressões que já foram geradas anteriormente, e o processo será encerrado.

O processo anterior é extremamente dispendioso, tanto em espaço quanto em tempo, mas os otimizadores podem reduzir bastante o custo, tanto do espaço quanto do tempo, usando duas ideias básicas.

1. Se gerarmos uma expressão E' a partir de uma expressão E_1 usando uma regra de equivalência sobre a expressão e_i, então E' e E_1 têm subexpressões idênticas, exceto para e_i e sua transformação. Até mesmo e_i e sua versão transformada normalmente compartilham muitas subexpressões idênticas. As técnicas de representação de expressão que permitem que as duas expressões apontem para subexpressões compartilhadas podem reduzir o requisito de espaço significativamente.
2. Nem sempre é necessário gerar cada expressão que pode ser gerada com as regras de equivalência. Se um otimizador levar em consideração as estimativas de custo da avaliação, ele pode ser capaz de evitar o exame de algumas das expressões, como veremos na Seção 16.4. Podemos reduzir o tempo exigido para a otimização usando técnicas como estas.

Com estas e outras técnicas para reduzir o tempo de otimização, as regras de equivalência podem ser usadas para enumerar planos alternativos, cujos custos podem ser calculados; então, o plano de menor custo entre as alternativas é escolhido. Discutimos na Seção 16.4.2 a implementação eficiente da otimização de consulta baseada em custos e nas regras de equivalência.

Alguns otimizadores de consulta utilizam regras de equivalência de maneira heurística. Com essa abordagem, se o lado esquerdo de uma regra de equivalência corresponder a uma subárvore em um plano de consulta, a subárvore é reescrita para corresponder ao lado direito da regra. Esse processo é repetido até que o plano de consulta não possa ser mais reescrito. As regras precisam ser cuidadosamente escolhidas de modo que o custo diminua quando uma regra é aplicada, e a reescrita deverá terminar em algum ponto. Embora essa técnica possa ser implementada para acelerar a execução, não há garantias de que encontrará o plano ideal.

Outros otimizadores de consulta focalizam, ainda, a seleção da ordem de junção, que normalmente é um fator importante no custo da consulta. Discutimos sobre os algoritmos para otimização da ordem de junção na Seção 16.4.1.

16.3 Estimando estatísticas de resultados de expressão

O custo de uma operação depende do tamanho e de outras estatísticas de suas entradas. Dada uma expressão como $r \bowtie (s \bowtie t)$ para estimar o custo da junção de r com $(s \bowtie t)$, precisamos ter estimativas de estatísticas como o tamanho de $s \bowtie t$.

Nesta seção, primeiro listamos algumas estatísticas sobre relações de banco de dados que são armazenadas nos catálogos do sistema de banco de dados, e depois mostramos como usar as estatísticas para estimar estatísticas sobre os resultados de várias operações relacionais.

Dada uma expressão de consulta, nós a consideramos como uma árvore; podemos começar com as operações de nível inferior, estimar suas estatísticas e continuar o processo em operações de nível superior, até chegarmos à raiz da árvore. As estimativas de tamanho que calculamos como parte dessas estatísticas podem ser usadas para calcular o custo dos algoritmos para as operações individuais na árvore, e esses custos podem ser somados para encontrar o custo de um plano de consulta inteiro, conforme vimos no Capítulo 15.

Uma questão que se tornará clara mais adiante nesta seção é que as estimativas não são muito precisas, pois são baseadas em suposições que podem não ser exatas. Portanto, um plano de avaliação de consulta que possui o menor custo de execução estimado pode não ter realmente o menor custo de execução real. Porém, a experiência no mundo real tem mostrado que, mesmo que as estimativas não sejam exatas, os planos com os menores custos estimados normalmente têm custos de execução reais que são os menores ou perto disso.

16.3.1 Informações de catálogo

O catálogo do sistema de banco de dados armazena a seguinte informação estatística sobre as relações do banco de dados:

- n_r, o número de tuplas na relação *r*.
- b_r, o número de blocos contendo tuplas da relação *r*.
- l_r, o tamanho de uma tupla de relação *r* em bytes.
- f_r, o fator de blocagem da relação *r* – ou seja, o número de tuplas da relação *r* que cabem em um bloco.
- *V*(*A*, *r*), o número de valores distintos que aparecem na relação *r* para o atributo *A*. Esse valor é igual ao tamanho de $\Pi_A(r)$. Se *A* é uma chave para a relação *r*, *V*(*A*, *r*) é n_r.

A última estatística, *V*(*A*, *r*), também pode ser mantida para conjuntos de atributos, se for desejado, em vez de apenas para atributos individuais. Assim, dado um conjunto de atributos, *A*, *V*(*A*, *r*) é o tamanho de $\Pi_A(r)$.

Se considerarmos que as tuplas da relação *r* são armazenadas juntas fisicamente em um arquivo, a seguinte equação se aplica:

$$b_r = \left\lceil \frac{n_r}{f_r} \right\rceil$$

As estatísticas sobre índices, como as alturas dos índices de árvore B^+ e o número de páginas de folha nos índices, também são mantidas no catálogo.

Se quisermos manter estatísticas precisas, então, toda vez que uma relação for modificada, também precisamos atualizar as estatísticas. Essa atualização incorre em uma sobrecarga muito grande. Portanto, a maioria dos sistemas não atualiza as estatísticas sobre cada modificação. Em vez disso, eles atualizam as estatísticas durante os períodos de pouca carga do sistema. Como resultado, as estatísticas utilizadas para escolher uma estratégia de processamento de consulta podem não ser completamente precisas. Porém, se não houver muita atividade de atualização nos intervalos entre as atualizações das estatísticas, as estatísticas serão suficientemente precisas para oferecer uma boa estimativa dos custos relativos dos diferentes planos.

A informação estatística mencionada aqui é simplificada. Os otimizadores do mundo real normalmente contêm outras informações estatísticas para melhorar a precisão de suas estimativas de custo dos planos de avaliação. Por exemplo, a maioria dos bancos de dados armazena a distribuição de valores para cada atributo como um **histograma**: nele, os valores para o atributo são divididos em uma série de intervalos; com cada intervalo, o histograma associa o número de tuplas cujo valor de atributo se encontra nesse intervalo. A Figura 16.6 mostra um exemplo de histograma para um atributo de valor inteiro que aceita valores no intervalo de 1 a 25.

Como exemplo de um histograma, o intervalo de valores para um atributo *idade* de uma relação *pessoa* poderia ser dividido em 0–9, 10–19, ..., 90–99 (considerando a idade máxima de 99). Com cada intervalo, armazenamos uma contagem do número de tuplas de *pessoa* cujos valores de *idade* se encontram nesse intervalo.

O histograma mostrado na Figura 16.6 é um **histograma de largura igual** (***equi-width histogram***), pois divide o intervalo de valores em intervalos de mesmo tamanho. Por outro lado, um **histograma de profundidade igual** (***equi-depth histogram***) ajusta os limites dos intervalos de modo que cada um tenha o mesmo número de valores. Assim, um histograma de largura igual simplesmente armazena os limites de partições do intervalo, e não precisa armazenar o número de valores. Por exemplo, o seguinte poderia ser o histograma de largura igual para os dados cujo histograma de largura igual aparecem na Figura 16.6:

(4, 8, 14, 19)

O histograma indica que 1/5 das tuplas têm idade menor que 4, outro 1/5 tem idade ≥ 4 mas < 8, e assim por diante, com o último 1⁄5 tendo idade ≥ 19. As informações sobre o número total de tuplas também são armazenadas com o histograma de largura igual. Histogramas de profundidade igual são preferidos aos histogramas de largura igual, uma vez que fornecem melhores estimativas e ocupam menos espaço.

Histogramas usados em sistemas de banco de dados também podem registrar o número de valores distintos em cada

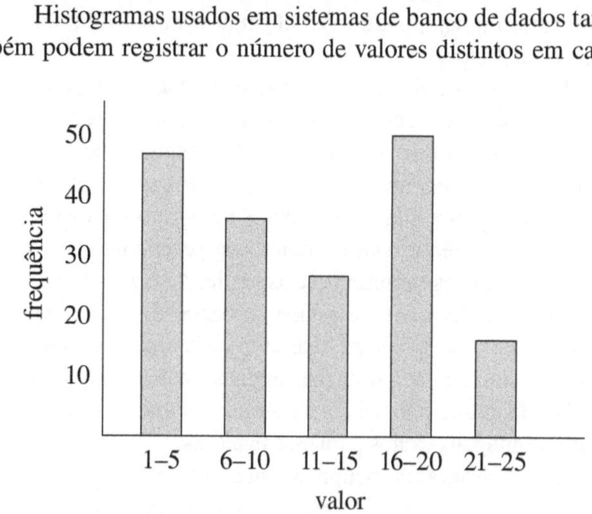

Figura 16.6 Exemplo de histograma.

Nota 16.2 CALCULANDO E MANTENDO ESTATÍSTICAS

Conceitualmente, as estatísticas sobre as relações podem ser consideradas como *views* materializadas, que devem ser mantidas automaticamente quando as relações são modificadas. Infelizmente, pode ser muito dispendioso manter estatísticas atualizadas em cada inserção, exclusão ou atualização no banco de dados. Por outro lado, os otimizadores geralmente não precisam de estatísticas exatas: um pequeno erro percentual pode resultar em um plano que não é ideal para ser escolhido, mas o plano alternativo escolhido provavelmente terá um custo que está próximo do custo ideal. Assim, é aceitável ter estatísticas aproximadas.

Os sistemas de banco de dados reduzem o custo de gerar e manter estatísticas, conforme esboçamos a seguir, explorando o fato de que as estatísticas podem ser aproximadas.

- As estatísticas normalmente são calculadas a partir de uma amostra dos dados básicos, em vez de examinar a coleção inteira de dados. Por exemplo, um histograma bastante preciso pode ser calculado a partir de uma amostra de alguns milhares de tuplas, mesmo em uma relação que tenha milhões ou centenas de milhões de registros. Contudo, a amostra usada precisa ser uma amostra aleatória; uma amostra não aleatória pode ter uma representação excessiva de uma parte da relação e gerar relatórios falsos. Por exemplo, se usássemos uma amostra de instrutores para calcular um histograma sobre salários, se a amostra tiver uma representação demasiada de instrutores com salários mais baixos, o histograma resultará em estimativas erradas. Para criar estatísticas, hoje, os sistemas de banco de dados utilizam rotineiramente uma amostragem aleatória. Veja referências sobre amostragem na Bibliografia.
- As estatísticas não são mantidas sobre cada atualização do banco de dados. Na verdade, alguns sistemas de banco de dados nunca atualizam estatísticas automaticamente. Elas contam com os administradores de banco de dados executando periodicamente um comando para atualizar estatísticas. Oracle e PostgreSQL oferecem um comando SQL chamado **analyze**, que gera estatísticas sobre relações especificadas ou sobre todas as relações. O IBM DB2 admite um comando equivalente, chamado **runstats**. Veja os detalhes nos manuais do sistema. Você deverá saber que os otimizadores, às vezes, escolhem planos muito ruins em função de estatísticas incorretas. Muitos sistemas de banco de dados, como IBM DB2, Oracle e SQL Server, atualizam estatísticas automaticamente em certos pontos do tempo. Por exemplo, o sistema pode manter um registro aproximado de quantas tuplas existem em uma relação e recalcular as estatísticas se esse número mudar de forma significativa. Outra técnica é comparar as cardinalidades estimadas de uma varredura de relação com cardinalidades reais quando uma consulta é executada e, se forem muito diferentes, iniciar uma atualização das estatísticas para essa relação.

intervalo, além do número de tuplas com valores de atributo nesse intervalo. Em nosso exemplo, o histograma poderia armazenar o número de valores de idade distintos que estão em cada intervalo. Sem essa informação de histograma, um otimizador teria que assumir que a distribuição de valores é uniforme; ou seja, cada intervalo tem o mesmo número de valores distintos.

Em muitas aplicações de banco de dados, alguns valores são muito frequentes, em comparação com outros valores. Para obter melhores estimativas para consultas que especificam esses valores, muitos bancos de dados armazenam uma lista de n valores mais frequentes para algum n (digamos, 5 ou 10), juntamente com o número de vezes que cada valor aparece. Em nosso exemplo, se as idades 4, 7, 18, 19 e 23 são os cinco valores mais frequentes, o banco de dados poderia armazenar o número de pessoas com cada uma dessas idades. O histograma, então, armazena apenas estatísticas para valores de idade que não sejam estes cinco valores, já que agora temos contagens exatas para esses valores.

Um histograma ocupa apenas um pequeno espaço; logo, histogramas sobre vários atributos diferentes podem ser armazenados no catálogo do sistema.

16.3.2 Estimativa de tamanho da seleção

A estimativa de tamanho do resultado de uma operação de seleção depende do predicado da seleção. Primeiro, consideramos um único predicado de igualdade, depois um único predicado de comparação e, por fim, combinações de predicados.

- $\sigma_{A=a}(r)$: Se a for um valor que ocorre com frequência, para o qual exista um contador de ocorrências, podemos usar esse valor diretamente como a estimativa de tamanho para a seleção.

  Caso contrário, se não houver um histograma, consideramos a distribuição uniforme de valores (ou seja, cada valor aparece com a mesma probabilidade) e o resultado da seleção pode ser estimado como tendo $n_r / V(A, r)$ tuplas, supondo que o valor a apareça no atributo A de algum registro de r. A suposição de que o valor a na seleção aparece em algum registro geralmente é verdadeira, e as estimativas de custo, em geral, fazem isso implicitamente. Porém, constantemente não é realista considerar que cada valor aparece com a mesma probabilidade. O atributo *id_curso* na relação *realiza* é um exemplo em que a suposição não é válida. É comum esperar que um curso de graduação tenha muito mais alunos do que um curso de pós-gradução especializado, menor. Portanto, certos valores de *id_curso* aparecem com maior probabilidade do que outros. Apesar do fato de que a suposição de distribuição uniforme normalmente não está correta, essa é uma aproximação aceitável da realidade em muitos casos, e ajuda a manter nossa apresentação relativamente simples.

Se houver um histograma sobre o atributo A, podemos localizar o intervalo que contém o valor a e modificar a estimativa antes mencionada $n_r / V(A, r)$ usando o contador de frequência para esse intervalo no lugar de n_r, e o número de valores distintos que ocorrem nesse intervalo no lugar de $V(A, r)$.

- $\sigma_{A \leq v}(r)$: Considere uma seleção da forma $\sigma_{A \leq v}(r)$. Suponha que os valores mínimo e máximo (min(A, r) e max (A, r)) para o atributo estejam armazenados no catálogo. Supondo que os valores são distribuídos uniformemente, podemos estimar o número de registros que satisfarão a condição $A \leq v$ como:
  - 0 se $v < \min(A, r)$,
  - n_r se $v \geq \max(A, r)$ e
  - $n_r \times \frac{v - \min(A,r)}{\max(A,r) - \min(A,r)}$, caso contrário.

  Se houver um histograma sobre o atributo A, podemos chegar a uma estimativa mais precisa; deixamos os detalhes como exercício para o leitor.

  Em alguns casos, como quando a consulta faz parte de um procedimento armazenado (*stored procedure*), o valor v pode não estar disponível quando a consulta for otimizada. Nesses casos, vamos supor que, aproximadamente, metade dos registros satisfará a condição de comparação. Ou seja, consideramos que o resultado tem $n_r/2$ tuplas; a estimativa pode ser muito imprecisa, mas é o melhor que podemos fazer sem mais informações.

- Seleções complexas:
  - **Conjunção**: Uma *seleção conjuntiva* é uma seleção da forma:

    $$\sigma_{\theta_1 \wedge \theta_2 \wedge \cdots \wedge \theta_n}(r)$$

    Podemos estimar o tamanho do resultado de tal seleção: para cada θ_i, estimamos o tamanho da seleção $\sigma_{\theta_i}(r)$, representada por s_i, conforme descrevemos anteriormente. Assim, a probabilidade de que uma tupla na relação satisfaça a condição de seleção θ_i é s_i/n_r.

    A probabilidade anterior é chamada de **seletividade** da seleção $\sigma_{\theta_i}(r)$. Supondo que as condições sejam *independentes* umas das outras, a probabilidade de que uma tupla satisfaça todas as condições é simplesmente o produto de todas essas probabilidades. Assim, estimamos o número de tuplas na seleção completa como:

    $$n_r \times \frac{s_1 \times s_2 \times \cdots \times s_n}{n_r^n}$$

  - **Disjunção**: Uma *seleção disjuntiva* é uma seleção da forma:

    $$\sigma_{\theta_1 \vee \theta_2 \vee \cdots \vee \theta_n}(r)$$

    Uma condição disjuntiva é satisfeita pela união de todos os registros que satisfazem as condições θ_i individuais, simples.

    Como antes, seja s_i/n_r a probabilidade de que uma tupla satisfaça a condição θ_i. A probabilidade de que a tupla satisfará a disjunção é, então, um menos a probabilidade de que ela não satisfará condição alguma:

    $$1 - (1 - \frac{s_1}{n_r}) \times (1 - \frac{s_2}{n_r}) \times \cdots \times (1 - \frac{s_n}{n_r})$$

    Multiplicando esse valor por n_r, obtemos o número estimado de tuplas que satisfazem a seleção.

  - **Negação**: Na ausência de nulos, o resultado de uma seleção $\sigma_{\neg\theta}(r)$ é simplesmente as tuplas de r que não estão em $\sigma_\theta(r)$. Já sabemos como estimar o número de tuplas em $\sigma_\theta(r)$. O número de tuplas em $\sigma_{\neg\theta}(r)$ é, portanto, estimado como n_r menos o número estimado de tuplas em $\sigma_\theta(r)$.

    Podemos levar em conta os nulos estimando o número de tuplas para as quais a condição θ seria avaliada como *desconhecida* (*unknown*), e subtraindo esse número da estimativa anterior, ignorando nulos. A estimativa desse número exigiria que fossem mantidas outras estatísticas no catálogo.

16.3.3 Estimativa de tamanho da junção

Nesta seção, veremos como estimar o tamanho do resultado de uma junção.

O produto cartesiano $r \times s$ contém $n_r * n_s$ tuplas. Cada tupla de $r \times s$ ocupa $l_r + l_s$ bytes, e daí podemos calcular o tamanho do produto cartesiano.

A estimativa do tamanho de uma junção natural é mais complicada do que a estimativa do tamanho de uma seleção ou de um produto cartesiano. Suponha que $r(R)$ e $s(S)$ sejam relações.

- Se $R \cap S = \emptyset$, ou seja, as relações não possuem atributos em comum, então $r \bowtie s$ é o mesmo que $r \times s$, e podemos usar nossa técnica de estimativa para produtos cartesianos.
- Se $R \cap S$ é uma chave para R, então sabemos que uma tupla de s se juntará a, no máximo, uma tupla de r. Portanto, o número de tuplas em $r \bowtie s$ não é maior do que o número de tuplas em s. O caso em que $R \cap S$ é uma chave para S é simétrico ao caso descrito. Se $R \cap S$ forma uma chave estrangeira de S, referenciando R, o número de tuplas em $r \bowtie s$ é exatamente o mesmo que o número de tuplas em s.
- O caso mais difícil ocorre quando $R \cap S$ não é uma chave nem para R nem para S. Nesse caso, consideramos, como fizemos para as seleções, que cada valor aparece com a

mesma probabilidade. Considere uma tupla t de r, e considere $R \cap S = \{A\}$. Estimamos que a tupla t produz

$$\frac{n_s}{V(A,s)}$$

tuplas em $r \bowtie s$, pois esse número é o número médio de tuplas em s com determinado valor para os atributos A. Considerando todas as tuplas em r, estimamos que existem

$$\frac{n_r * n_s}{V(A,s)}$$

tuplas em $r \bowtie s$. Observe que, se revertermos os papéis de r e s na estimativa anterior, obteremos uma estimativa de

$$\frac{n_r * n_s}{V(A,r)}$$

tuplas em $r \bowtie s$. Essas duas estimativas diferem se $V(A, r) \neq V(A, s)$. Se essa situação ocorrer, provavelmente haverá tuplas pendentes (*dangling tuples*) que não participam da junção. Assim, a menor das duas estimativas provavelmente é a mais exata.

A estimativa anterior do tamanho da junção pode ser muito alta se os valores de $V(A, r)$ para A em r tiverem poucos valores em comum com os valores de $V(A, s)$ para o atributo A em s. Contudo, essa situação provavelmente não ocorrerá no mundo real, pois as tuplas pendentes não existem ou constituem apenas uma pequena fração das tuplas, na maioria das relações do mundo real.

Mais importante, a estimativa anterior depende da suposição de que cada valor aparece com a mesma probabilidade. Técnicas mais sofisticadas para estimativa de tamanho precisam ser usadas se essa suposição não for mantida. Por exemplo, se tivéssemos histogramas sobre os atributos de junção das duas relações, e os dois histogramas tivessem os mesmos intervalos, poderíamos usar a técnica de estimativa anterior dentro de cada intervalo, usando o número de linhas com valores no intervalo no lugar de n_r ou n_s, e o número de valores distintos nesse intervalo, no lugar de $V(A, r)$ ou $V(A, s)$. Depois, somamos as estimativas de tamanho obtidas para cada intervalo, a fim de chegar à estimativa de tamanho geral. Deixamos como exercício para o leitor o caso em que as duas relações possuem histogramas sobre o atributo de junção, mas os histogramas têm intervalos diferentes.

Podemos estimar o tamanho de uma junção teta $r \bowtie_\theta s$ reescrevendo a junção como $\sigma_\theta(r \times s)$ e usando as estimativas de tamanho para produtos cartesianos junto com as estimativas de tamanho para seleções, que vimos na Seção 16.3.2.

Para ilustrar todas essas maneiras de estimar os tamanhos de junção, considere a expressão:

aluno $\bowtie$ *realiza*

Considere a seguinte informação de catálogo sobre as duas relações:

- $n_{aluno} = 5000$
- $n_{realiza} = 10000$.
- *V(ID, realiza)* = 2500, que implica que somente metade dos alunos realizou algum curso (isso é irreal, mas usamos apenas para mostrar que nossas estimativas de tamanho estão corretas até mesmo nesse caso) e, na média, cada aluno que realizou algum curso realizou quatro cursos.

Observe que, como *ID* é uma chave primária de *aluno*, *V(ID, aluno)* = n_{aluno} = 5000.

O atributo *ID* em *realiza* é uma chave estrangeira sobre *aluno*, e valores nulos não ocorrem em *realiza.ID*, pois *ID* faz parte da chave primária de *realiza*; assim, o tamanho de *aluno* $\bowtie$ *realiza* é exatamente $n_{realiza}$, que é 10000.

Agora, vamos calcular as estimativas de tamanho para *aluno* $\bowtie$ *realiza* sem usar informações sobre chaves estrangeiras. Como *V(ID, realiza)* = 2500 e *V(ID, aluno)* = 5000, nas duas estimativas obtemos 5000 × 10000 / 2500 = 20000 e 5000 × 10000 / 5000 = 10000, e escolhemos a mais baixa. Nesse caso, a mais baixa dessas estimativas é a mesma daquela que calculamos anteriormente a partir das informações sobre chaves estrangeiras.

16.3.4 Estimativa de tamanho para outras operações

A seguir, esboçamos como estimar os tamanhos dos resultados de outras operações da álgebra relacional.

- **Projeção**: o tamanho estimado (número de registros ou número de tuplas) de uma projeção na forma $\Pi_A(r)$ é $V(A, r)$, pois a projeção elimina duplicatas.
- **Agregação**: o tamanho de ${}_G\gamma_A(r)$ é simplesmente $V(G, r)$, pois existe uma tupla em ${}_G\gamma_A(r)$ para cada valor distinto de G.
- **Operações de conjunto**: se as duas entradas de uma operação de conjunto são seleções sobre a mesma relação, podemos reescrever a operação de conjunto como disjunções, conjunções ou negações. Por exemplo, $\sigma_{\theta_1}(r) \cup \sigma_{\theta_2}(r)$ pode ser reescrito como $\sigma_{\theta_1 \vee \theta_2}(r)$. De modo semelhante, é possível reescrever interseções como conjunções e a diferença de conjunto usando negação, contanto que as duas relações participando das operações de conjunto sejam seleções sobre a mesma relação. Podemos, então, usar as estimativas para seleções envolvendo conjunções, disjunções e negação vistas na Seção 16.3.2.

  Se as entradas não forem seleções sobre a mesma relação, estimamos os tamanhos desta maneira: o tamanho estimado de $r \cup s$ é a soma dos tamanhos de r e s. O tamanho estimado de $r \cap s$ é o mínimo dos tamanhos de r e s. O tamanho estimado de $r - s$ é o mesmo tamanho de r. Todas as três estimativas podem não ser precisas, mas oferecem limites máximos para os tamanhos.
- **Junção externa**: o tamanho estimado de $r ⟗ s$ é o tamanho de $r \bowtie s$ mais o tamanho de r; o tamanho de $r ⟖ s$ é simétrico, enquanto o de $r ⟗ s$ é o tamanho de $r \bowtie s$ mais os tamanhos de r e s. Todas as três estimativas podem não ser precisas, mas oferecem limites máximos para os tamanhos.

16.3.5 Estimativa do número de valores distintos

As estimativas de tamanho que discutimos anteriormente dependem de estatísticas, como histogramas, ou, no mínimo, do número de valores distintos para um atributo. Embora essas estatísticas possam ser previamente calculadas e armazenadas para as relações no banco de dados, precisamos calculá-las para obter resultados intermediários. Observe que a estimativa do número de tamanhos e do número de valores distintos de atributos em um resultado intermediário E_i nos ajuda a estimar os tamanhos e o número de valores distintos de atributos nos resultados intermediários que utilizam E_i no próximo nível.

Para seleções, o número de valores distintos de um atributo (ou conjunto de atributos) A no resultado de uma seleção, $V(A, \sigma_\theta(r))$, pode ser estimado das seguintes maneiras:

- Se a condição de seleção θ força A para assumir um valor especificado (por exemplo, $A = 3$), $V(A, \sigma_\theta(r)) = 1$.
- Se θ força A a assumir um de um conjunto especificado de valores (por exemplo, $(A = 1 \lor A = 3 \lor A = 4)$), então $V(A, \sigma_\theta(r))$ é definido como o número de valores especificados.
- Se a condição de seleção θ tiver a forma A *op* v, em que *op* é um operador de comparação, $V(A, \sigma_\theta(r))$ é estimado como $V(A, r) \times s$, em que s é a seletividade da seleção.
- Em todos os outros casos de seleções, consideramos que a distribuição de valores A é independente da distribuição dos valores em que as condições de seleção são especificadas, e usamos uma estimativa aproximada de $\min(V(A, r), n_{\sigma_\theta(r)})$. Uma estimativa mais acurada pode ser derivada para esse caso usando a teoria da probabilidade, mas essa aproximação funciona muito bem.

Para as junções, o número de valores distintos de um atributo (ou conjunto de atributos) A no resultado de uma junção, $V(A, r \bowtie s)$, pode ser estimado destas maneiras:

- Se todos os atributos em A são de r, $V(A, r \bowtie s)$ é estimado como $\min(V(A, r), n_{r \bowtie s})$ e, de modo similar, se todos os atributos em A são de s, $V(A, r \bowtie s)$ é estimado como $\min(V(A, s), n_{r \bowtie s})$.
- Se A contém atributos $A1$ de r e $A2$ de s, então $V(A, r \bowtie s)$ é estimado como

$$\min(V(A1, r) \times V(A2 - A1, s), V(A1 - A2, r) \times V(A2, s), n_{r \bowtie s})$$

Observe que alguns atributos podem estar em $A1$ e também em $A2$, e $A1 - A2$ e $A2 - A1$ representam, respectivamente, atributos em A que são apenas de r e atributos em A que são apenas de s. Novamente, estimativas mais precisas podem ser derivadas usando a teoria da probabilidade, mas essas aproximações funcionam muito bem.

As estimativas dos valores distintos são simples para projeções: elas são as mesmas em $\Pi_A(r)$ e em r. O mesmo se mantém para atributos de agrupamento da agregação. Para os resultados de **sum**, **count** e **average**, podemos considerar, por simplicidade, que todos os valores agregados são distintos. Para **min**(A) e **max**(A), o número de valores distintos pode ser estimado como $\min(V(A, r), V(G, r))$, em que G representa os atributos de agrupamento. Omitimos os detalhes da estimativa de valores distintos para outras operações.

16.4 Escolha de planos de avaliação

A geração de expressões é apenas parte do processo de otimização da consulta, pois cada operação na expressão pode ser implementada com diferentes algoritmos. Um plano de avaliação define exatamente que algoritmo deverá ser usado para cada operação e como a execução das operações deve ser coordenada.

Dado um plano de avaliação, podemos estimar seu custo usando estatísticas estimadas pelas técnicas mostradas na Seção 16.3, juntamente com as estimativas de custo para diversos algoritmos e métodos de avaliação descritos no Capítulo 15.

O **otimizador baseado em custo** explora o espaço de todos os planos de avaliação de consulta que são equivalentes a determinada consulta, e escolhe aquele com o menor custo estimado. Vimos como as regras de equivalência podem ser usadas para gerar planos equivalentes. Porém, a otimização baseada em custo com regras de equivalência arbitrárias é muito complicada. Primeiro, abordamos uma versão mais simples da otimização baseada em custo, o que envolve apenas a ordem de junção e a seleção do algoritmo de junção, na Seção 16.4.1. Mais adiante, na Seção 16.4.2, explicaremos rapidamente como pode ser criado um otimizador de uso geral, baseado nas regras de equivalência, sem examinar os detalhes.

Explorar o espaço de todos os planos possíveis pode ser muito dispendioso para consultas complexas. A maioria dos otimizadores inclui heurística para reduzir o custo da otimização da consulta, com o risco em potencial de não encontrar o plano ideal. Estudamos algumas dessas heurísticas na Seção 16.4.3.

16.4.1 Seleção de ordem de junção baseada em custo

O tipo mais comum de consulta em SQL consiste em uma junção de algumas relações, com os predicados de junção e seleções especificados na cláusula **where**. Nesta seção, consideramos o problema de escolher a ordem de junção ideal para tal consulta.

Para uma consulta de junção complexa, o número de planos de consulta diferentes que são equivalentes à consulta pode ser muito grande. Como ilustração, considere a expressão:

$$r_1 \bowtie r_2 \bowtie \ldots \bowtie r_n$$

em que as junções são expressas sem nenhuma ordenação. Com $n = 3$, existem 12 ordens de junção diferentes:

$$r_1 \bowtie (r_2 \bowtie r_3) \quad r_1 \bowtie (r_3 \bowtie r_2) \quad (r_2 \bowtie r_3) \bowtie r_1 \quad (r_3 \bowtie r_2) \bowtie r_1$$

$$r_2 \bowtie (r_1 \bowtie r_3) \quad r_2 \bowtie (r_3 \bowtie r_1) \quad (r_1 \bowtie r_3) \bowtie r_2 \quad (r_3 \bowtie r_1) \bowtie r_2$$

$$r_3 \bowtie (r_1 \bowtie r_2) \quad r_3 \bowtie (r_2 \bowtie r_1) \quad (r_1 \bowtie r_2) \bowtie r_3 \quad (r_2 \bowtie r_1) \bowtie r_3$$

Em geral, com n relações, existem $(2(n - 1))!/(n - 1)!$ ordens de junção diferentes. (Deixamos o cálculo dessa expressão para você realizar no Exercício Prático 16.12.) Para junções envolvendo pequenas quantidades de relações, esse número é aceitável; por exemplo, com $n = 5$, o número é 1680. Porém, quando n aumenta, esse número aumenta rapidamente. Com $n = 7$, o número é 665.280; com $n = 10$, o número é maior do que 17,6 bilhões!

Felizmente, não é necessário gerar todas as expressões equivalentes a determinada expressão. Por exemplo, suponha que queiramos encontrar a melhor ordem de junção da forma

$$(r_1 \bowtie r_2 \bowtie r_3) \bowtie r_4 \bowtie r_5$$

que representa todas as ordens de junção onde r_1, r_2 e r_3 são juntadas primeiro (em alguma ordem), e o resultado é juntado (em alguma ordem) com r_4 e r_5. Existem 12 ordens de junção diferentes para calcular $r_1 \bowtie r_2 \bowtie r_3$, e 12 ordens para calcular a junção desse resultado com r_4 e r_5. Assim, parece haver 144 ordens de junção para examinar. Porém, quando tivermos encontrado a melhor ordem de junção para o subconjunto de relações $\{r_1, r_2, r_3\}$, podemos usar essa ordem para outras junções com r_4 e r_5, e ignorar todas as ordens de junção mais dispendiosas de $r_1 \bowtie r_2 \bowtie r_3$. Assim, em vez de 144 escolhas para examinar, precisamos examinar apenas 12 + 12 escolhas.

Usando essa ideia, é possível desenvolver um algoritmo de *programação dinâmica* para localizar as ordens de junção ideais. Os algoritmos de programação dinâmica armazenam resultados de cálculos e os reutilizam, um procedimento que pode reduzir bastante o tempo de execução.

Agora, vamos considerar como achar a ordem de junção ideal para um conjunto de n relações $S = \{r_1, r_2, ..., r_n\}$, onde cada relação pode ter condições de seleção, e é dado um conjunto de condições de junção entre as relações r_i. Consideramos que as relações possuem nomes exclusivos.

Um procedimento recursivo implementando o algoritmo de programação dinâmica aparece na Figura 16.7 e é chamado como AchaMelhorPlano(S), em que S é o conjunto de relações

```
procedure AchaMelhorPlano(S)
    if (melhorplano[S].custo ≠∞) /* melhorplano[S] já calculado */
        return melhorplano[S]
    if (S contém apenas uma relação)
        atribuir valores a melhorplano[S].plano e melhorplano[S].custo baseado na
            melhor forma de acessar S usando condições de seleção (se houver) sobre S.
    else for each subconjunto não vazio S1 de S tal que S1 ≠ S
        P1 = AchaMelhorPlano(S1)
        P2 = AchaMelhorPlano(S – S1)
        for each algoritmo A para juntar os resultados de P1 e P2
            // Para a junção por loops aninhados indexados, a relação externa poderia ser P1 ou P2.
            // Da mesma forma para a junção hash, a relação de montagem poderia ser P1 ou P2.
            // Consideramos as alternativas como algoritmos separados.
            // Consideramos que o custo de A não inclui o custo da leitura das entradas.
            if algoritmo A é algoritmo de junção por loops aninhados indexados
                Sejam Po e Pi as entradas externa e interna de A
                if Pi tem uma única relação ri, e ri tem um índice sobre atributos da junção
                    plano = "execute Po.plano; junte os resultados de Po e ri usando A",
                        com qualquer condição de seleção sobre Pi realizada como
                        parte da condição de junção
                    custo = Po.custo + custo de A
                else /* Não pode usar junção por loops aninhados indexados */
                    custo = ∞
            else
                pano = "execute P1.plano; execute P2.plano;
                            junte os resultados de P1 e P2 usando A"
                custo = P1.custo + P2.custo + custo de A
            if custo < melhorplano[S].custo
                    melhorplano[S].custo = custo
                    melhorplano[S].plano = plano
    return melhorplano[S]
```

Figura 16.7 Algoritmo de programação dinâmica para otimização por ordem de junção.

que mencionamos. O procedimento aplica seleções sobre relações individuais no ponto mais cedo possível, ou seja, quando as relações são acessadas. É mais fácil entender o procedimento considerando que todas as junções são junções naturais, embora o procedimento funcione sem alterações com qualquer condição de junção. Com condições de junção arbitrárias, a junção de duas subexpressões é entendida como incluindo todas as condições de junção que relacionam atributos das duas subexpressões.

O procedimento armazena os planos de avaliação que ele calcula em um *array* associativo *melhorplano*, que é indexado por conjuntos de relações. Cada elemento do *array* associativo contém dois componentes: o custo do melhor plano de *S* e o próprio plano. O valor de *melhorplano*[*S*].*custo* é considerado como inicializado em ∞ se *melhorplano*[*S*] ainda não foi calculado.

O procedimento primeiro verifica se o melhor plano para calcular a junção de determinado conjunto de relações *S* já foi calculado (e armazenado no *array* associativo *melhorplano*); nesse caso, ele retorna o plano já calculado.

Se *S* contém apenas uma relação, a melhor maneira de acessar *S* (levando em conta as seleções sobre *S*, se houver) é registrada em *melhorplano*. Isso pode envolver o uso de um índice para identificar tuplas e depois apanhar as tuplas (normalmente conhecido como *varredura de índice* ou *index scan*) ou varrer a relação inteira (normalmente conhecido como *varredura de relação*).[2] Se houver qualquer condição de seleção sobre *S*, além daquelas garantidas por uma varredura de índice, uma operação de seleção é acrescentada ao plano para garantir que todas as seleções sobre *S* sejam satisfeitas.

Caso contrário, se *S* contém mais de uma relação, o procedimento experimenta cada maneira de dividir *S* em dois subconjuntos isolados. Para cada divisão, o procedimento encontra recursivamente os melhores planos para cada um dos dois subconjuntos. Depois, ele considera todos os algoritmos possíveis para juntar os resultados dos dois subconjuntos. Observe que, como uma junção com *loops* aninhados indexados potencialmente pode usar *P*1 ou *P*2 como entrada interna, consideramos as duas alternativas como dois algoritmos diferentes. A escolha de entrada de montagem ou sonda também nos leva a considerar as duas escolhas para junção *hash* como dois algoritmos diferentes.

O custo de cada alternativa é considerado, e a opção de menor custo escolhida. O custo de junção considerado não deve incluir o custo de leitura das entradas, uma vez que assumimos que a entrada é canalizada dos operadores anteriores, o que poderia ser uma varredura de relação/índice ou uma junção precedente. Lembre-se de que alguns operadores, como a junção *hash*, podem ser tratados como tendo suboperadores com uma aresta de bloqueio (materializada) entre eles, mas com as arestas de entrada e saída da junção sendo canalizadas. As fórmulas de custo de junção que vimos no Capítulo 15 podem ser usadas, com as devidas modificações, para ignorar o custo de leitura das relações de entrada.

[2]Se um índice contém todos os atributos de uma relação que são usados em uma consulta, é possível realizar uma *varredura apenas de índice*, que recupera do índice os valores de atributo exigidos, sem buscar as tuplas reais.

Observe que a junção por *loops* aninhados indexados é tratada diferentemente de outras técnicas de junção: o plano e o custo são diferentes nesse caso, pois não realizamos uma varredura de relação/índice da entrada interna, e o custo de pesquisa de índice está incluído no custo da junção por *loops* aninhados indexados.

O procedimento escolhe o plano de menor custo dentre todas as alternativas para dividir *S* em dois conjuntos e os algoritmos para juntar os resultados dos dois conjuntos. O plano menos dispendioso e seu custo são armazenados no *array melhorplano* e retornados pelo procedimento. A complexidade de tempo do procedimento é $O(3^n)$ (veja o Exercício Prático 16.13).

A ordem em que as tuplas são geradas pela junção de um conjunto de relações também é importante para encontrar a melhor ordem de junção geral, pois pode afetar o custo de outras junções. Por exemplo, se a junção *merge* for usada, será preciso realizar uma operação de classificação potencialmente dispendiosa sobre a entrada, a menos que a entrada já esteja classificada sobre o atributo de junção.

Uma ordem específica de classificação das tuplas é considerada uma **ordem de classificação interessante** se puder ser útil para uma operação posterior. Por exemplo, a geração do resultado de $r_1 \bowtie r_2 \bowtie r_3$ classificado pelos atributos comuns com r_4 ou r_5 pode ser útil, mas a geração classificada pelos atributos comuns apenas a r_1 e r_2 não é. Usar a junção *merge* para calcular $r_1 \bowtie r_2 \bowtie r_3$ pode ser mais dispendioso do que usar alguma outra técnica de junção, mas pode oferecer uma saída classificada em uma ordem de classificação interessante.

Logo, não é suficiente encontrar a melhor ordem de junção para cada subconjunto do conjunto de *n* relações dadas. Em vez disso, temos de encontrar a melhor ordem de junção para cada subconjunto, para cada ordem de classificação interessante do resultado da junção para esse subconjunto. O *array melhorplano* agora pode ser indexado por [*S*, *o*], em que *S* é um conjunto de relações e *o* é uma ordem de classificação interessante. O procedimento AchaMelhorPlano pode, então, ser modificado para levar em conta as ordens de classificação interessantes; deixamos os detalhes disso como um exercício para o leitor (veja o Exercício Prático 16.11).

O número de subconjuntos de *n* relações é 2^n. O número de ordens de classificação interessantes geralmente não é grande. Assim, cerca de 2^n expressões de junção precisam ser armazenadas. O algoritmo de programação dinâmica para encontrar a melhor ordem de junção pode ser facilmente estendido para lidar com as ordens de classificação. Especificamente, ao considerar a junção *sort-merge*, o custo de classificação precisa ser somado se uma entrada (que pode ser uma relação ou o resultado de uma operação de junção) não estiver classificada sobre o atributo de junção, mas não é somado se esse resultado estiver classificado.

O custo do algoritmo estendido depende do número de ordens interessantes para cada subconjunto das relações; como esse número é pequeno na prática, o custo permanece em $O(3^n)$. Com $n = 10$, esse número fica em torno de 59.000, muito melhor do que 17,6 bilhões de ordens de junção diferentes.

Mais importante que isso, o armazenamento exigido é muito menor do que antes, pois só precisamos armazenar uma ordem de junção para cada ordem de classificação interessante de cada um dos 1024 subconjuntos de $r_1, ..., r_{10}$. Embora os dois números ainda aumentem rapidamente com n, as junções que mais ocorrem normalmente possuem menos de dez relações e podem ser tratadas com facilidade.

O pseudocódigo mostrado na Figura 16.7, de fato considera cada forma possível de dividir S em dois subconjuntos disjuntos duas vezes, pois cada um dos dois subconjuntos pode desempenhar o papel de $S1$. Considerar a divisão duas vezes não afeta a corretude, mas desperdiça tempo. O código pode ser otimizado da seguinte forma: ache a relação alfabeticamente menor r_i em $S1$ e a relação alfabeticamente menor r_j em $S - S1$, e execute o *loop* somente se $r_i < r_j$. Isso garante que cada divisão será considerada apenas uma vez.

Além do mais, o código também considera todas as ordens de junção possíveis, incluindo aquelas que contêm produtos cartesianos; por exemplo, se duas relações r_1 e r_3 não tiverem nenhuma condição de junção vinculando as duas relações, o código ainda considerará $S = \{r_1, r_3\}$, que resultará em um produto cartesiano. As condições de junção podem ser levadas em consideração, modificando o código para gerar apenas divisões que não resultem em produtos cartesianos. Essa otimização pode economizar muito tempo para diversas consultas. Veja na seção de Leitura adicional, ao final do capítulo, referências que fornecem mais detalhes sobre a enumeração de ordens de junção sem produto cartesiano.

16.4.2 Otimização baseada em custo com regras de equivalência

A técnica de otimização da ordem de junções que acabamos de examinar trata da classe mais comum de consultas, que realiza uma junção interna (*inner join*) de um conjunto de relações. Porém, muitas consultas usam outros recursos, como agregação, junção externa (*outer join*) e consultas aninhadas, que não são tratados pela seleção da ordem de junções, mas que podem ser tratados pelo uso de regras de equivalência.

Nesta seção, esboçamos como criar um otimizador de uso geral baseado em custo, com base nas regras de equivalência. As regras de equivalência podem ajudar a explorar alternativas com uma grande variedade de operações, como junções externas, agregações e operações de conjunto, como já vimos. Regras de equivalência podem ser acrescentadas se forem necessárias para outras operações, como operadores que retornam os maiores K resultados (*top K results*) em ordem classificada.

Na Seção 16.2.4, vimos como um otimizador poderia gerar sistematicamente todas as expressões equivalentes a uma determinada consulta. O procedimento para gerar expressões equivalentes pode ser modificado para gerar todos os planos de avaliação possíveis, da seguinte forma. Um nova classe de regras de equivalência, chamada **regras de equivalência física**, é acrescentada para permitir que uma operação lógica, como uma junção, seja transformada em uma operação física, como uma junção *hash* ou uma junção por *loops* aninhados. Acrescentando tais regras ao conjunto original de regras de equivalência, o procedimento pode gerar todos os planos de avaliação possíveis. As técnicas de estimativa de custo que vimos anteriormente podem, então, ser usadas para escolher o plano ideal (ou seja, o de menor custo).

Porém, o procedimento mostrado na Seção 16.2.4 é muito dispendioso, mesmo se não considerarmos a criação de planos de avaliação. Para que a técnica funcione de modo mais eficiente, é preciso o seguinte:

1. Uma representação concisa das expressões, que evita fazer várias cópias das mesmas subexpressões quando as regras de equivalência são aplicadas.
2. Técnicas eficientes para detectar derivações duplicadas da mesma expressão.
3. Uma forma de programação dinâmica baseada na **memorização** (*memorization*), que armazena o plano de avaliação de consulta ideal para uma subexpressão quando ela é otimizada pela primeira vez; solicitações subsequentes para otimizar a mesma subexpressão são tratadas retornando o plano já memorizado.
4. Técnicas que evitam gerar todos os planos equivalentes possíveis, registrando o plano mais barato gerado para qualquer subexpressão até qualquer ponto do tempo e removendo qualquer plano que seja mais dispendioso do que o plano menos dispendioso encontrado até então para essa subexpressão.

Os detalhes são mais complexos do que desejamos tratar aqui. Essa abordagem foi iniciada pelo projeto de pesquisa Volcano, e o otimizador de consulta do SQL Server é baseado nela. Veja as notas bibliográficas para obter referências contendo mais informações.

16.4.3 Heurística na otimização

Uma desvantagem da otimização baseada em custo é o próprio custo da otimização. Embora o custo da otimização da consulta possa ser reduzido por algoritmos inteligentes, o número de planos de avaliação diferentes para uma consulta pode ser muito grande, e encontrar o plano ideal a partir desse conjunto requer muito trabalho de computação. Logo, os otimizadores utilizam **heurísticas** para reduzir o custo da otimização.

Um exemplo de regra heurística é a seguinte, para transformar consultas da álgebra relacional:

- Realize operações de seleção o mais cedo possível

Um otimizador heurístico usaria essa regra sem descobrir se o custo é reduzido por essa transformação. No primeiro exemplo de transformação da Seção 16.2, a operação de seleção foi empurrada para uma junção.

Dizemos que a regra anterior é uma heurística porque ela normalmente ajuda a reduzir o custo, mas nem sempre. Para

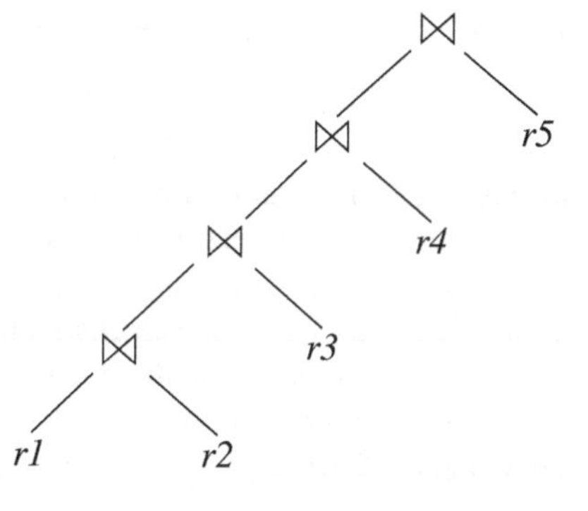

(a) Árvore de junção profunda à esquerda

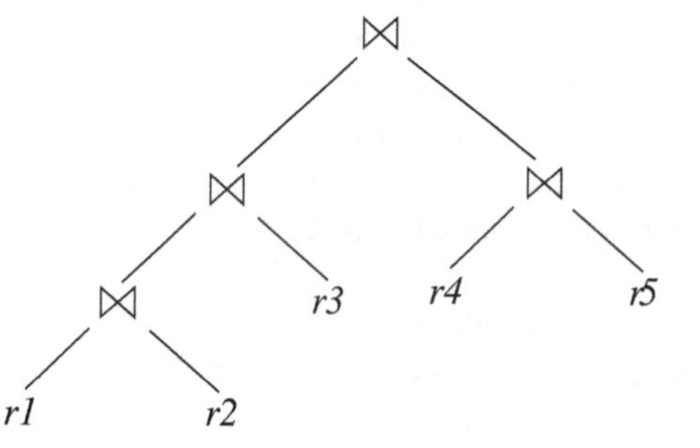

(b) Árvore de junção não profunda à esquerda

Figura 16.8 Árvores de junção profundas a esquerda.

ver um exemplo de onde isso pode resultar em um aumento no custo, considere uma expressão $\sigma_\theta(r \bowtie s)$, em que a condição θ refere-se apenas a atributos em *s*. A seleção certamente pode ser realizada antes da junção. Porém, se *r* for extremamente pequeno em comparação com *s*, e se houver um índice sobre os atributos de junção de *s*, mas nenhum índice sobre os atributos usados por θ, provavelmente é uma má ideia realizar a seleção mais cedo. Realizar a seleção mais cedo – ou seja, diretamente sobre *s* – exigiria uma varredura de todas as tuplas em *s*. Nesse caso, provavelmente o custo seria menor calculando a junção por meio do índice, para depois rejeitar as tuplas que falharem na seleção. (Este caso é tratado especificamente pelo algoritmo de programação dinâmica para a otimização da ordem de junção.)

A operação de projeção, como a operação de seleção, reduz o tamanho das relações. Assim, sempre que precisarmos gerar uma relação temporária, será vantajoso aplicar imediatamente quaisquer projeções possíveis. Essa vantagem sugere uma companheira para a heurística "realize seleções mais cedo".

- Realize projeções mais cedo

Normalmente, é melhor realizar seleções antes das projeções, pois as seleções têm o potencial de reduzir muito os tamanhos das relações, e as seleções permitem o uso de índices para acessar tuplas. Um exemplo semelhante ao que usamos para a heurística de seleção deverá convencê-lo de que essa heurística nem sempre reduz o custo.

A maioria dos otimizadores de consulta práticos possuem outras heurísticas para reduzir o custo da otimização. Por exemplo, muitos otimizadores de consultas, como o otimizador do System R,[3] não consideram todas as ordens de junção, mas restringem a busca a tipos específicos de ordens de junção. O otimizador do System R considera apenas as ordens de junção em que o operando da direita de cada junção é uma das relações iniciais $r_1, ..., r_n$. Essas ordens de junção são consideradas **ordens de junção profundas à esquerda**. As ordens de junção profundas à esquerda são particularmente convenientes para a avaliação canalizada, pois o operando da direita é uma relação armazenada, e somente uma entrada para cada junção é canalizada.

A Figura 16.8 ilustra a diferença entre as árvores de junção profunda à esquerda e as árvores de junção não profunda à esquerda. O tempo gasto para considerar todas as ordens de junção profunda à esquerda é de $O(n!)$, muito menos do que o tempo para considerar todas as ordens de junção. Com o uso de otimizações da programação dinâmica, o otimizador do System R pode encontrar a melhor ordem de junção no tempo $O(n2^n)$. Compare esse custo com o tempo $O(3^n)$ necessário para encontrar a melhor ordem de junção geral. O otimizador do System R utiliza heurísticas para empurrar as seleções e projeções para baixo na árvore de consulta.

Uma técnica heurística para reduzir o custo da seleção da ordem de junção, que foi usada originalmente em algumas versões do Oracle, funciona mais ou menos assim: para uma junção de *n* vias, ela considera *n* planos de avaliação. Cada plano usa uma ordem de junção profunda à esquerda, cada um começando com uma relação diferente dentre as *n* relações. A heurística constrói a ordem de junção para cada um dos *n* planos de avaliação, selecionando repetidamente a "melhor" relação a juntar em seguida, com base em uma classificação dos caminhos de acesso disponíveis. A junção de *loop* aninhado ou *sort-merge* é escolhida para cada uma das junções, dependendo dos caminhos de acesso disponíveis. Por fim, a heurística escolhe um dos *n* planos de avaliação de maneira heurística, com base na redução do número de junções por *loop* aninhado que não têm um índice disponível na relação interna e no número de junções *sort-merge*.

As técnicas de otimização de consulta que aplicam escolhas de plano heurísticas para algumas partes da consulta, com a escolha do custo baseada na geração de planos de acesso alternativos em outras partes da consulta, foram adotadas em diversos sistemas. A técnica utilizada no System R e em seu sucessor, o projeto Starburst, é um procedimento hierárquico baseado no conceito de bloco aninhado da SQL. As técnicas de otimização baseadas em custo, descritas aqui, são usadas para cada bloco da consulta separadamente. Os otimizadores em diversos produtos de banco de dados, como IBM DB2 e Oracle, são baseados nessa técnica, com extensões para tratar outras operações, como agregação. Para consultas SQL compostas (usando a operação ∪, ∩ ou –), o otimizador

[3] O System R foi uma das primeiras implementações da SQL, e seu otimizador foi pioneiro na ideia de otimização da ordem de junção baseada em custo.

processa cada componente separadamente e combina os planos de avaliação para formar o plano de avaliação geral.

A maioria dos otimizadores permite que um orçamento de custo seja especificado para a otimização da consulta. A busca pelo plano ideal termina quando o **orçamento do custo de otimização** é ultrapassado, e o melhor plano encontrado até esse ponto é retornado. O próprio orçamento pode ser definido dinamicamente; por exemplo, se um plano pouco dispendioso for encontrado para uma consulta, o orçamento pode ser reduzido, supondo que não tem sentido gastar muito tempo otimizando a consulta se o melhor plano encontrado até então já se mostrar muito pouco dispendioso. Por outro lado, se o melhor plano encontrado até então for dispendioso, faz sentido investir mais tempo na otimização, o que pode resultar em uma redução significativa no tempo de execução. Para explorar melhor essa ideia, primeiro os otimizadores normalmente aplicam uma heurística pouca dispendiosa para encontrar um plano e, depois, iniciam a otimização completa baseada no custo, com um orçamento baseado no plano escolhido heuristicamente.

Muitas aplicações executam a mesma consulta repetidamente, mas com diferentes valores para as constantes. Por exemplo, uma aplicação de universidade pode executar uma consulta para encontrar os cursos em que um aluno foi matriculado, mas uma vez para cada aluno diferente, com um valor diferente para a ID do aluno. Como heurística, muitos otimizadores otimizam uma consulta uma vez, com quaisquer valores fornecidos para as constantes quando a consulta foi submetida inicialmente, e mantêm o plano de consulta em cache. Sempre que a consulta é executada novamente, talvez com novos valores para constantes, o plano de consulta em cache é reutilizado (usando novos valores para constantes). O plano ideal para as novas constantes pode diferir do plano ideal para os valores iniciais, mas, como heurística, o plano em cache é reutilizado.[4] O *caching* e a reutilização dos planos de consulta são conhecidos como **caching do plano**.

Mesmo com o uso de heurísticas, a otimização de consulta baseada em custo impõe uma sobrecarga substancial ao processamento da consulta. Porém, o custo adicional da otimização de consulta baseada em custo normalmente é mais do que compensado pela economia no tempo de execução da consulta, que é dominada por acessos de disco lentos. A diferença no tempo de execução entre um plano bom e um ruim pode ser muito grande, tornando essencial a otimização da consulta. A economia alcançada é aumentada naquelas aplicações executadas regularmente, em que uma consulta pode ser otimizada uma vez, e o plano de consulta selecionado pode ser usado toda vez que a consulta for executada. Portanto, a maioria dos sistemas comerciais inclui otimizadores relativamente sofisticados. As notas bibliográficas fornecem referências a descrições dos otimizadores de consulta dos sistemas de banco de dados reais.

[4]Para a consulta de registro de aluno, o plano certamente seria o mesmo para qualquer ID de aluno. Mas uma consulta que exigisse uma faixa de IDs de aluno e retornasse informações de registro para todas as IDs de aluno nessa faixa, provavelmente teria um plano ótimo diferente, dependendo se a faixa fosse muito pequena ou se a faixa fosse grande.

16.4.4 Otimizando subconsultas aninhadas

A SQL conceitualmente trata das subconsultas aninhadas na cláusula **where** como funções que apanham parâmetros e retornam um único valor ou um conjunto de valores (possivelmente, um conjunto vazio). Os parâmetros são as variáveis da consulta de nível externo que são usadas na subconsulta aninhada (essas variáveis são chamadas **variáveis de correlação**). Por exemplo, suponha que temos a consulta a seguir, para achar os nomes de todos os instrutores que ministraram um curso em 2019:

```
select nome
from instrutor
where exists (select *
              from ministra
              where instrutor.ID = ministra.ID
                    and ministra.ano = 2019);
```

Conceitualmente, a subconsulta pode ser vista como uma função que apanha um parâmetro (aqui, *instrutor.ID*) e retorna o conjunto de todos os cursos ministrados em 2019 pelos instrutores (com a mesma *ID*).

A SQL avalia a consulta geral (conceitualmente) calculando o produto cartesiano das relações na cláusula **from** externa e, depois, testando os predicados na cláusula **where** para cada tupla no produto. No exemplo anterior, o predicado testa se o resultado da avaliação de subconsulta é vazio. Na prática, os predicados na cláusula **where** que podem ser usados como predicados de junção ou de seleção são avaliados como parte das seleções sobre as relações ou para realizar junções que evitam produtos cartesianos. Os predicados envolvendo subconsultas aninhadas na cláusula **where** são avaliados em seguida, pois normalmente são dispendiosos, chamando a subconsulta como uma função.

A técnica para avaliar uma subconsulta aninhada chamando-a como uma função é denominada **avaliação correlacionada**. A avaliação correlacionada não é muito eficiente, pois a subconsulta é avaliada separadamente para cada tupla na consulta de nível externo. Isso pode resultar em grande quantidade de operações de E/S de disco aleatórias.

Os otimizadores da SQL, portanto, tentam transformar subconsultas aninhadas em junções, onde for possível. Algoritmos de junção eficientes ajudam a evitar a E/S aleatória e dispendiosa. Onde a transformação não é possível, o otimizador mantém as subconsultas como expressões separadas, otimiza-as separadamente e, então, as avalia pela avaliação correlacionada.

Como uma tentativa de transformar uma subconsulta aninhada em uma junção, a consulta no exemplo anterior pode ser reescrita na álgebra relacional como uma junção:

$$\Pi_{nome}(instrutor \bowtie_{instrutor.ID=ministra.ID \wedge ministra.ano=2019} ministra)$$

Infelizmente, essa consulta não está muito correta, pois as versões multiconjunto dos operadores da álgebra relacional são usadas nas implementações SQL e, como resultado, um instrutor que ministra várias seções em 2019 aparecerá várias vezes no resultado da consulta da álgebra relacional, embora esse instrutor apareceria apenas uma vez no resultado da consulta SQL. O uso da versão de conjunto dos operadores da álgebra relacional também não ajudará, pois, se houvesse dois instrutores com o mesmo nome que ministrassem em 2019, o nome apareceria apenas uma vez com a versão de conjunto da álgebra relacional, mas apareceria duas vezes no resultado da consulta SQL. (Observe que a versão de conjunto da álgebra relacional daria o resultado correto se a saída da consulta contivesse a chave primária de *instrutor*, ou seja, *ID*.)

Para refletir corretamente a semântica da SQL, o número de duplicadas de uma tupla no resultado não deverá mudar em função da reescrita. O operador de semijunção da álgebra relacional oferece uma solução para esse problema. A versão de multiconjunto do operador de **semijunção** $r \ltimes_\theta s$ é definida da seguinte forma: se uma tupla r_i aparece n vezes em r, ela aparece n vezes no resultado de $r \ltimes_\theta$ se houver pelo menos uma tupla s_j tal que r_i e s_j satisfaçam juntos o predicado θ; caso contrário, r_i não aparece no resultado. A versão de conjunto do operador de semijunção $r \ltimes_\theta s$ pode ser definida como $\Pi_R(r \bowtie_\theta s)$, com R sendo o conjunto de atributos no esquema de r. A versão de multiconjunto do operador de semijunção cria as mesmas tuplas, mas o número de duplicatas de cada tupla r_i no resultado da semijunção é o mesmo que o número de duplicatas de r_i em r.

A consulta SQL mostrada anteriormente pode ser traduzida para a seguinte expressão equivalente na álgebra relacional, usando o operador de semijunção de multiconjunto:

$$\Pi_{nome}(instrutor \ltimes_{instrutor.ID=ministra.ID \wedge ministra.ano=2019}\ ministra)$$

Essa consulta na álgebra relacional de multiconjunto gera o mesmo resultado da consulta SQL, incluindo os contadores de duplicatas. A consulta pode ser escrita, de modo equivalente, como:

$$\Pi_{nome}(instrutor \ltimes_{instrutor.ID=ministra.ID}(\sigma_{ministra.ano=2019}\ (ministra)))$$

A consulta SQL a seguir, usando a cláusula **in**, é equivalente à consulta SQL anterior (que usou a cláusula **exists**), e pode ser traduzida para a mesma expressão da álgebra relacional usando a semijunção.

```
select nome
from instrutor
where instrutor.ID in (select ministra.ID
                       from ministra
                       where ministra.ano = 2019);
```

A antissemijunção (*anti-semijoin*) é útil com consultas **not exists**. O operador de **antissemijunção** $r \overline{\ltimes}_\theta s$ é definido da seguinte forma: se uma tupla r_i aparece n vezes em r, ela aparece n vezes no resultado de $r \ltimes_\theta s$ se não houver nenhuma tupla s_j em s tal que r_i e s_j satisfaçam o predicado θ; caso contrário, r_i não aparece no resultado. O operador de antissemijunção também é conhecido como operador de **antijunção (*anti-join*)**.

Considere esta consulta SQL:

```
select nome
from instrutor
where not exists (select *
                  from ministra
                  where instrutor.ID = ministra.ID
                        and ministra.ano = 2019);
```

Usando o operador de antissemijunção, essa consulta pode ser traduzida para a seguinte expressão da álgebra relacional:

$$\Pi_{nome}(instrutor \overline{\ltimes}_{instrutor.ID=ministra.ID}(\sigma_{ministra.ano=2019}\ (ministra)))$$

Em geral, uma consulta com o formato:

```
select A
from r1, r2, ..., rn
where P1 and exists (select *
                     from s1, s2, ..., sm
                     where P2^1 and P2^2;
```

em que P_2^1 são predicados que só referenciam as relações s_i na subconsulta, e P_2^2 são predicados que também referenciam as relações r_i da consulta externa, pode ser traduzida para:

$$\Pi_A((\sigma_{P_1}(r_1 \times r_2 \times \ldots \times r_n)) \ltimes_{P_2^2} \sigma_{P_2^1}(s_1 \times s_2 \times \ldots \times s_m))$$

Se fosse usado **not exists** no lugar de **exists**, a semijunção deveria ser substituída por antissemijunção na consulta da álgebra relacional. Se uma cláusula **in** for usada no lugar de **exists**, a consulta da álgebra relacional pode ser devidamente modificada acrescentando um predicado correspondente ao predicado de semijunção, conforme ilustrado no exemplo anterior.

O processo de substituição de uma consulta aninhada por uma consulta com uma junção, semijunção ou antissemijunção é chamado de **descorrelação**. Os operadores de semijunção e antissemijunção podem ser implementados de forma eficiente usando modificações dos algoritmos de junção, conforme explorado no Exercício Prático 15.10.

Considere a seguinte consulta com agregação em uma subconsulta escalar, que encontra instrutores que ministraram mais de uma seção de um curso em 2019.

```
select nome
from instrutor
where 1 < (select count(*)
           from ministra
           where instrutor.ID = ministra.ID
                 and ministra.ano = 2019);
```

Essa consulta pode ser reescrita usando uma semijunção, da seguinte forma:

$$\Pi_{nome}(instrutor \ltimes_{(instrutor.ID=TID)\wedge(1<cnt)}({}_{ID\ \mathbf{as}\ TID}\gamma_{\mathbf{count}(*)\ \mathbf{as}\ cnt}\ (\sigma_{year=2019}(ministra)))$$

Observe que a subconsulta possui um predicado *instrutor.ID=ministra.ID*, e agregação sem uma cláusula **group by**. A consulta descorrelacionada mudou o predicado para a condição de semijunção, e a agregação agora está agrupada por *ID*. O predicado 1 < (*subconsulta*) se transformou em um predicado de semijunção. Intuitivamente, a subconsulta realiza uma contagem separada para cada *instrutor.ID*; o agrupamento por *ID* garante que as contagens sejam calculadas separadamente para cada *ID*.

A descorrelação é nitidamente mais complicada quando a subconsulta aninhada utiliza agregação ou quando o resultado da subconsulta aninhada é usado como uma subconsulta escalar. Na verdade, a descorrelação nem é possível para certos casos de subconsultas. Por exemplo, espera-se que uma subconsulta usada como subconsulta escalar retorne apenas um resultado; se ela retornar mais de um resultado, poderá haver uma exceção em tempo de execução, o que não é possível com uma consulta descorrelacionada. Além disso, a escolha entre descorrelacionar ou não deve ser feita levando em consideração o custo, ou seja, dependendo se a descorrelação reduz o custo ou não. Alguns otimizadores de consulta representam subconsultas aninhadas usando construções da álgebra relacional estendida, e expressam transformações de subconsultas aninhadas para semijunção, antissemijunção e assim por diante, como regras de equivalência. Não tentamos fornecer algoritmos para o caso geral; em vez disso, procure os itens relevantes nas notas bibliográficas *on-line*.

A otimização de subconsultas aninhadas complexas é uma tarefa complicada, como você pode deduzir pela discussão anterior, e muitos otimizadores realizam apenas uma descorrelação bastante limitada. É melhor evitar o uso de subconsultas aninhadas complexas, onde for possível, pois não podemos ter certeza de que o otimizador de consulta terá sucesso em sua conversão para uma forma que possa ser avaliada de modo eficiente.

16.5 *Views* materializadas

Quando uma *view* é definida, normalmente o banco de dados armazena apenas a consulta que a define. Ao contrário, uma **view materializada** é uma *view* cujo conteúdo é calculado e armazenado. As *views* materializadas constituem dados redundantes, pois seu conteúdo pode ser deduzido a partir da definição da *view* e do conteúdo restante do banco de dados. Porém, em muitos casos, é muito menos dispendioso ler o conteúdo de uma *view* materializada do que calcular o conteúdo da *view* executando a consulta que a define.

As *views* materializadas são importantes para melhorar o desempenho em algumas aplicações. Considere esta *view*, que oferece o salário total em cada departamento:

create view *tot_salário_dept*(*nome_dept, tot_salário*) **as**
select *nome_dept*, **sum** (*salário*)
from *instrutor*
group by *nome_dept*;

Suponha que o valor total de salários em um departamento seja solicitado com frequência. O cálculo da *view* requer a leitura de cada tupla *instrutor* pertencente a um departamento e a soma dos valores de salário, o que pode ser demorado. Ao contrário, se a definição da *view* do valor total de salários fosse materializada, o valor total de salários poderia ser encontrado examinando-se uma única tupla na *view* materializada.[5]

16.5.1 Manutenção de *view*

Um problema com as *views* materializadas é que elas precisam ser mantidas atualizadas quando os dados usados na definição da *view* mudarem. Por exemplo, se o valor de *salário* de um instrutor for atualizado, a *view* materializada se tornará inconsistente com os dados básicos e deverá ser atualizada. A tarefa de manter uma *view* materializada atualizada com os dados de base é conhecida como **manutenção de *view***.

As *views* podem ser mantidas pelo código escrito manualmente, ou seja, cada parte do código que atualiza o valor de *salário* de um instrutor pode ser modificada para também atualizar o valor total de salários para o departamento correspondente. Porém, essa técnica é passível de erro, pois é fácil esquecer de algum lugar onde o *salário* é atualizado, e a *view* materializada não corresponderá mais aos dados básicos.

Outra opção para manter as *views* materializadas é definir *triggers* sobre a inserção, a exclusão e a atualização de cada relação na definição da *view*. As *triggers* precisam modificar o conteúdo da *view* materializada, para levar em conta a mudança que causou o disparo da *trigger*. Um modo simplificado de fazer isso é recalcular completamente a *view* materializada em cada atualização.

Uma opção melhor é modificar apenas as partes afetadas da *view* materializada, o que é conhecido como **manutenção incremental de *view***. Descrevemos como realizar a manutenção incremental de *view* na Seção 16.5.2.

Os sistemas de banco de dados modernos oferecem suporte mais direto para a manutenção incremental de *view*. Os programadores de sistema de banco de dados não precisam mais definir *triggers* para a manutenção da *view*. Em vez disso, quando uma *view* é declarada como materializada, o sistema de banco de dados calcula o conteúdo da *view* e o atualiza de forma incremental quando os dados básicos mudam.

A maioria dos sistemas de banco de dados realiza a **manutenção imediata da *view***, ou seja, a manutenção incremental da *view* é realizada assim que ocorre uma atualização, como parte da transação de atualização. Alguns sistemas de banco de dados também admitem a **manutenção adiada da *view*** (***deferred view mainatenance***), em que a manutenção da *view* é adiada para outra ocasião; por

[5]A diferença pode não ser tão grande para uma universidade de tamanho médio, mas em outras circunstâncias, sim. Por exemplo, se a *view* materializada calculasse o total de vendas de cada produto, a partir de uma relação de vendas com dezenas de milhões de tuplas, a diferença entre calcular a agregação a partir dos dados básicos e examinar a *view* materializada poderia ser de muitas ordens de grandeza.

exemplo, as atualizações podem ser coletadas no decorrer de um dia, e as *views* materializadas podem ser atualizadas à noite. Essa técnica reduz o trabalho adicional realizado nas transações de atualização. Porém, as *views* materializadas com manutenção adiada podem não estar consistentes com as relações básicas sobre as quais elas são definidas.

16.5.2 Manutenção incremental da *view*

Para entender como é possível manter as *views* materializadas de forma incremental, começamos considerando operações individuais e, depois, vemos como lidar com uma expressão completa.

As mudanças em uma relação que possam tornar desatualizada uma *view* materializada são inserções, exclusões e atualizações. Para simplificar nossa descrição, substituímos as atualizações em uma tupla pela exclusão da tupla, seguida da inserção da tupla atualizada. Assim, precisamos considerar apenas inserções e exclusões. As mudanças (inserções e exclusões) feitas a uma relação ou expressão são conhecidas como seu **diferencial**.

16.5.2.1 Operação de junção

Considere a *view* materializada $v = r \bowtie s$. Suponha que modifiquemos r inserindo um conjunto de tuplas indicado por i_r. Se o valor antigo de r é indicado por r^{old} e o novo valor de r for r^{new}, $r^{new} = r^{old} \cup i_r$. Agora, o valor antigo da *view*, v^{old}, é indicado por $r^{old} \bowtie s$, e o novo valor v^{new} é dado por $r^{new} \bowtie s$. Podemos reescrever $r^{new} \bowtie s$ como $(r^{old} \cup i_r) \bowtie s$, que novamente podemos reescrever como $(r^{old} \bowtie s) \cup (i_r \bowtie s)$. Em outras palavras:

$$v^{new} = v^{old} \cup (i_r \bowtie s)$$

Assim, para atualizar a *view* materializada v, simplesmente precisamos acrescentar as tuplas $i_r \bowtie s$ ao conteúdo antigo da *view* materializada. As inserções em s são tratadas de maneira exatamente simétrica.

Agora, suponha que r seja modificado pela exclusão de um conjunto de tuplas indicado por d_r. Usando o mesmo raciocínio de antes, obtemos

$$v^{new} = v^{old} - (d_r \bowtie s)$$

As exclusões em s são tratadas de modo exatamente simétrico.

16.5.2.2 Operações de seleção e projeção

Considere uma *view* $v = \sigma_\theta(r)$. Se modificarmos r inserindo um conjunto de tuplas i_r, o novo valor de v poderá ser calculado como

$$v^{new} = v^{old} \cup \sigma_\theta(i_r)$$

De modo semelhante, se r for modificado pela exclusão de um conjunto de tuplas d_r, o novo valor de v pode ser calculado como

$$v^{new} = v^{old} - \sigma_\theta(d_r)$$

A projeção é uma operação mais difícil de lidar. Considere uma *view* materializada $v = \Pi_A(r)$. Suponha que a relação r seja sobre o esquema $R = (A, B)$ e r contenha duas tuplas $(a, 2)$ e $(a, 3)$. Então, $\Pi_A(r)$ possui uma única tupla (a). Se excluirmos a tupla $(a, 2)$ de r, não poderemos excluir a tupla (a) de $\Pi_A(r)$: se fizéssemos isso, o resultado seria uma relação vazia, enquanto, na realidade, $\Pi_A(r)$ ainda tem uma única tupla (a). O motivo é que a mesma tupla (a) é derivada de duas maneiras, e a exclusão de uma tupla de r remove apenas uma das maneiras de derivar (a); a outra ainda está presente.

Esse motivo também nos dá a indicação da solução: para cada tupla em uma projeção como $\Pi_A(r)$, manteremos uma contagem de quantas vezes ela foi derivada.

Quando um conjunto de tuplas d_r for excluído de r, para cada tupla t em d_r fazemos o seguinte. Considere que $t.A$ indique a projeção de t sobre o atributo A. Encontramos $(t.A)$ na *view* materializada e diminuímos 1 (um) do contador armazenado com ele. Se o contador se tornar zero, $(t.A)$ será excluída da *view* materializada.

O tratamento de inserções é relativamente simples. Quando um conjunto de tuplas i_r é inserido em r, para cada tupla t em i_r fazemos o seguinte. Se $(t.A)$ já estiver presente na *view* materializada, aumentamos o contador armazenado nela em um. Se não, acrescentamos $(t.A)$ à *view* materializada, com o contador definido como um.

16.5.2.3 Operações de agregação

As operações de agregação prosseguem de forma semelhante às projeções. As operações agregadas em SQL são **count**, **sum**, **avg**, **min** e **max**:

- **count**: considere uma *view* materializada $v = {}_G\gamma_{count(B)}(r)$, que calcula o contador do atributo B, depois de agrupar r pelo atributo G.

  Quando um conjunto de tuplas i_r é inserido em r, para cada tupla t em i_r fazemos o seguinte. Procuramos o grupo $t \cdot G$ na *view* materializada. Se ele não estiver presente, acrescentamos $(t \cdot G, 1)$ à *view* materializada. Se o grupo $t \cdot G$ estiver presente, somamos um ao contador do grupo.

  Quando um conjunto de tuplas d_r é excluído de r, para cada tupla t em d_r fazemos o seguinte. Procuramos o grupo $t \cdot G$ na *view* materializada e subtraímos um do contador para o grupo. Se o contador se tornar zero, removemos da *view* materializada a tupla para o grupo $t.G$.

- **sum**: considere uma *view* materializada $v = {}_G\gamma_{sum(B)}(r)$.

  Quando um conjunto de tuplas i_r é inserido em r, para cada tupla t em i_r fazemos o seguinte. Procuramos o grupo $t \cdot G$ na *view* materializada. Se ele não estiver presente, acrescentamos $(t \cdot G, t \cdot B)$ à *view* materializada; além disso, armazenamos um contador de um associado a $(t \cdot G, t \cdot B)$, assim como fizemos para a projeção. Se o grupo $t \cdot G$ estiver presente, acrescentamos o valor de $t \cdot B$ ao valor agregado para o grupo e somamos um ao contador do grupo.

  Quando um conjunto de tuplas d_r é excluído de r, para cada tupla t em d_r fazemos o seguinte. Procuramos o grupo $t \cdot G$ na *view* materializada e subtraímos $t \cdot B$ do valor agregado para o grupo. Também subtraímos um do contador para o grupo e, se o contador se tornar zero, excluímos a tupla do grupo $t \cdot G$ da *view* materializada.

Sem manter o valor de contador extra, não poderíamos distinguir um caso em que a soma para um grupo é zero daquele em que a última tupla no grupo é excluída.

- **avg:** considere uma *view* materializada $v = {}_G\gamma_{avg(B)}(r)$.

  A atualização direta da média em uma inserção ou exclusão não é possível, pois depende não apenas da média antiga e da tupla sendo inserida/excluída, mas também do número de tuplas no grupo.

  Em vez disso, para lidar com o caso de **avg**, mantemos os valores agregados de **sum** e **count**, conforme já descrevemos, e calculamos a média como a soma dividida pela contagem.

- **min, max:** considere uma *view* materializada $v = {}_G\gamma_{min(B)}(r)$. (O caso de **max** é exatamente equivalente.)

  O tratamento de inserções sobre r é simples, semelhante ao caso da soma. A manutenção dos valores agregados **min** e **max** sobre as exclusões pode ser mais dispendiosa. Por exemplo, se a tupla correspondente ao valor mínimo para um grupo for excluída de r, temos de examinar as outras tuplas de r que estão no mesmo grupo para encontrar o novo valor mínimo. É bom criar um índice ordenado sobre (G, B), pois isso nos ajudaria a encontrar o valor mínimo para um grupo de modo muito eficiente.

16.5.2.4 Outras operações

A operação de conjunto *interseção* é mantida da seguinte maneira. Dada a *view* materializada $v = r \cap s$, quando uma tupla é inserida em r, verificamos se ela está presente em s e, se estiver, a acrescentamos em v. Se a tupla for excluída de r, nós a excluímos da interseção, se estiver presente. As outras operações de conjunto, *união* e *diferença* de conjunto, são tratadas de modo semelhante; deixamos os detalhes para o leitor.

As junções externas (*outer joins*) são tratadas mais ou menos da mesma maneira que as junções, mas com algum trabalho extra. No caso da exclusão de r, temos de lidar com tuplas em s que não combinam mais com nenhuma tupla em r. No caso da inserção em r, temos de lidar com tuplas em s que não combinam com nenhuma tupla em r. Novamente, deixamos os detalhes para o leitor.

16.5.2.5 Tratamento de expressões

Até aqui, vimos como atualizar de forma incremental o resultado de uma única operação. Para lidar com uma expressão inteira, podemos derivar expressões de modo a calcular a mudança incremental no resultado de cada subexpressão, começando com as subexpressões menores.

Por exemplo, suponha que queiramos atualizar de forma incremental uma *view* materializada $E_1 \bowtie E_2$ quando um conjunto de tuplas i_r for inserido na relação r. Vamos supor que r seja usado apenas em E_1. Suponha que o conjunto de tuplas a ser inserido em E_1 seja dado pela expressão D_1. Então, a expressão $D_1 \bowtie E_2$ dá o conjunto de tuplas a ser inserido em $E_1 \bowtie E_2$.

Consulte as notas bibliográficas para ver outros detalhes sobre a manutenção incremental de *view* com expressões.

16.5.3 Otimização da consulta e *views* materializadas

A otimização da consulta pode ser realizada tratando-se as *views* materializadas exatamente como relações regulares. Porém, as *views* materializadas oferecem mais oportunidades de otimização:

- Reescrevendo consultas para usar *views* materializadas:

  Suponha que haja uma *view* materializada $v = r \bowtie s$, e um usuário submeta uma consulta $r \bowtie s \bowtie t$. A reescrita da consulta como $v \bowtie t$ pode oferecer um plano de consulta mais eficiente do que a otimização da consulta conforme submetida. Assim, é tarefa do otimizador de consulta reconhecer quando uma *view* materializada pode ser usada para agilizar uma consulta.

- Substituindo um uso de *view* materializada pela definição da *view*:

  Suponha que haja uma *view* materializada $v = r \bowtie s$, mas sem nenhum índice sobre ela, e um usuário submeta uma consulta $\sigma_{A=10}(v)$. Suponha também que s tenha um índice sobre o atributo comum B, e r tenha um índice sobre o atributo A. O melhor plano para essa consulta pode ser substituir v por $r \bowtie s$, que pode levar ao plano de consulta $\sigma_{A=10}(r) \bowtie s$; a seleção e a junção podem ser realizadas de forma eficiente pelo uso dos índices sobre $r \cdot A$ e $s \cdot B$, respectivamente. Ao contrário, a avaliação da seleção diretamente sobre v pode exigir uma varredura completa de v, o que pode ser mais dispendioso.

As notas bibliográficas *on-line* indicam trabalhos de pesquisa mostrando como realizar a otimização da consulta de forma eficiente com *views* materializadas.

16.5.4 *View* materializada e seleção de índice

Outro problema de otimização relacionado é o da **seleção de *view* materializada**, ou seja: "Qual é o melhor conjunto de *views* para materializar?" Essa decisão precisa ser feita com base na **carga de trabalho** (*workload*) do sistema, que é uma sequência de consultas e atualizações que reflete a carga típica no sistema. Um critério simples seria selecionar um conjunto de *views* materializadas que reduz o tempo de execução geral da carga de trabalho de consultas e atualizações, incluindo o tempo gasto para manter as *views* materializadas. Os administradores de banco de dados normalmente modificam esse critério para levar em conta a importância de diferentes consultas e atualizações: a resposta rápida pode ser necessária para algumas consultas e atualizações, mas uma resposta lenta pode ser aceitável para outras.

Os índices são exatamente como *views* materializadas, no sentido de que também são dados derivados, podem agilizar consultas e retardar atualizações. Assim, o problema de **seleção de índice** está bastante relacionado com o da seleção de *view* materializada, embora mais simples. Examinamos essas questões com mais detalhes nas Seções 25.1.4.1 e 25.1.4.2.

A maioria dos sistemas de banco de dados oferece ferramentas para ajudar o administrador de banco de dados com a seleção de índice e *view* materializada. Essas ferramentas examinam o histórico das consultas e atualizações, e sugerem índices e *views* para serem materializadas. Microsoft SQL Server Database Tuning Assistant, IBM DB2 Design Advisor e Oracle SQL Tuning Wizard são exemplos dessas ferramentas.

16.6 Tópicos avançados em otimização da consulta

Existem diversas oportunidades para otimizar as consultas, além daquelas que já vimos até aqui. Vamos examinar algumas delas nesta seção.

16.6.1 Otimização *top K*

Muitas consultas buscam resultados classificados por alguns atributos e exigem apenas os maiores *K* (*top K*) resultados para algum *K*. Às vezes, o limite *K* é especificado explicitamente. Por exemplo, alguns bancos de dados admitem uma cláusula **limit** *K*, que retorna apenas os maiores *K* resultados na consulta. Alguns bancos de dados aceitam maneiras alternativas de especificar limites semelhantes. Em outros casos, a consulta pode não especificar tal limite, mas o otimizador pode permitir que uma dica seja especificada, indicando que apenas os *K* maiores resultados da consulta provavelmente serão recuperados, mesmo que a consulta gere mais resultados.

Quando *K* é pequeno, um plano de otimização de consulta que gera o conjunto inteiro de resultados, depois classifica e gera os *K* maiores, é muito ineficaz, pois descarta a maioria dos resultados intermediários que ele calcula. Várias técnicas foram propostas para otimizar essas *consultas top K*. Uma delas é usar planos canalizados, que podem gerar os resultados na ordem de classificação. Outra técnica é estimar o valor mais alto sobre os atributos classificados que aparecerá na saída *top K* e introduzir predicados de seleção que eliminam valores maiores. Se outras tuplas além das *top K* forem geradas, elas serão descartadas, mas, se muito poucas tuplas forem geradas, a condição de seleção é alterada e a consulta é executada novamente. Veja, nas notas bibliográficas, referências ao trabalho sobre a otimização *top K*.

16.6.2 Minimização de junção

Quando as consultas são geradas por meio de *views*, às vezes mais relações são juntadas do que o necessário para o cálculo da consulta. Por exemplo, uma *view v* pode incluir a junção de *instrutor* e *departamento*, mas a *view v* pode usar apenas atributos de *instrutor*. O atributo de junção *nome_dept* de *instrutor* é uma chave estrangeira referenciando *departamento*. Supondo que *instrutor.nome_dept* tenha sido declarado como **not null**, a junção com *departamento* pode ser retirada sem nenhum impacto sobre a consulta. Sob essa hipótese, a junção com *departamento* não elimina quaisquer tuplas de *instrutor* nem resulta em cópias extras de nenhumas tupla de *instrutor*.

A remoção de uma relação de uma junção, como vimos, constitui um exemplo de minimização de junção. Na verdade, a minimização de junção também pode ser realizada em outras situações. Veja referências sobre minimização de junção nas notas bibliográficas.

16.6.3 Otimização de atualizações

Consultas de atualização normalmente envolvem subconsultas nas cláusulas **set** e **where**, que também devem ser levadas em consideração na otimização da atualização. As atualizações que envolvem uma seleção sobre a coluna atualizada (por exemplo, dar um aumento de salário de 10% a todos os funcionários cujo salário é ≥ $ 100.000) devem ser tratadas com cuidado. Se a atualização for feita enquanto a seleção está sendo avaliada por uma varredura de índice, uma tupla atualizada pode ser reinserida no índice antes da varredura e vista novamente pela varredura; a mesma tupla de funcionário pode, então, ser atualizada incorretamente várias vezes (um número infinito de vezes, nesse caso). Um problema semelhante também surge com atualizações envolvendo subconsultas cujo resultado é afetado pela atualização.

O problema de uma atualização afetando a execução de uma consulta associada à atualização é conhecido como **problema do Halloween** (que recebeu esse nome porque foi reconhecido inicialmente em um dia de Halloween, na IBM). O problema pode ser evitado executando as consultas definindo a atualização primeiro, criando uma lista de tuplas afetadas e atualizando as tuplas e índices como a última etapa. Contudo, dividir o plano de execução dessa maneira aumenta o custo da execução. Os planos de atualização podem ser otimizados verificando se o problema do Halloween pode ocorrer e, se não puder ocorrer, as atualizações podem ser realizadas enquanto a consulta está sendo processada, reduzindo as sobrecargas (*overheads*) da atualização. Por exemplo, o problema do Halloween não poderá ocorrer se a atualização não afetar os atributos de índice. Mesmo que afete, se as atualizações diminuírem o valor enquanto o índice é varrido na ordem crescente, as tuplas atualizadas não serão encontradas novamente durante a varredura. Nesses casos, o índice pode ser atualizado mesmo enquanto a consulta está sendo executada, reduzindo o custo geral.

Consultas de atualização que resultam em grande quantidade de atualizações também podem ser otimizadas reunindo as atualizações como um lote (*batch*), e depois aplicando o lote de atualizações separadamente a cada índice afetado. Ao aplicar o lote de atualizações a um índice, o lote é primeiro classificado na ordem de índice para esse índice; essa classificação pode reduzir bastante a quantidade de E/S aleatória exigida para a atualização dos índices.

Essas otimizações de atualizações são implementadas na maioria dos sistemas de banco de dados. Consulte as notas bibliográficas para obter referências a essa otimização.

16.6.4 Otimização de consultas múltiplas e varreduras compartilhadas

Quando um lote de consultas for submetido em conjunto, um otimizador de consulta potencialmente poderá explorar subexpressões comuns entre as diferentes consultas, avaliando-as uma vez e reutilizando-as onde for exigido. Consultas complexas podem de fato ter subexpressões repetidas em diferentes partes da consulta, que podem ser exploradas de modo semelhante para reduzir o custo de avaliação da consulta. Essa otimização é conhecida como **otimização de consultas múltiplas**.

A **eliminação de subexpressão comum** otimiza as subexpressões compartilhadas por diferentes expressões em um programa, calculando e armazenando o resultado, e reutilizando-o sempre que a subexpressão ocorrer. A eliminação de subexpressão comum é uma otimização padrão aplicada sobre expressões aritméticas por compiladores de linguagens de programação. Na avaliação de consulta de banco de dados, também é útil explorar subexpressões comuns entre os planos de avaliação escolhidos para cada uma de um lote de consultas, e isso é implementado por alguns bancos de dados. Contudo, a otimização de consultas múltiplas pode funcionar ainda melhor em alguns casos: uma consulta normalmente tem mais de um plano de avaliação, e um conjunto de planos de avaliação de consulta escolhido com cuidado para as consultas poderá oferecer um compartilhamento maior e com menor custo do que aquele concedido pela escolha do plano de avaliação de menor custo para cada consulta. Outros detalhes da otimização de consultas múltiplas poderão ser encontrados nas referências citadas nas notas bibliográficas.

O compartilhamento de varreduras de relação entre as consultas constitui outra forma limitada de otimização de consultas múltiplas implementada em alguns bancos de dados. A otimização de **varredura compartilhada** (***shared scan***) funciona da seguinte forma: em vez de ler a relação repetidamente do disco, uma vez para cada consulta que precisa varrer uma relação, os dados são lidos uma vez do disco e canalizados para cada uma das consultas. A otimização de varredura compartilhada é particularmente útil quando várias consultas realizam uma varredura sobre uma única relação grande (normalmente, uma "tabela de fatos").

16.6.5 Otimização de consulta paramétrica

O *caching* do plano (*plan caching*), que vimos anteriormente na Seção 16.4.3, é usado como uma heurística em muitos bancos de dados. Lembre-se de que, com o *caching* do plano, se uma consulta for chamada com algumas constantes, o plano escolhido pelo otimizador é mantido em cache e reutilizado se a consulta for submetida novamente, mesmo que as constantes na consulta sejam diferentes. Por exemplo, suponha que uma consulta use um nome de departamento como parâmetro e recupere todos os cursos do departamento. Com o *caching* do plano, um plano escolhido quando a consulta é executada pela primeira vez, digamos, para o departamento de Música, é reutilizado se a consulta for executada para qualquer outro departamento.

Essa reutilização de planos por *caching* do plano é razoável se o plano de consulta ideal não for significativamente afetado pelo valor exato das constantes na consulta. Porém, se o plano for afetado pelo valor das constantes, a otimização de consulta paramétrica é uma alternativa.

Na **otimização de consulta paramétrica**, uma consulta é otimizada sem receber valores específicos para seus parâmetros, por exemplo, *nome_dept* no exemplo anterior. O otimizador, então, gera vários planos, cada um ideal para um valor de parâmetro diferente. Um plano seria gerado pelo otimizador somente se for ideal para algum valor possível dos parâmetros. O conjunto de planos alternativos gerados pelo otimizador é armazenado. Quando uma consulta é submetida com valores específicos para seus parâmetros, em vez de realizar uma otimização completa, é utilizado o plano menos dispendioso do conjunto de planos alternativos calculados anteriormente. Encontrar tal plano menos dispendioso leva muito menos tempo do que a reotimização. Consulte, nas notas bibliográficas, referências sobre otimização de consulta paramétrica.

16.6.6 Processamento adaptativo de consultas

Como observamos anteriormente, a otimização da consulta é baseada em estimativas que são, no máximo, aproximações. Assim, às vezes, é possível que o otimizador escolha um plano que acabe tendo um desempenho muito ruim. Operadores adaptativos que escolhem o operador específico no momento da execução oferecem uma solução parcial para esse problema. Por exemplo, o SQLServer admite um algoritmo de junção adaptativo que verifica o tamanho de sua entrada externa e escolhe a junção por *loops* aninhados ou a junção *hash* dependendo do tamanho da entrada externa.

Muitos sistemas também incluem a capacidade de monitorar o comportamento de um plano durante a execução da consulta e adaptar o plano de acordo. Por exemplo, suponha que as estatísticas coletadas pelo sistema durante os estágios iniciais da execução do plano (ou a execução de subpartes do plano) sejam substancialmente diferentes das estimativas dos otimizadores, a tal ponto que fique claro que o plano escolhido está abaixo do ideal. Então, um sistema adaptativo pode abortar a execução, escolher um novo plano de execução de consulta com as estatísticas coletadas durante a execução inicial e reiniciar a execução usando o novo plano; as estatísticas coletadas durante a execução do plano antigo garantem que o plano antigo não será selecionado novamente. Além disso, o sistema deve evitar repetidos abortos e reinicializações; o ideal é que o sistema garanta que o custo total da avaliação da consulta seja próximo ao do plano que seria escolhido se o otimizador tivesse estatísticas exatas. Os critérios e mecanismos específicos para o processamento adaptativo de consultas são complexos e estão referenciados nas notas bibliográficas, disponíveis *on-line*.

16.7 Resumo

- Dada uma consulta, geralmente existem diversos métodos para calcular a resposta. É responsabilidade do sistema transformar a consulta conforme a entrada pelo usuário em uma consulta equivalente, que pode ser calculada de forma mais eficiente. O processo de localizar uma boa estratégia para processar uma consulta é chamado de *otimização da consulta*.

- A avaliação de consultas complexas envolve muitos acessos ao disco. Como a transferência de dados do disco é lenta em relação à velocidade da memória principal e à CPU do sistema de computador, vale a pena alocar uma quantidade considerável de processamento para escolher um método que reduza os acessos ao disco.
- Existem diversas regras de equivalência que podemos usar para transformar uma expressão em uma equivalente. Usamos essas regras para gerar sistematicamente todas as expressões equivalentes a determinada consulta.
- Cada expressão da álgebra relacional representa uma sequência específica de operações. O primeiro passo na seleção de uma estratégia de processamento de consulta é encontrar uma expressão da álgebra relacional que seja equivalente à expressão indicada e cuja execução deverá custar menos.
- A estratégia que o sistema de banco de dados escolhe para a avaliação de uma operação depende do tamanho de cada relação e da distribuição de valores dentro das colunas. A fim de basear a escolha da estratégia em informações confiáveis, os sistemas de banco de dados podem armazenar estatísticas para cada relação *r*. Essas estatísticas incluem.
    - O número de tuplas na relação *r*.
    - O tamanho de um registro (tupla) da relação *r* em bytes.
    - O número de valores distintos que aparecem na relação *r* para determinado atributo.
- A maioria dos sistemas de banco de dados utiliza histogramas para armazenar o número de valores para um atributo dentro de cada uma das diversas faixas de valores. Os histogramas normalmente são calculados usando amostragem.
- Essas estatísticas nos permitem estimar os tamanhos dos resultados de diversas operações, além do custo de execução das operações. A informação estatística sobre as relações é particularmente útil quando vários índices estão disponíveis para ajudar no processamento de uma consulta. A presença dessas estruturas possui influência significativa sobre a escolha de uma estratégia de processamento de consulta.
- Planos de avaliação alternativos para cada expressão podem ser gerados por regras de equivalência, e o plano mais barato para todas as expressões pode ser escolhido. Várias técnicas de otimização estão disponíveis para reduzir a quantidade de expressões alternativas e planos que precisam ser gerados.
- Usamos heurísticas para reduzir o número de planos considerados e, assim, reduzir o custo da otimização. As regras da heurística para transformar as consultas da álgebra relacional incluem "Realizar operações de seleção o mais cedo possível", "Realizar projeções mais cedo" e "Evitar produtos cartesianos".
- As *views* materializadas podem ser usadas para agilizar o processamento da consulta. A manutenção de *view* incremental é necessária para atualizar de forma eficiente as *views* materializadas quando as relações básicas forem modificadas. O diferencial de uma operação pode ser calculado por meio de expressões algébricas envolvendo diferenciais das entradas da operação. Outras questões relacionadas com *views* materializadas incluem como otimizar consultas usando as *views* materializadas disponíveis e como selecionar *views* a serem materializadas.
- Diversas técnicas de otimização avançadas foram propostas, como otimização *top K*, minimização de junção, otimização de atualizações, otimização de consultas múltiplas e otimização de consulta paramétrica.

Termos de revisão

- Otimização da consulta
- Transformação de expressões
- Equivalência de expressões
- Regras de equivalência
    - Comutatividade da junção
    - Associatividade da junção
- Conjunto mínimo de regras de equivalência
- Enumeração de expressões equivalentes
- Estimativa estatística
- Informações de catálogo
- Estimativa de tamanho
    - Seleção
    - Seletividade
    - Junção
- Histogramas
- Estimativa de valor distinto
- Amostra aleatória
- Escolha de planos de avaliação
- Interação de técnicas de avaliação
- Otimização baseada em custo
- Otimização da ordem de junção
    - Algoritmo de programação dinâmica
    - Ordem de junção profunda à esquerda
    - Ordem de classificação interessante
- Otimização de heurística

- *Caching* do plano
- Seleção do plano de acesso
- Avaliação correlacionada
- Descorrelação
- Semijunção
- Antissemijunção
- *Views* materializadas
- Manutenção de *view* materializada
    - Recálculo
    - Manutenção incremental
    - Inserção
    - Exclusão
    - Atualizações
- Otimização da consulta com *views* materializadas
- Seleção de índice
- Seleção de *view* materializada
- Otimização *top K*
- Minimização de junção
- Problema do Halloween
- Otimização de consultas múltiplas

Exercícios práticos

16.1 Faça o *download* do esquema de banco de dados e do grande *dataset* de universidade em dbbook.com. Crie o esquema da universidade no seu banco de dados favorito e carregue o *dataset*. Use o recurso **explain** descrito na Nota 16.1 para visualizar o plano escolhido pelo banco de dados em diferentes casos, conforme detalhado a seguir.

a. Escreva uma consulta com uma condição de igualdade sobre *student.name* (que não tem um índice) e veja o plano escolhido.

b. Crie um índice sobre o atributo *student.name* e veja o plano escolhido para a consulta do item (a).

c. Crie consultas simples juntando duas ou três relações e veja os planos escolhidos.

d. Crie uma consulta que calcule uma agregação com agrupamento e veja o plano escolhido.

e. Crie uma consulta SQL cujo plano escolhido use uma operação de semijunção.

f. Crie uma consulta SQL que use uma cláusula **not in**, com uma subconsulta usando agregação. Observe qual foi o plano escolhido.

g. Crie uma consulta para a qual o plano escolhido use avaliação correlacionada (o modo como a avaliação correlacionada é representado depende do banco de dados, mas a maioria deles mostraria um filtro ou um operador de projeção com um subplano ou uma subconsulta).

h. Crie uma consulta de atualização SQL que atualize uma única linha em uma relação. Veja o plano escolhido para essa consulta de atualização.

i. Crie uma consulta de atualização SQL que atualize grande número de linhas em uma relação, usando uma subconsulta para calcular o novo valor. Veja o plano escolhido para essa consulta de atualização.

16.2 Mostre que as seguintes equivalências se aplicam. Explique como você pode aplicá-las para melhorar a eficiência de certas consultas:

a. $E_1 \bowtie_\theta (E_2 - E_3) \equiv (E_1 \bowtie_\theta E_2 - E_1 \bowtie_\theta E_3)$.

b. $\sigma_\theta({}_A\gamma_F(E)) \equiv {}_A\gamma_F(\sigma_\theta(E))$, em que θ usa apenas atributos de A.

c. $\sigma_\theta (E_1 ⟕ E_2) \equiv \sigma_\theta (E_1) ⟕ E_2$, em que θ usa apenas atributos de E_1.

16.3 Para cada um dos seguintes pares de expressões, indique exemplos de relações que mostram que as expressões não são equivalentes.

a. $\Pi_A(r - s)$ e $\Pi_A(r) - \Pi_A(s)$.

b. $\sigma_{B<4}({}_A\gamma_{max(B) \text{ as } B}(r))$ e ${}_A\gamma_{max(B) \text{ as } B}(\sigma_{B<4}(r))$.

c. Nas expressões anteriores, se as duas ocorrências de *max* forem substituídas por *min*, as expressões serão equivalentes?

d. $(r ⟕ s) ⟕ t$ e $r ⟕ (s ⟕ t)$.

Em outras palavras, a junção externa natural não é associativa.

e. $\sigma_\theta(E_1 ⟕ E_2)$ e $E_1 ⟕ \sigma_\theta(E_2)$, em que θ usa apenas atributos de E_2.

16.4 A SQL permite relações com duplicatas (Capítulo 3) e a versão multiconjunto da álgebra relacional é definida nas Notas 3.1, 3.2 e 3.3. Verifique quais das regras de equivalência de 1 a 7.b se mantêm para a versão multiconjunto da álgebra relacional.

16.5 Considere as relações $r_1 (A, B, C)$, $r_2 (C, D, E)$ e $r_3 (E, F)$, com chaves primárias A, C e E, respectivamente. Suponha que r_1 tenha 1000 tuplas, r_2 tenha 1500 tuplas e r_3 tenha 750 tuplas. Estime o tamanho de $r_1 \bowtie r_2 \bowtie r_3$, e dê uma estratégia eficiente para calcular a junção.

16.6 Considere as relações $r_1 (A, B, C)$, $r_2 (C, D, E)$ e $r_3 (E, F)$ do Exercício prático 16.5. Suponha que não existam chaves primárias, exceto o esquema inteiro. Considere que $V(C, r_1)$ seja 900, $V(C, r_2)$ seja 1000, $V(E, r_2)$ seja 50 e $V(E, r_3)$ seja 100. Suponha que r_1 tenha 1000 tuplas, r_2 tenha 1500 tuplas e r_3 tenha 750 tuplas. Estime o tamanho de $r_1 \bowtie r_2 \bowtie r_3$, e indique uma estratégia eficiente para calcular a junção.

16.7 Suponha que haja um índice de árvore B⁺ sobre *prédio* na relação *departamento* e que nenhum outro índice esteja disponível. Qual seria a melhor maneira de lidar com as seguintes seleções que envolvem negação?

a. $\sigma_{\neg(prédio < \text{"Watson"})}(departamento)$

b. $\sigma_{\neg(prédio = \text{"Watson"})}(departamento)$

c. $\sigma_{\neg(prédio < \text{"Watson"} \vee orçamento < 50000)}(departamento)$

16.8 Considere a consulta:

```
select *
from r, s
where upper(r · A) = upper(s · A);
```

em que "upper" é uma função que retorna seu argumento de entrada com todas as letras minúsculas substituídas pelas letras maiúsculas correspondentes.

a. Descubra que plano é gerado para essa consulta no sistema de banco de dados que você utiliza.

b. Alguns sistemas de banco de dados usariam uma junção de *loop* aninhado (em bloco) para essa consulta, o que pode ser muito ineficaz. Explique resumidamente como a junção *hash* ou a junção *merge* pode ser usada para essa consulta.

16.9 Indique condições sob as quais as seguintes expressões são equivalentes:

$$_{A,B}\gamma_{agg(C)}(E_1 \bowtie E_2) \quad \text{e} \quad (_{A}\gamma_{agg(C)}(E_1)) \bowtie E_2$$

em que *agg* indica qualquer operação de agregação. Como essas condições podem ser relaxadas se *agg* puder ser restrito a **min** ou **max**?

16.10 Considere a questão das ordens interessantes na otimização. Suponha que você receba uma consulta que calcule a junção natural de um conjunto de relações *S*. Dado um subconjunto *S*1 de *S*, quais são as ordens interessantes de *S*1?

16.11 Modifique o procedimento AchaMelhorPlano(*S*) para criar um procedimento AchaMelhorPlano(*S*, *O*), em que *O* é uma ordem de classificação desejada para *S*, e que considere as ordens de classificação interessantes. Uma ordem *null* indica que a ordem não é relevante. *Dicas*: um algoritmo *A* pode ter a ordem desejada *O*; se não, uma operação *sort* pode precisar ser acrescentada, para chegar à ordem desejada. Se *A* é uma junção *merge*, AchaMelhorPlano deve ser chamado sobre as duas entradas com as ordens desejadas para as entradas.

16.12 Mostre que, com *n* relações, existem $(2(n-1))!/(n-1)!$ diferentes ordens de junção. *Dica*: uma **árvore binária completa** é aquela em que cada nó interno tem exatamente dois filhos. Use o fato de que o número de árvores binárias completas diferentes com *n* nós de folha é

$$\frac{1}{n}\binom{2(n-1)}{(n-1)}$$

Se quiser, você pode derivar a fórmula para o número de árvores binárias completas com *n* nós a partir da fórmula para o número de árvores binárias com *n* nós. O número de árvores binárias com *n* nós é

$$\frac{1}{n+1}\binom{2n}{n}$$

Esse número é conhecido como **número de Catalan**, e sua derivação pode ser encontrada em qualquer livro-texto padrão sobre estruturas de dados ou algoritmos.

16.13 Mostre que a ordem de junção de menor custo pode ser calculada em tempo $O(3^n)$. Suponha que você possa armazenar e pesquisar informações sobre um conjunto de relações (como a ordem de junção ideal para o conjunto e o custo dessa ordem de junção) em tempo constante. (Se você achar esse exercício difícil, pelo menos mostre o limite de tempo mais folgado de $O(2^{2n})$.)

16.14 Mostre que, se forem consideradas apenas as árvores de junção profundas à esquerda, como no otimizador do System R, o tempo gasto para encontrar a ordem de junção mais eficiente é em torno de $n2^n$. Suponha que exista apenas uma ordem de classificação interessante.

16.15 Considere o banco de dados de agência bancária da Figura 16.9, na qual as chaves primárias estão sublinhadas.

agência(<u>nome_agência</u>, cidade_agência, ativo)
cliente(<u>nome_cliente</u>, rua_cliente, cidade_cliente)
empréstimo(<u>número_empréstimo</u>, nome_agência, quantia)
tomador(<u>nome_cliente</u>, <u>número_empréstimo</u>)
conta(<u>número_conta</u>, nome_agência, saldo)
depositante(<u>nome_cliente</u>, <u>número_conta</u>)

Figura 16.9 Banco de dados de agência bancária.

Construa as consultas SQL a seguir para esse banco de dados relacional.

a. Escreva uma consulta aninhada sobre a relação *conta* para descobrir, para cada agência com nome começando com B, todas as contas com o saldo máximo na agência.

b. Reescreva a consulta anterior sem usar uma subconsulta aninhada; em outras palavras, descorrelacione a consulta, mas em SQL.

c. Dê um procedimento (semelhante ao que foi descrito na Seção 16.4.4) para descorrelacionar essas consultas.

Exercícios

16.16 Suponha que haja um índice de árvore B^+ sobre (*nome_dept*, *prédio*) na relação *departamento*. Qual seria a melhor maneira de lidar com a seguinte seleção?

$$\sigma_{(prédio < \text{“Watson”}) \wedge (orçamento < 55000) \wedge nome\_dept = \text{“Music”})}(departamento)$$

16.17 Mostre como derivar as seguintes equivalências por uma sequência de transformações usando as regras de equivalência na Seção 16.2.1.

a. $\sigma_{\theta_1 \wedge \theta_2 \wedge \theta_3}(E) \equiv \sigma_{\theta_1}(\sigma_{\theta_2}(\sigma_{\theta_3}(E)))$.

b. $\sigma_{\theta_1 \wedge \theta_2}(E_1 \bowtie_{\theta_3} E_2) \equiv \sigma_{\theta_1}(E_1 \bowtie_{\theta_3} (\sigma_{\theta_2}(E_2)))$, em que θ_2 envolve apenas atributos de E_2.

16.18 Considere as duas expressões $\sigma_\theta(E_1 ⟕ E_2)$ e $\sigma_\theta(E_1 \bowtie E_2)$.

a. Mostre, usando um exemplo, que as duas expressões não são equivalentes em geral.

b. Dê uma condição simples sobre o predicado θ que, se satisfeita, garantirá que as duas expressões sejam equivalentes.

16.19 Um conjunto de regras de equivalência é considerado *completo* se, sempre que duas expressões forem equivalentes, uma pode ser derivada da outra por uma sequência de usos das regras de equivalência. O conjunto de regras de equivalência que consideramos na Seção 16.2.1 está completo? *Dica*: considere a equivalência $\sigma_{3=5}(r) \equiv \{\ \}$.

16.20 Explique como usar um histograma para estimar o tamanho de uma seleção da forma $\sigma_{A \leq v}(r)$.

16.21 Suponha que duas relações r e s tenham histogramas sobre atributos $r \cdot A$ e $s \cdot A$, respectivamente, mas com diferentes intervalos. Sugira como usar os histogramas para estimar o tamanho de $r \bowtie s$. *Dica*: divida ainda mais os intervalos de cada histograma.

16.22 Considere a consulta

```
select A, B
from r
where r · B < some (select B
                    from s
                    where s · A = r · A)
```

Mostre como descorrelacionar essa consulta usando uma versão de multiconjunto da operação de semijunção.

16.23 Descreva como manter de forma incremental os resultados das seguintes operações, sobre inserções e exclusões:

a. União e diferença de conjuntos.

b. Junção externa à esquerda (*left outer join*).

16.24 Dê um exemplo de expressão definindo uma *view* materializada e duas situações (conjuntos de estatísticas para as relações de entrada e os diferenciais) de modo que, em uma situação, a manutenção de *view* incremental seja melhor do que o recálculo, e na outra situação, o recálculo seja melhor.

16.25 Suponha que você queira obter respostas para $r \bowtie s$ classificadas sobre um atributo de r, mas somente as K primeiras respostas para algum K relativamente pequeno. Dê uma boa maneira de avaliar a consulta.

a. Quando a junção for sobre uma chave estrangeira de r referenciando s, onde o atributo de chave estrangeira é declarado como não nulo.

b. Quando a junção não é sobre uma chave estrangeira.

16.26 Considere uma relação $r(A, B, C)$, com um índice sobre o atributo A. Dê um exemplo de consulta que pode ser respondida com o uso apenas do índice, sem examinar as tuplas na relação. (Planos de consulta que usam apenas o índice, sem acessar a relação real, são chamados de planos *somente de índice*.)

16.27 Suponha que você tenha uma consulta de atualização U. Dê uma condição suficiente simples sobre U que garantirá que o problema do Halloween não poderá ocorrer, independentemente do plano de execução escolhido ou dos índices existentes.

Leitura adicional

O trabalho pioneiro de Selinger *et al.* (1979) descreve a seleção da via de acesso (*access path*) no otimizador do System R, que foi um dos primeiros otimizadores de consulta relacional. O processamento da consulta do Starburst, descrito em Haas *et al.* (1989), forma a base para a otimização da consulta no IBM DB2.

Graefe e McKenna (1993) descrevem o Volcano, um otimizador de consulta baseado em regra de equivalência, que, junto com seu sucessor Cascades (Graefe, 1995), forma a base da otimização da consulta no Microsoft SQL Server. Moerkotte (2014) oferece uma extensa cobertura da otimização de consultas, incluindo otimizações do algoritmo de programação dinâmica para otimização da ordem de junção, para evitar os produtos cartesianos. Evitar a geração de planos com produtos cartesianos pode resultar em uma redução substancial no custo de otimização para as consultas mais comuns.

As notas bibliográficas para este capítulo, disponíveis *on-line*, oferecem referências para a pesquisa sobre diversas técnicas de otimização, incluindo a otimização de consultas com agregações, com junções externas, subconsultas aninhadas, consultas *top K*, minimização de junção, otimização de consultas de atualização, manutenção de *view* materializada e combinação de *view*, seleção de índice e *view* materializada, otimização de consulta paramétrica e otimização de consultas múltiplas.

Bibliografia

GRAEFE, G. "The cascades framework for query optimization". *Data Engineering Bulletin*, 18(3), p. 19-29, 1995.

GRAEFE, G.; McKENNA, W. "The Volcano optimizer generator". In: *Proc. of the IEEE Conf. on Data Engineering*, Vienna, Austria, p. 209-218, 1993.

HAAS, L. M. *et al.* "Extensible query processing in Starburst". In: *Proc. of the ACM SIGMOD*, Portland, Oregon, p. 377-388, 1989.

MOERKOTTE, G. *Building query compilers*. Disponível em: http://pi3.informatik.uni-mannheim.de/~moer/querycompiler.pdf. Acesso em: 13 dez. 2018 (2014).

SELINGER, P. G. *et al.* "Access path selection in a relational database system". In: *Proc. of the ACM SIGMOD*, Boston, p. 23-34, 1979.

Créditos

A foto dos barcos no início do capítulo pertence a

PARTE 7

GERENCIAMENTO DE TRANSAÇÃO

O termo *transação* refere-se a uma coleção de operações que formam uma única unidade de trabalho lógica. Por exemplo, a transferência de dinheiro de uma conta para outra é uma transação consistindo em duas atualizações, uma para cada conta.

É importante que todas as ações de uma transação sejam executadas completamente ou, no caso de alguma falha, os efeitos parciais de cada transação incompleta sejam desfeitos. Essa propriedade é chamada de *atomicidade*. Além disso, quando uma transação é executada com sucesso, seus efeitos precisam persistir no banco de dados – uma falha no sistema não deverá resultar no banco de dados esquecendo de uma transação que foi completada com sucesso. Essa propriedade é chamada de *durabilidade*.

Em um sistema de banco de dados em que várias transações estão sendo executadas ao mesmo tempo, se as atualizações nos dados compartilhados não forem controladas, haverá potencial para transações verem estados intermediários inconsistentes, criados por atualizações de outras transações. Essa situação pode resultar em atualizações erradas aos dados armazenados no banco de dados. Assim, os sistemas de banco de dados precisam oferecer mecanismos para isolar transações dos efeitos das outras transações que estejam sendo executadas simultaneamente. Essa propriedade é chamada de *isolamento*.

O Capítulo 17 descreve o conceito de transação com detalhes, incluindo as propriedades de atomicidade, durabilidade, isolamento e outras oferecidas pela abstração da transação. Em particular, o capítulo torna precisa a noção de isolamento, por meio de um conceito chamado serializabilidade.

O Capítulo 18 aborda várias técnicas de controle de concorrência que ajudam a implementar a propriedade de isolamento. O Capítulo 19 concentra-se no componente de gerenciamento de recuperação de um banco de dados, que implementa as propriedades de atomicidade e durabilidade.

Tomando como um todo, o componente de gerenciamento de transação de um sistema de banco de dados permite que os desenvolvedores de aplicação focalizem a implementação de transações individuais, ignorando as questões de concorrência e tolerância a falhas.

CAPÍTULO 17

Transações

Normalmente, uma coleção de várias operações sobre o banco de dados parece ser uma única entidade do ponto de vista do usuário do banco de dados. Por exemplo, uma transferência de fundos de uma conta-corrente para uma conta de poupança é uma única operação do ponto de vista do cliente; no entanto, dentro do sistema de banco de dados, ela consiste em várias operações. Logicamente, é essencial que todas essas operações ocorram ou que, no caso de uma falha, nenhuma delas ocorra. Seria inaceitável se o valor fosse debitado na conta-corrente, mas não fosse creditado na conta de poupança.

Coleções de operações que formam uma única unidade lógica de trabalho são chamadas transações. Um sistema de banco de dados precisa garantir a execução apropriada de transações apesar das falhas – a transação inteira é executada ou nenhuma parte dela é executada. Além do mais, ele precisa gerenciar a execução simultânea de transações de modo a evitar a introdução da inconsistência. Em nosso exemplo de transferência de fundos, uma transação calculando o valor total do cliente poderia ver o saldo da conta-corrente antes de ser debitado pela transação de transferência de fundos, mas ver o saldo da poupança depois de ser creditado. Como resultado, ela obteria um resultado incorreto.

Este capítulo apresenta os conceitos básicos de processamento de transação. Os detalhes sobre processamento simultâneo de transações e recuperação de falhas estão nos Capítulos 18 e 19, respectivamente.

17.1 Conceito de transação

Uma **transação** é uma **unidade** de execução do programa que acessa e, possivelmente, atualiza vários itens de dados. Normalmente, uma transação é iniciada por um programa do usuário escrito em linguagem de manipulação de dados (normalmente, SQL) ou linguagem de programação (por exemplo, C++ ou Java), com acessos embutidos ao banco de dados em JDBC ou ODBC. Uma transação é delimitada pelas instruções (ou chamadas de função) na forma **begin transaction** e **end transaction**. A transação consiste em todas as operações executadas entre o **begin transaction** e o **end transaction**.

Esse conjunto de operações precisa aparecer ao usuário como uma única unidade, indivisível. Como uma transação é indivisível, ela é executada em sua totalidade ou não é executada. Assim, se uma transação começa a ser executada, mas falha por um motivo qualquer, quaisquer mudanças no banco de dados que a transação possa ter feito são desfeitas. Esse requisito é mantido independentemente de a transação em si ter falhado (por exemplo, se houve uma divisão por zero), de o sistema operacional ter falhado ou de o próprio computador ter deixado de funcionar. Conforme veremos, é difícil garantir que esse requisito seja atendido, pois algumas mudanças no banco de dados ainda podem estar armazenadas somente nas variáveis da memória principal da transação, enquanto outras podem ter sido gravadas no banco de dados, armazenadas no disco. Essa propriedade "tudo ou nada" é conhecida como **atomicidade**.

Além disso, como uma transação é uma única unidade, suas ações não podem parecer estar separadas por outras operações do banco de dados que não fazem parte da transação. Embora queiramos apresentar essa impressão das transações em nível de usuário, sabemos que a realidade é muito diferente. Até mesmo um comando SQL único envolve muitos acessos separados ao banco de dados, e uma transação pode consistir em vários comandos SQL. Portanto, o sistema de banco de dados precisa tomar ações especiais para garantir que as transações operem corretamente, sem interferência de comandos de banco de dados executando simultaneamente. Essa propriedade é conhecida como **isolamento**.

Mesmo que o sistema garanta a execução correta de uma transação, isso tem pouco propósito se o sistema mais tarde falhar e, como resultado, o sistema se "esquecer" da transação. Assim, as ações de uma transação precisam persistir entre as falhas. Essa propriedade é conhecida como **durabilidade**.

Em razão dessas três propriedades, as transações são uma forma ideal de estruturar a interação com um banco de dados. Isso nos leva a impor um requisito sobre as próprias transações. Uma transação precisa preservar a consistência do banco de dados – se uma transação for executada atomicamente em isolado, começando de um banco de dados consistente, o banco de dados precisa novamente estar consistente no final da transação. Esse requisito de consistência vai além das restrições de integridade de dados que vimos anteriormente (como restrições de chave primária, integridade referencial, restrições de **check** (verificação) e outras semelhantes). Em vez disso, as transações deverão ir além para garantir a preservação daquelas restrições de consistência dependentes da aplicação, que são muito complexas para se declarar usando as construções SQL para integridade de dados. O modo como isso é feito é responsabilidade do programador que codifica uma transação. Essa propriedade é conhecida como **consistência**.

Explicando esses pontos de forma mais concisa, é necessário que o sistema de banco de dados mantenha as seguintes propriedades das transações:

- **Atomicidade**. Todas as operações da transação são refletidas corretamente no banco de dados, ou nenhuma delas.
- **Consistência**. A execução de uma transação isolada (ou seja, sem nenhuma outra transação executando simultaneamente) preserva a consistência do banco de dados.
- **Isolamento**. Embora várias transações possam ser executadas simultaneamente, o sistema garante que, para cada par de transações T_i e T_j, parece para T_i ou T_j terminou a execução antes que T_i começasse, ou T_j iniciou a execução depois que T_i terminou. Assim, cada transação não está ciente das outras transações sendo executadas simultaneamente no sistema.
- **Durabilidade**. Depois que uma transação for completada com sucesso, as mudanças que ela fez no banco de dados persistem, mesmo se houver falhas no sistema.

Essas propriedades normalmente são conhecidas como **propriedades ACID**; o acrônimo é derivado da primeira letra de cada uma das quatro propriedades.

Como veremos mais adiante, garantir a propriedade de isolamento pode ter um efeito adverso significativo sobre o desempenho do sistema. Por esse motivo, algumas aplicações comprometem a propriedade do isolamento. Estudaremos esses comprometimentos depois de vermos a imposição estrita das propriedades ACID.

17.2 Modelo de transação simples

A SQL é uma linguagem poderosa e complexa e, por isso, começamos nosso estudo das transações com uma linguagem de banco de dados simples, que focaliza a movimentação dos dados do disco para a memória principal e da memória principal para o disco. Fazendo isso, ignoramos as operações de **inserção** e **exclusão** da SQL e deixamos seu tratamento para a Seção 18.4. As únicas operações reais sobre os dados são restritas em nossa linguagem simples a operações aritméticas. Mais adiante, discutiremos as transações em um contexto real, baseado em SQL, com um conjunto de operações mais rico. Os itens de dados em nosso modelo simplificado contêm um único valor de dados (um número, em nossos exemplos). Cada item de dados é identificado por um nome (normalmente, uma única letra em nossos exemplos, ou seja, *A*, *B*, *C* etc.).

Vamos ilustrar o conceito de transação usando uma aplicação bancária simples, consistindo em várias contas e um conjunto de transações que acessam e atualizam essas contas. As transações acessam dados usando duas operações:

- read(*X*), que transfere o item de dados *X* do banco de dados para uma variável, também chamada *X*, em um *buffer* na memória principal pertencente à transação que executou a operação read.
- write(*X*), que transfere o valor na variável *X* do *buffer* da memória principal da transação que executou o write de volta ao item de dados *X* no banco de dados.

É importante saber se uma mudança no item de dados aparece somente na memória principal ou se foi gravada no banco de dados no disco. Em um sistema de banco de dados real, a operação write não resulta necessariamente na atualização imediata dos dados no disco; a operação write pode ser armazenada temporariamente na memória e executada no disco mais tarde. Por enquanto, porém, vamos supor que a operação write atualize o banco de dados imediatamente. Discutimos as questões de armazenamento com mais detalhes na Seção 17.3, e a questão de quando os dados do banco de dados na memória principal são gravados em disco no Capítulo 19.

Suponha que T_i seja uma transação que transfere $ 50 da conta *A* para a conta *B*. Essa transação pode ser definida como

```
Ti: read(A);
    A := A − 50;
    write(A);
    read(B);
    B := B + 50;
    write(B).
```

Agora, vamos considerar cada uma das propriedades ACID. (Para facilitar a apresentação, consideramos as propriedades em uma ordem diferente da ordem A-C-I-D.)

- **Consistência**: o requisito de consistência aqui é que a soma de *A* e *B* seja inalterada pela execução da transação. Sem o requisito de consistência, o dinheiro poderia ser criado ou destruído pela transação! Podemos verificar facilmente que, se o banco de dados estiver consistente antes de uma execução da transação, ele permanecerá consistente após a execução da transação.

  Garantir a consistência para uma transação individual é responsabilidade do programador de aplicação que codifica a transação. Essa tarefa pode ser facilitada pelo teste automático de restrições de integridade, conforme discutimos na Seção 4.4.

- **Atomicidade**: suponha que, imediatamente antes da execução da transação T_i, os valores das contas *A* e *B* sejam $ 1000 e $ 2000, respectivamente. Agora suponha que, durante a execução da transação T_i, aconteça uma falha que impeça T_i de completar sua execução com sucesso. Além disso, suponha que a falha tenha acontecido depois da operação write(*A*), mas antes da operação write(*B*). Nesse caso, os valores das contas *A* e *B* refletidos no banco de dados são $ 950 e $ 2000. O sistema destruiu $ 50 como resultado dessa falha. Particularmente, notamos que a soma *A* + *B* não é mais preservada.

  Assim, em virtude da falha, o estado do sistema não reflete mais um estado real do mundo que o banco de dados deveria capturar. Chamamos esse estado de **estado inconsistente**. Temos de garantir que essas inconsistências não sejam visíveis em um sistema de banco de dados. Observe, porém, que o sistema precisa, em algum ponto, estar em um estado inconsistente. Mesmo que a transação T_i seja executada até o término, existe um ponto em que o valor da conta *A* é $ 950 e o valor da conta *B* é $ 2000, o que claramente é um estado inconsistente. Porém, esse estado por fim será substituído pelo estado consistente, em que o valor da conta *A* é $ 950 e o valor da conta *B* é $ 2050. Assim, se a transação nunca tivesse sido iniciada ou completada com sucesso, esse estado inconsistente não seria visível, exceto durante a execução da transação. Esse é o motivo para o requisito de atomicidade: se a propriedade de atomicidade estiver presente, todas as ações da transação são refletidas no banco de dados ou nenhuma delas é refletida.

A ideia básica por trás da garantia de atomicidade é esta: o sistema de banco de dados mantém (em disco) os valores antigos de quaisquer dados em que uma transação realiza uma escrita. Essa informação é gravada em um arquivo chamado *log*. Se a transação não completar sua execução, o sistema de banco de dados restaura os valores antigos do *log* para que apareçam como se a transação nunca tivesse sido executada. Discutimos melhor essas ideias na Seção 17.4. Garantir a atomicidade é responsabilidade do próprio sistema de banco de dados; especificamente, ela é tratada por um componente do banco de dados chamado **sistema de recuperação**, que descrevemos com detalhes no Capítulo 19.

- **Durabilidade**: quando a execução da transação termina com sucesso, e o usuário que iniciou a transação foi notificado de que a transferência de fundos aconteceu, é preciso que nenhuma falha no sistema resulte em perda dos dados correspondentes a essa transferência de fundos. A propriedade de durabilidade garante que, quando uma transação é executada com sucesso, todas as atualizações que ela executou no banco de dados persistam, mesmo que haja uma falha no sistema após a transação terminar sua execução.

  Consideramos, por enquanto, que uma falha do sistema de computador pode resultar na perda de dados na memória principal, mas os dados gravados em disco nunca são perdidos. A proteção contra a perda de dados no disco é discutida no Capítulo 19. Podemos garantir a durabilidade assegurando que

  1. As atualizações executadas pela transação sejam gravadas em disco antes que a transação termine.
  2. As informações sobre as atualizações executadas pela transação sejam gravadas em disco, e tais informações sejam suficientes para permitir que o banco de dados reconstrua as atualizações quando o sistema de banco de dados for reiniciado após a falha.

  O sistema de recuperação do banco de dados, descrito no Capítulo 19, é responsável por garantir tanto a durabilidade quanto a atomicidade.

- **Isolamento**: mesmo que as propriedades de consistência e atomicidade sejam garantidas para cada transação, se várias transações forem executadas simultaneamente, suas operações podem intercalar de alguma maneira indesejável, resultando em um estado inconsistente.

  Por exemplo, como já vimos, o banco de dados está temporariamente inconsistente enquanto a transação para transferir fundos de *A* para *B* está sendo executada, com o total deduzido gravado em *A* e o total aumentado ainda a ser gravado em *B*. Se uma segunda transação sendo executada simultaneamente lê *A* e *B* nesse ponto intermediário e calcula $A + B$, ela observará um valor inconsistente. Além do mais, se essa segunda transação realizar atualizações sobre *A* e *B* com base nos valores inconsistentes que ela lê, o banco de dados pode ser deixado em um estado inconsistente mesmo depois que as transações tenham terminado.

  Um modo de evitar o problema de transações executando simultaneamente é executar transações de modo serial, ou seja, uma após a outra. Porém, a execução simultânea de transações oferece benefícios de desempenho significativos, como veremos na Seção 17.5. Portanto, outras soluções foram desenvolvidas para permitir que várias transações sejam executadas simultaneamente.

  Discutimos, na Seção 17.5, os problemas causados pelas transações executando simultaneamente. A propriedade de isolamento de uma transação garante que a execução simultânea das transações resulte em um estado do sistema equivalente ao estado que poderia ter sido obtido se essas transações fossem executadas uma de cada vez em alguma ordem. Veremos os princípios do isolamento mais adiante, na Seção 17.6. A garantia da propriedade de isolamento é responsabilidade de um componente do sistema de banco de dados chamado **sistema de controle de concorrência**, a ser abordado mais adiante, no Capítulo 18.

17.3 Estrutura de armazenamento

Para entender como garantir as propriedades de atomicidade e durabilidade de uma transação, novamente precisamos entender melhor como os diversos itens de dados no banco de dados podem ser armazenados e acessados.

No Capítulo 12, vimos que o meio de armazenamento pode ser distinguido por sua velocidade relativa, capacidade e resiliência a falhas, e classificado como armazenamento volátil ou armazenamento não volátil. Revisamos esses termos apresentando outra classe de armazenamento, chamada armazenamento estável.

- **Armazenamento volátil**. As informações residindo no armazenamento volátil normalmente não sobrevivem a falhas do sistema. Alguns exemplos desse armazenamento são a memória principal e a memória cache. O acesso ao armazenamento volátil é extremamente rápido, tanto por causa da velocidade do próprio acesso à memória quanto porque é possível acessar diretamente qualquer item de dados no armazenamento volátil.

- **Armazenamento não volátil**. As informações residindo no armazenamento não volátil sobrevivem a falhas do sistema. Alguns exemplos de armazenamento não volátil são os dispositivos de armazenamento secundário, como disco magnético e armazenamento flash, usados para armazenamento *on-line*, e dispositivos de armazenamento terciário, como a mídia óptica e fitas magnéticas, usadas para arquivamento. No estado atual da tecnologia, o armazenamento não volátil é mais lento do que o armazenamento volátil, particularmente para o acesso aleatório. Os dispositivos de armazenamento secundário e terciário, porém, são suscetíveis à falha, que pode resultar na perda de informações.
- **Armazenamento estável**. As informações residindo no armazenamento estável *nunca* são perdidas (*nunca* é um termo que não deve ser tomado ao pé da letra, pois, teoricamente, *nunca* não pode ser garantido – por exemplo, é possível, embora extremamente improvável, que um buraco negro possa engolir a Terra e destruir permanentemente todos os dados!). Embora o armazenamento estável seja teoricamente impossível de obter, ele pode ser aproximado por técnicas que tornam a perda de dados extremamente improvável. Para implementar o armazenamento estável, replicamos as informações em vários meios de armazenamento não voláteis (normalmente, disco) com modos de falha independentes. As atualizações precisam ser feitas com cuidado para garantir que uma falha durante uma atualização no armazenamento estável não cause perda de informações. A Seção 19.2.1 discute a implementação do armazenamento estável.

As distinções entre os diversos tipos de armazenamento podem ser menos claras na prática do que em nossa apresentação. Por exemplo, certos sistemas, como alguns controladores RAID, oferecem *backup* de bateria, de modo que alguma memória principal pode sobreviver a falhas do sistema e faltas de energia.

Para que uma transação seja durável, suas mudanças precisam ser gravadas no armazenamento estável. De modo semelhante, para que uma transação seja atômica, registros de *log* precisam ser gravados no armazenamento estável antes que quaisquer mudanças sejam feitas no banco de dados em disco. O grau em que um sistema garante a durabilidade e a atomicidade depende do quão estável sua implementação do armazenamento estável realmente seja. Em alguns casos, uma cópia única no disco é considerada suficiente, mas as aplicações cujos dados são altamente valiosos e cujas transações são extremamente importantes exigem várias cópias ou, em outras palavras, uma aproximação mais de perto do conceito idealizado do armazenamento estável.

17.4 Atomicidade e durabilidade da transação

Como observamos anteriormente, uma transação nem sempre pode completar sua execução com sucesso. Essa transação é considerada **abortada**. Se tivermos de garantir a propriedade de atomicidade, uma transação abortada não poderá ter efeito algum sobre o estado do banco de dados. Assim, quaisquer mudanças que a transação abortada fez no banco de dados precisam ser desfeitas. Quando as mudanças causadas por uma transação abortada tiverem sido desfeitas, diremos que a transação foi **revertida** (***rolled back***). É parte da responsabilidade do esquema de recuperação gerenciar as transações revertidas. Isso normalmente é feito mantendo-se um ***log***. Cada modificação no banco de dados feita por uma transação é primeiro registrada no *log*. Registramos o identificador da transação que realiza a modificação, o identificador do item de dados sendo modificado, o valor antigo (antes da modificação) e o novo valor (após a modificação) do item de dados. Somente depois é que o banco de dados em si é modificado. Manter um *log* oferece a possibilidade de refazer uma modificação para garantir a atomicidade e a durabilidade, bem como a possibilidade de desfazer uma modificação para garantir a atomicidade no caso de uma falha durante a execução da transação. Os detalhes da recuperação baseada em *log* são discutidos no Capítulo 19.

Uma transação que completa sua execução com sucesso é considerada **confirmada** (***committed***). Uma transação confirmada que realizou atualizações transforma o banco de dados em um novo estado consistente, que precisa persistir mesmo que haja uma falha no sistema.

Quando uma transação tiver sido confirmada, não poderemos desfazer seus efeitos abortando-a. A única maneira de desfazer os efeitos de uma transação confirmada é executar uma **transação de compensação**. Por exemplo, se uma transação somasse $ 20 a uma conta, a transação de compensação subtrairia $ 20 da conta. Porém, nem sempre é possível criar essa transação de compensação. Portanto, a responsabilidade de escrever e executar uma transação de compensação fica para o usuário, e não é tratada pelo sistema de banco de dados.

Precisamos ser mais precisos a respeito do que significa *término bem-sucedido* de uma transação. Portanto, vamos estabelecer um modelo abstrato simples de transação. Uma transação precisa estar em um dos seguintes estados:

- **Ativo**, o estado inicial; a transação permanece nesse estado enquanto está executando.
- **Parcialmente confirmado**, depois que a instrução final foi executada.
- **Falho**, depois da descoberta de que a execução normal não pode mais prosseguir.
- **Abortado**, depois que a transação foi revertida e o banco de dados foi restaurado ao seu estado anterior ao início da transação.
- **Confirmado**, após o término bem-sucedido.

O diagrama de estado correspondendo a uma transação aparece na Figura 17.1. Dizemos que uma transação foi confirmada somente se ela entrou no estado confirmado. De modo semelhante, dizemos que uma transação foi abortada somente se ela entrou no estado abortado. Uma transação é considerada como **terminada** se tiver sido confirmada ou abortada.

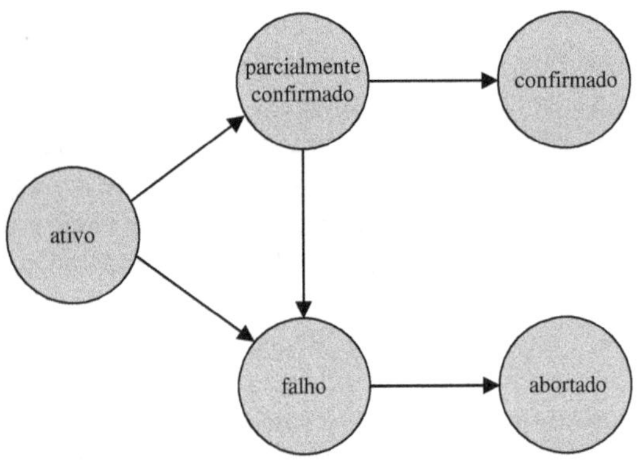

Figura 17.1 Diagrama de estado de uma transação.

Uma transação começa no estado ativo. Quando ela termina sua última instrução, entra no estado parcialmente confirmado. Nesse ponto, a transação completou sua execução, mas ainda pode ser abortada, pois a saída real ainda pode estar temporariamente residindo na memória principal e, por isso, uma falha de *hardware* pode impedir seu término bem-sucedido.

O sistema de banco de dados, então, grava informações suficientes em disco de modo que, mesmo no caso de uma falha, as atualizações realizadas pela transação possam ser recriadas quando o sistema reiniciar após a falha. Quando a última informação for gravada, a transação entrará no estado confirmado.

Como já dissemos, consideramos por ora que as falhas não resultam em perda de dados no disco. O Capítulo 19 discute as técnicas para lidar com a perda de dados no disco.

Uma transação entra no estado falho depois que o sistema determina que a transação não pode mais prosseguir com sua execução normal (por exemplo, em razão de erros de *hardware* ou lógicos). Tal transação precisa ser revertida. Depois, ela entra no estado abortado. Nesse ponto, o sistema tem duas opções:

- Ele pode **reiniciar** a transação, mas somente se esta tiver sido abortada como resultado de algum erro de *hardware* ou *software* que não tenha sido produzido por meio da lógica interna da transação. Uma transação reiniciada é considerada uma nova transação.
- Ele pode **matar** a transação. Ele normalmente faz isso em função de algum erro lógico interno que só pode ser corrigido com a reescrita do programa de aplicação ou porque a entrada foi incorreta, ou porque os dados desejados não foram encontrados no banco de dados.

Precisamos ter cuidado ao tratar de **escritas externas observáveis**, como escritas na tela de um usuário ou o envio de *e-mail*. Quando uma escrita tiver ocorrido, ela não poderá ser apagada, pois pode ter sido vista externamente ao sistema de banco de dados. A maioria dos sistemas permite que essas escritas ocorram apenas depois que a transação tiver entrado no estado confirmado. Um modo de implementar esse esquema é fazer com que o sistema de banco de dados armazene qualquer valor associado a escritas externas temporariamente em uma relação especial no banco de dados, e realizar as escritas reais apenas depois que a transação entrar no estado confirmado. Se o sistema falhar após a transação ter entrado no estado confirmado, mas antes que pudesse completar as escritas externas, o sistema de banco de dados executará as escritas externas (usando os dados no armazenamento não volátil) quando o sistema for reiniciado.

O tratamento de escritas externas pode ser mais complicado em algumas situações. Por exemplo, suponha que a ação externa seja a de expedir dinheiro em um caixa eletrônico, e o sistema falhe imediatamente antes que o dinheiro seja realmente entregue (supomos que o dinheiro possa ser entregue atomicamente). Não faz sentido entregar o dinheiro quando o sistema for reiniciado, pois o usuário pode ter saído de perto da máquina. Nesse caso, uma transação de compensação, como depositar o dinheiro de volta na conta do usuário, precisa ser executada quando o sistema for reiniciado.

Como outro exemplo, considere um usuário fazendo uma reserva pela Web. É possível que o sistema de banco de dados ou o servidor de aplicação falhe logo depois que a transação de reserva for confirmada. Também é possível que a conexão da rede com o usuário seja perdida logo depois que uma transação de reserva seja confirmada. De qualquer forma, embora a transação seja confirmada, a escrita externa não ocorreu. Para lidar com tais situações, a aplicação precisa ser projetada de modo que, quando o usuário se conectar com a aplicação Web novamente, ele possa ver se sua transação teve ou não sucesso.

Para certas aplicações, pode ser desejável permitir que transações ativas apresentem dados aos usuários, particularmente para transações de longa duração que rodam por minutos ou horas. Infelizmente, não podemos permitir tal saída de dados observáveis sem comprometimento da atomicidade da transação.

17.5 Isolamento da transação

Os sistemas de processamento de transação normalmente permitem que várias transações sejam executadas simultaneamente. Permitir que várias transações atualizem dados simultaneamente causa várias complicações com a consistência dos dados, como vimos anteriormente. Garantir a consistência apesar da execução simultânea de transações exige trabalho extra; é muito mais fácil insistir que as transações sejam executadas **serialmente**, ou seja, uma de cada vez, cada uma começando apenas depois que a anterior for concluída. Porém, existem dois bons motivos para permitir a concorrência:

- **Melhor vazão (throughput) e utilização de recursos**. Uma transação consiste em muitas etapas. Algumas envolvem atividades de E/S; outras envolvem atividade de CPU. A CPU e os discos em um sistema de computador podem operar em paralelo. Portanto, a atividade de E/S pode ser feita em paralelo com o processamento na CPU. O paralelismo da CPU e do sistema de E/S pode, portanto, ser explorado para executar várias transações em paralelo. Enquanto um read ou write em favor de uma transação está em andamento em um disco, outra transação pode estar sendo executada na CPU, enquanto outro disco pode

Nota 17.1 TENDÊNCIAS NA CONCORRÊNCIA

Várias tendências atuais no campo da computação estão causando aumento na quantidade de concorrência possível. À medida que os sistemas de banco de dados explorarem essa concorrência para aumentar o desempenho geral do sistema, necessariamente haverá um número cada vez maior de transações executadas simultaneamente.

Os primeiros computadores tinham apenas um processador. Portanto, nunca havia concorrência real no computador. A única concorrência era a concorrência aparente criada pelo sistema operacional à medida que compartilhava o processador entre diversas tarefas ou processos distintos. Os computadores modernos provavelmente terão muitos processadores. Cada processador é denominado um *núcleo*; um único chip de processadores pode conter vários núcleos, e vários desses chips podem ser conectados em um único sistema, com todos eles compartilhando uma memória do sistema comum. Além disso, sistemas de banco de dados paralelos podem conter vários desses sistemas. Arquiteturas de sistemas de banco de dados paralelos são discutidas no Capítulo 20.

O paralelismo fornecido por vários processadores e núcleos é usado para duas finalidades. Uma é executar diferentes partes de uma consulta única de longa duração em paralelo, para agilizar a execução da consulta. Outra é permitir que grande número de consultas (geralmente, consultas muito menores) seja executado simultaneamente, por exemplo, para dar suporte a um número muito grande de usuários simultâneos. Os Capítulos de 21 a 23 descrevem algoritmos para a criação de sistemas de banco de dados paralelos.

estar executando um read ou write em favor de uma terceira transação. Tudo isso aumenta a **vazão (throughput)** do sistema – ou seja, o número de transações executadas em determinado período de tempo. De modo correspondente, a **utilização** do processador e do disco também aumenta; em outras palavras, o processador e o disco passam menos tempo ociosos ou não realizando algum trabalho útil.

- **Tempo de espera reduzido**. Pode haver uma mistura de transações sendo executada em um sistema, algumas curtas e outras longas. Se as transações forem executadas serialmente, uma transação curta pode ter de esperar que uma transação longa anterior seja concluída, o que pode levar a atrasos imprevisíveis na execução de uma transação. Se as transações estão operando sobre diferentes partes do banco de dados, é melhor deixar que elas sejam executadas simultaneamente, compartilhando os ciclos de CPU e acessos de disco entre elas. A execução simultânea reduz os atrasos imprevisíveis na execução de transações. Além do mais, ela também reduz o **tempo médio de resposta**: o tempo médio para uma transação ser concluída depois que tiver sido submetida.

A motivação para usar a execução simultânea em um banco de dados é, basicamente, a mesma que a motivação para usar a **multiprogramação** em um sistema operacional.

Quando várias transações são executadas simultaneamente, a propriedade de isolamento pode ser violada, resultando na destruição da consistência do banco de dados apesar da exatidão de cada transação individual. Nesta seção, apresentamos o conceito de *schedules* para ajudar a identificar as execuções que garantem a propriedade do isolamento e, por conseguinte, a consistência do banco de dados.

O sistema de banco de dados precisa controlar a interação entre as transações simultâneas para impedir que elas destruam a consistência do banco de dados. Ele faz isso por meio de uma série de mecanismos, chamados **esquemas de controle de concorrência**. Estudamos os esquemas de controle de concorrência no Capítulo 18; por enquanto, focalizamos o conceito da execução simultânea correta.

Considere novamente o sistema bancário simplificado da Seção 17.1, que possui várias contas, e um conjunto de transações que acessam e atualizam essas contas. Suponha que T_1 e T_2 sejam duas transações que transferem fundos de uma conta para outra. A transação T_1 transfere \$ 50 da conta A para a conta B. Ela é definida como

T_1: read(A);
    $A := A - 50$;
    write(A);
    read(B);
    $B := B + 50$;
    write(B).

A transação T_2 transfere 10% do saldo da conta A para a conta B. Ela é definida como

T_2: read(A);
    $temp := A * 0.1$;
    $A := A - temp$;
    write(A);
    read(B);
    $B := B + temp$;
    write(B).

Suponha que os valores atuais das contas A e B sejam \$ 1000 e \$ 2000, respectivamente. Suponha, também, que as duas transações sejam executadas uma de cada vez na ordem T_1 seguida por T_2. Essa sequência de execução aparece na Figura 17.2. Na figura, a sequência de etapas de instrução está em ordem cronológica de cima para baixo, com instruções de T_1 aparecendo na coluna esquerda e as instruções de T_2

T_1	T_2
read(A)	
$A := A - 50$	
write(A)	
read(B)	
$B := B + 50$	
write(B)	
commit	
	read(A)
	$temp := A * 0.1$
	$A := A - temp$
	write(A)
	read(B)
	$B := B + temp$
	write(B)
	commit

Figura 17.2 *Schedule* 1 – um *Schedule* serial em que T_1 é seguida por T_2.

aparecendo na coluna direita. Os valores finais das contas A e B, após a execução na Figura 17.2, são $ 855 e $ 2145, respectivamente. Assim, a quantia total de dinheiro nas contas A e B – ou seja, a soma $A + B$ – é preservada depois da execução das duas transações.

De modo semelhante, se as transações forem executadas uma de cada vez na ordem T_2 seguida por T_1, então a sequência de execução é a da Figura 17.3. Novamente, conforme esperamos, a soma $A + B$ é preservada, e os valores finais das contas A e B agora são $ 850 e $ 2150, respectivamente.

As sequências de execução recém-descritas são chamadas **schedules**. Elas representam a ordem cronológica em que as instruções são executadas no sistema. Claramente, um *schedule* para um conjunto de transações precisa não só consistir em todas as instruções dessas transações, mas também preservar a ordem em que as instruções aparecem em cada transação individual. Por exemplo, na transação T_1, a instrução write(A) precisa aparecer antes da instrução read(B), em qualquer *schedule* válido. Na discussão a seguir, vamos nos referir à primeira sequência de execução (T_1 seguida por T_2) como *schedule* 1, e à segunda sequência de execução (T_2 seguida por T_1) como *schedule* 2.

T_1	T_2
	read(A)
	$temp := A * 0.1$
	$A := A - temp$
	write(A)
	read(B)
	$B := B + temp$
	write(B)
	commit
read(A)	
$A := A - 50$	
write(A)	
read(B)	
$B := B + 50$	
write(B)	
commit	

Figura 17.3 *Schedule* 2 – um *Schedule* serial em que T_2 é seguida por T_1.

Esses *schedules* são **seriais**: cada *schedule* serial consiste em uma sequência de instruções de várias transações, em que as instruções pertencentes a uma única transação aparecem juntas nesse *schedule*. Relembrando uma fórmula bem conhecida da análise combinatória, notamos que, para um conjunto de n transações, existem $n!$ (n fatorial) diferentes *schedules* seriais válidos.

Quando o sistema de banco de dados executa várias transações simultaneamente, o *schedule* correspondente não precisa mais ser serial. Se duas transações estão sendo executadas simultaneamente, o sistema operacional pode executar uma transação por um tempo, depois realizar uma troca de contexto, executar a segunda transação por algum tempo e, então, voltar à primeira transação por algum tempo e assim por diante. Com várias transações, o tempo de CPU é compartilhado entre todas as transações.

Várias sequências de execução são possíveis, pois as várias instruções das duas transações agora podem ser intercaladas. Em geral, não é possível prever exatamente quantas instruções de uma transação serão executadas antes que a CPU passe para outra transação.[1]

Retornando ao nosso exemplo anterior, suponha que as duas transações sejam executadas simultaneamente. Um *schedule* possível aparece na Figura 17.4. Depois que essa execução acontece, chegamos ao mesmo estado daquele em que as transações são executadas em série na ordem T_1 seguida por T_2. A soma $A + B$ é realmente preservada.

Nem todas as execuções simultâneas resultam em um estado correto. Para ilustrar, considere o *schedule* da Figura 17.5. Depois da execução desse *schedule*, chegamos a um estado em que os valores finais das contas A e B são $ 950 e $ 2100, respectivamente. Esse estado final é um *estado inconsistente*, pois ganhamos $ 50 no processo da execução simultânea. De fato, a soma $A + B$ não é preservada pela execução das duas transações.

Se o controle da execução simultânea for deixado inteiramente para o sistema operacional, muitos *schedules* – incluindo os que deixam o banco de dados em um estado inconsistente, como aquele que acabamos de descrever – são possíveis. É tarefa do sistema de banco de dados garantir que qualquer *schedule* executado deixe o banco de dados em um estado consistente. O componente de **controle de concorrência** do sistema de banco de dados executa essa tarefa.

Podemos garantir a consistência do banco de dados sob execução simultânea cuidando para que qualquer *schedule*

[1]O número de *schedules* possíveis para um conjunto de n transações é muito grande. Existem $n!$ *schedules* seriais diferentes. Considerando todas as maneiras possíveis como as etapas das transações podem ser intercaladas, o número total de *schedules* possíveis é muito maior que $n!$.

T_1	T_2
read(A)	
$A := A - 50$	
write(A)	
	read(A)
	$temp := A * 0.1$
	$A := A - temp$
	write(A)
read(B)	
$B := B + 50$	
write(B)	
commit	
	read(B)
	$B := B + temp$
	write(B)
	commit

Figura 17.4 *Schedule* 3 – um *Schedule* simultâneo equivalente ao *Schedule* 1.

T_1	T_2
read(A)	
$A := A - 50$	
	read(A)
	$temp := A * 0.1$
	$A := A - temp$
	write(A)
	read(B)
write(A)	
read(B)	
$B := B + 50$	
write(B)	
commit	
	$B := B + temp$
	write(B)
	commit

Figura 17.5 *Schedule* 4 – um *Schedule* simultâneo resultando em um estado inconsistente.

executado tenha o mesmo efeito do *schedule* que poderia ter ocorrido sem nenhuma execução simultânea. Ou seja, o *schedule* precisa, de certa forma, ser equivalente a um *schedule* serial. Esses *schedules* são chamados *schedules* **serializáveis** (*serializable*).

17.6 Serializabilidade (*serializability*)

Antes que possamos considerar como o componente de controle de concorrência do sistema de banco de dados pode garantir a serializabilidade, vamos ver como determinar quando um *schedule* é serializável. Certamente, os *schedules* seriais são serializáveis, mas se as etapas das múltiplas transações forem intercaladas é mais difícil determinar se um *schedule* é serializável. Como as transações são programas, é difícil determinar exatamente quais operações uma transação realiza e como as operações de várias transações interagem. Por esse motivo, não consideraremos os diversos tipos de operações que uma transação pode realizar sobre um item de dados. Em vez disso, consideramos apenas duas operações: read e write. Assim, consideramos que, entre uma instrução read(Q) e uma instrução write(Q) sobre um item de dados Q, uma transação pode realizar uma sequência qualquer de operações sobre a cópia de Q que está residindo no *buffer* local da transação. Nesse modelo, as únicas operações significativas de uma transação, a partir de um ponto de vista do escalonamento, são suas instruções read e write. As operações de confirmação, embora relevantes, não são abordadas antes da Seção 17.7. Portanto, normalmente mostraremos apenas instruções read e write nos *schedules*, como fazemos no *schedule* 3, na Figura 17.6.

Nesta seção, discutimos diferentes formas de equivalência de *schedule*, mas focalizamos uma forma particular chamada **serializabilidade por conflito**.

Vamos considerar um *schedule* S em que existem duas instruções consecutivas, I e J, das transações T_i e T_j, respectivamente ($i \neq, j$). Se I e J se referem a diferentes itens de dados, podemos inverter I e J sem afetar os resultados de qualquer instrução no *schedule*. Porém, se I e J se referem ao mesmo item de dados Q, então a ordem das duas etapas pode importar. Como estamos lidando apenas com instruções read e write, existem quatro casos que precisamos considerar:

1. I = read(Q), J = read(Q). A ordem de I e J não importa, pois o mesmo valor de Q é lido por T_i e T_j, independentemente da ordem.
2. I = read(Q), J = write(Q). Se I vem antes de J, então T_i não lê o valor de Q que é escrito por T_j na instrução J. Se J vem antes de I, então T_i lê o valor de Q que é escrito por T_j. Assim, a ordem de I e J importa.
3. I = write(Q), J = read(Q). A ordem de I e J importa por motivos semelhantes àqueles do caso anterior.
4. I = write(Q), J = write(Q). Como as duas instruções são operações write, a ordem dessas instruções não afeta T_i ou T_j. Contudo, o valor obtido pela próxima instrução read(Q) de S é afetada, pois o resultado apenas da última das duas instruções write é preservado no banco de dados. Se não houver outra instrução write(Q) após I e J em S, então a ordem de I e J afetará diretamente o valor final de Q no estado do banco de dados que resulta do *schedule* S.

Assim, somente no caso em que I e J são instruções read, a ordem relativa de sua execução não importa.

Dizemos que I e J **conflitam** se forem operações por diferentes transações sobre o mesmo item de dados, e pelo menos uma dessas operações for uma operação write.

Para ilustrar o conceito de instruções conflitantes, consideramos o *schedule* 3, na Figura 17.6. A instrução write(A)

T_1	T_2
read(A)	
write(A)	
	read(A)
	write(A)
read(B)	
write(B)	
	read(B)
	write(B)

Figura 17.6 *Schedule* 3 – mostrando apenas as instruções read e write.

T_1	T_2
read(A)	
write(A)	
	read(A)
read(B)	
	write(A)
write(B)	
	read(B)
	write(B)

Figura 17.7 *Schedule* 5 – *Schedule* 3 após a troca de um par de instruções.

de T_1 conflita com a instrução read(A) de T_2. Porém, a instrução write(A) de T_2 não conflita com a instrução read(B) de T_1, pois as duas instruções acessam itens de dados diferentes.

Considere que I e J sejam as instruções consecutivas de um *schedule* S. Se I e J forem instruções de diferentes transações e I e J não conflitarem, podemos inverter a ordem de I e J para produzir um novo *schedule* S'. Esperamos que S seja equivalente a S', pois todas as instruções aparecem na mesma ordem nos dois *schedules*, exceto por I e J, cuja ordem não importa.

Como a instrução write(A) de T_2 no *schedule* 3 da Figura 17.6 não conflita com a instrução read(B) de T_1, podemos inverter essas instruções para gerar um *schedule* equivalente, o *schedule* 5, na Figura 17.7. Independentemente do estado inicial do sistema, os *schedules* 3 e 5 produzem o mesmo estado final do sistema.

Continuamos a inverter instruções não conflitantes:

- Troque a instrução read(B) de T_1 pela instrução read(A) de T_2.
- Troque a instrução write(B) de T_1 pela instrução write(A) de T_2.
- Troque a instrução write(B) de T_1 pela instrução read(A) de T_2.

O resultado final dessas trocas, o *schedule* 6 da Figura 17.8, é um *schedule* serial. Observe que o *schedule* 6 é exatamente o mesmo que o *schedule* 1, mas mostrando apenas as instruções read e write. Assim, mostramos que o *schedule* 3 é equivalente a um *schedule* serial. Essa equivalência implica que, independentemente do estado inicial do sistema, o *schedule* 3 produzirá o mesmo estado final que algum *schedule* serial produzirá.

Se um *schedule* S puder ser transformado em um *schedule* S' por uma série de trocas de instruções não conflitantes, dizemos que S e S' são **equivalentes em conflito**.[2]

Nem todos os *schedules* seriais são equivalentes em conflito entre si. Por exemplo, os *schedules* 1 e 2 não são equivalentes em conflito.

O conceito de equivalência em conflito leva ao conceito de serializabilidade por conflito. Dizemos que um *schedule* S

T_1	T_2
read(A)	
write(A)	
read(B)	
write(B)	
	read(A)
	write(A)
	read(B)
	write(B)

Figura 17.8 *Schedule* 6 – um *Schedule* serial que é equivalente ao *Schedule* 3.

T_3	T_4
read(Q)	
	write(Q)
write(Q)	

Figura 17.9 *Schedule* 7

é **serializável por conflito** se for equivalente em conflito a um *schedule* serial. Assim, o *schedule* 3 é serializável por conflito, pois é equivalente em conflito ao *schedule* serial 1.

Por fim, considere o *schedule* 7 da Figura 17.9; ele consiste apenas nas operações significativas (ou seja, o read e o write) das transações T_3 e T_4. Esse *schedule* não é serializável por conflito, pois não é equivalente ao *schedule* serial $<T_3,T_4>$ ou ao *schedule* serial $<T_4,T_3>$.

Agora, apresentamos um método simples e eficiente para determinar se um *schedule* é serializável por conflito. Considere um *schedule* S. Construímos um grafo direcionado, chamado **grafo de precedência**, a partir de S. Esse grafo consiste em um par $G = (V, E)$, em que V é um conjunto de vértices e E é um conjunto de arestas. O conjunto de vértices consiste em todas as transações participantes do *schedule*. O conjunto de arestas consiste em todas as arestas $T_i \rightarrow T_j$ para as quais uma das três condições se aplica:

[2]Usamos o termo *equivalente em conflito* para distinguir o modo como acabamos de definir a equivalência das outras definições que discutiremos mais adiante nesta seção.

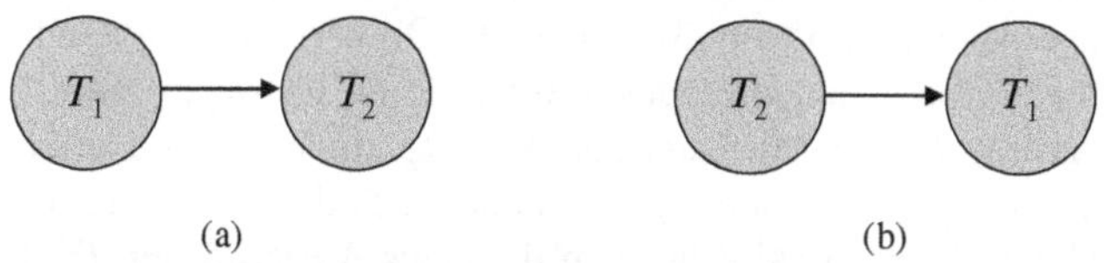

Figura 17.10 Grafo de precedência para (a) *Schedule* 1 e (b) *Schedule* 2.

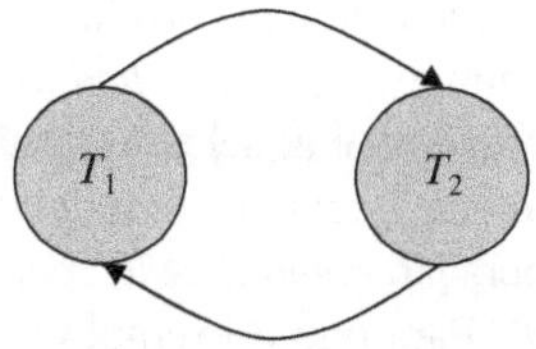

Figura 17.11 Grafo de precedência para o *Schedule* 4.

1. T_i executa write(Q) antes que T_j execute read(Q).
2. T_i executa read(Q) antes que T_j execute write(Q).
3. T_i executa write(Q) antes que T_j execute write(Q).

Se houver uma aresta $T_i \rightarrow T_j$ no grafo de precedência, então, em qualquer *schedule* serial S' equivalente a S, T_i deverá aparecer antes de T_j.

Por exemplo, o grafo de precedência para o *schedule* 1 na Figura 17.10a contém a única aresta $T_1 \rightarrow T_2$, pois todas as instruções de T_1 são executadas antes que a primeira instrução de T_2 seja executada. De modo semelhante, a Figura 17.10b mostra o grafo de precedência para o *schedule* 2 com a única aresta $T_2 \rightarrow T_1$, pois todas as instruções de T_2 são executadas antes que a primeira instrução de T_1 seja executada.

O grafo de precedência para o *schedule* 4 aparece na Figura 17.11. Ele contém a aresta $T_1 \rightarrow T_2$, pois T_1 executa read(A) antes que T_2 execute write(A). Ele também contém a aresta $T_2 \rightarrow T_1$, pois T_2 executa read(B) antes que T_1 execute write(B).

Se o grafo de precedência para S tem um ciclo, então o *schedule* S não é serializável por conflito. Se o grafo não contém ciclos, então o *schedule* S é serializável por conflito.

A **ordem de serializabilidade** das transações pode ser obtida encontrando-se uma ordem linear consistente com a ordem parcial do grafo de precedência. Esse processo é chamado **ordenação topológica**. Em geral, existem várias ordens lineares possíveis que podem ser obtidas por meio de uma ordenação topológica. Por exemplo, o grafo na Figura 17.12a tem as duas ordenações lineares aceitáveis mostradas nas Figuras 17.12b e 17.12c.

Assim, para testar a serializabilidade por conflito, precisamos construir o grafo de precedência e invocar um algoritmo de detecção de ciclo. Os detalhes sobre algoritmos de detecção de ciclo podem ser encontrados em livros padrão sobre algoritmos. Os algoritmos de detecção de ciclo, como aqueles baseados na busca em profundidade, exigem algo na ordem de n^2 operações, com n sendo o número de vértices no gráfico (ou seja, o número de transações).[3]

[3]Se, em vez disso, medirmos a complexidade em termos do número de arestas, que corresponde ao número de conflitos reais entre as transações ativas, então a detecção de ciclo baseada primeiro na profundidade é linear.

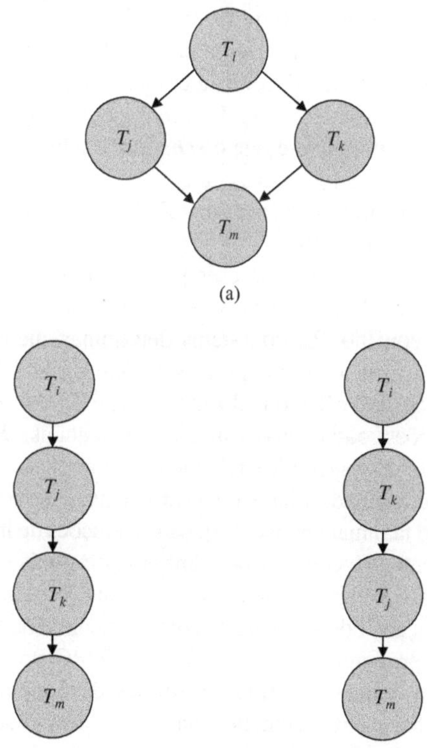

Figura 17.12 Ilustração da ordenação topológica.

Retornando aos nossos exemplos anteriores, observe que os grafos de precedência para os *schedules* 1 e 2 (Figura 17.10) realmente não contêm ciclos. O grafo de precedência para o *schedule* 4 (Figura 17.11), por outro lado, contém um ciclo, indicando que esse *schedule* não é serializável por conflito.

É possível ter dois *schedules* que produzem o mesmo resultado, mas que não são equivalentes em conflito. Por exemplo, considere a transação T_5, que transfere \$ 10 da conta B para a conta A. Considere que o *schedule* 8 seja conforme definido na Figura 17.13. Afirmamos que o *schedule* 8 não é equivalente em conflito ao *schedule* serial $<T_1,T_5>$, porque, no *schedule* 8, a instrução write(B) de T_5 conflita

T_1	T_5
read(A)	
$A := A - 50$	
write(A)	
	read(B)
	$B := B - 10$
	write(B)
read(B)	
$B := B + 50$	
write(B)	
	read(A)
	$A := A + 10$
	write(A)

Figura 17.13 *Schedule* 8.

com a instrução read(B) de T_1. Isso cria uma aresta $T_5 \rightarrow T_1$ no grafo de precedência. De modo semelhante, vemos que a instrução write(A) de T_1 conflita com a instrução read de T_5, criando uma aresta $T_1 \rightarrow T_5$. Isso mostra que o grafo de precedência tem um ciclo e que o *schedule* 8 não é serializável. Porém, os valores finais das contas A e B após a execução do *schedule* 8 ou do *schedule* serial $<T_1,T_5>$ são iguais – \$ 960 e \$ 2040, respectivamente.

Podemos ver, por esse exemplo, que existem definições menos estritas da equivalência de *schedule* do que da equivalência em conflito. Para o sistema determinar que o *schedule* 8 produz o mesmo resultado do *schedule* serial $<T_1,T_5>$, ele precisa analisar o cálculo realizado por T_1 e T_5, em vez de apenas operações read e write. Em geral, essa análise é difícil de implementar e exige muito trabalho de computação. Em nosso exemplo, o resultado final é o mesmo daquele de um *schedule* serial, pelo fato matemático de que as operações de incremento e decremento são comutativas. Embora isso possa ser fácil de ver em nosso exemplo simples, o caso geral não é tão fácil, pois uma transação pode ser expressa como um comando SQL complexo, um programa Java com chamadas JDBC etc.

Porém, existem outras definições de equivalência de *schedule* baseadas puramente nas operações read e write. Uma definição desse tipo é a equivalência de visão, uma definição que leva ao conceito de *serializabilidade por visão.* A serializabilidade por visão não é usada na prática em face de seu alto grau de complexidade computacional.[4] Portanto, adiamos a discussão da serializabilidade por visão para o Capítulo 18, mas, para completar, observe aqui que o exemplo do *schedule* 8 não é serializável por *visão.*

17.7 Isolamento e atomicidade da transação

Até aqui, estudamos os *schedules* considerando implicitamente que não existem falhas de transação. Agora, tratamos do efeito das falhas da transação durante a execução simultânea.

Se uma transação T_i falhar, por qualquer motivo, precisaremos desfazer o efeito dessa transação para garantir a propriedade de atomicidade da transação. Em um sistema que permite a execução simultânea, a propriedade de atomicidade exige que qualquer transação T_j que seja dependente de T_i (ou seja, T_j leu dados escritos por T_i) também seja abortada. Para conseguir essa garantia, precisamos substituir restrições sobre o tipo de *schedules* permitidos no sistema.

Nas duas subseções a seguir, tratamos da questão de quais *schedules* são aceitáveis do ponto de vista da recuperação da falha da transação. Descrevemos, no Capítulo 18, como garantir que somente tais *schedules* aceitáveis sejam gerados.

17.7.1 *Schedules* recuperáveis

Considere o *schedule* parcial 9 na Figura 17.14, em que T_7 é uma transação que realiza apenas uma instrução: read(A). Chamamos isso de *schedule* **parcial**, pois não incluímos uma operação **commit** ou **abort** para T_6. Observe que T_7 é confirmada imediatamente após a execução da instrução read(A). Assim, T_7 é confirmada enquanto T_6 ainda está no estado ativo. Agora, suponha que T_6 falhe antes de ser confirmada. Como T_7 leu o valor do item de dados A escrito por T_6, dizemos que T_7 é **dependente** de T_6. Por causa disso, temos de abortar T_7 para garantir a atomicidade. Porém, T_7 já foi confirmada e não pode ser abortada. Assim, temos uma situação em que é impossível recuperar-se corretamente da falha de T_6.

O *schedule* 9 é um exemplo de *schedule não recuperável.* Um ***schedule* recuperável** é aquele em que, para cada par de transações T_i e T_j tal que T_j leia um item de dados previamente escrito por T_i, a operação *commit* de T_i apareça antes da operação *commit* de T_j. Para que o exemplo do *schedule* 9 seja recuperável, T_7 teria de adiar a confirmação até que T_6 fosse confirmada.

17.7.2 *Schedules* não em cascata

Mesmo que um *schedule* seja recuperável, para recuperar-se corretamente da falha de uma transação T_i, podemos ter de reverter várias transações. Essas situações ocorrem se as transações tiverem lido dados escritos por T_i. Como ilustração, considere o *schedule* parcial da Figura 17.15. A transação T_8 escreve um valor de A que é lido pela transação T_9. A transação T_9 escreve um valor de A que é lido pela transação T_{10}. Suponha que, nesse ponto, T_8 falhe. T_8 precisa ser revertida. Como T_9 depende de T_8, T_9 precisa ser revertida. Como T_{10} depende de T_9, T_{10} precisa ser revertida. Esse fenômeno, em que a falha de uma única transação leva a uma série de *rollbacks* de transação, é chamada ***rollback* em cascata.**

O *rollback* em cascata é indesejável, pois leva a desfazer uma quantidade de trabalho significativa. É preferível restringir os *schedules* àqueles em que os *rollbacks* em cascata não podem ocorrer. Esses *schedules* são denominados *não*

T_6	T_7
read(A)	
write(A)	
	read(A)
	commit
read(B)	

Figura 17.14 *Schedule* 9, um *Schedule* não recuperável.

T_8	T_9	T_{10}
read(A)		
read(B)		
write(A)		
	read(A)	
	write(A)	
		read(A)
abort		

Figura 17.15 *Schedule* 10.

[4] O teste da serializabilidade por visão foi provado como NP-completo, o que significa que é praticamente certo que não existe um teste eficiente para a serializabilidade por visão.

em cascata. Formalmente, um **schedule não em cascata** é aquele em que, para cada par de transações T_i e T_j tal que T_j leia um item de dados previamente escrito por T_i, a operação *commit* de T_i apareça antes da operação read de T_j. É fácil verificar que um *schedule* não em cascata também é recuperável.

17.8 Níveis de isolamento da transação

A serializabilidade é um conceito útil, pois permite que os programadores ignorem questões relacionadas com a concorrência quando codificam transações. Se cada transação tem a propriedade de manter a consistência do banco de dados se executada isoladamente, então a serializabilidade garante que as execuções simultâneas mantenham a consistência. Porém, os protocolos exigidos para garantir a serializabilidade podem permitir muito pouca concorrência para certas aplicações. Nesses casos, níveis de consistência mais fracos são usados. O uso de níveis de consistência mais fracos coloca um peso adicional sobre os programadores para garantir a exatidão do banco de dados.

O padrão SQL também permite que uma transação especifique que ela pode ser executada de modo que se torne não serializável com relação a outras transações. Por exemplo, uma transação pode operar no nível de isolamento de **leitura não confirmada**, o que permite que a transação leia um item de dados mesmo que seja escrito por uma transação que não foi confirmada. A SQL oferece estes recursos para o benefício de longas transações cujos resultados não precisam ser exatos. Se essas transações tivessem que ser executadas em um padrão serializável, elas poderiam interferir com outras transações, causando o adiamento da execução dessas outras transações.

Os **níveis de isolamento** especificados pelo padrão SQL são os seguintes:

- **Serializável** (*serializable*) normalmente garante a execução serializável. Porém, conforme explicaremos em breve, alguns sistemas de banco de dados implementam esse nível de isolamento de uma maneira que pode, em certos casos, permitir execuções não serializáveis.
- **Leitura reprodutível** (*repeatable read*) permite que apenas dados confirmados sejam lidos e ainda requer que, entre duas leituras de um item de dados por uma transação, nenhuma outra transação tenha permissão para atualizá-lo. Porém, a transação pode não ser serializável com relação a outras transações. Por exemplo, quando está procurando dados que satisfazem a algumas condições, uma transação poderá encontrar alguns dos dados inseridos por uma transação confirmada, mas não encontrar outros dados inseridos pela mesma transação.
- **Leitura confirmada** (*read committed*) permite que dados confirmados sejam lidos, mas não requer leituras reprodutíveis. Por exemplo, entre duas leituras de um item de dados pela transação, outra transação pode ter atualizado o item de dados e confirmado.
- **Leitura não confirmada** (*read uncommitted*) permite que os dados não confirmados sejam lidos. Esse é o nível de isolamento mais baixo permitido pela SQL.

Todos esses níveis de isolamento também não permitem **escritas sujas**, ou seja, eles não permitem escritas em um item de dados que já foi escrito por outra transação que ainda não tenha sido confirmada ou abortada.

Muitos sistemas de banco de dados executam, como padrão, no nível de isolamento com leitura confirmada. Em SQL, é possível definir o nível de isolamento explicitamente, em vez de aceitar a configuração padrão do sistema. Por exemplo, a instrução "**set transaction isolation level serializable**" define o nível de isolamento como serializável; qualquer um dos outros níveis de isolamento pode ser especificado em seu lugar. Essa sintaxe é aceita por Oracle, PostgreSQL e SQL Server; o Oracle usa a sintaxe "**alter session set isolation level = serializable**", enquanto o DB2 usa a sintaxe "**change isolation level**" com suas próprias abreviações para os níveis de isolamento. A mudança do nível de isolamento precisa ser feita como a primeira instrução de uma transação.

Por padrão, a maioria dos bancos de dados confirma as instruções individuais assim que elas são executadas. Essa **confirmação automática** de instruções individuais deverá ser desativada para permitir que várias instruções sejam executadas como uma única transação. O comando **start transaction** garante que as instruções SQL seguintes, até o próximo **commit** ou **rollback**, sejam executadas como uma única transação. Conforme esperado, a operação **commit** confirma as instruções SQL anteriores, enquanto **rollback** reverte as instruções SQL anteriores. (O SQL Server usa **begin transaction** no lugar de **start transaction**, enquanto Oracle e PostgreSQL tratam **begin** como idêntico a **start transaction**.)

APIs como JDBC e ODBC oferecem funções para desativar a confirmação automática. No JDBC, o método setAutoCommit da interface Connection (que vimos anteriormente na Seção 5.1.1.8) pode ser usado para desativar a confirmação automática, chamando setAutoCommit(false), ou ativar chamando setAutoCommit(true). Além disso, em JDBC, o método setTransactionIsolation(int level) da interface Connection pode ser chamado com qualquer um dentre

- Connection.TRANSACTION SERIALIZABLE,
- Connection.TRANSACTION REPEATABLE READ,
- Connection.TRANSACTION READ COMMITTED, ou
- Connection.TRANSACTION READ UNCOMMITTED

para definir o nível de isolamento da transação de modo correspondente.

Um projetista de aplicação pode decidir aceitar um nível de isolamento mais fraco a fim de melhorar o desempenho do sistema. Conforme veremos na Seção 17.9 e no Capítulo 18, garantir a serializabilidade pode forçar uma transação a esperar por outras transações ou, em alguns casos, abortar porque a transação não pode mais ser executada como parte de uma

Nota 17.2 SERIALIZABILIDADE NO MUNDO REAL

Os *schedules* serializáveis são o modo ideal de garantir a consistência, mas em nossa vida cotidiana não impomos requisitos tão rígidos. Um *site* oferecendo produtos à venda pode informar que um item está disponível no estoque, mas no momento que um usuário seleciona um item e passa pelo processo de pagamento, esse item pode não estar mais disponível. Olhando pelo ponto de vista de um banco de dados, isso seria uma leitura não repetitiva.

Como outro exemplo, considere a seleção de assentos para uma companhia aérea. Suponha que um passageiro já tenha agendado um itinerário e agora esteja selecionando assentos para cada voo. Muitos *sites* de companhia aérea permitem que o usuário verifique os diversos voos, escolha um assento e, depois, confirme a seleção. Pode ser que outros passageiros estejam selecionando assentos ou alterando suas seleções de assento para os mesmos voos ao mesmo tempo. A disponibilidade de assentos que o passageiro vê está realmente mudando, mas ele recebe um instantâneo da disponibilidade de assento no momento que o passageiro inicia o processo de seleção de assento.

Ainda que dois passageiros estejam selecionando assentos ao mesmo tempo, provavelmente eles selecionarão assentos diferentes e, assim, não haverá nenhum conflito real. Porém, as transações não são serializáveis, pois cada passageiro terá lido dados que, subsequentemente, foram atualizados pelo outro viajante, levando a um ciclo no grafo de precedência. Se dois viajantes realizando a seleção de assento realmente selecionassem o mesmo assento simultaneamente, um deles não poderia selecionar esse assento; contudo, a situação poderia ser facilmente resolvida pedindo ao passageiro para realizar a seleção novamente, com a informação atualizada de disponibilidade de assentos.

É possível impor a serializabilidade permitindo que apenas um passageiro de cada vez realize a seleção de assento para determinado voo. Porém, isso poderia causar atrasos significativos quando os passageiros tivessem que esperar que seu voo estivesse disponível para a seleção de assento; em particular, um passageiro que leva muito tempo para fazer uma escolha poderia causar sérios problemas para outros passageiros. Em vez disso, qualquer transação desse tipo normalmente é dividida em uma parte que exige interação do usuário e uma parte que é executada exclusivamente no banco de dados. No exemplo anterior, a transação do banco de dados verificaria se os assentos escolhidos pelo usuário ainda estavam disponíveis e, nesse caso, atualizaria a seleção de assento no banco de dados. A serializabilidade só é garantida para as transações que são executadas no banco de dados, sem interação do usuário.

execução serializável. Embora possa parecer um erro arriscar a consistência do banco de dados em favor do desempenho, essa medida faz sentido se pudermos garantir que a inconsistência que pode ocorrer não é relevante para a aplicação.

Existem muitos meios de implementar os níveis de isolamento. Desde que a implementação garanta a serializabilidade, o projetista de uma aplicação de banco de dados ou um usuário de uma aplicação não precisa conhecer os detalhes dessas implementações, exceto para lidar com questões de desempenho. Infelizmente, mesmo que o nível de isolamento seja definido como **serializável**, alguns sistemas de banco de dados realmente implementam um nível de isolamento mais fraco, que não remove cada execução não serializável possível; voltaremos a essa questão na Seção 17.9. Se forem usados níveis de isolamento mais fracos, explícita ou implicitamente, o projetista da aplicação precisa estar ciente de alguns detalhes da implementação, para evitar ou minimizar as chances de inconsistência em razão da falta de serializabilidade.

17.9 Implementação de níveis de isolamento

Até aqui, vimos quais propriedades um *schedule* precisa ter se precisar deixar o banco de dados em um estado consistente e permitir que as falhas da transação sejam tratadas de maneira segura.

Existem diversos esquemas de **controle de concorrência** que podemos usar para garantir que, mesmo quando várias transações são executadas simultaneamente, somente os *schedules* aceitáveis sejam gerados, independentemente de como o sistema operacional realiza o compartilhamento de tempo dos recursos (como o tempo de CPU) entre as transações.

Como exemplo trivial de um esquema de controle de concorrência, considere este esquema: uma transação adquire um **bloqueio** (*lock*) sobre o banco de dados inteiro antes de iniciar e liberar o bloqueio depois que ela foi confirmada. Enquanto uma transação mantém um bloqueio, nenhuma outra transação tem permissão para adquirir o bloqueio e, portanto, todas precisam esperar que o bloqueio seja liberado. Como resultado do esquema de bloqueio, somente uma transação pode ser executada de uma vez. Portanto, somente *schedules* seriais são gerados. Estes são colocados em série de forma trivial, e é fácil verificar que eles também são *schedules* não em cascata.

Um esquema de controle de concorrência como esse ocasiona um desempenho inferior, pois força as transações a esperarem até que as transações anteriores terminem antes que possam ser iniciadas. Em outras palavras, ele oferece um grau de concorrência mais baixo (na realidade, nenhuma concorrência). Conforme explicamos na Seção 17.5, a execução simultânea possui benefícios substanciais para o desempenho.

O objetivo dos esquemas de controle de concorrência é oferecer alto grau de concorrência, enquanto garantem que todos os *schedules* que possam ser gerados sejam serializáveis por conflito ou visão, e não em cascata.

Aqui, oferecemos uma visão geral de como funcionam alguns dos mais importantes mecanismos de controle de concorrência, e deixamos os detalhes para o Capítulo 18.

17.9.1 Bloqueio (*Locking*)

Em vez de bloquear um banco de dados inteiro, uma transação pode bloquear apenas os itens de dados que ela acessa. Sob tal esquema, a transação precisa manter bloqueios por tempo suficiente para garantir a serializabilidade, mas por um período curto o suficiente para não prejudicar o desempenho excessivamente. Questões que complicam são comandos SQL nos quais os itens de dados acessados dependem de uma cláusula **where**, como aqueles que discutimos na Seção 17.10. No Capítulo 18, apresentamos o protocolo de bloqueio em duas fases, uma técnica simples, bastante utilizada, que garante a serializabilidade. Resumindo, o bloqueio em duas fases exige que uma transação tenha duas fases, uma em que ela adquire bloqueios mas não libera nenhum, e uma segunda fase em que a transação libera os bloqueios, mas não adquire nenhum. (Na prática, os bloqueios normalmente são liberados somente quando a transação termina sua execução e foi confirmada ou abortada.)

Outras melhorias no bloqueio acontecem se tivermos dois tipos de bloqueios: compartilhado e exclusivo. Os bloqueios compartilhados são usados para dados que a transação lê, e os bloqueios exclusivos são usados para aqueles que ela grava. Muitas transações podem manter bloqueios compartilhados sobre o mesmo item de dados ao mesmo tempo, mas uma transação só tem permissão para um bloqueio exclusivo sobre um item de dados se nenhuma outra transação tiver qualquer bloqueio (seja ele compartilhado ou exclusivo) sobre o item de dados. Esse uso dos dois modos de bloqueio, juntamente com o bloqueio em duas fases, permite a leitura simultânea de dados enquanto ainda garante a serializabilidade.

17.9.2 Timestamps

Outra categoria de técnicas para a implementação do isolamento atribui a cada transação uma **estampa de tempo** (**timestamp**), normalmente quando ela é iniciada. Para cada item de dados, o sistema mantém dois *timestamps*. O *timestamp* de leitura de um item de dados mantém o maior (ou seja, o mais recente) *timestamp* das transações que leem o item de dados. O *timestamp* de gravação de um item de dados mantém o *timestamp* da transação que gravou o valor atual do item de dados. Os *timestamps* são usados para garantir que as transações acessem cada item de dados na ordem dos *timestamps* das transações se seus acessos conflitarem. Quando isso não é possível, as transações problemáticas são abortadas e reiniciadas com um novo *timestamp*.

17.9.3 Versões múltiplas e isolamento de instantâneo (*snapshot*)

Mantendo mais de uma versão de um item de dados, é possível permitir que uma transação leia uma versão antiga de um item de dados em vez de uma versão mais nova, gravada por uma transação não confirmada ou por uma transação que deve vir depois na ordem de serializabilidade. Existem diversas técnicas de controle de concorrência de versões múltiplas. Uma em particular, chamada **isolamento de instantâneo** (**snapshot isolation**), é muito usada na prática.

No isolamento de instantâneo, podemos imaginar que cada transação recebe sua própria versão, ou instantâneo, do banco de dados quando ela é iniciada.[5] Ela lê os dados dessa versão privada e, portanto, fica isolada das atualizações feitas por outras transações. Se a transação atualizar o banco de dados, essa atualização aparecerá apenas em sua própria versão, e não no próprio banco de dados real. As informações sobre essas atualizações são salvas de modo que as atualizações possam ser aplicadas ao banco de dados "real" se a transação for confirmada.

Quando uma transação *T* entra no estado parcialmente confirmado, ela prossegue para o estado confirmado somente se nenhuma outra transação simultânea tiver modificado os dados que *T* pretende atualizar. As transações que, como resultado, não podem ser confirmadas são abortadas.

O isolamento de instantâneo garante que as tentativas de ler dados nunca precisam esperar (diferente do bloqueio). As transações somente de leitura não podem ser abortadas; somente aquelas que modificam dados possuem um ligeiro risco de serem abortadas. Como cada transação lê sua própria versão ou instantâneo do banco de dados, a leitura de dados não faz com que outras tentativas de atualização por outras transações tenham que esperar (diferente do bloqueio). Como a maioria das transações é apenas de leitura (e a maioria das outras lê mais dados do que atualiza), esta normalmente constitui uma fonte importante de melhoria de desempenho em comparação com o bloqueio.

O problema com o isolamento de instantâneo é que, paradoxalmente, ele oferece isolamento *demasiado*. Considere duas transações *T* e *T'*. Em uma execução serializável, *T* vê todas as atualizações feitas por *T'* ou *T'* vê todas as atualizações feitas por *T*, pois um deve vir após o outro na ordem de serializabilidade. Sob o isolamento de instantâneo, existem casos em que nenhuma transação vê as atualizações da outra. Essa é uma situação que não pode ocorrer em uma execução serializável. Em muitos casos (na verdade, na maioria), os acessos aos dados pelas duas transações não conflitam e não existe problema. Porém, se *T* lê algum item de dados que *T'* atualiza e *T'* lê algum item de dados que *T* atualiza, é possível que as duas transações falhem ao ler cada qual a atualização feita pela outra. O resultado, conforme veremos no Capítulo 18, pode ser um estado de banco de dados inconsistente que, naturalmente, não poderia ser obtido em nenhuma execução serializável.

Oracle, PostgreSQL e SQL Server oferecem a opção de isolamento de instantâneo. Oracle e as versões do PostgreSQL antes do PostgreSQL 9.1 implementam o nível de isolamento **serializable** usando isolamento de instantâneo. Como resultado, sua implementação da serializabilidade pode, em circunstâncias excepcionais, resultar na permissão de uma

[5]Na realidade, o banco de dados inteiro não é copiado. Múltiplas versões são mantidas apenas dos itens de dados que foram alterados.

execução não serializável. O SQL Server, em vez disso, inclui um nível de isolamento adicional, além dos níveis padrão, chamado **snapshot**, para oferecer a opção do isolamento de instantâneo. Versões do PostgreSQL após a 9.1 implementam uma forma de controle de concorrência chamada isolamento de instantâneo serializável, que oferece os benefícios do isolamento de instantâneo enquanto garante a serializabilidade.

17.10 Transações como instruções SQL

Na Seção 4.3, apresentamos a sintaxe SQL para especificar o início e o fim das transações. Agora que vimos alguns dos problemas para garantir as propriedades ACID das transações, estamos prontos para considerar como essas propriedades são garantidas quando as transações são especificadas como uma sequência de comandos SQL em vez do modelo restrito das leituras e gravações simples que consideramos até este ponto.

Em nosso modelo simples, consideramos que existe um conjunto de itens de dados. Embora nosso modelo simples permitisse a alteração dos valores de itens de dados, ele não permitia que os itens de dados fossem criados ou excluídos. Em SQL, porém, comandos **insert** criam dados, e comandos **delete** excluem dados. Esses dois comandos, com efeito, são operações **write**, pois mudam o banco de dados, mas suas interações com as ações de qualquer uma das transações são diferentes do que vimos em nosso modelo simples. Como exemplo, considere como a inserção ou a exclusão entrariam em conflito com a seguinte consulta SQL, que encontra todos os instrutores que recebem mais de $ 90.000 por ano.

select *ID, nome*
from *instrutor*
where *salário* > 90000;

Usando nossa relação *instrutor* de exemplo (Seção A.3), descobrimos que somente Einstein e Brandt satisfazem a condição. Agora, suponha que praticamente ao mesmo tempo em que estamos executando nossa consulta outro usuário insira um novo instrutor chamado "James", cujo salário é $ 100.000 por ano.

insert into *instrutor*
  values ('11111', 'James', 'Marketing', 100000);

O resultado de nossa consulta poderá ser diferente, dependendo de essa inserção ter vindo antes ou depois que nossa consulta foi executada. Em uma execução simultânea dessas transações, é intuitivamente evidente que elas conflitam, mas esse é um conflito não capturado por nosso modelo simples. Essa situação é conhecida como **fenômeno fantasma**, pois pode haver um conflito sobre dados "fantasmas".

Nosso modelo simples de transações exigia que as operações operassem sobre um item de dados específico dado como um argumento para a operação. Nesse modelo simples, podemos examinar as etapas **read** e **write** para ver quais itens de dados são referenciados. Mas, em um comando SQL, os itens de dados específicos (tuplas) referenciados podem ser determinados por um predicado de cláusula **where**. Assim, a mesma transação, se executada mais de uma vez, pode referenciar diferentes itens de dados cada vez que for executada, se os valores no banco de dados mudarem entre as execuções. Em nosso exemplo, a tupla de 'James' é referenciada apenas se nossa consulta vier depois da inserção. Considere que T indica a consulta e T' a inserção. Se T' vier primeiro, então haverá uma aresta $T' \rightarrow T$ no grafo de precedência. Porém, no caso em que a consulta T vem primeiro, não haverá aresta no grafo de precedência entre T e T', apesar do conflito real sobre dados fantasmas, que força T a ser serializado antes de T'.

Esse problema mencionado demonstra que não é suficiente para o controle de concorrência considerar apenas as tuplas que são acessadas por uma transação; a informação usada para encontrar as tuplas acessadas pela transação também deve ser considerada para a finalidade do controle de concorrência. A informação usada para encontrar tuplas poderia ser atualizada por uma inserção ou exclusão ou, no caso de um índice, até mesmo por uma atualização de um atributo de chave de busca. Por exemplo, se o bloqueio for usado para controle de concorrência, as estruturas de dados que rastreiam as tuplas em uma relação, bem como as estruturas de índice, devem ser adequadamente bloqueadas. Contudo, esse bloqueio pode levar a uma concorrência fraca em algumas situações; os protocolos de bloqueio de índice que maximizam a concorrência, enquanto garantem a serializabilidade apesar de inserções, exclusões e predicados nas consultas, são discutidos na Seção 18.4.3.

Vamos considerar novamente a consulta:

select *ID, nome*
from *instructor*
where *salário* > 90000;

e a seguinte atualização em SQL:

update *instrutor*
set *salário* = *salário* * 0.9
where *nome* = 'Wu';

Agora, enfrentamos uma situação interessante para determinar se nossa consulta conflita com o comando de atualização. Se nossa consulta lesse a relação *instrutor* inteira, ela leria a tupla com os dados de Wu e conflitaria com a atualização. Porém, se houvesse um índice permitindo que nossa consulta acessasse diretamente as tuplas com *salário* > 90000, então nossa consulta não teria acessado os dados de Wu, pois o salário de Wu é inicialmente $ 90.000 em nossa relação *instrutor* de exemplo e se reduz para $ 81.000 após a atualização.

Entretanto, usando essa técnica, pareceria que a existência de um conflito depende de uma decisão de processamento de consulta em baixo nível pelo sistema, que não está relacionada com uma visão em nível de usuário do significado dos dois comandos SQL! Uma técnica alternativa para o controle de concorrência trata uma inserção, exclusão ou atualização como conflitando com um predicado sobre uma relação, se isso pudesse afetar o conjunto de tuplas selecionadas por um predicado. Em nosso exemplo de consulta, o predicado é "*salário* > 90000", e uma atualização do salário de Wu de $ 90.000 para um valor maior que $ 90.000 ou uma atualização do salário de Einstein de um valor maior que $ 90.000 para um valor menor ou igual a $ 90.000 conflitaria com esse predicado. O bloqueio baseado nessa ideia é chamado **bloqueio de predicado**, que normalmente é implementado por meio de bloqueios sobre nós de índice, como vemos na Seção 18.4.3.

17.11 Resumo

- Uma *transação* é uma *unidade* de execução de programa que acessa e, possivelmente, atualiza vários itens de dados. Entender o conceito de uma transação é fundamental para entender e implementar atualizações de dados em um banco de dados de modo que execuções simultâneas e falhas de diversos tipos não resultem na inconsistência do banco de dados.
- As transações precisam ter as propriedades ACID: atomicidade, consistência, isolamento e durabilidade.
    - A atomicidade garante que todos os efeitos de uma transação sejam refletidos no banco de dados ou nenhum deles seja aceito; uma falha não pode deixar o banco de dados em um estado em que uma transação é parcialmente executada.
    - A consistência garante que, se o banco de dados for inicialmente consistente, a execução da transação (por si só) deixará o banco de dados em um estado consistente.
    - O isolamento garante que transações executando simultaneamente sejam isoladas umas das outras, de modo que cada uma tenha a impressão de que nenhuma outra transação está sendo executada ao mesmo tempo.
    - A durabilidade garante que, quando uma transação tiver sido confirmada, as atualizações dessa transação não serão perdidas, mesmo que haja uma falha no sistema.
- A execução simultânea de transações melhora o *throughput* de transações e a utilização do sistema, assim como reduz o tempo de espera das transações.
- Os vários tipos de armazenamento em um computador são o armazenamento volátil, o armazenamento não volátil e o armazenamento estável. Os dados no armazenamento volátil, como na RAM, se perdem quando o computador falha. Os dados no armazenamento não volátil, como o disco, não são perdidos quando o computador falha, mas, ocasionalmente, podem ser perdidos em função de falhas como quebras de disco. Os dados no armazenamento estável nunca são perdidos.
- O armazenamento estável que deve ser acessível *on-line* é obtido por meio de discos espelhados ou outras formas de RAID, que oferecem armazenamento de dados redundante. O armazenamento estável *off-line*, ou de arquivamento, pode consistir em várias cópias em fita dos dados armazenados em locais fisicamente seguros.
- Quando várias transações são executadas ao mesmo tempo no banco de dados, a consistência dos dados pode não mais ser preservada. Portanto, é preciso que o sistema controle a interação entre as transações simultâneas.
    - Como uma transação é uma unidade que preserva a consistência, uma execução serial de transações garante que a consistência será preservada.
    - Um *schedule* captura as principais ações das transações que afetam a execução simultânea, como as operações read e write, enquanto abstrai detalhes internos da execução da transação.
    - Exigimos que qualquer *schedule* produzido pelo processamento simultâneo de um conjunto de transações tenham um efeito equivalente a um *schedule* produzido quando essas transações são executadas serialmente em alguma ordem.
    - Considera-se que um sistema que garante essa propriedade assegura a *serializabilidade*.
    - Existem várias noções diferentes de equivalência levando aos conceitos de *serializabilidade por conflito* e *serializabilidade por visão*.
- A serializabilidade de *schedules* gerados pelas transações em execução simultânea pode ser garantida por meio de uma série de mecanismos chamados esquemas de *controle de concorrência*.
- Podemos testar determinado *schedule* para serializabilidade por conflitos construindo um *grafo de precedência* para o *schedule* e procurando a ausência de ciclos no grafo. Porém, existem esquemas de controle de concorrência mais eficientes para garantir a serializabilidade.
- *Schedules* precisam ser recuperáveis, para certificar que, se a transação *a* vir os efeitos da transação *b*, e depois *b* abortar, então *a* também será abortada.
- De preferência, os *schedules* não deverão ser em cascata, de modo que o aborto de uma transação não resulte em abortos em cascata de outras transações. A não existência de cascata é assegurada permitindo-se que as transações só leiam dados confirmados.
- O componente de gerenciamento de controle de concorrência do banco de dados é responsável por lidar com os esquemas de controle de concorrência. As técnicas incluem bloqueio, ordenação de *timestamp* e isolamento de instantâneo (*snapshot*). O Capítulo 18 descreve os esquemas de controle de concorrência.
- Os sistemas de banco de dados oferecem níveis de isolamento mais fracos que a serializabilidade, para permitir menos restrição de concorrência e, dessa forma, um melhor desempenho. Isso introduz o risco de inconsistência, que algumas aplicações consideram aceitável.
- É preciso haver um cuidado extra para garantir a execução simultânea correta na presença de operações **update**, **insert** e **delete** da SQL, em razão do fenômeno fantasma.

Termos de revisão

- Transação
- Propriedades ACID
  - Atomicidade
  - Consistência
  - Isolamento
  - Durabilidade
- Estado inconsistente
- Tipos de armazenamento
  - Armazenamento volátil
  - Armazenamento não volátil
  - Armazenamento estável
- Sistema de controle de concorrência
- Sistema de recuperação
- Estado da transação
  - Ativo
  - Parcialmente confirmado
  - Falho
  - Abortado
  - Confirmado (*committed*)
  - Terminado
- Transação de compensação
- Transação
  - Reinício
  - Morte
- Escritas externas observáveis
- Execuções simultâneas
- Execução serial
- *Schedules*
- Conflito de operações
- Equivalência de conflito
- Serializabilidade por conflito
- Teste de serializabilidade
- Grafo de precedência
- Ordem de serializabilidade
- *Schedules* recuperáveis
- *Rollback* em cascata
- *Schedules* não em cascata
- Níveis de isolamento
  - Serializável
  - Leitura reprodutível
  - Leitura confirmada
  - Leitura não confirmada
- Escritas sujas
- Confirmação automática
- Controle de concorrência
- Bloqueio
- Ordenação de *timestamp*
- Isolamento de instantâneo
- Fenômeno fantasma
- Bloqueio de predicado

Exercícios práticos

17.1 Suponha que exista um sistema de banco de dados que nunca falhe. É necessário haver um gerenciador de recuperação para esse sistema?

17.2 Considere um sistema de arquivos como aquele no seu sistema operacional favorito.

a. Quais são os passos envolvidos na criação e exclusão de arquivos, e na escrita de dados para um arquivo?

b. Explique como as questões de atomicidade e durabilidade são relevantes para a criação e exclusão de arquivos e para a escrita de dados em arquivos.

17.3 Os implementadores de sistema de banco de dados prestaram muito mais atenção às propriedades ACID do que os implementadores de sistemas de arquivos. Por que isso pode ter acontecido?

17.4 Que classe ou classes de armazenamento pode(m) ser usada(s) para garantir a durabilidade? Por quê?

17.5 Levando-se em conta que cada *schedule* serializável por conflito é serializável por visão, por que enfatizamos a serializabilidade por conflito e não apenas a serializabilidade por visão?

17.6 Considere o grafo de precedência da Figura 17.16. O conflito de *schedule* correspondente é serializável? Explique sua resposta.

17.7 O que é um *schedule* não em cascata? Por que é desejável que haja *schedules* não em cascata? Existem circunstâncias sob as quais seria desejável permitir *schedules* não em cascata? Explique sua resposta.

17.8 Considera-se que a anomalia da **atualização perdida** ocorre se uma transação T_j lê um item de dados,

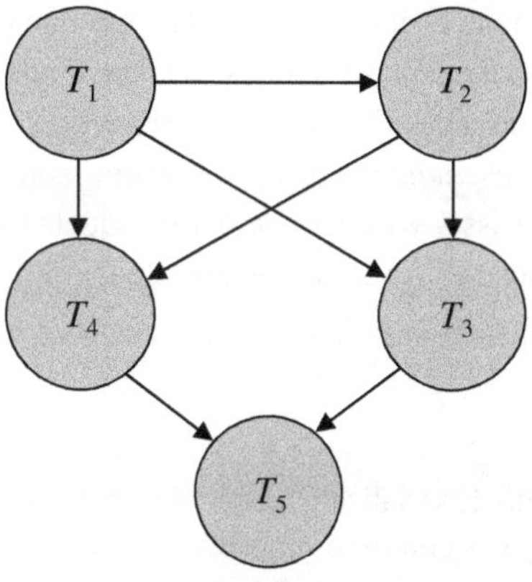

Figura 17.16 Grafo de precedência para o Exercício Prático 17.6.

depois outra transação T_k grava o item de dados (possivelmente, com base em uma leitura anterior) e, então, T_j grava o item de dados. A atualização realizada por T_k foi perdida, pois a atualização feita por T_j ignorou o valor gravado por T_k.

a. Dê um exemplo de *schedule* mostrando a anomalia da atualização perdida.

b. Dê um exemplo de *schedule* para mostrar que a anomalia da atualização perdida é possível com o nível de isolamento de **leitura confirmada**.

c. Explique por que a anomalia da atualização perdida não é possível com o nível de isolamento de **leitura reprodutível**.

17.9 Considere um banco de dados bancário no qual o sistema de banco de dados usa o isolamento de instantâneo. Descreva um cenário em particular no qual ocorra uma execução não serializável que apresentaria um problema para o banco.

17.10 Considere um banco de dados para uma companhia aérea em que o sistema de banco de dados utiliza o isolamento de instantâneo. Descreva um cenário em particular onde ocorre a execução não serializável, mas a companhia pode querer aceitá-la para obter melhor desempenho geral.

17.11 A definição de *schedule* considera que as operações podem ser ordenadas totalmente pelo tempo. Considere um sistema de banco de dados que é executado em um sistema com vários processadores, onde nem sempre é possível estabelecer uma ordenação exata entre as operações que executaram sobre diferentes processadores. Porém, as operações sobre um item de dados podem ser ordenadas totalmente.

Essa situação causa algum problema para a definição da serializabilidade por conflito? Explique sua resposta.

Exercícios

17.12 Liste as propriedades ACID e explique a utilidade de cada uma.

17.13 Durante sua execução, uma transação passa por vários estados, até que finalmente seja confirmada ou abortada. Liste todas as sequências de estados possíveis por meio das quais uma transação pode passar. Explique por que cada transação de estado pode ocorrer.

17.14 Explique a distinção entre os termos *schedule serial* e *schedule serializável.*

17.15 Considere as duas transações a seguir:

T_{13}: read(A);
read(B);
if $A = 0$ **then** $B := B + 1$;
write(B).

T_{14}: read(B);
read(A);
if $B = 0$ **then** $A := A + 1$;
write(A).

Considere que o requisito de consistência seja $A = 0 \vee B = 0$, com $A = B = 0$ sendo os valores iniciais.

a. Mostre que cada execução serial envolvendo essas duas transações preserva a consistência do banco de dados.

b. Mostre uma execução simultânea de T_{13} e T_{14} que produz um *schedule* não serializável.

c. Existe uma execução simultânea de T_{13} e T_{14} que produza um *schedule* serializável?

17.16 Dê um exemplo de *schedule* serializável com duas transações tais que a ordem em que as transações são confirmadas (*commit*) seja diferente da ordem de serializabilidade.

17.17 O que é um *schedule* recuperável? Por que a facilidade de recuperação dos *schedules* é desejável? Existem quaisquer circunstâncias sob as quais seria desejável permitir *schedules* não passíveis de recuperação? Explique sua resposta.

17.18 Por que os sistemas de banco de dados admitem a execução simultânea de transações, apesar do esforço de programação extra necessário para garantir que a execução simultânea não cause quaisquer problemas?

17.19 Explique por que o nível de isolamento de leitura confirmada garante que os *schedules* sejam livres de cascata.

17.20 Para cada um dos seguintes níveis de isolamento, dê um exemplo de *schedule* que respeite o nível de isolamento especificado, mas não é serializável:

a. Leitura não confirmada.

b. Leitura confirmada.

c. Leitura repetitiva.

17.21 Suponha que, além das operações read e write, aceitemos uma operação pred_read(*r*, *P*), que lê todas as tuplas na relação *r* que satisfaçam o predicado *P*.

a. Dê um exemplo de *schedule*, usando a operação pred_read, que exibe o fenômeno fantasma e, como resultado, seja não serializável.

b. Dê um exemplo de *schedule* em que uma transação usa a operação pred_read sobre a relação *r* e outras transações simultâneas excluam uma tupla de *r*, mas o *schedule* não exiba o conflito fantasma. (Para fazer isso, você terá de dar o esquema da relação *r* e mostrar os valores de atributo da tupla excluída.)

Leitura adicional

Gray e Reuter (1993) oferecem um livro-texto detalhado sobre conceitos de processamento de transação, técnicas e detalhes de implementação, incluindo o controle de concorrência e aspectos de recuperação. Bernstein e Newcomer (2009) reúnem em um livro-texto vários aspectos do processamento de transação.

O conceito de serializabilidade foi formalizado por Eswaran *et al.* (1976) em conjunto com o trabalho sobre controle de concorrência para o System R.

As referências abordando aspectos específicos de processamento de transação, como controle de concorrência e recuperação, são citadas nos Capítulos 18 e 19.

Bibliografia

BERNSTEIN, P. A.; NEWCOMER, E. *Principles of transaction processing*. 2. ed. Massachusetts: Morgan Kaufmann, 2009.

ESWARAN, K. P. *et al.* "The notions of consistency and predicate locks in a database system". *Communications of the ACM*, 19(11), p. 624-633, 1976.

GRAY, J.; REUTER, A. *Transaction processing*: concepts and techniques. Massachusetts: Morgan Kaufmann, 1993.

Créditos

A foto dos barcos no início do capítulo pertence a

CAPÍTULO **18**

Controle de concorrência

Vimos, no Capítulo 17, que uma das propriedades fundamentais de uma transação é o isolamento. Contudo, quando várias transações são executadas simultaneamente no banco de dados, a propriedade de isolamento pode não ser mais preservada. Para garantir que seja, o sistema precisa controlar a interação entre as transações concorrentes; esse controle é alcançado por meio de uma série de mecanismos chamados esquemas de *controle de concorrência*. Neste capítulo, vamos considerar o gerenciamento de transações executando simultaneamente, e ignoramos as falhas. No Capítulo 19, vamos entender como o sistema pode se recuperar de falhas.

Como veremos, existe uma variedade de esquemas de controle de concorrência. Nenhum é claramente o melhor; cada um tem suas vantagens. Na prática, os dois esquemas mais frequentemente usados são o *bloqueio de duas fases* e o *isolamento baseado em instantâneo* (também simplesmente chamado de isolamento de instantâneo, ou *snapshot isolation*).

18.1 Protocolos baseados em bloqueio

Um modo de garantir o isolamento é exigir que os itens de dados sejam acessados de maneira mutuamente exclusiva, ou seja, enquanto uma transação está acessando um item de dados, nenhuma outra transação pode modificar esse item de dados. O método mais comum para implementar esse requisito é permitir que uma transação acesse um item de dados somente se estiver atualmente mantendo um **bloqueio (lock)** sobre esse item. Apresentamos o conceito de bloqueio na Seção 17.9.

18.1.1 Bloqueios (*locks*)

Existem vários modos como um item de dados pode ser bloqueado. Nesta seção, restringimos nossa atenção a dois modos:

1. **Compartilhado.** Se uma transação T_i tiver obtido um **bloqueio no modo compartilhado** (indicado por S do inglês, *shared*) sobre o item Q, então T_i pode ler, mas não pode escrever Q.
2. **Exclusivo.** Se uma transação T_i tiver obtido um **bloqueio no modo exclusivo** (indicado por X do inglês, *exclusive*) sobre o item Q, então T_i pode ler e escrever Q.

É necessário que cada transação **solicite** um bloqueio em um modo apropriado sobre o item de dados Q, dependendo dos tipos de operações que realizará sobre Q. A transação faz a solicitação ao gerenciador de controle de concorrência. A transação só pode prosseguir com a operação depois que o gerenciador de controle de concorrência **conceder** o bloqueio à transação. O uso desses dois modos de bloqueio permite às múltiplas transações ler um item de dados, mas limita o acesso de escrita a apenas uma transação por vez.

De modo geral, dado um conjunto de modos de bloqueio, podemos definir uma **função de compatibilidade** sobre eles da seguinte maneira. Considere que A e B representem modos de bloqueio quaisquer. Suponha que uma transação T_i solicite um bloqueio do modo A sobre o item Q, no qual a transação T_j ($T_i \neq T_j$) atualmente mantém um bloqueio do modo B. Se a transação T_i puder receber um bloqueio sobre Q imediatamente, apesar da presença do bloqueio no modo B, dizemos que o modo A é **compatível** com o modo B. Essa função pode ser representada convenientemente por uma matriz. A relação de compatibilidade entre os dois modos de bloqueio discutidos nesta seção aparece na matriz comp da Figura 18.1. Um elemento comp(A, B) da matriz tem o valor *true* (verdadeiro) se, e somente se, o modo A for compatível com o modo B.

Observe que o modo compartilhado é compatível com o modo compartilhado, mas não com o modo exclusivo. A qualquer momento, vários bloqueios no modo compartilhado podem ser mantidos simultaneamente (por diferentes transações) sobre um item de dados em particular. Uma solicitação de bloqueio no modo exclusivo subsequente precisa esperar até que os bloqueios do modo compartilhado atualmente mantido sejam liberados.

Uma transação solicita um bloqueio compartilhado sobre o item de dados Q executando a instrução lock-S(Q). De modo semelhante, uma transação solicita um bloqueio exclusivo por meio da instrução lock-X(Q). Uma transação pode desbloquear um item de dados Q pela instrução unlock(Q).

Para acessar um item de dados, a transação T_i primeiro precisa bloquear esse item. Se o item de dados já estiver bloqueado por outra transação em um modo incompatível, o gerenciador de controle de concorrência não concederá o bloqueio até que todos os bloqueios incompatíveis mantidos

	S	X
S	true	false
X	false	false

Figura 18.1 Matriz comp de compatibilidade de bloqueio.

```
T1: lock-X(B);
    read(B);
    B := B – 50;
    write(B)
    unlock(B);
    lock-X(A);
    read(A);
    A := A + 50;
    write(A);
    unlock(A).
```

Figura 18.2 Transação T_1.

por outras transações tenham sido liberados. Assim, T_i espera até que todos os bloqueios incompatíveis mantidos por outras transações tenham sido liberados.

A transação T_i pode desbloquear um item de dados que tinha bloqueado em algum ponto anterior. Observe que uma transação precisa manter um bloqueio sobre um item de dados enquanto ela acessar esse item. Além do mais, nem sempre se deseja que uma transação desbloqueie um item de dados imediatamente após seu acesso final a esse item de dados, pois a serializabilidade pode não ser assegurada.

Como ilustração, considere novamente o sistema bancário simplificado que apresentamos no Capítulo 17. Considere que A e B sejam duas contas que são acessadas pelas transações T_1 e T_2. A transação T_1 transfere $ 50 da conta B para a conta A (Figura 18.2). A transação T_2 apresenta a quantia total nas contas A e B – ou seja, a soma $A + B$ (Figura 18.3).

Suponha que os valores das contas A e B sejam $ 100 e $ 200, respectivamente. Se essas duas transações forem executadas em série ou na ordem T_1, T_2 ou na ordem T_2, T_1, então a transação T_2 mostrará o valor $ 300. No entanto, se essas transações forem executadas simultaneamente, o *schedule* 1, na Figura 18.4, é possível. Nesse caso, a transação T_2 mostra $ 250, que é incorreto. O motivo para esse engano é que a transação T_1 desbloqueou o item de dados B muito cedo e, como resultado, T_2 viu um estado inconsistente.

O *schedule* mostra as ações executadas pelas transações, bem como os pontos em que o gerenciador de controle de concorrência concede os bloqueios. A transação fazendo uma solicitação de bloqueio não pode executar sua próxima ação até que o gerenciador de controle de concorrência conceda o bloqueio. Logo, o bloqueio precisa ser concedido no intervalo de tempo entre a operação de solicitação de bloqueio e a ação seguinte da transação. Exatamente quando dentro desse intervalo o bloqueio será concedido não é importante; podemos seguramente considerar que o bloqueio é concedido imediatamente antes da ação seguinte da transação. Portanto, removeremos a coluna representando as ações do gerenciador de controle de concorrência de todos os *schedules* indicados no restante do capítulo. Deixamos para você a tarefa de deduzir quando os bloqueios são concedidos.

Suponha, agora, que o desbloqueio seja adiado para o final da transação. A transação T_3 corresponde a T_1 com desbloqueio adiado (Figura 18.5). A transação T_4 corresponde a T_2 com o desbloqueio adiado (Figura 18.6).

Você deve verificar que a sequência de leituras e escritas no *schedule* 1, que leva à exibição de um total incorreto de $ 250, não é mais possível com T_3 e T_4. Outros *schedules* são possíveis. T_4 não imprimirá um resultado inconsistente em qualquer um deles; veremos a razão mais adiante.

Infelizmente, o bloqueio pode levar a uma situação indesejável. Considere o *schedule* parcial da Figura 18.7 para T_3 e T_4. Como T_3 está mantendo um bloqueio no modo exclusivo sobre B, e T_4 está solicitando um bloqueio no modo compartilhado sobre B, T_4 está esperando que T_3 desbloqueie B. De modo semelhante, como T_4 está mantendo um bloqueio no modo compartilhado sobre A, e T_3 está solicitando um

```
T2: lock-S(A);
    read(A);
    unlock(A);
    lock-S(B);
    read(B);
    unlock(B);
    display(A + B).
```

Figura 18.3 Transação T_2.

T_1	T_2	gerenciador de controle de concorrência
lock-X(B)		
		grant-X(B, T_1)
read(B)		
$B := B - 50$		
write(B)		
unlock(B)		
	lock-S(A)	
		grant-S(A, T_2)
	read(A)	
	unlock(A)	
	lock-S(B)	
		grant-S(B, T_2)
	read(B)	
	unlock(B)	
	display($A + B$)	
lock-X(A)		
		grant-X(A, T_1)
read(A)		
$A := A + 50$		
write(A)		
unlock(A)		

Figura 18.4 *Schedule* 1.

```
T3: lock-X(B);
    read(B);
    B := B – 50;
    write(B);
    lock-X(A);
    read(A);
    A := A + 50;
    write(A);
    unlock(B);
    unlock(A).
```

Figura 18.5 Transação T_3 (transação T_1 com desbloqueio adiado).

bloqueio no modo exclusivo sobre A, T_3 está esperando que T_4 desbloqueie A. Assim, chegamos a um estado em que nenhuma dessas transações pode prosseguir com sua execução normal. Essa situação é chamada de **impasse** (**deadlock**). Quando ocorre impasse, o sistema precisa reverter uma das duas transações. Quando uma transação tiver sido revertida, os itens de dados que estavam bloqueados por essa transação são desbloqueados. Esses itens de dados, então, ficam disponíveis para a outra transação, que pode continuar com sua execução. Retornaremos à questão do tratamento de impasse na Seção 18.2.

Se não usarmos o bloqueio ou se desbloquearmos itens de dados assim que for possível, depois que forem lidos ou escritos, podemos obter estados inconsistentes. Por outro lado, se não desbloquearmos um item de dados antes de solicitar um bloqueio sobre outro item de dados, poderão ocorrer impasses. Existem maneiras de evitar o impasse em algumas situações, como veremos na Seção 18.1.5. Porém, em geral, os impasses são um mal necessário, associados ao bloqueio, se quisermos evitar estados inconsistentes. Os impasses são definitivamente preferíveis aos estados inconsistentes, pois podem ser tratados pelo *rollback* de transações,

```
T4: lock-S(A);
    read(A);
    lock-S(B);
    read(B);
    display(A + B);
    unlock(A);
    unlock(B).
```

Figura 18.6 Transação T_4 (transação T_2 com desbloqueio adiado).

T_3	T_4
lock-X(*B*)	
read(*B*)	
$B := B - 50$	
write(*B*)	
	lock-S(*A*)
	read(*A*)
	lock-S(*B*)
lock-X(*A*)	

Figura 18.7 *Schedule* 2.

enquanto os estados inconsistentes podem levar a problemas do mundo real que não podem ser tratados pelo sistema de banco de dados.

Exigiremos que cada transação no sistema siga um conjunto de regras, chamadas **protocolo de bloqueio**, indicando quando uma transação pode bloquear e desbloquear cada um dos itens de dados. Os protocolos de bloqueio restringem o número de *schedules* possíveis. O conjunto de todos esses *schedules* é um subconjunto próprio de todos os *schedules* serializáveis possíveis. Apresentaremos vários protocolos de bloqueio que permitem apenas *schedules* serializáveis por conflito. Antes de fazer isso, precisamos de algumas definições.

Considere que $\{T_0, T_1, ..., T_n\}$ sejam um conjunto de transações participando de um *schedule S*. Dizemos que T_i **precede** T_j em *S*, escrito como $T_i \rightarrow T_j$, se houver um item de dados *Q* tal que T_i tenha mantido o modo de bloqueio *A* sobre *Q*, e T_j tenha mantido o modo de bloqueio *B* sobre *Q* mais tarde, e comp(*A*,*B*) = false. Se $T_i \rightarrow T_j$, então essa precedência implica que, em qualquer *schedule* serial equivalente, T_i precisa aparecer antes de T_j. Observe que esse grafo é semelhante ao grafo de precedência que usamos na Seção 17.6 para testar a serializabilidade por conflito. Os conflitos entre instruções correspondem à não compatibilidade de modos de bloqueio.

Dizemos que um *schedule S* é **válido** sob determinado protocolo de bloqueio se *S* for um *schedule* possível para um conjunto de transações que seguem as regras do protocolo de bloqueio. Dizemos que um protocolo de bloqueio **assegura** a serializabilidade por conflito se, e somente se, todos os *schedules* válidos forem serializáveis por conflito; em outras palavras, para todos os *schedules* válidos, a relação → é acíclica.

18.1.2 Concessão de bloqueios (*granting of locks*)

Quando uma transação solicita um bloqueio sobre um item de dados em determinado modo, e nenhuma outra transação possui um bloqueio sobre o mesmo item de dados em um modo em conflito, o bloqueio pode ser concedido. Porém, deve-se ter o cuidado de evitar o cenário a seguir. Suponha que uma transação T_2 tenha um bloqueio no modo compartilhado sobre um item de dados, e outra transação T_1 solicite um bloqueio no modo exclusivo sobre o item de dados. T_1 tem de esperar que T_2 libere o bloqueio no modo compartilhado. Nesse meio-tempo, uma transação T_3 pode solicitar um bloqueio no modo compartilhado sobre o mesmo item de dados. A solicitação de bloqueio é compatível com o bloqueio concedido a T_2, de modo que T_3 pode receber o bloqueio no modo compartilhado. Nesse ponto, T_2 pode liberar o bloqueio, mas ainda T_1 precisa esperar que T_3 termine. Novamente, porém, pode haver uma nova transação T_4 que solicite um bloqueio no modo compartilhado sobre o mesmo item de dados, recebendo o bloqueio antes que T_3 o libere. De fato, é possível que haja uma sequência de transações em que cada uma solicite um bloqueio no modo compartilhado sobre o item de dados, e cada transação libere o bloqueio pouco depois que ele foi concedido, mas T_1 nunca receba o bloqueio no modo exclusivo sobre o item de dados. A transação T_1 pode nunca fazer progresso e é considerada **estagnada (starved)**.

Podemos evitar a estagnação de transações concedendo bloqueios da seguinte maneira: quando uma transação T_i solicita um bloqueio sobre um item de dados *Q* em um modo específico *M*, o gerenciador de controle de concorrência concede o bloqueio desde que:

- Não haja outra transação mantendo um bloqueio sobre *Q* em um modo que entre em conflito com *M*.
- Não exista outra transação que esteja esperando por um bloqueio sobre *Q* e que fez sua solicitação de bloqueio antes de T_i.

Dessa forma, uma solicitação de bloqueio nunca será bloqueada por outra feita posteriormente.

18.1.3 Protocolo de bloqueio em duas fases

Um protocolo que assegura a serializabilidade é o **protocolo de bloqueio em duas fases**. Esse protocolo requer que cada transação emita solicitações de bloqueio e desbloqueio em duas fases:

1. **Fase de crescimento**. Uma transação pode obter bloqueios, mas não pode liberar nenhum bloqueio.
2. **Fase de encolhimento**. Uma transação pode liberar bloqueios, mas não pode obter novos bloqueios.

Inicialmente, uma transação está na fase de crescimento. A transação adquire bloqueios conforme a necessidade. Quando a transação libera um bloqueio, ela entra na fase de encolhimento, e não pode emitir mais solicitações de bloqueio.

Por exemplo, as transações T_3 e T_4 são de duas fases. Por outro lado, as transações T_1 e T_2 não são de duas fases. Observe que as instruções de desbloqueio não precisam aparecer no final da transação. Por exemplo, no caso da transação T_3, poderíamos mover a instrução unlock(B) para logo depois da instrução lock-X(A) e ainda reter a propriedade de bloqueio em duas fases.

Podemos mostrar que o protocolo de bloqueio em duas fases assegura a serializabilidade por conflito. Considere qualquer transação. O ponto no *schedule* em que a transação obteve seu bloqueio final (o final de sua fase de crescimento) é denominado **ponto de bloqueio** da transação. Agora, as transações podem ser ordenadas de acordo com seus pontos de bloqueio – essa ordenação, de fato, é uma ordenação de serializabilidade para as transações. Deixamos a prova como exercício para você fazer (veja o Exercício Prático 18.1).

O bloqueio em duas fases *não* garante a isenção de impasse (*deadlock*). Observe que as transações T_3 e T_4 são de duas fases, mas, no *schedule* 2 (Figura 18.7), elas estão em impasse.

Lembre-se, pela Seção 17.7.2, de que, além de serem serializáveis, os *schedules* não devem ser em cascata. Sob o bloqueio em duas fases, pode ocorrer *rollback* em cascata. Como ilustração, considere o *schedule* parcial da Figura 18.8. Cada transação observa o protocolo de bloqueio em duas fases, mas a falha de T_5 após a etapa read(A) de T_7 leva a um *rollback* em cascata de T_6 e T_7.

T_5	T_6	T_7
lock-X(A)		
read(A)		
lock-S(B)		
read(B)		
write(A)		
unlock(A)		
	lock-X(A)	
	read(A)	
	write(A)	
	unlock(A)	
		lock-S(A)
		read(A)

Figura 18.8 *Schedule* parcial sob o bloqueio em duas fases.

Os *rollbacks* em cascata podem ser evitados por uma modificação do bloqueio em duas fases chamado **protocolo de bloqueio estrito em duas fases**. Esse protocolo requer não apenas que o bloqueio seja em duas fases, mas também que todos os bloqueios no modo exclusivo realizados por uma transação sejam mantidos até que essa transação seja confirmada. Esse requisito garante que quaisquer dados escritos por uma transação não confirmada sejam bloqueados no modo exclusivo até que a transação seja confirmada, evitando que qualquer outra transação leia os dados.

Outra variante do bloqueio em duas fases é o **protocolo de bloqueio rigoroso em duas fases**, que exige que todos os bloqueios sejam mantidos até que a transação seja confirmada. Podemos facilmente verificar que, com o bloqueio rigoroso em duas fases, as transações podem ser serializadas na ordem em que são confirmadas.

Considere as duas transações a seguir, para as quais mostramos apenas algumas das operações read e write significativas:

T_8: read(a_1);
read(a_2);
. . .
read(a_n);
write(a_1).
T_9: read(a_1);
read(a_2);
display($a_1 + a_2$).

Se empregarmos o protocolo de bloqueio em duas fases, T_8 terá de bloquear $a1$ no modo exclusivo. Portanto, qualquer execução simultânea das duas transações leva a uma execução serial. Porém, observe que T_8 precisa de um bloqueio exclusivo sobre a_1 somente no final de sua execução, quando escreve a_1. Assim, se T_8 pudesse inicialmente bloquear a_1 no modo compartilhado e, mais tarde, pudesse alterar o bloqueio para o modo exclusivo, poderíamos obter mais concorrência, pois T_8 e T_9 poderiam acessar a_1 e a_2 simultaneamente.

Essa observação nos leva a um refinamento do protocolo de bloqueio básico em duas fases, em que as **conversões de bloqueio** são permitidas. Vamos oferecer um mecanismo para elevar (*upgrade*) um bloqueio compartilhado para um bloqueio exclusivo e reduzir (*downgrade*) um bloqueio exclusivo para um bloqueio compartilhado. Indicamos a conversão do modo compartilhado para o modo exclusivo por **upgrade**, e do exclusivo para o compartilhado por **downgrade**. A conversão de bloqueio não pode ser permitida arbitrariamente. Em vez disso, o processo de *upgrade* pode ocorrer apenas na fase de crescimento, enquanto o *downgrade* somente na fase de encolhimento.

Retornando ao nosso exemplo, as transações T_8 e T_9 podem ser executadas simultaneamente sob o protocolo de bloqueio de duas fases refinado, como mostra o *schedule* incompleto da Figura 18.9, em que aparecem apenas algumas das instruções de bloqueio.

Observe que uma transação tentando fazer o *upgrade* de um bloqueio sobre um item Q pode ser forçada a esperar. Essa espera forçada ocorre se Q estiver atualmente bloqueado por *outra* transação no modo compartilhado.

T_8	T_9
lock-S(a_1)	
	lock-S(a_1)
lock-S(a_2)	
	lock-S(a_2)
lock-S(a_3)	
lock-S(a_4)	
	unlock(a_1)
	unlock(a_2)
lock-S(a_n)	
upgrade(a_1)	

Figura 18.9 *Schedule* incompleto com uma conversão de bloqueio.

Assim como o protocolo de bloqueio básico em duas fases, o bloqueio em duas fases com conversão de bloqueio gera apenas *schedules* serializáveis por conflito, e as transações podem ser serializadas por seus pontos de bloqueio. Além disso, se bloqueios exclusivos forem mantidos até o final da transação, os *schedules* não serão em cascata.

Para um conjunto de transações, pode haver *schedules* serializáveis por conflito que não podem ser obtidos por meio do protocolo de bloqueio em duas fases. Porém, para obter *schedules* serializáveis por conflito por protocolos de bloqueio não em duas fases, precisamos ter informações adicionais sobre as transações ou impor alguma estrutura ou ordenação sobre o conjunto de itens de dados no banco de dados. Veremos mais adiante, neste capítulo, exemplos quando consideramos outros protocolos de bloqueio.

O bloqueio estrito em duas fases e o bloqueio rigoroso em duas fases (com conversões de bloqueio) são muito utilizados nos sistemas de banco de dados comerciais.

Um esquema simples, mas bastante empregado, gera automaticamente as instruções de bloqueio e desbloqueio apropriadas para uma transação, com base nas solicitações de leitura e escrita da transação:

- Quando uma transação T_i emite uma operação read(Q), o sistema emite uma instrução lock-S(Q) seguida pela instrução read(Q).
- Quando T_i emite uma operação write(Q), o sistema verifica se T_i já mantém um bloqueio compartilhado sobre Q. Se mantiver, então o sistema emite uma instrução upgrade(Q), seguida pela instrução write(Q). Caso contrário, o sistema emite uma instrução lock-X(Q), seguida pela instrução write(Q).
- Todos os bloqueios obtidos por uma transação são desbloqueados depois que a transação é confirmada ou abortada.

18.1.4 Implementação do bloqueio

Um **gerenciador de bloqueio** pode ser implementado como um processo que recebe mensagens das transações e envia mensagens em resposta. O processo do gerenciador de bloqueio responde a mensagens de solicitação de bloqueio com mensagens de concessão de bloqueio ou com mensagens solicitando o *rollback* da transação (no caso de impasses). As mensagens de desbloqueio exigem apenas uma confirmação em resposta, mas podem resultar em uma mensagem de concessão para outra transação em aguardo.

O gerenciador de bloqueio utiliza esta estrutura de dados: para cada item de dados que está atualmente bloqueado, ele mantém uma lista encadeada de registros, um para cada solicitação, na ordem em que as solicitações chegaram. Ele usa uma tabela de *hash*, indexada sobre o nome de um item de dados, para encontrar a lista encadeada (se houver) para um item de dados; essa tabela é chamada **tabela de bloqueio**. Cada registro da lista encadeada para um item de dados tem nele anotado qual transação fez a solicitação e qual modo de bloqueio foi solicitado. O registro também tem nele anotado se a solicitação atualmente está concedida.

A Figura 18.10 mostra um exemplo de tabela de bloqueio. A tabela contém bloqueios para cinco diferentes itens de dados, I4, I7, I23, I44 e I912. A tabela de bloqueio usa o encadeamento de estouro, de modo que existe uma lista encadeada de itens de dados para cada entrada na tabela de bloqueio. Há, também, uma lista de transações que receberam bloqueios ou que estão aguardando bloqueios, para cada um dos itens de dados. Os bloqueios concedidos são os retângulos preenchidos em um tom mais escuro, enquanto as solicitações aguardando são os retângulos vazios. Omitimos o modo de bloqueio para manter a figura simples. Podemos ver, por exemplo, que T23 recebeu bloqueios sobre I912 e I7, e está esperando por um bloqueio sobre I4.

Embora a figura não mostre isso, a tabela de bloqueio também deve manter um índice sobre identificadores de transação, de modo que é possível determinar de forma eficiente o conjunto de bloqueios mantidos por determinada transação.

O gerenciador de bloqueio processa solicitações da seguinte maneira:

- Quando a mensagem de solicitação de bloqueio chega, ele acrescenta um registro ao final da lista encadeada para o item de dados, se a lista encadeada estiver presente. Caso contrário, ele cria uma lista encadeada, contendo apenas o registro para a solicitação.

  Ele sempre concede a primeira solicitação de bloqueio sobre um item de dados. Entretanto, se a transação solicitar um bloqueio sobre um item ao qual um bloqueio já foi concedido, o gerenciador de bloqueio concede a solicitação apenas se for compatível com todas as solicitações anteriores, e todas as solicitações anteriores já tiverem sido concedidas. Caso contrário, a solicitação precisa aguardar.
- Quando o gerenciador de bloqueio recebe uma mensagem de desbloqueio de uma transação, ele exclui o registro para esse item de dados da lista encadeada correspondente a essa transação. Ele testa o registro que segue, se houver, conforme descrevemos no parágrafo anterior, para ver se essa solicitação agora pode ser concedida. Se puder, o gerenciador de bloqueio concede essa solicitação e processa

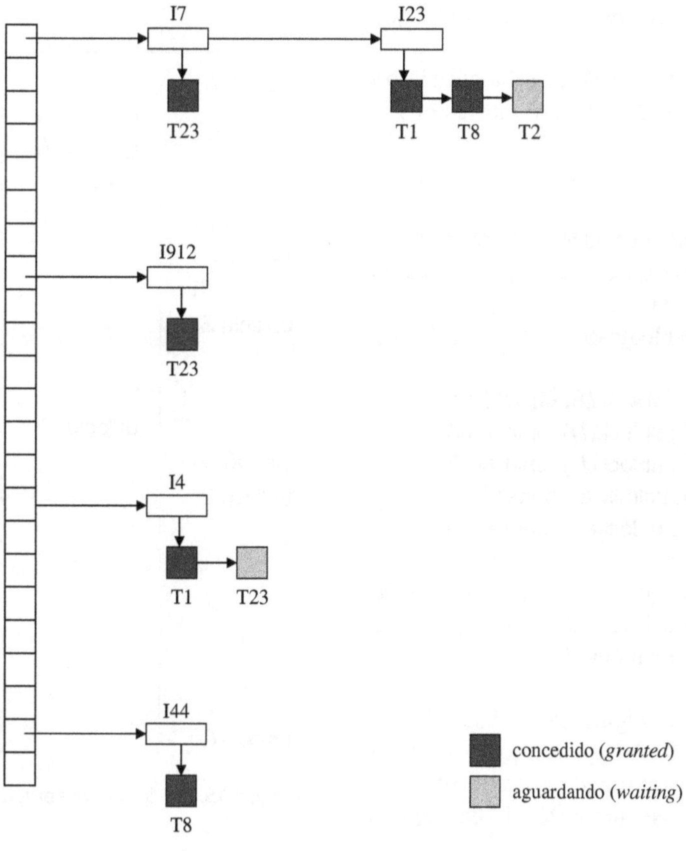

Figura 18.10 Tabela de bloqueio.

o registro depois dele, se houver, de modo semelhante, e assim por diante.

- Se uma transação abortar, o gerenciador de bloqueio exclui qualquer solicitação em espera feita pela transação. Quando o sistema de banco de dados tiver tomado ações apropriadas para desfazer a transação (veja a Seção 19.3), ele libera todos os bloqueios mantidos pela transação abortada.

Esse algoritmo garante ausência de estagnação (*starvation*) para as solicitações de bloqueio, pois uma solicitação nunca poderá ser concedida enquanto uma solicitação recebida anteriormente estiver aguardando concessão. Estudaremos como detectar e tratar de impasses (*deadlocks*) depois, na Seção 18.2.2. A Seção 20.3.1 descreve uma implementação alternativa, que utiliza memória compartilhada no lugar da passagem de mensagem para solicitação/concessão de bloqueio.

18.1.5 Protocolos baseados em grafo

Conforme observado na Seção 18.1.3, se quisermos desenvolver protocolos que não são de duas fases, precisamos de informações adicionais sobre como cada transação acessará o banco de dados. Existem vários modelos que nos dão as informações adicionais, cada um diferindo na quantidade de informações fornecidas. O modelo mais simples exige conhecimento prévio (*prior knowledge*) sobre a ordem em que os itens do banco de dados serão acessados. Com tal informação, é possível construir protocolos de bloqueio que não são de duas fases, mas que, apesar disso, garantem a serializabilidade por conflito.

Para adquirir tal conhecimento prévio, impomos uma ordenação parcial $\rightarrow$ sobre o conjunto $\mathbf{D} = \{d_1, d_2, ..., d_h\}$ de todos os itens de dados. Se $d_i \rightarrow d_j$, então qualquer transação acessando d_i e d_j precisa acessar d_i antes de acessar d_j. Essa ordenação parcial pode ser o resultado da organização lógica ou física dos dados, ou pode ser imposta unicamente para fins de controle de concorrência.

A ordenação parcial implica que o conjunto **D** pode agora ser visto como um grafo acíclico direcionado, chamado **grafo de banco de dados**. Nesta seção, por motivos de simplicidade, restringiremos nossa atenção apenas aos grafos de árvores enraizadas. Apresentaremos um protocolo simples, chamado *protocolo de árvore*, que é restrito a empregar apenas bloqueios *exclusivos*. As referências a outros protocolos de bloqueio mais complexos, baseados em grafo, estão nas notas bibliográficas *on-line*.

No **protocolo de árvore**, a única instrução de bloqueio permitida é lock-X. Cada transação T_i pode bloquear um item de dados no máximo uma vez, e precisa observar as seguintes regras:

1. O primeiro bloqueio por T_i pode ser sobre qualquer item de dados.
2. Subsequentemente, um item de dados Q pode ser bloqueado por T_i somente se o pai de Q estiver atualmente bloqueado por T_i.

3. Os itens de dados podem ser desbloqueados a qualquer momento.
4. Um item de dados que foi bloqueado e desbloqueado por T_i não pode mais tarde ser bloqueado novamente por T_i.

Todos os *schedules* que são válidos sob o protocolo de árvore são serializáveis por conflito.

Para ilustrar esse protocolo, considere o grafo de banco de dados da Figura 18.11. Estas quatro transações seguem o protocolo de árvore sobre esse grafo, mas mostramos apenas as instruções de bloqueio e desbloqueio:

T_{10}: lock-X(B); lock-X(E), lock-X(D); unlock(B); unlock(E); lock-X(G); unlock(D); unlock(G).
T_{11}: lock-X(D); lock-X(H); unlock(D); unlock(H).
T_{12}: lock-X(B); lock-X(E); unlock(E); unlock(B).
T_{13}: lock-X(D); lock-X(H); unlock(D); unlock(H).

Um *schedule* possível, no qual essas quatro transações participaram, aparece na Figura 18.12. Observe que, durante sua execução, a transação T_{10} mantém bloqueios sobre duas subárvores *disjuntas*.

Observe que o *schedule* da Figura 18.12 é serializável por conflito. Pode-se mostrar não apenas que o protocolo de árvore garante a serializabilidade por conflito, mas também que esse protocolo assegura ausência de impasse (*freedom from deadlock*).

O protocolo de árvore na Figura 18.12 não garante a facilidade de recuperação (*recoverability*) e inexistência de cascata (*cascadelessness*). Para garanti-las, o protocolo pode ser modificado de modo a não permitir liberação de bloqueios exclusivos até o final da transação. Manter bloqueios exclusivos até o final da transação reduz a concorrência. Aqui está uma alternativa que melhora a concorrência, mas garante apenas a facilidade de recuperação: para cada item de dados com escrita não confirmada, registramos qual transação realizou a última escrita no item de dados. Sempre que uma transação T_i realiza uma leitura de um item de dados não confirmado, registramos uma **dependência de *commit*** de T_i sobre a transação que realizou a última escrita no item de dados. A transação T_i, então, não tem permissão para confirmar antes do *commit* de todas as transações em que possui uma dependência de *commit*. Se qualquer uma dessas transações for abortada, T_i também terá de ser abortado.

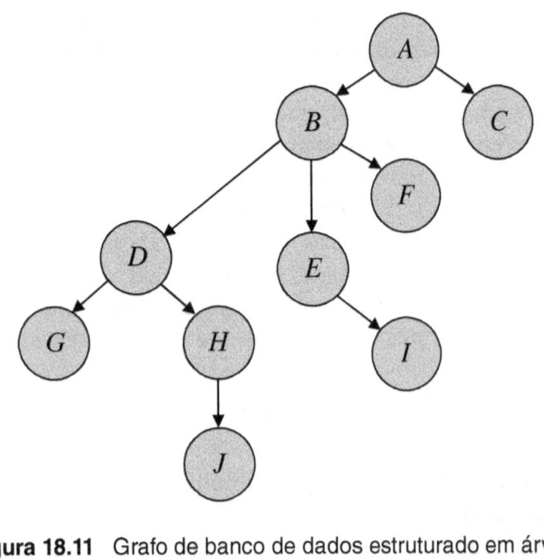

Figura 18.11 Grafo de banco de dados estruturado em árvore.

T_{10}	T_{11}	T_{12}	T_{13}
lock-X(B)			
	lock-X(D)		
	lock-X(H)		
	unlock(D)		
lock-X(E)			
lock-X(D)			
unlock(B)			
unlock(E)			
		lock-X(B)	
		lock-X(E)	
	unlock(H)		
lock-X(G)			
unlock(D)			
			lock-X(D)
			lock-X(H)
			unlock(D)
			unlock(H)
		unlock(E)	
		unlock(B)	
unlock(G)			

Figura 18.12 *Schedule* serializável sob o protocolo de árvore.

O protocolo de bloqueio em árvore tem uma vantagem em relação ao protocolo de bloqueio em duas fases porque, diferentemente do bloqueio em duas fases, ele é livre de impasse, de modo que nenhum *rollback* é exigido. O protocolo de bloqueio em árvore tem outra vantagem em relação ao protocolo de bloqueio em duas fases porque o desbloqueio pode ocorrer mais cedo, o que, por sua vez, pode ocasionar menores tempos de espera e aumento na concorrência.

Entretanto, o protocolo tem a desvantagem de que, em alguns casos, uma transação pode ter de bloquear itens de dados que ele não acessa. Por exemplo, uma transação que precisa acessar itens de dados A e J no grafo de banco de dados da Figura 18.11 precisa bloquear não apenas A e J, mas também os itens de dados B, D e H. Esse bloqueio adicional resulta em maior sobrecarga de bloqueio, a possibilidade de tempo de espera adicional e uma diminuição em potencial na concorrência. Além do mais, sem conhecimento anterior de quais itens de dados precisarão ser bloqueados, as transações terão de bloquear a raiz da árvore, e isso pode reduzir muito a concorrência.

Para um conjunto de transações, pode haver *schedules* serializáveis por conflito, que não podem ser obtidos por meio do protocolo de árvore. De fato, existem *schedules* possíveis sob o protocolo de bloqueio em duas fases que não são possíveis sob o protocolo de árvore, e vice-versa. Alguns exemplos desses *schedules* são explorados nos exercícios.

18.2 Tratamento de impasse (*deadlock handling*)

Um sistema está em um estado de impasse se houver um conjunto de transações tal que cada transação no conjunto está esperando por outra transação no conjunto. Mais precisamente, existe um conjunto de transações aguardando $\{T_0, T_1, ..., T_n\}$ tal que T_0 está esperando por um item de dados que T_1 mantém, e T_1 está esperando por um item de dados que T_2 mantém, ..., e T_{n-1} está esperando por um item de dados que T_n mantém, e T_n está esperando por um item de dados que T_0 mantém. Nenhuma das transações pode prosseguir em tal situação.

A única solução para essa situação indesejável é que o sistema invoque alguma ação drástica, como reverter algumas das transações envolvidas no impasse. O *rollback* de uma transação pode ser parcial. Ou seja, uma transação pode ser revertida ao ponto em que obteve um bloqueio cuja liberação resolve o impasse.

Existem dois métodos especiais para lidar com o problema do impasse. Podemos usar um protocolo de **prevenção de impasse** para garantir que o sistema *nunca* entrará em um estado de impasse. Como alternativa, podemos permitir que o sistema entre em um estado de impasse e depois tente recuperar, usando um esquema de **detecção de impasse** e **recuperação de impasse**. Como veremos, os dois métodos podem resultar em um *rollback* da transação. A prevenção normalmente é usada se a probabilidade de o sistema entrar em um estado de impasse for relativamente alta; caso contrário, a detecção e a recuperação são mais eficientes.

Observe que um esquema de detecção e recuperação exige uma sobrecarga que inclui não apenas o custo em tempo de execução de manter a informação necessária e executar o algoritmo de detecção, mas também as perdas em potencial inerentes à recuperação de um impasse.

18.2.1 Prevenção de impasse

Existem duas técnicas para prevenção de impasse. Uma técnica assegura que nenhuma espera cíclica poderá ocorrer pela ordenação das solicitações de bloqueio ou pela exigência de que todos os bloqueios sejam adquiridos juntos. A outra técnica é mais próxima da recuperação de impasse e realiza o *rollback* da transação, em vez de esperar por um impasse, sempre que a espera puder potencialmente resultar em um impasse.

O esquema mais simples sob a primeira técnica exige que cada transação bloqueie todos os seus itens de dados antes de iniciar a execução. Além disso, ou todos são bloqueados em uma etapa ou nenhum é bloqueado. Existem duas desvantagens importantes nesse protocolo: (1) normalmente, é difícil prever, antes que a transação seja iniciada, que itens de dados precisam ser bloqueados; (2) a utilização dos itens de dados pode ser muito baixa, pois muitos dos itens de dados podem ser bloqueados, mas não utilizados por um longo tempo.

Outra técnica para impedir impasses é impor uma ordenação de todos os itens de dados e exigir que uma transação bloqueie itens de dados somente em uma sequência coerente com a ordenação. Vimos um esquema desse tipo no protocolo de árvore, que usa uma ordenação parcial dos itens de dados.

Uma variação dessa técnica é usar uma ordem total dos itens de dados, em conjunto com o bloqueio em duas fases. Quando uma transação tiver bloqueado um item em particular, ela não poderá solicitar bloqueios sobre itens que precedem esse item na ordenação. Esse esquema é fácil de implementar, desde que o conjunto de itens de dados acessados por uma transação seja conhecido quando a transação iniciar a execução. Não é preciso mudar o sistema básico de controle de concorrência se o bloqueio em duas fases for utilizado; basta assegurar que os bloqueios sejam solicitados na ordem correta.

A segunda técnica para impedir impasses é usar preempção e *rollbacks* de transação. Na preempção (ou apropriação), quando uma transação T_j solicita um bloqueio que a transação T_i mantém, o bloqueio concedido a T_i pode ser **apropriado** (*preempted*) pela reversão (*rollback*) de T_i e concessão do bloqueio a T_j. Para controlar a preempção, atribuímos um *timestamp* exclusivo, com base em um contador ou no *clock* do sistema, a cada transação quando ela é iniciada. O sistema usa esses *timestamps* somente para decidir se uma transação deverá esperar (*wait*) ou reverter (*rollback*). O bloqueio ainda é usado para o controle de concorrência. Se uma transação for revertida, ela manterá seu *timestamp antigo* quando for reiniciada. Foram propostos dois esquemas diferentes de prevenção de impasse usando *timestamps*:

1. O esquema **esperar-morrer** (**wait-die**) é uma técnica não preemptiva. Quando a transação T_i solicita um item de dados atualmente mantido por T_j, T_i tem permissão para esperar somente se tiver um *timestamp* menor do que o de T_j (ou seja, T_i é mais velho que T_j). Caso contrário, T_i é revertido (morre).

   Por exemplo, suponha que as transações T_{14}, T_{15} e T_{16} possuam *timestamps* 5, 10 e 15, respectivamente. Se T_{14} solicitar um item de dados mantido por T_{15}, T_{14} esperará. Se T_{16} solicitar um item de dados mantido por T_{15}, T_{16} será revertido.

2. O esquema **ferir-esperar** (**wound-wait**) é uma técnica preemptiva. Esse é um complemento ao esquema esperar-morrer. Quando a transação T_i solicita um item de dados atualmente mantido por T_j, T_i tem permissão para esperar somente se tiver um *timestamp* maior que o de T_j (ou seja, T_i é mais recente que T_j). Caso contrário, T_j é revertido (T_j é *ferido* por T_i).

   Retornando ao nosso exemplo, com as transações T_{14}, T_{15} e T_{16}, se T_{14} solicitar um item de dados mantido por T_{15}, o item de dados será apropriado de T_{15}, e T_{15} será revertido. Se T_{16} solicitar um item de dados mantido por T_{15}, T_{16} esperará.

O maior problema com esses dois esquemas é que podem ocorrer *rollbacks* desnecessários.

Outra técnica simples para o tratamento do impasse é baseada nos **tempos limites de bloqueio**. Nessa técnica, uma transação que solicitou um bloqueio espera por, no máximo, uma quantidade de tempo especificada. Se o bloqueio não tiver sido concedido dentro desse tempo, diz-se que a transação esgotou seu tempo limite (*time out*), e se reverte e reinicia. Se houver de fato um impasse, uma ou mais transações envolvidas no impasse esgotarão o tempo limite e reverterão, permitindo que outras prossigam. Esse esquema se situa em algum lugar entre a prevenção de impasse, em que um impasse nunca ocorrerá, e a detecção e recuperação de impasse, um esquema discutido na Seção 18.2.2.

O esquema de tempo limite é particularmente fácil de implementar e funciona bem se as transações forem curtas e se longas esperas provavelmente forem decorrentes de impasses. Porém, em geral, é difícil decidir por quanto tempo uma transação precisa esperar antes de esgotar o tempo limite. Uma espera muito longa resulta em atrasos desnecessários quando um impasse tiver ocorrido. Uma espera muito curta resulta em *rollback* de transação mesmo quando não existe impasse, levando a recursos desperdiçados. A estagnação (*starvation*) também é uma possibilidade com esse esquema. Logo, o esquema baseado em tempo limite possui aplicação limitada.

18.2.2 Detecção e recuperação de impasse

Se um sistema não empregar algum protocolo que assegure a ausência de impasse, um esquema de detecção e recuperação precisa ser usado. Um algoritmo que examina o estado do sistema é invocado periodicamente para determinar se ocorreu um impasse. Se tiver ocorrido, o sistema precisa tentar se recuperar dele. Para isso, o sistema precisa:

- Manter informações sobre a alocação atual dos itens de dados às transações, além de quaisquer solicitações de itens de dados pendentes.
- Oferecer um algoritmo que use essa informação para determinar se o sistema entrou em um estado de impasse.
- Recuperar-se do impasse quando o algoritmo de detecção determinar que existe um impasse.

Nesta seção, discutimos essas questões.

18.2.2.1 Detecção de impasse

Impasses podem ser descritos com precisão em termos de um grafo direcionado, chamado grafo de espera (wait for graph). Esse grafo consiste em um par $G = (V, E)$, em que V é um conjunto de vértices e E é um conjunto de arestas. O conjunto de vértices consiste em todas as transações no sistema. Cada elemento no conjunto E de arestas é um par ordenado $T_i \rightarrow T_j$. Se $T_i \rightarrow T_j$ estiver em E, existe uma aresta direcionada de transações T_i para T_j, implicando que a transação T_i está esperando até que a transação T_j libere um item de dados de que precisa.

Quando a transação T_i solicita um item de dados atualmente sendo mantido pela transação T_j, a aresta $T_i \rightarrow T_j$ é inserida no grafo de espera. Essa aresta só é removida quando a transação T_j não está mais mantendo um item de dados necessário pela transação T_i.

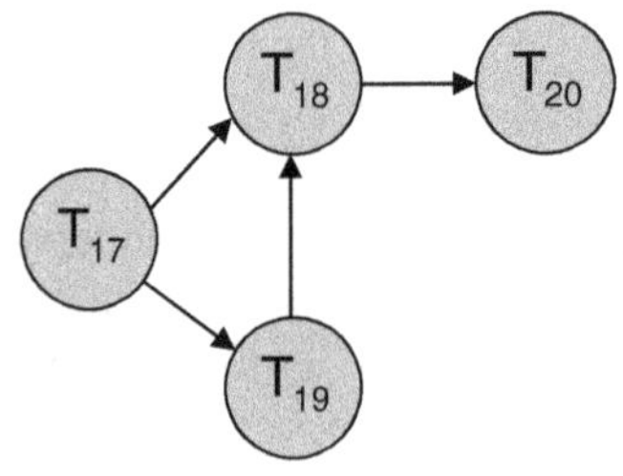

Figura 18.13 Grafo de espera sem ciclo.

Existe um impasse no sistema se, e somente se, o grafo de espera contém um ciclo. Cada transação envolvida no ciclo é considerada como estando em impasse. Para detectar impasses, o sistema precisa manter o grafo de espera e, periodicamente, invocar um algoritmo que procura um ciclo no grafo.

Para ilustrar esses conceitos, considere o grafo de espera na Figura 18.13, que representa a seguinte situação:

- A transação T_{17} está esperando pelas transações T_{18} e T_{19}.
- A transação T_{19} está esperando pela transação T_{18}.
- A transação T_{18} está esperando pela transação T_{20}.

Como o grafo não possui ciclo, o sistema não está em estado de impasse.

Suponha agora que a transação T_{20} esteja solicitando um item mantido por T_{19}. A aresta $T_{20} \rightarrow T_{19}$ é acrescentada ao grafo de espera, resultando no novo estado do sistema da Figura 18.14. Dessa vez, o grafo contém o ciclo:

$$T_{18} \rightarrow T_{20} \rightarrow T_{19} \rightarrow T_{18}$$

implicando que as transações T_{18}, T_{19} e T_{20} estão em estado de impasse.

Consequentemente, surge a pergunta: quando devemos invocar o algoritmo de detecção? A resposta depende de dois fatores:

1. Com que frequência ocorre um impasse?
2. Quantas transações serão afetadas pelo impasse?

Se os impasses ocorrem com frequência, o algoritmo de detecção deve ser invocado com mais frequência do que o normal. Os itens de dados alocados a transações em impasse estarão indisponíveis a outras transações até que o impasse possa ser quebrado. Além disso, o número de ciclos no grafo também pode crescer. No pior caso, invocaríamos o algoritmo de detecção toda vez que uma solicitação de alocação não pudesse ser concedida imediatamente.

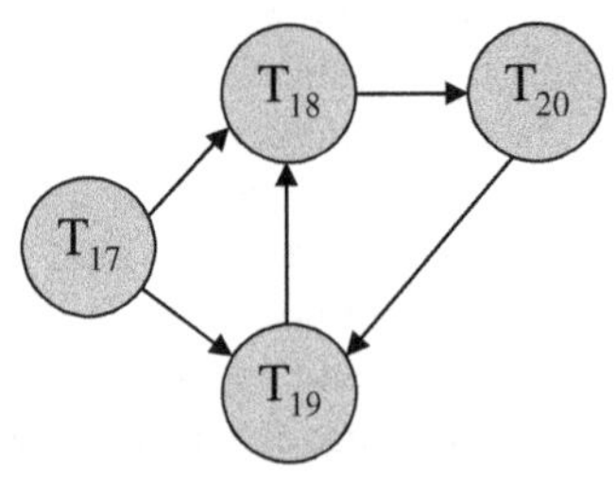

Figura 18.14 Grafo de espera com um ciclo.

18.2.2.2 Recuperação de impasse

Quando um algoritmo de detecção determina que existe um impasse, o sistema precisa **recuperar-se** dele. A solução mais comum é reverter uma ou mais transações para quebrar o impasse. Três ações precisam ser tomadas:

1. **Seleção de uma vítima**. Dado um conjunto de transações em impasse, temos de determinar qual transação (ou transações) reverter para quebrar o impasse. É preciso reverter aquelas transações que incorrerão em custo mínimo. Infelizmente, o termo custo mínimo não é exato. Muitos fatores podem determinar o custo de um *rollback*, incluindo:
   a. Por quanto tempo a transação executou e quanto mais tempo a transação continuará executando até concluir sua tarefa designada.
   b. Quantos itens de dados a transação usou.
   c. Quantos mais itens de dados a transação precisa para completar.
   d. Quantas transações estarão envolvidas no *rollback*.
2. ***Reversão (Rollback)***. Quando tivermos decidido que uma transação em particular precisará ser revertida, temos de determinar até que ponto ela deverá ser revertida.

   A solução mais simples é um ***rollback* total**. Aborte a transação e depois a reinicie. Porém, é mais eficiente reverter a transação apenas até o ponto necessário para quebrar o impasse. Esse ***rollback* parcial** exige que o sistema mantenha informações adicionais sobre o estado de todas as transações em execução. Especificamente, a sequência de solicitações/concessões de bloqueio e atualizações realizadas pela transação precisa ser registrada. O mecanismo de detecção de impasse deverá decidir quais bloqueios a transação selecionada precisa liberar a fim de quebrar o impasse. A transação selecionada deve ser revertida até o ponto em que obteve o primeiro desses bloqueios, desfazendo todas as ações tomadas após esse ponto. O mecanismo de recuperação precisa ser capaz de realizar esses *rollbacks* parciais. Além disso, as transações precisam ser capazes de retomar a execução após um *rollback* parcial. Veja as notas bibliográficas *on-line* para obter referências relevantes.
3. **Estagnação (*starvation*)**. Em um sistema em que a seleção de vítimas é baseada principalmente em fatores de custo, pode acontecer que a mesma transação sempre seja apanhada como uma vítima. Como resultado, essa transação nunca termina sua tarefa designada, daí a **estagnação**. Temos de garantir que uma transação poderá ser apanhada como uma vítima apenas por um número finito (e pequeno) de vezes. A solução mais comum é incluir o número de *rollbacks* no fator de custo.

18.3 Granularidade múltipla

Nos esquemas de controle de concorrência descritos até aqui, usamos cada item de dados individual como unidade em que o sincronismo é realizado.

Contudo, existem circunstâncias em que seria vantajoso agrupar vários itens de dados e tratá-los como uma unidade de sincronismo individual. Por exemplo, se uma transação T_i precisar acessar uma relação inteira, e um protocolo de bloqueio for utilizado para bloquear tuplas, T_i precisa bloquear cada tupla na relação. Claramente, a aquisição de muitos bloqueios como esses é demorada; pior ainda, a tabela de bloqueio pode se tornar muito grande e não caber mais na memória. Seria melhor se T_i pudesse emitir uma *única* solicitação de bloqueio para bloquear a relação inteira. Por outro lado, se a transação T_j precisar acessar apenas algumas tuplas, ela não terá de bloquear a relação inteira, pois, dessa forma, a concorrência será perdida.

O que se faz necessário é um mecanismo em que o sistema defina vários níveis de **granularidade**. Isso pode ser feito permitindo que os itens de dados sejam de vários tamanhos e definindo uma hierarquia de granularidades de dados, em que as granularidades pequenas são aninhadas dentro das maiores. Essa hierarquia pode ser representada graficamente como uma árvore. Observe que a árvore que descrevemos aqui é significativamente diferente daquela usada pelo protocolo de árvore (Seção 18.1.5). Um nó não folha da árvore de granularidade múltipla representa os dados associados aos seus descendentes. No protocolo de árvore, cada nó é um item de dados independente.

Como ilustração, considere a árvore da Figura 18.15, que consiste em quatro níveis de nós. O nível mais alto representa o banco de dados inteiro. Abaixo dele estão os nós do tipo *área*; o banco de dados consiste exatamente dessas áreas. Cada área, por sua vez, tem dois nós do tipo *arquivo* como seus filhos. Cada área contém exatamente aqueles arquivos que são seus nós filhos. Nenhum arquivo está em mais de uma área. Finalmente, cada arquivo tem nós do tipo *registro*. Como antes, o arquivo consiste exatamente naqueles registros que são seus nós filhos, e nenhum registro pode estar presente em mais de um arquivo.

Cada nó na árvore pode ser bloqueado individualmente. Como fizemos no protocolo de bloqueio em duas fases, usaremos os modos de bloqueio **compartilhado** e **exclusivo**. Quando uma transação bloqueia um nó, seja no modo compartilhado, seja no exclusivo, a transação também implicitamente terá bloqueado todos os descendentes desse nó no mesmo modo de bloqueio. Por exemplo, se a transação T_i receber um **bloqueio explícito** sobre o arquivo F_c da Figura 18.15, no modo exclusivo, terá um **bloqueio implícito** no modo exclusivo sobre todos os registros pertencentes a esse arquivo. Ela não precisa bloquear os registros individuais de F_c explicitamente.

Suponha que a transação T_j queira bloquear (*lock*) o registro r_{b_6} do arquivo F_b. Como T_i bloqueou F_b explicitamente, segue-se que r_{b_6} também é bloqueado (implicitamente). Todavia, quando T_j emite uma solicitação de bloqueio para r_{b_6}, r_{b_6} não é explicitamente bloqueado! Como o sistema determina se T_j pode bloquear r_{b_6}? T_j precisa atravessar a árvore desde a raiz até o registro r_{b_6}. Se qualquer nó nesse caminho for bloqueado em um modo incompatível, T_j precisa ser adiada.

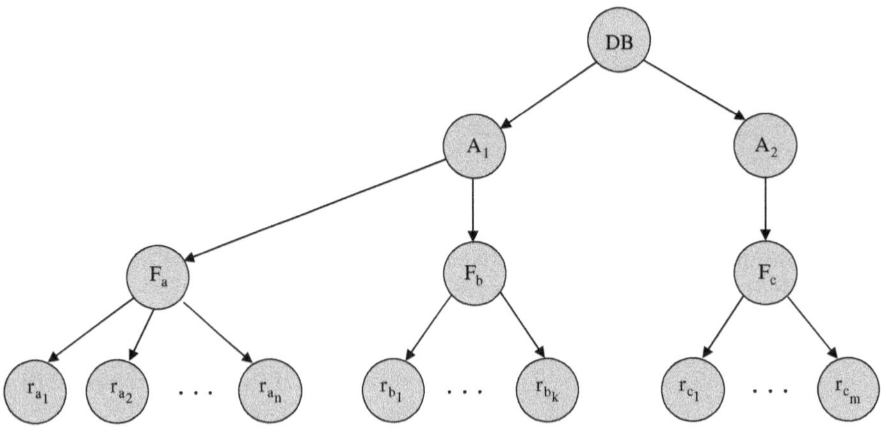

Figura 18.15 Hierarquia de granularidade.

Suponha agora que a transação T_k queira bloquear o banco de dados inteiro. Para isso, ela simplesmente precisa bloquear a raiz da hierarquia. Observe, porém, que T_k não deverá ter sucesso no bloqueio do nó raiz, pois T_i atualmente está mantendo um bloqueio sobre parte da árvore (especificamente, sobre o arquivo F_b). Porém, como o sistema determina se o nó raiz pode ser bloqueado? Uma possibilidade é que ele pesquise a árvore inteira. No entanto, essa solução vai contra o propósito de eficiência do esquema de bloqueio por granularidade múltipla. Um modo mais eficiente de obter esse conhecimento é introduzir uma nova classe de modos de bloqueio, chamada **modos de bloqueio de intenção**. Se um nó for bloqueado em um modo de intenção, o bloqueio explícito está sendo feito em um nível mais baixo da árvore (ou seja, em uma granularidade menor). Os bloqueios de intenção são colocados em todos os ancestrais de um nó antes que esse nó seja bloqueado explicitamente. Assim, uma transação não precisa pesquisar a árvore inteira para determinar se pode bloquear um nó com sucesso. Uma transação que deseja bloquear um nó – digamos, Q – precisa atravessar um caminho na árvore da raiz até Q. Enquanto atravessa a árvore, a transação bloqueia os diversos nós em um modo de intenção.

Há um modo de intenção associado ao modo compartilhado e outro com modo exclusivo. Se um nó for bloqueado no **modo compartilhado de intenção** (*Intention-Shared* – IS), o bloqueio explícito está sendo feito em um nível mais baixo da árvore, mas apenas com bloqueios no modo compartilhado. De modo semelhante, se um nó for bloqueado no **modo exclusivo de intenção** (*Intention-eXclusive* – IX), o bloqueio explícito está sendo feito em um nível mais baixo, com bloqueios no modo exclusivo ou compartilhado. Finalmente, se um nó estiver bloqueado no **modo compartilhado e exclusivo de intenção** (*Shared and Intention-eXclusive* – SIX), a subárvore que tem esse nó como raiz é bloqueada explicitamente no modo compartilhado, e esse bloqueio explícito está sendo feito em um nível mais baixo com bloqueios no modo exclusivo. A matriz de compatibilidade para esses modos de bloqueio está na Figura 18.16.

O **protocolo de bloqueio de granularidade múltipla** usa estes modos de bloqueio para assegurar a serializabilidade. Ele requer que uma transação T_i que tente bloquear um nó Q siga estas regras:

- A transação T_i precisa observar a função de compatibilidade de bloqueio da Figura 18.16.
- A transação T_i precisa, primeiro, bloquear a raiz da árvore e pode bloqueá-la em qualquer modo.
- A transação T_i pode bloquear um nó Q no modo S ou IS somente se T_i atualmente tiver o pai de Q bloqueado no modo IX ou IS.
- A transação T_i pode bloquear um nó Q no modo X, SIX ou IX somente se T_i atualmente tiver o pai de Q bloqueado no modo IX ou SIX.
- A transação T_i só pode bloquear um nó se não tiver desbloqueado anteriormente qualquer nó (ou seja, T_i é em duas fases).
- A transação T_i pode desbloquear um nó Q somente se T_i atualmente não tiver nenhum dos filhos de Q bloqueado.

	IS	IX	S	SIX	X
IS	verdadeiro	verdadeiro	verdadeiro	verdadeiro	falso
IX	verdadeiro	verdadeiro	falso	falso	falso
S	verdadeiro	falso	verdadeiro	falso	falso
SIX	verdadeiro	falso	falso	falso	falso
X	falso	falso	falso	falso	falso

Figura 18.16 Matriz de compatibilidade.

Observe que o protocolo de granularidade múltipla exige que os bloqueios sejam adquiridos na ordem *de cima para baixo* (raiz-para-folha), enquanto os bloqueios precisam ser liberados na ordem *de baixo para cima* (folha-para-raiz). O impasse é possível no protocolo de granularidade múltipla, assim como no protocolo de bloqueio em duas fases.

Como ilustração do protocolo, considere a árvore da Figura 18.15 e estas transações:

- Suponha que a transação T_{21} leia o registro r_{a_2} no arquivo F_a. Então, T_{21} precisa bloquear o banco de dados, área A_1, e o arquivo F_a (nessa ordem) no modo IS e, finalmente, bloquear r_{a_2} no modo S.
- Suponha que a transação T_{22} modifique o registro r_{a_9} no arquivo *Fa*. Então, T_{22} precisa bloquear o banco de dados, área A_1, e o arquivo F_a (nessa ordem) no modo IX e, finalmente, bloquear r_{a_9} no modo X.
- Suponha que a transação T_{23} leia todos os registros no arquivo F_a. Depois, T_{23} precisa bloquear o banco de dados e a área A_1 (nessa ordem) no modo IS e, finalmente, bloquear F_a no modo S.
- Suponha que a transação T_{24} leia o banco de dados inteiro. Ela pode fazer isso depois de bloquear o banco de dados no modo S.

Observamos que as transações T_{21}, T_{23} e T_{24} podem acessar o banco de dados simultaneamente. A transação T_{22} pode executar simultaneamente com T_{21}, mas não com T_{23} ou T_{24}.

Esse protocolo melhora a concorrência e reduz a sobrecarga de bloqueio. Ele é particularmente útil em aplicações que incluem uma mistura de:

- Transações curtas que acessam apenas alguns itens de dados.
- Transações longas que produzem relatórios de um arquivo inteiro ou conjunto de arquivos.

O número de bloqueios que uma consulta SQL pode ter que adquirir normalmente pode ser estimado com base nas operações de varredura de relação por uma consulta. Uma varredura de relação, por exemplo, adquiriria um bloqueio em nível de relação, enquanto uma varredura de índice que deverá buscar apenas alguns registros pode adquirir um bloqueio de intenção no nível de relação e bloqueios normais no nível de tupla. Caso uma transação adquira grande número de bloqueios de tupla, a tabela de bloqueio pode se tornar demasiadamente cheia. Para lidar com essa situação, o gerenciador de bloqueio pode realizar a **escalada de bloqueio** (***lock escalation***), substituindo muitos bloqueios de nível mais baixo por um único bloqueio de nível mais alto; em nosso exemplo, um único bloqueio de relação poderia substituir grande número de bloqueios de tuplas.

18.4 Operações de inserção, operações de exclusão e leituras de predicado

Até agora, restringimos nossa atenção a operações read e write. Essa restrição limita as transações a itens de dados já no banco de dados. Algumas transações exigem não apenas acesso a itens de dados existentes, mas também a capacidade de criar itens de dados. Outras exigem a capacidade de excluir itens de dados. Para examinar como essas transações afetam o controle de concorrência, introduzimos estas operações adicionais:

- **delete**(Q) exclui o item de dados Q do banco de dados.
- **insert**(Q) insere um novo item de dados Q no banco de dados e atribui a Q um valor inicial.

Uma tentativa por uma transação T_i de realizar uma operação read(Q) após Q ter sido excluído resulta em erro lógico em T_i. De modo semelhante, uma tentativa por uma transação T_i de realizar uma operação read(Q) antes que Q tenha sido inserido resulta em erro lógico em T_i. Também é um erro lógico tentar excluir um item de dados inexistente.

18.4.1 Exclusão

Para entender como a presença de instruções **delete** afeta o controle de concorrência, temos de decidir quando uma instrução **delete** entra em conflito com outra instrução. Considere que I_i e I_j sejam instruções de T_i e T_j, respectivamente, que aparecem no *schedule* S em ordem consecutiva. Considere que I_i = **delete**(Q). Consideramos várias instruções I_j.

- I_j = read(Q). I_i e I_j entram em conflito. Se I_i vier antes de I_j, T_j terá um erro lógico. Se I_j vier antes de I_i, T_j poderá executar a operação read com sucesso.
- I_j = write(Q). I_i e I_j entram em conflito. Se I_i vier antes de I_j, T_j terá um erro lógico. Se I_j vier antes de I_i, T_j poderá executar a operação write com sucesso.
- I_j = **delete**(Q). I_i e I_j entram em conflito. Se I_i vier antes de I_j, T_i terá um erro lógico. Se I_j vier antes de I_i, T_i terá um erro lógico.
- I_j = **insert**(Q). I_i e I_j entram em conflito. Suponha que o item de dados Q não existisse antes da execução de I_i e I_j. Então, se I_i vier antes de I_j, um erro lógico resultará para T_i. Se I_j vier antes de I_i, nenhum erro lógico resultará. De modo semelhante, se Q existisse antes da execução de I_i e I_j, um erro lógico resultaria se I_j viesse antes de I_i, mas não de outra forma.

Podemos concluir o seguinte:

- Sob o protocolo de bloqueio em duas fases, um bloqueio exclusivo é exigido sobre um item de dados antes que esse item possa ser excluído.
- Sob o protocolo de ordenação por *timestamp*, um teste semelhante ao de um write precisa ser realizado. Suponha que a transação T_i emita **delete**(Q).
  - Se TS(T_i) < R-*timestamp*(Q), então o valor de Q que T_i estava para excluir já foi lido por uma transação T_j com TS(T_j) > TS(T_i). Logo, a operação **delete** é rejeitada, e T_i é revertida (*rolled back*).

- Se $TS(T_i) <$ W-*timestamp*(*Q*), então uma transação T_j com $TS(T_j) > TS(T_i)$ escreveu *Q*. Logo, essa operação **delete** é rejeitada, e T_i é revertida.
- Caso contrário, **delete** é executado.

18.4.2 Inserção

Já vimos que uma operação **insert**(*Q*) entra em conflito com uma operação **delete**(*Q*). De modo semelhante, **insert**(*Q*) entra em conflito com uma operação read(*Q*) ou uma operação write(*Q*); nenhum read ou write pode ser realizado sobre um item de dados antes que ele exista.

Como um **insert**(*Q*) atribui um valor ao item de dados *Q*, um **insert** é tratado de modo semelhante a um write para fins de controle de concorrência:

- Sob o protocolo de bloqueio em duas fases, se T_i realizar uma operação **insert**(*Q*), T_i receberá um bloqueio exclusivo sobre o item de dados *Q* recém-criado.
- Sob o protocolo de ordenação por *timestamp*, se T_i realizar uma operação **insert**(*Q*), os valores R-*timestamp*(*Q*) e W-*timestamp*(*Q*) serão definidos como $TS(T_i)$.

18.4.3 Leituras de predicado e fenômeno fantasma

Considere a transação T_{30}, que executa a seguinte consulta SQL sobre o banco de dados de universidade:

select count(*)
from *instrutor*
where *nome_dept* = 'Physics';

A transação T_{30} requer acesso a todas as tuplas da relação *instrutor* pertencentes ao departamento Physics.

Seja T_{31} uma transação que executa a seguinte inserção SQL:

insert into *instrutor*
values (11111, 'Feynman', 'Physics', 94000);

Considere que *S* seja um *schedule* envolvendo T_{30} e T_{31}. Esperamos que haja potencial para conflito pelos seguintes motivos:

- Se T_{30} utiliza a tupla recém-inserida por T_{31} no cálculo de **count**(*), então T_{30} lê um valor escrito por T_{31}. Assim, em um *schedule* serial equivalente a *S*, T_{31} precisa vir antes de T_{30}.
- Se T_{30} não usar a tupla recém-inserida por T_{31} no cálculo de **count**(*), então, em um *schedule* serial equivalente a *S*, T_{30} precisa vir antes de T_{31}.

O segundo desses dois casos é curioso. T_{30} e T_{31} não acessam nenhuma tupla em comum, mas entram em conflito um com o outro! Com efeito, T_{30} e T_{31} entram em conflito em uma tupla fantasma. Se o controle de concorrência for realizado na granularidade de tupla, esse conflito passa sem ser detectado. Como resultado, o sistema pode falhar para impedir um *schedule* não serializável. Esse problema é chamado de **fenômeno fantasma**.

Fenômenos fantasma podem ocorrer não apenas com inserções, mas também com atualizações. Considere a situação que vimos na Seção 17.10, quando a transação T_i utilizou um índice para localizar somente as tuplas com *nome_dept* = "Physics" e, como resultado, não leu nenhuma tupla com os outros nomes de departamento. Se outra transação T_j atualiza uma dessas tuplas, mudando seu nome de departamento para "Physics", ocorre um problema equivalente ao problema do fenômeno fantasma: embora T_i e T_j não tenham acessado quaisquer tuplas em comum, elas não são conflitantes entre si. Esse problema também é um exemplo do fenômeno fantasma. Em geral, o problema do fenômeno fantasma está enraizado nas leituras de predicado conflitantes com inserções ou atualizações que resultam em tuplas novas/atualizadas satisfazendo o predicado.

Podemos impedir esses problemas permitindo que a transação T_{30} impeça outras transações de criarem outras tuplas na relação *instrutor* com *nome_dept* = "Physics", e de atualizarem o nome de departamento de uma tupla existente de *instrutor* para Physics.

Para encontrar todas as tuplas na relação *instrutor* com *nome_dept* = "Physics", T_{30} precisa pesquisar a relação *instrutor* inteira ou, pelo menos, um índice sobre a relação. Até agora, consideramos implicitamente que os únicos itens de dados acessados por uma transação são tuplas. Porém, T_{30} é um exemplo de transação que lê informações sobre quais tuplas estão em uma relação, e T_{31} é um exemplo de transação que atualiza essa informação.

Claramente, não é suficiente apenas bloquear as tuplas que são acessadas; a informação usada para encontrar as tuplas acessadas pela transação também precisa ser bloqueada.

O bloqueio de informações usadas para encontrar tuplas pode ser implementado associando-se um item de dados (*data item*) à relação; o item de dados representa a informação usada para encontrar as tuplas na relação. As transações, como T_{30}, que leem a informação sobre quais tuplas estão em uma relação teriam, então, de bloquear o item de dados correspondente à relação no modo compartilhado. As transações, como T_{31}, que atualizam as informações sobre quais tuplas estão em uma relação teriam de bloquear o item de dados no modo exclusivo. Assim, T_{30} e T_{31} estariam em conflito sobre um item de dados real, em vez de um fantasma. Da mesma forma, as transações que usam um índice para recuperar as tuplas devem bloquear o próprio índice.

Não confunda o bloqueio de uma relação inteira, como no bloqueio de granularidade múltipla, com o bloqueio do item de dados correspondente à relação. Bloqueando o item de dados, uma transação só impede que outras transações atualizem as informações sobre quais tuplas estão na relação. Ainda é preciso que haja o bloqueio sobre tuplas. Uma transação que acessa diretamente uma tupla pode receber um bloqueio sobre as tuplas mesmo quando outra transação possui um bloqueio exclusivo sobre o item de dados correspondente à relação em si.

A principal desvantagem de bloquear um item de dados correspondente à relação, ou bloquear um índice inteiro, é o baixo grau de concorrência – duas transações que inserem diferentes tuplas em uma relação são impedidas de executar simultaneamente.

Uma solução melhor é a técnica de **bloqueio de índice**. Qualquer transação que insere uma tupla em uma relação precisa inserir informações em cada índice mantido na relação. Eliminamos o fenômeno fantasma impondo um protocolo de bloqueio para índices. Para simplificar, consideraremos apenas índices de árvore B^+.

Como vimos no Capítulo 14, cada valor de chave de busca está associado a um nó folha de índice. Uma consulta normalmente usará um ou mais índices para acessar uma relação. Uma inserção precisa inserir a nova tupla em todos os índices na relação. Em nosso exemplo, consideramos que existe um índice sobre *instrutor* para o atributo *nome_dept*. Então, T_{31} precisa modificar a folha contendo a chave "Physics". Se T_{30} ler o mesmo nó de folha para localizar todas as tuplas pertencentes ao departamento "Physics", então T_{30} e T_{31} entram em conflito nesse nó de folha.

O **protocolo de bloqueio de índice** tira proveito da disponibilidade de índices em uma relação, transformando casos de fenômeno fantasma em conflitos sobre bloqueios nos nós folha de índice. O protocolo opera da seguinte forma:

- Cada relação precisa ter pelo menos um índice.
- Uma transação T_i só pode acessar tuplas de uma relação depois de primeiro encontrá-las por um ou mais dos índices na relação. Para efeitos do protocolo de bloqueio de índice, uma relação de varredura é tratada como uma varredura por todas as folhas de um dos índices.
- Uma transação T_i que realiza uma pesquisa (seja uma pesquisa de intervalo ou uma pesquisa pontual) precisa adquirir um bloqueio compartilhado sobre todos os nós de folha de índice que ela acessa.
- Uma transação T_i não pode inserir, excluir ou atualizar uma tupla t_i em uma relação *r* sem atualizar todos os índices sobre *r*. A transação precisa obter bloqueios exclusivos sobre todos os nós de folha de índice (*index leaf nodes*) afetados pela inserção, exclusão ou atualização. Para inserção e exclusão, os nós de folha afetados são aqueles que contêm (após a inserção) ou continham (antes da exclusão) o valor da chave de busca da tupla. Para as atualizações, os nós de folha afetados são aqueles que (antes da modificação) continham o valor antigo da chave de busca e os nós que (após a modificação) contêm o novo valor da chave de busca.
- Bloqueios são obtidos sobre tuplas, como de costume.
- As regras do protocolo de bloqueio em duas fases precisam ser observadas.

Note que o protocolo de bloqueio de índice não contempla o controle de concorrência em nós internos de um índice; técnicas para controle de concorrência sobre os índices, que minimizem os conflitos de bloqueio, são apresentadas na Seção 18.10.2.

Bloquear um nó de folha de um índice (*index leaf node*) impede qualquer atualização no nó, mesmo se a atualização não foi realmente conflitante com o predicado. Uma variante chamada bloqueio de chave-valor, que minimiza tais conflitos de bloqueio falsos, é apresentada na Seção 18.10.2 como parte do controle de concorrência de índice.

Conforme observado na Seção 17.10, pode parecer que a existência de um conflito entre as operações depende de uma decisão de baixo nível do processamento de consultas pelo sistema, que não está relacionada com uma visão em nível de usuário do significado das duas transações. Uma abordagem alternativa para o controle de concorrência adquire bloqueios compartilhados em predicados de uma consulta, como o predicado "*salário* > 90000" na relação *instrutor*. As inserções e exclusões da relação devem então ser verificadas para ver se elas satisfazem o predicado; se elas fizerem isso, há um conflito de bloqueio, forçando a inserção ou exclusão a esperar até que o bloqueio de predicado seja liberado. Para atualizações, o valor inicial e o valor final da tupla devem ser verificados em relação ao predicado. Tal conflito de inserções, exclusões e atualizações afeta o conjunto de tuplas selecionadas pelo predicado, e elas não podem ser autorizadas a executar simultaneamente com a consulta que adquiriu o bloqueio (compartilhado) de predicado. Chamamos o referido protocolo de **bloqueio de predicado**;[1] o bloqueio de predicado não é usado na prática, uma vez que é mais custoso de se implementar do que o protocolo de bloqueio de índice, além de não oferecer benefícios adicionais significativos.

18.5 Protocolos baseados em *timestamp*

Os protocolos de bloqueio que descrevemos até aqui determinam a ordem entre cada par de transações em conflito em tempo de execução a partir do primeiro bloqueio envolvendo modos incompatíveis que os dois membros do par solicitam. Outro método de determinar a ordem de serializabilidade consiste em selecionar uma ordenação das transações com antecedência. O método mais comum para fazer isso é usar um esquema de *ordenação por timestamp*.

18.5.1 *Timestamps*

A cada transação T_i no sistema, associamos um *timestamp* fixo exclusivo, indicado por $TS(T_i)$. Esse *timestamp* (registro de data e hora) é atribuído pelo sistema de banco de dados antes que a transação T_i inicie sua execução. Se uma transação T_i tiver recebido o *timestamp* $TS(T_i)$, e uma nova transação T_j entrar no sistema, então $TS(T_i) < TS(T_j)$. Existem dois métodos simples para implementar esse esquema:

1. Use o valor do **clock do sistema** como *timestamp*, ou seja, o *timestamp* de uma transação é igual ao valor do *clock* quando a transação entrar no sistema.

[1] O termo *bloqueio de predicado* foi usado para uma versão do protocolo que utilizou bloqueios compartilhados e exclusivos sobre predicados, e assim era mais complicado. A versão que apresentamos aqui, com bloqueios apenas compartilhados sobre predicados, é também conhecida como **bloqueio de precisão**.

2. Use um **contador lógico** que é incrementado após um novo *timestamp* ter sido atribuído, ou seja, o *timestamp* de uma transação é igual ao valor do contador quando a transação entrar no sistema.

Os *timestamps* das transações determinam a ordem de serializabilidade. Assim, se $TS(T_i) < TS(T_j)$, o sistema precisa garantir que o *schedule* produzido é equivalente a um *schedule* serial em que a transação T_i aparece antes da transação T_j.

Para implementar esse esquema, associamos a cada item de dados Q dois valores de *timestamp*:

1. **W-*timestamp*(Q)** indica o maior *timestamp* de qualquer transação que executou write(Q) com sucesso.
2. **R-*timestamp*(Q)** indica o maior *timestamp* de qualquer transação que executou read(Q) com sucesso.

Esses *timestamps* são atualizados sempre que uma nova instrução read(Q) ou write(Q) é executada.

18.5.2 Protocolo de ordenação por *timestamp*

O **protocolo de ordenação por *timestamp*** garante que quaisquer transações read e write em conflito sejam executadas em ordem de *timestamp*. Esse protocolo opera da seguinte forma:

- Suponha que a transação T_i emita read(Q).
  - Se $TS(T_i)$ < W-*timestamp*(Q), então T_i precisa ler um valor de Q que já foi sobrescrito. Logo, a operação read é rejeitada, e T_i é revertida.
  - Se $TS(T_i) \geq$ W-*timestamp*(Q), então a operação read é executada, e R-*timestamp*(Q) é definido como R-*timestamp*(Q) ou $TS(T_i)$, o que for maior.
- Suponha que a transação T_i emita write(Q).
  - Se $TS(T_i)$ < R-*timestamp*(Q), então o valor de Q que T_i está produzindo foi necessário anteriormente, e o sistema considerou que esse valor nunca seria produzido. Logo, o sistema rejeita a operação write e reverte T_i.
  - Se $TS(T_i)$ < W-*timestamp*(Q), então T_i está tentando escrever um valor obsoleto de Q. Logo, o sistema rejeita essa operação write e reverte T_i.
  - Caso contrário, o sistema executa a operação write e define W-*timestamp*(Q) como $TS(T_i)$.

Se uma transação T_i for revertida (*rolled back*) pelo esquema de controle de concorrência como resultado da emissão de uma operação read ou write, o sistema lhe atribui um novo *timestamp* e a reinicia.

Para ilustrar esse protocolo, consideramos as transações T_{25} e T_{26}. A transação T_{25} apresenta o conteúdo das contas A e B:

```
T25: read(B);
     read(A);
     display(A + B).
```

A transação T_{26} transfere $ 50 da conta B para a conta A e, depois, apresenta o conteúdo de ambas:

```
T26: read(B);
     B:=B – 50;
     write(B);
     read(A);
     A := A + 50;
     write(A);
     display(A + B).
```

Na apresentação de *schedules* sob o protocolo de *timestamp*, vamos considerar que uma transação recebeu um *timestamp* imediatamente antes de sua primeira instrução. Assim, no *schedule* 3 da Figura 18.17, $TS(T_{25}) < TS(T_{26})$, e o *schedule* é possível sob o protocolo de *timestamp*.

Observamos que a execução anterior também pode ser produzida pelo protocolo de bloqueio em duas fases. Porém, existem *schedules* que são possíveis sob o protocolo de bloqueio em duas fases, mas não o são sob o protocolo de *timestamp*, e vice-versa (veja o Exercício 18.27).

O protocolo de ordenação por *timestamp* garante a serializabilidade por conflito porque as transações conflitantes são processadas em ordem de *timestamp*.

O protocolo garante ausência de impasse (*deadlock*) pois nenhuma transação sequer espera. Porém, existe uma possibilidade de estagnação (*starvation*) de transações longas se uma sequência de transações curtas em conflito causar o reinício repetido da transação longa. Se uma transação for descoberta sendo reiniciada repetidamente, as transações em conflito precisam ser temporariamente bloqueadas para permitir que a transação termine.

O protocolo pode gerar *schedules* que não são recuperáveis (*not recoverable*). Porém, ele pode ser estendido para tornar os *schedules* recuperáveis, em uma dentre várias maneiras:

- A facilidade de recuperação (*recoverability*) e a inexistência de cascata podem ser asseguradas realizando todas as escritas juntas no final da transação. As escritas precisam ser atômicas no seguinte sentido: enquanto as escritas estão em andamento, nenhuma transação tem permissão para acessar qualquer um dos itens de dados que foram escritos.

T_{25}	T_{26}
read(B)	
	read(B) $B := B - 50$ write(B)
read(A)	
	read (A)
display($A + B$)	
	$A := A + 50$ write(A) display($A + B$)

Figura 18.17 *Schedule* 3.

- A facilidade de recuperação e a inexistência de cascata também podem ser asseguradas usando uma forma limitada de bloqueio, pela qual as leituras de itens não confirmados são adiadas até que a transação que atualizou o item seja confirmada (veja o Exercício 18.28).
- A facilidade de recuperação, isoladamente, pode ser assegurada acompanhando as escritas não confirmadas e permitindo que uma transação T_i seja confirmada apenas depois da confirmação de qualquer transação que escreveu um valor que T_i leu. As dependências de confirmação (*commit dependencies*), esboçadas na Seção 18.1.5, podem ser usadas para esse propósito.

Se o protocolo de ordenação por *timestamp* for aplicado apenas às tuplas, o protocolo ficará vulnerável aos problemas do fenômeno fantasma, que vimos na Seção 17.10 e na Seção 18.4.3.

Para evitar esse problema, o protocolo de ordenação por *timestamp* pode ser aplicado a todos os dados lidos por uma transação, incluindo metadados da relação e dados de índice. No contexto do controle de concorrência baseado em bloqueio, o protocolo de bloqueio de índice, descrito na Seção 18.4.3, é uma alternativa mais eficiente para evitar o problema do fenômeno fantasma; lembre-se de que o protocolo de bloqueio de índice obtém bloqueios nos nós de índice, além de obter bloqueios nas tuplas. O protocolo de ordenação por *timestamp* pode ser modificado de modo semelhante para tratar cada nó de índice como um item de dados, com *timestamps* de leitura e escrita associados, assim como para aplicar os testes de ordenação por *timestamp* nesses itens de dados. Essa versão estendida do protocolo de ordenação por *timestamp* evita o fenômeno fantasma e garante a serializabilidade mesmo com leituras de predicado.

18.5.3 Regra do write de Thomas

Agora, apresentamos uma modificação do protocolo de ordenação por *timestamp* que permite maior concorrência em potencial do que o protocolo da Seção 18.5.2. Vamos considerar o *schedule* 4 da Figura 18.18 e aplicar o protocolo de ordenação por *timestamp*. Como T_{27} começa antes de T_{28}, vamos supor que TS(T_{27}) < TS(T_{28}). A operação read(Q) de T_{27} tem sucesso, assim como a operação write(Q) de T_{28}. Quando T_{27} tenta realizar sua operação write(Q), descobrimos que TS(T_{27}) < W-*timestamp*(Q), pois W-*timestamp*(Q) = TS(T_{28}). Assim, o write(Q) por T_{27} é rejeitado e a transação T_{27} precisa ser revertida.

Embora o *rollback* de T_{27} seja exigido pelo protocolo de ordenação de *timestamp*, ele é desnecessário. Como T_{28} já escreveu Q, o valor que T_{27} está tentando escrever nunca precisará ser lido. Qualquer transação T_i com TS(T_i) < TS(T_{28}) que tente realizar um read(Q) será revertida, pois TS(T_i) < W-*timestamp*(Q). Qualquer transação T_j com TS(T_j) > TS($T28$) precisa ler o valor de Q escrito por T_{28}, em vez de ler o valor que T_{27} está tentando escrever.

T_{27}	T_{28}
read(Q)	
	write(Q)
write(Q)	

Figura 18.18 *Schedule* 4.

Essa observação leva a uma versão modificada do protocolo de ordenação por *timestamp*, em que transações write obsoletas podem ser ignoradas sob certas circunstâncias. As regras do protocolo para transações read permanecem inalteradas. As regras do protocolo para transações write, porém, são ligeiramente diferentes do protocolo de ordenação por *timestamp* da Seção 18.5.2.

A modificação no protocolo de ordenação por *timestamp*, chamada **regra do write de Thomas**, é esta: suponha que a transação T_i emita write(Q).

1. Se TS(T_i) < R-*timestamp*(Q), então o valor de Q que T_i está produzindo foi necessário anteriormente, e assumiu-se que o valor nunca seria produzido. Logo, o sistema rejeita a operação write e reverte T_i.
2. Se TS(T_i) < W-*timestamp*(Q), então T_i está tentando escrever um valor obsoleto de Q. Logo, essa operação write pode ser ignorada.
3. Caso contrário, o sistema executa a operação write e define W-*timestamp*(Q) como TS(T_i).

A diferença entre essas regras e aquelas da Seção 18.5.2 está na segunda regra. O protocolo de ordenação por *timestamp* requer que T_i seja revertido se T_i emitir write(Q) e TS(T_i) < W-*timestamp*(Q). Aqui, contudo, nos casos em que TS(T_i) ≥ R-*timestamp*(Q), ignoramos o write obsoleto.

Ao ignorar a escrita, a regra do write de Thomas permite *schedules* que não sejam serializáveis por conflito, mas ainda assim estão corretos. Os *schedules* não serializáveis por conflito permitidos satisfazem a definição dos *schedules* serializáveis *por visão* (veja a Nota 18.1). A regra do write de Thomas faz uso da serializabilidade por visão, com efeito, ao excluir transações write obsoletas das transações que as emitem. Essa modificação de transações possibilita gerar *schedules serializáveis* que não seriam possíveis sob os outros protocolos apresentados neste capítulo. Por exemplo, o *schedule* 4 da Figura 18.18 não é serializável por conflito e, assim, não é possível sob o protocolo de bloqueio em duas fases, sob o protocolo de árvore ou sob o protocolo de ordenação por *timestamp*. Sob a regra do write de Thomas, a operação write(Q) de T_{27} seria ignorada. O resultado é um *schedule* que é *equivalente por visão* ao *schedule* serial <T_{27}, T_{28}>.

18.6 Protocolos baseados em validação

Nos casos em que a maioria das transações são transações somente leitura, a taxa de conflitos entre as transações pode ser baixa. Assim, muitas dessas transações, se executadas sem a supervisão de um esquema de controle de concorrência, deixariam o sistema em um estado consistente. Um esquema de

Nota 18.1 SERIALIZABILIDADE POR VISÃO

Existe outra forma de equivalência menos rigorosa do que a equivalência por conflito, mas que, assim como a equivalência por conflito, baseia-se apenas nas operações read e write das transações.

Considere dois *schedules* S e S', nos quais o mesmo conjunto de transações participa de ambos os *schedules*. Os *schedules* S e S' são considerados **equivalentes por visão** se forem satisfeitas três condições:

1. Para cada item de dado Q, se a transação T_i lê o valor inicial de Q no *schedule* S, então a transação T_i deve, no *schedule* S', ler também o valor inicial de Q.
2. Para cada item de dado Q, se a transação T_i executa read(Q) no *schedule* S, e se o valor foi produzido pela operação write(Q) executada pela transação T_j, então a operação read(Q) da transação T_i precisa, no *schedule* S', ler também o valor de Q que foi produzido pela mesma operação write(Q) da transação T_j.
3. Para cada item de dado Q, a transação (se existir) que executa a última operação write(Q) no *schedule* S precisa também executar a operação write(Q) no *schedule* S'.
   As condições 1 e 2 garantem que cada transação leia os mesmos valores nos dois *schedules* e, portanto, execute a mesma computação. A condição 3, juntamente com as condições 1 e 2, garante que ambos os *schedules* resultem no mesmo estado final do sistema.

O conceito de equivalência por visão leva ao conceito serializabilidade por visão. Dizemos que um *schedule* S é do tipo **serializável por visão** se ele for equivalente por visão a um *schedule* serial.

Como ilustração, suponha que ampliemos o *schedule* 4 com a transação T_{29} e obtenhamos a seguinte visão serializável (*schedule* 5):

T_{27}	T_{28}	T_{29}
read (Q)		
	write (Q)	
write (Q)		
		write (Q)

De fato, o *schedule* 5 é equivalente por visão ao *schedule* serial <T_{27}, T_{28}, T_{29}>, uma vez que uma instrução read(Q) lê o valor inicial de Q em ambos os *schedules* e T_{29} realiza a última escrita de Q em ambos os *schedules*.

Todo esquema serializável por conflito é também serializável por visão, mas existem esquemas serializáveis por visão que não são serializáveis por conflito. De fato, o *schedule* 5 não é serializável por conflito, uma vez que cada par de instruções consecutivas se conflitam e, portanto, nenhuma troca de instruções é possível.

Observe que, no *schedule* 5, as transações T_{28} e T_{29} executam transações write(Q) sem ter realizado uma operação read(Q). As escritas desse tipo são chamadas de **escritas cegas**. As escritas cegas aparecem em qualquer *schedule* serializável por visão que não é serializável por conflito.

controle de concorrência impõe sobrecarga de execução de código e possível atraso das transações. Pode ser melhor usar um esquema alternativo que imponha menos sobrecarga (*overhead*). Uma dificuldade na redução do *overhead* é que não sabemos, com antecedência, quais transações estarão envolvidas em um conflito. Para obter esse conhecimento, precisamos de um esquema para *monitorar* o sistema.

O **protocolo de validação** requer que cada transação T_i seja executada em duas ou três fases diferentes em seu período de vida, dependendo de ela ser somente leitura ou uma transação de atualização. As fases são, nesta ordem:

1. **Fase de leitura**. Durante essa fase, o sistema executa a transação T_i. Ele lê os valores dos diversos itens de dados e os armazena em variáveis locais a T_i. Ele realiza todas as transações write em variáveis locais temporárias, sem atualizações do banco de dados real.
2. **Fase de validação**. O teste de validação (descrito a seguir) é aplicado para a transação T_i. Ele determina se T_i está autorizado a seguir para a fase de escrita sem causar uma violação de serializabilidade. Se a transação falhar no teste de validação, o sistema aborta a transação.
3. **Fase de escrita**. Se a transação T_i tiver sucesso na validação, as variáveis temporárias locais que mantêm os resultados de quaisquer operações write realizadas por T_i são gravadas no banco de dados. As transações somente leitura omitem essa fase.

Cada transação precisa passar pelas três fases na ordem indicada. Porém, as fases das transações executando simultaneamente podem ser intercaladas.

Para realizar o teste de validação, precisamos saber quando ocorreram as diversas fases das transações. Portanto, associaremos três *timestamps* diferentes à transação T_i.

1. ***StartTS***(T_i), o momento em que T_i iniciou sua execução.
2. ***ValidationTS***(T_i), o momento em que T_i terminou sua fase de leitura e iniciou sua fase de validação.
3. ***FinishTS***(T_i), o momento em que T_i terminou sua fase de escrita.

Determinamos a ordem de serializabilidade pela técnica de ordenação por *timestamp*, usando o valor do *timestamp* *ValidationTS*(T_i). Assim, o valor TS(T_i) = *ValidationTS*(T_i) e, se TS(T_j) < TS(T_k), qualquer *schedule* produzido terá de ser equivalente a um *schedule* serial em que a transação T_j aparece antes da transação T_k.

O **teste de validação** para a transação T_i exige que, para todas as transações T_k com TS(T_k) < TS(T_i), uma das duas condições a seguir seja mantida:

1. *FinishTS*(T_k) < *StartTS*(T_i). Como T_k completa sua execução antes que T_i inicie, a ordem de serializabilidade é de fato mantida.
2. O conjunto de itens de dados escritos por T_k não tem interseção com o conjunto de itens de dados lidos por T_i, e T_k completa sua fase de escrita antes que T_i inicie sua fase de validação (*StartTS*(T_i) < *FinishTS*(T_k) < *ValidationTS*(T_i)). Essa condição garante que as escritas de T_k e T_i não sejam sobrepostas. Como as escritas de T_k não afetam a leitura de T_i, e como T_i não pode afetar a leitura de T_k, a ordem de serializabilidade é de fato mantida.

Como ilustração, considere novamente transações T_{25} e T_{26}. Suponha que TS(T_{25}) < TS(T_{26}). Então, a fase de validação é bem-sucedida no *schedule* 6 da Figura 18.19. Note que as escritas para as variáveis em si são realizadas somente após a fase de validação de T_{26}. Assim, T_{25} lê os valores antigos de B e A, e, dessa forma, esse *schedule* é serializável.

T_{25}	T_{26}
read(B)	
	read(B)
	$B := B - 50$
	read(A)
	$A := A + 50$
read(A)	
<validar>	
display($A + B$)	
	<validar>
	write(B)
	write(A)

Figura 18.19 *Schedule* 6, produzido pelo uso da validação.

O esquema de validação automaticamente protege contra reversões em cascata (*cascading rollbacks*), já que as escritas em si devem ocorrer somente após a transação que emitiu a escrita ser confirmada. No entanto, existe a possibilidade de estagnação (*starvation*) de transações longas, em face de uma sequência de transações curtas que causam conflito de reinicializações repetidas da transação longa. Para evitar essa estagnação, as transações conflitantes devem ser bloqueadas temporariamente para permitir que a transação longa termine.

Observe, também, que as condições de validação resultam em uma transação T apenas sendo validada contra o conjunto de transações T_i que terminaram depois que T foi iniciada e que são serializadas antes de T. As transações que terminaram antes que T fosse iniciada podem ser ignoradas nos testes de validação. As transações T_i que são serializadas depois de T (ou seja, que têm *ValidationTS*(T_i) > *ValidationTS*(T)) também podem ser ignoradas; quando uma transação T_i fosse validada, ela seria validada contra T se T terminasse depois que T_i fosse iniciada.

Esse esquema de validação é denominado esquema de **controle de concorrência otimista**, pois as transações são executadas de forma otimista, supondo que serão capazes de concluir a execução e validar no final. Ao contrário, o bloqueio e a ordenação por *timestamp* são pessimistas, pois forçam uma espera ou um *rollback* sempre que um conflito é detectado, mesmo que exista a chance de o *schedule* ser serializável por conflito.

É possível usar TS(T_i) = *StartTS*(T_i), em vez de *ValidationTS*(T_i) sem afetar a serializabilidade. Porém, isso pode resultar em uma transação T_i entrando na fase de validação antes que uma transação T_j que possui TS(T_j) < TS(T_i). Então, a validação de T_i teria de esperar que T_j fosse concluída, de modo que seus conjuntos de leitura e escrita fossem completamente conhecidos. O uso de *ValidationTS* evita esse problema.

18.7 Esquemas de múltipla versão (*multiversion schemes*)

Os esquemas de controle de concorrência discutidos até aqui asseguram a serializabilidade adiando uma operação ou abortando a transação que emitiu a operação. Por exemplo, uma operação read pode ser adiada porque o valor apropriado ainda não foi escrito ou, então, pode ser rejeitada (ou seja, a transação emissora precisa ser abortada) porque o valor que ela deveria ler já foi alterado. Essas dificuldades poderiam ser evitadas se cópias antigas de cada item de dados fossem mantidas em um sistema.

Nos esquemas de **controle de concorrência de múltipla versão (multiversão)**, cada operação write(Q) cria uma **versão** de Q. Quando uma transação emite uma operação read(Q), o gerenciador de controle de concorrência seleciona uma das versões de Q para ser lida. O esquema de controle de concorrência precisa assegurar que a versão a ser lida seja selecionada de maneira que assegure a serializabilidade. Também é fundamental, por motivos de desempenho, que uma transação seja capaz de determinar fácil e rapidamente qual versão do item de dados deve ser lida.

18.7.1 Ordenação por *timestamp* em múltipla versão (multiversão)

O protocolo de ordenação por *timestamp* pode ser estendido para um protocolo multiversão. A cada transação T_i no sistema, associamos um *timestamp* estático exclusivo, indicado por TS(T_i). O sistema de banco de dados atribui esse *timestamp* antes que a transação inicie a execução, conforme descrito na Seção 18.5.

Com cada item de dados Q, uma sequência de versões $<Q_1, Q_2, ..., Q_m>$ é associada. Cada versão Q_k contém três campos de dados:

1. **Conteúdo** é o valor da versão Q_k.
2. **W-*timestamp*(Q_k)** é o *timestamp* da transação que criou a versão Q_k.
3. **R-*timestamp*(Q_k)** é o maior *timestamp* de qualquer transação que leu com sucesso a versão Q_k.

Uma transação – digamos, T_i – cria uma versão Q_k do item de dados Q emitindo uma operação write(Q). O campo de conteúdo da versão mantém o valor escrito por T_i. O sistema inicializa W-*timestamp* e R-*timestamp* com TS(T_i). Ele atualiza o valor de R-*timestamp* de Q_k sempre que uma transação T_j lê o conteúdo de Q_k, e R-*timestamp*(Q_k) < TS(T_j).

O **esquema de ordenação por *timestamp* em múltipla versão (multiversão)** apresentado em seguida assegura a serializabilidade. O esquema opera da seguinte forma. Suponha que a transação T_i emita uma operação read(Q) ou write(Q). Considere que Q_k indique a versão de Q cujo *timestamp* de escrita seja o maior *timestamp* de escrita menor ou igual a TS(T_i).

1. Se a transação T_i emitir um read(Q), então o valor retornado é o conteúdo da versão Q_k.
2. Se a transação T_i emitir write(Q) e se TS(T_i) < R-*timestamp*(Q_k), então o sistema reverte a transação T_i. Por outro lado, se TS(T_i) = W-*timestamp*(Q_k), o sistema escreve sobre o conteúdo de Q_k; caso contrário, [se TS(T_i) > R-*timestamp*(Q_k)), cria uma nova versão de Q.

A justificativa para a regra 1 é clara. Uma transação lê a versão mais recente que vem antes dela no tempo. A segunda regra força uma transação a abortar se ela estiver "muito atrasada" ao fazer uma escrita. Mais precisamente, se T_i tentar escrever uma versão que alguma outra transação teria lido, não podemos permitir que a escrita tenha sucesso.

O **intervalo válido** de uma versão Q_i de Q com W-*timestamp* t é definido da seguinte forma. Se Q_i for a versão mais recente de Q, o intervalo é $[t, \infty]$; caso contrário, a próxima versão de Q terá o *timestamp* s; então, o intervalo válido é $[t, s]$. É possível verificar com facilidade que as leituras feitas por uma transação com *timestamp* t_i retornam o conteúdo da versão cujo intervalo válido contém t_i.

As versões que não são mais necessárias são removidas de acordo com a regra a seguir. Suponha que existam duas versões, Q_k e Q_j, de um item de dados e que as duas versões tenham um W-*timestamp* menor que o *timestamp* da transação mais antiga no sistema. Então, a mais antiga das duas versões Q_k e Q_j não será usada novamente e poderá ser excluída.

O esquema de ordenação por *timestamp* em múltipla versão tem a propriedade desejável de que uma solicitação de leitura nunca falha e nunca precisa esperar. Em sistemas de banco de dados típicos, em que a leitura é uma operação mais frequente do que a escrita, essa vantagem pode ser de grande significado prático.

O esquema, porém, sofre de duas propriedades indesejáveis. Primeiro, a leitura de um item de dados também exige a atualização do campo R-*timestamp*, resultando em dois acessos de disco em potencial, em vez de um. Segundo, os conflitos entre transações são resolvidos por meio de *rollbacks*, e não esperas. Essa alternativa pode ser dispendiosa. A Seção 18.7.2 descreve um algoritmo para aliviar esse problema.

Esse esquema de ordenação por *timestamp* em múltipla versão não garante a facilidade de recuperação (*recoverability*) e a inexistência de cascata. Ele pode ser estendido da mesma maneira que o esquema básico de ordenação por *timestamp*, para torná-lo recuperável e sem cascata.

18.7.2 Bloqueio de duas fases em múltipla versão

O **protocolo de bloqueio de duas fases em múltipla versão** tenta combinar as vantagens do controle de concorrência em múltipla versão com as vantagens do bloqueio de duas fases. Esse protocolo diferencia entre **transações somente leitura** e **transações de atualização**.

As transações de atualização realizam um bloqueio rigoroso em duas fases, ou seja, elas mantêm todos os bloqueios até o final da transação. Assim, elas podem ser serializadas de acordo com sua ordem de confirmação. Cada versão de um item de dados possui um único *timestamp*. O *timestamp*, nesse caso, não é um *timestamp* real baseado em clock, mas um contador, que chamaremos de ts-counter, que é incrementado durante o processamento de confirmação.

O sistema de banco de dados atribui um *timestamp* às transações somente leitura lendo o valor atual de ts-counter antes de iniciarem sua execução; elas seguem o protocolo de ordenação por *timestamp* em múltipla versão para realizar as leituras. Assim, quando uma transação somente leitura T_i emitir um read(Q), o valor retornado é o conteúdo da versão cujo *timestamp* é o maior *timestamp* menor ou igual a TS(T_i).

Quando uma transação de atualização lê um item, ela recebe um bloqueio compartilhado sobre o item e lê a versão mais recente desse item. Quando uma transação de atualização quiser escrever um item, ela primeiro apanha um bloqueio exclusivo sobre o item e, depois, cria uma versão do item de dados. A escrita é realizada na nova versão, e o *timestamp* da nova versão é inicialmente definido como um valor ∞, um valor maior do que o de qualquer *timestamp* possível.

Quando a transação de atualização T_i completar suas ações, ela executará o processamento de confirmação (*commit processing*); somente uma transação de atualização tem permissão para realizar o processamento de confirmação de cada vez. Primeiro, T_i define o *timestamp* em cada versão que criou como 1 (um) a mais do que o valor de ts-counter; depois, T_i incrementa ts-counter em um e confirma.

Nota 18.2 MULTIVERSIONAMENTO E IMPLEMENTAÇÃO DO BANCO DE DADOS

Considere um sistema de banco de dados que implemente uma restrição de chave primária garantindo que exista somente uma tupla para qualquer valor do atributo de chave primária. A criação de uma segunda versão do registro com a mesma chave primária pareceria ser uma violação da restrição de chave primária. No entanto, isso não é uma violação lógica, pois as duas versões não coexistem em momento algum no banco de dados. Portanto, a imposição da restrição de chave primária precisa ser modificada para permitir múltiplos registros com a mesma chave, desde que sejam versões diferentes do mesmo registro.

Em seguida, considere a questão da exclusão de tuplas. Esta pode ser implementada pela criação de uma versão da tupla, com *timestamps* criados normalmente, mas com um marcador especial, indicando que a tupla foi excluída. As transações que leem essa tupla simplesmente a ignoram, pois ela foi excluída.

Além disso, considere a questão da imposição de dependências de chave estrangeira. Imagine o caso de uma relação r cujo atributo $r \cdot B$ seja uma chave estrangeira referenciando o atributo $s \cdot B$ da relação s. Geralmente, a exclusão de uma tupla t_s em s ou a atualização de um atributo de chave primária da tupla t_s em s causaria uma violação de chave estrangeira se houvesse uma tupla t_r de r tal que $t_r \cdot B = t_s \cdot B$. Com o multiversionamento, se o *timestamp* da transação realizando a exclusão/atualização for ts_i, a condição correspondente para violação é a existência da versão t_r dessa tupla, com a condição adicional de que o intervalo válido de t_r contém ts_i.

Por fim, considere o caso de um índice sobre o atributo $r \cdot B$ da relação r. Se houvesse múltiplas versões de um registro t_i com o mesmo valor para B, o índice poderia apontar para a versão mais recente do registro, e essa versão mais recente poderia ter ponteiros para versões anteriores. No entanto, se fosse feita uma atualização para o atributo $t_i \cdot B$, o índice precisaria conter entradas separadas para diferentes versões do registro t_i, uma entrada para o valor antigo de $t_i \cdot B$ e outra para o novo valor de $t_i \cdot B$. Quando as versões antigas de um registro são excluídas, qualquer entrada no índice para a versão antiga também deve ser excluída.

As transações somente leitura veem o valor antigo de ts-counter até que T_i tenha sido confirmado com sucesso. Como resultado, as transações somente leitura que iniciam depois que T_i for confirmada verão os valores atualizados por T_i, enquanto aquelas que iniciam antes que T_i confirme verão o valor antes das atualizações por T_i. Em ambos os casos, as transações somente leitura nunca precisam esperar pelos bloqueios. O bloqueio de duas fases em múltipla versão também garante que os *schedules* sejam recuperáveis e sem cascata.

As versões são excluídas de maneira semelhante à da ordenação por *timestamp* em múltipla versão. Suponha que existam duas versões, Q_k e Q_j, de um item de dados, e que as duas versões tenham um *timestamp* menor ou igual ao *timestamp* da transação somente leitura mais antiga no sistema. Então, a mais antiga das duas versões Q_k e Q_j não será usada novamente e poderá ser excluída.

18.8 Isolamento de instantâneo (*snapshot isolation*)

O isolamento de instantâneo é um tipo específico de esquema de controle de concorrência que ganhou larga aceitação em sistemas de banco de dados comerciais e *open-source* (de código aberto), incluindo Oracle, PostgreSQL e SQL Server. Apresentamos o isolamento de *snapshot* na Seção 17.9.3. Aqui, vamos dar uma olhada mais detalhada em seu funcionamento.

Conceitualmente, o isolamento de *snapshot* consiste em dar a uma transação uma "fotografia" (ou "instantâneo") do banco de dados no momento que ela inicia sua execução. Em seguida, ela opera sobre esse *snapshot* em completo isolamento das transações concorrentes. Os valores dos dados no *snapshot* consistem apenas em valores escritos por transações confirmadas. Esse isolamento é ideal para transações somente leitura, pois nunca esperam e nunca são abortadas pelo gerenciador de concorrência.

As transações que atualizam o banco de dados potencialmente possuem conflitos com outras transações que atualizam o banco de dados. As atualizações realizadas por uma transação devem ser validadas antes que a transação possa ser confirmada. Mais adiante, nesta seção, descrevemos como é realizada a validação. As atualizações são mantidas em um espaço de trabalho privado da transação até que ela seja validada, quando as atualizações são gravadas no banco de dados.

Quando uma transação T é autorizada a executar a confirmação, a transição de T para o estado de confirmado e a escrita de todas as atualizações feitas por T no banco de dados deve ser feita como uma ação atômica, de forma que qualquer *snapshot* criado para qualquer outra transação inclua todas as atualizações feitas pela transação T ou nenhuma delas.

18.8.1 Multiversionamento no isolamento de *snapshot*

Para implementar o isolamento de *snapshot*, as transações recebem dois *timestamps*. O primeiro *timestamp*, *StartTS*(T_i), é o momento que a transação T_i é iniciada. O segundo *timestamp*, *CommitTS*(T_i), é o momento que a transação T_i solicitou validação.

Observe que os *timestamps* podem ser o horário do relógio, desde que duas transações não recebam o mesmo *timestamp*, mas normalmente eles recebem o valor de um contador que é incrementado toda vez que uma transação entra em sua fase de validação.

O isolamento de *snapshot* é baseado no multiversionamento, e cada transação que atualiza um item de dados cria uma versão desse item de dados. As versões possuem apenas um *timestamp*, que é o *timestamp* de escrita, indicando quando a versão foi criada. O *timestamp* de uma versão criada pela transação T_i é definido como $CommitTS(T_i)$. (Como as atualizações no banco de dados só são feitas após a validação da transação T_i, $CommitTS(T_i)$ está disponível quando uma versão é criada.)[2]

Quando uma transação T_i lê um item de dados, a versão mais recente do item de dados cujo *timestamp* é $\leq StartTS(T_i)$ é retornada a T_i. Assim, T_i não vê as atualizações de quaisquer transações que confirmaram depois que T_i iniciou, embora veja as atualizações de todas as transações que foram confirmadas antes que ela fosse iniciada. Como resultado, T_i efetivamente vê um *snapshot* do banco de dados no momento que foi iniciada.[3]

18.8.2 Etapas de validação de transações de atualização

É preciso ter alguns cuidados ao decidir se uma transação de atualização deve ou não ter permissão para executar a confirmação. Potencialmente, duas transações executando simultaneamente podem atualizar os mesmos itens de dados. Uma vez que essas duas transações operem isoladamente usando seus próprios *snapshots* privados, nenhuma transação enxerga a atualização feita pela outra. Se ambas as transações são autorizadas a gravar no banco de dados, a primeira atualização escrita será substituída pela segunda. O resultado é uma **atualização perdida**, que, claramente, deve ser evitada. Existem duas variantes de isolamento de *snapshot*, as quais impedem que as atualizações perdidas aconteçam. Elas são chamadas de *primeiro confirmador vence* e *primeiro atualizador vence*. Ambas as abordagens são baseadas em testes de transação contra transações concorrentes.

Uma transação T_j é dita **concorrente com** determinada transação T_i se ela era ativa ou parcialmente confirmada em qualquer ponto desde o início de T até o momento que a validação de T_i foi iniciada. Formalmente, T_j é concorrente com T_i se

$$StartTS(T_j) \leq StartTS(T_i) \leq CommitTS(T_j), \text{ ou}$$

$$StartTS(T_i) \leq StartTS(T_j) \leq CommitTS(T_i).$$

Do ponto de vista do **primeiro confirmador vence**, quando uma transação T_i inicia a validação, as ações a seguir são realizadas como parte da validação, após seu *CommitTS* ser atribuído. (Para simplificar, consideramos que apenas uma transação realiza validação de cada vez, embora as implementações reais tenham suporte para validação concorrente.)

- Um teste é feito para ver se alguma transação que foi concorrente com T já gravou uma atualização no banco de dados para algum item de dados que T pretende gravar. Isso pode ser feito verificando, para cada item de dados d que T_i pretende gravar, se existe uma versão do item de dados d cujo *timestamp* está entre $StartTS(T_i)$ e $CommitTS(T_i)$.[4]
- Se algum item de dados for encontrado, T_i aborta.
- Se nenhum item de dados for encontrado, T executa a confirmação e suas atualizações são gravadas no banco de dados.

Essa abordagem é chamada de "primeiro confirmador vence" porque, se as transações entrarem em conflito, a primeira transação a ser testada usando a regra anterior foi bem-sucedida ao gravar suas atualizações, enquanto as transações subsequentes são forçadas a abortar. Detalhes de como implementar esses testes são abordados no Exercício 18.15.

Do ponto de vista do **primeiro atualizador vence**, o sistema usa um mecanismo de bloqueio (*locking*) que se aplica apenas às atualizações (as leituras não são afetadas desde que não obtenham bloqueios). Quando uma transação T_i tenta atualizar um item de dados, ela solicita um *bloqueio de escrita* sobre esse item de dados. Se o bloqueio não estiver mantido por uma transação concorrente, as etapas seguintes são executadas após o bloqueio ser adquirido:

- Se o item foi atualizado por qualquer transação concorrente, então T_i aborta.
- Caso contrário, T_i pode proceder à sua execução, incluindo possivelmente a ação de confirmação.

Se, no entanto, alguma outra transação concorrente T_j já possui um bloqueio de escrita sobre esse item de dados, a transação T_i não poderá prosseguir, e as seguintes regras são seguidas:

- T_i espera até T_j abortar ou confirmar.
  - Se T_j aborta, o bloqueio é liberado e T_i pode obter o bloqueio. Após o bloqueio ser adquirido, a verificação de atualização por uma transação concorrente é realizada conforme descrito antes: T_i aborta se uma transação concorrente atualizou o item de dados e prossegue com a sua execução, caso contrário.
  - Se T_j confirmar, então, T_i deve abortar.

Os bloqueios são liberados quando a transação é confirmada ou abortada.

[2]Muitas implementações criam versões até mesmo antes que a transação inicie a validação; como o *timestamp* de versão não está disponível nesse ponto, inicialmente ele é definido como infinito, sendo atualizado para o valor atual no momento da validação. Outras otimizações são usadas nas implementações reais, mas vamos ignorá-las para simplificar.

[3]Para encontrar a versão correta de um item de dados para determinado *timestamp* de modo eficiente, muitas implementações armazenam não apenas o *timestamp* de quando uma versão foi criada, mas também o *timestamp* de quando a próxima versão foi criada, que pode ser considerado um *timestamp de invalidação* para essa versão; a versão é válida entre os *timestamps* de criação e invalidação. A versão ativa de um item de dados tem o *timestamp* de invalidação definido como infinito.

[4]Existem implementações alternativas, baseadas no acompanhamento de conjuntos de leitura e escrita para transações.

Essa abordagem é chamada de "primeiro atualizador vence" porque, se as transações conflitam, a primeira a obter o bloqueio é a única que tem permissão para confirmar (*commit*) e realizar a sua atualização. Aquelas que tentam atualizar depois abortam, a menos que o primeiro atualizador em seguida seja abortado por alguma outra razão. (Como alternativa à espera para ver se o primeiro atualizador T_j aborta, um atualizador subsequente T_i pode ser abortado tão logo descubra que o bloqueio de escrita que ele pretende obter pertence a T_j.)

18.8.3 Problemas de serializabilidade e soluções

O isolamento de *snapshot* é atraente, na prática, porque as transações que leem muitos dados (geralmente, para análise de dados) não interferem com transações de atualização mais curtas (normalmente usadas para processamento de transação). Com o bloqueio em duas fases, essas transações longas somente leitura bloqueariam transações de atualização por longos períodos de tempo, o que costuma ser inaceitável.

Vale a pena observar que as restrições de integridade impostas pelo banco de dados, como as restrições de chave primária e chave estrangeira, não podem ser verificadas em um *snapshot*; sendo assim, seria possível que duas transações simultâneas inserissem duas tuplas com o mesmo valor de chave primária, ou que uma transação inserisse um valor de chave estrangeira que, ao mesmo tempo, fosse excluído da relação referenciada. Esse problema é tratado verificando essas restrições no estado atual do banco de dados, no lugar do *snapshot*, como parte da validação no momento do *commit*.

Mesmo com esse reparo, ainda há um problema sério com o esquema de isolamento do *snapshot* como já apresentado e como é aplicado na prática: o *isolamento de snapshot* **não** *assegura a serializabilidade!*

Em seguida, damos exemplos de execuções não serializáveis possíveis sob o isolamento de *snapshot*. Depois, esboçamos a técnica de *isolamento de snapshot serializável*, suportada por alguns bancos de dados, que estende a técnica de isolamento de *snapshot* para garantir a serializabilidade. Implementações de isolamento de *snapshot* que não oferecem suporte ao isolamento de *snapshot* serializável normalmente admitem extensões da SQL que permitem ao programador garantir a serializabilidade mesmo com isolamento de *snapshot*; estudamos essas extensões no final da seção.

- Considere o *schedule* de transações mostrado na Figura 18.20. Duas transações concorrentes T_i e T_j leem os itens de dados A e B. T_i define $A = B$ e escreve A, enquanto T_j define $B = A$ e escreve B. Como T_i e T_j são concorrentes, sob isolamento de *snapshot*, nenhuma transação vê a atualização feita pela outra em seu *snapshot*. Mas, uma vez que elas atualizam itens de dados diferentes, ambas são autorizadas a confirmar, independentemente de o sistema utilizar a política do primeiro atualizador vence ou a política do primeiro confirmador vence.

  No entanto, a execução não é serializável, pois resulta na troca dos valores de A e B, enquanto qualquer *schedule* serializável definiria A e B para o mesmo valor: ou o valor inicial de A ou o valor inicial de B, dependendo da ordem de T_i e T_j.

T_i	T_j
read(A)	
read(B)	
	read(A)
	read(B)
A=B	
	B=A
write(A)	
	write(B)

Figura 18.20 *Schedule* não serializável sob isolamento de *snapshot*.

Pode-se ver facilmente que o grafo de precedência tem um ciclo. Existe uma aresta no grafo de precedência de T_i para T_j porque T_i lê o valor de A que existia antes de T_j escrever A. Há também uma aresta no grafo de precedência de T_j para T_i porque T_j lê o valor de B que existia antes de T_i escrever B. Uma vez que existe um ciclo no grafo de precedência, o resultado é um *schedule* não serializável.

Essa situação, em que cada um de um par de transações leu um item de dados que é escrito por outro, mas o conjunto de itens de dados escrito pelas duas transações não tem nenhum item de dados em comum, é conhecida como **escrita distorcida**.

- Como outro exemplo de escrita distorcida, considere um cenário bancário. Suponha que o banco imponha a restrição de integridade em que a soma dos saldos da conta-corrente e da conta poupança de um cliente não deve ser negativa. Suponhamos que os saldos de conta-corrente e de poupança para um cliente sejam de \$ 100 e \$ 200, respectivamente. Suponha que a transação T_{36} retire \$ 200 da conta-corrente, após a verificação da restrição de integridade ler os dois saldos. Suponha que, ao mesmo tempo, a transação T_{37} retire \$ 200 da conta de poupança, mais uma vez após a verificação da restrição de integridade. Uma vez que cada uma das transações verifica a restrição de integridade no seu próprio *snapshot*, se executadas simultaneamente cada uma vai acreditar que a soma dos saldos, após a retirada, seja de \$ 100 e, portanto, sua retirada não viola a restrição. Uma vez que as duas transações atualizam itens de dados diferentes, elas não têm nenhum conflito de atualização e, do ponto de vista do isolamento de *snapshot*, ambas podem realizar a confirmação.

  Infelizmente, no estado final após T_{36} e T_{37} confirmarem, a soma dos saldos será de \$ 100, o que viola a restrição de integridade. Essa violação nunca poderia ter ocorrido em qualquer execução em série de T_{36} e T_{37}.

- Muitas aplicações financeiras criam sequência de números consecutivos, por exemplo, número de faturas, pegando o número de fatura máximo corrente e somando um ao valor para obter um novo número de fatura. Se duas transações desse tipo executam simultaneamente, cada uma verá o mesmo conjunto de faturas no seu *snapshot*, e cada uma criará um número de fatura com o mesmo número. Ambas as transações passam pelos testes de validação para o isolamento de *snapshot*, uma vez que não atualizam tuplas em comum. No entanto, a execução não é serializável, e o estado do banco de dados resultante não pode ser obtido por qualquer execução em série das duas transações. Criar duas faturas com o mesmo número poderia ter graves implicações jurídicas.

O problema anterior é um exemplo do fenômeno fantasma, que vimos na Seção 18.4.3, uma vez que a inserção realizada por cada transação conflita com a leitura realizada pela outra transação para encontrar o número máximo de fatura, mas o conflito não é detectado pelo isolamento de *snapshot*.[5]

Os problemas que mostramos aqui parecem indicar que a técnica de isolamento de *snapshot* é vulnerável a muitos problemas de serializabilidade, e nunca deve ser usada. Porém, os problemas de serializabilidade são relativamente raros por dois motivos:

1. O fato de que o banco de dados deve verificar as restrições de integridade no momento da confirmação, em vez de em um *snapshot*, também ajuda a evitar incoerências em algumas situações. Por exemplo, no exemplo de aplicação financeira que vimos anteriormente, o número de fatura provavelmente teria sido declarado como uma chave primária. O sistema de banco de dados detectaria a violação da chave primária fora do *snapshot* e reverteria uma das duas transações.

   Foi mostrado que as restrições de chave primária garantiam que todas as transações em um conhecido *benchmark* de processamento de transação, TPC-C, estavam livres do problema da não serializabilidade, quando executadas sob isolamento de *snapshot*. Isso foi visto como uma indicação de que esses problemas são raros. Porém, eles ocorrem ocasionalmente e, quando ocorrem, devem ser tratados.[6]

2. Em muitas aplicações vulneráveis a problemas de serializabilidade, como nas escritas distorcidas sobre alguns itens de dados, as transações entram em conflito com outros itens de dados, garantindo que tais transações não possam ser executadas simultaneamente; como resultado, a execução dessas transações sob isolamento de *snapshot* permanece serializável.

A execução não serializável, ainda assim, pode ocorrer com o isolamento de *snapshot*. O impacto da execução não serializável em razão do isolamento de *snapshot* não é muito severo para muitas aplicações. Por exemplo, considere uma aplicação de universidade que implementa limites de matrícula para um curso contando a matrícula atual antes de permitir a inscrição. O isolamento de *snapshot* poderia permitir que o limite de matrículas na turma fosse excedido. No entanto, isso pode acontecer muito raramente e, se acontecer, ter um aluno a mais em uma turma normalmente não é um problema sério. O fato de que o isolamento de *snapshot* permite que transações longas de leitura sejam executadas sem bloquear os atualizadores constitui um benefício grande o suficiente para muitas dessas aplicações aceitarem pequenos problemas ocasionais.

A não serializabilidade pode não ser aceitável para muitas outras aplicações, como aplicações financeiras, mas existem várias soluções possíveis.

- Uma forma modificada de isolamento de *snapshot*, chamada isolamento de *snapshot* serializável, pode ser usada se houver suporte pelo sistema de banco de dados. Essa técnica estende a técnica de isolamento de *snapshot* de modo a garantir a serializabilidade.
- Alguns sistemas permitem que diferentes transações sejas executadas sob diferentes níveis de isolamento, que podem ser usados para evitar os problemas de serializabilidade mencionados.
- Alguns sistemas que possuem suporte para isolamento de *snapshot* oferecem um modo para os programadores SQL criarem conflitos artificiais, usando uma cláusula de atualização (**for update**) em SQL, que pode garantir a serializabilidade.

A seguir, esboçamos brevemente cada uma dessas soluções.

Desde a versão 9.1, o PostgreSQL implementa uma técnica chamada isolamento de *snapshot* serializável, que garante a serializabilidade; além disso, as versões do PostgreSQL a partir de 9.1 incluem uma técnica baseada em bloqueio de índice para fornecer proteção contra problemas do fenômeno fantasma.

A ideia por trás do protocolo de **isolamento de *snapshot* serializável (SSI)** é a seguinte: suponha que rastreamos todos os conflitos (por exemplo, conflitos de escrita/escrita, leitura/escrita e leitura/leitura) entre transações. Lembre-se, da Seção 17.6, de que podemos construir um grafo de precedência de transação que tem uma borda direcionada de T_1 para T_2 se as transações T_1 e T_2 tiverem operações conflitantes em uma tupla, com a ação T_1 precedendo a ação de T_2. Como vimos na Seção 17.6, uma maneira de garantir a serializabilidade é procurar por ciclos no grafo de precedência de transação e reverter transações, se for achado um ciclo.

O principal motivo para a perda de serializabilidade com o isolamento de *snapshot* é que conflitos de leitura-escrita, em que uma transação T_1 escreve uma versão de um objeto e, em seguida, uma transação T_2 lê uma versão anterior do objeto, não são rastreados pelo isolamento de *snapshot*. Esse conflito pode ser representado por uma aresta de conflito de leitura-escrita de T_2 para T_1.

[5] O padrão SQL utiliza o termo *problema fantasma* para se referir ao predicado não repetível, levando alguns a afirmar que o isolamento de *snapshot* evita o problema fantasma, porém tal afirmação não é válida sob a nossa definição de conflito fantasma.

[6] Por exemplo, o problema de números de faturas duplicados realmente ocorreu várias vezes em uma aplicação financeira no I.I.T Bombay, no qual (por razões complexas demais para discutir aqui) o número da fatura não era uma chave primária, e o problema foi detectado por auditores financeiros.

Foi demonstrado que, em todos os casos em que o isolamento de *snapshot* permite *schedules* não serializáveis, deve haver uma transação que tenha uma aresta de conflito de leitura-escrita de entrada e uma aresta de conflito de leitura-escrita de saída (todos os outros casos de ciclos no grafo de conflito são detectados pelas regras de isolamento de *snapshot*). Portanto, as implementações do isolamento de *snapshot* serializável rastreiam todos os conflitos de leitura-escrita entre transações simultâneas para detectar se uma transação possui uma aresta de conflito de leitura-escrita de entrada e de saída. Se tal situação for encontrada, uma das transações envolvidas nos conflitos de leitura-escrita será revertida. Essa verificação é muito menos dispendiosa do que rastrear todos os conflitos e procurar ciclos, embora possa resultar em algumas reversões desnecessárias.

Também vale a pena mencionar que a técnica usada pelo PostgreSQL para evitar fantasmas usa bloqueio de índice, mas os bloqueios não são mantidos em duas fases. Em vez disso, eles são usados para detectar possíveis conflitos entre transações simultâneas e devem ser retidos por algum tempo, mesmo após uma transação ser confirmada, para permitir verificações contra outras transações simultâneas. A técnica de bloqueio de índice usada pelo PostgreSQL também não resulta em impasses.

O SQL Server oferece a opção de permitir que algumas transações sejam executadas sob isolamento de *snapshot*, enquanto outras pessoas executam sob o nível de isolamento *serializável*. A execução de transações longas somente leitura sob o nível de isolamento de *snapshot* durante a execução de transações de atualização sob o nível de isolamento serializável garante que a transação somente leitura não bloqueie os atualizadores, além de assegurar que as anomalias mencionadas não ocorram.

Em versões do Oracle até pelo menos o Oracle 12c (até onde sabemos), e nas versões do PostgreSQL anteriores à 9.1, o nível de isolamento serializável, na verdade, implementa o isolamento de *snapshot*. Como resultado, mesmo com o nível de isolamento definido como serializável, é possível que o banco de dados permita alguns planejamentos que não sejam serializáveis.

Se uma aplicação tiver que ser executada sob isolamento de *snapshot*, em diversos bancos de dados um desenvolvedor de aplicação pode se proteger contra certas anomalias de *snapshot* acrescentando uma cláusula **for update** à consulta de seleção SQL, como ilustrado a seguir:

> **select** *
> **from** *instrutor*
> **where** *ID* = 22222
> **for update**;

Adicionar a cláusula **for update** faz com que o sistema trate dados lidos como se eles tivessem sido atualizados para fins de controle de concorrência. Em nosso primeiro exemplo de escrita distorcida, mostrado na Figura 18.20, se a cláusula **for update** é anexada a consultas de seleção que leem os valores de *A* e *B*, apenas uma das duas transações concorrentes seria autorizada a confirmar, já que parece que as duas transações atualizaram tanto *A* quanto *B*.

Existem métodos formais (veja as notas bibliográficas *on-line*) para determinar se dada combinação de transações corre o risco de execução não serializável sob o isolamento de *snapshot* e decidir sobre os conflitos que apresenta (usando a cláusula **for update**, por exemplo), de modo a garantir a serializabilidade. Esses métodos só funcionam se soubermos de antemão quais transações estão sendo executadas. Em algumas aplicações, todas as transações são executadas a partir de um conjunto de transações predeterminado, o que torna essa análise possível. No entanto, se a aplicação permite transações sem restrições, tal análise não é exequível.

18.9 Níveis de consistência fracos na prática

Na Seção 17.8, discutimos os níveis de isolamento especificados pelo padrão SQL: serializável (*serializable*), leitura reprodutível (*repeatable read*), leitura confirmada (*read committed*) e leitura não confirmada (*read uncommitted*). Nesta seção, primeiro descrevemos, brevemente, algumas terminologias mais antigas relativas aos níveis de consistência mais fracos do que o serializável, relacionando-os com os níveis do padrão SQL. Em seguida, discutimos a questão do controle de concorrência para as operações que envolvem a interação do usuário, assunto abordado rapidamente na Seção 17.8.

18.9.1 Consistência de grau dois

A finalidade da **consistência de grau dois** (*degree-two consistency*) é evitar os abortos em cascata sem necessariamente assegurar a serialização. O protocolo de bloqueio para a consistência de grau dois utiliza os mesmos dois modos de bloqueio que usamos para o protocolo de bloqueio de duas fases: compartilhado (S) e exclusivo (X). Uma transação precisa manter o modo de bloqueio apropriado quando acessar um item de dados, mas o comportamento em duas fases não é obrigatório.

Ao contrário da situação no bloqueio de duas fases, os bloqueios S podem ser liberados a qualquer instante, e os bloqueios podem ser adquiridos a qualquer instante. Os bloqueios exclusivos, por outro lado, não podem ser liberados até que a transação confirme ou aborte. A serializabilidade não é garantida por esse protocolo. Na realidade, uma transação pode ler o mesmo item de dados duas vezes e obter diferentes resultados. Na Figura 18.21, T_{32} lê o valor de Q antes e depois que esse valor é escrito por T_{33}.

Claramente, leituras não são reprodutíveis (*not repeatable*), mas, como os bloqueios exclusivos são mantidos até a confirmação da transação, nenhuma transação pode ler um valor não confirmado. Assim, a consistência de grau dois é uma implementação particular do nível de isolamento de leitura confirmada.

É interessante observar que, com uma consistência de grau dois, uma transação que está varrendo um índice poderá ver duas versões de um registro que foi atualizado enquanto a varredura estava em andamento e, potencialmente, também pode não ver versão alguma! Por exemplo, considere uma relação *r*(*A*, *B*, *C*), com a chave primária *A*, com um índice no atributo *B*. Agora considere uma consulta que

T_{32}	T_{33}
lock-S(Q)	
read(Q)	
unlock(Q)	
	lock-X(Q)
	read(Q)
	write(Q)
	unlock(Q)
lock-S(Q)	
read(Q)	
unlock(Q)	

Figura 18.21 *Schedule* não serializável com consistência de grau dois.

está varrendo a relação r usando o índice no atributo B, utilizando a consistência de grau dois. Suponha que haja uma atualização simultânea para uma tupla $t_1 \in r$ que atualize o atributo $t_1 \cdot B$ de v_1 para v_2. Essa atualização requer a exclusão de uma entrada correspondente ao valor v_1 do índice e a inserção de uma nova entrada correspondente a v_2. Agora, a varredura de r, possivelmente, poderia varrer o nó de índice correspondente a v_1 após a tupla antiga ser excluída, mas visitar o nó de índice correspondente a v_2 antes da tupla atualizada ser inserida nesse nó. Então, a varredura perderia completamente a tupla, mesmo que ela tivesse visto o valor antigo ou novo de t_1. Além disso, uma varredura usando a consistência grau dois poderia, possivelmente, visitar o nó correspondente a v_1 antes da exclusão e o nó correspondente a v_2 após a inserção e, assim, ver duas versões de t_1, uma antes da atualização e outra após a atualização. (Esse problema não surgiria se a varredura e a atualização utilizassem o bloqueio de duas fases.)

18.9.2 Estabilidade de cursor (*cursor stability*)

A **estabilidade de cursor** é uma forma de consistência de grau dois criada para programas que percorrem as tuplas de uma relação usando cursores. Em vez de bloquear a relação inteira, a estabilidade do cursor garante que:

- A tupla que atualmente está sendo processada pela iteração seja bloqueada no modo compartilhado. Quando a tupla é processada, o bloqueio sobre a tupla pode ser liberado.
- Quaisquer tuplas modificadas sejam bloqueadas no modo exclusivo até que a transação seja confirmada.

Essas regras garantem que a consistência de grau dois seja obtida. Mas o bloqueio não é feito em duas fases, e a serializabilidade não é garantida. A estabilidade do cursor é usada, na prática, sobre relações muito acessadas como meio de aumentar a concorrência e melhorar o desempenho do sistema. As aplicações que usam a estabilidade do cursor precisam ser codificadas de modo que garantam a consistência do banco de dados, mesmo diante da possibilidade de *schedules* não serem serializáveis. Assim, o uso da estabilidade do cursor é limitado a situações especializadas com restrições de consistência simples.

Quando tem o suporte do banco de dados, o isolamento de *snapshot* é uma alternativa melhor tanto à consistência de grau dois, quanto à estabilidade do cursor, pois oferece um nível de concorrência semelhante ou até mesmo melhor, enquanto reduz o risco de execuções não serializáveis.

18.9.3 Controle de concorrência a partir de interações do usuário

Os protocolos de controle de concorrência geralmente consideram as transações que não envolvem a interação do usuário. Considere o exemplo de assentos de avião da Seção 17.8, que envolveu a interação do usuário. Suponha que tratamos todos os passos desde que a disponibilidade de assentos é inicialmente mostrada ao usuário até que a escolha de assento seja confirmada, como uma única transação.

Se o bloqueio de duas fases é usado, todo o conjunto de assentos em um voo será bloqueado em modo compartilhado até que o usuário tenha completado a escolha de lugar, e nenhuma outra transação será capaz de atualizar as informações de alocação de assento nesse período. Tal bloqueio seria uma ideia muito ruim, já que um usuário pode levar muito tempo para fazer uma seleção ou mesmo abandonar a transação sem cancelá-la explicitamente. Os protocolos de *timestamp* ou de validação poderiam ser usados, o que evitaria o problema de bloqueio, mas esses dois protocolos poderiam abortar a operação de um usuário A se qualquer outro usuário B atualizasse as informações de alocação de assento, mesmo se o assento selecionado por B não estiver em conflito com o assento selecionado pelo usuário A. Nessa situação, o isolamento de *snapshot* é uma boa opção, uma vez que não abortará a operação do usuário A enquanto B não selecionar o mesmo assento que A.

No entanto, o isolamento de *snapshot* necessita que o banco de dados se lembre de informações sobre as atualizações realizadas por uma transação, mesmo depois de ter sido confirmada, enquanto qualquer outra transação concorrente ainda estiver ativa, o que pode ser problemático para as transações de longa duração.

Outra opção é dividir uma transação que envolve a interação do usuário em duas ou mais transações, de modo que a transação não cubra individualmente toda a interação do usuário. Se a nossa transação de escolha de assento for dividida, a primeira transação lerá a disponibilidade de assentos, enquanto a segunda transação concluiria a alocação do assento selecionado. Se a segunda transação é escrita de maneira descuidada, pode autorizar o lugar escolhido para o usuário sem verificar se o assento foi atribuído a outro usuário, resultando em um problema de atualização perdida. Para evitar o problema, como descrito na Seção 17.8, a segunda transação deve realizar a alocação de assentos apenas se o assento não foi atribuído a outro usuário nesse meio-tempo.

Essa ideia foi generalizada em um esquema alternativo de controle de concorrência, que usa números de versão armazenados em tuplas para evitar atualizações perdidas. O esquema de cada relação é alterado pela adição de um atributo extra *número de versão*, que é inicializado com zero quando o registro (tupla) é criado. Quando uma transação lê (pela primeira vez) uma tupla que pretende atualizar, ela se recorda do número da versão da tupla. A leitura é realizada como uma operação independente no banco de dados e, portanto, os bloqueios que podem ser obtidos são liberados imediatamente. As atualizações são feitas localmente e copiadas para o banco de dados como parte do processo de confirmação, utilizando os seguintes passos que são executados atomicamente (isto é, como parte de uma única transação):

- Para cada tupla atualizada, a transação verifica se o número da versão atual é o mesmo que o número de versão da tupla quando foi lida da primeira vez pela transação.
    1. Se os números de versão coincidem, a atualização é realizada na tupla no banco de dados e seu número de versão é incrementado em um.
    2. Se os números de versão não coincidem, a transação é abortada e a reversão de todas as atualizações é realizada.
- Se a verificação de número de versão for bem-sucedida para todas as tuplas atualizadas, a transação é confirmada. É interessante notar que um *timestamp* pode ser usado em vez do número de versão, sem afetar o esquema.

Observe a grande semelhança entre o esquema anterior e o isolamento de *snapshot*. A verificação do número da versão utiliza a regra "primeiro confirmador vence", usada no isolamento de *snapshot*, e pode ser utilizada mesmo que a transação esteja ativa por muito tempo. No entanto, diferentemente do isolamento de *snapshot*, as leituras realizadas por uma transação podem não corresponder a um *snapshot* do banco de dados e, ao contrário do protocolo de validação, as leituras realizadas pela transação não são validadas.

Nós nos referimos ao esquema mencionado como **controle de concorrência otimista sem validação de leitura**. Esse tipo de controle proporciona um nível fraco de serializabilidade e não assegura a serializabilidade. Uma variante desse esquema usa números de versão para validar as leituras no momento da confirmação, além de validar a escrita para garantir que as tuplas lidas pela transação não foram atualizadas após a leitura inicial. Esse esquema é equivalente ao controle de concorrência otimista que vimos anteriormente.

O esquema anterior tem sido amplamente utilizado por desenvolvedores de aplicação para lidar com transações que envolvam a interação com o usuário. Uma característica interessante do sistema é que ele pode ser facilmente implementado em cima de um sistema de banco de dados. As etapas de validação e atualização realizadas como parte do processamento da confirmação são executadas como uma única transação no banco de dados, usando o sistema de controle de concorrência do banco de dados para garantir a atomicidade do processamento da confirmação. O esquema anterior é também usado pelo sistema de mapeamento objeto-relacional Hibernate (Seção 9.6.2) e outros sistemas de mapeamento objeto-relacional, onde é conhecido como controle de concorrência otimista (mesmo que as leituras não sejam validadas por padrão). O Hibernate e outros sistemas de mapeamento objeto-relacional, portanto, realizam as verificações de número da versão de maneira transparente como parte do processamento da confirmação. (As transações que envolvem interação do usuário são chamadas de **conversações** no Hibernate, para diferenciá-las das transações regulares; a validação usando números de versão é particularmente útil para tais transações.)

Portanto, os desenvolvedores de aplicação devem estar cientes do potencial para execução não serializável, devendo restringir seu uso do esquema a aplicações onde a não serializabilidade não causar problemas sérios.

18.10 Tópicos avançados em controle de concorrência

Em vez de usar o bloqueio de duas fases, técnicas especiais de controle de concorrência podem ser utilizadas para estruturas de índice, resultando na melhoria da concorrência. Ao usar bancos de dados na memória principal, por outro lado, o controle de concorrência de índice pode ser simplificado. Além disso, as ações de controle de concorrência geralmente se tornam gargalos nos bancos de dados de memória principal, e técnicas como estruturas de dados sem trava foram projetadas para reduzir os *overheads* do controle de concorrência. Em vez de detectar conflitos no nível de leituras e escritas, é possível considerar as operações (por exemplo, incremento de um contador) como operações básicas e executar o controle de concorrência com base em conflitos entre operações. Certas aplicações exigem garantias no tempo de conclusão da transação. Para essas aplicações, foram desenvolvidas técnicas especializadas de controle de concorrência.

18.10.1 Criação de índice *on-line*

Quando estamos lidando com grandes volumes de dados (na faixa dos terabytes), operações como a criação de um índice podem levar muito tempo – talvez horas ou até dias. Quando a operação termina, o conteúdo do índice deve estar consistente com o conteúdo da relação, e todas as atualizações posteriores sobre a relação deverão manter o índice.

Uma maneira de garantir que os dados e o índice sejam consistentes é bloquear todas as atualizações na relação enquanto o índice é criado, por exemplo, obtendo um bloqueio compartilhado sobre a relação. Depois que o índice é criado e os metadados da relação são atualizados para refletir a existência do índice, os bloqueios podem ser liberados. Transações de atualização subsequentes encontrarão o índice, e executarão a manutenção do índice como parte da transação.

No entanto, essa técnica tornaria o sistema indisponível para atualizações na relação por muito tempo, o que é inaceitável. Em vez disso, a maioria dos sistemas de banco de dados oferece suporte à **criação de índice on-line**, o que permite que as atualizações das relações ocorram mesmo enquanto o índice está sendo criado. A criação de índices *on-line* pode ser executada da seguinte maneira:

1. A criação de índice obtém um *snapshot* da relação e o utiliza para criar o índice; enquanto isso, o sistema registra em um *log* todas as atualizações feitas à relação depois que o *snapshot* é criado.
2. Quando o índice sobre os dados do *snapshot* estiver concluído, ele ainda não estará pronto para uso, já que atualizações subsequentes não foram incluídas. Neste ponto, o *log* de atualizações feitas à relação é usado para atualizar o índice. Mas, enquanto a atualização do índice está sendo realizada, outras atualizações podem estar acontecendo na relação.
3. A atualização do índice obtém, então, um bloqueio compartilhado sobre a relação para impedir novas atualizações, e aplica todas as atualizações restantes ao índice. Nesse ponto, o índice está consistente com o conteúdo da relação. Os metadados da relação são, assim, atualizados para indicar a existência do novo índice. Em seguida, todos os bloqueios são liberados.

   Qualquer transação que for executada depois disso verá que o índice existe; se a transação atualizar a relação, ela também atualizará o índice.

A criação de *views* materializadas que são mantidas imediatamente, como parte da transação que atualiza qualquer uma das relações usadas na *view*, também pode se beneficiar de técnicas de construção *on-line* que são semelhantes à construção de índice *on-line*. A consulta que define a *view* é executada sobre um *snapshot* das relações participantes, e as atualizações subsequentes são registradas em *log*. As atualizações são aplicadas à *view* materializada, com uma fase final de bloqueio e recuperação semelhante ao caso da criação de índice *on-line*.

Alterações de esquema, como adicionar ou excluir atributos ou restrições, também podem ter um impacto significativo se as relações forem bloqueadas enquanto a alteração do esquema é implementada sobre todas as tuplas.

- Para adicionar ou excluir atributos, um número de versão pode ser mantido com cada tupla, e as tuplas podem ser atualizadas em segundo plano ou sempre que forem acessadas; o número de versão é usado para determinar se a alteração do esquema já foi aplicada à tupla, e a alteração do esquema é aplicada à tupla se ela ainda não tiver sido aplicada.
- O acréscimo de restrições requer que os dados existentes sejam verificados para garantir que a restrição seja satisfeita. Por exemplo, adicionar uma restrição de chave primária ou exclusiva em um ID de atributo requer a verificação de tuplas existentes para garantir que não haja duas tuplas com o mesmo valor de ID. O acréscimo *on-line* de tais restrições é feito de maneira semelhante à construção do índice *on-line*, verificando as restrições em um *snapshot* da relação, mantendo um *log* de atualizações que ocorrem após o *snapshot*. As atualizações no *log* devem ser verificadas para garantir que elas não violem a restrição. Em uma fase de recuperação final, a restrição é verificada em todas as atualizações restantes no *log* e adicionada aos metadados da relação, mantendo um bloqueio compartilhado sobre a relação.

18.10.2 Concorrência em estruturas de índice

É possível tratar o acesso a estruturas de índice como qualquer outra estrutura de banco de dados e aplicar as técnicas de controle de concorrência discutidas anteriormente. Porém, como os índices são acessados com frequência, eles se tornariam um ponto de grande disputa de bloqueio, levando a um baixo grau de concorrência. Felizmente, os índices não precisam ser tratados como outras estruturas de banco de dados; é desejável liberar os bloqueios de índice antecipadamente, sem o uso de duas fases, para maximizar a concorrência. Na verdade, é perfeitamente aceitável que uma transação realize uma pesquisa sobre um índice duas vezes e descubra que a estrutura do índice mudou nesse ínterim, desde que a pesquisa de índice retorne o conjunto correto de tuplas. Informalmente, é aceitável ter acesso simultâneo não serializável a um índice, desde que a acurácia do índice seja mantida; vamos formalizar essa noção em seguida.

A **serialização de operação** para operações de índice é definida da seguinte forma: uma execução concorrente de operações de índice sobre um índice é considerada serializável se houver uma ordem de serialização das operações que seja consistente com os resultados vistos por cada operação de índice na execução concorrente bem como consistente com o estado final do índice após todas as operações terem sido executadas. Técnicas de controle de concorrência de índice devem garantir que qualquer execução concorrente de operações de índice seja serializável.

Esboçamos duas técnicas para gerenciar o acesso simultâneo às árvores B$^+$, além de uma técnica de controle de concorrência de índice para impedir o problema do fenômeno fantasma. As notas bibliográficas *on-line* referenciam outras técnicas para árvores B$^+$, bem como técnicas para outras estruturas de índice. As técnicas que apresentamos para controle de concorrência sobre árvores B$^+$ são baseadas no bloqueio, mas nem o bloqueio de duas fases nem o protocolo de árvore são empregados. Os algoritmos para pesquisa, inserção e exclusão são aqueles usados no Capítulo 14, com apenas algumas modificações.

A primeira técnica é chamada de **protocolo caranguejo**:

- Ao procurar um valor de chave, o protocolo caranguejo primeiro bloqueia o nó raiz no modo compartilhado. Ao atravessar a árvore, ele adquire um bloqueio compartilhado sobre o nó filho a ser atravessado adiante. Depois de adquirir o bloqueio sobre o nó filho, ele libera o bloqueio sobre o nó pai e repete esse processo até que alcance um nó de folha.
- Ao inserir ou excluir um valor de chave, o protocolo caranguejo toma estas ações:
  - Ele segue o mesmo protocolo da pesquisa até alcançar o nó de folha desejado. Até esse ponto, ele obtém (e libera) apenas bloqueios compartilhados.
  - Ele bloqueia o nó de folha no modo exclusivo e insere ou exclui o valor de chave.
  - Se precisar dividir um nó ou uni-lo aos seus irmãos, ou redistribuir os valores de chave entre os irmãos, o protocolo caranguejo bloqueia o pai do nó no modo exclusivo. Depois de realizar essas ações, ele libera os bloqueios sobre o nó e seus irmãos.

Se o pai exigir divisão, união ou redistribuição dos valores de chave, o protocolo reterá o bloqueio sobre o pai, e a divisão, união ou redistribuição se propaga adiante da mesma maneira. Caso contrário, ele libera o bloqueio sobre o pai.

O protocolo recebe esse nome pelo modo como os caranguejos se movem de lado, movendo as pernas em um lado, depois as pernas no outro, continuando alternadamente. O progresso do bloqueio enquanto o protocolo desce na árvore e sobe de volta (no caso de divisão, união ou redistribuição) prossegue de maneira semelhante, tipo caranguejo.

Quando uma operação em particular libera um bloqueio sobre um nó, outras operações podem acessar esse nó. Existe uma possibilidade de impasses entre as operações de busca descendo da árvore, e divisão, união ou redistribuição propagando-se para cima na árvore. O sistema pode facilmente lidar com esses impasses reiniciando a operação de busca pela raiz, depois de liberar os bloqueios mantidos pela operação.

Os bloqueios que são mantidos por um curto período, em vez de serem mantidos em uma estratégia de duas fases, geralmente são chamados de **trancas** (**latches**). As trancas são usadas internamente nos bancos de dados para obter exclusão mútua nas estruturas de dados compartilhadas. No caso anterior, os bloqueios são mantidos de uma maneira que não garante a exclusão mútua durante uma operação de inserção ou exclusão, embora a execução resultante das operações de índice seja serializável.

A segunda técnica alcança ainda mais concorrência, evitando até mesmo manter o bloqueio sobre um nó enquanto adquire o bloqueio sobre outro nó; assim, os impasses são evitados e a concorrência é aumentada. Essa técnica utiliza uma versão modificada das árvores B$^+$ chamada **árvores B-link**; as árvores B-link exigem que cada nó (incluindo nós internos, não apenas as folhas) mantenha um ponteiro para o seu irmão da direita. Esse ponteiro é exigido porque uma pesquisa que ocorre enquanto um nó está sendo dividido pode ter de pesquisar não apenas esse nó, mas também o irmão da direita desse nó.

Diferentemente do protocolo caranguejo, o **protocolo de bloqueio de árvore B-link** mantém bloqueios apenas sobre um nó interno de cada vez. O protocolo libera o bloqueio sobre o nó interno atual antes de solicitar um bloqueio sobre um nó filho (ao atravessar para baixo), ou sobre um nó pai (enquanto atravessa para cima durante uma divisão ou mesclagem). Isso pode resultar em anomalias: por exemplo, entre o momento que o bloqueio sobre um nó é liberado e o bloqueio sobre um pai é solicitado, uma inserção ou exclusão simultânea em um irmão pode causar uma divisão ou mesclagem no pai, e o nó pai original pode não ser mais um pai do nó filho quando ele for bloqueado. O protocolo detecta e trata dessas situações, garantindo a serializabilidade da operação enquanto evita impasses entre operações e aumenta a concorrência em comparação com o protocolo caranguejo.

O fenômeno fantasma, onde os conflitos entre uma leitura de predicado e uma inserção ou atualização não são detectados, pode permitir a ocorrência de execuções não serializáveis. A técnica de bloqueio de índice, que vimos na Seção 18.4.3, impede o problema do fenômeno fantasma bloqueando os nós de folha de índice com uma estratégia de duas fases. Em vez de bloquear um nó de folha de índice inteiro, alguns esquemas de controle de concorrência utilizam o **bloqueio do valor de chave** (***key-value locking***) sobre valores de chave individuais, permitindo que outros valores de chave sejam inseridos ou excluídos da mesma folha. O bloqueio chave-valor, assim, oferece maior concorrência.

Porém, usar o bloqueio do valor de chave ingenuamente permitiria a ocorrência do fenômeno fantasma; para impedi-lo, usamos a técnica do **bloqueio da chave seguinte** (***next-key locking***). Nessa técnica, cada pesquisa de índice precisa bloquear não apenas as chaves encontradas dentro do intervalo (ou a chave única, no caso de uma pesquisa pontual), mas também o valor da chave seguinte – ou seja, o valor de chave imediatamente maior que o último valor de chave que estava dentro do intervalo. Além disso, cada inserção precisa bloquear não apenas o valor que é inserido, mas também o valor da chave seguinte. Assim, se a transação tentar inserir um valor que estava dentro do intervalo da pesquisa de índice de outra transação, as duas transações entrarão em conflito sobre o valor de chave seguinte ao valor de chave inserido. De modo semelhante, as exclusões também devem bloquear o valor da chave seguinte ao valor sendo excluído, de modo a garantir que os conflitos com pesquisas de intervalo subsequentes de outras consultas sejam detectados.

18.10.3 Controle de concorrência nos bancos de dados de memória principal

Com os dados armazenados no disco rígido, o custo das operações de E/S geralmente domina o custo do processamento de transações. Quando a E/S de disco é o custo de gargalo em um sistema, há pouco benefício em otimizar outros custos menores, como o custo do controle de concorrência. No entanto, em um banco de dados de memória principal, com a E/S de disco não mais sendo o gargalo, os sistemas se beneficiam com a redução de outros custos, como os custos de processamento de consulta, como vimos na Seção 15.8; agora, consideramos como reduzir o custo do controle de concorrência nos bancos de dados de memória principal.

Como vimos na Seção 18.10.2, as técnicas de controle de concorrência para operações em estruturas de índice baseadas em disco adquirem bloqueios sobre nós individuais, para aumentar o potencial de acesso simultâneo ao índice. No entanto, esse bloqueio ocorre com o aumento do custo de aquisição dos bloqueios. Em um banco de dados da memória principal, onde os dados estão na memória, as operações de índice levam muito pouco tempo para execução. Assim, pode ser aceitável efetuar o bloqueio com uma granularidade menos detalhada: por exemplo, todo o índice pode ser bloqueado utilizando uma única tranca (isto é, tranca de curta duração), a operação executada e a tranca liberada. Verificou-se que o *overhead* reduzido do bloqueio compensa a concorrência ligeiramente reduzida e melhora o desempenho geral.

Há outra maneira de melhorar o desempenho com índices na memória, usando instruções indivisíveis para executar atualizações de índice sem adquirir tranca alguma. Implementações

```
insert(valor, início){
    nó = new nó
    nó -> valor = valor
    nó -> seguinte = início
    início = nó
}
```

Figura 18.22 Código de inserção inseguro com inserções concorrentes.

de estruturas de dados que suportam operações simultâneas sem exigir trancas são chamadas de implementações de **estrutura de dados sem tranca**.

Considere uma lista encadeada, em que cada nó tem um *valor* e um ponteiro *seguinte*, e o início da lista encadeada é armazenado na variável *início*. A função *insert*() mostrada na Figura 18.22 funcionaria corretamente para inserir um nó no início da lista, se não houver chamadas simultâneas do código para a mesma lista.[7]

No entanto, se dois processos executarem a função *insert*() simultaneamente sobre a mesma lista, é possível que ambos leiam o mesmo valor da variável *início*, e ambos atualizariam a variável depois disso. O resultado final conteria um dos dois nós sendo inseridos, enquanto o outro nó sendo inserido se perderia.

Uma forma de evitar esse problema é obter uma tranca exclusiva (bloqueio de curto prazo) sobre a lista vinculada, executar a função *insert*() e liberar a tranca. A função *insert*() pode ser modificada para adquirir e liberar uma tranca sobre a lista.

[7]Assumimos que todos os parâmetros são passados por referência.

Uma implementação alternativa, que, na prática, é mais rápida, consiste em usar uma instrução atômica *compare-and-swap*(), abreviada como CAS, que funciona da seguinte maneira. A instrução CAS(*var*, *val_antigo*, *val_novo*) aceita três argumentos: uma variável *var* e dois valores, *val_antigo* e *val_novo*. De forma atômica, a instrução verifica se o valor de *var* é igual a *val_antigo* e, se for, define *var* como *val_novo* e retorna com sucesso. Se o valor não for igual, ela retornará com erro. A instrução é aceita pela maioria das arquiteturas de processador modernas, e é executada muito rapidamente.

A função *insert_latchfree*(), mostrada na Figura 18.23, é uma modificação de *insert*() que funciona corretamente mesmo com inserções concorrentes na mesma lista, sem obter nenhuma tranca. Com esse código, se dois processos lerem simultaneamente o antigo valor de *início*, e depois ambos executarem a instrução CAS, um deles verá que a instrução CAS retorna com sucesso, enquanto o outro verá um erro no retorno, já que o valor de *início* muda entre o momento em que é lido e quando a instrução CAS é executada. O *loop* **repeat**, então, repete a inserção usando o novo valor de *início*, até que retorne com sucesso.

```
insert_latchfree(início, valor) {
    node = new nó
    nó -> valor = valor
    repeat
        início_antigo = início
        nó -> seguinte = início_antigo
        resultado = CAS(início, início_antigo, nó)
    until (resultado == sucesso)
}
delete_latchfree(início) {
    /* Esta função não é muito segura; veja a explicação no texto. */
    repeat
        início_antigo = início
        início_novo = início_antigo -> seguinte
        resultado = CAS(início, início_antigo, início_novo)
    until (resultado == sucesso)
}
```

Figura 18.23 Inserção e exclusão sem tranca em uma lista.

A função *delete_latchfree*(), também mostrada na Figura 18.23, implementa de maneira semelhante a exclusão do início da lista usando a instrução *compare and swap*, sem exigir trancas. (Nesse caso, a lista é usada como uma pilha, já que a exclusão ocorre no início da lista.) No entanto, essa função tem um problema: ela não funciona corretamente em alguns casos raros. O problema pode ocorrer quando um processo *P*1 está executando uma exclusão, com o nó *n*1 no início da lista, e simultaneamente um segundo processo *P*2 exclui os dois primeiros elementos, *n*1 e *n*2, e então reinsere *n*1 no início da lista, com algum outro elemento, digamos *n*3, como o elemento seguinte. Se *P*1 ler *n*1 antes de *P*2 excluí-lo, mas executar CAS após *P*2 ter reinserido *n*1, a operação CAS de *P*1 terá sucesso, mas definirá o início da lista para apontar para *n*2, que foi excluído, deixando a lista em um estado inconsistente. Esse problema é conhecido como o *problema ABA*.

Uma solução é manter um contador junto de cada ponteiro, que é incrementado toda vez que o ponteiro é atualizado. A instrução CAS é aplicada sobre o par (ponteiro, contador); a maioria das implementações de CAS em processadores de 64 bits admite esse *compare-and-swap* duplo em 128 bits. O problema ABA pode então ser evitado, visto que, embora a eventual reinserção de *n*1 contemplasse a variável *início* apontando para *n*1, o contador seria diferente, resultando na falha da operação CAS de *P*1. Veja, nas soluções *on-line* para o Exercício Prático 18.16, mais detalhes sobre o problema ABA e a solução apresentada. Com essa modificação, tanto inserções quanto exclusões podem ser executadas simultaneamente sem a aquisição de trancas. Existem outras soluções que não exigem um *compare-and-swap* duplo, porém elas são mais complicadas.

A exclusão de elementos do final da lista (para implementar uma fila), além de estruturas de dados mais complexas, como índices de *hash* e árvores de busca, também pode ser implementada sem trancas. É melhor usar implementações de estrutura de dados sem tranca (normalmente chamadas de implementações de **estrutura de dados sem bloqueio** (*lock-free data structure*)) que são fornecidas por bibliotecas padrão, como a biblioteca Boost para C++, ou a classe ConcurrentLinkedQueue em Java; não crie a sua própria, pois você poderá introduzir *bugs* em razão da "*condições de corrida*" (*race conditions*) entre acessos simultâneos, que podem ser muito difíceis de serem detectadas ou removidas.

Como as CPUs multiprocessadoras atuais possuem uma grande quantidade de núcleos (*cores*), descobriu-se que as implementações sem tranca possuem um desempenho muito superior às implementações que obtêm trancas, no contexto de índices na memória e estruturas de dados na memória principal.

18.10.4 Transações de longa duração

O conceito de transação foi desenvolvido, inicialmente, no contexto das aplicações de processamento de dados, em que a maioria das transações não é interativa e possui curta duração. Problemas sérios surgem quando esse conceito é aplicado aos sistemas de banco de dados que envolvem interação humana. Essas transações possuem as seguintes propriedades-chave:

- **Longa duração.** Quando uma pessoa interage com uma transação ativa, essa transação se torna uma **transação de longa duração** do ponto de vista do computador, pois o tempo de resposta humano é lento em relação à velocidade do computador. Além do mais, em aplicações de projeto, a atividade humana pode envolver horas, dias ou um período ainda mais longo. Assim, as transações podem ser de longa duração em termos humanos, assim como em termos de máquina.
- **Exposição de dados não confirmados.** Os dados gerados e exibidos a um usuário por uma transação de longa duração são não confirmados, pois a transação pode abortar. Assim, os usuários – e, como resultado, outras transações – podem ser forçados a ler dados não confirmados. Se diversos usuários estiverem cooperando em um projeto, as transações do usuário podem ter de trocar dados antes da confirmação da transação.
- **Subtarefas.** Uma transação interativa pode consistir em um conjunto de subtarefas iniciadas pelo usuário. O usuário pode querer abortar uma subtarefa sem, necessariamente, causar o aborto da transação inteira.
- **Facilidade de recuperação (*recoverability*).** É inaceitável abortar uma transação interativa de longa duração em decorrência de uma falha do sistema. A transação ativa precisa ser recuperada a um estado que existia pouco tempo antes da falha, para que relativamente pouco trabalho humano seja perdido.
- **Desempenho.** O bom desempenho em um sistema de transação interativo é definido como tempo de resposta rápido. Essa definição está em contraste à de um sistema não interativo, em que o objetivo é o alto *throughput* (número de transações por segundo). Os sistemas com alto *throughput* fazem uso eficiente dos recursos do sistema, porém, no caso de transações interativas, o recurso mais dispendioso é o usuário. Se a eficiência e a satisfação do usuário tiverem de ser otimizadas, o tempo de resposta precisará ser rápido (do ponto de vista humano). Nos casos em que uma tarefa é muito demorada, o tempo de resposta deverá ser previsível (ou seja, a variância nos tempos de resposta deve ser baixa), para que os usuários possam administrar bem o seu tempo.

O isolamento de *snapshot*, descrito na Seção 18.8, pode oferecer uma solução parcial para essas questões, assim como o protocolo de *controle de concorrência otimista sem validação de leitura*, descrito na Seção 18.9.3. Este último protocolo, na verdade, foi criado especificamente para lidar com transações de longa duração que envolvem interação do usuário. Embora não garanta a serializabilidade, o controle de concorrência otimista sem validação de leitura é muito utilizado.

No entanto, quando as transações são de longa duração, é mais provável que haja atualizações em conflito, resultando em esperas adicionais ou abortos. Essas considerações são a base para os conceitos alternativos de corretude de execuções concorrentes e recuperação de transações, que consideramos no restante desta seção.

18.10.5 Controle de concorrência com operações

Considere um banco de dados de uma instituição bancária consistindo em duas contas *A* e *B*, com o requisito de consistência de que a soma *A* + *B* seja preservada. Embora o escalonamento da Figura 18.24 não seja serializável em conflito, ele apesar disso preserva a soma de *A* + *B*. Ele também ilustra dois pontos importantes sobre o conceito de corretude sem serializabilidade.

1. A corretude depende das restrições de consistência específicas para o banco de dados.
2. A corretude depende das propriedades das operações realizadas por cada transação.

Embora o bloqueio de duas fases garanta a serializabilidade, isso pode resultar em uma concorrência ruim caso grande número de transações entre em conflito com um item de dados específico. Os protocolos de *timestamp* e validação também apresentam problemas semelhantes neste caso.

A concorrência pode ser aumentada tratando algumas operações além de **read** e **write** como operações fundamentais de baixo nível e estendendo o controle de concorrência para lidar com elas.

Considere o caso da manutenção de *view* materializada, que vimos na Seção 16.5.1. Suponha que haja uma relação *vendas(data, IDcliente, IDitem, valor)* e uma *view* materializada *total_diário_vendas(data, valor_total)*, que registra o total de vendas de cada dia. Toda transação de venda deve atualizar a *view* materializada como parte da transação, se for utilizada a manutenção imediata de *view*. Com um alto volume de vendas, e cada transação atualizando o mesmo registro na relação *total_diário_vendas*, o grau de concorrência será bastante baixo se o bloqueio de duas fases for usado na *view* materializada.

Vejamos uma maneira melhor de executar o controle de concorrência para a *view* materializada. Observe que cada transação incrementa um registro na relação *total_diário_vendas* por algum valor, mas não precisa ver o valor. Faz sentido ter uma operação increment(*v*, *n*), que adiciona um valor *n* a uma variável *v* sem tornar o valor de *v* visível à transação; veremos em breve como isso é implementado. Em nosso exemplo de vendas, uma transação que insere uma tupla de *vendas* com valor *n* chama a operação increment com o primeiro argumento sendo o valor *valor_total* da tupla apropriada na *view* materializada *total_diário_vendas*, e o segundo argumento sendo o valor *n*.

A operação increment não bloqueia a variável em duas fases; no entanto, as operações individuais devem ser executadas em série sobre a variável. Assim, se duas operações de incremento forem iniciadas simultaneamente na mesma variável, uma deve terminar antes que a outra possa iniciar. Isso pode ser garantido com a aquisição de uma tranca (bloqueio) exclusiva sobre a variável *v* antes de iniciar a operação, liberando a tranca depois que a operação terminar suas atualizações. As operações de incremento também podem ser implementadas usando operações de *compare-and-swap*, sem obter trancas.

Duas transações que invocam a operação increment devem ter permissão para serem executadas simultaneamente para evitar gargalos no controle de concorrência. Na verdade, as operações de incremento executadas por duas transações não entram em conflito umas com as outras, pois o resultado final é o mesmo, independentemente da ordem em que as operações foram executadas. Se uma das transações for revertida, a operação increment(*v*, *n*) deve ser revertida executando uma operação increment(*v*, –*n*), que soma um valor negativo ao valor original; essa operação é denominada uma **operação de compensação**.

No entanto, se uma transação *T* quiser ler a *view* materializada, ela está claramente em conflito com qualquer transação concorrente que tenha realizado uma operação de incremento; o valor que *T* lê depende se a outra transação é serializada antes ou depois de *T*.

Podemos definir um protocolo de bloqueio para lidar com essa situação, definindo um ***bloqueio de incremento***. O modo de bloqueio de incremento (I) é compatível consigo mesmo, mas não é compatível com os modos de bloqueio compartilhado (S) e exclusivo (X). A Figura 18.25 mostra uma matriz de compatibilidade de bloqueio para três modos de bloqueio: modo compartilhado, modo exclusivo e modo de incremento.

Como outro exemplo de controle de concorrência específico para operações, considere uma operação de inserção em um índice de árvore B$^+$ que libera bloqueios antecipadamente, como vimos na Seção 18.10.2. Nesse caso, não existe um modo de bloqueio especial, mas manter os bloqueios nos nós de folha em duas fases (ou usando o bloqueio da

T_1	T_2
read(A)	
$A := A - 50$	
write(A)	
	read(B)
	$B := B - 10$
	write(B)
read(B)	
$B := B + 50$	
write(B)	
	read(A)
	$A := A + 10$
	write(A)

Figura 18.24 Escalonamento serializável sem conflito.

	S	X	I
S	verdadeiro	falso	falso
X	falso	falso	falso
I	falso	falso	verdadeiro

Figura 18.25 Matriz de compatibilidade de bloqueio com o modo de bloqueio de incremento.

chave seguinte), como vimos na Seção 18.10.2, garante a serializabilidade. A operação de inserção pode ter modificado vários nós do índice da árvore B^+. Outras transações podem ter lido e atualizado esses nós ainda mais durante o processamento de outras operações. Para reverter a inserção, teríamos de excluir o registro inserido por T_i; a exclusão é a ação compensadora para a inserção. O resultado é uma árvore B^+ correta e consistente, mas não necessariamente uma exatamente com a mesma estrutura daquela que tínhamos antes de T_i ser iniciada.

Embora o bloqueio de operação possa ser feito de um modo que garanta a serializabilidade, em alguns casos, ele pode até mesmo ser usado de uma maneira que não garanta a serializabilidade, mas onde as violações possam ser aceitáveis. Considere o caso de ingressos para shows, onde cada transação precisa acessar e atualizar o total de vendas de ingressos. Podemos ter uma operação increment_conditional(v, n) que incrementa v por n, desde que o valor resultante seja ≥ 0; a operação retorna um *status* de sucesso no caso de o valor resultante ser ≥ 0 e, caso contrário, retorna uma falha. Considere uma transação T_i executada para comprar ingressos. Para reservar três ingressos, onde a variável *ingressos_disp* indica o número de ingressos disponíveis, a transação pode executar increment_conditional(*ingressos_disp*, −3). Um valor de retorno de sucesso indica que havia ingressos suficientes disponíveis, e diminui o número de ingressos disponíveis, enquanto a falha indica que não há disponibilidade de ingressos.

Se a variável *ingressos_disp* estiver bloqueada pela estratégia de bloqueio em duas fases, a concorrência será muito ruim, com os clientes sendo forçados a aguardar as reservas enquanto uma transação anterior é confirmada, mesmo quando há muitos ingressos disponíveis. A concorrência pode ser bastante aumentada ao executar a operação increment_conditional, sem manter qualquer bloqueio sobre *ingressos_disp* pela estratégia de duas fases; em vez disso, obtém-se um bloqueio exclusivo sobre a variável, a operação é executada e o bloqueio é liberado em seguida.

A transação T_i também precisa executar outras etapas, como receber o pagamento; se uma das etapas subsequentes, como o pagamento, falhar, a operação de incremento deverá ser revertida por meio da execução de uma operação de compensação; se a operação original adicionou $-n$ a *ingressos_disp*, a operação de compensação deverá adicionar $+n$ a *ingressos_disp*.

Pode parecer que duas operações increment_conditional são compatíveis entre si, semelhante à operação increment que vimos anteriormente. Mas isso não acontece. Considere duas transações simultâneas para comprar um único ingresso e suponha que haja apenas um ingresso restante. A ordem em que as operações são executadas tem um impacto óbvio sobre qual terá sucesso e qual falhará. No entanto, para aumentar a concorrência, muitas aplicações do mundo real permitem operações que mantêm bloqueios de curto prazo enquanto são executadas e os liberam ao final da operação, mesmo com o custo de perda de serializabilidade em algumas situações.

18.10.6 Sistemas de transação em tempo real

Em certas aplicações, as restrições incluem **prazos** pelos quais uma tarefa precisa ser concluída. Alguns exemplos dessas aplicações incluem gerenciamento de fábrica, controle de tráfego e agendamento. Quando os prazos são incluídos, a corretude de uma execução não é mais unicamente uma questão de consistência de banco de dados. Em vez disso, estamos preocupados com quantos prazos são perdidos e por quanto tempo eles foram perdidos. Os prazos são caracterizados da seguinte forma:

- **Prazo rígido** (*hard deadline*). Problemas sérios, como falha do sistema, podem ocorrer se uma tarefa não for completada no seu prazo.
- **Prazo firme** (*firm deadline*). A tarefa tem valor zero se for completada após o prazo.
- **Prazo flexível**. A tarefa possui valor cada vez menor se for completada após o prazo, com o valor tendendo a zero à medida que o grau de atraso aumenta.

Os sistemas com prazos são denominados **sistemas de tempo real**.

O gerenciamento de transações em sistemas de tempo real precisa levar em conta os prazos. Se o protocolo de controle de concorrência determinar que uma transação T_i deve esperar, ele pode fazer com que T_i perca o prazo. Nesses casos, pode ser preferível fazer a interrupção (preempção) da transação que mantém o bloqueio e permitir que T_i prossiga. Porém, a preempção precisa ser usada com cuidado, pois o tempo perdido pela transação interrompida (em função da reversão – *rollback* – e reinício) pode fazer com que a transação perca seu prazo. Infelizmente, é difícil determinar se o *rollback* ou a espera é preferível em determinada situação.

Em face da natureza imprevisível dos atrasos na leitura de dados do disco, os bancos de dados de memória principal normalmente são utilizados se for preciso atender as restrições de tempo real. Porém, mesmo que os dados estejam residentes na memória principal, surgem variâncias no tempo de execução em virtude de esperas por bloqueio, abortos de transação e assim por diante. Os pesquisadores têm se esforçado bastante no que se refere ao controle de concorrência para bancos de dados em tempo real. Eles estenderam os protocolos de bloqueio para oferecer maior prioridade para transações com prazos mais curtos. Eles descobriram que os protocolos de concorrência otimistas funcionam bem nos bancos de dados de tempo real; ou seja, esses protocolos resultam em menos prazos perdidos do que até mesmo os protocolos de bloqueio estendidos. As notas bibliográficas *on-line* oferecem referências à pesquisa na área de bancos de dados de tempo real.

18.11 Resumo

- Quando várias transações são executadas simultaneamente no banco de dados, a coerência dos dados pode não ser mais preservada. É necessário que o sistema controle a interação entre as transações concorrentes, e esse controle se dá por meio de um dentre diversos mecanismos chamados esquemas de *controle de concorrência*.

- Para assegurar a serializabilidade, podemos usar diversos esquemas de controle de concorrência. Todos esses esquemas adiam uma operação ou abortam a transação que emitiu a operação. Os mais comuns são protocolos de bloqueio, esquemas de ordenação por *timestamp*, técnicas de validação e esquemas de múltipla versão.
- Um protocolo de bloqueio é um conjunto de regras que indicam quando uma transação pode bloquear e desbloquear cada um dos itens de dados no banco de dados.
- O protocolo de bloqueio em duas fases permite que uma transação bloqueie um novo item de dados somente se essa transação ainda não tiver desbloqueado nenhum item de dados. O protocolo assegura a serializabilidade, mas não a ausência de impasse. Na ausência de informações referentes à maneira como os itens de dados são acessados, o protocolo de bloqueio em duas fases é necessário e suficiente para garantir a serializabilidade.
- O protocolo de bloqueio estrito em duas fases permite a liberação de bloqueios exclusivos somente no final da transação, a fim de assegurar a facilidade de recuperação e inexistência de cascata dos *schedules* resultantes. O protocolo de bloqueio rigoroso em duas fases libera todos os bloqueios somente no final da transação.
- Diversos protocolos de bloqueio não protegem contra impasses. Um modo de evitar o impasse é usar uma ordenação de itens de dados e solicitar bloqueios em uma sequência consistente com a ordenação.
- Outro modo de impedir o impasse é usar preempção e *rollbacks* de transação. Para controlar a preempção, atribuímos um *timestamp* exclusivo para cada transação. O sistema usa esses *timestamps* para decidir se uma transação deverá esperar ou reverter. O esquema ferir-esperar é um esquema preemptivo.
- Se os impasses não forem impedidos, o sistema terá de lidar com eles usando um esquema de detecção e recuperação de impasse. Para fazer isso, o sistema constrói um grafo de espera. Um sistema está em estado de impasse se, e somente se, o grafo de espera tiver um ciclo. Quando o algoritmo de detecção de impasse determinar que existe um impasse, o sistema terá de reverter uma ou mais transações para quebrar o impasse.
- Existem circunstâncias em que seria vantajoso agrupar diversos itens de dados e tratá-los como um item de dados agregado para fins de trabalho, resultando em vários níveis de granularidade. Permitimos itens de dados de vários tamanhos e definimos uma hierarquia de itens de dados, em que os itens pequenos são aninhados dentro dos maiores. Essa hierarquia pode ser representada graficamente como uma árvore. Nesses protocolos de bloqueio com granularidade múltipla, os bloqueios são adquiridos na ordem da raiz para a folha; eles são liberados na ordem da folha para a raiz. Os modos de bloqueio de intenção são usados em níveis mais altos para obter melhor concorrência, sem afetar a serializabilidade.
- Um esquema de ordenação por *timestamp* garante a serializabilidade selecionando uma ordenação, com antecedência, entre cada par de transações. Um *timestamp* fixo exclusivo é associado a cada transação no sistema. Os *timestamps* das transações determinam a ordem de serializabilidade. Assim, se o *timestamp* da transação T_i for menor que o *timestamp* da transação T_j, o esquema garante que o *schedule* produzido é equivalente a um *schedule* serial em que a transação T_i aparece antes da transação T_j. Ele faz isso por meio do *rollback* de uma transação sempre que essa ordem for violada.
- Um esquema de validação é um método de controle de concorrência apropriado nos casos em que a maioria das transações são transações somente leitura e, assim, a taxa de conflitos entre essas transações é baixa. Um *timestamp* fixo exclusivo é associado a cada transação no sistema. A ordem de serializabilidade é determinada pelo *timestamp* da transação. Uma transação nesse esquema nunca é adiada. Porém, ela precisa passar em um teste de validação para ser concluída. Se ela não passar no teste de validação, o sistema a reverte para o seu estado inicial.
- Um esquema de controle de concorrência em múltipla versão é baseado na criação de uma versão de um item de dados para cada transação que escreve esse item. Quando uma operação de leitura é emitida, o sistema seleciona uma das versões para ser lida. O esquema de controle de concorrência garante que a versão a ser lida é selecionada de maneira que garanta a serializabilidade, usando *timestamps*. Uma operação de leitura sempre tem sucesso.
    - Na ordenação por *timestamp* em múltipla versão, uma operação de escrita pode resultar no *rollback* da transação.
    - No bloqueio de duas fases em múltipla versão, as operações de escrita podem resultar em uma espera pelo bloqueio ou, possivelmente, em impasse.
- O isolamento de *snapshot* (instantâneo) é um protocolo de controle de concorrência em múltipla versão baseado em validação, que, ao contrário do bloqueio de duas fases em múltipla versão, não necessita que as transações sejam declaradas como somente leitura ou de atualização. O isolamento de *snapshot* não garante serializabilidade; contudo, é aceito por sistemas de banco de dados. O isolamento de *snapshot* serializável é uma extensão do isolamento de *snapshot* que garante a serializabilidade.
- Uma operação **delete** só poderá ser realizada se a transação excluindo a tupla tiver um bloqueio exclusivo sobre a tupla a ser excluída. Uma transação que insere uma nova tupla no banco de dados recebe um bloqueio exclusivo sobre a tupla.
- As inserções podem levar ao problema do fenômeno fantasma, em que uma inserção entra em conflito lógico com uma consulta, embora as duas transações possam não acessar uma tupla em comum. Esse conflito não pode ser detectado se o bloqueio for feito apenas sobre tuplas

acessadas pelas transações. É exigido o bloqueio sobre os dados usados para encontrar as tuplas na relação. A técnica de bloqueio de índice resolve esse problema exigindo bloqueios sobre certos nós de índice. Esses bloqueios garantem que todas as transações conflitantes entrem em conflito sobre um item de dados real, e não sobre um fantasma.

- Níveis de coerência fracos são usados em algumas aplicações em que a consistência dos resultados da consulta não é crítica, e o uso da serializabilidade resultaria em consultas afetando adversamente o processamento da transação. A consistência de grau dois é uma espécie desse nível de consistência mais fraco; a estabilidade do cursor é um caso especial e muito utilizado de consistência de grau dois.
- O controle de concorrência é uma tarefa desafiadora para as transações que abrangem interações com o usuário. As aplicações geralmente implementam um esquema baseado na validação de escritas usando números de versão armazenados nas tuplas. Esse esquema prevê um nível fraco de serializabilidade e pode ser implementado no nível de aplicação, sem modificações no banco de dados.
- Técnicas especiais de controle de concorrência podem ser desenvolvidas para estruturas de dados especiais. Normalmente, técnicas especiais são aplicadas em árvores B^+ para permitir maior concorrência. Essas técnicas permitem o acesso não serializável à árvore B^+, mas garantem que a estrutura de árvore B^+ esteja correta, assegurando que os acessos ao próprio banco de dados sejam serializáveis. Estruturas de dados sem tranca são usadas para implementar índices de alto desempenho e outras estruturas de dados nos bancos de dados de memória principal.

Termos de revisão

- Controle de concorrência
- Tipos de bloqueio
  - Bloqueio em modo compartilhado (S)
  - Bloqueio em modo exclusivo (X)
- Bloqueio
  - Compatibilidade
  - Solicitação
  - Espera
  - Concessão
- Impasse (*deadlock*)
- Estagnação (*starvation*)
- Protocolo de bloqueio
- *Schedule* válido
- Protocolo de bloqueio em duas fases
  - Fase de crescimento
  - Fase de encolhimento
  - Ponto de bloqueio
  - Bloqueio estrito em duas fases
  - Bloqueio rigoroso em duas fases
- Conversão de bloqueio
  - *Upgrade*
  - *Downgrade*
- Protocolos baseados em grafo
  - Protocolo de árvore
  - Dependência por confirmação
- Tratamento de impasse (*deadlock*)
  - Prevenção
  - Detecção
  - Recuperação
- Prevenção de impasse
  - Bloqueio ordenado
  - Preempção de bloqueios
  - Esquema esperar-morrer (*wait-die*)
  - Esquema ferir-esperar (*wound-wait*)
  - Esquemas baseados em *timestamp*
- Detecção de impasse
  - Grafo de espera
- Recuperação de impasse
  - *Rollback* total
  - *Rollback* parcial
- Granularidade múltipla
  - Bloqueios explícitos
  - Bloqueios implícitos
  - Bloqueios de intenção
- Modos de bloqueio de intenção
  - Intention-Shared (IS)
  - Intention-exclusive (IX)
  - Shared and Intention-exclusive (SIX)
- Protocolo de bloqueio por granularidade múltipla
- *Timestamp*
  - *Clock* do sistema
  - Contador lógico
  - W-*timestamp*(*Q*)
  - R-*timestamp*(*Q*)
- Protocolo de ordenação por *timestamp*
  - Regra do write de Thomas
- Protocolos baseados em validação
  - Fase de leitura
  - Fase de validação

- Fase de escrita
- Teste de validação
- Ordenação por *timestamp* em múltipla versão
- Bloqueio de duas fases em múltipla versão
  - Transações somente leitura
  - Transações de atualização
- Isolamento de *snapshot*
  - Atualização perdida
  - Primeiro confirmador vence
  - Primeiro atualizador vence
  - Escrita distorcida
  - *Select for update*
- Operações de inserção e exclusão
- Fenômeno fantasma
- Protocolo de bloqueio de índice
- Bloqueio de predicado
- Níveis de consistência fracos
  - Consistência de grau dois
  - Estabilidade de cursor
- Controle de concorrência otimista sem validação de leitura
- Conversações
- Concorrência nos índices
  - Protocolo caranguejo
  - Árvores B-link
  - Protocolo de bloqueio de árvore B-link
  - Bloqueio da chave seguinte
- Estruturas de dados sem tranca (*latch-free data structure*)
- Instrução *compare-and-swap* (CAS)

Exercícios práticos

18.1 Mostre que o protocolo de bloqueio em duas fases assegura a serializabilidade por conflito e que as transações podem ser serializadas de acordo com seus pontos de bloqueio.

18.2 Considere as duas transações a seguir:

T_{34}: read(A);
read(B);
if $A = 0$ **then** $B := B + 1$;
write(B).

T_{35}: read(B);
read(A);
if $B = 0$ **then** $A := A + 1$;
write(A).

Acrescente instruções de bloqueio e desbloqueio às transações T_{31} e T_{32}, de modo que observem o protocolo de bloqueio em duas fases. A execução dessas transações poderá resultar em um impasse?

18.3 Que benefício o bloqueio rigoroso em duas fases oferece? Como ele se compara com outras formas de bloqueio em duas fases?

18.4 Considere um banco de dados organizado na forma de uma árvore enraizada. Suponha que insiramos um vértice fictício entre cada par de vértices. Mostre que, se seguirmos o protocolo de árvore na nova árvore, teremos melhor concorrência do que se seguirmos o protocolo de árvore na árvore original.

18.5 Mostre, por meio de exemplo, que existem *schedules* possíveis sob o protocolo de árvore que não são possíveis sob o protocolo de bloqueio em duas fases, e vice-versa.

18.6 O bloqueio não é feito explicitamente nas linguagens de programação persistentes. Em vez disso, os objetos (ou as páginas correspondentes) precisam ser bloqueados quando os objetos forem acessados. A maioria dos sistemas operacionais modernos permite que o usuário defina proteções de acesso (nenhum acesso, leitura, escrita) sobre páginas, e o acesso à memória que infringe as proteções de acesso resulta em uma violação de proteção (veja o comando mprotect do Unix, por exemplo). Descreva como o mecanismo de proteção de acesso pode ser usado para o bloqueio em nível de página em uma linguagem de programação persistente.

18.7 Considere um sistema de banco de dados que inclui uma operação **increment** atômica, além das operações read e write. Considere que V seja o valor do item de dados X. A operação

increment(X) **by** C

define o valor de X como $V + C$ em uma etapa atômica. O valor de X não está disponível à transação, a menos que esta execute um read(X).

Suponha que as operações de incremento bloqueiem o item no modo de incremento usando a matriz de compatibilidade da Figura 18.25.

a. Mostre que, se todas as transações bloquearem os dados que elas acessam no modo correspondente, o bloqueio em duas fases garante a serializabilidade.

b. Mostre que a inclusão dos bloqueios no modo de **incremento** permite maior concorrência.

18.8 Na ordenação por *timestamp*, ***W-timestamp***(Q) indica o maior *timestamp* de qualquer transação que executou write(Q) com sucesso. Suponha que, em vez disso, nós a definamos como o *timestamp* da transação mais recente a executar write(Q) com sucesso. Essa mudança de termos faz alguma diferença? Explique sua resposta.

18.9 O uso do bloqueio por granularidade múltipla pode exigir mais ou menos bloqueios do que um sistema equivalente com uma única granularidade de bloqueio. Dê exemplos das duas situações, e compare a quantidade relativa de concorrência permitida.

18.10 Para cada um dos protocolos a seguir, descreva aspectos de aplicações práticas que o levariam a sugerir o uso do protocolo, e aspectos que sugeririam não usar o protocolo:

- Bloqueio em duas fases.
- Bloqueio em duas fases com bloqueio de múltipla granularidade.
- Protocolo de árvore.
- Ordenação por *timestamp*.
- Validação.
- Ordenação por *timestamp* em múltipla versão.
- Bloqueio em duas fases em múltipla versão.

18.11 Explique por que a técnica a seguir para execução de transação pode oferecer melhor desempenho do que apenas usar o bloqueio estrito em duas fases: primeiro, execute a transação sem adquirir quaisquer bloqueios e sem realizar quaisquer escritas no banco de dados, como nas técnicas baseadas em validação, mas, diferentemente das técnicas de validação, não realize nenhuma validação ou escrita no banco de dados. Em vez disso, reexecute a transação usando o bloqueio estrito em duas fases. (*Dica*: considere as esperas por E/S de disco.)

18.12 Considere o protocolo de ordenação por *timestamp* e duas transações, uma que escreve dois itens de dados p e q, e outra que lê os mesmos dois itens de dados. Dê um *schedule* pelo qual o teste de *timestamp* para uma operação write falha e faz com que a primeira transação seja reiniciada, causando, por sua vez, um aborto em cascata da outra transação. Mostre como isso poderia resultar na estagnação (*starvation*) das duas transações. (Essa situação, em que dois ou mais processos executam ações, mas são incapazes de completar sua tarefa em face da interação com outros processos, é chamada de **livelock**.)

18.13 Crie um protocolo baseado em *timestamp* que evita o fenômeno fantasma.

18.14 Suponha que usemos o protocolo de árvore da Seção 18.1.5 para gerenciar o acesso simultâneo a uma árvore B^+. Como uma divisão pode ocorrer sobre uma inserção que afeta a raiz, parece que uma operação de inserção não pode liberar quaisquer bloqueios até que tenha completado a operação inteira. Sob que circunstâncias é possível liberar um bloqueio mais cedo?

18.15 O protocolo de isolamento de *snapshot* utiliza uma etapa de validação que, antes de realizar uma gravação de um item de dados pela transação T, verifica se uma operação concorrente com T já escreveu o item de dados.

a. Uma implementação simples usa um *timestamp* inicial e um *timestamp* de confirmação para cada transação, além de um *conjunto de atualização*, que é o conjunto de itens de dados atualizados pela transação. Explique como executar a validação no esquema "primeiro confirmador vence" usando os *timestamps* de transação juntamente com os conjuntos de atualização. Você pode assumir que a etapa de validação e outras etapas de processamento de confirmação são executadas em série, isto é, para uma transação de cada vez.

b. Explique como a etapa de validação pode ser implementada como parte do processamento de confirmação no esquema "primeiro confirmador vence", usando uma modificação no esquema anterior, no qual, em vez de usar conjuntos de atualização, cada item de dados tem de escrever um *timestamp* associado a ele. Novamente aqui você pode assumir que a etapa de validação e outras etapas de processamento de confirmação são executadas em série.

c. O esquema do "primeiro atualizador vence" pode ser implementado usando *timestamps* como descrito antes, exceto que a validação é feita imediatamente após a aquisição de um bloqueio exclusivo, em vez de ser feito no momento da confirmação.

   i. Explique como atribuir *timestamps* de escrita para itens de dados para implementar o esquema do primeiro atualizador vence.

   ii. Mostre que, como resultado do bloqueio, se a validação é repetida no momento da confirmação, o resultado não mudará.

   iii. Explique por que não há necessidade de realizar a validação e outras etapas de processamento de confirmação em série nesse caso.

18.16 Considere as funções *insert_latchfree*() e *delete_latchfree*(), mostradas na Figura 18.23.

a. Explique como o problema ABA pode ocorrer se um nó excluído for reinserido.

b. Suponha que, adjacente ao *início*, armazenemos um contador *cnt*. Suponha também que DCAS((*início*, *cnt*), (*início_anigo*, *cnt_antigo*), (*início_novo*, *cnt_novo*)) execute atomicamente um *compare-and-swap* sobre o valor de 128 bits (*início*, *cnt*). Modifique *insert_latchfree*() e *delete_latchfree*() para usar a operação DCAS de modo a evitar o problema ABA.

c. Como a maioria dos processadores usa apenas 48 bits de um endereço de 64 bits para realmente endereçar a memória, explique como os outros 16 bits podem ser usados para implementar um contador, caso a operação DCAS não seja aceita.

Exercícios

18.17 Que benefício o bloqueio estrito em duas fases oferece? Que desvantagens são resultantes?

18.18 A maioria das implementações de sistemas de banco de dados utiliza o bloqueio estrito em duas fases. Sugira três motivos para a popularidade desse protocolo.

18.19 Considere uma variante do protocolo de árvore chamada protocolo de *floresta*. O banco de dados é organizado como uma floresta de árvores enraizadas. Cada transação T_i precisa cumprir as seguintes regras:

- O primeiro bloqueio em cada árvore pode ser sobre qualquer item de dados.
- O segundo bloqueio em uma árvore, e todos os seguintes, só pode ser solicitado se o pai do nó solicitado estiver atualmente bloqueado.
- Os itens de dados podem ser desbloqueados a qualquer momento.
- Um item de dados não pode ser bloqueado novamente por T_i depois de ter sido desbloqueado por T_i.

Mostre que o protocolo de floresta *não* garante a serializabilidade.

18.20 Sob que condições é menos dispendioso evitar o impasse do que permitir que os impasses ocorram e depois detectá-los?

18.21 Se o impasse for evitado por esquemas de impedimento de impasse, a estagnação ainda é possível? Explique sua resposta.

18.22 No bloqueio por granularidade múltipla, qual é a diferença entre bloqueio implícito e explícito?

18.23 Embora o modo SIX seja útil no bloqueio por granularidade múltipla, um modo exclusivo e com intenção compartilhada (XIS) não tem utilidade. Por que isso acontece?

18.24 As regras do protocolo de granularidade múltipla especificam que uma transação T_i pode bloquear um nó Q no modo S ou IS apenas se T_i atualmente tiver o pai de Q bloqueado no modo IX ou IS. Dado que os bloqueios SIX e S são mais fortes do que os bloqueios IX ou IS, por que não permitir o protocolo de bloqueio de um nó no modo S ou IS, se o pai está bloqueado no modo SIX ou S?

18.25 Suponha que a hierarquia de bloqueio para um banco de dados consista no banco de dados, relações e tuplas.

a. Se uma transação precisa ler muitas tuplas de uma relação *r*, que bloqueios ela deve adquirir?

b. Agora, suponha que a transação queira atualizar algumas das tuplas em *r* depois de ler muitas tuplas. Que bloqueios ela deve adquirir?

c. Se, em tempo de execução, a transação descobre que precisa realmente atualizar número muito grande de tuplas (depois de adquirir bloqueios assumindo que apenas algumas tuplas seriam atualizadas), que problemas isso causaria à tabela de bloqueio, e o que o banco de dados poderia fazer para evitar o problema?

18.26 Quando uma transação é revertida sob a ordenação por *timestamp*, ela recebe um novo *timestamp*. Por que ela não pode simplesmente manter seu *timestamp* antigo?

18.27 Mostre que existem *schedules* que são possíveis sob o protocolo de bloqueio em duas fases, mas não são possíveis sob o protocolo de *timestamp*, e vice-versa.

18.28 Sob uma versão modificada do protocolo de *timestamp*, exigimos que um bit de *commit* seja testado para ver se uma solicitação read precisa esperar. Explique como o bit de *commit* pode impedir o aborto em cascata. Por que esse teste não é necessário para solicitações write?

18.29 Como discutido no Exercício prático 18.15, o isolamento de *snapshot* pode ser implementado usando uma forma de validação de *timestamp*. No entanto, contrariamente ao esquema de ordenação por *timestamp* em múltipla versão, que garante a serializabilidade, o isolamento de *snapshot* não garante a serializabilidade. Explique qual é a principal diferença entre os protocolos que resultam nessa diferença.

18.30 Destaque as principais semelhanças e diferenças entre a implementação da versão do isolamento de *snapshot* para o "primeiro confirmador vence" do isolamento de *timestamp*, descrito no Exercício prático 18.15, em relação ao esquema de controle de concorrência otimista sem validação de leitura, descrito na Seção 18.9.3.

18.31 Considere uma relação $r(A, B, C)$ e uma transação T que fazem o seguinte: encontrar o valor máximo de A em r e inserir uma nova tupla em r cujo valor de A seja 1+ o valor máximo de A. Suponha que seja usado um índice para encontrar o valor máximo de A.

a. Suponha que a transação bloqueie cada tupla lida no modo *S*, e a tupla que criada no modo *X*, e não realize outro bloqueio. Agora, suponha que duas instâncias de T sejam executadas simultaneamente. Explique como a execução resultante poderia ser não serializável.

b. Agora, suponha que $r \cdot A$ seja declarado como uma chave primária. A execução não serializável do item (a) pode ocorrer neste caso? Explique o motivo.

18.32 Explique o fenômeno fantasma. Por que esse fenômeno pode levar a uma execução concorrente incorreta apesar do uso do protocolo de bloqueio em duas fases?

18.33 Explique o motivo para o uso da consistência de grau dois. Que desvantagens essa técnica tem?

18.34 Dê exemplos de *schedules* para mostrar que, com o bloqueio do valor de chave, se qualquer pesquisa, inserção ou exclusão não bloquear o valor da chave seguinte, o fenômeno fantasma pode passar sem ser detectado.

18.35 Muitas transações atualizam um item comum (por exemplo, o saldo em caixa em uma agência) e itens privados (por exemplo, saldos de contas individuais). Explique como você pode aumentar a concorrência (e o *throughput*) ordenando as operações da transação.

18.36 Considere o protocolo de bloqueio a seguir. Todos os itens são numerados e, quando um item estiver desbloqueado, somente itens com número mais alto podem ser bloqueados. Os bloqueios podem ser liberados a qualquer momento. Somente bloqueios X são usados. Mostre, por meio de um exemplo, que esse protocolo não garante a serializabilidade.

Leitura adicional

Gray e Reuter (1993) oferecem um livro-texto detalhado sobre conceitos de processamento de transação, incluindo conceitos de controle de concorrência e detalhes de implementação. O livro-texto de Bernstein e Newcomer (2009) trata de vários aspectos do processamento de transação, incluindo controle de concorrência.

O protocolo de bloqueio em duas fases foi introduzido por Eswaran *et al.* (1976). O protocolo de bloqueio para itens de dados com granularidade múltipla é de Gray *et al.* (1975). O esquema de controle de concorrência baseado em *timestamp* é de Reed (1983). O esquema de controle de concorrência com validação é de Kung e Robinson (1981). A ordenação multiversão por *timestamp* foi apresentada por Reed (1983). Um algoritmo de bloqueio em árvore multiversão encontra-se em Silberschatz (1982).

A consistência de grau dois foi introduzida em Gray *et al.* (1975). Os níveis de consistência – ou isolamento – oferecidos na SQL são explicados e criticados em Berenson *et al.* (1995); a técnica de isolamento de *snapshot* também foi introduzida no mesmo artigo. O isolamento de *snapshot* serializável foi introduzido por Cahill *et al.* (2009). Ports e Grittner (2012) descrevem a implementação do isolamento de *snapshot* serializável no PostgreSQL.

A concorrência em árvores B^+ foi estudada por Bayer e Schkolnick (1977) e Johnson e Shasha (1993). As técnicas de caranguejo e árvore B-link foram introduzidas por Kung e Lehman (1980) e Lehman e Yao (1981). A técnica de bloqueio de valor de chave usada no ARIES provê uma concorrência muito alta no acesso à árvore B^+, e é descrita em Mohan (1990) e Mohan e Narang (1992). Faerber *et al.* (2017) oferecem um estudo dos bancos de dados de memória principal, incluindo a cobertura do controle de concorrência nos bancos de dados de memória principal. O problema ABA com estruturas de dados sem tranca, além das soluções para o problema, são discutidos em Dechev *et al.* (2010).

Bibliografia

BAYER, R.; SCHKOLNICK, M. "Concurrency of operating on B-trees". *Acta Informatica*, 9(1), p. 1-21, 1977.

BERENSON, H. *et al.* "A critique of ANSI SQL isolation levels". In: *Proc. of the ACM SIGMOD*, São Jose, California, p. 1-10, 1995.

BERNSTEIN, P. A.; NEWCOMER, E. *Principles of transaction processing*. 2. ed. Massachusetts: Morgan Kaufmann, 2009.

CAHILL, M. J.; RÖHM, U.; FEKETE, A. D. "Serializable isolation for snapshot databases". *ACM Transactions on Database Systems*, 34(4), p. 1-42, 2009.

DECHEV, D.; PIRKELBAUER, P.; STROUSTRUP, B. "Understanding and effectively preventing the ABA problem in descriptor-based lock-free designs". In: *13th International Symposium on Object/Component/Service-Oriented Real-Time Distributed Computing (ISORC)*, Carmona, Spain, p. 185-192, 2010.

ESWARAN, K. P. *et al.* "The notions of consistency and predicate locks in a database system". *Communications of the ACM*, 19(11), p. 624-633, 1976.

FAERBER, F. *et al.* "Main memory database systems". *Foundations and Trends in Databases*, 8(1-2), p. 1-130, 2017.

GRAY, J.; REUTER, A. *Transaction processing*: concepts and techniques. Massachusetts: Morgan Kaufmann, 1993.

GRAY, J.; LORIE, R. A.; PUTZOLU, G. R. "Granularity of locks and degrees of consistency in a shared data base". In: *Proc. of the VLDB*, Massachusetts, p. 428-451, 1975.

JOHNSON, T.; SHASHA, D. "The performance of concurrent B-Tree algorithms". *ACM Transactions on Database Systems*, 18(1), p. 51-101, 1993.

KUNG, H. T.; LEHMAN, P. L. "Concurrent manipulation of binary search trees". *ACM Transactions on Database Systems*, 5(3), p. 339-353, 1980.

KUNG, H. T.; ROBINSON, J. T. "Optimistic concurrency control". *ACM Transactions on Database Systems*, 6(2), p. 312-326, 1981.

LEHMAN, P. L.; YAO, S. B. "Efficient locking for concurrent operations on B-trees". *ACM Transactions on Database Systems*, 6(4), p. 650-670, 1981.

MOHAN, C. "ARIES/KVL: A key-value locking method for concurrency control of multiaction transactions operations on B-tree indexes". In: *Proc. of the VLDB*, Brisbane, Australia, p. 392-405, 1990.

MOHAN, C.; NARANG, I. "Efficient locking and caching of data in the multisystem shared disks transaction environment". In: *Proc. of the International Conf. on Extending Database Technology*, Vienna, p. 453-468, 1992.

PORTS, D. R. K.; GRITTNER, K. "Serializable snapshot isolation in PostgreSQL". In: *Proc. of the VLDB*, 5(12), p. 1850-1861, 2012.

REED, D. "Implementing atomic actions on decentralized data". *Transactions on Computer Systems*, 1(1), p. 3-23, 1983.

SILBERSCHATZ, A. "A multi-version concurrency control scheme with no rollbacks". In: *Proc. of the ACM Symposium on Principles of Distributed Computing*, Salerno, Italy, p. 216-223, 1982.

Créditos

A foto dos barcos no início do capítulo pertence a
© dimaberkut | 123rf.com

CAPÍTULO 19

Sistema de recuperação

Um sistema de computador, como qualquer outro dispositivo, está sujeito a falhas por uma série de causas: falha de disco, falta de energia, erro de *software*, um incêndio na sala e até mesmo sabotagem. Em qualquer falha, informações podem ser perdidas. Portanto, o sistema de banco de dados precisa tomar ações de antemão para garantir que as propriedades de atomicidade e durabilidade das transações, apresentadas no Capítulo 17, sejam preservadas. Uma parte integral de um sistema de banco de dados é o **esquema de recuperação** (*recovery scheme*), que pode restaurar o banco de dados ao estado consistente que existia antes da falha.

O esquema de recuperação também precisa oferecer **alta disponibilidade**, ou seja, o banco de dados deverá ser utilizável por uma porcentagem de tempo muito alta. Para dar suporte à alta disponibilidade em caso de falha de máquina (e, também, em desligamentos de máquina planejados, para atualizações de *hardware/software* e manutenção), o esquema de recuperação deverá ter suporte para a capacidade de manter uma cópia de *backup* do banco de dados sincronizada com o conteúdo atual da cópia principal do banco de dados. Se a máquina que possui a cópia principal falhar, o processamento de transações poderá continuar na cópia de *backup*.

19.1 Classificação das falhas

Existem vários tipos de falha que podem ocorrer em um sistema; cada um deles precisa ser tratado de maneira diferente. Neste capítulo, vamos considerar apenas os seguintes tipos de falha:

- **Falha de transação.** Existem dois tipos de erros que podem causar a falha de uma transação:
  - **Erro lógico.** A transação não pode mais continuar com sua execução normal em virtude de alguma condição interna, como entrada incorreta, dados não encontrados, estouro ou limite de recursos ultrapassado.
  - **Erro do sistema.** O sistema entrou em um estado indesejável (por exemplo, impasse – *deadlock*), fazendo com que uma transação não possa continuar com sua execução normal. Contudo, a transação pode ser reexecutada em outro momento.
- **Falha do sistema.** Existe um defeito do *hardware* ou um *bug* no *software* de banco de dados ou no sistema operacional, causando a perda do conteúdo do armazenamento volátil e encerrando o processamento da transação. O conteúdo do armazenamento não volátil permanece intacto e não é corrompido.

  A suposição de que erros de *hardware* e *bugs* no *software* fazem o sistema parar, mas não corrompem o conteúdo do armazenamento não volátil, é conhecida como **suposição falhar-parar** (*fail-stop assumption*). Sistemas bem projetados possuem diversas verificações internas, tanto no nível de *hardware* quanto de *software*, que fazem com que o sistema pare quando existe um erro. Logo, a suposição falhar-parar é razoável.
- **Falha de disco.** Um bloco de disco perde seu conteúdo como resultado de uma falha da cabeça (*head crash*) ou uma falha durante uma operação de transferência de dados. As cópias dos dados em outros discos, ou *backups* de arquivamento em mídia terciária, como DVDs ou fitas, são usadas para a recuperação de falhas.

Para determinar como o sistema deverá se recuperar de falhas, precisamos identificar os modos de falha daqueles dispositivos usados para armazenamento de dados. Em seguida, temos de considerar como esses modos de falha afetam o conteúdo do banco de dados. Podemos, então, propor algoritmos para garantir a coerência do banco de dados e a atomicidade da transação apesar das falhas. Esses algoritmos, conhecidos como algoritmos de recuperação, possuem duas partes:

1. Ações tomadas durante o processamento de transação normal, para garantir que haja informações suficientes para permitir a recuperação de falhas.
2. Ações tomadas após uma falha, para recuperar o conteúdo do banco de dados a um estado que garanta a consistência do banco de dados, atomicidade da transação e durabilidade.

19.2 Armazenamento

Como vimos no Capítulo 13, os diversos itens de dados no banco de dados podem ser armazenados em diversos meios de armazenamento diferentes. Na Seção 17.3, vimos que os meios de armazenamento podem ser distinguidos por sua velocidade relativa, capacidade e resiliência a falhas. Identificamos três categorias de armazenamento:

1. **Armazenamento volátil.**
2. **Armazenamento não volátil.**
3. **Armazenamento estável.**

O armazenamento estável (ou, mais precisamente, uma aproximação dele) desempenha papel crítico nos algoritmos de recuperação.

19.2.1 Implementação do armazenamento estável

Para implementar o armazenamento estável, precisamos replicar a informação necessária em vários meios de armazenamento não voláteis (normalmente, disco) com modos de falha independentes e atualizar a informação de maneira controlada para garantir que a falha durante a transferência de dados não danifique a informação necessária.

Lembre-se (pelo Capítulo 12) de que os sistemas RAID garantem que a falha de um único disco (mesmo durante a transferência de dados) não resultará em perda de dados. A forma mais rápida e mais simples de RAID é o disco espelhado, que mantém duas cópias de cada bloco em discos separados. Outras formas de RAID oferecem custos mais baixos, mas ao custo de um desempenho inferior.

Sistemas RAID, porém, não podem proteger contra perda de dados em decorrência de desastres como incêndios ou inundação. Muitos sistemas armazenam *backups* de arquivamento de fitas fora da instalação física, para proteção contra tais desastres. Porém, como as fitas não podem ser transportadas para fora da instalação continuamente, as atualizações desde o momento mais recente em que as fitas foram retiradas de lá poderiam ser perdidas em tal desastre. Sistemas mais seguros mantêm uma cópia de cada bloco de armazenamento estável em uma instalação remota, gravando-a por fora por meio de uma rede de computadores, além de armazenar o bloco em um sistema de disco local. Como os blocos são enviados para um sistema remoto quando são gravados no armazenamento local, uma vez que a operação de saída seja concluída, a saída não se perde, mesmo no caso de desastre como um incêndio ou uma inundação. Estudamos tais sistemas de *backup remoto* na Seção 19.7.

No restante desta seção, discutimos como o meio de armazenamento pode ser protegido contra falha durante a transferência de dados. A transferência em bloco entre a memória e o armazenamento em disco pode resultar em:

- **Término bem-sucedido.** A informação transferida chegou com segurança em seu destino.
- **Falha parcial.** Houve uma falha no meio da transferência, e o bloco de destino possui informações incorretas.
- **Falha total.** A falha ocorreu suficientemente cedo durante a transferência, de modo que o bloco de destino permanece intacto.

Se houver uma **falha de transferência de dados**, precisaremos que o sistema a detecte e chame um procedimento de recuperação para restaurar o bloco a um estado consistente. Para isso, o sistema precisa manter dois blocos físicos para cada bloco lógico do banco de dados; no caso de discos espelhados, os dois blocos estão no mesmo local; no caso de *backup* remoto, um dos blocos é local, enquanto o outro está em uma instalação remota. Uma operação de saída é executada da seguinte maneira:

1. Escreva a informação no primeiro bloco físico.
2. Quando a primeira escrita for terminada com sucesso, escreva a informação no segundo bloco físico.
3. A saída só é completada depois que a segunda escrita terminar com sucesso.

Se o sistema falha enquanto os blocos estão sendo escritos, é possível que as duas cópias de um bloco estejam inconsistentes entre si. Durante a recuperação, para cada bloco, o sistema precisaria examinar duas cópias dos blocos. Se ambas forem iguais e não houver erro detectável, nenhuma outra ação é necessária. (Lembre-se de que os erros em um bloco de disco, como uma escrita parcial no bloco, são detectados armazenando uma soma de verificação com cada bloco.) Se o sistema detectar um erro em um bloco, ele substitui seu conteúdo pelo conteúdo do outro bloco. Se os dois blocos não tiverem erro detectável, mas diferirem em conteúdo, o sistema pode substituir o conteúdo do primeiro bloco pelo valor do segundo ou substituir o conteúdo do segundo bloco pelo valor do primeiro. De qualquer forma, esse procedimento de recuperação garante que uma escrita no armazenamento estável tenha sucesso completo (ou seja, atualize todas as cópias) ou resulte em nenhuma mudança.

O requisito de comparar cada par de blocos correspondente durante a recuperação é dispendioso para ser atendido. Podemos reduzir bastante o custo registrando as escritas de bloco que estão em andamento, usando uma pequena quantidade de memória RAM não volátil. Na recuperação, somente os blocos para os quais as escritas estavam em progresso precisam ser comparados.

Os protocolos para escrever um bloco em uma instalação remota são semelhantes aos protocolos para escrever blocos em um sistema de disco espelhado, que examinamos no Capítulo 12 e, particularmente, no Exercício prático 12.6.

Podemos estender esse procedimento facilmente para permitir o uso de um número arbitrariamente grande de cópias de cada bloco de armazenamento estável. Embora uma grande quantidade de cópias reduza a probabilidade de uma falha em relação ao uso de duas cópias, normalmente é razoável simular o armazenamento estável com apenas duas cópias.

19.2.2 Acesso aos dados

Como vimos no Capítulo 12, o sistema de banco de dados reside permanentemente no armazenamento não volátil (em geral, discos) e apenas partes do banco de dados estão na memória a qualquer momento. (Nos bancos de dados de memória principal, o banco de dados inteiro reside na memória, mas uma cópia ainda reside no armazenamento não volátil, de modo que os dados possam sobreviver à perda do conteúdo da memória principal.) O banco de dados é particionado em unidades de armazenamento de tamanho fixo chamadas **blocos**. Os blocos são as unidades de transferência de dados de e para o disco, e podem conter vários itens de dados. Vamos considerar que nenhum item de dados se espalhe por dois ou mais blocos. Essa suposição é realista para a maioria das aplicações de processamento de dados, como em um banco ou uma universidade.

As transações pegam como entrada informações do disco para a memória principal e, depois, enviam a informação de volta para o disco. As operações de entrada e saída são feitas em unidades de bloco. Os blocos residindo no disco são chamados de **blocos físicos**; os blocos residindo temporariamente na memória principal são conhecidos como **blocos de *buffer***. A área da memória em que os blocos residem temporariamente é chamada de ***buffer* de disco**.

Os movimentos de bloco entre o disco e a memória principal são iniciados por meio das duas operações a seguir:

1. input(B) transfere o bloco físico B para a memória principal.
2. output(B) transfere o bloco de *buffer* B para o disco e substitui o bloco físico apropriado.

A Figura 19.1 ilustra esse esquema.

Conceitualmente, cada transação T_i possui uma área de trabalho privada em que são mantidas as cópias dos itens de dados acessados e atualizados por T_i. O sistema cria essa área de trabalho quando a transação é iniciada; o sistema a remove quando a transação é confirmada ou abortada. Cada item de dados X mantido na área de trabalho da transação T_i é indicado por *xi*. A transação T_i interage com o sistema de banco de dados transferindo dados de e para sua área de trabalho no *buffer* do sistema. Transferimos dados por meio destas duas operações:

1. read(X) atribui o valor do item de dados X à variável local x_i. Ela executa essa operação da seguinte maneira:
   a. Se o bloco B_X em que X reside não estiver na memória principal, ela emite input(B_X).
   b. Atribui a x_i o valor de X vindo do bloco de *buffer*.

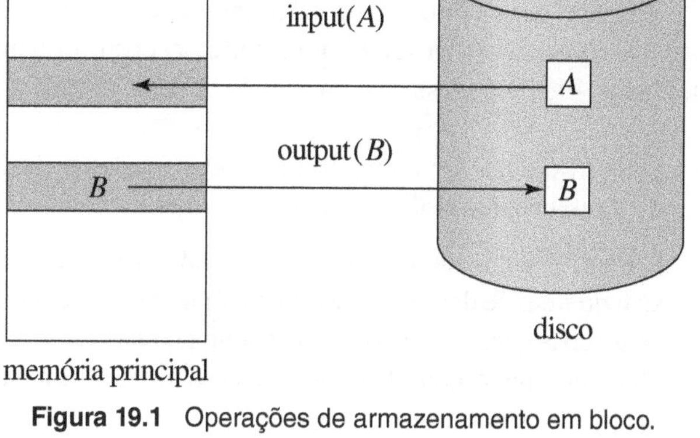

Figura 19.1 Operações de armazenamento em bloco.

2. write(X) atribui o valor da variável local x_i ao item de dados X no bloco de *buffer*. Ela executa essa operação da seguinte maneira:
   a. Se o bloco B_X em que X reside não estiver na memória principal, ela emite input(BX).
   b. Ela atribui o valor x_i a X no *buffer* B_X.

Observe que as duas operações podem exigir a transferência de um bloco do disco para a memória principal. Porém, elas não exigem, especificamente, a transferência de um bloco da memória principal para o disco.

Um bloco de *buffer*, eventualmente, é gravado em disco porque o gerenciador de *buffer* precisa do espaço da memória para outras finalidades ou porque o sistema de banco de dados deseja refletir a mudança feita em B no disco. Diremos que o sistema de banco de dados realiza uma **saída forçada** do *buffer* B se emitir um output(B).

Quando uma transação precisa acessar um item de dados X pela primeira vez, deve executar read(X). A transação, então, realiza todas as atualizações em X sobre x_i. Em qualquer ponto durante sua execução, uma transação pode executar write(X) para refletir a mudança feita em X no próprio banco de dados; write(X) deve certamente ser feito após a escrita final em x_i.

A operação output(B_X) para o bloco de *buffer* B_X em que X reside não precisa ter efeito imediatamente depois que write(X) for executado, pois o bloco B_X pode conter outros itens de dados que ainda estão sendo acessados. Assim, a saída real pode ocorrer mais tarde. Observe que, se o sistema falhar depois que a operação write(X) foi executada, mas antes que output(B_X) seja executada, o novo valor de X nunca será gravado em disco e, portanto, será perdido. Conforme veremos em breve, o sistema de banco de dados executa ações extras para garantir que as atualizações realizadas por transações confirmadas não se percam, mesmo que haja uma falha do sistema.

19.3 Recuperação e atomicidade

Considere novamente o nosso sistema bancário simplificado e a transação T_i que transfere \$ 50 da conta A para a conta B, com os valores iniciais de A e B sendo \$ 1000 e \$ 2000, respectivamente. Suponha que uma falha do sistema tenha ocorrido durante a execução de T_i, após a execução de output(B_A), mas antes da execução de output(B_B), em que B_A e B_B indicam os blocos de *buffer* nos quais A e B residem. Como o conteúdo da memória foi perdido, não conhecemos o resultado da transação.

Quando o sistema reiniciasse, o valor de A seria \$ 950, enquanto o de B seria \$ 2000, que, nitidamente, é inconsistente com o requisito de atomicidade para a transação T_i. Infelizmente, não existe um modo de descobrir, examinando o estado do banco de dados, quais blocos foram gerados e quais não foram, antes da falha. É possível que a transação seja concluída, atualizando o banco de dados no armazenamento estável a partir de um estado inicial com os valores de A e B sendo

Nota 19.1 CÓPIAS DE SOMBRA E PAGINAÇÃO DE SOMBRA

No esquema de **cópia de sombra**, uma transação que deseja atualizar o banco de dados primeiro cria uma cópia completa do banco de dados. Todas as atualizações são feitas sobre a nova cópia do banco de dados, deixando a cópia original, a cópia de sombra, intocável. Se, em qualquer ponto, a transação tiver de ser abortada, o sistema simplesmente excluirá a nova cópia. A cópia antiga do banco de dados não foi afetada. A cópia atual do banco de dados é identificada por um ponteiro, chamado db-pointer, que é armazenado no disco.

Se a transação for parcialmente confirmada (ou seja, se executar sua instrução final), ela é confirmada da seguinte forma: primeiro, o sistema operacional é solicitado a garantir que todas as páginas da nova cópia do banco de dados sejam gravadas em disco. (Os sistemas Unix usam o comando fsync para essa finalidade.) Depois que o sistema operacional tiver gravado todas as páginas no disco, o sistema de banco de dados atualiza o ponteiro db-pointer para que aponte para a nova cópia do banco de dados; a nova cópia, então, torna-se a cópia ativa do banco de dados. A cópia antiga do banco de dados é, assim, excluída. A transação é considerada como tendo sido *confirmada* no ponto onde o db-pointer atualizado é gravado no disco.

A implementação, na realidade, depende de a escrita em db-pointer ser atômica, ou seja, todos os seus bytes são escritos ou nenhum de seus bytes é escrito. Os sistemas de disco oferecem atualizações atômicas em blocos inteiros ou pelo menos em um setor de disco. Em outras palavras, o sistema de disco garante que ele atualizará o db-pointer atomicamente, desde que possamos assegurar que o db-pointer se encontra inteiramente em um único setor, o que garantimos armazenando db-pointer no início de um bloco.

Os esquemas de cópia de sombra normalmente são usados por editores de textos (salvar o arquivo é equivalente à confirmação de transação, enquanto sair sem salvar o arquivo é equivalente ao aborto da transação). A cópia de sombra pode ser usada para pequenos bancos de dados, mas copiar um banco de dados grande seria extremamente dispendioso. Uma variante da cópia de sombra, chamada **paginação de sombra**, reduz a cópia da seguinte forma: o esquema usa uma tabela de página contendo ponteiros para todas as páginas; a própria tabela de página e todas as páginas atualizadas são copiadas para um novo local. Qualquer página que não é atualizada por uma transação não é copiada; em vez disso, a nova tabela de página só armazena um ponteiro para a página original. Quando uma transação é confirmada, ela atualiza atomicamente o ponteiro para a tabela de página, que atua como db-pointer, para que aponte para a nova cópia.

A paginação de sombra infelizmente não funciona bem com transações concorrentes e não é muito utilizada nos bancos de dados.

$ 1000 e $ 1950; também é possível que a transação não afete o armazenamento estável, e os valores de *A* e *B* fossem $ 950 e $ 2000 inicialmente ou, então, que o *B* atualizado fosse enviado, mas não o *A* atualizado; ou que o *A* atualizado fosse enviado, mas o *B* atualizado, não.

Nosso objetivo é realizar todas ou nenhuma das modificações no banco de dados feitas por T_i. Porém, se T_i executar várias modificações no banco de dados, várias operações de saída poderão ser exigidas, e uma falha pode ocorrer depois que algumas dessas modificações tiverem sido feitas, mas antes que todas elas sejam feitas.

Para conseguir nosso objetivo de atomicidade, temos primeiro que enviar ao armazenamento estável informações descrevendo as modificações, sem modificar o banco de dados em si. Como veremos, essas informações podem nos ajudar a garantir que todas as modificações realizadas pelas transações confirmadas serão refletidas no banco de dados (talvez durante o curso das ações de recuperação após uma falha). Também precisamos armazenar informações sobre o valor antigo de qualquer item atualizado por uma modificação, caso a transação realizando a modificação falhe (aborte). Essas informações também podem nos ajudar a desfazer as modificações feitas pela transação que falhou.

A técnica mais utilizada para recuperação é baseada em registros de *log*, e estudamos a recuperação baseada em *log* em detalhes neste capítulo. Uma alternativa, denominada cópia de sombra, é usada por editores de texto, mas não em sistemas de banco de dados; essa técnica está resumida na Nota 19.1.

19.3.1 Registros de *log*

A estrutura mais utilizada para registrar as modificações do banco de dados é o *log*, que é uma sequência de **registros de *log***, anotando todas as atividades de atualização no banco de dados.

Existem vários tipos de registros de *log*. Um **registro de *log* de atualização** descreve uma única escrita no banco de dados. Ele possui estes campos:

- O **identificador de transação** é o identificador exclusivo da transação que realizou a operação write.
- O **identificador de item de dados** é o identificador exclusivo do item de dados escrito. Normalmente, esse é o local no disco do item de dados, consistindo no identificador do bloco em que o item de dados reside e um deslocamento dentro do bloco.

- O **valor antigo** é o valor do item de dados antes da escrita.
- O **novo valor** é o valor que o item de dados terá após a escrita.

Representamos um registro de *log* de atualização como <T_i, X_j, V_1, V_2>, indicando que a transação T_i realizou uma escrita no item de dados X_j. X_j tinha o valor V_1 antes da escrita e tem o valor V_2 após a escrita. Existem outros registros de *log* especiais para registrar eventos significativos durante o processamento da transação, como o início de uma transação e a confirmação ou aborto de uma transação. Entre os tipos de registros de *log* estão:

- <T_i start>. A transação T_i foi iniciada.
- <T_i commit>. A transação T_i foi confirmada.
- <T_i abort>. A transação T_i foi abortada.

Apresentaremos vários outros tipos de registros de *log* mais adiante.

Sempre que uma transação realiza uma escrita, é essencial que o registro de *log* para essa escrita seja criado antes que o banco de dados seja modificado. Quando existe um registro de *log*, podemos enviar a modificação para o banco de dados se isso for desejado. Além disso, temos a capacidade de *desfazer* (*undo*) uma modificação que já foi enviada ao banco de dados. Isso é feito usando o campo do valor antigo nos registros de *log*.

Para os registros de *log* serem úteis à recuperação do sistema e a falhas de disco, o *log* precisa residir no armazenamento estável. Por enquanto, vamos considerar que cada registro de *log* seja escrito no final do *log*, no armazenamento estável, assim que é criado. Na Seção 19.5, veremos quando é seguro relaxar essa exigência para reduzir a sobrecarga imposta pelo *logging*. Observe que o *log* contém um registro completo de toda a atividade do banco de dados. Como resultado, o volume de dados armazenados no *log* pode se tornar incrivelmente grande. Na Seção 19.3.6, mostraremos quando é seguro apagar a informação do *log*.

19.3.2 Modificação de banco de dados

Como observamos anteriormente, uma transação cria um registro de *log* antes de modificar o banco de dados. Os registros de *log* permitem que o sistema desfaça mudanças feitas por uma transação caso a transação seja abortada; eles permitem que o sistema também refaça mudanças feitas por uma transação se a transação tiver sido confirmada (*committed*), mas o sistema falhar antes que essas mudanças possam ser armazenadas no banco de dados em disco. Para podermos entender o papel desses registros de *log* na recuperação, precisamos considerar as etapas que uma transação realiza na modificação de um item de dados:

1. A transação realiza alguns cálculos em sua própria parte privada da memória principal.
2. A transação modifica o bloco de dados no *buffer* de disco da memória principal que mantém o item de dados.
3. O sistema de banco de dados executa a operação output que escreve o bloco de dados no disco.

Dizemos que uma transação *modifica o banco de dados* se ela realiza uma atualização em um *buffer* de disco ou no próprio disco; atualizações na parte privada da memória principal não contam como modificações no banco de dados. Se uma transação não modificar o banco de dados até que seja confirmada, diz-se que ela usa a técnica de **modificação adiada** (**deferred modification**). Se as modificações no banco de dados ocorrerem enquanto a transação ainda está ativa, diz-se que a transação usa a técnica de **modificação imediata** (**immediate modification**). A modificação adiada tem o *overhead* de que as transações precisam fazer cópias locais de todos os itens de dados atualizados; além do mais, se uma transação ler um item de dados que ela atualizou, ela precisa ler o valor de sua cópia local.

Os algoritmos de recuperação que descrevemos neste capítulo suportam a modificação imediata. Conforme descrevemos, eles funcionam corretamente mesmo com a modificação adiada, mas podem ser otimizados para reduzir o *overhead* quando usados com a modificação adiada; deixamos os detalhes como exercício.

Um algoritmo de recuperação precisa levar em consideração diversos fatores, incluindo:

- A possibilidade de que uma transação possa ter sido confirmada, embora algumas de suas modificações no banco de dados existam apenas no *buffer* de disco da memória principal e não no banco de dados em disco.
- A possibilidade de que uma transação possa ter modificado o banco de dados estando no estado ativo e, como resultado de uma falha subsequente, pode ter de abortar.

Como todas as modificações no banco de dados precisam ser precedidas pela criação de um registro de *log*, o sistema tem disponíveis tanto o valor antigo, antes da modificação do banco de dados, quanto o novo valor que deve ser escrito para o item de dados. Isso permite que o sistema realize operações de *undo* e *redo* conforme a necessidade.

- A operação **undo** usando um registro de *log* define o item de dados especificado no registro de *log* como o valor antigo contido no registro de *log*.
- A operação **redo** usando um registro de *log* define o item de dados especificado no registro de *log* como o novo valor contido no registro de *log*.

19.3.3 Controle de concorrência e recuperação

Se o esquema do controle de concorrência permitir que um item de dados *X* que foi modificado por uma transação T_1 seja modificado por outra transação T_2 antes que T_1 seja confirmada, desfazer os efeitos de T_1 restaurando o antigo valor de *X* (antes que T_1 atualize *X*) também desfaria os efeitos de T_2. Para evitar tais situações, os algoritmos de recuperação normalmente exigem que, se um item de dados tiver sido modificado por uma transação, nenhuma outra transação pode modificar o item de dados até que a primeira transação seja confirmada ou abortada.

Esse requisito pode ser garantido adquirindo um bloqueio exclusivo sobre qualquer item de dados atualizado e mantendo o bloqueio até que a transação confirme; em outras palavras, usando o bloqueio estrito em duas fases. Técnicas de isolamento de *snapshot* e controle de concorrência baseado em validação também adquirem bloqueios exclusivos sobre itens de dados no momento da validação, antes de modificar os itens de dados, e mantêm os bloqueios até que a transação seja confirmada; como resultado, esse requisito é satisfeito até mesmo por esses protocolos de controle de concorrência.

Discutimos mais adiante, na Seção 19.8, como o requisito anterior pode ser relaxado em certos casos.

Quando o isolamento de *snapshot* ou a validação são usados para o controle de concorrência, as atualizações do banco de dados de uma transação são (conceitualmente) adiadas até que a transação seja parcialmente confirmada; a técnica de modificação adiada se encaixa naturalmente a esses esquemas de controle de concorrência. Porém, vale a pena observar que algumas implementações do isolamento de *snapshot* usam modificação imediata, mas oferecem um *snapshot* lógico por demanda: quando uma transação precisa ler um item que uma transação concorrente atualizou, uma cópia do item (já atualizado) é feita, e as atualizações feitas por transações concorrentes são revertidas na cópia do item. De modo semelhante, a modificação imediata do banco de dados se encaixa naturalmente ao bloqueio em duas fases, mas a modificação adiada também pode ser usada com o bloqueio em duas fases.

19.3.4 Confirmação da transação

Dizemos que uma transação foi **confirmada** quando seu registro de *log* de confirmação, que é o último registro de *log* da transação, tiver sido enviado para o armazenamento estável; nesse ponto, todos os registros de *log* anteriores já foram enviados para o armazenamento estável. Assim, existe informação suficiente no *log* para garantir que, mesmo que haja uma falha do sistema, as atualizações da transação possam ser refeitas. Se houver uma falha no sistema antes que um registro de *log* <T_i commit> seja enviado para o armazenamento estável, a transação T_i será revertida. Assim, a saída do bloco contendo o registro de *log* do commit é a única ação atômica que resulta em uma transação sendo confirmada.[1]

Com a maioria das técnicas de recuperação baseadas em *log*, incluindo aquelas que descrevemos neste capítulo, os blocos contendo os itens de dados modificados por uma transação não precisam ser enviados para o armazenamento estável quando a transação é confirmada, mas podem ser enviados em algum momento posterior. Discutimos melhor essa questão na Seção 19.5.2.

19.3.5 Usando o *log* para fazer redo e undo de transações

Agora, mostramos uma visão geral de como o *log* pode ser usado para a recuperação de uma falha do sistema e para reverter (*rollback*) transações durante a operação normal. Porém, adiamos os detalhes dos procedimentos de recuperação de falhas e *rollback* para a Seção 19.4.

[1]A saída de um bloco pode se tornar atômica por técnicas para lidar com falha de transferência de dados, conforme descrevemos na Seção 19.2.1.

<T_0 start>
<T_0, A, 1000, 950>
<T_0, B, 2000, 2050>
<T_0 commit>
<T_1 start>
<T_1, C, 700, 600>
<T_1 commit>

Figura 19.2 Parte do *log* do sistema correspondente a T_0 e T_1.

Log	**Banco de dados**
<T_0 start>	
<T_0, A, 1000, 950>	
<T_0, B, 2000, 2050>	
	$A = 950$
	$B = 2050$
<T_0 commit>	
<T_1 start>	
<T_1, C, 700, 600>	
	$C = 600$
<T_1 commit>	

Figura 19.3 Estado do *log* do sistema e banco de dados correspondente a T_0 e T_1.

Considere nosso sistema bancário simplificado. Seja T_0 uma transação que transfere \$ 50 da conta A para a conta B:

```
T0: read(A);
    A := A – 50;
    write(A);
    read(B);
    B := B + 50;
    write(B).
```

Seja T_1 uma transação que saca \$ 100 da conta C:

```
T1: read(C);
    C := C – 100;
    write(C).
```

A parte do *log* contendo as informações relevantes com relação a essas duas transações aparece na Figura 19.2.

A Figura 19.3 mostra uma possível ordem em que as saídas reais ocorrem no sistema de banco de dados e no *log* como resultado da execução de T_0 e T_1.[2]

Usando o *log*, o sistema pode lidar com qualquer falha que não resulte na perda de informações no armazenamento não volátil. O esquema de recuperação usa dois procedimentos de recuperação. Esses dois procedimentos utilizam o *log* para encontrar o conjunto de itens de dados atualizados por cada transação T_i e seus respectivos valores antigo e novo.

[2]Observe que essa ordem não poderia ser obtida usando a técnica de modificação adiada, pois o banco de dados é modificado por T_0 antes de ser confirmado, e o mesmo ocorre para T_1.

- redo(T_i) define o valor de todos os itens de dados atualizados pela transação T_i como os novos valores. A ordem em que as atualizações são executadas pelo redo é importante; quando se recupera de uma falha do sistema, se as atualizações em um item de dados em particular forem aplicadas em uma ordem diferente da ordem em que elas foram aplicadas originalmente, o estado final desse item de dados terá um valor errado. A maioria dos algoritmos de recuperação, incluindo aquele descrito na Seção 19.4, não realiza redo de cada transação separadamente; em vez disso, eles realizam uma única varredura do *log*, durante a qual as ações de redo são realizadas para cada registro de *log* à medida que ele é encontrado. Essa técnica preserva a ordem das atualizações, e é mais eficiente porque o *log* precisa ser lido apenas uma vez de modo geral, e não uma vez por transação.
- undo(T_i) restaura o valor de todos os itens de dados atualizados pela transação T_i para os valores antigos. No esquema de recuperação que descrevemos na Seção 19.4:
  - A operação undo não apenas restaura os itens de dados ao seu valor antigo, mas também escreve registros de *log* para registrar as atualizações realizadas como parte do processo de undo. Esses registros de *log* são registros de *log* **apenas de redo**, pois não precisam conter o valor antigo do item de dados atualizado; observe que, quando esses registros de *log* são usados durante o undo, o "valor antigo" é, na verdade, o valor escrito pela transação que está sendo revertida, e o "valor novo" é o valor original que está sendo restaurado pela operação undo.

    Assim como o procedimento de redo, a ordem em que as operações undo são realizadas é importante; novamente, adiamos os detalhes para a Seção 19.4.
  - Quando a operação undo para a transação T_i termina, ela escreve um registro de *log* <T_i abort>, indicando que o undo foi completado.

    Conforme veremos na Seção 19.4, o procedimento undo(T_i) só é executado uma vez para uma transação se a transação for revertida durante o processamento normal ou se, na recuperação de uma falha do sistema, nem um registro commit nem um abort for encontrado para a transação T_i. Como resultado, por fim, cada transação terá um registro commit ou abort no *log*.

Depois que houver uma falha no sistema, o sistema consulta o *log* para determinar quais transações precisam ser refeitas e quais precisam ser desfeitas de modo a garantir a atomicidade.

- A transação T_i precisa ser desfeita se o *log* tiver o registro <T_i start>, mas não tiver o registro <T_i commit> ou o registro <T_i abort>.
- A transação T_i precisa ser refeita se o *log* tiver o registro <T_i start> e o registro <T_i commit> ou o registro <T_i abort>. Pode parecer estranho refazer T_i se o registro <T_i abort> estiver no *log*. Para ver por que isso funciona, observe que, se <T_i abort> estiver no *log*, os registros apenas de redo (*redo-only*) escritos pela operação undo também estarão. Assim, o resultado final será desfazer as modificações de T_i nesse caso. Essa ligeira redundância simplifica o algoritmo de recuperação e permite um tempo de recuperação geral mais rápido.

Como ilustração, retorne ao nosso exemplo de banco, com as transações T_0 e T_1 executadas uma após a outra na ordem T_0 seguida por T_1. Suponha que o sistema falhe antes do término das transações. Vamos considerar três casos. O estado dos *logs* para cada um desses casos aparece na Figura 19.4.

Primeiro, vamos supor que a falha ocorra logo após o registro de *log* para o passo

write(B)

da transação T_0 ter sido escrito no armazenamento estável (Figura 19.4a). Quando o sistema volta à atividade, ele encontra o registro <T_0 start> no *log*, mas nenhum registro <T_0 commit> ou <T_0 abort> correspondente. Assim, a transação T_0 precisa ser desfeita, de modo que um undo(T_0) é realizado. Como resultado, os valores nas contas A e B (no disco) são restaurados para \$ 1000 e \$ 2000, respectivamente.

Em seguida, vamos supor que a falha venha imediatamente após o registro de *log* para o passo

write(C)

da transação T_1 ter sido escrito no armazenamento estável (Figura 19.4b). Quando o sistema volta à atividade, duas ações de recuperação precisam ser tomadas. A operação undo(T_1) precisa ser realizada, pois o registro <T_1 start> aparece no *log*, mas não existe o registro <T_1 commit> ou <T_1 abort>. A operação redo(T_0) precisa ser realizada, pois o *log* contém o registro <T_0 start> e o registro <T_0 commit>. Ao final do procedimento de recuperação inteiro, os valores das contas A, B e C são \$ 950, \$ 2050 e \$ 700, respectivamente.

Finalmente, vamos supor que a falha ocorra imediatamente após o registro de *log*

(a)	(b)	(c)
<T_0 start>	<T_0 start>	<T_0 start>
<T_0, A, 1000, 950>	<T_0, A, 1000, 950>	<T_0, A, 1000, 950>
<T_0, B, 2000, 2050>	<T_0, B, 2000, 2050>	<T_0, B, 2000, 2050>
	<T_0 commit>	<T_0 commit>
	<T_1 start>	<T_1 start>
	<T_1, C, 700, 600>	<T_1, C, 700, 600>
		<T_1 commit>

Figura 19.4 O mesmo *log*, mostrado em três momentos diferentes.

<T_1 commit>

ter sido escrito no armazenamento estável (Figura 19.4c). Quando o sistema volta à atividade, tanto T_0 quanto T_1 precisam ser refeitos, pois os registros <T_0 start> e <T_0 commit> aparecem no *log*, assim como os registros <T_1 start> e <T_1 commit>. Depois que o sistema realiza os procedimentos de recuperação redo(T_0) e redo(T_1), os valores nas contas *A*, *B* e *C* são $ 950, $ 2050 e $ 600, respectivamente.

19.3.6 Pontos de verificação (*checkpoints*)

Quando ocorre uma falha do sistema, é preciso consultar o *log* para determinar as transações que precisam ser refeitas e as que precisam ser desfeitas. Em princípio, precisamos pesquisar o *log* inteiro para determinar essa informação. Existem duas dificuldades importantes com essa técnica:

1. O processo de busca é demorado.
2. A maioria das transações que, de acordo com nosso algoritmo, precisam ser refeitas já enviaram suas atualizações para o banco de dados. Embora refazê-las não cause dano algum, a recuperação levará mais tempo.

Para reduzir esses tipos de sobrecarga, introduzimos os **pontos de verificação (checkpoints)**.

A seguir, descrevemos um esquema simples de ponto de verificação que (a) não permite que quaisquer atualizações sejam realizadas enquanto a operação de ponto de verificação estiver em andamento e (b) envia todos os blocos de *buffer* modificados para o disco quando o ponto de verificação for realizado. Mais adiante, discutimos como modificar o ponto de verificação e os procedimentos de verificação para fornecer mais flexibilidade relaxando esses dois requisitos.

Um ponto de verificação é realizado da seguinte forma:

1. Enviar para o armazenamento estável todos os registros atualmente residindo na memória principal.
2. Enviar para o disco todos os blocos de *buffer* modificados.
3. Enviar para o armazenamento estável um registro de *log* <checkpoint *L*>, em que *L* é uma lista de transações ativas no momento do ponto de verificação.

As transações não têm permissão para realizar quaisquer ações de atualização, como escrever em um bloco de *buffer* ou escrever um registro de *log*, enquanto um ponto de verificação está em andamento. Mais adiante, na Seção 19.5.2, explicamos como esse requisito pode ser imposto.

A presença de um registro <checkpoint *L*> no *log* permite que o sistema agilize seu procedimento de recuperação. Considere uma transação T_i que foi confirmada antes do ponto de verificação. Para tal transação, o registro <T_i commit> (ou o registro <T_i abort>) aparece no *log* antes do registro <checkpoint>. Quaisquer modificações no banco de dados feitas por T_i precisam ter sido escritas no banco de dados antes do ponto de verificação ou como parte do próprio ponto de verificação. Assim, no momento da recuperação, não é preciso realizar uma operação redo sobre T_i.

Depois de haver uma falha do sistema, este examina o *log* para descobrir o último registro <checkpoint *L*> (isso pode ser feito pesquisando o *log* ao contrário, a partir do final do *log*, até o primeiro registro < checkpoint *L*> ser encontrado).

As operações redo e undo precisam ser aplicadas somente às transações em *L* e a todas as transações que iniciaram a execução após o registro <checkpoint *L*> ter sido escrito no *log*. Vamos indicar esse conjunto de transações como *T*.

- Para todas as transações T_k em *T* que não possuem registro <T_k commit> ou o registro <T_k abort> no *log*, execute undo(T_k).
- Para todas as transações T_k em *T* tais que o registro <T_k commit> ou o registro <T_k abort> aparece no *log*, execute redo(T_k).

Observe que só precisamos examinar a parte do *log* começando com o último registro de *log* de checkpoint para encontrar o conjunto de transações *T* e para descobrir se um registro commit ou abort ocorre no *log* para cada transação em *T*.

Como ilustração, considere o conjunto de transações $\{T_0, T_1, ..., T_{100}\}$. Suponha que o ponto de verificação mais recente tenha ocorrido durante a execução da transação T_{67} e T_{69}, enquanto T_{68} e todas as transações com subscritos inferiores a 67 tenham concluído antes do ponto de verificação. Assim, somente as transações T_{67}, T_{69}, ..., T_{100} precisam ser consideradas durante o esquema de recuperação. Cada uma delas precisa ser refeita se tiver sido completada (ou seja, confirmada ou abortada); caso contrário, ela estava incompleta e precisa ser desfeita.

Considere o conjunto de transações *L* em um registro de *log* de ponto de verificação. Para cada transação T_i em *L*, os registros de *log* da transação que ocorrem antes do registro de *log* de ponto de verificação podem ter de desfazer a transação, caso ela não seja confirmada. Porém, todos os registros de *log* antes do mais antigo dos registros de *log* <T_i start>, entre as transações T_i em *L*, não são necessários uma vez que o ponto de verificação tenha sido completado. Esses registros de *log* podem ser apagados sempre que o sistema de banco de dados tiver de retomar o espaço ocupado por esses registros.

O requisito de que as transações não devem realizar quaisquer atualizações para manter os blocos em *buffer* ou no *log* durante o ponto de verificação pode ser incômodo, pois o processamento da transação precisa ser interrompido enquanto o ponto de verificação está em andamento. Um **ponto de verificação nebuloso (fuzzy checkpoint)** é aquele em que as transações têm permissão para realizar atualizações mesmo enquanto os blocos de *buffer* estão sendo escritos. A Seção 19.5.4 descreve esquemas de ponto de verificação nebuloso. Mais adiante, na Seção 19.9, veremos um esquema de ponto de verificação que não apenas é nebuloso, mas nem sequer exige que todos os blocos de *buffer* modificados sejam enviados ao disco no momento do ponto de verificação.

19.4 Algoritmo de recuperação

Até agora, discutindo sobre a recuperação, identificamos transações que precisam ser refeitas e aquelas que precisam ser desfeitas, mas ainda não demos um algoritmo exato para realizar essas ações. Agora, estamos prontos para apresentar o **algoritmo de recuperação** completo usando registros de *log* para a recuperação de falha de transação e uma combinação dos mais recentes ponto de verificação e registros de *log* para recuperar de uma falha do sistema.

O algoritmo de recuperação descrito nesta seção requer que um item de dados que foi atualizado por uma transação não confirmada não possa ser modificado por nenhuma outra transação até que a primeira transação seja confirmada ou abortada. Lembre-se de que essa restrição foi discutida anteriormente, na Seção 19.3.3.

19.4.1 *Rollback* da transação

Primeiro, considere o *rollback* da transação durante a operação normal (ou seja, durante a recuperação de uma falha do sistema). O *rollback* de uma transação T_i é realizado da seguinte forma:

1. O *log* é varrido ao contrário e, para cada registro de *log* de T_i na forma <T_i, X_j, V_1, V_2> que é encontrado:
   a. O valor V_1 é escrito no item de dados X_j e
   b. Um registro de *log* especial somente de redo *(redo-only)* <T_i, X_j, V_1> é escrito no *log*, em que V_1 é o valor sendo restaurado para o item de dados X_j durante o *rollback*. Esses registros de *log* às vezes são chamados **registros de *log* de compensação**. Tais registros não precisam de informação de undo, pois nunca precisaremos desfazer essa operação de undo. Mais à frente, explicaremos como eles são usados.
2. Quando o registro de *log* <T_i start> for encontrado, a varredura ao contrário é interrompida e o registro de *log* <T_i abort> é escrito no *log*.

Observe que cada ação de atualização realizada pela transação ou em favor da transação, incluindo ações tomadas para restaurar itens de dados ao seu valor antigo, agora terão sido gravadas no *log*. Na Seção 19.4.2, veremos por que isso é uma boa ideia.

19.4.2 Recuperação após uma falha do sistema

Ações de recuperação, quando o sistema de banco de dados é reiniciado após uma falha, ocorrem em duas fases:

1. Na **fase de redo**, o sistema repete as atualizações de *todas* as transações varrendo o *log* para a frente a partir do último ponto de verificação. Os registros de *log* que são repetidos incluem os registros de *log* para transações que foram revertidas antes da falha do sistema e aquelas que não foram confirmadas quando houve a falha do sistema.

   Essa fase também determina todas as transações que estavam incompletas no momento da falha e, portanto, precisam ser revertidas. Essas transações incompletas estariam ativas no momento do ponto de verificação e, portanto, apareceriam na lista de transações no registro do ponto de verificação ou teriam começado depois. Além disso, essas transações incompletas não teriam um registro <T_i abort> nem <T_i commit> no *log*.

   As etapas específicas tomadas enquanto se varre o *log* são as seguintes:

   a. A lista de transações a serem revertidas, a lista de undo, é definida inicialmente como lista L no registro de *log* <checkpoint L>.
   b. Sempre que é encontrado um registro de *log* normal na forma <T_i, X_j, V_1, V_2> ou um registro de *log* somente de redo (*redo-only*) na forma <T_i, X_j, V_2>, a operação é refeita, ou seja, o valor V_2 é escrito no item de dados X_j.
   c. Sempre que um registro de *log* na forma <T_i start> é encontrado, T_i é acrescentado à lista de undo.
   d. Sempre que um registro de *log* na forma <T_i abort> ou <T_i commit> é encontrado, T_i é removido da lista de undo.

   Ao final da fase de redo, a lista de undo contém a lista de todas as transações que estão incompletas, ou seja, elas nem foram confirmadas nem completaram o *rollback* antes da falha.
2. Na **fase de undo**, o sistema reverte todas as transações na lista de undo. Ele realiza o *rollback* varrendo o *log* ao contrário a partir do final.
   a. Sempre que encontra um registro de *log* pertencente a uma transação na lista de undo, ele realiza ações de undo como se o registro de *log* tivesse sido encontrado durante o *rollback* de uma transação que falhou.
   b. Quando o sistema encontra um registro de *log* <T_i start> para uma transação T_i na lista de undo, ele escreve um registro de *log* <T_i abort> no *log* e remove T_i da lista de undo.
   c. A fase de undo termina quando a lista de undo se torna vazia, ou seja, o sistema encontrou registros de *log* <T_i start> para todas as transações que estavam inicialmente na lista de undo.

Depois que a fase de undo da recuperação termina, o processamento normal da transação pode ser retomado.

Observe que a fase de redo repete (*replays*) cada registro de *log* desde o registro do ponto de verificação mais recente. Em outras palavras, essa fase de reinício da recuperação repete todas as ações de atualização que foram executadas após o ponto de verificação e cujos registros de *log* alcançaram o *log* estável. As ações incluem ações de transações incompletas e as ações executadas para reverter transações que falharam. As ações são repetidas na mesma ordem em que foram executadas

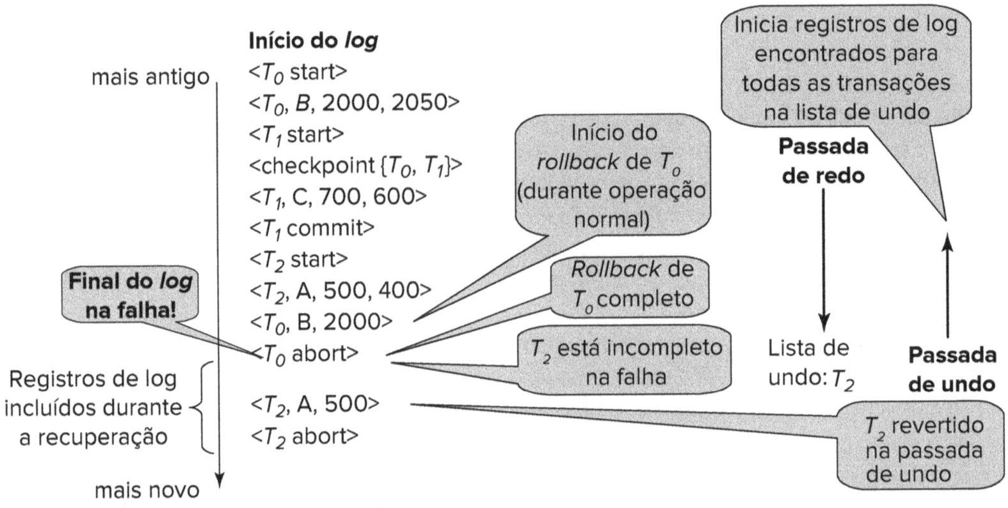

Figura 19.5 Exemplo de ações registradas em *log* e ações durante recuperação.

originalmente; logo, esse processo é chamado **histórico de repetição**. Embora possa parecer um desperdício, repetir o histórico até mesmo para transações que falharam simplifica os esquemas de recuperação.

A Figura 19.5 mostra um exemplo das ações registradas durante a operação normal e as ações realizadas durante a recuperação de falha. No *log* mostrado na figura, a transação T_1 foi confirmada, e a transação T_0 foi completamente revertida, antes que o sistema falhasse. Observe como o valor do item de dados B é restaurado durante o *rollback* de T_0. Observe também o registro do ponto de verificação, com a lista de transações ativas contendo T_0 e T_1.

Ao se recuperar de uma falha, na fase de redo, o sistema realiza um redo de todas as operações após o último registro do ponto de verificação. Nessa fase, a lista de undo inicialmente contém T_0 e T_1; T_1 é removido primeiro quando seu registro de *log* de *commit* é encontrado, enquanto T_2 é acrescentado quando seu registro de *log* de início é encontrado. A transação T_0 é removida da lista de undo quando seu registro de *log* de aborto é encontrado, deixando apenas T_2 na lista de undo. A fase de undo varre o *log* ao contrário a partir do final e, quando encontra um registro de *log* de T_2 atualizando A, o valor antigo de A é restaurado, e o registro de *log* somente de redo (*redo-only*) é escrito no *log*. Quando o registro de início para T_2 é encontrado, um registro abort é acrescentado para T_2. Como a lista de undo não contém mais transações, a fase de undo termina, completando a recuperação.

19.4.3 Otimizando o processamento de confirmação

Confirmar uma transação (*commit*) requer que seus registros de *log* tenham sido forçados para o disco. Se for feito um esvaziamento de *log* separado para cada transação, cada confirmação incorre em uma sobrecarga significativa para gravação de *log*. A taxa de confirmação de transação pode ser aumentada usando a técnica de **confirmação em grupo**. Com essa técnica, em vez de tentar forçar o *log* assim que a transação é concluída, o sistema aguarda até que várias transações sejam concluídas ou determinado período de tempo tenha se passado desde a conclusão de uma transação. Em seguida, ele confirma o grupo de transações que estão aguardando juntas. Os blocos gravados no *log* no armazenamento estável conteriam registros de várias transações. Pela escolha cuidadosa do tamanho do grupo e do tempo máximo de espera, o sistema pode garantir que os blocos estejam cheios quando forem gravados no armazenamento estável, sem que as transações esperem excessivamente. Essa técnica resulta, em média, em menos operações de saída por transação confirmada.

Se a criação de *log* for feita no disco rígido, a gravação de um bloco de dados poderá levar de cinco a dez milissegundos. Como resultado, sem a confirmação em grupo, no máximo 100 a 200 transações podem ser confirmadas por segundo. Se registros de dez transações couberem em um bloco de disco, a confirmação em grupo permitirá que 1000 a 2000 transações sejam confirmadas por segundo.

Se o registro em *log* for feito para a memória flash, a gravação de um bloco pode levar cerca de 100 microssegundos, permitindo que 10.000 transações sejam confirmadas por segundo, sem confirmação de grupo. Se registros de dez transações couberem em um bloco de disco, a confirmação em grupo permitirá que 100.000 transações sejam confirmadas por segundo na memória flash. Um benefício adicional da confirmação em grupo com flash é que ele minimiza o número de vezes que a mesma página é gravada, o que, por sua vez, minimiza o número de operações de exclusão, que podem ser dispendiosas. (Lembre-se de que os sistemas de armazenamento em flash remapeiam as páginas lógicas para uma página física pré-apagada, evitando atrasos no momento que uma página é gravada, mas a operação de apagamento deve ser executada eventualmente como parte da coleta de lixo de versões antigas das páginas.)

Embora a confirmação em grupo reduza a sobrecarga imposta pelo uso do *log*, ela resulta em um pequeno atraso na confirmação de transações que fazem atualizações. Quando a taxa de confirmações é baixa, o atraso pode não compensar o benefício, mas com altas taxas de confirmação de transação, o atraso geral na confirmação é realmente reduzido com o uso da confirmação em grupo.

Além das otimizações feitas no banco de dados, os programadores também podem tomar algumas medidas para melhorar o desempenho da confirmação da transação. Por exemplo, considere uma aplicação que carrega dados em um banco de dados. Se a aplicação executar cada inserção como uma transação separada, o número de inserções que podem ser executadas por segundo é limitado pelo número de gravações de blocos que podem ser executadas por segundo. Se a aplicação aguardar o término de uma inserção antes de iniciar a próxima, a confirmação em grupo não oferecerá benefício algum e, na verdade, poderá até mesmo atrasar o sistema. No entanto, nesse caso, o desempenho pode melhorar significativamente com a execução de um lote de inserções como uma única transação. Os registros de *log* correspondentes a várias inserções são gravados juntos em uma página. Por conseguinte, o número de inserções que podem ser executadas por segundo aumenta.

19.5 Gerenciamento de *buffer*

Nesta seção, consideramos diversos detalhes sutis essenciais para a implementação de um esquema de recuperação de falhas que garanta a coerência dos dados e imponha uma quantidade mínima de sobrecarga nas interações com o banco de dados.

19.5.1 *Buffering* de registro de *log*

Até aqui, consideramos que cada registro de *log* é enviado ao armazenamento estável no momento que foi criado. Essa suposição impõe alta sobrecarga na execução do sistema por vários motivos: normalmente, a saída para armazenamento estável está em unidades de blocos. Na maior parte dos casos, um registro de *log* é muito menor que um bloco. Assim, a saída de cada registro de *log* se traduz em uma saída muito maior no nível físico. Além do mais, como vimos na Seção 19.2.1, a saída de um bloco para o armazenamento estável pode envolver várias operações de saída no nível físico.

O custo para enviar um bloco para o armazenamento estável é suficientemente alto para que se deseje enviar vários registros de *log* ao mesmo tempo. Para isso, escrevemos registros de *log* em um *buffer* na memória principal, onde permanecem temporariamente até que sejam enviados para o armazenamento estável. Vários registros de *log* podem ser reunidos no *buffer* de *log* e enviados para o armazenamento estável em uma única operação de saída. A ordem dos registros de *log* no armazenamento estável precisa ser exatamente a mesma em que foram escritos no *buffer* de *log*.

Como resultado do *buffer* de *log*, um registro de *log* pode residir apenas na memória principal (armazenamento volátil) por um tempo considerável antes de ser enviado para o armazenamento estável. Como esses registros de *log* são perdidos se o sistema falhar, é preciso impor requisitos adicionais sobre as técnicas de recuperação para garantir a atomicidade da transação:

- A transação T_i entra no estado commit depois que o registro de *log* <T_i commit> tiver sido enviado para o armazenamento estável.
- Antes que o registro de *log* <T_i commit> possa ser enviado para o armazenamento estável, todos os registros de *log* pertencentes à transação T_i precisam ter sido enviados ao armazenamento estável.
- Antes que um bloco de dados na memória principal possa ser enviado para o banco de dados (no armazenamento não volátil), todos os registros de *log* pertencentes aos dados nesse bloco precisam ter sido enviados ao armazenamento estável.

Essa regra é denominada regra do ***logging* de escrita antecipada** ou *write ahead logging* (**WAL**). (Estritamente falando, a regra WAL requer apenas que a informação de undo no *log* tenha sido enviada ao armazenamento estável, e permite que a informação de redo seja escrita mais tarde. A diferença é relevante nos sistemas em que as informações de undo e de redo são armazenadas em registros de *log* separados.)

As três regras indicam situações em que certos registros de *log precisam* ter sido enviados ao armazenamento estável. Não há problema resultante da saída dos registros de *log antes* do necessário. Assim, quando o sistema acha necessário enviar um registro de *log* para o armazenamento estável, ele envia um bloco inteiro de registros de *log*, se houver registros de *log* suficientes na memória principal para preencher um bloco. Se não houver registros de *log* suficientes para preencher o bloco, todos os registros de *log* na memória principal são combinados em um bloco parcialmente cheio e enviados ao armazenamento estável.

A escrita para o disco do *log* em *buffer* é, às vezes, conhecida como **forçar o *log***.

19.5.2 *Buffering* de banco de dados

Na Seção 19.2.2, descrevemos o uso de uma hierarquia de armazenamento em dois níveis. O sistema armazena o banco de dados no armazenamento não volátil (disco) e leva blocos de dados para a memória principal conforme a necessidade. Como a memória principal normalmente é muito menor do que o banco de dados inteiro, pode ser necessário escrever sobre um bloco B_1 na memória principal quando outro bloco B_2 precisar ser trazido para a memória. Se B_1 tiver sido modificado, B_1 precisa ser enviado ao disco antes da entrada de B_2. Conforme discutimos na Seção 13.5.1, essa hierarquia de armazenamento é semelhante ao conceito padrão de *memória virtual* do sistema operacional.

Pode-se esperar que as transações forcem a saída de todos os blocos modificados para o disco quando elas são confirmadas. Essa política é chamada política de **forçar**. A alternativa, a política de **não forçar**, permite que uma transação confirme mesmo que tenha modificado alguns blocos que ainda não foram gravados no disco. Todos os algoritmos de recuperação descritos neste capítulo funcionam corretamente, mesmo com a política de não forçar. A política de não forçar permite uma confirmação mais rápida de transações; além disso, ela possibilita que várias atualizações se acumulem em um bloco antes que ele seja enviado ao armazenamento estável, o que pode reduzir o número de operações de saída ao disco para blocos atualizados com frequência. Como resultado, a técnica padrão usada pela maioria dos sistemas é a política de não forçar.

De modo semelhante, pode-se esperar que os blocos modificados por uma transação que ainda está ativa não devam ser gravados em disco. Essa política é chamada política de **não roubar** (*no-steal*). A alternativa, a política de **roubar**, permite que o sistema grave os blocos modificados em disco mesmo que as transações que fizeram essas modificações não tenham sido todas confirmadas. Desde que a regra de *logging* de escrita antecipada seja seguida, todos os algoritmos de recuperação que estudamos no capítulo funcionam corretamente, mesmo com a política de roubar. Além do mais, a política de não roubar não funciona com transações que realizam grande número de atualizações, pois o *buffer* pode ser preenchido com páginas atualizadas que não podem ser despejadas para o disco, e a transação não pode prosseguir. Como resultado, a técnica padrão usada pela maioria dos sistemas é a política de roubar.

Para ilustrar a necessidade de um requisito de *logging* de escrita antecipada, considere nosso exemplo de banco com as transações T_0 e T_1. Suponha que o estado do *log* seja

$<T_0$ start$>$
$<T_0, A, 1000, 950>$

e a transação T_0 emita um read(B). Considere que o bloco em que B reside não esteja na memória principal e que a memória principal esteja cheia. Suponha que o bloco em que A reside seja escolhido para ser enviado ao disco. Se o sistema enviar esse bloco ao disco e depois houver uma falha, os valores no banco de dados para as contas A, B e C são \$ 950, \$ 2000 e \$ 700, respectivamente. O estado desse banco de dados está inconsistente. Porém, em face dos requisitos WAL, o registro de *log*

$<T_0, A, 1000, 950>$

precisa ser enviado ao armazenamento estável antes do envio do bloco em que A reside. O sistema pode usar o registro de *log* durante a recuperação para trazer o banco de dados de volta a um estado consistente.

Quando um bloco B_1 deve ser enviado ao disco, todos os registros de *log* pertencentes aos dados em B_1 devem ser enviados ao armazenamento estável antes que B_1 seja enviado. É importante que nenhuma escrita no bloco B_1 esteja em progresso enquanto o bloco está sendo enviado, pois essa escrita violaria a regra de *logging* de escrita antecipada. Podemos garantir que não há escritas em andamento usando um meio especial de bloqueio:

- Antes que uma transação realize uma escrita em um item de dados, ela adquire um bloqueio exclusivo sobre o bloco em que o item de dados reside. O bloqueio é liberado imediatamente após a atualização ter sido realizada.
- A sequência de ações a seguir é executada quando um bloco deve ser enviado ao disco:
    - Obter um bloqueio exclusivo sobre o bloco, para garantir que nenhuma transação esteja realizando uma escrita no bloco.
    - Enviar registros de *log* ao armazenamento estável até que todos os registros de *log* pertencentes ao bloco B_1 tenham sido enviados ao disco.
    - Enviar o bloco B_1 para o disco.
    - Liberar o bloqueio quando o envio do bloco tiver sido completado.

Os bloqueios sobre blocos de *buffer* não estão relacionados com os bloqueios usados para controle de concorrência das transações, e sua liberação de uma maneira não em duas fases não tem quaisquer implicações sobre a serializabilidade da transação. Esses bloqueios, e outros bloqueios semelhantes de curta duração, normalmente são chamados de **trancas** (ou *latches*).

Os bloqueios sobre os blocos de *buffer* também podem ser usados para garantir que os blocos de *buffer* não sejam atualizados e registros não sejam gerados, enquanto um ponto de verificação estiver em andamento. Essa restrição pode ser imposta adquirindo bloqueios exclusivos sobre todos os blocos de *buffer*, bem como um bloqueio exclusivo sobre o *log*, antes que a operação do ponto de verificação seja realizada. Esses bloqueios podem ser liberados assim que a operação do ponto de verificação tiver sido completada.

Os sistemas de banco de dados normalmente têm um processo que percorre continuamente os blocos de *buffer*, enviando os blocos de *buffer* modificados de volta ao disco. O protocolo de bloqueio anterior precisa ser seguido quando os blocos são enviados. Como resultado do envio contínuo de blocos modificados ao disco, o número de **blocos sujos** no *buffer*, ou seja, os blocos que foram modificados no *buffer*, mas não enviados subsequentemente, é reduzido. Assim, o número de blocos que precisam ser enviados durante um ponto de verificação é reduzido; além disso, quando um bloco precisa ser despejado (*evicted*) do *buffer*, provavelmente haverá um bloco não sujo disponível para despejo, permitindo que a entrada processe imediatamente em vez de esperar que uma saída seja completada.

19.5.3 Papel do sistema operacional no gerenciamento de *buffer*

Podemos gerenciar o *buffer* do banco de dados usando uma das duas técnicas:

1. O sistema de banco de dados reserva parte da memória principal para servir como um *buffer* que ele gerencia, em vez do sistema operacional. O sistema de banco de dados gerencia a transferência de bloco de dados de acordo com os requisitos na Seção 19.5.2.

   Essa técnica tem a desvantagem de limitar a flexibilidade no uso da memória principal. O *buffer* precisa ser mantido pequeno o suficiente para que outras aplicações tenham memória principal suficiente à disposição para suas necessidades. Porém, mesmo quando as outras aplicações não estiverem sendo executadas, o banco de dados não será capaz de utilizar toda a memória disponível. De modo semelhante, as outras aplicações (não de banco de dados) não podem usar aquela parte da memória principal reservada para o *buffer* de banco de dados, mesmo que algumas das páginas no *buffer* de banco de dados não estejam sendo usadas.

2. O sistema de banco de dados implementa seu *buffer* dentro da memória virtual fornecida pelo sistema operacional. Como o sistema operacional sabe a respeito dos requisitos de memória de todos os processos no sistema, o ideal é que ele esteja encarregado de decidir quais blocos de *buffer* devem ter a saída forçada para o disco e quando. No entanto, para garantir os requisitos de *logging* de escrita antecipada na Seção 19.5.1, o próprio sistema operacional não deverá escrever as páginas do *buffer* de banco de dados, mas deve solicitar que o sistema de banco de dados force a saída dos blocos de *buffer*. O sistema de banco de dados, por sua vez, forçaria a saída dos blocos de *buffer* no banco de dados após escrever os registros de *log* relevantes para o armazenamento estável.

   Infelizmente, quase todos os sistemas operacionais da geração atual retêm controle completo da memória virtual. O sistema operacional reserva espaço em disco para armazenar páginas da memória virtual que não estão atualmente na memória principal; esse espaço é denominado **espaço de swap** (ou troca). Se o sistema operacional decidir enviar ao disco um bloco B_x, esse bloco é enviado para o espaço de *swap* no disco e não há como o sistema de banco de dados obter controle da saída dos blocos de *buffer*.

   Portanto, se o *buffer* do banco de dados estiver na memória virtual, as transferências entre os arquivos de banco de dados e o *buffer* na memória virtual precisam ser gerenciadas pelo sistema de banco de dados, que impõe os requisitos de *logging* de escrita antecipada que discutimos.

   Essa técnica pode resultar em envio extra de dados para o disco. Se um bloco B_x for enviado ao disco pelo sistema operacional, esse bloco não é enviado ao banco de dados. Em vez disso, ele é enviado ao espaço de *swap* em disco, correspondente à memória virtual do sistema operacional. Quando o sistema de banco de dados precisar enviar B_x ao disco, o sistema operacional pode primeiro precisar ler B_x do seu espaço de *swap*. Assim, em vez de um único envio de B_x, pode haver dois envios de B_x (um pelo sistema operacional e um pelo sistema de banco de dados) e uma leitura extra de B_x.

Embora as duas técnicas apresentem algumas desvantagens, uma ou outra precisa ser escolhida, a menos que o sistema operacional seja projetado para dar suporte aos requisitos do *logging* de banco de dados.

19.5.4 Ponto de verificação nebuloso

A técnica de ponto de verificação descrita na Seção 19.3.6 requer que todas as atualizações no banco de dados sejam suspensas temporariamente enquanto o ponto de verificação está em andamento. Se o número de páginas no *buffer* for grande, um ponto de verificação pode levar muito tempo para terminar, o que pode resultar em uma interrupção inaceitável no processamento de transações.

Para evitar tais interrupções, a técnica de ponto de verificação pode ser modificada para permitir que as atualizações comecem quando o registro checkpoint tiver sido escrito, mas antes que os blocos de *buffer* modificados sejam gravados em disco. O ponto de verificação gerado dessa forma é um **ponto de verificação nebuloso (fuzzy checkpoint)**.

Como as páginas são enviadas ao disco somente depois que o registro checkpoint tiver sido escrito, é possível que o sistema falhe antes que todas as páginas sejam escritas. Assim, um ponto de verificação no disco pode estar incompleto. Um modo de tratar de pontos de verificação incompletos é este: o local no *log* do registro checkpoint do último ponto de verificação completado é armazenado em uma posição fixa no disco, o último ponto de verificação. O sistema não atualiza essa informação quando escrever o registro checkpoint. Em vez disso, antes de escrever o registro checkpoint, ele cria uma lista de todos os blocos de *buffer* modificados. A informação do último ponto de verificação só é atualizada depois que todos os blocos de *buffer* na lista de blocos de *buffer* modificados tenham sido enviados ao disco.

Mesmo com o ponto de verificação nebuloso, um bloco de *buffer* não deve ser atualizado enquanto está sendo enviado ao disco, embora outros blocos de *buffer* possam ser atualizados simultaneamente. O protocolo de *log* de escrita antecipada precisa ser seguido de modo que os registros de *log* (undo) pertencentes a um bloco estejam no armazenamento estável antes que o bloco seja enviado.

19.6 Falha com perda de armazenamento não volátil

Até agora, consideramos apenas o caso em que uma falha resulta na perda de informações residindo no armazenamento volátil enquanto o conteúdo do armazenamento não volátil permanece intacto. Embora as falhas em que o conteúdo do armazenamento não volátil é perdido sejam raras, precisamos estar preparados para lidar com elas. Nesta seção, discutimos apenas o armazenamento de disco. Nossas discussões se aplicam também a outros tipos de armazenamento não volátil.

O esquema básico é realizar um **dump** do conteúdo inteiro do banco de dados para o armazenamento estável periodicamente – digamos, uma vez por dia. Por exemplo, podemos fazer o *dump* do banco de dados para uma ou mais fitas magnéticas. Se houver uma falha que resulte na perda de blocos físicos do banco de dados, o sistema usa o *dump* mais recente na restauração do banco de dados para um estado consistente anterior. Quando essa restauração tiver sido realizada, o sistema utiliza o *log* para trazer o sistema de banco de dados ao estado consistente mais recente.

Uma técnica para o *dumping* do banco de dados requer que nenhuma transação esteja ativa durante o procedimento de *dump*, e usa um procedimento semelhante ao ponto de verificação:

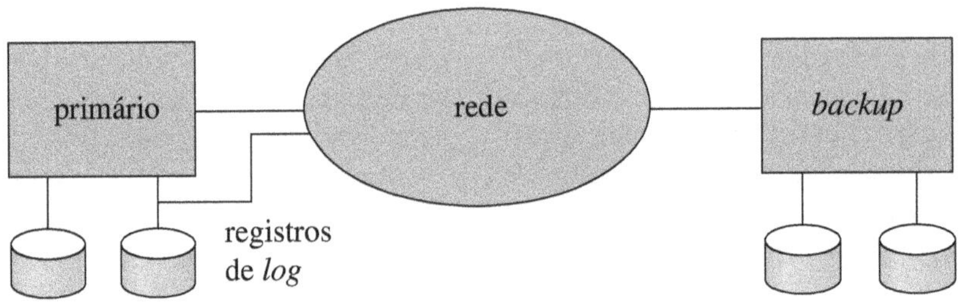

Figura 19.6 Arquitetura do sistema de *backup* remoto.

1. Enviar todos os registros de *log* atualmente residindo na memória principal para o armazenamento estável.
2. Enviar todos os blocos de *buffer* para o disco.
3. Copiar o conteúdo do banco de dados para o armazenamento estável.
4. Enviar um registro de *log* <dump> para o armazenamento estável.

As etapas 1, 2 e 4 correspondem às três etapas usadas para pontos de verificação na Seção 19.3.6.

Para recuperar-se da perda de armazenamento não volátil, o sistema restaura o banco de dados ao disco usando o *dump* mais recente. Depois, ele consulta o *log* e refaz todas as ações desde o *dump* ocorrido mais recentemente. Observe que nenhuma operação undo precisa ser executada.

No caso de uma falha parcial do armazenamento não volátil, como a falha de um único bloco ou alguns blocos, somente esses blocos precisam ser restaurados, e ações redo precisam ser realizadas apenas para esses blocos.

Um *dump* do conteúdo do banco de dados também é conhecido como **dump de arquivamento**, pois podemos arquivar os *dumps* e usá-los mais tarde para examinar os estados antigos do banco de dados. Os *dumps* de um banco de dados (*dumps of a database*) e o ponto de verificação dos *buffers* (*checkpointing of buffers*) são semelhantes.

A maioria dos sistemas de banco de dados também aceita um **dump SQL**, que escreve comandos DDL da SQL e comandos de inserção da SQL em um arquivo, que pode, então, ser reexecutado para recriar o banco de dados. Esses *dumps* são úteis na migração de dados para uma instância diferente do banco de dados ou para uma versão diferente do *software* de banco de dados, pois os locais físicos e o *layout* podem ser diferentes na outra instância do banco de dados ou versão do *software* de banco de dados.

O procedimento de *dump* simples descrito aqui é dispendioso por dois motivos. Primeiro, o banco de dados inteiro precisa ser copiado para o armazenamento estável, resultando em uma transferência de dados considerável. Segundo, como o processamento de transação é interrompido durante o procedimento de *dump*, ciclos de CPU são desperdiçados. Os esquemas de **dump nebuloso** foram desenvolvidos para permitir que transações estejam ativas enquanto o *dump* está em andamento. Eles são semelhantes aos esquemas de ponto de verificação nebulosos; veja mais detalhes nas notas bibliográficas.

19.7 Alta disponibilidade usando sistemas de *backup* remoto

Os sistemas tradicionais de processamento de transação são sistemas centralizados ou cliente-servidor. Esses sistemas são vulneráveis a desastres ambientais, como incêndio, inundação ou terremotos. Cada vez mais, existe a necessidade de sistemas de processamento de transação que possam funcionar apesar das falhas do sistema ou dos desastres ambientais. Esses sistemas precisam oferecer **alta disponibilidade**, ou seja, o tempo durante o qual o sistema não pode ser usado precisa ser extremamente pequeno.

Podemos conseguir alta disponibilidade realizando o processamento da transação em um local, chamado **sítio** (*site*) **primário**, e ter um sítio de ***backup* remoto**, em que todos os dados do sítio primário são replicados. O sítio de *backup* remoto às vezes é chamado de **sítio** (*site*) **secundário**. O sítio remoto precisa ser mantido sincronizado com o sítio primário, enquanto as atualizações são realizadas no primário. Alcançamos o sincronismo enviando todos os registros de *log* para o sítio de *backup* remoto. O sítio de *backup* remoto precisa estar separado fisicamente do primário – por exemplo, podemos colocá-lo em um estado diferente –, de modo que um desastre no primário não danifique o sítio de *backup* remoto.[3] A Figura 19.6 mostra a arquitetura de um sistema de *backup* remoto.

Quando o sítio primário falha, o sítio de *backup* remoto assume o processamento. Porém, primeiro, ele realiza a recuperação, usando sua cópia (talvez desatualizada) dos dados do sítio primário e os registros de *log* recebidos do sítio primário. Com efeito, o sítio de *backup* remoto está realizando ações de recuperação que teriam sido realizadas no sítio primário quando este fosse recuperado. Algoritmos de recuperação padrão, com pequenas modificações, podem ser usados para a recuperação no sítio de *backup* remoto. Quando a recuperação tiver sido realizada, o sítio de *backup* remoto começa a processar as transações.

A disponibilidade aumenta bastante em comparação com um sistema de único sítio, pois o sistema pode se recuperar mesmo que todos os dados no sítio primário sejam perdidos.

Várias questões precisam ser resolvidas no projeto de um sistema de *backup* remoto:

- **Detecção de falha**. É importante que o sistema de *backup* remoto detecte quando o sítio primário falhou. A falha das linhas de comunicação pode fazer com que o *backup*

[3]Como os terremotos podem causar danos por uma área extensa, o *backup* geralmente precisa estar em uma zona sísmica diferente.

remoto acredite falsamente que o sítio primário falhou. Para evitar esse problema, mantemos vários enlaces de comunicação com modos de falha independentes entre o sítio primário e o *backup* remoto. Por exemplo, podem ser usadas diversas conexões de rede independentes, incluindo talvez uma conexão de modem por uma linha telefônica. Essas conexões podem ter *backup* por intervenção manual pelos operadores, que podem se comunicar pelo sistema telefônico.

- **Transferência de controle**. Quando o sítio primário falha, o sítio de *backup* assume o processamento e se torna o novo sítio primário. A decisão de transferir o controle pode ser feita manualmente ou ser automatizada por meio do *software* fornecido pelos vendedores de sistema de banco de dados.

  Agora, as consultas devem ser enviadas ao novo sítio primário. Para fazer isso automaticamente, muitos sistemas atribuem o endereço IP do antigo primário ao novo primário. As conexões existentes com o banco de dados falharão, mas, quando uma aplicação tentar reabrir uma conexão, ela será conectada ao novo sítio primário. Alguns sistemas, em vez disso, usam uma máquina de **proxy de alta disponibilidade**. Os clientes da aplicação não se conectam diretamente ao banco de dados, mas sim através do proxy. O proxy, de forma transparente, direciona as solicitações da aplicação para o sítio primário atual. (Pode haver mais de uma máquina atuando como proxy ao mesmo tempo, para lidar com uma situação em que uma máquina proxy falha; as solicitações podem ser direcionadas por meio de qualquer máquina proxy ativa.)

  Quando o sítio primário original se recupera, ele pode desempenhar o papel de *backup* remoto ou assumir o papel de sítio primário novamente. De qualquer forma, o antigo sítio primário precisa receber um *log* de atualizações executadas pelo sítio de *backup*, enquanto o antigo sítio primário estava inoperante. O antigo sítio primário deve acompanhar as atualizações no *log* aplicando-as localmente. O antigo sítio primário pode, então, atuar como sítio de *backup* remoto. Se o controle tiver de ser transferido de volta, o novo sítio primário (que é o antigo sítio de *backup*) pode fingir ter falhado, fazendo com que o antigo sítio primário assuma sua função.

- **Tempo de recuperação**. Se o *log* no *backup* remoto se tornar muito grande, a recuperação levará muito tempo. O sítio de *backup* remoto pode processar periodicamente os registros de *log* de redo que recebeu e realizar um ponto de verificação, de modo que as partes anteriores do *log* possam ser excluídas. Como resultado disso, o atraso antes que o *backup* remoto assuma pode ser bastante reduzido.

  Uma **configuração de reserva a quente (hot-spare)** pode tornar quase instantânea a tomada de comando pelo sítio de *backup*. Nessa configuração, o sítio de *backup* remoto processa continuamente os registros de *log* de redo quando eles chegam, aplicando as atualizações localmente. Assim que a falha do sítio primário é detectada, o sítio de *backup* completa a recuperação, revertendo as transações incompletas; em seguida, ele está pronto para processar novas transações.

- **Tempo para confirmar**. Para garantir que as atualizações da transação confirmada sejam duráveis, uma transação não deve ser declarada como confirmada até que seus registros de *log* tenham alcançado o sítio de *backup*. Esse atraso pode resultar em uma espera maior para confirmar uma transação, e alguns sistemas, portanto, permitem menores graus de durabilidade. Os graus de durabilidade podem ser classificados da seguinte forma:

  - **Um seguro**. Uma transação é confirmada assim que seu registro de *log* commit é escrito no armazenamento estável no sítio primário.

    O problema com esse esquema é que as atualizações de uma transação confirmada podem não ter sido feitas no sítio de *backup* quando o sítio de *backup* assumir o processamento. Assim, as atualizações podem parecer estar perdidas. Quando o sítio primário se recuperar, as atualizações perdidas não poderão ser mescladas diretamente, pois as atualizações podem entrar em conflito com atualizações posteriores, realizadas no sítio de *backup*. Assim, a intervenção humana pode ser exigida para levar o banco de dados a um estado coerente.

  - **Dois muito seguros**. Uma transação é confirmada assim que seu registro de *log* commit é escrito no armazenamento estável no sítio de primário e de *backup*.

    O problema com esse esquema é que o processamento da transação não pode prosseguir se o *sítio* primário ou de *backup* estiver inoperante. Assim, a disponibilidade é de fato menor do que no caso de único sítio, embora a probabilidade de perda de dados seja muito menor.

  - **Dois seguros**. Esse esquema é o mesmo que o esquema "dois muito seguros" se os sítios primário e de *backup* estiverem ativos. Se apenas o primário estiver ativo, a transação tem permissão para ser confirmada assim que seu registro de *log* commit for escrito no armazenamento estável no sítio primário.

    Esse esquema oferece melhor disponibilidade do que o esquema "dois muito seguros", enquanto evita o problema de transações perdidas, enfrentado pelo esquema "um seguro". Ele resulta em um commit mais lento do que no esquema "um seguro", mas os benefícios geralmente superam o custo.

Atualmente, a maioria dos sistemas de banco de dados oferece suporte para replicação em uma cópia de *backup*, juntamente com o suporte para reserva a quente e troca rápida do sítio primário para o de *backup*. Muitos sistemas de banco de dados também permitem replicação para mais de um *backup*; esse recurso pode ser usado para fornecer um *backup* local para lidar com falhas de máquina, além de um *backup* remoto para lidar com a recuperação de desastres.

Embora as transações de atualização não possam ser executadas em um servidor de *backup*, muitos sistemas de banco de dados permitem que consultas somente leitura sejam executadas em servidores de *backup*. A carga no servidor primário pode ser reduzida executando pelo menos algumas das transações somente leitura no *backup*. O isolamento de *snapshot* pode ser usado no servidor de *backup* para dar aos leitores uma visão dos dados consistente com a transação, garantindo que as atualizações nunca sejam impedidas de serem aplicadas no *backup*.

O *backup* remoto também é aceito no nível dos sistemas de arquivos, normalmente pelo sistema de arquivos de rede ou pelas implementações NAS, bem como no nível de disco, normalmente pelas implementações da rede de área de armazenamento (*storage area network*). Os *backups* remotos são mantidos sincronizados com o servidor principal, garantindo que todas as gravações de bloco executadas no primário também sejam replicadas no servidor de *backup*. Os *backups* em nível de sistema de arquivos e em nível de disco podem ser usados para replicar os dados do banco de dados, bem como os arquivos de *log*. Se o servidor primário falhar, o sistema de *backup* poderá recuperar usando sua réplica dos dados e os arquivos de *log*. No entanto, para garantir que a recuperação funcionará corretamente no sítio de *backup*, a replicação no nível do sistema de arquivos deve ser feita de uma maneira que garanta que a regra de *logging* de escrita antecipada (*write-ahead logging*) continue válida. Para fazer isso, se o banco de dados forçar a gravação de um bloco em disco e executar algumas outras ações de atualização no sítio primário, o bloco também deverá ser forçado para o disco no sítio de *backup*, antes que as atualizações subsequentes sejam realizadas no sistema de *backup*.

Um modo alternativo de alcançar alta disponibilidade é usar um *banco de dados distribuído*, com dados replicados em mais de um sítio. As transações, então, precisam atualizar todas as réplicas de qualquer item de dados que elas atualizam. Estudamos os bancos de dados distribuídos, incluindo a replicação, no Capítulo 23. Quando devidamente implementados, os bancos de dados distribuídos podem oferecer um nível mais alto de disponibilidade do que os sistemas de *backup* remoto, porém são mais complexos e mais caros para implementar e manter.

Os usuários finais normalmente interagem com aplicações, em vez de diretamente com o banco de dados. Para garantir a disponibilidade de uma aplicação, bem como para dar suporte ao tratamento de grande número de solicitações por segundo, as aplicações podem ser executadas em vários servidores de aplicações. Solicitações dos clientes são **balanceadas por carga (*load-balanced*)** nos servidores. O balanceador de carga garante que todas as solicitações de determinado cliente sejam enviadas a um único servidor de aplicações, desde que o servidor esteja ativo. Se um servidor de aplicações falhar, as solicitações do cliente serão direcionadas para outros servidores, de modo que os usuários possam continuar a usar a aplicação. Embora os usuários possam notar uma pequena interrupção, os servidores de aplicações podem garantir que um usuário não seja forçado a efetuar login novamente, compartilhando informações da sessão entre os servidores de aplicações.

19.8 Liberação de bloqueio antecipada (*early lock release*) e operações de undo lógico

Qualquer índice usado no processamento de uma transação, como uma árvore B$^+$, pode ser tratado como dado normal, mas, para aumentar a concorrência, podemos usar o algoritmo de controle de concorrência de árvore B$^+$ descrito na Seção 18.10.2 para permitir que os bloqueios sejam liberados mais cedo, de maneira não de duas fases. Como resultado da liberação de bloqueio antecipada, é possível que um valor em um nó da árvore B$^+$ seja atualizado por uma transação T_1, que insere uma entrada (V_1, R_1) e, subsequentemente, por outra transação T_2, que insere uma entrada (V_2, R_2) no mesmo nó, movendo a entrada (V_1, R_1) ainda antes que T_1 complete a execução.[4] Nesse ponto, não podemos desfazer a transação T_1 substituindo o conteúdo do nó pelo valor antigo antes de T_1 realizar sua inserção, pois isso também desfaria a inserção realizada por T_2; a transação T_2 ainda pode ser confirmada (ou já pode ter sido confirmada). Nesse exemplo, a única maneira de desfazer o efeito da inserção de (V_1, R_1) é executar uma operação de exclusão correspondente.

No restante desta seção, vemos como estender o algoritmo de recuperação da Seção 19.4 para dar suporte à liberação de bloqueio antecipada.

19.8.1 Operações lógicas

As operações de inserção e exclusão são exemplos de uma classe de operações que exige operações de undo lógico, pois liberam os bloqueios antecipadamente; também chamamos essas operações de **operações lógicas**. Essa liberação de bloqueio antecipada é importante não apenas para índices, mas também para operações sobre outras estruturas de dados do sistema que são acessadas e atualizadas muito frequentemente; alguns exemplos incluem estruturas de dados que rastreiam os blocos contendo registros de uma relação, o espaço livre em um bloco e os blocos livres em um banco de dados. Se os bloqueios não fossem liberados antecipadamente após realizar operações sobre tais estruturas de dados, as transações tenderiam a ser executadas em série, afetando negativamente o desempenho do sistema.

A teoria da serializabilidade por conflito foi estendida para operações, com base em quais operações entram em conflito com quais outras operações. Por exemplo, duas operações de inserção em uma árvore B$^+$ não entram em conflito se inserirem diferentes valores de chave, mesmo que atualizem áreas sobrepostas da mesma página de índice. Porém, operações de inserção e exclusão entram em conflito com outras operações de inserção e exclusão, assim como operações de leitura, se usarem o mesmo valor de chave. Veja, nas notas bibliográficas, referências a mais informações sobre esse assunto.

As operações adquirem *bloqueios de nível inferior* enquanto são executadas, mas as liberam quando são concluídas; a transação correspondente, porém, precisa reter um *bloqueio de*

[4]Lembre-se de que uma entrada consiste em um valor de chave e um identificador de registro ou um valor de chave e um registro no caso de um nível de folha de uma organização de arquivo de árvore B$^+$.

nível superior em duas fases para impedir que transações concorrentes executem ações em conflito. Por exemplo, enquanto uma operação de inserção está sendo realizada em uma página de árvore B^+, um bloqueio de curto prazo é obtido sobre a página, permitindo que as entradas na página sejam deslocadas durante a inserção; o bloqueio de curto prazo é liberado assim que a página tiver sido atualizada. Essa liberação de bloqueio antecipada permite que uma segunda inserção seja executada na mesma página. Porém, cada transação precisa obter um bloqueio sobre os valores de chave sendo inseridos ou excluídos, retendo-o em duas fases, para impedir que uma transação concorrente execute uma operação de leitura, inserção ou exclusão em conflito sobre o mesmo valor de chave.

Quando o bloqueio em nível inferior é liberado, a operação não pode ser desfeita usando os valores antigos dos itens de dados atualizados e, em vez disso, precisa ser desfeita executando uma operação de compensação; essa operação é chamada de **operação de undo lógico**. É importante que os bloqueios de nível inferior adquiridos durante uma operação sejam suficientes para realizar um undo lógico subsequente da operação, por motivos explicados mais adiante, na Seção 19.8.4.

19.8.2 Registros de *log* de undo lógico

Para permitir o undo lógico das operações, antes que seja realizada uma operação para modificar um índice, a transação cria um registro de *log* <T_i, O_j, operation-begin>, em que O_j é um identificador exclusivo para a instância da operação.[5] Enquanto o sistema está executando a operação, ele cria registros de *log* de atualização pelo modo normal para todas as atualizações realizadas pela operação. Assim, a informação do valor antigo e do valor novo é escrita normalmente para cada atualização realizada pela operação; a informação do valor antigo é necessária caso a transação precise ser revertida antes que a operação termine. Quando a operação termina, ela grava um registro de *log* operation-end, na forma <T_i, O_j, operation-end, U>, em que o U representa a informação de undo.

Por exemplo, se a operação inserisse uma entrada na árvore B^+, a informação de undo U indicaria que uma operação de exclusão deve ser realizada, identificando a árvore B^+ e qual entrada excluir da árvore. Esse *logging* de informações sobre as operações é chamado ***logging* lógico**. Ao contrário, o *logging* do valor antigo e a informação do valor novo é chamado ***logging* físico**, e os registros de *log* correspondentes são chamados **registros de *log* físicos**.

Observe que, nesse esquema, o *logging* lógico é usado apenas para undo, e não para redo; operações redo são realizadas exclusivamente usando o registro de *log* físico. Isso porque o estado do banco de dados após uma falha do sistema pode refletir algumas atualizações de uma operação, e não outras operações, dependendo de quais blocos de *buffer* foram gravados no disco antes da falha. Estruturas de dados como árvores B^+ não estariam em um estado consistente, e nem as operações de redo lógico nem undo lógico podem ser realizadas sobre uma estrutura de dados inconsistente. Para realizar o redo ou undo lógico, o estado do banco de dados no disco precisa ser **consistente com a operação**, ou seja, ele não deve ter efeitos parciais de nenhuma operação. Porém, conforme veremos, o processamento de redo físico na fase de redo do esquema de recuperação, juntamente com o processamento de undo usando registros de *log* físicos, garante que as partes do banco de dados acessadas por uma operação de undo lógico estejam em um estado consistente de operação, antes que a operação de undo lógico seja realizada.

Uma operação é considerada **idempotente** se executá-la várias vezes seguidas gera o mesmo resultado de executá-la apenas uma vez. Operações como inserir uma entrada em uma árvore B^+ podem não ser idempotentes, e o algoritmo de recuperação, portanto, precisa garantir que uma operação que já foi realizada não seja realizada novamente. Por outro lado, um registro de *log* físico é idempotente, pois o item de dados correspondente teria o mesmo valor, independentemente de a atualização registrada no *log* ser executada uma ou várias vezes.

19.8.3 *Rollback* de transação com undo lógico

Ao reverter uma transação T_i, o *log* é varrido ao contrário, e os registros de *log* correspondentes a T_i são processados da seguinte forma:

1. Os registros de *log* físicos encontrados durante a varredura (*scan*) são tratados conforme descrevemos anteriormente, exceto aqueles que são pulados, conforme veremos em breve. As operações lógicas incompletas são desfeitas usando os registros de *log* físicos gerados pela operação.
2. As operações lógicas completadas, identificadas por registros operation-end, são revertidas de formas diferentes. Sempre que o sistema encontra um registro de *log* <T_i, O_j, operation-end, U>, ele toma ações especiais:
   a. Reverte a operação, usando a informação de undo U no registro de *log*. Ele registra em *log* as atualizações realizadas durante o *rollback* da operação exatamente como as atualizações realizadas quando a operação foi executada inicialmente.

      Ao final do *rollback* da operação, em vez de gerar um registro de *log* <T_i, O_j, operation-end, U>, o sistema de banco de dados gera um registro de *log* <T_i, O_j, operation-abort>.
   b. Na medida em que a varredura inversa do *log* continua, o sistema pula todos os registros de *log* da transação até encontrar o registro de *log* <T_i, O_j, operation-begin>. Depois de encontrar o registro de *log* operation-begin, ele processa os registros de *log* da transação pelo modo normal novamente.

Observe que o sistema registra a informação de undo físico para as atualizações realizadas durante o *rollback*, em vez de usar os registros de *log* de compensação apenas de redo. Isso porque uma falha pode ocorrer enquanto um undo lógico está em andamento e, na recuperação, o

[5] A posição no *log* do registro de *log* operation-begin pode ser usada como identificador exclusivo.

sistema precisa completar o undo lógico; para fazer isso, a recuperação de partida (*restart recovery*) desfará os efeitos parciais do undo anterior, usando a informação do undo físico, e depois realizará o undo lógico novamente.

Observe também que pular os registros de *log* físicos quando o registro de *log* operation-end é encontrado durante o *rollback* garante que os valores antigos no registro de *log* físico não sejam usados para o *rollback*, quando a operação for concluída.

3. Se o sistema encontrar um registro <T_i, O_j, operation-abort>, ele pula todos os registros anteriores (incluindo o registro operation-end para O_j) até encontrar o registro <T_i, O_j, operation-begin>.

   Um registro de *log* operation-abort seria encontrado somente se uma transação que está sendo revertida tivesse sido parcialmente revertida anteriormente. Lembre-se de que as operações lógicas podem não ser idempotentes; portanto, uma operação de undo lógico não deverá ser realizada várias vezes. Os registros de *log* anteriores precisam ser pulados para impedir o *rollback* múltiplo da mesma operação, caso tenha havido uma falha durante um *rollback* anterior e a transação já tenha sido parcialmente revertida.

4. Como antes, quando o registro de *log* <T_i start> tiver sido encontrado, o *rollback* da transação estará concluído e o sistema acrescentará um registro <T_i abort> ao *log*.

Se houver falhas enquanto uma operação lógica estiver em andamento, o registro de *log* operation-end para a operação não será encontrado quando a transação for revertida. Porém, para cada atualização realizada pela operação, informações de undo – na forma do valor antigo nos registros de *log* físicos – estão disponíveis no *log*. Os registros de *log* físicos serão usados para reverter a operação incompleta.

Agora, suponha que uma operação undo esteja em andamento quando houver uma falha do sistema, o que poderá acontecer se uma transação estiver sendo revertida no momento da falha. Então, os registros de *log* físicos escritos durante o undo da operação serão encontrados, e a operação parcial de undo será desfeita usando esses registros de *log* físicos. Continuando na varredura inversa do *log*, o registro operation-end da operação original será encontrado, e o undo da operação será executado novamente. Reverter os efeitos parciais da operação undo anterior usando os registros de *log* físicos leva o banco de dados a um estado consistente, permitindo que a operação de undo lógico seja executada novamente.

A Figura 19.7 mostra um exemplo de *log* gerado por duas transações, que somam ou subtraem um valor de um item de dados. A liberação antecipada do bloqueio (*early lock release*) sobre o item de dados *C* pela transação T_0 após a operação O_1 ser completada permite que a transação T_1 atualize o item de dados usando O_2, mesmo antes que T_0 termine, mas precisa do undo lógico. A operação de undo lógico precisa somar ou subtrair um valor do item de dados, em vez de restaurar um valor antigo ao item de dados.

As anotações na figura indicam que, antes que a operação termine, o *rollback* pode realizar o undo físico; depois que a operação termina e libera os bloqueios de nível inferior, o undo deve ser realizado subtraindo ou somando um valor, em vez de restaurando o valor antigo. No exemplo da figura, T_0 reverte a operação O_1 somando 100 a *C*; por outro lado, para o item de dados *B*, que não estava sujeito à liberação

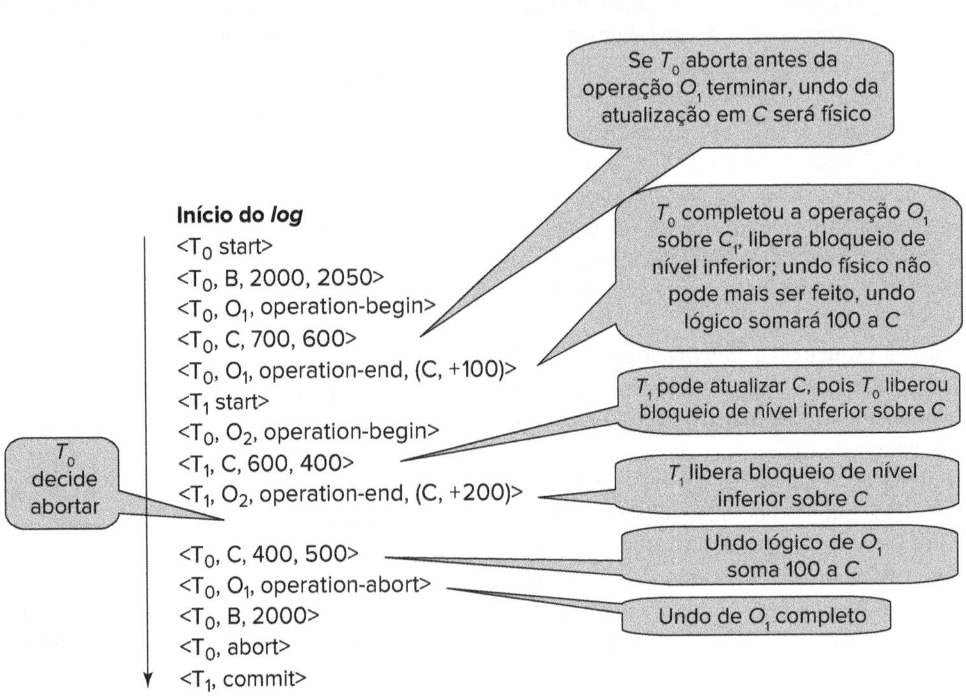

Figura 19.7 *Rollback* de transação com operações de undo lógico.

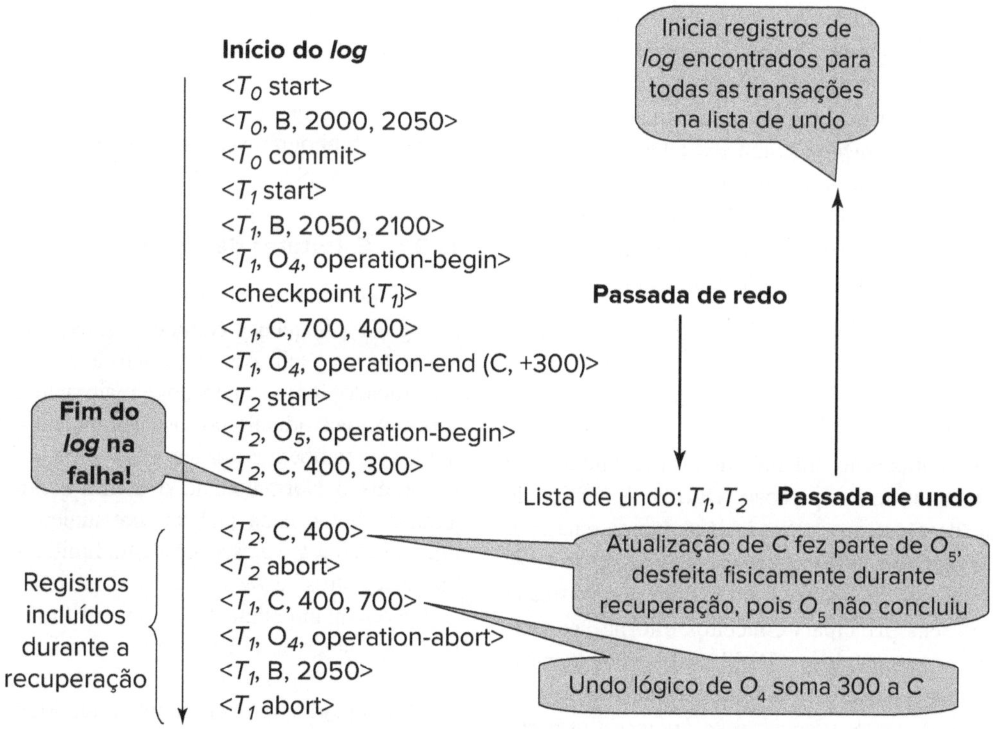

Figura 19.8 Ações de recuperação de falhas com operações de undo lógico.

de bloqueio antecipada, o undo é realizado fisicamente. Observe que T_1, que tinha realizado uma atualização em C, confirma (*commits*), e sua atualização O_2, que somou 200 a C e foi realizada antes do undo de O_1, persistiu embora O_1 tenha sido desfeito.

A Figura 19.8 mostra um exemplo da recuperação de uma falha, com o registro de undo lógico. Nesse exemplo, a operação T_1 estava ativa e executando a operação O_4 no momento do ponto de verificação (*checkpoint*). Na passada de redo, são refeitas as ações de O_4 que estão após o registro de *log* do ponto de verificação. No momento da falha, a operação O_5 estava sendo executada por T_2, mas a operação não foi concluída. A lista de undo contém T_1 e T_2 ao final da passada de redo. Durante a passada de undo, o undo da operação O_5 é executado usando o valor antigo no registro de *log* físico, definindo C como 400; essa operação é registrada usando o registro de *log* apenas de redo (*redo-only*). O registro start de T_2 é encontrado em seguida, resultando na adição de <T_2 abort> ao *log* e a remoção de T_2 da lista de undo.

O próximo registro de *log* encontrado é o registro operation- end de O_4; o undo lógico é realizado para essa operação somando 300 a C, o que é registrado fisicamente, e um registro de *log* operation-abort é acrescentado para O_4. Os registros de *log* físico que fizeram parte de O_4 são pulados até que seja encontrado o registro de *log* operation-begin para O_4. Nesse exemplo, não existem registros de *log* intercalados, mas, em geral, os registros de *log* de outras transações podem ser encontrados antes de alcançarmos o registro de *log* operation- begin; esses registros de *log*, naturalmente, não devem ser pulados (a menos que façam parte de uma operação completada para a transação correspondente e o algoritmo pule esses registros). Após o registro de *log* operation-begin ser encontrado para O_4, um registro de *log* físico é encontrado para T_1, que é revertido (*rolled back*) fisicamente. Finalmente, o registro de *log* start para T_1 é encontrado; isso resulta no acréscimo de <T_1 abort> ao *log*, com T_1 sendo excluído da lista de undo. Nesse ponto, a lista de undo está vazia, e a fase de undo está completada.

19.8.4 Questões de concorrência no undo lógico

Como já dissemos, é importante que os bloqueios de nível inferior adquiridos durante uma operação sejam suficientes para realizar um undo lógico subsequente da operação; caso contrário, operações concorrentes que são executadas durante o processamento normal podem causar problemas na fase de undo. Por exemplo, suponha que o undo lógico da operação O_1 da transação T_1 entre em conflito no nível de item de dados com a operação concorrente O_2 da transação T_2, e O_1 termine enquanto O_2 não termina. Suponha também que nenhuma transação tenha sido confirmada quando o sistema falhou. Os registros de *log* de atualização física de O_2 podem aparecer antes e depois do registro operation-end para O_1, e, durante a recuperação, as atualizações feitas durante o undo lógico de O_1 podem ser modificadas total ou parcialmente pelos valores antigos durante o undo físico de O_2. Esse problema não poderá ocorrer se O_1 tiver obtido todos os bloqueios de nível inferior exigidos para o undo lógico de O_1, pois então não pode haver tal O_2 concorrente.

Se a operação original e sua operação de undo lógico acessarem uma única página (essas operações são chamadas operações fisiológicas, e discutidas na Seção 19.9), o requisito de bloqueio anterior é facilmente atendido. Caso contrário, os detalhes da operação específica precisam ser considerados ao decidir sobre quais bloqueios de nível inferior precisam ser obtidos. Por exemplo, as operações de atualização em uma árvore B$^+$ poderiam obter um bloqueio de curto prazo na raiz, para garantir que as operações sejam executadas em série. Veja, nas notas bibliográficas, referências sobre controle de concorrência e recuperação de árvore B$^+$ explorando o registro de undo lógico. Veja também, nas notas bibliográficas, referências para uma técnica alternativa, chamada recuperação multinível, que relaxa esse requisito de bloqueio.

19.9 ARIES

O que há de mais moderno em métodos de recuperação é ilustrado pelo método de recuperação **ARIES**. A técnica de recuperação que descrevemos na Seção 19.4, juntamente com as técnicas de registro de undo lógico descritas na Seção 19.8, são modeladas pelo ARIES, mas foram bastante simplificada para destacar os seus principais conceitos e torná-las mais fáceis de entender. Ao contrário, ARIES usa diversas técnicas para reduzir o tempo gasto para a recuperação e reduzir as sobrecargas do ponto de verificação (*checkpoint*). Em particular, ARIES é capaz de evitar refazer muitas operações em *log* que já foram aplicadas e reduzir a quantidade de informações registradas em *log*. O preço pago é a maior complexidade; os benefícios compensam o preço.

As principais diferenças entre ARIES e nosso algoritmo de recuperação apresentado anteriormente são que ARIES:

1. Utiliza um **número de sequência de *log*** (**LSN**) para identificar registros de *log* e armazena LSNs nas páginas do banco de dados para identificar quais operações foram aplicadas a uma página do banco de dados.
2. Admite operações de ***redo* fisiológico**, que são físicas na medida em que a página afetada é identificada fisicamente, mas podem ser lógicas dentro da página.

   Por exemplo, a exclusão de um registro de uma página pode resultar em muitos outros registros na página sendo deslocados, se for utilizada uma estrutura de página em *slots* (Seção 13.2.2). Com o *logging* de redo físico, todos os bytes da página afetada pelo deslocamento de registros precisam ser registrados em *log*. Com o *logging* fisiológico, a operação de exclusão pode ser registrada em *log*, resultando em um registro de *log* muito menor. O redo da operação de exclusão excluiria o registro e deslocaria outros registros conforme a necessidade.
3. Utiliza uma **tabela de página suja** para minimizar redos desnecessários durante a recuperação. Como já dissemos, as páginas sujas são aquelas que foram atualizadas na memória, e a versão de disco não está atualizada.
4. Utiliza um esquema de ponto de verificação nebuloso, que registra apenas informações sobre as páginas sujas e informações associadas, e nem sequer exige a escrita de páginas sujas em disco. Ele esvazia páginas sujas em segundo plano, continuamente, em vez de escrevê-las durante os pontos de verificação.

No restante desta seção, oferecemos uma visão geral do ARIES. As notas bibliográficas listam referências que oferecem uma descrição completa do ARIES.

19.9.1 Estruturas de dados

Cada registro de *log* no ARIES possui um número de sequência de *log* (*Log* Sequence Number – LSN) que identifica o registro de forma exclusiva. O número é, em conceito, apenas um identificador lógico cujo valor é maior para registros de *log* que ocorrem mais adiante no *log*. Na prática, o LSN é gerado de modo que também possa ser usado para localizar o registro de *log* no disco. Normalmente, o ARIES divide um *log* em vários arquivos de *log*, cada qual com um número de arquivo. Quando um arquivo de *log* cresce até algum limite, o ARIES acrescenta outros registros de *log* a um novo arquivo de *log*; o novo arquivo de *log* possui um número de arquivo 1 (um) a mais que o arquivo de *log* anterior. O LSN, então, consiste em um número de arquivo e um deslocamento dentro do arquivo.

Cada página também mantém um identificador chamado **PageLSN**. Sempre que uma operação (seja física ou lógica) ocorre em uma página, a operação armazena o LSN do seu registro de *log* no campo PageLSN da página. Durante a fase de redo da recuperação, nenhum registro de *log* com LSN menor ou igual ao PageLSN de uma página deve ser executado na página, pois suas ações já são refletidas na página. Em combinação com um esquema para registrar PageLSNs como parte do ponto de verificação, que apresentamos mais adiante, o ARIES pode evitar até mesmo a leitura de muitas páginas para as quais as operações em *log* já estão refletidas no disco. Desse modo, o tempo de recuperação é reduzido de modo significativo.

O PageLSN é essencial para garantir a idempotência na presença das operações de redo fisiológicas, pois a reaplicação de um redo fisiológico que já foi aplicado a uma página poderia causar mudanças incorretas em uma página.

As páginas não devem ser esvaziadas (*flushed*) para o disco enquanto uma atualização está em andamento, pois as operações fisiológicas não podem ser refeitas em um estado parcialmente atualizado da página no disco. Portanto, o ARIES utiliza trancas (*latches*) nas páginas de *buffer* para evitar que eles sejam gravados em disco enquanto estão sendo atualizados. Ele só libera a tranca da página de *buffer* depois que a atualização for concluída e o registro de *log* para a atualização tiver sido escrito no *log*.

Cada registro de *log* também contém o LSN do registro de *log* anterior da mesma transação. Esse valor, armazenado no campo PrevLSN, permite que os registros de *log* de uma transação sejam apanhados ao contrário, sem a leitura do *log* inteiro. Existem registros de *log* especiais, somente de redo, gerados durante o *rollback* da transação, chamados **registros de log de compensação (CLRs - *compensating log records*)** no ARIES. Estes têm a mesma finalidade dos registros de *log* somente de redo no nosso esquema de recuperação antecipado. Além disso, os CLRs têm a função dos

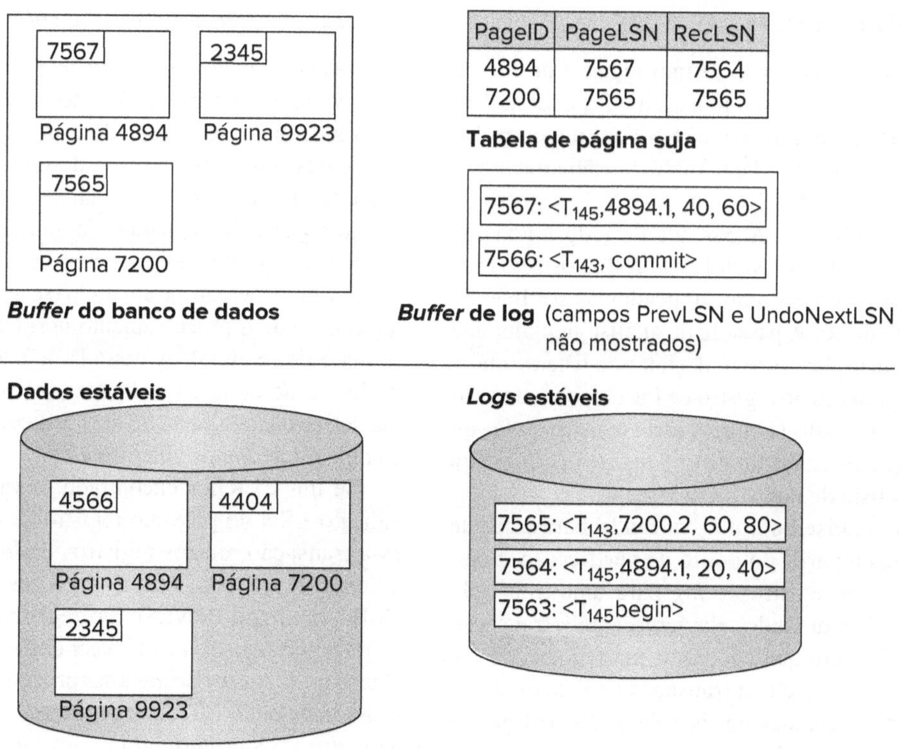

Figura 19.9 Estruturas de dados usadas no ARIES.

registros de *log* operation-abort em nosso esquema. Os CLRs têm um campo extra, chamado UndoNextLSN, que registra o LSN do *log* que precisa ser desfeito em seguida, quando a transação está sendo revertida. Esse campo tem a mesma finalidade do identificador de operação no registro de *log* operation-abort em nosso esquema de recuperação, o que ajuda a saltar os registros de *log* que já foram revertidos (*rolled back*).

A **DirtyPageTable** contém uma lista das páginas que foram atualizadas no *buffer* do banco de dados. Para cada página, ela armazena o PageLSN e um campo chamado RecLSN, que ajuda a identificar registros de *log* que já foram aplicados à versão da página no disco. Quando uma página é inserida na DirtyPageTable (quando ela é modificada inicialmente no *pool* de *buffer*), o valor de RecLSN é definido como o final atual do *log*. Sempre que a página é esvaziada (*flushed*) para o disco, ela é removida da DirtyPageTable.

Um **registro de *log* de ponto de verificação** (***checkpoint log record***) contém a DirtyPageTable e uma lista de transações ativas. Para cada transação, o registro de *log* do ponto de verificação também anota LastLSN, o LSN do último registro de *log* escrito pela transação. Uma posição fixa no disco também anota o LSN do último registro de *log* do ponto de verificação (completo).

A Figura 19.9 ilustra algumas das estruturas de dados usadas no ARIES. Os registros de *log* mostrados na figura são iniciados por seu LSN; estes podem não ser armazenados explicitamente, mas deduzidos pela posição no *log*, em uma implementação real. O identificador do item de dados em um registro de *log* aparece em duas partes, por exemplo 4894.1; a primeira identifica a página, e a segunda parte identifica um registro dentro da página (consideramos uma organização de registro de página em *slots* dentro de uma página). Observe que o *log* aparece com os registros mais recentes no topo, pois os registros de *log* mais antigos, que estão no disco, aparecem mais abaixo na figura.

Cada página (esteja ela no *buffer* ou no disco) tem um campo PageLSN associado. Você pode verificar que o LSN para o último registro de *log* que atualizou a página 4894 é 7567. Comparando PageLSNs para as páginas no *buffer* com os PageLSNs para as páginas correspondentes no armazenamento estável, você pode observar que a DirtyPageTable contém entradas para todas as páginas no *buffer* que foram modificadas desde que foram buscadas do armazenamento estável. A entrada RecLSN na DirtyPageTable reflete o LSN no final do *log* quando a página foi acrescentada à DirtyPageTable e seria maior ou igual ao PageLSN para essa página no armazenamento estável.

19.9.2 Algoritmo de recuperação

O ARIES se recupera de uma falha do sistema em três passadas.

- **Passada de análise**: essa passada determina quais transações desfazer, quais páginas estavam sujas no momento da falha e o LSN do qual a passada de redo deve começar.
- **Passada de redo**: essa passada começa de uma posição determinada durante a análise e realiza um redo, com histórico repetitivo, para trazer o banco de dados a um estado em que estava antes da falha.
- **Passada de undo**: essa passada reverte todas as transações que estavam incompletas no momento da falha.

19.9.2.1 Passada de análise

A passada de análise encontra o último registro de *log* de ponto de verificação completo e lê na DirtyPageTable desse registro. Depois, ela define RedoLSN com o menor dos RecLSNs das páginas na DirtyPageTable. Se não houver páginas sujas, ela define RedoLSN com o LSN do registro de *log* do ponto de verificação. A passada de redo inicia sua varredura do *log* a partir do RedoLSN. Todos os registros de *log* antes desse ponto já foram aplicados às páginas do banco de dados no disco. A passada de análise inicialmente define a lista de transações a serem desfeitas, a lista de undo, como a lista de transações no registro de *log* do ponto de verificação. A passada de análise também lê do registro de *log* do ponto de verificação os LSNs do último registro de *log* para cada transação na lista de undo.

A passada de análise continua varrendo para a frente (*scanning forward*) a partir do ponto de verificação. Sempre que encontrar um registro de *log* para uma transação que não esteja na lista de undo, ela acrescenta a transação na lista de undo. Sempre que encontrar um registro de *log* de fim de transação, ela exclui a transação da lista de undo. Todas as transações deixadas na lista de undo no final da análise precisam ser revertidas mais tarde, na passada de undo. A passada de análise também acompanha o último registro de cada transação na lista de undo, que é usado na passada de undo.

A passada de análise também atualiza a DirtyPageTable sempre que encontrar um registro de *log* para uma atualização em uma página. Se a página não estiver na DirtyPageTable, a passada de análise a acrescenta na DirtyPageTable e define o RecLSN da página como o LSN do registro de *log*.

19.9.2.2 Passada de redo

A passada de redo repete o histórico substituindo cada ação que ainda não tenha sido refletida na página do disco. A passada de redo varre o *log* para a frente a partir de RedoLSN. Sempre que encontrar um registro de *log* de atualização, ele realiza esta ação:

- Se a página não estiver na DirtyPageTable ou se o LSN do registro de *log* de atualização for menor que o RecLSN da página em DirtyPageTable, então a passada de redo pula o registro de *log*.
- Caso contrário, a passada de redo apanha a página do disco e, se o PageLSN for menor que o LSN do registro de *log*, refaz o registro de *log*.

Observe que, se um dos testes for negativo, os efeitos do registro de *log* já apareceram na página; caso contrário, os efeitos do registro de *log* não são refletidos na página. Como o ARIES permite registros de *log* fisiológicos não idempotentes, um registro de *log* não deve ser refeito se seu efeito já estiver refletido na página. Se o primeiro teste for negativo, nem sequer será preciso apanhar a página do disco para verificar seu PageLSN.

19.9.2.3 Passada de undo e *rollback* da transação

A passada de undo é relativamente simples. Ela realiza uma única varredura inversa do *log*, desfazendo todas as transações na lista de undo. A passada de undo examina apenas registros de *log* das transações na lista de undo; o último LSN registrado durante a passada de análise é usado para encontrar o último registro de *log* para cada transação na lista de undo.

Sempre que um registro de *log* de atualização é encontrado, ele é usado para realizar um undo (seja para o *rollback* da transação durante o processamento normal ou durante a passada de undo de reinício). A passada de undo gera um CLR contendo a ação de undo realizada (que precisa ser fisiológica). Ela define o UndoNextLSN do CLR como o valor de PrevLSN do registro de *log* de atualização.

Se um CLR for encontrado, o valor de UndoNextLSN indica o LSN do próximo registro de *log* a ser desfeito para essa transação; outros registros de *log* para essa transação já foram revertidos. Para os registros de *log* que não são os CLRs, o campo PrevLSN do registro de *log* indica o LSN do próximo registro de *log* a ser desfeito para essa transação. O próximo registro de *log* a ser processado em cada parada na passada de undo é o maior (entre todas as transações na lista de undo) LSN do próximo registro de *log*.

A Figura 19.10 ilustra as ações de recuperação realizadas pelo ARIES, em um *log* de exemplo. Supomos que o último ponteiro de ponto de verificação completado no disco aponta para o registro de *log* do ponto de verificação com LSN 7568. Os valores de PrevLSN nos registros de *log* aparecem usando setas na figura, enquanto o valor de UndoNextLSN aparece usando uma seta tracejada para o único registro de *log* de compensação na figura, com LSN 7565. A passada de análise começaria do LSN 7568, e, quando terminasse, RedoLSN seria 7564. Assim, a passada de redo deve começar no registro de *log* com LSN 7564. Observe que esse LSN é menor que o LSN do registro de *log* do ponto de verificação, pois o algoritmo do ponto de verificação ARIES não transporta as páginas modificadas para o armazenamento estável. A DirtyPageTable no final da análise incluiria as páginas 4894, 7200 do registro de *log* do ponto de verificação, e 2390, que é atualizada pelo registro de *log* com o LSN 7570. Ao final da passada de análise, a lista de transações a serem desfeitas consiste em apenas T_{145} nesse exemplo.

A passada de redo para esses exemplos começa do LSN 7564 e realiza redo de registros de *log* cujas páginas aparecem na DirtyPageTable. A passada de undo precisa apenas desfazer a transação T_{145}, e daí começa do seu valor 7567 do LastLSN, e continua para trás até que o registro <T_{145} start> seja encontrado no LSN 7563.

19.9.3 Outros recursos

Outros dos principais recursos que o ARIES oferece são:

- **Ações de topo aninhadas** (*nested top actions*). O ARIES permite o *logging* de operações que não devem ser desfeitas mesmo que uma transação seja revertida; por exemplo, se uma transação aloca uma página a uma relação, mesmo que

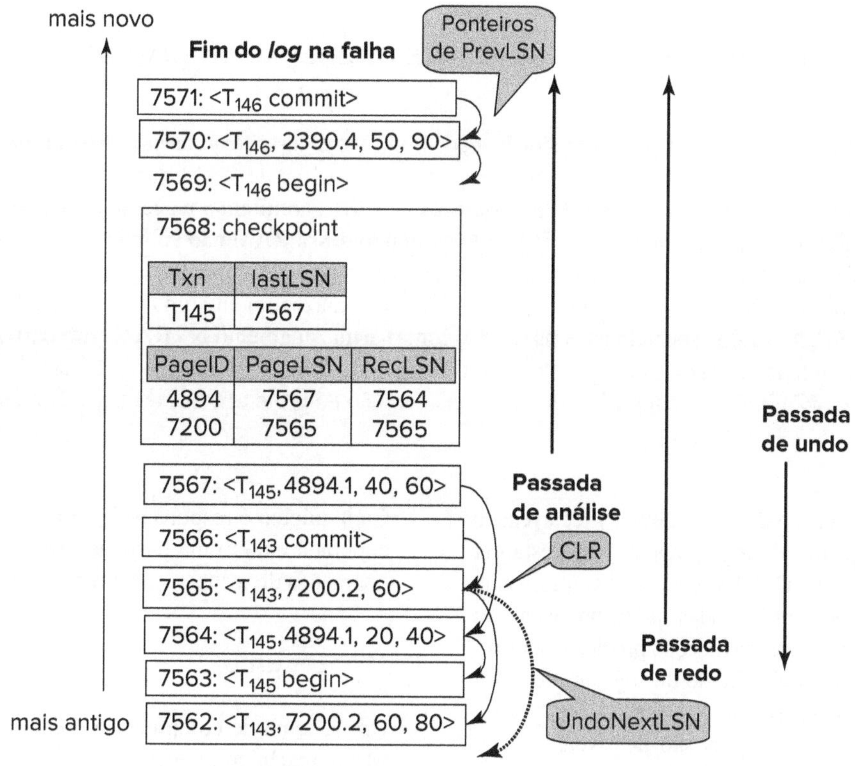

Figura 19.10 Ações de recuperação em ARIES.

a transação seja revertida, a alocação de página não deve ser desfeita, pois outras transações podem ter armazenado registros na página. Essas operações que não devem ser desfeitas são chamadas ações de topo aninhadas. Essas operações podem ser modeladas como operações cuja ação de undo não faz nada. No ARIES, essas operações são implementadas criando um CLR fictício cujo UndoNextLSN é definido de modo que o *rollback* da transação pule os registros de *log* gerados pela operação.

- **Independência de recuperação** (*recovery independence*). Algumas páginas podem ser recuperadas independentemente de outras, de modo que possam ser usadas mesmo enquanto outras páginas estão sendo recuperadas. Se algumas páginas de um disco falharem, elas poderão ser recuperadas sem interromper o processamento de transações em outras páginas.
- **Pontos de salvamento** (*savepoints*). As transações podem registrar pontos de salvamento (*savepoints*) e ser revertidas parcialmente, até um ponto de salvamento. Isso pode ser muito útil para tratamento de impasse, pois as transações podem ser revertidas até um ponto que permita a liberação de bloqueios requeridos e depois são reiniciadas a partir desse ponto.

  Os programadores também podem usar pontos de salvamento para desfazer uma transação parcialmente e, então, continuar a execução; essa técnica pode ser útil para tratar de certos tipos de erros detectados durante a execução da transação.
- **Bloqueio minucioso** (*fine-grained locking*). O algoritmo de recuperação ARIES pode ser usado com algoritmos de controle de concorrência de índice, que permitem o bloqueio em índices no nível de tupla, em vez de bloqueio em nível de página, o que melhora significativamente a concorrência.
- **Otimizações de recuperação** (*recovery optimizations*). A DirtyPageTable pode ser usada para a pré-busca de páginas durante o redo, em vez de apanhar uma página somente quando o sistema encontrar um registro de *log* a ser aplicado à página. O redo fora de ordem também é possível: o redo pode ser adiado em uma página sendo apanhada do disco e realizado quando a página for apanhada. Nesse meio-tempo, outros registros de *log* podem continuar sendo processados.

Resumindo, o algoritmo ARIES representa o que há de mais moderno em algoritmos de recuperação, incorporando uma série de otimizações preparadas para melhorar a concorrência, reduzir a sobrecarga do *logging* e reduzir o tempo de recuperação.

19.10 Recuperação em bancos de dados de memória principal

Os bancos de dados de memória principal suportam consultas e atualizações rápidas, pois a memória principal realiza acesso aleatório muito rapidamente. No entanto, o conteúdo da memória principal é perdido quando há falha ou desligamento do sistema. Portanto, os dados também precisam ser mantidos em armazenamento persistente ou estável para permitir a recuperação dos dados quando o sistema voltar à atividade normal.

Algoritmos de recuperação tradicionais podem ser usados com bancos de dados da memória principal. Os registros de *log* para atualizações devem ser enviados para o armazenamento

> **Nota 19.1 CÓPIAS DE SOMBRA E PAGINAÇÃO DE SOMBRA**
>
> Alguns sistemas de armazenamento não volátil recém-lançados oferecem suporte ao acesso direto a palavras individuais, em vez de exigir que uma página inteira seja lida ou escrita. Esses sistemas de RAM não volátil, também chamados de **memória de classe de armazenamento** (Storage Class Memory – **SCM**), admitem um acesso aleatório muito rápido, com latência e largura de banda comparáveis ao acesso à RAM. O conteúdo dessa RAM não volátil sobrevive a faltas de energia, como na memória flash, mas oferece acesso direto, como a RAM. Em termos de capacidade e custo por megabyte, o armazenamento não volátil da geração atual fica situado entre a RAM e o armazenamento em memória flash.
>
> Técnicas de recuperação foram especializadas para lidar com o armazenamento NVRAM. Em particular, o *logging* de redo pode ser evitado, embora o *logging* de undo possa ser usado para lidar com abortos de transação. Problemas como atualizações atômicas da NVRAM devem ser levados em consideração ao projetar essas técnicas de recuperação.

estável. Na recuperação, o banco de dados deve ser recarregado a partir do disco e os registros de *log* aplicados para restaurar o estado do banco de dados. Os blocos de dados que foram modificados por transações confirmadas ainda precisam ser gravados no disco, e os pontos de verificação precisam ser executados, a fim de reduzir a quantidade de *log* que deve ser repetida no momento da recuperação.

No entanto, algumas otimizações são possíveis com os bancos de dados da memória principal.

- Nos bancos de dados de memória principal, os índices podem ser reconstruídos muito rapidamente depois que a relação subjacente for trazida para a memória e a recuperação tiver sido executada sobre a relação. Portanto, muitos sistemas não executam nenhuma ação de refazer o *logging* para atualizações de índice. Ainda é necessário desfazer o *logging* para dar suporte ao cancelamento de transação, mas esses registros de undo podem ser mantidos na memória, e não precisam ser gravados em *log* no armazenamento estável.
- Diversos bancos de dados de memória principal reduzem a sobrecarga do *logging* executando apenas o *logging* de redo. Os pontos de verificação são realizados periodicamente, garantindo que os dados não confirmados não sejam gravados no disco ou evitando atualizações dos registros *in loco*, criando várias versões dos registros. A recuperação consiste em recarregar o ponto de verificação e depois executar operações de redo. (As versões de registro criadas por transações não confirmadas devem, eventualmente, passar pela coleta de lixo.)
- A recuperação rápida é fundamental para os bancos de dados de memória principal, pois o banco de dados inteiro deve ser carregado e as ações de recuperação executadas antes que qualquer processamento de transação possa ser realizado.

  Vários bancos de dados de memória principal, portanto, realizam a recuperação em paralelo, usando diversos núcleos, para reduzir o tempo de recuperação. Para fazer isso, os registros de dados e *log* podem ser particionados, com os registros de *log* de uma partição afetando apenas os dados na partição de dados correspondente. Cada núcleo é responsável por executar operações de recuperação para uma partição específica, e pode executar operações de recuperação em paralelo com outros núcleos.

19.11 Resumo

- Um sistema de computador, como qualquer outro dispositivo mecânico ou elétrico, está sujeito a falhas. Existem diversas causas para esse tipo de falha, incluindo falha de disco, falta de energia e erros de *software*. Em cada um desses casos, as informações referentes ao sistema de banco de dados são perdidas.
- Além das falhas do sistema, as transações também podem falhar por vários motivos, como violação de restrições de integridade ou impasses (*deadlocks*).
- Uma parte integral de um sistema de banco de dados é um esquema de recuperação responsável pela detecção de falhas e para a restauração do banco de dados a um estado que existia antes da ocorrência da falha.
- Os diversos tipos de armazenamento em um computador são o armazenamento volátil, o armazenamento não volátil e o armazenamento estável. Os dados no armazenamento volátil, como na RAM, são perdidos quando o computador falha. Os dados no armazenamento não volátil, como o disco, não são perdidos quando o computador falha, mas podem se perder, ocasionalmente, em decorrência de falhas como problemas no disco. Os dados no armazenamento estável nunca são perdidos.
- O armazenamento estável que precisa ser acessível *on-line* é aproximado por meio de discos espelhados, ou outras formas de RAID, que oferecem armazenamento de dados redundante. O armazenamento estável *off-line*, ou de arquivamento, pode consistir em várias cópias de fita dos dados armazenados em um local fisicamente seguro.
- No caso de falha, o estado do sistema de banco de dados pode não estar mais consistente, ou seja, ele pode não refletir um estado do mundo que o banco de dados deveria capturar. Para preservar a consistência, exigimos que cada transação seja atômica. É responsabilidade do esquema

de recuperação garantir as propriedades de atomicidade e durabilidade.

- Nos esquemas baseados em *log*, todas as atualizações são registradas em um *log*, que precisa ser mantido no armazenamento estável. Uma transação é considerada como tendo sido confirmada quando seu último registro de *log*, que é o registro de *log* commit para a transação, tiver sido enviado para o armazenamento estável.
- Os registros de *log* contêm valores antigos e valores novos para todos os itens de dados atualizados. Os valores novos são usados caso as atualizações precisem ser refeitas após uma falha do sistema. Os valores antigos são usados para reverter as atualizações da transação se a transação abortar durante a operação normal, além de reverter as atualizações da transação caso o sistema tenha falhado antes que a transação fosse confirmada.
- No esquema de modificações adiadas, durante a execução de uma transação, todas as operações write são adiadas até que a transação tenha sido confirmada, no momento que o sistema usa a informação no *log* associado à transação na execução das escritas adiadas. Com a modificação adiada, os registros de *log* não precisam conter valores antigos de itens de dados atualizados.
- Para reduzir o *overhead* de pesquisar o *log* e refazer as transações, podemos usar técnicas de ponto de verificação (*checkpoint*).
- Algoritmos de recuperação modernos são baseados no conceito de repetição de história, pelo qual todas as ações tomadas durante a operação normal (desde o último ponto de verificação completado) são reproduzidas durante a passada de redo da recuperação. Repetir a história restaura o estado do sistema ao que era no momento que o último registro de *log* foi enviado para o armazenamento estável, antes que o sistema falhasse. O undo é, então, realizado a partir desse estado, executando uma passada de undo que processa registros de *log* de transações incompletas na ordem reversa.
- O undo de uma transação incompleta escreve registros de *log* especiais, somente de leitura, e um registro de *log* abort. Depois disso, a transação pode ser considerada como tendo sido concluída, e não será desfeita novamente.
- O processamento da transação é baseado em um modelo de armazenamento em que a memória principal mantém um *buffer* de *log*, um *buffer* de banco de dados e um *buffer* do sistema. O *buffer* do sistema mantém páginas do código objeto do sistema e as áreas de trabalho locais das transações.
- A implementação eficiente de um esquema de recuperação exige que o número de escritas no banco de dados e no armazenamento estável seja reduzido. Os registros de *log* podem ser mantidos inicialmente no *buffer* de *log* volátil, mas precisam ser gravados no armazenamento estável quando ocorrer uma das seguintes condições:
  - Antes que o registro de *log* <T_i commit> possa ser enviado ao armazenamento estável, todos os registros de *log* pertencentes à transação T_i precisam ter sido enviados ao armazenamento estável.
  - Antes que um bloco de dados na memória principal seja enviado ao banco de dados (no armazenamento não volátil), todos os registros de *log* pertencentes aos dados nesse bloco precisam ter sido enviados ao armazenamento estável.
- Os sistemas de *backup* remoto oferecem alto grau de disponibilidade, permitindo que o processamento da transação continue mesmo que o sítio primário seja destruído por um incêndio, inundação ou terremoto. Dados e registros de *log* de um sítio primário são continuamente copiados para um sítio de *backup* remoto. Se o sítio principal falhar, o sítio de *backup* remoto assume o processamento da transação, depois de executar certas ações de recuperação.
- Técnicas de recuperação modernas admitem técnicas de bloqueio com alta concorrência, como aquelas usadas para o controle de concorrência da árvore B$^+$. Essas técnicas permitem não só a liberação antecipada dos bloqueios de nível inferior obtidos por operações como inserções ou exclusões, mas também que outras operações desse tipo sejam realizadas por outras transações. Depois que os bloqueios de nível inferior são liberados, o undo físico não é possível e, em vez disso, é preciso haver o undo lógico, como uma exclusão para desfazer uma inserção. As transações retêm bloqueios de nível mais alto, que garantem que as transações concorrentes não possam realizar ações que poderiam tornar impossível o undo lógico de uma operação.
- Para a recuperação de falhas que resultam na perda de armazenamento não volátil, periodicamente temos de fazer o *dump* do conteúdo inteiro do banco de dados para o armazenamento estável – digamos, uma vez por dia. Se houver uma falha que resulte na perda de blocos físicos do banco de dados, usamos o *dump* mais recente na restauração do banco de dados para um estado consistente anterior. Quando essa restauração tiver sido realizada, usamos o *log* para trazer o sistema de banco de dados ao estado consistente mais recente.
- O esquema de recuperação ARIES é o esquema mais moderno, que admite uma série de recursos para oferecer maior concorrência, reduzir as sobrecargas de *logging* e minimizar o tempo de recuperação. Ele também é baseado na repetição de histórico e permite operações de undo lógico. O esquema esvazia páginas continuamente e não precisa esvaziar todas as páginas no momento de um ponto de verificação. Ele usa números de sequência lógicos (LSNs) para implementar uma série de otimizações que reduzem o tempo gasto para a recuperação.

Termos de revisão

- Esquema de recuperação
- Classificação de falha
  - Falha de transação
  - Erro lógico
  - Erro do sistema
  - Falha do sistema
  - Falha de transferência de dados
- Suposição falhar-parar
- Falha de disco
- Tipos de armazenamento
  - Armazenamento volátil
  - Armazenamento não volátil
  - Armazenamento estável
- Blocos
  - Blocos físicos
  - Blocos de *buffer*
- *Buffer* de disco
- Saída forçada
- Recuperação baseada em *log*
- *Log*
- Registros de *log*
- Registro de *log* de atualização
- Modificação adiada
- Modificação imediata
- Modificações não confirmadas
- Pontos de verificação (*checkpoints*)
- Algoritmo de recuperação
- Recuperação de reinício (*restart recovery*)
- *Rollback* de transação
- Undo físico
- *Logging* físico
- *Rollback* da transação
- Registros de *log* de compensação
- Fase de redo
- Fase de undo
- Histórico de repetição
- Gerenciamento de *buffer*
- *Buffering* de registro de *log*
- Write-ahead Logging (WAL)
- *Log* forçado
- *Buffering* de banco de dados
- *Latches* (trancas)
- Sistema operacional e gerenciamento de *buffer*
- Ponto de verificação nebuloso
- Alta disponibilidade (*high availability*)
- Sistemas de *backup* remoto
  - Sítio primário
  - Sítio de *backup* remoto
  - Sítio secundário
- Detecção de falha
- Transferência de controle
- Tempo de recuperação
- Configuração *hot-spare*
- Tempo para confirmar (*time to commit*)
  - Um seguro
  - Dois muito seguros
  - Dois seguros
- Liberação de bloqueio antecipada
- Operações lógicas
- *Logging* lógico
- Undo lógico
- Perda de armazenamento não volátil
- *Dump* de arquivamento
- *Dump* nebuloso
- ARIES
  - Número de sequência de *log* (LSN)
  - PageLSN
  - Redo fisiológico
  - Registro de *log* de compensação (CLR)
  - DirtyPageTable
  - Registro de *log* de ponto de verificação
  - Passada de análise
  - Passada de redo
  - Passada de undo

Exercícios práticos

19.1 Explique por que os registros de *log* para as transações na lista de undo devem ser processados na ordem inversa enquanto o redo é realizado na direção normal.

19.2 Explique a finalidade do mecanismo de ponto de verificação (*checkpoint*). Com que frequência os pontos de verificação devem ser realizados? Como a frequência dos pontos de verificação afeta:

- O desempenho do sistema quando não ocorre uma falha?
- O tempo gasto para a recuperação de uma falha do sistema?
- O tempo gasto para a recuperação de uma falha da mídia (disco)?

19.3 Alguns sistemas de banco de dados permitem que o administrador escolha entre duas formas de *logging*: *logging normal*, usado para a recuperação de falhas do sistema, e *logging de arquivamento*, usado para a recuperação de falhas de mídia (disco). Quando um registro de *log* pode ser excluído, em cada um desses casos, usando o algoritmo de recuperação da Seção 19.4?

19.4 Descreva como modificar o algoritmo de recuperação da Seção 19.4 para implementar pontos de salvamento e realizar o *rollback* até um ponto de salvamento. (Os pontos de salvamento são descritos na Seção 19.9.3.)

19.5 Suponha que a técnica de modificação adiada seja usada em um banco de dados.

a. A parte do valor antigo de um registro de *log* de atualização ainda é necessária? Por quê?

b. Se os valores antigos não são armazenados nos registros de *log* de atualização, o undo da transação certamente não é viável. Como a fase de redo da recuperação teria de ser modificada como resultado disso?

c. A modificação adiada pode ser implementada mantendo os itens de dados atualizados na memória local das transações e lendo itens de dados que não foram atualizados diretamente pelo *buffer* do banco de dados. Sugira como implementar de modo eficiente uma leitura de item de dados, garantindo que uma transação veja suas próprias atualizações.

d. Que problema surgiria com essa técnica se as transações realizarem grande número de atualizações?

19.6 O esquema de paginação de sombra exige que a tabela de página seja copiada. Suponha que a tabela de página seja representada como uma árvore B^+.

a. Sugira como compartilhar tantos nós quantos forem possíveis entre a nova cópia e a cópia de sombra da árvore B^+, supondo que as atualizações sejam feitas somente nas entradas de folha, sem inserções ou exclusões.

b. Mesmo com essa otimização, o *logging* é muito mais barato do que um esquema de cópia de sombra para transações que realizam pequenas atualizações. Explique por quê.

19.7 Suponha que modifiquemos (incorretamente) o algoritmo de recuperação da Seção 19.4 para anotar as ações em *log* durante o *rollback* da transação. Ao recuperar de uma falha do sistema, as transações que foram revertidas anteriormente seriam incluídas na lista de undo e revertidas novamente. Dê um exemplo para mostrar como as ações tomadas durante a fase de undo da recuperação poderiam resultar em um estado incorreto no banco de dados. (*Dica*: considere um item de dados atualizado por uma transação abortada e depois atualizado por uma transação que é confirmada.)

19.8 O espaço em disco alocado a um arquivo como resultado de uma transação não deve ser liberado, mesmo que a transação seja revertida. Explique por que e como o ARIES garante que tais ações não sejam revertidas.

19.9 Suponha que uma transação exclua um registro, e o espaço livre gerado dessa forma seja alocado a um registro inserido por outra transação, mesmo antes que a primeira transação seja confirmada.

a. Que problema pode ocorrer se a primeira transação precisar ser revertida?

b. Isso seria problema se o bloqueio em nível de página fosse usado no lugar do bloqueio em nível de tupla?

c. Sugira como resolver esse problema enquanto oferece suporte para o bloqueio em nível de tupla, registrando ações pós-confirmação (*post-commit*) em registros de *log* especiais e executando-as após o commit. Certifique-se de que seu esquema garante que tais ações sejam realizadas exatamente uma vez.

19.10 Explique os motivos para a recuperação de transações interativas ser mais difícil de tratar do que a recuperação de transações em lote. Existe algum modo simples de lidar com essa dificuldade? (*Dica*: considere uma transação de caixa eletrônico em que o dinheiro é sacado.)

19.11 Às vezes, uma transação precisa ser desfeita depois de confirmada, pois foi executada erroneamente, por exemplo, em razão de entrada errônea por um caixa de banco.

a. Dê um exemplo para mostrar que o uso do mecanismo de undo de transação normal para desfazer tal transação poderia levar a um estado inconsistente.

b. Um modo de lidar com essa situação é levar o banco de dados inteiro a um estado anterior ao commit da transação errônea (chamada recuperação em um *ponto no tempo*). As transações que foram confirmadas mais tarde têm seus efeitos revertidos com esse esquema. Sugira uma modificação no algoritmo de recuperação da Seção 19.4 para implementar a recuperação em um ponto no tempo usando *dumps* do banco de dados.

c. Transações posteriores sem erro podem ser reexecutadas logicamente, se as atualizações estiverem disponíveis na forma de SQL, mas não podem ser reexecutadas usando seus registros de *log*. Por quê?

19.12 As técnicas de recuperação que descrevemos consideram que os blocos são gravados atomicamente em disco. Porém, um bloco pode ser gravado parcialmente quando faltar energia, com alguns setores gravados e outros ainda não gravados.

a. Que problemas podem ser causados pela gravação parcial do bloco?

b. Gravações parciais do bloco podem ser detectadas por meio de técnicas semelhantes às que foram usadas para validar leituras de setor. Explique como isso pode ser feito.

c. Explique como RAID 1 pode ser usado para recuperação de um bloco parcialmente gravado, restaurando o bloco ao seu valor antigo ou ao seu valor novo.

19.13 O sistema de banco de dados Oracle utiliza registros de *log* de undo para oferecer uma visão de *snapshot* do banco de dados, sob isolamento de *snapshot*. A visão de *snapshot* vista pela transação T_i reflete atualizações de todas as transações que haviam sido confirmadas quando T_i foi iniciada e as atualizações de T_i; as atualizações de todas as outras transações não são visíveis a T_i.

Descreva um esquema para o tratamento de *buffer* pelo qual as transações recebem uma visão de *snapshot* das páginas no *buffer*. Inclua detalhes de como usar o *log* para gerar a visão de *snapshot*. Você pode considerar que as operações e, também, suas ações de undo afetam apenas uma única página.

Exercícios

19.14 Explique a diferença entre os três tipos de armazenamento – volátil, não volátil e estável – em termos de custo de E/S.

19.15 O armazenamento estável não pode ser implementado.

a. Explique por que isso acontece.

b. Explique como os sistemas de banco de dados lidam com esse problema.

19.16 Explique como o banco de dados pode se tornar inconsistente se alguns registros de *log* pertencentes a um bloco não forem enviados ao armazenamento estável antes que o bloco seja enviado para o disco.

19.17 Esboce as desvantagens das políticas de gerenciamento de *buffer* de não roubar e de forçar.

19.18 Suponha que o bloqueio em duas fases seja usado, mas que os bloqueios exclusivos sejam liberados antecipadamente, ou seja, o bloqueio não é realizado de uma maneira estritamente em duas fases. Dê um exemplo para mostrar por que o *rollback* da transação pode resultar em um estado final errado quando se usa o algoritmo de recuperação baseado em *log*.

19.19 O *logging* de redo fisiológico pode reduzir as sobrecargas de *logging* de modo significativo, especialmente com uma organização de registro de página em *slots*. Explique o motivo.

19.20 Explique por que o *logging* de undo lógico é muito utilizado, enquanto o *logging* de redo lógico (com exceção do *logging* de redo fisiológico) raramente o é.

19.21 Considere o *log* na Figura 19.5. Suponha que haja uma falha imediatamente antes que o registro de *log* <T_0 abort> seja gravado. Explique o que aconteceria durante a recuperação.

19.22 Suponha uma transação que tenha estado em execução por um longo tempo, mas tenha realizado muito poucas atualizações.

a. Que efeito a transação teria sobre o tempo de recuperação com o algoritmo de recuperação da Seção 19.4 e com o algoritmo de recuperação ARIES?

b. Que efeito a transação teria sobre a exclusão de registros de *log* antigos?

19.23 Considere o *log* na Figura 19.7. Suponha que haja uma falha durante a recuperação, imediatamente antes que o registro de *log* de aborto da operação seja gravado para a operação O_1. Explique o que aconteceria quando o sistema se recuperasse novamente.

19.24 Compare a recuperação baseada em *log* com o esquema de cópia de sombra em termos de suas sobrecargas, para o caso em que os dados estão sendo acrescentados a páginas de disco recém-alocadas (em outras palavras, não existe valor antigo a ser restaurado no caso de abortos de transação).

19.25 No algoritmo de recuperação ARIES:

a. Se, no início da passada de análise, uma página não estiver na tabela de página suja do ponto de verificação, precisaremos aplicar registros de redo a ela? Por quê?

b. O que é RecLSN e como ele é usado para minimizar os redos desnecessários?

19.26 Explique a diferença entre uma falha do sistema e um "desastre".

19.27 Para cada um dos seguintes requisitos, identifique a melhor escolha de grau de durabilidade em um sistema de *backup* remoto:

a. A perda de dados deve ser evitada, mas alguma perda de disponibilidade pode ser tolerada.

b. O commit da transação precisa ser realizado rapidamente, mesmo ao custo da perda de algumas transações confirmadas em um desastre.

c. Alto grau de disponibilidade e durabilidade é exigido, mas um tempo de execução maior para o protocolo de commit da transação é aceitável.

Leitura adicional

Gray e Reuter (1993) é uma excelente fonte de informação em livro-texto sobre recuperação, incluindo interessantes detalhes de implementação e históricos. Bernstein e Goodman (1981) é uma antiga fonte de informação em livro-texto sobre controle de concorrência e recuperação. Faerber *et al.* (2017) oferecem uma visão geral dos bancos de dados da memória principal, incluindo técnicas de recuperação.

Uma visão geral do esquema de recuperação do System R é apresentada por Gray (1978) (que também inclui uma extensa explicação sobre controle de concorrência e outros aspectos do System R) e Gray *et al.* (1981). Uma apresentação abrangente dos princípios de recuperação é oferecida por Haerder e Reuter (1983). O método de recuperação ARIES é descrito em Mohan *et al.* (1992). Muitos bancos de dados admitem recursos de alta disponibilidade; outros detalhes poderão ser encontrados em seus manuais *on-line*.

Bibliografia

BAYER, R.; GRAHAM, R. M.; SEEGMÜLLER, G. *Operating systems*: an advanced course. Berlin: Springer-Verlag, 1978. v. 60.

BERNSTEIN, P. A.; GOODMAN, N. "Concurrency control in distributed database systems". *ACM Computing Surveys*, 13(2), p. 185-221, 1981.

FAERBER, F. *et al.* "Main memory database systems". *Foundations and Trends in Databases*, 8(1-2), p. 1-130, 2017.

GRAY, J. "Notes on data base operating system". In: BAYER, R.; GRAHAM, R. M.; SEEGMÜLLER, G., *op. cit.*, p. 393-481.

GRAY, J.; REUTER, A. *Transaction processing*: concepts and techniques. Massachusetts: Morgan Kaufmann, 1993.

GRAY, J.; McJONES, P. R.; BLASGEN, M. "The recovery manager of the System R database manager". *ACM Computing Surveys*, 13(2), p. 223-242, 1981.

HAERDER, T.; REUTER, A. "Principles of transaction-oriented database recovery". *ACM Computing Surveys*, 15(4), p. 287-318, 1983.

MOHAN, C. *et al.* "ARIES: A transaction recovery method supporting fine-granularity locking and partial rollbacks using write-ahead logging". *ACM Transactions on Database Systems*, 17(1), p. 94-162, 1992.

Créditos

A foto dos barcos no início do capítulo pertence a
© dimaberkut | 123rf.com

PARTE 8

BANCOS DE DADOS PARALELOS E DISTRIBUÍDOS

Os sistemas de banco de dados podem ser centralizados, onde uma máquina servidora executa operações sobre o banco de dados, mas também podem ser projetados para explorar as arquiteturas de computação paralelas. Os bancos de dados distribuídos se espalham por várias máquinas geograficamente separadas.

O Capítulo 20, inicialmente, esboça as arquiteturas dos sistemas de banco de dados executadas em sistemas servidores, que são usados nas arquiteturas centralizada e cliente-servidor. Depois, explica as arquiteturas de computação paralelas e as arquiteturas de banco de dados paralelas, projetadas para serem usadas em diferentes tipos de computadores paralelos. Por fim, o capítulo esboça as questões arquitetônicas na criação de um sistema de banco de dados distribuído.

O Capítulo 21 discute técnicas para armazenamento de dados e indexação em sistemas de banco de dados paralelos e distribuídos. Estas incluem particionamento e replicação. Armazenamentos de chave-valor, que oferecem alguns, mas não todos, recursos de um sistema de banco de dados completo, são apresentados juntamente com seus benefícios e desvantagens.

O Capítulo 22 aborda os algoritmos para processamento de consulta em sistemas de banco de dados paralelos e distribuídos. Esse capítulo trata do processamento de consulta nos sistemas de suporte à decisão. Esses sistemas precisam executar consultas sobre enormes quantidades de dados, e o processamento paralelo da consulta por vários nós é fundamental para o processamento de consultas com tempos de resposta aceitáveis. O capítulo aborda a ordenação e junção paralela, *pipelining*, a implementação de sistemas MapReduce e o processamento paralelo de *streams*.

O Capítulo 23 discute como executar o processamento de transações em sistemas de banco de dados paralelos e distribuídos. Além de dar suporte ao controle de concorrência e recuperação, o sistema precisa tratar de questões pertencentes à replicação de dados e de falhas que envolvem alguns nós, mas não todos. São abordados os protocolos de confirmação atômicos e os protocolos de consenso projetados para bancos de dados distribuídos, controle de concorrência distribuído, consistência de réplica e escolhas de consistência por motivos de desempenho e disponibilidade.

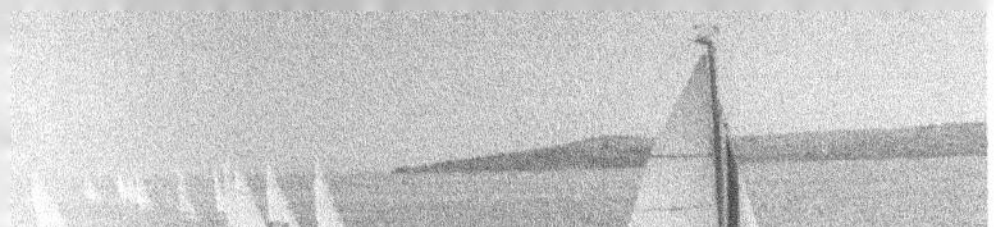

CAPÍTULO 20

Arquiteturas de sistema de banco de dados

A arquitetura de um sistema de banco de dados é bastante influenciada pelo sistema de computador subjacente em que o sistema de banco de dados é executado, principalmente por aspectos como arquitetura de processador e memória, operação em rede, além de requisitos de paralelismo e distribuição. Neste capítulo, oferecemos uma visão de alto nível das arquiteturas de banco de dados, focando em como elas são influenciadas pelo *hardware* da máquina, além dos requisitos de processamento paralelo e distribuído.

20.1 Visão geral

Os bancos de dados mais antigos foram projetados para serem executados em uma única máquina física com suporte à multitarefa; esses *sistemas de banco de dados centralizados* ainda são muito utilizados. Uma aplicação em escala empresarial que é executada em um sistema de banco de dados centralizado, hoje, pode ter de dezenas a milhares de usuários e tamanhos de banco de dados que variam de megabytes a centenas de gigabytes.

Sistemas de banco de dados paralelos foram desenvolvidos, a partir do final da década de 1980, para executar tarefas em paralelo por grande número de máquinas. Eles foram concebidos para lidar com aplicações corporativas de ponta, cujos requisitos em termos de desempenho do processamento de transações, tempo para processar consultas de suporte a decisões e capacidade de armazenamento não puderam ser atendidos por bancos de dados centralizados. Esses bancos de dados foram projetados para rodar em paralelo em centenas de máquinas. Atualmente, o crescimento dos bancos de dados paralelos é impulsionado não apenas por aplicações corporativas, mas ainda mais por aplicações em escala da Web, que podem ter de milhões a até centenas de milhões de usuários e podem precisar lidar com muitos petabytes de dados.

Os *sistemas de armazenamento de dados paralelos* são projetados, principalmente, para armazenar e recuperar dados com base em chaves. Ao contrário dos bancos de dados paralelos, os sistemas de armazenamento de dados normalmente oferecem suporte muito limitado para transações, e não têm suporte para consultas declarativas. Por outro lado, tais sistemas podem ser executados em paralelo em grande número de máquinas (milhares a dezenas de milhares), uma escala que a maioria dos bancos de dados paralelos não pode alcançar.

Além disso, os dados geralmente são gerados e armazenados em diferentes sistemas de banco de dados, e há a necessidade de executar consultas e transações de atualização em diversos bancos de dados. Essa necessidade levou ao desenvolvimento de *sistemas de banco de dados distribuídos*. Atualmente, as técnicas desenvolvidas para tolerância a falhas no contexto de bancos de dados distribuídos também desempenham um importante papel na garantia da confiabilidade e disponibilidade extremamente altas dos sistemas de bancos de dados maciçamente paralelos e de armazenamento de dados.

Estudamos a arquitetura de sistemas de banco de dados neste capítulo, começando com as arquiteturas centralizadas tradicionais e cobrindo as arquiteturas de bancos de dados paralelas e distribuídas. Abordamos questões de armazenamento e indexação de dados paralelos e distribuídos no Capítulo 21. O Capítulo 22 trata de questões de processamento paralelo e distribuído de consultas, enquanto o Capítulo 23 aborda problemas de processamento paralelo e distribuído de transações.

20.2 Sistemas de banco de dados centralizados

Sistemas de banco de dados centralizados são aqueles executados em um único sistema de computador. Esses sistemas de banco de dados se espalham por uma gama desde sistemas de banco de dados monousuário, rodando em dispositivos móveis ou computadores pessoais, até sistemas de banco de dados de alto desempenho, rodando em um servidor com muitos núcleos de CPU e discos, com uma grande quantidade de memória, que pode ser acessada por qualquer um dos núcleos de CPU. Os sistemas de banco de dados centralizados são muito usados para aplicações em escala corporativa.

Distinguimos duas maneiras como os computadores são usados: como sistemas monousuário e como sistemas multiusuário. Os *smartphones* e os computadores pessoais caem na primeira categoria. Um **sistema monousuário** típico é um sistema usado por uma única pessoa, normalmente com apenas um processador (que pode ter vários núcleos) e um ou dois discos.[1] Um **sistema multiusuário** típico, por outro lado, possui muitos discos, uma grande quantidade de memória e vários processadores. Esses sistemas atendem a uma grande quantidade de usuários conectados ao sistema remotamente, sendo chamados **sistemas servidores**.

Os sistemas de banco de dados projetados para sistemas monousuário normalmente não oferecem muitas das facilidades de um banco de dados multiusuário. Em particular, eles podem admitir esquemas de controle de concorrência muito simples, pois o acesso altamente concorrente ao banco de dados é pouco provável. Provisões para recuperação de falhas nesses sistemas também podem ser muito básicas (por exemplo, simplesmente fazer uma cópia dos dados antes de qualquer atualização) ou até mesmo ausentes em alguns casos. Esses sistemas podem não aceitar SQL e, em vez disso, oferecem uma API para acesso aos dados. Tais sistemas de banco de dados são conhecidos como **bancos de dados embutidos**, pois normalmente são projetados para estar vinculados a um único programa de aplicação e são acessíveis apenas por meio dessa aplicação.

Ao contrário, os sistemas de banco de dados multiusuários admitem os recursos transacionais completos que estudamos anteriormente. Esses bancos de dados normalmente são projetados como **servidores**, que atendem às solicitações recebidas dos programas de aplicação; as solicitações podem estar na forma de consultas SQL ou podem ser solicitações para recuperar, armazenar ou atualizar dados, especificadas por meio de uma API.

A maioria dos sistemas de computador de uso geral, hoje, possui alguns processadores de múltiplos núcleos (*multicore*), com cada processador *multicore* possuindo alguns núcleos (normalmente, de quatro a oito). A memória principal é compartilhada por todos os processadores. O paralelismo com um número tão pequeno de núcleos e com a memória compartilhada é conhecido como **paralelismo de granularidade grossa** (*coarse-grained parallelism*).

Sistemas operacionais que rodam em sistemas de único processador oferecem multitarefa, permitindo que vários processos sejam executados no mesmo processador em um modo de tempo compartilhado. Assim, as ações de diferentes processos podem ser intercaladas. Os bancos de dados projetados para máquinas de único processador há muito têm sido projetados para permitir que múltiplos processos ou *threads* acessem estruturas de dados compartilhadas simultaneamente. Desse modo, muitos dos problemas no tratamento de múltiplos processos rodando verdadeiramente em paralelo, como o acesso concorrente aos dados, já são resolvidos por bancos de dados projetados para máquinas de único processador. Como resultado, os sistemas de banco de dados projetados para máquinas de único processador em tempo compartilhado poderiam ser adaptados de modo relativamente fácil para rodar em sistemas paralelos de granularidade grossa.

[1]Lembre-se de que usamos o termo *disco* para nos referir tanto a discos rígidos quanto a unidades em estado sólido (SSD).

Bancos de dados sendo executados em máquinas paralelas de granularidade grossa, tradicionalmente, não tentavam particionar uma única consulta entre os processadores; em vez disso, eles executavam cada consulta em um único processador, permitindo que várias consultas fossem executadas simultaneamente. Assim, esses sistemas admitem uma vazão (*throughput*) mais alta, ou seja, eles permitem maior número de transações sendo executadas por segundo, embora as transações individuais não sejam executadas mais rapidamente. Recentemente, com até mesmo dispositivos móveis admitindo múltiplos núcleos, esses sistemas foram evoluídos para dar suporte ao processamento paralelo de consultas individuais.

Ao contrário, as máquinas com **paralelismo de granularidade fina** possuem grande quantidade de processadores, e os sistemas de banco de dados em execução em tais máquinas tentam paralelizar tarefas individuais (consultas, por exemplo) submetidas pelos usuários.

O paralelismo surgiu como um problema crítico no projeto dos sistemas de *software* em geral e, particularmente, no projeto de sistemas de banco de dados. Consequentemente, os sistemas de bancos de dados paralelos, que, em certa época, eram sistemas especializados que executavam em um *hardware* especificamente projetado, estão se tornando cada vez mais comuns. Estudamos a arquitetura de sistemas de bancos de dados paralelos na Seção 20.4.

20.3 Arquiteturas de sistema servidor

Os **sistemas servidores** podem ser classificados, de modo geral, como servidores de transação e servidores de dados.

- Sistemas **servidores de transação**, também denominados sistemas **servidores de consulta**, oferecem uma interface à qual os clientes podem enviar solicitações para realizar uma ação, em resposta às quais eles executam a ação e enviam os resultados de volta para os clientes. Normalmente, as máquinas clientes entregam transações aos sistemas servidores, onde essas transações são executadas, e os resultados são enviados de volta aos clientes que estão encarregados de exibir os dados. As solicitações podem ser especificadas pelo uso da SQL ou por uma interface de programa de aplicação especializada.
- **Sistemas servidores de dados** permitem que os clientes interajam com os servidores, fazendo solicitações para ler ou atualizar dados, em unidades como arquivos, páginas ou objetos. Por exemplo, os servidores de arquivos oferecem uma interface de sistema de arquivo em que os clientes podem criar, atualizar, ler e excluir arquivos. Servidores de dados para sistemas de banco de dados oferecem muito mais funcionalidades; eles admitem unidades de dados – como páginas, tuplas ou objetos – que são menores do que um arquivo. Eles oferecem facilidades de indexação para dados e facilidades de transação, de modo que os dados nunca fiquem em um estado inconsistente se uma máquina cliente ou processo falhar.

Destas, a arquitetura de servidor de transação por certo é a arquitetura mais utilizada, embora os servidores de dados paralelos sejam muito utilizados para lidar com o tráfego em escala da Web. Vamos detalhar as arquiteturas de servidor de transação e servidor de dados nas Seções 20.3.1 e 20.3.2.

20.3.1 Arquitetura de servidor de transação

Um sistema típico de servidor de transação, hoje, consiste em vários processos acessando dados na memória compartilhada, como na Figura 20.1. Os processos que formam parte do sistema de banco de dados incluem:

- **Processos servidores**. São processos que recebem consultas do usuário (transações), executam-nas e enviam os resultados de volta. As consultas podem ser submetidas aos processos servidores a partir de uma interface com o usuário ou por um processo do usuário rodando a SQL embutida, ou via JDBC, ODBC ou protocolos semelhantes. Alguns sistemas de banco de dados utilizam um processo separado para cada sessão do usuário, e alguns utilizam um único processo de banco de dados para todas as sessões do usuário, mas com vários *threads*, de modo que várias consultas possam ser executadas simultaneamente. (Um **thread** é semelhante a um processo, mas vários *threads* são executados como parte do mesmo processo, e todos os *threads* dentro de um processo são executados no mesmo espaço de memória virtual. Vários *threads* dentro de um processo podem ser executados simultaneamente.)

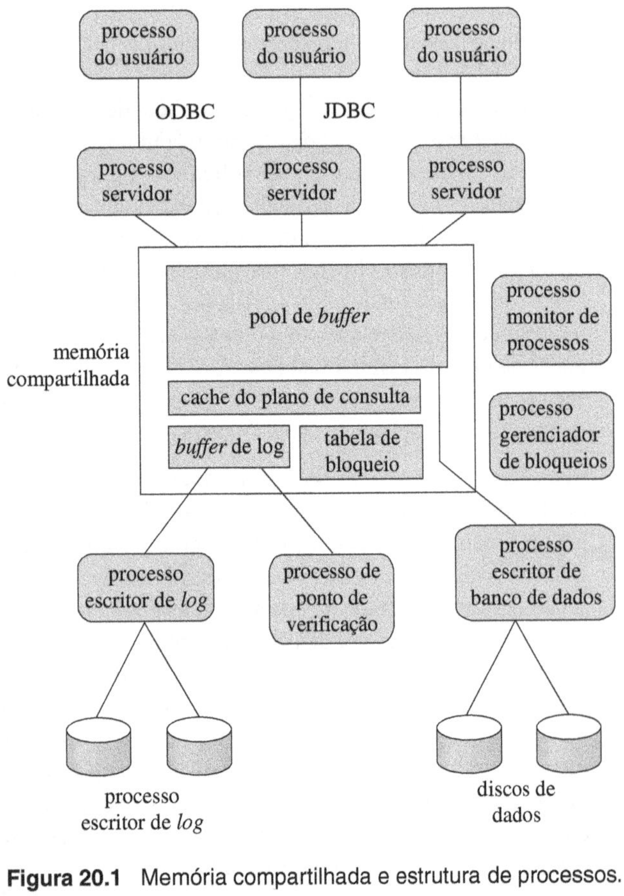

Figura 20.1 Memória compartilhada e estrutura de processos.

Muitos sistemas de banco de dados utilizam uma arquitetura híbrida com vários processos, cada um executando vários *threads*.

- **Processo gerenciador de bloqueios**. Esse processo implementa a funcionalidade do gerenciador de bloqueios, que inclui concessão de bloqueio, liberação de bloqueio e detecção de impasse (*deadlock*).
- **Processo escritor de banco de dados**. Existem um ou mais processos que enviam blocos de *buffer* modificados ao disco de forma contínua.
- **Processo escritor de *log***. Esse processo envia registros de *log* do *buffer* de registro de *log* para o armazenamento estável. Os processos servidores simplesmente acrescentam registros de *log* ao *buffer* de registro de *log* na memória compartilhada e, se um *log* forçado for necessário, solicitam que o processo escritor de *log* grave os registros de *log* (lembre-se de que um *log* forçado faz com que o conteúdo do *log* na memória seja enviado para o armazenamento estável).
- **Processo de ponto de verificação**. Esse processo realiza pontos de verificação (*checkpoints*) periódicos.
- **Processo monitor de processos**. Esse processo monitora outros processos e, se qualquer um deles falhar, são tomadas ações de recuperação para o processo, como abortar qualquer transação sendo executada pelo processo que falhou, e depois reiniciar o processo.

A memória compartilhada contém todos os dados compartilhados, como:

- Pool de *buffer*.
- Tabela de bloqueio.
- Buffer de *log*, contendo registros de *log* aguardando para serem enviados ao *log* no armazenamento estável.
- Planos de consulta em cache, que podem ser reutilizados se a mesma consulta for submetida novamente.

Todos os processos do banco de dados podem acessar os dados na memória compartilhada. Como os vários processos podem ler ou realizar atualizações em estruturas de dados na memória compartilhada, é preciso haver um mecanismo para garantir a **exclusão mútua**, ou seja, para garantir que uma estrutura de dados seja modificada por, no máximo, um processo de cada vez, e nenhum processo esteja lendo uma estrutura de dados enquanto ela está sendo escrita por outros processos.

Essa exclusão mútua pode ser implementada por meio de funções do sistema operacional chamadas semáforos. Implementações alternativas, com menos sobrecarga, utilizam **instruções atômicas** testar-e-marcar (*test-and-set*) ou comparar-e-trocar, (*compare-and-swap*), suportadas pelo *hardware* do computador. Veja na Nota 20.1 os detalhes sobre essas instruções. Todos os sistemas multiprocessadores atualmente admitem as instruções atômicas testar-e-marcar ou comparar-e-trocar. Outros detalhes sobre essas instruções podem ser encontrados em qualquer livro-texto sobre sistemas operacionais.

Nota 20.1 INSTRUÇÕES ATÔMICAS

1. A instrução testar-e-marcar (*M*) realiza as duas ações a seguir de forma atômica (indivisível): (i) testar, ou seja, ler o valor do local de memória *M* e depois (ii) marcá-lo como 1 (um); a instrução testar-e-marcar retorna o valor que ela leu na etapa (i).

   Suponha que o local de memória *M*, representando um bloqueio exclusivo, esteja inicialmente marcado como zero. Um processo que queira obter o bloqueio executa a instrução testar-e-marcar (*M*). Se este for o único processo executando a instrução em *M*, o valor que ele leu e retornou será zero, indicando ao processo que ele adquiriu o bloqueio, e *M* seria marcado como um. Quando o processo terminar de usar o bloqueio, ele o libera definindo *M* de volta para zero.

   Se um segundo processo executar testar-e-marcar (*M*) antes que o bloqueio seja liberado, o valor retornado será um, indicando que algum outro processo já tem o bloqueio. O processo poderia repetir a execução da instrução sobre *M* periodicamente, até que receba um valor de retorno igual a zero, indicando que adquiriu o bloqueio depois de ter sido liberado por outro processo.

   Agora, se dois processos executarem testar-e-marcar (*M*) ao mesmo tempo, um deles verá um valor de retorno zero, enquanto o outro verá um valor de retorno um; isso porque a operação de leitura e a operação de marcação são executadas juntas, atomicamente. O primeiro processo a ler o valor também o define como um, e o segundo processo descobre que *M* já foi definido como um. Logo, somente um processo adquire o bloqueio, garantindo a exclusão mútua.

2. A instrução comparar-e-trocar é outra instrução atômica semelhante à instrução testar-e-marcar, mas utiliza os seguintes operandos: (M, V_o, V_n), em que *M* é um local da memória e os valores V_o e V_n são dois valores (chamados de valor antigo e novo – *old* e *new*). A instrução faz o seguinte de forma atômica: ela compara o valor em *M* com V_o e, se forem iguais, atualiza o valor em V_n e retorna com sucesso. Se os valores forem diferentes, ela não atualiza *M* e retorna com erro.

   De modo semelhante ao caso de testar-e-marcar, temos um local de memória *M* representando um bloqueio, que é inicialmente definido como zero. Um processo que queira adquirir o bloqueio executa comparar-e-trocar (*M*, 0, *id*), em que *id* pode ser qualquer valor diferente de zero; normalmente, é o identificador do processo. Se nenhum processo tiver o bloqueio, a operação comparar-e-trocar retorna com sucesso, depois de armazenar o identificador do processo em *M*; caso contrário, a operação retorna com erro.

   Um benefício de comparar-e-trocar em relação à implementação de testar-e-marcar é que é fácil descobrir qual processo adquiriu o bloqueio apenas lendo o conteúdo de *M*, caso o identificador do processo seja usado como V_n.

Observe que as instruções atômicas podem ser usadas para exclusão mútua, que é equivalente ao suporte para bloqueios exclusivos, mas não admitem diretamente o suporte a bloqueios compartilhados (*shared locks*). Assim, elas não podem ser empregadas diretamente para implementar o bloqueio de uso geral nos bancos de dados. No entanto, as instruções atômicas são utilizadas para implementar bloqueios de curta duração, também conhecidos como *latches* (ou trancas), que são usados para exclusão mútua nos bancos de dados.

Para evitar a sobrecarga da passagem de mensagens, em muitos sistemas de banco de dados os processos servidores implementam o bloqueio atualizando diretamente a tabela de bloqueio (que está na memória compartilhada), em vez de enviar mensagens de solicitação de bloqueio para um processo gerenciador de bloqueio. (A tabela de bloqueio aparece na Figura 18.10.)

Como múltiplos processos de servidor podem acessar a tabela de bloqueio na memória compartilhada simultaneamente, os processos precisam garantir a exclusão mútua no acesso à tabela de bloqueio. Isso normalmente é feito adquirindo um mutex (também chamado de *latch* ou tranca) sobre a tabela de bloqueio. O mutex é adquirido usando testar-e-marcar ou comparar-e-trocar sobre um local da memória representando um bloqueio na tabela de bloqueio.

Uma transação que queira adquirir um bloqueio atualizando diretamente a tabela de bloqueio na memória compartilhada executa as etapas a seguir.

1. Adquirir um mutex (*latch*) sobre a tabela de bloqueio.
2. Verificar se o bloqueio solicitado pode ser alocado, usando o procedimento que vimos na Seção 18.1.4. Se puder, atualizar a tabela de bloqueio para indicar que o bloqueio está alocado. Caso contrário, atualizar a tabela de bloqueio para indicar que a solicitação de bloqueio está na fila para esse bloqueio.
3. Liberar o mutex sobre a tabela de bloqueio.

Se um bloqueio não puder ser obtido imediatamente por causa de um conflito de bloqueio, a transação pode ler periodicamente a tabela de bloqueio para verificar se o bloqueio foi alocado a ela em razão de uma liberação de bloqueio, que é descrita a seguir.

A liberação do bloqueio é feita da seguinte forma:

1. Adquirir um mutex sobre a tabela de bloqueio.
2. Remover a entrada na tabela de bloqueio para o bloqueio sendo liberado.

3. Se houver qualquer outra solicitação de bloqueio pendente para o item de dados que agora possa ser alocada ao bloqueio, a tabela de bloqueio será atualizada para marcar alguma dessas solicitações como alocada. As regras sobre quais solicitações de bloqueio podem ser concedidas são descritas na Seção 18.1.4.
4. Liberar o mutex sobre a tabela de bloqueio.

Para evitar verificações repetidas sobre a tabela de bloqueio (um exemplo do fenômeno da *espera ocupada*), semáforos do sistema operacional podem ser usados pelo código de solicitação de bloqueio para esperar uma notificação de concessão de bloqueio. O código de liberação de bloqueio precisa, então, usar o mecanismo de semáforo para notificar as transações aguardando que seus bloqueios (*locks*) foram concedidos (*granted*).

Mesmo que o sistema trate as solicitações de bloqueio pela memória compartilhada, ele ainda usa o processo gerenciador de bloqueio para a detecção de impasse.

20.3.2 Servidores de dados e sistemas de armazenamento de dados

Os sistemas servidores de dados foram desenvolvidos, originalmente, para suportar o acesso aos dados a partir de bancos de dados orientados a objeto; os bancos de dados orientados a objeto permitem que os programadores usem uma linguagem de programação que possibilita a criação, recuperação e atualização de objetos persistentes.

Muitas das aplicações-alvo dos bancos de dados orientados a objeto, como sistemas de projeto auxiliado por computador (CAD), exigiam muitos cálculos sobre os dados recuperados. Por exemplo, o sistema de CAD pode armazenar um modelo de um chip de computador ou de um prédio, e pode realizar cálculos como simulações sobre o modelo recuperado, que podem ser dispendiosos em termos de tempo de CPU.

Se todo o cálculo fosse feito no servidor, este ficaria sobrecarregado. Em vez disso, nesse ambiente, faz sentido armazenar dados em uma máquina servidora de dados separada, buscar dados nas máquinas clientes quando necessários, realizar todo o processamento nas máquinas clientes e, depois, armazenar dados novos ou atualizados na máquina servidora de dados. Assim, o poder de processamento das máquinas clientes pode ser usado para executar o cálculo, enquanto o servidor só precisa armazenar e buscar dados, sem realizar cálculo algum.

Mais recentemente, diversos sistemas de armazenamento paralelo de dados foram desenvolvidos para lidar com volumes muito altos de dados e transações. Esses sistemas não necessariamente aceitam SQL, em vez disso, oferecem APIs para armazenar, recuperar e atualizar itens de dados. Os itens de dados armazenados nesses sistemas poderiam ser tuplas ou objetos representados em formatos como JSON ou XML, ou, então, poderiam ser até mesmo arquivos ou documentos.

Usamos o termo **item de dados** para nos referir a tuplas, objetos, arquivos e documentos. Também usamos os termos *servidor de dados* e *sistema de armazenamento de dados* como sinônimos para se referir a servidores de itens de dados.

Os servidores de dados têm suporte para a comunicação de itens de dados inteiros; no caso de itens de dados muito grandes, eles também podem ter suporte para comunicação de apenas partes especificadas do item de dados, por exemplo, blocos especificados, em vez de exigir que o item de dados inteiro seja buscado ou armazenado.

Os servidores de dados nas primeiras gerações de sistemas de armazenamento admitiam um conceito chamado *envio de página* (*page shipping*), em que a unidade de comunicação era uma página do banco de dados que potencialmente podia conter vários itens de dados. O envio de página não é usado hoje, pois os sistemas de armazenamento não expõem o *layout* do armazenamento subjacente aos clientes.

20.3.3 *Caching* nos clientes

O custo de tempo de comunicação entre uma aplicação cliente e um servidor (seja um servidor de transações ou um servidor de dados) é alto em comparação com o de uma referência de memória local (milissegundos *versus* menos de 100 nanossegundos). O tempo para enviar uma mensagem por uma rede e obter uma resposta de volta, chamado *tempo de ida e volta da rede*, ou *latência da rede*, pode ser de quase um milissegundo, mesmo que o servidor de dados esteja no mesmo local do cliente.

Como resultado, as aplicações rodando nos clientes adotam várias estratégias de otimização para reduzir os efeitos da latência da rede. As mesmas estratégias também podem ser úteis em sistemas de banco de dados paralelos, onde alguns dos dados exigidos para o processamento de uma consulta podem estar armazenados em uma máquina diferente daquela onde eles são consumidos. As estratégias de otimização incluem as seguintes:

- **Busca prévia** (*prefetching*). Se a unidade de comunicação é um item isolado pequeno, a sobrecarga da passagem de mensagem é alta em comparação com a quantidade de dados transmitidos. Em particular, a latência da rede pode causar atrasos significativos se uma transação fizer solicitações repetidas para itens de dados por uma rede.

  Assim, quando um item é solicitado, pode fazer sentido também enviar outros itens que, provavelmente, serão usados no futuro próximo. A busca de itens mesmo antes que eles sejam solicitados é chamada de **busca prévia**.

- **Caching de dados**. Os dados que são enviados a um cliente em favor de uma transação podem ser **colocados em cache** no cliente dentro do escopo de uma única transação. Os dados podem ser colocados em cache mesmo depois que a transação terminar, permitindo que transações sucessivas no mesmo cliente sejam capazes de utilizar os dados em cache.

  Porém, a **coerência do cache** é um problema: mesmo que uma transação encontre dados em cache, ela precisa ter certeza de que esses dados são atuais, pois eles podem ter sido atualizados, ou até mesmo excluídos, por um cliente diferente depois que tiverem sido colocados em cache. Assim, uma mensagem ainda precisa ser trocada com o servidor para verificar a validade dos dados e adquirir um bloqueio sobre eles, a menos que a aplicação queira conviver com dados potencialmente obsoletos. Além do mais, novas tuplas podem ter sido inseridas depois de uma transação colocar dados em cache, tuplas estas que podem não estar no cache. A transação pode ter que entrar em contato com o servidor para localizar tais tuplas.

- **Caching de bloqueio** (*lock caching*). Se o uso de dados for, em sua maioria, particionado entre os clientes, ou seja, se eles solicitam dados que também são solicitados por outros clientes, os bloqueios também podem ser colocados em cache na máquina cliente. Suponha que um cliente encontre um item de dados no cache e que também encontre o bloqueio exigido para um acesso ao item de dados no cache. Então, o acesso pode prosseguir sem nenhuma comunicação com o servidor. Porém, o servidor precisa registrar os bloqueios em cache; se um cliente solicitar um bloqueio do servidor, este precisará **chamar de volta** todos os bloqueios em conflito sobre o item de dados de quaisquer outras máquinas clientes que tenham colocado os bloqueios em cache. A tarefa se torna mais complicada quando as falhas de máquina são levadas em conta.
- **Granularidade de bloqueio adaptável** (*adaptive lock granularity*). Se uma transação exige bloqueios sobre múltiplos itens de dados, descobertos no curso de uma transação, e cada aquisição de bloqueio exige uma viagem de ida e volta a um servidor de dados, a transação pode desperdiçar muito tempo somente com a aquisição do bloqueio. Nessa situação, um bloqueio de granularidade múltipla pode ser usado para evitar múltiplas solicitações. Por exemplo, se múltiplos itens de dados forem armazenados em uma página, um único bloqueio de página (que está em uma granularidade mais grossa) pode evitar a necessidade de adquirir bloqueios sobre múltiplos itens de dados (que estão em uma granularidade mais fina). Essa estratégia funciona bem se houver muito pouca disputa por bloqueio, porém, com uma maior disputa, a aquisição de um bloqueio com granularidade grossa pode afetar significativamente a concorrência.

  A **desescalada de bloqueio** (*lock de-escalation*) é uma forma de diminuir a granularidade do bloqueio adaptavelmente se houver maior disputa. A desescalada de bloqueio é iniciada pelo servidor de dados enviando uma solicitação ao cliente para desescalar um bloqueio, e o cliente responde adquirindo bloqueio de granularidade mais fina e, depois, liberando o bloqueio de granularidade mais grossa.

  Ao passar para uma granularidade mais fina, se alguns dos bloqueios foram para itens de dados em cache que não estão atualmente bloqueados por uma transação em um cliente, o item de dados pode ser removido do cache em vez de adquirir um bloqueio de granularidade mais fina sobre ele.

20.4 Sistemas paralelos

Sistemas paralelos melhoram as velocidades de processamento e E/S usando grande número de computadores em paralelo. As máquinas paralelas estão se tornando cada vez mais comuns, tornando o estudo de sistemas de banco de dados paralelos cada vez mais importante.

No processamento paralelo, muitas operações são realizadas simultaneamente, ao contrário do processamento serial, em que as etapas computacionais são realizadas sequencialmente. Uma máquina paralela com **granularidade grossa** consiste em um pequeno número de processadores poderosos; uma máquina **maciçamente paralela** ou **paralela com granularidade fina** utiliza milhares de processadores menores. Praticamente, todas as máquinas mais modernas, hoje, oferecem algum grau de paralelismo com granularidade grossa, com até dois ou quatro processadores, cada um deles podendo ter de 20 a 40 núcleos.

Computadores maciçamente paralelos podem ser distinguidos de máquinas paralelas com granularidade grossa pelo grau muito maior de paralelismo que eles admitem. Compartilhar a memória entre grande número de processadores não é prático. Como resultado, os computadores maciçamente paralelos, em geral, são construídos usando grande número de computadores, cada um com sua própria memória e, frequentemente, com seu próprio conjunto de discos. Cada um desses computadores é conhecido como um **nó** no sistema.

Sistemas paralelos na escala de centenas a milhares de nós ou mais são abrigados em um **datacenter**, que é uma instalação que abriga grande número de servidores. Os *datacenters* oferecem conectividade de rede de alta velocidade dentro do *datacenter*, bem como para o mundo exterior. Os números e tamanhos de *datacenters* cresceram muito na última década, e os *datacenters* modernos podem ter várias centenas de milhares de servidores.

20.4.1 Motivação para os bancos de dados paralelos

Os requisitos de transação das organizações cresceram com o uso aumentado dos computadores. Além disso, o crescimento da World Wide Web criou muitos *sites* com milhões de visualizadores, e as maiores quantidades de dados coletados desses visualizadores produziram bancos de dados extremamente grandes em muitas empresas.

A força motriz por trás dos sistemas de banco de dados paralelos são as demandas de aplicações que precisam consultar bancos de dados extremamente grandes (da ordem de petabytes – ou seja, 1000 terabytes ou o equivalente a 10^{15} bytes) ou que precisam processar um número extremamente grande de transações por segundo (da ordem de milhares de transações por segundo). Os sistemas de banco de dados centralizado e cliente-servidor não são poderosos o suficiente para lidar com tais aplicações.

Atualmente, as aplicações em escala da Web exigem centenas a milhares de nós (e, em alguns casos, dezenas de milhares de nós) para lidar com o grande número de usuários na Web.

As organizações estão usando esses volumes de dados cada vez maiores – como dados sobre quais itens as pessoas compram, em quais *links* da Web os usuários clicam e quando as pessoas fazem ligações telefônicas – para planejar suas atividades e preços. As consultas usadas para esses fins são chamadas **consultas de suporte à decisão**, e os requisitos de dados para essas consultas podem ter terabytes. Os sistemas de nó único não são capazes de lidar com volumes tão grandes de dados nas taxas necessárias.

A natureza orientada a conjunto das consultas ao banco de dados se ajusta naturalmente à paralelização. Vários sistemas comerciais e de pesquisa têm demonstrado o poder e a escalabilidade do processamento paralelo de consultas.

Como o custo dos sistemas de computação diminuiu significativamente ao longo dos anos, as máquinas paralelas tornaram-se comuns e relativamente baratas. Os próprios computadores individuais tornaram-se máquinas paralelas, usando arquiteturas de múltiplos núcleos (*multicore*). Bancos de dados paralelos são, portanto, bastante acessíveis, mesmo para pequenas organizações.

Sistemas de banco de dados paralelos que podem suportar centenas de nós estão disponíveis comercialmente há várias décadas, mas o número de tais produtos registrou um aumento significativo desde meados da década de 2000. As plataformas de código-fonte aberto para armazenamento de dados em paralelo, como Hadoop File System (HDFS) e HBase, e para processamento de consultas, como Hadoop *Map-Reduce* e Hive (entre muitos outros), também foram amplamente adotadas.

Vale a pena observar que os programas de aplicação geralmente são criados de forma que possam ser executados paralelamente em diversos servidores de aplicação, que se comunicam por meio de uma rede com um servidor de banco de dados, que pode ser ele mesmo um sistema paralelo. As arquiteturas paralelas descritas nesta seção podem ser usadas não apenas para armazenamento de dados e processamento de consultas no banco de dados, mas também para o processamento paralelo de programas de aplicação.

20.4.2 Medidas de desempenho para sistemas paralelos

Existem duas medidas principais de desempenho de um sistema de banco de dados: (1) **vazão (throughput)**, o número de tarefas que podem ser completadas em determinado intervalo de tempo, e (2) **tempo de resposta**, a quantidade de tempo necessária para completar uma única tarefa desde o momento que ela foi submetida. Um sistema que processa grande número de pequenas transações pode melhorar o *throughtput* processando muitas transações em paralelo. Um sistema que processa grandes transações pode melhorar o tempo de resposta e, também, o *throughput* realizando, em paralelo, subtarefas de cada transação.

O processamento paralelo dentro de um sistema de computador permite que as atividades do sistema de banco de dados sejam agilizadas, com uma resposta mais rápida às transações, além da execução de mais transações por segundo. As consultas podem ser processadas de um modo que explore o paralelismo oferecido pelo sistema de computador subjacente.

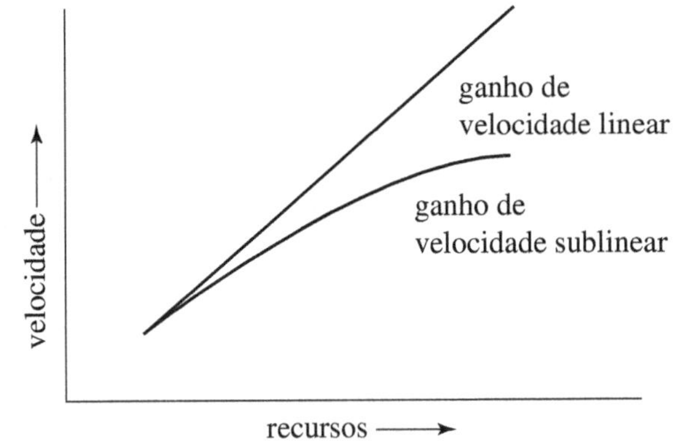

Figura 20.2 Ganho de velocidade com o aumento de recursos.

Duas questões importantes no estudo do paralelismo são o ganho de velocidade e o ganho de escala. A execução de determinada tarefa em menos tempo e maior grau de paralelismo é chamada de **ganho de velocidade**. O tratamento de tarefas maiores pelo aumento do grau de paralelismo é denominado **ganho de escala**.

Considere uma aplicação de banco de dados rodando em um sistema paralelo com certo número de processadores e discos. Agora, suponha que aumentemos o tamanho do sistema aumentando o número de processadores, discos e outros componentes do sistema. O objetivo é processar a tarefa no tempo inversamente proporcional ao número de processadores e discos alocados. Suponha que o tempo de execução de uma tarefa na máquina maior seja T_L, e que o tempo de execução da mesma tarefa na máquina menor seja T_S. O ganho de velocidade em razão do paralelismo é definido como T_S/T_L. Diz-se que o sistema paralelo demonstra **ganho de velocidade linear** se o ganho de velocidade for N quando o sistema maior tiver N vezes os recursos (processadores, disco etc.) do sistema menor. Se o ganho de velocidade for menor que N, diz-se que o sistema demonstra **ganho de velocidade sublinear**. A Figura 20.2 ilustra os ganhos de velocidade linear e sublinear.[2]

O ganho de escala se relaciona com a capacidade de processar tarefas maiores na mesma quantidade de tempo, oferecendo mais recursos. Imagine que Q seja uma tarefa, e considere que Q_N seja uma tarefa N vezes maior do que Q. Suponha que o tempo de execução da tarefa Q em determinada máquina M_S seja T_S, e que o tempo de execução da tarefa Q_N em uma máquina paralela M_L, que é N vezes maior que M_S, seja T_L. O ganho de escala é então definido como T_S/T_L. Diz-se que o sistema paralelo M_L demonstra **ganho de escala linear** na tarefa Q se $T_L = T_S$. Se $T_L > T_S$, diz-se que o sistema demonstra **ganho de escala sublinear**. A Figura 20.3 ilustra os ganhos de escala linear e sublinear (em que os

[2]Em alguns casos, um sistema paralelo pode fornecer um ganho de velocidade superlinear, ou seja, um sistema N vezes maior pode fornecer um ganho de velocidade maior que N. Isso pode acontecer, por exemplo, porque dados que não cabiam na memória principal de um sistema menor podem caber na memória principal de um sistema maior, evitando E/S de disco. Da mesma forma, os dados podem caber no cache de um sistema maior, reduzindo o acesso à memória em comparação com um sistema menor, o que também pode levar a um ganho de velocidade superlinear.

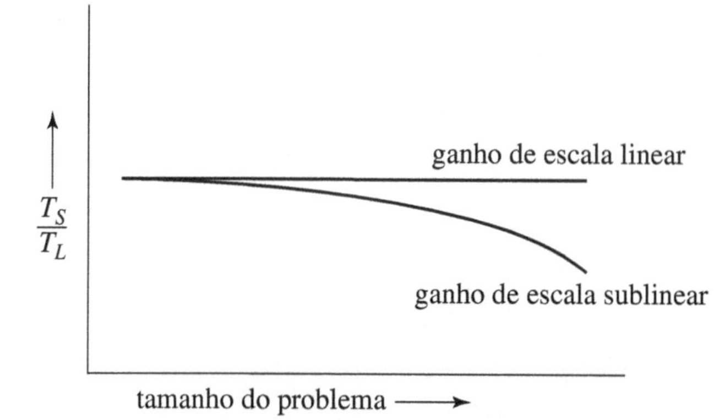

Figura 20.3 Ganho de escala com o aumento do tamanho do problema e dos recursos.

recursos aumentam em proporção ao tamanho do problema). Existem dois tipos de ganho de escala que são relevantes nos sistemas de banco de dados paralelos, dependendo de como o tamanho da tarefa é medido:

- No **ganho de escala em batch** (*batch scaleup*), o tamanho do banco de dados aumenta, e as tarefas, cujo tempo de execução depende do tamanho do banco de dados, são grandes. Um exemplo de tal tarefa é a varredura de uma relação cujo tamanho é proporcional ao tamanho do banco de dados. Assim, o tamanho do banco de dados é a medida do tamanho do problema. O ganho de escala em batch também se aplica a aplicações científicas, como a execução de uma simulação do tempo em uma resolução *N* vezes mais fina,[3] ou a realização de uma simulação por um período de tempo *N* vezes maior.
- No **ganho de escala de transação** (*transaction scaleup*), a velocidade com que as transações são submetidas ao banco de dados aumenta, e o tamanho do banco de dados aumenta proporcionalmente à velocidade da transação. Esse tipo de ganho de escala é relevante nos sistemas de processamento de transação, em que as transações são pequenas atualizações – por exemplo, um depósito ou saque de uma conta – e as velocidades de transação crescem quanto mais contas são criadas. Esse processamento de transação é especialmente bem adaptado à execução paralela, pois as transações podem ser executadas de forma simultânea e independente em nós separados, e cada transação leva aproximadamente o mesmo tempo, mesmo que o banco de dados cresça.

O ganho de escala, em geral, é a métrica mais importante para medir a eficiência dos sistemas de banco de dados paralelos. O objetivo do paralelismo nos sistemas de banco de dados normalmente é certificar-se de que o sistema de banco de dados possa continuar a trabalhar em uma velocidade aceitável, mesmo quando o tamanho do banco de dados e o número de transações aumentam. Aumentar a capacidade do sistema por meio do aumento do paralelismo oferece um caminho mais tranquilo para o crescimento de uma empresa do que a substituição de um sistema centralizado por uma máquina mais rápida (mesmo considerando que essa máquina exista). Porém, também temos de examinar os números de desempenho absolutos ao usar métricas de ganho de escala; uma máquina que escala linearmente pode ter um desempenho pior do que uma máquina que escala sublinearmente simplesmente porque esta última é muito mais rápida.

Diversos fatores atuam contra a operação paralela eficiente, e podem diminuir o ganho de velocidade e o ganho de escala.

- **Cálculo sequencial.** Muitas tarefas possuem alguns componentes que podem se beneficiar do processamento paralelo e alguns componentes que precisam ser executados sequencialmente. Considere uma tarefa que leva o tempo *T* para ser executada sequencialmente. Suponha que a fração do tempo total de execução que pode se beneficiar da paralelização seja *p*, e que essa parte seja executada por *n* nós em paralelo. Então, o tempo total gasto seria $(1 - p)T + (p/n)T$, e o ganho de velocidade seria $\frac{1}{(1-p)+(p/n)}$. (Essa fórmula é conhecida como **lei de Amdahl.**) Se a fração *p* for, digamos, $\frac{9}{10}$, o ganho de velocidade máximo possível, mesmo com *n* muito grande, seria dez.

  Agora considere o ganho de escala, onde o tamanho do problema aumenta. Se o tempo gasto pela parte sequencial de uma tarefa aumentar juntamente com o tamanho do problema, o ganho de escala será igualmente limitado. Suponha que a fração *p* do tempo de execução de um problema se beneficie do aumento de recursos, enquanto a fração $(1 - p)$ seja sequencial e não se beneficie do aumento de recursos. Em seguida, o ganho de escala com *n* vezes mais recursos em um problema *n* vezes maior será $\frac{1}{n(1-p)+p}$. (Esta fórmula é referida como **lei de Gustafson.**) No entanto, se o tempo gasto pela parte sequencial não aumentar com o tamanho do problema, seu impacto na expansão será menor conforme o tamanho do problema.

  Custos de partida. Existe um custo de partida associado ao início de um único processo. Em uma operação paralela consistindo em milhares de processos, o *tempo de partida* pode ofuscar o tempo de processamento real, afetando negativamente o ganho de velocidade.
- **Interferência.** Como os processos executando em um sistema paralelo normalmente acessam recursos compartilhados, pode haver um atraso ocasionado pela interferência de cada novo processo enquanto ele disputa com os processos existentes por recursos comumente mantidos, como um barramento do sistema, ou discos compartilhados, ou até mesmo bloqueios. Tanto o ganho de velocidade quanto o ganho de escala são afetados por esse fenômeno.
- **Distorção** (**skew**). Dividindo uma única tarefa em diversas etapas paralelas, reduzimos o tamanho da etapa média.

[3]Por exemplo, uma simulação do tempo que divide a atmosfera de uma região específica em cubos com 200 metros de lado pode precisar ser modificada para usar uma resolução mais fina, em cubos com 100 metros de lado; o número de cubos, assim, seria escalado por um fator de oito.

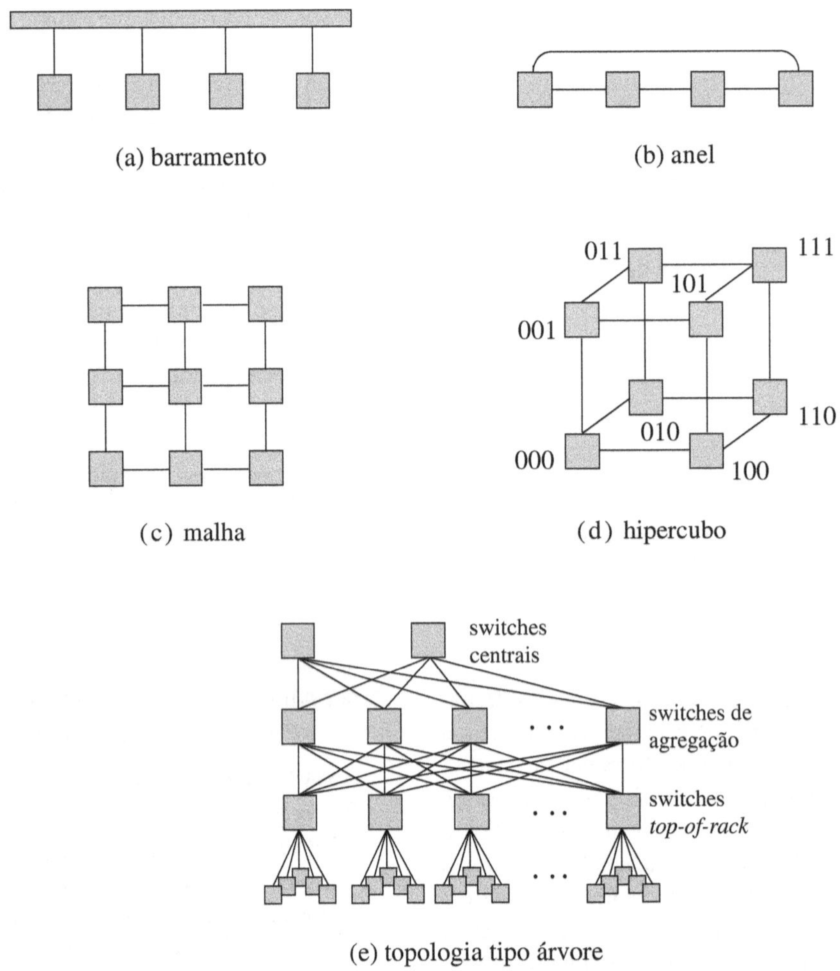

Figura 20.4 Redes de interconexão.

Apesar disso, o tempo de serviço para a etapa mais lenta determinará o tempo de serviço para a tarefa como um todo. Normalmente, é difícil dividir uma tarefa em partes com tamanhos exatamente iguais, e o modo como os tamanhos são distribuídos, portanto, é *distorcido* (*skewed*). Por exemplo, se uma tarefa de tamanho 100 é dividida em dez partes, e a divisão for distorcida, pode haver algumas tarefas com tamanho menor que dez e outras com tamanho maior que dez; se uma das tarefas tiver tamanho 20, o ganho de velocidade obtido pela execução das tarefas em paralelo é de apenas cinco, em vez de dez, como poderíamos esperar.

20.4.3 Redes de interconexão

Sistemas paralelos consistem em um conjunto de componentes (processadores, memória e discos) que podem se comunicar entre si por meio de uma **rede de interconexão**. A Figura 20.4 mostra três tipos muito usados de redes de interconexão:

- **Barramento**. Todos os componentes do sistema podem enviar dados e receber dados de um único barramento de comunicação. Esse tipo de interconexão aparece na Figura 20.4a. Antes, as interconexões de barramento conectavam vários nós em uma rede, mas elas não são mais usadas para essa tarefa. Porém, as interconexões de barramento ainda são utilizadas para a conexão de várias CPUs e unidades de memória dentro de um único nó, e funcionam bem para uma pequena quantidade de processadores. Porém, elas não escalam muito bem com o aumento do paralelismo, pois o barramento só pode lidar com a comunicação de um componente de cada vez; com o aumento das quantidades de CPUs e bancos de memória em um nó, outros mecanismos de interconexão, como anel ou malha, agora são usados até mesmo dentro de um único nó.

- **Anel**. Os componentes são nós dispostos em um anel (círculo), e cada nó é conectado a seus dois nós adjacentes no anel, como mostrado na Figura 20.4b. Ao contrário de um barramento, cada enlace pode transmitir dados simultaneamente com outros enlaces no anel, levando a uma melhor escalabilidade. No entanto, a transmissão de dados de um nó para outro nó no anel pode exigir grande número de saltos (*hops*); especificamente, até $n/2$ saltos podem ser necessários em um anel com n nós, supondo que a comunicação pode ser feita em qualquer sentido no anel. Além disso, o atraso na transmissão aumenta se o número de nós no anel for aumentado.

- **Malha**. Os componentes são nós em uma grade, e cada componente se conecta a todos os componentes adjacentes na grade. Em uma malha bidimensional, cada nó se conecta a (até) quatro nós adjacentes, enquanto em uma malha tridimensional cada nó se conecta a (até) seis nós adjacentes. A Figura 20.4c mostra uma malha bidimensional. Os nós que não estão diretamente conectados podem se comunicar entre si, roteando mensagens por meio de uma sequência de nós intermediários que estão conectados diretamente uns aos outros. O número de enlaces de comunicação cresce tanto quanto o número de componentes, e a capacidade de comunicação de uma malha, portanto, escala melhor com o aumento do paralelismo.

  As interconexões de malha são usadas para conectar, entre si, vários núcleos em um processador, ou vários processadores em um único servidor; cada núcleo de processador tem acesso direto a um banco de memória conectado ao núcleo do processador, mas o sistema busca, de maneira transparente, dados de outros bancos de memória, enviando mensagens pelas interconexões de malha.

  No entanto, as interconexões de malha não são mais usadas para interconectar nós, pois o número de saltos necessários para transmitir dados aumenta significativamente com o número de nós (o número de saltos necessários para transmitir dados de um nó para outro em uma malha é proporcional, na pior das hipóteses, à raiz quadrada do número de nós). Atualmente, os sistemas paralelos possuem grandes quantidades de nós e, portanto, as interconexões de malha seriam impraticavelmente lentas.

- **Hipercubo**. Os componentes são numerados em binário, e um componente está conectado a outro se as representações binárias de seus números diferirem exatamente em um bit. Assim, cada um dos n componentes está conectado a $\log(n)$ outros componentes. A Figura 20.4d mostra um hipercubo com oito nós. Em uma interconexão de hipercubo, uma mensagem de um componente pode alcançar qualquer outro componente passando por, no máximo, $\log(n)$ enlaces. Em contraste, em uma arquitetura de malha, um componente pode estar a $2(\sqrt{n} - 1)$ enlaces de distância de algum dos outros componentes (ou $\sqrt{n}$ enlaces de distância, se a interconexão de malha contornar as arestas da grade). Assim, os atrasos de comunicação em um hipercubo são muito menores do que em uma malha.

  Os hipercubos eram empregados para interconectar nós em computadores maciçamente nos primórdios da computação paralela, mas, hoje, eles não são usados com frequência.

- **Topologia tipo árvore**. Os sistemas servidores em um *datacenter* são normalmente montados em racks, com cada rack mantendo até cerca de 40 nós. Vários racks são usados para construir sistemas com números maiores de nós. Uma questão fundamental é como interconectar esses nós.

  Para conectar nós em um rack, em geral, há um switch de rede montado na parte superior do rack; normalmente, são usados switches de 48 portas, portanto, um único switch pode ser usado para conectar todos os servidores em um rack. Os switches de rede atuais comumente suportam uma largura de banda de um a dez gigabits por segundo (Gbps) simultaneamente de/para cada um dos servidores conectados ao switch, embora existam interconexões de rede mais caras, com 40 a 100 Gbps de largura de banda.

  Vários switches *top-of-rack* (também conhecidos como **switches de borda**) podem, por sua vez, ser conectados a outro switch, chamado **switch de agregação**, permitindo a interconexão entre racks. Se houver um grande número de racks, os racks podem ser divididos em grupos, com um switch de agregação conectando um grupo de racks e todos os switches de agregação, por sua vez, conectados a um **switch central**. Essa arquitetura é uma **topologia de árvore** com três camadas. O switch central no topo da árvore também fornece conectividade a redes externas.

  Um problema com essa estrutura de árvore básica, frequentemente usada em redes locais dentro das organizações, é que a largura de banda disponível entre racks geralmente não é suficiente se várias máquinas em um rack tentarem comunicar quantidades significativas de dados com máquinas de outros racks. Normalmente, as interconexões dos switches de agregação suportam larguras de banda mais altas de dez a 40 Gbps, embora existam interconexões de 100 Gbps. Interconexões de capacidade ainda maior podem ser criadas usando várias interconexões em paralelo. No entanto, até mesmo esses enlaces de alta velocidade podem ser saturados se um grande número de servidores em um rack tentar se comunicar em sua largura de banda de conexão total com servidores em outros racks.

  Para evitar o gargalo de largura de banda de uma estrutura em árvore, os *datacenters* geralmente conectam cada switch *top-of-rack* (aresta) a vários switches de agregação. Cada switch de agregação, por sua vez, está ligado a vários switches centrais na próxima camada. Essa topologia de interconexão é chamada de **topologia tipo árvore**; a Figura 20.4e mostra uma topologia tipo árvore com três camadas. Essa topologia em forma de árvore também é chamada de **topologia de árvore gorda**, embora, originalmente, a topologia de árvore gorda se referisse a uma topologia em forma de árvore na qual as arestas mais altas na árvore têm uma largura de banda maior que as arestas mais baixas na árvore.

  O benefício da arquitetura tipo árvore é que cada switch *top-of-rack* pode rotear suas mensagens por meio de qualquer um dos switches de agregação aos quais está conectado, aumentando bastante a largura de banda entre os racks em comparação com a topologia de árvore comum. Da mesma forma, cada switch de agregação pode se comunicar com outro switch de agregação por meio de qualquer um dos switches centrais aos quais ele está conectado, aumentando a largura de banda disponível entre os switches de agregação. Além disso, mesmo que um switch de agregação ou de borda falhe, há caminhos alternativos por meio de outros switches. Com algoritmos de roteamento apropriados, a rede pode continuar funcionando mesmo se um switch falhar, tornando a rede *tolerante a falhas*, pelo menos para falhas de um ou de alguns switches.

Uma arquitetura tipo árvore com três camadas pode manipular um **cluster** de dezenas de milhares de máquinas. Embora uma topologia tipo árvore melhore consideravelmente a largura de banda entre racks em comparação com uma topologia de árvore, aplicações de processamento paralelo, incluindo armazenamento paralelo e sistemas de bancos de dados paralelos, têm melhor desempenho se forem projetadas de maneira a reduzir o tráfego entre os racks.

A topologia tipo árvore e suas variantes atualmente são bastante utilizadas nos *datacenters*. As complexas redes de interconexão em um *datacenter* são chamadas de **malha do *datacenter***.

Embora as tecnologias de rede sejam muito importantes para a escalabilidade, uma chave para o desempenho da rede é a tecnologia de rede usada para os enlaces individuais. Entre as tecnologias populares estão:

- **Ethernet**. Atualmente, a tecnologia dominante para conexões de rede é a tecnologia Ethernet. Os padrões Ethernet evoluíram com o tempo, e as versões predominantes mais utilizadas, hoje, são Ethernet de um gigabit e Ethernet de dez gigabits, que suportam larguras de banda de um e dez gigabits por segundo, respectivamente. As tecnologias Ethernet de 40 gigabits e Ethernet de 100 gigabits também estão disponíveis a um custo mais alto e estão sendo cada vez mais usadas. Protocolos Ethernet podem ser usados em cabos de cobre mais baratos para curtas distâncias, e sobre fibras ópticas para distâncias maiores.
- **Fiber channel**. O padrão Fiber Channel Protocol foi projetado para interconexão de alta velocidade entre sistemas de armazenamento e computadores, e é usado predominantemente para implementar redes de área de armazenamento (descritas na Seção 20.4.6). As diferentes versões do padrão têm suportado o aumento da largura de banda ao longo dos anos, com 16 gigabits por segundo disponíveis a partir de 2011, e 32 e 128 gigabits por segundo suportados a partir de 2016.
- **Infiniband**. O padrão Infiniband foi projetado para realizar interconexões com um *datacenter*; ele foi concebido, especificamente, para aplicações de computação de alto desempenho, que precisam não apenas de largura de banda muito alta, mas também de latência muito baixa. O padrão Infiniband evoluiu, com velocidades de enlace de oito gigabits por segundo disponíveis até 2007 e 24 gigabits por segundo disponíveis até 2014. Vários enlaces podem ser agregados para fornecer uma largura de banda de 120 a 290 gigabits por segundo.

  A latência associada à entrega de mensagens é tão importante quanto à largura de banda para muitas aplicações. Um dos principais benefícios do Infiniband é que ele suporta latências de 0,7 a 0,5 microssegundo. Por outro lado, as latências da Ethernet podem ser de até centenas de microssegundos em uma rede local não otimizada, enquanto as implementações Ethernet otimizadas para latência ainda possuem latências de vários microssegundos.

  Uma das técnicas importantes usadas para reduzir a latência é permitir que as aplicações enviem e recebam mensagens fazendo interface direta com o *hardware*, evitando o sistema operacional. Com as implementações padrão da pilha de rede, as aplicações enviam mensagens para o sistema operacional, que, por sua vez, interage com o *hardware*, que, por sua vez, entrega a mensagem ao outro computador, onde novamente o *hardware* faz a interface com o sistema operacional, que se comunica com a aplicação para entregar a mensagem. Suporte para acesso direto à interface de rede, evitando o sistema operacional, reduz significativamente a latência de comunicação.

  Outra técnica para reduzir a latência é usar o **acesso remoto direto à memória (RDMA)**, uma tecnologia que permite que um processo em um nó leia ou escreva diretamente na memória em outro nó, sem passar mensagens explicitamente. O suporte do *hardware* garante que o RDMA possa transferir dados a taxas muito altas com latência muito baixa. As implementações de RDMA podem usar Infiniband, Ethernet ou outras tecnologias de rede para a comunicação física entre nós.

20.4.4 Arquiteturas paralelas de banco de dados

Existem vários modelos arquitetônicos para as máquinas paralelas. Entre os mais importantes, estão aqueles da Figura 20.5 (na figura, M indica memória, P indica um processador, e os discos aparecem como cilindros):

- **Memória compartilhada**. Todos os processadores compartilham uma memória comum (Figura 20.5a).
- **Disco compartilhado**. Um conjunto de nós que compartilham um conjunto comum de discos; cada nó tem seu próprio processador e memória (Figura 20.5b). Os sistemas de disco compartilhado, às vezes, são chamados de **clusters**.
- **Nada compartilhado**. Um conjunto de nós que não compartilham nem memória comum nem disco comum (Figura 20.5c).
- **Hierárquico**. Esse é um modelo híbrido das três arquiteturas anteriores (Figura 20.5d). Este modelo é o mais utilizado atualmente.

Nas Seções 20.4.5 a 20.4.8, discutiremos sobre cada um desses modelos.

Observe que as redes de interconexão aparecem de maneira abstrata na Figura 20.5. Não interprete as redes de interconexão mostradas nas figuras como necessariamente um barramento; na verdade, outras redes de interconexão são usadas na prática. Por exemplo, as redes de malha são usadas dentro de um processador, e redes tipo árvore são empregadas, com frequência, para a interconexão dos nós.

20.4.5 Memória compartilhada

Em uma arquitetura de **memória compartilhada**, os processadores e discos possuem acesso a uma memória comum,

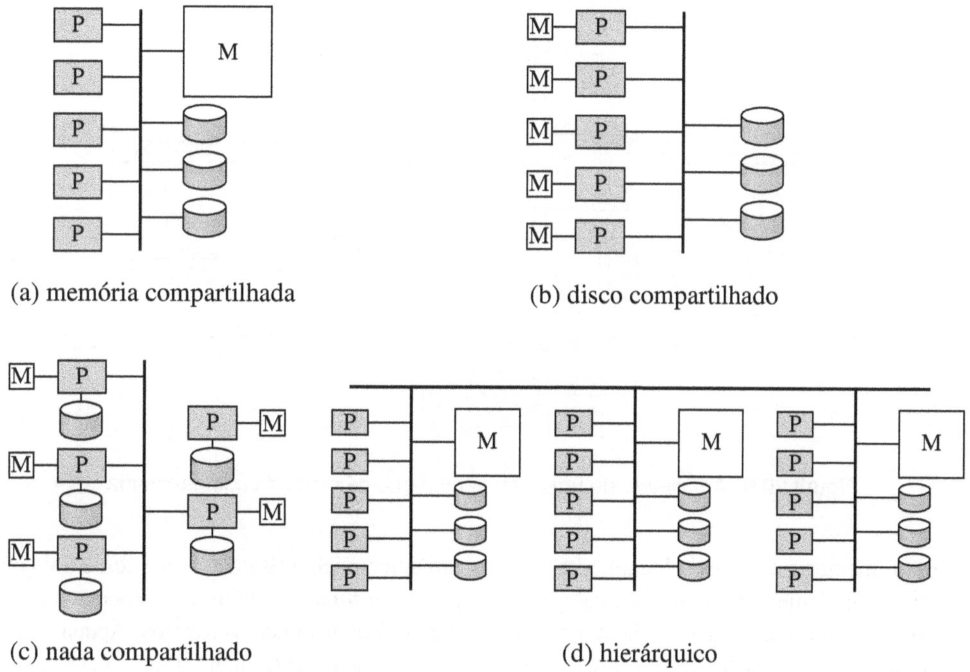

Figura 20.5 Arquiteturas paralelas de banco de dados.

normalmente por meio de um barramento ou por meio de uma rede de interconexão. Os discos também são compartilhados pelos processadores. O benefício da memória compartilhada é a comunicação extremamente eficiente entre os processos – os dados na memória compartilhada podem ser acessados por qualquer processo sem que sejam movidos com o *software*. Um processo pode enviar mensagens a outros processos muito mais rapidamente usando escritas na memória (que, normalmente, levam menos de um microssegundo) do que enviando uma mensagem por um mecanismo de comunicação.

Processadores de múltiplos núcleos (*multicore*) com quatro a oito núcleos agora são comuns não apenas em computadores *desktop*, mas até mesmo em *smartphones*. Os sistemas de processamento de alta qualidade, como o processador Intel Xeon, têm até 28 núcleos por CPU, com até oito CPUs em uma placa, enquanto sistemas de coprocessador Xeon Phi contêm cerca de 72 núcleos a partir de 2018, e esses números vêm aumentando constantemente. A razão para a quantidade cada vez maior de núcleos é que os tamanhos dos recursos, como as portas lógicas nos circuitos integrados, vêm diminuindo constantemente, permitindo que mais portas sejam embutidas em um único chip. O número de transistores que podem ser acomodados em determinada área de silício tem dobrado aproximadamente a cada 1½ a 2 anos.[4]

Como o número de portas necessárias para um núcleo de processador não aumentou de forma correspondente, faz sentido ter vários processadores em um único chip. Para manter uma distinção entre multiprocessadores no chip e processadores tradicionais, o termo **núcleo** (*core*) é usado para um processador no chip. Assim, dizemos que uma máquina possui um processador *multicore*.

Todos os núcleos em um único processador geralmente acessam uma memória compartilhada. Além disso, um sistema pode ter vários processadores que podem compartilhar a memória. Outro efeito do número crescente de portas foi o aumento constante no tamanho da memória principal, bem como uma diminuição no seu custo por byte.

Dada a disponibilidade de processadores *multicore* a baixo custo, bem como a disponibilidade simultânea de grandes quantidades de memória a baixo custo, o processamento paralelo de memória compartilhada tem se tornado cada vez mais importante nos últimos anos.

20.4.5.1 Arquiteturas de memória compartilhada

Nas arquiteturas da geração anterior, os processadores eram conectados à memória por meio de um barramento, com todos os núcleos de processador e bancos de memória compartilhando um único barramento. Uma desvantagem da memória compartilhada acessada por um barramento comum é que o barramento ou a rede de interconexão se torna um gargalo, já que é compartilhado por todos os processadores. Adicionar mais processadores não ajuda após certo ponto, visto que os processadores gastarão a maior parte do tempo aguardando sua vez no barramento para acessar a memória.

Como resultado, as arquiteturas modernas de memória compartilhada associam a memória diretamente aos processadores;

---

[4]Gordon Moore, cofundador da Intel, previu um crescimento exponencial do número de transistores nos anos 1960; sua previsão é popularmente conhecida como a **lei de Moore**, embora, tecnicamente, não seja uma *lei*, mas sim uma observação e uma previsão. Nas décadas anteriores, as velocidades do processador também aumentaram com a diminuição dos tamanhos dos recursos, mas essa tendência terminou em meados dos anos 2000, já que frequências de clock do processador além de alguns gigahertz não podiam ser alcançadas sem um aumento excessivo no consumo de energia e geração de calor. A lei de Moore, às vezes, é erroneamente interpretada como tendo previsto aumentos exponenciais nas velocidades do processador.

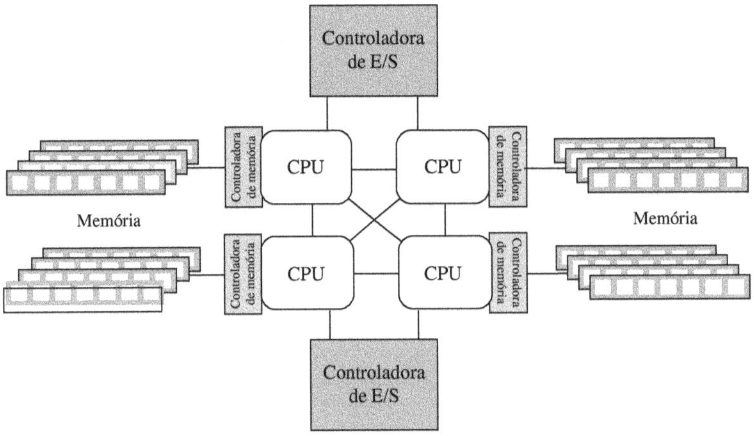

Figura 20.6 Arquitetura de um sistema moderno de memória compartilhada.

cada processador possui memória conectada localmente, que pode ser acessada muito rapidamente; no entanto, cada processador também pode acessar a memória associada a outros processadores; uma rede de comunicação rápida entre processadores garante que os dados sejam obtidos com sobrecarga relativamente baixa. Como as velocidades de acesso à memória são diferentes, dependendo de qual parte da memória é acessada, tal arquitetura também é conhecida como **arquitetura de memória não uniforme** (**NUMA**).

A Figura 20.6 mostra uma arquitetura conceitual de um sistema de memória compartilhada moderno, com múltiplos processadores; observe que cada processador possui um banco de memória conectado diretamente a ele, e os processadores são conectados por um sistema de interconexão rápido; os processadores também são conectados a controladoras de E/S que fazem a interface com o armazenamento externo.

Como as arquiteturas de memória compartilhada exigem interconexões especializadas de alta velocidade entre os núcleos e entre os processadores, o número de núcleos/processadores que podem ser interconectados em um sistema de memória compartilhada é relativamente pequeno. Como resultado, a escalabilidade do paralelismo da memória compartilhada é limitada a, no máximo, algumas centenas de núcleos.

Arquiteturas de processador incluem memória cache, já que o acesso à memória cache é muito mais rápido do que o acesso à memória principal (o cache pode ser acessado em poucos nanossegundos, em comparação a quase 100 nanossegundos para a memória principal). Uma memória cache grande é, particularmente, importante nas arquiteturas de memória compartilhada, já que um cache grande pode ajudar a minimizar o número de acessos à memória compartilhada.

Se uma instrução precisa acessar um item de dados que não está no cache, ele deverá ser buscado na memória principal. Como a memória principal é muito mais lenta que os processadores, uma quantidade significativa de velocidade de processamento em potencial pode ser perdida enquanto um núcleo aguarda os dados da memória principal. Essas faltas são conhecidas como **ausências no cache**.

Muitas arquiteturas de processador suportam um recurso chamado **hyper-threading**, ou ***threads* de hardware**, em que um único núcleo físico aparece como dois ou mais núcleos lógicos, ou *threads*. Diferentes processos podem ser mapeados para diferentes núcleos lógicos. Apenas um dos núcleos lógicos correspondentes a um único núcleo físico pode realmente ser executado a qualquer momento. Mas a motivação para os núcleos lógicos é que, se o código em execução em um núcleo lógico é bloqueado por uma ausência no cache, aguardando que os dados sejam buscados da memória, o *hardware* do núcleo físico pode iniciar a execução de um dos outros núcleos lógicos em vez de ficar ocioso enquanto espera que os dados sejam buscados da memória.

Um processador *multicore* típico possui vários níveis de cache, com o cache L1 tendo o acesso mais rápido, mas também é o menor; níveis inferiores de cache, como L2 e L3, são mais lentos (embora ainda muito mais rápidos que a memória principal), mas são consideravelmente maiores que o cache L1. Os caches de nível inferior geralmente são compartilhados entre vários núcleos em um único processador. Na arquitetura de cache mostrada na Figura 20.7, L1 e L2 são caches locais a cada um dos quatro núcleos, enquanto o cache L3 é compartilhado por todos os núcleos do processador. Os dados são lidos ou escritos em cache em unidades de uma **linha de cache**, que, em geral, consiste em 64 bytes consecutivos.

20.4.5.2 Coerência de cache

A **coerência de cache** é um problema sempre que há vários núcleos ou processadores, cada um com seu próprio cache. Uma atualização feita em um núcleo pode não ser vista por

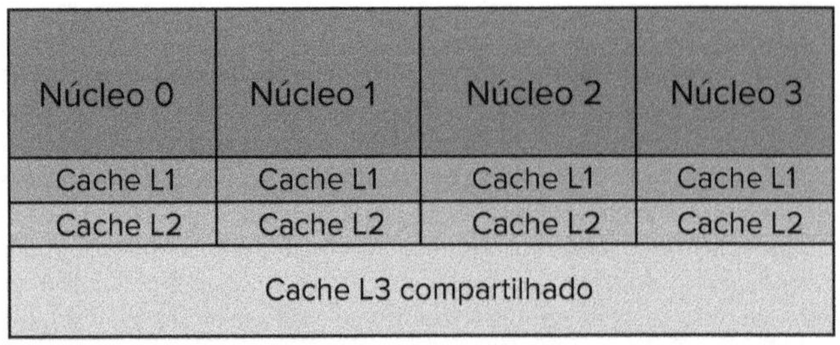

Figura 20.7 Sistema de cache multinível.

outro núcleo, se o cache local no segundo núcleo possuir um valor antigo do local de memória afetado. Assim, sempre que uma atualização ocorre em um local de memória, cópias do conteúdo desse local de memória armazenadas em outros caches devem ser invalidadas.

Tal invalidação é feita vagarosamente em muitas arquiteturas de processadores; ou seja, pode haver algum atraso entre a escrita em um cache e o envio de mensagens de invalidação para outros caches; além disso, pode ocorrer um atraso adicional no processamento de mensagens de invalidação recebidas em um cache. (Exigir que a invalidação imediata seja feita sempre pode causar uma penalidade de desempenho significativa e, portanto, isso não é feito em sistemas da geração atual.) Assim, é bem possível que uma escrita ocorra em um processador e uma leitura subsequente em outro processador não veja o valor atualizado.

Tal falta de coerência de cache pode causar problemas se um processo espera ver um local de memória atualizado, mas não o encontra. Processadores modernos, portanto, aceitam instruções de **barreira de memória**, que garantem certas ordenações entre operações load/store antes da barreira e aquelas após a barreira. Por exemplo, a instrução de **barreira de store** (sfence) na arquitetura x86 força o processador a esperar até que mensagens de invalidação sejam enviadas a todos os caches para todas as atualizações feitas antes da instrução, antes que qualquer outra operação load/store seja emitida. Da mesma forma, a instrução de **barreira de load** (lfence) garante que todas as mensagens de invalidação recebidas tenham sido aplicadas antes de qualquer outra operação load/store ser emitida. A instrução mfence realiza essas duas tarefas.

Instruções de barreira de memória devem ser usadas com protocolos de sincronização entre processos para garantir que os protocolos sejam executados corretamente. Sem o uso de barreiras de memória, se os caches não forem "fortemente" coerentes, o seguinte cenário pode acontecer. Considere uma situação em que um processo $P1$ atualiza o local de memória A primeiro, depois o local B; um processo concorrente $P2$ rodando em um núcleo ou processador diferente lê B primeiro, e depois lê A. Com um cache coerente, se $P2$ vir o valor atualizado de B, ele também deverá ver o valor atualizado de A. Entretanto, na ausência de coerência de cache, as escritas podem ser propagadas fora de ordem, e $P2$ pode, assim, ver o valor atualizado de B, mas o valor antigo de A. Embora muitas arquiteturas desaprovem a propagação de escritas fora de ordem, existem outros erros sutis que podem ocorrer em decorrência da falta de coerência de cache. No entanto, a execução de instruções sfence após cada uma dessas escritas e lfence antes de cada uma das leituras garantirá sempre que as leituras vejam um estado coerente do cache. Como resultado, no exemplo anterior, o valor atualizado de B será visto somente se o valor atualizado de A for visto.

É importante notar que os programas não precisam incluir nenhum código extra para lidar com a coerência de cache, desde que adquiram bloqueios antes de acessar dados e liberem os bloqueios somente após a execução das atualizações, já que as funções de aquisição e liberação de bloqueio geralmente incluem as instruções de barreira de memória necessárias. Especificamente, uma instrução sfence é executada como parte do código de liberação de bloqueio, antes que o item de dados seja realmente desbloqueado. Da mesma forma, uma instrução lfence é executada logo após o bloqueio de um item de dados, como parte da função de aquisição de bloqueio e, portanto, é executada antes que o item seja lido. Assim, o leitor tem a garantia de ver o valor mais recente escrito no item de dados.

As primitivas de sincronização (*synchronization primitives*) suportadas em várias linguagens também executam internamente instruções de barreira de memória; como resultado, os programadores que usam essas primitivas não precisam se preocupar com a falta de coerência de cache.

Também é interessante notar que muitas arquiteturas de processador usam uma forma de bloqueio compartilhado e exclusivo dos locais de memória no nível de *hardware* para garantir a coerência do cache. Um protocolo muito utilizado, chamado de protocolo MESI, pode ser entendido da seguinte forma: o bloqueio é feito no nível de linhas de cache, contendo vários locais de memória, em vez de suportar bloqueios em locais de memória individuais, à medida que as linhas de cache são as unidades de acesso ao cache. O bloqueio é implementado no *hardware*, e não no *software*, para fornecer o alto desempenho exigido.

O protocolo MESI monitora o estado de cada linha de cache, que pode ser Modified (atualizada após o bloqueio exclusivo), Exclusive locked (bloqueada, mas ainda não modificada ou já escrita de volta na memória), Share locked ou Invalid. Uma leitura de um local de memória adquire automaticamente um bloqueio compartilhado sobre a linha de cache que contém esse local, enquanto uma escrita na memória obtém um bloqueio exclusivo sobre a linha de cache antes de executar a escrita. Ao contrário dos bloqueios do banco de dados, as solicitações de bloqueio de memória não esperam; em vez disso, elas imediatamente revogam bloqueios conflitantes. Assim, uma solicitação de bloqueio exclusiva invalida automaticamente todas as cópias em cache da linha de cache e revoga todos os bloqueios compartilhados sobre a linha de cache. Simetricamente, uma solicitação de bloqueio compartilhado faz com que qualquer bloqueio exclusivo existente seja revogado e, em seguida, busca a cópia mais recente do local da memória para o cache.

Em princípio, é possível garantir uma coerência de cache "forte" com um protocolo de coerência de cache baseado em bloqueio, tornando redundantes as instruções de barreira de memória. No entanto, muitas implementações incluem algumas otimizações que aceleram o processamento, como a entrega atrasada de mensagens de invalidação, com o custo de não garantir a coerência do cache. Como resultado, as instruções de barreira de memória são necessárias em muitas arquiteturas de processador para garantir a coerência do cache.

20.4.6 Disco compartilhado

No modelo de **disco compartilhado**, cada nó tem seus próprios processadores e memória, mas todos os nós podem acessar todos os discos diretamente por meio de uma rede de interconexão. Existem duas vantagens nessa arquitetura em relação à arquitetura de memória compartilhada. Primeira, um sistema de disco compartilhado pode escalar para um número maior de processadores do que um sistema de memória compartilhada. Segunda, ele oferece um modo barato de prover um grau de **tolerância a falhas**: se um nó falhar, os outros nós podem assumir suas tarefas, pois o banco de dados é residente nos discos que são acessíveis por todos os nós.

Podemos tornar o próprio subsistema de disco tolerante a falhas usando uma arquitetura RAID, conforme descrevemos no Capítulo 12, permitindo que o sistema funcione mesmo que os discos individuais falhem. A presença de grande número de dispositivos de armazenamento em um sistema RAID também oferece algum grau de paralelismo de E/S.

Uma **rede de área de armazenamento** (**SAN**) é uma rede local de alta velocidade projetada para conectar grandes bancos de dispositivos de armazenamento (discos) a nós que usam os dados (veja a Figura 20.8). Os dispositivos de armazenamento consistem fisicamente em uma matriz de vários discos, mas oferecem uma visão de um disco lógico, ou conjunto de discos, que oculta os detalhes dos discos físicos subjacentes. Por exemplo, um disco lógico pode ser muito maior que qualquer um dos discos físicos, e o tamanho de um disco lógico pode ser aumentado adicionando mais discos físicos. Os nós de processamento podem acessar discos como se fossem discos locais, mesmo que estejam fisicamente separados.

As redes da área de armazenamento, em geral, são montadas com redundância, como vários caminhos entre os nós; portanto, se um componente como um enlace ou uma conexão à rede falhar, a rede continuará funcionando.

As redes da área de armazenamento são adequadas para a construção de sistemas de disco compartilhado. A arquitetura de disco compartilhado com redes de área de armazenamento teve aceitação em aplicações que não precisam de alto grau de paralelismo, mas que exigem alta disponibilidade.

Em comparação com sistemas de memória compartilhada, os sistemas de disco compartilhado podem se expandir até uma quantidade maior de processadores, mas a comunicação entre os nós é mais lenta (até alguns milissegundos na ausência de *hardware* de uso especial para comunicação), pois precisa passar por uma rede de comunicação.

Uma limitação dos sistemas de disco compartilhado é que a largura de banda da conexão de rede com o armazenamento em um sistema de disco compartilhado normalmente é menor que a largura de banda disponível para o acesso ao armazenamento local. Assim, o acesso ao armazenamento pode se tornar um gargalo, limitando a escalabilidade.

20.4.7 Nada compartilhado

Em um sistema **nada compartilhado**, cada nó da máquina consiste em um processador, memória e um ou mais discos. Os nós se comunicam por meio de uma rede de interconexão de alta velocidade. Um nó funciona como o servidor para os dados no disco ou discos que o nó possui. Como as referências a disco locais são atendidas por discos locais em cada nó, o modelo nada compartilhado contorna a desvantagem de exigir que toda a E/S passe por uma única rede de interconexão.

Além disso, as redes de interconexão para sistemas nada compartilhado, como a rede de interconexão tipo árvore, normalmente são projetadas para serem escaláveis, de modo que sua capacidade de transmissão aumenta quando mais nós são acrescentados. Consequentemente, as arquiteturas nada compartilhado são mais escaláveis e podem admitir facilmente grande quantidade de nós.

As principais desvantagens dos sistemas nada compartilhado são os custos de comunicação e do acesso a disco não local, que são mais altos do que em uma arquitetura de memória compartilhada ou de disco compartilhado, pois o envio de dados envolve a interação do *software* nas duas extremidades.

Em face de sua alta escalabilidade, os sistemas nada compartilhado são muito usados para lidar com volumes de dados muito grandes, admitindo a escalabilidade para milhares de nós ou, em casos extremos, até mesmo a dezenas de milhares de nós.

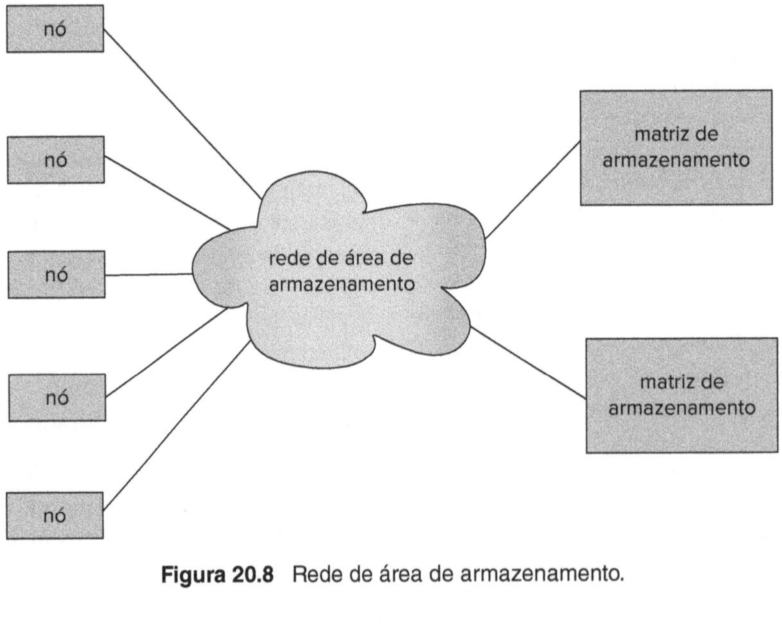

Figura 20.8 Rede de área de armazenamento.

20.4.8 Arquitetura hierárquica

A **arquitetura hierárquica** combina as características das arquiteturas de memória compartilhada, disco compartilhado e nada compartilhado. No nível superior, o sistema consiste em nós que estão conectados por uma rede de interconexão e não compartilham discos ou memória uns com os outros. Assim, o nível superior é uma arquitetura do tipo nada compartilhado. Cada nó do sistema poderia realmente ser um sistema de memória compartilhada com alguns processadores. Como alternativa, cada nó poderia ser um sistema de disco compartilhado, e cada um dos sistemas compartilhando um conjunto de discos poderia ser um sistema de memória compartilhada. Assim, um sistema poderia ser montado como uma hierarquia, com arquitetura de memória compartilhada com alguns processadores na base, e uma arquitetura do tipo nada compartilhado no topo, possivelmente com uma arquitetura de disco compartilhado no meio. A Figura 20.5d ilustra uma arquitetura hierárquica com nós de memória compartilhada conectados em uma arquitetura do tipo nada compartilhado.

Os sistemas de banco de dados paralelos, hoje, normalmente são executados em uma arquitetura hierárquica, onde cada nó admite paralelismo de memória compartilhada, com vários nós interconectados de um modo nada compartilhado.

20.5 Sistemas distribuídos

Em um **sistema de banco de dados distribuído**, o banco de dados é armazenado em nós localizados em **sítios** (**sites**) separados geograficamente. Os nós em um sistema distribuído se comunicam entre si por meio de diversos meios de comunicação, como redes privadas de alta velocidade ou pela internet. Eles não compartilham memória principal ou discos. A estrutura geral de um sistema distribuído aparece na Figura 20.9.

As principais diferenças entre os bancos de dados paralelos nada compartilhado (*shared-nothing*) e os bancos de dados distribuídos (*distributed databases*) incluem as seguintes:

- Os bancos de dados distribuídos possuem sítios que estão separados geograficamente. Como resultado, as conexões de rede possuem menor largura de banda, maior latência e maior probabilidade de falhas, em comparação com as redes dentro de um único *datacenter*. Portanto, sistemas montados sobre bancos de dados distribuídos precisam estar cientes da latência da rede e das falhas, além da localização física dos dados. Discutimos essas questões mais adiante, nesta seção. Em particular, normalmente é desejável manter uma cópia dos dados em um *datacenter* próximo do usuário final.
- Sistemas de banco de dados paralelos resolvem o problema da falha do nó. Porém, algumas falhas, particularmente aquelas causadas por terremotos, incêndios ou outros desastres naturais, podem afetar um *datacenter* inteiro, causando a falha de uma grande quantidade de nós. Os sistemas de banco de dados distribuídos precisam continuar funcionando mesmo no caso de falha de um *datacenter* inteiro, para garantir a alta disponibilidade. Isso requer a replicação dos dados por *datacenters* separados geograficamente, para garantir que um desastre natural comum não afete todos os *datacenters*. A replicação e outras técnicas para garantir a alta disponibilidade são semelhantes em bancos de dados paralelos e distribuídos, embora os detalhes de implementação possam ser diferentes.
- Bancos de dados distribuídos podem ser administrados separadamente, com cada sítio mantendo algum grau de autonomia de operação. Esses bancos de dados geralmente são o resultado da integração de bancos de dados existentes para permitir que consultas e transações cruzem os limites do banco de dados. No entanto, bancos de dados distribuídos que são montados para oferecer distribuição geográfica, em comparação com aqueles montados pela integração de bancos de dados existentes, podem ser administrados de forma central.

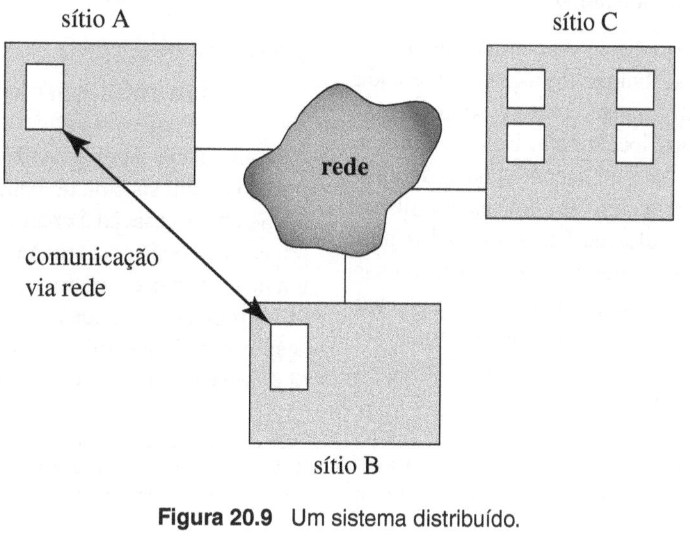

Figura 20.9 Um sistema distribuído.

- Os nós em um banco de dados distribuído tendem a variar mais em tamanho e função, enquanto os bancos de dados paralelos tendem a ter nós com capacidade semelhante.
- Em um sistema de banco de dados distribuído, diferenciamos entre transações locais e globais. Uma **transação local** é aquela que acessa dados apenas de nós em que a transação foi iniciada. Uma **transação global**, por outro lado, é aquela que acessa dados em um nó diferente daquele em que a transação foi iniciada ou acessa dados em vários nós diferentes.

Atualmente, as aplicações em escala da Web são executadas sobre sistemas de gerenciamento de dados que combinam suporte para paralelismo e distribuição. O paralelismo é usado em um *datacenter* para lidar com altas cargas, enquanto a distribuição pelos *datacenters* destina-se a garantir alta disponibilidade, mesmo em caso de desastres naturais. Na extremidade inferior da funcionalidade, tais sistemas podem ser sistemas de armazenamento de dados distribuídos, que admitem apenas funcionalidades limitadas, como armazenamento e recuperação de dados por chave, e podem não ter suporte para esquemas, linguagens de consulta ou transações; toda essa funcionalidade de nível superior precisa ser gerenciada pelas aplicações. No extremo superior da funcionalidade, existem sistemas de banco de dados distribuídos que admitem esquemas, linguagem de consulta e transações. No entanto, uma característica de tais sistemas é que eles são administrados de forma central.

Em contrapartida, bancos de dados distribuídos que são montados pela integração de sistemas de banco de dados existentes possuem características diferentes.

- **Compartilhamento de dados**. A principal vantagem de um sistema de banco de dados distribuído é a provisão de um ambiente em que os usuários em um sítio podem ser capazes de acessar os dados residindo em outros sítios. Por exemplo, em um sistema de universidade distribuído, em que cada campus armazena dados relativos a si próprio, é possível que um usuário em um campus acesse dados em outro campus. Sem essa capacidade, a transferência de registros de aluno de um campus para outro teria de lançar mão de algum mecanismo externo.
- **Autonomia**. A principal vantagem do compartilhamento de dados por meio da distribuição de dados é que cada sítio é capaz de reter um grau de controle sobre os dados que estão armazenados localmente. Em um sistema centralizado, o administrador de banco de dados do sítio central controla o banco de dados. Em um sistema distribuído, existe um administrador de banco de dados global, responsável pelo sistema inteiro. Uma parte dessas responsabilidades é delegada ao administrador de banco de dados local para cada sítio. Dependendo do projeto do sistema de banco de dados distribuído, cada administrador pode ter um grau diferente de **autonomia local**.

Em um sistema de **banco de dados distribuído homogêneo**, os nós compartilham um esquema global comum (embora algumas relações possam estar armazenadas apenas em alguns nós), todos os nós executam o mesmo *software* de gerenciamento de banco de dados distribuído e os nós cooperam ativamente no processamento de transações e consultas.

Porém, em muitos casos, um banco de dados distribuído precisa ser construído pelo vínculo de vários sistemas de banco de dados já existentes, cada um com seu próprio esquema e, possivelmente, executando diferentes *softwares* de gerenciamento de banco de dados. Os sítios podem não ter conhecimento uns dos outros e oferecer facilidades limitadas para cooperação no processamento de consultas e transações. Esses sistemas, às vezes, são chamados **sistemas multibanco de dados** ou **sistemas de banco de dados distribuídos heterogêneos**.

Os nós em um banco de dados distribuído se comunicam por *redes remotas* (Wide-area Network – WAN). Embora as redes remotas tenham largura de banda muito maior do que as redes locais, a largura de banda geralmente é compartilhada por vários usuários/aplicações, e é cara em relação à largura de banda de uma rede local. Assim, as aplicações que se comunicam por meio de redes remotas comumente têm uma largura de banda menor.

A comunicação em uma WAN também deve lidar com uma **latência** significativa: uma mensagem pode levar algumas centenas de milissegundos para ser entregue do outro lado do mundo, em função de atrasos na velocidade da luz e de atrasos de enfileiramento em diversos roteadores no caminho da mensagem. A latência em uma configuração de rede remota constitui um problema fundamental que não pode ser reduzido além de certo ponto. Assim, as aplicações cujos dados e recursos de computação estão distribuídos geograficamente precisam ser cuidadosamente projetadas para garantir que a latência não afete excessivamente o desempenho do sistema.

As redes remotas também precisam lidar com falhas de enlace (*link*) de rede, um problema relativamente raro nas redes locais. Em particular, as falhas de enlace de rede podem resultar em dois sítios que estão vivos, mas sem ter como se comunicar um com o outro, uma situação conhecida como uma **partição de rede**.[5] No caso de uma partição, talvez não seja possível para um usuário ou aplicação acessar os dados necessários. Assim, a partição de rede afeta a **disponibilidade** de um sistema. As opções de disponibilidade e consistência de dados, no caso de partições de rede, são discutidas na Seção 23.4.

20.6 Processamento de transação em sistemas paralelos e distribuídos

A atomicidade das transações é uma questão importante na criação de um sistema de banco de dados paralelo e distribuído. Se uma transação é executada por dois nós, a menos que os projetistas do sistema tenham cuidado, ela pode confirmar em um nó e abortar em outro, ocasionando um estado inconsistente. Os protocolos de *commit* de transação garantem que tal situação não poderá surgir. O *protocolo de commit em duas fases* (2 Phase Commit – 2PC) é o mais utilizado desses protocolos.

[5]Não confunda o termo *partição de rede* com o termo *particionamento de dados*; o particionamento de dados refere-se à divisão dos itens de dados em partições, que podem estar armazenadas em diferentes nós.

O protocolo 2PC é detalhado na Seção 23.2.1, mas as ideias básicas são descritas a seguir. A ideia básica por trás do 2PC é que cada nó execute a transação até entrar no estado parcialmente confirmado, e depois deixe a decisão de *commit* para um único nó coordenador; nesse ponto, diz-se que a transação está no estado *pronto* em um nó. O coordenador decide confirmar a transação somente se ela alcançar o estado pronto em cada nó em que é executada; caso contrário (por exemplo, se a transação abortar em qualquer nó), o coordenador decide abortar a transação. Cada nó em que a transação foi executada precisa seguir a decisão do coordenador. Se um nó falhar quando uma transação estiver no estado pronto, quando o nó se recuperar da falha, ele deverá estar em posição para confirmar ou abortar a transação, dependendo da decisão do coordenador.

O controle de concorrência é outro problema em um banco de dados distribuído. Como uma transação pode acessar itens de dados em vários nós, os gerenciadores de transação em vários nós podem precisar se coordenar para implementar o controle de concorrência. Se o bloqueio for usado, ele pode ser realizado localmente nos nós contendo os itens de dados acessados, mas há também uma possibilidade de impasse envolvendo transações com origem em vários nós. Portanto, a detecção de impasse precisa ser executada por vários nós. As falhas são mais comuns nos sistemas distribuídos, pois não apenas os computadores podem falhar, mas os enlaces de comunicação também. A replicação de itens de dados, que é a chave para a funcionalidade contínua dos bancos de dados distribuídos quando existem falhas, complica ainda mais o controle de concorrência. Descrevemos as técnicas de controle de concorrência nos bancos de dados distribuídos na Seção 23.3 (em técnicas baseadas em bloqueio) e na Seção 23.3.4 (em técnicas baseadas em *timestamps*).

Os modelos de transação padrão, baseados em várias ações executadas por uma única unidade de programa, normalmente são impróprios para a execução de tarefas que cruzam as fronteiras de bancos de dados que não conseguem implementar protocolos como 2PC, ou que não cooperam para implementar tais protocolos. Técnicas alternativas, baseadas em *mensagens persistentes* para a comunicação, geralmente são usadas para tais tarefas; as mensagens persistentes são discutidas na Seção 23.2.3.

Quando as tarefas a serem executadas são complexas, envolvendo vários bancos de dados e/ou várias interações com humanos, a coordenação das tarefas e a garantia das propriedades da transação para as tarefas se tornam mais complicadas. *Sistemas de gerenciamento de fluxo de trabalho* são criados para ajudar na execução de tais tarefas.

20.7 Serviços baseados em nuvem

Tradicionalmente, as empresas compravam e utilizam servidores que executam o banco de dados e as aplicações. Existe um alto custo para a manutenção de servidores, incluindo a montagem da infraestrutura da sala do servidor, que enfrenta todos os tipos de falhas, como ar condicionado e faltas de energia, sem falar nas falhas de CPUs, discos e outros componentes dos servidores. Além disso, se houver um aumento repentino na demanda, é muito difícil acrescentar infraestrutura para atendê-la e, se a demanda cair, a infraestrutura poderá ficar ociosa.

Por outro lado, no modelo de **computação em nuvem**, as aplicações de uma empresa são executadas em uma infraestrutura gerenciada por outra empresa, geralmente em um *datacenter* que hospeda grande número de máquinas usadas por muitas empresas/usuários diferentes. O provedor de serviços pode fornecer não apenas *hardware*, mas também plataformas de suporte, como bancos de dados e *software* de aplicação.

Diversos fornecedores oferecem serviços de nuvem; entre eles, estão gigantes como Amazon, Microsoft, IBM e Google, além de vários fornecedores menores. Um dos pioneiros na área de serviços de nuvem, a Amazon, originalmente construiu uma grande infraestrutura de computação exclusivamente para uso interno; depois, vendo uma oportunidade de negócio, ofereceu sua infraestrutura de computação como um serviço para outros usuários. Os serviços de nuvem se tornaram muito populares em apenas alguns anos.

20.7.1 Modelos de serviço de nuvem

Há diversas formas de utilização da computação em nuvem, que estão resumidas na Figura 20.10. Entre elas, estão os modelos de infraestrutura-como-um-serviço, plataforma-como-um-serviço e *software*-como-um-serviço.

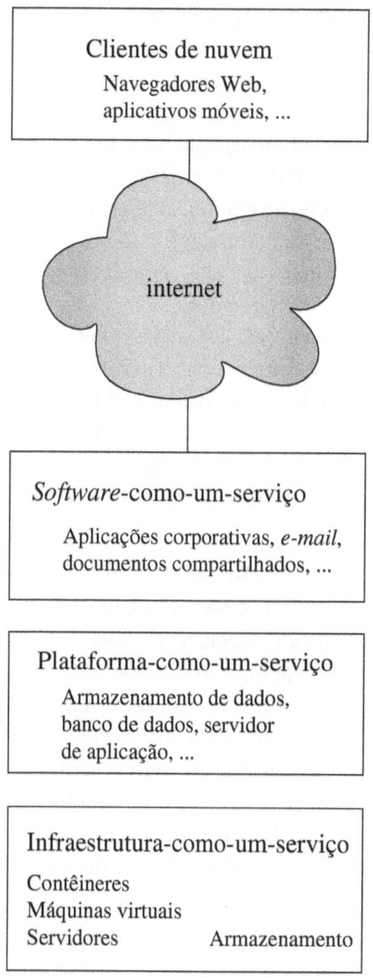

Figura 20.10 Modelos de serviço de nuvem.

- No modelo de **infraestrutura-como-um-serviço**, uma empresa aluga instalações de computação; por exemplo, uma empresa pode alugar uma ou mais máquinas físicas, juntamente com o espaço de armazenamento em disco.

  Mais frequentemente, os provedores de computação em nuvem oferecem uma abstração de uma **máquina virtual** (**VM**) que, para o usuário, parece ser uma máquina real. Essas máquinas não são "reais", mas são simuladas pelo *software* que permite que um único computador real simule vários computadores independentes. *Contêineres* são uma alternativa de menor custo às VMs, e são descritos mais adiante nesta seção. Várias VMs podem ser executadas em uma única máquina servidora, e vários contêineres podem ser executados em uma única VM ou servidor.

  Ao trabalhar com um *datacenter* muito grande, com muitas máquinas, os provedores de serviços de nuvem podem explorar economias de escala e fornecer poder de computação a um custo muito menor do que uma empresa pode fazer usando sua própria infraestrutura.

  Outra grande vantagem da computação em nuvem é que o provedor de serviços de nuvem geralmente possui grande número de máquinas, com capacidade de sobra e, portanto, uma empresa pode alugar mais máquinas (virtuais) conforme a necessidade para atender à demanda e liberá-las nos períodos de carga leve. A habilidade de expandir ou contrair a capacidade do sistema no curto prazo geralmente é chamada de **elasticidade**.

  Esses benefícios de provisionamento elástico de sistemas de servidores sob demanda levaram à ampla adoção de plataformas de infraestrutura-como-um-serviço, especialmente por empresas que antecipam um rápido crescimento no seu uso da computação. No entanto, em face dos potenciais riscos à segurança de armazenar dados fora da empresa, o uso da computação em nuvem ainda é limitado pelas necessidades de alta segurança da empresa, como nas instituições financeiras.

  No modelo de infraestrutura-como-um-serviço, a empresa cliente executa seu próprio *software*, incluindo sistemas de banco de dados, nas máquinas virtuais fornecidas pelo provedor de serviço de nuvem; o cliente precisa instalar o sistema de banco de dados e lidar com problemas de manutenção, como *backup* e restauração.

- No modelo de **plataforma-como-um-serviço**, o provedor de serviços não apenas fornece infraestrutura de computação, mas também implanta e gerencia plataformas, como armazenamento de dados, bancos de dados e servidores de aplicação, usados pelo *software* de aplicação. O cliente precisa instalar e manter o *software* de aplicação, como sistemas de *planejamento de recurso corporativo* (Enterprise Resource Planning – ERP), que são executados sobre serviços fornecidos pela plataforma, como servidores de aplicação, serviços de banco de dados ou serviços de armazenamento de dados.

  - As plataformas de **armazenamento de dados baseado em nuvem** fornecem um serviço que as aplicações podem usar para armazenar e recuperar dados. O provedor de serviços se encarrega de fornecer uma quantidade suficiente de armazenamento e poder de computação para dar suporte à carga sobre a plataforma de armazenamento de dados. Esses sistemas de armazenamento podem dar suporte a arquivos, que geralmente são grandes, variando em tamanho desde centenas de bytes até alguns megabytes, mas com suporte para bilhões desses arquivos. Ou esses sistemas de armazenamento podem suportar itens de dados, que geralmente são pequenos, variando de centenas de bytes a alguns megabytes, mas suportando bilhões de itens de dados. Esses sistemas de arquivo distribuídos e os sistemas de armazenamento de dados são discutidos nas Seções 21.6 e 21.7. As aplicações de banco de dados que usam o armazenamento baseado em nuvem podem ser executadas na mesma nuvem (ou seja, no mesmo conjunto de máquinas) ou em outra nuvem.

    Um dos principais atrativos do armazenamento baseado em nuvem é que ele pode ser usado mediante o pagamento de uma taxa, sem preocupação com compra, manutenção e gerenciamento dos sistemas de computador nos quais esse serviço é executado. Além disso, se houver um aumento na demanda, o número de servidores nos quais o serviço é executado pode ser aumentado mediante o pagamento de uma taxa maior, sem a necessidade de realmente comprar e implantar mais servidores. Naturalmente, o provedor de serviços teria que implantar servidores extras, mas eles se beneficiam com as economias de escala; o custo de implantação e, principalmente, o tempo de implantação são bastante reduzidos em comparação com o que seria necessário se os próprios usuários finais tivessem que fazer isso.

    As taxas para armazenamento de dados baseado em nuvem geralmente são baseadas na quantidade de dados armazenados, na quantidade de entrada de dados e na quantidade de saída de dados do sistema de armazenamento.

  - As plataformas de **banco de dados-como-um-serviço** fornecem um banco de dados que pode ser acessado e consultado pelos clientes. Diferentemente dos serviços de armazenamento, as plataformas de banco de dados-como-um-serviço fornecem funcionalidades de banco de dados, como consultas usando SQL ou outras linguagens de consulta, que os sistemas de armazenamento de dados não fornecem. As primeiras ofertas de banco de dados-como-um-serviço trabalhavam apenas com bancos de dados executados em um único nó, embora o próprio nó pudesse ter grande número de processadores, memória e armazenamento. Mais recentemente, os sistemas de banco de dados paralelos estão sendo oferecidos como um serviço de nuvem.

- No modelo de ***software*-como-um-serviço**, o provedor de serviços fornece o *software* de aplicação como um serviço. O cliente não precisa lidar com problemas como instalação ou atualização de *software*; essas tarefas ficam a cargo do provedor de serviços. O cliente pode usar diretamente as interfaces fornecidas pelo provedor de *software*-como-um-serviço, como interfaces Web ou interfaces de aplicativos móveis, que fornecem um *front-end*, com o *software* de aplicação atuando como *back-end*.

O conceito de máquinas virtuais foi desenvolvido na década de 1960 para permitir que um computador *mainframe* caro fosse compartilhado, simultaneamente, por usuários executando diferentes sistemas operacionais. Embora os computadores agora sejam muito mais baratos, ainda há um custo associado ao fornecimento de energia elétrica aos computadores e à sua manutenção; as máquinas virtuais permitem que esse custo seja compartilhado por vários usuários simultâneos. Máquinas virtuais também facilitam a tarefa de mover serviços para novas máquinas: uma máquina virtual pode ser desligada em um servidor físico e reiniciada em outro servidor físico com muito pouco atraso ou tempo de inatividade. Esse recurso é particularmente importante para uma recuperação rápida em caso de falha ou atualização de *hardware*.

Embora várias máquinas virtuais possam ser executadas em uma única máquina real, cada VM tem uma alta sobrecarga, pois executa internamente o sistema operacional inteiro. Quando uma única organização deseja executar vários serviços, se criar uma VM separada para cada serviço, a sobrecarga poderá ser muito alta. Se várias aplicações são executadas em uma máquina (ou VM), geralmente surgem dois problemas: (1) as aplicações entram em conflito nas portas de rede, cada um tentando ouvir a mesma porta de rede e (2) as aplicações exigem versões diferentes das bibliotecas compartilhadas, podendo causar conflitos.

Os **contêineres** resolvem esses dois problemas; as aplicações são executadas em um contêiner, que possui seu próprio endereço IP e seu próprio conjunto de bibliotecas compartilhadas. Cada aplicação pode consistir em vários processos, todos em execução no mesmo contêiner. O custo do uso de contêineres para executar aplicações é muito menor do que a alternativa de executar cada aplicação em sua própria VM, pois muitos contêineres podem compartilhar o mesmo kernel do sistema operacional. Cada contêiner parece ter seu próprio sistema de arquivos, mas todos os arquivos são armazenados em um sistema de arquivos subjacente, comum a todos os contêineres. Os processos dentro de um contêiner podem interagir entre si, por meio do sistema de arquivos e da comunicação entre processos, mas podem interagir com processos de outros contêineres somente pelas conexões de rede.

A Figura 20.11 representa as diferentes alternativas de implantação para um conjunto de aplicações. A Figura 20.11a mostra a alternativa de várias aplicações em execução em uma única máquina, compartilhando bibliotecas e o kernel do sistema operacional. A Figura 20.11b mostra a alternativa de executar cada aplicação em sua própria VM, com várias VMs sendo executadas em uma única máquina. As diferentes VMs em execução em uma única máquina real são gerenciadas por uma camada de *software* chamada *hipervisor*. A Figura 20.11c mostra a alternativa de usar contêineres, com cada um tendo suas próprias bibliotecas, e vários contêineres em execução em uma única máquina. Como os contêineres têm menor sobrecarga, uma única máquina pode suportar mais contêineres do que VMs.

Os contêineres oferecem suporte de baixo custo à elasticidade, uma vez que mais contêineres podem ser implantados muito rapidamente nas máquinas virtuais existentes, em vez de iniciar novas máquinas virtuais.

Atualmente, muitas aplicações são criadas como uma coleção de vários **serviços**, cada um deles executado como um processo separado, oferecendo uma API de rede; ou seja, as funções fornecidas pelo serviço são chamadas criando uma conexão de rede com o processo e enviando uma solicitação de serviço pela conexão de rede. Essa arquitetura de aplicação, que monta uma aplicação como uma coleção de pequenos serviços, é chamada de **arquitetura de microsserviços**. Os contêineres se encaixam muito bem na arquitetura dos microsserviços, pois fornecem um mecanismo com sobrecarga muito baixa para executar processos que dão suporte a cada serviço.

Docker é uma plataforma de contêiner muito utilizada, enquanto **Kubernetes** é uma plataforma muito popular que fornece não apenas contêineres, mas também uma plataforma de microsserviços. Kubernetes permite que as aplicações especifiquem suas necessidades de contêiner sob a forma de declarações, implantando e vinculando vários contêineres

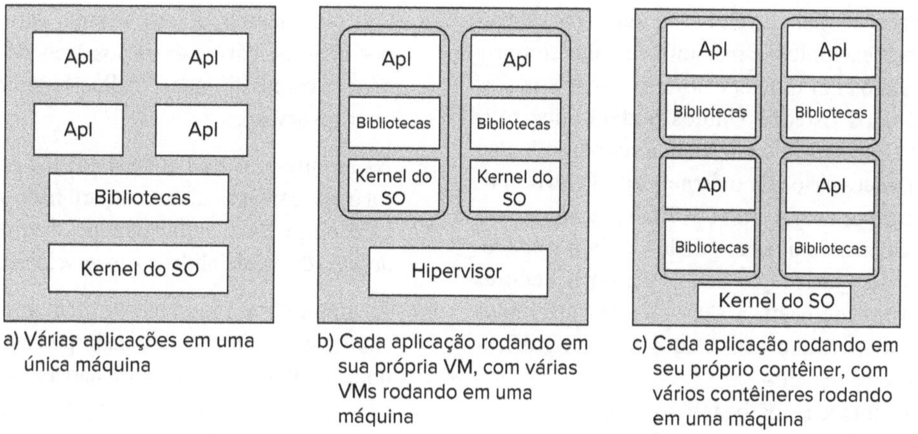

Figura 20.11 Alternativas de implantação de aplicação.

automaticamente para executar a aplicação. Kubernetes também pode gerenciar vários *pods*, onde vários contêineres podem compartilhar o armazenamento (sistema de arquivos) e a rede (endereço IP), ainda permitindo que os contêineres retenham suas próprias cópias das bibliotecas compartilhadas. Além disso, ele pode gerenciar a elasticidade controlando a implantação de contêineres adicionais quando forem necessários. Kubernetes pode suportar a escalabilidade da aplicação, realizando o balanceamento de carga das solicitações de API em uma coleção de contêineres, todos eles executando cópias da mesma aplicação. Os usuários da API não precisam saber em quais endereços IP (cada um correspondendo a um contêiner) o serviço está sendo executado e, em vez disso, podem se conectar a um único endereço IP. O balanceador de carga distribui as solicitações do endereço IP comum para um conjunto de contêineres (cada um com seu próprio endereço IP) executando o serviço.

20.7.2 Benefícios e limitações dos serviços de nuvem

Muitas empresas estão considerando benéfico o modelo de computação e serviços de nuvem. O modelo de nuvem poupa as empresas clientes da necessidade de manter uma grande equipe de suporte ao sistema e permite que novas empresas entrem em operação sem ter que fazer um grande investimento de capital inicial em sistemas de computação. Além disso, conforme as necessidades da empresa crescem, mais recursos (computação e armazenamento) podem ser adicionados; o fornecedor de computação em nuvem geralmente possui *clusters* muito grandes de computadores, facilitando a alocação de recursos sob demanda.

Os usuários da computação em nuvem devem estar dispostos a aceitar que seus dados sejam mantidos por outra organização. Isso pode apresentar uma série de riscos em termos de segurança e responsabilidade legal. Se o fornecedor da nuvem sofrer uma violação de segurança, os dados dos clientes poderão ser divulgados, e o fornecedor poderá enfrentar processos judiciais de seus próprios clientes. No entanto, o cliente não tem controle direto sobre a segurança do fornecedor da nuvem. Esses problemas se tornam ainda mais complexos se o fornecedor da nuvem optar por armazenar dados (ou réplicas de dados) em outro país. Várias jurisdições legais diferem em suas leis de privacidade. Assim, por exemplo, se os dados de uma empresa alemã forem replicados em um servidor em Nova York, as leis de privacidade dos Estados Unidos poderão ser aplicadas no lugar ou além das leis da Alemanha ou da União Europeia. Pode ser necessário que o fornecedor da nuvem libere dados do cliente para o governo dos EUA, mesmo que o cliente nunca tenham sabido que seus dados seriam armazenados em um local sob jurisdição dos EUA. Fornecedores específicos de nuvem oferecem a seus clientes diferentes graus de controle sobre como seus dados são geograficamente distribuídos e replicados.

Apesar das desvantagens, os benefícios dos serviços de nuvem são grandes o suficiente para que haja um mercado em rápido crescimento para tais serviços.

20.8 Resumo

- Os sistemas de banco de dados centralizados são executados inteiramente em um computador único. Os sistemas de banco de dados projetados para sistemas multiusuário precisam oferecer suporte ao conjunto completo de recursos de transação. Esses sistemas normalmente são projetados como servidores que aceitam solicitações de aplicações por meio de SQL ou de suas próprias APIs.
- O paralelismo com um pequeno número de núcleos é conhecido como paralelismo de granularidade grossa. O paralelismo com um grande número de processadores é conhecido como paralelismo de granularidade fina.
- Os servidores de transação possuem vários processos, possivelmente rodando em vários processadores. Para que esses processos tenham acesso a dados comuns, como o *buffer* de banco de dados, os sistemas armazenam tais dados na memória compartilhada. Além dos processos que lidam com consultas, existem processos do sistema que executam tarefas como o gerenciamento de bloqueio e *log* e o uso de ponto de verificação.
- O acesso à memória compartilhada é controlado por um mecanismo de exclusão mútua baseado em instruções atômicas em nível de máquina (testar-e-marcar ou comparar-e-trocar).
- Os sistemas servidores de dados oferecem dados brutos (*raw data*) aos clientes. Esses sistemas visam minimizar a comunicação entre clientes e servidores, colocando dados e bloqueios em cache nos clientes. Os sistemas de banco de dados paralelos utilizam otimizações semelhantes.
- Os sistemas de banco de dados paralelos consistem em vários processadores e vários discos conectados por uma rede de interconexão rápida. O ganho de velocidade (*speedup*) mede o quanto podemos aumentar a velocidade de processamento aumentando o paralelismo para uma única transação. O ganho de escala (*scaleup*) mede como podemos tratar de um número maior de transações aumentando o paralelismo. Interferência, distorção e custos de partida atuam como barreiras para se conseguir ganho de velocidade e ganho de escala ideais.
- Os componentes de um sistema paralelo são conectados por meio de vários tipos possíveis de redes de interconexão: barramento, anel, malha, hipercubo ou uma topologia tipo árvore.
- As arquiteturas de banco de dados paralelas são: memória compartilhada, disco compartilhado, nada compartilhado e hierárquica. Essas arquiteturas possuem diferentes opções (*trade-offs*) de escalabilidade *versus* velocidade de comunicação.
- As arquiteturas modernas de memória compartilhada associam alguma memória a cada processador, resultando em uma arquitetura de memória não uniforme (NUMA). Como cada processador tem seu próprio cache, existe o problema de garantir a coerência de cache, ou seja, a consistência dos dados entre os caches de vários processadores.

- As redes de área de armazenamento são um tipo especial de rede local, projetado para oferecer a interconexão rápida entre grandes bancos de dispositivos de armazenamento e vários computadores.
- Um sistema de banco de dados distribuído é uma coleção de sistemas de banco de dados parcialmente independentes que (de forma ideal) compartilham um esquema comum e coordenam o processamento de transações que acessam dados não locais.
- Os serviços de nuvem podem ser oferecidos em diversos níveis. O modelo de infraestrutura-como-um-serviço oferece aos clientes uma máquina virtual em que os clientes instalam seu próprio *software*. O modelo de plataforma-como-um-serviço oferece servidores de armazenamento de dados, banco de dados e aplicação, além de máquinas virtuais, mas o cliente precisa instalar e manter o *software* de aplicação. O modelo de *software*-como-um-serviço oferece esse *software* de aplicação e mais a plataforma subjacente.
- As organizações que usam serviços de nuvem precisam considerar uma grande variedade de problemas técnicos, econômicos e jurídicos, a fim de garantir a privacidade e a segurança dos dados, assim como adequar o desempenho apesar da possibilidade de os dados serem armazenados em um local remoto.

Termos de revisão

- Sistemas de banco de dados centralizados
  - Sistema monousuário
  - Sistema multiusuário
  - Sistemas servidores
  - Bancos de dados embutidos
  - Servidores
  - Paralelismo de granularidade grossa
  - Paralelismo de granularidade fina
- Arquivos de sistema servidor
  - Servidor de transação
  - Servidor de consulta
  - Sistemas servidores de dados
  - Processos servidores
- Exclusão mútua
- Instruções atômicas
- *Caching* de dados
- Sistemas paralelos
  - Máquina paralela com granularidade grossa
  - Máquina maciçamente paralela
  - Máquina paralela com granularidade fina
  - *Datacenter*
- Consultas de suporte à decisão
- Medida de desempenho
  - *Throughput*
  - Tempo de resposta
  - Ganho de velocidade linear
  - Ganho de velocidade sublinear
  - Ganho de escala linear
  - Ganho de escala sublinear
- Cálculo sequencial
- Lei de Amdahl
- Custos de partida
- Rede de interconexão
  - Barramento
  - Anel
  - Malha
  - Hipercubo
  - Tipo árvore
  - Switches de borda
- Switch de agregação
- Ethernet
- Fiber channel
- Infiniband
- Acesso remoto direto à memória (RDMA)
- Arquiteturas de banco de dados paralelas
  - Memória compartilhada
  - Disco compartilhado
  - *Clusters*
  - Nada compartilhado
  - Hierárquica
- Lei de Moore
- NUMA
- Ausências de cache
- Hyper-threading
- *Threads* de *hardware*
- Cache
- Disco compartilhado
- Tolerância a falhas
- Rede de área de armazenamento (SAN)
- Sistema de banco de dados distribuído
- Autonomia local
- Banco de dados distribuído homogêneo

- Sistemas multibanco de dados
- Sistemas de banco de dados distribuídos heterogêneos
- Latência
- Partição de rede
- Disponibilidade
- Computação em nuvem
- Infraestrutura-como-um-serviço
- Plataforma-como-um-serviço
- Armazenamento de dados baseado em nuvem
- Banco de dados-como-um-serviço
- *Software*-como-um-serviço
- Arquitetura de microsserviços

Exercícios práticos

20.1 Um sistema multiusuário é necessariamente um sistema paralelo? Explique sua resposta.

20.2 Instruções atômicas, como comparar-e-trocar e testar-e-marcar, também executam uma barreira de memória como parte da instrução em muitas arquiteturas. Explique qual é a motivação para a execução da barreira de memória, do ponto de vista dos dados na memória compartilhada, que são protegidos por um mutex implementado pela instrução atômica. Explique também o que um processo deve fazer antes de liberar um mutex.

20.3 Em vez de armazenar estruturas compartilhadas na memória compartilhada, uma arquitetura alternativa seria armazená-las na memória local de um processo especial e acessar os dados compartilhados pela comunicação interprocessual com o processo. Qual seria a desvantagem de tal arquitetura?

20.4 Explique a distinção entre uma tranca (*latch*) e um bloqueio (*lock*) conforme usados para controle de concorrência transacional.

20.5 Suponha que uma transação seja escrita em C com SQL embutida, e cerca de 80% do tempo seja gasto no código SQL, com os 20% restantes gastos no código C. Quanto ganho de velocidade pode-se esperar alcançar se o paralelismo for usado apenas para o código SQL? Explique.

20.6 Considere um par de processos, em um sistema de memória compartilhada, tal que o processo *A* atualiza uma estrutura de dados, e depois marca um *flag* para indicar que a atualização foi concluída. O processo *B* monitora o *flag* e inicia o processamento da estrutura de dados somente depois que descobre que o *flag* está marcado.

Explique os problemas que poderiam surgir em uma arquitetura de memória onde as escritas podem ser reordenadas, e explique como as instruções sfence e lfence podem ser usadas para garantir que o problema não ocorra.

20.7 Em uma arquitetura de memória compartilhada, por que o tempo para acessar um local da memória poderia variar, dependendo do local da memória sendo acessado?

20.8 A maioria dos sistemas operacionais para máquinas paralelas (i) aloca memória em uma área da memória local quando um processo solicita memória e (ii) evita mover um processo de um núcleo para outro. Por que essas otimizações são importantes com uma arquitetura NUMA?

20.9 Algumas operações de banco de dados, como as junções, podem sofrer uma diferença significativa de velocidade quando os dados (por exemplo, uma das relações envolvidas em uma junção) cabem na memória se comparadas a uma situação em que os dados não cabem nessa memória. Demonstre como esse fato pode explicar o fenômeno do **ganho de velocidade superlinear**, em que uma aplicação detecta um ganho de velocidade maior que a quantidade de recursos alocados a ela.

20.10 Qual é a principal distinção entre os sistemas de banco de dados homogêneo e multibanco de dados?

20.11 Por que um cliente poderia decidir assinar apenas um modelo básico de infraestrutura-como-um-serviço em vez dos serviços oferecidos por outros modelos de serviço de nuvem?

20.12 Por que os serviços de computação em nuvem suportam melhor os sistemas de banco de dados tradicionais usando uma máquina virtual, em vez de usar diretamente a máquina real do provedor de serviço, supondo que os dados estejam no armazenamento externo?

Exercícios

20.13 Considere um banco que tenha uma coleção de sítios, cada um executando um sistema de banco de dados. Suponha que a única maneira de os bancos de dados interagirem é por transferência eletrônica de dinheiro entre eles, a partir de mensagens persistentes. Esse tipo de sistema se qualificaria como um banco de dados distribuído? Por quê?

20.14 Suponha que uma empresa em crescimento tenha melhorado seu sistema de computação atual e esteja comprando um novo computador paralelo. Se o crescimento tiver resultado em muito mais transações por unidade de tempo, mas o tamanho das transações individuais não tiver mudado, qual medida é mais relevante – ganho de velocidade, ganho de escala em batch ou ganho de escala de transação? Por quê?

20.15 Os sistemas de banco de dados normalmente são implementados como um conjunto de processos (ou *threads*) acessando a memória compartilhada.

a. Como é controlado o acesso à área da memória compartilhada?

b. O bloqueio em duas fases é apropriado para colocar em série o acesso às estruturas de dados na memória compartilhada? Explique sua resposta.

20.16 É inteligente permitir que um processo de usuário acesse a área da memória compartilhada de um sistema de banco de dados? Explique sua resposta.

20.17 Quais são os fatores que podem atuar contra o ganho de escala linear em um sistema de processamento de transações? Quais dos fatores provavelmente serão os mais importantes em cada uma das seguintes arquiteturas: memória compartilhada, disco compartilhado e nada compartilhado?

20.18 Os sistemas de memória atuais podem ser divididos em vários módulos, cada qual atendendo a uma solicitação separada, em um momento específico, ao contrário das arquiteturas mais antigas, onde havia uma única interface para a memória. Que impacto essa arquitetura de memória surtiria sobre o número de processadores que podem ser suportados em um sistema de memória compartilhada?

20.19 Suponha que tenhamos os itens de dados $d_1, d_2, ..., d_n$ com cada d_i protegido por um bloqueio armazenado no local de memória M_i.

a. Descreva a implementação de lock-X(d_i) e unlock(d_i) usando a instrução testar-e-marcar.

b. Descreva a implementação de lock-X(d_i) e unlock(d_i) usando a instrução comparar-e-trocar.

20.20 Em um sistema nada compartilhado, o acesso aos dados a partir de um nó remoto pode ser feito por chamadas de procedimento remoto (RPC) ou pelo envio de mensagens. Mas o acesso remoto direto à memória (RDMA) oferece um mecanismo muito mais rápido para esse acesso aos dados. Explique o motivo.

20.21 Suponha que um importante vendedor de banco de dados ofereça seu sistema de banco de dados (por exemplo, Oracle, SQL Server, DB2) como um serviço de nuvem. Onde este se encaixaria nos modelos de serviço de nuvem? Por quê?

20.22 Se uma empresa utiliza sua própria aplicação de ERP em um serviço de nuvem sob o modelo de plataforma-como-um-serviço, que restrições haveria sobre o momento em que essa empresa pode atualizar o sistema de ERP para uma nova versão?

Leitura adicional

Hennessy *et al.* (2017) oferecem uma excelente introdução à área de arquitetura de computadores, incluindo os tópicos de arquiteturas de memória compartilhada e coerência de cache, arquiteturas de computação paralelas e computação em nuvem, que abordamos neste capítulo. O livro-texto de Gray e Reuter (1993) inclui uma descrição sobre processamento de transação, incluindo a arquitetura de sistemas cliente-servidor e distribuídos. Ozsu e Valduriez (2010) oferecem uma explicação em forma de livro-texto sobre sistemas de banco de dados distribuídos. Abts e Felderman (2012) apresentam uma visão geral da interligação em rede no *datacenter*.

Bibliografia

ABTS, D.; FELDERMAN, B. "A guided tour of datacenter networking". *Communications of the ACM*, 55(6), p. 44-51, 2012.

GRAY, J.; REUTER, A. *Transaction processing*: concepts and techniques. Massachusetts: Morgan Kaufmann, 1993.

HENNESSY, J. L.; PATTERSON, D. A.; GOLDBERG, D. *Computer architecture*: a quantitative approach. 6. ed. Massachusetts: Morgan Kaufmann, 2017.

OZSU, T.; VALDURIEZ, P. *Principles of distributed database systems*. 3. ed. New Jersey: Prentice-Hall, 2010.

Créditos

A foto dos barcos no início do capítulo pertence a
© dimaberkut | 123rf.com

CAPÍTULO 21

Armazenamento paralelo e distribuído

Como discutimos no Capítulo 20, o paralelismo é usado para oferecer ganho de velocidade (*speedup*), em que as consultas são executadas mais rapidamente porque são oferecidos mais recursos, como processadores e discos. O paralelismo também é utilizado para oferecer ganho de escala (*scaleup*), em que cargas de trabalho cada vez maiores são tratadas sem aumentar o tempo de resposta, por meio de um aumento no grau de paralelismo.

Neste capítulo, discutimos técnicas para armazenamento de dados e indexação nos sistemas de banco de dados paralelos.

21.1 Visão geral

Primeiro, descrevemos, na Seção 21.2 e na Seção 21.3, como particionar os dados entre múltiplos nós. Depois, discutimos, na Seção 21.4, sobre a replicação de dados e indexação paralela (na Seção 21.5). Nossa descrição enfatiza os sistemas de banco de dados paralelos do tipo nada compartilhado, mas as técnicas aqui descritas também se aplicam aos sistemas de banco de dados distribuídos, onde os dados são armazenados de uma maneira geograficamente distribuída.

Os sistemas de arquivos que atuam sobre um grande número de nós, chamados sistemas de arquivos distribuídos, constituem uma forma muito utilizada de armazenar dados em um sistema paralelo. Discutimos sobre os sistemas de arquivos distribuídos na Seção 21.6.

Nos últimos anos, técnicas de armazenamento e indexação de dados em paralelo têm sido bastante utilizadas para o armazenamento de dados não relacionais, incluindo dados de texto não estruturados e dados semiestruturados em XML, JSON ou outros formatos. Esses dados normalmente são mantidos em **armazenamentos de chave-valor (*key-value stores*)** paralelos, que armazenam itens de dados com uma chave associada. As técnicas que descrevemos para o armazenamento paralelo de dados relacionais também podem ser usadas para os armazenamentos de chave-valor, que são discutidos na Seção 21.7. Usamos o termo **sistema de armazenamento de dados** para nos referirmos tanto aos armazenamentos de chave-valor quanto à camada de armazenamento e acesso aos dados dos sistemas de banco de dados paralelos.

O processamento de consulta nos bancos de dados paralelos e distribuídos é discutido no Capítulo 22, enquanto o processamento de transação nos bancos de dados paralelos e distribuídos é abordado no Capítulo 23.

21.2 Particionamento de dados

Em sua forma mais simples, o **paralelismo de E/S** refere-se à redução do tempo exigido para apanhar dados do disco, particionando os dados sobre múltiplos discos.[1]

No nível mais baixo, os sistemas RAID permitem que os blocos sejam particionados em vários discos, possibilitando que eles sejam acessados em paralelo. Os blocos geralmente são alocados para diferentes discos em um padrão de rodízio (*round robin*), como vimos na Seção 12.5. Por exemplo, se houver n discos numerados de zero a $n - 1$, a alocação em rodízio atribui o bloco i ao disco i mod n. No entanto, as técnicas de particionamento em nível de bloco admitidas por sistemas RAID não oferecem controle algum em termos de quais tuplas de uma relação são armazenadas em qual disco ou nó. Portanto, os sistemas de banco de dados paralelos normalmente não usam o particionamento em nível de bloco e, em vez disso, executam o particionamento em nível de tuplas.

Em sistemas com vários nós (computadores), cada um com vários discos, o particionamento pode potencialmente ser especificado no nível de discos individuais. No entanto, os sistemas de banco de dados paralelos geralmente se concentram no particionamento de dados entre os nós e deixam que o sistema operacional em cada nó decida sobre a atribuição de blocos aos discos dentro do nó.

Em um sistema de armazenamento paralelo, as tuplas de uma relação são particionadas (divididas) entre muitos nós, de modo que cada tupla reside em um nó; esse particionamento é chamado de **particionamento horizontal**. Várias estratégias de particionamento foram propostas para o particionamento horizontal, que estudaremos a seguir.

Observamos que o *particionamento vertical*, discutido na Seção 13.6 no contexto do armazenamento colunar, é ortogonal ao particionamento horizontal. (Como exemplo de particionamento vertical, uma relação $r(A, B, C, D)$, em que A é uma chave primária, pode ser particionada verticalmente em $r(A, B)$ e $r(A, C, D)$ se muitas consultas solicitarem valores B, enquanto os valores C e D são grandes e não são necessários para muitas das consultas.) Uma vez estando as tuplas particionadas horizontalmente, elas podem ser armazenadas de uma maneira particionada verticalmente em cada nó.

[1]Assim como nos capítulos anteriores, usamos o termo *disco* para nos referirmos aos dispositivos de armazenamento persistentes, como discos rígidos magnéticos e unidades de estado sólido (SSDs).

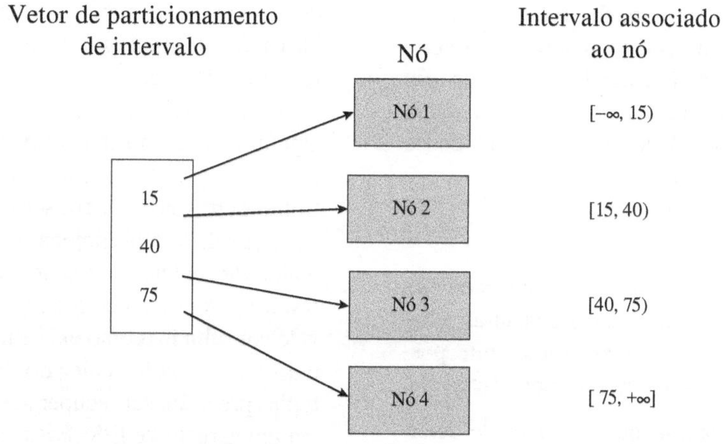

Figura 21.1 Exemplo de vetor de particionamento de intervalo.

Também observamos que vários fornecedores de banco de dados usam o termo *particionamento* para indicar o particionamento de tuplas de uma relação r em várias relações físicas $r_1, r_2, ..., r_n$, em que todas as relações físicas r_i são armazenadas em um único nó. A relação r não é armazenada, mas tratada como uma *view* definida pela consulta $r_1 \cup r_2 \cup ... \cup r_n$. Esse *particionamento intra-nó* de uma relação normalmente é usado para garantir que as tuplas acessadas com frequência sejam armazenadas separadamente das tuplas acessadas com pouca frequência e seja diferente do particionamento horizontal entre nós. O particionamento intra-nó é descrito com mais detalhes na Seção 25.1.4.3.

No restante deste capítulo, assim como nos capítulos seguintes, usamos o termo *particionamento* para nos referir ao *particionamento horizontal* por vários nós.

21.2.1 Estratégias de particionamento

Aqui, apresentamos três *estratégias de particionamento de dados* básicas. Considere que existam n nós, $N_0, N_1, ..., N_n$, pelos quais os dados devem ser particionados.

- **Rodízio (*round-robin*).** Essa estratégia varre a relação em qualquer ordem e envia a i-ésima tupla ao nó número $N_{((i-1)\ mod\ n)+1}$. O esquema de rodízio garante uma distribuição uniforme de tuplas pelos nós, ou seja, cada nó tem aproximadamente o mesmo número de tuplas dos outros.
- **Particionamento de *hash*.** Essa estratégia de desagrupamento (*declustering*) designa um ou mais atributos do esquema de determinada relação como atributos de particionamento. Uma função de *hash* é escolhida, cujo contradomínio (*range*) é $\{1, 2, ..., n\}$. Cada tupla da relação original tem o *hash* calculado sobre os atributos de particionamento. Se a função de *hash* retornar i, então a tupla é colocada no nó N_i.[2]
- **Particionamento de intervalo.** Essa estratégia distribui intervalos contíguos de valor de atributo a cada nó. Ela escolhe um atributo de particionamento, A, e um **vetor de particionamento** $[v_1, v_2, ..., v_{n-1}]$ de modo que, se $i < j$, então $v_i < v_j$. A relação é particionada como descrito a seguir: considere uma tupla t de modo que $t[A] = x$. Se $x < v_1$, então t vai para o nó N_1. Se $x \geq v_{n-1}$, então t vai para o nó N_n. Se $vi \leq x < v_{i+1}$, então t vai para o nó N_{i+1}.

A Figura 21.1 mostra um exemplo de um vetor de particionamento de intervalo. No exemplo da figura, valores menores que 15 são mapeados para o Nó 1. Valores no intervalo [15, 40), ou seja, valores ≥ 15 mas < 40, são mapeados para o Nó 2; valores no intervalo [40, 75), ou seja, valores ≥ 40 mas < 75, são mapeados para o Nó 3, enquanto valores > 75 são mapeados para o Nó 4.

Agora, vamos considerar como o particionamento é mantido quando uma relação é atualizada.

1. Quando uma tupla é inserida em uma relação, ela é enviada para o nó apropriado com base na estratégia de particionamento.
2. Se uma tupla for excluída, seu local será encontrado primeiro com base no valor de seu atributo de particionamento (para o esquema de rodízio, todas as partições são pesquisadas). A tupla é então excluída de onde quer que esteja localizada.
3. Se uma tupla for atualizada, seu local não será afetado se o particionamento por rodízio for usado ou se a atualização não afetar um atributo de particionamento. No entanto, se o particionamento de intervalo ou o particionamento de *hash* for usado e a atualização afetar um atributo de particionamento, o local da tupla poderá ser afetado. Nesse caso:
   a. A tupla original é excluída do local original.
   b. A tupla atualizada é inserida e enviada ao nó apropriado com base na estratégia de particionamento utilizada.

21.2.2 Comparação de técnicas de particionamento

Quando uma relação tiver sido particionada entre vários nós, podemos recuperá-la em paralelo, usando todos os nós. De modo semelhante, quando uma relação está sendo particionada, ela

[2]A elaboração da função de *hash* é discutida na Seção 24.5.1.1.

pode ser escrita em vários nós em paralelo. Assim, as taxas de transferência para leitura ou escrita de uma relação inteira são muito mais rápidas com o paralelismo de E/S do que sem ele. Porém, ler uma relação inteira, ou *varrer uma relação*, é somente um tipo de acesso aos dados. O acesso aos dados pode ser classificado da seguinte maneira:

1. Varrer a relação inteira.
2. Localizar uma tupla de forma associativa (por exemplo, *nome_funcionário* = "Campbell"); essas consultas, chamadas de **consultas pontuais**, buscam tuplas que possuem valor especificado para um atributo específico.
3. Localizar todas as tuplas para as quais o valor de determinado atributo se encontra dentro de um intervalo especificado (por exemplo, 10000 < *salário* < 20000); essas consultas são chamadas de **consultas de intervalo**.

As diferentes técnicas de particionamento admitem estes tipos de acesso em diferentes níveis de eficiência:

- **Rodízio**. O esquema é ideal para aplicações que querem ler a relação inteira sequencialmente para cada consulta. Com esse esquema, consultas pontuais e consultas de intervalo são complicadas de se processar, pois cada um dos *n* nós precisa ser usado para a busca.
- **Particionamento por *hash***. Esse esquema é mais adequado para consultas pontuais baseadas no atributo de particionamento. Por exemplo, se uma relação for particionada no atributo *número_telefone*, então podemos responder à consulta "Localizar o registro do empregado com *número_telefone* = 555-3333" aplicando a função de *hash* do particionamento a 555-3333 e depois pesquisando nesse nó. Direcionar uma consulta a um único nó economiza o custo de partida de iniciar uma consulta sobre vários nós e deixa os outros nós livres para processar outras consultas.

  O particionamento por *hash* também é útil para varreduras sequenciais da relação inteira. Se uma função de *hash* for uma boa função de randomização, e os atributos de particionamento formarem uma chave da relação, então o número de tuplas em cada um dos nós é aproximadamente o mesmo, sem muita variância. Logo, o tempo gasto para varrer a relação é de cerca de $1/n$ do tempo exigido para varrer a relação em um sistema de único nó.

  Contudo, o esquema não é muito bem adequado para consultas pontuais sobre atributos que não são de particionamento. O particionamento baseado em *hash* também não é muito adequado para responder a consultas de intervalo porque, normalmente, as funções de *hash* não preservam a proximidade dentro do intervalo. Portanto, todos os nós precisam ser varridos para as consultas de intervalo serem respondidas.
- **Particionamento de intervalo**. Esse esquema é bem adequado para consultas pontuais e de intervalo sobre o atributo de particionamento. Para consultas pontuais, podemos consultar o vetor de particionamento a fim de localizar o nó em que a tupla reside. Para consultas de intervalo, consultamos o vetor de particionamento para encontrar o intervalo de nós em que as tuplas podem residir. Nos dois casos, a busca se estreita a exatamente aqueles nós que poderiam ter tuplas de interesse.

  Uma vantagem desse recurso é que, se houver apenas algumas tuplas no intervalo consultado, a consulta normalmente é enviada a um nó, em vez de todos os nós. Como outros nós podem ser usados para responder a outras consultas, o particionamento de intervalo resulta em maior *throughput* enquanto mantém um bom tempo de resposta. Por outro lado, se houver muitas tuplas no intervalo consultado (como existem quando o intervalo consultado é uma fração maior do domínio da relação), muitas tuplas precisam ser recuperadas de poucos nós, resultando em um gargalo de E/S (*hot spot*) nesses nós. Nesse exemplo de **distorção de execução (ou execução enviesada, do inglês *execution skew*)**, todo o processamento ocorre em uma partição ou apenas algumas. Ao contrário, o particionamento por *hash* e por rodízio usariam todos os nós para tais consultas, ocasionando um tempo de resposta mais rápido para aproximadamente o mesmo *throughput*.

O tipo de particionamento também afeta outras operações relacionais, como as junções, conforme veremos nas Seções 22.3 e 22.4.1.

Assim, a escolha de técnica de particionamento também depende das operações que precisam ser executadas. Em geral, o particionamento por *hash* ou o particionamento de intervalo são preferíveis ao particionamento por rodízio.

O particionamento é importante para relações grandes. Bancos de dados grandes, que se beneficiam com o armazenamento paralelo, normalmente possuem algumas relações pequenas. O particionamento não é uma boa ideia para essas relações pequenas, pois cada nó acabaria tendo apenas algumas tuplas. O particionamento compensa somente se cada nó tiver pelo menos o conteúdo de alguns blocos de disco. Relações pequenas são mais úteis se forem mantidas não particionadas, enquanto relações de tamanho médio poderiam ser particionadas por alguns dos nós, no lugar de todos os nós, em um sistema grande.

21.3 Tratamento de distorção (*skew*) no particionamento

Quando uma relação é particionada (por uma técnica que não seja o rodízio), pode haver uma distorção (*skew*) da distribuição de tuplas, com alta porcentagem de tuplas colocadas em algumas partições e menos tuplas em outras partições. Esse desequilíbrio na distribuição de dados é chamado de **distorção na distribuição de dados (*data distribution skew*)**. A distorção na distribuição de dados pode ser causada por um destes dois fatores:

- **Distorção de valor de atributo (*attribute-value skew*)**, quando alguns valores aparecem nos atributos de particionamento de muitas tuplas. Todas as tuplas com o mesmo valor para o atributo de particionamento acabam na mesma partição, resultando na distorção.

- **Distorção de partição** (*partition skew*), quando pode haver desequilíbrio de carga no particionamento, mesmo quando não existe distorção de valor de atributo.

A distorção de valor de atributo (*attribute-value skew*) pode resultar em particionamento distorcido (*skewed partitioning*), independentemente de o particionamento de intervalo ou o particionamento por *hash* ser utilizado. Se o vetor de partição não for escolhido com cuidado, o particionamento de intervalo pode resultar em distorção de partição. A distorção de partição é menos provável com o particionamento de *hash*, se uma boa função de *hash* for escolhida.

Conforme observado na Seção 20.4.2, até mesmo uma pequena distorção pode resultar em diminuição significativa no desempenho. A distorção se torna um problema maior com um grau maior de paralelismo. Por exemplo, se uma relação de 1000 tuplas for dividida em dez partes, e a divisão for distorcida, poderá haver algumas partições com tamanho menor que 100 e algumas partições com tamanho maior que 100; se uma partição tiver o tamanho 200, o ganho de velocidade que obteremos acessando as partições em paralelo será de apenas cinco, em vez dos dez que esperaríamos. Se a mesma relação tiver de ser particionada em 100 partes, uma partição terá dez tuplas na média. Se uma partição tiver 40 tuplas (o que é possível, dada a grande quantidade de partições), o ganho de velocidade que obteremos acessando todas em paralelo será de 25, em vez de 100. Assim, vemos que a perda de ganho de velocidade em face da distorção aumenta com o paralelismo.

Além da distorção na distribuição de tuplas, pode haver **distorção de execução** (*execution skew*), mesmo que não haja distorção na distribuição de tuplas, se as consultas tenderem a acessar algumas partições com mais frequência do que outras. Por exemplo, suponha que uma relação seja particionada pelo registro de data e hora das tuplas, e a maioria das consultas referencie tuplas recentes; então, mesmo que todas as partições contenham o mesmo número de tuplas, a partição contendo tuplas recentes experimentaria uma carga significativamente mais alta.

No restante desta seção, consideramos várias técnicas para lidar com a distorção (*skew*).

21.3.1 Vetor de particionamento de intervalo balanceado

A distorção na distribuição de dados, existente no particionamento de intervalo, pode ser evitada escolhendo um **vetor de particionamento de intervalo balanceado** (*balanced range-partitioning vector*), que distribui as tuplas uniformemente por todos os nós.

Um vetor de particionamento de intervalo balanceado pode ser construído via classificação, da seguinte forma: primeiro, a relação é classificada (ordenada) sobre os atributos de particionamento e, então, ela é varrida na ordem classificada. Depois que cada $1/n$ da relação tiver sido lido, o valor do atributo de particionamento da próxima tupla é somado ao vetor de partição. Aqui, n indica o número de partições a serem construídas.

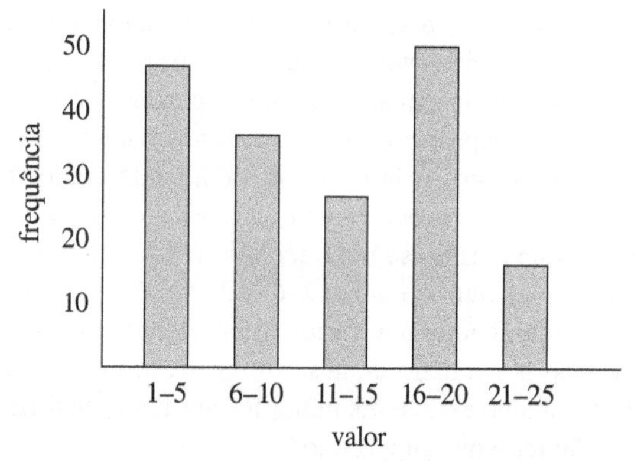

Figura 21.2 Exemplo de histograma.

A principal desvantagem desse método é a sobrecarga de E/S extra advinda da classificação inicial. A sobrecarga de E/S para a construção de vetores de particionamento de intervalo balanceados pode ser reduzida pela utilização de uma tabela de frequência, ou **histograma**, dos valores de atributo para cada atributo de cada relação. A Figura 21.2 mostra um exemplo de histograma para um atributo de valor inteiro que admite valores no intervalo de 1 a 25. É simples construir uma função de particionamento de intervalo balanceado dado um histograma sobre os atributos de particionamento. Um histograma ocupa apenas um espaço muito pequeno, de modo que os histogramas sobre diversos atributos podem ser armazenados no catálogo do sistema. Se o histograma não estiver armazenado, ele pode ser calculado aproximadamente pela amostragem da relação, usando apenas tuplas de um subconjunto dos blocos de disco da relação escolhido aleatoriamente. O uso de uma amostra aleatória permite que o histograma seja construído em muito menos tempo do que levaria para classificar a relação.

A técnica anterior para criar vetores de particionamento de intervalo resolve o problema da distorção na distribuição de dados; extensões para lidar com a distorção de execução são deixadas como um exercício para o leitor (Exercício Prático 21.3).

Uma desvantagem da técnica apresentada é que ela é *estática*: o particionamento é decidido em algum momento e não é atualizado automaticamente à medida que as tuplas são inseridas, excluídas ou atualizadas. Os vetores de particionamento podem ser recalculados (e os dados reparticionados) sempre que o sistema detectar distorção (*skew*) na distribuição de dados. No entanto, o custo desse reparticionamento pode ser muito alto, e fazê-lo periodicamente introduziria uma carga alta, que pode afetar o processamento normal. Técnicas dinâmicas para evitar distorções, que podem se adaptar de forma contínua e com menos interrupção, são discutidas nas Seções 21.3.2 e 21.3.3.

21.3.2 Particionamento de nós virtuais

Outra técnica para minimizar o efeito da distorção (*skew*) consiste em usar *nós virtuais*. Na técnica de **nós virtuais**, fingimos que existem várias vezes mais *nós virtuais* que o número de nós reais. Qualquer uma das técnicas de particionamento descritas anteriormente poderá ser usada, mas elas mapeiam tuplas e trabalham com nós virtuais no lugar de nós reais.[3]

Os nós virtuais, por sua vez, são mapeados para nós reais. Um modo de mapear nós virtuais para nós reais é a alocação por rodízio; assim, se houver n nós reais numerados de 1 a n, o nó virtual i é mapeado para o nó real $((i - 1) mod n) + 1$. A ideia é que mesmo se um intervalo tivesse muito mais tuplas do que os outros em razão das distorções, essas tuplas estariam espalhadas por vários intervalos de nós virtuais. A alocação por rodízio de nós virtuais para nós reais distribuiria o trabalho extra entre múltiplos nós reais, de forma que um nó não teria que suportar toda a carga.

Uma maneira mais sofisticada de fazer o mapeamento é rastreando o número de tuplas em cada nó virtual e a carga (por exemplo, o número de acessos por segundo) em cada nó virtual. Os nós virtuais são, então, mapeados para nós reais de modo que equilibre o número de tuplas armazenadas, bem como a carga entre os nós reais. Assim, a distorção da distribuição de dados e a distorção de execução podem ser minimizadas.

O sistema deverá registrar esse mapeamento e usá-lo para direcionar os acessos ao nó real correto. Se os nós virtuais forem numerados por inteiros consecutivos, esse mapeamento pode ser armazenado como um *array mapa_virtual_para_real[ ]*, com m entradas, em que há m nós virtuais; o i-ésimo elemento desse *array* armazena o nó real para o qual o nó virtual i é mapeado.

Outro benefício da técnica de nós virtuais é que ela permite a **elasticidade do armazenamento**, ou seja, à medida que a carga no sistema aumenta, é possível adicionar mais recursos (nós) ao sistema para cuidar da carga. Quando um novo nó é adicionado, alguns dos nós virtuais são *migrados* para o novo nó real, o que pode ser feito sem afetar nenhum dos outros nós virtuais. Se a quantidade de dados mapeados para cada nó virtual for pequena, a migração de um nó virtual de um nó para outro pode ser feita de forma relativamente rápida, minimizando a interrupção.

21.3.3 Reparticionamento dinâmico

Embora a técnica de nós virtuais possa reduzir a distorção com particionamento de intervalo e particionamento por *hash*, ela não funciona muito bem se a distribuição de dados mudar com o tempo, resultando em alguns nós virtuais com um número muito grande de tuplas ou uma carga de execução muito alta. Por exemplo, se o particionamento foi feito pelos *timestamps* dos registros, o último intervalo de *timestamps* obteria um número cada vez maior de registros, à medida que mais registros fossem inseridos, enquanto outros intervalos não obteriam novos registros. Assim, mesmo que o particionamento inicial seja equilibrado, ele pode se tornar cada vez mais distorcido ao longo do tempo.

A distorção pode ser resolvida recalculando o esquema de particionamento por completo. No entanto, reparticionar os dados com base no novo esquema de particionamento seria, em geral, uma operação muito dispendiosa. No exemplo anterior, acabaríamos movendo um número significativo de registros de cada partição para uma partição que a antecede na ordem de *timestamp*. Ao lidar com grandes quantidades de dados, esse reparticionamento seria excessivamente dispendioso.

O reparticionamento dinâmico pode ser feito de maneira eficiente, explorando o esquema de nós virtuais. A ideia básica é dividir um nó virtual em dois nós virtuais quando ele tem muitas tuplas ou muita carga; essa ideia é muito semelhante a um nó de árvore B^+ que está sendo dividido em dois nós quando está sobrecarregado. Um dos nós virtuais recém-criados pode então ser migrado para um nó diferente para rebalancear os dados armazenados em cada nó ou a carga em cada nó.

Considerando o exemplo anterior, se o nó virtual correspondente a um intervalo de *timestamps* 2019-01-01 até que *MaxDate* ficasse sobrecarregado, a partição poderia ser dividida em duas. Por exemplo, se metade das tuplas nesse intervalo tiverem *timestamps* menores que 2020-01-01, uma partição teria *timestamps* variando de 2019-01-01 até menos de 2020-01-01 e a outra teria tuplas com *timestamps* a partir de 2020-01-01 até *MaxDate*. Para reequilibrar o número de tuplas em um nó real, precisaríamos apenas mover um dos nós virtuais para um novo nó real.

O reparticionamento dinâmico feito dessa maneira é muito utilizado atualmente em bancos de dados paralelos e em sistemas de armazenamento de dados paralelos. Em sistemas de armazenamento de dados, o termo **tabela** refere-se a uma coleção de itens de dados. As tabelas são particionadas em vários **tablets**. O número de tablets nos quais uma tabela é dividida é muito maior que o número de nós reais no sistema; assim, os tablets correspondem a nós virtuais.

O sistema precisa manter uma **tabela de partição**, que fornece o mapeamento entre intervalos de chave de particionamento e um identificador de tablet, bem como o nó real no qual os dados do tablet residem. A Figura 21.3 mostra um exemplo de uma tabela de partição, em que a chave de partição é uma data. O Tablet0 armazena registros com valores de chave < 2014-01-01. O Tablet1 armazena registros com valores de chave ≥ 2014-01-01, mas < 2015-01-01. O Tablet2 armazena registros com valores de chave ≥ 2015-01-01, mas < 2016-01-01, e assim por diante. Por fim, o Tablet6 armazena valores ≥ 2019-01-01.

As solicitações de leitura devem especificar um valor para o atributo de particionamento, usado para identificar o tablet que pode conter um registro com esse valor de chave; uma solicitação que não especifica um valor para o atributo de particionamento teria que ser enviada para todos os tablets. Uma solicitação de leitura é processada usando o valor da chave de particionamento v para identificar o tablet cujo intervalo de chaves contém v e, em seguida, enviando a solicitação para o nó real em que o tablet reside. A solicitação pode ser tratada de modo eficiente nesse nó, mantendo, para cada tablet, um índice sobre o atributo da chave de particionamento.

As solicitações de escrita, inserção e exclusão são processadas de modo semelhante, direcionando as solicitações para o tablet correto e para o nó real, usando o mecanismo descrito anteriormente para leituras.

[3]A técnica de nós virtuais também é denominada técnica de **processador virtual**, um termo usado nas edições anteriores deste livro; como o termo *processador virtual* agora é comumente utilizado em um sentido diferente, no contexto de máquinas virtuais, agora usamos o termo *nó virtual*.

Valor	ID de tablet	ID de nó
2014-01-01	Tablet0	Nó0
2015-01-01	Tablet1	Nó1
2016-01-01	Tablet2	Nó2
2017-01-01	Tablet3	Nó2
2018-01-01	Tablet4	Nó0
2019-01-01	Tablet5	Nó1
MaxDate	Tablet6	Nó1

Figura 21.3 Exemplo de uma tabela de partição.

Esse esquema permite que os tablets sejam divididos se ficarem muito grandes; o intervalo de chaves correspondente ao tablet é dividido em dois, com um tablet recém-criado recebendo metade do intervalo de chaves. Os registros cujo intervalo de chaves é mapeado para o novo tablet são movidos do tablet original para o novo tablet. A tabela de partição é atualizada para refletir a divisão, de modo que as solicitações sejam direcionadas corretamente para o tablet correto.

Se um nó real ficar sobrecarregado, seja em função de um grande número de solicitações ou de muitos dados no nó, alguns dos tablets do nó podem ser movidos para um nó real diferente, que tenha uma carga menor. Os tablets também podem ser movidos de modo semelhante, caso um dos nós reais tenha uma grande quantidade de dados, enquanto outro nó real possui menos dados. Por fim, se um novo nó real se unir a um sistema, alguns tablets podem ser movidos de nós existentes para o novo nó. Sempre que um tablet é movido para um nó real diferente, a tabela de partição é atualizada; os pedidos subsequentes serão enviados para o nó real correto.

A Figura 21.4 mostra a tabela de partição da Figura 21.3 após Tablet6, que tinha valores ≥ 2019-01-01, ter sido dividido em dois: Tablet6 agora tem valores ≥ 2019-01-01, mas < 2020-01-01, enquanto o novo tablet, Tablet7, tem valores ≥ 2020-01-01. Essa divisão pode ser causada por um grande número de inserções no Tablet6, tornando-o muito grande; a divisão reequilibra os tamanhos dos tablets.

Note também que o Tablet1, que estava no Nó1, agora passou para o Nó0 na Figura 21.4. Essa movimentação do tablet pode ser porque o Nó1 está sobrecarregado em razão do excesso de dados ou de um grande número de solicitações.

A maioria dos sistemas de armazenamento de dados paralelos armazena a tabela de partições em um nó **mestre**. No entanto, para dar suporte a um grande número de solicitações por segundo, a tabela de partição geralmente é replicada, seja para todos os nós clientes que acessam os dados ou para diversos **roteadores**. Os roteadores aceitam solicitações de leitura/escrita de clientes e encaminham as solicitações para o nó real apropriado que contém o tablet/nós virtuais com base nos valores de chave especificados na solicitação.

Uma técnica alternativa, totalmente distribuída, tem o suporte de um esquema de particionamento baseado em *hash*, chamado ***hashing* consistente**. Na técnica de *hashing* consistente, as chaves são divididas por *hash* para um espaço muito grande, como os inteiros de 32 bits. Além disso, os identificadores de nó (ou nó virtual) também são codificados por *hash* para o mesmo espaço. Uma chave k_i pode ser logicamente mapeada para o nó n_j cujo valor de *hash* $h(n_j)$ é o valor mais alto entre todos os nós que satisfazem $h(n_j) < h(k_i)$. Mas, para garantir que cada chave seja atribuída a um nó, os valores de *hash* são tratados como estando em um ciclo semelhante ao mostrador de um relógio, onde o valor *máximo* de *hash* é imediatamente seguido por zero. Em seguida, a chave k_i é logicamente mapeada para o nó n_j cujo valor de *hash* $h(n_j)$ é o mais próximo entre todos os nós, quando nos movemos no sentido anti-horário no círculo a partir de $h(k_i)$.

Tabelas de *hash* distribuídas, baseadas nessa ideia, foram desenvolvidas onde não há necessidade de um nó mestre ou de um roteador; em vez disso, cada nó participante rastreia alguns outros nós pares, e o roteamento é implementado de forma cooperativa. Novos nós podem entrar no sistema e integrar-se seguindo os protocolos especificados de maneira completamente *ponto a ponto* (*peer-to-peer* ou *par-a-par*), sem a necessidade de um mestre. Ao final deste capítulo, a seção de Leitura adicional contém referências com mais detalhes.

Valor	ID de tablet	ID de nó
2014-01-01	Tablet0	Nó0
2015-01-01	Tablet1	Nó0
2016-01-01	Tablet2	Nó2
2017-01-01	Tablet3	Nó2
2018-01-01	Tablet4	Nó0
2019-01-01	Tablet5	Nó1
2020-01-01	Tablet6	Nó1
MaxDate	Tablet7	Nó1

Figura 21.4 Exemplo de tabela de partição após a divisão e a movimentação de tablets.

Valor	ID de tablet	ID de nó
2014-01-01	Tablet0	Nó0, Nó1
2015-01-01	Tablet1	Nó0, Nó2
2016-01-01	Tablet2	Nó2, Nó0
2017-01-01	Tablet3	Nó2, Nó1
2018-01-01	Tablet4	Nó0, Nó1
2019-01-01	Tablet5	Nó1, Nó0
2020-01-01	Tablet6	Nó1, Nó2
MaxDate	Tablet7	Nó1, Nó2

Figura 21.5 Tabela de partição da Figura 21.4 com replicação.

21.4 Replicação

Com um grande número de nós, a probabilidade de que pelo menos um nó apresente problema em um sistema paralelo é significativamente maior do que em um sistema de único nó. Um sistema paralelo mal projetado deixará de funcionar se algum nó falhar. Supondo que a probabilidade de falha de um único nó seja pequena, a probabilidade de falha do sistema aumenta linearmente com o número de nós. Por exemplo, se um único nó falharia uma vez a cada cinco anos, um sistema com 100 nós teria a probabilidade de falhar a cada 18 dias.

Portanto, os sistemas de armazenamento de dados paralelos devem ser resilientes à falha de nós. Não só os dados não devem ser perdidos no caso de uma falha no nó, mas também o sistema deve continuar *disponível*, isto é, continuar a funcionar, mesmo durante uma falha desse tipo.

Para garantir que as tuplas não sejam perdidas na falha do nó, as tuplas são replicadas em pelo menos dois nós, e geralmente em três nós. Se um nó falhar, as tuplas que ele armazenou ainda podem ser acessadas dos outros nós onde as tuplas estão replicadas.[4]

O rastreamento das réplicas no nível de tuplas individuais resultaria em sobrecarga significativa em termos de armazenamento e processamento de consultas. Em vez disso, a replicação é feita no nível de partições (tablets, nós ou nós virtuais). Ou seja, cada partição é replicada; os locais das réplicas das partições são registrados como parte da tabela de partição.

A Figura 21.5 mostra uma tabela de partição com replicação de tablets. Cada tablet é replicado em dois nós.

O sistema de banco de dados controla os nós com falha; solicitações de dados armazenados em um nó com falha são direcionadas automaticamente para os nós de *backup*, que armazenam uma réplica dos dados. Questões sobre como lidar com o caso em que uma ou mais réplicas estão armazenadas em um nó com falha no momento são abordadas resumidamente na Seção 21.4.2 e com mais detalhes posteriormente, na Seção 23.4.

21.4.1 Local das réplicas

A replicação para dois nós oferece proteção contra perda/indisponibilidade de dados no caso de falha de um único nó, enquanto a replicação para três nós oferece proteção mesmo no caso de falhas de dois nós. Se todos os nós em que uma partição é replicada falharem, obviamente não há como impedir a perda/indisponibilidade de dados. Os sistemas que utilizam máquinas comuns e de baixo custo para armazenamento de dados geralmente usam a replicação em três vias, enquanto os sistemas que usam máquinas mais confiáveis geralmente usam a replicação em duas vias.

Existem vários modos de falha possíveis em um sistema paralelo. Um único nó pode falhar em virtude de alguma falha interna. Além disso, é possível que todos os nós em um rack falhem se houver algum problema com o rack, como, por exemplo, falha na alimentação de energia do rack inteiro ou falha dos switches de rede em um rack, tornando inacessíveis todos os nós no rack. Além disso, existe a possibilidade de falha de um *datacenter* inteiro, por exemplo, diante de incêndio, inundação ou "apagão".

O local dos nós onde as réplicas de uma partição são armazenadas deve, portanto, ser escolhido com cuidado, para maximizar a probabilidade de pelo menos uma cópia ser acessível mesmo durante uma falha. Essa replicação pode estar dentro de um *datacenter* ou entre *datacenters*.

- **Replicação dentro de um *datacenter*.** Como as falhas de único nó são o modo de falha mais comum, as partições geralmente são replicadas para outro nó. Com a topologia de interconexão tipo árvore, comumente usada nas redes do *datacenter* (descrita na Seção 20.4.3), a largura de banda da rede dentro de um rack é muito maior do que a largura de banda da rede entre os racks. Como resultado, a replicação para outro nó dentro do mesmo rack que o primeiro nó reduz a demanda sobre a rede entre os racks. Mas, para lidar com a possibilidade de uma falha de rack, as partições também são replicadas para um nó em um rack diferente.
- **Replicação entre *datacenters*.** Para lidar com a possibilidade de falha de um *datacenter* inteiro, as partições também podem ser replicadas em um ou mais *datacenters* separados geograficamente. A separação geográfica é importante para lidar com desastres como terremotos ou tempestades que podem bloquear todos os *datacenters* em uma região geográfica.

[4]O *caching* também resulta em replicação de dados, mas com o objetivo de agilizar o acesso. Como os dados podem ser expulsos do cache a qualquer momento, o *caching* não garante disponibilidade no caso de falhas.

Para muitas aplicações Web, os atrasos de ida e volta em uma rede de longa distância podem afetar significativamente o desempenho, um problema que está aumentando com o uso de aplicações Ajax que exigem várias rodadas de comunicação entre o navegador e a aplicação. Para lidar com esse problema, os usuários estão conectados a servidores de aplicação que estão mais próximos a eles geograficamente, e a replicação de dados é realizada de tal forma que uma das réplicas fique localizada no mesmo *datacenter* (ou pelo menos próximo geograficamente) do servidor de aplicação.

Suponha que todas as partições em um nó N_1 sejam replicadas em um único nó N_2, e N_1 falhe. Então, o nó N_2 terá que tratar de todas as solicitações que originalmente teriam ido para N_1, além das solicitações direcionadas diretamente para o nó N_2. Como resultado, o nó N_2 teria que executar o dobro do trabalho de outros nós no sistema, resultando em uma distorção de execução durante a falha do nó N_1.

Para evitar esse problema, as réplicas das partições que residem em um nó, digamos N_1, são espalhadas por vários outros nós. Por exemplo, considere um sistema com dez nós e replicação em duas vias. Suponha que o nó N_1 tenha uma das réplicas das partições p_1 a p_9. Então, a outra réplica das partições p_1 poderia ser armazenada em N_2, de p_2 em N_3 e assim por diante, até p_9 em N_{10}. Assim, no caso de falha de N_1, os nós N_2 a N_{10} compartilhariam o trabalho extra igualmente, em vez de sobrecarregar um único nó com todo o trabalho extra.

21.4.2 Atualizações e consistência das réplicas

Como cada partição é replicada, as atualizações feitas nas tuplas de uma partição devem ser executadas em todas as réplicas da partição. Para dados que nunca são atualizados depois de criados, as leituras podem ser realizadas em qualquer uma das réplicas, pois todas elas terão o mesmo valor. Se um sistema de armazenamento garantir que todas as réplicas sejam bloqueadas com exclusividade e atualizadas atomicamente (usando, por exemplo, o protocolo de confirmação em duas fases, que veremos na Seção 23.2.1), as leituras de uma tupla podem ser executadas (depois de obter um bloqueio compartilhado) em qualquer uma das réplicas e receberão a versão mais recente da tupla.

Se os dados forem atualizados e as réplicas não forem atualizadas atomicamente, diferentes réplicas poderão ter valores diferentes temporariamente. Assim, uma leitura pode ver um valor diferente, dependendo de qual réplica ela acessa. A maior parte das aplicações requer que as solicitações de leitura de uma tupla recebam a versão mais recente da tupla; as atualizações baseadas na leitura de uma versão mais antiga podem resultar em um *problema de atualização perdida*.

Uma maneira de garantir que as leituras obtenham o valor mais recente é tratar uma das réplicas de cada partição como uma **réplica mestra**. Todas as atualizações são enviadas para a réplica mestra e, em seguida, são propagadas para outras réplicas. As leituras também são enviadas para a réplica mestra, para que elas recebam a versão mais recente de qualquer item de dados, mesmo que as atualizações ainda não tenham sido aplicadas às outras réplicas.

Se uma réplica mestra falhar, uma nova mestra será atribuída a essa partição. É importante garantir que todas as operações de atualização realizadas pela mestra antiga também tenham sido vistas pela nova mestra. Além disso, a antiga réplica mestra pode ter atualizado algumas das réplicas, mas não todas, antes de falhar; a nova mestra deverá concluir a tarefa de atualizar todas as réplicas. Discutimos os detalhes na Seção 23.6.2.

É importante saber qual nó é o mestre (atual) de cada partição. Essa informação pode ser armazenada junto com a tabela de partição. Especificamente, a tabela de partições deve registrar, além do intervalo de valores de chave atribuídos a essa partição, onde as réplicas da partição são armazenadas e, também, qual réplica é atualmente a mestra. Três soluções normalmente são usadas para atualizar as réplicas.

- O protocolo de *commit em duas fases* (2PC), ou confirmação em duas fases, do inglês *two phase commit*), que garante que múltiplas atualizações realizadas por uma transação sejam aplicadas atomicamente em vários sítios, é descrito na Seção 23.2. Esse protocolo pode ser usado com réplicas para garantir que uma atualização seja executada atomicamente em todas as réplicas de uma tupla.

  Por enquanto, consideramos que todas as réplicas estão disponíveis e podem ser atualizadas. Questões sobre como permitir que a confirmação em duas fases continue a execução na presença de falhas, quando algumas réplicas podem não estar acessíveis, são discutidas na Seção 23.4.
- Sistemas de mensagens persistentes, descritos na Seção 23.2.3, que garantem que uma mensagem seja entregue uma vez enviada. Os sistemas de mensagens persistentes podem ser usados para atualizar réplicas da seguinte forma: uma atualização para uma tupla é registrada como uma mensagem persistente e enviada para todas as réplicas da tupla. Depois que a mensagem é registrada, o sistema de mensagens persistentes garante que ela será entregue a todas as réplicas. Assim, no final das contas, todas as réplicas receberão a atualização; a propriedade é conhecida como **consistência eventual** (***eventual consistency***) das réplicas.

  No entanto, pode haver um atraso na entrega da mensagem e, durante esse período, algumas réplicas podem ter sofrido uma atualização, enquanto outras não. Para garantir que as leituras recebam uma versão consistente, as leituras são realizadas apenas em uma réplica mestra, em que as atualizações são feitas primeiro. (Se o sítio (*site*) com uma réplica mestra de uma tupla falhar, outra réplica poderá assumir como a réplica mestra, após garantir que todas as mensagens persistentes com atualizações pendentes foram aplicadas.) Os detalhes são apresentados na Seção 23.6.2.
- Protocolos chamados *protocolos de consenso*, que permitem que atualizações de réplicas continuem mesmo em caso de falhas, quando algumas réplicas podem não ser alcançadas, podem ser usados para gerenciar a atualização de réplicas. Ao contrário dos protocolos anteriores, os protocolos de consenso podem funcionar mesmo sem uma réplica mestra designada. Estudamos os protocolos de consenso na Seção 23.8.

21.5 Indexação paralela

Os índices em um sistema de armazenamento de dados paralelo podem ser divididos em dois tipos: índices locais e globais. Na discussão a seguir, quando o particionamento de nó virtual é usado, o termo *nó* deve ser entendido como nó virtual (ou, de modo equivalente, tablet).

- Um **índice local** é um índice criado sobre tuplas armazenadas em um nó específico; normalmente, esse índice seria criado sobre todas as partições de determinada relação. O conteúdo do índice é armazenado no mesmo nó que os dados.
- Um **índice global** é um índice criado sobre dados armazenados em vários nós; um índice global pode ser usado para encontrar, com eficiência, as tuplas correspondentes, independentemente de onde elas estejam armazenadas.

  Embora o conteúdo de um índice global possa ser armazenado em um único local central, esse esquema resultaria em baixa escalabilidade; como resultado, o conteúdo de um índice global deve ser particionado em vários nós.

Um **índice primário global** sobre uma relação é um índice global sobre os atributos nos quais as tuplas da relação são particionadas. Um índice global sobre o atributo de particionamento *K* é construído simplesmente criando índices locais sobre *K* em cada partição.

Uma consulta destinada a recuperar tuplas com um valor de chave específico *k*1 para *K* pode ser respondida descobrindo, primeiramente, qual partição poderia conter o valor de chave *k*1 e, em seguida, usando o índice local nessa partição para encontrar as tuplas solicitadas.

Por exemplo, suponha que a relação *aluno* seja particionada sobre o atributo ID, e um índice global seja construído sobre o atributo ID. Neste caso, basta construir um índice local sobre ID em cada partição. A Figura 21.6a mostra um índice primário global na relação *aluno* sobre o atributo ID; os índices locais não são mostrados explicitamente na figura.

Uma consulta que se destina a recuperar tuplas com um valor específico de ID, digamos 557, pode ser respondida primeiro usando a função de particionamento sobre ID para descobrir primeiro qual partição pode conter o valor de ID especificado, 557; a consulta é, então, enviada para o nó correspondente, que usa o índice local sobre ID para localizar as tuplas exigidas.

Observe que ID é a chave primária para a relação *aluno*; no entanto, esse esquema funcionaria mesmo se o atributo de particionamento não fosse a chave primária. O esquema pode ser estendido para lidar com consultas de intervalo, desde que a função de particionamento seja baseada em intervalos de valores; um esquema de particionamento baseado em *hash* não pode suportar consultas de intervalo.

Um **índice secundário global** sobre uma relação é um índice global cujos atributos de índice não correspondem aos atributos sobre os quais as tuplas são particionadas.

Suponha que os atributos de particionamento sejam K_p, enquanto os atributos de índice são K_i, com $K_p \neq K_i$. Uma técnica para responder a uma consulta de seleção sobre os atributos K_i é a seguinte: se um índice local for criado sobre K_i em cada partição da relação, a consulta será enviada para cada partição, e o índice local será usado para encontrar as tuplas correspondentes. Essa técnica usando índices locais é muito ineficiente se o número de partições for grande, pois cada partição precisa ser consultada, mesmo que apenas uma ou poucas partições contenham tuplas correspondentes.

Agora ilustramos um esquema eficiente para construir um índice secundário global usando um exemplo. Considere novamente a relação *aluno* particionada sobre o atributo ID, e suponha que um índice global seja construído sobre o atributo *nome*. Um modo simples de construir esse índice é criar um conjunto de tuplas (*nome*, ID), com uma tupla por cada tupla de *aluno*; vamos chamar esse conjunto de tuplas de *índice_nome*. Agora, as tuplas *índice_nome* são particionadas

Figura 21.6 Índices primário e secundário globais sobre a relação *aluno*.

sobre o atributo *nome*. Um índice local sobre *nome* é então construído em cada partição de *índice_nome*. Além disso, um índice global é criado sobre o ID, que é o atributo de particionamento. A Figura 21.6b mostra um índice secundário na relação *aluno* sobre o atributo *nome*; os índices locais não são mostrados explicitamente na figura.

Agora, uma consulta que precisa recuperar alunos com determinado nome pode ser tratada examinando primeiro a função de partição de *índice_nome* para descobrir qual partição pode armazenar as tuplas de *índice_nome* com o nome indicado; a consulta é, então, enviada para essa partição, que usa o índice local sobre *nome* para encontrar o valor de ID correspondente. Em seguida, o índice global sobre o valor de ID é usado para encontrar a tupla exigida.

Observe que, no exemplo anterior, o atributo ID do particionamento não possui duplicatas; portanto, basta adicionar apenas a chave de índice *nome* e o atributo ID à relação *índice_nome*. Caso contrário, outros atributos teriam que ser adicionados para garantir que as tuplas pudessem ser identificadas exclusivamente, conforme descrito a seguir.

Em geral, dada uma relação r que está particionada sobre um conjunto de atributos K_p, se desejarmos criar um índice secundário global sobre um conjunto de atributos K_i, criamos uma nova relação r_i^s, contendo os seguintes atributos:

1. K_i e K_p.
2. Se os atributos de particionamento K_p tiverem duplicatas, teremos que adicionar outros atributos K_u, tais que $K_p \cup K_u$ seja uma chave para a relação que está sendo indexada.

A relação r_i^s é particionada sobre K_i, e um índice local é criado sobre K_i. Além disso, um índice local sobre os atributos (K_p, K_u) é criado em cada partição da relação r.

Agora, consideramos como usar um índice secundário global para responder a uma consulta. Considere uma consulta que especifique um valor em particular v para o K_i. A consulta é processada da seguinte maneira:

1. A partição relevante de r_i^s para o valor v é encontrada usando a função de particionamento sobre K_i.
2. Use o índice local sobre K_i na partição relevante (encontrada no item anterior) para encontrar as tuplas de r_i^s que possuem o valor especificado v para K_i.
3. As tuplas no resultado anterior são particionadas com base no valor K_p e enviadas aos nós correspondentes.
4. Em cada nó, as tuplas recebidas da etapa anterior são usadas junto com o índice local em r sobre os atributos $K_p \cup K_u$, para encontrar as tuplas de r correspondentes.

Observe que a relação r_i^s é, basicamente, uma visão materializada definida como $r_i^s = \Pi_{K_i, K_p, K_u}(r)$. Sempre que r for modificada por inserções, exclusões ou atualizações de tuplas, a *view* materializada deve ser atualizada de maneira correspondente.

Observe também que as atualizações para uma tupla de r em algum nó podem resultar em atualizações para tuplas de r_i^s em outros nós. Por exemplo, na Figura 21.6, se o nome correspondente ao ID 001 for atualizado de Zhang para Yang, a tupla (Zhang, 001) em Tablet8 será atualizada para (Yang, 001); já que Zhang e Yang pertencem à mesma partição do índice secundário, nenhuma outra partição é afetada. Por outro lado, se o nome for atualizado de Zhang para Bolin, a tupla (Zhang, 001) será excluída do Tablet8 e uma nova entrada (Bolin, 001) será acrescentada ao Tablet6.

A execução dessas atualizações sobre o índice secundário como parte da mesma transação que atualiza a relação base exige que as atualizações sejam confirmadas atomicamente em vários nós. A confirmação em duas fases (*commit em duas fases*), discutida na Seção 23.2, pode ser usada para essa tarefa. Alternativas baseadas em mensagens persistentes também podem ser usadas conforme descrito na Seção 23.2.3, desde que seja aceitável que o índice secundário esteja um pouco desatualizado.

21.6 Sistemas de arquivos distribuídos

Um **sistema de arquivos distribuído** armazena arquivos em uma grande coleção de máquinas e oferece aos clientes uma visão de um único sistema de arquivos. Como em qualquer sistema de arquivos, existe um sistema de nomes de arquivos e diretórios, que os clientes podem usar para identificar e acessar arquivos. Os clientes não precisam se preocupar com o local onde os arquivos estão armazenados.

O objetivo dos sistemas de arquivos distribuídos de primeira geração era permitir que as máquinas clientes acessassem os arquivos armazenados em um ou mais servidores de arquivos. Por outro lado, os sistemas de arquivos distribuídos de última geração, em que estamos interessados, abordam a distribuição de blocos de arquivos por um número muito grande de nós. Esses sistemas de arquivos distribuídos podem armazenar quantidades muito grandes de dados e suportar um número muito grande de clientes simultâneos. Um sistema de referência nesse contexto foi o Google File System (GFS), desenvolvido no início dos anos 2000, que teve uso generalizado dentro do Google. O sistema de código-fonte aberto Hadoop Distributed File System (HDFS) é baseado na arquitetura GFS, sendo bastante utilizado atualmente.

Os sistemas de arquivos distribuídos geralmente são projetados para armazenar com eficiência arquivos grandes, cujos tamanhos variam de dezenas de megabytes a centenas de gigabytes ou mais. No entanto, eles são projetados para armazenar uma quantidade moderada desses arquivos, da ordem de milhões; eles geralmente não são projetados para armazenar bilhões de arquivos diferentes. Por outro lado, os sistemas de armazenamento de dados paralelos que vimos anteriormente foram projetados para armazenar um número muito grande (bilhões ou mais) de itens de dados, cujo tamanho pode variar de pequeno (dezenas de bytes) a médio (alguns megabytes).

Como nos sistemas de armazenamento de dados paralelos, os dados em um sistema de arquivos distribuído são armazenados em vários nós. Como os arquivos podem ser muito maiores que os itens de dados em um sistema de armazenamento de dados, os arquivos são divididos em vários blocos. Os blocos de um único arquivo podem ser particionados em várias máquinas. Além disso, cada bloco de arquivo é replicado em várias máquinas (normalmente três), para que uma falha na máquina não torne o arquivo inacessível.

Os sistemas de arquivos geralmente oferecem suporte a dois tipos de *metadados*:

1. Um sistema de diretórios, que permite uma organização hierárquica de arquivos em diretórios e subdiretórios.
2. Um mapeamento entre um nome de arquivo e a sequência de identificadores de blocos que armazenam os dados reais em cada arquivo.

No caso de um sistema de arquivos centralizado, os identificadores de bloco ajudam a localizar blocos em um dispositivo de armazenamento, como um disco. No caso de um sistema de arquivos distribuído, além de fornecer um identificador de bloco, o sistema de arquivos deve indicar o local (identificador do nó) onde o bloco está armazenado; na verdade, em razão da replicação, o sistema de arquivos fornece um conjunto de identificadores de nó junto a cada identificador de bloco.

No restante desta seção, descrevemos a organização do Hadoop Distributed File System (HDFS), mostrada na Figura 21.7; a arquitetura do HDFS é derivada da arquitetura do Google File System (GFS). Os nós (máquinas) que armazenam blocos de dados no HDFS são chamados de **datanodes**. Os blocos têm um ID associado, e os datanodes mapeiam o ID do bloco a um local no sistema de arquivos local em que o bloco está armazenado.

Os metadados do sistema de arquivos também podem ser particionados em muitos nós, mas, a menos que sejam cuidadosamente arquitetados, isso pode levar a um desempenho ruim. O GFS e o HDFS adotaram uma técnica mais simples e pragmática de armazenar os metadados do sistema de arquivos em um único nó, chamado de **namenode** no HDFS.

Como todas as leituras de metadados têm que ir para o namenode, se fosse necessário um acesso ao disco para satisfazer uma leitura de metadados, o número de solicitações que

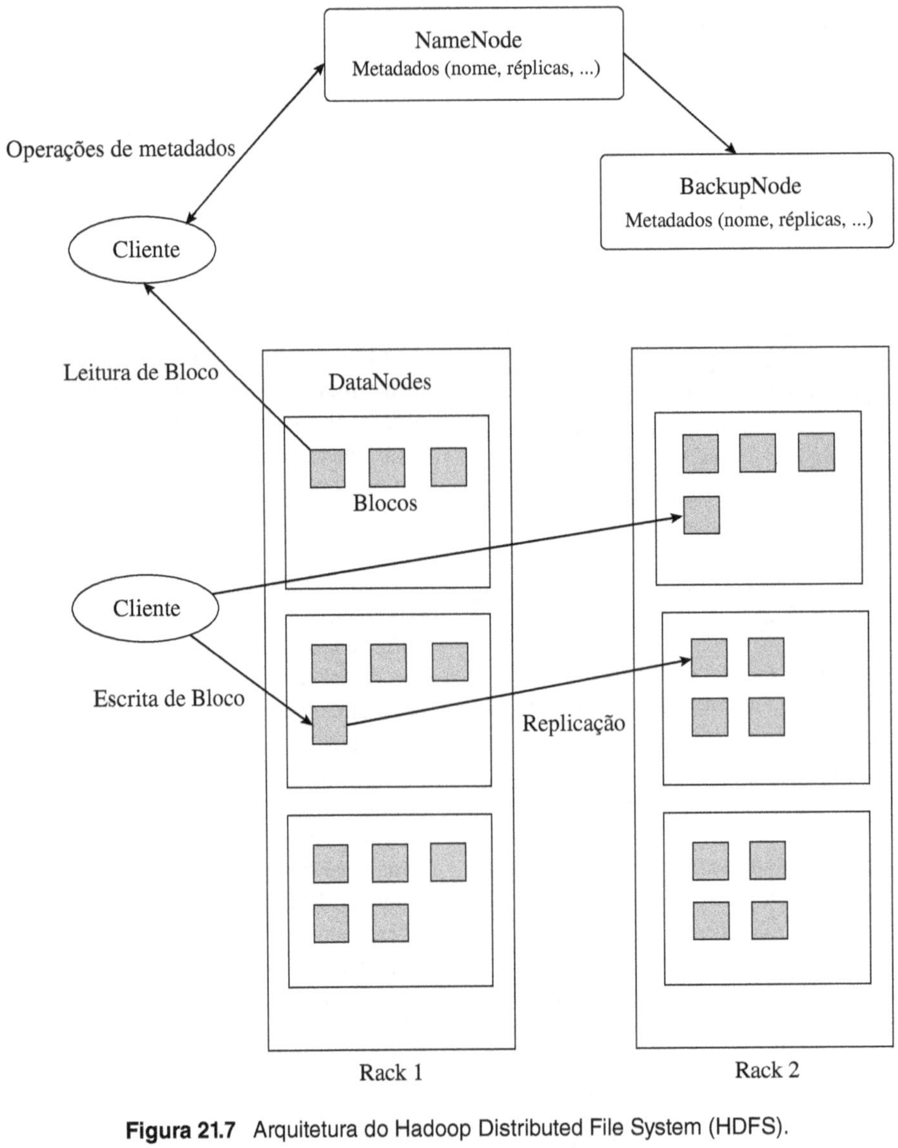

Figura 21.7 Arquitetura do Hadoop Distributed File System (HDFS).

poderiam ser atendidas por segundo seria muito pequeno. Para garantir um desempenho aceitável, os namenodes do HDFS armazenam todos os metadados na memória cache; o tamanho da memória torna-se um fator limitador para o número de arquivos e blocos que o sistema de arquivos pode gerenciar. Para reduzir o tamanho da memória, o HDFS usa tamanhos de bloco muito grandes (normalmente, 64 MB) para reduzir o número de blocos que o namenode deve rastrear para cada arquivo. Apesar disso, a quantidade limitada de memória principal na maioria das máquinas restringe os namenodes para aceitar apenas um número limitado de arquivos (da ordem de milhões). No entanto, com tamanhos de memória principal de muitos gigabytes e tamanhos de bloco de dezenas de megabytes, um sistema HDFS pode tratar confortavelmente de muitos petabytes de dados.

Em qualquer sistema com um grande número de datanodes, as falhas do datanode são uma ocorrência frequente. Para lidar com falhas de datanode, os blocos de dados devem ser replicados para vários datanodes. Se um datanode falhar, o bloco ainda poderá ser lido de um dos outros datanodes que armazenam uma réplica do bloco. A replicação para três datanodes é muito utilizada para fornecer alta disponibilidade, sem pagar uma sobrecarga de armazenamento muito alta.

Agora, consideramos como o HDFS satisfaz uma solicitação de abertura e leitura de arquivo. Primeiro, o cliente contata o namenode, informando o nome do arquivo. O namenode encontra a lista de IDs de blocos contendo os dados do arquivo e retorna ao cliente a lista de IDs de bloco, juntamente com o conjunto de nós que contêm réplicas de cada um dos blocos. O cliente, então, entra em contato com qualquer uma das réplicas para cada bloco do arquivo, enviando o ID do bloco para recuperar esse bloco. Caso essa réplica em particular não responda, o cliente pode contatar qualquer uma das outras réplicas.

Para satisfazer uma solicitação de escrita, o cliente primeiro entra em contato com o namenode, que aloca blocos e decide quais datanodes devem armazenar réplicas de cada bloco. Os metadados são registrados no namenode e enviados de volta ao cliente. O cliente, em seguida, escreve o bloco em todas as réplicas. Como uma otimização para reduzir o tráfego de rede, as implementações do HDFS podem optar por armazenar duas réplicas no mesmo rack; nesse caso, a escrita em bloco é executada em uma réplica, que depois copia os dados para a segunda réplica no mesmo rack. Quando todas as réplicas tiverem processado a escrita de um bloco, uma confirmação é enviada ao cliente.

A replicação introduz o problema de consistência de dados nas réplicas, caso o arquivo seja atualizado. Como exemplo, suponha que uma das réplicas de um bloco de dados seja atualizada, mas, em função de uma falha no sistema, outra réplica não é atualizada; então, o sistema pode acabar com estados inconsistentes nas réplicas. E qual valor é lido dependeria de qual réplica é acessada, uma situação inaceitável.

Embora os sistemas de armazenamento de dados em geral precisem lidar com a consistência, usando técnicas que estudamos no Capítulo 23, alguns sistemas de arquivos distribuídos, como o HDFS, adotam uma técnica diferente: não permitir atualizações. Em outras palavras, um arquivo pode ser anexado, mas os dados gravados não podem ser atualizados. À medida que cada bloco do arquivo é escrito, o bloco é copiado para as réplicas. O arquivo não pode ser lido até ser *fechado*, ou seja, todos os dados forem escritos no arquivo e os blocos forem escritos com êxito em todas as suas réplicas. Esse modelo de escrita de dados em um arquivo, às vezes, é chamado de modelo de acesso **write-once-read-many** (escreve uma vez, lê muitas vezes). Outros, como o GFS, permitem atualizações e detectam determinados estados inconsistentes causados por falhas durante a escrita em réplicas; no entanto, as atualizações transacionais (atômicas) não são aceitas.

A restrição de que os arquivos não podem ser atualizados, mas podem ser anexados apenas, não representa um problema para muitas aplicações de um sistema de arquivos distribuído. As aplicações que exigem atualizações devem usar um sistema de armazenamento de dados que suporte atualizações em vez de usar um sistema de arquivos distribuído.

21.7 Armazenamento paralelo de chave-valor (*parallel key-value stores*)

Muitas aplicações Web precisam armazenar números muito grandes (muitos bilhões) de registros relativamente pequenos (com tamanho variando de alguns kilobytes a alguns megabytes). O armazenamento teria que ser distribuído por milhares de nós. Armazenar tais registros como arquivos em um sistema de arquivos distribuído é inviável, pois os sistemas de arquivos não foram projetados para armazenar um número tão grande de arquivos pequenos. O ideal é que um banco de dados relacional maciçamente paralelo seja usado para armazenar esses dados. Mas os bancos de dados relacionais paralelos disponíveis no início dos anos 2000 não foram projetados para funcionar em tão grande escala; nem tinham a capacidade de adicionar facilmente mais nós ao sistema sem causar interrupções significativas nas atividades em andamento.

Vários sistemas de armazenamento paralelo de chave-valor foram desenvolvidos para atender às necessidades de tais aplicações Web. Um **armazenamento de chave-valor** (***key-value store***) oferece uma maneira de armazenar ou atualizar um item de dados (valor) com uma chave associada e recuperar o item de dados com determinada chave. Alguns armazenamentos de chave-valor tratam os itens de dados como sequências de bytes não interpretadas, enquanto outros permitem que um esquema seja associado ao item de dados. Se o sistema suportar a definição de um esquema para itens de dados, é possível que o sistema crie e mantenha índices secundários sobre atributos especificados dos itens de dados.

Os armazenamentos de chave-valor admitem duas funções muito básicas sobre tabelas: put(tabela, chave, valor), usada para armazenar valores em uma tabela, com uma chave associada, e get(tabela, chave), que recupera o valor armazenado associado à chave especificada. Além disso, eles podem admitir outras funções, como consultas de intervalo de chaves, usando get(tabela, chave1, chave2).

Além disso, muitos armazenamentos de chave-valor suportam alguma forma de esquema flexível (*flexible schema*).

- Alguns permitem que os nomes das colunas sejam especificados como parte de uma definição de esquema, de modo semelhante aos armazenamentos de dados relacionais.
- Outros permitem que colunas sejam acrescentadas ou excluídas de tuplas individuais; esses armazenamentos de chave-valor, às vezes, são chamados de **armazenamentos por colunas**. Esses armazenamentos de chave-valor aceitam funções como put(tabela, chave, nome-coluna, valor), para armazenar um valor em uma coluna específica de uma linha identificada pela chave (criando a coluna, se ela ainda não existir), e get(tabela, chave, nome-coluna), que recupera o valor de uma coluna específica de uma linha específica identificada pela chave. Além disso, delete(tabela, chave, nome-coluna) exclui uma coluna específica de uma linha.
- No entanto, outros armazenamentos de chave-valor permitem que o valor armazenado com uma chave tenha uma estrutura complexa, geralmente baseada em JSON; eles também são chamados de **repositórios de documentos**.

A capacidade de especificar um esquema (parcial) do valor armazenado permite que o armazenamento de chave-valor avalie os predicados de seleção no armazenamento de dados; alguns armazenamentos também usam o esquema para oferecer suporte a índices secundários.

Usamos o termo *armazenamento de chave-valor* para incluir todos esses tipos de armazenamentos de dados; no entanto, algumas pessoas usam o mesmo termo para se referir mais especificamente àqueles que não admitem nenhuma forma de esquema e tratam o valor como uma sequência não interpretada de bytes.

Armazenamentos paralelos de chave-valor geralmente oferecem suporte à *elasticidade*, em que o número de nós pode ser aumentado ou diminuído gradualmente, dependendo da demanda. À medida que os nós são adicionados, os tablets podem ser movidos para os novos nós. Para reduzir o número de nós, os tablets podem ser retirados de alguns nós, que podem então ser removidos do sistema.

Alguns dos armazenamentos paralelos de chave-valor muito utilizados que suportam colunas flexíveis (também conhecidos como armazenamentos por colunas) são Bigtable do Google, Apache HBase, Apache Cassandra (originalmente desenvolvido no Facebook) e Microsoft Azure Table Storage, da Microsoft, entre outros. Os armazenamentos de chave-valor que possuem suporte para esquema incluem Megastore e Spanner, do Google, e Sherpa/PNUTS, do Yahoo!. Os armazenamentos de chave-valor que oferecem suporte a dados semiestruturados (também conhecidos como repositórios de documentos) incluem Couchbase, DynamoDB da Amazon e MongoDB, entre outros. Redis e Memcached são armazenamentos paralelos de chave-valor na memória, muito utilizados para armazenar dados em cache.

Os armazenamentos de chave-valor não são bancos de dados completos, pois não oferecem muitos dos recursos que são vistos como padrão nos sistemas de banco de dados atualmente. Os recursos para os quais os armazenamentos de chave-valor normalmente não oferecem suporte incluem consulta declarativa (usando SQL ou qualquer outra linguagem de consulta declarativa), suporte para transações e suporte para recuperação eficiente de registros com base em seleções sobre atributos não chave (os bancos de dados tradicionais têm suporte para isso usando índices secundários). Na verdade, eles normalmente não admitem restrições de chave primária para atributos que não sejam a chave, e não admitem restrições de chave estrangeira.

21.7.1 Representação de dados

Como exemplo das necessidades de gerenciamento de dados de aplicações Web, considere o perfil de um usuário, que precisa estar acessível a diversas aplicações diferentes executadas por uma organização. O perfil contém diversos atributos, e há acréscimos frequentes aos atributos armazenados no perfil. Alguns atributos podem conter dados complexos. Uma representação relacional simples geralmente não é suficiente para dados tão complexos.

Muitos armazenamentos de chave-valor aceitam a representação *JavaScript Object Notation* (JSON), que vem obtendo uma aceitação cada vez maior por representar dados complexos (JSON é explicado na Seção 8.1.2). A representação JSON oferece flexibilidade no conjunto de atributos que um registro contém, bem como nos tipos desses atributos. Outros, como Bigtable, definem seu próprio modelo de dados para dados complexos, incluindo suporte para registros com um número muito grande de colunas opcionais.

No Bigtable, um registro não é armazenado como um valor único, mas é dividido em atributos componentes que são armazenados separadamente. Portanto, a chave para um valor de atributo consiste conceitualmente em (identificador-registro, nome-atributo). Cada valor de atributo é apenas uma cadeia de caracteres (*string*) no que diz respeito ao Bigtable. Para buscar todos os atributos de um registro, é usada uma consulta por intervalo ou, mais precisamente, uma consulta de correspondência de prefixo que consiste apenas no identificador de registro. A função get() retorna os nomes dos atributos junto com os valores. Para a recuperação eficiente de todos os atributos de um registro, o sistema de armazenamento mantém as entradas classificadas pela chave, para que todos os valores de atributo de determinado registro estejam agrupados.

Na verdade, o próprio identificador de registro pode ser estruturado hierarquicamente, embora para o próprio Bigtable o identificador de registro seja apenas uma cadeia de caracteres. Por exemplo, uma aplicação que armazena páginas recuperadas de um rastreamento da Web (*web crawl*) pode mapear um URL com o formato

www.cs.yale.edu/people/silberschatz.html

ao identificador de registro

edu.yale.cs.www/people/silberschatz.html

para que as páginas fiquem agrupadas em uma ordem mais útil.

Os sistemas de armazenamento de dados normalmente permitem o armazenamento de várias versões dos itens de dados. As versões, em geral, são identificadas por *timestamp*, mas, como alternativa, podem ser identificadas por um valor inteiro incrementado sempre que for criada uma versão de um item de dados. As leituras podem especificar a versão exigida de um item de dados ou podem escolher aquela com o número de versão mais alto. No Bigtable, por exemplo, uma chave, na verdade, consiste em três partes: (identificador-registro, nome-atributo, timestamp).

Alguns armazenamentos de chave-valor oferecem suporte ao *armazenamento colunar* de linhas, com cada coluna de uma linha armazenada separadamente, com a chave da linha e o valor da coluna armazenados para cada linha. Essa representação permite que uma varredura recupere com eficiência uma coluna especificada de todas as linhas, sem precisar recuperar outras colunas do armazenamento. Por outro lado, se as linhas forem armazenadas da maneira normal, com todos os valores de coluna armazenados com a linha, uma varredura sequencial do armazenamento buscaria colunas que não são necessárias, reduzindo o desempenho.

Além disso, alguns armazenamentos de chave-valor admitem a noção de uma **família de colunas**, que agrupa conjuntos de colunas em forma de família. Para determinada linha, todas as colunas em uma família de colunas específica são armazenadas juntas, mas as colunas de outras famílias de colunas são armazenadas separadamente. Se um conjunto de colunas é frequentemente recuperado em conjunto, armazená-las como uma família de colunas pode permitir uma recuperação mais eficiente, em comparação com o armazenamento colunar, onde eles são armazenados e recuperados separadamente, ou um armazenamento por linha, que pode resultar na recuperação de colunas desnecessárias do armazenamento.

21.7.2 Armazenando e recuperando dados

Nesta seção, usamos o termo *tablet* para nos referir a partições, conforme discutido na Seção 21.3.3. Também usamos o termo **servidor de tablet** para nos referir ao nó que atua como servidor de um tablet específico; todas as solicitações relacionadas com um tablet são enviadas para o servidor de tablet.[5] O servidor de tablet seria um dos nós que possui uma réplica do tablet e desempenha o papel de réplica principal, conforme discutido na Seção 21.4.1.[6]

Usamos o termo **mestre** para nos referir a um sítio que armazena uma cópia mestra das informações da partição, incluindo, para cada tablet, os intervalos de chaves do tablet, os sítios que armazenam as réplicas do tablet e o servidor atual do tablet.[7] O mestre também é responsável por rastrear a integridade dos servidores de tablets; caso um nó servidor de tablet falhe, o mestre atribui um dos outros nós que contém uma réplica do tablet para atuar como o novo servidor de tablet. O mestre também é responsável por reatribuir tablets para equilibrar a carga no sistema se algum nó estiver sobrecarregado ou se um novo nó for acrescentado ao sistema.

Para cada solicitação que entra no sistema, o tablet correspondente à chave deve ser identificado e a solicitação encaminhada ao servidor de tablet. Se um único sítio mestre fosse responsável por essa tarefa, ele ficaria sobrecarregado. Em vez disso, a tarefa de roteamento é feita em paralelo de uma destas duas maneiras:

- Replicando as informações de partição nos sítios do cliente; a API de armazenamento de chave-valor usada pelos clientes consulta a cópia das informações da partição armazenada no cliente para decidir para onde direcionar uma solicitação. Essa abordagem é usada no Bigtable e no HBase.
- Replicando as informações de partição para um conjunto de sítios de roteamento, que direcionam as solicitações para o sítio com o tablet apropriado. As solicitações podem ser enviadas para qualquer um dos sítios de roteamento, que encaminha a solicitação para o mestre correto do tablet. Essa abordagem é usada, por exemplo, no sistema PNUTS.

Como pode haver uma lacuna (*gap* temporal) entre de fato dividir ou mover um tablet e atualizar as informações da partição em um roteador (ou cliente), as informações da partição podem estar desatualizadas quando a decisão de roteamento for tomada. Quando a solicitação atinge o nó mestre do tablet identificado, o nó pode detectar que o tablet foi dividido ou que o sítio não armazena mais uma réplica (mestra) do tablet. Nesse caso, a solicitação retorna ao roteador com uma indicação de que o roteamento estava incorreto; o roteador, então, recupera as informações atualizadas de mapeamento do tablet no mestre e redireciona a solicitação para o destino correto.

A Figura 21.8 mostra a arquitetura de um sistema de armazenamento de dados em nuvem, baseado praticamente na arquitetura do PNUTS. Outros sistemas fornecem funcionalidade semelhante, embora sua arquitetura possa variar. Por exemplo, o Bigtable/HBase não possui roteadores separados; as informações de particionamento e mapeamento do servidor de tablet são armazenadas no Google File System/HDFS, e os clientes leem as informações do sistema de arquivos e decidem para onde enviar suas solicitações.

21.7.2.1 Armazenamento geograficamente distribuído

Vários armazenamentos de chave-valor admitem a replicação de dados em locais geograficamente distribuídos; alguns deles também oferecem suporte ao particionamento de dados em locais distribuídos geograficamente, permitindo que diferentes partições sejam replicadas em diferentes conjuntos de locais.

[5]HBase usa os termos *região* e *servidor de região* no lugar dos termos *tablet* e *servidor de tablet*.

[6]No BitTable e no HBase, a replicação é tratada pelo sistema de arquivos distribuído subjacente; os dados de tablet são armazenados em arquivos, e um dos nós contendo uma réplica dos arquivos de tablet é escolhido como o servidor de tablet.

[7]O termo *controlador de tablet* é usado pelo PNUTS para se referir ao sítio mestre.

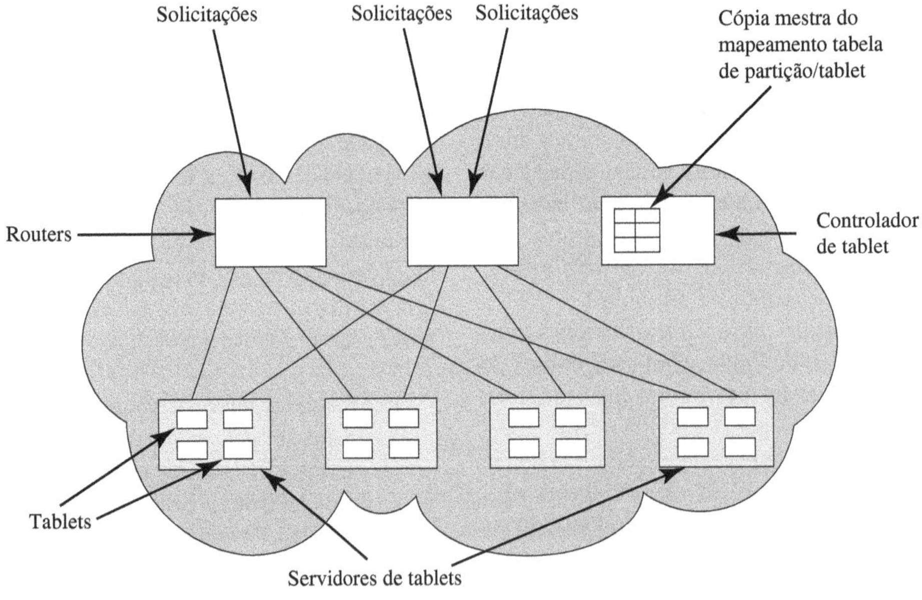

Figura 21.8 Arquitetura de um sistema de armazenamento de dados em nuvem.

Uma das principais motivações para a distribuição geográfica é a tolerância a falhas, que permite que o sistema continue funcionando mesmo se um *datacenter* inteiro falhar em virtude de um desastre, como incêndio ou terremoto; na verdade, terremotos podem causar falhas em todos os *datacenters* de uma região. Uma segunda motivação chave é permitir que uma cópia dos dados resida em uma região geográfica próxima ao usuário; exigir que os dados sejam buscados do outro lado do mundo pode resultar em latências de centenas de milissegundos.

Um problema de desempenho importante com a replicação geográfica de dados é que a latência entre regiões geográficas é muito maior que a latência em um *datacenter*. No entanto, alguns armazenamentos de chave-valor oferecem suporte à replicação distribuída geograficamente, exigindo que as transações esperem pela confirmação de atualizações feitas em locais remotos. Outros armazenamentos de chave-valor admitem a replicação assíncrona de atualizações em locais remotos, permitindo que uma transação seja confirmada sem aguardar a confirmação das atualizações feitas em um local remoto. No entanto, sempre existe o risco de perder atualizações caso haja uma falha antes que elas sejam replicadas. Alguns armazenamentos de chave-valor permitem que a aplicação escolha se deve esperar pela confirmação de locais remotos ou se deve confirmar assim que as atualizações forem executadas localmente.

Alguns dos armazenamentos de chave-valor que oferecem suporte à replicação geográfica são Apache Cassandra, Megastore e Spanner do Google, armazenamento Windows Azure da Microsoft e PNUTS/Sherpa do Yahoo!, entre outros.

21.7.2.2 Estrutura de índice

Em um armazenamento de chave-valor, os registros em cada tablet são indexados sobre a chave; consultas por intervalo podem ter um suporte eficiente, armazenando registros agrupados sobre a chave. Uma organização de arquivos em árvore B^+ é uma boa opção, pois admite a indexação com armazenamento agrupado de registros.

Os armazenamentos de chave-valor, BigTable e HBase, bastante utilizados, são construídos em cima de sistemas de arquivos distribuídos nos quais os arquivos são *imutáveis*; ou seja, os arquivos não podem ser atualizados depois de criados. Portanto, índices ou organizações de arquivos em árvore B^+ não podem ser armazenados em arquivos imutáveis, pois as árvores B^+ exigem atualizações, o que não pode ser feito em um arquivo imutável.

Em vez disso, os sistemas BigTable e HBase usam a variante de *mesclagem escalonada* (*stepped-merge*) da *árvore de mesclagem estruturada em log* (*árvore LSM* ou *log structured merge tree*), que vimos na Seção 14.8.1, que é descrita com mais detalhes na Seção 24.2. A árvore LSM não executa atualizações nas árvores existentes, mas cria outras árvores usando novos dados ou mesclando árvores existentes. Portanto, ela é ideal para uso em sistemas de arquivos distribuídos que admitem apenas arquivos imutáveis. Como um benefício extra, a árvore LSM suporta armazenamento agrupado de registros e pode oferecer velocidades muito altas de inserção e atualização, o que é considerado muito útil em diversas aplicações de armazenamento de chave-valor. Diversos armazenamentos de chave-valor, como o Apache Cassandra e a estrutura de armazenamento WiredTiger usada pelo MongoDB, utilizam a estrutura em árvore LSM.

21.7.3 Suporte a transações

A maioria dos armazenamentos de chave-valor possui suporte limitado para transações. Por exemplo, os armazenamentos de chave-valor geralmente oferecem suporte a atualizações atômicas em um único item de dados e garantem que as atualizações no item de dados sejam serializadas, ou seja, executadas uma após a outra. A serialização no nível das operações individuais é, portanto, trivialmente satisfeita, pois as operações são executadas em série. Observe que a capacidade de serialização no nível das transações não é garantida pela execução serial de atualizações em itens de dados individuais, pois uma transação pode acessar mais de um item de dados.

Alguns armazenamentos de chave-valor, como o MegaStore e o Spanner do Google, fornecem suporte completo para transações ACID por vários nós. No entanto, a maioria dos armazenamentos de chave-valor não oferece suporte a transações entre vários itens de dados.

Alguns armazenamentos de chave-valor oferecem uma operação testar e marcar (*test-and-set*), que pode ajudar as aplicações a implementar formas limitadas de controle de concorrência, como veremos a seguir.

21.7.3.1 Controle de concorrência

Alguns armazenamentos de chave-valor, como os sistemas Megastore e Spanner do Google, oferecem suporte ao controle de concorrência por meio de bloqueio (*locking*). Os problemas no controle de concorrência distribuído são discutidos no Capítulo 23. O Spanner também admite capturas de versão e *snapshots* de banco de dados com base em *timestamps*. Os detalhes da técnica de controle de concorrência multiversão implementada no Spanner são discutidos na Seção 23.5.1.

No entanto, a maioria dos outros armazenamentos de chave-valor, como Bigtable, PNUTS/Sherpa e MongoDB, admite operações atômicas sobre itens de dados isolados (que podem ter várias colunas ou podem ser documentos JSON no MongoDB).

Alguns armazenamentos de chave-valor, como HBase e PNUTS, oferecem uma função atômica testar e marcar (*atomic test-and-set*), permitindo que uma atualização de um item de dados condicione a versão atual do item de dados para que seja igual a um número de versão especificado; a verificação (testar ou *test*) e a atualização (marcar ou *test*) são realizadas atomicamente. Esse recurso pode ser usado para implementar uma forma limitada de controle de concorrência baseado em validação, conforme discutido na Seção 23.3.7.

Alguns armazenamentos de dados admitem operações atômicas de incremento em itens de dados e execução atômica de procedimentos armazenados (*stored procedures*). Por exemplo, o HBase suporta a operação incrementColumnValue(), que lê e incrementa atomicamente o valor de uma coluna, e uma operação checkAndPut(), que verifica atomicamente uma condição em um item de dados e a atualiza somente se a verificação for bem-sucedida. O HBase também aceita a execução atômica de procedimentos armazenados, chamados de "coprocessadores" na terminologia do HBase. Esses procedimentos rodam em cima de um único item de dados e são executados atomicamente.

21.7.3.2 Confirmação atômica (*atomic commit*)

BigTable, HBase e PNUTS aceitam confirmação (*commit*) atômica de várias atualizações em uma única linha; no entanto, nenhum desses sistemas suporta atualizações atômicas por diferentes linhas.

Como um dos resultados dessa limitação, nenhum desses sistemas tem suporte para índices secundários; as atualizações em um item de dados exigiriam atualizações no índice secundário, o que não pode ser feito atomicamente.

Alguns sistemas, como o PNUTS, oferecem suporte para índices secundários ou *views* materializadas com atualizações adiadas; as atualizações em um item de dados fazem com que as atualizações no índice secundário ou na *view* materializada sejam acrescentadas a um serviço de mensagens, que são entregues ao nó em que a atualização precisa ser aplicada. Essas atualizações têm entrega garantida e são aplicadas posteriormente; no entanto, até que sejam aplicadas, o índice secundário pode estar inconsistente com os dados subjacentes. A manutenção de *view* também é aceita pelo PNUTS no mesmo padrão de adiamento. Não há garantia transacional nas atualizações desses índices secundários ou visualizações materializadas, e apenas uma garantia de melhor esforço (*best effort*) em termos de quando as atualizações alcançarão seu destino. Os problemas de consistência com a manutenção adiada são discutidos na Seção 23.6.3.

Por outro lado, os sistemas Megastore e Spanner desenvolvidos pelo Google aceitam a confirmação atômica para transações que abrangem vários itens de dados, que podem estar espalhados por vários nós. Esses sistemas usam a confirmação de duas fases (*two phase commit*, discutida na Seção 23.2) para garantir a confirmação atômica por vários nós.

21.7.3.3 Tratamento de falhas

Se um nó do servidor de tablet falhar, outro nó que tenha uma cópia do tablet deve receber a tarefa de enviar o tablet. O nó principal é responsável por detectar falhas do nó e reatribuir servidores de tablet.

Quando um novo nó assume o cargo de servidor de tablet, ele deve recuperar o estado do tablet. Para garantir que as atualizações no tablet sobrevivam a falhas do nó, as atualizações em um tablet são registradas em *log*, e o próprio *log* é replicado. Quando um sítio falha, os tablets no sítio são atribuídos a outros sítios; o novo sítio mestre de cada tablet é responsável por executar ações de recuperação usando o *log* para atualizar sua cópia do tablet, após o que as atualizações e leituras podem ser realizadas no tablet.

No Bigtable, como exemplo, as informações de mapeamento são armazenadas em uma estrutura de índice, e o índice, assim como os dados reais do tablet, são armazenados no sistema de arquivos. As atualizações de dados do tablet não são enviadas imediatamente, mas os dados do *log* são. O sistema de arquivos garante que os dados do sistema de arquivos sejam replicados e estarão disponíveis mesmo diante da falha de alguns nós no *cluster*. Portanto, quando um tablet é reatribuído, o novo servidor desse tablet tem acesso aos dados de *log* atualizados.

O sistema Sherpa/PNUTS do Yahoo!, por outro lado, replica explicitamente os tablets para vários nós em um *cluster* e usa um sistema de mensagens persistente para implementar o *log*. O sistema de mensagens persistente replica os registros de *log* em vários sítios para garantir a disponibilidade no caso de uma falha. Quando um novo nó assume a função de servidor de tablet, ele deve aplicar todos os registros de *log* pendentes gerados pelo servidor de tablet anterior antes de assumir a função de servidor de tablet.

Para garantir a disponibilidade diante das falhas, os dados devem ser replicados. Conforme observado na Seção 21.4.2, um problema importante com a replicação é a tarefa de manter as réplicas consistentes entre si. Diferentes sistemas implementam a atualização atômica de réplicas de diferentes maneiras. O Google BigTable e o Apache HBase usam os recursos de replicação fornecidos por um sistema de arquivos subjacente (GFS para BigTable e HDFS para HBase), em vez de implementar a replicação por conta própria. Curiosamente, nem o GFS nem o HDFS oferecem suporte para atualizações atômicas de todas as réplicas de um arquivo; em vez disso, eles suportam acréscimos aos arquivos, que são copiados para todas as réplicas dos blocos de arquivo. Um acréscimo é bem-sucedido apenas quando aplicado a todas as réplicas. Falhas no sistema podem resultar em acréscimos aplicados a apenas algumas réplicas; esses acréscimos incompletos são detectados usando números de sequência e apagados quando são detectados.

Alguns sistemas, como o PNUTS, utilizam um serviço de mensagens persistentes para registrar atualizações; o serviço de mensagens garante que as atualizações serão entregues a todas as réplicas. Outros sistemas, como o Megastore e o Spanner do Google, usam uma técnica chamada consenso distribuído para implementar uma replicação consistente, conforme discutimos na Seção 23.8. Esses sistemas exigem que a maioria das réplicas esteja disponível para executar uma atualização. Outros sistemas, como o Apache Cassandra e o MongoDB, permitem que o usuário controle quantas réplicas devem estar disponíveis para executar uma atualização. Definir o valor baixo pode resultar em atualizações conflitantes, que deverão ser resolvidas posteriormente. Discutimos essas questões na Seção 23.6.

21.7.4 Gerenciamento sem consultas declarativas

Os armazenamentos de chave-valor não fornecem nenhum recurso de processamento de consultas, como suporte à linguagem SQL, ou mesmo primitivas de nível mais baixo, como junções. Muitas aplicações que usam armazenamentos de chave-valor podem ficar sem o suporte à linguagem de consulta. O modo principal de acesso a dados nessas aplicações é armazenar dados com uma chave associada e recuperá-los com essa chave. No exemplo de perfil do usuário, a chave para os dados do perfil do usuário seria o identificador do usuário.

Existem aplicações que exigem junções, mas as implementam no código da aplicação ou por uma forma de materialização de *view*. Por exemplo, em uma aplicação de rede social, cada usuário deve receber novas postagens de todos os seus amigos, o que requer conceitualmente uma junção.

Um método para calcular a junção é implementá-la no código da aplicação, localizando primeiro o conjunto de amigos de determinado usuário e consultando o objeto de dados que representa cada amigo, para encontrar suas postagens recentes.

Um método alternativo é o seguinte. Sempre que um usuário faz uma postagem, uma mensagem é enviada para cada amigo do usuário, e o objeto de dados que representa esse amigo e os dados associados ao amigo são atualizados com um resumo da nova postagem. Quando esse usuário procura por atualizações, todos os dados necessários estão disponíveis em um único local e podem ser recuperados rapidamente.

Ambas as abordagens podem ser usadas sem nenhum suporte subjacente para junções. Existem escolhas entre as duas abordagens, como custo mais alto no momento da consulta para a primeira alternativa *versus* custo de armazenamento mais alto e custo mais alto no momento da escrita, para a segunda alternativa.

21.7.5 Otimizações de desempenho

Ao usar um sistema de armazenamento de dados, o local físico dos dados é decidido pelo sistema de armazenamento e fica oculto ao cliente. Ao armazenar várias relações que precisam ser unidas, o particionamento de cada uma independentemente pode ficar abaixo do ideal em termos de custo de comunicação. Por exemplo, se a junção de duas relações for determinada com frequência, pode ser melhor se elas forem particionadas exatamente da mesma maneira, sobre seus atributos de junção. Como veremos na Seção 22.7.4, isso permitiria que a junção fosse determinada em paralelo em cada local de armazenamento, sem transferência de dados.

Para dar suporte a esses cenários, alguns sistemas de armazenamento de dados permitem que o projetista do esquema especifique que as tuplas de uma relação devem ser armazenadas nas mesmas partições que as tuplas de outra relação referenciada, geralmente usando uma chave estrangeira. Um uso típico dessa funcionalidade é armazenar todas as tuplas relacionadas com uma entidade específica juntas na mesma partição; o conjunto dessas tuplas é chamado de **grupo de entidades**.

Além disso, muitos sistemas de armazenamento de dados, como o HBase, têm suporte para *funções armazenadas* ou *procedimentos armazenados*. As funções/procedimentos armazenados permitem que os clientes chamem uma função sobre uma tupla (ou um grupo de entidades) e, em vez de as tuplas serem buscadas e executadas localmente, a função é executada na partição em que a tupla está armazenada. Funções/procedimentos armazenados são particularmente úteis se as tuplas armazenadas forem grandes, enquanto os resultados da função/procedimento são pequenos, reduzindo a transferência de dados.

Muitos sistemas de armazenamento de dados fornecem recursos como suporte para excluir automaticamente versões antigas de itens de dados após algum período de tempo ou mesmo excluir itens de dados mais antigos que um período especificado.

21.8 Resumo

- Os bancos de dados paralelos ganharam aceitação comercial significativa nos últimos 20 anos.
- O armazenamento e a indexação são dois aspectos importantes dos sistemas de banco de dados paralelos.

- O particionamento de dados envolve a distribuição de dados entre diversos nós. No paralelismo de E/S, as relações são particionadas entre os discos disponíveis para que possam ser apanhadas mais rapidamente. Três técnicas de particionamento comumente usadas são o particionamento de rodízio, o particionamento de *hash* e o particionamento de intervalo.
- A distorção (*skew*) é um problema importante, especialmente com maiores graus de paralelismo. Os vetores de particionamento balanceados, usando histogramas, e o particionamento virtual do nó estão entre as técnicas usadas para reduzir a distorção.
- Sistemas de armazenamento de dados paralelos precisam ser resilientes à falha dos nós. Para garantir que os dados não sejam perdidos em caso de falha de um nó, as tuplas são replicadas por pelo menos dois nós, e normalmente três nós. Se um nó falhar, as tuplas que ele armazena ainda poderão ser acessadas pelos outros nós, onde estão replicadas.
- Os índices em um sistema de armazenamento de dados paralelo podem ser divididos em dois tipos: locais e globais. Um índice local é um índice montado sobre tuplas armazenadas em um nó específico; o conteúdo do índice é armazenado no mesmo nó onde estão os dados. Um índice global é aquele montado sobre dados armazenados em vários nós.
- Um sistema de arquivos distribuído armazena arquivos por uma grande coleção de máquinas, enquanto os clientes têm uma visão de um único sistema de arquivos. Como em qualquer sistema de arquivos, existe um sistema de nomes de arquivo e diretórios, que os clientes podem usar para identificar e acessar arquivos. Os clientes não precisam se preocupar com o local onde os arquivos estão armazenados.
- As aplicações Web precisam armazenar números muito grandes (muitos bilhões) de registros relativamente pequenos (com tamanho variando de alguns kilobytes a alguns megabytes). Diversos sistemas de armazenamento de chave-valor paralelos foram desenvolvidos para atender as necessidades dessas aplicações Web. Um armazenamento de chave-valor oferece um modo de armazenar ou atualizar um item de dados (valor) com uma chave associada, além de recuperar o item de dados com uma chave específica.

Termos de revisão

- Armazenamentos de chave-valor
- Sistema de armazenamento de dados
- Paralelismo de E/S
- Particionamento de dados
- Particionamento horizontal
- Estratégias de particionamento
  - Rodízio
  - Particionamento de *hash*
  - Particionamento de intervalo
- Vetor de particionamento
- Consultas pontuais
- Consultas de intervalo
  - Distorção (*skew*)
  - Distorção de execução (*execution skew*)
  - Distorção de distribuição de dados (*data distribution skew*)
  - Distorção de valor de atributo (*attribute-value skew*)
  - Distorção de partição (*partition skew*)
- Tratamento da distorção
  - Vetor de particionamento de intervalo balanceado
  - Histograma
  - Nós virtuais
- Elasticidade do armazenamento
- Tabela
- Tablets
- Tabela de partição
- Nó mestre
- Roteadores
- *Hashing* consistente
- Tabelas de *hash* distribuídas
- Replicação
  - Replicação dentro de um *datacenter*
  - Replicação entre *datacenters*
  - Réplicas mestras
  - Consistência das réplicas
- Consistência eventual
- Índice primário global
- Índice secundário global
- Sistema de arquivos distribuído
- Modelo de acesso Write-Once-Read-Many
- Armazenamento de chave-valor
- Armazenamentos por colunas
- Repositórios de documentos
- Família de colunas
- Servidor de tablet

Exercícios práticos

21.1 Em uma seleção de intervalo sobre um atributo particionado por intervalo, é possível que somente um disco necessite ser acessado. Descreva as vantagens e desvantagens dessa propriedade.

21.2 Lembre-se de que os histogramas são usados para construir partições por intervalo com carga balanceada.

a. Suponha que você tenha um histograma em que os valores estão entre um e 100 e são particionados em dez intervalos, 1-10, 11-20, ..., 91-100, com frequências 15, 5, 20, 10, 10, 5, 5, 20, 5 e 5, respectivamente. Dê uma função de particionamento por intervalo com carga balanceada para dividir os valores em cinco partições.

b. Escreva um algoritmo para calcular uma partição por intervalo balanceado com *p* partições, dado um histograma de distribuições de frequência contendo *n* intervalos.

21.3 Os histogramas são tradicionalmente construídos sobre os valores de um atributo específico (ou conjunto de atributos) de uma relação. Esses histogramas são bons para evitar distorção de distribuição de dados, mas não são muito úteis para evitar distorção de execução. Explique o motivo.

Agora suponha que você tenha uma carga de trabalho de consultas que realizam pesquisas pontuais. Explique como você pode usar as consultas na carga de trabalho para chegar a um esquema de partição que evite a distorção de execução.

21.4 Replicação:

a. Dê dois motivos para replicar dados entre *datacenters* geograficamente distribuídos.

b. Os bancos de dados centralizados oferecem suporte à replicação usando registros de *log*. Qual é a diferença entre a replicação nos bancos de dados centralizados e aquela nos bancos de dados paralelos/distribuídos?

21.5 Índices paralelos:

a. Os índices secundários em um banco de dados centralizado armazenam o identificador do registro. Um índice secundário global potencialmente também poderia armazenar um número de partição mantendo o registro, e um identificador de registro dentro da partição. Por que esta seria uma má ideia?

b. Os índices secundários globais são implementados de uma forma semelhante aos índices secundários locais usados quando os registros são armazenados em uma organização de arquivo de árvore B^+. Explique as semelhanças entre os dois cenários que resultam em uma implementação semelhante dos índices secundários.

21.6 Os sistemas de banco de dados paralelos armazenam réplicas de cada item de dados (ou partição) em mais de um nó.

a. Por que é uma boa ideia distribuir as cópias dos itens de dados alocados a um nó por vários outros nós, em vez de armazenar todas as cópias no mesmo nó (ou conjunto de nós)?

b. Quais são as vantagens e as desvantagens de usar o armazenamento RAID em vez de armazenar uma cópia extra de cada item de dados?

21.7 Particionamento e replicação:

a. Explique por que o particionamento por intervalo oferece melhor controle sobre os tamanhos de tablet do que o particionamento por *hash*. Liste uma analogia entre este caso e o caso dos índices de árvore B^+ *versus* índices de *hash*.

b. Alguns sistemas primeiro realizam o *hashing* sobre a chave e depois usam o particionamento por intervalo sobre valores de *hash*. Qual seria o motivo para essa escolha e quais são suas desvantagens em comparação com realizar a partição por intervalo diretamente sobre a chave?

c. É possível particionar os dados horizontalmente e depois realizar o particionamento vertical localmente em cada nó. Também é possível fazer o contrário, onde o particionamento vertical é feito em primeiro lugar, e depois cada partição é particionada horizontalmente, de forma independente. Quais são os benefícios da primeira opção em relação à segunda?

21.8 Para enviar uma solicitação à réplica mestra de um item de dados, um nó precisa saber qual réplica é a mestra para esse item de dados.

a. Suponha que, entre o momento em que o nó identifica qual nó é a réplica mestra para um item de dados e o momento em que a solicitação alcança o nó identificado, o controle tenha mudado, e um nó diferente agora é o mestre. Como essa situação pode ser tratada?

b. Embora a réplica mestra pudesse ser escolhida por partição, alguns sistemas admitem uma *réplica mestra por registro*, onde os registros de uma partição (ou tablet) são replicados em algum conjunto de nós, mas a réplica mestra de cada registro pode estar em qualquer um dos nós de dentro desse conjunto de nós, independentemente da réplica mestra de outros registros. Liste dois benefícios de acompanhar a réplica mestra por registro.

c. Sugira como acompanhar a réplica mestra para cada registro, quando existe um grande número de registros.

Exercícios

21.9 Para cada uma das três técnicas de particionamento – rodízio, particionamento por *hash* e particionamento de intervalo –, dê um exemplo de consulta para a qual essa técnica de particionamento ofereceria a resposta mais rápida.

21.10 Que fatores poderiam resultar em distorção quando uma relação for particionada por um de seus atributos com:

a. Particionamento por *hash*?

b. Particionamento de intervalo?

Em cada caso, o que pode ser feito para reduzir a distorção?

21.11 Qual é a motivação para armazenar registros relacionados juntos em um armazenamento de chave-valor? Explique a ideia usando a noção de um grupo de entidades.

21.12 Por que é mais fácil para um sistema de arquivo distribuído, como GFS ou HDFS, oferecer suporte à replicação do que para um armazenamento de chave-valor?

21.13 As junções podem ser dispendiosas em um armazenamento de chave-valor, e difíceis de expressar se o sistema não aceitar SQL ou uma linguagem de consulta declarativa semelhante. O que um desenvolvedor de aplicação pode fazer para obter resultados de forma eficiente das consultas com junção ou agregação nessa configuração?

Ferramentas

Há uma grande variedade de ferramentas de Big Data em código-fonte aberto, além de algumas ferramentas comerciais. Além disso, várias dessas ferramentas estão disponíveis em plataformas para nuvem. O sistema de arquivos do Google (Google File System – GFS) era um sistema de arquivos paralelo da geração anterior. O Apache HDFS (hadoop.apache.org) é uma implementação de sistema de arquivos distribuídos muito utilizada, baseada no GFS. O HDFS, por si só, não define nenhum formato interno para os arquivos, mas as implementações do Hadoop atuais suportam vários formatos de arquivo otimizados, como arquivos Sequence (que permitem dados binários), Avro (que suporta esquemas semiestruturados) e Parquet e Orc (que oferecem suporte à representação de dados colunares). Os sistemas de armazenamento hospedados em nuvem incluem o sistema de armazenamento S3 da Amazon (aws.amazon.com/s3) e o Google Cloud Storage (cloud.google.com/storage).

O Bigtable do Google era um sistema paralelo de armazenamento de dados da geração anterior, projetado como uma camada em cima do GFS. O Dynamo da Amazon é um armazenamento paralelo de chave-valor da geração anterior, baseado na ideia de *hashing* consistente, desenvolvido inicialmente para armazenamento de dados ponto a ponto (*peer-to-peer* ou *par-a-par*). Ambos estão disponíveis e hospedados na nuvem como Google Bigtable (cloud.google.com/bigtable) e Amazon DynamoDB (aws.amazon.com/dynamodb). O Google Spanner (cloud.google.com/spanner) é um sistema de armazenamento hospedado que fornece amplo suporte para transações. O Apache HBase (hbase.apache.org) é um sistema de armazenamento de dados de código-fonte aberto muito utilizado, baseado no Bigtable e implementado como uma camada em cima do HDFS. Apache Cassandra (cassandra.apache.org), desenvolvido no Facebook, Voldemort (www.project-voldemort.com) desenvolvido no LinkedIn, MongoDB (www.mongodb.com), CouchDB (couchdb.apache.org) e Riak (basho.com) são todos os armazenamentos de chave-valor de código-fonte aberto. MongoDB e CouchDB usam o formato JSON para armazenar dados. O Aerospike (www.aerospike.com) é um sistema de armazenamento de dados de código-fonte aberto otimizado para armazenamento em Flash. Há muitos outros sistemas de armazenamento de dados paralelos de código-fonte aberto disponíveis atualmente.

Alguns dos sistemas comerciais de banco de dados paralelo são Teradata, Teradata Aster Data, IBM Netezza e Pivotal Greenplum. IBM Netezza, Pivotal Greenplum e Teradata Aster Data usam PostgreSQL como banco de dados subjacente, executando independentemente em cada nó; cada um desses sistemas cria uma camada na parte superior, para particionar dados e paralelizar o processamento de consultas entre os nós.

Leitura adicional

Ao final da década de 1970 e no início da década de 1980, quando o modelo relacional atingiu um patamar razoavelmente seguro, as pessoas reconheceram que os operadores relacionais são altamente paralelizáveis e possuem boas propriedades de fluxo de dados. Vários projetos de pesquisa, como o Gamma (De-Witt, 1990), XPRS (Stonebraker *et al.*, 1988) e Volcano (Graefe, 1990) foram iniciados para investigar a viabilidade do armazenamento paralelo de dados e a execução paralela de consultas.

Teradata foi um dos primeiros sistemas de banco de dados paralelos comerciais nada compartilhado, projetado para sistemas de apoio à decisão, e continua a ter grande fatia do mercado. O Teradata tem suporte para particionamento e replicação de dados, para lidar com falhas de nó. Red Brick Warehouse foi outro dos primeiros sistemas de banco de dados paralelos, projetado para apoio à decisão (o Red Brick foi comprado pela Informix, adquirida posteriormente pela IBM).

Informações sobre o Google File System podem ser encontradas em Ghemawat *et al.* (2003), enquanto o sistema Google Bigtable é descrito por Chang *et al.* (2008). O sistema Yahoo! PNUTS é descrito por Cooper *et al.* (2008), enquanto o Google Megastore e o Google Spanner são descritos por Baker *et al.* (2011) e Corbett *et al.* (2013), respectivamente. O *hashing* consistente é descrito por Karger *et al.* (1997), enquanto o Dynamo, baseado no *hashing* consistente, é descrito por DeCandia *et al.* (2007).

Bibliografia

BAKER, J. *et al.* "Megastore: providing scalable, highly available storage for interactive services". In: *Proc. of the CIDR*, Asilomar, CA, p. 223-234, 2011.

CHANG, F. *et al.* "Bigtable: a distributed storage system for structured data". *ACM Transactions on Computer Systems*, 26(2), 2008.

COOPER, B. F. *et al.* "PNUTS: Yahoo!'s hosted data serving platform". In: *Proc. of the VLDB*, 1(2), New Zealand, p. 1277-1288, 2008.

CORBETT, J. C. *et al.* "Spanner: Google's globally distributed database". *ACM Transactions on Computer Systems*, 31(3), 2013.

DeCANDIA G. *et al.* "Dynamo: Amazons highly available key-value store". In: *Proc. of the ACM Symposium on Operating System Principles*, Stevenson, WA, p. 205-220, 2007.

DeWITT, D. "The Gamma database machine project". *IEEE Transactions on Knowledge and Data Engineering*, 2(1), p. 44-62, 1990.

GHEMAWAT, S.; GOBIOFF, H.; LEUNG, S.-T. "The Google File System". *Proc. of the ACM Symposium on Operating System Principles*, 2003.

GRAEFE, G. "Encapsulation of parallelism in the Volcano query processing system". In: *Proc. of the ACM SIGMOD*, New Jersey, p. 102-111, 1990.

KARGER, D. *et al.* "Consistent hashing and random trees: distributed caching protocols for relieving hot spots on the World Wide Web". In: *Proc. of the ACM Symposium on Theory of Computing*, p. 654-663, 1997.

STONEBRAKER, M. *et al.* "The design of XPRS". In: *Proc. of the VLDB*, Los Angeles, CA, p. 318-330, 1988.

Créditos

A foto dos barcos no início do capítulo pertence a

CAPÍTULO 22

Processamento de consulta paralelo e distribuído

Neste capítulo, discutimos algoritmos para processamento de consultas em sistemas de banco de dados paralelos. Assumimos que as consultas são **apenas de leitura**, e nosso foco está no processamento de consultas em sistemas de suporte a decisões. Esses sistemas precisam executar consultas sobre quantidades muito grandes de dados, e o processamento paralelo da consulta por vários nós é crítico para o processamento de consultas dentro de tempos de resposta aceitáveis.

Nosso foco nas partes iniciais deste capítulo está no processamento de consultas relacionais. No entanto, mais adiante no capítulo, examinamos as questões referentes ao processamento paralelo de consultas expressas em modelos diferentes do modelo relacional.

Os sistemas de processamento de transações executam um grande número de consultas que realizam atualizações, mas cada consulta afeta apenas um pequeno número de tuplas. A execução paralela é essencial para lidar com grandes cargas de processamento de transações; no entanto, esse tópico é abordado no Capítulo 23.

22.1 Visão geral

Em um sistema de banco de dados, o processamento paralelo pode ser explorado de duas maneiras distintas. Uma técnica é o **paralelismo interconsulta**, que se refere à execução de diversas consultas em paralelo umas com as outras, por meio de múltiplos nós. A segunda técnica é o **paralelismo intraconsulta**, que diz respeito ao processamento de diferentes partes da execução de uma única consulta em paralelo por múltiplos nós.

O paralelismo interconsulta é essencial para os sistemas de processamento de transações. A vazão (*throughtput*) de transação pode ser aumentada por essa forma de paralelismo. Porém, os tempos de resposta das transações individuais não são mais rápidos do que seriam se as transações fossem executadas isoladamente. Assim, o principal uso do paralelismo interconsulta é obter ganho de escala em um sistema de processamento de transações para aceitar uma quantidade maior de transações por segundo. Os sistemas de processamento de transações são considerados no Capítulo 23.

Por outro lado, o paralelismo intraconsulta é essencial para agilizar consultas de longa duração, sendo o foco deste capítulo.

A execução de uma única consulta envolve diversas operações, como seleções, junções ou operações de agregação. A chave para a exploração do paralelismo em grande escala é processar cada operação em paralelo, por múltiplos nós. Esse paralelismo é chamado de **paralelismo intraoperação**. Como a quantidade de tuplas em uma relação pode ser grande, o grau de paralelismo intraoperação também é potencialmente muito grande; assim, o paralelismo intraoperação é natural em um sistema de banco de dados.

Para ilustrar a avaliação paralela de uma consulta, considere uma consulta que exige que uma relação esteja classificada (ou ordenada, do inglês *sorted*). Suponha que a relação tenha sido particionada entre vários discos pelo particionamento de intervalo sobre algum atributo, e a classificação seja solicitada sobre o atributo do particionamento. A operação de classificação pode ser implementada pela classificação de cada partição em paralelo, depois concatenando as partições classificadas para chegar à relação classificada final. Assim, podemos paralelizar uma consulta paralelizando operações individuais.

Existe outra fonte de paralelismo na avaliação de uma consulta: a *árvore de operadores* para uma consulta pode conter várias operações. Podemos paralelizar a avaliação da árvore de operadores avaliando em paralelo algumas das operações que não dependem uma da outra. Além do mais, como o Capítulo 15 menciona, podemos ser capazes de canalizar a saída de uma operação à outra. As duas operações podem ser executadas em paralelo sobre nós separados, um gerando a saída que é consumida pelo outro, até mesmo enquanto ela está sendo gerada. Essas duas formas de paralelismo são exemplos de **paralelismo interoperação**, que permite que diferentes operadores de uma consulta sejam executados em paralelo.

Resumindo, a execução de uma única consulta pode ser colocada em paralelo de duas maneiras:

- **Paralelismo intraoperação**, que consideramos em detalhes nas próximas seções, onde estudamos as implementações paralelas de operações relacionais comuns, como *sort*, *join*, operações de agregação e outras.

- **Paralelismo interoperação**, que consideramos com detalhes na Seção 22.5.1.

As duas formas de paralelismo são complementares e podem ser usadas simultaneamente em uma consulta. Como o número de operações em uma consulta típica é pequeno, em comparação com o número de tuplas processadas por cada operação, o paralelismo intraoperação pode escalonar melhor com o aumento de paralelismo. Porém, o paralelismo interoperação também é importante, especialmente em sistemas de memória compartilhada com múltiplos núcleos (*cores*).

Para simplificar a apresentação dos algoritmos, consideramos uma arquitetura nada compartilhado com n nós, N_1, N_2, ..., N_n. Cada nó pode ter um ou mais discos, mas normalmente o número de discos é pequeno. Não explicaremos como particionar os dados entre os discos em um nó; organizações RAID podem ser usadas com esses discos para explorar o paralelismo em nível de armazenamento, em vez do nível de processamento de consultas.

A escolha dos algoritmos para paralelizar a avaliação da consulta depende da arquitetura da máquina. Em vez de apresentar algoritmos para cada arquitetura separadamente, usamos uma arquitetura nada compartilhado em nossa descrição. Assim, descrevemos explicitamente quando os dados precisam ser transferidos de um nó para outro.

Podemos simular esse modelo facilmente usando as outras arquiteturas, pois a transferência de dados pode ser feita por meio da memória compartilhada em uma arquitetura de memória compartilhada e por discos compartilhados em uma arquitetura de disco compartilhado. Portanto, os algoritmos para arquiteturas nada compartilhado (*shared-nothing architecture*) também podem ser usados em outras arquiteturas. Na Seção 22.6, discutimos como alguns dos algoritmos podem ser otimizados ainda mais para sistemas de memória compartilhada.

Os sistemas paralelos da geração atual normalmente são baseados em uma arquitetura híbrida, em que cada computador possui vários núcleos com uma memória compartilhada, e existem vários computadores organizados em um padrão nada compartilhado. Para os propósitos de nossa discussão, com essa arquitetura, cada núcleo pode ser considerado um nó em um sistema nada compartilhado. Otimizações para explorar o fato de que alguns dos núcleos compartilham memória com outros núcleos podem ser executadas conforme discutido na Seção 22.6.

22.2 Classificação paralela (*parallel sort*)

Suponha que queiramos classificar uma relação r que reside em n nós N_1, N_2, ..., N_n. Se a relação tiver sido particionada por intervalo sobre os atributos nos quais deve ser classificada, podemos classificar cada partição separadamente, e concatenar os resultados para obter a relação classificada inteira. Como as tuplas são particionadas sobre n nós, pelo acesso paralelo, o tempo exigido para a leitura da relação inteira é reduzido por um fator de n.

Se a relação r tiver sido particionada de qualquer outra maneira, podemos classificá-la (ordená-la) de acordo com uma destas formas:

1. Podemos particioná-la por intervalo sobre os atributos de classificação e depois classificar cada partição separadamente.
2. Podemos usar uma versão paralela do algoritmo *sort-merge* externo.

22.2.1 Classificação por particionamento de intervalo

A **classificação por particionamento de intervalo**, representada na Figura 22.1a, funciona em duas etapas: primeiramente, particionando a relação por intervalos, depois classificando cada partição separadamente. Quando classificamos a relação por particionamento de intervalo, não é necessário particionar a relação por intervalo sobre o mesmo conjunto de nós em que essa relação está armazenada. Suponha que escolhemos os nós N_1, N_2, ..., N_m para classificar a relação. Existem duas etapas envolvidas nessa operação:

1. Redistribuir as tuplas na relação, usando uma estratégia de particionamento de intervalo, de modo que todas as tuplas que se encontram dentro do i-ésimo intervalo sejam enviadas ao nó n_i, que armazena a relação temporariamente em seu disco local.

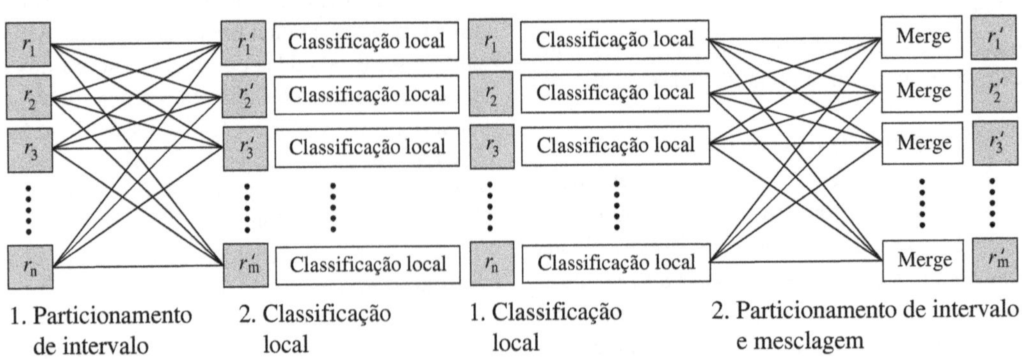

(a) Classificação por particionamento de intervalo (b) *Sort-merge* externo paralelo

Figura 22.1 Algoritmos de classificação paralela.

Para implementar o particionamento de intervalo, em paralelo, cada nó lê as tuplas do seu disco e as envia para o seu nó de destino. Cada nó N_1, N_2, ..., N_m também recebe tuplas pertencentes à sua partição e as armazena localmente. Essa etapa requer E/S de disco e comunicação por rede.

2. Cada um dos nós classifica sua partição da relação localmente, sem interação com os outros nós. Cada nó executa a mesma operação – a saber, classificação – sobre um conjunto de dados diferente. (A execução da mesma operação em paralelo sobre diferentes conjuntos de dados é chamada **paralelismo de dados**.)

   A operação de mesclagem final é trivial, pois o particionamento de intervalo na primeira fase garante que, para $1 \leq i < j \leq m$, os valores de chave no nó N_i são todos menores que os valores de chave em N_j.

Temos de realizar o particionamento de intervalo com um vetor de particionamento de intervalo balanceado, de modo que cada partição tenha aproximadamente o mesmo número de tuplas. Vimos como criar esses vetores de particionamento na Seção 21.3.1. O particionamento usando nós virtuais, como discutido na Seção 21.3.2, também pode ser adotado para reduzir a distorção (*skew*). Lembre-se de que, com frequência, existem mais nós virtuais do que nós reais, e o particionamento de nós virtuais cria uma partição para cada nó virtual. Os nós virtuais, então, são mapeados para nós reais; quando isso é feito em um padrão de rodízio, há a tendência de espalhar os nós virtuais pelos nós reais de um modo que reduza o grau de distorção nos nós reais.

22.2.2 *Sort-merge* externo paralelo

***Sort-merge* externo paralelo**, representado na Figura 22.1b, é uma alternativa à classificação por particionamento de intervalo. Suponha que uma relação já tenha sido particionada entre os nós N_1, N_2, ..., N_n (não importa como a relação foi particionada). O *sort-merge* externo paralelo funciona desta maneira:

1. Cada nó N_i classifica os dados disponíveis em N_i.
2. O sistema, então, mescla as rodadas classificadas em cada nó para chegar à saída classificada final.

A mesclagem das rodadas classificadas na etapa 2 pode ser colocada em paralelo por esta sequência de ações:

1. O sistema particiona por intervalo as partições classificadas em cada nó N_i (todas pelo mesmo vetor de partição) pelos nós N_1, N_2, ..., N_m. Ele envia as tuplas em ordem classificada, de modo que cada nó receba as tuplas em fluxos classificados.
2. Cada nó N_i realiza uma mesclagem sobre os fluxos de tuplas enquanto eles são recebidos para obter uma única rodada classificada.
3. O sistema concatena as rodadas classificadas nos nós N_1, N_2, ..., N_m para chegar ao resultado final.

Conforme descrevemos, essa sequência de ações resulta em uma forma interessante de **distorção de execução** (***execution skew***), pois, a princípio, cada nó envia todas as tuplas da partição 1 para N_1, depois cada nó envia todas as tuplas da partição 2 para N_2 e assim por diante. Assim, enquanto o envio acontece em paralelo, o recebimento de tuplas se torna sequencial: primeiro, apenas N_1 recebe tuplas, depois, apenas N_2 recebe tuplas e assim por diante. Para evitar esse problema, a sequência classificada de tuplas $S_{i,j}$ de qualquer nó i destinada a qualquer outro nó j é desmembrada em vários blocos. Cada nó N_i envia o primeiro bloco de tuplas do nó N_j de $S_{i,j}$ para cada j; depois, ele envia o segundo bloco de tuplas para cada nó N_j e assim por diante, até que todos os blocos tenham sido enviados. Como resultado, todos os nós recebem dados em paralelo. (Observe que as tuplas são enviadas em blocos, e não individualmente, para reduzir as sobrecargas na rede.)

22.3 Junção paralela (*parallel join*)

Os algoritmos de junção paralela tentam dividir as tuplas das relações de entrada por vários nós. Cada nó, então, calcula parte da junção localmente. Depois, o sistema coleta os resultados de cada nó para produzir o resultado final. O modo exato como as tuplas são divididas depende do algoritmo de junção, como veremos em seguida.

22.3.1 Junção particionada

Para certos tipos de junções, é possível *particionar* as duas relações de entrada pelos nós e, então, calcular a junção localmente em cada nó. A técnica de junção particionada pode ser usada para junções internas (*inner joins*), onde a condição de junção é uma equijunção (por exemplo, $r \bowtie_{r.A=s.B} s$); as relações r e s são particionadas pela mesma função de particionamento sobre seus atributos de junção. A ideia do particionamento é exatamente a mesma daquela por trás da etapa de particionamento da junção *hash*. A junção particionada também pode ser usada para junções externas (*outer joins*), conforme veremos em breve.

Suponha que estejamos usando m nós para realizar a junção, e que as relações a serem juntadas sejam r e s. A **junção particionada**, então, funciona desta maneira: o sistema particiona as relações r e s em m partições cada uma, indicadas por r_1, r_2, ..., r_m e s_1, s_2, ..., s_m. Porém, em uma junção particionada, existem duas maneiras diferentes de particionar r e s:

- Particionamento de intervalo sobre os atributos de junção.
- Particionamento de *hash* sobre os atributos de junção.

Nos dois casos, a mesma função de particionamento precisa ser usada para as duas relações. Para o particionamento de intervalo, o mesmo vetor de partição precisa ser usado para as duas relações. Para o particionamento de *hash*, a mesma função de *hash* precisa ser usada nas duas relações. A Figura 22.2 representa o particionamento em uma junção paralela particionada.

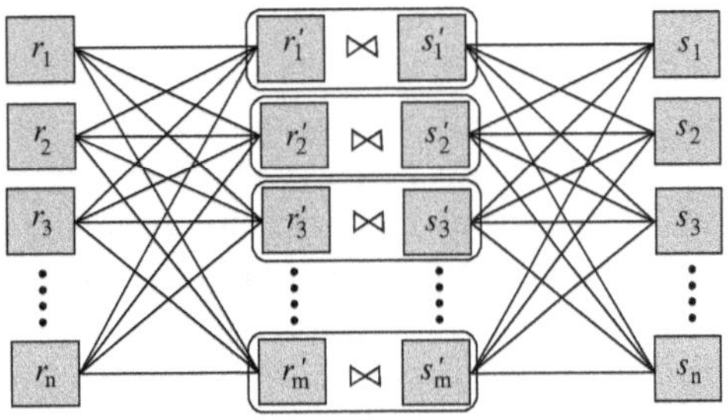

Etapa 1: Partição r Etapa 2: Partição s

Etapa 3: Cada nó N_i calcula $r_i' \bowtie s_i'$

Figura 22.2 Junção paralela particionada.

O algoritmo de junção particionada particiona primeiro uma das relações, varrendo suas tuplas e enviando-as para o nó apropriado com base na função de partição e nos valores do atributo de junção de cada tupla. Especificamente, cada nó N_i lê as tuplas de uma das relações (digamos, r) do disco local, calcula para cada tupla a partição r_j à qual t pertence e, então, envia a tupla t ao nó N_j. Cada nó também recebe simultaneamente tuplas que são enviadas a ele e as armazena em seu disco local (isso pode ser feito com *threads* separados para envio e recebimento de dados). O processo é repetido para todas as tuplas da outra relação, s.

Quando as relações são particionadas, podemos usar qualquer técnica de junção localmente em cada nó N_i para calcular a junção de r_i e s_i. Assim, podemos usar o particionamento para colocar em paralelo qualquer técnica de junção.

A junção particionada pode ser usada não apenas para junções internas, mas também para todas as três formas de junção externa (junção externa esquerda, direita e completa – *left*, *right* e *full*). Cada nó calcula a junção externa correspondente de modo local, após o particionamento ser feito sobre os atributos da junção. Além disso, como a junção natural pode ser expressa como uma equijunção seguida de uma projeção, as junções naturais também podem ser calculadas usando a junção particionada.

Se uma ou ambas as relações r e s já estiverem particionadas sobre os atributos da junção (por particionamento de *hash* ou de intervalo), o trabalho necessário para o particionamento será bastante reduzido. Se as relações não forem particionadas ou se forem particionadas sobre atributos diferentes dos atributos de junção, as tuplas precisam ser reparticionadas.

Agora, vamos considerar questões específicas para a técnica de junção usada localmente em cada nó N_i. A operação de junção local pode ser otimizada executando algumas etapas iniciais nas tuplas à medida que elas chegam a um nó, em vez de primeiro armazenar as tuplas em disco e, em seguida, lê-las novamente para executar essas etapas iniciais. Essas otimizações, que descrevemos a seguir, também são usadas no processamento de consultas não paralelo, quando os resultados de uma operação anterior são canalizados para a operação seguinte; portanto, elas não são específicas para o processamento paralelo de consultas.

- Se usamos a junção *hash* localmente, a técnica de junção paralela resultante é chamada **junção *hash* paralela particionada.**

  Lembre-se de que a junção *hash* primeiro particiona as duas relações de entrada em partes menores, de modo que cada partição da relação menor (a relação de montagem) caiba na memória. Portanto, para implementar a junção *hash*, as partições r_i e s_i recebidas pelo nó N_i devem ser reparticionadas usando uma função *hash*, por exemplo, $h1()$. Se o particionamento de r e s nos nós foi feito usando uma função *hash* $h0()$, o sistema deve garantir que $h1()$ seja diferente de $h0()$. Considere que as partições resultantes no nó N_i sejam $r_{i,j}$ e $s_{i,j}$ para $j = 1\ldots n_i$, em que n_i indica o número de partições locais no nó N_i.

  Observe que as tuplas podem ser reparticionadas com base na função de *hash* usada para a junção *hash* local conforme elas chegam e são escritas nas partições apropriadas, evitando a necessidade de gravar as tuplas em disco e lê-las novamente.

  Lembre-se, também, de que a junção *hash* carrega cada partição da relação de montagem (*build relation*) na memória, cria um índice na memória sobre os atributos de junção e, finalmente, investiga o índice na memória usando cada tupla da outra relação, chamada relação de sonda (*probe relation*). Suponha que a relação s seja escolhida como a relação de montagem. Então, cada partição $s_{i,j}$ é carregada na memória, com um índice construído sobre os atributos de junção, e o índice é sondado com cada tupla de $r_{i,j}$.

  A junção *hash* híbrida (descrita na Seção 15.5.5.5) pode ser usada se as partições de uma das relações forem pequenas o suficiente para que uma parte significativa da partição caiba na memória de cada nó. Nesse caso, a menor relação, digamos s, usada como relação de montagem, deve ser particionada primeiro, seguida pela relação maior, digamos r, usada como relação de sonda. Lembre-se de que, com a junção *hash* híbrida, as tuplas na partição s_0 da relação de montagem s são retidas na memória, e um índice na memória é criado nessas tuplas. Quando as tuplas da relação de sonda chegam ao nó, elas também são reparticionadas; tuplas na partição r_0 são usadas diretamente para sondar o índice nas tuplas s_0, em vez de serem gravadas em disco e lidas novamente.

- Se usarmos a junção *merge* localmente, a técnica resultante é chamada **junção merge paralela particionada.** Cada uma das partições s_i e r_i deverá ser classificada e mesclada localmente, no nó N_i.

  O primeiro passo da classificação, a saber, a geração da rodada, pode consumir diretamente as tuplas que chegam para gerar rodadas, evitando uma gravação em disco antes da geração da rodada.

- Se usarmos a junção de *loops* aninhados ou junção de *loops* aninhados indexada, a técnica resultante é chamada **junção de loops aninhados paralela particionada** ou **junção de loops aninhados indexada paralela particionada.** Cada nó N_i realiza uma junção de *loops* aninhados (ou de *loops* aninhados indexada) sobre s_i e r_i.

22.3.2 Junção fragmentar e replicar (*fragment-and-replicate join*)

O particionamento não se aplica a todos os tipos de junções. Por exemplo, se a condição de junção for uma desigualdade, como $r \bowtie_{r.a<s.b} s$, é possível que todas as tuplas em r se juntem com alguma tupla em s (e vice-versa). Assim, pode não haver um modo fácil de particionar r e s de modo que as tuplas na partição r_i se juntem apenas com tuplas na partição s_i.

Podemos colocar essas junções em paralelo usando uma técnica chamada *fragmentar e replicar*. Primeiro, consideramos um caso especial de fragmentar e replicar – **junção fragmentar e replicar assimétrica** – que funciona como descrito a seguir:

1. O sistema particiona uma das relações – digamos, r. Qualquer técnica de particionamento pode ser usada sobre r, incluindo o particionamento de rodízio.
2. O sistema replica a outra relação, s, por todos os nós.
3. O nó N_i, então, calcula localmente a junção de r_i com todo s, usando qualquer técnica de junção.

O esquema fragmentar e replicar assimétrico consta na Figura 22.3a. Se r já estiver armazenada pelo particionamento, não é preciso particioná-la na etapa 1. Basta replicar s por todos os nós.

A técnica fragmentar e replicar assimétrica também é chamada de **junção de *broadcast***. Essa é uma técnica muito útil, até mesmo para equijunções, se uma das relações, digamos s, for pequena e a outra relação, digamos r, for grande, pois a replicação da relação pequena s por todos os nós pode ser menos dispendiosa do que o reparticionamento da relação grande r.

O caso geral da **junção fragmentar e replicar** (também chamada **junção fragmentar e replicar simétrica**) aparece na Figura 22.3b; ele funciona desta forma: o sistema particiona a relação r em n partições, $r_1, r_2, ..., r_n$, e particiona s em m partições, $s_1, s_2, ..., s_m$. Como antes, qualquer técnica de particionamento pode ser usada sobre r e sobre s. Os valores de m e n não precisam ser iguais, mas eles devem ser escolhidos de modo que existam pelo menos $m \times n$ nós. A técnica fragmentar e replicar assimétrica é simplesmente um caso especial de fragmentar e replicar, em que $m = 1$. Fragmentar e replicar reduz os tamanhos das relações em cada nó, em comparação com o esquema fragmentar e replicar assimétrico.

Considere que os nós sejam $N_{1,1}, N_{1,2}, ..., N_{1,m}, N_{2,1}, ..., N_{n,m}$. O nó $N_{i,j}$ calcula a junção de r_i com s_j. Para garantir que cada nó $N_{i,j}$ receba todas as tuplas de r_i e s_j, o sistema replica r_i para os nós $N_{i,1}, N_{i,2}, ..., N_{i,m}$ (que formam uma linha na Figura 22.3b), e replica s_i para os nós $N_{1,i}, N_{2,i}, ..., N_{n,i}$ (que formam uma coluna na Figura 22.3b). Qualquer técnica de junção pode ser usada em cada nó $N_{i,j}$.

Fragmentar e replicar funciona com qualquer condição de junção, pois cada tupla em r pode ser testada com cada tupla em s. Assim, ela pode ser usada onde o particionamento não pode. No entanto, observe que cada tupla em r é replicada m vezes, e cada tupla em s é replicada n vezes.

A junção fragmentar e replicar possui um custo mais alto do que o particionamento, pois envolve replicação de ambas as relações e, portanto, é usada somente se a junção não envolver condições de equijunção. A junção replicar e fragmentar assimétrica, por outro lado, é útil até mesmo para condições de equijunção, se uma das relações for pequena, conforme já explicamos.

Observe que a junção fragmentar e replicar assimétrica pode ser usada para calcular a operação de junção externa

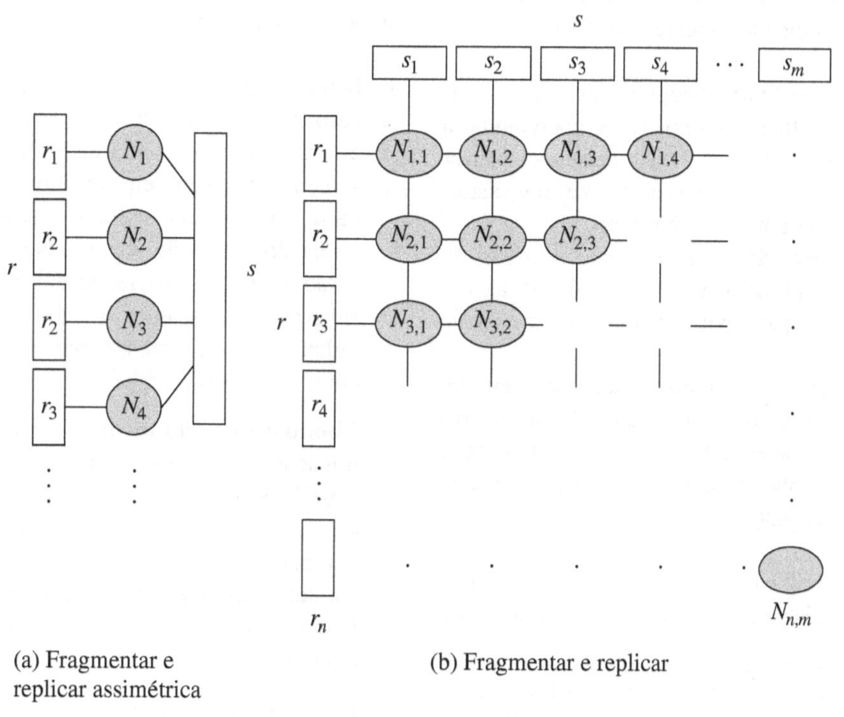

Figura 22.3 Esquemas fragmentar e replicar.

esquerda $r ⟕_\theta s$ se s for replicado, simplesmente calculando a junção externa esquerda localmente em cada nó. Não há restrição para a condição de junção θ.

No entanto, $r ⟕_\theta s$ não pode ser calculado localmente se s estiver fragmentada e r for replicada, pois uma tupla de r pode não ter tupla correspondente na partição s_i, mas pode ter uma tupla correspondente na partição s_j, com $j \neq i$. Portanto, uma decisão sobre a saída ou não da tupla de r com valores nulos para os atributos de s não pode ser tomada localmente no nó N_i. Pelo mesmo motivo, a técnica fragmentar e replicar assimétrica não pode ser usada para calcular a operação de junção externa completa, e a técnica fragmentar e replicar simétrica não pode ser usada para calcular nenhuma das operações de junção externa.

22.3.3 Tratamento da distorção (*skew*) nas junções paralelas

A distorção impõe um problema especial para técnicas de junção paralela. Se um dos nós tiver uma carga muito mais pesada que os outros nós, a operação de junção paralela levará muito mais tempo para ser concluída, com muitos nós inativos aguardando o nó sobrecarregado concluir sua tarefa.

Ao particionar dados para armazenamento para minimizar a distorção no armazenamento, usamos um vetor de particionamento balanceado, que garante que todos os nós recebam o mesmo número de tuplas. Para junções paralelas, em vez disso precisamos equilibrar o tempo de execução das operações de junção por todos os nós. O particionamento de *hash* usando qualquer boa função de *hash* geralmente funciona muito bem no balanceamento da carga entre os nós, a não ser que alguns valores de atributo de junção ocorram com muita frequência. O particionamento por intervalo, por outro lado, é mais vulnerável à distorção de junção, a menos que os intervalos sejam cuidadosamente escolhidos para balancear a carga.[1]

O particionamento de nó virtual com, digamos, distribuição por rodízio de nós virtuais para nós reais, pode ajudar a reduzir a distorção no nível dos nós reais, mesmo se houver distorção no nível dos nós virtuais, pois os nós virtuais distorcidos tendem a se espalhar por vários nós reais.

As técnicas anteriores são exemplos de **prevenção de distorção de junção**. O particionamento de nó virtual, em particular, é muito eficaz para evitar distorções na maioria dos casos.

No entanto, há casos de alta distorção, por exemplo, quando alguns valores de atributo de junção são muito frequentes nas duas relações de entrada, levando a um resultado de junção de grande tamanho. Nesses casos, pode haver uma distorção significativa da junção, mesmo com o particionamento de nó virtual.

O **tratamento dinâmico da distorção de junção** é uma alternativa para evitar a distorção. Uma técnica dinâmica pode ser usada para detectar e tratar da distorção em tais situações. O particionamento de nó virtual é usado, e o sistema então monitora o progresso da junção em cada nó real. Cada nó real escalona um nó virtual por vez. Suponha que algum nó real tenha concluído o processamento de junção para todos os nós virtuais designados a ele e, portanto, esteja ocioso, enquanto outro nó real tenha vários nós virtuais aguardando processamento. Assim, o nó ocioso pode obter uma cópia dos dados correspondentes a um dos nós virtuais no nó ocupado e processar a junção para esse nó virtual. Esse processo pode ser repetido sempre que houver um nó real ocioso, desde que algum nó real tenha nós virtuais aguardando processamento.

Essa técnica é um exemplo de **roubo de trabalho (*work stealing*)**, em que um processador que está ocioso toma o trabalho que está na fila de outro processador que está ocupado. O roubo de trabalho é pouco dispendioso em um sistema de memória compartilhada, pois todos os dados podem ser acessados rapidamente a partir da memória compartilhada, conforme discutido mais adiante, na Seção 22.6. Em um ambiente nada compartilhado, a movimentação de dados pode ser necessária para mover uma tarefa de um processador para outro, mas geralmente vale a pena pagar o custo adicional para reduzir o tempo de conclusão de uma tarefa.

22.4 Outras operações

Nesta seção, discutimos o processamento paralelo de outras operações relacionais, além do processamento paralelo no *framework* MapReduce.

22.4.1 Outras operações relacionais

A avaliação de outras operações relacionais também pode ser colocada em paralelo:

- **Seleção**. Considere a seleção $\sigma_\theta(r)$. Considere primeiro o caso em que θ tem a forma $a_i = v$, com a_i sendo um atributo e v, um valor. Se a relação r for particionada sobre a_i, a seleção prossegue em um único nó. Se θ tiver a forma $l \leq a_i \leq u$ – ou seja, se θ for uma seleção de intervalo – e a relação tiver sido particionada por intervalo sobre a_i, então a seleção prossegue em cada nó cuja partição se superpõe com o intervalo de valores especificado. Em todos os outros casos, a seleção prossegue em paralelo em todos os nós.
- **Eliminação de duplicatas**. As duplicatas podem ser eliminadas pela classificação; qualquer uma das técnicas de classificação paralelas pode ser otimizada para eliminar duplicatas assim que aparecerem durante a classificação. Também podemos colocar a eliminação de duplicatas em paralelo particionando as tuplas (por particionamento de intervalo ou de *hash*) e eliminando duplicatas localmente em cada nó.
- **Projeção**. A projeção sem eliminação de duplicatas pode ser realizada à medida que as tuplas são lidas do disco

[1] A estimativa de custo deve ser feita usando histogramas sobre os atributos de junção. Uma aproximação heurística é estimar o custo de junção em cada nó N_i como a soma dos tamanhos de r_i e s_i, e escolher os vetores de particionamento por intervalo de modo a balancear a soma dos tamanhos.

em paralelo. Se as duplicatas tiverem de ser eliminadas, qualquer uma das técnicas descritas poderá ser usada.

- **Agregação**. Considere uma operação de agregação. Podemos colocar a operação em paralelo particionando a relação sobre os atributos de agrupamento e depois calculando os valores agregados localmente em cada nó. Tanto o particionamento de *hash* quanto o particionamento de intervalo podem ser usados. Se a relação já estiver particionada sobre os atributos de agrupamento, a primeira etapa pode ser pulada.

  Podemos reduzir o custo de transferência de tuplas durante o particionamento calculando parcialmente valores agregados antes do particionamento, pelo menos para as funções de agregação mais utilizadas. Considere uma operação de agregação sobre uma relação *r*, usando a função de agregação **sum** sobre o atributo *B*, com o agrupamento sobre o atributo *A*. O sistema pode realizar a operação em cada nó N_i sobre aquelas tuplas *r* armazenadas em N_i. Essa operação resulta em tuplas com somas parciais em cada nó; o resultado em N_i tem uma tupla para cada valor de *A* presente nas tuplas de *r* armazenadas em N_i, com a soma dos valores de *B* dessas tuplas. O sistema, então, particiona o resultado da agregação local sobre o atributo de agrupamento *A* e realiza a agregação novamente (sobre as tuplas com as somas parciais) em cada nó N_i para chegar ao resultado final.

  Como resultado dessa otimização, chamada de **agregação parcial**, menos tuplas precisam ser enviadas a outros nós durante o particionamento. Essa ideia pode ser estendida com facilidade para as funções de agregação **min** e **max**. As extensões às funções de agregação **count** e **avg** ficam para o Exercício prático 22.2.

O tratamento da distorção para agregação é mais fácil do que o tratamento da distorção para junções, pois o custo de agregação é diretamente proporcional ao tamanho da entrada. Normalmente, tudo o que precisa ser feito é usar uma boa função de *hash* para garantir que os valores dos atributos de **grupo-by** sejam distribuídos igualmente entre os nós participantes. No entanto, em alguns casos extremos, alguns valores ocorrem com muita frequência nos atributos de **group-by**, e o *hashing* pode levar a uma distribuição desigual de valores. Quando aplicável, a agregação parcial é muito eficaz para evitar distorções nessas situações. No entanto, quando a agregação parcial não é aplicável, a inclinação pode ocorrer com a agregação.

A detecção e o tratamento dinâmicos de tal distorção podem ser feitos em alguns destes casos: no caso de um nó estar sobrecarregado, alguns dos principais valores que ainda não foram processados pelo nó podem ser reatribuídos a outro nó, para balancear a carga. Essa reatribuição é bastante simplificada se for usado o particionamento de nó virtual; nesse caso, se um nó real estiver sobrecarregado, alguns nós virtuais designados ao nó real sobrecarregado, mas ainda não processados, serão identificados e reatribuídos a outros nós reais.

Outras informações sobre tratamento de distorção para junção e outros operadores podem ser encontradas na seção de Leitura adicional, ao final do capítulo.

22.4.2 Operações map e reduce

Lembre-se do paradigma MapReduce, descrito na Seção 10.3, que foi projetado para facilitar a escrita de programas de processamento paralelo de dados.

Lembre-se de que a função map() fornecida pelo programador é chamada sobre cada registro de entrada e emite zero ou mais itens de dados de saída, que são passados para a função reduce(). Cada item de dados gerado por uma função map() consiste em um registro (*chave*, *valor*); chamaremos a chave de **chave intermediária**. Em geral, uma função map() pode emitir vários desses registros e, como existem muitos registros de entrada, há potencialmente muitos registros de saída em geral.

O sistema MapReduce apanha todos os registros emitidos pelas funções map(), e os agrupa para que todos os registros com uma chave intermediária específica sejam reunidos. A função reduce() fornecida pelo programador é, então, chamada para cada chave intermediária e percorre uma coleção de todos os valores associados a essa chave.

Observe que a função map pode ser considerada uma generalização da operação de projeção: ambas processam um único registro de cada vez, mas, para determinado registro de entrada, a operação de projeção gera um único registro de saída, enquanto a função map pode gerar vários registros (incluindo, como um caso especial, nenhum registro). Diferentemente da operação de projeção, a saída de uma função map geralmente se torna a entrada de uma função reduce; portanto, a saída de uma função map tem uma chave associada que serve como um atributo de **group-by**. Lembre-se de que a função reduce recebe como entrada uma coleção de valores e gera um resultado; com a maioria das funções reduce comumente utilizadas, o resultado é uma agregação calculada sobre os valores de entrada, e a função reduce é basicamente uma função de agregação definida pelo usuário.

Os sistemas MapReduce são projetados para processamento paralelo de dados. Um requisito essencial para o processamento paralelo é a capacidade de paralelizar a entrada e saída do arquivo por várias máquinas; caso contrário, a única máquina que armazena os dados se tornará um gargalo. A paralelização da entrada e saída do arquivo pode ser feita usando um sistema de arquivos distribuído, como o Hadoop Distributed File System (HDFS), discutido na Seção 21.6, ou usando um sistema de armazenamento paralelo/distribuído, discutido na Seção 21.7. Lembre-se de que, nesses sistemas, os dados são replicados (copiados) em várias máquinas (em geral, três), para que, mesmo que algumas delas falhem, os dados estejam disponíveis em outras máquinas que possuem cópias dos dados na máquina que falhou.

Conceitualmente, as operações map e reduce são paralelizadas da mesma maneira como as operações relacionais de projeção e agregação são paralelizados. Cada nó no sistema possui vários **trabalhadores** em execução simultânea, que

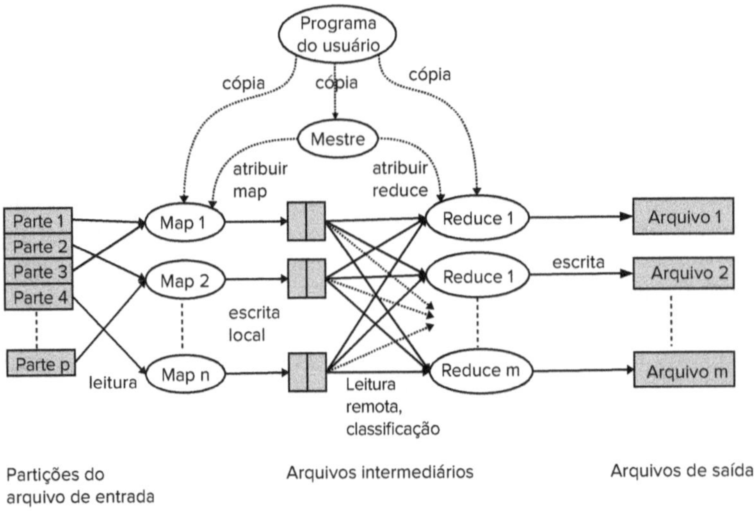

Figura 22.4 Processamento paralelo da tarefa de MapReduce.

são processos que executam funções map e reduce. O número de trabalhadores em uma máquina geralmente é definido para corresponder ao número de núcleos de processador na máquina.

O processamento paralelo de tarefas MapReduce é mostrado esquematicamente na Figura 22.4. Conforme mostra a figura, os sistemas MapReduce dividem os dados de entrada em várias partes; o trabalho de processar uma dessas partes é chamado de **tarefa**. A divisão pode ser feita em unidades de arquivos, e arquivos grandes podem ser divididos em várias partes. As tarefas correspondem a nós virtuais em nossa terminologia, enquanto os trabalhadores correspondem a nós reais. Observe que, com um processador *multicore* (como é o padrão atual), os sistemas MapReduce geralmente alocam um trabalhador por núcleo.

Os sistemas MapReduce também possuem um escalonador, que atribui tarefas aos trabalhadores.[2] Sempre que um trabalhador conclui uma tarefa, ele recebe uma nova tarefa, até que todas as tarefas tenham sido designadas.

Um passo importante entre as operações map e reduce é o reparticionamento dos registros gerados pela etapa map; esses registros são reparticionados com base em sua chave intermediária (reduce), de modo que todos os registros com uma chave específica sejam atribuídos à mesma tarefa redutora. Isso poderia ser feito dividindo o intervalo sobre a chave de redução ou calculando uma função de *hash* sobre a chave de reduce. Nos dois casos, os registros são divididos em várias partições, cada uma delas chamada de uma tarefa de reduce. Um escalonador atribui tarefas de reduce aos trabalhadores.

Esta etapa é idêntica ao reparticionamento feito para paralelizar a operação relacional de agregação, com os registros particionados em vários nós virtuais com base em sua chave de **group-by**.

Para processar os registros em uma tarefa reduce específica, os registros são classificados (ou agrupados) pela chave de reduce, para que todos os registros com o mesmo valor de chave de reduce sejam reunidos e, em seguida, o reduce() seja executado sobre cada grupo de valores de chave de reduce.

As tarefas de reduce são executadas em paralelo pelos trabalhadores. Quando um trabalhador conclui uma tarefa de reduce, outra tarefa é atribuída a ele, até que todas as tarefas de reduce tenham sido concluídas. Uma tarefa de reduce pode ter vários valores diferentes de chave de reduce, mas uma chamada específica para a função reduce() é para uma única chave de reduce; portanto, a função reduce() é chamada para cada chave na tarefa de reduce.

As tarefas correspondem aos nós virtuais no esquema de particionamento de nó virtual. Há muito mais tarefas do que nós e as tarefas são divididas entre os nós. Conforme discutido na Seção 22.3.3, o particionamento de nó virtual reduz a distorção. Observe também que, conforme visto na Seção 22.4.1, a distorção pode ser reduzida pela agregação parcial, que corresponde aos *combinadores* (*combiners*) no *framework* MapReduce.

Além disso, as implementações MapReduce geralmente também executam a detecção e o tratamento dinâmico da distorção, conforme discutido na Seção 22.4.1.

A maioria das implementações de MapReduce inclui técnicas para garantir que o processamento possa continuar, mesmo que alguns nós falhem durante a execução da consulta. Os detalhes são discutidos mais adiante, na Seção 22.5.4.

22.5 Avaliação paralela de planos de consulta

Conforme discutimos na Seção 22.1, existem dois tipos de paralelismo: intraoperação e interoperação. Até aqui, neste capítulo, exploramos o paralelismo intraoperação. Nesta seção, vamos considerar os planos de execução para consultas contendo múltiplas operações.

Primeiro, consideramos como explorar o paralelismo interoperador. Em seguida, consideramos um modelo de execução paralela de consulta que desmembra o processamento paralelo de consulta em dois tipos de etapas: particionamento de dados

[2] O escalonador é executado sobre um nó dedicado chamado nó mestre; os nós que executam tarefas map() e reduce() são chamados nós escravos na terminologia MapReduce do Hadoop.

usando o *operador de troca* (*exchange operator*), e execução de operações sobre dados puramente locais, sem qualquer troca de dados. Este modelo é surpreendentemente poderoso e bastante utilizado nas implementações paralelas de banco de dados.

22.5.1 Paralelismo interoperação

Existem duas formas de paralelismo interoperação: paralelismo canalizado e paralelismo independente. Primeiro, descrevemos essas formas de paralelismo, considerando que cada operador roda em um único nó, sem paralelismo intraoperação.

Depois, vemos um modelo para execução paralela com base no operador de troca, na Seção 22.5.2. Por fim, na Seção 22.5.3, explicamos como um plano completo pode ser executado, combinando todas as formas de paralelismo.

22.5.1.1 Paralelismo canalizado (*pipelined parallelism*)

Vimos, na Seção 15.7.2, que, na canalização, as tuplas de saída de uma operação *A* são consumidas por uma segunda operação, *B*, mesmo antes que a primeira operação tenha produzido o conjunto inteiro de tuplas em sua saída. A principal vantagem da execução canalizada em uma avaliação sequencial é que podemos executar uma sequência dessas operações sem gravar qualquer um dos resultados intermediários em disco.

Sistemas paralelos utilizam a canalização, principalmente, pelo mesmo motivo que os sistemas sequenciais. Porém, as canalizações também são uma fonte de paralelismo, pois é possível executar operações *A* e *B* simultaneamente em diferentes nós (ou diferentes núcleos de um único nó), de modo que *B* consuma tuplas em paralelo com *A* produzindo-as. Essa forma de paralelismo é chamada de **paralelismo canalizado**.

O paralelismo canalizado é útil com um pequeno número de nós, mas não escalona muito bem. Primeiro, as cadeias de canalização geralmente não alcançam tamanho suficiente para oferecer alto grau de paralelismo. Segundo, não é possível canalizar operadores relacionais que não produzem saída até que todas as entradas tenham sido acessadas, como a operação de diferença de conjunto. Terceiro, somente um pequeno ganho de velocidade é obtido para os casos frequentes em que o custo de execução de um operador é muito maior que os dos outros.

Considerando todos os fatos, quando o grau de paralelismo é alto, a canalização representa uma fonte de paralelismo menos importante do que o particionamento. O motivo real para o uso da canalização com o processamento paralelo de consultas é o mesmo motivo pelo qual a canalização é usada com o processamento sequencial de consultas, a saber, que as execuções canalizadas podem evitar a gravação de resultados intermediários em disco.

A canalização (*pipelining*) nos bancos de dados centralizados foi discutida na Seção 15.7.2; como foi dito, a canalização pode ser feita usando um modelo de computação orientado por demanda, ou modelo puxar (*pull*), ou usando um modelo de computação orientado por produtor, ou modelo empurrar (*push*). O modelo puxar é muito utilizado em sistemas de banco de dados centralizados.

No entanto, o modelo empurrar é preferido em sistemas de banco de dados paralelos, pois, diferentemente do modelo puxar, o modelo empurrar permite que produtor e consumidor sejam executados em paralelo.

Diferentemente do modelo puxar, o modelo empurrar exige um *buffer* que pode manter várias tuplas, entre o produtor e o consumidor; sem esse *buffer*, o produtor seria interrompido assim que gerasse uma tupla. A Figura 22.5 mostra um produtor e um consumidor com um *buffer* entre eles. Se o produtor e o consumidor estiverem no mesmo nó, como mostra a Figura 22.5a, o *buffer* poderá estar na memória compartilhada. Porém, se o produtor e o consumidor estiverem em nós diferentes, como mostra a Figura 22.5b, haverá dois *buffers*: um no nó produtor, para coletar as tuplas à medida que são produzidas, e outro no nó consumidor, para coletá-las assim que forem enviadas pela rede.

Ao enviar as tuplas por uma rede, faz sentido coletar várias tuplas e enviá-las como um único *lote* (*batch*), em vez de enviar as tuplas uma por vez, pois geralmente há um *overhead* muito significativo por mensagem. O uso de lotes reduz significativamente esse *overhead*.

Se o produtor e o consumidor usarem o mesmo nó e puderem se comunicar por meio de um *buffer* na memória compartilhada, será necessário garantir a exclusão mútua ao inserir tuplas ou buscar tuplas no *buffer*. Os protocolos de exclusão mútua possuem algum *overhead*, que pode ser reduzido ao inserir/recuperar um lote de tuplas de cada vez, em vez de uma tupla de cada vez.

Observe que, com o modelo puxar, o produtor ou o consumidor, mas não ambos, podem estar em execução em determinado momento; embora isso evite a disputa sobre o *buffer* compartilhado, que aumenta com o uso do modelo empurrar, também impede que produtor e consumidor sejam executados simultaneamente.

22.5.1.2 Paralelismo independente

As operações em uma expressão de consulta que não dependem umas das outras podem ser executadas em paralelo. Essa forma de paralelismo é chamada **paralelismo independente**.

Considere a junção $r_1 \bowtie r_2 \bowtie r_3 \bowtie r_4$. Um plano possível é computar o resultado intermediário $t_1 \leftarrow r_1 \bowtie r_2$ em paralelo com o resultado intermediário $t_2 \leftarrow r_3 \bowtie r_4$. Nenhuma dessas

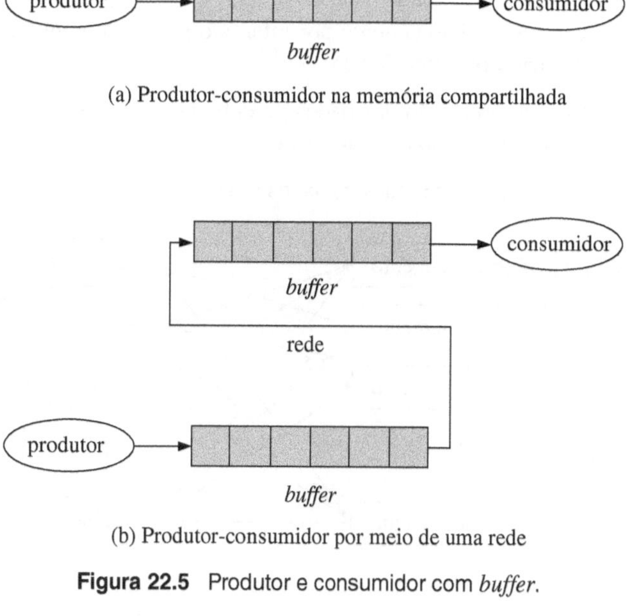

Figura 22.5 Produtor e consumidor com *buffer*.

computações depende da outra e, portanto, elas podem ser paralelizadas pelo paralelismo independente. Em outras palavras, a execução dessas duas junções pode ser escalonada em paralelo.

Quando essas duas computações terminarem, computamos:

$$t_1 \bowtie t_2$$

Observe que a computação dessa junção depende dos resultados das duas primeiras junções, logo, ela não pode ser feita usando o paralelismo independente.

Assim como o paralelismo canalizado, o paralelismo independente não oferece alto grau de paralelismo e é menos útil em um sistema altamente paralelo, embora seja conveniente com menor grau de paralelismo.

22.5.2 O modelo operador de troca (*exchange operator model*)

O banco de dados paralelo Volcano popularizou um modelo de paralelismo chamado modelo *operador de troca* (*exchange operator*). A operação de troca reparticiona os dados de uma maneira especificada; o intercâmbio de dados entre os nós é feito somente pelo operador de troca. Todas as outras operações atuam sobre dados locais, assim como fariam em um sistema de banco de dados centralizado; os dados podem estar disponíveis localmente, seja porque já estão presente ou pela execução de um operador de troca anteriormente.

O **operador de troca** possui dois componentes: um esquema para *particionamento (partitioning)* dos dados de saída, aplicado em cada nó de origem, e um esquema para *mesclagem* (*merging*) dos dados recebidos, aplicado em cada nó de destino. O operador é representado na forma da Figura 22.6, com o esquema de particionamento indicado por "Partiçionamento" e o esquema de mesclagem indicado por "Mesclagem".

O operador de troca pode *particionar* dados de várias maneiras:

1. Com o particionamento por *hash* sobre um conjunto de atributos especificado.
2. Com o particionamento por intervalo sobre um conjunto de atributos especificado.
3. Com a replicação dos dados de entrada em todos os nós, conhecida como **broadcasting**.
4. Com o envio de todos os dados a um único nó.

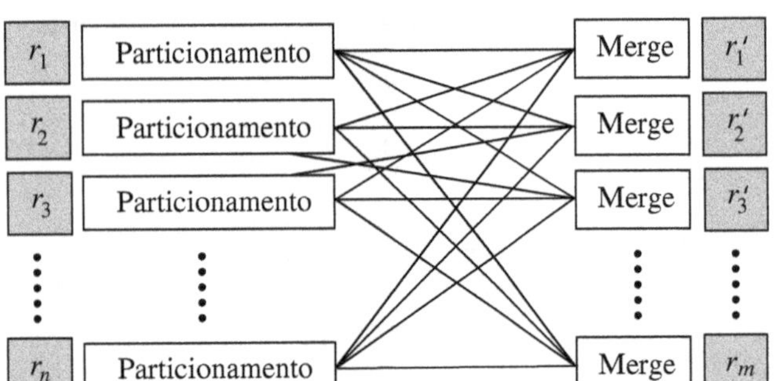

Figura 22.6 O operador de troca usado para o reparticionamento.

O *broadcasting* dos dados para todos os nós é necessário para operações como a junção assimétrica fragmentar e replicar (*asymmetric fragment-and-replicate join*). O envio de todos os dados para um único nó geralmente é feito como uma etapa final do processamento de consultas paralelas, para reunir resultados particionados em um único sítio.

Observe também que a entrada para o operador de troca pode estar em um único sítio (chamada **não particionada**) ou já particionada em vários sítios. O reparticionamento de dados já particionados resulta em cada nó de destino recebendo dados de vários nós de origem, como mostra a Figura 22.6.

Cada nó de destino *mescla* os itens de dados recebidos dos nós de origem. Essa etapa de mesclagem pode armazenar dados na ordem recebida (que pode ser não determinística, pois depende da velocidade das máquinas e de atrasos imprevisíveis na rede); essa mesclagem é chamada **mesclagem aleatória** (***random merge***).

Por outro lado, se os dados de entrada de cada origem forem classificados, a etapa de mesclagem poderá explorar a ordem de classificação executando uma **mesclagem ordenada**. Suponha, por exemplo, que os nós $N_1, \ldots, N_m$ primeiro classifiquem uma relação localmente e, depois, reparticionem a relação classificada usando o particionamento de intervalo. Cada nó executa uma operação de mesclagem ordenada sobre as tuplas que recebe, para gerar uma saída classificada localmente.

Assim, o operador de troca realiza o particionamento de dados nos nós de origem, bem como a mesclagem de dados nos nós de destino.

Todas as implementações de operadores em paralelo que vimos até agora podem ser modeladas como uma sequência de operações de troca e operadores locais, em cada nó, que desconhecem completamente o paralelismo.

- Classificação por particionamento de intervalo: pode ser implementada por uma operação de troca que realiza o particionamento de intervalo, com mesclagem aleatória nos nós de destino, seguida por uma operação de classificação local em cada nó de destino.
- *Sort-merge* externo paralelo: pode ser implementado por classificação local nos nós de origem, seguida por uma operação de troca que realiza o particionamento de intervalo, juntamente com a mesclagem ordenada.
- Junção particionada: pode ser implementada por uma operação de troca que realiza o particionamento desejado, seguido pela junção local em cada nó.
- Junção assimétrica fragmentar e replicar: pode ser implementada por uma operação de troca que realiza o "particionamento" por *broadcast* da relação menor, seguido por uma junção local em cada nó.
- Junção simétrica fragmentar e replicar: pode ser implementada por uma operação de troca que particiona e transmite cada partição parcialmente por *broadcast*, seguida por uma junção local em cada nó.
- Agregação: pode ser implementada por uma operação de troca que realiza o particionamento de *hash* sobre os

atributos de agrupamento, seguido por uma operação de agregação local em cada nó. A otimização da agregação parcial requer simplesmente uma operação de agregação local extra em cada nó, antes da operação de troca.

Outras operações relacionais podem ser implementadas de maneira semelhante, por uma sequência de operações locais executadas em paralelo em cada nó, intercaladas com operações de troca.

Como já foi observado, a execução paralela em que os dados estão particionados e as operações são executadas localmente em cada nó é chamada de *paralelismo de dados*. O uso do modelo de operador de troca para implementar a execução paralela de dados tem o benefício principal de permitir que os mecanismos de consulta de banco de dados existentes sejam usados em cada um dos nós locais, sem mudanças significativas no código. Como resultado, o modelo de operador de troca da execução paralela é muito utilizado nos sistemas de banco de dados paralelos.

Entretanto, existem algumas implementações de operadores que podem se beneficiar de estar cientes da natureza paralela do sistema em que estão sendo executadas. Por exemplo, uma junção indexada com *loops* aninhados em que a relação interna é indexada sobre um armazenamento de dados paralelo exigiria acesso remoto para cada pesquisa de índice; portanto, a operação de pesquisa de índice está ciente da natureza paralela do sistema subjacente. De modo semelhante, em um sistema de memória compartilhada, pode fazer sentido ter uma tabela de *hash* (ou um índice) na memória compartilhada, que é acessada por vários processadores (essa técnica é discutida resumidamente na Seção 22.6); logo, as operações executadas em cada processador estão cientes da natureza paralela do sistema.

Como discutimos na Seção 22.5.1.1, enquanto o modelo de iterador orientado por demanda (ou modelo puxar) para execução canalizada de operadores é muito utilizado em mecanismos de banco de dados centralizados, em uma canalização, o modelo empurrar é preferido para a execução paralela de operadores.

O operador de troca pode ser usado para implementar o modelo empurrar entre os nós de um sistema paralelo, enquanto permite que implementações existentes de operadores locais sejam realizadas usando o modelo puxar. Para fazer isso, em cada nó de origem de um operador de troca, o operador pode puxar várias tuplas de sua entrada e criar um lote de tuplas destinadas a cada nó de destino. A entrada pode ser computada por uma operação local, cuja implementação pode usar o modelo de iterador orientado por demanda.

O operador de troca envia lotes de tuplas para os nós de destino, onde são mescladas e mantidas em um *buffer*. As operações locais podem, então, consumir as tuplas de uma forma orientada por demanda.

22.5.3 Juntando tudo

A Figura 22.7 mostra uma consulta, juntamente com um plano sequencial e dois planos de execução de consulta paralelos alternativos. A consulta, mostrada na Figura 22.7a, realiza uma junção de duas relações, r e s, e depois calcula uma agregação sobre o resultado da junção. Suponha, por exemplo, que a consulta seja ${}_{r \cdot C, s \cdot D}\gamma_{\text{sum}(s \cdot E)}(r \bowtie_{r \cdot A = s \cdot B} s)$.

O plano sequencial, mostrado na Figura 22.7b, usa uma junção *hash* (indicada por "*JH*" na figura), que é executada em três estágios separados. O primeiro estágio particiona a primeira entrada (r) localmente sobre $r \cdot A$; o segundo estágio particiona a segunda entrada localmente sobre $s \cdot B$; e o terceiro estágio calcula a junção de cada uma das partições correspondentes de r e s. A agregação é calculada usando a agregação *hash* na memória, indicada pelo operador *AH*; consideramos que o número de grupos seja pequeno o suficiente para que a tabela de *hash* caiba na memória.

As caixas tracejadas na figura mostram quais etapas são executadas de forma canalizada. No plano sequencial, a leitura da relação r é canalizada para o primeiro estágio de particionamento da junção *hash* sequencial; da mesma forma, a leitura das relações s é canalizada para o segundo estágio de particionamento da junção *hash*. O terceiro estágio da junção *hash* canaliza suas tuplas de saída para o operador de agregação *hash*.

O plano paralelo de avaliação de consultas, mostrado na Figura 22.7c, começa com as relações r e s já participadas, mas o particionamento não ocorre sobre os atributos de junção necessários.[3] O plano, portanto, usa a operação de troca T_1 para reparticionar r usando o atributo $r \cdot A$; da mesma forma, o operador de troca T_2 reparticiona s usando $s \cdot B$. Cada nó usa a junção *hash* localmente para calcular a junção de sua partição de r e s. Observe que não se supõe que essas partições cabem na memória; portanto, elas devem ser particionadas ainda mais pelos dois primeiros estágios da junção *hash*; essa etapa de particionamento local é indicada como "Part. Loc." na figura. As caixas tracejadas indicam que a saída do operador de troca pode ser canalizada para a etapa de particionamento local. Assim como no plano sequencial, existem dois estágios canalizados, um para r e outro para s. Observe que a troca de tuplas entre nós é feita apenas pelo operador de troca e todas as outras arestas indicam fluxos de tupla dentro de cada nó.

Posteriormente, o algoritmo de junção *hash* é executado em paralelo em todos os nós participantes e sua saída é canalizada para o operador de troca T_3. Esse operador de troca reparticiona sua entrada sobre o par de atributos $(r \cdot C, s \cdot D)$, que são os atributos de agrupamento da próxima agregação. No lado receptor do operador de troca, as tuplas são canalizadas para o operador de agregação *hash*. Observe que todas essas etapas atuam juntas como um único estágio canalizado, embora haja um operador de troca como parte do estágio. Observe que os operadores locais que computam a junção *hash* e a agregação *hash* não precisam estar cientes da execução paralela.

Os resultados das agregações são, então, coletados juntamente em um local central pelo operador de troca final T_4, para criar a relação de resultado final.

A Figura 22.7d mostra um plano alternativo que executa agregação parcial sobre os resultados da junção *hash*, antes de particionar os resultados. A agregação parcial é calculada

[3]Observe as diversas caixas, indicando que uma relação está armazenada em diversos nós; de modo semelhante, vários círculos indicam que uma operação é executada paralelamente em diversos nós.

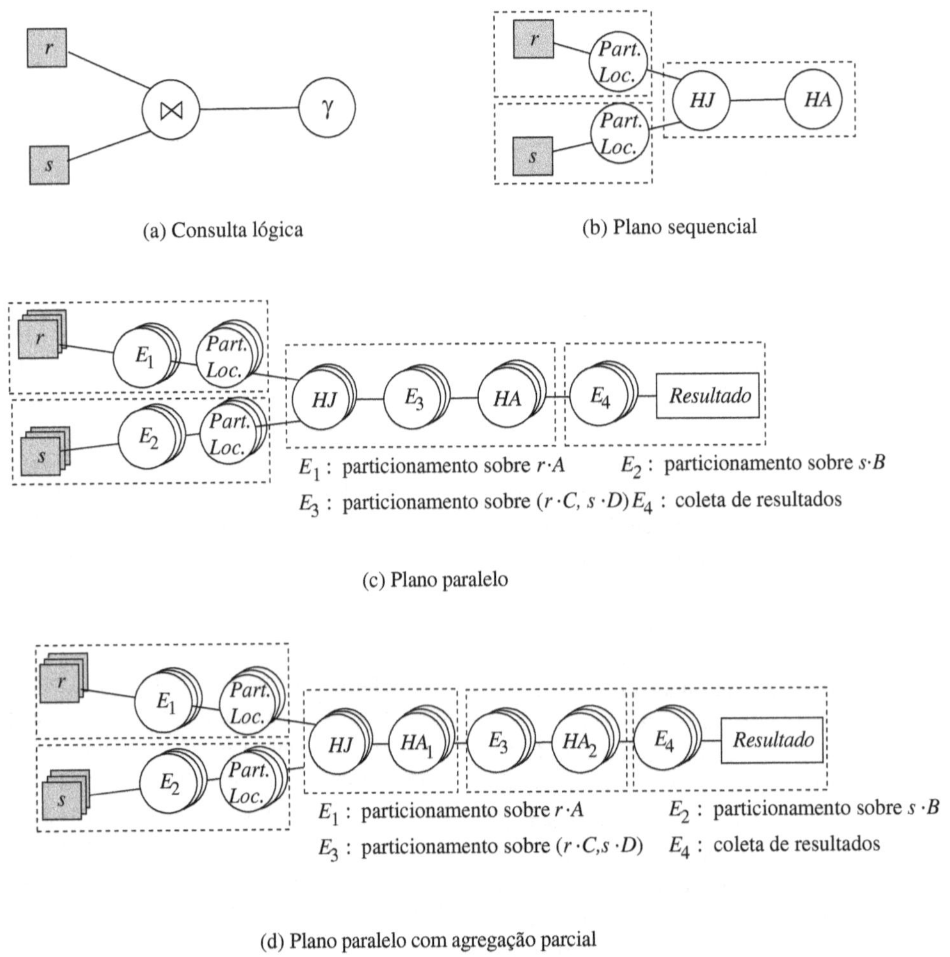

Figura 22.7 Planos de execução paralela de consulta.

localmente em cada nó pelo operador AH_1. Como nenhuma tupla é produzida pelo operador de agregação parcial até que toda sua entrada seja consumida, o estágio canalizado contém apenas os operadores de junção *hash* e de agregação *hash* locais. O próximo operador de troca T_3 que particiona sua entrada sobre $(r \cdot C, s \cdot D)$ faz parte de um estágio canalizado subsequente, juntamente com a operação de agregação *hash* AH_2, que calcula os valores agregados finais. Como antes, o operador de troca T_4 coleta os resultados em um local centralizado.

O exemplo apresentado mostra como a execução canalizada pode ser realizada entre os nós, bem como dentro dos nós, e também como isso pode ser feito juntamente com a execução paralela intraoperador. O exemplo também mostra que alguns estágios canalizados dependem da saída dos estágios canalizados anteriores; portanto, sua execução só poderá começar após a conclusão da etapa anterior. Por outro lado, a troca inicial e o particionamento de *r* e *s* ocorrem em estágios canalizados independentes um do outro; se for desejado, esses estágios independentes podem ser escalonados de modo concorrente, ou seja, ao mesmo tempo.

Para executar um plano paralelo como no nosso exemplo, os diferentes estágios canalizados precisam ser escalonados para execução, em uma ordem que garanta que as dependências entre os estágios sejam atendidas. Ao executar um estágio específico, o sistema deve decidir em quantos nós uma operação deve ser executada. Essas decisões geralmente são tomadas como parte da fase de agendamento, antes do início da execução da consulta.

22.5.4 Tolerância a falhas nos planos de consulta

O processamento paralelo de consultas por um número moderado de nós, por exemplo, centenas de nós, pode ser feito sem se preocupar com a tolerância a falhas. Se houver uma falha, a consulta será executada novamente, após a remoção de nós com falha do sistema (a replicação de dados na camada de armazenamento garante que os dados continuem disponíveis, mesmo no caso de uma falha). No entanto, essa solução simples não funciona bem ao operar na escala de milhares ou dezenas de milhares de nós: se uma consulta for executada por várias horas, há uma chance significativa de que haja uma falha enquanto a consulta estiver sendo executada. Se a consulta for reiniciada, há uma chance significativa de ocorrer outra falha durante a execução, o que é obviamente uma situação indesejável.

Para lidar com esse problema, o sistema de processamento de consultas, de preferência, deve ser capaz de refazer as ações de um nó com falha, sem refazer o restante da computação.

As implementações de MapReduce projetadas para funcionar em uma escala maciçamente paralela podem ser tolerantes a falhas da seguinte maneira:

1. Cada operação map executada em cada nó grava sua saída em arquivos locais.
2. A próxima operação, reduce, é executada em cada nó; a execução da operação em cada nó lê dados dos arquivos armazenados em diversos nós, coleta os dados e inicia o processamento dos dados somente depois de ter recebido todos os seus dados necessários.
3. A operação reduce grava sua saída em um sistema de arquivo distribuído (ou sistema de armazenamento distribuído) que replica dados, de modo que os dados estejam disponíveis mesmo que haja uma falha.

Vamos agora examinar a razão pela qual as coisas são feitas dessa maneira. Primeiro, se um nó de map específico falhar, o trabalho realizado nesse nó poderá ser refeito em um nó de *backup*; o trabalho realizado em outros nós de map não é afetado. O trabalho não é realizado por nós de reduce até que todos os dados necessários tenham sido buscados; a falha em um nó de map significa apenas que os nós de reduce buscam dados nos nós de map de *backup*. Certamente há um atraso enquanto o nó de *backup* faz seu trabalho, mas não há necessidade de repetir toda a computação.

Além disso, depois que um nó de reduce termina seu trabalho, sua saída vai para o armazenamento replicado para garantir que não seja perdida, mesmo se um nó de armazenamento de dados falhar. Isso significa que, se um nó de reduce falhar antes de concluir seu trabalho, ele deverá ser reexecutado em um nó de *backup*; outros nós de reduce não são afetados. Depois que um nó de reduce termina seu trabalho, não há necessidade de executá-lo novamente.

Observe que é possível armazenar a saída de um nó de map em um sistema de armazenamento replicado. No entanto, isso aumenta significativamente o custo de execução e, portanto, a saída de map é mantida no armazenamento local, mesmo com o risco de ter de reexecutar o trabalho realizado por um nó de map, caso ele falhe antes que todos os nós de reduce tenham buscado os dados necessários nesse nó de map.

Também é importante observar que, às vezes, os nós não falham completamente, mas trabalham muito lentamente; esses nós são chamados de nós *retardadores*. Até mesmo um único nó retardador pode atrasar todos os nós na próxima etapa (se houver uma etapa seguinte) ou atrasar a conclusão da tarefa (se estiver na última etapa). Nós retardadores podem ser tratados de modo semelhante aos nós que falharam e reexecutando suas tarefas em outros nós (a tarefa original no nó retardador também pode continuar, caso termine primeiro). Verificou-se que essa reexecução para lidar com os retardadores melhora significativamente o tempo para a conclusão das tarefas de MapReduce.

Embora esse esquema para tolerância a falhas seja bastante eficaz, há um *overhead* que deve ser observado: um estágio reduce não pode executar trabalho algum até que o estágio map anterior seja concluído;[4] e se várias etapas map e reduce forem executadas, o próximo estágio map não poderá executar trabalho algum até que o estágio reduce anterior seja concluído. Em particular, isso significa que a canalização de dados entre estágios não pode ser aceita; os dados são sempre materializados antes de serem enviados para o próximo estágio. A materialização carrega uma sobrecarga significativa, o que pode retardar a computação.

O Apache Spark usa uma abstração chamada *Resilient Distributed Datasets* (RDDs) para implementar a tolerância a falhas. Como vimos na Seção 10.4.2, os RDDs podem ser vistos como coleções, e o Spark suporta operações algébricas que tomam RDDs como entrada e geram RDDs como saída. O Spark acompanha as operações usadas para criar um RDD. No caso de falhas que resultem na perda de um RDD, as operações usadas para criar o RDD podem ser reexecutadas para recriar o RDD. No entanto, isso pode levar muito tempo, portanto o Spark também oferece suporte à replicação, para reduzir a chance de perda de dados, bem como ao armazenamento de cópias locais de dados quando uma etapa de troca aleatória é executada, para permitir que a reexecução seja restrita à computação que foi realizada sobre nós com falha.

Tem havido muita pesquisa sobre como permitir a canalização de dados, sem exigir que a execução da consulta seja reiniciada desde o começo em caso de uma única falha. Esses esquemas geralmente exigem que os nós rastreiem quais dados eles receberam de cada nó de origem. No caso de uma falha no nó de origem, o trabalho do nó de origem é refeito em um nó de *backup*, o que pode resultar no aparecimento de algumas tuplas que já haviam sido recebidas anteriormente. O rastreamento dos dados recebidos anteriormente é importante para garantir que tuplas duplicadas sejam detectadas e eliminadas pelo nó receptor. Essas ideias também podem ser usadas para implementar a tolerância a falhas para outras operações algébricas, como as junções. Em particular, se usarmos o operador de troca com paralelismo de dados, a tolerância a falhas poderá ser implementada como uma extensão do operador de troca.

Referências a mais informações sobre a canalização tolerante a falhas com base em extensões do operador de troca, bem como em esquemas de tolerância a falhas usados no MapReduce e no Apache Spark, podem ser encontradas na seção de Leitura adicional no final do capítulo.

22.6 Processamento de consulta em arquiteturas de memória compartilhada

Algoritmos paralelos projetados para arquiteturas nada compartilhado podem ser usados em arquiteturas de memória compartilhada. Cada processador pode ser tratado como tendo sua própria partição de memória, e podemos ignorar o fato

[4]Quando um nó map tiver concluído suas tarefas, a redistribuição de resultados desse nó para os nós reduce pode ser iniciada, mesmo que outros nós map ainda estejam ativos; porém, a computação real no nó reduce não pode ser iniciada até que todas as tarefas de map tenham sido concluídas e todos os resultados de map sejam redistribuídos.

de que os processadores possuem uma memória compartilhada comum. No entanto, a execução pode ser bastante otimizada explorando o acesso rápido à memória compartilhada a partir de qualquer um dos processadores.

Antes de estudarmos as otimizações que exploram a memória compartilhada, observamos que, embora muitos sistemas de grande escala possam ser executados em um único sistema de memória compartilhada, os sistemas de maior escala atualmente normalmente são implementados usando uma arquitetura hierárquica, com uma arquitetura do tipo nada compartilhado no nível mais externo, mas com cada nó tendo uma arquitetura de memória compartilhada localmente, conforme discutido na Seção 20.4.8. As técnicas que estudamos até agora para armazenar, indexar e consultar dados em arquiteturas do tipo nada compartilhado são usadas para dividir tarefas de armazenamento, indexação e processamento de consulta entre os diferentes nós do sistema. Cada nó é um sistema paralelo de memória compartilhada, que utiliza técnicas de processamento paralelo de consultas para executar as tarefas de processamento de consulta atribuídas a ele. As otimizações que descrevemos nesta seção podem ser usadas localmente, em cada nó.

O processamento paralelo em um sistema de memória compartilhada geralmente é feito por meio de *threads*, em vez de processos separados. Um *thread* é um fluxo de execução que compartilha sua memória inteira[5] com outros *threads*. Muitos *threads* podem ser iniciados simultaneamente, e o sistema operacional escalona os *threads* pelos processadores disponíveis.

A seguir, listamos algumas otimizações que podem ser aplicadas quando algoritmos paralelos que vimos anteriormente são executados em um sistema de memória compartilhada.

1. Se usarmos a junção assimétrica fragmentar e replicar, a relação menor não precisará ser replicada para cada processador. Em vez disso, apenas uma cópia precisa ser armazenada na memória compartilhada, que poderá ser acessada por todos os processadores. Essa otimização é particularmente útil se houver um grande número de processadores no sistema de memória compartilhada.

2. A distorção (*skew*) é um problema significativo nos sistemas paralelos, e torna-se ainda pior à medida que o número de processadores aumenta. Transferir o trabalho de um nó sobrecarregado para um nó subcarregado é caro em um sistema nada compartilhado, pois envolve tráfego de rede. Por outro lado, em um sistema de memória compartilhada, os dados atribuídos a um processador podem ser facilmente acessados por outro processador.

   Para resolver o problema da distorção em um sistema de memória compartilhada, uma boa opção é usar o particionamento de nó virtual, permitindo que o trabalho seja redistribuído para equilibrar a carga. Essa redistribuição pode ser feita quando um processador está sobrecarregado. Como alternativa, sempre que um processador descobre que concluiu o processamento de todos os nós virtuais atribuídos a ele, ele pode encontrar outros processadores que ainda possuem nós virtuais a serem processados e assumir algumas dessas tarefas; como dissemos na Seção 22.3.3, essa técnica é chamada de *roubo de trabalho*. Observe que essa técnica para evitar distorção seria muito mais dispendiosa em um ambiente nada compartilhado, pois haveria uma quantidade significativa de movimentação de dados, diferentemente do caso da memória compartilhada.

3. A junção *hash* pode ser executada de duas maneiras distintas.

   a. A primeira opção é particionar as duas relações para cada processador e, em seguida, realizar as junções das partições, de maneira semelhante à junção *hash* nada compartilhado. Cada partição precisa ser pequena o suficiente para que o índice de *hash* em uma partição da relação de montagem se encaixe na parte da memória compartilhada alocada a cada processador.

   b. A segunda opção é particionar as relações em menos partes, de modo que o índice de *hash* em uma partição da relação de montagem se encaixe na memória compartilhada comum, em vez de em uma fração da memória compartilhada. A construção do índice na memória, bem como a sondagem do índice, agora devem ser feitas em paralelo por todos os processadores.

      Paralelizar a fase da sonda é relativamente fácil, pois cada processador pode trabalhar em alguma partição da relação de sonda. De fato, faz sentido usar a técnica de nó virtual e particionar a relação de sonda em várias partes pequenas (às vezes, chamadas de "pedaços", ou *morsels*) e fazer com que os processadores processem um pedaço de cada vez. Quando um processador acaba de processar um pedaço, ele encontra um pedaço não processado e trabalha com ele, até que não haja pedaços para serem processados.

      Paralelizar a construção do índice de *hash* compartilhado é mais complicado, pois vários processadores podem tentar atualizar a mesma parte do índice de *hash*. Usar bloqueios é uma opção, mas há *overheads* resultantes de bloqueio. Técnicas baseadas em estruturas de dados sem bloqueio podem ser usadas para construir o índice de *hash* em paralelo.

Na seção de Leitura adicional, ao final do capítulo, poderão ser encontradas referências a mais detalhes sobre como paralelizar implementações de junção na memória compartilhada.

Os algoritmos projetados para sistemas de memória compartilhada devem levar em consideração o fato de que, nos processadores atuais, a memória é dividida em vários bancos de memória, com cada banco ligado diretamente a algum processador. O custo de acesso à memória de determinado processador é menor se a memória estiver diretamente ligada ao processador e maior se estiver ligada a um processador diferente. Diz-se que esses sistemas de memória possuem uma arquitetura de *acesso não uniforme à memória*, ou uma arquitetura *NUMA* (*Non-Uniform Memory Access*).

Para obter o melhor desempenho, os algoritmos devem ser *compatíveis com NUMA*; ou seja, eles devem ser projetados para garantir que os dados acessados por um *thread* sendo

[5]Tecnicamente, em terminologia de sistema operacional, seu espaço de endereços.

executado em um processador específico estejam, tanto quanto possível, armazenados na memória local desse processador. Os sistemas operacionais oferecem suporte a essa tarefa de duas maneiras:

1. Cada *thread* é escalonado, na medida do possível, no mesmo núcleo do processador, toda vez que é executado.
2. Quando um *thread* solicita memória ao gerenciador de memória do sistema operacional, o sistema operacional aloca uma memória que é local ao núcleo desse processador.

Observe que as técnicas para fazer o melhor uso da memória compartilhada são complementares às técnicas que melhor utilizam os caches de processador, incluindo estruturas de índice compatíveis com caches (que vimos na Seção 14.4.7) e algoritmos compatíveis com cache para processar operadores relacionais.

Além disso, como cada núcleo do processador possui seu próprio cache, é possível que um cache tenha um valor antigo que foi atualizado posteriormente em outro núcleo do processador. Portanto, os algoritmos de processamento de consultas que atualizam estruturas de dados compartilhadas devem ter o cuidado de garantir que não haja erros como consequência do uso de valores desatualizados e das condições (*race conditions*) ao atualizar o mesmo local de memória a partir de dois núcleos de processador. As instruções de bloqueio (*locking*) e de barreira (*fence*) para garantir a consistência do cache (Seção 20.4.5) são usadas em conjunto para implementar atualizações nas estruturas de dados compartilhadas.

A forma de paralelismo que estudamos até agora permite que cada processador execute seu próprio código independentemente de outros processadores. No entanto, alguns sistemas paralelos suportam uma forma diferente de paralelismo, chamada **Single Instruction Multiple Data (SIMD)**. Com o paralelismo SIMD, a mesma instrução é executada sobre cada um dos vários itens de dados, que normalmente são elementos de um *array*. As arquiteturas SIMD passaram a ser muito utilizadas em unidades de processamento gráfico (GPUs), usadas inicialmente para acelerar o processamento de tarefas de computação gráfica. No entanto, mais recentemente, os chips de GPU foram usados para paralelizar diversas outras tarefas, uma das quais é o processamento paralelo de operações relacionais usando o suporte para SIMD fornecido pelas GPUs. O coprocessador Xeon Phi da Intel admite não apenas vários núcleos em um único chip, mas também várias instruções SIMD que podem operar em paralelo sobre várias palavras de dados. Houve muita pesquisa sobre como processar operações relacionais em paralelo nessas arquiteturas SIMD; as referências para mais informações sobre esse assunto podem ser encontradas nas notas bibliográficas deste capítulo, disponíveis *on-line*.

22.7 Otimização de consulta para execução paralela

Os otimizadores de consulta para avaliação paralela de consulta são mais complicados do que os otimizadores de consulta para avaliação sequencial de consulta. Primeiro, o espaço de alternativas de plano pode ser muito maior do que aquele para os planos sequenciais. Particularmente, em um ambiente paralelo, precisamos levar em consideração os diferentes modos possíveis de particionar as entradas e os resultados intermediários, pois diferentes esquemas de particionamento podem ocasionar diferentes custos de execução de consulta, o que não é um problema para um plano sequencial.

Em segundo lugar, os modelos de custo são mais complicados, pois o custo de particionamento deverá ser levado em consideração, e problemas como distorção e disputa de recursos deverão ser tratados.

22.7.1 Espaço do plano de consulta paralela (*parallel query plan space*)

Como vimos na Seção 15.1, um plano de consulta sequencial pode ser expresso como uma árvore de expressão algébrica, onde cada nó é um operador físico, como um operador de classificação, um operador de junção *hash*, um operador de junção *merge* etc. Esse plano pode ser anotado ainda mais com instruções sobre quais operações devem ser canalizadas e quais resultados intermediários devem ser materializados, como vimos na Seção 15.7.

Além desses fatores, um plano de consulta paralela precisa especificar

- Como paralelizar cada operação, incluindo decidir que algoritmo usar e como particionar as entradas e resultados intermediários. Operadores de troca podem ser usados para particionar entradas, além de resultados intermediários e resultados finais.
- Como o plano deve ser **escalonado**; especificamente:
  - Quantos nós devem ser usados para cada operação.
  - Que operações devem ser canalizadas dentro do mesmo nó ou entre diferentes nós.
  - Que operações devem ser executadas sequencialmente, uma após a outra.
  - Que operações devem ser executadas independentemente em paralelo.

Como exemplo da decisão de particionamento, uma junção $r \bowtie_{r \cdot A = s \cdot A \wedge r \cdot B = s \cdot B} s$ pode ser paralelizada particionando r e s sobre os atributos $r \cdot A$ e $s \cdot A$ sozinhos, ou sobre os atributos $r \cdot B$ e $s \cdot B$ sozinhos ou sobre $(r \cdot A, r \cdot B)$ e $(s \cdot A, s \cdot B)$. A última opção provavelmente será a melhor se considerarmos apenas essa junção, pois minimiza as chances de distorção que podem surgir se as cardinalidades de $r \cdot A$, $r \cdot B$, $s \cdot A$ ou $s \cdot B$ forem baixas.

Mas considere agora a consulta ${}_{r \cdot A}\gamma_{\text{sum}(s.C)}(r \bowtie_{r \cdot A = s \cdot A \wedge r \cdot B = s \cdot B} s)$. Se executarmos a junção particionando sobre $(r \cdot A, r \cdot B)$ (e $(s \cdot A, s \cdot B)$), precisaremos reparticionar o resultado da junção por $r \cdot A$ para calcular a agregação. Por outro lado, se realizamos a junção particionando sobre r e s sobre $r \cdot A$ e $s \cdot A$, respectivamente, a junção e a agregação podem ser calculadas sem nenhum reparticionamento, o que poderia reduzir o custo. Essa opção provavelmente será uma boa opção se $r \cdot A$ e $s \cdot A$

tiverem cardinalidade alta e poucas duplicatas, pois a chance de distorção é menor nesse caso.

Assim, o otimizador deve considerar um espaço maior de alternativas, levando em conta o particionamento. Referências com mais detalhes sobre como implementar a otimização de consultas para sistemas de processamento de consultas paralelas, levando em conta as alternativas de particionamento, podem ser encontradas na seção de Leitura adicional, ao final do capítulo.

22.7.2 Custo da avaliação de consulta paralela

O custo de um plano de consulta sequencial geralmente é estimado com base no consumo total de recursos do plano, somando os custos de CPU e de E/S dos operadores em um plano de consulta. O modelo de custo de *consumo de recursos* também pode ser usado em um sistema paralelo, levando em consideração também o custo da rede e acrescentando-o aos outros custos. Conforme discutido na Seção 15.2, mesmo em um sistema sequencial, o modelo de custo de consumo de recursos não garante a minimização do tempo de execução de uma consulta individual. Existem outros modelos de custo que são melhores na modelagem do tempo para concluir uma consulta; no entanto, o modelo de custo de consumo de recursos tem o benefício de reduzir o custo da otimização de consultas e, portanto, é bastante utilizado. Voltaremos à questão de outros modelos de custo mais adiante, nesta seção.

Agora, vamos estudar como o custo de um plano de consulta paralelo pode ser estimado com base no modelo de consumo de recursos. Se um plano de consulta for paralelo aos dados (*data parallel*), cada operação, exceto a operação de troca, será executada localmente; o custo de tais operações pode ser estimado usando técnicas que vimos anteriormente no Capítulo 15, se assumirmos que as relações de entrada são particionadas uniformemente entre *n* nós, com cada nó recebendo $1/n$ da entrada total.

O custo da operação de troca pode ser estimado com base na topologia da rede, na quantidade de dados transferidos e na largura de banda da rede; como antes, supõe-se que cada nó seja igualmente carregado durante a operação de troca. O custo de um plano de consulta no modelo de *consumo de recursos* pode ser encontrado pela soma dos custos das operações individuais.

No entanto, em um sistema paralelo, dois planos com o mesmo consumo de recursos podem ter um tempo significativamente diferente para a sua conclusão. Um **modelo de custo de tempo de resposta** é um modelo que tenta estimar melhor o tempo para a conclusão de uma consulta. Se uma operação específica fosse capaz de realizar operações de E/S em paralelo com a execução da CPU, o tempo de resposta seria melhor modelado como *max*(custo de CPU, custo de E/S), em vez do custo sob o modelo de consumo de recursos, que seria igual a (custo da CPU + custo de E/S). Da mesma forma, se duas operações o_1 e o_2 estiverem em uma canalização em um único nó, e seus custos de CPU e E/S forem c_1, io_1 e c_2, io_2, respectivamente, então seu custo do tempo de resposta seria $max(c_1 + c_2, io_1 + io_2)$. Da mesma forma, se as operações o_1 e o_2 forem executadas sequencialmente, o custo do tempo de resposta seria $max(c_1, io_1) + max(c_2, io_2)$.

Ao executar operações em paralelo por vários nós, o modelo de custo do tempo de resposta precisaria levar em consideração:

- **Custos de partida** para iniciar uma operação em vários nós.
- **Distorção** na distribuição de trabalho entre os nós, com alguns deles obtendo um número maior de tuplas do que outros e, assim, levando mais tempo para serem concluídos. É o tempo para a conclusão do nó mais lento que determina o tempo para a conclusão da operação.

Portanto, qualquer distorção na distribuição do trabalho entre os nós afeta muito o desempenho.

Estimar o tempo para a conclusão do nó mais lento em função da distorção não é uma tarefa fácil, pois depende muito dos dados. No entanto, estatísticas como o número de valores distintos de atributos de particionamento, histogramas sobre a distribuição de valores de atributos de particionamento e contagens dos valores mais frequentes podem ser usados para estimar o potencial de distorção. Algoritmos de particionamento que podem detectar e minimizar o efeito da distorção, como os discutidos na Seção 21.3, são importantes para minimizar a distorção.

22.7.3 Escolhendo um plano de consulta paralela

A quantidade de planos de avaliação paralelos a escolher é muito maior que o número de planos de avaliação sequenciais. A otimização de consultas paralelas considerando todas as alternativas é, portanto, muito mais dispendiosa que a otimização de consultas sequenciais. Portanto, geralmente adotamos abordagens heurísticas para reduzir o número de planos de execução paralela que precisamos considerar. A seguir, descrevemos duas técnicas populares.

1. Uma técnica simples é escolher o plano de avaliação sequencial mais eficiente e, em seguida, escolher a maneira ideal de paralelizar as operações nesse plano de avaliação. Ao escolher um plano sequencial, o otimizador pode usar um modelo básico de custo sequencial; ou então pode usar um modelo de custo simples, que leva em consideração alguns aspectos da execução paralela, mas não considera questões como particionamento ou escalonamento. Esta opção permite que um otimizador de consulta sequencial existente seja usado com alterações mínimas na primeira etapa.

   Em seguida, o otimizador decide como criar um plano paralelo ideal correspondente ao plano sequencial escolhido. Nesse ponto, as escolhas de quais técnicas de particionamento usar e como escalonar operadores podem ser feitas de maneira baseada em custos.

   O plano sequencial escolhido pode não ser o ideal no contexto paralelo, pois as fórmulas de custo exatas para a execução paralela não foram usadas na sua escolha; no entanto, a técnica funciona razoavelmente bem em muitos casos.

2. Uma técnica mais baseada em princípios é encontrar o melhor plano, supondo que cada operação seja executada em paralelo por todos os nós (operações com entradas muito

pequenas podem ser executadas em menos nós). O escalonamento de operações independentes em paralelo por diferentes nós não é considerado neste estágio.

O particionamento de entradas e resultados intermediários é levado em consideração ao estimar o custo de um plano de consulta. As técnicas existentes para otimização de consulta foram estendidas considerando o particionamento como uma propriedade física, além de propriedades físicas como ordens de classificação, que já são levadas em consideração ao escolher um plano de consulta sequencial. Assim como os operadores de classificação são acrescentados a um plano de consulta para obter uma ordem de classificação desejada, os operadores de troca são adicionados para obter a propriedade de particionamento desejada. O modelo de custo usado na prática geralmente é um modelo de consumo de recursos, que vimos anteriormente. Embora os modelos de custo do tempo de resposta ofereçam melhores estimativas do tempo de execução da consulta, o custo da otimização de consulta é mais alto ao usar um modelo de custo do tempo de resposta, comparado ao custo da otimização ao usar um modelo de custo de consumo de recursos. As referências que contêm mais informações sobre o modelo de custo do tempo de resposta podem ser encontradas na seção de Leitura adicional, ao final do capítulo.

Outra dimensão da otimização é o projeto de organização do armazenamento físico para acelerar as consultas. Por exemplo, uma relação pode ser armazenada particionada sobre qualquer um dos vários atributos diferentes, e pode até ser replicada e as réplicas podem ser armazenadas particionadas sobre diferentes atributos. Por exemplo, uma relação *r*(*A*, *B*, *C*) pode ser armazenada particionada sobre *A* e uma réplica pode ser particionada sobre *B*. O otimizador de consulta escolhe a réplica mais adequada para a consulta. A organização física ideal difere para diferentes consultas. O administrador do banco de dados deve escolher uma organização física que pareça ser boa para a combinação esperada de consultas ao banco de dados.

22.7.4 Localização conjunta dos dados

Mesmo com armazenamento de dados paralelo e processamento de operações em paralelo, o tempo de execução de algumas consultas pode ser muito lento para as necessidades de algumas aplicações. Em particular, as consultas que acessam pequenas quantidades de dados armazenados em vários nós podem ser executadas lentamente quando executadas em paralelo, em comparação com a execução das mesmas consultas em um único nó, se todos os dados estiverem disponíveis nesse nó. Existem muitas aplicações que precisam dessas consultas para retornar respostas com latência muito baixa.

Uma técnica importante para agilizar essas consultas é inserir os dados que uma consulta acessa em um único nó. Por exemplo, suponha que uma aplicação precise acessar informações de aluno, além de informações sobre os cursos realizados pelo aluno. Então, a relação *aluno* pode ser particionada sobre a *ID*, e a relação *realiza* também particionada exatamente da mesma maneira sobre *ID*. As tuplas na relação *curso*, que é uma relação pequena, podem ser replicadas para todos os nós. Com esse particionamento, qualquer consulta envolvendo essas três relações, que recupera dados para uma única *ID*, pode ser respondida localmente em um único nó. O mecanismo de processamento de consultas apenas detecta qual nó é responsável por essa *ID* e envia a consulta para esse nó, onde é executada localmente.

A localização conjunta de tuplas (*colocation of tuples*) de diferentes relações é suportada por muitos sistemas de armazenamento de dados. Se o sistema de armazenamento de dados não suportar a localização conjunta de forma nativa, uma alternativa é criar um objeto contendo tuplas relacionadas que compartilham uma chave (por exemplo, registros de *aluno* e *realiza* correspondentes a uma *ID* específica) e armazená-lo no sistema de armazenamento de dados com a chave associada (*ID*, no nosso exemplo).

A técnica de localização conjunta de tuplas (*colocation*), no entanto, não funciona diretamente se consultas diferentes precisarem de uma relação particionada de diferentes maneiras. Por exemplo, se o objetivo é encontrar todos os alunos que realizaram uma seção específica do curso, a relação *realiza* precisa ser particionada pelas informações da seção (*id_curso*, *ano*, *semestre*, *id_seção*) em vez de ser particionada pela *ID*.

Uma técnica simples para lidar com essa situação consiste em permitir várias cópias de uma relação, particionadas sobre diferentes atributos. Essas cópias podem ser modeladas como índices na relação, particionados sobre diferentes atributos; quando as tuplas na relação são atualizadas, o mesmo acontece com as cópias, para que se mantenham consistentes. Em nosso exemplo, uma cópia de *realiza* pode ser particionada sobre a *ID* para ser localizada juntamente (*colocated*) com as partições de *aluno*, enquanto outra cópia é particionada sobre (*id_curso*, *ano*, *semestre*, *id_seção*) para ser localizada juntamente (*colocated*) com a relação *seção*.

A localização conjunta de tuplas (*colocation*), ajuda a otimizar consultas que calculam junções entre duas relações; ela pode se estender para três ou mais relações se as relações restantes forem replicadas ou se todas as relações compartilharem um conjunto comum de atributos de junção. No último caso, todas as tuplas que se juntariam podem ser localizadas em conjunto pelo particionamento sobre os atributos de junção comuns. De qualquer forma, a junção pode ser computada localmente em um único nó, se a consulta quiser apenas os resultados para um valor específico do atributo de junção, como vimos anteriormente. No entanto, nem todas as consultas de junção são passíveis de avaliação em um único nó usando a localização conjunta. As *views* materializadas, que discutiremos a seguir, oferecem uma alternativa mais geral.

22.7.5 Manutenção paralela de *views* materializadas

As *views* materializadas, que vimos na Seção 4.2.3 para agilizar consultas em bancos de dados centralizados, também podem ser usadas para agilizar consultas em bancos de dados paralelos. As *views* materializadas precisam ser mantidas quando o banco de dados é atualizado, como vimos na

Seção 16.5. As *views* materializadas em um banco de dados paralelo podem ter uma quantidade muito grande de dados e, portanto, devem ser armazenadas particionadas em vários nós.

Como no caso centralizado, as *views* materializadas em um banco de dados paralelo agilizam a resposta de consultas ao custo do *overhead* da manutenção de *view* no momento do processamento das atualizações.

Consideramos primeiro um caso muito simples de *views* materializadas. Geralmente, é útil armazenar uma cópia extra de uma relação, particionada sobre diferentes atributos, para agilizar a resposta de algumas consultas. Esse reparticionamento pode ser considerado um caso muito simples de uma *view* materializada; a manutenção dessa *view* é simples, exigindo apenas o envio de atualizações para a partição apropriada.

Os índices podem ser considerados uma forma de *views* materializadas. Lembre-se, da Seção 21.5, de como os índices paralelos são mantidos. Considere o caso da manutenção de um índice secundário paralelo sobre um atributo *B* de uma relação *r*(*A*, *B*, *C*), com a chave primária *A*. O índice secundário seria classificado sobre o atributo *B* e incluiria a chave única *A*; suponha que ele também inclua o atributo *C*. Suponha agora que o atributo *B* de uma tupla (*a*1, *b*1, *c*1) seja atualizado de *b*1 para *b2*. Essa atualização resulta em duas atualizações no índice secundário: excluir a entrada do índice com a chave (*b*1, *a*1, *c*1) e acrescentar uma entrada (*b2*, *a*1, *c*1). Como o próprio índice secundário é particionado, essas duas atualizações precisam ser enviadas para a partição apropriada, com base nos atributos de chave única (*B*, *A*).

Em alguns casos, a manutenção de *view* materializada pode ser feita pelo particionamento seguido pela manutenção de *view* local. Considere uma *view* que agrupa tuplas *realiza* por (*id_curso*, *ano*, *semestre*, *id_seção*), e depois conta o número de alunos que realizaram a seção desse curso. Essa *view* materializada seria armazenada particionada sobre os atributos de agrupamento (*id_curso*, *ano*, *semestre*, *id_seção*). Ela pode ser computada mantendo uma cópia da relação *realiza* particionada sobre (*id_curso*, *ano*, *semestre*, *id_seção*) e materializando as agregações localmente em cada nó. Quando houver uma atualização, digamos, uma inserção ou uma exclusão na relação *realiza*, essa atualização precisa ser propagada para o nó apropriado com base no particionamento escolhido. A agregação materializada pode ser mantida localmente em cada nó, à medida que as atualizações são recebidas para o conjunto de tuplas locais da relação *realiza*.

Para *views* mais complexas, a manutenção de *view* materializada não pode ser feita com uma única etapa de particionamento e manutenção de *view* local. A seguir, consideramos uma técnica mais genérica.

Primeiro, considere um operador *o*, cujo resultado é materializado, e uma atualização (inserção ou exclusão) de uma das relações de entrada de *o* que requer manutenção do resultado materializado de *o*. Suponha que a execução do operador *o* seja paralelizada usando o modelo de operador de troca (Seção 22.5.2), onde as entradas são particionadas e, em seguida, os operadores são executados em cada nó sobre os dados disponibilizados localmente pelo (re)particionamento. Para dar suporte à manutenção de *view* materializada do resultado de *o*, materializamos a saída de *o* em cada nó e, além disso, materializamos (armazenamos) as partições de entrada enviadas ao nó quando o resultado da *view* materializada é inicialmente calculado.

Agora, quando há uma atualização (inserção ou exclusão) de uma entrada em *o*, enviamos a atualização para o nó apropriado usando a mesma função de partição usada durante a computação inicial de *o*. Considere um nó que recebeu essa atualização. Agora, a manutenção do resultado materializado localmente no nó pode ser feita usando técnicas de manutenção de *view* padrão (não paralelas), usando apenas dados disponíveis localmente.

Observe que, como vimos na Seção 22.5.2, diversas operações podem ser paralelizadas usando o modelo de operador de troca e, portanto, o esquema anterior oferece uma técnica de manutenção de *view* paralela para todos esses operadores.

Em seguida, considere uma consulta com vários operadores. Essa consulta pode ser paralelizada usando o modelo de operador de troca. Os operadores de troca reparticionam dados entre os nós, e cada nó calcula (possivelmente várias) operações usando dados disponibilizados localmente pelos operadores de troca, como vimos na Seção 22.5.2.

Podemos materializar as entradas e os resultados em cada nó. Agora, quando há uma mudança em uma entrada de um nó, usamos técnicas de manutenção de *view* padrão localmente para encontrar a alteração no resultado materializado, digamos *v*, nesse nó. Se esse resultado *v* for a saída final da consulta, então terminamos. Caso contrário, deve haver um operador de troca acima dele; usamos o operador de troca para direcionar as atualizações (inserções ou exclusão) em *v* para o próximo operador. Esse operador, por sua vez, calcula a alteração em seu resultado e a propaga ainda mais, se necessário, até chegarmos à raiz da *view* materializada original.

A questão da consistência de *views* materializadas em face de atualizações simultâneas nas relações subjacentes é abordada na Seção 23.6.3.

22.8 Processamento paralelo de dados *streaming*

Vimos várias aplicações de dados *streaming* na Seção 10.5. Muitas das aplicações de dados *streaming* que vimos naquela seção, como monitoramento de rede ou aplicações do mercado de ações, têm taxas muito altas de chegada de tuplas. As tuplas que chegam não podem ser processadas por um único computador, e o processamento paralelo é essencial para tais sistemas. Os sistemas de dados *streaming* aplicam uma série de operações sobre os dados recebidos. Agora, vejamos como algumas dessas operações podem ser executadas em paralelo.

O paralelismo é essencial em todas as etapas do processamento de consultas, começando com a entrada de tuplas das origens. Assim, um sistema de processamento de *stream* paralelo precisa suportar um grande número de pontos de entrada para os dados.

Por exemplo, um sistema que monitora as consultas feitas em um mecanismo de busca como o Google ou Bing deve acompanhar uma taxa de consultas muito alta. Os mecanismos de busca possuem um grande número de máquinas pelas quais as consultas dos usuários são distribuídas e executadas. Cada uma dessas máquinas se torna uma fonte para o *stream* de consulta. O sistema de processamento de *stream* deve ter vários pontos de entrada para os dados, que recebem dados das fontes originais e os encaminham dentro do sistema de processamento de fluxo.

O processamento dos dados deve ser feito roteando tuplas dos produtores aos consumidores. Discutimos o roteamento de tuplas na Seção 22.8.1. O processamento paralelo de operações de *stream* é abordado na Seção 22.8.2, enquanto a tolerância a falhas é tratada na Seção 22.8.3.

Também é importante observar que muitas aplicações que realizam análise em tempo real nos dados *streaming* também precisam armazenar os dados e analisá-los de outras maneiras posteriormente. Assim, muitos sistemas duplicam os *streams* de dados recebidos, enviando uma cópia para um sistema de armazenamento para análise posterior e enviando a outra cópia para um sistema de dados *streaming*; essa arquitetura é chamada de arquitetura **lambda**: o símbolo grego λ é usado para indicar graficamente que os dados recebidos são bifurcados para duas cópias, enviadas para dois sistemas diferentes.

Embora a arquitetura lambda permita a criação rápida de sistemas de *streaming*, ela também resulta em duplicação de esforços: os programadores precisam escrever código para armazenar e consultar os dados no formato e linguagem aceita por um banco de dados, bem como para consultar os dados na linguagem aceita por um sistema de dados *streaming*. Mais recentemente, houve esforços para executar o processamento de *stream* e o processamento de consulta sobre dados armazenados no mesmo sistema, para evitar essa duplicação.

22.8.1 Roteamento de tuplas

Como o processamento de dados geralmente envolve vários operadores, o roteamento de dados para os operadores é uma tarefa importante. Primeiro, vamos considerar a estrutura lógica desse roteamento; posteriormente, abordaremos a estrutura física, que leva em consideração o processamento paralelo.

O *roteamento lógico* das tuplas é feito a partir da criação de um gráfico acíclico direcionado (Directed Acyclic Graph – DAG) com operadores como nós. As arestas entre os nós definem o fluxo das tuplas. Cada tupla gerada por um operador é enviada ao longo de todas as arestas de saída do operador para os operadores consumidores. Cada operador recebe tuplas de todas as suas arestas de entrada. A Figura 22.8a mostra o roteamento lógico de tuplas de *stream* por meio de uma estrutura DAG. Nós de operação são indicados como nós "Op" na figura. Os pontos de entrada para o sistema de processamento de *stream* são os nós da fonte de dados do DAG; esses nós consomem tuplas das fontes de *stream* e as injetam no sistema de processamento de *stream*. Os pontos de saída do sistema de processamento de *stream* são nós do coletor de dados; tuplas que saem do sistema por um coletor de dados podem ser guardadas em um armazenamento de dados, ou no sistema de arquivos, ou podem ser tratadas de alguma outra maneira.

Uma forma de implementar um sistema de processamento de *stream* é especificando o grafo como parte da configuração do sistema, que é lida quando o sistema inicia o processamento das tuplas e depois é usada para rotear as tuplas. O sistema de processamento de *stream* Apache Storm é um exemplo de sistema que usa um arquivo de configuração para definir o grafo, chamado de *topologia* no sistema Storm. (Os nós da fonte de dados são chamados de *spouts* no sistema Storm, enquanto os nós do operador são chamados de *bolts*, e esses nós são conectados por arestas.)

Uma forma alternativa de criar um grafo de roteamento é usando sistemas **publicar-assinar**. Um sistema publicar-assinar permite a publicação de documentos ou outras formas de dados, com um tópico associado. Os assinantes, de modo correspondente, assinam os tópicos especificados. Sempre que um documento é publicado sobre um tópico específico, uma cópia do documento é enviada a todos os assinantes que se inscreveram nesse tópico. Os sistemas publicar-assinar também são chamados de sistemas **pub-sub** (*publish-subscribe*).

Quando um sistema publicar-assinar é usado para rotear tuplas em um sistema de processamento de *stream*, as tuplas são consideradas documentos, e cada tupla é marcada com um tópico. Os pontos de entrada para o sistema conceitualmente "publicam" tuplas, cada uma com um tópico associado. Operadores assinam (se inscrevem para) um ou mais tópicos; o sistema roteia todas as tuplas com um tópico específico para todos os assinantes desse tópico. Os operadores também podem publicar suas saídas no sistema publicar-assinar, com um tópico associado.

Um benefício importante da técnica publicar-assinar é que os operadores podem ser adicionados ou removidos do sistema com relativa facilidade. A Figura 22.8b mostra o roteamento de tuplas usando uma representação publicar-assinar. Cada fonte de dados recebe um nome de tópico exclusivo; a saída de cada operador também recebe um nome de tópico exclusivo. Cada operador assina os tópicos de suas entradas e publica os tópicos correspondentes à sua saída. As fontes de dados publicam seu tópico associado, enquanto os coletores de dados assinam os tópicos dos operadores cuja saída vai para o coletor.

O sistema Apache Kafka usa o modelo publicar-assinar para gerenciar o roteamento de tuplas em *streams*. No sistema Kafka, as tuplas publicadas para um tópico são mantidas por um período especificado (chamado período de retenção), mesmo se atualmente não houver assinantes para o tópico. Os assinantes geralmente processam tuplas o mais cedo possível, mas, se o processamento for atrasado ou temporariamente interrompido em razão de falhas, as tuplas ainda estarão disponíveis para processamento até o tempo de retenção expirar.

Muitos sistemas de dados *streaming*, como o Millwheel do Google e o sistema de processamento de *stream* Muppet, usam o termo **stream** no lugar do termo *tópico*. Nesses sistemas, os *streams* recebem nomes; os operadores podem publicar tuplas para um *stream* ou assinar um *stream* com base no nome.

Agora, vamos considerar o *roteamento físico* das tuplas. Independentemente do modelo usado, cada operador lógico deve ter várias instâncias físicas em execução paralela em nós diferentes. As tuplas de entrada para um operador lógico devem ser roteadas para as instâncias físicas apropriadas do operador. Uma função de particionamento é usada para determinar qual tupla vai para qual instância do operador.

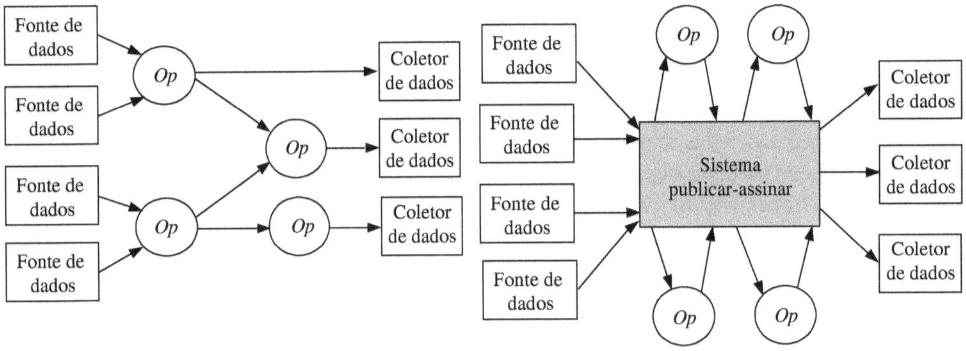

(a) Representação DAG do fluxo de dados *streaming* (b) Representação publicar-assinar do fluxo de dados *streaming*

Figura 22.8 Roteamento de *streams* usando as representações DAG e publicar-assinar.

No contexto de um sistema publicar-assinar, cada tópico pode ser considerado um operador lógico separado, que aceita tuplas e as passa adiante para todos os assinantes do tópico. Como pode haver uma grande quantidade de tuplas para determinado tópico, elas devem ser processadas paralelamente por vários nós em um sistema publicar-assinar paralelo. No sistema Kafka, por exemplo, um tópico é dividido em várias partições, cada uma delas chamada de **partição de tópico**; cada tupla para esse tópico é enviada para apenas uma das partições de tópico. O Kafka permite que uma chave de partição esteja ligada a cada tupla e garante que as tuplas com a mesma chave sejam entregues à mesma partição.

Para permitir o processamento pelos consumidores, o Kafka permite que os operadores do consumidor se registrem com um "grupo de consumidores" especificado. O grupo de consumidores corresponde a um operador lógico, enquanto os consumidores individuais se referem às instâncias físicas do operador lógico, que são executadas em paralelo. Cada tupla de um tópico é enviada para apenas um consumidor no grupo de consumidores. Mais precisamente, todas as tuplas em uma partição de tópico específica são enviadas para um único consumidor em um grupo de consumidores; porém, tuplas de várias partições podem ser enviadas para o mesmo consumidor, levando a um relacionamento muitos-para-um de partições para consumidores.

O Kafka é usado em muitas implementações de processamento de dados *streaming* para o roteamento de tuplas. O Kafka Streams oferece uma biblioteca cliente com suporte para operações algébricas sobre *streams*, que podem ser usadas para criar aplicações *streaming* em cima do sistema publicar-assinar Kafka.

22.8.2 Processamento paralelo de operações de *stream*

Para operações relacionais padrão, as técnicas que vimos para avaliação paralela das operações podem ser usadas com dados *streaming*.

Algumas delas, como operações de seleção e projeção, podem ser feitas em paralelo sobre diferentes tuplas. Outras, como o agrupamento, precisam reunir todas as tuplas de um grupo para uma única máquina.[6] Quando o agrupamento é feito com agregação, otimizações como a pré-agregação podem ser usadas para reduzir os dados transferidos, mas as informações sobre as tuplas em um grupo ainda precisam ser entregues a uma única máquina.

O uso de janelas é uma operação importante em sistemas de dados *streaming*. Lembre-se da Seção 10.5.2.1 que os dados recebidos são divididos em janelas, geralmente com base em *timestamps* (as janelas também podem ser definidas com base no número de tuplas). Com frequência, o uso de janelas é combinado com agrupamento/agregação, com as agregações calculadas sobre grupos de tuplas dentro de uma janela. O uso de janelas garante que, uma vez que o sistema possa determinar que não haverá novas tuplas em uma janela específica, as agregações para essa janela possam ser geradas. Por exemplo, suponha que uma janela seja baseada no tempo, de tal forma que, digamos, cada cinco minutos definam uma janela; uma vez que o sistema determine que as tuplas futuras terão um *timestamp* maior que o final de uma janela específica, as agregações sobre essa janela poderão ser geradas. Ao contrário do agrupamento, as janelas podem se sobrepor.

Quando janelas e agrupamento forem usados em conjunto para calcular agregações, se houver janelas sobrepostas, é melhor particionar apenas sobre os atributos de agrupamento. Caso contrário, as tuplas que pertencem a várias janelas teriam que ser enviadas para janelas diferentes, um *overhead* que é evitado ao particionar apenas sobre os atributos de agrupamento.

Muitos sistemas de *streaming* permitem que os usuários criem seus próprios operadores. É importante poder paralelizar operadores definidos pelo usuário, permitindo que várias instâncias do operador sejam executadas simultaneamente. Esses sistemas geralmente exigem que cada tupla tenha uma chave associada e que todas as tuplas com uma chave específica sejam enviadas para uma instância específica do operador. Tuplas com chaves diferentes podem ser enviadas para diferentes instâncias do operador, permitindo o processamento paralelo.

[6]Quando o agrupamento é combinado com o uso de janelas (Seção 10.5.2.1), um grupo contém todas as tuplas em uma janela que possuem os mesmos valores para seus atributos de agrupamento.

As operações de *stream* geralmente precisam armazenar o estado. Por exemplo, um operador de janelas pode precisar reter todas as tuplas que ele viu em uma janela específica, desde que a janela esteja ativa. Ou pode ser necessário armazenar agregações calculadas em alguma resolução (digamos, por minuto) para calcular posteriormente agregações de menor resolução (digamos, por hora). Existem muitos outros motivos para os operadores armazenarem o estado. Operadores definidos pelo usuário geralmente definem o estado interno do operador (variáveis locais), que precisa ser armazenado.

Esse estado pode ser armazenado localmente, em cada nó em que uma cópia do operador é executada. Como alternativa, ele pode ser armazenado de forma central em um sistema paralelo de armazenamento de dados. A alternativa de armazenamento local tem um custo mais baixo, mas com um risco maior de perda de informações de estado em caso de falha, em comparação com o armazenamento do estado em um sistema paralelo de armazenamento de dados. Este aspecto é discutido mais adiante, na Seção 22.8.3.

22.8.3 Tolerância a falhas com dados *streaming*

A tolerância a falhas ao consultar dados armazenados pode ser alcançada reexecutando a consulta, ou partes da consulta, como vimos na Seção 22.5.4. No entanto, essa técnica de tolerância a falhas não funciona bem em uma configuração de *streaming* por vários motivos. Primeiro, muitas aplicações de dados *streaming* são sensíveis à latência, e os atrasos na entrega de resultados em função da reinicialização não são desejáveis. Segundo, os sistemas de *streaming* fornecem um fluxo contínuo de saídas. No caso de uma falha, a reexecução de todo o sistema ou partes dele pode levar a cópias duplicadas das tuplas de saída, o que não é aceitável para muitas aplicações.

Assim, os sistemas de dados de *streaming* precisam oferecer garantias sobre a entrega das tuplas de saída, que podem ser uma das seguintes: pelo menos uma vez, no máximo uma vez e exatamente uma vez. A semântica **pelo menos uma vez** garante que cada tupla seja emitida pelo menos uma vez, mas permite a entrega duplicada durante a recuperação de falhas. A semântica **no máximo uma vez** garante que cada tupla seja entregue no máximo uma vez, sem duplicatas, mas algumas tuplas podem ser perdidas no caso de uma falha. A semântica **exatamente uma vez** garante que cada tupla seja entregue exatamente uma vez, independentemente de falhas. Este é o modelo que a maioria das aplicações exige, embora algumas aplicações possam não se importar com duplicatas, podendo aceitar a semântica "pelo menos uma vez".

Para garantir essa semântica, os sistemas de *streaming* devem acompanhar quais tuplas foram processadas em cada operador e quais tuplas foram enviadas. As duplicatas podem ser detectadas e removidas comparando-as com as tuplas enviadas anteriormente. (Isso pode ser feito apenas se o sistema garantir a ausência de duplicatas durante o processamento normal, pois, caso contrário, a semântica da consulta de *streaming* poderá ser afetada pela remoção de duplicatas genuínas.)

Uma maneira de implementar a tolerância a falhas é oferecer suporte a ela no subsistema que roteia as tuplas entre os operadores. Por exemplo, no Kafka, as tuplas são publicadas nos tópicos, e cada partição de tópico pode ser armazenada em dois ou mais nós, de modo que, mesmo que um dos nós falhe, o outro estará disponível. Além disso, as tuplas são armazenadas no disco de cada um dos nós, para que não se percam por falta de energia ou na reinicialização do sistema. Assim, o sistema de dados *streaming* pode usar esse mecanismo subjacente de tolerância a falhas e alta disponibilidade para implementar tolerância a falhas e alta disponibilidade em um nível mais alto do sistema.

Nesse sistema, se um operador estava executando em um nó que falhou, ele pode ser reiniciado em outro nó. O sistema também precisa (pelo menos, periodicamente) registrar até que ponto cada *stream* de entrada foi consumido pelo operador. O operador precisa ser reiniciado e cada *stream* de entrada reproduzido a partir de um ponto, para que o operador possa emitir corretamente todas as tuplas que ainda não havia emitido antes da falha. Isso é relativamente fácil para operadores sem qualquer estado; operadores sem estado precisam realizar um trabalho extra de restaurar o estado que existia antes da falha. Por exemplo, um operador de janela precisa iniciar a partir de um ponto no *stream* correspondente ao início de uma janela e reproduzir as tuplas a partir desse ponto.

Se a janela for muito grande, reiniciar a partir de um ponto muito antigo no *stream* seria muito ineficiente. Em vez disso, o operador pode marcar seu estado (*checkpoint*) periodicamente, juntamente com pontos no *stream* de entrada até o qual o processamento foi realizado. No caso de uma falha, o ponto de verificação (*checkpoint*) mais recente pode ser restaurado e somente as tuplas do *stream* de entrada que foram processadas a partir do último ponto de verificação precisam ser reproduzidas.

A mesma técnica pode ser usada para outros operadores que possuem informações de estado; o estado pode ser marcado periodicamente e a reprodução começa a partir do último ponto de verificação. O estado do ponto de verificação pode ser armazenado localmente; porém, isso significa que, até que o nó se recupere, o processamento do *stream* não poderá continuar. Como alternativa, o estado pode ser armazenado em um sistema de arquivos distribuído ou em um sistema paralelo de armazenamento de dados. Esses sistemas replicam dados para garantir alta disponibilidade, mesmo em caso de falhas. Portanto, se um nó falhar, suas funções poderão ser reiniciadas em um nó diferente, começando com o último ponto de verificação e reproduzindo o conteúdo do *stream*.

Se o sistema subjacente não implementar tolerância a falhas, os operadores poderão implementar seus próprios mecanismos de tolerância a falhas para evitar perda de tupla. Por exemplo, cada operador pode armazenar todas as tuplas que ele enviou; uma tupla só poderá ser descartada depois que o operador souber que nenhum consumidor precisará da mesma, mesmo em caso de falha.

Além disso, os sistemas de *streaming* geralmente garantem baixa latência, mesmo em caso de falhas. Para fazer isso, alguns sistemas de *streaming* possuem réplicas de cada operador, executando simultaneamente. Se uma réplica falhar, a saída poderá ser buscada na outra réplica. O sistema deve garantir que as tuplas duplicadas das réplicas não sejam enviadas para os consumidores. Nesses sistemas, uma cópia de um operador é tratada como uma cópia primária e a outra como uma réplica *hot-spare* (lembre-se de que discutimos sobre *hot-spares* na Seção 19.7).

O que descrevemos aqui é uma visão de alto nível de como os sistemas de dados *streaming* implementam a tolerância a falhas. Referências a mais informações sobre como implementar a tolerância a falhas em sistemas de *streaming* podem ser encontradas na seção de Leitura adicional, ao final do capítulo.

22.9 Processamento de consulta distribuído

A necessidade de processamento de consulta distribuído surgiu originalmente quando as organizações precisavam executar consultas em vários bancos de dados que frequentemente estavam distribuídos geograficamente. Atualmente, no entanto, a mesma necessidade surge porque as organizações possuem dados armazenados em vários bancos de dados e sistemas de armazenamento de dados diferentes, e precisam executar consultas que acessam diversos desses bancos de dados e sistemas de armazenamento de dados.

22.9.1 Integração de dados de múltiplas fontes de dados

Diferentes partes de uma empresa podem usar bancos de dados diferentes, seja por causa de um legado da forma como eles foram automatizados seja por fusões de empresas. Migrar uma organização inteira para um sistema comum pode ser uma operação cara e demorada. Uma alternativa é manter os dados em bancos de dados individuais, mas fornecer aos usuários uma visão lógica dos dados integrados. Os sistemas de banco de dados locais podem empregar diferentes modelos lógicos, diferentes linguagens de definição e manipulação de dados, e podem diferir em seus mecanismos de controle de concorrência e gerenciamento de transações. Algumas das fontes de dados podem não ser sistemas de banco de dados completos, mas podem ser sistemas de armazenamento de dados ou mesmo apenas arquivos em um sistema de arquivos. Outra possibilidade é que a fonte de dados esteja na nuvem e seja acessada como um serviço Web. As consultas podem precisar de acesso aos dados armazenados em diversos bancos de dados e fontes de dados.

A manipulação de informações localizadas em vários bancos de dados e outras fontes de dados requer uma camada adicional de *software* sobre os sistemas de banco de dados existentes. Essa camada cria a ilusão de integração lógica do banco de dados sem exigir a integração física do banco de dados e, às vezes, é chamada de **sistema multibanco de dados**.

A integração dos bancos de dados pode ser feita de várias maneiras diferentes:

- A técnica de **multibanco de dados** cria um esquema comum, chamado **esquema global**, para dados de todos os bancos de dados/fontes de dados; cada banco de dados possui seu próprio **esquema local**. A tarefa de criar um esquema global unificado a partir de vários esquemas locais é chamada de **integração de esquema**.

  Os usuários podem emitir consultas contra o esquema global. Uma consulta sobre um esquema global deve ser traduzida em consultas sobre os esquemas locais em cada um dos sítios onde a consulta deve ser executada. Os resultados da consulta devem ser traduzidos novamente para o esquema global e combinados para obter o resultado final.

  Em geral, as atualizações no esquema comum também precisam ser mapeadas para atualizações nos bancos de dados individuais; sistemas que oferecem suporte a um esquema comum e consultas, mas não atualizações contra o esquema, às vezes são chamados de sistemas **mediadores**.
- A técnica de **virtualização de dados** permite que as aplicações acessem dados de vários bancos de dados/fontes de dados, mas não tenta impor um esquema comum. Os usuários precisam estar cientes dos diferentes esquemas usados em diferentes bancos de dados, mas não precisam se preocupar com quais dados estão armazenados em qual sistema de banco de dados, nem sobre como combinar informações de vários bancos de dados.
- A técnica de **dados externos** permite que os administradores de banco de dados prestem informações de esquema sobre dados armazenados em outros bancos de dados, juntamente com outras informações, como informações de conexão e autorização necessárias para acessar os dados. Os dados armazenados em fontes externas que podem ser acessadas de um banco de dados são chamados de **dados externos**. **Tabelas estrangeiras** são *views* definidas em um banco de dados cujos dados reais estão armazenados em uma fonte de dados externa. Essas tabelas podem ser lidas e atualizadas, dependendo de quais operações a fonte de dados externa suporta. Atualizações em tabelas estrangeiras, se suportadas, devem ser convertidas em atualizações na fonte de dados externa.

  Diferentemente das abordagens mencionadas anteriormente, o objetivo aqui não é criar um banco de dados distribuído completo, mas apenas facilitar o acesso aos dados de outras fontes de dados. O componente SQL Management of External Data (SQL MED) do padrão SQL define padrões para acessar fontes de dados externas a partir de um banco de dados.

Se uma fonte de dados for um banco de dados com suporte para SQL, seus dados poderão ser acessados facilmente usando conexões ODBC ou JDBC. Os dados em sistemas de armazenamento de dados paralelo que não aceitam SQL, como o HBase, podem ser acessados usando os métodos de API que eles fornecem.

Um ***wrapper*** fornece uma visão dos dados armazenados em uma fonte de dados, em um esquema desejado. Por exemplo, se o sistema tiver um esquema global e o esquema do banco de dados local for diferente do esquema global, um *wrapper* poderá fornecer uma visão dos dados no esquema global. Os *wrappers* podem até ser usados para fornecer uma visão relacional de fontes de dados não relacionais, como serviços Web, arquivos simples (por exemplo, *logs* da Web) e sistemas de diretórios.

Os *wrappers* também podem converter consultas no esquema global em consultas no esquema local e converter os resultados novamente para o esquema global. Os *wrappers* podem ser fornecidos por sítios individuais, e podem ser gravados como parte do sistema multibanco de dados. Atualmente, muitos bancos de dados relacionais oferecem suporte para *wrappers* que fornecem uma visão relacional dos dados armazenados nos sistemas de arquivos; esses *wrappers* são específicos ao tipo de dados armazenados nos arquivos.

Se o objetivo da integração de dados é apenas executar consultas de suporte à decisão, os *depósitos de dados* (*data warehouses*), vistos na Seção 11.2, representam uma alternativa muito utilizada à integração de banco de dados. Os depósitos de dados importam dados de várias fontes para um único sistema (possivelmente paralelo), com um esquema centralizado. Em geral, os dados são importados periodicamente, por exemplo, uma vez por dia ou uma vez em algumas horas, embora a importação contínua também seja cada vez mais utilizada. Os dados brutos importados das fontes de dados geralmente são processados e limpos antes de serem armazenados no depósito de dados.

No entanto, com a escala em que os dados são gerados por algumas aplicações, a criação e manutenção de um depósito desse tipo pode ser muito dispendiosa. Além disso, as consultas não podem acessar os dados mais recentes, pois há um atraso entre as atualizações no banco de dados de origem e a importação dessas atualizações no depósito de dados. Por outro lado, o processamento de consultas pode ser feito com mais eficiência em um depósito de dados; além do mais, as consultas em um depósito de dados não afetam o desempenho de outras consultas e transações feitas diretamente à fonte de dados. Usar uma arquitetura de depósito de dados ou acessar diretamente dados das fontes de dados em resposta a consultas individuais é uma decisão que cada empresa deve tomar com base em suas necessidades.

O termo **lago de dados** (*data lake*) é usado para se referir a uma arquitetura em que os dados são armazenados em vários sistemas de armazenamento de dados e em diferentes formatos, inclusive em sistemas de arquivos, mas podem ser consultados a partir de um único sistema. Os lagos de dados são vistos como uma alternativa aos depósitos de dados, uma vez que não exigem esforço inicial no pré-processamento dos dados, embora exijam mais esforço para a criação de consultas.

22.9.2 Integração de esquemas e dados

A primeira tarefa no oferecimento de uma visão unificada dos dados consiste na criação de um esquema conceitual unificado, uma tarefa conhecida como **integração de esquemas**. Cada sistema local mantém seu próprio esquema conceitual. O sistema de banco de dados deve integrar esses esquemas separados em um esquema comum. A integração de esquemas é uma tarefa complicada, principalmente por causa da heterogeneidade semântica. Os mesmos nomes de atributo podem aparecer em diferentes bancos de dados locais, mas com significados diferentes.

A integração de esquemas requer a criação de um **esquema global**, que permite uma visão unificada dos dados em diferentes bancos de dados. A integração de esquemas também requer uma maneira de definir como os dados são mapeados da representação do esquema local, em cada banco de dados, para o esquema global. Essa etapa pode ser realizada definindo *views* em cada sítio, que transformam dados do esquema local para o esquema global. Os dados no esquema global são, então, tratados como uma união das *views* globais no sítio individual. Essa técnica é chamada de técnica **global como *view*** (**Global As View – GAV**).

Considere um exemplo com dois sítios que armazenam informações dos alunos de duas maneiras diferentes:

- Sítio *s1*, que usa a relação *aluno1*(*ID*, *nome*, *nome_dept*) e uma relação *alunoCreds*(*ID*, *tot_cred*).
- Sítio *s2*, que usa a relação *aluno2*(*ID*, *nome*, *tot_cred*) e uma relação *alunoDept*(*ID*, *nome_dept*).

Imagine que o esquema global escolhido seja *aluno*(*ID*, *nome*, *nome_dept*, *tot_cred*).

Então, uma *view* do esquema global no sítio *s1* seria definida da seguinte forma:

create view *aluno_s1*(*ID*, *nome*, *nome_dept*, *tot_cred*) **as**
select *ID*, *nome*, *nome_dept*, *tot_cred*
from *aluno1*, *alunoCreds*
where *aluno1.ID* = *alunoCreds.ID*;

Enquanto a *view* do esquema global no sítio *s2* seria definida desta forma:

create view *aluno_s2*(*ID*, *nome*, *nome_dept*, *tot_cred*) **as**
select *ID*, *nome*, *nome_dept*, *tot_cred*
from *aluno2*, *alunoDept*
where *aluno2.ID* = *alunoDept.ID*;

Finalmente, o esquema global *aluno* seria definido como a união de *aluno_s1* e *aluno_s2*.

Observe que, com a definição de *view* apresentada, uma consulta sobre a relação de esquema global *aluno* pode ser facilmente convertida em consultas sobre as relações de esquema local nos sítios *s1* e *s2*. É mais difícil converter atualizações no esquema global em atualizações no esquema local, pois pode não haver uma maneira única de fazê-lo, conforme discutido na Seção 4.2.

Existem esquemas de mapeamento mais complexos, projetados para lidar com a duplicação de informações entre sítios e permitir a conversão de atualizações no esquema global em atualizações no esquema local. A técnica **local como *view*** (**Local As View – LAV**), que define dados locais em cada sítio como uma *view* sobre uma relação global unificada conceitual, é um desses esquemas.

Considere, por exemplo, uma situação em que a relação *aluno* é particionada entre dois sítios com base no atributo *nome_dept*, com todos os alunos no departamento "Comp. Sci." no sítio *s3* e todos os alunos de outros departamentos no sítio *s4*. Isso pode ser especificado usando a técnica local como *view*, definindo as relações *aluno_s3* e *aluno_s4*, que, na realidade, estão armazenadas nos sítios *s3* e *s4*, como equivalentes às *views* definidas na relação global *aluno*.

```
create view aluno_s3 as
select *
from aluno
where aluno.nome_dept = 'Comp. Sci.';
```

e

```
create view aluno_s4 as
select *
from aluno
where aluno.nome_dept != 'Comp. Sci.';
```

Com essas informações extras, o otimizador de consultas pode descobrir que uma consulta que busca recuperar alunos no departamento "Comp. Sci." só precisa ser executada no sítio *s3*; ela não precisa ser executada no sítio *s4*. Outras informações sobre integração de esquema podem ser encontradas nas notas bibliográficas deste capítulo, disponíveis on-line.

A segunda tarefa para oferecer uma visão unificada dos dados de várias fontes consiste em lidar com diferenças nos tipos e valores de dados. Por exemplo, os tipos de dados usados em um sistema podem não ser aceitos por outros sistemas, e a conversão entre tipos pode não ser simples. Até mesmo para tipos de dados idênticos, podem surgir problemas na representação física dos dados: um sistema pode usar ASCII de oito bits, enquanto outro pode usar Unicode de 16 bits; representações de ponto flutuante podem diferir; números inteiros podem ser representados na forma *big-endian* ou *little-endian*. No nível semântico, um valor inteiro para o comprimento pode ser polegadas em um sistema e centímetros em outro; ao integrar os dados, uma única representação deve ser usada e os valores convertidos para a representação escolhida. O mapeamento entre tipos pode ser feito como parte das definições de *view* que convertem dados entre os esquemas locais e o esquema global.

Um problema mais profundo é que a mesma entidade conceitual pode ter nomes diferentes em sistemas diferentes. Por exemplo, um sistema com sede nos Estados Unidos pode se referir à cidade de "New York", enquanto um no Brasil se refere a "Nova York". Uma forma de lidar com esse problema é ter um sistema de nomes globalmente exclusivo, mapeando valores para os nomes exclusivos como parte das definições de *view* usadas para mapeamentos de esquema. Por exemplo, a International Standards Organization possui um código exclusivo para nomes de países e estados/províncias dentro dos países. O banco de dados GeoNames (www.geonames.org) fornece nomes exclusivos para vários milhões de locais, como cidades, recursos geográficos, estradas, prédios e assim por diante.

Quando esses sistemas de nomes padrão não estão disponíveis, alguns sistemas permitem a especificação de equivalências de nomes; por exemplo, esse sistema pode permitir que um usuário diga que "New York" é o mesmo que "Nova York". Essa técnica é usada no projeto Linked Data, que oferece suporte à integração de uma quantidade muito grande de bancos de dados que usam a representação de dados RDF (a representação RDF é descrita na Seção 8.1.4). No entanto, a consulta é mais complicada nesse cenário.

Em nossa descrição das definições de *view* apresentadas, consideramos que os dados são armazenados em bancos de dados locais, e as definições de *view* são usadas para fornecer uma visão global dos dados, sem realmente materializar os dados no esquema global. No entanto, essas *views* também podem ser usadas para materializar os dados no esquema global, que podem então ser armazenados em um depósito de dados. Nesse último caso, as atualizações nos dados subjacentes deverão ser propagadas para o depósito de dados.

22.9.3 Processamento de consulta por múltiplas fontes de dados

Uma maneira ingênua de executar uma consulta que acessa dados de várias fontes de dados é trazer todos os dados necessários para um banco de dados, que então executa a consulta. Mas suponha, por exemplo, que a consulta tenha uma condição de seleção que seja satisfeita por apenas um ou alguns registros de uma grande relação. Se a fonte de dados permitir que a seleção seja realizada na fonte de dados, não faz sentido recuperar toda a relação; em vez disso, a operação de seleção deve ser executada na fonte de dados, enquanto outras operações, se houver, podem ser executadas no banco de dados em que a consulta foi emitida.

Em geral, diferentes fontes de dados podem oferecer suporte a diferentes recursos de consulta. Por exemplo, se a fonte for um sistema de armazenamento de dados, ela poderá aceitar seleções apenas sobre os atributos de chave. As fontes de dados da Web podem restringir quais seleções de campos são permitidas e, além disso, exigir que as seleções estejam presentes em determinados campos. Por outro lado, se a fonte for um banco de dados que aceite SQL, operações como junção ou agregação poderão ser executadas na origem e apenas o resultado será trazido para o banco de dados que emite a consulta. Em geral, as consultas podem ter que ser desmembradas e executadas parcialmente na fonte de dados e parcialmente no sítio que a emitiu.

O custo do processamento de uma consulta que acessa várias fontes de dados depende dos custos de execução local, bem como do custo de transferência de dados. Se a rede tiver pouca largura de banda, deve-se prestar atenção especialmente na redução da transferência de dados.

Nesta seção, estudamos problemas no processamento e otimização de consultas distribuídas.

22.9.3.1 Locais de junção e ordenação de junção

Considere a seguinte expressão da álgebra relacional:

$$r_1 \bowtie r_2 \bowtie r_3$$

Considere que r_1 esteja armazenada no sítio S_1, r_2 em S_2, e r_3 em S_3. Considere ainda que S_I indique o sítio em que a consulta foi emitida. O sistema precisa produzir o resultado no sítio S_I. Entre as estratégias possíveis para o processamento dessa consulta estão:

- Enviar cópias de todas as três relações para o sítio S_I. Usando as técnicas do Capítulo 16, escolha uma estratégia para processar a consulta inteira localmente no *sítio* S_I.
- Enviar uma cópia da relação r_1 para o sítio S_2 e calcular $temp_1 = r_1 \bowtie r_2$ em S_2. Enviar $temp_1$ de S_2 para S_3, e calcular $temp_2 = temp1 \bowtie r_3$ em S_3. Enviar o resultado $temp_2$ para S_I.
- Criar estratégias semelhantes à anterior, com os papéis de S_1, S_2, S_3 trocados.

Existem várias outras estratégias possíveis.

Nenhuma estratégia é sempre a melhor. Entre os fatores que precisam ser considerados, estão o volume dos dados sendo enviados, o custo da transmissão de um bloco de dados entre um par de sítios e a velocidade relativa do processamento em cada sítio. Considere a primeira estratégias listada. Suponha que os índices presentes em S_2 e S_3 sejam úteis para calcular a junção. Se enviarmos todas as três relações para S_I, precisaremos recriar esses índices em S_I ou usar uma estratégia de junção diferente, possivelmente mais dispendiosa. A recriação de índices ocasiona sobrecarga de processamento extra e acessos adicionais ao disco. Existem muitas variantes da segunda estratégia, que processa junções em diferentes ordens.

O custo de cada uma das estratégias depende dos tamanhos dos resultados intermediários, dos custos de transmissão da rede e dos custos de processamento em cada nó. O otimizador de consultas precisa escolher a melhor estratégia, com base nas estimativas de custo.

22.9.3.2 Estratégia de semijunção

Suponha que queiramos avaliar a expressão $r_1 \bowtie r_2$, em que r_1 e r_2 são armazenadas nos sítios S_1 e S_2, respectivamente. Considere que os esquemas de r_1 e r_2 sejam R_1 e R_2. Suponha que queiramos obter o resultado em S_1. Se houver muitas tuplas de r_2 que não se juntam com qualquer tupla de r_1, o envio de r_2 para S_1 acarreta o envio de tuplas que não contribuem para o resultado. Queremos remover essas tuplas antes de enviar dados a S_1, particularmente se os custos de rede forem altos.

Uma estratégia possível para conseguir tudo isso é:

1. Calcule $temp_1 \leftarrow \Pi_{R_1 \cap R_2}(r_1)$ em S_1.
2. Envie $temp_1$ de S_1 para S_2.
3. Calcule $temp_2 \leftarrow r_2 \bowtie temp_1$ em S_2.
4. Envie $temp_2$ de S_2 para S_1.
5. Calcule $r_1 \bowtie temp_2$ em S_1. A relação resultante é a mesma que $r_1 \bowtie r_2$.

Antes de considerar a eficiência dessa estratégia, vamos verificar se a estratégia calcula a resposta correta. Na etapa 3, $temp_2$ tem o resultado de $r_2 \bowtie \Pi_{R_1 \cap R_2}(r_1)$. Na etapa 5, calculamos:

$$r_1 \bowtie r_2 \bowtie \Pi_{R_1 \cap R_2}(r_1)$$

Como a junção é associativa e comutativa, podemos reescrever essa expressão como:

$$(r_1 \bowtie \Pi_{R_1 \cap R_2}(r_1)) \bowtie r_2$$

Como $r_1 \bowtie \Pi_{R_1 \cap R_2}(r_1) = r_1$, a expressão é, na verdade, igual a $r_1 \bowtie r_2$, a expressão que estamos tentando avaliar.

Essa estratégia é chamada **estratégia de semijunção**, em referência ao operador de semijunção da álgebra relacional, indicada por $\ltimes$, que vimos na Seção 16.4.4. A *semijunção natural* de r_1 com r_2, indicada por $r_1 \ltimes r_2$, é definida como:

$$r_1 \ltimes r_2 \stackrel{\text{def}}{=} \Pi_{R_1}(r_1 \bowtie r_2)$$

Assim, $r_1 \ltimes r_2$ seleciona aquelas tuplas da relação r_1 que contribuíram para $r_1 \bowtie r_2$. Na etapa 3, $temp_2 = r_2 \ltimes r_1$. O operador de semijunção é facilmente estendido para junções theta. A *semijunção theta* de r_1 com r_2, indicada por $r_1 \ltimes_\theta r_2$, é definida como:

$$r_I \ltimes_\theta r_2 \stackrel{\text{def}}{=} \Pi_{R_1}(r_1 \bowtie_\theta r_2)$$

Para junções de várias relações, a estratégia de semijunção pode ser estendida para uma série de etapas de semijunção. É função do otimizador de consultas escolher a melhor estratégia com base nas estimativas de custo.

Essa estratégia é particularmente vantajosa quando relativamente poucas tuplas de r_2 contribuem para a junção. É provável que esta situação ocorra se r_1 for o resultado de uma expressão da álgebra relacional envolvendo seleção. Nesse caso, $temp_2$, ou seja, $r_2 \ltimes r_1$, pode ter muito menos tuplas que r_2. A economia de custo da estratégia resulta do envio de apenas $r_2 \ltimes r_1$, em vez de toda a r_2, para S_1.

Alguns custos adicionais são contraídos no envio de $temp_1$, ou seja, $\Pi_{R_1 \cap R_2}(r_1)$ para S_2. Se uma fração suficientemente pequena de tuplas em r_2 contribuir para a junção, a sobrecarga do envio de $temp_1$ será dominada pela economia de enviar apenas uma fração das tuplas em r_2. A sobrecarga do envio de tuplas $temp_1$ de s_1 para s_2 pode ser reduzida da seguinte maneira. Para fins de otimização do processamento de junção, a operação de semijunção pode ser implementada de uma maneira que se aproxime superdimensionando o resultado real da semijunção. Tal aproximação é também chamada de uma superaproximação (overapproximation). Em uma superaproximação, o resultado deve conter todas as tuplas no resultado real da semijunção, mas pode conter algumas tuplas extras. As tuplas extras serão eliminadas posteriormente pela operação de junção.

Uma superaproximação eficiente do resultado da semijunção pode ser calculada usando uma estrutura de dados probabilística chamada **filtro de Bloom**, que usa mapas de bits. Os filtros de Bloom são descritos em mais detalhes na Seção 24.1. Para implementar $r_2 \ltimes r_1$, é usado um filtro de Bloom com um mapa de bits b de tamanho m, inicializado com todos os bits definidos como zero. Os atributos de junção de cada tupla de r_1 são mapeados via *hash* (*hashed*) para um valor no intervalo 0 ... (m – 1), e o bit correspondente de b é definido como 1 (um). O bitmap b, que é muito menor que a relação r_1, pode agora ser enviado para o sítio que contém r_2. Lá, a mesma função de *hash* é calculada sobre os atributos de junção de cada tupla de r_2. Se o bit correspondente for definido como um em b, essa tupla r_2 será aceita (adicionada à relação *resultado*) e, caso contrário, será rejeitada.

Observe que é possível que diferentes valores de atributos de junção, digamos v_1 e v_2, tenham o mesmo valor de *hash*; mesmo que r_1 tenha uma tupla com o valor v_1, mas não tenha tupla alguma com o valor v_2, o resultado desse procedimento pode incluir tuplas r_2 cujo valor do atributo de junção é v_2. Essa situação é chamada de **falso positivo**. No entanto, se v_1 estiver presente em r_1, a técnica nunca rejeitará uma tupla em r_2 que tenha o valor de atributo de junção v_1, o que é importante para a exatidão.

A relação *resultado* calculada, que é ou um superconjunto de $r_2 \ltimes r_1$ ou igual a $r_2 \ltimes r_1$, é enviada ao sítio s_1. A junção $r_1 \bowtie$ *resultado* é calculada no sítio s_1 para obter o resultado da junção necessário. Falsos positivos podem ocasionar tuplas extras em *resultado* que não existem em $r_2 \ltimes r_1$, mas essas tuplas seriam eliminadas pela junção.

Para manter baixa a probabilidade de falsos positivos, o número de bits no filtro de Bloom às vezes é definido como o número estimado de valores de atributos de junção distintos. Além disso, é possível usar k funções de *hash* independentes, para algum $k > 1$, para identificar k posições de bit para determinado valor, e definir todas elas como um ao criar o mapa de bits. Ao consultá-lo com determinado valor, as mesmas k funções de *hash* são usadas para identificar k locais de bits, e o valor é determinado como ausente se mesmo um dos k bits tiver um valor zero. Por exemplo, se o mapa de bits tiver $10n$ bits, em que n é o número de valores distintos de atributos de junção, e $k = 7$ funções de *hash* forem usadas, a taxa de falsos positivos seria de cerca de 1%.

22.9.3.3 Otimização de consulta distribuída

Várias extensões precisam ser feitas nas técnicas de otimização de consulta existentes para otimizar os planos de consulta distribuídos.

A primeira extensão é registrar a localização dos dados como uma *propriedade física* dos dados; lembre-se de que os otimizadores já lidam com outras propriedades físicas, como a ordem de classificação dos resultados. Assim como a operação de classificação é usada para criar ordens de classificação diferentes, uma operação de troca é usada para transferir dados entre sítios diferentes.

A segunda extensão é rastrear onde um operador é executado; os otimizadores já consideram diferentes algoritmos, como junção *hash* ou junção *merge*, para determinado operador lógico, nesse caso, o operador de junção. O otimizador é estendido para, além disso, considerar sítios alternativos para execução de cada algoritmo. Observe que, para executar um operador em determinado sítio, suas entradas devem satisfazer a propriedade física de estar localizadas nesse sítio.

A terceira extensão é considerar as operações de semijunção para reduzir os custos de transferência de dados. Operações de semijunção podem ser introduzidas como regras de transformação lógica; no entanto, se for feito de forma ingênua, o espaço de pesquisa aumentará bastante, tornando essa técnica inviável. O custo da otimização pode ser reduzido restringindo, como uma heurística, semijunções a serem aplicadas apenas sobre tabelas de banco de dados e nunca sobre resultados de junção intermediários.

Uma quarta extensão é usar informações de esquema para restringir o conjunto de nós nos quais uma consulta precisa ser executada. Lembre-se de que, como vimos na Seção 22.9.2, a técnica "local como *view*" pode ser usada para especificar que uma relação está particionada de uma maneira específica. No exemplo que vimos lá, o sítio *s3* contém todas as tuplas de alunos com o *nome_dept* sendo "Comp. Sci.", enquanto *s4* contém todas as outras tuplas de alunos. Suponha que uma consulta tenha uma seleção "*nome_dept* = 'Comp. Sci.'" sobre *aluno*; então, o otimizador deverá reconhecer que não há necessidade de envolver o sítio *s4* ao executar essa consulta.

Como outro exemplo, se os dados do aluno no sítio *s5* forem uma réplica dos dados no sítio *s3*, o otimizador poderá optar por executar a consulta em qualquer um dos sítios, dependendo do que for menos dispendioso; não há necessidade de executar a consulta nos dois sítios.

22.9.4 Sistemas de diretório distribuídos

Um diretório é uma listagem de informações sobre alguma classe de objetos, como pessoas. Os diretórios podem ser usados para encontrar informações sobre um objeto específico ou, no sentido inverso, para encontrar objetos que atendam a determinado requisito. Diversos **protocolos de acesso a diretório** foram desenvolvidos para oferecer um modo padronizado de acessar dados em um diretório.

Um sistema de diretório distribuído muito utilizado é o sistema **Domain Name Service (DNS)** da Internet, que oferece um modo padronizado de mapear nomes de domínio (como db-book.com ou www.cs.yale.edu) aos endereços IP das máquinas. (Embora os usuários vejam apenas os nomes de domínio, a rede subjacente roteia as mensagens com base em endereços IP e, portanto, uma maneira de converter nomes de domínio em endereços IP é fundamental para o funcionamento da Internet.) O protocolo **Lightweight Directory Access Protocol (LDAP)** é outro protocolo muito usado para armazenar dados corporativos.

Os dados armazenados em diretórios podem ser representados no modelo relacional, armazenados em um banco de dados relacional e acessados por meio de protocolos padrão, como JDBC ou ODBC. A questão então é: por que criar um protocolo especializado para acessar informações de diretório? Existem várias razões.

- Primeiro, os protocolos de acesso ao diretório são protocolos simplificados, que atendem a um tipo limitado de acesso aos dados. Eles evoluíram em paralelo com os padrões de protocolo de acesso ao banco de dados.

- Segundo, os sistemas de diretório foram projetados para suportar um sistema de nomeação hierárquico para os objetos, de modo similar aos nomes de diretório do sistema de arquivos. Esse sistema de nomes é importante em muitas aplicações. Por exemplo, todos os computadores cujos nomes terminam com yale.edu pertencem a Yale, enquanto aqueles cujos nomes terminam com iitb.ac.in pertencem ao IIT Bombay. No domínio yale.edu, existem subdomínios como cs.yale.edu, que corresponde ao departamento CS (ciência da computação) em Yale, e math.yale.edu, que corresponde ao departamento de Matemática em Yale.
- Terceiro, e mais importante do ponto de vista de sistemas distribuídos, os dados em um sistema de diretório distribuído são armazenados e controlados de maneira distribuída e hierárquica.

  Por exemplo, um servidor DNS em Yale armazenaria informações sobre nomes de computadores em Yale, além de informações associadas, como seus endereços IP. Da mesma forma, os servidores DNS em Lehigh e IIT Bombay armazenariam informações sobre computadores em seus respectivos domínios. Os servidores DNS armazenam informações em um padrão hierárquico; por exemplo, as informações fornecidas pelo servidor DNS de Yale podem ser armazenadas de maneira distribuída entre os subdomínios em Yale, como os servidores DNS CS e Math.

  Os sistemas de diretório distribuídos encaminham automaticamente as consultas enviadas em um sítio para o sítio onde as informações necessárias estão realmente armazenadas, para fornecer uma visão unificada dos dados para usuários e aplicações.

  Além disso, as implementações de diretório distribuído geralmente oferecem suporte à replicação para garantir a disponibilidade dos dados mesmo que alguns nós falhem.

Outro exemplo de uso de sistemas de diretório é para dados corporativos. Esses sistemas armazenam informações sobre funcionários, como identificador, nome, *e-mail*, unidade organizacional (como departamento), número da sala, número de telefone e senha (criptografada) de cada funcionário. O esquema desses dados corporativos é padronizado como parte do Lightweight Directory Access Protocol (LDAP). Os sistemas de diretório baseados no protocolo LDAP são muito utilizados para autenticar usuários, usando as senhas criptografadas armazenadas para cada usuário. (Outras informações sobre a representação de dados LDAP podem ser encontradas na Seção 25.5.)

Embora o armazenamento de dados distribuídos pelas unidades organizacionais tenha sido importante em certa época, atualmente esses sistemas de diretórios costumam estar centralizados. De fato, várias implementações de diretório usam bancos de dados relacionais para armazenar dados, em vez de criar sistemas de armazenamento para fins especiais. No entanto, o fato de a representação dos dados e o protocolo de acesso aos dados destes sistemas serem padronizados faz com que estes sistemas continuem sendo bastante utilizados.

22.10 Resumo

- Os sistemas paralelos da geração atual normalmente são baseados em uma arquitetura híbrida, em que cada computador possui vários núcleos (*cores*) com uma memória compartilhada, e há vários computadores organizados em um padrão nada compartilhado.
- O processamento paralelo em um sistema de banco de dados pode ser explorado de duas maneiras distintas:
  - Paralelismo interconsulta – a execução de várias consultas em paralelo entre si, em vários nós.
  - Paralelismo intraconsulta – o processamento de diferentes partes da execução de uma única consulta, em paralelo entre vários nós.
- O paralelismo interconsulta é essencial para os sistemas de processamento de transações, enquanto o paralelismo intraconsulta é essencial para acelerar consultas de longa execução.
- A execução de uma única consulta envolve a execução de várias operações relacionais. A chave para explorar o paralelismo em larga escala é processar cada operação em paralelo, por meio de vários nós (conhecido como paralelismo intraoperação).
- As operações mais favoráveis ao paralelismo são: classificação, seleção, eliminação de duplicata, projeção e agregação.
- A classificação por particionamento de intervalo funciona em duas etapas: primeiro, o particionamento da relação em intervalos, em seguida, a classificação de cada partição separadamente.
- O *sort-merge* externo paralelo funciona em duas etapas: primeiro, cada nó N_i classifica os dados disponíveis no nó N_i e, em seguida, o sistema mescla as execuções classificadas em cada nó para obter a saída final classificada.
- Os algoritmos de junção paralela dividem as tuplas das relações de entrada em vários nós. Cada nó calcula parte da junção localmente. Em seguida, o sistema coleta os resultados de cada nó para produzir o resultado final.
- A distorção (*skew*) é um grande problema, especialmente com graus de paralelismo cada vez maiores. Vetores de particionamento balanceado, uso de histogramas e particionamento de nós virtuais estão entre as técnicas usadas para reduzir a distorção.
- O paradigma MapReduce foi projetado para facilitar a escrita de programas de processamento de dados paralelo usando linguagens de programação imperativas, que podem não ser expressáveis por meio da SQL. As implementações tolerantes a falhas do paradigma MapReduce são importantes para uma série de tarefas de processamento de dados em larguíssima escala. As extensões do modelo MapReduce baseadas em operações algébricas são cada vez mais importantes. O sistema Hive SQL usa um sistema MapReduce

como seu mecanismo de execução subjacente, compilando consultas SQL em código MapReduce.

- Existem duas formas de paralelismo interoperação: paralelismo canalizado e paralelismo independente. O paralelismo canalizado geralmente é implementado usando um modelo empurrar, com *buffers* entre operações.
- A operação de troca (*exchange operation*) reparticiona os dados de uma maneira especificada. Os planos de consulta paralela podem ser criados de maneira que a troca de dados entre os nós seja feita apenas pelo operador de troca, enquanto todas as outras operações atuam sobre dados locais, da mesma forma como fariam em um sistema de banco de dados centralizado.
- Em caso de falha, os planos de execução de consultas paralelas podem ser reiniciados. No entanto, em sistemas muito grandes, onde há uma chance significativa de falha durante a execução de uma consulta, as técnicas de tolerância a falhas são importantes para garantir que as consultas concluam a execução sem reiniciar, apesar das falhas.
- Algoritmos paralelos projetados para arquiteturas nada compartilhado podem ser usados em arquiteturas de memória compartilhada. Cada processador pode ser tratado como tendo sua própria partição de memória, e podemos ignorar o fato de que os processadores possuem uma memória compartilhada comum. No entanto, a execução pode ser bastante otimizada, explorando o acesso rápido à memória compartilhada a partir de qualquer um dos processadores.
- A otimização de consulta para execução paralela pode ser feita usando o modelo de custo tradicional de consumo de recursos, ou o modelo de custo de tempo de resposta. O particionamento de tabelas deve ser levado em consideração na escolha de um plano, para minimizar a troca de dados, que geralmente é um fator significativo no custo de execução da consulta. As *views* materializadas podem ser importantes em ambientes paralelos, pois podem reduzir significativamente o custo de execução da consulta.
- Atualmente, existem muitas aplicações de dados *streaming* que exigem processamento com alto desempenho, que só pode ser alcançado pelo processamento paralelo de dados *streaming*. As tuplas de entrada e os resultados das operações precisam ser roteados para outras operações. O modelo publicar-assinar, implementado por exemplo no Apache Kafka, provou ser bastante útil para esse roteamento. Em muitas aplicações, é importante realizar o processamento tolerante a falhas de dados *streaming* com a semântica "exatamente uma vez" para o processamento de tuplas. A persistência oferecida pelos sistemas publicar-assinar ajuda nesse sentido.
- A integração de esquema e dados de vários bancos de dados é necessária para muitas tarefas de processamento de dados. A técnica de dados externos permite que dados externos sejam consultas em um banco de dados como se eles estivessem residentes localmente. As arquiteturas "global como *view*" e "local como *view*" permitem a reescrita de consultas de um esquema global para esquemas locais individuais. A estratégia de semijunção usando filtros de Bloom pode ser útil para reduzir a movimentação de dados para junções em um banco de dados distribuído. Os sistemas de diretório distribuídos são um tipo de banco de dados distribuído projetado para armazenamento distribuído e consulta de diretórios.

Termos de revisão

- Paralelismo interconsulta
- Paralelismo intraconsulta
  - Paralelismo intraoperação
  - Paralelismo interoperação
- Classificação por particionamento de intervalo
- Paralelismo de dados
- *Sort-merge* externo paralelo
- Junção particionada
- Junção *hash* paralela particionada
- Junção *merge* paralela particionada
- Junção de *loops* aninhados paralela particionada
- Junção de *loops* aninhados indexada paralela particionada
- Junção assimétrica fragmentar e replicar
- Junção de *broadcast*
- Junção fragmentar e replicar
- Junção simétrica fragmentar e replicar
- Prevenção de distorção de junção
- Tratamento dinâmico da distorção de junção
- Roubo de trabalho
- Seleção paralela
- Eliminação de duplicatas paralela
- Projeção paralela
- Agregação paralela
- Agregação parcial
- Chave intermediária
- Paralelismo canalizado
- Paralelismo independente
- Operador de troca

- Não particionada
- Mesclagem aleatória
- Mesclagem ordenada
- Plano de execução de consulta paralela
- Processamento de consulta na memória compartilhada
- *Thread*
- Single Instruction Multiple Data (SIMD)
- Modelo de custo de tempo de respostas
- Manutenção de *view* paralela
- Dados *streaming*
- Arquitetura lambda
- Roteamento de *streams*
- Publicar-assinar
- Partição de tópico
- Semântica "pelo menos uma vez"
- Semântica "no máximo uma vez"
- Semântica "exatamente uma vez"
- Sistema de multibando de dados
- Esquema global
- Esquema local
- Integração de esquema
- Mediador
- Virtualização de dados
- Dados externos
- Tabelas estrangeiras
- Lago de dados
- Global como *view* (GAV)
- Local como *view* (LAV)
- Linked Data
- Estratégia de semijunção
- Semijunção
- Semijunção theta
- Filtro de Bloom
- Falso positivo
- Protocolos de acesso a diretório
- Domain Name Service (DNS)
- Lightweight Directory Access Protocol (LDAP)

Exercícios práticos

22.1 Que forma de paralelismo (interconsulta, interoperação ou intraoperação) provavelmente será a mais importante para cada uma das tarefas a seguir?

a. Aumentar o *throughput* de um sistema com muitas consultas pequenas.

b. Aumentar o *throughput* de um sistema com algumas consultas grandes quando o número de discos e processadores é grande.

22.2 Descreva como a agregação parcial pode ser implementada para as funções de agregação **count** e **avg** a fim de reduzir a transferência de dados.

22.3 Com o paralelismo canalizado, normalmente é uma boa ideia realizar várias operações em um *pipeline* em um único processador, mesmo quando muitos processadores estão disponíveis.

a. Explique por quê.

b. Os argumentos que você usou no item (a) seriam mantidos se a máquina tivesse uma arquitetura de memória compartilhada? Explique por quê.

c. Os argumentos no item (a) seriam mantidos com o paralelismo independente? (Ou seja, existem casos em que, mesmo que as operações não sejam canalizadas e há muitos nós à disposição, ainda é uma boa ideia realizar várias operações no mesmo nó?)

22.4 Considere o processamento de junção usando a técnica fragmentar e replicar assimétrica com particionamento de intervalo. Como você pode otimizar a avaliação se a condição de junção tiver a forma $| r \cdot A - s \cdot B | \leq k$, em que k é uma constante pequena? Aqui, $| x |$ indica o valor absoluto de x. Uma junção com tal condição de junção é denominada **junção de banda**.

22.5 Suponha que a relação r seja armazenada particionada e indexada sobre A, e que s seja armazenada particionada e indexada sobre B. Considere a consulta:

$$r \cdot C\gamma_{count(s \cdot D)}((\sigma_{A>5}(r)) \bowtie_{r \cdot B = s \cdot B} s)$$

a. Indique um plano de consulta paralela usando o operador de troca para calcular a subárvore da consulta envolvendo apenas os operadores de seleção e junção.

b. Agora estenda isso para calcular a agregação. Lembre-se de usar a pré-agregação para reduzir a transferência de dados.

c. A distorção durante a agregação é um problema sério. Explique como a pré-agregação, conforme indicado anteriormente, pode reduzir significativamente o efeito da distorção durante a agregação.

22.6 Suponha que a relação *r* seja mantida particionada e indexada sobre *A*, e *s* seja particionada e indexada sobre *B*. Considere a junção $r \bowtie_{r \cdot B = s \cdot B} s$. Suponha que *s* seja relativamente pequena, mas não o suficiente para tornar a junção fragmentar e replicar assimétrica (*asymmetric fragment-and-replace join*) a melhor opção, e *r* seja grande, com a maioria das tuplas de *r* não correspondendo a qualquer tupla de *s*. Uma junção *hash* pode ser realizada, mas com um filtro de semijunção sendo usado para reduzir a transferência de dados. Explique como a filtragem de semijunção usando filtros de Bloom funcionaria nessa configuração de junção paralela.

22.7 Suponha que você queira calcular $r ⟕_{r \cdot A = s \cdot A} s$.

a. Suponha que *s* seja uma relação pequena, enquanto *r* está armazenada particionada sobre $r \cdot B$. Indique um algoritmo paralelo eficiente para computar a junção externa esquerda (*left outer join*).

b. Agora, suponha que *r* seja uma relação pequena e *s* seja uma relação grande, armazenada particionada sobre o atributo $s \cdot B$. Indique um algoritmo paralelo eficiente para calcular a junção externa esquerda apresentada.

22.8 Suponha que você queira calcular ${}_{A,B}\gamma_{sum(C)}$ sobre uma relação *s* que está armazenada particionada sobre $s \cdot B$. Explique como você faria isso de modo eficiente, minimizando/evitando o reparticionamento, se o número de valores distintos de $s \cdot B$ é grande, e a distribuição do número de tuplas com cada valor de $s \cdot B$ é relativamente uniforme.

22.9 As implementações MapReduce oferecem tolerância a falhas, onde você pode reexecutar apenas mapeadores ou redutores com falha. Por padrão, a execução de uma junção particionada paralela teria que ser totalmente reexecutada no caso de falha de um nó sequer. É possível modificar a execução de uma junção particionada paralela para acrescentar tolerância a falhas de maneira semelhante ao MapReduce, para que a falha de um nó não exija a reexecução completa da consulta, mas apenas das ações relacionadas com esse nó. Explique o que precisa ser feito no momento do particionamento no nó de envio e no nó de recebimento para fazer isso.

22.10 Se um armazenamento de dados paralelo for usado para armazenar duas relações *r* e *s* e precisarmos juntar *r* e *s*, pode ser útil manter a junção como uma *view* materializada. Quais são os benefícios e sobrecargas em termos de *throughput* geral, uso de espaço e tempo de resposta às consultas do usuário?

22.11 Explique como cada um dos seguintes algoritmos de junção pode ser implementado usando o *framework* MapReduce:

a. Junção de *broadcast* (também conhecida como junção fragmentar e replicar assimétrica).

b. Junção de *loop* aninhado indexada, onde a relação interna é armazenada em um armazenamento de dados paralelo.

c. Junção particionada.

Exercícios

22.12 A junção particionada pode ser usada para $r \bowtie_{r \cdot A < s \cdot A \wedge r \cdot B = s \cdot B} s$? Explique sua resposta.

22.13 Descreva uma boa maneira de colocar em paralelo cada um dos seguintes:

a. Operação de diferença.

b. Agregação pela operação **count**.

c. Agregação pela operação **count distinct**.

d. Agregação pela operação **avg**.

e. Junção externa esquerda, se a condição de junção envolver apenas a igualdade.

f. Junção externa esquerda, se a condição de junção envolver comparações que não sejam igualdade.

g. Junção externa completa, se a condição de junção envolver comparações diferentes da igualdade.

22.14 Suponha que você queira lidar com uma carga de trabalho (*workload*) consistindo em grande quantidade de pequenas transações usando o paralelismo do tipo nada compartilhado.

a. O paralelismo intraconsulta é necessário em tal situação? Se não, por que e que forma de paralelismo é apropriada?

b. Que forma de distorção teria significado com tal carga de trabalho?

c. Suponha que a maioria das transações acessasse um registro de *conta*, que inclui um atributo de tipo de conta, *tipo_conta*, e um registro *mestre_tipo_conta* associado, que oferece informações sobre o tipo de conta. Como você particionaria e/ou replicaria os dados para agilizar as transações? Você pode considerar que a relação *mestre_tipo_conta* raramente é atualizada.

22.15 Qual é a motivação para o roubo de trabalho com nós virtuais em uma configuração de memória compartilhada? Por que o roubo de trabalho pode não ser tão eficiente em uma configuração do tipo nada compartilhado?

22.16 O atributo pelo qual uma relação é particionada pode surtir grande impacto sobre o custo de uma consulta.

a. Dada uma carga de trabalho de consultas SQL sobre uma única relação, que atributos seriam candidatos ao particionamento?

b. Como você escolheria entre as técnicas de particionamento alternativas, com base na carga de trabalho?

c. É possível particionar uma relação por mais de um atributo? Explique sua resposta.

22.17 Considere um sistema que está processando um stream de tuplas para a relação r com atributos (A, B, C, timestamp). Suponha que o objetivo do sistema paralelo de processamento de stream seja calcular o número de tuplas com cada valor possível do atributo A em cada janela de 5 minutos (baseando-se no timestamp da tupla). Quais seriam o tópico e as partições de tópico? Explique.

Ferramentas

Existem diversas ferramentas de código-fonte aberto, além de algumas ferramentas comerciais, para o processamento paralelo de consultas. Várias dessas ferramentas também estão disponíveis em plataformas de hospedagem em nuvem.

Teradata foi um dos primeiros sistemas comerciais de banco de dados paralelos e continua a ter uma grande fatia de mercado. O Red Brick Warehouse foi outro antigo sistema de banco de dados paralelo; a Red Brick foi adquirida pela Informix, que também foi adquirida pela IBM. Outros sistemas comerciais de banco de dados paralelos incluem Teradata Aster Data, IBM Netezza e Pivotal Greenplum. IBM Netezza, Pivotal Greenplum e Teradata Aster Data usam PostgreSQL como banco de dados subjacente, executando independentemente em cada nó; cada um desses sistemas cria uma camada superior, para particionar dados e paralelizar o processamento de consultas entre os nós.

A plataforma de código aberto Hadoop (hadoop.apache.org) inclui o sistema de arquivos distribuídos HDFS e a plataforma Hadoop MapReduce. Os sistemas que oferecem suporte a SQL em uma plataforma MapReduce incluem o Apache Hive (hive.apache.org), originado do Facebook, o Apache Impala (impala.apache.org), originado do Cloudera, e o Apache HAWQ (hawq.apache.org), originado do Pivotal. Apache Spark (spark.apache.org), originado da University of California em Berkeley, e Apache Tez (tez.apache.org) são *frameworks* de execução paralela que oferecem suporte a uma série de operadores além dos operadores *map* e *reduce* básicos; consultas Hive SQL podem ser executadas nessas duas plataformas. Outros *frameworks* de execução paralela incluem o Apache Pig (pig.apache.org), originado do Yahoo!, o sistema Asterix (asterix.ics.uci.edu), originado da University of California em Irvine, o sistema Apache Flink (flink.apache.org), originado como o projeto Stratosphere na Technical University, Berlin, Humboldt University e Hasso-Plattner Institute. O Apache Spark e o Apache Flink também oferecem suporte a bibliotecas para aprendizado de máquina em paralelo.

Esses sistemas podem acessar dados armazenados em diversos formatos de dados diferentes, como arquivos em diferentes formatos no HDFS ou objetos em um sistema de armazenamento como o HBase. Os formatos de arquivo do Hadoop eram inicialmente arquivos de texto, mas, hoje, as implementações Hadoop aceitam diversos formatos de arquivo otimizados, como arquivos Sequence (que permitem dados binários), Avro (com suporte para esquemas semiestruturados) e Parquet (com suporte para a representação de dados em colunas).

O Apache Kafka (kafka.apache.org) é bastante utilizado para rotear tuplas em sistemas de dados *streaming*. Os sistemas projetados para o processamento de consultas em dados *streaming* incluem Apache Storm (storm.apache.org), Kafka Streams (kafka.apache.org/documentation/streams/) e Heron (apache.github.io/incubator-heron/), desenvolvido por Twitter. O Apache Flink (flink.apache.org), o Spark Streaming (spark.apache.org/streaming/), o componente de *streaming* do Apache Spark e o Apache Apex (apex.apache.org) oferecem suporte à análise de dados *streaming*, juntamente com análise de dados armazenados.

Muitos desses sistemas também são oferecidos como serviços baseados em nuvem, como parte dos serviços em nuvem oferecidos pelo Amazon AWS, Google Cloud, Microsoft Azure e outras plataformas semelhantes.

Leitura adicional

Os primeiros trabalhos sobre sistemas de banco de dados paralelos incluem o Gamma (DeWitt, 1990), XPRS (Stonebraker *et al.*, 1989) e Volcano (Graefe, 1990). Graefe (1993) apresenta um excelente apanhado sobre processamento de consultas, inclusive o processamento de consultas paralelas. O modelo de operador de troca foi defendido por Graefe (1990) e por Graefe e McKenna (1993). O tratamento da distorção em junções paralelas é descrito por DeWitt *et al.* (1992).

Ganguly *et al.* (1992) descrevem técnicas de otimização de consultas baseadas no modelo de custo de tempo de resposta para execução paralela de consultas, enquanto Zhou *et al.* (2010) mostram como estender um otimizador de consulta para levar em consideração propriedades de particionamento e planos paralelos. A manutenção de *view* em sistemas de armazenamento de dados paralelos é abordada por Agrawal *et al.* (2009).

Uma implementação tolerante a falhas do *framework* MapReduce no Google, que leva ao uso generalizado do paradigma MapReduce, é apresentada por Dean e Ghemawat (2010). Kwon *et al.* (2013) oferecem uma visão geral do tratamento da distorção no *framework* MapReduce do Hadoop. Herodotou e Babu (2013) descrevem como otimizar diversos parâmetros para execução de consultas no *framework* MapReduce. Uma visão geral do sistema Apache Spark é fornecida por Zaharia *et al.* (2016), enquanto Zaharia *et al.* (2012) tratam dos Resilient Distributed Datasets (conjuntos de dados distribuídos resilientes), uma abstração tolerante a falhas que formou uma base para a implementação do Spark. Extensões do operador de troca para oferecer suporte à tolerância a falhas são descritas por Shah *et al.* (2004), com foco em consultas contínuas tolerantes a falhas. O processamento de fluxo tolerante a falhas no sistema Google MillWheel é discutido em Akidau *et al.* (2013).

A abordagem orientada a pedaços (*morsels*) da avaliação de consulta paralela em sistemas de memória compartilhada com processadores *multicore* é incluída em Leis *et al.* (2014). Kersten *et al.* (2018) mostram uma comparação do processamento vetorial de consultas usando otimizações, como instruções SIMD, com a canalização orientada a produtor.

Carbone *et al.* (2015) relatam o processamento de *stream* e lote no Apache Flink. Ozsu e Valduriez (2010) oferecem uma abordagem de livro-texto dos sistemas de banco de dados distribuídos.

Bibliografia

AGRAWAL, P. *et al.* "Asynchronous view maintenance for VLSD databases". In: *Proc. of the ACM SIGMOD*, Providence, Rhode Island, p. 179-192, 2009.

AKIDAU, T. *et al.* "MillWheel: fault-tolerant stream processing at internet scale". In: *Proc. of the VLDB*, Riva del Garda, Italy, 6(11), p. 1033-1044, 2013.

CARBONE, P. *et al.* "Apache Flink: stream and batch processing in a single engine". *IEEE Data Engineering. Bulletin*, 38(4), p. 28-38, 2015.

DEAN, J.; GHEMAWAT, S. "MapReduce: a flexible data processing tool". *Communications of the ACM*, 53(1), p. 72-77, 2010.

DeWITT, D. "The Gamma database machine project". *IEEE Transactions on Knowledge and Data Engineering*, 2(1), p. 44-62, 1990.

DeWITT, D. *et al.* "Practical skew handling in parallel joins". In: *Proc. of the VLDB*, Vancouver, p. 27-40, 1992.

GANGULY, S.; HASAN, W.; KRISHNAMURTHY, R. "Query optimization for parallel execution". In: *Proc. of the ACM SIGMOD*, San Diego, California, p. 9-18, 1992.

GRAEFE, G. "Encapsulation of parallelism in the Volcano query processing system". In: *Proc. of the ACM SIGMOD*, New Jersey, p. 102-111, 1990.

GRAEFE, G. "Query evaluation techniques for large databases". *ACM Computing Surveys*, 25(2), 1993.

GRAEFE, G.; McKENNA, W. "The Volcano optimizer generator". In: *Proc. of the International Conf. on Data Engineering*, Vienna, p. 209-218, 1993.

HERODOTOU, H.; BABU, S. "A what-if engine for cost-based MapReduce optimization". *IEEE Data Engineering Bulletin*, 36(1), p. 5-14, 2013.

KERSTEN, T. *et al.* "Everything you always wanted to know about compiled and vectorized queries but were afraid to ask". In: *Proc. of the VLDB*, Rio de Janeiro, 11(13), p. 2209-2222, 2018.

KWON, Y. *et al.* "Managing skew in Hadoop". *IEEE Data Engineering Bulletin*, 36(1), p. 24-33, 2013.

LEIS, V. *et al.* "Morsel-driven parallelism: a NUMA-aware query evaluation framework for the many-core age". In: *Proc. of the ACM SIGMOD*, Snowbird, Utah, 743-754, 2014.

OZSU, T.; VALDURIEZ, P. *Principles of distributed database systems*. 3. ed. New Jersey: Prentice-Hall, 2010.

SHAH, M. A.; HELLERSTEIN, J. M.; BREWER, E. A. "Highly-available, fault-tolerant, parallel dataflows". In: *Proc. of the ACM SIGMOD*, Paris, p. 827-838, 2004.

STONEBRAKER, M.; AOKI, P.; SELTZER, M. "Parallelism in XPRS". In: *Proc. of the ACM SIGMOD*, Portland, Oregon, 1989.

ZAHARIA, M. *et al.* "Resilient distributed datasets: a fault-tolerant abstraction for in-memory cluster computing". In: *Proc. of USENIX Symposium on Networked Systems Design and Implementation (NSDI)*, San Jose, California, p. 15-28, 2012.

ZAHARIA, M. *et al.* "Apache Spark: a unified engine for big data processing". *Communications of the ACM*, 59(11), p. 56-65, 2016.

ZHOU, J.; LARSON, P.; CHAIKEN, R. "Incorporating partitioning and parallel plans into the SCOPE optimizer". In: *Proc. of the International Conference on Data Storage and Data Engineering (DSDE)*, Bangalore, Indian, p. 1060-1071, 2010.

Créditos

A foto dos barcos no início do capítulo pertence a

CAPÍTULO 23

Processamento de transações paralelo e distribuído

Já estudamos o processamento de transações em bancos de dados centralizados, abordando o controle de concorrência no Capítulo 18 e a recuperação no Capítulo 19. Neste capítulo, estudamos como executar o processamento de transações em bancos de dados paralelos e distribuídos. Além de oferecer suporte ao controle de concorrência e recuperação, o processamento de transações em bancos de dados paralelos e distribuídos também deve lidar com problemas decorrentes da replicação de dados e falhas de alguns nós.

Bancos de dados paralelos e distribuídos possuem vários nós, que podem falhar independentemente. A principal diferença entre bancos de dados paralelos e distribuídos do ponto de vista do processamento de transações é que a latência do acesso remoto é muito maior e a largura de banda menor em um banco de dados distribuído do que em um banco de dados paralelo, onde todos os nós estão em um único *datacenter*. Falhas como partição de rede e atrasos de mensagens são muito menos prováveis dentro de um *datacenter* do que entre sítios distribuídos geograficamente, mas também podem ocorrer; o processamento de transações deve ocorrer corretamente, mesmo que falhas e atrasos ocorram.

Portanto, a maioria das técnicas para processamento de transações é comum a bancos de dados paralelos e distribuídos. Nos poucos casos em que há uma diferença, apontamos explicitamente a diferença. Como resultado, neste capítulo, sempre que dissermos que uma técnica é aplicável a bancos de dados distribuídos, considere que ela se aplica tanto a bancos de dados distribuídos quanto a bancos de dados paralelos, a menos que digamos explicitamente o contrário.

Na Seção 23.1, esboçamos um modelo para processamento de transações em um banco de dados distribuído. Na Seção 23.2, descrevemos como implementar transações atômicas em um banco de dados distribuído usando protocolos de *commit* especiais.

Na Seção 23.3, explicamos como estender as técnicas de controle de concorrência tradicionais para bancos de dados distribuídos. A Seção 23.4 descreve as técnicas de controle de concorrência para o caso em que os itens de dados são replicados, enquanto a Seção 23.5 mostra outras extensões, incluindo como as técnicas de controle de concorrência multiversão podem ser estendidas para lidar com bancos de dados distribuídos e como o controle de concorrência pode ser implementado com bancos de dados distribuídos heterogêneos. A replicação com graus de consistência fracos é discutida na Seção 23.6.

A maioria das técnicas para lidar com dados distribuídos exige o uso de coordenadores para garantir o processamento consistente e eficiente das transações. Na Seção 23.7, discutimos como os coordenadores podem ser escolhidos em um padrão distribuído, resistente a falhas. Por fim, a Seção 23.8 descreve o problema do consenso distribuído, esboça soluções para o problema e, depois, discute como essas soluções podem ser usadas para implementar serviços tolerantes a falhas por meio da replicação de um *log*.

23.1 Transações distribuídas

O acesso aos diversos itens de dados em um sistema distribuído normalmente é realizado por meio de transações, que precisam preservar as propriedades ACID (Seção 17.1). Existem dois tipos de transação que precisamos considerar. As **transações locais** são aquelas que acessam e atualizam dados apenas em um banco de dados local; as **transações globais** são aquelas que acessam e atualizam dados em diversos bancos de dados locais. Garantir as propriedades ACID das transações locais pode ser feito conforme descrevemos nos Capítulos 17, 18 e 19. Porém, para transações globais, essa tarefa é muito mais complicada, pois vários nós podem estar participando na execução da transação. A falha de um desses nós, ou a falha de um enlace de comunicação conectando esses nós, pode resultar em erros de computação.

Nesta seção, estudamos a estrutura do sistema de um banco de dados distribuído e seus possíveis modos de falha. Em outras seções, discutimos como garantir que as propriedades ACID sejam satisfeitas em um banco de dados distribuído, apesar das falhas. Enfatizamos, novamente, que esses modos de falha também ocorrem com bancos de dados paralelos, e as técnicas que descrevemos se aplicam igualmente aos bancos de dados paralelos.

23.1.1 Estrutura do sistema

Vamos agora considerar uma estrutura de sistema com vários nós, cada um dos quais podendo falhar independentemente dos outros. Observamos que os nós podem estar em um único *datacenter*, correspondendo a um sistema de banco de dados paralelo, ou distribuído geograficamente, em um sistema de banco de dados distribuído. A estrutura do sistema é semelhante nos dois casos; os problemas com relação ao isolamento de transações e atomicidade são os mesmos nos dois casos, assim como as soluções.

Observamos que a estrutura do sistema que consideramos aqui não se aplica a um sistema de banco de dados paralelo de memória compartilhada cujos componentes não possuem modos de falha independentes. Em tais sistemas, todo o sistema está ativo ou todo o sistema está inativo. Além disso, geralmente há apenas um *log* de transações usado para recuperação. Técnicas de controle de concorrência e recuperação projetadas para sistemas de banco de dados centralizados podem ser usadas nesses sistemas, e são preferíveis às técnicas descritas neste capítulo.

Cada nó tem seu próprio gerenciador de transação *local*, cuja função é garantir as propriedades ACID das transações executadas nesse nó. Os diversos gerenciadores de transação cooperam para executar as transações globais. Para entender como esse gerenciador pode ser implementado, considere um modelo abstrato de um sistema de transação, em que cada nó contém dois subsistemas:

- O **gerenciador de transação** controla a execução daquelas transações (ou subtransações) que acessam dados armazenados no nó. Observe que cada transação desse tipo pode ser uma transação local (ou seja, uma transação que executa apenas nesse nó) ou parte de uma transação global (ou seja, uma transação executada em diversos nós).
- O **coordenador de transação** coordena a execução de diversas transações (locais e globais) iniciadas nesse nó.

A arquitetura geral do sistema aparece na Figura 23.1.

A estrutura de um gerenciador de transação é semelhante em muitos aspectos à estrutura de um sistema centralizado. Cada gerenciador de transação é responsável por:

- Manutenção de um *log* para fins de recuperação.
- Participação em um esquema de controle de concorrência para coordenar a execução concorrente das transações executando nesse nó.

Como veremos, precisamos modificar os esquemas de recuperação e de concorrência para acomodar a execução distribuída das transações.

O subsistema coordenador de transação não é necessário no ambiente centralizado, pois uma transação acessa dados apenas em um único nó. Um coordenador de transação, como seu nome indica, é responsável por coordenar a execução de todas as transações iniciadas nesse nó. Para cada transação desse tipo, o coordenador é responsável por:

- Iniciar a execução da transação.
- Dividir a transação em uma série de subtransações e distribuí-las aos nós apropriados para execução.
- Coordenar o término da transação, que pode resultar na transação sendo confirmada em todos os nós ou abortada em todos eles.

23.1.2 Modos de falha do sistema

Um sistema distribuído pode enfrentar os mesmos tipos de falha que um sistema centralizado (por exemplo, erros de *software*, erros de *hardware* ou falhas de disco). Porém, existem outros tipos de falha com que precisamos lidar em um ambiente distribuído. Os tipos de falha básicos são:

- Falha de um nó.
- Perda de mensagens.
- Falha de um enlace de comunicação.
- Partição de rede.

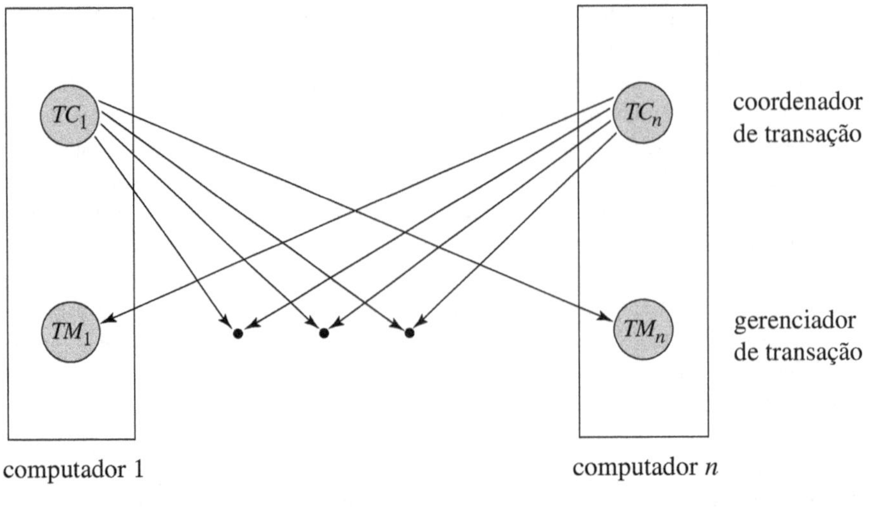

Figura 23.1 Arquitetura do sistema.

A perda ou a adulteração de mensagens sempre é uma possibilidade em um sistema distribuído. O sistema utiliza protocolos de controle de transmissão, como TCP/IP, para lidar com esses erros. Informações sobre tais protocolos poderão ser encontradas nos livros-texto padrão sobre o uso de redes.

Porém, se dois nós *A* e *B* não estiverem conectados diretamente, as mensagens de um para o outro precisam ser *roteadas* por meio de uma sequência de enlaces de comunicação. Se um enlace de comunicação falhar, as mensagens que teriam sido transmitidas pelo enlace precisam ser roteadas novamente. Em alguns casos, é possível encontrar outra rota pela rede, de modo que as mensagens alcancem seu destino. Em outros casos, uma falha pode resultar em não haver conexão entre alguns pares de nós. Um sistema é **particionado** se tiver sido dividido em dois (ou mais) subsistemas, chamados **partições**, que não possuem nenhuma conexão entre eles. Observe que, sob essa definição, uma partição pode consistir em um único nó.

23.2 Protocolos de *commit*

Se tivermos de garantir a atomicidade, todos os nós em que a transação *T* executou precisam concordar com o resultado final da execução. *T* precisa confirmar (*commit*) em todos os nós ou abortar em todos os nós. Para garantir essa propriedade, o coordenador da transação de *T* precisa executar um protocolo de *commit*.

Entre os protocolos de *commit* mais simples e mais usados, está o **protocolo de *commit* de duas fases (2PC)**, descrito na Seção 23.2.1.

23.2.1 *Commit* de duas fases

Primeiro, descrevemos como o protocolo de *commit* de duas fases (2PC) opera durante a operação normal, depois descrevemos como ele trata das falhas e, finalmente, como ele executa a recuperação e o controle de concorrência.

Considere uma transação *T* iniciada no nó N_i, em que o coordenador da transação seja C_i.

23.2.1.1 Protocolo de *commit*

Quando *T* termina sua execução – ou seja, quando todos os nós em que *T* executou informam a C_i que *T* completou –, C_i inicia o protocolo 2PC.

- **Fase 1.** C_i acrescenta o registro <prepare *T*> ao *log* e força a transferência do *log* para o armazenamento estável. Depois, ele envia uma mensagem prepare *T* a todos os nós em que *T* foi executado. Ao receber tal mensagem, o gerenciador de transação nesse nó determina se deseja confirmar sua parte de *T*. Se a resposta for não, ele acrescenta um registro <no *T*> ao *log* e depois responde enviando uma mensagem abort *T* para C_i. Se a resposta for sim, ele acrescenta um registro <ready *T*> ao *log* e força a transferência do *log* (com todos os registros de *log* correspondentes a *T*) para o armazenamento estável. O gerenciador de transação, então, responde com uma mensagem ready *T* para C_i.
- **Fase 2.** Quando C_i recebe respostas ready à mensagem prepare *T* de todos os nós ou quando recebe uma mensagem abort *T* de pelo menos um nó participante, C_i pode determinar se a transação *T* pode ser confirmada ou abortada. A transação *T* pode ser confirmada se C_i recebeu uma mensagem ready *T* de todos os nós participantes. Caso contrário, a transação *T* precisa ser abortada. Dependendo do veredicto, um registro <commit *T*> ou um registro <abort *T*> é acrescentado ao *log* e a transferência do *log* é forçada para o armazenamento estável. Nesse ponto, o destino da transação foi selado.

  Depois desse ponto, o coordenador envia uma mensagem commit *T* ou abort *T* para todos os nós participantes. Quando um nó recebe essa mensagem, ele registra a mensagem (seja ela <commit *T*> ou <abort *T*>) em seu *log* e, de modo correspondente, confirma ou aborta a transação.

  Como os nós podem falhar, o coordenador não pode esperar indefinidamente pelas respostas de todos os nós. Em vez disso, quando um intervalo de tempo pré-especificado tiver se passado desde que a mensagem prepare *T* foi enviada, se algum nó não responder ao coordenador, este poderá decidir abortar a transação; as etapas descritas para abortar a transação devem ser seguidas, como se um nó tivesse enviado uma mensagem abort para a transação.

A Figura 23.2 mostra um caso de execução bem-sucedida do protocolo 2PC para uma transação *T*, com dois nós, N_1 e N_2, ambos dispostos a confirmar a transação *T*. Se qualquer um dos nós enviar uma mensagem no *T*, o coordenador enviará uma mensagem abort *T* a todos os nós, que então abortarão a transação.

Um nó em que *T* foi executado pode abortar *T* incondicionalmente a qualquer momento antes de enviar a mensagem ready *T* ao coordenador. Quando a mensagem <ready *T*> for escrita, a transação é considerada no **estado pronto** no nó. A mensagem ready *T*, com efeito, é uma promessa feita por um nó de seguir a ordem do coordenador para confirmar *T* ou abortar *T*. Para fazer essa promessa, primeiro a informação necessária precisa ser armazenada no armazenamento estável. Caso contrário, se o nó falhar depois de enviar ready *T*, ele pode ser incapaz de cumprir sua promessa. Além disso, os bloqueios adquiridos pela transação precisam continuar sendo mantidos até que a transação termine, mesmo que haja uma falha em um nó intermediário, conforme veremos na Seção 23.2.1.3.

Como a unanimidade é exigida para a confirmação de uma transação, o destino de *T* está selado assim que pelo menos um nó responde com abort *T*. Como o nó coordenador N_i é um dos nós em que *T* foi executada, o coordenador pode decidir abortar *T* unilateralmente. O veredicto final com relação a *T* é determinado no momento que o coordenador escreve esse veredicto (confirmar ou abortar) no *log* e o força para o armazenamento estável.

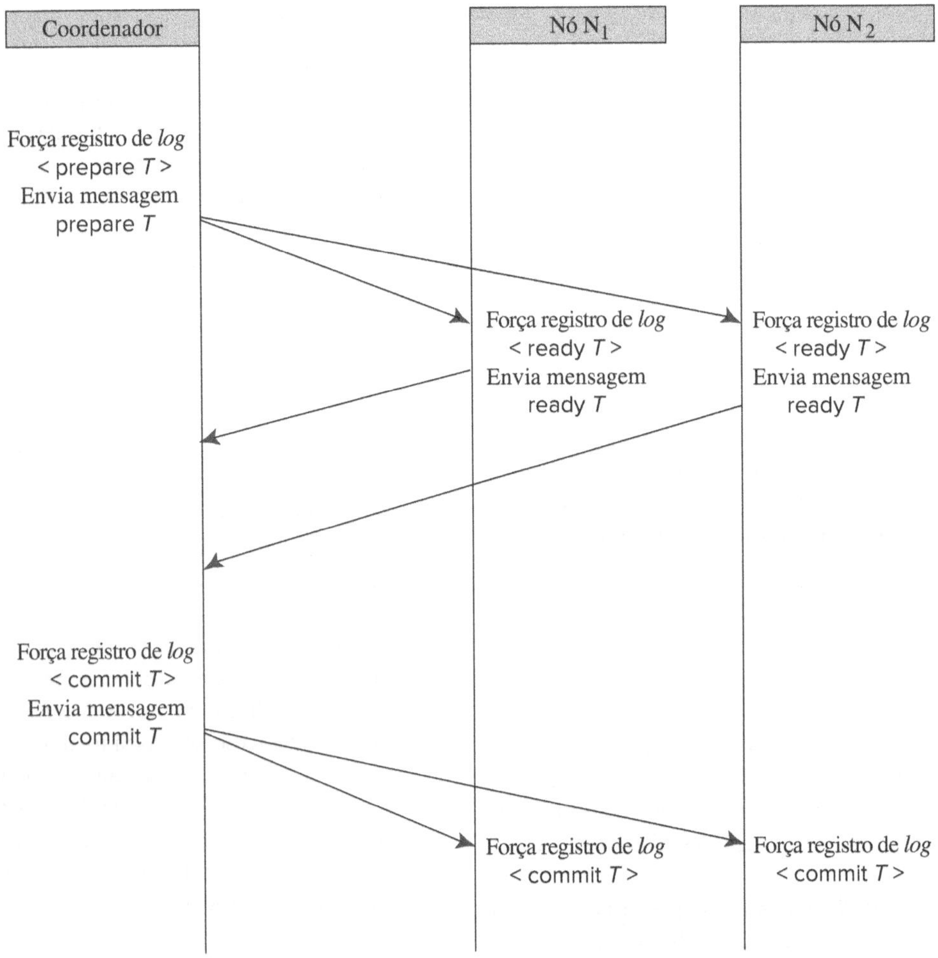

Figura 23.2 Execução bem-sucedida do protocolo 2PC.

Em algumas implementações do protocolo 2PC, um nó envia uma mensagem acknowledge *T* ao coordenador no final da segunda fase do protocolo. Quando o coordenador recebe a mensagem acknowledge *T* de todos os nós, ele acrescenta o registro <complete *T*> ao *log*. Até esta etapa, o coordenador não pode se esquecer da decisão de confirmar ou aborta *T*, pois um nó poderá perguntar pela decisão. (Um nó que não recebeu um commit ou um abort para a transação *T*, talvez em função de uma falha na rede ou de uma falha temporária no nó, poderá fazer esse pedido ao coordenador.) Depois desta etapa, o coordenador poderá descartar a informação sobre a transação *T*.

23.2.1.2 Tratamento de falhas

O protocolo 2PC responde de diferentes maneiras a vários tipos de falhas:

- **Falha de um nó participante**. Se o coordenador C_i detectar que um nó falhou, ele toma estas ações: se o nó falhar antes de responder com uma mensagem ready *T* para C_i, o coordenador considera que ele respondeu com uma mensagem abort *T*. Se o nó falhar depois que o coordenador tiver recebido a mensagem ready *T* do nó, o coordenador executa o restante do protocolo de *commit* pela forma normal, ignorando a falha do nó.

  Quando um nó participante N_k se recupera de uma falha, ele precisa examinar seu *log* para determinar o destino das transações que estavam no meio da execução quando ocorreu a falha. Considere que *T* seja uma transação desse tipo. Consideramos cada um dos casos possíveis:

  - O *log* contém um registro <commit *T*>. Nesse caso, o nó executa redo(*T*).
  - O *log* contém um registro <abort *T*>. Nesse caso, o nó executa undo(*T*).
  - O *log* contém um registro <ready *T*>. Nesse caso, o nó precisa consultar C_i para determinar o destino de *T*. Se C_i estiver ativo, ele notifica N_k com relação a *T* ter confirmado ou abortado. No primeiro caso, ele executa redo(*T*); senão, ele executa undo(*T*). Se C_i estiver parado, N_k precisa tentar encontrar o destino de *T* a partir de outros nós. Ele faz isso enviando uma mensagem querystatus *T* a todos os nós no sistema. Ao receber tal mensagem, um nó precisa consultar seu *log* para determinar se *T* foi executado lá e, se tiver sido, se *T* foi confirmada ou abortada. Depois, ele notifica N_k sobre seu resultado. Se nenhum nó tiver a informação apropriada (ou seja, se *T* foi confirmada ou abortada), então N_k não pode abortar nem

confirmar T. A decisão referente a T é adiada até que N_k possa obter a informação necessária. Assim, N_k precisa reenviar periodicamente a mensagem querystatus aos outros nós. Ele continua a fazer isso até que um nó que contém a informação necessária se recupere. Observe que o nó em que C_i reside sempre tem a informação necessária.

 - O *log* não contém registros de controle (abort, commit, ready) referentes a T. Assim, sabemos que N_k falhou antes de responder à mensagem prepare T de C_i. Como a falha de N_k impede o envio de tal resposta, por nosso algoritmo, C_i precisa abortar T. Logo, N_k precisa executar undo(T).

- **Falha do coordenador**. Se o coordenador falhar no meio da execução do protocolo de *commit* para a transação T, então os nós participantes precisam decidir o destino de T. Veremos que, em certos casos, os nós participantes não podem decidir se confirmarão ou abortarão T e, portanto, esses nós precisam esperar pela recuperação do coordenador que falhou.

 - Se um nó ativo tiver um registro <commit T> em seu *log*, então T precisa ser confirmada.

 - Se um nó ativo tiver um registro <abort T> em seu *log*, então T precisa ser abortada.

 - Se algum nó ativo *não* tiver um registro <ready T> em seu *log*, então o coordenador C_i que falhou não pode ter decidido confirmar T, pois um nó que não tem um registro <ready T> em seu *log* não pode ter enviado uma mensagem ready T para C_i. Porém, o coordenador pode ter decidido abortar T, mas não confirmar T. Em vez de esperar que C_i se recupere, é preferível abortar T.

 - Se nenhum dos casos anteriores for verdadeiro, então todos os nós ativos precisam ter um registro <ready T> em seus *logs*, mas nenhum registro de controle adicional (como <abort T> ou <commit T>). Como o coordenador falhou, é impossível determinar se uma decisão foi tomada e, se tiver sido, qual é a decisão, até que o coordenador se recupere. Assim, os nós ativos precisam esperar que C_i se recupere.

 Como o destino de T permanece em dúvida, T pode continuar a manter recursos do sistema. Por exemplo, se o bloqueio for usado, T pode manter bloqueios sobre os dados nos nós ativos. Tal situação é indesejável, pois podem se passar horas ou dias antes que C_i esteja novamente ativo. Durante esse tempo, outras transações podem ser forçadas a esperar por T. Como resultado, os itens de dados podem estar indisponíveis não apenas no nó que falhou (C_i), mas também nos nós ativos. Essa situação é chamada de **problema de bloqueio**, pois T está bloqueada dependendo da recuperação de C_i.

- **Partição de rede**. Quando uma rede se divide, existem duas possibilidades:

 1. O coordenador e todos os seus participantes permanecem em uma partição. Nesse caso, a falha não tem efeito sobre o protocolo de *commit*.

 2. O coordenador e seus participantes pertencem a várias partições. Do ponto de vista dos nós em uma das partições, parece que os nós em outras partições falharam. Os nós que não estão na partição contendo o coordenador simplesmente executam o protocolo para lidar com a falha do coordenador. O coordenador e os nós que estão na mesma partição que ele seguem o protocolo de *commit* normal, supondo que os nós em outras partições falharam.

Assim, a principal desvantagem do protocolo 2PC é que a falha do coordenador pode resultar em bloqueio, em que uma decisão de confirmar ou abortar T pode ter de ser adiada até que C_i se recupere. Discutimos como remover essa limitação mais adiante, na Seção 23.2.2.

23.2.1.3 Recuperação e controle de concorrência

Quando um nó que falhou é reiniciado, podemos realizar a recuperação usando, por exemplo, o algoritmo de recuperação descrito na Seção 19.4. Para lidar com os protocolos de *commit* distribuídos, o procedimento de recuperação precisa tratar **transações em dúvida** (*in-doubt transactions*) de forma especial; transações em dúvida são transações para as quais um registro de *log* <ready T> é encontrado, mas não são encontrados registros de *log* <commit T> nem registros de *log* <abort T>. O nó em recuperação precisa determinar o *status commit-abort* dessas transações conectando outros nós, conforme descrevemos na Seção 23.2.1.2.

Porém, se a recuperação for feita como descrevemos, o processamento de transações normal no nó não pode começar até que todas as transações em dúvida tenham sido confirmadas ou revertidas. A descoberta do *status* de transações em dúvida pode ser lenta, pois vários nós podem ter de ser contatados. Além do mais, se o coordenador tiver falhado e nenhum outro nó tiver informações sobre o *status commit-abort* de uma transação incompleta, a recuperação potencialmente poderá se tornar bloqueada se o 2PC for usado. Como resultado, o nó realizando a recuperação de reinício pode permanecer inutilizável por um longo período.

Para contornar esse problema, os algoritmos de recuperação normalmente oferecem suporte para anotar informações de bloqueio no *log* (estamos supondo que o bloqueio seja usado para controle de concorrência). Em vez de escrever um registro de *log* <ready T>, o algoritmo escreve um registro de *log* <ready T, L>, em que L é uma lista de todos os bloqueios de escrita (*write locks*) mantidos pela transação T quando o registro de *log* for escrito. No momento da recuperação, após realizar ações de recuperação locais, para cada transação em dúvida T, todos os bloqueios de escrita anotados no registro de *log* <ready T, L> (lido do *log*) são readquiridos.

Depois que a reaquisição de bloqueio estiver completa para todas as transações em dúvida, o processamento da transação pode iniciar no nó, mesmo antes que o *status commit-abort* das transações em dúvida seja determinado. O *commit* ou *rollback* de transações em dúvida prossegue de forma concorrente com a execução de novas transações. Assim, a recuperação do nó é mais rápida e nunca é bloqueada. Observe que novas transações que possuem um conflito de bloqueio com quaisquer bloqueios de escrita mantidos por transações em dúvida serão incapazes de fazer progresso até que as transações em dúvida conflitantes tenham sido confirmadas ou revertidas.

23.2.2 Evitando o bloqueio durante o *commit*

O problema de bloqueio do 2PC é uma preocupação séria para os projetistas de sistemas, pois a falha de um nó coordenador pode levar ao bloqueio de uma transação que adquiriu bloqueios sobre um item de dados usado com frequência, o que, por sua vez, impede que outras transações que precisam adquirir um bloqueio por conflito concluam sua execução.

Ao envolver vários nós na etapa de decisão de confirmação do protocolo 2PC, é possível evitar o bloqueio desde que a maioria dos nós envolvidos na decisão de confirmação esteja ativa e possa se comunicar. Isso é feito usando a ideia de consenso distribuído tolerante a falhas. Os detalhes do consenso distribuído são discutidos posteriormente, na Seção 23.8, mas descrevemos o problema e esboçamos uma técnica de solução a seguir.

O **problema de consenso distribuído** é o seguinte: um conjunto de *n* nós precisa concordar com uma decisão; nesse caso, se deve ou não confirmar uma transação específica. As entradas para tomar a decisão são fornecidas a todos os nós e, em seguida, cada nó vota sobre a decisão; no caso do protocolo 2PC, a decisão é se deve ou não confirmar uma transação. O objetivo principal dos protocolos para alcançar um consenso distribuído é que a decisão deve ser tomada de forma que todos os nós "aprendam" o mesmo valor para a decisão (ou seja, todos os nós aprenderão que a transação deve ser confirmada ou todos nós aprenderão que a transação deve ser abortada), mesmo se alguns nós falharem durante a execução do protocolo ou se houver partições de rede. Além disso, o protocolo de consenso distribuído não deverá bloquear, desde que a maioria dos nós participantes permaneça viva e possa se comunicar.

Existem vários protocolos para consenso distribuído, dois dos quais (Paxos e Raft) são bastante utilizados atualmente. Estudamos o consenso distribuído na Seção 23.8. Uma ideia-chave por trás desses protocolos é a ideia de uma votação, que é bem-sucedida somente se a maioria dos nós participantes concordar com uma decisão específica.

Dada uma implementação de consenso distribuído, o problema de bloqueio em função de falha do coordenador pode ser evitado da seguinte maneira: em vez de o coordenador decidir localmente confirmar ou abortar uma transação, ele inicia o protocolo de consenso distribuído, solicitando que o valor "confirmado" ou "abortado" seja atribuído à transação *T*. A solicitação é enviada a todos os nós participantes do consenso distribuído e o protocolo de consenso é, então, executado por esses nós. Como o protocolo é tolerante a falhas, ele será bem-sucedido, mesmo que alguns nós falhem, desde que a maioria dos nós esteja ativa e permaneça conectada. A transação pode ser declarada confirmada pelo coordenador somente após a conclusão bem-sucedida do protocolo de consenso.

Existem dois cenários de falha possíveis:

- *O coordenador falha a qualquer momento antes de informar a todos os nós participantes do status de confirmação ou abortamento de uma transação T.*

  Nesse caso, um novo coordenador é escolhido (veremos como fazer isso na Seção 23.7). O novo coordenador verifica com os nós participantes do consenso distribuído para ver se foi tomada uma decisão e, se assim for, informa a decisão aos participantes do protocolo 2PC. A maioria dos nós participantes do consenso deve responder, para verificar se uma decisão foi tomada ou não; o protocolo não será bloqueado enquanto os nós com falha ou desconectados estiverem em minoria.

  Se nenhuma decisão foi tomada anteriormente para a transação *T*, o novo coordenador verifica novamente com os participantes do 2PC para verificar se eles estão prontos para confirmar ou desejam abortar a transação, e segue o protocolo normal do coordenador com base em suas respostas. Como antes, se nenhuma resposta for recebida de um participante, o novo coordenador pode optar por abortar *T*.

- *O protocolo de consenso distribuído falha em tomar uma decisão.*

  A falha do protocolo pode ocorrer em razão da falha de alguns nós participantes. Isso também pode ocorrer em função de solicitações conflitantes, numa situação em que nenhuma das quais obtém a maioria dos "votos" durante o protocolo de consenso. Para o protocolo 2PC, a solicitação normalmente vem de um único coordenador, portanto esse conflito é improvável. No entanto, solicitações conflitantes podem surgir em casos raros, se um coordenador falhar após enviar uma mensagem de confirmação, mas sua mensagem de confirmação for entregue com atraso; enquanto isso, um novo coordenador do 2PC toma uma decisão de abortar, pois não conseguiu alcançar alguns nós participantes. Mesmo com esse conflito, o protocolo de consenso distribuído garante que apenas uma das solicitações de confirmação ou abortamento seja bem-sucedida, mesmo na presença de falhas. Porém, se alguns nós estiverem inoperantes e nem a solicitação de confirmação nem o cancelamento obtiverem voto majoritário dos nós participantes do consenso distribuído, é possível que o protocolo não chegue a uma decisão.

  Independentemente do motivo, se o protocolo de consenso distribuído não chegar a uma decisão, o novo coordenador simplesmente reinicia o protocolo.

Observe que, no caso de uma partição de rede, um nó desconectado da maioria dos nós participantes do consenso pode não descobrir o resultado de uma decisão, mesmo que ela tenha sido tomada com êxito. Assim, as transações executadas nesse nó podem ser bloqueadas.

A falha dos participantes do 2PC poderia tornar os dados indisponíveis, na ausência de replicação. O consenso distribuído também pode ser usado para manter as réplicas de um item de dados em um estado consistente, conforme explicamos mais adiante na Seção 23.8.4.

A ideia de consenso distribuído para tornar o 2PC não bloqueante foi proposta na década de 1980; é usado, por exemplo, no sistema de banco de dados distribuído Google Spanner.

O **protocolo de *commit* de três fases** (**3PC**) é uma extensão do protocolo de *commit* de duas fases, que evita o problema de bloqueio sob certas suposições. Uma variante do protocolo evita o bloqueio desde que não ocorram partições de rede, mas isso pode levar a decisões inconsistentes no caso de uma partição de rede. As extensões do protocolo que funcionam com segurança sob partição de rede foram desenvolvidas posteriormente. A ideia por trás dessas extensões é semelhante à ideia de votação majoritária do consenso distribuído, mas os protocolos são preparados especificamente para a tarefa de *commit* atômico.

23.2.3 Modelos alternativos de processamento de transação

Com o *commit* de duas fases, os nós participantes concordam em deixar que o coordenador decida o destino de uma transação, e são forçados a esperar pela decisão do coordenador, enquanto mantêm bloqueios sobre os itens de dados atualizados. Embora essa perda de autonomia possa ser aceitável dentro de uma organização, nem todas as organizações estão dispostas a forçar seus computadores a esperarem, potencialmente por um longo tempo, enquanto um computador em outra organização toma a decisão.

Nesta seção, descrevemos como usar *mensagens persistentes* para evitar o problema do *commit* distribuído. Para entender as mensagens persistentes, considere como alguém poderia transferir fundos entre dois bancos diferentes, cada um com seu próprio computador. Uma técnica é ter uma transação englobando dois nós e usar o *commit* de duas fases para garantir a atomicidade. Porém, a transação pode ter de atualizar o saldo total do banco, e o bloqueio poderá ter um impacto sério sobre todas as outras transações em cada banco, pois quase todas as transações no banco atualizariam o saldo total do banco.

Por outro lado, considere como ocorre a transferência de fundos por um cheque bancário. Primeiro, o banco deduz a quantia do cheque do saldo disponível e emite um cheque. O cheque então é transferido fisicamente para o outro banco, onde é depositado. Depois de verificar o cheque, o banco aumenta o saldo local pela quantia do cheque. O cheque constitui uma mensagem enviada entre os dois bancos. Para que os fundos não sejam perdidos ou aumentados incorretamente, o cheque não pode ser perdido e não pode ser duplicado ou depositado mais de uma vez. Quando os computadores do banco estão conectados por uma rede, as mensagens persistentes oferecem o mesmo serviço que o cheque (mas muito mais rapidamente).

Mensagens persistentes são aquelas que têm garantia de ser entregues ao destinatário exatamente uma vez (nem menos, nem mais), independentemente de falhas, se a transação enviando a mensagem for confirmada, e têm garantia de não serem entregues se a transação abortar. São usadas técnicas de recuperação de banco de dados para implementar as mensagens persistentes em cima dos canais de rede normais, como veremos em breve. Ao contrário, as mensagens normais podem ser perdidas ou até mesmo entregues várias vezes em algumas situações.

O tratamento de erros é mais complicado com as mensagens persistentes do que com o *commit* de duas fases (2PC). Por exemplo, se a conta onde o cheque deve ser depositado tiver sido fechada, o cheque precisa ser enviado de volta à conta de origem e creditado de volta. Os dois nós, portanto, precisam possuir código de tratamento de erro, além do código para lidar com as mensagens persistentes. Ao contrário, com o *commit* de duas fases, o erro seria detectado pela transação, que nunca teria deduzido o valor da conta de origem.

Os tipos de condições de exceção que podem surgir dependem da aplicação, de modo que não é possível que o sistema de banco de dados trate das exceções automaticamente. Os programas de aplicação que enviam e recebem mensagens persistentes precisam incluir código para lidar com condições de exceção e trazer o sistema de volta a um estado consistente. Por exemplo, não é aceitável apenas perder o dinheiro sendo transferido se a conta credora tiver sido fechada; o dinheiro precisa ser creditado de volta à conta de origem, e, se isso não for possível por algum motivo, alguém terá de ser alertado para resolver a situação manualmente.

Existem muitas aplicações em que o benefício de eliminar o bloqueio compensa o esforço extra para implementar sistemas que usam mensagens persistentes. De fato, poucas organizações concordariam em dar suporte ao *commit* de duas fases para transações originando fora da organização, pois poderiam ocorrer falhas no bloqueio de acesso aos dados locais. As mensagens persistentes, portanto, desempenham um papel importante na execução de transações que cruzam limites organizacionais.

Agora, consideramos a **implementação** das mensagens persistentes. As mensagens persistentes podem ser implementadas em cima de uma infraestrutura de mensagem não confiável, que pode perder mensagens ou entregá-las várias vezes. A Figura 23.3 mostra um resumo da implementação, que é descrita em detalhes a seguir.

- **Protocolo do nó emissor**. Quando uma transação deseja enviar uma mensagem persistente, ela escreve um registro contendo a mensagem em uma relação especial *messages_to_send*, em vez de enviar diretamente a mensagem. A mensagem também recebe um identificador exclusivo de mensagem. Observe que essa relação atua como uma *caixa de saída* de mensagens.

  Um *processo de entrega de mensagem* monitora a relação e, quando uma nova mensagem é encontrada, ele envia a mensagem ao seu destino. Os mecanismos normais de controle de concorrência de banco de dados garantem que o processo do sistema leia a mensagem somente depois que a transação que a escreveu confirmar; se a transação abortar, o mecanismo de recuperação normal exclui a mensagem da relação.

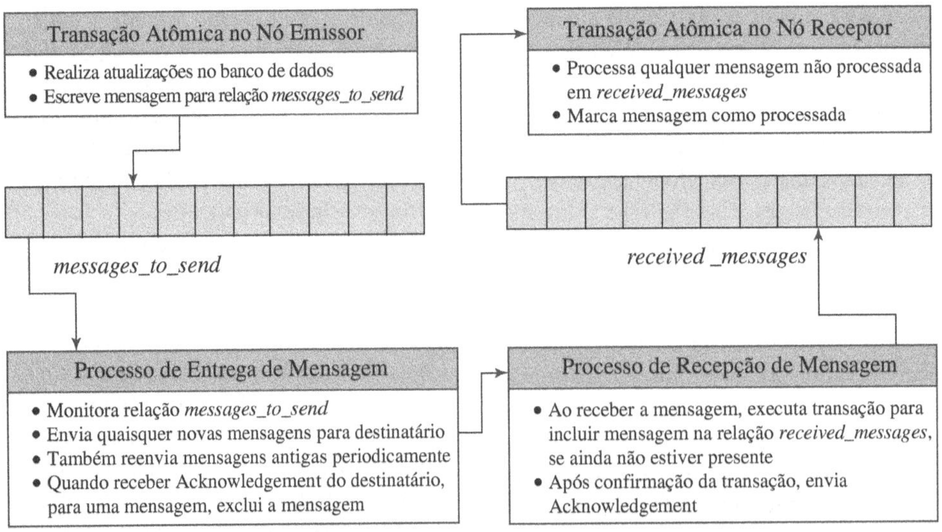

Figura 23.3 Implementação das mensagens persistentes.

O processo de entrega de mensagem só exclui uma mensagem da relação depois de receber uma confirmação do nó de destino. Se não receber confirmação do nó de destino, após algum tempo ele envia a mensagem novamente, e repete a ação até que uma confirmação seja recebida. Em caso de falhas permanentes, o sistema decidirá, depois de algum período de tempo, que a mensagem não pode ser entregue. O código de tratamento de exceção fornecido pela aplicação é então chamado para lidar com a falha.

A escrita da mensagem em uma relação e seu processamento apenas depois que a transação confirmar garante que a mensagem será entregue se, e somente se, ela for confirmada. Enviá-la repetidamente garante que será entregue mesmo que existam (temporariamente) falhas do sistema ou da rede.

- **Protocolo do nó receptor**. Quando um nó recebe uma mensagem persistente, ele executa uma transação que acrescenta a mensagem a uma relação especial *received_messages*, desde que ainda não esteja presente na relação (o identificador de mensagem exclusivo detecta duplicatas). A relação possui um atributo para indicar se a mensagem foi processada, que é definido como falso quando a mensagem é inserida na relação. Observe que essa relação atua como uma *caixa de entrada* de mensagens.

  Depois que a transação for confirmada ou se a mensagem já estava presente na relação, o nó receptor envia uma confirmação (*acknowledgment*) de volta ao nó emissor.

  Observe que não é seguro enviar o *acknowledgment* antes da confirmação (*commit*) da transação, pois uma falha do sistema pode resultar em perda da mensagem. Verificar se a mensagem foi recebida anteriormente é essencial para evitar várias entregas da mensagem.

- **Processamento da mensagem**. As mensagens recebidas devem ser processadas para executar as ações especificadas na mensagem. Um processo no nó receptor monitora a relação *received_messages* para verificar se há mensagens que não foram processadas. Quando encontra essa mensagem, ela é processada e, como parte da mesma transação que processa a mensagem, o sinalizador de processado é definido como verdadeiro. Isso garante que uma mensagem seja processada exatamente uma vez depois de recebida.

- **Exclusão de mensagens antigas**. Em muitos sistemas de mensagem, é possível que as mensagens sejam adiadas arbitrariamente, embora esses atrasos sejam muito improváveis. Portanto, por segurança, a mensagem nunca deve ser excluída da relação *received_messages*. Sua exclusão poderia resultar em uma remessa duplicada não sendo detectada. Como resultado, a relação *received_messages* pode crescer indefinidamente. Para resolver esse problema, cada mensagem recebe um *timestamp* e, se o *timestamp* de uma mensagem recebida for mais antigo que algum tempo limite, a mensagem será descartada. Todas as mensagens registradas na relação *received_messages* que são mais antigas que o tempo limite podem ser excluídas.

Fluxos de trabalho (ou *workflows*) oferecem um modelo geral de processamento de transação envolvendo vários nós e, possivelmente, o processamento humano de certas etapas, e eles têm suporte do *software* de aplicação usado pelas empresas. Por exemplo, como vimos na Seção 9.6.1, quando um banco recebe um pedido de empréstimo, existem muitas etapas necessárias, incluindo o contato com agências externas de verificação de crédito, antes de aprovar ou rejeitar um pedido de empréstimo. As etapas, juntas, formam um fluxo de trabalho. As mensagens persistentes formam a base para os fluxos de trabalho em um ambiente distribuído.

23.3 Controle de concorrência em bancos de dados distribuídos

Mostramos aqui como alguns dos esquemas de controle de concorrência discutidos no Capítulo 18 podem ser modificados de modo que possam ser usados em um ambiente distribuído. Consideramos que cada nó participa da execução de um protocolo de *commit* para garantir a atomicidade de transação global.

Nesta seção, consideramos que os itens de dados não são replicados, e não consideramos as técnicas de multiversão. Discutimos como tratar das réplicas mais adiante, na Seção 23.4, e as técnicas de controle de concorrência multiversão distribuído na Seção 23.5.

23.3.1 Protocolos de bloqueio

Os diversos protocolos de bloqueio descritos no Capítulo 18 podem ser usados em um ambiente distribuído. Nesta seção, discutimos as questões de implementação.

23.3.1.1 Técnica de gerenciador de bloqueio único

Na técnica de **gerenciador de bloqueio único**, o sistema mantém um *único* gerenciador de bloqueio que reside em um *único* nó escolhido – digamos, N_i. Todas as solicitações de bloqueio e desbloqueio são feitas no nó N_i. Quando uma transação precisa bloquear um item de dados, ela envia uma solicitação de bloqueio para N_i. O gerenciador de bloqueio determina se o bloqueio pode ser concedido imediatamente. Se o bloqueio puder ser concedido, o gerenciador de bloqueio enviará uma mensagem com esse efeito para o nó em que a solicitação de bloqueio foi iniciada. Caso contrário, a solicitação é adiada até que possa ser concedida, quando uma mensagem é enviada ao nó em que a solicitação de bloqueio foi iniciada. A transação pode ler o item de dados de *qualquer* um dos nós em que reside uma réplica do item de dados. No caso de uma escrita, todos os nós em que reside uma réplica do item de dados precisam estar envolvidos na escrita.

O esquema tem estas vantagens:

- **Implementação simples**. Esse esquema requer duas mensagens para tratar de solicitações de bloqueio e uma mensagem para tratar de solicitações de desbloqueio.
- **Tratamento de impasse (*deadlock*) simples**. Como todas as solicitações de bloqueio e desbloqueio são feitas em um nó, os algoritmos de tratamento de impasse discutidos no Capítulo 18 podem ser aplicados diretamente.

As desvantagens do esquema são:

- **Gargalo**. O nó N_i se torna um gargalo, pois todas as solicitações precisam ser processadas lá.
- **Vulnerabilidade**. Se o nó N_i falhar, o controlador de concorrência estará perdido. O processamento precisa parar ou um esquema de recuperação precisa ser usado para que um nó de *backup* possa assumir o gerenciamento de bloqueio do nó N_i, conforme descrevemos na Seção 23.7.

23.3.1.2 Gerenciador de bloqueio distribuído

Um meio-termo entre as vantagens e desvantagens pode ser alcançado com a técnica de **gerenciador de bloqueio distribuído**, em que a função do gerenciador de bloqueio é distribuída por vários nós.

Cada nó mantém um gerenciador de bloqueio local, cuja função é administrar as solicitações de bloqueio e desbloqueio para aqueles itens de dados que estão armazenados nesse nó. Quando uma transação deseja bloquear um item de dados Q, que reside no nó N_i, uma mensagem é enviada ao gerenciador de bloqueio no nó N_i solicitando um bloqueio (em determinado modo de bloqueio). Se o item de dados Q estiver bloqueado em um modo incompatível, a solicitação será adiada até que possa ser concedida. Quando tiver sido determinado que a solicitação de bloqueio pode ser concedida, o gerenciador de bloqueio enviará uma mensagem de volta a quem a iniciou, indicando que concedeu a solicitação de bloqueio.

O esquema do gerenciador de bloqueio distribuído tem a vantagem de implementação simples e reduz o grau em que o coordenador é um gargalo. Ele ocasiona uma sobrecarga razoavelmente baixa, exigindo duas transferências de mensagem para tratar de solicitações de bloqueio e uma transferência de mensagem para tratar de solicitações de desbloqueio. Porém, o tratamento de impasse (*deadlock*) é mais complexo, pois as solicitações de bloqueio e desbloqueio não são mais feitas em um único nó: pode haver impasses entre nós mesmo quando não existe impasse dentro de um único nó. Os algoritmos de tratamento de impasse discutidos no Capítulo 18 precisam ser modificados, como discutiremos na Seção 23.3.2, para detectar os impasses globais.

23.3.2 Tratamento de impasse (*deadlock*)

Os algoritmos de prevenção e detecção de impasse no Capítulo 18 podem ser usados em um sistema distribuído, desde que sejam feitas algumas modificações.

Considere primeiro as técnicas de prevenção de impasse, que vimos na Seção 18.2.1.

- Técnicas para prevenção de impasse com base na ordenação de bloqueios podem ser usadas em um sistema distribuído, sem nenhuma mudança. Essas técnicas evitam esperas de bloqueio cíclicas; o fato de que os bloqueios podem ser obtidos em diferentes nós não afeta a prevenção de esperas de bloqueio cíclicas.
- Técnicas baseadas em preempção e reversão (*preemption* e *rollback*) de transação também podem ser usadas sem alteração em um sistema distribuído. Em particular, a técnica *esperar-morrer* (*wait-die*) é usada em vários sistemas distribuídos. Lembre-se de que essa técnica permite que transações mais antigas aguardem bloqueios mantidos por transações mais recentes, mas se uma transação mais recente precisar esperar por um bloqueio mantido por uma transação mais antiga, a transação mais recente será revertida. Mais tarde, a transação revertida pode ser executada novamente; lembre-se de que ele mantém sua hora de início original; se ela for tratada como uma nova transação, poderá ser revertida repetidamente e morrer, mesmo enquanto outras transações avançam e são concluídas.

- Os esquemas baseados em tempo limite de bloqueio também funcionam sem nenhuma alteração em um sistema distribuído.

As técnicas de prevenção de impasse podem resultar em espera e *rollback* desnecessários quando usadas em um sistema distribuído, assim como em um sistema centralizado.

Agora, vamos considerar as técnicas de detecção de impasse que permitem que os impasses ocorram e, nesse caso, os detectam. O problema principal em um sistema distribuído é decidir como manter o grafo de espera. Técnicas comuns para lidar com essa questão exigem que cada nó mantenha um **grafo de espera local**. Os nós do grafo correspondem a todas as transações (locais e também não locais) que, atualmente, estão mantendo ou solicitando qualquer um dos itens locais a esse nó. Por exemplo, a Figura 23.4 representa um sistema consistindo em dois nós, cada um mantendo seu grafo de espera local. Observe que as transações T_2 e T_3 aparecem nos dois grafos, indicando que as transações solicitaram itens nos dois nós.

Esses grafos de espera locais são construídos da maneira normal para transações e itens de dados locais. Quando uma transação T_i no nó N_1 precisa de um recurso no nó N_2, ela envia uma mensagem de solicitação ao nó N_2. Se o recurso for mantido pela transação T_j, o sistema insere uma aresta $Ti \rightarrow T_j$ no grafo de espera local do nó N_2.

Se qualquer grafo de espera local tiver um ciclo, o impasse terá ocorrido. Por outro lado, o fato de que não existem ciclos em nenhum um dos grafos de espera locais não significa que não existam impasses. Para ilustrar esse problema, consideramos os grafos de espera locais da Figura 23.4. Cada grafo de espera é acíclico; apesar disso, existe um impasse no sistema porque a *união* dos grafos de espera locais contém um ciclo. Esse grafo aparece na Figura 23.5.

Na técnica de **detecção de impasse centralizada**, o sistema constrói e mantém um **grafo de espera global** (a união de todos os grafos locais) em um *único* nó: o coordenador de detecção de impasse. Como há atraso de comunicação no sistema, temos de distinguir entre dois tipos de grafos de espera. O grafo *real* descreve o estado real mas desconhecido do sistema em qualquer instância no tempo, como seria visto por um observador onisciente. O grafo *construído* é uma aproximação gerada pelo controlador durante a execução do algoritmo do controlador. Obviamente, o controlador precisa gerar o grafo construído de modo que, sempre que o algoritmo de detecção for invocado, os resultados informados sejam corretos. *Correto* significa, nesse caso, que, se houver um impasse, ele será informado prontamente e, se o sistema informar um impasse, ele realmente estará em estado de impasse.

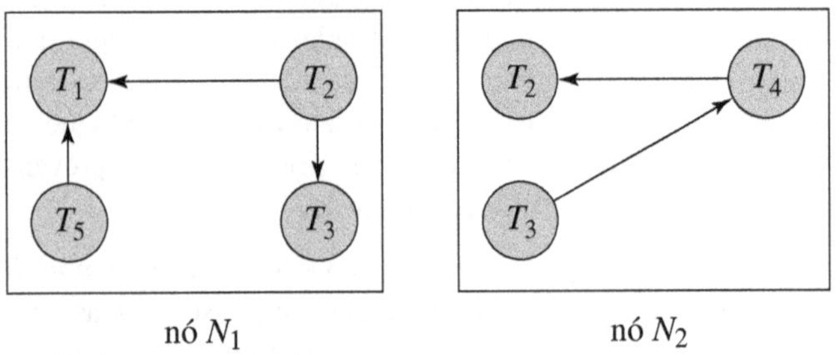

Figura 23.4 Grafos de espera locais.

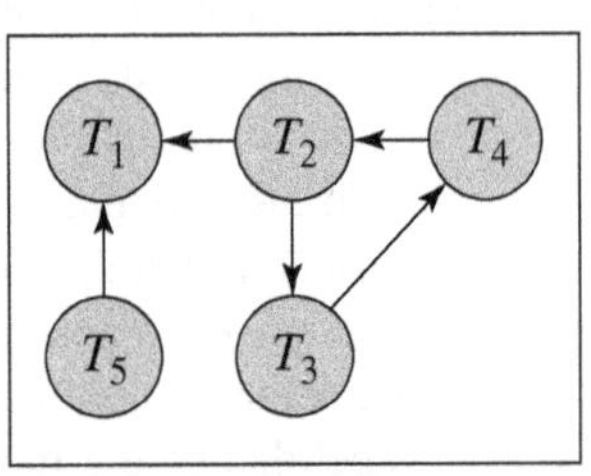

Figura 23.5 Grafo de espera global para a Figura 23.4.

O grafo de espera global pode ser reconstruído ou atualizado sob estas condições:

- Sempre que uma nova aresta é inserida ou removida de um dos grafos de espera.
- Periodicamente, quando certo número de mudanças tiver ocorrido em um grafo de espera local.
- Sempre que o coordenador precisar invocar o algoritmo de detecção de ciclo.

Quando o coordenador invoca o algoritmo de detecção de impasse, ele pesquisa seu grafo global. Se encontrar um ciclo, ele seleciona uma vítima a ser revertida (*rolled bock/back*). O coordenador precisa notificar todos os nós de que uma transação em particular foi selecionada como vítima. Os nós, por sua vez, revertem a transação vítima.

Esse esquema pode produzir reversões (*rollbacks*) desnecessários se:

- **Ciclos falsos** existirem no grafo de espera global. Como ilustração, considere um instantâneo (*snapshot*) do sistema representado pelos grafos de espera locais da Figura 23.6. Suponha que T_2 libere o recurso que está mantendo no nó N_1, resultando na exclusão da aresta $T_1 \rightarrow T_2$ em N_1. A transação T_2, então, solicita um recurso mantido por T_3 no nó N_2, resultando no acréscimo da aresta $T_2 \rightarrow T_3$ em N_2. Se a mensagem insert $T_2 \rightarrow T_3$ de N_2 chegar antes da mensagem remove $T_1 \rightarrow T_2$ de N_1, o coordenador pode descobrir o ciclo falso $T_1 \rightarrow T_2 \rightarrow T_3$ depois do insert (mas antes do remove). A recuperação do impasse pode ser iniciada, embora nenhum impasse tenha ocorrido.

  Observe que a situação de ciclo falso não poderia ocorrer sob o bloqueio em duas fases. A probabilidade de ciclos falsos normalmente é tão baixa que não causa um problema sério no desempenho.

- Um *impasse* realmente ocorreu e uma vítima foi selecionada, enquanto uma das transações foi abortada por motivos não relacionados com o impasse. Por exemplo, suponha que o nó N_1 da Figura 23.4 decida abortar T_2. Ao mesmo tempo, o coordenador descobriu um ciclo e selecionou T_3 como vítima. Tanto T_2 quanto T_3 agora são revertidos, embora somente T_2 tivesse de ser revertido.

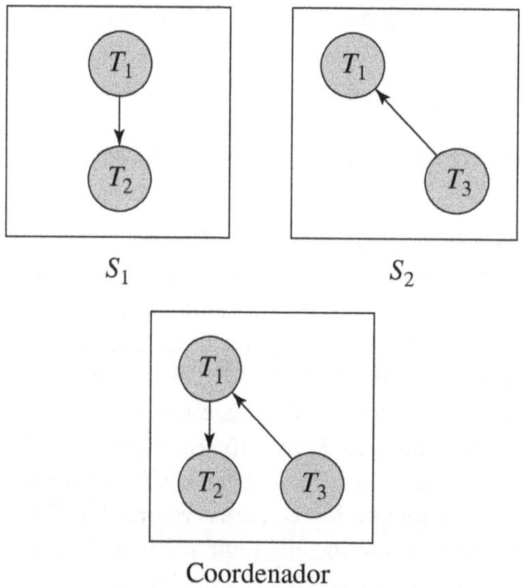

Figura 23.6 Ciclos falsos do grafo de espera global.

A detecção de impasse pode ser feita de modo distribuído, com vários nós assumindo partes da tarefa, em vez de ser feita em um único nó. Porém, tais algoritmos são mais complicados e mais dispendiosos. Veja referências a esses algoritmos nas notas bibliográficas deste capítulo.

23.3.3 Concessões (*leases*)

Um dos problemas com o uso do bloqueio em um sistema distribuído é que um nó que mantém um bloqueio pode falhar e não liberar o bloqueio. Assim, o item de dados bloqueado poderia se tornar (logicamente) inacessível, até que o nó que falhou se recupere e libere o bloqueio, ou até que o bloqueio seja liberado por outro nó em favor do nó que falhou.

Se um bloqueio exclusivo tiver sido obtido sobre um item de dados e a transação estiver no estado preparado, o bloqueio não poderá ser liberado até que uma decisão de confirmar/abortar seja tomada para a transação. No entanto, em muitos outros casos, é aceitável que um bloqueio concedido anteriormente seja revogado depois. Nesses casos, o conceito de concessão pode ser muito útil.

Uma **concessão** (*lease*) é um bloqueio concedido por um período de tempo específico. Se o processo que adquire uma concessão precisar continuar mantendo o bloqueio além do período especificado, ele poderá **renovar** a concessão. Uma solicitação de renovação de concessão é enviada ao gerenciador de bloqueio, que estende a concessão e responde com uma confirmação desde que a solicitação de renovação chegue a tempo. No entanto, se o tempo expirar e o processo não renovar a concessão, diz-se que a concessão **expira**, e o bloqueio é liberado. Portanto, qualquer concessão adquirida por um nó que falha, ou que é desconectado do gerenciador de bloqueio, é liberada automaticamente quando a concessão expira. O nó que mantém uma concessão compara regularmente a hora da expiração atual da concessão com seu *clock* local para determinar se ele ainda tem a concessão ou se a concessão expirou.

Um dos usos das concessões é garantir que haja apenas um coordenador para um protocolo em um sistema distribuído. Um nó que deseja atuar como coordenador solicita uma concessão exclusiva sobre um item de dados associado ao protocolo. Se obtiver a concessão, ele poderá atuar como coordenador até que sua concessão expire; enquanto estiver ativo, ele solicitará a renovação da concessão antes que ela expire e continuará sendo o coordenador enquanto o gerenciador de bloqueio permitir a renovação da concessão.

Se um nó N_1 que atua como coordenador morre após o término do período de concessão, a concessão expira automaticamente, e outro nó N_2 que solicita a concessão pode adquiri-lo e se tornar o coordenador. Na maioria dos protocolos, é importante que exista apenas um coordenador por vez. O mecanismo de concessão garante isso, desde que os *clocks* estejam sincronizados. No entanto, se o *clock* do coordenador correr mais devagar que o *clock* do gerenciador de bloqueio, poderá ocorrer uma situação em que o coordenador acha que ainda tem a concessão, enquanto o gerenciador de bloqueio acha que a concessão expirou. Embora os relógios não possam ser exatamente sincronizados, na prática a imprecisão não é muito alta. O gerenciador de bloqueio aguarda um tempo de espera extra após o prazo de expiração da concessão para levar em conta as imprecisões de *clock* antes de tratar a concessão como expirada.

Um nó que verifica o *clock* local e decide que ainda possui uma concessão pode executar uma ação subsequente como coordenador. É possível que a concessão tenha expirado entre o momento em que o *clock* foi verificado e quando ocorreu a ação subsequente, o que poderia resultar na ação ocorrendo após o nó deixar de ser o coordenador. Além disso, mesmo se a ação ocorreu enquanto o nó ainda tinha uma concessão válida, uma mensagem enviada pelo nó pode ser entregue após um atraso, quando o nó pode ter perdido sua concessão. Embora seja possível que a rede entregue uma mensagem arbitrariamente atrasada, o sistema pode decidir sobre o tempo máximo de atraso da mensagem, e qualquer mensagem mais antiga é ignorada pelo destinatário; as mensagens possuem *timestamps* definidos pelo emissor, que são usados para detectar se uma mensagem precisa ser ignorada.

Os intervalos de tempo em razão desses dois problemas podem ser levados em consideração verificando se a validade da concessão está a pelo menos algum tempo t' no futuro antes de iniciar uma ação, em que t' é um limite do tempo que a ação levará após ser verificado o tempo de concessão, incluindo o atraso máximo da mensagem.

Aqui, consideramos que, embora os coordenadores possam falhar, o gerenciador de bloqueio que emite concessões é capaz de tolerar falhas. Estudamos, na Seção 23.8.4, como criar um gerenciador de bloqueio tolerante a falhas; observamos que as técnicas descritas naquela seção são de uso geral e podem ser usadas para implementar versões tolerantes a falhas de qualquer processo determinístico, modelado como uma "máquina de estado".

23.3.4 Protocolos distribuídos baseados em *timestamp*

A ideia principal por trás dos protocolos de controle de concorrência baseados em *timestamp* na Seção 18.5 é que cada transação receba um *timestamp exclusivo*, que o sistema usa na decisão da ordem de serialização. Nossa primeira tarefa, então, na generalização do esquema centralizado para um esquema distribuído, é desenvolver um esquema para gerar *timestamps* exclusivos. Depois, discutimos como os protocolos baseados em *timestamp* podem ser usados em um ambiente distribuído.

23.3.5 Geração de *timestamps*

Existem dois métodos principais para gerar *timestamps* exclusivos: um centralizado e um distribuído. No esquema centralizado, um único nó distribui os *timestamps*. O nó pode usar um contador lógico ou seu próprio *clock* local para essa finalidade. Embora esse esquema seja fácil de implementar, uma falha no nó teria o potencial de bloquear todo o processamento de transações no sistema.

No esquema distribuído, cada nó gera um *timestamp* local exclusivo usando um contador lógico ou o *clock* local. Obtemos o *timestamp* global exclusivo concatenando o *timestamp* local exclusivo com o identificador do nó, que também precisa ser exclusivo (Figura 23.7). Se um nó possui vários *threads* sendo executados nele (como quase sempre acontece atualmente), um identificador de *thread* é concatenado com o identificador de nó para tornar o *timestamp* exclusivo. Além disso, consideramos que chamadas consecutivas para obter o *timestamp* local dentro de um nó/*thread* retornarão *timestamps* diferentes; se isso não for garantido pelo *clock* local, o valor do *timestamp* local retornado pode precisar ser incrementado, para garantir que duas chamadas não recebam o mesmo *timestamp* local.

A ordem de concatenação é importante! Usamos o identificador do nó na posição menos significativa para garantir que os *timestamps* globais gerados em um nó não sejam sempre maiores do que aqueles gerados em outro nó.

Ainda podemos ter problema se um nó gerar *timestamps* locais em velocidade mais rápida que a de outros nós. Nesse caso, o contador lógico do nó rápido será maior do que o dos outros nós. Portanto, todos os *timestamps* gerados pelo nó rápido serão maiores do que aqueles gerados pelos outros nós. O que precisamos é de um mecanismo para garantir que os *timestamps* locais sejam gerados de forma justa pelo sistema. Existem duas técnicas de solução para esse problema.

1. Mantenha os *clocks* sincronizados usando um protocolo de tempo da rede (*network time protocol*), que é um recurso padrão nos computadores atuais. O protocolo se comunica periodicamente com um servidor para descobrir a hora atual. Se a hora local estiver adiantada em relação à hora retornada pelo servidor, o *clock* local é atrasado, enquanto se a hora local estiver atrasada, ela é adiantada, para que o sincronismo retorne entre o servidor e o nó local. Como todos os nós estão aproximadamente sincronizados com o servidor, eles também estão aproximadamente sincronizados entre si.
2. Definimos dentro de cada nó N_i um **clock lógico** (CL_i), que gera o *timestamp* local exclusivo. O *clock* lógico pode ser implementado como um contador que é incrementado após um novo *timestamp* local ser gerado. Para garantir que os diversos *clocks* lógicos sejam sincronizados, exigimos que um nó N_i avance seu *clock* lógico sempre que uma transação T_i com *timestamp* <*x*, *y*> visitar esse nó e *x* for maior que o valor atual de CL_i. Nesse caso, o nó N_i avança seu relógio lógico para o valor $x + 1$. Desde que as mensagens sejam trocadas regularmente, os *clocks* lógicos estarão aproximadamente sincronizados.

23.3.6 Ordenação distribuída por *timestamp*

O protocolo de ordenação por *timestamp* pode ser facilmente estendido para um ambiente de banco de dados paralelo ou distribuído. Cada transação recebe um *timestamp* exclusivo no nó onde é originada. Solicitações enviadas para outros nós incluem o *timestamp* da transação. Cada nó controla os *timestamps* de leitura e escrita dos itens de dados naquele nó. Sempre que uma operação é recebida por um nó, ele realiza as verificações de *timestamp* que vimos na Seção 18.5.2, localmente, sem a necessidade de se comunicar com outros nós.

Os *timestamps* devem estar razoavelmente sincronizados entre os nós; caso contrário, o seguinte problema pode ocorrer. Suponha que um nó tenha uma hora significativamente atrasada em relação aos outros, e uma transação T_1 obtenha seu *timestamp* nesse nó n_1. Suponha que a transação T_1 falhe em um teste de *timestamp* sobre um item de dados d_i porque d_i foi atualizado por uma transação T_2 com um *timestamp* mais alto; T_1 seria reiniciada com um novo *timestamp*, mas se a hora no nó n_1 não estiver sincronizada, o novo *timestamp* ainda poderá ser velho o suficiente para causar falha no teste do *timestamp*, e T_1 seria reiniciado repetidamente até que a hora em n_1 seja maior que o *timestamp* de T_2.

Observe que, como no caso centralizado, se uma transação T_i lê um valor não confirmado escrito por outra transação T_j, T_i não pode ser confirmada até que T_j seja confirmada. Isso pode ser garantido ou fazendo com que as leituras esperem a confirmação de escritas não confirmadas, o que pode ser implementado por meio do bloqueio, ou introduzindo dependências de confirmação (*commit dependencies*), conforme

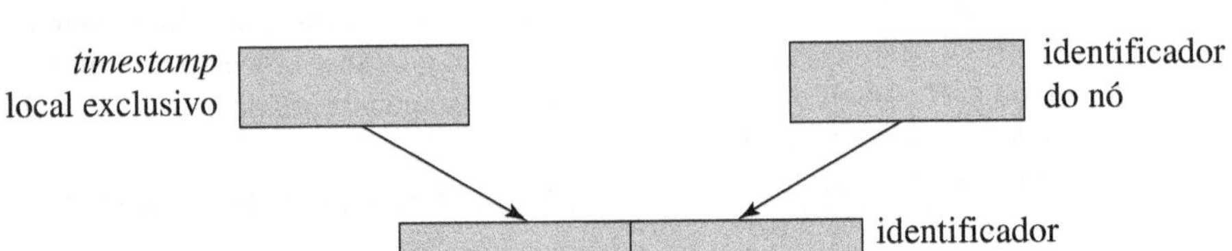

Figura 23.7 Geração de *timestamps* exclusivos.

discutimos na Seção 18.5. O tempo de espera pode ser agravado pelo tempo necessário para executar o protocolo 2PC, caso a transação execute atualizações em mais de um nó. Enquanto uma transação T_i estiver no estado preparado, suas escritas não serão confirmadas, de modo que qualquer transação com um *timestamp* mais alto que leia um item gravado por T_i será forçada a esperar.

Também observamos que o *protocolo de ordenação por timestamp* em multiversão (*multiversion timestamp ordering protocol*) pode ser usado localmente em cada nó, sem a necessidade de se comunicar com outros nós, de modo semelhante ao caso do protocolo de ordenação por *timestamp*.

23.3.7 Validação distribuída

Agora, vamos considerar o protocolo baseado em validação (também chamado de protocolo de controle de concorrência otimista) que vimos na Seção 18.6. O protocolo é baseado em três *timestamps*:

- O *timestamp* de início StartTS(T_i).
- O *timestamp* de validação, TS(T_i), que é usado como ordem de serializabilidade.
- O *timestamp* de término FinishTS(T_i), que identifica quando as escritas de uma transação foram concluídas.

Embora tenhamos visto uma versão serial do protocolo de validação na Seção 18.6, na qual apenas uma transação pode realizar a validação de cada vez, existem extensões ao protocolo para permitir que validações de várias transações ocorram simultaneamente, dentro de um único sistema.

Agora, vamos considerar como adaptar o protocolo a uma configuração distribuída.

1. A validação é feita localmente, em cada nó, com *timestamps* designados conforme descrito a seguir.
2. Em um configuração distribuída, o *timestamp* de validação TS(T_i) pode ser atribuído em qualquer um dos nós, mas o mesmo *timestamp* TS(T_i) deve ser usado em todos os nós em que a validação deve ser executada. As transações devem ser serializáveis com base em seus *timestamps* TS(T_i).
3. O teste de validação para uma transação T_i examina todas as transações T_j com TS(T_j) < TS(T_i), para verificar se T_j terminou antes do início do T_i ou se não possui conflitos com T_i. A suposição é que, uma vez que uma transação específica entre na fase de validação, nenhuma transação com um *timestamp* mais baixo poderá entrar na fase de validação. A suposição pode ser garantida em um sistema centralizado, atribuindo os *timestamps* em uma seção crítica, mas não pode ser garantida em uma configuração distribuída.

   Um problema importante na configuração distribuída é que uma transação T_j pode entrar na fase de validação após uma transação T_i, mas com TS(T_j) < TS(T_i). É muito tarde para que T_i seja validado contra T_j. No entanto, esse problema pode ser facilmente corrigido revertendo qualquer transação se, quando iniciar a validação em um nó, uma transação com um *timestamp* posterior já tiver iniciado a validação nesse nó.
4. Os *timestamps* de início e término são usados para identificar as transações T_j cujas escritas definitivamente seriam vistas por uma transação T_i. Esses *timestamps* devem ser atribuídos localmente em cada nó, e devem satisfazer StartTS(T_i) ≤ TS(T_i) ≤ FinishTS(T_i). Cada nó usa esses *timestamps* para executar a validação localmente.
5. Quando usada em conjunto com o protocolo 2PC, uma transação deve primeiro ser validada e depois entrar no estado preparado. As escritas não podem ser confirmadas no banco de dados até que a transação entre no estado confirmado no 2PC. Suponha que uma transação T_j leia um item atualizado por uma transação T_i que esteja no estado preparado e possa continuar usando o valor antigo do item de dados (pois o valor gerado por T_i ainda não foi gravado no banco de dados). Então, quando a transação T_j tentar validar, ela será serializada após o T_i e, certamente, falhará na validação se o T_i confirmar. Assim, a leitura feita por T_j também pode ser realizada até que T_i confirme e termine suas escritas. Esse comportamento é o mesmo que aconteceria com o bloqueio, com bloqueios de escrita adquiridos no momento da validação.

Embora as implementações completas de protocolos baseados em validação não sejam muito utilizadas em configurações distribuídas, o controle de concorrência otimista sem validação de leitura, que vimos na Seção 18.9.3, é bastante usado em configurações distribuídas. Lembre-se de que o esquema depende do armazenamento de um número de versão com cada item de dados, um recurso suportado por muitos armazenamentos de chave-valor.[1] Os números de versão são incrementados toda vez que o item de dados é atualizado.

A validação é realizada no momento da escrita do item de dados, que pode ser feita usando uma função testar e marcar (*test-and-set*) baseada nos números de versão, aceita por alguns armazenamentos de chave-valor. Essa função permite que uma atualização de um item de dados seja condicionada à versão atual do item de dados ser igual a um número de versão especificado. Se o número de versão atual do item de dados for mais recente que o número de versão especificado, a atualização não será executada. Por exemplo, uma transação que lê a versão 7 de um item de dados pode executar uma escrita, desde que a versão ainda esteja em 7. Se o item tiver sido atualizado enquanto isso, a versão atual não corresponderá e a escrita falhará; no entanto, se o número de versão ainda for 7, a escrita será realizada com sucesso, e o número de versão aumentado para 8.

A função testar e marcar (*test-and-set*) pode, portanto, ser usada pelas aplicações de modo a implementar a forma limitada de controle de concorrência baseado em validação, discutido na Seção 18.9.3, no nível de itens de dados individuais. Dessa forma, uma transação pode ler um valor de um item

[1]Observe que isso não é o mesmo que multiversionamento, pois apenas uma versão precisa ser armazenada.

de dados, executar o cálculo localmente e atualizar o item de dados no final, desde que o valor lido não seja alterado posteriormente. Essa técnica não garante a serializabilidade geral, mas evita a anomalia da atualização perdida.

O HBase suporta a operação testar e marcar com base na comparação de valores (de modo semelhante à operação de testar e marcar do *hardware*), chamada de checkAndPut(). Em vez de comparar com um número de versão gerado pelo sistema, a chamada de checkAndPut() pode passar uma coluna e um valor; a atualização será realizada somente se a linha tiver o valor especificado para a coluna especificada. A verificação e a atualização são realizadas atomicamente. Uma variante, checkAndMutate(), permite várias modificações em uma linha, como adicionar ou atualizar uma coluna, excluir uma coluna ou incrementar uma coluna, após verificar uma condição, como uma única operação atômica.

23.4 Replicação

Um dos objetivos no uso de bancos de dados distribuídos é a **alta disponibilidade**; ou seja, o banco de dados precisa funcionar quase todo o tempo. Em particular, como as falhas são mais prováveis em grandes sistemas distribuídos, um banco de dados distribuído precisa continuar funcionando mesmo quando existem vários tipos de falhas. A capacidade de continuar funcionando mesmo durante as falhas é conhecida como **robustez**.

Para que um sistema distribuído seja robusto, os dados precisam ser replicados, permitindo que sejam acessíveis mesmo se um nó contendo uma réplica dos dados falhar.

O sistema de banco de dados deve registrar os locais das réplicas de cada item de dados no catálogo do banco de dados. A replicação pode ser feita no nível de itens de dados individuais, quando o catálogo terá uma entrada para cada item de dados, registrando os nós nos quais cada item é replicado. Como alternativa, a replicação pode ser feita no nível de partições de uma relação, com uma partição inteira replicada em dois ou mais nós. O catálogo teria, então, uma entrada para cada partição, resultando em uma sobrecarga muito menor do que ter uma entrada para cada item de dados.

Nesta seção, primeiramente discutimos (na Seção 23.4.1) as questões envolvidas na consistência de valores entre as réplicas. Em seguida, abordamos (na Seção 23.4.2) como estender as técnicas de controle de concorrência para lidar com réplicas, ignorando a questão das falhas. Outras extensões das técnicas para lidar com falhas, mas modificando a forma como leituras e escritas são executadas, são descritas na Seção 23.4.3.

23.4.1 Consistência das réplicas

Dado que um item de dados (ou partição) é replicado, o ideal é que o sistema garanta que as cópias tenham o mesmo valor. Na prática, como alguns nós podem estar desconectados ou podem ter falhado, é impossível garantir que todas as cópias tenham o mesmo valor. Em vez disso, o sistema deve garantir que, mesmo que algumas réplicas não tenham o valor mais recente, as leituras de um item de dados possam ver o valor mais recente que foi escrito.

Mais formalmente, as implementações de operações de leitura e escrita nas réplicas de um item de dados devem seguir um protocolo que garanta a seguinte propriedade, chamada **linearizabilidade**: dado um conjunto de operações de leitura e escrita sobre um item de dados,

1. deve haver uma ordem linear das operações, de modo que cada leitura na ordem veja o valor definido pela escrita mais recente anterior à leitura (ou o valor inicial, se não houver essa escrita), e
2. se uma operação o_1 terminar antes do início de uma operação o_2 (com base no tempo externo), então o_1 deverá preceder o_2 na ordem linear.

Observe que a linearizabilidade aborda apenas o que acontece com um único item de dados, e é ortogonal à serializabilidade.

Primeiro, consideramos as técnicas que escrevem todas as cópias de um item de dados e discutimos suas limitações; em particular, para garantir a disponibilidade durante uma falha, os nós com falha precisam ser removidos do conjunto de réplicas, o que pode ser bastante complicado, conforme veremos.

Não é possível, em geral, diferenciar entre falha de nó e partição de rede. O sistema geralmente pode detectar que ocorreu uma falha, mas pode não ser capaz de identificar o tipo de falha. Por exemplo, suponha que o nó N_1 não possa se comunicar com N_2. Pode ser que o N_2 tenha falhado. No entanto, outra possibilidade é que o enlace entre N_1 e N_2 tenha falhado, resultando na partição de rede. O problema é resolvido parcialmente por meio de vários enlaces entre os nós, para que, mesmo que um enlace falhe, os nós continuem conectados. Porém, pode haver falhas em múltiplos enlaces, de modo que há situações em que não podemos ter certeza se ocorreu uma falha de nó ou partição de rede.

Há protocolos para acesso a dados que podem continuar funcionando ainda que alguns nós falhem, sem nenhuma ação explícita para lidar com as falhas, como veremos na Seção 23.4.3.1. Esses protocolos são baseados na garantia de que é possível ler/escrever na maioria dos nós. Com esses protocolos, ações para detectar nós com falha e removê-los do sistema podem ser executadas em segundo plano, e a (re)integração de nós novos ou recuperados no sistema também pode ser executada sem interrupção no processamento.

Embora os sistemas tradicionais de banco de dados valorizem a consistência, hoje, existem muitas aplicações que valorizam mais a disponibilidade do que a consistência. O projeto dos protocolos de replicação é diferente para esses sistemas e é discutido na Seção 23.6.

Em particular, uma das alternativas muito utilizadas para manter dados replicados é executar a atualização em uma cópia primária do item de dados e permitir que a transação seja confirmada sem atualizar as outras cópias. No entanto, a atualização é posteriormente propagada para as outras cópias. Essa propagação das atualizações, referida como *replicação assíncrona* ou *propagação preguiçosa das atualizações*, é discutida na Seção 23.6.2.

Uma desvantagem da replicação assíncrona é que as réplicas podem ficar desatualizadas por algum tempo após cada atualização. Outra desvantagem é que, se a cópia primária falhar após a confirmação de uma transação, mas antes que as atualizações sejam propagadas para as réplicas, as atualizações da transação confirmada podem não ser visíveis para as transações subsequentes, levando a uma inconsistência.

Por outro lado, um grande benefício da replicação assíncrona é que bloqueios exclusivos podem ser liberados assim que a transação é confirmada na cópia primária. No entanto, se outras réplicas precisarem ser atualizadas antes que a transação seja confirmada, pode haver um atraso significativo na confirmação da transação. Em particular, se os dados forem geograficamente replicados para garantir a disponibilidade, apesar da falha de um *datacenter* inteiro, o tempo de ida e volta da rede para um *datacenter* remoto poderá variar de dezenas de milissegundos para locais próximos, até centenas de milissegundos para *datacenters* do outro lado do mundo. Se uma transação mantiver um bloqueio sobre um item de dados por esse período, o número de transações que podem atualizar esse item de dados será limitado a aproximadamente dez a 100 transações por segundo. Para certas aplicações, por exemplo, dados do usuário em uma aplicação Web, dez a 100 transações por segundo para um único item de dados são suficientes. No entanto, para aplicações em que alguns itens de dados são atualizados por um grande número de transações a cada segundo, manter bloqueios por um período tão longo é inaceitável. A replicação assíncrona pode ser preferida nesses casos.

23.4.2 Controle de concorrência com réplicas

Nas Seções 23.4.2.1 a 23.4.2.4, discutimos várias formas alternativas de lidar com o bloqueio na presença de replicação de itens de dados.

Aqui, assumimos que as atualizações são feitas em todas as réplicas de um item de dados. Se algum nó que contém uma réplica de um item de dados falhar ou estiver desconectado dos outros nós, essa réplica não poderá ser atualizada. Discutimos como executar leituras e atualizações na presença de falhas posteriormente, na Seção 23.4.3.

23.4.2.1 Cópia primária

Quando um sistema usa a replicação de dados, podemos escolher uma das réplicas de um item de dados como **cópia primária**. Para cada item de dados Q, a cópia primária de Q precisa residir exatamente em um nó, que chamamos de **nó primário** de Q.

Quando uma transação precisa bloquear um item de dados Q, ela solicita um bloqueio no nó primário de Q. Como antes, a resposta à solicitação é adiada até que ela possa ser concedida. Assim, a cópia primária permite que o controle de concorrência para dados replicados seja tratado como o controle de concorrência para dados não replicados. Essa semelhança leva a uma implementação simples. Porém, se o nó primário de Q falhar, Q fica inacessível, embora outros nós contendo uma réplica possam ser acessíveis.

23.4.2.2 Protocolo da maioria

O **protocolo da maioria** (**majority protocol**) funciona desta maneira: se o item de dados Q for replicado em n diferentes nós, uma mensagem de solicitação de bloqueio precisa ser enviada a mais de metade dos n nós em que Q está armazenado. Cada gerenciador de bloqueio determina se o bloqueio pode ser concedido imediatamente (por parte dele). Como antes, a resposta é adiada até que a solicitação possa ser concedida. A transação não opera sobre Q até que tenha obtido com sucesso um bloqueio sobre a maioria das réplicas de Q.

Consideramos, por enquanto, que as escritas são realizadas sobre todas as réplicas, exigindo que todos os nós contendo réplicas estejam disponíveis. Porém, o principal benefício do protocolo da maioria é que ele pode ser estendido para lidar com falhas dos nós, como veremos na Seção 23.4.3.1. O protocolo também lida com dados replicados de maneira descentralizada, evitando, assim, as desvantagens do controle central. Porém, ele sofre com estas desvantagens:

- **Implementação**. O protocolo da maioria é mais complicado de implementar que os esquemas anteriores. Ele exige pelo menos $2(n/2 + 1)$ mensagens para tratar de solicitações de bloqueio (*lock*) e pelo menos $(n/2 + 1)$ mensagens para tratar de solicitações de desbloqueio (*unlock*).
- **Tratamento de impasse**. Além do problema de impasses globais em função do uso de uma técnica de gerenciador de bloqueio distribuído, é possível que um impasse ocorra mesmo que somente um item de dados esteja sendo bloqueado. Como ilustração, considere um sistema com quatro nós e replicação total. Suponha que as transações T_1 e T_2 queiram bloquear o item de dados Q no modo exclusivo. A transação T_1 pode ter sucesso no bloqueio de Q nos nós N_1 e N_3, enquanto a transação T_2 pode ter sucesso no bloqueio de Q nos nós N_2 e N_4. Cada um, então, precisa esperar para adquirir o terceiro bloqueio; logo, ocorreu um impasse. Felizmente, podemos evitar esses impasses com relativa facilidade, exigindo que todos os nós solicitem bloqueios sobre as réplicas de um item de dados usando uma mesma ordem predeterminada.

23.4.2.3 Protocolo tendencioso

O **protocolo tendencioso** (**biased protocol**) é outra técnica para lidar com a replicação. A diferença do protocolo da maioria é que as solicitações para bloqueios compartilhados recebem tratamento mais favorável do que as solicitações para bloqueios exclusivos.

- **Bloqueios compartilhados**. Quando uma transação precisa bloquear um item de dados Q, ela simplesmente solicita um bloqueio sobre Q a partir do gerenciador de bloqueio em um nó que contém uma réplica de Q.
- **Bloqueios exclusivos**. Quando uma transação precisa bloquear o item de dados Q, ela solicita um bloqueio sobre Q a partir do gerenciador de bloqueio em todos os nós que contêm uma réplica de Q.

Como antes, a resposta à solicitação é adiada até que possa ser concedida.

O esquema tendencioso tem a vantagem de impor menos sobrecarga sobre operações read do que o protocolo da maioria. Essa economia é especialmente significativa em casos comuns em que a frequência de read é muito maior do que a frequência de write. Porém, a sobrecarga adicional sobre escritas é uma desvantagem. Além do mais, o protocolo tendencioso (*biased protocol*) compartilha a desvantagem do protocolo da maioria (*majority protocol*), em se tratando da complexidade no tratamento de impasse.

23.4.2.4 Protocolo de consenso de quórum

O protocolo de **consenso de quórum** é uma generalização do protocolo da maioria. O protocolo de consenso de quórum atribui a cada nó um peso não negativo. Ele atribui dois inteiros às operações de leitura e escrita sobre um item x, chamados **quórum de leitura** Q_r e **quórum de escrita** Q_w, que precisam satisfazer a condição a seguir, em que S é o peso total de todos os nós em que x reside:

$$Q_r + Q_w > S \textbf{ and } 2 \times Q_w > S$$

Para executar uma operação de leitura, réplicas suficientes precisam ser bloqueadas para que seu peso total seja pelo menos Q_r. Para executar uma operação de escrita, réplicas suficientes precisam ser bloqueadas de modo que seu peso total seja pelo menos Q_w.

Um benefício da técnica de consenso de quórum é que ela pode permitir que o custo do bloqueio de leitura ou escrita seja reduzido seletivamente pela definição apropriada dos quóruns de leitura e escrita. Por exemplo, com um quórum de leitura pequeno, as leituras precisam obter menos bloqueios, mas o quórum de escrita será maior, daí as escritas precisarem obter mais bloqueios. Além disso, se pesos maiores forem dados a alguns nós (por exemplo, aqueles menos prováveis de falhar), menos nós precisarão ser acessados para adquirir bloqueios. De fato, definindo pesos e quóruns apropriadamente, o protocolo de consenso de quórum pode simular o protocolo da maioria e os protocolos tendenciosos.

Como o protocolo da maioria, o consenso de quórum pode ser estendido para funcionar mesmo na presença de falhas dos nós, como veremos na Seção 23.4.3.1.

23.4.3 Lidando com falhas

Considere o protocolo a seguir para lidar com dados replicados. As escritas precisam ser realizadas com sucesso em todas as réplicas de um item de dados. As leituras podem ler de qualquer réplica. Quando usado em conjunto com o bloqueio em duas fases, esse protocolo garantirá que as leituras vejam o valor mantido pela escrita mais recente no mesmo item de dados. Esse protocolo é chamado de **ler em uma, escrever em todas as cópias**, pois todas as réplicas precisam ser escritas, e qualquer réplica pode ser lida.

O problema com esse protocolo é o que fazer se algum nó estiver indisponível. Para permitir que o trabalho prossiga no caso de falhas, gostaríamos de poder usar um protocolo "ler em um, escrever em todos os disponíveis". Nessa técnica, uma operação de leitura prossegue como no esquema **ler em uma, escrever em todas**; qualquer réplica disponível pode ser lida, e um bloqueio de leitura é obtido nessa réplica. Uma operação de escrita é entregue a todas as réplicas, e bloqueios de escrita são adquiridos sobre todas as réplicas. Se um nó estiver parado, o gerenciador de transação prossegue sem esperar que o nó se recupere. Embora essa técnica pareça ser muito atraente, ela não garante a consistência de escritas e leituras. Por exemplo, uma falha de comunicação temporária pode fazer com que um nó pareça estar indisponível, resultando em uma escrita não sendo realizada; porém, quando o enlace é restaurado, o nó não está ciente de que precisa realizar algumas ações de reintegração para retomar as escritas que perdeu. Além disso, se a rede for particionada, cada partição pode prosseguir atualizando o mesmo item de dados, acreditando que os nós nas outras partições estão todos mortos.

23.4.3.1 Robustez usando o protocolo baseado na maioria

A técnica de controle de concorrência distribuído baseada na maioria, da Seção 23.4.2.2, pode ser modificada para atuar apesar das falhas. Nessa técnica, cada objeto de dado armazena consigo um número de versão para detectar quando foi escrito por último. Sempre que uma transação escreve um objeto, ela também atualiza o número de versão desta maneira:

- Se o objeto de dados a for replicado em n nós diferentes, uma mensagem de solicitação de bloqueio precisa ser enviada a mais de metade dos n nós em que a está armazenado. A transação nunca opera sobre a até que tenha obtido com sucesso um bloqueio sobre a maioria das réplicas de a.

  As atualizações feitas às réplicas podem ser confirmadas atomicamente usando o protocolo 2PC. (Por enquanto, consideramos que todas as réplicas que estavam acessíveis permanecem acessíveis até o *commit*, mas relaxamos esse requisito mais adiante nesta seção, onde também discutimos alternativas ao 2PC.)
- Operações de leitura examinam todas as réplicas em que um bloqueio foi obtido e leem o valor da réplica que tem o número de versão mais alto (opcionalmente, elas também podem escrever esse valor de volta às réplicas com números de versão menores). As escritas leem todas as réplicas, assim como as leituras, para encontrar o número de versão mais alto (essa etapa normalmente teria sido realizada antes na transação, por uma leitura, e o resultado pode ser reutilizado). O novo número de versão é um a mais que o número de versão mais alto. A operação de escrita escreve todas as réplicas sobre as quais obteve bloqueios e atribui o novo número de versão a todas as réplicas.

As falhas (sejam partições de rede ou falhas de nó) podem ser toleradas desde que (1) os nós disponíveis no *commit* contenham a maioria das réplicas de todos os objetos escritos e (2) durante as leituras, a maioria das réplicas seja lida para encontrar os números de versão. Se esses requisitos forem violados, a transação terá de ser abortada. Desde que os requisitos sejam satisfeitos, o protocolo de *commit* de duas fases pode ser usado, como sempre, nos nós que estão disponíveis.

Nesse esquema, a reintegração é trivial; nada precisa ser feito porque as escritas teriam atualizado a maioria das réplicas, enquanto as leituras lerão a maioria das réplicas e encontrarão pelo menos uma réplica que tem a versão mais recente.

No entanto, o protocolo da maioria usando números de versão possui algumas limitações, que podem ser evitadas por meio de extensões ou pelo uso de protocolos alternativos.

1. O primeiro problema é como lidar com a falha dos participantes durante uma execução do protocolo de *commit* de duas fases.

   Esse problema pode ser tratado por uma extensão do protocolo de *commit* de duas fases que permite que a confirmação ocorra mesmo se algumas réplicas não estiverem disponíveis, desde que a maioria das réplicas de uma partição confirme que elas estão no estado preparado. Quando os participantes se recuperam ou são reconectados ou descobrem que não possuem as atualizações mais recentes, precisam consultar outros nós para retomar as atualizações ausentes. As referências que contêm detalhes de tais soluções podem ser encontradas nas notas bibliográficas deste capítulo, disponíveis *on-line*.

2. O segundo problema é como lidar com a falha do coordenador durante uma execução do protocolo de *commit* de duas fases, o que pode levar ao problema de bloqueio. Os protocolos de consenso, estudados na Seção 23.8, fornecem uma maneira robusta de implementar o *commit* de duas fases sem o risco de bloquear, mesmo que o coordenador falhe, desde que a maioria dos nós esteja ativa e conectada, como veremos na Seção 23.8.5

3. O terceiro problema é que as leituras pagam um preço mais alto, tendo que entrar em contato com a maioria das cópias. Estudamos técnicas para reduzir a sobrecarga de leitura na Seção 23.4.3.2

23.4.3.2 Redução do custo de leitura

Uma técnica para lidar com esse problema é usar a ideia de quóruns de leitura e escrita do protocolo de consenso de quórum; as leituras podem feitas de um quórum de leitura menor, enquanto as escritas precisam ser feitas com sucesso em um quórum de escrita maior. Não há alterações na técnica de número de versão, descrita anteriormente. A desvantagem dessa técnica é que um quórum de escrita mais alto aumenta a chance de bloquear transações de atualização em razão de falha ou desconexão de nós. Como um caso especial de consenso de quórum, damos pesos unitários a todos os nós, definimos o quórum de leitura como um e o quórum de escrita como *n* (todos os nós). Isso corresponde ao protocolo "ler em uma, escrever em todas as cópias" que vimos anteriormente. Não há necessidade de usar números de versão com esse protocolo. No entanto, se um único nó contendo um item de dados falhar, nenhuma escrita poderá prosseguir sobre o item, pois o quórum de escrita não estará disponível.

Uma segunda abordagem é usar a técnica de cópia primária para controle de concorrência e forçar que todas as atualizações passem pela cópia primária. As leituras podem ser satisfeitas acessando apenas um nó, em contraste com os protocolos da maioria ou de consenso de quórum. No entanto, um problema com essa técnica é como lidar com as falhas. Se o nó da cópia primária falhar e outro nó for designado para atuar como a cópia primária, ele deverá garantir que tenha a versão mais recente de todos os itens de dados. Posteriormente, as leituras podem ser feitas na cópia primária, sem a necessidade de ler dados de outras cópias.

Essa técnica exige que haja, no máximo, um nó que possa atuar como cópia primária de cada vez, mesmo no caso de partições de rede. Isso pode ser assegurado usando concessões, como vimos anteriormente na Seção 23.7. Além disso, essa técnica exige um modo eficiente para o novo coordenador garantir que ele tenha a versão mais recente de todos os itens de dados. Isso pode ser feito com um *log* em cada nó e assegurando que os *logs* sejam consistentes entre si. Esse problema é, por si só, um processo não trivial, mas pode ser resolvido usando protocolos de consenso distribuídos que estudamos na Seção 23.8. O consenso distribuído usa internamente um esquema majoritário para garantir a consistência dos *logs*. Porém, se o consenso distribuído for usado para manter os *logs* sincronizados, não haverá necessidade de numeração de versão.

De fato, os protocolos de consenso oferecem um modo de implementar a replicação de dados tolerante a falhas, como veremos mais adiante na Seção 23.8.4. Atualmente, muitas implementações de sistemas de armazenamento tolerantes a falhas são criadas usando a replicação de dados tolerante a falhas com base em protocolos de consenso.

Existe uma variante do esquema de cópia primária, chamado protocolo de **replicação em cadeia**, onde as réplicas são ordenadas. Cada atualização é enviada para a primeira réplica, que a registra localmente e a encaminha para a próxima réplica, e assim por diante. A atualização é concluída quando a última réplica (final) recebe a atualização. As leituras devem ser executadas na réplica final, para garantir que apenas as atualizações que foram totalmente replicadas sejam lidas. Se um nó em uma cadeia de réplicas falhar, será necessária uma reconfiguração para atualizar a cadeia; além disso, o sistema deve garantir que todas as atualizações incompletas sejam concluídas antes de processar outras atualizações. Versões otimizadas do esquema de replicação em cadeia são usadas em vários sistemas de armazenamento. As referências que contêm mais detalhes sobre o protocolo de replicação em cadeia podem ser encontradas na seção de Leitura adicional, ao final do capítulo.

23.4.4 Reconfiguração e reintegração de nós

Embora os nós falhem, na maioria dos casos, eles logo se recuperam, e os protocolos descritos anteriormente podem garantir que eles recuperem as atualizações perdidas.

No entanto, em alguns casos, um nó pode falhar permanentemente. O sistema deve então ser **reconfigurado** para remover nós com falha e permitir que outros nós assumam as tarefas atribuídas ao nó que falhou. Além disso, o catálogo do banco de dados deve ser atualizado para remover o nó com falha da lista de réplicas de todos os itens de dados (ou partições de relação) que foram replicados nesse nó.

Como discutimos anteriormente, uma falha na rede pode resultar em um nó que parece ter falhado, mesmo que não tenha realmente falhado. É seguro remover esse nó da lista de réplicas; as leituras não serão mais roteadas para o nó, mesmo que ele possa estar acessível, mas isso não causará problemas de consistência.

Se um nó com falha for removido do sistema e, eventualmente, se recuperar, ele deverá ser **reintegrado** ao sistema. Quando um nó com falha se recupera, se mantiver réplicas de qualquer partição ou item de dados, deverá obter os valores atuais desses itens de dados que ele armazena. O *log* de recuperação do banco de dados em um nó ativo pode ser usado para encontrar e executar todas as atualizações que ocorreram quando o nó estava inoperante.

A reintegração de um nó é mais complicada do que parece à primeira vista, pois pode haver atualizações nos itens de dados processados durante o tempo em que o nó está se recuperando. O *log* de recuperação do banco de dados em um nó ativo é usado para recuperar os valores mais recentes de todos os itens de dados no nó. Depois de recuperar o valor atual de todos os itens de dados, o nó deve ser adicionado novamente à lista de réplicas das partições/itens de dados relevantes, a fim de receber todas as atualizações futuras. Obtêm-se bloqueios sobre as partições/itens de dados, as atualizações até esse ponto são aplicadas a partir do *log* e o nó é adicionado à lista de réplicas das partições ou itens de dados antes que os bloqueios sejam liberados. As atualizações subsequentes serão aplicadas diretamente ao nó, pois ele já estará novamente na lista de réplicas.

A reintegração é muito mais fácil com o protocolo baseado na maioria, explicado na Seção 23.4.3.1, pois esse protocolo pode tolerar nós com dados desatualizados. Nesse caso, um nó pode ser reintegrado mesmo antes de recuperar as atualizações, e o nó pode recuperar as atualizações perdidas posteriormente.

A reconfiguração conta com o fato de que os nós possuem uma versão atualizada do catálogo que registra quais partições de tabela (ou itens de dados) são replicadas em quais nós; portanto, em um sistema, as informações devem ser consistentes em todos os nós. As informações de replicação no catálogo poderiam ser armazenadas centralmente e consultadas em cada acesso, mas esse projeto não seria escalável, pois o nó central, além de consultado com muita frequência, seria sobrecarregado. Para evitar esse gargalo, o próprio catálogo precisa ser particionado, e pode ser replicado, por exemplo, usando o protocolo da maioria.

23.5 Protocolos estendidos de controle de concorrência

Nesta seção, descrevemos outras extensões dos protocolos de controle de concorrência distribuídos. Primeiro, consideramos o 2PL em multiversão e como ele pode ser estendido para obter *timestamps* globalmente consistentes, na Seção 23.5.1. Extensões de isolamento de *snapshot* para ambientes distribuídos são descritas na Seção 23.5.2. Questões de controle de concorrência em bancos de dados distribuídos heterogêneos, em que cada nó pode ter sua própria técnica de controle de concorrência, são descritos na Seção 23.5.3.

23.5.1 2PL em multiversão e *timestamps* globalmente consistentes

O protocolo de bloqueio em duas fases em multiversão (MV2PL), descrito na Seção 18.7.2, combina os benefícios de transações somente leitura sem bloqueio com as garantias de serializabilidade do bloqueio em duas fases. As transações somente leitura veem um *snapshot* (instantâneo) em determinado momento, enquanto as transações de atualização usam o bloqueio em duas fases, mas criam novas versões de cada item de dados que elas atualizam. Lembre-se de que, com esse protocolo, cada transação T_i obtém um *timestamp* exclusivo CommitTS (T_i) (que pode ser um contador, em vez da hora verdadeira) no momento da confirmação. A transação define como CommitTS(T_i) o *timestamp* de todos os itens atualizados por ela. Somente uma transação executa a confirmação em determinado momento; isso garante que, quando T_i confirmar, uma transação T_j somente leitura, cujo StartTS(T_j) esteja definido como CommitTS(T_i), verá valores confirmados de todas as versões com *timestamp* $\leq$ CommitTS(T_i).

O MV2PL pode ser estendido para atuar em um ambiente distribuído com um coordenador central, que atribui *timestamps* de início e confirmação e garante que apenas uma transação possa executar a confirmação em determinado momento. No entanto, o uso de um coordenador central limita a escalabilidade em um sistema de armazenamento de dados maciçamente paralelo.

O sistema de armazenamento de dados do Google Spanner foi pioneiro em uma versão do sistema MV2PL que é escalável e usa *timestamps* com base na hora verdadeira do *clock*. Estudamos a implementação do MV2PL Spanner no restante desta seção.

Suponha que cada nó tenha um *clock* perfeitamente preciso e que o processamento da confirmação possa ocorrer instantaneamente, sem atraso entre o início da confirmação e sua conclusão. Então, quando uma transação deseja confirmar, ela obtém um *timestamp* de confirmação apenas lendo o *clock* em qualquer nó a qualquer momento após obter todos os bloqueios, mas antes de liberar qualquer bloqueio. Todas as versões do item de dados criadas pela transação usam esse *timestamp* de confirmação. As transações podem ser serializadas por esse *timestamp* de confirmação. Transações somente leitura simplesmente leem o *clock* quando são iniciadas e o usam para obter um instantâneo do banco de dados correspondente ao seu horário de início.

Se os *clocks* forem perfeitamente precisos e o processamento de confirmação for instantâneo, esse protocolo poderá ser usado para implementar o MV2PL sem nenhuma coordenação central, tornando-o bastante escalável.

Infelizmente, no mundo real, essas suposições não são válidas, o que pode levar aos seguintes problemas:

1. Os *clocks* nunca são perfeitamente precisos, e o *clock* em cada nó pode ser um pouco mais rápido ou um pouco mais lento em comparação com outros *clocks*.

   Assim, é possível ter a seguinte situação. Duas transações de atualização, T_1 e T_2, escrevem um item de dados x, com T_1 escrevendo primeiro, seguido por T_2, mas T_2 pode acabar ficando com um *timestamp* de confirmação mais baixo, pois recebeu o *timestamp* em um nó diferente de T_1. Essa situação não é consistente com a ordem de serialização de T_1 e T_2, e não pode acontecer com o MV2PL em um ambiente centralizado.

2. O processamento da confirmação leva tempo, o que pode fazer com que as transações somente leitura percam as atualizações, se o protocolo não for cuidadosamente projetado. Considere a seguinte situação. Uma transação somente leitura T_1 com *timestamp* inicial t_1 lê o item de dados x no nó N_1; é possível que, logo após a leitura, outra transação T_2 com CommitTS(T_2) $\leq t_1$ (que obteve o *timestamp* de confirmação em um nó diferente N_2) possa ainda executar uma escrita em x. Então, T_1 deveria ter lido o valor escrito por T_2, mas não o viu.

Para lidar com o primeiro problema, ou seja, a falta de sincronização de *clocks*, o Spanner usa as seguintes técnicas.

- O Spanner possui alguns *clocks* atômicos muito precisos em cada *datacenter* e usa a hora que eles fornecem, juntamente com informações de tempo dos satélites do sistema de posicionamento global (GPS), que fornece informações de tempo muito precisas, para obter uma estimativa muito boa da hora em cada nó. Usamos o termo *hora verdadeira* para nos referir à hora que seria dada por um *clock* absolutamente preciso.

  Cada nó se comunica periodicamente com os servidores de hora para sincronizar seu *clock*; se o *clock* for mais rápido, ele é (logicamente) atrasado e, se for mais lento, é adiantado para a hora do servidor. Entre as sincronizações, o *clock* local continua a funcionar, avançando a hora local. Um *clock* que marca mais devagar ou mais rápido que a velocidade correta resulta em uma hora local no nó que fica progressivamente atrasada ou adiantada em relação à hora verdadeira.

- A segunda técnica-chave é medir o desvio do *clock* local toda vez que o nó é sincronizado com um servidor de hora e usá-lo para estimar a taxa na qual o *clock* local perde ou ganha tempo. Usando essas informações, o sistema Spanner mantém um valor – tal que, se a hora do *clock* local for t', a hora verdadeira t será delimitada por $t' - \epsilon \leq t \leq t' + \epsilon$. O sistema Spanner é capaz de manter o valor da incerteza – em menos de 10 ms. A API TrueTime usada pelo Spanner permite que o sistema obtenha o valor da hora atual, juntamente com um limite superior para a incerteza no valor da hora.

- A próxima parte da solução é uma ideia chamada **espera de confirmação**. A ideia é a seguinte: depois que todos os bloqueios foram adquiridos em todos os nós, a hora local t' é lida no nó do coordenador. Gostaríamos de usar a hora verdadeira como *timestamp*, mas não temos o valor exato. Em vez disso, o valor mais alto possível da hora verdadeira, ou seja, $t' + \epsilon$, é usado como um *timestamp* de confirmação, t_c. A transação então aguarda, *enquanto mantém os bloqueios*, até ter certeza de que a hora verdadeira t é $\geq t_c$; isso requer apenas a espera de um intervalo de tempo 2€, calculado conforme descrito anteriormente.

  O que a espera de confirmação garante é que, se uma transação T_1 tiver um *timestamp* de confirmação t_c, na hora verdadeira t_c, todos os bloqueios estarão mantidos por T_1.

- Com isso, se uma versão x_t de um item de dados x tiver um *timestamp* t, podemos dizer que esse era realmente o valor de x na hora verdadeira t. Isso nos permite definir um *snapshot* do banco de dados em um momento t, contendo as versões mais recentes de todos os itens de dados na hora t. Diz-se que um sistema de banco de dados fornece **consistência externa** se a ordem de serialização for consistente com a ordem da hora verdadeira na qual as transações são confirmadas. O Spanner garante consistência externa, assegurando que os *timestamps* usados para definir a ordem de serialização da transação correspondam à hora verdadeira em que as transações são confirmadas.

- Um último problema é que o processamento da confirmação da transação leva tempo (principalmente quando o 2PC é usado). Enquanto uma transação com *timestamp* de confirmação t está sendo confirmada, uma leitura de x por uma transação somente leitura com *timestamp* $t_1 \geq t$ pode não ver a versão x_t, porque o *timestamp* ainda não foi propagado para o nó que contém o item de dados x, ou a transação está no estado preparado.

  Para lidar com esse problema, as leituras que solicitam um *snapshot* a partir da hora t_1 devem aguardar até o sistema ter certeza de que nenhuma transação com *timestamp* $\leq t_1$ ainda esteja em processo de confirmação. Se uma transação com *timestamp* $t \leq t_1$ estiver atualmente na fase preparada do 2PC e não tivermos certeza se ela confirmará ou abortará, uma leitura com *timestamp* t_1 terá que esperar até conhecermos o estado de confirmação final da transação.

  As transações somente leitura podem receber um *timestamp* um pouco mais cedo, para garantir que não precisem esperar; a desvantagem aqui é que, para evitar a espera, a transação pode não ver a versão mais recente de alguns itens de dados.

23.5.2 Isolamento de *snapshot* distribuído

Como o isolamento de *snapshot* é muito utilizado, estendê-lo para funcionar em um ambiente distribuído é de significativa importância prática. Lembre-se de que, como vimos na Seção 18.8, embora o isolamento de *sanpshot* não garanta a serializabilidade, ele evita várias anomalias de concorrência.

Se cada nó implementar o isolamento de *snapshot* de forma independente, os *schedules* resultantes poderão ter anomalias que não podem ocorrer em um sistema centralizado. Por exemplo, suponha que duas transações, T_1 e T_2, sejam executadas simultaneamente no nó N_1, em que T_1 escreve em x e T_2 lê x; portanto, T_2 não veria atualizações feitas por T_1 em x. Suponha também que T_1 atualize um item de dados y no nó N_2 e confirme, e em seguida T_2 leia y no nó N_2. Então T_2 veria o valor de y atualizado por T_1 em N_2, mas não veria a atualização de T_1 para x em N_1. Essa situação nunca poderia ocorrer ao usar o isolamento de *snapshot* em um único nó. Portanto, simplesmente depender da imposição local do isolamento de *snapshot* em cada nó não é suficiente para impor o isolamento de *snapshot* entre os nós.

Vários protocolos alternativos de isolamento de *snapshot* distribuídos foram propostos na literatura. Como os protocolos são um pouco complicados, omitimos os detalhes, mas referências com mais detalhes podem ser encontradas nas notas bibliográficas deste capítulo, disponíveis *on-line*. Alguns desses protocolos permitem que transações locais em cada nó sejam executadas sem nenhuma etapa de coordenação global; um custo extra é pago apenas por transações globais, ou seja, transações executadas em mais de um nó. Esses protocolos foram prototipados em vários bancos de dados/sistemas de armazenamento de dados, como SAP HANA e HBase.

Tem havido algum trabalho na extensão de protocolos de isolamento de *snapshot* distribuídos para torná-los serializáveis. As técnicas exploradas incluem a inclusão de verificações de *timestamp* semelhantes à ordenação por *timestamp*, a criação de um grafo de dependência de transações em um servidor central e a verificação de ciclos no grafo, entre outras abordagens.

23.5.3 Controle de concorrência em sistemas federados de banco de dados (multibanco de dados)

Conforme visto na Seção 20.5, lembre-se de que, em muitos casos, um banco de dados distribuído deve ser construído vinculando vários sistemas de banco de dados já existentes, cada um com seu próprio esquema e, possivelmente, executando diferentes *softwares* de gerenciamento de banco de dados. Esses sistemas são chamados de *sistemas federados de banco de dados* (*federated database systems*) *sistemas de multibanco de dados* ou *sistemas de banco de dados heterogêneos distribuídos*, e constituem uma camada de *software* sobre os sistemas de banco de dados existentes. As transações em um multibanco de dados podem ser classificadas da seguinte maneira:

1. **Transações locais**. Essas transações são executadas por cada sistema de banco de dados local fora do controle do sistema de multibanco de dados.
2. **Transações globais.** Essas transações são executadas sob o controle do sistema de multibanco de dados.

O sistema de multibanco de dados conhece o fato de que as transações locais podem ser executadas nos nós locais, mas não sabe quais transações específicas estão sendo executadas ou quais dados elas podem acessar.

Garantir a autonomia local de cada sistema de banco de dados exige que nenhuma mudança seja feita em seu *software*. Um sistema de banco de dados em um nó, portanto, não é capaz de se comunicar diretamente com um sistema em qualquer outro nó para sincronizar a execução de uma transação global ativa em vários nós.

Como o sistema de multibanco de dados não tem controle sobre a execução de transações locais, cada sistema local precisa usar um esquema de controle de concorrência (por exemplo, o bloqueio em duas fases ou *timestamping*) para garantir que seu *schedule* é serializável. Além disso, em caso de bloqueio, o sistema local precisa ser capaz de proteger contra a possibilidade de impasses locais.

A garantia de serializabilidade local não é suficiente para garantir a serializabilidade global. Como ilustração, considere duas transações globais T_1 e T_2, cada uma acessando e atualizando dois itens de dados, A e B, localizados nos nós N_1 e N_2, respectivamente. Suponha que os *schedules* locais sejam serializáveis. Ainda é possível ter uma situação em que, no nó N_1, T_2 venha após T_1, enquanto, em N_2, T_1 venha após T_2, resultando em um *schedule* global não serializável. De fato, mesmo que não haja concorrência entre transações globais (ou seja, uma transação global é submetida apenas após a anterior ser confirmada ou abortada), a serializabilidade local não é suficiente para garantir a serializabilidade global (veja o Exercício prático 23.11).

Dependendo da implementação dos sistemas de banco de dados locais, uma transação global pode não ser capaz de controlar o comportamento de bloqueio exato de suas subtransações locais. Assim, mesmo que todos os sistemas de banco de dados locais sigam o bloqueio em duas fases, pode ser possível apenas garantir que cada transação local siga as regras do protocolo. Por exemplo, um sistema de banco de dados local pode confirmar sua subtransação e liberar bloqueios, enquanto a subtransação em outro sistema local ainda está executando. Se os sistemas locais permitirem o controle do comportamento de bloqueio e todos os sistemas seguirem o bloqueio em duas fases, o sistema de multibanco de dados pode garantir que as transações globais sejam bloqueadas em duas fases, e os pontos de bloqueio das transações em conflito definiriam sua ordem de serialização global. Entretanto, se diferentes sistemas locais seguirem diferentes mecanismos de controle de concorrência, esse tipo direto do controle global não funcionará.

Existem muitos protocolos para garantir a consistência, apesar da execução concorrente de transações globais e locais em sistemas de multibanco de dados. Alguns são baseados na imposição de condições suficientes para garantir a serializabilidade global. Outros garantem apenas uma forma de consistência mais fraca do que a serializabilidade, mas alcançam essa consistência por meios menos restritivos.

Existem diversos esquemas para garantir a serializabilidade global em um ambiente onde as transações de atualização, bem como as transações somente de leitura, podem ser executadas. Vários desses esquemas são baseados na ideia de um **ticket**. Um item de dados especial, chamado de *ticket*, é criado em cada sistema de banco de dados local. Cada transação global que acessa dados em um nó precisa escrever o *ticket* nesse nó. Esse requisito garante que as transações globais entrem em conflito diretamente em cada nó que elas visitam. Além do mais, o gerenciador de transação global pode controlar a ordem em que as transações globais são serializadas, controlando a ordem em que os *tickets* são acessados. As referências a esses esquemas aparecem nas notas bibliográficas deste capítulo, disponíveis *on-line*.

23.6 Replicação com graus de consistência fracos

Os protocolos de replicação que vimos até agora garantem consistência, mesmo se houver falhas de nó e de rede. No entanto, esses protocolos possuem alto custo e, além disso, podem bloquear se um número significativo de nós falhar ou se desconectar em função de uma partição de rede. Ademais, no caso de uma partição de rede, um nó que não esteja na partição majoritária não apenas seria incapaz de realizar escritas, mas também seria incapaz de realizar até mesmo leituras.

Muitas aplicações desejam ter maior disponibilidade, mesmo ao custo de diferentes níveis de consistência. Nesta seção, estudamos os compromissos (*trade-offs*) entre consistência e disponibilidade.

23.6.1 Trocando consistência por disponibilidade

Os protocolos que vimos até aqui exigem que uma maioria (ponderada) de nós esteja em uma partição para que as atualizações prossigam. Os nós que estão na partição da minoria não podem processar atualizações; se uma falha na rede resultar em mais de duas partições, nenhuma partição poderá ter uma maioria de nós. Sob tal situação, o sistema estaria completamente indisponível para atualizações e, dependendo do quórum de leitura, pode até mesmo se tornar indisponível para leituras. O protocolo "escrever em todos os disponíveis", que vimos anteriormente, oferece disponibilidade, mas não consistência.

O ideal é que tivéssemos consistência e disponibilidade, mesmo havendo partições. Infelizmente, isso não é possível, um fato evidenciado no chamado **teorema CAP**, que declara que qualquer banco de dados distribuído pode ter, no máximo, duas das seguintes propriedades:

- Consistência (*consistency*).
- Disponibilidade (*availability*).
- Tolerância à partição (*partition-tolerance*).

A prova do teorema CAP usa a seguinte definição de consistência, com dados replicados: uma execução de um conjunto de operações (leituras e escritas) sobre dados replicados é considerada **consistente** se seu resultado for o mesmo se as operações fossem executadas em um único nó, em alguma ordem sequencial e consistente com a ordenação das operações emitidas por cada processo (transação). A noção de consistência é semelhante à atomicidade das transações, mas com cada operação tratada como uma transação, e é mais fraca do que a propriedade de atomicidade das transações.

Em qualquer sistema distribuído em grande escala, as partições não podem ser impedidas e, como resultado, a disponibilidade ou a consistência precisa ser sacrificada. Os esquemas que vimos anteriormente sacrificam a disponibilidade pela consistência em caso de haver partições.

Considere um sistema de rede social baseado na Web, que replica seus dados em três servidores e no qual ocorre uma partição de rede, impedindo que os servidores se comuniquem entre si. Como nenhuma das partições tem a maioria, não seria possível executar atualizações sobre qualquer uma das partições. Se um desses servidores estiver na mesma partição de um usuário, o usuário realmente terá acesso aos dados, mas será incapaz de atualizar os dados, pois outro usuário pode estar simultaneamente atualizando o mesmo objeto em outra partição, o que, potencialmente, pode causar inconsistência. A inconsistência não é um risco tão grande em um sistema de rede social quanto em um banco de dados financeiro. Um projetista de tal sistema pode decidir que um usuário que pode acessar o sistema deve ter permissão para realizar atualizações em quaisquer réplicas que estejam acessíveis, mesmo com o risco de inconsistência.

Ao contrário de sistemas como bancos de dados financeiros, que exigem as propriedades ACID, considera-se que sistemas como o sistema de rede social, mencionado anteriormente, exigem as propriedades **BASE**:

- Basicamente disponível.
- *Soft state*.
- Eventualmente consistente.

O principal requisito é a disponibilidade, mesmo que isso impeça a consistência. As atualizações deverão ser permitidas, mesmo no caso de particionamento, seguindo por exemplo o protocolo de "escrever em todos os disponíveis" (que é semelhante à replicação multimestre descrita na Seção 23.6). O *soft state* refere-se à propriedade de que o estado do banco de dados pode não ser definido com precisão, com cada réplica possivelmente tendo um estado um pouco diferente, em razão do particionamento da rede. Eventualmente consistente é o requisito de que, quando um particionamento é resolvido, eventualmente todas as réplicas se tornarão consistentes entre si.

Esta última etapa requer que sejam identificadas cópias inconsistentes dos itens de dados; se uma for uma versão anterior da outra, a versão mais antiga pode ser substituída pela versão mais recente. Porém, é possível que as duas cópias sejam o resultado de atualizações independentes em uma cópia básica comum. Um esquema para detectar essas atualizações inconsistentes, chamado esquema de vetor de versão, é descrito na Seção 23.6.4.

Restaurar a consistência em face de atualizações inconsistentes exige que as atualizações sejam mescladas de alguma maneira significativa para a aplicação. Discutimos as possíveis soluções para a solução de atualizações conflitantes na Seção 23.6.5.

Em geral, nenhum projetista de sistemas deseja lidar com a possibilidade de atualizações inconsistentes e os problemas resultantes relacionados à detecção e à solução de tais inconsistências. Sempre que possível, o sistema deve ser mantido consistente. Atualizações inconsistentes são permitidas apenas quando um nó é desconectado da rede, e assim mesmo em aplicações que possam tolerar inconsistências.

Alguns armazenamentos de chave-valor, como Apache Cassandra e MongoDB, permitem que uma aplicação especifique quantas réplicas precisam estar acessíveis para executar uma operação de escrita ou leitura. Desde que a maioria das réplicas esteja acessível, não há problema com a consistência das escritas. No entanto, se a aplicação definir o número necessário em menos que a maioria, e muitas réplicas estiverem inacessíveis, as atualizações poderão continuar; porém, há o risco de atualizações inconsistentes, que precisam ser resolvidas posteriormente.

Para aplicações em que a inconsistência pode causar problemas significativos ou é mais difícil de resolver, os projetistas de sistemas preferem criar sistemas tolerantes a falhas usando replicação e consenso distribuído, que evitam inconsistências, mesmo ao custo de uma possível indisponibilidade.

23.6.2 Replicação assíncrona

Muitos sistemas de banco de dados relacionais admitem a replicação com consistência fraca, que pode assumir uma de várias formas.

Com a **replicação assíncrona**, o banco de dados permite atualizações em um nó *primário* (também conhecido como nó **mestre**) e propaga atualizações para réplicas em outros nós posteriormente; a transação que executa a atualização pode confirmar, uma vez que a atualização é executada no nó primário, mesmo antes que as réplicas sejam atualizadas. A propagação de atualizações após a confirmação também é chamada de **propagação preguiçosa** (*lazy*). Por outro lado, o termo **replicação síncrona** refere-se ao caso em que as atualizações são propagadas para outras réplicas como parte de uma única transação.

Com a replicação assíncrona, o sistema deve garantir que, uma vez confirmada a transação no nó primário, as atualizações sejam propagadas para todas as réplicas, mesmo se houver falhas no sistema enquanto isso. Mais adiante nesta seção, veremos como essa propriedade é garantida usando mensagens persistentes.

Como a propagação de atualizações é feita de forma assíncrona, uma leitura em uma réplica pode não obter a versão mais recente de um item de dados. A propagação assíncrona de atualizações geralmente é usada para permitir que as transações de atualização sejam confirmadas rapidamente, mesmo ao custo da consistência. Um projetista de sistemas pode optar por usar réplicas apenas para tolerância a falhas. No entanto, se a réplica estiver disponível em uma máquina local ou em outra máquina que possa ser acessada com baixa latência, pode ser muito menos dispendioso ler o item de dados na réplica em vez de lê-lo do nó primário, desde que a aplicação esteja disposta a aceitar valores de dados potencialmente obsoletos.

Os sistemas de armazenamento de dados baseados na replicação assíncrona podem permitir que os itens de dados tenham versões, com *timestamps* associados. Uma transação pode, então, solicitar uma versão com o tempo de atualização que for necessário, por exemplo, não mais de dez minutos. Se uma réplica local tiver uma versão do item de dados que atenda ao critério de atualização, ela poderá ser usada; caso contrário, a leitura poderá ter que ser enviada para o nó primário.

Considere, por exemplo, um *site* de reservas de companhias aéreas que mostre os preços para várias opções de voo. Os preços podem variar com frequência, e o sistema não garante que um usuário possa efetivamente reservar um bilhete pelo preço mostrado inicialmente. Portanto, é aceitável mostrar um preço com alguns minutos desde a última atualização. A replicação assíncrona é uma boa solução para essa aplicação: os dados de preços podem ser replicados para um grande número de servidores, que compartilham a carga das consultas de usuários; e os dados de preço são atualizados em um nó primário e replicados de forma assíncrona para todas as outras réplicas.

Os esquemas de controle de concorrência multiversão podem ser usados para fornecer um *snapshot* do banco de dados *consistente com a transação*, para as transações somente leitura que são executadas em uma réplica; isto é, a transação deve ver todas as atualizações de todas as transações até alguma transação na ordem de serialização e não deve ver nenhuma atualização de transações posterior na ordem de serialização. O esquema 2PL multiversão, descrito na Seção 23.5.1, pode ser estendido para permitir que uma transação somente leitura acesse uma réplica que pode não ter versões atualizadas de alguns itens de dados, mas ainda assim obter uma visão de *snapshot* do banco de dados consistente com a transação. Para fazer isso, as réplicas devem saber qual é o *timestamp* t_{safe} mais recente, para que tenham recebido todas as atualizações com *timestamp* de confirmação antes de t. Qualquer leitura de um *snapshot* com *timestamp* $t < t_{safe}$ pode ser processada por essa réplica. Esse esquema é usado no banco de dados Google Spanner.

A replicação assíncrona é usada em bancos de dados tradicionais (centralizados) para criar uma ou mais réplicas do banco de dados, sobre as quais grandes consultas podem ser executadas, sem interferir nas transações em execução em um nó primário. Essa replicação é chamada de **replicação mestre-escravo**, pois as réplicas não podem executar atualização alguma por si mesmas, mas só devem executar atualizações solicitadas pelo nó mestre.

Nesses sistemas, a propagação assíncrona de atualizações geralmente é feita de maneira contínua, para minimizar os atrasos até que uma atualização seja vista em uma réplica. No entanto, em *data warehouses*, as atualizações podem ser propagadas periodicamente – todas as noites, por exemplo – para que a propagação da atualização não interfira no processamento de consultas.

Alguns sistemas de banco de dados admitem **replicação multimestre** (também chamada de **replicação atualizar em todo lugar**); atualizações são permitidas sobre qualquer réplica de um item de dados e propagadas para todas as réplicas de forma síncrona (usando o *commit* de duas fases) ou de forma assíncrona.

A replicação assíncrona também é utilizada em alguns sistemas de armazenamento distribuídos. Esses sistemas particionam dados, como vimos anteriormente, mas replicam cada partição. Há um nó primário para cada partição, e as atualizações geralmente são enviadas para o nó primário, que confirma as atualizações localmente e as propaga de forma assíncrona para as outras réplicas da partição. Alguns sistemas, como o PNUTS, permitem que cada item de dados de uma partição especifique qual nó deve atuar como o nó primário desse item de dados; esse nó é responsável por confirmar as atualizações no item de dados e propagar a atualização para as outras réplicas. A motivação é permitir que um nó geograficamente próximo a um usuário atue como o nó primário para os itens de dados correspondentes a esse usuário.

Em qualquer sistema que aceite a propagação assíncrona de atualizações, é importante que, quando uma atualização é confirmada no nó primário, ela seja definitivamente entregue às outras réplicas. Se houver várias atualizações em um nó primário, elas deverão ser entregues na mesma ordem para as réplicas; a entrega fora de ordem pode fazer com que uma atualização anterior chegue atrasada e sobrescreva uma atualização posterior.

As *mensagens persistentes*, que vimos na Seção 23.2.3, oferecem entrega garantida de mensagens e são muito utilizadas para replicação assíncrona. As técnicas de implementação de mensagens persistentes descritas naquela seção podem ser facilmente modificadas para garantir que as mensagens sejam entregues na ordem em que foram enviadas. Com mensagens persistentes, cada nó primário precisa estar ciente do local de todas as réplicas.

Os *sistemas publicar-assinar* (*publish-subscribe systems*), que vimos na Seção 22.8.1, oferecem um modo mais flexível de garantir a entrega confiável de mensagens. Lembre-se de que os sistemas publicar-assinar permitem que as mensagens sejam publicadas com um tópico associado, e os assinantes possam assinar qualquer tópico desejado. Para implementar a replicação assíncrona, é criado um tópico correspondente a cada partição. Todas as réplicas de uma partição assinam o tópico correspondente à partição. Qualquer atualização (incluindo inserções, exclusões e atualizações de itens de dados) em uma partição é publicada como uma mensagem com o tópico correspondente à partição. O sistema publicar-assinar garante que, uma vez publicada, essa mensagem será entregue a todos os assinantes na ordem em que foi publicada.

Os sistemas publicar-assinar projetados para sistemas paralelos, como o sistema Apache Kafka ou o serviço Message Bus do Yahoo usado para replicação assíncrona no sistema distribuído de armazenamento de dados PNUTS, permitem um grande número de tópicos e usam vários servidores para lidar com mensagens para diferentes tópicos em paralelo. Assim, a replicação assíncrona pode ser escalável.

A *tolerância a falhas* constitui um problema no contexto da propagação assíncrona de atualizações. Se um nó primário falhar, um novo nó deverá assumir o controle como primário; isso pode ser feito usando um algoritmo de eleição, como vimos anteriormente, ou fazendo com que um nó mestre (que é ele mesmo escolhido por eleição) decida qual nó assume o trabalho de um nó primário que falhou.

Considere o que acontece se uma cópia primária registra uma atualização, mas falha antes que a atualização seja enviada para as réplicas. O novo nó primário não tem como descobrir qual foi a última atualização confirmada na cópia primária. Ele pode esperar a recuperação do primário, o que é inaceitável, ou pode continuar sem saber quais atualizações foram confirmadas antes da falha. Nesse último caso, existe o risco de que uma transação no novo primário possa ler um valor antigo de um item de dados ou executar uma atualização que entre em conflito com uma atualização anterior no primário antigo.

Para reduzir a chance de tais problemas, alguns sistemas replicam os registros de *log* do nó primário em um nó de *backup* e permitem que a transação seja confirmada no primário somente após o registro de *log* ter sido replicado com êxito no nó de *backup*; se o nó principal falhar, o nó de *backup* assumirá a função de nó primário. Lembre-se de que este é o protocolo "dois seguros" (*two-safe*) da Seção 19.7. Esse protocolo é resiliente à falha de um nó, mas não à falha de dois nós.

Se uma aplicação for construída sobre um sistema de armazenamento usando replicação assíncrona, as aplicações poderão ver alguns comportamentos anômalos, como uma leitura que não vê o efeito de uma escrita anterior, feita pela mesma aplicação, ou uma leitura posterior que vê uma versão mais antiga que uma leitura anterior de um item de dados, se diferentes leituras e escritas forem enviadas para réplicas diferentes. Embora essas anomalias não possam ser completamente evitadas em caso de falhas, elas podem ser impedidas durante a operação normal, tomando algumas precauções. Por exemplo, se as solicitações de leitura e escrita de um item de dados de um nó específico sempre forem enviadas para a mesma réplica, a aplicação verá as escritas executadas e, se duas leituras forem realizadas sobre o mesmo item de dados, a leitura posterior verá uma versão pelo menos tão recente quanto a leitura anterior. Esta propriedade é garantida se uma réplica primária for usada para realizar todas as ações sobre um item de dados.

23.6.3 Manutenção assíncrona de *view*

Índices e *views* materializadas são formas de dados derivadas de dados subjacentes e, portanto, podem ser vistas como formas de dados replicadas. Assim como as réplicas, índices e *views* materializadas podem ser atualizados (mantidos) como parte de cada transação que atualiza os dados subjacentes; isso garantiria a consistência dos dados derivados com os dados subjacentes.

No entanto, muitos sistemas preferem realizar a manutenção de índice e *view* de maneira assíncrona, para reduzir a sobrecarga nas transações que atualizam os dados subjacentes.

Como resultado, os índices e as *views* materializadas podem estar desatualizados. Qualquer transação que utilize esses índices ou *views* materializadas deve estar ciente de que essas estruturas podem estar desatualizadas.

Agora, vejamos como manter índices e *views* materializadas em caso de atualizações simultâneas.

- O primeiro requisito para a manutenção de *view* é que o subsistema que executa a manutenção receba informações sobre atualizações nos dados subjacentes, de forma que cada atualização seja entregue exatamente uma vez, apesar das falhas.

  Os sistemas publicar-assinar se encaixam bem a esse primeiro requisito. Todas as atualizações para qualquer relação subjacente são publicadas no sistema "pub-sub" com o nome da relação como tópico; o subsistema de manutenção de *view* assina os tópicos correspondentes às suas relações subjacentes e recebe todas as atualizações relevantes. Como vimos na Seção 22.8.1, podemos ter tópicos correspondentes a cada partição de uma relação armazenada. Para uma relação intermediária não materializada que esteja particionada, podemos ter um tópico correspondente a cada partição.

- O segundo requisito é que o subsistema atualize os dados derivados de forma que os dados derivados sejam consistentes com os dados subjacentes, apesar das atualizações simultâneas aos dados subjacentes.

  Como os dados subjacentes podem receber atualizações adicionais enquanto uma atualização anterior está sendo processada, nenhuma técnica de manutenção de *view* assíncrona pode garantir que o estado da *view* seja consistente com o estado dos dados subjacentes o tempo todo. Entretanto, o requisito de consistência pode ser formalizado da seguinte maneira: se não houver atualizações nos dados subjacentes por um período de tempo suficiente, a manutenção assíncrona deve garantir que os dados derivados sejam consistentes com os dados subjacentes; esse requisito é conhecido como um requisito de **consistência eventual**.

  A técnica para manutenção paralela de *views* materializadas, que vimos na Seção 22.7.5, usa o modelo do operador de troca para enviar atualizações aos nós e permite que a manutenção da *view* seja feita localmente. Técnicas elaboradas para manutenção de *view* em um ambiente centralizado podem ser usadas em cada nó, nos dados de entrada materializados localmente. Lembre-se (da Seção 16.5.1) de que a manutenção de *view* pode ser adiada (*deferred*), ou seja, pode ser feita após a confirmação da transação. As técnicas para manutenção adiada da *view* (*deferred view maintenance*) em um ambiente centralizado já precisam lidar com atualizações simultâneas; essas técnicas podem ser usadas localmente em cada nó.

- Um terceiro requisito é que as leituras obtenham uma visão consistente dos dados. Em geral, uma consulta que lê dados de vários nós pode não observar as atualizações de uma transação T no nó N_1, mas pode ver as atualizações que T realizou no nó N_2, obtendo uma visão inconsistente dos dados. Os sistemas que usam replicação assíncrona geralmente não oferecem suporte a *views* consistentes nas transações do banco de dados.

  Além disso, as varreduras do banco de dados podem não ter uma visão consistente da operação do banco de dados. (Lembre-se da noção de consistência da operação da Seção 18.9, que exige que qualquer operação não veja o estado de um banco de dados que reflita apenas algumas das atualizações de outra operação.) Na Seção 18.9, vimos um exemplo de varredura usando um índice que pode ver duas versões, ou nenhuma versão, de um registro atualizado por uma transação simultânea, se a varredura da relação não seguir o bloqueio em duas fases. Um problema parecido ocorre com a propagação assíncrona de atualizações, mesmo que a varredura da relação e a transação de atualização sigam o bloqueio em duas fases.

  Por exemplo, considere uma relação $r(A, B, C)$, com a chave primária A, particionada sobre o atributo B. Agora, considere uma consulta que está varrendo a relação r. Suponha que haja uma atualização simultânea em uma tupla $t_1 \in r$, que atualize o atributo $t_1.B$ de v_1 para v_2. Essa atualização requer a exclusão da tupla antiga da partição correspondente ao valor v_1, e a inserção da nova tupla na partição correspondente a v_2. Essas atualizações são propagadas de forma assíncrona.

  Agora, a varredura de r possivelmente poderia varrer o nó correspondente a v_1 depois que a tupla antiga for excluída, mas visitar o nó correspondente a v_2 antes que a propagação assíncrona insira a tupla atualizada nesse nó. Então, a varredura perderia completamente a tupla, embora devesse ter visto o valor antigo ou o valor novo de t_1. Além disso, a varredura poderia visitar o nó correspondente a v_1 antes que a exclusão seja propagada para esse nó, e o nó correspondente a v_2 após a inserção ser propagada para esse nó; assim, ela veria duas versões de t_1, uma antes da atualização e outra após a atualização. Nenhum desses casos seria possível com o bloqueio em duas fases, se as atualizações forem propagadas de forma síncrona para todas as cópias.

  Se for usada uma técnica de controle de concorrência multiversão, em que os itens de dados possuem *timestamps*, as leituras de *snapshot* são uma boa maneira de obter uma varredura consistente de uma relação; o *timestamp* do instantâneo deve ser definido como um valor suficientemente antigo para que todas as atualizações a partir desse *timestamp* tenham atingido todas as réplicas.

23.6.4 Detectando atualizações inconsistentes

Muitas aplicações desenvolvidas para essa alta disponibilidade são projetadas para continuar funcionando localmente, mesmo quando o nó que está executando a aplicação está desconectado dos outros nós.

Como um exemplo, quando os dados são replicados e a rede é particionada, se um sistema optar por renunciar à consistência para obter disponibilidade, as atualizações podem ser feitas simultaneamente em várias réplicas. Tais atualizações conflitantes precisam ser detectadas e resolvidas. Quando uma conexão for restabelecida, a aplicação precisa se comunicar com um sistema de armazenamento para enviar quaisquer atualizações feitas localmente e buscar atualizações realizadas em outro local. Há um potencial para atualizações conflitantes de diferentes nós. Por exemplo, o nó N_1 pode atualizar uma cópia em cache local de um item de dados enquanto ele estiver desconectado; simultaneamente, outro nó pode ter atualizado o item de dados no sistema de armazenamento ou pode ter atualizado sua própria cópia local do item de dados. Essas atualizações conflitantes devem ser detectadas e resolvidas.

Como outro exemplo, considere um aplicativo em um dispositivo móvel que suporte atualizações *off-line* (ou seja, permita atualizações mesmo que o dispositivo móvel não esteja conectado à rede). Para proporcionar ao usuário uma experiência de uso transparente, esses aplicativos realizam as atualizações em uma cópia armazenada em cache localmente e, em seguida, aplicam a atualização ao armazenamento de dados quando o dispositivo estiver *on-line* novamente. Se o mesmo item de dados puder ser atualizado de vários dispositivos, o problema de atualizações conflitantes também surgirá aqui. Os esquemas descritos a seguir também podem ser usados neste contexto, compreendendo que os nós também se referem a dispositivos móveis.

Um mecanismo para detectar atualizações conflitantes é descrito nesta seção. Como resolver atualizações conflitantes, uma vez detectadas, depende da aplicação, e não existe uma técnica geral para fazer isso. No entanto, algumas técnicas comumente usadas são discutidas na Seção 23.6.5.

Para itens de dados atualizados por apenas um nó, é simples propagar as atualizações quando o nó é reconectado ao sistema de armazenamento. Se o nó apenas armazena em cache cópias somente leitura dos dados que podem ser atualizados por outros nós, os dados em cache podem se tornar inconsistentes. Quando o nó é reconectado, ele pode receber **relatórios de invalidação** que o informam sobre entradas de cache desatualizadas.

No entanto, se puder haver atualizações em mais de um nó, torna-se mais difícil detectar atualizações conflitantes. Esquemas baseados na **numeração de versão** permitem atualizações de dados compartilhados de vários nós. Esses esquemas não garantem que as atualizações serão consistentes. Em vez disso, eles garantem que, se dois nós atualizarem independentemente a mesma versão de um item de dados, o conflito será detectado eventualmente, quando os nós trocarem informações diretamente ou por meio de um nó comum.

O **esquema de vetor de versão** detecta inconsistências quando as réplicas de um item de dados são atualizadas independentemente. Esse esquema permite que cópias de um item de dados sejam armazenadas em vários nós.

A ideia básica é que cada nó i armazene, com sua cópia de cada item de dados d, um **vetor de versão** – ou seja, um conjunto de números de versão $\{V[j]\}$, com uma entrada para o outro nó j no qual o item de dados potencialmente poderia ser atualizado. Quando um nó i atualiza um item de dados d, ele incrementa o número da versão $V[i]$ em um.

Por exemplo, suponha que um item de dados seja replicado nos nós N_1, N_2 e N_3. Se o item for criado inicialmente em N_1, o vetor de versão poderia ser [1, 0, 0]. Se ele for então replicado em N_2 e depois atualizado no nó N_2, o vetor de versão resultante será [1, 1, 0]. Suponha agora que esta versão do item de dados seja replicada para N_3 e, em seguida, N_2 e N_3 atualizem simultaneamente o item de dados. Então, o vetor de versão do item de dados em N_2 seria [1, 2, 0], enquanto o vetor de versão em N_3 seria [1, 1, 1].

Sempre que dois nós i e j se conectam, eles trocam itens de dados atualizados, para que ambos obtenham novas versões dos itens de dados. No entanto, antes de trocar itens de dados, os nós precisam descobrir se as cópias são consistentes:

1. Se os vetores de versão V_i e V_j da cópia do item de dados nos nós i e j forem iguais – ou seja, para cada k, $V_i[k] = V_j[k]$ –, então as cópias do item de dados d serão idênticas.
2. Se, para cada k, $V_i[k] \leq V_j[k]$ e os vetores de versão não forem idênticos, a cópia do item de dados d no nó i é mais antiga que a do nó j. Ou seja, a cópia do item de dados d no nó j foi obtida por uma ou mais modificações da cópia do item de dados no nó i. O nó i substitui sua cópia de d, bem como sua cópia do vetor de versão para d, pelas cópias do nó j.

   No exemplo anterior, se N_1 tivesse o vetor [1, 0, 0] para um item de dados, enquanto N_2 tivesse o vetor [1, 1, 0], a versão em N_2 será mais nova que a versão em N_1.
3. Se houver um par de valores k e m tal que $V_i[k] < V_j[k]$ e $V_i[m] > V_j[m]$, as cópias serão *inconsistentes*; ou seja, a cópia de d em j contém atualizações executadas pelo nó k que não foram propagadas para o nó i e, da mesma forma, a cópia de d em i contém atualizações realizadas pelo nó m que não foram propagadas para o nó j. Logo, as cópias de d são inconsistentes, pois duas ou mais atualizações foram realizadas sobre d independentemente.

   Em nosso exemplo, após as atualizações simultâneas em N_2 e N_3, os dois vetores de versão mostram que as atualizações são inconsistentes. Considere que V_2 e V_3 indiquem os vetores de versão em N_2 e N_3. Então, $V_2[2] = 2$ quando $V_3[2] = 1$, enquanto $V_2[3] = 0$ quando $V_3[3] = 1$.

   Pode ser necessária intervenção manual para mesclar as atualizações. Após mesclar as atualizações (talvez manualmente), os vetores de versão são mesclados, configurando $V[k]$ para o maior dentre $V_i[k]$ e $V_j[k]$ para cada k. O nó l que executa a escrita então incrementa $V[l]$ em um e depois escreve o item de dados e seu vetor de versão V.

O esquema de vetor de versão foi projetado inicialmente para lidar com falhas em sistemas de arquivos distribuídos. O esquema ganhou importância porque os dispositivos móveis geralmente armazenam cópias de dados que também estão presentes nos sistemas servidores. O esquema também é muito usado em sistemas de armazenamento distribuído que permitem atualizações mesmo que um nó não esteja na partição majoritária.

O esquema de vetor de versão não pode resolver o problema de como reconciliar cópias inconsistentes dos dados detectados pelo esquema. Discutimos a reconciliação na Seção 23.6.5.

O esquema de vetor de versão funciona bem para detectar atualizações inconsistentes em um único item de dados. No entanto, se um sistema de armazenamento tiver um número muito grande de itens replicados, descobrir quais itens foram atualizados inconsistentemente pode ser bastante dispendioso se for feito de um modo ingênuo. Na Seção 23.6.6, estudamos uma estrutura de dados chamada árvore de Merkle, que pode detectar com eficiência diferenças entre conjuntos de itens de dados.

23.6.5 Resolvendo atualizações conflitantes

A detecção de atualizações conflitantes pode acontecer quando uma operação de leitura busca cópias de um item de dados de várias réplicas ou quando o sistema executa um processo de segundo plano que compara versões do item de dados.

Nesse ponto, as atualizações conflitantes sobre o mesmo item de dados precisam ser **resolvidas** para criar uma única versão comum. A solução de atualizações conflitantes também é chamada de **reconciliação**.

Não há técnica para solução que possa ser usada em todas as aplicações. Discutimos algumas técnicas que foram usadas em vários aplicações comumente utilizadas.

Muitas aplicações podem realizar a reconciliação automaticamente executando em cada nó todas as operações de atualização que foram executadas em outros nós durante um período de desconexão. Essa solução exige que o sistema acompanhe as operações, por exemplo, a inclusão de um item a um carrinho de compras ou a exclusão de um item de um carrinho de compras. Essa solução funciona se as operações forem **comutáveis**, ou seja, se elas gerarem o mesmo resultado, independentemente da ordem em que são executadas. A inclusão de itens ao carrinho de compras é clara. Em geral, as exclusões não são comutáveis com as adições, o que deve ficar claro se você considerar o que acontece se uma adição de um item for trocada por uma exclusão do mesmo item. No entanto, desde que a exclusão sempre opere apenas sobre os itens já presentes no carrinho, esse problema não ocorre.

Como outro exemplo, muitos bancos permitem que os clientes retirem dinheiro de um caixa eletrônico, mesmo que ele esteja temporariamente desconectado da rede bancária. Quando o caixa eletrônico é reconectado, a operação de retirada é aplicada à conta. Novamente, se houver vários saques, eles podem ser mesclados em uma ordem diferente da ordem em que ocorreram no mundo real, mas o resultado final (saldo) é o mesmo. Observe que, como a operação já ocorreu no mundo físico, ela não pode ser rejeitada em função de um saldo negativo; o fato de uma conta ter um saldo negativo deve ser tratado separadamente.

Existem outras soluções específicas da aplicação para resolver atualizações conflitantes. Na pior das hipóteses, no entanto, um sistema pode precisar alertar os humanos sobre as atualizações conflitantes e deixar que eles decidam como resolver o conflito.

Como lidar com inconsistências automaticamente, ajudando os usuários a resolver inconsistências que não podem ser tratadas automaticamente, permanece sendo uma área de pesquisa.

23.6.6 Detectando diferenças entre coleções usando a árvore de Merkle

A **árvore de Merkle** (também conhecida como **árvore de *hash***) é uma estrutura de dados que permite a detecção eficiente de diferenças entre conjuntos de itens de dados que podem ser armazenados em diferentes réplicas. (Para evitar confusão entre nós da árvore e nós do sistema, nesta seção, nos referiremos a este último como réplicas.)

Detectar itens com valores inconsistentes entre as réplicas em face da consistência fraca é apenas uma das motivações para as árvores de Merkle. Outra motivação é realizar verificações de sanidade das réplicas que são atualizadas de forma síncrona e devem ser consistentes, mas podem ser inconsistentes em razão de erros da aplicação ou outras falhas. Consideramos a seguir uma versão binária da árvore de Merkle.

Assumimos que cada item de dados tenha uma chave e um valor; caso consideremos coleções que não possuem uma chave explícita, o próprio valor do item de dados pode ser usado como chave.

Cada chave de item de dados k_i é transformado em *hash* por uma função $h_1()$ para obter um valor de *hash* com n bits. O valor de n é escolhido de modo que 2^n esteja dentro de um pequeno fator (*within a small factor*), ou seja, próximo, do número de itens de dados. Cada valor de item de dados v_i é transformado em *hash* por outra função $h_2()$ para obter um valor de *hash* (que geralmente possui muito mais do que n bits). Por fim, consideramos uma função de *hash* $h_3()$ que recebe como entrada uma coleção de valores de *hash* e retorna um valor de *hash* calculado a partir da coleção (essa função de *hash* deve ser calculada de uma maneira que não dependa da ordem de entrada dos valores de *hash*, o que pode ser feito, por exemplo, classificando (ordenando) a coleção antes do cálculo da função de *hash*).

Cada nó de uma árvore de Merkle possui um identificador associado e armazena um valor de *hash*. Cada folha da árvore pode ser identificada por um número binário de n bits. Para determinada folha, identificada pelo número k, considere o conjunto de todos os itens de dados i cuja chave k_i é tal que $h_1(k_i) = k$. Em seguida, o valor de *hash* v_k armazenado na folha k é calculado aplicando $h_2()$ em cada um dos valores do item de dados v_i e, em seguida, aplicando $h_3()$ na coleção resultante de valores de *hash*. O sistema também mantém um índice que pode recuperar todos os itens de dados com determinado valor de *hash* calculado pela função $h_1()$.

A Figura 23.8 mostra um exemplo de uma árvore de Merkle sobre sete itens de dados. O valor do *hash* desses itens de dados sobre h_1 é mostrado à esquerda. Observe que, para um item i_j, $h_1(i_j) = k$, o item de dados i_j está associado à folha com o identificador k.

Cada nó interno da árvore de Merkle é identificado por um valor de *hash* com j bits de extensão, se o nó estiver na profundidade j; as folhas estão na profundidade n e a raiz na profundidade zero. O nó interno identificado por um número k tem como filhos os nós identificados por $2k$ e $2k + 1$. O valor de *hash* v_k armazenado no nó k é calculado aplicando $h_3()$ ao valor de *hash* armazenado nos nós $2k$ e $2k + 1$.

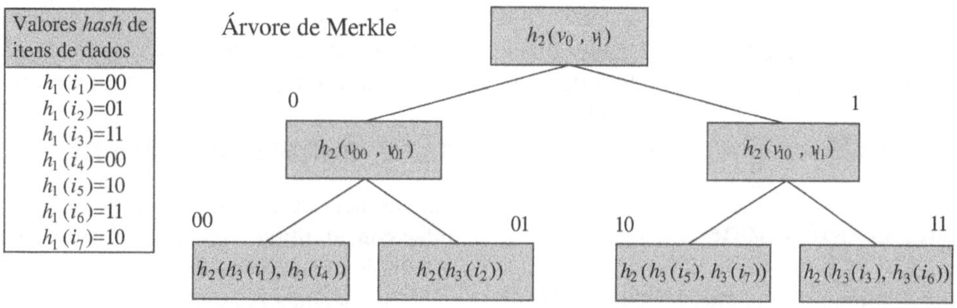

Identificador de nó mostrado acima do nó, com valor mostrado no interior; v_i indica valor *hash* armazenado no nó *i*

Figura 23.8 Exemplo de uma árvore de Merkle.

Agora, suponha que essa árvore de Merkle seja construída sobre os dados em duas réplicas (as réplicas podem ser réplicas inteiras do banco de dados ou réplicas de uma partição do banco de dados). Se todos os itens nas duas réplicas forem idênticos, os valores de *hash* armazenados nos nós raiz também serão idênticos.

Desde que $h_2()$ calcule um valor de *hash* longo o suficiente e seja adequadamente escolhido, é muito pouco provável que $h_2(v_1) = h_2(v_2)$ se $v_1 \neq v_2$, e da mesma forma para $h_3()$. A função de *hash* SHA1 com um valor de *hash* de 160 bits é um exemplo de uma função de *hash* que atende a esse requisito. Portanto, podemos considerar que, se dois nós tiverem os mesmos valores de *hash* armazenados, todos os itens de dados sob os dois nós serão idênticos.

Se, de fato, houver uma diferença no valor de qualquer item nas duas réplicas, ou se um item estiver presente em uma réplica, mas não na outra, os valores de *hash* armazenados na raiz serão diferentes, com alta probabilidade.

Em seguida, os valores de *hash* armazenados em cada um dos filhos são comparados com os valores de *hash* no filho correspondente na outra árvore. A pesquisa percorre cada filho cujo valor de *hash* difere, até que uma folha seja alcançada. A travessia é feita em paralelo nas duas árvores e requer comunicação para enviar o conteúdo do nó da árvore de uma réplica para a outra.

Na folha, se os valores de *hash* diferirem, a lista de chaves do item de dados associadas às folhas e os valores correspondentes do item de dados são comparados entre as duas árvores, para localizar itens de dados cujos valores diferem e itens de dados presentes em uma das árvores, mas não na outra.

Uma dessas travessias leva tempo, no máximo, logarítmico ao número de nós de folha da árvore; como o número de nós de folha é escolhido para estar próximo ao número de itens de dados, o tempo de travessia também é logarítmico ao número de itens de dados. Esse custo é pago, no máximo, uma vez por cada item de dados que difere entre as duas réplicas. Além disso, um caminho até uma folha é percorrido apenas se houver, de fato, uma diferença na folha.

Portanto, o custo geral para encontrar diferenças entre dois conjuntos (potencialmente muito grandes) é $O(m \log_2 N)$, em que *m* é o número de itens de dados que diferem e *N* é o número total de itens de dados. Árvores mais largas podem ser usadas para reduzir o número de nós encontrados em uma travessia, que seria $log_K N$ se cada nó tiver *K* filhos, ao custo de mais dados serem transferidos para cada nó. As árvores mais largas são preferidas se a latência da rede for alta em comparação com a largura de banda da rede.

As árvores de Merkle têm muitas aplicações; elas podem ser usadas para encontrar a diferença no conteúdo de dois bancos de dados quase idênticos sem transferir grandes quantidades de dados. Tais inconsistências podem ocorrer em razão do uso de protocolos que garantem apenas consistência fraca. Eles também podem ocorrer em função de falhas na mensagem ou na rede que resultem em diferenças nas réplicas, mesmo que sejam utilizados o protocolo de consenso ou outros que garantam leituras consistentes.

O uso original das árvores de Merkle era para **verificação do conteúdo** de uma coleção que pode ter sido potencialmente corrompida por usuários mal-intencionados. Aqui, os nós de folha da árvore de Merkle devem armazenar os valores de *hash* de todos os itens de dados mapeados para ele, ou pode ser usada uma variante da árvore que armazena apenas um item de dados em uma folha. Além disso, o valor de *hash* armazenado na raiz é assinado digitalmente, o que significa que seu conteúdo não pode ser modificado por um usuário mal-intencionado que não possui a chave privada usada para assinar o valor.

Para verificar uma relação inteira, os valores de *hash* podem ser recalculados das folhas para cima, e o valor de *hash* recalculado na raiz pode ser comparado com o valor de *hash* assinado digitalmente, armazenado na raiz.

Para verificar a consistência de um único item de dados, seu valor de *hash* é recalculado; e também o valor de *hash* para seu nó de folha n_i, usando valores de *hash* existentes para outros itens de dados que fazem *hash* na mesma folha. Em seguida, considere o nó pai n_j do nó n_i na árvore. O valor de *hash* de n_j é calculado usando o valor de *hash* recalculado de n_i e os valores de *hash* já armazenados de outros filhos de n_j. Esse processo é continuado para cima até a raiz da árvore. Se o valor de *hash* recalculado na raiz corresponder ao valor do *hash* assinado armazenado com a raiz, o conteúdo do item de dados poderá ser determinado como não corrompido.

Essa técnica funciona para detectar corrupção, pois, com as funções de *hash* escolhidas adequadamente, é muito difícil para um usuário mal-intencionado criar valores substitutos para itens de dados de modo que o valor de *hash* recalculado seja idêntico ao valor de *hash* assinado, armazenado na raiz.

23.7 Seleção do coordenador

Vários dos algoritmos que apresentamos exigem o uso de um coordenador. Se o coordenador falhar em razão de uma falha do nó em que reside, o sistema só pode continuar a execução iniciando um novo coordenador em outro nó. Um modo de continuar a execução é manter um *backup* para o coordenador, que está pronto para assumir a responsabilidade se o coordenador falhar. Outro modo é "eleger" um coordenador dentre os nós que estão ativos. Nesta seção, esboçamos essas opções e depois descrevemos resumidamente os serviços distribuídos tolerantes a falhas que foram projetados para ajudar os desenvolvedores de aplicações distribuídas a realizar essas tarefas.

23.7.1 Coordenador backup

Um **coordenador backup** (*backup-coordinator*) é um nó que, além de outras tarefas, mantém informações suficientes localmente para permitir que assuma o papel de coordenador com o mínimo de interrupção para o sistema distribuído. Todas as mensagens direcionadas ao coordenador são recebidas tanto pelo coordenador quanto pelo seu *backup* (*backup-coordinator*). O coordenador *backup* executa os mesmos algoritmos e mantém a mesma informação de estado interna (como a tabela de bloqueios, para um coordenador de concorrência) do coordenador real. A única diferença na função entre o coordenador e seu *backup* é que o *backup* não toma nenhuma ação que afete outros nós. Essas ações são deixadas para o coordenador real.

Quando o coordenador *backup* (*backup-coordinator*) detecta a falha do coordenador real, ele assume o papel de coordenador. Como o *backup* tem toda a informação disponível a ele que o coordenador que falhou tinha, o processamento pode continuar sem interrupção.

A principal vantagem da técnica de *backup* é a capacidade de continuar o processamento imediatamente. Se um *backup* não estivesse pronto para assumir a responsabilidade do coordenador, um coordenador recém-apontado teria de buscar informações de todos os nós no sistema de modo que pudesse executar as tarefas de coordenação. Frequentemente, a única fonte das informações requisitadas é o coordenador que falhou. Nesse caso, pode ser necessário abortar várias transações ativas (ou todas) e reiniciá-las sob o controle do novo coordenador.

Assim, a técnica do coordenador *backup* (*backup-coordinator*) evita grande quantidade de atraso enquanto o sistema distribuído se recupera de uma falha do coordenador. A desvantagem é a sobrecarga da execução duplicada das tarefas do coordenador. Além do mais, um coordenador e seu *backup* precisam se comunicar regularmente para garantir que suas atividades sejam sincronizadas.

Resumindo, a técnica do coordenador *backup* gera trabalho extra durante o processamento normal para permitir a recuperação rápida de uma falha do coordenador.

23.7.2 Eleição do coordenador

Na ausência de um coordenador *backup* designado ou para lidar com múltiplas falhas, um novo coordenador pode ser escolhido dinamicamente pelos nós que estão ativos.

Uma técnica possível é fazer com que um nó designado escolha um novo coordenador, quando o coordenador atual falhar. No entanto, isso levanta a questão do que fazer se o próprio nó que escolhe os coordenadores substitutos falhar.

Se tivermos um gerenciador de bloqueio tolerante a falhas, uma maneira bastante eficaz de escolher um novo coordenador para uma tarefa é usar *concessões de bloqueio*. O coordenador atual tem uma concessão de bloqueio sobre um item de dados associado à tarefa. Se o coordenador falhar, a concessão expirará. Se um participante determinar que o coordenador pode ter falhado, ele tenta obter uma concessão de bloqueio para a tarefa. Observe que vários participantes podem tentar obter uma concessão, mas o gerenciador de bloqueio garante que apenas um deles possa obter a concessão. O participante que recebe a concessão torna-se o novo coordenador. Conforme discutido na Seção 23.3.3, isso garante que apenas um nó possa ser o coordenador em determinado momento. As concessões de bloqueio são muito utilizadas para garantir que um único nó seja escolhido como coordenador. No entanto, observe que há uma suposição subjacente de um gerenciador de bloqueio tolerante a falhas.

Um participante determina que o coordenador pode ter falhado se não conseguir se comunicar com o coordenador. Os participantes enviam mensagens periódicas de **pulso** (*heart-beat*) ao coordenador e aguardam uma confirmação; se a confirmação não for recebida dentro de determinado período, presume-se que o coordenador falhou.

Observe que o participante não pode distinguir definitivamente entre uma situação em que o coordenador está inativo e uma situação em que o enlace de rede entre o nó e o coordenador está partido. Portanto, o sistema deve funcionar corretamente, mesmo que o coordenador atual esteja ativo, mas outro participante determina que o coordenador está parado. As concessões de bloqueio garantem que, no máximo, um nó possa ser o coordenador a qualquer momento; uma vez que um coordenador morre, outro nó pode se tornar o coordenador. No entanto, as concessões de bloqueio funcionam apenas se houver um gerenciador de bloqueio tolerante a falhas.

Isso levanta a questão de como implementar um gerenciador de bloqueio desse tipo. Mais adiante, na Seção 23.8.4, voltaremos à questão de como implementar um gerenciador de bloqueio tolerante a falhas. Mas acontece que, para fazê-lo com eficiência, precisamos ter um coordenador. E as concessões de bloqueio não podem ser usadas para escolher o coordenador do gerenciador de bloqueio! O problema de como escolher um coordenador sem depender de um gerenciador de bloqueio é resolvido por **algoritmos de eleição**, que permitem que os nós participantes escolham um novo coordenador de maneira descentralizada.

Suponha que o objetivo seja eleger um coordenador apenas uma vez. Então, cada nó que deseja se tornar o coordenador se propõe como candidato a todos os outros nós; esses nós são denominados *proponentes* (*proposers*). Os nós participantes, então, votam em qual nó entre os candidatos deve ser escolhido. Se a maioria dos nós participantes (denominados *aceitantes* ou *acceptors*) votar em um candidato em particular, ele será escolhido. Um subconjunto de nós, denominados *aprendentes* ou *learners,* solicita o voto dos nós aceitantes e determina se a maioria votou em um candidato em particular.

O problema com essa ideia é que, se houver vários candidatos, pode ser que nenhum deles obtenha a maioria dos votos. A questão é o que fazer em tal situação. Existem pelo menos duas técnicas que foram propostas:

- Os nós recebem números exclusivos; se mais de um candidato se propõe, os aceitantes escolhem o candidato com o número mais alto. Mesmo assim, os votos podem ser divididos sem decisão da maioria, em face das mensagens atrasadas ou ausentes; nesse caso, a eleição é realizada novamente. Mas se um nó N_1 que foi candidato descobrir que um nó de número mais alto N_2 se propôs como candidato, então N_1 se retira do próximo turno da eleição. O candidato com número mais alto vencerá a eleição. O **algoritmo bully** para a eleição é baseado nessa ideia.

  Existem alguns detalhes sutis em face da possibilidade de o candidato com número mais alto em um turno falhar durante um turno subsequente, fazendo com que não haja candidatos! Se um proponente observar que nenhum coordenador foi selecionado em um turno em que se retirou como candidato, ele se propõe novamente como candidato no próximo turno da eleição.

  Observe também que a eleição tem vários turnos; cada turno tem um número, e um candidato anexa um número de turno à sua candidatura. O número do turno é escolhido para ser o maior número de turno que ele viu, mais um. Um nó pode votar em apenas um candidato em um turno específico, mas pode alterar seu voto no próximo turno.

- A segunda técnica é baseada na *repetição aleatória* (*randomized retry*), que funciona da seguinte maneira: se não houver decisão da maioria em um turno específico, todos os participantes aguardam um período de tempo escolhido aleatoriamente; se nesse momento um coordenador tiver sido escolhido pela maioria dos nós, ele será aceito como coordenador. Caso contrário, após o tempo limite, o nó se propõe como candidato. Desde que os tempos limite sejam escolhidos adequadamente (grandes o suficiente em comparação com a latência da rede), há uma grande probabilidade de apenas um nó se propor em determinado momento e receber votos da maioria dos nós em um turno específico.

  Se nenhum candidato obtiver a maioria dos votos em um turno, o processo será repetido. Muito provavelmente, após algumas rodadas, um dos candidatos obtém a maioria dos votos e é escolhido como coordenador.

  A técnica de repetição aleatória foi popularizada pelo algoritmo de consenso Raft, e é mais fácil argumentar sobre ela e mostrar não apenas sua corretude, mas também os limites sobre o tempo esperado para que um turno da eleição tenha sucesso na escolha de um coordenador, em comparação com a técnica baseada em numeração de nó (*node-numbering*).

Observe que essa descrição deu a entender que a escolha de um coordenador é uma atividade única. No entanto, o coordenador escolhido pode falhar, exigindo um novo algoritmo de eleição. A noção de um **mandato** (*term*) é usada para lidar com essa situação. Como dissemos, cada vez que um nó se propõe como coordenador, ele associa sua candidatura a um número da turno, que é um a mais que o número de turno mais alto visto anteriormente por ele, depois de estar seguro de que, no turno anterior, nenhum coordenador foi escolhido, ou que o coordenador escolhido falhou posteriormente. O número do turno é doravante denominado **mandato**. Quando a eleição termina com sucesso, o coordenador escolhido é o coordenador do mandato correspondente. Se a eleição falhar, o mandato correspondente não terá um coordenador escolhido, mas a eleição deverá ter sucesso em um mandato subsequente.

Observe também que existem problemas sutis que surgem porque um nó n pode estar desconectado da rede por um tempo e pode ser reconectado sem nunca perceber que foi desconectado. Enquanto isso, o coordenador pode ter mudado. Em particular, se o nó n foi o coordenador, ele pode continuar pensando que é o coordenador, e algum outro nó, como N_1, que também estava desconectado, pode pensar que n ainda é o coordenador. No entanto, se um coordenador foi eleito com sucesso, a maioria dos nós concorda que algum outro nó, digamos N_2, é o coordenador.

Em geral, é possível que mais de um nó pense que é o coordenador ao mesmo tempo, embora no máximo um deles possa ter o voto da maioria naquele momento.

Para evitar esse problema, cada coordenador pode receber uma concessão por um período especificado. O coordenador pode estender a concessão solicitando uma extensão de outros nós e obtendo confirmação da maioria dos nós. Mas se o coordenador estiver desconectado da maioria dos nós, ele não poderá renovar sua concessão, e a concessão expirará. Um nó só poderá votar em um novo coordenador se o último tempo de concessão que ele confirmou ao coordenador anterior tiver expirado. Como um novo coordenador precisa de um voto majoritário, ele não poderá obtê-lo até que o tempo de concessão do coordenador anterior tenha expirado.

No entanto, mesmo que concessões sejam usadas para garantir que dois nós não possam ser coordenadores ao mesmo tempo, mensagens atrasadas podem resultar em um nó recebendo uma mensagem de um coordenador antigo após a eleição de um novo.

Para lidar com esse problema, o mandato atual do emissor é incluído em cada mensagem trocada no sistema. Observe que, quando um nó n é eleito como coordenador, ele possui um mandato associado m; os nós participantes que descobrem que n é o coordenador estão cientes do mandato atual m. Um nó pode receber uma mensagem com um mandato antigo, seja porque um coordenador antigo não percebeu que foi substituído ou em função do atraso na entrega da mensagem; este último problema pode ocorrer mesmo que concessões ou outros mecanismos garantam que apenas um nó possa ser o coordenador de cada vez. Nos dois casos, um nó que recebe uma mensagem obsoleta, ou seja, com um mandato mais antigo que o atual, pode ignorar a mensagem. Se um nó recebe uma mensagem com um número mais alto, ele está atrasado em relação ao restante do sistema e, portanto, precisa descobrir o mandato e o coordenador atuais, entrando em contato com outros nós.

Alguns protocolos não exigem que o coordenador armazene nenhuma informação de estado; nesses casos, o novo coordenador pode assumir o controle sem outras ações. No entanto, outros protocolos exigem que os coordenadores mantenham as informações do estado. Nesses casos, o novo coordenador precisa reconstruir as informações de estado a partir de dados persistentes e dos *logs* de recuperação criados pelo coordenador anterior. Esses *logs*, por sua vez, devem ser replicados para vários nós, para que a perda de um nó não resulte na perda de acesso aos dados de recuperação. Em seções subsequentes, veremos como garantir a disponibilidade por meio da replicação de dados.

23.7.2.1 Serviços de coordenação distribuídos

Atualmente, há uma grande quantidade de aplicações distribuídas que são usadas diariamente. Em vez de cada uma ter que implementar seu próprio mecanismo para eleger coordenadores (entre outras tarefas), faz sentido desenvolver um serviço de coordenação tolerante a falhas que possa ser usado por várias aplicações distribuídas.

O serviço ZooKeeper é um desses serviços de coordenação distribuída, tolerante a falhas, bastante utilizado. O serviço Chubby, desenvolvido anteriormente no Google, é outro desses serviços, muito usado para aplicações desenvolvidas pelo Google. Internamente, esses serviços usam protocolos de consenso para implementar tolerância a falhas; estudamos protocolos de consenso na Seção 23.8.

Esses serviços oferecem uma API semelhante ao sistema de arquivos, que suporta os seguintes recursos, entre outros:

- *Armazenar (pequenas quantidades de) dados* em arquivos, com um espaço de nomes hierárquico. Um uso típico desse armazenamento consiste em armazenar informações de configuração que podem ser usadas para iniciar uma aplicação distribuída ou para novos nós ingressarem em uma aplicação distribuída, descobrindo qual nó é atualmente o coordenador.
- *Criar e excluir arquivos*, que podem ser usados para implementar o bloqueio. Por exemplo, para obter um bloqueio, um processo pode tentar criar um arquivo com um nome correspondente ao bloqueio. Se outro processo já tiver criado o arquivo, o serviço de coordenação retornará um erro; portanto, o processo sabe que não foi possível obter o bloqueio.

  Por exemplo, um nó que atua como mestre de uma partição em um armazenamento de chave-valor obteria um bloqueio sobre um arquivo cujo nome é o identificador da partição. Isso garante que dois nós não possam ser mestres para a partição ao mesmo tempo.

  Se um mestre geral da aplicação detectar que um mestre da partição morreu, ele poderá liberar o bloqueio. Se o serviço suportar concessões de bloqueio, isso pode ocorrer automaticamente, se o mestre da partição não renovar sua concessão.
- *Observar as alterações em um arquivo*, que pode ser usado por um processo para verificar se um bloqueio foi liberado ou para ser informado sobre outras alterações no sistema que exijam ação desse processo.

23.8 Consenso em sistemas distribuídos

Nesta seção, primeiro descrevemos o problema de consenso em um sistema distribuído, ou seja, como um conjunto de nós concorda sobre uma decisão de uma maneira tolerante a falhas. O consenso distribuído é um elemento essencial para protocolos que atualizam dados replicados de maneira tolerante a falhas. Explicamos dois protocolos de consenso, Paxos e Raft. Em seguida, descrevemos máquinas de estado replicadas, que podem ser usadas para tornar serviços, como sistemas de armazenamento de dados e gerenciadores de bloqueio, tolerantes a falhas. Encerramos a seção descrevendo como o consenso pode ser usado para que o *commit* de duas fases não bloqueie.

23.8.1 Visão geral do problema

Os sistemas de *software* precisam tomar decisões, como a decisão do coordenador sobre confirmar ou abortar uma transação ao usar 2PC ou uma decisão sobre qual nó deve atuar como coordenador, caso o coordenador atual falhe.

Se a decisão for tomada por um único nó, como a decisão entre confirmar/abortar tomada por um nó coordenador no 2PC, o sistema poderá bloquear no caso de o nó falhar, pois outros nós não têm como determinar qual decisão foi tomada. Portanto, para garantir a tolerância a falhas, vários nós devem participar do protocolo de decisão; mesmo que alguns desses nós falhem, o protocolo deve ser capaz de chegar a uma decisão. Um único nó pode fazer uma proposta para a decisão, mas ele deverá envolver os outros nós para chegar a uma decisão de maneira tolerante a falhas.

A forma mais básica do problema de consenso distribuído é a seguinte: um conjunto de n nós (chamados de *participantes*) precisa concordar sobre uma decisão executando um protocolo, de modo que:

- Todos os participantes devem "aprender" o mesmo valor para a decisão, mesmo que alguns nós falhem durante a execução do protocolo, ou as mensagens sejam perdidas ou que existam partições de rede.
- O protocolo não deve bloquear e deverá terminar, contanto que a maioria dos nós participantes permaneça ativa e possa se comunicar entre si.

Qualquer sistema real não pode apenas tomar uma decisão isolada uma vez, mas precisa tomar uma série de decisões.

Um bom resumo do processo de tomada de várias decisões de consenso é tratar cada decisão como *adicionando um registro a um log*. Cada nó possui uma cópia do *log*, e os registros são anexados ao *log* em cada nó. Potencialmente, pode haver conflitos sobre qual registro é adicionado em que ponto do *log*. O **protocolo de consenso múltiplo**, visto por esse ponto de vista, precisa garantir que o *log* seja definido de forma exclusiva.

A maioria dos protocolos de consenso permite divergências temporárias de *logs* entre os nós enquanto o protocolo está sendo executado; isto é, a mesma posição do *log* em nós diferentes pode ter registros diferentes, e o final do *log* pode ser diferente em nós diferentes. Os protocolos de consenso de *log* compartilhado mantêm um índice para o *log*, de forma que qualquer entrada antes desse índice foi definitivamente acordada. Quaisquer entradas após esse índice podem estar em processo de acordo ou podem ser entradas de tentativas de consenso que falharam. No entanto, subsequentemente, os protocolos sincronizam novamente as partes inconsistentes dos *logs*. Para fazer isso, os registros de *log* em alguns nós podem ser excluídos após sua inserção; esses registros de *log* são vistos como ainda não confirmados e, portanto, não podem ser usados para tomadas de decisão. Somente registros no prefixo do *log* que estão no prefixo confirmado podem ser usados para tomar decisões.

Vários protocolos foram propostos para o consenso distribuído. Destes, a família de protocolos Paxos é uma das mais populares, e foi implementada em muitos sistemas. Embora o protocolo Paxos básico seja intuitivamente fácil de entender em alto nível há vários detalhes em sua implementação que são bastante complicados, particularmente na versão de consenso múltiplo. Para resolver esse problema, foi desenvolvido o protocolo de consenso Raft, com os objetivos principais de facilidade de compreensão e implementação, sendo adotado por muitos sistemas. Nesta seção, explicamos a intuição por trás desses protocolos.

Uma ideia fundamental por trás dos protocolos de consenso distribuídos é a ideia de *votar* para tomar uma decisão; uma decisão específica é bem-sucedida somente se a maioria dos nós participantes votar nela. Observe que, se dois ou mais valores diferentes forem propostos para uma decisão específica, no máximo um deles poderá ser votado por maioria; portanto, não é possível escolher dois valores diferentes. Mesmo se alguns nós falharem, se a maioria dos participantes votar em um valor, ele será escolhido, tornando o sistema de votação tolerante à falha desde que a maioria dos participantes esteja ativa e conectada. No entanto, existe o risco de os votos serem divididos entre os valores propostos e alguns nós podem não votar se falharem; como resultado, não se pode decidir sobre valor algum. Nesse caso, o processo de votação deve ser executado novamente.

Embora essa intuição seja fácil de entender, há muitos detalhes que tornam os protocolos não triviais. Estudamos alguns desses problemas nas próximas seções.

Observamos que, embora estudemos alguns dos recursos dos protocolos de consenso Paxos e Raft, omitimos vários detalhes necessários para a operação correta, a fim de resumir nossa descrição.

Também observamos que vários outros protocolos de consenso foram propostos, e alguns deles são muito utilizados, como o protocolo Zab, que faz parte do serviço de coordenação distribuída ZooKeeper.

23.8.2 Protocolo de consenso Paxos

O protocolo Paxos básico para tomar uma única decisão tem os seguintes participantes.

1. Um ou mais nós que podem propor um valor para a decisão; esses nós são chamados de **proponentes**.
2. Um ou mais nós que atuam como **aceitantes**. Um aceitante pode receber propostas com valores diferentes de diferentes proponentes, e deve escolher (votar por) apenas um dos valores.

   Observe que a falha de um aceitante não causa um problema, desde que a maioria dos aceitantes esteja ativa e possa ser alcançada. A falha ou a desconexão de uma maioria bloquearia o protocolo de consenso.
3. Um conjunto de nós, chamados **aprendentes**, consulta os aceitantes para descobrir em que valor cada aceitante votou em determinado turno. (Os aceitantes também poderiam enviar o valor que eles aceitaram aos aprendentes, sem esperar por uma consulta do aprendente.)

Observe que o mesmo nó pode desempenhar os papéis de proponente, aceitante e aprendente.

Se a maioria dos aceitantes votou em um valor específico, esse valor é o valor escolhido (consenso) para essa decisão. Mas existem dois problemas:

1. É possível que os votos sejam divididos entre várias propostas, e nenhuma proposta é aceita pela maioria dos aceitantes.

   Se qualquer valor proposto tiver que obter a maioria, pelo menos alguns aceitantes deverão mudar de decisão. Portanto, devemos permitir outro turno de tomada de decisão, em que os aceitantes podem escolher um novo valor. Isso pode precisar ser repetido pelo tempo que for necessário até que um valor consiga uma votação majoritária (salvo em caso de falhas na rede e nos nós).
2. Mesmo que a maioria dos nós aceite um valor, é possível que alguns desses nós morram ou sejam desconectados após a aceitação de um valor, mas antes que qualquer aprendente saiba sobre sua aceitação, e os demais aceitantes desse valor não constituam uma maioria.

   Se isso for tratado como falha de um turno e um valor diferente for escolhido em um turno subsequente, temos um problema. Em particular, um aprendente que aprendeu sobre a maioria anterior concluiria que um valor específico foi escolhido, enquanto outro aprendente poderia concluir que um valor diferente foi escolhido, o que não é aceitável.

Observe também que os aceitantes devem registrar sua decisão em *log* para que, quando se recuperarem, saibam que decisão tomaram anteriormente.

O primeiro problema citado, a saber, votos divididos, não afeta a corretude, mas afeta o desempenho. Para evitar esse problema, o Paxos utiliza um nó coordenador. Os proponentes enviam uma proposta ao coordenador, que escolhe um dos valores propostos e segue as etapas anteriores para obter uma votação majoritária. Se as propostas vierem de apenas um coordenador, não haverá conflito, e o único valor proposto receberá uma votação majoritária (módulo falhas na rede e nos nós).

Observe que, se o coordenador se tornar inativo ou estiver inacessível, um novo coordenador poderá ser eleito, usando técnicas que vimos anteriormente na Seção 23.7, e o novo coordenador poderá então realizar o mesmo trabalho que o coordenador anterior. Os coordenadores não têm estado local; portanto, o novo pode assumir o controle sem nenhuma etapa de recuperação.

O segundo problema, a saber, valores diferentes obtendo maiorias em rodadas diferentes, é um problema sério e deve ser evitado pelo protocolo de consenso. Para fazer isso, o Paxos usa as seguintes etapas:

1. Cada proposta no Paxos tem um número; propostas diferentes devem ter números diferentes.
2. Na fase 1a do protocolo, o proponente envia uma mensagem de *preparação* aos aceitantes, com seu número de proposta n.
3. Na fase 1b do protocolo, um aceitante que recebe uma mensagem de preparação com o número n verifica se já respondeu a uma mensagem com um número maior que n. Nesse caso, ele ignora a mensagem. Caso contrário, ele se lembra do número n e responde com o número de proposta mais alto $m < n$ que ele já aceitou, juntamente com o valor correspondente v; se não aceitou nenhum valor anteriormente, ele indica isso em sua resposta. (Observe que responder é diferente de aceitar.)
4. Na fase 2a, o proponente verifica se obteve uma resposta da maioria dos aceitantes. Se a obteve, ele escolhe um valor v da seguinte forma: se nenhum dos aceitantes aceitou qualquer valor, o proponente pode usar qualquer valor que pretenda propor. Se pelo menos um dos aceitantes respondeu que aceita um valor v com algum número m, o proponente escolhe o valor v que tem o maior número associado m (observe que m deve ser $< n$).

   O proponente agora envia uma solicitação de *aceitação* com o valor escolhido v e número n.
5. Na fase 2b, quando um aceitante recebe uma solicitação de aceitação com o valor v e número n, ele verifica se respondeu a uma mensagem de preparação com o número $n_1 > n$; nesse caso, ele ignora a solicitação de aceitação. Caso contrário, ele aceita o valor proposto v com o número n.

Esse protocolo é bastante inteligente, pois garante o seguinte: se a maioria dos aceitantes aceitar um valor v (com qualquer número n), mesmo que haja outras propostas com o número $n_1 > n$, o valor proposto será o valor v. Intuitivamente, o motivo é que um valor pode ser aceito com o número n somente se a maioria dos nós responder a uma mensagem de preparação com o número n; vamos chamar esse conjunto de aceitantes de P. Suponha que um valor v tenha sido aceito anteriormente pela maioria dos nós com o número m; chame esse conjunto de nós de A. Então, A e P devem ter um nó em comum, e o nó comum responderá com o valor v e número m.

Observe que alguma outra proposta com um número $p > n$ pode ter sido feita anteriormente, mas se tivesse sido aceita por um único nó, a maioria dos nós responderia à proposta com o número p e, portanto, não responderá à proposta com número n. Portanto, se uma proposta com valor v for aceita pela maioria dos nós, podemos ter certeza de que qualquer outra proposta será para o valor já escolhido v.

Observe que, se um aprendente descobrir que nenhuma proposta foi aceita pela maioria dos nós, ele poderá solicitar a qualquer proponente que emita uma nova proposta. Se um valor v tivesse sido aceito pela maioria dos nós, ele seria encontrado e aceito novamente, e o aprendente agora aprenderia sobre o valor. Se nenhum valor fosse aceito pela maioria dos nós anteriormente, a nova proposta poderia ter sido aceita.

Esse algoritmo é para uma única decisão. O Paxos foi estendido para permitir uma série de decisões; o algoritmo estendido é chamado Multi-Paxos. As implementações reais também precisam lidar com outras questões, por exemplo, como adicionar um nó ao conjunto de aceitantes ou remover um nó do conjunto de aceitantes, se ele estiver inativo por um longo tempo, sem afetar a corretude do protocolo. Referências com mais detalhes sobre Paxos e Multi-Paxos podem ser encontradas nas notas bibliográficas deste capítulo, disponíveis *on-line*.

23.8.3 Protocolo de consenso Raft

Existem vários protocolos de consenso cujo objetivo é manter um *log*, no qual os registros podem ser anexados de maneira tolerante a falhas. Cada nó que participa desse protocolo possui uma réplica do *log*. Os protocolos baseados em *log* simplificam o tratamento de várias decisões. O protocolo de consenso Raft é um exemplo desse protocolo, e foi projetado para ser (relativamente) fácil de entender.

Um objetivo principal dos protocolos baseados em *log* é manter as réplicas de *log* sincronizadas, apresentando uma visão lógica de acrescentar registros atomicamente a todas as cópias do *log*. De fato, anexar atomicamente a mesma entrada a todas as réplicas não é possível, em função de falhas. Lembre-se de que os modos de falha podem incluir um nó sendo desconectado temporariamente e perdendo algumas atualizações, sem nunca perceber que estava desconectado. Além disso, um acréscimo de *log* pode ser feito em apenas alguns nós, e o processo de acréscimo pode falhar posteriormente, deixando outras réplicas sem o registro. Portanto, é impossível garantir que todas as cópias do *log* sejam idênticas o tempo todo. Esses protocolos devem garantir o seguinte:

- Mesmo que uma réplica de *log* esteja temporariamente inconsistente com outra, o protocolo, por fim, a trará de volta ao sincronismo, excluindo e substituindo registros de *log* em algumas cópias.

- Uma entrada de *log* não será tratada como confirmada até que o algoritmo garanta que ela nunca será excluída.

Protocolos como o Raft, baseados na replicação de *log*, podem permitir que cada nó execute uma "máquina de estado", com entradas de *log* usadas como comandos para a máquina de estado; máquinas de estado são descritas na Seção 23.8.4.

O algoritmo Raft baseia-se em ter um coordenador, chamado **líder** na terminologia do Raft. Os outros nós participantes são chamados de **seguidores**. Como os líderes podem morrer e precisam ser substituídos, o tempo é dividido em mandatos, que são identificados por números inteiros. Cada mandato tem um líder exclusivo, embora alguns deles possam não ter nenhum líder associado. Os mandatos posteriores têm identificadores mais altos que os mandatos anteriores.

Os líderes são eleitos no Raft usando o algoritmo de repetição aleatória, descrito na Seção 23.7.2. Lembre-se de que o algoritmo de repetição aleatória já incorpora a noção de um mandato. Um nó que vota em um líder faz isso para um mandato específico. Os nós mantêm o controle do currentTerm (mandato atual) com base em mensagens dos líderes ou pedidos de votos.

Observe que um líder N_1 pode ser desconectado temporariamente, mas reconectado após outros nós descobrirem que o líder não pode ser alcançado e elegerem um novo líder N_2. O nó N_1 não sabe que existe um novo líder e pode continuar executando as ações de um líder. O protocolo deve ser capaz de resolver tais situações.

A Figura 23.9 mostra um exemplo de *logs* do Raft em um líder e quatro seguidores. Observe que o índice do *log* indica a posição de um registro específico em um *log*. O número na parte superior de cada registro de *log* é o mandato em que o registro de *log* foi criado, enquanto a parte inferior mostra a entrada do *log*, considerando aqui que ela registra atribuições para diferentes variáveis.

Qualquer nó que desejar anexar um registro ao *log* replicado envia uma solicitação de anexação de *log* ao líder atual. O líder adiciona seu mandato como um campo dos registros de *log* e anexa o registro ao seu *log*; em seguida, envia uma chamada de procedimento remoto *AppendEntries* para os outros nós; a chamada contém vários parâmetros, incluindo estes:

- *term*: o mandato do líder atual.
- *previousLogEntryPosition*: a posição no *log* da entrada de *log* anterior.
- *previousLogEntryTerm*: o mandato associado à entrada de *log* anterior.
- *logEntries*: um *array* de registros de *log*, permitindo que a chamada acrescente vários registros de *log* ao mesmo tempo.
- *leaderCommitIndex*: um índice para que todos os registros de *log* nesse índice ou anterior sejam confirmados. Lembre-se de que uma entrada de *log* não é considerada confirmada até que um líder tenha confirmado que a maioria dos nós aceitou essa entrada. O líder mantém, em leaderCommitIndex, uma posição no *log*, de modo que todos os registros de *log* nesse índice e anteriores sejam confirmados; esse valor é enviado junto com a chamada AppendEntries para que os nós aprendam quais registros de *log* foram confirmados.

Se a maioria dos nós responder à chamada com um valor de retorno verdadeiro, o líder poderá relatar o acréscimo bem-sucedido ao *log* (junto com a posição no *log*) ao nó que iniciou o acréscimo. Em breve, veremos o que acontece se a maioria não responder com verdadeiro.

Cada seguidor que recebe uma mensagem AppendEntries faz o seguinte:

1. Se o mandato na mensagem for menor que currentTerm, então retorna falso.

índice do log	1	2	3	4	5	6	7
líder	1 $x \leftarrow 2$	1 $z \leftarrow 2$	1 $x \leftarrow 3$	2 $x \leftarrow 4$	3 $x \leftarrow 1$	3 $y \leftarrow 6$	3 $z \leftarrow 4$
seguidor 1	1 $x \leftarrow 2$	1 $z \leftarrow 2$	1 $x \leftarrow 3$	2 $x \leftarrow 4$	3 $x \leftarrow 1$		
seguidor 2	1 $x \leftarrow 2$	1 $z \leftarrow 2$	1 $x \leftarrow 3$	2 $x \leftarrow 4$	3 $x \leftarrow 1$	3 $y \leftarrow 6$	3 $z \leftarrow 4$
seguidor 3	1 $x \leftarrow 2$	1 $z \leftarrow 2$	1 $x \leftarrow 3$				
seguidor 4	1 $x \leftarrow 2$	1 $z \leftarrow 2$	1 $x \leftarrow 3$	2 $x \leftarrow 4$	3 $x \leftarrow 1$	3 $y \leftarrow 6$	

⟵ entradas confirmadas ⟶

Figura 23.9 Exemplo de *logs* do Raft.

2. Se o *log* não contiver uma entrada em uma posição anterior, cujo mandato corresponda ao da mensagem, retorna falso.
3. Se houver uma entrada existente na posição do *log* diferente do primeiro registro na mensagem AppendEntries, a entrada existente e todas as entradas seguintes serão excluídas.
4. Quaisquer registros de *log* no parâmetro logEntries que ainda não estão no *log* são acrescentados ao *log*.
5. O seguidor também controla um commitIndex local para rastrear quais registros foram confirmados. Se o leaderCommitIndex > commitIndex, defina commitIndex = min(leaderCommitIndex, índice da última entrada no *log*).
6. Retorna verdadeiro.

Observe que a última etapa controla o último registro de *log* confirmado. É possível que o *log* do líder esteja à frente do *log* local, portanto, commitIndex não pode ser definido às cegas como leaderCommitIndex, e ele pode ter que ser definido como o final do *log* local se o leaderCommitIndex estiver à frente do final do *log* local.

A Figura 23.9 mostra que seguidores diferentes podem ter estados de *log* diferentes, pois algumas mensagens AppendEntries podem não ter atingido esses nós. A parte do *log* até a entrada 6 está presente na maioria dos nós (a saber, líder, seguidor 2 e seguidor 4). Ao receber uma resposta verdadeira à chamada AppendEntries do registro de *log* na posição 6 desses seguidores, o líder pode definir leaderCommitIndex como 6.

É possível que um nó N_1 seja um líder em algum mandato e, na desconexão temporária, ele pode ser substituído por um novo líder N_2 no próximo mandato. N_1 pode não perceber que há um novo líder por algum tempo e pode enviar mensagens appendEntry para outros nós. No entanto, a maioria dos outros nós saberá sobre o novo líder e teria um mandato superior ao de N_1. Assim, esses nós retornariam falsos e incluiriam seu mandato atual na resposta. O nó N_1 perceberia, então, que existe um líder com um novo mandato; depois, ele passa do papel de líder para o de seguidor.

O protocolo deve lidar com o fato de que alguns nós podem ter *logs* desatualizados. Observe que, na etapa 2 do protocolo seguidor, o seguidor retornará falso se seu *log* estiver desatualizado. Nesse caso, o líder tentará novamente um AppendEntries, enviando-lhe todos os registros de *log* de um ponto ainda mais próximo ao início do *log*. Isso pode acontecer várias vezes, até que o líder envie registros de *log* de um ponto que já esteja no *log* do seguidor. Nesse ponto, o comando AppendEntries seria bem-sucedido.

Um dos principais problemas que ainda resta é garantir que, se um líder morrer, e outro assumir o controle, o *log* seja levado a um estado consistente. Observe que o líder pode ter acrescentado algumas entradas de *log* localmente e replicado algumas para outros nós, mas o novo líder pode ou não ter todos esses registros. Para lidar com essa situação, o protocolo Raft inclui etapas para garantir o seguinte:

1. O protocolo garante que qualquer nó eleito como líder tenha todas as entradas de *log* confirmadas. Para fazer isso, qualquer candidato deve entrar em contato com a maioria dos nós e enviar informações sobre seu estado de *log* ao solicitar um voto. Um nó votará em um candidato na eleição somente se descobrir que o estado de *log* do candidato está *pelo menos tão atualizado* quanto o seu; observe que a definição de "pelo menos tão atualizado" é um pouco complicada, pois envolve identificadores de mandato nos registros de *log*, e, portanto, omitimos os detalhes.

   Como essa verificação é feita pela maioria dos nós que votaram no novo líder, qualquer entrada confirmada certamente estaria presente no *log* do novo líder eleito.
2. O protocolo, então, força todos os outros nós a replicar o *log* do líder.

   Observe que a primeira etapa não descobre realmente até qual registro de *log* está confirmado. Alguns dos registros de *log* no novo líder podem não ter sido confirmados anteriormente, mas podem ser confirmados quando o *log* do novo líder é replicado nesta etapa.

   Há também um detalhe sutil, pois o novo líder não pode contar o número de réplicas com um registro específico de um mandato anterior e declará-lo confirmado se estiver na maioria dos nós. Intuitivamente, o problema se deve à definição de "pelo menos tão atualizado" e à possibilidade de um líder falhar, se recuperar e ser eleito como líder novamente. Omitimos os detalhes, mas observe que a maneira como esse problema é resolvido é fazendo com que o novo líder replique um novo registro de *log* em seu mandato atual; quando esse registro de *log* é considerado como estando na maioria das réplicas, ele e todos os registros de *log* anteriores podem ser declarados confirmados.

Deve ficar claro que, embora o protocolo, como o Paxos, pareça simples em alto nível, há muitos detalhes sutis que precisam ser levados em consideração para garantir a consistência, mesmo diante de várias falhas e reinicializações. Há mais detalhes a serem resolvidos, incluindo como alterar a *associação no cluster* (*cluster membership*), ou seja, o conjunto de nós que formam o sistema, enquanto o sistema estiver em execução (fazer isso descuidadamente pode resultar em inconsistências). Os detalhes das etapas aqui relacionadas, incluindo provas de corretude, podem ser encontrados nas referências das notas bibliográficas deste capítulo, disponíveis *on-line*.

23.8.4 Serviços tolerantes a falhas usando máquinas de estado replicadas

Um requisito importante em muitos sistemas é que um serviço se torne tolerante a falhas. Um gerenciador de bloqueio é um exemplo desse tipo de serviço, assim como um sistema de armazenamento de chave-valor.

Uma técnica muito poderosa para tornar os serviços tolerantes a falhas é modelá-los como "máquinas de estado" e depois usar a ideia de máquinas de estado replicadas que descreveremos a seguir.

Uma **máquina de estado** recebe entradas e tem um estado armazenado; ela faz transições de estado em cada entrada e pode gerar alguns resultados junto com a transição de estado. Uma **máquina de estado replicada** é uma máquina de estado replicada em vários nós, para torná-la tolerante a falhas. Intuitivamente, mesmo se um dos nós falhar, o estado e a saída podem ser obtidos de qualquer um dos nós que estão ativos, desde que todas as máquinas de estado estejam em um estado consistente. A chave para garantir que as réplicas das máquinas de estado sejam consistentes é (a) exigir que as máquinas de estado sejam determinísticas e (b) garantir que todas as réplicas obtenham exatamente a mesma entrada na mesma ordem.

Para garantir que todas as réplicas obtenham exatamente a mesma entrada e na mesma ordem, basta anexar as entradas a um *log* replicado, usando, por exemplo, técnicas que vimos anteriormente na Seção 23.8.3. Assim que for determinado que uma entrada de *log* é confirmada, ela pode ser dada como entrada na máquina de estado, que poderá processá-la.

A Figura 23.10 representa uma máquina de estado replicada com base em um *log* replicado. Quando um cliente emite um comando, como $y \leftarrow 7$ na figura, o comando é enviado ao líder, onde é acrescentado ao *log*. Em seguida, o líder replica o comando para os *logs* nos seguidores. Depois que a maioria confirma que o comando foi replicado em seus *logs*, o líder declara o comando confirmado e aplica o comando à sua máquina de estado. Ele também informa aos seguidores sobre o *commit*, e os seguidores então aplicam o comando à sua máquina de estado.

No exemplo da Figura 23.10, a máquina de estado simplesmente registra o valor da variável atualizada; mas, em geral, a máquina de estado pode executar quaisquer outras ações. As ações, no entanto, precisam ser determinísticas; portanto, todas as máquinas de estado estão exatamente no mesmo estado quando executam o mesmo conjunto de comandos; a ordem de execução dos comandos será a mesma, pois os comandos são executados na ordem do *log*.

Comandos como solicitação de bloqueio devem retornar um *status* ao chamador. O *status* pode ser retornado de qualquer uma das réplicas em que o comando é executado. A maioria das implementações retorna o *status* do nó líder, uma vez que a solicitação é enviada ao líder, e o líder também é o primeiro nó a saber quando um registro de *log* foi confirmado (replicado para a maioria dos nós).

Agora, vamos examinar duas aplicações que podem ser tolerantes a falhas usando o conceito de máquina de estado replicada.

Primeiramente, consideramos como implementar um **gerenciador de bloqueio tolerante a falhas**. Um gerenciador de bloqueio obtém comandos, ou seja, solicitações e liberações de bloqueios, e mantém um estado (tabela de bloqueios). Também fornece saída (concessões de bloqueio ou solicitações de reversão em caso de impasse) ao processar entradas (solicitações ou liberações de bloqueio). Os gerenciadores de bloqueio podem ser facilmente codificados para serem determinísticos, ou seja, com a mesma entrada, o estado e a saída serão os mesmos, ainda que o código seja executado novamente em um nó diferente.

Assim, podemos tomar uma implementação centralizada de um gerenciador de bloqueio e executá-la em cada nó. As solicitações e liberações de bloqueio são anexadas a um *log* replicado usando, por exemplo, o protocolo Raft. Uma vez confirmada uma entrada de *log*, o comando correspondente (solicitação ou liberação de bloqueio) pode ser processado, em ordem, pelo código do gerenciador de bloqueio em cada réplica. Mesmo se algumas das réplicas falharem, as outras réplicas poderão continuar processando, enquanto a maioria estiver ativa e conectada.

Agora considere a questão de implementar um **armazenamento de chave-valor tolerante a falhas**. Um sistema de armazenamento de nó único pode ser modelado como uma máquina de estado que admite operações put() e get(). O sistema de armazenamento é tratado como uma máquina de estado, e a máquina de estado é executada em vários nós.

As operações put() são anexadas ao *log* usando um protocolo de consenso e são processadas quando o protocolo de consenso declara que os registros de *log* correspondentes estão confirmados (ou seja, replicados para a maioria dos nós).

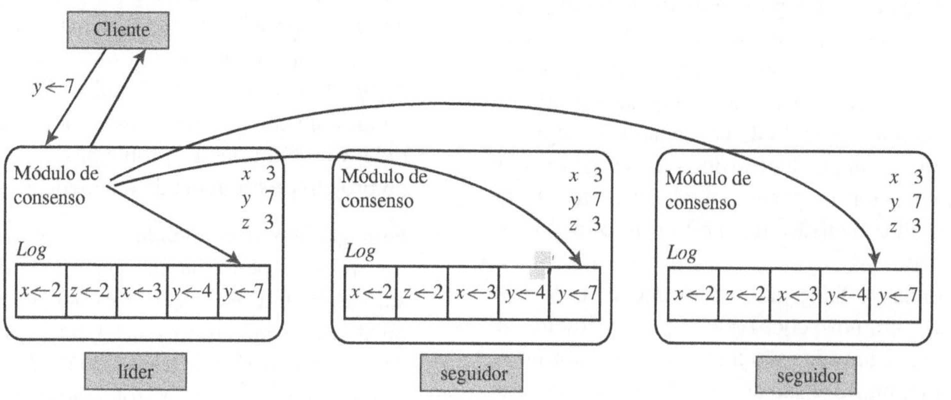

Líder declara um registro de log confirmado depois que ele for replicado na maioria dos nós. A atualização da máquina de estado em cada réplica só acontece depois que o registro de log tiver sido confirmado.

Figura 23.10 Máquina de estado replicada.

Se o protocolo de consenso usa líderes, as operações get() não precisam ser registradas em *log*, e só precisam ser executadas no líder. Para garantir que uma operação get() veja o put() mais recente sobre o mesmo item de dados, todas as operações put() sobre o mesmo item de dados que precedem a operação get() no *log* devem ser confirmadas antes que a operação get() seja processada. (Se um protocolo de consenso não usar um líder, as operações get() também poderão ser registradas e executadas por pelo menos uma das réplicas que retornam o valor ao chamador.)

O Spanner do Google é um exemplo de sistema que usa a técnica de máquina de estado replicada para criar uma implementação tolerante a falhas de um sistema de armazenamento de chave-valor e um gerenciador de bloqueio.

Para garantir a escalabilidade, o Spanner divide os dados em partições, cada uma com um subconjunto dos dados. Cada partição tem seus dados replicados por diversos nós. Cada nó executa duas máquinas de estado: uma para o sistema de armazenamento de chave-valor e outra para o gerenciador de bloqueio. O conjunto de réplicas para uma partição específica é chamado de *grupo Paxos*; um dos nós em um grupo Paxos atua como líder do grupo Paxos. As operações do gerenciador de bloqueio, bem como as operações de armazenamento de chave-valor para uma partição específica, são iniciadas no líder do grupo Paxos para essa partição. As operações são acrescentadas a um *log*, que é replicado para os outros nós no grupo Paxos por meio do protocolo de consenso Paxos.[2] As solicitações são aplicadas em ordem a cada membro do grupo Paxos, uma vez confirmadas.

Como uma otimização, operações get() não são registradas em *log*, e são executadas apenas no líder, conforme descrito anteriormente. Como uma otimização adicional, o Spanner permite que as leituras sejam feitas em um momento específico (*as of a particular point in time*), permitindo que elas sejam executadas em qualquer réplica da partição (em outras palavras, em qualquer outro membro do grupo Paxos) que esteja suficientemente atualizada, com base no protocolo de bloqueio de duas fases multiversão, descrito anteriormente na Seção 23.5.1.

23.8.5 *Commit* de duas fases usando consenso

Dada uma implementação do protocolo de consenso, podemos usá-lo para criar uma implementação de **commit de duas fases sem bloqueio**. A ideia é simples: em vez de um coordenador registrar sua decisão de confirmar ou abortar localmente, ele usa um protocolo de consenso para registrar sua decisão em um *log* replicado. Mesmo que o coordenador falhe posteriormente, outros participantes do protocolo de consenso conhecem a decisão, de modo que o problema de bloqueio é evitado.

Caso o coordenador falhe antes de tomar uma decisão para uma transação, um novo coordenador pode primeiro verificar o *log* para ver se uma decisão foi tomada anteriormente e, se não, pode tomar uma decisão de confirmar/abortar e usar o protocolo de consenso para registrar essa decisão.

[2] Na verdade, a versão Multi-Paxos do protocolo Paxos é usada, mas para simplificar usaremos apenas Paxos.

Por exemplo, no sistema Spanner, desenvolvido pelo Google, uma transação pode abranger várias partições. O *commit* de duas fases é iniciado por um cliente e coordenado pelo líder do grupo Paxos em uma das partições em que a transação foi executada. Todas as outras partições em que uma atualização foi executada atuam como um participante no protocolo de *commit* de duas fases. As mensagens de preparação e confirmação são enviadas ao nó líder do grupo Paxos de cada uma das partições; lembre-se de que os participantes do *commit* de duas fases e os coordenadores registram as decisões em seus *logs* locais. Essas decisões são registradas por cada líder, usando consenso envolvendo todos os outros nós em seu grupo Paxos.

Se um membro do grupo Paxos que não seja o líder morrer, ele poderá continuar processando as etapas de confirmação em duas fases, desde que a maioria dos nós do grupo esteja ativa e conectada. Se um líder do grupo Paxos falhar, um dos outros membros do grupo assume o cargo de líder do grupo. Observe que todas as informações de estado necessárias para continuar o processamento de confirmação estão disponíveis ao novo líder. Os registros de *log* escritos durante o processamento do *commit* estão disponíveis desde quando o *log* é replicado. Além disso, lembre-se (conforme a Seção 23.8.4) de que o Spanner torna o gerenciador de bloqueio tolerante a falhas usando o conceito de máquina de estado replicada. Portanto, uma réplica consistente da tabela de bloqueios também está disponível com o novo líder. Assim, as etapas do *commit* de duas fases do coordenador e dos participantes podem continuar sendo executadas mesmo que alguns nós falhem.

23.9 Resumo

- Um sistema de banco de dados distribuído consiste em uma coleção de nós, cada um mantendo um sistema de banco de dados local. Cada nó é capaz de processar transações locais: aquelas transações que acessam dados apenas nesse nó isolado. Além disso, um nó pode participar da execução de transações globais: aquelas transações que acessam dados em vários nós. Os gerenciadores de transação em cada nó gerenciam o acesso aos dados locais, enquanto o coordenador de transação coordena a execução de transações entre diversos nós.
- Um sistema distribuído pode sofrer dos mesmos tipos de falha que afligem um sistema centralizado. Contudo, existem outras falhas com que precisamos lidar em um ambiente distribuído, incluindo a falha de um nó, a falha de um enlace, a perda de uma mensagem e a partição da rede. Cada um desses problemas precisa ser considerado no projeto de esquema de recuperação distribuído.
- Para garantir a atomicidade, todos os nós em que uma transação *T* foi executada precisam concordar sobre o resultado final da execução. *T* é confirmada em todos os nós ou abortada em todos os nós. Para garantir essa propriedade, o coordenador de transação de *T* precisa executar um protocolo de *commit*. O protocolo de *commit* mais utilizado é o protocolo de *commit* de duas fases.
- O protocolo de *commit* de duas fases pode lidar com o bloqueio, a situação em que o destino de uma transação não

pode ser determinado até que um nó que falhou (o coordenador) se recupere. Podemos usar protocolos de consenso distribuídos ou o protocolo de *commit* de três fases para reduzir o risco de bloqueio.

- A técnica de mensagem persistente oferece um modelo alternativo para tratar de transações distribuídas. O modelo desmembra uma única transação em partes, que são executadas em diferentes bancos de dados. As mensagens persistentes (que, por garantia, são entregues exatamente uma vez, independentemente das falhas) são enviadas aos nós remotos para solicitar que sejam tomadas ações por lá. Embora a técnica de mensagem persistente evite o problema de bloqueio, os desenvolvedores de aplicação precisam escrever código para lidar com vários tipos de falhas.
- Os diversos esquemas de controle de concorrência utilizados em um sistema centralizado podem ser modificados para uso em ambiente distribuído. No caso de protocolos de bloqueio, a única mudança que precisa ser incorporada está no modo como o gerenciador de bloqueio é implementado. Os gerenciadores de bloqueio centralizados são vulneráveis à sobrecarga e a falhas. A detecção de impasse em um ambiente de gerenciador de bloqueio distribuído requer a cooperação entre vários nós, pois pode haver impasses globais mesmo quando não existem impasses locais.
- Os protocolos de ordenação e validação de *timestamp* também podem ser estendidos para atuar em um ambiente distribuído. Os *timestamps* usados para ordenar as transações precisam se tornar globalmente exclusivos.
- Protocolos para lidar com dados replicados devem garantir a consistência dos dados. A linearizabilidade é uma propriedade fundamental que garante que as leituras e escritas simultâneas feitas às réplicas de um único item de dados possam ser serializadas.
- Protocolos para lidar com dados replicados incluem os protocolos de cópia primária, maioria, tendencioso e consenso de quórum. Estes possuem diferentes opções em termos de custo e capacidade de trabalhar na presença de falhas.
- O protocolo da maioria pode ser estendido usando números de versão para permitir que o processamento da transação prossiga mesmo na presença de falhas. Embora o protocolo tenha sobrecarga significativa, ele funciona independentemente do tipo de falha. Protocolos menos dispendiosos estão disponíveis para lidar com as falhas no nó, mas consideram que o particionamento da rede não ocorre.
- Para oferecer alta disponibilidade, um banco de dados distribuído precisa detectar falhas, reconfigurar-se de modo que a computação possa continuar e recuperar-se quando um processador ou enlace é reparado. A tarefa é complicada ainda mais pelo fato de que é difícil distinguir entre partições de rede e falhas de nó.
- *Timestamps* globalmente consistentes e exclusivos são fundamentais para a extensão do bloqueio de duas fases multiversão e do isolamento de *snapshot* para um ambiente distribuído.
- O teorema CAP indica que não se pode ter consistência e disponibilidade caso haja partições de rede. Muitos sistemas renunciam à consistência para obter maior disponibilidade. O objetivo então se torna uma consistência eventual, em vez de garantir consistência o tempo todo. A detecção de inconsistência de réplicas pode ser feita usando esquemas de vetor de versão e árvores de Merkle.
- Muitos sistemas de banco de dados oferecem suporte à replicação assíncrona, em que as atualizações são propagadas para as réplicas fora do escopo da transação que executou a atualização. Tais recursos devem ser usados com muito cuidado, pois podem resultar em execuções não serializáveis.
- Alguns dos algoritmos distribuídos exigem o uso de um coordenador. Para oferecer alta disponibilidade, o sistema precisa manter uma cópia de *backup* que esteja pronta para assumir a responsabilidade se o coordenador falhar. Outra técnica é escolher o novo coordenador após o coordenador ter falhado. Os algoritmos que determinam qual nó deverá atuar como coordenador são denominados algoritmos de eleição. Serviços de coordenação distribuídos, como ZooKeeper, admitem a seleção de coordenador de uma forma tolerante a falhas.
- Algoritmos de consenso distribuídos permitem atualizações consistentes de réplicas, mesmo diante de falhas, sem exigir a presença de um coordenador. Os coordenadores ainda poderão ser usados por questão de eficiência, mas a falha de um coordenador não afeta a corretude dos protocolos. Paxos e Raft são protocolos de consenso muito utilizados. Máquinas de estado replicadas, implementadas por meio de algoritmos de consenso, podem ser usadas para montar uma grande variedade de serviços tolerantes a falhas.

Termos de revisão

- Transações distribuídas
  - Transações locais
  - Transações globais
- Gerenciador de transação
- Coordenador de transação
- Modos de falha do sistema
- Partição de rede
- Protocolos de *commit*
- Protocolo de *commit* de duas fases (2PC)
  - Estado pronto
  - Transações em dúvida
  - Problema de bloqueio

- Consenso distribuído
- Protocolo de *commit* de três fases (3PC)
- Mensagens persistentes
- Controle de concorrência
- Gerenciador de bloqueio único
- Gerenciador de bloqueio distribuído
- Tratamento de impasse
  - Grafo de espera local
  - Grafo de espera global
  - Ciclos falsos
- Concessões de bloqueio
- *Timestamp*
- Dados replicados
- Linearizabilidade
- Protocolos para réplicas
  - Cópia primária
  - Protocolo da maioria
  - Protocolo tendencioso
  - Protocolo de consenso de quórum
- Robustez
  - Técnica baseada na maioria
  - Ler em um, escrever em todos
  - Ler em um, escrever em todos os disponíveis
  - Reintegração de nó/sítio
- Consistência externa
- Espera de confirmação
- Teorema CAP
- Propriedades BASE
- Replicação assíncrona
- Propagação preguiçosa
- Replicação mestre-escravo
- Replicação multimestre (atualizar em todo lugar)
- Manutenção de *view* assíncrona
- Consistência eventual
- Esquema de vetor de versão
- Árvore de Merkle
- Seleção de coordenador
- Coordenador de *backup*
- Algoritmos de eleição
- Algoritmo *bully*
- Mandato
- Protocolo de consenso distribuído
- Paxos
  - Proponentes
  - Aceitantes
  - Aprendentes
- Raft
- Líderes
- Seguidores
- Máquina de estado replicada
- Gerenciador de bloqueio tolerante a falhas
- *Commit* de duas fases sem bloqueio

Exercícios práticos

23.1 Quais são as principais diferenças entre uma rede local e uma rede remota que afetam o projeto de um banco de dados distribuído?

23.2 Para criar um sistema distribuído altamente disponível, você precisa saber que tipos de falhas poderão ocorrer.

a. Liste os possíveis tipos de falha em um sistema distribuído.

b. Quais itens na sua lista do item (a) também se aplicam a um sistema centralizado?

23.3 Considere que ocorra uma falha durante o 2PC para uma transação. Para cada falha possível que você listou no Exercício Prático 23.2a, explique como o 2PC garante a atomicidade da transação apesar da falha.

23.4 Considere um sistema distribuído com dois nós, *A* e *B*. O nó *A* pode distinguir entre os seguintes?

- *B* parado.
- O enlace entre *A* e *B* cortado.
- *B* extremamente sobrecarregado e o tempo de resposta é 100 vezes maior que o normal.

Que implicações tem a sua resposta para a recuperação nos sistemas distribuídos?

23.5 O esquema de mensagens persistentes, descrito neste capítulo, depende de *timestamps*. Uma desvantagem é que ele só pode descartar mensagens recebidas se elas forem muito antigas, e podem ter que registrar um grande número de mensagens recebidas. Sugira um esquema alternativo baseado em números de sequência, em vez de *timestamps*, que possa descartar mensagens mais rapidamente.

23.6 Explique a diferença entre replicação de dados em um sistema distribuído e a manutenção de um nó de *backup* remoto.

23.7 Dê um exemplo em que a replicação preguiçosa pode levar a um estado de banco de dados inconsistente, mesmo quando as atualizações recebem um bloqueio exclusivo sobre a cópia primária (mestre) se os dados foram lidos de um nó diferente do mestre.

23.8 Considere o seguinte algoritmo de detecção de impasse. Quando a transação T_i, no nó N_1, solicitar um recurso de T_j, no nó N_3, uma mensagem de solicitação com *timestamp* n é enviada. A aresta (T_i, T_j, n) é inserida no grafo de espera local N_1. A aresta (T_i, T_j, n) é inserida no grafo de espera local de N_3 somente se T_j tiver recebido a mensagem de solicitação e não puder conceder imediatamente o recurso solicitado. Uma solicitação de T_i para T_j no mesmo nó é tratada de modo normal; nenhum *timestamp* é associado à aresta (T_i, T_j). Um coordenador central invoca o algoritmo de detecção enviando uma mensagem de início a cada nó no sistema.

Ao receber essa mensagem, um nó envia seu grafo de espera local ao coordenador. Observe que esse grafo contém todas as informações locais que o nó tem sobre o estado do grafo real. O grafo de espera reflete um estado instantâneo do nó, mas não está sincronizado com relação a qualquer outro nó.

Quando o controlador tiver recebido uma resposta de cada nó, ele constrói um grafo da seguinte forma:

- O grafo contém um vértice para cada transação no sistema.
- O grafo tem uma aresta (T_i, T_j) se, e somente se:
    - Houver uma aresta (T_i, T_j) em um dos grafos de espera.
    - Uma aresta (T_i, T_j, n) (para algum n) aparece em mais de um grafo de espera.

Mostre que, se houver um ciclo no grafo construído, o sistema está em estado de impasse e que, se não houver um ciclo no grafo construído, o sistema não estava em estado de impasse quando a execução do algoritmo foi iniciada.

23.9 Considere o protocolo de replicação em cadeia, descrito na Seção 23.4.3.2, que é uma variante do protocolo de cópia primária.

a. Se o bloqueio for usado para controle de concorrência, qual é o ponto mais antigo em que um processo pode liberar um bloqueio exclusivo após atualizar um item de dados?

b. Embora cada item de dados possa ter sua própria cadeia, indique dois motivos para que seja preferível ter uma cadeia definida em um nível mais alto, por exemplo, para cada partição ou *tablet*.

c. Como os protocolos de consenso podem ser usados para garantir que a cadeia seja determinada exclusivamente em qualquer ponto no tempo?

23.10 Se o esquema de cópia primária for usado para replicação e o primário for desconectado do restante do sistema, um novo nó pode ser eleito como primário. Mas o primário antigo pode não observar que foi desconectado, e pode ser reconectado mais tarde sem notar que existe um novo primário.

a. Que problemas podem surgir se o antigo primário não notar que um novo assumiu o controle?

b. Como as concessões podem ser usadas para evitar esses problemas?

c. Essa situação, onde um nó participante é desconectado e depois reconectado sem notar que foi desconectado, causaria algum problema com os protocolos da maioria ou de quórum?

23.11 Considere um sistema multibanco de dados em que se garante que, no máximo, uma transação global está ativa em determinado momento e cada nó local garante a serializabilidade local.

a. Sugira maneiras como o sistema multibanco de dados pode garantir que existe, no máximo, uma transação global ativa em determinado momento.

b. Mostre, por meio de exemplo, que é possível que ocorra um *schedule* global não serializável apesar das suposições.

23.12 Considere um sistema multibanco de dados em que cada nó local garante a serializabilidade local e todas as transações globais são somente de leitura.

a. Mostre, por meio de exemplo, que pode haver execuções não serializáveis em tal sistema.

b. Mostre como você poderia usar um esquema de *ticket* para garantir a serializabilidade global.

23.13 Suponha que você tenha uma relação grande $r(A, B, C)$ e uma *view* materializada $v = {}_A\gamma_{\text{sum}(B)}(r)$. A manutenção de *view* pode ser realizada como parte de cada transação que atualiza r, em um sistema de armazenamento paralelo/distribuído que admita transações por múltiplos nós. Suponha que o sistema use o *commit* de duas fases junto com um protocolo de consenso como Paxos, por *datacenters* espalhados geograficamente.

a. Explique por que não é uma boa ideia realizar a manutenção de *view* como parte da transação de atualização, se alguns valores do atributo A são "quentes" em certos momentos, ou seja, muitas atualizações são feitas sobre esses valores de A.

b. Explique como o bloqueio de operação (se for aceito) poderia resolver esse problema.

c. Explique as vantagens e desvantagens de usar a manutenção de *view* assíncrona neste contexto.

Exercícios

23.14 Quais características de uma aplicação a tornam fácil de escalar usando um armazenamento de chave-valor, e quais características dificultam sua implantação em armazenamentos de chave-valor?

23.15 Dê um exemplo em que a técnica de "ler em um, escrever em todos" leva a um estado errôneo.

23.16 No protocolo da maioria, o que o leitor deverá fazer se descobrir diferentes valores em diferentes cópias, para (a) decidir qual é o valor correto e (b) retornar à consistência das cópias? Se o leitor não se importar em retornar à consistência das cópias, isso afetaria a corretude do protocolo?

23.17 Se aplicarmos uma versão distribuída do protocolo de granularidade múltipla do Capítulo 18 a um banco de dados distribuído, o nó responsável pela raiz do DAG pode se tornar um gargalo. Suponha que modifiquemos esse protocolo da seguinte maneira:

- Somente bloqueios do modo de intenção (*intention-mode locks*) são permitidos na raiz.
- Todas as transações recebem o bloqueio do modo de intenção mais forte (IX) sobre a raiz automaticamente.

Mostre que essas modificações aliviam o problema sem permitir quaisquer *schedules* não serializáveis.

23.18 Discuta as vantagens e as desvantagens dos dois métodos que apresentamos na Seção 23.3.4 para gerar *timestamps* globalmente exclusivos.

23.19 O Spanner oferece às transações somente leitura uma visão de *snapshot* dos dados, usando o bloqueio de duas fases multiversão.

a. No esquema 2PL multiversão centralizado, as transações somente leitura nunca esperam. Mas, no Spanner, as leituras podem ter que esperar. Explique o motivo.

b. O uso de um *timestamp* mais antigo para o *snapshot* pode reduzir as esperas, mas possui algumas desvantagens. Explique o motivo e quais são as desvantagens.

23.20 As árvores de Merkle pode se tornar baixas e gordas (como as árvores B^+) ou altas e finas (como as árvores de busca binária). Qual destas seria a melhor opção se você está comparando dados por dois nós separados geograficamente, e por quê?

23.21 Por que a noção de mandato é importante quando uma eleição é usada para escolher um coordenador? Quais são as analogias entre as eleições com mandatos e as eleições usadas em uma democracia?

23.22 Para a execução correta de uma máquina de estado replicada, as ações devem ser determinísticas. O que poderia acontecer se uma ação for não determinística?

Leitura adicional

Discussões em livros-texto sobre processamento de transações distribuído, incluindo controle de concorrência e os protocolos de *commit* de duas e três fases, são oferecidas por Bernstein e Goodman (1981) e Bernstein e Newcomer (2009). Discussões em livros-texto sobre bancos de dados distribuídos são oferecidas por Ozsu e Valduriez (2010). Uma coleção de artigos sobre gerenciamento de dados em sistemas de nuvem pode ser vista em Ooi e S. Parthasarathy (2009).

A implementação do conceito de transação em um banco de dados distribuído é apresentada por Gray (1981) e Traiger *et al.* (1982). O protocolo 2PC foi desenvolvido por Lampson e Sturgis (1976). O protocolo de *commit* de três fases é de Skeen (1981). As técnicas de *commit* de duas fases sem bloqueio e baseado em consenso, chamado Paxos Commit, são descritas em Gray e Lamport (2004).

A replicação em cadeia foi proposta inicialmente por van Renesse e Schneider (2004) e uma versão otimizada dessa replicação foi proposta por Terrace e Freedman (2009).

O controle de concorrência otimista distribuído é descrito em Agrawal *et al.* (1987), enquanto o isolamento de *snapshot* distribuído é abordado em Binning *et al.* (2014) e Schenkel *et al.* (1999). O esquema 2PL multiversão distribuído e externamente consistente, usado no Spanner, é descrito por Corbett *et al.* (2013).

O teorema CAP foi pressuposto por Brewer (2000) e formalizado e comprovado por Gilbert e Lynch (2002). Cooper *et al.* (2008) descrevem o sistema PNUTS do Yahoo!, incluindo seu suporte à manutenção assíncrona de réplicas usando um sistema publicar-assinar. A manutenção de *view* paralela é tratada em Chen *et al.* (2004) e Zhang *et al.* (2004), enquanto a manutenção de *view* assíncrona é descrita por Agrawal *et al.* (2009). O processamento de transações em sistemas multibanco de dados é discutido por Mehrotra *et al.* (2001).

Paxos é descrito em Lamport (1998); Paxos é baseado em recursos de vários protocolos anteriores, com referências em Lamport (1998). O serviço de bloqueio Chubby do Google, baseado no Paxos, é abordado por Burrows (2006). O sistema ZooKeeper, muito utilizado para coordenação distribuída, é retratado em Hunt *et al.* (2010), e o protocolo de consenso (também conhecido como protocolo de *broadcast* atômico) usado no ZooKeeper é descrito em Junqueira *et al.* (2011). O protocolo de consenso do Raft é apresentado em Ongaro e Ousterhout (2014).

Bibliografia

AGRAWAL, D. *et al.* "Distributed optimistic concurrency control with reduced rollback". *Distributed Computing*, 2(1), p. 45-59, 1987.

AGRAWAL, P. *et al.* "Asynchronous view maintenance for VLSD databases". In: *Proc. of the ACM SIGMOD*, Providence, Rhode Island, p. 179-192, 2009.

BERNSTEIN, P. A.; GOODMAN, N. "Concurrency control in distributed database systems". *ACM Computing Surveys*, 13(2), p. 185-221, 1981.

BERNSTEIN, P. A.; NEWCOMER, E. *Principles of transaction processing*. 2. ed. Massachusetts: Morgan Kaufmann, 2009.

BINNIG, C. "Distributed snapshot isolation: global transactions pay globally, local transactions pay locally". *The VLDB Journal*, 23(6), p. 987-1011, 2014.

BREWER, E. A. "Towards robust distributed systems (abstract)". In: *Proc. of the ACM Symposium on Principles of Distributed Computing*, p. 7, 2000.

BURROWS, M. "The chubby lock service for loosely-coupled distributed systems". In: *Symposium on Operating Systems Design and Implementation (OSDI)*, p. 335-350, 2006.

CHEN, S.; LIU, B.; RUNDENSTEINER, E. A. "Multiversion-based view maintenance over distributed data sources". *ACM Transactions on Database Systems*, 29(4), p. 675-709, 2004.

COOPER, B. F. *et al.* "PNUTS: Yahoo!'s hosted data serving platform". In: *Proc. of the VLDB*, New Zealand, 1(2), p. 1277-1288, 2008.

CORBETT, J. C. *et al.* "Spanner: Google's globally distributed database". *ACM Transactions on Computer Systems*, 31(3), 2013.

GILBERT, S.; LYNCH, N. "Brewer's conjecture and the feasibility of consistent, available, partition-tolerant Web services". *ACM SIGACT News*, 33(2), p. 51-59, 2002.

GRAY, J. "The transaction concept: virtues and limitations". In: *Proc. of the VLDB*, Cannes, France, p. 144-154, 1981.

GRAY, J.; LAMPORT, L. "Consensus on transaction commit". *ACM Transactions on Database Systems*, 31(1), p. 133-160, 2004.

HUNT, P. *et al.* "ZooKeeper: wait-free coordination for internet-scale systems". In: *USENIX Annual Technical Conference (USENIX ATC)*, p. 11-11, 2010.

JUNQUEIRA, F. P.; REED, B. C.; SERAFINI, M. "Zab: high-performance broadcast for primary-backup systems". In: *IEEE/IFIP 41st International Conference on Dependable Systems Networks (DSN)*, p. 245-256, 2011.

LAMPORT, L. "The part-time parliament". *ACM Transactions on Computer Systems*, 16(2), p. 133-169, 1998.

LAMPSON, B.; STURGIS, H. "Crash recovery in a distributed data storage system". Technical report, Computer Science Laboratory, Xerox Palo Alto Research Center, Palo Alto, 1976.

MEHROTRA, S. *et al.* "Overcoming heterogeneity and autonomy in multidatabase systems". *Information and Computation*, 167(2), p. 137-172, 2001.

ONGARO, D.; OUSTERHOUT, J. K. "In search of an understandable consensus algorithm". In: *USENIX Annual Technical Conference (USENIX ATC)*, Philadelphia, p. 305-319, 2014.

OOI, B. C.; PARTHASARATHY, S. "Special issue on data management on cloud computing platforms". *IEEE Data Engineering Bulletin*, 32(1), 2009.

OZSU, T.; VALDURIEZ, P. *Principles of distributed database systems*. 3. ed. New Jersey: Prentice-Hall, 2010.

SCHENKEL, R. *et al.* "Federated transaction management with snapshot isolation". In: *International Workshop on Foundations of Models and Languages for Data and Objects, Transactions and Database Dynamics*, p. 1-25, 1999.

SKEEN, D. "Non-blocking commit protocols". In: *Proc. of the ACM SIGMOD*, Portland, Oregon, p. 133-142, 1981.

TERRACE, J.; FREEDMAN, M. J. "Object storage on CRAQ: high-throughput chain replication for read-mostly workloads". In: *USENIX Annual Technical Conference (USENIX ATC)*, 2009.

TRAIGER, I. L. *et al.* "Transactions and consistency in distributed database management systems". *ACM Transactions on Database Systems*, 7(3), p. 323-342, 1982.

VAN RENESSE, R.; SCHNEIDER, F. B. "Chain replication for supporting high throughput and availability". In: *Symposium on Operating Systems Design and Implementation (OSDI)*, p. 91-104, 2004.

ZHANG, X.; DING, L.; RUNDENSTEINER, E. A. "Parallel multisource view maintenance". *The VLDB Journal*, 13(1), p. 22-48, 2004.

Créditos

A foto dos barcos no início do capítulo pertence a
© dimaberkut | 123rf.com

PARTE 9

TÓPICOS AVANÇADOS

O Capítulo 24 contém mais detalhes sobre as estruturas de índices que abordamos no Capítulo 14. Em particular, este capítulo oferece uma cobertura detalhada da árvore LSM e suas variantes, índices de mapa de bits e indexação de dados espaciais, todos abordados resumidamente no Capítulo 14. O capítulo também oferece uma explicação detalhada das técnicas de *hash* dinâmico.

O Capítulo 25 aborda uma série de tópicos envolvidos no desenvolvimento de aplicações. As aplicações podem ser criadas para melhorar a velocidade por meio do ajuste de desempenho, que consiste em encontrar e eliminar gargalos e, então, adicionar *hardware* apropriado, como memória ou discos. O desempenho da aplicação é avaliado usando *benchmarks*, que são conjuntos padronizados de tarefas que ajudam a caracterizar o desempenho dos sistemas de banco de dados. Outro aspecto importante do desenvolvimento de aplicações é o teste, que requer a geração de estados do banco de dados e entradas de teste, seguido pela verificação de que as saídas reais de uma consulta ou programa na entrada de teste correspondem às saídas esperadas. Por fim, os padrões são muito importantes para o desenvolvimento de aplicações. Diversos padrões que afetam o desenvolvimento de aplicações de banco de dados foram propostos. Esboçamos vários deles neste capítulo.

O Capítulo 26 aborda a tecnologia de *blockchain* do ponto de vista do banco de dados. Esse capítulo identifica as maneiras pelas quais os bancos de dados *blockchain* se diferenciam dos bancos de dados tradicionais, abordados em outras partes deste texto, e mostra como esses recursos diferenciados são implementados. Embora os sistemas de *blockchain* estejam frequentemente associados ao Bitcoin, o capítulo vai além dos algoritmos e implementação no estilo Bitcoin, para se concentrar em alternativas mais adequadas a um ambiente de banco de dados corporativo.

CAPÍTULO 24

Técnicas avançadas de indexação

No Capítulo 14, estudamos o conceito de indexação, bem como várias estruturas de índice diferentes. Embora algumas estruturas de índice, como as árvores B$^+$, tenham sido abordadas em detalhes, outras, como *hashing*, índices otimizados para escrita, índices de mapa de bits e índices espaciais, foram apenas rapidamente resumidas naquele capítulo. Neste capítulo, vamos dar mais detalhes sobre essas estruturas de índice. Fornecemos uma cobertura detalhada da árvore LSM e suas variantes. Em seguida, uma descrição detalhada dos índices de mapa de bits. Na sequência, uma cobertura mais detalhada da indexação espacial, cobrindo árvores quadráticas e árvores R com mais detalhes. Por fim, explicamos sobre o *hashing*, com uma cobertura detalhada das técnicas de *hashing* dinâmico.

24.1 Filtro de Bloom (*Bloom filter*)

Um **filtro de Bloom** é uma estrutura de dados probabilística que pode verificar a presença de um valor em um conjunto dado, usando muito pouco espaço, mas com um pequeno risco de superestimar o conjunto de elementos que estão no conjunto dado. Um filtro de Bloom é, basicamente, um mapa de bits. Se o conjunto tiver n valores, o mapa de bits associado terá um tamanho proporcional a n bits (normalmente, $10n$); o filtro de Bloom também possui várias funções de *hash* associadas a ele. Supomos, inicialmente, que haja apenas uma função de *hash* $h()$.

Os bits no mapa de bits são todos inicialmente definidos como zero; posteriormente, cada valor no conjunto é lido, e a função de *hash* $h(v)$ é calculada sobre o elemento v, com o contradomínio (*range*) da função sendo de um a $10n$. O bit na posição $h(v)$ é então definido como um. Isso é repetido para cada elemento v. Para verificar se determinado valor v está presente no conjunto, a função de *hash* $h(v)$ é calculada. Se o bit $h(v)$ no filtro de Bloom for igual a zero, podemos deduzir que v certamente não está no conjunto. No entanto, se o bit $h(v)$ for igual a um, v poderá estar presente no conjunto. Observe que, com alguma probabilidade, o bit $h(v)$ pode ser um, mesmo que v não esteja presente, se algum outro valor v', presente no conjunto, tiver $h(v') = h(v)$. Assim, uma pesquisa por v pode resultar em um *falso positivo*.

Para reduzir a chance de falsos positivos, os filtros de Bloom usam k funções de *hash* independentes $h_i()$, $i = 1..k$, para algum $k > 1$; para cada valor v no conjunto, os bits correspondentes a $h_i(v)$, $i = 1..k$ são todos definidos como 1 no mapa de bits. Ao consultar o filtro de Bloom com determinado valor v, as mesmas k funções de *hash* são usadas para identificar k locais de bits; o valor v é determinado como ausente se pelo menos um desses bits tiver um valor zero. Caso contrário, o valor é considerado potencialmente presente. Por exemplo, se o mapa de bits tiver $10n$ bits, em que n é o número de valores no conjunto e $k = 7$ funções de *hash* forem usadas, a taxa de falsos positivos seria de cerca de 1%.

24.2 Árvore de *merge* estruturada em *log* e variantes

Como vimos na Seção 14.8, os índices de árvore B$^+$ não são eficientes para cargas de trabalho com um número muito alto de escritas, e estruturas de índice alternativas foram propostas para lidar com essas cargas de trabalho. Vimos uma breve descrição de duas dessas estruturas de índice, a *árvore de mesclagem estruturada em log* (ou árvore LSM) e suas variantes, na Seção 14.8.1, e a *árvore em buffer*, na Seção 14.8.2. Nesta seção, daremos mais detalhes da árvore LSM e suas variantes. Para ajudar nas discussões, repetimos parte do material básico que apresentamos na Seção 14.8.1.

A ideia principal da **árvore de mesclagem estruturada em log (árvore LSM)** é substituir operações aleatórias de E/S durante inserções, atualizações e exclusões de árvore por um número menor de operações de E/S sequenciais. Nossa descrição inicial se concentra em inserções e pesquisas de índice; descrevemos como lidar com atualizações e exclusões posteriormente na seção.

Uma árvore LSM (*Log-structured Merge*) consiste em diversas árvores B$^+$, partindo de uma árvore na memória, denominada L_0, e árvores em disco L_1, L_2, …, L_k para algum k, que é chamado de nível. A Figura 24.1 representa a estrutura de uma árvore LSM para $k = 3$.

Uma pesquisa de índice é realizada por meio de operações de pesquisa separadas sobre cada uma das árvores L_0, …, L_k, e

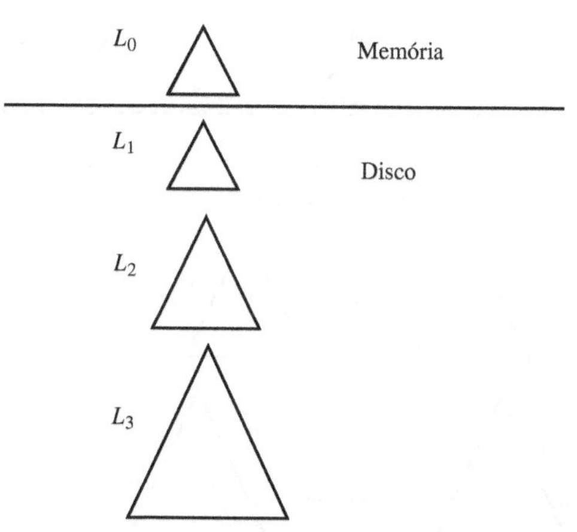

Figura 24.1 Árvore de mesclagem estruturada em *log* (LSM) com três níveis.

mesclando os resultados das pesquisas. (Consideramos aqui que não existem atualizações ou exclusões; discutiremos como realizar pesquisas na presença de atualizações ou exclusões mais adiante.)

24.2.1 Inserção em árvores LSM

Quando um registro é inserido inicialmente em uma árvore LSM, ele é inserido na estrutura L_0 de árvore B$^+$ na memória. Uma grande quantidade de espaço em memória é alocada para essa árvore. À medida que a árvore cresce para preencher toda a memória alocada a ela, precisamos mover dados da estrutura na memória para uma árvore B$^+$ em disco.

Se a árvore L_1 estiver vazia, a árvore L_0 inteira na memória é gravada em disco, para criar a árvore inicial L_1. Porém, se L_1 não estiver vazia, o nível de folha de L_0 é percorrido em ordem crescente de chave, e as entradas são mescladas com as entradas em nível de folha de L_1 (também percorrida em ordem crescente de chave). As entradas mescladas são usadas para criar uma nova árvore B$^+$, usando o processo de construção ascendente (*bottom-up*). A nova árvore com as entradas mescladas, então, substitui a antiga L_1. De qualquer forma, depois que as entradas de L_0 tiverem sido movidas para L_1, todas as entradas em L_0 são excluídas. As inserções podem, então, ser feitas para a nova L_0 vazia.

Observe que todas as entradas no nível de folha da árvore L_1 antiga, incluindo aquelas nos nós de folha que não possuem atualizações, são copiadas para a nova árvore em vez de realizar atualizações no nó da árvore L_1 existente. Isso ocasiona os seguintes benefícios:

- As folhas da nova árvore são localizadas sequencialmente, evitando E/S aleatória durante as mesclagens subsequentes.
- As folhas estão cheias, evitando a sobrecarga das folhas parcialmente ocupadas que podem ocorrer com divisões de página.

Há, no entanto, um custo para usar a estrutura LSM: todo o conteúdo da árvore é copiado toda vez que um conjunto de entradas de L_0 é copiado para L_1.

Se a estrutura em árvore for implementada em cima de um sistema de arquivos distribuído (Seção 21.6), a cópia dos dados para uma nova árvore geralmente é inevitável, pois a maioria dos sistemas de arquivos distribuídos não admite atualizações em um bloco já criado.

Para garantir que teremos um benefício nos casos em que o tamanho do índice em disco é muito maior que o índice na memória, o tamanho máximo de L_1 é escolhido como *k* vezes o tamanho alvo de L_0, para algum *k*. De modo semelhante, o tamanho máximo de cada L_{i+1} é definido como *k* vezes o tamanho alvo de L_i. Quando um L_i específico atinge seu tamanho máximo, suas entradas são mescladas no próximo componente L_{i+1}. Quando L_{i+1} atinge seu tamanho alvo, suas entradas são, por sua vez, mescladas em L_{i+2} e assim por diante.

Observe que, se cada folha de L_i tiver *m* entradas, m/k entradas seriam mapeadas em um único nó de folha de L_{i+1}. O valor de *k* é escolhido para garantir que m/k é algum número razoável, digamos, dez. Considere que *M* indica o tamanho de L_0. Então, o tamanho de uma árvore no nível L_i é k^iM. O número total de níveis *r* é, portanto, aproximadamente $log_k(I/M)$, em que *I* é o tamanho total das entradas de índice.

Vamos agora considerar o número de operações de E/S necessárias com uma árvore LSM de vários níveis. Em cada L_i, m/k inserções são executadas usando apenas uma operação de E/S. Por outro lado, cada entrada é inserida uma vez em cada nível L_i. Assim, o número total de operações de E/S para cada inserção é $(k/m)\ log_k(I/M)$. Assim, desde que o número de níveis $r = log_k(I/M)$ seja menor que m/k, o número total de operações de E/S por inserção é reduzido usando uma árvore LSM em comparação à inserção direta em uma árvore B$^+$.

Se, por exemplo, $r = 10$ e $k = 10$, o índice na memória precisará ser maior que 1% do tamanho total do índice para obter um benefício em termos do número de operações de E/S necessárias para as inserções. (Como antes, o benefício de buscas reduzidas está disponível mesmo que L_0 seja significativamente menor.)

Se o número de níveis for maior que m/k, mesmo se não houver benefício em termos de número de operações de E/S, ainda poderá haver economia, pois a E/S sequencial é usada em vez da E/S aleatória. Na Seção 24.2.4, descrevemos uma variante da árvore LSM que reduz ainda mais a sobrecarga nas operações de gravação, ao custo de adicionar sobrecarga nas operações de leitura.

Uma forma de evitar a criação de grandes árvores LSM com muitos níveis é *dividir a relação em partições* e criar árvores LSM separadas em cada partição. Esse particionamento é natural em um ambiente paralelo, como vimos anteriormente na Seção 21.2. Em particular, nesses ambientes, uma partição pode ser reparticionada dinamicamente em pedaços menores sempre que se tornar muito grande, como vimos na Seção 21.3.3. Com esse reparticionamento, o tamanho de cada árvore LSM pode ser mantido pequeno o suficiente para evitar um grande número de níveis. Há um preço para esse particionamento: cada partição requer sua própria árvore L_0 na memória. Como resultado, embora possa ser usada em um ambiente centralizado, a técnica de particionamento se encaixa melhor em um ambiente paralelo em que certos recursos, como os nós de processamento, podem ser adicionados à medida que a carga aumenta.

24.2.2 Mesclagens contínuas (*rolling merges*)

Para simplificar, assumimos que, quando determinado nível está cheio, suas entradas são totalmente mescladas com o próximo nível. Isso resultaria em mais carga de E/S durante as mesclagens com uma capacidade de E/S não utilizada entre as mesclagens. Para evitar esse problema, a mesclagem é feita continuamente; isso é chamado de mesclagem contínua.

Com a **mesclagem contínua**, algumas páginas de L_i são mescladas nas páginas correspondentes de L_{i+1} de uma só vez, e removidas de L_i. Isso é feito sempre que L_i se aproxima do tamanho alvo, e resulta em L_i encolhendo um pouco para retornar ao tamanho alvo. Quando L_i cresce novamente, a mesclagem contínua é reiniciada a partir de um ponto no nível da folha de L_i logo após o término da mesclagem contínua anterior, para que a varredura seja sequencial. Quando o fim da árvore L_i é alcançado, a varredura é iniciada novamente no início da árvore. Essa mesclagem é chamada de mesclagem contínua porque os registros são movidos de um nível para outro continuamente.

O número de folhas mescladas por vez é mantido alto o suficiente para garantir que o tempo de busca seja pequeno comparado ao tempo para transferir dados de e para o disco.

24.2.3 Tratamento de exclusões e atualizações

Até agora, descrevemos apenas inserções e pesquisas. As exclusões são tratadas de maneira interessante. Em vez de localizar diretamente uma entrada de índice e excluí-la, a exclusão resulta na inserção de uma nova **entrada de exclusão**, que indica qual entrada de índice deve ser excluída. O processo de inserção de uma entrada de exclusão é idêntico ao processo de inserção de uma entrada de índice normal.

No entanto, as pesquisas precisam executar uma etapa extra. Como já foi dito, as pesquisas recuperam entradas de todas as árvores e as mesclam na ordem classificada por valor de chave. Se houver uma entrada de exclusão para alguma entrada, as duas terão o mesmo valor de chave. Assim, uma pesquisa encontraria a entrada de exclusão e a entrada original para essa chave, que deve ser excluída. Se for encontrada uma entrada de exclusão, a entrada a ser excluída deve ser desconsiderada e não retornada como parte do resultado da pesquisa.

Quando as árvores são mescladas, se uma delas tiver uma entrada e a outra tiver uma entrada de exclusão correspondente, as entradas serão combinadas durante a mesclagem (ambas teriam a mesma chave), e ambas serão descartadas.

As atualizações são tratadas de maneira semelhante à exclusão, inserindo uma entrada de atualização. As pesquisas precisam combinar as entradas de atualização com as entradas originais e retornar o valor mais recente. A atualização é aplicada de fato durante uma mesclagem, quando uma árvore tem uma entrada e a outra tem sua entrada de atualização correspondente; a atualização é aplicada durante a mesclagem, e a entrada de atualização é descartada.

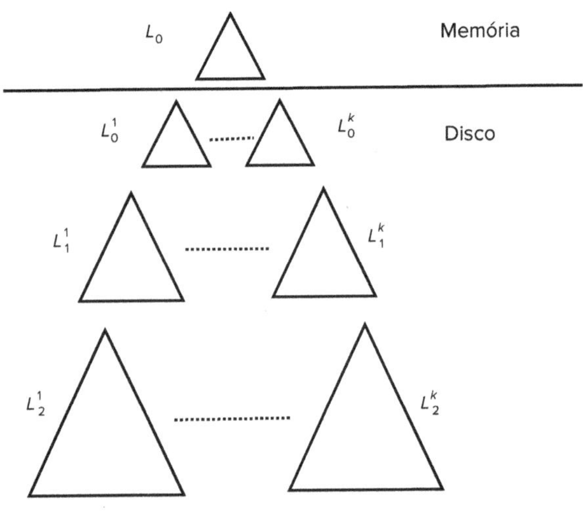

Figura 24.2 Índice de mesclagem escalonada.

24.2.4 Índice de mesclagem escalonada (*stepped-merge index*)

Agora, consideramos uma variante da árvore LSM, que possui várias árvores em cada nível, em vez de uma árvore por nível, e executa inserções de uma maneira ligeiramente diferente. Essa estrutura é mostrada na Figura 24.2. Chamamos a estrutura de **índice de mesclagem escalonada**, seguindo a terminologia de um artigo que a introduziu. Na comunidade de desenvolvedores, a árvore LSM básica, o índice de mesclagem escalonada e diversas outras variantes são todas denominadas árvores LSM. Usamos os termos *índice de mesclagem escalonada* e *árvore LSM básica* para identificar claramente a qual variante estamos nos referindo.

24.2.4.1 Algoritmo de inserção

No índice de mesclagem escalonada, os dados recebidos são inicialmente armazenados na memória, em uma árvore L_0, de maneira semelhante à árvore LSM. No entanto, quando a árvore atinge seu tamanho máximo, em vez de mesclá-la em uma árvore L_1, a árvore L_0 na memória é gravada em disco. Quando a árvore na memória atinge novamente seu tamanho máximo, é novamente gravada em disco. Portanto, podemos ter várias árvores L_0 em disco, as quais chamaremos de L_0^1, L_0^2 e assim por diante. Cada uma das árvores L_0^i é uma árvore B^+ e pode ser gravada em disco usando apenas operações de E/S sequencial.

Se esse processo se repetir, depois de um tempo teremos um grande número de árvores, cada uma com o tamanho da memória, armazenadas em disco. As pesquisas teriam que pagar um preço alto, pois teriam que pesquisar em cada uma das estruturas em árvore, contraindo custos de E/S separados em cada pesquisa.

Para limitar a sobrecarga nas pesquisas, quando o número de árvores em disco em um nível L_i atingir algum limite k, todas as árvores em um nível serão mescladas em uma nova estrutura de árvore combinada no próximo nível L_{i+1}. As folhas das árvores no nível L_i são lidas sequencialmente, e as chaves são mescladas em ordem classificada, e a árvore de nível L_{i+1} é construída usando técnicas padrão para a construção de baixo para cima (*bottom-up*) das árvores B⁺. Como antes, a operação de mesclagem evita operações aleatórias de E/S, uma vez que lê as estruturas individuais da árvore sequencialmente e grava a árvore mesclada resultante também de forma sequencial.

Depois que um conjunto de árvores é mesclado em uma nova árvore única, consultas futuras podem pesquisar na árvore mesclada; as árvores originais podem ser excluídas (após garantir a conclusão de qualquer pesquisa em andamento).

O benefício do esquema de índice de mesclagem escalonada em comparação com a árvore LSM básica é que as entradas de índice são gravadas apenas uma vez por nível. Com a árvore LSM básica, cada vez que uma árvore no nível L_i é mesclada em uma árvore no nível L_{i+1}, todo o conteúdo da árvore L_{i+1} é lido e gravado em disco. Assim, em média, cada registro é lido e gravado $k/2$ vezes em cada nível de uma árvore LSM para um total de $k\ log_k(I/M)$ operações de E/S. Por outro lado, com o índice de mesclagem escalonada, cada registro é gravado em disco uma vez por camada e lido novamente ao mesclar com a próxima camada, para um total de aproximadamente $2log_k(I/M)$ operações de E/S. Portanto, o índice de mesclagem escalonada incorre em um custo significativamente menor para atualizações.

O número total de bytes gravados (em todos os níveis) por conta da inserção de uma entrada, dividido pelo tamanho da entrada, é chamado de **amplificação de escrita**. Para calcular a amplificação de escrita das árvores LSM e do índice de mesclagem escalonada, podemos modificar as fórmulas apresentadas para operações de E/S ignorando as leituras. Para uma árvore B^+ em que cada folha recebe, em média, apenas uma atualização antes de ser escrita novamente, a amplificação de escrita seria o tamanho da página dividido pelo tamanho da entrada de índice.

Para uma árvore B^+, se uma página tiver 100 entradas, a amplificação de escrita será 100. Com $k = 5$ e $I = 100M$, teríamos $log_5(100) = 3$ níveis. A amplificação de escrita de uma árvore LSM seria então $5/2 \times 3 = 7{,}5$. A amplificação de escrita do índice de mesclagem por etapas seria 3. Com $k = 10$, a árvore teria $log_{10}(100) = 2$ níveis, levando a uma amplificação de escrita de 2 para o índice de mesclagem escalonada, e 10 para uma árvore LSM.

Observe que, como a árvore LSM básica, o índice de mesclagem por etapas também não requer operações de E/S aleatórias durante a inserção, ao contrário de uma inserção em árvore B^+. Assim, o desempenho das árvores B^+ seria pior do que indica o número de amplificação de escrita apresentado.

A mesclagem pode ser otimizada da seguinte maneira: enquanto mescla k árvores em um nível específico L_i, em uma árvore de nível L_{i+1}, as árvores nos níveis L_j, $j < i$ também podem ser mescladas ao mesmo tempo. Assim, as entradas nessas árvores podem saltar completamente um ou mais níveis do índice de mesclagem escalonada. Além disso, se o sistema tiver capacidade ociosa, as árvores em um nível L_i poderão ser mescladas, mesmo que haja menos de k árvores nesse nível. Em uma situação em que há um longo período de tempo com muito poucas inserções e a carga do sistema seja leve, as árvores em todos os níveis podem ser mescladas em uma única árvore em algum nível r.

24.2.4.2 Operações de pesquisa usando filtros de Bloom

As operações de pesquisa no índice de mesclagem escalonada precisam procurar separadamente em cada uma das árvores. Assim, comparado ao esquema básico do LSM, o índice de mesclagem escalonada aumenta a carga sobre as pesquisas, pois, no pior caso, as pesquisas precisam acessar k árvores em cada nível, levando a um total de $k * log_k(I/M)$ pesquisas de árvore, em vez de $log_k(I/M)$ pesquisas de árvore na pior das hipóteses, com uma árvore LSM básica.

Para cargas de trabalho com uma fração significativa de leituras, essa sobrecarga pode ser inaceitável. Por exemplo, com o índice de mesclagem escalonada com $I = 100M$ e $k = 5$, uma única pesquisa requer 15 travessias de árvore, enquanto a árvore LSM exigiria três travessias de árvore. Observe que, no caso comum em que cada valor de chave ocorre em apenas uma árvore, somente uma das travessias encontraria determinada chave de pesquisa, enquanto todas as outras travessias falhariam em encontrar a chave.

Para reduzir o custo de pesquisas pontuais (ou seja, pesquisas de determinado valor de chave), a maioria dos sistemas usa um filtro de Bloom para verificar se uma árvore pode conter o valor de chave especificado. Um filtro de Bloom está associado a cada árvore, e é criado sobre o conjunto de valores de chave na árvore. Para verificar se uma árvore específica pode conter uma chave de pesquisa v, a chave v é pesquisada no filtro de Bloom. Se o filtro de Bloom indicar que o valor da chave está ausente, ele definitivamente não está presente na árvore, e a pesquisa pode pular essa árvore. Caso contrário, o valor da chave pode estar presente na árvore, que deve ser pesquisada.

Um filtro de Bloom com $10n$ bits, em que a árvore tem n elementos, e o uso de sete funções *hash* daria uma taxa de falsos positivos de 1%. Assim, para uma pesquisa sobre uma chave que está presente no índice, em média, apenas um pouco mais de uma árvore seria acessada. Assim, o desempenho da pesquisa seria apenas um pouco pior do que em uma árvore B^+ comum.

Portanto, a verificação do filtro de Bloom funciona muito bem para pesquisas pontuais, permitindo que uma fração significativa das árvores seja pulada, desde que haja memória suficiente disponível para armazenar todos os filtros de Bloom na memória. Com I valores de chave no índice, serão necessários aproximadamente $10I$ bits de memória. Para reduzir a sobrecarga da memória principal, alguns dos filtros de Bloom podem ser mantidos em armazenamento flash.

Observe que, para pesquisas de intervalo, a otimização do filtro de Bloom não pode ser usada, pois não há um valor de *hash* exclusivo. Em vez disso, todas as árvores devem ser acessadas separadamente.

24.2.5 Árvores LSM para armazenamento flash

Inicialmente, as árvores LSM foram projetadas para reduzir as sobrecargas de escrita e busca nos discos rígidos. Os discos flash têm uma sobrecarga relativamente baixa para operações de E/S aleatória, uma vez que não exigem busca e,

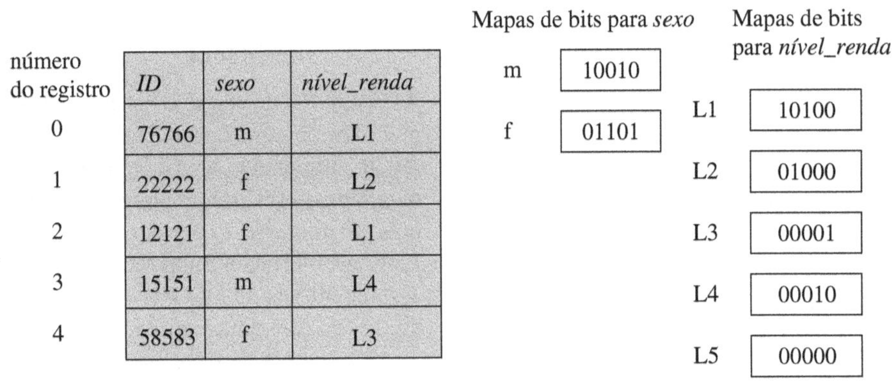

Figura 24.3 Índices de mapa de bits sobre a relação *info_instrutor*.

portanto, o benefício de evitar a E/S aleatória, oferecido por variantes da árvore LSM, não é particularmente importante nos discos flash.

No entanto, lembre-se de que a memória flash não permite a atualização no local, e a escrita de um único byte em uma página exige que a página inteira seja reescrita em um novo local físico; no fim, o local original da página terá que ser apagado, o que é uma operação relativamente dispendiosa. A redução na amplificação de escrita usando variantes de árvore LSM, em comparação com as árvores B^+ tradicionais, pode fornecer benefícios substanciais de desempenho quando as árvores LSM são usadas com armazenamento flash.

24.3 Índices de mapa de bits

Como vimos na Seção 14.9, um índice de mapa de bits é um tipo especializado de índice projetado para facilitar a consulta sobre várias chaves. Os mapas de bits funcionam melhor para atributos que aceitam apenas um pequeno número de valores distintos.

Para que os índices de mapa de bits sejam usados, os registros em uma relação devem ser numerados sequencialmente, começando com, digamos, zero. Dado um número *n*, deve ser fácil recuperar o registro com o número *n*. Isso é particularmente fácil de conseguir se os registros tiverem tamanho fixo e forem alocados em blocos consecutivos de um arquivo. O número do registro pode ser convertido facilmente em um número de bloco e um número que identifica o registro dentro do bloco.

Lembre-se de que o *armazenamento orientado à coluna*, descrito na Seção 13.6, armazena atributos em *arrays*, permitindo acesso eficiente ao atributo do *i*-ésimo registro, para qualquer *i*. Os índices de mapa de bits são, portanto, particularmente úteis com o armazenamento por colunas.

Usamos como exemplo uma relação *info_instrutor*, que tem um atributo *sexo*, que pode assumir apenas os valores m (masculino) ou f (feminino), e um atributo *nível_renda*, onde a renda foi dividida em cinco níveis: *L*1: 0-9999, *L*2: 10.000-19.999, *L*3: 20.000-39.999, *L*4: 40.000-74.999 e *L*5: 75.000-∞.

24.3.1 Estrutura de índice de mapa de bits

Como vimos na Seção 14.9, um **mapa de bits** é simplesmente um *array* de bits. Em sua forma mais simples, um **índice de mapa de bits** sobre o atributo *A* da relação *r* consiste em um mapa de bits para cada valor que *A* pode assumir. Cada mapa de bits possui tantos bits quanto o número de registros na relação. O *i*-ésimo bit do mapa de bits para o valor v_j é definido como 1 (um) se o registro numerado com *i* tiver o valor v_j para o atributo *A*. Todos os outros bits do mapa de bits são definidos como zero.

Em nosso exemplo, existe um mapa de bits para o valor m e um para f. O *i*-ésimo bit do mapa de bits para m é definido como um se o valor de *sexo* do registro numerado com *i* for m. Todos os outros bits do mapa de bits para m são definidos como zero. De modo semelhante, o mapa de bits para f tem o valor um para os bits correspondentes aos registros com o valor f para o atributo *sexo*; todos os outros bits têm o valor zero. A Figura 24.3 mostra um exemplo dos índices de mapa de bits em uma relação *info_instrutor*.

Agora, vejamos quando os mapas de bit são úteis. A forma mais simples de obter todos os registros com valor m (ou valor f) seria simplesmente ler todos os registros da relação e selecionar aqueles registros com valor m (ou f, respectivamente). O índice do mapa de bits não ajuda realmente a agilizar essa seleção. Embora nos permitisse ler apenas os registros de um sexo específico, é provável que, de qualquer forma, cada bloco de disco do arquivo precisasse ser lido.

De fato, os índices de mapa de bits são úteis para seleções, principalmente quando existem seleções sobre chaves múltiplas. Suponha que criemos um índice de mapa de bits sobre o atributo *nível_renda*, que descrevemos anteriormente, além do índice de mapa de bits sobre *sexo*.

Considere agora uma consulta que seleciona mulheres com renda no intervalo de $ 10.000-19.999. Essa consulta pode ser expressa como

```
select *
from info_instrutor
where sexo = 'f' and nível_renda = 'L2';
```

Para avaliar essa seleção, apanhamos os mapas de bits para o valor f de *sexo* e o mapa de bits para o valor *L2* de *nível_renda* e realizamos uma **interseção** (and lógico) dos dois mapas de bits. Em outras palavras, calculamos um novo mapa de bits em que o bit *i* tem valor um se o *i*-ésimo bit dos dois mapas de bit for um; caso contrário, ele tem valor zero. No exemplo da Figura 24.3, a interseção do mapa de bits para *sexo* = f (01101) e o mapa de bits para *nível_renda* = *L*2 (01000) gera o mapa de bits 01000.

Como o primeiro atributo pode assumir dois valores e o segundo pode assumir cinco valores, esperaríamos que apenas cerca de um em dez registros, na média, satisfaça uma condição combinada sobre os dois atributos. Se houver outras condições, a fração dos registros que satisfazem todas as condições provavelmente será muito pequena. O sistema pode, então, calcular o resultado da consulta localizando todos os bits com valor um no mapa de bits da interseção e apanhando os registros correspondentes. Se a fração for grande, a varredura da relação inteira continuaria sendo a alternativa mais barata.

Outro uso importante dos mapas de bits é contar o número de tuplas que satisfazem determinada seleção. Tais consultas são importantes para análise de dados. Por exemplo, se desejamos descobrir quantas mulheres têm um nível de renda *L*2, calculamos a interseção dos dois mapas de bits e depois contamos o número de bits que são um no mapa de bits de interseção. Assim, podemos obter o resultado desejado a partir do índice de mapa de bits, sem acessar a relação.

Em geral, os índices de mapa de bits são muito pequenos em comparação com o tamanho da relação real. Os registros, com frequência, têm pelo menos dezenas de bytes a centenas de bytes, enquanto um único bit representa o registro em um mapa de bits. Assim, o espaço ocupado por um único mapa de bits é geralmente menor que 1% do espaço ocupado pela relação. Por exemplo, se o tamanho do registro para determinada relação for 100 bytes, o espaço ocupado por um único mapa de bits será $\frac{1}{8}$ de 1% do espaço ocupado pela relação. Se um atributo *A* da relação puder assumir apenas um dentre oito valores, um índice de mapa de bits sobre o atributo *A* consistirá em oito mapas de bits, que, juntos, ocupam apenas 1% do tamanho da relação.

A exclusão de registros cria lacunas na sequência de registros, pois a troca de registros (ou números de registros) para preencher lacunas seria extremamente dispendiosa. Para reconhecer registros excluídos, podemos armazenar um **mapa de bits de existência**, no qual o bit *i* é zero se o registro *i* não existir e um, caso contrário. Veremos a necessidade de mapas de bits de existência na Seção 24.3.2. A inserção de registros não deve afetar a numeração de sequência de outros registros. Portanto, podemos fazer a inserção anexando registros ao final do arquivo ou substituindo os registros excluídos.

24.3.2 Implementação eficiente de operações de mapa de bits

Podemos calcular facilmente a interseção de dois mapas de bits usando um *loop* **for**: a *i*-ésima iteração do *loop* calcula o **and** dos *i*-ésimos bits dos dois mapas de bits. Podemos acelerar bastante o cálculo da interseção usando instruções **and** bit a bit aceitas pela maioria dos conjuntos de instruções de computador. Uma *palavra* de bits geralmente consiste em 32 ou 64 bits, dependendo da arquitetura do computador. Uma instrução **and** bit a bit recebe duas palavras como entrada e gera uma palavra em que cada bit é o **and** lógico dos bits nas posições correspondentes das palavras na entrada. O que é importante notar é que uma única instrução **and** bit a bit pode calcular a interseção de 32 ou 64 bits *ao mesmo tempo*.

Se uma relação tivesse um milhão de registros, cada mapa de bits conteria um milhão de bits, ou equivalente a 128 kilobytes. Apenas 31.250 instruções são necessárias para calcular a interseção de dois mapas de bits para a nossa relação, considerando que uma palavra tenha 32 bits. Assim, o cálculo das interseções de mapa de bits é uma operação extremamente rápida.

Assim como a interseção de mapa de bits é útil para calcular o **and** de duas condições, a união de mapa de bits é útil para calcular o **or** de duas condições. O procedimento para união de mapas de bits é exatamente o mesmo que para a interseção, exceto que usamos instruções **or** bit a bit no lugar das instruções **and** bit a bit.

A operação de complemento pode ser usada para calcular um predicado que envolve a negação de uma condição, como em **not** (*nível_renda* = *L*1). O complemento de um mapa de bits é gerado complementando cada bit do mapa de bits (o complemento de um é zero e o complemento de zero é um). Pode parecer que **not** (*nível_renda* = *L*1) pode ser implementado apenas computando o complemento do mapa de bits para o nível de renda *L*1. Porém, se alguns registros foram excluídos, apenas calcular o complemento de um mapa de bits não é suficiente. Os bits correspondentes a esses registros seriam zero no mapa de bits original, mas se tornariam um no complemento, embora os registros não existam. Um problema semelhante também surge quando o valor de um atributo é *nulo*. Por exemplo, se o valor de *nível_renda* for nulo, o bit será zero no mapa de bits original para o valor *L*1 e um no mapa de bits de complemento.

Para garantir que os bits correspondentes aos registros excluídos sejam definidos como zero no resultado, o mapa de bits de complemento deve ser cruzado com o mapa de bits de existência para desativar os bits dos registros excluídos. Da mesma forma, para tratar dos valores nulos, o mapa de bits do complemento também deve ser cruzado com o complemento do mapa de bits para o valor *nulo*.[1]

Pode-se contar rapidamente o número de bits 1 (um) em um mapa de bits por meio de uma técnica inteligente. Podemos manter um *array* com 256 entradas, em que a *i*-ésima entrada armazena o número de bits que são um na representação binária de *i*. Defina a contagem total inicialmente como zero. Pegamos cada byte do mapa de bits, usamos para indexar nesse *array* e somamos a contagem armazenada com a contagem total. O número de operações de adição é $\frac{1}{8}$ do número de tuplas e, portanto, o processo de contagem é muito eficiente. Um *array* grande (usando 2^{16} = 65.536 entradas), indexado por pares de bytes, teria um ganho de velocidade ainda maior, mas a um custo de armazenamento mais alto.

[1]O tratamento de predicados como **is unknown** (é desconhecido) causaria mais complicações, pois geralmente exigiria o uso de um mapa de bits extra para acompanhar quais resultados de operação são desconhecidos.

24.3.3 Mapas de bits e árvores B+

Os mapas de bits podem ser combinados com índices de árvore B^+ comuns para relações em que alguns valores de atributo são extremamente comuns e outros valores também ocorrem, mas com muito menos frequência. Em uma folha de índice de árvore B^+, para cada valor, normalmente manteríamos uma lista de todos os registros com esse valor para o atributo indexado. Cada elemento da lista seria um identificador de registro, consistindo em pelo menos 32 bits, e geralmente mais. Para um valor que ocorre em muitos registros, armazenamos um mapa de bits em vez de uma lista de registros.

Suponha que um valor específico v_i ocorra em $\frac{1}{16}$ dos registros de uma relação. Seja N o número de registros na relação e suponha que um registro tenha um número de 64 bits que o identifica. O mapa de bits precisa de apenas um bit por registro, ou N bits no total. Por outro lado, a representação da lista requer 64 bits por registro onde o valor ocorre, ou $64 * N / 16 = 4N$ bits. Assim, um mapa de bits é preferível para representar a lista de registros para o valor v_i. Em nosso exemplo (com um identificador de registro de 64 bits), se menos de um em 64 registros tiver um valor específico, a representação de lista é preferível para identificar registros com esse valor, pois usa menos bits que a representação de mapa de bits. Se mais de um em 64 registros tiver esse valor, a representação de mapa de bits é preferível.

Assim, os mapas de bits podem ser usados como um mecanismo de armazenamento compactado nos nós de folha das árvores B^+ para os valores que ocorrem com muita frequência.

24.4 Indexação de dados espaciais

Como vimos na Seção 14.10.1, o uso de índices é necessário para um acesso eficiente aos dados espaciais, e esses índices devem fornecer suporte eficiente a consultas como consultas por intervalo e de vizinho mais próximo. Também demos uma breve visão geral das árvores k-d, árvores quadráticas (*quadtrees*) e árvores R; também descrevemos resumidamente como responder a consultas de intervalo usando árvores k-d. Nesta seção, damos mais detalhes sobre árvores quadráticas e árvores R.

Conforme mencionado na Seção 14.10.1, além da indexação de pontos, os índices espaciais também devem dar suporte à indexação de regiões do espaço, como segmentos de linha, retângulos e outros polígonos. Existem extensões de árvores k-d e árvores quadráticas para essa tarefa. No entanto, um segmento de linha ou um polígono pode cruzar uma linha de particionamento. Caso isso aconteça, deve ser dividido e representado em cada uma das subárvores em que suas partes ocorrem. Múltiplas ocorrências de um segmento de linha ou polígono causadas por essas divisões podem resultar em ineficiências tanto no armazenamento quanto na consulta. As árvores R foram desenvolvidas para dar suporte à indexação eficiente de tais estruturas.

24.4.1 Árvores quadráticas (*quadtrees*)

Uma representação alternativa para os dados bidimensionais é uma **árvore quadrática**. Um exemplo de divisão de espaço por uma árvore quadrática aparece na Figura 24.4. Cada nó de uma árvore quadrática está associado a uma região retangular do espaço. O nó superior está relacionado com o espaço de destino inteiro. Cada nó não folha em uma árvore quadrática divide sua região em quatro quadrantes de mesmo tamanho e, de modo semelhante, cada nó possui quatro nós filhos, correspondentes aos quatro quadrantes. Os nós de folha têm entre zero e algum número máximo fixo de pontos. De modo semelhante, se a região correspondente a um nó tiver mais do que o número máximo de pontos, nós filhos serão criados para esse nó. No exemplo da Figura 24.4, o número máximo de pontos em um nó de folha é definido como um.

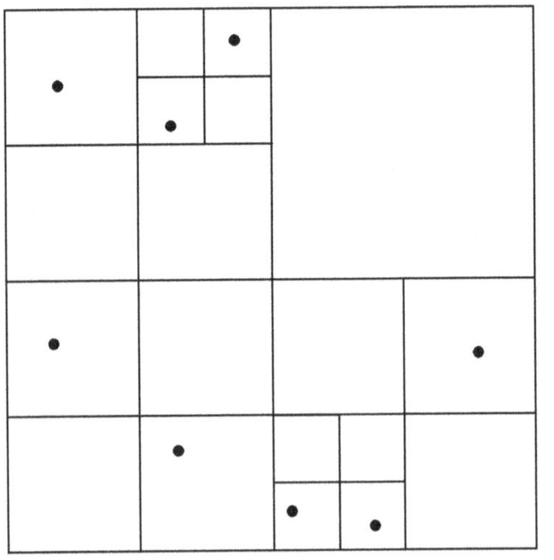

Figura 24.4 Divisão do espaço por uma árvore quadrática.

Esse tipo de árvore quadrática é denominado **árvore quadrática PR**, para indicar que ela armazena pontos e que a divisão do espaço é feita com base em regiões, em vez do conjunto real de pontos armazenados. Podemos usar **árvores quadráticas de região** para armazenar informações de *array* (rastreio). Um nó em uma árvore quadrática de região é um nó de folha se todos os valores do *array* na região que ele cobre forem iguais. Caso contrário, ele é subdividido ainda mais em quatro filhos de mesma área e, portanto, é um nó interno. Cada nó na árvore quadrática de região corresponde a um *subarray* de valores. Os *subarrays* correspondentes às folhas contêm apenas um único elemento do *array* ou possuem vários elementos do *array*, todos eles com o mesmo valor.

24.4.2 Árvores R

Uma estrutura de armazenamento chamada **árvore R** é útil para a indexação de objetos como pontos, segmentos de linha, retângulos e outros polígonos. Uma árvore R é uma estrutura de árvore balanceada com os objetos indexados armazenados nos nós de folha, de modo semelhante à árvore B^+. Porém, em vez de um intervalo de valores, uma **caixa de contorno** (*bounding box*) retangular é associada a cada nó da árvore. A caixa de contorno de um nó de folha é o menor retângulo, paralelo aos eixos, que contém todos os objetos armazenados no nó de folha. A caixa de contorno dos nós internos, da mesma maneira, é o menor retângulo, paralelo aos eixos, que contém as caixas de contorno dos seus nós filhos. A caixa de contorno de um objeto (como um polígono) é definida, da mesma forma, como o menor retângulo, paralelo aos eixos, que contém o objeto.

Cada nó interno armazena as caixas de contorno dos nós filhos junto com os ponteiros para os nós filhos. Cada nó de folha armazena os objetos indexados e, opcionalmente, pode armazenar as caixas de contorno dos objetos; as caixas de contorno ajudam a agilizar verificações de sobreposições do retângulo com os objetos indexados – se um retângulo de consulta não se sobrepuser à caixa de contorno de um objeto, ele também não poderá se sobrepor ao objeto. (Se os objetos indexados forem retângulos, naturalmente não será preciso armazenar caixas de contorno, pois elas são idênticas aos retângulos.)

A Figura 24.5 mostra um exemplo de conjunto de retângulos (desenhados com uma linha sólida) e as caixas de contorno (desenhadas com uma linha tracejada) dos nós da árvore R para o conjunto de retângulos. Observe que as caixas de contorno aparecem com um espaço extra dentro delas, para que se destaquem no desenho. Na realidade, as caixas seriam menores e ficariam coladas aos objetos que elas contêm, ou seja, cada lado de uma caixa de contorno *B* tocaria pelo menos em um dos objetos ou caixas de contorno que estão contidos em *B*.

A árvore R em si está no lado direito da Figura 24.5. A figura refere-se às coordenadas da caixa de contorno *i* como BB_i.

Agora, vejamos como implementar as operações de busca, inserção e exclusão em uma árvore R.

- **Busca**. Como mostra a figura, as caixas de contorno associadas a nós irmãos podem se sobrepor; nas árvores B⁺, k-d e quadráticas, ao contrário, os intervalos não se sobrepõem. Uma busca por objetos contendo um ponto, portanto, precisa seguir *todos* os nós filhos cujas caixas de contorno associadas contêm o ponto; como resultado, vários caminhos podem ter de ser pesquisados. De modo semelhante, uma consulta para encontrar todos os objetos que cruzam determinado objeto precisa descer por cada nó em que o retângulo associado cruza o objeto indicado.
- **Inserção**. Quando inserimos um objeto em uma árvore R, selecionamos um nó de folha para manter o objeto. O ideal é escolher um nó de folha que tenha espaço para manter uma nova entrada, cuja caixa de contorno contenha a caixa de contorno do objeto. Porém, esse nó pode não existir; mesmo que existisse, encontrar o nó pode ser muito dispendioso, pois não é possível encontrá-lo por uma única travessia a partir da raiz. Em cada nó interno, podemos encontrar vários filhos cujas caixas de contorno contêm a caixa de contorno do objeto, e cada um desses filhos precisa ser explorado. Portanto, como heurística, em uma travessia a partir da raiz, se qualquer um dos nós filhos tiver uma caixa de contorno contendo a caixa de contorno do objeto, o algoritmo da árvore R escolhe um deles arbitrariamente. Se nenhum dos filhos satisfizer essa condição, para continuar a travessia, o algoritmo escolhe um nó filho cuja caixa de contorno possui a sobreposição máxima com a caixa de contorno do objeto.

Quando o nó de folha tiver sido alcançado, se ele já estiver cheio, o algoritmo realiza sua divisão (e propaga a divisão para cima, se for preciso) de maneira muito semelhante à inserção da árvore B^+. Assim como a inserção da árvore B^+, o algoritmo de inserção da árvore R garante que a árvore permaneça balanceada. Além do mais, ele garante que as caixas de contorno dos nós de folha, juntamente com os nós internos, permaneçam consistentes, ou seja, as caixas de contorno das folhas contêm todas as caixas de contorno dos objetos armazenados na folha, enquanto as caixas de contorno para os nós internos contêm todas as caixas de contorno dos nós filhos.

A diferença principal do procedimento de inserção da árvore B^+ está no modo como o nó é dividido. Em uma árvore B^+, é possível encontrar um valor tal que metade das entradas seja menor que o ponto intermediário e metade seja maior que o valor. Essa propriedade não generaliza além de uma dimensão, ou seja, para mais de uma dimensão, nem sempre é possível dividir as entradas em dois conjuntos para que suas caixas de contorno não se sobreponham. Em vez disso, como heurística, o conjunto de entradas *S* pode ser dividido em dois conjuntos disjuntos S_1 e S_2, de modo que

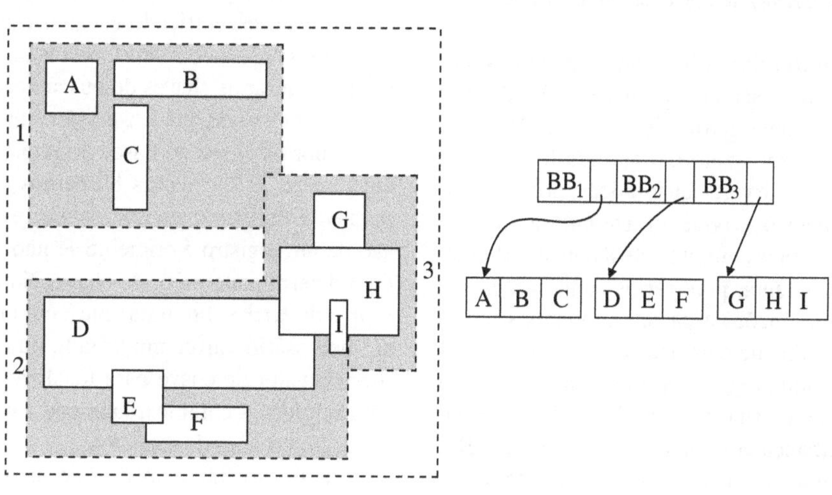

Figura 24.5 Uma árvore R.

as caixas de contorno de S_1 e S_2 tenham a área total mínima; outra heurística seria dividir as entradas em dois conjuntos S_1 e S_2 de modo que S_1 e S_2 tenham sobreposição mínima. Os dois nós resultantes da divisão teriam as entradas em S_1 e S_2, respectivamente. O custo para encontrar as divisões com o mínimo de área total ou sobreposição pode ser muito grande, de modo que heurísticas menos dispendiosas, como a heurística da *divisão quadrática*, são utilizadas. (A heurística recebe seu nome pelo fato de que ela exige um tempo que é quadrático no número de entradas.)

A heurística da **divisão quadrática** funciona desta maneira: primeiro, ela seleciona um par de entradas *a* e *b* a partir de *S*, de modo que colocá-las no mesmo nó resultaria em uma caixa de contorno com o máximo de espaço desperdiçado; ou seja, a área da caixa de contorno mínima de *a* e *b* menos a soma das áreas de *a* e *b* é a maior possível. A heurística coloca as entradas *a* e *b* nos conjuntos S_1 e S_2, respectivamente.

Depois, ela acrescenta iterativamente as entradas restantes, uma entrada por iteração, a um dos dois conjuntos S_1 ou S_2. A cada iteração, para cada entrada restante *e*, seja $i_{e,1}$ o aumento no tamanho da caixa de contorno de S_1 se *e* for acrescentado a S_1 e $i_{e,2}$ o aumento correspondente para S_2. Em cada iteração, a heurística escolhe uma das entradas com a diferença máxima de $i_{e,1}$ e $i_{e,2}$ e a acrescenta a S_1 se $i_{e,1}$ for menor que $i_{e,2}$, e a S_2 em caso contrário. Ou seja, uma entrada com "preferência máxima" para um dentre S_1 ou S_2 é escolhida em cada iteração. A iteração para quando todas as entradas tiverem sido atribuídas ou quando um dos conjuntos S_1 ou S_2 tiver entradas suficientes, de modo que todas as entradas restantes tenham de ser acrescentadas ao outro conjunto para que os nós construídos de S_1 e S_2 tenham a ocupação mínima necessária. A heurística, então, acrescenta ao conjunto com menos entradas todas as entradas ainda não atribuídas.

- **Exclusão.** A exclusão pode ser realizada como uma exclusão de árvore B$^+$, tomando emprestadas as entradas de nós irmãos ou mesclando os nós irmãos se um nó estiver com baixa ocupação (*underfull*). Uma técnica alternativa redistribui todas as entradas dos nós com baixa ocupação (*underfull*) para nós irmãos, com o objetivo de melhorar o agrupamento (*clustering*) de entradas na árvore *R*.

Consulte a Bibliografia para obter mais detalhes sobre operações de inserção e exclusão em árvores R, além das variantes de árvores R, chamadas árvores R* e árvores R$^+$.

A eficiência de armazenamento das árvores R é melhor do que a das árvores k-d ou árvores quadráticas, pois um objeto só é armazenado uma vez, e podemos garantir facilmente que cada nó esteja pelo menos completo até a metade. Porém, a consulta pode ser mais lenta, pois vários caminhos precisam ser pesquisados. As junções espaciais são mais simples com árvores quadráticas do que com árvores R, pois todas as árvores quadráticas em uma região são divididas da mesma maneira. Porém, em face de sua melhor eficiência de armazenamento e sua semelhança com árvores B, as árvores R e suas variantes provaram ser populares nos sistemas de banco de dados que admitem dados espaciais.

24.5 Índices de *hash*

Descrevemos os conceitos de *hashing* e índices de *hash* na Seção 14.5. Esta seção contém mais detalhes.

24.5.1 *Hashing* estático

Como na Seção 14.5, *K* indica o conjunto de todos os valores da chave de busca e *B* indica o conjunto de todos os endereços de *bucket*. Uma função *hash h* é uma função de *K* para *B*. Seja *h* uma função *hash*. Lembre-se de que, em um índice de *hash*, os *buckets* contêm entradas de índice, com ponteiros para registros, enquanto em uma organização de arquivo de *hash*, os registros reais são armazenados nos *buckets*. Todos os outros detalhes permanecem iguais e, portanto, não diferenciamos explicitamente essas duas versões a partir de agora. Usamos o termo *índice de hash* para indicar organizações de arquivos de *hash*, bem como índices de *hash* secundários.

A Figura 24.6 mostra um índice de *hash* secundário no arquivo *instrutor*, para a chave de busca *ID*. A função *hash* na figura calcula a soma dos dígitos de *ID* módulo 8. O índice de *hash* possui oito intervalos, cada um com tamanho 2 (no mundo real, os índices teriam tamanhos muito maiores). Um dos *buckets* possui três chaves mapeadas a ele e, portanto, possui um *bucket* de estouro. Neste exemplo, *ID* é uma chave primária de *instrutor*, de modo que cada chave de pesquisa possui apenas um ponteiro associado. Em geral, vários ponteiros podem estar associados a cada chave.

Os índices de *hash* podem responder com eficiência a *consultas pontuais*, que recuperam registros com um valor especificado para uma chave de pesquisa. No entanto, eles não podem responder com eficiência às *consultas de intervalo*, que recuperam todos os registros cujo valor da chave de pesquisa está em um intervalo (*limite_inferior*, *limite_superior*). A dificuldade surge porque uma boa função *hash* atribui valores aleatoriamente aos *buckets*. Portanto, não existe uma noção simples de "próximo *bucket* na ordem de classificação". O motivo pelo qual não podemos encadear os *buckets* na ordem classificada por A_i é que cada *bucket* recebe muitos valores de chave de pesquisa. Como os valores são espalhados aleatoriamente pela função *hash*, é provável que os valores no intervalo especificado estejam espalhados por muitos ou todos os *buckets*. Portanto, precisamos ler todos os *buckets* para encontrar as chaves de busca necessárias.

Lembre-se de que a exclusão é feita da seguinte maneira: se o valor da chave de busca do registro a ser excluído for K_i, calculamos $h(K_i)$, depois buscamos o bloco correspondente para esse registro e excluímos o registro do *bucket*. A exclusão de um registro é eficiente se não houver muitos registros com determinado valor de chave. No entanto, no caso de um índice de *hash* sobre uma chave com muitas duplicatas, pode ser necessário varrer um grande número de entradas com o mesmo valor de chave para localizar a entrada do registro a ser excluído. A complexidade pode, na pior das hipóteses, ser linear no número de registros.

Lembre-se também de que, com o *hashing* estático, o conjunto de *buckets* é fixado no momento em que o índice é

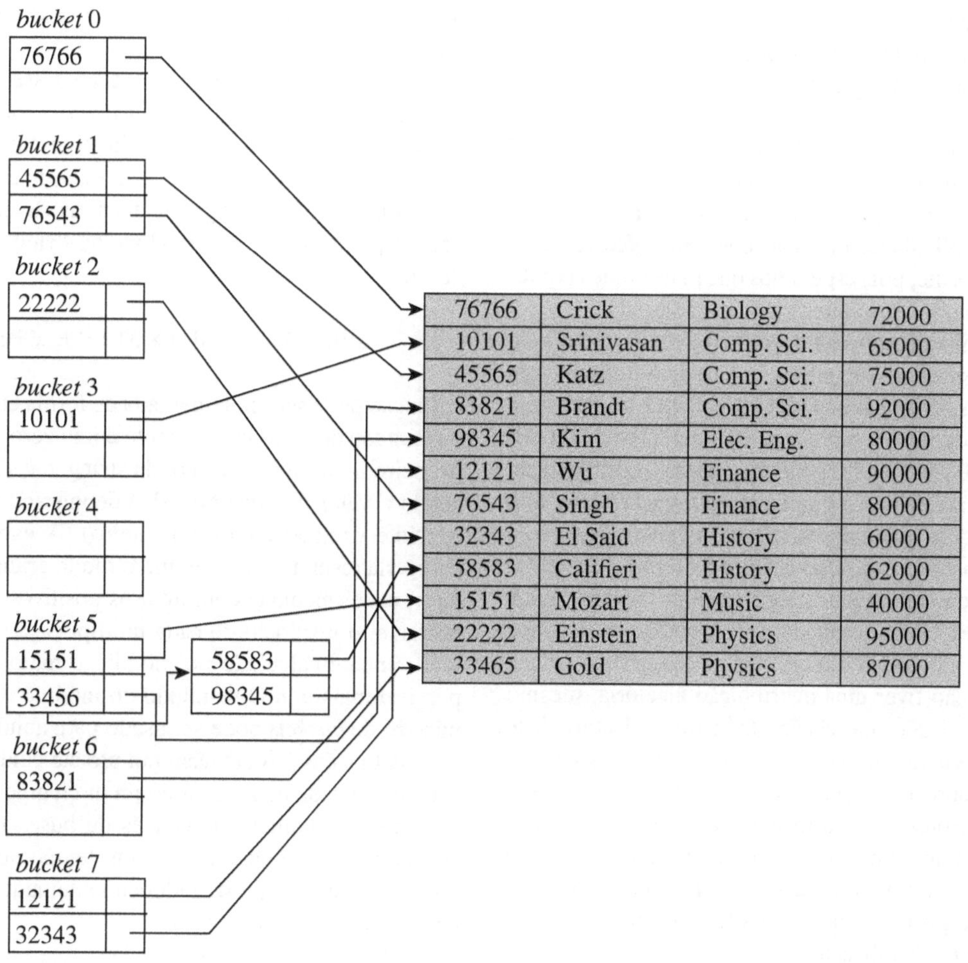

Figura 24.6 Índice de *hash* sobre a chave de busca *ID* da relação *instrutor*.

criado. Se a relação crescer muito além do tamanho esperado, os índices de *hash* seriam bastante ineficientes em razão das longas cadeias de estouro. Podemos reconstruir o índice de *hash* usando um número maior de *buckets*. Essa reconstrução pode ser acionada quando o número de registros exceder o número estimado por alguma margem, e o índice será reconstruído com um número de *buckets* que é um múltiplo do número original de *buckets* (digamos, por um fator de 1,5 a 2). Essa reconstrução é de fato realizada em muitos sistemas com índices de *hash* na memória.

No entanto, isso pode causar uma interrupção significativa no processamento normal com grandes relações, uma vez que um grande número de registros precisa ser reindexado; a interrupção é particularmente marcada com dados residentes em disco. Nesta seção, discutiremos técnicas dinâmicas de *hashing* que permitem que os índices de *hash* cresçam gradualmente, sem causar interrupções.

24.5.1.1 Funções *hash*

A pior função *hash* possível mapeia todos os valores de chave de busca para o mesmo *bucket*. Essa função é indesejável porque todos os registros precisam ser mantidos no mesmo *bucket*. Uma pesquisa precisa examinar cada registro desse tipo para encontrar o desejado. A função *hash* ideal distribui as chaves armazenadas uniformemente por todos os *buckets*, de modo que cada um tenha o mesmo número de registros.

Como não sabemos, durante o projeto, exatamente quais valores de chave de busca serão armazenados no arquivo, queremos escolher uma função *hash* que atribua valores de chave de busca aos *buckets* de modo que a distribuição tenha estas qualidades:

- A distribuição é *uniforme*. Ou seja, a função *hash* atribui a cada *bucket* o mesmo número de valores de chave de busca do conjunto de *todos* os valores de chave de busca possíveis.
- A distribuição é *aleatória*. Ou seja, no caso mais comum, cada *bucket* terá quase o mesmo número de valores atribuídos a ele, independentemente da distribuição real dos valores de chave de busca. Mais precisamente, o valor de *hash* não estará relacionado com nenhuma ordenação externamente visível sobre os valores da chave de busca, como a ordenação alfabética ou a ordenação pelo tamanho das chaves de busca; a função *hash* parecerá ser aleatória.

Como ilustração desses princípios, vamos escolher uma função *hash* para o arquivo *instrutor* usando a chave de busca *nome_dept*. A função *hash* que escolhemos precisa ter as propriedades desejáveis não apenas sobre o arquivo de exemplo *instrutor* que usamos, mas também sobre um arquivo *instrutor* do tamanho realista para uma grande universidade, com muitos departamentos.

Suponha que decidimos ter 26 *buckets*, e definimos uma função *hash* que mapeia os nomes começando com a *i*-ésima letra do alfabeto para o *i*-ésimo *bucket*. A função *hash* tem a virtude da simplicidade, mas não consegue oferecer uma distribuição uniforme, pois esperamos que mais nomes comecem com as letras B e R do que Q e X, por exemplo.

Agora suponha que queiramos uma função *hash* sobre a chave de busca *salário*. Suponha que o salário mínimo seja $ 30.000 e que o salário máximo seja $ 130.000, e usemos uma função *hash* que divida os valores em dez intervalos, $ 30.000-$ 40.000, $ 40.001-$ 50.000 e assim por diante. A distribuição dos valores de chave de busca é uniforme (pois cada *bucket* tem o mesmo número de diferentes valores de *salário*), mas não é aleatória. Os registros com salários entre $ 60.001 e $ 70.000 são muito mais comuns do que os registros com salários entre $ 30.001 e $ 40.000. Como resultado, a distribuição de registros não é uniforme – alguns *buckets* recebem mais registros do que outros. Se a função tiver uma distribuição aleatória, mesmo que haja tais correlações nas chaves de busca, a aleatoriedade da distribuição tornará muito provável que todos os *buckets* tenham aproximadamente o mesmo número de registros, desde que cada chave de busca ocorra apenas em uma pequena fração dos registros. (Se uma única chave de busca ocorrer em uma grande fração dos registros, o *bucket* que a contém provavelmente terá mais registros do que outros *buckets*, independentemente da função *hash* utilizada.)

As funções *hash* típicas realizam cálculos sobre a representação de máquina binária interna dos caracteres na chave de busca. Uma função *hash* simples desse tipo primeiro calcula a soma das representações binárias dos caracteres de uma chave e, então, retorna a soma dos números módulo o número de *buckets*.

A Figura 24.7 mostra a aplicação desse tipo de esquema, com oito *buckets*, ao arquivo *instrutor*, sob a suposição de que a *i*-ésima letra do alfabeto seja representada pelo inteiro *i*.

A seguinte função *hash* é uma alternativa mais eficiente para o *hashing* de strings. Seja *s* uma string de tamanho *n*, com *s*[*i*] indicando o *i*-ésimo byte da string. A função *hash* é definida como:

$$s[0] \times 31^{(n-1)} + s[1] \times 31^{(n-2)} + \ldots + s[n-1]$$

A função pode ser implementada de forma eficiente definindo o resultado do *hash* inicialmente como zero e percorrendo do primeiro ao último caractere da string, a cada etapa multiplicando o valor de *hash* por 31 e depois somando o caractere seguinte (tratado como um inteiro). A expressão mostrada pareceria resultar em um número muito grande, mas, na realidade, ela é calculada com inteiros positivos de tamanho fixo; portanto, o resultado de cada multiplicação e adição é automaticamente calculado no módulo o maior valor de inteiro possível mais um. O resultado do módulo dessa função pelo número de *buckets* pode ser usado para a indexação.

As funções *hash* exigem um projeto cuidadoso. Uma função *hash* errada pode resultar em um tempo de pesquisa proporcional ao número de chaves de busca no arquivo. Uma função bem projetada oferece um tempo de pesquisa médio constante (e pequeno), independentemente do número de chaves de busca no arquivo.

24.5.1.2 Tratamento de estouros de *bucket*

Até aqui, consideramos que, quando um registro é inserido, o *bucket* ao qual ele é mapeado possui espaço para armazenar

bucket 0

bucket 1

15151	Mozart	Music	40000

bucket 2

32343	El Said	History	80000
58583	Califieri	History	60000

bucket 3

22222	Einstein	Physics	95000
33456	Gold	Physics	87000
98345	Kim	Elec. Eng.	80000

bucket 4

12121	Wu	Finance	90000
76543	Singh	Finance	80000

bucket 5

76766	Crick	Biology	72000

bucket 6

10101	Srinivasan	Comp. Sci.	65000
45565	Katz	Comp. Sci.	75000
83821	Brandt	Comp. Sci.	92000

bucket 7

Figura 24.7 Organização de *hash* do arquivo *instrutor*, com *nome_dept* como chave.

o registro. Se o *bucket* não tiver espaço suficiente, acontece um **estouro de bucket**. O estouro de bucket pode ocorrer por vários motivos, como explicamos na Seção 14.5.

- **Buckets insuficientes**. O número de *buckets*, que indicamos com n_B, precisa ser escolhido de modo que $n_B > n_r/f_r$, em que n_r indica o número total de registros que serão armazenados e f_r indica o número de registros que caberão em um *bucket*. Essa designação considera que o número total de registros é conhecido quando a função *hash* é escolhida.
- **Distorção (*skew*)**. Alguns *buckets* recebem mais registros do que outros, de modo que um *bucket* pode estourar mesmo quando outros *buckets* ainda têm espaço. Essa situação é chamada de **distorção** de *bucket*. A distorção pode ocorrer por dois motivos:
  1. Vários registros podem ter a mesma chave de busca.
  2. A função *hash* escolhida pode resultar na distribuição não uniforme das chaves de busca.

Para que a probabilidade de estouro de *bucket* seja reduzida, o número de *buckets* é escolhido como $(n_r/f_r) \times (1 + d)$, sendo d um fator de *fudge*, normalmente em torno de 0,2. Algum espaço é desperdiçado: cerca de 20% do espaço nos *buckets* estará vazio. No entanto, o benefício é que a probabilidade de estouro é reduzida.

Mesmo fazendo a alocação de mais alguns *buckets* do que o necessário, o estouro de *bucket* ainda pode ocorrer. Como vimos na Seção 14.5, tratamos o estouro de *bucket* usando *buckets* de estouro. Também temos de mudar o algoritmo de pesquisa ligeiramente para lidar com o encadeamento de estouro (*overflow chaining*), para pesquisar nos *buckets* de estouro além do *bucket* principal.

A forma da estrutura de *hash* que acabamos de descrever às vezes é chamada de **endereçamento fechado** (ou menos comumente, ***hashing* fechado**). Sob uma técnica alternativa, chamada **endereçamento aberto** (ou menos comumente, ***hashing* aberto**), o conjunto de *buckets* é fixo, e não existem cadeias de estouro. Em vez disso, se um *bucket* estiver cheio, o sistema insere registros em outro *bucket* no conjunto inicial de *buckets B*. Uma política é usar o próximo *bucket* (em ordem cíclica) que possui espaço; essa política é chamada *sonda linear* (*linear probing*). Outras políticas, como o cálculo de outras funções *hash*, também são usadas. O endereçamento aberto tem sido usado para construir tabelas de símbolos para compiladores e *assemblers*, mas o endereçamento fechado é preferível para sistemas de banco de dados. O motivo é que a exclusão sob o endereçamento aberto é trabalhosa. Normalmente, compiladores e *assemblers* realizam apenas operações de pesquisa e inserção em suas tabelas de símbolos. Porém, em um sistema de banco de dados, é importante poder lidar com a exclusão tão bem quanto com a inserção. Assim, o endereçamento aberto tem importância secundária na implementação do banco de dados.

Uma desvantagem importante da forma de *hashing* que descrevemos é que precisamos escolher a função *hash* quando implementamos o sistema, e ela não pode ser mudada facilmente depois disso, se o arquivo sendo indexado se expandir ou encolher. Como a função h mapeia os valores de chave de busca a um conjunto fixo B dos endereços de *bucket*, desperdiçamos espaço se B for escolhido grande para lidar com o crescimento futuro do arquivo. Se B for muito pequeno, os *buckets* contêm registros de muitos valores diferentes de chave de busca, e pode ocorrer estouros de *bucket*. Com o crescimento do arquivo, o desempenho sofre. Na Seção 24.5.2, explicaremos como o número de *buckets* e a função *hash* podem ser alterados dinamicamente.

24.5.2 *Hashing* dinâmico

Como já vimos, a necessidade de ajustar o conjunto B de endereços de *bucket* apresenta um problema sério com a técnica de *hashing* estático da seção anterior. A maioria dos bancos de dados se torna muito grande com o tempo. Se tivermos de usar o *hashing* estático para tal banco de dados, teremos três classes de opções:

1. Escolha uma função *hash* com base no tamanho do arquivo atual. Essa opção resultará na diminuição de desempenho quando o banco de dados crescer.
2. Escolha uma função *hash* com base no tamanho antecipado do arquivo em algum ponto no futuro. Embora a diminuição de desempenho seja evitada, uma quantidade significativa de espaço pode ser desperdiçada inicialmente.
3. Reorganize periodicamente a estrutura de *hash* em resposta ao crescimento do arquivo. Essa reorganização abrange a escolha de uma nova função *hash*, recalculando a função *hash* em cada registro do arquivo e gerando novas atribuições de *bucket*. Essa reorganização é uma operação maciça e demorada. Além do mais, é necessário proibir o acesso ao arquivo durante a reorganização.

Várias técnicas de ***hashing* dinâmico** permitem que a função *hash* seja modificada dinamicamente para acomodar a expansão ou o encolhimento do banco de dados. Nesta seção, descrevemos uma forma de *hashing* dinâmico chamada ***hashing* extensível**. A Bibliografia contém referências a outras formas de *hashing* dinâmico.

24.5.2.1 Estrutura de dados

O *hashing* extensível lida com as mudanças no tamanho do banco de dados, dividindo e unindo os *buckets* enquanto o banco de dados cresce e diminui. Como resultado, a eficiência do espaço é mantida. Além disso, como a reorganização é realizada somente em um *bucket* de cada vez, a sobrecarga resultante no desempenho é aceitavelmente baixa.

Com o *hashing* extensível, escolhemos uma função *hash* h com as propriedades desejáveis de uniformidade e aleatoriedade. Porém, essa função *hash* gera valores por um intervalo relativamente grande – a saber, inteiros binários de b bits. Um valor típico de b é 32.

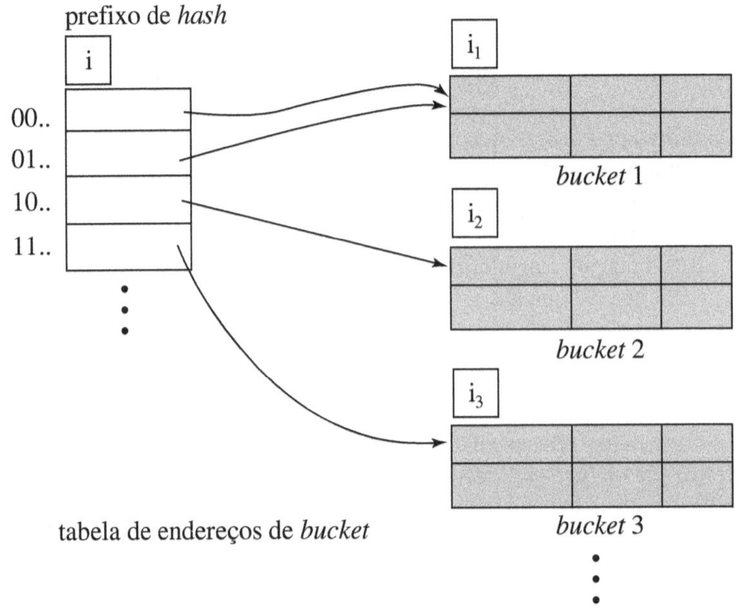

Figura 24.8 Estrutura geral do *hash* extensível.

Não criamos um *bucket* para cada valor de *hash*. De fato, 2^{32} é mais de quatro bilhões, e essa quantidade é excessiva para quase todos os fins, com exceção para bancos de dados muito grandes. Em vez disso, criamos *buckets* por demanda, quando registros são inseridos no arquivo. Não usamos os *b* bits do valor de *hash* inicialmente. A qualquer ponto, usamos *i* bits, com $0 \leq i \leq b$. Esses *i* bits são usados como um deslocamento para uma tabela adicional de endereços de *bucket*. O valor de *i* aumenta e diminui com o tamanho do banco de dados.

A Figura 24.8 mostra uma estrutura geral do *hash* extensível. Na figura, o *i* que aparece acima da tabela de endereços de *bucket* indica que *i* bits do valor de *hash* $h(K)$ são necessários para determinar o *bucket* correto para *K*. Esse número mudará quando o arquivo crescer. Embora *i* bits sejam necessários para encontrar a entrada correta na tabela de endereços de *bucket*, várias entradas consecutivas na tabela podem apontar para o mesmo *bucket*. Todas essas entradas terão um prefixo de *hash* comum, mas o tamanho desse prefixo pode ser menor que *i*. Portanto, associamos a cada *bucket* um inteiro indicando o tamanho do prefixo de *hash* comum. Na Figura 24.8, o inteiro associado ao *bucket j* aparece como i_j. O número de entradas da tabela de endereços de *bucket* que apontam para o *bucket j* é

$$2^{(i-i_j)}$$

24.5.2.2 Consultas e atualizações

Agora veremos como realizar pesquisa, inserção e exclusão em uma estrutura de *hash* extensível.

Para localizar o *bucket* contendo o valor de chave de busca K_l, o sistema apanha os primeiros *i* bits de alta ordem de $h(K_l)$, examina a entrada de tabela correspondente para essa sequência de bits e segue o ponteiro de *bucket* na entrada da tabela.

Para inserir um registro com valor de chave de busca K_l, o sistema segue o mesmo procedimento de antes para a pesquisa, acabando em algum bucket – digamos, *j*. Se houver espaço no bucket, o sistema insere o registro nele. Se, por outro lado, o bucket estiver cheio, ele precisa dividi-lo e redistribuir os registros atuais, mais o novo. Para dividir o bucket, o sistema precisa primeiro determinar pelo valor de hash se ele precisa aumentar o número de bits utilizados.

- Se $i = i_j$, somente uma entrada na tabela de endereços de *bucket* aponta para o *bucket j*. Portanto, o sistema precisa aumentar o tamanho da tabela de endereços de *bucket* de modo que ela possa incluir ponteiros para os dois *buckets* que resultam da divisão do *bucket j*. Ele faz isso considerando um bit adicional do valor de *hash*. Ele incrementa o valor de *i* em 1 (um), dobrando o tamanho da tabela de endereços de *bucket*. Ele substitui cada entrada por duas entradas, ambas contendo o mesmo ponteiro da entrada original. Agora, duas entradas na tabela de endereços de *bucket* apontam para o *bucket j*. O sistema aloca um novo *bucket* (*bucket z*) e define a segunda entrada para que aponte para o novo *bucket*. Ele define i_j e i_z como *i*. Em seguida, ele calcula novamente o *hash* de cada registro no *bucket j* e, dependendo dos *i* primeiros bits (lembre-se de que o sistema somou um a *i*), ele o mantém no *bucket j* ou o aloca ao *bucket* recém-criado.

  O sistema agora tenta novamente inserir o novo registro. Normalmente, a tentativa terá sucesso. Porém, se todos os registros no *bucket j*, assim como o novo registro, tiverem o mesmo prefixo de valor de *hash*, será preciso dividir o *bucket* novamente, pois todos os registros no *bucket j* e o novo registro são atribuídos ao mesmo *bucket*. Se a função *hash* tiver sido cuidadosamente escolhida, é pouco provável que uma única inserção exija que o *bucket* seja dividido mais de uma vez, a menos que haja grande quantidade de registros com a mesma chave de busca. Se todos os registros no *bucket j* tiverem o mesmo valor de chave de busca, novas tentativas de divisão não ajudarão. Nesses casos, os *buckets* de estouro são usados para armazenar os registros, como no *hashing* estático.

- Se $i > i_j$, então mais de uma entrada na tabela de endereços de *bucket* aponta para o *bucket j*. Assim, o sistema pode dividir o *bucket j* sem aumentar o tamanho da tabela de endereços de *bucket*. Observe que todas as entradas que apontam para o *bucket j* correspondem a prefixos de *hash* que têm o mesmo valor nos i_j bits mais à esquerda. O sistema aloca um novo *bucket* (*bucket z*), e define i_j e i_z com o valor que resulta da soma de um ao valor original de i_j. Em seguida, o sistema precisa ajustar as entradas na tabela de endereços de *bucket* que, anteriormente, apontavam para o *bucket j*. (Observe que, com o novo valor para i_j, nem todas as entradas correspondem aos prefixos de *hash* que têm o mesmo valor nos i_j bits mais à esquerda.) O sistema deixa a primeira metade das entradas como estavam (apontando para o *bucket j*), e define todas as entradas restantes para que apontem para o *bucket* recém-criado (*bucket z*). Em seguida, como no caso anterior, o sistema recalcula o *hash* de cada registro no *bucket j*, e o aloca ao *bucket j* ou ao *bucket z* recém-criado.

  O sistema, então, tenta inserir novamente. No caso improvável de nova falha, ele aplica um dos dois casos, $i = i_j$ ou $i > i_j$, como for apropriado.

Observe que, nos dois casos, o sistema precisa recalcular a função *hash* apenas sobre os registros do *bucket j*.

Para excluir um registro com valor de chave de busca K_l, o sistema segue o mesmo procedimento de pesquisa anterior, acabando em algum *bucket* – digamos, *j*. Ele remove a chave de busca do *bucket*, e o registro do arquivo. O *bucket* também é removido se ficar vazio. Observe que, nesse ponto, vários *buckets* podem ser unidos, e o tamanho da tabela de endereços de *bucket* pode ser reduzido pela metade. O procedimento para decidir quais *buckets* podem ser unidos e como uni-los fica para o leitor, como exercício. As condições sob as quais a tabela de endereços de *bucket* pode ter o tamanho reduzido também ficam como exercício. Ao contrário da união de *buckets*, a mudança do tamanho da tabela de endereços de *bucket* é uma operação um tanto dispendiosa se a tabela for grande. Portanto, pode valer a pena reduzir o tamanho da tabela de endereços de *bucket* somente se o número de *buckets* reduzir muito.

Para ilustrar a operação de inserção, usamos o arquivo *instrutor* e presumimos que a chave de busca seja *nome_dept* com os valores de *hash* de 32 bits, como na Figura 24.9. Inicialmente, suponha que o arquivo está vazio, como na Figura 24.10. Inserimos os registros, um de cada vez. Para ilustrar todos os recursos do *hash* extensível em uma estrutura pequena, faremos a suposição não realista de que um *bucket* só pode manter dois registros.

Inserimos o registro (10101, Srinivasan, Comp. Sci., 65000). A tabela de endereços de *bucket* contém um ponteiro para um *bucket*, e o sistema insere o registro. Em seguida, inserimos o registro (12121, Wu, Finance, 90000). O sistema também coloca esse registro no único *bucket* de nossa estrutura.

Quando tentamos inserir o próximo registro (15151, Mozart, Music, 40000), descobrimos que o *bucket* está cheio. Como $i = i_0$, precisamos aumentar o número de bits que usamos a partir do valor de *hash*. Agora usamos um bit, permitindo-nos $2^1 = 2$ *buckets*. Esse aumento no número de bits exige dobrar o tamanho da tabela de endereços de *bucket* para duas entradas. O sistema divide o *bucket*, colocando no novo *bucket* aqueles registros cuja chave de busca possui um valor de *hash* começando com um e deixando no *bucket* original os outros registros. A Figura 24.11 mostra o estado de nossa estrutura após a divisão.

nome_dept	h(*nome_dept*)
Biology	0010 1101 1111 1011 0010 1100 0011 0000
Comp. Sci.	1111 0001 0010 0100 1001 0011 0110 1101
Elec. Eng.	0100 0011 1010 1100 1100 0110 1101 1111
Finance	1010 0011 1010 0000 1100 0110 1001 1111
History	1100 0111 1110 1101 1011 1111 0011 1010
Music	0011 0101 1010 0110 1100 1001 1110 1011
Physics	1001 1000 0011 1111 1001 1100 0000 0001

Figura 24.9 Função hash para *nome_dept*.

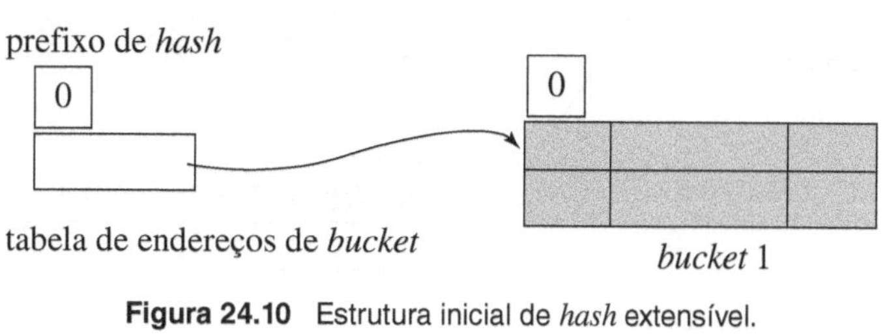

Figura 24.10 Estrutura inicial de *hash* extensível.

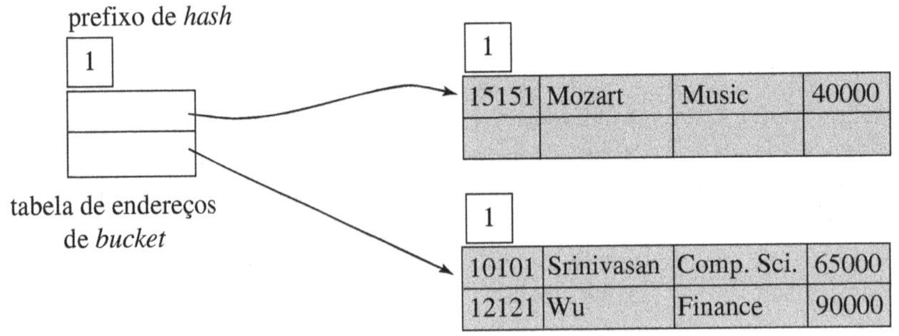

Figura 24.11 Estrutura de *hash* depois de três inserções.

Em seguida, inserimos (22222, Einstein, Physics, 95000). Como o primeiro bit de *h*(Physics) é um, temos de inserir esse registro no *bucket* apontado pela entrada "1" na tabela de endereços de *bucket*. Mais uma vez, encontramos o *bucket* cheio e $i = i_1$. Aumentamos o número de bits que usamos a partir do *hash* para dois. Esse aumento no número de bits exige a duplicação do tamanho da tabela de endereços de *bucket* para quatro entradas, como na Figura 24.12. Como o *bucket* da Figura 24.11 para o prefixo de *hash* zero não foi dividido, as duas entradas da tabela de endereços de *bucket* de 00 e 01 apontam para esse *bucket*.

Para cada registro no *bucket* da Figura 24.11 para o prefixo de *hash* 1 (o *bucket* sendo dividido), o sistema examina os dois primeiros bits do valor de *hash* para determinar qual *bucket* da nova estrutura deverá mantê-lo.

Em seguida, inserimos (32343, El Said, History, 60000), que entra no mesmo *bucket* de Comp. Sci. A inserção seguinte de (33456, Gold, Physics, 87000) resulta em um estouro de *bucket*, levando a um aumento no número de bits e à duplicação do tamanho da tabela de endereços de *bucket* (veja a Figura 24.13).

A inserção de (45565, Katz, Comp. Sci., 75000) leva a outro estouro de *bucket*; porém, esse estouro pode ser tratado sem aumentar o número de bits, porque o *bucket* em questão tem dois ponteiros apontando para ele (veja a Figura 24.14).

Em seguida, inserimos os registros de "Califieri", "Singh" e "Crick" sem nenhum estouro de *bucket*. Entretanto, a inserção do terceiro registro Comp. Sci. (83821, Brandt, Comp. Sci., 92000) ocasiona outro estouro, que não pode ser tratado com o aumento do número de bits, pois existem três registros exatamente com o mesmo valor de *hash*. Logo, o sistema usa um *bucket* de estouro, como na Figura 24.15. Continuamos dessa maneira até terminar de inserir todos os registros de *instrutor* da Figura 14.1. A estrutura resultante aparece na Figura 24.16.

24.5.2.3 *Hashing* estático *versus hashing* dinâmico

Agora, examinamos as vantagens e desvantagens do *hashing* extensível, em comparação com o *hashing* estático. A vantagem principal do *hashing* extensível é que o desempenho não diminui quando o arquivo aumenta. Além do mais, existe uma sobrecarga (*overhead*) de espaço mínima. Embora a tabela de endereços de *bucket* gere uma sobrecarga adicional, ela contém um ponteiro para cada valor de *hash* para o tamanho de prefixo atual. Essa tabela, portanto, é pequena. A principal economia de espaço do *hashing* extensível em relação a outras formas de *hashing* é que nenhum *bucket* precisa ser reservado para crescimento futuro; em vez disso, os *buckets* podem ser alocados dinamicamente.

Uma desvantagem do *hashing* extensível é que a pesquisa envolve um nível de indireção adicional, pois o sistema precisa acessar a tabela de endereços de *bucket* antes de acessar

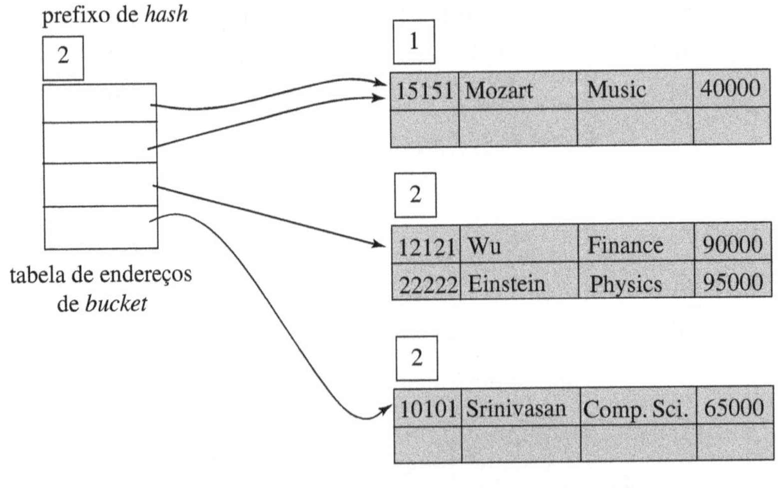

Figura 24.12 Estrutura de *hash* após quatro inserções.

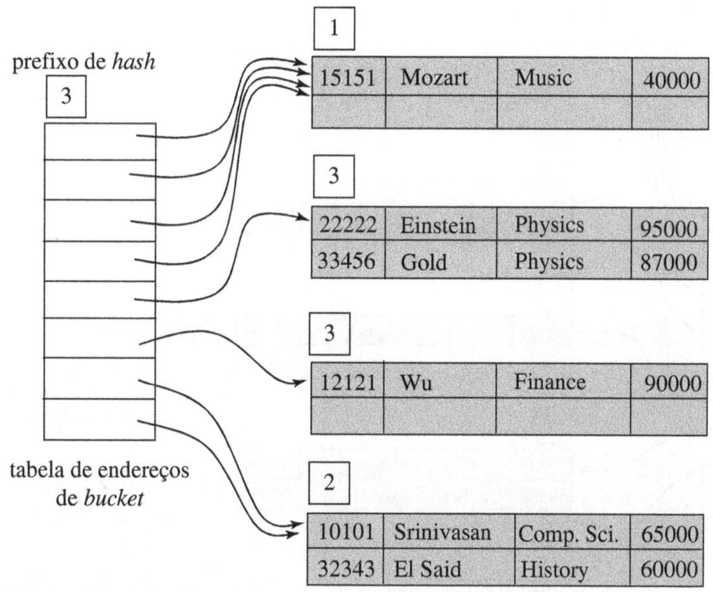

Figura 24.13 Estrutura de *hash* após seis inserções.

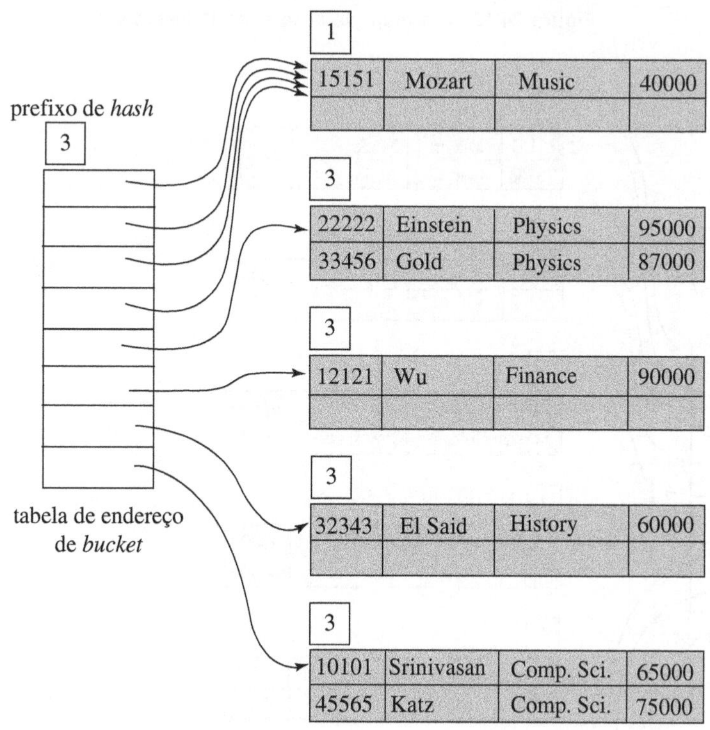

Figura 24.14 Estrutura de *hash* após sete inserções.

o próprio *bucket*. Essa referência extra possui um efeito mínimo sobre o desempenho. Embora as estruturas de *hash* que discutimos na Seção 24.5.1 não tenham esse nível de indireção extra, elas perdem sua mínima vantagem de desempenho na medida em que se tornam cheias. Outra desvantagem do *hashing* extensível é o custo da duplicação periódica da tabela de endereços de *bucket*.

A Bibliografia também oferece referências a outra forma de *hashing* dinâmico, chamado ***hashing* linear**, que evita o nível de indireção extra associado ao *hashing* extensível, ao custo possível de mais *buckets* de estouro.

24.5.3 Comparação de indexação ordenada e *hashing*

Vimos vários esquemas de indexação ordenada e vários esquemas de *hashing*. Podemos organizar arquivos de registros como arquivos ordenados, usando a organização sequencial

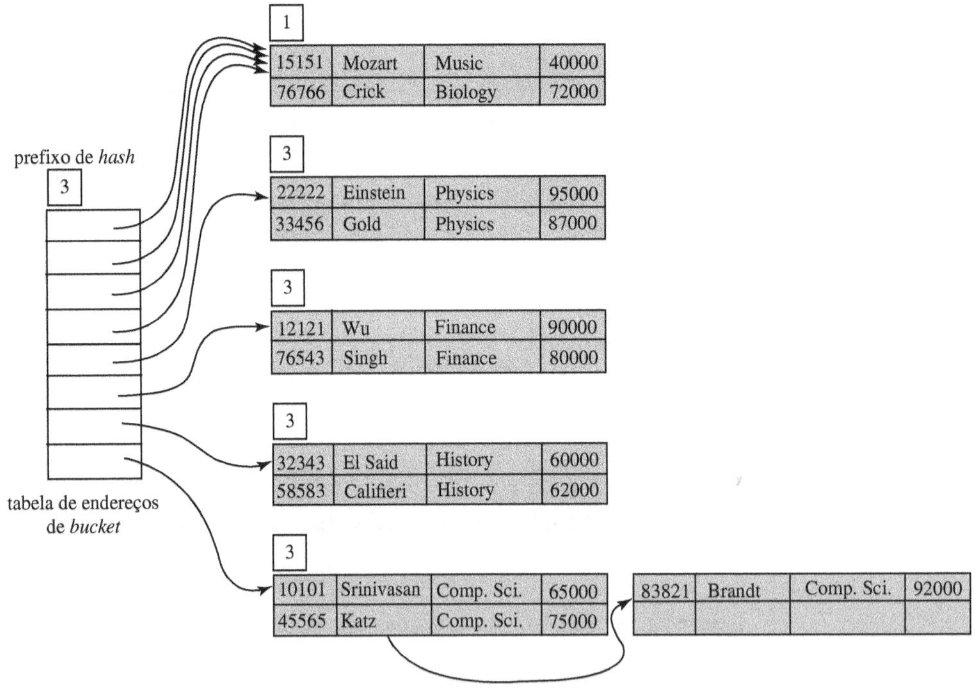

Figura 24.15 Estrutura de *hash* após 11 inserções.

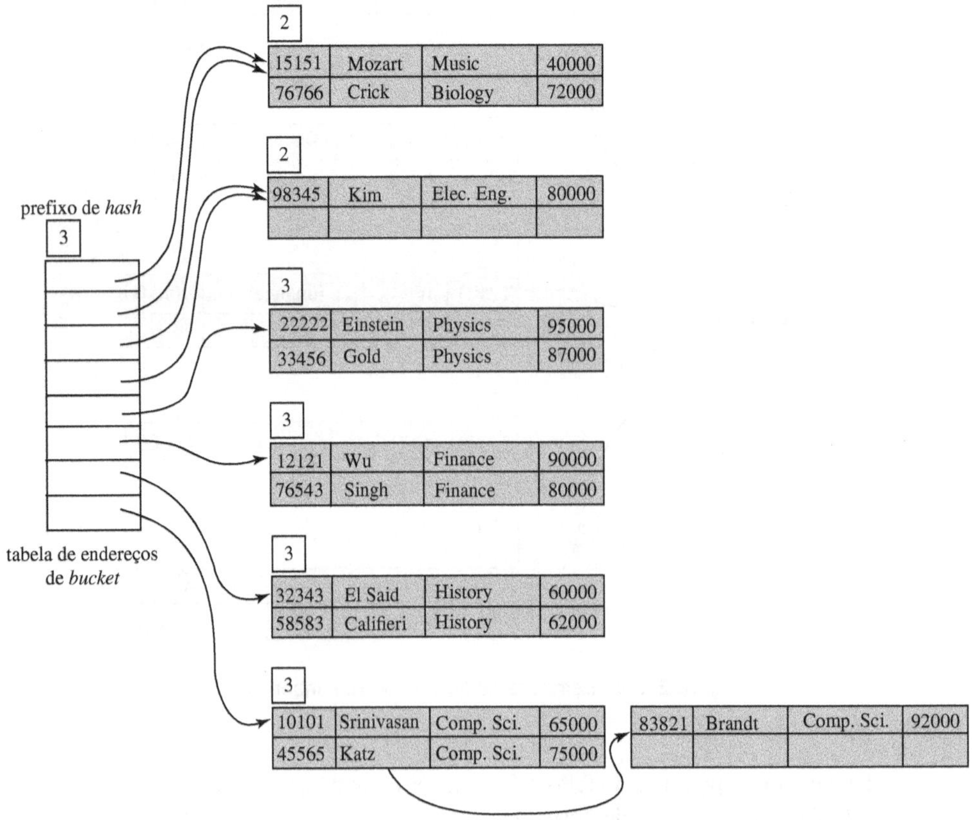

Figura 24.16 Estrutura de *hash* extensível para o arquivo *instrutor*.

indexada ou organizações por árvore B^+. Como alternativa, podemos organizar os arquivos usando o *hashing*. Finalmente, podemos organizá-los como arquivos de *heap*, em que os registros não são ordenados de qualquer modo em particular.

Cada esquema possui vantagens em certas situações. Um implementador de sistema de banco de dados poderia oferecer muitos esquemas, deixando a decisão final de quais esquemas utilizar para o projetista do banco de dados. Porém, essa técnica exige que o implementador escreva mais código, aumentando o custo do sistema e o espaço que o sistema ocupa.

A maioria dos sistemas de banco de dados admite árvores B^+ para indexação de dados baseados em disco, e muitos bancos de dados também admitem alguma forma de organização de arquivo de árvore B^+. No entanto, a maioria dos bancos de dados não admite organizações de arquivo por *hash* ou índices de *hash* para dados baseados em disco. Um dos motivos importantes é o fato de muitas aplicações se beneficiarem do suporte a consultas por intervalo. Um segundo motivo é o fato de os índices da árvore B^+ lidarem de modo controlado com o aumento do tamanho da relação, por meio de uma série de divisões de nós, cada uma com baixo custo, ao contrário do custo relativamente alto da duplicação da tabela de endereços de *bucket*, que o *hashing* extensível requer. Outro motivo para preferir as árvores B^+ é o fato de que as árvores B^+ fornecem bons limites de pior caso para as operações de exclusão com chaves duplicadas, ao contrário dos índices de *hash*.

No entanto, os índices de *hash* são usados para indexação na memória, se consultas de intervalo não forem comuns. Em particular, eles são muito utilizados para criar índices temporários na memória durante o processamento de operações de junção usando a técnica de junção *hash*, como vemos na Seção 15.5.5.

24.6 Resumo

- A ideia principal da árvore de mesclagem estruturada em *log* é substituir operações de E/S aleatória durante inserções, atualizações e exclusões de árvore com um menor número de operações de E/S sequencial.
- Os índices de mapa de bits são índices especializados, projetados para facilitar a consulta sobre múltiplas chaves. Eles funcionam para atributos que usam um pequeno número de valores distintos.
- Um **mapa de bits** é um *array* de bits. Em sua forma mais simples, um **índice de mapa de bits** sobre o atributo *A* da relação *r* consiste em um mapa de bits para cada valor que *A* pode assumir. Cada mapa de bits tem tantos bits quanto o número de registros na relação.
- Os índices de mapa de bits são úteis para seleções, principalmente quando há seleções sobre múltiplas chaves.
- Um uso importante dos mapas de bits é na contagem do número de tuplas que satisfazem determinada seleção. Essas consultas são importantes para análise de dados.
- Os índices são necessários para o acesso eficiente a dados espaciais, e devem ter suporte eficiente para consultas, como consultas por intervalo e de vizinho mais próximo.
- Uma **árvore quadrática** é uma representação alternativa para os dados bidimensionais, onde o espaço é dividido por uma árvore quadrática. Cada nó dessa árvore é associado a uma região retangular do espaço.
- Uma **árvore R** é uma estrutura de armazenamento útil para a indexação de objetos como pontos, segmentos de linha, retângulos e outros polígonos. Uma árvore R é uma estrutura de árvore balanceada com os objetos indexados sendo armazenados nos nós de folha, de modo semelhante a uma árvore B^+. Porém, em vez de uma faixa de valores, uma **caixa de contorno** retangular é associada a cada nó da árvore.
- O **hashing estático** utiliza funções *hash* em que o conjunto de endereços de *bucket* é fixo. Essas funções *hash* não podem acomodar com facilidade bancos de dados que se tornam muito grandes com o tempo.
- **Técnicas de hashing dinâmico** permitem a modificação da função *hash*. Um exemplo é o *hashing extensível*, que lida com as mudanças no tamanho do banco de dados pela divisão e união de *buckets* à medida que o banco de dados se expande e encolhe.

Termos de revisão

- Árvore de mesclagem estrutura em *log* (árvore LSM)
- Mesclagem contínua
- Entrada de exclusão
- Índice de mesclagem escalonada
- Amplificação de escrita
- Filtro de Bloom
- Mapa de bits
- Índice de mapa de bits
- Mapa de bits de existência
- Árvore quadrática
- Árvore quadrática de região
- Árvore R
- Caixa de contorno
- Divisão quadrática
- Estouro de *bucket*
- Distorção
- Endereçamento fechado
- *Hashing* fechado
- Endereçamento aberto
- *Hashing* aberto
- *Hashing* dinâmico
- *Hashing* extensível
- *Hashing* linear

Exercícios práticos

24.1 Tanto árvores LSM quanto árvores de *buffer* (descritas na Seção 14.8.2) oferecem benefícios às cargas de trabalho com uso intenso de escrita, em comparação com as árvores B^+ normais, e as árvores de *buffer* oferecem potencialmente um melhor desempenho na pesquisa. Porém, as árvores LSM são usadas com mais frequência em ambientes de Big Data. Qual é o motivo mais importante para essa preferência?

24.2 Considere a técnica otimizada para contar o número de bits que estão marcados (valor = 1) em um mapa de bits. Quais são as opções na escolha de um tamanho de *array* menor ou maior, tendo em mente o tamanho do cache?

24.3 Suponha que você queira armazenar segmentos de linha em uma árvore R. Se um segmento de linha não estiver paralelo aos eixos, a caixa de contorno para ele pode ser grande, contendo uma área vazia grande.

- Descreva o efeito sobre o desempenho de ter grandes caixas de contorno em consultas que pedem segmentos de linha cruzando determinada região.
- Descreva brevemente uma técnica para melhorar o desempenho de tais consultas e dê um exemplo de seu benefício. *Dica*: você pode dividir os segmentos em partes menores.

24.4 Descreva um algoritmo de busca sobre uma árvore R para encontrar, de modo eficiente, o vizinho mais próximo de determinado ponto de consulta.

24.5 Dê um procedimento recursivo para calcular de modo eficiente a junção espacial de duas relações com índices de árvore R. (*Dica*: use caixas de contorno para verificar se as entradas de folha sob um par de nós internos podem se cruzar.)

24.6 Suponha que estejamos usando o *hashing* extensível sobre um arquivo que contém registros com os seguintes valores de chave de busca:

2, 3, 5, 7, 11, 17, 19, 23, 29, 31

Mostre a estrutura de *hash* extensível para esse arquivo se a função *hash* for $h(x) = x \bmod 8$ e os *buckets* puderem manter três registros.

24.7 Mostre como a estrutura de *hash* extensível do Exercício Prático 24.6 muda como resultado de cada uma das seguintes etapas:

a. Excluir 11.

b. Excluir 31.

c. Inserir 1.

d. Inserir 15.

24.8 Dê o pseudocódigo para a exclusão de entradas de uma estrutura de *hash* extensível, incluindo detalhes de quando e como unir os *buckets*. Não se preocupe em reduzir o tamanho da tabela de endereços de *bucket*.

24.9 Sugira um modo eficiente de testar se a tabela de endereços de *bucket* no *hashing* extensível pode ser reduzida em tamanho, armazenando um contador extra com a tabela de endereços de *bucket*. Dê os detalhes de como a contagem deve ser mantida quando os *buckets* são divididos, unidos ou excluídos. (*Nota*: a redução do tamanho da tabela de endereços de *bucket* é uma operação dispendiosa, e as inserções seguintes podem fazer com que a tabela cresça novamente. Portanto, é melhor não reduzir o tamanho assim que for possível, mas, em vez disso, reduzir apenas se o número de entradas de índice se tornar pequeno em comparação com o tamanho da tabela de endereços de *bucket*.)

Exercícios

24.10 A variante de mesclagem escalonada da árvore LSM permite o uso de múltiplas árvores por nível. Quais são as vantagens e desvantagens de haver mais árvores por nível?

24.11 Suponha que você queira usar a ideia de uma árvore quadrática para os dados em três dimensões. Como a estrutura de dados resultante (chamada *árvore óctupla*) dividiria o espaço?

24.12 Explique a diferença entre *hashing* fechado e aberto. Discuta os méritos relativos de cada técnica nas aplicações de banco de dados.

24.13 Quais são as causas do estouro de *bucket* em uma organização de arquivos de *hash*? O que pode ser feito para reduzir a ocorrência de estouros de *bucket*?

24.14 Por que uma estrutura de *hashing* não é a melhor opção para uma chave de busca em que as consultas de intervalo são prováveis?

24.15 Nossa descrição do *hashing* estático considera que uma grande faixa contígua de blocos de disco pode ser alocada a uma tabela de *hash* estática. Suponha que você possa alocar apenas *C* blocos contíguos. Sugira como implementar a tabela de *hash*, se ela puder ser muito maior do que *C* blocos. O acesso a um bloco ainda deverá ser eficiente.

Leitura adicional

A árvore de mesclagem estruturada em *log* (LSM) é abordada por O'Neil *et al.* (1996), enquanto a árvore de mesclagem escalonada é apresentada por Jagadish *et al.* (1997). Vitter (2001) oferece uma análise extensa das estruturas de dados e algoritmos de memória externa.

Os índices de mapa de bits são descritos em O'Neil e Quass (1997). Eles foram introduzidos inicialmente no gerenciador de arquivos IBM Model 204, na plataforma AS 400. Eles oferecem ganhos de velocidade muito grandes em certos tipos de consultas e, hoje, são implementados na maioria dos sistemas de banco de dados.

Samet (2006) oferece um livro-texto sobre estruturas de dados espaciais. Bentley (1975) descreve a árvore k-d, e Robinson (1981) descreve a árvore k-d-B. A árvore R foi apresentada originalmente em Guttman (1984).

As discussões sobre as estruturas de dados básicas no *hashing* podem ser encontradas em Cormen *et al.* (2009). O *hashing* extensível foi introduzido por Fagin *et al.* (1979). O *hashing* linear foi introduzido por Litwin (1978, 1980).

Bibliografia

BENTLEY, J. L. "Multidimensional binary search trees used for associative searching". *Communications of the ACM*, 18(9), p. 509-517, 1975.

CORMEN, T. *et al. Introduction to algorithms*. 3. ed. Massachusetts: MIT Press, 2009.

FAGIN, R. *et al.* "Extendible hashing: a fast access method for dynamic files". *ACM Transactions on Database Systems*, 4(3), p. 315-344, 1979.

GUTTMAN, A. "R-trees: a dynamic index structure for spatial searching". In: *Proc. of the ACM SIGMOD*, New York, p. 47-57, 1984.

JAGADISH, H. V. *et al.* "Incremental organization for data recording and warehousing". In: *Proc. of the VLDB*, Athenas, p. 16-25, 1997.

LITWIN, W. "Virtual hashing: a dynamically changing hashing". In: *Proc. of the VLDB*, Berlin, p. 517-523, 1978.

LITWIN, W. "Linear hashing: a new tool for file and table addressing". In: *Proc. of the VLDB*, Montreal, p. 212-223, 1980.

O'NEIL, P.; QUASS, D. "Improved query performance with variant indexes". In: *Proc. of the ACM SIGMOD*, Tucson, Arizona, p. 38-49, 1997.

O'NEIL, P. *et al.* "The Log-structured Merge-tree (LSM-tree)". *Acta Informatica*, 33(4), p. 351-385, 1996.

ROBINSON, J. "The k-d-B tree: a search structure for large multidimensional indexes". In: *Proc. of the ACM SIGMOD*, Ann Arbor, Michigan, p. 10-18, 1981.

SAMET, H. *Foundations of multidimensional and metric data structures*. Massachusetts: Morgan Kaufmann, 2006.

VITTER, J. S. "External memory algorithms and data structures: dealing with massive data". *ACM Computing Surveys*, v. 33, p. 209-271, 2001.

Créditos

A foto dos barcos no início do capítulo pertence a

CAPÍTULO 25

Desenvolvimento avançado de aplicações

Existem diversas tarefas no desenvolvimento de aplicações. Já vimos, nos Capítulos 6 a 9, como projetar e montar uma aplicação. Um dos aspectos do projeto de aplicações é o desempenho que alguém espera da aplicação. De fato, é comum descobrir que, quando uma aplicação é montada, ela fica mais lenta do que os projetistas desejavam ou trata de menos transações por segundo do que eles precisavam. Uma aplicação que leva um tempo excessivo para realizar as ações solicitadas pode causar insatisfação do usuário e, no pior dos casos, tornar-se completamente inutilizável.

As aplicações podem ser criadas de modo a serem executadas muito mais rapidamente com o ajuste do desempenho, que consiste em localizar e eliminar gargalos e acrescentar *hardware* apropriado, como memória ou discos. Existem muitas ações que um desenvolvedor de aplicações pode fazer para ajustar a aplicação, e existem ações que um administrador de sistemas de banco de dados pode fazer para agilizar o processamento para uma aplicação.

Os *benchmarks* são conjuntos padronizados de tarefas que ajudam a caracterizar o desempenho dos sistemas de banco de dados. Eles são úteis para dar uma ideia aproximada dos requisitos de *hardware* e *software* de uma aplicação, antes mesmo que a aplicação seja criada.

As aplicações precisam ser testadas enquanto estão sendo desenvolvidas. O teste requer a geração de massa de dados e testes de entrada de dados, e a verificação de que as saídas batem com as saídas esperadas. Discutiremos questões relacionadas com o teste de aplicações. Os sistemas legados são sistemas de aplicações que estão desatualizados e, normalmente, baseados em tecnologia de uma geração mais antiga. Porém, comumente eles estão no núcleo das organizações e executam aplicações de missão crítica. Explicamos as questões de interface e os problemas na migração dos sistemas legados substituindo-os por sistemas mais modernos.

Os padrões são muito importantes para o desenvolvimento de aplicação, particularmente na Era da Internet, em que as aplicações precisam se comunicar umas com as outras para executar tarefas úteis. Diversos padrões foram propostos, afetando o desenvolvimento de aplicações de banco de dados, que esboçamos neste capítulo. As organizações geralmente armazenam informações sobre usuários em sistemas de diretório. As aplicações utilizam sistemas de diretório com frequência para autenticar os usuários e obter informações básicas sobre eles, como categorias de usuário (por exemplo, aluno, instrutor e assim por diante). Descrevemos, resumidamente, a arquitetura dos sistemas de diretório.

25.1 Ajuste de desempenho

O ajuste de desempenho de um sistema envolve ajustar vários parâmetros e opções de projeto a fim de melhorar seu desempenho para uma aplicação específica. Diversos aspectos de um projeto de sistema de banco de dados – desde aspectos de alto nível, como o projeto de esquema e transação, até parâmetros de banco de dados, como tamanhos de *buffer*, e aspectos de *hardware*, como número de discos – afetam o desempenho de uma aplicação. Cada um desses aspectos pode ser ajustado de modo que o desempenho seja melhorado.

25.1.1 Motivação para o ajuste (*tuning*)

Às vezes, as aplicações exibem baixo desempenho, com consultas demorando muito para serem concluídas, fazendo com que os usuários não consigam executar as tarefas necessárias. Descrevemos alguns exemplos do mundo real que temos visto, incluindo suas causas e como o ajuste corrigiu os problemas.

Em uma das aplicações, descobrimos que os usuários estavam experimentando longos atrasos e ultrapassando os tempos de limite nas aplicações Web. Ao monitorar o banco de dados, percebemos que o uso de CPU estava muito alto, com um uso insignificante de disco e rede. Uma análise mais aprofundada das consultas em execução no banco de dados mostrou que uma consulta de pesquisa simples sobre uma relação grande estava usando uma varredura completa (*full scan*) da relação, o que era bastante dispendioso. A inclusão de um índice sobre o atributo usado na pesquisa reduziu drasticamente o tempo de execução da consulta e um sério problema de desempenho desapareceu imediatamente.

Em uma segunda aplicação, verificou-se que uma consulta tinha um desempenho muito fraco. Examinando a consulta, descobrimos que o programador havia escrito uma consulta desnecessariamente complicada, com várias subconsultas aninhadas, e o otimizador produzia um plano de consulta ruim, como percebemos depois de observar o plano de consulta. Para corrigir o problema, reescrevemos

Nota 25.1 FERRAMENTAS DE MONITORAMENTO DE DESEMPENHO DO BANCO DE DADOS

A maioria dos sistemas de banco de dados oferece relações do tipo *view* (*view relations*) que podem ser consultadas para monitorar o desempenho do sistema de banco de dados. Por exemplo, o PostgreSQL oferece relações pg_stat_statements e pgpgrowlocks para monitorar o uso de recursos das instruções SQL e a disputa por bloqueios, respectivamente. O MySQL aceita um comando show processinfo que pode ser usado para monitorar quais transações estão em execução no momento e seu uso de recursos. O Microsoft SQL Server oferece os procedimentos armazenados (*stored procedures*) sp_monitor, sp_who e sp_lock para monitorar o uso de recursos do sistema. O Oracle Databse SQL Tuning Guide, disponível *on-line*, oferece detalhes de *views* semelhantes no Oracle.

a consulta usando junções (*joins*) em vez de subconsultas aninhadas, ou seja, descorrelacionamos a consulta; essa mudança reduziu bastante o tempo de execução.

Em uma terceira aplicação, percebemos que ela buscava um grande número de linhas de uma consulta e emitia outra consulta ao banco de dados para cada linha que buscava. Isso resultava em um grande número de consultas separadas sendo enviadas ao banco de dados, reduzindo bastante o desempenho. É possível substituir um número tão grande de consultas por uma única que busca todos os dados necessários, como veremos mais adiante nesta seção. Essa mudança melhorou o desempenho da aplicação significativamente em uma ordem de grandeza.

Em uma quarta aplicação, vimos que, embora a aplicação tenha funcionado bem sob uma carga leve durante os testes, ela parou completamente de funcionar quando sujeitada a uma carga pesada, quando foi usada por usuários reais. Nesse caso, descobrimos que, em algumas das interfaces, os programadores haviam esquecido de fechar as conexões JDBC. Os bancos de dados normalmente admitem apenas um número limitado de conexões JDBC e, uma vez atingido esse limite, a aplicação não conseguiu se conectar ao banco de dados e, portanto, parou de funcionar. Ao garantir que as conexões seriam fechadas, esse problema foi corrigido. Embora isso tenha sido tecnicamente uma correção de *bug*, não uma ação de ajuste, pensamos que seria uma boa ideia destacar esse problema, pois constatamos que muitos aplicativos sofrem com isso. O *pool* de conexões, que mantém as conexões com o banco de dados abertas para uso em transações subsequentes, é uma otimização relacionada para o ajuste da aplicação, pois evita o custo de abertura e fechamento repetidos das conexões com o banco de dados.

Também vale ressaltar que, em vários desses casos, os problemas de desempenho não apareceram durante os testes, porque o banco de dados de teste era muito menor que o tamanho real do banco de dados ou porque o teste foi realizado com uma carga muito mais leve (ou seja, com um número muito menor de usuários acessando o sistema simultaneamente) do que a carga no sistema em produção. É importante que o teste de desempenho seja realizado com tamanhos realistas de bancos de dados, com carga realista, para que os problemas venham à tona durante os testes, e não quando o sistema estiver ativo, em produção.

25.1.2 Localização dos gargalos

Em geral, o desempenho da maioria dos sistemas (pelo menos antes de serem ajustados) é limitado, principalmente pelo desempenho de um ou alguns dos componentes, chamados **gargalos**. Por exemplo, um programa pode gastar 80% do seu tempo em um pequeno *loop* dentro do código e 20% no restante do código; o pequeno *loop*, então, é um gargalo. A melhoria do desempenho de um componente que não é um gargalo faz pouco para melhorar a velocidade geral do sistema; no exemplo, a melhoria da velocidade do restante do código não pode levar a mais do que 20% de melhoria geral, enquanto a melhoria da velocidade do *loop* de gargalo poderia resultar em uma melhoria de quase 80% em geral, na melhor das hipóteses.

Logo, ao ajustar um sistema, primeiro é preciso tentar descobrir quais são os gargalos e depois eliminá-los, melhorando o desempenho dos componentes do sistema que os causam. Quando um gargalo é removido, pode acontecer que outro componente se torne o gargalo. Em um sistema bem balanceado, nenhum componente isolado é o gargalo. Se o sistema tem gargalos, os componentes que não fazem parte do gargalo são subutilizados e talvez possam ser substituídos por componentes menos dispendiosos, com desempenho inferior.

Para programas simples, o tempo gasto em cada região do código determina o tempo de execução geral. Porém, os sistemas de banco de dados são muito mais complexos, e a execução de consulta envolve não apenas tempo de CPU, mas também E/S de disco e comunicação em rede. Um primeiro passo no diagnóstico de problemas é usar ferramentas de monitoramento fornecidas pelos sistemas operacionais para descobrir o nível de uso da CPU, dos discos e dos enlaces de rede.

Também é importante monitorar o próprio banco de dados, para descobrir o que está acontecendo no sistema de banco de dados. Por exemplo, a maioria dos bancos de dados oferece meios de descobrir quais consultas (ou modelos de consulta, onde a mesma consulta é executada repetidamente com diferentes constantes) estão ocupando o máximo de recursos, como CPU, E/S de disco ou capacidade de rede. Além dos gargalos de recursos de *hardware*, um desempenho fraco em um sistema de banco de dados potencialmente pode ser resultado de disputas por bloqueio, onde as transações esperam em filas de bloqueio por muito tempo. Novamente, a maioria dos bancos de dados oferece mecanismos para monitorar a disputa por bloqueio.

Ferramentas de monitoramento podem ajudar a detectar onde o gargalo se encontra (como na CPU, E/S ou bloqueios), além de localizar as consultas que estão causando

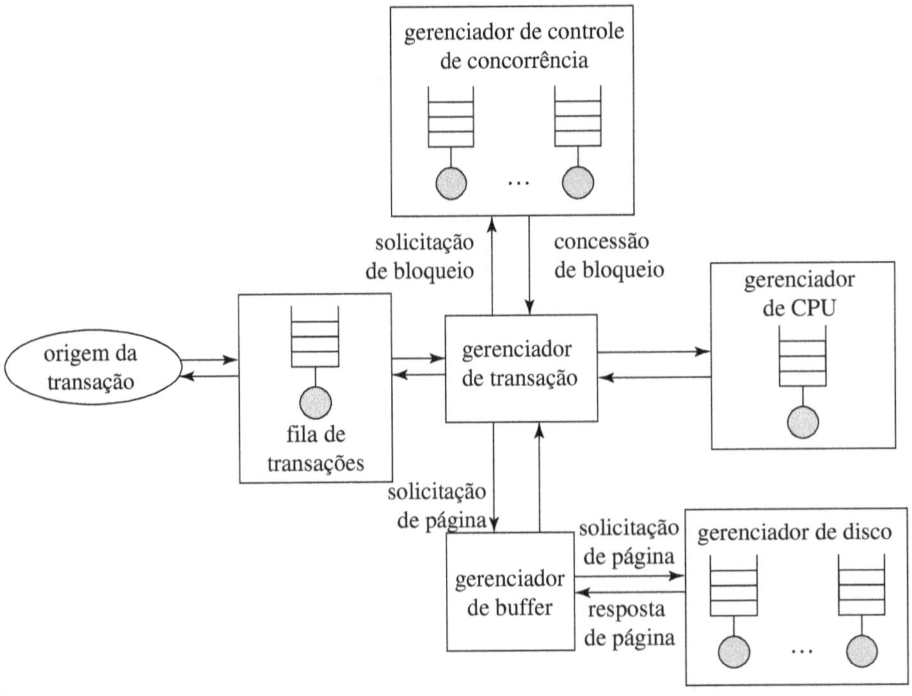

Figura 25.1 Filas em um sistema de banco de dados.

mais problemas de desempenho. Neste capítulo, discutimos diversas técnicas que podem ser usadas para resolver problemas de desempenho, como inclusão de índices necessários ou *views* materializadas, reescrita de consultas, reescrita de aplicações ou inclusão de *hardware* para melhorar o desempenho.

Para entender melhor o desempenho dos sistemas de banco de dados, é muito útil modelar os sistemas de banco de dados como **sistemas de enfileiramento** (sistemas de filas, ou *queueing systems*). Uma transação solicita diversos serviços do sistema de banco de dados, começando desde a entrada em um processo servidor, leituras de disco durante a execução, ciclos de CPU e bloqueios para controle de concorrência. Cada um desses serviços possui uma fila associada a ele, e pequenas transações podem gastar a maior parte do seu tempo esperando em filas – especialmente em filas de E/S de disco –, em vez de executar código. A Figura 25.1 ilustra algumas das filas em um sistema de banco de dados. Observe que cada item bloqueável possui uma fila separada no gerenciador de controle de concorrência. O sistema de banco de dados pode ter uma única fila no gerenciador de disco ou pode ter filas separadas para diferentes discos, caso os discos sejam controlados diretamente pelo banco de dados. A fila de transações é usada pelo sistema de banco de dados para controlar a admissão de novas consultas. A fila enche na medida em que o número de solicitações excede o número máximo de tarefas de consulta que podem ser executadas simultaneamente pelo banco de dados.

Como resultado das diversas filas no banco de dados, gargalos em um sistema de banco de dados normalmente aparecem na forma de filas longas para um serviço em particular ou, de forma equivalente, em altas utilizações para um serviço em particular. Se as solicitações forem espaçadas de modo exatamente uniforme, e o tempo para atender a uma solicitação for menor ou igual ao tempo até a chegada da próxima solicitação, então cada solicitação achará o recurso ocioso e, portanto, poderá iniciar a execução imediatamente, sem esperar. Infelizmente, a chegada de solicitações em um sistema de banco de dados nunca é tão uniforme, mas sim aleatória.

Se um recurso, como um disco, tiver uma utilização baixa, ao ser feita uma solicitação, o recurso provavelmente estará ocioso, quando o tempo de espera para a solicitação será zero. Supondo chegadas uniforme e aleatoriamente distribuídas, o tamanho da fila (e o tempo de espera correspondente) aumenta exponencialmente com a utilização. Na medida em que a utilização se aproxima dos 100%, o tamanho da fila aumenta bruscamente, resultando em tempos de espera excessivamente longos. A utilização de um recurso deverá ser mantida baixa o suficiente para que o tamanho da fila seja curto. Via de regra, as utilizações em torno de 70% são consideradas boas, e as utilizações acima de 90% são consideradas excessivas, pois resultarão em atrasos significativos. Para descobrir mais sobre a teoria dos sistemas de enfileiramento, geralmente chamada de teoria de filas ou **teoria do enfileiramento** (**queueing theory**), você pode consultar as referências citadas na Bibliografia.

25.1.3 Parâmetros ajustáveis (*tuning levels*)

O ajuste geralmente é feito no contexto das aplicações, e pode ser realizado na camada do sistema de banco de dados ou fora do sistema de banco de dados.

Ajustar as camadas acima do banco de dados depende da aplicação, e não é nosso foco, mas mencionamos algumas dessas técnicas. A criação de perfil do código da aplicação para localizar blocos de código com alto consumo de CPU e reescrevê-los para reduzir a carga da CPU constitui uma opção para aplicações com uso intensivo de CPU. Os servidores de aplicações geralmente possuem diversos parâmetros que podem ser ajustados para melhorar o desempenho ou para garantir que a aplicação não fique sem memória. Vários servidores de aplicativos trabalhando em paralelo são usados com frequência para lidar com cargas de trabalho mais altas. Um *balanceador de carga* é usado para direcionar solicitações para um dos servidores de aplicação; para garantir a continuidade da sessão, as solicitações de uma fonte específica sempre são direcionadas para o mesmo servidor de aplicação. O *pool* de conexões (descrito na Seção 9.7.1) é outra técnica amplamente utilizada para reduzir a sobrecarga da criação de conexões com o banco de dados. As interfaces de aplicações Web podem ser ajustadas para melhorar a responsividade, por exemplo, substituindo as interfaces Web herdadas por aquelas baseadas em JavaScript e Ajax (descrito na Seção 9.5.1.3).

Voltando ao ajuste do banco de dados, os administradores de banco de dados e os desenvolvedores de aplicações podem ajustar um sistema de banco de dados em três níveis.

O nível mais alto do ajuste do banco de dados, que está sob o controle dos desenvolvedores de aplicação, inclui o esquema e as consultas. O desenvolvedor pode ajustar o projeto do esquema, os índices que são criados e as transações que são executadas, para melhorar o desempenho. O ajuste nesse nível é comparativamente independente do sistema.

O segundo nível consiste nos parâmetros do sistema de banco de dados, como tamanho de *buffer* ou intervalos de pontos de verificação (*checkpointing intervals*). O conjunto exato de parâmetros do sistema de banco de dados que podem ser ajustados depende do sistema de banco de dados específico. A maioria dos manuais de sistema de banco de dados oferece informações sobre quais parâmetros do sistema de banco de dados podem ser ajustados e como você deverá escolher valores para eles. Sistemas de banco de dados bem projetados realizam o máximo de ajuste possível automaticamente, facilitando o trabalho do usuário ou do administrador de banco de dados. Por exemplo, em muitos sistemas de banco de dados, o tamanho do *buffer* é fixo, mas ajustável. Se o sistema ajusta automaticamente o tamanho do *buffer* observando indicadores como taxas de ausência de página, então o usuário não terá de se preocupar com o ajuste do tamanho do *buffer*.

O nível mais baixo está no nível de *hardware*. As opções para ajustar sistemas nesse nível incluem substituir discos rígidos por unidades SSD (que utilizam armazenamento flash), acrescentar discos ou usar um sistema RAID se a E/S de disco for um gargalo, aumentar a quantidade de memória se o tamanho do *buffer* de disco for um gargalo ou passar para um processador mais rápido se o uso de CPU for um gargalo.

Os três níveis de ajuste interagem entre si; temos de considerá-los juntos ao ajustar um sistema. Por exemplo, o ajuste em um nível mais alto pode resultar no gargalo de *hardware* passando do sistema de disco para a CPU ou vice-versa. O ajuste das consultas e do esquema físico normalmente é o primeiro passo para melhorar o desempenho. O ajuste dos parâmetros do sistema de banco de dados, caso esse sistema automatize essa tarefa, também pode ser feito em paralelo. Se o desempenho ainda estiver fraco, o ajuste do esquema lógico e o ajuste do *hardware* serão os próximos passos lógicos.

25.1.4 Ajuste do esquema físico

O ajuste do esquema físico, como os índices ou as *views* materializadas, é o modo de ajuste menos invasivo, pois não afeta o código de aplicação de forma alguma. Agora, vamos estudar os diferentes aspectos do ajuste do esquema físico.

25.1.4.1 Ajuste de índices

Podemos ajustar os índices em um sistema de banco de dados para melhorar o desempenho. Se as consultas forem o gargalo, normalmente poderemos agilizá-las criando índices apropriados sobre relações. Se as atualizações forem o gargalo, pode haver muitos índices, que precisam ser atualizados quando as relações forem atualizadas. A remoção de índices pode agilizar certas atualizações.

A escolha do tipo de índice também é importante. Alguns sistemas de banco de dados admitem diferentes tipos de índices, como índices de *hash*, índices de árvore B^+ e índices otimizados para a escrita, como as árvores LSM (Seção 24.2). Se as consultas por intervalo forem comuns, os índices de árvore B^+ serão preferíveis aos índices de *hash*. Se o sistema tem uma carga de escrita muito alta, mas uma carga de leitura relativamente baixa, os índices de árvore LSM otimizados para escrita podem ser preferíveis aos índices de árvore B^+.

Se um índice deve se tornar um índice agrupado, (*clustered index*) ou não é outro parâmetro ajustável. No máximo um índice sobre uma relação pode se tornar agrupado, armazenando-se a relação classificada (ordenada) sobre os atributos do índice. Em geral, o índice que beneficia o maior número de consultas e atualizações deve ser agrupado (*clustered*).

Para ajudar a identificar quais índices devem ser criados e qual índice (se houver) sobre cada relação deve ser agrupado, a maioria dos sistemas de banco de dados comerciais oferece *assistentes de ajuste*; eles são descritos com mais detalhes na Seção 25.1.4.4. Essas ferramentas usam o histórico passado das consultas e atualizações (chamado *carga de trabalho*, ou *workload*) para estimar os efeitos de diversos índices sobre o tempo de execução das consultas e atualizações na carga de trabalho. As recomendações sobre quais índices criar são baseadas nessas estimativas.

25.1.4.2 Usando *views* materializadas

A manutenção de *views* materializadas pode agilizar bastante certos tipos de consultas, em particular consultas de agregação. Lembre-se do exemplo da Seção 16.5, no qual o valor total dos salários em cada departamento (obtido pela soma dos salários de cada instrutor do departamento) é exigido com frequência. Como vimos naquela seção, a criação de uma *view* materializada armazenando o valor total de salário para cada departamento pode agilizar bastante tais consultas.

Contudo, as *views* materializadas devem ser usadas com cuidado, pois não existe apenas uma sobrecarga de espaço para armazená-las, mas, ainda mais importante, há também uma sobrecarga de tempo para manter *views* materializadas. No caso da **manutenção de *view* imediata**, se as atualizações de uma transação afetarem a *view* materializada, esta precisa ser atualizada como parte da mesma transação. A transação pode, portanto, ser executada mais lentamente. No caso da **manutenção de *view* adiada**, a *view* materializada é atualizada depois; até que seja atualizada, a *view* materializada pode ficar inconsistente com as relações do banco de dados. Por exemplo, a *view* materializada pode ser atualizada quando uma consulta usar a *view*, ou periodicamente. O uso da manutenção adiada reduz o peso sobre transações de atualização.

O administrador do banco de dados é responsável pelas políticas de seleção de *views* materializadas e pelas políticas de manutenção das *views*. O administrador de banco de dados pode fazer essa seleção manualmente ao examinar os tipos de consultas na carga de trabalho e descobrir quais consultas precisam ser executadas rapidamente e quais atualizações/consultas podem ser executadas mais lentamente. A partir desse exame, o administrador do banco de dados pode escolher um conjunto apropriado de *views* materializadas. Por exemplo, o administrador pode descobrir que determinada agregação é usada frequentemente e escolher materializá-la, ou então pode descobrir que uma junção em particular é calculada com frequência, e escolher materializá-la.

Contudo, a escolha manual é cansativa até mesmo para conjuntos moderadamente grandes de tipos de consulta, e pode ser difícil fazer uma boa escolha, pois isso exige compreender os custos das diferentes alternativas; somente o otimizador da consulta pode estimar os custos com precisão razoável, sem realmente executar a consulta. Assim, um bom conjunto de *views* pode ser encontrado apenas por tentativa e erro – ou seja, materializando uma ou mais *views*, executando a carga de trabalho e medindo o tempo gasto para executar as consultas na carga de trabalho. O administrador repete o processo até que seja encontrado um conjunto de *views* que ofereça desempenho aceitável.

Uma alternativa melhor consiste em oferecer suporte para selecionar *views* materializadas dentro do próprio sistema de banco de dados, integrado ao otimizador de consulta. Essa técnica é descrita com mais detalhes na Seção 25.1.4.4.

25.1.4.3 Particionamento horizontal do esquema da relação

O particionamento horizontal de relações é muito utilizado para armazenamento paralelo e distribuído e para processamento de consultas. No entanto, também pode ser usado em um sistema centralizado para melhorar consultas e atualizações, dividindo as tuplas de uma relação em partições.

Por exemplo, suponha que um banco de dados armazene uma grande relação que tenha um atributo *data*, e a maioria das operações trabalhe com os dados inseridos nos últimos meses. Suponha agora que a relação seja particionada pelo atributo *data*, com uma partição para cada combinação (*ano, mês*). Logo, as consultas que contêm uma seleção sobre *data*, como *data* = '2019=06-01', precisam acessar apenas as partições que poderiam conter essas tuplas, ignorando todas as outras partições.

Mais importante, os índices podem ser criados independentemente em cada partição. Suponha que um índice seja criado sobre um atributo ID, com um índice separado em cada partição. Uma consulta que especifica a seleção sobre ID, juntamente com uma data ou um intervalo de datas, precisa procurar o índice apenas nas partições que correspondem à data ou ao intervalo especificado. Como cada partição é menor que toda a relação, os índices também são menores, acelerando a pesquisa de índice. A inserção de índice também é muito mais rápida, pois o tamanho do índice é bem menor que um índice para toda a relação. E o mais importante, mesmo que o tamanho total dos dados aumente, o tamanho da partição nunca cresce além de algum limite, garantindo que o desempenho dessas consultas não diminua com o tempo.

Há um custo para esse particionamento: as consultas que não contêm uma seleção sobre o atributo de particionamento precisam acessar individualmente cada uma das partições, desacelerando significativamente essas consultas. Se essas consultas forem raras, os benefícios do particionamento superam os custos, tornando-o uma técnica atraente para otimização.

Mesmo que o banco de dados não admita o particionamento internamente, é possível substituir uma relação r por múltiplas relações físicas $r_1, r_2, \ldots, r_n$, e a relação original r é definida pela *view* $r = r_1 \cup r_2 \cup \ldots \cup r_n$. Suponha que o otimizador do banco de dados conheça o predicado que define cada r_i (em nosso exemplo, o intervalo de datas correspondente a cada r_i). Então, o otimizador pode substituir uma consulta sobre r que inclua uma seleção sobre o atributo de particionamento (*data*, em nosso exemplo) por uma consulta somente sobre os r_is relevantes. Os índices teriam de ser criados separadamente em cada um dos r_is.

25.1.4.4 Ajuste automatizado do projeto físico

A maioria dos sistemas de banco de dados comerciais de hoje oferece ferramentas para ajudar o administrador de banco de dados com a seleção de índice e *view* materializada e outras tarefas relacionadas com o projeto físico do banco de dados, por exemplo, como particionar dados em um sistema de banco de dados paralelo.

Essas ferramentas examinam a **carga de trabalho** (o histórico das consultas e atualizações) e sugerem índices a serem selecionados e *views* a serem materializadas. O administrador de banco de dados pode especificar a importância de agilizar diferentes consultas, que a ferramenta leva em conta quando seleciona *views* para materializar. Normalmente, o ajuste precisa ser feito antes que a aplicação seja totalmente desenvolvida, e o conteúdo real do banco de dados pode ser pequeno no ambiente de desenvolvimento do banco de dados, mas espera-se que seja muito maior com o banco de dados em produção. Assim, algumas ferramentas de ajuste também permitem que o administrador de banco de dados especifique informações sobre o tamanho esperado do banco de dados e estatísticas relacionadas.

O Database Tuning Assistant da Microsoft, por exemplo, permite que o usuário faça perguntas hipotéticas (do tipo "what if") pelas quais pode selecionar uma *view*, e o otimizador estima o efeito de materializar a *view* sobre o custo total da carga de trabalho e sobre os custos individuais dos diferentes tipos de consulta e atualização na carga de trabalho.

Nota 25.2 FERRAMENTAS DE AJUSTE

As ferramentas de ajuste, como o Database Engine Tuning Advisor fornecido pelo SQL Server e o SQL Tuning Advisor do Oracle, fornecem recomendações como quais índices ou *views* materializadas adicionar ou como particionar uma relação, a fim de melhorar o desempenho. Essas recomendações podem então ser aceitas e implementadas por um administrador de banco de dados.

O Auto Tuning no Microsoft Azure SQL pode criar e remover índices automaticamente para melhorar o desempenho da consulta. Um risco ao alterar automaticamente o esquema físico é que algumas consultas podem ter um desempenho ruim. Por exemplo, um otimizador pode escolher um plano usando um índice recém-criado, assumindo, com base em estimativas de custo incorretas, que o novo plano seja menos dispendioso que o plano usado antes da criação do índice. Na realidade, a consulta pode se tornar mais lenta usando o novo plano, o que pode afetar os usuários. O recurso "force last good plan" (forçar último bom plano) pode monitorar o desempenho da consulta após qualquer alteração, como a adição de um índice, e se o desempenho for pior, pode forçar o banco de dados a usar o plano antigo, antes da alteração (desde que ainda seja válido).

O Oracle também fornece suporte ao ajuste automático, por exemplo, recomendando se um índice deve ser adicionado ou monitorando o uso de uma consulta para decidir se ela deve ser otimizada para buscar apenas algumas linhas ou para buscar todas as linhas (o melhor plano pode ser muito diferente se apenas as primeiras linhas forem buscadas ou se todas as linhas forem buscadas).

A seleção automática de índices e *views* materializadas normalmente é implementada pela enumeração de diferentes alternativas e pelo uso do otimizador de consulta para estimar os custos e os benefícios da seleção de cada alternativa usando a carga de trabalho. Como o número de alternativas de projeto pode ser extremamente grande, como também a carga de trabalho, as técnicas de seleção precisam ser cuidadosamente projetadas.

O primeiro passo é gerar uma carga de trabalho. Isso normalmente é feito registrando todas as consultas e atualizações que são executadas durante algum período de tempo. Em seguida, as ferramentas de seleção realizam **compactação de carga de trabalho**, ou seja, criam uma representação da carga de trabalho usando um pequeno número de atualizações e consultas. Por exemplo, as atualizações da mesma forma podem ser representadas por uma única atualização com o peso correspondente a quantas vezes a atualização ocorreu. As consultas da mesma forma podem ser substituídas de modo semelhante por uma representante com peso apropriado. Depois disso, as consultas que são muito pouco frequentes e não possuem custo alto podem ser desconsideradas. As consultas mais dispendiosas podem ser escolhidas para ser resolvidas primeiro. Essa compactação de carga de trabalho é essencial para grandes cargas de trabalho.

Com a ajuda do otimizador, a ferramenta chegaria a um conjunto de índices e *views* materializadas que poderia ajudar as consultas e atualizações na carga de trabalho compactada. Diferentes combinações desses índices e *views* materializadas podem ser experimentadas para se encontrar a melhor. Porém, uma técnica completa seria totalmente impraticável, pois o número de índices e *views* materializadas em potencial já é grande, e cada subconjunto delas representa uma alternativa de projeto em potencial, levando a um número exponencial de alternativas. Heurísticas são usadas para reduzir o espaço das alternativas, ou seja, para reduzir o número de combinações consideradas.

Heurísticas gulosas para seleção de índices e *views* materializadas operam da seguinte forma: elas estimam os benefícios da materialização de diferentes índices ou *views* (usando a funcionalidade de estimativa de custo do otimizador como sub-rotina). Elas então escolhem o índice ou *view* que oferece o máximo de benefício ou o máximo de benefício por unidade espaço (ou seja, benefício dividido pelo espaço exigido para armazenar o índice ou *view*). O custo de manter o índice ou *view* precisa ser levado em conta no cálculo do benefício. Quando a heurística tiver selecionado um índice ou *view*, os benefícios de outros índices ou *views* podem ter mudado, de modo que a heurística os recalcula e escolhe o próximo índice ou *view* para materialização. O processo continua até que o espaço de disco disponível para armazenar índices ou *views* materializadas seja esgotado ou o custo de manter os candidatos restantes seja maior que o benefício para as consultas que poderiam usar os índices ou *views*.

As ferramentas de seleção de índices e *views* materializadas do mundo real normalmente incorporam alguns elementos de seleção gulosa, mas utilizam outras técnicas para obter melhores resultados. Elas também admitem outros aspectos do projeto físico de banco de dados, como a decisão de como particionar uma relação em um banco de dados paralelo ou qual mecanismo de armazenamento físico deve ser usado para uma relação.

25.1.5 Ajuste de consultas

O desempenho de uma aplicação normalmente pode ser melhorado de modo significativo pela reescrita de consultas ou pela mudança no modo como a aplicação emite consultas ao banco de dados.

25.1.5.1 Ajuste de planos de consulta

No passado, os otimizadores de sistemas de bancos de dados não eram particularmente bons; assim, a maneira como uma consulta tivesse sido escrita teria grande influência sobre a forma como ela seria executada e, portanto, sobre o desempenho. Hoje, otimizadores avançados podem transformar as consultas, mesmo as mal escritas, e executá-las de forma eficiente, por isso a necessidade de ajuste das consultas individualmente é menos importante do que costumava ser. No entanto, consultas complexas contendo subconsultas aninhadas não são muito bem otimizadas por muitos otimizadores.

Antes de verificar se algo precisa ser ajustado no plano de uma consulta, é útil descobrir qual plano está sendo usado para a consulta. A maioria dos bancos de dados aceita um comando explain, que permite ver qual plano está sendo usado para uma consulta. O comando explain também mostra as estatísticas que o otimizador usou ou calculou para diferentes partes do plano de consulta e as estimativas de custos de cada parte de um plano de consulta. Variantes do comando explain também executam a consulta e obtêm contagens reais de tupla e tempo de execução para diferentes partes do plano de consulta.

Estatísticas incorretas costumam ser o motivo da escolha de um plano ruim. Por exemplo, se o otimizador achar que as relações envolvidas em uma junção têm muito poucas tuplas, ele pode escolher junção de *loops* aninhados, o que seria muito ineficiente se as relações realmente tivessem um grande número de tuplas.

Idealmente, as estatísticas do banco de dados devem ser atualizadas sempre que as relações forem atualizadas. No entanto, isso acrescenta uma sobrecarga inaceitável para atualizar as consultas. Em vez disso, os bancos de dados atualizam periodicamente as estatísticas ou deixam que o administrador do sistema emita um comando para atualizar as estatísticas. Alguns bancos de dados, como PostgreSQL e MySQL, suportam um comando chamado analyse,[1] que pode ser usado para recalcular estatísticas. Por exemplo, analyse instructor recalculará as estatísticas para a relação *instrutor*, enquanto analyse sem argumentos recalcula as estatísticas para todas as relações no PostgreSQL. É altamente recomendável executar esse comando depois de carregar dados no banco de dados ou depois de fazer um número significativo de inserções ou exclusões em uma relação.

Alguns bancos de dados, como Oracle e Microsoft SQL Server, controlam inserções e exclusões nas relações e atualizam as estatísticas sempre que o tamanho da relação muda por uma fração significativa, tornando desnecessária a execução do comando analyse.

Outro motivo para o fraco desempenho das consultas é a falta de índices necessários. Como já vimos, a escolha dos índices pode ser feita como parte do ajuste do esquema físico, mas o exame de uma consulta nos ajuda a entender quais índices podem ser úteis para agilizar essa consulta.

Os índices são particularmente importantes para consultas que buscam apenas algumas linhas de uma relação grande, com base em um predicado. Por exemplo, uma consulta que encontre alunos em um departamento pode se beneficiar de um índice na relação *aluno* sobre o atributo *nome_dept*. Os índices sobre os atributos de junção geralmente são muito úteis. Por exemplo, se essa consulta também incluísse uma junção de *aluno* com *realiza* sobre o atributo *realiza*.ID, um índice sobre *realiza*.ID poderia ser útil.

Observe que os bancos de dados normalmente criam índices sobre atributos de chave primária, que podem ser usados para seleções e junções. Por exemplo, em nosso esquema universitário, o índice de chave primária sobre *realiza* tem o ID como seu primeiro atributo e, portanto, pode ser útil para a junção.

Consultas complexas, contendo *subconsultas aninhadas*, não são otimizadas muito bem por muitos otimizadores. Vimos técnicas para descorrelação de subconsulta aninhada na Seção 16.4.4. Se uma subconsulta não for descorrelacionada, ela é executada repetidamente, possivelmente resultando em uma grande quantidade de E/S aleatória. Por outro lado, a descorrelação permite o uso de operações eficientes orientadas a conjunto, como junções (*joins*), minimizando a E/S aleatória. A maioria dos otimizadores de consulta de banco de dados incorpora algumas formas de descorrelação, mas alguns podem tratar apenas de subconsultas aninhadas muito simples. É possível descobrir o plano de execução escolhido pelo otimizador, conforme descrito no Capítulo 16. Se o otimizador não conseguiu descorrelacionar uma subconsulta aninhada, isso pode ser feito reescrevendo-a manualmente.

25.1.5.2 Melhorando a orientação de conjuntos

Quando consultas SQL são executadas por uma aplicação, é comum a consulta ser executada com frequência, mas com parâmetros de valores diferentes. Cada chamada gera uma sobrecarga de comunicação com o servidor, além de uma sobrecarga de processamento no servidor.

Por exemplo, considere um programa que percorre cada departamento, chamando uma consulta SQL embutida para encontrar o salário total de todos os instrutores do departamento:

select sum(*salário*)
from *instrutor*
where *nome_dept* = ?

Se a relação *instrutor* não tiver um índice agrupado sobre *nome_dept*, cada consulta resultará em uma varredura da relação. Mesmo que exista um índice, uma operação aleatória de E/S será necessária para cada valor de *nome_dept*.

Em vez disso, podemos usar uma consulta SQL simples para encontrar as despesas totais com salários de cada departamento.

select *nome_dept*, **sum**(*salário*)
from *instrutor*
group by *nome_dept*;

Essa consulta pode ser avaliada com uma única varredura da relação *instrutor*, evitando operação aleatória de E/S para cada departamento. Os resultados podem ser trazidos para o lado do cliente com uma rodada de comunicação, e o programa cliente pode, então, percorrer os resultados para encontrar o valor agregado de cada departamento. Combinando várias consultas SQL em uma consulta SQL única, como

[1] O comando se chama analyse table no caso do MySQL.

```
PreparedStatement pStmt = conn.prepareStatement(
                "insert into instructor values(?,?,?,?)");
pStmt.setString(1, "88877");
pStmt.setString(2, "Perry");
pStmt.setInt(3, "Finance");
pStmt.setInt(4, 125000);
pStmt.addBatch( );
pStmt.setString(1, "88878");
pStmt.setString(2, "Thierry");
pStmt.setInt(3, "Physics");
pStmt.setInt(4, 100000);
pStmt.addBatch( );
pStmt.executeBatch( );
```

Figura 25.2 Atualização em lote no JDBC.

mostrado antes, pode-se reduzir os custos de execução em muitos casos, como, por exemplo, quando a relação *instrutor* é muito grande e tem grande número de departamentos.

A API JDBC também fornece um recurso chamado **atualização em lote**, que permite que diversas inserções sejam executadas usando uma única via de comunicação com o banco de dados. A Figura 25.2 ilustra o uso desse recurso. O código mostrado na figura requer apenas uma rodada de comunicação com o banco de dados, quando o método executeBatch() é executado, em contraste com um código semelhante, sem o recurso de atualização em lote que já vimos na Figura 5.2. Na ausência de atualização em lote, o número de rodadas de comunicação com o banco de dados necessárias é igual ao número de instrutores a serem inseridos. O recurso de atualização em lote também permite que o banco de dados processe um lote de inserções de uma vez, o que, potencialmente, pode ser feito com muito mais eficiência do que uma série de inserções de único registro.

Outra técnica muito utilizada em sistemas cliente-servidor para reduzir os custos de comunicação e de compilação da SQL é a utilização de procedimentos armazenados (*stored procedures*), pelos quais as consultas são armazenadas no servidor na forma de procedimentos, que podem ser pré-compilados. Os clientes podem invocar esses procedimentos armazenados, em vez de executar uma série de consultas.

25.1.5.3 Ajuste de carregamentos e atualizações em massa

Quando se carrega grande volume de dados para o banco de dados (chamado de operação de carregamento em massa, ou **bulk load**), o desempenho é geralmente muito ruim se as inserções são realizadas como comandos SQL separados. Uma razão é a sobrecarga de análise sintática (*parsing*) de cada consulta SQL; uma razão mais importante é que executar verificações de restrição de integridade e atualizações de índices separadamente para cada tupla inserida resulta em grande número de operações de E/S. Se as inserções fossem feitas em forma de processamento em lote, a verificação de restrição de integridade e a atualização de índice poderiam ser feitas de uma forma muito mais orientada a conjuntos, diminuindo em muito a sobrecarga; nesse caso, é comum que haja melhorias de desempenho de uma ordem de grandeza ou mais.

Para apoiar as operações de carga em massa, a maioria dos sistemas de banco de dados fornece um utilitário de **importação em massa** e um utilitário correspondente de **exportação em massa**. O utilitário de importação em massa lê dados de um arquivo e executa a verificação de restrição de integridade, bem como a manutenção do índice de maneira muito eficiente. O formato comum de arquivo de entrada e saída suportado pelos utilitários de importação e exportação em massa inclui arquivos de texto com caracteres como vírgulas ou tabulações separando os valores de atributos, com cada registro em uma linha própria (tal formato de arquivo é denominado *valores separados por vírgula* ou *valores separados por tabulação*). Os utilitários de importação e exportação em massa também suportam formatos específicos de banco de dados binários, bem como formatos XML. Os nomes dos utilitários de importação e exportação em massa são diferentes em cada banco de dados. No PostgreSQL, os utilitários são chamados pg_dump e pg_restore (o PostgreSQL também fornece um comando SQL **copy**, que oferece uma funcionalidade semelhante). O utilitário de importação e exportação em massa no Oracle é chamado de **SQL*Loader**, utilitário que no DB2 é chamado de load (carga), e o utilitário no SQL Server é chamado bcp (o SQL Server também fornece um comando SQL chamado **bulk insert** – inserção em massa).

Vamos agora considerar o caso de ajuste de atualizações em massa. Suponha que tenhamos uma relação *fundos_recebidos*(*nome_dept*, *valor*) que armazena os fundos recebidos (por exemplo, a partir da transferência eletrônica de fundos) para cada um de um conjunto de departamentos. Suponha agora que queiramos somar os valores aos saldos dos orçamentos no departamento correspondente. Para usar a instrução SQL **update** para realizar essa tarefa, precisamos pesquisar a relação *fundos_recebidos* para cada tupla na relação *departamento*. Podemos usar subconsultas na cláusula de atualização para realizar essa tarefa, da seguinte forma: assumimos, para fins de simplificação, que a relação *fundos_recebidos* contém, no máximo, uma tupla para cada departamento.

```
update departamento set orçamento = orçamento +
            (select valor
             from fundos_recebidos
             where fundos_recebidos.nome_dept =
                     departamento.nome_dept)
    where exists(
             select *
             from fundos_recebidos
             where fundos_recebidos.nome_dept =
                     departamento.nome_dept);
```

Note que a condição na cláusula **where** da atualização garante que apenas as contas com tuplas correspondentes na relação *fundos_recebidos* sejam atualizadas, enquanto a subconsulta dentro da cláusula **set** calcula o montante a ser somado a cada departamento.

Existem muitas aplicações que precisam de atualizações como esta que ilustramos. Normalmente, há uma tabela, que chamaremos de **tabela mestra (master table)**, e as atualizações da tabela mestra são recebidas em lote. Agora, a tabela mestra tem de ser atualizada de maneira correspondente. O SQL:2003 introduziu uma construção especial, chamada de **merge** (mesclagem), para simplificar a tarefa de realizar essa mesclagem de informações. Por exemplo, a atualização anterior pode ser expressa usando **merge** da seguinte forma:

```
merge into departamento as A
using     (select *
           from fundos_recebidos) as F
      on (A.nome_dept = F.nome_dept)
when matched then
      update set orçamento = orçamento + F.valor;
```

Quando um registro da subconsulta na cláusula **using** (usando) corresponde a um registro na relação *departamento*, a cláusula **when matched** (quando correspondida) é executada, e pode realizar uma atualização sobre a relação; nesse caso, o registro correspondente na relação *departamento* é atualizado conforme mostrado.

A instrução **merge** pode ter também uma cláusula **when not matched then** (quando não correspondida então), que permite a inserção de novos registros na relação. No exemplo anterior, quando não há um departamento correspondente a uma tupla *fundos_recebidos*, a ação de inserção pode criar um novo registro de departamento (com o valor de *prédio* definido como nulo), utilizando a seguinte cláusula:

```
when not matched then
     insert values (F.nome_dept, null, F.orçamento)
```

Apesar de não ser muito significativo nesse exemplo,[2] a cláusula **when not matched then** pode ser muito útil em outros casos. Por exemplo, suponha que a relação local seja uma cópia de uma relação mestre, e nós recebemos atualizações e inserções de novos registros a partir da relação mestre. A instrução **merge** pode atualizar os registros que possuem correspondência (registros antigos atualizados) e inserir registros que não são correspondidos (estes seriam novos registros).

Nem todas as implementações SQL admitem a instrução **merge** atualmente; consulte os respectivos manuais dos sistemas para obter mais detalhes.

25.1.6 Ajustando o esquema lógico

O desempenho de consultas às vezes pode ser melhorado ajustando o esquema lógico. Por exemplo, dentro das restrições da forma normal escolhida, é possível particionar relações verticalmente. Considere a relação *curso*, com o esquema:

curso (<u>*id_curso*</u>, *título*, *nome_dept*, *créditos*)

para o qual *id_curso* é uma chave. Dentro das restrições das formas normais (FNBC e terceira forma normal, 3FN), podemos particionar a relação *curso* em duas relações:

curso_crédito (<u>*id_curso*</u>, *créditos*)
curso_título_dept (<u>*id_curso*</u>, *título*, *nome_dept*)

As duas representações são logicamente equivalentes, pois *id_curso* é uma chave, mas elas possuem características de desempenho diferentes.

Se a maioria dos acessos a informações de curso examinar apenas *id_curso* e *créditos*, tais acessos podem ser executados sobre a relação *curso_crédito*, e o acesso provavelmente será um pouco mais rápido, pois os atributos *título* e *nome_dept* não são apanhados. Pelo mesmo motivo, mais tuplas de *curso_crédito* caberão no *buffer* do que as tuplas correspondentes de *curso*, novamente levando a um desempenho mais rápido. Esse efeito seria particularmente notório se os atributos *título* e *nome_dept* fossem grandes. Logo, um esquema consistindo em *curso_crédito* e *curso_título_dept* será preferível a um esquema consistindo na relação *curso* nesse caso.

Por outro lado, se a maioria dos acessos a informações de curso exigir *nome_dept* e *créditos*, o uso da relação *curso* será preferível, pois o custo da junção de *curso_crédito* e *curso_título_dept* será evitado. Além disso, a sobrecarga de armazenamento será menor, pois haverá apenas uma relação, e o atributo *id_curso* não será replicado.

A técnica de **armazenamento por colunas** é baseada no particionamento vertical, levado ao limite ao armazenar cada atributo (coluna) da relação em um arquivo separado, como vimos na Seção 13.6. Observe que, em um armazenamento por colunas, não é necessário repetir o atributo de chave primária, pois a *i*-ésima linha pode ser reconstruída apanhando a *i*-ésima entrada para cada coluna desejada. Os armazenamentos por

[2]Aqui, a melhor ação teria sido a de inserir esses registros em uma relação de erro, mas isso não pode ser feito com a instrução **merge**.

coluna funcionam bem para diversas aplicações de depósito de dados (*data warehouse*), reduzindo a E/S, melhorando o desempenho de cache, possibilitando maiores ganhos com a compactação de dados e permitindo o uso eficiente das capacidades de processamento vetorial da CPU.

Outro truque para melhorar o desempenho é armazenar uma *relação desnormalizada*, como uma junção de *instrutor* e *departamento*, em que a informação sobre *nome_dept, prédio* e *orçamento* é repetida para cada instrutor. Mais esforço terá de ser feito para garantir que a relação estará consistente sempre que uma atualização for executada. Porém, uma consulta que obtém os nomes dos instrutores e os prédios associados será agilizada, pois a junção de *instrutor* e *departamento* terá sido previamente calculada. Se tal consulta for executada com frequência e tiver de ser realizada da forma mais eficiente possível, a relação desnormalizada poderá ser benéfica.

As *views* materializadas oferecem os benefícios que as relações desnormalizadas oferecem, ao custo de algum armazenamento extra. Uma grande vantagem das *views* materializadas em relação às relações desnormalizadas é que a manutenção da consistência dos dados redundantes se torna tarefa do sistema de banco de dados, e não do programador. Assim, as *views* materializadas são preferíveis sempre que forem aceitas pelo sistema de banco de dados.

Outra técnica para agilizar a computação da junção sem materializá-la é agrupar na mesma página de disco registros que combinariam na junção. Vimos essas organizações de arquivo agrupadas na Seção 13.3.3.

25.1.7 Ajuste de transações concorrentes

A execução simultânea de diferentes tipos de transações, eventualmente, pode levar a um desempenho fraco, em razão da disputa pelos bloqueios (*locks*). Primeiro, vamos considerar o caso da disputa de leitura-escrita, a mais comum, e depois o caso da disputa de escrita-escrita.

Como exemplo de **disputa de leitura-escrita**, considere, por exemplo, um banco de dados bancário. Durante o dia, diversas pequenas transações de atualização são executadas quase continuamente. Suponha que uma consulta grande, que calcula estatísticas sobre agências, seja executada ao mesmo tempo. Se a consulta realizar uma varredura sobre uma relação, ela poderá bloquear todas as atualizações sobre a relação enquanto seja executada, e isso poderá ter um efeito desastroso no desempenho do sistema.

Diversos sistemas de banco de dados – Oracle, PostgreSQL e Microsoft SQL Server, por exemplo – permitem o isolamento de *snapshot*, por meio do qual as consultas são executadas sobre um *snapshot* (ou *instantâneo*) dos dados, e as atualizações podem continuar simultaneamente (o isolamento de *snapshot* é descrito em detalhes na Seção 18.8). Se estiver disponível, o isolamento de *snapshot* deverá ser usado para consultas volumosas, a fim de evitar a disputa por bloqueios identificada na situação anterior. No SQL Server, o comando

set transaction isolation level snapshot

no início de uma transação resulta na utilização do isolamento de *snapshot* por essa transação. No Oracle e PostgreSQL, o uso da palavra-chave **serializable** em vez da palavra-chave **snapshot** no comando anterior surte o mesmo efeito, pois esses dois sistemas usam efetivamente o isolamento de *snapshot* quando o nível de isolamento é definido como serializável (*serializable*).

Se o isolamento de *snapshot* não estiver disponível, uma opção alternativa é executar as grandes consultas quando ocorrer pouca atualização ou nenhuma. Entretanto, para os bancos de dados que respaldam *sites* da Web, pode não existir um período sem atualizações.

Outra alternativa é utilizar níveis de consistência mais fracos, como o nível de isolamento de **leitura confirmada** (**read committed**), no qual a avaliação da consulta surte um impacto mínimo sobre as atualizações simultâneas, mas não é possível garantir a consistência dos resultados da consulta. A semântica da aplicação determina se são aceitáveis respostas aproximadas (inconsistentes).

Examinemos agora o caso da **disputa de escrita-escrita**. Os itens de dados atualizados com muita frequência podem degradar o desempenho com o bloqueio, com muitas transações aguardando o bloqueio sobre esses itens de dados. Esses itens de dados são chamados **pontos de atualização quentes** (**update hot spots**). Os pontos de atualização quentes podem ocasionar problemas até mesmo como isolamento de *snapshot*, causando cancelamentos frequentes de transações diante das falhas de validação de escrita. Uma situação comum, resultante de um ponto de atualização quente, é a seguinte: as transações precisam atribuir identificadores únicos aos itens de dados sendo inseridos no banco de dados e, para isso, elas leem e incrementam um contador sequencial armazenado em uma tupla no banco de dados. Se as inserções forem frequentes, e o contador sequencial estiver bloqueado em um modo de duas fases, a tupla que contém o contador sequencial se tornará um ponto quente (*hot spot*).

Uma maneira de melhorar a concorrência é liberar o bloqueio sobre o contador sequencial, imediatamente após ele ter sido lido e incrementado; contudo, depois disso, mesmo que a transação seja abortada, a atualização no contador sequencial não deve ser revertida. Para entender por que, suponha que T_1 incremente o contador sequencial, e depois T_2 incremente o contador sequencial antes da confirmação de T_1; se T_1 for abortada, reverter sua atualização, restaurando o contador ao valor inicial ou decrementando o contador, resultará na reutilização do valor sequencial usado por T_1 por uma transação subsequente.

A maioria dos bancos de dados oferece um construtor especial para criar **contadores sequenciais** que implementam previamente a liberação do bloqueio sem utilizar o modo de duas fases, juntamente com um tratamento especial para desfazer o *log* para que as atualizações do contador não sejam desfeitas se as transações forem abortadas. O padrão SQL permite que um contador sequencial seja criado usando o comando:

create sequence *contador1*;

Nesse comando, *contador1* é o nome da sequência; múltiplas sequências podem ser criadas com diferentes nomes. A sintaxe para obter um valor de uma sequência não é padronizada e, no

Oracle, *contador1.nextval* retornará o próximo valor da sequência, após incrementá-lo, enquanto a chamada à função *nextval('contador1')* terá o mesmo efeito no PostgreSQL, sendo que o DB2 usa a sintaxe **nextval for** *contador1*.

O padrão SQL oferece uma alternativa ao uso explícito de um contador sequencial, que é útil quando o objetivo é dar identificadores únicos para tuplas inseridas em uma relação. Para fazer isso, a palavra-chave **identity** (identidade) pode ser adicionada à declaração de um atributo inteiro de uma relação (em geral, esse atributo será declarado como chave primária). Se o valor para o atributo não é especificado em um comando de inserção (*insert*) na relação, um novo valor único é criado automaticamente para cada nova tupla inserida. Um contador sequencial não bloqueado em duas fases (*non-two-phase locked sequence counter*) é usado internamente para implementar a declaração **identity** (identidade), com o contador incrementado toda vez que a tupla seja inserida. Vários bancos de dados, incluindo o DB2 e o SQL Server, têm suporte para a declaração **identity**, embora a sintaxe varie. O PostgreSQL aceita um tipo de dados chamado **serial**, que tem o mesmo efeito; o tipo **serial** do PostgreSQL é implementado criando-se um bloqueio sequencial não em duas fases.

É importante notar que, como a obtenção de um número sequencial por uma transação não pode ser desfeita caso a transação seja abortada (por motivos discutidos anteriormente), os abortos de transações podem resultar em *lacunas na sequência numérica* nas tuplas inseridas no banco de dados. Por exemplo, podem existir tuplas com o valor de identificador 1001 e 1003, mas não uma tupla com o valor 1002, se a transação que obteve o número sequencial 1002 não foi confirmada. Tais lacunas não são aceitáveis em algumas aplicações; por exemplo, algumas aplicações financeiras exigem que não existam lacunas em números de fatura ou recibo. Sequências providas pelos bancos de dados e atributos incrementados automaticamente não devem ser utilizados para tais aplicações, pois podem resultar em lacunas. Um contador sequencial armazenado em tuplas normais, que é bloqueado no modo de duas fases, não estaria suscetível a tais lacunas, uma vez que o aborto da transação restauraria o valor do contador sequencial, e a transação seguinte obteria o mesmo número sequencial, evitando uma lacuna.

As transações de atualização longas podem causar problemas de desempenho com *logs* do sistema e aumentar o tempo gasto para se recuperar de falhas do sistema. Se uma transação executa muitas atualizações, o *log* do sistema pode se tornar cheio, mesmo antes de a transação ser concluída, caso em que a transação será desfeita. Se uma transação de atualização executa durante um longo período (mesmo que apenas com algumas atualizações), ela pode bloquear a exclusão de partes antigas do *log*, caso o sistema de *logging* não seja bem projetado. Novamente, o bloqueio poderá deixar o *log* cheio.

Para evitar tais problemas, muitos sistemas de banco de dados impõem limites rígidos quanto ao número de atualizações que uma única transação pode realizar. Mesmo que o sistema não imponha tais limites, muitas vezes é útil quebrar uma transação de atualização grande em um conjunto de transações menores, quando for possível. Por exemplo, uma transação que concede um aumento para todo empregado em uma grande corporação poderia ser dividida em uma série de transações pequenas, cada uma atualizando uma pequena faixa de identificadores de funcionários. Essas transações são chamadas de **transações minilote (minibatch transactions)**. No entanto, transações minilote devem ser usadas com cautela. Primeiro, se existirem atualizações simultâneas sobre o conjunto de funcionários, o resultado do conjunto de transações menores poderá não ser equivalente a uma única transação grande. Segundo, se houver uma falha, os salários de alguns funcionários serão aumentados por transações confirmadas, mas os salários dos outros funcionários poderão não ser. Para evitar esse problema, tão logo o sistema se recupere de uma falha, precisamos executar as transações restantes do lote.

Transações longas, sejam do tipo somente leitura ou do tipo atualização, podem também deixar a tabela de bloqueios cheia. Se uma consulta única varresse uma grande relação, o otimizador de consulta garantiria que um bloqueio de relação fosse obtido em vez de obter um grande número de bloqueios de tuplas. Entretanto, se uma transação executa grande número de pequenas consultas ou atualizações, ela pode exigir um grande número de bloqueios, resultando em uma tabela de bloqueios cheia.

Para evitar esse problema, alguns bancos de dados fornecem **bloqueio escalonado** automático; com essa técnica, se uma transação obteve grande número de bloqueios de tuplas, esses bloqueios serão promovidos para bloqueios de páginas ou até mesmo para um bloqueio total da relação. Lembre-se de que, com o bloqueio de múltipla granularidade (Seção 18.3), uma vez que um bloqueio de maior abrangência (menor granularidade) foi obtido, não existe necessidade de registrar bloqueios de menor nível (maior granularidade), de modo que as entradas de bloqueios de tuplas podem ser removidas da tabela de bloqueios, liberando espaço. Em bancos de dados que não trabalham com bloqueio escalonado, é possível que a transação explicitamente obtenha um bloqueio da relação, evitando, consequentemente, a aquisição de bloqueio de tuplas.

25.1.8 Ajuste do hardware

Os gargalos de *hardware* podem incluir memória, E/S, CPU e capacidade de rede. Nesta seção, vamos focar no ajuste de memória e E/S. A disponibilidade de processadores com um grande número de núcleos (*cores*) de CPU e suporte a várias CPUs em uma única máquina permite aos projetistas de sistemas escolher o modelo e o número de CPUs para atender aos requisitos de CPU da aplicação a um custo aceitável. Como ajustar ou escolher entre as opções de interconexão da CPU e da rede é um tópico fora do âmbito do ajuste de banco de dados.

Até mesmo em um sistema de processamento de transação bem projetado, cada transação normalmente precisa realizar pelo menos algumas operações de E/S, se os dados exigidos pela transação estiverem em disco. Um fator importante no ajuste de um sistema de processamento de transação é certificar-se de que o subsistema de disco pode lidar com a taxa em que as operações de E/S são exigidas. Por exemplo, considere um disco rígido que admita um tempo de acesso de cerca de dez milissegundos e uma taxa de transferência média de 25 a 100 megabytes por segundo (um disco muito comum hoje). Esse disco admitiria um pouco menos de 100 operações de E/S de acesso aleatório de quatro kilobytes cada por segundo. Se cada transação exigir apenas duas operações de E/S, um único disco admitirá, no máximo, 50 transações por segundo.

Uma maneira óbvia de melhorar o desempenho é substituir um disco rígido por uma unidade de estado sólido (SSD), pois uma única unidade SSD pode suportar dezenas de milhares de operações de E/S aleatórias por segundo. Uma desvantagem do uso de SSDs é que elas custam muito mais do que discos rígidos para determinada capacidade de armazenamento. Outra maneira de admitir mais transações por segundo é aumentar o número de discos. Se o sistema precisa realizar n transações por segundo, cada uma realizando duas operações de E/S, os dados precisarão ser divididos (ou particionados de alguma forma) por pelo menos $n/50$ discos (ignorando a distorção, ou *skew*), ou $n/5000$ SSDs, se a SSD admitir 10.000 operações de E/S aleatórias por segundo.

Observe que o fator limitador não é a capacidade do disco, mas a velocidade com que os dados aleatórios podem ser acessados (limitada, por sua vez, pela velocidade com que o braço do disco pode se mover). O número de operações de E/S por transação pode ser reduzido armazenando-se mais dados na memória. Se todos os dados estiverem na memória, não haverá E/S de disco, exceto para escritas. Manter dados usados com frequência na memória reduz o número de E/S de disco e compensa o custo extra de memória. Manter dados usados com pouca frequência na memória seria um desperdício, pois a memória é muito mais cara que o disco.

A questão é: para determinada quantidade de dinheiro disponível para gastar em discos ou memória, qual a melhor maneira de gastar o dinheiro de modo a conseguir o número máximo de transações por segundo? Uma redução de uma E/S por segundo economiza:

(preço por unidade de disco) /
(acessos por segundo por disco)

Assim, se determinada página for acessada uma vez em m segundos, a economia por mantê-la na memória será $\frac{1}{m}$ vezes esse valor. Armazenar uma página na memória custa

(preço por megabyte de memória) /
(páginas por megabyte de memória)

Assim, o ponto de equilíbrio é:

$$\frac{1}{m} \times \frac{\text{preço por unidade de disco}}{\text{acessos por segundo por disco}} = \frac{\text{preço por megabyte de memória}}{\text{páginas por megabyte de memória}}$$

Podemos modificar a equação e substituir os valores atuais para cada um desses parâmetros a fim de chegar a um valor para m; se uma página é acessada com mais frequência do que uma vez a cada m segundos, vale a pena comprar memória suficiente para armazená-la.

A partir de 2018, a tecnologia de disco rígido e os preços de memória e disco (que supomos em torno de \$ 50,00 por disco de um terabyte e de \$ 80,00 por 16 gigabytes de memória) ocasionam um valor de m em torno de quatro horas para páginas de quatro kilobytes acessadas aleatoriamente; ou seja, se uma página no disco rígido é acessada pelo menos uma vez em quatro horas, faz sentido comprar memória suficiente para mantê-la em cache na memória. Observe que, se usarmos páginas maiores, o tempo diminui; por exemplo, um tamanho de página de 16 kilobytes levará a um valor de m de uma hora (m = 1 hora), em vez de quatro horas.

Com o custo e as velocidades de disco e memória dos anos 1980/1990, o valor correspondente era de cinco minutos com páginas de quatro kilobytes. Assim, uma regra prática muito utilizada, chamada **regra dos cinco minutos**, dizia que os dados deveriam ser colocados em cache na memória se fossem acessados com mais frequência do que uma vez em cinco minutos.

Com a tecnologia SSD e os preços a partir de 2018 (que supomos em torno de \$ 500,00 por uma SSD de 800 gigabytes, que suporta 67.000 leituras aleatórias e 20.000 escritas aleatórias por segundo), se fizermos a mesma comparação entre manter uma página na memória e buscá-la da SSD, o tempo chega a cerca de sete minutos com páginas de quatro kilobytes. Ou seja, se uma página no SSD for acessada com mais frequência do que uma vez em sete minutos, vale a pena comprar memória suficiente para mantê-la em cache na memória.

Para dados que são acessados sequencialmente, muito mais páginas podem ser lidas por segundo. Supondo que um megabyte de dados seja lido de uma vez, o ponto de equilíbrio para o disco rígido atualmente é de, aproximadamente, 2,5 minutos. Assim, os dados acessados sequencialmente no disco rígido devem ser mantidos no cache da memória se forem usados pelo menos uma vez a cada 2,5 minutos. Para SSDs, o ponto de equilíbrio é muito menor, em 1,6 segundo. Em outras palavras, há pouco benefício em manter em cache os dados acessados sequencialmente, a menos que sejam acessados com muita frequência.

Essas regras práticas levam em conta apenas o número de operações de E/S e não consideram fatores como o tempo de resposta. Algumas aplicações precisam manter na memória até mesmo os dados pouco usados, para conseguir tempos de resposta menores ou comparáveis ao tempo de acesso a disco.

Como o armazenamento SSD é mais caro que o disco, um modo de obter E/S aleatória mais rápida para os dados usados com frequência, pagando menos para armazenar dados usados regularmente, é usar a técnica de **flash como *buffer***. Nela, o armazenamento flash é usado como um *buffer* persistente, com cada bloco tendo uma posição permanente no disco, mas armazenado na memória flash em vez de ser gravado em disco enquanto for usado com frequência. Quando o armazenamento flash estiver cheio, um bloco não utilizado com frequência será despejado e gravado de volta ao disco, se tiver sido atualizado após sua leitura do disco. Existem subsistemas de disco à venda que oferecem discos rígidos junto com SSDs que atuam como *buffers*. Uma regra prática para decidir quanto armazenamento SSD adquirir é que uma página de quatro kilobytes deve ser mantida em SSD, em vez de disco rígido, se ela for acessada com mais frequência do que uma vez em um dia (o cálculo é semelhante ao caso do *caching* na memória principal *versus* a busca em disco/SSD). Observe que, nessa configuração, o sistema de banco de dados não poderá controlar o que reside em qual parte do armazenamento.

Se o sistema de armazenamento permitir o acesso direto às SSDs, bom como aos discos rígidos, o administrador do banco de dados poderá controlar o mapeamento entre relações ou índices e os discos, alocando relações/índices usados com frequência ao armazenamento flash. O recurso de espaço de tabela (*tablespace*), que tem suporte da maioria dos sistemas de banco de dados, pode ser usado para controlar o mapeamento a partir da criação de um espaço de tabela em memória flash e da atribuição das relações e dos índices desejados nesse espaço de tabela. No entanto, o controle do mapeamento em um nível de granularidade mais detalhado que de uma relação requer mudanças no código do sistema de banco de dados.

Outro aspecto do ajuste é se será usado RAID 1 ou RAID 5. A resposta depende da frequência com que os dados são atualizados, pois RAID 5 é muito mais lento do que RAID 1 nas escritas aleatórias: RAID 5 exige duas leituras e duas escritas para executar uma única solicitação de escrita aleatória. Se uma aplicação realiza r leituras aleatórias e w escritas aleatórias por segundo para dar suporte a determinada taxa de *throughput* (vazão), uma implementação RAID 5 exigirá $r + 4w$ operações de E/S por segundo, enquanto uma implementação RAID 1 exigirá $r + 2w$ operações de E/S por segundo. Podemos, então, calcular o número de discos necessários para dar suporte às operações de E/S exigidas por segundo dividindo o resultado do cálculo por 100 operações de E/S por segundo (para os discos da geração atual). Para muitas aplicações, r e w são grandes o suficiente para que os $(r + w)/100$ discos possam facilmente manter duas cópias de todos os dados. Para tais aplicações, se RAID 1 for usado, o número exigido de discos será, na realidade, menor que o número exigido de discos se RAID 5 for usado! Assim, RAID 5 é útil somente quando os requisitos de armazenamento de dados são muito grandes, mas as taxas de atualização – e, em particular, as taxas de atualização aleatória – são pequenas.

25.1.9 Simulação de desempenho

Para testar o desempenho de um sistema de banco de dados antes mesmo de ser instalado, podemos criar um modelo de simulação de desempenho do sistema de banco de dados. Cada serviço mostrado na Figura 25.1, como CPU, discos, *buffer* e controle de concorrência, é modelado nessa simulação. Em vez de modelar detalhes do serviço, o modelo de simulação pode capturar apenas alguns aspectos de cada serviço, como o **tempo de serviço** – que é o tempo gasto para finalizar o processamento de uma requisição desde que ele tenha começado. Assim, a simulação pode modelar o acesso a disco a partir do tempo médio de acesso ao disco.

Como as solicitações para um serviço geralmente precisam esperar sua vez, cada serviço possui uma fila associada no modelo de simulação. Uma transação consiste em uma série de solicitações. As solicitações são enfileiradas à medida que chegam e são atendidas de acordo com a política para esse serviço como "primeiro a chegar, primeiro a ser atendido". Os modelos para serviços como CPU e discos conceitualmente operam em paralelo, para levar em conta o fato de que, em um sistema real, esses subsistemas operam em paralelo.

Quando o modelo de simulação para processamento de transação é criado, o administrador do sistema pode executar diversos experimentos sobre ele. O administrador pode usar experimentos com transações simuladas chegando a diferentes taxas para descobrir como o sistema se comportaria sob diversas condições de carga. O administrador poderia executar outros experimentos que variam os tempos de serviço para cada serviço, a fim de descobrir a sensibilidade do desempenho a cada um deles. Os parâmetros do sistema também podem ser variados, de modo que o ajuste do desempenho pode ser feito no modelo de simulação.

25.2 *Benchmarks* de desempenho

À medida que os servidores de banco de dados se tornam mais padronizados, o fator diferenciador entre os produtos de diferentes fornecedores é o seu desempenho. Os ***benchmarks* de desempenho** são pacotes de tarefas usados para quantificar o desempenho dos sistemas de *software*.

25.2.1 Pacotes de tarefas

Já que a maioria dos sistemas de *software*, como os bancos de dados, é complexa, há muita variação em sua implementação por diferentes fornecedores. Como resultado, existe variação significativa em seu desempenho nas diferentes tarefas. Um sistema pode ser o mais eficiente em determinada tarefa; outro pode ser o mais eficiente em uma tarefa diferente. Logo, uma única tarefa normalmente não é suficiente para quantificar o desempenho do sistema. Em vez disso, o desempenho de um sistema é medido pelos pacotes de tarefas padronizadas, chamados *benchmarks de desempenho*.

A combinação dos números de desempenho de várias tarefas precisa ser feita com cuidado. Suponha que tenhamos duas tarefas, T_1 e T_2, e que meçamos o *throughput* (vazão) de um sistema como o número de transações de cada tipo que são executadas em determinada quantidade de tempo – digamos, um segundo. Suponha que o sistema A execute T_1 a 99 transações por segundo, e T_2 a uma transação por segundo. De modo semelhante, considere que o sistema B execute T_1 e T_2 a 50 transações por segundo. Admita também que uma carga de trabalho tenha uma mistura igual dos dois tipos de transações.

Se apanhássemos a média dos dois pares de números (ou seja, 99 e 1, *versus* 50 e 50), poderia parecer que os dois sistemas têm o mesmo desempenho. Porém, é *errado* tomar as médias dessa forma – se executássemos 50 transações de cada tipo, o sistema A levaria cerca de 50,5 segundos para terminar, enquanto o sistema B terminaria em apenas dois segundos!

O exemplo mostra que uma medida simples do desempenho é enganosa se houver mais de um tipo de transação. O modo correto de calcular a média pelos números é apanhar o **tempo para conclusão** da carga de trabalho, em vez do *throughput* médio para cada tipo de transação. Podemos, então, calcular o desempenho do sistema com precisão em transações por segundo para uma carga de trabalho especificada. Assim, o sistema A leva 50,5/100, que é 0,505 segundo por transação, enquanto o sistema B leva 0,02 segundo por transação, na média. Em termos de *throughput*, o sistema A é executado a uma média de 1,98 transação por segundo, enquanto o sistema B é executado a 50 transações por segundo. Supondo que transações de todos os tipos sejam igualmente prováveis, a forma correta de calcular a média dos *throughputs* sobre diferentes tipos de transação é apanhar a **média harmônica** dos *throughputs*. A média harmônica de n *throughputs* t_1, t_2, ..., t_n é definida como:

$$\frac{n}{\frac{1}{t_1} + \frac{1}{t_2} + \cdots + \frac{1}{t_n}}$$

Para o nosso exemplo, a média harmônica dos *throughputs* no sistema A é 1,98. Para o sistema B, ela é 50. Assim, o sistema B é aproximadamente 25 vezes mais rápido do que o sistema A em uma carga de trabalho com uma mistura igual dos dois tipos de exemplo das transações.

25.2.2 Classes de aplicação do banco de dados

O **On-line Transaction Processing** (**OLTP**) e o **apoio à decisão**, incluindo o **On-line Analytical Processing** (**OLAP**), são duas classes gerais de aplicações tratadas por sistemas de banco de dados. Essas duas classes de tarefas possuem diferentes requisitos. Alta concorrência e técnicas inteligentes para agilizar o processamento de *commit* são exigidas para dar suporte a uma alta taxa de transações de atualização. Por outro lado, bons algoritmos de avaliação de consulta e otimização de consulta são necessários para o apoio à decisão. A arquitetura de alguns sistemas de banco de dados foi ajustada para o processamento de transação; a de outros, como a série Teradata de sistemas de bancos de dados paralelos, foi ajustada para o apoio à decisão. Outros fornecedores procuram um equilíbrio entre as duas tarefas.

As aplicações normalmente têm uma mistura de requisitos de processamento de transação e apoio à decisão. Logo, qual sistema de banco de dados é melhor para uma aplicação depende de qual mistura dos dois requisitos a aplicação tenha.

Suponha que tenhamos números de *throughput* para as duas classes de aplicações separadamente, e que a aplicação em mãos tenha uma mistura de transações nas duas classes. Temos de ter cuidado até mesmo sobre como tomar a média harmônica dos números de *throughput*, em função da **interferência** entre as transações. Por exemplo, uma transação de apoio à decisão de longa duração pode adquirir diversos bloqueios, o que pode impedir todo o progresso das transações de atualização. A média harmônica de *throughputs* deve ser usada apenas se as transações não interferirem umas com as outras.

25.2.3 *Benchmarks* TPC

O **Transaction Processing Performance Council** (**TPC**) definiu detalhadamente uma série de padrões de *benchmark* para sistemas de banco de dados.

Os *benchmarks* TPC são definidos com muitos detalhes. Eles definem o conjunto de relações e os tamanhos das tuplas. Eles definem o número de tuplas nas relações não como um número fixo, mas como um múltiplo do número de transações reivindicadas por segundo, para refletir que uma taxa maior de execução de transação provavelmente estará correlacionada com um número maior de contas. A métrica de desempenho é o *throughput*, expresso como **transações por segundo** (**TPS**). Quando seu desempenho é medido, o sistema precisa oferecer um tempo de resposta dentro de certos limites, de modo que alto *throughput* não possa ser obtido ao custo de tempos de resposta muito longos. Além do mais, para aplicações de negócios, o custo tem grande importância. Logo, o *benchmark* TPC também mede o desempenho em termos de **preço por TPS**. Um sistema grande pode ter alto número de transações por segundo, mas pode ser dispendioso (ou seja, ter alto preço por TPS). Além disso, uma empresa não pode anunciar números de *benchmark* TPC para os seus sistemas *sem* auditoria externa que garanta que o sistema segue fielmente a definição do *benchmark*, incluindo suporte total para as propriedades ACID das transações.

O primeiro da série foi o ***benchmark* TPC-A**, definido em 1989. Esse *benchmark* simula uma aplicação bancária típica por um único tipo de transação que modela o saque e o depósito de dinheiro em um caixa de banco. A transação atualiza várias relações – como o saldo do banco, o saldo do caixa e o saldo do cliente – e acrescenta um registro a uma relação de trilha de auditoria. O *benchmark* também incorpora a comunicação com terminais, para modelar o desempenho de ponta a ponta do sistema de forma realista. O ***benchmark* TPC-B** foi projetado para testar o desempenho básico do sistema de banco de dados, juntamente com o sistema operacional em que o sistema roda. Ele remove as partes do *benchmark* TPC-A que lidam com os usuários, a comunicação e os terminais, para enfocar o servidor de banco de dados de *back-end*. Nem TPC-A nem TPC-B são utilizados hoje em dia.

O ***benchmark* TPC-C** foi projetado para modelar um sistema mais complexo do que o *benchmark* TPC-A. O *benchmark* TPC-C se concentra nas principais atividades em um ambiente de entrada de pedido, como entrada e remessa de pedidos, registro de pagamentos, verificação de *status* de pedidos e monitoração de níveis de estoque. O *benchmark* TPC-C ainda é muito utilizado para os sistemas de *benchmarking on-line* de processamento de transações (OLTP).

O ***benchmark* TPC-E** mais recente também é destinado aos sistemas OLTP, mas se baseia em um modelo de empresa de corretagem, com clientes que interagem com a empresa e geram transações. Por sua vez, a empresa interage com os mercados financeiros para executar as transações.

O ***benchmark* TPC-D** foi projetado para testar o desempenho de sistemas de banco de dados sobre consultas de apoio à decisão. Os sistemas de apoio à decisão estão se tornando cada vez mais importantes. Os *benchmarks* TPC-A,

TPC-B e TPC-C medem o desempenho sobre as cargas de trabalho de processamento de transação e não devem ser usados como medida de desempenho nas consultas de apoio à decisão. O D de TPC-D significa **apoio à decisão**. O esquema de *benchmark* TPC-D modela uma aplicação de vendas/distribuição, com peças, fornecedores, clientes e pedidos, juntamente com algumas informações auxiliares. Os tamanhos das relações são definidos como uma razão, e o tamanho do banco de dados é o tamanho total de todas as relações, expresso em gigabytes. O TPC-D no fator de escala um representa o *benchmark* TPC-D em um banco de dados de um gigabyte, enquanto o fator de escala dez representa um banco de dados de dez gigabytes. A carga de trabalho do *benchmark* consiste em um conjunto de 17 consultas SQL modelando as tarefas comuns executadas nos sistemas de apoio à decisão. Algumas das consultas utilizam recursos SQL complexos, como agregação e consultas aninhadas.

Os usuários do *benchmark* logo observaram que as diversas consultas TPC-D poderiam ser bastante agilizadas com o uso de *views* materializadas e outras informações redundantes. Existem aplicações, como tarefas de relatório periódico, em que as consultas são conhecidas em avanço, e a *view* materializada pode ser cuidadosamente selecionada para agilizar as consultas. Porém, é necessário levar em conta a sobrecarga de manutenção de *views* materializadas.

O ***benchmark* TPC-H** (em que o H representa *ad hoc*) é um aprimoramento do *benchmark* TPC-D. O esquema é o mesmo, mas existem 22 consultas, das quais 16 são do TPC-D. Além disso, há duas atualizações, um conjunto de inserções e um conjunto de inclusões. O TPC-H proíbe *views* materializadas e outras informações redundantes, e permite índices apenas sobre as chaves primária e estrangeira. Esse *benchmark* modela a consulta *ad hoc*, em que as consultas não são conhecidas de antemão, de modo que não é possível criar *views* materializadas apropriadas antes da hora. Uma variante, o TPC-R (em que R significa "relatório"), que não é mais utilizado, permitia o uso de *views* materializadas e outras informações redundantes.

O ***benchmark* TPC-DS** é um seguimento do *benchmark* TPC-H e modela as funções de apoio à decisão de um fornecedor de produtos de varejo, incluindo informações sobre clientes, pedidos e produtos, e com diversos canais de venda, como lojas de varejo e lojas *on-line*. Ele possui duas subpartes do esquema, correspondentes à consulta e relatório *ad hoc*, de modo semelhante ao TPC-H e ao TPC-R. Há uma carga de trabalho de consulta, além de uma carga de trabalho de manutenção de dados.

O TPC-H e o TPC-DS medem o desempenho desta maneira: o **teste de potência** executa as consultas e atualizações uma de cada vez, sequencialmente, e 3600 segundos divididos pela média geométrica dos tempos de execução das consultas (em segundos) dão uma medida de consultas por hora. O **teste de *throughput*** executa vários fluxos (*streams*) em paralelo, com cada fluxo executando todas as 22 consultas. Há, também, um fluxo de atualização paralela. Aqui, o tempo total para a execução inteira é usado para calcular o número de consultas por hora.

A **métrica de consulta composta por hora**, a métrica geral, é obtida como a raiz quadrada do produto das métricas de potência e *throughput*. Uma **métrica composta de preço/desempenho** é definida dividindo-se o preço do sistema pela métrica composta.

Existem vários outros *benchmarks* TPC, como um *benchmark* de integração de dados (TPC-DI), *benchmarks* para sistemas Big Data baseados em Hadoop/Spark (TPCx-HS) e para processamento *back-end* de dados da "Internet das coisas" (TPCx-IoT).

25.3 Outras questões no desenvolvimento da aplicação

Nesta seção, discutiremos duas questões relacionadas com o desenvolvimento de aplicações: teste e migração de aplicações.

25.3.1 Teste de aplicações

O teste de programas requer a elaboração de um **conjunto de testes**, ou seja, um conjunto de casos de teste. Testar não é um processo a ser executado apenas uma vez, pois os programas evoluem continuamente, e podem ocorrer *bugs* (erros) como consequência imprevisível de uma alteração no programa; esse tipo de erro é conhecido como **regressão** do programa. Sendo assim, após cada mudança efetuada em um programa, esse programa deve ser testado novamente. Geralmente, não é viável que um ser humano faça testes depois de cada mudança implementada em um programa. Em vez disso, as saídas de teste esperadas são armazenadas com cada caso de teste do conjunto de testes. O **teste de regressão** envolve a execução do programa em cada caso de teste de um conjunto de testes e verifica se o programa gera a saída de teste esperada.

No contexto de aplicações de banco de dados, um caso de teste consiste em duas partes: o estado de um banco de dados e uma entrada em uma interface específica da aplicação.

As consultas SQL podem apresentar erros sutis, de difícil detecção. Por exemplo, uma consulta pode executar uma junção natural ($r \bowtie s$) quando deveria ter efetivamente executado uma junção externa ($r ⟕ s$). A diferença entre essas duas consultas só seria detectada se o banco de dados de teste tivesse uma tupla r sem uma tupla s correspondente. Por conseguinte, é importante criar bancos de dados de teste que possam detectar os erros que ocorrem frequentemente. Esses tipos de erro são chamados **mutações**, porque costumam ser pequenas alterações em uma consulta (ou programa). Diz-se que um caso de teste, que produz saídas diferentes sobre uma consulta almejada e um mutante da consulta, **mata o mutante (kill the mutant)**. Um conjunto de testes deve ter casos de teste que matem a maioria dos mutantes que ocorrem com mais frequência.

Se um caso de teste fizer uma atualização no banco de dados, para verificar se ele está sendo executado corretamente, será preciso averiguar se o conteúdo do banco de dados corresponde àquele esperado. Portanto, a saída esperada consiste não somente nos dados exibidos na tela do usuário, como também (em atualizações) no estado do banco de dados.

Como o estado do banco de dados pode ser muito grande, vários casos de teste compartilhariam um estado comum do banco de dados. O teste é complicado porque, se um caso de teste fizer uma atualização no banco de dados, os resultados de outros casos de teste executados em seguida no banco de dados podem não corresponder aos previstos. Por conseguinte, os outros casos de teste seriam informados incorretamente como se tivessem falhado. Para evitar esse problema, sempre que um caso de teste fizer uma atualização, o estado do banco de dados deverá ser restaurado ao original após a execução do teste.

Também é possível utilizar o teste para assegurar que uma aplicação atenda aos requisitos de desempenho. Para realizar esse **teste de desempenho**, o banco de dados de teste deve ter o mesmo tamanho do banco de dados real. Em alguns casos, já existem dados sobre os quais o teste de desempenho pode ser executado. Em outros casos, deve ser gerado um banco de dados de teste com o tamanho necessário; existem várias ferramentas disponíveis para gerar bancos de dados de teste. Essas ferramentas asseguram que os dados gerados atendem a restrições, como as restrições de chaves primárias e estrangeiras. Além disso, elas podem gerar dados que parecem ter sentido, por exemplo, ao preencher um atributo de nome usando nomes significativos, em vez de strings aleatórios. Algumas ferramentas também permitem especificar distribuições de dados; por exemplo, um banco de dados de universidade pode exigir uma distribuição com a maioria dos alunos na faixa etária de 18-25 anos, e a maioria do corpo docente na faixa etária de 25-65 anos.

Mesmo que já exista um banco de dados, as organizações geralmente não querem revelar dados sigilosos para uma organização externa que possa estar executando os testes de desempenho. Nessa situação, pode ser criada uma cópia do banco de dados real, e os valores na cópia podem ser modificados de tal maneira que os dados sigilosos, como números de cartões de crédito, números de CPF ou datas de nascimento, sejam **ofuscados**. Na maioria das situações, a ofuscação ocorre pela substituição de um valor real por outro gerado aleatoriamente (tendo o cuidado de atualizar também todas as referências a esse valor, se o valor for uma chave primária). Por outro lado, se a execução da aplicação depender do valor, como a data de nascimento em uma aplicação que executa diversas ações com base nessa data, a ofuscação pode implementar pequenas alterações aleatórias no valor, em vez de substituí-lo totalmente.

25.3.2 Migração de aplicações

Sistemas legados são sistemas de aplicação de geração mais antiga que estão em uso, apesar de serem obsoletos. Eles continuam em uso em virtude do custo e do risco de sua substituição. Por exemplo, muitas organizações desenvolveram aplicações internamente, mas podem decidir substituí-las por um produto comercial. Em alguns casos, um sistema legado pode usar a tecnologia antiga, que é incompatível com padrões e sistemas da geração atual. Alguns sistemas legados em operação, hoje, já têm várias décadas de uso e são baseados em tecnologias como bancos de dados que usam modelos de dados de rede ou hierárquicos, ou utilizam Cobol e sistemas de arquivos sem um banco de dados. Esses sistemas ainda podem conter dados valiosos e dar suporte a aplicações críticas.

A substituição de uma aplicação legada por uma nova aplicação normalmente é dispendiosa em termos de tempo e de dinheiro, pois, em geral, tais aplicações legadas são muito grandes, consistindo em milhões de linhas de código desenvolvidas por equipes de programadores, geralmente durante várias décadas. Elas contêm grande quantidade de dados que precisam ser portados para a nova aplicação, que pode usar um esquema completamente diferente. A passagem de uma aplicação antiga para uma nova envolve novo treinamento de muitas pessoas. A passagem normalmente precisa ser feita sem nenhuma interrupção, com os dados inseridos no sistema antigo disponíveis também por meio do novo sistema.

Muitas organizações tentam evitar a substituição de sistemas legados e, em vez disso, tentam interoperá-los com os sistemas mais novos. Uma técnica utilizada para interoperar entre bancos de dados relacionais e bancos de dados legados é criar uma camada, chamada ***wrapper***, em cima dos sistemas legados que pode fazer com que o sistema legado pareça ser um banco de dados relacional. O *wrapper* pode oferecer suporte para ODBC ou outros padrões de interconexão, como OLE-DB, que pode ser usado para consultar e atualizar o sistema legado. O *wrapper* é responsável por converter consultas relacionais e atualizações para consultas e atualizações no sistema legado.

Quando uma organização decide substituir um sistema legado por um novo, pode seguir um processo chamado **engenharia reversa**, que consiste em passar pelo código do sistema legado para chegar a projetos de esquema no modelo de dados exigido (como um modelo ER ou um modelo de dados orientado a objeto). A engenharia reversa também examina o código para descobrir que procedimentos e processos foram implementados, a fim de obter um modelo de alto nível do sistema. A engenharia reversa é necessária porque os sistemas legados normalmente não possuem documentação de alto nível de seu esquema e projeto geral do sistema. Quando desenvolvem o projeto de um novo sistema, os desenvolvedores revisam o projeto do sistema legado, de modo que possa ser melhorado, em vez de apenas reimplementado como se encontra. Codificação extensa é necessária para dar suporte a toda a funcionalidade (como a interface com o usuário e os sistemas de relatório) que foi fornecida pelo sistema legado. O processo geral é denominado **reengenharia**.

Quando um novo sistema tiver sido montado e testado, o sistema precisa ser preenchido com dados do sistema legado, e todas as demais atividades precisam ser executadas no novo sistema. Contudo, a transição brusca para um novo sistema, que é chamada de **técnica de big-bang**, traz diversos riscos. Primeiro, os usuários podem não estar familiarizados com as interfaces do novo sistema. Segundo, pode haver *bugs* ou problemas de desempenho no novo sistema, que não foram descobertos quando ele foi testado. Esses problemas podem levar a grandes perdas para as empresas, pois sua capacidade de executar transações críticas, como vendas e compras, pode ser drasticamente afetada. Em alguns casos extremos, o novo sistema foi até mesmo abandonado, e o sistema legado reutilizado após uma tentativa de passagem fracassada.

Uma técnica alternativa, chamada **técnica alarmista (chicken-little)**, substitui de forma incremental a funcionalidade do sistema legado. Por exemplo, as novas interfaces do usuário podem ser usadas com o sistema antigo no *back-end* ou vice-versa. Outra opção é usar o novo sistema somente para alguma funcionalidade que possa ser desacoplada do sistema legado. De qualquer forma, os sistemas legado e novo coexistem por algum tempo. Portanto, há necessidade de desenvolver e usar *wrappers* no sistema legado a fim de oferecer a funcionalidade exigida para interoperar com o novo sistema. Essa técnica, portanto, tem um custo de desenvolvimento maior.

25.4 Padronização

Padrões (*standards*) definem a interface de um sistema de *software*. Por exemplo, os padrões definem a sintaxe e a semântica de uma linguagem de programação ou as funções em uma interface de programa de aplicação ou, ainda, um modelo de dados (como os padrões de banco de dados orientados a objeto). Atualmente, os sistemas de banco de dados são complexos e normalmente compostos de várias partes criadas independentemente, que precisam interagir. Por exemplo, programas clientes podem ser criados independentemente dos sistemas de *back-end*, mas os dois precisam ser capazes de interagir entre si. Uma empresa que possui vários sistemas de banco de dados heterogêneos pode precisar trocar dados entre os bancos de dados. Em face de tal cenário, os padrões desempenham um papel importante.

Padrões formais são aqueles desenvolvidos por uma organização de padrões ou por grupos do setor industrial, via um processo público. Produtos dominantes às vezes se tornam **padrões de fato** (*de facto standards*), pois se tornam geralmente aceitos como padrões sem nenhum processo formal de reconhecimento. Alguns padrões formais, como muitos aspectos dos padrões SQL-92 e SQL:1999, são **padrões antecipatórios** que lideram o mercado; eles definem recursos que os fornecedores implementarão nos produtos. Em outros casos, os padrões, ou partes deles, são **padrões reacionários**, pois tentam padronizar recursos que alguns fornecedores já implementaram e que podem até mesmo ter se tornado padrões de fato. O SQL-89 foi de várias maneiras um padrão reacionário, pois padronizou recursos, como verificação de integridade, que já estavam presentes no padrão IBM SAA SQL e em outros bancos de dados.

Comitês de padrões formais normalmente são compostos de representantes dos fornecedores e dos membros dos grupos de usuários e organizações de padrões, como o International Organization for Standardization (ISO), o American National Standards Institute (ANSI) ou agências profissionais, como o Institute of Electrical and Electronics Engineers (IEEE). Comitês de padrões formais se reúnem periodicamente, e os membros apresentam propostas para que os recursos sejam adicionados ou modificados no padrão. Depois de um período de discussão (normalmente estendido), modificações à proposta e crítica pública, os membros votam se aceitarão ou rejeitarão um recurso. Algum tempo depois de um padrão ter sido definido e implementado, suas limitações se tornam claras, e novos requisitos se tornam aparentes. O processo de atualização do padrão começa, e uma nova versão do padrão normalmente é liberada depois de alguns anos. Esse ciclo normalmente se repete depois de alguns anos até que, por fim (talvez muitos anos depois), o padrão se torna tecnologicamente irrelevante ou perde sua base de usuários.

Esta seção oferece uma visão bem geral dos diferentes padrões, concentrando-se nos objetivos do padrão. As notas bibliográficas deste capítulo, disponíveis *on-line*, oferecem referências a descrições detalhadas dos padrões mencionados nesta seção.

25.4.1 Padrões SQL

Considerando que a SQL é a linguagem de consulta mais utilizada, grande parte do trabalho foi realizada para padronizá-la. A ANSI e a ISO, com vários fornecedores de bancos de dados, desempenharam um papel importante nesse trabalho. O padrão SQL-86 foi a versão inicial. O padrão IBM Systems Application Architecture (SAA) para SQL foi lançado em 1987. À medida que as pessoas identificavam a necessidade de mais recursos, eram desenvolvidas versões atualizadas do padrão SQL formal, chamadas SQL-89 e SQL-92.

A versão SQL:1999 do padrão SQL incluiu diversos recursos na linguagem SQL. Examinamos vários desses recursos nos capítulos anteriores.

Versões subsequentes do padrão SQL incluem as seguintes:

- SQL:2003, que é uma extensão menor do padrão SQL:1999. Alguns recursos, como os recursos OLAP da SQL:1999 (Seção 11.3.3), foram especificados como uma mudança efetuada na versão anterior do padrão SQL:1999, em vez de aguardar a liberação da SQL:2003.
- SQL:2006, que acrescentou diversos recursos relacionados com a XML.
- SQL:2008, que introduziu pequenas extensões à linguagem SQL, como as extensões para a cláusula merge.
- SQL:2011, que acrescentou uma série de extensões temporais à SQL, incluindo a capacidade de associar períodos de tempo às tuplas, usando opcionalmente as colunas existentes como horários de início e fim, e definições de chave primária com base nos períodos de tempo. As extensões suportam exclusões e atualizações com períodos associados; essas exclusões e atualizações podem resultar na modificação do período das tuplas existentes, juntamente com exclusões ou inserções de novas tuplas. Vários operadores relativos a períodos, como overlaps e contains, também foram introduzidos na SQL:2011.

Além disso, o padrão forneceu vários outros recursos, como extensões adicionais à construção merge, extensões para construções de janela, que foram introduzidas em versões anteriores da SQL, e extensões para limitar o número de resultados buscados por uma consulta, usando uma cláusula fetch.

- SQL:2016, que acrescentou diversos recursos relacionados com o suporte para JSON, e suporte para a operação de agregação listagg, que concatena atributos de um grupo de tuplas em uma string.

É importante mencionar que a maioria dos novos recursos é admitida somente por alguns sistemas de banco de dados e, por outro lado, a maioria dos sistemas de banco de dados admite diversos recursos que não fazem parte do padrão.

25.4.2 Padrões de conectividade de banco de dados

O padrão ODBC é muito usado para a comunicação entre aplicações cliente e sistemas de banco de dados, e define APIs em diversas linguagens. O padrão JDBC para comunicação entre aplicações Java e bancos de dados foi modelado a partir do ODBC e oferece funcionalidade semelhante.

O ODBC é baseado nos padrões SQL Call Level Interface (CLI) desenvolvidos pelo consórcio do setor industrial X/Open e pelo SQL Access Group, mas possui várias extensões. A API ODBC define uma CLI, uma definição de sintaxe SQL e regras sobre sequências permissíveis de chamadas CLI. O padrão também define níveis de conformidade para a CLI e a sintaxe da SQL. Por exemplo, o nível central da CLI possui comandos para a conexão com um banco de dados, para preparar e executar instruções SQL, obter resultados e valores de *status* e ainda gerenciar transações. O próximo nível de conformidade (nível 1) requer suporte para recuperação de informações de catálogo e alguns outros recursos acima do nível CLI básico; o nível 2 requer outros recursos, como a capacidade de enviar e apanhar *arrays* de valores de parâmetro e obter informações de catálogo mais detalhadas.

O ODBC permite que um cliente se conecte simultaneamente a várias fontes de dados e alterne entre elas, mas as transações em cada uma são independentes; o ODBC não admite o *commit* de duas fases.

Um sistema distribuído oferece um ambiente mais geral do que um sistema cliente-servidor. O consórcio X/Open também desenvolveu os padrões X/Open XA para interoperação de bancos de dados. Esses padrões definem primitivas de gerenciamento de transação (como as primitivas de transação *begin*, *commit*, *abort* e *prepare-to-commit*) que os bancos de dados compatíveis deverão oferecer; um gerenciador de transação pode invocar essas primitivas para implementar transações distribuídas por *commit* de duas fases. Os padrões XA são independentes do modelo de dados e das interfaces específicas entre clientes e bancos de dados para troca de dados. Assim, podemos usar os protocolos XA para implementar um sistema de transação distribuído, em que uma transação do sistema pode acessar bancos de dados relacionais e também orientados a objeto, mas o gerenciador de transações garante a consistência global via *commit* de duas fases.

Existem muitas fontes de dados que não são bancos de dados relacionais e de fato podem nem sequer ser bancos de dados. Alguns exemplos são arquivos planos (*flat files*) e armazenamentos de *e-mail*. O OLE-DB da Microsoft é uma API C++ com objetivos semelhantes ao ODBC, mas para fontes de dados não de banco de dados, que pode oferecer facilidades limitadas de consulta e atualização. Assim como o ODBC, o OLE-DB oferece construções para conectar a uma fonte de dados, iniciar uma sessão, executar comandos e receber resultados de volta na forma de um *rowset*, que é um conjunto de linhas de resultado.

As APIs ActiveX Data Objects (ADO) e ADO.NET, criadas pela Microsoft, oferecem uma interface para acessar dados não apenas de bancos de dados relacionais, mas também de alguns outros tipos de fontes de dados, como OLE-DB.

25.4.3 Padrões de banco de dados de objeto

Os padrões na área de bancos de dados orientados a objeto (OODB) foram até então direcionados principalmente por fornecedores de OODB. O Object Database Management Group (ODMG) foi um grupo formado por fornecedores de OODB para padronizar o modelo de dados e as interfaces de linguagem aos OODBs. O ODMG não está mais ativo. O JDO é um padrão para acrescentar persistência à linguagem Java.

Houve várias outras tentativas de padronizar os bancos de dados orientados a objeto e as tecnologias relacionadas, baseadas em objeto, como serviços. Porém, a maioria delas não foi muito adotada, e poucas são utilizadas atualmente.

As tecnologias de mapeamento objeto-relacional, que armazenam dados em bancos de dados relacionais no *back-end*, mas oferecem aos programadores uma API baseada em objeto para acessar e manipular dados, mostraram ser bastante populares. Os sistemas que oferecem suporte ao mapeamento objeto-relacional incluem Hibernate, que aceita Java, e a camada de dados do popular *framework* Django da Web, que é baseado na linguagem de programação Python. No entanto, não existem padrões formais totalmente aceitos nessa área.

25.5 Sistemas de diretório distribuídos

Considere uma organização que queira tornar os dados sobre seus funcionários disponíveis a uma série de pessoas na organização; alguns exemplos dos tipos de dados incluem nome, cargo, matrícula, endereço, número de ramal, número de celular e assim por diante. Esses dados normalmente são compartilhados por meio de diretórios, permitindo aos usuários navegar e buscar as informações desejadas.

Em geral, um diretório é uma listagem de informações sobre alguma classe de objetos, como pessoas. Os diretórios podem ser usados para encontrar informações sobre um objeto específico ou, no sentido contrário, para encontrar objetos que atendem a certo requisito.

Hoje, uma das principais aplicações dos diretórios é autenticar usuários: as aplicações podem coletar informações de autenticação, como senhas dos usuários, e autenticá-las usando o diretório. Detalhes sobre a categoria do usuário (por exemplo, o usuário é um aluno ou um instrutor), bem como as autorizações que um usuário recebeu, também podem ser compartilhados por meio de um diretório. Várias aplicações em uma organização podem autenticar usuários usando um serviço de diretório comum e obtendo informações de categoria e autorização do usuário a partir do diretório, para fornecer aos usuários apenas os dados que eles estão autorizados a ver.

Os diretórios podem ser usados para armazenar outros tipos de informações, como os diretórios do sistema de arquivos. Por exemplo, os navegadores Web podem armazenar favoritos pessoais e outras configurações do navegador em um sistema de diretório. Assim, um usuário pode acessar as mesmas configurações de vários locais, por exemplo, de casa e do trabalho, sem precisar compartilhar um sistema de arquivos.

25.5.1 Protocolos de acesso ao diretório

As informações de diretório podem se tornar disponíveis por meio de interfaces da Web, como fazem muitas organizações, principalmente companhias telefônicas. Essas interfaces são boas para os seres humanos. Porém, os programas também precisam acessar informações de diretório.

Vários **protocolos de acesso a diretório** foram desenvolvidos para oferecer uma forma padronizada de acessar dados em um diretório. O mais utilizado entre eles, hoje, é o **Lightweight Directory Access Protocol (LDAP)**.

Todos os tipos de dados em nossos exemplos podem ser armazenados sem muito trabalho em um sistema de banco de dados e acessados por meio de protocolos como JDBC ou ODBC. Logo, a questão é: por que a necessidade de um protocolo especializado para acessar informações de diretório? Existem pelo menos duas respostas para a pergunta:

- Primeiro, os protocolos de acesso ao diretório são protocolos simplificados, que satisfazem um tipo limitado de acesso aos dados. Eles evoluíram em paralelo com os protocolos de acesso ao banco de dados.
- Segundo, e mais importante, os sistemas de diretório oferecem um mecanismo simples para nomear objetos de forma hierárquica, de modo semelhante aos nomes de diretório do sistema de arquivos, que podem ser usados em um sistema de diretório distribuído para especificar que informações são armazenadas em cada um dos servidores de diretório. Por exemplo, determinado servidor de diretório pode armazenar informações para os funcionários da Bell Laboratories em Murray Hill, enquanto outro pode armazenar informações para funcionários da Bell Laboratories em Bangalore, dando a ambos sítios autonomia no controle de seus dados locais. O protocolo de acesso ao diretório pode ser usado para obter dados dos dois diretórios, por meio de uma rede. Mais importante, o sistema de diretório pode ser configurado para encaminhar automaticamente as consultas feitas em um sítio para outro, sem intervenção do usuário.

Por esses motivos, várias organizações possuem sistemas de diretório para tornar as informações organizacionais disponíveis *on-line* por meio de um protocolo de acesso ao diretório. As informações em um diretório organizacional podem ser usadas para uma série de propósitos, como descobrir endereço, telefone ou endereços de *e-mail* das pessoas, descobrir em quais departamentos as pessoas estão e acompanhar hierarquias de departamento.

Como poderíamos esperar, várias implementações de diretório acham benéfico usar bancos de dados relacionais para armazenar dados, em vez de criar sistemas de armazenamento de uso especial.

25.5.2 Lightweight Directory Access Protocol (LDAP)

Em geral, um sistema de diretório é implementado como um ou mais servidores que atendem a vários clientes. Os clientes usam a interface de programação de aplicação (API) definida pelo sistema de diretório para se comunicarem com os servidores de diretório. Os protocolos de acesso ao diretório também definem um modelo de dados e controle de acesso. O **protocolo de acesso a diretório X.500**, definido pela International Organization for Standardization (ISO), é um padrão para acessar informações de diretório. Porém, o protocolo, por ser um tanto complexo, não é muito utilizado. O **Lightweight Directory Access Protocol (LDAP)** oferece muitos dos recursos do X.500, mas com menos complexidade, sendo muito utilizado. Além de várias implementações de código-fonte aberto, o sistema Active Directory da Microsoft, baseado no LDAP, é utilizado por diversas organizações.

No restante desta seção, esboçaremos o modelo de dados e os detalhes do protocolo de acesso do LDAP.

25.5.2.1 Modelo de dados LDAP

No LDAP, os diretórios armazenam **entradas**, que são semelhantes a objetos. Cada entrada precisa ter um **distinguished name (DN)**, que a identifica exclusivamente. Um DN, por sua vez, é composto de uma sequência de **relative distinguished names (RDNs)**. Por exemplo, uma entrada pode ter o seguinte nome distinto:

cn=Silberschatz, ou=Computer Science,
o=Yale University, c=USA

Como você pode ver, o nome distinto nesse exemplo é uma combinação de um nome e endereço (organizacional), começando com o nome de uma pessoa, depois informando a unidade organizacional (ou), a organização (o) e o país (c). A ordem dos componentes de um nome distinto reflete a ordem normal do endereço postal, em vez da ordem reversa usada na especificação de nomes de caminho para arquivos. O conjunto de RDNs para um DN é definido pelo esquema do sistema de diretório.

As entradas também podem ter atributos. O LDAP oferece tipos binário, de string e de tempo, e adicionalmente os tipos tel para números de telefone e PostalAddress para endereços (linhas separadas por um caractere "$"). Ao contrário dos atributos no modelo relacional, os atributos são multivalorados como padrão, de modo que é possível armazenar vários números de telefone ou endereços para uma entrada.

O LDAP permite a definição de **classes de objetos** com nomes e tipos de atributos. A herança pode ser usada na definição de classes de objetos. Além do mais, as entradas podem ser especificadas para ser de uma ou mais classes de objeto. Não é necessário que haja uma única classe de objeto mais específica à qual uma entrada pertence.

As entradas são organizadas em uma **directory information tree (DIT)**, de acordo com seus nomes distintos. As entradas no nível de folha da árvore normalmente representam objetos específicos. As entradas que são nós internos representam objetos como unidades organizacionais, organizações ou países. Os filhos de um nó possuem um DN contendo todos os RDNs do pai e um ou mais RDNs adicionais. Por exemplo, um nó interno pode ter um DN c=USA, e todas as entradas abaixo dele possuem o valor USA para o RDN c.

O nome distinto inteiro não precisa ser armazenado em uma entrada; o sistema pode gerar o nome distinto de uma entrada atravessando a DIT a partir da entrada, coletando os componentes RDN=valor para criar o nome distinto completo.

As entradas podem ter mais de um nome distinto – por exemplo, uma entrada para uma pessoa em mais de uma organização. Para lidar com esses casos, o nível de folha de uma DIT pode ser um **alias**, que aponta para uma entrada em outro ramo da árvore.

25.5.2.2 Manipulação de dados

Diferentemente da SQL, o LDAP não define uma linguagem de definição de dados ou uma linguagem de manipulação de dados. Porém, o LDAP define um protocolo de rede para realizar a definição e a manipulação de dados. Os usuários do LDAP podem usar uma interface de programação de aplicação ou usar ferramentas de diversos fornecedores para realizar a definição e a manipulação de dados. O LDAP também define um formato de arquivo chamado **LDAP Data Interchange Format (LDIF)**, que pode ser usado para armazenar e trocar informações.

O mecanismo de consulta no LDAP é muito simples, consistindo apenas em seleções e projeções, sem nenhuma junção. Uma consulta precisa especificar o seguinte:

- Uma base – ou seja, um nó dentro de uma DIT – dando seu nome distinto (o caminho da raiz até o nó).
- Uma condição de busca, que pode ser uma combinação booleana de condições sobre atributos individuais. A igualdade, a combinação por caracteres curinga e a igualdade aproximada (a definição exata de igualdade aproximada depende do sistema) são admitidas.
- Um escopo, que pode ser apenas a base, a base e seus filhos ou a subárvore inteira abaixo da base.
- Atributos para retornar.
- Limites sobre o número de resultados e consumo de recursos.

A consulta também pode especificar se irá desreferenciar *aliases* automaticamente; se as desreferências de *alias* estiverem desativadas, as entradas de *alias* poderão ser retornadas como respostas.

Omitimos outros detalhes do suporte de consulta no LDAP, mas observe que as implementações LDAP aceitam uma API para consulta/atualização de dados LDAP e, além disso, têm suporte a serviços Web para consulta de dados LDAP.

25.5.2.3 Árvores de diretório distribuídas

As informações sobre uma organização podem ser divididas em várias DITs, cada qual armazenando informações sobre algumas entradas. O **sufixo** de uma DIT é uma sequência de pares RDN=valor que identificam qual informação a DIT armazena; os pares são concatenados ao restante do nome distinto gerado pela travessia da entrada até a raiz. Por exemplo, o sufixo de uma DIT pode ser o=Nokia, c=USA, enquanto outra pode ter o sufixo o=Nokia, c=India. As DITs podem ser separadas organizacional e geograficamente.

Um nó em uma DIT pode conter uma **referência (referral)** para outro nó em outra DIT; por exemplo, a unidade organizacional Bell Labs sob o=Nokia, c=USA pode ter sua própria DIT, de modo que a DIT para o=Nokia, c=USA terá um nó ou=Bell Labs representando uma referência à DIT da Bell Labs.

As referências (*referrals*) constituem o principal componente no auxílio à organização de uma coleção distribuída de diretórios em um sistema integrado. Quando um servidor recebe uma consulta sobre uma DIT, ele pode retornar uma referência ao cliente, que, então, emite uma consulta sobre a DIT referenciada. O acesso à DIT referenciada é transparente, prosseguindo sem o conhecimento do usuário. Como alternativa, o próprio servidor pode emitir a consulta à DIT referenciada e retornar os resultados junto com os resultados calculados localmente.

O mecanismo de nomeação hierárquico utilizado pelo LDAP ajuda a dividir o controle da informação entre partes de uma organização. A facilidade de encaminhamento, então, ajuda a integrar todos os diretórios de uma organização em um único diretório virtual.

Embora não sendo um requisito do LDAP, as organizações normalmente decidem desmembrar as informações por geografia (por exemplo, uma organização pode manter um diretório para cada local em que a organização possui grande presença) ou por estrutura organizacional (por exemplo, cada unidade organizacional, como departamento, mantém seu próprio diretório). Muitas implementações LDAP admitem a replicação mestre-escravo e multimestre das DITs.

25.6 Resumo

- Ajustar os parâmetros do sistema de banco de dados, assim como o projeto de banco de dados de nível superior – como o esquema, os índices e as transações – é importante para o bom desempenho. O ajuste é mais bem feito com a identificação e a eliminação dos gargalos.
- O ajuste do banco de dados pode ser feito no nível de esquema e consultas, no nível de parâmetros do sistema de banco de dados e no nível de *hardware*. Os sistemas de banco de dados normalmente possuem uma série de parâmetros ajustáveis, como os tamanhos de *buffer*.

- A escolha correta de índices e *views* materializadas, além do uso do particionamento horizontal, podem oferecer benefícios significativos ao desempenho. Ferramentas para o ajuste automatizado, com base no histórico da carga de trabalho, podem ajudar significativamente nesse ajuste. O conjunto de índices e *views* materializadas pode ser escolhido corretamente para minimizar o custo geral. O particionamento vertical e o armazenamento por colunas podem gerar benefícios significativos nos sistemas de processamento analítico *on-line* (OLAP).
- É possível ajustar as transações para minimizar a disputa por bloqueios; os recursos de isolamento de *snapshot* e de numeração sequencial, que respaldam a liberação de bloqueio antecipada (*early lock release*), são ferramentas úteis para reduzir a disputa de leitura-escrita e de escrita-escrita.
- O ajuste do *hardware* inclui a escolha do tamanho de memória, o uso de SSDs *versus* discos magnéticos e, cada vez mais, o número de núcleos da CPU.
- Os *benchmarks* de desempenho possuem um papel importante nas comparações de sistemas de banco de dados, especialmente quando os sistemas se tornam mais compatíveis com os padrões. Os pacotes de *benchmark* TPC são muito usados, e os diferentes *benchmarks* TPC são úteis para comparação do desempenho dos bancos de dados sob diferentes cargas de trabalho (*workloads*).
- As aplicações devem ser testadas exaustivamente na fase de desenvolvimento e antes de sua implantação. O teste é aplicado para detectar erros e para garantir o atendimento às metas de desempenho.
- Sistemas legados são sistemas baseados em tecnologias de geração mais antiga, como bancos de dados não relacionais ou mesmo baseados diretamente nos sistemas de arquivo. A interface de sistemas legados com sistemas da nova geração normalmente é importante quando tais sistemas constituem sistemas de missão crítica. A migração de sistemas legados para sistemas da nova geração precisa ser feita cuidadosamente, de modo a evitar interrupções, que podem ser muito dispendiosas.
- Os padrões são importantes por causa da complexidade dos sistemas de banco de dados e de sua necessidade de interoperação. Existem padrões formais para SQL. Os padrões de fato, como ODBC e JDBC, e os padrões adotados pelos grupos do setor, como CORBA, desempenharam um papel importante no crescimento dos sistemas de banco de dados baseados na plataforma cliente-servidor.
- Os sistemas de diretório distribuído desempenharam um papel importante em muitas aplicações, e podem ser vistos como bancos de dados distribuídos. LDAP é muito usado para autenticação e para acompanhamento de informações dos funcionários nas organizações.

Termos de revisão

- Ajuste de desempenho
- Gargalos
- Sistemas de enfileiramento
- Ajuste do esquema físico
- Ajuste de índices
- *Views* materializadas
- Manutenção de *view* imediata
- Manutenção de *view* adiada
- Ajuste do projeto físico
- Carga de trabalho
- Ajuste de consultas
- Orientação por conjunto
- Atualização em lote (JDBC)
- Carregamento em massa (*bulk load*)
- Atualização em massa (*bulk update*)
- Instrução de mesclagem (*merge statement*)
- Ajuste do esquema lógico
- Parâmetros ajustáveis
- Ajuste de transações concorrentes
- Sequências
- Transações de minilote (*minibatch transactions*)
- Ajuste do *hardware*
- Regra dos cinco minutos
- Simulação de desempenho
- *Benchmarks* de desempenho
- Tempo de serviço
- Vazão (*throughput*)
- Classes de aplicação de banco de dados
- OLTP
- Apoio à decisão
- *Benchmarks* TPC
  - TPC-C
  - TPC-D
  - TPC-E
  - TPC-H
  - TPC-DS
- Teste de regressão

- Morte de mutantes
- Migração de aplicação
- Sistemas legados
- Engenharia reversa
- Reengenharia
- Padronização
  - Padrões formais
  - Padrões de fato
  - Padrões antecipatórios
  - Padrões reacionários
- Padrões de conectividade de banco de dados
- Padrões X/Open XA
- Padrões de banco de dados de objeto
- Padrões baseados em XML
- LDAP
- Árvore de informações de diretório
- Árvores de diretório distribuídas

Exercícios práticos

25.1 Descubra toda a informação de desempenho que seu sistema de banco de dados favorito oferece. Procure pelo menos o seguinte: que consultas estão atualmente sendo executadas ou foram executadas recentemente, que recursos cada uma delas consumiu (CPU e E/S), que fração de solicitações de página resultou em ausências no *buffer* (para cada consulta, se estiver disponível) e que bloqueios possuem alto grau de disputa. Você também poderá obter informações sobre utilização de CPU, E/S e rede, incluindo diversas conexões de rede abertas, usando utilitários do sistema operacional.

25.2 Muitas aplicações precisam gerar números de sequência para cada transação.

a. Se um contador de sequência estiver bloqueado em um modo de duas fases, ele pode se tornar um gargalo de concorrência. Explique por que isso pode acontecer.

b. Muitos sistemas de banco de dados admitem contadores de sequência embutidos (*built-in*), que não estão bloqueados em um modo de duas fases; quando uma transação solicita um número de sequência, o contador é bloqueado, incrementado e desbloqueado.

i. Explique como esses contadores podem melhorar a concorrência.

ii. Explique por que pode haver lacunas nos números de sequência pertencentes ao conjunto final de transações confirmadas.

25.3 Suponha que você receba uma relação $r(a, b, c)$.

a. Dê um exemplo de situação em que o desempenho das consultas de seleção de igualdade sobre o atributo a possa ser bastante afetado pelo modo como r é agrupado.

b. Suponha que você também tivesse consultas de seleção de intervalo sobre o atributo b. Você poderia agrupar r de modo que as consultas de seleção de igualdade sobre $r \cdot a$ e as consultas de seleção de intervalo sobre $r \cdot b$ pudessem ser respondidas de modo eficiente? Explique sua resposta.

c. Se esse agrupamento não for possível, sugira como os dois tipos de consultas podem ser executados de forma eficiente escolhendo índices apropriados.

25.4 Quando um grande número de registros é inserido em uma relação por um pequeno período de tempo, normalmente se recomenda que todos os índices sejam removidos e recriados após o término das inserções.

a. Qual é o motivo para essa recomendação?

b. A remoção e a recriação de índices podem ser evitadas pela atualização em massa dos índices. Sugira como isso poderia ser feito de modo eficiente para índices de árvore B^+.

c. Se os índices fossem índices otimizados para escrita, como as árvores LSM, esse conselho seria significativo?

25.5 Suponha que uma aplicação de banco de dados pareça não ter um único gargalo; ou seja, CPU e utilização de disco são altos, e todas as filas do banco de dados estão aproximadamente balanceadas. Isso significa que a aplicação não pode ser mais ajustada? Explique sua resposta.

25.6 Suponha que um sistema execute três tipos de transações. Transações do tipo A são executadas a uma taxa de 50 por segundo, transações do tipo B são executadas a 100 por segundo, e transações do tipo C são executadas a 200 por segundo. Suponha que a mistura de transações tenha 25% do tipo A, 25% do tipo B e 50% do tipo C.

a. Qual é o *throughput* de transação médio do sistema, supondo que não exista interferência entre as transações?

b. Que fatores podem resultar na interferência entre as transações de diferentes tipos fazendo com que o *throughput* calculado seja incorreto?

25.7 Suponha que um programador de aplicação tivesse que escrever uma consulta

select *
from r **natural left outer join** s;

sobre as relações $r(A, B)$ e $s(A, B)$, mas em vez disso tenha escrito

select *
from r **natural join** s;

a. Crie dados de exemplo para r e s para os quais as duas consultas gerem o mesmo resultado.

b. Crie dados de exemplo para r e s para os quais as duas consultas gerem resultados diferentes, expondo, assim, o erro na formulação da consulta.

25.8 Liste alguns benefícios e desvantagens de um padrão antecipatório em comparação com um padrão reacionário.

25.9 Descreva como LDAP pode ser usado para oferecer múltiplas visões hierárquicas dos dados, sem replicar os dados de nível básico.

Exercícios

25.10 Ajuste de banco de dados:

a. Quais são os três níveis gerais em que um sistema de banco de dados pode ser ajustado para melhorar o desempenho?

b. Dê dois exemplos de como o ajuste pode ser feito, para cada um dos níveis.

25.11 Ao executar o ajuste do desempenho, você deverá primeiro tentar ajustar seu *hardware* (acrescentando discos ou memória) ou primeiro tentar ajustar suas transações (acrescentando índices ou *views* materializadas)? Explique sua resposta.

25.12 Suponha que a sua aplicação tenha transações que acessem e atualizem uma única tupla em uma relação muito grande, armazenada em uma organização de arquivo de árvore B^+. Suponha que todos os nós internos da árvore B^+ estejam na memória, mas somente uma fração muito pequena das páginas de folha possa caber na memória. Explique como calcular o número mínimo de discos exigidos para admitir uma carga de trabalho de 1000 transações por segundo. Calcule também o número necessário de discos, usando valores para os parâmetros de disco dados na Seção 12.3.

25.13 Qual é a motivação para dividir uma transação longa em uma série de transações pequenas? Que problemas poderiam surgir em decorrência disso e como esses problemas podem ser evitados?

25.14 Suponha que o preço da memória caia para a metade e a velocidade de acesso ao disco (número de acessos por segundo) dobre, enquanto todos os demais fatores permaneçam inalterados. Qual seria o efeito dessa alteração sobre a regra dos cinco minutos?

25.15 Liste pelo menos quatro recursos dos *benchmarks* TPC, que ajudam a torná-los medidas realistas e dignas de confiança.

25.16 Por que o *benchmark* TPC-D foi substituído pelos *benchmarks* TPC-H e TPC-R?

25.17 Explique que características da aplicação o ajudariam a decidir qual dentre TPC-C, TCP-H e TPC-R modela melhor a aplicação.

25.18 Dado que a funcionalidade LDAP pode ser implementada em cima de um sistema de banco de dados, qual é a necessidade para um padrão LDAP?

Leitura adicional

Harchol-Balter (2013) oferece um livro-texto sobre a teoria de filas do ponto de vista da ciência da computação.

Informações sobre suporte ao ajuste no IBM DB2, Oracle e Microsoft SQL Server poderão ser encontradas em seus respectivos manuais *on-line*, além de diversos livros. Shasha e Bonnet (2002) oferecem cobertura detalhada dos princípios de ajuste de banco de dados. O'Neil e O'Neil (2000) contém uma cobertura muito boa em forma de livro-texto sobre medição e ajuste de desempenho. A regra dos cinco minutos é descrita por Gray e Graefe (1997), Graefe (2008) e Appuswamy *et al.* (2017).

Uma antiga proposta para um *benchmark* de sistema de banco de dados (o *benchmark* Wisconsin) foi feita por Bitton *et al.* (1983). Os *benchmarks* TPC-A, B e C são descritos em Gray (1991). Uma versão *on-line* de todas as descrições de *benchmark* TPC, bem como os resultados do *benchmark*, estão disponíveis em www.tpc.org; o *site* também contém informações atualizadas sobre novas propostas de *benchmark.*

O sistema XData (www.cse.iitb.ac.in/infolab/xdata) oferece ferramentas para gerar dados de teste para descobrir erros em consultas SQL, além de dar notas a consultas SQL de alunos.

Diversos documentos de padrões, incluindo várias partes do padrão SQL, podem ser encontrados no *site* da ISO/IEC (standards.iso.org/ittf/PubliclyAvailableStandards/index.html). Informações sobre ODBC, OLE-DB, ADO e ADO.NET podem ser encontradas em www.microsoft.com/data. Muitas informações sobre padrões e ferramentas baseadas em XML estão disponíveis *on-line* em www.w3c.org.

Bibliografia

APPUSWAMY, R. *et al.* "The five minute rule thirty years later and its impact on the storage hierarchy". In: *Proc. of the 7th International Workshop on Accelerating Analytics and Data Management Systems Using Modern Processor and Storage Architectures*, New Delhi, India, 2017.

BITTON, D.; DeWITT, D. J.; TURBYFILL, C. "Benchmarking database systems: a systematic approach". In: *Proc. of the VLDB*, Florence, Italy, p. 8-19, 1983.

GRAEFE, G. "The five-minute rule 20 years later: and how flash memory changes the rules". *ACM Queue*, 6(4), p. 40-52, 2008.

GRAY, J. *The benchmark handbook for database and transaction processing systems*. 2. ed. Massachusetts: Morgan Kaufmann, 1991.

GRAY, J.; GRAEFE, G. "The five-minute rule ten years later, and other computer storage rules of thumb", *SIGMOD Record*, 26(4), p. 63-68, 1997.

HARCHOL-BALTER, M. *Performance modeling and design of computer systems*: queueing theory in action. Cambridge, UK: Cambridge University Press, 2013.

O'NEIL, P.; O'NEIL, E. *Database*: principles, programming, performance. 2. ed. Massachusetts: Morgan Kaufmann, 2000.

SHASHA, D.; BONNET, P. *Database tuning*: principles, experiments, and troubleshooting techniques. Massachusetts: Morgan Kaufmann, 2002.

Créditos

A foto dos barcos no início do capítulo pertence a
© dimaberkut | 123rf.com

CAPÍTULO 26

Bancos de dados de blockchain

No nível mais básico, uma blockchain[i] provê um formato de dados alternativo para armazenar um banco de dados, e seu paradigma para o processamento de transações permite um alto nível de descentralização.

Uma das principais aplicações da tecnologia blockchain está na criação de **livros contábeis digitais** (*digital ledgers*). Um livro contábil no mundo financeiro é um livro de contas financeiras, que registra as transações. Por exemplo, toda vez que você deposita ou retira dinheiro de sua conta, uma entrada é acrescentada a um livro contábil mantido pelo banco. Como esse "livro" é mantido pelo banco, um cliente do banco confia implicitamente que o banco não trapaceie, adicionando transações não autorizadas, como uma retirada não autorizada, ou modificando o livro ao excluir certas transações, como um depósito.

Os livros contábeis distribuídos baseados em blockchain mantêm um livro-razão (*ledger*) cooperativamente entre várias partes, de forma que cada transação seja assinada digitalmente como prova de autenticidade. Além disso, o livro-razão é mantido de tal forma que, uma vez adicionadas as entradas, elas não possam ser excluídas ou modificadas por parte alguma sem detecção por outras partes.

As blockchains formam um alicerce fundamental do Bitcoin e de outras criptomoedas. Embora grande parte da tecnologia por trás das blockchains tenha sido desenvolvida inicialmente nas décadas de 1980 e 1990, a tecnologia blockchain obteve grande atenção popular nos anos 2010, como resultado do sucesso (e subsequente explosão) do Bitcoin e de outras criptomoedas.

No entanto, além dos muitos esquemas de criptomoedas, as blockchains podem fornecer uma base segura de armazenamento e processamento de dados para aplicações comerciais, sem exigir confiança total em nenhuma parte. Por exemplo, considere uma grande corporação e seus fornecedores, os quais mantêm dados sobre onde os produtos e componentes estão localizados a qualquer momento, como parte do processo de manufatura. Mesmo que as organizações sejam consideradas confiáveis, pode haver uma situação em que uma delas tenha um grande incentivo para trapacear e reescrever o registro. Uma blockchain pode ajudar a proteger contra essas atualizações fraudulentas. Documentos de propriedade, como escrituras de imóveis, constituem outro exemplo do potencial para uso da blockchain. Criminosos podem cometer fraudes imobiliárias criando escrituras de imóveis falsas, que podem permitir a venda de um imóvel que não é de sua propriedade ou a venda do mesmo imóvel várias vezes por um proprietário real. As blockchains podem ajudar a verificar a autenticidade das escrituras de imóveis representadas digitalmente; as blockchains também podem garantir que, depois que um proprietário tenha vendido um imóvel, ele não possa vendê-lo novamente para outra pessoa sem ser detectado. A segurança fornecida pela estrutura de dados da blockchain permite que o público visualize esses registros imobiliários sem expô-los ao risco. Descrevemos outras aplicações para blockchains posteriormente neste capítulo.

Neste capítulo, veremos a blockchain do ponto de vista do banco de dados. Identificaremos as maneiras pelas quais os bancos de dados de blockchain diferem dos bancos de dados tradicionais que estudamos em outras partes deste livro, e mostraremos como esses recursos diferenciados são implementados. Vamos considerar alternativas aos algoritmos e à implementação ao estilo Bitcoin mais adequados a um ambiente de banco de dados corporativo. Com esse foco orientado a banco de dados, não consideraremos as implicações financeiras das criptomoedas nem as questões envolvidas no gerenciamento de posse de tais moedas por meio de uma *wallet* (carteira) ou *exchange* (corretora) de criptomoedas.

26.1 Visão geral

Antes de estudarmos as blockchains em detalhes, primeiro daremos uma visão geral das criptomoedas, que impulsionaram o desenvolvimento e o uso das blockchains. No entanto, observe que as blockchains têm muitos usos além das criptomoedas.

As moedas tradicionais, também conhecidas como "moedas fiduciárias", normalmente são emitidas por um banco central de um país, e garantidas pelo governo desse país. As cédulas da moeda são, afinal, apenas um pedaço de papel; a única razão pela qual elas têm valor é que o governo que emite a moeda garante o valor da moeda, e os usuários confiam no governo. Hoje, embora as posses financeiras continuem sendo

[i] O uso da palavra inglesa *blockchain* ainda não está bem estabelecido em português. Tendo em conta que *blockchain* é traduzível por "cadeia de blocos" ou "tecnologia de cadeia de blocos", expressões que têm por núcleo vocábulos do gênero feminino (**cadeia** e **tecnologia**), espera-se que lhe seja atribuído o mesmo gênero. No entanto, em português, o empréstimo inglês também é usado no gênero masculino, talvez porque há quem o relacione com palavras como **sistema** ou **processo**. Aqui, usamos o gênero feminino, mas não se pode dizer que o masculino constitua erro. (N. T.)

denominadas em termos de moeda, a maioria delas não está fisicamente presente como cédulas de papel moeda; são apenas entradas no livro-razão de um banco ou outra instituição financeira. Os usuários da moeda são forçados a confiar na organização que mantém o livro-razão.

Uma **criptomoeda** é uma moeda criada totalmente *on-line* e registrada de uma maneira que não exige que qualquer organização (ou país) seja totalmente confiável. O termo vem do fato de que tal esquema deve basear-se em tecnologias de criptografia. Como qualquer informação digital pode ser copiada facilmente, diferentemente das cédulas de papel-moeda, qualquer esquema de criptomoeda deve ser capaz de impedir o "gasto duplo" de dinheiro. Para resolver esse problema, as criptomoedas usam livros-razão para registrar as transações. Além disso, os livros-razão são armazenados em uma infraestrutura distribuída e segura, sem a necessidade de confiar em alguma parte. Esses dois conceitos-chave – descentralização e confiabilidade – são fundamentais para as criptomoedas. As criptomoedas normalmente têm como objetivo, como qualquer moeda tradicional e ao contrário das transações com cartão de crédito ou débito, fornecer o anonimato da transação, preservando a privacidade dos usuários da moeda. No entanto, como as blockchains de criptomoedas são públicas, análises de dados podem ser usadas para comprometer ou limitar o anonimato.

O Bitcoin, que foi a primeira criptomoeda de sucesso, surgiu com a publicação de um artigo de Satoshi Nakamoto,[1] em 2008, e a publicação subsequente do código-fonte aberto do Bitcoin em 2009. As ideias do artigo original do Bitcoin resolveram diversos problemas e, assim, permitiram que as criptomoedas, que antes eram consideradas impraticáveis, se tornassem realidade.

No entanto, os conceitos e algoritmos subjacentes, em muitos casos, remontam a décadas em seu desenvolvimento. O brilho do trabalho de Nakamoto foi uma combinação de inovação e uso bem arquitetado de pesquisas anteriores. Os sucessos do Bitcoin provam o valor dessa contribuição, mas o alvo – uma concorrência anônima, confiável e totalmente distribuída – impulsionou muitas decisões técnicas em direções que não funcionam tão bem em uma configuração de banco de dados. A seção de Leitura adicional, ao final do capítulo, cita artigos históricos importantes no desenvolvimento dessas ideias.

Em seu nível mais básico, uma blockchain é uma lista interligada de blocos de dados que pode ser considerada um *log* de atualizações de dados. O que torna a tecnologia blockchain interessante é que as blockchains podem ser gerenciadas de maneira distribuída, de tal modo que sejam altamente resistentes a violações, e não possam ser facilmente modificadas ou manipuladas por qualquer participante, exceto anexando registros assinados digitalmente à blockchain.

Em um ambiente de negócios, o controle distribuído e confiável é muito valioso, mas o anonimato absoluto é contrário aos princípios dos requisitos contábeis e regulatórios. Isso leva a dois cenários principais para o uso de blockchains. A blockchain do Bitcoin é chamada de **blockchain pública**, pois permite que qualquer sítio se junte e participe das tarefas de manutenção da blockchain. Por outro lado, a maioria das blockchains corporativas é mais restrita e denominada **blockchains com permissão**. Em uma blockchain com permissão (ou permissionada, do inglês *permissioned*), a participação não é aberta ao público. O acesso é concedido por uma autoridade de permissão, que pode ser uma empresa, um consórcio de empresas ou uma agência do governo.

O Bitcoin introduziu uma série de ideias que tornaram práticas as blockchains públicas, mas elas têm um custo significativo em termos de energia da CPU (e, portanto, energia elétrica) necessária para executar a blockchain, bem como latências no processamento das transações. Ao relaxar as fortes suposições do Bitcoin sobre confiabilidade e anonimato, é possível superar muitas das ineficiências e altas latências do modelo Bitcoin e projetar blockchains que promovam os objetivos do gerenciamento de dados corporativo.

Neste capítulo, começamos examinando a estrutura clássica da blockchain, conforme utilizada no Bitcoin, e a usamos para introduzir as principais propriedades que distinguem uma blockchain. Para alcançar muitas dessas propriedades, são usadas funções *hash* criptográficas unidirecionais. Essas funções *hash* são bem diferentes daquelas usadas no Capítulo 24 como um meio de indexação de bancos de dados. As funções *hash* criptográficas precisam ter algumas propriedades matemáticas específicas, como a seguinte: com um valor de dados x e uma função *hash* h, deve ser relativamente fácil calcular $h(x)$, mas praticamente impossível encontrar x dado $h(x)$.

Quando uma blockchain é armazenada de forma distribuída em vários sistemas, uma questão importante é garantir que os sistemas participantes concordem com o conteúdo da blockchain e o que é adicionado a ela em cada etapa. Quando os participantes confiam um no outro, mas podem estar vulneráveis a falhas, as técnicas de consenso que estudamos anteriormente na Seção 23.8 podem ser usadas para garantir que todos os participantes concordem com o conteúdo de um *log* (e uma blockchain é, em sua essência, um *log*). No entanto, chegar a um acordo sobre quais dados são adicionados a uma blockchain é muito mais desafiador quando os participantes da blockchain não confiam uns nos outros e não há um controle centralizado. Os algoritmos básicos de consenso não são aplicáveis nessa situação. Por exemplo, um invasor pode criar um grande número de sistemas, cada um dos quais se une à blockchain como participante; o invasor poderia, assim, controlar a maioria dos sistemas participantes. Qualquer decisão baseada na maioria pode, então, ser controlada pelo invasor, sendo este capaz de forçar decisões que causem a violação do conteúdo da blockchain. Nesse caso, a propriedade de resistência à violação da blockchain seria comprometida.

Vamos começar descrevendo a técnica que consome muita energia do Bitcoin, mas também consideramos diversas técnicas alternativas e mais eficientes, usadas em outras criptomoedas. Finalmente, consideramos técnicas baseadas em algoritmos de consenso bizantino, que são algoritmos de consenso resistentes a uma fração dos nós participantes não apenas falhando, mas também mentindo e tentando interromper o consenso. O consenso bizantino é adequado a um ambiente

[1]Satoshi Nokamoto é um pseudônimo para uma pessoa ou grupo que criou o Bitcoin no anonimato.

empresarial de blockchain, e pode ser usado se a blockchain for do tipo *com permissão*, ou seja, alguma organização controla quem pode ter permissão para acessar a blockchain. O consenso bizantino é um problema antigo, e já existem soluções há muitos anos. No entanto, as restrições especiais dos bancos de dados de blockchain levaram a algumas abordagens mais recentes para esse problema. Referências para mais detalhes sobre técnicas de consenso bizantino podem ser encontradas na seção de Leitura adicional, ao final do capítulo.

Os bancos de dados de blockchain armazenam mais do que apenas transações de crédito e débito baseadas em moeda. Como qualquer banco de dados, eles podem armazenar diversos tipos de dados sobre a empresa. Uma organização tradicional de dados de blockchain dificulta a recuperação eficiente desses dados, mas o emparelhamento de uma blockchain com um banco de dados tradicional ou a construção da blockchain em cima de um banco de dados pode promover um processamento de consulta mais rápido. Exploraremos diversos meios de acelerar não apenas as consultas, mas também transações de atualização, tanto dentro da própria blockchain quanto executando determinadas operações "*off chain*" (fora da cadeia) e adicionando-as em massa à blockchain posteriormente.

Depois de analisar os algoritmos de blockchain, exploraremos (na Seção 26.8) algumas das aplicações mais promissoras dos bancos de dados de blockchain.

26.2 Propriedades da blockchain

No nível mais básico, uma blockchain é uma lista encadeada de blocos de dados. Uma característica distintiva da estrutura de dados da blockchain é que os ponteiros na lista encadeada incluem não apenas o identificador do próximo bloco mais antigo, mas também um *hash* desse bloco mais antigo. Essa estrutura é mostrada na Figura 26.1. O bloco inicial, ou **bloco gênese**, aparece como bloco zero na figura. Ele é estabelecido pelo criador da blockchain. Cada vez que um bloco é adicionado à cadeia, ele inclui o par de valores (ponteiro para o bloco anterior, *hash* do bloco anterior). Como resultado, qualquer alteração feita no bloco é facilmente detectada pela comparação de um *hash* desse bloco com o valor do *hash* contido no próximo bloco da cadeia. O valor do *hash* no próximo bloco poderia ser alterado, mas o bloco seguinte também precisaria ser alterado e assim por diante.

Esse formato de ponteiro validado por *hash* em uma blockchain dificulta a violação de uma blockchain. Para tornar a violação praticamente impossível, é preciso garantir que qualquer violação da blockchain seja facilmente detectada e que a versão correta da blockchain seja facilmente determinada. Para conseguir isso, a função *hash* deve ter certas propriedades matemáticas que discutiremos em breve. Além do mais, a própria cadeia precisa ser replicada e distribuída entre muitos nós independentes, para que nenhum nó isolado ou pequeno grupo de nós possa violar a blockchain. Como a blockchain é replicada em vários nós, um algoritmo de consenso distribuído precisa ser usado para manter um acordo sobre o estado atual e correto da blockchain. Dessa forma, mesmo que alguns nós tentem violar o conteúdo da blockchain, desde que a maioria seja honesta, a tomada de decisões com base na votação majoritária pode garantir a integridade da blockchain.

Essa técnica funciona se o conjunto de nós que participa da blockchain for controlado de algum modo que dificulte o controle da maioria dos nós por um adversário. No entanto, esse controle é contrário ao objetivo de não haver um controle central, e é visto como inaceitável em sistemas de blockchains públicas, como o Bitcoin. Em tais sistemas, o número de nós participantes pode mudar continuamente. Qualquer computador pode baixar a blockchain e tentar adicionar blocos (o código para implementar blockchains está disponível abertamente). Como resultado, uma técnica baseada na maioria pode ser superada por um adversário que configure uma grande quantidade de computadores de baixo custo atuando como nós. Tal ataque é chamado de **ataque Sybil**.

A maneira pela qual o consenso é alcançado entre nós independentes varia entre as blockchains. As variações lidam com escolhas entre desempenho (latência e taxa de transferência) e robustez a ataques de adversários ao mecanismo de consenso, incluindo ataques Sybil. Quando abordamos o consenso distribuído no Capítulo 23, assumimos que uma única organização controlava todo o sistema distribuído e, portanto, o algoritmo de consenso tinha que tolerar apenas possíveis falhas de nós ou interrupção na rede, em que os participantes não se comportam de uma maneira adversária.

Em uma aplicação de blockchain típica, a cadeia é compartilhada entre várias organizações independentes. No caso extremo, por exemplo, Bitcoin, qualquer pessoa pode preparar um nó e participar, possivelmente para fins fraudulentos. Isso implica que os tipos de falha que podem ocorrer não são

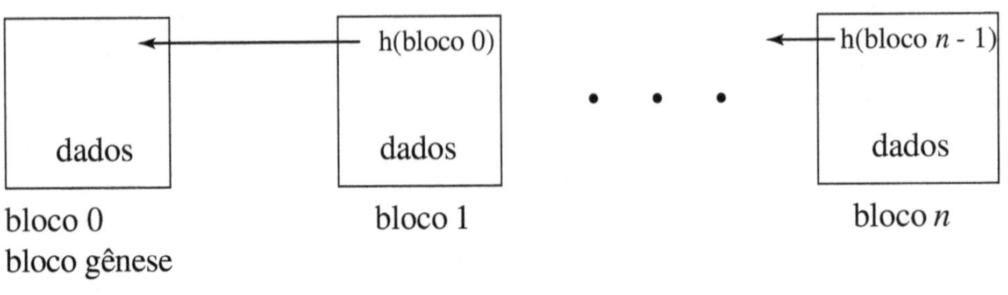

Figura 26.1 Estrutura de dados da blockchain.

apenas os casos em que um dispositivo ou sistema para de funcionar, mas também os casos em que um sistema permanece operante, mas se comporta de maneira adversária. Na maioria dos ambientes corporativos, a blockchain é do tipo **com permissão**, oferecendo algum controle sobre o conjunto de participantes, mas ainda sem controles diretos para evitar comportamentos maliciosos.

Um nó que participa de uma blockchain precisa participar totalmente do mecanismo de consenso e manter sua própria réplica da blockchain. Esse nó é chamado de **nó pleno (full node)**. Em algumas aplicações, há uma necessidade de nós de baixo custo que submetem atualizações à blockchain, mas não têm armazenamento ou poder de computação para participar do processo de consenso. Estes nós são chamados de **nós leves** (light node).

Discutimos os algoritmos de consenso de blockchain em detalhes na Seção 26.4. Os algoritmos de consenso da blockchain podem ser classificados em uma das várias categorias gerais:

- **Prova de trabalho**. A prova de trabalho, descrita em detalhes na Seção 26.4.1, oferece uma solução para ataques Sybil, tornando muito caro para um invasor controlar a maioria dos nós. Especificamente, os nós concordam que o próximo bloco na blockchain será adicionado pelo primeiro nó a resolver determinado problema matemático difícil. Isso é chamado de **mineração** de um bloco. Os algoritmos de prova de trabalho são resistentes ao comportamento malicioso, desde que o adversário não controle mais da metade do poder de computação em toda a rede. Para garantir esse requisito, os problemas são intencionalmente difíceis e exigem muito esforço computacional. Assim, a robustez tem o preço de uma quantidade enorme de cálculo inútil, juntamente com o preço da eletricidade necessária para realizar o cálculo.
- **Prova de participação**. A prova de participação, descrita na Seção 26.4.2, oferece outra solução para os ataques Sybil. Aqui, os nós concordam em selecionar o próximo nó para adicionar um bloco à blockchain com base em uma quantidade da moeda de blockchain pertencente ou mantida em reserva por um nó.
- **Consenso bizantino**. O consenso bizantino não resolve o problema dos ataques Sybil, mas pode ser usado em blockchains não públicas, em que a entrada de nós no sistema pode ser controlada. Embora alguns nós possam se comportar maliciosamente, supõe-se que uma maioria substancial seja honesta. No consenso bizantino, descrito na Seção 26.4.3, o próximo nó a adicionar um bloco à blockchain é decidido por um algoritmo da classe de algoritmos denominados algoritmos de consenso bizantino. Assim como os algoritmos básicos de consenso que descrevemos anteriormente na Seção 23.8, estes algoritmos chegam a um acordo por meio da passagem de mensagens, mas, diferentemente daqueles algoritmos, estes podem tolerar que alguns nós sejam maliciosos, interrompendo o consenso ou tentando fazer com que seja alcançado um consenso incorreto. Essa abordagem requer que sejam trocadas muito mais mensagens do que no caso dos algoritmos básicos de consenso da Seção 26.4.3, mas essa é uma escolha válida pela capacidade de um sistema funcionar corretamente na presença de um certo número de nós maliciosos.
- **Outras técnicas**. Existem vários outros mecanismos de consenso menos utilizados, alguns dos quais são variantes dos mecanismos anteriores. Entre eles, citamos prova de atividade, prova de incêndio, prova de capacidade e prova de tempo decorrido. Veja mais detalhes na seção de Leitura adicional, ao final do capítulo.

Outra maneira de danificar uma blockchain, além de tentar alterar blocos, é adicionar um novo bloco a outro que não seja o mais recente. Isso é chamado de ***fork*** (bifurcação). O *fork* pode ocorrer em razão de atividades mal-intencionadas, mas existem duas fontes de *forks* não maliciosas:

1. Dois nós distintos podem adicionar um novo bloco após o bloco mais recente, mas fazem isso tão próximos no tempo que os dois são adicionados com sucesso, criando, assim, uma cadeia bifurcada. Esses *forks* acidentais são resolvidos por uma regra do protocolo, em que os nós sempre tentam adicionar blocos ao final da cadeia mais longa. Isso limita probabilisticamente esses *forks* acidentais a um comprimento curto. Diz-se que os blocos nos *forks* mais curtos ficam *órfãos*, e o conteúdo desses blocos será inserido na cadeia real mais tarde, se esse conteúdo ainda não estiver lá.
2. A maioria dos usuários de blockchain pode concordar em bifurcar a blockchain para alterar algum aspecto do protocolo ou da estrutura de dados da blockchain. Este é um evento raro que, quando ocorreu em grandes blockchains, causou grande controvérsia. Diz-se que esse *fork* é **flexível** se os blocos anteriores não forem invalidados pela bifurcação. Ou seja, a versão antiga do *software* de blockchain reconhecerá os blocos da nova versão como válidos. Isso permite uma transição gradual da versão antiga do *software* de blockchain para a nova versão. Em um *fork* **rígido**, a versão antiga do *software* de blockchain considerará os blocos da nova versão inválidos. Após um *fork* rígido, se a versão antiga do *software* blockchain permanecer em uso, ela levará a uma blockchain separada, com conteúdos diferentes.

Em face da possibilidade de blocos órfãos, pode ser necessário aguardar a inclusão de vários blocos adicionais antes que seja seguro assumir que o bloco s não ficará órfão.

A Nota 26.1 apresenta alguns exemplos de *forks* dignos de nota da blockchain.

Até agora, não falamos muito sobre os dados de fato contidos nos blocos. O conteúdo dos blocos varia de acordo com o domínio da aplicação. Em uma aplicação de criptomoeda, os dados mais comuns encontrados nos blocos são transações básicas de transferência de moeda. Como qualquer nó pode adicionar um bloco, é necessário que haja uma maneira de garantir que as transações inseridas sejam realmente genuínas.

Nota 26.1 EXEMPLOS DE BIFURCAÇÃO DA BLOCKCHAIN

Houve vários *forks* dignos de nota das principais blockchains. Listamos alguns aqui.

- ***Fork* rígido: Bitcoin/Bitcoin Cash.** O limite de tamanho de bloco embutido pelo Bitcoin foi um problema reconhecido na comunidade Bitcoin, mas chegar a uma solução de consenso mostrou ser algo controverso. Um *fork* rígido em agosto de 2017 criou uma criptomoeda, Bitcoin Cash, com um limite maior de tamanho de bloco. Os detentores de Bitcoins no momento do *fork* receberam uma quantidade igual de Bitcoin Cash e, portanto, puderam gastar os dois.
- ***Fork* flexível: Bitcoin SegWit.** SegWit (abreviação de testemunha segregada, *segregated witness*) move certos dados de assinatura da transação (chamados dados de *testemunha*) para fora do bloco. Isso permite mais transações por bloco, mantendo o limite de tamanho de bloco existente. Os dados de testemunha realocados são necessários apenas para validação da transação. O SegWit foi lançado em agosto de 2017 por meio de um *fork* flexível. Esse foi um *fork* flexível porque os blocos antigos foram reconhecidos como válidos, e os nós ainda não atualizados foram capazes de manter um alto grau de compatibilidade.
- ***Fork* rígido: Ethereum/Ethereum Classic.** Esse *fork* surgiu do fracasso de uma operação de capital de risco com financiamento público que funcionava como um contrato inteligente na blockchain do Ethereum. Seu código continha uma falha de projeto que permitiu uma invasão em 2016, que roubou o equivalente em Ethereum a dezenas de milhões de dólares americanos. Um *fork* rígido controverso reembolsou os fundos roubados, mas os oponentes do *fork*, acreditando na inviolabilidade da imutabilidade da blockchain, mantiveram a blockchain original e criaram o Ethereum Classic.

Isso é obtido por meio de uma técnica chamada **assinatura digital**, que permite ao usuário "assinar" uma transação e possibilita que todos os nós verifiquem essa assinatura. Isso evita que transações falsas sejam acrescentadas à cadeia e impede que os participantes da transação neguem subsequentemente seu envolvimento na transação. Essa última propriedade é conhecida como **irrefutabilidade**.

As transações são transmitidas para todos os nós participantes da blockchain; quando um nó adiciona um bloco à cadeia, tal bloco contém todas as transações recebidas pelo nó que ainda não foram adicionadas à cadeia.

Os usuários que submetem transações podem ser conhecidos pelo administrador da blockchain em uma blockchain com permissão, mas em uma blockchain pública como o Bitcoin, não há conexão direta entre uma ID de usuário e qualquer entidade do mundo real. Essa propriedade de anonimato é um recurso fundamental do Bitcoin, mas seu valor é reduzido diante da possibilidade de vincular uma ID de usuário a alguma atividade *off-chain*, retirando o anonimato (*de-anonymizing*) do usuário. A retirada do anonimato pode ocorrer se o usuário entrar em uma transação com um usuário cuja ID já tenha perdido sua anonimidade. A retirada do anonimato também pode ocorrer a partir da mineração de dados sobre os dados da blockchain e da correlação da atividade *on-chain* por uma ID de usuário específica com a atividade um indivíduo específico no "mundo real".

Por fim, uma característica das blockchains é a capacidade de armazenar código executável, conhecido como **contrato inteligente** (**smart contract**). Um contrato inteligente pode implementar transações complexas, agir em algum momento no futuro com base em condições especificadas e, de um modo mais geral, codificar um acordo complexo entre um conjunto de usuários. As blockchains diferem não apenas na linguagem usada para os contratos inteligentes, mas também no poder da linguagem utilizada. Muitas são linguagens completas do ponto de vista de Turing (*Turing complete*), mas algumas (principalmente no caso do Bitcoin) têm poder mais limitado. Discutimos contratos inteligentes, incluindo como e quando seu código é executado, na Seção 26.6.

Resumimos esta discussão listando um conjunto de propriedades das blockchains:[2]

- **Descentralização.** Em uma blockchain pública, o controle da blockchain é feito por consenso majoritário, sem uma autoridade de controle central. Em uma blockchain com permissão, o grau de controle central é limitado, geralmente apenas para acessar o gerenciamento de autorizações e identidades. Todas as outras ações acontecem de maneira descentralizada.
- **Inviolabilidade.** Sem obter o controle sobre a maioria da rede blockchain, é inviável alterar o conteúdo dos blocos.
- **Irrefutabilidade.** A atividade de um usuário em uma blockchain é assinada criptograficamente pelo usuário. Essas assinaturas podem ser validadas facilmente por qualquer pessoa, provando que o usuário é realmente responsável pela transação.
- **Anonimato.** Os usuários de uma blockchain têm IDs de usuário que não estão vinculadas diretamente a nenhuma informação de identificação pessoal, embora o anonimato possa ser comprometido indiretamente. Blockchains com permissão podem oferecer anonimato apenas limitado ou nenhum anonimato.

[2]Essas propriedades pertencem a *blockchains*, mas não à maioria das *exchanges* de criptomoedas. A maioria das *exchanges* mantém não apenas os dados dos clientes, mas também suas chaves, o que significa que uma invasão no banco de dados da *exchange* pode resultar em roubo das chaves privadas dos usuários.

26.3 Alcançando as propriedades da blockchain via funções *hash* criptográficas

Nesta seção, focamos no uso de funções *hash* criptográficas para garantir algumas das propriedades das blockchains. Começamos com uma discussão dos tipos especiais de funções *hash* para as quais é inviável calcular a função inversa ou encontrar colisões de *hash*. Mostramos como esses conceitos se estendem à criptografia de chave pública, que vimos inicialmente na Seção 9.9. Em seguida, descrevemos como as funções *hash* criptográficas podem ser usadas para garantir as propriedades de anonimato, irrefutabilidade e inviolabilidade. Posteriormente, na Seção 26.4.1, mostramos como as funções *hash* são usadas nos algoritmos de mineração.

26.3.1 Propriedades das funções *hash* criptográficas

Na Seção 14.5, as funções *hash* foram usadas como um meio de acesso aos dados. Aqui, usamos funções *hash* para um conjunto muito diferente de propósitos e, como resultado, precisaremos de funções *hash* com propriedades adicionais, além daquelas discutidas anteriormente.

Uma função *hash* h recebe entrada de algum domínio (grande) de valores e gera como saída uma sequência de bits de comprimento fixo. Normalmente, a cardinalidade do domínio é muito maior que a cardinalidade do contradomínio. Além disso, a função *hash* precisa ter uma *distribuição uniforme*, ou seja, cada valor do contradomínio de intervalo deve ser igualmente provável, dada a entrada aleatória. Uma função de *hash* h é **resistente a colisões** se for inviável encontrar dois valores distintos x e y tais que $h(x) = h(y)$. Por **inviável**, queremos dizer que há fortes evidências matemáticas, se não uma prova real, de que não há como encontrar dois valores distintos x e y tais que $h(x) = h(y)$ seja melhor do que a suposição aleatória.

A escolha padrão atual de uma função *hash* criptográfica é chamada SHA-256, uma função que gera saída com 256 bits de comprimento. Isso significa que, dado um valor x, a chance de um y escolhido aleatoriamente ter o mesmo valor *hash* de x é $1/2^{256}$. Isso significa que, mesmo usando os computadores mais rápidos, a probabilidade de um palpite bem-sucedido é efetivamente zero.[3]

A propriedade de resistência à colisão contribui para a inviolabilidade de uma blockchain de uma maneira muito importante. Suponha que alguém mal-intencionado deseje modificar um bloco B. Como o próximo bloco mais recente, depois de B, contém não apenas um ponteiro para B, mas também o *hash* de B, qualquer modificação em B deve ser tal que o *hash* de B permaneça inalterado após a modificação, para evitar a necessidade de modificar também o próximo bloco mais recente. Encontrar tal modificação é inviável se a função *hash* tiver a propriedade de resistência à colisão e, portanto, qualquer tentativa de violar um bloco exige a alteração de todos os blocos mais recentes da cadeia.

Uma segunda propriedade importante que exigimos para uma função *hash* criptográfica é a **irreversibilidade**, o que significa que, dado apenas $h(x)$, é inviável encontrar x. O termo *irreversível* vem da propriedade de que, dado x, é fácil calcular $h(x)$, mas dado apenas $h(x)$, é inviável encontrar $h^{-1}(h(x))$. A próxima seção mostra como esse conceito é aplicado às blockchains.[4]

26.3.2 Criptografia de chave pública, assinaturas digitais e irrefutabilidade

A Seção 9.9 descreveu duas categorias de métodos de criptografia: criptografia de *chave privada*, em que os usuários compartilham uma chave secreta, e criptografia de *chave pública*, em que cada usuário tem duas chaves, uma chave pública e uma chave privada. O principal problema com a criptografia de chave privada é que os usuários precisam encontrar uma maneira de compartilhar a chave privada secreta desde o início. A criptografia de chave pública permite que os usuários que nunca se conheceram se comuniquem com segurança. Essa propriedade da criptografia de chave pública é essencial para aplicações de blockchain que atendem, arbitrariamente, a grandes comunidades de usuários em todo o mundo.

Cada usuário U_i tem uma chave pública E_i e uma chave privada D_i. Uma mensagem criptografada usando E_i só pode ser descriptografada com a chave D_i e, simetricamente, uma mensagem criptografada usando D_i só pode ser descriptografada com a chave E_i. Se o usuário u_1 desejar enviar uma mensagem segura x para U_2, ele criptografará x usando a chave pública E_2 do usuário U_2. Somente U_2 tem a chave D_2 para descriptografar o resultado. Para que isso funcione, a função específica usada deve ter a propriedade de irreversibilidade, para que, dada uma chave pública E_i, seja inviável calcular a função inversa, ou seja, encontrar D_i. Isso cria um mecanismo para que usuários que nunca se conheceram compartilhem mensagens secretamente.

Suponha agora que, em vez de querer enviar uma mensagem secreta, o usuário U_1 deseje "assinar" um documento x. O usuário U_1 pode criptografar x usando a chave privada D_1. Como essa chave é privada, ninguém além de U_1 poderia ter calculado esse valor, mas qualquer um pode verificar a assinatura descriptografando com a chave pública de U_1, ou seja, E_1. Isso fornece uma prova pública de que o usuário U_1 assinou o documento x.

Em aplicações de blockchain, o conceito de assinatura digital é usado para validar transações. Observe que a interligação de blocos na blockchain, usando um ponteiro e o *hash* do bloco ao qual o ponteiro aponta, significa que um usuário pode assinar uma cadeia inteira simplesmente assinando o

---

[3] 2^{256} é maior que 10^{77}. Se um computador pudesse fazer um palpite por ciclo, ele levaria mais de 10^{67} segundos para ter uma chance de 50% de acertar. Isso significa mais de 10^{59} anos. Para ter uma ideia do que isso significa, os astrônomos preveem que o Sol terá aumentado de tamanho para envolver a Terra dentro de 10^{10} anos.

[4] Essa propriedade há muito tempo é usada para armazenar senhas. Em vez de armazenar as senhas dos usuários em texto claro, deixando-as suscetíveis de serem roubadas, são mantidos *hashes*. Em seguida, quando um usuário efetua login e insere uma senha, o *hash* dessa senha é calculado e comparado ao valor armazenado. Se um invasor roubar os *hashes*, ele ainda não terá as senhas reais e, se a função *hash* em uso tiver a propriedade irreversibilidade, será inviável que o invasor faça a engenharia reversa das senhas dos usuários.

hash do bloco mais novo da cadeia. Veja as referências à matemática da criptografia de chave pública na seção de Leitura adicional, ao final do capítulo.

26.3.3 Transações simples com blockchain

Em nossa discussão sobre transações de banco de dados no Capítulo 17, descrevemos uma transação como uma sequência de etapas que leem e/ou gravam valores de dados do banco de dados. Esse conceito de transação é baseado em um modelo de dados em que há um único armazenamento de valores de dados que são acessados pelas transações. Uma blockchain, em sua forma mais simples, é mais semelhante a um *log* de banco de dados, pois registra as transações reais, e não apenas os valores finais dos dados. Porém, essa analogia se quebra na maioria das blockchains, porque as transações são totalmente independentes ou dependem explicitamente uma da outra. O modelo que descrevemos aqui corresponde a transações simples de Bitcoin.

Como exemplo, considere dois usuários, A e B, e suponha que A deseja pagar dez unidades de alguma moeda para B. Se essa fosse uma aplicação bancária tradicional, com uma moeda fiduciária como o dólar americano, a transação que implementasse essa transferência leria o saldo da conta de A, diminuiria em dez e escreveria esse valor no banco de dados e, em seguida, leria o saldo de B, somaria dez e escreveria esse valor no banco de dados. Em um sistema baseado em blockchain, essa transação é especificada de uma maneira diferente.

Em vez de fazer referência a itens de dados, uma transação de blockchain no estilo Bitcoin faz referência a usuários e outras transações. Os usuários são referenciados por sua ID de usuário. O usuário A localizaria uma transação ou conjunto de transações do histórico passado $T_1, T_2, \ldots, T_n$ que pagou a A um total de pelo menos dez unidades da moeda. A criaria, então, uma transação T que recebe a saída (ou seja, o valor pago a A) dessas transações como entrada, e como sua saída paga dez unidades da moeda para B, com o restante volta para A como um "troco". As transações originais $T_1, T_2, \ldots, T_n$ são tratadas como tendo sido gastas.

Assim, cada transação indica quanto "dinheiro" foi pago a quem; o saldo na moeda de um usuário A é definido por um conjunto de transações não gastas que pagaram dinheiro a A. Supondo que A seja honesto, os resultados dessas transações (ou seja, as saídas de $T_1, T_2, \ldots, T_n$) já não teriam sido gastos por A em uma transação anterior. Se A fosse realmente desonesto e T tentasse gastar a saída de alguma T_1 pela segunda vez, T seria uma transação de **duplo gasto**. Transações de duplo gasto e outras transações inválidas são detectadas no processo de mineração, que discutimos na Seção 26.4, acompanhando todas as transações não gastas e verificando se cada transação T_i inserida em T não está gasta quando T é executada. Após a execução de T, cada uma dessas T_i é tratada como gasta.

O Ethereum usa um modelo diferente e mais poderoso, em que a blockchain mantém informações de estado (incluindo saldo atual) para cada conta no sistema. As transações atualizam o estado e podem transferir fundos de uma conta para outra. O modelo usado na criptomoeda Ethereum é discutido na Seção 26.5.

Uma transação T no estilo Bitcoin especifica:

- As transações de entrada $T_1, T_2, \ldots, T_n$.
- O conjunto de usuários sendo pagos e o valor a ser pago a cada um, que em nosso exemplo é dez unidades para B e o restante para A.[5]
- A assinatura da transação por A, para provar que A de fato autorizou essa transação.
- Uma transação mais complexa pode incluir código executável como parte de sua especificação, mas adiaremos isso para a Seção 26.6.
- Dados a serem armazenados na blockchain; os dados devem ser menores que algum tamanho, que depende da blockchain.

O modelo de transação descrito aqui é bastante distinto daquele de um sistema de banco de dados tradicional de várias maneiras, incluindo:

- Os itens de dados existentes não são modificados. Em vez disso, as transações adicionam novas informações. Como resultado, não apenas o estado atual, mas também o histórico que leva ao estado atual, são totalmente visíveis.
- Os conflitos na ordenação das transações são evitados. Se houver conflitos, a transação que causa um conflito é detectada e considerada inválida como parte do processo descrito na Seção 26.4, para adição de um bloco à cadeia.
- Embora a blockchain seja um sistema distribuído, uma transação é criada localmente. Ela torna-se parte da blockchain permanente e compartilhada somente por meio do processo de mineração. Com efeito, esta é uma forma de confirmação de transação adiada (*deferred transaction commit*).
- As dependências de uma transação sobre outra são declaradas explicitamente em uma transação, uma vez que uma transação lista as transações cujas saídas ela usa como entrada. Se observarmos isso em termos do grafo de precedência apresentado no Capítulo 17, nosso exemplo incluirá arestas do grafo de precedência $T_1 \rightarrow T$, $T_2 \rightarrow T, \ldots, T_n \rightarrow T$.
- Não há controle de concorrência explícito. Grande parte da necessidade de controle de concorrência é eliminada pela manutenção de um histórico completo e pelo sequenciamento direto de transações. Portanto, não há disputa pelo valor atual de nenhum item de dados do banco de dados.

Este exemplo baseado em Bitcoin não é a única maneira de os sistemas blockchain gerenciarem a ordenação das transações. Veremos outro exemplo na Seção 26.6, quando considerarmos os contratos inteligentes.

O fato de que dados podem ser armazenados na blockchain torna a blockchain mais do que apenas um *log* de transações

[5]Em um sistema real, também pode haver um pagamento para o minerador da transação, ou seja, o nó que acrescenta o bloco à blockchain, conforme discutimos na Seção 26.4.

inviolável. Ele permite a representação de qualquer tipo de informação que possa ser armazenada em um banco de dados tradicional. Na Seção 26.5.2, veremos como esse recurso, particularmente em blockchains com um conceito de estado de blockchain, torna a blockchain um verdadeiro banco de dados.

26.4 Consenso

Como a blockchain é replicada em todos os nós participantes, cada vez que um novo bloco é acrescentado, todos os nós, eventualmente, devem concordar primeiro sobre qual nó pode propor um novo bloco e depois concordar sobre o próprio bloco acrescentado.

Em um sistema tradicional de banco de dados distribuído, o processo de consenso é simplificado pelo fato de todos os participantes fazerem parte de uma organização controladora. Portanto, o sistema distribuído pode implementar o controle de concorrência global e impor o *commit* em duas fases para decidir sobre a confirmação ou o cancelamento da transação. Em uma blockchain, pode não haver organização controladora, como é o caso de uma blockchain pública, como o Bitcoin. No caso de uma blockchain com permissão, pode-se desejar ter um alto grau de controle descentralizado para todos os assuntos, exceto a permissão real dos participantes, que é gerenciada pela organização que controla a blockchain com permissão.

Quando as transações são criadas, elas são transmitidas para a rede blockchain. Os nós podem coletar um conjunto de transações para colocar em um novo bloco a ser adicionado à cadeia. Os mecanismos de consenso usados em blockchains dividem-se aproximadamente em duas categorias:

1. Aqueles em que os nós chegam a um acordo sobre um nó para adicionar o próximo bloco. Eles geralmente usam o consenso bizantino (Seção 26.4.3).
2. Aqueles em que a blockchain tem permissão temporária para **bifurcar** (criar um *fork*), permitindo que vários nós criem um bloco após o último bloco da cadeia. Nesta abordagem, os nós tentam adicionar blocos à subcadeia linear mais longa. Os blocos que não pertencem à cadeia mais longa são **órfãos** e não são considerados parte da blockchain. Para evitar que um grande número de *forks* seja criado, essa abordagem limita a taxa na qual os blocos podem ser adicionados para que o comprimento esperado dos ramos órfãos seja curto. Normalmente, eles usam prova de trabalho (Seção 26.4.1) ou prova de participação (Seção 26.4.2).

Um nó que adiciona um bloco à cadeia deve primeiro verificar esse bloco de transações. Isso implica verificar se:

- Cada transação é bem formada.
- A transação não é de duplo gasto, ou seja, não usa como entrada (gasto) unidades monetárias que já tenham sido usadas por uma transação anterior. Para fazer isso, cada nó deve rastrear o conjunto de todas as unidades monetárias não gastas (transações) e procurar esse conjunto para cada transação T para garantir que todas as unidades monetárias que são entradas para T não já tenham sido gastas.
- A transação foi assinada corretamente pelo usuário que a submeteu.

Quando um nó é selecionado para adicionar um bloco à cadeia, esse bloco é propagado para todos os nós, e cada um verifica a validade do bloco antes de adicioná-lo à sua cópia local da cadeia.

Em seguida, precisamos considerar a questão de por que qualquer nó gostaria de usar seus recursos para mineração, ou seja, realizar o trabalho necessário para anexar blocos à cadeia. A mineração é um serviço para a rede blockchain como um todo e, portanto, os mineradores são pagos (na moeda da blockchain) por seus esforços. Existem duas fontes de pagamento para os mineradores:

1. Uma taxa paga pelo sistema em novas moedas, na unidade monetária da blockchain.
2. Uma taxa incluída pelo remetente da transação. Nesse caso, a saída da transação inclui uma saída adicional que representa um pagamento ao minerador do bloco que contém a transação. Os usuários são incentivados a incluir taxas, uma vez que essas taxas incentivam os mineradores a incluir suas transações preferencialmente em novos blocos.

O meio exato de pagar aos mineradores varia entre as blockchains.

Nesta seção, examinamos várias maneiras de obter consenso. Começamos assumindo uma blockchain pública e descrevemos o consenso com base em duas abordagens: *prova de trabalho* e *prova de participação*. Consideramos, então, blockchains com permissão que, em muitos casos, optam por usar um mecanismo de consenso baseado no *consenso bizantino*.

26.4.1 Prova de trabalho

O consenso por prova de trabalho foi desenvolvido para blockchains públicas nas quais o número de nós participantes está mudando continuamente. Qualquer computador pode baixar a blockchain e tentar adicionar blocos. Como resultado, uma abordagem baseada na maioria pode ser superada por um adversário que prepare uma grande quantidade de computadores de baixo custo para atuar como nós. Como já foi dito, esse ataque é chamado de *ataque Sybil*. Em vez disso, a prova de trabalho exige que um nó resolva um problema matemático computacionalmente difícil, mas não inviável. Um invasor não pode sobrecarregar uma rede blockchain simplesmente adicionando nós de baixo custo. Em vez disso, o invasor precisaria ter acesso a uma capacidade de computação correspondente à maior parte (majority) da capacidade total de computação da rede, uma tarefa muito mais difícil e cara do que iniciar um ataque Sybil.

O problema computacionalmente difícil é baseado no conceito de *hash* criptográfico. Um nó que deseja minerar um bloco B como o próximo bloco precisa encontrar um valor, chamado **nonce**, que, quando concatenado com B e o *hash* do bloco anterior, cria um *hash* com um valor menor que um valor alvo predefinido, especificado para a blockchain. O nonce é geralmente um valor de 32 bits. Se o valor alvo for definido como um valor muito baixo, digamos quatro, e assumindo o *hash* comum de 256 bits, um minerador terá apenas uma chance de $1/2^{254}$ de ter sucesso em uma única opção para o nonce. Se o valor alvo for muito alto, digamos 2^{255}, o minerador terá 50% de chance de sucesso. As implementações de blockchain são projetadas para variar o valor alvo, de modo a controlar a taxa de mineração de blocos em todo o sistema. Essa variabilidade permite que o sistema se ajuste conforme o poder da computação aumenta, seja em virtude dos avanços do *hardware* ou de nós adicionais que se juntam à rede. As metas de tempo variam para diferentes blockchains. O Bitcoin visa a ter algum nó no sistema minerando um bloco com sucesso a cada dez minutos. Ethereum visa a um tempo de mineração de dez a 15 segundos com seu mecanismo de prova de trabalho. No final de 2018, a moeda Ethereum migrou para um mecanismo de prova de participação, e espera-se atingir uma velocidade um pouco mais rápida. Embora mais rápido possa parecer melhor, observe que, se a mineração ocorrer a uma taxa mais rápida do que o tempo necessário para propagar um novo bloco pela rede, a probabilidade de *forks* e blocos órfãos aumenta.

Agora que vimos como funciona a mineração por prova de trabalho, vamos relembrar as propriedades que declaramos sobre as funções *hash* criptográficas. Se houvesse um algoritmo eficiente para encontrar um nonce que resultasse em um *hash* menor que o valor alvo, os mineradores poderiam encontrar nonces muito rapidamente. Portanto, a função *hash* deve garantir que não haja uma melhor forma de encontrar um nonce do que simplesmente tentar cada valor possível de nonce por sua vez. Isso nos leva a exigir uma propriedade adicional para as funções *hash* criptográficas, a propriedade de **compatibilidade de enigma** (***puzzle-friendliness***). Essa propriedade requer que, dado um valor k, para qualquer valor de n bits y seja inviável encontrar um valor x tal que $h(x\|k) = y$ em um tempo significativamente menor que 2^n, em que $\|$ indica concatenação de sequências de bits.

A mineração por prova de trabalho é controversa. Do lado positivo, para uma rede grande, seria muito caro para um adversário obter energia computacional suficiente para dominar a mineração. No entanto, do lado negativo, a quantidade de energia usada na mineração é enorme. As estimativas em 2018 sugeriam que a mineração de Bitcoin em todo o mundo consome cerca de 1% da energia consumida pelos Estados Unidos, ou mais do que o consumo total de várias nações, por exemplo, a Irlanda. A grande quantidade de computação necessária criou incentivos para o projeto de chips de computação para fins especiais de mineração e incentivos para localizar grandes instalações de mineração perto de fontes de energia baratas.

Essas preocupações estão causando uma mudança para outras alternativas, como a prova de participação, que discutiremos em seguida. Além disso, essas preocupações levaram ao interesse por formas alternativas de prova de trabalho, que, por exemplo, exigem uma grande quantidade de memória principal para encontrar rapidamente um nonce. Esquemas com uso intenso de memória mantêm a barreira de custo da prova de trabalho e reduzem o desperdício de energia. Eles são um assunto de pesquisa recente. Além disso, veremos que, para aplicações corporativas de blockchain com permissão, são possíveis meios de consenso muito menos dispendiosos.

Na prática, um grupo de usuários pode se unir para formar um *pool de mineração*, que é um consórcio que trabalha em conjunto para minerar blocos e depois compartilha os rendimentos entre seus membros.

26.4.2 Prova de participação

O conceito de prova de participação é permitir que os nós com uma grande participação na moeda da blockchain sejam escolhidos preferencialmente para adicionar blocos. Esta regra não pode ser aplicada de maneira absoluta, pois, se assim fosse, um único grande participante controlaria a cadeia. Em vez disso, a probabilidade de sucesso na mineração, usando a prova de trabalho, é maior para os nós na proporção de sua participação. Ajustando os requisitos de participação e a dificuldade de mineração, continua sendo possível controlar a taxa na qual os blocos são minerados.

Há uma grande variedade de esquemas de prova de participação. Eles podem incluir a medição não apenas da participação geral, mas também do tempo total em que um participante se mantém ativo. Eles podem exigir que o participante ou uma parte dele seja mantido inativo por algum período no futuro.

É difícil ajustar corretamente um mecanismo de prova de participação. Não apenas existem mais parâmetros a serem considerados do que na prova de trabalho, mas também é preciso se proteger contra uma situação em que haja muito pouca penalidade no custo para um adversário adicionar blocos a um *fork* que não seja o mais longo.

26.4.3 Consenso bizantino

Uma alternativa importante ao consenso baseado na prova de trabalho ou de participação é o consenso baseado em mensagens. O consenso baseado em mensagens é muito utilizado em sistemas de bancos de dados distribuídos. Como já observamos, os protocolos básicos de consenso não funcionam para o consenso da blockchain porque não se pode presumir que não há nós maliciosos.

Os sistemas baseados em mensagens visam obter consenso a partir de uma votação majoritária. Tais sistemas são vulneráveis a um ataque Sybil. Em uma blockchain corporativa com permissão, na qual os usuários precisam receber permissão para participar, os ataques Sybil não são possíveis, pois a autoridade de permissão pode negar facilmente a permissão quando um usuário mal-intencionado tenta adicionar um número excessivo de nós. No entanto, mesmo nesse ambiente, não se pode assumir que todo usuário seja totalmente honesto.

Por exemplo, considere uma blockchain da cadeia de suprimentos na qual todos os fornecedores inserem dados na cadeia referentes a cada item sendo fornecido a outro fornecedor ou ao fabricante final de um produto do usuário final. Algum fornecedor pode optar por falsificar dados para seu próprio proveito, mas, quando é iniciada uma investigação de fraude, esse fornecedor pode, então, tentar criar um *fork* na blockchain para encobrir sua fraude. Assim, mesmo sem a possibilidade de ataques Sybil, permanece a possibilidade de mau comportamento. É difícil antecipar todas as formas possíveis de comportamento fraudulento.

Por esse motivo, modelamos essa situação usando o conceito de **falha bizantina**, na qual assume-se que um nó "com falha" pode se comportar de maneira arbitrária, e a rede de nós sem falha deve ser robusta para todo esse mau comportamento, incluindo o mau comportamento que siga exatamente o conjunto de etapas necessárias para sabotar a rede. A suposição de falha bizantina é muito diferente da suposição feita por protocolos de consenso, onde o único tipo de falha considerada é a ausência de função, ou seja, a única maneira pela qual um nó ou enlace de rede deixa de funcionar e, portanto, não faz nada. Isso é conhecido como modelo *falhar-parar* (*fail-stop*) e impede qualquer comportamento malicioso.

Na Seção 23.8, discutimos a respeito de protocolos de consenso distribuídos, principalmente Paxos e Raft. Esses protocolos dependem da suposição de falhar-parar, mas permitem o acordo usando a regra majoritária (em contraste, o 2PC requer unanimidade de acordo). Para o consenso bizantino, devemos buscar uma forma de regra majoritária que supere não apenas a falha de uma minoria de nós, mas também o possível comportamento malicioso dessa minoria. Por exemplo, um nó malicioso n_1 pode dizer ao nó n_2 que deseja confirmar uma transação, mas dizer a n_3 que deseja abortar a transação. Como seria de se esperar, alcançar consenso diante de nós maliciosos exige um custo mais alto no número de mensagens enviadas para chegar a um acordo, mas em uma blockchain, esse custo mais alto é aceitável, pois pode ser muito menor que o custo da mineração pela prova de trabalho ou pela prova de participação.

O desenvolvimento de algoritmos de consenso bizantino começou no início dos anos 1980; consulte a seção de Leitura adicional, ao final do capítulo, para ver as referências. Houve muito trabalho teórico relacionando o número de rodadas de mensagens, o número total de mensagens enviadas e a fração dos nós que podem ser maliciosos sem causar falha no protocolo. Os primeiros trabalhos faziam suposições sobre o comportamento da rede, como o tempo necessário para entregar uma mensagem ou que a rede se comporta de uma maneira altamente síncrona. Os algoritmos de consenso bizantino modernos são baseados em suposições do mundo real e incorporam assinaturas criptográficas para se proteger contra mensagens falsificadas. O grau de sincronização é reduzido, mas um consenso tolerante a falhas verdadeiramente assíncrono é comprovadamente impossível. Uma abordagem muito utilizada, chamada *Tolerância Prática a Falhas Bizantinas*, tolera falhas maliciosas de até $\lfloor \frac{n-1}{3} \rfloor$ nós, e é vista como fornecendo um nível de desempenho aceitável. Outros protocolos são referenciados na seção de Leitura adicional, ao final do capítulo.

26.5 Gerenciamento de dados em uma blockchain

Até agora, não estávamos preocupados com a eficiência de procurar informações em uma blockchain. Embora usuários individuais possam rastrear suas transações não gastas, isso não é suficiente para validar um bloco. Cada nó precisa ser capaz de verificar cada transação em um bloco para ver se já foi gasta. Em princípio, isso poderia ser feito pesquisando toda a blockchain, mas isso é muito dispendioso, pois pode envolver a pesquisa para trás até o primeiro bloco da cadeia. Nesta seção, consideraremos as estruturas de dados que tornam essas pesquisas eficientes.

Além disso, nem toda blockchain usa um modelo de transação no qual as entradas da transação são restritas a serem a saída direta de outras transações. Algumas, principalmente para Ethereum, permitem a manutenção de um estado para cada usuário (conta, na terminologia Ethereum) que mantém o saldo da conta (*ether*, na moeda Ethereum) e algum armazenamento associado. Esse modelo de transação e dados aproxima-se daquele usado em um sistema de banco de dados. O simples armazenamento dessas informações em um banco de dados, no entanto, não preservaria as propriedades da blockchain listadas na Seção 26.2. Nesta seção, consideramos esse modelo mais rico e como ele pode ser representado fisicamente por estruturas de dados especializadas ou com a ajuda de conceitos de sistema de banco de dados.

26.5.1 Pesquisa eficiente em uma blockchain

Como observamos anteriormente, para validar uma transação no estilo Bitcoin, um nó precisa verificar três itens:

1. A transação é sintaticamente bem formada (formato de dados adequado, soma de entradas igual à soma de saídas e assim por diante). Isso é relativamente simples.
2. A transação é assinada pelo usuário que a envia. É uma questão de garantir que a assinatura, que deveria ter sido produzida pelo usuário que enviou a transação usando sua chave privada, possa ser descriptografada com a chave pública desse usuário para obter a própria transação. Este não é um passo altamente dispendioso.
3. As entradas da transação ainda não foram gastas. Isso implica procurar cada transação de entrada individual na blockchain. Essas transações podem estar em qualquer lugar da blockchain, pois podem ser muito antigas. Sem um bom meio de realizar essa pesquisa, essa etapa seria proibitivamente dispendiosa.

Para testar se uma transação de entrada já foi usada, cabe verificar se a transação não apareceu anteriormente como entrada para outra transação. Assim, basta que cada nó mantenha um índice sobre todas as transações não gastas. As entradas nesse índice apontam para o local correspondente da transação na blockchain, permitindo que os detalhes da transação de entrada sejam validados.

O Bitcoin, como muitas outras blockchains, facilita a pesquisa e a validação armazenando as transações dentro de um bloco em uma árvore de Merkle, que discutimos na Seção 23.6.6. Naquela seção, observamos que uma árvore de Merkle permite a verificação eficiente de uma coleção (transações, no caso de uma blockchain) que pode ter sido violada por um usuário mal-intencionado. Em uma blockchain, é possível haver otimizações para a árvore de Merkle, como podar a árvore para remover galhos que consistam apenas em transações gastas. Isso reduz significativamente os requisitos de espaço para os nós armazenarem toda a blockchain. O espaço é uma consideração importante, pois as principais blockchains crescem mais rápido que um gigabyte por mês, uma taxa que provavelmente aumentará à medida que aumentarem as aplicações da blockchain.

A estrutura da árvore de Merkle é particularmente útil para nós leves (ou seja, nós que não armazenam toda a blockchain), pois eles precisam reter apenas o *hash* raiz da árvore para verificação. Um nó pleno pode, então, fornecer todos os dados necessários para o nó leve, fornecendo esses dados mais os *hashes* necessários para que o nó leve verifique se os dados fornecidos são consistentes com seu valor de *hash* armazenado (veja a Seção 23.6.6).

26.5.2 Mantendo o estado da blockchain

O modelo simples de transação de blockchain da Seção 26.3.3 mostrou como funciona uma transação básica de Bitcoin. É possível que haja transações mais complexas no Bitcoin, mas elas seguem o mesmo padrão de um conjunto de transações de entrada e de pagamentos aos usuários.

Nesta seção, examinamos o modelo usado por algumas outras blockchains, principalmente a do Ethereum, que mantém um *estado*, contendo o saldo em cada conta. As transações movem unidades monetárias (*ether*, no Ethereum) entre as contas. Como as transações são serializadas em blocos pelos mineradores, não há necessidade de protocolos de controle de concorrência como os do Capítulo 18. Cada bloco contém uma sequência de transações, mas também o estado existente após a execução das transações no bloco. Seria um desperdício replicar todo o estado em cada bloco, já que o número modesto de transações em um bloco provavelmente mudará uma pequena parte do estado geral. Isso cria a necessidade de uma estrutura de dados que permita melhor uso do armazenamento.

Lembre-se de que as transações dentro de um bloco são armazenadas em uma árvore de Merkle. O estado é armazenado de modo semelhante. Isso possibilita a economia de espaço, permitindo o uso de ponteiros (mais o *hash* associado) para os blocos anteriores, para as partes do estado que não mudaram. O único desafio aqui é que deve ser possível não apenas alterar os nós da árvore, mas também os inserir e excluí-los. Uma variante da estrutura de dados da árvore de Merkle, chamada **árvore de Merkle-Patricia**, é usada para essa finalidade em algumas blockchains, incluindo a do Ethereum. Essa estrutura de dados permite uma busca eficiente na árvore, baseada em chaves. Em vez de realmente excluir e inserir nós de árvore, uma nova raiz da árvore é criada e a própria árvore é estruturada de modo a referenciar (e, portanto, reutilizar) subárvores de árvores anteriores. Essas árvores anteriores são imutáveis; portanto, em vez de criar um ponteiro pai (o que não podemos fazer), é gerado um caminho da folha à raiz, por meio da reversão de um caminho da raiz à folha, facilmente obtido na estrutura de árvore de Merkle-Patricia. Os detalhes dessa estrutura de dados podem ser obtidos nas referências da seção de Leitura adicional, ao final do capítulo.

Corda, Hyperledger Fabric e BigchainDB são exemplos de blockchains que usam um banco de dados para armazenar o estado e permitir a consulta desse estado. Fabric e BigchainDB usam bancos de dados NoSQL. Corda usa um banco de dados SQL embutido. Por outro lado, o estado do Ethereum é armazenado em um armazenamento de chave-valor.

26.6 Contratos inteligentes

Até agora, nos concentramos em transações simples, de transferência de fundos. As transações reais de blockchain podem ser mais complexas, visto que podem incluir código executável. As blockchains diferem não apenas na(s) linguagem(ns) aceita(s) para esse código, mas também, e mais importante, no poder dessas linguagens. Algumas blockchains oferecem linguagens completas do ponto de vista de Turing (*Turing complete*) ou seja, linguagens que podem expressar todos os cálculos possíveis. Outras oferecem linguagens mais limitadas.

26.6.1 Linguagens e transações

O Bitcoin usa uma linguagem com poder limitado, adequada para definir muitos tipos padrão de transações de transferência condicional de fundos. A chave para esse recurso é sua instrução *multisig*, que exige que *m* de *n* usuários especificados aprovem a transferência. Isso permite o uso de transações de garantia, em que um terceiro confiável resolve qualquer disputa entre as duas partes na transferência real. Também permite agrupar várias transações entre dois usuários em uma transação maior, sem precisar enviar cada transação componente separadamente para a blockchain. Visto que o acréscimo de transações à blockchain tem um atraso de tempo e um custo em taxas por transação, esse recurso é muito importante. Esse conceito foi estendido em sistemas de processamento *off-chain*, que discutimos na Seção 26.7.

O Ethereum, assim como a maioria das blockchains direcionadas a aplicações corporativas, inclui uma linguagem que é completa do ponto de vista de Turing (*Turing complete*). Muitas usam linguagens de programação conhecidas ou variantes fortemente baseadas nessas linguagens. Isso pareceria uma vantagem óbvia sobre linguagens menos poderosas, mas existe um risco. Embora seja impossível escrever um laço (*loop*) infinito na linguagem do Bitcoin, é possível fazer isso em qualquer linguagem completa do ponto de vista de Turing (*Turing complete*). Um usuário mal-intencionado pode enviar uma transação que codifique um laço infinito, consumindo, assim, uma quantidade incrivelmente grande de recursos para qualquer nó que tente incluir essa transação em um bloco recém-minerado. Testar o término do código, o problema da parada, é um problema comprovadamente sem solução no caso geral. Mesmo que o usuário mal-intencionado evitasse um laço infinito, ele poderia enviar um código que seria executado por um tempo excepcionalmente longo, consumindo novamente recursos do minerador. A solução para esse problema é que os usuários que submetem uma transação concordam em pagar ao minerador pela execução do código, com um limite superior para o pagamento. Isso limita a quantidade de execução total a uma quantidade limitada de tempo.

A natureza descentralizada de uma blockchain provê um sistema de incentivo para os usuários convencerem os mineradores a incluir suas transações e, assim, executar seu código. A solução do Ethereum é baseada no conceito de *gás*, cujo nome é uma analogia ao combustível de automóveis. Cada instrução consome uma quantidade fixa de gás. O consumo de gás em uma transação é controlado por três parâmetros:

1. **Preço do gás**: a quantidade de *ether* que o usuário está oferecendo para pagar ao minerador por uma unidade de gás.
2. **Limite de gás da transação**: o limite superior do consumo de gás da transação. As transações que excedem o limite de gás são abortadas. O minerador mantém o pagamento, mas as ações da transação nunca são confirmadas na blockchain.
3. **Limite de gás do bloco**: um limite no próprio sistema blockchain para a soma do limite de gás de todas as transações em um bloco.

Um usuário que define um preço de gás muito baixo pode enfrentar uma longa espera até encontrar um minerador disposto a incluir a transação. Definir o preço do gás muito alto resulta em um pagamento excessivo pelo usuário.

Outra escolha difícil é a do limite de gás. É difícil definir o limite para a quantidade exata de gás que o contrato usará. Um usuário que define um limite muito baixo arrisca perder a transação, enquanto um usuário que, com medo de "ficar sem gás", define um limite de gás da transação excessivamente alto pode achar que os mineradores não estarão dispostos a incluir a transação porque ela consome uma fração muito grande do limite de gás do bloco. O resultado disso é um problema interessante para os projetistas de transações na otimização tanto do custo quanto da velocidade da mineração.

Em uma transação no estilo Bitcoin, a ordem das transações é explícita. Em uma blockchain baseada em estado, como no Ethereum, não existe o conceito explícito de transações de entrada. No entanto, pode haver razões importantes pelas quais um contrato inteligente pode querer impor uma ordem nas transações. Para transações provenientes da mesma conta, o Ethereum força essas transações a serem mineradas na ordem em que a conta as criou, por meio de um *nonce de conta* associado à transação. Um nonce de conta é apenas um número de sequência associado a cada transação de uma conta, e o conjunto de transações de uma conta precisa ter números de sequência consecutivos. Duas transações de uma conta não podem ter o mesmo número de sequência, e uma transação é aceita somente após a transação com o número de sequência anterior ter sido aceita, evitando, assim, qualquer trapaça na ordem das transações. Se as transações a serem ordenadas forem de contas diferentes, elas deverão ser projetadas de forma que a segunda transação na ordem não seja validada enquanto a primeira transação não for processada.

O fato de que os mineradores devem executar o código de contrato inteligente das transações que desejam incluir em um bloco, e que todos os nós plenos devem executar o código de todas as transações nos blocos minerados, independentemente de qual nó minerou o bloco, ocasiona uma preocupação com a segurança. O código é executado de maneira segura, geralmente em uma máquina virtual projetada no estilo da máquina virtual Java. Ethereum tem sua própria máquina virtual, chamada EVM. Hyperledger executa o código em contêineres Docker.

26.6.2 Entrada externa

Um contrato inteligente pode ser definido em termos de eventos externos. Como um exemplo simples, considere um contrato inteligente de seguro de colheita para um agricultor. O contrato paga ao agricultor uma quantia em dinheiro dependente da quantidade de chuva na estação de crescimento. Como a quantidade de chuva em qualquer estação futura não é conhecida quando o contrato inteligente é redigido, esse valor não pode ser fixado. Em vez disso, a entrada deve ser obtida de uma fonte externa confiável por todas as partes do contrato inteligente. Essa fonte externa é chamada de **oráculo**.[6]

Oráculos são essenciais para contratos inteligentes em muitas aplicações de negócios. O fato de que o oráculo deve ser confiável é um compromisso em face da falta de confiança generalizada de um ambiente blockchain. No entanto, esse não é um compromisso sério, no sentido de que apenas as partes de um contrato precisam concordar com os oráculos utilizados e, uma vez feito esse acordo, o acordo é codificado no contrato inteligente e é imutável desse ponto em diante.

A violação de um oráculo depois de codificado em um contrato inteligente em operação é um problema real. Essa questão poderia ser deixada externamente, para o sistema jurídico, mas, de forma ideal, um processo para a solução de disputas futuras seria codificado de várias maneiras, dentro do contrato. Por exemplo, as partes no contrato podem ser obrigadas a enviar as mensagens de certificação do contrato periodicamente, e pode-se escrever um código definindo as ações a serem tomadas caso uma das partes deixe de certificar sua aprovação do oráculo periodicamente.

A saída externa direta de um contrato inteligente é problemática, pois essa saída teria que ocorrer durante sua execução e, portanto, antes que a transação correspondente fosse adicionada à blockchain. Ethereum, por exemplo, lida com isso permitindo que um contrato inteligente *emita eventos* que são registrados em *log* na blockchain. A visibilidade pública da blockchain, então, permite que as ações do contrato inteligente disparem atividades externas à blockchain.

[6]Este termo tem suas raízes na antiga cultura grega, e não tem nenhum relacionamento com a empresa que tem o mesmo nome do original (*oracle*).

26.6.3 Contratos inteligentes autônomos

Em muitas blockchains, incluindo a do Ethereum, contratos inteligentes podem ser implantados como entidades independentes. Esses contratos inteligentes têm sua própria conta, saldo e armazenamento. Isso permite que os usuários (ou outros contratos inteligentes) usem os serviços fornecidos por um contrato inteligente, enviem moeda para um contrato inteligente, ou recebam moeda deste tipo de contrato.

Dependendo de como um contrato inteligente específico é codificado, um usuário pode, por projeto, controlar o contrato inteligente com o envio de mensagens (transações). Um contrato inteligente pode ser codificado de modo a operar indefinidamente e de forma autônoma. Esse contrato é chamado de **organização autônoma distribuída (Distributed Autonomous Organization – DAO)**.[7] As DAOs, uma vez estabelecidas, são difíceis de controlar e gerenciar. Não há como instalar correções de *bugs*. Além disso, existem muitas perguntas não respondidas sobre questões jurídicas e regulatórias. No entanto, a capacidade de criar essas entidades que se comunicam, armazenam dados e fazem negócios independentemente de qualquer usuário é um dos recursos mais poderosos do conceito de blockchain. Em um ambiente corporativo, os contratos inteligentes operam sob alguma forma de controle da parte de uma organização ou consórcio.

Um contrato inteligente pode ser usado para criar uma moeda em cima de outra moeda. O Ethereum geralmente serve como blockchain básica, pois isso permite que o rico ecossistema existente para o Ethereum seja aproveitado para fornecer a infraestrutura subjacente. Essas unidades monetárias de nível superior são chamadas de *tokens*, e o processo de criação dessas moedas é chamado de **oferta inicial de moeda (Initial Coin Offering – ICO)**. Um benefício adicional importante do uso de uma blockchain existente como base para um *token* é que é possível reutilizar os elementos-chave da infraestrutura do usuário, sendo o mais importante o *software* de *wallet* (carteira) de que os usuários precisam para armazenar *tokens*. O padrão Ethereum ERC-20 para *tokens* é bastante utilizado. Padrões mais recentes, incluindo ERC-223, ERC-621, ERC-721, ERC-777 e ERC-827, são discutidos nas referências na seção de Leitura adicional, ao final do capítulo.

A relativa facilidade de criação de uma ICO a tornou um método importante de financiamento de novos empreendimentos, mas isso também levou a vários golpes, resultando em tentativas dos governos de regular essa metodologia de captação de recursos.

Além da captação de recursos, uma aplicação importante de contratos inteligentes é a criação de provedores de serviços independentes e autônomos, cuja operação é controlada não por seres humanos, mas por código-fonte, geralmente de código aberto. Dessa forma, podem ser criados serviços que não exigem que seus usuários confiem em qualquer pessoa ou organização. Como observamos anteriormente, um contrato totalmente autônomo não pode ser parado ou modificado. Assim, os *bugs* duram para sempre, e o contrato pode continuar enquanto puder levantar moeda suficiente para dar suporte à sua operação (ou seja, para o Ethereum, enquanto obtiver *ether* suficiente para pagar pelo gás). Esses riscos sugerem que algum ajuste no conceito de falta de confiança pode fazer sentido no projeto do contrato inteligente, como dar ao criador do contrato a capacidade de enviar uma mensagem de autodestruição ao contrato.

[7]O uso geral do termo DAO é diferente de uma organização autônoma distribuída chamada "The DAO". The DAO foi uma operação de capital de risco com financiamento público que faliu em razão de um *bug* que permitiu um grande roubo de fundos (veja a Nota 26.1).

26.6.4 Transações entre cadeias

Até este ponto, consideramos implicitamente que uma transação de blockchain é limitada a uma blockchain específica. Se alguém quisesse transferir moeda de uma conta em uma blockchain para outra que estivesse em uma blockchain diferente, não apenas haveria o problema de que as moedas não são iguais, mas também o problema de que as duas blockchains precisam combinar com o estado dessa transação entre cadeias em todos os momentos.

Vimos um problema relacionado com este com os bancos de dados distribuídos. Se uma única organização controlar todo o sistema distribuído, o *commit* em duas fases poderá ser usado. No entanto, se o sistema for controlado por várias organizações, como nos sistemas multibanco de dados discutidos na Seção 23.5.3, a coordenação será mais difícil. No cenário da blockchain, o alto nível de autonomia de cada sistema e a exigência de imutabilidade estabelecem uma barreira ainda mais alta.

A solução mais simples é usar uma organização intermediária confiável, que funcione de modo semelhante a uma casa de câmbio tradicional para moedas fiduciárias.

Se ambos os usuários tiverem contas em ambas as blockchains, uma transação sem confiança poderá ser definida criando transações em cada cadeia para a transferência de fundos necessária. Tais transações são projetadas de modo que, se uma transação for adicionada à sua blockchain, seu código de contrato inteligente revele um segredo que garanta que outras transações não poderão ser canceladas. As técnicas utilizadas incluem as seguintes, entre outras:

- Transações de bloqueio de tempo, que são revertidas após determinado período de tempo, a menos que ocorram eventos específicos.
- Troca de cabeçalhos de árvores de Merkle entre cadeias, para fins de validação.

Um risco nessas técnicas é a possibilidade de que uma transação minerada com sucesso acabe em um *fork* órfão, embora haja maneiras de reduzir esses riscos. Os detalhes são específicos do sistema. Veja a seção de Leitura adicional, ao final do capítulo.

Uma solução mais geral é criar um contrato inteligente que implemente um mercado semelhante em conceito a uma bolsa de valores na qual compradores e vendedores dispostos a fazer a troca são correspondidos. Esse contrato opera na função de intermediário confiável, e não como um banco ou uma corretora administrada por seres humanos, como seria o caso com as moedas fiduciárias. Os problemas técnicos nas transações entre cadeias continuam sendo uma área de pesquisa ativa.

26.7 Melhoria do desempenho

Em um nível alto, um sistema blockchain pode ser visto como tendo três componentes principais:

1. **Gerenciamento de consenso**. Prova de trabalho, prova de participação, consenso bizantino ou alguma técnica híbrida. O desempenho do processamento de transações é dominado pelo desempenho do gerenciamento de consenso.
2. **Gerenciamento de acesso ao estado**. Métodos de acesso para recuperar o estado atual da blockchain, variando desde um simples índice para localizar transações de uma ID de conta ou de usuário específico, até sistemas de armazenamento de chave-valor, ou uma interface SQL completa.
3. **Execução do contrato inteligente**. O ambiente que executa o código do contrato inteligente (possivelmente compilado), geralmente em um ambiente virtualizado, por proteção e segurança.

A taxa de processamento de transações, chamada *throughput*, é significativamente menor nos sistemas de blockchain do que nos sistemas de banco de dados tradicionais. Os sistemas tradicionais de banco de dados são capazes de processar transações simples de transferência de fundos com taxas de pico da ordem de dezenas de milhares de transações por segundo. As taxas dos sistemas blockchain são menores; o Bitcoin processa menos de dez por segundo e o Ethereum, atualmente, apenas um pouco mais de dez por segundo.[8] O motivo é que técnicas como prova de trabalho limitam o número de blocos que podem ser adicionados à cadeia por unidade de tempo, com o Bitcoin direcionando um bloco a cada dez minutos. Um bloco pode conter várias transações, de modo que a taxa de processamento de transações é significativamente maior que um em dez minutos, mas ainda assim é limitada.

Na maioria das aplicações, o *throughput* da transação não é a única métrica de desempenho. Uma segunda métrica, e geralmente mais importante, é a latência ou tempo de resposta da transação. Aqui, o consenso distribuído exigido pelos sistemas blockchain apresenta um problema sério. Como exemplo, consideramos o projeto do Bitcoin no qual a taxa de mineração é mantida perto de um bloco a cada dez minutos. Isso, por si só, cria uma latência significativa, mas, além disso, é necessário aguardar a mineração de vários blocos subsequentes, a fim de reduzir a probabilidade de uma bifurcação tornar o bloco da transação órfão. Usando a recomendação normal de aguardar seis blocos confirmados, obtemos uma latência real de uma hora. Esses tempos de resposta são inaceitáveis para processamento interativo de transações, em tempo real. Por outro lado, os sistemas tradicionais de banco de dados confirmam transações individuais e podem facilmente atingir um tempo de resposta em milissegundos.

Esses problemas de desempenho do processamento de transações são principalmente em função da sobrecarga de consenso com as blockchains públicas. As blockchains com permissão podem usar algoritmos de consenso bizantino mais rápidos, baseados em mensagens, mas outros problemas de desempenho ainda permanecem e continuam sendo analisados.

26.7.1 Melhorando o desempenho do consenso

Existem duas técnicas principais para melhorar o desempenho do consenso em blockchain:

1. ***Sharding***: distribuição da tarefa de mineração de novos blocos para permitir o paralelismo entre os nós.
2. **Processamento de transação *off-chain***: sistemas confiáveis que processam transações internamente sem colocá-las na blockchain. Essas transações são agrupadas em uma única transação, que é, então, colocada na blockchain. Esse agrupamento pode ocorrer com alguma periodicidade acordada ou ocorrer apenas no término do contrato.

Sharding (fragmentação) é o particionamento das contas de uma blockchain em fragmentos (*shards*) que são minerados separadamente, em paralelo. No caso em que uma transação cria fragmentos, uma transação separada é executada em cada fragmento com uma transação especial entre fragmentos, interna ao sistema, registrada para garantir que as duas partes da transação especificada sejam confirmadas. A sobrecarga da transação entre fragmentos (*cross-sharded*) é baixa. Existem alguns riscos resultantes do fato de que a divisão dos nós de mineração entre os fragmentos resulta em conjuntos menores de mineradores, que ficam mais vulneráveis a ataques, uma vez que o custo para atacar um conjunto menor de mineradores também é menor. No entanto, existem maneiras de reduzir esse risco.

As transações *off-chain* (fora da cadeia) exigem a implantação de um sistema separado para gerenciá-las. O mais conhecido deles/destes sistemas é a rede Lightning, que não apenas acelera as transações de blockchain por meio do processamento *off-chain*, mas também pode processar certas transações entre cadeias. O Lightning promete *throughput* e latência de transação com as taxas dos sistemas tradicionais de banco de dados, mas fornece isso ao custo de algum grau de anonimato e imutabilidade (ou seja, transações que são confirmadas *off-chain*, mas são rejeitadas na blockchain). Ao aumentar a frequência das confirmações de transação para a blockchain, pode-se diminuir a perda de imutabilidade, ao custo da redução na melhoria do desempenho.

26.7.2 Melhorando o desempenho da consulta

Alguns sistemas blockchain oferecem pouco mais que um índice sobre os identificadores de usuário ou conta, para facilitar a pesquisa de transações não gastas. Isso é suficiente

[8] No momento da publicação deste livro, os arquitetos do Ethereum estão defendendo a geração de um *fork* para permitir a mineração mais rápida, com uma menor sobrecarga.

para uma transação simples, de transferência de fundos. No entanto, contratos inteligentes complexos podem precisar executar consultas de uso geral contra o estado atual armazenado na blockchain. Essas consultas podem executar o equivalente a consultas de junção (*join*), cuja otimização estudamos detalhadamente no Capítulo 16. No entanto, a estrutura dos sistemas de blockchain, na qual o gerenciamento de acesso ao estado pode ser separado do mecanismo de execução, pode limitar o uso da otimização de consultas no estilo do banco de dados. Além disso, as estruturas de dados usadas para representação do estado, como a estrutura em árvore de Merkle-Patricia, que vimos na Seção 26.5.2, podem limitar a escolha de algoritmos para implementar consultas no estilo de junção.

Os sistemas Blockchain construídos em um banco de dados tradicional ou NoSQL mantêm as informações de estado dentro desse banco de dados e permitem que contratos inteligentes executem consultas no estilo de banco de dados de nível superior contra esse estado. Essas vantagens têm o custo de usar um formato de armazenamento de banco de dados que pode não ter a proteção criptográfica rigorosa de uma verdadeira blockchain. Um meio-termo pode ser alcançado se o banco de dados for hospedado por um provedor confiável, com atualizações que vão não apenas ao banco de dados, mas também à blockchain, permitindo, assim, que qualquer usuário, caso queira, valide o banco de dados contra a blockchain segura.

26.7.3 Tolerância a falhas e escalabilidade

O desempenho na presença de falhas é um aspecto crítico de um sistema de blockchain. Nos sistemas tradicionais de banco de dados, isso é medido pelo desempenho do gerenciador de recuperação e, como vimos na Seção 19.9, o algoritmo de recuperação ARIES foi projetado para otimizar o tempo de recuperação. Um sistema de blockchain, por outro lado, usa um mecanismo de consenso e uma estratégia de replicação projetada para operação contínua durante falhas e ataques maliciosos, embora talvez com desempenho inferior nesses períodos. Portanto, além de medir o *throughput* e a latência, é preciso também medir como essas estatísticas de desempenho mudam nos momentos de falha ou ataque.

Escalabilidade é uma preocupação no desempenho de qualquer sistema distribuído, como vimos no Capítulo 20. As diferenças arquiteturais entre os sistemas de blockchain e os sistemas de banco de dados paralelo ou distribuído apresentam desafios tanto na medida do ganho de escala quanto na sua otimização. Ilustramos as diferenças considerando a escalabilidade relativa entre o consenso 2PC e o consenso bizantino. No 2PC, uma transação acessando um número fixo de nós, digamos cinco, precisa apenas do acordo entre esses cinco nós, independentemente do número de nós no sistema. Se escalarmos o sistema para mais nós, essa transação ainda precisará apenas desses cinco nós para chegar ao acordo (a menos que a escala tenha adicionado um sítio de réplica). Sob o consenso bizantino, toda transação precisa da concordância da maioria dos nós que não falharam e, portanto, o número de nós que devem concordar não apenas começa muito maior, mas também cresce mais rapidamente à medida que a rede aumenta.

A seção de Leitura adicional, ao final do capítulo, contém referências que tratam da questão emergente da medição e otimização do desempenho da blockchain.

26.8 Aplicações emergentes

Tendo visto como as blockchains funcionam e os benefícios que elas oferecem, podemos examinar as áreas em que a tecnologia blockchain está sendo usada atualmente ou pode ser usada em um futuro próximo.

As aplicações com maior probabilidade de se beneficiar do uso de uma blockchain são aquelas que possuem dados de alto valor, incluindo possivelmente dados históricos, que precisam ficar protegidos contra modificações maliciosas. As atualizações consistem, principalmente, em acréscimos em tais aplicações. Outra classe de aplicações que provavelmente se beneficiará é daquelas que envolvem várias partes em cooperação, que confiam umas nas outras até certo ponto, mas não totalmente, e desejam ter um registro compartilhado de transações que são assinadas digitalmente e protegidas contra violação. Neste último caso, as partes em cooperação podem incluir o público em geral.

A seguir, montamos uma lista de vários domínios de aplicações, juntamente com uma breve explicação do valor oferecido por uma implementação de blockchain da aplicação. Em alguns casos, o valor agregado por uma blockchain é um novo recurso; em outros, o valor agregado é a capacidade de fazer algo que poderia ter sido feito anteriormente, porém, a um custo proibitivo.

- **Certificados e históricos acadêmicos.** As universidades podem colocar certificados e históricos de seus alunos em uma blockchain pública, protegida pela chave pública do aluno e assinada digitalmente pela universidade. Somente o aluno pode ler os registros, mas pode autorizar o acesso a esses registros. Como resultado, os alunos podem obter certificados e históricos para estudos futuros ou para potenciais empregadores, de maneira segura, a partir de uma fonte pública. Essa abordagem foi prototipada pelo MIT em 2017.
- **Contabilidade e auditoria.** A contabilidade de entrada dupla (*double-entry bookkeeping*) é um princípio fundamental da contabilidade que ajuda a garantir registros precisos e auditáveis. Um benefício semelhante pode ser obtido com as entradas de blockchain assinadas criptograficamente em um livro-razão digital distribuído. Em particular, o uso de uma blockchain garante que o livro-razão seja inviolável, mesmo contra ataques internos e *hackers* que podem obter o controle do banco de dados. Além disso, se o auditor da empresa for um participante, as entradas do livro-razão podem se tornar visíveis imediatamente para eles, permitindo uma auditoria contínua em vez de periódica.

- **Gestão de ativos**. O rastreamento de registros de propriedade em uma blockchain permite acesso verificável a registros de propriedade e atualizações seguras e assinadas. Como exemplo, os registros de propriedade de imóveis, uma questão de registro público, poderiam ser disponibilizados ao público em uma blockchain, enquanto as atualizações nesses registros só poderiam ser feitas por transações assinadas pelos participantes da transação. Uma técnica semelhante pode ser aplicada à propriedade de ativos financeiros, como ações e títulos. Enquanto as bolsas de valores gerenciam a negociação de ações e títulos, registros de longo prazo são mantidos por depositários nos quais os usuários devem confiar. A blockchain pode ajudar a rastrear esses ativos sem ter que confiar em um depositário.
- **E-government**. Uma única blockchain governamental eliminaria a duplicação de registros para cada órgão e criaria uma fonte oficial comum de informações. Um usuário altamente digno de nota dessa abordagem é o governo da Estônia, que usa sua blockchain para tributação, votação, saúde e um inovador programa de "e-Residency".
- **Câmbio de moeda estrangeira**. As transações financeiras internacionais geralmente são lentas e caras. O uso de uma criptomoeda intermediária pode permitir o câmbio de moeda estrangeira baseado em blockchain em um tempo relativamente curto, com rastreabilidade total e irrefutável. O Ripple está oferecendo essa capacidade usando a moeda XRP.
- **Assistência médica**. Os registros de saúde são notórios por sua indisponibilidade entre diferentes prestadores de serviços de saúde, por sua inconsistência e imprecisão mesmo com o aumento do uso de registros eletrônicos de saúde. Os dados são adicionados de um grande número de fontes e a proveniência dos materiais utilizados pode não estar bem documentada (consulte a discussão sobre cadeias de suprimentos, mais adiante). Uma blockchain unificada é adequada para atualização distribuída, e a proteção de dados criptográficos, desbloqueáveis pela chave privada do paciente, permitiria o acesso ao prontuário completo do paciente a qualquer momento, em qualquer atendimento de emergência. Os registros reais podem ser mantidos *off-chain*, mas a blockchain atua como o mecanismo confiável para acessar os dados.
- **Reivindicações de seguro**. O processamento de reivindicações de seguro é um fluxo de trabalho complexo envolvendo dados da cena da reivindicação, vários contratados responsáveis por reparos, declarações de testemunhas etc. A capacidade de uma blockchain de capturar dados de várias fontes e distribuí-los rapidamente, com precisão e com segurança, promete ganhos de eficiência e precisão no setor de seguros.
- **Internet das Coisas**. A Internet das Coisas (Internet of Things – IoT) é um termo que se refere a sistemas de muitos dispositivos ("coisas") interagindo, incluindo dentro de edifícios inteligentes, cidades inteligentes, infraestrutura civil de monitoramento e assim por diante. Esses dispositivos podem atuar como nós que podem transmitir transações de blockchain para a rede sem precisar garantir que a transmissão de dados alcance um servidor central. No final da década de 2010, estavam em andamento pesquisas para verificar se essa técnica de coleta de dados poderia ser eficaz na redução de custos e no aumento do desempenho. Adicionar tantas entradas a uma blockchain em um curto período de tempo pode sugerir uma substituição da estrutura de dados da cadeia por um grafo acíclico direcionado (DAG). A blockchain da moeda Iota é um exemplo de um desses sistemas, em que a estrutura de grafo é chamada de *emaranhado* (*tangle*).
- **Programas de fidelidade e agregação de transações**. Existem várias situações em que um cliente ou usuário faz várias compras do mesmo fornecedor, como em um parque temático, em um *videogame* ou em um grande varejista *on-line*. Esses fornecedores poderiam criar criptomoedas internas em uma blockchain proprietária, com permissão, sendo o valor da moeda atrelado a uma moeda fiduciária, como o dólar. O fornecedor ganha substituindo transações de cartão de crédito pelas próprias transações internas. Isso economiza taxas de cartão de crédito e permite que o fornecedor capture mais dados valiosos do cliente, provenientes dessas transações. O mesmo conceito pode ser aplicado aos pontos de fidelidade do varejo, exemplificados pelas milhas de passageiro frequente das companhias aéreas. É caro para os fornecedores manter esses sistemas e coordenar com os fornecedores parceiros do programa. Um sistema baseado em blockchain permite que o fornecedor de hospedagem distribua a carga de trabalho entre os parceiros, e permite que as transações sejam postadas de maneira descentralizada, dispensando o fornecedor de executar seu próprio sistema de processamento de transações *on-line*. No final da década de 2010, estratégias de negócios estavam sendo testadas em torno desses conceitos.
- **Cadeia de suprimentos**. A blockchain permite que todos os participantes de uma cadeia de suprimentos registrem todas as ações em *log*. Isso facilita o rastreamento do movimento de cada item da cadeia, em vez de apenas agregados, como caixas, remessas etc. No caso de um *recall*, por exemplo, o conjunto de produtos afetados pode ser identificado com um conjunto menor de produtos, tudo feito com rapidez. Quando um problema de qualidade sugere um *recall*, alguns membros da cadeia de suprimentos podem ser tentados a encobrir seu papel, mas a imutabilidade da blockchain impede a falsificação de registros após o fato.
- **Ingressos para eventos**. Suponha que uma pessoa *A* tenha comprado ingressos para um evento, mas agora deseje vendê-los, e *B* compra o ingresso de *A*. Dado que todos os ingressos são vendidos *on-line*, *B* precisaria confiar que o ingresso dado por *A* é genuíno e que *A* ainda não vendeu o ingresso, ou seja, o ingresso não foi gasto duas vezes. Se as transações com ingresso forem realizadas

em uma blockchain, os duplos gastos poderão ser detectados facilmente. Pode-se facilmente verificar se os ingressos foram assinados digitalmente pelo organizador do evento (estando ou não em uma blockchain).

- **Financiamento ao comércio**. As empresas geralmente dependem de empréstimos bancários, emitidos por meio de cartas de crédito, para financiar compras. Essas cartas de crédito são emitidas contra mercadorias com base em conhecimentos de embarque, indicando que as mercadorias estão prontas para embarque. A posse das mercadorias (título) é, então, transferida para o comprador. Essas transações envolvem várias partes, incluindo o vendedor, o comprador, o banco do comprador, o banco do vendedor, uma empresa de transporte e assim por diante, que confiam um no outro até certo ponto, mas não totalmente. Tradicionalmente, esses processos eram baseados em documentos físicos que precisavam ser assinados e enviados entre as partes, que podem estar em qualquer lugar do mundo, resultando em atrasos significativos nesses processos. A tecnologia Blockchain pode ser usada para manter esses documentos em formato digital, e automatizar esses processos de uma maneira altamente segura e muito rápida (pelo menos em comparação com o processamento de documentos físicos).

Outras aplicações continuam aparecendo, além das que listamos aqui.

26.9 Resumo

- Blockchains oferecem um grau de privacidade, anonimato e descentralização que é difícil de obter com um banco de dados tradicional.
- Blockchains públicas estão acessíveis de forma aberta na Internet. As blockchains com permissão são gerenciadas por uma organização e geralmente atendem a uma empresa específica ou a um grupo de empresas.
- Os principais mecanismos de consenso para blockchains públicas são prova de trabalho e prova de participação. Os mineradores competem para acrescentar o próximo bloco à blockchain em troca de uma recompensa na moeda da blockchain.
- Muitas blockchains com permissão usam um algoritmo de consenso bizantino para escolher o nó que irá acrescentar o próximo bloco à cadeia.
- Os nós que acrescentam um bloco à cadeia em primeiro lugar validam o bloco. Então, todos os nós plenos que mantêm uma réplica da cadeia validam o novo bloco.
- As principais propriedades da blockchain incluem irrefutabilidade e inviolabilidade.
- As funções *hash* criptográficas devem apresentar resistência à colisão, irreversibilidade e compatibilidade de enigma.
- A criptografia de chave pública é baseada em um usuário que possui uma chave pública e outra privada, para permitir a criptografia de dados e a assinatura digital de documentos.
- A prova de trabalho requer uma grande quantidade de computação para chegar a um *nonce* bem-sucedido que permita que o valor alvo do *hash* seja alcançado. A prova de participação é baseada na posse da moeda da blockchain. Também são possíveis esquemas híbridos.
- Contratos inteligentes são trechos de código executável em uma blockchain. Em algumas cadeias, eles podem operar como entidades independentes, com seus próprios dados e conta. Os contratos inteligentes podem codificar acordos comerciais complexos e fornecer serviços contínuos aos nós participantes da blockchain.
- Contratos inteligentes recebem informações do mundo exterior por meio de oráculos confiáveis, que servem como fonte de dados em tempo real.
- As blockchains que mantêm o estado podem servir de maneira semelhante a um sistema de banco de dados e podem se beneficiar do uso de métodos de indexação de banco de dados e otimização de acesso, mas a estrutura da blockchain pode impor limites para nisso.

Termos de revisão

- Blockchain pública e com permissão
- *Hash* criptográfico
- Mineração
- Nós leves e plenos
- Prova de trabalho
- Prova de participação
- Consenso bizantino
- Inviolabilidade
- Resistência à colisão
- Irreversibilidade
- Criptografia de chave pública
- Assinatura digital
- Irrefutabilidade
- *Forks*: rígidos e flexíveis
- Duplo gasto
- Bloco órfão
- *Nonce*
- Validação de bloco
- Árvore de Merkle
- Árvore de Merkle-Patricia

- Bitcoin
- Ethereum
- Gás
- Contrato inteligente
- Oráculos
- Transação entre cadeias
- *Sharding*
- Processamento *off-chain*

Exercícios práticos

26.1 O que é um *fork* da blockchain? Liste os dois tipos de *fork* e explique suas diferenças.

26.2 Considere uma função *hash* $h(x) = x \bmod 2^{256}$, ou seja, a função *hash* retorna os últimos 256 bits de x. Essa função possui:

a. Resistência à colisão.

b. Irreversibilidade.

c. Compatibilidade de enigma.

Por que motivo?

26.3 Se você estivesse projetando uma nova blockchain pública, por que você poderia escolher a prova de participação em lugar da prova de trabalho?

26.4 Se você estivesse projetando uma nova blockchain pública, por que você poderia escolher a prova de trabalho em vez da prova de participação?

26.5 Explique a distinção entre uma blockchain pública e uma com permissão, e explique quando cada uma seria mais desejável.

26.6 Os dados armazenados em uma blockchain são protegidos pela propriedade de inviolabilidade de uma blockchain. De que maneira essa inviolabilidade é mais segura na prática do que a segurança fornecida pelo sistema tradicional de banco de dados corporativo?

26.7 Em uma blockchain pública, como alguém poderia determinar a identidade no mundo real que corresponde a determinada ID de usuário?

26.8 Qual é a finalidade do *gás* na blockchain do Ethereum?

26.9 Suponha que estejamos em um ambiente em que os usuários podem ser considerados não maliciosos. Nesse caso, que vantagens (se houver) o consenso bizantino tem sobre o *commit* em duas fases (2PC)?

26.10 Explique os benefícios e os riscos em potencial do *sharding*.

26.11 Por que as blockchains corporativas normalmente incorporam acesso ao estilo do banco de dados?

Exercícios

26.12 Em que ordem as transações da blockchain são serializadas?

26.13 Uma vez que as blockchains são imutáveis, como o aborto de uma transação é implementado de modo a não violar a imutabilidade?

26.14 Considerando que os ponteiros em uma blockchain incluem um *hash* criptográfico do bloco anterior, por que existe a necessidade adicional para replicação da blockchain de modo a garantir a imutabilidade?

26.15 Suponha que um usuário o valor alvo sua chave privada. Como esse usuário é afetado?

26.16 Como a dificuldade de mineração por prova de trabalho é ajustada à medida que mais nós se juntam à rede, aumentando, assim, o poder de computação total da rede? Descreva o processo em detalhes.

26.17 Por que o consenso bizantino é um mecanismo de consenso fraco em uma blockchain pública?

26.18 Explique como o processamento de transação *off-chain* pode melhorar o *throughput*. Quais são as vantagens e desvantagens desse benefício?

26.19 Escolha uma empresa do seu interesse pessoal e explique como a tecnologia de blockchain poderia ser empregada de forma útil nesse negócio.

Ferramentas

Pode-se baixar o *software* de blockchain para criar um nó completo para blockchains públicas, como a do Bitcoin (bitcoin.org) e a do Ethereum (www.ethereum.org) e começar a minerar, embora o retorno econômico para o investimento em energia possa ser questionável. Existem ferramentas também para ingressar em *pools* de mineração. Existem ferramentas de navegação para visualizar o conteúdo de blockchains públicas. Para algumas blockchains, principalmente a do Ethereum, é possível instalar uma cópia privada do *software* da blockchain, gerenciando uma blockchain privada como uma ferramenta educacional. Ethereum também oferece uma rede pública de testes onde contratos inteligentes podem ser depurados sem o custo do gás na rede real.

Hyperledger (www.hyperledger.org), que tem o suporte de um grande consórcio de empresas, oferece uma grande variedade de plataformas e ferramentas de blockchain com código-fonte aberto. Corda (www.corda.net) e BigchainDB (www.bigchaindb.com) são outras duas plataformas de blockchain, com o BigchainDB tendo um foco específico em bancos de dados de blockchain.

Sistemas baseados em blockchain para dar suporte a certificados acadêmicos e registros médicos, como Blockcert e Medrec (ambos do MIT), e várias outras aplicações estão disponíveis *on-line*. O conjunto de ferramentas para blockchain está evoluindo rapidamente. Em virtude da rápida taxa de mudança e desenvolvimento, no final de 2019, não podemos identificar o melhor conjunto de ferramentas, além das poucas mencionadas aqui. Recomendamos que você faça uma pesquisa na Web para procurar as ferramentas mais recentes.

Leitura adicional

A novidade da tecnologia e aplicações da blockchain significa que, diferentemente dos tópicos técnicos mais estabelecidos, abordados em outras partes deste texto, há menos referências na literatura acadêmica e menos livros didáticos. Muitos dos principais artigos são publicados apenas no *site* de uma blockchain específica. É provável que os URLs dessas referências sejam alterados com frequência. Assim, as pesquisas na Web pelos tópicos-chave são uma fonte de leitura adicional muito importante. Aqui, citamos algumas referências clássicas e URLs atuais na data da publicação deste livro.

O artigo original sobre o Bitcoin (Nakamoto, 2008) é de autoria de um pseudônimo, com a identidade do(s) autor(es) ainda sendo objeto de especulação. O artigo original sobre Ethereum (Buterin, 2013) foi substituído pelos novos artigos sobre Ethereum (consulte ethereum.org), mas o trabalho original do criador da moeda, Vitalik Buterin, continua sendo uma leitura interessante. Solidity, a principal linguagem de programação dos contratos inteligentes da blockchain do Ethereum, é discutida em solidity.readthedocs.io. O padrão ERC-20 é descrito em Vogelsteller e Buterin (2013), e a atualização proposta para o Casper (na data de publicação deste livro) para o desempenho do mecanismo de consenso do Ethereum aparece em Buterin e Griffith (2017). Outra técnica para usar a prova de participação é usada pelo blockchain do Cardano (www.cardano.org).

Muitos dos resultados teóricos que possibilitam a blockchain foram desenvolvidos pela primeira vez no século XX. Os conceitos por trás das funções *hash* criptográficas e criptografia de chave pública foram introduzidos em Diffie e Hellman (1976) e Rivest *et al.* (1978). Uma boa referência sobre criptografia é Katz e Lindell (2014). Narayanan *et al.* (2016) é uma boa referência para os aspectos básicos da criptomoeda, embora seu foco esteja, principalmente, no Bitcoin. Há muita literatura sobre o consenso bizantino. Os primeiros documentos que lançaram as bases para esse trabalho incluem Pease *et al.* (1980) e Lamport *et al.* (1982). A tolerância prática a falhas bizantinas (Castro e Liskov, 1999) serve como base para muitos dos atuais algoritmos de consenso bizantino da blockchain. Mazières (2016) descreve em detalhes um protocolo de consenso projetado especificamente para permitir a participação aberta, e não com permissão, no grupo de consenso. As referências que tratam das árvores de Merkle aparecem no Capítulo 23. As árvores de Patricia foram introduzidas em Morrison (1968).

Uma estrutura de *benchmarking* para blockchains com permissão aparece em Dinh *et al.* (2017). Uma comparação detalhada dos sistemas de blockchain consta em Dinh *et al.* (2018). ForkBase, um sistema de armazenamento projetado para melhorar o desempenho da blockchain, é discutido em Wang *et al.* (2018).

A rede Lightning (lightning.network) visa acelerar as transações de Bitcoin e fornecer algum grau de transações entre cadeias. Ripple (ripple.com) oferece uma rede para troca de moeda fiduciária internacional usando o *token* XRP. Loopring (loopring.org) é uma plataforma de troca de criptomoedas que permite que os usuários mantenham o controle de sua moeda sem precisar deixar o controle com a Exchange.

Muitas das blockchains discutidas neste capítulo têm suas melhores descrições em seus respectivos *sites*. Entre elas, estão Corda (docs.corda.net), Iota (iota.org) e Hyperledger (www.hyperledger.org). Muitas instituições financeiras estão criando suas próprias blockchains, e algumas estão disponíveis publicamente, incluindo Quorum, da J.P. Morgan's (www.jpmorgan.com/global/Quorum).

Bibliografia

BUTERIN, V. "Ethereum: the ultimate smart contract and decentralized application platform". *Technical report*, 2013.

BUTERIN, V.; GRIFFITH, V. "Casper the friendly finality gadget". *Technical report*, 2017.

CASTRO, M.; LISKOV, B. "Practical byzantine fault tolerance". In: *Symposium on Operating Systems Design and Implementation (OSDI)*, USENIX, 1999.

DIFFIE, W.; HELLMAN, M. E. "New directions in cryptography". *IEEE Transactions on Information Theory*, 22(6), 1976.

DINH, T. T. A. *et al.* "BLOCKBENCH: a framework for analyzing private blockchains". In: *Proc. of the ACM SIGMOD*, Chicago, p. 1085-1100, 2017.

DINH, T. T. A. *et al.* "Untangling blockchain: a data processing view of blockchain systems". *IEEE Transactions on Knowledge and Data Engineering*, 30(7), p. 1366-1385, 2018.

KATZ, J.; LINDELL, Y. *Introduction to modern cryptography*. 3. ed. London: Chapman and Hall/CRC, 2014.

LAMPORT, L.; SHOSTAK, R.; PEASE, M. "The byzantine generals problem". *ACM Transactions on Programming Languages and Systems*, 4(3), p. 382-401, 1982.

MAZIÈRES, D. "The stellar consensus protocol". *Technical Report*, 2016.

MORRISON, D. "Practical algorithm to retrieve information coded in alphanumeric". *Journal of the ACM*, 15(4), p. 514-534, 1968.

NAKAMOTO, S. "Bitcoin: a peer-to-peer electronic cash system". *Technical Report*, 2008.

NARAYANAN, A. *et al. Bitcoin and Cryptocurrency Technologies*. New Jersey: Princeton, 2016.

PEASE, M.; SHOSTAK, R.; LAMPORT, L. "Reaching agreement in the presence of faults". *Journal of the ACM*, 27(2), p. 228-234, 1980.

RIVEST, R. L.; SHAMIR, A.; ADLEMAN, L. "A method for obtaining digital signatures and public-key cryptosystems". *Communications of the ACM*, 21(2), p. 120-126, 1978.

VOGELSTELLER, F.; BUTERIN, V. "ERC-20 token standard". *Technical Report*, 2013.

WANG, S. *et al.* "ForkBase: an efficient storage engine for blockchain and forkable applications". In: *Proc. of the VLDB*, Rio de Janeiro, p. 1085-1100, 2018.

Créditos

A foto dos barcos no início do capítulo pertence a
© dimaberkut | 123rf.com

PARTE 10

APÊNDICE A

O Apêndice A apresenta os detalhes completos do banco de dados de universidade que usamos como nosso exemplo do livro, incluindo um diagrama E-R, DDL SQL e dados de amostra utilizados no decorrer do texto. (A DDL e os dados de amostra também estão disponíveis no GEN-IO para uso em exercícios de laboratório.)

APÊNDICE A

Esquema detalhado de universidade

Neste apêndice, mostramos os detalhes completos do nosso banco de dados de universidade, usado em todo o livro. Na Seção A.1, apresentamos o esquema completo usado no texto e o diagrama E-R que corresponde a esse esquema. Na Seção A.2, uma definição de dados SQL relativamente completa para nosso exemplo de universidade. Além de listar o tipo de dados para cada atributo, incluímos diversas restrições. Finalmente, na Seção A.3, apresentamos dados de amostra que correspondem ao nosso esquema. Os scripts SQL para criar todas as relações no esquema e preenchê-los com os dados da amostra estão disponíveis no GEN-IO.

A.1 Esquema completo

O esquema completo do banco de dados da universidade, conforme usado no texto, aparece a seguir. O diagrama de esquema correspondente, também utilizado no decorrer do texto, aparece na Figura A.1.

sala(prédio, número_sala, capacidade)

departamento(nome_dept, prédio, orçamento)

curso(id_curso, título, nome_dept, créditos)

instrutor(ID, nome, nome_dept, salário)

seção(id_curso, id_sec, semestre, ano, prédio, número_sala, id_período)

ministra(ID, id_sec, semestre, ano)

aluno(ID, nome, nome_dept, tot cred)

realiza(ID, id_curso, id_sec, semestre, ano, nota)

mentor(ID_est , ID_inst)

período(id_período, dia, hora_inicial, hora_final)

prereq(id_curso, id_prereq)

A.2 DDL

Nesta seção, apresentamos uma definição de dados SQL relativamente completa para o nosso exemplo. Além da listagem de um tipo de dados para cada atributo, incluímos uma quantidade substancial de restrições.

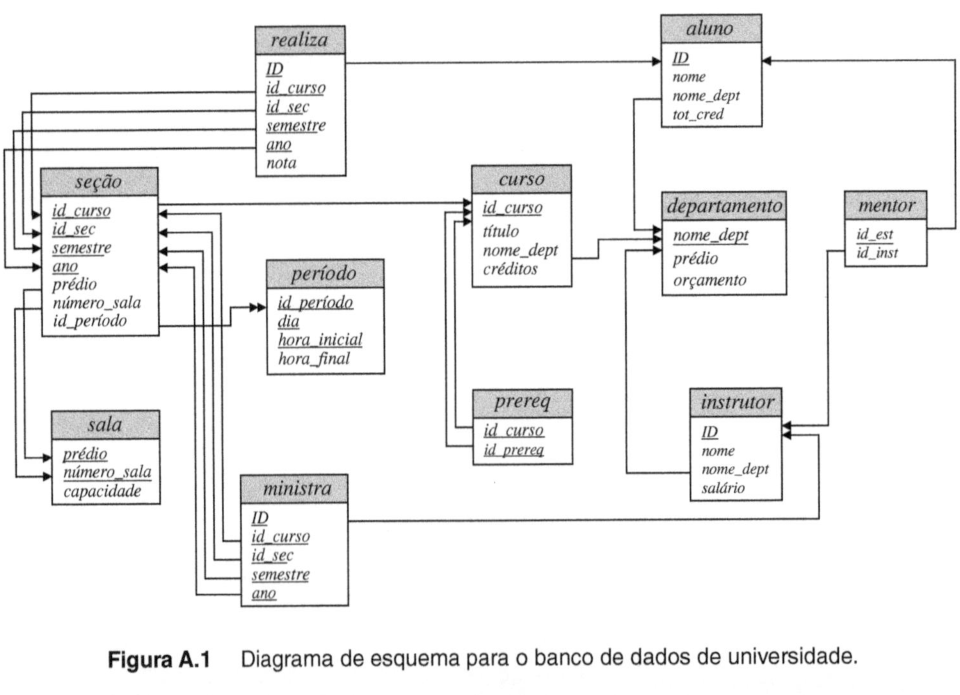

Figura A.1 Diagrama de esquema para o banco de dados de universidade.

```
create table sala
  (prédio        varchar (15),
   número_sala   varchar (7),
   capacidade    numeric (4,0),
   primary key (prédio, número_sala));

create table departamento
  (nome_dept     varchar (20),
   prédio        varchar (15),
   orçamento     numeric (12,2) check (orçamento > 0),
   primary key (nome_dept));

create table curso
  (id_curso      varchar (7),
   título        varchar (50),
   nome_dept     varchar (20),
   créditos      numeric (2,0) check (créditos > 0),
   primary key (id_curso),
   foreign key (nome_dept) references departamento
                 on delete set null);

create table instrutor
  (ID            varchar (5),
   nome          varchar (20) not null,
   nome_dept     varchar (20),
   salário       numeric (8,2) check (salário > 29000),
   primary key (ID
   foreign key (nome_dept) references departamento
                 on delete set null);

create table seção
  (id_curso      varchar (8),
   id_sec        varchar (8),
   semestre      varchar (6) check (semestre in
                     ('Fall', 'Winter', 'Spring', 'Summer')),
   ano           numeric (4,0) check (ano > 1701 and
                     ano < 2100),
   prédio        varchar (15),
   número_sala   varchar (7),
   id_período    varchar (4),
   primary key (id_curso, id_sec, semestre, ano),
   foreign key (id_curso) references curso
                 on delete cascade,
   foreign key (prédio, número_sala) references sala
                 on delete set null);
```

Nessa DDL, acrescentamos a especificação **on delete cascade** a uma restrição de chave estrangeira se a existência da tupla depender da tupla referenciada. Por exemplo, acrescentamos a especificação **on delete cascade** à restrição de chave estrangeira de *seção* (que foi gerada pela entidade fraca *seção*) para *curso* (que foi seu relacionamento identificador). Em outras restrições de chave estrangeira, especificamos ou **on delete set null**, que permite a exclusão de uma tupla referenciada definindo o valor referenciado como nulo, ou não incluímos especificação alguma, o que impede a exclusão de qualquer tupla referenciada. Por exemplo, se um departamento for excluído, não queremos excluir os instrutores associados; a restrição de chave estrangeira de *instrutor* para *departamento*, em vez disso, define o atributo *nome_dept* como nulo. Por outro lado, a restrição de chave estrangeira para a relação *prereq*, mostrada mais adiante, impede a exclusão de um curso exigido como um pré-requisito para outro curso. Para a relação *mentor*, mostrada mais adiante, permitimos que *id_inst* seja definido como nulo se um instrutor for excluído, mas excluímos uma tupla de *mentor* se o aluno referenciado for excluído.

```
create table ministra
  (ID            varchar (5),
   id_curso      varchar (8),
   id_sec        varchar (8),
   semestre      varchar (6),
   ano           numeric (4,0),
   primary key (ID, id_curso, id_sec, semestre, ano),
   foreign key (id_curso, id_sec, semestre, ano)
                 references seção
                 on delete cascade,
   foreign key (ID) references instrutor
                 on delete cascade);

create table aluno
  (ID            varchar (5),
   nome          varchar (20) not null,
   nome_dept     varchar (20),
   tot_cred      numeric (3,0) check (tot_cred >= 0),
   primary key (ID),
   foreign key (nome_dept) references departamento
                 on delete set null);

create table realiza
  (ID            varchar (5),
   id_curso      varchar (8),
   id_sec        varchar (8),
   semestre      varchar (6),
   ano           numeric (4,0),
   nota          varchar (2),
   primary key (ID, id_curso, id_sec, semestre, ano),
   foreign key (id_curso, id_sec, semestre, ano)
                 references seção
                 on delete cascade,
   foreign key (ID) references aluno
                 on delete cascade);

create table mentor
  (ID_est        varchar (5),
   ID_inst       varchar (5),
   primary key (ID_est),
   foreign key (ID_inst) references instrutor ID)
                 on delete set null,
   foreign key (ID_est) references aluno (ID)
                 on delete cascade);
```

```
create table prereq
   (id_curso      varchar(8),
    id_prereq     varchar(8),
    primary key (id_curso, id_prereq),
    foreign key (id_curso) references curso
                 on delete cascade,
    foreign key (id_prereq) references curso);
```

A instrução **create table** a seguir para a tabela *período* pode ser executada na maioria dos sistemas de banco de dados, mas não funciona no Oracle (pelo menos, até a versão 11), pois esse banco de dados, em particular, não admite o tipo padrão **time** da SQL.

```
create table período
   (id_período    varchar (4),
    dia           varchar (1) check (dia in
                    ('M', 'T', 'W', 'R', 'F', 'S', 'U')),
    hora_inicial  time,
    hora_final    time,
    primary key (id_período, dia, hora_inicial));
```

A sintaxe para especificar a hora em SQL é ilustrada por estes exemplos: '08:30', '13:55' e '5:30 PM'. Como o Oracle não admite o tipo **time**, usamos o seguinte esquema em seu lugar:

```
create table período
   (id_período    varchar (4),
    dia           varchar (1),
    hora_inicial  numeric (2) check (hora_inicial >= 0
                    and hora_final < 24),
    min_incial    numeric (2) check (min_inicial >= 0
                    and min_inicial < 60),
    hora_final    numeric (2) check (hora_final >= 0
                    and hora_final < 24),
    min_final     numeric (2) check (min_final >= 0
                    and min_final < 60),
    primary key (id_período, dia, hora_inicial, min_inicial));
```

A diferença é que *hora_inicial* foi substituído por dois atributos, *hora_inicial* e *min_inicial*, e da mesma forma *hora_final* foi substituído pelos atributos *hora_final* e *min_final*. Esses atributos também possuem restrições que garantem que apenas números representando valores de hora válidos aparecem nesses atributos. Essa versão do esquema para *período* funciona em todos os bancos de dados, incluindo Oracle. Observe que, embora o Oracle admita o tipo de dados **datetime**, **datetime** inclui dia, mês e ano específico, além de uma hora, e não é apropriado aqui, pois queremos apenas uma hora. Existem duas alternativas para dividir os atributos de tempo em componentes de hora e minuto, mas nenhuma é desejável. A primeira alternativa é usar um tipo **varchar**, mas isso torna mais difícil impor restrições de validade sobre a string, bem como realizar comparação de tempo. A segunda alternativa é codificar a hora como um inteiro representando o número de minutos (ou segundos) desde a meia-noite, mas essa abordagem exige código extra com cada consulta para converter os valores entre a representação de hora padrão e a codificação inteira. Portanto, escolhemos a solução em duas partes.

A.3 Dados de amostra

Nesta seção, oferecemos dados de amostra para cada uma das relações definidas na seção anterior.

prédio	*número_sala*	*capacidade*
Packard	101	500
Painter	514	10
Taylor	3128	70
Watson	100	30
Watson	120	50

Figura A.2 A relação *sala*.

nome_dept	*prédio*	*orçamento*
Biology	Watson	90000
Comp. Sci.	Taylor	100000
Elec. Eng.	Taylor	85000
Finance	Painter	120000
History	Painter	50000
Music	Packard	80000
Physics	Watson	70000

Figura A.3 A relação *departamento*.

Créditos

A foto dos barcos no início do capítulo pertence a © dimaberkut | 123rf.com

id_curso	*título*	*nome_dept*	*créditos*
BIO-101	Intro. to Biology	Biology	4
BIO-301	Genetics	Biology	4
BIO-399	Computational Biology	Biology	3
CS-101	Intro. to Computer Science	Comp. Sci.	4
CS-190	Game Design	Comp. Sci.	4
CS-315	Robotics	Comp. Sci.	3
CS-319	Image Processing	Comp. Sci.	3
CS-347	Database System Concepts	Comp. Sci.	3
EE-181	Intro. to Digital Systems	Elec. Eng.	3
FIN-201	Investment Banking	Finance	3
HIS-351	World History	History	3
MU-199	Music Video Production	Music	3
PHY-101	Physical Principles	Physics	4

Figura A.4 A relação *curso*.

ID	*nome*	*nome_dept*	*salário*
10101	Srinivasan	Comp. Sci.	65000
12121	Wu	Finance	90000
15151	Mozart	Music	40000
22222	Einstein	Physics	95000
32343	El Said	History	60000
33456	Gold	Physics	87000
45565	Katz	Comp. Sci.	75000
58583	Califieri	History	62000
76543	Singh	Finance	80000
76766	Crick	Biology	72000
83821	Brandt	Comp. Sci.	92000
98345	Kim	Elec. Eng.	80000

Figura A.5 A relação *instrutor*.

id_curso	*id_sec*	*semestre*	*ano*	*prédio*	*número_sala*	*id_período*
BIO-101	1	Summer	2017	Painter	514	B
BIO-301	1	Summer	2018	Painter	514	A
CS-101	1	Fall	2017	Packard	101	H
CS-101	1	Spring	2018	Packard	101	F
CS-190	1	Spring	2017	Taylor	3128	E
CS-190	2	Spring	2017	Taylor	3128	A
CS-315	1	Spring	2018	Watson	120	D
CS-319	1	Spring	2018	Watson	100	B
CS-319	2	Spring	2018	Taylor	3128	C
CS-347	1	Fall	2017	Taylor	3128	A
EE-181	1	Spring	2017	Taylor	3128	C
FIN-201	1	Spring	2018	Packard	101	B
HIS-351	1	Spring	2018	Painter	514	C
MU-199	1	Spring	2018	Packard	101	D
PHY-101	1	Fall	2017	Watson	100	A

Figura A.6 A relação *seção*.

ID	*id_curso*	*id_sec*	*semestre*	*ano*
10101	CS-101	1	Fall	2017
10101	CS-315	1	Spring	2018
10101	CS-347	1	Fall	2017
12121	FIN-201	1	Spring	2018
15151	MU-199	1	Spring	2018
22222	PHY-101	1	Fall	2017
32343	HIS-351	1	Spring	2018
45565	CS-101	1	Spring	2018
45565	CS-319	1	Spring	2018
76766	BIO-101	1	Summer	2017
76766	BIO-301	1	Summer	2018
83821	CS-190	1	Spring	2017
83821	CS-190	2	Spring	2017
83821	CS-319	2	Spring	2018
98345	EE-181	1	Spring	2017

Figura A.7 A relação *ministra.*

ID	*nome*	*nome_dept*	*tot_cred*
00128	Zhang	Comp. Sci.	102
12345	Shankar	Comp. Sci.	32
19991	Brandt	History	80
23121	Chavez	Finance	110
44553	Peltier	Physics	56
45678	Levy	Physics	46
54321	Williams	Comp. Sci.	54
55739	Sanchez	Music	38
70557	Snow	Physics	0
76543	Brown	Comp. Sci.	58
76653	Aoi	Elec. Eng.	60
98765	Bourikas	Elec. Eng.	98
98988	Tanaka	Biology	120

Figura A.8 A relação *aluno.*

ID	*id_curso*	*id_sec*	*semestre*	*ano*	*nota*
00128	CS-101	1	Fall	2017	A
00128	CS-347	1	Fall	2017	A-
12345	CS-101	1	Fall	2017	C
12345	CS-190	2	Spring	2017	A
12345	CS-315	1	Spring	2018	A
12345	CS-347	1	Fall	2017	A
19991	HIS-351	1	Spring	2018	B
23121	FIN-201	1	Spring	2018	C+
44553	PHY-101	1	Fall	2017	B-
45678	CS-101	1	Fall	2017	F
45678	CS-101	1	Spring	2018	B+
45678	CS-319	1	Spring	2018	B
54321	CS-101	1	Fall	2017	A-
54321	CS-190	2	Spring	2017	B+
55739	MU-199	1	Spring	2018	A-
76543	CS-101	1	Fall	2017	A
76543	CS-319	2	Spring	2018	A
76653	EE-181	1	Spring	2017	C
98765	CS-101	1	Fall	2017	C-
98765	CS-315	1	Spring	2018	B
98988	BIO-101	1	Summer	2017	A
98988	BIO-301	1	Summer	2018	*null*

Figura A.9 A relação *realiza.*

id_est	*id_inst*
00128	45565
12345	10101
23121	76543
44553	22222
45678	22222
76543	45565
76653	98345
98765	98345
98988	76766

Figura A.10 A relação *mentor.*

id_período	*dia*	*hora_inicial*	*hora_final*
A	M	8:00	8:50
A	W	8:00	8:50
A	F	8:00	8:50
B	M	9:00	9:50
B	W	9:00	9:50
B	F	9:00	9:50
C	M	11:00	11:50
C	W	11:00	11:50
C	F	11:00	11:50
D	M	13:00	13:50
D	W	13:00	13:50
D	F	13:00	13:50
E	T	10:30	11:45
E	R	10:30	11:45
F	T	14:30	15:45
F	R	14:30	15:45
G	M	16:00	16:50
G	W	16:00	16:50
G	F	16:00	16:50
H	W	10:00	12:30

Figura A.11 A relação *período*.

id_curso	*id_prereq*
BIO-301	BIO-101
BIO-399	BIO-101
CS-190	CS-101
CS-315	CS-101
CS-319	CS-101
CS-347	CS-101
EE-181	PHY-101

Figura A.12 A relação *prereq*.

id_período	*dia*	*hora_inicial*	*min_inicial*	*hora_final*	*min_final*
A	M	8	0	8	50
A	W	8	0	8	50
A	F	8	0	8	50
B	M	9	0	9	50
B	W	9	0	9	50
B	F	9	0	9	50
C	M	11	0	11	50
C	W	11	0	11	50
C	F	11	0	11	50
D	M	13	0	13	50
D	W	13	0	13	50
D	F	13	0	13	50
E	T	10	30	11	45
E	R	10	30	11	45
F	T	14	30	15	45
F	R	14	30	15	45
G	M	16	0	16	50
G	W	16	0	16	50
G	F	16	0	16	50
H	W	10	0	12	30

Figura A.13 A relação *período* com hora inicial e hora final separadas em horas e minutos.

Índice Alfabético

B

D

F

G

M

Q

R

2025